韓國新聞

THE KOREA PRESS
1969～1974年度

THE KOREAN RESIDENTS UNION
IN JAPAN GENERAL HEAD OFFICE

在日本大韓民国居留民団中央機関紙

中

韓国新聞社 発行

発刊の辞

在日本大韓民国居留民団々員の指針として中央機関紙である韓国新聞は厳しい情勢と幾多の試錬を経ながら同胞の先陣に立ってその権益を護り続けて今日に至ったのも団員各位の限りない援護の賜であり、茲に深謝の意を惜しみません。

先に自由生活社の犠牲によって貴重な資料による劃期的な本紙縮刷初版を発刊して世に贈ったことは既にご承知のことと存じます。

この度第一輯に続いて第二輯の縮刷版を刊行して団員諸氏のもとに贈ることになりました。

これ偏へに韓国新聞を根気強く生み育てた組織先輩と同志諸兄姉の不断の努力の遺産に他なりません。

この様な貴重な遺産を受継ぎ、団是である反共の志操を貫き組織の強化と発展のために勇気と信念を発揮して悔なき中央会館建設をもって団史を飾ることこそ我等の二世、三世が民団組織に喜んで馳せ参ずる示唆となれば刊行者として本懐であります。

一九七四年八月十五日

在日本大韓民国居留民団
中央団長・韓国新聞社々長

尹　達　鏞

目次内容

一九七四年

東京韓国新聞

一九六九年

(1973)

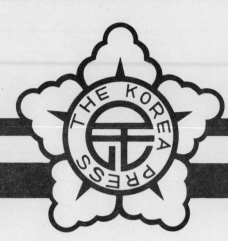

韓國新聞社

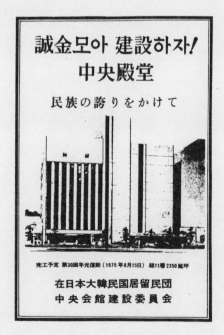

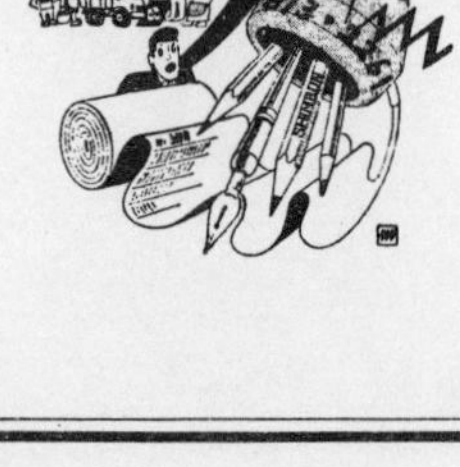

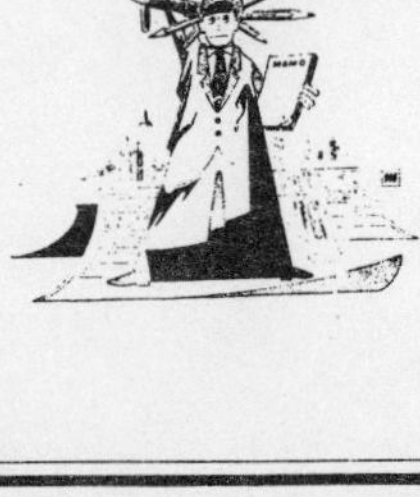

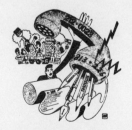

韓國新聞

在日大韓民国居留民団
中央本部機関紙
韓國新聞社
発行人　金正柱
東京都文京区春日町
2丁目20－13
電話直(815)1451～3
交(813)2261～5
振替口座 東京 163774

民団綱領

一、われわれは大韓民国の国是を遵守する
一、われわれは在留同胞の権益擁護を期する
一、われわれは在留同胞の民生安定を期する
一、われわれは在留同胞の文化向上を期する
一、われわれは世界平和と国際親善を期する

瑞雪に映える維新の元旦

光復後二八年、いばらに傷つき、血にまみれ、絶望の深淵にもだえるさなかにも、生命を支え、希望の糧(かて)をあてがってくれたのは、清らかな血と肉をわけあう同胞の絆、母なる民族の正気であった。「4・19」、「5・16」にほとばしった民族の雄叫びをふまえ、高句麗の雄渾、百済の典雅、新羅の英知を現代に花咲かせる「10月維新」の雄図に、韓民族渾身の生きがいと誇りをかける。

そして、生れかわった祖国が迎える「初の元旦」、「維新の新年」に、民族の悲願、南北平和統一の促進を託すのだ。

(香遠池から瑞雪けぶる国立博物館の大観望を臨む)

謹賀新年

第八代 朴正熙大統領就任

第四共和国新発足す

新憲法も公布さる

就任式当日は公休・夜間通行解除

旧臘二十七日、朴正熙大統領は国民慶祝のうちに第八代大統領に就任し、新憲法を正式に公布、第四共和国は、民族至上の課題である国土の自主統一にむかって力強く新発足した。

在日各界の年頭の辞

国家に対し何を為すか 強力な国民精神が必要

維新事業の成就が活路

駐日本国特命全権大使　李澔

十月維新の意義を認識して 国家と民族に役立つことを

大韓民国駐日公報館長　尹泰魯

内外情勢の変動冷静に理解

国際的に信頼される 人格と実力の培養

在日韓国人商工会連合会　会長　許弼奭

国土統一の偉業を確信

傘下信用組合の育成最重要

在日韓国人信用組合協会　会長　李熙健

在日韓国人社会の指導者養成が目標

東京韓国学校　校長　黄哲秀

謹賀新年

維新理念を体得し 民団の底力結集へ

心気一転の「新しい心」セマウム運動を

在日大韓民国居留民団中央本部 団長 金正柱

希望に満ちた癸丑年を迎えて、日本地域において祖国統一と民団発展のため、昼夜を分たず活躍しておられる団員の皆様に、謹んで新年のごあいさつを申し上げます。

今年は〝うし〟年であります。牛は主人のため黙々と働き励みます。われわれも祖国と民団のため黙々と励げまなければならないという決意を新たにする新年であらねばなりません。

本国では、すでに朴大統領閣下が断行された十月維新によって、祖国の自主的な平和統一を実現することのできる基盤が築かれ、また、第三次五カ年計画を成功裡に終らせ、これからは低開発国家にも援助を与えられるまでに経済力が増加したものであります。一方全国の津々浦々にいたるまで、「セマウル運動」が力強く展開され、過去のいつの時代よりも農村の活力が充実するまでになりました。のみならず、大韓赤十字社が提唱した南北離散家族捜し運動も数回にわたる会談を重ねるうちに七・四声明の基本精神を活かし、着々前進中であります。

わが民団も永年にわたり課題となっていた本国事務所の設置を、官民の支援によりついに旧年十一月に実現したし、これによって在日国民との協力体制は強固になり緊密な紐帯が形成されました。

組織内部においては、さる八月の大会以来、最大の急務として課せられていた東京本部の正常化も旧臘に断行されました。

われわれは祖国周辺の急転する情勢と、民団周囲の多様な実情を冷徹に直視して、何が自主、自立で、また、どのような道が自衛、自決であるかを正確に見極め、全組織が団結することのできる未来像を確立しなければならないことは再言する余地もないことであります。

四十万団員各自が、いまこそ、従前のような、在外同胞であるという漠然たる態度から脱皮して、祖国に対する権利、義務を明白に決定すべき時機に至ったものと信じております。

新年の劈頭に際し、祖国維新の基本理念を体得し、在外国民の今後の方向を堅持し、言葉なく実践する牛の生態の如く、黙々としたなかにも、団結された民団組織が大いなる底力を発揮し得るよう、率先して本国の「セマウル運動」に呼応して、在日地域においては「セマウム（新しい心）運動」を興すことを衷心より祈願する次第であります。

癸丑年 元旦

人間改造をすべきとき 全組織を国力培養に

在日大韓民国婦人会中央本部 会長 金信三

敬愛する六十万在日同胞の皆さま！明けましておめでとうございます。

今ここに迎えた一九七三年はわれわれ六千万韓民族の最大の希望の年でありますよう願ってやみません。回顧しますと、二十七年間にわたる民族の分断と対決状態から一転して南北間に初めて接触がはじまりました。統一への第一歩ともいえる南北赤十字会談、南北共同声明、実に過ぎ去った一九七二年は、わが民族史上もっとも意義深い一年であり、またわが韓民族の歴史のページに永遠に残るべき一年間でありました。

朴大統領は流動激変する国際情勢と民族の至上課題である統一問題に対処するため、非常なる決意のもとで大胆な体制改革に踏み切り、十月維新憲法を確立させました。この維新憲法は国民の総意により絶大な支持を得たものであり、これにより朴大統領は祖国をより英断を持って領導する基盤を強固に形成したのであります。

われわれ六十万同胞は〝維新〟精神のもとで文字通り新らしくなりましょう。いまこそわが韓民族は、生きるためと、立派な国の国民になるため、人間改造をすべきときであります。わが祖国は、維新憲法のもとで、一九七三年の新年とともに新らしい歴史がはじまろうとしております。

われわれ六十万の在外国民は、この時点を契機として〝全民族団結〟の一員であることの覚悟を一そう新たにし、国家の一大転換期に際し一致団結して、朴大統領の領導下に国力の培養に参与するため、全組織を挙げてセマウル運動に協力し、わが祖国百年の大計に副うべく、総力をあげて進もうではありませんか。

我が国土よ一つになれ！

我が民族よ一つになれ！

一九七三年よ、今年こそはわれわれ五千万民族の最大の希望の年であらんことを祈ります。

大韓婦人会十万の会員を代表して年頭の決意とします。

一九七三年 元旦

在日各界の年頭の辞

輝かしい未来の為 十月維新積極参加

在日大韓民国居留民団中央本部 議長 朴太煥

団員の皆さん、謹んで新年のお慶びを申し上げます。

今や祖国は、朴正煕大統領の英断により、十月維新の基盤となる新憲法も確立し、われわれの念願である国土の平和統一事業に大きく一歩を踏み出しました。そしてこの維新事業は国民の総力の結集のもとで秩序正しく制憲をはじめました。

祖国でのセマウル運動も、従来の建設精神の上にさらに十月維新の精神がプラスされて、まさに目を見はる勢で進展しており、今年中に如何なる成果を挙げるかの予測さえつかぬほど変化を国土にもたらそうとしております。

さらに昨年は、南北赤十字会談が数回に亘って本会談が開かれ、また歴史的七・四声明によって、いま五千万韓民族は待望の平和統一に大きく歩みを記することのできる時代となりました。

このような国内情勢をかえり見る時、今年こそはわれわれ在日同胞も、新たな展望に立って、本国に呼応し、われわれは何を為すべきかを冷静に考え、国家のため、民族のため、より大きく前進すべき年であると考えます。

われわれは、われわれの為し得る限界を乗りこえてでも、祖国の平和統一事業と、十月維新事業、さらにはセマウル運動に、一人一人が積極的に参加し、在日六十万同胞の未来に、希望と繁栄をもたらせるよう努力しようではありませんか。

新らしい年を迎えるに当り、祖国に輝かしい栄光のおれることと団員御一同さまの御多福を、心からお祈りして年頭のごあいさつと致します。

一九七三年 元旦

妨害勢力を啓蒙説得 政府の方向に力を結束

在日大韓民国居留民団中央本部 監察委員長 金泰燮

癸丑新年を迎え、国家と民族に幸福が訪れることを祈願致します。

祖国は十月維新事業を全国民が団結して、朴大統領閣下を中心に秩序ある実践に努力しているこの時、わが在外国民も、例え日本という外国社会で生活しているといえども、維新事業に積極協助し、祖国に大きく貢献する新らしい年とならなければなりません。

祖国は全民族の至上課業である民族と国土統一を目標として、すべての力量を結集し、極めて難かしい難関に逢着しているが、一つ一つ根気よく、忍耐性ある努力を重ねているのであります。

われわれ在日同胞も軽率な行動をすることなく、わが政府が意図する方向に力を合せて結束し、実りある新年にすべく、本団を発展強化してゆくべきであります。

七・四南北共同声明の精神を正しく支持し、その精神に逆背し、間違った方向で旧態以前として、全国家、民族を考えず、我執と欺まんをもって、民族の大同団結を妨害する一部の勢力を啓蒙説得して統一目標線上に正しく立たせてゆかなければなりません。

旧年は一部不純分子に因って団内部が混乱しておったものを整備し、本団の団体性を正し、組織の基盤を固めるべく努力した年であったとすれば、癸丑新年は、その基盤の上に立ち祖国に貢献し、団員の権益を名実共に確固とする新らしい年とならなければなりません。

全在日国民が、愛国、愛族の忠誠心をもって大韓民国に貢献し、かつ、団員各位の家庭においても益々発展せられ、幸多き年であることを祈り新年のあいさつとします。

一九七三年一月一日

批判者から実践者へ 同胞総和と団結の年

在日本大韓体育会 会長 鄭建永

〝十月維新〟という民族中興の大課業を終えて迎える一九七三年の年頭に際し、祖国の永遠な繁栄を祈願しながら謹んで新年のご挨拶を申し上げます。

昨一九七二年は、本国にとっても我々在日韓国人社会にとっても誠に多事多難な年でありました。

朴正煕大統領閣下の適切なご指導の下に、三千五百万国民の絶大なる支持を得てなし遂げた〝十月維新〟は、光復以来不安定を続けて来た祖国の政治、経済、社会全般に亘って国家としての確固たる秩序を取り戻し、これと相まって強力に推進している自主高揚のための〝セマウル運動〟は祖国の急速な近代化を約束しております。又、五千万同胞の悲願である、南北韓の平和統一課業もこのような強固な基盤の上に立って、国際政治の潮流に遅れをとることなく着々とすすめられております。

このような祖国の希望に満ちた姿に比べて、我々在日韓国人社会は現在どうなっているでしょうか。

民団、朝総連間の葛藤が未だに解消されていないのはまだしも、民団組織内部においてすら小異に我執するあまり、結果的には組織全体の機能を甚しく阻害しているのが現状であります。

私は、祖国の繁栄とこれにつながる我々の幸福を求める心が同じであるならば、小異を捨てて大同に就くのが道理であると確信するが故に、多少なりとも祖国の前進に合わせて、これに寄与するために今年を在日韓国人社会の総和と団結の年にすることを念願し提唱します。

外国に居住しているために本国でおこる諸現象を、我々にして第三者的な立場で批判しがちな個々在日韓国人は、これからは批判的立場から実践者の立場に自分の位置を置きかえて事理を判断するようつとめようではありませんか。そして組織人は組織人として、経済人は経済人として各々の分野において秩序ある努力を尽そうではありませんか。希求してやまない次第であります。

新しい歴史を創造する 全ての維新事業を支援

在日大韓民国在郷軍人会日本支会 会長 李麟基

米国の第二次ニクソン政権確立、日本の田中内閣発足など、混沌としてその行方を知らぬ国際情勢の中で、わが韓国でも、南北赤十字会談、七・四共同声明、十月維新による憲法改正、セマウル運動の驚異的伸展、統一主体国民会議代議員の誕生、新憲法確定による大統領選挙と、史上かつて例のないほど激動の激しい一九七二年だった。

この試練の前に立たされた国内情勢の向うをはるかのように、私たち民団社会も、不純分子たちによる東本組織の混乱など、多難な年だったといわざるを得ない。

このような波乱に満ちた内外情勢の年を送り、新たな一九七三年を迎えるにあたり、私はまず、今年こそ、南北の平和統一を実現させるため、すべての力を総結集させる年にしようと、声を大にして叫びたいのである。

そのために私たちは、在日同胞自身の生活向上をはかると共に、民団組織の正常化に、さらに努力精進し、目下、国をあげて挙族的に進められているセマウル運動と、国家維新事業のあらゆる分野に、文字通りの、忠誠と献身でもってつくさなければならない。

つまり、国内における確固たる整備と発展、繁栄があった上で、それを平和統一という民族至上課題へもっていくという国策にそうことである。それは、この努力がひいては、世界の中における韓国の高い位置づけをもたらす根源になるからだ。

民族中興の旗手であり、偉大なる領導者である朴大統領のもと、韓国的民主主義を確立し、民族、国家の繁栄、統一のため、新しい歴史を創造する維新事業を支援する在日六十万同胞の範として、私たち軍人会々員は全身全霊を捧げることを、あらためて誓い新年のあいさつにかえたい。

一九七三年元旦

〝食事中でごめんなさい〟

今年やオレたち〝もうもう〟の年
食事をするのも仕事のうちだ
仲よく輪になってお乳を飲むのさ
オレたちが育てばセマウルも育つ
セマウル育てばオレたちの天下さ
早く大きくなりたいなあ――
もう――

写真で見る
本紙報道一年の足跡

二月、札幌冬季オリンピックに韓国選手団参加

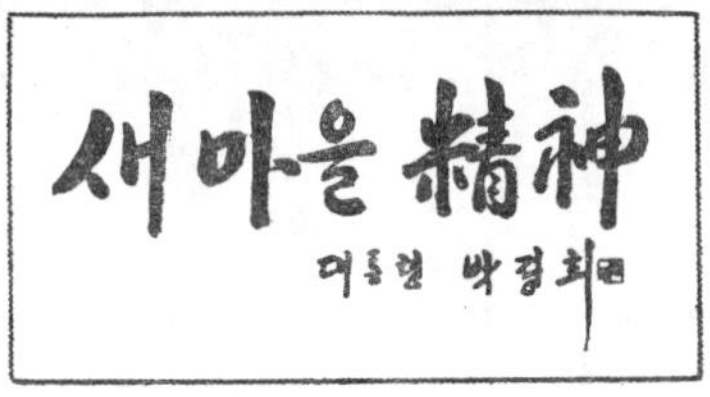

本国でのセマウル運動には、在日同胞も積極的に参与

十一月、民団中央三機関長は維新課業を支援して朴正熙大統領(右)を礼訪(左は金正柱中央団長)

8月15日の第27回光復節慶祝中央大会を都内豊島園で盛大にひらく

「別冊週刊読売」に韓国をひぼうした高木健夫氏の記事が掲載され、全国民団組織で抗議活動の結果、関係者らが解職されて終止(抗議文を読みあげる鄭進鉉中央宣伝局長)

十一月九日、ソウルの政府合同庁舎内に民団本国事務所をひらく(下右は、テープカットする左から金正柱中央団長、金溶植外務部長官)

八月、四十七年目の豪雨が本国をおそい、在日同胞たちの水災義援金が、ぞくぞくと中央へ伝達されてきた

ソウルのミス・コリア・コンテストに在日同胞三回目の参加

カトリックの殉教者「おたあジュリア」の霊と墓土が、四世紀ぶりに神津島々民の善意で故国ソウルの土に還った

十月二十三日から一週間、狭山湖温泉で全国民団の事務局長参加のもと、研修会がひらかれた

ウィーンの逸材・ピアニストの李洵さんが四月十二日、東京で画期的リサイタルをひらき絶讃をあびる

韓国が誇る民族詩人・薛昌洙(右から二人目)氏が十月二十三日来日、詩画展をひらいた

わが李範錫代表(右)が文書交換 (八月三十日平壌で)

平壌での本会談を終え「帰らざる橋」を渡ってくるわが赤十字代表団の車

南北赤十字会談たけなわ (写真は七月十九日の会談で)

▲ 第三十五回臨時中央大会で選出された右から朴太煥議長、金正柱団長、金泰変監察委員長

第二十回中央委であいさつをのべる当時の尹達鏞団長代理 (七月七日・日傷会館で)

南北共同声明、赤十字会談支持大会ひらく (9月14日・東京・共立講堂で)

民団東本の大会成立、直轄解除 (十二月四日日傷会館)

恒例の本国夏季学校に参加するため釜関フェリーで本国へ向かう学生たち

本国の第五十三回国体で在日同胞大活やく表彰される(十月)

三一節記念式典で不法発言する鄭在俊(右)の演説中止を要求する当時の張聡明中央議長(中央後姿)

民団制定の第一回文化賞が宋賛鎬公使(左)から金正柱中央団長に授与された

"世界のリトル・エンゼルス"百日間の長期公演のため来日、話題をさらう

在日教育有功者表彰される (十二月五日・東京韓国学校で)

青年会東京本部が新しくスタート ▶ 【十月二十二日杉並公民館で】

維新事業に総力を結集しょう！

在日本大韓民国居留民団

滋賀県本部

大津市御殿浜一七－一三 電七七－一四三九

- 団長 趙鏞奉
- 副団長 安東瑚
- 〃 張双佛
- 事務局長 朴斗萬
- 議長 金相浩
- 副議長 崔允鳳
- 監察委員長 宋学道
- 委員 卞璿変
- 〃 趙晩寿

大津支部

- 支団長 河寿竜
- 議長 金奉贊
- 監察委員長 尹永宰

膳所支部

- 支団長 李且奉
- 議長 孫点世
- 監察委員長 李栄雨

石山支部

- 支団長 趙鏞根
- 議長 権泰恩
- 監察委員長 李国雄

今津支部

- 支団長 張師哲
- 議長 安宗鎬
- 監察委員長 金日起

湖西支部

- 支団長 金末述
- 議長 金承源
- 監察委員長 曺漸復

湖南支部

- 支団長 朴洙性
- 議長 申且贊
- 監察委員長 李成雨

湖東支部

- 支団長 金在徳
- 議長 沈史燮
- 監察委員長 金徳祥

岐阜県本部

岐阜市錦町二丁目九 電〇五八二－五一－三七〇三

- 団長 趙世済
- 副団長 宋基福
- 〃 徐三竜
- 議長 金正圭
- 副議長 金浩範
- 〃 曺正煥
- 監察委員長 朴秀燁
- 委員 黄南仙
- 〃 李二宰
- 事務局長 高用煥

中濃支部

可児郡御嵩町中 電七一－一六六二

- 支団長 申尚文
- 副支団長 黄熙淵
- 〃 金三奎
- 議長 鄭求相
- 副議長 田又岩
- 〃 趙在銀
- 監察委員長 朴秉兼
- 委員 金相根
- 〃 金鳳根
- 事務部長 黄熙淵

飛騨支部

高山市森下町二－一八 電三二－一三六六

- 支団長 朴甲生
- 副支団長 徐力
- 議長 朱鳳洙
- 監察委員長 崔福益

吉城支部

吉城郡神岡町一〇九 電二－一〇〇九

- 支団長 裵仁福
- 議長 李茂吉
- 監察委員長 金達雄

多治見支部

多治見市小田町一 電二二－八四四三

- 支団長 金任述
- 副支団長 白南熙
- 〃 琴勲夏
- 議長 金広水
- 副議長 禹八竜
- 〃 片鳳洙
- 監察委員長 姜尚求
- 委員 曺経
- 〃 金漲鎬
- 事務部長 呉宅煥

恵那支部

恵那市長島町坂上 電五－三二二一

- 支団長 李鍾煥
- 事務部長 金容坤
- 議長 金萬生
- 副議長 尹鍾武
- 監察委員長 金容九
- 委員 李鳳中
- 〃 全石文

大垣支部

大垣市馬場町四四 電七八－三七四七

- 支団長 李丁洛
- 副支団長 陳西福
- 〃 林長祚
- 議長 金浩範
- 副議長 鄭得竜
- 〃 朴今同
- 監察委員長 呉奉午
- 委員 禹轄栄
- 〃 金元得
- 事務部長 鄭求福

座談会

韓国文化と在日同胞

○…日本P・E・N主催により、昨年十一月、世界四十三…○
○…カ国、五百人近くからなる日本文化研究者が一堂に会…○
○…し「日本文化研究国際会議」が東京、京都でひらかれ…○
○…たが、韓国からも、学者、作家ら二十五人がこれに参…○
○…加した。その帰途、引率団長の白鉄氏ら三人の方に、…○
○…来団してもらい、世界の関心が集まりかけてきた「韓…○
○…国学」の話題を中心に、在日同胞の子弟教育など、忌…○
○…憚のない活発な発言をしてもらった。…○

韓国文化と在日同胞問題を語る楊明文氏（左）と白鉄氏（右）

在日同胞問題を真剣に語る金正柱団長（左）と金南作女史（右）

〈出席者〉(敬称略)
白　鉄（韓国P・E・Nクラブ会長・ソウル中央大学校大学院長）
楊明文（詩人・国際大学教授）
金南祚（詩人・淑明女子大学校教授）
司会…金正柱（民団中央本部団長）

76年には韓国学大会を
韓国P・E・N主催でやりたい

北韓学者も招く
伝統的文化を共有する民族

司馬氏の韓国史観に失望
文化こそ、国家を位置づける尺度

金正柱団長

国語常用の運動おこせ
在外国民として常に衿持をもち家庭では
二、三世たちも是非国語を使ってほしい
民団の基本事業とせよ

天皇論と韓国軽視論に憤り
器の小さい日本側に反省を

金南祚女史

西欧的なものに食傷
東洋文化の鉱脈を辿る

祖国と常にかかわりを
文学とは才能以前にまず人間

民族意識の上で文化活動を
韓国建築に心酔したドイツ人

楊明文氏

寛大と成熟度ほしい日本人
いつ、まさぐる韓国文化の鉱脈

白鉄氏

二、三世の民族的覚醒が肝要
観念でなく体験で祖国感じよう

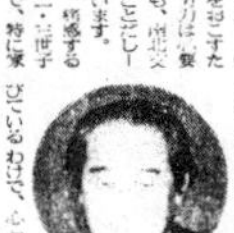

元旦、暁にちかう豊漁と繁栄

(写真は、新年に豊漁を祈る漁師)

誇りと希望を 新しい体制確立の年

「我が国は、自然資源にあまり恵まれていないといって失望してはいけない。我々には明哲な頭脳に恵まれ、勤勉で知恵ある働き手があふれているからである。」

「セマウル運動は精神啓発運動であり、精神革命運動の行動哲学である。またセマウル運動は我が民族の一大躍進運動でもある。」

これは、朴正煕大統領のことばである。

朴大統領は八十年代初めまでに、百億ドルの輸出目標を達成を七十年代の確固たる施政目標としてうちだし新しい体制確立を急いでいる。

発足の年は、農漁民の所得を増大し、生活改善運動で勤勉、自助、協力する新しい人間関係をめざする新年である。

いま、全国津々浦々で新しい体制造りに全国民は立ちあがっている。祖国の平和的統一も、国民の福祉向上も、自立、自助、勤勉なくしてはなし遂げられない。

輸出百億ドル、国民所得千ドルの達成は韓民族の誇りと希望を実現するための第一歩である。新しい年、一九七三年は「10月維新」を軸に、力強く、まっしぐらに前進する「新年」である。

外国人も「健保」加入 一月一日から東京都で特別措置

東京都は、都内23区内に住んでいる外国人に一月一日から国民健康保険に加入できるよう措置したことがこのほど、明らかにされた。

国民健康保険は、地域住民を対象にした医療保険制度で、加入している人は、病気やけがをした場合、治療費の3割を負担すればすむほか、出産のときの助産費、死亡したときの葬祭費、育児手当金などが支給される。

加入できるのは、23区内に住んでいて、外国人登録をしているすべての外国人(ただし[illegible])。すでに届け出を受けつけている区もあるので、くわしくは住まいの区の、区役所国民健康保険課または[illegible]国民健康保険指導課(㊇二一二—五二一一内線二四五)へ問いあわせのこと。

尹達鏞氏に国民勲章

尹達鏞氏

民団中央本部の団長代理をつとめた尹達鏞氏(現中央顧問・鈴原会計事務所長)政府は十二月六日付で国民勲章を贈ることを決定した。

尹氏は、本国との[illegible]で71年11月に辞任した李禧元団長のあとをうけて混乱の中を十ケ月も団長代理として、又、中央会館建設予定地の購入に物心両面で尽力した功労を讃えたものである。

伝達式は駐日大使館で新年早々行う予定。

故洪賢基氏にも

韓国の委員長として民族陣営の大同団結と反共運動の先導的役割と民団組織育成と発展に大きく貢献し昨年八月三十日死去した故洪賢基氏に韓国政府は、その功労を讃え国民勲章、牡丹章を授与した。

なお、先に準備を進めていた故洪賢基氏を弔う民団葬は来年一月下旬に東京で行う。

鄭東淳東本団長当選祝賀宴 足立支部で送年会かねて

民団足立支部(金[illegible]団長)では、旧臘二十三日午後七時から、足立区[illegible]会館「日本の間」で、鄭東淳足立支部顧問兼委員長の東京本部団長当選祝賀を兼ねた送年の夜を、三機関長を始め四十余人の民団関係者が参集して催した。

この日金席事団長は、[illegible]年間足立支部民団を通じて[illegible]の労苦をねぎらい、新年にはより団結を固め本国の維新に積極的に呼応するよう呼びかけ。ついで金[illegible]議長は本国の新しい体制造りに在日同胞も総結集して維新事業を成し遂げるよう激励の辞を述べ深い感銘を与えた。

つづいて鄭東淳東本団長は、あいさつを通じ、足立支部団員の声援にこたえて正常化された東本の基盤を固め、在日同胞のため全力をつくす覚悟であると東本団長当選の決意を披瀝したあと、親切で明るい民団、仕事をする民団のキャッチフレーズで団員のための民団を強調、一同に深い感銘を与えた。

株式取引量急増

証券協会によると十一月中の取引量は株式一千八百万株、総取引代金(債券とも)二百十三億五千三百万ウォンで前月より一八六%増であった。これで今年に入っての約定総額は七百十一億三千三百万ウォンとなり、昨年の総取引額四百九億五千六百万ウォンをはるかに上回った。

外国人投資倍増

今年にはいってから外国人投資が急激にふえ、さる十一月末現在で百五十三件、一億四百十八万七千ドル(認可基準)に達した。これは前年同期の五千三十四万四千ドルの倍に当たる。

このような外国人投資の増加は南北対話などで投資環境が好転したこと、日中国交正常化で韓国が前方基地的価値をみとめられ、世界的な大企業の投資がふえたためだと分析された。

リコー時計韓国進出

日本のリコー時計が韓国に上陸した。リコーは韓国資本と三十三対六十七(韓国)の比率で合作し、釜山に韓国リコー時計工業(社長[illegible])を設立、最近事業を開始した。

機械化農地を拡大

七六年を目標に政府が拡大修正した機械化計画をみると、三次五ヵ年計画期間中の[illegible]十七億ウォンにふえている。

大陸ダナ第三回会議 韓日間機構づくり

韓日間で境界紛争が起こった済州島南西方大陸ダナの石油、天然ガス資源を共同開発するため、協議を続けている両国事務レベルの第三回会議が、二十、二十一の両日、外務部で開かれ、①共同開発区域は双方の開発予定区域が重なっているところを原則とする②紛争解決のための協議機構をつくる方向で検討する——という了解に達し、差し当たり現段階での共同開発区図の作成にはいった。

同会議には韓国側から[illegible]外務部アジア局長と日本側から前田正弘駐韓公使らが出席した。

韓国側は、韓日両国政府とそれぞれ契約した民間会社が、お互いに協議して開発すること、法人税、鉱区開発費などは契約した国の国内法によって賦課し、うちの[illegible]分を互いに相手の国に納める、いわゆる[illegible]方式をとり、平均化すること——などを主張した。

これに対し、日本側は引続き検討したいと述べた。

なお、双方は次回の会議を七三年一月下旬東京で開くことに合意した。

生野西支部庁舎竣工 旧臘十八日、盛大な落成式ひらく

民団大阪府生野西支部(金[illegible]会長)では韓国人会館を完工、その落成式がこのほど、大阪市生野区[illegible]中二—四の同会館三階大会議室で、府下各支部団長や同支部団員ら約百人を集めて行なわれた。総工費六千万円をかけて建てられたこの新会館は旧支部事務所の横に位置する鉄筋三階建てで、建て面積[illegible]、延べ七百二十六平方米と、民団支部の建物としてはかなり大きなもの。一階が[illegible]事務所、三階が大会議室となっており、今後、同支部団員らの集会や活動の場として、その活用が期待されている。

なお、会館建設に尽力した功労者は次の通り。

▲駐日大使表彰状=[illegible]

▲駐大阪総領事表彰状=[illegible]

▲中央本部団長表彰状=十人。

▲大阪本部[illegible]表彰状=[illegible]四十九人。

海外同胞69万余人 日本60万、北米地域8万の順

外務部集計

海外に居住する在外国民の数は、昨年より三万人がふえ七二年十二月十五日現在、六十九万四千三百四十二人であると、このほど外務部で集計を発表した。

地域別には、日本が六十万二千八百四十二人で首位をしめており、北米地域八万三百四十九人である。その他の地域が六万人に達しているが地域別在外国民数は次の通り。

▲日本=60万2千八百42人。▲北米地域=8万3百49人。▲中南米地域=8千百30人。▲アジア地域=1千7百52人。▲欧州地域=1千2百23人。▲阿中東地域=47人。

日本電子業体が韓国に進出 輸出産業強化の契機

経済企画院はこのほど、日本円の切上げがなされれば電子業体をはじめとする日本資本の対韓進出が一種のブームを形成するだろうと展望、これは韓国輸出産業の国際競争力を強化させる—でよい契機をもたらせるだろうと説明した。

経済企画院の当局者は、円の再切上げに備えすでに日本有数の電子メーカーである東芝が馬山に年産八十万台規模のテレビ組立工場を建設しており、またソニー電子は社内事業と五百万ドルの合作投資を計画しているが、このことは日本電子業界のこのような対韓進出の動きを反映しているものだと述べた。

なお、韓国の財界では最近、貿易学の日本に対する世界主要諸国の輸入規制の動き、そして日本内の労賃上昇圧力などで商品輸出から資本輸出へと戦略を転換しているが、これが日本資本の対韓進出ブームの可能性を強めさせている、とみている。

経済院は、日本財界のこうした動きは特に労働集約的な電子、造船、繊維などの輸出業で目立っていると指摘した。

共産圏と交易 政府、輸出拡大で踏切る

政府は旧臘二十二日の非常国務会議(国会の機能を代行)で貿易取引法を全面改正し、これまでいっさい禁止されていた共産圏諸国との直接貿易への道を正式に開いた。

政府は今「一九八一年までに輸出百億ドル」を目標に、輸出拡大努力を続けている。今回の措置は、輸出先の思い切った多角化によって、輸出の飛躍的拡大をねらった政策である。この措置によって、まず東欧諸国との間で直接貿易が開始されよう。

しかしこの改正法に「特別に輸出入を制限する必要がある地域に対しては、大統領令で具体的に規制する」との条項が設けられているところから、これが直ちに中国、北朝鮮を含めた、いわゆる"敵性国家"と即時に直接貿易が開始されるとはみられていない。

輸出25億ドル目標 73年度各地域別に調整

政府は七三年度輸出目標を二十五億ドルに決めた。外務部によると、この輸出目標を達成するため、輸出市場を米国、日本、カナダ、欧州、大洋州、中南米、アフリカ地域、アジア地域などに大きく区分し、その他の地域への輸出目標を増加調整、各公館別輸出目標策定基準を設けてその細部作業に着手した。

百億ドル輸出試案まとまる 商工部、八十年度に達成

商工部は八〇年度に百億ドルの輸出を達成するための試案をまとめた。

これによると、①造船、鉄鋼、機械類、電子製品等の重化学製品輸出を通じて六〇億ドル、②石油製品を中心とする軽工業製品で三六億ドル、③残りは農産物等一次産品でカバーするとしている。

商工部はまた、この輸出を裏付けするため重工業基盤を拡充して①八〇年まで鉄鋼生産能力を千五百万屯乃至二千二百万屯に引上げる、②造船能力を七六年まで、現在の二五万屯水準を一九〇万屯に、八〇年までには四百万屯まで拡張する、③自動車は現在、年産六万台規模を八〇年には六〇万台水準まで、一〇倍に増やす計画である。

輸出目標九四・七%達成 72年度、十七億四百三十五万ドル

商工部は十八日、輸出実績が[illegible]と発表、今年の目標額十八億ドルの九四・七%を達成したと述べた。

宇里山荘を拡張 在日同胞スキーヤーの利用を

新潟県湯沢市にある宇里山荘

新潟県湯沢市にある宇里山荘は、さる十二月半ばからシーズンに備えるため、ホールの改修と設備の一部手直しをしていたが、このほどすっかり完成し、在日同胞スキーヤーの利用を待っている。

宇里山荘はその名のとおりウリ施設で、年々訪れるスキー客でにぎわっている。よそのスキー場が最盛期のギュウギュウ詰めのときでも、ここは比較的にゆったりしており、現在のところ、年末年始と春休みのラッシュ時でも、予約はそう難かしくない。

地元湯沢市も、上越新幹線の駅ができるということで張切っており、宇里山荘の奥の「城平ゲレンデ」の開発を来シーズンには完成させる計画が進められている。これに伴って宇里山荘も将来、半永久的な近代的建物に改築する予定を立てており、そうなれば同胞の体育施設として将来ますますにぎわうことは確実である。

収容人員三十五人、利用料金は民宿よりも安く—があるところがミソ。連絡予約は左記へ。

電話(〇三)九五一—二七六五、九五三—二七六五、コリアスポーツタイムズ内宇里山荘運営委員会、または(〇二五七八)四—二七三〇、宇里山荘。

集団古墳発見 安東郡豊山面壽谷里で

安東文化圏を調査中の安東教育大学の[illegible]教授は十六日安東郡豊山面壽谷里で[illegible]からなる居住のある部族社会後半期の集団古墳を五十個余りも発見した。

この古墳は高さ百三十mの山の頂上に円形に形成されており、大小古墳の周辺一帯が自然石の築台積み上げによって造られている。また、山頂には大きな石台があるが、これは当時、首長が石台の上に立って部族に号令したものとみられる。

この古墳の屋室は一字型でできており、高さ一m八十cm、長さは六m八十cm。天井は室内の床より長く、縦二m六十cm、横八十五cmないし一m三十cmの広い天然花崗石五つで蓋がしてある。

なお、この古墳群を発見した[illegible]教授は、この地域は古代社会の人々がこの地に定着して川を中心にして農耕をいとなみ集団社会をなしたという足跡を研究する上で重要な資料になると語った。

古墳群など補修 国立博物館公州分館も新設

百済文化をしのばせる忠清南道公州の史跡十三号の武寧王陵および古墳群がきれいに補修された。文化財管理局は昨年七月百済武寧王陵が発見されたのを契機に、一千九百万ウォンの予算で補修工事に着手、先月三十日に完工したが、このほか、遺品などを陳列する国立博物館公州分館新築工事(予算=一億一千八百十万ウォン)もこの二十日に完工した。

この博物館には武寧王陵など三千六百点余りの百済遺物が陳列された。

金融機関の海外店舗を拡大 百億ドル輸出目指し

政府は八十年代の百億ドル輸出目標達成を後ろだてするため、金融機関の海外店舗網を段階的に拡大しその機能を強化することにした。

関係当局者によると、金融機関海外店舗の機能補強と新設は来年初めから本格化し、これらの店舗は海外駐在公館との有機的な協調のもとで経済外交活動にも積極的に寄与するという。

27年ぶり対面 大阪の李老人、長女と

旧臘十六日午後の金浦空港。大阪発KAL機から降りた在日同胞の李万寿老人(六七・大阪柏原市)夫婦は十八才で嫁いでから消息の切れた長女・李[illegible]さん(四五・永登浦)と二十七年振りで涙の対面をした。

李老人夫婦は嫁いだ長女を故国に置いたまま一九二〇年に日本に渡っていたもので、このほど長女の居所を突き止めて、探しに探した娘と再会することになったもの。

在日同胞も維新事業に総進軍!

民団中央本部顧問
株式会社 ゴロー商会社長
金　己　哲
東京都渋谷区道玄坂二-四-二

東京商銀信用組合
副理事長 **安　禧　中**
新宿区西大久保一-四四九
電話(二〇八)五一〇一

川崎物産株式会社
中央車輌株式会社
取締役社長 李　圭
川崎物産本社 川崎市幸区南幸町三丁目九七 電話(川崎)五二一-六二三三-七番
中央車輌本社 東京都大田区大森南三-三十-六 電話七四一-六五三一-五番

27ホールの大ゴルフ場、有馬ロイヤル・クラブが昨年十月二十一日にオープン盛況!!
兵庫開発株式会社
取締役社長 大林健良
大阪市北区兎我野町一四二 川瀬ビル

若葉自動車株式会社
取締役社長 **鄭　煥　麒**
名古屋市瑞穂区神山町一-七七
TEL〇五二-八四一-七四〇五

河　京　完
京都市北区大宮樅ノ木町二五

民団板橋支部
団　長 石　相　奉
議　長 崔　学　林
監察委員長 崔　甲　出
東京都板橋区板橋町二-二三-九

株式会社 日本特殊研磨工業所
代表取締役会長 **尹　達　鏞**
代表取締役 **高　村　澄　子**
東京都港区東新橋一丁目三番一号
電話東京(五七三)四七六六～七番

株式会社 新羅苑
社長 **李　鐘　鳴**
東京都品川区東五反田一-十八-一
電話 〇三(四四一)三八八五番

三　慶　物　産
社長 李　東　洙
東京都港区新橋1-18-21
(第一日比谷ビル)
電話03(502)五五〇一(代表)

三洲物産株式会社
取締役社長 **李　彩　雨**
取締役専務 **金　根　守**
本社 〒160 東京都新宿区四谷二-八 藤井ビル三F
電話 三五九 三七九一-二 三七九三(直)

多彩なレジャー産業に奉仕する
金海商事株式会社
取締役社長 金　坪　珍
東京都台東区上野四-六-九
電話(八三三)三四一(代)～三番

全南開発協会々長
広原産業株式会社々長
李　祖　載
〒171 東京都豊島区目白四-三丁-一
電話(九五〇)一一二三一番

KPニュース映画社
代表 **崔　唐　涉**
〒一五〇 東京都渋谷区渋谷三丁目一四-五
TEL(四〇〇)六九八五番 (四〇七)七九七二番

どんな便宜でもはかる旅行の綜合デパート
大韓交通社
社長 左　玉　花
東京都港区南麻布一-六-五
電話(四五五)〇三一一

在日本大韓民国居留民団
千葉県地方本部
団長 **鄭　淵　秀**
千葉市新宿町二丁目九番八号
TEL〇四七二(42)四六二一-三

千葉商銀信用組合
理事長 **張　在　昶**
千葉市新宿町二丁目九番八号
TEL〇四七二(42)〇一七六(代)

千葉綜合レジャーセンター
有限会社 **大都商事**
代表取締役 宋　吉　萬
千葉市富士見一丁目一番一三号
TEL〇四七二(27)三三五一(代)

三宝物産株式会社
代表取締役 **全　鳳　学**
千葉市富士見二丁目九番28号
TEL〇四七二(27)四五一五(代)

株式会社 湯島プラザホテル
取締役社長 **金　奉　佑**
東京都文京区湯島三-三〇-六
電話〇三(八三二)一三一三代表

上野医院
医学博士 朴　権　熙
東京都台東区上野二丁目九番六号
電話(八三三)〇〇七六

ニッポン・リネン・サプライ株式会社
社長 **李　能　相**
(広川泰弘)
東京都北区東十条二-八-五
電話(九一一)七一九一～五

済州開発協会
理事長 **李　昌　植**
東京都台東区上野二-六-一

済州開発協会
専務理事 **高　琫　鉉**
東京都台東区上野二-六-一

相互化工株式会社
社長 **玄　棋　洙**
東京都足立区関原一丁目六番二三号
電話(八八七)三一八一～三

民団荒川支部
団　長 高　昌　運
議　長 李　昌　植
監察委員長 文　斗　河
東京都荒川区荒川三ノ三二ノ九
電話 八九一-〇五五五

荒川韓国人商工会
会　長 金　栄　洪
副会長 李　昌　植
〃 洪　宗　河
専　務 李　石　現
東京都荒川区荒川三ノ三二ノ九
電話(八九一)〇五五五-六

民団足立支部
団　長 金　周　奉
議　長 金　漢　弼
監察委員長 鄭　東　淳
東京都足立区千住桜木町五三

大和商事株式会社
社長 **徐　海　注**
(大城敬三)
(ニュー後楽園ビル)
千葉県習志野市津田沼一丁目一九一七
電話(0474)七二-〇三〇〇・二九二九

民団東京本部監察委員
株式会社 みすず商事社長
朴　珪　秉
東京都練馬区練馬一-一八

喫茶 **ラタン**
韓国料理 鉄板焼 **食堂園**
パチンコ 末吉会館
代表者 金　秉　祚
川崎市中原区今井南町四四二
TEL〇四四-七二-五一一三

ワイヤーロープ
有限会社 **川浜商事**
代表取締役 田　耕　作
〒210 川崎市浜町四-二五
電(35)三四五六～八

樺太抑留韓国同胞問題研究所
所長 **若　狭　敬　吉**
〒一六〇 東京都新宿区北新宿一-十四-三
TEL〇三-三六八-一九三九

財団法人 東京高血圧症センター
医学博士 **朴　応　秀**
東京都文京区本郷三-二三-十一
電(814)四四〇一-三(代)

韓国料理材料卸売
胡麻油・香辛料・洗剤
◆地方発送も致します。お電話下さい。
新井商店
東京都豊島区池袋五丁目二三番一〇号
電話(九五五)三六〇〇 (九八一)四〇一〇

伝統と信用ある日本旅行の特別企画

KLM

早廻りベストツアー　ヨーロッパ及び世界一周の旅

(Aコース) 東京→アムステルダム(オランダ)→ロンドン(イギリス)→パリー(フランス)→ジュネーブ(スイス)→フローレンス(イタリー)→ローマ(イタリー)→アムステルダム(オランダ)→東京

(Bコース) アムステルダム(オランダ)→ニューヨーク(アメリカ)→ワシントン(アメリカ)→ロスアンゼルス(アメリカ)→ホノルル(アメリカ)→東京

(Aコース) ヨーロッパ 12日間　¥228,000
(Bコース) 世界一周 18日間　¥480,000.

〈参加実施要項〉
1、参加締切期間　1972年10月15日～1973年10月15日　各回出発日15日前締切
2、実施期間　(A) コース (12日間) ヨーロッパ一周
(B) コース (18日間) 世界一周
第2回　(A) 1973年2月6日～2月17日
(B) 1973年2月6日～2月23日
第3回　(A) 1973年3月6日～3月17日
(B) 1973年3月6日～3月23日
第4回　(A) 1973年11月1日～11月12日
(大阪韓人会・50名)
(B) 1973年11月1日～11月18日
3、人員　各回 30名、先着順締切
4、総費用　(A) コース　¥228,000 (旅券所持者の場合)
(B) コース　¥480,000 (旅券所持者の場合)
(A) 総費用に含まれるもの　イ、往復航空運賃　ロ、全行程宿泊費及び三食費　ハ、観光費用一切
(B) 総費用に含まれないもの　イ、渡航手続費用及び手数料 ¥40,000 目的地追加関係費用　各国査証 (VISA) 関係　再入国関係注射費用　ロ、20kg以上超過荷物料金　ハ、旅行傷害保険料　ニ、個人的費用 (クリーニング代・電話代・旅程以外の単独行動に要する費用及び飲食費等)
5、申込方法　参加金¥40,000 (総費用に充当する) をN・T・A又はW・T・Sへ申込みと同時に納金して下さい。残金は各出発日1カ月前迄に納金して下さい。

◉右記申込金は本人の都合で不参加の場合は返済致しませんので御諒承下さい。
◉積立方法：各居住地の各商銀及び大阪興銀に第2・3・4回の6カ月及び1年間積立を各本支店に御相談下さい。

MSA航空

七日会東南亜細亜一周視察の旅 (7日間)

大阪→バンコック→クアラルンプール→シンガポール→香港→台北→東京→大阪

参加実施要項
参加締切期間　1972年11月1日～1973年1月31日まで
実施期間　1973年2月11日～1973年2月17日 (7日間)
人員　40名　先着順締切

総費用 ¥178,000
(旅券所持者の場合)

(A) 総費用に含まれるもの…(イ) 往復航空運賃 (ロ) 全行程宿泊費及び三食費…(ハ) 観光費一切
(B) 総費用に含まれないもの (イ) 渡航手続費用及び手数料¥20,000 目的地追加関係費用
再入国関係費用 (日本人は不用)
各国査証 (VISA) 関係費用　注射費用
(ロ) 20kg以上超過荷物料金　(ハ) 旅行傷害保険料
(ニ) 個人的費用 (クリーニング代、電話代、旅程以外の単独行動に要する費用等)
申込方法　参加金¥20,000 (総費用に充当する) をN・T・AまたはW・T・Sへ御申込と同時に納金。残金は1973年1月31日迄でに納金のこと。
◉上記申込金は本人の都合で不参加の場合は返済致しませんので御了承下さい。

申込取扱店
WTS
ワールド・トラベル・クラブ
ワールド・トラベル・サービス(株)
世界観光旅行社
社長 張　昌　寿 (民団大阪地方本部 監察委員)
大阪市南区鰻谷中之町4-8 大商ビル TEL(06)251-8653～5

主催 日本旅行
関西海外旅行センター　係 北原、山口
大阪市北区曽根崎中1丁目64・梅田第一ビル TEL(06)312-6312～5

韓國新聞

在日大韓民国居留民団
中央本部機関紙
韓國新聞社
発行人　金　正　柱
東京都文京区春日町
2丁目　20－13
電話直(815) 1451～3
交(813) 2261～5
振替口座 東京 163774

民団綱領

一、われわれは大韓民国の国是を遵守する
一、われわれは在留同胞の権益擁護を期する
一、われわれは在留同胞の民生安定を期する
一、われわれは在留同胞の文化向上を期する
一、われわれは世界平和と国際親善を期する

維新課業を果敢に遂行

安定と繁栄を強調

阻害要因除去、南北対話は拡大

朴正熙大統領

朴正熙大統領は、一日、新年辞を通じ「新年には如何なることがあっても、維新課業をひきつづき果敢に遂行し、維新秩序を定着させなければならない年であり、国会議員選挙は、維新理念を具現して清潔に、お金を使わずに、静かに、明朗に行なうべきである」と強調した。朴大統領の新年辞要旨は次のとおり。

朴正熙大統領新年辞

今日われわれは希望と活気に満ちた維新の新しい朝を迎えました。この意義深い維新の新しい朝を迎え、私は過ぐる一年間維新理念を具現するため救国の決断に積極呼応してきた国内外同胞の皆さんに深い感謝の意を表し、あわせて新年も皆さんのご家庭に幸福と喜びがあふれ、栄えある一年になりますよう真心から願う新年のご挨拶をお送りいたします。

顧みますれば、過ぐる一九七二年は文字通り前進に前進を続けた充実した一年でありました。いまわれわれが迎えるこの新しい年が真にわが民族史の新しい朝であるからには、一九七三年にわれわれがなすべき課題もまた大きく重いといわざるをえません。したがって、新年には如何なることがあっても、維新課業を引き続き果敢に遂行し、維新理念を着実に具現して維新秩序もしっかりと定着させなければならないのであります。

昨年われわれは順調に維新課業に着手しましたが、それはあくまでも制度的な道をしいたのに過ぎません。新年からはこの道に沿って、維新課業を本格的に推進しなければならないのであります。

われわれが遂行しているこの維新課業は、国力を一日も早く増強し、小さくは、自分自身と自分の家庭が安定と繁栄を享有し得るようにするためであり、大きく、祖国の平和統一を早め、民族の栄光をより高めるためであります。言い換えれば、この維新課業は誰彼いうことなくわれわれすべてのための課業であり、だからこそわれわれが必らずや完遂すべき至上課業なのであります。したがって、これを阻害し妨害する要因があるならば、われわれは果敢にこれを除去し是正してゆかねばなりません。その反面、この維新理念に合するすべての要因は、こんごもいっそう育成し発展させてゆかねばならないのであります。私は、これこそ「十月維新」を契機に断行すべき国政全般に対する一大改革の基本方向であることを明らかにするものであります。

われわれはいまから政治活動の再会について遠からず国会議員選挙を実施することになります。私は、この度の国会議員選挙だけはどんなことがあっても維新の理念を具現して、清潔に、お金を使わずに、静かに、明朗に行なうべきことを強調いたします。私のこのような考えは単に私のみの望みではなくわが国民全体のひたすらなる熱望であるとわたしは信じております。

われわれがみなよく知っているように、この維新憲法には政党設立の自由と複数政党制の保障を明示しております。憲法に明記されたこの条文は、わが国の基本秩序が国民の政治的自由を保障する民主主義に根差していることを立証するものであります。だからといってこのことは過去のように自由にかこつけた無秩序と民主にかこつけた非能率をそのまま許容し受け入れようということでは絶対にありません。私は過去においてそのような反維新的態度に蝕食まれていた一部の政治人たちも、いまでは維新理念を体得し深く反省しているものと思い、また国民すべても、こんご政治人たちが国論を分裂させる行為は自ら慎むものと期待していると思います。だからこんご構成される国会は真に国家利益のみを考え、国民の福祉向上のために努力する斬新で真実な民意の広場とならねばならないのであります。

私は、国会が真実なものとなり、かつ円熟するときはじめてわが国の政治も安定し、政治が安定してはじめて経済も引き続き高度成長を維持し得るものと信じております。

したがって、われわれは真実の政治基盤の上で、新年も引き続きセマウル運動を展開し、国民経済の持続的な高度成長を達成してゆかねばならないのであります。勤勉・自助・協同のセマウル精神を農村と都市の区別なく、それぞれ自己の生活領域を発揮して、農村では所得増大に、企業家は経営合理化に、そして勤労者は生産増強にそれぞれ専念して国力培養に役立たねばなりません。

全国民は汗を流して働くことを美徳とし、勤倹協同する生活気風をいっそう培ってゆかねばならないのであります。そして、若者には清い夢を、年老いた人びとには老後の希望を抱かせる安定した明朗な社会をきずきあげることができるのであります。これはまた、八〇年代にわれわれが迎えることになる豊かな福祉社会に到達するもっとも早い近道であると信じます。

私はまた、北韓にいるわが同胞たちに暖かい新年の祝福をおくりつつ、北韓同胞の皆さんと共に再び祖国の平和と繁栄を望む民族の切実なる念願をかみしめてみるのであります。われわれは新年も南北間の対話を継続進展させ、いっそう広め、お互いに戦争のない平和の中で繁栄と発展を追求していけるようにしなければなりません。

われわれはみな、維新秩序を確立するため力強く堂々と前進いたしましょう。そうして、維新の理念を満開させ、その上に統一祖国の栄光を末永く輝かせましょう。

在日同胞を鼓舞激励

民団中央本部を訪ずれ、歓談する総理一行（上左から李澔駐日大使、金鍾泌総理、金溶植外務部長官、金正柱中央団長）民団中央本部内庭で、民団関係者及び在日同胞の熱烈な歓迎をうけながら握手をかわす金鍾泌総理（下左側前面）

金鍾泌総理、民団を訪問

＝五百余人集い大歓迎・自決、自助、自立、自衛、自主を強調＝

中央本部で　維新課業完遂への道示す

民団創団後、初の金鍾泌総理の来訪を迎え中央本部では中央三機関および東京本部、都内各支部、各地方本部の役職員など要員三百余人が参列し、東京都青年会員二百余人が正門入口に整列歓迎する中を、定刻の午後一時三十五分、総理は金溶植外務部長官、李大使とを帯同し歓迎陣の拍手のうちに中央本部に到着した。

金正柱団長の紹介で役員と握手をかわしながら三機関長と握手をかわした金総理は、報道陣のフラッシュを浴びながら、団長室に入り女子団員が捧げるカトレアの花を胸につけた。

約三分間の休憩中、金総理は、中央会館の新築に関する経過と計画に関する金団長の報告に、深い関心を示しながら耳を傾け、政府の積極的支援を約した。

ついで、李彩雨副団長の司会で、歓迎式が行なわれた。国民儀礼について、金総理および金溶植外務部長官への、中央本部、東京本部、婦人会本部、青年会東京本部からの花束贈呈があり、金正柱団長が歓迎のあいさつをのべた。

金正柱団長は創団以来初の総理の来団を、「本国と海外同胞とを結びつける、民族的精神の象徴的場面」であるとのべ、在外国民、特に在日青年に対し本国で行なわれている歴史的維新課業の意義と未来に関しての総理の意見を請うた。

○…金鍾泌国務総理は、アメリカでトルーマン元大統領の追悼式に参列し、ニクソン大統領と会談の帰途、さる一月十、十一日の二日間日本に立寄り、田中首相、大平外相らと会談したが、その多忙な日程を割いて十一日午後民団中央本部を訪れた。特に国務総理がわざわざ日程を設けて民団中央を訪れるということは、民団史に残る大きなできごとである。民団中央では金総理の歓迎に万全の準備を行ない、金正柱団長ら三機関長をはじめとし、全役職員が威儀を正して門内に整列して迎えた。…○

忍耐強く南北対話

百億ドル輸出目標達成に総力

金総理は、「皆さんと会うと、ここが外国でなく、ソウルのどこかのような錯覚すらいだく」とのべ、「二十年の艱難辛苦をのりこえ、ひたすら民族精神を身をもって守って来た皆さんに対し、喜びと感謝と尊敬の入り交じった心情である」と語った。

金総理は、本国における十月維新は、政治面では韓国的民主主義の土着化、経済面では、七十年代の百億ドル輸出、社会面では、正義と信頼と秩序とにうらづけされ、どのような外敵の侵攻も自力で撃滅可能な国防力の確保をめざすものであるとし、共産主義者との対話で望ましい結果が得られるというのは幻想に近いことではあるが、武力や暴力によらない平和的統一の一方法として、忍耐強く対応すべきであるとのべた。

自由民主主義こそは、わが民族の生活理念であることを強調した金総理は、自由民主主義を力強く支える力点として、自決、自助、自立、自衛、自主を強調し、在外国民の維新課業完遂への道を示した。

民団中央本部および東京本部からの記念品贈呈に笑顔で答えた総理は午後二時八分、歓送の拍手の中を、羽田空港へと向かった。

なお、前日の一月十日には、午後三時から帝国ホテルで、民団中央三機関長、全国民団地区協議会事務局長、傘下団体機関長ら約二十人余りと接見し、四時ごろまで歓談した。

中央の陣容を強化

事務総長署理に尹奉啓氏起用

李彩雨副団長兼青年局長

姜学文副団長兼組織局長

尹奉啓事務総長署理

李吉燮事務次長兼総務局長

民団中央本部（金正柱団長）では、旧ろう二十九日付で、事務総長を始め宣伝、組織、青年局長などを更迭して陣容を強化した。

事務総長署理には姜学文副団長の兼任を解き、組織経験に富む尹奉啓氏を起用する一方、事務次長兼総務局長には、組織家であり事務に明るい李吉燮氏を起用した。

これで、本国の維新事業に歩調を合せ、民団の組織強化、事務体系の整備強化などに全力を尽す執行部を構成した。新任役職員の顔ぶれは次の通り。

▲李彩雨副団長兼青年局長兼本国事務所長＝48歳、日本大学卒、慶南道出身。▲姜学文副団長兼組織局長＝55歳、全北道出身。▲尹奉啓事務総長署理＝60歳、法大中退、慶南道出身。▲李吉燮事務次長兼総務局長＝49歳、駒沢大学卒、慶北道出身。▲宋鎬用経済局長兼中央会館建設委員会事務局長＝47歳、慶南道出身。▼李鍾舜民生局長＝45歳、中央大学卒、慶北道出身。▲金秉錫文教局長＝48歳、明治大学卒、黄海道出身。▲鄭達鉉宣伝局長＝50歳、日本大学卒、平南道出身。▼李聖南経済委員長＝46歳、関西大学卒、全南道出身。▼卞周浩青年委員長＝46歳、ソウル大卒、慶南道出身。▼金坰晋本国事務所副所長＝48歳、京畿道出身。

ソウル人口六百万突破

増加率は鈍化、年22万人

七二年十月一日現在、ソウル特別市の常住人口が六百七万六千一百四十三人と明らかにされた。

旧ろう二十九日、ソウル市の公式集計によると、七二年度の人口増加率は三・八%で二十二万五千人増で、七一年度の五・七%（三十一万四千人）より一・九%鈍化した。

男女別は、男子三百二万二十九人、女子三百五万六千一百十四人で女子が三万六千八十五人多い。

中選挙区制を採択

二月末頃に総選挙実施予定

国会議員73区から146人

旧臘二十九日、青瓦台で開かれた非常国務会議は、中選挙区制の新国会議員選挙法案と同施行令、政党成立要件を緩和する政党法改正案を審議議決し、この二法案は三十日、公布施行された。

来る二月末頃実施される国会議員選挙に適用される、選挙法案の内容は、選挙区を七三個の中選挙区制に調整、一カ区で二人の国会議員を選出、地域区で百四十六人を選出、統一主体国民会議選出ケースが七十三人で、総二百十九人の議員を選出するようになっている。

立候補者の登録には、政党推せん候補者が二百万ウォン無所属が三百万ウォンを寄託、有効票の五分の一に達しない場合候補の寄託金は国庫に帰属し、選挙運動期間を限定明示徹底した公営制をとっている。

投票方式は、一選挙区で一人の候補者にだけ記票し、多数得票者二人を当選者とするが、選挙運動は、従来の政党運動や個人演説会を通じた支援演説をなくし、一カ所で三回、市、区では三回の合同演説会で代替され、候補者数が定数または、定数未達のばあいには無投票当選されることになる。

各市道別選挙区数はつぎのとおり。

▲ソウル＝八、▲釜山＝四、▲京畿＝八、▲江原＝五、▲忠北＝四、▲忠南＝七、▲全北＝六、▲全南＝十、▲慶北＝十一、▲慶南＝九、▲済州＝一

輸出伸び率31%に

政府、73年度品目別に調整

政府は今七三年度輸出目標三十三億五千万ドルの構造別、工業品、主要品目別、部門別計画をそれぞれ確定させた。今年の伸び率は三一%で月間平均輸出額を二億ドルとし、農産物と工産物をふやし水産、鉱産物は減らした。

つまり、農産物は昨年比〇・一%増の六千万ドル、水産物〇・三%減の一億七千万ドル、鉱産物〇・五%減の四千万ドル、工産物〇・六%増の二十億八千万ドルとなっている。全体輸出の八八・五%を占める工産品は重化学工業製品七億三千七百八十万ドル、軽工業製品十三億四千二百三十万ドルである。なお、一億ドル以上の輸出が計画されている品目は衣類、電子機器、合板、セーター、鉄鋼板等五品目である。

70年の二・三倍に

76年の工業生産

商工部によると、三次五年計画のおわる七六年度の輸出は四十六億ドルにのぼり、外貨保有高は七〇年の五億八千四百万ドルから九億九千七百ドルに、総合製鉄、石油化学工業等の建設拡大で工業生産は二・三倍もふえるという。主な品目は特殊鋼が八倍、造船二九倍、Fナイロン糸三倍、精油二・四倍、板ガラス二・八倍、自動車二・三倍等である。

三兆八千億支援必要

百億ドル輸出に

商工部は八〇年代に百億ドル輸出を達成するためには製鉄、造船、機械重工業部門に二兆八千億ウオン、繊維、肥料、セメント等軽工業部門に一兆ウオンの内・外資支援が必要であると推定している。内訳は①浦項製鉄拡張と第二総合製鉄一兆ウオン②造船一千五百億ウオン③電子工業二千四百億ウオン④自動車五千億ウオン⑤一般機械工業拡張一千四百億ウオン等の設備投資のほか、軽工業では①繊維六千八百九十億ウオン②セメント八百八十億ウオン③肥料四百七十六億ウオン、その他石油化学拡張分まで合せると二北億ウオンになる。

企業公開強調

証券市場発会式

証券取引所が南財務長官を迎え四日発会式をあげた。南長官は今年を「資本市場の年」にしたいとし①企業公開推進②投資者保護のための企業内容公示制度と外部監査制実施③証券会社の大型化と取引所公営制確立、市場管理機構一元化等証券市場育成方針を明らかにした。取引所側ではこれまで十八種の普通取引銘柄を三十三にふやし信用取引会が出来るようにした。

東京本部・直通電話開通

民団東京本部（鄭東淳団長）は次のとおり直通電話を新設、昨年末から開通した。東京本部事務所および電話番号は次の通り。

東京都文京区春日町二ノ二〇（民団中央本部内）
電話(03)八一一五一六五一一、六五一一二番

今年の外換受入24億

今年の外換需給計画は受入れ二十四億九千万ドル、支払い二十二億五千万ドルで二億六千五百万ドルの受入超過となっている。貿易部門で一億九千万ドル、貿易外収支七千五百万ドルの黒字だが資本取引で一億八千万ドルの赤字、外貨貸付けも一億三千万ドルが計上され、年末外貨保有高は七億五千万ドルとなる。

企業公開作業に着手

財務部は企業公開促進法と資本市場育成に関する改正法律を五日から施行すると発表した。同法による公開対象企業としてまず五十四社があげられており、今月中に施行令を作成し本格的作業にのり出す。

天然ガス噴出

六鉱区海底から

東海蔚山前方海底の六鉱区石油試掘現場で天然ガスが噴出していることが確認された。これは旧ろう三十一日、二千五百十八米まで掘り進んだところ噴き出したもので、専門家が分析したところ、油層の近いことを暗示するものという。しかし商工部では四日「ガスが出たことは事実だが油田とは関係ない」と慎重である。

川崎支部定期大会ひらく

民団神奈川県川崎支部は、第三十八回定期大会を、きたる一月二十一日開会することになった。

同支部は、不純分子の策動で一時混乱におちいり、神奈川県地方本部（朴成準団長）の直轄となっていたが、今度の大会は、特に真面目な愛団有志たち多数の要請によって開くことになったもの。

一月二十一日午後十一時より、川崎市幸十見町の労働会館で。

通関規制強化

関釜フェリー

関税庁は関釜フェリーで入国し三カ月以上滞在している乗用車は搬出後三カ月が経過しない限り再入国の際の免税は適用しない等今年から携帯品の通関を強化する。

ソウルで全海外公館長会議

政府は第四共和国出発初年度にあたり、多角的外交活動を展開する方針で、今月末から二月中旬にかけ全海外公館長会議をソウルに召集し、第二段階として輸出振興公館長会議も開く予定。

朴大統領に祝電

日本天皇ら

朴大統領は二十七日、裕仁日本天皇やニクソン米大統領をはじめ六十三ヵ国の国家元首や首相から第八代大統領就任を祝賀するという電報を受取った。

中央本部人事

李彩雨　任副団長兼青年局長兼本国事務所々長
姜学文　任副団長兼組織局長
尹奉啓　任事務総長署理
李吉燮　任事務次長兼総務局長
宋鎬用　任経済局長兼中央会館建設委員会事務局長
李鍾舜　任民生局長
金秉錫　任文教局長
鄭達鉉　任宣伝局長
李聖南　任経済委員長
卞周浩　任青年委員長
金坰晋　任本国事務所副所長
姜学文　依願免　事務総長兼務
李聖南　依願免　総務局長
孫秀祺　依願免　文教局長
卞周浩　依願免　青年局長
金致淳　依願免　組織委員長
金秉錫　依願免　宣伝委員長

一九七二年十二月二九日
団長　金正柱

セマウルで維新理念具現

所得増大の汎国民運動
全国土生産圏化・全労力生産化・農民の技術者化方針で
電化、造林など実践計画を確定
朴大統領、新年国務会議で指示

朴正煕大統領は、五日午後、青瓦台で新年初の国務会議を主宰し、「セマウル運動は、維新理念を実現する汎国民運動」と強調し、「セマウル運動」の基本方針を、全国土の産業圏化、全イルソン(労力)の生産化、農民の技術者化として設定し、新年にもひきつづき、力強く全国的にくりひろげていくべきである」とのべた。この日の国務会議は、午後四時から八時まで四時間にわたって行なわれ、各部処別の七二年度セマウル運動の成果分析と決算について、七三年度に展開するセマウル運動計画が報告され、確定した。

朴大統領は、この会議でセマウル運動の基本指導方針として、(1)農民と都市民、そして社会指導層が自律的に参与する汎国民運動として指導し、(2)生活向上のための所得運動として推進し、(3)勤勉、自助協同のセマウル精神を行動に移し、実践する精神革命として再展開し、各セマウルと地域社会ごとに指導者を中心に組織化するようにし(4)支援および推進体制をより効率的に整備強化することを指示した。

朴大統領は、このような方針によるセマウル運動の展開過程を、基礎マウル、自助マウル、自立マウルに区分し、マウルの形態にしたがい、基本・支援・所得事業の三段階に分けて指導するようにと指示した。

これにより、政府は、一万八千五百個の基礎マウルには、農路、わらぶき屋根改良など基礎作業を、一万四千五百個の自助マウルには基本事業以外に、労賃事業(国土造成事業など)と農村電化など文化福祉事業などの支援事業を、そして、二千百個の自立マウルには、基本及び支援事業のほか所得事業(マウル造林・農家工場など)をくりひろげて行くことにした。

朴大統領主宰で開催されたセマウル運動推進のための国務会議

米日に輸出偏重
貿易逆調の大幅改善にかかわらず

政府の強力な輸入抑制施策と輸出の好調により、今年にはいってから韓国の貿易逆調は大きく改善されたにもかかわらず米国、日本地域に対する輸出偏重現象はなかなか改善されずにいる。

関税庁が集計したさる十一月末現在の輸入実績は二十二億二千六百万㌦(通関基準)で、昨年同期の二十一億七千五百万㌦に比べ二・三%の増加にとどまったが、輸出は十四億一千三百万㌦で、昨年同期の九億四千万㌦に比べ五〇・三%もふえた。これにより貿易逆調は昨年同期の十二億三千五百万㌦から八億一千三百万㌦へと大きくせばめられた。

しかし、政府の輸出入多辺化施策にもかかわらず、対米、対日地域輸出入依存度は好ずに改善されず輸出の場合、米国は全体の四七・四%(六億六千九百万ドル)、日本が二四・八%(三億五千万ドル)で、この二地域だけで全体の七二・二%も占めている。一方、輸入の場合は米国が二六・三%(五億八千五百万ドル)、日本は四〇・八%(九億七百万ドル)で、やはりこの二地域で全体の六[illegible]%も占めている。

なお、品目別輸[illegible]をみると、①原油が一億七千[illegible]百万ドル(全体の七・八%)で最も多く②木材は一億二千四百万ドル(五・六%)③[illegible]が一億二千二百万ドル([illegible])④[illegible]九千九百万ドル(四・[illegible])の順となっている。

民統線北方を農耕地に
76年まで千六百町歩開墾

農林部は、農耕地拡張施策として民統線北方開発を積極的に推進、七六年まで年次的に農耕地千六百町歩を開墾する計画である。

八日、農林部は、現在、休耕状態にある民統線北方の農耕地、五千町歩のうち、昨年四百町歩を試験開墾したについで、今後、開墾可能な千六百町歩に大豆を栽培する計画であるとのべた。

これにしたがい、農林部は、今年中に、民統線北方農耕地五百町歩を開墾、町歩当り開墾費、五万㌆のうち五十%を国庫補助することに方針をきめた。

金融債券発行
国際金融市場で直接に

韓国の産業銀行は、新たに甲種外国為替業務を取扱うことになったのに伴い、来年から外貨表示産業金融債券を国際市場で直接発行し、国内産業支援のための外資を調達する方針である。

産銀は新年の外貨表示産業金融債発行規模を一千五百万ドルないし二千万ドルに内定し、これを欧米地域の金融市場で発行する計画で、現在、発行条件と方法など具体的な問題を検討している。

富士通FACOM
ファミリー支部

日本富士通のコンピューター使用団体であるFACOMファミリー韓国支部がこのほど設立をみた。会員は①韓国電子計算所②漢陽大学③農村振興庁④国立建設研究所⑤光云電子工科大学⑥陸士⑦嶺南大学の七機関で新型機の運営方法指導や使用者間の情報交換にあたる。なお、日本での会員は一千百五十八。

二十三億五千万ドル
73年度輸出目標額を調整

商工部は七十三年度輸出目標二十三億五千万㌦達成のため品目別調整を進めている。輸出パターンを軽工業から重工業製品中心に転換させる方針で、電子製品は昨年の倍の三億㌦、船舶も倍増の三千万㌦、一般機械類二千五百万㌦、電気機器二千三百万㌦、鉄鋼、非鉄金属一億三千万㌦と重化学工業製品が二五%を占めるようにする。なお、繊維類は八億五千万㌦、履物類は八千五百万㌦等である。

なお政府は今年の輸入総ワクを昨年比二〇%増にとどめ二十六億五千万㌦程度に抑える方針であり、関係当局は機械類と輸入金額の大きい原油、原綿、木材等の輸入は昨年並みに抑え、輸出目標達成のための原資材と施設材導入に優先権をあたえ、外貨節約のため生ゴムはじめ八つの大本品目の輸入窓口を一本化するという。

72年輸出 18億三百万ドル
三百七十五万ドル上回る

七二年度輸出実績が、目標額を三百七十五万㌦も上まわった。三十日夜、商工部が発表した七二年度輸出実績はなべて十八億三百七十五万三千㌦で、当初の輸出目標十七億五千万㌦の一〇三%、修正された目標額十八億㌦の一〇〇・二%が達成された。

李洛善商工部長官は、輸出目標を上まわる実績が得られたのは、八・三措置などで国内経済が安定および成長の基盤を拡大し、国際通貨の調整などで海外の輸入需要が大きくのびたためであると説明し、新年にも持続的な輸出増大のための産業基盤拡充に商工行政の焦点をあわせるつもりであるとのべた。

尋ね人

成万業氏

成万周氏

☆成萬業(50)　成萬周(49)　兄弟

通名を成田英毅、英男と呼ぶ。本籍は、慶南居昌郡高梯面鳳山里五四四。終戦前の住所は岡山市北方町三丁目一四三七番地で約十七年間居住、解放の年の春頃、山口県萩郡に疎開した。

兄は、太平洋戦争中、広島航空工廠につとめ、弟は軍属として従軍中、マラリヤで広島陸軍病院に入院したことがある。

○名古屋市の民団中村支部の李[illegible]事務部長まで連絡を。

韓日間の大陸棚共同開発
民間の共同出資形態
年初調印後操業実現

解説

このほどソウルで開かれた韓日間大陸ダナ共同開発のための第三次実務者会議では、開発会社の形態と共同開発地域の境界線を決める上で大むね意見の接近を見た。これで大陸ダナ共同開発の問題点は煮つめられ一つずつ整理されているが、問題の焦点となる関連会社の形態と税金の納付方法については依然として妥結点が見出されずにいる。大陸ダナの共同開発問題は誰がどこでどのように開発するか——ということに集約されるが、韓日実務者会議は大陸ダナの紛争地域を共同開発しようとする政治的折衝の原則合意を協定形式で文書化するために月例会議を継続して、これら諸問題にかんし、問題指摘→両国の立場交換→問題別意見接近→一括合意→協定調印の過程を経て解決しようとするものである。

韓日間大陸ダナ共同開発のための第三次実務者会議において「[illegible]」は[illegible]段階にあるといえる。そこで、その内容をのぞいてみると、開発主体である「誰が」の問題は大かた解決したことになる。当初は「誰が」をきめるために政府が指定する方法と関連民間会社が共同出資して別の会社を設立する方法、③民間会社同士が互いに契約を結んで開発する方法——など三つの方法論が挙げられて論議された。しかし、日本の国内法によると、政府は直接投資することができないため、日本としては①の方法だけは除外し、②③の方法ならいずれでもよいという立場をみせた。

それに両国とも外国会社や民間会社に探査権と採掘権を許可してきたないし探査契約をしている実情にあるから、結局は③の方法を採択することで意見の一致を見た。

このようにして韓日間の大陸ダナ共同開発は関連した既存会社によって行なわれることになったが、これには政府がどのようにしてこれらの会社と関係を結ぶか——という問題が生じた。そこでそのためには韓日両国政府間の協議体を構成する必要性がある、ということになり、ここからできた案が政府間協議体を構成するということである。

次に、共同開発するところは「どこか」という問題では、これまで韓日両国がそれぞれ「管轄権はわが方にあり」と主張してきた場所と決め、その地域で双方が共同開発に実を行なうことに原則的了解をみた。いわゆる"紛争地域"というのは韓日間の管轄主張が重複する約十万平方㌔である。しかしこの地域はあくまでも石油資源共同開発のためにのみ合意された地域だというに過ぎず、これがすなわち、長い間韓日間で対立してきた管轄権問題の自動解決につながるわけではない。とはいえ、韓日間で互いに管轄権主張の重複事実を認めてその地域に対し境界線を画したということがこんご管轄権問題解決で重要な役割をするだろうということに間違いはない。

また、「どう開発するか」という問題は関連会社らの利害関係と政府収入問題に直接関係するから、最終段階まで意見の調整がむつかしかろうと思われる。特にこの問題は、韓国と契約を結んでいる石油会社がガルフなど世界屈指の大会社だという点また韓国政府としてはこれらの会社と結んでいる協定の内容を順守し会社側の既得権を保護してやらねばならないという問題が介在しているから、一層複雑に、この問題は錯綜している。だが、この共同開発の方法によると、韓国と契約を結んでいる諸会社は契約どおりに租鉱料として総生産石油量の一二・五%を出すとともに、法人税納利益の五〇%のそのまた半分を韓国政府に出す。一方、日本には日本法律の規定どおり租鉱料一%、税金(日本の場合は法人税がなく、各種税金として規定している)三五%の半分を出し、日本側の会社もその逆の比率で韓国政府に納付しようとするものである。しかしこの方法は韓国関連会社には利益となるが、日本関連会社は損害を受けることになるため、日本側はこれに反対している。

なお、両国の政府収益の面からみると、この方法も韓国は韓国なりにまた、日本は日本なりにそれぞれ法律と契約が決めたとおりの全く同様の結果の収入がえられることになっている。いずれにしろ、この問題をどう解決するかが共同開発原則の文書化日程を決定することになるだろう。

特にこの問題は、関連会社の数がふえて入り乱れそうである。つまり当初の四社(テキサコ、コアム、日本石油、帝国石油)からシェル、ガルフ、西日本石油の三社を含めて七会社になる可能性が大きくなり、韓日二国の関係から韓日米(シェルはオランダ)の三国関係に拡大する公算が強い。

しかし、韓国政府はいったん共同開発原則に合意した以上、早期妥結を目指し年二月か三月までには協定に調印、七三年内に開発が実現するよう急ぐ方針である。

このため、韓国としては一月と二月に実務会議をもっと開いて問題点を整理し、意見をせばめる作業をつづける意向だが、いま一度政府会談が開かれる公算もある。

(SISA)

わが国西南海で行なわれている石油の試錐。海底が固いばあい、ダイヤモンド・ビートが用いられる。

精油造船施設拡張
=政府長期工場建設計画=
第二総合製鉄も建設

商工部は、年産五百万㌧規模の第二総合製鉄を新たに建設するなど、百億㌦輸出達成をうらづけする長期工場建設計画を作成中である。

八日、関係当局によれば、商工部は第二総合製鉄建設資金として内外資、九千八百億㌆を投入する計画であり、来る七月に着工する浦項総合製鉄は、七六年度まで年産二百六十万㌧、七九年度まで六百万㌧に拡張させ、精油施設は七六年まで一日、六十五万バレル、八十年までは九十四万バレルに拡張する方針である。

一方、発電施設は七二年末の三百八十七万㌔から、七六年に六百二万㌔に、八十年までは九百二十八万㌔に大きく拡充し、主要戦略産業の一つである造船は、七六年まで、年百五十万㌧、八十年には四百六十万㌧を建造できるよう、施設を拡大することにした。

このほか、自動車工業は、現在のGMコリア、アジア、現代、起亜の四元化体制をそのまま維持しながら、施設規模を国際単位化させ、八十年まで年産五十万台規模に生産をふやし、セメントは、昨年末の千九百万㌧へ、肥料は百二十八万㌧から二百五十万㌧にそれぞれ倍増させる予定である。

在日本大韓民国居留民団 神奈川県本部

団長 朴成準
副団長 金恒徳
〃 黄二柱
事務局長 許文哲
総務部長 姜鍾起
組織〃 朴相元
民生〃 金東輪
議長 田炳武
副議長 金允同
〃 朴彰燮
監察委員長 崔龍岩
〃委員 金振慶
〃 金哲煥
横浜市中区末吉町三ー四五　電(二六一)四四九七・(二五一)六三四九

横浜支部

支団長 李七斗
副〃 崔洙南
事務部長 金正河
議長 田炳武
副〃 奇泰出
〃 朴定圭
監察委員長 徐泰玉
〃委員 兪永根
〃 権玉文
横浜市中区末吉町三ノ四五　電二五一ー一八〇九～一〇

鶴見支部

支団長 金元述
副〃 白鐸善
〃 崔炳達
事務部長 〃(兼)
議長 李晋九
副〃 崔聖鄕
〃 鄭南徳
監察委員 朱順道
〃 李時雨
横浜市鶴見区下末吉一ー一ー二七　電五八一ー三三七二、〇三九一

湘南中部支部

支団長 田鶴善
副〃 黄泰岩
〃 尹富駅
事務部長 尹蔵一
議長 尹珠宅
副〃 鄭日植
〃 尹錫鳳
監察委員長 金大栄
〃委員 朴東秀
〃 李長寿
藤沢市藤沢二一一ー一二三　電二一ー九四七四

湘南西部支部

支団長 尹仲守
副〃 卞銅述
〃 李昌烈
事務部長 李鍾徳
議長 崔漢鼓
副〃 朴春奭
監察委員長 金日生
〃委員 姜熙萬
〃 趙漢模
小田原市板橋字水神ケ森二四八ー八　電二二ー三五八八

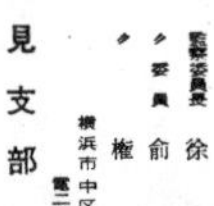

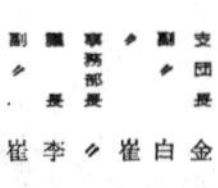

維新民団ちかう新年会

三百余人の賓客でにぎわう中央本部新年会（上）内外貴賓四百余人が集い創団以来の大盛況を博した東本新年会（下）

"気迫あふれる門出"
八日、中央本部で三百余人集い祝う

▽民団中央本部新年会が、八日正午から中央本部で、駐日大使館を始め、中央本部の役職員、民団各級支部関係者、同胞言論界関係者など三百余人の参席裡に、宋鎮用経済局長の司会ではじめられた。民団の新たな年を祝う新年会は、参席の顔ぶれや、参席者の数などはいうまでもなく、その気迫も例年にない真剣さにあふれていた。国民儀礼についで金正柱団長のあいさつ、宋賛鎬公使の祝辞、李裕天中央顧問のあいさつ、朴成準地方協議会代表、鄭東淳東本団長、権逸市国会議員、金信三大韓婦人会長のあいさつにも、一様に、維新民団のありかたと志向に対する問題の提起と決意がうかがえた。金正柱中央団長のあいさつと宋公使の祝辞はつぎのとおり。△

本国と歩調合わせ創団以来の飛躍を
金正柱中央団長あいさつ

新年を迎えまして、皆様のご慶福を心からお祝い申上げます。

昨年は、いろいろな意味で、国際政治においてもまた、わが民族においても意義深い年であったと存じます。

国際的には、外交史上未曾有の [illegible]

[illegible] 急速な変動がアジア地域を中心として実現され、国内的には、祖国における「十月維新」が、民族中興の偉業として、民族史上新たな金字塔が浮刻されたことであります。

また昨年は、わが民団としては創団以来の苦難を克服した年であ [illegible]

[illegible] によって、輝かしく切り開かれた「維新課業」の道を、われわれ民団は、民族の道としてとらえ、かつ「民団維新」の道としてとらえ、民団団員がこぞって歩かなければなりません。

従来、民団は祖国から地域的に離れていたことなどから、ともすれば本国政府とは距離感を感じがちでありました。しかし、祖国の新たな維新体制には、在外国民たると国内国民たるとを問わず、すべて「維新国民」として一丸となり、総力を結集し、祖国の「維新課業」の完遂に貢献させる新体制であると信じます。

私たちは誰もが年がかわるたびに、新たな希望を抱くものであります。しかし、本年くらい民団と [illegible] して多難であり多事である年はないと思われますので、殊更に無量な感慨を抱くのであります。

われわれは、先に創団以来二十年の年期を重ねた民団を「成人」にたとえたことがありますが、今まさに、われわれは創団二十七年の「成熟」をすべき年にいたったことを忘れてはなりません。

はたしてわれわれがどのような「成熟」を成就することが民団の「維新」の道であるかを見極め、実践するかという問題こそ、われわれがとり組まなければならない新年の課題なのであります。

在日同胞各位のご健斗をお祈りすると共に、官民こぞっての御精進をお願いする次第であります。

[illegible] りました。

団長就任から約半年間の私の短い経験は、在日同胞が真に意識している問題点を直接実感をもってとらえ得ることに役立ちましたが、本年こそは、本国と歩調を合せて民団が創団以来の飛躍をなしとげなければならない年であると思います。

祖国において、朴大統領の英断 [illegible]

四百余賓客で大盛況
十日、留園で東本新年会

民団東京本部（鄭東淳団長）の新年会が、さる十日午後一時、東京・千駄ケ谷駅前通りの「外苑」で催され、東京管下支部役員はじめ内外の賓客四百五十人が参加、創団以来の大盛況のうちに終えた。

はじめに鄭東淳東本団長の、規律ある民団にしなければならないという力強い新年のあいさつにつづき、金正柱中央団長、金在権駐日公使、金信三大韓婦人会長、黄石学東京韓国学校長の順に祝辞があったあと日本側の特別来賓として、野田卯一、吉川久衛、宇都宮徳馬、田中栄一、石原慎太郎ら各衆議院議員と、山本茂一郎参議院議員の韓日親善を実らせる新年の祝辞が述べられ、権逸前韓国々会議員の音頭で乾杯をあげ四時ごろまで和やかな談笑がつづいた。

黄海道民会
24日、新年会

在日黄海道民会（安八龍会長）では、一月二十四日午後六時から [illegible]

国債二二五億発行

政府は旧ろう二十一日付で二百二十五億ウォンの国債を発行、まず韓銀に年利一〇%で引受けさせ、今年から一般に売出している。税収欠陥をカバーするため一般売出条件は年利一三%、二年据置、三年分割返済。なおこのほかにも政府は韓銀から二百二十五億ウォンを借入れた。

KBS韓国放送公社に改編

非常国務会議は二十七日、国営の中央放送局（KBS）を来年三月から"韓国放送公社"に改編、運営することを内容とする放送公社法案を議決した。

韓国放送公社は、総資本金の百億ウォン全額を政府が負担、現在のKBSの動産と不動産を出資して公社施設拡張のため年次的に現金出資を行なう。

なお、公社の財源は視聴料、電波料、付帯事業収益、政府公付金、社債および借款とするよう規定している。

なお、尹胄栄文化公報部長官は、この放送公社に関し「こんご放送公社は優秀な要員と新しい装備を確保して公営放送としての使命を果たすだろう」と語った。

交通事犯減る
クリスマス

韓国の今年のクリスマス・イブは静かでおだやかだった。二十四日は最高気温十一度であたたかく、ソウルのまちの人ごみは例年より少なく、風俗事犯など各種犯罪の発生件数も大きく減っていた。

警察の集計によると、風俗事犯は昨年より四〇%、交通事犯は五〇%減った。

韓国民族芸術団
公演終え帰国

四カ月間にわたって欧州、中東、東南アジア地域の二十三カ国を巡回公演していた韓国民族芸術団一行五十人は公演を成功裏に終えて二十三日NWA機で帰国した。

〈対民団事業〉
五大目標を設定
規約・綱領の改善支援など

宋賛鎬公使あいさつ

新年おめでとうございます。

昨年はまことにめまぐるしい一年でありました。祖国では、輝かしい「十月維新」の大事業がはじまり、在日居留民団では、民団正常化の巨歩としての東京本部の再整備作業が一段落いたしました。

団長のごあいさつにもあったように、祖国の「十月維新」に歩調をあわせ、民団が旧殻から脱皮し、一大飛躍を志向することは、まことに望ましいことと存じます。

われわれ大使館においても、「十月維新」の根本精神に即して、対民団事業五大目標を設定し、在日同胞の生活向上と繁栄に、本格的な努力を傾注する決意をかためております。

第一には、在日同胞組織である民団がその組織の規約綱領の改善において、また組織関係者や団員諸位の教育訓練において行なう諸努力に対し、あらゆる協力をおしまず、積極的支援を傾けるということであります。

第二には、先の水住権申請において盛り上がった、民団興管への結集する勢をより高め、在日同胞に対する民団加入運動を積極的に支援することにいたします。

第三には、本国の津々浦々までこだまし、めざましく進展されつつあるセマウル運動事業の足なみを一そろえるべく、在日同胞の積極的な参与を促進することであります。

第四には、在日同胞の自覚的経理を保障してゆけるようにしていますが在日同胞に対する [illegible]

第五には、民団で一層とり扱っていますが在日同胞に対する [illegible]

業務会社において、より迅速かつより親切に執行することであります。

以上のような五大目標をめざし、公館では、新年が前進・改革の年として、新たな一ページを飾ることになるよう、在日同胞皆さんとちかいを新たにしたいと存じます。

ことしも、おたがいの健闘を祈ってやみません。

"世界のリトル・エンゼルス"
記録破りの大公演
日劇でロングラン40日の喝采

ザ・リトル・エンゼルスは、東京公演で、有楽町の日本劇場の歴史はじまって以来の超ロングランを行なったが、全期間を通して平均八〇%以上という驚くほどの入場率と、そして観客と小さい天使たちとの数々のエピソードを残して昨年末、全日程を無事に終了し、新春から直ちに大阪での公演をはじめた。

日劇は、自社（東宝）系統の出し物以外は戦前戦後を通じ四十日という長い期間の公演に舞台を提供したことがない。したがって今度リトル・エンゼルスが長期公演するに当っては、平均の入場者数が席数の何割に達するか全く予測ができず、無事有終の美を飾ることができるかどうか心配していたむきもあった。これは劇場関係者を含めて多くの人たちが気にしていたことだった。

四十日間（十一月十九日－十二月二十九日）の成績を見ると、有料入場者平均七九%。一回のステージの客席数は二千九十二人（特別席を除いて）で、これを延べにすると、十六万七千三百六十席となる。これに対して全期間中の有料入場者数は十三万六千九十人である。七九%の中には新聞記者そのほかの招待者七千四百人余りは含まれていない。

連日満席の盛況
日本皇族始め各国公館長も

特に盛上ったのは後半であるが中でも十二月十七日（日）のヒルの部はシートは満席となり、通路まで埋めるほどだった。

十二月も終りに近づいた頃、二十六日には、ヒルの部に、秩父宮妃殿下、高松宮妃殿下、[illegible]

皇族さまも＝日劇観劇でリトル・エンゼルスにお会いになる両殿下。左から [illegible]

[illegible] 各国大使、公使も妃と夫人同伴で入場している。また有名人、特に芸能人もよく観劇したが、雪村いずみさんは一回ではあきたらず日をおいて二度も観ている。中村玉緒さんなどは舞台に上ってあいさつを交し、翌日にはリトル・エンゼルス全員にクッキーを贈っている。観客として入場した芸能人の主な人をあげると [illegible]

チエミ、ジュディオング、坂東三津五郎、[illegible] 洋一、沢田雅美、甲にしき、宝田明、南田洋子の各氏だったという。

今回の公演でもまた色々のエピソードがうまれた。荒川少年少女合唱団八十人が楽屋で交歓会をして歌を唄ったし、日劇ダンシングチームの李眞子さん（芸名松岡）はプリマ役の子供に感心して始終楽屋を訪れていた。仙台市の七十七銀行に勤める山内さんという二十九歳の青年は、時間がないので飛行機で往復し、四度も見に来ている。また帰りものは連日のことで大洋漁業のある人などは房子やくだものを何日も続けて贈っていた。

いるし、ある中年の人は夜の部を見て翌日十万円を寄贈して来た。ある中国人は、みかんを二十箱届けて、返礼にエンゼルスのサイン入りの色紙を贈られている。バレーを習っている小さい子供さんから将州に花束を贈られたこともあった。

日本劇場の西尾支配人は、リトル・エンゼルスの公演が終ったあと、玄人（くろうと）の興行人として学ぶ点があったと次のように語った。

「十一月から十二月にかけて四十日間を貸してくれとのことだったので喜んで応じた。しかし動員については危ぐされるので私達のしきたりを進言した。後援会の方たちは大へん協力で、少々の人数では割引をしないといっていたので、どうなるかと思っていたが、案に相違して観客動員が上手にできていた。十二月は一般に動員の難かしい月だが、連日殆んど満員で、会社でも話題となったぐらいである。劇場内での仕事は後援会がすべて引受けたが、マナーがよく、客扱いが大へんよかった。興業者はなれしているので、見習うべき点が多かった。エンゼルスたちもマナーがよく、実に感心した。私たちプロ興行者の参考にすべきことが多かった」

祖国の発展に寄与を
＝みなさんの成長が唯一の希望＝
地域社会にも貢献せよ

「成人の日」祝辞
金正柱中央団長

民団中央本部文教局では、一月十五日の「成人の日」を迎えるに当り今年成人となる韓国人青年に対する本国団長祝辞を傘下地方本部に送付した。

「今日、意義深い成人式を迎え、ご存じのとおり「成人の日」とは、心からお祝いを申し上げます。この満二十才になった皆さんが、社会における成人としての義務と権利をわかち持つことになることを記念する日であります。

皆さんは、今日の門出にあたり、なみなみならぬ決意と覚悟をしていることと思います。かえり見れば、二十年の長い年月にわたる父母の慈愛、すなわち、異域日本における数えきれない苦痛のかずかずと逆境のさなかで皆さんの成長だけを唯一の希望で送り生きがいとしてこられた今日、そして皆さんを今日まで育ててくれた社会に対し、新たな気がまえで父母への報恩を心がけるべきでしょう。

皆さん！

祖国大韓民国は、昨年七月四日の南北共同声明を契機として、四半世紀にわたる国土の分裂を終結させるため、全民族が渇望する統一のため、あらゆる努力をつくしています。今も、皆さんの故郷は、[illegible] 動が大きくくりひろげられており、全国民がよりよい暮しのためのセマウル運動に総結集しており、統一のその日のための万般の準備をととのえているのであります。

たとえ、身は海外にあるとはいえ、われわれは一刻も、祖国の発展から目をそらすことがあってはなりません。（以下略）

水害義援金25万2千円
台東支部で

民団台東支部（李鍾活団長）では、旧ろう二十一日、本国水災民救護義援金を最終的に集計、鏡井訓氏ほか六十一人から募金した二十五万二千四百円を、駐日大使館李奎縣領事を通じ寄託した。

十五万屯生産
今年の水産行政目標

水産庁は七三年度行政目標の生産量を五十二万六千屯（前年比三二%増）の輸出一億七千九百万ドル（同三五%増）達成のため六十億ウォンの投融資資金を投入することになった。

訂正　一月一日付第一〇六六号五面広告で、滋賀県本部の住所、電話番号を次の通り訂正します。

大津市馬場九ノ五　電話〇七七五－二－三六三九番

おことわり　＝「女の韓国ひとりあるき」は記事編成のため休載します。

出版物の寄贈求めています
中央本部文教局で

民団中央文教局（金栄植局長）では、民団中央本部所の資料室および、中央文教局資料室を新設 [illegible] もない。総務用として、韓国に関する内外図書出版物の寄贈を、ひろく一般団員に呼びかけている。

ミュージカル「春香伝」ハワイで公演
移民70周年で首都女師大劇団が

一九七三年は、ハワイへの韓国移民七十周年である。新年の一月十五日ホノルルでは僑民会主催で祝祭が開かれる。

祝祭では、韓国古典「春香伝」がミュージカル・ドラマで公演される。僑民会の招請をうけた首都女子師範大学の大規模ミュージカル・ドラマ団が遠征公演をすることとなる。

首都女子師範大演劇団（団長・崔玉子大学院長）は五十八人の教授ー学生チームで十三日、出国した。

首都女師大は、昨年七月、韓国総領事館を通じて僑民会から遠征公演の交渉をうけ、八月から舞踊科学生を中心に、一時間二十分の五幕七景の管絃楽団伴奏ミュージカル・ドラマを練習して来たと徐教授は明らかにした。

今まで国楽と民俗舞踊が、小規模には紹介されて来たが、このたびのように大規模の大学チームが公演することとなったのは、はじめてだとのべ、韓国移民祝祭公演について、アメリカの八都市巡回公演まで予定されていると語った。

金ジョン教授の脚本に、白ビョン東作曲、金貞郁教授振付のミュージカル「春香伝」には、舞踊科学生全員の参加で、アカデミックなチームの構成であるというところに新たな企画性がある。

従来の「春香伝」からぬけだした純粋舞踊劇で、早いテンポにバレー的技法を加味した特徴を生かすため、韓国的メロディーを西洋音楽で表現するということである。

しかし、純粋な古典から脱皮、外国人の鑑賞や理解に一助をと、振付を現代化したという点に、無理があったかは疑問である。

この点に対して、十年間、舞踊を教えて来た金舞踊科長は、「振付を創作と見る」と語っている。

演出まで担当したという、金教授は、「春香と李道令との離別の場面（二幕）と御使出道（五幕）に舞踊のハイライトをすえた」とのべながら「白氏の音楽が、テンポの早い、大きなボリュームで春香の劇的瞬間（春香を殺そうとする蝦舞）をよくカバーしている」と説明した。

ハワイ公演では、金万福氏指揮の市響伴奏と合唱の録音テープを使用するが、アメリカ巡回公演では、現地同胞からなるコリアン・フィルハーモニック・シンフォニーワシントンDCでは、米空軍オーケストラと協演の予定。

演劇団は、総指揮に崔玉子教授、金貞郁舞踊科長、李秉斗教授と三九人の学生で組織されている。この三九人は、五幕七景のうち、七回にわたって全員が舞台にあがり群舞をひろうし、またワシントンDCでのニクソン大統領当選祝賀朝食祈祷会では、李教授指揮で合唱をひろうするスケジュールも持つ。

「早いテンポの舞踊を、古典をもとに〈白鳥の湖〉と同じようなスタイルで構成したという大学舞踊劇の試みが、韓国を紹介するのにどれほど寄与するかは知らないが、春香伝というイメージを生かそうとするその間の練習と努力は、学校の名誉をかけたもの」とのべた。

この舞踊劇団の巡回公演日程はつぎのとおり。

△十五日＝ホノルル・コンサートホール公演、△十九日＝カリフォルニア・アジュサ大学、サイプラス大学劇場公演、△二二日＝サン・バナディノ・ギブス劇場公演△二五日＝カンサス市公演△二八日＝ニューヨーク・ホリデイ・インコリジウム公演、△三〇日＝ピッツバーグ大学劇場公演△二月一日＝ワシントンDCリストナーズホール公演△五日＝サンフランシスコ、マソニック・オーディトリウム公演△七日＝ロスアンジェレス公演。

また帰路に、日本で日本テレビの全国放映の交渉をおえ、二月末に国内で帰国公演を計画している。

神秘な技術の粋
柳海剛氏「高麗青磁展」

韓国の人間文化財、柳海剛さんの「高麗青磁作品展」が、さる九日から十五日（月）まで、東京日本橋の三越本店六階食堂別室「菊の間」で開かれている。

今回展示される作品は、作者柳さんが自ら選び出した二百点で、その製品は遠く高麗時代（九一八年～一三九二年）に、時の技術の粋を集めて焼上げた青磁に勝るとも劣らない神秘なでき栄えのものばかりである。

作者柳さんは、十八歳のときこの道に入り、ひたすら絶えた高麗青磁の技術を再現するため努力研究した人で、一九六〇年、大韓民国の人間文化財に指定された。一八九四年二月うまれ、本名根瀅、研究しはじめて六十有余年、現在ではようやく往古の作の水準に達し、今では高麗の香気ただよう「高麗青磁」を完成している。

音楽評

洗練された栗林 安定感与えた崔
〔世界音楽フェスティバル〕

旧ろう十二月二十七日に厚生年金ホールで栗林義信、伊藤京子、ピアノの遠藤郁子ら世界音楽フェスティバルを鑑賞した。

三年ほど前、東京文化会館で、藤原オペラの「リゴレット」を見て、このオペラ団の成長に驚かされたものだ。

戦後帝劇で藤原オペラの「マダム・バタフライ」で、いま北韓にいるテノールの永田絃次郎（金永吉）と藤原義江が一日交代でピンカートンを演じていたが、当時は、学芸会同様で、それ以後日本製オペラは見る気にはなれなかった。

戦中戦後をして私自身国外においてオペラを数多く見たからである。

この度のフェスティバルは、藤原オペラと二期会の主なスター達が参加しての公演だが、各自オペラのアリアだけに限られ、フェスティバルにしては、主旨が違っていたように感じられた。ということは、時が暮れであったからだ。

それはともかく、栗林は、洗練された歌とステージでもって、自身の歌と自分との戦いでもあった。そのきびしさは、芸術人としてのラッキーすら感じられ、「リゴレット」にしろ、椿姫にしろ、二つのアリアとも本場ステージの実感が感じられた。

また、伊藤京子も、長いキャリアからくるステージでの実績は、出演各氏の堅い感じの後だけに、全体に安定感を与えたといいえよう。

ほかに、永山馨、浦野りせ子のソプラノには、長い間の教授生活のキャリアを感じ、揃って歌も充実されて、声もまとまってよかったが、ステージの場合、不足を感じないわけではない。神馬瑠美、竹内雅子の二人は、新鮮味あるソプラノで、落ちつきをもって歌をうたいこなしたが、ステージ全体に活かそうとする努力とその芸術性に期待したい。

崔三烈氏

主催の韓音楽事務所（たび重ねての企画に意義が感じられるのだが、出演者の構成に留意して好ましい）の代表であるテノールの崔三列は、東洋人にしては稀に見るドラマチックで、しかも素直な巾広い声の持主にまで成長していた。

彼のベルカント発声は、今度のアリア「アフリカの女」「西部の娘」とも、ハイトーンを余裕をもって気楽に軽くうたいこなして、安定感をあたえたことで、従来の悪評を返上したといえるが、今後の活動で彼の安定感は確定されることだろう。大部分の人が、声ができても口があかないまま声を張り上げてうたうので、発音がはっきりしないのは遺憾。

崔三列の場合も、声を心持ち整備して、それにともなった発音の研究、タンキングの研究で、歌、ステージ共に洗練されることだ。

ラストの下八川圭祐。彼は老練さを発揮して日本語による「風の唄」でアンコール、サービスを施してステージをまとめたあたり、随分楽しめた。以上、全般に亘ってよかったことは、新井省吾のピアノといえよう。新井はよきタッチと、抱容力をもって卒なく伴奏し、歌手が安心してうたえるステージをつとめられるようにした。第二部のピアノ演奏の遠藤郁子は、よく洗練されていて、ショパン「24の前奏曲」をそれこそマイペースで完全に客を魅惑して酔わしたあたり、そして完全に自分のものにした芸術性、本物としての実感と芸術性が彼女のピアノを通じて共鳴できて幸せだった。（徳富　鼎）

洪吉童傳 (三)
許筠著　訳・編　洪相圭

異国の情緒も豊かな家構えだけでも仁衛と生母の好奇心をひくのに充分であったが、金目を惜しまずにこしらえた家具調度品などは、陸地からきたこのふたりだけでなくとも、目を見張らずにはおられなかったことであろう。

また、吉童の妻妾は遠来の客を迎えて少しの粗忽もなかったから、吉童の生母と仁衛も非常に喜んで彼女たちと快く話しあいながら、吉童の奇異な人生行路を嘆服してやまなかった。

いつのまにか、月日は過ぎ去った。仁衛は仕官の身でもあるし、ひとり母を残してきていたから、そろそろ心配になってきた。吉童は早くもそれと察し、ある日に兄弟は、さし向かいあって水入らずに話し出した。

「ここに父上のご遺骸を残して独り帰るのは、子として忍び難いものがあるが、仕官の身でしかも母上をお独り残してきて久しくなったから、そろそろ帰る時がきた。

一度去ったら、水路を距てた幾百里、いつの日にか、また父上のお墓参りができようか？」

と言いながら、吉童は、目をしばたく兄を慰めて吉童は、こう応えた。

「おことば通り確かに遠路でございます。しかも、海路の難が横たわっていますから、しげしげとお墓参りは難しゅうございましょう。稀な絶勝の地にお葬り申しあげましたことをせめての慰めとお思いください。私が見まするに、この墓地は我が家門に代々、宰相など大官があとを絶たぬ地相であります。それに兄上は父上ご生存中に存分にご孝養を尽くされましたから、お亡くなりなさった後のお弔いはこの弟にお任かせください。焼香の絶える事のないように頼みますから、その点はご心配なされまするな。故国にお帰りなさいましたら母上をお慰めくださいますよう、くれぐれもお願い申しあげます。」

仁衛は弟に慰められながら、お別れの墓参りをすませて、港に向かって発った。吉童の生母と妻妾らの名残り惜しそうな顔が、だんだんと小さくかすんで、遂に仁衛の視界から消え去った。

港に着いてみると、既に船は出帆の準備を整えて、仁衛の乗船を待っていた。

帰りの海路もことなく、本国に到着した仁衛は母に帰省の挨拶をのべ、洪宰相の来世の安住の地について、見たままを話したら、夫人も、目を丸くして驚くばかりであった。

兄を送った後の吉童は、朝夕に父の墓前にぬかずき、その霊を弔らった。

こうして、三年の喪も明け、吉童は、また、もとの人に返った。

この間にも、島では武を錬り、農にいそしんで、富国強兵の実をあげるに、おさおさ怠らなかった。

葦島国の征服

如意宝珠を得た竜のようでもあれば、野に放たれた虎にも喩えられる諸島の吉童は、大望にふくらんでいた。その目の前にはいつも葦島国のふさふさと緑なす豊饒な野原が眼の既にこびりついて離れなかった。

葦島国は島国であったとはいえ、数百平方里の広い土地は肥沃で五穀が豊饒に実り、それに加えて天然の要害の地でもあった。この洋々たる大海原を鎮めて、あたりを統べるには、まずこの島の王位に即く必要があった。

吉童は胸の中で、なんぺんとなく作戦を練っていた。ついに神謀秘策は成った。

ある日に文武の幕僚を会同させて、出師の相談をした。

「予が天下を周遊した末に、ここと定めて腰をすえたのは深い子細があるからであった。

すなわち、諸将も知るように葦島こそは、わが意中の国である。だからここを足場として、ここで数年間を雌伏していたのである。

これを討つのには今が格好の時機と見た。諸将が予のために一軍をくり出してくれるのなら直ぐにも出師しようと思っている。大丈夫として、世に生を受けた以上は、其の志を宇内に伸張して見るのこそ壮とすべきである。このような小島にしがみつき、落葉と等しく腐肉となって草木の根に帰すべきか！諸将も全力を尽くして予に従い、その名を竹帛に垂るるよう各々の分を務めよ。」

と言言し、吉日を択んで出師した。時は甲子の年の秋なお浅い九月であった。

李長春を先鋒とし、別動先鋒許万達を択び、ついで左翼将・右翼将・運糧官・護軍将・典軍校尉・救応使・監軍等の戦時部署を定めて、軍を整備、再編成して、武威堂々と進発した。留守には白竜を将とし、遠征軍の指揮は吉童自ら采配をとった。まず牛馬を斬って天神地祇を祀り武運を祈った吉童は先鋒大将李長春に、偵察の任務を与えて先発させた。

「十艘の船に、五百名を分乗させて商人のように扮装せしめよ。そして貴重な商品を満載して行って、その国の人らとつきあいながら国情を偵察し、民心に深くくいこむ一方、こちらの兵卒に心のゆるみが生じて油断することがないように注意しながら、後に続く本軍の活動準備を万全にすべきである。先駆の功をあげて富貴名誉を二つながら得るようにせよ。」

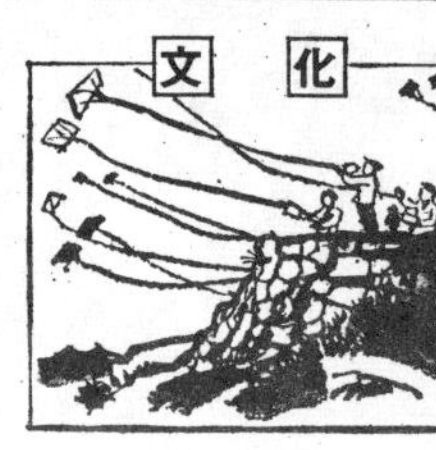

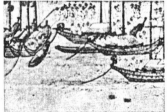

韓國新聞
在日大韓民国居留民団
中央本部機関紙
韓國新聞社
発行人　金正柱
東京都文京区春日町
2丁目20−13
電話（815）1451〜3
（813）2261〜5
振替口座 東京 163774

民団綱領
一、われわれは大韓民国の国是を遵守する
一、われわれは在留同胞の権益擁護を期する
一、われわれは在留同胞の民生安定を期する
一、われわれは在留同胞の文化向上を期する
一、われわれは世界平和と国際親善を期する

民団運営の基本方針を闡明

五項目の公約を貫徹

維新民団の姿勢など強調

金正柱中央団長

金正柱民団中央本部団長は、八日、新年に際して団員に告ぐ談話文を発表し、就任以来の経過報告、朝総連側の政治的攻勢の制止、健全財政の確立、青年・学生の指導、組織強化、朝総連対策など当面問題にふれ、本国の維新体制に呼応する民団のありかたについて、団務運営方針を明らかに闡明した。

金正柱中央本部団長談話文

新年に際し団員に告ぐ

親愛なる全国団員の皆さん！

去る七二年は、…人類史上初の人間…、かつ国際政治的な分野においても、外交史上、かってなかった急転変動が実現された一年でありました。

このように、…

◇経過報告

昨年八月八日、臨時大会席上で本人が団長に出馬するにあたり、代議員諸位に対し、つぎのような公約五項をあげて、所信をのべました。

(1) 組織混乱の収拾姿勢
(2) 朝総連攻勢の制止方針
(3) 健全財政の制度確立
(4) 青年学生の指導育成
(5) 中央会館の建設完成など

I、組織混乱の収拾

II、総連攻勢の制止

III、健全財政の確立

IV、青年学生の指導

V、中央会館の建設

◇方針提示

I、組織強化

II、朝総連対策

III、維新体制に呼応する民団態勢

IV、海外国民庁新設の必要性

組織強化に最善

＝朝総連対策は自主的姿勢で臨む＝

海外国民庁の新設を推進

朴大統領の訪日を

金総理帰国、田中首相の意伝える

故トルーマン元米大統領の追悼式に出席したあと、米、日首脳との会談を行った金総理が十一日午後六時半すぎKAL機で帰国青瓦台に直行して、朴大統領に経過を報告した。田中首相との会談では朴大統領の日本訪問招請をうけたという。

日本の対韓半島政策は変わらず

金総理、記者会見で語る

新国会議員選挙法を公布

政府、施行令と政党法改正案も

政府はさる三十日、新年から本格化する政党政治活動の基盤になる国会議員選挙法と同施行令および政党法改正案を公布した。

民主統一党創党準備に

新民党の梁一東氏らが中心

柳新民党首が辞意

党機構正常化など語る

金炳植自殺

昨年末平壌で査問中

共和党、新綱領発表

＝改正党憲（規約）も＝

東京本部・直通電話開通

民団東京本部（鄭東淳団長）は次のとおり直通電話を新設、昨年末から開通しました。東京本部事務所および電話番号は次の通りです。

東京都文京区春日町二ノ二〇
（民団中央本部内）
電話（03）八一五ー六五一一、六五一二番

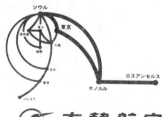

国政改革断行の道明かす

十月維新理念を実践

政府機構改編・挙国内閣構成など

朴大統領、年頭記者会見

朴正熙大統領は十二日、「たとえ与党人士でなくとも、有能な人材を果敢に起用、必要となれば、政党および党派をこえた超党的維新内閣を構成する計画である」とのべ、国会議員選挙以後、ただちに実施されることが予想される第四共和国の、新内閣構成の方向を明かにした。朴大統領はこの日、中央庁第一会議室で開かれた年頭記者会見でこのようにのべ「新憲法で国務委員数を二五人にふやしたが、今すぐ、任命する計画はない」と語った。

朴大統領は、第九代国会議員選挙日を「二月末から三月初」と明らかにし、「今後、共和党総裁職をひきつづき担い、政治風土改革に率先するつもりである」とのべた。

朴大統領は、また、一党政治排撃の基調のもとで、(1)過度競争のための人為的な努力の止揚 (2)群小政党乱立防止、(3)諸般政党の不安定など、三つの政党運営方針を明らかにしながら、「今後における政治風土改善の転機となる次の選挙を、正しくおえるため大統領と政治家、そして国民すべてが努力しよう」と強調した。

朴大統領は、南北対話の機も基本である「離散家族の再結合のための南北赤十字会談が延々として進まないことは遺憾である」と前置きして、「今後の南北対話は、南北間の先決問題である不信と誤解を最も効果的に、たやすく解決できる問題から、しだいに解決していくべきである」とのべた。

朴大統領はこの日の会見で十月維新の理念および具現方案に対して「ひとことでいえば、より多くの汗を流し、繁栄をなしとげ誰もが暮し良い福祉国家を、きずきあげるものであり、かつまた、祖国の平和統一をなしとげようというものである」とのべた。

朴大統領は、経済問題に対し、「今後、政府は自由経済体制を堅持すべきである」とちかいながら、このような基調の上に、工業構造の重化学工業化および農工業の均衡のための農水産部門の投資拡大、輸出拡大などを重点的に推進し、このための全国民の科学化運動もおしすすめて行くつもりであるとのべた。

朴大統領は、八十年代まで全国各海岸地方に工業団地を新たに造成（1）第二総合製鉄および総合石油化学工業団地（2）大単位機械工業団地およびその電子部品団地、（3）百万㌧級の造船所一二個所、（4）馬山のような輸出自由地域二個を造成するとのべた。

朴大統領は、また「現在、進行中の農漁村電化事業は、七十七年まで完了させ、現在、公務員にだけ適用される年金制度を、すべての勤労者に拡大する社会保障ないし、国民福祉年金制度を来年から施行し、七十年代後半には医療保険制度を実施する計画である」と語った。

この日の会見には、金鍾泌総理をはじめ、全国務委員、丁一権共和党議長をはじめとする共和党幹部と大統領特別補佐官、金正濂秘書室長および朴鍾圭警護室長をはじめとする首席秘書官全員が陪席した。

昨年11月25日国内最大の昭陽江多目的ダムの湛水式に参席した朴大統領

貿易規模全世界へ

対米、対日依存度も減少傾向

韓国国際通商局がこのほど評価したところによると、韓国の対外貿易は全世界的規模で発展しており、二大通商対象国である米国と日本に対する依存度も縮小されつつある。

同国際通商局は、一九七二年上半期の韓国輸出入実績をつぎのように明らかにした。

▽輸出＝七二年一月から六月までの韓国の対米輸出額は七一年同期の二億五千四百九十万㌦から三億二千二百九十万㌦に増加したが総輸出高に対する対米輸出比は五四・三％から四八・九％へと五・八％減った。また、同じ期間中の韓国の対日輸出は七一年同期の一億九千万㌦から二億五千八百五十万㌦へと大幅にふえたが、総輸出高対比の対日輸出比率は二六・四％から二三・八％へと二・四％ふえたにすぎない。

▽輸入＝同期間中の韓国の対日輸入は七一年同期の四億四千九百九十万㌦から四億四千七百二十万㌦に減り、総輸入高対比の対日輸入比率も三八・九％から三八・二％に落ちた。総輸入高対比の対米輸入比率も二三・二％から二一・七％に減った。

なお、同国際通商局は、韓国の対外貿易が次第に対米依存、対日偏重から脱皮していると指摘、とくにその貿易規模が世界的なものに発展しつつあることは注目に値するとした。

尋ね人

☆朴居洙さん（五二）
本籍は慶州市。

☆朴斗翰さん（五二）
本籍は慶北迎日郡中…
右お二方をご存知の方は横浜市中区弥生町三丁目三四、電話〇四五―二六一―三三八一・金永燮（木村政夫）まで。

☆金英班さん
通名を高野金花と呼び、本籍は慶尚南道[illegible]。四十年前に東京・渋谷区新宿町九内番地に住んでいた。
消息を知っている方は、左まで連絡して下さい。
〇ソウル市西大門区峴底洞、金華アパート六五棟五〇一号、金貞煥まで。（旧金田貞世）

解説

七三年の「南北韓関係」展望

東亜日報記者　南時旭

一九七三年の南北関係はどのようなものになるだろうか。それは昨年中に芽ばえ始めたものを一つの〝現実〟としてあらわし始める性格のものとなるに〝飛躍〟がなされることは間違いなかろう。それに場合によっては多少の交流が協力への前段階を形成することもじゅうぶんにありうる。

新年にはいってからの南北韓関係の展開において、[illegible]

「民族大団結時代」

こうしたことからみても新年は、昨年の七・四共同声明ですでに明らかにされたように、南北はともに[illegible]的な自主的平和統一を前提とした〝民族大団結時代〟の初年となろうし、また、それは韓民族にとっては新しく開かれる[illegible]時代の[illegible]。[illegible]

南北間の今年の〝難問〟三つ

第一の難問は過去一年の間に踏み越えなかった「南北関係始動段階」の問題を処理しなければならぬということだ。われわれは昨年、この問題をつきつめて考えてみることもせずに、新年に持越してしまったのだ。南北関係はすでに、かつての冷戦時代のような[illegible]に明け暮れして事をすませていたような時代ではなくなっているのである。[illegible]

第二の問題は調節委員会の性格から派生するかも知れぬ複々雑多な問題である。調節委員会[illegible]るからである。

ドイツの段階的交流と比較して

第三の難問は七・四共同声明が明らかにした〝統一原則〟そのものである。

七・四共同声明で、南北の四[illegible]

平和統一の可能性

[illegible]

四列強の〝勢力均衡〟定着で

[illegible]

赤十字会談の開催・初結実へ

調節委で経済・文化交流なるか

[illegible]

在日本大韓民国居留民団

横須賀支部
支団長　金点介
副〃　呉錫九
〃　金詰洙
事務部長　張豊翼
議長　姜基先
副〃　金容
〃　鄭奎煥
監察委員長　李昌極
〃委員　李泰老
〃　李点述
横須賀市日之出町二―二　電二二―八一―一四七

高座支部
支団長　宋桓植
副〃　許俊
〃　張奎晟
事務部長　李相魯
副議長　李巌
〃　盧命世
監察委員長　郭文秀
〃委員　李相喆
〃　李福永
大和市中央五―二　電六一―四五五三―二四

相模原支部
支団長　李瓚浩
副〃　朴相元
〃　金用鐸
事務部長　許再煥
議長　金世烈
副〃　李環根
〃　李廷圭
監察委員長　朴仁奎
〃委員　金再京
相模原市矢部四―一四　電五四―一八四四―八七

南武支部
支団長　朴鎭夏
副〃　朴相文
〃　許文哲
事務部長　李皓演
議長　河正孝
副〃　金東湖
〃　李南圭
監察委員長　黄光義
〃委員　黄寧錫
〃　金在斗
多摩分団長　朴相文
鹿島田分団長　河大元
北加瀬分団長　李且鶴
婦人会長　鄭月仙
川崎市中原区新丸子東二―九七五　電〇四四(四二二)―六六二一、(四二二)―〇三五〇

神奈川韓国学園
理事長　白鐸善
副理事長　崔鶴洙
〃　裵奉朝
学園長　金洛雲
副学園長　尹珠宅
〃　郭文秀
監事　柳文錫
〃　鄭点岩
横浜韓国教育文化センター所長　鄭鎭邦

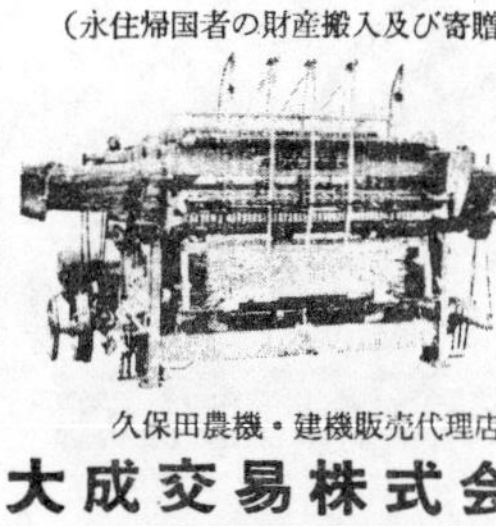

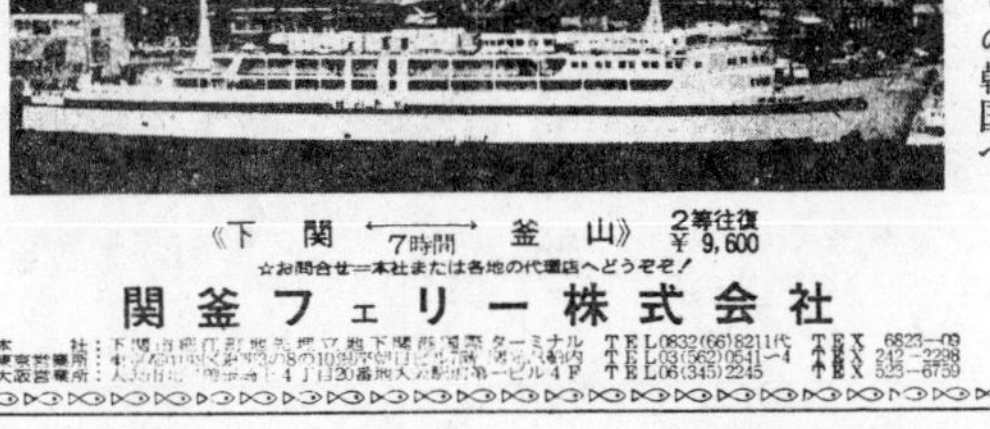

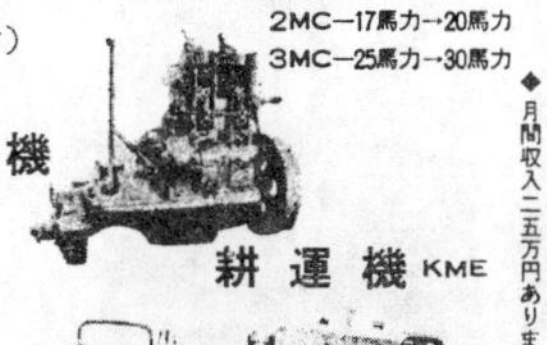

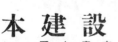

東京本部 民族教育事業を最優先

立派な韓国人を養成

母国留学、奨学金支給、就職率百%など特典

鄭東淳東本団長 韓国学校に子弟就学よびかけ

鄭東淳団長

一九七三年を迎え、民団東京本部(鄭東淳団長)では、在日同胞の民族教育振興を最優先課業としてかかげ、その基本目標として、東京韓国学校の育成強化をめざし、来る四月の入学シーズンを迎え、同胞子女の韓国学校就学をすすめる運動を提唱して次のようなよびかけを発表した。

在日同胞社会の将来を担うたのもしい韓国学校の生徒

敬愛なる団員の皆さん!

現在、日本にはわが同胞が六十二万二千余人が居住しています。そのうち約十三万四千余人が学生であり、そのうちの七二％にのぼる大多数が日本学校へ通学しており、わが韓国学校への就学は、一・五％にすぎない状態であります。ここで憂慮されるのは、韓民族の文化伝統をひきつぐ、在日同胞民の権益を擁護する民団組織体の後継者養成という深刻な問題であります。

民団を愛する団員の皆さん!

今や、正常化されたわが東京本部の最優先重要課業を民族教育事業としてとらえ、東京韓国学校を画的に充実した学校に育成強化し次代の韓民族の指導者養成機関をめざさなければなりません。

幸いに、現在、東京韓国学校では、校長を先頭に、全教職員が民族的な使命完遂に情熱を傾けております。

韓国学校を愛する団員の皆さん!

東京韓国学校は、民団が生んだ学校であります。生むだけで、育てることを怠ったわが韓国学校を、今やわれわれが育てて行かなければなりません。

国民の義務である納税・兵役が免除された在日韓国人は、教育の義務すなわち民族教育に関するかぎり、われわれの力で遂行すべきではありませんか。

一部経済人の力にだけ頼って来た旧態を止揚し、民団全員が団費に比例した教育費を負担する永久的な体制を樹立しなければなりません。

つぎの世代を愛する団員の皆さん!

なによりもわれわれの後継者となる民族の指導者を養成するとすれば、学生をより多く韓国学校へ就学させなければなりません。

身はたとえ異域で生れたといえ韓民族として堂々たる民族主体精神を堅持しつつ、日本地域社会の模範的な国際的民主市民となりうる韓国人社会の指導者を養成することを目標とする東京韓国学校へ優秀な学生を多く送りましょう。

親愛なる団員の皆さん!

わが一世の既成世代が次代にゆずり渡すべき、最も重要なことは民族教育事業であります。民団の存続発展の唯一の道は、後継者養成であり、民族教育事業の成功にあるということを、いま一度認識され、多くの協力あることをお願いします。

韓国学校の特色として

第一に、国民教育で立派な韓国人を養成する。

第二に、民団留学に特典がある(母国留学、国費奨学生、大学生特待奨学生)

第三には国防部特修学院行を免除する(高等部二年の時)

第四に、奨学金を支給する(政府、学校、有志関係)

第五に就職率が百%である(政府機関、公共企業体、各種機関等)などであります。

在日本大韓民国居留民団東京本部 団長 鄭東淳

全国で成人式盛況

在日同胞社会の希望を一身に

青年会東京本部での成人式で激励辞を述べる李彩雨中央本部副団長兼青年局長(中央)

一月十五日の日本の成人式の日を迎え、日本各地の民団本、支部では管内の成人になる青年たちに祝福を送る成人式が催されたが、東京都でも各支部ごとに成人式が開かれ、約三百五十人がこの日新たに大人の仲間入りをした。

この日、韓国青年会東京本部(会長尹隆道)でも、青年会結成後初の成人式を、東京都港区西麻布の在日大韓体育会で開催した。

当日は午前中から曇空で、午後には雨になったので、当初計画した参加予定者の出席よりやや少なかったが、それでも七十人の新成人青年男女が参席、青年会関係の先輩、来賓約百人で午後二時から式典を開始した。

成人式は、康成凱君の司会で、国民儀礼の後、民団中央本部の李彩雨副団長兼青年局長、大韓婦人会中央本部金信三会長ら来賓の祝辞があり、ついで記念品の贈呈式が行なわれた。一人一人名前が読み上げられ、尹青年会長から握手と記念品が各個人に贈られ、このときになって本当に成人になったという雰囲気が式場に流れた。

記念品は韓国公報館提供のすばらしい日記帳と万年筆であった。

このあと記念パーティとなり、はじめてビールを飲む青年も多かった。やや遅れてほかの会合に出席した民団東京本部鄭東淳団長ら三機関長ほか、役員の人たちも到着、会場は祝賀気分があふれた。

パーティの後、新しい成人の記念撮影を行ない、同五時ごろまで歓談して散会した。

ソウル市人口 世界で第六位

六百七十万六千人が常住

ソウル市がさる十月一日現在で実施した常住人口集計によると、ソウルの常住人口は六百七十万六千百四十三人(総世帯数は百十八万二千六百五十五)で、このうち男子は三百三十五万二十九人、女子が三百三十五万六千百十四人に達した。

これでソウル市は、東京、ロンドン、ニューヨーク、モスクワ、上海(七三年東亜年鑑)について世界六位に人口の多い都市となった。

ジャンボ機導入

拉北乗客の送還を望む

趙重勲KAL社長、金団長と歓談

趙重勲KAL社長

KAL(大韓航空)の社長、趙重勲さんは、アメリカのボーイング社とジャンボ機導入の件について、内装そのほかの最終打合せのため、さる十日、アメリカに発ったが、途中、民団中央本部に、金正柱団長を訪れ、次のように語った。

「日頃から尊敬している金正柱団長に、在日四十万同胞の代表者という意味もかねて新年の敬意を表するために来ました。

今度導入するジャンボ七四七は東南アジアで三番目であり、KALとしては一部時期尚早との声や財政的に無理だとの声もあるが、私はあくまで、KAL自身の推移は国運の推移であると思っており韓国の国益に関することでもあるので、国家に奉仕する事業家として当然のことだと思っております。

現在KALの伸び率は四年前にKATから引継いだ時の一、二〇〇%に達しており、昨年の売上げは五千二百万ドルに達している。KALの伸び率はすなわち韓国経済の伸展度と並行すると考えます。

ジャンボ機は四月中には受渡しを終え、五月一日から日米航路に就航させる予定です。今、アメリカにジャンボ機運航のためのパイロット六十人を派遣して教育中で技術的には問題はありません。

KALとして自信をもっていえることは、パイロットが非常に優秀であるということです。四年前KAT時代(一九六九年)はパイロットはわずか三十八人だったが現在三百二十人に増えており、その中には一万時間以上の飛行時間を持ち、国際免許(FAAのライセンス)を持っているパイロットが六十人以上もおります。このパイロット達の水準は世界の一流パイロット以上と思って下さい。また、パイロットの教育には収入の五%を投じており、安全第一をあくまで貫き通しております。

ジャンボが就航すれば、八、九月頃には北回りでパリーまで航路を延長する予定です。そして未来は世界中の空に大極旗が飛ぶようにしたいと思います。

現在KALの職員は七百余人から三千余人になっており、飛行機もジェット機十八機を含む二十六機になっております。

数年前に北韓にハイジャックされたのはYS一一の新機だったのですが、私がもっとも残念に思うのは北韓の態度です。

もし北韓が飛行機がほしいのであれば喜こんで寄贈してもよい。しかし、乗務員四人と乗客七人は当然送り返してくれるべきだと思います。今世界中で、ハイジャック事件の乗務員や乗客を帰らせない事件はほかにありません。北韓だけが、何の罪もない人間を強制抑留しているのです。私は声を大にして北韓にいるこれらの人々を人道的見地から、一日も早く帰らせてほしいと世界に訴える次第です。」

維新誓う新年会

東本管下各支部単位で開催

○…民団東京本部管下支部では、同本部新年会に引きつづき各支部単位で、東本の正常化を祝…○

○…い、「維新民団」を誓う新年会がひらかれた。東本正常化後新たな年を祝う各支部の新年会…○

○…は、参席者も数多く、またその気迫も例年にない真剣さにあふれ、東本正常化のありかたと…○

○…組織強化、当面事業などに熱気あふれる新年を祝った。…○

各支部単位新年会の日程は次の通り。

▲一日＝江東 ▲五日＝江戸川 ▲六日＝葛飾 ▲七日＝文京 ▲八日＝荒川 ▲九日＝足立 ▲十一日＝台東 ▲十二日＝豊島 ▲十三日 板橋 ▲十七日 杉並。

“体力章”を授与

小・中・高校の体力優秀生に

文教部は昨年実施した小・中・高校生体力検査の結果、総受検人員三百六十五万五千四百三十一人(中高校生全員と小学校五、六年生)のうち、学費免除の特典が与えられる特級は〇・二六%に当たる九千四百三十二人で、一級は三・一%の十一万一千八百二十六人であるが、これら三つの体級該当者たちには初めて“体力章”を授与すると発表した。(特級該当者には一年間学費免除の特典が与えられる。)

なお、この体格検査の結果、全般的に地方学生の方が首都ソウルの学生よりも優秀だということがわかり、特に地方の高校生と小学生“特級”の数はソウルの三倍にもなった。

米、韓国に対共第一線防衛期待

米レアード国防長官は、去る八日議会に提出した長官任期最終報告書で、北韓が中共の直接介入なしに韓国を侵略する場合、米国は韓国に第一次防衛を担当するよう委任するとのべた。同報告書は百四頁にのぼるもので「対韓軍事援助公約を忠実に履行すれば米地上軍によらなくても南侵を阻止できるよう韓国に効果的抑止力を提供できると信ずる」ともいのべている。

77年まで 農漁村完全電化

今年は三十万八千世帯に実施

同一部は七九年まで予定していた農漁村完全電化を七七年末までにくり上げることにした。このため今年は八十九億ウォンをかけ三十万八千世帯を電化し五〇%を達成する。

二千億ウォン増加

昨年末、貯蓄性預金

昨年末現在の預金総額は一兆三千百十三億ウォン、貸出総額は一兆四千二百八十七億ウォンであった。年間預金は二千七百三十六億ウォン、貸出が三千七十五億ウォン増加したもので、ことに貯蓄性預金が金利引下げにもかかわらず二千億ウォン(三五・三%)も増加したのが目立つ。

ペン・フレンド求む

在日韓国人二世のお友達と、文通したいと願っています。男女を問わず希望の方は、ぜひ知らせて下さい。

韓国釜山市釜山鎮区堂甘二洞八七一三(五統三班)鄭炳奎(男・19)まで。

盧得説氏急逝

12日、心臓病で

盧得説氏(KPI副社長)は、一月十二日午後一時二十九分、心臓肥大症のため急逝した。

葬儀はKPIと正民会(組学卓会長)の合同葬で執行。十四日午後一時、密葬。十四日午後七時、自宅(名古屋市千種町三ー五)で通夜。

告別式は、十七日午後一時から自宅で行われた。

出版物の寄贈求めています

中央本部文教局で

民団中央文教局(金永範局長)では、民団本国事務所の資料室および、中央文教局資料室新設にともない、資料用として、韓国に関する内外図書出版物の寄贈を、ひろく一般団員に呼びかけている。

北韓副首相鄭準沢 心臓麻痺で急死

北韓副首相、鄭準沢(六三)が十一日、平壌で心臓麻痺で死亡したと北韓中通信が報道した。

一九四八年以来、北韓の最高人民会議代議員を歴任した鄭は、二週間前に六人の副首相の一人として任命されていた。

昨年の外国人投資 一億一、三〇七万ドル

昨一年間の外国人による直接、合作投資額は百八十三件、一億一千三百七万ドルにのぼり一昨年の二倍以上であった。これは七・四南北共同声明や日本の円切上げで投資環境が好転したためであると経企院ではみている。今年の投資誘致目標は昨年比四〇%増の一億五千万ドルである。なお、昨年末までの外国人投資総額は五百三十八件三億六千九百万ドルにのぼる。

女の韓国ひとりあるき (14)

画・文…サトウ・サナエ

釜山にて

異国ムードあふれる光復洞

日本のTVが映ってびっくり

港都釜山港をバックに筆者

韓国第一の貿易港“釜山”。私の韓国旅行での最も印象的なところでもある。

港街によくある、あけっぴろげで大衆的な雰囲気が、私に合っていたのかも知れない。

竜頭公園からの眺めの美しさや、影島や松島の情緒豊かな風景は、さすがに夜昨だったが、何故か私は異国ムードあふれる釜山唯一の繁華街光復洞をブラブラ歩くのが、大好きでよく歩いたものだった。

みやげ物屋、喫茶、映画館、喫茶店等がところせましと立並ぶその合間に、あちこちで、ゆでとうもろこしや、焼栗ならではの貝の塩ゆでを、湯気を立てながら売っている風景は、得がたいものであった。

立ち並ぶ商店は、道端に出して山を積んだり、ブラブラいっぱいぶらさげてあったりしてまるでお祭のようである。

そんな愉快な通りの中ごろにとり専門のレストランがあり、そこで若どり一羽の唐揚を食べた。私は今でも、お腹がすいて来ると、よくそのとりの唐揚げを思い出してしまうのだが…。そのとりの美味しかったこと!外側はキツネ色にパリパリに揚がっているのに、中のほうはフワフワで、そのうえ、とろけるような上品な味が、全体にしみ込んでいてとにかくやわらかくおいしいのである。どうして、あんなに美味しい“とりの唐揚げ”が釜山にあるのか今もって解らない。別に名物ということでもなさそうなのに…。

おなかがクチくなって、大いに満足してブラブラ歩いているうちに、私はと或る古ぼけた映画館にはいってしまった。と言ってもちゃんと見る映画は当然選んではいったわけだが!。

その映画は韓国映画時代劇で「燕明王」という高麗の王様の物語である。

まるでツンボが映画を見ているのと同じである。しかし、まったく言葉が通じなくても人の心が多少通じ合うように、かなりの理解があったにせよ、なんとなく解った風な気分で観察した。少なくとも、当時の風俗や習慣、人情などを読みとることが出来たし、それで納得することにしたことである。

その夜、ホテルでテレビのスイッチを入れたらなんと日本のテレビが映っているので、びっくりしてしまった。日本と韓国が、ほんとに隣どうしだということを改めて感じた。

カチャカチャとチャンネルを廻してみたら、偶然にも“燕明王”ではないが、やはり時代映画を放映していてともかくその日、二本目の韓国映画を見ることとなった。それは王様ではなく、農家の庶民的な世界のメロドラマだった。

その二本の映画は両方とも会話物語で、演ずる方も観賞する方も、納得してくれている感じであった。その外、何度かテレビを見るチャンスがあったが、何故だか全部、涙、涙、涙であった。それは言葉の解らない私でさえ、涙が出て来るのではないかと思われるほどの迫真の演技であった。(つづく)

民団実務手帖

73年度手帖が完成しました。

民団の役職員はもちろん、一般団員の必携手帖として百科全般にわたる内容を収録しました。

〈主要内容〉

規約と綱領・中央委員会運営規定・中央委員・執行委員と全国地方本部役職員・全国信用組合・韓国在外公館・海外同胞が必要とする諸法令と様式・旅券に関する一切の手続内容・戸籍全般教育関係・祝祭日・新聞通信社 ほか全80項目

〈申 込〉

各県本部・支部など団体、職場単位でまとめて申し込むこと。配付実費は一冊につき300円で、前納制。

民団中央宣伝局

海外文化レポート

人間の祖先は猿ではない

ハロルド・W・クラーク

動物は神に祈りをささげることができない。いわんや、神に自己の意志による服従もできない。

万一、人間が進化した動物にすぎないとすれば、祈りや服従は、人間にも該当しないといえるのではないか。

考古学では、原始人間が動物であったと証明しているのか、でなければ、原始人間も知情意をそなえた人間であったということなのか？

歴史がいくら長いとはいえ、昔の世界には何らの発展もなかったというが、果してそうなのか。

人間が猿から進化したであろうという仮定は、人間の歴史が、数万年以上になったであろうと[illegible]している。

動物のような状態から[illegible]、今日に[illegible]過程をへて[illegible]ことである。

もともと、原始人が何らかの人工物を作ったり、原始的段階で多くの歳月をへたのち、今日のような文明を成立させるにいたったというのである。

[illegible]

いう主張がある。

再論するまでもなく、典型的な古代人の生活の跡は、中東のメソポタミア流域と、パレスチナ、トルコなどのアナトリアン盆地で見[illegible]

が発見された。

パレスチナのヨリゴは、世界で発見された都市のうち、最古の都市といえる。今は、水面下、八百二十五呎下にうもれている。この都市は、当時は肥沃な平野の中にあった。

ヨリゴ市には西アジア地方のどの遺跡より完全な新石器時代の遺物が備えられていた。ここで使用されている道具は、火打ち石、[illegible]と石鏃、動物の骨と石で作った装飾品などもあった。

ヨリゴ市が建設された当時は、河の流域に位置していたと推測される。その後、しだいに水がひき[illegible]

とであった。実は[illegible]で焼かれ、壁には[illegible]の上に[illegible]をぬり、発掘された今日にも、すべすべした形態がそのまま残っている。

床も床の表面のようになめらかで、屋根はねんどとアシで作られていたあとがはっきりしている。ここには約二千人の人口があったであろうと推測されている。

中東と同じくエジプトでも石器時代に人々が住んでいた。しかしナイル河流域には、人々が住むには適しない湿地であったので部落は近辺の丘の上につくられた。

ナイル河流域の土地が乾燥してからは旧石器時代でなく新石器時代が[illegible]

同じような定着地があったであろうと推測されるが、未だはっきりした遺跡となるのが発見されなかった。

たとえばスイスとフランス内でアルパイン型の湖畔の住居跡が発見されたが、当時の人々は森林と農地を開拓し遊牧民でない農業民として生活していた。

そのほかにも、いろいろな新発見が多く、これだけでも先史時代の文明を想像的ではあるが、明確に把握できることとなった。

人間文明の発展を、万一進化の観点からみるとすれば、原始人がしだいに進化してゆくうちに、石器時代は一万年以上、新石器時代はすくなくとも数千年つづいたといわれるが、これは信じ難いことである。

[illegible]に人が住みつくようになって、[illegible]じまった。[illegible]からは、ソドムとゴモラのような[illegible]

代がはじまるのであるが、それからいくばくもなく銅器使用文化時代にはいるのである。

ナイル河流域にも、はじめは小さな[illegible]の集落にすぎなかったが[illegible]

このような解釈はさておいて、われわれが聖書の記録を信じて、それを[illegible]に考えて見ても、[illegible]の人間発生（創造）と洪水などの事実を[illegible]しておいたということを知ることができる。洪水がひいたのち、方舟から出て来たのは、相当な知能をそなえた人間であったということがわかる。

これら[illegible]人らは、いろいろな[illegible]、[illegible]が数千年の期間を経て、今日のような文明[illegible]したと見られる。

[illegible]

旧石器時代から新石器時代に[illegible]するには、長くとも何百年しかかからなかったと思われる。

人類学者や考古学者は、民族の[illegible]

古代瓦窯研究の意義

特に百済人の影響について

大川　清（上）
〈国士館大学助教授〉

日本に伝えられた百済の技芸

日本に仏教を伝えたのは百済国である。それにともなって、寺院造営の建築技術者も百済より派遣された百済人であったことは述べるまでもない。

つまり、六世紀中葉以来、日本における寺院建立をはじめ宮殿、官衙の建築は百済国、百済人により教えられたものを基礎として発展してきたのである。

それらの建築物の屋蓋（屋根）は瓦葺であった。この瓦葺建築は日本において近世に至るまで一般民衆の居宅には用いられず、寺院宮殿、官衙または貴族の居宅に専用されていたことは述べるまでもない。ことに、古代にあって寺院宮殿、官衙跡の研究を進めるにあたり、その資料を文献と遺構、屋瓦にもとめていることは韓日いずれも同じものである。

瓦の研究は、今日まで研究の文様にのみ重点をおいているのであるが、文様製作は笵型（型）によってつくられるものであり、その笵型が永く保存され、くりかえし使用されたとすれば、その文様の存続期間は、かなり長い年月としなければならない。[illegible]

[illegible]

注目すべき百済瓦当の研究

[illegible]

しかし、古代の瓦を研究するとなると、古代窯全体を知らなければならないわけで、[illegible]

[illegible]

百済人の登窯と平窯

日本における古代の瓦窯について次に分類をみる。

[illegible]

[illegible]（つづく）

洪吉童傳（三三）

許筠著

訳・編　洪　相　圭

鯉ついに竜となる

先鋒の出陣につづいて[illegible]本営を率いて発った。

旗幟は天を蔽い、剣戟は[illegible]して目にまぶしく、[illegible]をはらった。

[illegible]堂々たるものであった。

[illegible]

[illegible]

と、計を定めた。

吉童の鶴の一声で、全ての準備は決せられた。

まず諸将を四方に潜伏せしめた後には、鳥嶺に五千の手勢を与えて密かに陣を設けた。

韓國新聞

在日大韓民国居留民団
中央本部機関紙
韓國新聞社
発行人 金 正 柱
東京都文京区春日町
2 丁 目 20 − 13
電話 (815) 1451〜3
(813) 2261〜5
振替口座 東京 163774

民団綱領

一、われわれは大韓民国の国是を遵守する
一、われわれは在留同胞の権益擁護を期する
一、われわれは在留同胞の民生安定を期する
一、われわれは在留同胞の文化向上を期する
一、われわれは世界平和と国際親善を期する

許すな『共産革命』

韓国動乱で自由選ぶ

二万二千反共捕虜の快挙を激讃

東京でひらかれた 自由の日 中央大会で李澔駐日大使のメッセージを朗読する姜永奎公使（左）

さる一月二十三日は恒例の「自由の日」であるが、この日を迎え東京では、有楽町の読売ホール（そごう七階）で盛大な「自由の日」中央大会が同大会実行委員会（久保木修己会長）によって催おされ、参加者約千五百人の拍手のうちに世界各国からのメッセージ、祝電朗読、記念講演などがあり、大会決議文の朗読のあと、朝総連が金炳植一派を家族ぐるみ北韓に送還することを阻止するための緊急動議が提出され、満場の割れるような拍手のうちにこれを採択して大会を終了した。

各国から千五百人参加
23日、東京で「自由の日」大会

この「自由の日」とは、一九五四年一月二十三日、韓国動乱の際国連軍の捕りょとなっていた"中共軍"および"北韓軍"の兵士のうち、実に二万二千人の多数が、共産中共政権の支配下にある母国に送還されることを拒否し、みずからの意志により韓国および自由中国への帰還を選んだことに由来しており、一九六八年の第二回世界反共連盟総会（WACL）でこの日を"世界自由の日"と制定したものである。以来各国のWACL支部が中心となって各地でこの日を記念する行事が行なわれて来た。

本國論調

日本の対韓外交に望む

新しい座標設定が必要

金総理の発言と韓国の要望

（韓国日報＝SISA）

金総理（左）は日本に立寄り田中首相と歓談をかわした

朴大統領特別声明

平和建設に協力

南ベトナム駐留韓国軍は撤収

閔寛植文教部長官が来団

閔寛植文教部長官は…東京に立ち寄り、十九日午後三時、民団中央本部を訪問し、…団長をはじめ幹部たちと…意見をかわした。

民団中央本部を訪ずれ執行部幹部と意見をかわす閔寛植文教部長官（中央右）

不純分子排除

組織正常化目ざし

21日、川崎支部38回定期総会

21日、寿会館でひらかれた川崎支部38回定期総会

川崎支部の直轄を解除

（川崎支部新任役員）

金炳植妻など28人北送申請

31日横浜から出発予定

金炳植は病気

板門店で北韓記者語る

教養講座始まる

16日から群馬県をトップに

全国地方幹部を対象

トップを切ってさる十七日に三多摩本部でひらかれた教養講習会、講義をしているのは奨学文副団長

七三年度成長率は九・五％

長期貯蓄運動を推進

朴大統領、新年度の行政目標示す

朴正熙大統領は十五日から行政各部処の年頭視察をはじめた。この日、午前午後にわたる経済企画院と財務部巡視で朴大統領は「八十年代百億ドル輸出および千ドルの国民所得目標を達成するには、約八十億ドルの外資と三兆ウォンの内資が必要であり、この内資を非インフレ的な方法で調達することが維新課業達成の関鍵であろう」とのべ、このための物価安定および長期国民貯蓄運動計画などを積極的に推進するよう指示した。

朴大統領は、年頭の記者会見で明らかにしたように、十月維新課業遂行のための経済基本政策は自由経済体制を維持しながら安定基調の上に、高度成長をなしとげることであり、特に物価安定、科学技術の革新的開発、内資動員の極大化など、三つの目標は前例的になしとげられなければならない」と強調し、「しかし、独寡占企業の発生を防ぐとして、同種の企業を競争的に施設投資させることを止揚し、今後、ある業種のある企業が国際競争単位で規模が拡大されるまで、国内施設競争は起きないように」とのべた。

朴大統領は、物価安定のため、①原資材国際価格があがっても、企業が技術革新、経営合理化などでこれを吸収できる方法を考究、今までのように、工業製品価格を値上げ件にひきあげる方式から脱皮するようにし、②八・三措置以後、約六ヵ月間大企業らが約五百億ウオンの経費節減の恩恵をうけたため企業もこの恩恵の範囲内で工業品価格を引き下げるように努めるべきである。③企業の株式公開および企業の財務構造改善を果敢におしすすめ価格切り下げに大きく寄与するようにすることなどを指示した。

朴大統領は、また「全国民の科学化運動を体制的に展開するように」指示し、更にも国家産業開発に積極寄与すべく、技術教育を実施することを指示した。朴大統領は「内資調達において財務部と外庁からの税収がその大宗をなしているが、関係公務員は公務員の義務と使命感を持って、能率を高めるように」と指示し、「特に調達庁は、昨年から実施している政府各部処の任物調査を本軌道にのせ政府所有物資を徹底的に管理し、現在、全体の九〇％に達している指名随意契約を、できるかぎり一般競争入札に改善するように」と語った。

なお経済企画院では、十五日午前、大統領年頭巡視の初日、政策報告で新年の経済成長率は去年より高い九・五％をなしとげ、一人当りGNP（国民総生産）も、十三万四千四百ウオンを達成、七・九％の実質増加をはかるとのべた。

太完善経済企画院長官は、この報告で、今年の経済成長計画は八十年代初の輸出百億ドル、一人当りGNP千ドル線の目標と連結されたもので、政府は換率を現在のドル当り四百ウオン線でひきつづき維持するとの前提のもと、来る七六年まで年平均八・七％、八一年までは年平均十一・〇％の経済成長率を持続、八一年度の一人当りGNPを九百七十ドル線に達するよう、計画しているとのべた。

また、輸出は七六年まで年平均二五％、それ以後は二〇・三％の増加率を持続し、八十年代に貿易輸出百九億ドル、貿易外受入れ十四億ドルなど、百二十三億ドルの経常外貨受入れを達成する一方、貿易輸入など外貨支出は百二十億ドルに抑制、経常収支を三億ドルの黒字線に引きあげると報告した。

太長官は、このような長期経済計画の事実上、第一次年度である今年の主要経済施策として、①ドル当り四百ウオン線の換率の維持を目標とする強力な物価安定対策推進②内資動員のための貯蓄拡大化方案③全般的な糧穀の推進を通じた、米消費の節約④セマウル工場建設など、七三年内の二億三千万ドル外資導入による農漁村開発促進、⑤浦項総合製鉄の二百六十万トン規模（現在百三万トン）への拡張着工、大単位造船所など重工業建設のための委員会構成、⑥公共借款六億ドル、商業借款三億ドル、外国人投資一億ドルなど十億ドルの投資導入、⑦従業員持株制と勤労者の退職、死亡などに対する国民福祉年金制度推進を通じた所得再分配政策などを推進することを報告した。

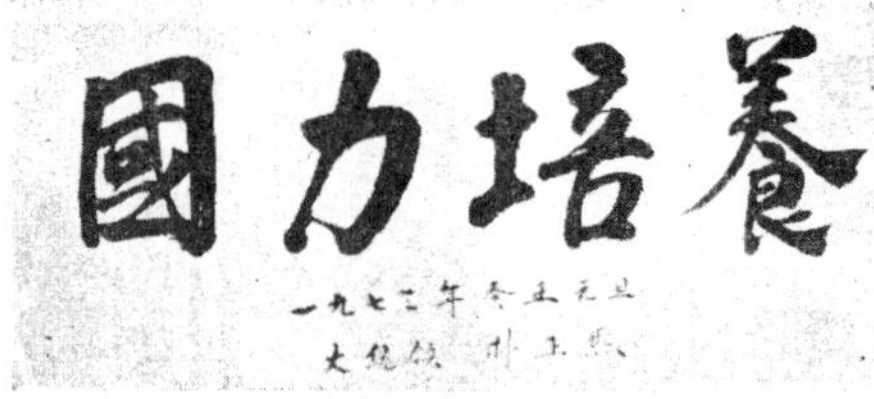

科学技術庁を年頭視察する朴大統領

伝統・科学の調和を

都市・工業集中防止のグリーン・ベルト設定

朴大統領は十六日科学技術処と建設部を巡察し、「国土総合開発計画は、わが国のかぎられた国土を高度化し、地域の特性を生かして、工場地帯、住宅地帯、山林地帯、観光地帯、文化財保護地帯、民俗・伝統保存地帯などにわけ、科学技術と工業および伝統文化の均衡ある発展を実現するよう計画されるべきである」と強調した。

朴大統領は、「都市と工業の集中化現象を防ぐためグリーン・ベルト設定を、ひきつづき拡大して行く方針」であるとのべ、「全国の海岸埋立地と主要都市には、本年内に全部、グリーン・ベルトを設定し、衛星地域と大都市にも都市計画を適用していくように」指示した。

朴大統領の、このほかの指示事項はつぎのとおり。

▲本年度の国土開発工事は観光地帯を優先的に推進すること。沃川〜公州、河東〜双渓寺、扶山〜扶余、井邑〜内蔵寺、南原〜求礼（華厳寺）等地の道路舗装は、年内に完工させ、汽車事業とセマウル事業をかねておしすすめること。

▲各種ダム工事の [illegible] も技術的 [illegible] 財政などを考慮した総合的な建設計画を樹立する。

▲今後、予想される洪水にそなえ、建設部長官は洪水対策総指揮官となって堤防の用水量を適切に調節し、洪水の再発がないようにすること。

朴大統領は、科学技術処の処理視察では「わが国の科学技術の発展は過去において、条件がよくないことや、日が浅いことなどから、先進国に比べおくれているが、その目標や構想は遠大である」と前おきし「科学技術処が中心となって関係部処および専門機関がともに研究、全国民的科学技術の開発促進のための具体的方案をまとめ実践するように」と指示した。

▲なお建設部は、十七日、全南光州市とその周辺（一個市・五個郡二八個邑・面）五百五十四・七平方キロを、グリーン・ベルト（開発制限区域）として指定、公示した。

公示された地域は光州市八十六平方キロをはじめ、長城、潭陽、和順、羅州、光山郡一円である。

五月末頃には、地域指定される。この地域は八十年初の光州市人口を百十万人に制限して自然緑地を保全し、無秩序な都市ぼうちょうを抑制するための措置である。

建設部は、この告示と同時に不法な建築は、一年以下の懲役または百万ウォン以下の罰金を課することとなった都市計画法の改定公布も公示した。

告示された地域は、現在、光州市の中心半径十〜十五キロ範囲である。これによってグリーン・ベルトが指定告示された地域は、首都圏（千三百十九平方キロ）、釜山圏（五百九十七平方キロ）、大邱圏（五百三十六平方キロ）を含めて、二千四百九十二平方キロにいたる。

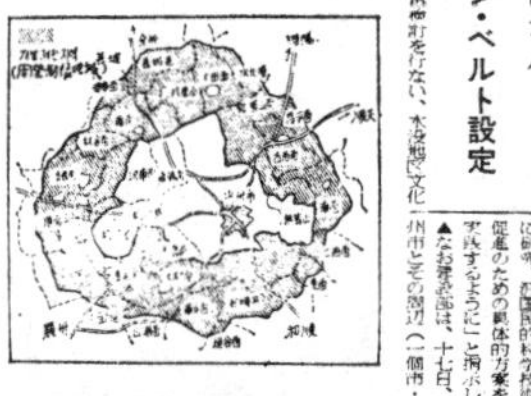
光州市を中心に周辺28邑面554.7平方キロにわたって設定されたグリーン・ベルト

解説

韓国問題と『国力論』

ソウル商大学長　辺　衡　尹

経済基盤強化で所得平準化

輸出百億ドル、GNP一人千ドル

国力とはいったい何か。それが国家の勢力、あるいは財力を指すにしても、それをどのように把握するかという点では人によってかなりの差があろう。

しかし、今日、国力が強い、といわれる国々にはまず一億五千万人以上の人口を持っており②GNP（国民総生産）の規模が十位以内にあること③一人当たりGNPも大体、上位圏にあり④百億ドル以上の輸出入規模を持っている——などの条件を満たしている。すなわち強大国といわれる国は人口の規模も大きくて経済力の強い国々にである。一九七〇年の統計からすると、米国、ソ連、西独、フランス、英国、日本、イタリアなどは確かに上述したようなことを立証している強国である。従って、国家、この意味では国力の強さというものを人口の大きさと経済力の強さの二点を兼ね備えた国という意味で考慮めて行くことにする。

国力のある国といえば一応、大きな人口と強い経済力を持っている国と定義されているが、韓国のような国は国力を強めたいからといって人口の急激な増加を考えてはならない。というのは韓国ではすでに相対的人口が過剰だからで、この過剰人口のためにいろいろなむつかしい問題が提起されている。従って韓国ではある水準以内に人口増加を抑制する必要があるのである。

そこで、人口過剰国が国力について考えるときは、人口の規模よりも経済力を優先的に考えなければならぬということが明白である。

日本経済の六六、七年をメドに [illegible]

[illegible] 力の伸張を考えている。そこで韓国政府はいま、一九八〇年までに輸出規模を百億ドルにし、一九八一年までに一人当りGNP（国民総生産）を一千ドル以上に引げるという目標を打出している。この目標は韓国輸出が一九七〇年のそれに比べて約十倍、また一人当たりGNPの場合は一九七〇年の四倍に増加するというものである。従って、韓国は向こう七八年の間に強国に国力の増加を招来させようと計画しているのである。

近年、急速に国力の伸長を成しとげた日本の場合をみると、日本が百億ドルの輸出達成をなしとげたのは一九六七年だった。また一人当たりのGNPを一千ドルに持っていったのはその前年一九六六年だったのである。

[illegible]

韓国で必要な設備投資

[illegible]

(S－ISA)

尋ね人

☆崔一男さん（長女）☆崔一生さん（長男）☆崔又生さん（次男）☆崔南さん（次女）
昭和9年頃に、新潟市 [illegible] 付近に住んでいた崔さん一家を御存知の方は、民団新潟県本部か新潟市役所市民課又は慶尚南道陜川郡文山面三谷里徳洞一二六〇の朴鎮切さんへ連絡して下さい。

☆高漢水さん（四一）
[illegible] 民団中央本部民生局または、釜山市東区凡五洞五統九班二五三の九、黄桐連さんまで連絡を。

☆李錦任さん
[illegible] 民団中央本部民生局まで連絡を。[illegible]

☆金正出さん
[illegible] 民団中央本部民生局までご連絡を。

☆金明玉さん（一九〇）
[illegible] 民団中央本部民生局または、韓国陸軍兵科教育司令部CAC・陸軍砲兵学校輸送部　韓　宗　徳さんへ連絡を。

☆金洪述さん（八五）
☆金実景さん（五九）
解放前まで日本で居住、解放後帰国したのち、再日した金さんら [illegible] をご存知の方は、民団中央本部民生局まで連絡を。

教育委員会を再編

教育費は団員の義務

東京韓国学校育成策で三者協議

東京韓国学校の安聖出理事長、黄哲秀校長、金昌式校監らが、さる二十三日に民団中央本部の金象鎬文教局長を訪ね、民団東京本部韓相斎組織部長、高相徳文教部長らをまじえて、教育の当面の問題について話し合った。韓国学校側の要望事項の主なものは、教育委員会の件、民団行事の件、三・一節行事の件など次のような内容であった。

安聖出理事長

近代的施設の校舎計画

①先頃中央委員会で決議した在日韓国人教育委員会再編の件を速やかに具体化し、一百円の教育費を団員が義務的に納金するようにしてほしい。②民団の各種行事に韓国学校の生徒を参席させて、教育させたいと思うので、団行事の公文を韓国学校にも送付してほしい。③毎年行なわれる三・一節の行事のうち、第二部の祭典には、八・一五光復節と違って厳粛さが必要であるから、一般のプロ芸能人が出演することは好ましいことではない。このような時には韓国学校の生徒で文化行事を構成するように配慮すべきではないか。今年から実行してほしい。ということであった。

また学校側は、現在の学生数七百人を千三百人に増やすとのことから、

であり、問題となっている"大学受験"の資格については、本国政府に陳情中であるので、近い将来実現の可能性があることを語っていた。さらに、韓国学校を強化充実させるため、はやい時期に学校を環境のよい適合した地区に移転して、近代的な校舎で勉強できるように計画を推進中であることをも明らかにした。このほかに学校側としては、林間学校、体育館、給食完全実施のための、食堂を含む全施設の完備などを実現したいので、民団員各位の積極的な協力が必要であることを力説した。

東京商銀新年会　18日ひらく

信用組合東京商銀（許弼奭理事長）では、さる十八日午後一時から、同商銀七階大会議室で恒例の新年会を開催した。

一般に新年会などに付きものの固苦しいスピーチも今年は廃止され、三々五五集まった韓日各界の名士ら約七百数十人は、定刻になると、商銀側のすすめに従って、そのまま立食パーティにはいった。商銀のキモ入りの在東京韓国人のホステスが多数飲物などのサービスをする中で、[illegible]乾杯、また、[illegible]、特設の舞台で歌や踊りをひろうした。同四時半頃にパーティは終了したが、最後まで主催者側からも参加者側からもスピーチの無いのが今年の東京商銀新年会の特徴などころで、欧米のパーティ並みだと賞讃の声がしきりであった。

新年会の費用をセマウルに

民団新宿支部で

金炳栄団長

民団東京新宿支部（金炳栄団長）では、去る十五日、恒例の同支部新年会を中止、祖国の中興と自主平和統一を指向する「十月維新事業」と「セマウル運動」の総和に参与する趣旨から、新年会の経費を支援金として寄託することにした。

江利チエミ ミュージカル「春香伝」

新宿コマ劇場で四月公演

夢竜役に松方弘樹

総勢百余人の豪華キャスト

◇…株式会社コマ・スタジアム（東京都新宿区歌舞伎町一の九）では、恒例の年一回の「江利チエミ特別公演」を企画するに当り、今年の第十二回江利チエミ特別公演の出しものを韓国の古典「春香伝」と決め、例年秋に上演していたものを春に繰上げて上演することになり、さる二十二日赤坂アマンド・レストランで記者団に発表した。…◇

1日から29日まで

カヤ琴の大家池成子氏も協力

春香役の江利チエミ

コマ・スタジアム側によれば数多くの本年度の演目候補の中から主題および作品のすばらしさ、国際的公演としての異色性、ミュージカル的演目としてのスケール色彩の豊かさ、などの点で「春香伝」の上演を新宿コマ四月江利チエミ特別公演として決定した」とのことである。そして「特に本年四月当劇場において、江利チエミ特別公演として企画されており、「春香伝」の出演に当っては、韓国の代表的演劇の日本への紹介という文化的大任をも果すべきと自認している。この仕事の成功こそ私共の使命であるとの考えから上演企画を進めるが、皆さまの絶大なる御助言、御協力、御声援を得て、より良き「春香伝」の上演ができるよう伏して御助言をお願い申上げる…」というはり切り方である。

記者会見の会場には、在日韓国[illegible]のほか、日本[illegible]約二十五人が詰めかけ、発表されるスタッフとキャストのメンバーに盛んにストロボの光をあびせていた。

特に来席した尹[illegible]駐日公報館長から「コマ劇場が、江利チエミさんというすばらしい歌手で女優を兼ねる人を主役にして、韓国三大古典劇の一つである「春香伝」を上演されることは非常に嬉しくその成果を大きく期待している」という主旨のあいさつがあり、江利チエミはこれに答えて「春香は非常に美しい人ということになっているのに、美人でない私が春香役をすることは合わないかも知れないが、美人でない者が美人役をやることも一つの行きかたではないかと考えて、演（や）ることにしました。「春香伝」はセリフが気が効いているし、笑いと泣きの場面がほとんど同時に出てくるので、ミュージカルとしても特色のあるものができると思います。一生けんめいに努力して、韓国にも堂々と持って行けるような日本的「春香伝」とでもいえるものにつくりあげて、韓国のファンの方にお答えしたいと思っております」と出演者としての抱負を語った。

なお、劇中で春香が「カヤ琴」を弾く場面があるが、このためにチエミさんは生れてはじめて「カヤ琴」なるものを練習することになり、その先生として、現在東京韓国学校の舞踊先生池成子教師が直接指導することになり、同日三時すぎ、駐日公報館で両者の初顔合せをした。ちなみに池成子教師の母親成錦鶯さんはカヤ琴の弾き手として韓国の人間文化財に指定されている。

上演は四月一日から二十九日まで、一日二回公演、一回三時間三十分で、ほかに上演時間三十分の「江利チエミの開幕ショウ」が併演され、ファンにタップリ歌をプレゼントされる予定。主なキャスト（配役）は次のとおり。

春香＝江利チエミ、夢竜（李道令）＝松方弘樹、房子＝谷啓、学道（下使道）＝金田竜之介、春香の母（月梅）＝清川虹子らで、ほかに中村芳子、井上孝雄、中野ブラザース、新宿コマ・ミュージカルチーム、韓国演奏家、同舞踊家が予定されており、出演者総数は約百余人である。

写真説明　公報館でカヤ琴の稽古の話が決り握手する池成子さんと江利チエミさん、中央は尹公報館長（上）あいさつする尹公報館長、一人おいて金田竜之介、江利チエミ、松方弘樹、清川虹子、他の出演者たち（下）

東京本部・直通電話開通

民団東京本部（鄭東淳団長）は次のとおり直通電話を新設、昨年末から開通しました。東京本部事務所および電話番号は次の通りです。

東京都文京区春日町二ノ二〇
電話(03)八一五—六五一一、六五一二番
（民団中央本部内）

民族教育活動盛んな婦人会大阪布施支部

新年会を兼ね成績発表会

大韓婦人会大阪府布施支部では民団布施支部の協力を得て、昨年の九月十八日から、管内同胞家庭の主婦たちのために、民族教育部を設置、毎週月・火・金・土（夜）の四日間を講義の時間にあて着実な民族教育を実施してきたが、去る一月十四日、主婦たち六十余人が、来賓多数を迎えて同支部講堂に集まり、新年会を兼ね、その教育成績を発表するなど、和やかな意見交換をし、今後ますます勉学に精進することを誓いあって散会した。

実用向の韓国語会話

神奈川学園の成根容氏が出版

神奈川韓国学園（金[illegible]園長）の講師である成根容氏の労著「韓国語独習書—会話編—」が、このほど、同学園から好評裡に発売されている。

成根容氏

全国の韓国語講習会の参考教材として最適であるとの高評をうけている同書は、A5版の二百四十ページからなっており、親切で実用向きに編まれている。同書の実費配付価格は八百五十円（ほかに送料百二十円）で左記のところへ注文すればよい。

ちなみに著者は、明治、法政大学などで多年間学究生活をおくり十年二の方、一世の民族教育一すじに献身してきた教育者で、今度の出版を記念し、民団中央文教局に同書百五十冊と、「セマウルの歌」のレコードを寄贈してきた。

注文先は横浜市中区末吉町三—四五・電話（〇四五）二五一—一八一〇と、二六一—四四九七・神奈川韓国学園。

咸陽郡人会

二月四日、総会と新年会

在日咸陽郡人会（李彩雨会長）では今年も恒例の総会を兼ねた新年会を、来たる二月四日、芝の「留園」で開く。今年の新年会には、このたび新らしく結成した「関西地区咸陽郡人会」のメンバーも多数初参加するとのことで、例年よりもにぎわうことが予想されている。そのため、飲んで踊る都合も考え、ダンス用の楽団も用意する由。李彩雨会長は「全会員が同伴で参加して下さることは勿論のこと、特に十八才以上の青年男女の二・三世を是非とも誘い合せて、咸陽郡の人が一人も抜けることなく参加してほしい。」と語っていた。

孫梨谷女史死去

鄭世済岐阜団長の母堂

民団岐阜県地方本部鄭世済団長の母堂孫梨谷女史は、病気療養中のところ、去る一月十八日、慶北[illegible]自宅で死亡、[illegible]葬儀は、本籍地（自宅）で七日葬。

在日咸陽郡人会　新年会及び総会

一、日時　二月四日正午から
一、場所　芝「留園」（中華料理店）　電話　四三三一—六二三一（代表）

目標＝東京タワー近く、東京プリンスホテル真向い側
注意＝会場が四時までの約束ですので時間厳守のこと

在日咸陽郡人会
会長　李　彩　雨
電話　三五九—三七九三、六一九—八八六九

女の韓国ひとりあるき　(15)

画・文…サトウ・サナエ

民族色豊かなショーに喝采　始めてのぞいたカジノの夢

あまりにも有名なウォーカーヒル。観光客にとって、欠かすことの出来ないところとされている楽園。

だが、これが韓国人たちが楽しむために創られたものではなく、もともと駐韓UN軍兵士の総合娯楽休養施設として造られたものであることがヘソ曲がりの私には、いささか抵抗を感じないでもないのだが……。

日本人観光客でにぎわうカジノ

W・H・ウォーカー大将の名前をつけたといわれるこのウォーカー・ヒル、すべてアメリカナイズされた人工美で、韓国にいるのだということを忘れる一瞬がある。

にくまれ口は、さておき、やはり一般観光客にとっては、これほどありがたいところはあるまい。なにしろ、ウォーカー・ヒルほど漢江が美しく眺められ、その上多彩な大人の娯楽施設が集められているところは、他に例が無いからである。

カジノ、レストラン、パシフィック・ナイトクラブ、ボーリング場、室内水泳場、ゲームルーム、国際会議室、美容室、バー…と、とにかく何でもある。

先ずは、パシフィック・ナイトクラブ。日本人観光旅行団が、たくさん来ていて、満員の札止めのところ、特別に席をつくってもらって、かぶりつきに座らせてもらうことが出来た。

飲物と、食事が並べられてあるにもかかわらず、舞台のショーが始められるや、みんなランランとした目はステージに釘づけになって、一向に食事は進まない。

ウォーカーヒル

韓国民俗色豊かな盛り沢山のショーは、さすがに見ごたえがあって、一流どころだけを集めたその演技は、観客に息をもつかせない。

私は、平素から、どちらかというと、庶民的なところを好んで捜していたのだが、不案内な外国人にとっては、どこに行ったら民族舞踊が見られるかなどなかなかわからないものであるそういう意味では、このナイト・クラブは、観光旅行者用に親切にめずらしいプログラムを組んであるので、てっとり早いと言えるかも知れない。

ちょっと気にかかることは、観光客相手のカメラ・マンの存在であった。いやマンではなくて、可愛らしい女性だったのだが……。

ポロライド・カメラで顔ぐ焼き付けてくれるというので、なかなか繁盛しているようであったが、そのフラッシュの先は、その集客と反比例してその見事なショウのさまたげとなっていたようであった。

次に、日本人が一番喜ぶというカジノだが——もともと私は、お金を賭けて勝負するなんて性に合わないのだが、西洋式、東洋式を問わず賭場の場面というのは映画しか見たことが無いのでちょっくらのぞいてみることにした。さすがに賭場だけあって、どことも違った緊張と混濁の空気がただよい、血走った沢山の目は、しかし一ぱつ当てて、カーちゃんや子供に山のような、みやげ物を買って帰りたいというユメをまだ失っていないようであった。毎日の金の次元から解放されて、たまには散財するのも楽しい事だろう。

古代瓦窯研究の意義

特に百済人の影響について

大川 清（下）

〈国士館大学助教授〉

5、地下式有牀窯

無階無段と同類の形態を基とし、焼成部床上に窯の長軸にほぼ平行して数条の牀（しよう・とこ）を設けたものである。この形態に属するものは、現在あまり多くの実例を見ない。

6、半地下式有階有段窯

地下式のこの形態は瓦窯の主流であるのに、それが半地下式に構築されたことは、瓦窯が比較的少ない。側壁上部から天井部分はスサ入り粘土によって架構されたものである。

7、半地下式有階無段窯

この形態は類例のきわめて少ないものの一つである。

8、半地下式無階有段窯

地下式でないということだけのことでなく、地上構造もこの形態の窯は比較的少ない。

9、半地下式無階無段窯

この形態に属するものは、関東地方に比較的多く見られるもので、須恵器窯の窯の型である。須恵器工人と瓦工人、須恵器窯と瓦窯との関連についての問題が生ずるのも、この形態の窯である。

10、半地下式有牀窯

11、半地下式分焔柱窯

愛知県を中心として発達をみた形態で、古代窯業がそれぞれの地方で衰退しつつあると共に、良質の粘土の採取と、当時の都に近接しているといった関連などから、日本の中世窯業の一中心地を確立するに至った。

つまり、燃焼部中央に分焔柱を設けた形態であると共に、窯も古代にくらべて大型になり、燃焼室の長さは三尺位、焼成室は七尺位の勾配は約二〇度、幅は三尺位で、窯底から天井までの高さは一尺位のものである。分焔柱は径〇・六、七尺位のものである。

平　窯

1、地下式平窯

平面形は瓦窯のように細長い舟底形のもので、地山をくり抜いてつくり、焼成部の床がほぼ平らになっているものである。

この式の窯は焔の引きをよくするために、煙道部を瓦窯にくらべて長くつくったり、余分に煙道をつくり、さらに窯尻部に煙や焔を一時とどめる釜（留煙室）を施設したものである。

この式のものは瓦専用窯というより、瓦と須恵器を焼いたものが多く、瓦陶兼用窯のものがあり、類例の比較的少ないものである。

2、地上式平窯

地上に構築され、側壁、天井部をスサ入粘土などでつくり、焚口が一か所のものや、数個の焚口をもったものがあり、類例の少ないものである。

3、無牀式平窯

半地下式構式であるが「半地下式」を略して名称する。

この式の平窯は最も古いものと考えられ、昨年、韓国の錦江川岸（忠南、扶餘郡牛津里）で発見された瓦窯のなかに、この形態の祖型的なものと考えられそうなものがあったようである。

4、有牀式平窯

半地下式有牀平窯と称するものであるが、「半地下式」を略称する。

この形態に属するものの発見が多くなってきた。無牀式平窯からの発展形態と考えられるものである。平安時代末から鎌倉・室町時代にも構築をみるもので、後世の瓦窯はもちろん、陶窯の基本形態である。

この形態の窯は地山を掘り込んで築いたもので、燃焼室、焼成室が障壁などで区別され、両室の床面には高低差があり、焼成室が少し高くなっている。焼成室の床上には、瓦を積み重ねてつくったり石などを置いて細長い台を数条つくる。この種の台の上に瓦を立て並べて焼く。この台を牀（しよう・とこ）と呼ぶ。牀と牀の間は障壁下部の通焔孔から焔が侵入する焔道が溝のようになっている。

窯の側壁は瓦をスサ入り粘土で交互に積み重ねて築いたものが多い。燃焼室の天井は瓦細工してから粘土で架構し、窯出しの時には一部を壊して瓦を出したものと考えられる。

5、有牀式無障壁平窯

この形態は障壁のないもので、(4)と(3)の折衷形態とも考えられ、類例の少ないものである。

需給関係

前述の各種瓦窯の構築年代については 前の表（1）の通りである。

この表に示したものも、現在までの調査によって明らかになっている資料を基にして作成したもので、今後の資料によっては、これの変更を招来するものである。

寺院の堂塔、官の殿堂の建築は当初の設計が完成すると、建設工事に着工する段階では、瓦の製作が開始されなければならない。

八世紀前半頃までの造瓦は、建築工事現場に比較的近いところで行なわれていた。その後は、かなり遠隔地にも造瓦所（瓦窯）が設置され、そこから運搬していた例も少なくなかった。

瓦の需給関係は、基本的には需要側に専属のものであるが、都の周辺のように宮殿、寺院の造営が繁忙の地においては、専属瓦屋（窯場）という形態に加えて、相互に複数的な需給関係が形成された。このような、需給形態は、八世紀後半の地方においても需要の増大によって採られた形態であった。

図表一

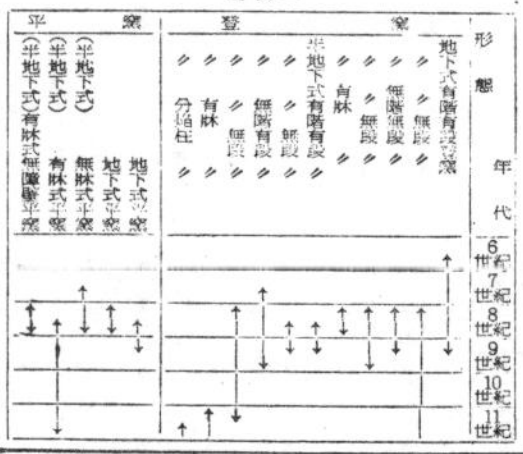

昨年11月、東京に勢揃いした"世界のリトル・エンゼルス"一行

リトル・エンゼルス 日本の或る日

撮影……李 剛

高度のテクニックを誇る「九鼓舞」

激しいケイコのあと、食べざかりのこの食欲

華麗なる「扇の舞い」

寸暇をさいて便りを

神技！サンモ回し（東宝ケイコ場）

大人顔負けのチャング踊りのあでやかさ

天使たち、平和の鳩と遊ぶ（日比谷公園）

洪吉童傳（三四）

許筠著

訳・編　洪相圭

命令に従い、五千の手兵を率いて、騎日もふ子に前進した。

馬叔は、城方に向かって口ぎたなく罵りながら、戦いを挑んだ。

深い策略があるとは見抜けなかった賢忠は、凡人の浅ましさで、馬叔のさんざんあざける悪態雑言に腹すえかねてその細首を一討ちにしてくれんと憤りに燃え城門を開いて討って出た。馬叔は敵わないと見せかけるべく、馬の背にかじりついて後ろも振り返らずに逃げ出した。賢忠は大将の逃げ腰に浮き足立った雑兵を蹴散らし斬り捨てながら、奥伝々と呼びつつ馬叔に迫った。

その時に吉童は空中に向かって何やら呪文を唱えた。これはまたどうした、奇妙不可思議な事であろうか！五方神将が忽然として現われ賢忠を包囲した。東には青帝将軍あり、南には赤帝将軍、白帝将軍は西に位置し北に黒帝将軍が悠々ととぐろを巻いて待ち備え、中央部に吉童が毅然と立っていた。目も眩む黄金造りの鎧に身を包み、大太刀を手にふり回しながら討って出たので金賢忠は手合も太刀を交える前に腰が浮いていたところに肩を刺されて、堪らずどっと地上に倒れた。

起きるいとまもなく、頭上で雷のような大音声が凛として肺腑を貫いた。

「大勢を知れ、命が惜しかったら手向かい無用じゃ。速かに降服せよ。一命だけは助けてつかわす」

賢忠は、大厦の崩れんとするや一木のよく支え得ないことを悟り、ついに降服した。しかし彼は、

「敗軍の将、兵を語らず。将軍の処置を待つのみ」

と従容として言い放った。

吉童は見るところがあって、礼を以って遇するだけでなく、鉄峯城主の地位をそのまま保障してやり、更に軍を駆って王城に迫った。

吉童は攻撃する前に、一通の檄文を王に送った。

一義によって兵を起こした洪吉童は、律島国王に書をいたす。およそ、王とは、一人の王にあらず、天下万民の王たらざるべからず。さればこそ湯王、桀の暴を討ち、武王、紂の虐を懲らす。

これ人道大法のおもむくままの理法にほかならない。王道にもとればすなわち命数たまる。予兵を起こして既に鉄峯を降し、過ぐるところ、風をしたって帰順しないものはない。王、もし戦わんと欲すれば戦え、しからざれば、すみやかに降れ」

金城鉄壁と頼んでいた鉄峯城の落城は、王の全てのたのみの綱を切ってしまった。しばらくの間、呆然としていた王は降服したが、屈辱の生を貪るよりは、名誉の死を選べば、王妃と東宮もあとを追って自害した。

王城に入城した吉童はまず民情を安撫し、諸将をよくねぎらってその功を論じ、賞を施して一層士気を高めた。こうして、洪吉童はついに律島国の王となった。

時はまさに乙丑年の正月九日であった。

馬叔を左大臣に任じ、右大臣には金賢忠を、その他の功臣も各その官位を就任させ、官職を巡撫按察使に、任命して三百余州を巡行せしめた。満朝の百官は王の万歳を称い、遠近の百姓どもはその徳をたたえて懐いた。

王は白・曹の二夫人を王妃に封じ、父を追崇して賢徳王と呼び、生母を大妃に封じた。

また、白竜・曹哲を府院君に封じて邸を与え、賢徳王の陵を先陵と呼ばせる一方、陵に登って祭文を奉読し霊を慰めた。

なくなった父の正室である夫人柳氏を、賢徳王妃に封ぜしめた。

王位に即いて、三年、国はよく治まったから、盗賊はいやが上にもあがった。

ある日、大宴を張って満朝の百官とともに楽しんでいたが、生母大妃と懐古の話に興れたとき、王は昔をしのびながら、こう話し出した。

「この不肖の子が、家で刺客の手に死んでいたら、今日の私があり得ましたでしょうか」

と感極まって流れる涙をこらえきれずこん衣でそっと目頭を押えれば、この話を聞いていた大妃は、ふたりの王妃とともに、声をこらえて、もらい泣いた。

ほろ苦い懐旧の情は悲しくとも甘かった。思いを過去に馳せれば、一つとして涙に彩られない足跡はなかった。

月に恐じ、花を恨み、夕の想いもなければ朝の望みも持てなかった青春の一時は、思っただけでも恐しかったが、また帰りこない過去は、無限の哀愁を胸に呼び起こさせたものだった。

懐旧の情にそそられながら、宴席より退がった王は、すぐ白龍を呼び寄せた。

「寡人、今でこそ王位におれど、その本をたずねれば朝鮮国人であることは、卿のよく知るところである。偶然に今日あるを得たのは過分の光栄である。さきに聖上は寡人に米千石をご下賜くださったことがあった。その恩を忘れてはおられない。卿を使わして泰山のような聖恩に少しでも報い奉ろうと思う。遠路ご苦労であろうが寡人の意を体して、朝鮮国に入朝せよ」

と、いう言であった。

王は聖上に奉るべき上奏文とともに、進物に伝える書文を渡し、米千石を積んで朝鮮国に向かわせた。

さて、朝鮮国の聖上には、吉童に千石の米を下賜されたが十年近くの間、杳としての消息のないのを、いつも期待外れだと思っておられた。ところがある日に見馴れない異国の使臣が来朝参内して、律島国王の上奏文を奉った。何事だろうかと心も急かしく開けば、感嘆には驚きと満足の御意が、代わる代わるに広がっていった。

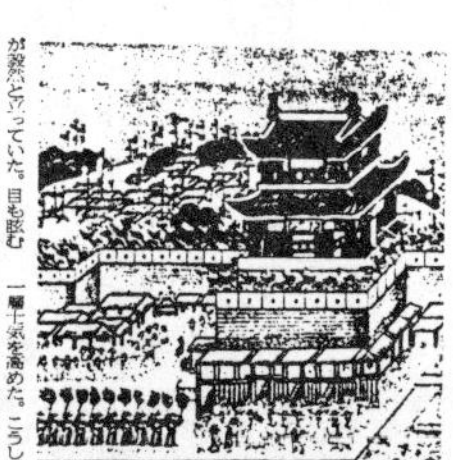

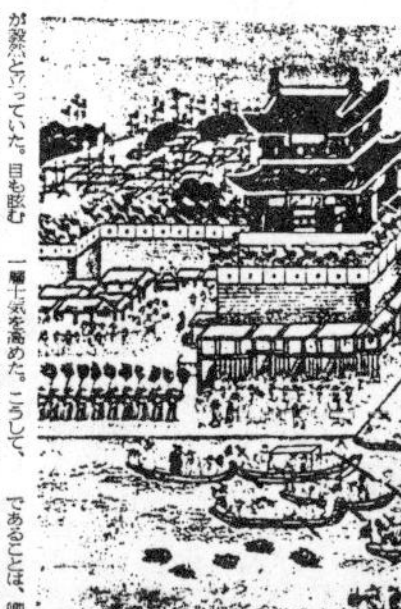

韓國新聞

在日大韓民国居留民団
中央本部機関紙
韓國新聞社
発行人　金正柱
東京都文京区春日町
2丁目20－13
電話㈹(815)1451～3
文(813)2261～5
振替口座　東京163774

民団綱領

一、われわれは大韓民国の国是を遵守する
一、われわれは在留同胞の権益擁護を期する
一、われわれは在留同胞の民生安定を期する
一、われわれは在留同胞の文化向上を期する
一、われわれは世界平和と国際親善を期する

"統一と繁栄への新たな接近を"

忍耐で南北対話推進

"民族の正統性とりもどそう"

去る二十九日午後三時から、民団中央本部において、来日中の朴大統領特別補佐官林芳鉉氏の特別講演が、民団中央本部、民団東京本部役職員を始め、青年会東京本部、婦人会中央本部の役職員、都内同胞社会各機関長など二百余人があつまるなかで「十月維新」の理念と基本精神、東西緊張緩和に伴う国際情勢とアジアにおける韓国の位置、南北会談の現況と展望、在外国民と本国政府との紐帯関係など全般に亘って論理整然な批判、分析を加え、陸実に深い感銘を与え、拍手喝采裡に午後五時すぎ講演会をおえた。ついで金正柱民団中央本部団長は「感銘深い講演を聞き心ひきしまる思いである。とくに林補佐官が在外国民に対する本国側の責務が重大であることを述べられ、私たち在外同胞を過去如何なるときよりも重視し、深い関心を持たれていることが理解できて心温まる思いがする」と感謝の辞を述べた。講演要旨は次の通り。

〈大統領特別補佐官〉林芳鉉氏時局特別講演

29日、民団中央で　二百余聴衆に深い感銘

民団中央本部でひらかれた大統領特別補佐官林芳鉉氏の特別講演

林芳鉉氏

自主国防に伴う経済問題

国力培養が急務

=「十月維新」は国政刷新への措置=

セマウル精神は民族中興の哲学

南北統一の形態分析

実情にかなったアプローチ

百億ドル輸出は絶対達成

勤勉、自助、協同の精神を確立

セマウル精神

次号につづく

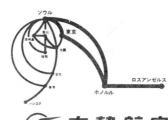

朴大統領年頭記者会見

主体的な民族史観の定立
—伝統文化の創造的開発

去る一月十二日午前十時、朴正熙大統領は中央庁第一会議室で新年記者会見を行ない、一九七三年の施政方向を明らかにした。

本紙(一月二十日発行・一〇六八号)では、その概要を報道したが、このたび全文を紹介し、維新課業完遂の指標を再確認することによって、維新民団の志向をまさぐるあしばを提供するしだいである。

民族の安定・繁栄・統一を
十月維新は民族意志の発現

(上)
〈全文・資料〉

問、昨年は歴史的な事件で彩られた一年でした。大統領閣下は、一九七二年を振り返りながら今後の国政計画を含め、維新事業を推し進めるに当り、どのような構想をお持ちになっているのか、説明していただきたく存じます。

答　また一年が過ぎ、新しい年を迎えました。

今年も皆さんと、皆さんの家庭に幸福が訪れるよう心から祈っております。

一九七二年には、皆さんもご存知のように、国内外的にかずかずの変化がありました。

国内的には、まずわが国の周辺で起こった問題だけでも、昨年の春、アメリカのニクソン大統領が北京を訪問して、米・中共間に和解が実現し、その後、日本と中共間に接触が急速に進展して昨年秋には、第二次世界大戦後、はじめて、日本と中共間に国交が樹立されました。

その他にも過去十年の間、続けられたベトナム戦争が、昨年末ごろには結着をつけるのではないかとみられるほど、急速に平和協商が妥結されそうな進展を示していたが、年末にはこれが逆転して、米軍が北ベトナムに対し、大規模な爆撃を開始するなど、新しい事態によってベトナム平和協商の見通しが、やや暗くなったのでした。

このようなことが昨年、わが国の周辺で起った重要な事件だと見ております。またこのような変化は、わが韓半島をめぐる国際政局の既存秩序と、その既存勢力均衡関係に、直接的にも間接的にも大きな変動をもたらすものではないかという憂いと観測を醸し出させたのもまた事実です。

しかし、このような変化は、その本質において、どこまでも国際間の緊張を緩和し、平和を追求しようとするところに目的があるということを、私たちはあまりにもよく知っているので、このような国際的な動きに対し、われわれとしても、これを無視する必要は無いと考えます。

むしろ、このような情勢に対しこれを無視するとか、被動的または、閉鎖的な態度で臨むべきではなく、常に能動的にして、柔軟な姿勢で対処すべきだというのが、わが政府の外交の基本方針であります。

したがって、政府もこのような国際情勢の変化に際し、どこまでも現実を正確に把握分析しこれを直視しながら、現実に立脚して、すべてを、わが国の国家利益に副応させるべく、われわれ自らを敏速に適応させようというのが、政府の基本態度であり、かつまた、そのような態度をもってあらゆる事態に対処して来たのであります。

ここで、私たちがはっきりしておかなければならない問題は、強大国間のこのような動きは、確かに強大国間において、緊張緩和と関係改善のため、多大な成果と進展があったという事をみとめることです。

しかしこのような事実が、彼ら強大国らの周辺に位置している小さな国いわゆる中小国家や、弱小国家らにとっても、同じように成果と進展だけをもたらしたか、どうかというのが問題です。

私たちは、必ずしもそうではなかったと見ております。具体的な一つの例として、昨年日本と中共が国交を結びました。ところで、隣接国家らが互いに対決し、相争うよりは、修交を保ち友好関係を持つということは、歓迎すべきことだと考えます。

しかし、日本と中共間の国交正常化が、どんな結果をもたらしたか？　第二次大戦後四半世紀の間緊密な友好関係を保っていた日本と、自由中国の間の国交が断絶されてしまったのです。自由中国が大きな打撃を受け、また被害を被ったという事実を、私たちは熟知しています。

ところで現在、強大国らにはさまれて生存している地球上のすべての弱小国家らは、今日のように国際情勢が激動し、急変する中で、自身の生存と、独立と平和を追求し、また彼ら自身の進路を切り開いて行くためには、彼ら民族自体の賢明にして知恵のある判断と行動がなければならないということを、私たちは考えさせられるのであります。

わが国の諺に「虎にさらわれても、気さえしっかりしていれば助かる」という諺があります。たとえ国際情勢が、いかに急変するとしても、その民族の精神的姿勢がしっかりしていて、国民が一致団結し、彼ら自身の力を持って活路を切り開いて行こうとする、強靭な意志と努力さえあれば、その民族は決して心配する必配はありません。これは、韓民族が生存して行く上にも、民族生存の不変の鉄則であり、また公理だと、私は考えております。

ここで、一九七二年にわが国内で起ったいろいろな事柄を振返って見たいと思います。

国内においても、かずかずの変化がありました。

いまだに私たちの記憶に生々しいのは、七・四南北共同声明と、または八・三緊急措置、十・一七特別宣言に伴う十月維新、維新憲法の確定公布と第四共和国の出帆など、このような変化はわが国の歴史に、新たな線をマークした重要な事件だと思います。

まず八・三措置から申し上げますと、八・三措置はわが国の経済安定のための文字通りの緊急措置でありました。

解放以来二十七年の間、インフレはわが国の経済成長を阻害していた一つの慢性的な持病だったといえるでしょう。

それは、まさしくインフレという病であります。これまで第一、第二次経済開発五ヵ年計画を通じて、わが国は数多くの成長を成し遂げましたが、しかし、この過程においてもこのインフレという病を、完全に治療できなかったのです。

ちょうど人体にたとえるとすれば、体の中に回虫やジストマのような寄生虫が巣食っていて、いくら栄養を摂取し、おいしいものをたべても、発育を阻害しているように、インフレがそのまま存続するかぎり、経済の健全な発展は不可能です。したがってこの病をどうしても直すべきであり、インフレの悪循環を断絶させるべきで、そうしなければ、わが国の物価が安定し、ドル・レートが安定し、また国内経済の全般的な安定をもたらす高度成長を維持できません。

このインフレの悪循環は、物価と労賃を上がらせ、労賃が上がるとそれが商品のコストに影響を及ぼしてまた物価が上がり、物価が上がると、ドル・レートが揺らぐようになる。このような悪循環を私たちはこれまでの四半紀の間、繰り返して来たのです。

私は、政権を担当してからこれまで、どうすればこの病を直すことができるかと、いろいろ悩んで来ました。

専門家らの意見も聞き、これを検討した結果、相当な副作用があることを予測しながらも、このインフレの悪循環を断絶するためには、どんな非常措置でも取らざるを得ないという判断から、八・三緊急措置を断行したのです。

この措置に対し、一部国民の中には、いろいろな非難と不平をいう者も多かったことを、私は存じています。

これは政府が、わが国の一部企業家だけを肥らせ、零細債権者らを犠牲にする政策だという非難も多かったようです。しかし、この措置がとられてから五ヵ月たった現在では、八・三措置が、決してわが国の一握りにも満たない企業家らのためにとられた措置ではなく、この措置によって物価が安定し、ドル・レートが安定し、そして経済の全般的な安定を招いて、結局は、全体国民が実質的な恩沢を受ける結果になったということを、ようやく悟るようになったと、私は考えております。

八・三措置以来、これまで五ヵ月の間—昨年年末の統計によると—物価はほぼ横ばい状態を維持、安定しております。過去五ヵ月間、卸売物価は、わずか〇・八％上がり、消費者物価はかえって一・五％が落ちました。為替・レートは八・三措置の際、一ドル対四〇〇ウオンだったのが、正確には三九九ウオン何銭だったのですが……。

五ヵ月が過ぎた今でも、やはり四〇〇ウオン以内に安定しています。このような結果、わが国の企業家らもこれに刺激されて意欲を出し、経営の合理化と国際競争力の強化に努めたので、一時停滞状態だった景気が、ようやく回復し、産業生産も活気を帯びるようになって、昨年下半期からは国内経済が相当活発に動きはじめ、したがって、輸出が急増する現象を示したのです。

それから、七・四共同声明について申し上げますと、七・四南北共同声明も、発表された当時は、国民たちに大きな衝撃を与えた事件だと思います。この七・四南北共同声明、いいかえますと、南北対話を推進するのには、二つの目的があります。その一つは、南北間の緊張状態を緩和し、戦争の再発を事前に防止しようというのが大きな目的であります。率直に申して七・四南北共同声明が発表されるまでのわが韓半島の情勢は、いつ如何なる時期にどこで、どんな形態の戦争が起こるのか誰も予測し難いほど、緊張状態が高まっていたということを、想起しなければなりません。

第二の目的は、南北間に対話を交すことによって、これまで南北の間に積もり積もった不信を除々に解消し、お互いに誤解を解いて民族の同質性を回復するため、共同の広場を広げて行く。これによってお互いの不信感がだんだん解消される。そして究極的には、平和的統一の道を模索して見よう、という二つの大きな目的があったのです。

しかし、南北間の対話を始めて見ると、いろいろな問題が生じました。

その一つは、わが国の当時のような体制では、南北間の対話を推進する上に国論が分れて、国論の統一が図り難い。いま一つは、わが国の政界の一角では違憲論を打ち出し、違法論を挙げて—その当時の憲法の下では、大統領が何の権限で南北対話を始め、韓国側の人たちが平壌を訪れ、北の共産主義者らがソウルを往来しているのか、これは違法ではないか、というういろいろな論難がありました。

南北対話は、国論が統一され、挙族的なバック・アップがあるとしても、これを推し進めるのにはいろいろな困難が横たわっている問題であるにもかかわらず、国論の統一が図られぬまま、国論が分裂していたのです。いま一つは、対話を始めておいて南と北の体制を比較して見ると、私たちがこれまで実施して来た自由民主主義の体制をもっては、共産主義者らと対話を交し、これから交流を図る上にいろいろな脆弱点があるということを発見したのです。

したがって、これから南北対話を継続して推し進めるためには、私たちの内部の体制を改めて整備すべきであり、かつ一大改革を図らなければならないという判断の下に、十月維新が断行されたのです。

ところで、十月維新とは何か、ということは、みな知っていると思いますが、簡単に申しますと、十月維新とは、わが民族の安定と繁栄を成就し、そして平和統一を成し遂げようという基本理念から出発しています。

すなわち十月維新は、正しい民族史観に立脚して韓民族の安定と繁栄を図り、ひいては統一を成就するに当り、どこまでも私たち自身の力と英知によってこれをかちとり、実現しようというのが究極な目的であります。

これをまた、精神史的側面から考察して見ると、十月維新の理念の理念は、民族的主体性をとくに強調しているという点において、五・一六革命とその根源を同じくしているとみるべきであり、五・一六革命は、私たちをして民族的自我を回復し、自己自身を知る一つの契機をなし、民族中興のためのルネッサンスであったと見なすことができます。

私たちは熱心に働き、たゆむことなく努力を続ければ、誰にも劣らず、いくらでも豊かに暮らし得る立派な資質と能力を持っている優秀な民族だ、という自信を初めて持つことができました。このような信念と自信が原動力となってここから発した民族的エネルギーが過去十年の間、わが国のあらゆる分野において発展をもたらしたと見るべきでしょう。

しかし、十月維新は民族的主体性を強調している点では、五・一六とその根源を一にしているが、五・一六よりもさらに次元の高い民族的主体性と、その実践を強調しているところに特徴があります。

それゆえに、十月維新の理念を実現するためには、何よりもまず正しい歴史観と主体的な民族史観の定立を強調しているのです。

近ごろ、しきりに主体的民族史観の定立という言葉を使っているようですが、これはどういう意味か—。

むずかしく解釈すれば、むずかしくも説明できるのですが、わかり易く申し上げると、過去の私たちの歴史を正しく理解すべきだ、同時に今の私たちの現実と、私たちの立場を正確に認識すべきだ、そして、これからわが民族が進むべき進路が何であるかということを、正しく認識しなければならないということです。

私は、まさしくこれこそ民族史観の定立だと理解しております。

これも、人から強いられたからではなく、他人の力を借りるのでもなく、私たち自ら自覚し、私たち自らの力でこれを推し進める、すなわち自主性と主体性をもって実践する、これを主体的民族史観の定立というのです。

このような使命意識のない人を私たちは、国籍のない精神的放浪児と申しております。

率直に申して、不幸なことには、これまで私たちの社会には、このような「国籍のない精神的放浪児」がかなり多かったのではなかったと見ております。

もし、皆さんのなかに「私はそうでなかった。私は正しい精神の持主であった」と申す人がいるとすれば、そのような人は非常に立派な人です。

そんな人が多勢いてほしいのですが、不幸にもそんな人は少なく、そうでなかった人が多かったところに、私たちの社会の問題点があったのです。

民族と国家は、永遠なものです。

とくに一つの民族というのは永遠な生命体です。したがって民族の安泰と繁栄のためには、その民族の後見人としての国家が存在しなければなりません。国家は民族の後見人です。国家のない民族の繁栄と発展は有り得ないのです。

日帝時代に私たちが、国を失った民族としてどれだけの苦しみを体験したことか！

国のない民族は、個人的にいくら優秀で能力があっても、その能力を十分に発揮し得る機会がないのです。

民族もこれと同じように、いくらその民族が優秀だとしても、その民族性を発揮し得る機会は与えられないのであります。

国が繁栄しなければ、私たち個人も豊かにはなりません。

「国」と「私」は、別個のものではなく、同じものの二つの面です。

わが国の教育憲章にも「国の隆盛が私の発展の根本であることを悟り」というくだりがあります。

これは文字通り真理です。国が繁昌すれば私も豊かになり、国が富強になれば私も富強になり国に栄光があれば私も光栄に浴し得るのです。このような透徹した国家観が確立されなければなりません。

万一、これと反対に、国は亡びても私だけ栄えれば、国は貧しくても私さえ豊かになりさえすれば、国は戦時を被っても私さえ栄光に浴することができればとか—このような思考方式を持っている個人または民族があるとすれば、その個人またはその民族は、亡びてしまうでしょう。

私はこれを亡国根性と規定したいのです。

昨年の春、大邱で全国教育者大会が催されたことがあります。私はその席上で、わが国の全教育者らに、われわれの教育において、確固とした国家観の確立と、民族史観の定立をとくに強調したことがあります。

いまから五年ほど前、一九六八年だと記憶していますが、わが国の各界の著名な人たちの衆知を集約して、国民教育憲章を制定公布したことがあります。

これまで申し上げた私たちの確固とした国家観の確立、正しい歴史観・民族史観の定立、このようなものが結局は、国家の根本になるのです。

一つの国家を建設して行くに当って、このようなものが、全部根本になるのです。

あらゆるものは根本がしっかりしていなければなりません。根本が健全でしっかりしていれば、国も発展し国力も培養されるのです。

私たちはいま、国の根本を堅め、国力を培養すべき時に立たされているのです。

十月維新の目的は、国力の培養と国力の組織化にあります。

したがって、十月維新の課業を、これから遂行するに当り、国力培養の阻害になる要素は、果敢に是正して行かなければなりません。

そしてこれを、維新の当面課題だと見ております。

なおこれが、これから私たちが推進すべき維新的大改革の基本方向でもあります。

したがって十月維新課業は、いままさに始まったばかりであり、いままではどこまでも、整地作業を行ない、これまでは、この課業を推進するための単なる制度的改革にすぎません。汽車がこれから走って行くためのレールを敷き、汽車はこれから発車する。維新はこれから始められるのです。

ところでこれから、私たちが各分野にわたってどのように改革をして行くのか、ということに対する構想をいくつかの分野に分けて簡単に申し上げることにしましょう。

まず政治面において構想していることを申しあげますと、十月維新秩序の基本方向は、私たちのあらゆる行動を生産と直結させるものです。このようにして国力が培養され、国力の組織化が図られるのです。政治や経済、社会、文化、教育、その他すべての分野においても同じです。わが国の政治もより一層能率的で、浪費がなく、生産に直結する政治制度を、私たちは育成発展させなければなりません。

これまで国力培養を阻害していた最も大きな要因の一つは、ここで率直に申し上げると、かつてわが国の国会の非能率的な運営にあったと、私は断定しております。国力の培養よりも、むしろ国力の浪費と国力の消耗をもたらしたことが、どれだけであったか図り知れない、という点を反省しなければならないと思います。

今年の春、新しく発足するであろう第九代国会は、それこそ大悟覚醒、一大奮発し、十月維新に反映された国民の民意の所在と、国民たちが希求している国会の正しい姿勢が、何であるかということを正しく認識し、国民の代弁者としての任務を、より誠実に、より能率的に、より協助的に遂行すべきだと思います。

そして、清潔で明朗な政治風土の造成のため、いっしょに努力することによって、これからはまことに、国民から尊敬され、信頼され、支持される国会になるよう、私は心から頼みたいのです。

もしそのようになれば、わが国の民主主義は月日を重ねるたびに、だんだん根をおろして土着化するでしょう。これを私たちは韓国的民主主義と称しております。

次に経済面に対し申し上げます。

国力を培養するのに何よりも重要なのは、やはり経済であります。

私たちは、これからも自由経済体制を堅持しながら高度成長を続けることでしょう。

十月維新が始められた初期において、一部国民の中には、これから新しい憲法が制定され、第四共和国が発足すれば、わが国の経済は非常な統制を受ける統制経済になるであろう、または私有財産に対しても、相当な制限が加えられるであろう、などと根拠もない憶測とうわさを広める人がいたということを、私は知っています。

これがどんなソースから出たうわさなのか存じませんが、もし根拠もなくみだりに、うわさを広めたとすれば、かなり悪意に満ちた扇動だったと見るべきです。

政府は、これからも引き続いて、自由経済体制を最後まで堅持するということを、ここではっきり申し上げておきます。

私たちが高度成長を持続させるためには、重化学工業を重点的に育成強化すべきであり、輸出産業をさらに拡充して、輸出の持続的な伸長を図るべきであり、農水産部門に対する投資を拡大して、農工間の格差を解消するのに、政府は集中的な努力を傾けるでしょう。

さらにまた、あらゆる可用資源を最大限に活用し、技術革新のため全国民的な努力を傾けるべきです。

このようにして、生産を高める一方、すべての人に職場を与え、雇用の増大を図ろうとしております。そして汗を流して熱心に働く人たちには、必ず安定した生活が保障されるようにすべての施策の力点を集中させ、推進して行く方針です。

このような政策を推進するに当り、もし、経済成長を阻害するとか、またはこれに逆行する不条理非合理的な要因があるとすれば、これを果敢に取り除くでありましょう。

これが十月維新における経済秩序の基本であります。

その次には、社会文化面について申し上げましょう。

いまだに私たちの社会では、奢侈と浪費など不条理な現象が、たくさん残っております。

これらが、だんだん是正されつつあるのもまた事実ですが、いまだに無自覚な人たちが国家的現実を忘れ、前にも指摘したように、国家と民族と社会はどうなっても「自分さえ豊かに暮らせれば満足だ」という極端な利己主義的な思考方式から、いまだに脱皮できないため、このような現象が起こっているのだと見ています。

自由民主主義社会は、個人の自由を最大限に保障するというのが根本理念です。

しかし、自由民主主義の社会を個人の利己主義を無制限に認め、助長する政治制度だと錯覚している人がいるとすれば大きな間違いです。

「人はどうなっても自分さえ楽しく豊かに暮らせればそれでいいんだ。これが自由だ」というのは極端な利己主義です。これは、まことの自由でもなければ、民主主義でもありません。

そのような思考方式を持った主義があるとすれば、これは国を滅亡させる主義です。国民の一人一人が正しい国家観を確立し、国家に対する義務と責任感が透徹していて、自分の責任と義務を立派に果たす時、国民の自由はそれだけ保障されるのです。このような国民の国家観、国家に対する義務、責任、奉仕精神に徹した時、自由民主主義制度は、はじめて花を咲かせ、実を結ぶのだと見ています。

もし、私たちの社会にこのような極端な利己主義の風潮が、だんだんはびこり、奢侈と浪費の風潮が、蔓延するとすれば、結果的にどんな現象が現われるでしょうか。その結果は、国民の団結と総和を損なうばかりでなく、外来文化だけを無条件に追従し、一方ではわが国固有の伝統文化は、無批判的に悪いと軽視するようになるでしょう。同時にわが国固有の美風良俗は、だんだん影をひそめるようになり、ひいては国民の綱紀も時がたつにつれて、弛むようになるでしょう。

十月維新は、国民の綱紀の確立にも大きな目的があるのです。

前にも言及したように、国家に対する責任と義務、奉仕精神に徹し、礼儀正しく、秩序を遵守し、勤勉にして自助し、協同心が強い時、私たちははじめて国民の綱紀が確立されたといえるでしょう。

私は先ごろ、ある会合に出席した際、十月維新について次のように説明したことがあります。十月維新を簡単に解説すると、私たちが持っている優れた点、私たちの歴史、文化、伝統、または私たち韓国人が持っている習慣、私たちの国民性、私たちの生活、このようなあらゆる面において優れた点は、これからも、これを保存し、より一層発揚すべきである。一方、悪い点は果敢に直すか取り除くべきであり、そし他の国の長所、すなわち外国の優れた点は、いくらでも受け入れて、これを私たちのものとして消化し、かつ同化させ、そのかわり悪い点は学ぶべきでない。浸透して来るのもこれを防ぎ、これは政治や、文化や、教育などあらゆる面において、同じことです。十月維新を簡単に要約すると、このように申し上げられるのです。このようなのを私たちは、伝統文化の創造的開発と表現しています。

私は、これからわが伝統文化を創造的に開発、発展させ、自主性のある民族文化を伸すため、積極的な施策を推し進めようと思っています。

繰りかえして申し上げますと、十月維新を、社会文化面においては、国民綱紀を確立し、わが伝統文化の創造・開発に努めようというのが、十月維新のいま一つの重要な目標であります。

最後に国際面について申し上げますと、十月維新は、私たち自らの力によって民族の繁栄と平和統一の成就を、その目的としているため、民族の自主性を強調するのは当然なことです。

しかし、私たちが民主性を強調したからといって国際的に排他的であるとか、閉鎖的な政策を採択しようとするものではありません。私たちが自主性を強調するのは、国力培養の原動力を自主性の中から、探し出そうという動機からなされたのです。

私たちが他人の援助を受けることなく、自らの力で国力を培い、繁栄と発展を成就した時はじめて私たちの友邦らも、互恵平等の原則に基づいて、協助関係をより一層厚くして行くでありましょう。

また私たちの安定と繁栄にも直結し、ひいては、世界平和にも大きく寄与するものと、確信しています。

それで私は、米国をはじめ日本など私たちの自由友邦らと互恵平等の原則に基づいて、より一層友好関係を増進し、協助関係を拡大していく方針です。

結果的に申し上げますと、十月維新は世界史の一大転換点に処して、私たち自身の力で私たちの進路を設定し、民族の安定と繁栄を成就して、平和的な統一を促進しひいては世界平和に積極的に寄与しようとする、民族意志の発現だといえるでしょう。

充実した政党活動を期待
—国力の組織化に貢献を

問、新憲法は、これまでと同じように複数政党制度を保障しています。

これからの政党制度の運営と、その改革問題、そして閣下が、これからも継続して共和党総裁になられるのか？万一、総裁になられるとすれば、十月維新に合致するよう共和党の改革方針について、その方向と性格をおっしゃっていただけませんでしょうか。

答　新憲法は、皆さんもご承知のように複数政党制を保障しており、国家はこのような政党を保護育成するよう規定しています。

これはまさしく、新憲法が民主憲法だということを[illegible]だと私は考えています。

民主国家において、民主主義の基本理念に照らして見ても、国民たちの政治活動に対する自由、国民意思形成の自由、参政に対する自由、このようなことを憲法が保障するというのは当然なことです。

複数政党制を保障するというのは、どういう意味かといえば、端的に申して、これからわが国の憲法は、一党政治をしてはならない、一党政治はこれを認めない、という憲法上の公約だと見るべきでしょう。

今までも、わが国の憲法は複数政党制を認めていました。しかしいままでは、複数政党とはいうものの、両党制度だけを複数政党制であるかのように強調しすぎた感がなくもありません。

これまでのわが国の憲政経験から推して見ても、私たちが両党制度をあまりに固執し、強調するのは、かえっていろいろな面で不合理であり、副作用も多かったということを体験しました。

（次号へつづく）

学父兄の協力を望む

多数応募を呼びかけ

韓国学校、73年度新入生募集

東京韓国学校（黄哲秀校長）では今年度の同校学生の募集にあたり、学父兄の深い理解と絶大な協力が必要であるとして、次のように学父兄に訴える文を発表した。韓国学校への入学問題は各方面で叫ばれているが、その場合掛声だけに終ることが多いといわれている折から、同校長の学父兄に訴える言葉は、教育当事者の立場から非常に強い感銘を与えるものであると関係者は語っている。

二月八日までに願書受付

入試＝初等部二月九日　中・高部二月十日

黄哲秀校長

黄哲秀校長談話文

新しい年を迎え、学父兄の皆様の御健勝と、事業の御繁栄を祈る次第であります。

本校は学父兄の方々の物心両面の積極的な協助で、自由民主主義理念下に、正しい民族教育を通じてわが国文化の発展と、国際社会に適応することのできる在日韓国人社会の中堅的指導者を養成することに大きく寄与しております。

われわれの若い世代が韓国人としての自覚と矜持を忘れ、日に日に日本化してゆくことを防ぎ、韓民族としての精神を取り戻させ、われわれの文化伝統を引継がせる重大な使命を、すべて行なって来た本校は、年を経るにつれて発展に拍車を加えて参りました。

今年も、より充実した新らしい学校をつくるために、新らしい学校教育方針で「一等の在日韓国人社会の指導者となろう」というスローガンのもとに、学校施設を拡充し、教育内容を刷新し、教育環境を整備して、情操と良識のある指導を通して、師弟が一心同体となり、少しも恥かしくない立派な学校をつくるべく、具体的な方案も計画されております。

従って学父兄各位におかれましては、われわれの第二世たちがより多くこの民族の殿堂に集まって民族の教育を受けられるよう協助して下さる意味で、本校在校生の兄弟姉妹はもちろん、隣近所の同胞にも積極的に問い合せて、本校に多くの学生が就学するよう御協力を要請する次第であります。

本校ではすでに新入生募集公告を出し、入学試験を七三年二月九日（初等部）、十日（中・高等部）日と定めております。いまだによく御存知のない方が居られましたら学校まで来られるか、電話でお問合せ下さるようお待ちしております。

われわれの第二世が一人でも多く本校に入学して、正しい民族教育を受け、それこそ在日韓国人社会の立派な指導者が多数輩出し、社会に貢献し得るように協力して下さることを、再三御願い申し上げる次第であります。（なお、入学願書の受付けは二月八日までです）

両国友好に協力を期待

日韓親和会の新年会

一月二十七日、日韓親和会（会長鈴木一氏）は東京乃木坂の「健保会館」で恒例の新年会を催おし韓日多数の関係者を招いて"日韓親和"の実を挙げた。定刻の午後二時には約百人の両国関係者が集まり、直ちに立食パーティに入ったが、駐日大使館の姜永奎公使はこの集いについて「韓日正常化なって七年余、両国の関係がますます友好を深めていることは大へん喜ばしい。韓国では昨年十月維新を断行し、平和と建設に可能なかぎりの努力をしている。昨年はソウル周辺に六十年ぶりの水害があったが、親和会そのほかから並み並みならぬ御援助があり、心から御礼申し上げる。それは必ずしも金額の問題でなく心の問題である。日韓親和会に対しては、今後ともすべての面で協力をお願いしたい。親和会の集いは、そういうことに意義が深いと思う。両国の友好親善、交流に、今一そうの協力をお願いしたい」とのあいさつがなされた。

また同会が行なっている韓国料理教室の受講生に対する表彰があり、朝西喜美代さんら三人は三年以上の連続受講、ほかに一年以上連続受講九人の計十一人に鈴木会長から表彰状が手渡された。かくし芸などでパーティは和気あいあいのうち、同四時に終了した。

ソウル新世界百貨店五階に火事

二十三日早朝三時三十分ごろ、ソウル・中区忠武路の新世界百貨店（所有主朴容緒）五階で火事があり、五階の事務室と食堂など六百二十六坪のうち百五十余坪を焼いて屋上に燃え上がったが一時間後に鎮火。人命に被害はなかった。

韓日親善写生大会

金周奉足立支団長招請で20人来日

二日、竹早小学校でひらく

韓日親善美術写生大会及び音楽会に参加のため、このほど、本国の小学生二十余人が、金周奉民団足立支団長の招請で来日した。韓国の国際美術文化交流会企画研究室長安浩範氏に引率され来日したこの生徒たちは、二月二日午後一時から、東京学芸大学付属竹早小学校（東京都文京区春日町二丁目）で、百五十人の日本側小学生たちと韓日親善美術大会及び音楽会を催おし、韓日親善の技を競う交歓の場をもった。

維新啓蒙講習会

婦人会中央で二月十日から

大韓婦人会中央本部（金信三会長）では、今年度最初の会員啓蒙運動として二月早々から「維新啓蒙特別講習会」を、関東地方会員向けと、全国地方会員向けに二回行なうことになった。今回の講習会の主なテーマは①十月維新とはどのようなことか。②わが民族になぜ必要なのか、③わたしたち十万会員は何をなすべきか、などで、講師には本国政府から派遣されている国防大学院講師が当るほか、金信三中央会長、裵順姫中央副会長（大阪本部会長）、鄭下姫本国派遣韓国学校教師らほかが当る。

日時、場所、申込先、当日会費などは次のとおり。

関東地方会員講習会

二月十日午後二時～二月十二日正午まで。熱海、ホテルニューアサヒ（熱海市東海岸町）電話〇五五七―八一―六一六五。受講資格は各県本・支部役員および会員。費用は一人当り九千八百円、二泊三日宿、食、リクレーション費を含む。〆切り二月七日。申込問合せは婦人会中央本部（電話八一四―一〇四一）まで。

第四回全国講習会

二月十九日午後五時～二月二十一日正午まで、片山津温泉、第一観光ホテル（石川県加賀市片山津温泉ウ―五〇）。詳しいことは婦人会大阪本部、電話〇六―三七一―三八九四に問合せること。当日会費一人当り八千五百円、二泊三日宿、食、リクレーションそのほかを含む。〆切り二月十日。申込みは婦人会大阪本部のこと。

27年勤続有功者表彰

民団世田谷支部第22回総会ひらく

民団東京本部下世田谷支部の第二十二回定期総会は、去る一月二十七日世田谷区民会館で開かれ、団員約百六十人が参加した。

当日は、民団創団以来、職員として、また役員として二十七年間に亘り民団発展のために寄与した団員二人が表彰され、会場の拍手で祝福された。表彰されたのは、黄貴竜元支団長（六〇）＝（全南長城郡）朴鶴寧元議長（六〇）＝（慶南蔚山郡）の両氏で「貴下は大韓民国居留民団世田谷支部創団以来今日まで支部組織の発展のために多大な努力があったことを当支部第二十二回定期総会を期して功労を謝しここに表彰します」という表彰状と記念品として特製の柱時計が贈呈された。

なお当日の新役員選出で次の各氏が三機関長に当選した。

議長＝金栄在、団長＝金仁培、監察委員長＝李外男。

会長に尹珠宅氏

三月にはビル完工

神奈川韓国人商工会総会

神奈川県韓国人商工会は第九回定期総会を一月二十七日午後二時から横浜商銀四階ホールで開催した。

総会は臨時議長団の朴成準、朴述作、金洛雲三氏を選出の後会長岩副会長が挨拶し、つづいて来賓の駐横浜領事が祝辞を述べたが、中で「経済不況の中で商工会は重要で役割は大きい、それには会長を中心に一致団結すること」だと強調した。その後決算報告、予算案並びに新年度の活動方針を原案通り可決、ついで役員改選に移り会長候補に田炳武、尹珠宅両氏が推せんされたが、田氏は選挙後のしこりがのこることを懸念して辞退したため、尹珠宅氏が無投票で当選。監査に金大栄、崔鶴珠、黄丁化三氏、専務には鄭阿徳氏が選ばれた。この日最も注目を引いたことは民団で処分された者に対して商工会の規約でも同等の処断することの条項を加えることを満場一致で可決したことである。

なお同商工会の新築中の商工会ビルは来る三月末頃には完工のみこみ。場所は横浜市中区若葉町三―四六、地上五階建て、建坪総面積は三〇四・一三坪。

新年会席上でセマウル運動寄金

婦人会中央本部

大韓婦人会中央本部では、去る一月七日正午から、都内「新橋亭」で、百五十余人参席のもと、新年会をひらいた。

"心を一つにして維新課業を完遂しよう"のスローガンのもと催おされたこの日の新年会では、第一部で十月維新に関する崔容碩氏の特別講演が参席者たちの感銘をよび、第二部ではのど自慢大会をひらくなど、和気あいあい裡に交歓しあった。

なおこの席上で、本国のセマウル運動におくる寄金カンパをおこない、五万四千三百円が集まった。

女の韓国ひとりあるき（16）

画・文…サトウ・サナエ

新羅文化辿る歴史の街

「あれは、…加藤清正が焼いた」

新羅文化が、そのまま残っているという歴史の街、慶州に行ってみることは、私の韓国旅行での大きな期待の一つであった。しかるに、ソウルの夜の楽しさに誘われて？少しソウルに長く滞留しすぎたようだ。つまりビザの期限が、あとわずかしか残っていなかったのである。

慶州ではまことに残念ながら、博物館と仏国寺、陵、ぐらいしか見学することが出来なかった。

慶州から車で三十分ほど走ったところに、仏国寺がある。

韓国の雨期を、目指して出発したような、私の韓国旅行なので"あいにく"と云うより"やはり"仏国寺に行ったときも、雨がシトシトと降っていた。

「あそこですよ、あれが仏国寺の入口です」と運転手が言った。

見ると、雨にぬれて鮮やくような松林があった。そしてその松林を抜けると、あの見馴れた独特の石段が見えた。

始めて韓国に行ったというのに、見馴れたという表現は、ちょっとおかしな話だが…

多分、韓国案内の本や、参考書などでたびたび見ていたので有名スターの顔のように、いつも頭の中にあったのだろう。

慶州・仏国寺大雄殿前での筆者（左から二番目）

佛国寺

不運なことに、ちょうど工事中に、ぶつかって、中央の石橋と石段を残して、両側の石垣のあたりは、全部ヤグラが組んであって、何も見えなかった。

同道の韓国の人が、大きな声で私に言った。

「ああ、あれは、"壬辰の乱"のとき、加藤清正が焼いてしまったから、修理しているんですよ」

壬辰の乱のときの被害も、今、修理するとは、ちょっと時間のズレが大きすぎるようだが…ともかく私は、豊臣秀吉だの、加藤清正だの、そして伊藤博文などの名前が出て来るたびにシュンとなってしまう。

重要な文化財が損失することは、韓国人だけでなく、東洋人の、いや全世界の損失である。とにかく戦争は「もうたくさんだ」と言いたい。そしてたとえ、どんな立派な理由があったとしても殺人行為も絶対許せない。"戦争も死刑も"すべてである。

幾多の戦いや風雨に耐えて、健在の石段―青雲橋・白雲橋を登ると紫霞門があって、さらに奥に大雄殿がある。その御堂を中心に壮麗な色調の大雄殿をはさんで両側には石造りの、多宝塔がそびえている。

多宝塔は、木造建築と同じほどの複雑な組合せを、すべて花崗岩で彫ってあり、その崇高で精密な技術は新羅文化を見事に示している。釈迦塔は対称的に単純で現代的感覚が感じられた。これらのすばらしい石造建築物や、かずかずの石仏は、木造物と違って、これから未来に向って、一万年も二万年も破損することなく、東洋の誇り、新羅文化を、確実に伝えてくれるに違いない。私にはたった百年後に、どんな動物が、この塔を眺めているかを想像することすら出来ないが…。（つづく）

民団幹部教養講座

＝日程・場所・講師＝

七三年度民団幹部教養第一期全国巡回講座開催。

日程、場所（地方本部）及び講師は次の通り。

地方本部	日程	講師
東京	二月下旬	未定
神奈川	〃	〃
千葉	二月二六日	金正柱、姜学文、梁秦辰
山梨	一月二四日	〃
栃木	未定	〃
茨城	一月二六日	〃
埼玉	二月下旬	〃
三多摩	一月一七日	〃
群馬	一月二六日	〃
静岡	一月二八日	〃
長野	一月一五日	金正柱、梁秦辰
新潟	一月一一日	〃
宮城	二月五日	〃
北海道	一月三〇日	〃
青森	一月一日	〃
山形	一月七日	〃
岩手	一月三日	〃
秋田	一月九日	〃
福島	一月一三日	〃
愛知	一月二三日	曺寧柱、朴性鎮
岐阜	一月二四日	〃
三重	一月二三日	〃
石川	一月一九日	〃
福井	一月二〇日	〃
富山	一月一八日	〃
大阪	三月中	未定
兵庫	一月一三日	曺寧柱、朴性鎮
京都	一月一二日	〃
奈良	一月一五日	〃
滋賀	一月一一日	曺寧柱、朴性鎮
和歌山	一月一六日	〃
広島	一月一七日	姜学文、梁秦辰
岡山	一月一八日	〃
鳥取	一月二十一日	〃
島根	一月二〇日	〃
山口	一月十六日	〃
福岡	一月五日	姜学文、崔容碩
長崎	一月七日	〃
佐賀	一月六日	〃
大分	一月十日	〃
宮崎	一月十二日	〃
熊本	一月九日	〃
鹿児島	一月十三日	〃
愛媛	一月二十三日	〃
徳島	〃	〃
高知	〃	〃
香川	〃	〃

（四国四県は、場所未定）

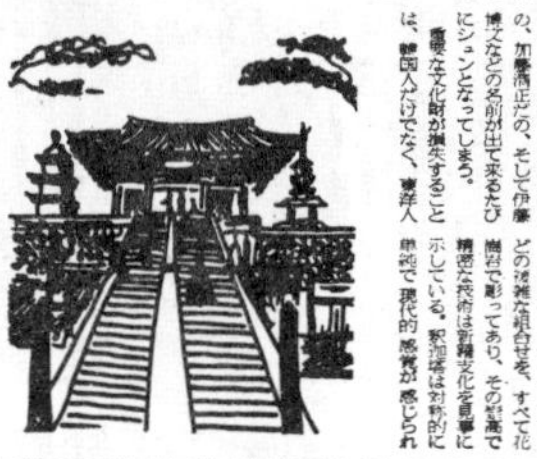

官憲監視の中で独立宣言

東京留学生と2・8運動

崔　承　萬

二月八日は私としては、一生到底忘れることのできない感激の日であろう。約五十年前、一九一九年二月八日、午後二時、日本東京所在の朝鮮キリスト教青年会館でわが留学生らは、祖国の自由独立のため決死闘争する[illegible]

双方、一触即発のはりつめた重い空気のなかで式がおわるやいなや、式場はわが留学生と日本警察間に蹴る殴るの乱闘がくりひろげられた。

木椅子を振りあげ

なぐりつける音、床板にたたきつけられる音などが今でも耳に聞えてくるようである。

[illegible]

独立宣言文と決議文

[illegible]

その日、二月八日は寒々とした日で、東京では珍しい雪が降っていた。

四、五十人をこす日本の私服・制服の警察が、館内・場外でわれわれの一挙一動を監視している雰囲気の中で独立宣言式が挙行されたのである。

[illegible]

立宣言書に崔八鏞、尹昌錫、金度演、李琮根、宋継白、金尚徳、白寛洙、金喆寿、徐椿など九人の代表が順序にしたがって自筆署名をおえた。

[illegible]

向って右が崔承万氏、左が李甲成氏

2・8宣言が行なわれた当時の韓国YMCA

三・一以前の留学生独立運動

日本軍国主義が敢行した、祖国の国土と民族に対する恐ろしい併合、侵略に対して、二千万の韓民族が全国津々浦々で起した「三・一」運動は韓国史に一時期を画する一大民族的抗争である。韓民族たるもの誰しもこの悲壮な「素手の流血闘争」を知らないものはない。闘争の過程でいろどられた白衣民族の「血の逸話」は、民族の歴史あるかぎり、語りつがれるであろう。しかし、その聖なる民族抗争に先だつこと三十日、祖国をじゅうりんした侵略の元凶軍国主義日本のひざもとである首都東京の真只中で、韓民族の若い獅子らがあげた雄叫びである「二・八宣言」とその闘争はそれほど知られていない。偉大な民族闘争である「三・一運動」の導火線ともいえるこの「二・八宣言」は一九一九年二月八日に、東京神田の朝鮮YMCA会館で、在日留学生数百人が、祖国の自由と独立めざして決死闘争することを、国内外に宣布した日である。「二・八宣言文」は三・一運動の宣言文のような重々しさはないにしても「三・一宣言」と同じく燃えるような愛国的情熱と確固たる歴史的民族的自覚をふまえ、鋭い民族自決の論理に貫ぬかれ、日本軍国主義の罪悪をあますところなく断罪した明快かつ雄大な民族の発言である。われわれは侵略者のひざもとで果敢にも「民族の自主と独立」を叫んだ韓国民族の若獅子らの歴史的快挙を五十四周年を迎える今日、新たな視覚で問いなおし、評価しなおすべきである。ここでは、当時の「二・八宣言」に参加した崔承万さんの体験をかいつまんで紹介する。

[illegible]

時代に韓国公使館であった位置に、

[illegible]

YMCA急襲の記事がのった当時の新聞

普通選挙に対する

鮮人六百名集合す

某重大問題の為めに

刑事等八十名と衝突

[illegible]

「二・八宣言と三・一万歳」

崔唐渉氏の作品を再上映

[illegible]

薄れ行く先烈たちを浮彫り

[東亜日報評]

[illegible]

驚歎！このドキュメント

[韓国日報評]

[illegible]

〈略歴〉

一九一九年韓国平安北道寧辺郡南山で北メソジスト教初代牧師の次男として生まれる。一九四〇年来日苦学しながら、中央大学法学科在学中、朝鮮学徒兵にとられ華南に送られる。解放翌年東京へ復員。[illegible]

〈作品〉

[illegible]

洪吉童傳 (三五)

許筠著

訳・編　洪相圭

[illegible]

[illegible]

韓國新聞

在日大韓民国居留民団
中央本部機関紙
韓國新聞社
発行人 金正柱
東京都文京区春日町
2丁目20-13
電話直(815)1451~3
交(813)2261~5
振替口座 東京 163774

民団綱領

一、われわれは大韓民国の国是を遵守する
一、われわれは在留同胞の権益擁護を期する
一、われわれは在留同胞の民生安定を期する
一、われわれは在留同胞の文化向上を期する
一、われわれは世界平和と国際親善を期する

財団法人韓国教育財団発足

国費補助二億八千余万円

三月下旬に総会予定

在日同胞の寄金で育英事業振興を

在日韓国人の子弟教育振興と、本格的な育英事業をめざす財団法人韓国教育財団が、政府当局の国費援助と在日同胞有志の寄金で新たに発足し、在日同胞の大きな注目と期待を集めている。従来在日同胞の育英事業は、在日韓国人教育後援会が主におし進めて来たが、同後援会の主たるメンバーが政府当局へ育英事業の拡大推進を陳情した結果、二億八千余万円の国費援助を得、これを基金として新たに財団法人韓国教育財団を創立、日本の文部省の認可をうけ発足するにいたったのである。

理事長には許氏

五日役員会開催、東京商銀に事務所

許理事長

なお、同財団では二月五日、東京商銀信用組合本店で、許弼奭理事長、李熙健、柳成烈、尹達鏞、鄭東淳、金允鍾理事および安聖出監事参席裡に役員会を開き事務所設置および理事会、総会開催の件を[illegible]した。

その結果、事務所は、東京商銀(五階)に置くことにし、理事会と第一回総会は三月二十日前後に関係教育長官と日本の文部大臣を招待して盛大に開催することにした。

同財団の発足により、在日同胞学生、生徒のうち経済的理由で進学不可能な人材の救済などに新たな道が開かれることと期待されるが、なによりもこの唯一の民族育英財団を在日同胞全体の共有財産として育成していくことこそ、同胞社会の使命であるとの声が高い。なお同財団の役員はつぎのとおり。

▽理事(理事長)許弼奭(東京商銀理事長)▽理事(常務理事)金山政英(前駐韓日本国大使)▽理事(常務理事)柳成烈(大使館首席奨学官)▽理事朴漢龍(北海道本部顧問委員長)▽理事李熙健(大阪興銀理事長)▽理事姜炳顕(経友会々長)▽理事黄孔煥(神戸商銀理事長)▽理事郭建永(在日大韓体育会々長)▽理事徐水五▽理事徐甲虎(阪本紡績KK社長)▽理事鈴木一(日韓協会々長)▽理事[illegible]▽理事[illegible]▽理事鄭東淳(東本団長)▽理事[illegible](社長)、理事[illegible]

輸出ベスト10

貿易業者43社に

[illegible]

(単位千ドル)④双竜洋灰(二五、一二七)⑤[illegible](二四、二七七)⑥[illegible](二二、九七三)⑦大成木材(二一、三四二)⑧[illegible](二〇、七二九)⑨[illegible](一四、三一六)⑩韓国生糸

会長制廃止、理事会制に

在日韓国新聞通信協会で総会
神奈川県ケープ・パレスで開く

[illegible]「ケープ・パレス」で、臨時総会につづいて同協会の新年会をひらいた。

この日、[illegible]

[illegible]

なおこの日、[illegible]にした。

27日、国会議員選挙

韓国政府は九日、国会議員選挙を二十七日実施することを決定、この旨公告した。昨年十月十七日の[illegible]に伴って、国会が解散されて以来、約四カ月ぶりに新国会が成立する。

維新祖国で研修

26日から 民団地方本部議長団一行

民団地方本部議決機関の議長および副議長を対象とする本国での研修が二月二十六日から三日間、民団本国事務所会議室で開かれる。

研修の内容は、維新憲法、国会法の解説、南北赤十字会談の展望、南北調節委員会の性格、北韓の実情、反共教育、セマウル運動の現況および展望、などで映画会や見学などのスケジュールもある。

一行は三日間の受講をおえたのち三・一節式典にも参加の予定である。

なお参加者の名簿は二月十五日までに中央本部議長宛まで、また所定の会費は当日まで中央本部民生局に納付することとなっている。

問合せは、関東、東北地方は中央本部議長室、近畿、中北地方は大阪本部議長室、中国、九州、四国は福岡本部議長室にそれぞれ連絡することとなっている。

相互免税協定

韓・ノルウエイ

韓国とノルウエイ間の海上及び航空国際運輸所得に関する相互免税協定がこのほどソウルで金外務部長官と駐韓ノルウエイ大使の間で調印をみた。

大統領特別補佐官 林芳鉉氏時局特別講演

(完)

〈前号からつづく〉

日本の明治維新と近代化

第二のパターンは、皆さんが長らく住んでおられる日本をはじめ帝政ロシア時代のピータ大帝が決行しました近代化のための改革措置、あるいはトルコの国父と崇められるケマル・パシャによる近代化措置などがあげられると思います。

このパターンの特徴は、日本などのように当時の国際的状況のもとでは、むしろ後進国に属していた国々で、近代化措置が進められたことだといえましょう。一方西欧先進諸国ではすでに工業化が進められ、産業構造が多様化し、軍備を現代化して着々と帝国主義的な拡大政策と取り組んでおりました。

このような国際情勢の推移の中で日本は、明治維新という政治的一大改革を断行したのであります。一八六八年、明治維新当時の日本は、その国民のほとんどが、やはり零細な農民層でありました。それだけでなく、日本の国家構造をみても、国家とは名ばかりで、実際は封建的な幕府と藩主が国を裂いて分割統治していた前近代的な状況下にありました。

当時の先覚的志士たちは、そのままでは列強の勢力拡大策の前に、日本の主権を守り抜くすべがないと判断し、天皇制を中心とする新しい統治権を確立して中央集権制のもとに国政の一大改革を図ったのが、明治維新であったのです。明治維新を起点としまして当時の指導者たちは、日本の新しい国づくりの基本目標として「富国強兵」を打ち出しました。富国強兵——強兵とは今日の表現でいえば、軍備の現代化です。ところが、軍備の現代化という政策目標を達成するためには、それを充足させる財政的裏付けがなければならなかったのです。

しかし、当時の日本の財政は、ほとんどその大半が農民の租税によってまかなわれていた実状で、強兵のための資金をどうしてまかなうかが、非常に重要で、しかもむずかしい課題であったのです。いまの国際社会では、借款という非常に便利な資金調達方法があって自分の能力と信用を担保に外資を導入して産業を開発、その生産品を持って国内の需要を満たし、元利金を返済すればいいのです。その具体的な例が、現在わが国が進めている経済開発の一面だと思います。ところが、その当時の国際関係のもとでは、借款などという方法がなかったのです。それはかりでなく、当時の閉鎖的な国際社会においては国家相互間の資本の移動ということも考えられなかったのでした。今日では利潤のたかい国にむかって他の国の資本が移動するのは、常識的な現象でありますが、当時は、そんな便宜もなかった時代でした。結局、この富国強兵のおもい負担をだれが担当すべきであったか、外国のだれもこの重荷をになってくれるはずがなかったのです。ところで、日本政府は、当時政府の税収入の75~90%という高い比率を農民の地租負担でまかなったのであります。日本が明治維新以来、約一世紀の間にそのような厳しい過程を経て今では東洋の中の西洋といわれるほど繁栄していますが、今日の繁栄の陰には、言い知れない犠牲が払われ、数々の試練を克服した近代化初期段階の血のにじむような努力の歴史があります。

在日同胞の参与を促す

祖国繁栄寄与へのパターン固めを

初期に重要なのは精神的支柱

当時、日本の武士階級からエリートたちが選抜されましたが彼らが必要上オランダの先進医書とか西洋の科学技術に関する書物を手に入れて読みました。ところが、いわゆる和魂洋才といってやむをえず西洋の技術を導入して利用するが、魂だけは大和魂だ、という心情に徹していたと思います。一つの俗説によると、侍たちが蘭学または西洋の学問に関する書物をよむ前に、必ず正座してたたみの上に書物を置いて足で三度ふみつけてから、その書物を読んだとも言い伝えられています。また二宮尊徳によって象徴される勤勉・倹約・協同・愛郷・愛国の精神などが、日本近代化初期における精神的な基礎として強調され、学校の教科書にも載っていて、学習が繰り返されたのであります。このように日本の近代化過程において精神革命の基を培うための努力が長い間、続けられたということは、われわれの見習うべきことだと思います。以上申し上げたのが第二のパターンです。

韓国民主主義の土着化を

このような眼目で韓国の歴史を考察し、長い民族史の中の一時代としての今日を観察するとき、祖国近代化をとおしての民族中興作業の当為性は一段と鮮明に浮彫りにされるわけです。それも、国土の分断がなく、われわれの安保体制を脅かす要因のない比較的平穏な状況の中で推進されている作業ではなく、強いて言えば、われらの力量を上回わる挑戦を受けながら押し進めていかねばならない不可避性と他に譲ることが許されない民族的使命であるのです。

韓国の現実と未来を凝視する視線が、単純な観客としてのそれではなく韓国の現実を自分のものとして受け入れ、その中でなやみ、これにうち勝って民族中興の理想を必ず実現させなければならないという熱情と創造的知性で時局を直視するとき、われわれは今日をわれわれの責任の下に生き抜く世代として、時局に対するかけひきのない正しい[illegible]を民主と民族に対する[illegible]感にまで凝結させることができるのです。

われわれは、われわれが大事に育てていかなければならない価値であり資産として経済建設や安保体制の確立とともに自由民主主義を取りあげるものであります。

しかし、70年ケベック州分離独立運動者のテロ騒動事態に際して『戦時などにおける特別措置法』により、強力な『公共秩序維持規則』を制定公布しながら、トリュードー カナダ首相が喝破した如く『民主主義政治制度とは、それ自体を防衛する準備ができていない時には、至って弱い制度』であるのです。

70年代に、われわれが直面した課題とこれをときほぐしていく力と能力とを冷徹に計量してみると祖国の現実を考慮せずに導入した制度を定型化したものに過ぎない自由民主主義の構想とわれわれが定立すべき「韓国的自由民主主義」の実体との間に横たわる距離を真剣に再検討し、省察する必要を感じるのであります。

率直に申して、数世紀前に既に近代国家建設の過程を経て現在では、その試練と犠牲を克服したおかげで、経済的豊かさを得ることができた先進国の政治運営形態である。

言いかえれば、経済建設も、自主国防も、そして、これらを[illegible]とする民主政府の選挙も基本的にわれわれの意志と自力でやりぬくことを意味します。

それは、すなわち経済自立、国防自立、政治自立であります。

これには、指導者の経綸ならびに歴史的洞察力とともに国民各層の真剣な時局観と、これにもとづく主体的精神態勢の確立が強く要求されることはいまさら改めて申すまでもありません。

セマウル運動においては、誠意と実力ある指導者と農民との協同が一本化とならなければならないが、祖国近代化の創業期における指導者の指導力と国民の団結が一体になるべきことは基本的原理においては同じであります。

まして、北韓の実態を直視し平和的国土統一の実現を図る民族主体勢力の形成が切実に要望されている現時点においては、特にそうであります。

おわりに私は、在外国民の皆様の位置が過去如何なるときよりも重要であり、また本国の新しい体制に呼応して積極的に参与することを望んでやまない次第であります。本国政府も皆様を在外国民として責任をもって処遇していきます。

長い時間ありがとうございました。

(おわり)

民団幹部教養講座

—日程・場所・講師—

七三年度民団幹部教養第一期全国巡回講座開催。

日程、場所(地方本部)及び講師は次の通り。

地方本部	日程	講師(敬称略)
東京	二月下旬	未定
神奈川	〃	〃
千葉	二月二十六日	金正柱、姜学文、梁豪辰
山梨	二月二十四日	〃
栃木	未定	〃
茨城	二月二十六日	〃
埼玉	二月下旬	〃
三多摩	二月十七日	〃
群馬	二月二十六日	〃
静岡	二月二十八日	〃
長野	二月十五日	金正柱、梁豪辰
新潟	二月十一日	〃
宮城	二月五日	〃
北海道	二月三〇日	〃
青森	二月一日	〃
山形	二月七日	〃
岩手	二月三日	〃
秋田	二月九日	〃
福島	二月十三日	〃
愛知	二月二十三日	曺寧柱、朴性鎮
岐阜	二月二十四日	〃
三重	二月二十二日	〃
石川	二月十九日	〃
福井	二月二十〇日	〃
富山	二月十八日	〃
大阪	三月中	未定
兵庫	二月十三日	曺寧柱、朴性鎮
京都	二月十二日	〃
奈良	二月十五日	〃
滋賀	二月十一日	曺寧柱、朴性鎮
和歌山	二月十六日	〃
広島	二月十七日	姜学文、梁豪辰
岡山	二月十八日	〃
鳥取	二月二十一日	〃
島根	二月二十〇日	〃
山口	二月十六日	〃
福岡	二月五日	姜学文、崔容碩
長崎	二月七日	〃
佐賀	二月六日	〃
大分	二月十日	〃
宮崎	二月十二日	〃
熊本	二月九日	〃
鹿児島	二月十三日	〃
愛媛	二月二十三日	〃
徳島	〃	〃
高知	〃	〃
香川	〃	〃

(四国四県は、場所未定)

（前号につづく）

したがって、これからも複数政党制度を保障するとしても、両党制度だけをかたくなに固執するとか、これだけを育成するという人為的な努力は控えたいと思います。だからといって、かつてわが国の政治史を彩った現象のような群小政党が乱立するのを歓迎するものでもありません。

群小政党の乱立も、これを排撃します。なぜかといえば、それは国論の分裂を助長するおそれがあり、政界の混乱を招き、政治風土を汚濁するおそれが多いからです。それでも群小政党の乱立は望ましいことではありません。

だからといって複数政党制度を必ずしも、両党制だけに限定し、固執しようと思いません。ここでひとこと強調しておきたいことは民族の分裂を招くおそれが最も多い階級政党を、政府は絶対育成しないということも、はっきり申し上げておきます。

私たちの政党は、憲法に明示されているように、その目的と活動がどこまでも、民主的基本秩序を尊重し、かつまた国家存立に危害を及ぼさない範囲内で、憲法上の保障を受けるのです。

維新

一九七三年 癸丑元旦
大統領 朴正煕

私たちはこれ以上、さらにこれまでのように、国家利益とは関係もない党利党略だけを掲げて、国論を分裂させ、しばしば国民間に階級意識を助長する、そのような似て非なる政党政治は、これからは認めない方針です。

これが十月維新課業の重要な目標の一つであるということを、申し上げておきます。

これからは、どんなことがあっても、過去の政党政治が醸した与野間の極限的な対立、葛藤、これによる非能率と浪費、これらは果敢に排除しなければなりません。

そのかわり、静かにして明日を約束する、民主秩序の中でまことに国家と国民の利益を代弁する政党活動が繰り広げられることを期待してやみません。

そして、これからわが国の政党は、国民的なエネルギーを一つに結集し、国力を組織化する上に寄与し、そして国民の先頭に立たなければならないと思います。

なお、私たちの新憲法は、無所属の出馬の自由を認めています。

これによって非政党人も、広く国民的な次元で国政に参与する道が開かれました。

したがって、これからわが国の民主政治は、私たちの実状に最も適し、過去のかずかずの不条理をきれいに清算し、心から国家利益を追随し、国力の培養に貢献し得る政治家らによって、遂行されるべきです。

これを実現するためには、もちろん一次的には政治家らが一大覚醒をし、反省しなければなりません。

しかし政治家らの努力では不可能です。

この責任を政治家らだけに負わせるわけにはまいりません。私たち国民にも一部の責任があり、大統領である私にも一部の責任があると思います。だから私たちは、これを機会に反省し、努力し、わが国に明るく正しい政治風土を助成するため努力しなければなりません。

大統領がこれまでのように与党の総裁になるのかという質問のようですが、新憲法には大統領は党籍を持つことも可能であり、持たないことも可能であると規定されています。過去の憲法では、大統領選挙に立候補する時には、政党の推薦を受けるようになっており、また党籍を持つように確定されていました。

十月維新課業を遂行するため、私自身が先頭に立つと国民に約束しました。したがってこれからわが国の政治秩序を正すためにも、私自身が与党の総裁職にあって、政治風土を改善するのにわれわれ与党から、まず先頭に立つべきだと考えています。これから与党であるわが民主共和党は、広く国民的な支持を受けられるよう、名実共に国民的な政党として面目を一新すべきであり、維新課業遂行の先頭に立てるよう党の体質の機構を改善すべきだと考えています。

維新課業推進に門戸開放
―必要に応じて国務委員の増員も

問　新憲法は国務委員の定数を二十五人に増やしました。激変する国際情勢と南北対話に備えて政府の機構を改編するお考えはお持ちですか？なお、これと関連してこのたび超党的な挙国内閣を構成するお考えはありませんか。

答　新憲法に国務委員の定数を二十五人にしました。これは、憲法上制度的な柔軟性をもたせようとしたのが、その趣旨です。

前の憲法には、国務委員の定数を二十人に規定していましたが、現在その二十人がほとんどふさがっています。これから、激変する国際情勢に対処するため、また国内的に増大する必要に適応アプローチするためにも、国務委員の数を増やす必要が生ずるかも知れないという観点から国務委員の数に余裕と融通性をもたせたのです。

これまでもわが国では、科学技術の開発が急を要するので、科学技術処を新設し、また、南北統一問題が非常に重要な問題となって来たので、政府にこれを専担する機構を設けるべきだというので国土統一院を新設し、国務委員二人を増員した前例があります。

これからも、もしそのような必要が生じた場合に備えて、いつでもこれにアプローチし得る制度的融通性をもたせたのです。

しかし、どこまでも行政能力の極大化に主眼点をおいて、その時その時の必要に応じて、国務委員の定数を調整して行く方針です。

憲法上、国務委員の定数を二十五人にしたからといって、いますぐ二十五人を定数にする計画はありません。

それから、今後、私たちの内閣は維新課業を遂行して行くため、必要な場合、たとえ与党の党籍を持たない人でも、その所属政党や政派など、既存概念にとらわれず誠実にして有能な人物がいれば、あえて起用する考えです。このようにして維新課業に参与し得る門戸をそれだけ広く開放し、参与の底辺を拡大するという意味からも、多数起用する方針です。

しかしこれは、かたくなに挙国内閣と呼びたくはありません。なぜかといえば、これまでの既存観念からすると、挙国内閣といえば必ずこれには、ある政派または派閥という観念が前提となっていたため、このたびは、挙国内閣というよりはむしろ野党派的な内閣、一歩進んで、必要であれば超党的維新内閣、そのような名称が適当であるかどうかは存じませんが、そのように呼びたいと思っています。

選挙法違反は党を問わず厳罰
―公認過程の不正も許さぬ

問　それから国会議員選挙はいつごろ実施する予定であり、これと関連して政治風土の改善のための選挙制度の運営に関し、閣下の構想をおっしゃっていただきたいと存じますが。

答　新憲法には、憲法が公布された日から六カ月以内に国会議員選挙を実施するよう規定されています。

新憲法が昨年十二月二十七日付で公布されたので、その日から六カ月以内に国会議員選挙を行なわなければなりません。しかし、憲政秩序を一日も早く正常化すべきだという見地から、できるだけ早く実施すべきだと考えています。

ただ、私たちがその日にちを定めるに当って、考慮すべきことはその間、政党活動が一時中断されていたので、これからの政党が新しく党を整備し、選挙態勢を整えるためには、若干の準備期間が必要だと思われ、このような考慮などから九代国会議員の選挙日は、これから政府と党が協議して、確定しようと思っておりますが、私の考えでは早ければ二月末まで、おそくとも三月はじめには、国会議員選挙を実施したい考えです。

選挙風土を浄化するための選挙関係法を昨年年末に、非常国務会議で確定公布しました。

国会議員の定員に対し、その間多くの人々からいろいろな意見が寄せられましたが、それによると国会議員の数を減らすべきだという意見が圧倒的に多かったのです。

しかし、九代国会議員の定員は八代国会議員数に比べ、大きな変動は避けるべきだと考えています。なぜかといえば、わが国の国会は皆さんもご存知のように、上下両院制でなく、単院制です。

なお、私たちは地方自治制も、現在の状況では実施できない事情なので、国会議員の定数はこれまでと同様……、増やすとしてもこれまでの数から少し、減らすとしても若干少なくなる範囲にするのがいいというので、今度の新しい選挙法には二百十九人、八代国会が二〇四人だったから、これまでに比べ十五の議席が増える程で調整されたのです。

それから、とくにこの度の選挙は、少なくとも金のかからない選挙、……選挙ですから金が全然かからないとはいえませんが、きれいで公明な選挙を実施すべきだと思います。過去のように国会議員選挙が選挙などという非難を受けない明朗な雰囲気の中でこの選挙が行なわれなければなりません。わが国のように開発途上にある国家が、そしてわが国のように、国の土台が揺らぐほど騒々しく堕落し、過熱した選挙をしてはどうなるでしょうか。

これは、国力の培養ではなく、国力の消耗です。

それはかりでなく、これから派生する弊害も多かったのです。

……、これはまったく、政治家らの無責任な言動から派生したのです。選挙を一回行なうと、地域感情が

地域感情を助長する風潮が、現われるかと思うと、民族分裂を助長する結果まで招いたこともあったのです。

また国民たちの団結を阻害し、国民の綱紀を弛ませる物的、心的いろいろな面において、莫大な損失を過去の選挙制度の下では目撃しました。

私は、いつかはこのような弊害をわが国から排除しなければならないと考えていました。

私はこの席上で、十月維新課業の中で最も重要な課業の一つが、選挙風土の改善だということを改めて強調したいと思います。

このような弊害をなくすためには、立派な選挙法を作り、制度を改めることも勿論必要です。

それでこの度は、徹底した公営制を実施することにしました。

しかし、この法だけでは不可能です。

政治家をはじめ、私たち国民が力を合わせて過去のような堕落した選挙を再び繰り返してはならない、この機会にあえて直すべきだという堅い決心をしなければなりません。そして公正にして、秩序正しい、そんな選挙を実施し得るよう、政治家と国民と政府が一丸となって努力しなければ、選挙風土の改善は絶対不可能です。

それこそ百年河清を待つおろかな願いです。

それで、これからの選挙では、もし選挙法を違反する事例が発生した場合、与野党を問うことなく徹底的に処断するという方針だということを、明かにしておきます。

また政府が候補者の公認過程において、金銭のやりとり、お金を使って公認候補になるとか……過去には一時、国会議席を金をとって売買することもあったので、このような事は全部違法行為と断定して、法律に基づいて処断する方針です。

この度の国会議員選挙が、きれいに行なわれるかいなかは、これからわが国の政治風土改善が成功するか否か、という一つの重要な転機になると考えます。

したがって政治家や、私たち国民、政府の公務員たちが、揃って大覚醒をし、それこそ公正にして秩序ある、この度の選挙だけは、そんな選挙を行なって、わが国の選挙風土の一大改善を図って見ようという考えを持って、臨むべきです。

勿論、公務員たちが選挙に関与するということは許されません。

この度の選挙では、名実ともに厳正中立を守るよう、私は極力これを取締って、公務員たちが率先垂範するということを、国民の皆様に誓います。

民族の安定・繁栄・統一を
十月維新は民族意志の発現
朴大統領年頭記者会見
（中）
〈全文・資料〉

南北対話は段階的に
―相互信頼、誠実、忍耐で臨む

問　過去一年の間、南北関係は急激な進展を示しました。閣下は、これから南北関係をどのように、リードして行こうとしておられるのか、それについておっしゃっていただきたいのですが。

答　過去一年の間に、南北関係も非常な進展を見せました。

私は一九七〇年八月十五日、光復節の記念式辞を通し、韓半島における平和を回復するため、北韓側に対し「善意の競争」を提案したことがあります。

それは、六・二五動乱のような同族相争う民族的悲劇を、再び繰り返してはならない、という民族的念願を行動をもって示さなかったのです。

その後、一九七二年八月、わが大韓赤十字社が一千万離散家族捜し運動を提案しました。

この時は幸いなことには、北韓側がこれに呼応し、これによって民族が分断されてから二十七年目に、はじめて南北間に接触が行なわれたということは、皆さんも知っていることです。

四半世紀にして、はじめて対話の道が開かれたということは、わが民族の自主権を内外に誇示した一大事であったといえるのです。

しかし、赤十字予備会談の進度は、予期していたよりは、はかばかしくなく、予備会談から本会談に移るまで、一年という日数を要しました。

双方の代表らが、ソウルと平壌を交互に往来しながら、これまで数回にわたる会談を重ねましたが、実質的な内容面における進展は、なかったということも皆さんがよくご存知のはずです。

また、この南北赤十字会談が開かれている間にも、会談初期には北韓側が継続して、挑発行為を繰り返したということも、私たちの記憶に残っています。

私たちは、南北関係において極めて苦い経験を積み重ねて来ました。

北韓共産主義者らの六・二五武力侵攻をはじめ、休戦後も継続的な武力による挑発行為、とくに一九六八年一月、金新朝一派による青瓦台奇襲事件、その年の秋、蔚珍、三陟地方に対する武装ゲリラの侵透事件など、共産主義者らの執ような策略と、挑発行為があったのです。

私はこのような挑発行為が、行われる度ごとに、韓半島の将来に対し、いろいろな面で憂慮を禁じ得なかったのです。

なぜかといえば、このような挑発行為が繰り返され、緊張状態が増大すれば、いつかは予期だにしなかった戦争が、再発するかも知れない。勿論、私たちがこれまで相当な忍耐と自制をして来たが、わが方の自制にも限度があるからである。しかし、そんなことは避けるべきであったのです。

再び同族相争う悲劇を繰り返してはなりません。万一、そのような場合には、勝者と敗者が問題にならず、南北双方とも得るところがなく、結果的には、わが民族全体の恥辱であり、悲劇であって、そのような事態があってはならない、どうしてでも戦争再発だけは防ぐべきだというのが、私の決心だったのです。

これがすなわち、わが五千万民族のひたすらな念願であると同時に、わが民族の大義であると考えていました。

したがって昨年五月、李厚洛中央情報部長を、秘密裡に平壌へ派遣したのです。これはいうまでもなく、いま申し上げましたように、戦争を事前に防止し、平和統一への道を、模索して見ようという、このような全国民の念願を、一度実質的な行動をもって、推進して見ようという意味から、試みられたのです。

これは、大きな冒険だったのです。しかし、戦争再発という破局の悲劇を事前に防止するためには、このくらいの冒険はあえて敢行せざるを得なかったのです。私は中央情報部長を平壌へ派遣する時、三国時代の歴史を回想して見たのです。

皆さんもご存知のように、三国時代に三国が統一される前、新羅、高句麗、百済の三国がてい立状態の下にあった時、いわゆる南北対話が試みられたのです。新羅の金春秋、後に新羅の王位を継承し、太宗武烈王になった方ですが、金ゆ信将軍と協議のすえ、高句麗と協商するため、単身、高句麗の首都平壌を訪れたことがあります。その時、金春秋を高句麗が抑留したのでした。後にようやくそこを脱出、新羅に帰還したという古の歴史を想起しながら、民族の悲劇を事前に防ぐためには、このような冒険もあえてせざるを得なかったのです。しかし、幸いなことには李部長を派遣した結果、南北間にある程度理解が成立し、順調に対話が進められ、歴史的な七・四共同声明が発表されるに至ったのです。

これまで南北調節委員長会議が数次にわたって開かれ、ついに第三次会議では、調節委員会が正式に構成され発足したことは、皆さんもご存知のはずです。

いうまでもなく、七・四共同声明が発表され、これまで調節委員会が何回か開かれ、調節委員会が正式に発足した、といっても具体的な内容においては、これといって取り上げるほどの成果は、またなかったのです。しかし二十七年の間、堅い障壁によって閉ざされていた南北が、いまのような程度でも対話を交すほどに、道が開かれ、対話の広場が設けられたということだけでも極めて喜ばしいことだと考えています。

しかし、ここで私たちが知っておかなければならないことは、南北間の対話は、決して容易なことではありません。これからこの会談が進められる過程においてもそうであり、とくに究極的に希求している平和統一が成就されるまでには、予想以上の難関が横たわっているということを私たちははっきりと認識すべきだと思うのです。

南北の民族はいうまでもなく一つの民族です。同じ血筋を分け合った民族でありながら、思想だとか、イデオロギーだとか、体制においては私たちとは、あまりにも極端に対立し、相反する位置にあります。

赤十字会談が極めて順調に進められ、二十七年の間、別れ別れになっていた家族がお互いに生死を確め、ひいては書信を交換し、そして中間地点で再会するとか、もう一歩進んでお互いに南北間の家族同士が自由に往来できる雰囲気にまで進展するとすれば、南北間に横たわっていたいままでの不信と誤解がかなり解消されるのではないかと思われます。このような努力が続けられることによって、一つ一つ段階的に接近を試みるべきであり、南北間の交流を、あまり性急に考えては危険だと思います。

申すまでもなく、私たちの気持からすれば、一気にすべてを妥結したい気持が山々ですが現実がそれを許しません。私の考えではまず、単純な問題、南北が合意し易い問題から一つ一つ妥結して行くのが、たとえ歩みが遅いようでも、だんだん不信と誤解を解消しながら、相互信頼と理解を築き上げて行くのが、長い眼目から見れば返って近道になると思います。このようにしてだんだん平和統一の問題まで、たゆまず推し進めて行くべきです。

これは、丁度学生らがテストを受ける時と同じことです。答案用紙を受け取って、まず易しい問題からたくさんある中で、まず易しい問題から解き始め、だんだんむずかしい問題にとりかかるという方法が効果的であると思います。

はじめから、むずかしい問題にとりかかると時間だけ浪費してしまって結局、やさしい問題も解く機会までも失ってしまいます。

南北会談も、これと同じで単純な問題からその解決を試み、お互いの誤解を理解し合うことによって、むずかしい問題へ移って行くべきだと思います。これが長い眼目から見た場合実質的な成果を挙げる結果になると思います。

したがって、私たちは南北間題を忍耐と誠意をもって、いろいろと予想される難関を克服しながら、着実に進めて行くべきであり、わが国民たちも、あまりあせらず、性急に考えず、たゆみなき団結と国民的総和をもって、南北の対話をバック・アップしてくれることを望む次第であります。

このようにするのが、平和統一を促進する一つの近道だと思うのです。

また、これまで私たちが極端に対立をして来たので、これからも南北間の対話を進めるに当り、いろいろとむずかしい問題が多いだろうということを、あらかじめ予測しています。

南北間には、いまだに根深い不信感と誤解が残されているということも、否めない事実です。だから今後、私たちがまず試みなければならないことは、お互いの不信感をなくし、誤解を解消するために努力しなければなりません。そのような努力によって、だんだん双方が相手側を理解しようと努力するでありましょう。南北赤十字会談がいまだに遅々として振るわず、大きな成果を挙げられないのを

国連政策に南北対話も考慮
―能動、柔軟な方針で対処

問　これから、わが国と国連にどのような関係を維持すべきでありましょうか。政策の基本方向をうかがいたいと存じます。

答　南北間の対話が始められたといって、世間の一角では、われわれの対国連政策を変えなければならないのではないか、という性急な考えを持つ人々がいるようです。

しかし、私はそのような必要は絶対にないものと思います。

私たちの対国連政策の基本方向は、何らの変化もない。まず、このような結論から申し上げ、質問に対し理解を容易にさせるため、三つの項目に分けてお話を進めて行きたいと思います。

その一つは、国連とわが韓国との関係、またはわが国の外交政策における対国連外交の基本方向は何かということについて、もう一度繰り返し、また、いま質問されたように、南北対話の推進と対国連政策との関係がどうなるか、最終的には、今年の秋の国連総会への対策、または将来における国連総会への対策は何であるかについて申し上げます。

大韓民国と国連は、わが国の建国当時から、特殊な関係をもって維持発展して来たのであります。

すなわち、国連はその憲章精神と目的によって、韓半島が民主的な独立国家として統一され、かつ平和が維持されるようにするため、国連の決議によって崇高な努力を続けて来ました。

わが韓半島において、とくに六・二五動乱を契機として、韓国の安全保障と平和統一という目標達成のために、国連は創設以来、はじめての国連軍を編成、韓国に派遣し、国連憲章の精神を行動によって実証したことがあります。

このような国連の努力は、韓国政府の基本政策ともまったく合致するものであるから、わが政府もこれまで、国連の韓半島における目的と努力に対しては、全幅的な支持と協助を惜しまなかったのです。

したがって、わが国と国連との関係はこれからも引き続いて維持、発展されるべきでありこのような政府の対国連外交の基本政策には何らの変動もないということを申し上げることができます。

次に南北対話の展開とわが国の対国連政策との関係について申し上げますと、わが政府が最近、南北間の障壁を取り崩し、対話を始めたのは、前にもしばしば強調したように、緊張を緩和し、戦争を事前に予防し、平和統一を追求して見ようという真剣にして自主的な努力の現われであったと見るべきであります。

わが政府のこのような努力は、国連が韓半島において達成しようとする目的と、またその使命ともまったく合致するものであると、私たちは見ているので、これからもし南北対話がなお一層進展し、成果をもたらすとすれば、これはすなわち国連が韓半島にて達成しようとした、その目的と使命に大きく貢献するものと見なすべきです。

その次に、これからの対国連総会への対策を申し上げますと、過去二十余年の間、国連は年次総会が開かれるたびごとに、毎年、韓国問題を自動的に上程し、かつ討議して来ました。しかし、過去二十余年の間、北韓の共産主義者らは、韓国問題をとり上げることのできる国連の権威と機能を、常に拒否し、かつ反対して来たのであります。

このような関係のために、毎年国連に上程され、討議されたもの、韓国問題の解決に関する政治的な実効はそれまで何もなかったのです。わが韓国政府は、このような過去の経験に照らして、これからは韓国問題を必要な時だけ上程して討議することにし、必要でない場合には、上程すべきでないといういわゆる自動上程方式でない裁量上程方式を取るべきであると考えます。このような、わが政府の主張が一九六八年の国連総会で採択され、韓国問題の裁量上程方式というのが採択されたのです。その結果、昨年と一昨年の国連総会では、韓国問題を上程する必要がないというわが韓国政府の主張が圧倒的な支持を得て、上程されずに済んだのであります。だからとすれば、これからはどうするのか、今年の国連対策も政府内で、いろいろ検討しておりますが、わが国をとり囲んでいる周辺情勢の変化と国連内部の勢力分布関係の変動……、これがまた、毎年のように変化しております。百十数カ国が国連に加入しておりますが、毎年、勢力分布関係が変わるので、その動きを勘案して、そして、わが国がいま繰り広げている南北対話が進展して行くのも考慮するなど、このような動向を総合的に分析判断して、能動的にして柔軟性のある対策を樹立しようとしている点だけは、この席で答えることができます。

外交の多辺化に努力
―非敵対共産国とも修交

問　過去の一年間、韓半島をめぐる周辺情勢は急激な変化が繰り返されました。

閣下は、このような変化を、わが大韓民国と関連して、どのように見ておられるか、国際情勢全般に対してお話しして下さい。

また、共産国家との関連問題に対しても、うかがいたいと存じますが……。

答　最近になって、国際情勢をしばしば両極体制から多極化現象に変転している、と評しています。

確かに大きな変動が繰り返されています。

とくに一九七二年には、極東地域をはじめ、世界の全域にわたって、国際政治上におけるいろいろな画期的事件が数多く起こりました。

世界の列強らは、新しい勢力均衡と秩序を模索するために、多様多彩な動きを示しております。

人類の歴史は、いつもこのような変化の連続であったので、このような国際情勢の変遷も人類歴史の流れの一つの局面と見なすべきであります。

したがって、今年も国際政治面においては、多くの変遷があることと予測します。

しかし、ここで私たちがただ一つ念願していることがあるとすれば、国際情勢の変化がどこまでも人類の恒久的な平和をもたらす方向に動いてほしいということです。

なぜかといえば、国際情勢の大きな動きというのが、主に強大国らの動きによって左右されるのであります。端的に申して、国際政治舞台において、その主役を担当する国家らは、やはり強大国、すなわち列強であります。

関係国だけが集って進められる協商または取り引きというのが、決していくつかの強大国らだけの自身利益となってはならない。かれらの自身利益となるばかりでなく、世界のすべての弱小国家らにも、その利益と恩沢を浴しうるような結果、すなわち人類社会の恒久的な平和がもたらされる方向に動いてくれなければならないということです。過去における人類の歴史を眺める時、または、わが民族の体験に照らして見てもこのような国際情勢の変動がしばしば弱小国家らには予期もしなかった意外な悲劇をもたらしたり、大きな犠牲を強いられる場合もあるということを私たちは知っているのです。

今世紀初期において、わが韓半島を、めぐる列強らの角逐戦が結局は大韓帝国を犠牲にした歴史的教訓を、私たちは忘れてはなりません。

したがって私たちは、歴史上のこのような教訓に照らしてみて、いまのような激動期においては、われわれが精神的姿勢を正し、知恵を働かし、毅然とした態度で、これに対処すべきだと思います。このため、私たちは常に正しい情勢の分析と、賢明な判断によって、われわれの安保を能動的に守護しなければならないのであります。

対外的には、より一層の国際的協助と友好関係の増大に力を注ぎ、友邦国家らと紐帯を緊めるべきであり、また、これからは、われわれの安保体制をなお一層強固にするべきであげます。

そのようにして、幅広く、多角的な、しかも柔軟性のある外交を繰り広げるべきです。

また、わが政府は、すでに久しい以前から体制と理念を異にする国家、すなわち、共産主義国家らとも、かれらが敵対行為を示さない限り、いくらでも、お互いに協力関係を維持し、拡大する方針を闡明したことがあります。

私は、いまやわが国民もこれまでの思考方式を変転させてほしいと思っています。

なぜかといえば「わが韓国」といえば、常に極東の片隅に位置している弱小国家・韓国という過去における劣等意識と敗北意識からわれわれは脱皮すべきであります。

私たちも、これからは、正々堂々と世界の中の韓国として、個人的な世界平和の建設に一役を担当する世界の中の韓国という矜持をもって生きて行こうということを今日、この機会に強調したいものです。

財政金融の安定政策追求
―独寡占企業の暴利を制裁

問　政府は、昨年九月、八・三緊急措置を断行しました。この措置が、わが国の経済に及ぼした影響、特に物価の見通しについておうかがいしたいのですが……。

答　八・三措置に対しては、前にもちょっと説明しましたが、八・三経済緊急措置の目的を大きく三つに分けられると思います。

その一つは、癌疾化したインフレの悪循環を根源的に断絶して、物価と為替レートを安定させようというのであり、その二は、わが国の企業の財務構造を改善して国際競争力の強化を試みようとするのが、その目的であります。

わが国の企業らが、高利債の圧力を受けていて、これが企業不健全化の原因になっているので、その圧力を取り除き、金利を大幅に引き下げ、その上に蓄積資金を果敢に放出して設備投資を促進するため、税制面での特別な恵沢付与などを通じて企業の健全な発展をバックアップすることによって、わが国の企業の国際競争力の強化を図り、輸出の増大に寄与しようとするのが、いま一つの目的といえます。

その三は、雇傭を増大し、高度成長を持続させるその方向を堅固にしようとする目的があったのです。

わが国の経済が、安定した基盤の上で持続的な成長をして行くため、そしてその過程においては雇傭を増大し、国民らに多く職場を与え、ひいては、働く国民たちには、生活の安全と向上を期させようとする、この三つの目的があるのです。

（次号につづく）

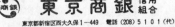

わが故国は韓(から)の国

ソ連国籍を拒否

洪万吉さん一家族四人　樺太から三十年ぶりに帰る

○……二月二日午後三時三十分、ソ連定期船"ジゼリジンスキー"号(五〇〇〇トン)が横浜の大桟橋に着岸し、三十年ぶりにサハリン(旧樺太)から帰る同胞洪万吉(?)氏とその家族三人を日本に運んだ。洪氏は昭和十八年(一九四三年)に土工要員としてサハリンに渡り、そのままそこで終戦を迎え、ソ連側に残された人である。今度日本に帰還できたのは、三年前に現地で結婚した伊藤チエ子(?)さんの出国許可による一時帰国者の同伴者としての資格によるものだとのことである。……○

前列右から朴粉仙ちゃん、永得ちゃん、伊藤チエ子さん、その後洪万吉氏、右へ、出迎えのうめよさん、李元出氏。

横浜港では、チエ子さんの長姉のうめよ(?)さんと、その妹のトキ子さんの夫である李元出(伊藤元出)氏の二人と、民団神奈川県本部(朴成準団長)、樺太抑留帰還韓国人会など多数の人たちが、太極旗を手に手になって歓迎。民団神奈川県本部では洪氏夫妻に花束を贈呈するなどの熱のいれようであった。

洪氏の家族は、チエ子さんの次女朴粉仙ちゃん(?・ソ連名アキキサンドロビッチ・ガーレル・小学校七年)、次男朴永得ちゃん(10・同ピーチャー、小学校三年)で、洪氏を除いてともにソ連国籍である。このたび帰還できたのは三年前からソ連当局に申請していたチエ子さん母子の里帰りが、一九七四年一月十二日までの期限で許可されたからで、昨年十二月二十九日許可を受け、翌三十日現地のコルサックを出発、途中ウラジボストックを経てナホトカに行き、船待ちをしていた。ナホトカを一月三十日出港し、三日目に横浜に到着した。

"ご苦労でした"

横浜港で感激の歓迎会

洪氏は忠清南道論山郡釧洞出身で、郷里には父親洪士京さん、母親李ブンスンさんがいるはずだが、長い間の音信不通で生死も不明だとのことである。奥さんのチエ子さんは宮城県志田郡三本木の出身で戦前父母に連れられてサハリンに渡った。父親伊藤吾市さん、母親はるよさんはともに他界している。

洪氏とチエ子さんは、三年前にチエ子さんの前夫朴昌洙(当時?)氏の死亡後再婚した。チエ子さんの長男朴大得(?)さんはソ連軍に服務中であるし、長女の朴粉玉(?)さんは結婚している。

洪氏も現地で共産党員の同胞に数度にわたり「ソ連」または「朝鮮」国籍を取得するよう強要されたが、自分は韓国に帰れなくなるので国籍取得を拒否して無国籍のままでいたという。そのために差別待遇を受け就職もできず、病気の治療も受けられず、旅行さえも思うようにできなかった。洪氏は同胞との接触も避けて、山小屋での一人ぐらしを三十年続けたが、その間に人に疑われて頭をなぐられ完全な精神異常者として扱われて来たとのことである。とにかく祖国に帰りたい意志を持ち続け、おかげで九死に一生を得ることができたという。

洪氏一家は、迎えに来た李氏らと翌三日午前十時発の特急で宮城県のチエ子さんの実家に向った。

民団本国事務所訪問

本国研修中の韓国学校教師一同

在日同胞の育英事業を直接担当している韓国学校の先生一行が、本国での研修の合間に民団本国事務所を訪れ歓談した。

政府文教部では、教員の資質向上をはかるため中央教育行政研修院(ソウル特別市鍾路区三清洞)を設立、全国の中堅教員の長期研修を行なっているが、このたび在日韓国学校教員も東京・大阪・京都から十一人が研修に参加し、維新祖国のふところで研修をすすめていたが、去る一月三日、午後三時半中央教育行政研修院長の案内で民団本国事務所を訪れ、金炯副所長の歓待をうけた。

二時間半にわたって一行は、本国の維新事業のすばらしさ、新たに感じた在日同胞教育の重大さ、今後の教育実践への決意などについて熱っぽい意見をかわしあった。なお韓国学校教員一行の名単はつぎのとおり。

▼東京地区=李清植(生物)李政姫(体育)崔元守(美術)宋日守▼京都地区=李斗善(体育)李秉泰(社会)姜栄順(日語)▼大阪地区=宋吉変(校監)辛容振、文根守(物理)徐載栄(英語)

本国で研修中の韓国学校教員一同が、民団本国事務所を訪問しての記念撮影

豚肉の対日輸出中断

農林部は国内需要が急増したため二月から豚肉の対日輸出を中断している。昨年は十万頭以上分(五四〇万㌦)を日本に輸出しており、四月から七月までは日本での出回りが順調なことから輸出を中断しても輸出計画に支障はないという。

婦人会東京大田支部

二年ぶりに正常化

支部大会で新執行部構成

大韓婦人会東京大田支部の正常化支部大会が、さる八日正午から、大森の平和島温泉で開かれ、同支部会員約百十人が参席、新役員の選出などを行ない、紛争以来満二年ぶりに正常化した。

当日は臨時議長に金信三婦人会直轄東京本部会長(中央会長)、副議長に李東光元同支部監事、金永愛元同支部副会長を選出して大会が進められ、新役員の選出で、会長に金順英、副会長に金文筷、監査に閔伊粉、朴乙先の各氏が決まった。

大会は二時すぎに閉会したが、昼食の後、新役員をはじめ参加した会員たちが、大田区新蒲田一ー六ー七にある婦人会支部事務所に移動し、ベトコン派の見守る中で正常化の祝杯を挙げ、婦人会活動を強化することを誓って同六時半すぎ散会した。

維新啓蒙受訓団を派遣

婦人会中央本部

在日大韓婦人会中央本部(金信三会長)では、さる一月二十五日に開かれた東京直轄本部の第五回支部長会議の決議によって、東京各支部の役員および会員の維新啓蒙受訓団派遣を実施することになり、目下参加者の申込み受付を行なっている。

本国受講の主旨は、東京は組織の混乱が長く続いたので、十月維新精神で完全に人間改造をすることが望ましいが、効果的な教育を受けるためには本国を訪問し、本国で受講するのが最も適しているとの結論によるものである。

受講期日は、三月二十五日から二十九日までの四泊五日で、三月二十五日のKAL機で出発の予定である。募集人員は五十人、費用は総額七万八千六百十円。

申込みは各管内支部を通じ、支部会長から中央本部に一括して行なう。しめ切りは二月二十五日まで(入管での再入国手続など、渡航に必要な諸手続があるのでしめ切りは厳守のこと)。

本国での日程予定は次のとおり。

三月二十五日(日)=出発、本国に対する要望。

二十六日(月)=受講。

二十七日(火)=受講、大統領閣下表敬礼訪。

二十八日(水)=受講。板門店視察。

二十九日(木)=中央情報部見学、陸海空軍本部礼訪。

呂運弘氏死去

独立志士呂運弘氏が、去る三日午前九時四十五分、老衰のため、ソウル鍾路区明倫洞一四〇ー八の自宅で死去した。享年八十二歳。

故夢陽呂運亨氏の実弟である氏は、韓日併合後パリー講和会議に韓国代表団一員として参加するなどアメリカ、中国上海を舞台に独立運動を展開した志士である。

八・一五解放後は、南北会談に参与するなど政界で活躍した。

紛失公告

本籍、ソウル特別市鍾路区鍾路五街一二〇

現住所、東京都荒川区東日暮里三ノ四三ノ三

生年月日、一九四〇年一月一日

氏名、李三枝子(女)

本人は一九七三年二月一日、十五時から十六時の間に、韓国大使館から六本木、九段下を経て民団中央本部に至る間に、パスポート(№一六六二五三号)を紛失しましたので、念のため公告する次第です。

一九七三年二月五日　李三枝子

女の韓国ひとりあるき (17)

画・文…サトウ・サナエ

海雲台ホテルで韓・日両国の観光客と記念撮影(左から二番目が筆者)

釜山市の都心から、約二十㌔のところに"海雲台"がある。車で行くなら、釜山の中央から二十分、釜山空港からだと、わずか五分という地点である。海水浴場として有名なところだが、温泉もあって、四十八度の塩類泉が、一日五百㌧も湧出るというのだから、観光客にとってこの上ない喜びである。

夢のような紺碧の海

温泉もある海水浴場として有名

夏ともなると、韓国のほうぼうから集まる海水浴客で、ギッシリで、まさに芋を洗う状態になるそうである。

海雲台の、遠く二㌔も開けている海岸は、透明度のある美しい砂の遠浅で、しかもその海水の"青さ"は、見事なものだった。

日本の汚れた海ばかり見ていた不幸な私は夢でも見ているように感じたものだった。

私は思わず子供のようにハダシになって、波を追っかけたり追われたりして、キャッキャッと声をあげてしまった。

海雲台

その波打ぎわには、海藻の一つもそしてゴミの破片さえも打ち上げられていなかったのは、ただ不思議としか言いようも無い。

ちょうど海水浴場の開場一週間ぐらい前だったので、海岸一帯にある売店や休憩所は、海水浴客や観光客のために化粧直しの最中とあって、大わらわといった感じだった。

広びろとした砂浜には、赤、黄、青、白と色とりどりの大きなビーチパラソルが、次から次へと立っていた。そしてそこには気の早い海水浴客がチラホラと姿を見せ始めていた。

少なくともその砂浜の上には、韓国的ムードはひとかけらも見ることは出来ない。

そこに展開されていたものは"世界的な一つのリゾート地帯"があったという印象であった。

海岸にそって数えきれないほどの小さな出店が、ところせましとばかり軒を連ねている。日本の海水浴場によくある"よしず張り"の出店よりは、ずっと立派で頑丈に造られている。サンゴやめずらしい貝細工の店、菓子屋、果物屋、みやげ物屋、食堂が多い。

そこには韓国らしいムードが漂っていて、私はやっと安心することが出来た。

夕方、日本人三人と韓国人一人の四人で散歩に出た。かえり道、その並んだ店の一軒=生魚を食べさす店=にドヤドヤと入ってみた。

その店の自慢料理という、取りたてのアワビのサシミとアナゴのサシミを注文した。

大した時間もかけずに出された料理に我々は仰天してしまった。アワビが山と盛られた大皿と、アナゴのサシミが盛られた大皿とがデンとおかれたのである。見るからに新鮮で、味もさすがに抜群だったが、とにかく大の男三人と大の女一人が食べられるだけ食べて、まだ半分ぐらい残ってしまった。日本でなら五〜六切れぐらいしか食べさせてもらえないというのに、もったいないことをしたと残念に思い出すのである。(つづく)

韓信協移転パーティ

12日、東京商銀で開く

在日韓国人信用組合協会(李熙健会長)が大阪からこのほど東京商銀ビル五階(東京都新宿区西大久保一ー四四九(電話二〇〇ー四一六ー七)へ移転したのを機会に二月十二日午後三時から五時まで東京商銀本店七階ホールで移転披露パーティを開く。

東京商銀預金二百億円突破

四月二十日、春香伝に招待

三月年末預金目標二百億円突破に挑んでいる東京商銀(許弼奭理事長)では一月末現在百八十四億円を突破、目標二百億円は軽く達成する見込みである。四月二十日には江利チエミの春香伝公演のコマ劇場を買切り、六〇〇〇組合員全員を招待する。

咸陽郡人会、家族で団らん

在日咸陽郡人会(李彩雨会長=東京都墨田区墨田三ー十ー三三、電話六一四ー一三六〇)では、さる四日午後一時から東京芝の留園で新年会を兼ねた総会をひらいた。

この日は寒波が東京を襲った初日であるにもかかわらず、遠く大阪からの参席者をはじめ家族連れの会員約二百五十人が集まり、和気あいあいのうちに会順が進み、バイキング料理やかくし芸で楽しさを満喫し、同四時すぎ閉会した。

なおこの日、ふるさと「咸陽」を紹介する「在日咸陽郡人会報」も配付され、故郷を偲ぶ古老が抜粋する会員の一幕もあって、一同を喜ばせた。

セルフサービスの料理を分けとるのも楽しい咸陽郡人会のお子さんたち

韓日親善写生大会盛了

本紙既報の通り韓日親善美術写生大会が、去る二日、東京学芸大学付属竹早小学校で韓国から選抜された二十人の小学生と日本側から百五十人の小学生が参加、両国の子供たちが和気あいあいの雰囲気の中で技を競った。

写真は写生大会に参加した韓日両国の小学生たち

所得税確定申告は慎重に

＝民団中央経済局で納税要領解説＝

(1)

民団中央経済局（宋鎬用局長）では、来たる二月十六日から三月十五日まで一カ月間に実施される所得税の確定申告期間を迎え、関係法などの慎重な解釈と確定申告対策に錯誤がないよう注意を促す一方、確定申告を有利にする納税解説を明らかにした。全文は次の通り。

はじめに

二月十六日から三月十五日まで、所得税の確定申告期間。国税庁の推定では、今年はこの一カ月間に、全国五〇三カ所の税務署に約七〇〇万人近くの人が申告書を提出するそうで、いってみれば、七〇〇万の人が税務対策で頭を痛めているわけ。この中には、大きく分けて、これから税金を納める人と、予定納税額や源泉徴収税額の還付を受けようとする人の二通りがあるがまずは例年以上に慎重な確定申告対策が必要である。

所得の種類

所得税の確定申告などに入る前に、まず基本事項として、所得にはどんな種類があり、それらの所得の計算の仕組みはどういうようになっているかを簡単にみてみよう。これを知っていれば、自分が確定申告の必要があるかどうか、また税金の還付が受けられるかどうかの大まかの見当はついてくる。[illegible]

1 利子所得

[illegible]

2 配当所得

[illegible]

配当所得の金額×$\frac{12.5}{100}$

[illegible] ×$\frac{6.25}{100}$＋

C 源泉分離選択制

Bで述べた確定申告が必要な利子所得のうち、源泉分離課税の適用を受けたものは確定申告の必要はない。この適用を受けるには、利子の支払いを受けるときまでに、利子の支払者を通じ所轄税務署長に「源泉分離課税選択申告書」を提出しなければならないが、この適用を受けた利子所得は[illegible]の源泉税を納めることになる。

この申告書は、一度提出してしまうと中途で変更ができないから[illegible]

配当控除

[illegible]

3 不動産所得

[illegible]

4 事業所得

[illegible]

5 給与所得

[illegible]

6 譲渡所得

[illegible]

青色申告の特典

[illegible]

みなし法人課税

[illegible]

確定申告が必要な給与所得者

[illegible]

譲渡所得の課税の特例

[illegible]

○土地区画整理事業のための譲渡

通常の方法により計算した譲渡益相当額から一、二〇〇万円を控除する。

○特定住宅地造成事業のための譲渡

通常の方法により計算した譲渡益相当額から六〇〇万円を控除する。

○農業振興地域内の農地等の譲渡

通常の方法により計算した譲渡益相当額から一五〇万円を控除する。

○居住用財産の譲渡

通常の方法により計算した譲渡益相当額から一、〇〇〇万円を控除する。

○特定の事業用資産の買換え等

① 買換えた場合＝収入金額のうち、買換資産の取得価額をこえる部分について計算した譲渡所得が計算される。

② 交換した場合＝交換した日の価額によって買換えたものとみなす。

○海外移住のための譲渡

通常の方法により計算した譲渡益相当額から三〇〇万円を控除する。

○相続財産の譲渡

相続財産を相続税申告書の提出期限後二年以内に譲渡した場合には、その資産に対応する相続税額を取得費に加算して譲渡所得の金額の計算上控除する。（つづく）

日本産ミカンで打撃

済州みかん協会は、密輸された日本産ミカンが出回って市販されているので、これを取締って欲しいと済州道を通じて農林部に申し入れた。

同協会によると、正月初め頃から釜山、東武等南海都市には「福[illegible]

[illegible]ミカン」の商標が貼られたままの日本産ミカンが大量に市販されているため、済州ミカンの販売に大きな打撃を与えているという。

兵庫商工会で

納税貯蓄組合発足

六日、神戸長田で設立総会

兵庫県韓国人商工会（姜富毅会長）では、県下各商業者傘下に納税貯蓄組合を設立するため、かねてから準備を進めて来たが、さる六日、その第一号として「韓商長田納税貯蓄組合」の設立総会をひらいた。

これは将来「韓商納税貯蓄組合連合会」に発展する予定であり、信用組合神戸商銀の全面的なバックアップを得、さらに地元税務署も組合設立に大きな期待を寄せて協力をしている。兵庫県韓国人商工会の力の入れ方も相当なものがあり、昨年末から税問題を根本的に解決するための税務永久講座を開設、また税務の専門家として権世顔税理士を就任させている。

猛虎一陣も大邱に凱旋

ベトナム派遣猛虎部隊約千人が三日小雨降る大邱空軍基地に米軍用機で凱旋、慶北道と二軍司令部が準備した歓迎式に臨んだ。この日凱旋将兵を歓迎するため沿道には約十万の道民がつめかけた。

民団本国事務所

—POBX開設—

民団本国事務所はこのたびPOBXを開設した。開設した私書箱はソウル国際郵便局私書箱第四六二七号である。

本国事務所への連絡にはこの私書箱の利用が便利である。

尋ね人

☆金仁福さん（53・通名金本広雄）

終戦後、二年ほど山口県宇部市内に在住したことがあり、現在まで連絡がとだえております。金さんをご存知の方はご連絡をねがいます。

連絡先＝民団広島県地方本部又は広島県呉市山手2丁目12−13、金元出、金末珠へ

☆李龍岩さん（58・戸主李甲龍・本籍＝慶北迎日郡神光面土亭洞）

連絡先＝大阪市生野区桃東町二丁目二十一番十一号、岩本相竜（06−七一七−六〇〇五番）

☆曺海竜さん（本籍＝慶北高霊郡開津面良田洞）

十年前の日本国内住所は京都府船井郡和知町

☆曺圭鳳さん（19・住所＝山市西区井川二洞七統一班）

連絡先＝民団京都右京支部（電話京都三二一−一四三二番）

☆李守水さん（通名水山守水）

本籍・慶南河東郡岳陽面平沙里上平部落

本籍地のご両親が二十年来の音信不通を歎きながら、再会をお待ちです。李さんをご存知の方は、民団岡山市支部（電話〇八六二−二四−七五七三・岡山市駅前町一丁目五−一二）へぜひご連絡下さい。

☆柳小姐さん

本籍　全北大渓郡聖山面山谷里三四五番地

戦前樺太泊居市松ケ枝町三丁目五の五に住み五年ほど前、本籍地の柳甲竜氏あてに民団大阪地方本部から樺太から帰還したという通知があったという柳さんをご存知の方は、民団中央本部民生局または、慶北永川郡永川邑完山洞九七五番地柳花先（児名所願）さんへ連絡ねがいます。

川崎と多摩の古墳壁画

韓国移住民が築造

[illegible]

韓國新聞

在日大韓民国居留民団
中央本部機関紙
韓國新聞社
発行人 金正柱
東京都文京区春日町
2丁目20－13
電話直(815) 1451－3
交(813) 2261－5
振替口座 東京 163774

民団綱領

一、われわれは大韓民国の国是を遵守する
一、われわれは在留同胞の権益擁護を期する
一、われわれは在留同胞の民生安定を期する
一、われわれは在留同胞の文化向上を期する
一、われわれは世界平和と国際親善を期する

鄭泰浩の病死を悪用

神奈川県本部が 名誉毀損で告発

鄭泰浩が肝硬変症で死亡した三ツ境病院

"暴行の事実なし"

肝硬変症で死亡、解剖結果も明白

去る十一日の同胞社会で、神奈川県下民団内の民団員の家に、突然"民団神奈川"二月十五日付の号外と名打ったタブロイド版の印刷物が配布された。何げなくこれを開いて見た民団員は皆ひとしくその内容に驚き、そしてアキレた。いわく"暴力行為"何々一派の集団暴行あげ"下手人何々一派に鉄つい"というサブタイトルで"鄭泰浩民団神奈川団長代行急死!"という記事が掲載されていたからである。この記事が事実であれば余りに重大なことであるので、印刷物を見た民団員から民団神奈川県本部（朴成準団長）にとりあえず問合せる電話が、十二日からひっきりなしに掛って来た。しかし、これは"民団神奈川県本部"を勝手に詐称している一連の不純分子（金宗輔ほか）の事実無根のデマ宣伝であることが、その後の調査で明らかになり、民団神奈川県本部では朴団長名儀で十五日、神奈川県警察署に事実無根の名誉毀損で告発した。

不純分子のデマ材料に

行きづまった不純分子らの悪あがき

第一期全国巡回幹部教養講座

民団組織強化に大きな成果

各地で好評を博している民団幹部教養講座 熱心に聞き入る受講者たち（左上・福島、左下・熊本、右上・新潟、右下）

熱烈な歓迎と深い感銘

各地で好評、二次講座も予定

姜学文副団長

金正柱団長

本紙既報の通り、民団中央本部組織局（姜学文局長）では、七三年度民団幹部級教養第一期全国巡回講座を、去る一月十六日、群馬県本部を皮切りに講座をひらき引きつづいて全国の民団地方本部を三班に分け、日程通り講座を開催中であるが、各地で民団幹部を始め同胞社会の有志多数が参加、熱烈な歓迎と深い感銘をあたえ、大きな成果を挙げている。この民団幹部教養講座は、金正柱中央本部団長が昨年八月八日、臨時大会席上で団長出馬に当り、所信表明で公約された団務運営方針の一環である。

亜・阿公館長会議

地域協力など論議

専門知識も修得

一月十日 箱根で 東本研修会

顧問・執行委員を発表

東本、三機関長会議ひらき

二カ月毎に会議

一月十日 大宮で 関東地協会議ひらく

次期事務局長には東本団長 三・一節記念式順まる

七二年産業生産指数は一五・三％増

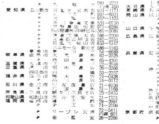

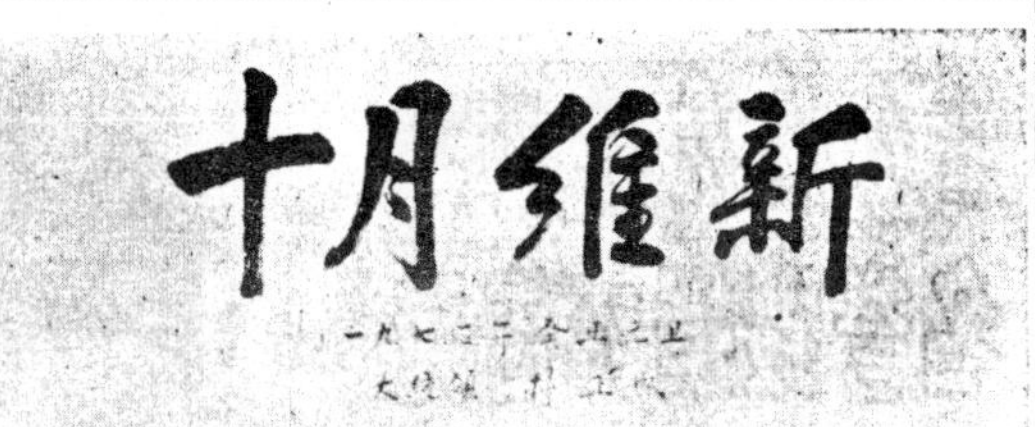

十月維新

一九七三年 …… 大統領 朴正熙

民族の安定・繁栄・統一を

十月維新は民族意志の発現

朴大統領年頭記者会見

（前号から続く）

ところが、その実績と効果を今から具体的に申し上げますと、八・三措置による高利債の整理措置に伴う申告額が、皆さんもご存じのように三千四百五十余億ウオンだったのです。これは当時、わが国の全通貨量にほぼ匹敵する額でありました。当時のわが国の貨幣発行額が四千数百億と記憶しておりますが、私たちも、わが国の高利債がそれほど多く流通していたことは、予測だにできなかったことであります。政府が推定していた額よりもはるかに多い高利債があったということが判ったのであります。このような高利債を利用している企業に対し金利を引下げてやり、返済期間を延ばしてやり、そしてこれら高利債金額の四分の一に当る八百五億ウオンの高利債を出資金に転換させたのです。これは、政府が最も援助していることであり、かつ好ましいことであると思います。

それに次いで政府は、銀行金利を大幅に引き下げ、二千億ウオンを[illegible]に達する貸換えを行い、六億四十二億ウオンに達する企業合理化資金を放出したのです。これが八・三措置と一連の関係を持つ措置でありました。そしてまた、中小企業のテコ入れ資金として信用貸出しシリングを拡大させ、またわが国の金融秩序を画期的に刷新するため、多角的な措置を講じたのであります。その結果効果となって現われた現象を検討して見ると、これまで韓国の企業が負担をしていた金利負担を約一千億ウォンほど軽減させたのです。このような措置がなかったならば、企業がおおよそ一億ウォンを負担すべきであったのを、それだけ企業負担を軽減させたのです。

このような措置によってわが国の企業の体質を強化させ、財務構造を改善し、わが国の経済が、これから安定基調の上で、高度成長を継続しうる基が築かれたというべきです。これまでの例によると、秋夕をはじめ農繁季節やクリスマス、年末などには、必ずといっていいほど物価が上昇し、また、上昇するのが当り前なことのように考えながらこれまで生活を営んで来たのでした。

ところが、昨年八月の八・三措置以来、今年までの五カ月間は、前述したように、安定ないしは下落スウ勢を示し卸売物価の指数が〇・一％上がり消費者物価の指数は返って一・五％下落するという現象を示したのです。これは解放以来、わが国の経済においてはじめての現象であります。また為替レートもこれまでは、いつも問題にされたのですが、政府にとっても頭痛の種になっていたのでありますが、四〇〇ウォン線で安定するようになりました。このような現象に伴い輸出が急激に増加したのであります。昨年度の輸出目標一七億五千万ドル…、これは当初の目標それ自体が国際経済の不況などを理由に無理があるという意見がなくもなかったのですが、当初の目標を突破したばかりでなく十八億ドルの大台をやや上回る実績を上げたのです。貿易と貿易外の国際収支においても、昨年度は約三億ドルの黒字を示したのでありますが、これらを八・三措置の効果としてあげることができます。

次いで、生産と景気面においても、昨年上半期には景気が停滞し産業生産もかなり鈍化したのですが、すなわち昨年一月から六月まででは、産業生産が一〇％の成長を示したのに比べて七月から十一月までの五カ月間には一八・四％という増加がありました。

このような現象からしても、八・三措置がようやくそのような効果を示しているということがうかがえるのです。

今年は、大幅な施設投資と、経済の一貫した上昇があるものと予見しております。

このように八・三措置は、長期的な見地からすれば、わが国の経済が安定した基盤の上で持続的な高度成長を維持しうる契機をもたらしたと見られ、これまでのこのようなスウ勢からすれば現在、政府が推進している施策をそのまま推し進めていけば、今後、政府が目標としている年間物価上昇率三％以内に抑えるということが可能ではないかという自信を持っています。

これはいう迄でもなく、今年だけそうするというのではなく、これから継続して年間物価上昇率三％線を堅持して行くことによってわが国の経済をインフレのない経済発展に築きあげようと考えております。

もちろん、このような政府目標だけで物価を安定させうるとは思っておりません。

これは、企業家らも努力すべきであり、政府も努力すべきであります。企業は生産性を向上させ、原価を節減するため最善の努力をすべきであり、そして生産製品の流通過程を合理化させるべきだと思います。

そのほか、不当な暴利行為をする企業に対しては、政府は厳格な制裁を加えながら供給面において物価上昇の要因を取り除く方針です。

と同時に、行き過ぎた資金の超過需要の発生を抑制するため、財政金融面においては、これまでの安定化政策を引き続き維持する方針です。物価を安定させるための総合的な努力を傾けながら、わが国の企業らが品質が良く、しかも廉価な製品を沢山作って消費者である国民たちに供給するということも重要ですが、国民一人一人も物価の安定について積極的に協力することによって、はじめて物価安定の実をあげることができ、政府と企業の努力だけでは期待できないということです。

私たちすべての国民がぜいたくな消費性向を排撃し、健全な貯蓄生活を推励して万一商人らが不当な価格を要求する場合には、消費者である国民の皆さんが不売運動を繰りひろげることによって物価の安定に寄与しうると思います。

例えば、わが国でもそのような運動を主婦団体などで展開していると聞いておりますが、外国では消費者保護協会とか主婦不売同盟などというのがあって、不当な商行為を規制しつつ消費の権益を守護しています。

このように物価安定という所期の目的を達成するためには、消費者が少々の不便をしのびながら消費生活を自ら節減し、政府当局の物価政策に協力するとともに消費者団体が団結して相互の利益を図ることによって、その実効をあげることができるということを申し上げたいと思います。

汎国民的科学技術開発を

七四年から年金制度実施

問　政府は一九八〇年代におけるわが国の経済未来像について多角的な政策を提示したことがあります。わが国の長期的な経済の見通しと国民の福祉についてお話していただきたいと存じます。

答　いつの時代においても、どの民族においても、長期的にその民族の進むべき方向と目標、また未来像をかかげて、国民が一致団結し、ほとばしるような意志と熱意をもって政策を推し進めて行く時、その民族は希望がもてるばかりでなく、必ず繁栄する民族となりうるものです。

万一、将来に対する、ある方向設定やビジョンもなく、団結もできず、必ず達成して見ようとするたゆみない意志すらもない民族があるとすれば、結局、その民族は、未来のない、希望のない落後する民族となるということを、東西古今を通じた歴史の上で私たちは知っています。

今日、わが国の現実を自ら眺める時、どうであるか、わが国はいろいろと不利な条件の下におかれています。国土が狭いだけでなく、それさえも南北に両断されている。また、その国土は他の国のように自然資源が豊かでもなく、資源が殆んどない。しかしながら人口は多い、このようにいろいろと不利な条件の下におかれている。

このような条件の下にありながらも、私たちが他の国のように豊かに暮さなければならない、いや他の国よりも、もっと豊かになりたい、そうするためには、どうしなければならないか。方法は一つしかありません。他の国の人よりも、もっと汗を流して働き、努力し、かれらが休む時にも私たちは働き、かれらが一時間働けば、私たちは二時間、三時間働き、かれらが歩いて行けば、私たちは走って行くというぐあいに、人よりも何倍も努力することによって、はじめて、追いつくことができるのです。

かれらが休む時、私たちも休み、彼らが生活をエンジョイしているからといってそれを真似るとすれば、私たちに未来はありません。

勤勉に働き、休むことなく働いて倹素な生活をし、節約をして貯蓄をすれば、必ず豊かになれます。昔から一つの国が富強になるためには、勤倹貯蓄をしなければならないということは、東西古今を通じての真理であります。個人もそうであり、国家もまたそうです。勤勉にして倹素な生活をし、節約をして貯蓄をすれば、金持ちになることは当然であり、国もまた、富強な国になるのが当然であって、それをするかしないかが、ただ問題です。

私たちがいま、推し進めている経済開発五カ年計画[illegible]与えられた条件は不[illegible]であっても、そのかわり、私たちが人一倍熱心に一生懸命働いて、豊かな国をつくって見ようという目標の提示がすなわち五カ年計画です。第三次五カ年計画の指標も、皆さんがすでにご存知のように、わが国の農漁村を重点的に開発しようというのと、重工業を早く育成しようというのと、そして輸出の画期的な増大を期そうという三つの点に重点がおかれているのです。その中で最も重要な指標となっているのが、やはり輸出の画期的増大だといえるでしょう。

勿論私たちは農漁村も重点的に開発しなければならないが、結局は農漁村を重点的に開発するためには、輸出をして外貨をたくさん稼いで政府がそれだけ、金持ちにならなければ農村にたくさん投資できないのであります。それで私たちは八〇年代の輸出目標を約百億ドルまで上げて見よう。そして国民一人当りのGNPを一千ドル水準まで引き上げようという目標を、いま提示しているのです。これはこの前も、ある機会に、私が話したことでありますが、決して容易なことではありません。しかし、だからといってこれが、私たちの努力如何によっては、絶対不可能なことではありません。成るか成らないかは、私たちの努力如何にかかっています。これは、私たちがいくら努力しても、私たちに与えられた条件では到底達成できないという、無理な目標ではありません。努力さえすれば、十分達成できる目標です。だから私たちは今から、私たちの利用できる人的、物的資源を最大限度に活用し、とくに技術開発に力を注ぐべきだと思います。これから私たちは、この技術開発に対して、政府企業、国民を問わず、総力を傾けるべきです。そして[illegible]

貯蓄をたくさんして、これから政府が推進しようとしている、ぼう大な建設事業に最も必要な内資を調達しなければなりません。これは結局、国民の皆さんが政府に納める税金、そして皆さんたちが熱心に働いて、もうけた金を節約して、貯蓄したのをもって、まかなえるのです。貯蓄をたくさんしてほしいのです。そうすれば建設が早くできます。このごろ、しきりに新しい歴史を創造しようということを主張しています。新しい歴史というものは、どのようにして創造されるのか、私たちの汗と努力だけが、この新しい歴史を創造しうるものと私は信じています。

私は、今日この席で、国民の皆さんに経済に関する一つの重要な構想を発表しようと思います。

わが国の工業は、いままさに重化学工業時代に突入しました。したがって政府はこれから重化学工業育成の施策に重点をおく、重化学工業政策を宣言するのです。

いま一つ、今日この席で、国民たちに私が提唱したいことは、これからわたしたちみなさんが、全国民の科学化運動を展開しようというのです。すべての人たちが科学技術を習得し、練磨し、開発しようというのです。

そうすれば、国力が急速に伸びるのです。科学技術の発達なくして私たちが絶対に先進国家にはなれません。

八〇年代になって私たちが、百億ドルを輸出し、重化学工業の育成など、このような目標を達成するためには、全国民的な科学技術の開発に総力を集中しなければなりません。これは、国民学校の児童から、大学生、社会の大人に至るまで、男女老少を問わず、私たちみんなが技術を習得しなければなりません。

そうすれば、国力が早く伸びるのです。八〇年代はじめに、私たちが百億ドルの輸出目標を達成するためには、全体輸出額の中で重化学製品が五〇％をはるかに越えなければなりません。

そのためには、政府は今から、鉄鋼、造船、機械、石油化学工業育成に拍車をかけ、この分野の製品輸出を目的として、体制を整備強化しようとしています。

参考までに八〇年代初期の政府が構想している重要な重化学工業部門の生産規模能力を、いくつか例をあげて申しますと、製鉄能力は現在の百万トンから、八〇年代はじめには、一千万トンまで引き上げ、造船能力は現在の約二十万トンから、これを約五百万トンまで引き上げ、精油施設は、日産三九万バレルから、約九四万バレルに引きあげる計画です。蔚山精油工場が竣工した当時、日産三万五千バレルだったと、私は記憶しております。石油化学原料となる、エチレン生産は、現在十万トンですが、八〇年代はじめには、八十万トンまで引き上げ、電力はいまの三八〇万キロワットから一千キロワットまで引き上げ、セメントはいまの八百万トンから一千六百万トンまで、年産水準を、引き上げるべきであり、その他自動車は、現在年産約三万台であるが、その時になれば、約五〇万台[illegible]があがることになるでしょう。

その外に、重工業など、いろいろな分野が、たくさんありますが、重要なものだけ、いくつかお話ししたいと思います。このような大規模の工業を収容するため、政府は今から東海岸、南海岸地方にいろいろな大単位国際規模の工業団地または、基地を造成していく考えです。

はじめは、第二の蔚山のような第二の総合製鉄工場の建設をこれから推進しようとしており、また大単位機械総合工業団地もつくらなければなりません。いま蔚山にある石油化学団地のような第二の総合化学工業団地をつくるべきだと思います。

また、百万トンクラスの大規模造船所をこれから一つ乃至二つをさらにつくるべきであり、大単位電子部品生産団地も、いま推進しており、馬山にある輸出自由地域のような団地をこれから第二、第三とどうにつくらなければなりません。このようなのを完成した時、百億ドルの輸出が出来るのです。

これを達成するためには、全国民らが、科学技術開発に総力を傾注しなければならないと思います。政府はこれから重化学工業政策を宣言し、この方面に画期的な支援と施策を繰りひろげていく方針です。（中略）

このごろ、わが国の農村を訪ねると、農民たちが好んで歌うセマウルの歌があります。その一節にこんな文句があります。

「お互いに助け合い、汗を流して働き、所得増大に努め、豊かな村を築こうぞ、住みよいわが村、われわれの力で築こうぞ」

極めて素朴なこの歌の一節に、私は十月維新の精神が全部含まれていると申したいのです。

「お互いに助け合い」……お互いに助け合うとは、どういう意味でしょうか？

結局、私たちが強調している協同であり、団結を意味するのです。

「汗を流して働き」勤勉・努力・自助これら全部が汗を流して働くことであり「所得増大に努め」農家にとっては、所得増大であるが、国家的に見れば、生産し、増産し、輸出し、貯蓄して、国家の所得を増大するということである。

「豊かな村を築こうぞ」村が豊かになれば、おのずから国家は、富強な国になるのです。

「住みよいわが村、私たちの力で築こうぞ」住みよいわが村というのは、村が全部住みよい村になれば、それが集ってはみよいわが国になるというのです。

住みよいわが国とは、福祉国家、福祉社会だ。これも他人の力を借りず、他人に頼らず、私たちの自助的な、自主的な、努力・自立精神によって達成しようというのです。

それでこそ、この素朴な歌の一節に、十月維新の精神が全部含まれていると申し上げたいのです。

十月維新というのは、すなわちセマウル運動であり、セマウル運動とはすなわち十月維新であるといっても間違いではない、私たちがこれまでセマウル運動を進めるにあたっても、これを広く、国民的な運動にしなければならず、一人の指導者や発起者があってもならないと申しました。十月維新課業をはげする[illegible]っても、私たちはすべての国民が、自発的に、積極的に参加すべきであり、またそうしてくれることを、とくに期待するものであります。ありがとうございました。

（おわり）

〈完〉

〈全文・資料〉

2・27総選挙

与・野の指標と戦略

一〇月維新一週、政治風土の一大刷新と韓国にみあう真の代議政治確立をめざす第9代国会議員選挙が27日、行なわれる。

新国会議員選挙法によって実施されるこのたびの選挙で、有権者は全国七三選挙区で任期六年の国会議員、百四十六人を選出することになる。

[illegible]

このたびの選挙は、[illegible]

九日、[illegible]とともに、[illegible]

[illegible]国務委員など[illegible]公務員以外の公務員が立候補しようとすれば、選挙公告後5日以内に辞任しなければならない。

[illegible]定数を超えない無投票選挙区で[illegible]。

市・邑・面長は来る14日まで、公告日現在[illegible]区域内の選挙人名簿を作成し、15〜16日の二日間、有権者に選挙人名簿を閲覧させた。

一方、軍人や長期旅行者、服役者など投票日に投票所にでられない不在者は、来る14日まで居住地の市邑面長に不在者申告をすることになっており、郵便による不在者投票がおこなわれることになる。

11日に新民党が87人（複数14区）12日に共和党が80人（複数7区）統一党が59人の第一次の公認候補者を確定発表することによって、選挙戦はがぜん活気をおびている。

9日の選挙日公告にともない18日間にわたる選挙戦の幕がすでにあがったのであるが、このたびの選挙に参与する与野政党は、ひたすら公明選挙をちかっているのが特徴である。以下共和、新民、統一、三党の選挙にのぞむ姿勢をまさぐることにしよう。

共和党　維新理念にもとづく平和統一と国力の増大を掲げて選挙に臨む共和党の基本目標は、一言で「公明・公正選挙による維新国会の確保」に集約される。

共和党では、党総裁である朴正熙大統領が推薦し統一主体国民会議で選挙する七三席の議席もあって院内安定勢力は確保されるものと展望している。

このため、地域選挙では七三席の議席を目標に、公明選挙風土を定着化する公約実現に力を注いでいる。

また、共和党はこのたびの選挙を通じて維新課業を成功的に遂行するための支持基盤の拡大をはかる戦略もかねて樹立実践している。そして、特に選挙のたびごとにくりかえされた「ソウル敗北」を挽回するため綿密な計画のもとで基盤をかため、最小限度ソウル地区での五席以上（定員16人）当選を目標としている。

15日から選挙日前日（26日）までの間、政策委員会専門委員および訓練院教授で構成された特別講師班が全国を巡回、党員団結大会などで世論を対象に講演するなど、水ももらさぬ選挙戦略をおしすすめている。

新民党　自由民主[illegible]「議会機能の強化」、「国民基本権の最大限保障」などを公約に掲げる新民党では、国会議員定数の[illegible]50席の議席を目標に大都市での圧勝を中核戦略としている。

新民党は今までの投票傾向を分析、大都市でより多くの当選者をだすため複数公認をする一方、農漁村では当選可能性をとらえ、一選挙区一人公認を原則としている。

このような戦略の一つとして、[illegible]党首権限代行をはじめ党幹部らは、選挙運動期間中全国各地方を巡回、党勢を確立し[illegible]話し合うことによって選挙に臨む姿勢を新民党に有利に導くことをめざしている。

統一党　[illegible]えるのには、30余議席をめざしてソウル・釜山などの大都市と全南・北、全国[illegible]50余[illegible]を集中させる計画。

選挙に掲げるキャッチフレーズは[illegible]。

「いかなる時よりも[illegible]が重要なこの時期に、[illegible]を牽制する[illegible]」という[illegible]をアピールするという。（[illegible]統一党の二次発表[illegible]はいっていません）

三政党公薦者一覧

	選挙区	共和党	新民党	統一党
서울	鍾路・中区	[illegible] 56・前副総理	鄭一亨 68・党前代表 [illegible] 61・8代議員	金弘壹 75・党顧問
	東大門	[illegible] 46・前議員	[illegible] 45・8代議員 [illegible] 59・8代議員	張俊河 58・前議員
	城東	閔丙岐 47・前教授	[illegible] 60・8代議員 [illegible] 55・8代議員	梁一東 60・党代表
	城北	丁来赫 48・前長官	[illegible] 71・8代議員 [illegible] 51・8代議員	李相敦 61・前議員
	西大門	[illegible] 33・地区委員	[illegible] 46・[illegible]	尹済述 69・8代議員
	麻浦・龍山	[illegible] 53・前長官	[illegible] 63・8代議員 [illegible] 46・8代議員	
	永登浦 1	[illegible] 53・前長官	[illegible] 45・8代議員 [illegible] 43・常務委員	[illegible] 62・前議員
	永登浦 2	[illegible] 42・8代議員	[illegible] 51・8代議員 [illegible] 64・8代議員	
釜山	中区・影島	[illegible] 65・大学総長	[illegible] 62・8代議員 [illegible] 40・8代議員	
	西区・東区	[illegible] 34・地区委員	[illegible] 46・8代議員 [illegible] 44・8代議員	
	釜山鎮	[illegible] 50・8代議員	[illegible] 58・8代議員	[illegible] 50・前議員
	東莱	[illegible] 47・8代議員	[illegible] 36・8代議員	[illegible] 55・前議員
京畿	仁川	[illegible] 52・8代議員	[illegible] 50・8代議員	[illegible] 40・地区委員
	水原・華城	[illegible] 47・8代議員	[illegible] 50・8代議員	[illegible] 49・前新民
	議政府・楊州・坡州	[illegible] 45・8代議員	[illegible] 38・[illegible]	[illegible] 53・前議員
	驪州・廣州・利川	[illegible] 39・8代議員	[illegible] 40・8代議員 [illegible] 49・会社社長	[illegible] 35・議員秘書
	平沢・龍仁・安城	[illegible] 48・8代議員	[illegible] 49・前議員	[illegible] 44・弁護士
	[illegible]	[illegible] 45・8代議員	[illegible] 38・8代議員	[illegible] 38・前新民
	高陽・金浦・江華	[illegible] 48・8代議員 [illegible] 46・8代議員	[illegible] 46・8代議員	[illegible] 35・前新民
	[illegible]	[illegible] 41・前議員	千命基 44・8代議員	
江原	[illegible]	[illegible] 53・[illegible]	[illegible] 50・8代議員	[illegible] 38・前新民
	[illegible]	[illegible] 53・8代議員	[illegible] 51・前議員	[illegible] 63・前議員
	[illegible]	[illegible] 50・前知事	[illegible] 51・弁護士	[illegible] 42・[illegible]
	[illegible]	[illegible] 56・[illegible]	[illegible] 51・前議員	[illegible] 48・前民政
	寧越・旌善・平昌	[illegible] 49・8代議員 [illegible] 50・8代議員	[illegible] 45・前外交官	[illegible] 43・前道議員
忠北	清州・清原	[illegible] 52・8代議員	[illegible] 58・前議員	[illegible] 35・前新民
	忠州・中原・堤川・丹陽	[illegible] 50・前議員 [illegible] 43・8代議員	[illegible] 41・地区委員	[illegible] 52・前議員
	沃川・報恩・永同	[illegible] 54・8代議員	[illegible] 59・前議員	[illegible] 53・医師
	槐山・陰城・鎮川	[illegible] 64・8代議員	[illegible] 56・前議員	[illegible] 34・4・19団体
忠南	大田	[illegible] 47・8代議員	[illegible] 40・地区委員	[illegible] 55・8代議員
	天安・天原・牙山	[illegible]・8代議員	[illegible] 47・地区委員	[illegible] 55・8代議員
	[illegible]	[illegible]・8代議員	[illegible] 69・党代表	[illegible] 49・前新民
	公州・論山	[illegible] 61・8代議員	[illegible] 43・前議員	[illegible] 56・前議員
	扶余・舒川・保寧	[illegible] 55・8代議員	[illegible] 40・前議員	[illegible] 35・党代弁人
	青陽・洪城・礼山	[illegible] 50・8代議員	[illegible] 52・8代議員	[illegible] 35・前新民
	瑞山・唐津	[illegible] 50・会社社長	[illegible] 40・8代議員	[illegible] 41・前記者
全北	全州・完州	[illegible] 51・8代議員	[illegible] 51・8代議員	
	群山・沃溝・裡里・益山	[illegible] 47・地区委員	[illegible] 49・8代議員	[illegible] 60・前議員
	茂朱・鎮安・長水	[illegible] 39・8代議員	[illegible] 41・地区委員	
	南原・任実・淳昌	[illegible] 63・8代議員	[illegible] 48・8代議員	[illegible] 50・前議員
	井邑・高敞	[illegible] 51・8代議員	[illegible] 45・[illegible]	[illegible] 40・8代議員
	[illegible]・扶安	[illegible] 46・8代議員	[illegible] 54・前議員	
全南	光州	[illegible] 45・8代議員	[illegible] 59・8代議員	[illegible] 49・8代議員
	木浦・務安・新安	[illegible] 46・地区委員	[illegible] 49・8代議員	[illegible] 50・8代議員
	麗水・麗川・光陽	[illegible] 55・8代議員	[illegible] 37・前教授	[illegible] 54・前議員
	順天・昇州・求礼	[illegible] 46・[illegible]	[illegible] 49・地区委員	
	光山・羅州	[illegible] 45・[illegible]	[illegible] 37・8代議員	
	潭陽・谷城・和順	[illegible] 51・8代議員	[illegible] 45・会社社長	[illegible] 41・前新民
	高興・宝城	[illegible] 47・党代弁人	[illegible] 49・8代議員	[illegible] 59・貿易人
	長興・霊岩・康津・莞島	[illegible] 49・[illegible] [illegible] 51・8代議員	[illegible] 40・地区委員	[illegible] 45・前新民
	海南・珍島	[illegible] 51・8代議員	[illegible] 44・地区委員	[illegible] 37・[illegible]
	咸平・霊光・長城	[illegible] 50・8代議員	[illegible] 41・地区委員	[illegible] 43・前新民
慶北	大邱中・西・北区	[illegible] 48・弁護士	[illegible] 57・8代議員 [illegible] 58・8代議員	[illegible] 前教授
	大邱東・南区	[illegible] 67・前議員	[illegible] 52・8代議員	[illegible] 53・前教授
	浦項・迎日・永川・鬱陵	[illegible] 49・8代議員	[illegible] 56・[illegible] [illegible] 48・[illegible]	
	慶州・月城・清道	[illegible] 49・8代議員	[illegible] 38・会社社長	[illegible] 51・会社社長
	[illegible]	[illegible] 59・[illegible]	[illegible] 39・[illegible]	[illegible] 50・前新民
	安東・義城・安東郡	[illegible] 44・8代議員	[illegible] 43・前議員 [illegible] 45・8代議員	李元守 43・前大衆
	達城・高霊・星州	[illegible] 48・8代議員	[illegible] 58・8代議員 [illegible] 57・前議員	[illegible] 51・8代議員
	[illegible]	[illegible] 53・前長官	[illegible] 38・8代議員	[illegible] 40・国会職員
	青松・盈徳・蔚珍	[illegible] 45・8代議員 [illegible] 46・8代議員	[illegible] 42・地区委員	[illegible] 39・前新民
	栄州・奉化・英陽	[illegible] 65・8代議員	[illegible] 49・地区委員	[illegible] 42・前新民
	聞慶・醴泉	[illegible] 42・会社社長	[illegible] 43・8代議員	[illegible] 33・前新民
慶南	馬山・鎮海・昌原	[illegible] 48・弁護士	[illegible] 46・8代議員	[illegible] 49・前議員
	晋州・晋陽・三千浦・泗川	[illegible] 50・8代議員	[illegible] 57・8代議員	黄南八 67・前議員
	忠武・統営・巨済・固城	[illegible] 44・8代議員 [illegible] 57・前議員	[illegible] 58・8代議員	
	[illegible]	[illegible] 48・[illegible]	[illegible] 38・8代議員	[illegible] 51・前議員
	[illegible]	[illegible] 52・地区委員	[illegible] 45・8代議員	
	[illegible]	[illegible] 49・前議員	[illegible] 44・8代議員	[illegible] 45・前国民党
	梁山・金海	[illegible] 44・8代議員	[illegible] 36・8代議員	[illegible] 63・党顧問
	南海・河東	[illegible] 44・8代議員 [illegible] 49・8代議員	[illegible] 44・地区委員	
	[illegible]	[illegible] 52・8代議員	[illegible] 38・国会職員	[illegible] 55・前議員
済州	済州・北済州・南済州	[illegible] 43・8代議員	[illegible] 37・前記者	[illegible] 42・前新民党

尋ね人

☆崔ソンギ（通称モトネアチレ）（右側の写真の方）

本籍、慶尚北道大邱市東区[illegible]洞八六五番地（慶北達城郡[illegible]洞八六五番地）。九州の宮崎市ミヤグチに住んでいた方で、30年前に、一時帰国したことのある崔さんをご存知の方は、韓国人会館事務局または慶尚北道大邱市北区[illegible]洞一区64班二〇九、崔ヨンス方、崔ポンリさんへ御連絡を（左側の写真は三〇年前の崔ソンギさんの奥さんとお子さん）

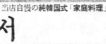

セマウム（新たな心）運動を展開

祖国を緑の楽園に

民団東本で一大緑化運動呼びかけ

国をあげて維進課業に邁進している本国の努力に歩調をあわせ、維新民団の当面課業をまさぐり、その実践に意気を燃やす民団東京本部（鄭東淳団長）ではこのたび、本国の「セマウル運動」にみあう「セマウム運動」を企画し、ふるさとを青い希望の園にいろどる一大緑化運動を展開することによって在日六十万同胞の「セマウム（新たな心）」を祖国の津々浦々に植えることを提唱しているが、民団の発展、本国との紐帯強化、祖国革新への積極的奉仕などの意義から見て、単に東京本部管内だけでなく、在日同胞社会全体の積極的参加が望まれる快挙であるとの声が高い。（以下は実施要綱の概要）

鄭東淳団長

一、実施目的

本国で推進されている「セマウル運動」の精神をうけつぎ、在日60万同胞の「セマウム（新たな心）」を祖国の山野に植え"緑の園"とする緑化運動を展開する。

二、実施方針

（一）在日韓国人六十万同胞の「セマウム（新たな心）」を祖国に植えるという意義を生かすため、六十万本の苗木（常緑樹ー青い新たな心）を祖国の山野に植樹する。

（二）在日同胞一世（父母）は、苗木を寄贈し、二世（子女）は植樹する。

（三）この運動を展開するにおいて、すべての経費は大衆募金で充当する。

（四）この運動の名称は「六十万のセマウム植え運動」とする。

三、実施要領

（一）募金

①募金運動は東京本部（三機関連席会、執行委員会）が樹てた別途計画書によって実施し、都内全団員を対象に、自発的な募金とする。

②募金方法は東京本部および各支部で、別途募金帳を作成して規律ある運動を展開する。

③募金者に対しては、支部および個人別に金額と日字を明示、一括して東京本部が公開通報する。

④奉仕団団員は別途に定める参加団費を納入する。

（二）宣伝

①植樹運動に対する全団員の充分な理解を促すため説明会および戸別訪問などで宣伝啓蒙する。

②説明会は「セマウル運動記録スライド（約50分間上映）」を各支部単位で巡回上映する。

③東京本部で作成したアピール文とポスターを管内各支部に配布する。

④三・一節記念行事の際にこの趣旨説明を公示する。（公会堂・各支部、バス内など）

⑤この運動の終了の際は全合同な報告会を実施する。

（三）人員編成

①植樹参加奉仕団の編成は民団東京本部青年部（在日韓国青年会、東京本部）男女青年百人で構成する。

②奉仕団の参加希望者は各支部青年課（会）を通じて、東京本部青年部（青年会）に参加申請する。

③青年会の未結成支部では青年層が窓口となって支部団長が優秀な青年を選抜派遣させる。

（四）実施期間

①事業宣伝期間、一九七三・二・一四～四・一五

②募金期間、一九七三・二・一五～三・二〇

③参加申請締切り、一九七三・二・一五～二・二五

④奉仕団訪韓期間、一九七三・四・二～四・一五

韓国学校に毎月醵金

民団東本役職員

民団東京本部（鄭東淳団長）はかねて民族教育問題を重要施策にとり上げ東京韓国学校の育成に努めて来たが「教育後援会東京本部役職員小委員会」を設け、団長以下三機関役員はじめ執行部役職員が率先し毎月二万四千円を醵金することにきめた。

農村労働力が婦女化

六〇年代後半から　若者たちが離農

農村の若者たちの離農、あるいは都市流出が続き農村労働力が婦女化ないし老齢化している。

このほど農林部が調査分析した農林業就業者構造によると、六〇年代後半期からは中堅農業労働者たちの都市・工業地帯進出が盛んになり、六五年に二十歳以上五十九歳までの年齢層が四九％だったものが、七一年には四〇％に落ちた。性別構成比でみると六三年には男子六二・七％、女子三七・三％だったものが七一年には男子五六・九％、女子四三・一％となって男子の比重が大きく減った。

二八宣言と三一万歳

八日、東京で鑑賞会盛況

在日韓国劇団演劇部創作「二・八宣言と三・一万才」鑑賞会が宣言五十四周年にあたる二月八日午後七時から東京新宿駅西口の朝日生命ホールで開かれ、六百余の聴衆をほぼ埋める盛況で、参加者に多大の感銘をあたえた。上演に先立ち[illegible]館長から私財をなげうって日本で韓文化遺産の発掘をつづけている崔氏の功労を讃えるあいさつがあり、崔氏の「文化発掘シリーズ」第一作「高麗村」と第二作「[illegible]」も同時上演された。なお崔氏は目下第四作「白鳳江と近江百済寺」に取りくんでいる。

미스・코리아選抜大会

1970年度のミス・コリア全国大会に在日同胞は初参加した

七三年度「美の祭典」

本社恒例の「在日ミス・コリア・第四回コンテスト」が、いよいよ月中に、東京でひらかれることになった。

ここで選ばれた在日代表が、来たる五月十日、ソウル市でひらかれる「一九七三年度ミス・コリア全国選抜大会」ー韓国日報主催ーに参加、本国各道の代表たちにまじって、その"知と美"を競うことになる。

今年も例年にならって全国に散在している麗わしき同胞女性たちが参加できるよう、その選抜に民団全組織の協力が大きく期待されている。

"知と美"を競う

在日同胞女性の多数応募を望む

三月二十日まで、本社で受付

☆応募資格

満十六才から二十五才までの未婚女性で韓国籍を有する者。

☆応募方法

居住している地方の民団支・本部団長、または韓国公館長の推せん状と本人の履歴書（任意なものあれば記入）、写真（全身・上半身の二種でキャビネ各三枚づつ。写真の裏には氏名、生年月日、身長、体重、バスト、ウエスト、ヒップを明記）

☆しめきり

三月二十日まで、本社応募係まで書類到着のこと。書類は一切返却しない。

☆準備衣裳

水着と、白ハイヒール、イブニング・ドレス。

☆費用

参加費用は本人負担。

☆書類提出先

東京都文京区春日二丁目二〇、韓国新聞社　ミス・コリア応募係

☆審査

審査委員会で「知と美」の綜合審査をおこなうが、日時と場所は本人に直接通知する。

平均関税率引下げ

三千九百八十五品目に細分化

政府は現行関税率構造を大幅に改編、現在の三千百七十四品目から三千九百八十五品目に細分化し、平均関税率も現行三八・八％から三一・三％に引下げ、五百か[illegible]にはいった。[illegible]関税法を廃止するための初段階としてまず関税法改正を断行した。

セマウルの歌合唱団編成

中央本部文教局で普及キャンペーン

民団中央本部文教局（金来錫局長）では、セマウル運動推進の一環としてセマウルの歌を普及することを決め、傘下団体及び一般同胞社会の積極的な協力を呼びかけている。

なお、セマウルの歌合唱団も結成することになっているが普及要領は次の通り。

一、韓国学校生徒にセマウルの歌を指導すること。

二、韓国学校音楽先生、歌手、芸能人は機会あることにセマウルの歌を一般同胞に指導すること。

三、レコードが必要な方は、民団中央本部に申込みのこと。

四、合唱隊編成の場合は、人員数、指導者名、電話番号など連絡先を民団中央本部で教師に派遣すること。

維新祖国を学ぶ

婦人会、熱海で特別講習会

熱海でひらかれた婦人会の維新特別講習会

在日大韓民国婦人会中央本部（金信三会長）では、第四回全国特別講習会にさきだち、さる十日から三日間、熱海のホテル・ニューアサヒで、関東地区の「維新啓蒙運動」特別講習会を催した。

この講習会には地元東京都内の婦人会支部のほか、長野、静岡、埼玉、神奈川をはじめとし、遠く大阪からも特別参加者が出席、約百人が三日間熱心に勉強した。

第一日目の開講式には、特に来賓として在日大使館の李[illegible]公報館長も参席、金信三会長から「十月維新、セマウル運動、自由民主主義とはどういうことかを充分に勉強して帰り、会員の皆さんに伝えてもらうため、三日間折角の出席ですから、どうか熱心に勉強して下さい」という内容のあいさつがあり、つづいて李公報館長からは「日本には韓国人団体として民団など多くの団体があるが、婦人会は特に熱心な団体である。これから三日間、優秀な講師の講義を受けるわけであるので、納得ゆくまで勉強してほしい。婦人会の熱心な活動によって本国の発展に寄与するところが大きいのを見て喜びにたえない。大使館から本国に報告したいと思う。将来、朝総連と対決することがあっても、この熱と力があるということで大いに心強くした。婦人会の発展を祈る」とのあいさつが述べられた。

初日は[illegible]講師の歌の練習があり、夕食後、駐日公報館提供の維新本国ニュース、セマウル運動の中間成果、劇映画「ねずみ年たち」を鑑賞、参加者は大いに感激していた。

二日目は朝会後、歌の練習があり、駐日公報館[illegible]の「十月維新」の講義が二時間にわたり、熱心な会員の質疑があり、時間が一杯に聞き入っていた。

昼食後は、本国政府から東京韓国学校に派遣されている[illegible]講師の「偉大な民族となろう」という題目の講義がなされ、韓国の故事をかんたんに取入れた話に全員が新たな感激をしていた。次いで金信三会長が「維新課業と婦人会」と題して、涙を浮かべての熱烈な雄弁をふるった。会員達も思わず釣り込まれて講師の顔から視線が離れないありさま。その次の講師には[illegible]中央宣伝局長が立ち、遠く高句麗時代の英雄「バボ温達」の物語りを聞かせ、参加者中一人しかこの物語りの内容を知らないという受講者たちを最後まで引きつけた。おしまいには再び[illegible]講師が「力こそ」と題する講義をおこなったが、会員たちは途中でトイレにも行かれない迫力であった。

会員たちは、それぞれ「このような充実した内容で、来た甲斐があった」と喜んでいた。

三日目は実質的な婦人会運営の「規約」の説明と「あいさつの仕方」が金信三会長から講義があって全日程を終了した。

ドモリ雄弁大会

忍耐と執念みのる

さる八日、午前十時、韓国口話学校講堂で開かれた第二回口話雄弁大会には、十人の同校児童が弁士として登場、不具を乗りこえねばりでのりきった立派な姿を見せた。

この日の大会の主題は「セマウル運動」。ときおり気負いのためかひきつったようなかすれ声が聞え、言葉がつまってじれったさのあまりの身ぶりと手ぶりも少なくなかった。

拍手と歓呼は一般大会にまして高く、教師と学生の間に胸あたたまる感動があふれた。

聾唖の雄弁大会は、学校教師の忍耐と執念のたまものである。ことばを話せない学生に、まず、ことばを理解させることからはじまり、声をださせ、ことばの意味をつかませたのち対話が可能になるまで育てあげるまでの努力は、実に血のにじむようなものである。

「その過程で、子どもたちが経なければならない口話および聴覚訓練の過程だけでも数十種」であると鄭東文校長は語った。

この日、大会の最優秀賞受賞者は、初等部2年生朴ジンホアン君（10）であった。朴君は、「手ぶりをやめよう」という演題でときおりゼスチュアもまじえながら、熱弁をふるい学父兄と学生から割るような拍手をうけた。

朴君の演説要旨は、聾唖児たちはたやすい手話法（手ぶりによる話し方）に満足し、口で話す口話（話し方）のための努力を怠たりやすいが、それを克服することを強調したもの。

セマウル運動に20万ウオン

李相敦氏の美挙

＜全南開発協会会長＞

李相敦氏

在日全南開発協会の李相敦会長は、さる二月六日の母国訪問旅行で、光州市にある全南日報社を訪れ、セマウル運動に役立てて欲しいと二十万ウォンの義金を寄託し、その美挙を感謝されている。

李会長は、さる七十一年十月から、東京の全南開発協会々長に就任、郷里の全南地域開発事業に力を入れてきた李会長は、今年になってからも、"苗木を全南に贈ろう"運動を進めており、在日会員たちから一千万円もの基金を集め、セマウル運動の指導者になる農業学生たちのための奨学金制度を設ける予定であると抱負を語っている。

なお、李会長は、本紙既報のとおり、全南日報図書館内に李相敦文庫設置資金として、すでに五十万円を寄託している。

篤志家を探します

東京韓国学園で

東京韓国学園では、教職員及生徒たちの食堂を新設する予定であるが、財政関係上未だに実現されず今日に至っています。今後七百人の生徒を千三百人に増員すれば校舎自体がせまくなるので売店と食堂を併用して約二十坪程度の造作新設が必要であるが、予算不足で約三百万円を在京又は地方の有志方々にお願いして寄贈して下さるよう望んでいます。篤志業者、又は、経済人に呼びかけます。

問合せは民団中央文教局、又は、韓国学園に直接お問合せて下さい。

民団中央文教局TEL（813）二二六一・一五（内線二三）

韓国学園TEL（357）二二三三

（金貫式校監）

移民法を緩和

大統領令で決める地域だけ制限

非常国務会議は六日、移民禁止地域を原則的に撤廃することを主要内容とした海外移住法改正案を議決したが、これはこれまで共産諸国およびその勢力圏内にある国ぐにと韓国の国家的利益に反する国には海外移住を禁止すると規定していたものを「国家施策上、または移住を希望する者を保護するため、大統領令が決める地域に限り海外移住を制限する」と修正、場合によっては現在の禁止地域にも進出することができるよう、その法的根拠をつくったもの。

内外出版物の寄贈を求めています

中央本部文教局で

今般民団中央文教局（金来錫局長）では、民団中央総合庁舎を建設するにともない図書室、資料室等を新設すると共に、既設の民団本国事務所にも図書室を設けてありますので蔵書用（新刊・古書）として備えたい韓国・朝鮮問題に関する内外図書出版物寄贈をひろく一般団員に呼びかけています。著者・編者の他に、個人が図書代として指定する図書の代金を現金で寄附して下さるよう望んでいます。

尚、本国事務所の場合は、本国に入国する機会を利用して訪問記念品として図書を贈呈して下されば尤も効果的です。

訂正

本紙二月三日付第一〇七〇号三面「神奈川韓国人商工会総会」欄下記事中、金竜岩副会長は崔竜岩副会長、郷[illegible]横浜領事は郷[illegible]横浜領事の誤りで訂正します。

女の韓国ひとりあるき

（18）

画・文…サトウ・サナエ

国際的ギャンブルが楽しい

韓国人とまちがえた日本人観光客

夢のような紺碧の海に映える砂浜を歩く筆者

海雲台の海水浴場に面して、海雲台観光ホテルと極東ホテルが並んでいる。

ちょうどホテルの窓が海岸といった感じで窓から眺めていても時間の過ぎるのも忘れてしまうほどの絶景である。

海雲台観光ホテルには、ウォーカーヒルと同じように"カジノ"があり、ルーレット、ダイス、トランプ等国際的ギャンブルが楽しめる。

サパークラブでは豪華な舞踊と共に民俗舞踊や歌などのショーも、盛り山に演じられる。そのうえ、トルコ風呂から、サウナ風呂、大浴場、撞球場、卓球場、室内プールまである。

日暮れになって、私はKさんたちと待ち合わせて海岸に出てみた。

海雲台

海辺に並んだ無数の売店が、ぜんぶ電灯をつけてキラキラ光っていた。

ホテルの客たちが出入りする通路の近くにおいてあるベンチに我々は座って夕涼みをした。

そして韓国の歌と、日本の歌をお互いに教え合ったりした。

韓国の歌は演歌が多い。日本でも歌謡曲には演歌の歌が多いようだが、私は歌詞を知らないので不本意ながら"荒城の月"だの"さくらさくら"だのとまったく色気の無い歌ばかりになってしまった。

夕日がすっかり沈んでしまって、一面が紫紺におおわれてくると、ポツリポツリとホテルの客たちが散歩に出はじめた。

日本の温泉地のように、そろいのゆかたに下駄をひきずってなどという無作法な姿がみられなくて良いなあ…と思った。

散歩に出る客の全部がアベックで、それもきまって仲良く寄りそうないで出て来る。

「韓国では今、結婚シーズンなんですか？　新婚旅行者ばっかりですね」

と私が言うと、隣に座っていたKさんがびっくりして私の顔を見ながら、あわてて大げさに手を振りながら

「とんでもない、あれはみな日本人ですよ……つまり、日本人観光客と同席の女の人というわけですよ。」

「へー」

と言いながらも、あらためて目の前を通っていく何組ものアベックを今度は念入りに、いささか出歯亀的な眼で観察した。

年齢のひらきはあるにしても、二人のムードはやはり新婚さんたちのムード、恋人同士といったムードみたいにしか見えなかった。

しかし誰も一言も話していないところをみると、やはり言葉が通じない者同士なのだろうか。こんなに美しい海の夜に、会話など必要ないのかもしれない。

つたない言葉で、面白い会話をするらしく、突然ケケケ…などと大声をあわせたりなどしながら海辺の際に消えていってしまう。

今に世界は、ふたりだけの日が来るだろう……。

空の星と、沖合の漁火とが競って輝いていていかにも南国らしき夜の眺望であった。

（つづく）

所得税確定申告は慎重に

＝民団中央経済局で納税要領解説＝

前号からつづく

一時所得

一時所得は、簡単にいうと営利を目的とした継続的行為から生じた所得以外の一時の所得で、労務その他の役務の対価としての性質を有しない所得である。

具体的には、

① 生命保険の契約にもとづく一時金……保険料や掛金を自分で負担した生命保険の満期保険金や退職一時金など

② 遺族が受ける……死亡したものの退職金などで、死亡後に支給時期がくるため、相続税が課税されないもの。

などである。

また、一時所得の計算は、その一時所得の金額からその所得を得るために支出した金額を差し引き、その残額から特別控除を差し引いた金額の二分の一が課税の対象とされる。

八、雑所得

雑所得は、すでに説明した利子、配当、不動産、事業、給与、退職、山林、譲渡、一時所得以外の所得であるが、具体的には次のようなものがある。

① 公的年金等

② 非営業用貸金の利子

③ 著述家や作家以外の人が受ける原稿料、印税など

④ 定期積金や相互掛金のいわゆる給付補てん金

このほか、所得の種類には山林所得、退職所得があるが、退職所得は源泉徴収だけで課税関係が終わるのが通例なので省略する。

確定申告上の注意点

所得控除を忘れずに

前年一年間の所得収入とこれにともなう支出計算が済んだなら、忘れてならないのは、税法上認められている各種の所得控除の利用である。所得控除は、下記のように一四項目があるが、これから税を納める人も、還付を申請する人も、この控除を十分利用する必要がある。

所得控除の種類

① 雑損控除
② 医療費控除
③ 社会保険料控除
④ 小規模企業共済等掛金控除
⑤ 生命保険料控除
⑥ 損害保険料控除
⑦ 寄付金控除
⑧ 障害者控除
⑨ 老年者控除
⑩ 寡婦控除
⑪ 勤労学生控除
⑫ 配偶者控除
⑬ 扶養控除
⑭ 基礎控除

各種控除の中でも、基礎、配偶者、扶養あるいは、障害者、老年者、寡婦、勤労学生など人的な控除で控除額が決まっているようなものは問題ないが、その他の控除は往々にして忘れているケースがある。そこでおもな控除の計算方式をあげておこう。

○雑損控除

雑損控除は、すでに説明したように、災害、盗難、横領などによる損失であるが、この場合の控除額は次のようになる。

○医療費控除

医療費控除は、次の算式で計算した金額の一〇〇万円までの金額が控除できる。

○生命保険料控除

次の通りに控除される。

○損害保険料控除

(完)

○寄付金控除

納税者が特定寄付金を支出したときは、次により所得控除が認められる。

① 特定寄付の合計額が、総所得金額の一〇〇分の三以上であり、かつ一〇万円以上であること。

② 特定寄付の合計額が総所得金額の一〇〇分の一五以下であること

つまり、その年中の総所得金額の一〇〇分の三(一〇万円)以上と一〇〇分の一五以下の範囲内の特定寄付金が控除対象とされているわけである。

一例をあげると所得が四四五万円の人は次の範囲で寄付金を支出し、その支出額を所得控除することができる。

○四四五万円×一〇〇分の三＝一三三、五〇〇円(これは一〇万円でもよい)

○四四五万円×一〇〇分の一五＝六六七、五〇〇円

つまり所得が四四五万円の人は、最低一〇万円から、最高六六万七、五〇〇円の範囲でした寄付金が所得控除の対象になる。

ところで、余程寄付が好きな人は別として寄付をすることによって、税金上メリットがないものかどうか、これはよく考えてみる必要がある。

この設例でいえば、課税所得が四四五万円の人は別表にもある通り、所得税の税率は三四％である。すなわち

○四四五万円×一〇〇分の三四＝一、五一三、〇〇〇円

の税金を納めなければならないことになる。しかし、四四五万円のうち、一〇万円を寄付し、課税所得を四三五万円に落したらどうだろうか。課税所得四三五万円に対する税率は三〇％だから、

○四三五万円×一〇〇分の三〇＝一、三〇五、〇〇〇円

ですむ。

もっともこの税額に寄付をした一〇万円を加えなければならないから、税金と寄付金の合計額は一、四〇五、〇〇〇円になる。

それでも四四五万円に対します税金を納めた場合の一、五一三、〇〇〇円に比べ一〇万八、〇〇〇円は儲かる勘定になる。

寄付をわざわざ手段として利用するのは感心しないという人もいるであろうが、こういう制度がある以上、一度研究してみる価値はあるだろう。

また、ここでいう特定寄付金とは、国や地方公共団体、民法三四条の規定により設立された法人(いわゆる公益法人)が受ける寄付で、大蔵大臣の指定を受けたものである。

このほか、確定申告に当って忘れてはならないものに税額控除がある。たとえば、配当控除、住宅取得控除、住宅貯蓄控除、外国税額控除などであるが、これらは、往々にして見落しがちなので忘れずに計算して申告することが確定申告を有利にする道である。

また、医療費控除など、各種控除を受けるに当っての証拠書類などは、必ず揃えておくことは当然であるが、書類が揃っていず、経費の確定に困って、トラブルは意外に多くみられるので、注意が必要である。

最後に、参考のため47年分所得税の税率表を紹介しておく。

昭和四十七年分の所得税の税率表

課税所得金額の区分	税率
四〇万円以下の金額	10%
四〇万円をこえ六〇万円以下の金額	[illegible]
[illegible]	[illegible]
[illegible]	[illegible]
[illegible]	[illegible]
[illegible]	[illegible]
[illegible]	[illegible]
[illegible]	[illegible]
[illegible]	[illegible]
[illegible]	[illegible]
[illegible]	[illegible]
[illegible]	[illegible]
[illegible]	[illegible]
[illegible]	[illegible]
[illegible]	[illegible]
[illegible]	[illegible]
[illegible]	[illegible]
[illegible]	[illegible]
八、〇〇〇万円をこえる金額	[illegible]

(おわり)

文化

古代日本文化の源流と韓国

網干教授の扶余踏査

日本での壁画に関心をよびおこした奈良の高松塚古墳の発掘現場責任者である関西大学の網干善教助教授が、壁画古墳文化の源流をたずねて訪韓、先ごろ慶州、高霊、扶余、公州の古墳を踏査した結果、「日本古代文化は、韓国の文化を多分に受け入れたものである」という事実を再確認したと語った。

日本の後期古墳の主流を形成している横穴式石室も、六―七世紀ごろ百済の影響をうけたものであるし、壁画にみられる日月星辰図から土器にいたるまで、百済、新羅文化の影響が大であった。

影響大きい日月星辰図

そのめざましい例として、高松塚古墳で発見された木棺の金銅製金具を見ても、新羅時代の方からいくらでも発見される様式である。

日月星辰図も、高松塚古墳壁画ばかりでなく、古代韓国思想がそっくり導入されたことを証明しているが、今度、公州の宋山里古墳壁画を見て、一層ずと感じたという。しかし、網干教授は、古墳様式の場合、百済や新羅の埋葬物とは見ておらず、高句麗から百済、新羅を経て、日本に多く流入したようだと主張した。

古代文化の流れを、大体において高句麗→百済→新羅→日本と推定しているためか、高松塚古墳の壁画の源流に対しても、百済なのか高句麗なのかという点については断定を避けている。

日本文化の源流が、韓国であるという事実だけは、歴史が証明しているが、壁画の源流に関するかぎり、幾とおりかの論議がかわされている。

第一は、高句麗文化の導入、第二は、中国から唐文化の輸入、第三は、百済文化の流入―などに大別されている。

歴史が証明する

網干教授は「私は韓国文化との類似性を確認するために来たのであるが、三十年間研究生活を続けた学者として、この問題はもっと研究したうえで決定したい」と、断定的な答弁を避け、もう少し検討したい意向を示した。

反面、日本王族の陵の代表的なタイプである前方後円型古墳が、全羅南道海南でも発見されたという事実(ソウル大学・金元竜教授の調査報告書)はまだ知らないようで、つぎの機会に是非とも踏査して確認したいといっていた。

また、前方後円型とは、前面が方形で、後面が円形の古墳で、その中で遺体が発見されるのが特徴であるが、扶余以外で発見されたという写真も見たが、発掘しなければ確認できないともいっていた。

今後、韓日両国の活発な学術交流の必要性を強調する網干教授は、機会がありしだい、韓日両国の文化も比較研究したいと語った。

網干教授は、古墳踏査にさいして、韓国政府と韓国民が示してくれた協力に感謝するとつけ加えた。

ジュリア霊位帰還

「壬乱聖霊」帰国も

てクリスチャンという…を日本人たちに与えたりした。

…士となって帰国した聖女ジュリアのほかにも、壬辰倭乱(いわゆる文禄・慶長の役)のさい捕虜となって連れて行かれ、殉職した多数の韓国人の墓と位牌が、日本各地に散在しており、ジュリアの帰国を契機として、それらの位牌帰国も引きつづき実現されなければならない、という世論が、韓日カソリック聖職者の間で高まっている。

韓国側では世論がまとまりしだい、具体的な措置をおこなう予定だという。

五万人の韓国人捕虜

壬辰の乱中、日本軍の捕虜として連れて行かれた韓国人の数は約五万人。うち、一万人ていどが乱後十数年間にわたって返還され、五千人は九州の奴隷市場でポルトガル商人に売りとばされて賤民となり、残りの三万五千人は日本に帰化した。

日本に帰化したこれら韓国人の中には、祖国と家族を望むあまりカトリックに帰依したものが多かった。

そのころ、日本で宣教していたヤソ教会の四十人の宣教師たちが、売られる韓国人捕虜たちをポルトガル商人の手から救い、教会に収容して信者としたからである。一五九六年現在ヤソ教会で救済、収容していた韓国人の数は約三百人。この三百人が中心となって、二千人の同胞捕虜たちに信仰を伝えたため、一時、韓国人はすべてクリスチャンという…

しかし、これら韓国人信者たちは、徳川幕府のヤソ教迫害にあい、一人、二人と殉教していった。

あらゆる試練にも屈することなく、信仰を守るために殉職した人びとが到るところで見うけられた。一八六七年七月七日、当時のローマ法王ピオス九世は、これら殉教者のうちピンセント・カン(姜)ら九人に、福者という栄誉ある位階称号を授けた。ピンセント・カンは、壬辰の乱のさい最初に韓国の土を踏んだ西洋人宣教師セスペデスにともなわれて、少年の身で日本に渡り、そこで信者となってイルマン(助司祭)にまで昇進した。

彼は韓国に布教することを命ぜられ、中国で機会を待っていたが、丙子の胡乱(清国の侵入)のために帰国を断念、日本にもどったところを、徳川幕府のヤソ教迫害に出会い、ついに殉教したのである。

彼は裸にされて、十本の指を一本一本切りとられ、木に逆さまにつるされたまま木につけられるなど、ありとあらゆる酷刑に堪えぬき、下獄のさい野ハラのトゲをもって腕に入れ墨してまで信仰を誓ったりした。

ピンセント・カンはたくさんの刑に処せられたが、…した腕を高だかとかざして…と死んでいったといわれる。

洪吉童傳

(三六)

許筠著

訳・編　洪相圭

仁衡はいまさらながら、亡父に対する聖恩の篤きに感激した。

「はあ、もったいない仰せでございます。泉下の亡父もさぞ、感泣してやまぬことと存じまする。

四方の景観の美は、西蜀の錦をも繡に叶っただけありまして、捨てたものではございませんが、何しろ海を距てた遠隔の地でありますのが、臣としてはまことに苦しいことであります。」

と聡明な殿下は仁衡のこの話で、すぐにその心の内をおしはかられたのであった。

「卿は出仕の身で、父の弔いに不自由であろうな。孝心の篤いそなたであれば、まことに堪え難かろう。明日から一年限りのいとまを与えるゆえ、早々に墓参に行てよ」

「はあ」

と、その場で平伏した仁衡の目には、熱いみが溢り湧がっていた。

「この君のためには死んでも可なり。なんとお優しい人君であられることか。わしの胸の中をこれほどお察しくださるとは。泉下の父上、ご照覧あれ。吉童よ、お前もお喜びめでた吉君恩を無にするな。」

と心の中でさけびながら、頭をあげた。

「ありがたき仕合わせに存じまする。」

これだけ申しあげるのが精いっぱいの仁衡は、感激にむせんで、頭をさえあげることができなかった。

しばらくして、御前を退がろうとすると、何か思われたのか、ふたたび仁衡を呼び止められた。

「さて、そこ。その方の…かった。」

「ただいま帰りました」

仁衡はいつものように、母の部屋へやにはいった。

「帰ったの、今日はずっと早いお下がりではないか。何かあったのですか?」

と、母は長男の表情を、読み取ろうとでもするかのような、そぶりであった。

いつも、笑顔一つ見せず、おっとりとしている仁衡であったが、きょうは宮城でのことがよほど、うれしかったと見え、つい口を軽くこらした。

「はい。何も事、大事がおこりました」

笑いながら話したとはいえ、日ごろの為人を隅々までもよく知っている母は、その一瞬、さっと心配に顔を曇らせざるをえなかった。

「なに、大事ですと!」

と母は、やや目の色を変えて膝を立てかけた。仁衡は、つまらんことと言って、母に一時でも心配をかけたことに、軽い後悔を覚えながら、母に答えた。

「そうです、母上。しかし、大事は大事でも、決して悪い方のではありません。悪いどころか、非常によい方なんです。は、は、は。」

と仁衡はさもうれしそうに笑ったから、何かは知らねど、母もついおわりこまれて笑った。

「そなたも人が悪くなりおります。母を驚かして笑ったりしていることなど、何ですかね、話してごらん」

仁衡は宮城での出来事をそのまま話してやったら、母も聞いているうちに目をしばたたかせた。

「勿体ない限りです。仁衡、と固く言いながら、御前を退き、君恩の尊きこと泰山のごとして、すぐえ。そして、一時でもそのことを疎かにしてはなりませんよ」

ここで気をゆるめた母は、改めて話し出した。

「しかし、仁衡はよくしてくれたのにね。他の国を征伐して、そこの主になるなど、よほど、あの子らしいじゃありませんか。気性も人一倍激しいが、人情も、また人一倍ですから、いい、領主様になっていることだろうよ。まるでお伽噺じゃないかえ。」

「それはそうとお母さん、いつ発つのですか?」

「はい、早々に発とうかと思いますが。あ、母上、申しおくれましたが、西南の旅では、ぜひ母上に御伴していただこうとのことです。けれど長旅ですから、無理かと存じます」

とあり、…言った。「いいえ、何の、一度行って、そなたのように、きのう…」

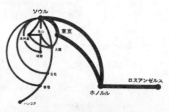

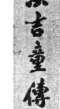

韓國新聞
在日大韓民国居留民団
中央本部機関紙
韓國新聞社
発行人　金　正　柱
東京都文京区春日町
2　丁　目　20　—　13
電話(815) 1451～3
　　(813) 2261～5
振替口座 東京 163774

3・1精神ひきつぎ維新課業なしとげよう

民団綱領

一、われわれは大韓民国の国是を遵守する
一、われわれは在留同胞の権益擁護を期する
一、われわれは在留同胞の民生安定を期する
一、われわれは在留同胞の文化向上を期する
一、われわれは世界平和と国際親善を期する

第54回三・一節中央民衆大会

全国各地で記念式典
東京は日本青年館で関東地協主催

第五十四回三・一節を迎え、在日同胞は、民団各級支部主催のもと、全国各地で一斉に盛大な記念式典を行なう。この日東京では、民団関東地区協議会（朴成準事務局長）主催で、第五十四回三・一節中央民衆大会を東京都渋谷区千駄ケ谷・日本青年館で同日午前十時からひらく。今年の記念式では、維新理念の淵源である三・一独立精神を再確認し、在外国民としての在日同胞の新たな決意をかため祖国繁栄への積極的参加をちかうことになる。過去如何なるときよりも希望と意欲に満ちた式典は三部でなり、第一部で記念式、第二部では映画（三・一運動の実情をえがいた記録映画二八宣言と三・一万歳）並びに婦人会合唱団の合唱を鑑賞し第三部で余興に入り韓国学校生徒によって多彩な三・一節祝賀学芸会（舞踊、音楽など）がくりひろげられる。

記念式順

〈第一部〉
1、開会
1、国民儀礼
1、会旗団旗入場
1、開会の辞
1、関東地協事務局長あいさつ
1、記念辞（中央団長・駐日大使）
1、来賓あいさつ
1、決議文採択
1、朴大統領閣下に送るメッセージ採択
1、閉会の辞
1、万歳三唱

〈第二部〉
1、映画とニュース（二八宣言と三一独立万歳）

〈第三部〉
1、舞踊と音楽（韓国学校三一節祝賀学芸会）

大会スローガン

一、三・一精神をうけつぎ民族中興なしとげよう
一、セマウル運動に呼応し豊かな暮しのための隊列に歩調合わそう
一、十月維新課業なしとげ、祖国統一成就しよう
一、日本政府は、自由民主々義に立脚、韓日協定を遵守せよ
一、在日国民の権益よう護と法的地位向上のため、闘争を続けよう

維新理念の淵源は三一精神
セマウル運動支援で祖国に報いよう

金正柱団長

金正柱中央団長記念辞

今から五十四年前の今日、われわれの先覚者らは日帝侵略の支配を排撃し、あらゆる弾圧に抵抗する一方、民族自決主義を世界万邦に宣布し、祖国が自主独立国であることを宣布したのであります。

三千里錦繍江山の津々浦々にまでこだました全民族の独立万才の喚声が、今も耳に響くような感慨と感慨を禁じえないが、自主独立のため殉国された先烈と愛国志士の英霊の前で感謝を捧げ、冥福を祈りつつ、再び民族中興の旗を高く掲げ躍進する大韓民国の国民という矜持と民族的精気をもって、最後に統一祖国を建設するための決意をかためるしだいであります。

今や、われわれは、今までの多くの殉国の烈士と愛国志士の血のにじむ闘争によって光復された祖国に対して、いかなる侵略であろうとこれを退け、二度と国を失なう民族とならないことを、かたくちかうしだいであります。

わが祖国は、解放後、六・二五事変によって、政治と社会的な混乱の条件の下で、英明なる朴大統領閣下の指導のもとに、あらゆる苦難を克服し、国家近代化にたゆみなく前進しており分断された祖国を一日も早く統一祖国として建設するため南北調節委員会を通して民族宿願の達成を期しております。

朴大統領閣下は、新年辞を通して、維新課業は昨年をとわず、すべて、われわれのための課業で、かならず完遂すべき至上課業であり、これを妨害する要因があるとすれば、果敢に是正していき、維新理念に符合する要因は、今後とも、より一層啓発し、発展させることが祖国統一の近道であり、民族の栄光を高めることであると強調し、また、年頭記者会見で弱少国という劣等意識と敗北意識をすて、世界の中の韓国という矜持と自信を持つべきだという三・一精神をのべられました。

朴大統領閣下は、すぎた一年を回顧し対内的には、わが憲政に新たな金字塔をきづきあげた年であったとのべ、特に国際情勢の変化に能動的で伸縮性のある外交を展開して人類の平和に貢献することと民族自主の立場から南北対話をひきつづきおしすすめ、自らの目的達成のための国民の新たな姿勢を明示されました。

親愛なる在日同胞の皆さん！

われわれは、たとえ、日本に居住していたといえども、大韓民国の国民としての義務は守らなければなりません。

それ故、われわれは、国内同胞と同苦同楽するという精神で、国家の十月維新課業のため協力し、セマウル運動に積極参与しなければなりません。

……身の生活に忠実であることと他人を批判するに先だち、自分の義務と責任を反省すべきであり、他力を期待するに先だち、自らの努力をもって建設的な姿勢を確立すべきであります。これすなわち、先烈の精神を継承する自主民族の真の矜持であるといえます。

おわりに、祖国独立のため殉国された先烈と韓国戦争戦没将兵の冥福を祈り、祖国とわれわれの将来の栄光を実現する決意をかため、第五十四回三・一節の記念辞といたすしだいであります。

三一精神で維新建国
祖国繁栄への力強い前進軍を

李澔駐日大使

李澔駐日大使記念辞

親愛なる在日同胞の皆さま！

私は、第五十四回三・一節を迎えるにあたって特に感銘深いことは、今年は崇高な三・一独立精神をひきつぎ十月維新の第一次年度に当るからであります。

昨年十二月二十七日、公布された「維新憲法」は、その序文の中で、三・一運動の崇高な独立精神と四・一九義挙及び五・一六革命の理念を継承し祖国の平和的統一の歴史的使命に立脚して自由・民主的基本秩序をより一層固め新しい民主共和国を建設する」ことをうたい三・一精神が維新建国の基調である点を明らかにしています。

われわれは三・一運動当時、祖国の独立を絶叫し先烈と同じ心情で民族の統一を願ってきました。この念願は「南北の人為的壁をくずすため協力しよう」と訴えた一九七〇年朴大統領閣下の八・一五宣言で初めてその曙光をみたのであります。そのあとをひきつぎ大韓赤十字会談と南北調節委員会を通じて南北離散家族……南北統一のための対話の道をひらきました。

ところが統一への対話がはじまると国内では、政治的、社会的制度上の数多い障害にぶつかりました。かような制約と障害に当面した朴大統領閣下は、ひたすらに民族の平和的統一と繁栄をもたらすため、あらゆる改革を果敢に断行するとの決意を表明して国民の審判にまかせたのであります。

すなわち、昨年十月十七日、朴大統領閣下は一連の非常措置を宣布して維新の整地作業に着手、同年十一月二十一日に行なわれた国民投票で維新のための憲法案が九一・五％という国民の絶対支持のもと確定され、これに伴い統一主体国民会議が統一をめざす国民の主権機構として発足され、同年十二月二十七日、国民会議の絶対多数票を獲得、朴大統領閣下は第八代大統領に選出され就任しました。

また、この維新憲法下による二月二十七日、過去にその前例をみたことがなかった公明正大で秩序ある国会議員選挙が実施され、維新課業のための制度的過程を完了したのであります。

維新精神は、自主・自助・自立・自衛・自決の精神であります。この精神で祖国に韓国的民主主義を土着化させ、八十年代には輸出百億ドル、一人当国民所得千ドルの繁栄への高地に向い力強く前進軍を……

われわれは、今三・一精神をひきつぎ十月維新の課業を完遂することであり、これが成し遂げる時には祖国の統一も成就できるのであります。

維新の目標である祖国の平和的統一と繁栄を達成することだけが民族のため、身命を捧げた三・一先烈に報いる唯一の道であります。

いま、祖国では政府と国民が渾然一体となって維新精神に立脚した精神的、制度的改革を実践で断行しています。

意義深い三・一節を迎え、一心団結して祖国の自主統一のための維新課業に呼応して一日も早く民族の悲願を成し遂げるよう努力なされることを切に望んでやまない次第であります。

一九七三年三月一日
駐日大韓民国特命全権大使　李澔

美風良俗を調査
衣食住・信仰など生活様式

内務部は消えさりつつある祖先の生活様式を保存するため、各種の隠れた民族資料を探して"集大成"することにし、今月末までに各市道単位でその基礎資料を収集報告するよう指示した。政府が組織行政力を利用してこのような大規模の文化発掘事業に着手したのは解放（一九四五年）後初めてのことである。

内務部はすでに古木や巨木の保護令とともに、"保護樹"と"郷土樹"など自然保護の大調査事業を進めているが、こんどは土着文化の基本資料になる韓国の文化生態の現実を示す風俗および民俗資料の調査作業にはいったわけである。

このような調査事業は一九三〇年に朝鮮総督府と中枢院で調査され集大成されたものがあるだけで、その後の四十年間は学者たちによる散発的な調査があっただけである。

民俗資料の収集は文化財として発掘されなかったもので、先祖の▽衣食住▽信仰▽年中行事▽風俗習慣▽各種俗伝▽伝統的行儀▽風俗慣習など一千古の生活様式を……

韓国為替に変動はない
南財務、ドル10%引下げに言及

南悳祐財務長官は十三日、米国政府のドル一〇％平価切下げ措置に言及、「われわれの国内為替相場にはいっさい変動がない」と言明した。南長官は、ドルの平価切下げは金に対する切下げであって各国の通貨に対するドルの価値がただちに一率的に切下げられたものではないから韓国のウオンには変動があり得ないと説明した。

さらに、南長官は「世界通貨の動きは韓国の輸出にとって非常に有利であるが、原資材輸入にはコストがふえて不利になる」と指摘、韓国企業はこれまで日本に大きく依存してきた原資材輸入を他の地域に転換するなど、これに適応するよう努力をしなければならないと強調した。そして日本の円が切上げられるからといって輸入コストがそれだけ即時にふえるものではないと見、コスト増加額を日本メーカー側で一部負担する場合も考えられると述べた。

なお、南長官は、輸入コスト引上げが国内物価に及ぼす影響を減らすための対策が政府各部処間で多角的に検討されていると明らかにした。

中学進学70%
昨年比0.6%増

今年の中学進学率は七〇・一％六十六万四百七十人となり昨年の六九・五％より若干ふえた。道別にはソウルの八四・一％が最も高く、釜山八一・二％、慶北七〇・一％、京畿六九・六％、忠北六五・九％、全北六三・四％、忠南六〇・七％、全南六〇・六％、江原五六％の順である。

金外務、西独と統韓協議

10%円切上げで六千五百万ドル利得

政府は円の約一〇％切上げで①輸出単価が三％上って四千万ドルの輸出効果が期待され②輸入単価は約一・五％上り輸入は約五千五百万ドル減るが、輸入金額が三千万ドルふえるため全体としては二千五百万ドルの輸入減少となって対日輸出入面で六千五百万ドルの利益がえられる。一方、借款面では円が一〇％、マルク五％切上げられると円借款で二千八百万ドルの追加負担、マルク借款で七百五十万ドルの償還負担がそれぞれふえると分析している。

アスパック方向検討

金溶植外務長官は十日の記者会……

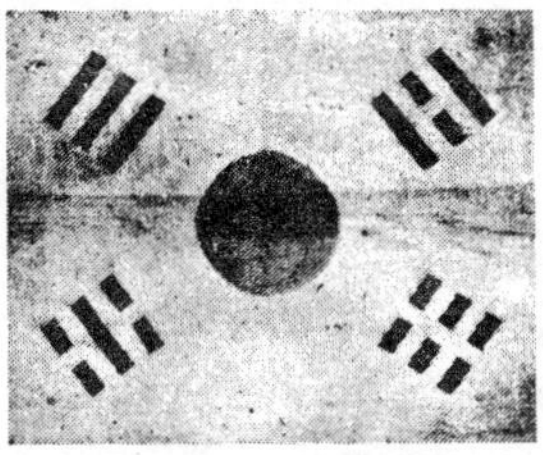

わが国最古の太極旗
国立博物館で永久保存

わが国で最古の太極旗が、一月一日、国立博物館中央ホールに展示され、永久保存された。千九百年に製作されたもので、韓国国旗院によって鑑定されたこの太極旗は、旧韓国時代、通信院に掲揚していたものを、日本人が日本へ持ち出し、韓日文化協定にもとづき返還されたもの。

その間、通信部で、通信文化財として保管して来たが、去年の年末、申尚徹長官が博物館に寄贈した。

幅百十六㌢、縦八十七・五㌢の絹布であるこの国旗は、太極の青と赤が左右にわかれており、黒色の4卦の順序が三（左上）、五（左下）、四（右上）、六（右下）に配置されたのが、現在のものと違っている。

太極と四卦は、先がいたものでなく、別の布を切り出し、表と裏をぬいつけたもので、七十余年の風雨を経たため、古色が濃い。

黄寿永博物館長は、この太極旗が、どのような経路で日本へわたっていったのかは、つまびらかではないが、日本人が韓国の文化財を搬出する際に持ち出したものと推定されるとのべ、わが国最古の国旗が博物館に永久保存される、との意味をかみしめた。

文献によれば、太極旗は高宗十九年（一八八二年）八月に、済物浦条約後、朴泳孝、金玉均などが修信使として渡日の際に、国旗の必要性を感じて船中で創案、製作したものとして知られているが、太極は、宇宙の生命根源を象徴し乾、坤、離、坎の四卦は、天地日月とに義礼智を象徴する中国の太極図説と、周易の解釈から由来したものである。

三・一独立宣言文

二・八独立宣言文

解説　ドル切下げと韓国の貿易

円切上げが重なれば　借款負担と物価高に「変化」も

国際通貨戦争の火ダネは消えつつある。しかも、それは以外な方向で鎮火の状態となった。すなわち、弱いドルの国米国がさきほどまでは強勢通貨国の日本と西独に対し、円とマルクの即時的平価切上げおよび貿易障壁の撤廃を威勢よく要求していたのに十三日、米国は逆にドル平価を一〇%切下げ、さらに関税も引下げ貿易障壁を撤廃すると宣言したのである。これと同時に日本の外国為替市場を再開、変動為替相場制に移行した。十五日の東京外国為替市場はドル急落場面で始まり、前場の終わりは一ドル＝二百六十五円五十銭で引けた。一ドル＝二百六十五円は〃三百八円レートに比べ一六・二三%の〃円切上げ〃の水準である。

最近、世界の浮動ドル問題で集中攻撃を受けていた西独は、このほど米国がドルの平価を一〇%切下げたことと日本円のフロートによる通貨危機安定収拾策に対して、ようやく従来のマルク平価固守に成功した。とはいうものの、こうした安定収拾策も、各国財務首脳陣の二週間にわたる徹夜交渉の結果であった。しかし、また、日本や西独が米国商品に対してどのくらい門戸を開いてやったかは不明である。

結局、こんどのドル切下げ断行により、その前のスミソニアン・システムは一年そこそこで形骸化し、世界経済に対する米国の影響力はいっそう低迷したことになる。すなわちそれは国際基軸通貨としてのドルの凋落以外のなにものでもなかった。

▽ドル10%引下げだけの場合

米ドルは世界の基軸通貨であると同時に韓国では唯一の貿易取引決済手段である。従ってドルの平価切下げは、まもなく韓国にも深刻な影響を及ぼしてくるに違いない。だが、現段階では、ドル切下げの発表はあったが円切上げの幅がさだかでないために、それが韓国経済に与える影響もまたはっきりしない。しかし、次に幾つかの場合を想定して、これを分析してみよう。

まず、第一にドル一〇%(ドルを基準にした切下げ率、しかし実際には金価を基準にするから、その場合は金一オンス当たり三十八ドルだったものが四十二ドル二十二セントになり、率実上一一・一一%切下げになるわけだ)切下げだけでカタがつく場合、次の二つの場合が予想される。すなわち一つにはドルの引下げにもかかわらず韓国の為替率(一ドル＝四百ウォン)が変わらない場合で、このとき韓国は米国を除く全世界通貨に対し一〇%の為替率を上げたもの(ウォンの価値低下)と同じ立場に立つことになる。つまりこの場合、韓国は米国の国内経済が受ける影響と同様のものを受けることになる。だが、貿易面では日本と同様、第三国に対しての輸出価格が一〇%安くなるわけで、逆に輸入価格は一〇%高くなる結果を招く。(輸入価格の引上げは入ってくる物資が減るにしても、輸入額の絶対的規模には変わりがない。ただ従来と同量のものを入れようとすれば輸入金額がかさばることになる)

▽借款の追加負担分一億ドルも

すでに導入した借款は、外資償還負担の上からみたと米国借款をはじめドル表示の借款に対しては何の変わりもない。しかし、円やマルク、ポンドなど第三通貨表示の借款償還に一〇%の追加負担が生じる。現在、韓国の確定借款(長期)の残高は二十五億ドルであるが、このうち非ドル表示借款は十億ドルほどにのぼる。そこで、その返済に当たっては、たちまち一億ドル分が追加負担となるわけだ。

物価面でみると、米国の輸入品に対しては何の変化も生じないだろうが、他の国、とくに日本からの商品輸入価格は一〇%上がることになる。韓国の輸入品比重は米国からのものが約四〇%であるから、残り六〇%の輸入品価格は一〇%上がるものとみなければならない。韓国でもし輸入商品の全部が一〇%上がるとなると、卸売り物価は二%かた上がる。また米国からの輸入品以外の地域からの商品価格がドルの切下げ幅だけ、すなわち一〇%分上がれば(戦争のための引下げなどを考慮しなければ)国内卸売り物価は若干の時差をおいて一・二%ぐらい上がることになる。

しかし、ドル切下げに伴い、韓国の為替率も同じ率で引下げられる場合(一ドル＝四百ウオンから三百六十ウオンに)、韓国は米国よりは日本のような立場に立たされる。また貿易面では日本、欧州地域に対する輸出入価格には変化がないが米国に対する輸出価格は上昇、輸入価格は下落する。従って対米輸出は制限を受けることになり、米国輸出でようやく採算を取っていた〃限界輸出企業〃は倒産するだろう。

借款負担面では、ドル表示借款の場合ウオン負担が一〇%減るが、円など第三国借款は国内企業の円負担には変わりがないものの、対外的な追加負担は外国為替銀行が〃為替率変わらず〃の場合と同様に背負うことになる。なお、物価面では米国商品の輸入価格が安くなり、他の地域からの輸入価格には変化がないだろう。

▽ドル切下げ＋円切上げの効果

第二にドル一〇%切下げに加えて日本円が一〇%ほど切上げられる場合。これは間違いだが、この場合も韓国の為替率が下がるか否かによって違いがでてくる。

もし国内為替率が変わらなければ「ドル切下げ効果十円切上げ効果」がすべての面に現われ対日輸出は二〇%の価格引下げ輸入価格は二〇%上昇 負担を負うことになる。この場合、韓国の輸出業者は多大の恩恵にあずかることになる。

なお、日本借款企業は二〇%の追加負担を負い、物価は輸入商品価格が一〇%上がるのでその分だけ高くなる。

▽韓国為替率も10%下がるとき

ドルの切下げ、円の切上げとともに韓国為替率も一〇%引上げられる場合は、対日輸出は一〇%増大、輸入は抑制されようまた対米輸出にも増大効果があり、対米輸入は一〇%の減少となる。なお、借款負担は円借款には韓国企業のウオン負担が一〇%ふえ、外国為替銀行の立場では償還負担が二〇%ふえることになろう。この場合、米国輸入品価格は一〇%下がり、日本輸入品価格は一〇%上がることになる。

韓国政府は現段階では韓国の為替率は変動がないといっているが、韓国経済のためには他国の通貨政策に左右されるよりは、自主的に自国の為替率を操作することが望ましい。

(SISA)

山林緑化で所得増大

国土果樹造林を推進　十年間で全山地を収益源に造成

朴大統領地方巡視で指示

朴正熙大統領は、15日済州道の地方巡視をもって、釜山市と9個道の年頭巡視日程をおえた。このたびの地方官庁の巡視で、朴大統領がもっとも力点をおいた事項は、山林緑化と農村所得増大であり、このための果林造成、セマウル運動、食糧増産、技術教育などに関して、主に指示をした。朴大統領は経済性と直結する樹種をえらび、十年内に、わが国土の七〇パーセントを占める山を緑化することを力説し、農政の基本指針は、農民の所得増大にあることを強調した。

地方を巡視、新しい村づくりの現地視察をしている朴大統領

今や衣食生活はある程度解決されているので、これからは豊かな国土緑化に努めるべきであるとのべた朴大統領は、一日も早く山地を緑化し、山地を所得源にしよう努めさせ、「植樹は、自身の所得と直結する」との必要をもつことになれば、農民はすすんで植樹にはげむことになり、はじめて山林緑化政策は成功するものであるとがらない樹木よりも、早く育って所得増大に寄与する果樹を農民にすすめるよう強調した。

果樹のうちでも、わが国の土質に最も適し、早期に収穫をあげることのできるのは栗の木で、これを今年から全国に普及させることを指示した。

栗の木は、山林緑化、所得増大食糧問題解決にも寄与する一石三鳥の効果があるということである。

なお、朴大統領の主な各市道別指示事項はつぎのとおりである。

釜山直轄市——▲市民税などの新税による人口流入防止 ▲最大港湾都市としての施設拡張および長期的消防対策樹立

京畿道

▲グリーン・ベルト保存のための取締り ▲高級野菜計画生産指導

江原道

▲東海岸水産物の貯蔵加工、冷凍施設重点投資 ▲資源物奨励、東部休戦線周辺農民に軍納農産物奨励

忠清北道

▲丘陵地、清州準人インターチェンジ一帯への果樹植樹 ▲汎国民科学化運動、一人一技運動と関連した指導、教育

忠清南道

▲山地開発と緑化及び養蚕 ▲農業学校での営農技術者養成

全羅北道

▲高速セマウル及び自立マウルに対する基準確立とこれにともなう支援 ▲科学的営農による主穀増産

全羅南道

▲わかめ、のり、かき養殖団地造成および高級野菜、果樹栽培などの集団的共同営農

慶尚北道

▲自立マウル「セマウル工場」の内容充実 ▲果樹の共同造林

慶尚南道

▲農村の電化事業推進 ▲セマウル工場建設にともなう指導管理の徹底

済州道

▲放牧して、牧草栽培努力 ▲柑橘・農大卒業者を中心に指導者養成

電気・医薬品・煙草価引下げ

15医薬品五・五%、電力五%　シンタンジン50ウォン、クムジャンディ10ウォン

政府は国際通貨危機およびインフレムードに浮いている国際経済の衝撃など「新たな挑戦」に「新たな応じょう」で対処し、わが国経済の当面課題である物価安定の基本方向と当面対策および部処別細部対策を樹立し、13日発表した。

太完善副総理兼経済企画院長官は、南悳祐財務、李洛善商工、李璟鎬保社部長官および李得雨農林次官が臨席した合同記者会見で、物価上昇率を三パーセント線で抑制するという施策を強力に推進するため

▼電力料金(家庭用品を除く)の5パーセント引き下げ、▼「シンタンジン」煙草を六十ウオンから五十ウオン(十七%)「クムジャンディ」煙草を十五ウオンから十ウオン(三三%)に値下げすることにし、これは十五日から実施された。

太副総理はこのほか、▼農水産加工品および医薬品を含む工産品の原価五パーセント節減 ▼共販売社及び中間代理店整備 ▼リンク品目、輸入制限品目および輸入推薦品目を調整、輸入制限措置を緩和 ▼特定品目に対する生産および供給の責任制実施 ▼綿糸・紡績など、国内需要不足品目の輸出制限および備蓄を強化する一方、農水産品目の備蓄拡大 ▼市場・地域別消費団体組織および消費者開発センター設置、▼生ゴム・苛性ソーダーなど現行特関税指定価格品目の拡大など十六項目の当面物価安定政策を樹立し、実効性をめどに推進していくとのべた。

太長官は、このような当面物価安定策の基本方向は ①工産品の原価節減と価格引下げ、②輸出入政策の弾力性のある運用、③農水産物価格の安定、④流通費用の節減と消費者保護政策に重点を置いていると説明し、政府は「新たな挑戦には、新たな応じょうで」との決意をかためたながら、国際与件の変化にともなう不安定要因を克服し、物価を安定させるのに努力を傾けるとのべた。

ついで、李保社部長官は政府の工産品価格引下げ政策に業界が進んで協力、すでに医薬品のなかで解熱鎮痛剤は平均5パーセント、滋養強壮剤6パーセントなど、合わせて十五品目を平均五・五パーセント引き下げ、今後もひきつづき医薬品価格の引下げを誘導するとのべた。

李商工部長官は、物価に影響を与える数十個工産品の価格を引下げるよう指導しており、二、三日内に数個品目の価格引下げが断行され、工産品全般にわたる引下げ運動は、以後発展するとのべた。

主要工産品の原価5%を引下げ

李洛善商工長官は十四日、主要工産品四十二品目の原価を五%節減する運動の第一次成果としてナイロンF糸、ポリエステルF糸、アクリル紡績糸など三品目の工場渡し価格を五%引下げたと発表した。李長官は十七日までにさらに十二品目、二十四日まではなお十一品目にたいして価格引下げを追加、この作業を完了すると明らかにした。なお、不況カルテルである光一化繊と大同化繊の両共販会社は解体と決定、生産者と実需要者は直結される。

一万ウォン券　六月一日発行

韓国銀行は、一万ウオン券紙幣を六月一日から発行することになった。

十五日、韓国銀行発券当局者は複写製作関係で、発券がおくれた一万ウオン券紙幣が六月一日を期して発行されるとのべ、図案は前面に世宗大王像を入れると語った。

ウォン貨切上げ論議台頭　国内物価安定めざし5%線で

政府は、ドル切下げと円貨の流動為替制移行にともない、多国間通貨の再調整が行なわれており、自由中国でも平価を5%切上げていることにかんがみ、ウオン貨も5%切上げなければならないとの論議がもちあがり、これを検討しているものと見られ注目されている。

16日、関係部処と経済界の一部では、ウオン貨切上げの必要性に対し活発な意見交換がすすめられており、切上げを支持する見解はドルとリンクしているウオン貨がドル切下げで自動的に日本円など第三国通貨に対して、十%切下げられていることにもなるが ①今、ただちに、第三国通貨に対し10%ずつ切下げしなければならない国内要因はなく、②この切下げは、国内物価に二・五%にいたる上昇要因として潜在しているため、五%程度切上げるべきだと主張している。

なお、わが国ではかってウォン貨を切上げたことはなく、もし切上げが行なわれるばあい、画期的な措置と見られる。

朴大統領著「民族の底力」　発刊二週で一万肉薄

「民族の底力」日本語版

朴正熙大統領の著書「民族の底力」日本語版(サンケイ新聞社出版局)が、二月初から東京の近藤書店をはじめ、日本全国三十四個地方、百四十個書店で発売されているが、出版界の統計によれば発刊二週間後の十五日現在、売上げは一万冊にいたっているといわれている。

尋ね人

☆朴鍾朗さん(25才)

昭和四十二年ごろ東京・南新宿にあるボーリング場「東京フェアレンズ」に勤務していた頃の方です。

ご存知の方は飯塚令子さん(電〇三—四〇四—一〇九七)までご連絡下さい。

☆柳且作さん(64才)

本籍慶北金泉市牧内洞百十一番地五。五年前まで佐賀県唐津市に住んでいた柳さんを御存知の方は大和市上草柳三八一(電〇四六二—61—五七八六)高貴頃さんまでご連絡をお願いします。本国ソウルの甥にあたる方がさがしています。

☆金紅蓮さん(木下京子)

東京都葛飾区青戸五—19—16に住んでいた金さんをご存知の方は駐日韓国大使館領事課または大韓民国慶尚南道[illegible]さんにご連絡を。

☆鄭利幸さん(高橋)(37才)

☆鄭一郎さん(高橋)(43才)

本籍、慶北道達城郡[illegible]上洞53—3

戦前、大分県に居住していた鄭さんらをご存知の方は駐日韓国大使館領事課または慶尚北道大邱市東区[illegible]洞二百番地鄭恒夫さんにご連絡を。

☆李仁出さん(55才)

五ヵ月前まで東京に住んでいた李さんを御存知の方は駐日韓国大使館領事課又は、慶北永川郡永川邑門外洞一六八番地ヤンテシックさんまで連絡を。

☆全栄植さん(58才)

本籍慶尚南道梁山郡梁山面中部洞三六六番地

全さんをご存知の方は、駐日韓国大使館領事課又は、慶南梁山郡梁山面中部洞三五三番地[illegible]方全[illegible]さんまでご連絡を。

第54回三・一節本国記念式典

在日同胞686人が参加

引率団長に李彩雨中央本部副団長

李彩雨副団長

第五十四回三・一節を迎え、本国で行なわれる同記念式典に参加する在日同胞六百八十六人が、関東、関西地区など全国から参加、地元の民団幹部と同行のもとソウルで合流し、三・一記念式に参加する。引率団長は李彩雨中央本部副団長で、参加団一同は記念式典参加のあと、民団本国事務所をはじめ、希望により政府各機関を礼訪する予定である。今年の三・一節記念式典は、崇高な三・一精神をひきつぎ、維新祖国建設の第一次年度に当る記念式典で在日同胞の参加はいかなるときよりも意義深い。各地区別引率者、参加人員、宿泊ホテル、出発日程は次の通り。

▼関東地区＝金栄洪東本副団長引率、百三十人、二十八日出発。▲大阪地区＝張起説監察委員長引率、三百三十人、第一陣…二十七日、第二陣…二十八日、宿泊…世宗、タワー、ローヤルホテル。▲福岡地区＝張炳相福岡団長引率、五十六人、二十七日出発、宿泊…ヒルウン旅館。▲兵庫地区＝百人、二十八日出発、宿泊…豊田ホテル。▲山口地区＝金鎮武下関支部団長引率、七十人、二十六日出発、宿泊…世宗ホテル。

なお、李彩雨中央副団長は、民団本国事務所の業務を督励したあと、領事補助事務を始め、本国家族との連絡事務など新たな指示を与え、同事務所の運営強化を図る予定である。

議決機関研修団も

三・一節記念式典に参加

また、本紙既報の通りこの三・一節記念式典参加団とは別途に民団地方本部議決機関の議長、副議長からなる全国議決機関研修団は、朴太煥民団中央本部議長に引率され二十六日から二十八日まで民団本国事務所会議室で研修会をひらき、そのあと、三・一節記念式典に参加する。

韓国経済を評価

—IMF報告書—

IMF（国際通貨基金）が十三日発表した調査報告書は、韓国経済が八・三措置（昨年八月三日の私債凍結）以来、政府の一連の経済安定計画によりかなりの効果をあげ、輸出は伸長したと伸べ、なお金融的に物価騰貴が抑制されたのに伴い、健全で安定した成長の道をたどっていると評価した。同報告書は「韓国は開発途上諸国の中でも最も顕著な経済成長を記録したし、韓国のこのような経験が他の開発途上諸国に立派な模範となるだろう」と述べた。

13%値上げ要求

繊維メーカー

繊維メーカーが国際価格値上りを理由に動力料金等各種製品の一三％値上げを要請している。昨年三月価格が決ってから輸入部品、人件費が二一―四〇％値上りしているというのである。

精油の現金販売強行

油公、湖南精油、京仁エナジー等大手三精油会社が代理店やスタンドの反対を押し切り十五日から現金販売にふみ切った。これまでは六カ月の手形取引きが慣例となっていた。

月間医療費支払

千六百二〇ウオン

保健社会部が実施した国民医療費にかんする調査によると、韓国の一世帯当たりの月間医療費支出額は一千六百二〇ウォンで、月間の病気発生率は人口一千人につき三百十人の割りとなっている。

なお、治療方法としては薬局利用が最も多く大都市の場合六四・一％、中小都市六二・三％、農漁村五二・七％という高い利用率を示した。一方、病院利用率は大都市二一・八％、中小都市一六・八％、農漁村一九・三％で、平均二〇％という低い比率である。

光陽湾に国内最大のコンビナート

政府は全南光陽湾一帯に国内最大の総合コンビナートを建設する計画である。光陽面の七百万坪、栗村面四百万坪等一千七百万坪に製鉄、精油、石油化学、造船等総合コンビナートを建設するというもので、すでに立地調査をおわり、土質調査、工業用水等基礎調査を進めている。

ネスカフェも進出

大洋産業がスイスのネスカフェと合作に二百三十万ドルの資本財を導入、年産一千屯の工場建設を進めている。合作会社は資本金百三十五万ドル、韓国側四九％、外国側五一％の投資比率となる。

10—30階に新築

市民会館取りこわし

昨年末火災を起したソウル市民会館が取壊され、約一万人を収容できる建物に新築される。ソウル市と政府が合同で建立委を構成、約四十億ウォンで地上十階、塔部三十階の建設に来年春から着工する。

全国巡回 スライド上映 中央組織局で

すばらしい本国の発展ぶりを紹介

民団中央本部組織局（姜学文局長）では、本国の津々浦々で燎原の火の如く燃えひろがっているセマウル運動推進の姿を、在日同胞に周知させる趣旨のもと、トーキー付のスライドを各地方本部単位で全国巡回上映する予定である。

同組織局では、中進国をめざし近代化される祖国農村の現況を在日同胞にくわしく紹介することによって本国の出身地又は縁故地のセマウル運動に積極的に参与するようよびかけている。

全国巡回上映の日程は、まだ未定であるが各地方本部の要望があれば優先的に巡回上映の予定である。

なお、左記地方本部は次の日程で上映する。

▲千葉県本部＝二月二四日、館山ニューキクヤ・ホテルで午後五時から上映。

▲三多摩本部＝二月二四日、近日上映予定。

女の韓国ひとりあるき

画・文…サトウ・サナエ　(19)

三多、三無、三宝の国

方言、植物・海産物に恵まれた宝の島

「三宝の国」済州島農家

夏に韓国へ行ったときは、天候が悪くて釜山で三日間も待機していたにもかかわらず、とうとう済州島（行政区域では道）行の飛行機は飛ばず、空しく日本に帰るという辛酸をなめてしまった。

その時の恨みを十一月下旬になってやっと晴らすことが出来たのである。といっても決して二度目の時も天候に恵まれていたわけではなかった。

済州島

風雨のために、飛行機はユラユラと揺れながら三十分も済州島の上を旋回し続けたもので面目ない話だが、私は始めて座席の背に用意してある紙袋のやっかいになってしまった。

皮肉そくなってやっとの思いで済州島の地に下り立った時には、さすがに嬉しかった。

翌朝、早速バスに乗って一路西帰浦へと出発した。

そのバスの旅は、じつに愉快なものであった。

黒いトックリのセーターに紺のジャンパーを粋に着こなした、ジャン・ギャバンの若い頃を思わせるような運転手が運転席に座ると、ブルンブルンとすごい音をたててバスは発車した。

運転席の上の方には、ヌードの写真が何枚も張り付けてあるし、車内は、流行歌みたいに艶歌が常時すごいボリュームで流れているし、こんなに楽しいバス旅行が出来るとは……。

済州島は長楕円形の火山島で「三無、三多、三宝の島」と言われているそうである。

一つまり、泥棒、乞食、家の門が無く、石と女と風が多く、方言、多種な植物、海産物に恵まれているという、まさに現代の宝島である。

バスで、行けども行けども窓からは形の良い漢拏山がそびえている。済州島の中心に漢拏山がデンと座っていて、済州島のどの位置からもその漢拏山を仰ぐことが出来るのである。

この島が三多島であるということは、バスの中から見る風景だけでも十分にわかる。

かつて火山そのものであった済州島は、とにかく石だらけである。その沢山の石を島民たちは、じつにうまく生活に利用させ、無くてはならないものとなっている。

両手でちょうど握れるくらいの溶岩が、見事に三十米ぐらいの高さに積み重ねられて、それは農地の境界線として島中をめぐらしている。

不思議なことには、その石と石との間には、セメント等がまったく使われていない。

風は強いし、ちょっと押しても、たちまちその石の塀はくずれ落ちそうなものだと思っていたら、それが反対で、風があるからこそ、石と石との間を自由に風が抜けるようにしてあるのだということであった。

住宅もやはり石を積んで建ててあるが、さすがに窓だけは風を自由に通すことは出来ないので、セメントでがっしりと固められている。風を避けるためか家は全部一米ぐらいしかない低いものばかりであった。

（つづく）

伊藤忠等と合作

東洋ナイロン

東洋ナイロンは日本の伊藤忠と兼松の両社から現在日産四・五屯のナイロンF糸生産施設に日産六屯のポリエステルファイバー施設の導入を進めている。

本部長に李孝錫氏

農水産開発本部発足

商工部は、セマウル工場建設を効率的に推進するため、八日、農水産品開発本部を財団法人として正式に設立し、本部長に李孝錫氏（前青瓦台司正担当補佐官）を任命した。

韓日間大陸棚開発

韓・日大陸ダナ共同開発条約（仮称）草案を作成するための韓・日間の実務小委がきたる二十七日からソウルで開かれる。韓日両国間の大陸ダナ共同開発問題では、さきの東京会議で租鉱料と税金納付方式を除いた他の諸問題がほとんど合意をみたというから、早ければ三月中に仮調印が可能だとの見通しである。

朴尚培氏死去

〈元広島県本部団長〉

15日、民団葬執行

朴尚培元民団広島県本部団長は、去る十四日、広島の自宅で肝硬変症で死去した。

民団広島県本部では、故人の業績を讃え、民団葬にすることを決め、十五日午後一時から、広島・浄満寺で、李禧元民団中央本部団長を始め民団関係者など関

カツラダンピング防止

商工部はカツラの輸出不振とダンピングを防ぐため群小業者の下請けを一切禁ずるほか①日本向け独占権を解除し十九組合加入者に自由に輸出させ②米国向け輸出は三十九社中不実二社を除いた共給体制を廃止し下請を禁止③流通秩序確立のため現地販売法人の直接取引を中止させることにした。

商工部はまた、つけマツゲの一種であるインデビジュアル・アイラッシュの対米、対日輸出独占権も廃止した。

民団本国事務所の私書函番号

今度新たに開設された、ソウルの民団本国事務所の国際郵便局私書函番号は四六二九番にきまった。

戸籍法律相談室

在日韓国人戸籍問題研究所

問 私は子の出生申告をする時に名前を「王善」と附けて申告しましたが、国事務所に記載する時には王善を「五善」と誤記していました。

それでこれを訂正してくれる様、国事務所の戸籍担当に頼みましたけれど、出生申告書をすでに法院に送ったのだから本人が直接戸籍訂正許可申請をする様にとの事でありますが、本人が申請をしてもよろしいのでしょうか。（名古屋市 南宗孝）

答 戸籍の記載が法律上無効であったり、その記載に錯誤或は遺漏があると知った時は市、邑、面長の過誤の場合には該当しないと戸籍法二十二条一項に規定してあります。であるから申告書が管轄法院に送付如何を問わず市、邑、面長の過誤の場合には職権（市、邑、面長が監督法院の許可を得て）で訂正するのです。

貴問と同じ場合は面長が職権訂正許可申請をして訂正するのであって、申告人が訂正許可申請をしなければならないというのではありません。

問 未成年者の父母が、離婚をし、その後父は死亡しましたが未成年者の後見人は誰になるでしょうか、家には未成年者のおじさん（伯父）がいます。（福岡市 権大成）

答 未成年者の父母が離婚をし母は親家に復籍した後父が死亡した場合母は未成年者の親生母であるけれど親権を行使する事が出来ませんけれども親生母として後見人になる事は出来ます。

なぜならば民法九三二条に未成年者に対して親権を行使する父母は遺言で未成年者の後見人を指定しなかった場合には未成年者の配偶者（実父は妻）直系血族三等親（三寸）以内の傍系血族戸主の順位に後見人となるのです。であるから未成年者の親生母は直系血族であるために親生母が後見人になるのです。

上記後見人は親生母ではあるが、未成年者は次の各号の行為をしたり未成年者の次の各号の行為に同意するには、親族会の同意を得なければなりません（民法九五〇条）これが同じ戸籍にある親生母と違っている点です。

1、営業をする事

2、借財又は保証をする事

3、不動産又は重要な財産に関する権利の得失変更を目的とする行為をする事

4、訴訟行為をする事

問 本籍が不明な母の婚姻外の子（私生子）の出生申告をした後母の本籍が判明した場合その婚姻外子の戸籍記載中母の本籍不明と記載しているものを訂正しようと思いますが、戸籍訂正の手続をしなければならないでしょうか。（静岡市 金成鎬）

答 本籍申告（戸籍法二六条）をすればその申告に依ってその婚姻外子の戸籍記載中母の本籍不明と記載されている母の本籍で訂正されます。

問 私の戸主である父は一九五八年十二月二十一日死亡し母と私の兄夫婦は親子のまま父より先に死亡しました。

今私（戸主の二男）が、分家したいのですが、如何でしょうか。（佐賀県 朴奇男）

答 貴問の場合は父である戸主が、一九五八年十二月二十一日に死亡し三年以内（一九六一年十二月二十日）に戸主相続を受ける者が、入籍していないため（死後養子等）上記の家は無後即ち絶家になりました。

それで貴問の様な戸主の二男は一九六一年十二月二十日旧法に基いて、すでに上記日付で一家創立をしたが、まだその申告をしなかっただけで今旧法に基づいて一家創立申告をし戸主として戸籍を新たに編製するのであって分家をする事は出来ません。

第2回全国少年スポーツ大会

派遣選手募集公告

全国民団地方本部並びに各級傘下機関に対し中央文教局から公文で指示した通り下記の要領で本国でひらかれる第2回全国少年スポーツ大会に派遣する少年選手を募集しています一般団員の御協力をお願い申し上げます。

1、大会名称……第2回全国少年スポーツ大会

2、大会期間……1973年6月1日～4日（4日間）

3、大会場所……韓国忠南大田市グラウンド

4、主　　催……大韓体育会

5、参加資格者……在日韓国人小・中学校在学生

6、申込期日……1973年3月15日まで

7、参加種目……陸上、蹴球、野球、庭球(軟式)、卓球、籠球、ハンドボール、ラグビフットボール、柔道、剣道、体操、フェンシング、バドミントン、跆拳道外

現在東京韓国学校では蹴球、排球、籠球、陸上部を重点的に強化訓練させていますから、都内の小・中学生はふるって参加して下さい。

※申　込　先……在日本大韓体育会事務局

東京都港区西麻布1—1—5　東親ビル

〒106　TEL 03—404—2784

会長　鄭　建　永

理事長　延　　祥

六十万のセマウム(新たな心)植え運動に積極参加しよう！

親愛なる団員皆さん！

わが国は全面積の七割が山になっており、その中でも裸のハゲ山が多いので、私たちの手による粧いを待っている現状であります。

特にこのハゲ山が一年間にもたらす被害は、無視できない巨額に達しており、後孫たちのために、このまま座視することができない実情であります。

民族を愛する在日国民の皆さん！

このような現状を、私たちは、たとえ海外に住んでいるといえども無関心でいるわけにはいきません。

本国では、十月維新以後、セマウル運動を挙国的に推進し、「住み良い農村」「誇らしい農村」という標語の下、現在多くの成果をあげております。特にハゲ山に新しい衣を着せる（緑化）運動は、全国民が、あらゆる心血をかたむけ努力している真っ最中であります。

国を愛する在日愛国々民みなさん！

このような運動は、決して農村だけに限るものではなく、大韓民国の国民であれば、誰もがみな、共にしなければならない運動であります。

先進国においては、既に二百年前（イギリス）百二十年前（ドイツ）八十年前（デンマーク）といったふうに、この運動を展開し、高度な国土緑化事業を終え、今では潤沢な森林国となっております。

実例をあげれば、デンマークは枯れ果てた林野に、植樹運動を展開し、今日においては世界的な農林国としてその名が代表されており、イスラエルでは、不毛の地に六百万本の樹木を植え、新国家建設の決意をさらに堅くし、今日アラブ二億三千万人に対する、二百八十万をもって対置させ、揺ぎなき体制を誇示、力強い前進をつづけているのであります。

次の世代に望みをかけている団員皆さん！

個人とか国家において、機会というものはひじょうに貴重なものであります。

わが在日国民が、日本の中に生活基盤をおいているとはいえ、大韓民国の国民であることに変りはなく、国民として、どんな小さなことといえども、万全を尽すべきだと思います。

私たちは今日、さらに決心を固め、裸にさらされている祖国の山野に、六十万のセマウム（新たな心）を植える運動を強力に進めなければなりません。

親愛なる団員皆さん！

このたびわが東京本部では、在日六十万同胞が祖国の山野に一人残らず一株の植樹を実行しようという意味で、苗木六十万本をおくるための「わがふるさとに新しい衣を着せる運動」を開始することにしました。

この運動は、六十万の心のあらわれである六十万本の新しい緑の衣を祖国の貧しい山野に粧わせるものであります。

この苗木六十万本は、団員皆さんから寄贈され、この苗木を皆さんの子女たちが預かり、直接自分たちの手で祖国の山野に植えさせるのが、この運動の方法であります。

イスラエル民族六百万が、ナチスの犠牲になったのを追悼して、六百万本の植樹をなし、ますます富強な国家として国際社会にその地位を占めるように発展していくように、日帝侵略の禍中で多くの犠牲を強いられてきた私たち六十万の在日国民も、六十万本の植樹をもって、祖国の山野を潤おしたいのであり、その木が成長する時、わが国もなお富強になることを信じて疑いません。

わがふるさと、後孫たちを愛している在日国民のみなさん！

わが祖先、わが父母兄弟が住んできた母国に、いろいろな愛国参与の道がありましょうが、在日国民は、裸にされた母国の山野へ、六十万のセマウムを植える運動に、一人残らず参加しましょう！

私たちのセマウムを、母国に植え、国内同胞と同苦同楽するという一体感が生まれる時、それは国内同胞に大きな激励となり、力となるのです。

尊敬する団員皆さん！

六十万のセマウムを植える運動に、皆さんの惜しみなき力をそそいで下さるよう、ひたすら呼びかけるものであります。

在日本大韓民国居留民団東京本部

団長　鄭　東　淳

日本憲兵に太極旗をもって立ち向かう婦人たち

3·1精神を維新事業に!!

李剛 撮影

（パゴダ公園内のレリーフから）

声高らかに独立宣言文が読みあげられた

婦人、学生かまわず惨殺する日帝軍

女学生、柳寛順の血は燃えて…

日本軍との激突に国土は血で染まった

洪吉童傳（三七）

許筠著

訳・編 洪相圭

そうでなくとも、行きたい心に駆られていた柳氏夫人であったから、一も二もなく、同行したいとせがむばかりであった。

「どうして、もっと早く話してくれなかったのです。母も老いさき長くありません。お父上の墓参りだけは、ぜひ、させてもらいます。」

と仁衛が渋ったなら、母はおっかぶせるように、同じことばをくりかえした。

「吉童がよこした書状にも、一度来るように、との旨が、したためられていましたとのことではありませんか。今度は連れて行ってもらいましょう。」

仁衛は母の意に背くことができず、母に侍し海路三個月を経て、律島に着いた。

柳夫人と仁衛来るとの消息はいち早く王の耳に届いた。

王はすぐ、生母にこの旨を伝えてやりたかった。大妃としての気品と容装が、すっかり板に着いた吉童の生母であったが、やはり、朝鮮国を恋しがっている心の内は、だれの目にも、手に取るように、見えていたからである。

生母は、長年住み馴れた家の思い出にふけるのを、楽しみにしていたのだった。

「母上、今日はちと、うれしい手土産話があります。ほかでもございません。朝鮮から、兄上がこられました。柳氏夫人同途でございます。」

夫人は驚いて、身を起こした。

「そうですか、すぐ出迎えに行かねば。」

こうして、王は両王妃までつれて、柳氏夫人と兄を出迎えた。その威儀は正に王者の名に背かぬものがあった。

柳氏夫人の驚きようはそうまでもなく、王の生母と手を取りあい、旧懐の情に浸って、うれし涙を流す場面は一つの絵と言ってよかった。

仁衛と王とは、再会の機会があり得たのを喜びながら一行はすぐ判書の墓所に参り、心から篤く弔いつつ、山をおりた。

こうして、この王国では洪氏一家の楽しい一時が水と流れて行き、矢となって飛んだ。

ある時、ふとしたことが因で柳氏夫人が病の枕に臥すようになった。王国の名侍医が総揃いで良薬を投じたが、所詮は老年の病であったから、何の効もなく日ましに重くなる一方でありついには臨終を待つばかりの重態に陥った。ある日、柳氏夫人はこう遺言した。

「この世でおそらく、そなたらとは、もう二度と口が利けまい。これを辞世のことばと思いやっておくれや。

他国に出て、死に臨むのは心苦しい限りだが、わたしの左右に、仁衛あり、吉童あって、心強い限りです。それに、父上のお墓詣りを済ませた上でありますから、何の心残りもありません。あの世に行って父上に会いましたら、そなたらのことをお話してあげましょう。」

柳氏夫人は眠るよう、安らかに逝った。

王一家の悲嘆のうちに、夫人の遺骸は大妃の礼に遇して懇に先陵に合わせ祀られた。

この後、数個月が過ぎたある日に、仁衛は王に別れを告げた。

「ここにきてから、すでに何個月かが過ぎ去った。仕官の身であれば、帰らねばならぬ。くるときには母上に侍し、楽しいどころか、軽やかな気持で、海を渡ってきたのに、母上を失った独りの帰り路は、悲しみで千斤の重みを背負ってゆくような気がする。しかもあとのお弔いさえできぬわしであるから、ますます、胸の内が張り裂けそうであるぞ。そちがこの兄に代わって篤くお弔いしてくれよ。そしてそなたたちもからだに気を付けるんだな。」

こうして、仁衛は海路朝鮮国をさして出帆した。

朝鮮国に帰ってきた仁衛は、すぐその足で参内し、まず律島慰諭使として聖上に経緯を上奏し奉った。

「臣、参判洪仁衛、律島慰諭使の使命を果たしまして、ただいま帰り、参内いたしました」

聖上はきょうも至極ご満悦の体であらせられた。

「仁衛、大儀であった。吉童伯主は恙なきか。」

と尋ねられたから、聖上の暖かい御心に誘われて、仁衛は、ともすれば涙が出そうなのを、懸命にこらえながら、お答え申しあげた。

「はあ。吉童、至極く達者に過ごしておりまする。聖上殿下の詔を賜わり、感泣して恐懼おく能わず、忠誠を誓っておりまする……」

仁衛の答を聞かれて、殿下は、ますます悦ばれたが、仁衛のやつれかたが尋常でなく、また、憂愁に閉ざされている顔色を御覧なさって、不審そうに御下問なさった。

「さて、海の潮風に焼けて、逞しくなったことと思っていたのに、卿の顔は案に相違じゃな。それに何か心配がありそうな表情じゃが、仔細ない、話してみよ。」

と仰せられたから、仁衛は涙ながら、母の逝去のことを申しあげた。聖上殿下は仁衛の悲しみを痛々しく思われ、あとを弔ってあげよと、三年のいとまを与えた。

兄を送ってからしばらくして今度は王の生母が病にかかり、日に日に重くなりつつあった。

王は寝食を忘れて、生母の傍に侍して親しく看護したが、百薬の効もなく、生母の命は、旦夕に迫りつつあった。

韓國新聞
在日大韓民国居留民団
中央本部機関紙
韓國新聞社
発行人　金　正　柱
東京都文京区春日町
2丁目20－13
電話直(815) 1451～3
交(813) 2261～5
振替口座　東京　163774

民団綱領
一、われわれは大韓民国の国是を遵守する
一、われわれは在留同胞の権益擁護を期する
一、われわれは在留同胞の民生安定を期する
一、われわれは在留同胞の文化向上を期する
一、われわれは世界平和と国際親善を期する

第54回 三・一節

「十月維新」に呼応 全国各地で士気鼓舞

日帝の植民圧政に抗し、世界万邦に民族独立を宣言した三・一運動記念日を、今日ここに再び迎えることになった。この民族の尊厳と、偉大な独立の精気を、未来永劫に記念し、その精神を受けつぐため、今年も、本国はもちろん、海外各地に散在する韓(カラ)の同胞は、それぞれの地で一堂に集まり、盛大な記念行事を催おす。特に三・一節を迎えた在日韓国居留民団では、本国での率先的な「セマウル運動」と「十月維新」に呼応して、いっそうこの記念日を意義あるものにするため、例年に見られない活気ある行事を、日本全国各地で盛大に催して士気を鼓舞、大きな成果をおさめることになった。その中でも中央民衆大会のひらかれた東京では、民団関東地方協議会が主体となり、関東一円から三千にのぼる同胞を集め、東京・神宮外苑内にある日本青年館で、もりたくさんの多彩な記念プログラムで、例年に優るとも劣らぬ成果をあげている。以下、中央民衆大会のもようを紹介する。

写真(上)は会場風景(中)は李大使から国民勲章を伝達される尹達鏞前中央団長代理(下)は東京韓国学校生徒の伽耶琴合奏

中央民衆大会に三千同胞

三月一日、関東一円から集まった三千同胞を前にしてひらかれた三・一節記念中央民衆大会は、韓相底東本組織部長司会のもと、午前十一時すぎ開会、東京韓国学校ブラスバンド伴奏裡に愛国歌斉唱、先烈に捧げる敬虔な黙祷で始まり、金正柱中央団長を始めとする関東各地方団長らの大会々長団着席のあと、鄭東淳東本団長が「朴大統領の英邁なる指導のもと、平和統一を指標とする本国の率先的維新事業に在外国民として全力を傾けよう」との主旨の力強い開会の辞がのべられた。

つづいて、[illegible]顧問が三・一独立宣言文を朗々と読みあげ、関東地協の朴成準事務局長(神奈川本部団長)の大会アピール、金正柱中央団長と李澔駐日大使の記念辞(本紙前号掲載)の朗読があって、[illegible]大韓婦人会々長による決議文と、[illegible]群馬県本部団長による朴大統領におくるメッセージがそれぞれ朗読され、万雷の拍手裡に採択された。

このようにして大会気分がピークに達した頃、さきに政府から国家と民団に対する永年の功績を認められ国民勲章(モラン章)授与がきまっていた尹達鏞前中央団長代理に、李駐日大使から勲章が伝達され、三千同胞衆目の中でその功績が讃えられた。

このあと、李根[illegible]東本副団長の閉会の辞、李[illegible]中央顧問の先唱による万才三唱が、会場もわれんばかりに唱えられ、第一部の式典を終了、東本で推進中の、本国の山野に六十万株を植樹する「セマウム植え運動」の趣旨が説明され場内を一巡、同胞たちの誠金が集められた。小憩後、第二部では、[illegible]氏の作品「三・八度線と三・一万歳」を上映、第三部では韓国学校生徒らによる歌や踊りの多彩な学芸プロが同胞たちを楽しませ、大会の全日程を終了した。

決議文

在外国民として権益、民生安定期す

一、われわれは、祖国の自主独立のため犠牲となった愛国愛族先烈の崇高な三・一精神に総集結し、維新課業をなしとげて経済力増強および国威を宣揚するための尖兵となる。

一、われわれは、変動する国際潮流に対処し、あらゆる謀略と誹謗を断乎、粉砕し、民族の念願である祖国統一をなしとげるため献身する。

一、われわれは、在外国民としての衿持と義務を守り、われわれの権益と民生安定のため組織を強化し、対内外的に積極的に活躍する。

一、われわれは、祖国大韓民国が自由陣営にかたく結束していることに呼応し、国際親善と世界平和に貢献する。

一九七三年三月一日

在日本大韓民国居留民団
第五四回三・一節記念中央民衆大会

"維新民団"の前進誓う
朴大統領閣下に送るメッセージ

尊敬する朴大統領閣下！

今日、意義深い第五四回三・一節を迎えた在日大韓民国居留民団関東地方代表は、先烈と愛国志士の英霊の加護のもと東京の日本青年会館で記念式典を催しました。

われわれは、この式典で祖国でなしとげられている偉大な歴史的維新事業としての「十月維新」の精神を基盤に、民族の尊厳性と国権の不可侵と韓半島の保有権を血の叫びで[illegible]した五四年前の三・一独立精神を再確認し、大韓民国の国民であるとの矜持と自負心をもって維新民団の強化と前進の決意をちかう民衆大会を開催し、本大会の総意をもって大統領閣下にメッセージをお送りすることを光栄に存じます。

尊敬する大統領閣下！

異域で生を営なんでいるわが在日国民六十万は、異域で生を営なむ故に、より切実に祖国を思い、より熱く祖国の発展をこいもとめて来ました。

日本帝国主義の残虐な支配の前で素手で抗争しつづけ、聖なる血を流した先烈の魂を継承し、わが民族の統一と繁栄を新たにちかう意味をもって今日、日本で生を営むわれわれは古(いにしえ)をふりかえりひとしお感慨無量であります。

六・二五の惨劇が大人共に忘るべき赤狗の蛮行でひきおこされ、錦繍江山のいたる所で貴い生命が獣のようについえた五十年代、海をへだてた異国で若人らは祖国のため義勇出征し、見送った人々は祖国が当面した不幸に身をうちふるわせながら泣きました。

混乱の六十年代初に累卵の危機に当面した祖国が新生の意欲と創造的志向があふれる中進国として成長して行く姿を見て、われわれは母なる祖国の誇らしい復活に涙を流しつつ喜びに踊りました。

七十年代にさしかかるや、世界[illegible]はめまぐるしい混乱と旋回を重ねました。中共の国連加入、ニクソン大統領、田中首相の中共訪問など急転回する国際情勢の渦の中かでも祖国は新たな飛躍の輝かしい発展を内外に誇らしく示しました。

半万年の陋習と無気力にうちひしがれていたわが国土の心臓である農漁村に、「セマウル運動」の新たな歴史が創造され、われわれも若者の一切を以ってあずかる栄光に浴しました。

また南北赤十字会談の開催、[illegible]は四半世紀の国土分断の中で、悩んだ民族に民族和合と平和統一の希望をいだかせてくれたのであります。大韓赤十字社の提議ではじまり、南北調節委員会の設置で前進がはじまり、[illegible]

また祖国は、国内政治において、いっそう高い飛躍を[illegible]しました。不正と腐敗の根を根こそぎ抜きさり「アジアの灯」としてより次元の高い成長発展をきづきあげるため、「十月維新」の力強い新歴史が、錦繍江山の津々浦々にくりひろげられました。

六十年代からはじまり七十年代に開花されて行く祖国の新生と飛躍はひとすじに朴大統領閣下の熱烈な祖国愛とすぐれた政治的統率、確固たる指導力によってはじめて可能であったことをわれわれ在外国民は深く感じております。

[illegible]さし示す朴大統領閣下の英智を仰ぐわれわれは、今日の世界と明日の歴史に対し誇らしく胸をひらくことができることと信じます。

尊敬する大統領閣下！

われわれは海外に居住する大韓民国の国民として、祖国の維新課業完成にひきつがれた民団維新の[illegible]完遂のため、かたく団結し前進することをちかうしだいであります。

終りに、われわれは尊敬する大統領閣下に在日六十万同胞の法的地位の確立と、永住権申請に対する[illegible]策を講究して下さることに対する措置をお願いしながら、躍進するわが祖国の果てしない栄光と閣下の御健勝を心から祈願するしだいであります。

一九七三年三月一日
在日本大韓民国居留民団
第五四回三・一節記念民衆大会

今日の記念行事を 平和統一と同胞団結に
朴成準関東地協事務局長

失なった祖国をとりもどすため大韓民族を高く掲げて、全民族が内外に独立万歳を叫んだ「三・一運動」の五十四周年を迎え、まことに感慨無量のいたりであります。

今日、三・一節を迎え、当時、日本官憲によって無惨にも虐殺を蒙った数多くの先烈志士の英霊がとこしえに安らかなることを皆さんとご一緒に手を合わせ、祈りを捧げるしだいであります。

朴成準事務局長

わが韓民族が久しく渇望していた祖国の解放は、われわれの意に反し、南北が分裂し、分断国家としての対立が持続するや、不幸にも同族相剋の六・二五動乱を経て来たが、三・一運動の崇高な愛国精神は、「四・一九学生義挙」と「五・一六革命」に脈々とうけつがれ、「南北赤十字会談」の進展について、賢明なる朴大統領閣下の勇断による歴史的な「南北共同声明」をもって祖国の平和的統一が期約されることによって具現されたものであります。

今、祖国大韓民国では、その間の経済成長を土台に、民族将来の繁栄と農村振興をめざす「セマウル運動」に全国津々浦々が一丸となっておしすすめています。

このような国家施策を支持し、これにこたえ、積極参与することこそ、三・一運動の精神を正しく実践する途であります。

親愛なる団員の皆さん。

朝総連は、「南北共同声明の基本精神」を政治的に悪用し、あらゆる手管を用いて、わが民団組織の撹乱をねらっています。

急変する内外情勢は、わが組織の団結を何よりも求めております。したがってわれわれは、このような朝総連の奸計に対して、断乎とした態度で臨むべきであることは、再言を要しません。

今日の記念すべき行事が、祖国の平和的統一とわが民団の団結を促求することができる意義深い集りとなることを望み、団員皆さんのご健勝を祈り、あいさつにかえるしだいであります。

三・一節在日代表団本国向け出発

李彩雨中央副団長を引率団長とする、本国での三・一節記念式典に参加する在日同胞代表団は、関東、関西、九州地区から、それぞれ二月二十八日を最後に全員元気で本国向け出発した。

共和党圧勝し 維新体制強化

韓国の国会議員選挙は、二十七日投票、二十八日夜までに開票が終り、与党である民主共和党が圧倒的勝利をおさめた。

共和党が百四十六議席中の七十三議席を押さえ、新民党が五十二、民主統一党が二、無所属十九となった今回の選挙結果で、ひきつづき第一党となった共和党は、七日に選ばれる予定の、統一主体国民会議からの七十三議席が合わせられるとすれば、全議席の三分の二を占めることになり、朴大統領指導のもとの「維新体制」は、さらに固められ、すべての政策実施において万全を期すことになる。

なお、新国会は十二日ごろに召集される予定で、三月中旬には、内閣改造が行なわれるものとみられている。

維新民団の地固め順調

組織の理論武装に成果

民団東本の幹部教養講座盛況

組織に対する敵のあらゆる挑戦と不逞分子の策動を粉砕し、不死鳥のごとく強固な組織的団結をきずきあげ、積極的な事業をくりひろげている東京本部では、このたびより次元の高い組織の充実を期し、名実共に維新民団としての飛躍を実現する第一歩として二月二十四日幹部研修を行なった。

第三十二期の第一回として行なわれるこの日の教養講座は、東京都文京区のダイエーホテル、飛龍の間で東京地方本部[illegible]組織部長の司会により、午後一時五十分から開会された。

東京地方本部管内の各支部三機関および事務部長、地方本部任職員など三百余名を対象とし、姜学文中央本部副団長と崔容碩氏を講師として迎えた講座は、国民儀礼のあと、鄭東淳東京本部団長のあいさつがあった。

鄭団長は、東京本部の今年度五大事業目標を再確認し、第一目標である国民登録完成事業は新たな様式で今年の八月まで完成されることになるとのべ、第二の事業目標であるセマウム事業へのより積極的な参加を具体的に強調、第三に二世の民族教育振興のために支部単位に教育委員会を少くとも十以上結成するとのみとおしを明らかにし、第四の事業目標である生活協同組合は現行の四組合を少なくとも十組合に拡張すること、第五に韓日親善協会設置は、日本の首都に位置する東京本部としては本格的な民間外交をくりひろげるあしばとして緊要であると強調し、その他になみなみならぬ意欲を示した。

ついで、姜学文中央本部副団長が団長を代理してあいさつをのべ金正柱執行部が公約実現のため傾むけている努力とその具体的な実績を、韓国新聞の充実ぶりなどをあげながら報告した。

また姜副団長は今年の本国訪問三・一節慶祝団六八七人のうちには朝総連組織から祖国のふところへ戻った六十人が含まれているが、これこそは民団陣営のひとつの誇らしい戦果であるとのべ、あくことを知らぬ朝総連の悪らつな策動に対し、民団員は毅然とした態度で「われわれの組織を守るのはわれわれ自身である」との信念で邁進することを強調しながら講座の成功を期待するとのべ、満場の喝采をあびた。

二時十五分から四時四十分まで共産主義理論と国際政治学の権威崔容碩氏による講義が行われた。

崔講師は、韓国の四千三百年の歴史を概観しながら国家存亡の危機を迎えた際その困難を克服し得たか、得なかったかのめどとして（一）すぐれた指導者の決断力の有無、（二）国内の統一と分裂の有無、（三）自主性の有無、（四）国力の程度などをあげ、歴史上の典型的な事実をかしながら、本国の歴史的地理的位置にてらして、十月維新の必然性をわかりやすく説明した。

愛国の情熱がほとばしる迫力のある二時間半にわたる名講義で、受講者一同は、感嘆と共感にどよめき軽妙なユーモアに沸きあがりそして悪らつな共産主義の手管に理解をふかめ、民団組織保衛と発展に寄与する団幹部としての新たな決意をかためた。

その後、約十分間、姜学文副団長が、全国にわたる組織点検の結果をあかし、五千人にのぼる団員を対象に教養講座が行なわれた大きな成果を報告、民団の健在ぶりと北韓新憲法発布による朝総連傘下三十万同胞の動揺を説明しながら、民団の一線幹部は何よりも団員ひとりひとりの忠実な奉仕者であるべきでそのためのたえまない研究がつづけられるべきだと強調し参席者一同に深い感銘を与えた。

ついで金致淳東本副団長が教養講座運用の方針と連絡事項を通達特に三・一節記念行事を盛大に行なうための気構えと留意点、そして朝総連の策動を封鎖する断乎とした態度の確立を強調した。

おわりに、金尚弘東本議長の閉会の辞をもって意義深い講座は成功裡におわった。

東京都の今年度五大目標実現を強調する鄭東淳団長

講師と受講者が一体となって維新課業への献身をちかった東本主催幹部教養講座会場(円内は崔容碩講師)

輸出支援策に焦点

経済三長官通貨変動で語る

太完善副総理は二月の記者会見で輸出支援策の第一の項目として、先進諸国との協議で問題となって来た輸出産業に対する直接税(法人税および所得税)減免制度を廃止し輸出用資材輸入に対する関税の事前免除を事後免除としての関税還付制度に転換し輸出支援制度の前進的調整を試図したとのべた。

太長官は、第二に特関税を廃止して、弾力関税制度を積極活用し主要物資に対する関税を引き下げ第三に原価節減など、現在実施している物価安定対策をひきつづき強化し、第四には輸出基盤拡充のため、輸出産業の構造を改善、改善し、中長期性延払い輸出基金を拡大することにしたとのべた。

会見に同席した南財務長官は、特関税廃止法案を今月中に実施させることにし、すでに関係法が作成されている弾力関税制度は、物価安定と輸出目標達成に支障がないよう運用する方針であるとのべた。

南長官はついで、物価展望に対し、日本円貨を切上げ、従前の一ドル三百八円から二百六十四円へかわるばあい、四十四円のマージンが生ずるが、これはわが国の対日輸入物資にそのまま反映されるものでなく、一部は日本輸出業者が負担し、余他の一部は日本輸入業者が負担し、他の一部が輸入物資価に転嫁されるもので、弾力関税制度などの運用で物価に大きな影響がおよばないようにし、その結果が輸出に対しては国際競争力の向上で、輸出増進が加速化される要因として作用することであると強調した。

南長官は、また特関税の廃止で今年度の関税収入に約七十億ウォンの欠陥が予想されているが、政府としては、糧穀管理特別会計と関連、総合的に欠陥補てん策を作成するとのべた。

一方、李商工部長官は、このたび輸出業体に対する直接税の減免対策を廃止したことは国際通貨調整で輸出競争力が多少弱化されたことも考慮されたが、主要国は、最近問題となっている繊維物の対米輸出に対する相殺関税適用など、外国の輸出規制の動きであるとのべた。

朴基賢氏が大型金庫寄贈

維新民団への新たな決意が高まりつつある現在、心あたたまる話題一つ。

民団川崎支部管内の朴基賢氏（川崎市池上新町・王将産業会社社長）は川崎支部に大型金庫（時価二十一万円）を去る五日寄贈した。

なお朴基賢氏は創団以来、物心両面にわたって協力をおしまなかった篤志家であるとのこと。

ADB出資金四千万ドル増やす

政府はADB（アジア開発銀行）に対する出資金を現在の七千五百万ドルから一億一千五百万ドルに四千万ドル増やすことを決めた。このうち五百九十二万ドルは交換貨で、六百八十八万ドルはウォン貨政府証券で七六年五月まで四年間分割出資する。

解説

韓国軍のベトナム撤収

平和と自由の十字軍

戦史に全勝、平定に友愛の伝説残す

駐ベトナム韓国軍は、八年にわたる戦闘を終えて続々と撤収している。韓国軍の撤収はベトナム休戦が発効した一月二十八日から三日目に開始された。一二〇人の将兵からなるその先発隊が駐ベトナム韓国軍副司令官カン・ウォンチェ少将の引率のもとに、ソウル南方四〇㌔の水原空軍基地に到着したのが一月三十一日で、引き続き猛虎師団の撤収が二月六日までに完了し、いま白馬師団が撤収中である。

数千年にわたる韓国史上初めての海外派遣軍として、ベトナムの戦場で人類の自由と平和のために奮戦し、国威を世界に宣揚して帰るこの誇り高き十字軍のがいま凱旋を迎えて、本国の父母兄弟は熱烈な歓迎ムードにあふれている。韓国の撤収は、休戦後六十日にあたる三月二十一日までに完了する。

韓国軍のベトナム参戦は、一九六四年に始まった。韓国政府はベトナム国民の自由と独立を守るために派兵をしてくれるようにとのベトナムと米国両国政府の要請を承諾することに決定した。というのは一九五〇年から三年間の韓国動乱中、十六カ国の自由国家が軍隊を送って韓国を共産侵略から救ってくれた歴史的な恩義に報いるべき義務があったのだ。

韓国の派兵は二七〇人からなる陸軍第一移動外科病院が、ベトナムの軍人と民間人を治療すべくブンタウに駐屯した一九六四年九月二十二日に始まる。翌年の二月十六日には"鳩部隊"と呼ばれる陸軍工兵大隊がサイゴン近郊のダナンに着いてベトナムの建設事業を支援しはじめた。駐ベトナム韓国軍司令部はその年の九月二十五日サイゴンに創設された。

ベトナムに参戦した最初の韓国軍は、あの勇猛な海兵の青竜旅団だ。この部隊は、その年の十月九日、東海岸のカムランに上陸して基地を築いた。引き続き陸軍の猛虎師団が十月二十五日、クイノンに上陸して中北部海岸地帯の防衛を引き受けた。

一九六六年三月十五日には、海兵の"白頭部隊"が海上輸送任務をもって、サイゴン埠頭で編成された。また兵〇〇支援のためには"十字星部隊"が七月一日ナトランで創設された。八月十五日にはナトランで韓国軍野戦司令部が設けられ、続いて陸軍の精鋭、白馬師団が九月二十九日ニンホアに上陸して猛虎師団の隣接地帯を接収した。また、一九六七年七月一日韓国空軍支援部隊がサイゴンで創設された。

駐ベトナム韓国軍の兵力がそのピークに達した一九七〇年三月現在四万八〇〇〇人、その戦任区域は南はカムランから北はブカットに至る三七〇㌔に達した。韓国軍の基本任務は、ベトナムの大動脈ともいうべき国道一号、九号、二一号やナトランカムラン、クイノンなどの重要港湾およびトイホアやクイノンを中心とする大型貨物を狙く中・北部海岸地帯を確保することであった。

韓国軍の作戦区域（TAOR）は七、四三五平方㌔で全国の五％、区域内の人口は八七万人で、これも全国の五％。

さて、韓国からの十字軍を迎えた共産軍は、時を移さず襲いかかった。たとえば、青竜旅団の"梧桐作戦"一号、二号、三号は上陸後なんと二カ月以内に行なわれたのである。しかし、間もなく、共産軍は韓国軍に近寄ることの恐さを悟った。彼らが想像もし得なかった戦闘力に驚いたベトコン司令部は、韓国軍との交戦を避けるよう指示した。

韓国軍は、ベトナム戦争のために開発した"中隊戦術基地"方式で、共産軍を完封した。この戦術は先ず住民と敵を完全に分離して、それから心ゆくまで敵を叩くやり方で、米軍首脳も感嘆し、後援してやまなかったという。この戦術の一例として、猛虎師団機甲連隊の第一中隊が、国道一九号の要所アンケ峠を守備している"中隊戦術基地"を死守すべく北ベトナムの精鋭、第三師団の一個連隊が、一九七二年四月十一日の未明、全兵力を動員して雲霞の如く襲いかかった。人海作戦で友軍から完全に孤立したこの中隊は、一週間も小便や露を飲むほど戦いつづけ、敵連隊を壊滅させた。共産軍の一九七二年度春季攻勢下、最大の危機にあった南ベトナムを救ったのが、すなわちこのアンケ・パスの激戦で、これはベトナム戦史上最も激しい戦闘となった。

韓国軍はベトナムで四回の軍団級、二十六回の師団級、一八六回の連隊級、九六六回の大隊級、五七万九八八〇回の中隊以下級作戦を行なったが、一度も敗北をしていない。その比類のない戦闘力と厳格な規律は、世界では最高級のものと評価されている。

しかし韓国軍をベトナムでもっと有名にしたのは、その献身的な対民奉仕である。避難民やその他の民間人に対する献身的な奉仕ぶりを見たある欧米の従軍記者は、"彼等が兵士だとばかり聞いていたが、これは戦闘というより赤十字奉仕団だよ"とつぶやいたという。米国のニューズ・ウイーク誌も、一九六七年の四月に、"米軍は韓国軍の手法を見習うべきだ"と説いている。

韓国軍は、その物資を節約してベトナムの避難民や老人、孤児たちに一万六、二二八㌧の米と四六万一、七六四点の衣類九万九、七五四袋のセメントやその他の食品、衣料品、建築資材や家畜に至るまで与えてきた。平定事業の一部として、三二万八、四〇三回の診療パーティ、展示会、運動会などの行事を行なった。

軍医たちは延べ二〇万人の内科患者、二三〇万人の外科患者、二三〇万のその他患者に診療を施した。つまり責任区域内の八六万の人口が平均七回の診療を受けたことになる。

また、戦闘の合い間に公共施設一、二二〇棟、住宅一、七四四棟、教室三五七室、橋梁一三二個所、道路三九四㌔、その他の文化、厚生施設を建てて避難民や一般住民の生活向上につくした。

このように献身的な援助と保護を受けた住民は村にあった韓国軍基地に移動命令がおりた場合など、反対デモをやったり陳情をするという例が少なくなかった。敵に強く民間人にやさしい韓国軍はどこへいっても伝説を残した。

韓国軍の作戦責任区域における"平定度"は、その到着前には三〇％という低さで、七〇％はベトコンが支配している状態だったが、韓国軍が受け持つようになってからぐんぐん昇って、一九七〇年三月には九〇％にまで達し、米軍やその他の連合国の目をみはらせたものだ。（その後、平定政策の一部がニクソン・ドクトリンに従って、ベトナム政府軍に移管された）

以上のように、数多くの伝説を生んだ韓国軍は来る三月三十一日までにベトナムから完全に引き上げる。ベトナム休戦にあたって韓国の劉載興国防長官は"この十字軍は撤収後、ベトナムのジャングルで共産軍と闘ったその勇気と忍耐を以て、祖国の繁栄と平和統一のための維新事業に邁進するであろう"と語っている。

尋ね人

☆李秀峯さん(佐々木みどり)47才

昭和二十八、九年頃、あなたが東京都錦糸町内に捨てた順子（雅二）孫和子が一度、逢いたがっています。再婚していても、是非、居所だけでも知らせて下さい。

連絡先　神奈川県大和市下鶴間五九〇　孫永起方

電話（〇四六二）六一ー七六一三）

☆鄭四俊さん　(60才)（通称木村新次郎）

☆木村永述さん　(35才)（鄭さんの長男）

右のかたをご存知の方は、東京都港区高輪1ー10ー11ハイツ高正苑ーA棟三階まで（電話四四五ー四八九四）

☆秋山なをさん　(妻)62才

☆〃国子さん　(長女)41才

☆〃利子さん　(次女)38才

☆秋山清さん　(長男)34才

☆〃稔さん　(次男)31才

東京都練馬区桜台町四丁目三二一三七でその家族とはなればなれになった父の陳命石さん（秋山若那）がさがしています。

右の家族をご存知の方は韓国慶北安東市新安洞35の22、明新理容院隣り陳命石さんか民団中央本部民生局まで、連絡を。

☆名前未詳の女の方　(65才ぐらい)

四十年ほど前、東京都中野区本町通りで住んでいた申賢休さん（高山次郎）に、てる子という女の子をつれて嫁いで来た、栄（えい子）さんと明雨（あきお）さんを生んだのち三十六年前に出されたを、てる子さん（当時三才ぐらい）をつれて去られた父の方を、お子さんである申明雨さん（あきお）がさがしています。

ご存知の方は横浜市港北区渡二の六の十三、高山明男（申明雨）さん電話九〇二ー二五四三か民団中央本部民生局へご連絡を。

☆金元錫　(四十才位)

☆金元旭　(三十五才位)

本籍　済州道南済州郡表善面表善里

金元錫はソウルで新聞関係の仕事、金元旭は東京都中であるとの消息です。日本にいる長兄の金元峰さんが探しています。消息御存知の方は韓国新聞社〇三ー八一五ー一四五一金までお知らせ下さい。

☆李永愛さん

（お名前伊東郁・李スンヨブ氏の三女）(43才)

東京のどこかでせっせとお店を経営しておられるそうですが、韓国のお子さん朴勇宝（朴容宝ー4才の時の名前）さんがさがしています。

ご存知の方は、韓国ソウル特別市中区草洞十八番地の15、韓国歌謡半世紀作家協会、または、民団中央本部民生局まで

☆お知らせ

「尋ね人」の依頼ならびに問い合わせは、尋ね人の氏名、年令（生年月日）、性別、本籍、消息のあった頃の住所、日時、および尋ねなさる方の住所と氏名、連絡先および電話番号、「尋ね人」と問いあわせなどの要件などを明確に書いて、東京都文京区春日二ー二〇ー十三、在日本大韓民国居留民団中央本部民生局までご通知下さい。また民団では韓国新聞に依頼し連絡があったばあいには、個別的にお知らせしています。

大韓婦人会 第四回全国特別講習会

熱気あふれる参加会員570人

感激に泣く会員も

真剣だった受講者たち

在日大韓婦人会中央本部（金信三会長）の企画で、大阪本部（姜順姫会長兼中央副会長）が中心となり、祖国の「十月維新」を会員に啓蒙する「第四回全国特別講習会」が、去る二月十九日から二十一日までの三日間、石川県片山津温泉の第一観光ホテルで開かれた。今回は中部地方から西の方などの地区から会員が参集、特に大阪本部管内の各支部からは、参加総人員五百七十余人の過半数の三百七十人が参加するという熱心さで、大阪本部姜順姫会長もハナが高くなった感じ。三日間の講習会の間、これだけの大世帯ながらなんという事故もなく、二十一日午後からそれぞれ地区毎に集団で解散した。

講習会は、初日の夕方開講式が行なわれ、来賓として駐名古屋領事館姜錫弘領事、民団大阪本部宋台伸副団長、そして開催地地元の石川県からは民団石川県本部李殷直団長をはじめ三機関長らが参席した。国民儀礼の後、各来賓から祝辞が述べられたが、どの来賓も、参加者の多いことと、婦人会がタイムリーであること、講習会の運動が熱心であるとの賛辞を送ることを忘れなかった。

二日目は、国際勝共連合在日韓国中央本部崔団長が講師となり、七・四声明、赤十字会談、十月維新、新憲法などについて、ゼスチュアを入れながら平易に説明した。会員たちの拍手と爆笑の中で、話の内容に感激して涙を流す人も少からず見っていた。崔講師も声を張りあげての熱演で、午前中一時間、午後一時間を、会員たちの心をぐいぐいと引っぱって、途中で席を立つことさえも許さない。次いで政府派遣の東京韓国学校副主事教師が演壇に立ち「偉大な母親となろう」との演題で講演した。参席した人の大部分は、話の内容に、身につまされるところがあり、全員が一心になって聞き入っていた。また時間のあい間には、東京韓国学校の尹春子音楽教師（婦人会中央宣伝部による「セマウルの歌」「婦人会の歌」「三・一節の歌」など練習があり充実した日程を送った。この日の夜は講義が終了したあとで、大阪府布施支部の会員たち十四人が、全員淡い水色のチョゴリに純白のチマの制服姿で、日頃練習したコーラスをひろうする一幕もあり、なごやかなリクエーションで終了した。

（上）さすがの大部屋も六百人近い会員でいっぱい
（下）制服でコーラスをひろうする大阪府布施支部の会員

「セマウル」支援呼びかけに たちまち四十余万円集まる

大阪の会員三百七十人

司会をする姜順姫大阪本部会長（中央副会長）

三日目は、閉講式の直前、会員有志から、本国のセマウル運動に誠金が寄せられ、それを会員に知らせて呼びかけたところ、たちまちのうちに四十一万五千二百円が集まった。特に大阪から参加した各支部から続々と大口の誠金があり、マイクの前の姜順姫大阪本部会長は冗談で「また大阪の会員ですか、大阪が出しすぎるのでヒヤヒヤします」などと皆を笑わせていた。

このようにして講習会は盛会であったが、今回の集りが大へん勉強になったということで、大勢の会員から、講習会を年二回にしてほしいと強い要望があったため、婦人会として、この八月ごろに、さらに全国的な講習会をもう一回開催する見込である。

また、今回初参加の富山県本部（鄭秀子会長）ら五人は、閉会後中央本部の金信三会長や、李姃監査に「婦人会の仕事」について熱心に質問をし、他府県に負けない立派な婦人会を造ることを誓っていた。

今回の参加者は大阪が過半数であったが、そのほか、福岡、山口、兵庫、京都、奈良、和歌山、滋賀、三重、福井、石川、富山、愛知、静岡、東京（中本）の各府県であった。

なお、会場での誠金のほか、出発直前にさらに一人の会員（氏名希望）が一万円を寄せたので、石川県講習会でのセマウル誠金は四十二万円を突破したが、更に婦人会関東地方新年会での誠金六万一千余円、婦人会伊丹地区新年会の誠金一万三千余円、合せて五十万円を、二月二十三日午後、婦人会中央本部金信三会長、張福蘭副会長ら五人が、大阪の姜順姫会長らの参を含めて、駐日大使館の尹公使に伝達した。

税務知識講習会

民団三多摩本部で開く

民団三多摩本部（鄭煥基団長）では、このほど本年度の所得税申告期にさいし、管内の商工人や青年事業家らに対して税務知識普及と実務向上の講習会を同本部で催した。当日の参加者は約五十人、講師は伊達勝訓公認会計士のほか、専門家として日本側から国税担当官が講義を行なった。参加者たちは実務上有益であったと好評だった。

金正柱氏に学位

嶺南大学校で、文学博士

李瑄根総長（右）から学位を授与される金正柱氏
その後は申奭鎬大学院長

東京の韓国史料研究所々長金正柱氏（現民団中央団長）は、多年にわたって日本各地の「韓来文化」を研究発表し、日本はもちろん国際学会にまで広く注目されていたが、本国学会でも金正柱所長の功績が大きく評価され、一昨年大邱嶺南大学校に提出してあった論文がとおり、このほど、名誉文学博士の学位を授与された。

学位をうけた論文は、主論文が「古代九州の三韓三国との連関性に関する研究」で、ほかに副論文五編がある。

金正柱氏に対する学位授与式は去る二月二十六日、嶺南大学校の大講堂で、同大学校李理事長、慶北大学校総長ほか、多数の来賓が立合う中で行なわれ大学院長申奭鎬博士の功績調書発表にもとずき、総長李瑄根博士が学位記を朗読し、授与式を終了した。その後大邱市内の各大学教授、有力経済人、言論機関、放送関係者らと懇談したが、在日韓国人社会の最近の動向、今後本国の維新課業との連携などに関して隔意のない話合いが行なわれ、嶺南人士たちに大きな感銘を呼んだと伝えられている。

洪景模氏に決る

韓国放送公社社長

本国の国営中央放送局（KBS）が、きたる三月から半官半民の「韓国放送公社」として新発足することになるが、それにともない、韓国放送公社社長とそれに関連する人事が、このほど政府から発令され、初代社長に現文公部次官の洪景模氏が、文公部次官には海外公報館長の李桓鉉氏が、海外公報館長には現海外公報館副館長がそれぞれ決定した。なお、副社長には現中央放送局長が内定されている。今回の人事発令で移動する各氏の略歴は次のとおり。

洪景模韓国放送公社社長（五〇）平南龍岡出身▽ソウル大文理大卒▽駐日大使館公報官▽文公部公報、芸術文化官伝、中央放送局長、企画管理室長を経て現在文公部次官。

李桓鉉文公部次官（五二）▽ソウル出身▽早稲田大学修了▽「コリアン・リパブリック」編集局長▽韓国日報論説委員▽駐日公報官▽「コリア・タイムス」編集局長▽中央日報編集局長▽海外公報館長。

韓東元海外公報館長（四二）▽京畿広州出身▽ソウル法大卒▽米国インディアナ大学修了▽同和通信編集局長▽文公部海外公報館副館長。

釜山―済州六時間

交通部カーフェリー計画

交通部は陸地と各島を結ぶカーフェリー計画に基づき七六年までに①済州島（釜山―済州、木浦―済州、麗水―済州）②巨済島海金剛（釜山―海金剛）③仁川矢島（仁川―矢島）④黒山島（木浦―黒山島）⑤うつ陵島（浦項―うつ陵島）等五つの島に八つの航路にカーフェリーと快速観光船十隻を就航させる計画である。

さしあたり来年春から釜山―済州を認可するもようで、千二百トン級定員六百九十人、乗用車四十台をのせ、百九十八キロを時速二十一・五ノット、六時間で走る。現在就航中の定期旅客船アリラン号（千トン）の十二―十四時間に比べると約半分に短縮される。観光客がソウルからハイウエイで釜山まで五時間、カーフェリーで六時間、十一時間なら済州島に行けることになる。料金は旅客の場合は特等の一万二千七百ウオンから二千六百三十九ウオンまで、一般旅客船より五一一〇％割高になる。乗用車は五千ウオン、バス、トラック等大型車は一万ウオン、来年春予定通り就航できれば第二段階として済州―木浦間、さらに済州―日本神戸間の国際就航も計画している。

中央監察委が勧告文

地方本部の割当金上納遅滞 義務を履行して弊害なくせ

民団中央本部監察委員会は、このほど、前例のない措置として各地方本部団長宛に公文を出し、地方本部が中央本部に納めるべき割当金の滞納が非常に目立つので規約に照して上納を促める勧告をした。同委員会がこの措置を取るにいたったことについて、金委員長は次のように語った。「民団は一つであり全部が協力してはじめて発展できるものであるにもかかわらずお互いに協力することはさて置き規めた義務も果さなくては本団の発展は望えられない。本団の長い間の弊害として中央本部が地方本部に対して遠慮が多く、中央の強力な指導体制が確立できないところに地方本部が中央をおろそかにする気持ちが横って、このような弊害が出て来たと思う。義務を果さないところに責任ある行為はあり得ない、と同様に地方本部に対して義務を果さなければ中央本部は存立することはできない。このように民団全体の有機的機能がよくかみ合うところに民団が発展できることはいうまでもないので、まず地方本部団長に規約の精神にのっとって勧告を発したが、これでも地方本部がこの弊害を是正しない場合には規約の通りに執行することを執行部にも提案する積りだし進んでは中央委員会に積極的に提案して過誤を是正したい。」

なお公文の内容は次のとおり。

数年来累積された弊風で中央本部に納付すべき割当金を数年間も納付しない地方本部が相当数あり、また一年以上滞納した地方本部は少ない数ではありません。このような現状であっては中央本部の正常な財政運営が行なえないと断定するほかありません。これは直ちに本団規約第七条及び第八条の精神に違背するだけでなく、第三五条に規定された義務を履行しないことであり、第三五条の後段の規定を発動することもできるものであるので、このような処置までいたらないよう納付金に対する義務を忠実に履行されることを勧告します。

女の韓国ひとりあるき

画・文…サトウ・サナエ（20）

済州島

済州道の三大名物、石と風は、バスの窓から外を眺めただけでもすぐに納得することが出来た。しかし、もう一つの"女"というのはどういうことなのだろうとちょっと気になった。私は西帰浦に着いてから、案内してくれたKさんに、その事実がぜひ知りたいと無理をいった。Kさんは韓国人だが済州道のことは良く知らないということであった。

「ともかく、これは女じゃどうしょうも無いことだから、僕が探険に行って来ましょう」といって意気揚揚と出かけて行った。私は自分が女であることを不満に思いながら、ホテルのロビーでKさんの帰りを待った。かれこれ二時間近く待って、いささか待ちくたびれた頃、パッとしない顔をしてKさんが帰って来た。

私の顔を見るなり大形に手を振りながら、「ダメダメ」といった。シーズン・オフのせいか夜の街は何もなく、何軒かの喫茶店が侘しく営業しているぐらいのものだといった。探険に出かけた以上は……とて、その三軒の喫茶店のママをつかまえて、どこか遊べるところを紹介して欲しいと頼ように聞いたそうだが、三人とも"昔はあったんだけど今は何も有りませんよ"と答えたそうである。

三軒目の喫茶店のママが、途方にくれているKさんに同情してか「あなたのホテルのルーム・ナンバーを教えてください。今夜私が遊びに行きましょう」といったという。Kさんは気の毒なほど赤面しながら事の次第を説明してくれた。

―それがほんとうなら、私は申し訳けないことをしたものだと大いに反省したわけである。

済州島での名物「女」というのは、ちょっと違った意味のようであった。

とにかく済州島には女が多い。例えば、バスに乗ってみても、満員の車の中に男は、せいぜい五人ぐらいしか見ることはできない。道を歩いていても、農具をかついだり、リヤカーを引いた数多くの農夫たちに出逢うのだが、すれ違いざまに良く見ると、その九十パーセントが"農夫"ではなく"農婦"であることに驚いてしまう。

また済州道は海産物に恵まれているので海女が大活躍しているが海女に限らずこの島の女はすべて男以上にたくましく、そして生活力があるようだ。

女が実力を持っている国では、どこでもそうなのだろうが、この島にも"男尊女卑"などという時代おくれの人種差別もまったく見られず、むしろ女が強い、いわばカカア天下の島のようである。

しかし理不尽なことに―それほど女が勤勉で実力があるというのに…需要供給の厳粛なる原理に従って？ この島では、男性が複数の女性を持つことが当然のことのように、まかり通っているということである。

一婦多夫の国が、どこかにあっても良さそうなものだが、どうして無いのだろう…。

西帰浦・天帝淵前で筆者

15万円故国の患者に

長島愛生園韓国人同志会

岡山県邑久郡にあるハンセン氏病療養所「長島愛生園」に療養中の韓国人患者の団体などで構成している「韓国人同志会」（白代表）百三十人は、日本キリスト教団の播磨牧師が、韓国救ライ協会の招きで近く韓国を訪問、ハ氏病患者の「小鹿島病院」をも視察することになっているので、これを機会に、トランジスターラジオの寄贈をすることになり、さきごろ園内に呼びかけたところ、韓国人キリスト信者の団体「緑葉会」をはじめ、日本人療友教会などから、団体個人あわせて十九万円が集まったので、これを播磨牧師に託して本国に伝達してもらうことになった。同じ病いで苦しみながら、より重症で苦しむ本国の同胞のために募金をして送金するというやさしい心に、播磨牧師も感激した。

セマウル寄金50万円

首都ラ・ク日本支部定例会

去る二月十七日午後、韓国首都ライオンズクラブ日本支部（舜夏会長）は、東京の会議室で定例会を開いた。会は議事終了のあと、尹達鏞公使のキモ入りで、駐日公報館提供の映画「チュティ婦人」「セマウル運動」「故国最近ニュース」などを同館李徳氏の映写で観賞した。なおこの席で李会長の提案に応じて寄せられた「セマウル」支援金五十万円は翌日駐日大使館に伝達された。

記事訂正とおわび

本紙二月十日付（第一〇七一号）掲載の「韓国教育財団」の記事中「金東錫理事」とあるのは、「民団中央から参加した金東錫文教局長」の誤りでした。訂正しておわびします。

家政婦求む！

父と五歳の男児一人の家族。
国籍、年令問わず。優遇。
連絡先―韓国新聞社まで―
電話（八一五）一四五一

紛失公告

二月十三日午後一時十五分ごろ新宿の第一ホテル前からホテル・ニューオータニ方面の紀尾井町三丁目までタクシーで行って、車の中にカメラを置き忘れてしまいました。お手数ですが車内のタクシー業の方に御協力を願います。参考資料 運転士の無線番号は第三九一号、料金支払額は二九〇円、カメラはドイツ製コンタフレックス№三二四九五八六、届け先は最寄の警察署又は近代化センター交通局のタクシー係へ。心当りの人は左記へ御連絡下さい。謝礼進呈。
東京都港区新橋五―一三―一二
TEL 四三一―四五四七　水原一

미스・코리아選抜大会

☆第4回・在日ミス・コリア・コンテスト☆

知と美の祭典

三月二十日までしめきり

本社恒例の「在日ミス・コリア・第四回コンテスト」が、いよいよ三月中に、東京でひらかれることになった。

ここで選ばれた在日代表が、来たる五月十日、ソウル市でひらかれる「一九七三年度ミス・コリア全国決選大会」—韓国日報主催—に参加、本国各道の代表たちにまじって、その"知と美"を競うことになる。

今年も例年にならって全国に散在している麗わしき同胞女性たちが参加できるよう、その発掘に、民団全組織の協力が大きく期待されている。

☆応募資格

満十六才から二十五才までの未婚女性で韓国籍を有する者。

☆応募方法

居住している地方の民団支・本部団長、または韓国公機関長の推せん状と本人の履歴書（得意なものあれば記入）、写真（全身・上半身の二種でキャビネ各三枚づつ 写真の裏には氏名、生年月日、身長、体重、バスト、ウエスト、ヒップを必ず書く）

☆しめきり

三月二十日まで、本社に事務係まで書類到着のこと。書類は一切返却しない。個人の秘密は守る。

☆審査

審査委員会で「知と美」の綜合審査をおこなうが、日時と場所は本人に直接通知する。

☆準備衣裳

水着と、白ハイヒール、イブニング・ドレス。

☆費用

参加費用は本人負担。

☆書類提出先（連絡）

東京都文京区春日町二丁目二〇 韓国新聞社 ミス・コリア応募係

眞・善・美・貞・淑・賢

洪吉童傳（三八）

囍

許筠著
訳・編 洪相圭

「妾は、今まで生き長らえたのさえ、不思議に思っております。この母はそなたが屋敷から出たときから魂の抜けたもぬけの殻でありました。妾が命、そなたゆえつないできたのです。そちを失ったときから、妾にはお天道さまも、お月様もない世界でありました。そんな真黒の世の中を、そなたひとりを待って生きてきたのです。

一国の主となって号令する姿を見て、目を閉じれますのは、この母のまたとない幸だよ。吉童、こう呼ばしてくれや。

吉童、もっと近く寄りなさい かすむ前に、そなたの顔を存分に見たいのです。」くれぐれも、おからだに気をつけ、国の臣民をいたわるのですよ」

大妃はついに不帰の客となった。王の悲痛は目もあてられぬものがあった。また両王妃の悲しみも通りいっぺんのものではなかった。王は厚く礼をもって弔い、先陵に合わせて祀った。

王は三年の服喪をみずから守って、あとを弔った。

一六、大団円

太平を祝い、王の御代を寿ぐ声は、国のすみずみで聞かれた。

王には三人の王子と二人の王女があった。長子の名は現とつけられ、第二王子は昌と呼ばれて正室夫人白氏の所生である。第三王子は鄭氏の所生で悦と名付けられた。二人の王女は側に仕える宮女の所生であった。

善き父の風に従い、母の教えに従がったから、この王子王女たちもまた、尋常の人柄ではなかった。皆それぞれに非凡な人となりを示していたのである。

長子、現を東宮とし、二王子はそれぞれに君として領土を与えた。また王女にはそれぞれ相当の人物を選んで、そえたから、王室の威容はいやが上にもあがったのであった。

即位して三十年、王も既に古希の七十に達した。ある日、後殿の永楽殿で、いろいろと雅楽を楽しんでいたとき、自ら詩を作っては朗々と高く口ずさんでいることもあった。

人生諸行は　草露のように常なく
百年を生きるとも　浮雲のようにはかなし
人の世の貴賤の分れを　だれが知る
朝の紅顔　はや　夕べには、白髪となりぬ

王妃と、楽しそうに時を過ごしていたとき、俄かに、玲瓏とした虹のような五色の雲が、殿閣を包むかと見たら、仙衣をまとい青い竹の杖をついた翁のひとりが凛として殿閣に上り、

「人間世界の趣はどうだね。もうそれ位にして、そろそろ集まろうではないか」

と謎のようなことばをかけたかと思ったときには、王と両王妃は忽然として姿を消し、どこを捜しても見当たらなかった。

このようすを見ていた、三王子と宮女らは、声を放して泣いた。泣く泣く術もない棺を作って、生きている人にするように厚く礼をもって弔い、先山に陵を造って賢陵と称した。

東宮がすぐ位を即いで登極し満朝の百官は新王に忠誠を誓った。新王はまた、各邑に詔勅を下して、民を安撫し、十年の賦税を特別に減ぜしめたから、民草も心から、新王の威と徳になびいたのである。

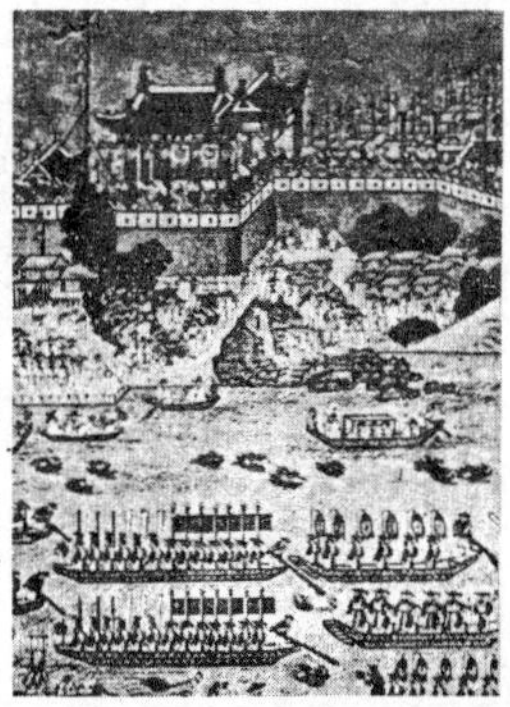

新王は親しく祭文を草して先王を祀り、徳をもって、まつりごとに臨んだから、朝野ともにその徳を讃えた。

数年の間、続いた豊年の撃壌歌は、この国のまつりごとの賢さを讃えていた。

光陰矢のごとく過ぎ去り、新王もまた、三人の王子をもうけたが、この王子らの聡明もまた人後に落ちず、あとを継いで位にのぼり、王業はいやましに昌えた。このようなことは、古今にまれなことであろう。

（完）

韓國新聞
在日大韓民国居留民団
中央本部機関紙
韓国新聞社
発行人 金正柱
東京都文京区春日町
2丁目 20－13
電話直(815) 1451～3
交(813) 2261～5
振替口座 東京 163774

民団綱領

一、われわれは大韓民国の国是を遵守する
一、われわれは在留同胞の権益擁護を期する
一、われわれは在留同胞の民生安定を期する
一、われわれは在留同胞の文化向上を期する
一、われわれは世界平和と国際親善を期する

全国行政区域大改編

百五十市・郡・邑・面の境界再調整

金玄玉内務長官

政府は、来る七月一日を期して国民生活圏と行政体制の調整によって、住民の便益と行政能率の増大のため、現行の首都圏衛星都市である、城南、安養、富川などを市に昇格させ、ソウル永登浦区を、永登浦区および冠岳区に、また城北区を城北区および道峰区にそれぞれ分割するなど、全国一五〇の市・郡・邑・面間境界を、大幅に調整し、一特別市、一直轄市、九道、三十二市、百三十八郡、一八区、百三十二邑、千三百五十二面として新たに行政区域を改編することとなった。

内務部（金玄玉長官）が立案し一日国務会議の議決をへて、発表された行政区域改編案によれば、首都圏衛星都市の市昇格と、ソウル市一部区の分割の外にも、京畿道楊州郡九里面など、全国三十三個面を邑に昇格させ、全南光州市に新に二区を設置し、住民権と行政体が一致しない済州道南済州郡神道面旧把換、津寛外里、津寛内里などをソウルへ編入させるなど、全国百五十個地域にいたる道・市・郡・邑・面間の境界調整を断行したことなどである。

金玄玉内務長官は、「行政区域上の不合理性を除去し、住民生活の便宜と行政能率を極大化する一方、セマウル事業をはじめとする経済開発にともなう、国土の均衡のとれた発展をうながすするため全国百五十個所の境界調整を含む、大幅な行政区域改編を急ぐことになった」とのべ、

このたびの改編の主眼点を①国民の便益および行政能率の極大化、②国土開発にともなう境界調整、③衛星都市育成と地方都市の拠点化開発においたとのべた。

この日、内務部が発表した三市、三三邑、四区増設および百五十地域の境界調整状況は付表のとおり。

城南・安養・富川市昇格
33面は邑に
永登浦、城北区分割

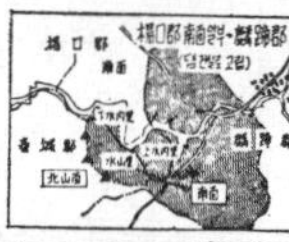

祖国建設はセマウル運動で
民団組織はセマウム運動で

馬山富林市場大火 五八〇店舗焼失

四日、午後九時十二分頃、慶南馬山市富林洞35、富林市場の東部馬山商会（朴貞玉さん・44）から発火、富林市場六百四十七店舗のうち、連鎖店舗五百八十七個、延べ建て坪、三千五十六坪と馬山市富林洞事務所および、近くの住宅十棟が焼失、四時間目の五日午前一時三十分頃鎮火した。

この火事で、消火作業中の馬山消防署の趙在淵さん（31）と馬山警察署の李茂吉巡警（33）が重傷を負い、金鶴仙さん（39・女・馬山市南城洞4の2）など商人5人が品物を持ち出そうとして、火傷を負った。

警察では、被害を一億四千六百万と推定しているが、実際には、そうとう上廻ると見られる。

馬山の歴史あってから最も大きなこの火事は、馬山商会従業員、金某君の煙草の火の不注意が原因である。

投票率は七三パーセント
中央選管委が発表

中央選管委発表によると、二・二七総選挙有権者一千五百三十四万八千四十九人（無投票区除外）中一千百十九万六千四百八十四人が投票、投票率は七二・九%であったうち有効投票数は一千九十九万一千四百四十二票、党派別得票数は共和党四百二十五万一千七百五十四票（三八・七%）新民党三百五十七万七千三百票（三二・六%）統一党百十一万四千二百四票（一〇・一%）無所属二百四万八千百八十四票（一八・六%）等。

民団議長団 開票場参観

研修のためさきほど帰国した民団中央朴太煥議長ら四十一人の議長団は、ソウル鍾路区開票場の水雲会館で開票状況を参観した。なお、翌日の本国三・一節記念式典にも参加、このほど全員帰任した。（写真下は研修風景）

許せない虚偽報道
朝鮮日報三月二日付けに抗議

民団中央本部宣伝局（鄭泰鎮局長）では、朝鮮日報三月二日付け（一五九六九号）七面の「東京でも記念式、民団―朝連系合同で」題下の記事が、虚偽の事実を伝えるものであり、特に、民団から除名された不純分子と総連との行事をさすものであるなら、たとえ、在日同胞の実情に無知な外信をうのみにしたものであっても、許せない報道姿勢だと、きびしく追及し、その解明と善後措置を求める別項のような抗議文を、三月三日、朝鮮日報編集局長あてに送付した。AFP合同発の同記事は、総連の脚本によって、日比谷公会堂で開催された所謂「第五四周年三・一節記念式」を「民団系および朝連系合同開催の初の三・一節記念式」として報道しているもので、抗議文は、朝鮮日報の社是と伝統から見てあるまじき汚点であることを在日大韓民国居留民団四十万の名で、きびしく批判している。

抗議文

貴紙三月二日付け（一五九六九号）七面の「東京でも記念式、民団―朝連系合同」題下の、AFP合同通信、東京発信の記事に対して抗議するものである。

貴紙の記事は、東京で居住する三千人にいたる総連系と民団系の韓国人が、日比谷公会堂で五四周年三・一節記念式を合同で挙行したことと描写している。

それに、三・一節記念式を民団系と総連系が合同で、挙行したことは初有のことであるとコメントしている。

民団々員四十万ひとりひとりがこの記事を見れば、まず意外の感に打たれ、ついでわきあがる憤怒をこらえ難く、つぎには貴紙に対して、不信と軽侮の感を持たざるを得ないのが卒直な心情である。

また、貴紙がそのような外国通信を、正式の記事として公示する前提が何かに対しても、疑惑を抱かざるを得ない。

本人が該記事に対して、正式に抗議を呈することになったのは、該記事が、民団の団結と前進に対する中傷であり、重大な利敵作用の一つであることを説き、あやまちの抜本を促そうとするところにある。

の団長団と、李駐日全権大使が臨席裡に、三千をこす同胞が参集し先烈の独立精神を再確認した。

不偏不党、厳正中立を社是として、正確な報道を生命として来た自他が認める朝鮮日報が、いくら外信引用だとはいえ、ありもしない事実を、あったかのように掲載するということは、とても理解できないことである。

しかし、貴紙がこの虚報を、わざわざ掲載した理由に対して想像できる一つは、三年前から反国家的、反民団的行為をほしいままに行ない、総連系のそそのかしにのった裵東湖、鄭在俊一派が、民団の名義を盗用して総連系と合作演出した、いわゆる合同慶祝式に対して、何らかの同情的な論調を見せようとの意図ではないかとも考えられる。

周知のとおり、民団はさる三年間、彼等の乱動で創団以来の混乱を経験したが、昨年十一月二十日裵東湖、鄭在俊など十七名を中央執行委員会で除名停権し、組織の正常化と、体制の強化を着々進めて来た。

民団から除名された者が、民団を詐称して、総連系との合同慶祝式を挙行するという総連の脚本による、茶番劇に対しては、日本の言論界すらも、そっぽを向いている実情である。

金正柱執行部が、発足して東京地方本部を正常化し、維新民団への、歩調が高まりつつあるこの際に、亡霊化した裵在俊一派と総連の妄動を、貴社のみがわざわざ「民団、朝連合同慶祝式開催」と報道する態度は、明らかに民団体制に対する反抗行為を鼓舞し、民団を守護するため死闘してきた愛団同志を嘲ける、姿勢としか考えられないもので、まことに遺憾にたえない。

私は、貴紙の該記事に対して、厳重に抗議すると同時に、在日居留民団員四十万がいだく、怒りをとくための、つぎのような解明と措置を貴社に要求するものである。

（一）該記事の掲載経緯と虚偽であることをのべる解明書を、速やかに貴紙へ発表すること。

（二）三月二十日前後、開催予定である在日居留民団中央委員会に正式の謝罪文を提示すること。

（三）貴社の該記事取扱いに関連する関係者および、東京特派員を譴責すること。

以上の各項を完全に実施することによって貴社の社是と伝統に汚点を残さない潮然たる所以であることを守むものである。

一九七三年三月三日

在日本大韓民国居留民団
中央本部宣伝局長 鄭泰鎮

朝鮮日報編集局長 貴下

全国行政区域改編一覧表

旧地域	新地域
◇市道間 ▲京畿道 始興郡 西面光明里일부	서울永登浦区開
▲서울永登浦区開峰洞일부	京畿道始興郡西面
▲京畿道高陽郡神道面 旧把撥里 津寛内里 津寛外里	서울特別市西大門区
◇市郡間	
[illegible]	[illegible]

幅広い国民参与で維新国会出帆

新国会12日開院、会期7日

議長団選出・総理など任命同意

全国七十三地域区で二十七日行なわれた総選挙で与党共和党は定数の七十三議席を確保、新民党も五十二議席をえて二大政党制はいよいよ固まった観を呈した。それにこんどの選挙で始めて認められた無所属は十九議席で好調しかし新民党から分裂した統一党は、その名も"統一"党と時流に乗った動きをみせていたのも束の間、フタをあけてみるとやっと二議席だけで、党首脳陣は全員落選した。こんどの選挙で国会議員百四十六人が確定したのに伴い、統一主体国民会議でも七日、大統領指名ケースの七十三人を選出定員二一九人の九代国会が12日から開院することになった。第9代国会初の臨時国会となるこのたびの国会の会期は七日間になると見られ、議長団の選出、院内交渉団体の構成、常任委の構成、十三名の常任委員長および国務総理などの任命同意が行なわれる。

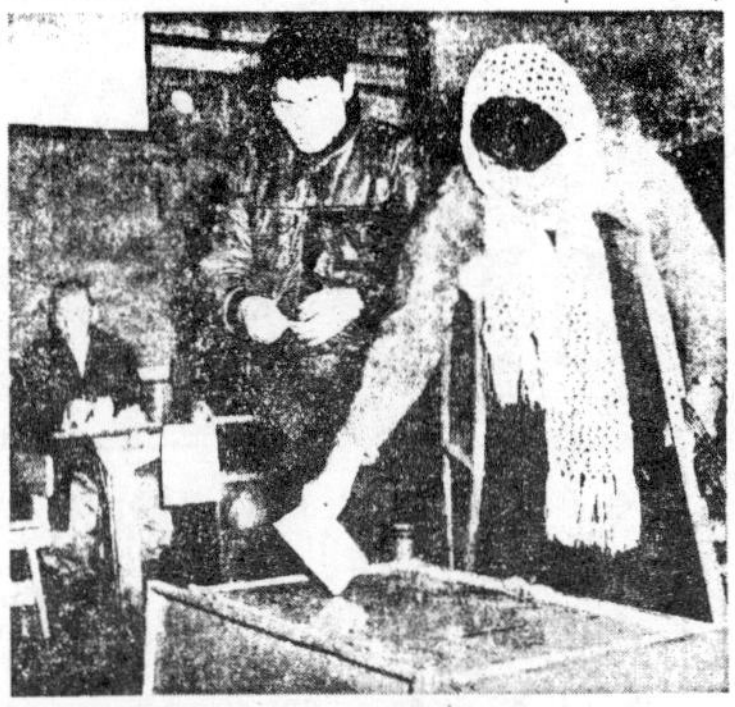

新世医療院に入院中の尹敬愛さんも27日午前9時20分ソウル西大門区パンソウォンドン投票所に松葉杖をついて入場、投票した。

まず、与党共和党の得票をみると、地域区で半数を確保したという点は予想どおりであるが、従来とは違い、大都市に多くの当選者を出した。執権党はこれまで"近代化"を標榜しながら都市化、工業化を進めて来たのに、いつも都市で惨敗したのだった。しかしいわゆる「与村野都」(与党は農村で強く、野党は都市で強いという現象)」はこんどの選挙で改革を示した。その理由としては中央政治の刷新の意思を大都市の有権者たちがよく意識したということと野党陣営の"両中の乱"で党が分裂しただけでなく、これが有権者に不信感を与える結果を招いたこと——などを挙げることができる。

この内外多難な折に維新課題の途上で"国政安定"は必須的要請の一つである。従って、国会議員もそうでない人も個人的な意欲は抑制しなければならない。

めでたく第九代国会議員に当選した人びとには決意を表明するが、国会議員が、生命的な意欲にみちた新しい国会運営に傾注してくれるよう、そして国民の要望に率先に応した責任を認めてくれることを国民は望んでいる。

与野はお互いを必要とする存在であることを改めて認識すべきであるが、いま第九代国会の始まりに当たり与野は一つの船に乗って荒い波濤を越えて行かなければならぬことを忘れず、新しい出帆の準備をしなければならない。

なお朴正熙大統領が、五日、憲法40条の規定にもとづき統一主体国民会議で選出する三年任期の国会議員候補者七三人と、予備候補者十四人の名簿を国民会議事務処へ送付したが、七日、午前十時、ソウルをはじめ、全国十一個市道では統一主体国民会議の地域会が開かれ朴大統領が推せんした候補者に対し、選挙を行なった結果、指名された七三人(別記)全員の当選が確定した。

当選した大統領推せん国会議員の推せん基準は、(1)汎国民的次元で与野の如何を区別せず、(2)維新理念に徹し、政治面において、維新理念を誠実に具現する人士、(3)国家観に徹し国力培養に、寄与できる職能代表(4)専門知識を代表し政治に、生産的に活用できる者および中堅人士、(5)農村開発と地域社会発展に献身となるセマウル指導者、(6)国民教育に献身した教育界指導者、(7)勤実な各級女性指導者などであった。

選挙は二千三百五十九人の代議員で構成される統一主体国民会議の地域別会議で、七十三候補に対する一括賛否を問う形で行なわれ賛成二千三百五十一、反対八十二、無効二十一、欠席九の圧倒的多数で承認された。

七三名の当選者を、職能別に分類すれば政界人士が二十名で、最も多く、予備役将星8人、前職および現職公務員十六名、女性8名、言論界8名、業界7名、その他、社会各界人士4名、教育界人士が3名で金鍾泌総理、白斗鎮前国会議長および共和党地域区公薦で落選した具泰会、玄梧鳳、金振晩、金在淳氏など共和党議員十八人が含まれているが野党新民党では金需漢政務委員ら二人が含まれており残りの四十六人が別個に院内交渉団体を構成することになると見られる。

二・二七国会議員選挙は投票率七二・六%で幅広い国民参与の徐をみ、かつての騒乱とは打って変わった公明な雰囲気の中で[illegible]従来の選挙でみられた過熱、腐敗、不正への非難はおおかた消えさり「選挙風土改善」の第一歩はまず成功だった。これと合わせて、こんどの選挙の特徴のもう一つ、与野の得票性向が[illegible]ということだ。こうした新しい選挙[illegible]と相まって[illegible]平準化したとこ[illegible]向がこんどの国会運営に処しても与野関係をめぐる政治風土でも大いに反映されるよう望むものである。

第9代地域区　国会議員当選者一覧

なお慶南・宜寧、咸安、陜州区は無投票当選で李相淑(共)李尚信(新)

서울

第1区	鍾路区	中区	計
張基榮 共	37,613	19,994	57,607
鄭一亨 新	18,066	15,117	33,183

第2区	東大門甲	東大門乙	計
姜尚郁 共	30,415	110,137	140,552
宋元英 新	38,193	38,074	76,267

第3区	城東甲	城東乙	城東丙	計
閔丙岐 共	26,814	28,789	32,343	87,946
鄭憲甲 新	18,395	13,388	43,307	75,090

第4区	城北甲	城北乙	城北丙	計
高興門 新	25,581	27,460	47,457	100498
丁来赫 共	23,596	34,759	32,831	96,186

第5区	西大門甲	西大門乙	西大門丙	計
金在光 無	34,564	24,389	20,527	79,480
呉有邦 共	21,748	28,103	23,826	73,677

第6区	麻浦	龍山	計
金元萬 新	22,044	45,096	67,140
盧承煥 新	51,597	14,434	66,031

第7区	永登浦甲	永登浦乙	計
金守漢 新	60,883	41,992	102,875
郭[illegible] 共	35,736	18,239	53,975

第8区	永登浦丙	永登浦丁	計
朴[illegible] 新	50,780	26,841	77,621
姜秉奎 共	41,895	30,069	71,964

釜山

第1区	中区	影島区	計
金相鎮 新	8,938	35,374	44,312
申基碩 共	12,564	14,951	27,497

第2区	西区	東区	計
金泳三 新	60,782	22,879	83,661
朴[illegible] 共	50,505	22,494	72,999

第3区	釜山鎮甲	釜山鎮乙	計
鄭海永 新	38,618	48,766	87,384
金任植 共	49,607	33,203	82,810

第4区	東莱甲	東莱乙	計
楊[illegible] 共	40,993	22,088	63,081
李基澤 新	32,493	25,264	57,757

京畿

第1区	仁川中	仁川東	仁川南	仁川北	計
金[illegible] 新	14561	23964	42161	20026	100694
柳承源 共	17228	28669	27982	18664	92543

第2区	水原市	華城郡	計
李秉禧 共	39,987	36,761	76,748
金炯一 新	28,037	33,113	61,150

第3区	議政府	楊州郡	坡州郡	計
朴命根 共	11,605	31,581	46,279	89,465
李珍裕 無	8,948	25,050	1,770	35,768

第4区	驪州郡	廣州郡	利川郡	計
車智澈 共	17,653	20,389	15,544	53,586
呉世應 新	14,452	21,846	15,161	51,399

第5区	平澤郡	龍仁郡	安城郡	計
柳致松 新	41,697	10,155	13,043	64,895
徐相鱗 共	17,021	14,443	19,670	51,134

第6区	始興郡	富川郡	甕津郡	計
李澤敦 新	13,057	35,439	1,150	49,646
呉學鎮 共	24,147	21,082	3,980	49,209

第7区	高陽郡	金浦郡	江華郡	計
金在春 共	6,642	23,623	18,217	48,532
金裕琸 共	24,582	4,002	3,173	31,757

江原

第1区	春川市	春城郡	鐵原郡	華川郡	楊口郡	計
孫承德 共	16,399	12,581	8,182	6,797	4,667	48,626
洪[illegible] 無	13,161	646	3,211	2,768	3,140	28,740

第2区	原州市	洪川郡	横城郡	原城郡	計
朴永禄 新	25682	26236	14608	21452	87978
金[illegible] 共	11162	12754	10877	11084	45877

第3区	江陵市	溟州郡	三陟郡	計
金孝榮 共	9,805	14,173	56,399	80,377
白命[illegible] 新	10,002	13,900	18,830	42,740

第4区	東草市	麟蹄郡	高城郡	襄陽郡	計
丁一権 共	16850	14460	15670	11014	57994
金寅起 無	6,315	2,316	5,050	1,810	18491

第5区	寧越郡	平昌郡	旌善郡	計
[illegible] 新	20,880	11,470	17,849	50,199
[illegible] 共	12,686	5,657	14,408	32,751

忠北

第1区	清州市	清原郡	計
閔機植 共	23,584	26,937	50,521
[illegible] 新	17,131	16,568	33,699

第2区	忠州市	中原郡	堤川郡	丹陽郡	計
[illegible]	24758	37354	7,519	3,689	73320
[illegible]	2,680	2,431	24455	8,435	38001

第3区	報恩郡	沃川郡	永同郡	計
[illegible] 共	13,082	19,792	11,971	44,845
[illegible] 無	4,349	16,587	2,547	23,483

第4区	鎮川郡	槐山郡	陰城郡	計
李忠煥 新	15,247	14,655	17,858	47,760
[illegible] 共	8,422	21,621	10,889	40,932

忠南

第1区	大田市甲	大田市乙	計
金[illegible] 共	21,123	33,085	54,208
林[illegible] 新	21,436	17,136	38,572

第2区	天安市	牙山郡	天原郡	計
金鍾哲 共	18,734	14,572	28,412	61,718
[illegible] 新	9,307	30,543	11,117	50,967

第3区	錦山郡	大徳郡	燕岐郡	計
[illegible] 新	28,983	13,287	12,400	54,670
[illegible] 共	10,137	16,887	16,700	44,133

第4区	公州郡	論山郡	計
朴[illegible] 新	27,544	16,313	43,853
李[illegible] 共	21,376	20,712	42,088

第5区	扶餘郡	舒川郡	保寧郡	計
金玉仙 新	25,062	30,442	15,140	70,644
金鍾翊 共	39,034	13,655	14,559	67,248

第6区	青陽郡	洪城郡	禮山郡	計
[illegible] 共	19,037	24,201	16,874	60,112
[illegible] 新	10,235	19,856	28,560	58,651

第7区	瑞山郡	唐津郡	計
[illegible] 無	49,522	2,005	51,527
柳[illegible] 新	9,109	26,062	35,171

全北

第1区	全州市	完州郡	計
李哲承 新	51,222	22,581	73,806
柳[illegible] 共	22,140	19,586	41,726

第2区	群山市	裡里市	沃溝郡	益山郡	計
[illegible] 共	15036	15791	15420	30893	77140
金[illegible] 新	14012	7480	8786	23694	53972

第3区	鎮安郡	茂朱郡	長水郡	計
[illegible] 新	6,974	5,806	16,874	29,654
金光[illegible] 無	4,873	15,978	4,038	24,891

第4区	南原郡	任實郡	淳昌郡	計
[illegible] 無	5,591	25,509	20,492	51,592
[illegible] 新	38,506	1,563	2,742	42,811

第5区	井邑郡	金堤郡	計
[illegible] 無	6,867	37,452	44,319
[illegible] 共	15,537	22,559	38,096

第6区	高敞郡	扶安郡	計
[illegible] 共	16,073	23,611	39,684
[illegible] 無	24,851	3,694	28,545

全南

第1区	光州甲	光州乙	計
金[illegible] 統	25,160	36,912	60,072
朴[illegible] 共	20,238	18,684	38,922

第2区	木浦市	務安郡	新安郡	計
[illegible] 共	38,735	21,582	32,896	93,213
金敬仁 統	13,520	5,116	10,643	29,279

第3区	麗水市	光陽郡	麗川郡	計
朴[illegible] 新	14,525	13,780	14,846	43,151
[illegible] 共	13,343	10,200	16,030	39,573

第4区	順天市	求禮郡	昇州郡	計
朴三結 共	14,646	7,367	24,571	46,584
姜信満 無	8,338	3,558	11,837	23,728

第5区	羅州郡	光山郡	計
[illegible] 共	26,409	13,517	39,926
[illegible] 新	26,179	9,476	35,653

第6区	潭陽郡	谷城郡	和順郡	計
[illegible] 共	21,451	16,549	41,067	79,067
[illegible] 新	16,349	6,434	7,968	30,751

第7区	寶城郡	高興郡	計
申[illegible] 共	11,668	58,235	69,903
李[illegible] 新	25,454	20,532	45,986

第8区	長興	康津	莞島	莞島	計
[illegible] 共	45294	14679	26103	2,959	89035
[illegible] 新	12819	20832	16093	8,471	58218

第9区	海南郡	珍島郡	計
[illegible] 共	60,124	4,342	64,466
[illegible] 無	5,579	16,663	22,242

慶北

第1区	大邱中	大邱西	大邱北	計
[illegible] 共	15,907	37,541	14,703	68,151
[illegible] 無	14,915	16,666	9,594	41,175

第2区	大邱東	大邱南	計
[illegible] 共	37,085	39,160	76,245
[illegible] 新	20,210	14,895	35,105

第3区	浦項	迎日	永川	鬱陵	計
[illegible] 共	14524	37612	8,049	5,709	65831
権五[illegible] 無	6,302	12733	35475	1,444	55954

第4区	慶州市	月城郡	清道郡	計
[illegible] 共	10,751	15,947	29,603	56,304
[illegible] 無	5,451	11,032	3,[illegible]	20,235

第5区	金泉市	金陵郡	尚州郡	計
[illegible] 共	11,757	18,305	11,881	41,943
[illegible] 無	2,448	3,978	40,514	46,980

第6区	安東市	義城郡	安東郡	計
[illegible] 共	6,740	29,065	10,063	45,868
朴海[illegible] 新	13,339	6,116	25,459	44,914

第7区	軍威郡	慶山郡	高靈郡	計
[illegible] 共	18,254	8,676	7,629	34,559
朴[illegible] 無	4,993	22,031	2,685	29,709

第8区	漆谷郡	星州郡	軍威郡	善山郡	計
[illegible] 共	20630	5,417	9,488	9,795	45330
[illegible] 新	18472	1,700	15017	2,829	38014

第9区	金陵郡	青松郡	蔚珍郡	計
[illegible] 共	20,976	10,413	4,236	35,625
[illegible] 共	4,944	3,385	19,698	28,027

第10区	榮州郡	英陽郡	奉化郡	計
[illegible] 新	34,210	6,601	12,230	53,041
[illegible] 共	9,019	8,108	17,154	34,281

第11区	聞慶郡	醴泉郡	計
[illegible] 新	38,309	11,624	49,933
[illegible] 共	12,129	30,414	42,543

慶南

第1区	馬山市	鎮海市	昌原郡	計
[illegible] 共	29,907	9,472	22,771	62,150
[illegible] 新	24,107	17,359	18,214	59,680

第2区	晋州市	三千浦市	晋陽郡	泗川郡	計
[illegible] 共	9,286	6,044	9,766	14090	39186
[illegible] 新	8,038	5,246	6,039	5,896	25219

第3区	忠武市	統營郡	巨濟郡	固城郡	計
[illegible] 共	4,699	6,105	38963	3,860	53627
[illegible] 共	6,183	8,394	2,068	31812	48457

第4区	蔚山市	蔚州郡	東莱郡	計
[illegible] 共	30,479	22,026	14,147	66,652
[illegible] 新	25,522	15,416	9,457	50,395

第6区	昌寧郡	密陽郡	計
朴一 新	7,292	38,816	46,108
[illegible] 共	27,362	10,881	38,243

第7区	梁山郡	金海郡	計
[illegible] 新	14,141	20,414	34,555
金[illegible] 共	4,484	29,633	34,117

第8区	南海郡	河東郡	計
[illegible] 共	31,510	3,207	34,747
[illegible] 新	2,810	22,778	25,588

第9区	山清郡	咸陽郡	居昌郡	計
[illegible] 共	22,550	8,928	10,721	42,199
[illegible] 新	4,104	7,086	17,405	28,595

第10区	蔚光郡	陜川郡	長城郡	計
尹仁植 共	14,162	18,866	12,464	45,492
[illegible] 新	8,668	17,070	6,649	32,387

濟州

第1区	濟州市	北濟州	南濟州	計
[illegible] 共	15,390	21,908	12,028	49,326
[illegible] 無	9,538	8,229	6,229	23,989

統一主体国民会議選出国会議員

◇政界(20名＝27・4%)

高在珌(59・7・8代議員前国会法司委員長)
具泰会(50・8代議員・共和党政策委議長)
權甲周(43・共和党訓練部長・前서울高校教師)
權逸(61・8代議員・前在日居留民団長)
金鳳煥(52・8代議員・共和党政策委副議長)
金聖斗(44・8代議員・共和党党議長秘書室長)
金永樟(49・共和党事務次長・前共和党宣伝部長)
金龍星(48・新民党政務委員・前「民主前線」編集人・8代議員)
金在淳(49・8代議員・共和党党務委員)
金鍾泌(47・国務総理・8代議員)
金振晩(55・8代議員・共和党財政委員長)
魯璡煥(44・8代議員・前在美「워싱턴」韓国僑胞会長)
閔丙權(55・8代議員・共和党中央委議長)
白斗鎭(64・前国会議長・前国務総理)
安鍾烈(42・共和党組織部長・前共和党青年局長)
李道先(41・8代議員・共和党訓練院教授)
池宗傑(43・共和党政策研究室次長・前政務処無任所長官補佐官)
崔榮喜(52・8代議員・前国防部長官)
咸鍾贇(49・前新民党政策研究室長・5代議員)
玄梧鳳(49・8代議員・共和党党務委員)

◇学界(7名＝9・6%)

葛奉根(40・中央大教授・憲法学・韓国憲法学会常任理事)
康文用(51・成均館大学教授・行政学・高等考試委員)
具範謨(41・서울大文理大教授・政治学・南北赤十字会談諮問委員)
金明会(49・延大政法大学長・国際政治学・韓国学術研究院院長)
金允奎(50・全南大教授・憲法学・全南大総長代理)
呉周煥(50・高麗大教授・新聞学・高大新聞主幹)
韓泰淵(57・韓国憲法学会長・前서울大法大教授)

◇教育界(3名＝4・0%)

金東旭(63・서울市国民学校長会会長・서울渼洞国民学校長)
嚴敬燮(67・大韓私立中高校長会聯合会会長・養正高等学校長)
張俊翰(62・光州教育大学長・前光州第一高校校長)

◇言論界(7名＝9・6%)

文胎甲(43・東洋通信編輯副局長兼政治部長・第3次南北赤十字会談(平壌)取材記者団長)
徐仁錫(47・大韓公論社理事長・6代国会議員)
李鍾植(40・朝鮮日報編輯副局長・前朝鮮日報政治部長・駐日特派員)
李振羲(40・서울신문政治部長・前東亜日報政治部記者)
林森(50・한국일보編輯副局長兼政治部長・前한국일보駐日特派員)
朱庠寬(45・서울신문論説委員)
咸在勲(55・江原日報社長・春川文化放送社長)

◇現・前職公務員(16名＝22%)

姜文奉(50・駐瑞西大使・6代国会議員)
權孝燮(47・国会事務処議事局長・前国家再建最高会議専門委員)
金成洛(54・国際問題研究所研究委員・前中央情報部判断企劃室長)
金聖柱(51・国際問題研究所研究委員・前中央情報部分室長)
金世鍊(56・駐比大使前財務部長官)
金振鳳(38・国務総理政務秘書官共和党副総裁補佐官)
徐丙𤦔(57・서울高検検事長・前大検検事)
呉定根(43・国税庁長前水産庁長)
劉敏相(52・法制処長・前国会法司委専門委員)
李成佳(51・駐오지리大使・前陸軍大学総長)
李永根(49・国務総理秘書室長・7代国会議員)
張東植(49・前内務部治安局長・前서울市警局長)
全在球(45・国際問題研究所研究委員・前中央情報部局長)
鄭在虎(43・前国会議長秘書室長前京郷新聞政治部長)
崔永喆(37・政務担当無任所長官室長・前政務調整室長・前東亜日報政治部長)
黄昌柱(59・光州高検検事長・前大検検事)

◇予備役将星(8名＝11・0%)

金載圭(46・軍団長・陸軍中将・前保安司令官)
金昌圭(53・前空軍参謀総長・予備役空軍中将・鎮南化学社長)
宋虎林(49・戦教司令官・陸軍中将・陸軍歩兵学校長)
安椿生(61・前国防部次官補・予備役陸軍中将・陸士校長・正邦物産社長)
尹泰日(55・予備役陸軍中将・前서울特別市長・前大韓住宅公社総裁)
張昌國(49・前合参議長・予備役陸軍大将・在郷軍人会副会長)
咸明洙(45・前海軍参謀総長・予備役海軍中将・韓国海運社長)
鄭光鎬(50・前海兵隊司令官・予備役海軍大将・前陸軍上陸師団長)

◇女性界(8名＝11・0%)

具姃会(54・大韓看護協会常任理事)
金玉子(41・8代議員・前共和党組織部次長)
朴貞子(46・共和党婦女部長・서울YWCA事業部長)
徐英姫(35・梨花大教授・韓国社会通信研究会長)
李範俊(39・梨大教授・서울YWCA理事)
李淑鍾(68・韓国女性団体協議会会長・誠信女師大学長)
鄭福香(62・慶北女性団体協議会長・慶北教育委員)
許茂貞(63・釜山市母親会会長・釜山市教育委員)

◇社会各界(4名＝5・5%)

金基衡(47・前科学技術処長官)
金三峯(44・大韓大韓商工会議所副会長)
李海浪(56・前芸術院会長8代議員)
崔龍洙(48・前大韓労総委員長)

在日国民は二議席

権逸氏＝統一主体国民会議選出
姜信満氏＝全南求礼地域区当選

権逸議員

姜信満議員

なおこのたび大統領推薦による統一主体会議選出の三年任期国会議員として、元中央本部団長権逸氏が、そして、元大阪韓国本部団長姜信満氏が全南求礼地区から無所属で出馬し当選したことによって在日国民は本国の国会に二人の国会議員を送ることになり名実共に在日同胞の国政への参与が実現され、大きな期待がかけられている。

なお姜信満議員は、民団大阪本部議長の務めである。

両議員の略歴はつぎのとおり。

権逸議員
(67才・慶北醴泉出身)
一九三六年・高試司法科合格
一九三七年・明大法学部卒業
一九六一年・明大から法学博士
中央本部団長三期歴任
一九六八年・共和党入党
〃　八代国会議員

姜信満議員
(45才・全南昇州出身)
関西大学法学部卒業、ソウル大大学院修了
一九七一年・民団中央本部団長[illegible]
[illegible]

朴大統領著「民族の底力」ベストテン一位

産経新聞出版局発行の朴正熙大統領著「民族の底力」が、全国一四〇の書店で、圧倒的な売行きを示している。

日本出版販売の「出版ニュース」社調べによれば、二月十七日現在、ベストテンの第一位をしめしており、人気の大きさである。[illegible]でも同日現在ベストテン一位の売行きを示すなど、他の全国各地でもひきつづき売れ行き好調な動向をみせている。

なお、出版元のサンケイ出版局には多くの読者カードがよせられているが、特に日本人読者の感想は、朴大統領の強い信念と決断を[illegible]しているものが、少なくないといわれ、[illegible]

尋ね人

☆宋斗彦さん
(韓国時名)55才

この方は、終戦前に[illegible]郡[illegible]町にけんでいた方です。

ご存知の方は[illegible]

五17組3[illegible]

農員地方部へ

金顕模翁

[illegible]

第54回 三・一節記念行事 各地で盛大

先烈の遺志偲び 平和統一に決意新た

第二部では映画など多彩

第五十四回三・一節記念日を迎えたさる三月一日、東京をはじめとして、全国各地区の民団本部では、各地区毎に盛大な記念民衆大会を催し、日帝の暴虐に倒れた先烈諸義士の遺志を偲び、祖国の平和統一に新たな決意を強くした。そして各会場とも、家族連れでにぎわい、式典後の慰安の催しに和やかな一日を過ごした。

大阪地区民衆大会＝大阪は午前十一時半から恒例の中之島中央公会堂で催した。さすがに広い会場も三千人の参加者で満員となった。式典は李熙健… 議長の開会の辞ではじまり、各任員団長のあいさつ、任曝…事務局長の「独立宣言文」の朗読と進められた。第二部では国際勝共連合在日韓国中央本部… 団長の講演と、映画「三・一八」（[illegible]）に感激した。

愛知県地方民衆大会＝午後一時から名古屋市昭和区の鶴舞公園の市公会堂で開かれ、参加人員二千三百五十人、[illegible]議長が開会辞を述べ、[illegible]「独立宣言文」を朗読、成立九副団長が中央団長記念辞を代読した。ついで[illegible]があって式典は進行した。第二部ではシネマスコープの本国劇映画「反乱」と本国最近ニュース、特集十月維新などを観覧した。

兵庫県民衆大会＝午前十時から神戸市生田区の海員会館で催おされ、約一千三百人が参加した。孔[illegible]長が開会の辞を述べて式典がはじまり、金[illegible]団長の「独立宣言文」朗読、[illegible]団長の「中央団長記念辞」代読と進んだ。第二部では南原から本国からの芸能人二十人の公演があり閉会した。

なお二日の夜はニューポートホテルで「韓日親善の夕」を開催、同県知事、商工会議所会長ら日本側約百人、[illegible]ら韓国側約百人の二百人が集い、和やかにカクテルパーティと芸能人の演技を楽しみ、大いに韓日親善の実をあげた。

上から、愛知、兵庫の民衆大会と東京大会でのセマウル募金風景

セマウルへと金一封
東京四谷署の小川課長

この程日本警視庁四谷警察署の小川[illegible]課長から、韓国緑化運動の一助にと金一封を民団東京本部（鄭東淳団長）に贈って来た。

民団東本は現在、セマウル運動の一環として「南木六十万本を祖国に送る運動」を展開しており、日本の一警察官の真心に感激している。[illegible]「南木運動」の其金に繰入れた。

朴碩道秋田団長特別会員に
韓国人教育後援会に百万円

民団秋田県地方本部の朴碩道団長は、在日韓国人教育後援会に、早くから五十万円を納付して、同会の正会員となっていたが、さる二月二十七日、さらに五十万円を追加納入し、特別会員となった。朴団長が特別会員になったのは、教育後援会の基金助成に率先協力の範を示すためとのことである。

現在まで東北六県中では、福島県の李守敏氏がただ一人の特別会員であったので朴団長で二人となった。なお朴団長は昨年十月にもセマウル運動に個人で百万円の金を拠出し、仙台領事館に寄託している。

卒業式での祝辞（金正柱中央団長）

第15回 卒業式78人巣立つ
東京韓国学校高等部

東京韓国学校（黄杉秀校長）では、三月三日第十五回高等部卒業式を行ない、七十八人の新卒生を巣立たせた。

式は午前十時から同校講堂ではじめられ、国民儀礼のあと、黄校長が国民教育憲章を朗読し、卒業証書が授与された。今年の卒業生は男子三十一人、女子四十七人で、約半数の三十五人が進学し、残りが就職または家事手伝いの予定となっている。

証書授与に引き続いて各賞が授与された。特に優等賞の尹秀子、申泰煥、崔民権、鄭学水の四君の顔は晴れがましく、受賞の瞬間、卒業生、在校生の拍手が一きわ大きく鳴りわたった。ほかに皆勤、努力、功労、善行の各賞があり、さらに特別賞として、韓国学校安聖山理事長賞、同校PTA会教安会長賞、駐日韓国大使館李澔大使賞、駐日公報館尹永贊館長賞、民団中央本部金正柱団長賞、民団東京本部鄭東淳団長賞、東京商銀許弼奭理事長賞、大韓婦人会中央本部金信三会長賞などが、それぞれ手渡された。

このあと、黄校長の訓辞、安理事長の激励辞と続き、ついで来賓の祝辞があり、李大使（代読李総領事）、尹公報館長（代読白副館長）、金中央団長、鄭東本団長、金婦人会中央会長の順で、お祝いと激励が贈られた。こうして式順は進み、送る者として在校生を代表して許高賀紀さんが送辞を読みあげたが、これに答えて卒業生を代表金貞学君が答辞を読み上げた。金君はこの学校で十二年間学んで来ただけに、すぎ去った想い出が込められ、全卒業生はもちろん、教職員、来賓のみんなを泣かせる名文で感激させた。

なお、今回の卒業生のうち、十一人が本国の各大学に進学が決っている。

日劇に韓国歌手登場
期待される大形新人
メイン・キャストとして歌いまくる

東京有楽町の日本劇場は、今年も恒例の"日劇春のおどり"をさる三日に初日の幕をあけた。四月二十六日のラク日まで五十四日間のロング・ランにはいったわけであるが、今年の話題はゲスト・シンガーとして出演している韓国人歌手グロリア・パンに集中するとの見方が強くなって来た。東宝が日劇のロング・ラン三大おどり公演に、メイン・シンガーとして外人歌手を出演させた前例はなく、グロリア・パンが初めてのケースである。

グロリア・パンは本名方洙明（家庭では馬嬢とよばれるとのこと）。四六年韓国水原梅山路で生まれ、六四年ソウルの淑明女子大を卒業して芸能界に入り、翌年新世界レコードの吹込、テレビ出演などで活躍した。六七年ヒルトンホテル系の専属歌手となり、ホンコン、シンガポールのヒルトンホテルに出演。七〇年にはヨーロッパを巡演、スエーデン、デンマーク、ベルギー、オランダ、西ドイツ、イギリスなどを回り、以後はアジア各地のナイト・クラブなどで活躍していた。レパトリーは広く、ポップス、ラテン、カンツォーネを見事にこなす。

今度日劇に見出されるキッカケとなったのはホンコンのナイトクラブで、昨年の夏、小牧正英さんの弟、菊池唯夫さんが"金粉ショウ"（映画007などで広く知られている）のグループを連れて巡演中、グロリア・パンの歌にビックリし、日劇の鈴木英之配人に話したことからはじまった。それほどの歌手なら—というので昨年九月日本に招きオーディションをしたところ、すばらしい歌手であるということになったものである。

春のおどりでは、第四景で"イースターパレード"第八景で"ラ・パンバ"第九景で"ク・クル・ク・ク・パロマ"などを一人で歌いまくり、第十景ではもう一人のメインシンガー藤井輝子と一しょに"恋のフィーリング"を歌ってフィナーレへともってゆく。

グロリア・パンについて日劇ダンシングチームの鈴木支配人は

グロリア・パン

「グロリア・パンの歌唱力は申分なく、ワンマンショウでも充分こなせる力はある。ただ、現在は日本人に余り知られていなく、スターバリューができるまでは興業的に採算がどうなるか。しかし、将来性は大きい。東宝としては期待をかけている。」と語っている。

またグロリア・パン自身は「私が日劇の舞台で歌えたということは皆さんのおかげだと感謝しております。そして、私が韓国人の代表になったみたいで、私が失敗することは許されない重大な責任を感じており、一生けん命に歌いまする。」とまず責任感を述べるほど謙虚である。

グロリア・パンが今度出演したことを、日劇ダンシングチーム四年生の李蘭子（芸名松岡）さんは「パンさんが春のおどりでメインシンガーとして歌うなんて全く夢のよう。本当に嬉しい、私も一生けん命努力します。韓国人が日劇で歌ったということは、リトル・エンゼルスのことと合わせて、大きな話題だし、力だと思います」と語って嬉しさを丸出しにしていた。

グロリア・パンは将来が楽しめる韓国人大形歌手であるところから、本紙（韓国新聞）が中心となり、「グロリア・パン後援会」結成を準備中である。また現在の公演を観賞したい読者には「民団東本（鄭東淳団長）」または民団中央宣伝局で割引券を差し上げることにした。

保険セミナー終る
アリコ・ジャパン 日本支社活動を開始

日本での在日外国人に対する営業活動を大蔵省から許可されているアメリカ・ライフ・インシュランス・カンパニー日本支社（略称アリコ・ジャパン）は、このほど金融実韓国係主任らが当った受講者はつぎのとおり。（順不同）

[illegible]卞先春、韓子大、高昌暉、李吉来、崔学麟、金象鈞、孫秀棋、方永哲、宋台伸。

め、四日間にわたり「保険セミナー」を行ない、本格的な生命保険外交の教育をした。講師はヘアリー・ニール副社長のほか、ロバート・エル・ゴードン日本支社長、チャール・コバヤシ・マネージャー、米国本社副社長ヘアリー・ニール氏の来日を機に、日本での韓国人保険加入者を一段と増加させるた

二百億円突破は確実
東京商銀預金で発表

東京商銀の許弼奭理事長は、七日正午、在日同胞新聞記者を招いて昼食を共にしながら、三月中に目標の預金高二百億を突破すると発表、その記念行事として来る四月一日から二十九日まで、新宿の"コマ・スタジアム"で催おされる汗利チエミ特別公演による「春香伝」を、全組合員と氏に観賞すべく一日昼夜を借り切ったことを明らかにした。

なお、商銀立川支店を来る九月に開店する準備が着々と進行しており、開店一年で二十億預金高も有望であると述べ、来年五月には錦糸町支店をも計画している、という明るい展望を披瀝した。

また職員養成施設として、目下箱根の保養地に建坪百坪の研修所を建築中で、四月中には完成を見るとの[illegible]。

そして[illegible]在日韓国人の生活[illegible]

なお東京商銀の[illegible]によれば、今年度本部の新入社員の採用予定人員は四十人であるが、七日現在約十人程新採用の枠が残っているので、希望者は今からでも応募されるようにとのことである。

韓国新聞研所長に
尹壬述氏

韓国新聞研究所は二十四日の理事会で任期満了となった李[illegible]所長の後任に尹壬述（現新亜日報常務編集主幹）氏を選出した。

記者会見する許弼奭理事長

国費本国留学生決る
ソウル師大附属高校十人

駐日大使館奨学官室では、昨年秋から日本全国の韓国人子弟の中から、本国の高等学校に国費留学生を選考していたが、このほど最終的に十人が本決りとなり、三月下旬に出発することになった。留学する本国の学校は、ソウル大学校師範大学附属高等学校で、高校を卒業すれば同師範大に入学が許可される。国費留学生は次のとおり（カッコ内は出身中学校、本籍、現住所の順）。

▽金慶国（東京韓国中、慶南、足立区関原）▽趙蒙邦（同、済州道、足立区足立）▽金豪明（同、慶北、豊島区東池袋）▽金秀鉉（横須賀武山中、慶南、横須賀市林町）▽丁明奕（千葉市加曽利中、釜山市、千葉市加曽利町）▽甲基定（大館市第二中、慶南、秋田県大館市釈迦内）▽沈大權（札幌市旭明中、慶南、札幌市南九条西十六丁）▽金永寿（旭川市常盤中、慶北、旭川市宮下通）▽許成浩（下関市文洋中、釜山市、下関市竹崎町）▽柳在勝（大阪市春日出中、慶南、此花区四貫島梅香町）

海上運賃値上り
年間500万ドル増

今年に入り北米、極東、カナダ、中南米等運賃同盟が平均一〇％の運賃値上げを行っていることから、北米地域だけで七十五万ドル、約二百五十万ドル、その他地域は二十五万ドル、約百二十五万ドル等五百万ドルの追加負担がさけられなくなった。

大学入試制改革
来年から高校

閔文教長官は七四学年度から高校、大学入試制度を改革すると発表した。高校は人文系と実業系に分け、人文系は学群制を採択、選合考査と体力検査で定員をとり、これを抽選で割当てるという。この際体力検定には総点の一〇％があたえられる。一方、大学はこれまで通り予備考査と大学別試験を行うが、必ず予備考査成績を二〇％以上、体力検査成績は一〇％を割当てなければならない。

観光地として毒されたくない
クモの巣のような漢拏山の洞窟

済州島には、かつて漢拏山が噴火をふるっていた頃のなごりである洞窟が七十一個もある。その中で一番大きいのが東部にある"万丈窟"である。その洞窟は全長七キロにも及び、そして漢拏山に通じているというから、今から二十七年前に小学校の先生が植物採集中に発見したという。そして七年前に学生たちが十一日間もかかって七キロ全部通って漢拏山から出て来たのだそうである。

一般公開されるようになったのは四年前からで、一百五十メートルの入口から案内の少年が小さなランプを一つ持って説明しながら連れて行ってくれる。この洞窟は世界最大とされているそうだが、入口から八百米の所に亀子の形の岩をした溶岩が柵にかこまれて鎮座しており、そこが一般公開の終点となっている。それから先はカメラマン二人がポラロイドカメラを持って記念撮影をしようと待ちかまえていた。ほんの入口だけということになるが、入っただけは出て来なくてはならず、出場の暗い暗やみの千二百メートルは、けっこうみんな疲れてしまうようであった。

暖かくて、産物に恵まれた、この島の済州島の、その地下が漢拏山を中心とした種々様々な洞窟七十一個も蜘の巣のように通じているなんてちょっと信じがたいことであった。

島のいたるところに日本の墓石とまったく同じような石が立っている。日本の感覚で墓だとばかり思っていたら、それは町や村のために尽くした人の記念碑だということだった。現在なお済州島では"土葬"が行なわれているそうだ。それらは個々の敷地内に土葬し小高い山を作り芝を植えてある。まるで慶州の王陵[illegible]

にげった時に見た美しい様と同じ形のミニ陵である。一人に一つずつその形の小山を作るそうで、気をつけて見ているとそれはあちこちに、一つとか二つとか並んでいた。

島の人びとのほとんどが熱心なキリスト教徒らしく、石とワラで建てた韓国の農家のような形をした家の中に、西洋式建築のキリスト教会がほうばに並んでいた。

葬儀もキリスト教神父により神式で行われのかなあと思いながら眺めたことであった。

済州島が別名三多島（石、風、女）といわれていることは、前回にのべたと思うが、その他に海に恵まれた島のこと、当然海産物にも恵まれている。そのうえ、日本から輸入して栽培された"みかん"が成功し、今や済州島のみかんは韓国本土にもどんどん送られているようである。私は果物が大好きで、食べながら旅行をした。

済州島にたった一つ無くて不自由したものがある。それは"牛乳"である。喫茶店でミルクでも注文したら大変だ。コンデンス・ミルクを薄めて白い乳を作ってしまうのである。

透明に近い白いなにしろ乳牛がいないのだから—。

気候と風景に恵まれ、石、果物、海そして、石、島ごと観光地と化してしまうのではないかと、私は[illegible]

天帝淵の下流に設けられた屋外共同洗たく場で、筆者

女の韓国ひとりあるき
画・文…サトウ・サナエ

（終）

江利チエミの春香伝

四月一日から新宿コマで

左から[illegible]、江利チエミ、松方弘樹、谷啓

李大使から激励される江利チエミ

日本のトップ・シンガー江利チエミ主演による「春香伝」が、四月一日から二十九日まで、新宿コマ・スタジアムで上演されることになり、早くもチエミ・ファンから大きな話題を呼んでいる。

韓国の古典といわれる、ラブ・ロマンの大作「春香伝」は、[illegible]オペラ「春香伝」が、[illegible]で上演されたあと、日本の舞台では、久しくその姿をひそめていた[illegible]

なお民団では、同胞たちの団体入場者のために、特別割引を交渉し、次のような決定をみた。

ひるの部　一九十名～[illegible]名まで五%。[illegible]百名～千名まで一〇%。千名～[illegible]千名まで一五%。二千名以上は二〇%。

夜の部　[illegible]十名～百名まで五%。百名～[illegible]百名まで一〇%。[illegible]千名以上は[illegible]%。

李朝を背景とした悲恋物語の古典

ものがたり

[illegible]

李朝の美＝民芸（毎日新聞社の超豪華本）

毎日新聞出版局から、超豪華本「李朝の美＝民芸」が刊行された。[illegible]たちの間で、多くの話題をまきおこしている。

岡本太郎、[illegible]

張遇聖東洋画展

韓国東洋画の第一人者である張遇聖画伯の個展が、[illegible]九日から十四日まで開く。

〈張画伯略歴〉

一九四四年～朝鮮美術展覧会特選受賞。一九四九年～ローマ国際美術展に韓国代表として招待出品（現在バチカン市収蔵）。一九七〇年～韓国芸術院会員となり[illegible]。一九六四年～ニューヨーク、ワシントン・スクオー画廊で個展[illegible]。一九六[illegible]年～アメリカ国務省画廊にて個展開く。一九九九年～ソウル特別市文化賞受賞。

（写真は作品「[illegible]」）

▣会期＝1973年3月9日〈金〉―14日〈水〉
▣会場＝東京・銀座松屋7階画廊

主催　張遇聖後援会代表 松丸 長
　　　社団法人 日韓親和会
後援　駐日本国 韓国公報館
　　　毎日新聞社

日本文化の実体を知る
―岡本太郎氏の序文から―

岡本　太郎氏

朝鮮の民芸芸術は私を強烈にひきつける。無邪気で、ふくらみきっている。そればかりでなく、ふいようのない透明な生活感がある。

色も形も、決して固定していない。いつでも爽かに流れている。それは中国文化のがっちり動かない完結した表情の古典性とも違うし、また日本の伝統芸術に見られる、技巧的な形式主義とも違う。まことにこだわりのないつきぬけてしまった軽やかさがあるのだ。

ふと、北方ユーラシアの草原の方から、透明な風が流れてきて、心の中から抜けとおるように感じられる。

農民の[illegible]、素朴だが、だからかえって生活感がそのままふき出した表情だ。

（写真は、同書から[illegible]）

林慶業将軍傳（一）

訳　洪　相　圭
編　八　東　周　吉

一、知・勇兼備の武将

李氏王朝もようやく太平のみ代に馴れ、武を疎んじ文弱に流れる気風が上・下の別なく、はびこりだした中宗朝、仁祖王朝に、ひとりの不世出の英傑があらわれた。

忠清道、忠州、達川村生まれの林慶業将軍が、その人である。

幼い時から遊ぶことが好きで、遊びとなれば必ず戦ごっこであり、自ら大将であった。陣将を構えて旗鼓を従え、村のはなたれ小僧どもを二隊に分けて、その一方の将となり、下知采配もよろしく号令叱咤する有様は、天晴れ名将の将来を約束していたのである。

雨もふらずに敵陣に攻め寄せ、獅子奮迅する慶業の戦ぶりに、村の大人たちも思わず目を見張り、口さがない者どもを一言の下に威服させ、戦法と軍紀を保つのを見て、あの餓鬼の将来、畏るべきものがあると、舌を巻いたものであった。

九つになって、始めて学に志すようになり、これも人に負けまいと書見にいそしんでいた。ある日、ふと楚の覇王、項羽の豪語と伝えられる文句が目についた。

「文はおのれの姓を書ければ足る。剣は万人に当たる。馬ぞ学ぶに足らんや」と。

「やあ、本当にすばらしい意気ごみだ。大丈夫の心構えとはまさにこれに他ならない」

と目がさめたような気がして思わず膝を打ち、千年の往古に知己を得たかのように喜んだ。

不幸にも父を早く失ったので大望に燃えていた慶業も、やむなく一時志をまげて家業にたずさわるより仕方がなかった。

母をたすけて弟を慈しみ、夜明けから夕暮れまで人も嫌がる野良仕事を、せっせと精身惜しまずに働く慶業の姿は、村の模範と謳われ、孝子の鑑と讃えられた。

成長するにつれ抜群の知略が頭角を現わしただけでなく、寛仁大度の天性は、その大らかな気質態度と相まって、人の長に足る充分な素質を示していた。

慶業はいつも口ぐせのように、

「大丈夫、生をこの世に受けたからには、宜しく身を立て名を揚げ、父母の誉れを高からしむるはもちろん、東征西伐、君に忠誠を尽くすことこそ、男の本懐である。

どうして一介の村夫子として、草葬のうちに朽ち果てることができようぞ。われ武をもって身を立て、経世済民の実をあげようぞ」

と、いっていた。それで剣術は勿論、槍術・馬術等、武芸のあらゆる[illegible]の修業に、身を入れておさおさ怠らなかったから、この血の出るような努力が実って、二十四歳の時、科挙（人材登用試験）武科（武官）に応試して、見事に首席合格の金的を射落とすことができた。

その時のしきたりにならって、王賜の桂の花を頭にかざし、錦の衣をまとって都大路をねり歩いた。道行く人も思わず立ち止まって、秀才の晴れやかな姿に心からの喝采を惜しまなかった。祝福する人たちに囲まれた都の[illegible]日は瞬く間に過ぎ去り、郷関に錦を飾る日がきた。

わが子の晴れ姿を一目でも早く見ようと、機織る母は裸足で飛び出し、野良仕事をしていた弟らは鋤・鍬を投げ捨てて兄を出迎えに走った。

母子兄弟は感激の面を濡らしながら、迎い迎えられ、うれし涙の果てには、亡くなられた父上に一目でもと、故人をしのぶもえい泣きとなった。

母を囲んだ五人兄弟のその日の夕餉はどんなにうきうきと楽しかったことか。次から次へと話は弾み、夜の更けるのも忘れて、川に遊び山を歩いた幼いときのことをふりかえり、希望に輝く未来を描いて、尽きることを知らなかった。また父の墓前にぬかずいた慶業は、今日の光栄の因を父に帰して、敬慕にその恩を謝し、万感の極きに咽いるに、一死をもってすることを固く誓った。

征軍の先遣、家門の日下の人を、一々、尋ね、竹馬の幼馴染と旧を懐しんだ慶業は、大任が待っている都に向かって故郷を発った。

慶業は[illegible]州判（現今の国防長官・防衛庁長官の機能と似ている）の推薦によって、白馬江万戸（武官の職位で、地方駐屯軍の重要な部署の一つ）が授けられた。

慶業は[illegible]んで命を受け、聖恩のかたじけなさを謝して御前を退がり、直ちに任地に赴いた。

威あって猛からず、厳にして慈しみのある慶業の人となりは、官民が挙って慕うところとなったから、部下の官卒軍兵は、強いられる前に心服し、命の行き届くことは、風に靡く草木のようであった。

不用の労役を省いて部下をいたわり、官の横暴を制肘して氓民の安寧を図る一方、非常の事態に備えて、武を練らしめたから、ここの氓民で刀槍の用法を知らない者はなく、また、飢饉に備えて屯田の実をあげたから、どんな大凶に会っても、この領内では飢え死する者を出すことはなかったのである。

慶業の令名は全国に轟き、ついに、聖上の[illegible]聞にも達するようになった。慶業の人となりを深く信じた右議政（右大臣）元斗杓は、慶業の登用をすすめてより重職につけるように上奏した。

韓國新聞
在日大韓民国居留民団
中央本部機関紙
韓國新聞社
発行人 金正柱
東京都文京区春日町
2丁目20−13
電話(815) 1451〜3
〃(813) 2261〜5
振替口座 東京 163774

民団綱領
一、われわれは大韓民国の国是を遵守する
一、われわれは在留同胞の権益擁護を期する
一、われわれは在留同胞の民生安定を期する
一、われわれは在留同胞の文化向上を期する
一、われわれは世界平和と国際親善を期する

出入国法案に至大な関心

慎重な国会審議望む
なりゆきみて民団態度決める

朴性鎮委員長

民団中央の朴性鎮法的地位委員会委員長は、十五日、談話を通じ過去三回に亘って日本政府が国会に提出しながら成立しなかった出入国法案を四たび今国会に提出する方針を決めたことは、在日六十万同胞の至大な関心事であると語り、出入国法案の原案全文を入手次第慎重に検討のうえ民団の態度を決めることを明らかにした。ついで朴性鎮委員長は、各新聞紙上に論評された同法案の内容にふれ、問題点になる「第四、外国人の在留資格」の項に規定された「中止命令」に関しては、特別在留許可者の在留資格を究明するに当り、簡単に規定される問題ではない。法務省でも国会審議の過程で変更される可能性もありうることなので慎重に対処すべきであり、また従来よりは緩和された点もあるので国会審議のなり行きを注目する次第であると語った。出入国法案(法務省原案)の要旨は別項の通り。

朴性鎮法的地位委員長談

なお、同法案は、十二日の自民[illegible]で法案を決定したので[illegible]閣議で了承を得、十六日の[illegible]提出する。

新法案の内容は、現行の出入国管理令や前回の旧法案に比べると①在留資格を決める身分あるいは活動の範囲を広げ、活発化する経済活動や国際交流に適切に対応できるようにするの在日外国人の活動の種類や場所などに対する指定制度を削[illegible]②[illegible]の事情から旅券を持てない外国人に対して、承認国なみに扱う便法をとる③在留資格外活動に対する中止命令制度を削[illegible]する、などが新たに加えられている。

第二回南北調節委

実質討議15日終る

十五日朝から平壌の牡丹峰招待所で開かれた第二回南北調節委員会の話合いは、同日午後七時五十分に終った。会議は非公開で行なわれ、その内容は[illegible]中には発表されなかった。

会議終了後、韓国側のスポークスマンは[illegible]「[illegible]行われた」と語ったというが、「[illegible]」会談内容は十六日[illegible]前に発表される見通しとしている。

中央委員会召集公告

第二十一回定期中央委員会を次の通り召集する。

一、日時　一九七三年三月二十二日午前十時から二十三日まで二日間。
一、場所　日傷会館
　東京都新宿区市ケ谷本村町四二
　電話(03)二六九―八一五一番
一、議題　①活動経過報告の件　②七三年度活動方針案審議の件　③規約修正の件　④中央綜合会館建設の件　⑤決算報告及び予算案審議の件、其他

一九七三年三月十二日
在日本大韓民国居留民団
中央本部議長　朴太煥

国会議長に丁一権議員
金鍾泌国務総理　閔復基大法院長　認准
十二日、九代維新国会開院

丁一権国会議長

金鍾泌国務総理

閔復基大法院長

「十月維新」体制で発足した第九代国会が、十二日午前十時から開会、最年長者である鄭一亨議員の司会で国会議長に丁一権議員(共和)、副議長に金振晩議員(維政)を選出した。

また、朴大統領の大法院長と国務総理任命同意要請案を、十三日本会議に上程、大法院長に閔復基氏、国務総理に金鍾泌氏を在籍議員過半数出席、出席議員過半数の賛成で議決した。

慶州観光開発
世銀調査団四月来韓

慶州に四千室の観光ホテルと観光施設建設のため二千二百万ドルの借款を世銀に申請したが四月初め世銀調査団が来韓のはこびとなった。

肥料など施設拡張

商工部は輸出需要が増えているのに国内供給が間に合わない肥料、セメント、合板、繊維類、鉄鋼板、綿子製品、玩具等の生産施設を拡充する方針をきめた。

祖国建設はセマウル運動で
民団組織はセマウム運動で

一千万ドル借款
アパート千百余世帯着工

大韓住宅公社はAID保証により米[illegible]から[illegible]年据置、年利七・五%の一千万ドル借款の確約をうけたので、五階建アパート四十三棟、一世帯当り二十三坪、一千六百六十六世帯分の建築に四月初め着工する。資材は九〇%を国内でまかなう。

民団中央の特別委
統一・規約修正・法対委など活動展開

民団中央本部では、統一問題、規約修正、法的地位委員会などを設け、活動を展開しているが、各委員会のメンバーは次の通りである。

◇統一問題特別委員会
委員長＝曺寧柱
幹事＝朴性鎮
委員＝金正柱　尹奉啓　張聡明　金英浩　朴太煥　尹致夏　文慶韶　朴鐘　孫性祖

◇民団規約修正委員会
委員長＝張聡明
幹事＝朴性鎮　呉敬福
委員＝金正柱　李彩雨　朴炳憲　朴太煥　崔成源　鄭[illegible]　金致淳　崔学阜　丁海竜　金泰変　朴述作

◇法的地位委員会
委員長＝朴性鎮
委員＝金正柱　張聡明　三　金晋根　辛容祥　文慶韶　尹致夏　安八竜　李麟基　許弼奭

民団中央綜合会館
建設委員会発足

二月十七日正午より、東京商銀本店会議室において李澔大使、中央団長共催によって全国有志約七〇名を招待し、民団中央綜合会館建設委員会が盛大に発足された。

既報の如く、中央会館建設問題は約一〇年の過程において推進継続され、去る七二年十二月二十六日土地問題が解決され政府名義に登記された。これから本建設に取りかかる事の実現段階にある為、同委員会の人事問題は、特に慎重に取扱われただけあって、発表を前に全国有志者の人事構想に対する了解と、今後の積極的支援をもとめたものである。

姜信満議員抱負
在日同胞と母国の関係強固に

在日同胞の中から唯一人第九代地域区選出国会議員の栄誉を射止めた姜信満議員(全南順天・求礼・昇州)は既報の如く民団大阪本部姜桂重団長の令弟であるがこのほど「在日同胞と民団との関係を一そう強固にしながら韓国民主主義の土着化に寄与する」との抱負を明らかにした。なお、同議員は共和党入りが伝えられている。

二月末通貨量
五、七二三億ウォン

経済企画院は朴大統領への月例報告で二月末の通貨量が五千七百二十三億ウォンで今年に入り一二・四%、一年間に五七・八%が膨張したことを明らかにした。また国内与信は一兆六千三百十七億ウォン月間三百七十八億ウォンが増加、外貨準備高は六億九千三百七十万ドル、月間五百三十万ドルが減少したとも報告した。

電話施設財政借款

閣議はこのほど市内電話施設拡張のため三千万マルク、送配電施設導入の一千八百五十万マルク等四千八百五十万マルク(約一、七三〇万ドル)の西独財政借款協定を承認した。条件は十年据置後二十年分割償還、年利二%。

韓日経済協力委、協力申合せ閉幕

六日から朝鮮ホテルで開かれていた第五回韓日民間経済協力委が八日、両国経済関係を一そう拡大するため努力するという共同声明を発表し三日間の幕を閉じた。韓国側朴斗秉団長以下四十人、日本側植村甲午郎経団連会長以下三十五人が出席した。植村氏等四人の本代表は七日大統領を表敬訪問しており八日共同声明を発表し帰国した。

貿易拡大へ
ECと特恵関税調整交渉

政府は英国等三カ国のEC加入を機会に欧州貿易を拡大するためUNCTAD特恵関税とガット関税譲許品目に対する全面的調整交渉を進めることになった。ECは英国等加入で域内共同関税調整作業を進めているがその過程で韓国輸出品に対するこれまでの特恵関税や関税譲許品目が部分的に廃止されるか税率が引上げられないよう交渉を進め、万一除外される品目が出た場合は他の品目の税率を引下げるよう要求する方針である。

中央本部人事

任　経済局次長兼中央綜合会館建設委員会事務局次長　柳乙祚
二月十四日付

「出入国法案」の要旨

日本政府が、四度目の国会提出をすることになった「出入国法」(法務省原案)の要旨は次の通り。

第一　総則

【外国人の在留資格】外国人が特定の身分を有する者として本邦に在留し、または特定の活動をすることができる者として本邦に在留することができる資格を「在留資格」といい、その在留資格は、次の身分または活動のうちから一もしくは二以上の活動を指定して定める。

▽外交官、公用者、永住者、日本人・永住者の家族、一般在留者の家族または観光・保養・業務連絡等を目的として短期間本邦に滞在する者。

▽国際交流を目的とする団体の管理業務、外国より派遣されて行なう宗教活動もしくは技術研修、教育機関等における研究・学術研究の指導・教育もしくは取材活動、報道・学術・芸術・教育・研修・経済に関する活動で政令で定めるものまたは興行・労働・医療・保健に関する活動で政令で定めるもの。

第二　外国人の入国＝略

第三　外国人の上陸

【上陸許可】

▽上陸許可の要件

上陸許可は、在留資格を定めるべき身分を有し、または在留資格を定めるべき活動をしようとする外国人で旅券を受け、かつ、事前認定を受けているものに対してすることができる。

なお、条約または政府間の取り決めにより査証を免除されている者は査証を要しない。外交官、公用者、観光・保養・スポーツ・業務連絡等を行なう目的をもって短期間本邦に滞在する者として入国するため在留資格の決定を受けようとする者及び政令で定める一定の要件に該当する者は事前認定を受けていることを要しない。

▽上陸拒否事由

伝染病患者、ライ患者、精神障害者、麻薬中毒者、公共負担のおそれがある者、刑罰法令違反者、麻薬・覚せい剤取締法令違反者、麻薬・覚せい剤不法所持者、売春従事者、不法入国ほう助者、刀剣類等の不法所持者、かつて本邦から退去を強制された者、暴力主義的破壊活動者もしくはその団体関係者または法務大臣において日本国の利益もしくは公安を害する行為を行なうおそれがあると認めるに足りる理由がある者。

▽特別上陸許可

法務大臣は、上陸許可の要件に該当しない外国人または上陸拒否事由に該当する外国人であっても日本人の親族でその扶養を受けているもの、本邦に本籍を有したことがある者、再入国の許可を受けて出国していた者で本邦に生活の本拠を有しているもの、その他特別に上陸の許可を受けるべき事情がある者には、特別に上陸を許可することができる。

特別上陸許可をする場合には、在留資格及び在留期間を決定する。付与すべき在留資格として該当するものがないため在留資格を決定することができない者については、三年をこえない範囲内で在留できる期間を決定するものとし条件を付することができる。

第四　外国人の在留

【在留の原則】

▽在留と在留資格

外国人は在留資格を有する者として、または在留活動をする者として本邦に在留するものとする。

▽資格外活動の許可

在留資格を有する外国人(永住者及び日本人・永住者の家族を除く)は、他の在留資格に係る活動をする場合には、法務大臣の許可を受けなければならない。

▽中止命令

地方入国管理官署の長は、日本国の機関において決定した政策の実施に反対する公開の集会もしくは集団示威運動の主催もしくは指導、または右の政策の実施に反対するよう公衆に対しせん動する演説もしくは文書図画のはん布等一定の政治活動をした外国人(永住者を除く)に対して、当該行為を中止し、または同種行為を反復しないよう命ずることができる。地方入国管理官署の長がこの命令をしようとするときは、あらかじめ法務大臣の承認を受けなければならない。

【在留資格の変更等】

▽特別在留許可

法務大臣は、外国人が退去強制事由に該当する場合でも、その者が日本人の親族でその扶養を受けているものであるとき、本邦に本籍を有したことがあるとき、永住者として在留していたものであるとき、その他特別に在留の許可を受けるべき事情があるときは、その者に対し、在留資格、在留期間を定めて特別に在留を許可することができる。

▽在留外国人身分証明書

法務大臣は、韓国籍者等で旅券を取得することができない特別の事情のある外国人に対し、在留資格変更許可、永住許可、在留資格取得許可、特別在留許可、再入国の許可等をする場合には、在留外国人身分証明書を発給する。在留外国人身分証明書は、この法律の規定の適用については、旅券とみなす。

第五　外国人の出国＝略

第六　再入国＝略

第七　退去強制

【退去強制の対象者】

不法入国者、不法上陸者、仮上陸中の逃亡者、退去命令違反者、在留資格未取得者、不法残留者、中止命令に違反した者、在留資格を変更することなくもっぱら資格外活動を行なっている者、ライ患者、精神障害者、麻薬中毒者、公共負担者、外国人登録法令違反者、麻薬・覚せい剤取締法令違反者、売春防止法令違反者、刑罰法令違反者、不法入国ほう助者、暴力主義的破壊活動者もしくはその団体関係者または法務大臣において日本国の利益もしくは公安を害する行為を行なったと認定する者について、本邦からの退去を強制することができる。

なお、永住者は、ライ患者、精神障害者、麻薬中毒者または公共負担者であることを理由に退去を強制されない。

【審査、口頭審理及び異議の申し出】

▽異議の申し出と裁決

口頭審理の結果、退去強制の対象者であると認定された容疑者は法務大臣に対し、異議の申し出をすることができることとし、法務大臣は、これに対して、裁決を行なう。この場合において、法務大臣は、異議の申し出が理由がないと認めた外国人について、その者に特別在留許可をするかどうかを決定する。

【退去強制令書の執行】

▽退去強制は、地方入国管理官署の長が発付する退去強制令書によって行なう。

地方入国管理官署の長は、退去強制の対象者である旨の認定に服した者、異議の申し出をしたが法務大臣から異議の申出が理由がないと裁決された者等に対し、退去強制令書を発付しなければならない。

▽任意退去と送還

退去を強制される者は、退去強制の執行が開始された日から十五日を経過する日(退去強制者がその前日)までの間に、自らの費用により自ら本邦外の地域に退去することができる。

[illegible]

退去をする意思のないことが明らかな場合にするものとする。法務大臣は、裁決を行なった日を経過した後においても許可をすることができる。

▽送還先

入国警備官による送還をする場合の送還先は本国を原則とするが本国に送還することができないとき、または[illegible]国を申し出ないとき、または希望する国に送還することができないときは、できる限り本人の意思を尊重し、[illegible]その他の国を送還先とすることができる。

第八　船長等及び運送業者の責任＝略

第九　日本人の出国及び帰国＝略

第十　管理機関＝略

第十一　補則

▽被収容者の自由

入国者収容所または収容場に収容されている外国人は、安保上支障のない範囲内で、できる限りの自由が与えられなければならない。

[illegible]

戦前から引き続き在留する朝鮮人、台湾人及び平和条約の発効の日までに生まれたその子(以下これらの者を「昭和二十七年法律第百二十六号第二条第六項該当者」という)は、この法律施行後も引き続き在留資格を有することなく在留することができる。及びこれらの者に、永住を許可することができる。

【特定の者に対する再入国の許可等の特例】

▽昭和二十七年法律第百二十六号第二条第六項該当者及びその子並びに日韓協定による永住者については、中止命令の規定を適用しない。

▽昭和二十七年法律第百二十六号第二条第六項該当者及びその子並びに日韓協定による永住者で再入国の許可を受けているものについては、これらの者が再入国して上陸許可を受けるに際し、伝染病患者、ライ患者、精神障害者、麻薬中毒者または公共負担のおそれがある者であることを理由に上陸を拒否しない。

▽昭和二十七年法律第百二十六号第二条第六項該当者及びその子については、資格外活動の制限につき永住者と同様に取り扱い、かつ、ライ患者、精神障害者、麻薬中毒者または公共負担者であることを理由に退去を強制しない。

▽昭和二十七年法律第百二十六号第二条第六項該当者の子及びその子については、在留の延長に関する手数料を免除する。

家庭儀礼から虚礼一掃

花環・披露宴など厳禁

「家庭儀礼に関する法律」六月施行

政府は、家庭儀礼準則に関する法律を、「家庭儀礼に関する法律」に改正、冠婚喪祭礼及び還暦宴などにおいての浪費や悪習などに対しては五十万ウォン以下の罰金に処することを規定、三日、施行令とともに公布した。維新家庭文化の確立をめざし、浪費と弊風を一掃する目的を持つ同法は来る六月一日から施行されるが同法では虚礼虚式行為を①招請状または訃告など印刷物による個別告知②花環、花盆、これと類似の装飾物の陳列または使用③答礼品の贈与④屈巾祭服の着用⑤輓章の使用⑥慶弔期間中、酒類および飲食物による接待など六個事項に規定した。処罰の対象は、婚礼または還暦宴においては、その当事者、喪礼においては祭主であり、屈巾礼服着用者と規定している。

もし、処罰対象が十四才未満のばあいには、親権者または後見人を罰し、また当時者、主喪などの意思に反して、別途に、禁止事項を違反したときには、その行為者を罰することになっている。この法は、また家庭儀礼準則を家庭儀礼審議委員会の審議をへて大統領令で定めるようにし、国家または地方公務員および政府管理企業体の、役職員は家庭儀礼準則を率先垂範して、実践すべきであると規定した。しかし、この法は婚葬礼、還暦宴において最小限の儀式は守るように施行令で規定①葬儀場、礼式場に左右一個づつの花環、花盆、花輪を陳列することと②婚礼当事者とその父母および新郎人が花をつけること③婚礼または披露宴において、家庭で飲食物を提供すること。④喪礼において、運柩、墳墓造成などに参与するか、葬地まで同行した人にたいする飲食物接待は許した。施行令は、また招待と訃告において、事後の告知は許容し、茶菓類と清涼飲料などは飲食物制限から例外とし、禁止事項のうち、装飾物は、テープ、花物、彫刻物など規定した。

保社部は当初、現行家庭儀礼準則の禁止事項である約婚式、成服祭、路祭、返虞祭、再虞および三虞祭、も処罰対象に含ませようとし

保社部当局者は招待状、訃告などのばあい、新聞公告または、印刷物でない書信通知などは許容されるとのべた。

この法は、また今まで申告制であった礼式場、葬儀社、結婚相談社などの営業を保社部長官の許可制にかえ、施設基準、賃貸料、手数料および営業順守事項を、保社部令で定め、これら業者での花環花盆など装飾物、陳列使用を禁止違反のばあいには、無許可営業は一年以下の懲役、または五十万ウォン以下の罰金、その他のばあいは許可取消しまたは、六月以下の営業停止処分をするようにしている。

家庭儀礼の法制化は五千年にわたってはびこって来た非合理と浪費の打破のための維新課業の一環である。写真は農村のすみずみを視察激励する朴大統領

招待状・訃告状などに罰金

屈巾・祭服・酒類接待も処罰

家庭儀礼に関する法律(全文)

第一条（目的） この法は、家庭儀礼において虚礼虚飾を一掃し、その儀式手続を合理化することによって浪費を抑制し、健全な社会気風をふるいおこすことを目的とする。

第二条（定義） この法で「家庭儀礼」というのは家庭の儀礼として行なう婚礼、喪礼、祭礼、還暦宴などをいう。

第三条（家庭儀礼準則） ①家庭儀礼の儀式手続は、第二項の規定による準則にともなって厳粛で簡素に行なわなければならない。

②家庭儀礼の儀式手続に関する準則は、家庭儀礼審議委員会の審議をへて、大統領令で定める。

③国家または、地方自治団体の公務員および政府管理企業体の任職員は、家庭儀礼準則の実践に率先垂範しなければならない。

第四条（虚礼虚飾行為の禁止） ①誰でも家庭儀礼において、次の各号の行為ができない。ただし家庭儀礼の当事者にてらし、合理的な範囲内で、大統領令が定める行為はのぞく。

1、招待状、または訃告状など印刷物による個別告知

2、花環、花盆、これと類似の装飾物の陳列または使用、

3、答礼品の贈与

4 屈巾祭服の着用

5、輓章の使用

6、慶弔期間中、酒類および飲食物の接待

②第1項の規定は、国家または地方自治団体の機関名義や、会社または、団体の名義で行なう葬礼のばあいにも適用する。

第五条（儀礼式場などの営業） ①家庭儀礼を行なう式場を提供し、賃貸料を受けるか、葬儀に所要となる器具・物品などを販売または賃貸するか、結婚相談または仲介行為をすることを業とする者は保健社会部長官の許可をうけなければならない。許可事項を変更するばあいにも同じである。

②第1項の規定による営業の種類、施設基準、賃貸料、手数料または営業者の順守事項その他必要な事項は保健社会部令で定める。

第六条（廃業申告等） ①第5条第1項の規定によって許可をうけた者が休業または廃業しようとするには、保健社会部令が定める所によってこれを申告しなければならない。

②第7条第1項の規定による営業停止処分期間中に提出された廃業申告は、当該営業停止処分期間終了の日に提出されたものと見なす。

第7条（許可の取消しなど） ①保健社会部長官は第5条第1項の規定によって許可をうけた者が、次の各号の1に該当することになった際には、その許可を取消すか一月以上六月以下の範囲内で期間を定めて、営業の停止を命ずることができる。

1、許可をうけたのち、三ヵ月が経過しても、開業しなかった時

2、第4条第1項第2号の規定を違反した時

3、第5条第二項の規定による施設基準や遵守事項を違反した時

4、その他、この法またはこの法による命令を違反した時

②第1項の規定によって許可の取消し処分をうけた者に対しては、その処分をうけた日から、六月が経過しないかぎり、第一の営業許可もしない。

第8条（家庭儀礼審議委員会など） ①保健社会部長官の諮問に応じて、家庭儀礼に関する事項を調査、研究、審議するため家庭儀礼審議委員会を置く。

②家庭儀礼準則の普及・実践を推進するため、保健社会部長官所属下に、中央家庭儀礼実践推進委員会をソウル特別市・釜山・道と市（区を含む）・郡に地方家庭儀礼実践推進委員会を置く。

③第1項と第2項の規定による家庭儀礼審議委員会と各級家庭儀礼実践推進委員会の構成・職務・運営および経費に関して必要な事項は大統領令で定める。

第九条（罰則） 第5条第1項の規定による許可をうけずに営業を行なった者は、一年以下の懲役または五十万ウオン以下の罰金に処する。

第10条（同前） ①第4条の規定に違反したばあいには、次の各号の者に対して五十万ウオン以下の罰金または科料に処する。ただし同条第二項の行為中、国家または地方自治団体の機関名儀で行なうばあいはこれを除く。

1、婚礼または還暦宴においてはその当事者

2、喪礼においては主喪、ただし第4条第1項第4号違反のばあいには、その着用者

3、祭礼においては祭主

②第1項各号の1に該当するものが十四歳に達しなかった者のばあいには、その親権者または後見人を処罰する。

③第1項各号の1に該当する者の意思に反して、別にその行為をしたものがあれば、その者に対して処罰する。

第十一条（権限の委任） 保健社会部長官は、この法による権限を大統領令の定める所によって、ソウル特別市長、釜山市長または道知事に委任することができる。

第十二条（施行令） この法は一九七三年六月一日から施行する。

付則

①（施行令）この法は、一九七三年六月一日から施行する。

②（経過措置）この法施行当時第5条第1項の規定に該当する営業を経営している者は、この法施行日から三月以内に、この法による施設をそなえ許可をうけなければならない。

九代国会の使命は

韓族自身の民主主義確立

朴大統領国会開院致辞

朴正熙大統領は、十二日午後、第九代国会開院式に参席、あいさつを通じて「民主主義は、国家民族の歴史的乃至は文化的伝統を背景とし、その国の国力を土壌として生成発展する一つの制度であり、歴史的産物」であると強調し、「われわれが民主々義を実践ずる目的は、他のためでなく、他に見せるためのものでもなく、ひたすらわれわれ自身のため行なうものである」と力説した。

朴大統領は、「われわれが、民主々義をたっとび、愛する心が大きければ大きいほど、民主々義が発展する土壌を、すべてをかけて培っていかなければならない」と強調し、「その国力こそが、すなわち国力であり、国力が培養されることによって、はじめて民主主義の花は満開するものである」とのべた。

朴大統領は、ついで「生産的な政治とは、あらゆる政治活動と政治行為が内には国力培養に寄与し外には国家利益を、守護発展させるのに寄与させるもの」と指摘し、ながら「このような生産的な政治をするため、われわれの実情にかなう民主々義を育成発展させて行こうとするのが、まさに十月維新の目的である」と規定した。

朴大統領は、また虚飾と派争、非能率、そして形式への執着をたち切り、ひたすら維新理念で固く団結し、今日に生きるわが世代の当面課題である民族の繁栄と国力培養を加速化しようと提唱した。

朴大統領は、「第九代国会開院は、法によって作られた民主々義の神話から、果敢に脱皮し、われわれの実情に適うわれわれの民主々義の花をおこす歴史的関門である」と指摘し、「わが憲政史上、最も国家観が確立し、国力培養に寄与する能率的な国会となることを信ずる」とのべた。

共和党幹部役員任命

党議長署理李孝祥氏

朴正熙共和党総裁は、九日、共和党政策委議長に朴俊圭議員、院内総務に金龍泰議員、中央委議長に張炯淳議員をそれぞれ任命する人選をおえた。

定員十五人の党務会議は、李孝祥（党議長署理）、吉典植（事務総長）、朴俊圭（政策委議長）、金龍泰（院内総務）、張炯淳議員（中央委議長）、任所長官）、総務兼任党務委員である白南檍議員と柳相浩、具学錫、金鍾哲、李炳玉、陳賈錫、張栄淳、申鉉植議員など無任所党務委員八人で構成された。

これとともに、党政策研究室長は李海元議員が兼職することになり、代弁人には李海元議員が任命された。

李党議長署理と吉事務総長は、要職任命発表に先だち、この日の午前、青瓦台を訪問、朴正熙総裁から人選内容に対する最終的な裁可をうけたことによってとりきめられたのである。

韓国のGNP上昇度世界一

米国際開発処発表、五年に二百%

米国際開発処（A・I・D）はこのほど、世界でGNP（国民総生産）および年間売上げの多い国百ヵ国と上位の大会社を発表したが、この中で韓国は一九六五年には六十四位だったのが一九七〇年には四十三位にはね上がり、六五年から七〇年までの五ヵ年間にランキング上昇が最も早い国だったと指摘された。

AID調査によると、韓国のGNPは一九六五年から一九七〇年の間に二〇六・五%増加したが、これに対し、北韓のGNPは四〇%、そして日本のGNPは三二一・六%上がった。

この期間中に韓国に次いでランキング上昇速度の早かった国はユーゴスラビアで三十三位から二十五位に上がり、そのGNP上昇率は一一八%だった。そのつぎが台湾で台湾のGNPは九八・四%ふえたことにより六十八位から六十位に上がった。

なお、年間売上高が韓国のGNPよりも多かった大会社は、一九六五年には十八社もあったが、一九七〇年には六社に減った。この六社は米国のゼネラル・モーターズ、米電話電信公社、スタンダード・オイル、フォード自動車、ロイヤルダッチ・シェルおよびシアーズである。

お知らせ

平安道人の皆様に

平安南北道出身者で親睦会をもちたいと思います。関心ある方は、左記に御連絡のほどをお待ちしております。

東京都港区赤坂三ノ二ノ六 パゴダ物産株式会社 電話四〇三（五八四）一〇〇七 朱英俊

新聞配達求む

読売新聞足立地区販売所では、つぎのように新聞配達の方を求めています。

一、勤務時間 朝四時〜七時までと、夕四時〜七時まで

二、手当 本給三万円、集金手当五千〜七千円、個室六畳一室および食事提供ならびに暖房料負担

東京都足立区青井六の十六の十六、読売新聞五反野販売所 早川秀次郎

連絡は東京都足立区西新井本町四ー一五九（898ー〇九一二）朴栄喜まで

尋ね人

☆金政淳さん（45才）

目黒区で去年の九〜十一月に住んでいた方。ご存知の方は、東亜日報日本支局（五七一ー七七三七）申用淳まで

☆全ハックスさん（男・60〜70才）

☆全トスさん（男）

☆全奉沢さん（男）

本籍 慶北慶州郡クワンチャン面 40年ほど前まで新潟県新津に住んでいた方で、弟天徳さん、幸徳さんらがさがしています。ご存知の方は、東京韓国学校（三五七・二二三三）尹幸子さんまで

☆金実景さん（59才・金洪述さんの兄弟）

☆金子政夫（夫）

☆金子貞子（妻）

門司市田野浦自治造船所社宅内に住んでいた金子さん夫婦をご存知の方は、釜山市東莱区明倫洞一〇四番地郭徳錫さんか、民団中央本部民生局まで

☆鄭四俊さん（木村新次郎）

60才位の方で、愛知県名古屋市港区木場町三ノ23ー2に住んでいたことがあり、長男は木村水述(33才)。ご存知の方は東京都港区高輪一ノ十九ノ十一、ハイツ清正苑一A、慶三熙さん（電東京四四五・四八九四）まで。

本籍地・慶尚北道泗川郡十番一里 妻さんの朴徳生さんが夫の柔鳳さんを嫁がせ度たがらに待っています。ご存知の方は韓国釜山市中区塩州洞五〇三番地十五統四班李圭白さんか、民団中央本部民生局まで

嫁きたし

当方、ソウルの女子高卒・幼稚園保母および児童舞踊教師経験十四年、いたって健康、39歳。温厚、誠実で健康な男性を望む。問い合わせは、韓国新聞（〇三ー八一五ー一四五一）まで

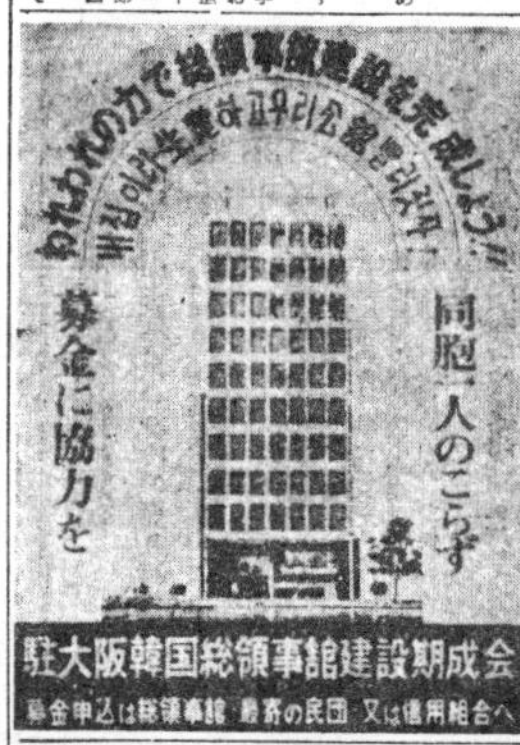

韓国仏教、米大陸で布教

ロスアンジェルス ニューヨーク に寺院

仏法説く在日弘法院の李行願師

東洋思想、梵語でいう（マハパニヤ、パラミルダ……）一切衆生の煩悩を解脱して、精進世界を希う般若心経の木鐸が、法堂にひびくなかで、達磨禅院（院主韓梓正）が、ロスアンジェルスで開院した。二月三日、午前十一時、フォース・アベニュー一、〇一六にある達磨禅院開院式は、五十余信徒の参席裡に住職の韓梓正師の開院辞ではじめられた。

布教をはじめた行願師（国際仏教学会顧問・大韓仏教曹渓宗在日弘法院長）は「心の中におわす仏をたずね、真理を悟ることこそ極楽と"ねはん"にいたる唯一の道」であると説き、達磨禅院がロスアンジェルスに仏法の宗十を築く求心点たることを託した。

在米信徒の多い達磨禅院が、アメリカのロスアンジェルスで開院されたのは、韓国仏教の大宗である大韓仏教曹渓宗の教理と教勢が、世界にひろまる足場の一つを築いたという点で、意義深いことと言えよう。

なお、ニューヨークにも三年六月在米仏教弘法院が設立され、米人信徒三百名が入信して勤行につとめているが、東洋の宗教としての仏教、とくに、大韓仏教に対する関心の高まりはそうとうなもので、今後、彼地の大学にも仏教学科創設を望む声が高いとのことである。

東京文京区所在の在日弘法院（院主李行願師・電話八一四ー六五一六～七）が米国仏教伝導の足場となっている点在日同胞として特別な関心をいだかざるを得ない。

五億五千万ドル目標

駐韓日商社輸出

駐韓日本商社の今年の今年度輸出計画は五億五千四万七千ドルで二十三億五千万ドルの年間目標の二三・四一%を占めている。二十三の日商社別には三井物産、三菱商事が各一億一千万ドル、丸紅一億ドル、伊藤忠八千二百八十五万ドル等で輸出先は日本二億八千三百七十六万六千ドル、其他地域二億六千六百二十八万一千ドルとなっている。なお、右二十三社による昨年の輸出実績は三億五千百二十四万七千ドルで計画を三三%も上回り、韓国全体輸出十八億六千九十六万三千ドルの一九・四四%を占めた。昨年実績のトップは三井物産の七千七百五十八万四千ドル、丸紅七千六百九十四万七千ドル、三菱商事六千七百四十四万ドルがこれにつづいた。

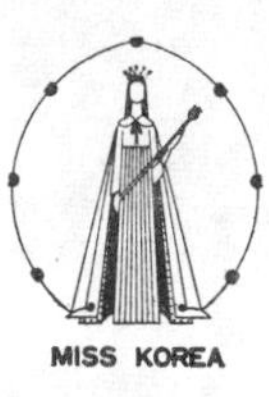

「知と美」を競うミス・コリア

三月末までしめきり延期

本社恒例の「在日ミス・コリア・第四回コンテスト」が、今年も東京でひらかれることになった。

ここで選ばれた在日代表が、来たる五月十日、ソウル市でひらかれる「一九七三年度ミス・コリア全国決選大会」ー韓国日報主催ーに参加、本国各道の代表たちにまじって、その"知と美"を競うことになる。

今年も例年にならって全国に居住している麗わしき同胞女性たちが参加できるよう、その発掘に、民団全組織の協力が大きく期待されている。

☆応募資格

満十六才から二十五才までの未婚女性で韓国籍を有する者。

☆応募方法

居住している地方の民団支・本部団長、または韓国系機関長の推せん状と本人の履歴書（帰化者なのあれば記入）、写真（全身・上半身の二種でキャビネ各三枚づつ写真の裏には氏名、生年月日、身長、体重、バスト、ウエスト、ヒップを必ず書く）

☆しめきり

三月末日まで、本社応募係まで書類到着のこと。書類は一切返却しない。個人の秘密は守る。

☆審査

審査委員会で「知と美」の総合審査をおこなうが、日時と場所は本人に直接通知する。

☆準備衣装

水着と、白ハイヒール・イブニング・ドレス。

☆費用

参加費用は本人負担。

☆書類提出先（書留）

東京都文京区春日町二丁目二〇

韓国新聞社　ミス・コリア応募係

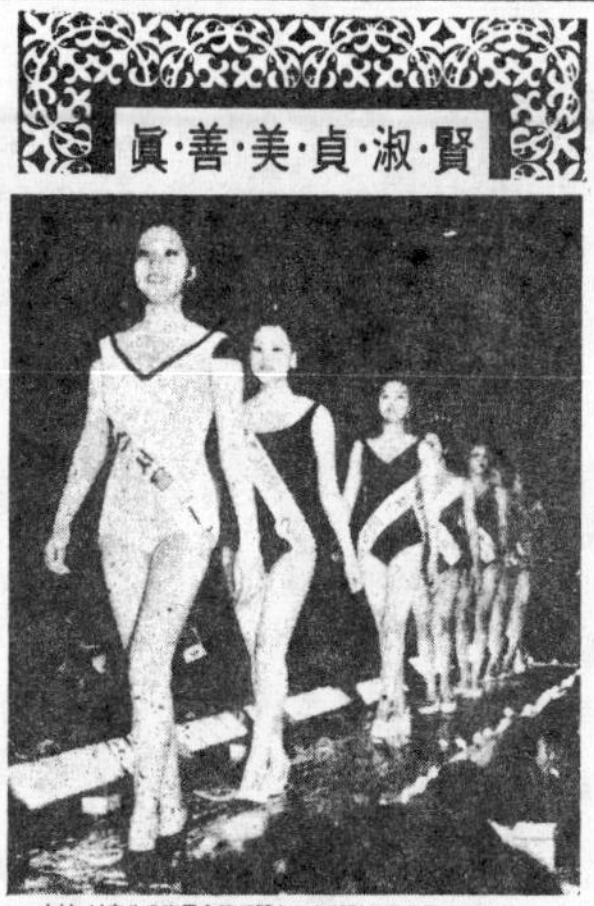

上は、ソウルの市民会館で開かれた1971年度全国決選大会。前から2人目が、在日ミス・コリア真の曹愛子（奈良）さんで、曹さんは、この大会で真に選ばれ、オーストラリアの世界大会に参加にした。

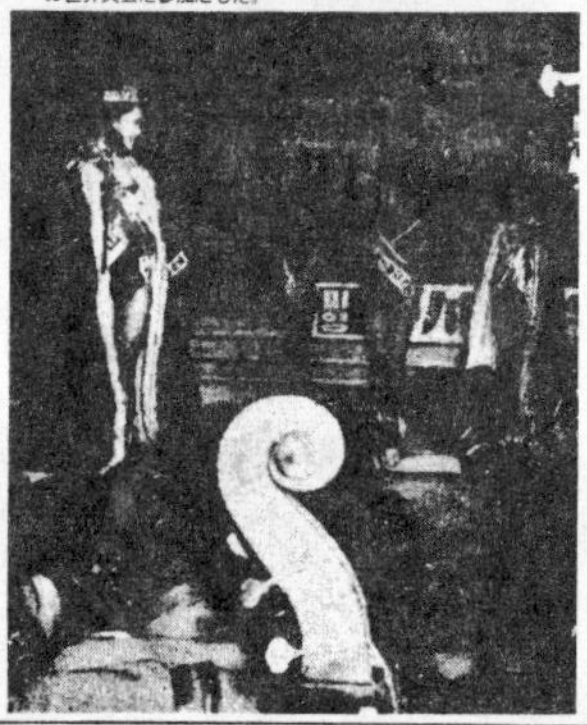

韓国と日本の関係に新視点

日本上古史（文定昌著）抜萃と解説

(1)

韓国であしかけ四年前に、一人の老学者が永い年月にわたって研究した「日本の古代の歴史」に関するぼう大な論文を自費出版した。この「日本上古史」と題する書物は、発行されてまもなく、古代史関係の学者の間に一大論議を巻き起すきっかけとなった。ある学者はそのあまりにも大胆で、そしてユニークな学説について行くことができず、これを異端視し、またある学者は、日本の江上波夫教授の「騎馬民族説」になぞらえて"新騎馬民族説"だと賞賛した。

日本の古代史の日本側の唯一の資料「日本書紀」を、今までとは全く別の角度から、古代中国の史料などを駆使して解釈していく。そして古代の日本の支配者はすべて"古代朝鮮の支配者の後裔"であったと論証している。

著者は文定昌さんという今年七十五歳の老学者で、戦前から数多くの著作を出した在野の学者。ほかに「近世日本の朝鮮侵寇史」、「軍国日本の朝鮮強占三十六年史」上、中、下、「韓国朝鮮史記研究」、「古朝鮮史研究」などが主な著書である。おもしろくは、文さんが全く大学の専門教室とつながりがなく、完全な独自の研究であるため、大学側の表面に出た支援がなく、いうなれば"冷淡視"されている関係上、公式に他学者の参考文献としては扱われていないことである。しかし、日本の新聞紙上などにもすでにユニークな学説として一時は取上げられたし、文さんの学説を陰ながら支持する学者は少くない。

本紙ではこの「日本上古史」を適宜抜粋して翻訳、必要に応じて解説をつけながら連載する。

なお文定昌さんの自宅は、ソウル市龍山区漢南洞六〇一である。（金元植記者）

倭の呼名のはじまり

"倭"という字を普通に[illegible]では"従順なさま、のろい、回って遠いさま、魯（ろ）の蓄公の名、国の名すなわち日本の旧名"と紹介している（康熙字典など）。

文献で"倭"という字で現在日本を記録してある最も古いのは前漢時代の班固という人（西暦三二年～八二年）が書いた漢書地理志で、「それ楽浪の海中に倭人（わじん）ありて百余国に分れる」というくだりがある。また南宋（四一四年～四七八年）の范曄（はんよう）という人は後漢書地理志に「倭の貢献の大海中に倭あり、山島によって居をなす。旧百余国云々」と書いている。さらに北斉（五五〇年～五七七年）の魏収が著した魏書にも「帯方東南大海の中に倭あり、山島によって国邑となす云々」とある。そしてこのほか上古中国の各書に"倭人""倭""倭国"などが少くない。

日本列島内の倭が、はじめて中国と接触した記録は、後漢の光武帝三十三年すなわち建武中元二年西紀五七年）の条に「倭奴（いど）国、朝貢して貢をたてまつる。使の人みずから大夫ととなう、倭国の極南界なり光武帝は賜うるに印綬をもってす」というのがあり、つぎに後漢の安帝永初元年（一〇七年）の記録で「倭の国王帥升（すいしょう）ら、百六十人の生口（人間）を献じて謁見を願う」というのもある。

前漢書は「倭奴国が朝貢して貢をたてまつる」として、自称大夫という倭人の国の名がはじめから"倭奴国"であるとして記録されているが、この倭奴国という国名は、その倭人たちがすでにもっていたのか、漢の光武帝がこのときにはじめて名付けしたのか、そのどちらでもないとすれば、この漢書を著わした編者「班固」がそうきめて記入したのかも知れない。

一世紀のはじめとみられる神武紀（日本書紀を指す、訳者）は、九州の南の地方に土グモ、すなわち「身短而、手足長」な人種が繁栄していたと記録している。この体が小さくて手足の長い小人（こびと）族に関して後漢書の東夷伝と魏書倭人伝はともに「朱儒国にいたる、人長三、四尺」だと伝えている。これから推して考えるに、この当時日本列島の九州地方には矮小（わいしょう）な種族が広く住んでいたところから"倭"はまたその人間たちの矮小であることの意味をも合せもつようになったと見る。

九州地方で最初の支配者

それは流れついた朝鮮族

西暦紀元前二百八十年、燕（えん）の秦開という武将の乱で、今日の「北京」地方に位置していた箕朝鮮が亡び、また秦の始皇帝の"長城の役"、濊貊（かいばく）朝鮮の滅亡、衛満朝鮮の滅亡など、朝鮮族の受難がつづき、数多くの朝鮮人が海をわたって日本列島に流入した。これらが多くの部落国家を建設したのである。この朝鮮族が部落国家を建設するのは容易なことであったと考えられる。すなわち鉄製の武器をたずさえた身長六尺～八尺の（ひょうかんな武人たちが、身長三～四尺の矮小族の住んでいる地区にやって来て勝手な地域を占領し「ここは膂肉（りょにく）の韓国（解説は後の回で出る）である」「この場所は至極である」などと称え、百余国家が簇（そく）出したのであろう。そして漢にもっとも先に朝貢した倭国の一部族が倭奴の称号を受けたことから、倭がかれらの総称となり、"倭"の名称が以後六百年間、日本列島を総称することとなったのである。

ところで明治二十年代に英国人Rev. Tayloは「日本人AINU族の研究」（日文訳）で「倭奴国はAINUの音（おん）をとったものである」と主張した。

（つづく）

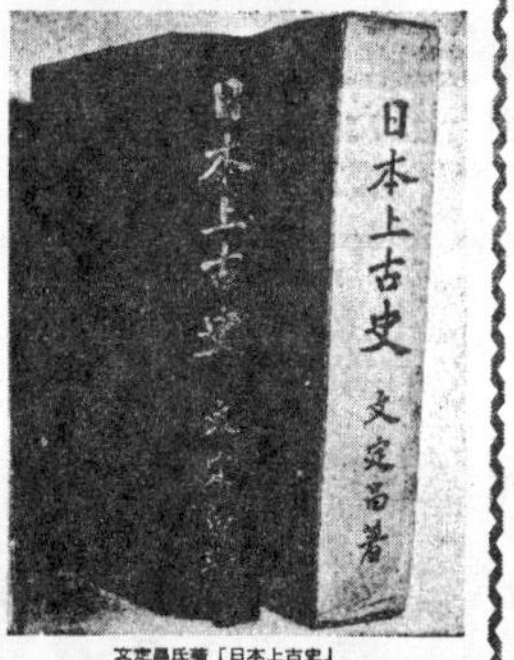

文定昌氏著「日本上古史」

離任の魚旅券課員に感謝状

民団東本

民団東京本部鄭東淳団長、金致淳副団長、安正樹民生部長は十余年間駐日大使館旅券課で同胞に親切に奉仕し近く離任する魚潤善氏に感謝状と記念品を贈呈した。なおこの贈呈式には宋賛鎬公使、李竜動総領事、黄京根旅券課長らも同席した。

民団中央会館建設標語募集

▼応募は三月末日まで経済局へ▲

高麗初期の青銅鏡発見

済州市で

高麗初期の青銅鏡が、八日、済州市内で発見された。

済州市三徒一洞二六六番地洪炳権(28)氏が所蔵していた青銅鏡を重要文化財に登録を申告したことによって明らかにされた。

済州市は道文化財委員洪正杓氏に鑑定を依頼した結果、高麗初期の青銅鏡であることが判明、文化財に指定保存することになった。この青銅鏡は直径21cm重さ5kg程度の大きさである。

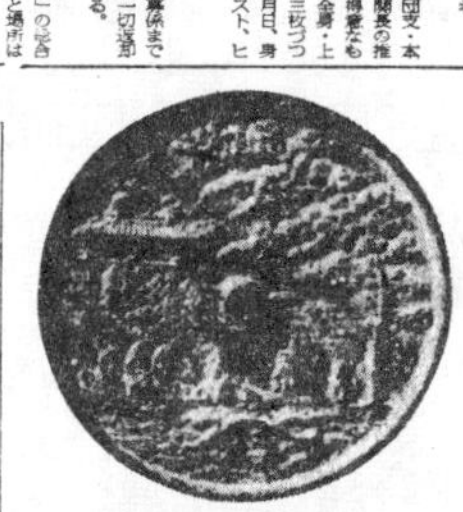

青銅鏡の後面

建青の初代委員長

23日、東京新宿の太宗寺で

故洪賢基氏の民団葬

「大韓民国居留民団」の生みの親と目されながら、昨年八月末、五十四才で他界された故洪賢基氏に対する特別追悼式「故南陽洪公賢基愛団志士　在日本大韓民国居留民団葬」が、きたる二十三日午後四時から、東京都新宿区の太宗寺で、しめやかに取り行なわれることになった。

故洪賢基氏は、戦後、時の朝鮮人連盟が次第に左傾化して、やがて「アカ」一色となっていくことを容認できないとして朝連を脱退して朝鮮建国促進青年同盟を結成して初代委員長となり、当時の私財、現金六百万円（現在なら約三十億円）を投じながら、朝連と対抗して民族陣営をリードし、やがて居留民団の結成を見るにいたったものである。

しかし動乱後、ときの安浩相文教部長官が来日して、建青を韓青に改称させると同時に洪氏を委員長から降してしまった。それ以後失意の人となった洪氏は、組織活動に積極的でなくなったばかりでなく、民団、韓青も洪氏の功績を認めるところまでに至らなかったものである。

故人は、全羅北道高敞高等普通学校（旧制中学）から早稲田大学法科に進んだ。建青の委員長を辞した後、民団東京本部、中央本部の要職を歴任したが、結局は報われることなくこの世を去った。これに対し民団および韓国人社会の有志たちが、これでは余りにも功労者を無視するのではないかという働きかけが、駐日大使館をはじめ本国関係者にも通じ、昨年末国民勲章「冬柏章」を授与することが決定された。葬礼委員長に金正柱中央団長、同副委員長に朴太煥中央議長、金泰燮中央監察委員長がなり、午後四時から五時まで葬礼式が行なわれるが、この席上で、故人を代理した遺族（故人の妻知美さん、長男錫允君、長女信姫さん、弟の萬基さん）に、李駐日大使から国民勲章が伝達されることになった。

故　洪賢基氏

入会資格を規制

大韓民国国民登録者に限定

済州開発協会総会

東京の済州開発協会は、さる九日、上野の"タカラホテル"で今年度の総会を開き、事業報告などを承認し、定款の一部改正、役員改選を行なった。

参加者約六十人と委任状によって総会が成立、七二年度の事業報告、決算報告、七三年度の事業計画案と同予算案などを執行部提出のとおり通過させたあと、定款の一部改正案に移り、入会資格に「大韓民国国民登録を完了した者」という新らしい項目を挿入し朝総連系が同協会に入会して混乱を起させないための予防を目的とすることを明らかにした。最後に役員改選があり、新会長に金坪珍氏（文京区、済州市）が選ばれたほか、次の各氏が新役員に選ばれた。

▲副会長＝高宰秀（新宿区、翰林邑）、金相輝（文京区、済州市）、李昌植（荒川区、大静邑）▼監事＝姜仁煥（福生、旧左面）韓在竜（文京区、朝天面）

新任あいさつをする新役員、右から金坪珍会長、金相輝、高宰秀、李昌植各副会長。

セマウル運動に桜苗木贈る

静岡の鄭錫烈副団長

民団静岡県本部鄭錫烈副団長（清水市日立町）は、郷土のセマウル運動に寄与することについて二人の弟さん（鄭錫七、鄭錫誉の両氏）と相談の結果、大島桜、染井吉野など数種類の桜苗木五年生五百三十本（二十七万円相当）を、この程郷里の慶南、泗川に贈った。

また民団清水支部金海草支団長も郷里の慶南、固城に桜苗木百本を、セマウル運動の一環として寄贈した。

八重桜苗木四千本寄贈

埼玉県在住同胞も

民団埼玉県本部では、本国の新しい村造り運動に呼応、県在住同胞に植樹運動を呼びかけ、八重桜苗木四千本をこのほど本国に寄贈した。

民団埼玉県本部では、毎年春秋二回にわたり植木寄贈運動を展開しているが、この度は次の諸氏が出身地または縁故地に寄贈した。

▽李根民団埼玉県本部団長＝光州市長宛二千本。

▽鄭鋼錫氏（熊谷市居住）＝馬山市長宛千本。

▽辛基洪氏（秩父市居住）＝蔚山市長宛千本。

商銀立川支店五月開設

箱根には研修施設

本年度末目標三百億円の預金を目指す東京商銀（許弼奭理事長）は来る五月中旬には立川支店が仮営業で営業を開始する。本社新築は床面積三〇〇〇坪、九階建の共同施設で完成は一年後になる予定。なお今春には箱根仙石原に研修を兼ねた商銀ハウスを開設する。明年三月には開店20周年になる預金目標は二五〇億円である。

輸出に全力申合す

在外公報官会議

文公部は六日在外公報官会議を召集、尹長官は海外公報の基本方針を①〇〇〇万ドル輸出のイメージ宣伝②対外情勢にマッチした公報活動③民族文化芸術宣伝の強化、観光、セマウルに重点をおくよう要請した。同会議に駐米、日二十一人の公報官が出席、十五日まで続く。

本土復帰初の三・一節行事

沖縄県本部で

民団沖縄県本部では、日本本土復帰初めての三一節記念民衆大会を、宜野湾市内クライズキングスクールで在日同胞多数が参加のもと、福岡駐在領事をはじめ日本政財界来賓が参席して盛大な記念行事を行なった。

訃告

去る一九七二年八月三十日逝去された故洪賢基先生の民団葬を次のようにおこないますから、団員皆さんが、故人の業績を追慕し、霊位の冥福を祈り、遺族を慰労して下さるようここに御案内申しあげます。

一、日時　三月二十三日午後四時ー五時

一、式場　東京都新宿区新宿二丁目二三　大宗寺。電話三五一ー二九二〇

遺家族　妻　知美　長男　洪錫允　長女　洪信姫　弟　洪萬基

葬礼委員

李棟鎬　張聡明　崔三永　金光男　安聖出　朴成準　卞周浩　金信三　大山峯士　鄭鳳善　徐丘喜　朴碩道　金履永　趙鏞李　李商台　李寧徳　朴振彙

尹李啓　金学鳳　崔歆　李照儀　金聖洙　李根　金世基　李顕基　鄭淵秀　趙淵浸　孫桂顕　安熙東　河定基　金輝穆　朴鍾　張斗玉　金性式

姜学文　白丁録　曺寧柱　李海竜　曺圭訓　尹達鏞　鄭哲　朴性鎬　丁永沢　鄭建永　鄭鎮烈　趙満術　沈載明　趙世済　鄭璐福　姜文熙　張烈相　鍾八岩　徐仁泰

李彰雨　崔成源　李裕天　金容太　丁寅鎮　李寿成　姜桂重　鄭炳和　朴炳憲　千順久　文東仁　鄭徳永　金汝大　陳且祚　李相権　金甲文　鄭学魯　金泰根　朴竜錫

金振浩　呉敬福　李鶴元　金万洙　鄭寅錫　金己哲　李春植　金致淳　許弼奭　金在根　韓永恒　李咏鎬　金東洙　李竜演　金東俊　朴永洙　姜小徳　金永晋　閔匡基

護喪所　東京都文京区春日二ー二〇ー一三　在日本大韓民国居留民団中央本部　電話〇三ー八一三ー二二六一ー五（代表）

一九七三年三月

故南陽洪公　賢基　愛団志士

在日本大韓民国居留民団葬礼委員会

委員長　金正柱

副委員長　朴太煥

〃　金泰燮

ベトナムで『平和な戦い』

猛虎部隊の精鋭たちは子供たちの散髪を

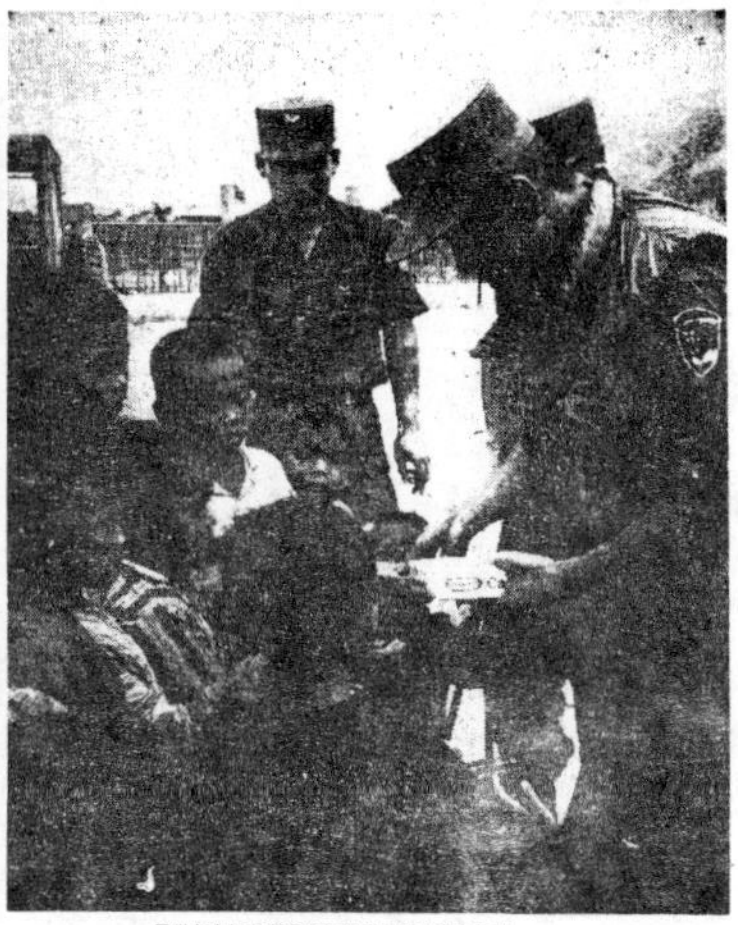

子供たちにお菓子をわけてあげる勇士たち

☆　あまりにも長い間、戦火にさらされたベトナム。米軍と共に、友邦ベトナムのため、勇猛果敢に戦ってきたタイハン（大韓の現地語）の勇士たちも今は戦火の消えた彼地から、ぞくぞくと帰還しているが、ここで世界に知らせたいもう一つの事実は、建設・奉仕で民間人にもたらした〝平和な戦い〟である。在日韓国人としてただ一人、従軍カメラマンとして現地を取材してきた李剛氏の作品を通してその実相を眺めて見よう。☆

建設・奉仕のタイハン勇士たち

李剛氏

ホイアンの白馬部隊医療班で治療をうける老人

片言のベトナム語で避難民を慰める

民間人のための野戦病院前で

林慶業將軍傳（二）

訳　洪相圭

編　八束周吉

「臣、聞くところによりますと、近ごろ、開城の大興山城一帯は、物情騒然としているのに加えて、城郭の一部が崩れ落ち、ますます守備の困難をきたしているとのことでございまする。もとよりこの地は畿内の要害でありますれば、尋常一様の者では、干城護衛の大任を果たせるものとも思われませぬ。

　願わくば聖上殿下におかせられましては、深謀遠慮ある智勇兼備の将を、この地に赴かしめることこそ緊急なことと存じまする」

「わしもそのことで心を痛めているところだが、さて適任の者がおろうかの」

「はあ、臣が見まするに、白馬江万戸の林慶業こそその適任かと存じまするが……」

　聖上もぴたりと、御意にかなったらしく、

「その者の話はわしも耳にしていた。みなに[illegible]」

と[illegible]なされたから、天恩山城中軍に転補の令はすぐに発せられ、白馬江鎮営に届いた。林慶業が万戸の任に就いてちょうど三年目になる秋であった。

　慎んで令を受けた慶業、出発の前夜に別離の宴を張って部下将卒を厚く労い、大過なく三年を勤めるよう協力してくれたことを心に謝した。

「任に就いて三年、諸将の私なき協力によって、大過なきを得たことを感謝する。

　他の諸軍営に比べて、特にとり立てて勝るところはなかったけれど、また切に劣るところのなかったのは、一つに諸将卒の功によるものである。

　[illegible]として去たり、[illegible]こともなく[illegible]として去る夜に[illegible]朗の至りである。諸将卒[illegible]を許せよ。後日、また会うこともあろう」

　将卒たちは、深くうなだれて別離を悲しんだ。

　上を[illegible]み、下を[illegible]ることで、上下の間に[illegible]すことのできない心の城根が、横たわっていた他の城郭の将卒からみれば、目をこすって見ようとしても見られない、美しい場面であった。

　巡りに巡る杯に、暖かい情が脈々と脈打ってきて、ここでの三年が一生忘れられそうもない慶業であり、その部下たちであった。

　翌日はやく[illegible]を[illegible]万戸を、白馬江[illegible]までの将卒や[illegible]民が列をなすありさまは、慶業がかえって心苦しく思うほどであった。

「見送りはかたじけなく思うが、別にこれといってなすこともなくおる者を、これほどまでに盛大にもてなしてくれるのは、わしには過分のことだとしか考えられず、非常に心苦しい次第である。将卒及び諸民諸位も、公務に忙しいはず、もうこれにて引きとられるようお願い申す」

　と何度もくりかえしたが、将卒たちは[illegible]済むまで見送りしなくてはと、若かずについてきた。

「わたしは今まで数多い上官に仕えて参りましたが、わが将部の万戸さまのようなお方に仕えたことは初めてでございます。赤子がその母に[illegible]するように、幼い二等が[illegible]に育まれるように、[illegible]参りましたのに、[illegible]かにお別れすることとなりまして、なんとも、残念でたまりませぬ。ただ御昇進なされましてお発ちなさることが、せめてもの私らの慰めでございます」

　と別れを惜しんで涙を流す始末であった。権力に驕らず道理を通さなかった、この剛勇の武将の片鱗がうかがわれるであろう。

「諸将の御厚情有難く存ずる。さらばじゃ。達者で職を励まれるよう」

　小さくなって見えなくなるまで見送られながら、一路、都に上った慶業は上京するや、まっ先に[illegible]の門をくぐって感謝の[illegible]を述べた。[illegible]も非常に喜んだ。

「殿様（大監）、ご健康の体を拝し、慶業、大慶至極に存じまする。お陰にて、白馬江万戸の重任を大過なく勤め終えさせていただきました」

「慶業、そちも無事に[illegible]何よりだ。よくやりおったのう。すべては聞いておるわい。[illegible]公にはその心掛けがかんじんじゃ。行雲流水のように私にとらわれることなく、公に従って身を処し理に逆らわず事を決することが第一じゃよ。勤めの[illegible]この意気を[illegible]れずに、ゆくゆく、国家柱石の臣となれよ」

　と親にいたわれば、慶業は、

「ご親切なるおことばをいただきまして、慶業身にあまる光栄と存じます。一死をもってご奉公を誓いまする」

　と満面に輝く顔をあげて答えた。[illegible]もわが意を得たりとばかり[illegible]と微笑んだ。

「おう、ようやりおった。

そちのあっぱれなご奉公ぶりは、[illegible]に[illegible]しておるし、[illegible]もそちを[illegible]して、中軍に昇命せしめるよう[illegible]いたした」

「至らぬ者をこれほどまでにお計らいくださいましたことは、ただただ感謝のほかありませぬ」

　少しも功を鼻にかけず、[illegible]って、へりくだる慶業の[illegible]な人となりを、[illegible]はますます[illegible]さぬはずがなかった。

　聖上殿下に、拝謁を賜わったご[illegible]が[illegible]に、右議政[illegible]相を訪ねて、大臣[illegible]の[illegible]かたがた、その[illegible]を[illegible]したところ、この国家[illegible]の地位にある[illegible]宰相も将来ある、若い武将を暖かく[illegible]してくれた。

「いや、特別な引き立てでもあるまいぞ、万戸には惜しい才能であるのでの、そのほうも知る如くただけじゃ。そのほうも[illegible]、中軍に[illegible]く、開城大興山城は[illegible]の[illegible]を制する天下の[illegible]である」

維新民団のセマウム体制固まる

韓國新聞
・在日大韓民国居留民団中央本部機関紙
韓國新聞社
発行人　金正柱
東京都文京区春日町2丁目20−13
電話直(815)1451〜3
　交(813)2261〜5
振替口座　東京163774

民団綱領
一、われわれは大韓民国の国是を遵守する
一、われわれは在留同胞の権益擁護を期する
一、われわれは在留同胞の民生安定を期する
一、われわれは在留同胞の文化向上を期する
一、われわれは世界平和と国際親善を期する

次回はソウルで五月九日に合意
南北赤十字本会談

二十一日から平壌で開かれていた第五回南北赤十字本会談は二十二日午後終った。

二日間にわたる会議はすべて非公開で進められたが、合意をみたのは次回の日程だけと伝えられる。それによると、第六回本会談はソウルに場所を移し五月九日から開かれる。

中央会館建設案を可決
＝六月中に全国青年部・課長会議を開催＝
22—23日、第21回中央委員会ひらく

◇…民団第二十一回定期中央委員会が、さる二十二日、二十三日の両日にわたり、東京都新宿区市ケ谷の「日傷会館」ホー…◇
◇…ルで開催され、全国の中央委員百六十人中、百三十人が出席して、中央本部執行部の各種報告を審議通過させ、各局の…◇
◇…活動方針案についてはそれぞれの分科委員会を構成、慎重審議の結果、一部を修正した活動方針が、各委員長の本会議…◇
◇…での報告のとおり採択して終了、ここに維新民団のセマウム体制が固められた。…◇

中央委員会は、二十二日午前十一時十五分出席者点呼の結果、百十人が出席したので、朴太煥議長が中央委員会成立を宣言して開会した。李吉載総務局長の司会で、

まず国民儀礼が行なわれ、つづいて朴太煥議長、金正柱団長、金秦鎮監察委員長が次々あいさつをし、引き続き李裕天顧問が祝辞を述べ、宋哲鎬公使が李澔大使のメッセージを代読した。

次に議決機関報告では、朴太煥議長が口頭で簡単に報告したあと金正柱団長が基調報告、尹達鏞事務総長が総括報告、李吉載総務局長が総務報告をそれぞれ行なったあと青年局の問題で李彩雨副団長から別に報告がなされた。監察委員会報告を呉敬福監察委員が行ない、会計監査の報告は李種鎬監察委員からあった。以上の各機関の報告のあと、特別委員会の報告に入り、規約修正委員会報告を張聡明委員長、法的地位委員会報告を朴性鎮委員長、統一問題特別委員会報告を同じく朴性鎮幹事が、おのおの報告書を朗読して終了、昼食となった。

同二時四十分に、中央委員百十六人出席して再開、直ちに質疑応答が始められた。特に熱気をおびたのは青年会問題で、中央本部金正柱団長、大阪本部姜桂重団長からそれぞれ今日までの経過について説明があり、特に大阪地区の中央委員から、金正柱団長に対して大会決定事項を変更したとする質問があり注目された。各種事項に対する質問が続き、同五時五十八分、議長が十分間の休会を宣言、休憩に入った。

休憩後再開した委員会では、各局の活動方針案の説明がなされ、(兼副団長)宋鎬用経済局長、李吉載総務局長、姜学文組織局長、鄭達鉉宣伝局長、金秦鎬文教局長、韓昌圭民生局長、李彩雨青年局長(兼副団長)の順に演壇に立った。このあと李総務局長から予算案の説明があり、これに対して質疑応答があって、各局の活動方針案を細部に亘って審議するため、各分科委員会が構成され、それぞれの委員会別に分かれて審議した。同九時すぎ、「青年分科委員会」を除いて、ほかの分科委員会は終了、青年分科委員会は結論を二十三日に持越し同日は閉会した。

第二日目の二十三日は、青年分科委員会が午前十時から再開され、昨日から引きつづき審議した結果、十一時三十分頃に新提案を採択して委員会を終えたが、中央委本会議は十時三十分に開会されていた。本会議では、各分科委員長からの報告がそのまま通過した。(各分科委員会で審議決定した詳細は次号に全文を掲載)

注目の「中央会館」建設の問題は原案どおり通過したが、総建設費七億五千万円のうち、三億五千万円を建設委員会が、四億円を民団の全国組織を通じて募金することになった。これで予定通り進めば来年八月の光復節には「中央会館」の竣工式が行なわれる。

また青年会の問題は「青年分科委員会」で激論が白熱したが、最終的には「①民団傘下に青年組織として在日韓国青年会(仮称)の結成を前提とする。②各地方本部は四月末日までに青年部長を任命し、支部は五月末日までに青年課長を任命する。六月中に全国の青年部課長会議を開くということで落着した。

中央委員会は以上で無事閉会し、中央委員一行は、中央会館建設予定の港区麻布飯倉三丁目に行き、敷地を視察したあと、新宿区新宿二丁目の大宗寺に行き、故洪賢基氏の民団葬に参加、午後五時全日程を終えて散会した。

東京新宿・日傷会館でひらかれた第21回中央委員会

静かな民団、前進する民団を
金正柱中央団長の基調報告(抄)

金正柱団長

維新民団としての新たな決意とに課せられた厳しい状況に立って民団の当面課題を明確に提示した。名実ともに民団の志向を示すものであったが、そのうち「民団の当面課業」部分を紹介する。

意欲にみなぎる第二十一回中央委員会での金正柱団長による基調報告は、国内外情勢への鋭い見とおしをふまえ、日本の動向、北韓の動向などを含む

民団の当面課業

このたびの中央委員会は、民団史に類例のない重大な任務を負うものといえます。

この会議では、

第一に、われわれが置かれている現実的な座標を一つ一つ解明に認識すべきであり、第二に、われわれに与えられた課業が何かをまた明確に設定しなければならず、第三には、これを推進する方針を明らかに樹立すべきであり、第四に、これを遂行する体制を徹底的に形成しなければなりません。

しかし、率直にいって、わが民団は、このようなすべての課業を完全に実践するには、いまだ組織の体制や内容の充実において不備な点が少なくないということです。その上、組織内部においても分裂と対立、紛糾と混乱を完全に清算していないのが現状であると思われます。

これに対しては、果敢な体制改善を断行し、確固たる指導理念を定立すべきであることは、何を問わず簡単に指摘できる课題であります。では当面した民団の課業は何か。

執行部としては、行動目標の次元において、つぎのような焦点を重点的志向として考えているしだいであります。

一、民団の「刷新運動」と本国の「維新体制」に積極的に対応できる体制を完成すべきこと。

二、在日同胞の七〇％を占めている二、三世の若い世代の力を結集し、後継者養成を急ぐこと。

三、移り変わる状況に対処しうる組織強化を実現すべきこと。

四、統一問題に対する自主的な不動の姿勢を確立すべきこと。

五、民生安定、民族教育など民団の固有事業を積極的に推進すべきこと。

このたびの中央委員会に提出される活動方針は、ほぼこのような線で作成されたものであります。この課業を能動的に実践するためには、全体団員が「新たな民団運動」の確立を期して「四十万セマウム運動」を広汎に展開すべきであると思います。

団務の経過

創団以来、最大の危機と混乱された多難な時点で、昨年八月不肖本人が中央団長に就任し、ひたすら誠実一路で組織収拾にかう内容充実に努力する一方、四情勢に対応する体制確立にも注力しながら、今までの八ヵ月間をそんなかで送って来ました。

とはいえ、いまだ進行の途上にある組織の正常化、財政の健全化、中央会館の建立などはすでに着手した…

特に青年会結成問題では、全組織に少くない波紋があった点、そして昨年内に中央委員会召集を遅延しながらも結局開催にいたらなかった点は、その経緯や事情が不可避であったとしても全国組織に対して申しわけないことと存じます。これに関するくわしい報告は、該当分科委員会で充分に説明する予定でありますので委員各位の検討を望むしだいです。

中央委員会で提出される各局の活動方針の中でも、中央会館の建設問題、本国のセマウル事業に対する協力方案、不純勢力に対する防衛対策などは、団結的事業といえるもので、その他、新団員の登録活動、事務の緊急整備、協同組合の活動促進、各級機関幹部の訓練計画、民族教育機関に対する財政援助などは、すべてが重点的な事業となるでしょう。

そのなかでも長い間中断されて来た青年会結成の原点復帰に関する一件だけは、執行部としては提出原案どおり承認されることを熱望する重要案件の一つであります。

かねて、年来の宿題であった規約改正案を七項目にわたる研究課題として提示し、緊急と思われる数項目は、速やかに改正され団務執行の合理性実現に努めようと思うしだいであります。

中央委員の皆さん！

以上のような活動目標を念頭におかれ、地方割当金の再調整案とともに、新年度予算案を慎重検討され、団務執行に活力素を賦与して下さることをのぞんでやみません。

おわりに、本職が出馬当時にかかげました「静かな民団、しかし前進する民団」というよびかけが名実共に実践されることを望み、全国団員とともに新たな観点から奮起することを誓うしだいであります。

祖国の近代化に貢献を
躍進する民団を確信
李澔駐日大使あいさつ

李澔大使

今日、在日居留民団第二十一回中央委員会を開催するにあたって中央委員のみなさんが、在日同胞の権益と福祉向上および民団の強化発展のため、一致団結して最大の努力をかたむけられたことにたいし敬意を表してやまないしだいであります。

皆さんも御存知のとおり、本国では急変する国際情勢に対処し祖国の近代化と民族の中興をなしとげるための維新体制を確立し、大業完遂のため邁進しています。

このような時期に、在日同胞の指導的立場にある中央委員のみなさんは、本国の維新精神に呼応し民団の維新を期して六十万同胞のため、六十万同胞の民団を確立することによって、近代化に貢献する一方、在日同胞皆さんの福祉向上と権益保護のため、先導的役割をはたさなければなりません。

第二十一回中央委員会が、このような時に開催されたのは、適時適切な措置と存じ、維新体制に足並みをあわせ、民団組織をより能率的で活動的な組織に編成するための規約改正に関して論議する一方、本年度民団の諸般活動方針を審議するという点は、まことに「静かな民団」「躍進する民団」のようにすることによって、朝総連を圧倒し、名実共に六十万在日同胞の唯一の組織として奉仕する民団となるものと確信するものであります。

かえりみれば、わが在日居留民団は二十余年の歴史の中で多くの受難を経ながら、大韓民国に忠誠をつくし、わが六十万在日国民の地位向上と福利増進のために寄与してきたかがやかしい業績をもっているということを忘れてはなりません。

皆さんも、この重大な時点において、このような伝統と業績にかがやく民団をより確固とした理念と体制をもって在日国民の真正なる代弁機関として、輝やかしい発展をもたらすよう育成強化に努力して下さることをお願いするしだいであります。

終りにわれわれは、大統領閣下の賢明なる領導の下に、国民の総和の上で、全民族の念願である平和統一達成と祖国近代化作業のため、誠実と忍耐であらゆる努力をつくすべきことを強調しながら、今日、本中央委員会が民団組織発展に大きく貢献すべきことを望んでやみません。

一九七三年三月二十二日
駐日大韓民国
特命全権大使　李澔

民団中央綜合会館
建設委員会発足
八階建の規模
八月に着工　来年八月竣工
顧問・会長団など構成
建設委員長には尹達鏞氏

民団中央綜合会館建設委員会発足を発表する金正柱中央団長(中央)

○…二十一日午後、金正柱中央本部団長は、記者会見し、民…○
○…団中央綜合会館建設に伴う、機構編成並びに人事構成を…○
○…発表した。建設委の孔讃圭、尹達鏞氏をはじめ、民団中…○
○…央から李彩雨副団長、尹達鏞事務総長、宋鎬用経済局長…○
○…などの幹部が出席したこの日の記者会見で金正柱中央団…○
○…長は、民団中央綜合会館建設は、本国政府をはじめ在日…○
○…経済人、一般同胞社会の至大な関心を集めて、民団の事…○
○…団事業として、去る十七日、同会館建設委員発起人会をひ…○
○…らき、別項の通り機構編成並びに人事構成の人選をおえ…○
○…同日付で正式に会館建設委員会を発足させたと語り、一…○
○…般同胞社会の積極的な物心両面にわたる協力を訴えた。…○

これで、第二十回中央委員会で最終的な決定をみた民団中央の多年間にあたる懸案であった中央綜合会館建設問題は、本格的な建設段階の一歩を踏みだしたことになる。

ついで、金正柱中央団長は、敷地問題、登記問題などについて、物心両面の協力を惜しまなかった孔讃圭、尹達鏞、鄭建永氏など多くはじめ、関係人士の愛国愛団的な労苦をねぎらい、また本国政府の温情ある援助のもと、敷地、登記問題の完全解決をみたことは、六十万在日同胞の念願がかなえられたものとみて、会館建設に全力を尽すつもりであると所信を明らかにした。

なお、中央会館規模は、東京都港区麻布飯倉町三丁目二ノ二番地に所在、敷地三三四・六七坪に建坪延一六五〇坪の地上七—八階建の現代式ビルの建設を予定している。

工事請負は、大成建設が担当、来る八月(光復節)着工、明年八月(光復節)に竣工の予定である。

同建設委員会では、建築費七億五千万円の募金目標をきめ、各地方本部に割当、有志の一灯を原則に、全民団の組織をあげての募金運動を展開する予定である。

なお、同建設委では、業務進捗の円滑を図り建築費一切を取扱う東京商銀に「連絡所」、また、建築現場との直結事務所として港区六本木の東親会ビルにも「分室」を設けることになっている。

建設推進内容は次の通り。

七三年三月＝建設委員会構成、設計契約(仮)
〃　四月＝募金開始、設計契約(募金は毎月末集計翌月十日発表)既存建築物解体工事着手完了。
〃　五月＝設計完成。工事契約、建築確認申請及び許可。
〃　八月＝起工式(光復節)建築工事。
七四年八月＝竣工式(光復節)
九月＝入居し有功者表彰式
七六年三月＝募金最終集計
五月＝建設委員会解散

◇顧問団

▽最高顧問＝李澔大使▽顧問＝姜永奎、宋賛鎬、金在沢、呉宇泳、曹圭訓(中央本部顧問)丁賛鎬、金光男、鄭寅錫、曹寧柱、李裕天、李禧元、鄭哲、張聡明、李寿成、朴太煥(中央本部議長)

◇会長団

▽徐甲虎、辛格浩、鄭建永、李熙健、朴漢植、許弼奭、安八龍、韓禄春、安在祜、孔讃圭、金己哲、姜宅佑、鄭泰柱、黄孔煥、李鐘大、金眞漢、鄭煥麒、尹仁述、尹達鏞、李康友、朴昇九、呉周日、金坪珍、金伍沢◇常任会長 金正柱、許弼奭、孔讃圭、李熙健

◇参与

▽許李淳参事官、李龍默総領事、各地方公館長、韓信協傘下各組合理事長、商工会会長、中央婦人会会長、韓人会会長、中央本部副議長、同副団長、同事務総長、経済団代表任員

◇監査

▽中央本部監察機関、東京本部監察委員長、大阪本部顧問◇委員長　尹達鏞(会長団)副委員長　常任副委員長　李彩雨、李鐘鳴、金世基、地域、事務局長 徐永昊、安鍾中(東京商銀副理事長)朴性鎮(法的地位委員長)◇委員　地方本部団長及び事務局長、同中央執行委員、信用組合理事長及び任員、商工会任員、支部三機関及び顧問、事務部長、各経済団体任員、傘下団体任員及び顧問
◇常任委員　常任会長1名、委員長1名、副委員長3名、事務総長(中央)東本団長、大阪団長、愛知団長、金致淳(東本副団長)崔洪納憲(万博時事務局長)蔡洙仁(体育会副会長)大阪地区1名
◇事務局長宋鎬用同次長　柳乙祚(敬称略)

民団中央会館建設標語募集
▼応募は三月末日まで民団中央経済局へ▲

日と提携車輌生産
韓国機械

韓国機械(金昌源社長)が日本の鉄道車輌メーカ・日本車輌と技術提携し来年から地下鉄用電動車をはじめ各種機車を製造する。地下鉄車輌は八一年まで一千五百輌を製造、ソウル市に納入する。このほか高級客車、食堂車、特殊車も製造、輸出も行うが技術使用料は製造価格の二%。

503

全山林緑化に新機軸

落葉採取も毀損行為

改正山林法罰則強化で19日施行

改正山林法が去る19日から施行された。二月六日非常国務会議で議決され、十六日付で公布された改正山林法は公布後三十日間の猶予期間をおいて施行となったもの。改正法は山林窃盗罪、放火罪、失火罪、山林公務員罪などに対する罰則を大幅に強化、指定場所以外での落葉採取行為も山林毀損に含まれ、違反者は三月以上六年以内の懲役または二十万ウオン以下の罰金を課することになっている。強化された罰則内容はつぎのとおり。

▼山林窃盗(第九三条)=造林された苗木を含む山林産物の窃取。現行六年以下の懲役または六万ウオン以下の罰金を、六カ月以上十年以下の懲役または二十万ウオン以下の罰金に。

▼山林公務員加重処罰(第九五条)=現行十年以下の懲役を……当罪にしたがい刑の二分の一を加重。

▼山林毀損(第九六条)=新に……区長、市長、郡守が指定……する山林以外地域で落葉を採取する行為を処罰対象に追加、現行三年以下の懲役または……万ウオン以下の罰金を三月以上、六年以下の懲役または二十万ウオン以下の罰金で。

▼山林放火(第九七条)=……人の山林、保安林、採種林、……

▼山林失火(第九八条)=……

村落共同墓地の設置指示

門中所有山墓地化許可制に

……非常国務会議を廃止

10・17大統領特別宣言に基づき解散された国会の機能を果してきた非常国務会議が、十二日国会が開会されたため自動的に廃止された。

国土を縦断する京釜高速道路はわが国の大動脈をなしているが今や祖国山河を緑の楽園とする山林緑化事業が進められている

中共と大陸棚協議用意

外務部、沿岸管轄水域で声明

外務部は十六日午後、声明を発表、「大韓民国政府は黄海および東支那海大陸棚の分割線画定に関し……協議する用意がある」とあきらかにした。

わが政府がこれまで用いて来た「中共」という呼称のかわりに「中華人民共和国当局」という用語を用い、彼等と何らかの問題に関して協議する用意があることを明かしたのは、こんどがはじめてである。

この問題と関連して、外務部の高位当局者は、「中華人民共和国」という表現は、国名というよりはある一地域を指したものだと説明し、「政府」という用語のかわりに「当局」ということばを使用した点を強調した。

この消息通はついで、「わが政府は、中共が国連に加入、安全保障理事会の常任理事国となったのち、アメリカなど世界のすべての国が中共を呼称するとおりに呼称したものである」とのべた。

この消息通はこの日、「今後、政府は中共との大陸棚問題に関する協議が進むばあい、他の問題に関しても協議する用意があるか」との質問には、答えを避けた。

一方、この日外務部が発表した声明全文は別項のとおり。

「大韓民国政府は、中華人民共和国当局が、三月十五日、黄海および東支那海においての海底資源開発に関して発表した声明に関し現在探査試掘が計画または進められている区域は、国際法によって認められた大韓民国の管轄区域であることを確認し、黄海および東支那海における大陸棚分割線画定に関しては、大韓民国政府はいつなりとも中華人民共和国当局と協議する用意があることを表明するしだいである」

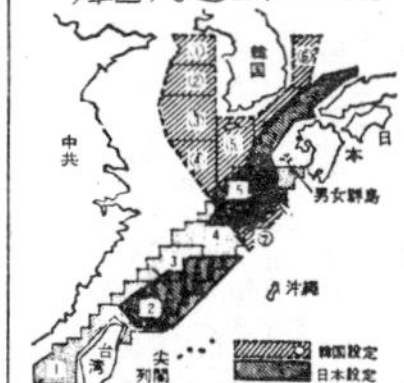

緊張緩和方針に異見

李調節委員長記者会見

南北調節委員会第二次会議に参席した李厚洛共同委員長をはじめとするわが代表団一行25人は二泊三日の平壌日程をおえ、十六日午前十時十分平壌を出発し、開城で暫く滞留、この日の午後三時三十五分、板門店をへてソウルへ帰還した。

李委員長は、板門店、自由の家の前で持った記者会見で「このたびの会議では何の合意もなかった」とあかし、「南と北の考えをかわしあった所に意義がある」と強調した。

李委員長は「双方間に緊張緩和が実践されるべきだという立場を堅持した」とのべた。

李委員長は「休戦協定と七・四共同声明を誠実に守る政府指導者の姿勢が重要である」と強調し、「いますぐ軍隊を削減するほど南北間の関係が改善されていない」と指摘した。李委員長は、また「三次調節委員会をできるだけ早く開こうと考えている」とのべ「南北赤会談もよい成果があるだろう」とのべた。

一方、李厚洛委員長と委員は、ソウルへ到着するやただちに青瓦台へ朴正熙大統領を礼訪、このたびの会談内容を報告した。

板門店自由の家の前でのソウル側調節委員および李委員長(中)

解説

大陸棚の韓日共同開発

二月末か四月初調印

総生産を折半で利益配当

韓日間で東支那海の大陸ダナを共同開発しようとする交渉は七日に終わった実務小委で事実上、妥結段階にはいった。……

▽世界で初めての領有権紛争解決法

▽契約政府に契約金を払う方式で

▽どの国の国内法を適用させるか

(SISA)

金知見氏歓送会

「新羅華厳思想」で学位授与

一九六四年に来日、駒沢大学と東京大学で九年間、仏教哲学を専攻、「新羅華厳思想の研究」論文で……東京大学から文学博士の学位を授与された、金知見氏の歓送会が、十五日、午後二時から四時までの二時間にわたって、……仏教学者など百人余の参集裡に開かれた。……

歓送会での金知見氏(右より2人目)

尋ね人

☆張消岩さん

……

☆鄭武郎さん

……四十年前まで名古屋市中村区……にすんでいた鄭さんを子さんである……さんがさがしています。

右の三人をご存知の方は、北海道美唄市……吉田章輔さん(電・〇一二六六・二・三三四〇)まで

☆清水義英

右の方は韓国人で、昭和十六年頃、大阪市生野区猪飼野町に住んでおり、一九四一年十一月五日、清津—敦賀間の連絡船(気比丸)に乗船し、船は清津港沖で機雷に触れて沈没したが、清水氏は九死に一生を得た方である。そのとき韓国人と運命を共にした日本の若き哲学徒、故乳津正二氏を研究している人が探しています。なお当時「気比丸」に乗船していた他の方でもよろしいとのこと是非連絡して下さい。

東京都文京区千石3—12—12 ニュー・コーポ・オンザ・ビル内 早稲田編集企画室 成田正 電話九四三—二三五四・一九四五

☆鄭武鉉さん(51才)

本籍・慶南河東郡北川面沙平里 五、六年までサハリンで住んでい……

セマウル運動奉仕団を結団

二、三世ら120人が参加

四月二日出発 本国で二週間植樹

本国のセマウル運動に積極参加する目的で、民団東京本部(鄭東淳団長)では、傘下の青年たちを本国に訪問させ、身をもって植樹奉仕を実践させることに決め、さる二十一日午後二時から東京・市ケ谷の日傷会館で「セマウル運動」奉仕団の結団式を行なった。この奉仕団は民団史上でも初の試みで、参加する青年は主に東京と関東一円に在住の二・三世からなる百二十人で尹隆道君が引率団長となる。

「セマウル運動」奉仕団結団式で来賓の祝辞を聞く団員

結団式には、駐日大使館から金在権公使をはじめ許参事官、[illegible]領事が参席、民団中央からは[illegible]団長、[illegible]、東京本部では[illegible]らに埼玉県本部の[illegible]団長ほか関係者多数が来賓として参席した。

会場には奉仕団に参加する青年達が全員デニムの上衣と緑色のシャツ、緑色の絹のスカーフの制服に身を固めて威儀を正して座り、各来賓の激励の辞に感動していた。

一行は会場で授与された団旗を持ち、きたる四月二日羽田を出発、約二週間、本国で植樹奉仕をして、十四日頃に帰日する予定である。

耕地利用率を拡大

農林部は一[illegible]耕地[illegible]拡大策を通じ耕地利用率を七六年まで一七[illegible]まで引上げる計画である。現在の耕地面積は[illegible]町歩、利用率は七二年で一六九%にとどまっている。これまでの利用率は六〇年代一五〇%が七〇年一六四%にふえたが七一年再び一四五%に落ち、昨年一六九%に回復した。

争議権に規制

改正労働法公布

政府は労働争議調整法、労働組合法、労働委員会法等労働三法を改正公布したことで、国家、地方自治体、国営企業体が行う事業と[illegible]

鄭東淳東本団長

セマウル 部落と姉妹結縁

四月二日 民団東本結縁団現地訪問

民団東京本部(鄭東淳団長)では、本国のセマウル運動に呼応するとあわせ、祖国山野に一大緑化運動を展開しているがこの度なお一層積極的に取り組むモデルケースとして、忠清南道燕岐郡南面相城里のセマウル部落と姉妹結縁を結ぶことを決定、来る四月二日、顧問団本部三機関、役員、執行委員、傘下各支部団長からなる「セマウル運動」東京地区結縁団(約30人)を編成して、同月四日、現地(相城里セマウル部落)で姉妹結縁式を行う。

なお、民団東京本部では、十月維新課業の基本精神である、自主、自立、自助、自律の理念に基づき年次計画を立てて今後も積極的に支援を惜しまない。

結縁団参加日程は次の通り。

▲四月二日=KAL便で[illegible]午後二時金浦着、国軍墓地参拝、民団本国事務所訪問。

▲〃三日=政府関係要路[illegible]

▲〃四日=現地で姉妹結縁式[illegible]

▲〃五日=記念植樹行[illegible]

▲〃六日正午=ソウル[illegible]

(在門店視察計画は[illegible])

4月12日 創立総会開く

韓国教育財団で理事会も

財団法人韓国教育財団(理事長[illegible])の創立総会が、きたる四月十二日午前十一時から、東京[illegible]会議室で、関係[illegible]を迎えて開催することを決めた。

同財団は又、この総会[illegible]て同日午前十一時から、[illegible]理事会を開く一方、[illegible]から一時間[illegible]パーティ、そして六時半から8時[illegible]

72年経済活動人口調査

農水産が七・八%増

[illegible]の七二年度経済活動人口調査によると、[illegible]一年の百三十七万五千[illegible]から[illegible]四%の四万八千人がふえこれまでふえつづけて来た社会間接資本及び其他サービス部門就業者は七一年の三百六十二万四千人から二・七%、九万九千人が減った。その代り農水産業就業者は七一年の四百七十万九千人から五百七万八千人へと三十六万九千人、七・八%がふえた。毎年減少をたどった農水産業就業構成比は七一年四八・五%に落込んだのが再び五〇・七%に浮上したわけである。

韓国から鋳物部品

日本の電気メーカ輸入

業界によると、日本の東芝、三菱、富士電気等メーカーが韓国から鋳物部品を輸入する動きをみせている。すでに[illegible]が東芝と契約を結び四月から[illegible]を[illegible]しているという。

め、一方もた[illegible]の現代[illegible]を通じて[illegible]を進めており、富士電気は[illegible]を通じ[illegible]入を[illegible]

国語歴史講習会ひらく

民団南武支部で

朴鎮夏支団長

民団神奈川県南武支部(朴鎮夏支団長)の国語講習会は開講以来既に数年になっており、多大の成果をおさめているが、このほど歴史講座を合わせて開講し、毎週火曜日夜七時から二時間、講師は東京韓国学校の朴春[illegible]教師が担当している。このため受講者数も毎回ふえているとのことである。朴支団長は「われわれ[illegible]は国語のことそれと併行して祖国の歴史を知る事が最も大事なことでは[illegible]もここから高まる」と語った。

大阪に医薬品輸出センター

七月頃調査団編成

海外市場開拓のため昨年シンガポールに設置することになっていた医薬品輸出センターは取止め、今年中に大阪に医薬品輸出センターを新設するもようである。

人蔘製剤等四五%以上が日本に輸出されていることから来る六、七月頃有力メーカーで調査団を編成しセンター設置についての事前調査を行うという。

劇場入場者減る

テレビ普及で、入場税も激減

テレビ普及がふえるにつれ劇場入場者数が毎年減っている。国税庁の集計によると、昨年一年間の全国七百五十四個劇場の入場者数は総一億二千二百七十四万八千五百九十八人で、入場料の総額は百四億四千十四万[illegible]千六百[illegible](うち二十九億三十[illegible]万一千四百六十六[illegible]は税金として徴収)・さる六九年以降、入場者数が毎年約二千万人減り、入場税も七一年の三十三億から七二年には二十九億[illegible]に減った。

このような現象は、全国テレビ中継網が完成、テレビ受像機の普及がふえたためだといわれ、昨年一年間のテレビ受像機販売台数は七一年度より[illegible]%増の二十万[illegible]余りにのぼっている。

金玉均を偲ぶ夕べ

28日、韓国研究院で

韓国研究院(崔書勉院長)では三月二十八日午後五時から、東京・慶応大学内国際センターで、第三回「金玉均を偲ぶ夕べ」を催す。

座談のあと、青柳[illegible](洪鍾宇研究[illegible])渡部学(武蔵大教授)氏等によるパネル・ディスカッションの方式で進められ、渡部氏司会による参加者一同の研究座談会もあるはず。

金在信氏死去

東京丸一貿易

東京丸一貿易取締役金在信氏はかねて一年一カ月にわたり慶応病院に入院加療中であったが薬石効なく三月十三日午後十二時三十分永眠した。享年50歳。告別式は十九日午前十時から東京都世田谷区[illegible]町八一一五一二三(電四一六一一七〇七)の自宅で行なわれる。

おことわり 日本上古史散策と解説は記事編輯のため休載します

第21回定期中央委員会 総括報告(要旨)

綜合会館建設に全力

不純分子らの悪あがきを粉砕

一、組織整備活動に関して

韓国側が先に提案した「離散家族さがし」の南北赤十字会談は、民族融和の土台を築いたものであり「七・四南北共同声明」は民族自身の力で平和統一をなしとげようとする韓国側の誠意ではじめて実現されたものである。

このような激動期に民族中興と祖国近代化への大計実現のための十月維新に対し、わが民団は組織整備をはじめ、本来の事業遂行に努力してきたのである。

(一)不純勢力の浸透

一九六二年以来、不純分子などによる民団の弱体化無力化を企図して来た朝総連は、「七・四共同声明の合同大会」という新たな戦術攻勢を試みはじめた。昨年八月八日、第35回大会で現執行部が発足して以来、不純勢力の除去事業に努めてきたが今後も全国組織の結束と協力を得、組織整備強化により努力する。

(二)組織訓練

「全国事務局長研修会」および「全国組織幹部教養講座」を実施したが、今後とも所期目的達成のためひきつづき努力する。

(三)神奈川県地方本部大会

朝総連と内通する神奈川県本部の当事者が組織混乱をまきおこす不純行動をほしいままにしたため昨年七月十六日、神奈川県本部正統勢力が大会をひらき、絶対多数で現三機関が選出された。

(四)鄭泰浩死亡の件

民団神奈川県本部役員を潜称する孫張翼など不純分子が「大会無効訴訟」をおこしその第二次裁判を行なった際に日共系弁護士が「お前らは韓国に帰れ」という暴言を吐き、わが側と不純分子間に口論がつづいた。その日出頭していた鄭泰浩氏の当事者は持病である肝硬変に連日の飲酒がたたり、翌日死亡した。

医師の診断で明らかなるにも拘らず、不純分子らは、民団側の暴行によるものだと虚偽宣伝をしている。

(五)都内北支部総会

北区北支部においても不純分子の乱動を制して正常化をなしとげ

(六)東京地方本部大会

昨年十二月四日、「東本大会」を開き新三機関を選出、直轄を解除し一年半目に東本正常化をなしとげた。鄭在俊一派が大会無効訴訟を東京地裁に提訴したため、中央でも抗訴を提起訴訟中である。

(七)民団会館横占

除名された鄭在俊は、団長を詐称し、東本建物を占拠、不純分子との謀議の場として使用している。

東本開舎・神本開舎は裁判中であるが、良好な結果があると思われる。

(八)旧韓青および韓学同

第二十回民団中央委員会決議で傘下団体取消しをうけた旧韓青および韓学同の一部残余分子は、明[illegible]する予定である。

われわれは、「反共論」「十月維新事業」、「対朝総連方策」、「七・四共同声明の正しい解釈」などの教材で全団を単位で講習を完了した。

(九)全国事務局長の研修会

昨年十月、一週間の研修会を催したが、今後より一層の挙団的協力が要望される。

(十)幹部教養講座

朝総連が、南北共同声明を悪用し新戦術攻勢で迫ってくるため、わが総連系青年と合勢し、七・四共同声明の「合同大会」、「合同新年会」などを催し、朝総連の政治・宣伝道具となって、民団青年に対する浸透活動がはげしくなっているので、全組織はこの対策を緊急に樹立すべきである。

二、経済局活動に関して

(一)商工会の育成強化

現在二十三地方および都内に、三商工会と連合会があり、月毎に拡大、強化されている。民団との関係に緊密な連繋を持つべくより努力する予定である。

(二)信用組合の育成強化

信用組合育成強化のための活動をつぎのように実践した。

①預金運動

昨年七月から「一世帯一通帳」および「対象別積立」運動を展開、月報制度を実践、顕著な効果をおさめている。

②未設置地区の開拓

昨年十一月には群馬商銀が開店、茨城商銀は七年間の努力の結果、近く開店されると思う。

(三)消費生活協同組合の活動促進の件

三月十七日、挙団的な規模の建設委員会を発足させた。

三、民生活動に関して

(一)協定永住権の事後処理

協定永住権申請者中、保留中の件を駐日大使館に反映、韓日法相会談の合意にのっとり、多大な成果をおさめている。

(二)戸籍整備の件

戸籍整備事業はいまも[illegible]しているが、韓国新聞を通しての啓蒙[illegible]

団員の生活安定を期して、第十八回中央委員会で決議された事項で、資料を全国へ送達、専門講師を要請によって派遣した。

(三)国民登録および母国訪問の勧奨

国民登録促進運動は、ひきつづき推進されており、新入団員が、しだいに増加して行くことと予想される。新入団員の母国訪問勧奨運動が展開されている。

(四)会館敷地

一九六五年九月、第五回中央委員会で決議され、七十年八月麻布所在敷地を買売契約し昨年十二月十六日政府名義で登記、本年八月起工式の予定である。その間、尹[illegible]追悼顧問、鄭[illegible]顧問、許弼奭顧問等の顧問に謝意を表するしだいである。

(五)会館建設委員会の構成

四、文教活動に関して

(一)在外国民教育政策審議会

昨年九月、文教部から教育政策審議委員が来日、韓国の主催した教育関係者および文化団文教関係者の会議を持ち、二世教育に関する十二月に金正柱団長が本国の審議会に参席詳しい報告の要望を伝えたため、将来の総合施策が樹立されると見られる。

(二)韓日親善協会

日本人の親韓勢力組織である韓日親善協会が結成され、本部が二十一カ所、日韓親善協会が二カ所、韓国人後援会がある。

(三)母国留学生および[illegible]母国留学生は一九七[illegible]七人である。

第七回夏季学校入校生を含めて七六五人である。

(四)在日韓国人教育後援会

在日教育後援会が一九七[illegible]創立[illegible]が、一九七[illegible]日付で「財団法人韓国教育財団」を創立、日本文部大臣の許可をうけた。現在の国費額は一億八千万円である。

五、宣伝活動に関して

(一)韓国新聞発刊

執行部は韓国新聞の週刊[illegible]

(二)週刊読売事件

北韓を褒め、韓国の主権と国民を冒涜した別冊「週刊読売」事件は、日本言論人の偏向性をそのまま示している。

われわれは、韓国新聞、ビラなどで日本言論人の低劣性をひきつづき糾弾する一方、読売本社に対して連日抗議の電話をかけた。

特に、大阪地方本部は婦人会と共に大衆抗議運動を展開し、日本機動隊との間に不祥事まで起り、世論喚起に大きな力となった。結局、高木論説局長は辞職となり、同社は正式に謝罪することによって[illegible]

(4ページ)を完全[illegible]し、定期的発行態勢を実現、全国末端組織団員、家庭、個人、有志にまでひろく配布し、宣伝啓蒙に力を注いでいる。

五、六月の韓国水災義援金

去年の八月、ソウル、中部地区一帯をおそった集中豪雨で、数多くの水災民と莫大な被害を被った

日本の大学生がみた 韓国、文化と政治

桜美林大学(清水安三学長・東京都町田市常盤町三七五八)では、金潤璜専任講師指導のもと、学生に韓国語を講義しているが、この度の「日韓親善と東洋平和」と題する学期末感想文発表で、日本の若い青年層が抱く韓国観には注目に値する発言があり、ここに資料としてこれら学生らの論文を紹介する。なお、桜美林大学では、はじめて韓国人教授を専任講師として韓国から金潤璜氏を迎え、韓国学に熱意をいれている大学で内外に好評を博している大学として知られている。

日本は反省と責任を

=桜美林大学生の卒業感想文から=

アジアを考える時期がきた

戸賀崎 博保講師

自分の考えを反省

〈フランス語担当講師〉 戸賀崎博保

私は昨年の七月末、各大学の学生百名ばかりと一緒に釜山を訪れ韓国の学生百名ばかりと二週間ほど生活を共に出来たことは私の人生にとって大変幸福でした。

我々は韓国人、日本人半々の二十名位の班に分かれて団体行動をしました。各班に韓国人、日本人各一名のリーダーがいましたが、特に韓国人学生のリーダーは統率力にすぐれ、おかげで各班ともしっかりまとまることができました。韓国人は陽気で活気がありました。我々を大いに楽しませてくれました。我々は言い争いの少ない交遊で精一杯いろいろなことについて語り合いました。

このキャンプでは北韓のことには触れないようにしていましたが、話が進んで行くうち、踏み込まざるを得ませんでした。ある日本人の男子学生が、北韓の思想を一応理解する必要があるという主旨のことを言い出したところ、韓[illegible]

真下 真理さん

しかし政府の無能を嘆く前に、私達日本人が反省しなければいけないようですその援護法は適っていないようで[illegible]す。

日本はもっと理解を

英文科 真下 真理

日韓親善に一番役立つのが、スポーツ、芸術、人事の交流である。

そのため、政府に望む事は、あまりにも多すぎる。たとえば、日本文化を海外に紹介するための資金や、日本を知ってもらうために国費留学生をもっと受け入れるなど、精神面の充実のための援助を望むのである。しかし、わが日本政府はあまりにも視野が狭く、経済面ばかりでの豊かになる事に夢中である。

東南アジアへの進出も経済面ばかりで日本の紹介や、その国々を理解し、その国のためになる事はほとんど成していない。そのために、タイでの日本商品のボイコット運動など反日運動が起り、アジアの一員でありながら、そのアジアから追い出されようとしている。

いわば朝鮮半島の住民は皆日本人の兄弟ともいうべき関係なのであります。この兄弟に対して日本は過去、多大なあやまちを犯しました。そして現在も、また、化面で多くの点が類似していま[illegible]す。

寛大な心が必要

英文科 久保木栄子

日韓親善を深めるためには、寛大な心をもつこと、そして、心を開いてゆくことが、とても大切な事と思います。

しかし、現在、私たち、若者はもっと、深く学び、真実を知り、お互いの国を理解してゆく態度が必要であると思います。

韓国においては、日本語を第二外国語としたことは、とても画期的な試みであると思うし、日本語を第二外国語として取り入れたことは、日本人にも大きな影響を与えるだろうと私は思います。

それこそが友好関係、意義有る交流だと信じています。

であり、またアジアのそれぞれの国も他の国の援助をたのみにするだけでなく、日本、中国が手を結び、南北朝鮮の統一が叫ばれ、ベトナムが真の独立に一歩を踏み出した今、私達アジア人は再びアジアの真の平和と独立、文化の向上について考え話し合わなければならないと思います。

あった。

今、ここに述べた事は小さな事であるが、韓国のあらゆる分野に対して、援助は必要であると思う。これは単に[illegible]国として強ぶっているのではなく先に自分のペースを取り出した者が、今だ自分のペースを出せない者を顧みることくにである。

真切るまねは禁物

文学部 沼田美由喜

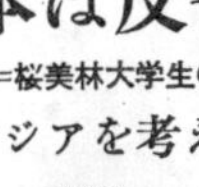

沼田 美由喜さん

韓国との親善強化は、平和を保たせる上でも重要である。日本は今や経済大国と言われるようになった。それは各国を尻目に見て得たものでありまた日本人が蟻のように働き得た結果である。ゆとりのある国となった現在、日本はアジアの国々に対する援助を見込まれている。韓国に対してもしかりである。

私が韓国を訪れた時は一九七一年の七月であったが、慶州の田舎

反省促がす韓国観

経済学 大地 正隆

世界中の日本批判者の人々に理解してもらいたいことは、とくに韓国の人々は日帝支配四十年の事実をあげてその不当を責め、その償いをもとめるだけではなく、また、図式に即した歴史批判の指摘にとどまらず、そのことがながい両者の接触のあいだに形づくられた伝統的意識の由来するところを知り、日本人の「韓国観」が、どのように展開してきたか、究めて、反省をうながし、将来の隣国としてどのようにあるべきかを示唆し、明日のアジア建設に一歩を進めるよう勧告が望ましい。

アジアの国々また韓国との親善は大きい。日本は世界の援助の期待は大きい。アジアに対する日本の援助の期[illegible]ような真似はさけるべきである。その国々、また韓国の為のみならず、日本自身の為である。世界の平和、東洋の平和が約束されるには、それぞれの国が他を退けることなく互いに助け合い、補い合ってゆく事が確実になされなければならない。日本の経済成長が他の国々を退けることによってなされたものなら、それに対してそれ相当の支出をなさなければならない。経済上であれ、技術上であれ、また人間関係上であれ。

韓国学校誌発刊

東京韓国学校(責任発行校長)の校誌「年輪」十七号が発刊された。B5版二百余頁、初、中、高校生の作品が収められている。

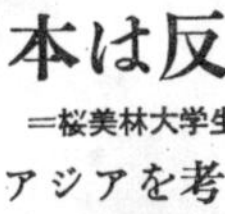

韓国が生んだ世界のピアニスト李清さん

李清のピアノ・リサイタル

4月4日、東京郵便貯金ホールで

韓国が生んだ世界のピアニスト、ウイーンの逸材・李清さん（30）が、日本リサイタルのため、また東京へ帰ってきた。

昨年四月十二日、東京・虎の門ホールで初リサイタルをひらき音楽界ウイーンや欧米で磨いた実力のほどをひれき、昨年の日本楽壇における大収穫とまで高評された李さんは、再びオーストリアに戻り恩師サイテル・ホーフファー教授や母校ウイーン国立アカデミーの推せんで、グラーツ国立音楽大学のピアノ本科講師として後進の育成に当っているが、去る一月二十五日、グラーツ音大と国立放送局共催によるリサイタルのあと、三月十一日はロンドン、十五日はパリーでそれぞれリサイタルをひらいて好評を博し、四月四日（水）の東京リサイタルのためこのほど東京の実家に帰って来たもので、早くも春の日本楽壇と、クラシック・ファンたちの間で大きな話題をよんでいる。

☆

「四月四日（水）午後七時　郵便貯金ホール

マネージメント／梶本音楽事務所・TEL（571）1689

入場料・A＝千二百円・B＝千円・C＝八百円。（都内各プレイガイド）

〈演奏曲〉

シューベルト……即興曲D・V・935第一番へ短調、第三番変ロ長調。プロコフィエフ……ソナタ第二番二短調作品一4。ショパン……ファンタジー作品49。ショパン……ソナタ第二番作品35（別名「葬送」）。

新聞評より

一九七一年一〇月二十九日

ショパンとシューベルトの演奏した二本の演奏を火曜の夜、タリーホールでの李清のアメリカでの初めてのリサイタルで聞いた。

彼のショパンの演奏は、鋭敏で李表され、気品あるスタイルと流ベルをはるかに上回る、才能ある李清の出現だった。

ALLEN HUGHES

（デビューリサイタル（一九六七年四月二六日付　クリア新聞・ウィーン）

感動的な夜の演奏。

「熱情」とシューベルトのソナタイ短調D五三七を演奏した。プログラムの順序は熟考されたものだった。最後にこの演奏家はショパンの二つの重厚な曲を演奏した。二曲共へ短調で幻想曲とバラードの4番である。ここでも又、彼の

れを持ち、また非常に美しく精緻なテクニックとバランスの良くとれた、しかも豊かな表情とを合わせ持ちそれは昨今、めったに出会うことの出来ない選ばれた人のものである。

略歴

一九六二　ウイーン国立アカデミーに留学。サイデル　ホーファー教授に師事。作曲をG、V、アイネム教授に、Aプライロフスキーにも師事。

一九六五年　ウィーンでシュテパノー・コンクールに一位入賞。

一九六六　ウイーンでデビュー・リサイタルを開き好評を博す。その他オーストリア、スイスの国立放送、ラジオ、テレビ等に出演。ウィーン市文化局主催のサマー・コンサート等にも出演、好評を博した。

一九六九年　ピアノ科卒業試験で表彰。

ウィーン、ロンドン、ニューヨーク、パリ、ソウル各地でリサイタル。好評を博した。オストリー国立放送主催のリサイタルも開き好評。東京では昨春に続き今回は二度目の東京リサイタル。昨秋よりグラーツ国立音楽大学ピアノ本科講師でもある。

미스・코리아選抜

☆第4回・在日ミス・コリア・コンテスト☆

しめきり迫る！

3月末日まで

本社恒例の「在日ミス・コリア・第四回コンテスト」受付がいよいよ今月末までにしめきられることになった。

ここで選ばれた在日代表が、来たる五月十日、ソウル市でひらかれる「一九七三年度ミス・コリア全国大会」に韓国日本部団長として参加する。

☆応募資格

満十六才から二十五才までの未婚女性で韓国籍を有する者。

☆応募方法

居住している地方の民団支・本部団長、または韓国系機関長の推せん状と本人の履歴書（写真、秘密は守る。）

☆審査

審査委員会で「知と美」の綜合審査をおこなうが、日時と場所は本人に直接通知する。

☆準備衣装

水着と、白ハイヒール、イブニング・ドレス

写真（全身・上半身の二種でキャビネ各三枚ずつ、写真の裏には氏名、生年月日、身長、体重、バスト、ウエスト、ヒップを必ず書く）

☆費用

参加費用は本人負担。

☆書類提出先（詳細）

東京都文京区春日町二丁目二〇　韓国新聞社　ミス・コリア応募係

☆しめきり

三月末日まで、本社応募係まで書類到着のこと。書類は一切返却しない。個人の秘密は守る。

民団主催に参加、本国各道の代表たちにまじってその"知と美"を競うことになる。

今年も例年にならって全国に居住している麗わしき同胞女性たちが参加できるよう、その発掘に、民団全組織の協力が大きく期待されている。

MISS KOREA

知と美競う淑女の祭典

世界最初の金属活字本

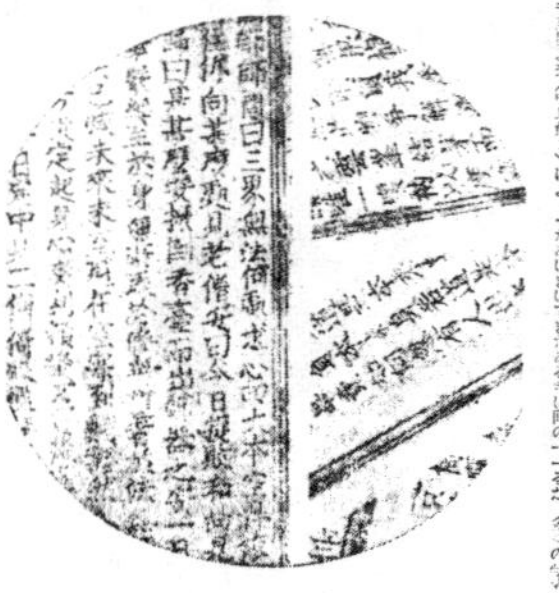

世界最初の金属活字本である「直指心体要節」（俗称で直指心経）が世界に知られて10カ月目に書誌学的考証が成均館大学の千恵鳳教授によって終った。

年丁巳（高麗禑王三年・西紀一三七七年）七月、清州牧外興徳寺鋳字印施」となっており、その裏に「縁化門人、釈璨、達湛、施主、比丘尼、妙徳」という表示がある。

ここで釈璨とは、白雲和尚の弟子で、上下巻で編纂した弟子である。国立図書館所蔵木版本によれば、翌年の高麗禑王4年（一三七八年）、この本を、驪州鶴山寺で再び木版で印刷する時にも主動的役割をした。

この点から、高麗禑王3年に、清州牧外の興徳寺で鋳字で印刷されたと見られる。

この鋳字本は、朝鮮王朝で最初に刊行した（太宗三年・一四〇三年）癸未銅活字本より、二六年前に刊行されている。しかし、重要な事実は、この発見によって従来疑問視されて来た高麗王朝時に、

な原理を要約、収録したもの。

元来、上下二冊でなるが上巻はすでに無くなり、残されている下巻一冊も初の部分一枚が欠落している。

題目の「直指心体」という意味は一作禅して、人の心を直視すれば、その心性はすなわち仏の心であることを悟る」という意味である。

鋳字本としての書誌的な特徴を分析して見れば、四隅と上下へ向かう線が固定されており、二種類の紙を使用してかわるがわる印刷した痕跡を発見した。

上下、横へ字の列があわないのは、活字本であることをより確実にしてくれる。

第二に、鋳字の特徴をもつのはパリの原本、影印本を拡大分析した結果、木のはりが見えず、字の中では活字に墨を塗った時にはっきり現われている。

字の中で、墨銀が不均衡で小刀で削した跡形が見えるのは、当時の国銅が未熟であることに原因を求めるのが正しい。

第三に、字の列がそれぞれ、ちぐはぐで、字がたために複字されたものもあった。ある字は、全体があいまいでまたある字は両の一

が発見されてから十カ月目に書誌学的考証を終えた。

千恵鳳教授（成均館大）によって

経文の内容は、歴代諸仏祖師が道を伝え、禅理を会得するに必要

経文を刊行したのは、高麗末期の禅僧の白雲（一二九八〜一三七四年）で号を白雲と称する。

網羅された文献に記録された鋳字および印刷に関するものが、すべて既定事実として認められたという点である。

宗教白書

文公部発表

文公部では七二年末、宗教に関する内容を発表した。この白書の内容は七二年九月現在のものであるが、多くの宗教人の努力

第五に、経文の末尾に「宣光七

る。

林慶業将軍傳（三）

訳　洪相圭

編　八東周吉

「速かに城郭を補修して守備を厳にし、粗相なく王都守護の大任を完うせよ」

「過分なおことばをいただきまして、慶業有難きしあわせに存じまする。即刻任地に赴き、君国のために一死もって報い奉る覚悟でございまする」

身まわりの調度品などを整理して、ぜひ必要な物を任地に発送するやら、先輩への挨拶まわりなどで多忙であった慶業が、任地の天磨山城に着いたのは、壬戌年の三月も、その中ばごろであった。

山城の望楼で四辺を見渡せば峨々たる山脈は東西に走り、連山連峰は遥か下の方に蜂伏して、城は自ら東西を鎮め南北を押えて、王都を守護する要の地形を占めていた。慶業は、今更ながら、自分の肩にかかっている任の重且つ大であることを、切実に感じ、若冠料卒の自分を信じて大任を任せてくれた大君と、おのれを知る人たちのために、

代の大学である成均館付近に屯していた一隊で、現今の予備軍にほぼ近い）

訓れた王都の地を発って、一辺地の難役に差し向けられてきた一隊を迎えた慶業は、まず遠路の強行軍をねぎらい、ついで、軍令の霜のような厳しさを身をもって知らしめた。

「王命を奉じて漢陽よりの強行軍御苦労である。天磨山城の中軍、林慶業は、城郭補修のために助力にこられた諸将卒に、あつく感謝し、且つ、衷心から喜んで迎えるものである。

諸将卒は、今よりただちに、本官の命令指揮のもとに属する。

諸将卒も知る如く、本城は王都守護の大任を負荷されている天下の険である。城郭の一点も疎かにできないことは勿論であるが、まして、その崩壊はありえぬことであり、またあってはならないことであったが、残念にも相当な部分が補修を要する焦眉の急にある。この工事は

翌日、一日の仕事で三日分を仕上げたのは、とりも直さず、この軍令厳正のおかげであったと思われた。

しかし慶業、剛ばかりに走り柔を知らぬ唯一辺の武辺ものではなかった。白馬江軍営内外をして慶業を黒わしめたのが、知と勇・剛と柔の兼備にあったように、ここでも柔よく剛を制するの兵法を忘れなかった。

夜となれば、使役工事の現場に立って、身分の高下を問わずに肩を叩いては慰め、労った。

「さあ、一日でも早く仕上げてしまおう。この工事を早く終えてしまえば、父母妻子の許に帰る日もそれだけ早いわけだ。出ては国家の要求する大工事を難なく仕上げはいって

国の大事であり、王上の御も宸襟を悩まされたもうところであるゆえ、精射卒はありふれた一土木使役と軽視することのないよう、本官は前もって厳重に訓告する。

本城の性格は、王都守護の要である。ここは緊要である。すべての軍令はいずれ軍命によって決められるはずであるから、軍令を前にして一切の私情を差しはさむことのないよう、格別に留意することを望む」

夜陰にこう親心に労られては、それでも奮闘せざる将卒がいるはずがない。勇将の下に弱卒なしである。

またある時は身をはじて、陣頭に立ち将卒と苦楽をともにしながら、士気を鼓舞することに骨身を惜しまなかったが、これは慶業の一生を通じて、金科玉条の大信条として心に誓っていたのである。

とにもならうぞ」

要害の堅固に沿って、うねうねと走っている城郭の一部は、完全に崩れ落ちて、守備の機能を大きく損ねている事実を、一目で判定した。

目に入る城郭の守備を固く決心した。

韓國新聞

在日大韓民国居留民団
中央本部機関紙
韓國新聞社
発行人　金正柱
東京都文京区春日町
2丁目20−13
電話(815)1451〜3
文(813)2261〜5
振替口座　東京　163774

民団綱領
一、われわれは大韓民国の国是を遵守する
一、われわれは在留同胞の権益擁護を期する
一、われわれは在留同胞の民生安定を期する
一、われわれは在留同胞の文化向上を期する
一、われわれは世界平和と国際親善を期する

祖国に寄与する人材養成

"生活科学化の促進"を

23日、全州で全国教育者大会

朴正熙大統領

朴大統領、「国籍ある教育」強調

朴大統領は、二十三日午前、[illegible]全州で開かれた「[illegible]教育大会」にのべ、[illegible]このようにの[illegible]われわれは、[illegible]そして[illegible]大躍進という三大目標をかかげ、国力培養に邁進していることとのべ「教育分野で推進課業の基本方向は、国家観も確立され、わが国家が必要とし、寄与する人材を養成すること」と説明した。

朴正熙大統領は、二十三日「わが民族の過去と現在を正しくとらえる、民族史観の形成と、これを基盤として大韓民国の民族史的正統性をただしく認識することが即ち「国籍のある教育」の核心であると強調し「私は国力培養の基本は、重化学工業の育成発展にあり、これはまた国民の科学化運動にあることを明確に指摘する」とのべた。

朴大統領は、この日「科学と技術のうらづけがないかぎり、祖国近代化の三大目標を早めに完遂することは不可能である」とのべ「科学および技術教育の制度的改善と科学的生活風土の改善が併行してこそ、われわれが提唱している全国民の科学化運動も、立派にその成果をおさめることができる」と強調した。

朴大統領は、「全国民の科学化運動は、第一に科学を基本に、科学を日常生活に活用することで生きる科学的生活風土を造成し、第二に科学および技術教育制度を大幅に改善する、二つの基本方向がたがいに有機的連関性をもって強力に推進されなければならない」と強調し、

「全国民の科学化運動は、ある特定の研究室だけでなく、わが社会の各界各層すべてが、自己の職場において、生産と直結され、国力培養と直結される科学技術の生活化を意味するもの」であると説明した。

朴大統領は、この日、「科学および技術教育の制度的改善が理論為主の研究教育と生産為主の技術教育に区分、把握されるべきである」と指摘し、この制度的改善の政策的課題として

①工業高等学校の大幅増設
②技能章制の実施
③工業技術分野の資格証所持者就学
④国家考試制による資格制実施による浪費の禁止を提示した。

第21回 中央委で決定した 73年度 活動方針

傘下団体積極育成

幹部教育の徹底で組織強化

既報のとおり、民団第二十一回中央委員会はさる二十二、二十三の両日、東京都新宿区市ケ谷の「日傷会館」ホールで開催されたが、各分科委員会で審議された活動方針案は、一部修正されてから決定をみた。総務局案の中の、「団費十%を民族教育費に引当てる案」、経済局案の「中央会館建設基金の募金案」、組織局案の「不純勢力と朝総連対策」、民生局案「協定永住者の未入団者に入団勧誘」、青年局案「青年局の指導力強化と全国青年部青年会組織」など各局とも数項目に亘る運動方針が確定した。

総務局

(一)債務確・承認事項の件(原案のまま)—略—

(二)団費(割当金)再調整に関する件

団費(割当金)再配定比率の基準を、中央委と中央代議員配定数とした執行部の試案、三個案中の第二案を採択する。—略—

但し、付帯条件として再配定額(割当金)が、現行割当額より減少した地方本部があるばあいは、現行割当金(従前通り)を、再配定額と定め、特殊な事情のある地方本部に対しては、中央執行部から補助または、その他の方法でこれを補填する。

(三)予算に関する件

予算案は、原案通り採択するが内容と一部に対し、次のように修正を加える。

(A)歳入部

歳入原案には、割当金再配定として、歳入が増額されることを前提とし、月収四百万円を歳入に計上したものだが、執行部の調整試案三案中、第二案である月収三百八十七万円の案が採択されたことにより生ずる年間百九十六万円の歳入不足額は、機関紙の広告料収入を増収するようにし、不足歳入に充当する。

(B)歳出部

補助費中、新韓学術研究〃の現行補助額月一万円を、月二万円に増額補助するが、特別行事費補助年間十二万円を補助しないことにして、この項を削除する。

(C)補助費中、民族教育費に関する補助金は、今年度から(一九七[illegible]年[illegible]月分から)納付される団費割当金の十%を補助するも、対象は「財団法人韓国教育財団」とする。

経済局

(一)商工会の活動助成

(A)民団と商工会の連けいを確立して、民団の支援体制になるようにする。

(B)地方別、または連合会と民団本部および中央が、紐帯を強化して本国に視察団派遣、事業進出ならびに斡旋と支援などの経済交流を推進する。

(C)連合会の活動を積極強化。

(二)消費生活協同組合の設置推進—適[illegible]継続事業として強力に推進。まず十大都市から区分的に設置して七四年度から事業が開始できるように、段階的に進める。

(三)信用組合の育成

本団の傘下友好機関として、その育成を積極的に強化する。

(四)中央会館建設(募金活動を中心として)

本中央会館は、在日韓国人の綜合会館であるため、会館建設にあたっては、全体団員が一心同体となり、集まった募金をこれにあてる。総工費七億五千万円は、工事が始まる初段階の一年間に少くとも全額の五十%以上が集計されなければならない。

建設募金活動としては、団員世帯別、民団の役職員、商工会と信用組合単位、一般団員商工業者、韓日・日韓商社、有志の特別賛助、期間中における附帯事業による収益、一般募金などが計画されている。募金宣伝、中間成果は、随時、機関紙に発表する。

(募金推進委は略。募金資料を必要とする地方本部や傘下機関にはこれを別途作成して送付する)

建設規模とその他の内容は、本号では省略、次回に掲載する。

中央会館建設に総力

教育費配定支給を業務規定化

青年局の指導力を強化

組織局

(一)組織強化に関して

(A)民団組織の体質改善は現在切実に要求されており、特に既成幹部に対する徹底した教育は必須である。

組織的行政教育と併行し、組織管理と運営に関する指導力を発揮しうるような統一的教育を年間三回以上、研修会形態で行なう。

(B)右の教育の効果ある実施をめざす理論整備と教材編さんのための特別委員会を設け、幹部教育の基準をかため、組織体系および団組織の質的向上を期する。

(二)傘下団体育成

傘下団体自体の性格を重んじ、本団活動方針にともなう統一した運動を期すべきである。

(三)不純勢力と朝総連対策

(A)ひきつづき[illegible]を助し、祖国で進められている南北間の政治会談を歪曲ねつ造し、悪意に満ちた虚偽宣伝によって民団攪乱を継続することが予測されるので断ことして対処する。

(B)、永住権を取得した非団員に対し、積極的に入団を勧誘し組織が包容して、組織拡大を期する。

(四)セマウル運動に関して

(A)激動する対内外情勢に対処する民族的課業にこたえ、本団はいかなる時よりも民族主体性に立脚した自立自助協調団結の気風を振作させ、組織の内実を期すべきであり、これを着実に実践するため、団組織のあらゆる行動、組織の指標の確立を期し、

①この運動は、内には団組織の質的向上と七〇年代に適応できる新生活運動の基礎となるべきであり

②本国に対しても、民族的次元からセマウル運動に積極参与する運動である。

第21回中央委員会では各分科委員会をひらきしんしな討議を重ねて民団の活動方針を決定承認した。(写真は組織分科委員会)

民生局

(一)戸籍整備促進

本団の継続事業として一九六五年から推進して来たが、①在日同胞の籍確成の重要性を関係当局の理解不足などの要因で戸籍未備者が多い。整備推進の重点を以下にのべる。

(A)戸籍未備者の実態を調査し、本国政府にこれを提示、手続を簡素化し、事務処理の迅速を期するよう、在日同胞戸籍整備業務を[illegible]する。

(B)解放後、日本人妻との間で出生した子女は、成年以後の認知は国籍取得要件にならないので現行戸籍法改正を請願し、問題解決に積極努力する。

(C)各地区協議会単位で、戸籍担当実務者に戸籍実務教育のための講習会を開催する。

(D)機関紙「韓国新聞」を通じて、戸籍整備の具体的例示解説の連載及び、その他の文書活動による啓蒙に努める。

(二)国民登録申請運動および母国来訪問者の訪問勧誘

韓国籍の非団員に対する国民登録申請運動を展開し、母国訪問を勧奨して、維新事業の推進とセマウル運動の様相を見聞させ、母国愛をはぐくみ、本団組織強化に寄与させる。

(三)協定永住許可者の未入団者の県別整理

協定永住権を取得した十万人をこえる総連系同胞に対する入団勧誘のため、永住権申請非団員台帳を県別に分類整理し、団勢拡張事業に寄与する。

(四)待遇問題改善運動推進

日本政府に対する差別政策の是正、要求および本国政府に対する権利増進請願をつづけ、日本国会上程中の出入国法案で不利な点があれば、反対運動をする。

(五)団員台帳作成

第二十回中央委員会の決定で実施される団員台帳作成を具体的に推進する。

(A)団員台帳の様式を統一し各級組織に備置。

(B)地方本部別の世帯単位一連番号で整理

(六)領事事務取扱手続料徴収統一

統一した手数料は中央で決定し地方本部およびその傘下支部では統一される基本手数料とその他の所要経費に分離して徴収すること。

その他、沖縄地方本部からの五年以上当地在留同胞に対して、在日同胞の資格賦与に関する建議お[illegible]

青年局

(一)在日韓国青年の現状

在日韓国同胞の二世は、全同胞の七〇%で、三世を含む青年(16〜30才)は二十万にいたるが、学生数は五万にいたらず、大部分は、日本社会における肉体労働や第三次産業に従事しているが民族的自覚と民団の次代を担うという使命感が薄いと見られ、同胞社会の将来における一大課題である。

(二)在日韓国青年の問題点

問題点を概括して見れば、

(A)志向すべき方向感の喪失

大部分の青年が、本国との隔離日本的生活感覚、被差別感、父母の指導性欠如などで方向設定に苦悩を感じている。

(B)青年層の無力化現象

同胞青年との連結欠如、日本人社会における分離と孤立化、などで勢力の結集が難かしくしている。

(C)青年層の加速[illegible]

(三)指導方針

(A)一般的指導方針

①[illegible]韓国的立場に[illegible]的自覚と民族的主体性[illegible]ければならない。

②[illegible]の統一のため、[illegible]に対する正しい方向性を示すべきである。

③分散され、無力化している在日青年の力を結集するよう、新な基盤と機会をうちたてし、全国同胞青年の団結と連帯性を強化すべきである。

(B)具体的方針

①青年局の指導力強化

・短時日内に全地方組織に青年部責任者を任命すること。

・青年局が主催する全国青年部長会議を定期化し、青年指導に関する一定の水準と内容の統一を期する。

②全国的な青年実態調査。

③日常的な指導強化

・教育指導
・組織指導
・厚生指導

④同胞青年と本国青年の交流を高め、本国との一体感を強める。

⑤自律的な訓練を通じて、民団の後継者意識をうえつけ、民族幹部として成立させる。

(四)活動方針

(A)理由

民団傘下に青年組織として「在日韓国青年会」(仮称)結成をつづけることを前提とする。

民団傘下に青年勢力を組織化し[illegible]を一補、民団の威信を高め、民団運動を推進する。

(B)性格

民団の宣言、綱領、規約を遵守し、真の韓国青年による自律的組織であり、民団の傘下団体として民団の指導を受ける組織である。

(C)目的

韓国民としての自負心と民団構成員としての使命感をもたせ、青年間の親睦と団結をはかる。

(D)組織と指導方針

下記要綱のとおり、中央青年局の指導のもとに、各地方本部の青年部の傘下にこれを組織し、適当な時期に、全国的に単一組織化し中央本部を設ける。

②地方本部は、四月末まで、部長を任命し、支部は、五月末まで部長を任命完了し、六月中に、中央本部青年局は、全国青年部長会議を召集し、青年会は地方の事情にしたがって、徐々に構成することにする。

文教局

(一)教育費業務規定化

在日韓国人教育委員会は、民団第六回中央委員会の決議として、団費以外に、教育費徴収制を実施したが、その期待した成果を見ることができず、有名無実化状態に過ぎなかった。そこで、今般、各地方本部の現行割当金制度を再検討して、これを改編すると同時に割当金徴収額の十%を教育機関に配定支給するよう業務規定化を、本第二十一回定期中央委員会にて決議されることを要望し、また民団教育委員会および文教部長らは、教育機関の機能を、より強化する必要があるので、教育委員会は、国民教育に関心が深く、大衆力のある経済人士たちで補充し、特に文教部長職は、その職務の専門性を考慮して、教員またはそれ以外の教育行政出身をこれに当て、同時に、その職位の安定を期すことにより、長期的な計画のもと、その職務を能率的に遂行することができるようにしなければならず、その計画的な制度確立が要請されるものである。

※本案は[illegible]委員会の決議と同じ。

(二)民団史刊行

文明ある民族と国家では、[illegible]民族史と国史を記録として保存しており、その歴史記録を通じて過ぎし歳月の諸事実と文化を[illegible]として現在の生活を開拓して未来の発展に資するものである。

私たちが日本で生活し、解放を迎え、二十八周年になるこの時点で—(中略)—創団二十八周年を目前にし、民団史刊行編纂委員会を設立して、史料収集と原稿作成の作業に着手する企画を推進させるために、全国組織は、もちろん、一般団員の[illegible]。

(三)国際文化親善運動

韓日協定前から推進されてきた韓日親善協会は、現在三十の地方本部に既設されているが、残りの地方本部では、未だに結成されていないのが実情である。

いくつかの地方本部は、この友好団体を設立して、両国の親善を図るため、適切に運営されているところもあるが、あとの大部分は結成だけされ、その機能を発揮していない本部が多いものと思われる。これからも私たちは、韓国問題に関心の高い日本人、特に在日韓国人に協力的な知韓派政治家、経済人、文化人ら有力者と恒常的な連繋を持続させることが必要であり、進んでは、これらの友好感を組織化していくために、各級組織は、本趣旨を理解して、早急な日時内にこの実現を完遂するよう積極協力してくれるよう促求する。

(四)夏季学生講習対策

(A)例年行事として実施している夏季学校入校は、大統領令により国家事業として施行されているが、今年度からは、政府文教部予算関係により、日本の正規高校および大学生のうち、特に成績が優秀で資質が高い学生に限り精選する予定であるから、この点に留意して協調してくれるよう望みたい。

(B)他に、日本国籍(帰化国籍)である韓国人の優秀なる子女たちにも、ひろく門戸を開放して夏季学校に[illegible]参加できる[illegible]

(五)韓国教育財団強化策

一九六三年に本国政府から在日韓国人奨学会に関する指示に[illegible]つれ、同年六月十七日に設立を認可され、在日韓国人教育後援会を発足させ、今日まで非営利団体として運営してきたが、今年の二月一日に本会をより発展向上させるため、現在の在日韓国人教育後援会を解散し、「財団法人韓国教育財団」と改称し、日本政府から法的に正式認可を取得した。本財団がこのように向上発展したのは、わが在日韓国人子女たちの教育のため、文教部当局、駐日公館、在日韓国経済人士たちの惜しみない厚意による結果といえよう。(中略)

これから本財団の健全な運営のためには、自主的で積極的な財政基盤を確立し、恒久的で安定したものにする。

(六)国民教育憲章朗読実施

国民教育憲章は、わが韓民族が保持する使命感と倫理観を定立した歴史的な憲典であるので、在日国民も行事式典では、必ず朗読するようにする。さらに従来の「在日韓国人教育憲章」は、「在日韓国人教育指針」と改称、時間が許す限り、教育憲章のあと読まれる。

宣伝局

(一)韓国新聞週刊発行の継続維持

機関紙「韓国新聞」の週刊発行を継続維持する。一方、地方本部宣伝部、支部宣伝課を中心に、支局及び分局の役割を強化させ、随時、名簿整理をして効率高い読者を確保していく。そして地方の要望にしたがい、特色ある地方特集も発行するが、製作経費は、依頼した地方の負担とする。

購読料は原則的に月額二百円に定めるが、徴収は当分間保留し、[illegible]は地方の[illegible]払制とする。(三月十日付一〇七一号から実施)

(二)新聞外の公報活動

新聞以外の対内外声明、宣伝文書などを必要により随時これを作成配布し、演奏、映画、ミス・コリア選抜大会など、芸能公演も企画、実施、または後援する。

(三)記録映画製作

さきに民団創設二十周年を記念して記録映画「躍進する民団」と「韓国の美」また、劇映画「あれがソウルの空だ」(万博後援会製作)などを製作上映して多大な成果をあげたのに照らし、在日韓国人社会の実態を生々しく描写する大長編記録映画「これが在日同胞だ」を製作し、日本内はもちろん、外務部と文公部の協賛を得て、本国と海外にもひろく上映させ、在日韓国人の存在を大きく知らせる。(韓日英の三カ国語版)

この映画は数年前から企画し、すでに製作意図、要綱、規約、脚本第二稿が現在脱稿されており、独立した製作委員会(名誉代表で[illegible]構成)が発足すれば、撮影を開始する。製作費は、[illegible]

(四)セマウル運動と中央会館建設に関する大キャンペーン

本国のセマウル運動に全面的に参加協力できるようにし、民団中央会館建設が早い時日内に実現できるよう積極的な宣伝を通じ大キャンペーンを展開する。

在日同胞六十万の セマウム植え運動展開

◇…本紙既報の通り、在日六十万同胞のセマウム(新たな心)植え運動を展開している民団東京…◇

◇…本部(鄭東淳団長)では、セマウル部落(京畿道抱川郡[illegible]面柏城里)と現地で姉妹結縁を結ぶ…◇

◇…ため、東京本部顧問団、三機関、役員、執行委員、傘下各支部団長ら三十余人からなる結縁…◇

◇…団を本国に派遣するのと併せて、傘下二、三世からなるセマウル運動奉仕団団員二十人を四…◇

◇…月二日午前十一時、羽田発KAL便で本国に派遣、次の日程で在日同胞六十万のセマウム運…◇

◇…動を展開する。

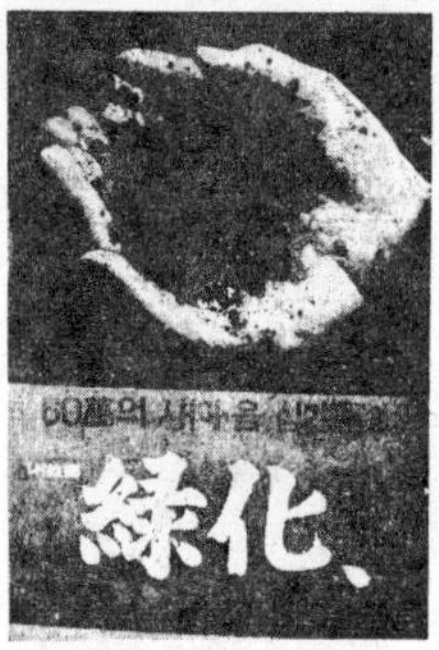

本国津々浦々にお目みえした在日同胞六十万のセマウム植えポスター

本国で二週間植樹

―四月二日から、各種行事にも参加―

東本傘下　青年奉仕団・姉妹結縁団出発

なお、本国政府では、閣僚会議までひらき、在日同胞のセマウム運動を積極的に援助することを決定して、外務部、内務部、文公部、山林庁など関係当局の協力で苗木六十万本を準備、四月五日、京畿道庁在会館で記念植樹をすることになっている。

この在日同胞のセマウム植え運動は、在日同胞は勿論のこと、本国でも大きな反響をまきおこし、同運動を心から歓迎している。

青年奉仕団日程表

二日(月)
11時00=KALチャーター便で羽田出発、(8時30分羽田集合)
13・00=〃　金浦空港到着、(飛行機内昼食)
14・00=国立墓地参拝
15・00=民団本国事務所訪問、(政府合同庁舎)
18・00=宿所到着、(文教部中央教育行政研修院)
18・30=夕食、〃
20・00=オリエンテーション、〃

三日(火)
09時00=開講式
10・00=外務部長官訪問
11・00=内務部長官訪問
12・00=昼食
14・00=室内教育(政府施策講義)(宿所)
16・00=〃(南北対話講義)〃
18・00=夕食、〃
20・00=文化映画鑑賞、〃

四日(水)
09時00=室内教育(セマウル現況講義)〃
11・00=〃(セマウルブリビン)、(内務部)
12・00=昼食
14・00=室内教育(国史講義)、(宿所)
16・00=〃(国際情勢講義)
18・00=夕食
20・00=テレビジョン録画出演、(放送局)

五日(木)
08時00〜18・00=植木行事参加、京畿道会館
20・00=課外活動

六日(金)
09時00=室内教育(南北赤十字会談経過講義)(宿所)
11・00=〃(維新青年の使命講義)〃
12・00=昼食
13・30=勝共映画鑑賞、(宿所)
15・00=大学訪問、(慶熙大学校)
18・00=夕食
20・00=課外活動、(宿所)

七日(土)
09時00=陸軍士官学校パレード参観、(陸軍士官学校)
12・00=昼食
13・00=ソウル市内古蹟観光、ソウル市内、秘苑、博物館
19・00=課外活動(茶菓会)宿所

八日(日)
08時00=慶州向け出発
12・00=昼食
13・30=慶州市長ブリビン、(慶州市庁)
14・30=慶州地区古蹟探訪、(慶州地区)
20・00=慶州宿泊、(慶州観光ホテル)

九日(月)
09時00=釜山向け出発
10・00=釜山工業団地見学、(釜山地区)
13・00=昼食
14・00=温陽向け出発
17・00=温陽宿泊、(温陽旅館)

十日(火)
08時00〜10・00=温陽出発—ソウル宿所到着
11・00=修了式、(宿所)
12・00=昼食及び修了パーティ
13・00=解散後各自縁故地に出発

十一日(水)　各自縁故地訪問
十二日(木)　〃
十三日(金)
17時00=民団本国事務所集合、政府合同庁舎　電話(73)〇一六二〇一六五
十四日(土)
09時00〜11・00=金浦空港発—羽田空港着
12・00=羽田空港で解散

民団大阪北摂協議会ひらく

第二十四回民団大阪北摂協議会(協議会長・[illegible]東淀川)が、三月二十四日午後一時から、民団東淀川支部でひらかれた。

姜東淀川事務部長の司会でひらかれたこの日の協議会は、加盟支部である東淀川、吹田、豊能、茨木、高槻など五部の三機関長、任員、[illegible]本部副団長、[illegible]ら二十人が参席して、中央委員会報告、秋季体育運動会共同開催の件、秋季民団訪問団派遣の件などの協議事項を討議したあと、天津閣に会場を移して懇親会を持ち、午後五時すぎ散会した。

全国初の済州道一部で基準地価告示

政府は土地の不当な値上りを防ぐため全国ではじめて、済州道一部地域に対し今月中に基準地価を告示するが同地域は次の通り。

△済州市中文面一部三五平方km、同城山面一部三一・三平方km、北済州郡[illegible]面一部三七・五平方km・済州市[illegible]洞、老衡洞一部七・二平方km

金一匁五千ウオン

加工料も三倍値上げ

市中金の価格が持続の国際相場を反映し一匁五千ウオンまで上がったが今月初めには下向き中旬には四千四百ウオンまで下った。しかし小売は今年初め一匁四千ウオンから五千四百ウオンまでの変動をみせており、加工料も三倍が値上りし一匁九百ウオンもとっている。

今年導入の外米

三十三万五千トン 購買契約を完了

政府が今年導入することにした四十八万九千トンの外米のうち十五万五千トンの日本米を除いてはほとんど購買契約を完了した。

農林部によると、米国米三十三万五千トンの購買契約はほぼ完了しているが、日本米十五万トンは五月内に締結する予定である。

観光客に「法酒」

四月から全国に発売

米とモチ米を三対七の割合で使用し韓国古有の清酒「法酒」が四月から全国に発売される。

維進内政の基盤造成進む

流通構造調整に新立法
買占め、売惜しみの取締り明文化

物価安定に関する法律施行令が二十六日、経済長官会議で議決された。国務会議で確定しだい実施される当施行令は、全文十六条附則で、去る二月二十六日、非常国務会議で通過した、物価安定と国民生活および消費者保護のための「物価安定に関する法律」の適用のための手続を規定している。

施行令の骨子は

①最高価格の指定は、主務部長官または、経済企画院長官が国務会議の議決によって告示（第二条）

②告示価格の遵守と買占め、売惜しみを取締る根拠を明文化（第四条）

③流通構造の改善、経営合理化のための企業合併、系列化および専門化の義務を成文化（第七条）

④消費者保護団体は、自治団体に登録させる登録制の採択（第八条）

⑤諮問機構として物価安定委員会を規定し、委員会の構成は当然職十八人（企画院、内務、財務、法務、農水産、商工、保社、交通部次官と国税庁長、ソウル特別市第一副市長、青瓦台副秘書官）と民間委員（七人）など二十五人で構成（第十一条）

⑥違法行為に対して、該当関係部処に処分を要求する（第十五条）などを規定している。

この施行令は、国務会議議決を経て、公布されしだい、即時施行されることになるが、法律制定以後にも、施行令がなく発動できなかった物価安定法による最高価格告示と買占め、売惜しみの取締りが在庫の少ない商品にどのように適用されるかが注目される。

冷暖房、冷温水ガス、水洗式トイレの完備した汝矣島国民住宅アパート。維新の内政はよりよい国民の暮しをめざして着々と進んでいる。

肥料輸出、四八・九％を達成
電子機器、合板、織物類も着実

今年にはいってから肥料輸出が大きく伸びており、電子機器、合板および織物類なども着実な輸出実績を示している。

商工部によると、肥料輸出は二月末現在すでに今年の目標額二百万ドルの四八・九％を達成、九十七万七千ドルを輸出するという最高成績を示した。またその他の工産品輸出も好調振りをみせているが、これに反し、農水産物および鉱産品は輸出不振である。

新羅王陵推定の古墳を発掘
総工事費は五億ウォン

文教部は二十二日から新羅王陵と推定される慶州市皇南洞地区の第九十八古墳など十八基の古墳群を発掘し、また補修する作業に着手した。これは慶州総合観光開発事業の一つとして行なわれ、総工事費は五億一千八百万ウォンにのぼる。

金元龍ソウル大学博物館長は「王陵にほぼ間違いないということを知って古墳を発掘するのはこんどが初めてだ」と明らかにし、「陵が積石木槨墳と推定されるために盗掘されていないから、多くの貴重な副葬品が出そうだ」と語った。

各種記念日53を26に統合
「母の日」は「父母の日」に改制

政府は二十四日、国務会議の議決をへて、現行五三の各種記念日を二六に調整、統合した。

これにともない、五月八日の「母の日」が「父母の日」にかわるなど統廃合が行なわれたが、これは、各種記念日の意義を高め、行政の能率を期するため取られた措置である。

「各種記念日等に関する規定」にしたがって施行される二六行事以外には、政府や政府管理企業体が、いかなる記念行事も主催できないように、規正している。

しかし、政府主管記念日とは別途に、民間団体が主管する「新聞の日」などの行事は、この規定の制約をうけないと尹冑栄文公部長官がのべた。

統合調整された二六個記念日はつぎのとおり。

▲租税の日（三月三日）▲勤労者の日（三十日）▲工業の日（三月二十日）▲保健の日（四月七日）▲郷土予備軍の日（四月第一土曜日）▲四・一九義挙記念日（四月十九日）▲成年の日（四月二十日）▲科学の日（四月二十一日）▲忠武公誕生日（四月二十八日）▲法の日（五月一日）▲子どもの日（五月五日）父母の日（五月八日）▲勤務日（六月第一土曜日）▲六・二五事変の日（六月二五日）▲専売の日（七月一日）▲鉄道の日（九月十八日）▲貯蓄の日（九月二十五日）▲国軍の日（十月一日）▲体育の日（十月十五日）▲警察の日（十月二十一日）▲文化の日（十月二十五日）▲輸出の日（十一月三十日）▲教育憲章宣布記念日（十二月五日）▲世界人権宣言記念日（十二月十日）

技能章制度を設定
科技処・学校級別に30余種

科学技術処は、全国民の科学化と機能化を促進するため、体力章制度のような技能章制度を実施する予定である。

二三日、全州で開かれた全国教育者大会で、朴正熙大統領が提及した「全国民の科学化運動」の一環として、構想した、技能章制度は主要職種も主要製品の製作工程に必要な約三十余種の基本技能を地域別（大都市、中小都市、農漁村）学校別（初・中・高）、学年別、男女別に選抜、技術を研修させ、これを七四年度から実施させるようにするとのことである。

科学技術処は、このため、現在実施中の体力章制度の配点比率を比較分析、配点比率は体力章のように二十点程度にし、これは一等級に二十～十六点、二等級に十六～十一点、三等級に十～六点、四等級に五～一点をそれぞれ配点するという案を検討中であるとのことである。

しかし、技能章は、体力章とは異なり採点基準があいまいになりやすいので、入試適用はさけることになり、このための具体的な作業が国際技能オリンピック大会韓国委員会が中心となって、約五十人の専門家によって進行中である。

尋ね人

☆鄭益三（加藤益三）

本籍・平安北道鉄山郡

中日戦争の際、中国語通訳として日本軍に従軍し、終戦後は東京で住んでいた方で、お子さんの鄭哲顕（旧名鄭幸一）さんがさがしています。

ご存知の方は、ソウル特別市城北区敦岩洞四一四番地七統四班鄭哲顕さんか、民団中央本部民生局へ連絡を。

☆金淇万さん（45才）

本籍慶南東萊郡長安面佐川里一四四番地

お父さんである金任坂さん（86歳）と兄弟の金淇竜（37歳）さんがさがしています。

ご存知の方は、名古屋市中村区鳥森町四―13、徐文興さん（電〇五二―四七一―三三五〇）まで連絡を。

解説

南北対話で北韓は変ったか
既存唯一体制を堅持
外交路線を戦術的に修正

金 昌 順

南北対話が始まってから北韓は外には開放を、しかし内には従来どおりの閉鎖で、いわば政治的二重構造に住んでいる印象が強かった。それは北韓が外交的には激動する世界情勢に対処する路線を打出しながらも、内政的にはこれまでの唯一体制をそのまま堅持していこうとするところから起きた印象だった。すなわち北韓の政治路線転換は外に対してのみ、といった感が深かったが、それは北韓の為政者が止むを得ず取った政策だったからであろう。

昨年七月四日の南北共同声明から八カ月有余を経たきょうこのごろ、北韓はようやく、保守（共産主義唯一体制維持）と転換の二面一体からくる矛盾と闘争の苦しみを味わいつつあるようにみえる。

▽過去の価値観を清算

七・四共同声明以後、南北韓は互いに和解を表明、平和統一という民族的共同目標を掲げてこれに向かって前進しつつある。だが、過去二十七年の南北対決という苛酷な歴史は南北韓の社会をあまりにも大きく引き離した。それはまさに黒と白との違いのように著しい差異である。それが、ことごとに現われてくるのであるが、南北の対話はこれを越えて、果たして両者を近付けていくのだろうか。

いま、韓半島は転換期的[illegible]のもとにあるといえる。この時期に北韓社会の価値体系は変わったであろうか。歴史をひもといてみると、ある一つの歴史的社会からもう一つの歴史的社会に移行して行くときには価値体系の変化をもたらせている。それをわれわれは転換期と呼び、歴史的に一つの"ピリオド"を画するのであるが、いまの韓半島情勢が歴史的に一つの"ピリオド"を画する性質のものだとすれば、当然、価値体系の変化がみられてしかるべきである。すなわち現代には過去の価値観や倫理観が清算されて、新しい価値体系と倫理観が生まれてくる"時期"にさしかかっているといえるのではないか。

▽歴史的"転換期"を戦術的問題に

だが、北韓の場合は物質的価値体系の変化も倫理観の動揺もいっさい表面化されていないから、少なくとも外面から見る限り、それが"皆無"だということになる。北韓では従来の唯一体制はそのまま堅持し、それを基盤にして、ただ政策路線を戦術的に改変しているだけのようである。従って北韓の行動にはそれが如実に現われている。すなわち、北韓は現在、大きく変わっている世界の歴史的推移の"転換期"を一つの戦術的問題として取扱っている。

しかし、韓国ではこの時期をある歴史的時代の終わり、そしてまたもう一つの歴史的時代の始まり、としてとらえ、これに対処して行こうとしている。それが昨年の十月維新であり、これに伴い価値観の改変も起きている。これとは対照的に北韓の本質は少しも変わっておらず、共産主義はそのまま、すべての基本になっている。韓国が"転換"を本質的問題としてとらえているのに反し、北韓はこれを手段の問題として戦術的"可変性"を示している。これは南北韓の間にみられる大きな差異だといわなければならない。

無論、周知のように北韓でも七二年十二月に改憲が行なわれた。しかし、この措置は、体制改変とはいうものの、従来の唯一体制をいっそう強化するためのもので憲法上で"一人"の権力構造を体質的に強め、その権威を明文化したものである。従ってこの"改憲"は既成秩序をさらに強化したものにすぎず、本質上の改変を意味するものではなかった。

▽54条の反宗教宣伝の自由

だが、北韓の十二月改憲はかれらとしては現実主義に沿ったものだったのだろう。それは改憲に当たり「社会主義的工業化政策の遂行により重工業の基礎ができ、また農業の全面的集団化で協同体制が確立された」ので、そうした条件のもとにおいて"社会主義"の憲法を実施すると、うたっていることにもみられるとおりである。だが、北韓の、こんどの新しい憲法をみると、多くの条項で南北関係の新展開を阻害するような環境づくりをする性格を持っている。この点からすると北韓の改憲はむしろ非現実的なものだったということができる。結局、南北韓両者の関係は二律背反的なものだといえよう。

一例をあげると、北韓の新憲法では反宗教宣伝の自由（五十四条）というのがあるが、これは、従来も過去二十七年間にわたり北韓が宗教を弾圧し排除して、ついにこれを亡ぼしてしまったといわれる現状でも、なお"反宗教"を政治的に、しかも憲法の中で明文化しなければならなかったという内情を示すものである。社会主義憲法としては、この"反宗教宣伝の自由"は正当性のあることかも知れないが、しかし、これは韓国社会の宗教家あるいは信心深き者たちに取っては"宣戦"布告のようなものである。そこでこれは韓国の多くの人びとに感情的挑発を呼び起こすし、また、同族社会への露骨な分裂政策表示とも受け取れるのである。

▽共産主義者の民主主義的基盤

韓国社会はその根底において民族主義の強烈な伝統を保全している。従って非民族主義に対しては常に警戒をしており、北韓共産主義が民族主義に対して内容的征服を試図し続ける限り南北関係の真の新展開は困難だといえる。

南北対話においても言葉の上では共通したものが現われても、その持つ意義が大きく異っているということが往々にしてあるが、それというのも北韓の共産主義体制が韓国の社会を阻害する性格を持っているからだ。たとえば北韓共産主義者が「民主主義的基礎で祖国統一を実現する」という場合、その「民主主義」はいわゆる「人民民主主義」であり、上から下に統制するような全体主義的要素を多分に持っている。これは個々の民族主義的民主主義とは違うし、南北で互いに異る「民主主義」をひっさげて接近しようとしているのだから、そうなると南北関係はさっぱり前進しないことになるのだ。

▽新旧矛盾の調合関係形成へ

たとえ、本質的に前述のような隔たりがあるにしろ、平壌とソウルの人びとが互いに長い間にわたった障壁を取りこわして公式グループの南北往来をするようになったことは明らかなる事実であり、これはまさに歴史的転換に他ならない。この新しい現実は、北韓の唯一体系がこれまでの価値体系そのままに存在していることとは別個に、南北関係の変化の流れとその展開を示す現象になっているのである。

この変化の道のりは古いものと新しいものとの関係を如実に浮彫りにし、そこに新旧矛盾の闘争関係が形成されつつある。恐らく北韓の新憲法はこうした点において、南北関係の新関係を考慮しているものと思われる。

北韓社会ではまた、共産主義諸国に芽生えつつあるいわゆる自由化傾向はないようである。他の共産主義国で起きている風潮からして北韓でもやはり自由化傾向はまぬがれえぬものと論じた観測者がかなりあったが、それは政治理論上、あるいは経済理論上のことで、実際的にそのような設定は見当違いもようである。

にもかかわらず、北韓が世界変化の潮流に洗われたことは否めない事実である。たとえば外国人の知識人や新聞記者たちを出入国させた事実、また赤十字代表など南韓からはいった人びとに北韓上層上部を開放したこと（ヘリコプターに乗せたこと）などはこれまでの情勢からは考えることもできなかった、"変化"であった。これはまさに新旧関係で起きた矛盾闘争の尋常現象に他ならなかった。この点、それは注目に値しよう。

▽自己体制保守のための政治作業

いずれにしろ、北韓は根本的に自己体制保守のために可能な政治的作業をしたのである。一九七二年十一月の第三次全員会議（党中央委）において北韓はさきに朴大統領が平和的競争で南北関係の改善を促求した八・一五宣言に対応する措置を、また東南アジアの政治秩序の変転に対処するための転換期路線を策定せざるをえなくなったのであった。この政治的決定は要するに内に伝統保全、外に戦術化善を可能にしようとするものであった。従って北韓のこの方針は緊張緩和の全期間を通して一定のある目標に到達するまでは恐らく維持されるに違いない。そして一九七二年の七・四共同声明は北韓にとっても、ある始発であった。それはまさに転換期路線の始発でもあったのである。だが、北韓の転換期路線は"唯一体系堅持"という面では従来の文化的範囲をいっそう狭めたす方向に走った。ただ周辺情勢の変化と韓国の存在に対して転換期の課題が登場したのだ。

また、北韓は当初、中国の対米接近に対してはひどく警戒的だった。むしろ初めは事大主義の"排撃"を行なうことで中国の対米接近をけん制し、そして次の段階で北韓はソ連の対米共存関係深化に対しても無条件に従うわけには行かないのだと間接的に抵抗を示した。こうしたことの繰返しにおいて北韓は唯一体制を堅持するといういわゆる自主路線を擁護してきたものだ。

▽巨大な軍事費の重圧から抜け出

北韓が、唯一体制を堅持してきた資料をのぞきみると、まず北韓の党内保守勢力が確固たる立場を持っていることがわかる。つまり唯一体制に反旗をひるがえすいかなる勢力も存在していないのだ。

韓国が一つの転換期とした七・四南北共同声明は、ある意味では北韓にとっても転換期路線の岐点となった。まず、何よりも、これによって南北関係は新展開にはいることが可能となったのだし、北韓としてはこれを契機に時代錯誤的緊張政策から脱皮できるという点、まことに幸いだったのである。しかも北韓は巨大な軍事費の重圧から抜け出すこともできるだろうという明るい見通しを持つことができたのである。この二つの点からだけでも、北韓が南北共同声明を受入れることによってもたらされる"現実の内容"はまことに緊要性の強いもので、それは韓国の要請以上のものがあったろうと思われる。七・四共同声明の中でうたった「思想、理念、制度の違いを超越して祖国の平和的統一に接近」しようとする方式の合意は北韓にとっては直ちに実用性あるものに他ならなかった。北韓にとっては南北共同声明は「唯一思想の勝利」でもあったわけだ。というのはこの転換期路線策定で党員の訓練と群衆"指導"（扇動）を同時に展開することができたからである。

七二年七月一日から六日まで開かれた北韓の第四次全員会議（党中央委）はそうした路線策定のために開かれたものだった。この会議からしても明白なように、北韓は南北交流を政治的次元の大きな交渉から行なおうとしている。しかし韓国の方は個々の可能なものから始めて、徐々に範囲を広くして行こうとしており、たとえば相互誹謗を止めることなどの意義を大きく評価している。

なお、こんど北韓はやはり国際共産勢力との団結のため、3A圏と紐帯を強化しながら、平和時を利用した経済建設と防衛力強化に全力を注ぐだろう。

（筆者は高麗大学校教授）

（S-ISA）

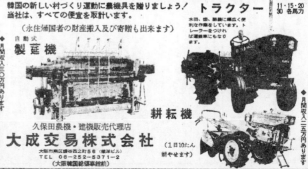

出入国法案（全文）

資料（上）

出入国法案

（昭和四十八年三月）

目次

第一章　総則

（目的）

第一条　この法律は、本邦に入国し、又は本邦から出国するすべての人の出入国を公正に管理することを目的とする。

第二条　この法律において、次の各号に掲げる用語の意義は、それぞれ当該各号に定めるところによる。

一　外国人　日本の国籍を有しない者をいう。

二　乗員　船舶又は航空機の乗員をいう。

三　日本国領事官等　外国に駐在する日本国の大使、公使又は領事官をいう。

四　旅券　日本国政府、日本国政府の承認した外国政府又は権限のある国際機関の発行した旅券又はこれに代わる証明書（日本国領事官等の発行した渡航証明書を含む。）をいう。

五　乗員手帳　船員手帳若しくは国際航空乗員証明書又はこれらに準ずる文書をいう。

六　出入国港　外国人が出入国すべき港又は飛行場として政令で定めるものをいう。

七　運送業者　船舶又は航空機により人又は物を運送する事業を営む者（その者のために通常その事業に属する取引の代理をする者で法務省令で定めるものを含む。）をいう。

八　在留資格　外国人が次条の規定により決定された身分若しくは地位を有する者又は活動をすることができる者として本邦に在留することができる資格をいう。

九　在留期間　在留資格を有する外国人が本邦に在留することができる期間をいう。

（在留資格及び在留期間）

第三条　在留資格の決定は、次の各号のうち、第一号、第二号又は第十三号から第十六号までについては当該各号の区分により、第三号から第十二号までについては政令で定めるところにより該当各号に掲げる活動の一又は二以上の活動を定めて、するものとする。

一、日本国政府が接受する外国政府の外交使節団若しくは領事館の構成員又は条約若しくは国際慣行によりこれらの者と同様の特権及び免除を受ける者

二、本邦で外国政府又は国際機関の公務に従事する者

三、文化、スポーツ、経済、労働又は技術に関する国際交流を目的とする公私の団体の事業を管理する活動

四、宗教団体により本邦に派遣され、又は受け入れられて行なう布教その他の宗教上の活動

五、報道機関のために行なう取材その他の報道上の活動

六、本邦の学術研究機関又は教育機関において研究又は学習をする活動

七、本邦の学術研究機関又は教育機関において研究の指導又は教育をする活動その他政令で定める学術、芸術又は教育上の活動

八、本邦の公私の機関により受け入れられて産業上の技術又は技能の習得をする活動その他政令で定める専門的な技術又は技能の指導又は習得をする活動

九、貿易、投資又は営利事業の管理（専門的知識をもって管理を補助する職務を含む。）に従事する活動その他政令で定める経済活動

十、演劇、演芸、スポーツ等の興行に係る活動で、政令で定めるもの

十一、熟練労働又は特殊な事情の下において必要とされる労働に従事する活動で、政令で定めるもの

十二、社会福祉又は医療若しくは保健に係る活動で、政令で定めるもの

十三、観光、保養、スポーツ、親族の訪問、見学、講習若しくは会合への参加又は業務連絡その他これらに類似する目的をもって、短期間本邦に滞在する者

十四、第二号から第十二号までに係る在留資格を有する者の配偶者又は二十歳に満たない子

十五、本邦で永住する者

十六、日本人又は前号に係る在留資格を有する者（以下「永住者」という。）の配偶者又は直系血族

2　在留期間（第一項第一号又は第十五号に係る在留資格を有する者についての在留期間を除く。）は、三年をこえない範囲内で政令で定める。

第二章　入国

（入国）

第四条　外国人は、有効な旅券を所持しなければ本邦に入ってはならない。ただし、有効な乗員手帳を所持する乗員については、この限りでない。

2　本邦を経由して本邦外の地域におもむく外国人で乗員であったことが明らかなもの又は本邦若しくは本邦外の地域において乗員となることが明らかな外国人は、前項の規定の適用については、乗員とみなす。

第三章　上陸

第一節　上陸許可

（上陸許可）

第五条　外国人は、上陸に別段の定めがある場合を除き、この節及び次節に定めるところにより、上陸許可を受けなければ本邦に上陸してはならない。

（上陸許可の要件）

第六条　上陸許可は、第三条第一項各号（第十五号を除く。）に係る在留資格によって本邦に在留しようとする者で、日本国領事官等の有効な査証を受け、かつ、第九条第一項の事前認定を受けているものに対してすることができる。ただし、条約又は政府間の取決めにより査証を免除されている者にあっては査証を、第九条第一項の事前認定を要しない者にあっては事前認定を受けていることを要しない。

第七条　次の各号の一に該当する外国人に対しては、上陸許可をすることができない。

一　伝染病予防法（明治三十年法律第三十六号）又はらい予防法（昭和二十八年法律第二百十四号）の適用を受ける患者

二　精神衛生法（昭和二十五年法律第百二十三号）に規定する精神障害者、覚せい剤の慢性中毒者又は麻薬取締法（昭和二十八年法律第十四号）に規定する麻薬中毒者

三　貧困者、放浪者その他生活上の保護を必要とする者で、国又は地方公共団体の負担になるおそれのあるもの

四　日本国又は日本国以外の国の法令に違反して無期若しくは一年以上の懲役若しくは禁錮又はこれらに相当する刑に処せられたことのある者（政治犯罪により刑に処せられたことのある者を除く。）で、その刑の執行を終わり、又は執行を受けることがなくなった後十年を経過していないもの

五　麻薬、大麻、あへん又は覚せい剤の取締りに関する日本国又は日本国以外の国の法令に違反して刑に処せられたことのある者

六　売春又はその周旋、勧誘若しくは場所の提供その他売春に直接に関係がある業務を行なったことのある者

七　他の外国人が不法に本邦に入り、又は上陸することをあおり、そそのかし、又は助けたことのある者

八　麻薬取締法に規定する麻薬、大麻取締法（昭和二十三年法律第百二十四号）に規定する大麻、あへん法（昭和二十九年法律第七十一号）に規定するけし、あへん若しくはけしがら、覚せい剤取締法（昭和二十六年法律第二百五十二号）に規定する覚せい剤若しくは覚せい剤原料又はあへん煙を吸食する器具を不法に所持する者

九　銃砲刀剣類所持等取締法（昭和三十三年法律第六号）に規定する銃砲若しくは刀剣類又は火薬類取締法（昭和二十五年法律第百四十九号）に規定する火薬類を不法に所持する者

十　前二号の規定に該当したことにより上陸許可を受けることができず、第十五条第一項の規定により退去を命ぜられて本邦から退去した者で、当該退去の日から一年を経過していないもの

十一　第三十三条の規定により退去を強制されて本邦から退去した者で、当該退去の日から三年を経過していないもの

十二　日本国憲法又はその下に成立した政府を暴力で破壊することを企て、若しくは主張し、又はこれを企て、若しくは主張する政党その他の団体を結成し、若しくはこれに加入している者

十三　次に掲げる政党その他の団体を結成し、若しくはこれに加入し、又はこれと密接な関係を有する者

イ　公務員であるという理由により、公務員に暴行を加え、又は公務員を殺傷することを勧奨する政党その他の団体

ロ　公共の施設を不法に損傷し、又は破壊することを勧奨する政党その他の団体

ハ　工場又は事業所における安全保持の施設の正常な維持又は運行を停廃し、又は妨げるような争議行為を勧奨する政党その他の団体

十四　前二号に規定する政党その他の団体の目的を達するため、文書図画を作成し、頒布し、又は展示することを企てる者

十五　前各号に掲げる者を除くほか、法務大臣において日本国の利益又は公安を害する行為を行なうおそれがあると認めるに足りる相当の理由がある者

2　前項各号に掲げる者に相当する者以外の日本人について特定の事由によりその上陸を拒否している国の国籍又は市民権を有する外国人のうち、当該事由に相当する事由で法務大臣が定めるものに該当する者に対しては、上陸許可をすることができない。

（特別上陸許可）

第八条　法務大臣は、第七条の規定にかかわらず、次の各号の一に該当する外国人に対し、特別に上陸許可をすることができる。

一　日本人の親族で、その扶養を受けているもの

二　本邦に本籍を有したことがある者

三　第三十一条第一項（第十三条第八項及び第三十七条第八項において準用する場合を含む。）の再入国の許可を受けて出国していた者で、本邦に生活の本拠を有していたもの

四　第三号に掲げる者を除くほか、特別に上陸の許可を受けるべき事情がある者

（事前認定）

第九条　第三条第一項第三号から第十二号まで、第十四号又は第十六号に係る在留資格の決定を受けて本邦に在留するため上陸許可を受けようとする外国人は、あらかじめ、当該在留資格により本邦に在留することを適当であると認める旨の法務大臣の事前認定を受けなければならない。ただし、政令で定める要件に該当する者については、この限りでない。

2　法務大臣は、第三条第一項第六号から第九号まで又は第十一号に係る在留資格の決定を受けて本邦に在留するため上陸許可を受けようとする者について前項の事前認定をする場合には、それぞれ当該各号に掲げる活動に係る行政の所管大臣に協議するものとする。

第二節　上陸許可の手続

（上陸許可の申請及び審査）

第十条　上陸許可を受けようとする外国人は、その者が上陸しようとする出入国港において、入国審査官に対し上陸許可の申請をしなければならない。

2　入国審査官は、審査の結果上陸許可をすることができると認めた場合には、当該外国人の在留資格及び在留期間を決定して上陸許可をするものとする。

3　前項の上陸許可は、当該許可に係る外国人の所持する旅券に在留資格及び在留期間を記載し、上陸許可の証印をして行なうものとする。

4　入国審査官は、前二項の上陸許可をすることができない場合には、直ちにその旨を地方入国管理官署（入国管理事務所及び法務省令で定める入国管理事務所の出張所をいう。以下同じ。）の長に報告しなければならない。

5　入国審査官は、第一項の申請について審査をする場合において、必要があると認めるときは、何人に対しても、許可を受けないで審査の場所に出入することを禁止することができる。

（口頭審理）

第十一条　地方入国管理官署の長は、前条第四項の規定による報告を受けたときは、当該報告に係る外国人に対し、すみやかに口頭審理を行なわなければならない。

2　当該外国人又はその代理人は、口頭審理に当たって、証拠を提出し、及び証人を尋問することができる。

3　当該外国人は、地方入国管理官署の許可を受けて、親族又は知人の一人を口頭審理に立ち会わせることができる。

4　地方入国管理官署の長は、口頭審理に当たって、当該外国人の請求に基づき、又は職権に基づき、証人の出頭を命じて、宣誓をさせ、証言を求めることができる。

5　地方入国管理官署の長は、口頭審理の結果、上陸許可をすることができると認めた場合には、当該外国人の在留資格及び在留期間を決定して上陸許可をするものとする。

6　地方入国管理官署の長は、口頭審理の結果、上陸許可をすることができない場合には、当該外国人に対し、すみやかに、理由を示してその旨及び次条第一項の規定により異議を申し出ることができる旨を通知しなければならない。

7　前条第五項の規定は第一項の口頭審理について、同条第三項の規定は第五項の規定による上陸許可について準用する。

（異議の申出）

第十二条　前条第六項の規定による通知を受けた外国人は、異議があるときは、その通知を受けた日から三日以内に、不服の事由を記載した書面を地方入国管理官署の長に提出して、法務大臣に対し異議を申し出ることができる。

2　法務大臣は、前項の規定による異議の申出を受理したときは、異議の申出が理由があるかどうかを審査して、すみやかにその結果を、地方入国管理官署の長を経由して、当該外国人に通知するものとする。この場合において、異議の申出が理由がないと裁決したときの通知は、当該外国人に対し上陸許可（以下「特別上陸許可」という。）をしない場合に限り、するものとする。

3　地方入国管理官署の長は、法務大臣から異議の申出が理由があると裁決した旨の通知があったときは、当該外国人の在留期間を決定して上陸許可をするものとする。

4　第十条第三項の規定は、前項の上陸許可について準用する。

（特別上陸許可の手続）

第十三条　法務大臣は、上陸許可の申請をした外国人に対し特別上陸許可をする場合には、当該外国人の在留資格及び在留期間を決定するものとする。

2　法務大臣は、特別上陸許可をする場合において、在留資格を決定することができないときは、当該外国人に対し、三年をこえない範囲内でその者が本邦に在留することができる期間を決定するものとする。

3　特別上陸許可は、地方入国管理官署の長に、当該許可に係る外国人の所持する旅券に在留資格及び在留期間（前項の規定による決定を受けた外国人については、同項に規定する期間）を記載し、上陸許可の証印をさせて行なうものとする。

4　地方入国管理官署の長は、上陸許可の申請をした外国人で、上陸許可をすることができないと認められるものについて、法務大臣に特別上陸許可を上申することができる。

5　法務大臣は、前項の規定による上申があった場合において、特別上陸許可をしないときは、地方入国管理官署の長にその旨を通知するものとする。

6　法務大臣は、第二項の規定による決定を受けた外国人に対し、法務省令で定めるところにより、活動の範囲その他の事項に関して必要と認める条件を附することができる。

7　法務大臣は、前項に規定する外国人が同項の規定により附された条件に違反したときは、特別上陸許可を取り消すことができる。

8　第二十五条、第三十一条及び第三十二条の規定は、第二項の規定による決定を受けた外国人について準用する。この場合において、第二十五条第一項、第三十一条第一項及び第三十二条第一項中「在留資格」とあるのは「第十三条第二項の規定による決定を受けた者として本邦に在留することができる資格」と、第二十五条第二項から第四項まで、第三十一条第一項及び第三十二条第二項後段中「在留期間」とあるのは「本邦に在留することができる期間」と読み替えるものとする。

（仮上陸）

第十四条　地方入国管理官署の長は、特に必要があると認める場合には、上陸許可の申請をした外国人が上陸許可を受け、又は次条第一項の規定により退去を命ぜられるまでの間、当該外国人に対し仮上陸を許可することができる。

2　仮上陸の許可は、当該許可に係る外国人に仮上陸許可書を交付して行なうものとする。この場合において、地方入国管理官署の長は、当該外国人の仮上陸中の住居を定めなければならない。

3　仮上陸の許可を受けた外国人は、前項の規定により定められた住居に居住し、地方入国管理官署の長から呼出しがあったときはこれに応じなければならない。

4　仮上陸の許可をする場合には、地方入国管理官署の長は、当該外国人に対し、法務省令で定めるところにより、行動の範囲その他の事項に関して必要と認める条件を付し、又は三十万円をこえない範囲内で法務省令で定める額の保証金を本邦通貨又は外国通貨で納付させることができる。

5　前項の保証金は、次項の規定により国庫に帰属させない限り、当該外国人が上陸許可を受けたとき、又は次条第一項の規定により退去を命ぜられたときは、その者に返還しなければならない。

6　地方入国管理官署の長は、法務省令で定めるところにより、仮上陸の許可を受けた外国人が逃亡したとき、又は第三項の規定に違反して呼出しに応じないときは第四項の保証金の全部を、同項の規定により付された条件に違反したときはその一部を国庫に帰属させるものとする。

7　地方入国管理官署の長は、仮上陸の許可を受けた外国人が逃亡すると疑うに足りる相当の理由があるときは、収容令書を発付して入国警備官に当該外国人を収容させることができる。

8　第四十八条第二項の規定は収容令書について、同条第三項、第四項、第七項及び第八項並びに第五十条の規定は前項の規定による外国人の収容について準用する。この場合において、第四十八条第二項中「容疑者の氏名、居住地及び国籍、容疑事実の要旨」とあるのは「仮上陸の許可を受けた外国人の氏名及び国籍、収容すべき事由」と、同条第四項中「容疑事実の要旨」とあるのは「収容すべき事由」と読み替えるものとする。

（退去命令）

第十五条　地方入国管理官署の長は、上陸許可の申請をした外国人が次の各号の一に該当するに至った場合には、その者に対し、出国期限を定めて、本邦からの退去を命じなければならない。ただし、特別上陸許可の上申をした場合において、第十三条第五項の規定による通知があるまでの間は、この限りではない。

一、第十一条第六項の規定による通知を受けた場合において、異議の申出をしない旨を明らかにしたとき、又は通知を受けた日から三日以内に異議の申出をしなかったとき。

二、異議の申出が理由がないと裁決した旨の第十二条第二項の規定による通知を受けたとき。

2　地方入国管理官署の長は、前項の規定により退去を命ずる場合には、第五十七条第一項に規定する船舶若しくは航空機の長又は運送業者にその旨を通知しなければならない。

第三節　一時上陸及び直行通過区域

（一時上陸）

第十六条　入国審査官は、本邦に入国した外国人で、乗員（本邦において乗員となることが明らかな者を含む。以下この条において同じ。）又は通過者（本邦を経由して本邦外の地域へおもむこうとする者で、乗員以外のものをいう。）であるものが、船舶若しくは航空機を乗り換えるため、又は臨時観光、買物、休養その他の一時的用務のため、出入国港の周辺に上陸する場合にあっては七日、他の出入国港におもむく場合にあっては十五日をこえない範囲内で上陸を希望するときは、その者の乗っている船舶若しくは航空機の長又はその船舶若しくは航空機に係る運送業者の申請に基づき、当該外国人に対し、上陸の期間を定めて一時上陸を許可することができる。ただし、当該外国人が第七条に規定する者に該当する場合は、この限りでない。

2　入国審査官は、船舶又は航空機に乗っている外国人が疾病、遭難その他の理由により緊急に上陸する必要が生じたときは、その船舶若しくは航空機の長又はその船舶若しくは航空機に係る運送業者その他政令で定める者の申請に基づき、必要があると認めるときは厚生大臣又は法務大臣の指定する医師の診断を経て、当該外国人に対し、上陸の期間を定めて一時上陸を許可することができる。

3　入国審査官は、警察官又は海上保安官から船舶又は航空機の遭難により緊急に上陸する必要が生じた外国人の引渡しを受けたときは、当該外国人に対し、上陸の期間を定めて一時上陸を許可することができる。

4　一時上陸の許可は、当該許可に係る外国人の所持する旅券に上陸の期間を記載し、又は当該外国人に一時上陸許可書その他の法務省令で定める当該許可があったことを示すものを交付して行なうものとする。

5　入国審査官は、一時上陸の許可をする場合には、当該外国人に対し、法務省令で定めるところにより、行動の範囲その他の事項に関して必要と認める条件を付することができる。

6　地方入国管理官署の長は、一時上陸の許可を受けた外国人が前項の規定により附された条件に違反したときは、当該許可を取り消すことができる。

7　第二項又は第三項の一時上陸の許可があったときは、当該許可に係る外国人の乗っていた船舶若しくは航空機（遭難により一時上陸の許可があったときは、遭難した船舶又は航空機）の長又はその船舶若しくは航空機に係る運送業者は、当該外国人の生活費、治療費、葬儀費その他一時上陸中の一切の費用を支弁しなければならない。

（直行通過区域）

第十七条　航空機により本邦に入国した外国人は、同一の出入国港において航空機を乗り換える場合その他政令で定める場合には、運輸大臣が法務大臣と協議して指定する出入国港内の区域（以下「直行通過区域」という。）にとどまることができる。

2　地方入国管理官署の長は、前項に規定する外国人で、正当な理由がないのに直行通過区域にとどまっているもの又は相当の期間を経過した後も直行通過区域にとどまっているものに対し、出国期限を定めて、本邦からの退去を命ずることができる。

3　第十五条第二項の規定は、前項の規定により退去を命ずる場合について準用する。

4　第一項に規定する外国人で直行通過区域を経由して直行通過区域以外の本邦の地域に立ち入るものに対するこの法律の規定の適用については、直行通過区域以外の本邦の地域に立ち入ることをもって上陸とする。

第四章　在留

第一節　在留の原則

（在留の原則）

第十八条　外国人は、法律に別段の定めがある場合を除き、在留資格に係る身分若しくは地位を有する者として、又は在留資格に係る活動（以下「在留活動」という。）をする者として本邦に在留するものとする。

（四面につづく）

出入国法案（全文）

資料（下）

（三面からつづく）

出が理由があると裁定した旨の通知があったときは、直ちに当該容疑者の身体の拘束を解かなければならない。

（退去強制令書による収容）

第四十九条　入国警備官は、第四十六条第四項から第七項までの規定により、退去を強制される者が任意退去をし、又はその者を船舶若しくは航空機の長若しくは運送業者に引き渡し、若しくは送還するまでの間、退去強制令書により、その者を収容することができる。

2　前条第七項及び第八項の規定は、入国警備官が前項の規定により退去を強制される者を収容した場合について準用する。

（収容の場所及び留置の嘱託）

第五十条　第四十八条又は前条第一項の規定により容疑者又は退去を強制される者を収容することができる場所は、地方入国管理官署の収容場、入国者収容所その他法務大臣又はその委任を受けた地方入国管理官署の長が指定する場所とする。

2　警察官は、地方入国管理官署の長が必要と認めて嘱託書により依頼したときは、容疑者を警察署に留置することができる。

（収容の停止）

第五十一条　地方入国管理官署の長は、第四十八条又は第四十九条第一項の規定により収容されている者が健康を害するおそれがあるときその他特に必要があると認めるときは、収容されている者又はその代理人、保佐人、配偶者、直系親族若しくは兄弟姉妹の請求に基づき、又は職権に基づき、その者の収容を停止することができる。

2　前項の規定による収容の停止をする場合には、地方入国管理官署の長は、当該収容の停止を受ける者の住居を定めなければならない。

3　第一項の規定による収容の停止を受けた者は、前項の規定により定められた住居に居住し、地方入国管理官署の長（入国者収容所長が収容を停止させた者については、入国者収容所長。次条において同じ。）から呼出しがあったときは、これに応じなければならない。

4　第二項の場合において、地方入国管理官署の長は、当該収容の停止を受ける者に対して、法務省令で定めるところにより、住居の範囲その他の事項に関して必要と認める条件を付し、又は五十万円をこえない範囲内で法務省令で定める額の保証金を納付させることができる。

5　地方入国管理官署の長は、収容の停止を適当と認めるときは、収容の停止を受ける者以外の者の差し出した保証書をもって前項の保証金に代えることを許すことができる。

6　前項の保証書には、保証金額及びいつでもその保証金を納付する旨を記載しなければならない。

（収容の停止の取消し）

第五十二条　地方入国管理官署の長は、前条第一項の規定による収容の停止を受けた者が逃亡し、若しくは逃亡すると疑うに足りる相当の理由があるとき、又は同条第三項の規定に違反して呼出しに応ぜず、若しくは同条第四項の規定により付された条件に違反したときは、当該収容の停止を取り消すことができる。

2　地方入国管理官署の長は、法務省令で定めるところにより、逃亡したこと又は前条第三項の規定に違反して呼出しに応じないことを理由として収容の停止の取消しをしたときは同条第六項の保証金の全部を、同項の規定により付された条件に違反したことを理由として収容の停止の取消しをしたときはその一部を国庫に帰属させるものとする。この場合において同条第五項の保証書を差し出した者には、国庫に帰属させる金額を納付するよう命ずるものとする。

3　前項後段の規定による命令は、強制執行に関しては、執行力のある債務名義と同一の効力を有する。

4　入国警備官は、第一項の規定により収容の停止を取り消された者がある場合には、その者に地方入国管理官署の長が発付する収容停止取消書及び収容令書又は退去強制令書を示して、その者を収容しなければならない。

5　入国警備官は、収容停止取消書及び収容令書又は退去強制令書を所持しない場合でも、急速を要するときは、第一項の規定により収容の停止が取り消された者に対し、収容の停止が取り消された旨を告げて、その者を収容することができる。ただし、当該収容停止取消書及び当該収容令書又は退去強制令書は、できるだけすみやかに示さなければならない。

第八章　船舶又は航空機の長及び運送業者の責任

（事前通報等の義務）

第五十三条　船舶（本邦の港と本邦外の港との間を運航する船舶をいう。以下同じ。）または航空機（本邦の飛行場と本邦外の飛行場との間を運航する航空機をいう。以下同じ。）の長は、法務省令で定めるところにより、あらかじめ、入港しようとする出入国港の入国審査官に対し、入港予定日時その他の事項を通報しなければならない。ただし法務省令で定める船舶または航空機については、この限りでない。

2、船舶または航空機の長は、法務省令で定めるところにより、当該船舶または航空機が出入国港に入港したときは直ちに、出入国港から出港するときはあらかじめ当該出入国港の入国審査官に対し入出港届を提出しなければならない。ただし、法務省令で定める船舶または航空機については、この限りでない。

3、前項の場合において、船舶または航空機の長は、入国審査官の要求があったときは、乗員名簿または乗客名簿を提出しなければならない。

（報告の義務）

第五十四条　本邦に入る船舶または航空機の長は、有効な旅券を所持しない外国人（乗員または第四条第二項に規定する者で、有効な乗員手帳を所持するものを除く）が当該船舶または航空機に乗っていることを知ったときは、直ちにその旨を出入国港の入国審査官に報告しなければならない。

2、本邦から出る船舶または航空機の長は、第二十九条または第五十九条の規定に違反して出国しようとする者が当該船舶または航空機に乗っていることを知ったときは、直ちにその旨を出入国港の入国審査官に報告しなければならない。

（船舶または航空機の長の行為代行）

第五十五条　前二条の規定により船舶または航空機の長がすべき行為は、これらの条に規定する船舶または航空機に係る運送業者も行なうことができる。

（上陸防止の義務）

第五十六条　船舶または航空機の長は、第五十四条第一項に規定する外国人が当該船舶または航空機に乗っていることを知ったときは、当該外国人が本邦に上陸することを防止しなければならない。

（送還の義務）

第五十七条　次の各号の一に該当する外国人が乗ってきた船舶若しくは航空機の長またはその船舶若しくは航空機に係る運送業者は、当該外国人をその船舶若しくは航空機または当該運送業者に係る他の船舶若しくは航空機により、その者の責任と費用で、すみやかに本邦外の地域に送還しなければならない。

一、第十五条第一項の規定により退去を命ぜられた者

二、第三十三条第三号から第九号までまたは第九号に該当することを理由として同条の規定により退去を強制される者

三、第三十三条第一号または第二号に該当することを理由として入国または上陸後三年以内に同条の規定により退去を強制される者のうち、その者が乗ってきた船舶若しくは航空機の長または運送業者において、その者が第四条第一項または第九条の規定に違反して本邦に入り、または上陸しようとしている者であることを明らかに知っていたと認められる者

四、第七条第一項各号に係る事実があることを理由として上陸後三年以内に第三十三条の規定により退去を強制される者のうち、その者が乗ってきた船舶若しくは航空機の長または運送業者において、その者の上陸の際にその者について当該事実があることを明らかに知っていたと認められる者

2、前項の場合において、外国人を同項に規定する船舶または航空機により送還することができないときは、運送業者は、その責任と費用で、すみやかに他の船舶または航空機により送還しなければならない。

（指示に従う義務）

第五十八条　船舶または航空機の長及びその船舶または航空機に係る運送業者は、入国審査官がこの法律に規定する審査その他の職務の執行に当たり必要な指示をした場合にはこれに従わなければならない。

第九章　日本人の出国及び帰国

（日本人の出国）

第五十九条　本邦外の地域におもむく意図をもって出国しようとする日本人は、有効な旅券を所持し、出入国港において、法務省令で定めるところにより、入国審査官から出国の確認を受けなければならない。ただし、日本の国籍を有する船舶若しくは航空機又は法務省令で定める船舶若しくは航空機の乗員で、有効な旅券又は乗員手帳を所持するものについては、この限りでない。

（日本人の帰国）

第六十条　本邦外の地域から本邦に帰国する日本人は、有効な旅券を所持し、出入国港において、法務省令で定めるところにより、入国審査官から帰国の確認を受けなければならない。前条ただし書の規定は、この場合について準用する。

第十章　管理機関

（入国審査官）

第六十一条　この法律に規定する職務に従事させるため、入国管理事務所に入国審査官を置く。

2　入国審査官は、この法律に規定する職務を行なうため必要があるときは、船舶又は航空機に乗り込むことができる。

3　入国審査官は、必要があるときは、その所属する入国管理事務所の管轄区域外においても、職務を行なうことができる。

（入国警備官）

第六十二条　この法律に規定する職務に従事させるため、入国者収容所及び入国管理事務所に入国警備官を置く。

2　入国警備官の階級は、政令で定める。

3　入国警備官は、国家公務員法（昭和二十二年法律第百二十号）第百八条の二の規定の適用については、警察職員とみなす。

4　入国警備官は、外国人が第五条の規定に違反して本邦に上陸することを防止するため必要があるときは、船舶又は航空機に乗り込むことができる。

5　入国警備官は、第五条の規定に違反して本邦に上陸しようとしていると疑うに足りる相当の理由のある者に対し、質問し、若しくは旅券、乗員手帳その他の身分を証する文書の提示を求め、又は周囲の事情から合理的に判断して外国人が不法に本邦に上陸しようとしていることについて知っていると認められる者に対し、質問することができる。

6　入国警備官は、第五条の規定に違反する行為がまさに行なわれようとするのを認めたときは、その予防のため関係人に必要な警告を発し、又はこれを制止することができる。

7　前条第三項の規定は、入国管理事務所に置かれた入国警備官について準用する。

（小型武器の携帯及び使用）

第六十三条　入国審査官及び入国警備官は、その職務を行なうに当たり、特に必要があるときは、小型武器を携帯することができる。

2　入国審査官及び入国警備官は、その職務の執行に関し、その事態に応じ、合理的に必要と判断される限度において、小型武器を使用することができる。ただし、次の各号の一に該当する場合を除いては、人に危害を与えてはならない。

一　刑法第三十六条又は第三十七条に該当する場合

二　第十四条第七項若しくは第四十八条の収容令書若しくは退去強制令書の執行を受ける者がその者に対する入国警備官の職務の執行に対して抵抗する場合又は第三者がその者を逃がそうとして入国警備官に抵抗する場合において、これを防止するために他の手段がないと入国警備官において信ずるに足りる相当の理由があるとき。

（地方入国管理官署の長の職務の代行等）

第六十四条　地方入国管理官署の長に事故のあるとき、又は地方入国管理官署の長が欠けたときは、その官署の入国審査官が、法務大臣の定める順序により、臨時にこの法律に規定する地方入国管理官署の長の職務を行なう。

2　地方入国管理官署の長は、法務大臣の指定する入国審査官に第十一条又は第四十二条第三項から第五項までに規定する事務を取り扱わせることができる。

（事実の調査）

第六十五条　法務大臣は、この法律の規定によりその権限に属する事項を処理するため必要があるときは、地方入国管理官署の長に事実の調査を命ずることができる。

2　地方入国管理官署の長は、前項の規定による命令を受けたとき又はこの法律（これに基づく命令を含む。）の規定によりその権限に属する事項を処理するため必要があるときは、所属の入国審査官に事実の調査をさせることができる。

3　地方入国管理官署の長は、前項に規定する場合には、公務所又は公私の団体に照会して必要な事項の報告を求めることができる。

（制服の着用又は証票の携帯）

第六十六条　入国審査官及び入国警備官は、この法律に規定する職務を行なうときは、制服を着用し、又はその身分を示す証票を携帯しなければならない。

2　前項の場合において、当該証票は、関係人の請求があるときは、これを提示しなければならない。

第十一章　補則

（刑事訴訟法の特例）

第六十七条　司法警察員は、第七十四条、第七十五条第一号又は第七十七条の罪に係る被疑者を逮捕し、又は受け取った場合には、第四十八条第一項の収容令書が発付され、かつ、その者が他に罪を犯した嫌疑のないときに限り、刑事訴訟法（昭和二十三年法律第百三十一号）第二百三条（同法第二百十一条及び第二百十六条において準用する場合を含む）の規定にかかわらず、書類及び証拠物とともに、当該被疑者を入国警備官に引き渡すことができる。

2　前項の場合には、被疑者が身体を拘束された時から四十八時間以内に、当該被疑者を引き渡す手続をしなければならない。

（刑事手続等との関係）

第六十八条　刑事訴訟に関する法令、刑の執行に関する法令又は少年院若しくは婦人補導院の在院者の処遇に関する法令の規定による手続が行なわれている者について退去強制令書が発付された場合には、これらの法令の規定による手続が終了した後でなければ、その執行（第四十九条第一項の規定による収容を除く）をすることができない。ただし、刑事訴訟に関する法令の規定による手続以外の手続が行なわれている場合で、関係機関の同意があったときは、この限りでない。

2　前項本文に規定する場合において、第四十九条第一項の規定により収容された者に対する第四十六条第四項、第六項及び第七項の規定の適用については、これらの規定中「退去強制令書の執行が開始された日」とあるのは、同条第四項にあっては「第六十八条第一項本文に規定する手続が終了した日又は同項ただし書の同意があったことを知った日（以下「手続終了等の日」という。）」と、同条第六項及び第七項にあっては「手続終了等の日」とする。

（収容場の設置）

第六十九条　地方入国管理官署に、第十四条第七項若しくは第四十八条の収容令書又は退去強制令書の執行を受ける者を収容する収容場を設ける。

（被収容者の処遇）

第七十条　第十四条第七項若しくは第四十八条の収容令書又は退去強制令書により収容されている者（以下「被収容者」という。）には、第五十条に規定する収容の場所（以下「収容場所」という。）の保安上支障がない範囲内においてできる限りの自由が与えられなければならない。

2　被収容者には一定の寝具を貸与し、及び一定の糧食を給与するものとする。

3　被収容者に対する給養は、適正でなければならず、収容場所の設備は、衛生的でなければならない。

4　入国者収容所長又は地方入国管理官署の長（第四十六条第二項の規定により警察官又は海上保安官が退去強制令書を執行している場合にあっては当該警察官又は海上保安官の属する官署の長、第五十条第二項の規定により容疑者を警察署に留置する場合にあっては警察署長。以上この条において同じ。）は、収容場所の保安上必要があると認めるときは、被収容者の身体、所持品若しくは衣類を検査し、又は所持品若しくは衣類を領置することができる。

5　入国者収容所長又は地方入国管理官署の長は、収容場所の保安上必要があると認めるときは、被収容者と次に掲げる者以外の者との面会を制限し、若しくは禁止し、又はこれと発受する通信を検閲し、制限し若しくは禁止することができる。

一、被収容者の国籍又は市民権の属する国の外交官又は領事官

二、被収容者の代理人又は弁護人である弁護士（依頼によりこれらの者になろうとする弁護士を含む。）

6　入国者収容所長又は地方入国管理官署の長は、被収容者から処遇に関して不服の申出があった場合において、当該不服の申出に係る事項を処理したときは、その結果を当該申出人に対し告知するものとする。

7　前各項に規定するもののほか、被収容者の処遇に関し必要な事項は、法務省令で定める。

（手数料）

第七十一条　外国人は、第十九条の活動の許可、在留資格変更許可、在留延長許可、再入国の許可又は再入国の許可の有効期間を延長する第三十一条第三項の許可（第十三条第八項又は第三十一条第八項において準用する第二十五条第二項又は第三十一条第一項若しくは第三項の規定による許可を含む。）を受けようとするときは、政令で定めるところにより、五千円をこえない範囲内において政令で定める額の手数料を納めなければならない。

（権限の委任）

第七十二条　この法律に規定する法務大臣の権限は、政令で定めるところにより、地方入国管理官署の長又は日本国領事官等に委任することができる。

（省令への委任）

第七十三条　この法律の実施のための手続その他その執行について必要な事項は、法務省令で定める。

第十二章　罰則

第七十四条　次の各号の一に該当する者は、三年以下の懲役若しくは禁錮又は十万円以下の罰金に処する。

一、第四条第一項の規定に違反して本邦に入った者

二、第五条の規定に違反して本邦に上陸した者

三、仮上陸の許可を受けた者で逃亡したもの又は第十四条第三項の規定に違反して呼出しに応じないもの

四、第十五条第一項の規定により退去を命ぜられたにもかかわらず、本邦から退去しない者

五、第二十六条第一項に規定する者で、在留資格取得許可を受けることなく同項に規定する期間を経過した後も本邦に残留するもの

六、在留期間（第二十五条第四項の出国猶予期間を含む。）を経過した後も本邦に残留する者又は在留資格変更許可を受けることなく第二十四号に規定する期間を経過した後も本邦に残留する者

七、第十三条第三項又は第三十七条第二項に規定する期間（第十三条第八項又は第二十七条第八項において準用する第二十五条第二項の規定による許可を受けた場合にあっては、延長された期間）を経過した後も本邦に残留する者

八、一時上陸の許可に係る上陸の期間を経過した後も本邦に残留する者

第七十五条　次の各号の一に該当する者は、一年以下の懲役若しくは禁錮又は十万円以下の罰金に処する。

一、第十九条の規定に違反して同条に規定する活動をもっぱら行なった者

二、第二十九条又は第五十九条の規定に違反して出国し、又は出国することを企てた者

第七十六条　第十四条第七項若しくは第四十八条の収容令書又は退去強制令書によって身体を拘束されている者で、逃走したものは、一年以下の懲役又は五万円以下の罰金に処する。

第七十七条　第二十条第一項の規定による命令に従わなかった者は、六月以下の懲役若しくは禁錮又は五万円以下の罰金に処する。

第七十八条　第七十四条までの罪を犯した者には、懲役又は禁錮及び罰金を併科することができる。

第七十九条　第十九条の規定に違反して同条に規定する活動を行なった者は、五万円以下の罰金に処する。

第八十条　次の各号の一に該当する者は、三万円以下の罰金に処する。

一、第十一条第四項（第四十二条第四項において準用する場合を含む。以下この条において同じ）の規定による命令に違反して出頭せず、又は第十一条第四項の規定による質問若しくは証言を拒み、若しくは虚偽の証言をした者

二、第二十一条第一項又は第二項の規定に違反して旅券等を携帯せず、又はその提示を拒んだ者

第八十一条　次の各号の一に該当する者は、二十万円以下の過料に処する。

一、第五十三条第一項の規定に違反して通報せず、若しくは同条第二項の規定に違反して入出港届を提出しなかった者又は同条第三項の規定に違反して名簿を提出せず、若しくは虚偽の記載をした名簿を提出した者

二、第五十四条の規定に違反して報告しなかった者

三、第五十六条の規定に違反して上陸することを防止しなかった者

四、第五十七条の規定に違反して送還を怠った者

五、第五十八条の規定に違反して指示に従わなかった者

附則

（施行期日）

第一条　この法律は公布の日から起算して一年をこえない範囲内において政令で定める日から施行する。

（出入国管理令の廃止）

第二条　出入国管理令（昭和二十六年政令第三百十九号）は、廃止する。

（在留資格に関する経過措置）

第三条　この法律（以下「新法」という）の施行の際現に前条の規定による廃止前の出入国管理令（以下「旧令」という。）第四条第一項各号に掲げる者のいずれかに該当する者（旧令第四条第一項第十六号に該当する者については、同項第五号、第十号から第十二号までまたは第十五号に係る者のうち、短期間本邦に在留しようとする者に限る。）としての在留資格を有する者は、新法の規定の適用については、それぞれ旧令の規定による在留資格に対応する新法の規定による在留資格を有する者とみなす。新法の施行の日以後において付則第五条または第十条の規定によりこれらの旧令の規定の例による在留資格を有することとなった者についても、同様とする。

2、前項の場合において、旧令第四条第一項第五号から第十三号までまたは第十六号に該当する者（同項第十六号に該当する者のうち同項第十五号に係る者を除く）としての在留資格は、政令で定めるところにより、当該各号に規定する活動（同項第十六号については、同項第五号または第十号から第十二号までに規定する活動）に対応する新法第三条第一項第四号から第十一号までに掲げる活動をすることができる者としての新法の規定による在留資格に対応するものとする。

3、旧令第四条第一項第五号から第十三号まで又は第十六号に該当する者（同項第十六号に該当する者のうち、同項第十五号に係る者を除く）としての在留資格を有する者で、第一項の規定により新法の規定による在留資格を有する者とみなされたものについては、旧令の規定による在留期間が満了する日までの間、新法第十九条中「在留活動」とあるのは、「その者の付則第二条の規定による廃止前の出入国管理令（昭和二十六年政令第三百十九号）の規定による在留資格に属する者の行なうべき活動」とする。

4、新法の施行の際現に旧令第四条第一項第十五号または第十六号に該当する者としての在留資格を有する者で、第一項の規定により新法第三条第一項第十四号に係る在留資格を有する者とみなされたもののうち、旧令の規定による在留資格の決定の基礎となった身分関係その他の要件がなくなっているものに関する新法第二十四条の規定の適用については、新法の施行の日に同条に規定する事由が生じたものとみなす。

5、第一項の規定により新法の規定による在留資格を有する者とみなされた者の新法の規定による在留期間は、旧令の規定による在留期間が満了する日までの期間（旧令第四条第一項第十六号に該当する者としての在留資格を有する者については、新法の施行の日から三年を経過する日までの期間）とする。

6、新法の施行の際現に旧令の規定による在留資格を有する者で、第一項に規定する者以外のものは、新法第三条第一項第十六号に係る在留資格を有する者として本邦に在留することができる。新法の施行の日以後において付則第五条の規定により旧令の規定の例による在留資格を有することとなった者で第一項に規定する者以外のものについても同様とする。

7、前項に規定する新法の規定による在留期間は、旧令の規定による在留期間が満了する日までの期間とする。

8、第六項に規定する者で、新法の規定による在留資格を決定することができるもの（新法第三条第一項第十六号に係る在留資格を決定することができる者を除く）については、新法第二十五条の規定は、適用しない。

（旧令の効力）

第四条　新法の施行の日前に旧令（これに基づく命令を含む。付則第十三条を除き、以下同じ。）の規定（旧外国人登録令（昭和二十二年勅令第二百七号）第十六条第二項において準用する場合を含む。）によってした証明書の交付若しくはその申請、指定、許可若しくはその申請または退去強制令書の発付その他の処分または手続で新法（これに基づく命令を含む。以下この条において同じ。）に相当の規定があるものは、この付則に別段の定めがある場合を除き、政令で定めるところにより、新法の相当の規定によってした相当の処分または手続とみなす。

（上陸の手続に関する経過措置）

第五条　新法の施行の際現に旧令第六条第二項に規定する上陸の申請をしている者に関する旧令第三章第一節から第三節まで（第十条第八項及び第十一条第五項を除く。）の規定に係る事項（これらの事項に係る罰則の適用を含む）については、なお従前の例による。この場合において、旧令の規定中「特別審理官」とあるのは「地方入国管理官署の長又は法務大臣の指定する入国審査官」と、「主任審査官」とあるのは「地方入国管理官署の長」とする。

（上陸許可の要件に関する経過措置）

第六条　旧令第四条第五項の許可があったことを示す書類を所持している者については、新法第六条中「各号（第十五号を除く。）」とあるのは「各号」とする。

2　旧令第五条第一項第六号又は第八号の規定に該当した上陸を拒否された者は、新法第七条第一項第十号の規定の適用については、それぞれ同項第八号又は第九号の規定に該当したことにより上陸許可を受けることができず、新法第十五条第一項の規定により退去を命ぜられて本邦から退去した者とみなす。

（事前認定に関する経過措置）

第七条　新法第九条の規定は、新法の施行の日から三月を経過する日までの間に新法の規定による上陸許可の申請をする者（旧令第四条第三項に規定する者を除く）については、適用しない。

（退去命令に関する経過措置）

第八条　旧令第十条第七項の規定による認定に服した者及び主任審査官が旧令第十一条第三項の規定により受けた異議の申出が理由がないと裁決した旨の通知に係る者のうち、新法の施行の日前に旧令第十条第八項又は第十一条第五項の規定により退去を命ぜられた者以外の者は、新法第十五条の規定の適用については、同条第一項に規定する外国人で、新法の施行の日に同項各号の一に該当するに至ったものとみなす。

2　附則第五条に規定する者で、旧令第十条第七項の規定の例による認定に服したもの又は地方入国管理官署の長が旧令第十一条第三項の規定の例により受けた異議の申出が理由がないと裁決した旨の通知に係るものは、新法第十五条の規定の適用については、同条第一項に規定する外国人で、当該認定に服した日又は当該通知を地方入国管理官署の長が受けた日に同項各号の一に該当するに至ったものとみなす。

（在留資格の取得に関する経過措置）

第九条　新法の施行の際現に旧令第二十二条の二第一項の規定により本邦に在留している者に関する新法第二十六条の規定の適用については、旧令第二十二条の二第一項に規定する事由が生じた日に新法第二十六条第一項に規定する事由が生じたものとみなす。

（永住許可に係る申請に関する経過措置）

第十条　新法の施行の際現に旧令第四条第五項の規定による許可の申請又は旧令第二十二条の二の規定による旧令第四条第一項第十四号に該当する者としての在留資格の取得の申請をしている者に関する当該申請に係る許可については、なお従前の例による。

（退去強制等に関する経過措置）

第十一条　旧令第二十四条各号の一に該当する者（旧令付則第四項の規定により旧令第二十四条第一号に該当する者とみなされた者を含む。）及び旧外国人登録令第三条の規定に違反した者に対する退去強制及び特別在留許可については、旧令第二十四条各号の一又は旧外国人登録令第三条に対応する新法第三十三条各号の一に掲げる者に該当するものとみなして、新法の規定を適用する。

2　前項の規定にかかわらず、新法の施行の際現に旧令第五章第二節の規定（旧外国人登録令第十六条第二項において準用する場合を含む。）により収容されている外国人又は同章第三節の規定（旧外国人登録令第十六条第二項において準用する場合を含む。）による手続が行なわれている外国人に関する旧令第五章第一節から第三節まで及び第五節中収容令書の発付を受けている者に係る部分の規定に係る事項（これらの事項に係る罰則の適用を含む。）については、なお従前の例による。この場合において、旧令の規定中「特別審理官」とあるのは「地方入国管理官署の長又は法務大臣の指定する入国審査官」と、「主任審査官」とあるのは「地方入国管理官署の長」と、「第五十一条の規定による退去強制令書」とあるのは「出入国法（昭和四十八年法律第　号）の退去強制令書」とする。

3　前二項に規定する外国人に対する退去強制は、その者に係る容疑事実が新法第三十三条各号の一に掲げる要件に該当する場合に限り、するものとする。

（送還の義務に関する経過措置）

第十二条　旧令第十条第八項又は第十一条第五項の規定による退去を命ぜられた者に関する旧令第五十九条（第一項第二号及び第三号を除く。）の規定に係る事項（これに係る罰則の適用を含む）については、なお従前の例による。

（入国審査官及び入国警備官に関する経過措置）

第十三条　旧令の規定に基づく入国審査官及び入国警備官は、それぞれ新法の規定に基づく入国審査官及び入国警備官となるものとする。

（ポツダム宣言の受諾に伴い発する命令に関する件に基く外務省関係諸命令の措置に関する法律の一部改正）

第十四条　ポツダム宣言の受諾に伴い発する命令に関する件に基く外務省関係諸命令の措置に関する法律（昭和二十七年法律第百二十六号。以下「法律第百二十六号」という。）の一部を次のように改正する。

題名中「措置」を「措置等」に改める。

第二条の見出し中「経過規定」を「経過規定等」に改め、同条第六項中「出入国管理令第二十二条の二第一項」を「旧出入国管理令第二十二条の二第一項又は出入国法（昭和四十八年法律第　号）第二十六条第一項」に改める。

（日本国に居住する大韓民国国民の法的地位及び待遇に関する日本国と大韓民国との間の協定の実施に伴う出入国管理特別法の一部改正）

第十五条　日本国に居住する大韓民国国民の法的地位及び待遇に関する日本国と大韓民国との間の協定の実施に伴う出入国管理特別法（昭和四十年法律第百四十六号。以下「法律第百四十六号」という。）の一部を次のように改正する。

題名中「出入国管理特別法」を「出入国特別法」に改める。

第一条第一項中「（出入国管理令（昭和二十六年政令第三百十九号）に定める本邦をいう。）」を削る。

第六条第一項中「出入国管理令第二十四条」を「出入国法（昭和四十八年法律第　号）第三十三条」に改め、同条第二項中「出入国管理令第二十七条、第三十一条第三項、第三十九条第一項、第四十三条第一項、第四十五条第一項、第四十七条第一項及び第二項、第六十二条第一項並びに第六十三条第一項中「第二十四条各号」」とあり、同法第三十四条中「前条各号（第四号を除く。以下同じ。）」と、「出入国管理特別法」を「出入国特別法」に改める。

第七条（見出しを含む。）中「出入国管理令」を「出入国法」に改める。

（法律第百二十六号の適用に関する経過措置）

第十六条　付則第十四条の規定による改正後の法律第百二十六号第二条第六項の規定により本邦に在留する者は、新法第二十条第一項、第三十一条第一項、第三十二条第一項及び第二項並びに第三十三条第十二号から第十四号までの規定の適用については、永住者とみなす。この場合において、第三十二条第二項中「最後の出国時における在留資格及び在留期間をもって」とあるのは「ポツダム宣言の受諾に伴い発する命令に関する件に基く外務省関係諸命令の措置等に関する法律（昭和二十七年法律第百二十六号）第二条第六項の規定により」とする。

2　新法第二十二条及び第二十三条の規定は、前項に規定する者が新法第三条第一項第十五号に係る在留資格の取得を希望する場合について、新法第二十六条第二項及び第五項から第七項までの規定は、これらの者が同号に係る在留資格以外の在留資格の取得を希望する場合について準用する。

3　前項において準用する新法第二十三条第一項又は第二十六条第五項の規定による許可については、新法第二十八条第一項中「この節（第二十五条第二項において準用する場合を含む。）に規定する許可」とあるのは「付則第十六条第二項において準用する第二十三条第一項又は第二十六条第五項の規定による許可」と、前項において準用する新法第二十三条第一項の規定による許可を受けた者については、新法第二十七条第一項中「永住許可」とあるのは「永住許可（付則第十六条第二項において準用する第二十三条第一項の規定による許可を含む。）」とする。

4　法律第百二十六号の施行の日以後本邦で出生し、引き続き本邦に在留する外国人（旧令第二十七条第一項又は新法第二十七条第一項の許可を受けた者を除く。）で、出生の時においてその父母のいずれか一方が次の各号の一に該当するものは、新法の規定の適用については、永住者の家族とみなす。

一　法律第百二十六号第二条第六項の規定により本邦に在留する者

二　第二項において準用する新法第二十三条第一項の規定による許可を受けている者

三　法律第百四十六号第一条の許可を受けている者

5　前項に規定する者について準用する新法第二十三条第一項の規定による許可を受けている者は、当該許可を受けている者で、新法第七十一条中……の規定を適用しない。

6　本邦で出生し、引き続き本邦に在留する外国人で、出生の時においてその父母のいずれか一方が第四項に規定する者に該当するものについては、新法の規定の適用については、永住者の家族とみなす。

7　前項に規定する者については、新法第七十一条中在留資格に係る部分の規定を適用しない。ただし、新法第三条第一項第十六号に係る在留資格以外の在留資格を有することとなった後は、この限りでない。

8　第一項又は第四項に規定する者の配偶者は、新法の規定の適用については、永住者の家族とみなす。

（法律第百四十六号第一条の許可を受けている者の再入国の許可等に関する経過措置）

第十七条　法律第百四十六号第一条の許可を受けている者は、新法第二十条第一項、第三十一条第一項及び第三十二条第一項並びに第三十三条第一項……

（地方自治法の一部改正）

第十八条　地方自治法（昭和二十二年法律第六十七号）の一部を次のように改正する。

別表第三第一号七の二中「出入国管理特別法」を「出入国特別法」に、別表第四第二号中「出入国管理特別法」を「出入国特別法」に改める。

（法務省設置法の一部改正）

第十九条　法務省設置法（昭和二十二年法律第百九十三号）の一部を次のように改正する。

第十三条の十第一項中「出入国管理令（昭和二十六年政令第三百十九号）の規定による……」を「出入国法（昭和四十八年法律第　号）……」に改める。

（外国人登録法の一部改正）

第二十条　外国人登録法の一部を次のように改正する。

第三条第一項中「出入国管理令（昭和二十六年政令第三百十九号）」を「出入国法（昭和四十八年法律第　号）」に、「寄港地上陸の許可、観光のための通過上陸の許可、転船上陸の許可、緊急上陸の許可及び水難による上陸の許可」を「又は一時上陸の許可」に改め、同条第二項中「出入国管理令第二条第五号」を「出入国法第二条第四号」に改める。

第四条第一項第十号中「出入国管理令第二十六条」を「出入国法第三十一条第一項」に、「六十……

……ものほか、新法の施行に伴い必要な経過措置は、政令で定める。

（罰則に関する経過措置）

第二十三条　新法の施行前にした行為に対する罰則の適用については、なお従前の例による。

理由

最近における出入国に関する状況にかんがみ、これらの状況に即応して、出入国管理令を廃止し、新たに本邦に入国し、又は本邦から出国するすべての人の出入国を公正に管理するための法律を制定する必要がある。これが、この法律案を提出する理由である。

民団組織への功績讃え冥福祈る
しめやかに「民団葬」
故洪賢基氏に国民勲章

◇…昨年八月末、肝臓疾患のため、九段坂病院に入院加療中、薬石の効なく五十…◇
◇…四歳で他界された故洪賢基氏の民団葬（金正柱葬礼委員長）が、民団第二十…◇
◇…一回中央委員会の終ったさる二十三日、午後四時から、全国中央委員と一般…◇
◇…弔客約二百人参席裡に、東京・新宿の太宗寺で、しめやかにとり行われ故人…◇
◇…の民団組織に残した功績を讃え、その冥福を祈った。…◇

故洪賢基氏

この日、韓国青年会東京本部の男女会員たちが制服姿で通路の両[illegible]に、りりしく整列する中を、弔客たちがつぎつぎと集まり、民団中央の[illegible]宣伝局長の司会で、読経裡に、[illegible]による故人の略歴紹介があって、李澔駐日大使が、政府から授与された国民勲章（牡丹章）を正面祭壇の故人の遺影に捧げ、弔客の涙をひとしお誘った。

ついで、金正柱中央団長、李澔大使、[illegible]顧問、アジア反共[illegible]の金の大山[illegible]事長、千葉久全北[illegible]会長、[illegible]氏らがそれぞれ弔辞をよみあげ、焼香がおこなわれ、民団葬をとどこおりなく終えた。

なお東京の遺家族には夫人の[illegible]女史をはじめ、長男[illegible]さん、長女信姫さん、令弟の洪[illegible]さんがおられる。

民団葬が行なわれた東京新宿・太宗寺（上）遺影の前で読経は厳かに（下）

"緑"の誠金
七万五千円
東京韓国学校生徒

東京韓国学校（[illegible]校長）の学生会では、さる十九日から二十七日までの間に、校内で「祖国緑化のために協力しよう」というスローガンのもと、募金活動を行ない、二十八日、民団東京本部を訪れ、鄭東淳団長に七万余円を手渡した。この募金活動は、学生会の自主的な決議にもとづくもので学生から四万六千九百六円、職員から二万八千九百円が集まったが、これに安[illegible]理事長が[illegible]円を足して、総額七万[illegible]四百六円。

二十八日、安[illegible]理事長、[illegible]校長と高等部三年[illegible]君、同一年[illegible]嬢の二人が全学生を代表して民団東京本部を訪れて[illegible]を伝達した。

なお、民団第二十一回中央委員会で、団費の内十%を教育費に支出する案が決議されたことに対する感謝の意を表すため、民団中央の金正柱団長に花束を贈呈した。

緑の誠金を受けとり、学生代表と握手をかわす鄭東淳東本団長

評議員・選考委員
韓国教育財団

二六日、駐日韓国大使館[illegible]首席奨学官は、財団法人韓国教育財団評議員と選考委員を、同財団在京理事会の選考推薦により次のように任命したことを発表した。

◇評議員
▲北海道＝田遵寿　崔東洵　金洛大　▲青森＝朴大宝　▲秋田＝朴頭道　▲岩手＝[illegible]　▲福島＝李守敏　▲長野＝[illegible]　孫晋兌　▲東京＝鄭大乙　安龍中　李嘉寿　高光先　▲神奈川＝[illegible]　白錫書　▲千葉＝鄭淵秀　▲埼玉＝金貴奉　▲栃木＝鄭再出　▲茨城＝朴台守　▲静岡＝[illegible]　▲愛知＝[illegible]　▲三重＝金炳賛　▲京都＝李相権　大阪＝徐万鉄　金贊孝　▲和歌山＝李敏和　▲兵庫＝[illegible]　▲岡山＝林炳護　▲香川＝黄水孝　▲熊本＝[illegible]秀元　金仁鍋　▲広島＝崔成源。

◇選考委員
▲北海道＝朴準竜　▲新潟＝朴万圭　▲東京＝卞周倍　[illegible]　金象錫　▲神奈川＝金致淳　▲愛知＝金胤鎬　▲大阪＝任[illegible]　▲兵庫＝成[illegible]　▲福岡＝孫明秀。

なお、同財団では四月十二日午後二時から東京商銀会議室で創立総会を閔寛植文教部長官を迎えひらく。

七年間に三倍
ソウルの大気汚染

ソウルの大気汚染度は七年前の三倍をこえ、このままでは八〇年にはさらに三―七倍にふえるという。これは延世大公害研究所が調べたもので、産業近代化にともなう油類使用量が急増し、硫黄酸化物をみても、六五年には年間二十六万四千屯しか排出されなかったのが、七二年には四・二倍の百十九万六千屯にふえたのをはじめ、窒素酸化物も十八万屯から六十万三千屯へ三・五倍、一酸化炭素が六十六万六千屯から百八十万屯へと八倍、粉塵が二十万一千屯から三十九万一千屯にふえた。

建青同志会を組織
4月23日 旧メンバー集い発足する

建国促進青年同盟の初代委員長としてその半生を在日同胞の民族活動に捧げた故洪賢基先生の「民団葬」が去る三月二十三日厳粛に行なわれたが、その式典に参加した旧建青メンバーが、二十五日故洪賢基先生を偲ぶ晩さん会を催した席上「建青史」を出版する計画をたて、その準備体として、来る四月二十三日東京において、建青同志会を発足することになった。

愛国・愛団志士として知られている、玄孝燮・李海三・金昇洙・李元祐・朴準・朴根世・崔鮮・金奉燁諸氏らと朝総連系の徐鍾実が他界した。そこで残された旧建青関係者の活動資料に基いて克明に編集、後世に残す事にした。全国の建青同志の資料の提出及び、氏名住所、電話番号を左記に連絡するよう、同発起人会では望んでいる。なお、来る四月二十三日の発足日には多数の参加を呼びかけている。

（発起人）金正柱、李裕天、金容太、高珠仁、康東鎔、南宮瑛、金載華、孫水起、崔薫、金坪奎、趙洙衡、柳特晃（順不同）

建青同志会発足日及び場所
一九七三年四月二十三日（月）午後六時
東京都渋谷区千駄ケ谷四ー二三ー六「韓国料理」外苑
電話　四〇三ー三六七

連絡場所
東京都中央区日本橋茅場町一ノ六
中央共同ビル六階
民団中央本部[illegible]
電話（〇三）六六一ー九三七〇
六六六ー四三七三

世界的電子メーカー韓国に進出
米国のITTなど七社

世界的な電子メーカーである米国のITT、TRW、フェア・チャイルドなど七社の対韓進出が確定した。

商工部によると、年間販売でも二十三億ドルを越えるITT（国際電信電話）社は直接投資で朱安工業団地に集積回路工場を設備して生産量の全部を輸出することにし、またTRW社は大韓工業と合作投資して集積回路工場を設置することにした。

なお、コーニング・ガラス社は三星電子との合作でテレビ・ブラウン管用品およびガラス工場をして、すでに永登浦に工場施設を持っているフェア・チャイルド社は工場を増設するとともに新たに集積回路工場を設置する。このほか、オーエンズ・イリノイス、オーク・イレクトリニックスおよびゼネラル・タイムス社もそれぞれ合作投資条件で韓国に進出することを決めている。

75年から放映か
英国にカラーTV施設発注

外電によると、英国のパイTV社が韓国政府から七五年三月から放映できるように施設を受注した。受注高は三百十万ポンドにのぼり、これまでも同社は韓国から四百五十万ポンドを受注している。パイTV社はオランダのフイリップス社の英国姉妹会社である。今度契約したのはカラーTVスタジオ四、白黒TVスタジオ一、カラーと黒白カメラ三、カラーカメラ一、移動スタジオ一セット、マスターコントロール、テレシネーほかマイクロウエーブその他装備等である。このほかにも付帯施設の設置、韓国人技術者訓練も引受けることになった。

合板原料確保
海外原木を開発

商工部は合板の輸出を引きつづき増大させるため①海外林地を積極開発原木を確保②加工合板の生産拡大③市場多辺化をはかる方針である。昨年の合板輸出は一億七千五百万ドル、今年は二億ドルを目標にしている。国内生産能力は一千百七十七万平方米、うち八七%が輸出にふり向けられている。世界市場で韓国合板は生産で三%、輸出で五%を占めている。

韓国と日本の関係に新視点
日本上古史（文定昌著）抜粋と解説
(2)

九州地方の倭国
(1)

神功が征伐した"三韓"と
"任那"は対馬とほかの島々

古代中国の書籍に見える九州地方の主な"倭国"はおおよそ次の四つの国である。西暦五七年代の倭奴（いと）国、同一〇七年代の倭国、同じく二一〇～二五〇年代の倭女王卑弥呼（ひみこ）の国、そして狗奴（くな）国である。

この四つの国は、（一）倭奴国は、その王が自から大夫と称する使者を後漢の光武帝に送り、貢物を捧げて光武帝から、"印綬"を賜わった―という記録があり、千百年余り後の天明四年（西暦一七八四年）に筑紫のくに（今の福岡市）那賀[illegible]志賀島の石積の穴から、その証拠ともいうべき"漢委奴国王"の金印（きんいん）が発見された。そして本物・偽物の論争がひろがったが、一九三二年（昭和七年）に本物として日本国宝に指定された。日本書紀を国粋主義の立場から色々と日本に都合よく曲げて解釈（"馭戎慨言"＝からおさめのうれたみごと、訳者）した"本居宣長（もとおりのりなが）"が、一七七八年に邪馬台（やまたい）国のあったのは九州であると主張した。

そしてその六年後（一七八四）に、百姓甚兵衛が土を耕やしていて拾ったと「金印」を届け出た。しかしその出土の状況が変だということで偽物だとする学者が説を出したのである。

（二）倭国は、その王、帥升（すいしょう）らが後漢の安帝に生口（人間）百六十人を捧げて謁見を請い願った。

（三）倭女王・卑弥呼の国は後漢の書のほかにいくつかの書が伝えているが、その年代が古代中国の"曹魏（そうぎ）"と同じで、魏（ぎ）との交渉が十年間続いた。この十年間に両国の使節交換が五回行なわれており、その内の魏の使節の梯儁（ていしゅん）や張政などは①その国はもと男を王としていたが、七～八十年の間大乱におちいり、鬼道（シヤマニズム）に仕えて人々を惑わす力のある卑弥呼という女を王位にのぼらせたところ、国が安定を得ることができた。②卑弥呼に夫はなく宮殿に人は見当らないが、一人の男がいて食物や言葉のとりつぎをしていた。③卑弥呼が死ぬと奴婢（ぬひ、女の召使い）百人あまりを殉葬し、長さが二百尺にもなる巨大な陵墓をつくった。④その後にまた男を王にたてたところ、国中の人に不満がおこりふたたび大乱になり、千人以上の人が殺された。⑤そこで卑弥呼の長女で十三才になる"壱与（いよ）"を王位につけたところ、また国が平穏になった。と邪馬台国のことを紹介している。

この卑弥呼と日本書紀の"神功皇后"とその年代が合い、行ないも似ていることから、卑弥呼＝神功であったのではないかと、いまでは日本の史家たち一般の見解のようである。卑弥呼＝神功の国のこのような政治風土は、はやくから天照大神の母系社会だったその始祖が、男系社会に移行する過程での一つのありかたであったと見る。

魏書が伝えるところによると、倭の女王卑弥呼の国邪馬台国は、対馬島（つしま）～一岐島（いき）～北九州地方におよび、あとでは二十九の小部族国家の連邦体として構成しており、北九州の伊都（いと）国、いまの博多地方に一大率を置き、その北部地方を監察し、さらにまた魏の使いが往来―駐在するための官署が設置されていたとなっている。

魏の使い梯儁（ていしゅん）がはじめて倭の女王国を訪問したのは魏の正始元年（二四〇）であり、日本書紀で神功皇后が「是所謂之三韓也（これいわゆるところの三韓なり、日本書紀では"これいわゆる三つのからくになり"）」として対馬島を征服したのは、摂政（せっしょう）前年である。従がって魏の使いが九州に渡ったころは対馬島、一岐島はまだ卑弥呼の国であったのである。この対馬島、一岐島が文献上、任那（みまな）連邦として登場するようになるのは、この百六十年あとの、高句麗の永楽十年（四〇〇）である。

（つづく）

解説　文章の終りの方で、神功皇后の征伐した"三韓"は対馬であり、さらに"任那"の地も対馬であると記述されているが、今まであまりにも"皇国史観"の立場からの日本側主張になれすぎているため、著者文定昌さんの論文に全く触れたことのない人には、この記述を奇異に感じることもあると思われる。

文定昌さんの論文「任那論」では「明治初期の史家菅政友（すがまさとも）が、日本の侵略（しんりゃく）主義の歴史活動の背景のもとで、明治二十六年（一八九三）に"任那考"という論文を発表し、任那の地名を韓半島内の地名に結びつけようとした」ことを指摘、別の論文でも津田左右吉が「任那疆域考」で同じ作業をしたと指摘して、文さん独自の研究では、対馬、五島列島、壱岐が任那であったと論証している。

「金印」の本物、ニセ物論争は古く、最初に金印を偽作とキメつけた人は江戸時代の松浦道輔であった。天保七年（一八三六）に「全くの贋物（がんぶつ）にて、言うにも及ばざるなり」として、その理由を挙げた。明治にはいって三宅米吉がこれを「価値なき贋弁」と斉にキメつけた。しかし今なおニセ物論を主張する学者は少くない。文部省文化財保護委員会専門委員だった故田沢金吾は、最も強圧された偽作論者の一人である。戦後金印が再び国宝に指定される直前、金石考古学の立場から「漢時代の作でない」と論究したため、文部省を追い出され、多数の偽作説反対論者から攻撃されながら、その年の内に他界した。昭和二十七年（一九五二）のことである。

現在までの主な偽作論者は次のとおり。

栗山周一、内藤文二、市村其三郎、栗原朋信

（金元聖記者）

金印とその印形（佐伯有清著"研究史邪馬台国"より）

ミカン栽培を研修
済州道農業技術研修生ら帰る

東京上野の済州開発協会（金坪珍会長）では、済州道でのミカン栽培の技術を向上させるため、昨年七月に「第二次済州道農業技術研修生」十三人（[illegible]団長）を、静岡県立柑橘試験場に入所させたが、さる二十四日、無事終了式を行ない、全員新技術を身につけ、近く帰国することになった。

この研修生は、済州道各地のミカン栽培者から、将来の技術指導者となるために済州開発協会が費用を負担して招請したエリートたちである。

さる二十七日、済州開発協会に集合し、各人が九ヵ月間にわたって習得した技術について座談会を開いたが、席上、研修生たちは「入所する前は、技術を習うといっても、どれほどのこともなかろうという認識不足があった。しかし、入所して見ると、九ヵ月の期間では習い切れないものであることをつくづく感じた。例えば「剪定（せんてい）」一つをとって見ても、研修した大きな収穫で、国に帰って十二分に役立てたい。静岡県と済州道では「土壌（どじょう）」も「気象」も全く異なるので、これを如何に克服するかはこれからの研究課題であり、自分たちはそれをなし遂げる決意である。日本のミカンの生産量は、一コを百㌘と見た場合、人口一人当り年間三百十コぐらいになるが、韓国はわずか三コほどにすぎず、これから品質の優れたミカンを生産すれば、十年先ぐらいには一人当り年間三十コ以上の消費を見込むことができる。韓国に帰っても新技術の研究開発に努力したいし、国の研修機関がほしいと思う」と語っていた。

ミカン栽培技術研修を終え帰国する研修生

民団人吉支部
青年部一周年
二月十八日、記念式ひらく

民団熊本県人吉支部（呉文燮支部団長）で青年部を結成したのは、昨年二月であったが、さる二月十八日一周年記念式を行なった。同青年部は結成以来、日曜ごとにウリマルの講習を受け、また母国を訪問してセマウル運動に参加するなどの活動をしている。（写真は青年部結成一周年記念式での記念撮影）

アパート建設借款
米連邦住宅銀行から二千万ドル

アパートを建設するための二千万ドルのAID保証借款が二十一日、太経企院長官、アドラー駐韓USAID処長、崔住宅公社長、クオリー・ニューヨーク連邦住宅銀行長との間で調印をみた。条件は三年据置、二十一年分割償還、年利七・五%、同資金でソウル盤浦洞に二十二坪のアパート一千四百九十世帯分を建設する。

歪められた韓国史観

西江大教授　李基白

外部からの歪曲

日本史を専攻する、ある有能な米国の学者と語りあったことがある。私はそのとき、日本の学者や日本の政治家らによって宣伝された、間違った韓国史観が世界に広く行き渡っていて、堂々と公認されているのには驚かざるをえなかった。

はなはだしくは、伊藤博文は韓国の独立を最後まで維持しようとしたのにもかかわらず、韓国人がこれに協力しなかったため、やむを得ず日本に併合してしまったのだともいっていた。そんな愚かな話があるかと反問したところ、伊藤博文の話には、韓国を併合しなければならないという句節が、どこにも見当たらないといいながらも、かえって私をさとすような口ぶりであった。私は、それでは歴史家は政治家の代弁者にすぎないではないかと言いかえしたところ、やっと彼は口をつぐんだ。

かれは、一九〇四年、すでに伊藤博文を含めて日本の桂内閣が、韓国を併合しなければならないと決定した事実を知らなかったのかもしれないし知っていたとしても、伊藤博文にはその責任がないものと、考えたようだった。

このような韓国史のわい曲はおもに外部からおこなわれたものである。もちろん、韓国の学者に全く責任がないとはいえないが、大きな眼目からすれば、これは外部からの影響によるものである。またそのほとんどが日本の学者らによってわい曲されたのである。そしてこれは、世界のほかの国に影響を与えたばかりでなく、われわれ自身にも少なくない影響をおよぼしているのである。

いうなれば、わい曲された韓国史観に対する是正作業は、外部からの挑戦によって強いられたものといっても過言ではないのである。わい曲、植民主義史観などの語いがあまりにも濫用され、いまいましいまでに気にさわるが、しかしこの強要された作業だけは避けてはならないことが、上のような実話からも痛感されるのである。

外国の学者たち、とくに日本の学者たちが韓国の歴史をわい曲した理由はどこにあるのだろうか。それは端的にいって、かれらの国家利益のため韓国に犠牲を強要したのにほかならない。

日韓同祖論

日本の場合、これはかれらの侵略行為と直接的な関係をもっている。かれらの、その目的を達成するため、韓国史の自主性を抹殺すべく色いろの理論を考案したものである。そのもっとも代表的なものが事大主義党派性・停滞性など）の理論であった（拙著「国史新論」1961、緒論および「植民主義的韓国史観の批判」、「民族と歴史」1971、参照）。

このような点に対しては、その後、学者たちによってしばしば論議され、また具体的な個別的問題を中心に批判されたこともある。（梁方吉著、「韓国史の観点—一六世紀の変化と壬辰倭乱の意義」「教養」5、1968および「韓国史の反省」、1969、所収参照）。

それはかりでなく、このほかにもゆがめられたいろいろの学説がある。たとえば、日本の学者たちはまず大体において韓国と日本との親近性を強調してきた。

「日韓同祖論」などはその代表的なものといえる。それは当時の日本が、国防の前線を鴨緑江に想定したためである。ところが、日本の満州に対する関心が侵略の野欲に変わるや、こんどは韓国と満州の歴史的親近性を強調するようになった。いわゆる「満鮮史」などはこれにゆえんしたものといえる。これによると、韓国史はその独自性よりも満州と結合した満鮮史の一部のようにとられる傾向が濃厚であった。そのうち、日本がいわゆる満州国にたぶらかを建て、そのかいらい（傀儡）政権を通して満州に対する支配権を握るようになってから、日本の学者たちは再び韓国史を分離しはじめたのである。

満州国の歴史を独立させようとすれば、韓国史がそれから分離されるのは当然なことである。この結果、その昔、満州地方に建てられたもろもろの国家、たとえば夫余、渤海はいうまでもなく、高句麗までも満州史に編入され、韓国史からははぶけられてしまったのである。したがって、わが国の歴史は、三韓時代にはじまって百済、新羅、高麗、朝鮮とつながっている格好になってしまったのである。

日本の学者たちのこのような韓国の対外関係史、または韓国の歴史舞台に対する解釈の必要を考察して見ると、それがいかに日本の大陸侵略過程と密着しているかをうかがいうるのである。いわば、日本帝国主義の侵略を歴史的にバックアップしたのが、日本の東洋史学であり、韓国史学であったわけである。

いうなればかれらの理論は、一顧の価値もないわい曲されたものであり、ただ侵略に同調した御用史学にすぎなかったのである。

日本の学者たちが、任那日本府という日本の植民地官府が加耶地方にあったと主張するのも、これまたその目的は、韓国に対する侵略と関係がある。すなわち、日本側の史料、それも「日本書紀」のようにきわめて限定された史料以外には、何ら根拠がない任那日本府説をあえて主張したのは、韓国[illegible]はその昔において[illegible]であったから、[illegible]るのは、何ら不自然なことではないということを歴史的に裏づけしようとしたもくろみがあったからである。

日本の学者たちは、考古学的にこれを証明しようとあらゆる努力をしたのであるが、それは徒労に帰したのである。それどころか、かえって古代韓国から流れはいったあまりにも多くの考古学的遺物が、日本の各地で発見されるという正反対の現象を呈しているのである。この考古学的成果をもってすれば、結論はかえって正反対であるというよりほかないのである。

このような見地からすれば、箕子朝鮮説に対しても同じような結論を導きだすことができる。

箕子という人物が中国から韓国に渡って、かれの王朝を建てたという説に対し、ほとんどの学者がこれを否定しているが、これを新たな角度から研究する努力はつづけられている。これは、箕子朝鮮説を否定するためであるというよりは、それを解釈する具体的な論の史的説明にその目的があるというのが正しいだろう。

しかし筆者は、日本の学者たちの歴史的見解が韓国侵略と関係があるように、箕子朝鮮説も中国の韓国侵略—楽浪郡の設置—と関係があるものと信じている。

米国人の韓国観—ジョージ・ケナンの場合

近ごろも、ときたま中国の歴史家たちに会って、韓国の古代史を論議しているといえば、決まって箕子朝鮮に対する意見を[illegible]のである。一、二度そのような経験をしてからは、きっとそのような質問があるものと、あらかじめ心構えをするだろうが、はじめのうちは、中国の学者たちがいまだにそれを信じているのか、と驚きを禁じえなかった。またかれらは、そのような話をするとき、あたかも昔の属国の人にでも対するかのように高慢な態度だったのは、ひとり私だけが感じたあやまった印象であれば幸いである。

しかるに、韓国に対する侵略と何らの関係をもたない国の学者たちの中にも、韓国史についてははなはだしくゆがめられた見解を持っている人がいるのをしばしば見うける。われわれは、その代表的な例として、米国人「ジョージ・ケナン」をあげることができる。

ケナンの韓国観は、かれが日露戦争当時、韓国を訪問してから発表した「ルポ」形式の一部作論文に載せられている。

これに対してはグラスダンジュプが「韓国現代史論」（一九四四、一潮閣刊）で[illegible]（[illegible]韓国 明知堂1965年5月号）。

かれによると、当時の韓国政府は、国民のためには何ら、尽したことがなく、ただ搾取だけを恣行していたという。そしてかれには韓国人が[illegible]の喜劇俳優や、「喜劇オペラ」の[illegible]俳優のようにおかしく見えたらしい。

かれは、汚ない身なりの未熟労働者の無気力さと、勤勉な日本の労働者を比較しながら酷評している。かれによると、日本が韓国に対して犯したあやまちは、韓国を日本の植民地にしようとせず、その独立を維持させようと努力したことであったというのである。

ケナンは当時、米国大統領ルーズベルトに大きな影響をおよぼした人物であっただけに、これがルーズベルトをして日本の韓国合併を認めさせた大きな原因をなしたといわれている。

とにかく、日本はこのようにして国際的承認の下に、韓国をかれらの植民地にしたのである。

一方、米国政府当局が日本の韓国併合を支持したのには、二つの理由があった。その一つは、東洋においてロシアに対抗するため日本をその前衛に立たせることであり、いま一つは、フィリピン占有に対する日本の支持と不干渉の保障をうけるためであった。いわば米国は、自分らの国家的利益を追求するため、日本の韓国侵略を承認するようになり、またそのような過程において、米国の韓国観に対するかれらの見解が形成されたのであり、換言すれば、客観的な侵略のためでなく、自身の利益のために韓国観がわい曲されたといえるのである。

民族感情よりは客観的な判断を

韓国史を研究してくれるのならば[illegible]、あまりにも[illegible]のである。つまり、われわれおのれの[illegible]のか、あたかも法廷に立たされた被告のように弁明をしなければならないのである。またこのような弁明を虚心坦懐な心情をもって聞いてくれる人が、果たしてどれだけいるだろうかと疑われるのである。また、かえってそっけない弁明をしているかのように受けとられるきらいさえもある。

じじつ、このような弁明をあえて試みると、外国学者たちは、民族主義者だとか、国粋主義者などと一言にして規定しがちである。実に困難な立場に立たされてしまったものだ。

もっと悩ましいのは、名声ある外国学者がわれわれを代弁してくれることであるが、現在、韓国史の研究にたずさわっている何人かは[illegible]とはいえ、かれらだけでこのような大事をたくするにはまだ力がたりないといえる。

さきに、私はわい曲された韓国史観が、侵略主義の産物であり、利己主義の所産であると述べた。これを正しく認識することは重要なことであるが、しかし、これを指摘することだけで、問題が解決されるのではない。かえってここから問題が本格的に展開されるのである。すなわち、韓国史観におけるかれらの具体的なあやまちを、具体的な資料をもって立証せねばならないのである。これには個別的な史実の考証という、ややこしい過程が必要である。また歴史的事実を理解するにあたり、[illegible]の理論的な体系を打破するという課題も提出しなければならない。このようにしてはじめてわい曲された韓国史観は一つ一つその旧殻を脱することができるのである。

今日、「わい曲された韓国史観」ということばは、一つの流行語のようになっている。韓国史に関する新しい著作が現われるたびごとに、その学問的成果をたたえるため「わい曲された植民主義史観の克服」ということばが使われるのが慣例となってしまった。

わい曲された植民主義史観は、当然克服・是正すべきであり、そのような努力はまことに望ましいものといえるのである。

しかし、もし具体的内容に対する論文がなく、またその内容が客観的真理と合致することなく、いたずらにわい曲された植民主義史観を克服したというならば、それは空虚なものにすぎない。わい曲された韓国史観は清算されなければならない。

しかし、それが叫び声だけにとどまる時代はすぎたのである。いまからは着実に、具体的な問題点に対する学問的研究がおこなわれるべきである。

韓鎬善自選傑作集
ソウルでも韓国盤製作

本紙既報（一〇〇〇号）日本のアコーデオン界の名手として古くから著名な韓鎬善氏（清原徳）が多年の宿願であった思い出の韓国名曲集のLPレコードを完成発表して、好事家たちの話題をさらっていたが、このほど、ソウルに本部を置く韓国演芸協会の招請で来たる四月三日に帰国、前記の歌謡集である「韓鎬善自選傑作集」第一集のLP韓国盤を、さらに再録編集して発売、その真価を問うことになった。

一時、第一線から引退、事業に没頭していた韓氏は、生涯をかけた音楽へのひたむきな情熱を断ち難く、さきほど「駅馬車」など往年のキラ星のように輝やく思い出の名歌謡八曲が収められているLPレコードを自費で自主製作して以来、本国進出の機会をねらっていたが、このたびの招請で本国が実現されたものである。

出発に先立ち韓氏は、ソウルMBCテレビなどの出演も予定されているなど、久しぶりの帰国に、目を輝やかせていた。

LPレコードに収められた曲目

A面—西帰浦七十里、駅馬車、連絡船は出て行く、新羅の夜。B面—木浦の涙、鳳仙花、消えよ三十八度線、涙に濡れた豆満江。なお、このレコードは民団中央をはじめ、全国組織を通して発売することになっており、東京では民団中央文教局と、本社、東京本部に申しこむとよい。頒布価格は一枚二千円。

オタア・ジュリアのロケ隊来日

昨年十二月、本紙既報（一〇六二号）四世紀ぶりに故国の土に還された韓国人女性のカトリック殉教者、オタア・ジュリアの物語が韓国で映画化されることになり、準備が進められていたが、このほどゆかりの神津島などを背景に撮影するため、ロケ隊（李知高製作、李申弥監督、金微淳主演）一行が来日した。このロケでは民団中央と群馬県本部も協力する。

林喜淑　小品展

韓国の女流洋画家、林喜淑女史が東京ではじめての油絵の個展を開く。林女史は韓国ソウルに生れ、ソウル大学美術科卒業後、米国ニューヨークのファインチ大学に学び、一九七一年にはソウル新世界画廊にて個展を開催し好評を博す。その後作品をたずさえイスラエルに渡りエルサレム・アーティストハウスにて作品展を開く。韓国現代作画壇で活躍中の第一線女流画家である。作風は女史のもつ繊細なセンスに加え個性的な色彩は都会的な特徴をだしている。会場は丸の内画廊（銀座四・六—一〇 電話五六七—二七五八）で会期は四月十六日—二十一日、十時—六時まで開催する。

林慶業将軍傳（四）

訳　洪　相　圭

編　八　東　周　吉

慶業もこの雅のない話に、にこにこ笑いながら汗をふいていた。

「それは貴公が『御大推奨』とまでは勇ましくてよいが、その次からが心配になるね。『下郎無礼であろう』と大声一喝の下に、只れ一つしかない首がころりと胴体を離れて、早や魂は草葉の陰に消えるとなれば、大功はともかく[illegible]く女房の尻が思い出されて、あの世でも浮かばれないであろうに。」

烈しく口の悪い男であった。

また、どっと哄笑が湧がったが、さきの者は別に抗弁することもなく、いかにも神妙な顔つきをして、

「そうだな、ころりとやられては、たまらんな。俺は貴公らとは、あの方面にかけては段違いだからな。女が死けじゃない天下の女という女が悲しむだろう。そうしたらだよ。俺を斬った敵の大将はその積もった怨みで、悶え死に！天下の無手勝流ともいえるし、宮本武蔵子風流剣法ともいえるが……」

「女戦めまくり流ではないかね、わ、は、は、は、……」

「女戦めまくりか、うまいもんだな、貴公見直したぞ。なかなか国における[illegible]じゃないわ。黄泉の国でも女の尻ありやと汝に問うわい。」

と素頓狂な声を張り上げたので、あたり雑兵どもがどっと笑いこけ、夜の空気を震わした。

「あまり助平談義はやめようよ。聞いていたら本当の尻なめ話がぼつぼつ出かねないわい。謹厳な中軍さまに聞かれてみろ。大目玉ぐらいは間違いないぞ。」

と、いえば冗談も引っこみ、笑いかけた顔がこわばるのを見て、慶業はある寂しさを覚えた。

慶業は、にこにこ笑いながら雑兵どもの笑い話に口をはさんだ。

「なかなか面白い話だ。気休みになるね。それとして、汗を流した後の一服の味は格別だが所望の人がおれば一服ずつやるよ。」

と煙草包みをとり出したら、まさか、この人が中軍さまとは知らないから遠慮気がねなどしない。われ先にと争って、流石にぎっしりとつまっていた煙草包みもすっかり空になってしまった。うまそうに吸っている雑兵どもを見ている慶業の胸は、はればれとして明るかった。

「やあ、甘露、甘露、俺はこんなうまい煙草吸ったことがないぞ。煙草といって俺と貴公とのものでそう違うはずがないのだが、やっぱり汗を流した後の一服という奴かな……」

と、ひとり合点している。

「さあ、一服したから、働こうじゃないか、中軍さまに見つかったら、こんどこそは大目玉で済むまい。本当にころりとやられるぞ。」

と首筋に手を当てる真似をしたから、慶業は思わず正体をあらわした。もっと、休ませてやりたい考えからであった。

「やあ、構わないぞ。苦しうない、もっと休みながら、さっきの話をもう一席うつのもよいであろう。中軍林慶業も、休みながら聞くとしようぞ。」

と、いいながら、笠を取れば驚くのなんの、びっくりした雑兵どもは、目を丸くして、口はあんぐり開けたままで塞がらなかった。

こうした慶業の剛・柔を兼ねた指揮ぶりで普通にゆけば八・九年かかるはずの大工事を、半年そこそこで仕上げてしまったが、一所さえも、はったり工事の粗雑な跡は少しも見当たらず一点の非の打ちどころない鮮かさぶりであった。

慶業は、工事完結の祝いを兼ねた大宴を張り、各将卒を大きく労って、その功に従ってそれぞれを表彰することも忘れなかった。

「各将卒の献身な努力によって、難なく完工したことを深く感謝する次第である。」

と一場の話を結べば、将卒たちは口揃に、

「私どもは中軍さまのお陰でひとりの亡者もないばかりでなく、病みついた者もおりません。すこやかなからだで家に帰ることができました。

こうして、共に中軍さまがおっしゃいましたように、国に忠に、父母に孝を尽くし得ましたことを感謝するばかりであります。」

将卒を各人の家に帰らして、中軍は城郭補修工事の早期完工の顛末を、朝廷に上奏したところ、上は痛く感じいられ、慶業の功を賞みせられ、抜群の加石をなさった。

二、林慶業明国にはいる

築城工事が終わり、しばらくして、慶業は思わぬことから、明国に入朝する朝鮮王国使臣の一員として、中原の大勢を悉に見る機会ができた。

兵曹判書李時白が進明使のことに関して聖上に上奏したところ、聖上殿下は即座に李時白当人を上等進明使に任じられたので、李時白当人も少なからず面くらって御前を退出した。

中国とは伝統的な結びがつづいているが、入朝する使臣が一歩を誤まれば、国の安危にまで影響を及ぼし、王朝の社しょくを脅かす因となるおそれが十分にある。

韓國新聞

在日大韓民国居留民団
中央本部機関紙
韓國新聞社
発行人　金正柱
東京都文京区春日町
2丁目20－13
電話直(815) 1451～3
交(813) 2261～5
振替口座 東京 163774

民団綱領

一、われわれは大韓民国の国是を遵守する
一、われわれは在留同胞の権益擁護を期する
一、われわれは在留同胞の民生安定を期する
一、われわれは在留同胞の文化向上を期する
一、われわれは世界平和と国際親善を期する

中央会館建設で国威宣揚

割当金最終案、中執委で決定

全民団員の献身的協力を

募金目標　七億五千万円

既に建設業務推進を開始

さきに第二十一回中央委員会を終えた民団中央本部では、中央委の分科委員会を通過、本会議で承認を得た活動方針(本紙前号で既報)を実施するに先立ち、その決定事項を全国地方本部に示達したが、経済局(宋鎬用局長)担当の中央会館建設費の割当額に関する最終案だけは、四月三日の第十八回中央常任委員会で再確認したあと同日午後ひきつづきひらかれた第八回中央執行委員会にこれをかけ最終決定を見るに至った。以下、中央会館建設に関する全決定事項を明らかにし、その完成にあたっては全国団員たちの献身的協力にまちたい。

規模は九階以上

"世界に誇る"祖国と民族を象徴

（五）業務宣伝

本会館建設に附帯する推進度、募金状況、募金集計発表、各地広告ならびに協力者名など一切の宣伝公報は、本団機関紙である「韓国新聞」が担当して、業務効果をあげる。

A…募金趣意書は、ビニール地に一括印刷して配布。

B…宣伝用印刷物は、会館平面図ができ次第、建設委員会名簿および具体的な状況を印刷して配布、宣伝効果をあげる。

C…大ポスター(壁用)も印刷と同時に発送して、団員たちの集まる地に貼り、目的達成の効果をあげる。

D…小ポスターとチラシを印刷し団員家庭などびに同胞事業体を訪問の時に、これを配布、募金活動の成果をあげる。

（六）基金の預金および送金

本建設費の預金は、韓信協傘下の各地方信用組合の新設「民団中央会館建設基金」の口座で取扱うことを原則とする。

（八）建設案

本団十年来の宿願であった中央会館が建設されようとする今日において、日本の高度な文化水準においてもすぐれた超現代的で最高級の建物を建造しようと意図しており、飛躍的な発展途上にある祖国大韓民国と民族を象徴できる特色を充分生かし、日本は勿論、世界の人々との国際的な民族的な殿堂とする予定である。

①位置

(A)所在地、東京都港区麻布飯倉三丁目二丁二

(B)坪数、一三四、六四坪、(七七五・六三平方メートル)

(C)交通、国鉄山手線、浜松…

維新民団の体制を確立

定期大会と地方委

民団中央組織局　四月中に開催を指示

民団中央本部組織局(崔学文局長)では、傘下各地方本部団長は四月中に地方委員会及び定期大会をひらき、第二十一回中央委員会で承認、通過された七三年度活動方針及び各種事業を積極推進するための維新体制を確立してその結果を報告するよう公文(四月三日付)で指示した。

なお、京都、岡山、福岡県本部では、次の日程で地方委員会及び定期大会をひらく。

▼京都府地方本部大会及び地方委員会＝本部会議室で七日午前十一時から。

▼岡山県本部定期大会＝本部会館で午前十一時から。

▼福岡県地方本部第十五回定期地方委員会＝韓国会館で四月九日午前十一時から。同本部第三十回定期大会は福岡市民会館で四月十日午前十一時から。

維新事業を支援

16日出発　山口本部でセマウル参観団

民団山口県本部(朴鍾団長)で一昨年の十月維新に歩調を合せ、在日同胞も積極的に維新課業遂行に参加する趣旨のもと、同本部並び傘下各級支部役員を中心に一般団員を含め六十人からなるセマウル運動参観団を組織、支援誠金一百万円をあつめて来る、四月十六日、釜関フェリー便で出発の予定である。日程及びスケジュールは次の通り。

◇第一日

14時00＝釜関フェリーターミナルに集合(出航手続)

◇第二日

08時30＝釜山港到着、上陸手続後親族、知人面接

12・00＝金海へ向け出発

13・00＝金海でセマウル模範部落視察

17・00＝釜山に帰着、ニューポートホテル宿泊

◇第三日

08時30＝バス便で蔚山向け出発

10・00＝蔚山工業地帯見学

12・00＝全州向け出発

15・00＝全州でセマウル模範部落視察

18・00＝儒城温泉向け出発の予定、同日宿泊は全州観光ホテル又は儒城ホテル予定

◇第四日

08時30＝顕忠祠向け出発、顕忠祠参拝

14・00＝水原に到着、現地セマウル模範部落参観

17・00＝ソウル向け出発

18・00＝ソウル到着、ニューソウル・世宗ホテル宿泊

◇第五日

09時00＝バス便で板門店向け出発、終日板門店見学

◇第六日

08・30＝国立墓地参拝、反共センター見学、外務部礼訪、民団本国事務所訪問

13・屋食後解散

民需用苗木　無制限通関

関税庁は林業用、造林用苗木種子に対し関係当局の実需要者証明がある場合は民需用でも数量に関係なしに通関させるが要に…は山林庁長推薦分に限ることになった。これで公共機関だけでなく一般人も市長、郡守の実需要者証明を税関に提示すれば無制限通関がうけられる。

権逸議員　民団礼訪

対象別基金拠出表

担当	対象	基準	合計	期間
支部各組織	1. 団員募金	85,712世帯 一世帯　千円		自1973.4 至1974.3(一年)
	2. 組織(A)	中央三機関長20万、地方三機関長15万 〃三機関員15万、地方三機関員10万 直選委員15万		自1973.4 至1973.12 (9カ月)
	3. 組織(B)	中央局長5万、地方部長、中央次長3万 支部三機関長10万、地方部長支部事務部長1万 〃三機関員5万		〃
各機関地方及び本部	4. 商工会	任員2万以上		〃
	5. 組合	(一口) 2万円		〃
	6. 組合理事	理事任員各5万円以上		〃
本支部	7. 団員商工業者(体)	各2万円以上		自1973.4 至1974.3(一年)
小計		(地方割当金額)	400,000(千円) (別途預金)	
建設委員会及中央	8. 駐日韓国商社	各2万円以上		〃
	9. 駐韓日本商社	各10万円以上		〃
	10. 特別賛助			事業期間中
	11. 事業収益	各1万円(5,000名招請時)		1975年(会期中)
	12. 其他収入	月10万円		事業期間中
小計			350,000(千円)	
合計			750,000(千円)	

朴春琴氏永眠

18日、日韓文化協会葬

朴春琴氏

日韓文化協会常任顧問の朴春琴氏は、気管支肺炎で、東京・慶応病院に入院加療中、薬石の効なく三月三十一日、永眠した。享年八十二歳。

解放前、日帝の衆議院議員を歴任したこともある故人は、戦後は韓国人学生など、同胞のために役立ちたいと努力してきた。葬儀および告別式は、日韓文化協会葬(石井光次郎葬儀委員長)として十八日午後一時から、都内・青山斎場でとりおこなわれる。

遺族には東京に夫人の光江女史と長男の春男氏らがいる。

513

生活科学化の教育投資成案

76年まで二百六億投入

技術工養成、実習施設完備めざし

文教部は、「全国民科学化」運動と義務教育年限延長計画にともない、初・中・高等学校の施設を段階的に大きく拡張することにした。

29日、文教部が作成した「長期教育施設投資計画」によれば、八十年代に中学までの義務教育延長のため、来る七六年まで九百四億八千二百万ウォンを投入し、一万九千八百個の中高等学校教室を新築することにした。

国民学校就学児童収容と一学級収容人員を、現在の七十人内外から六十人線にちぢめるため、八百八十一億六千八百万ウォンを投入し、五千四十四個の教室を、同じ期間に年次的に新築することにした。

文教部は、また政府の重工業育成のびることが見こされる、有能な二百六億九千万ウォンを投入して実業学校八七カ校を、来る七六年まで政策にともない、需要が大きく技術工と技能工を養成するため、中、高、専門学校および各種技術建学することにした。

これとともに、現在の実業高校及び実業専門学校の百十学校を、機械・重化学部門学科に改編、人力需給に対備することになった。

文教部は、また、現在法定基準の三二%、三二%しか完備されていない実業高校及び実業専門学校の実験実習施設を、七六年度まで六〇%、おそくとも八十一年までには、百%確保して忠実な実業教育をうらづけする計画である。

このため、七六年度まで、すべて二百四十九億六千九百万ウォンが投入される。

わが国の科学技術と、技術・技能工の需要は、現在四十四万七千四百人であるが、三次五カ年計画がおわる七六年度には九一万五千五百人が必要となり、技術者の需要が大きくなることが予想される。

今年8月完工予定の韓国最大の自然改造事業である昭陽江ダムの貯水式、韓国では進展する工業化でより多くの技師、技能工の養成が要請されている

韓国商品人気上昇

第三次輸出拡大会議報告で

二十八日中央庁で開かれた第三次輸出拡大会議で金溶植外務長官が報告したところによると、海外バイヤーたちの韓国商品に対する認識と人気が上昇しており、特に繊維製品、農水産物、電子製品および鉄鋼材に対価格面でも高い水準に達している。

これは外務部がさる二月、世界の千七百五十一の外国商社を対象に行なった韓国商品に対する世論調査の結果で現われたもので金長官はこの日の報告で、韓国商品は良好な品質と迅速な送達、それに競争可能な価格などにより輸出増大の基本要素を持っていると指摘、原資材の国産化、より積極的な商品紹介および海外販売活動の強化などで輸出環境を改善すれば韓国商品の括目すべき輸出拡大が期待されると述べた。

輸出信用状二倍増

二月末で四億六千九百万ドル

韓国銀行によると、今年にはいってから二月末までの輸出信用状到来額は四億六千九百万ドルで昨年同期の二億三千百万ドルの二〇三%という増加ぶりで、今年の年間輸出増加目標率三〇・五%を三倍も上回わった。

なお、輸出増加による海外部門の通貨量もこの二カ月間に八十七億ウオンもふえ、昨年同期の二億ウオン増加に比べ大きな激増ぶりを示した。

韓銀関係者はこのような現象が昨年度の八・三措置（私債凍結を含む経済特別措置）や輸出に対する集中支援策展開などの効果があらわれたものと分析、また国内的な条件と、国際通貨調整など対外的なよい条件が重なったためでもあると述べ、このような輸出ブームが造成されるに伴い国内景気も加速化されつつあるとつけ加えた。

米軍韓国駐留継続

リ国防、東南亜不安指摘

リチャードソン
米国防長官

エリオット・リチャードソン米国防部長官は、二十八日、韓国政府が国軍現代化五カ年計画の遂行で自主国防の負担を拡大してはいるが、「アメリカの韓国駐留は、今後とも、ひきつづき不可避となるであろう」とのべた。

リチャードソン長官は、この日、上院軍事委で行なった証言を通してアメリカは、ベトナム戦の最終的な終結以後にも、友邦国を支援するためアジア地域の米軍駐留をひきつづき維持していくことになると言明し、特に駐韓米軍に言及し、このようにのべた。

リチャードソン長官は「最近東南亜地域の平和成就の展望が、いっそう改善されはしたが、不安定再演可能性は以前残っている」と前提し、友邦国家の貧弱な軍事能力と直面している安保上の脅威からおして、抑制力として、または抑制力を失なった際における適切な対応策を講究するため、米軍駐屯が緊要であると強調した。

アメリカは現在、タイのグアム島など東南亜地域に、約十万の兵力と五十隻の艦艇および八百余台の各種航空機を保有している。

都市勤労者所得

去年より15%増

経済企画院調査統計局が二十八日発表した七二年"全都市勤労者世帯家計動向"によると、同年中の月平均都市勤労者（単純労務者を含む）の世帯当たり所得は四万三千百二十ウオンで、月平均費用支出は三万八千七百八十ウオンに集計された。

これにより月平均家計黒字は七一年の二千八百五十ウオンから四千三百四十ウオンにふえた。

都市勤労者の月平均所得は七一年の三万七千六百六十ウオンより一四・五%（五千四百六十ウオン）ふえ、そして費用支出は前年の三万四千八百ウオンより一一・四%（三千九百七十ウオン）ふえた。物価指数を勘案した実質所得水準は前年対比二・七%ふえ、実質費用支出は〇・一%減った。

なお、勤労者世帯の費目別月平均消費支出は一世帯当たり総消費支出三万六千三百七十ウオン（一〇〇）で、このうち食料品費は四一・三%、住居費一八・五%、光熱費五・二%、被服費九・二%、雑貨二五・八%でエンゲル係数は七二年の四一・四%から四一・三%に落ちた。

世帯当たり所得および支出を六五年基準と比較すると①所得は六五年の九千三百八十ウオンから四万三千百二十ウオンへと名目上では三五九・七%が、そして実質水準では一二二・〇%ふえ②費用支出は六五年の九千五百六十ウオンから名目支出が三〇五・六%増、実質支出は八七・一%増加した。

尋ね人

☆金昌徳さん（76才・男）

長崎県長崎市に住んでいた方で二次大戦後渡日、日本女性と再婚し、徳子、正子の娘があるとのことでソウルの金今石さん（長男）がさがしています。ご存知の方はソウル特別市城東区新堂一洞二三三一二二、第一鉄工所または民団中央本部民生局までご連絡を

☆安（黄太洙）さん（47才・男）

一九五三年まで福岡市大石町博多港駅筋向い福岡市大石町一三三三で住んでいた方で、日本では安太洙としてよばれ、左眼が失明しています。ご存知の方は慶南統営郡道山面法松一里の黄楽洙さん（兄）がさがしています。

☆朴万得さん（村田弘・62才）

☆朴小得さん（村田小春・59才）

本籍—慶尚北道大邱市南山洞六二八番地

名古屋市中区東瓦町九八番地に住んでいた右の二人をご存知の方は、ソウル特別市城東区金湖洞一街一番地一三七号三統十四班、孫李植方朴王得さん又は民団中央本部民生局まで連絡を

☆金竜[illegible]さん（現在50才程度）

☆李得七さん

終戦前まで慶尚北道金泉郡[illegible]町一三五番地所在、スタンダード・ヴァキューム・オイルカンパニー代店、南朝鮮米油株式会社金泉出張所で働いているうち、坂本勇吉さんのあっせんで渡日されたとのこと。〒572・大阪府寝屋川市池田南町十八ノ二二坂本勇吉さん（〇七二〇・二九・七六二〇）まで

解説

共産国の権力と外交戦略

毛—周体制の後継は不明

対韓利害関係は当分不変

韓国政府が中国を中華人民共和国と公式呼称した前後、「中国問題に関するゼミナール」が韓国外務部の外交研究院主催により開かれた。このゼミナールは外交研究院会議室で二十二日と二十三日の二日間にわたって行なわれ、大学教授陣や外務部担当者たち十二名が参加して、中国側の研究発表をしたのち討論を繰りひろげた。

共産中国は中国的マルクス・レーニン主義と毛沢東思想を基調としてすべてを形成した。従って中国の外交政策も前述の二つを基本として進められてきたが、その二者間には矛盾があった。毛沢東は当初マルクス・レーニン主義の実践理論で革命戦争を行ない、外交政策としては国際共産陣営の団結を追求した。それが中国外交の第一期で、これはソ連と密着していた時代（一九四九年~五二年）である。次いで第二期（五三年~五七年）には第三勢力が登場、中国は平和共存政策を標榜した。しかし第三期（五八年~六五年）には中ソ紛争が本格化し、中国は反帝国主義、反修正主義を標榜。第四期（六六年~六九年）は文化革命の渦の中で造反外交を展開、外部とのいっさいの関係を断絶した。第五期（六九年~現在）に至り中国は、米ソ両大国政治に拮抗するだろうとみられる中小諸国の自立化運動を援助、これが中国に有利な方向に展開するだろうという観測を基本にして、[illegible]外交を推進。そして中国は中小諸国との関係改善には努力を続けるだろうとみられる。

▽次の時代はテクノクラティックに

◇[illegible]外務部情報文化課長=中国のような、毛沢東一人を中心につくられてきた政治体制下にあっては——経済的後進国にもみられる現象であるが——政権を握る「個人」の影響力が絶対的な強さを持って決定要素としての作用をする。現在の中国は、中国的でかつ共産主義者である毛沢東が哲学的方向づけをし、周恩来は首相としてこれを実践にもって行く政策決定を行なう。しかし周は外交政策の裁量権は持っていないだろう。

中国外交の性向が、このままずっと同じ方向で続くかどうかは明白でない。とにかく毛沢東は七十九歳、周恩来は七十三歳という高齢だし、もし五年ないし十年以内にこれらの中心人物が他界すれば当然中国の外交方向は変わるだろう。後継者が党、官僚、軍の三大組織のうちのどこから出るにしろ、年代はぐっと若返るだろうし、その性向はテクノクラティックなものになり、かつて毛の世代にみられた大躍進運動や文化革命の持つ哲学的、英雄主義的色彩はうすれるだろう。

▽劉少奇と林彪を"粛清"して

六五年から六六年に展開された文化革命は結局毛沢東が、実権上の権力を掌握した劉少奇を粛清するために取られた措置だといまではみる向きが多いが、そのとき、第二人者として登場した林彪は七一年九月二十三日モンゴル上空での中国機墜落事件で死亡。これも事実上は毛沢東による林彪一派の粛清と観測されている。そこでいま、中国為政者の後継者は誰かと、外部の注目が集まっているが、中国の権力核心は党籍上からみると党中央委員会、党中央政治局、党中央政治局常務委員会の三者となっているが、事実上の権力機関は中央政治局である。

◇閔泳秀外交研究院研究官=六九年四月の九全大会（第九回全国代表大会）で選出された政治局員の去就とその性分を分析し、現在の権力所在から考察すると、毛沢東の死後、中国は"集団指導体制"を指向するのではないかと思われる。まず、中央委員二十一名のうち、粛清された林彪ら七名のほかに死亡した一名、元老級実力者四名（朱徳、劉伯承、康生、董必武）計十二名を除くと、あとの委員は九名で、それは毛沢東、周恩来、江青、張春橋、姚文元、葉剣英、李先念、許世友、陳錫聯らである。

▽第二人者の周は後継者か？

一方、政治局常務委員の五名からしても林彪粛清により二名が死亡、一人が政策不参画であるから残る二人の毛と周が権力者だということは一目瞭然たるものがある。周恩来は長い間行政府の首脳であると同時に党内第三位者だった。しかし、林彪粛清後は党第二者となったが、周は党内政治勢力や軍部の後ろだてを持っていない。従って、中国のように軍の組織が強力なところで周が果たして本当の権力者たりうるかどうかは疑問になる点も多々ある。

とはいうものの、現実において周が毛に次ぐ第二人者だということに異論をさしはさむ余地のないことが常識になっている。いずれにしろ、周の次にくるのは毛沢東の妻江青、婿の姚文元（党中央文化宣伝機構掌握）、張春橋の順となっている。なお葉剣英、李先念らは力がないといわれている。

では前記三人のうち、誰が後継者として注目されるのか。それは毛沢東の妻江青でもなく、軍の背景を持たぬ姚文元でもない。むしろ西側の観測者が注目しているのは張春橋。かれは南京軍区第一政治委員として軍の実力者は瀋陽軍区司令官の陳錫聯と南京軍区司令官の許世友である。この二人の委員が司令官をしている地区には毛沢東も"軍の手術"をしたさい、全く手をつけていない。それでいながらこの二人の政治局は北京のいかなる公共の場所にも顔をみせたことがない。

▽欧州進出とアフリカ大陸政策

現在では周を中心とした官僚派と江青など少壮派の間で権力闘争が進行中であるが、事実上は周以外に第二人者としての資格を具備した人物はいない。そこで毛沢東としては生前および死後の名誉保全のために、そして、また一時権力闘争を中和させるためにも集団指導体制のようなものを目指しているのではないかとみられる。

近年、中国は広く欧州に進出ポルトガル、エール（アイルランド）、ルクセンブルク以外の欧州諸国とは全部接触を持っている。これは中国が対ソけん制のために軍事的政治的側面で欧州諸国と共通の立場で相互接近を図ったこと、また東欧諸国などは中国が第三勢力の旗手だとみずからうけている立場表明を受入れたのだろうと考えうる。またじゅうぶんに考えうる米ソ間の和解をけん制しようとする意図も感じられる。なお中国はアフリカにも進出、アルジェリア、ギニア、マリなどへの地域進出促進は北韓のアフリカ進出をも助けた。アフリカには新生国がたくさんあるため、国連などの国際機構では「衆の力」を持っている。従ってアフリカ大陸は政治的に注目されている。

▽中国の貿易と韓国輸出の関係

◇鄭淳斗大韓貿易振興公社研究部長=中国の七一年度貿易規模は約四十五億ドルに達したと推定されるが、これは史上最高額である。主なものは一次産品と二次産品。中国商品は韓国のそれに比べ、デザイン、品質、マーケティング活動などの面で立遅れてはいるものの、廉価（繊維類は四〇%）である。従って東南アジアではこんご韓国にとって最大のライバルになるだろう。そこで韓国商品はこんご国際競争力を強化して中国の輸出商品との間の格差をさらに大きくして行く必要がある。

◇金敏、會完化外国大学教授
◇金泳鎬国防大学院教授=アジアでは次第に緊張緩和の措置が波紋を広げているが、中国は果たして韓国にはどのような態度を取るだろうか。それは現状打破よりも現状固定化を（これで統一はいっそう遠ざかりつつある）指向している。従って二つの韓国論が台頭するだろう。

しかし韓国安保の面での脅威は事実上減った。すなわち、中国、北韓の関係は中ソ対立以後韓国戦争当時のそれとは異ったものに進展してきた。第一は米国の対韓公約水準が減縮一路にあることなどから対米和解が進み"事実上の米中関係正常化"で韓半島問題は米中で妥協の余地を持つことになった。第二に、中国は韓半島をめぐり以前はソ連と日本を潜在的ライバルだという意識をもってきた。しかし現在に至っては顕示的競争関係にはいり、とくにかって提携していたソ連とは相互に排他的角逐関係を持つに至っている。そして第三に、韓半島内の南北勢力関係が七・四共同声明および南北調節委員会構成を契機に一大転換期に一大転換期にさしかかり、変容しつつあるということだ。

しかし、中国の韓半島に対する利害関係は以前と少しも変わっていない。

▽二つの韓国観を呼び起こす

とはいうものの、最近の国際的政治的な構造変動に伴い、中国と北韓間の関係は現実主義的になり実利追求的傾向になった。それは相対的に非軍事的緩和を量しはじめたことにも現われている。とにかく米中接近は、かつて議論のマトとなっていたかタン戦争の可能性を後退させたが、しかし韓半島での戦争はもし北韓が情勢判断をすれば危険である。

一方、米中の接近は二つの韓国観を起こさせる恐れがあり、この傾向は米国が北韓をDPRK（朝鮮民主主義人民共和国）と公式呼称したのをはじめ、北韓が米国の言論人、学者などを招待したことなど、さらに日本と北韓との交流拡大などでますます幅を広げている。

一方、米国の対韓軍援資額はいきおい韓国の国防負担の圧力を加重、そのしわよせは韓国経済の面にあらわれるかも知れない。一方、西側諸国は北韓との交易増大の可能性幅を広げているし、これらすべての事柄が錯綜して、こんご国連での韓国問題討議では南北韓代表の同時招請問題が提起されるだろう。

▽中国の対国連政策とその足どり

◇呉淇坪外交研究委員=国連入りを果たした中国は、こんごも国連を宣伝の場に使う可能性がじゅうぶんにある。中国はこれまでも、国際政策機構としての国連、議会外交機構としての国連を評価し、革命路線において弱小国を指導する面で国連加盟の諸国にアプローチした。そして国連が革命勢力の糾合体になることも懸念した。なお、米ソ共謀場としての国連にも警戒を続けた。

だが、中国の対米国連政策は理論上と実際との間でかなりの距離をみせている。

（SISA）

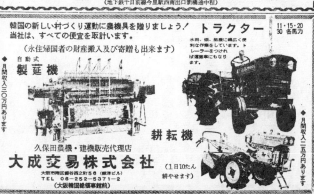

本国での各種行事は必ず事前報告を

中央で便宜供与

▽…民団中央本部組織局(姜学文局長)では、本国で展開している…△
▽…セマウル運動、姉妹結縁、研修会などの各種行事は、事前に組…△
▽…織局に必ず報告するよう各地方本部に望んでいる。…△

同局では、本国で展開する各種行事の事前報告をとり、駐日大使館を初め、民団本国事務所並びに関係当局と緊密な連絡を展開して所期の目的を達成するよういろんな便利を与えるなどの援助を惜しまないことを明らかにしている。事前報告要領は次の通り。一、行事名称　二、趣旨　三、目的　四、人員数　五、実施期間　六、其他。

チエミの春香伝

新宿コマで絶讃上演中

右から松方弘樹、江利チエミ、清川虹子(求婚の場)(上)中央が松方弘樹の暗行御史・李夢竜(下)

李朝十八世紀の最高傑作、韓国古典ロマンの「春香伝」が、江利チエミの春香役で、四月一日から東京新宿のコマ・スタジアムで開幕した。江利チエミのような日本のトップシンガーが春香を演じるミュージカルは日本で初めての試みであり、早くからその興行的価値が注目されていた。

春香伝は、世界のロマンの中でも、例えば「シェークスピア」物のような悲恋物でなく、最後にはハッピーエンドで大団円を迎えるという勧善懲悪の典型で、観客が救われる思いでフィナーレとなるものである。

コマ・スタジアムは、初日早々から満席となり、観客は「ミュージカル」とはいいながら、春香が卞使道に虐待される場面では涙をこらえ切れず泣き出すほど、コマ側が「世界の恋の物語り」というサブタイトルを付けたネライもこの辺にあるとのことだ。

江利チエミは「私が今までコマで演じた中で、この春香伝ぐらい力のはいった拍手をいただいた憶えはありません。初日から満席で、春香を演じるのに張合いがあることをつくづく感じました。ある芸能記者が私に"江利チエミのコマ物のビッグスリーにはいることは間違いない"といってくれているので、ラク日までが楽しみです。それに、必らず大阪のコマにも持って行きたいと思います」と語っている。

なお、大阪のファンの女性が多勢わざわざ「チマ・チョゴリ」を新調して生まれてはじめて韓国人スタイルになったと喜こびながら客席の中をデモンストレーションしているのが印象的であった。

崇義女専合唱団

群響と協演

NHK、フジ、NETにも出演

元、北韓の平壌にあって、長い伝統と歴史を誇るミッションスクール・崇義女子専門学校(朴賛一学長)の合唱団であるグリークラブ(張秉[illegible]教授指揮)が来日公演することになり、早くも音楽愛好家たちの間に大きな前人気を呼んでいる。

韓国有数の名門校である同校は今は、ソウルに移転して来ており現在も相変らずスポーツ、舞踊、音楽などの資質をのばす情操教育がさかんであるが、このたびの来日は、群馬県高崎市で、名曲茶房「あすなろ」を経営している崔泳郁氏の肝入りで、有名なアマチュア交響楽団である群響が一行三十二名を正式招請したもの。十日来日し、十一日のフジテレビ(三時のあなた)出演を皮切りに、十六日群馬音楽センターにおける群響定期演奏会での協演、四月二十二日六時からのNHK「歌はともだち」、NETのモーニング・ショウ(日付未定)出演が既にきまっているが、そのスケジュールをぬって本社推せんにより、十七日午後一時から東京商銀ホール、二十一日までの間に東京韓国学校での交歓演奏会が予定されており、同胞たちの参観を希望している。

東京商銀で十七日に公演

(写真は熱演中の崇義合唱団)

韓国人卓球大会

五月六日　民団東本主催でひらく

民団東京本部(鄭東淳団長)では、きたる五月六日に、東京本部管下の団員の「第一回韓国人卓球選手権大会」を開くことになった。要領は次のとおりであるが、希望者は民団東京本部文教部(電話八一五―六五一一~三)に問い合せること。

大会名称=第一回韓国人卓球選手権大会
日時=七三年五月六日(日)午前十時
場所=東京都中野区民体育館
参加資格=民団団員(子弟共)
申込要領=名前、年令、職業(在学者は学校学年)、個人または団体の別、住所、電話、その他

競技は軟式国際ルールで行なわれ、優勝者(個人、団体とも)にはトロフィと賞状、副賞がある。また参加者全員に参加賞が予定されている。

参加料は個人五百円、団体二千円、締切りは四月三十日午後四時までに東京本部到着まで。

韓国と日本の関係に新視点

日本上古史(文定昌著)抜萃と解説

(3)

魏(ぎ)書は卑弥呼(ひみこ)女王の国都所在地である邪馬台(やまたい)国が、伊都

九州地方の倭国(2)

(いと)国すなわち今日の博多地方から東~南~東~南に行き投馬国に入り、さらに南に行くことなっているので、そのような地域は九州の南部地方であることが明らかであり、宮崎康平(『まぼろしの邪馬台国』の著者で、盲目の学者、訳者註)は邪馬台の国都を今日の熊本県八代地方だとした。

さらに魏書は「そのほかの旁国(属国)などは遠く離れており、詳細を得ることができなかった」とし、卑弥呼の国が二十九個の部族国家(省略、訳者)のほかに多数の小島嶼(とうしょ)の聚落(しゅうらく)国家をもっていたことを明白にした。

このような島嶼の小島嶼聚落国家は、日本書紀の神功摂政(せっしょう)前紀がいうところの「永称西藩」、すなわち対馬島内の「共所謂之三韓也。」(これいわゆる三つのカラクニなり)とあわせ、後日、日本書紀上の西藩、海外諸蕃となるのである。

今日、日本の一部史家たちはこの邪馬台国を、これより四百年後に新羅系卑弥子がうちたてた大和国、またはその二十三年後に百済人たちが建設した日本国と混同し、三者をすべて"ヤマト"と呼ぼうとしている。しかし明治時代の木村正辞は「邪馬台(やまたい)を日本(やまと)と同一に扱おうとすることはおかしい」と述べている。

(四)狗奴(くな)国は卑弥呼のくにの南方に位置しているとして、魏書倭人伝は「この女王の境界尽くるところ、その南に狗奴国あり、男子を王となす。その官に狗あり、古制の卑弥呼女王に属さず。」としてあるので、これは六畜の名をその官名とする夫余国人たちを連想させる。

さらにまた、狗奴国は、その王の名を「卑弥弓呼(ひみここ)」だとしているので、これは卑弥呼女王のくにと一しょに忠清南道稷山地方に位置していた馬韓五十四カ国中の卑弥国、それとの連関性如何を想像させる。

魏の滅亡は神功記の終り

邪馬台の記録の終りに合わず

日本書紀と大日本年表によれば、神功=卑弥呼のくにの歴史活動は、神功の名のもとにその六十九年(二六九年)をもって終っているが、このとき中国の歴史もまた変遷(へんせん)して魏が亡び司馬氏の晋が登場した。そうした関係上晋書はただ単に後漢書と魏書倭人伝などを抜粋して次の要旨の「四夷東夷倭人」を訳した。

「倭人が帯方東南大海中にある……むかし百の小国が相接していたし、魏の時代にいたり三十余国があって、その戸七万である。

男子は大小を問わず、すべて顔に刺字(いれずみ)するが、皮ふを針で刺し墨汁で画を書く。

むかし夏のくに小康(第六代BC二千年ごろ。著者)の息子は会稽(今の江蘇省紹興県地方)に封されたが、断髪、文身(いれずみ)して蛟竜(こうりゅう)の害を避けた。

(註者註　蛟竜は一名おろちともいう。竜になりかけてなりそこなって水中に住む大へびで、二種類ある。一つは黒色で長さ九尺に達し、ほかの一つは少し小さい黄色のもので、中国の江蘇ら浙江地方に多かったという。)

今倭人は水にもぐって魚をとることをよくしまた文身で水中動物の害を防ぐ、その里程を推しはかるとおおよそ会稽(浙江省)東冶(とうや・福建省)の東に該当する。

男子は横幅すなわち横に広い布を衣服とするが、ただともに連ねて結束するだけ、着るというほどではない。

註(著者)日本国には明治時代まで横幅の腰巻があった。

婦人は一重の衣服を着るが、一カ所に穴をあけて頭を入れてかぶる。みんな髪をばらばらにし、はだしで歩く。

稲とからむし(苧)とあさ(麻)を植え、桑を育て蚕に喰わせはたおりする。ここには牛も馬もなく、刀、槍、弓、矢があり、鉄のやじりをつける。死ねば棺(かん)があり、槨(かく、外棺)はない。土を盛って塚とする。暦(こよみ)と四季を知らず、ただ秋の収穫のときをもって年紀とする。」

(つづく)

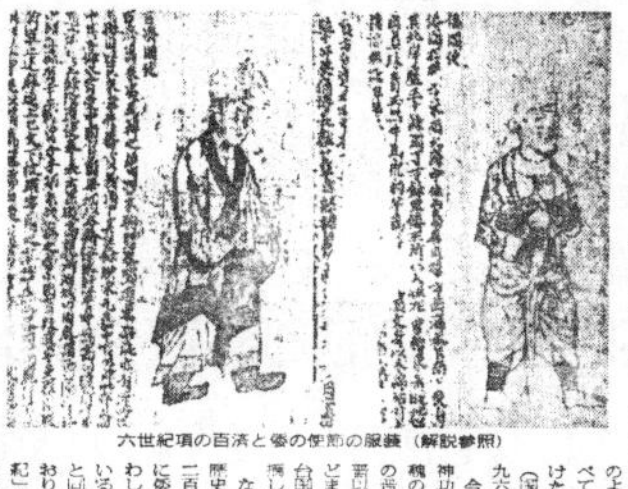

六世紀頃の百済と倭の使節の服装(解説参照)

解説　今回のさし絵は倭人と百済人の服装が余りにも差がありすぎるとして、日本人学者の中に「日本最古の服装」だとか「ふに落ちない」とかという「アレルギー症」をおこさせている絵で、中国の学者「金維諾」氏が一九六〇年に「文物」という北京の雑誌に発表したものである。原本の実物は「南京博物館」にあるそうだ。絵そのものは北宋(ほくそう)の「職貢図」という写本だが、絵の画き方から見て、梁(りょう)の元帝(げんてい)が画いたものであろうといわれており、元帝がまた今子であった頃、荊州(けいしゅう)に刺史(し)し、[illegible]さしずめ、[illegible]と朝貢を持たせ[illegible]ていたとき(五二六―五[illegible])[illegible]その地方に来た三十五ほどの外国の使節を、自から解説を入れて人物を写したものとされている。百済の使節は冠(かんむり)をつけ、クツをはいており、衣服もととのっているが、倭の使節は「はだし」で、頭には頭布(ずきん)のような物をかぶり、衣服はすべて一枚の布を巻いてくくりつけただけの姿となっている。(国立国会図書館の「文物」一九六〇年第七期より)。

今回のポイントは日本書紀の神功説が終った年代が、中国書魏の亡びた年代であり、その後の晋(しん)は邪馬台の記録を晋以前の書物から抜粋したにとどまり、神功記の終りが、邪馬台国の記録の終りでもあると指摘している。

なお、中央公論社刊「日本の歴史」(全二十九巻)の第一巻二百五十ページでは「二二六年に倭の女王が使者を遣(つか)わして朝貢したことが記されている。この女王はおそらく卑弥呼と同一人であろう云々」としており、岩波書店版の「日本書紀」神功紀の註には「書紀は、この倭女王(二二六年に晋に朝貢した)も卑弥呼その人と考えたのであろうと思われ、そこで卑弥呼すなわち神功皇后とみなしていた書紀は、皇后の死をこの年のあと(魏が亡んで晋が興った[illegible])におくことにしたのであろう」と述べている。

(金元鎬記者)

望郷

洪萬基

異国의 病床에 홀로 누워서
죽음을 앞에 두고
故郷이 한없이 그리워
눈물 번지며
설음 벅차오른다.
× × ×
五十 平生
山설고 물다른
그야말로 "他郷살이 몇해련가"
路傍의 雜草처럼
짓밟힌 放浪生活.
× × ×
이몸이 죽어서
火葬터에
이글이글 타나은
내 白骨엔
故土란 두글字
龜裂되어 새겨있으리라.

亡兄を偲ぶ

神童と噂された少年時代

晩年は失意と傷心を酒で慰め

遺族は望外の光栄に感謝

洪萬基氏

三月二三日、兄(洪賢基)の民団葬があると聞いて気が重かった。病上りで、足腰のフラつくせいもあったが、それよりも遺族一同またみじめな姿を大勢の会葬者の前に晒すのかと思うと、やはり気が滅入った。

三年の告別式のときも、皆さまからお世話になったばかりである。殊に旧建青の幹部有志、その他いろいろ尽していただいた大勢の方達には、終生頭があがらないような気がした。

民団葬では李澔駐日韓国特命全権大使、金正柱民団々長、以下幾人もの方から有難い弔詞を賜わり、万感胸に迫るものがあった。勲章も戴き望外の光栄であるが、それはともかく故人でさへ、自分の葬式がかくも盛大なものであろうとは夢にも思わなかったであろう。もし生きていて、これを見たならばどんなに喜んだであろうかと思う。それのみがこころ残りである。

故人の晩年は皆様ご存知の通り、精神を逸して惨を極めた。

失意傷心の挙句、酒乱の気味があり、閉口した方も多いと思われる。そのような兄であっても、不帰の客となってみればやはり淋然と寂しい。

不器用な生き方しかできなかった故人をしっている人は、あるいは意外と思うであろうが、僕はフト若い頃の兄を憶うことがある。

少年時代の彼は輝しいものであった。小、中学校とも全甲の首席で通し、神童と噂されて衆望をあつめた程である。青年時代も、いまの消防術に相当する交易営団の専務としてその印刷をひきうけていたし、山梨に疎開していた東亜産業なる軍需工場などを経営していた頃は、覇気に満ちた少壮実業家の趣きがあった。おそらく、実業家としてそのまま通したならば、きっと大成していたであろう。その彼もいまは、皆さまのおかげで高尾山の墓地に納骨され、永遠の眠りに就いたのである。

何はともあれ、人間の寿命ほど儚ないものはない。わが国の諺に人生あたかも白駒の隙が如し、というように、皆さまの身近にもこの祖国であえなく最期をとげた方が十指にあまるであろう。人生到る処に青山あり……。

私事を語すようで恐縮であるが、兄の死後救急車で担ぎこまれ三ケ月程入院した。医者がサジを投げだす程の重症で、このような昏迷の渦中にもなにか執念のようにこみあげるものがあった。無性に生れ故郷がなつかしい。寸心矢の如し。

走馬灯のように脳裡を掠める、あの山、この川。僕はふるさと恋しさに泪もなく、熱い涙を流していた。それは悔恨ともつかない深い悲しみである。そのとき、こころに刻んだのが、「望郷」と題する拙い詩であった。これを敢えて本欄に記すのは、よしあしはともかく、たとへそれがどんな国であろうとも、自分の祖国は祖国、各々の生れ故郷はかけがえのない母なる大地だからである。

最近、所要のついでに早稲田大学の構内を消遥した。兄に連れられて日本へ渡って来たころ第一歩をしるしたのが、この大学の時計台の下であったからである。

「どうだ、立派なものだろう?……。」

あのときの兄の声が、いまでも耳にきこえてくるような気がした。

時計台も昔そのままであり、大隈侯の銅像も、大学構内の並木路もあの頃と変らない。僕は正門から裏門へ抜けきった石段に坐って昔を偲んだ。あのときの兄はいまはなく、紅顔の美少年であった僕の面影もいまいづこ。少年老い易く、学成り難たし。頭も白く、病軀をおさえながら、うらぶれた姿でしゃがみこんでいた。ながい歳月の想いにふけっていたのである。諸行無常、人生とはかくもむなしい。

年々歳々　花相い似たり
歳々年々　人同じからず
言を寄す　全盛の紅顔子
応に憐れむべし　半死の白頭翁を……。

活気浴びた杉並支部

国語講習会で祖国観植えつけ

和気あいあいの花見行事も

金在根団長

民団杉並支部(金在根団長)では、さる三月二十八日の婦人会定期総会、四月一日の花見と行事がつづき、近来にない活気を見せている。

杉並支部は、李敦儀前団長の財政上の不正と本国への永住帰国、それにともなう臨時総会での役員改選につづいて、支部内に混乱が見られたが、昨年九月十七日の臨時総会で金在根団長が就任して以来、支部内の人心収拾と財政建直しなど、文字通りの苦難がつづいた。

その後三機関の緊密な協力のもと、昨年の暮れからようやく、前団長にかかわる財政上の穴を埋め団員間の親睦と団結もさらに深まって難関を突破し、今年に入ってからは旧に倍する活気を見せてきた。

内容的には、財政問題の解決、婦人会を中心とする青少年の育成週一回の国語講習会(尹鶴徳氏担当)青少年の空手指導などでにぎやかな様子を見せ、最近では東京本部によるセマウル運動に対する協力などで、地道ながら光った存在ぶりを示している。特に新陣容の婦人会員と青少年を含めた国語講習会などで、今後の活動が期待されている。

なお、四月一日の花見は城ケ島をまわったあと、当支部金秉会副団長の油壷別荘で、約七十人の団員が楽しい一日をすごした。

会長に南淑姫氏

婦人会杉並支部定期総会ひらく

南淑姫新任会長

徐甲蓮前任会長

婦人会杉並支部では、さる三月二十八日民団杉並支部会議室において、第九回定期総会を開催した。

徐甲蓮前会長による活動報告と会計報告を中心とした組織拡大、青少年の育成、国語講習会開催、民団に対する積極的協力などの活動方針をきめたあと、徐前会長の三年余にわたる功労をねぎらって記念品を贈呈したあと、南淑姫氏(金秉会副団長夫人)を新会長にえらび、次のような新役員を選定した。

▼会長=南淑姫
▼副会長=鄭英淑、金梅子
▼監査=徐甲蓮、金貞達
▼顧問=朴碩兵、崔末香
▼総務　崔栄子
▼〃　(未定)
▼組織　李泰子
▼文化　金玉子
▼宣伝　宋栄子
▼民生　金英子

金允中KPI社長

南北赤十字平壌会談報告会

17日、東京商銀で

金允中社長

さる三月二十一、二日、ペンヤンで開かれた「第六次南北赤十字本会談」に、唯一の在日韓国人記者として随行した金允中KPI通信社長の「南北赤十字平壌会談報告会」が、きたる十七日(火)午後一時から、東京都新宿区の東京商銀七階会議室で行なわれることになった。

この報告会では、金記者がペンヤンで自ら撮影した八ミリフィルムと、テープ録音を参考に供しながら、約二時間にわたって説明がなされる予定である。

「科学する心」の培養
その創造的精神と能力

＝元ソウル大総長　崔　奎　南＝

韓国ではいま「全国民の科学化」を目指して大きな運動が展開されつつある。このため全国の教育者が去る二十三日と二十四日、全州の全北体育館に集まって、維新課業の遂行その他について実施の方策を検討した。このとき朴大統領は政府が蔚山工業センターよりもずっと大規模の工業地区を六つ増設する予定だと明らかにし「この工業地区に必要な有資格技術者は八十万人にのぼるが、こんご国力の基本となる重化学工業において〝国民の科学化〟が重要である」と述べ、さらに「いま韓国民が挙げて目指している農村の画期的発展、重化学工業の育成、輸出の大幅増大——などはすべて科学と技術振興の後ろだてを必要とするものだ」と語った。なお、次の論文はこの「全国民の科学化」教育者大会に提出された論文のうちの代表的なものである。

▽民族存亡の岐路は科学的創造

韓国の西方には強大な漢民族がひかえており次々に強国を建てていたが、一方東方には侵略的な日本があった。すなわち韓国の歴史は外憂の絶え間なき連続であったにもかかわらず、韓国は亡びることもなく他民族に吸収されることもなしに、韓国の言語と文化をずっと継承してきたのである。

この底力となったものは、やはり何といっても韓民族が創造的精神に富んでいたこと、創造的能力にたけていたことによる創造的業績であった。

創造的精神と能力——それはすなわち科学する心と科学的技術的能力に他ならない。そうした科学性が韓民族の歴史を支えてきたのであるが、次に、韓国の歴史の中に現われた創造的業績をひもといてみよう。

韓国の歴史をふりかえりみて、最大の創造は何だったかというと世宗大王のハングル（十の母音と十四の子音からなる韓国固有の表音文字）だといえる。このハングルゆえに韓国の言語を後世にまで語り継ぐことができたのだし、従ってその文化も継承することができたのだ。従って、もしハングルがなかったら韓民族はこの地球上にのこってはいなかったかも知れないのだ。

かって強大な国を建てた女真族がなぜ、今日までその文化と言語を持ちこたえてくることができなかったのか。それらはかれらの文字が蒙古文字と漢字の模倣からつくられたものだったからだ。歴史的に民族の存亡をみると、存続し栄えている民族は独自の創造的精神によって形成した文化を持ち続けている。一方、他から伝授されたり模倣の文化をもった民族の多くは消えている。

そこで、われわれは民族存亡の岐路はその民族が創造的精神と科学的創造能力を持つか否かにあるのではないかと考える。

▽高度の造船技術や印刷術

韓民族が世界に誇りうる科学的創造の亀鑑は忠武公李舜臣の業績にみることができる。韓国は三国時代と高麗時代にはかなり高度の造船技術を持っていた。しかし、李氏朝鮮時代にはこれがほとんど衰退の様相を呈していた。そうした時代に李舜臣将軍は卓越した創意力を用いて世界最初の鉄製亀甲船を造った。李舜臣はすべてを科学的に考察したが、とくに豊臣秀吉の侵略軍を退けるのにも大いに科学の精神と能力を発揮、南海の港湾と海峡の潮流を科学的に調査し戦術的に利用した。

次に韓民族のすぐれた印刷術が他にさきがけて発明されたことも世界、人類の文化に貢献した。高麗時代に製作された金属活字は活字の祖グーテンベルクより二百余年も前のことである。この事実は明らかに韓民族の輝ける科学的業績のうちの一つである。

また高麗青磁は周知のように工芸の先祖であり、また、新羅の瞻星台（慶尚北道慶州にあり新羅時代に天文観測に使った。六四七年）は東洋最古の天文台として知られている。さらに千二百年余り前にすでに高度の金属工業技術が発達していたことの産物の一つとしてエミーレの鐘は名高い。なお医学も早くから進んでおり、宣祖のとき、許浚などが東洋医学を集大成した東医宝鑑などはわが先祖たちの輝ける科学的偉業である。

わが祖先たちは上述したように科学的な業績を積み、重ね、優秀な創造的能力を発揮したにもかかわらず、今日のわれわれはむしろ科学的に後進圏の仲間にはいる。それがなぜなのか——については深く反省する必要がある。

▽儒教思想とシャーマニズムの弊害

国民生活の底力は国力飛躍のもとになる。そこでわれわれの生活をいまいっそう合理化、科学化する必要があるのだが、いつのころからわれわれの生活が非科学的になったのか、これについて少し考えてみよう。

それは李朝時代に韓国国民の日常生活にしみこんだ儒教思想とシャーマニズムの残滓が科学的進歩と発展を阻害したからだ。世界の先進国はいま科学技術の爆発的進歩の中にあるといえるが、このような時代に至ってまで、韓国では農科や工科、理科よりも文科、法科などの方が尊ばれており、いまだに占いで生活の方針をきめている者さえいる。こうした不合理の前時代的生活様式が科学技術を停滞させたのである。

また、学校では科学の実験、実習を教室内だけのものとするきらいがあり、教育と社会は分離し、科学と生活は空転してきた。

そこで、いまこそ、われわれの科学する心、科学への行動はコペルニクス的転換をしなければ、到底、現代の科学進歩には追っつかないわけだ。だいたい、われわれの科学文化が大きく衰退した理由は過去の為政者たちの誤った指導理念にあった。

▽基礎科学教育の重要性と技術振興

かっての為政者は創造能力のある者たちに対して、これを伸ばし助長させるような措置や条件を与えなかっただけではない。むしろ創造能力にひいでた技術者たちを工匠と呼んでさげすみ、社会で重要でない部分に所属させた。その反面、もっともらしい理念を掲げたり、詩の一つも書くという者には立身出世の道が開けたのである。

サバクにバラの花は咲かないし、またピアノのないところからピアニストは生まれない理屈のとおり「科学する心」はいくら口でこれをたたえても、ひょっこり出てくるものではない。科学者を育成するにはその栄養素と下地が必要であり、これは国内で提供しなければならないものである。科学の研究に必要な施設と、その心がけがなければ有能な科学者の輩出は期待できないだろう。

とくに「科学する心」は公正、不偏の思想でもあり、また、ものごとに肉迫して〝理致〟を摘り出す姿勢でもあり、生活の重要な基礎にもなりうるものである。

最後に、基礎科学教育の重要性について述べよう。基礎科学はいろいろの分野で応用され、実用化される。たとえば資源開発、交通通信、生産拡充、保健衛生、衣食住の生活面などに広く科学の成果は顔をのぞかせるものである。そこで科学技術の振興はその〝根〟の部分にあたるから、これは大いに培養しなければならない。科学技術の振興こそ科学発展のもとである。

▽国民全体が「科学する心」を

基礎科学は創意力と応用力の源泉である。従って基礎科学の積極的振興は重要なことである。豊饒の実りがよく肥えた土壌の上にあるように、立派な科学の成果は国民の大多数が科学する心を持つという土壌に咲く花である。

国民全体の科学する力がじゅうぶんでないと、その国の科学は国力としての力を発揮することができないだろうと思われる。従って基礎科学の普及を図り、大衆に科学的教育をほどこすことこそ科学振興の根本問題だといえる。

新羅時代の金銅造り弥勒菩薩半跏思惟像（ソウル国立博物館所蔵）

チベットへの仏教伝播は韓国人
——東大山口教授が発表——

チベットに仏教を伝えた人物が韓国人であったことが、最近一日本文学者の研究の結果明らかにされた。

東京大学でチベット史学を教えている山口瑞鳳教授は、このほど刊行される予定の在日韓国人留学生仏教研究誌「新韓仏教研究」創刊号への寄稿論文において、このような事実を明らかにして関心を集めている。

同研究誌の編集人である蔡印幻和尚が「仏教新聞」に知らせてきた消息によると、山口教授は、チベット仏教に関する記録を収録したバシェと、その内容の一部をふくめている十六世紀の史書「学者の宴」を分析、このような事実をつかんだという。バシェは敦煌をのぞいては、チベットでは最古本として伝えられてきたものである。

同文献の記録によると、九世紀初めに唐からチベットに嫁入りしてきた金城姫が仏像を持参し、その夫であるチソテツエン王の父チデクツエン王（西紀七〇四～七五四）が晩年に、ガルゲン・サンシという人物を唐に派遣して仏教の導入を試図し、このとき、韓国人の僧侶金和尚がチベットに仏教を教え、仏典を伝えたと記されてあるという。

もちろんそれに先立ち七世紀中期にチベット人たちは初めて仏教に接した。当時唐から王妃として輿入れしてきた文成姫とネパールから来たチッソ王妃が、ともに仏教信者であったので、チベットに来るとき護身仏を持参し、礼拝用の仏堂を建てたりした。その後金城姫も仏像をもって来て礼拝する風習がおきはじめるや、それまで古くから伝わるチベット固有信仰の信者たちが排仏運動をおこし、仏教は最初の迫害に会った。

従って、本格的な仏教導入とその公認は、金和尚とガルゲン・サンシの手でもたらされたという説明である。

▽韓国人とは知らなかった

山口教授が論文に引用したこの古い記録には、ガルゲン・サンシが中国に行ったとき、唐の玄宗は紺紙に金泥で書いた一千巻の経典を授け、益州の都にある「驚くべき霊感の持ち主であった僧」金和尚に教えを乞うよう指示したという。

新羅の僧として成都の浄衆寺にいた無相・金和尚（六八〇―七五六年）は、ガルゲン・サンシに三種の経典すなわち「十善経」「能断金剛経」「稲芋経」を与え、次のチソンテエン王の時代になって、まず王を教化し、そのあとで仏法を広めるよう教えた。

サンシはチベットに帰って、金和尚の指示どおり、また幼い王子が成長して王位を継ぐまで、持ち帰った経典をそっくりチンプの洞の中に埋めておいた。

チソンテツエンが成人して王位を継ぎ、老子の教えすなわち「道教」をもって国の基本にしようとしたとき、大臣であったサンシは埋めておいた経典を掘り出して王を教化、仏教を信ずることにより国が興隆するだろうと論じた。王はよろこんで経典を読み、仏教を公認するにいたった。

山口教授は、このような記録を全面的に信ずることはできないとしても、八世紀チベットで信仰した仏教が上述の三経典を中心としたものであり、年代からみて金和尚とチソンテツエン以前のサンシの求道が一致するため、金和尚の伝道は信ずるに足りると解釈している。

チベットの知識人は金和尚の話をよく知ってはいるが、彼が韓国人であったことは知らないし、一方、韓国人たちは浄衆寺の無相和尚すなわち海東大師のことはよく知っていながら、彼がチベット仏教の布教にこのような重要な役割を果したことは知らないでいると山口教授は指摘している。

特に、このほどパリ国立図書館の敦煌文書で新しく明らかにされた金和尚の教理問答書も国内の関心を集めているおりから、一日本人学者の彼の業績再評価は、わが学界に少なからぬ刺激を与えている。

行李（華角張）　　毎日新聞『李朝の美―民芸』から

崔永璇氏死去
四月中旬追悼式準備

正民会々長崔[illegible]氏の厳親永璇公（八二）は、老衰のため、去る十六日午後六時四十分、忠南扶余郡外山面萬山里自宅にて永眠された。崔氏は告別式に参礼、二十七日帰日した。四月中旬有志らの発議で追悼式を準備中。

林慶業将軍傳（五）

訳　洪　相　圭
編　八　東　周　吉

たとえ幸いにもこのような大患を免れたとしても、王国の体面を傷つけ、東海礼儀国の品位を損ねる陥穴は、幾らでも口をあけていたのである。それで重責に任せられた李時白は色々と考えてみた。

「尚武の気風が頓に措かれたわが国であるが、大国に使臣として赴くときには、知勇に秀れた武臣を伴なって行くべきだ。いつ、いかなることが起こらぬともかぎらないから……」

と心を固めた兵曹判書は聖上の上意をお伺いした。

「臣、李時白謹んで聖上殿下に申し上げまする。今回、大国入朝の上使の重責をお授けくだされましたのは、まことに身のあまる光栄でありますれば、臣は白髪の頭に換えても使命を完うする決意でございます。なれど大国の朝廷の動きを詳らかに知りませぬから、知勇兼備の武臣ひとりを連れて行くのが、万一の場合に備える心がまえではないかと思います」

主上もこの話を聞かれ、尤もなことであると同意なさった。

「卿は、いつもながら万々に遺漏なく、心強いかぎりじゃ。心当たりの武将がいるかな？」

「はあ、さっそくのお許しをくだされまして、有難き仕あわせに存じまする。臣が白羽の矢を立てたひとりの者がおりまする。他の者でもございません、間城大将山城の中軍、林慶業であります」

「おう。あの者か。若年ではあるが、あの者なら大国に行っても心配はあるまい。卿の眼識に叶うほどの人物だからのう、よきに計らえ」

と、ご決断なされた。[illegible]

別れに臨んで、ささやかな宴を設けて、部下をいたわり、別れを惜しんだ。

「もう少し長くおって、諸将卒の少しの助けにでもなればと思ったが、にわかに、王命を受けて発つことになった。なすことなくて去る不徳を許せよ」

と、ねんごろにいえば、白馬江軍営の別離の場面と同じような光景と話が繰り返された。去る者、留まる者が等しく別れを惜しんでいたが、中軍はついに袂をはらって王都に発った。

京に着いた慶業は、まず、報告と新任地の問合わせかたがた兵曹判書のご機嫌伺いに出た。待たされることなく、すぐに案内された慶業は、いつもながら自分を愛してくれる長知己に、衷心からの挨拶を述べた。

「慶業、ご身体のご壮健祝わしきを拝し、大慶至極に存じまする」

いつくしみが満ち溢れている温顔で迎えた判書は、[illegible]ながら、

「これ、これ、そちの口も[illegible]ったようじゃのう。まだ、ご老体といわれる柄ではあるまい。今から一働きと思っている矢先に、棺桶に片足突っ込んだ人のように言われては堪らんわい。身は老いていても、心老いずのやせ我慢かな？は、は、は」

「はあ、いつもながら、お元気で、なによりでございます。してこんどは……」

「うむ、このたび予は、謝明上使の大任を授かったのだが、同行してくれる者が見当たらないので、その方に白羽の矢を立ててお上のお許しを得たが、そちにはご不服かな？」

と判書が穏やかに話した。慶業は座布団をすべりおりて、平伏しながら答えた。

「滅相もございませぬ。使い道のない不肖めが国恩に報ずるためには、[illegible]命をも厭わぬつもりでございます。そして判書さまに従って中原に行きますのは、本人の本懐とするところでございます。後学のためともなりましょうものを、なんで犬馬の労を厭いましょう」

「さっそくに承知してくれてかたじけない。お上に拝謁を賜わることとしようぞ」

同道参内して主上の前に拝伏すれば、主上も大いに満足のごようすであった。

「その方を使臣のひとりと選って推すので、朝廷ではその議を決した。使臣一同は水陸千里の行路、身を大事にして恙なく行ってくるよう頼み置くぞ」

と、一行に懇ろな、おことばまで賜わった。

陸路も険しいが、それより何倍か困難が伴う水路が、数百里に連なるから、特に、両京に赴くことは、殆んど生還を期し難い壮途とみられるおもむきがあった。上使の李時白をはじめ、使臣の一行が家族・近親と手をとりあって泣きながら別れを惜しんでいたが、慶業だけはそんな愁嘆場を平然と横目でみながら、涙一つみせず、隣の家に遊びにでも行くような顔つきであった。九月の始めに出発して色々な辛酸をなめたはてに、ついに、大明国の天下のお膝下に着いた。流石に天下の都だけあって、人情風俗が美しく、見るものとして目を見張らせないものはなかった。

上使李時白は明帝に拝謁を賜わり、朝貢を納めた。明帝もことのほかに喜ばれ、使臣を特に優遇するようにいいつけられた。

ちょうどこのときに、北辺の胡狄が、頭を侵しては掠め、掠めては侵すので、ついに自ら[illegible]胡国は、明国の都に使節を送ってきた。

本国での各種行事は

必ず事前報告を

中央で便宜供与

▽…民団中央本部組織局（姜学文局長）では、本国で展開している…△
▽…セマウル運動、姉妹結縁、研修会などの各種行事は、事前に組…△
▽…織局に必ず報告するよう各地方本部に望んでいる。…△

同局では、本国で展開する各種行事の事前報告をとり、駐日大使館を初め、民団本国事務所および関係当局と緊密な連絡を展開して所期の目的を達成するよういろんな便宜を与えるなどの援助を惜しまないことを明らかにしている。事前報告要領はつぎの通り。一、行事名称　二、趣旨　三、目的　四、人員数　五、実施期間　六、其他。

チエミの春香伝

新宿コマで絶讃上演中

右から松方弘樹、江利チエミ、清川虹子（求婚の場）㊤中央が松方弘樹の暗行御史・李夢竜㊦

李朝十八世紀の最高傑作、韓国古典ロマンの「春香伝」が、江利チエミの春香役で、四月一日から東京・新宿のコマ・スタジアムで開幕した。江利チエミのような日本のトップシンガーが春香を演じるミュージカルは日本で初めての試みであり、早くからその興行的価値が注目されていた。

春香伝は、世界のロマンの中でも、例えば「シェークスピア」物のような悲劇物でなく、最後にはハッピーエンドで大団円を迎えるという勧善懲悪の典型で、観客が救われる思いでフィナーレとなるものである。

コマ・スタジアムは、初日早々から満席となり、観客は「ミュージカル」とはいいながら、春香が卞使道に虐待される場面では涙をこらえ切れず泣き出すほど、コマ側が「世界の恋の物語り」というサブタイトルを付けたネライもこの辺にあるとのことだ。

江利チエミは「私が今までコマで演じた中で、この春香伝ぐらい力のはいった拍手をいただいた憶えはありません。初日から満席で、春香を演じるのに張合いがあることをつくづく感じました。ある芸能記者が私に"江利チエミのコマ物のビッグスリーにはいることは間違いない"といってくれているので、ラク日までが楽しみです。それに、必ず大阪のコマにも持って行きたいと思います」と語っている。

なお、大阪のファンの女性が多勢わざわざ「チマ・チョゴリ」を新調して生まれてはじめて韓国人スタイルになったと喜びながら客席の中をデモンストレーションしているのが印象的であった。

韓国と日本の関係に新視点

日本上古史（文定昌著）抜萃と解説　(3)

九州地方の倭国 (2)

「魏の滅亡は神功記の終り　邪馬台の記録の終りに合わず」

魏（志）書は卑弥呼（ひみこ）女王の国都所在地である邪馬台（やまたい）国が、伊都（いと）国すなわち今日の博多地方から東～南～東～南に行き投馬国に入り、さらに南に行くことなっているので、そのような地域は九州の南部地方であることが明らかであり、宮崎康平（"まぼろしの邪馬台国"の著者で、盲目の学者、訳者註）は邪馬台の国都を今日の熊本県八代地方だとした。

さらに魏書は「そのほかの傍国（倭国）などは遠く離れており、詳細を付けることができなかった」とし、卑弥呼の国が二十九個の部族国家（省略、訳者）のほかに多数の小島嶼（とうしょ）の聚落（しゅうらく）国家をもっていたことを明白にした。

このような弥諸の小島嶼聚落国家は、日本書紀の神功摂政（せっしょう）所がいうところの「永和西蕃」、すなわち対馬島内の「是所謂之三韓也。」（これいわゆる三つのカラクニなり）とあわせ、後日、日本書紀上の西蕃、海外諸蕃となるのである。

今日、日本の一部史家たちはこの邪馬台国を、これより四百年後に新羅が半島を統一したてた大和国、またはその二十三年後に百済人たちが形成した日本国と混同し、三者をすべて"ヤマト"と呼ぼうとしている。しかし明治時代の木村正辞は「邪馬台（やまたい）を日本（やまと）と同一に扱おうとすることはおかしい」と述べている。

（四）狗奴（くな）国は卑弥呼のくにの南方に位置しているとして、魏書倭人伝は「この女王の境界尽くるところ、その南に狗奴国あり、男子を王となす。その官に狗あり、古制の卑弥呼女王に属さず。」としてあるので、これは大斉の名をその官名とする夫余国人たちを連想させる。

さらにまた、狗奴国は、その王の名を「卑弥弓呼（ひみここ）」だとしているので、これは卑弥呼女王のくにと一しょに忠清南道槐山地方に位置していた馬韓五十四カ国中の卑弥国、それとの連関性如何を想像させる。

日本書紀と大日本年表によれば、神功＝卑弥呼のくにの歴史活動は、神功の名のもとにその六十九年（二六九年）をもって終っているが、このとき中国の歴史もまた変遷（へんせん）して魏が亡び司馬氏の晋が登場した。そうした関係上書紀はただ単に後漢書と魏書倭人伝などを抜粋して次の要旨の「四夷東夷倭人」を訳した。

「倭人が帯方東南大海中にある……むかし百の小国が相接していたし、魏の時代にいたり三十余国があって、その戸七万である。

男子は大小を問わず、すべて顔に刺字（いれずみ）するが、皮ふを針で刺し墨汁で画を書く。

むかし夏のくに小康（第六代BC二千年ごろ。再者）の息子は会稽（今の江蘇省紹興県地方）に封されたが、断髪、文身（いれずみ）して蛟竜（こうりゅう）の害を避けた。

（註著者蛟竜は一名おろちともいう。竜になりかけてなりそこなって水中に住む大へびで、二種類ある。一つは黒色で長さ九尺に達し、ほかの一つは少し小さい黄色のもので、中国の江蘇ら浙江地方に多かったという。）

今倭人は水にもぐって魚をとることをよくしまた文身で水中動物の害を防ぐ、その里程を推しはかるとおおよそ会稽（浙江省）東冶（とうや・福建省）の東に該当する。

男子は横幅すなわち横に広い布を衣服とするが、ただともに連ねて結束するだけ、縫うというほどではない。

註（訳者）日本国には明治時代まで横幅の服装があった。

婦人は一重の衣服を着るが、一カ所に穴をあけて頭を入れてかぶる。みんな髪をばらばらにし、はだしで歩く。

稲とからむし（紵）とあさ（麻）を植え、桑を育て蚕に喰わせはたおりする。ここには牛も馬もなく、刀、楯、弓、矢があり、鉄のやじりをつける。死ねば棺（かん）があり、槨（かく、外棺）はない。土を盛って塚とする。喪（こもり）と四季を知らず、ただ秋の収穫のときをもって年紀とする。」

（つづく）

六世紀項の百済と倭の使節の服装（解説参照）

解説　今回のさし絵は倭人と百済人の服装が余りにも差がありすぎるとして、日本人学者の中に「日本鉄古の服装」だとか「ふに落ちない」とかという「アレルギー症」をおこさせている絵で、中国の学者「金維諾」氏が一九六〇年に「文物」という北京の雑誌に発表したものである。原本の実物は「南京博物館」にあるそうだ。絵そのものは北宋（ほくそう）の「職貢図」という写本だが、絵の画き方から見て、梁（りょう）の元帝（げんてい）が画いたものであろうといわれており、元帝がまだ子であったお、荊州（けいしゅう）に刺史（し）[illegible]ていた時（五二六―五三九年）、その地方に来た三十五ほどの外国の使節を、自から解説を入れて人物を写したものとされている。百済の使節は冠（かんむり）をつけ、クツをはいており、衣服もととのっているが、倭の使節は「はだし」で、頭には頭布（ずきん）のような物をかぶり、衣服はすべて一枚の布を巻いてくくりつけただけの姿となっている。（国立国会図書館の「文物」一九六〇年第七期より）。

今回のポイントは日本書紀の神功説が終った年代が、中国書魏の亡びた年代であり、その後の晋（しん）は邪馬台の記録を晋以前の書物から抜粋したにとどまり、神功記の終りが、邪馬台国の記録の終りでもあると指摘している。

なお、中央公論社刊「日本の歴史」（全二十九巻）の第一巻二百五十ページでは「二二六年に倭の女王が使者を遣（つか）わして朝貢したことが記されている。この女王はおそらく卑弥呼と同一人であろう」としており、岩波書店版「日本書紀」神功紀の註には「魏紀は、この倭女王（二二六年に魏に朝貢した）も卑弥呼その人と考えたのであろうと思われ、そこで魏志すなわち神功皇后とみなして、書紀は、皇后の死をこの年のあと（魏が亡んで晋が興った……）におくことにしたのであろう」と述べている。

（金元卓記者）

韓国人卓球大会

五月六日　民団東本主催でひらく

民団東京本部（鄭東淳団長）では、きたる五月六日に、東京本部管下の団員の「第一回韓国人卓球選手権大会」を開くことになった。要領は次のとおりであるが、希望者は民団東京本部文教部（電話八一五―六五二一～二）に問い合せること。

大会名称＝第一回韓国人卓球選手権大会
日時＝七三年五月六日（日）午前十時
場所＝東京都中野区民体育館
参加資格＝民団団員（子弟共）
申込要領＝名前、年令、職業（在学者は学校学年）、個人または団体の別、住所、電話、その他

競技は軟式国際ルールで行なわれ、優勝者（個人、団体とも）にはトロフィと賞状、副賞がある。また参加者全員に参加賞が予定されている。

参加料は個人五百円、団体二千円、締切りは四月三十日午後四時までに東京本部到着まで。

崇義女専合唱団

「群響と協演」

NHK、フジ、NETにも出演

元、北韓の平壌にあって、長い伝統と歴史を誇るミッションスクール・崇義女子専門学校（朴賛一学長）の合唱団であるグリークラブ（張和淑教授指揮）が来日公演することになり、早くも同窓生家たちの間に大きな前人気を呼んでいる。

韓国有数の名門校である同校は今は、ソウルに移転してきており現在も相変らずスポーツ、舞踊、音楽などの英才をのばす情操教育がさかんであるが、このたびの来日は、群馬県高崎市で、名曲喫茶「あすなろ」を経営している楽沐郁氏の肝入りで、有名なアマチュア交響楽団である群響が一行三十二名を正式招請したもの。十日来日し、十一日のフジテレビ（三時のあなた）出演を皮切りに、十六日群馬音楽センターにおける群響定期演奏会での協演、四月二十二日六時からのNHK「歌はともだち」、NETのモーニング・ショウ（日付未定）出演が既にきまっているが、そのスケジュールをぬって本社推せんにより、十七日午後一時から東京商銀ホール、二十一日までの間に東京韓国学校での交歓演奏会が予定されており、同胞たちの参観を希望している。

東京商銀で十七日に公演

（写真は熱演中の崇義合唱団）

活気浴びた杉並支部

国語講習会で祖国観植えつけ

和気あいあいの花見行事も

金在根団長

民団杉並支部（金在根団長）では、さる三月二十八日の婦人会定期総会、四月一日の花見と行事がつづき、近来にない活気を見せている。

杉並支部は、李敦儀前団長の財政上の不正と本国への永住帰国、それにともなう臨時総会での役員改選につづいて、支部内に混乱が見られたが、昨年九月十七日の臨時総会で金在根団長が就任して以来、支部内の人心収拾と財政建直しなど、文字通りの苦闘がつづいた。

その後三機関の緊密な協力のもと、昨年の暮れからようやく、前団長にかかわる財政上の穴を埋め団員間の親睦と団結もさらに深まって難関を突破し、今年に入ってからは日に倍する活気を見せてきた。

内容的には、財政問題の解決、婦人会を中心とする青少年の育成（尹副議長担当）青少年の空手指導などでにぎやかな様子を見せ、最近では東京本部によるセマウル運動に対する協力などで、地道ながら光った存在ぶりを示している。特に新陣容の婦人会員と青少年を含めた国語講習会などで、今後の活動が期待されている。

なお、四月一日の花見は城ケ島をまわったあと、当支部金奉会副団長の油壷別荘で、約七十人の団員が楽しい一日をすごした。

会長に南淑姫氏

婦人会杉並支部定期総会ひらく

南淑姫新任会長

徐畢蓮前任会長

婦人会杉並支部では、さる三月二十八日民団杉並支部会議室において、第九回定期総会を開催した。

徐畢蓮前会長による活動報告と会議報告を中心とした組織拡大、青少年の育成、国語講習会開催、民団に対する積極的協力などの活動方針をきめたあと、徐前会長の三年余にわたる功労をねぎらって記念品を贈呈したあと、南淑姫氏（金奉会副団長夫人）を新会長にえらび、次のような新役員を選定した。

▼会長＝南淑姫 ▼副会長＝鄭吉子、金梅子 ▼監査＝徐畢蓮、金敦連 ▼顧問＝朴硯氏、崔末香 ▼総務　崔栄子 ▼〃　（未定） ▼組織　李春子 ▼文化　金玉子 ▼宣伝　宋栄子 ▼民生　金英子

金允中KPI社長

南北赤十字平壌会談報告会

17日、東京商銀で

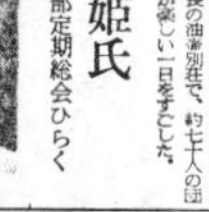

金允中社長

さる三月二十一、二日、ペンヤンで開かれた「第六次南北赤十字本会談」に、唯一の在日韓国人記者として随行した金允中KPI通信社長の「南北赤十字平壌会談報告会」が、きたる十七日（火）午後一時から、東京都新宿区の東京商銀七階会議室で行なわれることになった。

この報告会では、金記者がペンヤンで自ら撮影した八ミリフイルムと、テープ録音を参考に供しながら、約三時間にわたって説明がなされる予定である。

亡兄を偲ぶ

望郷　　洪萬基

異国의 病床에 홀로 누워서
죽음을 앞에 두고
故郷이 한없이 그리워
눈물 번지며
설음 벅차오른다.
×　×　×
五十 平生
山설고 물다른
그야말로
"他郷살이 몇해련가"
路傍의 雜草처럼
짓밟힌 放浪生活.
×　×　×
이몸이 죽어서
火葬터에
이글이글 타나온
내 白骨엔
故土란 두글자
亀裂되어 새겨있으리라.

神童と噂された少年時代

晩年は失意と傷心を酒で慰め

遺族は望外の光栄に感謝

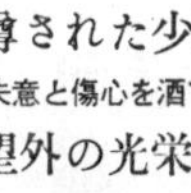

洪萬基氏

三月二十三日、兄（洪鍾基）の民団葬があると聞いて気が重かった。病上りで、足腰のフラつくせいもあったが、それよりも遺族一同またみじめな姿を大勢の会葬者の前に晒すのかと思うと、やはり気が滅入った。

去年の告別式のときも、皆さまからお世話になったばかりである。殊に旧知者の幹部有志、その他いろいろ尽していただいた大勢の方達には、誠生頭があがらないような気がした。

民団葬では李禧元駐日韓国特命全権大使、金正柱民団々長、以下幾人もの方から有難い弔詞を賜わり、万感胸に迫るものがあった。勲章も戴き望外の光栄であるが、それはともかく故人でさへ、自分の葬式がかくも盛大なものであろうとは夢にも思わなかったであろう。もし生きていて、これを見たならばどんなに喜んだであろうかと思う、それのみがこころ残りである。

故人の晩年は皆様ご存知の通り、事業に失敗して不満を極めた。

失意傷心の挙句、平凡の気味があり、閉口した方も多いと思われる。そのような兄であっても、不帰の客となってみればやはり悲しい。

不器用な生き方しかできなかった故人をしっている人は、あるいは意外と思うであろうが、僕はフト若い頃の兄を想うことがある。

少年時代の彼は輝しいものであった。小、中学校とも全甲の首席で通し、神童と噂されて衆望をあつめた程である。青年時代も、いまの通商省に相当する交易営団の専属としてその印刷をひきうけていたし、山梨に疎開していた東華精機な名物商工場なども経営していた頃は、覇気に満ちた少壮実業家の趣きがあった。おそらく、実業家としてそのまま通したならば、きっと大成していたであろう。その彼もいまは、皆さまのおかげで高尾山の霊地に納骨され、永遠の眠りに就いたのである。

何はともあれ、人間の寿命ほど儚いものはない。わが国の諺に人生あたかも浮雲の如し、というように、皆さまの身近にもこの祖国であえなく最期をとげた方が十指にあまるであろう。人生到る処に青山あり……。

私事を記すようで恐縮であるが、兄の死は救急車で担ぎこまれ三ケ月榊入院した。医者がサジを投げだす程の重さで、このような昏迷の最中にもなにか執念のようにこみあげるものがあった。郷愁に生れた率がなつかしい。初心失の如し。

走馬灯のように脳裡を掠める。あの山、この川。僕はふるさと悲しさに涙もなく、熱い涙を流していた。それは痛恨ともつかない深い悲しみである。そのとき、こころに刻んだのが、「望郷」と題する拙い詩であった。これを敢えて本欄に記すのは、よしあしはともかく、たとへそれがどんな国であろうとも、自分の祖国は祖国、各々の生れ故郷はかけがえのない母なる大地だからである。

最近、所用のついでに早稲田大学の構内を通過した。兄に連れられて日本へ渡って来たとき第一歩をしるしたのが、この大学の時計台の下であったからである。

「……どうして、立派なものだろう？」。

あのとき兄の声が、いまでも耳にきこえてくるような気がした。

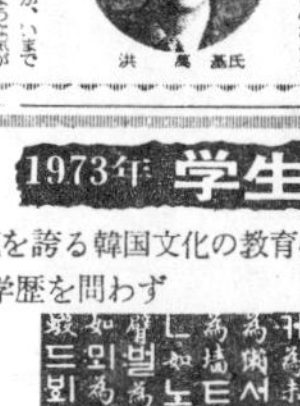

時計台も昔そのままであり、大隈侯の銅像も、大学構内の並木路もあの頃と変らない。僕は正門から裏門へ通りきった石段に坐って昔を偲んだ。あのときの兄はいまはなく、紅顔の美少年であった僕の面影もいまいづこ。少年老い易く、学成りがたし。頭も白く、病躯をおさえながら、うらぶれた姿でしゃがみこんでいた。ながい歳月の想いにふけっていたのである。流行無常、人生とはかくもむなしい。

年々歳々　花相い似たり
歳々年々　人同じからず
紅顔を誇す　全盛の紅顔子
応に憐れむべし　半死の白頭翁を……。

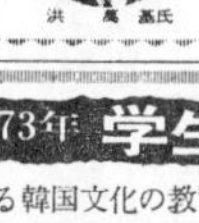

「科学する心」の培養 その創造的精神と能力

＝元ソウル大総長 崔 奎 南＝

韓国ではいま「全国民の科学化」を目指して大きな運動が展開されつつある。このため全国の教育者がさる二十三日と二十四日、全州の全北体育館に集まって、維新課業の遂行その他について実施の方策を検討した。このとき朴大統領は政府が蔚山工業センターよりもずっと大規模の工業地区を六つ増設する予定だと明らかにし「この工業地区に必要な有資格技術者は八十万人にのぼるが、こんご国力の基本となる重化学工業においては『国民の科学化』が重要である」と述べ、さらに「いま韓国民が挙げて目指している農村の画期的発展、重化学工業の育成、輸出の大幅増大――などはすべて科学と技術振興の後ろだてを必要とするものだ」と語った。なお、次の論文はこの「全国民の科学化」教育者大会に提出された論文のうちの代表的なものである。

▽民族存亡の岐路は科学的創造

韓国の西方には強大な漢民族がひかえており次々に強国を建てていたが、一方東方には侵略的な日本があった。すなわち韓国の歴史は外憂の絶え間なき連続であったにもかかわらず、韓国は亡びることもなく他民族に吸収されることもなしに、韓国の言語と文化をずっと継承してきたのである。

この底力となったものは、やはり何といっても韓民族が創造的精神に富んでいたこと、創造的能力にたけていたことによる創造的業績であった。

創造的精神と能力――それはすなわち科学する心と科学的技術的能力に他ならない。そうした科学性が韓民族の歴史を支えてきたのであるが、次に、韓国の歴史の中に現われた創造的業績をひもといてみよう。

韓国の歴史をふりかえりみて、最大の創造は何だったかというと世宗大王のハングル（十の母音と十四の子音からなる韓国固有の表音文字）だといえる。このハングルゆえに韓国の言語を後世にまで語り継ぐことができたのだし、従ってその文化も継承することができたのだ。従って、もしハングルがなかったら韓民族はこの地球上にのこってはいなかったかも知れないのだ。

かって強大な国を建てた女真族がなぜ、今日までその文化と言語を持ちこたえてくることができなかったのか。それらはかれらの文字が蒙古文字と漢字の模倣からつくられたものだったからだ。歴史的に民族の存亡をみると、存続し栄えている民族は独自の創造的精神によって形成した文化を持ち続けている。一方、他から伝授されたり模倣の文化を持った民族の多くは消えている。

そこで、われわれは民族存亡の岐路はその民族が創造的精神と科学的創造能力を持つか否かにあるのではないかと考える。

▽高度の造船技術や印刷術

韓民族が世界に誇りうる科学的創造の傑作は忠武公李舜臣の亀甲船にみることができる。韓国は三国時代と高麗時代にはかなり高度の造船技術を持っていた。しかし、李氏朝鮮時代にはこれがほとんど衰退の様相を呈していた。そうした時代に李舜臣将軍は卓越した創意力を用いて世界最初の鉄製装甲船を造った。李舜臣はすべてを科学的に考察したが、とくに豊臣秀吉の侵略軍を退けるのにも大いに科学の精神と能力を発揮、南海の港湾と海峡の潮流を科学的に調査し戦術的に利用した。

次に韓民族のすぐれた印刷術が他にさきがけて発明されたことも世界、人類の文化に貢献した。高麗時代に製作された金属活字は活字の祖グーテンベルクより二百余年も前のことである。この事実は明らかに韓民族の輝ける科学的業績のうちの一つである。

また高麗青磁は周知のように工芸の先祖であり、また、新羅の瞻星台（慶尚北道慶州にあり新羅時代に天文観測に使った。六四七年）は東洋最古の天文台として知られている。さらに千二百年余り前にすでに高度の金属工業技術が発達していたことの産物の一つとしてエミーレの鐘は名高い。なお医学も早くから進んでおり、宣祖のとき、許浚などが東洋医学を集大成した東医宝鑑などはわが先祖たちの輝ける科学的偉業である。

わが祖先たちは上述したように科学的な業績を積み、重ね、優秀な創造的能力を発揮したにもかかわらず、今日のわれわれはむしろ科学的に後進圏の仲間にはいる。

それがなぜなのか――については深く反省する必要がある。

▽儒教思想とシャーマニズムの弊害

国民生活の底力は国力飛躍のもとになる。そこでわれわれの生活をいまいっそう合理化、科学化する必要があるのだが、いつのころからわれわれの生活が非科学的になったのか、これについて少し考えてみよう。

それは李朝時代に韓国国民の日常生活にしみこんだ儒教思想とシャーマニズムの残滓が科学的進歩と発展を阻害したからだ。世界の先進国はいま科学技術の驚異的進歩の中にあるといえるが、このような時代に至ってまで、韓国では農科や工科、理科よりも文科、法科などの方が尊ばれており、いまだに占いで生活の方針をきめている者さえいる。こうした不合理の前時代的生活様式が科学技術を停滞させたのである。

また、学校では科学の実験、実習を教室内だけのものとするきらいがあり、教育と社会は分離し、科学と生活は空転してきた。

そこで、いまこそ、われわれの科学する心、科学への行動はコペルニクス的転換をしなければ、到底、現代の科学進歩には追っつかないわけだ。だいたい、われわれの科学文化が大きく衰退した理由は過去の為政者たちの誤った指導理念にあった。

▽基礎科学教育の重要性と技術振興

かっての為政者は創造能力のある者たちに対して、これを伸ばし助長させるような措置や条件を与えなかっただけではない。むしろ創造能力にひいでた技術者たちを工匠と呼んでさげすみ、社会で重要でない部分に所属させた。その反面、もっともらしい理念を掲げたり、詩の一つも書くという者には立身出世の道が開けたのである。

サバクにバラの花は咲かないし、またピアノのないところからピアニストは生まれない理屈のとおり「科学する心」はいくら口でこれをたたえても、ひょっこり出てくるものではない。科学者を育成するにはその栄養素と下地が必要であり、これは国内で提供しなければならないものである。科学の研究に必要な施設と、その心がけがなければ有能な科学者の輩出は期待できないだろう。

とくに「科学する心」は公正、不偏の思想でもあり、また、ものごとに肉迫して"理致"を探り出す姿勢でもあり、生活の重要な基礎にもなりうるものである。

最後に、基礎科学教育の重要性について述べよう。基礎科学はいろいろの分野で応用され、実用化される。たとえば資源開発、交通通信、生産拡充、保健衛生、衣食住の生活面などに広く科学の成果は顔をのぞかせるものである。そこで科学技術の振興はその"根"の部分にあたるから、これは大いに培養しなければならない。科学技術の振興こそ科学発展のもとである。

▽国民全体が「科学する心」を

基礎科学は創意力と応用力の源泉である。従って基礎科学の積極的振興は重要なことである。穀物の実りがよく肥えた土壌の上になるように、立派な科学の成果は国民の大多数が科学する心を持つという土壌に咲く花である。

国民全体の科学する力がじゅうぶんでないと、その国の科学は国力としての力を発揮することができないだろうと思われる。従って基礎科学の普及を図り、大衆に科学的教育をほどこすことこそ科学振興の根本問題だといえる。

新羅時代の金銅造り弥勒菩薩半跏思惟像（ソウル国立博物館所蔵）

チベットへの仏教伝播は韓国人
—東大山口教授が発表—

チベットに仏教を伝えた人物が韓国人であったことが、最近一日本文学者の研究の結果明らかにされた。

東京大学でチベット史学を教えている山口瑞鳳教授は、このほど刊行される予定の在日韓国人留学生仏教研究誌「新羅仏教研究」創刊号への寄稿論文において、このような事実を明らかにして関心を集めている。

同研究誌の編集人である蔡印幻師が「仏教新聞」に知らせてきた消息によると、山口教授は、チベット仏教に関する記録を収録した「バシェ」、その内容の一部をふくめている十六世紀の史書「学者の宴」を分析、このような事実をつかんだという。バシェは敦煌をのぞいては、チベットでは最古本として伝えられてきたものである。

同文献の記録によると、九世紀初めに唐からチベットに嫁入りしてきた金城姫が仏像を持参し、その夫であるチソデツエン王の父チデクツエン王（西紀七〇四～七五四）が晩年に、ガルゲン・サンシという人物を唐に派遣して仏教の導入を試図し、このとき、韓国人の僧侶金和尚がチベットに仏教を教え、仏典を伝えたと記されてあるという。

もちろんそれに先だち七世紀中期にチベット人たちは初めて仏教に接した。当時唐から王妃として輿入れしてきた文成姫とネパールから来たチッソ王妃が、ともに仏教信者であったので、チベットに来るとき釈迦仏を持参し、礼拝用の仏堂を建てたりした。その後金城姫も仏像をもって来て礼拝する習慣がおきはじめるや、それまで古くからつたわるチベット固有信仰の信者たちが排仏運動をおこし、仏教は最初の迫害に会った。

従って、本格的な仏教導入とその公認は、金和尚とガルゲン・サンシの手でもたらされたという説明である。

▽韓国人とは知らなかった

山口教授が論文に引用したこの古い記録には、ガルゲン・サンシが中国に行ったとき、唐の玄宗は紺紙に金泥で書いた一千巻の経典を授け、益州の都にある「驚くべき術の持ち主であった僧」金和尚に教えを乞うよう指示したという。

新羅の僧として成都の浄衆寺にいた無相・金和尚（六八〇－七五六年）は、ガルゲン・サンシに三種の経典すなわち「十善経」「能断金剛経」「稲芋経」を与え、次のチソンデツエン王の時代になって、まず王を教化し、そのあとで仏法を広めるよう教えた。

サンシはチベットに帰って、金和尚の指示を守り、また幼い王子が成長して王位を継ぐまで、持ち帰った経典をそっくりチンプの岩の中に埋めておいた。

チソンデツエンが成人して王位を継ぎ、老子の教えすなわち「道教」をもって国の基本にしようとしたとき、大臣であったサンシは埋めておいた経典を掘り出して王を教化、仏教を信ずることにより国が繁栄するだろうと論じた。王はよろこんで経典を読み、仏教を公認するにいたった。

山口教授は、このような記録を全面的に信ずることはできないとしても、八世紀チベットで信仰した仏教が上述の経典を中心としたものであり、年代からみて金和尚とチソンデツエン以前のサンシの求道が一致するため、金和尚の伝道は信ずるに足りると解釈している。

チベットの知識人は金和尚の話をよく知ってはいるが、彼が韓国人であったことは知らないし、一方、韓国人たちは浄衆寺の無相和尚すなわち海東大師のことはよく知っていながら、彼がチベット仏教の布教にこのような重要な役割を果したことは知らないでいると山口教授は指摘している。

特に、このほどパリ国立図書館の敦煌文書で新しく明らかにされた金和尚の教理問答書も国内の関心を集めているおりから、一日本人学者の彼の業績再評価は、わが学界に少なからぬ刺激を与えている。

行 李（華角張）　毎日新聞『李朝の美—民芸』から

崔永旋氏死去
四月中旬追悼式準備

[illegible]会々長崔永旋氏の厳親崔水旋公（八二）は、老衰のため、さる十六日午後六時四十分、忠南扶余郡外山面鳥山里自宅にて永眠された。崔氏は告別式に参礼、二十七日帰日した。四月中旬有志らの発議で追悼式を準備中。

林慶業将軍傳（五）

訳 洪 相 圭
編 八 東 周 吉

たとえ幸いにもこのような大患を免れたとしても、王国の体面を傷つけ、東藩礼儀国の品位を損ねる恐れは、幾らでも口をあけていたのである。それで重責に任せられた李時白は色々と考えてみた。

「尚武の気風が頓に挫かれたわが国であるが、大国に使臣として赴くときには、知勇に秀れた武臣を伴なって行くべきだ。いつ、いかなることが起こらぬともかぎらないから……」

と心を固めた兵曹判書は聖上の上意をお伺いした。

「臣、李時白謹んで申し上げまする。今回、大国入朝の上使の重責をお授けくださいましたのは、まことに身のあまる光栄でありますれば、臣は白髪の頭に換えても使命を完うする決意でございます。なれど大国の朝廷の動きを詳らかに知りませぬから、知勇兼備の武臣ひとりを連れて行くのが、万一の場合に備える心がまえではないかと思います」

主上もこの話を聞かれて、尤ものことであると同意なさった。

「卿は、いつもながら万々に遺漏なく、心強いかぎりじゃ。心当たりの武将がいるかな？」

「はあ、さっそくのお許しをくだされまして、有難き幸せに存じまする。臣が白羽の矢を立てたひとりの者がおりまする。他の者でもございません。開城大興山城の中軍、林慶業であります」

「おう。あの者か。若輩ではあるが、あの者なら大国に行っても遜色はあるまい。卿の眼識に叶うほどの人物だからのう。よきにはからえ」

と、ご承諾なされた。[illegible]

別れに臨んで、ささやかな宴を設けて、部下をいたわり、別れを惜しんだ。

「もう少し長くおって、諸将卒の少しの助けにでもなればと思ったが、にわかに、王命を受けて発つことになった。なすことなくて去る不徳を許せよ」

と、ねんごろにいえば、白馬江鎮台の別離の場面と同じような光景と話が繰り返された。去る者、留まる者が寂しく別れを惜しんでいたが、中軍はついに袂をはらって王都に発った。

京に着いた慶業は、まず、報告と新任地の問合わせかたがた兵曹判書のご機嫌伺いに出た。

待たされることなく、すぐに案内された慶業は、いつもながら自分を愛してくれる老知己に、衷心からの挨拶を述べた。

「慶業、ご老体のご壮健[illegible]しきを拝し、大慶至極に存じまする」

いつくしみが満ち溢れている温顔で迎えた判書は、[illegible]ながら、

「これ、これ、そちの目も狂ったようじゃのう。まだ、ご老体といわれる柄ではあるまい。今から一働きと思っている矢先に、棺桶に片足突っ込んだ人のように言われては堪らんわい。身は老いても、心若いずのやせ我慢かな？は、は、は」

「はあ、いつもながら、お元気で、なによりでございます。してこんどは……」

「うむ、このたび予は、明朝へ上使の大任を授かったのだが、同行してくれる者が見当たらないので、その方に白羽の矢を立てておいてお許しを得たが、そちには迷惑かな？」

と判書が和やかに話した。慶業は座布団をすべりおりて、平伏しながら答えた。

「滅相もございませぬ。使い道のない臣めの不甲斐めが幸いに[illegible]報ずるがためには、[illegible]をも厭わぬつもりでございます。そして判書さまに従って中原に行きますのは、本人の本懐とするところでございます。後学のためともなりましょうものを、なんで犬馬の労を厭いましょう」

「さっそくに承知してくれてかたじけない。お上に拝謁を賜わることとしようぞ」

同道参内して主上の前に拝伏すれば、主上も大いに満足のごようすであった。

「その方を使臣のひとりと頼って推すので、朝廷ではその議を決した。使臣一同は水陸千里の遠路、身を大事にして恙なく行ってくるよう頼み置くぞ」

と、一行に御酒を、おことばまで賜わった。

陸路も険しいが、それより何倍か困難が伴う水路が、数百里に連なるから、幸い、南京に赴くことは、殆んど生還を期し難い壮途とみられるおもむきがあった。上使の李時白をはじめ、使臣の一行が家族・近親と手をとりあって泣きながら別れを惜しんでいたが、慶業だけはそんな素振りはみせず平然と横目でみながら、涙一つみせず、隣の家に遊びにでも行くような顔つきであった。九月の始めに出発して色々な辛酸をなめたはてに、ついに、大明国の天下のお膝下に着いた。流石に天下の都だけあって、人的風俗が美々しく、見るもの目を見張らさせないものはなかった。

上使李時白は明帝に拝謁を賜わり、朝貢を納めた。明帝もことのほかに喜ばれ、使臣を特に優遇するようにいいつけられた。

ちょうどこのときに、北辺の胡狄が、国を侵しては掠め、掠めては侵すので、ついに[illegible]胡国は、明帝に拝謁を乞うてきた。

韓國新聞
在日大韓民国居留民団
中央本部機関紙
韓國新聞社
発行人　金　正　柱
東京都文京区春日町
2丁目20－13
電話直(815)1451～3
交(813)2261～5
振替口座 東京 163774

民団綱領
一、われわれは大韓民国の国是を遵守する
一、われわれは在留同胞の権益擁護を期する
一、われわれは在留同胞の民生安定を期する
一、われわれは在留同胞の文化向上を期する
一、われわれは世界平和と国際親善を期する

韓国教育財団創立総会開かる

二・三世の民族教育重点

12日 全国から関係者三百余人集い

東京偕楽会議室でひらかれた、韓国教育財団創立総会

[illegible]

金外務長官出席
東京のエカフエ総会に

[illegible]

観光入国者の80%がソウル

[illegible]

活動方針徹底強調

地方監察委員会の指導的役割望む

金泰燮民団中央本部監察委員長は、十日、次のような談話文を通じ四月中に開かれる各地方本部の定期大会と地方委員会並び五月中にひらかれる各支部の大会又は総会では、会議の重要事項である第23回中央委員会で承認、通過された七三年度活動方針が一般団員にまで徹底的に浸透すべく効果的な会議になるよう望んでいる。

金泰燮監察委員長

金中央本部監察委員長
地方大会の月迎え、談話文

[illegible]

「団結と力」誇示

八百人集い 福島韓国会館落成式

[illegible]

十一日、落成式をあげた民団福島韓国会館

四億八千万ドル
三月末現在輸出

[illegible]

私が見た平壌

第五次赤十字会談随行　金允中KPI社長

(1)

◇…金允中KPI社長は、既報の通り去る三月二十一日から北韓平壌でひらかれた第五次南北赤十字本会談に、唯一の在日韓国人記者として随行、三泊四日の平壌での取材旅行を終えて、このほど帰日したが、以下は金允中記者が平壌で取材した現地ルポであり、南北赤十字会談の展望でもある。本紙は数回に亘って同氏の現地ルポを紹介することにした。…◇

三月二十一日午前十時から東平壌大同会館でひらかれた第五次南北赤十字会談会場（左手前三人目が李範錫首席代表）

[illegible]

三十八度線上の首実験は簡単

北韓側案内員の戸籍調べ 珍問答

交通規制で沿道は閑散
政治宣伝に余念ない案内員

信号灯のない四つ角に交通注意員

用便たけ済ませた無人の休憩所

[illegible]

領事事務室を拡張
四日、駐日韓国大使館で竣工式

[illegible]

たらを日本に直輸出

[illegible]

崔学阜氏厳父 永璇公追悼式

崔学阜氏厳父は去る三月十六日享年84歳で…（以下、判読困難）…来る十四日午後一時から新宿二丁目大宗寺で挙行される。

維新行政の青写真提示

73年政府「行政白書」
国家保衛、経済自立、精神革命基調に

政府は、五日、七三年度「行政白書」を発表し、十月維新第一次年度である本年度政府施策の基調を①国家保衛、②経済自立、③精神革命であるとのべた。国務総理企画調整室が作成、政府によって発表されたこの白書は、また十月維新にともなう祖国の未来像を明かしながら、八〇年代初の一人当国民所得千ドルと八一年の百億ドル輸出目標達成のため、物価を年三パーセント以内、換率を三百九十八ウオン線へひきつづき安定させるようにし、特に八〇年代初の千ドル所得達成のため七二年と七六年の間には、年平均八・七パーセント、七七年と八一年間には年平均一一パーセントの経済成長を成し遂げ、七三年三百三十六ドルの一人当りGNP水準が、八一年には[illegible]三十八万七千九百七[illegible]（千ドル）にいたることになると展望した。

また耕地整理および農業の機械化を通じて、七十年代末には食糧の自給自足をあくまでも達成するとのべている。

この白書は、七三年度政府施策の三大基調を遂行するため、自主国防態勢の強化と能動的な外交活動を展開する方針であり、国力の組織化と経済の巨大化で、平和的祖国統一の基盤を造成し、自主的実利外交の原則のもとに①韓米紐帯の強化②[illegible]・日協力の増進③中立国および非敵性共産国家との外交強化④経済外交の拡大を推進するとあかした。

また、七三年度には経済安定と成長政策をひきつづき推進、経済成長率九・五％、物価の三％内外上昇維持、二三億五千万ドルの輸出、国内貯蓄率十五・六％の目標達成のため、インフレの構造的悪循環を根源的にたち切り、安定基盤をよりかためる計画であるとのべた。

また企業の公開および資本市場の育成などで企業の自体資金調達を拡大する一方、貸出金利の段階的引下げと公共料金の引上げ不許すなど大企業の原価負担を軽減させることによって貯蓄増大と施設投資の促進をうながすとのべた。

また経済開発の結果を全国民が等しくわかちあうことができるよう社会福祉政策を積極推進するため、セマウル事業と国土総合開発計画の効率的な推進で産業間および地域間の均衡のとれた発展をなしとげ、所得均配の基盤をつくりあげ、企業倫理を確立して企業の公開と従業員の持株制を促進し、勤労者の利益を増進させ、特に勤労者の退職、廃疾、死亡に対する国民福祉年金制度を七四年度からは、実施することができるよう、具体的な実施計画を確定し、企業年金保険制度を実施するとのべた。

一方、今年には健全な社会気風の造成とセマウル精神の涵養のため、セマウル運動の生活化を強力に推進し、これを通じて社会気風を刷新し、国力培養に寄与させるとあかしている。

うららかな維新の初年1973年を迎え政府では民族の輝やかしい進路展開をめざす行政の青写真を示した。写真は景福宮に咲きみだれるれんげの花。

KALの東京経由米国行き八回に
東南アジア行きも経由地を調整

韓・日両国の航空会談は三十一日、三日間の話合いを閉幕、大韓航空（KAL）の東京経由米国行運航回数をふやすこと、東南アジア行きは経由地を調整する――などの合意書に調印した。

この合意書は金[illegible]韓国交通部航空局長と後藤日本運輸省航空局審議官の間で調印されたもので、その内容は①韓国民間航空の東京経由米国行きが週六回から八回にふえ、また、ジャンボ・ジェット機二機を追加運航するときは週十回にふえる②東南アジア行きは大阪経由が週二回から三回になったかわりに東京経由が週三回から二回にふえる――というものである。

「反社会的企業人」名単公開
81業体73人金融支援中断

政府は、反社会的企業人八十一個業体七三人の名単を公開し、金融支援中断、脱税追加徴収および隠匿財産調査など、広汎な制裁措置を断行することにした。

南財務部長官

南悳祐財務部長官は六日、金融正常化と企業風土浄化のため、企業の社会的責任をおろそかにした悪徳企業主を強く制裁することにし、今後5年間、一切の金融支援を中断させ、隠匿財産や貸出金の社外流出を調査し、法によって措置することにしたとのべ、このような制裁は今後とも継続されることになると明かした。

このたびの制裁対象者は去る七二年末現在、金融機関に一定額以上の欠損を発生させた業体や代表者である。

南長官は制裁対象者を選んだ基準として①経営能力と信用が不良で、企業を不実化し金融機関に欠損を負わせた企業体、②その企業体の代表者、③該企業体の力占株主、④企業体内の国家的重要性で、金利の減免や償還条件の変更または、欠損要因をいだいたまま、現在、銀行が持株管理をするなどすでに救済措置をうけた企業体の前代表者または力占株主のうち経営能力と社会的信用が甚しく不良な者を対象にしたとのべた。

このたびの制裁措置の内容は、①制裁対象者に対してその名単を公開し、今後五年間融資など一切の金融支援を中断し、②連帯保証人を含めた制裁対象にして税務調査、関係機関による調査、取引金融機関による調査などで隠匿財産および貸出金と社外流出などを調査し、法によって措置することになっている。

ただし対象企業が財産を処分して金融機関の損失を弁済すれば期限前にでも制裁措置を解除することにした。

一方、調査結果にともない脱税したものがあれば追加徴収し、隠匿財産に対しては、債権回収のための必要な措置をとることになる。

なお、このたび公開された「反社会的企業人」の中には、[illegible]（前三和紡織代表）、[illegible]（東洋経済新聞社代表）、[illegible]の諸氏が含まれている。

韓日大陸ダナ協定五月に調印
23日からのソウル会議で最終妥結

東支那海の大陸ダナ共同開発のための韓日政府間の交渉は、きたる二十三日からソウルで開かれる実務者会議で完全に妥結することになり、五月には協定が調印される運びとなった。

政府筋によると、三月二十九日から三日間東京で開かれた実務会議で両国政府は大陸ダナにかんする協定として境界線画定に関する協定と共同開発に関する協定など二つに区分して締結することに合意したが、一方、租鉱料、税金の納付方法など二、三の交渉余地のある問題は二十三日からソウルで開かれる会議で最終的に合意し、協定草案作成を終えることになろうという。

大規模機動訓練の「金竜73」
韓・米海軍と海兵隊が実施

韓・米海軍および海兵隊は四月初めから大規模機動訓練の"金竜73"を韓国東南海岸で実施すると三十一日駐韓国連軍司令部が発表した。

この訓練はさる七〇年に同期間実施されてから三年ぶりのことである。

本国論調

擡頭しつつある亜州通貨同盟
日本は負担を甘受せよ
ブロック化の弊害排除努力を

[illegible]

のだ。第二は、EC（欧州共同体）と米国圏に通貨ブロック化が目立っているのに、アジア地域にはそれがない。そこで、力の強い円を主軸として、東南アジア諸国を包括する円ブロックを構想しようと試み、日本はアジア経済を日本の影響力下に置こうとしているのではないかとみられる。

地域通貨体制の定立は時代の[illegible]

大経済力を担保として円ブロックを提唱したとしても少しも奇異なことではない。

円ブロックの構想が提唱された理由はまず第一に国際通貨情勢の動きから予測すると、当分の間はドルの正常な機能が回復される見通しがつかないこと、従って日本はドルを主軸とする外貨保有高をこれ以上ふやして"外圧"を受けるよりは何とかして外貨保有高を減らさなければならぬ要件に直面している[illegible]

事情　この種の円ブロック形成は単に日本だけのためのものではなく、これはこの地域諸国の外貨問題解決にもなり、さらにアジア諸国の経済開発にも大きく寄与することになるのではないかと考えられる。というのはアジアでは日本を除いた大多数の国ぐにが、まだ開発途上にあるため国際収支が均衡をなしていないし、たとえ国内的に経済開発を推進していても国際的な条件を[illegible]

クル化している世界大勢に照らしアジア諸国の経済能力不足を補完する[illegible]地域通貨体制の定立は"時代の要請"だとみることができる。

諸国の為替負債中和の基金

しかし、アジア地域はECまたはドル圏と異なり、各国とも経済の開発段階にある上に微妙なナショナリズムが錯綜している。従ってこの地域を一つのブロックで結ぶには主導国である日本の積極的"負担"なしでは成り立つまい。たとえば、予想されるアジア周辺諸国の為替負債を"中和"させうるだけの量の為替基金、すなわち為替平衡計策が日本円度の負担において設定されなければならないからだ。

[illegible]

最後に、警戒しなければならぬことは日本が円ブロックの主導国であることをチャンスに、かってドルがそうであったように無節制に使いすぎ、管理を怠ってしまうことであり、あるいは円の威力を借りてブロック国家の経済的支配を求めて行ないあるいは内政にまで手を伸ばすようになることである。

なお、国際通貨制度の合理的解決にはいっそう国際的努力を傾けなければならない。

韓国日報（S—SA）

世界に精強を誇る韓国軍の威容。写真は汝矣島広場における三軍分列式。

天然痘予防接種の徹底確認を指示
日本経由の飛行機船舶の入国者に

保健社会部は二日、国内の全空港と港湾に天然痘警戒令を下し、日本経由ではいってくる飛行機と船舶で入国するすべての人びとに対して天然痘予防接種を徹底的に確認するよう指示した。

保社部はこれとともに二歳、六歳、十二歳の児童三百万名に対して予防接種を例年より一カ月から三カ月繰上げて四月中に完了することに決めたが、この措置は日本郵政省職員の[illegible]氏がバングラデシュから帰国直後、天然痘患者として確認されたのに伴うものである。なお、韓国では六一年以降天然痘患者は発生していない。

基準地価告示の対象地域を指定
地価の暴騰、不動産の投機予防に

[illegible]

ことにした地域、[illegible]、昌原、洛東江下流、温山、府山・[illegible]など六地域と済州道観光総合開発地域六地域の計十二地域一千八百七十平方kmを三日付で基準価格公示対象地域に指定、公告した。

嫁ぎたし

当方、ソウルの女子高卒・幼稚園保母および児童舞踊教師経験十四年、いたって健康、39歳。

温厚、誠実で健康な男性を望む。問い合わせは、韓国新聞（〇三・八一五・一四五一）まで。

尋ね人

☆李乙慶（男）
解放前まで日本に居住していた李さんを李寿川さんがさがしています。李さんをご存知の方は韓国慶尚南道金海郡進礼面松亭里済谷部落李寿川さんまたは民団中央本部民生局まで連絡を。

☆金庚順（女・七三才）
☆李二祚（菊田武夫・金さんの長男）（男・54才）
☆田甲守（女・50才・李さんの妻）
本籍、慶尚南道陝川[illegible]。二〇年前頃、大阪府中河内郡加美村大字[illegible]町九一一四二に住んでいた右の三人を[illegible]に住んでいた田甲順さんがさがしています。ご存知の方は慶尚南道蔚山市新興洞三番地田甲順さんか民団中央本部民生局まで連絡を。

☆崔聖基（六七才）さん
8才頃まで九州のトバタ[illegible]で同居しおばさんと二人の弟（児名・[illegible]）と一緒に帰国した[illegible]の崔福林さんがさがしています。ご存知の方は韓国慶北大邱市山格三区洞一三一ー五一崔福林さんか民団中央本部民生局までご連絡を。

☆金達桓さん（男）
一九二〇年渡日し、大阪韓国人労働組合長を歴任した金達桓さんをご存知の方は、京畿道水原市高等洞九五の十二、金容憲さんか民団中央本部民生局へご連絡を。

☆坂田新三郎さん
大阪府河東区塩貫町二丁目の坂田さんと釜山の娘さんである春子さん（54才）がさがしています。ご存知の方は釜山市釜山鎮区[illegible]洞七三三、沙上国民学校前食堂春子さん又は、民団中央本部民生局までご連絡を。

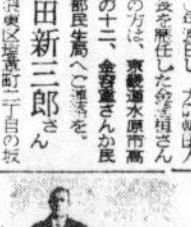

☆安竜赫（[illegible]）さん（47才）
本籍、[illegible]。日帝時代、愛媛県新居郡の[illegible]へ徴用連行された安さんをご存知の方は、ソウル特別市永登浦区上道一洞二四の81号安竜範さん又は民団中央本部民生局まで連絡を。

☆申クム順さん（女・33才前後）
昭和28年当時[illegible]で暮らしを営んでいたといわれる申さん（写真の中の方・時子という娘さんがあった）をご存知の方は東京都江戸川区江戸川民団李高周さん（電六五七・七五一二）まで連絡を。

518

韓国と日本の関係に新視点

日本上古史（文定昌著）抜萃と解説（4）

日本書紀の中の“倭国”（1）

日本書紀の神代の上の巻は、まず、[illegible]は、はじめに天地が開闢（かいびゃく）し、[illegible]（くにのとこたち）ら三神が現われ、そして「イザナギ」「イザナミ」など八神ができる。そしてイザナギ、イザナミ二神が八つの州国（しまぐに）を生んだし、またその主人公から生れた三貴子をそれぞれ天と地と海に送った。残った一人の子が素戔嗚（スサノオ）で、スサノオは高天原（たかまがはら）にいる天照（アマテラス）のくににはいり、アマテラスと天誓になり[illegible]をもうけたが、その仕業が乱暴でアマテラスを天へ閉らせた。それでアマテラスが岩戸（いわや）にはいってかくれたので、天地に光がなくなってしまった。そのために国中の神たちが集まり一大フェスティバルを行なって彼女を誘い出し、スサノオを追い出してしまう。[illegible]

[illegible]ノオはおおあなむち[illegible]にくにをまかせて、自分は本国に戻った[illegible]というものである。

神代下の巻は二段の[illegible]からなっている。その一つは、スサノオとアマテラスの間に生まれた[illegible]（まさかあかつちはやひ…）[illegible]

[illegible]

“神武王”の建国は南九州

出身は「新羅国王のすえ」

[illegible]の一行が日向（ひむか、現在の[illegible]）[illegible]で死んだというもの[illegible]くにという）の日本は史実ではなく、古事記は神武王のくにを「白[illegible]宮（かしはらのみや）」として説明している。

神武王は西紀八一五年、日本の万多親王が編さんした「姓氏録」（新撰姓氏録）[illegible]に記録されている新羅国王の後孫であることははっきりしている。

（筆者略歴、[illegible]）

[illegible]と見なす。

（つづく）

解説 今回は「日本書紀」を軸にして[illegible]って骨子を述べているが、同じ神話でも、「古事記」とは大分内容に差がある。そして「日本[illegible]

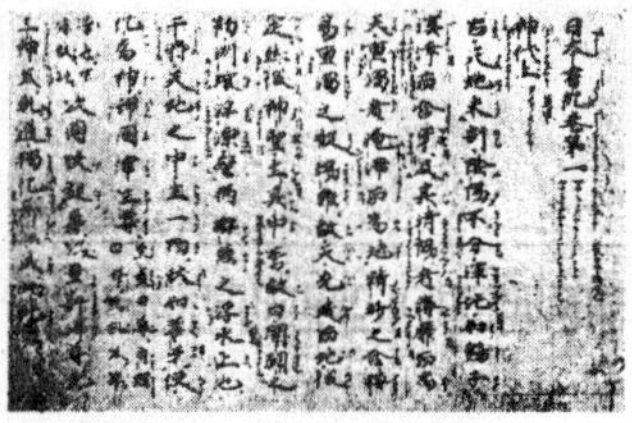

写本・日本書紀巻の一、卜部兼方本といわれる

韓国女子卓球

世界制覇の栄光

八戦全勝、強敵日・中を撃破

神技！エリサの健闘

国威宣揚、球技団体では初の頂上

◇…ユーゴスラビアのサラエボでひらかれた第三十二回世界卓球選手権大会の団体戦で、女子はわが韓国チームが前大会での…◇
◇…優勝国である強敵日本・中共をおさえ八戦全勝のスコアで世界制覇の栄光を勝ちとった。男子は前大会で四位のスウエー…◇
◇…デンが優勝、日本は男女とも三位に終った。これまで日本と中国が独占して来た世界卓球界は新しい時代を迎えることにな…◇
◇…ったわけである。男子韓国チームは八位。…◇

韓国チーム世界制覇　世界卓球選手権大会の女子団体で優勝を飾った韓国チーム中央と二位の中共（左）三位の日本

第32回世界卓球選手権大会

鄭賢淑選手　朴美羅選手　李エリサ選手

九日の大会第九日は午後七時（日本時間十日午前三時）から日本と韓国の最終戦が行なわれ、韓国が3－1で勝ち決勝リーグ3戦全勝で完全優勝した。

続いて男女団体の決勝リーグが行なわれた。女子はまず中国がハンガリーを3－0でくだしたあと、

特に韓国世界制覇の速報が現地から伝わるや、本国ではもちろんのこと、[illegible]一斉に歓声を上げ、テレビ、ラジオを聞き入るなど、ひとと[illegible]この日[illegible]リサ、鄭賢淑、朴美羅選手の感激を味わった。

特にソウルの[illegible]千通にのぼる祝賀電報で[illegible]

日本のマスコミも、卓球韓国の世界制覇を大々的に報道しているが、特に有力紙「読売」は、“エリサの剛球、新女王「李」誕生”のトップ記事（別項）タイトルで世界の卓球女王李エリサ選手を称賛している。

世界制覇の栄光を勝ちとったこの日の戦績は次の通りである。

〈女子〉
【決勝リーグ】
韓国 3（前2－1、後1－0）1 日本
○李エリサ 2（21－10、21－12）0 横田
鄭賢淑 0（20－22、19－21）2 大関○
○李エリサ・朴美羅 2（21－8、21－16）0 大関・横田
○李エリサ 2（21－14、[illegible]、21－10）1 大関
中国 3－0 ハンガリー
◇団体戦の五位以下順位
〔男子〕⑤チェコスロバキア⑥ユーゴ⑦ハンガリー⑧[illegible]⑨西ドイツ⑩イングランド⑪インドネシア⑫フランス
〔女子〕⑤ソ連⑥ルーマニア⑦西ドイツ⑧チェコスロバキア⑨スウェーデン⑩イングランド⑪ユーゴ⑫フランス

金総理・閔文教部長官祝電

金鍾泌国務総理は、九日、ユーゴスラビアのサラエボで遠征奮闘中の韓国卓球選手団に祝電を打電、特に世界最強と知られていた中共選手を三対一でおさえた女子卓球チームを讃えた。

閔寛植文教部長官も、同日祝電の[illegible]を伝えた。

張IOC委員も

また、張基栄IOC委員も十日、世界卓球選手権大会に出戦して世界を制覇した選手団を讃える電文を寄せた。

祖国万歳叫び喜ぶ

訪韓中の在日青年奉仕団員ら

なお十一日午後、来日した閔寛植文教部長官が本社に伝えたところによれば、ときおりしも本国を訪問中の在日同胞二・三世からなるセマウム運動青年奉仕団百二十人は、訪韓のスケージュルを終え、民団本国事務所で解散式をあげていたが、会場に卓球韓国の世界制覇が伝えられるや一同は感激して祖国大韓民国万歳、卓球女王李エリサ万歳を叫ぶなどの嬉しい歓声をあげ祖国愛精神に火をともえたという。

エリサにまさる選手み出せない

安正模東本民生部長・卓球監督

私は女子部で世界制覇を予想していた。優勝は当然のことである。

当分のあいだ李エリサにまさる選手は見つけられないだろう。エリサは①背にまさる体格が特に研究する心が強い③他の選手よりも倍以上のトレーニングをする④負けず嫌いの性格である。エリサの特技は、ループ・ドライブ。

来年四月、横浜でひらかれるアジア選手権大会でのエリサの妙技が期待される。

安正模氏

今度の勝利は、選手らを始め体育関係人士らの血と汗ににじんだ努力の結晶であることを高く評価する次第であるとのべた。

父祖の故国を訪ねて

韓国系日本人の子弟で訪問団編成

韓国の心を植えつける

民団中央本部文教局（金相鎬局長）では、韓国系ならびに日本国籍（帰化国籍）をもって日本の中学校、高校または大学に在学している韓国系日本人子弟の訪問団[illegible]を編成して派遣することを決め、各県地方本部を通じて希望者を募っている。

同局では、日本国内に住み[illegible]なる事情で、[illegible]はいえ、[illegible]つきながらやむをえたい[illegible]

[illegible]祖国大韓民国の[illegible]名勝、国史名所[illegible]を見学して、これら青少年の心に植えつけることは意義（目的）深いこと[illegible]明らかにしているが、祖国訪問団の要領は次の通り。

▼資格＝①日本国籍（帰化国籍）をもって日本の中学高等学校または大学に在学している韓国系の子弟。

②韓国系帰化日本人の場合は、継続して民団組織に協力している有資格者（父）が大韓民国国民登録をすませた民団員の子弟。

▼本国での行事＝国語、国史受講、光復節記念式参加、有名大学訪問、名勝、古跡地などの巡訪。

▼日時＝八月十日から十六日まで。

▼締切＝応募者は、四月三十日まで民団中央本部または各県地方本部に申込むこと。

なお、交通機はKALを利用し、経費は一切自弁である。

申込は、四月三十日まで

民団中央又は各県本（支）部で受付

常任役員決定

東京・済州開発協会

東京の済州開発協会は、既報のとおりさる三月九日、東京・新宿のカタホテルで第十三回定期総会を開き、新会長、新副会長を選出したが、そのほかの常任役員については早急に人選決定することになっていた。その後新執行部では人選を急いでいたが、このほど各部のポストが決定して発表した。新常任役員は次のとおりである。

顧問	高遠準
〃	文炳洙
〃	金斗彦
会長	金相鍾
副会長	高泰秀
〃	高佑植
総務部長	梁時範
財務部長	金東培
組織宣伝部長	高準鉉
渉外部長	高信運
青年部長	金子良
監事	梁順熙
〃	韓任植
事務長	高東守

ループ・ドライブが特技

若冠18歳の信託銀行OL

李エリサのプロフィル

オカッパ頭を左右に振りながら李エリサ（韓国）がガッチリした右のペンホルダーから繰り出す重い球が日本側コートに返ってくる。全日本女子チャンピオンの横田（中大）は「アーッ」と悲鳴にも似た声を上げた。「まるで釣みたいに強いドライブです」。そのくような力ットがネットを越えてくるのに、ほとんどが低くネットにかかる。しかもエリサは冷静そのもの。池添さまのような闘争心を一瞬もくずさない。二十一歳の横田の白い顔がいかにも幼く、頼りなく見えてくる。このエリサはこの三月、ソウル特選高校を卒業して、ソウル信託銀行のオフィス・ガール一年生。まだ十八歳なのだから恐れ入る。

大田市近くで生まれ、いまは父が同市の副市長という恵まれた家庭に育った。エリサという名前はバタくさいが、女の姉妹の多いところに、あとの方で生まれたのが父が面倒になって適当につけた名前だそうだ。

子供のころからスポーツは万能だったが、特に卓球では天分のオがあり、中学三年以来韓国の選手権を連続三年も守ってきた。世界卓球初出場の名古屋大会の時も団体戦で阪本（専大）に敗れはしたが、団体戦で韓国三位の原動力となり、注目を浴びるようになった。その後韓国式“特訓”でさらにみがきがかけられ、昨年十一月のスカンジナビア・オープンではチームの金女子監督は「李は卓球の天才だ」。世界卓球は、新しいスターを迎えた」と胸を張っている。

つまり横田とは比較にならぬほど国際試合の経験にも恵まれ、こうしたキャリアの差がここ一番という時に強みとなって現われるのだろう。日本側もこの李が左子選手を相手に強力なドライブをみがいていることを知って警戒していたが、フタをあけて見るとその威力はすべての予想を越えていた。

本人は、ふだんは無口そのものだが、中学時代からこの逸材を育て上げてきた宋慶浩・総監督は、「ふつう無口だと陰気な印象を与えるものだが、エリサは内に一本強いシンを秘めながらも、いつもニコニコおだやかな実にいい性格で、ちょうど日本の松崎さん（栗本現コーチ）のような人柄ですね」と秘蔵っ子の話になると目を細める。と同時に宋監督が最も高く評価する松崎選手のように、大成させたいのだろう。

1㍍62、53㌔、小柄ながらガッシリしたタイプだが選手権期になると会期中3㌔はやせるというから、顔には現われない苦労があるのだろうか……。すでに団体戦で彼女の実行を見せつけられた関係者は、シングルスでも彼女を名指す人が圧倒的に多い。どこまで強くなるかわからないほど、大変な選手が生まれたものである。「エリサ時代」の到来で、世界の女子卓球界は悩ませられることになるかも知れない。

不暁不屈の精神を高く評価

李彩雨民団中央副団長

まことに喜ばしい。今日の栄光で感謝の意を表す。

労を重ねて来た体育関係者に重ねて、選手らを始め今日の栄光を勝ちとるまで苦で圧倒する必勝の信念を燃えてみた分野した強敵日本、中共をおさえて世界を制覇した場面に涙ぐましい努力とかずかずの苦労もあったであろう。

我が民団も祖国の十月維新で本体精神をふまえて静かに民団組織改編強化を進行中であるが、女子たちが世界を制覇した不撓不屈の精神にならって民団強化に一層尽力することを誓う次第である。

各分野でも躍進を

鄭建永在日大韓体育会長

このたびの快挙は、祖国大韓民国の栄誉であり、国民の誇りである。選手を一堂に集めて呼練を通じて精神訓練にも心を配った体育関係者の配慮に敬意を表す次第である。

われわれも感激して喜ぶばかりでなく一億人口の日本と七億人口の中共を制圧して世界を制圧した必勝の信念を再確認すると[illegible]

鄭建永氏

努力を高く評価

金沢泰大韓体育会長

金沢泰大韓体育会長は、談話を通し、七億人口の中共と一億の日本をおさえて我が韓国が世界を制覇したことは、体育人ばかりでなく、国民を喜ばせたことはもちろん世界制覇のチャンピオンに育てあげた家族および関係者に敬意を表すとともに在外国民として、はてしない感激で胸がつかえる感激さえ感じる。

特に前大会での優勝国である強[illegible]

李彩雨副団長

519

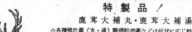

チエミの春香伝 公演盛況

新宿のコマ・スタジアムで江利チエミがヒロインになる「春香伝」を公演し、好評、連日満席の盛況である

▲フィナーレのオンパレードで観客にあいさつする江利チエミ、その後が松方弘樹、その右後が房子役の谷啓ら

舞台で日韓親善

サンケイ新聞 四月十日夕刊

新宿コマで公演中の江利チエミ主演「春香伝」で、日本と韓国の芸能人がなごやかに共演、日韓親善のもしい舞台をつくりあげている。この公演に参加している韓国の芸能人は、振り付けを担当した金璂国団長のほか、男性四人、女性五人の舞踊家計九人。

▲レセプションの席上、お祝いをのべる民団中央会長

鳥肌たつこの感動

●サトウ サナエ 李清ピアノ評

（筆者はイラストレーターで、本紙に「女一人韓国を行く」を連載、好評を博した）

林慶業将軍傳（六）

訳 洪相圭

編 八束周吉

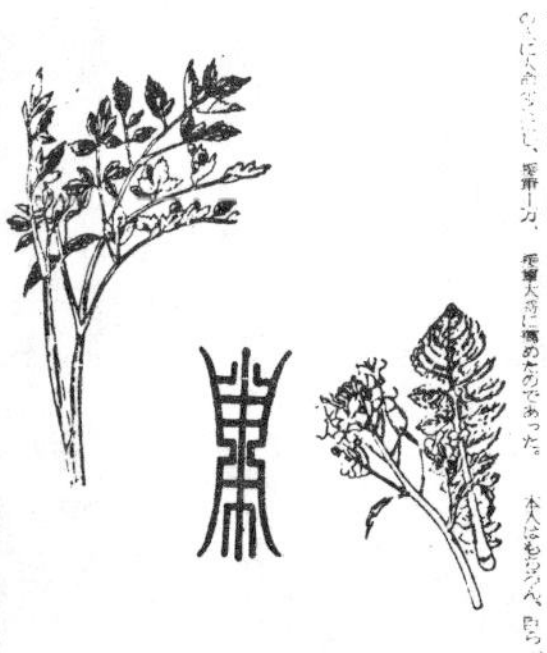

韓國新聞

在日大韓民国居留民団
中央本部機関紙
韓國新聞社
発行人　金　正　柱
東京都文京区春日町
2丁目 20 — 13
電話直(815) 1451〜3
　　交(813) 2261〜5
振替口座 東京 163774

民団綱領

一、われわれは大韓民国の国是を遵守する
一、われわれは在留同胞の権益擁護を期する
一、われわれは在留同胞の民生安定を期する
一、われわれは在留同胞の文化向上を期する
一、われわれは世界平和と国際親善を期する

維新祖国に
60万のセマウム植える

記念植樹・姉妹結縁も
新たな民団のイメージ与える

民団東京本部奉仕団

在日六十万のセマウムを植えるための国土緑化運動を展開して来た民団東京本部（鄭東淳団長）では、去る四月二日、「六十万のセマウム植え運動」青年奉仕団（一一五人）とセマウル姉妹結縁団（三四人）を本国に派遣し、十二日間の強行軍で予定計画を完遂したが、一行は去る四月十四日、無事に帰国、民団と本国内外に新たな民団のイメージをあたえたことで、画期的な事業であったといえる。

写真説明　第28回植樹記念日を迎え京畿道楊州郡榛接面内里白峰山で行なわれた記念植樹現場で朴大統領（上右）と握手をかわす鄭東淳東本団長（上左）植樹記念式典に参加した在日同胞60万のセマウム植え運動奉仕団と姉妹結縁団（中）記念植樹在日同胞団地に記念碑を立てる東本訪問団

青年奉仕団の活動状況

四月三日、金浦空港に到着、文教部中央教育行政研修院の開講式では、文教部長官が「在日六十万のセマウムで植える六十万本は、本国の人々が植える六百万本より、もっと歴史的で……

十時に外務部長官を礼訪、十一時には内務部長官を礼訪して、苗木六十万本の代金を伝達後、一時に民団本国事務所訪問……

維新民団の新面貌伝える
本国民との画期的な紐帯固めた

金浦空港ジャンボ化

金浦国際航空が来る八月末までに二倍に拡張される。交通部は17日金浦空港長期開発計画の一部として十億九千八百万ウォンの予算で総合庁舎および滑走路補強工事に着手した。

私が見た平壌
第五次赤十字会談随行　金允中KPI社長

(2)

開城—平壌の中間街道そばにある休憩所でひと休みする記者団一行

旅館（ホテルと言わない）の玄関には金泰顯北赤代表はじめ関係者数十名が握手で迎える。ソウル取材で顔見知りになった金泰顯首席が「ああ、とうとう来られましたな」と言いながら記者と握手した。前もって割当られた四一五号室に旅装を解く。三、四階が韓国側一行五十九名の部屋である。記者らは一室二人、隣の部屋は直通電話と写真電送の出来る記者室である。この旅館は昨年夏赤十字会談がはじまって建築した建物で、開館したばかりの最も新しいホテルである。十階建、一階は地下室、二階がロビーと食堂、宴会場と売店である。国際ホテルと言われる平壌旅館より立派だという。

交通巡査の近くには日本・本田製の小型バイが一台置いてある。途中国立体育館（彼らは二万五千名収容という）を過ぎ……

ワイングラスにビールを注ぐ

……七時前に朝食を取った昔りだから、皆お腹がペコペコである。昼食は白飯に汤スープ、焼魚、キムチなど十種類に近い。飲物は円卓に八人掛けである。飲物はビール、梨のジュース、人参酒何でもある。卓上にはワイングラスとビールグラスが置かれている。ビールを所望したところビールをワイングラスに注ぎ、ビールグラスには水を入れるのである。人参酒なら小さいウイスキーグラスである。水は金剛水と言って瓶詰めである。……

とうとう来られましたね
首領で始まり首領で終る劇場

新聞にはTV番組なし、一チャンネル

ビールはアルコールが十二度

踊る冷蔵庫、エレベーターは呼鈴で

映画にも金日成首領を忘れない

（つづく）

支部単位　初のセマウル結縁
東京・葛飾支部で祖国訪問団

新規投資活発
纖維、製鉄、セメント等

高速電鉄建設
ソウル—大田間
行政白書

ECAFE執行理事
金庸来氏当選

第二九回ECAFE総会韓国代表の一員として参席中の総務処企画管理室長、金庸来氏が四月十八日の総会で秘密投票によってアジア開発行政センターの執行理事に選出された。

（写真＝東京でひらかれたエカフェ総会に参席した韓国代表団（左二番目から李駐日大使、金溶植外務長官）

民族教育基盤固まる

奨学金・学資金補助も
在日国民に貢献できる人材養成

民族の誇り財団法人韓国教育財団（許弼奭理事長）はさる十二日東京韓国会館七階で創立総会を開いた。席上、柳成烈常務理事（前駐日韓国大使館首席奨学官）から経過報告と事業計画案報告がおこなわれ、拍手によって満場一致で承認された。はやくから在日韓国人の子弟にたいする"民族教育"に本腰を入れるべく関係者間で検討されていた在日同胞社会の育英運動の動きは、十一年前の一九六三年の「在日韓国人教育後援会」発足で活動が開始された。途中東京オリンピック募金のため、募金を一時中止したこともあった。……

◇設立趣旨

◇経過報告

祝辞を述べる閔寛植文教部長官（上）宋公使から褒賞を受ける許理事長

閔文教部長官祝辞

許理事長の式辞

国内与信急増
三月末、千四百億ウオン

解説

修正に向かう北韓の経済政策

徐南源（高麗大学校教授）

軍事工業一辺倒にひずみ
プラント輸入で軽工業開発着手

南北韓の分断の歴史はよく東西ドイツのそれと比較される。とくに昨年十二月、東独が西独と対等な関係と平和共存を取決める基本条約に調印したことでむしろ東独の国際的地位の幅は広がりつつあるという事実が北韓の指導者をして大きな政策転換へと、その変化のテンポを早めさせようとしている。無論、現在のところ、北韓の政策転換は経済に限られているようだが世界情勢のさまざまなコマの動きは北韓の指導者にも余儀ない転換を促求しており、こんどユーゴで開かれた第三十二回世界卓球選手権大会で韓国の女子チームが一位、中国が二位、日本……

……

(SISA)

尋ね人

☆高熙範（男・46才）本籍・済州道南済州郡表善面表善里六二八番地
26年前に渡日し、昭和二三～二五年の間に日本女性と結婚した高さんをご存知の方は、済州道南済州郡表善面表善里六二八高熙寛さんか民団中央本部民生局まで連絡を。

☆金丁鎬（金塚）さん（約65才）

☆金英鎬（約60才）
昭和十八年頃、広島県賀茂郡西条町で住み、その後静岡地方某工事場へ移転後消息がとだえた金さんらをご存知の方は、静岡市相生町8－7、静岡韓国教育文化センター朴胎植さんへ連絡を。

☆徐時峰さん（55歳・男）本籍・慶北迎日郡九竜浦邑長吉

……さんの徐小根さんが島田キヨ子さんを通じてさがしています。ご存知の方は伊藤小平工場島田キヨ子さん（〇四二三－四三－七〇七八）か民団中央本部民生局までご連絡を。

嫁ぎたし

当方、美容師・初級程度の日本語会話可、いたって健康、32歳。……再婚も可。
問い合わせは、直接本人あてまたは東京連絡PM8・00後03・八九九－二九三五番へ。
ソウル特別市中区南倉洞五二八……
沈淑姫

朝総連の牙城を崩す

会館竣工で団結誇示

民団福島本部組織強化実る

既報、福島韓国会館はさる十一日盛大な落成式を行なったが、この会館の落成までの民団福島県本部（朴秀烈団長）の労苦は大きく、結局は全民団員の団結の力の勝利で竣工した。民団福島県本部は一九四七年に創団したが、当時福島県地方は朝総連系一色の で、その勢力が強く、陰に陽に妨害しつづけられ、民団拡大闘争は相当な難関であった。こうした闘争の結果、福島県下二千人の在日同胞中約八百人を民団員として登録させるのに成功、さらに民団強化のための会館建設にふみ切ったものである。

福島韓国会館落成式典（上）テープカットする朴秀烈団長（左から）宋貴鎬公使、金正柱中央団長

李澔大使

"福島民団の発展祈る"

李澔大使祝辞

本日、福島韓国会館落成式にあたり、私は政府の代表として在日六十万同胞と共に、謹しんでお祝の意を申し上げます。

斉藤邦吉厚生大臣

相互の理解・協力・努力を

斉藤邦吉 厚生大臣祝辞

木村守江福島県知事

国際平和と安定に寄与を

木村守江 福島県知事祝辞

「民団創設30年の歩み」発刊

中央文教局で史(資)料募集

民団中央文教局（金泰鍋局長）では、第21回中央委員会で発刊が決定された「民団創設三十年の歩み」の原稿（資料）収集に協力を望んでいる。

韓国と日本の関係に新視点

日本上古史（文定昌著）抜萃と解説 (5)

"日本書紀の中の倭国" (2)

支石墓が語る歴史事実

遼東半島にもあった新羅

「支石墓」金正柱著"九州と韓人"より

河野尚子さん

ゆく春を惜しみ

河野さんソウルへ旅立ち

民団総務で十年間勤続

北韓スパイ射殺

スパイ対策本部で発表　漣川付近休戦線越え侵入

（写真は中央本部で歓談）

中央本部礼訪

崇義女専コーラス

22日NHKで録画　5月12日に放映

金允中氏「平壌報告」　聴衆に大きな感銘

60万円を寄託　セマウル支援

韓国商都ライオンズクラブ東京支部

韓日親善ボーリング大会

5月27日、太田パークレーンで

在日ミス・コリア決まる

美女勢揃い！　写真・前列から金梅子さん、許洋子さん、朴郁子さんの在日ミス・コリアたち

去る三月末で申込みがしめきられた、第四回在日ミス・コリア・コンテストは、去る四月十四日午後一時から、民団中央団長室でひらかれ、金梅子、許洋子、朴郁子の三人が、今年度在日ミス・コリアとして選ばれた。

金　梅子……21才、慶南咸安、日本女子体育大卒、特技は洋舞、趣味は声楽

許　洋子……21才、慶南金海、桜華高卒、趣味はスケート。

朴　郁子……21才、星薬科大三年、趣味は自動車旅行(一種免許)

○

参加申込み二十余人の中から、まず第一次書類審査を経て、第二次面接審査で選ばれた今年のミスは、いずれ劣らぬ"知と美"の持主で、真・善・美の差がつけ難く三人とも同位になった。五月四日から十日まで、ソウルでひらかれる全国決選大会に在日代表として参加する。

この日の第二次審査には、李彩雨副団長、尹奉啓事務総長、鄭達鉉宣伝局長らがあたった。

なお、ソウルでの決選大会には李彩雨副団長が特別審査委員として参加し、朴英勲宣伝局次長が引率者となる。

円熟期の写実派巨匠
「金仁承画伯の油絵展」

上野の東京美術学校(現在の芸大美術学部)を首席で卒業した秀才画家として、当時の鮮展無鑑査推せんに輝き、最高権威であった日本の文展にも度重ねて入選、戦後は、韓国の国展審査員として活やくする一方、梨花女子大学校の美術大学々長として、韓国美術教育界の第一人者をもって任じている金仁承画伯が、東京三越本店(南別館のギャラリー・アネックス)で4月17日から22日までの間にひらかれる「金仁承油絵展」開催のため来日、春の日本画壇に多くの話題をまいている。

〈金仁承画伯略歴〉

一九一〇年生れ。

一九三六年に光風会展、文展に入選、鮮展で最高賞を受け、以降四回連続特選。

一九三七年、東京美校卒。

一九三九年、ソウル三越で第一回個展。翌年、鮮展推せん作家となる。戦後、梨花女子大の美術大教授となり、のち美術大学長。

一九五三年、第二回国展出品の「紅扇」を大統領賞に挙げ、国展審査員となる。大韓・美術協会副理事長。

一九五六年、米国務省招待により欧米美術視察、芸術院会員となる。

一九六一年に国展審査委員長。

一九六三年、文化褒賞を受く。

芸術院賞受賞。

一九六六年、名誉文学博士を授与される。ユネスコ韓国委員会文化委員長。第九回サンパウロ・ビエンナーレに韓国代表として参加

カナダ、南・北米を美術旅行。

一九六九年、文化勲章を拝受、大阪万国博に「小憩」を出品。朴大統領夫妻肖像を制作。

一九七二年、「アメリカの印象派展」に招待出品。韓国近代美術六〇年展推進委員、同展に六点出品。

現住所は、ソウル特別市城北区城北洞山五一—二九。

作品「初　夏」50F

推薦のことば
日展顧問　伊原宇三郎

金仁承君と私とは三十五年来の知己で、今も親交が続いている。昭和十二年から五年続けて、私は文部省から派遣された、当時の韓国の官展「鮮展」の審査に行き、深い関係をもつようになったが、その時、確か、私が真先に「無鑑査推薦」に推したのが若い金仁承君であった。ということは、数多い出品者の中でズバ抜けてうまかったからである。そして、この優秀性は今日迄一度も崩れず、大分前から名実共に韓国のナンバーワンの位置を確保して来ているから偉い。

十数年前、私がパリへ再遊していた時、丁度欧米漫遊中の金君が何かでそのことを知ったらしく、私のアドレスを探しあぐねた末、思い切って初対面の藤田嗣治さんを訪ねて調べてくれた。すぐ藤田さんから電話があって金君夫妻に会ったが、その翌日、若い韓国の美術家七、八人を招いてくれて、一夕を楽しく話し合ったことであった。

こういう私事を書くのも、特に見る金君の誠実、温厚篤実な人柄を伝えたかったからである。あらゆる面にいろいろ困難の多い韓国の美術界にあって、よくそれを統率して、全国的組織の美術協会の理事長を永年勤めた知名も、金君でなくては出来ることではない。また、国際的には、米国務省の招待で全米の美術界視察に行ったり、各種の会議や美術展の韓国代表又はコミッショナーとして欧州でも活躍し、一方国内では、芸術院会員、文化勲章を始め多くの功労章・賞などを受けており、梨花女子大美術大学の学長も兼ねている。

この度、三越で初めての個展を開かれるが、両国の文化交流のためにも慶賀に堪えず、切に成功を祈るものである。

個展の成功祈る
李大使談

金画伯は鮮展が物語るように、写実派の第一人者であります。氏の日本における有意義な個展の成功を祈ります。

裵永植リサイタル
五月十七日、金属ホールで
民団と日本ギター連盟共催

韓国クラシック・ギター協会会長であり、国際ギター演奏家連盟韓国代表として、国内外で三十六回にも及ぶ独奏会をひらいて、その声名が高い裵永植氏が、ヨーロッパ演奏旅行を終えて帰国の途中東京に立ち寄り、日本ギター連盟と民団中央本部の共催で、韓日友好のためのリサイタルを催すことになった。

・斯界の権威である日本の小原安正氏、ドイツのチクブリド・ベーレント氏とも交換演奏したことのある裵氏は、ソウル、釜山等地で個人研究所を主宰し、後進の育成にあたって多くの逸材を輩出しているが、「クラシック・ギター教本」など数多くの著書もあり、青少年時代を韓国でおくったこともある。

今回のリサイタルでは、特に駐日韓国大使館と東京商銀が後援、協力することになっている。

☆

〈裵永植ギター・リサタル〉

○五月十七日(木)午後七時

○新宿の金属健保会館ホール

○都内各プレイガイドで前売中

○入場料は八百円(ただし民団の方は五百円に割引)

○問い合せは、電話・東京三八三—一八一九日本ギター連盟か東京八一三—二三六一(五)の民団中央文教局まで。

〈プログラム〉

主題と変奏……F・ソル

昔の歌とスルケイ……ケイロス

プレリュードNo.1……V・ロボス

ソナチネ第一楽章……トローバ

レイエンダ……アルベニス

トラジ……韓国民謡

ほか……

演奏中の裵永植氏

あれが祖国の山河だ
六十万のセマウム植え運動に参加して(一)

去る三月二十一日、午後二時から東京・市ケ谷の日傷会館で「六十万のセマウムシムキ運動」奉仕団の結団式を行なった。結団式には、駐日大使館から金[illegible]公使、民団中央からは金正柱団長をはじめとする多くの公館、民団関係者が来賓として出席した。

奉仕団に参加する二百五名の青年たちは、全員デニムの上着とジーパン、緑色のタートルネックシャツ、緑色の絹のスカーフの制服に身を固め、緊張に身をふるわせた。団旗、標識を授与され、全員の拍手をもって、結団式を終えた。今年奉仕団は、民団の傘下で東京都内に在住する二・三世の在日韓国青年によって構成された。

青年奉仕団の目的は、本国の平和的統一を[illegible]するための繁栄と安定をもたらすセマウル事業、セマウル運動に参与することである。

第二に、在日同胞社会の体質改善をもたらす[illegible]ことである。第三に、在日韓国青年学生たちの民族意識の高揚と自覚をもたらすことである。本国の荒廃する山河に植樹奉仕し、緑化運動の一翼を担うことは、民団史上、在日韓国青年運動史上、初めての試みであった。

これまで、在日同胞青年は、本国への[illegible]訪問、[illegible]等の団体訪問が数多くあったものの、在日同胞六十万の意思を代弁し、本国の発展と進歩をもたらすための組織的な運動は一度もみられなかった。

このような状況の中で、内外に先行する韓国国民は、祖国の平和的統一を達成する歴史的使命を自覚し、全国一丸となって、本国の近代化作業と新しい価値観の確立が要請されている。

[illegible]のような[illegible]、我々、[illegible]

[illegible]目的とし、国力の培養、経済成長、浪費、奢侈をなくすための精神改革運動を内容とする十月維新事業をうちだし、一大体制改革を試みている。

北韓では、対統一政策、対韓政策の中で、武力統一の危険な要素を内包しており、七・四共同声明[illegible]

在日韓国青年会は「六十万のセマウムシムキ運動」に積極参加することになったのである。「行こう祖国へ！」、「本国山河に木を植えよう！」、「セマウル運動に参与しよう！」……口々に叫ぶ青年奉仕団員は使命感に胸をふくらませながら、本国訪問の日を待った。ついに出発の日がきた。

四月一日午前八時半、羽田空港集合。在日韓国青年会東京本部青年奉仕団、在日居留民団東京本部セマウル姉妹結縁団が全員集合。午後十一時二十分、KAL機羽田発。飛行、約一時間四〇分、韓半島に接近した。「本国だ！」「済州島だ！」機内は騒然とし、窓から山河をくいいるように眺め[illegible]

韓半島の全面積の七割を占める山には、なんと緑が少ないことだろう。岩が突き出て、茶褐色の地肌が延々と続いている。

全員、一瞬、身のひきしまる思いで、午後一時半、金浦空港に到着した。緊張した面持ちでタラップをおりた全員に、本国関係者の歓迎陣が待ちうけていた。音楽隊の哀愁ある曲をかなでる中で、祝辞、花環贈呈、挨拶がおこなわれた。涙をさそう者、緊張で体をふるわす者、感慨にひたる者。全員さまざまな感情を示しながらも、青年奉仕団の任務の重大さを、再度、痛感した。

厳粛なる歓迎式が終了し、全員バスにのって宿所に向かった。

(青年奉仕団　李相善)

林慶業将軍傳(七)

訳　洪相圭
編　八束周吉

慶業は予想もしなかった突然の上命を承けて、内心いろいろな疑惑を覚えながら、朝服の正装に身をまとい、宮内に参内して天子の御前にぬかずいた。

「朝鮮国王が臣、林慶業、お召しによりまして、参内つかまつりました。」

明帝は一見して、慶業の凡庸でない、人柄を見てとられ、ますます頼母しく思われたから声をかけられた。

「卿のことは朕もよく耳にしていたところである。こうして見るに、確かに名に恥じない天晴れた名将と見えるわ。噂上人の間では、今そちの話で持ち切りであるぞ。

故国を離れること数百里の外にいる卿には、朕の請いが無理かも知れぬが、強っても聞きとどけて貰いたいことがある。

もとより朕の股肱に賢臣あり勇将が綺羅星のようにおれば、その方が遠く離ってわれるところだが、ここは朕の意を諒して、中国に赴き、北狄の将、凡胡を懲らしめて、帝国の威信を保ち、合わせて朝鮮国の名誉も揚げてくれることはできないことか。」

「はあ。」

慶業は平伏して、慎しんで明帝の命を受けた。

「臣のとるにも足らない才能に、このような大命を下されまして、もったいない極みであります。臣、慎しんで、胡国討伐のこと、万死の地といえども御意に副い奉りまする。

ただ、陛下にお願い申し上げますするは、臣は一小国の陪臣に過ぎぬ者でございますれば、十万の将卒がこれをもって臣を侮り、延いては、軍令のゆき届かないことになりかねないのを恐れるものでございます。臣、未熟の者でございますれば、陛下のご威光にすがって、軍令の確立を計ろうと思いまするゆえ、まことに恐れ多いことでございますが、陛下のご佩剣を賜わりますれば、それを陛下のご親臨とも見なし、軍令のしるしとなすことができるものと存じます。軍令さえ立てば、臣は喜んで死地に赴くでありましょう。」

天子も慶業の請いを嘉納せられた。佩剣をご下賜なさりながら、慶業をもう一度激励された。

「卿は全力を尽くして、寇狄の頭、瓦剌を討ち、大功を立てて帝国の威厳を高めよ。」と。

三、中原に名を轟かす

慶業は大恩を謝して、御前を退出したが、このとき彼の年は三十一歳にすぎなかった。

教練場で将卒を訓練する前に慶業は全将卒を号令台の前に集めて、軍令の重いことを再三警告した。

「軍に一切の私情はさしはさまれず令に背くことは絶対にゆるされない。軍令を犯して後に後悔することのないよう厳重に戒告する。軍令はすなわち生命である。

もし、軍令を犯した者は……」

と、いいながら、天子の佩剣をすらりと抜いた。三尺の秋水は、慶業の手の内で、冷たく鋭い光を四辺にはらい、見る者の肝を寒からしめた。慶業は抜き身を高くかかげながら、

「ここに恐れ多くも、陛下より賜わった剣がある。この剣を諸将兵は陛下のご親臨とみなし、常時、陛下の御前におるものと思え。また、軍令に背いた者は陛下の御名で、この佩刀の錆になるものと覚悟せよ。」

諸将卒は、

「おうー」と、一斉に軍令を守る誓いの応答をしたら、力強く押し寄せる潮のような雄叫びは山嶺を越えて遥か遠くまでどよめき、こだまの余韻がつぎつぎと尾を長く引いて、聞く人の血を荒々しくもかき立てた。こうした訓練が暫くつづくうちにその年も暮れた。慶業は太子にお暇を告げて御前を退がり、朝鮮使臣の一行とも出陣の別れを惜しんだ。使臣一同は上下を問わず、全部が悲しそうな顔をして慶業を送りながら、武運長久を祈ったが、かえって当人の慶業は泰然と笑いながら、涙にくれている使臣らを慰めた。

「『死生命あり』です。武をもって君側に仕える者が常在戦場の覚悟で、死を見ること帰するが如き心境でなければならぬはずですが、決して死を急ぐ無謀なことはせぬつもりです。どうぞご心配なさらぬよう。また不幸にして死ぬとなれば、とうせ一度はあること。戦場に屍をさらすのも武夫の本懐と思い、恨みなく死んでゆくつもりですから泣いて下さいますな。たとえ、異国の地とはいえ、青空の下、同じ陸続きの地には変りありません。武夫の死に場所なんぞ距離の遠近を問いましょう。一死をもって国の名を高め、泰山より重き責務に報いることができますれば、生きて死するもなんら眼中にありません。では、随分と、お達者におられますよう。」

と、鉄石心の武夫は、自分の死を気遣う涙の、さ中にあっても、微笑みながら、戦場に向かって堂々しく出陣した。

十万大軍の刀槍は林立して、日はゆくえり、[illegible]な軍紀は爽快なほどに、心の緊張を覚えしめた。燕京から遼陽にいたる道路は、無慮数百里、道は険しく少しの雨でも、ぬかるみとなり行軍には[illegible]難の条件は、一つや、二つではなかった。

韓國新聞
在日大韓民国居留民団
中央本部機関紙
韓國新聞社
発行人 金正柱
東京都文京区春日町
2丁目20−13
電話直(815)1451〜3
交(813)2261〜5
振替口座 東京 163774

民団綱領

一、われわれは大韓民国の国是を遵守する
一、われわれは在留同胞の権益擁護を期する
一、われわれは在留同胞の民生安定を期する
一、われわれは在留同胞の文化向上を期する
一、われわれは世界平和と国際親善を期する

もり上がるセマウル支援

結縁・規模など一元化

地方は計画を事前報告すること

民団中央組織局で通達

民団中央本部組織局(姜学文局長)では、第二十一回中央委員会で決議されたセマウル支援運動事業推進に関する方針を、各地方本部に通達した。この指示通達は、セマウル支援事業が各地方本部自体の計画で行なわれており、多彩で鼓舞的なムードを盛り上げてはいるが挙団的立場から見れば、総括的な計画が無く自然発生的に行なわれており、散発的効果に偏しているため、挙団的な事業として推進することをめざしている。

姜学文副団長

この指示では、姉妹結縁計画の重点をつぎのように明示している。

一、結縁対象

十大都市では民団支部単位で本国の自然部落(模範セマウル)と結縁することを原則とし規模の小さい支部では、二〜三個の支部が合同して推進してもよい。

その他の地方では、県本部単位で実情にかなう一〜二乃至二〜三件の結縁行事を施行するようにする。

傘下団体でも能力にかんがみ、本運動に参与すること。

二、結縁の支援規模

大型・日貨四〜五百万円
中型・日貨二〜三百万円
小型・日貨百万円以上

各級結縁単位(支部または県本部)での熱意と能力にともない自由意思に依って支援規模を選定するようにするが、十大都市では中型以上を支援する結縁体となるようすすめる。

三、結縁時期

本国のセマウル事業推進期間を結縁時期とするが、本運動の第一段階期間を七三年六月十五日から七月三十一日にきめ、本格的な結縁事業をすすめる。

四、結縁運動方式

各地方本部では結縁目標を設定し、数、規模、本国の希望地域(例・慶南または京畿道)などを明示し、七月三十一日まで中央本部へ計画をまず事前報告することにする。

それから各地方本部および支部では、前記目標達成のための募金に着手し、中央本部では各地方本部から報告された計画を総合して、大使館と協力、本国の関係部処が姉妹結縁行事を事前に準備するようにする。

七三年六月十五日までには、本国政府からそれぞれ結縁されるセマウルが指定されることになり、各地方本部および支部では第一段階の期間中(七三年六月十五日から七月三十一日)に入国し、結縁行事を行なう方針である。

五、セマウル支援現況

なお現在、各地方組織で自発的に行なわれているセマウル事業支援の現況はつぎのとおり。

(一)民団議決機関(一月、セマウル運動基金寄附)
(二)東京本部(四月四日、忠南、柑城里と姉妹結縁)・東京本部管下青年会(四月五日、京畿、金谷里で記念植樹)
(三)在日大韓婦人会(四月、京畿、利川邑、増浦里と姉妹結縁)
(四)民団大阪本部(四月二日、セマウル誌、金伝達)
(五)民団山口本部(四月十六日、セマウル参観)
(六)新潟本部(四月二三日、セマウル参観)
(七)広島本部(三月二四日、慶南、陜川、河浜里一区と姉妹結縁—誠金伝達—)

その他、埼玉県川口市の日本人寺山増之助(寺山牛蒡農場主)が韓国セマウル運動に時価五百万円相当のりんご苗木(二万五千本)寄贈などもあり支援の気運がもりあがりつつあり、維新祖国への積極的な奉仕と連帯強化への運動が期待されている。

〈出入国法案〉

一部是正を要求

民団の統一見解まとめ通達

二十二日、民団中央本部民生局(李聖南局長)では、日本政府が今期の国会に提出して審議通過をまっている「出入国法案」に対し、民団の基本的統一見解をまとめ、朝総連と一部不純分子らの反対闘争運動にまどわされないよう各地方本部ならびに傘下団体に通達した。

民団はその間、同法案条項を慎重に検討した結果、過去三度に亘って提案された旧法案よりは多少緩和された点(外国人活動の種類及び就業場所の指定制度と資格外活動に対する中止命令制度の削除また、本団が本国政府を通じて是正を要求していた再入国回数制度及び現地更新など)もあって全般的に反対するものではない。しかし条文中強制退去者の入国問題及び特別在留者の政治活動に対する中止命令制度の適用などの問題点があって日本国会法務委員会に是正、緩和するよう活動を展開中である。

本団がまとめた基本見解は次の通りである。

①緩和された条項に対しては、従来わが組織を通じて繰りかえしてきた主張が実現されたものなので異論はない。

②問題となる条項に対しては、日本政府又は日本国会当局に交渉して是正の方向で活動を展開するが、これに対し全面的な反対態度は留保するものである。

③疑義をはさむ幾つかの条項に対しては、別に有利であるとか不利であるとかまたは、外国人の活動に悪影響を及ぼす条項ではないと思われるが、なお、慎重を期して当該条項が内包する意図を探索中であるのでその条文の基本精神を把握したい速やかに通達の予定である。

傘下各級組織は、このような本団の基本態度にそって活動を展開することを望む。

特に朝総連と一部不純分子らの反対運動の共同推進云々提議には絶対に応じてはならない。以上出入国法案に対する本団の基本方針を全団員に周知させるよう、通達するしだいである。

私が見た平壌 (3)

第五次赤十字会談随行 金允中KPI社長

た。ホテル二階の映写室で五時半から四十分間映画を見せられた。題名は「平壌」である。内容は高層建築、アパート群、普通江、乙密台の景色、平壌火力発電所、紡績工場などの紹介で平壌市にある国立サーカス劇場のサーカスまで紹介している。どの映画もそうであるが、何でも「敬愛する金日成首領なる父」にはじまり「金日成首領」で終るのである。

開城—平壌街道を走る代表団一行の車、向う側に見える白壁の家は文化住宅といわれる

外国人観光客はもち論だいのである。官て記者会見場に戻そう。

翌朝午後二時には三階ロビーで赤十字会談代表が新聞声明を発表、午後四時には代表団だけが集体劇北赤委員長を訪問した。記者団にも日程予定は発表されない。昼食後の時間を持てた。記者団にも日程予定は発表されない。昼食後の時間を持て余した記者達は囲碁をする者もいる。五時頃になってやっと飯屋瓶がありますと通知があっ

南北記者たちが将棋の文化交流

午後七時になってやっと夕食会である。今夜は誰の主催ということなく、代表は代表達だけで、随員は随員達だけ、というように、随行員、記者は北韓の記者同士で夕食をとった。牛は牛連れ、馬は馬連れの方が気がおけると言うのだろう。先刻の映画鑑賞から夕食までの時間を持て余した随行員や記者らは談話室で将棋を楽しんでいた。もちろん韓国対北韓である。談話室でのこの人だかりを見た顔見知りの北韓記者が「既に文化交流が始まっていますよ」と教えてくれた。この突然の文化交流風景は南北記者達のカメラに納められた。駒は赤いプラスチック製で裏体も色も同じで敵味方の区別がつかない。この記者先生達(案内員や

よど号の赤軍は勉強中?

皮肉まじりの北送記者あいさつ

随員は必ず記者にも先生をつける)。彼ら同士は同志またはトンムで呼ぶ。南北記者達は交互に席をとってあるので、いやが応でも交歓せざるを得ないのだが、中には政治、経済、社会問題で大論争を展開することもある。午後九時終了。

北送在日同胞記者にバッタリ会う

▽三月二十一日(第二日)

今日の朝食は八時過ぎ、私の当番案内員はロビーで待っている。九時ホテルの玄関を出て嘸道路は一足先きにバスで会談場である大同会館に行く。ものの十分余りで会場につく。眼の前に大同江の土堤と大同橋が見える。案内員は記者達がこの土堤に上るのも制止する。会議は十時からで代表団一行は未だ着いていない。二階の記者室で待期する。韓国側の記者室にはキャンデー、梨、ジュースなどが置かれている。廊下反対側の北韓記者室には何も置いていない。北韓側記者達も先と韓国側記者室に集まって誰彼となく話しかける。私は私の案内員を呼ぶのに、鄭先生も鄭同志もピント来ないので、思い切り博士号を贈呈、鄭博士と以後帰りまで呼びつづけた。彼は最初に鄭博士と呼ばれキヨトンとしたが、馴れるにつれ本人も周囲も実感で大いにこれを認める様子であった。

文字通り紅一点 李青日北赤代表

第5次南北赤十字会談は十時からはじまったがカメラマンの撮影だけで十分以上も経過、非公開会議に入った。この前の会談までは女性代表が二人だったが、[illegible]が都合で辞任したので、女性代表は北赤李青日女史一人だけになり、文字通り紅一点ということになる。ここで記者は全く予期しなかった一人の人物に廊下でバッタリ顔を合せた。先方もこちらもギクッとした挙動である。彼は李光瑞と言い、一九六〇年北送船で行く前には、戦後ずっと民団に関係し、在日韓国人新聞社で記者生活をしていたのである。全く驚いたような懐しいような一瞬であった。

李=老記者ご苦労だネ、若い記者達と歩いて、(と皮肉まじりの挨拶である。)

記=何だ、君だってもう年だナ、未だ平記者かい?

李=少しは偉くなったよ

記=では何新聞の何のポストだ?

李=民主朝鮮(平壌の日刊紙・政府の機関紙)の論説委員だよ。

朴烈氏と金永吉ら北送同胞の消息

廊下で立話しが始まってホンの一、二分である。二人の前後から北韓の案内員が歩いて来る。警備員の様子を察した記者は「来た、来た、彼から離れよう」と言って二人は左右に別れ、別々の記者室に入った。その後も記者室で一寸会話出来るチャンスがあった。

記=朴烈氏(初代の在日居留民団中央団長で六・二五の時、北に拉致された)は?金永吉君は?(永田絃二郎のこと、彼も戦後民団陣営にあったが、北送船で帰った。平壌出身)趙尚彦君は?(彼と同じく民団陣営にあって、在日韓国系新聞記者をしていた。勿論自ら北送船に乗った)

李=朴さんはその穴だよ(祖国平和統一委員会委員長?数年前まで平壌放送で南韓に呼びかけ)ら一線を退き、後進の指導に当っている」というだけで、具体的には教えない。金炳植前朝総連副議長の消息を聞いても「労働大学で勉強している」という返事しか返って来なかった。

例の「よど号」事件の、赤軍派の日本人学生の消息をきいたが、矢張り返事は「勉強している」と答えるだけで、具体的なことは聞き出せなかった。一時が過ぎても昼食の呼出しがない。やっとのこと昼食にありついたのが一時半すぎであった。本場の味は如何に?と冷麺を注文する人が十人以上も出た。

名物平壌冷麺の味も面影なし

折角の平壌冷麺を食べ残すのである。ソウルの冷麺に比べ、まずいというのである。確かに戦前、冷麺は平壌が本場であり平壌と言えば妓生と冷麺を連想させたものである。また冷麺と言えば平壌と、ピント来たものである。このまずい理由は、調味料の関係ということに決論が落着いた。記者らは此処でも物価を調べるのだが、女性案内員と韓国記者との応答。

記=この冷麺、値段はいくら位で食べられますか?

女=内容と質によって違います。一円でも二円でも

記=では百円のもありますか?

女=あります。

とうっかり口を滑らせてしまった。いくら贅沢しても一万五千円の冷麺はない筈である。この通り、物価にしても、人口にしても、部隊数にしても数字的なものは万事外来者には秘密となっているようだ。次の行動の日程も間際になって知らせが来る。

金日成生家の万景台を見学

昼食が過ぎても午後の日程を教えない。部屋のベッドでゴロ寝していると、突然金日成生家のある万景台行きを知らせて来た。カメラバックを急いで引きさげて下へ降り、バスに飛び乗ったのが午後三時三十五分、市街地をものの十分も過ぎたら家並みが見えない。そこから十分もすると万景台である。市街地のはずれで初めて一戸建ての並んでいる住宅街を見た。先ずワラぶきの生家、史蹟館を案内され、小高い丘になっている万景山に上って大同江の下流を見下す。山上には立派な休憩所が出来ており茶菓の用意がしてあった。この山の真下が大同江であり、対岸には家らしきものは見えない。左側直線距離三キロ位のところに平壌火力発電所の煙突が二本見える。白い煙りを吐いている。その左手直線距離一キロ位のところに我々の宿舎である大同江旅館があるのだ。平壌の街と言っても思った程広くはないのである。(つづく)

海外公館長を移動

政府は今月末ごろ大・公使級と海外公館長約十人を移動あるいは昇進発令する意向である。

消息筋によると、こんどの移動は、大使三人が国会に進出したのに伴って起きた空席をうめるのに、現在空席中のフィリピン、スイス、オーストリア駐在大使後任を決め、また新設公館の公館長を任命する。これらの措置には一部前職外交官の再起用も行なわれるもようである。

外国人投資が急増

三月末で昨年一年間と同水準

今年にはいって外国人投資が急激にふえ、ここ三カ月の間に昨年一ヵ年の実績に肉迫した。経済企画院の集計によると、三月末現在の認可基準外国人投資は総四十六件、九千八百八十万ドルで昨年一年間の一億一千七百万ドル(百八十五件)とほぼ同じ水準に達した。

今年認可された外国人投資の中で規模の大きなものは、邦林紡績の綿紡施設拡張を計画した六千九百万ドルとニュー・コリア・ホテルのホテル建設に使用する千七百五十万ドルなどである。

外国人投資がこのようにふえているのに伴い韓国政府は国内企業との競争などを考慮してこれからは五万ドル未満と外国人株式持分五〇%以上の投資はできるだけ認可しない方針をたてた。

なお、さる六七年以来の外国人投資実績はつぎのとおりである(カッコ内は件数、単位=一千ドル)。

▽六七年=二〇、九二一(二一)
▽六八年=二九、四五二(四〇)
▽六九年=六七、三三四(四五)
▽七〇年=八二、二九四(一三)
▽七一年=五三、七六〇(一〇五)
▽七二年=一一七、二四五(一五)

故朴春琴翁葬儀盛大

故元日本国会議員朴春琴翁の告別式は日韓文化協会主催で十八日午後二時から青山斎場で執行され、李大使公使、[illegible]、金正柱民団中央団長はじめ、故人と親しかった人達三百名が参列盛大であった。

維新祖国にセマウム植え運動たけなわ

民団東本
60万のセマウム植え運動
画報特集

セマウル姉妹結縁部落を一周見学する東本姉妹結縁団

朴大統領は民団のセマウム（栗の苗木）を手ずから植えて下さった。

ソウルの銅雀洞国軍墓地を参拝する東本のセマウル姉妹結縁団と青年奉仕団

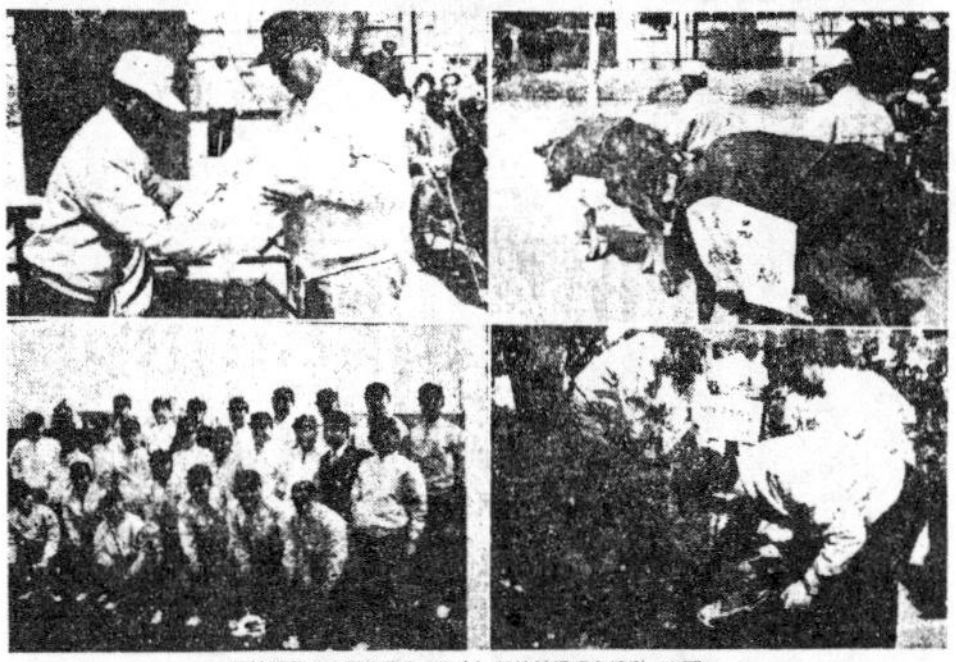
姉妹部落への贈物農牛（右上）姉妹結縁記念植樹（右下）
セマウル誠金伝達光景（左上）姉妹結縁団一行（左下）

内務部長官から授与された民団東京本部への感謝の楯

植樹の合い間に東本幹部と歓談される朴大統領　　、東本金尚弘議長（右から3人目）徐興錫監察委員長（右から2人目）

東本青年奉仕団の植樹光景（京畿道楊州郡白峰山）

6・25動乱に従軍殉国した在日同胞出身英霊の墓地を参拝

KBSテレビに出演した東本セマウル姉妹部落結縁団代表

六十万のセマウム植え運動に積極参加しよう

親愛なる団員の皆さん！

わが国は全面積の七割が山になっており、その中でも裸のハゲ山が多いので、私たちの手による植樹を待っている現状であります。

特にこのハゲ山が一年間にもたらす被害は、無視できない巨額に達しており、後孫たちのために、このまま座視することができない実情であります。

民族を愛する在日国民の皆さん！

このような現状を、私たちは、たとえ海外に住んでいるといえども無関心でいるわけにはいきません。

本国では、十月維新以後、セマウル運動を全国的に推進し、「住み良い農村」「誇らしい農村」という標語の下、現在多くの成果をあげております。特にハゲ山に新しい衣を着せる（緑化）運動は、全国民が、あらゆる心血をかたむけ努力している真っ最中であります。

国を愛する在日愛国々民のみなさん！

このような運動は、決して農村だけに限るものではなく、大韓民国の国民であれば、誰もがみな、共にとりかからなければならない運動であります。

先進国においては、既に二百年前（イギリス）百二十年前（ドイツ）八十年前（デンマーク）といったように、この運動を展開し、高度な国土緑化事業を終え、今では潤沢な森林国となっております。

実例をあげれば、デンマークは枯れ果てた林野に、植樹運動を展開し、今日においては世界的な森林国としてその名が代表されており、イスラエルでは、不毛の地に六百万本の街木を植え、新国家建設の決意をさらに堅くし、今日アラブ二億三千万人に対する、二百八十万をもって対置させ、揺ぎない体制を誇示、力強い前進をつづけているのであります。

次の世代に望みをかけている団員の皆さん！

個人とか国家において、機会というものはひじょうに貴重なものであります。

わが在日国民が、日本の中に生活の基盤をおいているとはいえ、大韓民国の国民であることに変りはなく、国民として、どんな小さなことといえども、万全を尽すべきだと思います。

私たちは今日、さらに決心を固め、裸にさらされている祖国の山野に、六十万のセマウム（新たな心）を植える運動を強力に進めなければなりません。

親愛なる団員の皆さん！

このたびわが東京本部では、在日六十万同胞が祖国の山野に一人残らず一株の植樹を実行しようという意味で、苗木六十万本をおくるための「わがふるさとに新しい衣を着せる運動」を開始することにしました。

この運動は、六十万の心のあらわれである六十万本の新しい緑の衣を祖国の寂しい山野に纏わせるものであります。

この苗木六十万本は、団員皆さんから寄贈され、この苗木を皆さんの子女たちが預かり、直接自分たちの手で祖国の山野に植えさせるのが、この運動の方法であります。

イスラエル民族六百万が、ナチスの犠牲になったのを記憶して、六百万本の植樹をなし、ますます豊かな国家として国際社会にその地位を占めるべく発展していくように、日帝侵略の渦中で多くの犠牲を強いられてきた私たち六十万の在日国民も、六十万本の植樹をもって、祖国の山野を見おしたいのであり、その木が成長する時、わが国もまた豊かになることを信じて疑いません。

わがふるさと、後孫たちを愛している在日国民のみなさん！

わが祖先、わが父母兄弟が住んできた祖国に、いろいろな困難な道がありましょうが、在日国民は、裸にされた祖国の山野へ、六十万のセマウムを植える運動に、一人残らず参加しましょう！

私たちのセマウムを、祖国に植え、国内同胞と海外同胞を結ぶという一体感が生まれる時、それは国内同胞に大きな励みとなり、力となるのです。

尊敬する団員の皆さん！

六十万のセマウムを植える運動に、皆さんの惜しみない協力をそそいで下さるよう、ひたすら呼びかけるものであります。

在日本大韓民国居留民団東京本部
団長 鄭東淳

在日本大韓民国居留民団 東京本部

東京都文京区春日二丁目二〇
電話・八一五—六五一一（三）

顧問	張仁建
〃	徐忠臣
〃	丁贊鎮
〃	鄭寅錫
〃	金仁洙
〃	金己哲
〃	尹達鏞
〃	許弼奭
〃	鄭建永
〃	范塡圭
☆	
議長	金尚弘
副議長	蔡洙仁
〃	權寧珣
☆	
団長	鄭東淳
副団長	金栄洪
副団長兼事務局長	金致淳
☆	
監察委員長	徐興錫
監察委員	廉廷燮
〃	朴珪袁
☆	
足立支部団長	金周奉
荒川支部〃	高昌運
板橋支部〃	石相奉
江戸川支部〃	姜富遠
葛飾支部〃	尹致夏
北支部〃	羅大煥
江東支部〃	金光和
渋谷支部〃	金勲暎
新宿支部〃	金炳栄
杉並支部〃	金在根
墨田支部〃	洪象観
世田谷支部〃	金栄在
台東支部〃	李鎮浩
中央連合支部〃	金容太
豊島支部〃	金熙淑
文京支部〃	金尚弘
練馬支部〃	李用洙
港支部〃	金周億
目黒支部〃	姜高元

初の「成年の日」祝う

全国で55万3千人

20日 各地で自負・自覚の記念行事

韓国では二十日、初の〝成年の日〟を迎え、各地で祝賀式や若東会を催したが、この日成人になって祝福された若者たちは全国で五十五万三千人余り。

これらの若者は韓国動乱が停戦となった一九五三年、民族的に不幸な時期に生まれたものたちで、男子が二十八万三千人、女子は二十七万人余りである。

「成年の日」は今年初めて制定された祝日で、文教部当局の説明によると、この日は満二十歳になった男女を祝福激励することによって彼らに成人としての自負心と責任感を自覚せしめるところにその意義がある、というもの。

祖国発展に献身誓う

広島県韓国青年会本国で研修

(写真は民団本国事務所での記念撮影)

広島県韓国青年会本国研修団一行二十八人は、去る三月二十三日から、民団本国事務所で研修会をひらき維新祖国の新しい体制を身につけ、中進国をめざす祖国発展に協力を誓ってこのほど帰日した。

研修内容は次の通り。

①共産主義理念と批判②国際情勢と韓国問題③セマウル運動現況説明④映画鑑賞。

海外依存の経済開発から脱皮を

大韓商議で戦略発表

大韓商議は韓国経済が六〇年代の海外依存的開発政策から脱皮し、国内資源及び国内分業関係の開発に優先をあたえる自主、自立的開発戦略をさぐるべき転換期に到達したと主張している。これは商議が発表した「転換期の韓国経済」(七〇年代の課題と戦略)で強調しているもの「急速な工業化のため外資導入は避けられなかったが海外依存度の深化は不実企業、ゆがんだ消費パターンの形成等問題点をもたらした」と指摘している。

そこで韓国経済は新しい局面に備える転換期を迎え七〇年代の開発戦略は「内包的開発方式」に基本方向をおかねばならないとし、実践的課題とし対内的には自立的には国際協力の多辺化等を強調している。

新羅六将軍の協議室石窟を発見

磨刻の釈迦如来坐像も

新羅真徳王二十八代(西紀六四七〜六五三)時代に六将軍が軍事を論じ、大事を協議した四霊地の一つが慶尚北道月城郡将六山の海抜七百m地点で発見された。これは中学教師の崔南柱(六八)氏が十五日、その地点にあった石窟と線刻釈迦如来坐像を発見したことによるもので、その石窟は高さ三m、長さ五mの花崗岩でできており、入口にはアーチ形の自然門がある。石窟の内部は五十人余りの人がはいることのできるくらいで、石広き床もしつらえてある。なお、将六山中腹には当時、将軍たちが乗馬訓練に使っていた場所(四万八百m²)も発見された。

TVなど15品目値下げ断行

商工部発表

工産品値下げを進めている商工部はこのほど第四回目として国民の日常生活に密接な関係のある乗用車、バス、テレビ、ラジオ等十五品目を一・七%から九・二%まで値下げした。これで一回から四回まで三十五品目の工産品が値下げされたことになる。これら三十五品目が卸売物価に占める比重(加重値)は一一六・八で卸売物価を〇・五%引下げる効果をもたらすものと分析している。これら三十五品目の値下げは国民の日常生活への直接影響はもとより他の工産品の値上りを抑えるとか、値下げに向けさせる間接波及効果まで期待されるのでその成果は一そう大きいものになるという。国際通貨危機、主要原資材の国際価格値上り等にも拘らず、値下げを強行できたのには業界の積極的コスト節約の努力も見逃せないともいう。商工部ではこれからも値下げできる条件さえ備えれば何時でも値下げにふみ切る方針で、まだ値下げできる品目があるという。

固定スパイ九人検挙

日本拠点にも接線

乱数表 暗号文など押収

牛島武装スパイ事件

韓国検察当局は二十四日朝、去る3月3日、済州道牛島へ工作船で侵入した北韓の武装スパイが海草乾燥場警備員一人を射殺逃亡した牛島スパイ事件の背後関係について捜査した結果、日本拠点とも連絡しながら済州、釜山、鎮海などで地下活動を続けていた固定スパイ九人を検挙したことを明らかにした。この北韓スパイ事件は、南北共同声明後にも武装スパイを南派している実証として国内外に大きな波紋を投げかけたが、このたびその背後関係や事件の詳細が検察当局から発表され、再び内外に大きな衝撃を与えている。

捜査の結果、牛島に侵入、警備一牛島出身で一九四九年南労党に入党、越北した朝鮮労働党連絡所付部長山城山里二八一)であり一・住所=済州道北済州郡… 牛島に住んでいる妻の鄭順女(57)…

…坪里八八七)との密会および工作のためその間71年11月、72年3月72年11月にも侵入しており、このたびが4回目の侵入で、牛島地域の住民を工作員として抱き込み越北するため往来していたことが明らかになった。

特に72年11月には妻の鄭順女に慶尚南道鎮海市居住の高成華に対する密書を託したこともあった。高成華に対する取調べの結果、高の自宅から暗号文、乱数表などスパイ用の七つ道具が発見され、71年9月2日大阪府警によって出入国管理法違反、公文書偽造などのかどで逮捕され現在横浜収容所に収容されている呉福順(通名西原…・48・本籍=済州道北済州郡旧左面下道里一五四六・日本住所=大阪市東成区東小橋南町一―一五)が糸を引いていた日本に拠点を置く北韓スパイ組織と連帯で連絡していたことも明らかにされた。

呉福順は済州島から日本へ密航し、日本人をよそおって朝総連などに出入りしていたといわれる。

七四南北共同声明にうたった、一切の敵対行為や挑発行為をひきおこさないことによって平和的南北統一をめざすという基本的意向に逆行する牛島スパイ事件は南北話合いの将来において一大衝撃であり長く尾を引くものと思われる。

韓国と日本の関係に新視点

日本上古史(文定昌著)抜粋と解説 (6)

日本書紀の中の倭国

景行朝は狗奴国のことか

神功に王位を奪われた仲哀

倭国の始発点を論じるに際し、日本書紀にはじめの天皇となっている神武王を無視して、日本書紀上その第十代目になっている崇神王を最初の統治者にしようとしている。

九州地方で二番目に登場した国は景行王の国である。(日本書紀では十二代目の天皇。訳者)

肥後風土記は、景行王の国都「纏向(まきむく)宮」の所在地を肥後国玉名郡長洲浜だとしており、魏書にはヒミコ女王の邪馬台国の南界に位置した「狗奴国(くなこく)」の男王の名を卑弥弓呼(ひみここ)としている。日本書紀上の景行王が、がこれを祖先として、景行王の二人目の息子「日本武(やまとたける)」の名前のいわゆる東征紀を大きく誇張し、それを不世出の武勇伝中の人物につくりあげた。

日本書紀上の景行朝は、次の成務王六十年まで、あわせて百二十年で終った。(訳者註、著者はここで景行王の系統が絶えたことをいっている)

日本書紀上で仲哀王は「やまとたける」の第二子、神武朝の第十四代としてつながっている。しかし仲哀紀によれば仲哀王は景行・神武系とは何らの関連のない、高日本、総前国すなわち今日の敦賀(つるが)地方に位置していた一勢力であって、彼は紀に記された、いわゆる三韓すなわち対馬征伐に関して両者間に意見の対立がおこり、仲哀はおきながたらしひめに除かれてしまった。

こうして王位にのぼった神功は正体不明であり、そして畿内宿祢(たけのうちのすくね)らを引き連れて対馬にある朝鮮族の国家、新羅、百済、高麗、すなわち神功摂政(せっしょう)前紀がいうところの「是所謂三韓也」を征服し、いわゆる「永…」

中大兄は、畿内地方に建国を建設した〝崇神王〟に対して「肇国天皇(はつくにしらすめらみこと)」の栄号をささげたが、神武王に対しては与えていない。戦後日本の中堅たちは、後世の日本書紀加筆者たちは彼の…

神功は大陸との交渉に努力している。そして、魏書によればその在位中十年間「親魏倭王」の呼称を受けたことになっている。景行王の国とみられる「狗奴国」の男王卑弥弓呼と不和であったから、対魏の外交に優位を保つため奔走しただけでなく、韓半島の国家にも援助をはかったようだ。(三国史記新羅第八代王、西紀一七三年)には「夏五月倭女王卑弥呼遣使来聘(夏の五月、倭の女王ひみこが、使節をつかわして来た)」とある。

解説

後の回に出て来ると思われるが、著者は…

(つづく)

戦時中最高に美化され最高額紙幣に登場した「やまとたける」

…(金元奉記者)

在日同胞出身

国会議員と懇談

23日、東京で二百余人集い祝賀

民団中央本部(金正柱団長)では、去る二十三日、午後六時から東京プリンスホテルで、韓日各界名士を招待し、在日韓国人出身の本国々会議員祝賀懇親パーティを催おした。

今年の二月、韓国で行なわれた新議会下初の総選挙で、在日韓国人権逸、裵偕商、金潤河の三氏が当選したが、民団中央本部はこの新国会議員の当選を祝い、合せて日本の衆参両議員と友好的な関係先との懇談を行ない、三国会議員を激励するために、この日のパーティを催おしたものである。

六時からパーティは開催されたが、途中で金正柱中央団長、李永泰公使、三枝信、野田卯一両日本国会議員の祝辞が行なわれ、権逸金潤河両議員に花束が贈られた。そのあと権、金両議員から感謝の答辞があり、さらに宋裕天中央副団長…から感謝の辞が述べられた。当日、裵偕商議員は本国に滞在のため出席できなかったとのことである。

パーティ参加者は約二百五十人で、日本の国会議員が約二十人、アジア友の会、日韓親善協会、スポーツ関係など約五十人が日本側から参加した。

上左から金潤河議員、金正柱中央団長、権逸議員、㊦はパーティー会場

在日韓国人、大学・高専学生名簿作成に協力を

日本各大学学部、高等・専門学校の在学生、並びに新入学生は、至急、名簿、下記の事項を記入して、民団中央本部文教局に直接送付して下さい。

韓国奨学会、各級文化研究会、親睦会開催や、奨学金支給等に役立たせ、また、学生指導対策に、その対策樹立の参考資料にすると共に、本人に必要な事項に関する連絡に是非必要なので、関係者、知人間で学生を知っておられる団員は名簿作成の上左記に送付するよう協力して下さい。

〈記載内容〉

(一)姓名(二)生年月日(三)性別(四)大学名または、高・専校名(五)在学学部名(六)学年(七)…

在日本大韓民国居留民団中央本部文教局

河野尚子さん

帰国の河野さんも五万円を

民団中央で勤続十年のあと、韓国留学生と結婚し、さきほどソウルへ帰った河野尚子さんは、出発に先だち、民団中央会館建設資金の一部にと、一金五万円なりの献金を、建設委員会に寄託、関係者らをいたく感激させた。

高校の第二語学で日本語を採用

読本配布九月から実施へ

韓国でことし九月の第二学期からの高校の第二語学(選択科目)として日本語が採用されるが、このため日本語教科書がこのほど、各高校に配布された。日本語教科書の採用は、日本語の第二語学採用を検討するよう指示した昨年七月五日の朴大統領指示以来九ヵ月ぶり。

この日配布されたのは外成均館韓国外国語大学教授ら日本語研究会の手で編集された「日本語読本」の上巻(百八十九頁)で、下巻の発行は来年四月の予定である。「上巻」は表紙に色刷りの高松塚古墳の壁画を掲げ、本頭には法隆寺金堂の仏画、巻末には唐招提寺前広場を前景にした丸の内ビル街のグラビアを飾り、数々なる体裁である。

採用された教科書は千二百頁(下巻千百頁)で、日本の地理、歴史、韓国との文化的つながりなども紹介されている。編纂の基本精神は「韓国人精神を基礎に日本語を学ぶ」というもので統一されているが、第三十四課「日本」では三十六年間にわたる日本の植民地支配については全く触れられていない。

〈冬樹社刊〉現代韓国文学選〝短篇小説〟

韓日文化交流に役立つ良書

新刊紹介

わが国の冬樹社という出版社から、このほど「現代韓国文学選集」の第一回配本分「第三巻短篇小説I」が刊行された。この文学選集は全五巻が出版される計画で、第一、二巻が長篇小説、第三、四巻が短篇小説、第五巻が詩篇の予定であるという。各巻四六判、8ポイント活字二段組、各巻四五〇頁、布装帧で定価は千四百円である。

金正柱文学博士 民団中央本部団長推薦のことば

現代韓国と日本の文化交流は、両国知識人の念願にもかかわらず戦後あまり活発ではなかった。

解放以後の韓国で新らしく生れた「韓国文学」は、幾度か日本に紹介される機運にあったが何れも水泡に帰したが今やっとここに日の目を見ることになった。

このたび「冬樹社」が、本国の「同和出版公社」の熱意ある要望を入れ、採算を度外視して「現代韓国文学選集全五巻」の出版にふみ切ったことは、韓日両国の文化交流に寄与するところが非常に大きく、心からの賛辞を惜しまない。母国語を解し得ない在日韓国人の若い世代にも、是非この機会に、母国の文学に触れるべく一読をおすすめしたい。そしてさらに座右へと進まれることを念願って止まない。

また出版元の冬樹社に対しては、この全集の出版をぜひ完行して、現代韓国文学の全貌を日本の斯界に幅広く紹介して貰いたいことを切に望むものである。

なお「冬樹社」の所在地ならびに電話番号は次のとおり。

東京都千代田区神田神保町二―一八、電話二六四―〇三四六

高麗大全勝

バスケットボール韓日親善試合

さきほど来日した高麗大学バスケット・チームは、韓日親善試合を各地でひらき、明治大学に85―66、関東学生選抜に88―74と実力を発揮、合計六試合全勝を飾り、全員無事帰国した。

維新祖国の進路確認発展を誓う

在日大韓婦人会本国研修団

既報のとおり在日大韓婦人会本国研修会が三月二十七日から三月二十九日まで三日間、在日大韓婦人会会員代表九十四人の参席裡に本国事務所で開催され、維新祖国の進路を確認し、在日大韓婦人会の新たな発展を約するにおいて多大な成果をあげた。

研修会を終えた一行は、二十九日、国立墓地を参拝、在日自国同胞の念碑に…をしたあと、…セマウル…を訪問して…を伝えて…

民団本国事務所で研修講義をうける婦人会員ら

世界制覇の 韓国女子卓球 みやげスナップ

▲…ユーゴでの世界大会で優勝した韓国チーム(銅盃をかかげる千栄石コーチ)

▲…剛球を連発する李エリサの雄姿(中央こちら向き)

▲…右から鄭賢淑、李エリサ、朴美羅、金順玉、陳仁淑の各選手

▲……羽田空港は歓迎の同胞たちで埋まった

見事な調和の合唱

●サトウ サナエ　崇義女専グリークラブ評

韓国のソウルにある崇義女子専門学校のグリークラブが、四月十三日から来日している。

そのグリークラブは二十八人で編成されていて、その七〇パーセントが保育科の学生だそうである日本に招かれた目的は、アマチュア交響楽団で名高い群馬交響楽団と合同演奏会を催すためという。しかし韓国のクラシック合唱団が来日するのは始めてとあって、短い日程にもかかわらずヒッパリダコで大活躍のようである。以前から噂を耳にしていたので、私もぜひ群馬交響楽団との合同演奏を鑑賞したいと楽しみにしていた。しかるになぜか手違いつきまとい、合同演奏はおろか、商銀ホールでの演奏会にも行けなかったのである。

そこで、最後のチャンスである二十三日のNHKテレビ〝歌はともだち〟の公開録画に急ぎかけつけ、やっと大望の〝声〟に接することが出来たのである。ステージは少年少女の合唱団でいっぱい。客席も色とりどりの正服を着たチビッコ・ファンと、その母親たちというわけで、満開の花畠さながらである。司会者の誘導により、ステージと客席はいっしょになって、ヤーヤーと両手を振りあげながらテーマーソングを歌う。

正直に言って、こんな雑然とした中でのグリークラブの演奏は、どんなものであろうかと心配だったが、しかし本番が始まってみると、予想外にしっくりと解け合って見事な調和を作り出した。

日本の歌のように日本人に親しまれている〝アリラン〟のメロディーと共に、目も醒めるような緑と白の美しいチマ・チョゴリの娘さんがずらりと並んだ。そして、明るく清楚に澄んだ声のハーモニーがホール全体に浸透していった。アリランが終ると〝漢江水打令〟〝農夫歌〟と続いた。いずれも牧歌調で、韓国独特のリズムがチャングや大ドラ・小ドラなどで歯切れよく刻まれ、そのリズムの上を浮游するように張りのある声が流れていく。韓国ムードにすっかり魅了された人たちの拍手が鎮まると、今度はホールにいる総ての人たちといっしょに〝野ばら〟を合唱した。美しいメロディーは瞬く間に国境を越えてしまう。

グリークラブのピチピチした若いお嬢さんたちと子供たち。出演者、スタッフ一同、あっという間にともだちになり、録画が終っても楽屋で握手したり歌ったりして名ごりを惜しんでいた。

一行は四月二十四日新幹線で出発、帰国の予定。私のように運悪く演奏会に行けなかった人びとのためにもう一度だけチャンスがある。この〝歌はともだち〟が五月十二日午後六時五分から放映されるからだ。NHKホールを出ると、ちょうど彼女たちがバスに乗るところだった。「アンニョンヒカセヨ」と声をかけると「サヨナラ」と彼女たちは答えてくれた。

涙こみあげる国立墓地

六十万のセマウム植え運動に参加して (二)

13時30分、金浦空港到着。ちすむ。一瞬、身のひきしまる思い。当地の記者の質問ぜめに感想インタビュー。整列し、税関を出るとすぐ歓迎パレード、花吹雪と続く。沿道、青年会長あいさつ。盛大な歓迎と、今回初めて本国訪問をした者も多くいて皆の目には、感激で涙がいっぱい。本国で展開されているセマウル運動の一環として行なわれる在日同胞60万のセマウム植え運動の意義をかみしめなければと、相思う。

待機していたバスに乗車し、これからの研修スケジュールの締約の目的地である国立墓地へと向かう。車中から、チマ・チョゴリ姿の女性、よその行き交う姿、古めかしい建物と家ととたちならぶ建物を見、余りに発展、わが祖国に来たとの実感がわいてくる。15時0分、広大な墓地の国立墓地での参拝は全員で黙祷をささげる。どこからか山の静寂をつき破り今は亡き英霊への鎮魂のラッパの音が朗々と高らかに、胸奥に鳴りひびき、またしても胸の底から涙がこみあげる。

ここに、3・1運動、6・25動乱の本国、在日同胞の犠牲者をとむらってあるからだろうか。

国立墓地をあとに、いよいよ研修会員の宿舎である、文教部中央行政研修院に16時0分到着した。すぐにオリエンテーションがおこなわれた。内容は研修所が文教部で運営され、精神的訓練所であるとの説明があり、奉仕団の任務にもたらされた。(一)植樹(二)学習(三)見学。緊張がほぐれないまま就床に

て夕食。夕食の連絡を受け食事にて全員で卓をかこむ。

とてもおいしい。あとでわかったことであるが、食事の待遇が研修院で宿泊している他の先生方と違うときいてびっくり。おまけに間食もいただけりつくせりの歓待であった。

明日以降のすべての準備のためひんぱんに運営委員会が開かれる次々に各部署へ示達事項が伝えられた。

22時30分、入浴がすみ就寝となる。4月3日晴れ。6時30分起床。始めての朝をむかえる。

間前にて全員集合し、これから朝の慣例となる朝の体操とマラソンを始める。空気が澄んでいて気持ちもよい。朝食の後9時から始まる開講式の準備で全員が、会議室へ。文教部長官の来訪、東京本部幹部の入場後開講式が行なわれる。文教部長官の話は、(一)植樹の礼と共にウリマル学習を重要目標とせよ。(二)同胞青年のおかれている状況。(三)国内の国力増強をはかる。(四)南北問題にふれ、国際的和平ムードの高まりの中で朴大統領提言のもと、北との対話が開始された。(五)セマウル運動の意義。を話された。青年との対話も自然にもたれ2・3人の会員からは、教育機関の不足などの問題提起があった。閉講式は無事終了した。9時55分、白い作業服を各々受けとり外務部へバスにて向う。庁舎のまわりには、古式豊かな光化門が残され温存されている。

私達は、全員外務部長官室へ招かれ激励のあいさつをうける。そして内務部へ。ここも、いかにも国政の業務を遂行するにふさわしい、すばらしい建物であった。

11時10分。今回の第1目的である苗木60万本代の伝達式が開始された。長官の丁重なあいさつ、東本団長のあいさつと続く中でKBS・TVの撮影がどんどん進められる。長官より呼びかけがあり対談を始める。長官は前列一人一人に握手を求めセマウル運動指導者のバッチを胸につけて下さる。少々緊張がほぐれた。12時25分内務部の好意で食堂にて昼食をとる。宿舎に戻ったのは12時40分であった。休けい後、運営委員会がもたれ、今晩MBC・TV出演要請の件が確認された。

さて、いよいよ、この目的である学習が始まる。13時50分、「朴大統領の指導理念」講義では、一語も聞きもらすまいと皆の顔はひきしまる。

(青年奉仕団・金光子)

林慶業将軍傳 (八)

苑

訳 洪相圭
編 八東周吉

先鋒れの報を受けた胡王は、さっそく、出迎えの一隊を中途まで差し向けて案内させ、慶業が国境に近づいたときには、親しく城外一里余のところまで出迎え、慶業と馬首をそろえて城内にはいった。

胡王は慶業に、大司馬大将軍の最高の職位を授け、胡国の兵馬の権をすべて 手にまかした。

「瑪狄、瓦剌の勢が強大に過ぎて、当たるべからざるものがあり、小国の軍勢ではとうてい防ぎようもなく、ついに宗主国に援兵を請うた次第であります。大将軍の下に小国の兵馬の全権を委ねまするによって、どうぞ瑪狄の横暴を懲らしめて下さいますようくれぐれもお頼み申す」

往古、六国合従の相印を帯びた蘇秦の感慨も、このようなものであったろうか。数百里の異域に出征して数十万の大軍を叱咤する大将軍となった慶業の感慨は、ひとしお、無量なものがあった。

転戦!連勝!慶業の神謀鬼策は縦横無尽、勝利に勝利をつづけて、さすがに広い胡国の平野も、瑪狄の屍と流れる血で、文字どおり屍山血河の血生臭い状態を呈した。

ただ、ひとり慶業の作戦に翻弄されて、大軍を擁した敵ではあったが、とてものことでは、手も足も出せなかったのであった。

大将軍、林慶業の名は雷のように、胡狄の山河に轟きひびいた。

小競合がつづいていたある日慶業がわざと敗戦をして敵を誘引したところ、案の定、敵は大軍を動かして、猛攻撃の気配を示したから、慶業は、すばやく高地に登って敵陣を偵察した。

まず、敵は小さな勝利にすっかり酔った心の隙が、つい油断となり、隊伍は乱れ、陣も不容易極まりないものとなっていた。慶業は「驕敵必敗」と、つぶやきながら会心の微笑みを浮かべた。

深い谷間を左右にし、前には鬱蒼とした森林のある敵陣の地勢は一転して、いつでも全滅を免れない窮地に変わり得るものであった。

「よし、ここを、お前らの最期の墓場にしてやるであろう」

と、心の中で叫んだ慶業は、すぐ本陣に帰り、諸将を呼び集めた。

「敵陣を見るに、将帥に驕る気が張り、隊伍は乱れて、わが方を侮っている気配が歴然としている。この油断に乗ずれば、敵の一兵までも屠ることができるであろう。諸将は、予の下知を寸分違わずに遂行するよう、厳しく達しおく」

と前もって警告した慶業は、各隊の将に策を授けた。

まず二隊の将を名指して、

「各隊は各々五千名を率いて敵陣の左右峡谷に潜伏し合図を待って左右より敵の本陣を突くよう」

次にこの隊とあの隊は本国軍の千名を率いて、峡谷を迂回し敵の後ろに回り、瑪狄が背にしている険しい山に伏兵せよ。そして逃走してくる敵を一兵も逃さず屠れ。」

翌日、策に従って迅速に布陣の終わったことを確認した慶業は、黄金の鎧を寸分隙なく身につけ兜を厳めしくかぶり、千里駒と呼ばれる名馬に鞭撻と跨がって本軍の陣頭に立てば、その威風は颯爽とあたりをはらい、ために草木もなびき伏さんありさまであった。まず胡本国軍に声をそろえて鼓を鳴らし、あざ笑わしめた後で、大音声で名乗をあげた。

「いやあ、いやあ、我こそは林慶業であるぞ。無礼無道な奴ばらを、天に代わって懲らしめに参った。首筋を洗って神妙に天誅を受けよ」

と山を震わしたら、敵の先鋒大将チュバは、瑪狄の中にもその人ありと知られた勇将であったから、黙ってさがるはずはない。顔を猩猩のように真っ赤にして怒り、負けじとばかり、大声を張り上げてやりかえした。

「何を小しゃくな青二歳め。耳の穴が抜けるほどよくほじくって聞いて見たところで、お前のような奴の名に覚えはないわい。つべこべぬかさず、その首さし出さねば、この俺さまが頂戴しにゆくから有難く思え」

と叫ぶが早いか馬に跨がり、大身の槍をひっさげて脇目も振らずに、飛びこんできた。

これを見た、大将軍慶業も、

「何を、脳味噌足らずの蠅振りめ、目にもの見せてくれん、いざ見参」

悠々と槍をしごきながら、挑みに応じて、これを迎え討った。

豪勇無双の両雄は、右を斬れば、左にはらい、上をなぐれば、下にかわすこと数十合、お互いに相手の強いのに舌を巻いて驚きながら、また戦うこと数十合、斬る、突く、なぐの、あらゆる手をつくしたが、やはり勝敗がつかなかった。双方の馬も火のような息を吐き、敵味方は、なりをひそめて固唾をのみ、勝負やいかにと、手に汗を握り、見守っていた。

勝負がなかなかつかないので、慶業は負けるふりをして敵将を誘引しようとしたが、敵もさる者、その計略には乗らなかった。それと見た慶業はまた馬の首を廻らして、もっと猛烈に討ってかかったが、いたずらに刃に火花が散り一進一退するだけで、やはり、けりはつかなかった。

慶業が敵わないふりをして逃げ出したら、計略ではないかと疑った敵将ではあるが、驕るのにうっかり釣られて怒りが心頭に発し、ついに前後も弁えず追討ちの形になってしまった。

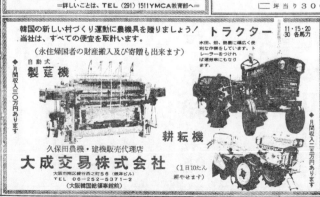

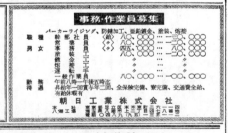

528 -

韓國新聞

在日大韓民国居留民団
中央本部機関紙
韓国新聞社
発行人　金　正　柱
東京都文京区春日町
2丁目20－13
電話直(815)1451～3
交(813)2261～5
振替口座　東京　163774

民団綱領

一、われわれは大韓民国の国是を遵守する
一、われわれは在留同胞の権益擁護を期する
一、われわれは在留同胞の民生安定を期する
一、われわれは在留同胞の文化向上を期する
一、われわれは世界平和と国際親善を期する

金日成に公開質問状

共産革命の正体あかせ

北韓訪問は県民全体の意志でない

福井県有志、団体など決起

訪問団長中川知事に十ヵ条託す

福井県知事中川平太夫氏を団長に同県内各界代表からなったという北韓訪問の所謂「訪朝使節団」十一人が去る四月二十八日、モスクワ経由で北韓入りし、貿易拡大、文化交流を中心に北韓首脳らと話し合うことについて、福井県有志一同を始め、勝共連合福井本部、福井県郷友政治連盟、立憲養正会福井県本部では、同訪問団に土下座し、盲目的に迎合することのないよう、金日成への公開質問状を託した。質問状全文は次の通り。

私達県民は中川知事らの訪朝に対して、憂国の情アジアの平和を願う気持をもって[illegible]をして参りました。

それにもかかわらず、県民の意志を無視して訪朝を断行することに対し、この訪朝団が決して県民の代表ではないことを断固表明します。

この一行が、北鮮・金日成に土下座し、迎合することのないよう[illegible]にたぶの質問を託しますので、誠意ある回答を[illegible]お願い致します。

一、朝鮮労働党副委員長であった金[illegible]並びに[illegible]が粛清されて北鮮にいるということだが会わせてほしい。

一、昨年十二月二十七日憲法を改正して、五条六条、十二条八十五条の各[illegible]条項を削除してしまったが何故か？

一、日本では[illegible]、徹底した反日の[illegible]を聞くが、これは日朝友好ムードと矛盾し、北鮮の意図するところが、日本共産革命であると多くの国民が認識している矛盾の理由を明らかにし、金日成の本意を教えてほしい。

一、平壌からの暗号が深夜日本の上空に乱れ飛んでいるが日本内に北鮮のスパイをどのくらいひそんでいるのか？

一、金日成首相がにせものだということが日本では[illegible]ているが、それならば[illegible]は誰なのか？

一、北鮮では子供や[illegible]で徹底した軍事訓練を[illegible]ようだが、それをみせて[illegible]

一、北鮮では階級制度[illegible]の人は[illegible]として[illegible]強制労働をしているという[illegible]人達と自由な会話をさせて[illegible]

一、共産革命は血の粛清を伴う[illegible]の通例であり北鮮もその[illegible]はなかったが、何名ぐらい粛清したのか？

一、フルシチョフ回顧録によって[illegible]五〇年の六・二五動乱は、[illegible]からい、北鮮から侵略し[illegible]が明らかになったが、なぜ世界各国に謝罪しないのか[illegible]もせず、いかにも韓国から[illegible]ように宣伝していることに我々は、北鮮を信頼できなくして認識している。

一、昨年、美濃部東京都知事[illegible]した時案内人という名目でつき板門店に行く時も、夜[illegible]を利用し、一緊外を見せなかったことに対し、我々は自由の国では、考えられないことばかりだが、何故そうするのか？我々には自由行動を認めてもらいたい。

以上、十ケ条の質問を託します。万一、御返答がない場合には、我々県民は、中川知事らの誠意なきことを県下に発表し、日朝友好ムードが、北鮮じかけの一方的なものであり、日本共産革命工作に通ずる道である事を、全国民に[illegible]致します。

一九七三年四月二十五日
福井県有志一同
国際勝共連合福井県本部
福井県郷友政治連盟
立憲養正会福井県本部
(連絡先)福井市[illegible]
電話[illegible]七七六(26)[illegible]四一番
代表　東森　教

本国で維新研修会

15日から、全国監察委員一同

金察変中央監察委員長

民団中央本部監察委員会（金察変委員長）では、本国で繰りひろげられている維新体制に歩調を合せて組織強化を推進しているが本国内での迫力ある維新事業の躍進な発展を体験する一方、南北調節委員会及び赤十字会談の進行状況を正しく把握する趣旨のもと、五月十五日から四泊五日の予定で全国監察委員国内研修会を次の要領でひらくことを決定した。

日程及び行事概要は次の通り。

一、期間＝五月十五日から十九日まで（四泊五日）。
一、参加人員数＝約六十人。
一、出発予定地＝東京、大阪、九州。
一、研修＝①南北調節委員会及び南北赤十字会談進行状況とその展望。②国内外情勢。③在日同胞の協力問題。④監察委員としての各種情報把握。⑤セマウル運動の現況と進行状況（特に第三次経済五ヵ年計画に関連して）
一、視察及び見学＝①板門店見学②セマウル視察及び姉妹結縁③個人では見られないところの見学。

日程および研修時間表

5月15日（火）
KAL便で入国

5月16日（水）
09時30＝国立墓地参拝
10時00＝民団本国事務所訪問
10時30＝南北対話
13時00＝北韓実情
14時30＝我が民族の進路と課題
16時00＝外務部礼訪

5月17日（木）
09：30＝十月維新の意義
10：30＝監察制度
13：00＝セマウルブリフィング
14：30＝民団組織強化策
16：00＝映画「これが韓国だ」

5月18日（金）
09：30＝韓国の経済政策
10：30＝板門店見学
18：00＝カクテル・パーティ

5月19日（土）
10：00＝セマウル視察[illegible]

民団大阪本部

18日、地方委

民団大阪府地方本部（姜[illegible]団長）第十七回定期地方委員会が去る四月十八日午前十一時から同本部講堂でひらかれた。

民団大阪府地方本部第十七回定期地方委員会

[illegible]委員長、辺[illegible]氏、金朝浩副委員長主宰でひらかれたこの日の委員会は、定員三十人中八十五人が出席してひらかれ、姜[illegible]団長のあいさつにつづいて中央本部副団長、金[illegible]顧問の激励辞、大阪総領事館金[illegible]領事をはじめ来賓の祝辞及び紹介があったあと、①前年度経過報告②今年度活動方針③予算案などを承認、原案通り採択して午後七時すぎ閉会した。

外貨送金運動

北韓、朝総連に指令

北韓はその経済開発六カ年計画（一九七一～一九七六）が深刻な資金不足から重大な難局に逢着、三月末には朝総連に対して「祖国に外貨を送る運動」を展開するよう命令したという。

朝総連消息筋によれば、朝総連はこの指令に従って現在その全組織を動員して同胞に送金を強要している。

この消息筋によれば、朝総連は四月五日中央幹部・各県本部委員・各県商工人会長・各県朝銀信用組合理事長などを緊急召集して秘密対策会議を開いた。この会議はこの運動を当面の至上課題に採択することを決議したという。

同会議の主な論議内容は

一、北韓の経済建設六ヵ年計画推進に必要な技術革新と各種プラント輸入が外貨の不足から行きづまっており、その不足額の一部を在日同胞の"献身的負担"によって解決せねばならないという北韓当局の「指導」をうけた。

しかし、この内容を一般同胞にそのまま知らせてはならず、北韓にいる家族や親せき、友人などに送金するよう指導すること。

三、同胞各人は一口三千ドルまでは何度でも送金できるし、北韓当局はその金を責任をもって受取人に伝達し、受取人はその金で好きなものを買って使うことが許されると宣伝すること。

四、日本の税務当局の注目をさけるため、送金の折は朝総連組織を通すること。また多額送金には他人名義を利用して分割送金することが望ましい。

五、この運動では、朝総連系の商工人が模範となり、その事に誇りを持たねばならない。

なお、朝総連ではすでに試験ケースとして現在北韓を訪問中の朝総連副議長朴在魯と朝鮮新報社記者六人などに三千ドルずつ送金したという。

金正柱団長

本国に出張

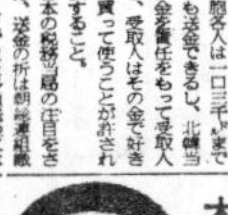
金正柱中央団長

金正柱民団中央本部団長は在日同胞の民族教育振興のための韓国学校育成、弘報事業拡充などの問題を本国当局と協議するため、五日、大韓航空便で本国に出張した。

帰任は十六日の予定であるが、十五日から五日間、開催される監察機関本国研修団の引率にも参席する予定。

[illegible]

（前略）
なお、尹少将は一九六一年の五・一六軍事革命後、朴正熙国家再建最高会議議長の秘書官をつとめたが、その後CIC隊長を歴任、駐南ベトナム韓国軍総司令部副司令官として一年間勤務、一九七〇年に首都警備司令官に任命され、朴大統領の信望も厚かった。

◇宣告刑量（カッコ内は求刑量）
▽尹必鏞少将（前首都警備司令官）＝懲役十五年、罰金二千万ウオン。追徴金五百九十万ウオン（二十年）▽孫永吉准将（前首都警備司令部参謀長）＝懲役十五年、罰金二千万ウオン（二十年）▽金成培准将（前陸本進級人事審査官）＝懲役七年（七年）▽権[illegible]大領（前[illegible]）＝懲役二年（二年）▽[illegible]追徴金八十二万七[illegible]▽[illegible]陸本進級人事[illegible]追徴金七十七万[illegible]▽劉田寿中領（前[illegible]）＝一年（二年）▽[illegible]罪捜査団要員）＝[illegible]金二百四十五万ウオン[illegible]李政約大尉（[illegible]）＝[illegible]徴金八十六万ウオン[illegible]裵坤錫尉（[illegible]）＝[illegible]金五十五万ウオン（[illegible]）

朝総連と野合、赤化工作

那須事件主謀者らを懲戒

民団破壊、反国家企図

八日、中央監察委員会で全貌発表

民団中央本部監察委員会（金察変委員長）は、八日、第二十一回中央委員会で可決された「那須事件」主謀者らに除名の懲戒処分を決定、同日付で公告した。被疑事実及び被懲戒者は次の通り。

朝総連が民団と大韓民国を破壊する工作を行なう目的で、性分が良くない民団員を秘かにだきこみ密封教育及び秘密研修会を行ったいわゆる「那須事件」に関して本委員会は慎重な調査にもとづき、数回にわたって慎重に審議を重ねた結果、同事件が目的する内容と性格が明らかに反国家的であり、反民団的で北韓、朝総連と内通野合して民団組織はもちろんのこと大韓民国社会に深く侵透して破壊を企んだ朝総連の計画遂行の一端である恐ろしい不純行為であることが間違いない事実である結論を得たのである。

しかし、心証と事実が確実であるとはいえ相当な時日が経過した事件であり、また人権にかかわる重大な問題を団規だけで一刀両断に速決する性格の問題でない見地から、本委員会は第二十一回中央委員会に懲戒処分案を提案したところ満場一致で可決されたのである。

よって同事件の主謀者らの一連の行為は本団規約第六十六条適用規定第一条一項及び三項に該当する過ちを犯したものなのでここに除名処分し、公告する。

郭東儀ら三人を除名処分

朝総連にだきこまれ密封教育

同事件で企図された内容は、
①民団員をだきこみ共産主義思想を吹聴して北韓への憧憬心を助長する。
②これを全民団員に宣伝、民団組織を攪乱させ、民団をして大韓民国を反対、裏切りを企図。
③ひいては大韓民国の経済復興を妨げ政治混乱をひきおこすことを企み大韓民国の友邦を離間させ北韓の赤化統一を容易ならしめる目的で行動目標を指令、各界に侵透を企んだ。
④クリスチャンは反共信徒であり統一を妨害する米帝の手先であるので抹殺する。
⑤資本家は大敵であるが手段目的のためこれを利用し、当分間は懐柔する。
⑥韓国学園は反共的であるから拡張、建設に反対する。
⑦日本国内で同志を糾合、韓国に入国させて混乱をおこし現政権を打倒、人民革命で共産統一を速やかに達成する。
⑧韓国の経済復興は、統一に支障があるので遅延又は破壊する

◇懲戒処分＝除名
〈被懲戒者〉
郭東儀＝一九二八年七月二三日生、本籍＝慶尚南道陜川郡[illegible]面北邑洞二〇〇、住所＝東京都練馬区春日町一ノ三五ノ二一、国民登録＝東京一二三〇三号。
金容元＝一九一四年八月二四日生、本籍＝全羅北道群山市[illegible]洞二、住所＝京都市左京区北白川山の元町二、国民登録＝大阪三五二〇号。
尹赫孝＝一九二〇年八月八日生、本籍＝慶尚南道[illegible]郡[illegible]面広井里、住所＝栃木県宇都宮市一条町三〇四七、国民登録＝東京四五四号

葛飾支部姉妹

結縁団が出発

既報の通り、民団東京・葛飾支部セマウル姉妹結縁団一行三十人は尹致夏葛飾支部団長引率のもと去る七日、羽田発KAL便で出発した。一行は、国立墓地参拝、八日には、京畿道華城川[illegible]里セマウル部落と姉妹結縁したあと板門店見学、顕忠祠参拝、ソウル市内の名勝古蹟地を視察、三泊四日の日程を終え五月十日帰国の予定である。

なお、都内で支部単位での姉妹結縁は葛飾支部が始めてである。

浜松支部定期総会

団長に朴尚根氏

民団浜松支部第二十五回定期総会が去る四月二十二日、浜松市民会館集会室でひらかれ議案を審議採択したあと役員を改選、次の通り選出した。

▲団長＝朴尚根、副団長＝[illegible]
▲議長＝崔三[illegible]、副議長＝金[illegible]
▲監察委員長＝李[illegible]、監察委員＝[illegible]
▲事務局長＝[illegible]

特別委員会、役員改選

二日、民団中央本部では、統一委、法的地位委、規約修正委の合同会議をひらき、執行部（中央）を次の通り改選して活発な活動を展開することを決めた。

◇法的地位委
▲委員長＝[illegible]
▲委員＝辛容[illegible]、文[illegible]、安八[illegible]、孫[illegible]

◇統一問題委
▲委員長＝[illegible]
▲委員＝尹[illegible]、李[illegible]、朴[illegible]、崔[illegible]、金[illegible]源、鄭[illegible]、丁[illegible]

◇規約修正委
▲委員長＝[illegible]
▲委員＝朴大[illegible]、金[illegible]、李[illegible]、朴[illegible]、李[illegible]、金[illegible]

尹少将に懲役15年

建軍以来最大の汚職事件判決

陸軍本部普通軍法会議は、建軍以来最大の収賄および職務遺棄事件に関連して三月二十六日に拘束されて以来、ずっと調査を受けてきた尹必鏞少将など十人の陸軍高級将校たちは二十八日陸軍本部普通軍法会議において最高では懲役十五年、最低懲役一年までの実刑を言渡された。

[illegible]

その判決の両面においては創軍以来前例のない大犯罪といわなければならない」と指摘した。

この日被告たちに適用された法の条文は①業務上横領②特定犯罪加重処罰法違反③軍務離脱④職務遺棄⑤軍事機密保護法違反⑥[illegible]⑦[illegible]違反⑧[illegible]⑨[illegible]⑩[illegible]など多数にわたる。

訃音

民団[illegible]支部顧問である李[illegible]氏の[illegible]女史が去る四月[illegible]日ソウル市[illegible]の自宅で逝去、[illegible]は四月十一日帰任した。

韓国人画家の金昌烈画伯（四六）がパリのル・サロン美術展で金賞を獲得した。ル・サロン創設三百年を記念するこのフランス国展には絵画部門だけで三千九百八十六点、そのほか彫刻、版画、図案など三百九十一点が出品されている。

おことわり　連載「[illegible]」は紙面都合のため休載します。

東京本部地方委員会召集公告

第32―10回定期地方委員会を次の通り召集する。

日時＝一九七三年五月十八日（金）午前十時
場所＝駐日公報館会議室　東京都千代田区永田町二ノ二九
（ホテル・ニュージャパン内）
電話　五八〇―二五七七番
議題＝①活動経過及び決算報告②七三年度活動方針及び予算案審議③其他事項

一九七三年五月　日
在日本大韓民国居留民団
東京本部　議長　金　尚　弘

「庶政刷新」事業積極推進

維新事業は民族百年の計をふまえ今や庶政刷新へのきめこまかい実践へさしかかった。写真は韓国の明日を担う子供の大宮殿、南山の子ども会館

「庶政刷新委員会」設置
民願書類添付も54%に簡素化

政府は維新指標実現の一環として庶政刷新業務をより積極的に推進するため、全部処に「庶政刷新推進委員会」を設置する方針である。政府当局者は、二日庶政刷新業務を総合的に調整するための推進委員会を各部処別に構成し、委員長には次官、副委員長は企画管理室長が、委員には各局長が任命されることになると述べた。この当局者は、委員会は、①庶政刷新業務の総合調整②庶政刷新事例の選定③指摘完了された事例の事後管理④庶政刷新奨励に関する事項⑤総合長期計画および実践計画樹立などに関する事項を協議すると述べた。

一方、内務部は来る六月一日から各市道邑面里など各級行政機関で処理する各種民願事務添付書類を五四パーセント程度廃止し、民願書類の書式も標準化して実施することにしたと二日発表した。

この日、全国行政機関に通達された民願処理改革内容を見れば第一段階として民願事務百八十一種に対する添付書類を現在の最高十五件までのものを平均二件程度にへらし、二百四十件にいたる複雑な民願事務の書式を簡素化、標準化し規格を縮少することになっている。

内務部は、このような措置が民願書類を出す国民の時間と経費労力などの負担をへらし住民為主の奉仕行政をすすめるためにとられた措置であるとあかした。

内務部は、このたびの簡素化は民願事務は行政措置としてただちに実施し、他の民願事務千二百三十四種も法令を改正、付属書類を二件以内にへらすよう関係部処と協議している。

このたび、民願書類を大幅に減縮するにともない、一線行政機関で処理する民願事務の年間添付書類三百九十八万五千件の中で、五四パーセントに該当する二百十四万件減縮することになり、これによって用紙節約などで、五億九千六百万ウォンの経費の節約など住民負担が節減されることになった。

民願事務添付書類が省略あるいは簡素化されるのは
▲建築許可申請
▲自動車抵当権登録
▲就業証交付
▲林産物搬出許可および確認証交付申請
▲敬地証明
▲自動車新規登録とう本交付申請
▲死体運搬許可
▲清掃手数料減免申請など住民の日常生活に必要な民願事務などである。

空手道で心身鍛錬を

民団杉並支部内の在日韓国人空手道同好会（会長・鄭光寿さん）では、週二回、夜間に空手道の鍛錬を行なっています。小・中・高生も熱心に鍛錬にはげんでいる当会へ、特に在日同胞の子弟参加を望んでいます。詳細はTEL三三一―七五七五鄭光寿さんまで連絡を。

尋ね人

☆金光麟さん
本籍、平安北道鉄州郡古寧面氷山市
解放前まで福岡県に住んでいた金光麟さんを兄の金泰麟さんがさがしています。ご存知の方は民団中央本部民生局までご連絡を。

☆李トックファさん（金泉出身・50才）

☆黄キョンエさん（釜山出身・46才）
32才程度の李春子という娘さんがいる夫婦です。

☆崔守道さん（釜山出身・50才）

☆黄月順さん（釜山出身・46才）
右の四人を韓国に居住している黄月慶さん黄庭慶さんがさがしています。ご存知の方は民団中央本部民生局まで連絡を。

☆柳禹馨さん（柳元忠吉）
解放前まで新宿区谷左内町21朝日会館にいた方です。ご存知の方は仁川市中区善隣洞14全国埠頭労働組合仁川支部柳根馨さんまたは民団中央本部民生局までご連絡を。

☆徐鳳鎮さん（富田健一・50才）
本籍・京畿道仁川市京町99
終戦前から日本に住んでいる徐さんをご存知の方は民団中央本部民生局または李圭沢さん（四八九―五六九二）まで連絡を。

☆朴万得さん（村田弘・63才）
本籍、慶尚北道大邱市射一洞92
前住所、名古屋市中区東瓦町98
解放前まで前住所で村田弘商店を開店していた朴さんをご存知の方は、民団中央本部民生局またはソウル特別市城東区会湖洞一街一―137号2統41班朴五得さんまで連絡を（写真は解放前の朴万得さん）

☆木村口学さん
千葉県に居住していた木村さんをご存知の方は、慶北清道郡豊角面聖谷洞李判伊さん又は民団中央本部民生局まで連絡を。

☆全福邦さん
前住所・大阪市西成区鶴見橋北通五丁目二番地。

☆全徳邦さん
前住所愛知県知多郡八幡町大字八幡字小根24番地
本籍が慶北永川郡である右の全さん兄弟をご存知の方は、民団中央本部民生局または、慶北大邱市北区砧山洞二区三八六番地67班金鳳吉さんまで連絡を。

ジャンボ機金浦へ
KAL・太平洋路線就航

大韓航空のボーイング七四七―二〇〇Bジャンボ一番機が、二日午後二時四十分、金浦空港に到着した。

韓国民間航空の「ジャンボ時代」をもたらしたこの飛行機は、来る十六日、アメリカ路線に初就航したのち、韓日路線とアメリカ路線にそれぞれ週二回づつ就航することになる。

「飛躍号」と命名されたジャンボ機が、金浦南方上空に大きな銀色の翼に、太極マークも鮮やかに初の勇姿を表わすや、出迎えのKAL職員と交通部関係者が拍手で迎えた。

去る一日、午前十時十九分（現地時間）シャトルを出発、平均速度四百九十ノットで、十一時間二五分目に太平洋をとびこえた、ジャンボ機の操縦は、大韓航空運航部長全国変（43）機長などわが国パイロット七人が担当した。

速度は音速の〇・九倍、高さ十九・三メートルで巨大な六階建物のようなジャンボ機は胴体の長さが七〇・五メートル。

三階になっている内部は、一階が貨物、二階が客室、三階が一等席とラウンジとなっており、客席三百二十三席（一等十六席、普通席三百七席）と貨物二十トンをのせることができる。（写真は金浦空港に着いたジャンボジェット機）

対仏輸出が五倍に激増
パナマ、ベルギー、台湾なども

政府の輸出市場多辺化施策に力を得てフランス向け輸出をはじめパナマ、ベルギー、台湾などに対する輸出が大きくふえている。

商工部によると、三月末現在対仏輸出実績は四百七十六万六千ドルで昨年同期の七十九万九千ドルより四九六%もふえ、今年の対仏輸出目標九百万ドルの五三%を達成した。

なお、パナマおよびベルギーに対する輸出実績も急激にふえ、昨年同期よりパナマが二四一・九%ベルギーは二三七・四%増加、台湾への輸出は前年同期の一〇四・九%増の五百五十八万三千ドルに達した。

バングラと貿易協定
資本投資や技術者派遣も

韓国とバングラデシュは二十六日両国間の貿易と資本投資に関する協定に仮調印した。この協定は、慶信永駐バングラデシュ韓国大使とイスラム・バングラデシュ対外貿易次官によって仮調印されたもので、今月バングラデシュ貿易代表団が韓国を訪問したさいに正式に調印される。

同協定によると、バングラデシュは韓国に皮革、製紙、黄麻などを輸出し、韓国からはセメント、タイヤー、紡績糸などを輸入することになっている。

なお、韓国はバングラデシュの漁業開発協力に関心を表明するとともに、事業計画の一環として三十人の技術者を派遣することにした。

配偶者求む

同胞健在の女性・容姿端麗で四年制大学卒業者を望む。当方京都大学理学部及び同大学院卒当同大学院で研究中。現職・京都府某高校教諭、身体壮健、年令33才・身長一七五センチ、初婚。

氏名 梁聖大
本籍、済州道済州市禾北里四三二
住所 京都市左京区浄土寺真如町一四一、小林喜久一さん方

罪なきサハリンの虜囚

韓日問題研究所長 宣一九

右からサハリン抑留韓国人帰還人会会長朴魯学氏、同常任顧問張在述氏、筆者

筆者は十年前に日本を一周してその一周の記録を本紙韓国新聞に連載投稿した、筆者としては今度が二度目の日本一周であるこれからその一周の感慨を綴って連載する予定である。筆者はソウルの韓日問題研究所々長ならびに「サハリン」（樺太）抑留同胞救出研究会の代表も兼ねている、本国では新聞、雑誌などに韓日問題の専門的なのを解説投稿しており著書には「日本の真相」、「韓国と日本」、「対日問題新聞の基本問題」、「今日の日本」、「夢への挑戦」（日本一周記）「国籍なき四万人」、等がある。

一、「サハリン」の空の下

十年前の在日同胞社会といまの同胞社会、十年前の日本といまの日本、これらの問題を比較整理しながらこれから私の稿をすすめてみたいと思う。

十年前私が日本にきたそのとき特にわたしの関心事の一つであった「サハリン」抑留同胞の問題からすすめていきたいと思う、それがためには十年前のことから書きおこさねばならない。

そのときの日本は若者が「オリンピック」だというので新しい国づくりに国をあげて熱心にとりくんでいたそういう時期であった。わたしはこういうふんいきの中で年来の望みがかなって日本を一周することができた。北はさいはての町稚内から南は対馬の山村小茂田までわたしはあたたかい同胞たちの支援の中とともに寝ともに食べながらこの目で見この耳できさながらこの足をはこんだ。

韓日両国のほんとうの問題はなになのか、そしてこのもんだいはどこにあるのか、悲しい歴史をもっている在日同胞の生活はどうなのだろう、このようなきびしい生存競争の日本社会でわたしたち同胞はこれからどういうふうにして生きていこうとするのだろう。立派な韓国人―立派な国際人として……そしてこれからの韓日両国の運命、それはどういうことであり、どこにあるのだろう。わたしはこういうことを思いつづけながら私達同胞の涙がしみているそういうところをさがしながら日本全国を歩いた、そのとき私の胸を強く痛めたのがこの「サハリン」問題であった。

そのときもちょうどいまごろ四月だというのにさびしい稚内の漁港に粉雪が降っていた。私は札幌民団本部からもってきた住所をたよりに同胞の家をさがした。ふりつもる雪のなかを何時間もさがしあるいた、やっとのこと漁師の一人の同胞にであった。一人が二人になり三人が十人になって同胞たちはあつまってきた、なんともいいようのないそういうふうなわたしたちの会合であった。時間がたつのも忘れて私たちは懐しい祖国の故郷ばなしに花をさかせた。

ここで樺太（「サハリン」）の話がでてくるのであった。はっきりした数はしらないが今樺太には四万をこすわれわれの同胞が出るに出られず抑留されているということであった。自分達は妻が日本人であったがために「サハリン」をぬけでることができたといっていた。その人たちは異口同音かっての同僚であった「サハリン」の同胞たちのこれからの問題にたいして心配していた。「サハリン」にいる同胞たちの年令は若い人で四十代（十年前のこと）それからは五十代、六十代であるといっていた。自分たちは二十代三十代のときに日本政府の徴用徴兵で「サハリン」につれていかれた人たちだといっていた。いま「サハリン」には五十代六十代の人がまだ結婚もできずにそのまま老いていく人がたくさんいるといっていた。この人たちの唯一のたのしみ、希望はかすかにきこえてくる本国からのラジオ放送だといっていた（いまは毎日午後八時五十分から十分間づつ「サハリン」同胞向けの放送をソウルKBS国際放送でやっている）この同胞たちから旭川、函館に「サハリン」からかえってきた同胞たちが集団になってすんでいるということもきいた。

私はこの重大問題をさっそく整理しようと決意した。ここできいた「サハリン」問題にたいする消息をもとに資料蒐集に着手した。一度こころがきまるといてもたってもいられないような気持であった。夜行列車で旭川にとんだ、真夜中に旭川についた、駅で朝を待った、はじめての旭川であった。民団事務所をようやくさがしていった。安事務局長（当時）にあったこちらにきたわけをはなした安事務局長はただちに行動を開始した私は同胞のよしみになみだぐんだ。私たちは第二親和荘についた。この第二親和荘は旧日本軍の兵舎でいまは「サハリン」帰還者たちがすんでいるところであった。ここには日本人引揚者たちもわたしたちの同胞と一緒になってすんでいた。きくところによるとここにすんでいる人たちは、独立の自活能力がたい人たちだといっていた。その日はちょうど同胞の葬式があった日であった「サハリン」から帰ってきて長いこと病気で苦しんでいた同胞だと安局長がいっていた婦人は日本人の子供が二三人いたと思う、婦人は泣きながら思い出をかたっていた。へやは木造の二階であった、安局長は壁に釘をうち側には中学の三年生でもあろうむすこがつめ袴姿で黙って立っていた。いまもその場面の光景がきのうのように思われてならない。ここでもいろいろの資料をあつめた。ひとばんでもゆっくりととめる安局長の厚意をあとに函館へと足をはやめた。

金団長（当時）の案内で札幌韓国学園の分校になっている函館夜間学校にいった。この学校の裏に長屋があった。ここに、「サハリン」帰還同胞達が十数世帯すんでいた。ここで「サハリン」抑留同胞のなまなましい実態をきくことができた。二十余名の男女の人たちがあつまってきた。「サハリン」での生活のいろいろなことをはなしてくれた。ここで「サハリン」にたいする本格的な実情を把握することができた。いまは耳になれたような言葉であるがその時はいようなひびきをもっていた。「ビスカリタンスキー」ということば、ある同胞が「ビスカリタンスキー」（ビスカリタンスキー」といいながらさかんに「サハリン」での生活のもようをはなしていた。私は「ビスカリタンスキー」ということばがはじめなのできっぱりそのことばが意味するのをしらなかった。わたしはとうとう「ビスカリタンスキー」とはなんのことをいうのですかとその同胞にきいた、この同胞ははなしてくれた、そのことばは「国のない民」だといういみだといった。「サハリン」にいるわたしたちの同胞は「ビス カリタンスキー」つまり「国のない民」としての屈辱的な待遇をソ連政府からうけねばならないようになっているといっていた。わたしはこの瞬間いいきれぬ義憤にことばもつかえてでてこなかった。

戦前は日本に、戦後はソ連になぜわたしたちはこんなにもひどい目にあわなくてはならないのだろう、必要なときは韓国人を日本人に、ことすめば責任はもたないという日本、それは国際政治のしからしめるところだといってしまう。国際政治とはなんなのだろう、国際政治とは魔術なのかそれとも弱肉強食の看板なのか、その場ではなにもいわなかったがとわたしは舌をかんでこらえしのんだ。

自分たちの力だけではどうすることもできない「サハリン」同胞の実態、この人たちをどうしたらいいというのだろう「サハリン」にいる同胞たちにくらべると今のようなこんな生活でもなん十倍も自分たちはしあわせだとそこにあつまった同胞たちは口々にいっていた。五十代六十代の人が結婚もできずにただ無心に過ぎゆく月日に自分のやるせない運命を託しての抑留生活、この人たちになんの罪があるのであろう、罪があるとすれば弱いということと、自分たちだけの力ではどうすることもできないというそれだけのことではないだろうか。

四十代の一人女―半身不ずいの女の人がよろよろといまにもたおれんばかりのそういうふうなかっこうであるきだした。金団長はその婦人について話していた。この婦人はとんな不自由な身でなんにんかの子供をかかえているといっていた。なんねんか前「サハリン」から帰還した夫はなくなった。たよる所のないこの一家はこの病身の母をたよりに生活をしているということであった。実に涙ぐましい事実であった。

いま「サハリン」には一人の人間でもない四万という人命がまちがった歴史の犠牲になろうとしているのである。そしてこの四万人は全部韓国人わたしたちの同胞なのである。そうするとすればこのまちがった歴史の根源をほりだしこのまちがった歴史をただす権利はそして責任は誰にあるのであろう勿論これはわたしたちの問題われわれの責任そしてわれらの権利なのである。そうするとすれば今度はほうりだされたこのまちがった歴史この根本問題を解決する義務や責任は誰がもつのであろう。勿論このまちがった歴史をつくりあげた張本人である日本ではないだろうか。

よべども答えぬ肉親をよびつづけながら千秋のうらみを「サハリン」の空の下にのこしもしも四万の韓国人がそのまま不帰の客となるとすれば、どうなることだろう。日本がいかに経済大国をおう歌し、政治大国を目指してもそれは歴史の心、人類の良心が永遠には許せないだろう。

人類愛というのは、広寒、博愛でなくてはならないのだ、自分の子自分の国が大事であったら、他人の子、他の国も大事だということを知らなくてはならない。人を大切にし人を信じるということは人類の理想にもつながる偉大な精神なのだ。

日本は一人の「ルバング」の小野田さんをさがすのに莫大な金額（九千万円）と、数多い人員（延べ一万七千・一九七三、四、一三、毎日新聞朝刊）をおもうぞんぶんにつかった。

日本は！、新しいこれからの日本は「サハリン」抑留四万の韓国人を救うのに決してやぶさかであってはならないのだ。

（つづく）

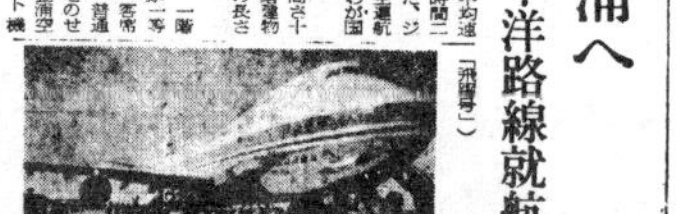

孫張翼一味らの 不純分子処断を可決

維新民団固める

4月28日 神奈川県本部地方委員会ひらく

横浜でひらかれた神奈川県本部第12回定期地方委員会

民団神奈川県本部(孫張翼団長)第十二回定期地方委員会が、去る二十八日午後十二時半から、横浜市中区若葉町神奈川県韓国人商工会二階ホールでひらかれた。

駐横浜副領事を始め、……文中央副団長、……長など来賓多数が出席のもと、田……炳武議長の司会でひらかれたこの日の地方委員会は、定員六十二人……

……しても」との……

なり混乱させられる一幕もあった……ついて委員の中から……動議が出され、……孫張翼一味らの不純分子処断を……していた……民団組織を……新体制に……政治的……らのこと……

化をさける要因でもあるので許せない、……を強力に要求する」旨の動議を満場一致で可決、……と……、午後六時すぎ閉会した。

……会に保護されている。こんご適切の方法で彼らは本国に送還されるだろう」と述べた。

暴利は取締り

物価安定の法律施行令

閣議は二十七日、物価安定に関する法律施行令を議決した。これで政府は暴利取締りのための法的根拠をつくったわけだが、その最初の措置として五月中旬からソウル、釜山など主要都市のデパートその他で販売される商品に対し価格表示制を実施する。

同施行令の主要骨子をみると最高価格の指定は主務部長官が物価安定委員会と関係の審議を経て大統領の承認を得て指定する……

巨済島、グアム島と結縁

モ副知事訪韓、漁民の招請も

……グアム島で……モイラン氏……巨済島……

……ある」と語り「こんどの機会に相当数の韓国漁民を招請してゆく考えだ」と明らかにした。

嶺湖南の一部に集中豪雨

死者十一人、行くえ不明二人

一日午後から二日早朝の間に嶺……

暴風雨で遭難した中国漁船救う

船員八人は大黒山島に保護

一日午前二時ごろ、全羅南道新安郡黒山面大黒山島南方百五十キロの海上で暴風雨に出会って遭難した中国漁船の船員八人は近くを航海中の仁川漁業所属の韓国漁船によって全員救助された。

なお、外務部はこの日、南海所属で中共漁船一隻を韓国船舶が救助し、中国人船員八人を保護中だと発表「救助された船員たちはわが船舶によって現在大黒山島に安……

在日少年卓球団選抜

少年スポーツ大会控え猛訓練

第二回少年スポーツ大会に出戦する在日選出チームの合宿訓練記念撮影

在日大韓体育会では、来る六月一日から四日まで、……体育館でひらかれる第二回少年スポーツ大会に参加する卓球選手を日本全国から約三十人を選び……のもと選抜テストを行ない次の通り少年卓球選抜チームを構成した。

◇小学生部＝金莉秋(主将)、李春恵、丁順次、徐正源
◇中学生部＝廖西隆(主将)、金宮秋、鄭恋日、安慶均

住野直春氏

合宿訓練終了

住野直春氏世話で

なお、これら選手一同は、住野直春日本東京卓球協会長の世話で三月二十六日から四月五日まで同協会練習場で合宿訓練を成功裡に終えた。

韓国学校に運動具

金昌源卓球協会長 鄭東淳東本団長

去る四月二十二日、ユゴスラビアのサラエボでひらかれた第三十二回世界卓球選手権大会に参加して世界制覇の栄光を勝ちとり本国に凱旋途中、東京に立ち寄った韓国卓球協会金昌源会長は、東京韓国学校に卓球台五台を寄贈して学父兄を始め、学生らを喜ばせた。

また、民団東京本部鄭東淳団長も同校に卓球ラケット五十個、ネット五枚、サポート五枚、ボール百個を寄贈した。

韓国にゴルフ場

IGMソウル・カントリークラブで 年間一万人に航空便提供

国際ゴルフメンバーズKK(代表取締役・中村政次氏)は、約二千名の会員を擁し、現在、全国のゴルフ場のビジターのプレー予約を主な業務としている業体であるが、このたび韓国の京畿道広州に四十万坪、利川に五十万坪の土地を確保してゴルフ場を建設、IGMソウルカントリークラブを設立することになった。

名誉会長の慶原弘達氏を筆頭に本田宗一郎氏(本田技研工業KK社長)細川隆元氏(政治評論家)河野高明氏(プロゴルファー)などを発起人および役員として、設立されたIGMソウルカントリークラブは、日本から会員を募集するが会員はホーム・コースとして常時プレーできる特典がある。

日本でのゴルフ人口は、年々増加する一方だが現在ゴルフ場は、需要を満たせないので二時間たらずで行けるソウルへの進出は、大きな期待がかけられている。

なお、同クラブの役員でもある……郎氏、東洋航空株式会社社長は……ゴルフ・ツアーを企画、毎週二機をチャーターして、年間一万名に航空便を提供、観光客の誘致と外貨獲得に大きな役割をはたすことを目標にしており、ソウルへのゴルフツアーには特に多くの特典を提供して来た。

とくにIGMソウル・カントリークラブ会員への奉仕を前に、韓日親善への増進にと気によりをかけている。

民団中央で示範

中央会館建設割当金

本紙既報、さきの第二十一回中央委員会で通過した、民団中央会館建設問題は、その後もひきつづき、中央執行委員会、または常任委員会等で、割当額配定の最終案を練り決定をみたが、民団中央役員は、全国に先がけ、その範を示すべく、去る四月末日までに中央団長、文教局次長などはすでに全額完納の第一号となった。他の常任委員は五ヵ月を限度に四月より分納することになり、第一期分は漏れなく完納した。

割当額の内訳は次の通り。

△文局次長……三万円
△…局長……五万円
△事務総長……十万円
△副団長……十五万円
△団長……二十万円
△議長……二十万円
△副議長……十五万円
△監察委員長……二十万円
△監察委員……十五万円

本社金元奉記者帰国

セマウル推進状況など取材

本社金元奉記者は、文化公報部海外公報館招請で、七日、KAL便で帰国した。金記者は、約一週間の予定でセマウル運動推進状況を始め、維新体制など幅ひろい範囲に亘って取材、十五日帰国の予定。

韓国近代絵画展

十日から、駐日公報館画廊で

韓国近代絵画展が、韓国芸術画廊(代表・柳珍・ソウル鍾路区司諫洞一二ノ一)主催で十日から十日間、駐日韓国公報館画廊(東京ホテル・ニュージャパン新館)でひらかれた。駐日公報館、東京商銀信用組合、ロッテ(株)後援でひらかれた同絵画展には、パリ、ニューヨークで活躍している作家の作品、国展推薦作家、国展で大統領賞受賞作家などの優秀なものでの韓国の近代芸術界を代表する優秀作品が数多く含まれている。

出品作家名は次の通り。

油画部＝……

東洋画部＝……

(敬称略・順不同)

駐日公報館でひらかれた「韓国近代絵画展」

視たり聞たり韓国の旅 (上)

(株)ディ・エス社長　水野富久司

○…日刊建設産業新聞、日刊交通新報を始め日本を代表…○
○…する専門新聞社の社長、編集長など三十二名から成…○
○…る韓国視察団を編成してリーダーとして四月十四日…○
○…羽田空港十八時五分発大韓航空でソウルに向った。…○

ソウルの街道を走るディ・エス生産経済新聞韓国視察団

意欲に燃える若さに感銘

楽しく更けたソウルの夜、各分野ですばらしい業績

統一こそ韓国の大きな課題

私は、韓国には昭和十八年暮三十部隊の自動車隊に入隊しておって、他の兵隊たちよりは広く当時の韓国を見ているはずである……し、また七、八年前には、ライオンズ国際協会の東南アジア大会の折りに、ソウルを訪問し、約一週間をウォーカー・ヒルで過ごしたこともある。

兵隊の時は、南漢山の僕の兵舎でマッカリを飲ませてもらったことなどで、特に韓国の人達の生活が低いとも思わなかった……。もっともその当時は、日本の生活水準も低く、ほとんど韓国の人達と変らなかったように思う……。

ところが、七、八年前にライオンズ・クラブの東南アジア大会で、ソウルを訪れたときは、強い印象がのこっている……。先ずウォーカー・ヒルのホテルに着いて通貨を交換したとき……みんな小額紙幣で、しかもどの札も何の札も余りにも汚なかった。

紙幣が汚れているということは、その国の国民生活の水準を現わすものだ。なんとなれば、紙幣は庶民の手から手に流通するものであるから余りに汚れているということは庶民の日常生活自体が汚ないということだ。

—僕の歩いた国ではネパールが一番汚い……。それから墨西哥は、何れもごみごみして、丁度メキシコの裏町のようで、いかにも貧しそうだった。

ウォーカー・ヒルの中央のメモリアル・ホールで開かれた歓迎レセプションでは、女学生がアリランやトラジなどの民謡を合唱してくれたが、その衣裳なども粗末で、特に履物は日本のニコヨンの履いているような汚い運動靴だった。

会で、連日連夜の猛練習…芸術……漢江のほとりの大きい荷……んだ月が美しく、その下に広々とした瓜畑に白や黄の花が咲き乱れ、プーンとしたマスク・メロン特有の香りがさらに空腹の腹の虫をさわがしたこと……農家の人たちがあの真っ白い韓国独特の衣裳で、広い田圃でのんきそうに田植えをしており牛が首に鈴を付けて田圃を農夫に引かれてゆくのどかな風景や、田圃道を走って行って、農……

—その時、私は終戦直後の韓国としては止むを得ないことだとも思った。

それからどうして韓国の人達は、日本語を知っているにも拘らず、全然韓国語の話せない私達日本人のために、日本語を使ってくれないんだろう。特に、ホテルの電話交換手が、われわれの日本語に対して英語で答える……もし、日本語が判らないんなら英語で答えられるはずはない。

「京城」「朝鮮」などの名詞をなぜあんなに嫌うんだろう。「朝鮮日報」「朝鮮ホテル」などの固有名詞が堂々と残っているではないか……。などと不思議に思った。

その当時、たしかに対日感情はいいとはいわれなかった。韓国の人達にいわせれば、日本の下でも十何年間の桎梏(シッコク)の苦しみをさせられていた。そしてベトナムで韓国民が戦っているために日本人はあんのんに暮していられるのだ……などの見方もあった。そこで私は、その人にいった。

…日本人が過去に犯した数々の罪は衷心にお詫びすべきだし、また僕自身、日本の軍閥政治は大いに批判すべきだとは思うが、ただどういうこともいえませんか……日本とあなたの国とが一つ道を歩いていた当時には、あなたの国は一度も他国からの侵害は受けませんでした。日本を離れた途端に、二度もあなたの国は他国に蹂りんされたことは事実ですね。…それからベトナムの問題ですが、日本は現在、憲法で戦争を禁止しており、一国に平和をのみ求めているので、韓国ばかりでなく、いずれの国の民もみんな自分の国に一刻も早く帰っていただきたいと思っていますよ。…それよりも大変失礼ですが、あなたの国はもう過去のいきさつで、日本を恨んでいるよりも、南北統一こそ民族の大きい問題でしょう—。

と申しあげたところ、その人は辺りの人達の目や耳を気にするように見回した。

ソウルのライオンズ大会が終了したあと、私は思い出の南漢山に寄ろうと思って小型車を雇ったが、道が悪く台風のあとでもあったので、途中の門のところで引返した。その当時日本はアメリカ軍の機動隊の手で道路などは直ちに舗装されて見ちがえるようになっていたので、恐らく韓国もそうであろうと思っていた。ところが、私の考えは全く違っていた。というのは、ソウルの郊外はドロドロの泥道でモッコでそのひどい道の補修を住民がしているらしかった。(つづく)

黄ろいケナリが満開した徳寿宮(ソウルの都心にある)を散歩する観光客(前左が筆者)

追悼式お知らせ

李祀載　大夫人　海南尹氏　去四月十日享年七十九歳、老患により、ソウル特別市城北区自宅で別世　茲以告訃

嗣子李同志と共に冥福を祈り追悼式を次のようにもつことを謹んでお知らせします。

一、日時＝一九七三年五月十九日(土)午後三時
一、場所＝自宅　東京都豊島区目白四ノ三ノ一
電話　九五〇—一二三一

嗣子　李重載
　　　李祀載
護喪　金載淑
　　　姜永彰

女子職員募集

民団中央本部総務局では、会計に経験のある女子職員を募集しています。年齢を問わず、優遇。

問合せは左記へ

東京都文京区春日二ノ二〇十三
民団中央本部総務局
電話(813)八一三一—二二六一—五

在日本大韓民国居留民団

岡山県本部

団長　柳甲録
議長　金甲文
監察委員長　陳斗好
事務局長　趙三源済
岡山市駅前町一—五—二二
電話二五—〇八二六〜七

鳥取県本部

団長　朴尚甲
議長　姜鴻遠
監察委員長　薛基潤
鳥取県行徳六七—一一
電話二三—六七八〇

岡山支部

支団長　洪慶源
議長　李泰立
監察委員長　朱玉星
事務部長　全錫虎
岡山市駅前町一—五—二二
電話二四—七五七三

岡山県津山支部

支団長　金琫千
議長　鄭博文
監察委員長　下鐘明
事務部長　全親民
津山市大手町三一—五九
電話二一—四六四八

現代韓国文学選集 全五巻

文学博士　金正柱

解放以後の韓国で新らしく生れた「韓国文学」は、幾度か日本に紹介される機運にあったが何れも水泡に帰した。しかし今やっとここに日の目を見ることとなった。

このたび冬樹社が本国の同和出版公社の熱意ある要望を入れ、採算を度外視して「現代韓国文学選集全五巻」の出版にふみ切ったことは、韓日両国の文化交流に寄与するところが非常に大きく、心からの讃辞を惜しまない。母国語を読破し得ない在日韓国人の若い世代にも、是非この機会に、母国の文学に触れるべく一読をおすすめしたい。そしてさらに原書へと進まれることを願って止まない。

日本と韓国の間によこたわる暗い波濤を越えて、韓国一線文学者が手ずから編集・翻訳して、熱意をこめて送る現代文学の精華である。韓国について貧弱な認識しかもたない日本人に、また本国の文学に接することの少ない在日僑胞に、民族の魂の真のありかを告げる。

■第一回配本／第三巻　好評発売中
短篇小説I

植民地支配からの解放、内戦とその傷痕などを哀切な生のかたちに描き、社会性をもった新しい文学世代に至る作品群を集成。
康信哉「若いけやき」金東里「沼」金承鈺「霧津紀行」徐基源「暗射地図」徐廷仁「後送」鮮于煇「テロリスト」孫昌渉「剰余人間」宋炳洙「ショリ金」安壽吉「第三人間型」李範宣「誤発弾」張龍鶴「ヨハネ詩集」千勝世「短大領」崔貞熙「静寂一瞬」黄順元「鶴」ほか

定価一四〇〇円　四六判布装箱入美本

第一〜二巻長編小説　第三〜四巻短篇小説
第五巻現代詩選　出版案内呈
編集委員＝金東里・金秉雲・金顯承・白鉄・徐廷柱・李御寧・黄順元　翻訳＝金素雲

お近くの書店にご注文ください。小社に直接お申し込みの場合は、送料一〇〇円を添えてください。

冬樹社
〒101 東京都千代田区神田神保町2の18
電話264〇三四六　振替東京七七五七

作家・芸術院会員　井上靖

私ばかりでなく、多勢の日本人が韓国の歴史や美術には大きい関心を持っている。しかし、韓国の今日の文学者や、文学者の仕事については、殆ど知るところがない。私自身小説家でありながら、隣国の文学者の仕事については何の知識も持っていない。考えてみると奇妙なことである。一番大切なことが棄てておかれている恰好である。その点、こんどの冬樹社の企画は、殆ど考えられぬくらいの大きい意味を持つものであり、大きい役割を果すものであると思う。韓国一線の文学者の心の脈動を、初めて私たちは作品を通して知ることができる。

■第二回配本／第一巻　七月中旬刊行予定
長篇小説I
崔仁勲「広場」黄順元「日月」

ソウルの東国大学（上）と姉妹結縁した東京の駒沢大学（下）

韓日仏教交流に巨歩

ソウルの東国大学と東京の駒沢大学が昨年十月、教育・研究の両面にわたって交流をはかり両大学の興隆発展に資するための教授学生の交換、教学資料の相互交換などを行ない、名実ともに姉妹結縁のちぎりをかわしたが、両国の仏学研究および教育の総本山である両大学の交流は、両大学の歴史と地盤から見れば、百済から日本への仏教渡来以来ともいえる大きな意義を持つ画期的なできごとであるといえる。

仏数伝来以来の快挙

東国大・駒沢大結縁

去年の十月十三日、東国大学の徐敦珏総長と駒沢大学の横林晧量総長の間でかわされた交流協定は、つぎのような4項目にわたっている。

一、仏教および宗学担当教授の相互交換

交換すべき教授の選定、開講科目および講義期間については、今後、具体的に研究協議することとなっており、また、交換教授の交通滞在費、ならびに給与は、当該大学の給与規程に従って支給することになっている。

また、両大学の仏教学部以外の学部教授の交換も今後検討する見通しであるといわれる。

二、学生の相互交流

両大学の学生が、留学を希望する場合、それぞれの大学は、これを受け入れ、授業料の免除を基本として、勉学の便宜を供することを規定しており、韓国両国の仏教徒の交流の道を広く開いたものと見られる。

三、図書資料の交換

両大学が刊行する研究紀要は、定期的に交換しあい、またその他の図書資料は、随時相互に交換しあうことを、とりきめている。韓日両国仏教の特殊な体系を研究し見きわめ相互補足する仏教の交換はお互いに活発な比較仏教学の発展をも助成する契機であると見られる。

四、学生のスポーツ交換

両大学学生の友情をたかめるため、可能な競技部門の選手の相互派遣と、親善ゲームを行なうことをとりきめている。

仏教学の大本山としてそれぞれ設立後六十七年（東国大）と九十年（駒沢大）の歴史をほこる両大学を結縁にまでこぎつけたのは、昨年年初にソウル大から赴任し、東国大の進歩と発展に身命をかけた徐総長と、日本仏教界の泰斗である横林晧量総長の韓国仏教の伝統への憧憬がもとであるといえる。

同総長の「日本国駒沢大学と大韓民国東国大学校との間に仏教同信の道誼において」との表現は、その深い縁故、道縁を語っているものといえる。

しかし、このたびの結縁のかげで骨身を惜しまず、両大学間の連絡に奔走した拓殖大学講師である金貞淑さんの労苦がひとかたでなかったと、ソウルの東国大学側ではいわれている。

昨年十月の駒沢大学90周年記念式典には、徐総長が祝辞をのべ、また、五月八日の東国大学六七周年記念式典参列のため年頭初の外遊といわれる横木総長のソウル行きが実現し七日、羽田を発った。

両大学の結縁が、韓日仏教学の発展に明るい紀元を迎える契機となることを期待する声が高い。

結縁同意書に署名したのち固く握手する東国大徐総長（左）と駒沢大学横林総長（右）左端は金貞淑さん

故国訪問日程確定

韓国系日本人子弟団

本紙既報（一〇八〇号・四月十四日付）のとおり民団中央本部文教局（金数錫局長）では、韓国系帰化日本人の子弟ならびに日本国籍（帰化国籍）をもって日本の正規高校または大学に在学している韓国人学生からなる「父祖の故国を訪ねる韓国系日本人子弟訪問団」を編成して派遣することをきめ、希望者を募っているが、その要綱はつぎのとおり。

夏休み韓国観光旅行案内

希望者は民団支部、本部を通じて中央本部文教局に次の書類をそろえて提出すること。

A、資格は日本の正規高校、大学（短大、大学院、夜間生含）に在学する者であること。

①国際結婚者の場合は父親が民団団員であること。

②帰化人の場合は継続して民団に協力する方の子女であること。

B、旅券は本人が直接現地の民団で手続して日本関係当局から発給してもらうこと。（戸籍抄本一通、写真五枚要）

C、志願書二通、在学証明書（学部学科）一通、民団推薦状一通。

D、締切期日は一九七三年六月六日まで申込むこと。出発は一九七三年八月八日～八月十六日（八泊九日）

E、旅費（旅券保険料及宿泊費・交通費一切含）は羽田国際空港↓↑ソウル金浦国際空港￥六七、六〇〇円。大阪国際空港↓↑ソウル金浦国際空港￥五七、〇〇〇円

日程（8月8日～16日）八泊九日

第一日（八日）
金浦着・景福宮・国立博物館見学

第二日（九日）
民団ソウル事務所で受講
ソウル市内観光

第三日（十日）
名門大学参観

第四日（十一日）
牙山顕忠祠参拝

第五日（十二日）
扶余、慶州見学

第六日（十三日）
仏国寺・石窟庵・蔚山工業団地
通度寺見学

第七日（十四日）、
UN墓地、釜山市長訪問

第八日（十五日）
光復節行事参席

第九日（十六日）
南山公園・ウォーカーヒル、羽田着

林慶業将軍傳（九）

訳　洪相圭
編　八東周吉

見事に計略が図に当たり、ある谷間まで敵将を誘き寄せたとき、不意に一発の大砲が鳴り響いた。この砲声を合図に左右の伏兵が一時に討って出たので、調子に乗って深追いしていたチュパは、急いで馬首を返しながら退却を命じたが、なにしろ窮かな伏兵にあって周章狼狽、ついに総崩れとなって逃げ出す始末になった。あわてふためいて逃げる味方の足と、馬の蹄で、踏み殺されるものが数えきれないほどであった。

慶業は雑兵どもを左右に斬り捨てながら、チュパ目指して突進した。また斬り結んだが、両雄のこの度の勝負は、存外、簡単にかたづいてしまった。数合も交えないうちに、大声一喝とともに斬りおろした慶業の大刀の下に、チュパの首はごろりと斬られて地面に落ちてしまった。そこで林慶業は大音声をはり上げて、

「やあ、やあ、敵も味方もよく聞け。敵にその人ありと知られたチュパは、この林慶業が一刀の下に討ち止めたぞ」

それでなくとも浮足だっていた敵は、すっかり勢いを殺がれて、くもの子を散らすように逃げだした。

本陣ではチュパの戦死を、目の当たりに見ていたカタル（孟剌）が、本軍を下知して撤軍をくり出そうとした矢先に、突然すっかり安心していた後ろの山手より砲声一発が轟き、予想だにしていなかった明国の伏兵が討って出たので、敵将はすっかりあわてた。前には慶業、後ろに伏兵、腹背に敵を受けたカタルは、ろくろく戦うこともできずに、ついに生きながら捕えられる身となった。

慶業は敗残の雑兵どもを掃討した後で、カタル王を始めその諸将を斬り捨てようとしたが、忠誠を誓うカタル王の哀願を聞き入れ、その縛を解かしめた。

「今度は命だけは助けてつかわすが、二度と謀反を起こしたならば、そのときは容赦なく、そのほそ首が飛ぶものと覚悟せよ」

『降者不殺』の武夫の情けによって、降将カタルの命を許してやった慶業は、勝戦の大音を張って三軍の将卒をねぎらい意気揚々と胡国の王都に凱旋した。王は城外一里まで出てきて慶業を迎え、深くその大恩を謝した。

「寡人の不徳のあまり、国と民がまさに累卵の危きにあるときに、将軍のようなお方を迎えて、敵を討ち、国家と社稷を盤石の安きにおいて祖宗の御霊を慰めることができましたのは、小国としては幸いこの上もないことでございました。

このご恩のほどは、泰山の重きもなお軽く、東海の深きも、はるかに及ばぬでありましょう」

胡国の王都は林慶業大将軍を迎えて、大祝日のように沸きかえり、この英雄の顔を一目でも見ようと、寄り集った人が延々と道に沿って堵列したさまは、一国の王様を迎えるのに勝るとも、劣らなかったのである。

胡王は大恩に報いるすべとして、慶業が頑として受けようともしないのを押し切って、黄金三万両と五十車の絹反物を贈った。慶業はこれを辞退しようとしなかったが、あえて拒むこともできなかったので、受けとることはなく、全部を将卒に分けてやった。三軍将卒の喜びようは、たとえようもなかった。

知略に秀でた武将だけでなく、また人情に篤い将器の武将であると讃め称えることばは、軍の内外を問わず中軍の靖州にまで鳴り響いた。しばらくして、慶業は別れを惜しむ胡王を後に、帝都に向って回軍した。

明帝は仕方なく、慶業を胡国の撫兵大将とし、遣るには遣ったが、彼がなにしろ朝鮮国王の使者であり、いわば客分であることを思い合わせられて、事勿れと、日夜心配していたときに、林慶業の、大勝報を耳にしたので、明帝は一時に愁眉を開かれ、口をきわめて慶業の功を賞められた。

帝都に着いた林慶業大将軍は、直ぐ参内して天子に拝謁を賜わり、闕下に伏した。

「臣、林慶業は、陛下の御稜威によりまして、胡狄の乱を鎮め、陛下の三軍を大きく傷つけることもなく、もどりました」

と曰せば、明帝はたいへんなご満悦ぶりで、大きくうなずかれたから、平伏している慶業を御座近くに呼ばれて、親ろにもてなし、讃め称えるお言葉が絶えなかった。

「実に大勝れ勝ちいくさであった。無理な朕の請いを苦とせず数百里の雲外異域で不逞の徒輩を平らげ、皇室の威信を高めたことを過分に思うぞ。使臣として入朝したそちの身の上に過があってはと、朕も憂慮していたが、大功を立て、元気な顔を見せてくれて、朕は至極満足である。朝鮮国王はよい臣下を持たれて羨しく思うぞ。」

慰労の大宴が催され、なとして、黄金数万両が与えられた。

朝鮮国使臣の上使、李時白も昼夜慶業の身の上を心配していた。李上使は個人的にも慶業をこのもしく思っていたが、それにも増して、お国の柱石たる人となりを信じていたので、慶業の無事に帰還してくるのを神仏に祈る心地で待ち焦がれていた。大勝凱旋の報は李上使をどんなに喜ばしたことか。

御前を退がるや否や、玉泰館の李上使を尋ねてきた慶業の両手を握ってうれし涙にくれるさまは、わが子を迎えるのと変わるところがなかったのである。

韓國新聞
在日大韓民国居留民団
中央本部機関紙
韓國新聞社
発行人 金正柱
東京都文京区春日町
2丁目 20−13
電話直(815) 1451〜3
交(813) 2261〜5
振替口座 東京 163774

民団綱領
一、われわれは大韓民国の国是を遵守する
一、われわれは在留同胞の権益擁護を期する
一、われわれは在留同胞の民生安定を期する
一、われわれは在留同胞の文化向上を期する
一、われわれは世界平和と国際親善を期する

在日60万のセマウル運動
組織的支援活動望む
民団中央組織局　業務指針まとめ通達

姜学文副団長

民団中央本部組織局（姜学文局長）では、去る四月二十四日付で全国でもり上がっているセマウル運動支援業務指針をまとめ、各地方本部に通達、姉妹結縁、支援金など効果ある支援を積極的にとり組むよう望んでいる。業務指針全文は次の通りで今後民団の本国セマウル運動支援成果高揚は確実である。

前年度においてセマウル運動支援形態は主に郷土（故郷）を中心に展開したものであるが、新年度は消極的な個別参与をより発展させ郷土民会（地域親友会）各種同胞団体別、地域民団別、または一定のセマウル支援事業を選び指定されたセマウル運動部落と事業を継続的に支援してその進展状況を同胞団体が直接関心をもつ方向に展開すること」。

一、セマウル支援運動の団体別参与。

前年度は、個別活動による大きな実績をあげている。引きつづき個別活動も継続して奨励すべきであるが個別支援は、支援先で意図する現象もあるので同胞社会の各種団体が中心となっている支援を積極的に奨励すべきである。各種団体とは郷土を中心に組織された各地域親友会をはじめ、各種親睦会、婦人会、青年会、信用組合、体育会、商工人会、民団傘下各級組織などあらゆる同胞社会で団体活動をする組織を指すものである。

二、セマウル支援運動対象部落選定。

一定地域の親友会など地縁につながる団体は、募金目的などが明らかであるから（例…巨済島親友会−巨済島セマウル運動支援のための募金）対象地域選定に問題が生じないが、地縁、人縁、その他直接的に関係がない団体の対象部落選定は次の要領によって決めること。

①支援金を募金した団体は、駐日各該当公館（大使館、各級領事館）に支援金の金額を通報すること。

②各公館では、外務部に団体名と募金額を通報してセマウル対象部落又は対象事業を選定するよう要請する。

③外務部は、内務部セマウル支援当局と対象部落及び支援事業を決定して各公館に通報する。

④公館は、選定された対象セマウル部落を支援団体に通報して各団体は団体長の名儀で次の送金手続で送金、その結果（セマウル運動業績表）を公館に通報する。

⑤在日同胞の支援金で成就されたセマウル部落の業績は、母国訪問の際、いつでも視察できるようとりはからうこと。しかし必省事項ではない。支援先が明示されない支援金は、政府セマウル事業一般支援金として有効適切に使用される。

三、セマウル運動送金手続

①在日同胞の母国送金額は、一取送金の場合一人当一件三千ドル（親族送金は五千ドル）までであるが多額のときは、団体の長、団体幹部連名で送金のこと。

②送金は韓国外換銀行（東京・大阪支店）で特別な便宜をとりはからっており送金手数料は一切無料。

③外換銀行支店がないその他の地域では最寄りの韓国人信用組合を利用すれば外換銀行に送金されいろいろな便宜が提供される。

④韓国人信用組合がない地域では、一般市銀行を利用、外換銀行東京支店または大阪支店に送金のこと。

⑤送金に支障がある場合は、該当公館に頼めば一切の手続を代行する。

四、セマウル運動支援のための現物寄贈。

①農機具など寄贈は、通関手続など複雑な手続があるのでなるべく支援金にふりかえ本国で購入、調達する方法が理想的である。

※現物寄贈の場合は、受取人が中央官庁の長、道知事、市長、部[illegible]

五、セマウル運動参与業績表作成。

①各地方本部民団長は、管下地域内、在日同胞の個別的セマウル運動参与内容、在日同胞の各種団体別参与内容を別途通達の様式①によって作成して備えておくこと。

②業績表には、今年度分はもちろんのこと過去の分も詳しく記録して作成、保管すること。

③業績表は毎月末に総合して統計（別途通達②表）を作成して中央本部団長並び該当公館長に報告すること。

④各級領事館と民団中央本部は各県地方本部別に業績（功績）記録と統計を作成して駐日大使に報告すること。

⑤個別、団体別、またはあらゆる形態の支援は必ず業績表を提出せねばならない。これは在日同胞のセマウル支援運動参与に対する功績を記録して保全する意義もあるが、在日同胞が送金した献金が実際にセマウル部落のために効果的に執行されるよう、政府、セマウル当局が指導する上に必要な事項である。

初の青年部長会議
六月八日から　東京・大栄ホテルでひらく

民団中央本部青年局（李彩雨局長）では、第二十一回中央委員会の決議事項である青年会組織強化の方針に従って初の全国青年部長会議を召集する。日時及び場所は次の通り。

日時＝六月八〜九両日間
場所＝大栄ホテル（東京都文京区小石川一ノ一五ノ八）

トピック
夢のようなホントの話
三億七千万の豪邸！
労働貴族韓徳銖の蓄財力

○…朝総連の韓徳銖議長は、このほど都内に三億七千万円の豪邸を新築して移転、[illegible]

[illegible]にも長けているともっぱら仲間の話題をよんでいる。

○…韓議長は、都内新宿区中落合一の七の十二に所在する四百坪[illegible]

[illegible]した際、「すくなくとも在日同胞の代表である韓議長邸としては[illegible]ないのではないか、もっと広い邸宅が必要だと思われるのだが……」の進言に対し、「実は、そのような家を目下物色中だが…」と答え、[illegible]北韓当局の諒承を得たことに[illegible]、一週間もかかり、五月十三日までに新邸へ移転を終えたものである。

○…それにしても、民族陣営の[illegible]ともなれば、まさに[illegible]の私生活が楽しめるという何よりの実証を示してくれたものとして、いろいろな教訓をわれわれに与えてくれる。（T）

維新体制強化誓う
12日、静岡県本部定期大会
団長に康民善氏就任

第三十回民団静岡県本部定期大会が、去る十二日午前十一時から同日ひらかれた第十七回地方委員会に引きつづき静岡商銀会議室で、尹□□中央本部事務総長、許文哲同本部[illegible]神奈川県本部副団長など来賓多数出席のもと、朴永根副団長の司会でひらかれ新しい執行部を構成した。

大会は、国民儀礼についで朴正□副議長の開会辞、三機関長のあいさつ、来賓祝辞があったあと、[illegible]

[illegible]会計監査事項の報告があった。

このあと、役員選出に入り、趙□□団長は、秩序ある会議進行で新しい執行部の構成を頼み、第十三代団長として康民善静岡相談役（前静岡商銀理事長）を推薦した。団長には林□□東部支部団長も立候補したので公開投票に入り代議員百十四人中七十一票対四十一票で趙団長推薦の康民善氏が当選した。

また、議長には李春東氏を、監察委員長には金□坤氏を再選した。

新執行部（三機関）は、前団長趙□□氏を特任顧問に[illegible]を事務局長に選任した。団長に選ばれた康民善氏は、新任あいさつを通じ趙前団長の業績を高く評価、趙前団長の方針をふまえて団務運営をすることを明らかにしたあと当面問題にふれ、①商工会及び韓日親善会組織②青少年の韓国的教育強化③青年部長を早急に任命して青年部を強化④十月維新、セマウル精神啓蒙のための講演会開催などの方針をうちたて民団[illegible]

前任趙団長と新任康団長が握手をかわし、新執行部の門出を誓い合う

私が見た平壌（4）
第五次赤十字会談随行　金允中KPI社長

偶人崇拝の総本山である万景台を参観する韓赤代表ら

革命一家を宣伝する金日成生家

三月二十一日午後は万景台の見学はかれこれ一時間半の時間を費す。女性案内員の説明は日本の観光ガイドガールよろしく金日成首領の生い立ちから説明するのだが狂信味を帯びている。これが北韓に住んでいる人達なら涙を流して聞くかも知れない。この一人の女性案内員、十年選手には間違いないと見た。金日成の故事来歴を聞いていると、[illegible]祖父母、父亨稷、叔父亨権（一九三二年30才で死す）次弟哲柱（一九三五年20才で死す）ら一家を挙げての革命家であり日本官憲と闘うことによって、今日の独立を勝ち得たということになる。14才の時父を訪ねて単身満州に渡った時の写真（勿論絵いたものである）解放後まで祖母が生きていたという写真もある。ここでハッキリしたのは金日成の本名が金成柱であり現在南北調節委員会共同委員長の金英柱が末弟であることなどだが、然らば何時から金日成になったのか、我々が子供の時に聞いた金日成の二代目か三代目かもハッキリしない。ソ連に行ったことなども省略されているようだ。つまるところ本名金成柱なる人物が今日の金日成であり幼少より革命家の血筋を引いており、今の革命を成し遂げた偉大なる首領であるところに話はつきるのである。

景色のよいのも金日成のお陰か

ホテルに帰ってからの[illegible]六時前六時半からは又映画だという。映画と言えば、いやいやだが強制的にお付合いさせられる。六時半から映画が始まった。一つは七宝山という景色のよい処の紹介である。海金剛に似てきれいなところである。どの映画にも金日成首領の名が出て来ないところはないが、この景色の美しいことまでが金日成のお陰ということになる。今一つは万寿台芸術団の海外公演を扱った記録映画であるが、要するところ海外においても朝鮮が世界一であることを自慢するのである。

本物でない金日成（本名は金成柱）
北送同胞に不安のおみやげ

北韓芸術団の海外公演を自画自讃

韓国のリトルエンジェルスの大[illegible]であるが、平壌を発ち、先ずキューバを皮切りに、シンガポール、インド、[illegible]ラン、ラングーン、ジュネーブ、パリと南米、東南ア、欧州を巡演するのだが、出発する時の飛行機をよく観察するとソビエト航空のチャーター機である。行く先々で大歓迎を受け、公演終了後も地元の元首や名士から絶讃を受けるところで、訪問国毎に絶賛されたんでは観ている方は全く叶わないのである。パリ公演はフランス共産党の主催だったが「朝鮮芸術が芸術の都パリ市民から世界一の折紙をつけられた」と来ては同胞として大いに気をよくしたいところだが、これを見せつけられる国民が本気にすることを考えれば全く情ない気持ちである。国民の眼と耳を塞ぎ馬車馬のように仕立て、井戸の中の蛙に育てることは民族の将来にとって恐ろしい結果をもたらすものではなかろうか？自画自讃も程度問題である。[illegible]自分が一番であると思う時は既に進歩が止まるものである。

何でも国産？車は更生車

この世界一の芸術を観覧させられた記者は考えさせられたのである。物にしても模様にしても全部が国産といいながら決してそうではないのである。冷蔵庫にしてもTVにしてもキャビネットは国産であっても中味は国産でないのである。車にしてもそうである。一番多く見かけられるのがフォルクスワーゲン型の緑色の車体である。「あれは何国産か？」と聞くと更生車だというのである。何のことはない李承晩末期までの韓国を連想すればよい。壊れた車のトランク、バスのボディなどドラムカンを叩いて作ったのである。この更生車もどう見てもこの部類である。我々が乗ったバス自体が日産であり、交通注意員の乗る小型赤バイがホンダ製である。（日本の大型白バイを連想すれば当らない）世界一であり、朝鮮的という芸術の中味また然りである。[illegible]

こゝでも平気なコリヤンタイム

例の万寿台芸術団の公演に出て来る音楽や踊りを見ていると矢張り中ソの影響を受けている。踊りはロシアバレーの一端がのぞかれるし、音楽にしても中国音楽のキャンキャンの旋律をくみとることができる。今日の日本や韓国の一般芸術が大いにアメリカナイズしていると同様である。振付けにしても[illegible]にしてもその作者が中ソに留学していることであろうから当然なことである。しかし彼らはこれをも否定し、朝鮮を主張する。その人達が現在着ている人民服と工人帽はどこの国の流行であろうか？今日の中国調であることはいうもがなである。映画を見終ったのが八時十五分すぎ、平壌市人民委員会（康成相委員長）主催の招待状には晩餐は八時からとなっている。九時になってやっと宴会が始まるという始末である。コリヤンタイムは在日同胞だけの話と思ったが、結構共産主義国家でもコリヤンタイムがあることを知り、同胞[illegible]

カレンダーには三種類の横文字

結局宴会の終ったのが十時半[illegible]部屋に戻った。昼間水洩れしていたバスルームの水漏りは何時の間にか[illegible]

[illegible]ハングルしか使用しないこの国でもカレンダーには月火水木と漢字を使っている。それに横文字が三種類もある。ソ、英、スペイン語である。[illegible]

第六次ソウル会談五月九日に決める

三月二十二日（第三日）＝午前九時頃、[illegible]の案内で記者団一行とバスで大同江会館に行く。今日は第二回目の会議である。今日の会議は前日の一時間ちょっととは代り、午前十時から十二時五十五分までガッチリ三時間近くも続けたのである。[illegible]

こっそり紙片渡す

彼も同様の努力を続けるのだが仲々席がとれない。私は昨夜小さい紙片を用意した。こういう場面を予想したのであり、彼は第一日も第二日も夜の宴会には出席しなかったからである。昨日午後の万景台に行った時も山に登る途中二人は肩を並べはしたものの、番視の眼が鋭く口を利くことが出来なかったからである。[illegible]

[illegible]期待の方が大かった。

（つづく）

不純分子除名を決議
群馬県本部　地方委、維新体制をいっそう推進

民団群馬県地方本部（趙□□団長）では、第八回地方委員会を、五月十三日午前十一時、同民団本部講堂で開いた。

この日の委員会には、定員三十名中二十七名の大多数が参加するという熱の入りかたで、金尚泰事務局長による経過報告がなされたあと、七三年度の活動方針案が提出されたが、ともに原案通り承認採択された。

とくに注目をあびたことは、太田支部三機関のうち、四名の不純分子らの除名処分に対しては、万場一致で処分を決議したことと、民団中央本部会館および、団員下の[illegible]会館建設募金活動においては、先陣を切って協力するとともに、維新民団体制をなおいっそう推進することを誓いあい、午後五時すぎ閉会した。

近畿地協会議
十二日京都で

第一七九回民団近畿地方協議会（[illegible]事務局長）が、去る十二日午前十一時から、京都・レストラン南大門で、姜学文中央本部副団長参席のもとひらかれた。

この日の協議会では、第21回中央委員会の決議事項を通達、採択したあと、国立墓地に安置された在日同胞出身戦没者慰霊塔建立割当金六十万円を五月末日まで納付することをきめ午後三時すぎ閉会した。

景気の好況入りを報告
経企院

経済企画院は七日、朴正熙大統領への月例経済動向報告を通じ、韓国経済は輸出の主導で着実な回復をしており、景気は生産設備の稼動増加から施設投資の拡大へと波及したことにより"好況局面"にはいったと明らかにした。

同報告によると、景気はまだ過熱現象はみせていないが、五、六[illegible]

金正柱団長帰任

本国要路と協議するため、去る五日本国に出張していた金正柱中央団長は、十六日午后九時、羽田着のジャンボ第一便で帰任した。

駐日公報館金光植氏海外公報館に転任

駐日公報館に三年半にわたって勤務、在日同胞に親しまれて来た金光植氏が本国文化公報部海外公報館に転任、五月中旬帰国予定。

民族教育実情視察のため　権淳賛氏来団

五月十五日午後、政府の文教部中央教育行政研修院の権淳賛院長が、民団中央と東京本部を礼訪した。

同氏は、在日韓国人二・三世の民族教育実情をつぶさに視察するため来日したもので、この日、同氏をかこんで、東本の[illegible]団長、金[illegible]副団長、中央の金[illegible]文教局長と青年会幹部らが懇談したがさきに「六十万のセマウム植え運動」で帰国した青年奉仕団とは親交を深めた関係もあり、再会を喜んで民族教育の問題など熱心な歓談がかわされた。

なお、同氏は二十四日まで滞在する予定だといわれる。（写真中央が権院長）

裴正氏永眠

昨年、民団中央の事務総長をつとめたこともあり、昨年まで民団山形地方本部顧問であった裴正氏は、不慮の事故のため、去る四月二十一日、永眠した。

民団山形地方本部葬を、五月十七日（木）午後一時から、山形市八日町二丁目ノ五七、宝光院（電話二三一八三一七）でとりおこなわれる。葬儀委員長は金[illegible]

中央アフリカと経済技術協力を協定
長期貿易協定の締結も議決

閣議は政府が中央アフリカと経済・技術協力協定および長期貿易協定をそれぞれ締結することに議決した。

この経済・技術協力協定は中央アフリカと韓国の経済的・社会的発展のために投資を増進し、技術者および技術の相互交流を促進し協力することを規定したもので協定施行のために合同委員会を設置・運営することにしている。

なお、同貿易協定は両国とも相互に最恵国待遇をし関税の免除などが規定されている

世界赤十字の日を祝う
大韓赤十字

八日第二十六回世界赤十字の日を迎えた大韓赤十字社は午前十時同赤十字社講堂で記念式を持ったあと、赤十字職員の全員が二百四十ccずつ献血した。

金用雨赤十字総裁はこの日記念メッセージを通じて「大韓赤十字社は一昨年八月以来、国内外の至大な関心と期待の中で推進されている南北赤十字会談を誠実に持続することにより、一千万離散家族の苦痛を減らすために最善の努力を傾注している」と語った。

軍縮には雰囲気造成から

南北韓分断線を前に鉄道がとぎれている。五千万民族国土統一の悲願を鐵道庁の掲示「鉄馬は走りたい」がまざまざと示している

北韓に左傾盲動分子

平和逆行の凶悪指令中止緊要

李厚洛委員長指摘

南北調節委李厚洛共同委員長は十日夜、八時から一時間三十分間ソウル三清閣一和堂で、北赤代表団一行のための晩さん会を開き歓談を交わした。ソウル側では李委員長をはじめとする調節委員と南北赤代表団、諮問委員、随行員、記者など百余名が参席したこの日の晩さん会では、十一個テーブルに分かれ、赤十字会談の経緯と展望および両側の基本立場に関して話し合った。

ここで、李委員長は「いわゆる南北の平和協定や軍縮は口先ではたやすいが、そのような話しあいができる雰囲気を、なにより先ず築きあげることというのが私の心情」であるとのべた。

李委員長は平壌中央通信キチュングック記者の質問に対してこのようにこたえ「現在も北韓の左傾盲動分子らがわれわれに対して、極めて凶悪な指令を送っている」と指摘、「ひきつづき暴力指令を送りながら口先だけで平和協定を結ぼうというのは受け入れることのできないことで、まず盲動分子らの工作を中止させるのが先決事項である」と強調した。

以下は、李厚洛委員長と平壌中央通信キチュングック記者との一問一答の内容である。

▼問（キチュングック記者）…多くの質問をいたしたいです。

▼答（李厚洛委員長）…われわれが質問をし答弁をする中でお互いの理解が深まるものです。それ故、問題の核心は皆さんがわからない事項もあり、私が皆さんよりよく知っていることがあると思うので、このような問題が解決されていくべきです。平和協定を軍縮をと言葉だけはたやすいものです。

しかし、そのような話し合いをすすめることのできるような雰囲気をまず築きあげるべきだというのが私の心情です。現在のこの時間にも、皆さんはよくわからないものと思いますが……またわかるはずもないと思います。

現在も、左傾盲動分子らが大韓民国転覆のため送っているその指令は、身のよだつような凶悪なものなのです。

それ故、本心で平和、統一を論じるならば、そのようなことを中止し、お互いに信頼をとり交わし、そのような雰囲気の上で話し合う機会をもつべきで、口先だけでひきつづき暴力指令をしながらも、われわれが平和協定を結びましょうとかの話は、私が見るところでは調節委員会を代弁する立場にある李厚洛としてはうけいれることができないということです。（以下略）

第六次会談に進展無し

北赤側架空的主張固執が難関

李範錫首席代表

韓赤、李範錫首席代表は十一日第六次南北赤会談は、北赤側の所謂「法律的、社会的障碍除去」主張の固執で進展がなかったとの公式声明を発表した。

李首席代表はこの日、午前十時韓赤本部の会議室での記者会見で「北赤側は、このたびの会談で、一村あたり一人の赤十字要員 [illegible] 三万余名を派遣し、彼等に携帯品所持、通信、言論の自由を与え、在日同胞問題も議題一項（家族・親友の住所・生死確認）に含め論議することを固執した」とのべ「今後も北赤側が「障害除去」主張を撤回せず継続するばあい会談の進展はそれほど期待できないものと見られる」とのべた。

会見の要旨はつぎのとおり

双方の基本立場の距離をなくすためにどのような進展があったか

▼李首席代表＝進展がなかった。しかし相手の立場や姿勢を確かめるのに参考となった。

——このたびの会談で韓赤側の基本的立場をより肯定的にあかしたというが？

▼李＝肯定的というのは会談に臨む態度をさした物で、反対のための反対でなく相手方の意見を聴取したという意味である。

例えば、このたび北赤側は在日同胞問題を挙論した。われわれも解決すべき問題であると考え、議題五項（その他人道的な問題）で討議しようと言った。しかし、北赤側では、これすらもうけ入れられないとして一項で討議することを固執した。

——このたび、北赤側が、提示した「韓赤説得員の派遣問題」が討議されたか？

▼李＝わが側が説明を要求し、若干の論及があった。北赤側は、双方が要員を一村に一名づつ配置し、携帯品所持と通信、言論の自由を彼等に与えようと主張した。内務部へ照会して見ると、わが国には三万五千九百九十七個村があった。その要員をうけてどのような感じを持ったかは想像にまかしたい。「家族、親知ならよい」というがわれわれは「被申請者も親めるべきである」と主張している。

——住所・生死を確認するためのその他の具体的方法討議は？

▼李＝われわれは文書による依頼を受け、各赤十字社が責任を遂行する「文書交換手続」によって実施しようと主張しているが、北赤側は自由往来したから調査しようということである。

しかし、彼等も、このたびには自由往来方法とともに「補完的な方法もありうる」として若干の後退点を見せた。

北赤側の一方的な確認主張は、三十年近く、お互いに離別、生死も知らない離散家族と親戚当事者らが住所と生死の確認もなく、ただあてもなく尋ねまわろうというのである。

われわれは、この主張が現実を無視した無理な架空的なものだと反論した。

なお第七次本会談は七月十一日平壌で開催される予定である。

文教局学生懇談会

幅広い勉学交流をめざす

去る五月十三日、午後一時から千駄ヶ谷の外苑レストランで約二十名の在日同胞学生が集まり、相互の親睦強化、勉学や研究をより深める問題整備への土台形成などに関して話しあう懇談会が中央本部 [illegible]

在日大韓体育会

第8回常任理事会開催

在日大韓体育会第八回常任理事会が、五月八日、午後五時から同体育会会議室で延任理事長、蔡洙仁副会長、朴漢琉副会長、金 [illegible] 総務理事の他、9人の理事参加のもとに開催された。

議題は経済報告および加盟競技団体規定補充の件で討議したあと、来る六月一日から本国の大田市で開催される第二回韓国少年スポーツ大会に参加する選手四十人と役員十人計五十人が、五月二九日にKAL便で出発することになり、引率団長に蔡洙仁副会長と [illegible] まった。

尋ね人

趙有順さん（65才・母）

盧廷漢さん（43才・兄）

盧漢趙さん（39才・弟）

本籍地・慶尚南道 [illegible] 出身で今年二月に兄さんの盧廷漢さんが観光で訪韓、妹さんの盧 [illegible] 子さんを一生けん命に探していたということまでは知っております。この方をご存知の方は、民団中央本部文教局までご連絡お願いします。

TEL〇三—八一三—二三六一

三内線22番キム・ヒョン・ソク

金進重さん

昭和22・23年頃、民団中央本部の渉外部長を勤められた金さんをご存知の方は左記にご連絡を。

東京都品川区西大井五—二五—10

尹 [illegible]

姜鍾晃さん（43才・）

神奈川県川崎市桜木町一丁目33に一九五七年頃まで居住していた姜さんをご存知の方は、三重県地方本部（電〇五九二・二八・四三〇八）までご連絡を。

求職

現住所・大阪市生野区猪飼野一 [illegible] 八

一級整備士、珠算一級本国会社 [illegible]

氏名 李忠良（29・全 [illegible]）

[illegible]

解説

70年代における北韓の対日関係

ミゾリー大学教授 趙淳昇

孤立で経済遅滞にあせり

反日政策変更で技術導入企図

このほど米国のワシントンDCのヒルトン・ホテルで「一九七〇年代の韓国と強大国」というテーマの韓国問題に関するシンポジウムが開かれた。このシンポジウムは韓国の慶熙大学とワシントンのアジア研究所が共催したもので在米韓国人学者と米国のアジア問題専門家などおよそ五十人余りの学者らが参加した。このシンポジウムで研究発表をおこなった学者のうちの一人、趙淳昇博士（ミゾリー大学政治学教授）は「北韓の対日関係」という題の論文を発表、この中で日本の対北韓関係はこんご経済的にも文化的にももっと進展しようが"外交承認"にまではなお、むつかしかろうと語り、さらに日本は当分の間は韓半島で分断状態が続いていることの方が有利だと判断しよう、と述べて注目を引いた。以下は趙淳昇教授の [illegible]

▽戦後日本外交の"基本原則"

第二次世界大戦後の日本の外交政策は二つの基本原則の上に立って行なわれた。その一つは国連での公約を守りながら世界平和を助成して行くということ、もう一つは米国との同盟関係で日本の安保を維持して行くというものであった。

一九五五年十月、日本外務省は [illegible]

[illegible]

▽日本商社と北韓の民間交易

[illegible]

▽南北韓に対する貿易量のギャップ

[illegible]

▽米中接近に対処した"新政策"

[illegible]

▽田中政府の"等距離政策"で

[illegible]

▽韓日基本条約の第三条を破らず……

[illegible]

▽日本の"分断持論"を北韓は支持

[illegible]

——ということであろう。

さて、こんごの対北韓政策はどのようなものになろうか。それは日本の対韓政経介入度の度合いか [illegible] 支持していることになる。

（S・I・S・A）

視たり聞いたり韓国の旅 (中)

(株)デイ・エス社長　水野富久司

景福宮前を歩く観光客、後に北漢山が見える(右側で撮影する方が筆者)

機動隊らしきものがあったので運転手に尋ねたら、それは工兵隊の演習であるとのことであった。そんないくつかの過去の思い出を胸にして、とっぷり暮れた金浦空港に着いた私たちは、その足で〝妓生ハウスの翠林〟に落ち着いた。

一行三十二名、一人に一名ずつの妓生がサービスについて、都合六十四名の宴席は、華やかでもあり豪華でもあった。いずれも若い美しい妓生で、サービ

欧米さながらのソウル
気持のいい商店の定価販売

スも至れり尽くせりであった。日本語を片言で話すもの、英語を充分話すものなど、仲々器用であったが、彼のサービスに当った妓生は韓国語以外は全然話せなかった。トイレへ案内してくれと英語で頼んでも全然通じない。両腕の通訳でやっとトイレへ案内してくれた有様だった。……のむ程に酔う程に、みんな上気嫌で、韓国到着の夜は楽しく更けていった。

私達の泊った「コリアナホテル」は、国会議事堂のすぐ隣りで、目下建設中の国会議事堂が大きな敷地に

完成するまでは、このホテルの五階までを国会関係で使用中であるとのことであった。ホテルは二十三階建ての立派な建物で私の部屋は二十一階の感じのい明るい部屋であった。

ソウルを振り出しに、仁川、大邱、慶州、釜山などを、要すれば韓国の約八〇%を特別仕立てのバスで巡回観光した。

私は韓国へ来てよかったと思った。……満開の桜、リンゴの花、桃の花、韓国つつじなど、春の花々は今を盛りといっせいに咲き競って、中にはひばりがさえずってなんとものどかである。……それはもちろん、昨今の我国する観光ブームにはその帳簿に応じきれず、テンテコ舞いの状況である。予想もしていなかった予想以上の高層建築が、それより何より期待以上にによきによき林立して

あの残酷な戦争を乗り越えて立ち上った韓国の力強いそして若々しい姿である。

七、八年前の韓国は疲れ切って、その疲れが人々の顔や姿や街のあちこち……国全体に疲れが広がっていた。

ところが、今日の韓国は、その疲れが吹っ飛んで、その細胞の一つ一つが生々しく躍動しているようだ。ソウル―釜山を結ぶ京釜高速道路(四二八キロ)、大田―木浦二八七キロ・釜山―光州と丁度地帯を結ぶ四六一キロの

第一、街が隅々までほんとうによく清掃されて気持ちがいい。これでこそ、紙幣がきれいな手からきれいな手に渡り、最後まできれいなのである……。

新高速道路など全韓国が時間的には、七、八年前の約三分の一に短縮され、鉄道も京釜線(ソウル―釜山)、湖南線(大田―木浦)の両幹線のほかに、中央線、全羅線、東海線、慶北線など、その技術も高水準にあり、都市も大都市から小都市まで都市を結び、

それからこの旅行で感じた二つのことを、私は、私達旅行者のためにまた観光韓国のためにお話ししておきたい。それは、新羅という千年の古都慶州に行ったところ、その店の品物は、総べて完全に定価販売なのだ。旅行者としてこんなうれしいことはない。或いは、皆さんはそんなことは珍らしいことではない、普通のことだ、というかも知れない。もちろん欧米の文明国は、みんな完全定価販売だし日本もいうまでもない。……とこ

ろが、東南アジ

さながらヨーロッパとアメリカも、観光土産品店は割引販売をして、香港などでは、物によっては定価以下にまでダウンする。ところが、まず、あることだ。そんな場合、私達は、その品物の真価を疑うばかりでなく、一体いくらで買えばいいのか?と不安にかられる。高ければ、相場より高価に買い過ぎたのではないか?

安ければ、これはイミテーションではないか?……といろいろ不安が生ずるわけだ。

この割引販売は、ローマなどで堂々と店頭表示しているが、これはその国の権

にかけても、完全に定価販売をして我々旅行者をして安心して買えるようにして欲しいとこの旅行を機に、韓国の明日の当面の課題には、韓国の堂々たる将来を見るような気がした。(つづく)

大胆な大幅な道路計画と、明日の街づくりの基礎を完全に築いた感じのする釜山。民族の歴史と文化の足跡を、完全に保護保存している慶州などなど……

ソウル景福宮勤政殿前での記念撮影(デイ・エス韓国視察団一同)

'73ミス・コリア「善」に入賞

在日同胞四年目の宿願
栄冠に輝やく金梅子さん

○……一九七三年度、韓国女性の美の頂上を決定するミス・コリア全国決選大会は、五月十日午後七時、ソウル市の奨忠体育館……○
○……でひらかれ、真・善・美・貞・淑・賢のほか、ミス・韓国日報など、七人の〝韓国美〟の誕生を見るに至った。韓国日……○
○……報主催になるこのミス・コリア・コンテストは、今や年中行事の名物として脚光を浴び、年毎にその人気は高まるばか……○
○……り、既に十六回を数えるまでに至り、毎年、六つもの世界大会へミス・コリアを参加させ喚を競っているが、今年は、……○
○……海外から七人(在日三、在米三、在カナダ一)も参加するなど、空前のブームをおこし、五月二日からの予備行事を経……○
○……て、この日の決選大会を迎えたのである。……○

軍楽隊の華麗壮大なるファンファーレの鳴りひびく中で開幕。代表のミスたち四十人が舞台一面にスラリと伸びた肢体でキラ星の

るワルツにあわせて、鮮やかにステージを一周するうちに、例年の

とりひとり紹介された。

このあと、正面両翼のほか、民団中央の李彩雨副団長らをふく

むこの夜は十四人からなる本審査委員(任宅根委員長)席。右側が申星一ら十二人からなるスター人気賞の審査委員(崔茂龍委員長)席。その中を、夜会服と水着を交互に着替えたミスたちが、ムード音楽に合わせて、しゃなりしゃなりと、各自の持つ個性美を競い合う。

令嬢嬢、フォー・ダイナミック演・万雷の拍手。いたずまのよう

スなど、人気歌手の賛助ショウがはさまって約三時間。郷土美人賞、人気賞、スター賞、友情賞、スマイル賞、マナー賞が、つぎつぎときめられ、いよいよ本賞候補十五人が、つづいて七人が最後に残された。

その中にひときわ目立って「在日同胞二〇番」の標識をたらした金梅子さんが、涼時候装を忘れることなく、しゃんとたっている。まもなく審査結果が「善」入賞と発表された。

ウオーと場内をどよめかす喊声・万雷の拍手・いたずまのようにおるフラッシュ・ついにやった! 息づまるような感動が胸をつきあげてくる。

ついさっき、在日ミス三人みんなが「郷土美人賞」をもらったあとだけに、感激はひとしおである。

喜びと感激にむせんだ、金梅子さんの横顔があどけない。もう、何もいうことはない。

かくして、本国での決選大会参加四年目にして、宿願の上位入賞の栄冠は、ついに在日ミス・コリアの頭上にさんぜんと輝やいたのである。

郷土美人賞を受賞した(上)許洋子さん(下)朴郁子さん

第2位「善」に入賞した金梅子さん

「ミス世界」大会への七人

この夜、選抜された七人の美女のうち「真」は、来たる七月十一日、ギリシャのアテネでひらかれる「ミス・ユニバース」大会に参加し、善・美・貞・淑・賢らは、十月、大阪でひらかれる「ミス・インターナショナル」、十一月、ロンドンでひらかれる「ミス・ワールド」、来年二月、メルボルンでひらかれる「ミス・パシフィック」、同じく八月、東京でひらかれる「ミス・ヤング・インターナショナル」と、ロンドンの「ミス・ワールド・ピース」ほかに参加するが、「ミス・韓国日報」は、大韓の年じた時に、補充参加する。

真…金英珠(18)ソウル
善…金梅子(21)在日
美…兪俊曦(19)慶北
貞…朴信和(21)釜山
淑…李泰炫(19)京畿
賢…安順永(19)ソウル
ミス・韓国日報…李恵淑(18)在米
(「友情賞」と共に二つのタイトル)

許洋子さんと朴郁子さんも
「郷土美人賞」かくとく

郷土美人賞

許洋子……(21)在日・東京
朴郁子……(21)在日・長野
金梅子……(21)在日・横浜
(「善」と共に二つのタイトル)
高啓子……(19)慶南
李水晶……(19)ニューヨーク
崔仁姫……(20)ワシントン
尹慶姫……(18)全南
朴康洋……(19)忠北
朴承愛……(18)カナダ
沈志映……(21)江原

民族絵画発掘 李用熙教授来日

ソウル文理大学の李用熙教授が日本の博物館、寺刹、個人、大学等に秘蔵されている韓国絵画を調査紹介のため九日来日した。約二週間滞在する。

静岡の趙鏞衍氏

静岡の趙鏞衍氏
功績讃え、銅像建立
25日、郷里全北・礪山高校々庭で

つい四、五日まで第十一、二代民団静岡県本部団長をつとめた趙鏞衍氏は、四年有余の団長在職中、永住権申請キャンペーンを始め、民団の組織強化、本国で繰り広げられているセマウル運動に積極参加して国土建設を始め、大統領表彰など栄誉からかずかずの表彰をうけるなど氏の活躍は民団組織史上特筆すべき業績をのこした。特に「十月維新」の新しい体制づくりには、氏の一家をあげて新しい感銘を与えた逸話もあるという。

○…趙鏞衍氏は、一九二三年全羅北道益山郡礪山面生まれ、三十一年前(一九四二年)に渡日、八幡製鉄を振りだしに鉄鋼業として活躍した。八一五解放前には、静岡県浜松市、三方原飛行隊に配属され、

強健な体力をきたえたのが今日の活動に力になったかも知らないとは氏は語ってもいる。

故郷からなる民の功績を讃える銅像を礪山高校々庭に建立することになってその除幕式が来る二十五日、現地で行なわれる。

○…氏の生れ故郷である全北益山郡礪山面内のセマウル運動事業を始め、区、中、高校などに多額の寄付を惜しまなかったが明らかにされたのだけでも次のようである。

①益山郡礪山面郷山里セマウル部落に、農道、ブロー

ク塀、電気架設。②同面ユージン部落に電気架設、敬老館新築。③同面礪山里に松閣(休憩所)建設。④同面礪山国民学校に七千坪にわたるブロック塀⑤同面中国民学校(新設)にマイク施設及びブロック塀。

特に礪山面内には、今まで高校がなかったので氏が五千坪の敷地を寄贈して校舎、運動場、校長などを揃えて、礪山公立高校として発足、今年から二学級の高校一年生を収容するに至った。

○…同高校では、郡民と協議、来る二十五日、同校々庭で運動会を兼ねた同氏の銅像除幕式を挙行する予定である。

○…氏は五十歳の働き盛りで引きつづき民団静岡県本部顧問として活躍、趙鏞衍夫人金文石女史と長男光圃君三人家族のしあわせな家長でもある。

大阪本部事務局長に 李聖南氏を起用

李聖南事務局長

民団中央本部総務局長を永年勤めた李聖南氏は、民団大阪地方本部事務局長の任操錫氏の後任として同本部事務局長に去る四月二十三日付で就任した。

李聖南氏は、組織管理の内政処理面で卓越した手腕を高く評価されており、同胞社会の信望を一身に集めているが、特に中央本部在職中は、民団史上最大の課題といわれた東本正常化の課題解決の過程でも氏の透徹した整理能力が民団の団結に大きく寄与したといわれる。これからの氏の活躍が期待される。

崔応善奨学官 駐米韓国大使館に栄転

崔応善奨学官

崔応善駐日韓国大使館奨学官補は、去る四月二十日付で駐米韓国大使館奨学官に昇格、赴任の予定である。

崔奨学官は、一九七〇年十一月赴任以来、在日同胞子弟の進学、留学、奨学金等などの業務を担当した実績を残している。

旧釜山中同窓会が母校親善訪問

旧釜山中学14期卒業生(昭和六年卒)一行二〇人が五日午後母校である現釜山高等学校を訪問、謄写輪転機一台を寄贈し、韓日親善の役割を果した。慎倉一裕国立衛生センター所長、木島岳大阪北野病院院長、金允中KPI社長ら一行は42年前の当時を偲び韓日親善の新たな感銘をしたのである。

〝乙女たちに幸多かれ〟
大会審査参加の李彩雨副団長談

李彩雨副団長

十八人(予備審査)または十四人(本審査)の一人に過ぎないとしても、公正な審査をしたが、日本からのわが娘たちが全員入賞し、しかも本賞の上位「善」にくいこんだのは、〝知と美〟を争う意味で実力もさることながら、ラッキー―この上もなかったといわざるを得ない。それにしても、決選の夜のあの感動を私は忘れることはないだろう。忘れ得ることのない青春の日の感激をいつまでも胸に抱くであろうわが〝乙女たちに幸多かれ〟と祈りたい心境である。

韓国企業総録に収録
在日同胞企業体

民団中央本部経済局(金鍾丞局長)では、財団法人韓国生産性本部が企画した「韓国企業総録」に収録する在日同胞企業体の提案申込みを望んでいる。

対象企業=従業員五十人以上の業体、対象業種=農業及び小売業を除いた全企業、業体収録内容=①企業体名②代表者③本社住所及び電話番号④営業種数⑤主製品名⑥従業員数、⑦本国連絡先収録を希望する企業体は六月十五日までに民団中央経済局に報告のこと。

決選大会参加日誌抄

以下、七三年度ミス・コリア全国決選大会参加の在日ミス・コリア引率者、朴性鎮宣伝局次長による参加日誌抄である。

五月二日……晴。午前十一時発のKAL七〇四便で、在日ミス・コリアの金梅子、許洋子、朴郁子、の三人のほか、付添いの母たちと共に羽田を発つ。同日午後、金浦空港着、出迎えの韓国日報社の任洪渉課長の案内で宿舎の大元ホテル入り。

五月三日……米国、カナダからのミス・コリアたち四名とともに、韓国日報社長に面接後同社で開催の歓迎会に参加。

五月四日……前日までに先着した日本をふくむ海外同胞七人のミスたちは、午後五時まで、大元ホテルに全員集合した国内ミスたちと始めて合流、団体行動に入る。係員たちから注意事項ぜっけん番号、参加牌、記念品メダルなどの配付を受け、グリルで前年度世界コンテストの記録映画を鑑賞。

五月五日……KBS・TV出演。化粧品メーカーの太平洋化学工場見学。午後、ホテル内で第一回リハーサル。映画鑑賞。

五月六日……午前七時半、文化放送TVに出演(録画)後、観光地として有名な京畿道龍仁郡の南伊島に全員バスで出発、野遊会を兼ねた団体撮影会。夜九時頃ホテルに帰着。

五月七日……ホテル内で午前中リハーサル。正午から約二時間ミスたち全員が新世界百貨店で一日店員、来客たちの歓呼を浴びる。午後六時から再び文化放送TVの「ミス・コリア前夜祭」に出演。

五月八日……正午からミスたち全員、東京高速ターミナルで「父母の日」を記念して乗客たちの胸にカーネーションをさしてあげる。午後三時半、審査員として参加する李彩雨副団長を金浦空港に迎え、韓国日報社で午後五時から始まったミス・コリ

ア予備審査会に案内。各界を代表する十八人の審査委員(任宅根審査委員長)だけが立ち会う非公開の予備審査会は約三時間にわたって慎重におこなわれ、終了後、レセプションに入る。

五月九日……この日始めて午前十時から、決選大会場である奨忠体育館で、本格的な舞台リハーサルを、午前、午後二回にわたっておこなう。夜十時半から〝最後の夜を楽しく〟のタイトルのもと、ミスたち全員が一堂に会し、お国じまんのかくし芸がひろうされ、ホテル内は、乙女たちのこぼれんばかりのたのしいおしゃべりで、なごやかな笑みあふれるような楽しさでいっぱい。

五月十日……いよいよ決選日。午前十時からの真剣な舞台リハーサルで総仕上げし、決選前の自由時間に緊張した神経をほぐす。午後七時、決選の火ぶたは切って落された。緊張と感激と、どよめきと、夢のような喚声の中で選ばれた日本からのわが娘(カラ)の娘たち。その娘をおって流れおちる涙は、麗しい青春への感涙であろうか――。

五月十一日……午後三時、韓国日報社十三階ホールでスポンサーたちによる副賞施賞式。午後六時「京楽」にて、金正柱団長らの招待による海外同胞だけの祝賀会を最後に、全日程を終了。

布施支部で親睦ゴルフ

民団大阪布施支部(金仁洙団長)では、管内居住の団員親睦と組織強化をはかるため、奈良カントリー・クラブのゴルフ場で野技会を催おし、大は韓国総領事杯、民団大阪地方本部団長杯、同布施支部団長杯が各優勝者にそれぞれ授与され、和気あいあい裡に、楽しい一日を過した。

なお同支部では、今後もこのような機会をたびたびもつことにより、効果ある組織強化を期待したいといっている。

写真は優勝者一同の記念撮影

新刊紹介
韓国名品図鑑
大日本絵画巧芸美術(株)刊
在日二・三世必読の良書

昨年八月、景福宮の中の中央博物館が完成し、徳寿宮の旧博物館から移転するのを機会に、同博物館が所蔵する数万点の中から、各時代各部門の傑作百点を厳選、これを全部カラー写真にした「韓国国立中央博物館名品図鑑」がソウルの三和出版社から刊行され、各方面から好評を受けたが、その内容と出来ばえに注目した大日本絵画巧芸美術(株)が、これを日本で発売することになった。

最近、古代韓日関係の密接さが脚光を浴びており、上古時代の両国の文化交流が大きくクローズアップされている時、これは本当にタイムリーな出版物であるといわれている。

韓国における印刷技術がどこまで進んでいるかということも、この装幀、色刷の図鑑がはっきりと示している。印刷、紙、製本まですべて韓国の技術によるもので、日本で出版されるこの種の刊行物に比べて全くそん色のない誇るべきものである。

東京の大日本絵画巧芸美術(株)は、版物〔illegible〕社長(〔illegible〕)〔illegible〕ている。すば〔illegible〕日本〔illegible〕日本〔illegible〕をはじめとして各部門のエキスパートが当っている。好事家はもとより、二世、三世の子弟のためにも、是非備えつけておきたいものである。

この図鑑は一千部の限定版、定価九千八百円、発売所は、大日本絵画巧芸美術(株)東京都千代田区神田錦町一ノ七、電話東京二九四―七八六一～三。

おことわり=本紙五月十二日付第一〇八三号三面「総領事民団団員あて」記事中、林成奉団長は朴成奉団長の誤植で訂正します。

韓国国際教育協会発足

留学生、在日子弟に朗報

招請、進学相談の公益事業団体

学術・文化人の交流
民団中央でも支援

このたび、韓国人留学生等の招請斡旋、援護、在日同胞学生の大学等への進学指導、相談及び、同胞子女の日本学校での教育上の諸問題等の相談等を専門的に取扱う教育事業の公益機関「韓国国際教育協会」が四月に発足し、すでに東京都千代田区猿楽町二ノ五ノ五韓国YMCA会館内で事業を開始した。

従来、韓国の学生といえば、ややもすれば、一部には政治的反日感情に走り、現在でも屈折した対日感情を根強く抱いてはいるが、一面では新しい傾向も芽生えつつある。

最近、若い世代と中堅文化層のなかから、現代日本を正確に理解しようとするとともに、日本の科学技術の成果へのアプローチに、真剣な熱意を燃やす動きのあることなどは、注目すべき傾向の好例といえよう。

このような動向は、特に、昨年一月の閔文教部長官に依る、日本への自費留学の許可発表等を契機に、拍車がかけられることとなり、いまや日本への留学熱が、各方面で高まりつつあり、この頃では多くの留学希望者が、いろいろの手づるを求めて、日本留学をめざしている有様であるが、従来の日本への正規留学は、主として日本政……

自費留学の近道拓く

韓宗碩専任理事

専門職能こそ国際社会で生きる道

韓宗碩専任理事談

……していなければならず、特に、生存競争のきびしい外国社会に住む場合には、より以上の強靭な民族主体性を精神的支柱に、専門職能を身につけ、他国人に負けないスペシャリストとして、自主自立の出来る人間に鍛えあげなければ、国際社会では立派に生き抜くことが出来ません。

こんな時代に、わが民族の中核になるべき有能な人材の育成事業の一端を荷うことは、在外国民として、民族の大本的事業に協力することと確信し、数年来尽力してきましたが、幸いにも、各方面の絶大な期待と賛同支持を得、特に関係当局の暖かい支援を受けて、このたび、ささやかながらも本事業の産声をあげることが出来たのは、留学生及び、同胞父兄のためにも、喜びにたえないところであります。

何しろまだ、小規模での仕事始めでしかたいので、ゆくゆくは、……

このたび、韓国人留学生等の招請・斡旋、在日学生の大学進学斡旋、同胞子女の教育相談等の、国際教育事業団体として発足し、業務を開始した「韓国国際教育協会」の、目的・事業等はつぎの通りで、みなさんの御利用のほどをお待ち申し上げます。

目的　「日本国はじめ、各国の大学等研究学校及び、各種研究機関に留学、研修する韓国人学生・研究者を斡旋・援護し、学術・教育等の交流を通じて、韓国の発展と国際間の相互理解の増進に、寄与することを目的とする」

事業
(一) 留学生、研究生等の、進学・研修等の招請、斡旋及び援護
(一) 学術・教育・学芸・文化人等の交流・交換等の斡旋
(一) 在日同胞子女等の、大学等への進学指導・進路開拓及び、教育問題等の相談
(一) 奨学金・研究奨励金等の支給・貸与・斡旋及び、厚生・医療・文化事業の扶助
(一) 各国の科学・技術等情報の収集、交換及び、学術教育資料の受託・提供
(一) 各国の留学制度、国際教育等に関する研究及び、情報・資料の収集・提供(以下省略)

事務所＝千東京都千代田区猿楽町二ノ五ノ五　韓国YMCA会館内電話(03)291-0548番(直通)

韓国国際教育協会
代表者・専任理事　韓　宗　碩

崇高な使命感と自己犠牲の果敢な姿勢

"六〇万セマウム植え運動"報告

物心共に参加せよ
在日同胞の援助

国産品輸入すれば一億ドルの国益

ウリマルと本名の表札使う在日同胞

写真　5月14日、東京日消会館での報告会

顕忠日に除幕式　国立墓地で

在日同胞出身戦殁者慰霊塔

民団中央本部民生局（李鍾舜局長）では、在日同胞献金による在日同胞出身戦殁者慰霊塔除幕式を来る六月六日の顕忠日に、各地方本部団長参席のもと国立墓地（ソウル・銅雀洞）でおこなうことをきめ、五月二十五日まで参席者の報告を望んでいる。

除幕式参加の要領は、次の通り
日時…六月六日午前十時。
場所…国立墓地内在日同胞戦殁者墓地。
参席対象…各地方本部団長または地方本部で選任した代表者。
旅費…地方本部で負担。
入国は各自行動で、六月五日午後一時まで民団本国事務所に集合のこと。
なお、献金割当額は五月末日までに地方事務局経由、中央民生局に……のこと。

林慶業将軍伝（十）

洪相圭 訳
八東周吉 画

韓國新聞
在日大韓民国居留民団
中央本部機関紙
韓国新聞社
発行人　金正柱
東京都文京区春日町
2丁目20－13
電話(815) 1451～3
(813) 2261～5
振替口座　東京 163774

民団綱領

一、われわれは大韓民国の国是を遵守する
一、われわれは在留同胞の権益擁護を期する
一、われわれは在留同胞の民生安定を期する
一、われわれは在留同胞の文化向上を期する
一、われわれは世界平和と国際親善を期する

祖国での十日間（1）

本社　金元奉記者

板門店で韓国憲兵と記念撮影右端が記者・後の建物は板門閣

〈初めてソウルの土を踏む〉

ボーイング707の窓から見た金浦空港は雨だった。尹胄栄文公部長官の招きで、生れて初めてソウルの土を自からの足で踏みしめた時、そこには限りない感激と、幾ばくかの不安めいたものがあった。とにかく「祖国」の土の上に立ったのである。五月七日午後〇時三十六分だった。

戦後の祖国を知らない者が、初めて祖国を訪れるとき、そこには数々の違和感があるという。だが記者にはそれを感じる前に、余りにも多くの事柄を感じる運命が待っていた。記者の目には、発展に次ぐ発展を重ねる祖国のみが、韓国を離れるまで映じ続けたのである。日本で言論人としての仕事をしている関係上、祖国のニュースには一般の人以上に接している筈だし、ある程度の予備知識は持っている筈だった。しかし、それは実際にソウルの街に到着した時、完全に意味を失なっていた。百聞は一見に如かずということを身を持って体験するのである。

緊張感あふれる板門店

北側記者とニセ合同集会問答も

〈板門店〉

五月九日午前は板門店行きである。板門店は余りにも書かれているので、今さら新らしく書くことは無い。しかし他人が書いた物を読む—という活字からでは受取ることのできないものがあった。記者団を乗せたバスが臨津江を渡るとき、ここまで来ていたが、手を振る人もなく、全ての警戒体—というよりも

の時になってはっきりした緊張感が生じたのである。荒廃した休戦線非武装地帯、北韓の戦車を阻止するために造られた巨石のバリケード（それは北韓側のもの）、それらを通過して板門店の休戦会談場に到着したが、六角形三層の自由の家を仰いでも緊張感は抜けなかった。ピーンと線の張った警備、黒ズボンに皮の長靴、そして革帯という旧日本陸軍将校服にそっくりの服装の北韓側警備兵の、徒手訓練をしたであろう大きな手などが印象的である。

〈赤十字本会談〉

十日午前十時、韓赤本会談場に韓国側の李範錫首席代表をはじめとする代表団一行が、北赤側代表団一行と同時に入室した。本会談は非公開であるが、会談開始十五分前までは記者団が自由に写真を撮せるので、室内は南北首席代表と代表団長の握手の瞬間からストロボ、フラッシュの渦となった。南北記者団の撮影は時間一ぱい続けられ、記者もストロボを光らし続けた。

〈朝総連記者にアプローチ〉

本会談が続けられている間、記者は記者控室で大スポークスマンの発表を待っていた。南北双方の記者が一室で待つ間、ここに南北記者の雑談する余地がある。朝総連系の新聞記者と称する連中が五人程いた。その内の一人、こちらから接触を試みる。「あなたは何処から来ましたか？」「東京から来ました」「私も東京です」ということでお互いに東京の何処に住んでいるかを尋ね合う。朝総連の記者いわく「東京で朝総連と民団が合同集会を持っていることをどう思うか？」、ハハーン来たな…と思った。「あれはニセ合同集会でしょう」と答える。以下そのやりとりは次のようになった。「なぜニセ合同集会といえるのか、あなたは統一に反対するのか」「韓国人で統一に反対する者は一人もいない。しかし、あれは民団でなく、民団の名をかたる脱落分子だからニセ合同集会というのだ。民団との合同集会を持ちたければ、中央本部と話合い、各地方本部を通して全国的に行なうべきだ」「しかし、民団の中央本部はわれわれの呼びかけを拒否しているではないか」「それは当然だろう。ただガムシャラに合同集会を開こうというだけで、それの前提となるべき民団中央からの公開質問状に、朝総連からいまだに回答がないではないか」、ここで相手はチョット困った様子だ。ここで追討ちをかける「公開質問状に回答もせず、一方的に合同集会を持つ意志がないのだろう」と。

祖国愛を仁術で

母国で医療奉仕活動

在日韓国人医師会　無医村で無料診療

李泰永会長

在日韓国人医師会（李泰永会長）では、本国で繰りひろげられているセマウル運動に歩調を合せ母国訪問診療奉仕団を構成、五月三日から忠清南道牙山郡新昌面と仁州面など二個処の無医村を巡回、千余人の住民に無料診療を施し、このほど帰任した。保健社会部と大韓医協の支援のもとで実施された同診療奉仕団は、八人の在日同胞医師からなっており、保健社会部では、検診車一台、大韓医協では医療要員を動員して協力、この奉仕が行なわれたものである。

巡回診療を施す在日韓国人医師会母国訪問医療奉仕団

医療奉仕団一同の記念撮影

マウル運動が展開している。われわれ奉仕団も短い時日ではあったが、毎日、朝から晩まで三十分間の昼食時間を除いては、精いっぱい診療に奉仕したことを誇りに思っている。

第一回母国訪問医療奉仕団メンバーは次の通り。

セマウル支援　講演会　懇談会

二十二日から民団各地方本部で

駐日韓国大使館主催

駐日韓国大使館では、セマウル事業支援講演会、懇談会を各地方本部民団幹部及び同胞社会有志を対象に次の日程でひらく予定。日程は次の通り。

地方本部	日程
△群馬	五月二二日
△山梨	〃二三日
△長野	〃二四日
△新潟	〃二五日
△茨城	〃二六日
△千葉	〃二八日
△埼玉	〃二九日
△栃木	〃三〇日

照点

私の韓国行—隣人に深い理解を

今日出海

（筆者は作家。サンケイ新聞と筆者の特別好意により掲載）

サンデー毎日新人賞に鄭埈汶氏

推理小説・ルバング島の幽霊で入賞

在外特別戸籍案

新たに三社

在日韓国新聞通信協会

民団実務手帖

73年度手帖が完成しました。
民団の役職員はもちろん、一般団員の必携手帖として百科全般にわたる内容を収録しました。

〈主要内容〉

規約と綱領・中央委員会運営規定・中央委員・執行委員と全国地方本部役職員・全国信用組合・韓国在外公館・海外同胞が必要とする諸法令と様式・旅券に関する一切の手続内容・戸籍全般兵務関係・祝祭日・新聞通信社
ほか全80項目　203頁

〈申込〉

各県本部・支部など団体、職場単位でまとめて申し込むこと。配付実費は一冊につき 300円で、前納制。
残部が少ないのでお早目に！

民団中央宣伝局

全国監察委員会本国で研修

全国民団監察委員会の本国研修会（既報）は、日程通り五月十六日から十九日まで本国で開かれたが、日本からの参加者総数約六十人で、多大な成果があったとのことである。写真は本国事務所会議室での開講式の模様。

金根実氏　永眠

故金根実氏

民団岩手県本部副団長と、信用組合岩手商銀理事、民団東部支部支団長などを歴任、同胞社会に温情ある指導者として尊敬されていた（株）清富商事社長の金根実氏はすい臓癌のため岩手医大病院に入院加療中のところ、去る四月二十七日午前四時すぎ永眠した。享年五十五歳。本籍は釜山市。

IGMソウル・カントリークラブ会員募集

会員の特典

●2泊3日の韓国ゴルフ・ツアーにご招待
●日本国内でもI.G.M.会員資格で関東地区135コースの予約と割引プレーが出来る
●I.G.M.所属ホテル等の附帯施設は優待割引で利用可能
●オープンと同時に会員権の譲渡、名義変更可能

名誉会長　藤原弘達

取締役会長　中村政次

取締役 副理事長　鄭賢式

お申込みはハガキに住所、氏名、会社名を記入のうえ東洋航空（株）へお送りください。入会申込書を差し上げます。

ソウル
金浦空港
北漢江
南漢江
京釜高速
I.G.M. ソウル カントリー クラブ
新葛インター
驪州インター
嶺東高速
雉岳山

交通・環境
ソウルから京釜高速道路経由50分。
由緒ある旧跡が多く、近くに漢江をひかえ雄大な展望を誇る景勝地。

第一次一般個人正会員（入会金50万円）
第一次締切 5月末日
第二次会員 70万円

—特別縁故会員・若干名—

○I.G.M.ソウル・カントリー・クラブは、ソウル郊外の景勝地・驪州（Yeoju）に40万坪にわたる敷地を確保し、18ホールのチャンピオンコースを建設中です。名誉会長に藤原弘達氏を迎え正式オープンは来年5月を目指しておりますが、最終会員募集価格は200万円を予定しています。

○今般、皆様の海外旅行のお世話と、観光案内に努めている東洋航空KKは、このクラブ設立メンバーとして参与し、同胞社会で活躍され、且つ当東洋航空が日ごろお世話になっている各界のゴルフ愛好家には、特別の便宜を図ることにしました。

会員募集代行
東洋航空株式会社
代表取締役　鄭賢式
本社：東京都中央区銀座6-4-8 曽根ビル
〒104 TEL：東京(03)573-4421(代)

後援
fly KAL'S 747B
大韓航空
KOREAN AIR LINES
ジャンボで2時間、コースまで50分
I.G.M.：東京都渋谷区円山町5-3 萩原ビル〒150

IGM取締役　河野高明プロ

重化学・輸出・農村に注力

維新初年度施策報告

金総理、国会で国政三大指標ひれき

金国務総理

国会は十八日午前、第一次本会議で金鍾泌国務総理から国政全般に関する報告を聞いた。金総理は太完善副総理をはじめ全国務委員が参席したこの日の本会議で「十月維新は、わが民族の自我を基礎に安定と繁栄、そして統一の新歴史を創造して行くための民族意志の創造的発現であり、わが運命をわれわれ自身の力できり開いていこうとする韓国人の思考と哲学の確立であると同時にその実践」であるとのべ「統一の念願がいかに大きいとはいえ、今すぐ成就されるとはいい難く、したがって政府は南北赤十字会談と南北調節委員会など、ふたつの南北対話を通じて、たやすいことからひとつひとつ解決して行く漸進的改善の原則を堅持しながら忍耐と誠実によってたゆみなく進行させていく」とのべた。

金総理はまた「政府はまず百億ドル輸出と、一人当りGNP千ドルという第一段階目標を設定、その三大指標として重化学工業の育成と輸出の大幅伸長、農村の画期的発展にすえ、その目標達成のため、今年を「十月維新第一次年度」と定め、全国の新農漁村化、全産業の輸出化、全国力の生産力化を強力に推進するつもり」であると強調した。

金総理は七大施策として、①物価の安定基盤をかためる、②貯蓄の増大と海外投資の促進で持続的な経済成長をきずきあげ、③重化学工業の建設を促進し、④セマウル運動を主軸に所得を増大し、⑤二三億五千万ドルの今年度輸出目標をかならず達成し、⑥社会間接資本の均衡のとれた拡充と社会福祉政策をすすめることなどをあげた。

金総理は、一方各部門にわたる反社会的な行為に対して鉄槌を加えており、維新課業を阻害する不条理と類廃的な慣行を除き、協同と遺業の伝統的精神を基盤に、勤勉、自助、協同の維新秩序をこの地に土着化させる一大社会浄風運動をたゆみなくひろげていく」とのべた。

第3次経済開発5個年計画重要事業の一つである浦項総合製鉄の溶鉱炉、今年7月に完工予定である

金総理19日ヨーロッパ訪問

南北対話など意見かわす

なお、国会での施政報告をおえた金鍾泌国務総理は19日ベルギー、伊太利、スペインおよびフランスなどヨーロッパ4カ国を親善訪問するため夫人の朴栄玉女史と同伴、19日午後1時30分金浦空港発KAL機で出発した。金総理のヨーロッパ訪問には金永善統一院長官と崔圭夏外務部特別補佐官、総理室の韓相国儀典秘書官、鄭鳳漢公報秘書官などが随行した。

金総理は、日本をへて西ドイツハムブルグで1泊したのち、21日ベルギー王国を公式訪問する。

金総理は、来る6月9日まで、ヨーロッパ4カ国を巡訪しながらポンピードフランス大統領をはじめ、各国首脳と会談をもち、①国連を含む国際舞台での協調方案、②経済協力増進、③南北対話など韓半島情勢などに関して意見を交換することと見られる。

金総理はベルギーで、ボドワン国王、ルビルトン首相、イタリアでレオネ大統領、アンドレオチィ首相、スペインでフランコ総統、カルロス皇太子、フランスでジョルジ、ポンピードゥ大統領、メスメル首相、ジョベル外相と一連の会談を通してわが国との伝統的な友好関係をかためるものと思われる。

対外政策に転換無し

北韓WHO加入でも国際地位には無影響

金溶植外務長官は、19日「北韓がWHOに加入されたことで韓国の国連政策や国際的地位に影響があることは見ないとのべ、今後の国連対策は伸縮性を以って有効適切にすすめて行く」とのべた。

約一週間、オーストラリアおよびニュージランドを公式訪問したのち19日夜、KAL便で帰国した金長官は、しかし、北韓のWHO加入に対し「南北対話が進展されている現在の時点で、悪影響をおよぼすかも知らない結果をもたらしたのは残念」であると指摘し、「この結果から見て、対外政策の転換を考えたことはない」とのべた。

金長官は、また、このたびの大洋州訪問結果について「オーストラリアとニュージランドは去年、労働党政権成立後対外政策の大きな変化をみせたが、韓国に関するかぎり、予想外に友好的であった」とのべ「地域協力問題に関しても多くの共感を持っている」とのべた。

金長官は特に、その間、中断されていた韓、豪商工長官会談が来る十月、ソウルで再開されるであろうとのべた。

工場設置申告制発効

58個業種着工90日前に

政府は17日付で「製造工場設置申告に関する規程」の施行細則を公布することによって、今後、紙類製造業など58個業種の工場を新設しようとするものは、設置工事着工90日前に管轄地方長官をへて、商工部にかならず申告すべきであり、すでにこれらの業種を営んでいる既存の業体も来る8月16日（同規定公布六個月以内）まで、施行細則にともなう所定様式にしたがって申告を完了しなければならない。

城東支部定期大会で新執行部発足

民団大阪本部傘下城東支部（朴[illegible]団長）の第18回定期大会が去る五月十三日、十二時から、代議員九九人の出席によって支部会館で開催され、団長に朴準道氏が再選、議長に金在哲氏、監察委員長に呉相賀氏が選任され事務部長[illegible]氏などを含めた新執行部が誕生した。

なお同支部では、南北共同声明説明会や同胞慰安会の開催などによる成果が高く、本国水災民救援事業などにより、義捐金二十万二千三百円を地方本部に寄託するなど活発な活動を展開して来た。

（写真は右端から呉監察委員長、朴準道団長、金在哲議長）

尋ね人

☆**魏啓雄さん**（通名[illegible]山啓佳・男・52才）
本籍・全羅南道昇州郡[illegible]里四〇三
一九五三年ごろ福岡県から義[illegible]守さんあてに手紙があったのち連絡がと絶えています。

☆**金勝重さん**（通名大野勝重・男・33才）
一九四六年八月まで下関市大坪町に金慶錫さん（父）と金澤さん（弟）と一緒に住んでいた金さん（本籍・大邱市東区新川洞四区八八二番地）を金慶徳さん（男・44才）がさがしています。

☆**宋容燮さん**（通名福田[illegible]・男・47才）
本籍・忠清北道清原郡[illegible]米坪里一二五
解放当時まで大阪府池田市で住んでいた宋さんを宋元燮さんがさがしています。

☆**曺聖祚さん**（通名[illegible]川[illegible]・男・60才）
本籍、慶尚北道[illegible]川洞
約8年前まで大阪府布施市柏田九八七から住所があった曺さんを甥妹の秋花伊さんがさがしています。

☆**金井稔さん**（男）
☆**金井昇さん**（男）
☆**金井東植さん**（男）
本籍、忠清北道礼山郡礼山面礼山里
十年前まで大阪市港区東田中今六丁目に居住し連絡があった金井さんらを叔父の金鳳済さんがさがしています。

☆**金秀鎬さん**（64才）
☆**金熙寿さん**（67才）
☆**金尚淵さん**（37才）
☆**金植淵さん**
本籍、慶尚北道[illegible]洞
20年前に大阪、神戸等地に住んでいた金さんらを妹の金錦安さんがさがしています。

☆**金竜伯さん**（63才）
本籍、黄海道オン津郡[illegible]里
解放当時まで大阪市で居住していた金さんを叔母の金龍化さんがさがしています。

右の人々をご存知の方は民団大阪府地方本部宣伝部または民団中央本部民生局まで連絡を。

お知らせ

韓国新聞では読者の皆さんの尋ね人・催し・求婚・その他の消息をお伝えしています。ご利用は民団中央本部民生局へ申込みを。

私が見た平壌 (5)

第五次赤十字会談随行 金允中 KPI社長

平壌市民のバス待ち風景

統一は出来るか？生きているうちに

この紙片には日本語で簡単にこう書いた。①喜んでいるのか？後悔？（勿論自分の居で北韓に来たことについてである）②この体制に納得しているのか？（勿論北韓の政治体制についてである）③お互いに生きているうちに統一出来ると思うか？彼は私に対し人蔘をお土産品にやろうかと言った。私は荷物になるから、又つまらない誤解をうけてもつまらない、と言って固く断った。その間僅か十分位だったろうか？余りにも注目の眼が多いようなので「君は向うの部屋に行った方がいいよ」と言ったらすぐに立上った。二時近くなってホテルにもどり昼食をすませ、三時からは市郊外にある鶏工場（養鶏場）の見学である。郊外と言っても二十分もあれば着くのである。（彼らは何でも生産されるところを工場と呼ぶ。例えば共同炊事場は御飯工場である）。その工場に着くと北韓側の[illegible]達は一足先に到着して我々を待っていた。

鶏が卵を産むのも金日成のお陰

徐所長はニコニコ顔で私を迎え、用陣にも一緒に行った。白衣に着換えて工場内視察も一緒に歩いた。私が話すチャンスがないか、私は返事の紙片が貰えるのではないかと期待したが看視の眼がもっときびしくなったようで全然スキがない。この工場も一時間半に亘り一巡してホテルに引揚げた。工場から出た記者に質問してきたのは北韓の若い記者であった。

北＝感想は？素晴しいでしょう。これも金日成首相の御教示による朝鮮的な方式なのです。

この質問に返答した記者は全く呆れた。

記＝この養鶏方法は朝鮮的も日本的もありません。韓国でもアメリカでも、西ドイツでも全く同じ方式なのです。

と答えても、彼は納得しない。頭に来た記者は「君とは話さない」と逃げてしまった。こと程左様に鶏が卵を産むことまで金日成のお陰なのである。因にこの工場の年産卵の数は一億[illegible]という。それでは日産三十万コで搬出に数十台のトラックが必要なのだが、トラックは一台も見えなかった。

昔懐しいサーカスのジンタ、後味は悪し

夜は国立曲馬会館でのサーカス見物である。六時十分から七時五十分までタップリ一時間四十分の見物である。空中サーカス、手品（妖術という）、道化師など昔のサーカスと大して変らない。記者もどうやら戦後は見たことがない。日本や韓国では田舎でない限りサーカスは見られない筈なのだが、ここでは首都の真中に千七百人収容の立派なサーカス会館があるのだ。天然の美か何んかの、サーカスジンタは全く昔懐しいものがあった。然しサーカスでも金日成首領の沿革である。芸が一つ終る毎に万雷の拍手と同時に必らず「金日成首領万才」の旗が出る。フィナーレになると肖像画まで飛び出し、全員起立の上、長い長い拍手（共産主義国家でやるあの拍手式）をやるのである。さて韓国側の全員、立つ訳にもいかず、勿論拍手もしない。彼らの拍手が終って坐るまでの時間の長かったこと。折角の昔懐しい情緒も何処かへ吹飛び肚の立つのを押えてホテルへ。憤まんやる方なき一同バスの中で口も利かない。

養鶏法も首領の御教示

「二度行く所でない」が衆論

李君と淋しく別れる

サーカス会館につくや二階正面の席へ案内される。私は一番後から一つの前の席についた。李君は私と一緒に並んで坐るため努力していた甲斐もなく、私の左一人おいて隣に席をとった。私の両脇も後も案内員である。一人おいてでは話が出来ない。ジンタは進むばかりである。しびれを切らしたらしい李君はサーカスの終る十分程前、隣の人と席を変って貰ったのである。私は紙片をくれるものと期待したが、それもない。ジンタの騒音の合い間に会話を交わす。

李＝昨日のあの紙片の意味は？

記＝別に意味はないが、うまく行っているかどうか、友人として心配したのだ

とぎまぎする私に彼は「私の覚悟は決っている」

と力なく言った。私はそれ以上続けようとする彼を遮った。眼と耳が多いからである。私は「分った、分った」と言った。立ち際の騒音の中で私は「何処の世界にいても一生は一生だ。たゞ無事であればよいのだ」と言いながら彼と別れたのである。

自ら選んだ道への男の諦め！

▽三月二十二日夜、李君と別れ、私は私達のバスに乗って一路ホテルへ、それから朴成哲副首相の招宴に行くのである。私はバスの中で彼の胸中を考えた。あの体制に満足しているなら、ハッキリ満足していると返事をくれた筈である。だが悪いとも言えない彼の心情をむしろこう分析した。仮に不満であり後悔しているにしても、自ら進んで選んだ道である、と言って今更その世界から脱け出すことも出来ないであろう。私は立場を変えて考えて見た。男として自ら選んだ道を、正反対の立場にある友人に対して弱音が吐けるだろうか？人間何処の世界にいても満足はないだろうが、諦めはあり得るのだ。私は彼の諦めの心情を汲み取った時、何とも言えない淋しい気持になった。こうなっては限られた空間で、限られた幸福を掴むより方法はないのだろう。彼をはじめ北送僑胞の心情は同じだろうと思う。それっきり会うことのなかった彼の多幸を祈るよりほかにない。

対話ある団結を強調した朴副首相

今夜は平壌での最後の晩サンである。大同江畔にある玉流館の建物、玉流館が朴成哲副首相主催の晩サン会場である。二百人近くが円卓につける大宴会場である。始ったのが何と八時五十分、終ったのが十時四十分である。朴副首相の歓迎の辞、李範錫首席代表の答辞があって閉宴である。朴副首相は挨拶の中で"対話ある団結"よりは"団結ある対話"が必要であり"対話ある統一"が望しいことを強調した。これは昨年の七・四共同声明発表後、李厚洛部長が使った"対話ある対決"に対する彼らの批判なのである。

国力培養を勝共統一と取る彼ら

対話する対決では結局けんかを意味するのではないか？と案内員や北韓記者から何回も聞かされた言葉である。我々が平壌滞在中凱旋将兵歓迎式で述べた朴大統領の言葉を引用し、早速反発して来る彼らである。即ち"国力培養"という言葉は戦力を培養し、勝共統一を意味するものだろう、と記者に質問して来るのである。私は「我々には貧困を含め経済的に弱い貧困である。この国力培養とは"経済力の培養"を意味するものだ」と説明をするより仕方がなかった。彼らは[illegible]一つにしてもこの様な取り方をするのである。そこには不信感以外には何もないのである。私はそこでこう考えた。①不信感はお互いさまであるが何でも悪意に取る抵抗感が基本であるこの不信感と抵抗感を取り除くためにも、話合いは続けられるべきだと思った。仮に同床異夢であっても何回も繰返し話しているうちには異夢が同夢にもなり得ることもある訳だ。

お土産には人蔘酒一本

ホテルに帰り愈々今夜が平壌最後の夜かと思えば、いくらか感傷的にもなる。ソウルから送られて来た残りの缶ビールで口なおしをする。[illegible]につこうとすると、ドアの外でブザーである。何ごとならんとドアを開けたら、係員が人蔘酒の配給である。一室二人だから二本の人蔘酒を置いて次の部屋のブザーを鳴していた。

金北赤首席らに送られ平壌出発

▽三月二十三日（第四日）今日は出発の日である。八時には朝食、九時には金泰禧北赤首席代表、[illegible]代表らがホテルの玄関で見送る中を出発した。三日間見慣れた平壌の街もさらばである。8ミリを手にまわしていた記者は、カメラを取り出し60キロのスピードで過ぎ行く平壌の街を撮る。十時四十分、例の中間地点の休憩所に到着、小用の後開城が十一時四十分。板門閣ホテルに入る。ここでは[illegible]昼食を取る。

この次はソウルで会おう 81時間振り帰京

われわれは板門閣を出る時、態々送って来た案内員や顔見知りの北韓記者達に"お世話になりました"と挨拶"この次はソウルで会いましょう"と言いながら別れを惜しんだのである。午後三時四十分の家を後に統一路を経て午後四時五十分頃韓国側に帰着、三泊四日の日程を無事終り、出発から81時間振りにもどったのである。

北韓ではバスの中で煙草の灰が床に落ちない程の運動振りだったが、韓国のデラックスバスでは床に落ちるのである。それ程に韓国もバスもよくなかったということである。

板門店に帰りついてもホッとしたような別な感慨もおきない。自由取材が出来なかったのが心残りと言えば心残りである。だが帰って来た25人の記者達は「二度行くところではない」というのが大多数の意見であった。最後に私は[illegible]を思い出し一寸した[illegible]を披露する。彼は私が一行中の年長者なので、私には最初の先生呼ばわりから、今度は（例老体）呼ばわりと変った。そこで別れるにつき、私は彼に対し「例老体、例老体」と[illegible]するのだったらこの重いカメラバッグに持ってくれていいでしょう。貴方は私を尊重し保護する義務があるでしょうといった。余り教育を受けていないような彼ではあったが、私の言葉は十分受け取れた。それだから時折、とんちんかんな質問をして私からやられることもあった。それでも別に怒らない彼の純朴さを彼のこれからの幸福を祈りお礼の言葉にしたい。（おわり）

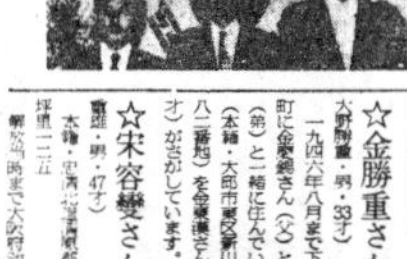

東本会館の即時明渡し要求決議

正常化後大きな成果

18日、第10回民団東京地方委ひらく

民団東京本部（鄭東淳団長）では、五月十八日午前十一時から駐日韓国公報館で、第十回東京地方委員会をひらいた。韓相竜組織部長の司会により開会された同委員会は、代議員五十四人中、四十六人が出席して成立、金尚弘議長の開会辞が力強くのべられた。東本正常化なった後の、昨年十二月四日以後の四カ月間にわたる活動報告があり、各分科委員会から提案された七十三年度活動方針案と予算案を審議したあと、これを原案通り満場一致で通過させ、本郷にある東本韓僑会館を不法占拠している鄭在俊ら不純分子一派に対し、即時明渡し要求をしょうとの決議を可決採択、午後四時すぎ盛会裡に閉会した。

〈各分科委員会〉

企画分科委……金尚弘委員長
財政〃……梁審五〃
組織〃……高昌運〃
文教〃……姜慶遠〃
民生〃……金演洲〃
宣伝〃……李昌植〃
青年〃……金周奉〃

〈主要な活動方針〉

（一）本・支部の事務体系再確立
（一）団費徴収などによる基本財政確立と民族教育費納付。
（一）セマウル運動への積極参与。
（一）幹部教育など組織整備強化（原籍支部、紛争々議中止支部への早急対策と指導）
（一）不純勢力と朝総連対策。
（一）消費生活協同組合、商工会、東京商銀、納税貯蓄組合の育成、支援と合理化。
（一）民団中央会館建設の募金活動。
（一）永住権整備と永住権者入団に伴なう国民登録申請促進。
（一）全団員の旅券所持と、母国参観。
（一）韓日親善協会設置と待遇改善運動展開。
（一）本国家族への送金運動。
（一）民族教育のための教育委員会設置。
（一）教育費納付の体系化。
（一）国際文化交流運動展開。
（一）夏季学校生募集と母国留学奨励。
（一）週刊紙発行と宣伝啓蒙活動（巡回映画、時局講演、芸能団外）
（一）在日韓国青年の指導方針確立に伴なう具体的な指導強化。

駐日韓国公報館でひらかれた第10回（32期）東本地方委

団長に金聖祚氏
江戸川支部総会

同じく五月二十日、江戸川支部では同会館内で第十六回総会をひらき次の三機関長を選出した。

団長　金聖祚
議長　鄭晶煥
監察委員長　朴遂植
事務部長　金水純

団長に姜高元氏
目黒支部総会

同じく二十日、目黒支部では、同会館内で第二十四回総会をひらき三機関新役員を次のように選出した。

団長　姜高元
副団長　朴点守
〃　李鍾元
議長　金孔
副議長　尹大熙
〃　姜新大
監察委員長　黄暁伊
〃委員　姜敬泰
〃委員　朴奎陽
事務部長　方水哲

団長に高昌運氏
荒川支部15回大会開く

民団東京・荒川支部では、五月二十日一時から荒川区内日暮里所在の「一竜」で、代議員百四十人中、百十二人、東本鄭東淳団長ら二十余人の来賓、傍聴人あわせて二百人近くが集まる中でひらかれ、高潤玉事務部長の司会により、一般活動報告、決算報告があったあと、新年度活動方針案と予算案を審議通過させた。

つづいて役員改選に入ってからは次の諸氏が選出された。

団長　高昌運
副団長　李石鎬
〃　李義鉉
議長　李昌植
副議長　洪宗河
〃　呉彰姫
監察委員長　文斗河
〃委員　白万甲
〃委員　琛明元
事務部長　高翊本

また北韓スパイ

金塘島で一人射殺、一人は逃走

対間諜対策本部は十七日、北韓武装間諜二人が去る五日夜九時頃全南莞島郡金塘島に浸透し、一人は警察と予備軍に射殺されたが一人は逃走したと発表した。二人を発見した住民一人が撃たれ負傷した。現地作戦部隊は間諜が所持していた北傀製ピストル一丁、実弾二十四発、無電機、ラジオ、暗号文書、ウオン貨五万ウオン等二十四点の工作品を押収したがこの中には偽造した日本の外国人登録証（10四二四九六二号李周燮）もあった。李永衛本部長はこれら間諜は在日僑胞になりすまし召換者を北韓に帯同する任務をおびていたという。

創刊二〇〇号記念パーティ
韓国内外通信

東京の韓国内外通信社（金沅奎社長）では、さる二十一日午後六時から東京のホテル・ニュージャパンで、同通信創刊二〇〇号記念パーティを催おした。

同通信は一九六九年十一月一日に現会長の金今石氏が半月刊として創刊し、一九七〇年五月一日から週刊となり、一九七一年三月一日金沅奎氏が社長に就任、金今石氏は会長となって現在にいたっている。

パーティ席には駐日大使館姜永奎公使、民団中央金正柱団長、駐日公報館尹泰重館長らも来賓として参加し祝辞を述べた。当日は案内を受けた関係者約百人が参加して祝った。

足立区内慶尚道親睦会
17日、慶龍苑で月例会

都内足立区韓国人慶尚道親睦会（孔判敦会長）月例会が、去る十七日午後七時から、慶龍苑（足立区関原三ノ七ノ一七）でひらかれ、経過報告のあと基金運営など当面問題を討議し、午後十時すぎ閉会した。

都内足立区居住慶尚道出身で組織された同親睦会では、会員の冠婚葬祭などをはじめ相互扶助を目的に一年前に組織され、去る四月第一回総会をひらき役員を改選した。その顔ぶれは次の通り。

▲顧問＝鄭龍徳▲会長＝孔判敦▲副会長＝林菜朱▲総務幹事＝金翊出▲会計朴琛基▲監査＝張敬鎬

（写真は足立区慶尚道親睦会月例会）

東洋一の規模
新国会議事堂
75年六月に本館完成

新国会議事堂の骨組工事がすべておわり、去る十五日棟上げ式が汝矣島の現場で盛大に行われた。十万坪の用地に百六十億ウォンの工費をかけ、七五年六月本館工事をおえ、七九年まで議員会館等付属建物をすべて完了させ東洋最大の偉容を誇ることになる。将来両院制が採択されるか統一実現の場合に備えて新議事堂は議事堂本館が一万九千七百坪の地下二階、地上六階、図書館六千四百坪、議員会館八千八百坪、其他二千七百坪等延べ建坪三万七千六百坪にのぼり民議員三百人、参議員百人を収容できる。

本会議場は議長席を中心に半円型に配置し三カ国語同時翻訳施設、自動表決投票装置新施設が完備し、本館周囲は四百五十台収容の駐車場が設けられる。またスポーツセンターもありサッカー、バレー、テニスコートのほかプールもつくるという。去る六九年の制憲節の時起工式をあげ、十月から基礎工事にかかり、十五日棟上げ式。七五年本館が完成すれば九月定期国会はここに召集され、解放後三十年で間借り生活が清算される。設計にあたっては景福宮、昌徳宮、石窟庵等二十九古建築物のわが文化の伝統と特殊性を生かしながら民主国家を表現しながら同時にパルテノン神殿を連想させる様式をとった。

工事は三二％がおわり、今年度追更予算に十一億ウォンをおり込んで今年末まで予定より一〇％くり上げ五二％の工程を終える予定である。新議事堂については五九年自由党が南山中腹に用地を確保して整地まで行ったが五・一六で中断、六六年六代国会で議事堂建立委が発足をみた。汝矣島のほかにも社稷公園、宗廟、カントリークラブ等十余カ所が候補地にあげられたが結局現在の汝矣島に落着き坪当り一万五千ウォンで十万坪を買上げた。

視たり聞いたり韓国の旅（下）

（株）デイ・エス社長　水野　富久司

新しい国づくりに感銘
南北手を握り日本追い越すかも

古宮に溢れる観光客

秘苑での記念撮影（左から伊藤五郎氏、筆者、安達昌穂氏）

次に特に感心したのは、グローバル・ツアーの、ガイドのミス・金さんだ。この人は、慶州出身で、金さん金さんといっても私の金さんは純金だ。といって、先祖の自慢話などもしてくれたが…。この人に案内して貰った四日間は、全く私達は感激の連続だった。

韓国の歴史はもちろん、日本や西欧の歴史との対比、韓国の政治、経済、産業、特に韓国の現状は、専門的に突っ込んで、くわしく説明し、韓国動乱の時の国民の苦節、共産軍の恐しさ、時には文字通り声涙とも下り、声をつまらせて、バス内は一時シュンとなり、鼻をつまらせるまであった。

こんな情熱の人、特に海外から短い時間にこの国を知ろうとして集まる人々にこそ、こんな人が一人でも多くいて正しいその国の姿を語って欲しいものだ。その点、私達は恵まれた。

最後に私は、日本の若者たちを一人でも多く、韓国の現状を見させて、出来得れば、かつて韓国がなめた共産主義の怖しさを心の底から知って欲しいと思う。

そして日本人が、週五日制などといって働くことを嫌っているうちに、となりの韓国は日本を追い越して、堂々と国際舞台に活躍し、もちろん北と南は手を握り、文字通り大韓民国の昔日の繁栄を取り戻すのだ。

韓国で特に感心したのは我々視察団が四日間韓国各地を廻ったがその間全部麦飯を食べた。わが国ではかつて貧乏人は麦飯を喰えといってマスコミにコスキ使わされた総理大臣がいたが……、韓国では一般国民が麦飯を喰って、外来人には米を喰べさせるなんて卑屈なことをしないで国民食である麦飯を外来者にも喰べさせるという堂々たる態度をとっている。

またソウル市には四十二の各種の大学がある……昭和十八年頃には僕の記憶では京城大学を主なるものとして他には殆んど大学と称するものはなかったようにも思う。

しかし今は実にソウルだけで四十二校もある……少数民族が他民族をリードして行くということは教育の差である。これは古今東西の歴史に照らして明らかなことである。その点、韓国の将来こそは洋々たるものを約束されている。

終りに付け加えてお礼を言いたいことは……私は「新星」で韓国特産のらでんの鏡台と花瓶を買って輸送を頼んできた……いつも海外からの荷物は二ヵ月位いかかるのでそのつもりでいたところ十日くらいで羽田空港から着荷の知らせがあり引き取りに行ったところ実に見事にしかも心をこめて誠実な荷造りがしてあったことには、またまた私は新興国韓国の国民全体がこんな風に堂々と伸びて行く姿を見たような気がした。

因みに昨年タイ国を訪れたときはわずか一個の「宝冠」を送ったのに約二ヵ月かかりそして荷物その物も大破損して到着してガッカリしたものだった。（おわり）

楽しいキーサンパーティ

許弼奭氏を再任
東京商銀総代会

許弼奭理事長

東京商銀信用組合の第十九回通常総代会は、さる二十二日午後一時から同本店（新宿区西大久保）七階大会議室で、総代、理事など関係者約二百人が参席して開かれた。

総代会は定刻に開会され、来賓として駐日大使館李竜敏総領事、韓国外換銀行金融根駐日理事、民団中央金正柱団長、民団東本鄭東淳団長、日本全信連渡部一郎東京支店長、韓信協李熙健理事長からそれぞれ祝辞が述べられた後、引続き議案審議に移り、第一号から第六号議案まで原案通り承認された。第六号議案の役員改選では、許弼奭氏など三十人の理事、三人の監事が任命されて終了した。

民団から除名され、反国家的行動に終始している鄭在俊は理事から落されたことが注目される。

なお次期（第二十期）の預金目標二五〇億円案が承認された。

また、総代会終了後の新理事会で、理事長に許弼奭氏、副理事長に安鐘中氏が再任指名された。

理事長に李景淳氏
宮城商銀総代会

宮城商銀（李景淳理事長）では五月十一日午後一時から、仙台市内のプラザー軒ホールで、第七回総代会をひらき、事業報告と、新年度事業計画案を討議、これを通過させた。

同商銀預金高は、一、〇四七、三九一、四五五円である。

なお同日は来賓として李圭守駐仙台領事と韓信協から金民明専務理事が参席した。

理事長に李栄石氏
岩手商銀総代会

李栄石理事長

岩手商銀（李栄石理事長）では五月十二日午後一時から、盛岡市農協保険会館で、第四期総代会をひらき、事業報告のあと、第五期事業計画と収支予算を討議、これを通過させた。

なお同日、金慎実氏ら欠員理事を補選し、午後四時すぎ閉会した。

理事長に李相浩氏
秋田商銀総代会

李相浩理事長

秋田商銀（李相浩理事長）では、第四回定期総代会を、五月十三日午後一時から同商銀二階ホールで、駐仙台領事館副領事、韓信協事務理事金民明氏参席のもと開催した。

事業報告のあと、役員改選期にともない、改選に移ったが、紛糾が起り調整のため約三時間ほど休憩のあと、理事長に李相浩氏、副理事長に朴碩道、李希道氏ほか、理事計十七人が選ばれた。

同日、商銀強化のため、役員全員が一人当り百万円以上の出資金を新たに出資する事を決議した。

投資五万ドル 合作50％以上

太経企院長官は外国投資は一件五万ドル以上、合作投資も五〇対五〇以上でないと認可しないと発表した。しかし技術導入、輸入市場拡大のためやむをえない場合は二万ドルまで例外的に認める場合もあるという。

輸出価格上昇
合板は特に

国際インフレと好景気を反映して韓国輸出商品も大幅に値上りしている。かつら、ラジオ、セーター、楽器類は横バイだが、合板をはじめ漁網、皮製品、縫製衣類、生糸、ゴム靴、綿織物、活魚類等著しい値上りである。ことに合板は、一年間で倍も上昇した。

北韓が国連対策で南北会談遅延
サイエンス・モニター紙

クリスチャン・サイエンス・モニター紙は十一日、北韓が南北会談を遅延させる意図をもち、南北間の緊張解消がまだ時期尚早だという国内外の世論を造成しようとして、挑発行為を続けている、と報道した。

同紙は北韓が今秋開かれる国連総会で論議されると予想される南北同時招請問題において有利な立場を取るために、南北会談を進展させる意思がないとみられると述べた。

おわび

本紙五月十九日付第一〇八四号三面の新刊紹介「韓国国立中央博物館名品図鑑・大日本絵画巧芸美術（株）発売」の記事の挿絵写真が横向きになっておりました。写真を再掲載し読者各位におわびいたします。

野遊会御案内

新緑の候、会員御一同様には益々御健勝のことと存じます。さて、御待望の郡人会野遊会を左記日時に依って開催しますので、御家族揃って全員御参加下さることを御願いし日曜の一日を最良の楽しい時間にしたいと思います。

記

一、日時　一九七三年六月三日（日曜日）
現地集合A・M十一時（時間厳守して下さい）
二、場所　向ケ丘遊園地
三、交通便
①電車利用の場合、小田急線″向ケ丘″駅下車駅前のモノレールで遊園地まで来られます。
②自家用車の場合、世田谷通り直進、玉川を渡ってすぐです。
③墨田・向島・江東・足立方面のかたは、当会準備のバスを御利用下さい。但し墨田八広バス停集合　A・M九時出発。
四、食事　各自持参。酒・コーラ等は会で準備します。
五、案内　「向ケ丘遊園地」入口よりはいりましたら、郡人会の青年部員が待機して御案内致します。順々に″リフト″に乗って山頂辺のぼりますと会の役員達が野遊会の場所迄御案内します。なお、「咸陽郡人会」のプラカードを立てて置きます。

※城南方面の方は例年のように五反田駅西口でバスが待機します。（出発AM九時）

在日咸陽郡人会会長　李彩雨

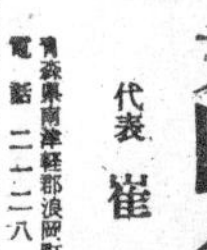

「グラフ」本国での十日間 1.

文化公報部の招請で訪れた韓国でのスケジュールは充実したものであった。五月八日板門店取材をスタートにして一週間の強行日程を終了した。途中慶州に一泊することができたが、観光どころではなかった。そして数々の貴重な見聞を得て来たのである。

記者に化けた工作員もいた

板門店と赤十字本会談の時に、北韓記者団と接触した。彼等のうち、どことなくアカ抜けした連中が居たが、それが朝総連の記者連中であった。北韓で無償支給を受けたという新調の服と新品のクツに身を固め、頭はポマードでテカテカだった。そしてその胸には金日成らしき肖像の入ったバッジを全員がつけていた。

板門店も赤十字会談も、もう報道し尽されている感じだが、今回はあえてこれを報道することにした。それは記者の目が、また別の角度から捕えるということである。詳しくは第一面の報告本記にゆずるが、彼等にはチャンスがあればわれわれを説き伏せようという姿勢がありありとうかがえた。

本会談を行っている間、ある北韓記者（自称ペンヤン居住）に「ペンヤンの人口はどの位か」と聞いたのに対して「われわれは統計を採用しないので判らない」と答えた。見えすいたウソをいうところから見て記者ではなく、記者として来た「工作員」だと判断した。共産主義体制に統計が無くてはならないことぐらい、われわれは先刻ご承知だからである。一面参照

（文・写真とも金元鎬記者）

北赤代表団を乗せた車が統一路をソウルへ向かつてパレード

本会談場は代表団の入室と同時にフラッシュの嵐となった。向って右が韓赤代表団

何を語り合うか北韓警備兵たち

発表を待つ間、南北記者団は一室で待期し雑談した

北韓記者の金日成バツジ
（代表団のとは少し違う）

林慶業将軍傳（十一）

訳　洪相圭
編　八東周吉

丙「そうだとも、大国、大国といって自分の住んでおる国はへとも思わない大国狂いも、大将軍だけは大国にも滅多に生まれない大英雄といったぜ」

丁「偉いお方。力は項羽より強いし、知略は諸葛孔明を凌ぎ兵略は張子房（張良）に勝るとき。おらも一ぺんそういう人になって見たいもんだね」

甲「お前さん、それ本気でいっているのかい。

冗談も休み休みいえ。手前なんか百度生まれ代わってきたって駄目だと顔に書いてあらあ。片腹痛いどころか、両腹痛くてへそが茶を沸かすわい」

丁「何、この野郎、余りことばに賢いことばだぜ。人のことばに、いやにべたつくじゃないか。見知りもねえ手前が、どうして……」

甲「乙の野郎、手前の胸に手をあてて考えてみろよ。このでくの棒、林大将軍みたいになりてえと、ふざけるない。顔でも洗って一昨日こい、だよ」

というような騒ぎも持ち上がる程であった。林慶業大将軍の人望が、どんなに高かったか知ることができる。

使臣一同は宮城にはいり、主上の御前にひれ伏した。主上はお喜びを表情いっぱいに表され、

「望らかな我の興国を保護する間、おなかったのさえ喜びにたえぬのに、まして中原の地で未曽有の大功を立てて帰国したとは、まさに、古今にまれな話してあり、後世万代にまでいい伝えられようぞ」

と御ことばを賜わり、その上に名官位を高められ、また褒美を与えられた。

四、義州を守る

このごろ、領議政（今の大臣）金自点は叛逆の下心があって、それとなく機会を窺っていたが、ただ林慶業の豪勇と忠誠心を怖れて、敢えてことを挙げることができなかった。

まず、林慶業を血祭りにした後に叛逆の火の手をあげようと、その一味徒党はひそかに、謀ごとをめぐらしていた。これはまたあとの話しになる。

さて、カタル（反剣）を降し漸く国難を救うことができた胡王は心驕り、明の天下を覆し、あわよくば四百余州を自分の掌中に入れようとする大それた野心を抱くようになった。

それにはまず、昨日までの宿敵であったカタルと、力を合わせて朝鮮国を攻撃し、これを降すことによって明王朝の后腹を切断することこそ肝要であると思った。ついに、カタルの軍と合わせた十万の大軍を動かして鴨緑江に着いた胡王は、対岸の義州を望みながら、朝鮮国の実情を探っていた。

義州地方は蜂の巣をつついたような大騒ぎとなり、府尹（今の市長）も周章狼狽して朝廷に急を告げた。

「北狄胡兵が大挙して上を侵す気勢でありまする。義州の対岸に十万大軍でわが軍領を脅かしておりまする。よって北狄胡兵の事情に明るい武将を、この地に遣わしたまい、王土保存のこと、緊急なことかと存じまする」

次ぎ次ぎと、あとを断たずに飛んでくる上奏文を御覧なさって、主上は、非常にご憂慮なされ、直ちに御前会議を開かれた。

「胡狄がいまにもわが王土を侵さんとしておる。敵の大軍を制御して国家と社稷を泰山の安きに置くは誰を義州の地に遣らなくては、ついに大事にもなりかねない」

、と仰せられたら、朝臣らは相談でもしたように、一時に口をそろえて林慶業を推した。

「ここのところ、林慶業に勝る者はおらぬものと見受けまする。林慶業は先ごろ使臣として南京に赴き、連戦連勝カタル（反剣）を降して、その名を北辺の地にはもちろん中原にまで謳われておりまする。この将軍を、風雲急を告げる義州の地に遣ることこそ、上策かと思いまする」

廷臣が慶業を推す前から、主上もその人を胸中に決しておられたので、なんの異議もなくその場で決裁なさり義州府尹、副元帥兼防御使の大任を授けられて、義州に遣わされた。都元帥（軍総司令官）には金自点が任ぜられた。

林慶業が義州に赴任するとの報が胡軍の陣営にも伝わった。胡王は林慶業の兵法知略をいやというほど知らされているので、この人では敵わないと、戦わずに一旦兵を引き上げてしまった。

義州軍民の慶業は小康に安んずることなく、暇さえあれば、将卒の訓練に余念がなかったので、軍の戦闘力が大いに挙がり整然と陣営は整っていた。

暫くの間は、胡軍も林慶業の武名に怖れをなして近寄らなかったが、日がたつにつれて、何かを策動し始める気配がありありと見え、こちらの内情を探る胡賊の斥候らしい姿が、頻繁に出没するようになった。

ある日、慶業は部下に命じて敵の斥者数三名を生捕らしめた。胡軍の斥者は、高呼に毅然とすわっている林府尹の前に引きすえられて、はげしくむち打たれた。

韓國新聞

在日大韓民国居留民団
中央本部機関紙
韓国新聞社
発行人 金正柱
東京都文京区春日町
2丁目20−13
電話直(815) 1451〜3
交(813) 2261〜5
振替口座 東京 163774

民団綱領

一、われわれは大韓民国の国是を遵守する
一、われわれは在留同胞の権益擁護を期する
一、われわれは在留同胞の民生安定を期する
一、われわれは在留同胞の文化向上を期する
一、われわれは世界平和と国際親善を期する

漢江の奇跡…高度成長

経済規模2.6倍に拡大

鉱工業部門は17.8%記録

「セマウル」で農村と都市格差解消へ

△…さる五月十六日、韓国は一九六一年五月十六日に起きた革命の十二周年…▽
△…を迎えた。この間、祖国近代化と経済自立のスローガンを掲げ第一、二、…▽
△…三次にわたる経済開発五ヵ年計画を推進し、「漢江の奇跡」といわれるは…▽
△…どの目覚ましい高度成長をなしとげた。…▽

祖国建設はセマウル運動で
民団組織はセマウム運動で

5・16革命12周年の韓国経済

平均成長率九・九%

五・一六革命の翌年である一九六二年に第一次五ヵ年計画が始まり、六七年に第二次、七二年に第三次五ヵ年計画が着手された。かって国連は六〇年代を「開発の一〇年代」と定め、目標成長率を五%にした。しかし六〇年代の開発途上国家の成長実績は年平均四・八%で、目標を下回った。韓国は第一、二次五ヵ年期間中平均九・九%の成長率をあげ、経済規模は二・六倍に拡大、一人当たり国民総生産は九五ドルから三〇二ドルへと三倍もふえた。わけても第二次五ヵ年計画期間中には目標成長率をはるかに超える一一・四%の加速的な高度成長を達成した。このような経済発展の加速化現象は七〇年代初頭の国際通貨体制の動揺、国際貿易秩序の不安など対外環境の変化に対しても引き続き韓国経済の安定成長の基調を堅持するのに大いに役立った。

この間の開発成果としては、工業化の土台をなす戦略、基幹産業の建設と社会間接資本の画期的な拡充、輸出の飛躍的伸び農業開発の急速達成などが数えられよう。

経済開発はまず量的な拡大となって現われた。年平均一七・八%の高い成長を記録した鉱工業部門の開発実績は、主要基幹産業の生産力を新しい次元に引き上げた。六二年対比七二年までに鉄鋼材は八万七〇〇〇トンから一八〇万トンに、セメントは五二万三〇〇〇トンから六五八万トンに、化学肥料は三万トンから一三五万六〇〇〇トンに、そして石油精製はゼロから一、三六五[illegible]を生産するまでになった。エネルギー開発、とくに電力は三六万七〇〇〇キロワットから三八七万キロワットに増加した。

全国が一日生活圏に

一九六八年二月に着工した京釜及び湖南・嶺東など高速道路は現在総延長六三三キロにのび、全国が一日生活圏にせばめられた。工業化戦略の牽引力になったのは、輸出主導型の高度成長。六一年に四〇〇〇万ドルの水準だった輸出は、七二年には一六億四、四三〇万ドルへと十年間に四〇倍を超える実績をあげた。経常指標上では六一年から七二年まで農水産業は一・五倍、鉱工業は五・六倍、社会間接資本は二・八倍増加した。

量的な拡大に劣らず質的な向上も達成された。六一年には二億ドルちかい援助を受け入れ、一般財政に援助財源が占める比率が四〇%などに達したが、七二年にはその比率が一・六%までおちた。財政の自立性はそれだけ高まった。六一年に輸入三億一、六〇〇万ドル、輸出四、〇〇〇万ドルでほぼ八対一だった貿易逆調は、七二年には輸入二五億二、二〇〇、輸出一六億四八〇万ドルへと一・五対一までせばまり、六一年に二億五〇〇〇万ドルだった外貨保有高は七二年には六億九、三〇〇万ドルへと3倍もふえた。

六一年に一三・一%にすぎなかった投資率は七二年に二〇・九%に高まった。投資財源に占める国内貯蓄の比率は三四・八%だったが（六一年）、七二年には五五・九%に高まった。

産業構造でも、六一年には農水林四〇・二%、鉱工業一五・二%、社会間接資本四四・六%だったのが、七二年にはそれぞれ二八・七%、二四・三%、四七%へと、農水産部門が大きく減りその代わり鉱工業がふえ工業化への急速な再編成の傾向がはっきり現われた。

物価も六一年の卸売物価（年間）は一三・三%もあがったが、七二年には八・五%の上昇にとどまる安定傾向を示し、援助から経済協力への転換がきわめてスムーズに行なわれた。

テンポの早い福祉向上

経済成長の究極の目的は、繁栄した福祉国家の建設にある。これまで汗して働いた結実はしだいに拡大しており、こんごいっそう国民生活と直結することだろう。

国民生活の主要指標を教育部門でみると、六一年を基準にして七二年度までに、学生数は国民学校（小学校）が三八五万名から五七七万名に、中学校は六七万名から一六八万名、高等学校は二七万名から七三万名、大学は一四万名から二一万名にふえた。医師は八、〇〇〇名から一万六、〇〇〇名、電話加入者は九万七、〇〇〇名から六四万四、〇〇〇名、テレビは三万一、〇〇〇台から九〇万五、〇〇〇台、自動車は一万九、〇〇〇台から一五万台、住宅は三五七万戸から四五二万戸にふえた。このような生活指標の向上と併行して雇用の拡大がすすんだ。就職人口は年平均七九四万七、〇〇〇から一、〇〇二万六、〇〇〇名へと増加し、就業率は六三年基準九一・九%から九五・五%へと高まった。

労働生産性の向上とともに賃金の引き上げ、公務員の処遇改善などが行なわれ、国民年金制、健康保険制の構想も推進されている。レジャーブームも年年高まり、産業の拡充と生活の向上が同じテンポで進んでいる。

セマウルで農業発展

しかし60年代の急速な成長は一方で跛行的な各種部門を生んだことも否めない。

成長率からみれば、農林水産部門は他の開発途上国家より高い水準だが、年平均5%未満の成長にとどまり都市と農村のあいだの所得格差の拡大をもたらした。こうした落後した農業部門の発展のためにセマウル事業が70年代の課題として登場した。

また、60年代高度成長の土台となった果敢だった外資導入を、こんご選別導入する問題、所得配分の均衡化、厚生、福祉制度の拡充がクローズアップされている。国際物価の上昇のためコスト・プッシュ要因が潜在している国内物価の安定も急先務である。量的拡大に集中したあまり質的な向上が充分でなかった産業部門があり、公害除去に対する配慮も併行しなければならない。

韓国経済は70年代に新しい発展段階に入った。従来の労働集約的な産業中心の構造から重化学工業を主軸とする超産業社会に飛躍するために、すでにきずきあげた基盤をいっそう固めねばならない。80年代の青写真は示されたが、一人当たり国民総生産一、〇〇〇ドル、輸出一〇〇億ドル、重化学工業の建設がその三大骨格である。韓国経済は自ら新たな挑戦に全力投球の姿勢をととのえつつある。

金外務、大阪で歓談

一連の外交問題討議のため、オーストラリヤ訪問中だった金溶植外務部長官は、公務を果たし帰路大阪に立ち寄ったが、五月十九日午後四時から新大阪ホテル三階ホールで、民団近畿地方協議会主催による各界代表二百五十余人の歓迎パーティに参加歓談した。

祖国での十日間〈2〉

本社 金元奉記者

駆け足の各部訪問

五月八日午後記者たちはスケジュールに従って「経済企画院」「文教部」「外務部」「内務部」そして「文化公報部海外公報館」を歴訪し、各々のブリーフィングを受けた。いずとも時間にずれができたので駆け足で通りすぎたような結果になったが、それでも、具体的な説明を直接の担当官から受けたことは収穫であった。

韓国は十年間でどう変ったか

経済企画院では早速スライド付で韓国の経済成長について説明を受けた。先ず一人当りのGNP（国民総生産）では、一九六一年に九五ドルだったのが、一九七一年には二五三ドルにそしており、現在では三〇二ドルと、六一年当時の三倍以上となっている。これは開発途上国の成長実績年平均四・八%であるのに、韓国の平均成長率は九・九%にも達しているからであるそうだ。むつかしいことは経済記者にまかせるとして、判り良いことをもう少し続けると（すべて六一年対七一年の実績）〇だった自動車が二三、〇〇〇台、〇だったTVが二二五、〇〇〇台、〇だった化学繊維が七五、〇〇〇メータートン、の生産ができるようになった。そのほか発電能力が八倍強、肥料がわずか三万トンだったのが七十六万三千トンに、セメントが五十一万トン余りから六百八十七万トン余りに、鉄鋼八万七千トンが百四十六万二千トンにそれぞれ大きく伸びたのである。一九六二年の電力はわずか四百三十四メガワット（一メガワットは千キロワット）で、時間送電が実施され、電気などの家庭電器の使用は不可能に近かった。それが七一年には二千七百七十七メガワットの出力となり、最大可能出力は二千三百二十二メガワットになった。従がって予備電力能力が、六二年当時の最大可能出力を上回る五百四十五メガワットもある。これも七二年には三千八百七十メガワットになった。要するに五・一六以前と以後の違いはここまで来ているということが判ったわけである。

このあと、教育問題、海外国民の問題など各部ごとにあるが、何れ別の機会に報告することにする。またセマウル関係については、本報告の後半で一緒に述べることにした。

農村に巨大な建設の足跡
エリート揃いの陸士卒業生

陸軍士官学校

九日の南北赤十字会談（前夜十日は誤り）のあと、ソウル市から車で約三十分、泰陵の陸軍士官学校を訪ずれた。

ゲートで挙手の礼を受けながら広い校内に入る。車の制限速度五キロ、やがて本部に到着した。車の窓から見ると、あちらこちらで若者たちがスポーツウェアーで何かやっているのが見えた。しかし、軍隊の学校？というムードはどこにもなかった。

記者たちを迎えてくれたのは教官の陸軍中領（中佐）であった。本部の一室で士官学校のすべてを描く映画を見せてもらった。映画は一人の学生の入学から卒業、士官に任官するまでをドキュメンタリーに挿入しながら、学校生活を紹介しているが、士官学校の内容を知って、これこそまさしくエリートたちであることを実感した。大学生活ではない。午前六時から、午後十時まで、無駄時間のない学問の連続である。同じ「四年制」であっても学ぶ内容は優に一般の大学なら六〜七年分に相当するであろう。彼等は軍事学よりも、将来部下を統率する上でのオールマイティな指揮者になるために、理科系なら理科系で、文科系なら文科系で、どのような時でも部下に実践して見せられる士官に仕上がることが課せられていた。そしてそれに耐え抜いて卒業するのである。卒業は卒業後理学士または文学士として、他の大学の大学院に進み、より専門的な研究をすることもできるし、もし軍隊を離れて社会に出れば、そのまま直ちに専門的指導者になれるのである。従がって一時期までは教科課程について行けず、入学時の八割程しか卒業の栄光を受けられなかったとのことである。現在は高校時代の実力を十分に検討して入学させるので途中で脱落する者は殆んどいないそうだ。

現在、陸士の精神教育上、学生たちが最も尊敬しているのは裵在求少領（少佐）の精神であるという。裵少領は、さる年べトナム派遣予定部隊の一中隊長として部下に「火器」取扱いの訓練をしていた時、未熟な兵士が誤まって手投弾の安全ピンを抜いてしまったのを、自らの身体をその上に被せて犠牲となり、多くの部下を死傷から救ったのである。当時新聞にも大きく報道された。現在、構内記念館前に銅像が建っている。

裵在求少領の銅像

現在の四年生は第二十九期、今年の新入生は第三十三期生だとのことであるが、四年制士官学校となったのは第十期生からということだ。解放前のわれわれの頭に描かれていた陸軍を考え合わせると感慨ひとしおである。世界的な時期にこり固った人材が、如何に多く無為にちはてたことか。

空からみた故国

陸士訪問のあと、ソウル特別市を訪問、ソウル大学校移転先見学、中央マスコミ・センター、新聞会館などを見学したが、ここでは一応次回に廻して、一気にソウルから慶州大邱に飛ぶことにしたい。

五月十一日、慶州大邱には当初列車で行く予定だったのを変更してKALで飛んだ。ジェットでなかったのが幸いして、飛行機の高度が低く、スピードも遅いので、つぶさに故国の山河を空からながめることができたのである。そしてソウルー大邱を空で往復した結果、自らの目で確めた事実は少くなかった。

日本の書物で紹介される故国の山河についての記事は「朝鮮はハゲ山だらけで、樹木を探すのに苦労する」というのが一般で、同時に紹介される「山河」の写真もたしかにハゲ山であった。しかし、それは十数年、または数十年前までの記録をそのまま引き写しにした誤まったものであることがはっきりした。明らかに岩肌の山と判るところまで、樹木が植わっていたのである。緑はいまだマバラではあるが、それが五年先、十年先には密集した森林となることは間違いないと思った。

農地というものは、不規則に区割され、面積もマチマチであるのが日本での常識であり、江戸時代からつい最近まで、役人が公租を収奪するため、田地の面積を測っても精確には測量できない状態であったし、農民にとってもそれは課税を減らすための逃げ道でもあったのである。戦後日本では、農地改革のための交換分合を行なったが、それでも田畑の区割りは整然としていない。最初の驚ろきである。山を段々に切り開いた農地は止むを得ないが、平地の農地は、行けどもけども整然とした矩形であった。韓国での農地改革の成果だけではないかも知れないが、農地が矩形の連続であるということは、そのまま機械化農業が可能であることを意味するし、操作上の労力や農機のロスが少ないことを意味するものである。

一直線に走る高速道路はもはや説明の必要もないが、部落から部落を結ぶ新作道路、如何にも最近完成したと思わる赤土が目に痛い。そしてセマウル事業が相当に進捗していると見られる部落部落のたたずまいは、それは正に巨大な建設の足跡だと感じた。

空からながめた故国は、正に躍動そのものであったのである。（つづく）

全国のかくれた組織有功者を表彰
=推せんしめきりは六月三十日まで=

民団中央では、きたる八月十五日の第二十八回光復節記念日を契機として、創団以来、かくれた功労の多い組織人を対象とする表彰を目的に、本国当局に上申することに決定、次の各項目に該当する人物を厳選して推せんするよう各地方本部団長あて公文で指示した。

（一）創団当時、朝総連との血なまぐさい紛争で、民団組織を守るため、生命を掛けて闘かい殉職した者、または負傷した者のうちで…（A）殉職者、または負傷者（下身者）本人、またはその家族。

（B）あらぬ罪で"前科"にされ、無念の刑に処せられた者。

（C）朝総連の集団暴行により、家屋破損、または汚物洗礼の被害にあった者。

（二）このたびの施賞には、全民団組織を通して、幅広く、かくれた功労者を一人でも多く見つけ出すため、既に本国政府から表彰された者はこれを除くことにする。

（三）右に該当する者を厳選するも、次の事項に該当する者は、またこれを除く。

（A）日本国内で七年以上の刑事犯に処せられた者。

（B）民団社会に汚点を残した者（停権または除名処分者）

◆有功者推せん書類しめきりは、六月三十日までで、提出書類は、規定の有功者調書、履歴書各一通と、写真（5×5の上半身）二枚。

提出先は、民団中央組織局。

"一世帯一通帳"実施
=表札には必ず本名を=
民団大阪本部三機関長会議

民団大阪本部（姜桂重団長）では、五月二十一日午後二時から、同本部講堂で、第十回支部三機関長ならびに事務部長会議をひらいた。

李和聞事務局長司会でひらかれたこの日の会議では、下先鋒本部議長の開会辞のあと、姜桂重本部団長から、表札には必ず本名を使用すること、駐大阪総領事館建設募金運動に積極参与すること、信用組合育成発展のために"一世帯一通帳"運動を実施することなどを強調する要旨のあいさつが力強くのべられた。

このあと、経済部からは、民団中央会館建設に積極協力しようの要望説明について、組織部は永住権取得者には必らず国民登録を済ませるように勧誘し、本国のセマウル運動を支援するよう具体的内容を示した。

また、民生部では、朝総連系の信用組合に加入するのは黙視できないとし、文教部では、第八回民…学校の募集人員を四百人とすることを発表し、宣伝部では中央機関紙である本紙育成強化に協力するよう要望し、各支部の実態調査、WHOへの北韓加入にともなう朝総連の宣伝工作に注意を喚起するよう指示した。

終りに青年部では、金鍾泌国務総理の来阪に対し、警備対策案を具体的に説明、各支部との真摯な質疑応答をかわしたあと、張鳳寿監察委員長の閉会辞をもって、午後六時ごろ、会議を終えた。

団長に李鎮浩氏
台東支部総会

五月二十六日、台東支部第二十六回定期総会が同支部会議室でひらかれ、次のように役員を選出した。

団長 李鎮浩
議長 趙弁訓
監察委員長 李鍾楨
事務部長 李柱赫

団長に洪象観氏
墨田支部総会

五月二十七日、墨田支部第二十回定期総会が成平町会々館でひらかれ三機関役員を選出した。

団長 洪象観
副団長 李京奴 姜尚用
議長 朴周植
副議長 申伯雨 徐丙吉
監察委員長 金敬玉
同委員 姜鳳九 金守業
事務部長 李用元

団長に金熙淑氏
豊島支部総会

五月二十五日、豊島支部第八回定期総会が、三冊会館でひらかれ新しい執行部を構成した。

団長 金熙淑
副団長 姜千五 徐万基
議長 呉相彦
副議長 李相泰 姜根奭
監察委員長 孫□□
同委員 金昌元 李宅根
事務部長 金時元

団長に韓文鳳氏
文京支部総会

五月二十六日、文京支部第二十六回定期総会を同支部会議室でひらき三機関役員を選出した。

団長 韓文鳳
議長 鄭鎭鎬
監察委員長 慎時範
事務部長 宋成俊

団長に安理洙氏
広島安佐支部総会

民団広島県安佐支部では、去る五月六日定期総会をひらき、次の新任役員を選出した。

団長 安理洙
副団長 宋錫一
〃 黄道河
議長 金永尚
副議長 李相大
〃 金養泰
監察委員長 李在爀
〃委員 金雨奏
〃委員 朴在根

団長に尹奇炳氏
香川県本部大会

民団香川県地方本部では、去る五月六日、第二十二回定期大会をひらき、次の新任役員を選出した。

団長 尹奇炳
副団長 徐敏権
〃 曹鳳煥
議長 張洪珪
副議長 朱三石
〃 石相燦
監察委員長 黄永学
〃委員 鄭道均
〃委員 李在根
事務局長 黄道和

除名、停権処分
大阪監察委員会発表

民団大阪府本部監察委員会（張起銘委員長）では、規約第六十六条、運用規定第一条一・三項に該当する違紀を犯した事実に照らし次の二人をそれぞれ処分した。

李徳在（男・四七）…除名
崔達鉦（女）…五年間停権

20万円寄託
六十万セマウム植え運動誠金東京本部に
金炳泰氏の美挙

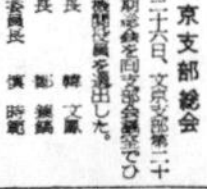

金炳泰氏

民団東京本部が中心になって推進している「六十万のセマウム植え運動」は、去る四月二日、青年奉仕団とセマウル姉妹結縁団の本国派遣団により大きな反響をよび国運動への献金や激励が続々東京本部にとどいているが、このたび東京都内で国際設備工業株式会社を運営している金炳泰氏（本籍・慶北永川郡清通面和寮洞三九二、現住所・板橋区成増四−26−3）は五月二十三日、東京本部を訪問し金致淳副団長にセマウム運動献金として二十万円を寄託、関係者をして、セマウム運動推進への意欲を大きく高めさせた。

横浜商銀十二期総代会

横浜商銀信用組合（李鍾大理事長）では、五月二十二日午後一時から同本店四階ホールで「第十二期通常総代会」を開き、七二年度決算書類承認の件、七三年度事業計画案承認の件、定款変更の件、総代選任規約変更の件などを提出。一〇三人の出席総代により異議なく承認され原案通り決定した。

定款変更では、総代の定数は一二〇名とし」と、具体的に総代定数が定められた。

なお期末の預金高は八十[illegible]億余円とのことである。

農村契全国で89万
資源は千96億ウォンと推定

全国農村契が八十九万程度と推定されており、これは農家当り二五・四にあたる。これに動員される資源規模は一千九十六億三千七百万ウオンにのぼるとみられ、契の条金四百七十八億白万ウオン、年間総出規模五百八十六億三百万ウオン、物品契総出規模三十二億二千三百万ウオンに分けられる。これは農協中央会が六都十一道を対象に標本調査したもので、契員は十一二人、一戸当り平均加入契等三つ以上の契に加入し、基金の運用利率は三〇−三九%、四〇%以上も全体の二五%にのぼる。これは農村私貸金利と同じ水準である。契の種類は婚葬祭、祭祀など消費的な性格のものが大部分だとされている。

日本にベッド初輸出

第一産業が日本のハマダ商会とベッドの長期輸出契約を結び、第一回分として五種、二万台、二万五千ドルを八日船積した。ベッドの対日輸出はこれがはじめて、年内に約六十万ドルの輸出が見込まれている。

座談会

日本文化の源流を語る

○…韓日新聞編集人セミナーを、去る5月14日から名古屋で…○
○…ひらき奈良、京都をはじめ、高松塚古墳など韓国とゆかり…○
○…のある地域を視察し、このたび東京にたちよった国内各新…○
○…聞社、通信社の各文化部長が去る5月22日民団中央本部会…○
○…正柱団長の招きで公報館で、約二時間に亘って金正柱団長…○
○…と歓談をかわしたセミナの主題は「①日本文化の源流、…○
○…②文化と報道の問題」であったが座談会では韓国文化・報道担当者の目から見る日本文化およびその報道の…○
○…体質にかかわる問題点がとりあげられた。…○

金正柱氏

金正柱　皆さんは各新聞社の文化部長として、また、文化部のデスク責任者として特に私は関心が深いしだいです。私自身民団に関係する前から文化に若干の関心をもっており在日同胞の一人として至大な関心がありまます。皆さんは政治・経済・社会などの分野で働く言論人としてよりは文化に直接従来する文化部の責任者として私も関心をもっています。特に民団機関紙韓国新聞社としてはこのような機会を有効適切に活用したいと思います。韓国の各新聞、通信社を代表して九人からなる皆さんは特に日本文化の源流をたづねて、またつは文化の報道問題の主要なテーマでセミナーをもったと思っています。また関心事であります。韓日言論人が一堂に会合してひらいたセミナーの内容、動向といいましょうか?皆さんは日本の主要博物館を始め古墳など高松塚の古墳まで視察したとうけたまわっています。主流といいましょうか、またどんな雰囲気の中で進行されたかをお話し下さい。特に日本文化の源流をたずねてのテーマは我々日本国内に住んでいる在日同胞としては至大な

テーマは文化の報道
名古屋で韓国編集人セミナー

尹壬述　このたびのセミナー　源流をたずねてであり、昨年韓国で開かれたセミナーの報告をもとに討論したのですが、新聞研究所の立場からすれば、その内容は要するに、日本の文化形成論は、その淵源や影響を主に中国におき、韓国を経由しているが、それは中国から韓国にわたり、そのまま日本につたわったもの、あるいは中国から来たものが韓国化され、それが日本に伝わったものなど、ともかく、韓国の影響を受けざるを得なかったということですが、この点が日本と韓国における新聞報道で誤解がおこる結果にもなるのだと思います。日本でもこれをありのまま家に認める京都大の上田教授などもいますね。とにかく、具体的な問題は、各社の文化部長が語ってくれることと存じます。

尹壬述氏

する学者が出てきましたね。勿論、中国文化が距離的にも直接日本列島に渡ったとは思われない。日本に文化をもたらしたのは我が韓半島を通じてであり、韓半島に流れた中国あるいはユーラシアの文化が韓国文化といいましょうか、韓国固有の文化がたくさん日本に入った筋がありまます。弥生文化時代以前、縄文時代に日本に流れたことを主張するようになりました。

このような新しい観点で今お話した日本文化の源流に対して日本側の態度または韓国側の反駁あるいは是正的な態度、日本側が流入された文化を報道する態度を具体的といいましょうかどの分野の文化ぼころであるとか、古墳、遺跡についてより具体的に誰かお話して下さい。

武寧王陵発掘に冷淡
日本マスコミの報道態度

英龍海氏

英龍海　セミナの焦点はわれわれと日本との文化報道のかかわりあいというよりはそれに対する報道態度の問題、特にその問題にありました。

その問題点としては第一に、日本側の報道の態度ですが、昨年、高松塚発掘の際に韓国の新聞ではそのの報道に非常に積極的でしたが、韓国における武寧王陵発見の際には、日本の新聞では非常に冷淡であり、特に前州の先史時代遺跡の発見などにおいても非常に態度が冷淡であったことなどを例としてあげられます。

このような態度の根底には、日本の新聞が、日本の文化が韓国を

金正柱　お話しのように日本文化の基盤あるいは母体は主として我が韓国文化が基本であり原点であります。従前まで今のお話しのように日本文化は中国文化の影響をうけている。勿論韓国文化も中国文化の影響をうけたといわれていたが、この頃は韓国文化の母体あるいは高麗は漢とか明とかの中国の文化の主流でなく、より前の先史時代の北方文化といいましょうかユーラシヤ文化が韓国文化の主流を成していたと見る新しい観点で韓国文化を考察

パイパス（う回）して来たのではなく、スルーパス（通り抜け）して来たということにたいしての理解がなかったためといえましょう。

第三には、日本国民や学会一般が韓国文化に対する理解が浅いか、または無視であることに起因するものといえます。

金正柱　明治年間までも大多数の日本の学者たちは、民族文化独立論を唱え、日本文化は日本民族内部で生成し発展したということが圧倒的な学説でありました。

これは認識不足というよりも、意識的、また目的意識が作用された結果と見るよりほかに見方がないと思います。このようなことは政治・経済・社会分野にまで適用されています。日本に住んでいる我々には日常生活にまでこんな傾向が感じられます。日本側のこの態度に対して日本文化と

高松塚の考古学的価値
武寧王陵にはるかに及ばず

文化の報道態度というよりもより広い分野でこんな問題を如何にもって行くか皆さんのご意見を聞きたいしだいであります。

李興雨氏

李興雨　高松塚の発見を、日本では史実としてとらえたのではなく事件としてうけとめたため、報道に過熱ぶりがあったとしているが、先の上田教授のことばでは、考古学的価値として、高松塚の発掘は、武寧王陵にはるかに及ばないとのべておりまます。

なお、上田教授は、彼の主張は韓国にひいきするというのではなく、日本考古学日本文化の真実探究のためのものであるのに拘らず「親韓学者」という称を受けたと述べているが、印象深いものでした。

金正柱　したがこんどの旅行では高松塚の外見だけ見たと思います。内部の壁画、遺物は写真で見られたと思います。この塚の近くとかその周辺にある数多い古墳などに対して日本ではいろいろ日本人の話しを聞いているが本国での話しはあまり聞いたことがありません。特に皆さんは文化を担当している各社の責任者としての感想といいましょうか観察といいましょうかいろいろな材料を通じてみたことをなにかお話して下さい。

日本遺物は韓国改訂版
わざと黙殺しようとする態度

張相燮氏

張相燮　奈良で見かけるすべての遺物や遺跡を見ると、新羅の高句麗、新羅、百済の明らかな韓国の影響が見られるにもかかわらず、韓国からの影響をわざと黙殺しようとする態度やそぶりを実感しました。

やっぱり、韓国のことになるとなぜか、神経質なほど影響を無視しようとする態度がありありと見えましたね。不快でした。

李相寛　私は日本ははじめてでありますが、日本の古文化は、韓国の慶州と扶余のものとそっくり同じです。われわれは、われわれの先祖がきづきあげた先進的文化の伝統を現在に生かして、われわれの現代文化を高めるべきだと思います。

李相寛氏

〈左最上段へ〉

橿原地域山野の地勢
韓国の金堤・慶州と酷似している

金次栄氏

金次栄　実際に飛鳥地方に来て見たところ、高松塚の現物を見て飛鳥の寺など橿原地域を見ると、山野がちょうど韓国の金堤や慶州地域のように、地勢がゆるやかで情感にあふれ、大和な風がみなぎる所で、韓半島からの渡来人が九州をへて東上して来たその道程で、最も自分らの安住の地と似かよったところをさがしあてたのではないかということです。

李朝中期以後までも、日本文化は辺境文化であった。韓国的な濃厚な影響をうけたのでありましょう。

私が見まわるうちに、日本色が全然ないじゃないかというと、一緒に見てまわった日本の記者が、何のことかよく理解しかねたようでした。

去年十一月のゼミナールで、日本の記者一人がいうことには高松塚をはじめすべての遺物が韓国の影響を受けなかったとはいわなかった、ただ黙っていただけとのことであるといっていました。

これを否定するよりは現実的な面からとりあげていくべきであることだと思います。われわれとしては、文化の交流に対してはわれわれの文化に誇りを感じるべきではあるが、二国の文化性に対しては日本に学ぶべきであると思います。

金正柱　長時間に亘っていろいろ有益なお話しをして下さりありがとうございました。

〈おわり〉

倭文化の源は韓半島
韓文化に対する故意の無視黙殺歴然
文化保存は理解高揚が必要

また、法隆寺の建築規模や、中世の野城や山城の建築法や石材などを見ると、韓国での建築技法や手法が日本へそのまま伝わったものが日本に入ってから巨大化されたということがわかるものです。

金正柱　その規模が縮小巨大なものであるが、高松塚の壁画は百済さんごろになったとおり第三十種類の小規模で、高句麗の壁画とは比較にならないほど小さい規模ではあるが、技法、技法が非常に洗練されており、また壁画であることは確かです。ところが我が国の文化が日本に渡されてその規模がより雄壮に巨大化されたり分析がありますが、私の観測では法隆寺の建築規模とか古墳の規

様とか中世に入っての野城、山城や野城山城などが、我が国からそのまま入って石材とか木材を使った規模が非常に大きくなって行きます。逆に我が国の文化を母体にした文化が、日本に流れ規模が巨大さをましたね。特に奈良、飛鳥まで行きますと、奈良、京都の古代で、このあらゆる面、特に我が国の文化とそっくりであることが見られます。特に飛鳥地方では建築物の構造を見ても我が国とそっくりで、

思います。そこに住んでいる住民の顔かたちまで我が国民とそっくりだと思います。皆さんが実際そこを訪ねて感じた感想を……

古文化への優越感より
現代における文明水準の発展を

朴石基氏

朴石基　問題は、日本の文化を通じて見るべきことは、韓国が日本におよぼした文化を誇示するのでなく、日本がどのように受入れたかが関心の焦点であると思います。そのような面から、わずかな交流にみられる皆さんの意見を聞きたいです。

優越感は結局、自からを歴史の残留者としておとし入れることになるもので、われわれは、このような弊におち入らないようにつねに自省すべきです。

金正柱　お二人の話しを聞いて日本に住んでいる私としては非常に参考的でありまた感動として感動を覚えます。日本の華道一つを見てもその源流が明らかに我が国であるにも拘らず日本華道といえば国際的であり、日本的であるといっています。茶道にしても香道にしてもみな我が国から導入されていますが、今日本は、世界一を誇って世界へ発展に…日本人々自らが一生懸命にきたえている文化を誇りに思っていますが、このように、日本はこれを逆に受入れるのが最も模倣ではないかと思います。われわれは古い文化を誇るだけにとどまってはいけないと思います。

金正柱　KPI社長の朱耀翰氏は、韓国はなんでも世界一だということを主張しているということですがそのような消極的

方針としているのか、特に指導して民団の活動方針としたいです。これをより積極的に推進して日本に居住する韓国人として文化的な誇りを

韓人作の有名仏画を
明国の画として誤認崇敬

崔鍾律氏

崔鍾律　私は中途から参席したためコメントできませんが、日本の古蹟や遺物などを見ますと、たとえば、法隆寺の建築、木彫の彫刻、仏像、肖像画などのタッチは、ちょうど国立博物館で見かける遺物そのままで、意外な感じに打たれわが国に対する文化的自尊心をもつことになりました。

一方、非常に尊敬であったのは、われわれの祖国文化の何かを見つけた他国の人々に見せてあげることにとらえるだけでなく、ポジティブに寄与、新聞記者などすべての人々が一丸となってとりくむべきことではないかと思います。

また文化の保存や紹介には、目先きの問題や、国際の摩擦に対しで単に規制や繁雑などネガティブな面にとらわれるのではなく、

李朝初期における名画の画伯が世界的水準に達するものであることを、つくづく感じました。

日本文化の源流は韓国
新しい観点で見る学者も

金正柱　只今のお話しの中に日本国内に展示された文化財を見て余り日本色がなかったというお話しはほんとに興味深く聞きました。

ただ今日本で展示されている長が韓国美術の一部である絵画を中心にした高麗時代、李朝作品を展示している大和文化館の韓国絵画展を見たと思われますが皆さんの感想あるいはそれを見ている日本人の態度などについてお話しして下さい

李興雨　大和文化館での韓国絵画展を見ました。約70点の非常に価値のある作品であり、いでしたが、その中でも、韓国では見たこともない貴重な仏画を見たのです。

〈出席者（敬称略）〉

芮庸海（韓国日報論説委員）
李興雨（朝鮮日報調査部長）
張相燮（新亜日報文化部長）
金次栄（東洋通信編集副局長待遇兼文化部長）
朴石基（合同通信文化部長）
崔鍾律（中央日報少年部主幹）
李相寛（毎日新聞編集副局長）
尹壬述（韓国新聞研究所長）
司会…金正柱（民団中央本部団長）
日時…五月二十二日・場所…駐日韓国公報館会議室

韓国、アジア代表に進出
W杯サッカーアジアA予選　延長でイスラエル破る

ソールドカップ・サッカーのアジアA地区予選決勝が、去る二十八日正午から、ソウル運動場で韓国対イスラエルの間で行われた。

前半戦の攻防が続き、かんぎの中で行われた試合は、延長戦で韓国が決勝のゴールを奪ってアジア地区代表決定戦へAブロック代表として進出した。

韓国は、イスラエルとの体力を……

韓国		イスラエル
1	0 0 0 0	0
	0 0 0 0	
	1 延長 0	

アジア人懇話会
横浜でひらく

五月二十三日午後六時より第十回アジア人懇話会（世話人○大韓……）

副団長に権図遠氏
補選

民団神奈川県南武支部（○団長朴鎮奎）では第十二回定期総会を五月二十日午後一時より支部会館ホールで朴成根県本部団長ほか来賓多数ならびに出席代議員六十三名のもとで河正洙議長の司会で開いた。総会は国民儀礼についで……

団長に朴季道氏
大阪城東支部大会

民団大阪本部管下の城東支部では、第十八回定期大会を、去る五月十三日正午から、同支部講堂でひらき（代議員九十六人中、五十九人出席）南北共同声明説明会と同胞親安会を開催、祖国平和統一への合意を再確認するよう決議することにした。

同日、選任された役員は次の通り。

支団長	朴季道
議長	全任哲
監察委員長	呉相賢
事務部長	李嘉栄

家庭儀礼簡素化の要項指示
民団中央民生局

民団中央民生局（○○○局長）では、本国の家庭儀礼簡素化に関する法（政府ではこれを法制化、六月一日から実施に入った）にならい、維新事業を支援協力するため、次のような要項を、公文で各国地方本部・各傘下団体に指示した。

〈虚礼虚飾行為の禁止〉
（一）結婚式招請状または、訃報など、印刷物の個別配付。
（二）花環、花輪、これに類似した装飾物の陳列、または使用。
（三）答礼品の贈与。
（四）葬儀中の接客飲食物の提供。
（五）挽章のぼりの使用。
（六）喪期間中、酒類または飲食物の接待。

議長に金守徳氏
神奈川、湘南支部総会

民団神奈川県湘西支部（○団長尹仲守）では第二十回定期総会が五月二十七日午後一時より同支部二階ホールで団員五十六名が出席して河英淑副議長司会で開かれた。

総会は国民儀礼から始まり、機関ならびに金信徳（県本部副団長）等のあいさつに引き続き活動報告、新年度の運動方針などを、事務部長が朗読これを可決、ついで○○○（県本部事務局長）氏が重要議題について本部の立場から詳しく説明があったあと、議決機関の改任にともなう選挙に移り議長に金守徳、副議長金任乃、同氏を選出して四時四十分に閉会した。

尹仲守 団長

神奈川韓国人商工会館新築落成

神奈川県韓国人商工会（尹珠宅会長）では、昨年五月から、横浜市中区若葉町三丁目に、一億一千万円をかけて新会館を建設していたが、さる三月末に完工を見たので、満一年目の五月十六日、午後一時から落成式を行なった。

新会館は地上九階地下一階の鉄筋コンクリート建てで、建面積は千二十三平方米である。商工会は五階を使用し、一階は韓国料理の店舗や店舗とするが、地下一階および二、四階は事務所に当てる。

当日は○○領事、○○公使、横浜市長、協会長ほか県市関係者らのほか、関係者約百五十人が参加し、午後四時頃閉会した。

金東河副議長の開会辞、三機関長の挨拶、来賓祝辞があったあと、朴炳一事務部長の決算報告を承認、引き続き新年度の予算ならびに活動方針の討議に移り熱誠的で活発な意見が取り交わされたあと原案通りこれを承認した。活動方針の中の主要事項は①本国のセマウル運動に積極的参加②県本部の未解決の件に全力をつくす③中央会館建設資金に協力④青年会育成とのあと県本部事務局長許文民氏の副団長就任にともない権図遠氏を補選して午後五時過ぎ閉会した。

尋ね人

☆李福仁さん（51才）
日本名（李○○）……終戦の年で、○○○○から○○○○に住んでいた李福仁さん（ユキコ51才）がさがしています。ご存知の方は民団東京本部または江原道東草市校洞23班李福任さん宛に連絡を。

☆松山清吉（60才）
☆康チャグンエ（51才）
本籍・平安南道。終戦まで山口県で住んでおられた二人を、康さんの○○である姪浩さん（53才）がさがしています。ご存知の方は、民団東京本部またはソウル特別市西大門区星山洞123番地9統11班康浩鎬さんへ連絡を。

☆朴春植さん（○取県）
西田町中山町に居住していた朴さんをご存知の方は民団中央本部民生局または慶北大邱市西区飛山洞一区七七四番地朴仁福さんへ連絡を。

韓国と日本の関係に新視点

日本上古史（文定昌著）抜粋と解説

（7）

応神王朝（1）

扶余後王の依羅と見られる応神王

日本書紀は応神王について、神功がその摂政元年に筑紫の国の蚊田で生んだ仲哀王の遺子だとしている。しかし神功が漢籍上の卑弥呼（ひみご）だという立場から見ても蚊田で生まれたのは卑弥呼の長女「一与（いよ）」であったことを、漢籍などが伝えているし、今日、大阪府南河内郡古市にある応神陵が甚だ巨大でかつ独特であり、九州地方に見られる陵墓などとは全く別系のものであることから、応神王が神功の血統でないということは、日本国の史学が共認するところである。

三世紀後半から畿内地方に突然にあらわれる巨大な陵墓は、日本国の古墳文化上いまだに解釈がなしきれずにある謎である。その築造者である応神と仁徳両王の出自は今日での日本国の史学が持つ難解なナゾである。

応神王の正体は、応神の自体と、そのあらわれてくる時事実の関連遺などから明らかにしなければならない。自然の状伏を利用した応神、仁徳の陵墓に関するナゾは、いわゆる天孫騎馬民族の具象である大陸地方のそれと照合し比較史的に解かなければならない。

応神即位前紀の一云（一つにいう）は「初天皇為太子（はじめすめらみことひつぎのみことなりて）行于越国（こしのくににいでまして）拝祭角鹿笥飯大神（つぬがのけひのおおかみをおがみたてまつりたまう）時大神与太子名相易（ときにおおかみとひつぎのみことみなをあいかえたまう）故号大神日去来紗別（かれおおかみをなづけていざさわけのかみともうす）」とある。

この一云（一つにいう）は「天

応神王は仲哀王の遺子ではない

扶余の旧臣たち、王を慕って渡来

としているが、仲哀・神功紀は誉田（ほむた）＝応神王を仲哀王の遺子であるとしている。畏子に「天皇」という父があったというのであろうか。（訳者註＝天皇為太子という漢文を、日本書紀釈では「天皇が太子になって」と解しているが、著者文さんは「天皇が太子の為に」と解している。ここは解釈の別れるところであろう。）

応神一三年紀の一云には「天皇淡路島…」（訳者註＝以下原文省略、文意は、天皇が淡路島に狩に行った時、西の方の海から数十頭の大鹿が来た。鹿が海にいるはおかしいと使いにたしかめさせたところ、これは全部人間で、角をつけた鹿の皮の衣服をつけていることが判った。誰かと聞かせると、諸県君牛“もろかたのきみうし”が年老いて、王に仕えられないが、王を忘れることができないので、髪長媛という自分の娘を差上げるのだ……）として、応神王が国を得て十三年ぶりに既、狐、狸、てんなどの皮の服を着た旧臣たちがしたって来たことを明らかにしている。つまり数十名に達する扶余国の旧臣たちが応神王を捜して来た。そしてその翌年から百済国の対応神朝支援がはじまったのである。（著者註＝日本列島にはこの年代まで牛がなかった。『魏書、東夷伝』。扶余国には牛加、馬加、狗加の官名があり、夫余の大官たちは狐、狸、てんの皮で作った衣服を着用していた『後漢書、魏書夫余伝』）

応神紀に出ているだけでも—

（漢文省略、文意を記す。訳者）

十四年の春二月に百済王が、衣を縫う女工を貢（みつ）いだ。まけつという。これが今の来目（くめ）の衣縫の始祖なり。

このとし弓月（ゆつき）のきみ百済から来てもうした「臣は自分の国の人夫百二十県をひいて来た…十六年八月…木菟（つくす）のすくねら…弓月の人夫をつれ襲津彦と共に来る。

十五年八月六日、百済王が阿直伎（あちき）をつかわして良馬二匹をたてまつる。…阿直伎はまた経典を読めるので太子菟道稚郎子（うぢのわきいらつこ）の師とした。

十六年春二月、王仁が来た。太子うぢのわきいらつこの師とする。もろもろの典籍を王仁から習わせた。王仁は書首（ふみのおびと）の始祖なり。

二十年秋九月、倭漢直（やまとのあやのあたい）の祖、阿知使主（あちのおみ）その子都加使主（つかのおみ）一党十七県をひきいて来た。（つづく）

【解説】 日本の皇室は、神武天皇以来「万世一系皇統連綿」であるというのが、日本書紀と古事記の主張であり、明治になって歴史を国民に教えるに当っては、時の政府がこの主張をそのまま国民に押付け、一切の批判、疑義の発表を封じて来た。だが、紀記二典を徹底的に研究した「津田左右吉」がその著「古事記及日本書紀の新研究」で、応神朝からは、明らかに仲哀朝までとは違いがあり一界線を画すべきだとした。山根徳太郎著「難波王朝」（学生社刊）でそれを見ると

「第一は「古事記」の仲哀および神功以前と、応神以後を比べて、その間おもむきが余く異なっていること、すなわち仲哀以前の物語は、神武の東征はもちろん、ヤマトタケルのクマソやエゾ征伐など政治的意味のある記述が中心課題となっているのに対して、応神以後は恋愛譚だとか、皇族間の人事関係、遊興の物語というふうなもので、この区別は厳密にしないと見あやまるおそれがある。

第二に、仲哀以前は説話的色彩がつよく、事実とは思えない不合理が多い。神功の遠征の物語にもそれがある。

第三に、天皇の名の書き方が、応神ころから変わっている。欽明のころになって再び堂々たる尊称をたてまつる風習が生じていることは、記紀以前の伝記の記述された時代を知るうえで、一つの重要な暗示となるであろう。

第四に、応神が[illegible]の胎中に生まれたという伝説があり、前後に例のない事情が語られているのは、系譜のうえでこの両天皇の間に何らかの区画があるのではないかと考え、そこに神功の伝承ができたのであろうかと考える。

第五に、皇族または臣下の名にも、古いところは神々と同じような尊称を冠しているが、応神以後にはあまり見られない。

このような論点を連続してみて、大体仲哀・応神両朝のあたりに一つの変わり目が感じられる。

このような津田博士の記紀本文批判に基づいて…林教授は応神天皇こそは、わが皇室によるこの国の統治第一祖とすべきであり、仁徳天皇はそれにつぐ第二祖であるとみるものである』となっている。（金元奉記者）

大阪府古市の巨大な応神天皇陵

殉教のおたあジュリア

異国で散って四世紀

神津島で第四回ジュリア慰霊祭

おたあジュリア顕彰碑

神津島は東京の南に浮かぶ伊豆七島の一つ。東京から南へ約百八十キロ、東西四キロ、南北八キロ、周囲二十二キロの[illegible]天上山の噴出でできた溶岩の小さな島である。

この神津島でひらかれる「第四回ジュリア祭」の特別招待により、本紙取材班[illegible]と、おたあジュリア顕彰会（松本一会長）がジュリア祭執行委員会[illegible]チャーターの[illegible]で、竹芝桟橋を出港したのが五月二十六日の夜九時。

韓国から34人の巡礼団

今から三百六十年前の一六一二年、徳川家康のキリシタン禁令で駿府を追われ、流人の島・神津島で[illegible]の生涯をとじた悲劇の朝鮮女性・おたあジュリアをしのんで、この夜航船にのったのは、日本全国からはもちろん、韓国から[illegible]大学教授、神父ら三十四人の巡礼団と十五ヵ国外国人神父たちもふくめてざっと八百人余り。八時間の快適な船旅のあと、翌二十七日の早朝八時に目的の神津港に着いた。

島全体の民宿や旅館に分宿したあと、島の中央にある、おたあジュリア顕彰碑前で午前十時から、松本一顕彰会長（神津村々長）の歓迎あいさつに始まる、壮厳なミサ・聖祭がくりひろげられた。

ツバキやタブノキに囲まれた[illegible]したたる会場には、信者、島民をふくめて三千人も集まっただろうか。

ジュリアの霊前を[illegible]する声が、木々の間をぬって風もなく、ぬけるように晴れた青空へ流れ、神父さまの説教と敬けんな祈りの[illegible]に流れる星[illegible]ジーンと胸くる日かしら。

韓日親善かけ橋のジュリア

赤と白の鮮やかなチマ・チョゴリの同胞信者たちや、会場正面に飾られた韓日両国々旗がひときわ目立つ。韓日友好、[illegible]などの[illegible]がつづく。

韓国語で歌われる讃美歌、日本語で唱えられる祈りの言葉。まさにジュリアは、韓日両国のかけ橋役をつとめて今日に及ぶのだ。

ミサを終えて、参加者たちは、約百メートル離れた流人墓のジュリアの墓に詣でるため、くねくね曲った細い小道を[illegible]て行った。

「聖処女の花」を献げる

コンクリ家が高く、軒が低い民家が多いのは、雨風を防ぐための[illegible]らしい。済州島のそれと同じ風景のようだ。

えんえんとつづく墓参の列は狭い墓地へ入れかわり、立ちかわりでジュリア墓前にぬかづいた。

島中から集めた「聖処女の花」と呼ばれる真白い卯の花を献げる島民たち。神父そのものの[illegible]が心をなごませる。

このようにして、国際色豊かな第四回おたあジュリア祭の[illegible]は終り、夜は[illegible]をげる中で、島の小学校講堂に[illegible]韓国学校生徒による韓国舞踊と島の踊りを中心とした韓日親善芸能大会がひらかれた。やんやの拍手喝采を浴びせる観客たち。盛会裡に十時すぎ終る。民宿を眺めながら分宿に帰り島の一夜を明かす。

翌二十八日、早朝六時から島内二カ所で、韓、日それぞれのミサがおこなわれる。

帰路も「かとれあ丸」に[illegible]乗船。主催者側の好意で、椿とあんこの大島に寄港、三原山の火山口などをのぞくなど、自由観光を楽しみ、船内では名残り惜しい交歓パーティをグループごとにひらいたあと、[illegible]と祈りの中で解団式をおこない、夜八時、竹芝桟橋到着と同時にジュリア祭参観の全日程を終了した。

ジュリア顕彰碑の前でミサが行われた

東京韓国学校生徒による「扇舞」

ジュリアの史実を追って

おたあジュリアは朝鮮に[illegible]として悲劇の女性として伝説の人物であった。彼女は貴族の生れと伝えられ、わづか三才のころ豊臣秀吉の壬辰倭乱の戦いで捕虜となり小西家の養女として育てられた。そしてキリシタンであった小西家の感化を強く受けカトリックの道へ入り、洗礼名がジュリアと名付けられた。関ケ原の戦で小西行長の滅亡のあと、徳川家の侍女となって伏見、駿府城につかえた。1612年、幕府のキリシタン追放令が出され家康からキリスト教を捨てるよう迫られたが、これを断ったために、伊豆大島に流刑され、それから新島、神津島と移送され、この人気もない孤島で四〇年を過ごし他界した。

神津島の人々にとってはこのジュリアは、はたして史実的にも実在の人であったかどうか明らかにされない、まま伝説の[illegible]として[illegible]り継けて来た。

ジュリアの存在が歴史的事実として明らかにされたのは[illegible]大学教授H・チースリク氏がローマのイエズス会本部、ロンドンの大英博物館などに保存された書簡[illegible]から発見されたもので、これらの記録によるとジュリアの史実が明確にされている。史実を伝える資料は現在のところこれら宣教師によるものに限り、イエズス会報告書の記録が主であるが他に、フランシスコ会、ドミニコ会などの[illegible]にも出ており、このように[illegible]に記載されていることは珍しいといわれ、それだけ[illegible]い人であったことが裏付けされるものとキリシタン研究家の人々が一致した見方をしている。

本紙購読料二年分を完納

松本支部の金順召、権宅玘両氏

金順召支団長

鄭洪徳支局長

[illegible]のすすめにより、松本支部では、昨年度分と今年度分をそれぞれ[illegible]、今年四十四万二千円を五月十四日付で中央宣伝局に完納、関係者をいたく感激させている。これは、全国でも珍しいケースで注目されている。

戸畑支部でも毎月送金

また、民団福岡県戸畑支部でも昨年から毎月二万円ずつ本紙購読料を送金してきている。

神奈川県で韓日友好協力会創立

五月二十七日午後七時、横浜市内山下町中華街[illegible]で、神奈川県内に在住する日本人実業家、文化人によって、神奈川県日韓友好協力会創立総会がひらかれた。この総会には来賓として駐横浜韓国総領事[illegible]、神奈川県民団地方本部朴成準団長、田頭武会長、横浜商銀李鍾大理事長、神奈川韓国人商工会々長尹珠[illegible]氏らが招待され、百人以上の参加者でにぎわった。会の趣旨は日本国、大韓民国両国民の友好親善と経済提携、文化交流による両国の協力繁栄が、アジアの安定と世界の平和につながるものであることを深く認識し、ここに神奈川県民有志に依って日韓友好協力会を設定し世界文化の発展と人類の進歩、平和の確立に貢献するということである。選出された役員はつぎのとおり。

神奈川県日韓友好協会役員会長＝尾崎正見、副会長＝西本勇次郎、副会長＝加賀美文一、常務理事＝助野健太郎、理事＝田中久三郎、[illegible]

大阪韓国人商工会創立20年

在阪韓国人商工業者を網羅して会員相互の親睦と協助、生活向上と民生安定をめざす『大阪韓国人商工会』（[illegible]会長）が、今年で創立二十周年を迎えた。これを機に、より次ある商工団体として躍進するための「創立二十周年記念祝典」がさる五月十八日正午から大阪市東区の大阪府青少年会館で、李澔駐日大使をはじめ来賓多数[illegible]公使、[illegible]大阪総領事並びに金正柱民団中央本部団長、白丁赫中央副議長、[illegible]大阪府本部団長、金鐘大大韓商議副会長、[illegible]信協会長、さらに日本側から内山敏[illegible]大阪市助役、中谷利兵衛大阪商議所常務理事、[illegible]日韓貿易協議会々長、佐藤仁[illegible]関西日韓協会専務理事ら韓日各界の代表並びに[illegible]が参加し[illegible]された。

この日の式典では、商工会に対する有功者表彰状が授与された。特に、名誉ある[illegible]表彰[illegible]

[illegible]

在日韓国人学生の名簿作成

日本各大学学部、高等・専門学校の在学生、並びに新入学生は、姓名、本籍、左記の事項を記入して、民団中央本部文教局に直接送付して下さい。

韓国語講習会、各種文化研究会、親睦会開催や、奨学金支給等に役立たせ、また、学生指導並びにその対策樹立の基礎資料に致しますから、親せき、知人間で学生を知っておられる団員は名簿作成の上左記に送付するよう協力して下さい。

特に国立、公立及び都内有名校の学生は御協力下さい。

〈記載内容〉

（一）姓名（二）生年月日（三）性別（四）大学名または高校名（五）在学学部名（六）年（七）現住所（八）電話番号（九）本籍（一〇）国民登録番号（十一）所属する研究会または友会名（十二）希望事項（十三）その他

（宛）東京都文京区春日二—二〇—十三

在日本大韓民国居留民団中央本部 文教局長 金[illegible]

（電話八一三—二二六一）

横浜領事館増築

落成祝賀式盛了

駐横浜韓国総領事館増築竣工を祝う落成式が、五月二十八日午後四時三十分から同館で盛大に行なわれた。駐日韓国大使館の[illegible]公使、民団中央本部金正柱団長をはじめ民団神奈川県本部および同管下各支部役員ら、百十八人、そして日本側から日韓友好協力会副会長西本勇次郎氏ら二十人が参席、[illegible]に開催された。日韓[illegible]が関係[illegible]外交公館増築を祝う式典にふさわしい盛況ぶりであった。

金大栄横浜韓国総領事の司会ですすめられた式では、駐横浜総領事館館員[illegible]があいさつで、在日同胞各位の多大な協力と援助を得て領事館の増築が完成したことに対する感謝の旨をのべ、今後の在日同胞の[illegible]への積極的な参加をよびかけた。ついで増築後援会長である李鍾大横浜商銀理事長の経過報告があり、[illegible]民団神奈川県本部朴成準団長の祝辞がのべられた。

ついで工事請負業者である大野氏ら三人に対し、感謝状および金一封が授与され、民族教育に関する功労者として[illegible]（神奈川韓国学園理事長）に対して感謝状が授与された。

とくに、日本人である寄永[illegible]郎氏が、訪韓の際に大才の韓国児童の重症治療にと長年の間に[illegible]こつと貯めて来た百八十万円を託したのに対しても感謝状が送られた。式終了後、庭園で祝賀パーティが催され、七時半閉会した。

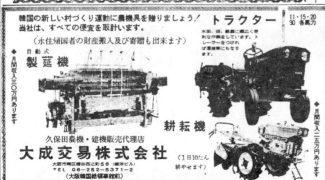

日曜日の仏国寺は、さながら京都の寺社なみ、記念写真を撮る観光客が多い↑

国道一号線にはポプラ並木がどこまでも続いていた。大邱—慶州間で→

慶州市の風物詩、キムチ用のカメ類、シーズン近くなると一日数十個売れるよし→

慶州はさすがに古都の感じを如実に伝える街だった。観光客が多いのは当然ながら、日本からの修学旅行生には驚いた。彼ら、彼女らは「日本文化の源流をさぐる」などという積極的な気持は無いかも知れないが、それでも旧い文化遺跡に改めて感じ入ったとのことで、大いに結構だと思った。西日本、九州地区から四百八十校、約三十万人の修学旅行生が今年中に慶州を訪れるとか。地元の人がバカチなどかぶせぬこと祈る次第。（写真・文とも金元雄記者）

セマウルの名のついた不動産屋↑

慶州には王陵が多い。国道筋にさりげなく保存された武烈王陵←

林慶業将軍傳（十二）

訳　洪相圭
編　八東周吉

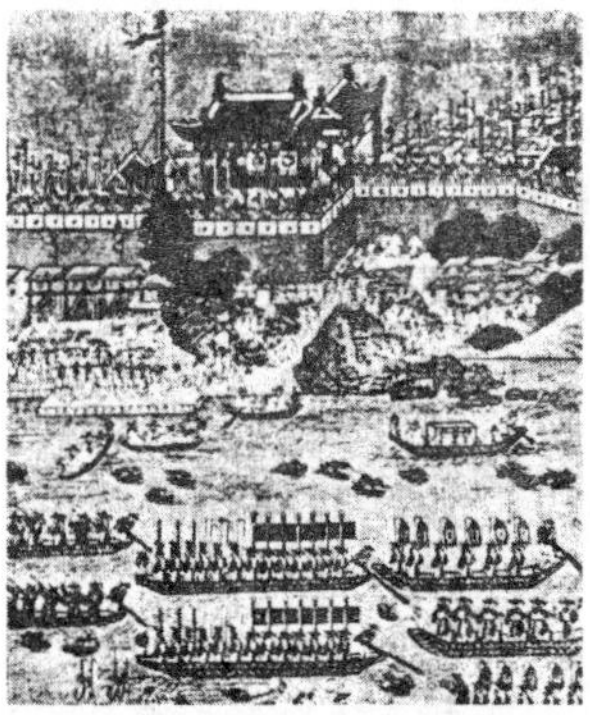

「胡国の王は人にして人にあらず、ただ人の面をした獣に過ぎない。先頃お前らの領土が敵の馬蹄にふみにじられ、国の命脈が旦夕に迫ったとき、明帝は援軍を出されて救われたのに報恩はさておき、天下をわがものにしようと大それた事を図り秘かに帝都南京の隙を窺っているのも言語道断の限りであるがその上にわが朝鮮国を侵そうと野望を抱くなど笑止千万である予の目玉が黒いうちには、断じて胡の奴どもを一歩もこの王土に入れさせぬぞ。

お前らの罪状よりすれば当然首を斬って血祭りにすべきだが、特に生かして返すから、早々に帰ってお前らの王に予の話を告げよ」

凛然たる慶業の威儀に圧されて、使者どもは面を真正面に上げることもできず、始終うなだれていたが、やっと灰々の態で逃げ帰り、林慶業の話を胡王に告げた。胡王は無言で何かを熟考しているようであったが、ぶつりと一語をもらした。

「林慶業は、当代切っての英雄である。軽く侮ることのできない人だ」

朝廷では慶業の功を賞せられて、位を進め職も昇らせようとしたが、何しろ林慶業の姓名三字で防いでおる胡賊の意のうちをはかりかねて、他の職位に転ずることもできなかったが、何よりも義州の官民が挙って慶業を離そうとはしなかった。

「いま、こうして生業に従事しながら、何事なく毎日を送ることができるのは、一にも二にも、府尹のお陰さまであるのに、もし府尹様がきょうでもここをお去りなさったら、あとをおうように胡賊の乱が起こることは火を見るよりも明らかな事じゃ。それもそれだけれど、とにかく、わしらは府尹様を離れては生きていけない。」

といっていた。このように慶業府尹の治績は推して知るべきものがあった。

林慶業は胡賊が決して侵略を諦めたとは思っていなかったから、そのときに備えて使節八乗を始め、火術・刀・槍等を充分に準備して置き、弓の射方、刀槍の用法など、訓練に専ら意を用いたので、義州東部の将卒はもちろん邑民の百姓までが戦う態勢ができていた。また義州は鴨緑江の南岸に位しているところであるから、艦船の準備も万々ぬかりなく、海戦の訓練もひねって、水陸のどこからでもござれと、手ぐすねをひいていたのであった。

一方、胡国の王はなんと吸念で堪らず、再び朝鮮国を侵略することに意を決し、麾下の猛将八士に三万の兵を与えて、即日鴨緑江を指して進軍せしめた。

胡賊が鴨緑江を渡ろうとしているとの、急報にも拘らず、慶業は泰然自若として船一つ動かさなかった。この名将は既に今日あるのを予測していただけでなく、水軍に万々遺漏のないよう下知済みであったからである。

水戦に馴れてない胡国の山猿どもは、船の大きさだけに頼り軽舟の朝鮮水軍を侮っていたところ、豈図らんや、矢のように速い軽舟を漕いで至近な距離に迫った、朝鮮国の水軍が、火箭を雨の降るように胡賊の巨船に射ち込めば、胡賊の船という船は残らず火焔に包まれて、一大修羅場と化し、忽ち戦意を喪った胡兵は退路を探すのに必死となった。

しかし罠の中に陥込んだ鼠のような胡賊を、みすみす逃す慶業ではなかった。船列の乱れた敵船を激しく追撃し、自らは大将の旗をひっさげて敵の旗艦に乗り込み、雑兵どもを無数に斬り捨ててから疾風のように敵将の前に躍りこみ、一刀のもとにその首を斬り落とした。

敵の一頭を悉皆に全滅させて、敗軍を追撃したところ挙げた敵の首級は五千余を上のぼり、その中には林慶業が斬り捨てた敵の先鋒将の首がはいっていたのはいうまでもないことであった。その外は殆んど抗戦を諦めて降服してしまったから、捕虜の数はかぞえきれないほどであった。

不安の影に怯えていた朝廷では、主上を始め文武の百官は毎日が不安でおちおち眠ることもできなかったのだが、この捷報を聞いてようやく夜にも枕を高くして寝ることができたのであった。

勝戦の国では、こんな安らかな寝付きをとりもどしたのであったが、敗けた方になると事情が違っていた。八将の無惨な敗戦ぶりに切歯扼腕した胡王は、再度の侵攻を狙って日夜に、謀をめぐらしていた。前に数倍する兵力を差し向けたところで、義州の地を衝くかぎり、縦横無尽な慶業の神謀鬼策に翻弄されて、鴨緑江の渡河はともかく、徒らに兵力を失う結果になることは、火を見るよりもはっきりしていることであった。

それで胡王は朝鮮を攻めるにしても、たとえ時間と、より多い消耗が伴う迂回路を選んでも、慶業の策が及ばない地を衝くことにしたのであった。

五、胡賊漢陽を衝く

胡王は保僚大を侵攻軍の大将軍に任じ、くれぐれも諭して、こう言った。

「朝鮮国の林慶業は稀にみる英傑である。知略・武勇・統率において、当代この者はまず見当たるまい。これは予人が身をもって経験し、目の当たりに見たのである。

この度の出師で勝利を収めようとすれば、まず林慶業とは兵を合わせないことである。自分の才を誇り慶業と一戦を挑むならば、必ず敗れるのは火を見るよりも明らかである。

韓國新聞

在日大韓民国居留民団
中央本部機関紙
韓國新聞社
発行人 金正柱
東京都文京区春日町
2丁目 20－13
電話直(815) 1451～3
交(813) 2261～5
振替口座 東京 163774

民団綱領

一、われわれは大韓民国の国是を遵守する
一、われわれは在留同胞の権益擁護を期する
一、われわれは在留同胞の民生安定を期する
一、われわれは在留同胞の文化向上を期する
一、われわれは世界平和と国際親善を期する

金鍾泌国務総理来日

各地の行事に出席交歓

金鍾泌国務総理は朴栄玉夫人を同伴してヨーロッパ各国を訪問し、その帰途さる十日に東京に到着、約一週間を非公式に日本で過ごした。金国務総理には統一院金永善長官、外務部金正泰経済次官補、韓相国総理儀典秘書官、鄭仁亮総理公報秘書官らのほか、李澔駐日大使、尹泰重公報館長、金正柱民団中央団長が随行して日本各地での行事に臨んだ。十一日は福岡市の民団福岡県本部の国務総理歓迎式と駐福岡韓国総領事主催のレセプションに、十二日は大阪の民団本部での総理歓迎式と、駐大阪韓国総領事主催のレセプションに、それぞれ参席した。さらに十三日には日本の大平外相主催の午餐会に出席し、十四日には日本の田中国務総理を表敬訪問、同夜は国務総理が帝国ホテルでレセプションを主催した。十五日は福田行政管理庁長官主催の午餐会にのぞみ、十六日空路帰国した。

金鍾泌国務総理

「韓国の認識を改めた諸外国」

民団地方本部の歓迎式場で述べる

北の非難には無対応

対話の穴拡げる努力続ける

堅苦しくない総理との歓談

総理演説要旨

① 太阪のレセプション、左から大島市長、金総理、黒田知事、姜団長
② 東京のレセプション、乾杯の音頭を取る岸元首相
③ 大阪の民団本部で演説する金総理
④ 大阪民団での歓迎式で立錐の余地もない参加者

著名な日曜画家

金総理の略歴

中央会館スタート

五月から旧建物解体

護国の英霊安かれ

在日学徒義勇軍慰霊碑　顕忠日、国立墓地で除幕

第一回全国青年部長会議

六月八、九の両日東京で開かる

上は講演する金正柱中央団長
下は全国から集まった青年部長

在日同胞の次代を担う、団員青年の大団結集を実現させ、望ましい青年組織を育成指導する任務を持つ初の全国民団地方本部青年部長会議が三十三県地方本部の代表三十九人の参席の下に六月八日、九日の両日間文京区ダイエー・ホテルで開かれた。

羊彩雨副団長

青年局が今年度から実行すべき活動方針

（A）一般的指導方針

（A）理由

（B）性格

（C）目的

二・三世を育てる責任は大

金正柱中央団長あいさつ

組織分科委員会召集公告

第二十一回中央委員会で決議された、民団幹部教育のための教材編纂に関する会議を次のように召集致しますから、各委員は漏れなく参席して下さるようお願い致します。

記

時日　一九七三年六月二十七日（水）午後一時

場所　在日大韓体育会（東京都港区西麻布一－一－五・東観ビル八階・電話四〇四－二七八四）

議題　①幹部教材編纂に関する件　②其他

在日本大韓民国居留民団中央本部
組織分科委員長　姜桂重

茨城商銀近く開店

七年ぶりに認可される

朝総連と闘い勝利に地元民も感激

民団茨城県地方本部（裵永植団長）では、かねてから管下の同胞中小企業者および、一般団員たちの生活向上のため、一九六六年七月十八日付で、茨城商銀信用組合の内認可申請書を県当局に提出していたが、朝総連の悪らつな妨害攻勢に出会い、その間数十回におよぶ書類修正、設立発起人会など、たゆまない努力と犠牲をはらってきたところ、去る五月二十九日午後二時現在、約七年ぶりで実を結び、認可されることになったので、民団同胞はもちろん、地元日本人有志たちを、おおいに感激させている。

輸出77％増加

十七日、民団新潟県本部で

韓日親善協会を結成

〈サハリンの韓国人七千〉

本国送還に外交努力

韓日議員第二次懇親会で決議

六、民団中央会館建設の割当額五〇八万円募金のため、三段階にわけこれを実施する。

七、一九六五年の海外国民登録に関する特別処置法の施行から推進してきた諸勢備促求事業を完遂す。

八、今後、韓日親善協会を設立し両国民の国際親善を深める。

九、民族精神の希薄な同胞青年学徒に、講習会、家庭教育を通じて民族精神教育を強調させる。

十、韓国新聞（中央機関紙）の発展のために、記事資料、事業広告、購読拡張などで協力する。

活動方針をのべる鄭鳳基団長

セマウル運動参観団派遣

三多摩地方委で商銀育成も

〈主な活動方針〉

一、民団組織幹部の再教育をはかる。

団長に権会俊氏

第二十四回愛知県本部大会ひらく

〈執行機関〉

団長 権会俊

〈監察機関〉

委員長 尹輪玉

広島県各支部

分団の新団長

民団広島県管内の各支部・分団はこの程それぞれ総会を開き新しい執行部の首班を選出した。顔ぶれは次のとおり

団長に朴熙沢氏

島根本部大会

〈監察機関〉

〈議決機関〉

〈執行機関〉

団長 朴熙沢

団長に張熙日氏

京都府本部大会

第24回愛知県本部大会

東京商銀立川

支店を開設

日本国籍スパイ公判

北韓から工作金四十万ドル受取る

帰化した沢本ら三人起訴

世銀借款八千万ドル

釜山港総合開発計画

団長に姜高元氏

東京・目黒支部総会

団長に尹錫鳳氏

湘南中部支部総会

「国士館」の暴力は遺憾

今後の推移を冷静に見つめる

"国是遵守"して会員資格あり

＝定款解釈めぐり応酬＝

在日韓国新聞通信協会

七三年度総会

〈理事社〉

〈監事社〉

「民画展」好評

・三十日までギャラリー・青山

東京の「ギャラリー・青山」では、民画の美しさを通じて韓国の絵画誤を浮かび上らせようとの目的で、六月五日から三十日（午前十一時から午後七時）まで、「朝鮮の民画展」をひらいて愛好家たちの高評をよんでいる。

同ギャラリーは、地下鉄表参道駅から近い青山通りの千成ビル一階にある。TEL（四〇七）五三三七。

スペインと漁業

協定締結に合意

高麗大図書館に世界最古の金属活字

グーテンベルクより百五十三年古い

咸陽郡人会

の野遊会盛況

韓国書籍販売センター

東京・京橋に進出

在日本大韓民国居留民団

文京支部

支団長	韓文鳳
副支団長	全泰元
〃	高琫準
議長	鄭鎮鎬
副議長	金東圭
〃	李相台
監察委員長	愼時範
〃委員	金義永
〃	李東燮
事務部長	宋成復

文京区小石川町二－一一－七
電 八一一－三五五五

渋谷支部

支団長	金勲暎
議長	呉世経
監察委員長	崔唐涉
事務部長	金聖泰

渋谷区宇田川町一四－一四
電 四六一－五三八二
四六二－五七七八

豊島支部

支団長	金煕淑
議長	呉相彦
監察委員長	李炯録
事務部長	金時元

東京都豊島区池袋二－六－三五
共同ビル
電九八二－七一六一～三

事業開始御案内

目的

事業

事務所

東京都千代田区霞が関三ノ五
A会館内電話（03）5048番（臨時）

韓国国際教育協会

代表者・専任理事 韓宗碩

青年会に合流を宣言

韓青神奈川県本部で決議

3日、横浜で臨時大会ひらき

◇…民団から傘下団体取消し処分を受けた韓青委員長が、韓青…◇
◇…の不法性をあかし、新生青年会への合流をよびかけた快挙…◇
◇…があり同胞青年ならびに組織関係者の共感をよんでいる。…◇

満場一致で韓青解散

"民団と本国の維新体制を支持"

去る六月三日、午後一時、神奈川県韓国人商工会ビルで、韓青神奈川県本部第二十一回臨時大会が、韓青の盟員五十人の参席のもとで…が、同会議で韓青委員長は、大会召集の経緯説明で、韓青神奈川が不純勢力に加担して、反民団活動を犯かったことに対して反省し、その場で謝意を表明した。

ついで、韓青が民団の傘下団体が取消処分をうけているため、旧韓青盟員は一部不純分子らの影響をしりぞけ、新たに組織された青年会に合流し積極協力することを望み、今後、新生民団神奈川県本部と本団の維新体制支持を基盤に青年運動を、浄化させるため旧韓青神奈川県本部の解散を宣言したが、参席者は満場一致でこれを採決した。

韓日言論人親善交歓会

4日、東京・日本記者クラブで

東京の「日本記者クラブ」(…理事長・千代田区内幸町、帝国ホテル東館)では、さる四日午後五時から、韓日親善のための両国言論人交歓会「コリアン・ナイト」を、同クラブ室で催おした。当日は日本記者クラブ会員と韓国の新聞・通信特派員ら約百人が参加したが、特に駐日韓国大使館から李澔大使、宋…公使夫妻、尹…公報館長夫妻らも出席、同八時すぎ散会した。

なおパーティの席では、韓国公報館のキモ入りで民族色豊かな韓国芸能もひろうされ、韓国産の高麗人蔘、洋服地など数多くさんた商品の抽選会なども行なわれ、和気あいあいであった。

写真は日本記者クラブが主催した韓日言論人交歓会

三千二百余万人を突破

韓国の年間人口増加率一・六%

経済企画院調査統計局の標本調査の結果、さる三月末現在で韓国の総人口は三千二百八十四万八千人(六百十七万世帯)だったが、人口増加率は年間一・六%におちていることが明らかになった。人口増加率は六六年〜七〇年までの四年間は年平均で一・九%だったが、この度の調査であらわれたように一・六七%に鈍化したのは、経済の高度成長と教育および生活水準の向上などに起因したものだとみられている。

米国と玄米導入協定

十四万トン、三千二百万ドル

米公法四八〇号(第一款)による玄米十四万トンの導入協定がこのほど(韓日時間三十日)済米中の太完善副総理とハナー米AID処長の間でワシントンで調印された。この玄米は今年度のPL四八〇号(第一款)農産物導入計画中、さる四月十二日に締結された九千四百八十万ドル協定に追加されるもので同借款金額は三千二百万ドル、借款条件は十年据置き三十年均等分割償還利子は据置き期間中…となっている。

経済人口は千万余人

韓国の経済活動人口は一千三百四万二千人で、前年同期の四%増となった。経済活動人口のうち失業者は五十五万四千人で昨年より八万七千人減っている。

光復節に母国訪問団

7月30日まで各地方本部で人選、中央へ報告

民団中央民生局(金鍾勝局長)では、来たる八月十五日の第二十八回光復節を迎えるに先立ち、例年行なわれている、慶祝母国訪問団派遣に関し、その実施要領を全国地方本部および傘下団体に六月九日付の公文をもって通達した。

これによると、各地方本部等は、早急に人選をおわらせ、来たる七月三十日までに中央民生局へ報告書類が到着するよう要望している。

愛のセマウム伝達

愛知東中支部で五百万ウオン

民団愛知県東中支部(金在永団長)は、かねてから本国のセマウルとの姉妹結縁の計画を進めていたが、本国政府内務部の肝入りで全北南原郡朱川面高淵セマウルとの縁が決り、五月十八日、ソウル世宗路の民団本国事務所で姉妹結縁式を行ない、その席で五百万ウオンのセマウル献金を伝達した。

当日は、内務部セマウル指導課金享培課長、外務部在日国民課金在植課長、金昌順、全北南原郡守金北道セマウル係長、南原郡セマウル係長ら立合いのなかで、金在永団長と李允鎬セマウル指導者、姜大植セマウル里長らとが固い握手を交わし、姉妹結縁をした。

金団長から贈られた五百万ウオンは民団東中支部管内同胞たちによって集められた金で、この使途について金昌順郡守は「高淵セマウルに牧畜団地を設け、部落所得増大事業資金として共同運営をしたい」と発表した。

なお、金団長ほか東中支部幹部十人に対して内務長官から「名誉セマウル指導者」記章が授与され金昌順南原郡守からは感謝牌、李允鎬セマウル指導者からは記念品が贈られた。

写真は民団本国事務所でひらかれたセマウル献金伝達式で金在永団長(左)から李允鎬セマウル指導者に「姉妹結縁牌」を手渡された。

セマウル運動懇談会

静岡県本部

民団静岡県地方本部(…団長)では、去る五月二十二日午後二時から、同本部講堂で、駐日韓国大使館の…領事と、…会館の…技術官を招いて、本・支部三機関長、婦人会役員ら五十人余人参加裡に、同本部…事務局長司会のもと、本国で…的に進められているセマウル運動と(映画と説明会)民団の現状分析を中心にした懇談会をひらき、熱心に意見を交換しあった。

このあと、さきほどスタートした中央会館建設募金運動に積極協力することを申し合わせ、有意義な日程をすごし閉会した。

人気上昇一路の(パールシスターズ)ジュンとシュク

向って右「ジュン」左「シュク」の二人

(パール・シスターズ)ジュンとシュクのレコード売上げのびる

目下韓国で人気歌手として売れている「パール・シスターズ」が、最近日本で発表したレコードが、毎日のように売上げがジリジリと伸びており、将来が楽しめる見とおしとなった。

パール・シスターズは本名を裵仁順(ジュン)と裵仁淑(シュク)という姉妹で、日本での芸名ネームを「ジュンとシスター」としてレコード吹込みなどをしている。二人ともソウル中央大学校在学中で、現在歌と学問の勉強に多忙を極めている。

レコードは、今年の三月に「白い小雨の物語」というドーナツ判を、四月にはファーストLPとして「ジュンとシュク・スーパー・ヒット」を発表した。

●一九六八年、韓国のテレビ局TBCで歌手パール・シスターズとしてデビュー

●一九六九年一月、LP「ニマ」(君よ)を発売。六九年七月ソウル市民会館で初のリサイタル。このLPの中の「ニマ」「別れなければいけない」「コーヒー一杯」は韓国歌謡界のこれまでの五指に入る大ヒットとなる。LPの売り上げ十三万枚。

この年、韓国歌謡界のレコード大賞である「歌手王賞」をとる。

●一九七一年「World Popular Song Festival in Tokyo 1971」に韓国代表として参加

●一九七二年九月二十一日「月にぬれた花」(山上路夫 作詩・鈴木邦彦 作・編曲)でデビュー。

●一九七二年十月十八日第五回新宿音楽祭にて銀賞を受賞する。

●一九七三年三月二十一日「白い小雨の物語」(石坂まさを 作詩・鈴木邦彦 作詞・編曲)をシングル第二弾として発売

●一九七三年四月二十一日ファーストLP「ジュンとシュク/スーパー・ヒット」を発売

在日朝鮮青年同盟のさそいにのらないよう

中央文教局で警告

民団中央本部文教局(…局長)では、朝総連の傘下団体であるいわゆる在日朝鮮青年同盟が夏休みを利用、日本の学校に学ぶ在日同胞高校生等に対して「朝鮮の国語・国史などを教える」とか、朝鮮大学校を訪問するとかの口実で、在日韓国人同胞の子弟に対して宣伝ビラを配布するなど狡猾な対民団工作をはかっているのに対して、次のように警告し、実情を知らないで、参加の申込みをしたばあいは、これをとりさげるよう談話を発表した。

「朝総連は、韓国の赤化をはかろうとする北韓の手先としてつねに善良で純真な在日同胞に共産主義を伝播させるため、あらゆる手段をつくしている。

このたびの在日同胞高校生へのさそいかけも、そのような赤化工作の一環であることを認識して、より一層警戒をおこたらないようされたい」

韓国保税加工品を展示

28日、東京エアターミナルで祥栄展

深沢勝一社長

韓国物出入(輸出入)結品を取扱うことで名が知られている(株)祥栄社(代表=深沢勝一・東京都台東区上野二ノ十二ノ六、池の端ビル五階、電話八三三ー七八七一番)では、東京・箱崎町所在東京エアターミナルで、来る二十八日から七月一日までひらかれる祥栄展では絞り製品をはじめ人蔘茶に至るまでいろいろな商品を展示する。

特に韓国ソウルの京美実業が輸出予定の製品を一堂にあつめた展示会が東京でひらかれる。

韓国で保税加工、または製品輸入した未公開絞り製品は展示品中最も人気ある品目になりそう。

展示品目は、絞り、絹製品、雑貨で和尺、羽尺、半えり、帯揚、風呂敷、文庫袋、ふくさ、袋物、寝具、ホームウェア、帯〆、羽織紐、ビーズバッグ、紬袋尺、パンタロン、服地、室内インテリア、高級人形、ガーゼ生地、ミナロン生地など数多い品目に及んでいる。

韓国絞製品、手芸品など日本市場開拓にはこの上ない好機である。日本へ輸出入を希望する韓国業者の多数参加を期待している。

千連伊女史永眠

李彩雨中央副団長夫人の母堂千連伊女史は、六月十六日午前十時永眠され、翌十七日午後三時から世田谷区の実相寺において告別式がとりおこなわれた。喪主は金敬述氏。

張英烈奨学官補駐日大使館に赴任

去る五月二十五日付で、駐日大使館に張英烈奨学官補が赴任してきた。

張氏は、赴任早々、民団中央文教局で、全国的規模で推進されている恒例の第八回母国夏季学校生募集をはじめ日本国籍をもつ韓国学生第一回母国訪問団、韓国教育財団などの問題にタッチするが、その敏腕が期待されている。

大田支部直轄解除

10日、定期総会ひらき団結誓う

・民団有史以来の組織的汚点を惹起した不純分子の関係…らの本拠であった東京本部管内大田支部の二六回定期総会がさる六月十日大田区産業会館四階大ホールで三百五十人の団員参加裡に開かれた。

民団正常化闘争の典型

感激に涙ぐむ団員も

大田支部は今まで不純分子のかどで処分をうけた関・鄭ら一派が民団大田支部の名義をかたって朝総連と野合、所謂共同集会などに参加するよう一般団員に半ば強迫、半強制的に迫るなど反国家、反民団的行動を行なって来た不純分子の根拠でもあり、この日の会場が満員であったのは、旧執行部の不純な行動を糾弾し、正常化を望む一般団員の切実な要望のあらわれであるともいえる。

張基洙大田支部団長

金河弘東京本部議長の開会の辞ではじまったこの日の大会には、来賓として駐日韓国大使館李…総領事、民団中央本部李学文副団長、東京本部…、城南支部…機関長および地域人多数が参加し、直轄支部執行部が編成され…。

ついで、金河弘議長は民団規約にのっとり、大田支部総会が成立することを宣言したあと、役員選出に入り、総会は、…によって推薦された三機関長として張基洙団長、河点水議長、千泰先監察委員長を満場一致で選出。

ひきつづき、金致淳東京本部団長によって高々と朗読された大田支部の東京本部直轄解除公文を東京本部団長が張基洙団長に伝達するや、満場の団員は大喝采で迎え、中には感激のあまり涙ぐむ団員もいた。

ついで、李…中央本部副団長は、大田支部の正常化が民団全組織の正常化に通ずるものであることを強調し、その間の組織関係者諸氏および大田支部団員の労苦に謝意を表するとともに、これからの組織活動は口先だけでなく、積極的な組織活動に臨むべきであると強調した。

団員自らが決起をし、正常化させたことによって、今後大田支部が…躍進を一層誓った…。

姜永奎前駐日公使　アイボリ・コースト大使に栄転

姜永奎大使

姜永奎前駐日公使は、五月二十六日付、本国政府の人事異動によりアフリカの駐アイボリ・コースト大使に栄転発令された。

この発令後、姜大使は六月上旬、中央本部に三機関長を訪ね、転任あいさつのため、民団中央本部に赴任した。

姜大使は、駐日公使として在任中、協定永住権、…など、多くの功績を残している。

金鍾高氏　副館長昇進「駐日韓国公報館」

金副館長

在日同胞社会で、温情ある人柄と、有能な公報官として知られている駐日韓国公報館(東京・永田町)の金鍾高氏は、多年にわたる実績を高く評価され、政府から去る五月十一日付で、副館長に昇進発令された。

尹…公報館長を補佐して、今後における活躍が大きく期待されている。

セマウムにこたえる本国乙女の善意

ソウルの鄭敏子さん

鄭敏子さん

既報のとおり民団東京本部は去る四月二日から12日間、六十万のセマウム植え運動に青年奉仕団とセマウル研修団を派遣し…旅行社(ソウル特別市中区小公洞九一ノ二)に勤める鄭敏子さん(21)である。

鄭さんは、祖国へ花を植える事業で、本国で大きな反響をよび、本国一行の意気と心に打たれ…人々の熱意に打たれた。

主人公は、ソウルの観光…がいかにも美しい乙女の心づかいがあった。…

なお、鄭さんは、その間、本国の新聞に掲載紹介されたセマウム運動関係記事を克明にすべてスクラップし、一冊のスクラップブックを編纂し、巻頭に自作の詩を添えて、奉仕を終え帰任する東京本部団長に寄贈したとのことである。

きれいな筆致で押花をあしらったすみれ色の紙に書かれた美しい詩句の大要はつぎのとおり。

同胞へ

祖国のあかちゃけた山肌がそれほどにもあなたの胸を痛ませたのでしょうか。

祖国の懐に、セマウムを植えるため血を分けたベタルの兄弟が海を渡って来ました。

今は花咲く四月……

三千万の熱い血はわき大地を潤おしています。

あなたのしわ深いその手に祖国の一握り、香ばしい土のかおりを、さげます。異境の空

なつかしい同胞に

はてしない感謝の念を伝えて下さい。

完成した地下鉄「市庁前」駅・プラット・ホームには乗客ならぬ見物人がいた

新築中のソウル大学校、鳥観模型写真の点線内、矢印の方向から撮す、建物の近くの山が冠岳山

膨張するソウル人口

今ソウル市の人口は六百万人を突破して、なお膨張を続けている。政府もソウル市の人口増加を押さえようと計っているが、効果的な「テ」はないようだ。これは世界的な傾向で何もソウル市とか韓国だけの悩みではないが、しかしこの勢いで人口が増加していけば遠からず一千万都市になりかねない。飛行機から見たソウル市周辺は、いたる所、山の上まで人家がギッシリ詰まっていた。東京や大阪と同じ悩みがここにもあった。

ソウル大学校が郊外に移転する。これが完成すれば延正に東洋一の綜合大学校になる。その実現まであと数年であるが、完全にでき上った時には是非にも再度見学したいものである。

ソウル大学校完成鳥観模型。建築中の写真と比べていかに規模が大きいかが判る

いずこも同じ住宅ラッシュ、山の上まで家並がつづく（ソウル市郊外）

林慶業将軍傳（十三）

訳　洪相圭
編　八束周吉

よって、諸将は義州を避け、摩雲のたむろしておる地を遠く迂回し、山伝いに隠密のうちに進撃して、俄かに敵都瀋陽をつけ。そうすれば義州の林慶業も飛んでは来られぬであろう。勝利の秘策はこの一手あるのみである。諸将はとくとこの意を体して、速かに進発せよ。」

竜骨大は胡王の命を奉じ、五万の大軍を率いて進撃を開始した。王命通りに鬼のおる義州を捨てて、東海の険しい山道を択び、鶴原、碧潼の深山に隠れて、人目につかないように昼は伏せ、夜にだけ進軍した。こうしてついに胡賊は王都漢陽に至り、急きょ、東門を破った。

義州大将に心[illegible]り、非常に備える防備は念頭にもなく太平を夢見ていた朝臣たちは、なすところを知らなかった。

寧辺の鉄甲兵に殺りくされる[illegible]の、腸をしぼるような断末魔の声は、深夜に[illegible]ることなく、野蛮な胡賊は容赦なく婦女子を犯し、手当たり次第に掠めたのである。さすがにはなやかであった都には、にわかには[illegible]、毎[illegible]ていた。

[illegible]は大臣らに護られながら南漢山城にうつられて、この戦乱を避けられ、王太后と王子は道を急いで江華の島にのがれられた。[illegible]にとり残された民たちも難を避けようと、それぞれ、[illegible]を背負い「われ先に」と路上で相争い、そのために踏み殺される者が続出する状況であった。一国の運命を担っている朝臣は、今まで何をしていたのか。どこで何を見ていたのか、その姿も見せなかった。なんともあきれた醜態であり、[illegible]のさまは見れたものではなかった。[illegible]

敵の総大将竜骨大は侵攻の胡軍を二隊に分け、一支隊は主上の御輦を追って南漢山城に迫り、一隊は大后と王子のあとを追撃して江華島に殺到した。

江華島の守将は日頃から、昼夜の別なく酒びたしになっていたから、いざ戦乱、お国の大事となっても、何ら使い途のない男であった。武器庫にあり余る弓矢・弾薬に一度も手を付けずに降服してしまい、王子・王妃は、敵国の手に虜の辱を免かれることができなかった。

南漢山城をとり囲んだ一隊と合流した胡賊は、城に向かって大声にわめき散らした。

「直ちに降服しなかったら、王大后と三人の王子は俘虜に帰れないと思え。どうだ、それでも一戦を交えるか。」

蟻一匹ももらさぬほど、二重三重に包囲された戦乱の行在所で、これを聞かれた主上は暗然として涙をのんでおられたが、ついに痛憤のあまり声を放って泣かれた。

このような状況の下で、総師金自点は、手を束ねたまま、なんらかの策を講ずることもできなかっただけでなく、敵陣の太鼓の音にも等しく痛みがあるという[illegible]であった。何ん条、この国たまろう。[illegible]を残さず、[illegible]にしてこそ、国は[illegible]るはずだのに[illegible]ともあるものか、[illegible]ようもなかった。[illegible]山であったなら、[illegible]気は下がり、[illegible]は、城に籠っていた。また[illegible]かけているのにつけいるように、[illegible]はわめき散らした。

「たかが[illegible]か、[illegible]が、それならそれにも、よろしい。[illegible]でおれ。降参しない限り、余輩は囲みは解かぬぞ。我輩もゆっくりと腰を据えて、冬越しと洒落こむつもりだ。それでもらちがあかなかったら、悠々と、春に種蒔き、秋に刈り入れながら待つ。どうだ。[illegible]にひもじい思いなどせずに一時も早く降服してしまえば。」

王[illegible]もこれを聞かれて思わず天を仰ぎ嘆息をもらされた。

「内に、士気とみにあがらず、食糧は尽き糧道は絶えており、外には、胡賊が二重三重に包囲して、王子の生命を脅かしておる。実に内憂外患である。これでは城を守りぬくことはできまい。ああ、天も寡人を見捨て給うたのか。」

と嘆かれ、諸大臣と、和親講和のことを、相談なされた。不甲斐ない腰抜けの大臣どもは、自分らの身を全うすることができる和親講和に、一も二もなく傾いていたので、これもあれも例外なく降服に賛成しているのが、ありありとその顔にあらわれていた。彼らのもっともらしい言い分はこうであった。

「恐れ多いことではありますが、王大后殿下と王子様方が敵陣におられまする今、死力を尽くして戦っても、却って仇となりますでございましょう。一日でも早く和睦を請い、王子様方を救い奉り、宗廟社稷を安泰にすることこそ、賢明な道かと存じまする。」

と和睦論のだが[illegible]であったが、中には一戦を挑み[illegible]に降るよりは城を枕にして討死しようという強硬論がないのでもなかった。金時[illegible]もその一人である。[illegible]会議で、[illegible]は堂々と主戦論を[illegible]り、[illegible]大臣どもの[illegible]からしめた。

「[illegible]にも[illegible]とするとも[illegible]とあれ、との教えがありまするが、これこそ、我らが今の境遇にはまることはかと[illegible]み受けまする。事もあろうに夷狄に城下の盟をなしてひざまずくとは[illegible]とはしまする。[illegible]として戦っておりますれば、そのうちにはきっと[illegible]の[illegible]みが来るでありましょう。その時になって、城門を開き、打って出れば内外の挟撃に会って、胡賊は必ずや[illegible]に敗走することでありましょう。この計をおはからいくださいますよう、切にお願い申し上げまする。」

韓國新聞
在日大韓民国居留民団
中央本部機関紙
韓国新聞社
発行人 金正柱
東京都文京区春日町
2丁目20—13
電話(815) 1451〜3
又(813) 2261〜5
振替口座 東京 163774

民団綱領
一、われわれは大韓民国の国是を遵守する
一、われわれは在留同胞の権益擁護を期する
一、われわれは在留同胞の民生安定を期する
一、われわれは在留同胞の文化向上を期する
一、われわれは世界平和と国際親善を期する

北韓の国連加入を反対せず

忍耐で南北対話結実を

祖国統一は民族の至上課題

平和統一外交政策に関する 朴大統領特別声明

朴正煕大統領

朴正煕大統領は、一九七〇年光復節を期し、祖国平和統一実現のため八・一五声明を内外に宣言、また昨年七月四日の南北共同声明ではじまる南北対話は統一への民族の希望をつないできたが、さいきん北韓の一連の動きは、これに水をさすものとして憂慮されていたところ、朴正煕大統領は再び六月二十三日午前十時、青瓦台の大統領官邸において、ラジオ、テレビを通じ、平和統一外交政策に関する次のような声明を発表、韓国政府の指向すべき大道を内外に声明した。

親愛なる五千万同胞の皆さん！ 私は、今日、われわれがこの闘わ[illegible]

[illegible]

互恵平等の原則で門戸開放

"北韓を国として認めるものではない"

[illegible]

一九七三年六月二十三日
大統領 朴正煕

維新体制への紐帯強化

民団中央本部を訪れた国会議員団一行(上)
民団幹部と和やかな懇談会(下)

本国との結束を強調

20日 国会議員団、民団で懇談

◇…去る十二、十三日の両日間、[illegible]

この日、民団中央本部ホールで開かれた歓迎式で、[illegible]

民団綱領実現に重点 〜〜金正柱中央団長

維新遂行で国力伸長 〜〜李秉禧国会議員

[illegible]

誠金集め中央会館建設へ

李澔駐日大使(左)に、在日南海郡民を代表して郡民会館建設誠金を伝達する金鐘台氏

南海島、大橋で結ぶ

22日の竣工式を祝い、郡民会館基金拠出

在日南海出身同胞450万円の誠金伝達

[illegible]

本国駐在特派員に 鄭洪徳記者

本社は鄭洪徳記者(写真)を六月二十二日付で本国駐在特派員に任命、本国で取材活動をすることにした。
鄭洪徳記者は、六月二十七日に任地ソウルの民団本国事務所に赴任の予定である。

中央人事

鄭洪徳
命 韓国新聞社記者
任 本国駐在特派員
一九七三年六月二十二日付
中央本部団長 金正柱

おことわり
連載「祖国での十日間」は紙面の都合のため休載します

在日韓国学生母国夏季学校生 募集要綱

一、開設目的
[illegible]
二、主催
三、教育担当
四、募集人員
五、志願資格
六、開設期間および教育内容
七、提出書類
(イ)入校志願書(所定様式)
(ロ)学校在学証明書
(ハ)所属民団長推薦書
(ニ)国民登録済証
(ホ)外国人登録済証
八、志願書交付および提出所
(イ)民団地方本部 (ロ)各地方韓国教育文化センター
九、募集締切
一九七三年七月七日まで
一〇、経費
(イ)政府負担 往復旅費を含む教育費一切
(ロ)学生納付金 教育期間中食費一人当一一〇ドル
十一、出発日および場所
一九七三年七月二十七日下関港
十二、事前教育・其他
(イ)出発前適切な時期に各地方別に事前教育を実施する。
(ロ)其他具体的な事項は大使館奨学官室・民団中央文教局・各教育文化センター・民団各地方本部に照会せること。

民団中央本部文教局

釜関フェリーで船出する夏季学校入校生(下関港)

'1973 韓国系日本人学生(日本国籍)母国夏季学校生 募集要綱

一、開設目的
二、主管
三、教育担当
四、募集人員数
五、志願資格
六、開設期間および教育内容
七、提出書類
(イ)入校志願書
(ロ)在学証明書
(ハ)所属民団長推薦書
(ニ)写真
八、志願書交付及び提出所
(イ)民団地方本部
(ロ)各地方韓国教育文化センター
九、募集締切
一〇、経費
(イ)教育費一切政府負担
(ロ)学生納付金 一人当八七ドル(教育期間中食費)
航空料往復(学生負担)は自費
十一、出発日及び場所
(イ)一九七三年八月十日 東京国際空港 大阪国際空港
十二、事前教育・其の他
出発前適切な時期に、中央文教局の指示地方別に事前教育を実施する。

民団中央本部文教局

昨年度母国夏季学校での入学式

韓国動乱勃発の真相

誰がなぜ挑発したか

北韓共産軍の侵攻により、史上その例を見ない民族相克の悲劇が演じられて二十三年、二百万人以上の人命と莫大な財産上の被害を出したあげく、三年間にわたる戦火がおさまってからも、すでに二十年が流れた。このような民族的悲劇を経験しながら四半世紀間、極端なまでに対立していた南北が、もう二度と民族の悲劇が再発するのを防止し、平和的に自主統一を実現する目的で対話を始めてからすでに一年、これまで韓国は誠実と忍耐を堅持しながら、南北が民族的同質性をとりもどして相互信頼の基盤を築き、さらにそれを拡大していくため努力をつづけてきた。しかし、極端に対立している思想と理念、制度と体制により、南北対話はなかなか進展しないまま、あらためて韓国動乱二十三周年の苦々しい追憶を回想しなければならないのは、何よりも胸の痛むことといわざるをえない。「七・四南北共同声明」の精神と合意に基づき、南北調節委員会第二次共同委員長会議で、一九七二年十一月十一日から相互ひぼうする放送を中止する約束が成立していたにもかかわらず、北韓側は今年に入ってから一方的に違反しているばかりか、一時中断していた対南武装挑発をまたもや試みるなど、南北対話に逆行する行為をくりかえしている。しかも、北韓側は、すでに国連によって認定され、世界的にも公認されている、韓国動乱挑発という歴史的な事実までも、「南の挑発」云々と、北韓自身の侵略事実をおおいかくすための逆宣伝に熱中しているのである。韓国はこれに対して隠忍自重、北韓側に虚偽の宣伝と対南ひぼう、武装スパイの南派などの行為を自制するよう促し、その結果を待っていた。しかし北韓側は、不当きわまる行為を自制するどころか、かえって激化させる傾向を示している。このため韓国としては、韓国動乱23周年を迎えたのを契機に、北韓側が韓国動乱をひきおこした確証をあげて、韓国側の挑発云々という北韓側の主張が、いかに虚偽に満ちたものであるかを、満天下に明らかにせざるをえないのである。だからといって、決して「眼には眼を、歯には歯を」式の報復的対北非難をしようというのではない。どこまでも、北韓側に歴史的な事実は事実として認めるだけの人間的良識を求めて、南北対話の基盤を固めるとともに、国際的にも韓国動乱の真相を伝えることによって、南北韓に対する公正な認識を促すためである。真理を愛する人びとは、北韓側の南侵という歴史的事実は毫も偽りのない真実であることを認識している。

破壊された大同江鉄橋をたどって自由を求め南下する避難民

1950年6月28日、ソ連製タンクでソウルへ侵入した北韓軍

韓国防衛力の空白期

北韓侵入直前までパーティ

一、韓国側の軍事的与件

当時の韓国の状況をみると、韓国自身はもちろん韓国の安保を支援すべき立場にあるアメリカがあまりにも安保問題に無関心であったため、まるで無防備状態にあった。一口にいって当時の南韓はスキだらけで、特に軍事面で北韓共産軍と比較してみるとき、韓国軍はとうてい北韓にかなうべくもなかったのである。当時南・北韓の兵力と装備の差はつぎの図表でわかるように、まさしく雲泥の差があった。韓国軍は旧式兵器で軽武装した七コ歩兵師団をもって、三十八度線一帯に四コ師団、後方地域に三コ師団を配置、その総兵力も十万未満であった。それに対し北韓共産軍は、歴戦の韓人系中共軍を基幹に二十万以上の兵力を確保しており、しかも一コ戦車旅団、三千四十一門に達する各種火砲、二百十一台の戦闘用航空機など、攻撃用重装備をととのえていた。

軍事面における絶対優勢は、北韓共産軍をして全面侵攻に踏み切るための絶好のチャンスであった。それにもかかわらず、当時の韓国は北韓の軍事力を過小評価し、軍事力の強化はおろか、自衛体制すら確立しようとしなかったのである。一九五〇年五月十日、当時の国防部長官申性模は三十八度線一帯の防衛体制が確立されていない韓国軍のスキを利用して、北韓共産軍が三十八度線一帯に集結している状況から北韓共産軍による侵略の危機に切迫している」と警告した。それにもかかわらず軍部は何ら手を打たず、結果的には北韓共産軍の侵略の前にさらされてしまったのである。

しかも、北韓が武力侵攻を開始しようとする緊迫した情勢下にありながら、韓国軍は六月上旬師団長クラスをふくむ高級指揮官の大異動を断行したばかりか、三十八度線警備部隊を交替配置する無神経さであった。もっと驚くべき事実は北韓の侵攻開始前日である六月二十四日（土曜日）には陸軍本部将校クラブの竣工パーティが開かれ、韓国軍高級将校五十数人と米軍事顧問団が出席、パーティは翌日午前二時つまり北韓軍の攻撃開始二時間前までつづいたことである。（中央日報社編「民族の証言」第一巻P二三一〜二六）。それに六月二十四日は土曜日だったため、将兵の大半が外泊で兵営を離れ、また、ちょうど田植えの時期であったことから各部隊では兵力の三分の一から三分の二までを家事手伝いのため特別休暇させていた。このように完全に丸腰で六月二十五日を迎えた韓国軍は、北韓共産軍の奇襲攻撃にひとたまりもなく突破されてしまった。

以上のような事実をみても、韓国軍が動乱を挑発したのではないことは明々白々な事実である。これから戦争を起こそうとする軍隊が、どうしてこのように無防備状態でいられ、どうして開戦十日前に指揮官の大異動を行い、どうして兵力の大半を休暇・外泊させることができるだろうか。個人の場合でも人になぐりかかるときは身構えるのが常識であるのに、いわんや国家の運命をかけた戦争をおこそうとするものが、そのように天下泰平でいられるはずはありえないといえよう。

二、アメリカの対韓政策と米軍撤退

韓国動乱前のアメリカの対アジア政策は一口にいって空に浮いていた。莫大な人命と物資を消耗して太平洋戦争で勝利を占め、アジアに進出したアメリカは、中国大陸が共産主義者の手中に落ちてから右往左往するばかりであった。アメリカの対外政策はヨーロッパ第一主義に傾き、アジアでは日本を確保することすら難しいほどその影響力が減退しはじめた。

対アジア政策の基本がぐらつきはじめたアメリカの対韓政策が、どれほど消極的で虚弱なものであったかは簡単に想像できよう。にって政府樹立から動乱勃発までの韓国外交は、率直にいって韓国から手を引くアメリカを引き止めようとする、好都合なものであったといえよう。

ところが、こういう状況の中で、上述のようにソ連は突然「北朝鮮の要請により駐留軍を撤退させることにしたから、米軍も同時に引け」と要求した。ソ連と北韓が南侵に先立って力の空白状態を造成しようと仕組んだ筋書きであったことはいうまでもない。

当時の韓国民は日本帝国主義の長期間にわたる侵略がもたらした外国勢力排斥感情が強く、外国の関与は無条件に排除しようとする一種の感傷的民族主義にとらわれていたため、外国勢力さえ撤退すれば南北統一問題は自然に解決できるものと単純に考えこんでいた。そういう意識から、米軍が引いた後にはなにがくるかということは研究もしなかったし、しかも同じ民族どうしで戦争になるとは夢にも考えていなかった。ちょうどこれがソ連や北韓共産主義者たちの狙ったツボであった。米軍を撤退させるためには、そういう国民感情を利用して、ソ連軍はもうすでに撤退した、だから米軍も撤退せよ、とさえ要求すれば、アメリカは内外の世論と政治的圧力に耐えかねて撤退するほかはないと読んだからであった。

それでなくてもアメリカは一九四八年末から駐韓米軍の兵力を削減しはじめ、一九四九年からは約七千五百人という僅少な兵力しか駐留させていなかったのであるがソ連側が先手を打って政治的に利用するや、アメリカはあわてて撤退をとり急いだのであった。

こういう経緯から、アメリカは一九四九年五月二十八日から六月二十九日までにかけて残留兵力を完全に撤退させ、ごくわずかな軍事顧問団だけを残したのであった。

三、米極東防衛線からの韓国除外

アメリカは、あれだけ莫大な援助をしてやった中国の国民政府が中共に本土を明け渡したのをみて、韓国も中国のようにいずれは共産化してしまうと判断したのかもしれない。当時のアメリカの世論も、中国での前例から対韓援助も共産党を有利にするだけではないかとして、対韓援助に反対する向きが強かったのである。米政府はこのような国内世論の圧力のために、韓国の台湾をふくめた対アジア政策を明らかにせざるをえない立場となった。

こうして、一九五〇年一月十二日アチソン米国務長官は全国新聞協会で行なった演説を通じ「米極東防衛線は、アリューシャン列島から日本の九州を経て沖縄を結び、さらにフィリッピンまで連結される線に決定する」と発表、韓国と台湾がこの防衛線から除外されたことを明らかにした。

米政府のこのような措置は前年夏の米軍撤退とあいまって、韓国防衛に一大力の空白状態をもたらす結果となり、北韓をして南侵に踏み切らせた決定的要因の一つとなったことは否定できない事実なのである。

1950年9月28日太極旗と国連旗を先頭にソウル収復の行進を行なう国連軍と韓国軍

南北韓の軍事力比較　(1950年6月20日現在)

(一) 兵力

区分	韓国軍	北韓軍	対比
地上軍	八コ師団 二十二コ連隊 六七、四一六人 支援部隊 二七、五五八人 計 九四、九七四人	一〇コ師団 三〇コ連隊 一二〇、八八〇人 特殊部隊 六一、八二〇人 計 一八二、六八〇人	一対二
海軍	七、七一五人	四、七〇〇人	一・七対一
空軍	一、八九七人	二、〇〇〇人	一対一・一
海兵隊	一、一六六人	陸戦隊 九、〇〇〇人	一対七・八
総計	一〇五、七五二人	一九八、三八〇人	一対二

(二) 主要装備

区分	韓国軍	北韓軍	対比
迫撃砲	八一ミリ 三八四門 六〇ミリ 五八六門	一二〇ミリ 二二五門 八二ミリ 一、一四二門 六一ミリ 三六〇門	一対一・八
曲射砲	一〇五ミリ 九一門	一二二ミリ 一七二門 七六ミリ 三八〇門	一対六
高射砲		八五ミリ 一二門 三七ミリ 二四門	
対戦車砲	五七ミリ 一四〇門	四五ミリ 五五〇門	一対三・八
戦車		T34 二四二台	
装甲車	二七台	五四台	一対二
自走砲		SU76 一七六	
航空機	L−4 連絡機 八機 L−5 四機 T−6 練習機 一〇機	YAK−9 ? IL・10 ? IL・2 ? 偵察機 ? 訓練機 ? 計 二一一機	一対九・六
警備艇	二八隻		一対[illegible]

フルシチョフも認めた南侵

"人民軍攻撃命令一号"は生きた証拠

韓国動乱が北韓共産主義者たちの南侵赤化の野望に基づいた奇襲攻撃であったことは、初期の数かずの状況に照らして、毫も疑う余地はない。ここでは北韓の南侵を立証するいくつかの重要記録と資料を参考に紹介することにする。

一、国連の「北韓の侵略」断定と対韓援助の決定

韓国動乱勃発と同時に、当時韓国に在留していた国連韓国委員団は、事態が従来のような局地衝突ではなく全面的攻撃であると判断、ただちにこのむね国連本部に報告するとともに、六月二十五日夜のソウル放送を通じて声明を発表、即時停戦を呼びかけた事実がある。

国連本部では、米政府が六月二十五日リー事務総長に緊急安全保障理事会の招集を要求、同日午後開かれた理事会で、韓国事態に対応するための決議案を提出した。同決議案は一部修正を加えたうえ賛成九（米・英・仏・インド・ノルウェー・エジプト・エクアドル・キューバ）、反対ゼロ、棄権一（ユーゴースラビア）で採択された。

このときソ連代表は欠席したが出席十ヵ国代表は安保理事会決議の有効性について何ら異議をさしはさむことなく投票に参加したので、ソ連の欠席は同決議の効力には影響を及ぼさないと解釈された。

採択された決議案の内容はつぎのとおりである。

「休戦と三十八度線までの北韓軍撤収を要求した一九五〇年六月二十五日付け安全保障理事会決議文」

「安全保障理事会は、大韓民国政府は国際連合韓国委員団が監視、協議することができ、大多数の韓国国民が居住している韓国地域に対して有効な統治力と管轄権を持っている、合法的に設置された政府であり、同政府は韓国の上記地域の有権者たちの自由意思の有効な表示であり、また臨時委員団が監視した総選挙に根拠をおいており、同政府が韓国で唯一のそのような政府であることを認めた一九四八年十月二十一日の決議による総会の決定を想起し、総会が一九四八年十一月十二日及び一九四五年十月二十一日の決議を通じて、韓国の完全独立と統一を実現するため、国際連合が成就しようと努力した業績を損傷する行為を、会員諸国が避けない場合に発生するかもしれない重大な結果に対して表明した関心と、国際連合韓国委員団がその報告で説明した事態が、大韓民国とその国民の安全と安寧を脅やかし、また当地で公々然たる軍事的衝突を招くだろうと表現した関心に留意し、重大な関心をもって北韓軍の大韓民国に対する武力攻撃を注視しながら、同行動は平和の破壊であることを決議する。

①敵対行為の即時中止を要求し北韓当局に三十八度線までその軍隊を即時撤収させることを要求する。

②国際連合韓国委員団は

（イ）最短時日内に事態に関する完全な建議を提出し、

（ロ）北韓軍隊の三十八度線までの撤収を監視し、

（ハ）本決議の執行について安全保障理事会に報告することを命ずる。

③全会員国は本決議執行のため国際連合にあらゆる援助を提供し北韓当局に対する援助を提供するようなことがないよう要求する」

以上は一九五〇年六月二十五日付け安保理事会の決議文であるが同決議文に「北韓の大韓民国に対する武力攻撃を注視しながら」と表現されているように、国連は北韓の南侵と断定しているのである。また、国連韓国委員団の報告文を通じても、開戦当時の状況と北韓の侵略を証明している。

駐韓国連韓国委員団は六月二十六日だけで三回、国連事務総長に電報報告を行ったが、うち二番目の電報内容はつぎのとおりである。

「本委員団は今朝十時会合して、敵対行為開始前から四十八時間、本委員団軍事観測者たちが三十八度線沿いに直接観察した結果と、敵対行為に関する最新報告を検討した。検討の結果、本委員団の見解は、

第一、軍事作戦状況によって判断したところによると、北韓政権は綿密に計画され、組織的で全面的な南韓侵略を遂行中であり、

第二、南韓軍隊は三十八度線全域にわたって、全面的に防衛目的で配置されていたし、

第三、南韓軍隊は情報活動を通じて侵略が切迫していると信じるだけの何ら根拠をもっていなかったため、完全に奇襲された。

委員団は事件の移行を注視しており、新しい事態の発展について報告する予定」

このような内容は、動乱当時ソウルにいた国連韓国委員団という完全中立的で国際的な機関が観察した、公式見解であり判断であったという点で、その客観性と信憑性は疑問の余地がない。

六月二十五日付け安保理事会の決議を北韓が拒否するや、アメリカは同二十七日の安保理事会に、国連加盟国が武力攻撃を撃退し、平和と安全を回復するのに必要な援助を韓国に提供することを勧告する決議案を提出した。この提案は二十七日夜の表決結果賛成七、反対一（ユーゴー）、棄権二（インド、エジプト）で採択され、ソ連はやはり欠席した。

採択された決議案の内容文はつぎのとおり。

「安全保障理事会は、北韓軍が大韓民国を武力攻撃したことを平和の破壊と断定し、敵対行為を即時中止することを要請し、北韓当局がその軍隊を三十八度線に撤収させることを要請した。北韓当局が敵対行為を中止することもなく三十八度線まで撤収もしていないため、国際平和と安全を回復するためには緊急軍事措置が必要だという国連韓国委員団の報告に留意し、また、平和と安全を確保するため即時かつ効果的な措置をとってほしいという国連に対する大韓民国の要請に留意して、国連会員国は武力侵攻を撃退し同地域の国際平和と安全を回復するために必要な援助を大韓民国に提供することを勧告する」

この決議にしたがって、英国・オーストラリア・カナダ・ニュージーランド・オランダなど諸国は海・空軍を米軍の指揮下に提供、これにアメリカの陸・海・空軍を主力とする国連軍が編成され、ついで七月七日の安保理事会では英・仏両国の共同提案により、軍事及びその他援助をアメリカの指揮下におき、作戦行動中は国連旗を使用することを決定した。

これにより米大統領トルーマンは翌七月八日、マッカーサー元帥を国連軍総司令官に任命したのであった。こうして韓国軍と米軍を中心とする国連軍は、国際的世論によって「侵略者」と烙印の押された北韓軍に対して反撃をはじめたのである。

二、「人民軍攻撃命令第一号」に明示されている侵攻計画

北韓が南侵を準備し、韓国動乱をひきおこした事実は、「人民軍攻撃命令（偵察命令）第一号」に最も具体的に明示されている。

同命令書の原文はロシア語になっており、ソ連軍事顧問団が北韓民族保衛省作戦局に渡して翻訳させ、それがさらに麾下部隊に下達されたもので、韓国動乱当時東京にあった米第五〇〇軍事情報部隊を経由して、現在はアメリカに保管されている。

同命令書のコピーは当時の米国連代表オースチンによって、安保理事会各国代表に渡されたこともある、唯一無二の資料である。ここに、同命令書の全文を紹介しよう。

第四師団長あて

攻撃命令（偵察命令）書類一号

一九五〇年六月十八日

朝鮮人民軍総司令部

（一九四九年版五万分の一地図貼付）

一、野砲隊をふくむ敵第七師団第一連隊は臨津江から五三八高地に至る地域に防禦陣を敷いている。三十八度線防禦前哨は同線上高地北方斜面一帯に布陣されている。敵抵抗の主力線は二一七高地と四一一高地の北方側面であるセッキョ里及び六三〇高地西北方と北方側面にかけて布陣されている。左翼側面の敵防禦陣は第一師団第十三連隊によって保護されている。その左翼側面には第七師団第九連隊が布陣している。

二、攻撃態勢が完べきになれば、攻撃に先立ってつぎの各項を必要とする。

（一）敵抵抗の主力線を把握し、同時に地雷施設と鉄条網その他バリケート及び障碍物間の通路、そして無障碍地帯を正確に把握すること。

（二）敵陣の施設を正確に決定すると同時に他の陣地との連絡を鮮明にし、トーチカ、DOT（コンクリート材で築いた保塁）、DZOT（土と木所）、防禦火器補給及び集中射撃組織を正確に決定すること。

（三）敵主力の位置と毎月の作戦計画を決定すること。

（四）野砲攻撃の位置を決定するとともに、小銃射撃の位置を正確に決定すること。

（五）攻撃開始後二日時では、正確な地図上の目標を設定し、敵工兵隊の位置を地図で把握すること。

攻撃開始とともに敵部隊を打撃する新しい攻撃目標を偵察探索して、敵抵抗の中心に強力な打撃を加えるとともに、分裂した敵軍がどこに後退するかを正確に観測すること。

一線部隊が横坂地帯に到達するころになれば、佳納里と横坂方面の新攻撃部隊を組織し、議政府道路沿線に沿い敵防禦陣を追って後方からの援兵到着を図ること。

楊州とハガ里に到達した後は、ハヤン・ノホク里間と佳納里〜釜谷里間、ソド里にかけた新攻撃のために部隊を構成すること、そして首都ソウルに接近している敵の可能な一切の抵抗線に決定的な打撃を加えるようにすること。

ソウルに進撃するにしたがい、ソウル駐留敵軍の集中状況及び布陣状況情報を、いかなる手段を講じてでもこれを確保するようにすること。

三、二十四時間内の情報収集を必ず翌日一九時まで、電気あるいは無電で情報本部に発信すること。

一般情報書及び敵軍の書類、武器などを入手した場合は、翌日八時と二〇時まで情報本部に提出しなければならない。

四、三分の一の攻撃兵力を納軸所付近に配置し、残り三分の二はて配置すること。

各連隊は三人ないし五人で構成される分隊を構成して、前線で捕獲した敵の文書を収集させること。（二部作成、一部は師団に）

朝鮮人民軍最高司令部　司令官

情報本部　司令官

以上の攻撃命令にしたがって人民軍各師団は、一九五〇年六月二十二日麾下各部隊に「戦闘命令書第一号」を下達し、六月二十三日まで南侵準備を完了したのであった。

このような事実は、韓国動乱勃発当時北韓駐在ポーランド武官であったパウエル・モナット（Powel Monatt）（当時大佐）が、後ほど西方世界に亡命した後暴露した事実からも立証されている。モナットの暴露によれば、彼が北韓に駐在していた当時、開戦当時の人民軍第二軍団参謀長であった崔鶴（当時少将、中共八路軍出身）と対話を交わしたとき、崔がつぎのように打ち明けたという。

「われわれは攻撃計画を綿密周到に作成した。われわれは数回にわたって総括的に作戦演習を行なった。われわれは十コ歩兵師団と一コ機械化師団を保有していた。攻撃開始数週間前から、三十八度線一帯の住民を全部撤収させたが、このときわれわれは南韓の攻撃が予想されるという口実をもうけた。そのあと、六本の道路を利用して軍隊を三十八度線に配置し、進撃命令が下るまで期待させた。一日に何キロ進出できるかという計画までたてておいていた。わが軍団はソウルの東側を占領せよという命令をうけていた。四十八時間以内に任務を完遂せよという命令だった。最初のうちは万事順調に進んだが連絡が険しく、韓国軍の抵抗が意外に強かったため、計画と実行が一致することは難しかった。

しかし上司たちは数時間ごとに私を電話口に呼び出して、なぜ予定の時間どおり進撃しないのかとせき立ててきた。その後米軍が前進し、戦闘機がわれわれの進出を阻止し始めるや、司令部もそれ以上には私を苦しめなかった…」

三　フルシチョフも認めた南侵

スターリン亡きあとソ連の首相を歴任したフルシチョフはその回顧録の中で、金日成の南侵をスターリンが黙認したと記している。

国際共産主義の総本山であるソ連の首相であったフルシチョフが北韓の南侵挑発を黙認したということは、どの角度からみても北韓の南侵事実を最も立証するものといえよう。

フルシチョフ回顧録はまた、スターリンの誤算により侵略が敢行されたという点を強調し、南侵計画はスターリンの主張ではなく金日成の主張であったことを浮彫りさせているとのような内容は回顧録の中にはっきり書かれている。

「一九四九年末、私（フルシチョフ）がウクライナからモスクワに転任したとき、金日成はスターリンと会談するため代表団を率いてモスクワに到着した。彼はスターリンが金日成を歓待したと非難はしない。反対に私がその席にいたとしても同様の決定を下しただろう。

毛沢東もやはり南侵問題を承認した。彼は金日成の提案を支持し、そういう戦争こそ韓国人自身が解決すべき国内問題であるからアメリカは介入しはすまいという見解を提示した。

私はスターリンの別荘で催された愉快な晩さん会のことを記憶している。…（中略）…われわれは金日成の完全な成功を祈願し、彼らの闘争が勝利を収める日の来らんことと、彼らの勝利のために乾杯した」

このようなフルシチョフの証言を通じて、南侵をめぐるスターリン・毛沢東・金日成の関係が察知でき韓国動乱は共産主義者の世界赤化の一環として、事前に計画された予定のスケジュールどおり、北韓共産主義者の挑発によって勃発したものであることがわかる。

不法南侵「作戦命令第1号」を持っていた取り調べ中の北韓軍捕虜李学九総佐（左）

不法南侵の生きた証拠北韓軍の作戦命令第1号

帰国近しサハリン抑留同胞

日本経由で送還急進展か
日赤の努力大きく実る

本紙前号で既報の、サハリン（樺太）に抑留されている韓国人のうち、本国への帰国を希望している七千人の処遇問題は、さきの韓日国会議員懇親会で、外交面で努力すると日本側での決議をみたが、この送還については、これから先、日本を中継とする韓ソ両国間で、その交渉方が急進展するものと見られている。

東日赤社長 ソ連赤十字へ

これは、去る五月、ソ連を訪問ソ連赤十字社総裁トロヤン女史と会った日本赤十字社の木内外事部長が十九日午後、東竜太郎社長を代理して、韓国日報特派員と単独会見した際、同氏が日本を出発する前に日本外務省の要請で、彼地で送還問題につきただしたところ、個別的ではあるが、人道上の問題として、送還につき同意を得たと発表したものである。

この日の記者会見で、木内外事部長は、先の訪ソで東日赤社長がソ連赤十字のトロヤン総裁に①ソ連は、サハリン残留韓国人のうち日本を経由しての帰国を許しうこの問題は人道的な前向きの姿勢でのぞみ③特に帰国希望者と老人、単身労務者の帰国は優先的にして欲しいとの要請をしたと語った。

さらに東日赤社長は、同じ席で韓国同胞田中千成さんたち帰国三家族が、日本外務省に嘆願して来た際、日本の入国許可さえあれば、送還してあげる用意があると説明したというが、それは事実かどうかを問い質したとのべている。

トロヤン総裁 送還を約束

これに対し、トロヤン総裁は、えあれば、送還してあげようと答えたという。

木内部長は、このほかにも、記者との問答を通じ、日本経由での

遥か彼方、同胞抑留の島サハリンのノサップ岬が霞んで見える

①トロヤン総裁は、五月十六日モスコーで会い、日ソ間の問題を協議したあと、サハリンの韓国人問題に移った。

四項目に関する個別的な返答はせずサハリンに居る韓国人に、そのような意味の返答をおくったことがあり、事実、日本の入国許可さ　帰国を希望している同胞二十六人の身元、そして返事が日本外務省に嘆願した内容など次のように語ったという。

②日本を出発する前、外務省からの要請で、日本経由の帰国希　望者には送還の機会を与えてあげると、前記嘆願書の事実を確認した。

③帰国希望者は、……

④日本外務省に……きたサハリンの……前記の申千成さん……山郡上月面）の……国籍者として、……に居住しておる……（56・忠南論山……族十人も同じく……ルサコフに居住……金鐘斗さん（53……郷里）の家族十……ハリンスクに居……んだが日本入国……きている。

出入国法案の是正
運動継続を指示

中央民生局

過去三回にわたって、日本政府が国会に提出しながら、そのつど成立を見なかった出入国法案が、四たび今国会に上程され、審議を待っている事実に対し、民団中央では、さきに、その基本的統一見解をまとめ、各地方本部ならびに、傘下団体に通達してきたが、去る六月九日、担当の中央民生局では、再び「出入国法案反対条項に関する運動」として、わが在留韓国人に不利な条項を削除、または是正させるための、強力な運動を積極展開するよう公文で指示した。

ただ、この運動展開にあたっては、いつものことながら、朝総連と一部不純分子らの反対運動にまきこまれないよう警戒を促している。ちなみに先ほどまとめた基本見解は次の通りである。（四月二十二日現在）

①緩和された条項に対しては、従来わが組織を通じて繰りかえしてきた主張が実現されたものなので異論はない。

②問題となる条項に対しては、日本政府又は日本国会当局に交渉して是正の方向で活動を展開するが、これに対し全面的な反対態度は保留するものである。

③疑義をはさむ幾つかの条項に対しては、別に有利であるとか、不利であるとかまたは、外国人の活動に悪影響を及ぼす条項ではないと思われるが、なお、慎重を期して当該条項が内包する意図を……

探究中であるのでその条々の基本精神を吟味したい速やかに通達の予定である。

傘下各級組織は、このような本団の基本態度にそって活動を展開することを望む。

特に朝総連と一部不純分子らの反対運動の共同推進云々挑発には絶対に応じてはならない。以上出入国法案に対する本団の基本方針を全団員に周知させるよう、通達する。

韓国と日本の関係に新視点
日本上古史（文定昌著）抜粋と解説
(8)

百済の援助で大王朝となる
麗・済二国は扶余の出自

扶余後王の依羅と見られる応神王②

応神朝の朝廷で倭民が綾衣を着られない程度の倭国に、綾衣工をはじめとする学者・博士・技術者・農業技術者などの百済人の進出は、倭地の開発に大きな力となるのであり、そして応神朝はこれ以前に百済国の造船技術を導入して、矢のように速い「枯野船」を建造した。

応神即位前記（日本書紀）の一書云には応神王が北方から来た人であることを明白にしており、またその十一年紀の一書云に誉田天皇は応神をしたって来た数十人の

応神王朝 (2)

人が既に亡んだその故国扶余の大臣、牛加たちであることを明白にしている。このような応神朝の正体糾明上の参考資料として、晋書ならびに通典扶余伝がある。それによると「扶余はその国が亡んで、先世以来一度も

依羅が幕王に人を出して旧国を恢復（回復）したいと援けを求めた……依羅が国をとり戻した。しかしその後も、つねに慕容廆（つまり燕国）に襲撃されていた……

容廆に破られ、その王、依慮は自殺し、子弟たちは沃沮に逃亡して生残った。」（晋書）とある。（著者注＝ここでいう沃沮は渤海湾の東（東夷扶余）

……

他国に破れたことはなかった。……大康六年（二八五）慕容（晋の）帝はかわいそうに扶余がこうして亡んだのは西紀二百八十五年である。

ここで扶余、高句麗、百済の関係を見ておく必要がある。……

このように「晋書」は扶余国の非常な結末を記録し、「通典」は扶余後王依羅がその後消息がなくなったとしている。

応神・仁徳の陵墓が、その被葬者の所属集団の権威を誇示するために、大墳丘を築いた。……

……

に百済系統を総括している強大国であった（解説参照）。

しかし扶余人も北方の代表的な騎馬族であり、……

解説

文献が前後するので省いたが、本文のなかに、次のような大百済……

（つづく）

……の地図。遼西が何処か判……

（金元龍記者）

経済交流、研修生受入
広島韓日親善協会総会

広島県韓日親善協会（瀬平湾一会長）では、去る十一日午後二時から、広島市基町の広島商工会議所ビルで、昭和四十八年度通常総会を開催した。

参加者は長野兼広島県知事、石井茂樹広島商工会議所会頭、児玉……

少年スポーツ大会で金メダル二つ
在日少年選手団

在日大韓体育会では、六月一日から四日まで、本国の大田でひらかれた第二回少年スポーツ大会に選手四十八人を派遣、このほど帰国した。

この在日少年選手団の引率、指導には、……団長（在日大韓体育会副会長）以下五人の役員があたり、参加種目は、サッカー、排球、バスケット、卓球、水泳の五種目で、小学から中学までの生徒が加わった。

同大会で、在日チームは、水泳の百メートル平泳と、百メートル背泳で二つの金メダルをかくとくし万丈の気を吐いた。

新潟県韓日親善協会結成大会▼

去る十七日午後二時から、新潟市のホテル・新潟「平安の間」でひらかれ、盛況を極めた新潟県韓日親善協会結成大会のもよう。

団長に 鄭瑢福氏
兵庫県本部定期大会

民団兵庫県本部（鄭瑢福団長）では十三回定期地方委員会および二十六回定期大会を六月七日午前十一時から神戸の自由会館で、……

団長に 全羽相氏
岩手東部支部総会

民団岩手県東部支部（釜石市）では、六月十三日に第四回定期総会をひらき、次のような新任役員を選出した。

顧問	李珍根
〃	李
〃	朴殷浩
団長	全羽相
副団長	申乙鳳
〃（総務部長兼）	朴斗珍
議長	金鐘許
副議長	金基完
監察委員長	金
〃委員	金允子
〃委員	李点革

団長に 金浩範氏
岐阜県本部定期大会

民団岐阜県地方本部第二十回定期大会が、去る三日午前十一時から、岐阜県勤労福祉センター（岐阜市鶴田町）で代議員一二三人中一一八人が参加してひらかれた。

金正柱中央団長をはじめ、姜学文中央副団長、駐日名古屋領事館姜錫弘領事など来賓多数参席のもとひらかれたこの日の定期大会は経過報告並び活動方針案を通過、採決したあと、役員選出に入り、議長に朱基生氏ほか十一人を推載、次の通り新しい三機関を構成した。

議長	金正山
副議長	曹正煥、崔千鶴
監察委員長	林錫主
監察委員	安頭煥、曺南但
団長	金浩範
副団長	岩覚培、閔
事務部長	高明

団長に 張禹基氏
広島安芸支部総会

民団広島県安芸支部（張禹基団長）では第二十三回定期総会を六月十日午前十時から同支部三階ホールで、……

（写真左は安芸支部総会）

李安子さんの書芸展ひらく
公報館で七月三日から七日まで

女流新人書芸家として、その将来が嘱望される李安子さん（26・……）が、民団中央文教局主催で、来たる七月三日から七日まで、東京・赤坂の駐日韓国公報館画廊で作品展をひらく。

……

李安子さん

尋ね人

☆姜鍾見さん 一九五七年まで神奈川県川崎市桜本町一―33で商売をやっていた……さんを、本国の……さんがさがしています。

☆金洛中さん（60才）本籍・慶北……

☆李環徳さん（通称……）一九四〇年から四二年まで、平壌サチャン里の兵器工場で勤務したことがあり、……

☆黄慶学さん（父）
☆黄英子さん（45才）
☆黄寿福さん（42才）
☆黄基鎬さん（35才）

☆崔健浩さん（一九二七年三月二日生れ）一九四三年（十八才）徴用で渡日。……

☆朴雨鉉さん ……

☆姜光之さん（通称……）……

☆李竜奎さん ……

☆朴容学（69）士基（54）圭哲（54）圭礼（44）の皆さん（本籍……）

☆姜秉天さんと朴光沢さん ……

セマウル事業は、道路や河川、屋根などの改良整備だけでなく、あらゆる面で旧来の悪い習慣を改めると同時に「やればできる」ということを身をもって体得せしめるところに重大なポイントがあった。

セマウル運動は「やればできる」ことの体得

つまり「セマウル運動」農民の自覚運動」「セマウル精神」農民精神」「セマウル事業」農民訓練」である。この「農民」を「市民」に置き替えれば都会地のセマウル運動の目的となる。これを「国民」と置けば無条件で全国民のセマウル運動の目標になる。

従って、政府の指導内容も甚だ広範囲であるが、これの現地指導者はそれ相当の経験と指導力が必要である。セメントをこねたことのない人たちが、立派なコンクリートの橋を建設できたのも、この指導者たちの設計と監督・指導によるもので、指導者の多くは軍隊で工科関係にたずさわった下士官以上の出身者が多いとのことであった。下段三枚は[illegible]で。

（文・写真　金元[illegible]記者）

車の窓から眺める国道ぞいの村落は一軒のワラ屋根も見えない（大邱—慶州間で）

村びとが交替でセマウル作業に従事、村落自体の仕事は無償奉仕

ほぼ完成した村落への幹線進入道路、トラックも通れる

素人が完成させた小河川の護岸、石はとこにも豊富にある

林慶業將軍傳（十四）

訳　洪相圭
編　八東周吉

…ころ申上し奉れば、殿下の御心にもきっと一条の希望がさしてきたが、水の泡のように儚なく消え去った。主上はあふれ落ちる涙を拭われもせずに、静かに断念の嘆きをもらされた。

「慶業の誠忠と勇気は疑いなく天下無敵であるが、事ここまでに至っては、匹夫の気概があり、山を抜く力があっても及ぶまい。」

と、ついに講和に御意を決められた。

この時が、丙子年十二月であった。

城門を開き、敵将龍骨大の前に降服した。意気軒昂とした賊の首領は、城門前の松坡之野の中央に記功碑をたてて、傍若無人のふるまいであった。

敗戦の知報ではあったが、[illegible]された主上は、和議成立の詔を下されて、各地に戦を中止するよう命ぜられたから、漸く平和の兆が見えてきた。[illegible]大は王大后殿下だけは人質にお送りしてきたが、三王子は人質として瀋陽に連れて行くことを主張して、一歩も譲らなかったので、朝鮮の朝廷はやむなくこの屈辱を、承認するより仕方がなかった。

義州の林慶業は夷狄（いてき）の侵攻に備えて、万々疎漏（そろう）がなかったが、敵が義州を避けて、東海を迂回し、山路に隠れて王都に迫るとは、流石に知るはずがなかった。胡の大軍が漢河を渡ったとの報を聞いて、ますます警戒を厳にしていたが、案に相違して敵の影さえも現われなかったから、この名将は、はっと思いあたる節があり、側近の者を呼んで朝廷への使者として京に発たしめた。林慶業は遅れ馳せではあったが、敵の奸計かもしれない、これではないかと心配して、王都の警護を厳にするよう上奏文を書いて、使者に託したのであった。しかし使者は幾らも行かないで、帰って来るや否や、転がるように府使の前にひれ伏し声を放して泣くのであった。慶業は心の中で、

「遅かったか！」

と、九分の疑いを抱きながらも、それを振り切るように大声叱咤（しった）した。

「何事ぞ、見苦しい。」

府使の声に引き締められるように、使者に出向いた若武者はようやく気を落ちつけた。

「は、はあ。胡賊の手に漢陽が荒されました。」

と、これだけを言って、またどっと涙にむせんだ。慶業はあまりのことに、呆然として放心した者のようであったが、すぐきっと、王都の空を睨みつけながら歯ぎしりした。

「うむ。胡奴の山賊奴、計りおったな。一死をもって、君恩に報いようとしたが、ついに時を失したか！この時こそ[illegible]ない時なのに。ああ、[illegible]してくれよう。」

慶業は無念のあまり、京に向かって軍を進発しようかとも思ったが、意味ないことをすぐ悟って思い止まり、その[illegible]を練って、恨みを晴らすことに意を決した。ぬかりなく万端の準備をしながら、ようやく、猛（たか）ぶる憤りを鎮めた。

一方、人質として、不毛の地といわれる北満夷狄の地に行かれなくてはならない三王子を前にして、主上は悲しさのあまりに、殆んどお話もできないほどであった。

「寡人（わたし）の徳がたらないので、天も見放されたようだ。すべては寡人の罪である。だれをか恨もう。」

滂沱（ぼうだ）と涙を流される主上の傍（かたわら）に[illegible]並ぶ、全ての臣下も、王子のお痛わしい姿に[illegible]の袖をぬらした。

主上は[illegible]を秘かに呼ばれ、幼い王子たちについて胡国に赴き、間違いのないよう命ぜられた。命ぜられたというより、頼まれたというのが本当に近かったろう。「卿（けい）の日ごろからの忠誠は寡人（わたし）のよく知っているところである。東宮はじめ、その兄弟のあとをくれぐれも頼み置くぞ。天に心がおわせば、いつの日にか戻って来る日があるであろう」

と仰せられたから、[illegible]はきょうくのあまり、その場に平伏して慎しんで申しあげた。

「はあ、はあー。至らぬ者でございますが、身命をとして力の及ぶかぎり王子様におつかえつかまつります。ただお願い申し上げまするは、ご聖体の御[illegible]でございます。」

と君臣が別れの涙を流していときに、大奥では王太后と王子が、[illegible]をかみしめておられたのである。

王大后は王子たちの手をおとりなさって、身も世もあられずに[illegible]（くず）れられた。

「一時も見なくては生きて行けそうでもないのに、[illegible]、それも不毛の夷狄の地に人質として行ってしまえばいつの日にまた会うことができようぞ。ああ、いたわしや、おいたわしや、[illegible]も尽きたのか、幼い身空で[illegible]の不幸を一身に背負わされるとは。」

と涙をのんで話もつづけられないありさまであった。

王子たちは、声を揃え、

「[illegible]（もと）を[illegible]するようになりましたのも、天の定めでありましょう。ただ不孝のほど、お許しくださいませ。ただ[illegible]お体を大事になさいまして、わたしどもの帰りくる日をお待ちくださいますよう、くれぐれもお願い申し上げまする。」

と[illegible]しくも涙をおさえて、別れの挨拶（あいさつ）をのべられた三王子は、[illegible]

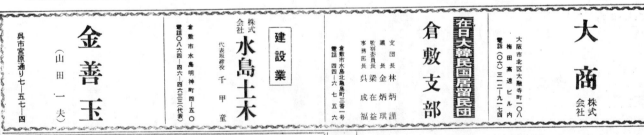

552

韓國新聞

在日大韓民国居留民団
中央本部機関紙
韓国新聞社
発行人　金正柱
東京都文京区春日町
2丁目20－13
電話直(815)1451～3
・交(813)2261～5
振替口座 東京 163774

民団綱領

一、われわれは大韓民国の国是を遵守する
一、われわれは在留同胞の権益擁護を期する
一、われわれは在留同胞の民生安定を期する
一、われわれは在留同胞の文化向上を期する
一、われわれは世界平和と国際親善を期する

特集

〈主要目次〉

6・23平和統一宣言

金鍾泌国務総理は、二十三日午前十一時、中央庁第一会議室で、全国務委員が陪席したなかで記者会見し、朴大統領の平和統一外交政策に関する特別宣言の背景説明をした。

北韓を国家とは認めない

国際情勢に自主対処

国連で南北対話の場を広める

金鍾泌国務総理は、二十三日、「平和統一外交政策に関する大統領特別声明」「二つの韓国」を認めるものでは決してないことを明白にした。金総理は、この特別声明の背景と意義を説明したあと、質問にこたえ「北韓を国家として認めるものではなく、政権が存在する事実を認めるものである」と語り、また我々としては民族的統一念願にてらして北韓を「一つの国家」に認めるものではないといい切った。

金総理、背景説明・記者会見

統一めざす遠大な布石

総力外交の基本政策を宣明

共産圏も門戸開放を

民族的同質性に期待

対話は忍耐で説得

相互信頼を回復するのが重要

駐日韓国公報館でひらかれた金正柱中央団長の記者会見

朴大統領特別声明

40万団員の総意で支持

金正柱団長特別談話を発表

◇…民団中央本部金正柱団長は、去る二十六日午前十一時から、駐日韓国公報館…◇
◇…で、内外新聞記者と会見をおこない、朴大統領が二十三日に発表した声明に…◇
◇…ついて、流動する国際情勢に対処する韓国の前進的な外交策であると歓迎、…◇
◇…われわれは、朴大統領声明を四十万団員の総意によって支持すると共に朴大…◇
◇…統領の祖国統一に対する努力に対し満腔の敬意を表す旨の団長特別談話を発…◇
◇…表した。…◇

「連邦提案」は赤化野望

金日成は民族より思想を優先

南北対話

○…南北赤十字会談は、七十二年十月平…○
○…壌でひらかれた第三次本会談以来、…○
○…これという進展をみることができな…○
○…いばかりか、南北調節委員会も七十…○
○…二年十一月末の調節委員会第一次会…○
○…談以来停滞状態におち入ったのであ…○
○…る。去る五月十一日、ソウルで第六…○
○…次本会談を重ね、来たる七月十一日…○
○…平壌で第七次本会談をひらく予定で…○
○…あるが、ここに南北をつなぐ二つの…○
○…パイプである南北赤十字会談と南北…○
○…調節委員会の対話において、懸案問…○
○…題がなんであるかを再検討分析して…○
○…考察、また南北対話に対する民団員…○
○…の姿勢と進むべき道はなんである…○
○…か、いま南北対話がどの地点で足ぶ…○
○…みをしているかをさぐってみる。…○

ソウルでひらかれた第二次赤十字本会談

一、南北赤十字会談

南北赤十字会談は、一九七二年十月平壌で開かれた第三次本会談で、議題第一項「南北に離散した家族、親せきたちの住所と生死を調査、通報する問題」を実践に移すための方法と手続きに関する実質問題の討議に着手した。

この実質問題討議に先立って、大韓赤十字社代表団はつぎの六項目を討議原則として提示した。

①この事業はどこまでも南北の赤十字社が主宰すべきで、双方の赤十字社が全責任をもって事業を最後まで完遂する。

②この事業においては、赤十字の本質を阻害するおそれのある要素は、これを一切排除しなければならない。

③この事業の推進に当たっては当事者各個人の自由意思が絶対尊重されなければならない。

④この事業を推進するに当たっては、当事者各個人の身上内容に関する秘密が保障されなければならない。

⑤双方はこの事業の推進に関する合意が成立し次第、直ちに事業に着手しなければならない。

⑥この事業は正確かつ迅速に実現されなければならない。

会談不振は北韓の責任

国内法まで廃棄要求、全里洞に北韓解説員派遣も
赤十字精神忘却、不当な内政干渉

二、南北調節委員会

南北対話に臨む
民団の基本姿勢

民団中央本部では、その間南北赤十字会談と七・四南北共同声明に対して、最大の歓迎と支持を表明し、かつ民団員が持た…

朝総連の政治的宣伝粉砕
民団組織内での陰謀許さない

まず平和的関係の定立を
相互信頼と和解の雰囲気を造成
思想、体制以前の人道問題から

◇…一千万離散家族の悲願と五千万民族の念願のうちに始まった南北対話は、早くも満二年近くなって…◇
◇…いる。朴正熙大統領の「8・15平和構想」精神にしたがって、人道的次元での南北対話が始まって…◇
◇…以来、南北間には南北赤十字会談と南北調節委員会という二つの対話の通路が開かれ、南北共同声…◇
◇…明(1972年7月4日)が発表されるなど、画期的な事態の進展がみられた。しかし、極端に相違す…◇
◇…る思想と理念、制度と価値観によって、深まるだけ深まっていた相互誤解と不信のなかで進められ…◇
◇…てきた南北対話は、じれったいほどに遅々不進の状態にある。そこでこの機会に、南北対話はどう…◇
◇…いう目的で始められ、これまでの進行度、対話のスピードが予想外に遅い理由、今後この対話をど…◇
◇…ういう方向に進めていくべきか──などの点について再検討すべきではないかと思われる。民族将…◇
◇…来の運命をかけた南北対話の成否は、対話の性格に対する正確な理解に基づいた国民総和と国際的…◇
◇…支援、この二つが実現するかどうかにかかっているといえよう。…◇

南北対話の意義

朝総連と北韓

韓徳銖に誠実さを望む
南北共同声明合同大会要求に対して

新義州456キロ、平壌221キロ、開城23.5キロ、統一をねがう韓国民の胸ははずむが…

去る五月二十一日、朝総連議長の韓徳銖が記者会見を行なった中で、「民団中央に対して、南北共同声明一周年にあたる七月八日に共同声明を支持する合同大会を開くよう申し入れる」と述べ、「朝総連と民団との合同大会は、ことし三月、東京の支部組織段階で開かれたことがあるが、中央本部段階で開催されたことはない」とも発言し、「これまでも、しばしば申し入れているが、民団側は一度もわれわれと会わず、文書も受けとらない」と述べたという。

この発言は、日本の各新聞に一斉に報道された事柄なので、誤報ではないと思われる。

しかし、そのような発言が本当であったとしたら、朝総連はまたまた彼らの欺瞞と虚偽を重ねて内外に進んでさらけだしたことになる。

第一に、ことし三月の東京の支部組織段階で、民団と朝総連との合同大会なるものが開かれたことがないということである。

第二に、民団側は朝総連と一度も会わず、文書も受けとらないというが、去年、民団の正式代表が朝総連本部を訪ねた際、民団側が提示した文書を受けとらなかったのは朝総連である。

にも拘らず、このたび、南北共同声明一周年を祝う記念式にことかけて、民団との合同集会を呼びかけようとする朝総連の真意は何であろうか？

朝総連は今まで、民団組織を破壊するため、自分で虚偽に満ちたことをデッチあげて放言したことを棚にあげて、いまさらのように合同集会なるものを提言しようとする意図が、果して奈辺にあるのかを見極めたのち、われわれは民団の保衛と発展のため、組織の整備と姿勢を正さなければならないだろう。

そこで、第一の支部段階で三月に合同集会を開いたという真相であるが、これは、民団を破壊しようとする陰謀のかどで組織から除名処分された不純分子らが、民団名を詐称したものであるし、また、それを百も承知のうえ、いや、寧ろ、それを唯一の民団破壊工作の足がかりとして演じた、朝総連の茶番劇であったということは天下周知の事実である。

民団は去る二年間、総連系からのそそのかしにのった鄭東湖、鄭在俊、呉宇泳、郭東儀等、反民団、反国家的な言動をほしいままにし、民団東京本部を乗っとろうとする創団以来、初の混乱を起したので昨年十一月三十日付で呉宇泳、鄭在俊ら十七人を中央監察委員会で除名または停権処分にすることによって、民団にはびこる病根を切り除いたのである。

そして、同じく十二月四日、第三十二回東京本部定期大会が日傷会館で開かれ、万場一致の賛同により現在の鄭東淳執行部が誕生し、ようやくにして東京本部が正常に戻ることになったが、その間の関係者一同の心労はひとかたではなかったのである。

朝総連は、民団組織の破壊工作の一環として、これら不純分子らをそそのかし、利用して民団内を攪乱してきた自分たちの罪状に関しては何らの反省や誠意も示さず、まだ、民団中央が朝総連議長韓徳銖に提示した質問書に対しても、なしのつぶてにしておいて、いまさらおめおめと合同集会云々を公言するとは、まさに言語道断といわざるを得ない。

それに、民団から除名された不純分子らが民団の名儀を詐称して朝総連と野合し合同慶祝式典なるものを行なうという策謀に対しては、当初のうちは何らかの関心をもっていた日本の言論界すらも、いまとなってはソッポを向いており、今年三月の合同集会に対しては黙殺している実情である。

そこで、韓徳銖のこのたびの発言からうかがわれることは、朝総連がいままで指導していた鄭在俊一派による民団破壊工作が失敗に帰したことによる挫折感を、またもや日本の言論界を利用して、嘘のよびかけで埋めあわせようとする悪あがきであると同時に、あらた陰謀による民団破壊工作の切り札であることが、はっきりしている。

第二は、民団側は朝総連と一度もあわず、文書も受けとらないという逆の責任のなすりつけである。

去年七月、民団中央の代表が朝総連本部を正式訪問し「合同大会をするまえに、不純分子らを手先きとする民団組織の攪乱工作を即時中止すべきだ」等数カ条にわたる質問書を手渡したところ、受けとりを拒否したし、その後、九月にも別の文書を郵送したところ、それまで差出人戻しとて返送されてきた事実をいったい何と弁解するつもりだろうか？。当方には、返戻された郵便物および朝総連本部での対談場面を撮した写真を証拠に保管しており、韓国新聞一〇四八号（一九七二年八月五日発行）一面トップにはそのときの写真が掲載され、その間の経緯が詳細に報道されている。

その記事によると、民団中央本部では朝総連議長の韓徳銖に、南北共同声明以後における民団組織攪乱工作に対する質問状を伝達するため、当時の民団中央本部の呉組織局長、李総務局長、鄭宣伝局長の三人が七月二十九日午後一時に、朝総連本部を訪問しさきの質問書を提示したところ、にべもなく受取りを拒否したのである。質問状の内容は、祖国平和統一に関する七・四声明を朝総連は「金日成主席思想の偉大な勝利」だとする共同声明の基本精神を歪曲した一方的宣伝を行ない、また民団内の不純分子と結託し、民団破壊工作に狂奔し、民団と朝総連との対立激化を助長する一連の活動を中止する意志の有無を問う公式的な見解を文書で回答するよう望んだものであった。

その後、民団では小石川郵便局を通じ九月九日付で、別文書を書留、速達（番号一二一七二一）で送付したのに対し、麹町局による配達を、差出人戻しとして朝鮮会館、金の名で返送してきたのである。

このような事実があるにも拘らず、民団側が会おうともせず文書の受取りも拒否するなど云々は、主客転倒も甚しい虚言であり、かれの狡猾を疑わざるを得ない。

以上のような点からうかがわれることは、第一に朝総連は、かれらが公言してはばからない、いわゆる「南北共同声明一周年慶祝記念合同大会」を開催する意図が毛頭ない、ということがわかるのである。なぜならば民団に対し常識にあるまじき攪乱工作をしておいて、それに対しては何らの釈明すらもせず、むしろ民団に対し挑戦的な言動を弄するということは、民団との対話や歩みよりが不可能であるということを、あらかじめ必死になってPRしていることになるからである。

第二に朝総連はいままでの対民団破壊工作が完全に挫折失敗したことを、実質的に認めざるを得ない破目に落ち入りながらも、対内とくに対北韓側に対する体面を維持するためには、その失敗を隠蔽し、嘘をもってでも合理化せざるを得ないという、苦しい事情にあることを見逃がしてはならない。

韓徳銖一派が、数年間にわたって工作してきた民団東京本部掌握という破壊策謀が、完全に失敗に帰したことは、とりもなおさず韓徳銖一派が権力の座から失墜するキッカケになりかねないので、自らが嘘を承知しながらも「支部段階では合同集会が催されたが」という発言こそは、そのような失敗への釈明と、はかない望みの現われとみるべきであろう。

それに私たち民団が判断したところでは、朝総連は体質が創立以来、今まで決して変質したものでもなく、どのような美辞麗句で飾ろうとも、民団を破壊しようとの基本意図には変りがないことを確認せざるを得ない。

しかし、最後にわれわれは、あくまでも「南北共同声明」の基本精神にのっとり、朝総連側が今までのすべての悪らつな行動や虚偽的言動の一切を清算することを行動で以ってあかし、あゆみよりを虚心担懐に提案するとすれば決して合同の集会などにやぶさかでないことを明言するしだいである。

（朝総連側では今年の五月二十九日、彼等の文書を民団本部へ伝えたが、民団側ではかねてから朝総連に受取りを拒まれていた民団中央本部の質問書を手渡し、民団側の回答があってから朝総連に回答する条件で朝総連側の文書を一応受理した。）

去年7月29日、朝総連本部を訪問して質問書を提示する民団中央の呉・李・鄭三局長（右側）

朝総連幹部のみた北韓内幕
案内員の監視にへきえき　個人の自由はなく生活は困難

申　用　淳

在日朝総連は平壌の出先機関だといわれてきたが、最近では内部に複雑な影を落とし始めている。それは北韓を訪問してきた朝総連幹部自身がひそかに語ることばから発している。昨年九月二十七日から八週間にわたって、いわゆる"第七次祖国訪問団"の中にまじって北韓を訪れてきた朝総連のある幹部は「北韓を見てきた感想は？」という質問に対し、一口にいって「個人の自由の全くないところだ。そして生活はあらゆる意味でむつかしい」と語っている。また別の朝総連幹部は日本から北送されて行った在日同胞が、北送後間もなく後悔するようになっていたことも吐露した。このような北韓訪問者たちの語ったことばを、日本のある情報機関は一つの資料としてまとめたが、以下はそうした資料を収拾・整理したものである。

昨年の九月二十七日から十一月二十二日までの五十六日間、北韓を訪問した一行四十五名は四つの班に分かれて"徹底した組織"のもとですべての行動を行なわなければならなかった。それは団長―副団長―班長―団員という体系できびしく制約され、あらゆる行動は各班単位、そしてこれはいつも北韓の案内人と称する者（事実上の見張人）がついていた。

北韓における行動では自由は全くなく、行動予定さえも発表されない。ただ集合時間と集合場所だけが事前に通告されるのみだった。従って、どこをどう回って何をみるのかは誰も知らない。バスに乗って目的地に着くと、ああ、万景台か、ああ金剛山か、とかいった具合にやっとわかるのだ。

▽徹底した特別待遇にオドロク

団員の一部の人たちは事前にどこへ行くか、くらいは知らせてほしいと、団長を通じて要求したがなぜか、それは拒絶された。とにかく自由行動は全く許されず、団員五、六名につき一人の案内人がついており、案内人は徹底的に監視をしていた。この案内人は訪問者が出身地を訪れるときには一対一であり、四六時中監視していたから、親戚の人たちとはろくに話もできなかった。

なお、たった四十五名の訪問者の間にも大きな差別待遇が行なわれた。たとえば団長、副団長は乗用車で団体行動をしたが、一般団員はバスを利用しなければならなかった。また朝総連の幹部たちはホテルでもテレビのあるいい部屋に泊まったが、他の人たちは一把ひとからげだった。

しかし、食事はみんないっしょで比較的よかった。韓国料理を主にしたもので、ほとんど毎晩酒が出た。主に人蔘酒だったが、北韓製のウィスキー、マムシ酒、ビール、サイダーなど、時によって違っていた。ビールは日本のものを飲みなれた口にはまずかった。

このように毎晩のように酒が出たため、一般の北韓住民も一日の終わりに酒くらいは自由に飲めるのかと思ったが、それは大きな間違いだった。

▽一般住民は"酒"に許可が必要

一般住民は昼の二時間、昼寝をすることになっている。これは能率を高めるために、組織的に"させられている"ことのようだった。しかし、かれらは夜七時からまた仕事をしなければならないのだ。これはきびしい制度のようなものだったから、無論、訪問者たちは、この昼寝の時間は見学を中止した。

訪問団一行の団体行動のために特別寝台車一両が用意されたが、これは訪問者たちが一般の北韓住民と近くなって話合わぬよう、わざと取られた措置のように一行は感じたという。そしてホテルも、北韓の人は一人も泊まっていない国際ホテル。ここにはチェコスロバキア、ユーゴースラビアなど、少数の外人が泊まっているだけだった。ホテルといっても一行は文字どおり、そこで寝るだけ、外出しようとすると必ず案内人がついてきたし、また単独外出はいっさい許されなかった。だが一行のうちの一人は好奇心を起こして"外出禁止令"を破り、単独で外出としゃれこんだ。ところが、案内人はどこかで見ていたのだ。ホテルから二百メートルも離れぬうちに取っつかまって再び連れ戻された。

▽二カ月間に、故郷にはたった五日

訪問者一行の多くは"墓参"を望んでいたので、故郷を訪ねたいむね、申請していた。そこで各自はそれぞれ出身地を訪ねて墓参りをしたというわけなのだが、故郷なつかしさに北韓を訪れた人びとに取ってそれはまことに短い期間だった。約二カ月間の訪問期間に北韓当局がみせたいところを、あれこれ引っぱり回されたのに反しふる里に足をつけていた期間はたったの五日間。ある人は生まれ故郷のほかに馴染みの地をもう一つを申請していたため、この二カ所の間を往復するのに二日間を費やし、故郷にいたのは三日にも満たぬ短い期間だった。

いうまでもなく、ここでも案内員はぺったりとついている。とくに故郷訪問は個人行動なので、案内人は訪問者一人につき一人という状態だった。従って久方ぶりに会った親戚の人びととも四方山の話を、感情むき出しには語れない。いや、それだけではなく、驚いたことに、親戚の方も、まるで別人か何かのように、多くを語らないのだ。それは「金日成首領さまのおかげで、よい生活をしていますから安心して下さい」という文句なのだが、あとで聞くと、どの人も訪れた故郷でなつかしき人びとから聞いたことばが"これ"だったのである。

▽百ウオンと腕時計が一年分の給料

しかし、着ているものを見、家の中を見回しただけで北韓での生活が容易なものでないことはすぐに分かった。だが、訪問者たちはうっかりしたことは言わなかった。へんなことを言って日本に帰れないようにされては困るとも思ったし、また、あとで親戚の者たちが災いを受けてもいけないと思ったからだ。案内員は最初の晩だけを除いて、あとはずっと泊るのもいっしょだった。

朝総連の某県本部の幹部は故郷の親戚に一箱七ウオン（日本円で一千五百円ぐらい）の菓子を手みやげに持って行ったが、そのような菓子はめったに食べない様子だった。何しろ、月給が平均七十ウオン（日本円で一万四千円）で衣食住の最低額をまかなうのにやっとしかったし、百ウオン（日本円で一万五千円）程度はみたこともないという人がほとんどだった。

某朝総連幹部は案内人が厠（かわや）に立ったすきに、大急ぎで百ウオン札一枚と、日本から持参した腕時計を「早く、しまいなさい」といって渡すと、親戚の人はオッカナビックリの表情で腕時計をおし戴き「これは一年分の給料に相当する」といった。

▽北送された人びとには会えずじまい

なお、昨年八月二十五日に北送船で北韓に帰った知人たちに会いたいと思い、申請を出していた人が、これらの人びとは「西海で一カ月間の学習を終えて地方に配置されたため会うことはできない」と断わられた。

また、訪問団の一人は北送されたある日本婦人に会いたいと申請したが（その婦人の夫は帰国後死亡したので、どうしているかが案じられ、何とかして会いたいむねを伝えたのだが）、その婦人にも会うことはできず「彼女は美容院で働いており、幸福な生活をしている」という簡単な伝言がもたらされただけだった。

朝総連の人びとの中にはこれまで、いよいよ日本が住みにくくなれば北韓へ帰ればよい……と北送希望を持つ人もいたのだが、こんどの北韓訪問の結果、そうした考えは影をひそめたようだ。訪問者が感じたことは、もし北韓に行くにしても、労働貴族にでもなって十年くらいしてから訪れるのでなければ……あるいは朝総連のよほど確実な推薦でもない限り、とてもみじめだということだった。

なお、近年騒がれた南北共同声明や南北赤十字会談に対し"平和統一"という立場から反応を見ようと試みたが、訪問者のうち、これに対するコメントを聞いた者は一人もいない。一般の人びとは耳をふさがれているようだ。訪問者の一人が、日本ではテレビの宇宙中継などもあるという話をし「数年前に米国が月に宇宙飛行士を送ったとき、米人の宇宙飛行士が月におり立って月の世界を歩き回る場面なども宇宙中継で即時にみることができたが、その他、世界で何かが起きれば直ちに分かる…」といったところ、その人の親戚たちは何をバカなことを……と「月に人間が行くなどというバカな話があるものか！」といきり立ったばかりでなく「米国の謀略だ」といきまいた。くだんの訪問者は、その勢いに押され、冷や汗をかく以外にすべを知らなかったという。

▽金日成に四千万円の自動清掃機

北韓当局者たちは訪問者たちに「日本へ帰ったら、北韓はいいから一度行ってごらん、といって下さい」というようなことを言ったが、訪問者たちは五十数日間の訪問期間を通じて「北韓には個人の自由は全くなく、しかも生活はむつかしい……」ということを一様に感じ取った。それに北送された人びとも後悔しているらしい。しかし、こうしたことを訪問者たちがとても話せなくなるように、北韓では度はずれた歓迎を行なうのではないかという印象が強かった。

北韓訪問者たちは一人につき日貨十万円以上を出し合って、金日成に自動清掃機二台（四千万円）を贈った。これのお返しとして訪問者たちは各自とも金日成から、洋服地一着分と高麗人参一箱、人参酒五瓶（びん）、蜂蜜一つをもらった。

（筆者の申用淳氏は東亜日報駐日特派員。）

北韓沙里院街路の風景

いわゆる〝民族統一協議会〟などの正体

昨年の七月四日、全世界が驚ろいたところの「七・四声明」が出された直後、朝総連は全国的な組織を動員して「民団と朝総連の合同集会」を企画した。そしてその七月二十三日、東京大田地区で鄭在俊一派と二世の合同集会を開き内外に大きく宣伝した。彼等朝総連は七・四声明が出されたことをすべて金日成の勝利であると宣伝するのみで、真実の合同集会を持つ意志は無かったのである。

このため民団中央本部では、朝総連の真意を正すべく、同年七月二十九日、当時の呉敬福組織局長、李和珍総務局長、鄭達鉉宣伝局長の三人が朝総連中央本部を訪れ、公開質問状を提出した。しかし朝総連側は思い上がっていて、この質問書の受取りを拒否したばかりでなく、反対に民団中央本部が全国の下部組織に流した「朝総連による民団組織攪乱にのらないよう共同集会の中止」指示を先ず撤回せよと要求した。その後更に一回訪問して拒絶され、次に郵送した分まで「受取拒否」で戻って来た。

その朝総連が、こちらを拒否したことは秘めたまま、その後、民団を訪れて共同集会を受入れたのに拒否されたと宣伝したのである。そして今年の五月二十九日朝総連から文書を持って四人が来た。民団中央本部はこれを一応受理し、引替えに朝総連から拒絶されていた民団中央の質問書を手渡した。朝総連の文書に対する回答は民団中央本部の文書に回答があってからする、という条件付であった。しかるに、朝総連議長韓徳銖は六月はじめ大阪で記者会見を行ない「文書を持って行った代表に民団側は茶を出し接待、親しく話を交わしてきた。これまでは文書を持って行っても受取らないだけでなく、あいさつすらかわさなかった。…誠意ある回答がくるはず…」と、如何にも民団が直ちに回答することになったかの如く宣伝している。それに対して民団中央鄭達鉉宣伝局長が「返事を出すに当っては条件をつけた。それは昨年七月と九月の二回、私どもの方から『民団の破かい工作を中止せよ』などの抗議書を持参したり郵送したが、いずれも受取ってくれなかったので、その写しを手渡し、それに対して返事をくれればこちらも返事を出すというものだ。向うの返事待ちだが、おそらく返事は来ないだろうから、共同集会が今年開かれる見通しはまずないと思う。」と日本の新聞記者に答えている。

今日、在日同胞が最も痛感している問題は「民団」を如何に強化し、「朝総連」と如何に対処して行くかということである。

「民団」を強化することは、一言でいえば、それが祖国の内政外政に貢献することでもある。そして民団は現実に強化体制を実施しつつある。

しかしながら、民団や公館が努力してPRにつとめている「妨害勢力」の実態については、日本のマスコミ（外国の特派員も含めて）のみならず、民団で国民登録を行ない、パスポートまで持っているレッキとした韓国人でさえもはっきりした認識のない人が非常に多くいる。これは、何がそうさせているかという根本的な問題を完全に解明し得てないところからくる「誤認」が蔓（まん）延しているためで、妨害勢力は実に巧妙にこのことを利用しているし、さらに「誤認」の積重ねを画策し策動しているためでもある。

民団組織の弱体化を願い、強化を妨害する勢力といえば、誰しもが反対の立場にある「朝総連」を想定する。朝総連が民団の瓦解を意図し、民団を弱体化させようとする張本人であることに間違いはない。しかし、朝総連の戦術の、陽動的な面のみが話題になるだけで、本当の戦術である陰性的な面は忘られがちである。それは何かといえば、韓国籍を名のり、一時は民団にも在籍したことのある不純分子徒輩を表面にたてた戦術のことである。彼等は決して自分が朝総連の一員であるとはいわない。それを露出したのでは民団員が相手にしないから、あくまでも韓国人づらをして、朝総連が仕組んだ戦術を実践しているのである。つまり「誤認」はここからスタートしているわけで、これの積重ね戦術が「民団自主守護委員会」であり、「民族統一協議会」であり、鄭在俊を団長だとするいわゆる「民団東京」であり、金允鍾を団長代行とするいわゆる「民団神奈川」や、その外の連中である。

彼等は長期間にわたり「民団員」として着々と地歩を固め、正規の選挙によって民団の役員に選ばれるところまで行った。はからずもそこに着目したのが、鄭東湖の反国家的妄辞の録音である。

一九六二年、いわゆる「有志懇談会」が結成され、多数の民団役員が参加した。その当時は「権逸中央団長」に対抗するということがテーマであり、そのためには民団地方本部の団長から「有志懇談会」のメンバーで固めていこうということで鄭在俊が選ばれ、晴れて民団東京本部の団長となった。そこまでは正常な形を取って進行したのであったが、鄭東湖の反国家的妄辞の録音がキッカケで彼等は「はしたなくも」正体をさらけ出すことになった。その時には「民団中央」の団長は既に別の人と交替したあとであった。彼等は鄭東湖の発言の録音問題をめぐりたびたび会合を持ち、駐日韓国大使館の特定の公使を非難する行動を続けた。この時点で彼等と立場の違いに気付いた人々は自ら戦列を離脱した。鄭在俊を団長とする民団東京本部は、時の中央本部李禧元団長により、民団規約第三十五条の規定によって「直轄」処分を受け、同時に鄭在俊は団長職を解かれてしまった。そのときに彼等が結成したのが、呉宇泳を代表委員だとするいわゆる「民団自主守護委員会」である。まさに彼等は「直轄」に応じようとせず、民団東京本部の建物にそのまま居すわり民団東京本部の名称を勝手に使用し出したのであった。彼等の本当の姿をまだ知らなかった在日韓国人言論機関の一部は当時彼等を支持する報道を行なったりもした。民団神奈川県本部もまた同じケースとなったのである。

民団神奈川県本部は一九七二年七月、臨時大会を開き、朴成準氏を団長に選出、新執行部も構成されて正常化した。また民団東京本部も一九七二年十二月に臨時大会が開かれ、鄭東淳氏が団長に選出され、正常化した。

民団名の詐称が最大の戦術
「不純分子」でなく「秘密朝総連分子」

昨年七・四共同声明が出された時、朝総連は文字通り「躍り上って」喜こんだ。だが早まってはいけない。朝総連が喜こんだのは全く別の意味からである。彼等が喜こんだのは、この七・四共同声明を政治的に利用し、韓国籍の在日同胞をたぶらかして、民団組織を破かいするチャンスが来た、という意味であった。朝総連は直ちに行動を開始した。彼等の戦術は巧みである。民団中央本部と話合う前に、全国の民団組織と傘下団体に、金日成をたたえる宣伝文書を一方的に送ると同時に、民団の各級組織に共同集会の提議書を持って執拗に働きかけ、民団組織に対し全面的に挑戦する総攻勢に出たのであるこの時に今まで民団内に潜伏していた朝総連の"プラッチ"が頭を持ち上げ民団破かいの先鋒（せんぽう）に立ち、トロイの馬の役割をするのである。

そして「民団東京本部」の名をかたる鄭在俊一派と見せかけの共同集会を開いた。動員された人間は九〇%以上が朝総連側で、鄭在俊にたぶらかされた民団員は皆無であった。韓国籍の人でこの二セ合同集会に参加した者は、鄭在俊の財力に助平心のある連中だけであった。つまり鄭在俊に金銭上負目のある連中で、本当の共同集会でないことは百も承知で参加したのである。だが朝総連はこれがつけ目であった。大々的に宣伝したのである。それに乗じたのが、「韓国青年同盟中央本部」の金恩沢委員長であった。全国の韓青組織に朝総連との共同集会を開くよう文書を流すと同時に、東京で韓青の幹部を集めて教育したのである。民団側が共同集会の中止を命じても、彼等一派は聞きいれようとしなかった。朝総連の思うつぼにはまりこんで行ったのだが、行き過ぎだと気付いた青年たちは少なくなかった。だが、彼等も「韓青」という名称上からくる連帯意識を断ち切れないでいた。そして韓青と行動を共にする「在日韓国学生同盟」とともに、一九七二年七月、第三十回中央委員会の決議で「民団の傘下団体」から除外された。

一方鄭東湖は、七・四共同声明が出されたあと、この七・四声明を支持し推進する団体だというふれ込みで「民族統一協議会」なる仮空の機関をデッチあげ、自ら首席議長の名称を自分の名に冠せてとくとくとしている。そして彼自身が発行している「民族時報」という印刷物におく面もなく堂々と写真入りで「民族統一協議会首席議長鄭在俊」として自分の記事を載せている。

この動向を韓国籍を名のる朝総連系の人物たちが、各々、団体の機関紙なるものを出している。

「民団東京」民団東京新聞社、発行人鄭在俊、この「民団東京」の題字の横には巧妙にも「民団の新聞」らしく見せるため「在日本大韓民国居留民団東京」が枠組で印刷されているが、その第一項が「われわれは大韓民国の国是を遵守する」となっているのは皮肉であろう。政府を誹謗（ひぼう）する文章と、国家元首を冒涜（ぼうとく）する文章と、「本物の民団」の悪口などのみを印刷してある中味と、国是遵守とはウラハラである。

彼らはいう「南北七・四共同声明が統一を目的にしたものであるから、"国是"は統一である」と。そして統一を促進するための共同集会の叫びかけに応じないのは国是に反することだと民団員に宣伝している。しかし韓国政府が赤化統一を承認したわけでも、反共法が廃棄されたわけでもない。

彼らの論理はすべてを彼らに都合よく曲げているのである。

「韓国青年新聞」韓青出版社、発行人金恩沢、この新聞も題字横に韓青の綱領が刷ってある。その第二項に「われわれはすべての非民主主義勢力に反対し民主主義の正しい発展と実践のため努力する」とある。民主国家の韓国を不満とし、共産祖国（雨のあと小川が流れるのも"首領様が贈ってくれた生命の水"と表現する、最近の北韓映画の解説）に無批判な紙面にとってはおこがましい綱領である。

「自主民団」自主民団新聞社、発行人名は無いが、呉宇泳が主宰している。これは綱領ではないが主張のようなものが題字横に掲げられている。その6に「不当な除名・停権処分を撤回せよ」とあるが正に本音。ただし、実現しないことはわかりきっていての叫びだ。

「民団神奈川」民団神奈川新聞社、発行人孫宗翼。スタイルは「民団東京」と全く同じ、綱領もれいれいしく印刷してある。在日同胞の新聞界を渡り歩いて食いつめ者になった李紀雨が書き、割付しているとの風評である。

「民族時報」民族時報社、発行人名はないが、先にも触れたように鄭東湖が出している。月に三回発行することになっているが、月一回平均休刊している。はじめの頃は四頁だったが、この頃は二頁の時が多い。不思議なのは発行号数、一九七二年十一月十七日第三種郵便物許可（認可ではないらしい）とあって、一九七三年一月一日付が第四号であるのに、一月二十一日付になると第五十一号となっている。一年間無休刊で出してもタッタ三十六回しかない。一月一日付は誤植か思ったが、各面とも確かに第四号となっている。とすれば、一月の途中からイキナリ四十五回（一年三カ月）飛ばして号数を追っているわけで、歴史を古く見せかけるためのデッチ上げである。五月二十一日付は既に六十一号となっている。

「日刊韓国通信」韓国通信社、発行人は例の鄭東湖である。日刊となってはいるが、週五回発行、[illegible]とある。鄭東湖の金集め用。

この他に「民族統一新聞」民族統一新聞社がある。「韓国政治難民対策委員会」なる団体の機関紙で朴[illegible]が代表者。

次には雑誌で「統一評論」がある。統一評論社、発行人黄甲性。

これらは何れも北韓サイドで論じており、すべて朝総連のバックアップを受けていると見てよい。

鄭東湖などは、韓国通信社の社員を秘密のうちに朝高卒他数人も北送している。つまり一皮むけば朝総連であることを如実に物語る。

これらの連中を民団側では「不純分子」と呼んでいるが、むしろ「秘密朝総連分子」と呼ぶ方が正しいであろう。つまり彼等は実際にそうだからである。昨年四月、北韓の金日成から還暦記念に在日関係者に勲章が贈られたが、その中に民団関係者の分があったという話を聞いた。多分この連中がそうであろう。

鄭東湖（済州市）は、七二年七月八日付けで、当時の民団中央本部李禧元団長によって、民団員としての資格を剥奪（はくだつ）する除名処分に附された。

民団中央本部監察委員会（金泰燮委員長）が昨年末除名処分にした十七人は次の通りである。

呉宇泳（慶北宜寧郡）
鄭在俊（慶北慶山郡）
閔泳相（慶南山清郡）
羅鍾卿（全南務安郡）
金恩沢（済州市）
金善実（慶北慶州市）
俵忠植（忠清）（慶北宜寧郡）
金允鍾（全南務安郡）
金普達（慶北宜寧郡）
金大栄（ソウル市）
朴道春（慶南山清郡）
金任先（全南務安郡）
尹赫守（全南霊光郡）
崔泰一（慶南昌寧郡）
曺七必（慶北月城郡）
李参月（慶北慶山郡）
鄭浩俊（慶南南海郡）

そして現在彼等が混乱を起させるために使っている団体名称、及び代表者名称は次の通り。

「大韓民国居留民団東京本部」
　団長名称　鄭在俊
大韓民国居留民団神奈川県本部
　団長代行名称　金允鍾
大韓婦人会東京本部
　会長名称　梁秀定
韓国青年同盟中央本部
　委員長　金恩沢
韓国青年同盟東京特別本部
　委員長　俵忠植
在日韓国学生同盟中央総本部
　委員長　呉省三
民団自主守護委員会
　代表委員名称　呉宇泳
民族統一協議会
　首席議長名称　鄭東湖

この様な連中の策動に対して認識の足りない民団員は「あれは民団のうちわもめ」だと宣伝する朝総連側の云い分をそのままウのみにし、秘かに経済援助を続けている状態である。日本で多額納税者百人の末尾の方に喰い込んだ鄭在俊はともかく他の連中は経済不足な民団員の同情的経済援助が無ければ自滅する連中である。朝総連といえども民団員に完全に嫌われてしまって利用価値の無くなった連中には、それまでのようなバックアップもしなくなるのは火を見るより明らかだからである。

彼等が鬼の首でも取ったように特筆大書している金大中は、目下アメリカにあって犬の遠吠え式な韓国非謗をもっぱらにしているが、祖国を売って金集めをするためワシントンで「自由共和国」という英語と国語の印刷物を発行し日本各地に配付している。それには「誠金を振込んでほしい」という自家広告が毎号大きく出ている。これに資金援助をする民団員があればそれは祖国に対するウラ切りであることを自覚すべきである。

なお民族統一協議会、民族統一新聞、統一評論など、統一を冠称にした出版物は、内容を見れば判る通り「共産体制を容認する」ことを前提としているので、本当は韓国の赤化をねらったものでありその外の秘密朝総連分子達が出している印刷物も全く同じである。

民団員は「何が朝総連、ひいては北韓の代弁であり、何が祖国をウラ切ることか」を充分キモに銘ずるべきである。

金炳植が失脚して赤十字会談の諮問委員をおろされ、彼に替って諮問委員になった朝総連の朴在魯が去る四月、北韓で開かれた最高人民会議であいさつを述べた時「われわれが東京で民団と共同集会を開く目的は、民団員を金日成首領に服従させることにある」とはっきり正体を見せており、このことは「朝鮮新報」にも掲載された。[illegible]ような結果になるかは説明を要しないことである。

教育は維新遂行の原動力 (1972年度、全北体育館でひらかれた全国教育者大会)

「中央会館」スタート

5月から旧建物解体工事

光復節までに完全整地

地上九階の偉容誇る

建設委、全国で募金

◇顧問団

◇監査

◇参与

◇会長団

中央会館建設委員会

誠金集め中央会館建設へ

▼口座番号・普三七二〇

▼東京都新宿区西大久保一ノ四九・東京商銀信用組合内、民団中央会館建設委員会

焦点

在日韓国民教育の理念と目的

一、在日同胞教育の問題点

二、在日同胞教育の性格

三、在日同胞の教育政策と目的

四、在日同胞教育の問題点

五、在日同胞教育の方向づけ

六、在日同胞教育における一つの提案

故国訪問する

▼本国での行事

▼日時

▼締切

在日子弟民族教育の東京韓国学校全景

在日同胞教育に関する四つの提案

梁　豪　辰

一、二世の民族教育

二、組織要員訓練および再教育

三、組織要員候補者の教育

四、一般団員教育

夏季学校(梨花女子大学)で母国語を学ぶ在日学生たち

組織員の体質改善 セマウム運動さらに強化

―姜学文中央副団長、全国にアピール―

姜学文中央副団長は、民団中央が進めているセマウム運動を土台にして、組織の再整備強化にともなう「全国組織員の体質改善」、十月維新課業の最先端として挙族的につづけられている本国での「セマウル運動に対する支援」の二大事業に関し、その新たな決意と姿勢を次のように全国組織に強くアピールした。

組織員としての使命感に

組織の基幹事業は、組織を運営する幹部たちの体質改善を期する教養事業ともいえる。

組織員たちの教養を高め、民団の組織員としての使命感に立脚し活動するところにのみ、組織強化を期待することができる。

このような意図から、民団組織を、幹部の教養向上に重きを置くようにしたことは、南北共同声明以後、北韓の使嗾による朝総連の虚偽宣伝を一掃し、十月維新に関する正しい認識を与え、民団によっては組織の新体制確立が絶対に必要であり、さらに、より正しい民族観を培養させ、指導理念の確立をさせるためにこれは大きく役立っているのである。

このようにして、全国組織員五千四百人を対象として、全国地方本部を巡回しながら、ひとまず第一次の教養向上事業をさきほど終えた。

この教養向上事業は、本団の継続事業として推進しているが、去る三月二十二、三日の第二十一回中央委員会で決議通過した七十三年度活動方針を、より効果的に実践するために、各地方委員会、定期大会などの機会を利用して、中央本部としては、団長、副団長等最高幹部らが、それぞれ参席して具体的にして詳細な説明指示をしており、また、各地域を通して本団事業の推進に対する見解と統一的な意見調整を地方団長との間でなしており、地方団長はまた、管下支部・分団長に至るまで、意見の統一をはかるなど、中央から末端組織に至るまで、単一組織体の機能を充分に発揮できる体制を整えるのに尽力している。

組織の開拓者たれ

既成組織員たちの姿勢に対しては、組織を護っている人(番人)ではなく、組織を拡大する開拓者だという自覚をもつよう、その体質と姿勢の改革を強調している。

組織員は、本団の綱領を充実に履行するための使徒であることを自覚せねばならず、併せて健全な思想と理念を確立するところに健全な組織の発展を期すことができる。

言いかえれば、理論と体力でだけ対決するのではなく、実践力ある者の競争時代だということを忘れてはならない。

全国で本団の理念および、見解の統一を強く示した通り、指導理念を徹底させ、自由民主主義の体制で、祖国を統一し、子孫万代に至るまで、これを継承させるわれわれの強固な決意を、行動実践でもって示す重大な試練の時を、今迎えている私たちであるという自覚と自負心を同胞大衆と共に再認識しなければならないし、そのための団体としての結合体を次々とつくらなければならない。

そして、これが今日、私たちに賦課された使命であることを、いま一度確認するものである。

そこで、中央組織局としては、今年度活動方針を充実に履行するための準備を固めており、そのための幹部教育に全力を傾注するつもりである。

来たる六月二十七日にひらかれる組織分科委員会では、組織教材編さん委員を選定して早急に教材を発刊、八月と九月の二カ月を通じて、全国組織幹部への再教育課程を実施することにしたから、全国組織の絶大な支援と協力を望んで止まない。

維新隊列に参与しよう

一九七二年十月十七日、朴大統領の祖国発展のための十月維新が宣布されるや、わが民団としてはいち早くこれを支持歓迎することを内外に表明、維新体制の隊列に全在日同胞が参与すべき姿勢を整えるよう、全国民団組織を通じ呼びかけてきた。そして本年の年頭にあたっては、金正柱中央団長を始めとする三機関代表が、祖国における汎民族的国民運動として、セマウル運動が、全国津々浦々にひろがり、祖国近代化のために着々成果をあげているこの民族事業の偉大な事実を全国組織に徹底周知させ、在日同胞としては、これに応え、セマウム運動を展開しようと、組織の団結を促求、アピールしたのである。

このようにして、今年の三月にひらかれた第二十一回中央委員会の決議として、本国でのセマウル運動を全的に支援することになったものである。

模範的な東本のセマウム運動

この模範的表われとして、民団東京本部の「在日六十万のセマウム植え運動」を例にあげれば、去る四月二日青年ら十四人を始めとするセマウル姉妹結縁団三十四人が本国に派遣され、十二日間の植樹など、国土緑化の植樹など、多くの実績をあげてきたのであり、これ

業務指針

ここでさきほど中央組織局から全国に通達した具体的な業務指針など、参考事項として再度明示しておきたい。

セマウル支援運動の団体別参与

前年度は、個別活動による大きな業績をあげている。引きつづき個別活動も継続して奨励すべきであるが個別支援は、支援先で重複する憂いもあるので同胞社会の各種団体が中心となっている支援を積極的に奨励すべきである。各種団体とは郷土を中心に組織された各種親友会を始め、各種親睦会、婦人会、青年会、信用組合、体育会、韓人会、民団傘下各級組織などあらゆる同胞社会で団体活動をする組織を指すものである。

セマウル支援運動対象部落選定

一定地域の親友会など地縁につながる団体は、募金目的などが明らかであるから(例…巨済島親友会―巨済島セマウル運動支援のための募金)対象地域選定に問題が生じないが、地縁、人縁、その他直接的に関係がない団体の対象部落選定は次の要領によって決めること。

①支援金を募金した団体は、駐日大韓民国公館(大使館、各級領事館)に支援金の金額を通報すること。

②各公館では、外務部に団体名と募金額を通報してセマウル対象部落又は対象事業を選定するよう要請する。

③外務部は、内務部セマウル支援当局と対象部落及び支援事業を決定して各公館に通報する。

④公館は、選定された対象セマウル部落を支援団体に通報して各

セマウル運動参与業績表作成

①各地方本部民団長は、管下地域内、在日同胞の個別的セマウル運動参与内容、在日同胞の各種団体別参与内容を別途通達の様式①によって作成して備えておくこと。

②業績表は、今年度分はもちろんのこと過去の分も詳しく記録して作成、保管すること。

③業績表は毎月末に統合して統計(別途通達②表)を作成して中央本部団長並び該当公館長に報告のこと。

④各級領事館と民団中央本部は各県地方本部別に業績(功績)記録と統計を作成して駐日大使に報告すること。

⑤個別、団体別、またはあらゆる形態の支援は必ず業績表を提出せねばならない。これは在日同胞のセマウル支援運動参与に対する功績を記録して保全する意義もあるが、在日同胞が送金した献金が実際にセマウル部落のために効果的に使用されるよう、政府、セマウル当局が指導する上に必要な事項である。

セマウル支援現況

今年の三月以降、全国地方組織

セマウル支援総規模は三億円

支援規模の目標は大が五百万円以上で東京が二、神奈川一、長野一、北海道一、兵庫一、福岡一。中が三百万円以上で、東京八、神奈川三、千葉二、栃木一、埼玉二、三多摩一、群馬一、長野二、宮城二、北海道三、青森一、秋田一、福島一、愛知五、岐阜二、三重二、石川一、福井一、富山一、大阪十七、兵庫二、京都五、奈良一、滋賀一、和歌山一、広島一、岡山三、島根一、山口一、福岡二、長崎一、佐賀一、大分一、宮崎一、熊本一、鹿児島一。小が二百万円以上で、全国で十二となっている。

また中央としては、七月五日までをいちおうのしめきりとし、その後ただちに送金手続(総目標額は三億円)をとり、全国組織代表約四百九十人が班を編成して韓国し、姉妹部落民に直接、体験の通いあう献金をおくる予定で、目下KALなどと、チャーター機を交渉中である。

スケジュールとしては、七月十

セマウル運動送金手続

四月四日……大阪府本部は、京畿道楊州郡と内務部に百六十万ウオンの献金。

四月十四日……埼玉県本部は、京畿道始興、安養等に二十七万ウオンの献金。

五月七日……東京・葛飾支部は、京畿道驪州郡等に三百万ウオンの献金。

四月二十三日……新潟県本部は、内務部に五十万ウオンの献金。

五月十五日……愛知県東中支部は内務部に三百三十万ウオンの献金。

四月二十八日……長崎県大韓婦人会は、ソウル市長に十万ウオン。

五月七日……全国民団総合婦人会はソウルで研修後、内務部に五十万ウオンの献金。(以下報告順)

4月5日「植樹の日」、母国を訪れたセマウム運動の在日韓国青年たちと、植樹の時、握手を交す朴正煕大統領

祖国建設はセマウル運動で 民団組織はセマウム運動で

家庭と組織にセマウム浸透 ―大阪地方本部―

セマウル支援運動に 40万民団員の総力を結集!

これがセマウル 新しい村運動だ (1)

新しい農村建設の近道

相互理解し合い協力

自立、自助、協同の精神

各自の仕事を充実に

金炳植事件
—その真相と背景—

金炳植事件の発端と内容

一九五五年五月、在日同胞たちを朝鮮民主主義人民共和国政府の周囲に総結集」させることを綱領の第一に掲げて発足した在日本朝鮮人総連合会（以下「総連」と略称する）は、いかにも一枚岩の団結で固められている組織であるかのように宣伝されてきた。

しかし、実際はそうでなく、韓徳銖中央常任委員会議長が、「総連」の全組織を自分一人の支配下に置き、義弟金炳植を自分に次ぐ第二人者に仕立てようとする野望のため、「総連」組織内部では紛糾がたえなかった。そうして、「総連」結成以来の元老級指導層の殆んどと有能な中堅幹部の大多数が、次から次へと「総連」組織から排除・去勢されて、一九六七年の八全大会をさかいに「総連」は韓・金両人に完全に牛耳られるようになった。

ところがである。一九七一年の九全大会で名実ともに「総連」の第二人者になった金炳植は、こんどは韓徳銖議長をも尻にしいて、「総連」の運営を自分勝手に仕切るようになり、ついには「総連」中央委員会会議（第九期第二次）における韓徳銖議長の結論までも、自分につごうが悪いということで、常例になっている下部組織への伝達を差止めるに至った。もはや、韓徳銖議長の存在も「総連」組織の規律や慣例も、眼中にないほどに増長したのである。

だが、いつの間にか「総連」の指導実権を奪われた韓徳銖議長も、だまってはいなかった。金炳植が本国で行われている「南北赤十字会談」の諮問委員になって留守中、まきかえしに出、一九七二年九月はじめの中央常任委員会を契機に金炳植の非行追求に乗り出した。ここに「総連」においてばかりでなく在日同胞社会においても、前代未聞の怪事件というべき「金炳植事件」が表面化されたのである。

「総連」の組織機関で明らかにされただけでも、金炳植の非行は想像に絶するものであった。韓徳銖議長の中央委員会会議での結論をもみ消しただけでなく、韓徳銖議長宅に盗聴器を据えつけていたのが発覚された。そして「総連」組織内に金炳植を議長に擁立するための私組織をつくっては、十数億円にのぼる公金を不正流用した事実も明るみにされた。しかも、対外事業の名のもと日本側右翼人士たちを相手に卑屈なまねを平気でやって、「総連」の体面のみならず民族の威信もけがしていたことが暴露された。

そうでなくとも金炳植は、あくどいやり方で数多くの働き手たちを「総連」組織から追い出し、同僚や下部の活動家たちをいじめぬいてきただけに、怨嗟の的だった。たちまち金炳植糾弾の声が「総連」の全組織を通じてわきあがった。

その勢いを、北当局側も放置できなかったのだろう。同七二年末、ついに金炳植に「反党・反革命・宗派策動」の断を下した。「反党・反革命・宗派策動」といえば、北のような体制下では最悪の罪過であり、「総連」系にたいしては、はじめて、適用されるきびしい規定である。「総連」系同胞たちは、こんどこそ「総連」組織内の積弊が一掃され、「総連」が本来のすがたにたちかえって、ほんとうに在日同胞のために祖国の統一のために力量を発揮するようになるだろう、という期待にわいた。

だが、ここにまた奇怪なことが起きた。一時金炳植の非行をただすことを口にしていた韓徳銖議長が、金炳植の組織的失格が明らかになるや、そしてこの際「金炳植事件」の発生原因や責任を徹底的に究明して、かかる事件が再発しないような「総連」の体質の一新をはかれという要求が「総連」の組織内に高まるにつれて、掌をかえてこの事件をウヤムヤにほうむってしまおうと策動しはじめたのである。

韓徳銖議長はまず、「総連」結成以来はじめての"反党・反革命・宗派策動"事件である「金炳植事件」を、「総連」の機関紙には一言半句も掲載させず、かえって真相を報道した本紙・統一朝鮮新聞をはじめ内外の新聞を誹謗中傷する記事を出させて、「総連」系大衆の目を真実からそらせようとした。次には「総連」系同胞たちが「金炳植事件」で"騒ぎたてる"のは"利敵行為"のごとくきめつけ、この事件に関心を持つことさえおさえにかかった。そして「金炳植」の手によって犠牲にされた人たちの組織的救済さえ講じようとしなかった。

このような韓徳銖議長の「金炳植事件」処理方針は、一九七三年二月十五日からひらかれた「総連」中央委員会第九期第四次会議であますところなくさらけ出された。

（統一朝鮮新聞提供）

事件の報道とその波紋

各界に深刻な衝撃

一九七二年の初秋——

統一朝鮮新聞の読者たちは、九月三十日付の二面を開いてみて、思わずわが目をいぶかったにちがいない。最上段に「"総連"韓徳銖議長と金炳植第一副議長の"主導権争い"激化」という横全段ぶち抜きの見出しに「金側、韓宅に盗聴器も装置」というタテ七段の見出し、さらに末尾に「珍事件、金炳植を自宅待機に」との四段見出しの記事からなる報道で二面の全面がうめられていたからである。

「総連」の内部事情に精通している人でも、当時韓・金の間で秘かにくりひろげられていた暗闘には気が付かず、したがってこれら

み消しに乗り出した。そして下部組織への伝達をあらゆる手段方法を講じて阻止、妨害した。これが韓・金両者の"主導権争い"表面化の直接的契機となり、ついには金炳植の自宅待機処分にまで発展するに至ったのだが、その一連の事実経過を詳細かつ具体的にのべた記事内容は、否定すべくもない具体的な事実で裏づけられていた。またそれは、日をまたずして現実の事態の進展により、正しさが再度立証され、再確認された。

北朝鮮訪問委員として参加し諮問委員演説を通じて、金日成への誇大な"礼拝辞"を放言していっぺんに国民の反発を招いた人物であるだけに「金炳植事件」とそれをめぐる「総連」内の紛糾に対する関心は急速に高まった。

東亜日報、朝鮮日報、韓国日報の三大紙をはじめ中央日報、京郷新聞、ソウル新聞等の日刊全国紙さらに週刊誌までが、いっせいに相当大きなスペースをさいて、この問題の一部始終となりゆきを報道した。

最有力紙の一つ韓国日報は、十月一日付で「金炳植自宅軟禁、朝総連韓徳銖議長との暗闘表面化」との見出しの記事ではじまり、同三日付、四日付と連日三日間にわたって（二日は定期休刊日）、この問題を一面で大々的に扱い、同六日付でも大きな見出しをかかげて報道した。

その扱いぶりも、日を追って大きくなり、十月一日付は四段見出しで報道したものが、三日付では五段見出しで「朝刊の焦点」欄に掲載、ホット・ニュースとして扱い、四日付では一面トップに、六日付では六段ぬきの大見出しで報道した。

くらべ、「金炳植事件」に関する報道は、事件に関する詳細な報道を連日とりあげた点で極めて異例のものであった。

一方、地元の日本のマス・コミは「金炳植事件」が報道されるや、何故かしばらくの間一切沈黙を守った。それまでの金炳植との関係からして、余りにもうけた衝撃が大きかったためかも知れない。しかし時間が経過するにつれ、事件の内容が否定できない形で明らかになるや、財界をはじめ日本各界への影響の点からも、そのまま見過すわけにはいかなかった。ついで、有力紙朝日新聞が十月七日付（朝刊）で、金炳植第一副議長の非行問題と、それをめぐる「総連」の紛糾に関連する内容の記事を「成行き微妙財界訪朝、金氏（注＝金炳植副議長のこと）と接触途絶える。乱れ飛ぶウワサ、具体化メド立たず」との見出しで、経済面（九面）に大きく報道した。

朝日新聞によると、金第一副議長の帰日を待っていた日本の財界関係者は、帰日後も全く連絡がとれず、十月末か十一月初め訪北予

た。

では、このように「総連」組織内にばかりでなく国際的にも大きく波紋をまきおこした「金炳植事件」は、どうして起きたのだろうか。その表面化のいきさつからみてみよう。

韓議長の"意外な"発言

一九七二年九月初め、「総連」の韓徳銖議長は、「中央常任委員会」を召集しての席上で、意外ともおもわれる発言をおこない、ならぶ常任委員たちをあわてさせた。

韓議長は、「総連」の指導体系問題をきり出し、続いて第九期第三次「中央委員会」での「議長」結論が下部組織に伝達されたかどうかをただした。そしてこの問題を追求するため翌日「中央常任委員会」協議会を召集するよう命じた。

「総連」の「常委協議会」とは、常任委員でない各局の部長たちも参加する会議で、重大な問題が生じた場合に、「議長」が召集することになっている。

らされたのである。

この直後の八月二十五日、金炳植が平壌に向って出発してから韓議長の動きが活発になり、韓議長室にそれまで疎んぜられていた老幹部たちの一部も顔を見せるようになった。このようなただならぬ雰囲気の変化に金炳植の手下たちがあわてふためく中で、前記九月初の月例「常委」が召集され、同翌日には「常委協議会」が召集されるようになったのである。

この「常委協議会」で韓議長は、自分が行った「中央委」結論が下部組織に伝達されなかった責任をただした。これに対して組織局長や宣伝局長等、金炳植の手下たちは、自分たちの"怠慢のせい"だと弁明した。だが韓議長は、その類いのいいのがれを聞きいれず"本当の責任者を出せ"と怒号し、背後の張本人は"金炳植の奴だ"と"奴"呼ばわりしてきめつけた。そしてこの問題を徹底的に究明するために、九月十四、十五両日全国各県委員長・組織部長・宣伝部長、単一団体責任者会議を召集するよう緊急指示を行った。

韓議長のあまりにも厳しい権幕に参会者一同は恐れをなした。その機を見てとったか、韓議長は、参会者一同に即席で"総和"を文書でしたためて提出させた。それを自ら手中におさめ、参会者一同に早々に任地に帰って「中央委」結論の伝達を行なうよう厳しく命じた。そして同月十九日緊急に中央常任委員会を召集し、第九期二十次中央常任委員会決定として「二つの組織は二つの頭（かしら）はありえない」と断じた「総連中央委員会第九期第三次会議決定を徹底的に貫徹することに対して」（別掲資料P二四三参照）を下部組織に厳達した。

委」結論を即時、下部組織に伝達しようとしたが、中央から叱られ中止する外なかった、と実情を吐露した。同じく討論に立った元容徳朝鮮大学学長（当時、現在中央常任副議長兼任）は、金炳植不在中とはいえ、後日のたたりを恐れてか、ウヤムヤにごまそうとして韓議長から一喝され、ついに朝鮮大学でも「中央委」結論を伝達していなかったことを告白したのである。

驚くべき金炳植の非行と不正
策謀の全貌あらわに

卑劣極まる権力争い
金は朝総連乗取りに失敗

韓・金の"主導権争い"

九期三次「中央委」議長「結論」もみ消し

金日成「教示」を武器に巻き返し

内外の言論界が大きく報道

韓議長宅で盗聴器発覚

七面につづく

在外国民登録指針

民団中央民生局とりまとめ

・民団中央本部民生局(李鍾舜局長)では、「在外国民登録に関する業務指針」をとりまとめ、管下各地方本部に通達、登録業務遂行上遺漏のない事務体制を確立して推進するよう望んでいる。

在外国民登録業務の報告制度

基本方針

一、正確な団員数を把握するための措置として国民登録申請は、別添業務指針第三段階作業指針第一項の一人一枚申請書作成原則により十五歳未満の者も全員、各自が申請して各自の固有番号をもらうようにする。

二、国民登録受付のときは、別添第三段階作業指針第二項の要領にもとづいて実施するが特に他地域からの転入者が新規登録を希望するときは、必ず前居住地所轄地方本部に国民登録の事実有無を確めたあと受付ける。(但し受付はするが確認ができるまでは保留)

三、第一段階第四項の登録者数は、不在者数を除いた実際登録者数を計算して、一九七三年六月末日を基準に民団中央本部と公館に別添報告様式によって報告することになっているが、正確な登録者数を把握するためにはある程度の時日が必要であるので来る七月末日まで傘下団員の統計を作成して報告のこと。

在日国民は誰をも無条件で登録する

一、国民登録概念の正しい認識

在外国民が国民登録をすることは、国籍をもった国内国民が住民登録をするのと同じことで国民登録をする義務を持つと同時に、国民としての権利を行使するもので在日するわが国の国民であれば誰にでも試験会とか、付帯条件なしで当然、登録行為ができ、またしなければならない必須事項でもある。

よって各民団地方本部または、支部では、国民登録を公館にかわって受付けるとき(国民登録をする者は直接該当公館または、国民の便宜を図って公館と民団機関とが協助して民団の一線担当者が領事を代理して受付をしている)民団加入費、賛助金、その他如何なる名目の財政的賦課金を国民登録と関連させ徴収することはできない。また如何なる条件提示もできない。

また、過去の問題と意思、前科の有無を調べ、清廉なる国民だけが国民登録をするものではない、重罪を犯した罪人といえども国民登録の行為にあっては、平等にこれを取扱わねばならない。また国民としては登録に対する義務と権利を同時に負っているのである。

しかし国民登録をおえたといって過去に自分が犯した罪過、または国民の利益に反する不純行為あるいは国家を害する利敵行為などの犯罪が解除されたのではないので国民登録をおえても罪過は残っているのである。

公館を代理して国民登録を直接受付けている民団各地方本部一線担当者はつねに、在外国民登録に対する正しい認識をもって一切条件ぬきで国民登録を受付ねばならない。ただ国民登録を受付るときは、国民登録変更の理由、過去の状況、転向関係、転出、転入などの事実を事実どおり把握して登録を受付る。民団加入費などの清算事項は、国民登録を終了した事後的な問題点として処理しておくこと。

二、国民登録実施強調

駐日韓国大使館では、一九七三年度に在日国民の国民登録実施を領事業務五大目標の一つとして設定し、国民登録にもれた者は一人のこらず登録を実施する方針を打ち立てている。

在日わが同胞は、現在六二万人であり、このうち永住権を申請して許可を取得した数は三五万人である。このうち国民として登録をおえた数は一六万人、更新登録を合計しても二六万人にすぎない。残りの数多い在日国民が未だに国民としての基本的な義務である国民登録をしないまま外国に在留し、在留国政府との関係においてのみ、義務と権利だけを有している実情である。

国民登録においてわれわれの理想的な目標は、在日六〇万の国民全員を登録するのが目標であるが第一次的に現実的な目標としてすくなくとも永住権を申請した者は、全員登録しなければならない。これは今年中に完了せねばならない最優先目標である。民団は各傘下組織を通して、国民登録の正しい認識を広く弘報する一方、支部末端に至るまで未登録者の登録を勧奨督励することを望む。

三、国民登録業務指針

第一段階作業指針

(1)各地方民団本部は傘下各民団支部を動員して民団地方本部登録傘下国民登録者を正確に把握する。

(2)登録者の統計においては登録件数でなく、登録申請書に記載された同伴家族全員を含む登録者数を意味する。

(3)上記登録済の数を正確に調査したあと、各支部を動員して登録をおえ、他地方民団管下に転出した者数、転出不在者の数、永住帰国者数、帰化者数、死亡者数を把握したあと、登録台帳に転出し、帰化、帰国、死亡と明記する。

(4)登録者数から、上記不在者の数を除いた実際登録在籍者の数が計上されるので、一九七三年六月末日を基準に、これを別添様式により統計を作成して管轄公館と民団中央本部団長に報告し、中央団長は全体統計を作成して駐日大使に業務通報する。

第二段階作業指針

(1)各民団地方本部は、まず永住権申請者の名簿(永住権申請当時作成したのがある)を整頓確認する。

(2)第一段階作業に於て確認された登録済在籍者と永住権申請者を比較検討の上、永住権を申請し、国民登録済者の名簿を作成する。

(3)未登録者の他地域から転入登録(転入者は一般登録手続に依り転入登録をする)其他未登録者を対象に国民登録実施運動を展開する。

(4)この登録運動を通して朝総連系同胞の転向と国民としての復帰のため国民登録を広範囲に亘って実施するもので、後悔、自省して民団復帰を願う者に対しては過去の感情を払拭し温く迎え入れること。

中央本部団長　貴下

在外国民登録現況報告

民団　　地方本部　　　197　・　・　・末現在

項目別 支部別	登録者数		転出者数		除籍者数				登録在籍
	当月登録	当月累計	当月転出	当月累計	当月退去	当月帰化	当月死亡	当月累計	
合計				-					

上記の通り本民団国民登録現況を報告する。

197　年　月　日

在日居留民団＿＿＿＿地方本部団長

第三段階作業指針

(1)国民登録を申請するときは、家族全員が(出生と同時に洩れなく国民登録をする)一人、一枚の申請書を作成して民団に提出し、一人ごとに国民登録の一連番号をもらわねばならない。

(2)国民登録を受付けるときは、必ず申請者が今まで国民登録をした事実がない新規登録者であるか、または他地域からの転入登録申請であるかを確認の上、登録しなければならない。

(3)十五歳未満の者は、国民登録証を所持しなくてもよい(国民登録の証明を携帯する必要はない)十五歳になればいつでも写真を添付提出すれば登録証明を発給する。但し、十五歳未満でも必要の場合は登録証を発給する。

よって十五歳未満の場合でも登録ができるので国民登録の番号が与えられる。移住しない限り登録番号は変更されるものでない。

(4)永住帰国する者の永住帰国申告、日本人に帰化する場合の帰化申告、第三国に移住する場合の退去申告、死亡による死亡申告を受付た民団では、登録台帳に整理せねばならない(転出、転入と違って関係民団組織に通報する必要がない)。

(5)他地域(日本国内)に転出する場合、転出者は転入地に到着後、該当民団に転入登録をする。転入手続は新規登録と同じくし、該当民団の一連番号を与えて登録し、該当公館を通して前居住地で登録した国民登録証に変更事項を記入訂正して継続使用するよう措置する。転入者の登録は、統計上新規登録者に計上する。

(6)転入登録を受付たときは必ず転出地の民団長に転入登録受付けを通告し、転出地の民団長は同転入地民団長の転入登録受付け通告を確認、登録台帳(変更事項欄)に転出事項を明記して転出者統計に計上する。転出地の民団長は、転出者から転出申告を受付けても転入地から転入登録受付通告が到着するまで転出者の登録簿整理を保留待機すること。

(7)以上の登録事項は、毎月分を別添様式により統計を作成して地方民団長名義で民団中央本部団長に報告と同時に管轄公館にこれを送付せねばならない。

四、登録実務者の留念事項

(1)在外国民の国民登録は、国民としての基本的な任務であり大韓民国の国民であればみな在外国民登録をせねばならない義務がある。

(2)国民登録を通じて、国民の基本的事項の把握ができ、国民の実態を正しく把握することができるのである。

(3)このような国民の基本的事項が把握できない限り、国民の正しい指導育成はもちろんのこと如何なる計画も立てられない。

(4)在外国民の出生から始めて移動事項全般に亘る事項を把握し、死亡の時まで一切の身分にかかわる諸般事項を整理整頓ができない限り、民団組織の正しい運営はできないのである。

(5)国民登録は他の業務に優先して、全行政力を動員、国民登録のためにあらゆる便宜と努力、親切を施し、事務の簡素化など手続を常に研究すること。

在日居留民団　地方本部

公文番号　　　　　　　　　　197　年　月　日

受　信　　　　　地方本部

題　目　転入登録接受通告

貴民団傘下居住僑民である下記の者は当民団に転入登録したことを通告します。貴国民登録台帳の整理をお願いします。

記

前国民登録番号	姓　名	住所(前登録地)	転入日字

(前国民登録番号が確実な場合は住所は記入する必要がない)

在日居留民団　　　　地方本部

団長＿＿＿＿＿㊞

統一は民族の錦の御旗

KPI通信社長　金　允　中

だが急がば回れも真理

◎急がば回れの言葉がある。大事業であればある程、一朝一夕にはまとまるものではない。例えば金儲けにしても一攫千金の夢を見て、それがたやすく実現するなら、この世の中誰も苦労する人はいないだろう。この度の平和統一に関する朴大統領の声明を見て、つくづく感じたことである。特に心強く思ったのは、世界の潮流と南北の置かれている現状を現実的に見つめたことである。現実を直視することが、問題解決のため一番の近道なのである。平和統一とは五千万民族にとっては確かに錦の御旗である。四半世紀前の解放を振返って見るがよい。我々民族が分裂したのではない。文字通り、列強により分裂させられたのである。分裂が民族意志によらなかったと同様統一も又、民族の意志のままに行くものではない。そこには矢張り一つの国際間の潮流があるのだ。しかし如何に至上命令とあっても、動かないものは動かないのである。朴大統領声明を要約すれば一、北韓は南北対話進行中にも対外的には事実上祖国分裂を固定化させる行動を継続して来た二、だが、我々は平和統一達成に継続努力する。三、その方法として南北韓は内政に干渉しない四、南北対話は継続する。五、北韓の国連への同時招請も同時加盟にも反対しない、というものである。即ち現実を直視しての対策である。北韓を国家として認定しない、とは言っても、38度以北にある一つの政権としては認めている。然かも統一が達成するまでの暫定措置と言っているから、永久に二つの韓国を認めている訳ではない。統一は現在のところあくまで理想であり、願望である。だが、国家であろうが、政権であろうが、二つに分かれてその地域を支配する統治権を持っていることは確かに現実である。即ち理想を達成するために先ず眼の前の現実を直視したのである。この現実を直視することにより、理想達成への足場を固めようというものである。冒頭に述べた「急がば回れ」全くその通りである。

祖先の墓標を取戻す日は?

◎23日の朴大統領の平和統一に関する外交政策の発表の同じ日に文字通り打てば響くように金日成は高麗連邦共和国を提案して来た。国連に参加するなら単一国号で加盟すべきだとも言った。金日成は現実的であり段階的である発見にも聞く耳を持っていないというのだろうか？繰返えすまでもなく、四半世紀前、日帝から解放された感激も束の間、民族悲劇のドラマは始まったのである。その日帝時代さえ南北往来は自由であった。即ち植民地時代さえ一枚看板であったのが、解放と共に二枚看札の民族となったのである。それは棚ボタの解放であり、名ばかりの独立であった。血で贖なわなかった独立が如何に安っぽいものであったかは過去四半世紀の民族の苦悩がこれを証明して余りある。韓末に亡命した李承晩博士は、解放と独立を取り戻した感激の余り、ロシヤ人がつけてくれた韓国を名乗った。一足遅れた金日成は朝鮮であったと思ったら、彼の祖先が搾取された筈のかの土地、高麗を名乗ると言い出した。何処かが狂っていないのかと言いたい。話は本題に戻るが、朴大統領の声明こそ、現実を直視しての発言として分裂の悲哀を身にしみて感じている五千万の共感を呼んでいる。平和自主統一こそ民族の錦の御旗であろうが、統一は願望であり、分裂は現実なのである。努々他人を恨み給う勿れ！である。分り易く言えば、今日の南北は第二次大戦という悪魔の落し子であり、その実、血を同じくした戦災孤児なのである。この戦災孤児達も戦後四半世紀にもなれば夫々一家の主として成長したのも当り前である。この戦災孤児達は別れ別れになり、育ての親が違っていたので意思も違っていたのである。この二人に残された遺産は、祖先の墓標を取戻すことである。その場合、この兄弟には功名心は無益である。目標は遥か彼方であってもテクテクとそれに向って進んで行かねばならないのが、この民族の運命である。

族の総帥を名乗った。李博士の場合李王朝族のれっきとした一員でもあった。今度の金日成の場合統一時代の新局を招来出す

日帝が植えつけた民族的偏見

日本帝国主義の残滓はとり去られたか

高麗大学教授　社会学博士　洪　承　稷

◇はじめに

韓・日両国間の国交が正常化されてから、はや今年で八年目を迎える。その間、韓・日両国の協力関係は著しい進展を見せており、とくに最近にいたっては、観光と経済投資の方面で日本は急激な進出ぶりを見せている。

今を去る約八年前、韓日国交正常化をめぐって国論が統一されず紛乱も多かった当時をかえりみるとき、ただ感慨の念にたえない。しかし、過去の不幸な韓日関係による韓国民の感情のしこりはまだ完全にほぐれていないのであり、激動する国際情勢下における韓日関係の新時代の意味もまた、いまだに定立されてはいない。

日本はその優秀な潜在力によって戦後の廃墟(きょ)の中から短期間内に復興をなしとげ、今では世界屈指の経済大国にのしあがった。しかし、この驚くべき急速な成長の陰には、海外政策、とくに経済政策の面において功利追求の手段に行き過ぎた感がなくもなかったので、近来、日本は、世界各国から非難を受けており、日本国内でも反省の声が高まりつつあると知らされている。

日本が「世界の中の孤児」を免れるべく、海外経済政策の面で早晩、一大転換をなしてくれることは、今後さらに緊密な紐(ちゅう)帯を必要とする韓日関係のためにも望ましいことであろう。ここで韓・日両国の国交再開当時をふりかえり、一応、立場をその当時の原点に戻し、将来の韓日交隣のあり方を吟味しながら、両国が志向すべき共通目標をいささか理想的な見地で正して見ることも、さして無意味なことではあるまい。

◇過去の韓日関係

個人あるいは集団において、常にすべての関係が調和をなすことはできない。協同と対立という現象が、互いにくい違って作用しているのが人間社会である。このような傾向は、いうまでもなく国際関係でも同じことである。しかしわれわれがこれから取り扱おうとする韓日関係では歴史的に、協同といったものはほとんど見いだすことができない対立の連続であった。日本民族の抑圧のため、わが民族はあまりにも多くの苦しみを経験し、そのうえ、また、彼らの虐待によって民族的自尊までも失われたのであった。それで、韓日両国に関する限り、われわれは協同性だけでは対すことができないほど反日的傾向が強度であった。しかし誰も、両民族間の関係が先に述べた状態で永遠に持続されるのを願う人はいない。いくら反日的韓国人であっても、その他の国民感情的にどうというわけはなく、まして地理的にもっとも近い自由友邦国である日本との国交が正常化されなければならないという原則に対しては、国交再開当時にも誰しも反対する理由がなかったのである。しかし、韓日国交条約の条件に対してだけは多くの異見と紛糾があった。いずれにせよ、今や韓・日両国の国交は予期した以上の急速な進展を見せている。われわれはその結果と、絶え間なく押し寄せてくる時代のうしおに対していかに対処して行くべきかを案ずることこそ、韓・日両国のよしみを保つうえで何よりも緊急な問題であろうと思う。

◇異民族間の対立

韓国と日本の関係を、一つの民族と他の民族とが接触するうえでみられる民族的葛藤(かっとう)というわくの中で考察してみよう。人種的差別待遇などが伴う異民族間の接触は、少数民族が多数民族を支配する場合と、多数民族が少数民族を支配する場合をあげることができる。アフリカでは少数の白人が多数の黒人民族を支配しているので、このような関係は前者の例であり、(事情は違うが)日本に在留している韓国人少数民族が、日本人多数民族によって支配されている状態にあるのは後者の例である。このような少数民族対多数民族の関係は、ひとり韓・日両国間に限らず、米国、東南アジア、アフリカ大陸などの世界各地で見られる現象であり、この分野の研究は社会学で特に、人種関係(Race Relations)という学術領域をなしている。少数民族と他の民族の対立関係はいろいろな形態であらわれるが、まず、異なる人種間の民族間および民族内の対立形態を考えてみよう。これは、対立形態を「攻撃」と「防御」の二種類に大別し、関与民族を少数民族と多数民族に分類して交差させてみたものである。

A、民族間の対立現象

1、多数民族が少数民族を攻撃する。

(例・日本人という多数民族が在日韓国人という少数民族を攻撃する。反少数民族派)

2、少数民族が多数民族を攻撃する。

例・日本帝国主義時代(一九四五年八月十五日の終戦以前)に在日韓国少数民族が多数日本民族を攻撃する。反多数民族派)

3、多数民族が少数民族を防御する。

(例・親韓日本人が在日韓国同胞の人権擁護のため尽力する。親少数民族派)

4、少数民族が多数民族を防御する。

(例・親日韓国同胞が日本側に立って日本人の差別的な対韓国人態度には一理あると主張する。親多数民族派)

B、民族内の対立現象

1、多数民族が自我民族を攻撃する。

(例・親韓日本人が差別的・対韓国人態度を非難して自分の民族を攻撃する。多数民族自虐派)

2、少数民族が自我民族を攻撃する。

(例・親日在日韓国同胞が日本人の差別的対韓国人態度には一理あると主張して、韓国民族を非難攻撃する。少数民族自虐派)

3、多数民族が自我民族を防御する。

(例・日本人が在日韓国同胞の攻撃に対抗して自己を防御する。多数民族自衛派)

4、少数民族が自我民族を防御する。

(例・在日韓国同胞が日本人の攻撃に対抗して自己を防御する。少数民族自衛派)

以上は、少数民族と多数民族が対立する場合に見られる関係者たちの相互作用の類型である。もちろん現在、われわれが当面している韓日関係は、少数民族と多数民族の対立ではなく、民族国家と民族国家間における現象交流が目的とされている。ところで、ここに民族間の対立関係を論じた理由は、一九四五年終戦以前における三十六年間の韓日関係がそのようなわくの中にあったのであり、なお、今日の在日同胞がそのようなわくの中にはめられているからである。それだけでなく、韓国と日本の国交がうわべでは正常化されたとしても、民族間の対立というわくの中で韓日関係を分析するのが、韓・日両民族間の行動を理解するうえに一助になると思うからである。

まず、両民族間の対立現象を理解する一つの方法として、過去三十六年間、わが民族を抑圧した日本民族の性格とはいかなるものであり、そして今日の彼らはどうであるかを探ってみよう。

両民族の国民性の違い

日本—優越・劣等の両意識が作用
韓国—事大主義思想が殆どの根源

◇日本人の国民性

一国の国民性をうんぬんするということは、はなはだ危険なことである。なぜならば、事実上一国の国民の中には性格的相異が外国人とまちがうほど異なる場合があるからである。しかがって、国民性を論じる場合には、それが全国民を正確に評したものではなく、平均的な特徴を意味するということを知ってもらわなくてはならない。東京大学の著名な社会学者である福武教授は日本の国民性を次のように述べている。

「日本人の行動決定は、良心と理性的判断によるよりも、情性と権威に対する服従がもっと重要な役割をなす。これがつまり日本人の生活態度である。したがって、日本人には独立精神が欠如しており、このような特徴は彼らをして静かな服従生活にひたるようにしむける。……社会の身分にしたがい行動するというのは、上位者の前に自分自身を屈し、権威に完全に服従して生活する安全な道を求めることである。このような身分意識は、個人の自尊心の発達を阻害し、すべての人を必ず上位者と下位者に区分して考えるようにする。日本人はこのような価値のもとで育てられたため、上位者に対する自分の劣等意識を下位者に対する優越感でつぐなおうとする。……これはつまり、自分の上位者に対する卑屈(ひくつ)と下位者に対する傲慢(ごうまん)を意味する。」

以上のような日本人の性格は、天皇に対する忠誠心と、社会に対する服従にたやすく適応したため、これがいわゆる忠孝一致の日本帝国として飛躍したのであった。権威的な上位者に対する服従と下位者に対する傲慢は、日本帝国主義の根幹をなす精神でもあった。このような性格の持主であった彼らは、三十六年間を支配したのだから、下位者である韓国民族に、その主人(あるじ)たる日本人たちがいかなる態度をとったかは、あえていうにおよばない。

それはしても一九四五年の敗戦以後、日本人はどのように変わったのであろうか。社会的に、日本の伝統的社会秩序がくずれ去るやしばらくの間、彼らは混乱を経験した。国家を巨大な一つの家族として考えてきた日本においては、儒教の家族主義的身分関係が、あらゆる領域で徹底的に支配していた。そのような日本社会で、個人主義だとか民主主義だとか、人権尊重といったようなさまざまな新しい理念が、混乱をひき起こすことなく自然的に消化されるはずがなかった。ことに敗戦後の経済的貧困は、彼らをしてこのような新しい主義・理念を正しく受けいれる態勢すら許さなかった。そのため、自由は放縦に、個人主義は利己主義に変質した。

しかし、今日の日本はこのような混乱から完全に回復した。彼らは敗戦後、米国によって——米国の寛大な保護と援助のお陰で、政治的・経済的秩序を回復するうえで大した困難を受けなかったのであり、しかも韓国動乱という「神風景気」を迎えて、日本は一躍富強な国家として再台頭することとなった。そして今日では米国と対等な位置に立って、世界平和を再び論議するようになったのだから、まことに驚かざるを得ない。米国軍政当時は、日本が「民主主義の実現試験場」というスローガンのもとで統治されたが、今では従前のスローガンの変わりに、「共産主義を防ぐ前哨地」として新たな地位が与えられ、これは保守政権にとって鼓舞と賛辞を与えることとなった。このようにしていわゆる平和憲法の精神が保守主義によって蚕食され、日本固有の貌を取り戻したのであり、日本社会と日本人は旧社会の秩序に立ち返り始めた。(福武・前著「日本社会と日本人」英文版三九ページ参照)

以上が、われわれが接触すべき過去と現在の日本人の姿である。

◇韓国人の国民性

では、日本人と接触する韓国人の性格はいかなるものであり、さらに今日の韓国の実情はどうなのであろうか。日本人の性格を論じた場合と同じく、韓国人の性格を論ずる場合にも、[illegible]韓国人の性格は、韓国人が自ら一般的に自認している平均的傾向であって、ある特定の個人までを縛らず正確に反映しているものではない。韓国人の性格に関しては異論も多かろうが、ここでは、日本人との接触において特別な意味があると思われる「事大主義」だけを考察してみる。

韓国人の性格のなかで目につく顕著なものが、事大主義だというのを常に耳にする。この事大主義は、韓国人の宗教観念を始めとして親日、親米などの対外国的態度から感受けられるというのである。このような態度が全体の国民の間にどの程度まで広がっており、そしてどのくらいの強さで支配しているのかは正確に知らないが、韓国には外国勢力がはいるたびごとに、民族と国家の利益に相反する行為をする者が少なくなかったのを意味する。李朝時代には、儒教を崇拝するのだといったのが宗主国以上にそれをあがめる結果となり、日帝時代には私利私欲に目が眩んで、日本人以上に日本人の役を買って出て、韓民族を苦しめた者が少なくなかった。一九四五年の終戦後には、米国と近づかなくては過ごし難いようなやむをえない国際的実情に、韓国はおかれていた。このような事実を見た人たちが、韓国人は他民族にたよらなくては過ごすことのできない民族ではないかという見解を持つようになったのも無理はないと思われる。このほかにも韓国を取り巻くあまたの別の条件らが、韓国人をして事大思想をいだかしめた。しかし、いかなる状況からであったにせよ事大思想こそ、日本人が再びわれわれに接近した今日において慎むべき点であることだけは間違いない。事大思想を広義に解釈すれば、ある強大国にはべり仕えることだけを意味するのではない。自分よりも力ある者にへつらい、金ある者にたよろうとする心も事大思想に通ずるのである。

韓国が国土分断のため政治的に不安であり、経済的にも豊かでないせいだろうか、われわれは堅実な努力によって活路を開拓しようとする心構えよりは、僥倖(ぎょうこう)と権力におもね、たよって、いきなり富と権力を掌有しようとする気持ちが強いようだ。このような風土における韓日国交の正常化は、まかり間違えば予期せぬ方向に国民を分裂させ、経済的混乱を招く憂いさえあるため、寸時も注意を怠ってはならないであろう。とりわけ両民族間に人種的偏見が介在する場合には、公権と対立の度はいっそうはなはだしいものになろう。このような意味で、韓・日両民族間の対立可能性を、前述した一般的な少数民族の対立類型にならって、探索してみる必要もあると思われる。

◇韓・日間の対立

異民族と異民族の関係は、常に人種的偏見とステレオ・タイプが伴うようになっている。米国でも、黒人に対する態度には理解することができない複雑な心理が作用しているように、韓・日両民族間における関係にも相当に複雑な面が多い。韓国人は、日本人が日帝時代に見せた傲慢(ごうまん)な態度と民族的屈辱感を容易に忘れることができないのであり、日本人の方はまた、韓国人が自分らの隷属的劣等民族だったという観念から脱けきれぬことだろう。このよき実証は、韓国人が日本人といえばとかく忌嫌(きら)いするとか、あるいは現在、在日同胞が日本で受けている差別待遇と、日本人が韓国人一般に対していだいている極めて差別的なステレオ・タイプでも見いだされる。このような人種的偏見が介在する限り、韓・日両民族間における対人関係はぎこちないものになり、相互の間にいろいろな誤解が絶えず発生することになろう。相互間の行動がスムースでなく敵愾の感情ができない場合に民族的対立は始まるのである。ここで、両民族間における対立の可能性を分析すれば次の類型に分類することができる。

A、韓・日両国間の対立関係

1、韓国人が日本人を攻撃する。(反日派)

2、日本人が韓国人を攻撃する。(反韓派)

3、韓国人が日本人を防御する。(親日派)

4、日本人が韓国人を防御する。(親韓派)

B、韓・日各国内の対立関係

1、韓国人が自身を攻撃する。(韓国人自虐派——この派は対立のあやまちが韓民族にあると主張する)

2、日本人が自身を攻撃する。(日本人自虐派——この派は対立のあやまちが日本人にあると主張する)

3、韓国人が自身を防御する。(韓国人国粋派——この派はすべての日本人との接触を回避しようとする)

4、日本人が自身を防御する。(日本人国粋派——この派はすべての韓国人との接触を回避しようとする)

こうしてみれば、韓国には①反日派、②親日派、③韓国人自虐派、④韓国人国粋派などがあり、日本には、①反韓派、②親韓派、③日本人自虐派、④日本人国粋派などがあり得る。このように両国が対立現象をあらわす可能性があるのを念頭におきながら、今後のことを考えてみよう。

◇韓・日民族関係の展望

日本帝国主義の残滓のなかでもっとも悪質的なものは、韓・日両国の間に民族的偏見を植え付けたことである。日本文化が上陸するにつれてわれわれが格別に注意しなければならないのは、両国の間に深く根を張っているこの民族的偏見が、韓・日交流に作用してはならないということである。韓日両国がおのおの相手の位置に立って寛大に相手を理解しようと努めない限り、両国間の真の交流は期待され難く、目前の物質的利益だけを追求するならば、必ずや両民族は再び敵対的な対立を免れ難い。両国の友好的交流をなすためには、日本人は韓国人を蔑視するクセと、彼らが日帝三十六年間に韓国を近代化させたという妄(もう)執を捨てなければならない。韓国人は、日本をひがみに恐れるとか、憎む態度と、過去の韓民族の悲劇がすべて日本人のためであったという恩わくから離れなければならない。(たとえ、それが事実であっても)

韓国はいまだ貧しいため、日本人たちと結託して実利を得ようとする人が少なくないようであるし、日本人の中でも、韓国の未開拓分野でひともうけし、または労賃・公害の面で有利な韓国を最大限に利用しようとする目的で、韓国訪問を願う人の数は日増しに多くなるであろう。近来、日本人の数が誰の目にも目立つ程度に増加しているので、いろいろとむずかしい問題が発生するのではないかと危ぶまれる。韓国の経済発展が順調的になしとげられ、韓日国交が正常化されてから国民各自がはたしてよく暮らせるようになったと考えるようになれば別であるが、もしもそうでないままに、われわれの街(まち)並を日本人が日本語で声高に話し合いながら闊(かっ)歩し、一流ホテルから一流観光地にいたるまで、彼らでひしめく現象をみるようになれば、決して韓・日両民族間の関係がスムースにはかどるものとは考えられない。とくに韓国内では、国交正常化の問題をめぐって、世論の一致をみられなかっただけにそうなのである。万一、韓国が将来、経済的に悪化する傾向が少しでも強くなれば、政府と与党は、国民に対して苦しい立場に置かれることとなろう。

◇むすび

韓日国交正常化において、われわれが一途(ず)に望むことは、双方に利益がある協同的関係である。[illegible]共通目標を志向して相互扶助する活動を意味するのであり、この場合には双方の活動がすべからく共通目標に寄与しなければならない。韓・日両国の共通目標が経済的繁栄とすれば、相互間に有るものは売り、無きものは買うといった対等な立場による公正な経済行動を意味するのである。

そしてまた、共通目標が自由民主体制の強化であるとしたら、全体主義体制国家との交流は、相互緊密な討議のうえあらかじめ同意を求めて欲しいものである。

韓・日両民族のように、皮ふ・言語・生活・習慣などにおいて多くの共通点をもつ民族もまれである。しかし、過去の不幸な歴史のため、国交は正常化されたとしても、両民族間のへだたりはいまだ深い感がある。

韓国民は、自分の同族の一部が事大思想に流れて日本人と提携し国家に損失をもたらす行為をするのではないかと疑(うたが)ってみたり、また日帝時代のようにぼうじゃくぶりを発揮する傲慢な日本人が、またしても韓民族をろう絡するのではないかと心配もしてみるのである。

このような疑いと憂いをいだくのは、韓国民が曖昧(まい)であるからでもなく、ひがみやたらに疑心暗鬼する杞(き)憂からでもない。今日の日本人が過去の日本人ではないという確証が、いまだ納得のゆくまで説明されずにいるよしがあるからである。

いわば日本帝国主義の残滓の一つである民族的偏見が、いまだに根強くひそんでいるように見受けられるのがそれである。今後とも両民族は、このような偏見を払拭するうえでも協力して行く良識を高めるべきであろう。

六面下段よりつづく

しかし、すでに、第一事務部長が単一団体責任者会議等で説明しておりかくし通すことができなかった。

このように組織人としてはあるまじき非行が続々暴露される中で当の金炳植は九月二十二日北から帰国した。が、従来のように出しゃばったまねはできず、九月二十九日、東京十条所在朝鮮中高級学校内の文化会館でひらかれた対策報告会に出て以後、なりをひそめていた。

この時期金炳植の威勢がいかに衰えていたかは、南北赤十字会談参加のための離日、帰日過程に端的にあらわれている。

八月二十五日金炳植が羽田をたつときには、空港に千余人の見送りがつめかけて「盛大な壮行会が開かれた」(「毎日新聞」一九七二年八月二十五日付夕刊)。これは「総連」が大々的に組織的動員をやってのことであることはいうまでもない。

だが、九月二十二日帰日の際のそれにくらべあまりにも対照的であった。約二百五十名の人たちが、全く気勢の上がらない雰囲気で迎えていた。それというのも「総連」が大々的な組織的動員は行わず、日本側マス・コミ等にたいする対策上、東京都内各支部で十名ずつ動員させたからである。

財政不正、十数億円

一方、七二年十月四日「総連」中央では「金炳植事件」を主な議題にして韓議長主宰のもとに中央常任委員会がひらかれた。この席上まず「金炳植事件」の「対策委」「査問委」、「財政不正調査委」からその間の調査中間報告が行なわれたが、その内容は、次のごとく驚くべきものだった。

①盗聴器は韓議長宅の茶の間や応接間等にとりつけられていたが韓議長宅以外に副議長等幹部宅にも装置されていた。

②財政不正支出は、莫大な金額にのぼり(「常委」には「莫大な金額」としか報告されなかったが消息通の伝えるところによれば十数億円台にのぼるとのことである)、こんごさらに相当期間の調査を要する。

これらの報告に基づいて各常任委員たちの討論が行なわれたところ、常任委員のほとんどが、これまでの報告だけでも証拠と根拠は充分だから、金炳植第一副議長にたいし、組織的処分を行なうべきだと主張した。この常任委員たちの強硬な主張は、ふだんの金炳植の横暴な振舞にたいする反発からでなく、「総連」の組織を生かすためには金炳植を斬るほかないという判断からでたものとみられよう。

深夜にわたったこの日の常任委員会議は、韓議長の指示で金炳植の非行をさらに慎重に継続調査することにするとともに、「総連」の全組織がこの事件にのみとらわれる印象を組織の内外にあたえることを避けて、全常任委員が月間事業の現地指導にあたることにした。そして韓議長も北から来日した青少年学関係学者一行の接待にかこつけて関西地方旅行に出た。

だが、金炳植の非行は、さらに大衆的にあばかれていった。

次号につづく

北韓による韓国動乱挑発の経緯

一九四八年八月までの北韓側の破壊といえば、[illegible]政府を樹立した後、北韓に対する[illegible]を樹立して、すみやかに軍事力を強化するとともに南韓の共産主義者、あるいは同調者を糾合して、暴動・殺人・放火などを実行して政府樹立を妨害し、軍事の要地や政府要人を[illegible]することであった。北韓の共産主義社会の実相を知らない南の住民たちは、かなりおどらされたが、北韓から逃げてきた人たちのために、少しずつさまされて行った。一九四八年八月十五日を境にした政府樹立工作が進められるや、北韓の政策は変わってきた。それまでは、おもに南の共産主義者を利用、それ以後は、北韓から工作員が送り込まれた。平壌には江東政治学院というのが設置され、三～六ヵ月の短期教育をさせては、組織的に武装要員を南に送り込んだ。もちろん、一九四八年四月三日に起きた済州島暴動事件、十月の麗水・順天叛乱事件、十一月の大邱叛乱事件などは、事件突発のずっと以前に、北から少数の指導者を送り込んで、国内の冒険主義者または共産主義を熟知らない民族を巧みにだましこみ、これを組織して叛乱を起こさせたのである。

1950年6月28日、南侵開始3日目にソウルを占拠した北韓軍

ところが、政府樹立以後からは十回にわたって約六千名の武装集団を送り、野山隊、東海遊撃隊、第一・第三兵団などの部隊名をもつ遊撃部隊が活動した。韓国戦争以前のはなはだしいときは、南韓の約四割に相当する地域が、治安状態が乱れていた。一方、三十八度線に沿っては、六百八十回にわたる不法挑発、あるいは射撃、ときには大隊規模の攻撃もしかけてきた。

北から送り込んだ武装集団の遊撃活動は、国内の人民蜂起を仮装して、新生韓国政府を転覆させるところにその目的があった。三十八度線でのたび重なる挑発行動は、韓国の主兵力をこの三十八度線付近に固着せしめ、後方遊撃活動の討伐を不可能にし、韓国政府の無能ぶりを世界に示すつもりであったことも、見のがせない事実である。ところが政府樹立宣布と共に韓国軍は共産遊撃部隊の徹底的討伐に当たった。一方、警察の共産運動摘発活動は功を奏した。一九五〇年初期は、いわゆる忘失（行方不明）ゲリラ約五百名がしゅん動する程度だったが、これも警察により処理できた。

このような政府の反共・滅共政策に直面した北韓は、次々に破壊工作要員を南に送りこみ、政界・教育分野・法曹界・言論界・宗教界へと潜入してきた。北の宣伝にまどわされていた数多くのいわゆるインテリゲンチャは、韓国戦争によってはじめて目がさめた。一九四八年末、北の金日成は、北が送り込んだ武装集団と、各種地下工作員の活動だけで、韓国政府を転覆させて赤化することはとうてい不可能だと判断し、武力侵略による方法に踏み切ったのである。南朝鮮労働党首朴憲永、中共系の金科奉、武亭らの進言を受け入れる金日成ではなかった。彼はすでにスターリンとはかり、戦争による韓国占領を決意したからである。

赤化妄想で挑発続ける
南韓を奇襲しながら北侵宣伝

韓国を武力占領するためには、軍事力を急速に強化せねばならない。一九四九年一月、満州のハルビンで、東北義勇軍の北朝鮮帰還に関する会談を終え、第一次的に中共軍第一六六師団（韓民族による編成）約一万二千名が、新義州・安州地区に入ってきた。第二次的に、一六四師団約一万名が、羅南に到着した。その他、中共軍韓国人部隊約三千名が入ってきた。一方、ソ連軍韓国人部隊約五千名も受け入れた。北に入ってきた一六四師団は第五師団、一六六師団は第六師団と[illegible]して兵力を増強した。その他の保有兵力（中共軍一三九・一四〇・一四一・一五六師団出身）は、第七師団[illegible]第十二師団として編成された。[illegible]一九四九年八月[illegible]。ソ連から[illegible]を導入して訓練を続けながらこれらの部隊を編成した。[illegible]部隊を編成するとともに、[illegible]訓練も行い、[illegible]第十五師団に編成、訓練をつづけ[illegible]第十二師団、第十三師団[illegible]。最初に編成された第一・二・三師団のほかに、第四旅団が装備を改良し兵員を補強して、第四師団となった。中国の鄭州から帰還した兵力は、第十二師団に編成された。[illegible]旅団に編成された。北韓側にはこのほかにも、民族保衛省直轄部隊と内務省警備隊組織があった。これらの部隊の兵力ならびに装備は、南の韓国軍を圧倒するのに十分であった。訓練においても、師団単位はもとより、連合訓練までも一応すましていた。当時の北と南の戦闘能力を三対一と評価してもまちがいなかろう。韓国戦争を前提とした六百八十回にわたる三十八度線での挑発行動は、韓国軍の戦闘能力をテストするための挑戦だったと評価してもよかろう。

南への武力侵略のためには、軍事力の強化だけで準備が終わったわけではない。「朝ソ軍事秘密協定」「朝中相互防衛協定」を一九四九年五月に締結し、一九四九年五月二十日までに、十億円相当の軍需物資の搬入を完了した。

ソ連の指令のもとに金日成が、韓国に武力侵入した証拠として、[illegible]「われわれは戦争[illegible]」[illegible]前述のように北韓の共産政権は[illegible]い」。[illegible]するのは、国際主義とは矛盾しない」と、[illegible]の手段として利用[illegible]をならべたて、それを攻勢的平和[illegible]。[illegible]ソ連からは戦争物資・技術を援助し、中共からは国共内乱に戦闘経験を持つ韓国人を帰還させ、スターリンの指令のもとに戦争を開始したのであるが、準備が整った直後に南侵を開始したのではなかった。

スターリンは、戦争の原則として奇襲を重視しないような発言をしながらも、少なくとも韓国戦争では、奇襲の原則を利用するために、一九五〇年六月七日、「平和的祖国統一呼訴文」を放送させた。南北統一最高立法機関を設置するため、八月五～八日間に選挙を実施し、八月十五日には最高立法会議をソウルで開くことを呼びかけ、この条件と手続きを討議決定するために、六月十五日に海州または開城で、代表者会議を開くことを提案してきた。北韓側は六月十日、三十八度線上の呂峴駅でこの呼訴文を手渡すと放送した。当時、国連韓国委員団ではこれに応じ、呂峴駅に行ったが、誰も現れなかった。六月十日になっては民族志士曺晩植（北で監禁）と、南労党地下工作指導隊長李舟河・金三竜（暴動・破壊を指導したかどで逮捕されていた）との交換を提案してきた。六月十九日には、[illegible]北韓は[illegible]三十八度線に八個師団と三個旅団を配置したが、韓国は兵力不足の四個師団を配置していたにすぎなかった。

韓国には、米国の軍事顧問団の将兵四百九十七名がいたにすぎなかった。六月二十五日午前九時三十分、金日成は「平和的統一のための北の提案は拒絶された。韓国は海州地区の三十八度線に侵略軍を進撃せしめ、その責任は南韓にある」と主張したが二日後の二十七日の晩にはすでに金日成の軍隊が、T-34ソ連製戦車を先頭にたちまちのように首都ソウルになだれ込んだのである。六月二十六日の国連韓国委員団の報告は、「現在進行中の北の軍事行動は、数日間にその（侵略）目的を完遂する要いがあり、戦闘中止と北韓軍の撤退に関する理事会決議は空論化する恐れが多い」と悲観的であった。[illegible]ろでないということをよそおったため、六月中旬、駐北韓ソ連大使チスチャコフ、駐米大使タラウスキー、対日理事会ソ連代表デレビヤンコらをモスクワに召還し、ニューヨークにいた国連のソ連代表マリクには、ことの成り行きを傍観させたのである。

もう一つ、北韓の金日成政権の戦略は、韓国を奇襲攻撃しながら、南から北に攻撃してきたという宣伝をするのを忘れなかった。もちろん、この宣伝は、一時的な非人道極まる効果をねらったものであるが、少なくとも水かけ論に終わらせる程度の効果はあったと言えよう。彼らは兵力において約二倍、戦車二百四十二台（韓国は一台もなかった）飛行機二百十一機（韓国は二十二機の訓練用）、各種の砲にしても、約二倍に相当

戦闘を開始した金日成は、ただちに七十万の北韓青年に動員命令を下し、南韓の占領地区では、老少を問わず四十万の青壮年を義勇軍として、強制または欺瞞して、軍隊に引き連れていった。

占領地区では、積極的に彼らに同調しない住民を、虐殺・拷問・投獄して絶滅させるのに、手段と方法をえらばなかったことは、彼らの教条のしからしめるものであった。急速な南進攻撃により後方にとりのこされた住民を、積極的に彼らの共産作に加担させようとする一方、八月十五日までには南韓を完全占領し、ソウルで赤化統一の記念行事を催す計画であると宣伝した。

特殊工作隊員四千人をともなった金日成軍隊は、予想以上に進撃の速度がはやかった。ソウルを占領した師団は、祝賀会を催し、有頂天になった。数多い共産党の幹部が、米国の介入を気づかったが、ただひとり愚かな金日成は、絶対にこれを否認していた。不幸にして七月五日、水原まで南下した北の第四師団が、米国軍一個大隊（四百六名の米国第二十四師団）の陣地を踏みにじって南侵したのは、予想もしていなかった。一カ月内に南韓を占領し、八月十五日には、ソウルで統一祝賀行事を催す計画は、水の泡と消えてしまった。国連軍最高司令官下の十六カ国の軍隊が戦場にかけつけ、不法共産侵略を撃退するようになったからである。

九月十五日の仁川上陸作戦と、洛東戦線からの無制限北進攻撃は、金日成軍隊を瓦解させるのに十分であった。とくに、共産軍自体に不満をもつ将兵をふくめて十三万人の捕虜を収容したのである。国連軍は、彼らを収容することが大問題となった。強制され戦線に立たされた共産軍捕虜は、自分の家に帰ることができた。

韓国の民主統一独立を目標として、国連軍は十月一日、三十八度線を突破し、二週間足らずして、鴨緑江・豆満江に近づいた。十月十五日、国連軍司令官マッカーサー元帥は、ウエーキ島でトルーマン大統領と戦争の制限に関する会談をしたが、このときすでに中共軍主力、第三・第四軍が韓国国境を越えはじめていたのである。金日成が、毛沢東・スターリンと手を組んではじめた戦争だけに、壊滅した金日成軍隊をおきざりにする毛沢東ではなかった。二十個師団、約三十万の中共軍が韓国戦線になだれこんだ。

共産軍の砲撃で南下する避難民

韓国戦争観の差異（米国統合参謀本部とマッカーサー司令部間）のため、一九五一年四月、マッカーサー司令官は解任されたが、これは国連軍派遣国家内部の国家利益の差異と、共産側の謀略が効を奏した結果だと見られている。

侵略開始満一週年の日、共産側は被害は多く勝算がないと見るや、威嚇的な休戦提案をした。しかし、共産側の休戦会談は、戦争を中止するための手段ではなく、戦争継続のための、もう一つの戦術にすぎなかった。休戦会談が継続された二年一カ月の間に共産側は、あらゆる手段（例、会談に出席する代表団の随員車に武器・補充人員を輸送して前線を強化した）をつくして勢力ばん回をはかった。有名なのは、米国軍が細菌戦を展開したことを巧みに不都合な宣伝をしたことである。この宣伝で一時は、世界の世論がすっかりだまされていた。これは国連軍の士気低下と不和をかもすのに役立っていた。もう一つは捕虜収容所内の暴動事件である。[illegible]所長を、捕虜たちが拉致した事件であった。これも米国軍のメンツまるつぶれの事件であった。韓国戦争は、捕虜に関する新しい問題を提起した。一九五二年十二月十八日、会談場所で相互の名簿を交換したのであるが、次のとおりであった。

国連軍提出人員数

金日成軍隊出身	一一一、七五四名
（南韓出身義勇軍一六、二四三名を含む）	
中共軍出身	二〇、七二〇名
計	一三二、四七四名

共産側提出人員数

韓国軍	七、一四二名
米国軍	三、一九三名
その他国連軍	一、二一六名
計	一一、五五一名

彼らはいわゆる「祖国解放戦[illegible]ジュネーブ条約を[illegible]。国連側はほとんど[illegible]共産側の戦術的な会談戦術に反し、国連側はあまりにも正直であった。ところで一三万二千四百七十四名の共産捕虜中、韓国人三万一千名、中共軍一万六千名が、本国送還を要求してゆずらなかったが、当時、李承晩大統領の英断で、反共捕虜は自由釈放された。こうして一九五三年七月二十七日の韓国民が願わなかった休戦協定は成立したが、韓国側の苦悩はあまりにも深刻なものであった。

ある一つの思想が、宗教でない限り、五十年を無事に押すのはむずかしい。ソ連自体にも問題がある。ある意味では、ソ連の国内問題の解決が、チェコ問題などをしからした一面もある。ソ連と中共との間も、なかなかおちつきそうにない。共産国家間にも多事多難の時期がきている。危機がきている。危機が目前に迫っているようである。

今後、共産側の一枚岩の団結は期待できそうもない。金日成がこの間にあって、全面的な南侵戦争をはじめると考えられない。戦争雰囲気の醸成はどこまでも、自体内のほかの目的である。しかし、当分二万五千名、二千四百名の訓練された武装スパイを送り込んでみる可能性はある。しかし、すぐ[illegible]ることを思い知るであろう。ある筋の報告によれば、[illegible]は、失敗の連続で、責任を取らされる可能性が濃厚であるという。彼らの今までの戦略・戦術は自分たちにいずっている一九七〇年代には、完全に失敗するであろう。

南侵準備に関する証言

捕われ取調べをうける李学九

北韓軍侵入で瓦礫と化したソウルの街路で、悲しみに打ちひがれた少年

北韓の北塵主義者たちが、一九五〇年六月二十五日午前四時になるのをいかに胸をときめかせながら待ち、また自信たっぷりであったか、T・R・ベレンバークはその著書〈このような戦争〉の中で次のように生々しく記録している。

「北韓共産軍第二軍団作戦参謀――李学九総佐は、まる二週間のあいだ不眠不休で働いた。一九五〇年六月十五日から共産軍の全師団が駐屯地を発ち三八度線近くの"出撃線"に配置されていた。それは、作戦参謀としては、はなはだ骨の折れるぼう大な作業であった。六月二十四日、土曜日の夜が暗がりに包まれるや、李学九は角ばった顔から緊張を解き、ゆったりとタバコをふかすことができた。北韓の土曜日の夜は実に平凡であったが、六月二十三日の夜までにすべての共産軍部隊がおのおの配置を終えたので、しばらくの間、何ごともなすことがなかったのだ。

彼がなし終えたことは、参謀としてことにすぐれた作業であった。

つや光る革の長靴を穿き、ソ連軍スタイルに似た黄色の制服をまとった総佐は、しばし、去る幾日間の混乱と自分の役割をふり返って見た。それは、八万大軍の移動であった。あらゆる高地から、また遠くは鴨緑江から師団兵力が下って来た。

すべてのことが順調に進行された。米国と韓国の政治家たちは夢にも知らずにいることだろうと李学九はほくそえんだ。

共産軍司令官崔庸健とともに、満州の広野で戦闘経験を積んだ参謀たちにはほこりがあった。去る一月、北京で南侵を計画したソ連・中共・北韓の三者高位会談後、彼らの共産軍は小規模の新規軍をもって奇跡をつくったのである。

六月二十三日金曜日の夜中、九万の兵力はさみだれの降りしきる中で出撃態勢をととのえてろた。タンク百五十台、空軍機二百機、各種の小火器と多数の迫撃砲、百二十二ミリ曲射砲、七十六ミリ直射砲などをそなえた七ヶ歩兵師団と一ヶ機甲師団、一ヶ独立歩兵連隊、一ヶオートバイ連隊、保安隊一ヶ連隊の兵力であった。

六月十八日に、李学九とその幕僚はすでに作戦命令を下していた。まず、ソ連語で書かれた偵察命令第一号として、各師団の攻撃路前面にあたる南韓防衛陣の情報を、二十四日内に入手せよと命じた。これは共産軍情報部が下したものである。

北韓は多くのスパイを南韓にしのばせたが、この中には、韓国軍に派遣された米国軍事顧問団の中で働く者もあった。ソ連語を使える北韓情報将校たちは、彼らが狙う情報を的確に入手することができた。

六月二十二日、各師団には韓国語でつづられた作戦命令が発せられた。

第一、第三、第四師団は、タンク部隊を先頭にソウルに向かって議政府回廊を攻撃し、その他の師団は、東部方面を攻撃せよとのことであった。一般の兵士たちには大機動訓練だと言いふらしたが、将校たちは戦争だということを知り尽くしていた。

陸戦隊まで配備した南侵戦略
六・二五初期には制空権も北韓に

若い李学九は、充血した目をしばたたきながら、やたらにタバコを吸っていた。

彼は、前方作戦指揮所からの報告を待っていた。そとでにわか雨が滝のように降りしきり、土砂降りの土からはむせるようなにおいがたちこめていた。

彼は疲れを感じた。しかし、刻一刻と時間が流れるのを待っている興奮のために緊張した。ところが、長く待つこともなかった。ついに命令が下ったのだ。すべては筋書どおりに動いた。北韓の共産軍は、ソ連と中国で訓練された狂信的な古参兵を主軸として編成されていた。そのほかにも多くの徴募兵がいたが、これらも命令にしたがうことは明らかであった。

背中に銃剣を突きつけられる共産軍にとっては、ためらうことなどはありえなかった。李学九は、もう一度時計に目をやった。彼は作戦状況室に入って来た他の将校たちと目を見合わせた。彼らはことごとく、若くて健康な風貌ぞろいであり、中国やソ連で、血気ざかりを過ごして来た歴戦のもさたちであった。彼らは、日本と戦い蒋介石軍隊とも戦った。そしていまや、韓国軍と戦おうとするのである。

いたるところで、カーキ色の軍服を着た兵士たちが闇の中でずぶぬれになりながら動いていた。巨大な曲射砲の砲口からはおおいがとられ、タンクも身をゆさぶり始めた。土砂降りの雨もいつの間にか小ぬか雨に変わった。

緑色の水田には田植用の水がいっぱいにたまっていた。しかし、道はコテコテに固まっている。ようやく巨大な砲身を持ったタンクも進み出した。華川南方の谷あいでは、二ヶ師団が進撃命令を今か今かと待っていた。将校たちの右手がさっとあがった。分隊長たちがただちに号令をはりあげた。重砲はずっと前から出動準備がととのっていた。

たちまちおたけびが起こり、どすぐろい大砲は空を目がけて火を吐いた。東海から西海岸の霧がかった浜べまで、ソウルに通ずるすべての道は砲火と銃声と轟音で夜が明けた。タンクはキャタピラで泥をはねあげながら前進した。ソ連の沼地で耐えられるように造られたので、韓国の乾ききった地上をころがるのは平地を行くに等しかった。タンクのうしろには、黄かっ色の制服を着たちっぽけな人間たちが、ときの声をあげながらつき進んでいた。

「ばんざい！」李学九総佐は叫んだ。つづいて彼の参謀たちが復唱した。彼らの目は輝いた。

一九五〇年六月二十五日、午前四時のことであった。

部隊の移動と砲力装備に関する証言

次に、李学九軍団の共産軍第二師団で春川攻撃命令を受けて南侵、その後、大韓民国に帰順した元共産軍下士官の証言を聞いて見よう。

▽金瑞用氏（当時、北韓民族保衛省、偵察局第三部・北韓共産軍第二師団派遣勤務中士・現水産協会勤務・四十三歳）＝「北韓の戦争準備は、六月初旬、各部隊の移動から始まりました。わたしは五月の末ごろ金策にある、第三軍官学校から、にわかに民族保衛省偵察局へ転属命令が下り、すぐ咸興にある第二師団に配属されました。六月七日にいなずまと呼ばれる戦闘非常召集命令が発せられ、十日に列車便で咸興をたちました。おもに夜間だけ汽車が動き、江原道金化に着いたのは十二日の午後二時ごろでした。金化駅構内には兵力と軍の装備がぎっしりと積まれ、そこで弾丸百五十発、自動多発銃弾二百十六発、手なげ弾四個、米国とソ連製乾パン三日分ずつを受けとりました。すべての兵士が偽装をしたあと、金化から徒歩行軍で十三日に春川に到着、一里半ほど前方に進みました。ところがもはや前方には、第二師団作戦部長全文換大佐が率いる先発部隊が到着して、部隊の位置を選定したうえ、陣地作業をしていました。わたしは、民族保衛省派遣勤務だったので、師団参謀長と作戦部長の指示だけを受ければよいのです。それでわたしは、師団指揮所についていたのですが、ほかに兵士たちは個人壕を掘ってその中で戦闘準備をしていました。当時、第二師団の装備としては、三ケ連隊にソモホット大隊（ソモホットとは別称自走砲とも言われ、タンクに似ているが砲塔の鉄蓋がなく七十六ミリ直射砲と高射機関銃で武装されている）百二十二ミリ曲射砲大隊、七十六ミリ曲・直射砲大隊、百二十ミリ迫撃砲大隊などであり、きわめて優勢なものでした。

とくに七十六ミリ砲は別称スターリン砲とも呼ばれ、第二次世界大戦のときにドイツ軍をせん滅するうえで決定的な役割をなした砲として有名でありました。

師団の兵力は、くわしくは分かりませんが、相当多くのソ連軍顧問たちが民間服装をして配属されていました。

六月二十三日午後十時ごろ、非常命令とともに各小隊単位で戦闘命令が下されました。ただちに四十五ミリ直射砲を分解して最前方まで運搬し、韓国軍の哨所より二、三百メートルの射撃距離にすえつけ、五メートルの間隔で迫撃砲を整列させました。

戦闘開始信号は、さきに紹介した七十六ミリ・スターリン砲が韓国軍陣地に向かって一発ぶち込まれると同時に、一せい攻撃を開始することになっていました。

六月二十五日午前四時二十分ごろ、待ちに待ったスターリン砲がうなり、北漢江岸わきの韓国軍の兵営のまえで炸裂しました。まさに本格的な南侵が開始されたのです。

もともと下達された作戦命令は、六月二十五日に北漢江を渡って韓国軍の第一線を占拠することであったが、彼らは、北漢江渡河が非常にむずかしいものと予想したわけです。しかし、攻撃開始後十五分間にたてつづけに砲撃しながらたやすく河を渡って、午後六時ごろには師団本部までも河を渡り終えました。

二キロほど前進すると、もはや春川を占領したと伝えられ、市内の方では、独領のタンクからたちあがる黒煙が空をおおっていました。それで、砲兵と歩兵の到着も待たずに、自走砲部隊を先立たせて春川方面に進撃しました。このとき、山中に埋伏していた韓国軍の攻撃のために第二師団兵器長安総（大佐）が戦死し、その他、多くの死傷者が続出しました。これが戦闘開始後四時間目のことです。

南侵指令を指示伝達した前駐北韓ソ連軍司令官スチコフ（中央）

南侵計画に関する民間人の証言

一方、六・二五の南侵がひき起こされた当時までは、三八度線の接境地帯に住み、その後、南韓に越境して来たある民間人は、北韓共産軍の移動状況が半公開的であったにもかかわらず、どうして南韓側が奇襲を受けたのか、とけげんに思っている。次にその証言を聞いてみよう。

▽全鎮烈氏（当時、江原道高城[illegible]ダイヤまで全面停止した[illegible]なく、彼らが[illegible]。[illegible]六月八日早朝から三八度線に向かって南下する列車が連らなり、外金剛では[illegible]がひっきりなしに[illegible]区別なく[illegible]タンク・砲・[illegible]出されることをはかるかのように、トンネルの中にひそんでいる列車もありましたが……。午後になると、陸路をたどって自動車部隊がおびただしく押し寄せて来ました。外金剛から三八度線までは約二十里の距離ですが、事態がおだやかでないということはすぐに感じとられました。これほど多くの列車がよくもかり集められたものだと騒ぎ出しました。あとになって知ったのですが、遠く満州からも借り出したということでした。徴用列車は、六月二十四日になるまで絶え間なく下って来ました。

三八度線近くの住民たちは、このような参戦の急変を目撃したので六・二五を予感しなかった人はなかっただろうと思います。

六月二十四日の夜八時ごろと記憶していますが、平壌放送を通じて、二十五日午前中に重大放送があるかもしれないからよく聞くようにとのことでした。北韓の人たちとしては、六・二五は、南韓のように予想外な奇襲事件ではなかったのです。二十五日の朝がたに、南韓の国防軍が北侵して来たので、これを北韓人民軍がいっせいに南下して、いわゆる「南半部を解放」させるために戦っているといきまく放送がなされました。

六・二五を十七日間も先立つ彼らの南侵準備は、誰の目で見ても判然とわかるほど大げさに進行されたのです。北韓では誰もが予知していたことを、当時の韓国軍部とか情報機関が全然知らなかったということはどうもげせないことなのです。

北韓が、南侵計画をいかにち密にせきたてて来たかを、当時北韓に住み、後日、自由を求めて南下した女性の一人は次のように証言している。

△金白蓮（当時・北韓の崔承喜舞踊研究所教師、現慶熙大学舞踊教授・五十歳）＝「わたしは、六・二五が起こる一カ月まえ、文化宣伝相であった許貞淑を団長とするいわゆる朝ソ親善公演団の一員として、ソ連を訪れました。ハルビンからチャムスを経てソ満国境を越えるときソ連から満州におもむく貨物列車に大砲とタンクが満載されているのを見ました。そとを眺めてはならないと言われていましたが、こっそりカーテンを引いて見たのです。そのときは、こんなにおびただしい武器が中共へ行くのか北韓に行くのか皆目わかりませんでした。

四百余人の音楽家・演奏家・舞踊家で編成された一行は、約二カ月の間、ソ連の各都市を回りながら公演を行いましたが、いまになって考えると、南侵をひかえた彼らの対ソPRであったのです。

わたしは職分のせいもあって、しばしば北韓高官たちが催すパーティーによばれ、公演したものでした。そのとき、最も印象に残ったことがあるのです。崔庸健（当時[illegible]）[illegible]です。ソ連兵たちは「あれもはいって来たのか。それはよかった」と言いやくのでした。しかしそのときは、彼らのことばが何を意味しているのかわかるはずもなく、あとになって「あれ……」というのがソ連の武器を指していたことに気がついたのです。

いまなお心が痛むのは、当時、平康第四女子中学校に通っていた十六歳の妹が、六・二五が起こるひと月まえに、一カ月だけ病院に通いながら看護教育を受けるようにとすすめられてから、戦争が起こるといやおうなしに引っ張られて行ったことです。

一方、北韓の海軍も陸軍と足並みを揃えてずっと以前から南侵準備にとりかかっていた。海軍に対する証言は、やはり北韓の海軍大尉出身で、一九六五年二月一日、自由を求めて大韓民国に帰順して来た李鍾星元海軍少領（現在、海軍本部勤務・四十歳）から聞くことにしょう。

「北韓海軍は一九四六年七月、いわゆる水産保安隊の創設によって始めて編成されたと言えるでしょう。このとき、東・西海軍基地でおのおの水産保安隊が組織編成されたのですが、兵力は、日本製旧式小艦艇と発動船を合わせて、約二十隻にすぎませんでした。ところが、一九四七年には海軍幹部学校が創立され、四八年には海軍軍官学校と改称、兵力も一個師団六千人に増強しました。一九四九年末ごろ、内務省管轄下にあった海岸警備隊を民族保衛省に移管して、正式な呼称を「人民軍海軍」と称しました。

ソ連から、比較的に新型の小艦艇三十五隻を導入しました。その後、一九五〇年五月初旬には、東・西海の両基地におのおの一カ大隊規模の「陸戦隊」を新設、海岸・陸戦隊・海岸砲・空軍による合同訓練を猛烈にくり返しました。

また、東・西海の水産事業所管下にある民間船舶を動員して、機雷敷設と海軍陸地の任務遂行に必要な補助的訓練も強化しました。

それにまた、海軍の各艦船、武器、技術機材の完全無欠な整備と検閲演説事業が急速に強化されました。さらにソ海軍の高位指揮官たちがしきりに基地を訪れては、「南韓を解放しなければならない」などのせん動演説をくり返したのです。北韓の南侵計画を偽わることのできない証拠としては、一九五〇年六月二十二日、金日成の名義による戦闘命令が全軍に示達されたが、その内容を見ると、命令一下、ただちに戦闘する態勢を完備せよ、ということでした。これがまさに南侵攻撃命令だったのです」

北韓海軍の南侵準備の中で特異な点は、二カ大隊の「陸戦隊」を保有していた事実であった。上陸戦をおもな目標とするこの陸戦隊は、六月二十五日、三十八度線のずっと後方にある三陟南方の臨院津に奇襲上陸を行なった。

北韓海軍も、彼らの陸・空軍に劣らず組織的で計画的な南侵準備におおわらわだったのである。

北韓が、南侵初期に最も効果的に役立たせた武器が、ソ連製T-34タンクと、のちに米空軍によって撃破されたヤーク戦闘機であった。前者は韓国軍の防御線突破に、後者は後方民心攪乱におのおの決定的な役割を果たした。

韓國新聞

在日大韓民国居留民団
中央本部機関紙
韓國新聞社
発行人　金正柱
東京都文京区春日町
2丁目20−13
電話直(813) 1451〜3
交(813) 2261〜5
振替口座 東京 163774

民団綱領
一、われわれは大韓民国の国是を遵守する
一、われわれは在留同胞の権益擁護を期する
一、われわれは在留同胞の民生安定を期する
一、われわれは在留同胞の文化向上を期する
一、われわれは世界平和と国際親善を期する

愛の誠金最高実績

セマウル支援運動大づめ

団員2,300人で千八百万円

六支部しかない長野県本部の熱意

鄭徳永団長

朴源熙事務局長

李鍾永青年部長

朴昌熙氏

▽…県内全部で、わずか団員が二千三百人しか居住していないという民団長野県…△
▽…本部(鄭徳永団長)で、セマウル支援金が、何と千七百七十五万円(六月三十日…△
▽…現在)も集まり、中央はもとより、全国組織関係者をして感歎させている。こ…△
▽…の事実は、本紙の長野県支局長であり、同県本部副議長でもある鄭洪徳氏が、…△
▽…本紙特派員としてソウル向け出発の七月二日、明らかにしたもので、過去の水…△
▽…災義損金など、各種誠金募集の最高実績であった百二十万円の、いちやく十倍…△
▽…にひってきする金額であり、この飛躍的発展に、当の本人たちも、おどろいて…△
▽…いる仕末。

とまれ、この成果は、県内六支部(支部の端から端まで行くのに6時間もかかる)しかない組織体として、愛国愛族の至情が如何に大きなものであったかを如実に物語るものとして、驚嘆すべきことといえよう。

中央では、この長野県の実情に範をとり、全国各地方でも、さらに努力して、目前に迫った、セマウル支援運動のしめくくりに、有終の美を飾るよう要望している。

誠金50万円以上の分

朴基植、朴昌熙、朴懐擧、鄭聖謨、洪理根、卞泰東(以上、松本支部)李貴徹・孫吉炳、蘇昌烈(以上、北信支部)李快水(東信支部)呉學燦(諏訪支部)の各氏

このうち、松本の朴昌熙氏は、七万円のサラリー収入しかない普通にもかかわらず、本国のセマウル事業にぜひ役立てて欲しいと、全額五十万円しかない預金通帳を、そっくりそのまま誠金にふりかえたといわれ、関係者をして痛く感激させている。

7万円のサラリーで 50万円の預金通帳を全額

このセマウル支援誠金は、鄭徳永県本部団長の五百五十万円を筆頭に、次の三機関役員たちが、誠金を出しあったもので、七月六日に、韓国大使館へ伝達され、中央から、十九日出発予定の、全国組織代表の中に、同本部関係者も加わり、本国で直接、姉妹結縁部落に手渡されることになった。

経友会でも 百万の誠金

また、長野県本部では、つとに青年部を設け、同胞青年の親睦団結をはかって、各種催しものなどを随時ひらいて成果をあげているが、中でも幹部級十一人で構成している経友会は、朴源熙本部事務局長と、李鍾永本部青年部長が先導をとり、昨年、大使館の白書鉉参事のすすめもあって、二十人からなる母国訪問視察団を編成、各地で生々しい現実に接触され、おおいに感銘して帰ってきたが、当時の感激さめやらず、このたびのセマウル支援運動資金にも百万円の誠金をよせている。

青年会組織を論議

三日、静岡県本部で連席会議

民団静岡県本部(康民高団長)では、三日午前十一時から、同本部会議室で、事務部長並び青年課長連席会議をひらき、青年会組織問題について意見をかわした。

なお、六月二十日までに任命を完了した同本部事務局長、青年部長を始め、管下支部事務部長、青年課長は次の通り。

▲静岡県本部事務局長＝朴正煥　青年部長＝趙甲守。
▲浜松支部事務部長＝趙三柱、青年課長＝趙根弼。
▲東部支部事務部長＝尹昌鎬、青年課長＝朴根郁。
▲清水支部事務部長＝河錫瑚、青年課長＝申容浩。
▲御殿場支部事務部長＝李瑾載、青年課長＝朴弘一。
▲志太支部事務部長＝金光柱、青年課長＝金鍾徹。

対馬島本部を強化

六・二三平和統一外交宣言を積極支持

金正柱団長、二日の中執委で報告

民団第十回中央執行委員会は、去る二日、赤坂の駐日韓国公報館で開かれ、①六・二三大統領声明に対する民団態度の再宣明の件、②在日スパイ団に対する件などを討議、中央団長の「セマウル」支援事業と対馬島本部視察報告を聞いた。この日、執行委員十七人中十人が出席して開会された委員会は金正柱中央団長がまず要旨別項のようなあいさつを述べたのち議題にはいった。

D 金正柱中央団長の特別談話の件　本国ではこれを談話と見ずに声明として受取っている。さらに、この声明が、本国の国会での論議の結論に先立ち発表されたことに対する、本国言論界は驚ろきと民団の自信ある処置に敬意があった。朝総連が高麗連邦共和国の解説書などを配付しているが、民団中央が「連邦制」の不可能な理由を解説した文書を各組織に配付する、という結論を得た。

②在日スパイ団に対する件＝これは一度は論議されるべきことである。本人が意識せず朝総連に利用されるのを努力防ぐ、活動などを特に朝総連にそそのかされるケースを未然に防ぎ、団員を保護する。そのためには公館にも協力を求める、という結論を得た。

ついで団長報告に入り、民団としては、在日国民の権益を擁護する立場で、極力努力していること。セマウル支援事業は、当初の予想を大幅に上まわり、規模が大型となって、金額も二倍になったこと。対馬島本部の視察の結果は、上支部はそのままとし、中支部と厳原支部を統合して強化せしめ、本部の機能を完全化する。そのためには福岡県地方本部にも協力を求めてある。早急に対馬島地方大会を開催して中央に報告することーなどが報告された。

金正柱中央団長あいさつ要旨

六月二十五日に発表した団長談話はわが民団の姿勢を表明したものである。国内でも、国会で与野党が共同で支持決議文を採択した。本国の国会議員たちも、外交官のみに外交活動をまかせることはなく、国会議員自身が外交の一翼を担うべきであるということから、欧州、米国、南米、東南亜、日本の五つの班に分れて、活動することになり日本班は七月二十五日頃に来日する予定である。

金日成提案は実現性がない

韓国公報館で時局懇談会

東京の韓国公報館(尹彦煕館長)では、七月五日午後二時から三時までの一時間、在日新聞・通信社など報道関係者の集まる中で、時局懇談会を、同館会議室においてひらいた。

この日の会合では、さきに朴大統領が内外に示した六・二三特別宣言の真意は、あくまでも民族平和統一の基本的なものであり、これに対しとられた、このたびの金日成提案の高麗連邦共和国や、国連同時加盟反対などは、平和統一に対する何の具体的実現性のない、宣伝のためのジェスチュアにすぎないものであることを確認、一方、朝総連と結託している不純分子らの一連の策動には、言論界としても、今後、その正体を暴露していかなければならないとの結論を得て散会した。

預金二千億円

27日、韓信協総会

在日韓国人信用組合協会(李熙健会長)では、去る二十七日午後三時から、新宿の東京商銀本店七階ホールで、十八回通常総会を開き、事業報告、役員改選を行い役員は全員留任、午後五時半散会、六時から銀座秘苑で懇親会を開いた。第二日の二十八日には全三十二組合員が二手に別れ、読売カントリークラブでゴルフコンペを行い、その他は都内の施設を見学した。第一日の総会には来賓として李澔駐日大使、宋賛鎬公使、金在権公使、金正柱民団中央団長、雨宮全信連中央会長、金鎮根外換銀行理事らが出席祝辞を述べた。

なお今年度預金目標は、二千億円。

祖国での十日間 (3)

本社　金元奉記者

東洋一の総合大学間近

国の様相変えるセマウル事業

ソウル市の地下鉄

五月九日、陸士訪問のあとソウル特別市庁を訪問、梁鐸植市長と会見して訪問記念のメダルなどをいただいたあと、ソウル特別市地下鉄建設本部の金命年本部長の案内で地下鉄工事現場を訪れた。

韓国の地下鉄は、アジアでは日本に次いで二番目の地下鉄だが、(北京に地下鉄があるとのことだが、これは原水爆退避用のトンネルの交通機関らしく、一般の乗客を乗せて運ぶことはないらしいということなので、地下鉄の概念から外れるので除く)ということで、朴正熙大統領も完成を非常に楽しみにされているとのことである。

案内されたのは「市庁前」駅であった。駅周辺、プラットホーム、地下街などであるが、電車線路以外はすべて完成しており、線路も片側は道床工事も終り、既に工事用トロッコが動いていた。改札口は開放してあるので、ソウル市民が自由にホームまで降りて見物するようになっており、大勢の見物人がホームに群がっていた。地下街の出札所を臨時に自動車のナンバープレート渡し口に利用しているので(韓国では現在ナンバープレートの様式と地色が変わるので、逐次交換している)何の説明もなければ地下鉄がすでに運行しているような錯覚を起すところだ。

現在工事中の路線は一号線で、延長九・五四キロメートル。両端のターミナルからそのまま既存の鉄道(日本式でいえば国鉄)と直結され、仁川、水原、城北地区など、首都圏半径四十五キロメートル以内の交通時間を一時間以内にちぢめることになるとのことである。今までのところ全体を通して七十六%の工事が終っており、予定通り一九七四年八月十五日には運転を開始できる見通しだとのことだ。

ソウルは土質が殆ど岩盤であるので工事はオープンカット方式を採っているが、既存の高層建築物からホンの一メートル程の間隔しかなく、また国宝南大門の横も土台のすぐ横を通るので、これら既存の建物に影響を与えないために独特の防護工法を採用している。

金本部長によると、この工事のために、一台のブルドーザーも、パワーショベルも新規に購入していないとのことで、すべて手持ちの土木機械でまかなったという画期的な工事である。

ソウル大学校移転地

翌五月十日は、建設中の「ソウル大学校移転地」を見学した。ソウル市内から車で約十五分、冠岳山のふもとに到着した。既に整地作業があら方終り一部では建物がコンクリート打ちを済ませて内外装に着手しかけていた。

以前一部がゴルフ場であったこの場所の、将来は教授会館になる予定の、クラブハウスに案内された。そこは冠岳山を右手に見る高台であり、テラスから全敷地が一望に見渡せる場所であった。そして、そこから見下ろした時、先ずその雄大な規模が目に飛び込んで来たのである。その瞬間最先に感じたことは「これはすばらしい。東洋一の総合大学校が出現する」ということであった。あとで模型や写真を見ながら説明を受けたときに、やはりこの最初に感じたことの裏付けをえたと思った。

大学校施設地区の敷地面積は約三百五十万平方メートル、坪にして百七万坪である。ほぼ漢江のデルタ、ヨイ(汝矣)島の広さに近く、甲子園球場が球場として日本最大だが、その甲子園球場の約九十倍の広さである。それでもピーンと来ない向きには手っ取り早く説明してディズニーランドの五倍、大阪の七〇年万国博会場の一・一倍(展示広場日本庭園、周囲の駐車場、それらの内側にある自動車道など、すべて引っくるめての話)である。こう説明しないと規模の大きさがのみこめないからだ。

一九七〇年にソウル大学校建設本部が発足して今年は満三年になる。完成は十カ年計画。完成すれば略称「冠岳キャンパス」と呼ばれるが、このキャンパスに入居する各大学は次のように医大と農大を除き全部の大学と附属研究所などである。

大学院、経営大学院、教育大学院、保健大学院、新聞大学院、行政大学院、工科大学、文理科大学、美術大学、法科大学、司法大学、薬科大学、商科大学、音楽大学、歯科大学、家政大学、教養課程科、附属図書館、附属博物館、法学研究所、生薬研究所、語学研究所、学生指導研究所、保健治療所、在外国民教育研究所、などのほか、各大学直属の研究機関、外郭団体の大学新聞社、大学出版社、ソウル大学校長学会、学術研究財団なども はいる。さらに一室二人収容し、六十人単位で共同研究およびセミナー室を配置した三千二百人収容の学生寄宿舎も設置される。このほかに各種の附属施設が併設されるが、インテリア、機具などはすべて最新の設備となる。

現在のソウル大学校は、一九四六年、旧京城帝国大学を母体とし、その他の専門学校を統合した、いうなれば行政的な処置にすぎず、各大学がソウル市内に散在して、各大学が独立した機能を発揮しているが、大学本部から近い司法大学までが二キロメートル、少し離れた工科大学になると十八キロメートル、農科大学になると四十五キロメートルも離れており、不便と非能率をかこっている。さらに類似課目を各大学毎に別個に教えるという重複性と、財源の浪費にもなっている。そして、既に建物、施設なども老朽化しており、補修維持などにも無駄が目立ってきた。これら個々の大学を改築するよりも、この際一カ所に集めるのが最良の方策であるとなったのである。

ソウル大学校施設拡充特別会計法が時効となるのは一九七七年であるが、既に来年の新学期から七千人の学生がこの冠岳キャンパスで勉学を始めることになっている。そして七七年までには全学生一万五千人の各大学人口が、中央図書館から半径三百メートル以内にある主な教育施設で勉学できることになる。

セマウル事業

五月十一日、大邱市の慶北道庁を訪れたあと、慶州に向かう途中でセマウル事業の現場を見た。慶尚北道永川郡北安面興旨二洞という国道に面した一村落である。戸数わずか五十二戸、人口二百余人という小部落であった。このマウルはセマウル事業の「基礎マウル」という段階であるという。

われわれが慶北道庁を訪問したとき、朴栄錫内務局長から「セマウル」について説明を受けた。それによると、セマウル運動推進は四段階に分けて行なっており、最高段階は「自立マウル」、次が「自助マウル」、そして「基礎マウル」となっており、スタート・ラインにあるのを「自進マウル」ということであった。自進マウルとは精神啓発と環境改善が目的で、自力で「セマウル運動をするんだ」と決意する段階である。基礎マウルはセメントと鉄筋で、基本的な道路整備、排水路の新設が主で、合せて村のあり方を改良していく。自助マウルは基礎マウル事業から一歩前進して、マウル事業五十万ウオン以上を準備したマウルで、追加基本事業のほか、国土、河川などを改修整備する。これに対しては労賃が支給される。セメントと鉄筋が支給されることはもちろんである。自立マウルはマウルの改善が終り、生産基盤事業、文化福祉事業、所得増収事業、生産協同事業などを行なう。この段階では公金支援が相当多く、慶北管内では三百七十八万余ウオン平均で支援金が出されているそうだ。つまり基礎マウルは自助意欲に目覚める段階、自助マウルは農外所得を増大させる段階、自立マウルは福祉と所得を向上させる段階である。

この興旨二洞というマウルは基礎マウルであるが、事業が相当に進んでいた。国道から村落までの二本の幹道は一応完成しており、屋根も全て改良されていた。われわれが訪れたときは村落内の道路拡張事業の真最中で、村落の青年が交替で作業していた。中心部に村落の会館が建てられ、村落の町の外れにあった「わけの判らない神」、洞神祠堂」を撤去し、そのあと跡に「子供の遊び場」を設けている。

ソウルからの幹線道路に面した限りでは、もはやワラ屋根は探しても見えなくなっていることを改めて想い出した。どんどん変化して行く韓国の国土は、一年見ない内に別の世界に変って行く。三年前の韓国知識は、今では旧聞にすぎなくなっているのである。(つづく)

地下鉄ホームの駅名標示板・中から蛍光灯で照らしている

在日韓国学生母国夏季学校生 募集要綱

一、開設目的
夏休みの期間を利用して日本の高等学校および大学に在学中の在日韓国学生に母国に対する新たな認識と愛国精神を涵養することを目的とする。

二、主管
大韓民国　文教部

三、教育担当
ソウル大学校・梨花女子大学校

四、募集人員　男女四〇〇名
大学生(大学院生含む)男女各一二〇名・高校生男女各八〇名

五、志願資格
(イ)日本校在学中の在日韓国人高校・大学・大学院学生(正規学校に限る)
(ロ)過去に夏季学校に入校した事実がない学生
(ハ)平素の品行が方正、思想穏健で、身体の健康な学生
(ニ)日本再入国が可能な学生

六、開設期間および教育内容
(イ)教育期間　一九七三年七月二十九日から八月二十五日まで(四週間)
(ロ)教育内容　(一)講義　国語・国史・地理・国内情勢
(二)課外活動　名勝・古蹟探訪・産業施設および学校見学・国内学生との交歓。

釜関フェリーで船出する夏季学校入校生(下関港)

七、提出書類
(イ)入校志願書(所定様式)(各写真一枚添付)……一通
(ロ)学校在学証明書……一通
(ハ)所属民団長推薦書……一通
(ニ)国民登録済証……一通
(ホ)外国人登録済証……一通
(永住権申請中または許可番号を記入)

八、志願書交付および提出所
(イ)民団地方本部　(ロ)各地方韓国教育文化センター

九、募集締切
一九七三年七月七日まで

一〇、経費
(イ)政府負担　往復旅費を含む教育費一切(旅券手数料免除)
(ロ)学生納付金　教育期間中宿食費一人当二一〇ドル

一一、出発日および場所
一九七三年七月二十七日下関港

一二、事前教育・其他
(イ)出発前適切な時期に各地方別に事前教育を実施する。
(ロ)其他具体的な事項は大使館奨学官室・民団中央文教局・各教育文化センター・民団各地方本部に問合せること。

民団中央本部文教局

'1973 韓国系日本人学生(日本国籍)母国夏季学校生 募集要綱

一、開設目的
今年度から夏休みの期間を利用して、[illegible]日本人学生に門戸を開いて、[illegible]認識させることを目的とする。

二、主管
大韓民国ソウル特別市教育委員会

三、教育担当
ソウル特別市教育委員会附設学校(高・大)

四、募集人員数　男女共八〇名程度
大学生男女各二〇名　高校生男女各二〇名

五、志願資格
(イ)正規日本校在学中の学生(高校、大学、大学院学生)
(ロ)平素の品行が方正、思想が穏健、身体が健康な学生

六、開設期間および教育内容
教育期間　一九七三年八月十日から八月十七日まで
教育内容　(一)講義　韓国語、韓国史、会話
(二)課外活動　名勝、古蹟探訪、産業施設および名門校見学、国内学生との交歓と、十五、[illegible]夏季学生等と友好の集い。

昨年度母国夏季学校での入学式

七、提出書類
(イ)入校志願書(夏季学校所定様式)……一通
(ロ)在学証明書……一通
(ハ)所属民団長推薦書……一通
(ニ)写真……二枚
※日本政府旅券発給の際は抄本一通と[illegible]が必要

八、志願書交付及び提出所
(イ)民団地方本部文教部又は文教課へ
(ロ)各地方韓国教育文化センター

九、募集締切
(イ)一九七三年七月十七日まで。

一〇、経費
(イ)教育費一切政府負担
(ロ)学生納付金　一人当八七ドル(教育期間中宿食費)
航空料往復(学割使用)は自費

十一、出発日及び場所
(イ)一九七三年八月十日　東京国際空港
大阪国際空港

十二、事前教育・其の他
出発前適切な時期に、中央文教局の他各地方別に事前教育を実施する。

民団中央本部文教局

これがセマウル 新しい村運動だ (2)

（前号につづく）

ここで私は、民主主義に対する、これまでの間違っていた考えを改めるために、われわれが何より先がけて行なうべきこととして、われわれがあらゆる面で透徹した国家観を身につけることを訴える。

国家はわれわれ自身の家庭である。国家はわれわれ一人一人に対してそれぞれの責任を負わせており、われわれは与えられた責任を果たすのだという国民として当然もつべき態度で臨まねばならない。

かつて、アメリカのケネディ元大統領も、国民に向って、政府が国民のために何をなしうるかを問う前に、国民が政府のために、何をなしうるかを問い給え、とよびかけたことがある。かように、われわれは、われわれ一人一人に負わされた、それぞれの仕事を完全に果したときに、はじめて、国家が発展し、国家が発展されれば、国民の生活も自ずとよくなるという考えを持つべきである。国家と国民の間柄は、空気と生物、水と魚の間柄に似ている。それはいわば、空気がなければ、生物が生存できず湖に水が溜らなければ、魚が生命を保てなくなるという、自然の原理に基づくものである。

正しく透徹した国家観

国家の興亡いかんによって、国民の生活もよくもなり悪くもなるということは、歴史が証明しているところであり、これについては再び取り上げるまでもない。しかるに、われわれは今このときに、国家に対する透徹した考えを身につけるべきである。過去においては、われわれの善良な努力が意外にも、侵略者のためのものであった。しかし、今日においては、われわれの行動がよき結果をとれば、それはわれわれ自身の利益になるし、その結果が逆になれば、われわれは莫大な損害を被ることになるのである。このように考えてみた場合、われわれが正しい国家観に透徹していなければならないということが自ずと判明されるのである。

今、われわれは新しい村運動を通じて、われわれが住んでいる村を、住みよいところにするための建設にとりくんでいる。皆さんの中には村をよくするということは、わが家をよくすることとは無関係であると思っている人がいるかも知れない。しかし、一方では、皆さんが手がけている、新しい村運動、それ自体が、小さいわが家を建てることより、はるかに心強く負わせるものであり、かつ、誇らしいことであることをかみしめている人もいるに違いない。

皆さんは、手入れがゆきとどいている、新しい村でこそ、皆さんの各家庭も幸福になれるということを、心の中でかように信じているだろうと思う。事実、この新しい村運動は、五千年来のわが農民の貧困を追放するためのものである。わが国では、全体国民の七割の人口が農業に従事している。民主主義というのは、多数のためのものである。国家が発展する為には、国民大多数の生活がよくならねばならない。われわれの住んでいる農村を住みよいものにすること、われわれの農村を改良して、更に発展させるということなどは、これは単に、皆さんだけの村をよくするだけでなく、それはやがてわれわれの国力にも結びついてくるものである。

この新しい村運動は同時に、わが国の運命と進むべき道を定めようとする、朴正煕大統領の深い関心と経綸と哲学を深く組織して、国力を養い、わが国を揺ぎのないものにしなければならない。

イスラエル国民に学ぶ

わが国を揺ぎのないものにするために、まずわれわれ自身が堅い決心をもたなければならない。イスラエルという国は、二千年前にローマによって、国土を奪われたことがあったが、第二次世界大戦が終ってからようやく国土を再び取り戻した国である。このイスラエル国民は、国土を再び取り戻したことに感謝して、六百万本の樹木を植えたのである。その訳は、第二次世界大戦中に、ドイツのナチによって、六百万人のイスラエル人が虐殺されたためである。イスラエル人は、彼らの手で植えた六百万本の木を眺めては、色々と考えさせられたのである。彼らはいわば、「われわれは国家を失ったため、これだけの同胞が無惨に死んだ。われわれはかつての国家の悲運を味わったことからも、わが国を揺ぎのないものにしなければならない。これは、今日生き残った、われわれ皆の使命であり、責任である」というふうに考えたのである。

イスラエル国民はこのようにして、六百万本の樹木を眺めながら、心の中では、国造りの決心を誓い合ったのである。われわれはこのようなイスラエル国民の生活の中から学ぶべきことが少なくない。

皆さんもすでに御存じのように、イスラエルという国はかつて穀物の生産が不可能な不毛地であった。国中がほとんど、砂利畑のようなものであった。彼らは荒れ果てた国土から小石を拾い出し、沃土に造り上げ、更には激しい風を防ぐために周りには木をそして中にはオリーブの木を植えたのである。このオリーブの木を植えこむからというもの、イスラエルは今や、オリーブだけでも相当額を外国に輸出している。また、イスラエルには、軍人に対して勲章を与えるという制度がない。そもそもこの勲章制度の持つ意味といえば、与えられた自分の役割を立派に果たした人に与えるものといえるのであるが、イスラエルの場合は、軍人一人一人が皆与えられた役割を立派にやりとげており、またそうしようとする。自国にあふれている。従って、敢えて、勲章を貰えるような軍人はいない訳である。

イスラエルはまた、軍隊において、前に進めとか、突撃せよとかいう号令がないという。こういったことも結局は、軍人一人一人が戦場で、前に進むべきときや、突撃すべきときが生じた際には、言わず語らずして、ひたすらに各自の自覚と意欲に基づいて動いているからであるが、このようにして、イスラエル軍は現在、アラブ圏の一億三千に対して、二八〇万という少ない数でアラブ国と対決していながら、揺ぎのない体制を維持しているのは、以上述べたような結果によるものである。

従って、われわれもこのイスラエルに見習って、わが大韓民国においては、世界中の人々が目を見張るように、しっかりと足場をかためなければならない。これには、何よりもわれわれ自身が過去における混乱や不幸を二度と味わうことがないよう、同時に、われわれの次の世代が幸福に生活できる祖国を建設しようとする、透徹なる国家観をもたねばならないのである。

私は、以上に基づいて、われわれはいかなることにも先立って、まずは、透徹なる国家観をしっかり身につけることを重ねて強調する次第である。

創意と自発的活動を

皆さんもすでにお判りのように、わが農村も過去に比べると、著しく変化している。

一例をあげると、セメントとか、肥料、農薬などについては、昔ならお金を持っても手に入れることが難かしかったのである。しかし、今では、こういうことは自主的に入手できるようになっている。ところで、ここで、私たちが頭に入れておくべきことは、今の時代は、われわれがお金を出すから何んでも入手できるという考えだけに、とらわれないで、こういうことになった裏には、わが国が発展をとげ、それによって、多くの工場が建設され、これらの工場では、われわれが必要とする品物を生産している人々がいるということも忘れてはならないと思う。われわれはまず、これらの生産者に対して感謝することを忘れてはならない。

都会の人々は農村の米を生産してくれている農民に対して、そして、農村の人々は都会で工業物資を生産してくれている人々に対する感謝の気持を抱き、互に協力し合うようにすべきである。

わが国が歩んできた、過去の歴史を振返ってみるとき、わが国はいかに様々な苦難を経てきたかが判る。

このような苦難の歴史を持つわが国が今では、数多な品物を生産できる工場を到る所に建設しているが、われわれは、このように多くの工場を建設して国民の生活を豊かにしてくれた政府の功績に対して深く考えてみる必要がある。われわれは、感謝すべきことに対しては感謝し、同時に、わが国の発展の足跡がみられるところは、発展の事実として認めねばならない。

国家の発展が即ち、われわれ自身の家庭や郷里をも平和のただよう住みよい場所にしてくれているのと同じく、われわれは国家の発展を正しく認識して、国造りに努力されている人々に対して感謝しながら過ごすときが今のときである、と私は思う。

小さな例であるが、道路が拡張され、自動車や汽車などの交通が著しく便利になっているのを過去に較べれば、夢のようなものである。また、学校施設の場合全国、津々浦々には国民学校が建てられ、各面には、中学校が建てられているなど、今や国民の教育を受ける機会も著しく多くなっている。そして、われわれの各家庭生活をとってみても、過去よりは新しい向上をとげている。われわれはこのような事実を深く考えてみる必要がある。私が何故、こういうことをいうかといえば、普通一般の考え方というのが、良い出来事に対しては、国家が当然としてやってくれるものと受けとめ、無感覚に過ごしている、と思うからである。従って、これからのわれわれは、良き事を良き事として認め、そして、国家がどうして発展してきたか——それはいう迄もなく、政府と国民が協力し合って国造りに一様に努力してきたからであるが、この事実を事実として念頭に入れておかねばならない。

われわれが過去、外国の侵略をうけたときには、よきものはすべて外国に奪われ、いつも貧困と悲しみを強いられる立場であった。しかし、今日においては、立場は変ってきているのである。今日は、良くも悪くもすべてわれわれ自身のものになるのである。われわれはこういうことを肝に銘じて、国家のための役割を互に分ちあって働くという、透徹した国家観を確立すべきである。

朴正煕大統領は先ほど、大邱（慶尚北道庁所在地）でおこなわれた全国教育者大会で述べた演説をはじめ、記者会見やそのほかの重要な行事が行なわれる度に、国民に呼びかけたことがあるが、その中には、次のような内容があった。

「われわれは、わが国の現実に合った教育即ち、われわれの教育の国籍を取り戻すときがきた。われわれはこれまで一人一人の個性を尊重し、創意と自発的活動を助長する教育に力を入れてきたあまり、国家や民族に対する認識が、却って薄れてきている。そして、教育者は父母を敬う心と教師に対する尊敬の念など、わが民族がもつ美しい風習を教えるのを疎かにしてきた。従って、これからの教育というのは、国民としての責任を自覚し、その義務を果たしうる、国籍ある教育にならしめなくてはならない」

朴正煕大統領のこの演説は私が思うに、教職者や学生だけに向けるものではなく、全国民がかみしめ、現在、わが国が直面している、難しい局面を打開してゆく上で、一つの思想、または哲学として、われわれが肝に銘じて実行すべきものであると思う。

莫大な予算農村開発に

最近のわが国の経済状況をみると、経済開発五ヵ年計画によって、著しい発展を遂げているが、工場が建設されているところは、そのほとんどが比較的経済条件を備えている釜山や蔚山などの都会の方に集っているのに対して、農村の方には都会に比べて工場ののびが鈍っている。

このため、地方からは、これは政府が地方を疎かにしているためではないか、というふうに、不平がきかれている。

ところで、上で指摘した都会と地方のアンバランスのことであるが、これは、魚を釣るためには川にゆき、金を掘るためには山の方に足を運ばねばならないことと相通じるものであるといえる。というのは、魚を釣る者が山にいったり、或は金をあてたい者が川にいったりしては何の益にもならないからであるが、都会と地方の関係も全く同じである。

都市周辺や海岸の方に工場が比較的に沢山建設されているのは、これは工場の立地条件や、外国との取引に便利な交通上の関係と、国家的な見地から利益が大きいと判断されたためで、これによって、政府が農村や地方を疎かにしたり或は軽く見ているというのでは決してないのである。

皆さんも御存じだろうと思うが、昨年の農村開発のために支出された政府予算は地方開発費などを含めて、三千億ウオンを越すぼう大なものである。この三千億ウオンという金額は、昔の考え方をするならば、天文学的な驚くべき数字であるといえる。このように政府が莫大な予算を農村開発に当てている裏には新しい村運動を通じて、農村をよりよくし、農村で生活している皆さんも、都会の人々におとらぬ恵まれた環境で教育をうけ、また、就職なども、わざわざ都会の方まで出てこなくても、地元でそのまま希望のゆき口をみつけられるように、という配慮があったからである。

われわれ農村の人々も遠からずして、農村で、教育をうけ、気に入った仕事ができるようになるであろう。デンマークのような国では、農業をやるだけでも楽な生活ができるようになっているし、また、スウェーデンのような国では、人里離れた山間僻地においても文化がゆきとどき、車の道が開かれ、文化生活をしているのである。

わが国の農村も著しい発展を遂げている。政府は最近まで、都市周辺や海岸近くに、工場を建設してきたが、これは農村と地方を今日のように建設させるためのものであった。

この点、われわれが理解をしなければならないものであるが、今や、工場から生産されるあらゆる製品は、農村の建設に役立ち、われわれの生活をも向上させているのである。

わが農村でも、今では、電気が入るようになり、橋が建設され、学校の校舎もかつては木造建物であったのが、鉄筋「コンクリート」の校舎に建て替えされている。

（次号につづく）

農漁民の所得増進はセマウル運動の力点の一つである。写真は枝もたわわな青葡萄の手入れをする少女

金炳植事件

—その真相と背景—

総連は衰勢一路 財政も高利債でやりくり (2)

（承前）

深夜にわたったこの日の常任委員会議は韓議長指示で金炳植の非行をさらに慎重に継続調査することにするとともに、「総連」の全組織がこの事件にのみとらわれる[illegible]組織の内外にあたえることを避けて、全常任委員が月間事業の現地指導にあたることにした。そして韓議長も北朝鮮から来日した考古学関係学者一行の接待にかこつけて関西地方旅行に出たが、金炳植の非行は、さらに大衆的にあばかれていった。

金炳植「議長」実現を企む

七一年十一月四日、大分で開かれた「総連」大分県本部委員長、単一団体責任者会議で、中央から参席していた金炳植組織局長は、「金炳植事件」の[illegible]を追求され、自己批判を行なった。自己批判の次のような内容は今さらのごとく驚かさるを得ないものであった。

①八全大会以後、金炳植と自分たちは、[illegible]計画的に[illegible]をしてきた。

②金炳植を支持するか、しないかを基準にして、多くの幹部分子を作り出してきた。

③十全大会で韓議長を排除し"金炳植議長"下の新指導体制をつくることを目標に、力量を集中してきた。

④そのため中央・地方の指導部を設けたが、例えば大阪では金本部副委員長兼組織部長、李同組織部副部長を中心につくられた。

⑤朝青・女同・商工会・教育機関に革新の中心を置いた。

⑥革新分会や二重中衛分会の実態は、金炳植中心の指導体系づくりと関連させておこなった。

⑦これらの策動で、自分は参謀の役割を果したが、自分は完全に出世主義にとらわれ同時に分子に堕落した。

この同じ会議で韓「女盟」大阪府本部委員長も自己批判をして

「新潟会議は、金炳植中心（[illegible]）の[illegible]に加わっていた）であったため参加したが、毎日してはなしを聞いた。

②十月初め、平壌から毎日（第一、二回南北赤十字会談に参加して）した金炳植を大阪で「総連」中央の金昌旭事務局長と「女盟」中央の金副委員長と会ったが、席上金炳植は、こんど平壌に行ってきたら、いまの自分にたいする攻撃は処理でき、もとのようになる。「女盟」をやめろうとする韓議長夫人の問題も解決してくる、と語った。

とのべて、金炳植中心の策動の存在したことを裏うちした。

韓「女盟」大阪府本部委員長がいっている「新潟会議」とは、金鏡順「女盟」中央副委員長が先頭に立って七二年五月新潟に一部「女盟」職員たちを集めてひらいた会議である。この会議で、「金炳植第一副議長を命で擁護」し、金炳植を議長にするための秘密組織を「女盟」内につくることを決議している。

が、かかる金炳植を「総連」の議長にするための秘密組織は「女盟」内にだけつくられたのではない。金炳植が自分の親衛隊化しようとつとめた「朝青」内でも同年八月長野で一部のものたちによる会議が持たれ、「女盟」内のそれと同じような秘密組織を「朝青」内につくる決議がなされた。

開きなおる金炳植

以上のように金炳植の非行はますます明るみに出され、それにしたがって「総連」組織内における糾弾の声がより一層高まってくるや、当の金炳植は非行のもみ消し失敗の挽回をはかって、開きなおりの挙に出た。

七二年十月四日の中央「常委」によび出された金炳植は①自分は平壌に行って金日成からほめられてきた。これは自分が事業をよくやったからだ。②自分はいままで最も忠実に韓議長のために尽してきており、最も多く韓議長の唯一指導体制確立のためつとめてきている。③事業遂行上いくつかの欠陥はあったかも知れないが、その欠陥を補ってあまりある成果をあげた、等と臆面もなくのべて参席者たちを驚かした。そればかりでなく、李季白副議長にたいして、北から帰ったときの出迎での[illegible]しわざは何か[illegible]れてきた自分にご苦労様といたわりの言葉一つかけなかったではないか、とくってかかりさすが温厚で知られている[illegible]李季白副議長も色をなして自分自身の活動（[illegible]）でもしっかりやれ！とどなる場面も現出された。

さらに、十月七日「朝日新聞」に金炳植の失脚事件をにおわす記事が出るや、一部の日本の報道機関に顔を出して、今度の件は「統一朝鮮新聞」のデッチ上げだ、と語り「総連」組織内に何らの問題もないかのように、また自分の「総連」内における存在に何らの変化もないようにふるまった。そして十月十二日、「南北赤十字会談」に参加するための名目で再度離日する前日「韓徳銖はわしが口をひらけば首が飛んでしまう。今に見ろ」と毒づいたというである。

以上、「金炳植事件」の発生原因が、ながい年にわたる韓・金両人の支配体制下で、権威主義・官僚主義・形式主義・功名主義・出世主義・閥閥主義の弊害がはびこるようになった「総連」の[illegible]体質にあることをみてきた。

これにはいま一つより根本的なものとして、「総連」体質をそうさせた韓・金両人の人間的体質をあげねばならないだろうが、この点は後に（第五章参照）の当節を分をみて書くことにし、金炳植が「総連」の組織を牛耳ってこの方、どのような害毒を「総連」に、のみならず在日同胞社会全体におよぼしたか、を先にふりかえってみよう。

まず「総連」の弱体化

論より証拠、「総連」中央に李心喆・盧炳禹・尹鳳求・金業根等の幹部が、そして単一団体・事業体に金民化・金象昭・李清雨・徐泳鎬等の責任者が活躍していた一九五〇年代末期から一九六〇年代初・中期にくらべ、今日の「総連」はどれほど弱化し、衰退したか、いわずもがなだろう。

韓議長はこれまで機会あるごとに、上部の幹部たちを含む"非組織的"分子たちが一掃されたことから、「総連」組織は強化されたかのようにいっている。例えば一九七二年十月に召集された全国分会長大会では「総連」の組織・事業が「かつてない発展」をとげていると誇っており、つい最近の中央委員会第九期四次会議での韓議長報告においても「組織的に堅固に強く固め、諸般の分野の事業を力強く前進させる大きな成果をあげた」と自賛している。

だが、実際は「金炳植事件」が表面化された直後、韓議長自身が金炳植は「総連」組織で「この人がある人を信じられないように、て、上から下を信じられないようにし、下から上を信じられないようにさせて分裂を助長」（七二年九月十五日、全国各県委員長・組織・宣伝部長、単一団体責任者会議）したと嘆いていることで知れるように四分五裂しており、ここ数年衰勢一路をたどっていた。それは七一年、日本政府当局が出した数字によっても明らかである。在日韓民族中、韓国籍は三十五万をこえ、朝鮮籍は二十五万台に落ちている。この朝鮮籍には中立系も含まれているから、「総連」傘下同胞は二十万台を割っているとみてもまちがいないであろう。

してみると、ここ数年間に「総連」傘下同胞数が減ったのは、永住権等を持出しての韓国側の宣伝だけのせいではない。より大きくは、前近代的な韓・金両人の支配体制にあいそをつかしてのことで、「総連」への献誠的な貢献で北当局から勲章を授与された人たちをも含め、数多くの「総連」系同胞たちが韓国籍に切りかえている。そしてさらに多くの人たちが、まだ韓国籍へ切りかえないものの、「総連」との組織的関係を断っている。

このような傘下大衆の大量離脱は、「金炳植事件」の表面化で、拍車をかけられ、さらに急増しており、直ちに次の三つの面で「総連」の事業に大きな影響をおよぼしている。

財政の破綻

その第一は、「総連」の財政の破綻である。「金炳植事件」で露呈された巨額の公金不正流用にいや気がさしてのことであろう。献金が激減したため「総連」中央、地方組織はもとより、単一団体も維持財政に窮え困っている。「総連」中央の財政窮状は、七一年の「万博」対策資金を北に要求したということでも知れるが、七〇年の夏からしばらく「民団」系や中立系同胞宅にばらまかれていた「朝鮮新報」の増刷費用も北当局にあおいでいたと、いわれていたことでもうかがえる。一九六四年の東京オリンピックの時には、北選手団の滞日費用にあわせて多額にのぼる贈物まで持ちかえらせる財政を調達したことを思えば、今昔の感にたえないだろう。近年、「総連」の地方組織や単一団体で、予算の半分を経常収入で充当できるところは稀で、ほとんどの県本部が高利債でのやりくり算段に追われているのが実情である。

信用組合業績悪化

影響の第二は、「総連」系信用組合の業績悪化である。全般的に「総連」系信用組合の預金額の伸びが「民団」系信用組合のそれにくらべ低迷しており、東京・大阪等の大都市地域では「総連」系信用組合の預金の絶対額が減ってきている。それなのに、財政逼迫から「総連」組織による信用組合資金の利用は増える一方。数年前神奈川県の「総連」系大同信用組合が破産に直面したような事態が、今後の「総連」系信用組合に起らないとも限らない、とはうわさだけのものではない。

教育機関の衰微

影響の第三は、近年新入生が減り、また転校が増えて「総連」系教育機関が衰微していることである。「総連」系学校の生徒数は、六〇年代の四万名台から七〇年代に入っては三万名台に減少し、それが最近では二万名台に落ちこんでいるともいわれている。それにもかかわらず、いやこのような事実をかくすために韓・金一派は虚勢をはって豪壮な校舎の新築を強行してきた。そのため傘下同胞への出費—寄付金集めに狂奔し、数年先の手形まできらせ、それを拒めば"反動分子"のラク印を押されるから、さらに多くの人たちは「総連」組織から離脱し、「総連」系学校の生徒数はさらに減る。それに有能な教職者の多くがあるいは韓・金一派におもねないがゆえに追い出され、あるいは韓・金一派の権威主義・形式主義に反発して自ら去っている。したがって、そうでなくとも、低いといわれている教育内容の質がいやが上にも低くなり、民族教育の必要性を痛感している人さえも子弟をゆかせたがらなくなってきた。

（次号につづく）

東京で初の「日韓議連」発足

足立区二十八議員が加盟

日朝議連の戦略的狙いを粉砕

東京に初めての「日韓友好足立区議会議員連盟」(以下、日韓議連と略称)が結成され、このほど正式に発足した。これは、足立区議会議員や、地元の有力者が「是非、足立区で日韓議連を結成しよう」と呼びかけて結成されたものである。足立区ではすでに、昨年十月、自称日朝議連が結成されているため、議員の関心もあり、日韓議連の結成に際して自民党議員もなんなく全員が賛成、二十八人の全議員が、日韓議連に加盟する運びとなった。

この結成会には、自民党の各会派の代表議員と民団の幹部が集まった。

民団東京本部の鄭東淳団長もかけつけて、「都内で初の日韓議連ということで、とても意義深い。これを出発として、都内各区に、早く結成していただくよう努力する」と力強い祝辞をのべた。

自民党区議団の代表として、井上市三郎議員は「一九六五年、日韓条約を結んで、長い友好をつちかってきた韓国と、これからもお互いに理解し合い、助け合って行くのは当然。しかも足立区会議員として初めて韓国へ行って、二十八区議の緊密をはだで感じてきた。むしろ、日韓議連結成は、おそすぎるぐらいだ」と力説した。

しかし、都内十数カ所で、いわゆる日朝議連が結成され、日中友好の次は日朝友好をということで、遅れをとらじと自由を守るはずの自民党議員までもが、朝総連の誘いにのってしまっているのを見るが、日朝友好議連の目的は表向きには国交の樹立であり、さらには、日韓分断によって日本の共産主義革命というのが、彼らの狙いであることはいうまでもない。

この戦略的友好ムードの皮をはぎ、粉砕するためにも日韓議連の発展強化が望まれるわけである。

大阪府下各支部大会盛了

民団大阪府下各支部定期大会において、選出された三機関長は次の通り。

堺支部26回大会 団長に 朱祥祚氏　議長 黄秉五　監察委員長 徐命寿

茨木支部9回大会 団長に 高日化氏　議長 王富潤　監察委員長 金霄事

北大阪支部28回大会 団長に 李啓淑氏　議長 金宗団　監察委員長 卓正義

生野南支部3回大会 団長に 崔喆洙氏　議長 金賢圭　監察委員長 宋基洙

東成支部18回大会 団長に 金徳浩氏　議長 張永枢　監察委員長 徐万洙

八尾支部23回大会 団長に 鄭圭和氏　議長 崔景乙　監察委員長 李性出

団長に 金永模氏

豊能支部23回大会 議長 陳漆生　監察委員長 金鵬得

団長に 尹鍾洙氏

西成支部33回大会 議長 金基閥　監察委員長 馬永東

団長に 梁仁鎬氏

東京・武蔵野支部

民団三多摩本部管内の武蔵野支部では、六月二十四日、第十九回臨時大会をひらき、次の新任役員を選出した。

団長 梁仁鎬
副団長 許炳泰
〃 朴在鉉
事務部長 金晶鎮
議長 趙景伊
副議長 金玉李
〃 鄭正一
監察委員長 池龍漢
〃 委員 姜大鳳
〃 委員 李成辰

韓国農村にも医療福祉

「全北沃溝青十字医療保険組合」

一回の診療費千ウォンが百ウォンとなった。一万ウォンの入院治療が三千ウォンで可能になり、レントゲン撮影に百ウォン、出産は千六百ウォン、盲腸手術に七千五百ウォン、年例健康診断は無料。現在の韓国医療費水準では考えられないことが実現されているのは、意外にも、ひなびた寒村であった「韓国の典型的な農漁村」といわれる全北沃溝郡で、農村も先進的な医療保険制度がしっかりと根をおろしたのである。

全北沃溝郡内九カ面と、となりの群山市、会県面などには、去る四月から青色のカードが交付(?)されはじめた。「会員カード」と書かれている小さな手帖を差し出せば、半分以下の費用で診療が可能だということである。

若干とまどい気味の住民に対して、郡守をはじめ郡守職員、保健所職員、面職員の心得がはじまったのである。

「一世帯、三百ウォンの加入費を出したあと、毎月一人当り五十ウォンの会費を出せば、全家族の健康診療を保障する」というもので、その内容は、外来は会員負担が十ウォン、入院と手術はそれぞれ三十ウォン、分娩は四十ウォン出せば充分だとのことである。

沃溝青十字医療保険組合(理事長鄭?氏・全北沃溝郡開井面開井里四一三)が四月初の発足とともに会員を募集したのは、病気の家族を沃溝郡開井面の少しグレープ記念病院に託したことから世帯五千人を目標したものだったが、現在、会員は千六百九十世帯六千七百八十人にいたり、三百万ウォンの地方予算配定支援などをうけて、医療社会保険制度の恩恵がどのようなものであるかを味わった人々は、四月一カ月間に三百三十六人、五月には倍をこえる七百余人にいたる。

「五年以内に、沃溝郡十五万人口を会員に吸収する」巨大な計画の一次年度が出発したのである。

シーグレーブ記念病院をはじめ五カ医療施設を管理する韓国農村衛生院(財団法人)の李永春理事長(70)は「特に道知事、郡守など行政当局の熱意が大きく寄与している」とのべている。

農村地域の医療保険模範事業として指定されている。

韓国と日本の関係に新視点

日本上古史(文定昌著)抜粋と解説

(9)

扶余後王の依羅と見られる応神王③

応神王が扶余後王の「依羅」であっただろうということを証する史料がある。それは姓氏録(弘仁六年、西紀八一五年、中務省万多親王ほか五名が共同編纂でまとめたという「新撰姓氏録」のこと、既出、訳者)に記録されている「依羅氏」たちである。

応神王朝 (3)

姓氏録は依羅氏を「開化王の後」だとし、あるいは「饒速日の後」だとし、または「百済人の後」だとするなど、非合理的なものである。依羅氏が開化王または百済人の後だと、考えることには賛成できない。饒速日(にぎはやひ)は神武即位前紀(日本書紀)に見える「天磐船……降臨者」……今立宗功……此物部氏之遠祖也……

にぎはやひのみことは、これあめよりくだれりということをきこしめせり……いまはたしてただしきまことをたつ……これものべのうじのとおつおやなり。日本書紀の読み方、訳者)」としている。

姓氏録は、韓半島から渡って来た人物たちの中で、その出自を伝えることが困難な人間をいくらか饒速日の後につくりあげたが、依羅の出自もまた明らかにすることが難かしいので、このような非合理なものになったと考えられる。

しかし、依羅宿祢(すくね)、依羅連(むらじ)、依羅などが畿内地方に位置した応神朝の朝臣であったのだから、はやく九州に築設した委奴国、神武王の朝臣であった「にぎはやひ」の子孫ではなく、応神王の名前の依羅にその源を発した扶余後王依羅が最初である。

九四)高句麗に「以国来降」した扶余の諸事件を同一視してはならない。

日本民族の六人種混血説を称えた水野祐などは、神代下の天孫民族を扶余系だとしているが(同氏著「日本民族の源流」四五頁、著者注)、そのいわゆる天孫族を、江上波夫が天皇騎馬民族説にいうところのように、高句麗系と見るのを可とすべきであろう。

日本書紀上、扶余族が日本列島に渡って来たのは、扶余後王依羅が最初である。

大阪—奈良地方に立国した応神王=扶余後王依羅は、彼が受け入れた百済人たちを次のように、すべて畿内の近くに定住させ、新らしい倭国を建設しはじめた。このことは、一つの事実として、その発展状況をむこう数世紀間に亘り発見することができる。

真毛津(まけつ)=来目衣縫氏 大和国 高市郡 久米
己国一二〇県人 大和国 朝津間 掖上地
襲津彦(そつひこ) 大和国 葛城郡
阿直岐(あちき) 大和国
葛下郡 馬牧
王仁(わに) 河内国 交野郡 修坂村
阿知使主(あちのおみ)・都加使主(つかのおみ)・己の党十七県 大和国 高市郡 檜前村

衣服・飼馬・文筆がはじまる

秦氏を秦の始皇帝の後とするは誤り

姓氏録をはじめ、日本国の文献は、この弓月君(ゆつきのきみ・解説参照)と己国一二〇県の人間たちが、秦氏または秦氏と呼称したという理由で秦の始皇帝の長子扶蘇の後だとしたり、または秦の始皇帝の十三世孫である孝徳王の後だとしたり、あるいは秦の始皇帝の十二世孫の功満王の後だとするなどでたらめである。しかし、秦の始皇帝「政」の姓は残念にも秦ではなく「嬴(えい)」である。(史記の秦本紀を見よ、著者)、また姓氏録は、これら秦氏と呼ばれる人々の、秦姓の由来を、かれらが辰韓=秦韓地方で生活したためであるとした。ではあるが、ここでいうところの辰=秦韓は韓半島東南隅に位置した辰韓でなく、遼東半島南部に位置した辰韓、即ち後方であった。そのことを「魏……

【解説】本文中で漢文体のところを省略したが、弓月君(ゆつきのきみ)のようになっている。これは日本書紀の応神紀の一節で、百済人の渡来を綴っている部分。(著者註を含む)

十四年春二月 百済王 貢縫衣工女 曰真毛津(まけつ)……是今来目衣縫之始祖也

弓月君(ゆつきのきみ) 自百済帰来 因以率之百二十県而帰化……己国之人夫百二十県……十六年八月……乃率弓月之人夫 与襲津彦(そつひこ) 共来(この年弓月の君が百二十県の人々を連れて百済から来たーとの意)

十五年八月六日 百済王遣阿直岐(あちき) 貢良馬二匹……阿直岐 亦能読経典 即太子菟道稚郎子(うぢのわきいらつこ)師焉(十五年八月六日百済王が阿直岐をつかわして良馬二匹を貢いだ……阿直岐はまた経典が読めるので、太子の先生にしたーとの意)

十六年春二月 王仁(わに)来之 則太子菟道稚郎子(うぢのわきいらつこ)師之……(十六年春二月王仁が来たので太子の先生とした。これが文芸長信のはじまりであるーとの意)

二十年秋九月 倭漢直祖(やまとのあやのあたいのおや) 阿知使主(あちのおみ) 其子都加使主(つかのおみ) 並率己之党類 十七県 而来帰焉(二十年秋九月、阿知使主父子が十七県の人々を連れて来たーとの意)

このように応神王朝にはじめて衣を縫うこと、馬を飼うこと、文字を使うことーなどがはじまったことを日本書紀自体が証明している。

飯田武郷著「日本書紀通釈」は「弟東漢国紀」と「日本決釈」の次の文章を紹介している。十四年発明始制衣服(応神十四年に衣服の制度がはじまったー(弟東漢国紀)始製縫衣 衣縫之始祖也 君臣之間……衣(縫うことを司る家で、君臣はわずかに韓(から)衣を着た)……衣が百済人によって貢……

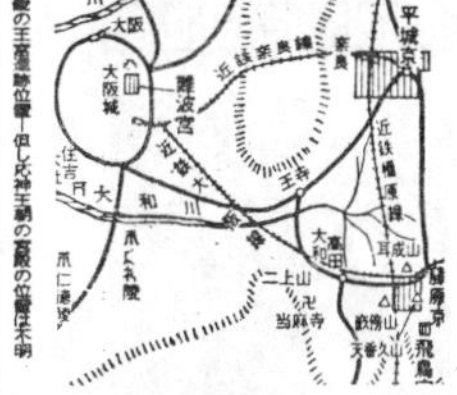

近畿の王宮遺跡位置—但し応神王の宮殿の位置は不明

壇上のミス・コリアたちを紹介する李彩雨副団長

若さの交歓

新入学生と在日ミス・コリア歓迎会

民団中央本部文教局(金?局長)では、一九七三年度在日韓国人新入生歓迎会および本国留日学生親睦会、一九七三年度ミス・コリア在日代表入賞の祝賀パーティをさる六月二十四日午後三時半から東京商銀七階の大ホールで開催した。

当日の参加者は、在日、留日両学生合わせて約百人のほか、駐日大使館楊成列首席奨学官、民団中央金正柱団長、中央委尹致夏文教分科委員長、東京韓国学校黄哲秀校長ら多数の来賓祝辞が述べられたあと、早大文学部二年在学中の李慰政さん(李彩雨中央副団長の息女)から答辞があり、留日学生会鄭顕李会長(慶応)の歓迎辞、新入生代表として李明順さん(共立女子大)からも答辞があった。

このあと、在日同胞の七三年度ミス・コリア金福子、朴郁子、許洋子の三人から学生代表に花束が贈られ、つづいて李彩雨副団長から在日ミス・コリアの予選と本国での決選の模様と経過、各嬢の略歴の紹介があって、場内の拍手をあびながら、ともに若さの交歓が楽しんであった。

なお、この日の参加者全員に対し、尹達中央会館館長委員長から「民族の底力」(朴大統領著)、と、尹教公報館長から「今日の韓国」、民団中央尹事務総長から「観光韓国」が贈呈された。

ウリマル雄弁大会

大阪韓国青年会議所

大阪韓国青年会議所(金会長)では、認准二周年を記念してさる六月十九日、「ウリマル雄弁大会」をひらいた。

会場にあてられた民団大阪本部講堂は、約三百人もの聴衆で満員の盛況を示し、最年少は小学三年の児童から、JC会員など、予備審査を通過した二十六人の弁士が出場、流暢な韓国語による日頃の練習成果をいかんなく発揮、優勝を競ったが、最優秀賞に、任洋子さん(韓国中学二年・演題は「如何に祖国につくすべきか」)と、玄秋?君(金剛小学六年・演題は「統一への祈願」)の二人が選ばれ、あと六人の入賞者と共に同会議所の招待で、七月三十一日から四泊五日の日程で母国訪問旅行に出かける。

大阪でのウリマル雄弁大会のもよう

拓大で韓僑会を韓国学生会と改称

東京の拓殖大学内にある韓国留学生たちの校友機関「韓僑会」は民団の一般指示となっている「僑胞」という言葉の不使用にならい、六月十六・七両日赤城山荘でひらかれた総会で、従来の名称を「韓国学生会」に改称することに決定した。

なお会長には、林植君が選ばれ、新入生を積極的に同学生会活動に参加させることになった。

新生活運動の一環

商銀預金活動活発

=韓国青年会東京本部=

さる六月三十日、在日韓国青年会東京本部(尹隆道会長)では、さきに本紙においても紹介した在日同胞のセマウム運動の一環としてのこの「新生活運動」を展開して、商銀預金活動を行った。

この日都内に居住する会員たちは、それぞれ最寄り四カ所の東京商銀支店に、午後一時を期して集合し、一せいに預金を行い、この日だけで九十六人、およそ八十万円の成果があった。

青年たちの中には、商銀の所在すら初めて知ったものも多く、毎月のこずかいや給料、また、日本の銀行を利用したものが多少の不便を覚悟で商銀に切りかえた青年なども少なくなかった。中には「商銀」の預金帳を手にして、てれくさそうにながめすかす預金そのものを初めてした青年もみうけられた。

青年会東京本部では、このような活動を継続する方針であり、すでに都内会員間に大きな共感を呼んでいる。

写真 上は新預金通帳 下は青年会預金活動中の皆さん

北韓は支配者の意思を教える巨大な学校

西ドイツで発行されている雑誌「クルスブーフ」の第三十号に、西ドイツの新左翼の指導者たちが、世界の共産国家を手分けして訪問した「共産主義者の見た社会主義国家」の、膨大な報告文が載っている。共産国家を訪問見学した新左翼の指導者は、そこで何を見、何を感じて帰ったか、本紙では早速同誌を入手して紹介することにした。

北韓を訪れたのは「ホルスト・クルニツキイ Horst Kurnitzky」と「K・D・ヴォルフ Wolff」の二人である。この二人の内、クルニツキイの報告を抜粋し、数回に亘って掲載することにした。

内容は「手きびしい批判」というよりも、一種「恐怖感」という方がよい位に、北韓の現状を伝えている。読者も読まれるうちに、北韓がどのような体制下にあるかを知ると同時に、北韓住民の置かれている現状を知って「鳥肌」の立つ思いをするであろう。

新左翼の指導者が見た北韓

チョルリマ チョソン（1）

訳 盧基徳

女性の洋服姿は一九五〇年の服装

最初に教わる言葉 金日成への感謝辞

学問、研究は暗記 金日成大学学生

金日成伝説の暗記が幼稚園教育

競争心と従順性をつくる幼児教育

国際情勢流さす放送は人民教育

帝王を讃えた歌 萬寿無疆の合唱

万景台は金日成神話の聖なる遺跡だ

授業の前に金日成肖像に宣誓する高等中学生

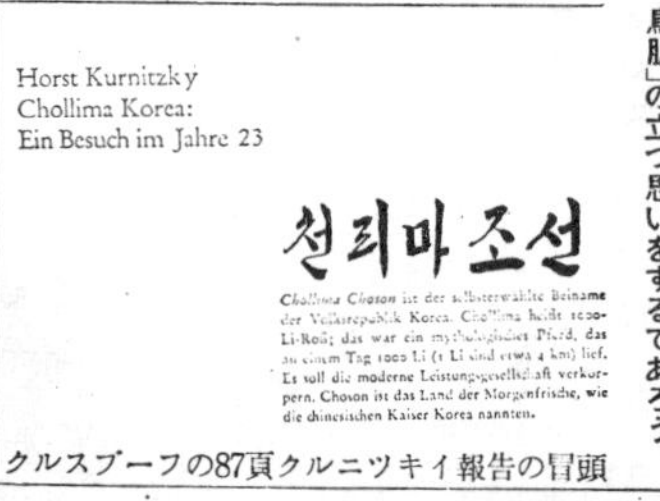

Horst Kurnitzky
Chollima Korea:
Ein Besuch im Jahre 23

천리마 조선

Chollima Choson ist der selbstgewählte Beiname der Volksrepublik Korea. Chollima heißt 1000-Li-Roß; das war ein mythologisches Pferd, das an einem Tag 1000 Li (1 Li sind etwa 4 km) lief. Es soll die moderne Leistungsgesellschaft verkörpern. Choson ist das Land der Morgenfrische, wie die chinesischen Kaiser Korea nannten.

クルスブーフの87頁クルニツキイ報告の冒頭

林慶業将軍傳（十五）

訳 洪相圭
編 八束周吉

六、国の不運に泣く

韓國新聞

在日大韓民国居留民団
中央本部機関紙
韓國新聞社
発行人　金正柱
東京都文京区春日町
2丁目20－13
電話直(815) 1451－3
交(813) 2261－5
振替口座 東京 163774

民団綱領

一、われわれは大韓民国の国是を遵守する
一、われわれは在留同胞の権益擁護を期する
一、われわれは在留同胞の民生安定を期する
一、われわれは在留同胞の文化向上を期する
一、われわれは世界平和と国際親善を期する

大きく実ったセマウル支援

本国各地で姉妹結縁

15日7月 全国から四百五十一人出発

◇…在日四十万団員の祖国繁栄にささげる赤誠のあらわれとして、セマウム運動の…◇
◇…一環である、セマウル支援事業は、全国組織を動員していよいよ大づめにきた…◇
◇…が、姉妹結縁団の受入れ態勢など最終的打合せのため、七月五日羽田を立ち、…◇
◇…翌六日帰団した、民団中央の姜学文副団長は、その規模や日程などの全容を次…◇
◇…のように再確認発表、七月十五日の出発を待つばかりとなった。………………◇

姜学文副団長 最終的実施全容を発表

日程計画

七月十五日……東京、大阪、福岡の三地区から、四百五十一人からなるセマウル姉妹結縁団がそれぞれ出発、金浦空港でソウル入り。

七月十六日……奨忠体育館で三・一堂で日本からの団員全員が参加し、結団式をあげ、セマウル支援事業に関する説明会をおこなう。このあと、朴大統領が空港に到着。

七月十七日……地方別に編成された姉妹結縁団は、ソウルを出発それぞれ各道別、郡別にわかれ姉妹結縁をし、議会などを伝達する。

七月十八日……この日までに全部を完了し、ソウルへ戻る。

七月十九日……全員集合のもと、結縁実施結果の報告会をひらき慰労パーティのあと、現地解散自由行動に入る。

姉妹結縁団の結団式々順

（一）九時三十分までに入場完了
（二）十時、内務部関係者の司会により開会。
（三）国民儀礼。
（四）経過報告（民団側）
（五）団長の結団辞。
（六）内務部長官の激励辞。
（七）内務部からの感謝牌授与。
（八）十一時までに閉会し、セマウル運動に関するスライドを上映、正午までに終了。

十日ソウルで南北問題国際学術会議

南北韓関係を主に討論する国際学術会議が十日から十三日までソウルで、内外学者、専門家約六十人が出席し、コリアーナ・ホテルで非公開のうちに開かれた。主題「世界政治の中の南北韓関係」では、南北関係の歴史的背景と強大国の外交

姉妹結縁目標及び入国団員数

＝7月8日現在＝

地域	施行目標数	入国人員数	地域	施行目標数	入国人員数
中央本部		8	石川	1	4
東京	10	48	富山	2	3
三多摩	2	14	大阪	16	44
長野	7	25	京都	7	28
埼玉	2	14	奈良	1	4
千葉	2	10	和歌山	1	3
栃木	1	9	滋賀	1	4
群馬	1	6	兵庫	5	14
茨城	1	3	岡山	4	12
山梨	1	2	四国	2	4
神奈川	5	25	鳥取	1	1
静岡	2	9	山口	3	13
宮城	1	6	広島	3	13
青森	1	3	島根	1	5
秋田	1	3	福岡	6	18
福島	1	2	佐賀	1	3
岩手	1	3	長崎	1	4
山形	1	3	大分	1	2
北海道	5	15	熊本	1	4
愛知	7	31	宮崎	1	2
岐阜	2	8	鹿児島	1	4
三重	3	13	計	118個	451名
福井	1	2			

"汚染されていない韓国の魚を"日本へ

韓国合弁水産物輸出組合と活鮮魚輸出組合は日本の取引先や外交ルートを通じ汚染されていないキレイな韓国の活鮮魚を輸出するよう働きかけている。一方、業界にはダンピングを行わないようにとも呼びかけている。

祖国での十日間 〈1〉

本社　金元奉記者

記者に説明する蔚山市金鐘求市長

蔚山市金市長を訪問

五月十二日は午前を蔚山、午後を浦項で、それぞれ韓国経済の原動力となる二大事業所を見学した。

午前九時半、われわれ一行は蔚山市庁に金鐘求市長を礼訪した。既に知られている蔚山は

最新施設の浦項総合製鉄所

日本、ベルギー、台湾の外国人に精油技術教育も

パイプラインで主要都市継ぐ石油

石油コンビナート

浦項総合製鉄所

（つづく）

母国で夏季学校

28日7月 下関で560人の学生出発

韓国系日本人学生母国訪問 早急に申込を

進展なく終了 第七回赤十字会談

美水幸大使歓送宴

祖国建設はセマウル運動で 民団組織はセマウム運動で

協同、団結、創造 国家意識の確立

鷺山・李殷相先生講演会盛況

〈李殷相先生略歴〉

照点

「社会更新」の基盤 ＝心がまえの改革を

李喆周

（筆者は牧師・東京神学大学院在学中）

青年分科委員会召集公告

第二十一回中央委員会で決定された、青年局（部、課）活動方針を加一層具体化する為、綱領、規約（案）を審議する会議を次のように召集致しますから、各委員は、洩れなく参席して下さるようお願い致します。

記

日時…一九七三年七月二十八日（土）午後五時
場所…丸栄ホテル　山梨県南都留郡河口湖町小立四九八　電話（〇五五五七）二―二三七一
議題　①綱領及び規約（案）審議　②其他

在日本大韓民国居留民団中央本部
青年分科委員長　鄭炯和

金炳植事件

―その真相と背景―

（承前）

新体制がはじまるとさらに減少するのが例年の現象だから、問題は深刻というほかあるまい。

ところが、韓・金両人は、自らの姿勢を正して「総連」の沈滞の要因を取除き、是正につとめようとはせず、ひたすら欺瞞と責任転嫁でとりつくろい、「総連」の弱体化をおおいかくそうとしてきた。

北側も憂慮

六〇年代末期からの「総連」の組織・事業の沈滞は、北当局者たちをも憂慮させずにおかなかった。

北側は、一九六九年「十月教示」をよこして「総連」の体質的欠陥を手きびしく指摘し、すみやかな是正を訓示した。だが、すなおに聞き入れる韓・金両人ではなかった。韓・金両人がこの教示にどう対処したかは七〇年代に入ってからは、金日成の「総連」宛「新年辞」でも言及するようになった。

金日成「新年辞」は、近年年頭に送られるのが慣例になっており「総連」ではその年の活動の基本指針となる「綱領的文献」とされているものである。

一九七〇年の「新年辞」で金日成は、在日同胞と幹部問題を扱ったくだりでこうのべている。

「幹部たちの思想・意識と統一を強め、同胞大衆のなかで模範分会創設運動をより発展させてゆかなければなりません」

これらの言葉は、一見、何の変哲もないように見うけられるかも知れない。

しかし、「総連」は、六〇年代、幹部はいうまでもなく「総連」傘下大衆も金日成「主体思想」で完全に武装され、韓徳銖議長中心の「唯一指導体系」で一枚岩のごとく固められている、と誇示してきた。その「総連」で、いまさら「幹部の思想・意識と統一を強め」なければならない、とは何たることだろうか。

うらがえしていえば、幹部たちさえも思想意識がばらばらになっており、したがって行動の統一もとられていない、ということにほかならない。そして「同胞大衆のなかで模範分会創設運動をより発展させてゆかなくては」ならんとは、「総連」の組織のタガがゆるんでいることを気にしてのことばにちがいない。

それが、一年後の七一年の「新年辞」では、さらに深刻になって次のように語られている。

「総連の愛国活動は、すべての幹部と同胞の知恵と力を、偉大な組織に組織、動員することに重要です」

この言葉のかげには、もはや幹部隊列そのものがくずれており「総連」傘下大衆が組織から大量に離脱していっている、きびしい現実にたいする心配がこめられていることは、指摘するまでもなかろう。

在日同胞社会の分裂と威信低下

次に、在日同胞社会全体にもたらした弊害――

結論をさきにいえば、在日同胞社会内部に相互不信の溝を深くし在日同胞社会の分裂を激化させて統一行動への基盤をくずしてしまったのである。

韓・金一派は口をあければ「民団」側同胞たちとの"団合"をいう。だが、その団合事業たるや、あたかも「総連」組織内に韓・金一派の覇権が確立するように「民団」系内に自分たちの手先をつくることにすぎない。しかも、いわゆるフラクションにしては、その植えつけ方があまりにも拙劣で、「民団」内に世称"ベトコン"騒ぎを起させて、「民団」の民主的発展に大きな支障をきたしているだけである。「民団」の正式機関から除名、停権されている者たちと"共同集会""声明"をくり返し行って実際には団合事業を破壊しているばかりではなく、大きくは統一運動組織から、小さくは同郷親睦団体に至るまで手をのばして、内部分裂をはかってきた。それも下劣きわまる手段をあえて辞せずである。

韓徳銖、試合観覧に（3）

「天皇出御」なみの起立敬札

その下劣な手段の第一は、離間策である。韓徳銖議長自らが前述のように、金炳植は人が入[illegible]、上が下だ、下を上が信じられないようにさせて分裂を助長したとのべているが、これはたしかに金炳植がもっともよく用いた手であるが同時に韓議長もよく使った手段である。

その第二は、ひぼう・中傷である。自分たちに反対する人たちにたいしてはもちろんのこと、正当なそして誠意ある批判をする人にたいしても、甚だしくは同胞・[illegible]従しなければ、あらぬぬれぎぬを着せて中傷したり、根拠のないデタラメをならべて誹謗する。「総連」の元老級幹部以下いかに多くの働き手たちが韓・金一派のひぼう・中傷にあって「総連」組織から追放排除されていったことか。後述の第五章「韓・金一派の体質」に詳論をゆずるが、かかる離間工作誹謗・中傷は「総連」組織内にかぎってのことでない。「民団」にたいしてもしかり、統一運動者たちにたいしてもそうであった。統一朝鮮新聞社の場合をみても、自分たちの機関紙や組織を動員しての誹謗・中傷だけではあきたらず社の一部のものを抱きこんで社の指導部が反動化したと非難させ離脱させては、悪口のかぎりをつくさせる。その一方で別の一部をそそのかし、社の首脳が左傾的過ぎていたたまれないと非難させては「民団」に寝返りこませたりする。

こういう時、韓・金一派がつねにつかう手が買収である。「総連」組織に十数年つとめ、したがって「総連」の内情に精通している人たちが「総連の組織を建てなおすための闘争委員会」名儀でも出した文書（世称"怪文書"）によれば、金炳植は「民団」にたいする工作金からも数千万円を着服したとのことである。一部の着服金が数千万円なら、工作金全体の規模はどれくらいか、推測されて余りあるが、この工作金たるものは買収費、分裂費、破壊費を意味するものであることはいわずもがなだろう。

さらにいま一つ韓・金一派が、誹謗・中傷も、買収も、離間工作も効かない場合用いるのが暴力である。「総連」組織で韓・金一派のやり方を批判するか、反対する人たちにたいし、のみならず気に入らない人たちにまでも、手下のものたちに斧をもたして動員させ、暴力をふるっていたことは先にのべたとおりだが、同じような統一運動にまでむけてはばからなかった。「祖国、民族自主統一団盟」（略称「祖民自統」）、「韓国、民族自主統一青年同盟」（略称「韓民自青」）が「統一朝鮮年鑑」を配布したときも、韓・金一派は暴力まで用いての阻止に出る等、文明社会では想像もつかないことをあえてしたが、一九七〇年春「韓民自青」の青年たちが「南北間平和確保、交流促進」署名運動を展開した際、韓・金一派は機関紙・誌での悪罵だけではたりず、なぐる蹴るの暴力団顔まけの蛮行にあわせて、署名簿をひったくって逃げるなどの強・窃盗行為までもためらわず行なって妨害した。

「総連」の綱領には、祖国の平和統一推進という項目がおごそかにかかげられている。それでいて、平和統一のための真摯な青年たちの署名活動までも、妨害をする。そうでなくとも韓国では、北側はウソばかりつく、ともっている。韓・金一派のかかる行為は、在日韓国系同胞の警戒心をいやが上にも強めずにはおかず、したがって在日同胞社会を分裂においやるほかなかった。その具体的な実例をあげておこう。

これは七〇年八月北陸N県で、「総連」県本部首脳が「総連」中央で「民団」中央に提案したのと同じような八・一五記念共同行事を「民団」県本部に申入れてきたときのことである。同県I民団本部団長は、老齢の性格円満に加えて同族愛に厚い人物として知られていただけに、その提案が[illegible]れた。I団長は、「総連」幹部が差し出す書類には目もくれず、開口一番「お前たちは本当に"統一"をやろうとするのか」ときいた。「もちろん」と「総連」幹部はこたえた。「では聞く」とI団長は相手をみつめながらたたみかけた。「祖国統一を少しでも促進しようと若い青年たちがやっている署名運動をなぜ妨害するのか。お前たちの文書はみるまでもなかろう」。「総連」幹部は、何もいえず立去った。

今一つ韓・金一派の体質とその言行不一致が招いた在日同胞の失望の例をあげよう。中立系だが、民族教育ことに祖国語をならわしめるために子弟を「総連」系学校にかよわせていた、東京近郊在住のB氏は、ある日サッカーの対抗試合があるというので、なかば強制的に動員されてみにいった。ところがである。試合の途中、韓徳銖議長がきた、ということで会場起立の号令がかけられた。瞬間B氏の脳裏には、日帝時天皇"御出座"、それにともなう起立敬礼のいまいまし場面がかすめた。B氏は学校職員の指図にしたがわず、不愉快な気分にかられて退席してしまった。が、さらに不快なことが数日後起きた。学校の先生がたずねてきて、当日のはなしをきり出したものの、いかにもいいにくそうにモゾモゾしているのである。B氏は学校の先生の用向きを察して席から口を切った。「先日わしが起立しなかったからきたんですね。あなたはどうおもいますかね。"起立の号令をかけた学校当局者ははずかしくないですか。新聞記事によれば、あなたたちがファッショの権化みたいにいう韓国の朴大統領も、競技場に観戦にあらわれた際、観衆を起立させるようなことはない。現代社会では当然ですよ。一体、あなたたちはどのような教育をしようとするのですか。あなたたちのようなやり方の教育に子供をまかすことはわたしの方でおことわりです。」B氏は、近くに「民団」系の学校はないし、また「総連」系の教育機関は「民団」系のそれよりも充実されていただけに、その民族教育の場を通して、在日同胞の民族的統一への素際の一つがつくれればとおもっていた。その期待が、眼の前にくりひろげられた韓議長の時代錯誤的な仕業で一瞬にとんでしまったのである。B氏は述懐する。「「総連」系の集会でそのような場面がよく展開されるとはきいていたものの、まさかとおもっていた。実際に自分の眼でみて、驚いた。同時に、このものたちは自分たちの[illegible]が在日同胞社会にどのような害悪をおよぼしているか、考えたことがあるのだろうか。いかりがこみ上ってきてしょうがなかった。」

B氏はさらに続ける。「韓・金一派が[illegible]の青年学生たちになぐる蹴るの暴行を働いているときいて、わしはそうにちがいないとおもった。韓・金一派の発想方法からすれば、自分たちに同化しない者、自分たちの指図でのみ動くのでないものは、みな反逆者で、ただ[illegible]なければならず、そのためには、道理も原則も要らず、どんな手段でもかまわないからね。」そしてB氏は断言した。「韓・金のようなものたちが在日同胞社会にのさばっていたから、在日同胞社会の分裂は避けられなかった。こんごともこのようなものたちがのさばっているかぎり、在日同胞の行動統一はのぞめない。」

この二つの事実でも知れるように韓・金一派は、在日同胞社会の分裂を深めさせた張本人たちであり、在日同胞社会に、相互不信、誹謗・中傷、買収、離間、宣伝といった悪弊をまきちらした元凶たちである。（次号に続く）

韓牛増産はセマウル運動の力点の一つである。写真は京畿道成歓牧場

これがセマウル 新しい村運動だ

（完）

国家発展のこの機会！

わが国の諺に「牛を盗まれてから牛小屋の手入にかかる」ということがある。この言葉がいわんとしているところは、人は何んでも事にぶつかってからはじめて慌てるという意味であろう。

人間の一生において、よき機会というのは何度も訪れるということはない。これは国家においても同じである。しかし、人間も、国家にも、稀ではあるが、よき機会が与えられることがあるものである。

わが国の場合をとってみよう。人間の一生のうち、いくたびかよき機会に恵まれたように、わが国も、国家の発展をはかる機会に恵まれていた。

われわれが辿ってきた六〇年代の足跡を振返ってみれば、思い当たるところがあるはずである。六〇年代には、建設の時代であったし、国全体が著しい発展を成し遂げているのである。このことは、われわれ国民と国家に有益な機会が与えられていたことを意味するものであるが、幸いにして、われわれはこの与えられた機会をわがものに掴んだのである。

先も指摘したように都市周辺や海岸近くには沢山の工場が建てられたが、これら工場から出される製品は輸出品であるため、われわれは、われわれが必要としている品物を随時、容易く手に入れる機会を得ているのである。

ここで一つ考えられるのは、大勢の人の集まりでは、必らず、頭脳が優れているとか少数ではあるが立派な指導者がいて、これら少数の人々が他の人々を導いているということである。そして、こういう「リーダー」を持たずして、人の集りは成り立たないのが通例である。

わが国の過去の歴史を振返ってみよう。わが国には昔から立派な指導者といえる人は大勢いたと思われる。しかし、この大勢の指導者のうち、民族的な立場で立派な指導者になった人は何人いたか、と問われると、私のみは残念であるが否定的である。そして、わが国の五千年は侵略されたかというと、これに対してもやはり、否定的な答えをするしかない。領土が大きくなったところか、三八度線という分断をもって、返って小さくなっている。

それには、色々な事情があったためであろう。こういう過去はともかくとしても、現実の今はどうなっているか。わが国は過去の[illegible]状況に置かれていたにも拘わらず、六〇年代に入ってから、この十年間に、目を見張るような変化を遂げている。

それは、わが国を今日のように建設し、発展させた立派な指導者をもっていることを物語るものである。

われわれがこういう立派な指導者をもっていたということは、わが国にとっては、確かに重要な機会が与えられたことを意味する。

われわれがこの機会を逃してはならないのは、いうまでもないことであるが、はたしてこの機会をわれわれはどのように生かそうとしているのか。われわれがやるべきことは決まっている。この指導者を中心に、関係者が互に協力し合うことであり、そ

個々の知恵を国の発展へ 「現在」を幸福の足場に

して、国民各自は国家の元首を中心として総和団結をはからねばならないであろう。われわれ三千万同胞が一つとなって、国家建設に励んだり、或は北韓からわが国を守り抜くという精神をもって精進を続けるなら、今われわれに与えられている絶好の機会を栄える国造りの機会に変えることが可能である。

われわれは少なくとも、このような信念を持ち続けねばならない。

機会を生かすという意味で、われわれが一応考えておくべきは、われわれがかつて植民地支配におかれていたためか、知らず知らずのうちに反抗心理がうえつけられているということである。

前の方でも話したように、われわれの中には、官は官、私は私という考え方で政府は国民に対して決まって高姿勢で臨んでいる。これで国民の方では、官吏のいうことは大して役に立たないという考えをしている。しかし、今日のわれわれとしては、このような考え方に反省を試みる必要があると思われる。というのは、以上のような考え方というのは、過去のものであるからである。今日のわれわれとしては、ただ反抗するという考えはやめてわれわれの政府と指導者に協力する態度で、何か有益で、かつ誇らしいことをやろうとする考えをもつことが賢明である。

[illegible]機会に、よき指導者を中心に、全国民が一致団結して、立派な国造りに励んできたお陰で今日繁栄を誇っている例は、西ドイツ、日本それにアメリカなどで見ることができる。

わが国も、今よき機会、よき指導者のもとに、ゆきとどいた計画に基づいて新しい村運動を進めている。が、この運動は決して農村だけに限るというものでなく、全国民が一つとなって行なうべき運動である。

この運動はいうならば、農村の人々はもちろん、都会の学者や教育者はじめ、全知性が参加して行なう全国民運動という性格のものである。従って、この新しい村運動に参加しているすべての人々は、生活や技術面で或は、精神啓導面で今日の重要な時期を最大限に生かし、それぞれの持つ知恵をわが国の発展と繁栄に役立てていかねばならない。

幸福は国家の繁栄で

私は、今まで農村のことに関して長らく話してきたつもりであるが、ここでは目を都会の方へ振向けてみよう。いわゆる都会の中心街などをみていると、われわれが注視すべき現象が一つか二つでないことが判る。

そこには[illegible]の現象が目につくのであるが、これなどは誠に時局を[illegible]たものであり、一刻も早く是正されるべきものである。都会がこのような有様で、われわれが農村のみに国家の将来を[illegible]とするものであれば、その国の運命はどうなるであろうか。一考に値するものである。

われわれ国民一人一人が[illegible]、互に力を合せる重大な時期を迎えている。農村では現在、その日その日の[illegible]生活をしている零細農民までもが汗を流しつつ、よりよい村造りに励んでいる。

こういうとき、一部の人々はまるで異邦人のような変った行為をして、勤労に励んでいる農村に出掛けては、[illegible]とかいっては、あちこちを遊び回るといった[illegible]人がいる。このような人々は自粛自戒を試みて、われわれすべてが一つの目的に固まって、よりよい生活を目指す新しい村運動に協力する態度をもたねばならない。

ある地方の例をあげてみよう。ここでは村が一つとなって、一様に全力を尽して新しい村運動に励んでいるということである。こういうことで、この地方のことを「[illegible]運動」と呼んでいるということである。彼らはまず負担を節約しようということで、外国からの輸入に頼っている穀物を一粒でも減らすた[illegible]運動もやっているということである。

[illegible]ウルの[illegible]はどうであろうか。飲食店での[illegible]皿の食べ残りが決まって出ているということであるが、これは果たしてどのように処理されているだろうか。

われわれは、われわれが毎日食べている穀物の相当量かが外国から輸入されていることを忘れているのであろうか。われわれは、これらの点について深く反省しなくてはならない。

都会の皆さんは、今農村では蜜蜂のように粘り強く働き続け、[illegible]の「蜂群運動」が起こっていることを記憶されたい。そして、次の事実に心を留めて貰いたい。今、全国到るところには、新しい村運動が繰り拡げられ、韓国人であれば、誰もが傍観することができず、民族の良心に基づいて、こぞってこの運動に参加している。今や、この運動の警鐘の音は全国津々浦々で高らかに鳴り響いている。

この新しい村運動が成功を収めるとき、わが国は著しい[illegible]を遂げるであろう。まず農村の生活環境が改善されるだろうし、また、国土の資源が開発され、農民の生活もこれにつれてよくなれば、都市の企業も購買市場が拡大されるので、製品の売れ行きもはかどることになる。そして、何よりも期待できるものは、これまでの外貨だけに頼っていた輸入現象がなくなるということである。

そこでわが国農村の将来の姿を描いてみますと、数十年来、川を渡るときは、冬の寒いときでも、足を冷たい水の中に入れて渡らねばならなかったところは、セメント造りの橋がかかり、将来の農村のすみずみには貨物自動車の出入りが[illegible]都会で作られた生活用品が農村に入る代りに、また農村では農作物をそれだけ都会の方へ送ることになるであろう。それだけでなく、新羅時代から使われてきた[illegible]はすべて機械化されるだろうし、また住宅も改善され、そこには電化がゆきとどき、将来の農村は、あたかも[illegible]になることが想像される。

わが国は今ようやく機会が与えられている。われわれはこの機会を逃さず、生かさねばならない。機会というのは前にも述べたように、人間の一生のうちで稀にしか訪れないものである。そして、立派な指導者というのも、百年も二百年も持ち続けるものでもない。従って、われわれは今この機会をとらえて、希望と意欲をもち、かつ、新しい決心をもって互に協力しながら努力していかねばならない。

私は皆さんが自分の幸福は国家の繁栄と共にあるという崇高たる考えに徹して、今日の栄光がわれわれの世代だけでなく、次の世代にまでも受継がせるものでなるという信念を以て、奮起されることをお願いする。

皆さんが以上私の述べてきたことを十分念頭に入れて生活されるとき、われわれがたとえ貧困に葬られたとしても、われわれの意識だけは、富裕に誇らせる後孫の明るい顔を見ることができよう。

（おわり）

留学生に朗報

このたび、韓国人留学生等の招請・援護・在日学生の大学進学斡旋、同胞子女の教育相談等の、国際教育事業団体として発足し、業務を開始した「韓国国際教育協会」の、目的・事業等はつぎの通りで、みなさんの御利用のほどお知らせ申し上げます。

目的

「日本国はじめ、各国の大学および研究機関に留学、研修する韓国人学生・研究者を斡旋・援護し、学術・教育等の交流を通じて、韓国の発展と国際間の相互理解の増進に、寄与することを目的とする」

事業

(一)留学生、研究生等の、留学・研修等の招請、斡旋及び援護
(一)学術・教育、学者・文化人等の交流・交換等の斡旋
(一)在日同胞子女等の、大学等の進学・指導・進路相談及び、教育問題等の相談
(一)学資金・研究補助金等の支給・貸付・斡旋及び、厚生・医療・文化行事の援助
(一)各国の科学・技術等情報の収集、交換及び、学術教育情報の受発、提供
(一)各国の留学制度、国際交流等に関する研究及び、情報・資料の収集・提供（以下省略）

事務所＝東京都千代田区猿楽町二ノ五ノ五 韓国YMCA会館内 電話（03）二九一―三七七六
韓国国際教育協会
代表者・責任理事 韓宗碩

組織の強化はかり生活改善運動を展開

青年会山形本部結成

全国的な組織、結成が進められている在日韓国青年会が、また一つ増えた。かねてから、民団のきもいりで、地元同胞青年の熱意と協力のもと、結成が急がれていた青年会山形地方本部が、七月七日午後五時から同県の天童温泉・紅葉苑で、青年たち三十人をふくむ約五十人が参加した中で、結成大会がひらかれた。

写真⑥から朴斗相会長、権赫泰副会長、鄭竜一副会長、康成実副会長、金鍾声総務

会は、へきとう、民団中央の□□□講師による、在日同胞青年のあり方に関する力強く適切な時局講演が聴衆に深い共感をあたえたあと、いったん休憩。夕食に入り、韓代議員会で、午後七時から結成大会を再開、国民儀礼につづいて□□□方本部副団長兼・青年部長が経過報告をのべた。

さらに、□□民団山形地方本部団長、金世卿仙台領事館領事□□韓国教育文化センター所長の激励祝辞があって、議長選出に入って、司会の韓球鎔君、会長選出では、朴斗相青年部長がそれぞれ満場一致で選ばれた。

つづいて綱領、規約案が、□民団中央青年局次長の説明で、これを審議採択、役員選出、活動方針案、一カ月五百円の会費制度、十月のセマウル支援事業参加がそれぞれ可決され、午後九時ごろ閉会した。

〈新任役員〉
会長　朴斗相
副会長　康成実（山形市支部青年部長兼任）
〃　権赫泰（□□支部青年部長兼任）
〃　鄭竜一（□□支部青年部長兼任）
総務　金鍾声

一世との断絶防ぎ本国と有機的連帯もつ
採択された活動方針

❶県下青年たちの連帯と、青年会の組織強化を図るため、青年会加入を勧める。

❷すでに指摘したように、在日韓国人社会における一世と、二世、三世との縦の対話の断絶を防ぎ、同社会における、一世、二、三世青年たちの、横のつながりの深化と、拡充を図るため、数多くの親睦競技大会を催す。

❸本国に対する正しいイメージ形成と同時に、一世、二世青年たちと、本国との有機的な連帯を助長するため、韓国人としての国民的自覚と、人格の形成に寄与する。

❹韓国語、歴史、文化、風俗、礼儀など、民族素養の修得のため、随時学習会を開催する（学習会は主に本国で行う）。

❺民団、婦人会、商工会、信用組合などが主催する行事、または同胞社会における冠婚葬祭の際には、会員自ら、こうした諸般行事の手助けを行なう。

❻旧習の環境整備と、生活改善運動の啓発を行なう。

❼サークル、学習会、運動クラブなどを通じて、教養を高め、心身を鍛錬する。

❽民族資本形成運動の啓発を行なう。

❾其他活動指針に基づく、諸般行事を随時に実行する。

図書室開設
湘南西部支部

民団神奈川県湘南西部支部（尹仲守団長）では、昨年五月に現在の韓国会館を新築していらい、韓国同胞の親睦と団結の場として、同胞館をひろく利用してきたが、このたび、同胞二・三世の教養向上と国内事情をひろく理解させるため館内に図書室を設けることになった。

この開設にあたり、同支部では祖国に関する案内書を中心に、広く日本地理、歴史、科学、文学など、各分野にわたる書籍の寄贈を望んでおり、一般日本人の利用も歓迎するという。

寄贈先は、神奈川県小田原市板橋二四八番八号、韓国居留民団湘南西部支部、電話（〇四六五）二二—三五八八。

山形韓日親善協会再建理事会ひらく

民団山形地方本部（趙鏞珠団長）では、いまから十年前の一九六三年十二月二十日に韓日親善協会を結成したが、一年前の韓国訪問旅行があっただけで、その間、これという進展も見ないまま、休眠状態にあった同協会を、さきに新任なった趙鏞珠団長先導のもと、県内日本有力者の後押しもあり、その再建理事会を七月六日午後四時から、山形市駅前の新□□で、両国来賓人十□数名参集のうちにひらいた。

理事会は、□□□氏司会で、趙団長、□在仙台領事、□□□氏□□□□□□□□□□□□□□られ、□□□□□に関し、次の各項にわたる活動を行なう。

(一)十月中、訪韓団を編成し派遣する。

(二)韓国人□□□□□に対し協力する。

(三)同協会事務所を県内から移し市内へ新しく設ける。

(四)一般県民も、加入を求め、会費制度にする。

(五)加入した一般県民には、□□□□を優先的に世話する。

セマウル事業で先導的役割
新韓学術研究会

新韓学術研究会第二十二回定会がさる七月十日午後六時半から東京・上野の新□□で金正柱会長をはじめ会員三〇人が参加して開かれた。修士、博士課程の学徒ばかりで構成しているこの会は、この日の会で本国の維新事業とセマウル建設に先導的役割をすることを決議した。その第一段階として、同会では本国の発展と国民福祉に直接役立つ研究をすることに意見が一致し、韓国国際教育協会専任理事の韓□□氏は、この種の研究には、優先的に奨学金を支給することを堅く約束した。役員選出にはいって新会長に朴□□氏、主幹に趙顕奎（慶応大学大学院経済学研究科）氏が選出された。

趙顕奎　主幹

団長に河徳成氏
東京・港支部総会

韓国大使館と建設中の民団中央会館が所在する重要な地区になっている民団東京港支部では、去る六月三十日午後六時から四年ぶりに総会をひらき、□同組合の再建、本国で進められているセマウル運動の支援、団内組織の整備と拡大、中央会館建設への協力、本国の新生活運動にならおうなど、活発な意見がかわされ、近来まれに見る充実した成果をあげて散会した。

なお、尹達鏞顧問ら六人の銓衡委員側による新役員選出は次の通り。

団長　河徳成
議長　李鍾鳴
監察委員長　河戊根

挨拶の河徳成団長

誠金集め中央会館建設へ

若人よ来たれ！サマー・キャンプ
青年会東京本部が主催

去る四月「祖国の山野に私たちのセマウムを植えよう」運動で、大きな成果を残した在日韓国青年会東京本部（尹□道会長）では、民団関東地方協議会後援、韓国大使館、民団中央などの後援を得て同本部創立後初めての"サマー・キャンプ"を、七月二十六日から二十九日の四日間の日程で、山梨県西湖々畔でひらく。

同本部では、湖水のほとり、風薫る□の中でひらかれるこの青春の合宿で、おおいに今日と明日の民族・祖国を語り、学び、思いきり笑い合って、同胞青年としての連帯感を更に深めるため、一人でも多くの青年学生たちが参加してくれることを望んでいる。

〈参加要領〉
日時・七月二十六日〜二十九日の四日間
場所・富士五湖の西湖畔□□台キャンプ場
参加費・□千円（宿・食費）
集合場所・新宿西口の安田生命前
△問合せは青年会本部か支部へ

富士山麓の西湖

韓国と日本の関係に新視点

日本上古史（文定昌著）抜粋と解説 (10)

応神王朝 (4)

一・二世紀ごろ羅・倭接触ひん繁
韓国東海岸の地形は昔の姿でない

倭の新羅侵寇①

三国史記上、南解王十一年（一四年）から西紀二七〇年に応神王朝が成立するときまで、羅・倭間の交渉が頻繁（ひんぱん）であったが、そのような交渉は次の三つの倭国との間に行なわれたもののようだ。

その一つは、国を新羅にとられて畿内地方に行き、そこに建国した下辰十二国の末王＝崇神王との熾烈（しれつ）な戦闘である。次は南九州に建国されたと見られる神武王朝との友好関係である。

そして三つ目は、北九州に建国された倭女王「卑弥呼（ひみこ）」の国、邪馬台国との交渉であった。

南解王十一年　倭人遣兵船百余艘　掠海辺民戸　発六部勁兵以禦之。

脱解三年（五七年）夏五月　倭人侵東辺……月与倭国　結好交聘。

註（著者）三国史記が伝える講和……

脱解王十七年（七三年）倭人侵木出島　王遣角干羽烏禦之　不克　羽烏死之

祇摩王十年（一二一年）夏四月　倭人侵東辺

註（著者）大日本年表によれば、西紀一五八年は、景行朝、成務王二十八年に該当する。既に見て来たごとく景行朝は、百済国に国を奪われた馬韓系勢力であり、馬韓の残党は新羅と結好した。

阿達羅王二十年（一七三年）倭女王卑弥呼遣使来聘

伐休王十年（一九三年）六月　倭人大饑　来求食者千余人

註（著者）倭人が大きく飢えて千人余が食を乞うために来た—ということの倭人は、本州あるいは九州のどの地域の倭人であるか詳びらかでない。

弁辰十二国が新羅に吸収されたのは（新羅王）婆娑王一九年（B・三九年）であった。その末王である崇神が畿内地方に渡り倭国を建設したのは、それより少し後であった。金海地方から渡った崇神王は早くから舟を造り。

崇神十七年冬十月。始造船舶（日本書紀）

こうした崇神の倭人たちが、文献に見たごとく、南解王十一年に百余艘（せき）の大船団で新羅を攻めている。

畿内地方に位置した倭国が、このように東海岸（新羅側）を犯すことができたのは、このころまた東海（日本海）中に風島、木出島、その他倭賊たちが中継できるような多くの島が存在したためであろう。（つづく）

［解説］ 今回の本文の最後に「倭が東海岸を犯せたのは、当時島がたくさんあったからだろう」ということを述べている。実は、これも□略したのであるが、本文に、新羅の地震表が載っている。四ページに亘る長いものである。その本文の冒頭は、

「今日の東海にはウツリヨウ島、独島があり、日本側の隠岐列島が残っている。三国史記は、一世紀後葉から十世紀初葉まで七十余回の地震または地変が生じたと次の如く記録している」

と西紀三年頃から九三二年までの地震、台風などを細かく載せてあった。その表の終りの本文に、

「この記録によれば、この年代に、あるときは東海の海水が熱くなって魚類がウダリ死に、あるときは東吐含山の土が三年間にわたって真赤に燃え続けたとか、あるときは一時に数十の山が崩れ、あるいは地が裂け、あるいは平地が凹んで池や沼となりするなど、いろいろの状態の大変動があったということである。」

（まり文定昌さんのいわんとしているのは、一世紀から十世紀ごろまでは、東海岸にも遠浅な浜もあったし、島々が東海にもっと多くあった。それが倭賊の足場になったので、ひん繁な接触があったのだ。しかし十世紀以後はその足場が消えてなくなった……ということである。

「また、三国遺事の次の対話を通じて見ると、古代慶尚北道の東海岸地帯は、今日では幾分変っている。吐含山（石窟庵の所在する山）の東側に東吐含山があったし、その東側海岸が平らで、多数の船舶が碇舶できる港が存在した。その港の前の海に木出島、風島など多くの島が散在していたように思われる。」（金元雄記者）

慶州市郊外皇南洞出土の舟の埴輪（はにわ）。古代の舟の形を知る唯一のもの

尋ね人

☆張在徳さん（51才・男）
本籍・大韓民国慶尚北道慶山郡□□面虎岩里44。30年前渡日13年前まで兄さんである張義鎬さん（63才）と文通があったということです。ご存知の方は、慶北慶山郡店村邑二里慶英数学院内張徳成さんまで連絡を。

☆金高王さん（田中高王・46才・男）
本籍・慶南咸安郡伽倻面。終戦前、神戸市林田区駒ケ林寺町7丁目15番地の15で住んでいた金高王さんを弟の武次さんがさがしています。ご存知の方は、ソウル特別市中区南昌洞□□九〇—14号金武次さんまで連絡を。

☆韓光鈎さん（清村基青・男・51才）
一九三二年頃渡日、千葉県千葉市今井町三八六で住んでいた韓さんを弟の韓鎬鈎さんがさがしています。ご存知の方は、江原道原城郡文幕面文幕里、韓鎬鈎さんまでご連絡を。

☆崔鳳烈さん
本籍・慶北□□郡角南面日谷洞三四五番地
愛知県春日井市上條町四三九五番地に住んでいた崔鳳烈氏家族をご存知の方は、大邱市東区新岩洞2区四五二番地、崔□谷さんまで連絡を。

☆千スミヨンさん（男・54才）
一九四九年七月に、韓国へ一時帰国したことのある千さんをご存知の方は、慶尚北道礼川郡甘川面□□洞96番地、□□□さんまで連絡を。

☆楊基東さん（48才ぐらい）
28年前に徴兵で日本に残った楊さんをお母さんと甥の金さんがさがしています。ご存知の方は、忠南大田市□化洞一四三の一、東洋旅客自動車株式会社、金相基さんまで連絡を。

☆崔漢成さん（山本漢成・男）本籍・江原道□□郡□□□
23年前に渡日、大阪市今宮町8丁目で居住したという。……

☆姜容植さん
☆姜福童さん（47才）
☆姜福順さん（44才）
☆姜回植さん（41才）
37年前まで大阪西成区神崎川に居住、4年前に一時帰国者にたのんで母の閔玉華さん（64才）をさがしたとのことです。

☆金城道斤（男・73才）
☆金城益岩
本籍・大邱市西区飛山洞。終戦後家族らは帰国し金城さんらは残留したとのことで、甥の金圭洙さんがさがしています。

☆許東琪さん（男・51歳、今井敏雄）
本籍・慶尚南道、一九四二年頃、神奈川県川崎市大師河原町で居住し、終戦当時は、岐阜県土岐郡土岐津町高山栄町に居住していた許さんをさがしています。

◎右の人々をご存知の方は、民団大阪府地方本部宣伝部まで連絡を。

☆呉泰浩さん（男・中谷和雄）
☆呉泰元さん（男・中谷邦雄）
23年前住所が大阪市北区□□丁目22、三輪株式会社

☆張軫葉さん（松岡栄吉さんの奥さん）
本籍・江原道春川市
大阪市生野区猪飼野四条町百三十七番地松岡栄吉方に居住、一九六八年まで息子の□□錫さんと文通があったとのことです。

玉さんがさがしています。

☆姜於鎮さん（女・74才）
☆洪玉順さん（女・50才）
☆洪金順さん（女・45才）
本籍・釜山市西区下端洞四七五
40年前、洪さんら二人を同伴渡日したのち、連絡がとだえていたところ5年前洪金順さんが、一時帰国して妹の季鎮さんをさがしたとのことです。姜季鎮さんの住所は、釜山市東莱区長箭2洞四八一—27統10班。

であった奥さんの住所をご存知の方は、ソウル特別市龍山区龍山洞二の8、九統九班呉英献さんまたは、東京都墨田区堤通二—四—四劉基文さん（電話六二一—七二七五）へご連絡を。

の李源植さんがさがしています。

右が張在鎬さん

☆朴甲竜さん
☆趙尚連さん
一九三八年頃渡日、東京都大田区□□□一—四八—□□□……

☆李南明さん（岩手県知覧郡居住）
☆〃静子さん（東京都葛飾区居住）
☆〃繁子さん（杉並区西荻窪三）右の三人を□□……

朴健緒東洋画展

韓国での南画正統派に属している朴健緒画伯が、韓日文化交流の一端として、一般民衆の教養向上のため、美術使節としてこのほど来日。同画伯後援会主催で七月十日から十五日まで（午前十時〜午後四時）東京の韓国公報館画廊で個展をひらいている。

出展作品は、「村景」「詩境」「夏日」「帰家」「故郷」「山村」「静年」「江村」「雨」「□□」など、六十六点で、どれも東洋的叙情をたたえた作品ばかりである。

朴画伯は、延世大学神学部を卒業した宗教人で、現在、江原道春川市にある聖心女子大学と、春川看護学校の美術講師をつとめる一方、□□□□□□□□らいており、早くも南画の大家たちの話題をさらっている。

朴画伯の在日中の連絡先は、電話（三五四）〇八九二・金方。

㊤は朴画伯の作品「山村」

男女同権・実は男子と同じ重労働

西ドイツ新左翼の指導者が見た北韓

チョルリマ・チョソン(2)

前回直ちに電話で反響がありました。北韓の実態は、聞きしに勝る恐ろしさです。なるべく皆さんで回覧して下さい。

編集局

老農民を無能力な道化師に仕立てる

新生産労働計画は発表と同時に法律

クルスブーフのさし絵、何れも原画は写真でなく絵画、朝総連の出版物に再々登場する金日成の神話の宣伝材料で日本では周知である。

事務・管理職は殆ど労働党党員で占む

表彰される労働英雄 評価はノルマなのだ

金日成の訪問あれば特別展示で誇りとす

トラクターを手造り ウソを誠にする神話

何人も口にできない生産技術に関する事

女性の模範として金日成の母が登場

恋愛・結婚は27歳までだめ

未来のカップルは党が決める

瓦解してしまった家族制度

27歳まで男女を分離 早婚は作業に支障と

愛の対象が倒錯する 暗記教育効果て き面

男性化してゆく女性 抑圧されたセックス

(つづく)

林慶業将軍傳 (十六)

訳 洪相圭

編 八束周吉

七、明将を助けて胡軍を討つ

お知らせ!

新年会、三一節、八・一五光復節、秋夕節、開天節(建国記念日)その他、地方大会、親睦会はか、すべての催しものにふさわしい、芸能、映画などに関する企画・製作・提供をしております。全国組織団体でぜひご利用下さい。

民団中央宣伝局

韓國新聞

在日大韓民国居留民団
中央本部機関紙
韓國新聞社
発行人 金 正 柱
東京都文京区春日町2丁目20－13
電話 直 (815) 1451～3
交 (813) 2261～5
振替口座 東京 163774
本国連絡所(民団本国事務所内)
ソウル特別市鍾路区昌成洞
政府合同庁舎四階
電話 73－0162・0165

民団綱領

一、われわれは大韓民国の国是を遵守する
一、われわれは在留同胞の権益擁護を期する
一、われわれは在留同胞の民生安定を期する
一、われわれは在留同胞の文化向上を期する
一、われわれは世界平和と国際親善を期する

◇…セマウル運動の成功的な遂行を支…◇
◇…援、激励する民団セマウル姉妹結…◇
◇…縁結団式が、十六日午前十時か…◇
◇…ら、三・一堂（ソウル進明女高…◇
◇…講堂）で金正柱中央団長をはじ…◇
◇…め、各級民団代表五百余人と、金…◇
◇…玄玉内務部長官ら、セマウル関係…◇
◇…者一千余人が集まったなかで盛大…◇
◇…にひらかれた。（詳報は次号）…◇

새마을 精神
대통령 박정희

民団セマウル結縁式

百二十二部落が参加

十六日 三・一堂で「愛の誠金」四億二千余万ウォン伝達

金内務、名誉徽章・旗など伝達

この日の結団式に参加した五百余人の在日同胞は、民団各級組織幹部で、祖国のセマウル運動に積極的に参与、全組織をあげて、愛国一のセマウル誠金募金運動を展開、四億二千一百万ウオン（二億八千七百万円）にのぼる巨額を集め、百二十二個のセマウル部落と姉妹結縁を結ぶため、このたびの団体訪問となったものである。

この日、金玄玉内務部長官は、「六十万在日同胞が、祖国を愛する真心こめた義金を高く評価」すると感謝のことばを述べたあと、全姉妹結縁団員に、セマウル名誉指導者徽章と、民団中央本部ならびに各県地方本部にセマウル旗をそれぞれ授与した。

朴正熙大統領（上）青瓦台を礼訪した金正柱中央団長（下）

また、金正柱民団中央本部団長は、結団辞を通じ、要旨次のように述べた。

「われわれ在日同胞は、真心をもって郷土の発展を念願する。セマウル運動こそ子孫代々が良き暮らしのための愛国 愛族 運動である。民団でも、本国のセマウル運動に歩調を合せて、在日六十万同胞にセマウム運動を呼びかけ、セマウル運動を支援する事業を民団の重要活動の一環として決定、今日の結実をみたのである。金額の多少にかかわらず、真心をこめた誠金である。セマウル支援活動は継続的に今後も幅を広めて展開するつもりである。本国の皆さんもわれわれと気持を同じくして、今後の発展向上に精神を強化することを望んでやまない」

なお、姉妹結縁団一同は、十七日から道別に結縁対象セマウル部落を訪問、直接手渡しの現金と「愛の誠金」を伝達したあと、セマウル事業を視察した。

民団各級組織と姉妹結縁を結ぶ各道別結縁部落は次の通り。

▲京畿＝13▲江原＝16▲忠北＝9▲忠南＝14▲全北＝11▲全南＝12▲慶北＝16▲慶南＝22▲済州＝8。

大阪本部は六千余万円
20個部落と結縁

民団大阪地方本部では、管内三十三支部および傘下団体が一丸となって、支援金六千余万円を拠出した。七月十日、駐大阪総領事館へ伝達した。

なお、大阪地方本部では七十人の代表が、セマウル結縁団として七月十五日出発、慶尚北道管内のセマウルと結縁式をとり行なった。これで大阪地方本部管内の組織と結縁したセマウルは二十にいたることになるが、祖国の維新事業達成のための紐帯がより強固にかためられたものといえる。

国連軍解体は戦争誘発
朴国連大使

朴東鎮国連大使はこのほど「国連安保理が駐韓国連軍の解体を決定すれば韓半島に再び他の戦争を誘発することになろう」と反対した。

海外同胞の投資歓迎

朴正熙大統領は、十六日、「海外同胞が国内で活発な事業を展開することを望み、経済性が高い事業は政府が積極的な支援を惜しまない」と語った。

朴大統領は、この日午後、青瓦台を礼訪した金正柱民団中央本部団長と日本国内各県民団本部団長など六十人を接見した席上でこのように語り、特に「海外同胞らの国内企業進出にあたり、少数の実力者による単独投資よりは、大勢の人が合同で投資することがより望ましいことである」と強調した。

朴大統領は、「海外の同胞が団結してこそ待遇されるものであり、また、他からの尊敬をもかち得るものである。団結ができなければ他にさげすまされる事実を正しく認識して韓国民の団結力を誇示すること」を望んだ。

朴大統領はまた、わが農村も今一息支援すれば、熱心に働く農土が造成できるとつけくわえ、「海外同胞は農民たちが依頼心をもたない範囲内でセマウル運動に積極参与してくれること」も強調した。

総合教育センター

12日 横浜で建立創立総会

横浜総合教育センター建立期成会創立総会が、去る十二日午後二時から、横浜商銀会議室で、駐日韓国大使館明成烈首席奨学官をはじめ駐横浜領事館李元鎬領事、劉永福同副領事など来賓多数と民団関係者及び経済界人士多数が参席してひらかれた。

この日の総会では、経過報告について、一万ドルの政府補助金を受領伝達したあと、会則を審議通過、引きつづき役員を選出した。ついで事業計画案を審議採択、会計監査、顧問、相談役推戴、事務局長を承任して午後六時すぎ閉会した。

なお同センター建立は、去る六月四日、閔寛植文教部長官の招請で本国を訪問して帰った四十人の経済界人士が中心になって、一人当二百万円以上を拠出して一億五千万円の基金をあつめることを決め、同日創立総会にふみきったのである。既に千八百七十二坪の敷地も確保され明年早々着工の予定である。

この日の創立総会で選出された役員は次の通り。

▼会長＝李鍾大
▼副会長＝金龍徳、金鶴奉、田炳武、李一換、金大栄。
▼監事＝趙宗榮、黄丁化、金有万。
▼事務局長＝鄭鎮邦。
▼顧問＝明成烈、李元鎬、朴成準、尹珠宅、任德宰。

横浜総合教育センター創立総会（円内は李鍾大会長）

青年分科委員会召集公告

第二十一回中央委員会で決定された、青年局（部、課）活動方針をより一層具体化する為綱領、規約（案）を審議する会議を次のように召集致しますから、各委員は、洩れなく参席して下さるようお願い致します。

記

日　時…一九七三年七月二十八日（土）午後五時
場　所…丸栄ホテル
　山梨県南都留郡河口湖町小立四九九八
　電話（〇五五五七）二一一三七一
議　題　①綱領及び規約（案）審議　②其　他

在日本大韓民国居留民団中央本部
青年分科委員長　鄭　炯　和

祖国での十日間　(5)

本社 金 元 奉 記者

歴史を語る李忠武公銅像
おざなりでおそまつなKBS・TVアナ
元均と金大中の影像重なる

KBS・テレビでのこと

記者の公式スケジュールは、五月十四日のKBSテレビのモーニングショウに出演して全日程を終了した。そしてこの最後の日程で不愉快な思いをするに至った。

十四日早朝、われわれは、ある一人のためにKBSに到着するのが約二十分遅れたこともあるが、質問するアナウンサーの感覚が、全くなってなかったということである。[illegible]

…宮である。一言で答えたければならないのであれば、質問の設定をそうすべきであろう。記者ならば「南北赤十字会談の将来は楽観すべきか？」と聞き「楽観できない」と答えがあれば「その理由は北韓にあるか？」ぐらいに突ち込む。「本国に来て」の質問は「セマウル事業に」とか、「……を見て」とかの具体的なものでなければならない。まして本国に対する要望事項となると、いくらでもあるのだ。[illegible]

国人が「それは法律ができて、処罰されるからだ」といった。そういえば、日本にもこれと同じ法律がある。法律が万事解決するならば、日本は二十数年以上昔からそうなっていた筈だ。ソウルの裏通りは警察といえど[illegible]

を右手に持ち、市街を見下ろしている。壬辰倭乱（日本では文禄・慶長の役という）の時、日本水軍を全滅させた世界的名将である。この李将軍の銅像を仰ぎ見ているうちに、屋高石水れないで、韓国のみを誹謗していのであれば正に「元均」そ[illegible]

金浦空港でのエピソード

五月十四日、済州道に旅行すべく金浦空港に行った。最初予約したつもりの十二時頃の飛行便は満席で、読者の予約はフタを助けて見たところ「キャンセル待ち」の三番目になっていた[illegible]

中央庁光化門前通り…道路の美しさに注目

[illegible]

…国の栄光あれ！（完）

戸籍解説講演会
26日から各地で

民団中央民生局（李鍾舜局長）では、在外国民就籍、戸籍訂正、戸籍整理に関する臨時特例法の制定に伴う、同法の適用をうける在外国民中特に六十万以上の同胞が居住する日本地域を対象に、同法を直接提案起草した六人の議員が七月二十五日に来日、同法の解説並び啓蒙講演会を次の日程でひらくことを決め、在日同胞の多数参加を望んでいる。

▽26日＝東京△28日＝福岡▽30日＝広島▽1日＝大阪▽3日＝名古屋▽4日＝仙台▽6日＝札幌

金炳植事件

―その真相と背景―

犠牲者救済にそっぽ

金炳植粛清で混乱収拾はかる

（完）

（承前）「金炳植事件」の表面化は、「総連」の体面ばかりではなく、在日同胞全体の体面をも大いに低下させた。

ふだん金炳植は、「総連」の実質的な支配者であり、在日同胞社会での大立物のようにふるまっていただけに、現象面にのみ眼を奪われがちな日本側の一部マス・コミは、恰も金炳植をわが民族の代表的人物かのようにはやし立てた。その金炳植の醜悪な行状が暴露され、なかんずく社会主義組織の指導層を自任していたものが日本側有力者―それも日本人社会内でさえとかく風評の多い人物の前に平身低頭こびへつらった、二重人格的な卑劣ぶりがあらわになったのである。日本人側でも、ものごとをまともに見る眼のそなわった人たちは、むろん、そのようなことは金炳植個人の人となりの、そして韓・金支配下の「総連」の組織的体質の産物とみよう。しかし、日本側の多くは金炳植を在日同胞社会唯一の人物のごとく騒いでいた一部のマス・コミのそれとまさに同じ発想で〝朝鮮人って、そういうもんだ〟という判断を下しかねない。

それゆえ「金炳植事件」は、ひとり「総連」組織内で、「総連」傘下同胞だけが、とり上げてその発生責任を究明すべきでなく、在日同胞全体が、在日同胞全体の問題として関心を持ち、追求すべき事件であるが、では、「金炳植事件」が表面化されてから同事件にたいする責任問題はどのように扱われたか。

北当局による「金炳植事件」の処断が明らかにされる直前である。韓議長は七二年十二月二十九日秘密裡に緊急全国各県本部委員長会議を召集した。「総連」の事情通によると、都下八王子所在「総連」中央学院で開かれた同会議には、かつてみられない秘密保安措置がとられ、この種の会議の常例になっている中央常任委員・単一団体責任者の参加も一部のものに限られた。

同会議では、(1)韓議長の唯一指導体系を確立する問題(2)金炳植の後遺を組織的に克服する問題、が一応テーマになっていて、二十六名の各県本部委員長が各地方における金炳植の非行と、その後遺について討論を行った。そして韓議長も、一時間四十分にわたる〝演説〟で、討論者たちは金炳植の非行にたいして、儀式的に批判できずにいる。ことに民族や共感等には阿附する態度がまだ残っていると指摘し、

「金炳植は総連事業を台無しにした。そして数多いドンム（同志）たちを組織隊列から排除した」とのべた。だが、続いて「金炳植事件」を「会り騒がず、内部的に処理せよ」というのが「朝鮮労働党」の方針だといって、この事件の〝主動〟は金炳植一人で、他はみな〝被動〟即ち犠牲者であると強調した。さらに、韓議長は要旨次のように語った。

〝金炳植の手先だった者たちはそのまま組織で包摂する。だが、金炳植の手にかかって組織から除去された人たちのうち〝宗派分子〟たちは継続闘争対象にしてたたいて行く。そして非組織分子、不平分子たちも組織をはなれていた期間中、組織の統制外にいたから「組織事業を放棄した契機」ばかりでなく「事業放棄期間中、組織とどのような連関」下にあったか、また「今日どのような思想状況にあるか」を「個別的に組織で審査をよくして対策をたてねばならない。」しかも、その審査も、県本部等の下部組織でやってはならず、「総連」中央の指示に基づいて行わなくてはならない。

それにいま、「総連」組織内では、復讐主義が出てくる動きが濃厚であり、民主主義的運営云々の声もでている。これらは危険千万で、阻止しなければならない。〟

この結論は一部字句を修正、補足して第九期二十三次中央「常任委」の決定にされたが、その「金炳植事件」の事後処理対策は、金炳植一人にだけ責任を負わせて金炳植一人の首をきることでウヤムヤにしてしまおうということであり、金炳植のために犠牲になった人たちは再び組織に復帰させず、従来金炳植の手先だったものたちを継続幹部に居すわらせて、金炳植が「総連」の組織を牛耳っていた時と同じく傘下大衆をおさえてゆくということにほかならなかった。

その一方「総連」中央は、同じ第九期第二十三次中央「常任委」の決議に基づいて、金炳植の正式罷免を行った。罷免の公表は、韓議長によって七二年十二月十六日東京千駄ヶ谷の東京都体育館で開かれた北朝鮮最高人民会議代議員選出祝賀大会での演説の中で行われた。

韓議長の罷免公表によって、金炳植の失脚は明確になったわけだが、一部ではこの組織的処理は予想外に早かったものとうけとられた。というのは、「総連」での金炳植の組織的処分は、金炳植と韓議長との複雑な関係などのため、十全大会（七四年に予定）まで持ち越され、そこで副議長に再選しないようなかたちで行われるのではないかというのが大方の観測であった。

それが事件表面化三カ月という短時日内に「総連」での組織的処分がなされたのは、同事件にたいする内外世論の攻勢をこれ以上放置できないと判断した北朝鮮の指示によってのことであることはいうまでもない。が、同時に次の二つのことが考えられてのことであるのもみのがせない。

その一つは、「総連」組織内における金炳植残党の動きである。

金炳植は七二年十月中旬、再び北に向う前、金炳植の私兵的組織「ふくろう部隊」や手先たちに、自分が平壌に行けばすべての問題が解決し、こんど帰ってくると従来にもまして主導権を握るから、結束を固めて待つようにいいふくめ、密接な関係にあった数十人たちからさらに莫大な金をあつめるなどして豊富な活動資金もあたえているので、金炳植の処分発表が遅れればこれら手先たちの策動がはげしくなるにちがいない状況だった。

そしていま一つは、「総連」傘下大衆の絶対多数が金炳植に憎悪心をもっていて金炳植の組織的処分がはっきりされないかぎり「総連」事業の全般的推進に大きな支障をきたさずにはおかない有様になったこと、それである。

したがって、金炳植の罷免が公表されたのは、ひとえに「総連」組織内での紛糾の継続、悪化をおそれてのことにほかならないが、それだけに、「総連」系同胞たちの関心は「金炳植事件」の後始末が、韓議長がいったように〝主動者〟金炳植一人の罷免でおわるのか、それとも、同事件の性格上当然そうすべきだが、責任究明が徹底的になされ、「総連」の体質を抜本的に改善する果敢な措置が取られるかに集まった。

反省みられぬ人事

金炳植の「総連」中央副議長の罷免が韓議長の口から公けにされて間もなく、在日朝鮮人科学者代表団長として北に行っていた李珍珪朝鮮大学学長が十二月二十三日突然戻ってきた。李珍珪学長は北訪問中おこなわれた「最高人民会議」第五期代議員選挙で代議員にえらばれており、十二月二十五日から召集される同会議第五期第一回会議では、新しく「社会主義憲法」が制定されることになっていたため、それに参席して帰るものとおもわれていた。それが、急遽戻ったからには、「金炳植事件」にかかわる北側の重大指示を持ち帰ったにちがいないとみられた。

案の定、李珍珪学長が帰って三日後の同月二十六日「総連」中央では常任委員会がひらかれ一部の人事異動が発表された。

金炳植にかわる筆頭副議長に、いまだ一代も副議長になったことのない李珍珪朝鮮大学長が朝鮮大学長兼任のまま就任し、これまで五名だった副議長が一名増やされて青年出版協会朴在魯会長があてられた。そして組織局長に広島本部金万求委員長、宣伝局長に蔡東斗「朝鮮新報」主筆、政治局長に李東鎬中央学院副院長がそれぞれ起用され、政治局長韓大鎬は財政局長に横すべり、財政局長金相潤は朝鮮問題研究所運営委員長の閑職においやられた。

この人事発表は、数多くの「総連」系大衆を失望させ、次のような批判をつのらせた。

むろん、この人事は北の指示を仰いでおこなわれたことだろう。しかし、かつても韓議長は何回となく、かくかくの人事異動をさせてくれなければ自分は議長の仕事をやってゆけない、とだだをこねて我意を通したものだが、こんどの場合もそうだったにちがいない。まず李珍珪朝鮮大学長の筆頭副議長抜てきからして、韓議長の川崎時代からの手下であり側近ではあるものの、筆頭副議長のうつわ（器）ではない。ほかの中央部責任者に起用されたものたちも、李東鎬政治局長を除けば、韓議長系統か、その間引ぬきされた人たちばかりである。そして、金相潤財政局長のように金炳植の横暴なふるまいに反対し、韓側につとめてきた骨のある人物は、左遷させられている。

このような不当な人事を北側が韓議長にやれというはずはなく、こんども北側は、「総連」内の紛糾をおだやかにおさめるべく、韓議長のゴリおしにしぶしぶ応じたところう。当然のことながら大方の「総連」系同胞たちの眼は、このあと韓議長が「金炳植事件」にたいしてどのような反省を示し、責任のとり方をするか、なかんずく金炳植のため「総連」組織から疎外・排除された人たちへの救済復帰策をどう講じるかに注がれた。

だが、七三年の新年に入って、「総連」中央＝韓議長は、北当局の指示と「総連」中央常任委員会第九期二十四次会議決定に基づく金炳植にたいする「反党・反革命・宗派策動」規定を年初学習で一応つたえはしたものの、金炳植による犠牲者たちへの措置は何一つとらなかった。それだけでない。金炳植が北当局からも、また「総連」中央常任委員会でも「反党・反革命・宗派策動」分子という「総連」史上かってない断罪をうけたからには、当然それにともなう責任が厳重に問われなければならないはずなのに、韓議長は頬かむりした。そして韓議長は金炳植をかって自身が〝非組織分子〟として攻撃した安興甲や李心詰と同列におくとともに、「今度の事件は、金炳植のみが〝主動者〟で上の人も、下の人もみな、〝被動者〟であり被害者である」といったすじの通らない理屈で逃げ、自分の責任は棚に上げて、下部の人たちに「主体思想」がなく金炳植にまどわされて「金炳植事件」のようなものが起るようになった、と強弁をろうした。

また韓議長は、日本人側記者たちとの会見を通して「金炳植事件」を組織事業上の左傾的誤謬としてお茶をにごし、世間に伝わっている同事件の内容なるものは、「反動」ないし「国際的謀略機関」の手先たちのデッチ上げであると開き直ってみせた。

その結果、「総連」系大衆たちの憤激はさらに高まり、韓議長の一挙手一投足に、そして間もなく開かれる「総連」中央委員会第九期第四次会議に関心がそそがれることになった。

〝田舎芝居〟金炳植再現

そういうときに「総連」系同胞ばかりでなく、内外の耳目を驚かせずにはおかないことが起きた。七二月五日付「総連」機関紙「朝鮮新報」の一面トップに、金日成と前記日本人記者一同と金炳植が一緒にうつされている写真が大きく掲載された。

韓議長は、このような写真を、機関紙にのせることによって「総連」傘下同胞の「金炳植事件」のせんさく、責任追求をかわし、そしてこの事件の後始末即ち金炳植の手で「総連」組織から追出され、迫害された人たちのもとの隊列への復帰要求をおさえようとはかったのであろう。

（おわり）

ヨーロッパでの 南北韓民芸公演の反響

韓国民俗芸術団のヨーロッパ巡演に関して高い芸術性を讃える巡演各地の新聞

力強い農民舞踊に感銘
多彩な韓国民俗芸術団
（ロンドンタイムズ 一九七二年九月五日）

韓国民俗芸術団が見せてくれた多彩な公演プロの中でも一番はなやかな出し物は、最後に演じた「農民たちの踊り」である。韓国の農夫たちが実際の生活のうえでこんな踊りを踊っているとすれば、これは実にダイナミックな（元気な）農民たちというべきである。

この踊りを見て最も驚かされたことは、それが隣国の中国や日本の劇場芸術とは全く類似性がないという点だ。もちろん長い歴史を持った国であれば、それ自体がある芸術性を持つようになるということは事実であろうが、われわれが見てきたこれまでの踊りと全く無関係の、この踊りだけが持つ独自性には類似を許し得ないものがあった。

類似点があるとすれば、ピリ（韓国独特のふえ）とたいこと二韓のビオラを使った伴奏は、スコットランドの音楽を切り分けたような音をかもし出している。とくに、金貴姫氏が歌うパンソリ（韓国の説話的オペラ）は、スペイン・ジプシー・ソングと西洋のオペラまたはポップスを調和させたような独特な印象を与えて、聞くほどに味わい。

ほとんどの踊りは八歳から二十四歳までの女性たちが演じるのだが、その衣装はあでやかで、またいろいろなしゅうをほどこしたうえ、優雅な帽子をかぶっている。リズムはおもに腕と肩に力点を置いており、足の動きは軽快で、ときにはジョージ王朝時代の踊りを思わせる。

その中で最も巧みな踊りは「扇の舞い」であった。ひとむれの乙女たちが踊るこの踊りは、それ自体の美しさのために技巧というよりは、むしろはにかみを魅力的におりなしている。

ソローの中でもひときわすぐれたものは、男女二人のふざけあう踊りに静かなユーモアをまじえ、しかも愛のデュエットに性愛としたロマンティックなムードを漂わせて踊る俞文淑の踊りである。その優雅な身のこなしと極めてこまやかな動作にさえも意味を持たせるわざは、実に驚くべきだ。

私は、殉教者となった一人の僧侶が自分の苦しみから抜け出ようとたいこを打ちながら踊り狂う法鼓踊りを、あまりにも短く振り付けて踊ったのが残念に思われたが、これを完全に踊ったとしたらさぞかし大きな効果を上げ得たであろう。恐らくぼう大な量の民俗舞踊と伝統舞踊の中から、限られた時間にぴったりするプログラムを組むのは難しいことだったであろう。

次に挙げられるのは、李生剛のピリがかもし出す調べの驚くべき脳と、朴貴姫がうたう軽快な歌にのせて二人が演奏する十二弦のカヤ琴と剣舞や巫女踊りなどであり実に拝せんするにあたいする。

芸術の真髄は〝韓国〟に
〝マンスデ〟は公式的宣伝だけ（上）

「韓国民俗舞踊の最も特異な点は、お隣りの中国や日本の劇場芸術とは全く類似性がないという点だ。いうまでもなく長い歴史を持っている国であれば、固有の芸術を持っているというのは当然のことである」これは昨年、フランス・英国・イタリアなどヨーロッパ諸国をはじめ、東南アジアの国々など二十四ヵ国を巡演、絶賛を浴びた韓国民俗芸術団の英国公演に対するロンドンタイムス芸術欄の論評である。韓国民俗芸術団の成功をねたむかのように、北韓側は、昨秋にわかに万寿台国立舞踊団を、フランスをはじめイギリス・イタリアなどヨーロッパ諸国に派遣し、韓国民俗芸術団の巡演先を競演でもするように巡回、宣伝性をむき出しにして芸術愛好家らのひんしゅくをかった。ところで韓国民俗芸術団が、昨年訪問できなかった日本をはじめ欧米諸国の巡演計画をねっていたところ、北韓側も今回は敗けじとばかり来たる八月、東京公演を皮切りに韓国民俗芸術団の巡演予定地を先取りしようとしている。次に紹介するのは昨年、南北韓民俗芸術団の巡回公演の際、ロンドン・タイムスをはじめ、英国の著名な新聞の鑑賞評である。

政治臭が鼻につく
北韓マンスデ舞踊団
（ロンドンタイムズ 一九七三年二月十九日）

北韓から来たこの舞踊団のプログラムを見ると、まるで明白のようにただ「舞踊曲芸」とだけ書いてあるが、実はこの興行の中にはいくつかの見ものがはいっている。体が跳躍台から驚くべき高さにまで飛び上がり、空中でとんぼ返りをするのだが、あるときはおちてくる体を下から受け止めて再び押しあげたりもする。またあるときは再びさっともとどおりに飛び降りたりもする。二人の手品師は台所道具をひとかかえ動かしながら一人は物を高く積み重ねたてっぺんで体の均衡を取りながら、体を前後左右にゆさぶっている。このすべてがやや技術的になされながら観衆を興奮させるのである。

しかし、不幸にも興行の大部分を占めている踊りは、ただ彼らの熱意と訓練を見せてくれただけである。彼らは韓国の芸術団がここへ来て公演したことのある韓国固有の芸術様式を少しはのぞかせてはくれたが、それがあまりにも粗雑な手ぎわだったので、まったく趣のないものになってしまっている。

（次号につづく）

570

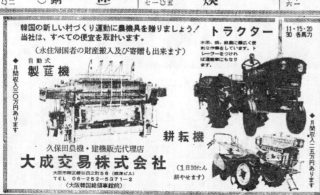

韓国と日本の関係に新視点

日本上古史（文定昌著）抜粋と解説（11）

応神王朝（5）

倭の新羅侵寇 ②

このようにして二百年余りの関係いた倭のひん繁な新羅侵寇は、ついに一つの転機をむかえるに至った。それは助賁王（新羅第十一代王「じょふん」西紀二三〇年～二四六年、訳者）四年に「昔于老」将軍が、侵入して来た倭人を撃破したことからはじまる。

三国史記・新羅本紀によると助賁王三年（二三二年）の夏四月に、倭人が不意に来襲（王の城）を包囲したので、王が親しく（自から）出て戦かい賊を敗走させ、騎馬兵に追撃させて千余りの首をとった。助賁王四年の五月に倭の兵が東の方を侵して来たが、秋の七月に「伊飡（いそん）于老」が倭人と沙道で戦い、風に乗って倭の船を火で焼き賊をすべて水死させた。となっている。その後二十年間、倭の侵犯が途絶えた。そして沾解王「第十二代王「せんかい」、二四七～二六一、訳者）七年に倭国の使臣「葛那古」が新羅を訪れた。昔于老（伊飡于老）が接待役になったが、倭の使臣と雑談していたとき、冗談で「倭は遠からずお前の王を塩を求める奴隷にし、王妃を炊事婦にしてやる」と語った。これを聞いた倭王は大いに怒り、于道朱君という将軍を派遣して新羅を侵襲した。新羅王は怒なことなので柚村に避難した。于老が倭軍陣地に行き「前日の冗談ぐらいで何でこんなことをするのか」と語ったところ倭人は答えもせずにいきなり于老を捕えて柴（しば）の上に載いて焼き殺して引揚げた。

その後味鄒王（第十三代王、「みしゅう」）の時代に、倭国の大臣が来て修好を求めた。このとき、于老の老妻が国王に請うて、倭の使臣を自分の私邸で接待する許可を得、倭の使臣を酔わせて庭に引きずり下ろして焼き殺してしまった。

註（筆者）倭人が昔于老を殺した年を、三国史記・新羅本紀では「沾解王三年」となっているが、これは誤記である。三国史記の編者金富軾は、同紀の昔于老伝で「沾解王七年癸酉（き・ゆう・みずのととり年）に倭使臣葛那古が来て、侮辱を受けて帰り、倭王に報告した結果、倭将于道朱君が駆け込んで来て昔于老を殺した」と明記している。

日本学会でも不明な応神王の出身

羅・倭間を険悪にした昔于老事件

大日本年表によれば、倭将于道朱君が昔于老を焼き殺した沾解七年は、倭の神功五十三年に当る。神功の国が九州地方であったし、神功が魏韓上の卑弥呼だとするとそれは長女「一与」を生んで十三年目に死んだことは既に話したことである。これから判断して、昔于老を焼殺した于道朱君の倭国は、卑弥呼の邪馬台国ではなく、畿内地方に位置していた倭朝またはその後を引継いだ倭であったと推測される。

一方、昔于老の老妻が倭の使臣を焼き殺した味鄒王の年代が西紀二六二～二八三年であるので扶余後王の依羅と目される応神王が、韓波前をすいたのが二七〇年であったから、昔于老の老妻に焼殺されたその倭使は応神朝が開設された後、最初に新羅に送った通交・修好に関する使節であったようだ。

晴天のへきれきの如き仕打ちを受けた応神王は烈火の如く怒って、兵を起して新羅を急襲した。このことは昔于老伝の最後のくだり「倭人忿来攻金城 不克引帰（倭人が怒って金城を攻めて来たが勝てずに引き返した。）が説明している。こうして、難波王朝はその後ずっと引続いて新羅を攻撃することになるのである。（つづく）

解説 応神を日本最初の実在天皇と考えることは多くの学者が肯定しているが、その出身については学者によって色々の見解が発表されている。その主な説を見ると次のように九州説が多い。

『その第一は、応神天皇は狗奴国の首長であったとする説である。一世紀以来狗奴国を支配し、韓半島に足場を築いていた倭奴国の伝統を継承するのが狗奴国であり、それが九州で勢力をのばし韓半島に進出、ついには原大和国家の仲哀天皇の九州親征軍を崩壊させ、逆に大和に進出して、これを統合し、にわかに大きな統一勢力を築きあげたという。だから、応神と原大和国家とのあいだには明らかに血統的な断絶がある（水野祐氏）。

第二は、応神は九州に興った新しい豪族で、日本国土をかなり広く支配していた崇神王朝（原大和国）の王権を奪い、新王朝をつくったとする。当然、男系では皇統につながらないが、景行天皇の七孫仲姫（なかつひめ）をめとった入婿（いりむこ）であったとされ、女系的につながる形がとられたとも説かれている（井上光貞氏）。

第三に、もっとも大胆な意見である騎馬民族征服王朝説をあげよう。これは大和朝の起源を、西日本に侵入した大陸北方系騎馬民族の東漸（とうぜん）とみるもので、最近は崇神天皇を主役としたアマツカミが任那（みまな）から北九州に侵入し占領したのが第一回の建国、応神を主役に北九州から畿内に進出したのを第二回の建国という二段論が展開されているのである（江上波夫氏）。

応神は河内（かわち）におこり、初期大和朝廷の王権を再編成して、大和から河内への王権交替のとびらを開いたというのである。この説の根拠は、天皇名と地名との結びつきによる推定である。すなわち仁徳の名「おおさざき」は父応神の元の名「いざさわけ」の「ささ」をうけついだものと思われるが、その「ささ」は河内の讃良（さら）郡と関係があるらしい。また応神が「ほんだわけ」とよばれるようになったのは、景行天皇の孫「ほんだまわか」のむすめを皇后としたからだと思われるが、この「ほんだ」も河内の地名にちなんだものと推定されることから、河内地方の有力氏族出身のいざさわけ（ほんだわけ）がその出身であろうとする説である（上田正昭氏）。』

学習研究社刊、日本と世界の歴史第一巻「古代」P三〇二。

大胆といわれる江上説も、文定昌さんの説から見ると設定がまだまだ慎重のようだ。

（金元華記者）

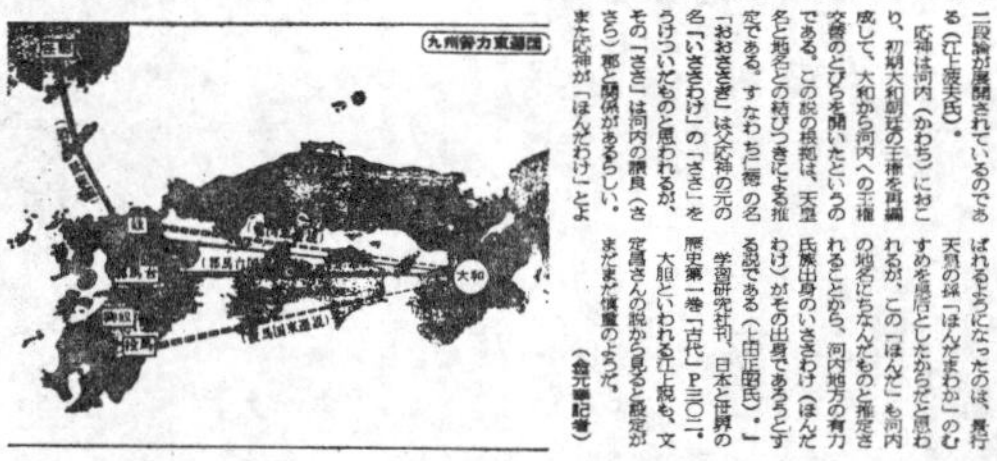

「日本と世界の歴史」第一巻より

第2回アジア青年会議

テーマ「生きがい」

16カ国代表参加で開く

各国旗の並ぶ中で真しな討議

日本国際学生連合（JISU）アジア青年の船団員（AYV）日本青年会議所（JC）が共同で主催した「第二回アジア青年会議」が、さる十九日、東京品川のパシフィック・ホテルで開かれ韓国、日本などアジア十六カ国から青年が集まり、「個人的な生きがい」など四つのテーマをグループ別に分かれて討論し、国際交歓の実を挙げた。

国際人として生きたい

会議は同午後一時から開かれ、「個人的な生きがい」「周囲の関係から生ずるもの」「仕事、地位、業績、名誉など」「軍隊、奉仕活動、政治活動、市民運動など」の四つのテーマを、日本語グループと英語グループの八グループに分かれて討論した。

韓国からの参加者は四人。

この日の討論で最終的に得た総合結論は「個人と国家よりも、国際人の一人として世界と人類のために努力を使おう」というものとなった。また実践活動としては、日常の奉仕活動と、身近なところから、美しい精神をより多くの人に芽生えさせるようにする、ということを誓った。

同午後六時からはサヨナラ・パーティ「アン・エイシャン・イブニング」を同ホテル藤波の間で引続き催おし、参加者たちは思い思いに歓談した。

なお主催者は、外国からの参加者を各地に案内して日本の美しさを紹介する予定である。

当日の参加国は次の通り。

韓国、日本、シンガポール、マレーシア、中国、タイ、オーストラリア、フィリピン、ネパール、インドネシア、ニュージーランド、ホンコン、スリランカ、サワラク、グアム、ほかに米国。

なお、この会議は、各国間における親善交流を深めるため、交互に各国でひらかれることが既定になっており、韓国でも近いうちに開かれる予定。

日本警官が集団暴行

開腹手術の全泰徳さん

尼崎

兵庫県尼崎市に居住する民団の一同胞が日本警察官三人によって派出所の中にとじこめられ、なぐる、けられるの集団暴行をうけ、開腹手術を要するほどの大傷害をおわせられた上、同人たちが所属している尼崎中央警察署の太田修一副署長をして、調査した結果、暴行事実は全くない。さらに公正を期すため、県警本部の監察官室に調査を依頼したが、ここでも暴行の事実がないと判明している。と反論するなど、加害者の警察側と、被害者の民団側間で、この事実と、処理をめぐり、険悪な空気が対立したまま、解決されておらず、今後のなりゆきが注目されている。

さる四月十二日午後八時ごろ、土木業の姜徳文府さんと、前記同胞の全泰徳さん（五〇・工事員）が尼崎市内で飲食中、店の人と口論になり、この是非を判定してもらうため、阪神電鉄尼崎駅前巡査派出所に出向いたところ、小林、上坂山地ら三人の警官が、どうカン違いしたのか、全さんを奥の方に引きずりこみ、なぐる、けるの集団暴行を加え、同市、田中病院の診断で、外傷性小腸穿孔、腸間膜血腫、穿孔性腹膜炎など、開腹手術を要するほどの傷害を負わされたのである。

この時代逆行の不祥事に義憤した民団尼崎支部（秋相春支団長）では、さっそく事件の真相を調査、韓日親善の機運が日一日、高まっていく今日このごろ、このような官憲による暴行は、とうてい許せることではないと、全さんが大阪弁護士会の福原道雄弁護士ら四人を代理人として、神戸地検に告訴したのとは別に、抗議文を尼崎中央署に出し、黙過できない同胞虐待事件として、神戸地検にも告発する一方、前記弁護団側でも、日弁連人権擁護委員会に事実調査を依頼、事件の真相如何では、国際問題化することも予想され、事件の成行に多くの関心が寄せられている。

抗議文要旨

（一）尼崎中央警察署は、民族差別の警察行政を、即時撤廃せよ。

（二）尼崎中央警察署は、本件暴行事件を、即時捜査して、その真相を明らかにせよ。

（三）尼崎中央警察署は、責任の所在を明確にせよ。

民団尼崎支部
団長　秋相春
副団長　李敬錫
ほか、役員一同

日弁連人権擁護委で調査

告訴の要旨

被告訴人等は兵庫県尼崎中央警察署所属の警察官として、阪神電鉄尼崎駅前巡査派出所に勤務する公務員である。

告訴人は昭和四十八年四月十二日午後八時過ぎ、同人等と飲食店すし半の従業員との間の接客態度に関する紛議について仲裁を求めるため、右すし半の店長と共に右派出所に赴いた。このような場合、被告訴人等は両者の言い分を充分に聞き取り事情を適確に把握して冷静かつ妥当な紛議解決の手段を執るべきものであるにも拘わらず告訴人が同派出所に至るや突如共謀のうえ告訴人の襟首を掴んで建物内に引きずり込み、交互に殴る蹴る踏みつけるなどの暴行を加え、右暴行により告訴人をして開腹手術を要する外傷性小腸穿孔・腸間膜血腫・穿孔性腹膜炎の傷害を負わせ、そのため告訴人は現在その治療を継続中である。

誠金集め中央会館建設へ

ポンと誠金2百万円

セマウル運動本部 宣伝車購入費に

李根植氏の快挙！

李根植 氏

在東京韓国経済人の親睦グループとして知られる十日会（孫壊圭会長）の会員で、渋谷のグランド東京を本拠に、サウナ、レストラン、パチンコなど数多いレジャー産業を経営、その敏腕と温厚な人柄で、近来頭角を現わし中堅実業家として活躍している李根植氏（38）が、本国で挙族的に進められているセマウル運動に深く感銘、事業ひとすじにだけ専念してきた今日までの自己を反省、韓国々民としての自己を再発見するようになってきた記念のしるしにと、セマウル運動本部（内務部）に、宣伝カー一式の購入費として日貨二百万円の誠金を民団中央の尹達鏞顧問同伴で、去る七月十三日、韓国駐日大使館に李澔大使を訪れ伝達、関係者を感激させている。

さきの協定永住権運動の際にも事業推進資金の一部にと一金五十万円を寄せたこともある李氏は、済州市出身で、今後とも郷里を中心としたセマウル運動に、積極的に支援参加する決意をさらに固めたといい、止むを得ぬ事情で、去る七月十五日帰国した、セマウル姉妹結縁団に参加できなかったのは残念だが、九月末までには、必らず帰国、各地のセマウル事業視察、協力をしたいとその抱負を語っている。

李殷相先生らの合同講演会盛況

愛知県韓国人経友会（金允鎬会長）主催の、夏季時局講演会は七月十三日午後一時名古屋キャッスル・ホテル金の間において民団、婦人会の指導者と経友会員百二十余人が集まり開会であった。

講演会は金演泳事務局長の司会で国民儀礼を行い、金允鎬会長の開会あいさつ、姜錫弘領事と権会愛知県民団長の祝辞があって講演に入り、折から訪日中の李殷相博士のかんでふくめるような『民族的価値観の確立』講演が約一時間、それに続いて、柳根秀（韓国弁護士会長）氏のユーモアたっぷりの『愛国心と祖国観』講演は強い印象を残し、最後に金允中KPI社長の『北韓みたまま』講演は、共感のこもった反応を見せ拍手喝采裡に午後四時、合同講演会を終了した。

所長に趙鍾仁氏

埼玉韓国文化センター

また、韓承五埼玉韓国文化センター所長の辞任に伴い、東京韓国学校教務部長趙鍾仁氏を所長に起用した。

団長に玄圭元氏

足立支部定期大会

民団足立支部は、さる七日、第十五回定期大会を、足立区綾瀬振興会館で開催した。

当日は洪炳浩国会議員、鄭東淳東京本部団長、金尚弘同議長、徐興錫同監察委員長、高昌運荒川支部団長、ほか多数の来賓が参席、代議員八十七人が出席して開かれ十二時から新着の本国ニュース映画とセマウル事業映画を観賞したあと、午後一時から議案審議にはいった。

執行部提出の各議案は、質疑応答など審議を重ね、すべて原案通り承認、次いで任期満了の役員選挙に入り、次のとおり選出、同六時す閉会した。

団長＝玄圭元氏
議長＝李禎雨氏
監察委員長＝孫道淵氏

73.3作　11×10.8cm
真鍮73.5%錫21.5%鉛5%

張潤宇展

韓国の工芸美術家として著名な張潤宇画伯の第11回個展が、東京・赤坂の韓国公報館画廊でひらかれている。張画伯は、今度の個展で、「鳥」「顔」「自画像」など、独得な手法による作品二十二点を出しているが、来年は、米国のアイオワ州で、第十二回展をもつことになっているという。現在誠信女子師範大学教授。

夏季母親学校

東京韓国学校で

東京韓国学校（黄哲秀校長）では、夏休みを利用して「母親教室」を開設、次の要領で国語をはじめ、韓国民謡、風俗などの教養講座をひらく。

学父兄及び婦人会員の多数参加を望んでいる。

▲日時＝七月二十七～三十日（三日間）午前十時から十二時まで。

▲場所＝東京韓国学校。

韓国映画の会

民団大阪城東支部

民団大阪地方本部管内城東支部（朴季道支団長）では、団員相互の親睦を深め、組織強化をめざす『韓国映画の会』を去る七月七日午後六時から城東区鯰江小学校講堂で開催した。

開会のあいさつで、朴支団長は国内外情勢の大要を説明し、在日同胞のセマウル事業への積極的支援を力説した。なお参席した衆議院議員、中山正暉氏は、あいさつで、韓国の急速な発展を讃え、日韓国民の友好増進を強調し、セマウル運動事業へと金一封を寄付した。

上映された映画は

一、外国人が見たセマウル運動
二、韓国の発展
三、英親王、などで十一時三〇分閉会し、参席した団員に深い感銘をあたえた。

韓日親善 馬術大会

大韓乗馬連盟と、日本馬術連盟との間で、一年相互交替で開催される、アマチュアの韓日親善馬術大会が第十一回目（鈴木一会長）を迎え、今年は日本において開催されることになった。

この大会は、勝負より親善に目的がおかれ、韓日両国の民間外交としての役割を果して来たもので、日本馬術連盟山地三平理事長は、大会にのぞむ姿勢として、両国親善をはかり、世界の舞台に進出するよう協力していこうと、その抱負をのべている。

試合日程は次の通り。

○京都大会－七月二十二日午前十時
場所・京都競馬場乗馬センター
○鹿児島大会－七月二十五日午前八時半　場所・鹿児島市内
○東京大会－七月二十九日午前六時
場所・馬事公苑

なお、七月二十日、KAL便で大阪空港に到着する韓国選手団（朴完範団長）は、一般、学生あわせて十四人である。

訂正　本紙第一〇九一号三面「青年会山形本部結成」記事中「金世鶴仙台領事館副領事」は金賢陶仙台領事館副領事、同会の顧問趙炳は康成寛氏の誤りで訂正します。◆また一〇九〇号（一九七三年七月七日付）三面「大阪府下各支部大会終了」の記事中、東成支部18回大会は22回大会に、同支部事永祝議長は姜永祝議長に訂正します。

指導者が住民と話すときは 司令官が兵士に命令する如く

チョルリマ チョソン (3)

訳 盧基徳

魔法の呪文「主体思想」

神話の根拠は描いた想像画のみ

住民と接触を避ける指導者達

神話形成のパロディ 金日成神話は喜劇

暗記教育と金日成演説の棒暗記は、正にすべての人間が、自分が同化させられる人物と、全く同じ特性と苦悩をそのまま受け入れるヒステリックな症状となる。このような大衆的ヒステリー状態は宗教社会などではよくあることである。支配者への同化は、個人間の親密化の可能性をさまたげている。

マルクスは「ルイ・ナポレオンのブルメール十八日」でヘーゲルに関して、すべての世界史的な出来ことは全く二つの形態で起こってくる。その一つは悲劇であり、他の一つは喜劇であると言及した喜劇とは、まさにこの神話の創造にあてはまるものだろう。建国神話というものは、自然の状態から文明の社会に至る段階で一つの民族が力を誇示するものであるが、金日成の伝説は正にこのパロディそのものである。すべての神話の形成と唯一つの共通点は「英雄神話のウソは、英雄の神格化で頂点に達する。」とフロイトの「大衆心理学」は述べている。金日成は神話の中で少くとも半分は将軍、半分は神である。このような意味において彼は支配権を行使している。この社会での集団組織と、軍隊の組織形態、二十七歳までの異性関係禁止、性的対象としての支配者への集中、および男性的成果を指向することにより、極端に抑圧的、潜在的な同性愛の素地を生み出す。しかし次のようなこともいえる。つまりこの社会の、社会主義的組織は、常に家長的であり潜在的同性愛社会の構成は不可能であると。

欲求不満を昇華させ 外部攻撃に向けさす

支配者のもとでの大衆のつながりにおいては、性的抑圧によって必然的におこってくる欲求不満による攻撃的爆発を、別の面で昇華させることは重要なことである。何となれば、支配者は「敬愛するお父様」であるだけでなく、党の枠によって支配統治を仲介させるところの、潜在した攻撃力を著しく生じさせる抑圧的専制君主であるからだ。

現在、北韓のするところで、日常的に高められているこの攻撃欲は、外部に向けられているのだ。つまり南韓の解放と〝米帝国主義〟との戦かいに向けられている。このように見ると、民衆の犠牲化精神と結びついた攻撃がなされるとき、大きな殺りくのみが想像される。

この潜在攻撃力の爆発の別の可能性は、専制君主(金日成支配)からの解放、つまり北韓社会の固有の家長的構造から解放することである。いわば祖先殺人であるがこのような解放革命は北韓ではあり得ないように想われるかも知れない。しかし、それは民衆のあらゆる貧実の解放、生産力の発展、および社会主義社会の建設の前提である。

アジア的専制君主は 支配権守る戦いなし

社会がその頂点において一人の支配者に代表されるとき、この支配関係は尖鋭化される。支配者は民衆に服従を要求し、自意識ある個人の解放を許さない概念を植えつける。これが、アジア的になって体系した特別の形が北韓の問題であることは疑いないことだ。アジアでは専制君主または統率者はもともと自然の代表者であり、民衆は常に服従せねばならない自然の一部であった。それゆえ、アジア的専制君主は、誰にも責任のない指導者、つまり自然法則の執行者であるといえる。彼は(金日成は)例えばフィデル・カストロとは異なって、毎日統率の権利のために戦う必要がない。神としての統率者はまた、すべての批判を超越しているので、批判や自己批判のような原理は、民衆の批判能力とか批判的意識を尖鋭化させない。逆に他人も支配者の指図に従がっているかどうかと、他人を監視する義務に各人を変えてしまうのだ。

北韓の支配者たちは、全く市民的歴史記述の意味で、苦悩の物語の機能を、英雄物語りの機能に変えることを試みている。日本帝国主義についてはたしかに誇られるが、はるかにより古い中国の支配的地位は隠される。

北韓では、空想は国家的神話の説明のためにしか許されてない。芸術はなるほど助長されるが、その課題はただ支配する者の讃美にのみある。

北韓は今日、権威主義的、国家主義的統率者の支配下にあり、民衆の具体的欲求を抑圧し、生産力の解放に導びく発展を阻害している。

英雄神話を誇張する 社会主義リアリズム

北韓は、修正されたとはいえ帝国主義の産物である。それは第二次世界大戦に続いて、ソビエトの政治的支配権の指向を基礎に発展した。訓練と成果指向はまず最初に日本帝国主義者たちが韓国人にたたき込んだものだ。今日それは社会主義的訓練の一部であると解釈されている。同様にアジア的軍国主義は日本に由来するものである。北韓の過度の国家主義は植民地の歴史への反動形態であると理解すべきである。

北韓においては、すべての業績は支配者に集約される。いわゆる革命と北韓の歴史と金日成は同一視される。この支配者と関係あるものは何んでもが神聖化され、崇拝の対象となる。その行跡の一つ一つがすべて神話となり、この神話に関係ある場所は至るところに設けられている。

韓・満民族神話の聖地 金日成神話の発祥地に

北韓で聖地として重要視されている場所としては、韓・中国境の普天堡という地域がある。北韓は一九三七年、この地において戦闘があり、日本軍に壊滅的打撃を与えたとして、歴史に記録されている。しかし、この戦闘と金日成の英雄神話を結びつけるには無理があり、普天堡戦闘ということを、大ゲサに誇張してウヤムヤにしている。普天堡は確実に韓半島に属しているが、北韓の公式記録によると、金日成は四十五年、ソ連軍と一緒に半島に出現するまでは、満州地域でのみ活動したことになっているためである。従がって、この地域を聖地に組み込み、スターリンの亜流のいわゆる社会主義リアリズムの形式で、四十八才に達する巨大な記念碑を建てている。金日成の抗日戦争で占める栄光業績を証明するのに難点がある場合は、常にこのように〝社会主義リアリズム〟の芸術形式でゴマかすのである。それもそうで、金日成の場合、二、三個の修正された写真を除いては、カストロ、チエ・ゲバラ、毛沢東のような、ゲリラ活動の写真を一枚も提示することができないからである。よって、闘士としての支配者をクローズアップするあらゆる資料というものは、神話創造者たちが、作業場で描いて造った芸術品だけである。それで見ると、北韓の社会主義リアリズムというのは、国民的な神話を画くのが課題といえるであろう。金日成神話に関係あるとされた場所の中で最も重要な処は白頭山。金日成はここを根拠地として祖国解放戦争を展開したことになっている。面白いことには、白頭山が韓民族と満州族成立神話の発祥の地という事実である。もちろん、伝統的なこれらの神話に金日成の喜劇的神話が唯物論的に脚色されている。

西ドイツ新左翼の指導者が見た北韓

主体思想の展開は 金日成十八歳の時と

あらゆる階層の神話というものは、一民族の集団的体験、すなわちその民族の文明生成課程を表現するものであるならば、北韓の神話は単純な支配者の使法である。金日成と社会主義との関係をたがめて見ることにした。金日成伝記によれば、彼は十四歳となった一九二六年に、〝朝鮮に社会主義と共産主義を建設するために、初めて反帝国主義」のマルクス、レーニン主義団体を組織したことになっている。十五歳となった一九二七年に満州の吉林中学に通いながら「共産党宣言」「資本論」をはじめ、マルクス、レーニン主義の多くの古典を完全に消化したとしている。十四歳のとき「共産主義の左右派閥」を克服したとなっている。これより先、一九二五年に国内で組織された共産党を、小ブルジョア的で分派主義的知識人たちの連合体であると攻撃している。しかし実際は、この時期に韓半島には、日本の産業化につれてすでに労働プロレタリアートがあり、共産党運動の根拠となる可能性はあったが、これに反して(金日成が活躍したといわれる)満州には、単に火田民たちの貧しい農民たちがいるだけだった。

また十八歳の一九三〇年、金日成は政治情勢を分析して、いわゆる「主体」思想を展開させたとしている。金日成がマルクス、レーニン主義を創造的に「朝鮮の実情」に合うよう発展させたというのである。すべてを自分の力で解決し、また解決して来たということの主体思想は、彼らの力だけでは到底解決するあたわざることに、特に強調されているが、一九四五年の日本敗戦が連合国によりなされたとか、五〇年の韓国動乱のとき、中共の介入が無ければ北韓が存在できなかったであろう事実などは、全く削除されている。

主体思想という一言 聖なる不可侵の言葉

この主体思想は文化を形成する面では民族性を強調し、内容面では社会主義要素を強調したスターリンの公式と対応している。主体思想は明らかにその概念をスターリンから教わり、魔術の形態にスリ替えてしまったのだ。

主体という言葉は現在、北韓ですべての指導原則の基本となっており、神聖不可侵な言葉として、主体思想を奉じて—といえば反論することは許されない。すなわち支配者が主権的なすべての決定を下だす意味になるのだ。

無論、この支配者は権力を直接行使せず、下位官僚たちによる階級的権力体系を通じて行使している。この権力構造が、韓国の伝統的な専制君主制と密接な関係を持っているということは、次のような特別な言葉の使い方により端的に現われている。

上司には同志と呼び 下に対してはドンム

北韓では階級意識を除外した親友としての意味の言葉を二種類に分けて使われている。すなわち漢文の「同志」と、韓国語の「ドンム」の区別である。

同志という漢文は、韓国上流社会が漢文を称讃したところから、目上の人に使う言葉となっている。従がって労働者は上司を「同志」と呼び、上司は労働者を「ドンム」と呼んでいる。家庭でまで、夫は妻を「ドンム」と呼び、妻は夫を「同志」と呼ぶ。この特殊な用語の使い方は北韓社会の階級的な特性をそのものズバリ現わしている。

この階級秩序は指導者たちの対住民接触忌避にも現われる。彼らは外出するときは必らず乗用車を乗りまわす。子供たちや、見物人が近ずくと運転手がそれらを遠くへ追い払うのである。指導者たちは劇場で専用出入口から出入りするし、外交官にだけ開放されている特別な店を利用している。彼らが一般住民に対してものをいうときは、司令官が兵士に命令するような口調で話す。

金日成が、子供たちや農民、労働者に囲まれている多くの絵画で、彼が一緒にいるのではなく、一段高い位置から見下ろす場面が常に強調されている。子供達は金日成の銅像、肖像画に対して本人に対すると同じように敬礼をさせられる。それは大人になっても当然のこととして疑わない。(完)

林慶業将軍傳 (十七)

訳 洪相圭

編 八東周吉

むっつりと不機嫌な顔をして、しばらく考えこんでいるようであったので、慶業はすばやく胡将の心の動揺を読みとり、わが計なれりと心の内でほくそ笑み、静かに席を立ちあがった。

「どうも長居いたしました。さっそく攻城の準備をいそぐことにいたします」

胡軍の将はついに恥も見栄も顧り見ずに、立ち去ろうとする林慶業を呼び止めた。

「あいや、しばらく。拙者が心得違いをしていたようでござる。わが国のことで、わざわざご加勢くださっただけでも、かたじけないのに、先ぽう軍となり血を流すように計らうのは、礼を失したことと、後ればせながら悟りました。林将軍においては先陣争いなど眼中にもないはず。

まずは、我が軍が先ぽうとなり、矢面に立って血を流すでありましょう。

先ぽうをお頼みするにしても、その後のことにいたすことこそ道理と、後世にも物笑いの種にならないようにしたい。どうぞ将軍はまげて先ぽうをわが軍に譲られ、後で御観戦なさって下さるよう、強いてお願い申す」

せがむばかりの胡将を心の内であざ笑ったが、そんな気振りは、鵜の毛ほども見せず、かえって、さも迷惑そうに顔をしかめた。

「おことばでござるが困りましたな。部下どもも先ぽうを期待して非常に張り切っておるので、実は願っても先ぽうをと思っておりました。将軍もそれがしの意を解されて先ぽうを譲られたと思っておりましたのに、突然の変更は心外でございますな。どうぞ、御再考なさってくだされば幸いですがな」

と落ち着いて話したら、胡将は慌てて大仰に手を振りながら、せかせかと息もつけずに答えた。

「将軍の意のあるところを拙者もよく察していましたので、先ぽうをお願いしたわけでしたが、どうも浅慮でありましたわ。今も申し上げたようにだれそれは礼を知らぬ将軍よと、世間に笑われるのも口惜しい限りでございます。この先ぽうまげてお譲りくだされたい」

と辞を低くして頼むのを見おろしながら、林慶業は仕方なさそうに応諾した。

「死よりも名を惜しむ武人の心掛けを見せつけられたような気がしまして、拙者はほとほと感じ入りました。それではどうぞ先ぽうに立たれますよう。拙者は後で将軍の戦いぶりを充分に見せていただきましょう。存分に戦われますよう」

と体よくあしらって、胡軍の陣営を出た。本陣に戻った林将軍は、隠密のうちに全軍に令をくだした。

「明日の合戦で我が軍はしんがりをつとめることになった。合戦の際には胡軍に向けて砲を放ち、できる限り多数の兵を殺傷せよ」

と胡軍の意表を衝くような内容であったことは何も驚くには当らなかった。

次の日にそれとも知らぬ胡将は金欲に釣られて、声をからして下知しながら、一途に攻撃をはじめた。この猛烈な攻撃にあって、流石の明の守城軍も、ひとたまりもなく崩れるだろうと思われたときに、突然後ろの方に火の手が上がり、ときの声がした。

後顧の憂いなど全然念頭にもなかった胡将は、後陣を突かれてたじろぎ、城を攻めるどころの騒ぎではなくなった。後軍を救おうと駈けつけたときには、既に胡の敗軍は屍山血河の惨たんたるありさまであった。

しんがりに立っていた朝鮮軍の仕業だとわかったときの胡将の立腹は、なみたいていではなかった。

「林慶業、小策を弄するとは聞き知っていたが、人もあろうに、このわしを財宝でたぶらかし、あまつさえ、わが軍に向かって逆に弓引くとは憎みてもあまりある奴、刀に血ぬらずして奴の土手っ腹に穴をあけてやる」

と拳で虚空を衝きながら、猛虎のようにわめき散らしたが、あとの祭りであった。

いろいろと頭をひねって一策を考え出した胡将は、林慶業を、胡軍の陣営に招いて、あれこれと話をかわしたが、その日の朝鮮軍の動態に関しては一言もおくびに出さず、ただ、先陣に立ってくれるようにと、何に気ない素振りで請うただけであった。

「あまり鮮かな敗戦ぶりを御覧に入れまして、恥ずかしいかぎりであります。拙者の力におえそうもありませんから、やはり林将軍に、先ぽうを頼むとしましょう。拙者が先ぽうをつとめるなど、身のほど知らずでありましたわい」

胡将の腹に一物があることを充分に察している慶業は否応なく先ぽうを引き受け、すぐ本陣に帰り一書を守将の皇子明に宛てた。

皇子明はほかの人でもない、林慶業が朝鮮の使臣として明に入朝した時に、接待役をつとめていた都元帥皇子明その人であったのである。奇妙な運命のめぐりあわせで、形では攻守の敵と味方にわかれて戦場で鉢あわせすることになったのだが、心より心への通路はふさがれていなかった。慶業はこう書いた。

「前任大司馬大将軍林慶業は、慎んで、前任都元帥皇子明ご老体に書を送ります。お別れしましてからも、一日として忘れ申し上げない日とてなかったのでありますが、所もあろうに、ここでまみえるとは、なんという運命の悪戯でありましょう。

胡賊が慶業をして、攻城の先ぽうとなしたのは慶業を殺す一つの方便に過ぎませぬ」

韓國新聞

在日大韓民国居留民団中央本部機関紙
韓国新聞社
発行人 金正柱
東京都文京区春日町2丁目20－13
電話 直(815)1451～3 交(813)2261～5
振替口座 東京 163774
本国連絡所(民団本国事務所内)
ソウル特別市鍾路区[illegible]成洞
政府合同庁舎四階
電話 73－0162・0165

民団綱領

一、われわれは大韓民国の国是を遵守する
一、われわれは在留同胞の権益擁護を期する
一、われわれは在留同胞の民生安定を期する
一、われわれは在留同胞の文化向上を期する
一、われわれは世界平和と国際親善を期する

結ばれた祖国愛の絆

各地で熱烈な歓迎

民団・セマウル結縁団一行

【ソウルで本社鄭洪徳特派員発】既報の通り、民団傘下各級組織代表五百余人からなる「民団・セマウル姉妹結縁団」は、去る七月十六日、ソウルの三一堂でセマウル関係者一千余人があつまったなかで盛大な結団式をおえたあと、午後二時、各級民団組織代表四十九人は、青瓦台に朴正熙大統領を礼訪した。

祖国愛を高く評価

金総理、パーティ開きねぎらう

朴大統領は、在日同胞の祖国愛を高く評価してその労をねぎらい「海外同胞が国内で活発な事業を展開することを望み、経済性が高い事業は政府が積極的な支援を惜しまない」と語り、一同を激励した。

午後五時には、五百余人の全員がタワーホテルで金鍾泌国務総理が主催したレセプションに参加した。

各部長官も出席したこの席上で金鍾泌総理は、忠実、[illegible]民団の発展を望み、本国との紐帯強化になお一層努力を望む要旨のあいさつがあった。

一同は各部長官といちいち握手をかわしながら談笑、和気あいあいのなかでレセプションをおえた。

なお、十七日から一同は各自献金をもって百二十二のセマウル姉妹部落を訪れ、現地で盛大な結縁式をおこない農民を感激させ、熱烈な歓迎をうけた。

歓迎朝食会 21日、半島ホテルで

また二十一日には、全国の百数十村とセマウル姉妹結縁を結び四億二千余万ウオンにわたる献金を伝達するという画期的な汎国民的運動への寄与を果たした在日大韓民国居留民団の代表である中央本部の三機関長をはじめ民団幹部を慰労する朝食会が、林炳稷元国連大使主催で二十一日午前八時、ソウルの半島ホテルにおいて開かれた。

この朝、林大使をはじめ、李[illegible]公使、閔寛植文教部長官、駐韓日本大使、安[illegible]博士、林[illegible]大統領特別補佐官、金[illegible]会議長、朴[illegible]大学教授、金[illegible]長官、尹致暎氏、高在[illegible]議員など有名人士が多数参加した。

この席上、林炳稷氏は「王仁博士」の故事と東京近郊高麗郡の例をあげ在日同胞の自尊心と矜持を堅持することを強調した。ついで金正柱団長は、祖国のためなお一層奮闘することを約したい。

現地で巨額の誠金

〈セマウル運動に感銘〉

全鳳学氏千万ウォン 鄭徳永氏380万ウォン

民団・セマウル姉妹結縁団に参加、姉妹部落を訪れた、民団千葉県本部全鳳学顧問と民団長野県本部鄭徳永団長は、去る二十日、現地を視察、セマウル運動に熱意をこめている農民の努力に感銘して全鳳学顧問は農民子弟の教育費として二千万ウォンを忠清南道瑞山郡に寄託、また鄭徳永団長は、忠清南道[illegible]セマウル部落会館建設費用として三百八十万ウォンを寄託して現地の農民はもちろん、セマウル関係者を感激させた。

半島ホテルで開かれたセマウル姉妹結縁団歓迎朝食会(上) 慶南道庁(釜山)での現地農民歓迎会

民社党幹部と懇談会

来日中の新民党議員

[illegible]の一環として来日中の金元萬新民党副総裁以下四人の新民党所属議員は、去る七月二十六日午前十時から民社党本部(東京都港区芝西久保桜川町一番四号[illegible]ビル)で日本民社党幹部と懇談会をひらいた。

新民党側からは金元萬党副総裁、宋元英党政務委員、李宅敦党政務委員、辛相佐議員が参加し、民社党側から、竹本孫一(政策審議会長)、河村 勝(国際局長)、宮田早苗(政策審議会副会長)、小沢貞孝(政策審議会副会長)、和田耕作(市民団体対策委員長)、渡辺武三(総務局長)、中沢いと子(婦人会長)、和田春生(機関紙局長)、大内啓伍(教宣局長)、渡辺 朗(国際局次長)氏らが参席して当面の韓日関係をはじめ、南北韓問題、アジア情勢などについて意見をかわした。

法司委一行民団幹部と懇談

26日、東京で

民団中央本部では、去る七月二十六日午後二時半から、東京・大栄ホテル会議室で、来日した国会法司委員会(張栄淳委員長)一行五人の国会議員と専門委員一人を迎え、関東地区民団幹部連席懇談会をひらいた。

この日の懇談会は、関東地区傘下各級組織から百余人の民団幹部活動家があつまり、このほど公布された「在外国民就籍・戸籍訂正及び戸籍整理に関する臨時特例法」の解説を始め、在日同胞子弟の民族教育問題、今期日本国会に提出中の日本出入国法案及び在日同胞の処遇問題など広範囲に亘って幅広い意見を交換、民団の当面問題にもふれ質疑応答のうち重要事項は次の通り。

▼東京近郊に約四万坪の敷地を確保、幼稚園から初級大学までの綜合民族教育を強化する。

▼金大中氏の海外での国家と民族の利益に反する言動は慎むべきである。

▼在日同胞の本国での不動産売買は自由。

▼出入国管理法案のなかに韓国人に不利な条項を削除ないし修正を要請して約束を得た。

▼金氏を李氏に変更することは不可能だが、申請書一枚で戸籍就籍・整備はごく簡単にできるようになった。(各地の公館で指導する)。

来日した国会法司委員一行は次の通り。

△張栄淳(委員長)△韓[illegible]△李道[illegible]△金命[illegible]△高在[illegible]△李[illegible](専門委員)。

なお一行は、福岡、広島、大阪、名古屋、仙台、札幌でも懇談会をひらいた。

具泰会議員民団を訪問

幹部と懇談；金一封も

去る七月三十一日午前十一時、具泰会議員(新民党)が民団中央本部に金正柱団長を礼訪した。具泰会議員は去る七月七日、丁一権国会議長訪問団の一員として来日、[illegible]を随行し、カナダ、米国を訪問後帰国の途中、日本にたちよったものである。なお懇談の席には李彩雨副団長、尹[illegible]事務総長をはじめ各局局長が同席した。

具泰会議員は、カナダ、米国を訪れた感想としてカナダには韓国からの移民が毎年倍増しており、カナダのトロント市に三年前約三百人の移民が、今では約四千人にいたったとのべ、カナダ全国で約七千人にのぼっており、彼らは現地民の尊敬を受けているが特に昨年現地に住む五十一カ国参加の民俗競演会で韓国の婦人会が一位をしたことがあり、これを契機に韓国文化に関する認識が高まって来たと海外同胞の実況を伝えた。

具泰会議員はまた民団事業の一助にでもと金一封を金正柱団長に託した。

スクールバス一台を寄贈

三多摩ライオンズクラブ 会員親睦ゴルフ大会ひらき

去る七月二十三日午後一時から都下多摩市にある米軍ゴルフ場で、三多摩ライオンズクラブ会員親睦ゴルフ大会が、[illegible]をはじめ、[illegible]米軍横田基地司令官[illegible]米軍将校多数と会員六十余人が参加してひらかれた。

三多摩ライオンズクラブでは、この月の親睦ゴルフ大会を記念して、韓国の大邱市に[illegible]専門学校にスクールバス一台を寄贈することをきめ、目標額三千ドルのうち二千ドルを[illegible]に手渡す感激の場面もあった。

青年会規約(草案)審議

7月28日 分科委開き 最終案を決定

在日韓国青年会の宣言、綱領、規約の草案を審議するための、第二回青年会分科委員会が、去る七月二十八、九の両日、山梨県の河口湖丸栄ホテルで開かれた。第二十一回定期中央委員会で決定した青年会活動方針を早急に実施しなければならないので、当日は審議を行ない、一部を修正して議案を最終的に別掲のとおり決定した。

また、その他の事項として、①各地方本部は、青年会組織を余り急がないで、慎重を期して組織してほしい。②全国の青年部長任命を再度促し、速やかに青年部長会議を召集して教育してほしい。ということを決議した。

一同はこのあと、西湖紅葉台キャンプ場で開かれている関東地区青年会合同サマーキャンプを訪れ激励した。

当日の出席者は、民団中央本部から金正柱団長、李彩雨副団長兼青年局長、民団東京本部から鄭東[illegible]団長のほか、鄭炳和分科委員会委員長、金明[illegible]、[illegible]、金致淳、朴性佑、金栄淑、金康出、徐寅錫、李金鐘、任珠鎬、金康俊の各委員と、中央本部青年局[illegible]次長、康[illegible]局員の計十六人である。

審議結果は次のとおりであるが、綱領修正条項と、一部修正条項のうち重要でない部分は省略した。

綱領草案＝第三項のうち「平和統一課業」を「平和的統一課業」と「的」の字を入れた。

規約草案＝第四条"および支部"を、の但し書き全文削除。

第九条"中央執行委員会"を削除。

第十条第一項、第二項の綱領の前に「宣言」を挿入、第一項のうち、民団中央"本部"を民団中央"委員会または中央大会"と入れ替える。

・第十一条"議長"を選出して、の部分を"当該大会の議長を一名副議長二名"を選出して、とする。

第十二条中、支部大会の項を削除。

第十三条、人員定数を白紙とし韓国青年会の条項を削除する。

第十四条は全文次の如くなる。中央大会は、定期大会を二年に一回、二月中に会長が召集し、臨時大会は会長が必要があると認めるとき、または大会構成員三分の一以上の要請があったとき、三十日以内にこれを召集しなければならない。

第十七条、定員の具体的数字をすべて白紙とする。

第十八条、全文を次の如くする。定期中央委員会は、年一回五月中に会長が召集し、臨時中央委員会は会長が必要ありと認めるとき、または中央委員三分の二以上の要求があったときは、十五日以内に召集しなければならない。

新たに次の如く第十九条を挿入する。第十九条本会特任執行機関として中央執行委員会をおく。

第三十条を全文削除し、第二十条から第二十九条までを一条づつ繰下げる。

第二十条、中央執行委員会から「次長」を除外した。

第二十二条、但し書きを削除。

第二十九条、但し書きを削除。

第三十条…"中央本部は"の後に"中央委員会の承認を得て"を挿入する。

第三十一条、但し書きを削除。

第三十六条、但し書きを削除。

第三十八条、但し、会長の呼称は文会長とする。と但し書きを入れる。

第三十九条は全文削除、以下一条づつ繰上げる。従がって第四十条が三十九条となる。この三十九条に、但し、協議会の地域構成は民団に準ずる。と但し書きを入れる。

第四十六条、但し書きを削除。

第五十一条、但し書きを次の如くなえる。但し、財政規定は別途に定める。

最高45万、最低一万

個人企業賃金

国税庁が主た個人企業体従業員の賃金を調査したところ最高は病院長や専門医の20～45万ウオンで最低は雑役婦に従事する見習等の一万～一万五千ウオンであることが判明した。七万ウオン以上の比較的高給取りは一級ホテル支配人、ピアニスト、調理士、学園長等である。高速バス一級は十万ウオン台、自家用運転手で月収三十万ウオンの特上級もある。

民団・セマウル姉妹結縁一覧表

道別	郡 面 里 セマウル	結縁団体
[illegible]	[illegible] 1里	福岡県 京都支部、築上支部、八幡支部
	[illegible] 1里	福岡県 小倉支部、門司支部、戸畑支部
	[illegible]	福岡県 若松支部、遠賀支部、宗像支部
	[illegible]	福岡県 福岡市支部
	[illegible]	福岡県 田川支部、大牟田支部
	[illegible]	福岡県 筑紫支部、古賀支部
	[illegible]	福岡県 筑豊支部、[illegible]支部、[illegible]支部
	[illegible]	佐賀県 地方本部
	[illegible] 1里	長崎県 地方本部
	[illegible] 2里	大分県 地方本部
	[illegible]	熊本県 地方本部
	[illegible] 1里	宮崎県 地方本部
	[illegible] 2里	鹿児島県 地方本部
	[illegible]	在日本 大阪府 [illegible]
	[illegible] 3里	在日本 大韓婦人会 大阪府地方本部
[illegible]	[illegible] 1里	愛知県 中村支部、中川支部、[illegible]支部、[illegible]支部
	[illegible]川郡化村面外三浦1里	愛知県 [illegible]支部、[illegible]支部、[illegible]支部、春日井支部
	[illegible]	愛知県 [illegible]支部、一宮支部、[illegible]支部、[illegible]支部
	[illegible]	愛知県 [illegible]支部、瀬戸支部、[illegible]支部、知多支部
	[illegible] 1里	愛知県 岡崎支部
	[illegible] 1里	愛知県 韓国人親友会
	[illegible]	岐阜県 大垣支部、中濃支部、西濃支部
	[illegible]	岐阜県 [illegible]支部、多治見支部、飛騨支部
	[illegible]	三重県 桑名支部、松阪支部、伊勢支部
	[illegible] 2里	三重県 四日市支部
	[illegible]	在日本大韓民国居留民団中央本部 顧問 [illegible]
	[illegible]	在日本大韓民国居留民団中央本部 顧問 [illegible]
	[illegible]	石川県 地方本部
	[illegible]	[illegible] 地方本部
	[illegible]	[illegible] 韓国人親友会
	[illegible]	三重県 上野支部、津支部
[illegible]	[illegible] 2里	京都府 南支部、綴喜支部、北桑田支部
	[illegible]	京都府 左京支部、下京支部
	[illegible]	京都府 中京支部、伏見支部
	[illegible]	京都府 上京支部、宇治之世支部、丹波支部、舞鶴支部、丹後支部
	[illegible]	京都府 右京支部、東山支部、福知山支部、乙訓支部、和束支部
	[illegible]	奈良県 地方本部
	[illegible]	和歌山県 地方本部
	[illegible]	滋賀県 地方本部
	[illegible] 2里	富山県 富山市 [illegible] 株式会社 社長 [illegible]
[illegible]	[illegible] 1里	長野県 地方本部
	[illegible]	長野県 地方本部 団長 鄭徳永
	[illegible]	長野県 地方本部
	[illegible] 2里	長野県 地方本部
	[illegible]	長野県 地方本部 団長 鄭徳永
	[illegible]	埼玉県 地方本部
	[illegible] 1里	千葉県 地方本部
	[illegible] 2里	埼玉県 地方本部
	[illegible] 1里	千葉県 地方本部
	[illegible]	栃木県 地方本部
	[illegible]	群馬県 地方本部
	[illegible]	茨城県 地方本部
	[illegible] 2里	長野県 地方本部
	[illegible]	長野県 地方本部
[illegible]	[illegible]	東京都 韓国人 十日会
	[illegible]	東京都 韓国人 十日会
	[illegible]	東京都 韓国人 十日会
	[illegible]	東京都 韓国人 十日会
	[illegible]	東京都 韓国人 十日会
全北	[illegible]郡九耳面[illegible]里斗方	東京都 目黒支部
	[illegible]郡[illegible]川面[illegible]里下[illegible]	東京都 世田谷支部
	井邑郡井州邑長山里三[illegible]	大阪府 [illegible] 株式会社 社長 徐甲虎
	[illegible]郡上西面[illegible]	三多摩 地方本部
	[illegible]郡[illegible]川面[illegible]	青森県 地方本部
全南	[illegible]郡[illegible]面[illegible]里大田	神奈川県 鶴見支部、[illegible]支部、高座支部、相模原支部
	谷城郡 谷城面 竹洞里	北海道 札幌支部
	[illegible]	山梨県 地方本部
	[illegible]郡 [illegible]面 金坪里	北海道 札幌支部
	[illegible]	神奈川県 横浜支部
	[illegible]	神奈川県 地方本部
	光陽郡津上面[illegible]	神奈川県 川崎支部
	海南郡 玉泉面 永[illegible]里	北海道 旭川支部、稚内支部、留萌支部、空知支部、夕張支部
	[illegible]郡光[illegible]面[illegible]	北海道 釧路支部、十勝支部、北見支部、日高支部、小樽支部
	羅州郡[illegible]面金安里仁川	北海道 室蘭支部、函館支部、苫小牧支部、千歳支部
	[illegible]郡 [illegible]面 五[illegible]里	静岡県 地方本部
	咸平郡咸平邑[illegible]里[illegible]	神奈川県 南武支部、湘中支部、横須賀支部
慶北	[illegible]郡 [illegible]面 [illegible]洞	大阪府 生野東支部
	[illegible]	大阪府 生野西支部
	[illegible] 1洞	大阪府 生野南支部
	[illegible] 1洞	大阪府 生野北支部
	[illegible]	大阪府 布施支部
	[illegible] 1洞	大阪府 東成支部
	[illegible] 2洞	大阪府 西成支部
	[illegible]	大阪府 城東支部
	[illegible] 1洞	大阪府 大正支部、[illegible]支部、[illegible]支部、此花支部、西淀川支部
	[illegible]	大阪府 泉南支部、泉北支部、[illegible]支部、東大阪支部
	[illegible] 1洞	大阪府 東淀川支部、豊能支部
	[illegible] 2洞	大阪府 高槻支部、茨木支部、吹田支部、北河内支部
	[illegible] 1洞	大阪府 北大阪支部、中央支部、旭支部、都島支部、天王寺支部
	[illegible] 2里	大阪府 東住吉支部、住吉支部、南大阪支部
	[illegible] 1里	大阪府 八尾支部、枚岡支部
	[illegible] 3里	福井県 地方本部
	[illegible]	大阪府 [illegible]
慶南	[illegible]	兵庫県 西神戸支部
	[illegible]	鳥取県 地方本部
	[illegible]郡 一班城面 [illegible]川里	兵庫県 東神戸支部、兵東支部、有馬支部、三田支部
	[illegible]郡 上東面 玉山里	兵庫県 西播支部、明石支部、播丹支部、淡路支部、但馬支部
	[illegible]	岡山県 倉敷支部
	[illegible]	広島県 地方本部
	[illegible]	岡山県 岡山市支部
	[illegible] 大川里	山口県 地方本部
	[illegible]	兵庫県 西宮支部、阪神支部、伊丹支部、宝塚支部、川西支部
	[illegible]	島根県 地方本部
	[illegible]	岡山県 地方本部
	[illegible]	香川県 地方本部、高知県 地方本部
	[illegible]	徳島県 地方本部、愛媛県 地方本部
	[illegible]	兵庫県 尼崎支部
	[illegible]	山口県 地方本部
	[illegible]	山口県 地方本部
	[illegible]	広島県 地方本部
	[illegible]	広島県 地方本部
	[illegible]	石川県 地方本部
	[illegible] 山陰里	在日本京都府韓国人商工会 会長 [illegible]
	[illegible]	岡山商銀理事長 朴[illegible]
	[illegible]	大阪商銀理事長 朴[illegible]
済州道	南済州郡[illegible]面[illegible]花2里	静岡県 地方本部
	北済州郡 [illegible]面 [illegible]水里	東京都 荒川支部
	南済州郡大[illegible]邑[illegible]1里	秋田県 地方本部
	南済州郡 [illegible]面 新[illegible]里	福島県 地方本部
	北済州郡 [illegible]面 新[illegible]里	岩手県 地方本部
	南済州郡 [illegible]邑 [illegible]里	山形県 地方本部
	南済州郡[illegible]面[illegible]花1里	大阪府 親友会 安在[illegible]
	北済州郡[illegible]邑[illegible]里	宮城県地方本部
合計122個	새마을	122個 団体

韓国経済飛躍の基盤

目新しい開発モデル。成長をもたらした指導力

一九六一年五月十六日の革命を出発点とした去る六〇年代は、韓国の悠久な歴史を通じて、近代化の基盤を韓国に築き上げた年代として、永久に記録されるであろう。

史上初めて計画的な経済開発に乗り出して十年余り、韓国はついに数千年にわたる貧困と停滞から脱皮、持続的な高度成長を達成して、自立と繁栄の明日を目前にしている。

二回にわたった経済開発五カ年計画は、まず工業化を先行させ、そこから得た力を基礎として農工併進政策を推進するという韓国特有の開発戦略を採択した。その結果、韓国の達成した驚異的な成果は、その新しい発展モデルとして国際社会での客観的な評価を獲得した。

天然の資源があまりにも乏しく、資本の蓄積も皆無に等しい悪条件の中から、どうすれば経済開発の基盤を築いて目ざましい前進が行えるかという、現代史共通の命題に対して、一つの明確な解答を与えるとともにみごとな手本を示したからである。

飛躍的な経済発展の全過程を通じて、朴正熙大統領の発揮した指導力は、韓民族の潜在的な力を結集、発揮させる原動力となったのである。

それは単に、未来を見通す判断的なビジョン、国家目標の適切な設定、そして方法論の妥当性だけにとどまらない。

朴大統領は経済開発を政治現実の中に定立させたばかりでなく、計画の樹立と遂行の現場を一々指導した。この点はきわめて重要なことである。「汗を流して働く大統領」というイメージの中には国家民族に対する献身と責任感が生々しくしみこんでいる。

開発理念と戦略の正当性は、期待可能性をはるかにオーバーした成長実績が、それを実証してあまりあるといえよう。

六〇年代の中盤に一部野党政治家たちは、「七〇年代に入れば借款で国がひびる」とまで極言したが、今日の現実は外債償還が問題になるどころか、かえって海外資本の最も有利な投資対象国の一つとして脚光を浴びているのである。

一人当り生産を三倍に増加、工業化を先行させて農工併進

国連は六〇年代を「開発の年代」と決め、成長率の目標を五パーセントと仮定した。開発途上国の成長実績は年平均四・七パーセントに過ぎない。

ところが韓国では、一九六二年から一九七一年までの十年間に年平均九・九パーセントの成長を達成し、経済規模は二・五倍に拡大され、一人当たり国民総生産は九十五ドルから一躍三百二ドル（七二年推定値）と、実に三倍も増加した。

このような成長指標の国際比較よりも注目しなければならない点は、第二次五カ年計画期間中、目標成長率七パーセントをはるかに超過した一一・四パーセントという、加速化現象が、七〇年代初めの激動する対外環境の試練にもかかわらず、継続安定成長の基調を堅持、継続させたからである。

十年で生産高三倍に躍進

電力一〇倍、鉄鋼二〇倍、肥料四五倍

これまでの開発成果を要約すると、つぎの三つのカテゴリーに分けられる。

①工業化の土台をなす戦略基幹産業の建設と、社会間接資本の画期的な拡充②輸出の飛躍的伸張③農漁開発の基盤造成

年平均一七・八％の目ざましい成長を記録した鉱工業部門の開発実績は、主要基幹産業の生産力を新しい次元にまで引き上げることにより、国力培養の基礎を完成した。

一九六一年を基準として一九七二年までの間に、鉄鋼材は八万七千トンから百八十万トンへと二〇・八倍、セメントは五十二万三千トンから六百六十五万トンへと一二・六倍、化学肥料は三万トンから百三十五万六千トンへと実に四五倍、そして精油は一滴も生産できなかったのがゼロから千三百六十五万キロリットルを生産できるようになった。

戦略産業の関連効果を極大化し、経済・社会各部門の均衡発展を図り、成長を妨げる隘路を打開するための社会間接資本の拡充において、高速道路建設で象徴される指導者の英知と行動力は、とくに劇的なものであった。

「京釜高速道路の建設は無謀な資源の浪費である」とか、「経済開発の優先順位無視の時期尚早の投資である」という非難が集中されたばかりでなく、先進諸国からも多分に疑いの目で見られていたところがいまとなっては「湖南」・「嶺東」をふくめて、総延長六百五十五キロに達した高速道路網の価値と重要性を疑うものは誰もいない。農・工間あるいは地域間の所得格差を解消し、全国を一日生活圏に形成するための現実的課題として、高速道路の必要性は日増しに切実さを加えつつある。

エネルギー開発、とくに電力生産の躍進ぶりも刮目すべきものがあった。施設容量三十六万七千キロワットから三百八十七万キロワットと一〇・五倍の増加を達成して、爆発的な需要膨脹に十分こたえられたばかりでなく、ますます電力開発に拍車を加えて、全農村の電化と重化学工業建設を支援するようになった。

指導者の正確な洞察力、輸出伸張可能性を早くから予見

このような工業部門の高度成長を推進するためには、積極的な外資導入が不可避であったし、物価の安定基調を維持し、輸入需要の増大に対応する輸出の急速な伸張が必要であった。

輸出先導の工業化戦略が、六〇年代の韓国経済の実情に適した選択であったことは、わずか四千万ドルの輸出から一九七二年には十六億四千四百八十万ドル（通関ベース）と、実に四十倍をオーバーする実績をあげたことが、端的にこれを証明している。しかも最近、先進国のインフレ昂進にともなう対外市場の動向は、韓国の輸出展望をさらに明るくさせている。このような輸出伸長のスピード・アップは、韓国経済の底力を示すものであり、過去十年間の開発成果として積み上げた国力の総体的な表現なのである。八〇年代初めの百億ドル輸出目標も、決して夢ではないことが暗示されるゆえんである。

今では小さなエピソードに過ぎなくなったが、一つの貴重な教訓があったことを、ここで紹介する必要があると思われる。それはこういうことであった。当初政府が第二次五カ年計画を立てるとき、その最終年度である一九七一年の輸出高を用心深く七億ドルに策定した。しかし、朴大統領は一大決心を下して、この目標を大幅にアップ、その結果、実績は十三億五千万ドルに達したのだ。この逸話は、指導者の正確な洞察力と未来を透視する力が、経済成長のけん引力となった良い例であろう。

輸出の増大は、同時に工業部門をして農業開発のための資源を蓄積させることに、決定的な役割を果たせたことも忘れてはなるまい。

総指標上、一九六一年から一九七二年まで、農水産業は一・五倍、鉱工業は五・六倍、社会間接資本およびその他は二・八倍がそれぞれ成長しており、農水産業の成長が他の部門に比べて相対的におくれていることだけは否めない。そして、その成長率も年平均五％未満（それでも他の開発途上国よりは高い水準ではあるが）にとどまり、都市と農村間の所得格差をせばめることが大きな問題となっている。

しかし、この問題に対する朴大統領の構想は、よくいわれているように、農業部門のぎせいの上で工業化を図るという無責任かつ安易な開発方式ではなかった。六〇年代の前半から農業開発のための基礎造成に着手した政府は、六〇年代後半からは財政投融資の集中的投入と機械化用制度の改善、所得増大事業の推進、技術の向上と生産性の提高など、多角的な努力を傾けることにより、画期的な農業発展の土台を築いた。いいかえれば、限られた投資資源の効果を最大限に高めるため、近代化の起爆剤としての機能をまず工業と輸出に請け負わせ、できるだけの余力をかって、間もなく迫ってくるはずの農業部門の飛躍のために不断に、そして着実に準備を進めたのであった。農業用水の開発、耕地整理の推進、機械化の拡充など、発展の基盤と環境を固めながら、一九六八年からはぼく大な財政負担にもかかわらず、画期的な高米価政策を実現することにより、食糧生産意欲においても、農家所得の増大においても、画期的な転換を行なったのである。

農村で生まれ育った朴大統領は誰よりも農民の生活を、よく知っている。農民の生活が豊かになってこそ祖国の近代化は実現できるという朴大統領の意欲と信念は、第三次五カ年計画にはっきり反映され、農業開発の推進力となっている。しかし、「農村革命」の原動力は農民自身にかかっているのであり、農民たちの自発的な開発参加意識いかんにかかっている。

勤勉・自助・協同を基本精神とするセマウル（新しい村造り）運動は、精神革命であると同時に、農村経済の革命的発展を意味するものである。

福祉国家への前進、教育の向上、雇用の増大

経済成長の究極の目的は、繁栄した福祉国家の建設にある。これまで汗を流して働いた実りは漸次拡散を続け、やがて国民生活の向上と直結されるであろう。

伝統芸術の真髄を継承開花させた韓国民俗公演〝扇の舞〟の一場面

ヨーロッパでの南北韓民芸公演の反響（下）

神秘、優雅な〝韓国〟民芸 肩こる〝マンスデ〟、公式ムード

韓国民俗芸術団の高い芸術性を讃えるヨーロッパの新聞

親近感をよびおこすスコットランド風の音楽

韓国民俗芸術団

アーツガーディアン 一九七二年九月五日

朱■氏が指揮する韓国民俗芸術団は、ラウンドハウスでの一週間の公演を通じて、異国的なメロディーを聞かせてくれている。ときには十二名の美しい乙女たちが、美しい頭の上に小さな帽子をかぶって、真紅のチマとバラをししゅうした黄色いチョゴリを着て、陶器に描かれた絵のように現れるかと思えば、あるときはたいこをたたきながら武士のような姿を見せてくれる。

曲の調べは、スコットランドの香気を思わせるものもあり、羽毛のついた扇を振りかざしながら踊り、つづいて、情感のポイントごとにウインクでもするかのようなほほえみを持ってアクセントをつける。また巫女の踊りは神秘そのものだが、おしむらくはやや淋しい印象を与える。

三〇〇年の歴史を持つという「カンガンスオルレ」という踊りもあるが、この踊りは婦女子らが敵をさそい出すためにかがり火をかこみ手に手を取りくるくると踊りまわるのであるが、戦士たちの野営地というような印象を与える。

軽快な東洋のリズム

韓国民俗芸術団

ザ・デイリーテレグラフ 一九七二年九月五日

韓国民俗芸術団は、ラウンドハウスでその公演をはじめたが、これまでロンドンを訪れたどの韓国芸術団よりもその規模が大きく、多彩で生き生きとしたプロを見せてくれた。

この芸術団のプログラムの特質かつ魅力的なのは、古典舞踊と伝統的な僧舞と農民の愉快な踊りとを互いに調和させ、同じ舞姫が出て来て、それぞれの踊りの特色を生かしているという点といえよう。舞姫であると同時に芸術にも精進した乙女たち数十名を集めたのは、ほかの芸術団で見られないことである。「■■踊り」では、■■■の求め合い踊りは、また別な■■の動きを見せてくれた。

最もめずらしく神秘的なプロの一つは、昔の中国の神踊りを韓国式に変形した仮面劇である。

中で最も刺激的な踊りは、千年前に中国で始まったという踊りの伝統を受け継いで作った「■■■踊り」であるが、踊りが非常に活発なリズムを大きく合わせて踊っている。

しかし、純粋な韓国人の情感は「カンガンスオルレ」で見られるわけだが、ここで乙女たちが踊りながら複雑に輪を作り出す様子は私がいままで見たこともないものであった。

すさまじい軍服の乙女

北韓マンステ舞踊団

ザ・ファイナンシャルタイムズ 一九七三年三月十九日

北韓の万寿台国立舞踊団が、ウエルズ劇場で本日から十日間の予定で公演をはじめた。私は若い婦女子らが踊ればびっくりするほどコチコチで見ているだけでも肩がこる踊を一種の緊張術にかかった患者のようにプログラムの前半を最後まで見た。

彼らの作り笑いのほほえみは平壌の歯科医師たちのよい宣伝にはなろう。彼らのあまりにも作為的な背景をバックに踊る民俗芸術は無感動にも「公式的」なムードを漂わせている。伴奏も西洋化されたものであった。赤い紙、つつじの花を手に持った軍服姿の乙女たちが類例のない愛国心をちらつかせながら踊る踊りで納得をなしているが、全体的に見てせいさんな雰囲気を与えている。

半分ぐらい見て逃げるのがこんなときに取る態度であろうが、■評を書かなければならない義務のために耐えていたら、少したって、いくらか見るに価するプロが現れた。それは彼らの曲芸と魔術である。これは演芸家でできる水準の高いもので、いくらか興味をそそられた。

単純な赤のはなやかさ

北韓マンステ舞踊団

ザ・ガーディアン 一九七三年三月十六日

今ウエルズ劇場で公演中の万寿台国立舞踊団は北韓から来たのだが、大家族で、オーケストラに四十名、舞台に現れる人の数が七十名にもなる。オーケストラの全員がいつも半ば西洋式、半ば東洋式に伴奏している。ウェルズの舞台はこの全員を収容するには不適当で、ひっくるめて二十名ほど収容できる規模である。

この点がこの興行をしくじらせた原因かも知れない。

そしてこの踊りはプログラムにもうたわれているように、「ユニホームを着た若い女性たちが春と愛国心を象徴するつつじの花を持って踊る」という条件で不本意ながらも制約を受けているようだ。

軍服に身をかため、プラスチックで作ったつつじを手に持ち踊っているが、その背景にマ体ホリゾントを使っているのは、西洋の共産国家においては、すでに時代おくれになっているのだが、極東ではまだそうではないようすだ。

韓国は明白な伝統的民族舞踊を持っているのに、社会主義が、その味わいをまっ殺してしまったのは残念なことである。

本国で夏季学校開く

祖国への貢献を誓う

在日韓国学生513人元気に入校

【ソウルで朴英勲宣伝局次長発】四億二千万ウオンの誠金伝達をもって、本国の挙族的事業であるセマウル運動に参加したのが、つい十日前、その国民的感激もまださめやらぬ故国で、民族意識昂揚の在日韓国学生夏季学校が今年もまた開かれ、新しい話題をまき始めた。

三十五度前後の記録的猛暑でうだっている七月二十日午後二時定刻。ここ、ソウル大学講堂では一億所の第八回在日韓国学生夏季学校の開校式が粛然と行なわれた。

文教部の主催で開かれた入学式には、民団中央金東鎬文教局長らに引率された高校男女三百四十三人、大学男女百七十人、あわせて総勢五百十三人。

健康に日焼けした顔、顔、顔。海軍軍楽隊の勇壮な演奏と、学生全員起立しての拍手裡に閔寛植文教部長官が入場着席。

愛国歌、戦没将兵への黙とうな儀式のあと、国民教育憲章が朗々と読みあげられ、夏季学校の開講を校長（在外国民教育研究所所長）の開校式辞、つづいて閔寛植文教部長官の、祖国の栄光ある建設時代を迎え、在日学生諸君に対する期待は大きい。諸君こそ、海外にあっても、立派な韓国の主人公として、精進してもらいたい。祖国の正しい歴史と、誇りある伝統をぜひ学んでいくよう希望して止まないとの要旨の激励辞があり、女子学生の李■子さん（慶邦医大）が、男子学生の金■東君（近畿大）が、在日韓国学生として、祖国建設に貢献しますと、それぞれ力強くのべた。

このようにして、三十分というスピーディな開校式は、再び海軍軍楽隊の演奏と、全員拍手裡に、予定の時間を一分も違らせずに終え、文教部差し回しのバスに分乗して、夏季学校と、宿舎にあてられているソウル工大に向かった。

この日から、二十一日間の、国語、国史、民族運動、史蹟見学を中心とした、日程が始まった。

なお、梨花女子大学での開校式予定は、都合でソウル大学に変更されたのを付記しておく。

開校式をおえ退場する一行（ソウル大講堂前…上）開校式全景（下）

二世の連帯深める

26日から 西湖で青年会合同研修会

韓国青年会東京本部主催の、第一回関東地区韓国青年会合同研修会が去る七月二十六日から三泊四日の日程で、山梨県西湖紅葉台キャンプ場で、約三百人の青年らを集めて開催された。

この研修会は、青年会会員の相互親睦を深め、民族的連帯感をもつ団体生活を通して、民族意識と在日同胞青年問題に対する認識を高めることにある。

駐日韓国大使館、民団中央本部、大韓婦人会中央本部、大韓体育会の後援を得て開かれ、東京都内居住会員と近県、韓国学校の高校三年生らの参加者は、期間中に学習、討論、レクリエーション（ハイキング、水泳、フォークダンス、キャンプファイヤー、支部対抗ゲーム、演芸）などのプログラムで、大自然の中で楽しい一日を楽しく過した。

この日の開会式で、民団中央本部李彩雨副団長兼青年局長は「今でも旧韓青旧韓学同は、自分らが在日青年学生の、唯一の団体であると主張し、太極旗をおろして総連の手先役をつとめており、民団を破壊するため彼らは今後も活動を続けるであろう。祖国を愛し民団を愛する健全たる青年は、一致団結して、反民団分子と敵性団体から民団を守り、よりよい組織に発展させることを望む」と語ったが、青年達はこれに拍手で答えていた。

心身鍛錬の青年会員（上）支部対抗レクリエーション（下）

また閉会式では民団中央本部金正柱団長が「国家のない民族、祖国のない海外同胞のかなしみを、われわれはいやというほど経験した。これからの民団は青年の双肩にかかっている。青年に対して、組織の中心的役割をすることを強く望む次第である。今後ともこのような青年活動に、より多くの青年が参加して、青年の知識を国家と民族のためはたらくように努力することを望みたい」と語った。これに対して尹政進青年会東京本部会長は、「今回は初めての試みで、至らぬところもあったと思うが、これをよい経験とし、次回にはよりよいサマーキャンプにしたい。また、われわれは、われわれに対して寄せられる民団をはじめとする各界の期待に対し、一致団結、努力してお応えしたい」と感謝の辞を述べた。

六・二三宣言と国際情勢

民団中央本部で基本姿勢を解説

（上）

互恵平等の原則で門戸開放

北韓の国連参加は統一への前提

民団中央本部（金正柱団長）では、朴正熙大統領の六・二三平和統一特別宣言について去る六月二六日、「流動する国際情勢に対処する韓国の前進的な外交策であると歓迎、四十万団員の総意によって支持すると共に朴大統領の祖国統一に対する努力に対し満腔の敬意を表する」旨の団長特別談話を発表したことは既報の通りであるがこのほど「六・二三宣言」に対する民団の立場からの統一見解を解説としてまとめ発表した。

朴大統領の六・二三宣言は、新しい大韓民国の平和統一に関する外交政策の一環として国内外に宣言した画期的な指標表明である。

政府は勿論、外交と現実のなかで可能性を見いだし、これを発展させて行く創造的な姿勢が期待されるのである。現実を無視して理想と追求だけを主張する人は、国家と民族の指導者としては適当ではない。

なぜならばいくら真実とはいえ現実を無視するところにその個人は孤立されるばかりか国家の発展を阻害する恐れがあるからである。

ましてや現実が無限の可能性をはらみまた、与えられた条件に数多い有利な点があるとき、国著しい既存秩序と固陋（こうろ）な民族観念を脱却して新しい方向を定立することは、指導者としての責任であるといえよう。

このような意味で朴正熙大統領の六・二三宣言は、我が民族史に輝く一大英断のたまものであることをここに断言するものである。

特に、米、英、日などの友邦をはじめ数多い世界の国々が好意的な反響を呼びおこし支持、歓迎しているではないか。

米国政府は、声明まで発表してこの宣言は「去る四半世紀のあいだ韓国政府が取った外交的イニシアチブの中でより建設的措置である」と賛評、確固たる支援を継続することを約束した。

また、ワルトハイム国連事務総長も六・二三平和統一外交路線に対し「全面的支持」を与えると言明した。このような措置は、決して勇気だけでやれるものではない。すなわち一九四八年の国連総会で韓半島内で唯一合法政府として韓国が認められ、国際的地歩を固めてきた我が国がすすんで寛容と和解の日ざしに敢然と立ち向うことになったのは、それ相応の条件が熟してきたためである。

国内的には、驚異的な経済発展を通じ北韓との相対的な優位性の確保と共に、十月維新で韓国的民主々義の土着化努力を通じた安定された政局の中で、南北会談を通じて獲得された国民の自信感、また対米協力関係の緊密化などをあげることができ、平和共存と緊張緩和並びに国際協助などの新しい国際情勢に処して主体的、かつ能動的な対処と積極及び寄与のため最も現実的な方法で北韓に対し、平和の圧力をより一層加える遠大な布石であり、決断であるといえるのである。

六・二三宣言の七項目中、北韓の国際機構参加は北韓と国連同時加入を反対しないという開放された態度は統一外交の一大転機で新しい里程標をたてたのであるといえるのである。

ところが、このような外交政策転換は、緊張緩和と国際協助に寄与するという大前提があり、どこまでも統一される時点までの過渡的な暫定措置にすぎない。特に北韓との国連同時加入案件などは、我々が北韓を国家として認めるものでないことは明らかである。

また、互恵平等の大原則のもと、ソ、中などあらゆる国家に対する門戸を開放し、開放を促したのは国際協助に寄与しながら外交において実利を収める前向きの姿勢といえよう。

このほか、平和統一が民族至上の課題であることを明らかにし、南北韓の内政不干渉、不可侵を強調しながら南北対話の継続を確約したのは、統一外交の大原則を重ねて明らかにしたものである。

ここに朴大統領の六・二三宣言の七項目に亘る内容とその背景を考察しながら民団の姿勢を闡明する。

（一）平和統一の成就に引きつづき努力

一九四五年八・一五解放以後国土と民族が両断して平和的統一は民族の至上課題になっているが北韓共産主義者らの反対と挑発で成し遂げられなかった。

共産主義者らは、モスクワ三相会議の決議にもとづく韓国信託統治案を民族陣営と共に反対したがソ連の指令により態度を急変、支援したことで祖国の自主独立を妨害したのを始め、一九四七年には、国連決議による国連監視下の総選挙案にも反対平和統一の道を妨げたのである。

特に彼らは、一九五〇年には六・二五南侵を敢行、同族相残の悲劇をもたらし祖国の平和統一を望む民族の念願をふみにじったのである。

このような中でも我々の平和統一努力は継続して一九七〇年朴大統領の八・一五宣言、南北赤十字会談及び七・四共同声明によって南北対話が実ったのであり、またこのたび宣明された朴大統領の平和統一に関する外交政策は、今までの努力を一段高い次元で追求する決断とみなされる。

（二）韓半島の平和維持と南北韓相互内政不干渉

朴大統領の八・一五宣言、南北対話の主導権、十月維新断行などは戦争を事前に防ぎ平和的に祖国の統一を望む要求のあらわれであるといえよう。

六・二三宣言の宣明もこのような根本精神にもとづいたものである。そのためには韓半島の平和を阻害するあらゆる要因が排除されなければならない。

武装スパイを南派するなどの挑発行為、南韓においていわゆる赤化革命挑発を企むなどの間接侵略行為もただちに中止されねばならない。

次は内政不干渉で、七・四声明の根本精神にもとづいて相手側を中傷誹謗してならないのである。

よって内政に対して干渉してはいけないのである。南北赤十字会談においていわゆる「法律的、社会的、条件改善」をもちだし、我が大韓民国に反共法と国家保安法など反国家活動取締法を廃棄して反共団体などを解散して反共策を排撃せよなどの内政干渉は、一切止揚することが我々の主張である。のみならず南北対話において北韓が駐韓米軍を含め全外軍の撤収を重ねて主張するのも韓米両国関係及び我が国と国連との関係に対する挑戦であり、内政干渉とみているのである。

我々と同じ分断国家に於て不安定な平和状態を維持発展するためにはお互に現況と現状、制度と体制の差異を容認した平和の約束保障が必ず先行して内政不干渉原則が守られることが過去如何なるときよりも強調されている。

（三）誠実と忍耐で南北対話の成果をあげるため努力

七・四声明の基本精神は、①自主統一②平和統一③民族の大同団結という三大統一原則である。

南北は、南北間の緊張を緩和し、関係を改善することが急務であり、相互不信と誤解を解消して理解と信頼の雰囲気をもたらす我々の主張に対して北韓は我々の合理的な主張とは違い、最も難しい問題である軍縮問題の優先解決を固執している。北韓側のこのような非現実的であり、実現不可能な提議で南北対話は実質的に進展をみることができず〇〇状態に陥ってゆるが我々は誠実と忍耐をもって南北対話の生産的運営のためたえまなく努力を継続しており、ここに新たな決意を声明したのである。

（四）北韓の国際機構参加賛認

最近の国際情勢は、冷戦時代がおわり現状維持を基調とする平和共存、緊張緩和、国際協助を土台にしており、このような国際情勢の中でためになる方向に我々の外交政策を能動的に転換して行く方策を選択したのである。

これはまた、列強の利害関係が絡んでいる韓半島に我々がみずから平和を定着させ世界平和に積極的に寄与するところの姿勢を明らかにした意味も大きく評価されるものである。緊張緩和と国際協助にためになる大前提のもと、北韓が我々と同じく国際機構に参加することは我々があながち反対しない新しい次元の平和統一外交政策の真の意義がここにあるといえよう。

ところが、このような政策方向はどこまでも統一が達成するまでの過渡的期間中の暫定措置であり決して我々が北韓を国家として認めるものでないことは明らかな事実である。朴大統領もこれに対し「対北韓関係事項は統一の時点までの過渡的期間中の暫定措置であり、これは決して我々が北韓を国家として認めるものでないことを明らかにしておく」と強調した。

これに対し、北韓側はこれまで口先だけで統一を叫びながら外には事実上祖国の分断を固定させる行動を継続してきた。

北韓がいくら祖国分断を既定事実として固着させる行動を継続したところで我々は決して祖国統一の使命を忘れることができないものであり、これによって北韓を決して国家として認めるものではないことは政府の基本方針である。（つづく）

日本料理コンクールで優勝

在日同胞丁成吉さん

去る七月十九日、東京の京王プラザホテルで、社団法人全日本（西洋料理）司厨士協会主催の、第二回全日本関東地区西洋料理技術コンクールが開かれ、関東地区各県からの出品者七十五点中、帝国ホテル、プラザホテルと一緒に、韓国人コック丁（日名成本）成吉さんの出品と、同氏の指導した弟子たちの出品が優勝した。

丁さんは十四才からこの道一筋に努力して来た人で、現在で四十五年のキャリアを持つ大ベテラン、昨年は日本で開かれた「世界大会」に第五位で入賞している。また司厨士協会機関誌にも、誌上コンクールで再々一位に入賞している程のウデ前である。

今回の出品作品は「ジャンボ・パタフライ」であるが、そのヒントとなったのが、出品作品のことを考えながら夜道を歩いていて、足の先に当ったこわれたチョウチョのブローチであった。

尋ね人

☆崔興淳（男・51才）
本籍、京畿道抱川
一九六七年まで、本国の妹さん（崔玉任、光名、崔仁淑）と連絡があった方で、本国の妹さんがさがしています。

☆姜京弼　昭和十八年二月十四日、日本帝に徴用され、二十一年一月三十日に帰国したとのことです。大阪市生野区勝山北三一八、斎藤英子さん方の実弟さんがさがしています。

右の二人をご存知の方は、さがしている関係当人か、駐日大韓民国大使館領事担当官室（東京都港区南麻布一―二―五、電四五二―七六一一）

趙有順（63才・母）
盧廷漢（43才・兄）
盧漢趙（39才・姉）
本籍地・慶尚南道居昌郡出身で今年二月に兄さんの盧廷漢さんが観光で訪韓、妹さんの盧京子嬢を一生けん命に探していたということまでは知っております。この方をご存知の方は、民団中央本部文教局までご連絡お願いします。
TEL〇三―八一三―二二六一―三内線22番キム・ピョン・ソク

おことわり＝連載「韓国と日本の関係に新視点」は記事編集のため休載します。

資料解説
海外国民の為の戸籍特例法
手続が易しくなった

その（一）（期限は一九八〇末まで）

戸籍はひとの身分と人格を公証・公示する基本要件であり、親族、相続関係と国籍の有無、得失の法的根拠となるものです。

しかし、在外同胞はいろいろな事情により、いままで戸籍を整理できずにいる人が多いので、このたび特例法に依って、期限に就籍をし、また戸籍があっても、年齢、姓名などが誤記されていたり、あるいは戸籍簿記載事項のうち漏落した点があったりする場合は、ごく簡単な手続きだけで訂正が可能であるようにし、さらに、出生や婚姻などで当然入籍されるべき者が入籍できなかったり、または離婚、死亡などで除籍されるべき者がいる場合、簡単に戸籍の整理ができるようになりました。

この法律は、在外国民の特殊な事情を考慮して、民法および戸籍法などの複雑な手続きを免除し、根本的に簡単に申告、申請できるようにしたのが特色であり、在外国民も就籍することにより、大韓民国国民としての矜持と自負心を持って、同時に祖国の保護のもとに維新課業遂行に積極的に参加できるようにしようという考えを受け入れて、第八十六回国会でこの法律が立法されたわけです。

以下、同法の内容を具体的に説明しますから、外国における法的地位を強化するためにも、同法のやさしい趣旨を理解し同法施行期限である一九八〇年十二月三十一日までに、該当者はぜひとも戸籍整理をなさるようお勧めする次第です。

一、就籍
（新らしく戸籍をつくる）

（1）就籍の意義

就籍とは、戸籍をもっていない者が新たに戸籍を創設することです。大韓民国の国民である以上はすべからく誰でも戸籍に記載しなければならないから、在外国民であっても例外ではありません。

しかし、出生申告を行なうべき義務者が申告を怠ったり、または戸籍の滅失や紛失による再製に際して漏落したために、本意ならずも無籍者になってしまった場合があります。

ところで同法第三条第一項によれば、在外国民のうち本籍をもっていないかまたは本籍がはっきりしない者も、今度新しく就籍できることになっています。ここで本籍がはっきりしない者というのは、本籍（戸籍）はあるがはたしてそれがどこなのかその所在地が不詳な場合を申します。また、在外国民登録謄本に記載された本籍が未収復地（北韓）である場合には、大韓民国内のどこでも本籍地にしたいところを選定して就籍申告をすればよいのです。

（2）申　請

第三条第二項によって就籍しようとする者は、自分の居住地を管轄している在外公館長に就籍許可申請を提出するか、または本人の都合によっては就籍希望地を管轄する国内法院（裁判所）に直接申請書を提出することもできます。

（3）就籍申請書の添付書類

就籍許可申請書を提出する場合には、第四条第一項によりつぎの書類を添えなければなりません。

（イ）身分表
（ロ）在外国民登録謄本か永住権謄本
（ハ）居住国の外国人登録謄本
（ニ）他家から入籍した者が（入籍するいえの）家族として就籍する場合は、除籍理由が記載された実家の戸籍抄本（但し、実家が未収復地にある場合は、実家の戸籍抄本を添えなくてもかまいません）

（4）申請書の処理

民法および戸籍法による手続きとはべつに、一切の手続きがつぎのように自動的に法院、市、区、邑、面で処理されます。即ち、就籍許可申請書を受付けた在外公館長は、とどこおりなくこれを外務部長官経由で申請人の就籍希望地を管轄する国内法院に送り（第5条第1項）、申請書を受付けた法院は、管轄市、区、邑、面長に申請人の戸籍の有無調査を委嘱し（第5条第2項）、調査委嘱を受けた市、区、邑、面長はただちに戸籍の有無を調査し、その結果を法院に回報しなければなりません（第5条第3項）。

このようにして法院が在外国民の就籍を許可したときには、就籍地の市、区、邑、面長にその謄本を送ることになります（第5条第4項）。法院が就籍を許可しなかった場合は、外務部長官及び在外公館長を経由して申請人に、なぜ許可しなかったかという理由書と謄本を送ります（第五条第四項後段）。従って、申請人は申請書さえ在外公館長に提出すれば、自動的に就籍を済ませる仕組みになっています。

（5）戸籍簿の編製

法院から就籍許可謄本を送られた区、邑、市、面長はただちに戸籍簿を編製し、編製した日から五日以内に戸籍謄本を外務部長官及び在外公館長経由で申請人に発送することになっています（第六条第一項）。

二、戸籍の訂正
（姓・名の誤りなどをなおす）

（1）戸籍訂正の意義

戸籍訂正とは、戸籍の記載がはじめから違法であったり、若しくは真実とは異なっている場合、これを法院の決定で是正する措置であります。

戸籍記載の錯誤というのは、戸籍記載が事実と異なる場合、例えば男子を女子として記載した場合の例でみるように申告書の誤記、虚偽の申告、申告書によらない記載事実に関する申告の錯誤などのために起きるものです

戸籍記載の遺漏というのは、戸籍申告、申請が行なわれたとき、戸籍公務員の手抜かりでまともに記載されなかったことをいうもので、例えば、移入籍、除籍、または新戸籍の編製にあたって、移記事項を漏落したり、特定事項の全部または一部を漏落した場合がこれに該当します。

戸籍記載の錯誤または遺漏による戸籍訂正は、訂正の対象となる事項が戸籍記載上明白に規定される場合、戸籍記載だけでは明白でないがその理由が確信で訂正をしても身分法上重大な影響がない場合に限ります。万一、戸籍訂正の結果が身分法上あるいは財産法上重大な影響を及ぼすおそれのある事件は、いくら在外国民であっても確定判決または審判を経て訂正されなければなりません。

要するに、戸籍訂正は本籍をもっているもののうち、戸籍記載事項に錯誤または遺漏があったときに行なうものであります（第三条第二項）。

（2）申　請

特定人の戸籍訂正により、財産上または身分上の利害に直接利害のある利害関係人や、申告人（本人）が戸籍訂正を申請することができます。

戸籍訂正をしようとする場合には、訂正対象者の居住している住所地を管轄する在外公館長に戸籍訂正許可申請書を提出するか（第三条第二項）、申請人の都合によっては直接国内管轄法院に提出することができます（第三条第三項但し書）。

（3）許可申請書の処理

戸籍訂正許可申請書を受付けた在外公館長は、とどこおりなく外務部長官経由で本籍地を管轄する法院に送付せねばならず（第五条第一項）、これを受取った法院は本籍地の市、区、邑、面長に戸籍の錯誤または遺漏の有無調査を委嘱し（第五条第三項）、調査委嘱を受けた市、区、邑、面長はとどこおりなく調査結果を法院に回報しなければなりません（第五条第三項）。しかし、法院が処理すべき戸籍訂正手続きにおいて市、区、邑、面長が介入して調査に当たることは、かえって手続きを複雑にする結果となりやすいので、上記の就籍の場合とは違い、同法施行中、法院が調査を委嘱する手続きは簡素化しなければならないでしょう。

（つづく）

林慶業将軍伝（十八）

訳　洪　相　圭
編　八　東　周　吉

「もちろん一握りにも足らぬ胡賊など、私の目には枯れた雑草ほどにも映りませぬが、城中の民草共もさぞかし難儀でありましょうから、明日の戦では降服するよりをなさいまして、後日を計られることこれ賢明ではないかと思いまする。」

というような内容であった。慶業の密書を受けた皇子明は、はからない所で、思わぬ人の筆跡に接して、非常に喜び、すぐ密書の要旨を承諾するとの返信を送った。

皇子明の返書を得た慶業は、翌日の未明、攻撃の陣大鼓を鳴らしながら城下に迫れば、城のとりでには一方の大将とも見える者が、紋切りものいどみをかけてきた。

馬上高かに跨がった林慶業はむちでさしながら大おんじょうでしったした。

「なんぼこっぱ武者でも、わしの名ぐらいは聞き知っておるであろう。わしこそは、朝鮮国にその人ありと知られた林慶業であるぞ。無益な殺生をしたくない。慈悲心にすがり、早々に降服すればよし、さもないかぎり、皆殺しにするから、それでもよいか、どうだ。」

話しあいがついておることなので、形だけの話しのやりとりが終わるや否や、くだんの大将は旗をおさめ、城門をあけて降服した。慶業は皇子明と感激の対面の席で、積もりに積もった話を引き出せば、皇子明も目をまたたかせながら昔をしのんだ。ふたりの話は、いつ尽きるやら果てしがなかった。

丙子年の胡乱で、国は破れ、君が恥ずかしめられたことから三王子が人質として瀋陽に拉し去られた果てには、討明の名分で出兵を強要されたことなどを話しながら恐悦とうがいしてやまなかった。皇子明も涙ながらに胡の叛乱について、くわしく話したあとで、

「わが国は協力して胡賊を討滅し、必ずや恨みを晴らしましょう。」

と切り出せば、慶業もわが意を得たりと、お互いに杯の固盟を誓った。

皇子明から降服文を受け取った慶業は、これを胡将に手渡しすぐ義州に凱旋して将卒をあつくねぎらい、戦功に従って部下を賞した。

王都では慶業が上京するという報に接して、文武の百官が城外の遠くまで出迎え、百姓・町人・老少男女の別なく全国民が熱烈に慶業の凱旋を祝い、またわがことのように喜んだ。

主上のご前に伏した慶業は、ピソム守将の皇子明と示し合わせて、降服文を瀋陽に送ったいきさつを上奏したところ、主上は痛く感じいられ、慶業に漢南大将軍を授けなさった。

一方、ピソムから帰った胡将は主上に降服文を奉り、林慶業が二心をいだいていると上奏した。

八、僧となって難を逃れる

「朝鮮国の林慶業なる者は実にもって不届な者でございます。この者ははじめのうちこそ、口では共にピソムを討とうといっておりましたが、いざ合戦となりましたときには、しんがりにやぢ、お手しておるだけではなく、暗闇に乗じて、逆にわが軍を討ったのであります。

また、この降服文の受けとりにも、疑いの節が、多々あります。どういう密約がかわされているのかは、知りませぬが、相手として降服に応ぜず、手ごわく刃向かっていた城方が、慶業と二・三度話しのやりとりですぐに開城降服したのですが、慶業は入城後も一晩中降将の皇子明と酒杯をかわしたとのことでございますれば、皇子明降服の裏には、慶業のたくらみが、ひそんでいるようでありまする」

胡王は見る見るりつぜんと顔色を変え、うめくようにこう言った。

「林慶業の知略は非凡の将も推しはかることができぬほど深い。到底人のわざではないゆえ、この者を生かして置いては、朕の南京討滅は望み得ないばかりか、ひいては朕の命取りともなりかねないであろう。禍根はすみやかに断つに限る」

と、そこですぐに一文を草して朝鮮国に送り、林慶業の胡にはいることを促した。

「ピソムの戦で林慶業は殊勲の功をたてたゆえに、格別に論功表彰せんと思う。使臣と同道、直ちに入朝させるよう」

胡王の書信を読まれた主上は早くも、またその裏にひそんでいる胡王の意を読みとられて、深く嘆かれた。

「胡王は、林慶業の命を断つことを望んでいるのが手にとるように見えすいておる。日を追うに従がって、ますます強暗をふっかけてくるとは、わしもついに天にも見捨てられたのか」

それでも主上は、かすかな望みを胡の使臣にかけられて、できるかぎりもてなし、望み次第の物を惜しみなく与えようとされたが、胡の使者は王命をたてに取ったまま、断りとして受けとろうともしなかった。

「わが大君におかせられましては、こういうときのことを予め見透かされましたのか、物欲にとらわれて、林慶業将軍を連れずに帰国することのないように厳重に戒められました。臣がどうして王命に逆らうことができましょう」

韓國新聞

在日大韓民国居留民団
中央本部機関紙
韓国新聞社
発行人 金正柱
東京都文京区春日町
2丁目20―13
電話 直 (815) 1451～3
交 (813) 2261～5
振替口座 東京 163774
本国連絡所(民団本国事務所内)
ソウル特別市鍾路区昌成洞
政府合同庁舎四階
電話 73―0162・0165

民団綱領

一、われわれは大韓民国の国是を遵守する
一、われわれは在留同胞の権益擁護を期する
一、われわれは在留同胞の民生安定を期する
一、われわれは在留同胞の文化向上を期する
一、われわれは世界平和と国際親善を期する

維新祖国への寄与誓う

6・23平和統一宣言に民族の念願かけて

第28回光復節中央記念大会

全国各地で記念式典

東京は浅草国際劇場で関東地協主催

◇……第二十八回光復節を迎え、民団各地方協議会及び各地方本支部主催のもと、全国各地で一斉に……◇盛大な記念式典を行なう。この日東京では、民団関東地区協議会（鄭東淳事務局長）主催のも……◇と、中央記念大会を浅草国際劇場で、同日午前十時から、六千人を超える関東地区同胞が参集し……◇て盛大な記念行事を行なう。今年の光復節は本国で展開されている維新理念の具現に在日同胞が……◇積極的に参加、セマウル運動支援など民団のセマウム維新体制を総結集し祖国繁栄への寄与を……◇誓うところに歴史的意義がある。祖国の平和的統一への新たな抱負をあかした六・二三宣言をふ……◇まえ、過去如何なるときよりも希望と意欲に満ちた式典になると見られる。式典の第一部は記念……◇式、第二部では、民謡、夏のおどりの上演など多彩なプログラムが組まれている。

大会スローガン

(一) 国是遵守は、民団の生命であり、秩序維持は、組織発展の基本である。
(二) 組織発展のため、あらゆる妨害要素と、不純勢力を排除しよう。
(三) 祖国の平和統一のため、十月維新に積極参加しよう。
(四) 南北共同声明を悪用して、わが組織の攪乱を企図する、一切の策動を排除する。
(五) われわれはセマウム運動で、祖国のセマウル運動に積極的に協力する。

金正柱中央団長

金正柱中央団長

セマウムで維新民団
朴大統領施策を熱烈に支持

親愛なる在日同胞の皆さん

光復節第二十八週年を迎え、皆さんとともに喜び慶祝いたすしだいであります。

国土を奪われ、三十六年間、あらゆる苦しみにもだえつつあった時、自由と解放の喜びが韓国全土をおおった二八年前の今日をかえりみれば、われわれは、再び胸に迫る感慨をおさえがたいのであります。

毎年、この日を迎える感慨は常に新たなものがありますが、今年われわれが迎える八・一五慶祝式は、また今までのどの時よりも、大きな意義と使命をわれわれに示していることを知るべきであります。

大韓民国がのりこえて来た六・二五をはじめとする受難の歴史は第三共和国の誕生を契機に繁栄の歴史に転換されました。賢明なる朴正熙大統領閣下の偉大な領導力がしからしめた歴史の転換であります。三年前の「八・一五宣言」は「七・四南北共同声明」の淵源となり「南北調節委員会」と「南北赤十字会談」を形成する導火線となったのであります。

朴正熙大統領閣下が提唱された「セマウル運動」は、韓国の津々浦々で自助、自立の精神的物質的支柱となって、八十年代に輸出百億ドル、国民所得千ドルを実現する、先進国をめざす進撃がはじまったのであります。

今日、迎える「八・一五」にわれわれが発見する大きな使命と意義は、維新課業を遂行する初年度に迎える光復節であるということであり、第二には去る六月二十三日、朴正熙大統領が「平和統一外交政策に関する特別声明」を内外に宣布してから初の光復節であるということであります。

われわれは、朴正熙大統領が下した歴史的大英断を双手をあげて支持歓迎し、祖国の平和統一を期する新時代の展開を宣言された朴大統領閣下の偉大なる政治的先見と決断に対し、満腔の敬意と熱烈な支持をおくるしだいであります。

親愛なる同胞の皆さん。

われわれは、たとえ、身は海外にあろうとも、心は常に祖国の山河にあり、祖国発展に熱意をもやしております。われわれは、本国での十月維新に呼応して「セマウム」による民団の維新を成就すべきであります。

民団の「セマウム」とは、民団の五大綱領を徹底的に具現できる創造的精神姿勢の確立を意味します。

「セマウム」は、また従来の民団の体制と慣行に潜んでいた弊習や惰性の抜本を意味します。

「セマウム」とは、すでに去る四月、われわれが「六十万のセマウム植え」で大きな成果をおさめたような本国と民団の維新課業のための矜持を意味します。

「セマウム」とは、すでにわれわれがきづきあげた民団内不純分子の徹底した除出と朝総連の悪辣な策動の粉砕を意味するものであります。

また「セマウム」とは、わが祖国と在日同胞が一体となって八十年代の世界に一流国家として雄飛する民族的結束の求心点を意味するものであります。

意義深い、今日第二十八回光復節を迎え、慶祝するこの集いが六十万在日同胞の権益と福祉を擁護するための前進の契機となることをかたく信じ、祖国の光復のため身命をささげられた先烈の冥福を祈るしだいであります。

在日本大韓民国居留民団
中央本部団長 金正柱

李澔大使記念辞

李澔駐日大使

門戸開放で緊張緩和
民族的念願、国土統一に積極

われわれ韓国人にとって、"8・15"は新しいといわねばなりません。

一九四五年八月十五日、第二次世界大戦の終結とともにわれわれは渇望してきた政治的自由を取戻しましたが、"8・15"は、韓国の人々にとって解放の喜びあふれる日であるとともに、痛恨やるかたない民族分断の原点ともなりました。

われわれ韓国人は毎年この日――八月十五日を迎えては民族の歓喜と、かかとを接して到来した民族の痛恨とを併せて反すうしてみるのです。われわれは、いまその"8・15"の二十八周年を迎えました。今年の"8・15"の意義は例年にまして深くまた新しいといわねばなりません。

去る六月二十三日、朴正熙大統領閣下は「平和統一外交政策に関する特別声明」を通じ、民族的念願である国土統一を志向する韓国の現実的で能動的な外交姿勢をひろく内外に宣明されました。朴大統領閣下の6・23特別声明は国際情勢の新しい動きに積極的に適応することによって、その動きの中で祖国統一につながる活路を見出そうという、もっとも現実的でかつ遠大な明日の対外姿勢を表明されたものであります。

この時点で、われわれはすべからく「維新韓国」の躍動する真面目を海外に伝えることに力を寄せ合わせねばなりません。多くの国の人々が対外姿勢に新機軸をもたらした韓国の外交を理解し、安定した韓国の政治を理解し、安定した基盤の上に成長を重ねる韓国の経済と発展を理解し、新しい気風が形成されていく韓国の社会と文化を一人でもより多く理解するようになれば、それだけもっと深く「世界の中の韓国」は根をおろしていくでありましょう。

朴大統領閣下の6・23特別声明は、必ずやアジアの一角を占める「半島国家・韓国」から「世界の中の韓国」への門戸開放にまことの面目が指示されているといえましょう。韓国の門戸開放政策が韓半島の緊張を解消させ、韓半島での平和の定着がアジアの緊張緩和をもたらし、アジアの平和がまた世界の平和へとつながれかしとの願いをこめてわれわれは二十八回目の"8・15"を迎えました。

"8・15"はわれわれ韓国人にとって年年歳歳新しいといわねばなりません。

一九七三年八月十五日
駐日大韓民国特命全権大使
李澔

維新課業に積極参加
朴大統領閣下に送るメッセージ

朴大統領に送るメッセージ

尊敬する朴正熙大統領閣下

今日、わが在日本大韓民国居留民団は栄光ある第二十八回八・一五光復節を迎え、祖国光復の聖なる民族課業達成のために生命を捧げた多くの愛国先烈の冥福を祈ると同時に、祖国の発展と繁栄のため全心全力を尽すという燃える決意のもと、ここ東京・浅草国際劇場の中央記念大会場において、盛大な慶祝大会を開催しております。

この大会の名において、大統領閣下に、メッセージを送ることになったことを栄光と存ずる次第であります。

尊敬する大統領閣下、七〇年度の激動する国際情勢下で不動の信念と叡知をもって我が民族が歩まねばならない方向を示し、また成し遂げねばならないことをいちいち指示してみちびき、国力の拡充と国威宣揚に燦然たる結果をもたらした閣下の領導力に満腔の敬意を表わすものであります。

尊敬する大統領閣下！

我が四十万民団員一同は、そのあいだ閣下の領導のもと展開された「セマウル運動」は、我が国の国力を飛躍的に発展させ、偉大な国土改造事業であることは厳然たる事実であり、我々はすすんで微力ながら積極的に参加したことを大きな栄光と存じているのであります。

また、我々四十万民団員は閣下が我が国と民族に適合した民主々義の理念と体制で提唱確立した「維新体制」に限りない共感をもって全幅的にこれを支援し、民団の維新を「セマウム」で実現するため最善努力しています。

分断された祖国と分裂された民族を平和的に統一せねばならないという民族の念願をこめた「七・四南北共同声明」のあとをついだ赤十字会談、南北調節委員会などの南北対話は、閣下が内外に宣明した一九七〇年光復節の「八・一五宣言」がその導火線でありました。

尊敬する大統領閣下！

我々四十万団員は、去る六月二三日、閣下が内外に宣明した平和統一外交政策特別声明の中で明らかにされた七項目は民族相残の悲劇がこれ以上あってはならず祖国は平和的に統一されねばならないという念願のもとに、我が韓国が歩まねばならない新しい大道を全世界に宣明した歴史的大転換であることを我々は悟り、限りない感激とよろこびでこれを支持歓迎するものであります。

尊敬する大統領閣下！

海外に居住している我々は常に大韓民国の国威宣揚と祖国近代化に積極的に参加するよう努力を傾けており、閣下の領導のもとに「セマウム」による民団の維新課業を成就するため努力しています。

我々は、常に大韓民国の在外国民として栄誉と矜持をもって我々の主体性を再確認し我々に迫る如何なる悪辣な策動も粉砕し、自由民主々義に立脚した平和統一の姿勢をより強固にしています。

我々在日同胞は、尊敬する大統領閣下の領導のもと、国力伸長発展に邁進している祖国に限りない栄光があり、閣下の御健勝を祈りながら今日のよろこびを閣下にお送りする次第であります。

一九七三年八月十五日
在日本大韓民国居留民団
第二十八回光復節慶祝大会

韓国人の処遇 具体的方策を
日本国田中総理に送るメッセージ

韓国の光復節第二十八周年を迎え、われわれ在日本大韓民国居留民団関東地区協議会は、東京浅草国際劇場で民族と祖国解放を祝う盛大な記念民衆大会を催し、この大会の総意によって日本国政府田中総理大臣閣下にこのメッセージを送る事をはなはだ光栄に思うものでございます。

田中総理大臣閣下

われわれは先ず、閣下が国政を担当せられるようになって二年が経過し連日御多忙な政務を恙なく執行せられている事を、慶賀に存じ喜びの意を表する次第であります。しかしてわが大韓民国ともより一層の友好親善の度を深めつつ、尚かつわが祖国の発展に対し変らぬ国策を遂行せられる事に感謝申上げると同時に、今後も変り無きことを期待し絶大なる声援を送る次第であります。

田中総理大臣閣下

日本国政府が韓日協定締結以来われわれ在日韓国人に対し示して下された幾多の好意ある処置と、御協力をいただきましたが、われわれ在日韓国人が日本での生活の上で未だに多くの困難と理由なき差別などが前途に横たわっており、生活維持に大いなる障害となっていることは事実であります。

日本国政府は韓日協定の精神に立脚し障害除去に具体的な方策を決断力を持って実施せられる事を、われわれは強く希望し願って止まない次第であります。

田中総理大臣閣下

今やわれわれの祖国、大韓民国は、昨年十月より一大決意のもとに維新事業を開始致しました。現在その第一年度が終ろうとしておりますが、国家興隆事業は今やたけなわであり全国津々浦々のセマウル事業の進展は、わが祖国の昔日を知る者をして驚嘆せしめております事は総理閣下もつとに伝聞せられていることと存じます。

田中総理大臣閣下

両国が歴史上暗い時期があったとはいえども、それが終結して既に二十八年目を迎えており、われわれは過去になかった敬い尊志と実行力を以って、国内的には国家発展のため諸事業を果敢に実施しており対外的には世界各国と協調する方向に前進しております。さらには北韓に対しては非常な困難を排しつつ祖国統一のための対話に超人的努力を継続しております。わが祖国がこのような辛苦を重ねておりますとき、日本国が、わが祖国に善意あふれる友好と惜しみない協力を示してくれることを、われわれは、熱望して止まない次第であります。

おわりに当り総理閣下が御健勝にて日夜のご政務に精励せられることを祈願する次第であります。

一九七三年八月十五日
第二十八回光復節中央記念大会

日本国政府
田中角栄総理大臣閣下

慶 第28回 光復節 祝

在日本大韓民国居留民団

大阪府地方本部

役職	氏名
団長	姜桂重
副団長	杜炳銑
〃	宋台仙
事務局長	李聖南
議長	卞先春
副議長	辺基柱
〃	金明浩
監察委員長	張起説
監察委員	張昌寿
〃	金元植

支部	支団長	議長	監察委員長	所在地	TEL
布施支部	朴殷盛	鄭盛大	姜照年	東大阪市長栄寺一―六二一―一三	七八二―六四〇一―二
生野東支部	高桂[illegible]	康順和	金東浩	大阪市生野区小路3―11―19	752―3771―2
生野西支部	秦敬香	姜吉泰	崔相休	大阪市生野区鶴橋四―一三―一四	七二一―七三一―二
生野南支部	崔[illegible]	金賢圭	宋基洙	大阪市生野区勝山南四―三―一	七二一―六一二三―五
生野北支部	崔翼龍	姜公伯	金圭奉	大阪市生野区中川4―一三～二三	七五三―一五三―一五
東成支部	金徳浩	姜永枢	金晶玉	大阪市東成区大今里西三―六―一三	九七六―一二三三―一三
西成支部	尹鍾洙	金基龍	馬永東	大阪市西成区梅通八―六	六五一―四七七―八
東淀川支部	姜弘実	金鍾伊	趙斗河	大阪市東淀川区西中島町一―一二―一	(301)三二七七・(302)九五七二
北河内支部	黄炳幸	金亨烈	金汝玉	大阪府守口市大久保町五―四〇	(901)五八二四・(903)一八九〇
城東支部	朴準道	金在哲	呉相賛	大阪市城東区今福中一～七三	(933)六七六八・(931)〇四二四
東住吉支部	朴洸世	趙宗大	崔科植	大阪市東住吉区平野浜町一―九	七九一―五五八五―六
泉大津支部	金基允	金時然	河鶴俊	大阪府泉大津市本町6―2	
堺支部	朱柱祚	便秉五	徐命寿	大阪府堺市中安井町一―一	(0722)(38)八六九三・七八四〇
住吉支部	金東出	許桐	金禾洪	大阪市住吉区沢之町六	六九一―一九八一
泉南支部	文浩明	趙竜業	陳琦洌	大阪府泉佐野市高松町一―二四	(0724)六三―三五八九・六二―二五五五
西淀川支部	金東出	林允植	朴寅托	大阪市西淀川区大和田三―四―二	(471)二九〇一・(473)〇四八九
八尾支部	鄭圭和	崔景乙	李性出	八尾市大字二俣一〇六	〇七二九―四九―三四七八
天阿支部					
豊能支部	金永様	鄭陰龍	金相鳳	豊中市南桜塚一―二―一八	〇六八―五三―〇七一九
吹田支部	黄尚春	金貮萬	韓永変	吹田市山手町一―七―三	(388)一五五五・(389)六三五七
都島支部	韓大奉	李斗秀	白相率	大阪市都島区御幸町2―7	921―4970
旭支部	玄太權	姜太和	宋長龍	大阪市旭区赤川二～二四～一	九二一―五一五八
南大阪支部	呉永俊	崔寅柱	姜熙信	大阪市浪速区新川三～六五五	六三一～五四四六
港支部	張斗会	金松福	朴斗月	大阪市港区夕凪一―一七―二	五七二―一三八一―二
高槻支部	張竣	徐乙玟	鄭永植	高槻市芥川町二―九―一	〇七二六―八四―〇五二六
茨木支部	高日化	玉富潤	金寛奉	茨木市新庄町一―一～七一	〇七二六～二三～六二二〇
此花支部	全成龍	朴鐘允	丁東云	大阪市此花区西島町二―一五三	四六二～二八八八
枚岡支部	張徳日	金鳳来	崔判岩	東大阪市南荘町一二～一〇	〇七二九～八一～二一八三
北大阪支部	李啓淑	金宗同	卓正義	大阪市北区中崎町四三	(372)九一四五・(373)四七一六
大正支部	洪性梓	徐漢柄	姜正龍	大阪市大正区南恩加島町三〇	五五一―四三二〇
泉北支部	金春鶴	黄性杉	許尚九	大阪府和泉市府中町四五四～二	〇七二五―四一―二三七三
福島支部	許周演	李鳳福	高基春	大阪市福島区吉野町九四	四六一―二〇四一四
中央支部	金徳仁	柳根達	高七杓	大阪市北区梅田町六	三四一―四六二

在日大韓婦人会 大阪府本部
会長 姜順姫
副会長 鄭周順
〃 [illegible]

鄭淵秀(千葉県本部団長)スパイ活動を自首

北韓との交流などで 法務省にも口上書提出

12日の緊急全国団長会議で詳細報告

7日、金正柱団長記者会見

発表文を読み上げる金正柱団長

金正柱団長 急きょ帰国

記者会見で事件の概要を説明する金正柱中央団長（右側）

よみがえった民族的良心

大韓民国に忠誠誓う 鄭淵秀

政府 起訴猶予で更生援助

朝総連の悪辣な破壊戦術糾弾

民団中央声明

自首スパイ鄭淵秀事件

当局で活動内容の概要発表

自首した鄭淵秀

61年からスパイ活動

北韓の対南戦略「対話は対話、革命はどこまでも革命」

民団情報を朝総連に提供

在日同胞を搾取するな

欺瞞・恐喝・強迫に数多い人が呻吟

許せない総連幹部の罪悪

朝総連に対する声明

また、鄭淵秀団長が自首した後、「在日同胞の皆さんに送る声明」、「朝総連に対する声明」、「金日成を告発する」という三つの手記を発表した。

朝総連にだまされた

民団に潜伏したスパイは自首を

あらゆる蛮行中止せよ ねつ造した神話強要するな

金日成を告発する

(以下三面につづく)

韓国誹謗は許せない

悪意に満ちた〈所謂マンスデ団長尹ギボク〉 韓国否定の暴言全文を掲載

民団中央で 読売新聞社に強く抗議

読売新聞が八月四日東京都内に配布した朝刊に、日本記者クラブでいわゆる北韓マンステ芸術代表団団長ユン・ギボクが語った言葉の中に、韓国を誹謗する部分があったのを、そのまま掲載したことについて、民団中央本部から姜学文副団長、朴性鎮法的地位問題特別委員会委員長、鄭達鉉宣伝局長、東京本部から鄭東淳団長らが八月六日午後二時三十分に読売新聞社を訪れ、渡井真編集局次長と会見し、別項の抗議文を手交し、なお口頭でも強く抗議した。

これに対し読売新聞社側は「韓国政府とか民団に対して、特別の意図を持っていない」ことを強調し、今後は誤解を受けないように注意するという答えであった。

民団側としては、今後の読売新聞の記事に重大な関心をはらい、再び同じような記事が掲載されるのを警戒すると同時に、そのようなことが二度とおこらないことを要望した。

なお、読売新聞社は、四日の朝刊以後の版から、問題の部分を削除整理して地方版に報道している。これは駐日韓国大使館からの抗議に答えたものであるとのことであった。

抗議文は次のとおり。

読売新聞社で渡井(わたらい)真編集局次長(正面)に抗議する民団代表

編集次長に抗議文手交

八日、姜学文副団長一行

抗議文

一、読売新聞社はさきにも一連の偏向した非韓国的発想によって、わが韓国の存在に対する重大な暴言を公刊した事件をまきおこしその後も引続き対韓態度の是正が極めて消極的であった。

二、今またいわゆるマンステ芸術団々長なる者の日本記者クラブ席上での発言取材にあたって、貴紙の新聞はじめ他のあらゆる新聞記事に見当らない精神錯乱的な表現文句ばかりを敢えて掲載している。

三、その内容は不当にも韓国政府に偏向なる呼称を付して国連権威に対する無謀な侮視、日本政府態度に対する不当な内政干渉かつまた韓国民に対する重大な冒涜等を敢行した看過できない暴言を紙面に宣伝がましく掲載している。

右は明らかに韓国政府並にわれわれ民団に対する威嚇的な敵対行為を顕示する読売新聞社の基本態度であると断定せざるを得ない。

ここに全国民団の名において厳重に抗議すると同時に貴社態度の即刻是正を要求する。

一九七三年八月六日

在日本大韓民国居留民団

読売新聞社御中

北送同胞に「再選択の自由」を

北韓との交流は遺憾

日法務省に民団の立場を説明

二日、民団中央幹部一行

また日本法務省に対しては、マンステ団長なる者の問題の談話が日本の新聞紙上に掲載される前の八月二日、民団中央本部の金正柱団長、李彩雨副団長、朴性鎮法的地位問題特別委員長、李鍾舜民生局長、鄭達鉉宣伝局長らが、法務省に田中伊三次法務大臣を訪れ、別項の通りの口上書を手渡し、今わせて民団の立場を説明して善処方を要望した。

民団中央本部は事前に今回のような事態が発生することを察知して、直ちに行動したわけだが、不幸にもこれが事実となってしまった。

口上書

一、報道によれば貴法務省の発表として「北朝鮮在日朝鮮人の里帰り」なる範囲に実現すべく、近日中に出発予定の日朝友好促進議員連盟に属する北朝代表団をして北韓当局の意向を打診するとの事でありますが、これは韓半島における緊張緩和という表面上の理由をかざしに、その実は北韓との国交樹立を促進する予備行為に外ならず、しかもわが韓国が忍耐と誠実をもって南北対話を平和的に推進しているこの際、日本政府の発意によって北韓との急激な関係開放を実現しようとする態度は、韓日両国の外交関係に少なからぬ衝撃を与えるのみならず、先月末における日本政府閣議での「北韓承認は時機尚早」という結論にも違背することは明白であります。

しかも国際信義にもとる行為を外ならぬ法務省が先頭に立って北韓との事実上の自由往来を積極的に推進する態度に私たち民団はこれに反対し、強く抗議します。

二、居住地選択の自由という人道問題として強行された北送韓国人九万余名に対しては、その後相当な年月を経過しており、この際今いちど居住地を自由に選べる「再選択の自由」を行使できる機会が実現できるよう私たち民団は在日民団機関として一大運動を展開する予定にあることを御参考までに申し上げます。

三、本年六月、ソ連赤十字社表明によるサハリン居住韓国人の帰還問題に関し有効な外交措置を講じて頂いた日本政府の好意に対して謝意を表します。今後もこれら大量の帰国希望者に対し、引続き積極的な協力を要望します。

四、目下日本国会において審議中にある「出入国法案」は、私たちが強力に主張し続けて来た①政治活動に関するいわゆる中止命令の規定(法案第二十条)の削除 ②戦前よりの継続居住者の子に対する永住権の認定及び強制退去の事由緩和等の措置さえ講ぜられれば、若干条項に対する異論の存続はあるにしても総体的な情勢として已むを得ないと思われますので、今国会での法案通過は敢えて反対しません。

五、最近マンステ芸術団をはじめ、北韓地域から来日する各種多様な訪問団の滞日期間中における本来の目的事項以外の活動なかんづく彼らの政治または宣伝活動に対して私たち民団は韓日友好の基本路線に立って厳重に監視することをここに申添えます。

一九七三年八月二日

在日本大韓民国居留民団

中央本部団長 金正柱

日本国政府

法務大臣 田中伊三次殿

このように民団中央が法務大臣に対して、民団の立場から善処を要望した翌日、いわゆるマンステ芸術団団長なるものが、韓国をひぼうする談話を、日本記者クラブで語っている。

民団中央が憂慮したとおり、これを読売新聞に全面的に掲載されたのである。

写真は、法務大臣室で、田中法務大臣と会見する民団中央一行、正面は田中法相、左端金正柱団長

所謂「日・朝文化交流」の正体

化けの皮はげば工作員

法務省が入国認めた北韓側人物

解説

別項のように、民団中央本部では、法務省に対して、北韓のいわゆる文化交流使節なるものが、日本で政治的発言をしたり、政治宣伝をしたりすることについて「口上書」によって警告しているが、次のように彼らが"文化交流使節団"とは真赤なウソであることを知れば、民団中央が憂慮するのは極めて当然であり日本政府は北韓の人物を如何なる名目で入国させても、それは所詮は「政治工作員」を入国させているにすぎないことを知るべきである。

昨年から、朝総連内部では大きな問題が次々と生じて来て、幹部連中が困惑しているが、中でも二つの重大問題は、全国にある朝鮮学校の新入生数の激減の問題である。一時期までは全国で四万人以上と誇っていた朝鮮学校の生徒数が、現在では三万を大きく割っているが、幹部がヤッキとなって生徒狩りをするにも拘わらず数字は一向に増加しないばかりか、年と共に減る一方である。

しかし、北韓当局に対してはそれを報告するわけにはいかないので朝総連の報告は常にうそで固められていた。

それに加えて、議長韓徳銖は金日成からの"教示"をにぎりつぶしていることも判明した。

こうして北韓から来るいわゆる"文化交流使節"の代表者が教育畑のおエラ方が偽名または別の役職名でやってくることになるわけだ。すなわち昨年"国際貿易促進委員会"なるものが来日した時の団長金錫革という人物が、実は政務委員教育部長(内閣教育相)の金錫鎮だとの噂もあるが、これは別としても今年の春来日した北韓高校サッカーチームの団長鄭光淳は、表向きは"対外文化連絡協会副委員長"という肩書きであったが実は北韓の「高等教育副部長」(次官)であったし、そして現在来日しているマンステの団長というユン・ギボクという男はまがうかたなき「労働党青年教育部長」(政務委員より上位)である。(朝総連系に確認ずみ)

朝総連はさる六月二十七日から二十九日まで東京で第九期第五次中央委員会議を開いたが、教育問題で論議が沸り「現在のままのイデオロギー教育を続ける限り生徒の学力低下は防ぎようがない。思い切ってイデオロギー教育を縮少すべきだ」という意見も出る程で朝総連の教育方針の転換がヤマ場を迎えている。

さる四月来日したいわゆる"マンステ芸術団調査団"の役員一行が、朝総連のスケジュールを無視してイキナリ朝鮮大学に行き、机の引出し、学生のカバンの中などを調査し、金日成の指令通りの教育をしているかどうか調べたこともあった。

現在の朝総連系学校の教育レベルは低く、日本の学校に編入でもするとなれば「二学年」は下げなければついていけないといわれており、教員の質の低下を防ぐために対策を急ぐべきだとしているが、金日成神話を丸暗記させる教育を続けるかぎり生徒の学力低下は防ぎようがないということだ。

しかも朝総連議長韓徳銖が、前記中央委員会の"議長結論"なるものの中で「ソナム(韓国語で松)といえば"ソナム"を思い出す教育をすべきで、ソナムといったとき"松"を思い出すようではいけない」と述べており、教条主義、暗記主義教育を強調している。

"マンステ芸術団"のユン・ギボクは、今回の来日で、朝総連の"教育方針"に何らかの結論を打ち出して帰ることになろう。だから、北韓から来た文化芸々の人物は、すべて別に本当の任務を持った「政治工作員」なのだ。従がって彼らが政治的発言をすることは火を見るより明らかであり、常に所はばからず日本の内政干渉になることも平気で放言する日本の法務省は彼らにもっと、政治活動禁止の条件をつけるべきであろう。

所謂「マンスデ芸術団」に便乗した

政治宣伝を監視

六日再び法務省に再考要請

そして六日午後二時、民団中央本部尹幸熙事務総長、李鍾舜民生局長が、法務省に別項の通りの「口上書」を持参したが、田中法務大臣不在のため、止むを得ず秘書官に伝達を依頼して引揚げた。

口上書の全文は次のとおり。

口上書

大臣閣下

一昨二日付で閣下に提出した五項目の中でわれわれ民団は北韓派遣の世称マンステ芸術団なる一行が滞日中に必らず彼ら特有の偏向した政治、宣伝活動を展開するであろうことを指摘し、そしてこれら逸脱行為に対しては重大な関心をもって監視するであろうことも申添えておきました。

ところがわれわれの予想していた憂慮は意外にも早く的中して同芸術団長の滞日第一声として発言した日本の記者クラブでの政治的放言はあまりにもわれわれの民族を蹂りんするものがありこれは今後韓日両国の提携強化に重大な中傷謀略を加える遺憾事であることは明白であります。

即ち同芸術団長尹某なる者は、このたびの日米首脳会談を誹謗して、日本がアメリカの朝鮮侵略に大きく加担することだと逆断し、また日本が韓国の政治経済的援助をすることはアジアの平和安定に危険をもたらすものと断定しながら自らは日本政府に向って一大警告でも与えるかの如く振舞い、しかも近づく韓日会談に対しても国連の権威や日本の威信まで無視しく侮辱する暴言を吐き延いては大韓民国を傀儡呼ばわりするにいたっては、もはや言語道断であり実す。

北韓地域から今後も引続き、各種の訪問団が来日することを想えば日本は当分のあいだ北韓人士たちによる共産革命の政治宣伝の場と化してしまうことは、火を見るより明らかな事実であります。

われわれ民団は日本における韓国の民間団体として斯かる重大な事態を拱手して傍観するわけにはまいらず北韓より渡来した一介の芸術団長がこのような著しい逸脱行為を敢行して果して許されるべきかどうか篤と再考を要する問題であると思います。

おわりに当該芸術団に入国許可を与えた貴省の真意を糾し併せて今後の対策に慎重のたまよう促してやまない次第であります。

同芸術団の引率責任者某の錯乱的公言並びに傲慢無比な態度は民族の名において必らず糾弾されることでありましょう。

一九七三年八月四日

在日本大韓民国居留民団中央本部

団長 金正柱

日本国政府

法務大臣 田中伊三次殿

〈金日成を告発する〉

二面からつづく

汝は六・二五を挑発した戦争犯罪人であり、わが民族万古の逆賊である。自分は汝の体制を打倒するために闘かうであろう。

自分が保衛任にも犯してきた許されない罪科を許されるため、そして、何よりも、このような自分を疎かく許され、罪をつぐなうために働くことを受入れた、祖国大韓民国のため、余生を捧げることを誓う。

金日成よ、汝の体制を打倒することにすべての精力と、闘志を捧げ闘争することを誓い、かつ、汝に警告するものである。

一九七三年八月 鄭淵秀

平壌での見聞を語る

対談

本社鄭達鉉編集長は、さる七月十一日から三日間、北韓の平壌で開かれた第七次赤十字本会談に随行記者として取材し、このほど東京に戻って来た。たまたま、前回の平壌での第五次赤十字会談に、在日同胞記者として初めて北韓入りしたKPI通信社金允中社長が、既に北韓見聞記を発表しているが、本社では、二人の北韓での取材の結果を、対談してもらい、一人の印象よりも、二人の印象を重ね焼きにして発表することにした。鄭編集長によれば、現在の北韓を一言で表現するならば、北韓は人間をモルモット化した人間実験場(人間をどこまで偏よせられるか、どうすれば完全に同じ鋳型にはまるか、の実験の意味)であるとのことだった。北韓入りも、記者としても金允中社長が先輩であるので金社長が問いかけ鄭編集長が答える形で対談した。

出席者(敬称略)

金允中(KPI通信社長・第五次南北赤十字会談大韓民国新聞通信放送共同取材団団員として三月二十日から、三泊四日間平壌訪問)

鄭達鉉(民団中央本部宣伝局長・韓国新聞編集長、第七次南北赤十字会談取材団員として七月十一日から三日間平壌訪問)

北韓訪問での見聞を語る鄭達鉉局長(左)と金允中社長(右)

北韓は人間実験場
二度行くのはもう御免

金允中　御苦労さんでした。僅か四ケ月の間、北韓の様子がそんなに変る訳はないだろうが、私の見聞記以外の何か少しでも変った点をどうぞ。

鄭達鉉　全く先輩が書いた平壌ルポのとおりで、私は先輩のルポの裏付けに行ったようなものですよ。

金允中　それはどうも有難う。ソウル出発の時の感想から始めて下さい。

鄭達鉉　私は三十一年振りに自分の郷里(鄭局長は平壌出身)に行くので、南山の南北赤十字会談事務局前を出発すると同時に、何か身がひきしまるような緊張感を覚えました。

金允中　では板門店の[illegible]が済んでからのことを。

鄭達鉉　板門閣(北韓側の建物)に入る前、朝総連の記者九人がわざわざ私を迎え、ようこそいらっしゃいませ。と来ました。

金允中　バスに乗り込んでからの話を。

鄭達鉉　私の案内人一人がピタリ私の座席の隣りに座りました。このバスの中にも金日成の写真が掲げてあって、テープの音楽が流れて来るのです。やたらに騒がしく金日成を讃える。

金允中　私の時は音楽は流したが金日成の写真は無かった。金日成も野ざらしの街頭から、バスの中にまで進出したということか!

鄭達鉉　それからが大変なんです。開口一番先輩のことを持ち出しましてネ、金允中先生があんなに(悪く)書くとは思いませんでした。と言い出したので、民主々義の国とは自分が見たままを書くものですと返しました。

金允中　一体何処が悪いというのかナ!

鄭達鉉　何処といわず、赤十字会談はお互いに誹謗しないためのものだ。と言い、鄭先生も帰ったらそう(金社長のように)書くのですか?とまずよく見もしないうちから、第一歩の牽制球なんですね。

金允中　帰らざる川の近所で、両側に大きい対戦車用の石が並べられているの見ました?

鄭達鉉　見ました。それにもまして三十一年目に私の眼に飛込んで来る北韓の風物は、板門店以南の韓国のそれの延長だと感じました。しかし、少ししゃべっているうちに、この胸に込み上げるような私の情感は何処かへフッ飛びました。つまり何か別世界に飛び込んだという混ざった気持ちになりましたネ。

金允中　私が行った時(三月ではまだ寒い)は沿道は[illegible]だらけだったが…昔の並木もなかったし

鄭達鉉　とうもろこしを植えてたですネ。いましたネ、並木のないのは、会談のため新に造った道だかららしいですネ。

金允中　平壌に着くまで何両位を見かけましたか?平壌市内に入った初印象は?

鄭達鉉　トラック一台と畑にトラクター一台、また川の中でトラックを洗っているのを一台、計三台を見かけただけです。平壌市内に入る前に昔見慣れた大同江が見える。右手には綾羅島が、左手には牡丹峰が見えるのです。子供の時よく遊びに行ったものです。市内に入ると昔の第一館(映画館)が見えましてネ。これ第一館だろう?というたら「そうです、よく分りますネ」と来た。今は芸術劇場となっているそうです。

金允中　三十一年ぶりに見た平壌は懐しかったでしょう。やはり人通りは閑散でしたか?

鄭達鉉　閑散も閑散、だが異様な風景にぶつかりましたな。子供のおんぶの仕方なんです。日本人式の子供のおんぶ方をしているのです。

金允中　私もこの間KBSを見て、これは[illegible]の在日同胞だなあーと思ったのですが、

鄭達鉉　それが違うんですよ。彼らのいうことが面白いんですよ、我々はよいことは何でも取り入れる(日=従来の韓国式の子供の背負方では脚が湾曲するという)、つまり日本式だということを認めたのですね。

金允中　市内に車の少いことはわたしも驚いたが、自転車を、正直いうと私は一台も見てないんですが、貴君も見ませんか?

鄭達鉉　一台も見ませんナ、またカンカン照りなのにパラソルをさしている女性は一人もいなかったですネ。

金允中　ホテルで一番大きい十階建の[illegible]について部屋の調度などについて、あの踊る冷蔵庫は?われわれの時はスチームが過ぎて眠れなかったのだが暖房は?

鄭達鉉　冷蔵庫はよく見ましたら、日本のサンヨーでしたネ、我々は三晩とも暑くて眠れなかったです。冷房装置はない、一部屋に小さい扇風機一台が動いているだけで。

金允中　ホテルで映画ばかり見せられたでしょう。

鄭達鉉　この映写室、冷房はなくてみんなに扇子を配る忙しさ。翌日はチャンとした冷房機が入りましてネ。

金允中　さて例の冷めんですな、貴君は食べました?

鄭達鉉　みんな注文したら二、三時間かかるといわれ、[illegible]べさせんでした。

金允中　さて見学[illegible]は何処々々でした?

鄭達鉉　先程申しました芸術劇場と動物園です。

金允中　我々が金日成生家に行った時は、見物人は人っ子一人いなかったのだが・・

鄭達鉉　いやいや満員、血色のよい年寄の団体が隊列を組んで勇ましく歌をうたって、この通りわが子供達はよく食べて元気なのですといわんばかりのデモンストレーションをするんですネ。だが一般の[illegible]は黙々として語らず、お前は今日ここに出るのがノルマだ、ただ一言もしゃべっちゃいけないよの命令を守っているような、われわれの眼からすれば正にセツナイといった感じでした。

金允中　我々はサーカスを見せられて、昔なつかしいジンタを聞いたものの、一言ごとの金日成万歳には困ったのだが、国内ではどうしました。それに高級幹部[illegible]にソ中の影響を感じませんでした?

鄭達鉉　芸術劇場でオペラをやるんですが、舞台は相当広くて綺麗なんですが、踊りの手振りを見ていると西洋的な感じがしましたナ、音楽の指揮者は女性、ベートベンの運命かなんかのように、やたらとジャンジャンというように勇しい処ばかり繰返すんです。発声法にしても十八世紀のヨーロパのリード物と近代の流行歌がミックスしたように感じましてネ

金允中　北韓記者とのやり取りのうちで、何か変ったことはなかった?

鄭達鉉　例によって早速、六・二三朴大統領声明を非難するんですが、朝総連の記者が「平壌はきれいでしょう」と来たから、私は「昔の平壌はもっときれいだったんだ」とやり返したら、何もいえないんですね。

金允中　その他何かありませんか?

鄭達鉉　さっき申し上げた金社長の平壌ルポのことをまたいうのです。「ほめてあるのか、悪口書いた」というから、記者は自由に書くべきで、ほめると[illegible]ことになるちゃないか、といってやったら何もいわないんですネ。

金允中　食堂の女性達と何か話しましたか?

鄭達鉉　帰る日(七月十三日)の朝食の時、わが方のある記者が、今ソウルで流行している歌謡曲の「なげきの大同江」のテープを録音機で流したら、女の子が出たり入ったりしているうちに、年嵩の女性が出て来て、慌てて「止めて下さい」と止めるんですね。

金允中　では感覚的な感想を一

鄭達鉉　共産国では美人が生産されないと思ったです。ソウルの女性がきれいに見えました。

金允中　昔から平壌は美女といって、北の女性は顔形が良かったんですが、確かに美人はいませんでしたね。

鄭達鉉　北韓全体が人間の実験場といった感じがしました。我々は自由を愛するというより、自由を守る必要を痛感しましたね。極端にいうなら精神文化の面では救いがたいぐらい遅れていると思いましたネ。

金允中　平壌にまた行きたいと思いますか?他の記者達はどういいました?

鄭達鉉　もう御免んですナ。他の記者達も、二度行く処ちゃない、と異口同音でした。

金允中　わたしの時も同じでしたネ。どうもいろいろ鋭い観察で有難うございました。

留学生に朗報

このたび、韓国人留学生等の招請・援護・在日学生の大学進学斡旋、同胞子女の教育相談等の、国際教育事業団として発足し、業務を開始した「韓国国際教育協会」の、目的・事業等はつぎの通りで、みなさんの御利用のほどを御待ち申し上げます。

目的

「日本国はじめ、各国の大学等諸学校及び、各種研究機関に留学、研修する韓国人学生・研究者を斡旋・援護し、学術・教育等の交流を通じて、韓国の発展と国際間の相互理解の増進に寄与することを目的とする」

事業

(一) 留学生、研修生等の、進学・研修等の指導、斡旋及び援護

(二) 学術・教育、芸術・文化等の交流・交歓等の対策

(三) 在日同胞子女等の、大学への進学指導・進路開拓及び、教育相談等の相談

(四) 奨学金・研究費助成等の支給・貸与・施設及び、厚生・宿泊・文化教養等の援助

(五) 各国の留学・研究事情の収集、交換及び、学生教育資料の受託、提供

(六) 各国の留学制度、国際教育に関する研究及び、広報・資料の収集・提供(以下省略)

事務所—東京都千代田区猿楽町二ノ五ノ五　韓国YMCA会館内　電話(03)二九一—三七七六

韓国国際教育協会

代表者・専任理事　韓宗碩

1945年8月15日、[illegible]の感激にむせびながら大韓民国万才を叫ぶ西大門刑務所から釈放された愛国志士たち

光復28周年にしのぶ
日帝への民族抗争史

武断体制強化

一九一〇年八月の合併後、日本の支配体制は固められていった。

武断政治下での日本は、一九一〇年、土地調査局の設立と同時に大規模な土地収奪をたくらむ所謂「土地調査事業」をひろめ、没収された土地は「東洋拓殖会社」をはじめとする、日本人土地会社や移民に廉価でおい下げられた。

日本は、また一九〇五年独島を不法的に日本領土に編入させ、日本人を優遇し、合併後、特に漁業者の移住を奨励した。

彼等は山林保護の標語をかかげ植樹を奨励したが、彼等が植樹した数の何倍にものぼる木材を伐採し持ち去った。

総督府自体も、公企業の形態または、塩、人参、煙草などの専売を通じ、巨大な収入をあげた。

反面、韓国の民族資本は、銀行を支配する日本の政策によって、発展の道を絶たれざるを得ず、総督府をはじめとする日本人会社だけが、莫大な利潤をほしいままにしていた。

民族抗争の焔

土地調査事業をはじめとする諸施策は、日本商品の流入とともに多くの農民から土地を奪い、一部人士をのぞく「ヤンバン(両班)階級」を没落させた。

離農する農民があいつぎ、遠く満州、シベリア、米国、日本に流浪する数がふえて行った。

一九一四年にはじまった第一次世界大戦は、四年間つづいたのち連合軍の勝利でおわり、米国大統領ウィルソンが提唱した民族自決主義は、世界の被圧迫民族間に広く拡大していった。

このような世界の潮流は祖国を失なったわが民族に大きな希望を与えた。

パリー講和会議に代表を派遣、独立を訴え、東京留学生も独立を要求する宣言文を朗読するなどの動きが国内に波及され、高宗の国葬を前に、一九一九年三月一日、民族代表三十三人の名で独立宣言書を発表した。

この宣言のもとに全国津々浦々では、独立を主張し、自由を叫ぶ平和示威運動が燃えあがったのである。

この運動に参加した人数は、百万人をこし、逮捕された者は、4万6千、そのうち起訴が一万、死亡者、七千五百、負傷者一万六千、その他、多くの民家、教会、学校が破壊されたが、これは三・一運動がどれほど挙族的な一大民族的抗争であったかを示すものである。

一方、三・一運動以後、海外へ亡命した独立志士は、上海に集り「大韓民国臨時政府」を組織し、国内と連絡をもちながら、独立運動を展開した。

三・一運動に示された巨大な、韓民族の力は、日本政府に、大きな脅威を与え、強力な武断政治だけでは、韓国統治が不可能であることを知るにいたった。

韓国統治に反省をした日本は、三・一運動後、総督を更迭し、統治方法に転換をもたらした。

・新に着任した斎藤実総督によって所謂文化政治がはじまった。しかし、それにも拘らず、植民地政策には何らの変化もなかった。

経済搾取の強化

日本は、国内の食糧事情の緊迫からより多くの米を要求することとなった。

この必要に応じて、一九二〇年から産米増殖十五ヵ年計画をたてて、九二〇万石の産米を増産させようとたくらんだのである。

このため、韓国生産経済が、米作を中心とする単作型経済に改編され、従って韓国経済の自足性は完全に崩れ、日本経済に従属する植民地経済となった。

米作中心と軽工業を中心とする南韓に対して、重化学工業養成を中心とする北韓への資本投資という形態も、中国侵略のための本格的な後方基地建造をもくろむ当時の日本帝国主義によって、強制的に構築された経済体制ともいえよう。

民族抹殺政策

日本は、一九三七年に中国に対する全面的な侵略を開始し、一九四一年にはアメリカに対する宣戦を布告した。

戦争遂行のための動員態勢を強化し、植民地である韓国にもそれを強要した。

こうして日本は所謂「内鮮一体」、「皇民化」という標語をかかげ、民族抹殺運動を敢行した。

「ハングル」の教育が廃止され日本語教育が強要された。

東亜日報、朝鮮日報と文章、人文評論などのハングル発行新聞雑誌がすべて廃刊された。

各面単位で神社を立て、月一回づつ定期的に参拝することを強要した。

ついには、苗字や名前まで日本式にかえるようにいたり、韓民族を地球上で完全に抹殺しようとするたくらみであった。そして強制的な人員を断行した。中日戦争がぼつ発するや、志願兵制度を実施し、韓国青年を中国戦線へ強制的に動員した。

このようにして、中日戦争を契機に韓国における物、心両面における大規模な動員が行なわれた。

所謂太平洋戦争がおこるや、韓国に対する日本の戦略的要請はより強化され、一九四三年には従来の志願兵制度を徴兵制度に改ため韓国青年全体を広範囲な戦争へまきこむにいたったのである。

また徴用を実施して、炭鉱、軍需工場、戦線基地で強制労働させ、学生を強制して、軍事訓練と飛行場構築作業に強制的に従事させた。

このように屈辱と苦痛にさいなまれたわが民族は、徹底した圧力支配の下では、その不平を表面化できず、民族の怨は、骨髄に徹した。

抗日民族抵抗運動

民族最大の独立運動であった三・一運動以後にも独立運動は、たえまなく展開された。一九二六年李王朝最後の王である純宗が崩御するや、純宗の因山日である六月十日に、一大反日示威運動が計画された。日本警察によって発覚され全国的に名望のある人々が検挙された。しかし、皇帝の柩が昌徳宮を発ち、鍾路にいたるや、民衆は一斉に万歳を叫び、この示威は各地に拡大されていった。

一九二七年に知識人層からなる新幹会が組織され、広汎な民族単一戦線を結成し、学生、勤労者、知識階層の民族運動を指導し、会員は、三万人に達した。

この頃、一九二九年に光州学生事件が起った。事件の発端は、汽車通学をしていた韓日学生間の衝突であった。いちゃもんをつけはじめたのは、日本人学生であったが、警察は、衝突の責任を一方的に韓国学生にだけ負わせ、日本人新聞はあまりにも一方に偏した記事をのせたため学生の民族的憤怒は爆発し、全国で、五万四千人の各級学校学生が、日本帝国主義への闘争に参加、三・一運動以後最大の民族独立運動をくりひろげた。

一方、三・一運動以後、海外での亡命独立志士は上海で臨時政府を組織し、国内外の独立運動を組織強化した。その中でも金九氏が組織した「愛国団」は、独立運動史に輝く闘争の数々を先導した。

一九二六年の羅錫疇の東拓会社爆弾投げ、李奉昌義士の天皇爆殺企図、尹奉吉の上海虹口での日軍幹部爆殺事件などがそれである。

また、李青天、李範奭将軍を中心とする光復軍は「青山里大勝」などの輝かしい武力抗戦の戦果をあげ、八・一五解放が単なる連合軍の勝利だけでなく、民族のたゆみない独立闘争の成果であることを、内外に誇示したのである。

参戦各国によるカイロ宣言、ポツダム宣言では韓国の独立が約束されたが、これは、先烈の血のにじむ独立闘争の国際的確認であった。

広島と長崎への原爆投下、ソ連の対日参戦などで日本は、一九四五年八月十五日、無条件降伏するにいたり半島には平和と解放の鐘がなりひびいた。

しかし、国際共産主義の魔手がのび、真の平和と解放は、南韓にかぎられたまま、四半世紀の国土分断がつづいている。

真の「光復節」を一日も早く祝うことができるのは、平和統一の明日にしかない、といえよう。

父なる故国の心にふれ

歴史、伝統学び交歓はかる
韓国系日本学生訪韓団出発

かねてから準備が進められてきた、韓国系日本籍同胞学生の第一回母国訪問団は、このほどようやく編成を終り、さきほどの第八回在日韓国学生母国夏季学校につづいて、十日午前十一時四十五分羽田発のKAL704便で、民団中央の鄭辰竜青年局次長引そつのもと、十八人（高校男女十人、大学男女八人）の学生がソウルへ向けとびたった。この催しは、韓国人の父親と日本人の母親の間に生まれた二・三世の日本籍をもつ学生たちに、父親の祖国である韓国の歴史と伝統、習慣、風土をまのあたりに見せ、韓国の心にふれさせ、両国学生たちの交歓をはかろうとの意図のもと、民団中央が企画し、本国政府文教部社会教育局が主催に、教育実施を依嘱したもので、日程は、八月十日から十八日までの間、京畿高等学校での開所式をはじめ、国軍墓地参拝、顕忠祠参拝、ソウル特別市教育委員会、仏国寺観光、ソウル市内の古宮巡りのあと、国民道徳、音楽、セマウル運動解説、民俗芸術鑑賞、一線将兵慰問、産業施設見学、陸士一日入校、光復節慶祝式典参加など、バラエティ豊かなプロを組んでいる。修了式は、十八日午前九時から京畿高校でおこなわれる。

先発の夏季学校生らは16日から国内修学旅行に出かける
（写真は昨年、慶州旅行中の在日学生たち）

韓日高校スポーツ交歓
18日と20日、駒沢競技場で

来たる八月十八日と二十日の両日、日本体育協会、全国高等学校体育連盟の共催によって、第六回韓日高校スポーツ交歓競技大会が次の場所で開催される。

この大会は、ソウルと東京で、隔年交代で開かれることになっているが、大会の目的は、スポーツを通じて韓日両国青少年の相互理解をはかり、両国が協力してスポーツの技術を練磨振興するところにある。

韓国選手団は、金万鍾団長以下百七十人の選手が参加する。第一陣は、八月十三日、十五時十五分大韓航空七〇一便で役員が来日し、選手は、八月十六日正午大韓航空七〇二便で来日する。役員宿舎は、渋谷のホテル・ニューワシントン（電話四六〇－一七〇〇）、選手宿舎は、オリンピック記念青年センター（電話四六七－七二〇一）。

〈日　程〉八月十八日と二十日の二日間。開会式は午前九時半。

〈場　所〉東京都駒沢オリンピック公園競技場、国立西ケ丘陸上競技場、国立競技場。

〈実施競技〉陸上、サッカー、バレー・ボール、バスケット・ボール、ハンドボール、軟式庭球、バドミントン、卓球、体操。

心はずむ名勝めぐり

誠金集め中央会館建設へ

済州商事社長に韓文鳳氏

済州商事は七月二十九日、第12回定例株主総会を開き次の役員を選出した。

社長　韓文鳳
専務　金相輝
常務　[illegible]時範

尋ね人

朴昌徳（本名・新井）解放前まで茨城県水戸市大工町（丸茂）に居住したことがあり、約十年前まで消息があったという。弟が捜しています。連絡先＝ソウル市冠岳区上道洞一洞一二〇、江南商街アパート管理事務所方、朴昌述まで

☆金洛中さん（60才程度・男）本籍・慶北義城郡安渓面安足二洞。十余年前まで東京都板橋区上板橋二の九二に住んでおり、十余年前に一時帰国し、その後三年間書信交換があったのち消息がとだえたとのことです。ご存知の方は民団中央本部民生局まで連絡を。

六・二三宣言と国際情勢

民団中央本部で基本姿勢を解説（下）

（五）国連同時加入も反対せず

我が大韓民国は、国連韓国委員団監視のもと、自由選挙によって樹立された唯一な合法政府（一九四八年十二月十二日国連総会で48対6の圧倒的多数票で可決）であり、国連会員国でないとはいえ、建国以来、国連の権威と機能を尊重し、国連の基本精神に基づいて国際社会発展に寄与できる方向で最大限の努力を傾けてきた。国連は平和のための汎世界的、普遍的機構として民族自決と国家自主性の尊重をその根本精神としている。

それ故、我々は現代の国際情勢のもとで国連に加入している多数会員国の意思であれば我々が北韓と同時に国連に加入するのも敢て反対しないということが政府の基本方針である。ただそれは、南北韓の国連同時加入が我々の祖国統一に障害にならないという前提が加えたねばならない。また我々は国連に加入する以前でも我が代表が参加した国連総会で韓国問題討議に北韓側の招請を反対するものでないことが政府の新しい基本政策である。

これは国連の権威を認めその意思を尊重する我が国外交政策の基本原則に沿ったものであり、緊張緩和と国際協助精神の具現といえよう。ところが我々のこのような対国連政策は、統一の時点までの暫定措置にすぎないものであり、どこまでも北韓を国家とは認めないというのが我々の態度である。よって統一に障害があってはいけないという「前提」を明らかにしている。

（六）平等原則によるあらゆる国家に門戸を開放

十九世紀末、大院君の鎖国政策は祖国発展の好機をのがした原因であった。このような歴史的教訓を知りながら門戸を開放できないということは、国際外交のさまざまな制約があるからであると考えられる。

しかし、平和共存を追求する国際情勢の中で我々は、互恵平等の原則のもと、自信をもってあらゆる国家に門戸をひらき、それと同時に我々と理念と体制を異にする国家も我々に門戸を開放することを促す前進的姿勢を宣明したのである。このように多辺外交の門戸を開放して、より前向きの姿勢で世界平和に寄与する一方、国際舞台で我々の実利も追求するものである。

日本を頭越しに米国の中共接近といい、西独とソ連などの自国の実利を追求する冷酷な外交戦争を展開しているのはその実例の一つである。

互恵平等のもとに門戸を開放するということは、ソ連、中共をはじめ如何なる国との関係も改善するということの宣明である。これは、昨今の国際情勢に能動的に適応し、国際平和と繁助に寄与しながら我々の実利を追求するための努力の所産である。

しかし、我々の開放外交はどこまでも互恵平等の原則が大前提になるもので、我々の友邦は、対北韓態度に於てソ連、中共をはじめ共産国家と対韓国友邦の程度と範囲内で定着されねばならないのである。

（七）友邦と既存紐帯関係を固める平和善隣の対外政策の基本原則

我が国の対外政策の基本原則は平和善隣である。よって「理念と体制を異にする国家にも互恵平等の原則のもと、門戸を開放する」のもこの基本原則の範囲を拡大したものにすぎないのである。

このような能動的外交転換は、これまで我国と緊密な協力紐帯関係を結んできた友邦の利害関係と絶対に背むくものではない。むしろ国際緊張緩和と国際協助に能動的に寄与せんとする我が外交政策の転換は、友邦各国にも大きく為になるものとみている。

我々が友邦諸国と紐帯を一層固めながら理念と体制が異なる諸外国と互恵平等の原則のもと、平和善隣の開放外交を守ることは、緊張緩和、国際潮流の中で民族の権威と矜持を高揚し、祖国の平和統一を促進する実質的な近道であること認識せねばならない。

国際情勢に能動的に対処することによって国内的に平和統一を促進し、北韓を平和に導く開放された外交として実効をおさめんとする前進的な朴大統領の平和統一外交政策を絶対支持するものである。

（八）金日成の連邦制提案反駁

朴大統領の六・二三特別宣言発表と共に金日成は、直ちにその日の夜、平壌でチェッコ共産党幹部のための歓迎会席上で南北韓国連同時加入を反対すると言明、六十年度以来重ねた主張だけをかえ(1)南北大民族会議(2)南北の国連同時加入反対(3)南北連邦制提案など実現不可能な非現実的主張だけをくり返した。

このような北韓側の態度は、国連が韓半島で南と北を差別対遇すると不平をいいながらも、世界保健機構など国連機構加入に注力しながら今の路線と相反するもので、政治宣伝に狂奔している北韓側は、我々が実現可能な方法論を提起しても、無条件、反対のため反対、実現性のない政治宣伝攻勢を展開、平和統一のための我々の切実な努力をまた拒否している。

インドネシアのジャカルタ・タイムス紙が去る二十六日「金日成の連邦制案は偽善的であり、非現実的」であると前提して「韓国統一に対する建設的な接近方案を提示したようにみえるが実際面ではほど遠い迂回的で険しい過程を歩まなければならない」と指摘している。

これは実現性のない彼らの主張が国際社会に於ても納得できないことを証明するものである。朴大統領の画期的な宣言が引きつづき外交的イニシャチブをにぎっていることを外交的に立証する一例である。

同時に朴大統領の六・二三宣言は、巨大な国際社会の流れを正しく把握して、これに対処することができる民族の進路を明確に提示したもので彼らはこれを受諾も拒否もできない実に苦しい立場にあり、名分だけでも探すという途方もない連邦制案を差りあげたのである。「南北大民族会議」の構成提案と国連同時加入は、二つの韓国が固定化されるのでこれを反対するという主張も、うわべからみればそうみえるかも知れないが、このような主張は、現実的に実現可能であるかが問題であり、またこのような主張が真実であるがためには、平和な祖国の山河を、血の海に変えた六・二五のような悄むべき罪悪を犯さないことであったし、休戦以来今日に至るまで民族の良心に逆らい、数多い罪悪も犯すべきではなかったのである。

せっかくの対話ムードに便乗して仮面をかぶっても[illegible]るという彼らの術策が露呈されたといえよう。

しかし、このように純朴な北韓民衆をウソツキ共産主義の[illegible]で画一化させ、自由民主々義の体制下に大きな発展を成しとげている韓国に暴力革命を企らんだ彼らがいわゆる「連邦制案」を掲げ統一を叫ぶといっても我々は決してだまされない。

既に二十五年間の分断状態で我が民族は、政治、経済、社会、文化面で、特に思想面で容認できない両極状態で固められた以上、これを解きほぐし得る漸進的な接近作業が先行されねばならない。これを明確に提示したのが朴大統領の八・一五[illegible]辞（七一年八月十五日）である。

我々は既に統一のための段階的接近方案を提案するため、南北赤十字会談及び南北調節委員会を通して、民族の心臓に銃口を[illegible]ではあったが、これを許し対座しながらねばり強い[illegible]ているのである。

[illegible]ための予備作業は既にはじまっている。彼らが[illegible]事実をもって臨んでくるかにつれて成敗が左右されるものであり、二十数年間執着してきたいわゆる彼らの「南朝鮮革命」戦略を放棄しない限り、狂気じみた破壊の提案（主張）は一切拒否されるであろう。

資料解説
海外国民の為の戸籍特例法
手続が易しくなった

（その二）

法院が戸籍訂正を許可した場合は、本籍地の市、区、邑、面長に謄本を送付し、許可しなかったときは、外務部長官及び在外公館長経由で、申請人に理由書と不許可になった謄本を送付することになっています（第五条第四項）

また、在外公館長が戸籍の錯誤または遺漏事実を調査確認できる場合は、調査報告書を添えて、法院を経由せずに直接本籍地市、区、邑、面長に送付して、記載事項を訂正することもできます（第五条第一項但し書）。しかし、戸籍の本旨に照らして、在外公館長がやれる調査確認は、はっきり目立ちしかも軽微な錯誤または遺漏に限るのであり、身分上、財産上重大な影響を及ぼすような戸籍の訂正は、原則的に法院だけがやれます。

（4）戸籍訂正許可申請書の添付書類

戸籍訂正許可申請書には、つぎの書類を添えなければなりません（第四条第二項）

（イ）在外国民登録謄本
（ロ）居留国の外国人登録謄本か永住権写本
（ハ）理由書

（5）戸籍の訂正

法院から戸籍訂正許可謄本を送付されるか、若しくは在外公館長の調査報告書の添えられた戸籍訂正許可申請書を受付けた市、区、邑、面長は、とどこおりなく[illegible]を訂正し、同じく5日以内にその戸籍謄本を外務部長官及び在外公館長経由で申請人に送付することになっています（第六条第1項）。

三、戸籍整理
（抜けた人を入れたりできる）

（1）戸籍整理の意義

戸籍整理とは、出生、認知、養子縁組、婚姻、離婚、死亡、戸主相続などにより、戸籍簿上に入籍または除籍されるべきものが、戸籍簿上整理されていないとき、戸籍整理申請書を居住地を管轄する在外公館長に提出するか、または本人の都合によって直接本籍地の市、区、邑、面長に提出して、戸籍を整理することをいいます（第三条第二項）。

この規定は、出生、死亡、戸主相続などの理由が発生したか、あるいは認知、養子縁組、婚姻などの事実関係が発生してはいるが、戸籍法による申告をおこなっていないために入籍または除籍が行なわれていない場合に、在外国民であるとの理由から、過怠料の負担やその他民法、戸籍法による手続きを免除し、身分上の現在事実関係を尊重してそのとおりに簡単に戸籍の整理ができるようにした施策措置です。

しかしここで、つけ加えておかなければならないことは、婚姻の場合重婚の事実が発生しうること、養子縁組においては入養禁止規定（民法第八七七条）に違反する場合がありうることや、婚姻の場合は同姓同本婚禁止規定（民法第八〇九条）若しくは婚姻取消し規定（民法第八一六条）などに違反する可能性もありうるということです。従って、戸籍整理申請のさい、このような事実に該当するおそれのある人は、さきだって在外公館長または弁護士とよく相談して、国内法に違反しないように気をつけることが必要でしょう。各禁止規定は、近親婚の禁止など、主にわが国の美風良俗を損なわないようにするための規定であるということを付け加えておきます。

（2）申　請

戸籍整理申請書には、入籍または除籍されるべき者の身分事項と、なぜ整理（入籍または除籍）するかという事由をはっきり記載したうえで申請しなければなりません（第三条第二項）。これを戸籍簿に記載することにより、今後は過怠料または刑罰がないようにするための措置です。また、申請書には申告内容のうち重要な部分は記載しなければなりません（戸籍法第四十九条「出生申告」同第六十条「認知申告」同第七十六条「婚姻申告」同第八十[illegible]子縁組申告」同第八十七条「死亡申告」同第九十六条「戸主相続申告」）

（3）戸籍整理申請書の添付書類

戸籍整理申請書に添えるべき書類はつぎのとおりです。

（イ）在外国民登録謄本
（ロ）居留国の外国人登録謄本か永住権写本

（4）申請書の提出

戸籍整理申請書は申請人の居住地を管轄する在外公館長に提出するか（第三条第二項）、または本人の都合によっては本籍地の市、区、邑、面長に直接提出することもできます（第三条第二項但し書）

（5）申請書の処理及び戸籍の記載

在外公館長は戸籍整理申請書を受付けたらとどこおりなく外務部長官経由で申請人の本籍地市、区、邑、面長に送付することになっています（第5条第5項）。市、区、邑、面長は戸籍整理申請書を申請人から直接、または在外公館長経由で受け取り次第、戸籍法の規定により戸籍整理の可能なものはとどこおりなく整理し、戸籍整理の不可能なものは在外公館長経由または本人に直接、整理不可能な理由書をつけて差し戻すことになります（第6条第2項但し書）。その他、戸籍編製、記載に関する処理結果は、就籍、戸籍訂正の場合と同様です。

四、費用の負担
（只でしてもらえる）

この法による就籍、戸籍訂正、戸籍整理については、過怠料の納付が免除されるだけでなく、戸籍の編成、訂正、整理及び送達などに必要な経費一切を、国家または地方自治団体（本籍地の市、区、邑、面）が負担することになっています（第7条）。

（完）

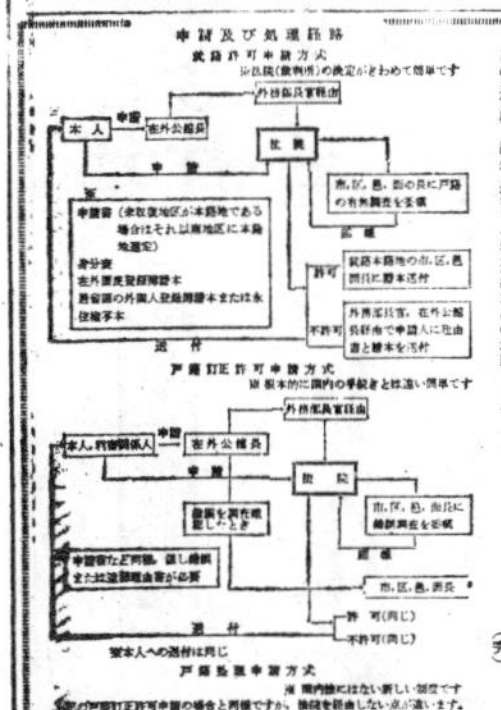

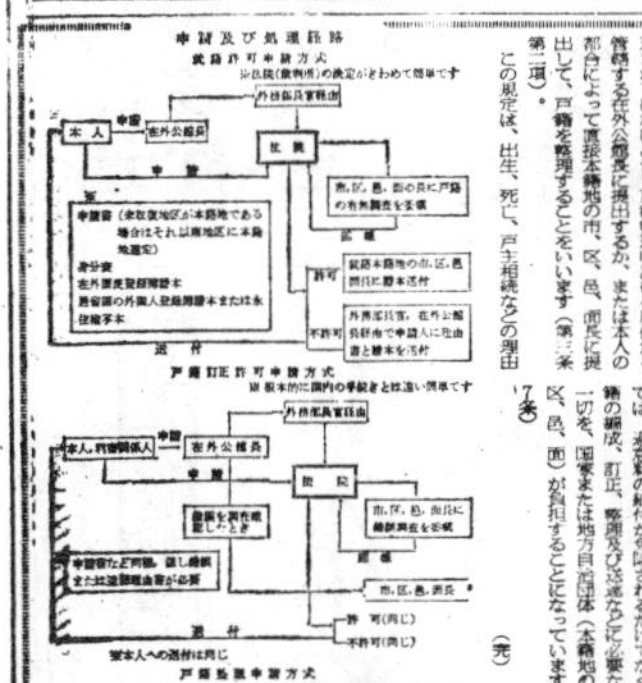

慶 第28回 光復節 祝

大韓民国居留民団 荒川支部

支団長 高昌運
副〃 李石現
〃 李錫鎬
事務部長 高潤玉
議長 李昌植
副〃 洪宗河
〃 呉嘉雄
監察委員長 文斗河
〃委員 白萬甲
〃〃 梁明元

東京都荒川区荒川三—三二—九
電話八九一—〇五五五

大韓民国居留民団 墨田支部

支団長 洪象観
副〃 李京炫
〃 姜尚用
議長 朴周植
副〃 申伯雨
〃 徐丙吉
監察委員長 金敬玉
〃委員 薛鳳九
〃 金守業

東京都墨田区大平町一—四—八
電話六二二—九四四二

大韓民国居留民団 江東支部

支団長 金光和
議長 具興洙
監察委員長 全翼漢
事務部長 朴烕善

東京都江東区木場六—八—一〇
電話六四四—〇五一二

大韓民国居留民団 目黒支部

支団長 姜高元
議長 金孔
監察委員長 黄晩伊
事務部長 方宜雄

東京都目黒区青葉台一—三〇—一〇
電話七一三—四三七八

大韓民国居留民団 南武支部

支団長 朴鎭夏
議長 河正孝
監察委員長 黄光義
事務部長 朴炳一

神奈川県川崎市中原区新丸子東二—九七五
電話四一—六六一一

大韓民国居留民団 川崎支部

支団長 田耕作
議長 李康元
監察委員長 裵奉朝
事務部長(兼副団長) 朴点圭

川崎市浜町四—一
電話三五—八六二二—三

大韓民国居留民団 相模原支部

支団長 李瓚浩
議長 許再煥
監察委員長 李廷圭
事務部長 金用鐸

神奈川県相模原市矢部四—一四—七
電話五四—八四四八

大韓民国居留民団 湘南西部支部

支団長 尹仲守
議長 金守億
監察委員長 金日生
事務部長 金鍾徳

小田原市板橋二四八—八
電話二二—三五八八

信用組合 横浜商銀

理事長 李鍾大
専務理事 李根馥

横浜市中区蓬莱町二—三
電話二五一—六九二一(代)

神奈川県韓国人商工会

会長 尹珠宅
副会長 趙忠来
〃 林春先
専務理事 鄭南徳

横浜市中区若葉町三—四三—四
電話二六一—二五二六

相互化工 株式会社

社長 玄棋洙

東京都足立区関原一丁目六番二二号
電話八八七—三一八一—三

興進建設運輸株式会社 豊搗企業社

取締役社長 権寧珣

東京都足立区入谷町一、八九五
電話八九九—〇一六一—三
ソウル事務所 ソウル市鍾路区安国洞一七五—八 七安国ビル
電話七四—七三六四
自宅 電話五二—一〇四六
大邱工場 慶北漆谷郡漆谷面太田洞一五九五
電話二—三八一二

在日韓国人医師会長 中島中央病院長

医学博士 李泰永

川崎市川崎区中島町二—三八三
電話二四—〇二〇五

三貴商事(株)

王将
浜松市領家町二二四一
電話六三—四四四〇(代)

光扇センター
長野市権堂町二二二—一
電話三四—三〇〇八(代)

市場会館
横浜市鶴見区市場大和町七—三
電話五〇一—六一〇二(代)

取締役社長 白鐸善

みどり会館

社長 柳済善

神奈川県平塚市駅前
(自宅)平塚市八重咲町一六—八
電話二一—一三一〇

管工器材販売 中谷商工(株)

取締役社長 中谷正二

神奈川県小田原市中町三丁目五—一〇
電(〇四六五)二二—三一〇一(代)
山王工場 小田原市東町一—一九—三一
電話三四—二五〇一(代)

娯楽の殿堂!! 湘南センター

社長 金守徳(青山)

神奈川県平塚市宝町二—一二
電話二一—一〇二三

喫茶 ラタン

韓国料理 鉄板焼 お好焼 食堂園

遊技業 末吉会館

代表者 金秉祚

川崎市中原区今井南町四四二
電話七二一—五一一三

第一物産

〈韓国食料品の卸・小売〉
人蔘・各種漬物・餅類・塩辛
香辛料・ゼンマイ・即席冷麺
他海陸食品一切

都内配達・地方配達も承ります

東京都台東区東上野二丁目一五—五
宝ホテル裏通り
TEL 〇三(八三二)一三二三

最も効果ある広告は「韓国新聞」

湯島の香りただよう静寂の地・・・

上野の森を眺望…和洋室大小30室●エレベーター付

ホテル ひいらぎ

超近代的完全設備

地下鉄千代田線湯島駅下車1分
お茶の水駅・御徒町駅より徒歩5分
TEL (831)6994・(832)0505

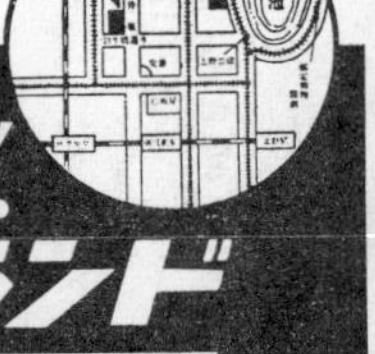

国際的スケールの社交場!
美人ホステス300名と一流ショー!
●デラックスキャバレー●ノーチップ制●明朗会計●

上野 ニューグランド

上野不忍池・水上音楽堂前・TEL 831—6607・3666・5983 835—4916

同胞社会で最大部数の「韓国新聞」

韓國新聞

在日大韓民国居留民団
中央本部機関紙
韓國新聞社
発行人 金正柱
東京都文京区春日町2丁目20－13
電話 直 (815) 1451～3
交 (813) 2261～5
振替口座 東京 163774
本国連絡所(民団本国事務所内)
ソウル特別市鍾路区世宗路政府合同庁舎西館
電話 73－0162・0165

民団綱領

一、われわれは大韓民国の国是を遵守する
一、われわれは在留同胞の権益擁護を期する
一、われわれは在留同胞の民生安定を期する
一、われわれは在留同胞の文化向上を期する
一、われわれは世界平和と国際親善を期する

南北が共に繁栄する統一追求

第28回光復節・朴正熙大統領慶祝辞

相互信頼の回復が急務

国連同時加盟こそ平和統一への道

朴正熙大統領は、第二十八回光復節慶祝辞を通じ、五千万同胞の悲願である祖国の平和統一には南北相互の信頼回復が緊要であり、単一民族としての同胞愛さえ発揮すれば容易に南北対話の成果を挙げることができ、また、国連への同時加盟こそ平和統一実現への近道であることを強調して北韓側の反省を促した。慶祝辞全文は次の通り。

親愛なる南北の五千万同胞の皆さん！

今日、私たちは祖国統一の新紀元を実現するための献身の歴程の途上で、感激的な光復節第二十八周年を迎えました。

……たが、私たちは戦争でも平和でもない状態のもとで、緊張の荒波をかきわけながら、一方では国権を保衛するために安保態勢を強化し……

……なのであります。

また、これは私たちの世代が是非とも成就しなければならない歴史的な課業でもあります。……

……一九七三年八月一五日
大統領 朴正熙

東京・大栄ホテルで開かれた全国地方本部団長会議

全民団組織を総点検

整風運動おこそう

組織防衛のため決起促す

12日、全国団長会議

全国団長会議が、十二日午後一時から、東京・大栄ホテルで開かれた。自首スパイ鄭淵秀（元千葉県本部団長）事件をはじめ、北韓マンスデ芸術団長亡命事件、金大中氏事件など、重要事件に対処するため李吉燮中央本部総務局長の司会で開かれたこの会議は、三十五地方本部団長があつまり、民団綱領の朗読についで、中央本部三機関長のあいさつがあったあと、金正柱中央団長は、事件があいついでおこり、緊急団長会議を開かざるを得なかったとのべ、特に鄭淵秀スパイ事件など、あまりにも突然の事件に対して、責任を痛感、民団の基本方針をきめる前に、各地方本部団長の意見をきくため、緊急に団長会議を召集したと、次のような経過報告と指示事項があった。

北韓の悪辣な手法糾弾

鄭と家族の身辺保護に万全

▲鄭淵秀スパイ事件 ご承知の通り、鄭淵秀は千葉県本部団長である。現役の地方本部団長が十余年間もスパイ活動を続けてきたことは、民団創設以来の重大事件であり、民団執行部の最……

直轄猶予を上申

事態収拾には技術的な問題も

千葉県本・支部三機関長会議

民団千葉県本部並びに傘下各支部三機関長連席会議が、去る九日正午、千葉市、千葉駅ビル会議室で、白吾龍監察委員長の司会のもと、中央本部から金家鎮組織局長をはじめ李文副団長、鄭…青年部次長、千葉県本部並びに各支部三機関長ら四十八人があつまったなかで開かれた。

同本部の鄭淵秀団長である「自首スパイ鄭淵秀事件」を重点的に取扱ったこの日の会議で、各支部三機関長らは、鄭淵秀がスパイとは夢にも思わなかったと、みな驚き……

▲金大中氏失踪事件

▲北韓芸術団長尹基福放言に対する声討

宇都宮氏の放言に抗議

金大中氏事件に一方的見解

本人に抗議文 民団幹部一行

金正柱中央団長をはじめ、李彩雨副団長、李吉燮総務局長、鄭東淳東京本部団長、金尚弘東京本部議長ら民団幹部一行は、十七日午後四時、日本国会衆議院第二議員会館に宇都宮徳馬自民党議員を訪ね、金大中氏事件に関して、宇都宮氏の一方的な言動に抗議する抗議文を手渡した。抗議文全文は次の通り。

抗議文

今般の金大中氏連行事件に関する貴下の取られた一連の行動は日本政界の要衝にあり、しかも執権党の所属議員として且つAA諸国の平和増進を願う団体の責任者としてあるまじきものであり、当国民団は県常に看過できない内容のものと認め強く抗議します。即ち——

①最初からこの事件の責任者が恰も韓国政府機関であるかのように決めつけている。

②日本の国家主権を尊重するあまり、韓国の国家主権に対して誹謗の言を弄している。

③韓国国内において、如何にも捜査権の発動が可能な如き印象を与える発言をしている。

今後においても、なお斯かる無責任な放言が続くとすれば、これは韓日双方に重大な支障を招くことは明白であり、かつ日本国内に在住する韓国民にとっても困惑な刺激行為になるので、われわれ民団組織としても重大な関心を表明せざるを得ません。

よって、四十万団員の意思を代弁して、ここに抗議すると共に本件に関する今後の発言に対し慎重を期されるよう希望します。

一九七三年八月十七日
在日本大韓民国居留民団
中央本部 団長 金正柱
宇都宮徳馬衆議院議員

土地生産性を高めよ

評価教授団5ヵ年計画で報告

国務総理企画調整室所属評価教授団は第三次経済開発五ヵ年計画第一次年度である去る七二年の綜合評価で「韓国経済は国際的に保護貿易主義傾向の台頭及び通貨不安と国内的には物価の上昇圧力、国際収支の悪化などいろいろと不利な経済的与件の中におかれている」と前置きし、このような与件を克服し経済成長を持続するため（一）政策立案過程でその効果を事前に検討できる「綜合対策機構」を作ること（二）綜合的観点から政策を樹立するための基礎として国内景気動向及び国際経済動向を綿密に分析すること（三）すべての政策は国内外の経済与件に対応して弾力的に樹立、執行することなどを建議した。

企画調整室が発表したこの評価報告書は七二年度の政府施策及び事業を九十人の評価教授達が専攻分野別に評価したもので第一編「経済計画部門」と第二編「支援施策部門」からなっている。

この報告書は短期対策として景気回復のため（一）物価安定のための価格統制制度を再検討し、国内価格水準を現実化すること（二）建設投資を促進してセマウル事業の積極推進と政府投融資を拡大すること（三）物価安定のため流通……

尹河璉公使民団中央を礼訪

去る八月十四日午後三時、このほど赴任した尹河璉公使が、民団中央本部に、金正柱団長を礼訪歓談した。

民団中央本部では、金正柱団長、金家鎮監察委員長、白丁赫副議長をはじめ各局長が尹公使を迎えた。写真＝民団中央を礼訪した尹公使（右）

12%成長予想

総資源予算で計画上回る

太完善経企院長官は今年の経済成長率ははじめ総資源予算で計画した九・五%をはるかに上回る一二%以上の高成長になるとの見通しと景気過熱に備える対策を積極的に打つことを明らかにした。

四ヵ部落に電気架設

鄭徳永長野県団長また巨額を寄付

鄭徳永団長

鄭徳永民団長野県本部団長は、このたび本国で実施した、民団セマウル姉妹結縁団に参加して、五百五拾万円の献金を出したほか、現地（忠清南道洪城郡洪東面秀蘭里）で、三百八十万ウォンを部落公会堂建立基金として寄託したが、このほど帰任した鄭徳永団長は、良き暮しのためのセマウル運動に感銘して再び三百四十四万七千ウォンを寄付、忠清南道洪城郡洪東面秀蘭里四個部落に電気を架設する工事費を全担した。

また、洪城郡文化院建設基金として三百三十五万ウォンの献金も寄託した。これで鄭団長の献金総額は一千数百万円にのぼっている。

これで秀蘭、山陽、天地セマウル部落一百余戸は一戸当り四灯の電灯を架設することになって部落民は勿論のことセマウル関係者を感激させている。

鄭徳永団長は、セマウル事業は一時的のものではない、これからも継続して支援を惜しまないと語っている。

大阪商銀20周年

7日、記念式典盛大

創立二十周年を迎えた大阪商銀信用組合（朴漢植理事長）では七日午後一時から二十周年記念式典を大阪のフェスティバルホールで盛大に挙行した。式典終了後午後二時からはくじ引きと金井克子シ ョウを披露し、満員の組合員家族を喜ばせた。

同組合は戦後荒廃の大阪駅前焼跡に店舗を設け、朴漢植氏が創立当時から理事長をつとめた。韓信協傘下三二組合のうちで創立順位は一位、預金高は三二四億円で第二位を誇っている。

式典には李澔駐日大使、宋公使らが東京から参席、壇上には各理事、全信協の他の組合理事長ら百二十名がずらりと並ぶ盛況だった。特に朴漢植理事長に朴大統領から国民勲章無窮花章の叙勲があり、李大使から伝達されたほか、大阪商銀自体にも朴大統領からの表彰状が授与された。祝辞をした人も八名に上り金溶植外務長官からの祝電もあって、記念すべき式典を無事終了した。

鄭淵秀スパイ事件で熱気をおびている千葉県本部各支部三機関長連席会議

金大中氏失踪と謎の送還事件

去る八月八日午後一時すぎ、東京の「ホテル・グランドパレス」の二十二階で、金大中氏が民主統一党の梁一東党首と、同じ金敬仁議員と会談、昼食を済ませ室外に出たところを、五人組に襲われ連行された。事件は「ホテル二十二階での突然の失踪」ということで、日本のジャーナリズムをはじめ、世界的なニュースとなって大きく報道された。……

〈関連記事二面〉

通貨56%増

物価値上り2・9%

「経済安定と成長に関する緊急命令」なるその八・三措置が断行されてから一年が経過した。……

偏向報道は遺憾

不純分子の妄動警戒

13日、金中央団長 金大中氏事件で記者会見

◇…元韓国大統領候補金大中氏が、八月八日白昼、東京のグランド・パレス・ホ…◇
…テルから、何者かに連れさられたと、連日、日本中のジャーナリズムをにぎ…◇
…わしたが、ソウルの自宅に出現したことから、さらにジャーナリズムが〃ナ…◇
…ゾ〃を連日の如く報道している。特に日本新聞各社および民団を除名された…◇
…不純分子たちが、事件発生の瞬間から、金大中氏失踪の原因ないしは犯人を…◇
…身勝手な憶測をまじえて報道していることは、周知のとおりであるが、これ…◇
…に関して、民団中央本部では、金正柱中央団長の記者会見を通じた談話や声…◇
…明をつぎのように発表し、民団の基本態度を明らかにした。…◇

李澔駐日大使は去る九日、日本の外務省に法眼晋作次官を訪問し この事件に関する韓国政府の立場を次のように伝えた。

一、韓国政府は同事件に対して全く関知しておらず、関連していない。

二、同事件を日本政府当局は徹底的に調査し真相を糾明されることを望む。

三、金大中氏の身柄保護に最善をつくされることを要請する。

また、金正柱中央本部団長は十三日午後六時すぎ民団中央本部に日本の新聞通信社の記者団を招き、この事件に対する団長談話を発表し、民団のこの事件に対する考え方と姿勢を明らかにした。団長談話全文は次のとおり。

金大中氏、失踪事件に対する民団組織の見解はつぎのとおりである。

一、十日午前、わが政府が日本新聞記者団に発表したように、この事件に対する日本言論機関らの取材態度があたかも「新聞裁判」のような形式を取っていることを甚だ遺憾に思うしだいである。

新聞裁判といえば、われわれ韓国民は例外なく人民裁判を連想する残酷な手法として規定する用語である。すなわち、この事件に韓国政府の特殊機関が関与しているという前提のもとに、日頃反韓論者として名高い人士らの論評のみを羅列させ、読者大衆の印象を、自分らが想定した方向へ、おしすすめていくという目的意識から出発したということである。

二、われわれは、日本の多くの言論機関がこのような偏よった取材態度をただちに是正することを要求する。

三、この事件に、韓国の政府機関が直接または間接にも関与していないということは、事件以前の政府の態度や事件当時の経緯からまた事件以後の見解発表から充分判断できることである。

四、金大中氏の最近の言動が国外において国内の政情批判だけに汲々して甚だしきは政府打倒までも絶叫し、国威失墜を重ねて犯したということは比重の大きい政治家として取るべき態度で無いということは、事件以前の民団見解といささかも変りない。

五、この事件に対する総連や北韓側団体らのひたすら政治宣伝にのみ終始した声明などは、言及する必要すら感じないが、ただ、日本で韓国民団を詐称しながら、または外国で韓国々民を自負しながら祖国政府の非謗と反対をことと し、敵対陣営に利益を与える背信行為を重ねている一連の不純分子らに、厳重な警告を与えるとともに反省を促がすしだいである。

六、わが民団は、ひたすら人命尊重という人道主義と平和手段という法治主義に立って日本の治安当局が金氏事件をすみやかに解決することを望んでやまない。

一九七三年八月十三日
在日本大韓民国
居留民団中央本部
団長　金正柱

金大中氏は、この記者会見の夜遅く、突然ソウルの自宅に出現した。このため、翌十四日、前日の記者会見の後を追って直ちに「団長声明」が発表され、民団中央宣伝局は日本の新聞通信各社に急拠電話でこれを伝えた。

「団長声明」は次の通り。

一、金大中氏連行事件に韓国の政府機関が干与していないとの判断は今尚変っていない。

二、これで韓国のCIAが介入していることが明らかになったとする在日反政府一派の発言は彼らのためにする幼稚な政治宣伝に過ぎない。

三、数日間にわたるこれだけの難行を成就させるためには金氏の自意と救国同盟と称するグループの他意とが合致したものでなければ到底遂行できるものではないと思っている。

四、われわれの推測では金大中氏自身が民団の正統体系からすでに除外された東京本部を詐称する一派とこれに加担する勢力が韓国以外から支援されていることに国家的な見識をもって嫌悪を覚え心境の変化を来たしたとしか考えられない。

五、何れにしても今後韓国の政界に金氏の座るべき椅子を仕立てることは困難であろう。

一九七三年八月十四日
在日本大韓民国居留民団中央本部
団長　金正柱

金大中氏失踪事件で最も「手回し」よく騒いでいるのが、反国家的な理由で民団から除名された一握りの不純分子たちであることを民団の多くの団員が不審に思っており、民団中央に対して電話が絶えない有様である。

すなわち、八日午後、事件発生直後、彼らはどこでどういう風に連絡をとったのか、続々とグランド・パレスホテルに集まり、同三時三十分頃には郭東儀なる人物が早くもテレビの記者会見で盛んに何かゼスチュアーをしていたし、郭東儀は現場で金氏の著書を集まった人々に配りながら「韓国の秘密機関」が行なったのだと説明していた。さらにその日の夕方には鄭在俊一派が民団東京本部の名を詐称しながら、日本の地方裁判所に訴えをおこし、あたかも駐日韓国大使館内に金大中氏が拘束されているもののように、大使館を捜査して救出せよと要請している。

そしてその翌日の九日午前には、早ばやと東京の盛り場の数カ所の駅前で、金大中氏救出を訴えるビラ配りをした。また彼らは東京の本郷三丁目にある元の民団東京本部の建物で、乗っ取った時の「民団東京本部」の名で、連日、日本のジャーナリズムに記者発表を行ない、何が何でも韓国の〃特務機関のしわざ〃を強調していた。これと同時に、実態のない仮空の団体である「六団体」名称で、金大中氏救出委員会なるものの結成の発表もした。

この一連の行動を順を追って見てみると、そこには何か、事前に準備されたか、または事件の発生を予測していたかの如くに手回しがよすぎるというものである。

しかし、民団中央本部としてはもともと救国同盟とか愛国青年救国隊とかの存在すら承知してなかったということで、これに対する速断は一切さしひかえている。

中央本部団長室で記者会見し日本マスコミ一部の偏向をただす　金正柱中央本部団長(右から二人目)

堂々モスクワ入り

太極旗掲げ3種目38人

12日、U大会韓国選手団一行

ユニバーシャード・モスクワ大会への壮途につく韓国選手団

十五日から開幕の73年度、ユニバーシャード・モスクワ大会に参加する韓国代表選手団一行、三十八名は金沢寿団長の引率で体育関係者の歓迎裡に十一日、午後一時金浦発KAL便でモスクワへの初陣をめざし、旅立ったが、東京からのJAL便でソ連へ直行、十二日、午後十時九分(韓国時間)モスクワへ到着した。

ソ連の保安警察は、十二日夜、ソ連を初訪問する韓国選手団のスナップ写真をとりつづける、一群の北韓外交官をしりめにモスクワ空港外に待機させた二台の特別バスへ案内した。

韓国選手団が大きな太極旗を前に、空港を通過するやソ連の保安警察はあきらかにとまどうようすであった。

ヘッドライトをつけた警察車一台を先頭に、韓国選手団は、他の代表団とともに厳重な警護のもとで宿泊することになるモスクワ大学へ直行した。

韓国は、このたびユニバーシャード・モスクワ大会に、男子バレーボール、女子バスケット・ボール、テニスなど三種目に選手団を派遣し、必勝を期している。

出発にさきだち、十日午前、体育会議室で記者会見を持った金沢寿団長は「韓国選手団は、韓国大学生の矜持と自信心を持ってモスクワ・ユニバーシャードへ出戦善戦奮闘して、進取的ではつらつとした韓国大学生のイメージを植えつけるつもりである」とのべ、「ビザの申請と発給過程でソ連関係者が終始友好的で協力的な態度によって、韓国選手団に大会出場の便宜をはかってくれたことにたいして感謝する」とのべた。

なお、北韓は、北韓大学生体育協会は14日韓国選手団を不満とする席とう的な政治的[illegible]ムキ出しの声明を発表、選手団を派遣しないとしている。

なお、韓国選手団は、15日から二十五日まで十一日間開かれる大会を終えたのち、二十七日、帰国する予定である。

国際技能オリンピック

韓国金メダル6で総合優勝

西ドイツ、ミュンヘンで去る六日から九日までの四日間開かれた第二十一回国際技能オリンピック大会に参加した韓国選手団は、金メダル六個、銀メダル三個、銅メダル二個など、すべて十一個のメダルを獲得、総合成績一位の栄光をかちとった。

韓国チームは、機械組立、プレス金型、旋盤工、配管、洋服、洋裁など六ヵ部門で金メダルを獲得世界一の座を占めた。

本国論調

スパイの魔窟からぬけだせ

―在日同胞の自首を見て

近頃、韓日間の経済関係が緊密になり、往来がしげくなるや、北韓当局は、日本を対南スパイ工作のための主要拠点としてみなしているのが明白である。

また、その間、日本をへて南韓に潜入をもくろんで摘発された北傀スパイの数は増加している。

報道によれば、在日居留民団千葉県本部団長である鄭淵秀氏は、スパイ組織の一員として活動するうち、自身の誤ちを心から悟って捜査機関に自首することによって明るい再生の道をさがしあてたといわれる。

しばしば見かけるように朝総連関係などによって、在日朝総連系対南工作員にだきこまれて、過去十年間をスパイとして盲従を強いられて来た鄭氏は、七月十七日「セマウル」事業を支援するため、来韓した在日居留民団代表の一員として入国したのである。

しかし、鄭氏は「居留民団幹部としての良心の苛責と、本国国民すべてが、よい暮しのための意欲と希望を持って熱心に働いているのを見て転向した」と自首の動機をあかした。

われわれは、鄭氏の過去の罪過などうであれ、並々ならぬ決断により、暗く険しかった生活をかなぐり捨て、祖国のふところへ戻って来たことを深い人間的理解と民族的愛情で迎えたい。

人間は誰でも罪を犯しうるものである。また、日本のように共産主義者の宣伝が大手を振って行なわれており、これによって北傀の実相がとほうもなく美化されている所では、真相の判断がつかずだきこまれやすいものなのである。

鄭氏もそのような不幸な同胞中の一人であることに間違いない。

このたびの鄭氏の事件でわれわれが問題視するのは、つぎの事実である。すなわち、今まで、一県の民団総責任者までが、朝総連系のスパイ網にくみしていたという先例はなく、また、そのような幹部が国内捜査機関に勇敢に自首したという先例もなかったということである。

民団の県本部団長までが、朝総連のスパイ組織にだきこまれていたとすれば、他の平団員においても、そのような事例がありうることは、十分推測されることである。

一方、比較的長期にわたり、長らく暗躍していた、そのような人までが祖国へ帰り、国民すべてが営々努力するのを見て感銘し、やましい生活を清算することをちゅうちょしなかったとすれば、朝総連の魔手から、いまだぬけでていないと見られる他の人にも、今後、進んで、そのあとにつづく可能性も決して少くない。

大韓民国は、一時の間違いで、道をあやまった人々の、祖国への帰順を真心から温かく迎えいれるであろう。それすなわち失っていた国民をさがし戻すことの喜びとなるためである。

民族的べっ視と郷愁と貧困のさ中で生きてきた在日同胞が、朝総連系の宣伝工作にともすれば、だきこまれやすいのは一応理解できる。

共産主義者は黒を白であるとも強弁し、部分を全体であるごとく歪曲し、暗黒を光明だとえがきながら、同胞の心理と生活環境に迎合するもっともらしい無責任な宣伝によって、人々を惑わせている。

そして、その誘惑にとりつかれたとたん、いつのまにか、対南スパイとしての自分を発見することになる。

宣伝にまどわされ、命令に服従され、抜け出るという共産党一の罠に掛けられたからには、スパイらは利用されているが、その運命は明白である。

これらは、指令や指図に忠実に従っている間は、その活動は「革命」として、人間は「英雄」として讃辞をうける。

しかし、党幹部は、かれらを内心では、つねに人間的に蔑視しているのである。

共産党においては、スパイとは結局、一つの消耗品であり、利用価値がなくなる日が、命をおとす日となるのが通例である。

狩が終れば、狩犬をにて食べるということわざこそは、スパイの運命に該当することばである。

われわれは、われわれの在日同胞が、そのような運命にはまりこむことを決して望むことはできない。

それ故、もし未だにスパイの魔境からぬけでることができない同胞がいたとすれば、勇敢にそこをとびでて、新たな将来をひらくことを人間としての立場からすすめざるをえないのである。

(朝鮮日報)

ソ連へ行く韓国体育

ユニバーシアード大会の壮行を激励

来る十五日から二十五日まで、ソ連の首都モスクワで開かれる大学生らの、世界的なスポーツの祭典であるユニバーシアード夏季大会の参加は、主催国ソ連がわが国と国交関係が無いだけでなく、相反する価値世界を信奉している共産主国であるという点から、一つの歴史的な転換をきづくものであるといえるものである。

それは、わがスポーツ六十年史において、画期的な事実だけでなく、六・二三宣言以後、新たな国際情勢に対応しようとした、非敵対国に対する、いろいろな試図の蓄積が、遂に的確で具体的な反応をみるにいたったとして、注目すべき、時勢の転換といえよう。

過去において、わが旅券では往来が拒まれていたソ連に芸術および経済人の往来があり、このたびには、ソ連政府がたとえユニバーシアード大会参加のための措置とはいえ、わが選手団に入国ビザを発給したのは、非政治的な次元ではあるが、門戸を開放しようとするソ連の示唆としてうけ入れうるものであろう。

アメリカと中共の修交が、いわゆる「ピンポン外交」を契機にしたように、未承認国相互の修交は非政治的交流を基礎に、政治的交流へ発展することが国際政治の図式であることを考えれば、わが選手団参加の意義は、体育外的使命においても決して軽いといえるものでないといえよう。

内には、国民平和と親善のねがいがかかっており、外では、世界の、また、北傀によって歪曲された共産圏の先入見によるまなざしがそそがれているという事実を銘心し、われわれの若い気概で必勝、スポーツを通じた国民外交の実を共におさめることを、重ねて託しながら壮行と健闘を祝うしだいである。

(韓国日報)

祖国解放の感激も新た

6,500人、国際劇場に集う

快晴だが、残暑未だ厳しく、ギラギラと晩夏の太陽が照り映える8月15日の朝9時。祖国解放28年目を迎えた、ここ東京の第28回光復節記念中央民衆大会(民団関東地協主催)会場にあてられた国際劇場には、近く新潟、長野など関東各県から寝もやらず、貸切バスにゆられ、かけつけた団員家族たちで、ごったがえした。

28回光復節中央民衆大会

開会十時頃は、都内団員たちもまじえて、文字通り立錐の余地もない六千五百人近い同胞の熱気があふれんばかり。

ムンムンする熱気の中で、十時きっかり、大韓ニュースと、韓国の歴史、文化、教育、政治、経済などの全貌を余すところなく、力強いタッチで描いた長編映画「明けゆく韓国」が上映され、観衆に大きな感銘をよぶ。

このあと、約二十分休憩、東京韓国学校ブラスバンド演奏裡に幕をあけた記念式典では、民団東京本部の韓相範組織部長司会で、まず国民儀礼が厳粛におこなわれ、金正柱中央団長、鄭東淳東京本部団長(関東地協事務局長)許弼奭東京商銀理事長ら十二機関長が会長団として正面舞台に着席。二十八年前の解放の感激も新たに、平和統一のための維新課業に力を合わせようとの鄭東淳東京本部団長の開会の辞につづき、金正柱中央団長、李澔駐日大使の記念辞(本紙前号で既報)があって、来賓の金尚年国会議員が、海外国民である在日同胞皆さんも、自主、自立のセマウル精神でがんばって下さいと激励の祝辞をのべられた。

つづいて、決議文を李根培埼玉県本部団長が、朴大統領へのメッセージを令任生婦人会中央本部会長が、田中総理へのメッセージを閔泳相神奈川県本部団長がそれぞれ朗読、万雷の拍手をもってこれを採択した。

さらに、朝総連と金日成を告発する糾弾文を李学文中央副団長が、来日中の北韓マンスデ芸術団々長である尹基福に対する声討文を李彩雨副団長が熱をこめて読みあげ、場内の大喝采を浴びて採択された。

このように会順は、緊張したふんいきの中でも、つかえなく進められ、朴成俊神奈川県本部団長の閉会の辞で式典の幕を閉じ、第二部演芸に入って、崔成子(伽倻琴併唱)曺銘智(アコーディオン)白金女(歌謡と舞踊)各氏らの出演による韓国ショウと、松竹歌劇の夏の踊りを楽しんで、午後四時過ぎ、光復節記念祭典は、例年にもまさる成果をおさめてその幕を閉じた。

会場を埋めつくした6,500人の同胞

大阪でも五千人

中之島中央公会堂で

民団大阪府地方本部(姜桂重団長)主催による、光復節慶祝大会は、例年どうり、中之島の中央公会堂に約五千人にのぼる団員家族の集まる中で、午前十時から開会した。

第一部の慶祝式典につづき、本国からの来賓、辺衡泰氏(民主共和党中央訓練院教授)と、さきほど、大阪韓国青年会議所主催でひらかれたウリマル雄弁大会で、最優秀賞をうけた任洋子さん(大阪韓国中学二年)が、それぞれ熱弁をふるい、聴衆に深い感銘をあたえ、本国から来日中の芸能団公演が余興としてひろうされ、午後五時すぎ閉会した。

ソウルの中央式典

在日同胞四三七人参加

第二十八回光復節を迎えた首都ソウルでは、奨忠体育館で中央慶祝大会を開いたが、海外国民代表としての在日同胞四三七人も、民団中央の尹孝重事務総長と李彩雨民生局長らに引そつされて十四日四地区に別れて帰国、十五日の慶祝式典に参加した。

三機関役員らが、班を編成して参加している。

名古屋は四千人

……功労者表彰式も……

さいきん、とみに活発な組織運動を展開、ますます団勢がもりあがってきた民団愛知県本部(権会治団長)では、第二十八回光復節を迎え、名古屋市と近郊から四千人にのぼる大量動員に成功、中央に劣らない大盛況を極めた。

八月十五日のこの日、名古屋市公会堂で午前十一時から開かれた記念慶祝民衆大会は、まず式典に始まって、嶺春碩氏(国防大学講師)の南北平和統一におけるわれわれの姿勢についての時局講演が、われるような大拍手で終わり、組織功労者である李善鎬顧問に、金正柱中央団長からの表彰状が授与された。

つづいて、第二部に入ってから、ニュース映画と、日本で人気上昇中のハニージュン(歌謡曲)らの出演による歌謡ショウがひろうされ、場内の団員家族たちを楽しませた。午後四時閉会。

福岡は支部単位で開き三千人

玄海灘ひとまたぎで本国にもっとも近いところに位置していること民団福岡県本部(権赫斗団長)では、祖国解放の喜びをわかち、建設への意欲を高めるための光復節記念民衆大会を、本部大会とせずに、県下二十支部の自由意思による支部(連合でも可)単位で催おした。

これは、セマウル支援運動などのため、経費節減としてとられた措置で、福岡支部の五百人を始めとする、県内各支部の式典参加数は、約三千人余りで、組織的にも効果があったという。

なお、各支部の記念大会には本

「李舜臣将軍」を上映 北海道本部

北海道といっても、今年の八月十五日は、札幌で三十二度にのぼる猛暑がつづいたという。

この日、光復節を迎えた民団北海道本部(孫佳賢団長)では、札幌市と近郊の団員五百人余が集まり、郷東郁総領事臨席のもと、自治会館ホールで、午前十一時から、記念式典につづき、本国の劇映画「李舜臣将軍」と大韓ニュースを上映、二十八年前の感激も新たに、民族意識を高めた。

↑祝辞で平和統一外交を訴える李大使

←開会十時を前に、国際劇場につめかける団員家族ら

決議文

平和統一、繁栄に献身

わが在日大韓民国居留民団関東地方代表六千五百人は、今日、ここ浅草国際劇場に集い、意義深い八・一五光復節の第二十八周年記念慶祝大会を盛大に開催し、この大会の名で、つぎのように決議する。

一、われわれは、祖国光復のため、犠牲となった殉国先烈の気高い教訓をうけつぎ、民族の念願である平和統一を成就して、民主々義基盤の上に、繁栄をきずくのに献身する。

一、われわれは、在日同胞の民生安定と権益擁護のため、あらゆる力を傾け、法的措置がわれわれ同胞に有利に展開されるよう、積極努力して、この事業を推進するため、団結をよりかためる。

一、われわれは、朝総連の侵透工作を粉砕して、不純分子らの民団破壊工作を徹底的に排除し、組織強化に、より努力する。

一、われわれは、十月維新課業をはじめ、セマウル運動に積極参加する一方、民団維新のセマウム運動に努力を傾注する。

一九七三年八月十五日

在日本大韓民国居留民団
第二十八回光復節記念中央民衆大会

公害反対運動で中央会館解体工事遅れる

中央会館を建設すべき仮会所在の用地内の旧建物解体工事が、去る五月二十三日から工事が開始され、八月中旬を完工目標としていたが、折りしも、近隣住民と会社などの公害反対(騒音、振動等)運動にあい、遅れている。

仮面かぶったマンスデ芸術団

金日成の使者、尹基福団長を糾弾

声討文

親愛なる民団々員の皆さん!

また、ここに集まられた六千五百人同志の皆さん!

今日は、わが多くの同胞が、三十六年間にわたって、日本帝国主義の圧迫と民族の悲しみのもとで、何の罪もなく死に、苦しみにあえぎ、また、祖国解放をかちとるため、日本で、北満州で、アメリカで、ヨーロッパで、全世界をゆるがせんばかりに叫んできたろち、五千万民族の祖先と太極旗に命を捧げた先烈の英霊のたすけによって、今から28年前のこの日、解放と独立をかちとったのであります。

感激にあふれ、興じ、おどりあがらねば、自分の感情をおさえがたい輝かしいこの記念すべき日に、北韓金日成の使者である、尹基福を声討しなければならないということは、まことに遺憾にたえないことであります。

最近の日本新聞紙上を通して、皆さんは、いわゆる、マンスデ芸術団というのをよくご存知のことと思います。

その引率団長というのが、すなわち尹基福であります。この者は、北韓では、金日成の最愛の部下ということで、四番目にランクされる実力者として認められており、また、金日成を神格化するのに功労が大きかったとして、日本にまで派遣されたと言われています。

また、共産主義というもののもとで、哀れな北韓同胞千四百万人をしばりつけ、搾取することに成功した人間の一人であるとされています。

皆さん!

たとえ、このような者だとしても、芸術団長だという名目で来たものなら、どこまでも芸術と芸術交流にだけ熱中すべきであり、そのほかに時間があれば、たまげるほど暮しのよい自由主義の勉強でもしながら、おとなしく時間を過すか、デパートなどへ行って、自分の家族の土産物でも買うとかすべきなのに、入国をするや否や、入国目的とは、およそかけはなれた、誓約書を反古にするような政治演説を、横行してよいのでしょうか。

これは、いうまでもなく、共産主義者の常とう的な謀略手段であることを、われわれは見逃すわけにはいきません。

また、南北会談の機会をねらった、赤化統一をめざそうとするたくらみでなくて何でありましょうか。

皆さん!

この者の入国後の活動内容をよく見て下さい。

(1) 韓日条約は無効である。

(2) 韓国はカイライ政権である。

(3) 韓国には国家保安法があり、南北会談に支障がある。

などとほざいております。

それから、又ヌケヌケと自分たちの北韓だけが韓半島で唯一の政権だといっております。放言というには、あまりにも甚だしく、言いたい放題といったものです。

これ、すなわち、芸術団というのは名ばかりで、純粋の芸術団ではなく、仮面をかぶった政治団体であるという、あかしであります。

要するに、二百人の"芸術団"工作員"を引率して来たのでなくて何でありましょうか。

皆さん!

ここで、明らかにしておくべきことがあります。

マンスデ芸術団は、政治工作の集団という名で呼ぶのが適切ではないでしょうか。

また一つ提案があります。

韓国の国家保安法を云々する前に北韓労働党の秘密組織と、社会安全部の秘密組織も公開して見ろということです。

また、北韓の血で血を洗う反革命、しゅく清も、これを正しく見ろということです。

皆さん!

元来、共産主義者は、嘘や、でたらめに長じております。嘘つきコンクールを開けば、共産主義者にかなう者はいないでしょう。

このような手法を、韓国との南北会談で悪用しようとして、意のままにならなくなると、日本までやって来て、金日成の耳目が集中しているここで、わが在日同胞六十万が明らかに見つめていることで、厚顔無恥にも、また姑息な手段である嘘つきでひとかせぎしょうとしたのではないでしょうか。

これすなわち、わが六十万同胞を無視し、本国の五千万民族に弓を向けようとする悪だくみ以外の何ものでもありません。

この者は、日本法務省の警告をうけました。そして法務省は、わが民団の抗議もうけました。恥知らずのこのような者に対する警告は当然であると考えられます。われわれの心情は、民族的良心に則り、一刻でも早く、悪質な共産主義者尹基福とその一行を、日本から追放すべきであるということを声を大にして提唱しながらここに声討するものであります。

第二十八回光復節記念中央民衆大会

尋ね人

☆朴昌徳(通名＝新井)

解放前まで茨城県水戸市大工町(丸善)に居住したことがあり、約十年前まで文通があったといいます。

弟が捜しています。

連絡先＝ソウル市冠岳区上道洞一洞一三〇、江南南街アパート管理事務所方、朴鳳述まで

☆呉鎮呼さん(呉光五郎・63才)

本籍・慶尚北道漆谷郡倭館面倭館洞。

45年前、渡日して作曲、演奏を勉強し、済州道出身の奥さんと結婚、三人の子女をもうけたという呉さんを兄さんの呉文璜(前戸籍名末竜)さんがさがしています。

ご存知の方は、忠清南道論山郡駅前、呉文璜さんか民団中央本部民生局まで連絡を。

☆姜正大さん(神田・46)

本籍・慶南統営郡(現忠武市)道泉面東湖里五七三

三十三年前に渡日、妹のり子・二十一年前には、熊本に居住。十六年前には東京に移転。

妹の有株さんがさがしています。

板橋区志村一ー三四ー二一・ひいらぎマンション201号。電話九六〇ー四六六六まで。

☆林順祚さん(女・51)

本籍・慶南陜川郡竜洲面坪山里九七三。

一九四五年十月頃は、広島県安佐郡に住んでいたことがあり、釜山で林亮さんがさがしています。

釜山市影島区瀛仙洞四街三三四暁星医院内・林亮さんまで。

☆金点徳さん(男・57)

本籍・慶北金陵郡牙山面…里五一九。

大戦中、徴用で北海道に渡り、日本女性と結婚、三兄弟を生み、解放後も便りがあった。

ご存じの方は、慶北金陵郡牙山面…洞五七一、金…さんまで。

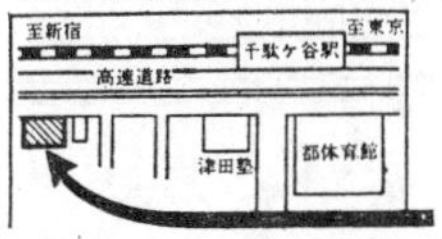

随筆 歓喜のあの日

郭福山

その日の感激、興奮、歓喜、そして希望にわきたつこの地、この同胞の姿。しかし、これらすべては消えていった。失望、悲嘆、今に至っては、はるかかなたの統一への展望——これらすべてが再び胸をかき乱す。

だが、八月に来ると、どうしようもなく、また、あの日のことを回想せざるをえないのだ。私はその前日も総督府の記者室にいた。すでに二十余年前、一九四五年八月十四日であった。これといったねたもない記者室は雑談に花が咲いていた。午後三時近くにもなったころ、阿部情報課長が現れた。彼は平常時と少しも変わらない表情であった。そうして彼は「号外のねたがありそうだから、皆、社にあらかじめ連絡をとっておくよう頼む」といって出て行った。記者室はたちまち緊張につつまれた。一体何ごとか。皆活動を開始した。あちこち問い合わせてみたが、号外ねたの内容は分からなかった。そうするうちに朝鮮軍司令官が総督府へ現れた。彼は、阿部総督、田中政務総監と三人で約一時間にわたる密談を交わして戻ったのだという知らせを受けた。しかし、彼らの会談内容が何であったかはやはり不明であった。記者たちの推測はまちまちであった。ほぼ対ソ宣戦布告ではないだろうか、という意見に傾いていた。午後七時をかなり回った時刻になると、記者たちはすっかり気が抜けてしまった。ところがそのとき、ある一人の日本人記者が、息をきらし、少し上気した表情で記者室にかけ込んで来た。どこからか重大ニュースの臭いでもかいできた様子であった。——戦争が終わった総督府では重大発表を準備していた——この程度だ。再び記者室は沈黙の中に緊張感がみなぎった。戦争がまもなく終結するだろうという情報は、数日前から一部の口に上っていたが、あえて口外することはできなかった。

戦争が終わった。では終戦の宣布はいつなされるのか。そして、その後に来るものは何か。記者たちは誰も口を開けて解釈を下そうとしなかった。いや、誰もあえてこわすことのできない張りつめたふんいきの中で時だけが流れていった。

私は古下先生から伺った予備知識があったため、今一度来るべきものがついに来たんだなと、内心ひそかに興奮してくるのを抑えようがなかった。そのときから記者室はからっぽになった。記者たちは、警務局長秘書室に招集まって、その後の発表を待つほかなかった。後で聞いた話だが、「同盟通信」ソウル支局からやはり通信途絶で断片的に聞いたニュースと総督府東京出張所から聞いてきた部分的な報告を総合すると、日本の降伏と戦後処理に関する総督府の方針が夜遅くなってようやく立てられた模様であった。

夜十一時をはるかに回って、各新聞社の社長、編集局長級が政務総監室に召集された。

この席で田中政務総監は沈痛なことばで、

「明日（十五日）正午、天皇陛下は、日本の降伏をラジオを通して宣布します。詳しいことはまだ政府の訓令が正式的に出ていないので分かりませんが、これまでわれわれの手で収拾した情報を総合してみると、朝鮮は独立ができることになっています。皆さん方は互いに摩擦と混乱事態が起こらないように、秩序を守るため十分協力していただくようお願いします……」

総督府の正式発表は極めて簡単であった。そしてあらかじめ準備しておいたのか、ビールを一杯ずつ回してから解散した。十五日の朝刊には、日本の天皇が、正午に戦争終結と、降伏するということをラジオを通して全国民および将兵に宣布するといった記事だけ載っていた。

その日は真夜中に、新聞社に戻った。記事は政治部の所管であったため、私は社会部の机の隅に陣取って展開される新しい情勢の変化をただ傍観しているだけだった。前後処理として朝鮮が独立するということを確認することが重要な事だ。

これをどう古下先生にお知らせするかが、問題だ。私は机の隅の直通電話を使った。夜もふけたが、まだおやすみになれずにいらっしゃったのか、古下先生が「…私だ、よくわかった、気を付けるように……」とおっしゃって電話をお切りになった。

新村の私の家に帰りついたのは、あけ方三時近くになってであった。おやすみになっておられるおばあさんを起こして、「朝鮮が独立しましたよ」といってかい抱いたとき、再び涙がどっとあふれた。興奮がさめないまま夜が明けた。

十五日正午、総督府の大会議室で私もわけまえにあづかって、日本の天皇の涙声が流れる放送を聞いた。何をいっているのかよく聞きとれなかった。とにかくその日の夕刊には、同盟通信提供で日本の天皇が降伏したということだけが簡単な記事になっていた。十六日付けの朝刊にも朝鮮独立については、一言半句の言及もなかった。

私はその日から新聞社に出勤せず、毎日総督府の記者室に直行した。事後処理が、今後どうなっていくかを知りたかった。十六日の総督府内は、お通夜のようなふんいきであった。誰も口を開かず沈痛な面持ちに閉ざされていた。記者室もからっぽだった。当時、記者室は一階の入口の所にあった。午後二時ごろであったか、記者室の使い走りをする子が飛び込んで来た。

「ちょっと、あれをごらんなさい。群衆が朝鮮独立万歳を叫びながらこちらへやって来ます……」

私は外へ飛び出た。群衆はすでに総督府の正門前まで来ていた。当時、正門前には鉄門をがっちり閉めて、銃剣を持った日本の軍人たちが警戒していた。先頭に立つ若者たちが鉄門を開けろとどなった。すると日本の軍人たちはおとなしく正門を開け放してやり、わきによけて道をあけた。しかし、われわれの群衆たちは（約七百名と推算される）秩序正しく分列入口の階段まできた。群衆の前列には「朝鮮独立万歳」と書いたプラカードをかかげ、後列では鐘（真ちゅうの お盆状の 打ち鳴らす楽器）を鳴らす人たちもいた。この日のリーダーと思われる四角帽をかぶった一人の学生が石壇に上がって、「朝鮮独立万歳」を三唱すると、群衆はこれに合わせて声高らかに万歳三唱をし、再び秩序整然と向きを変え、正門の外に出ていった。私も列の後について一緒に歩いた。光化門の四つ角に来てみると、四つ角はすでに朝鮮独立万歳をのどが張り裂けんばかりに叫ぶ大群衆の、荒波のような歓声の行進が、渦を巻いているのではないか。

私はその日一日、歓喜に燃えた愛国市民の中に混ざって街をねり歩いた。

今、その日をふり返ってみると、全ソウルが歓喜と興奮で荒波のようにわき立っていたことしか記憶に残っていない。その数多い思い出話は、何としても次の機会を待たねばなるまい。

八月が来ると、再び誰もがふり返ってみるあの日のいいようのない感激のひとこまを思い出すままに、とりとめもなく書きつづってみただけである。

（ソウル中央大学教授）

韓国と日本の関係に新視点

日本上古史（文定昌著抜粋と解説）

（12）

応神王朝（6）

応神王明石浦で新羅軍に降服①

新羅と倭の間がこのようにして死闘を続けた末、結局新羅軍が攻勢をとり、遠く日本本州の腹部である瀬戸内海にまで攻め込んで来た。たまらなくなった倭王応神が降服し、吉備国、すなわち今日の岡川県地方六県を新羅軍に割譲した。このことを、韓日両国の文献は次のように記録している。

日本年代記　蛇足を加えると、日本国の史料などにみれば、この国には「秘閣本」または大蔵省所蔵「帰化人物品保管所」などがあるが、如何な者でも容易に近ずくことはできないようになっている。今、ここで論ずる「日本年代記」もまたそのようなものの一つである。

光海九年（一六一七年）初期徳川幕府を訪問した通事官（通やく官）李景稷は、そのとき見た日本国の年代記に「倭応神二二年、新羅軍が遠く日本国の内部にまで攻め込んで来て、その都大坂からわずか一〇〇里しか離れていない明石浦で、応神王の降伏を受けた」という記録があった」とし、「また赤間関を訪問したところ、赤間関の東側の丘陵に一つの塚があり、倭人が指し示して話したところによると、新羅兵がはげしく攻めて来たので、倭が和解を請うにいたったのでついに包囲が解かれた。そのとき倭が白馬を斬って降伏の誓をし、その白馬をここに埋めたという」と記録している。

日本は遠く東に離れている。四面が大海であるので外兵が攻め入ることはできない。しかし、その「年代記」を見ると、倭王応神二二年に新羅兵が明石浦まで攻め込んで、倭王を降伏させたことがあったというのである。

徳川家康は、倭大武王年代以来、武蔵国に盛んに勢力を広げて移住した三韓三国系の関東武士であるので、彼は執権（将軍）となった直後から、朝鮮王朝と和解するつもりで斎備、玄蘇を送り、百般の努力の結果、一六〇九年、己酉条約を結ぶことになった。修交後は徳川幕府が再々使節を朝鮮国に送っているが、李景稷は、徳川幕府が発した第一次の大使宣慰の回答使として、光海朝が派遣した呉允謙の従事官となって日本を訪れた。李景稷が「日本年代記」を見、また「白馬塚」を視察したのはこのときのことである。

異称日本伝　「異称日本伝」は徳川初期の松下見林が編さんした史書である。

松下見林は徳川幕府の官学の祖であり、林大学堂の創始者である林羅山とその息子鵞峰、および羅山の著書である「本朝編年録」「日本考」「朝鮮考」「神代系図」「現代系図大綱」などの影響を大きく受けた人である。

林羅山は、いわゆる大和族が、韓半島の渡来者であることを強く主張した。羅山の息子の鵞峰は、水戸光圀（みつくに）と友誼が格別であったし、林家学と水戸学がその軌を一（いつ）にしたのは周知の事実である。

その当時徳川幕府内に羅山の史学に反発する者が多く、彼の史筆は大きく制約を受けた。この羅山が六十九歳（一六五七年）に死亡し、彼の著書とすべての書物がこの年に火災で焼けたことは、日本国の斯界に広く知れ渡っている事実である。

ここでいうところの「異称日本伝」が、今日どのように伝わっているかは未詳であるが、今から百七十年前の韓致奫は、その「異称日本伝」によって次のように記録している。

「晋の恵帝の元康元年（二九一年）新羅兵が日本を攻撃して深く明石浦にはいって来た。明石浦は大坂から百里の距離の地点である。日本人が和を請い、白馬を折り盟誓した。赤間関の東側に今も尚「白馬塚」がある。」（海東釈史西一通日本始末）（つづく）

解説　応神王朝が、紀・記に記録されているような神武王朝の血統でなく、応神王朝という全く新しい王朝の始祖だということは、江上波夫氏が騎馬民族説を発表したあと、一九五四年に早稲田大学の水野祐氏が発表した。これは戦後の「歴史の解放」史の中でも特筆されるべき新説であった。このことは「日本の歴史」（中央公論社刊）「Ⅰ神話から歴史へ」の中で井上光貞氏らが紹介し、その三七頁から次の様に述べている。

「また記紀は、明らかに実在の人物である応神天皇の事績を書くにあたって、なぜかその出生については神話化している。この二点を（応神王はよそから来て王位についた。応神は九州で生まれた。という先行文があり、実在人物プラス神話化―を指す）考えると、記紀が応神天皇の出生地を北九州としていることは重要な意味をもってくるであろう。しかも、応神天皇の活躍した時代は、ちょうど日本が、大和政権による強固な統一国家が形成される以前の、しかもきわめてスケールの大きな朝鮮出兵のさなかであり（解説者註＝広開土王陵碑文の最初の日本側の解釈にのって論じている。これはこの文章の中ですでに矛盾している。）北九州の地はまだ大和政権と朝鮮諸国との戦いの中心の位置をしめていた。このような時と所で、北九州の軍事的指導者の一人が大和政権の王位を奪うという事件がおこっても不思議ではない。

第三に、応神王朝の祖先は北方系騎馬民族の一支配者であり、朝鮮海峡を渡って日本に侵入したとする点はどうであろうか。これこそ、水野説が江上説と本質的につながるポイントだが、この肝心な点はまったく何とも言えない。ただわたくしは、水野氏のように応神王朝の前身を三世紀の狗奴国だとし、その狗奴国が征服者であったというようなまわりくどい経路よりも、応神天皇その人が海を渡って日本に侵入したのであったとしたほうが仮説としては合理的だと思っている。ただこの点は将々の方面から証明を要することである。」

「日本の歴史」は一九六五年刊であるが、その五年後の七〇年に文定昌さんが、応神王は扶余の後王依羅であるという論文を出したわけである。

（金元奉記者）

北方系騎馬民族風俗の日本の埴輪（はにわ）被葬者の時代の将校である

林慶業将軍傳（十九）

訳　洪相圭
編　八東周吉

一揖もされずに、ただ林慶業の回還入朝を督促するだけであったので、主上のごしんきんを悩まされることは並大抵ではなくついに御前会議で、衆議に問われることとなった。各重臣の顔には苦悩のしわが深くきざまれたが、ただひとり、心に快さいを叫んでいる兇漢がいた。領議政（総理大臣）の金自点その人であった。林慶業を早くしき者にして、大権を握ろうとしていた者であったから、「これこそ、天の与えてくれた無二の機会である。」

と心の中でほくそ笑みながらすっと立ち上がって、もっともらしく上奏し奉った。

「脅迫めいた胡の使臣があとを断たずにきますのは、もっぱら林慶業ひとりのためと見受けられますが、このままにいきますれば、慶業ひとりの身の上の問題に止まらず、ひいては国の基をも脅かし、民草の安全を図ることもかなわぬでありましょうから、御聖断のほどをお願い申し上げまする。」

主上はじっと金自点を見つめられながら問われた。

「どうすればよいのか。けいの意見を聞こう。」

「はあ、今のところわが国として、胡王の命にそむき、一戦を交えることは到底かなわない相談でありまするから、要求に従って泣く泣くも、林慶業を胡地にやるより道理がないものと思いまする。みすみす国家柱石の臣を死地に追いやるようで忍びない儀ではありますが、むかし、国の安泰のために勇てきの地につかわされた王昭君のこともありまする。ひとりの問題のために国の大礼を抗くことは許されぬことと思いまする。」

他の重臣らも重い沈黙の中に隠然とこの者甲に和同するようであった。実際のところ、策の立てようがなかったのでもある。

主上もついにあきらめられて、慶業を胡地にやることに、御聖断を下された。謁見に参内した慶業の手を親しく握られ、

「胡王がたって、卿の胡地にくるのを望んでおるとのことである。仕方なくその方を胡に遣ることにしたが、一日も早く帰国する日をわたしは待っておるであろう。」

と嘆かれた。慶業も思わず血を吐くような赤情に駆られながら申し上げた。

「臣、一度胡地に入りますれば、生還するとは思っておりませぬ。臣一身の死ぬことはこうもうの軽きに過ぎませぬが、ただ丙子年の国じょくをそそぐことができないのがうらみであり死ぬのよりもつらいことでございまする。」

切々と胸打つ忠君のことばをそお聞きなされて、聖上は今度のように悲しまれた。

「胡王の心の底は見えすいておる。わたしもそれを知らぬではないが、強迫するのをこばみ切れずに止むを得ずしてそちを死地にやるわけなのだが、わたしの意のあるところをりようとして、遠地への行路は勿論、胡地に入っても身命を全うして、必ず生還を期するようきっと頼みおくぞよ。」

と仰せられながら、さめざめとなかれた。御前を退がった慶業は、この次第を包み隠さずに老いた母に話していとまを告げた。

最愛の子を死地におくる老母の悲しみは例えようもなかったが、老母はその断腸の悲しみを抑えて、死地にあっても忠君の大義を忘れぬよう教えをたれた。この母にしてこの子ありということば通りであった。

「かたじけなくも国に召されて、忠勤を励んできたことをこの母もよく知っておるし、この母に孝を尽くして夙夜怠らなかったことも有難く思っております。今、ここを離れて数百里外の死地に行く子を見て、悲しまないこの世の母はおるまい。

しかし母にも先立ち、子にも先立つものは、国であり君である。お前の身命は、既に国に預けたはずである。たとえ、死を目の前にしても大君に忠誠を尽くすことを忘れてはいけませぬ。誠をつくせば神仏の御加護もあるものだが、一身の安易を図り寸時の間でも君恩をないがしろにすれば天罰てきめんであろうぞ。きつく心に銘じて忘れぬようくれぐれも頼むぞや。

この老い先短い母のことなど心配することはありません。大義は親をも滅すものです。身体を大事にして君恩に報いるよう心掛けるのですよ。」

きぜんたる母の教えに深々と頭を垂れた慶業の目頭は熱くなりともすれば目の前がかすむのを懸命にせきこらえた。

嘆きの一家、母・兄弟・妻子の涙と泣声を後ろにした慶業は、宮廷でも主上始め重臣の嘆きと涙で送られながらしようようとして胡国への旅についた。無念にはやる心を押えて旅路を急げば、いつの間にか遥かに豆満江が望まれる豊天嶺の頂まできていた。悠々と流れる豆満江を眺めおろしているうちに、慶業の胸の内にはうつぼつたる雄志が嵐の如く吹きまくった。

「大丈夫と生まれ、罪なく人の手にかかってこの世を果てるとは無念である。

まして、不倶戴天の仇、胡王の手でこの命を断たれるのを座して待つのはあまりに術のないことである。一応ここを逃れて明朝に入り、必ずやこの恨みを晴らしてやろうぞ。」

と意を決して、夜の更けるのを待っていた。しせきもべんぜられないしっこくの夜三更、慶業は監視の胡兵ら数名を一刀の下に斬り伏せ山に身を隠した。けわしい山は周囲を巡らし、斧の跡さえ知らない密林は身を隠すには絶好の場所であった。木深い山路を伝って行く中に一段と景色のよい所にきた慶業は、ふと目を上げて北方の樹の間を見渡したら…。

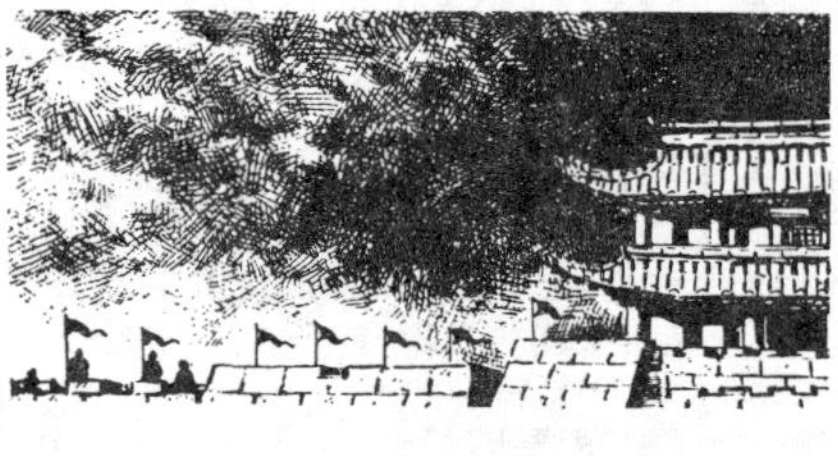

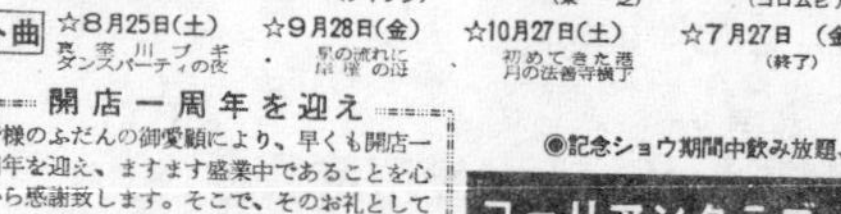

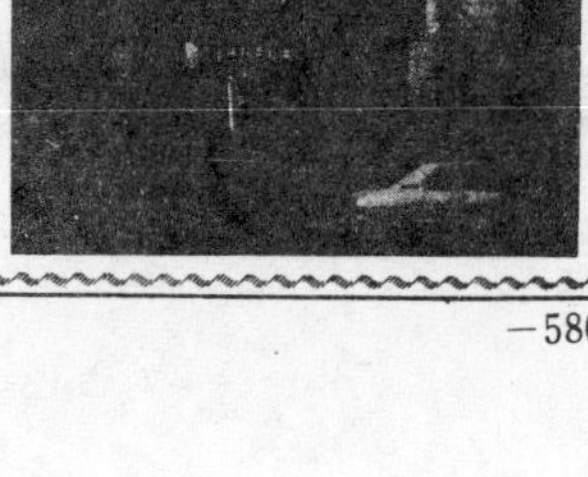

祖國解放の感激も新た

6,500人、国際劇場に集う

快晴だが、残暑まだ厳しく、ギラギラと晩夏の太陽が照り映える8月15日の朝9時。祖国解放28年目を迎えた、ここ東京の第28回光復節記念中央民衆大会（民団関東地協主催）会場にあてられた国際劇場には、近く新潟、長野など関東各県から遠路もいとわず、貸切バスにゆられ、かけつけた団員家族たちで、ごったがえした。

28回光復節中央民衆大会

開会十時頃は、都内団員たちもまじえて、文字通り立錐の余地もない六千五百人近い団員の家族がぎっしり。ムンムンとする熱気の中で、十時きっかり、大韓ニュースと、韓国の歴史、文化、教育、政治、経済などの全貌を余すところなく、力強いタッチで描いた長編映画「明けゆく祖国」が上映され、観客に大きな感銘をよぶ。

このあと、約二十分休憩、東京韓国学校ブラスバンド演奏裡に幕をあけた記念式典では、民団東京本部の韓相希組織部長司会で、まず国民儀礼が厳粛におこなわれ、金正柱中央団長、鄭東淳東京本部団長（関東地協事務局長）許弼奭東京商銀理事長ら十二機関長が会長団として正面舞台に着席。二十八年前の解放の感激も新たに、平和統一のための維新課業に力を合わせようとの鄭東淳東京本部団長の開会の辞につづき、金正柱中央団長、李澔駐日大使の記念辞（本紙前号で既報）があって、来賓の金尚年国会議員が、海外国民である在日同胞皆さんも、自主、自立のセマウル精神でがんばって下さいと激励の祝辞をのべられた。

つづいて、決議文を李根埼玉県本部団長が、朴大統領へのメッセージを[illegible]婦人会中央本部会長が、田中総理へのメッセージを朗読、万雷の拍手をもってこれを採択した。

さらに、朝総連と金日成を告発する糾弾文を姜学文中央副団長が、来日中の北韓マンスデ芸術団々長である尹基福に対する声討文を李彩雨副団長が熱をこめて読みあげ、場内の大喝采を浴びて採択された。

このように会場は、緊張したふんいきの中でも、つつがなく進められ、朴成準神奈川県本部団長の閉会の辞で式典の幕を閉じ、第二部余興に入って、崔成子（伽倻琴併唱）、[illegible]（アコーディオン）白金女（歌と演劇）各氏らの出演による韓国ショウと、松竹恒例の夏の踊りを楽しんで、午後四時過ぎ、光復節記念式典は、例年にもまさる成果をおさめてその幕を閉じた。

会場を埋めつくした6,500人の同胞

大阪でも五千人
中之島中央公会堂で

民団大阪地方本部（姜桂重団長）主催による、光復節慶祝大会は、例年どおり、中之島の中央公会堂に約五千人にのぼる団員家族の集まる中で、午前十時から開会した。

第一部の慶祝式典につづき、本国からの来賓、辺栄泉氏（民主共和党中央訓練院教授）と、さきほど、大阪韓国青年会議所主催でひらかれたウリマル雄弁大会で、最優秀賞をうけた任[illegible]子さん（大阪韓国中学二年）が、それぞれ熱弁をふるい、聴衆に深い感銘をあたえ、本国から来日中の芸能団公演が余興としてひろうされ、午後五時すぎ閉会した。

名古屋は四千人
功労者表彰式も

さいきん、とみに活発な組織運動を展開、ますます団勢がもりあがってきた民団愛知県本部（張会沢団長）では、第二十八回光復節を迎え、名古屋市と近郊から四千人にのぼる大衆動員に成功、中央に劣らない大盛況を極めた。

八月十五日のこの日、名古屋市公会堂で午前十一時から開かれた記念慶祝民衆大会は、まず式典に始まって、崔春碩氏（国防大学講師）の南北平和統一におけるわれわれの姿勢についての時局講演が、われるような大拍手で終わり、組織功労者である李春植顧問に、金正柱中央団長からの表彰状が授与された。

つづいて、第二部に入ってから、ニュース映画と、日本で人気上昇中のハニージョン（歌手）らの出演による歌謡ショウがひろうされ、場内の団員家族たちを楽しませた。午後四時閉会。

ソウルの中央式典
在日同胞四三七人参加

第二十八回光復節を迎えた首都ソウルでは、[illegible]で中央慶祝大会を開いたが、海外国民代表としての在日同胞四三七人も、民団中央の尹孝啓事務総長と李鍾舜民生局長らに引率されて十四日四地区に別れて渡韓、十五日の慶祝式典に参加した。

[illegible]三機関役員らが、班を編成して参加している。

「李舜臣将軍」を上映
北海道本部

北海道といっても、今年の八月十五日は、札幌で三十二度にのぼる猛暑がつづいたという。

この日、光復節を迎えた民団北海道本部（孫性福団長）では、札幌市と近郊の団員五百人余が集まり、駐札幌総領事館のもと、自治会館ホールで、午前十一時から、記念式典につづき、本国の劇映画「李舜臣将軍」と大韓ニュースを上映、二十八年前の感激も新たに、民族意識を高めた。

福岡は支部単位で開き三千人

玄海灘ひとまたぎで本国にもっとも近いところに位置していること民団福岡県本部（権赫斗団長）では、祖国解放の喜びをわかち、建設への意欲を高めるための光復節記念民衆大会を、本部大会とせずに、県下二十支部の自由意思による支部（連合でも可）単位で催おした。

これは、セマウル支援運動などのため、経費節減策としてとられた措置で、福岡支部の五百人を始めとする、県内各支部の式典参加数は、約三千人余りで、組織的にも効果があったという。

なお、各支部の記念大会には本

↑祝辞で平和統一外交を訴える李大使

←開会十時を前に、国際劇場につめかける団員家族ら

決議文

平和統一、繁栄に献身

わが在日大韓民国居留民団関東地方代表六千五百人は、今日、ここ浅草国際劇場に集い、意義深い八・一五光復節の第二十八周年記念慶祝大会を盛大に開催し、この大会の名で、つぎのように決議する。

一、われわれは、祖国光復のため、犠牲となった殉国先烈の気高い教訓をうけつぎ、民族の念願である平和統一を成就して、民主々義基盤の上に、繁栄をきずくのに献身する。

一、われわれは、在日同胞の民生安定と権益擁護のため、あらゆる力を傾け、法的措置がわれわれ同胞に有利に展開されるよう、積極努力して、この事業を推進するため、団結をよりかためる。

一、われわれは、朝総連の侵透工作を粉砕して、不純分子らの民団破壊工作を徹底的に排除し、組織強化に、より努力する。

一、われわれは、十月維新課業をはじめ、セマウル運動に積極参加する一方、民団維新のセマウム運動に努力を傾注する。

一九七三年八月十五日

在日本大韓民国居留民団
第二十八回光復節記念
中央民衆大会

公害反対運動で中央会館解体工事遅れる

中央会館を建設すべき飯倉所在の用地内の旧建物解体工事が、去る五月二十三日から工事が開始され、八月中旬を完工目標としていたが、折りしも、近隣住民と会社などの公害反対（騒音、振動等）運動にあい、遅れている。

仮面かぶったマンスデ芸術団
金日成の使者、尹基福団長を糾弾

声討文

親愛なる民団々員の皆さん！

また、ここに集まられた六千五百人同志の皆さん！

今日は、わが多くの同胞が、三十六年間にわたって、日本帝国主義の圧迫と民族の悲しみのもとで、何の罪もなく死に、苦しみにあえぎ、また、祖国解放をかちとるため、北満州で、アメリカで、ヨーロッパで、日本で、全世界をゆるがせんばかりに叫んできたわが五千万民族の祖先と大韓民国に命を捧げた先烈の英霊のたすけによって、今から28年前のこの日、解放と独立をかちとったのであります。

歓喜にあふれ、興じ、おどりあがらねば、自分の感情をおさえがたい輝かしいこの記念すべき日に、北韓金日成の使者である、尹基福を声討しなければならないということは、まことに遺憾にたえないことであります。

最近の日本新聞紙上を通じて、皆さんは、いわゆる、マンスデ芸術団というのをよくご存知のことと思います。

その引率団長というのが、すなわち尹基福であります。この者は、北韓では、金日成の最側近グループの一人だということで、四番目にランクされる実力者として認められており、また、金日成を神格化するのに功が大きかったとして、日本にまで派遣されたとされています。

また、共産主義という名のもとで、哀れな北韓同胞千四百万人をしばりつけ、搾取することに成功した人間の一人であるとされています。

皆さん！

たとえ、このような者だとしても、芸術団長だという名目で来たものなら、どこまでも親善と芸術交流にだけ熱中すべきであり、そのほかに時間があれば、たまげるほど美しく時間を過ごす自由主義の勉強でもしながら、おとなしく暮しのよい自由社会を見るとか、デパートなどへ行って、自分の家族の土産物でも買うとかすべきなのに、入国をするやいなや、入国目的とはおよそかけはなれた、誓約書を反古にするような政治的発言を、頻発してよいのでしょうか。

これは、いうまでもなく、共産主義者の常とう的な破壊手段であることを、われわれは見逃すわけにはいきません。

また、南北会談の機会をねらった、赤化統一をめざそうとする大たくらみでなくて何でありましょうか。

皆さん！

この者の入国後の発言内容をよく見て下さい。

(1) 韓日条約は無効である。
(2) 韓国はカイライ政権である。
(3) 韓国には国家保安法があり、南北会談に支障がある。

などとほざいております。

それから、ヌケヌケと自分たちの北韓だけが韓半島で唯一の政権だといっております。放言というには、あまりにもおそろしく、言いたい放題といったものです。

これ、すなわち、芸術団というのは名ばかりで、純粋の芸術団ではなく、仮面をかぶった政治団体であるという、あかしであります。

要するに、二百人の"芸術団"を引率して来たのでなくて何でありましょうか。

皆さん！

ここで、明らかにしておくべきことがあります。

マンスデ芸術団は、政治工作の集団という名で呼ぶのが適切ではないでしょうか。

また一つ提案があります。

韓国の国家保安法を云々する前に、北韓の労働党規約と、社会安全省の秘密規則も公開して見ろということです。

また、北韓の血で血を洗う反革命、しゅく清も、これを正しく見ろということです。

皆さん！

元来、共産主義者は、嘘や、でたらめに長じております。嘘つきコンクールを開けば、共産主義にかなう者はいないでしょう。

このような手法を、韓国との南北会談で悪用しようとして、意のままにならなくなると、日本までやって来て、全世界の耳目が集中しているここで、わが在日同胞六十万が明らかに見つめていることで、厚顔無恥にも、また常とう手段である嘘つきでひとかせぎしようとしたのではないでしょうか。

これすなわち、わが六十万同胞を無視し、本国の五千万民族に背を向けようとする悪だくみ以外の何ものでもありません。

この者は、日本法務省の警告をうけました。

そして法務省は、わが民団の抗議もうけました。

恥知らずのこのような者に対する警告は当然であると考えられます。われわれの心情は、民族的良心に則り、一刻でも早く、悪質な共産主義者尹基福とその一行を、日本から追放すべきであるということを声を大にして強調しながら、ここに声討するものであります。

第二十八回光復節
記念中央民衆大会

尋ね人

☆朴昌徳（通名・新井）

解放前まで茨城県水戸市大工町（丸昌）に居住したことがあり、約十年前まで文通があったといいます。

弟が捜しています。

連絡先＝ソウル市冠岳区上道洞一洞一三〇、江南商街アパート管理事務所方、朴昌述まで

☆呉鎮呼さん（呉光五郎・63才）

本籍・慶尚北道漆谷郡倭館面倭館洞。

45年前、渡日して作曲、演奏を勉強し、済州道出身の奥さんと結婚、三人の子女をもうけたという呉さんを兄さんの呉文璜（前戸籍名未詳）さんがさがしています。

ご存知の方は、忠南湖南線新都駅前、呉文璜さんか民団中央本部民生局まで連絡を。

☆姜正大さん（神田・46）

本籍・慶南統営郡（現忠武市）道泉面東湖里五七三

三十三年前に渡日、妻のり子。二十一年前には熊本に居住。十六年前には東京に移転。

妹の有奎さんがさがしています。

板橋区志村一―三四―一二・ひいらぎマンション201号。電話九六〇―四六六六まで。

☆林順祚さん（女・51）

本籍・慶南陜川郡[illegible]面城山里九七三。

一九四五年十月頃は、広島県安佐郡に住んでいたことがあり、釜山で林亮さんがさがしています。

釜山市影島区瀛仙洞四街三三四 瀛仙運動院内・林亮さんまで。

☆金点徳さん（男・57）

本籍・慶北金陵郡[illegible]五一九。

大戦中、徴用で北海道に渡り、日本女性と結婚、三兄弟を生み、解放後も便りがあった。

ご存じの方は、慶北金陵郡[illegible]洞五七一、金[illegible]さんまで。

随筆 歓喜のあの日

郭福山

その日の感激、興奮、歓喜、そして祖国にわきたつこの地、この同胞の姿。しかし、これらすべては消えていった。失望、悲願、今に至っては、はるかかなたの統一への願望——これらすべてが再び胸をかき乱す。

だが、八月に来ると、どうしようもなく、また、あの日のことを回想せざるをえないのだ。私はその前日も総督府の記者室にいた。すでに二十余年前、一九四五年八月十四日であった。これといったねたもない記者室は雑談に花が咲いていた。午後三時近くにもなったころ、阿部情報課長が現れた。彼は平常時と少しも変わらない表情であった。そうして彼は「号外のねたがありそうだから、皆、社にあらかじめ連絡をとっておくよう頼む」といって出て行った。記者室はたちまち緊張につつまれた。一体何ごとか。皆活動を開始した。あちこち問い合わせてみたが、号外ねたの内容は分からなかった。そうするうちに朝鮮軍司令官が総督府へ現れた。彼は、阿部総督、田中政務総監と三人で約一時間にわたる密談を交わして戻ったのだという知らせを受けた。しかし、彼らの会談内容が何であったかはやはり不明であった。記者たちの推測はまちまちであった。ほぼ対ソ宣戦布告ではないだろうか、という意見に傾いていた。午後七時をかなり回った時刻になると、記者たちはすっかり気が抜けてしまった。ところがそのとき、ある一人の日本人記者が、息をきらし、少し上気した表情で記者室にかけ込んで来た。どこからか重大ニュースの臭いでもかいできた様子であった。——戦争が終わった総督府では重大発表を準備していた——この程度だ。再び記者室は沈黙の中に緊張感がみなぎった。戦争がまもなく終結するだろうという情報は、数日前から一部の口に上っていたが、あえて口外することはできなかった。

戦争が終わった。では終戦の宣布はいつなされるのか。そして、その後に来るものは何か。記者たちは誰も口を開けて解釈を下そうとはしなかった。いや、誰もあえてこわすことのできない張りつめたふんいきの中で時だけが流れていった。

私は古下先生から伺った予備知識があったため、今一度来るべきものがついに来たんだなと、内心ひそかに興奮してくるのを抑えようがなかった。そのときから記者室はからっぽになった。記者たちは、警務局長秘書室に結集まって、その後の発表を待つほかなかった。後で聞いた話だが、「同盟通信」ソウル支局からやはり通信途絶で断片的に聞いたニュースと総督府東京出張所から聞いてきた部分的な報告を総合すると、日本の降伏と戦後処理に関する総督府の方針が夜遅くなってようやく立てられた模様であった。

夜十一時をはるかに回って、各新聞社の社長、編集局長級が政務総監室に召集された。

この席で田中政務総監は沈痛なことばで、

「明日（十五日）正午、天皇陛下は、日本の降伏をラジオを通して宣布します。詳しいことはまだ政府の訓令が正式的に出ていないので分かりませんが、これまでわれわれの手で収拾した情勢を総合してみると、朝鮮は独立ができることになっています。皆さん方は互いに摩擦と混乱事態が起こらないように、秩序を守るため十分協力していただくようお願いします……」

総督府の正式発表は極めて簡単であった。そしてあらかじめ準備しておいたのか、ビールを一杯ずつ回してから解散した。十五日の朝刊には、日本の天皇が、正午に戦争終結と、降伏するということをラジオを通して全国民および将兵に宣布するといった記事だけ載っていた。

その日は真夜中に、新聞社に戻った。記事は政治部の所管であったため、私は社会部の机の隅に陣取って展開される新しい情勢の変化をただ傍観しているだけだった。前後処理として朝鮮が独立するということを確認することが重要な事だ。

これをどう古下先生にお知らせするかが、問題だ。私は机の隅の直通電話を使った。夜もふけたが、まだおやすみになれずにいらっしゃったのか、古下先生が「……君だ、よくわかった、気を付けるように……」とおっしゃって電話をお切りになった。

新村の私の家に帰りついたのは、あけ方三時近くになってであった。おやすみになっておられるおばあさんを起こして、「朝鮮が独立しましたよ」といってかい抱いたとき、喜びに涙がどっとあふれた。興奮がさめないまま夜が明けた。

十五日正午、総督府の大会議室で私もわけまえにあづかって、日本の天皇の涙声が流れる放送を聞いた。何をいっているのかよく聞きとれなかった。とにかくその日の夕刊には、同盟通信提供で日本の天皇が降伏したということだけが簡単な記事になっていた。十六日付けの朝刊にも朝鮮独立については、一言半句の言及もなかった。

私はその日から新聞社に出勤せず、毎日総督府の記者室に直行した。事後処理が、今後どうなっていくかを知りたかった。十六日の総督府内は、お通夜のようなふんいきであった。誰も口を開かず沈痛な面持ちに閉ざされていた。記者室もからっぽだった。当時、記者室は一階の入口の所にあった。午後二時ごろであったか、記者室の使い走りをする子が飛び込んで来た。

「ちょっと、あれをごらんなさい。群衆が朝鮮独立万歳を叫びながらあちらへやって来ます……」

私は外へ飛び出た。群衆はすでに総督府の正門前まで来ていた。当時、正門前には鉄門をがっちり閉めて、銃剣を持った日本の軍人たちが警戒していた。先頭に立つ若者たちが鉄門を開けろとどなった。すると日本の軍人たちはおとなしく正門を開け放してやり、わきによけて道をあけた。しかし、われわれの群衆たちは（約七百名と推算される）秩序正しく行進入口の階段まできた。群衆の前列には「朝鮮独立万歳」と書いたプラカードをかかげ、後列では鉦（真ちゅうの お盆状の 打ち鳴らす楽器）を鳴らす人たちもいた。この日のリーダーと思われる四角帽をかぶった一人の学生が石垣に上がって、「朝鮮独立万歳」を三唱すると、群衆はこれに合わせて声高らかに万歳三唱をし、再び秩序整然と向きを変え、正門の外に出ていった。私も列の後について一緒に歩いた。光化門の四つ角に来てみると、四つ角はすでに朝鮮独立万歳をのどが張り裂けんばかりに叫ぶ大群衆の、荒波のような歓声の行進が、街を浴びているのではないか。

私はその日一日、歓喜に燃えた愛国市民の中に混ざって街をねり歩いた。

今、その日をふり返ってみると、全ソウルが歓喜と興奮で荒波のようにわき立っていたことしか記憶に残っていない。その数多い思い出話は、何としても次の機会を待たねばなるまい。

八月が来ると、再び誰もがふり返ってみるあの日のいいようのない感慨のひとこまを思い出すままに、とりとめもなく書きつづってみただけである。

（ソウル中央大学教授）

韓国と日本の関係に新視点

日本上古史（文定昌著）抜粋と解説

（12）

応神王朝 （6）

応神王明石浦で新羅軍に降服①

新羅と倭の間がこのようにして死闘を続けた末、結局新羅軍が攻勢をとり、遠く日本本州の腹部である瀬戸内海にまで攻め込んで来た。たまらなくなった倭王応神が降服し、吉備国、すなわち今日の岡山県地方六県を新羅軍に割譲した。このことを、韓日両国の文献は次のように記録している。

日本年代記 蛇足を加えると、日本国の史書などにみれば、この国には「秘閣本」または大蔵省所属「帰化人物品保管所」などがあるが、如何な者でも容易に近ずくことはできないようになっている。今、ここで論ずる「日本年代記」もまたそのようなものの一つである。

光海九年（一六一七年）初期徳川幕府を訪問した通事官（通やく官）李景稷は、そのときに見た日本国の年代記に「倭応神二十二年、新羅軍が遠く日本国の内海にまで攻め込んで来て、その都大坂からわずか一〇〇里しか離れていない明石浦で、応神王の降伏を受けたという記録があった」とし、「また赤間関を訪問したところ、赤間関の東側の丘陵に一つの冢があり、倭人が指し示して話したところによると、新羅兵がはげしく攻めて来たので、倭が和解を請うにいたったのでついに包囲が解かれた。そのとき倭が白馬を斬って降伏の誓をし、その白馬をここに埋めたという」と記録している。

日本は遠く東に離れている。四面が大海であるので外兵が攻め入ることはできない。しかし、その「年代記」を見ると、倭王応神二二年に新羅兵が明石浦まで攻め込んで、倭王を降伏させたことがあったというのである。

徳川家康は、倭大武王年代以来、武蔵国に盛んに勢力を広げて移住した三韓三国系の関東武士であるので、彼は執権（将軍）となった直後から、朝鮮王朝と和解するつもりで為倶、玄蘇を送り、百般の努力の結果、一六〇九年、己酉条約を結ぶことになった。修交後は徳川幕府が再々使節を朝鮮国に送っているが、李景稷は、徳川幕府が発した第一次の大使玄蘇の回答使として、光海朝が派遣した呉允謙の従事官となって日本を訪れた。李景稷が「日本年代記」を見、また「白馬冢」を視察したのはこのときのことである。

異称日本伝 「異称日本伝」は徳川初期の松下見林が編さんした史書である。

松下見林は徳川幕府の官学の祖であり、林大学家の創始者である林羅山とその息子鵞峯、および羅山の著書である「本朝編年録」「日本考」「朝鮮考」「神代系図」「旧代系図大綱」などの影響を大きく受けた人である。

林羅山は、いわゆる天孫族が、韓半島の渡来者であることを強く主張した。羅山の息子の鵞峯は、水戸光圀（みつくに）と友誼が格別であったし、林家学と水戸学がその軌を一（いつ）にしたのは周知の事実である。

その当時徳川幕府内に羅山の史学に反発する者が多く、彼の史学は大きく制約を受けた。この羅山が六十九歳（一六五七年）に死亡し、彼の著書とすべての書物がこの年に火災で焼けたことは、日本国の斯界に広く知れ渡っている事実である。

ここでいうところの「異称日本伝」が、今日どのように伝わっているかは未詳であるが、今から百七十年前の韓致奫は、その「異称日本伝」によって次のように記録している。

「晋の恵帝の元康元年（二九一年）新羅兵が日本を攻撃して深く明石浦にはいって来た。明石浦は大坂から百里の距離の地点である。日本人が和を請い、白馬を斬り盟誓した。赤間関の東側に今も尚『白馬塚』がある。」（海東繹史巻四一通日本始末）（つづく）

【解説】 応神王朝が、紀・記に記録されているような神武王朝の血統でなく、応神王朝という全く新らしい王朝の始祖だということは、江上波夫氏が騎馬民族説を発表したあと、一九五四年に早稲田大学の水野祐氏が発表した。これは戦後の「歴史の解放」史の中でも特筆されるべき新説であった。このことは「日本の歴史」（中央公論社刊）「1神話から歴史へ」の中で井上光貞氏らが紹介し、その三七頁から次の様に述べている。

「また記紀は、明らかに実在の人物である応神天皇の事績を書くにあたって、なぜかその出生については神話化している。この二点を（応神王はよそから来て王位についた。応神は九州で生まれた。という先行文があり、実在人物アラス神話化ーを指す）考えると、記紀が応神天皇の出生地を北九州としていることは重要な意味をもってくるであろう。しかも、応神天皇の活躍した時代は、ちょうど日本が、大和政権による強固な統一国家が形成される以前の、しかもきわめてスケールの大きた朝鮮出兵のさなかであり（解説者註＝広開土王陵碑文の最初の日本側の解釈にのって論じている。これはこの文章の中ですでに矛盾している。）北九州の地はまだ大和政権と朝鮮諸国との戦いの中心の位置をしめていた。このような時と所で、北九州の軍事的指導者の一人が大和政権の王位を奪うという事件がおこっても不思議ではない。

第三に、応神王朝の祖先は北方系騎馬民族の一支配者であり、朝鮮海峡を渡って日本に侵入したとする点はどうであろうか。これこそ、水野説が江上説と本質的につながるポイントだが、この肝心な点はまったく何とも言えない。ただわたくしは、水野氏のように応神王朝の前身を三世紀の狗奴国だとし、その狗奴国が征服者であったというようなまわりくどい経路よりも、応神天皇その人が海を渡って日本に侵入したのであったとしたほうが仮説としては合理的だと思っている。ただこの点は種々の方面から証明を要することである。」

「日本の歴史」は一九六五年刊であるが、その五年後の七〇年に文定昌さんが、応神王は扶余の後王依羅であるという論文を出したわけである。（金元準記者）

北方系騎馬民族風俗の日本の埴輪（はにわ） 被葬者の時代の将校である

林慶業将軍傳 （十九）

訳 洪相圭
編 八束周吉

一揖もふれずに、ただ林慶業の同道入朝を強要するだけであったので、主上のごしんきんを悩まされることは並大抵ではなくついに御前会議で、衆議に問われることとなった。各重臣の顔には苦悩のしわが深くきざまれたが、ただひとり、心に快さいを叫んでいる凶漢がおった。領議政（総理大臣）の金自点その人であった。林慶業を早くなき者にして、大権を握ろうとしていた者であったから、「これこそ、天の与えてくれた無二の機会である。」

と心の中でほくそ笑みながらすっと立ち上がって、もっともらしく上奏し奉った。

「脅迫めいた胡の使臣があとを断たずにきますのは、もっぱら林慶業ひとりのためと受けられますが、このままにいきますれば、慶業ひとりの身の上の問題に止まらず、ひいては国の基をも脅かし、民草の安全を図ることもかなわぬでありましょうから、御英断のほどをお願い申し上げまする。」

主上はじっと金自点を見つめられながら問われた。

「どうすればよいのか。けいの意見を聞こう。」

「はあ、今のところわが国として、胡王の命にたてつき、一戦を交えることは到底かなわない相談でありまするから、要求に従って泣く泣くも、林慶業を胡地にやるより道理がないものと思いまする。みすみす国家柱石の臣を死地に追いやるようで忍びなきに似ておりますが、むかし、国の安泰のために夷てきの地につかわされた王昭君のこともありまする。ひとりの問題のために国の大乱を招くことは許されぬことと思いまする。」

他の重臣らも重い沈黙の中に賛意とこの毒舌に和同するようであった。実際のところ、策の立てようがなかったのでもある。主上もついにあきらめられて、慶業を胡地にやることに、御聖断を下された。謁見に参内した慶業の手を親しく握られ、

「胡王がたって、卿の胡地にくるのを望んでおるとのことである。仕方なくその方を胡に遣ることにしたが、一日も早く帰国する日をわたしは待っておるであろう。」

と嘆かれた。慶業も思わず血を吐くような悲憤に駆られながら申し上げた。

「臣、一度胡地に入りますれば、生還するとは思っておりませぬ。臣一身の死ぬことはこうもうの軽きに過ぎませぬが、ただ丙子年の国じょくをそそぐことができないのがうらみであり三王子殿下をお救いできぬのが死ぬのよりもつらいことでございまする。」

切々と胸打つ忠言のことばをお聞きなされて、聖上は今更のように悲しまれた。

「胡王の心の底は見えすいておる。わたしもそれを知らぬではないが、強迫するのをこばみ切れずに止むを得ずしてそちを死地にやるわけなのだが、わたしの意のあるところをりようとして、遠地への行路は勿論、胡地に入っても身命を全うして、必ず生還を期するようきっと頼みおくぞよ。」

と仰せられながら、さめざめとなかれた。御前を退がった慶業は、この次第を包み隠さずに老いた母に話していとまを告げた。

最愛の子を死地におくる老母の悲しみは例えようもなかったが、老母はその断腸の悲しみを越えて、死地にあっても忠孝の大義を忘れぬよう教えをたれた。この母にしてこの子ありということば通りであった。

「かたじけなくも国に寵されて、忠勤を励んできたことをこの母もよく知っておるし、この母に孝を尽くして昼夜怠らなかったことも有難く思っております。今、ここを離れて数百里外の死地に行く子を見て、悲しまないこの世の母はおるまい。

しかし母にも先立ち、子にも先立つものは、国であり君である。お前の身命は、既に国に捧げたはずである。たとえ、死を目の前にしても大君に忠誠を尽くすことを忘れてはいけませぬ。誠をつくせば神仏の御加護もあるものだが、一身の安易を図り寸時の間でも君恩をなおざりにすれば天罰てきめんであろうぞ。きつく心に銘じて忘れぬようくれぐれも頼むぞや。

この老い先短い母のことなど心配することはありません。大義は死をも辞すものです。身体を大事にして君恩に報いるよう心掛けるのですよ。」

毅ぜんたる母の教えに深々と頭を垂れた慶業の目頭は熱くなりともすれば目の前がかすむのを懸命にせきとめた。

嘆きの一家、母・兄弟・妻子の涙と泣声を後ろにした慶業は、途次でも主上始め重臣の嘆きと涙で送られながらしょうようとして胡国への旅についた。無念にはやる心を押えて旅路を急げば、いつの間にか遥かに豆満江が望まれる雲天嶺の頂まできていた。悠々と流れる豆満江を眺めおろしているうちに、慶業の胸の内にはうつぼつたる雄志が嵐の如く吹きまくった。

「大丈夫と生まれ、罪なく人の手にかかってこの世を果てるとは恥の骨頂である。

まして、不倶戴天の仇、胡王の手でこの命を断たれるのを座して待つのはあまりに無念なことである。一応ここを逃れて明朝に入り、必ずやこの恨みを晴らしてやろうぞ。」

と意を決して、夜の更けるのを待っていた。しせきもべんぜられないしつこくの夜三更、慶業は監視の胡兵ら数名を一刀の下に斬り伏せ山に身を隠した。けわしい山は周囲を巡らし、斧の跡さえ知らない密林は身を隠すには絶好の場所であった。木深い山路を伝って行く中に一段と景色のよい所にきた慶業は、ふと目を上げて北方の樹の間を見渡したら…。

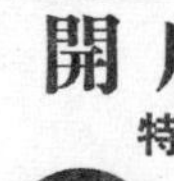

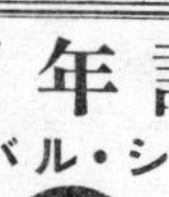
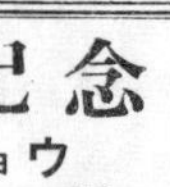

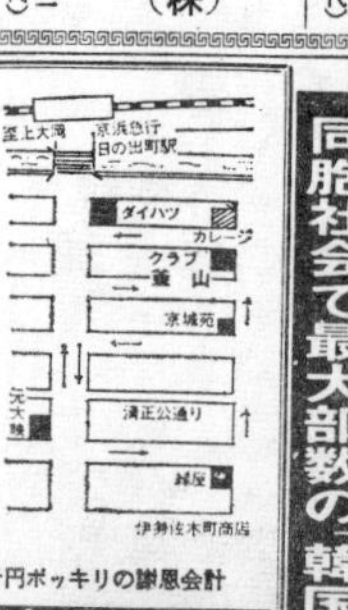

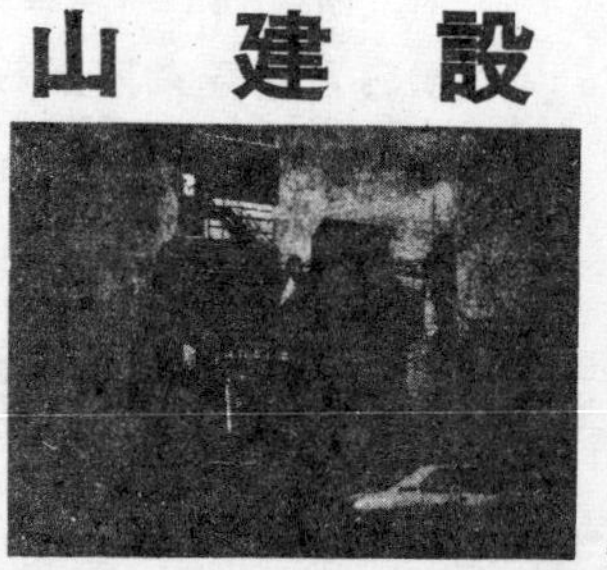

韓國新聞
在日大韓民国居留民団 中央本部機関紙
韓国新聞社
発行人 金正柱
東京都文京区春日町2丁目20―13
電話 直(815)1451〜3 交(813)2261〜5
振替口座 東京 163774
本国連絡所(民団本国事務所内) ソウル特別市鍾路区昌成洞 政府合同庁舎四階 電話 73−0162・0165

民団綱領
一、われわれは大韓民国の国是を遵守する
一、われわれは在留同胞の権益擁護を期する
一、われわれは在留同胞の民生安定を期する
一、われわれは在留同胞の文化向上を期する
一、われわれは世界平和と国際親善を期する

金大中事件 憶測による虚偽の放言、報道は不当

民団詐称の破壊分子に惑わされるな

無責任な言動は遺憾

民団中央本部 22日、金大中事件に声明

△…民団中央本部（金正柱団長）では、二十二日、金大中氏事件に関して声明を…△
△…発表、この度の事件に韓国の政府機関が全く関与していないという判断を強め…△
△…益々その信念を深めるものであるが、日本の一部報道機関及び政界人が、無責…△
△…任にも、民団を詐称する裵東湖、呉宇泳、鄭在俊など民団から既に除名処分さ…△
△…れた容共、反国家、不純分子一味らの謀略に惑わされ、憶測・推理の放言と無…△
△…責任な報道をほしいままにしていることは誠に遺憾なことであると民団の立場…△
△…を明らかにした。声明文全文は次の通り。

声明書

このたびの金大中氏の事件が発生したことについて、日本の一部言論機関はいうにおよばず、政府与党である自由民主党議員の中にすら、この事件について、韓国政府の機関が直接または間接的に関係しているような発言をしているむきが見られます。これは、日本と韓国との間に重大な政治的危機をもたらす行為であり、ひいては日韓両国の親善にまで悪影響を及ぼす行為でもあります。

わが在日本大韓民国居留民団は、ここに至り、このような政治的危機と国際親善の破壊が予測される事態を座視するにしのびず、ここに次の如く声明すると同時に、日本国朝野の各位および言論機関に対し、韓国に対する誤解を一日もはやく取り除き、正しい理解をもって今後に望まれることを強く訴えるものであります。

われわれ在日本大韓民国居留民団（以下民団と称します）は、今回の事件を非常に遺憾とすると同時に、金大中氏が無事にソウルの自宅に出現したことについて安堵し、再びこのような事件のないことを願って止まないものであります。一日も早く犯人が検挙され、万天下にその全貌が明らかにされることを世界の平和と自由を愛する人々と同じく願っている次第であります。

日本の言論機関がどのように憶測をし、どのように報道をしようとも、わが民団としては、この度の事件に国家の機関が全く関与していないという判断を、微塵も変えないのみならず、益々その信念を深くするものであります。従って、わが民団としては、今後とも日本の言論機関の報道方針、日本の政界人の発言等について、強い関心を持つと同時に、警告と抗議を行なうであろうことを付言するものであります。

このたびの事件を通じて、わが民団が最も誠惑したことは、日本の言論機関が、民団または在日韓国公館の再三の説明にも関わらず、反国家分子たちが意識的に民団を混乱させるために使用する"民団東京本部"なる名称を、ほとんど注釈を加えずにそのまま報道していることであります。民団には、民団を運営する規約も、民団が行動の基本とする綱領もあり、すべての活動はこの規約と綱領にもとづいて行なわれるものであります。民団の規約に反し綱領から逸脱する者は、これはもはや民団員の資格はないのであります。そればかりかこれらの者は、わが民団にとっても、韓国政府にとっても、あい入れることのできない朝鮮人総連合会と関連をもつものであるためであります。謀略と悪宣伝を旨とする朝鮮人総連合会（以下総連と称します）と接触し、総連の言分を代弁することは、韓国の立場から見る場合、これはぬりのない「反国家行為」にほかなりません。すなわち、左記の者たちは、民団の規約に反し、綱領をたがえた上、反国家行為を続けるが故に、わが民団員ではないとして一九七二年「除名」された人物であります。

裵東湖、呉宇泳、鄭在俊、閔泳相、羅鍾卿、[illegible]、金君夫、慎忠義（別名[illegible]）、金[illegible]、金在述、金大栄、朴道君、金在先、尹[illegible]守、崔泰一、[illegible]、郭東儀、金容元、尹祥孝。

これらの氏名の中に、今回の事件で殊に韓国政府を誹謗している者が、全員含まれていることを確認することができるはずであります。これらの連中が、金大中氏を日本において糾結し、最大限に利用していることも事実であります。元来は「反共」主義者である金大中氏が、容共反国家主義者であるこれらの連中に囲まれることにより、彼らと行動をともにせざるを得ず、金大中氏自からも反国家的行動をとりはじめたことは、また事実であります。

今回の事件が、反国家的行動に深入りする金大中氏を、現在の時点で救ったともいい得るわけであり、鄭在俊一派が、あらゆる宣伝を行なって金大中氏を日本へ呼び戻そうとする真意は、それは金大中氏の大看板が欲しいからであるにすぎないのであります。

この事件を、総連とともに、総連の代弁人である団体、いうなれば、如何にも民団や韓国側の団体であるかのような名称の団体、つまり六団体と称する"民団東京本部""民団自主守護委員会""大韓婦人会東京本部""韓国青年同盟""韓国学生同盟""民族統一協議会"などなどが、ひたすら政治宣伝のみに終始した声明を出すことによって、日本の言論機関などにある一定の先入観を植えつけることに成功しているかにみえますが、この事件の真相究明のため韓日両国の関係当局が目下捜査中でありますので、わが民団としては、日本の言論機関および政界朝野各位が、右の事情を正しく把握されて自主性のある判断によって、慎重に、正確に報道されることを望み、かつ慎重に発言されることを望むものであります。

一九七三年八月二十二日
在日本大韓民国居留民団 中央本部
団長 金正柱

金大中事件に露呈された 日本人のやり方と韓国人の受け方

民団中央本部団長 金正柱

金正柱団長

金大中氏の連行事件が、発生した直後に、私たち民団は、在日韓国人の総意を代弁して——
①日本の治安当局は、人道主義と法治主義に立脚して、速やかにこの事件を解決してもらいたい。
②この事件に、いやしくも韓国の政府が関与しているとは決して思わない。
③日本の言論機関に見える偏向した取材態度は、直ちに是正されるべきである。
ことなどを骨子とする声明を発表した。ところが、事件発生以来今日まで、多数の言論機関あるいは一部の政治家や知識人たちが依然として、
①この事件は、韓国のCIAが決行した。
②これは、明らかに日本の主権を侵害する行為である。
③膨大な経済援助を受けている韓国は、日本で傍若無人に振舞っている。
④是が非でも韓国に渡って事件の真相を糾し、大統領に逢って本人の再来日を要請する。
⑤日韓経済協力を約束する定期閣僚会議は、延期すべきである。
などと、連日にわたって絶叫している。これは、甚だ限度を逸脱した発言であり、私たち韓国人の民族的感情を刺激することおびただしいものがある。

◇

私たち韓国民衆は日本と韓国にからむ、過去の不幸な因縁を回顧することを、極端に回避している。それは、決して事実関係としての古傷をすっかり忘れ去ったがためではない。ただ忍耐と不問という美徳によって、自らを抑制しているに過ぎない。日本の知識階層は、この辺の事情を勘違いしているかに見受けられる。

◇

今回の事件で、日本国家主権が著しく侵害されたと殊更に[illegible]しているけれども、はっきり言って、韓国官憲の介在も断定できない現状において、主権侵害を必要以上に宣伝している彼ら一派の政治的武器を聞きたい。

仮りに日本当局の法網を掠めて、韓国の個人が徒党を組んで、しかも圧力に訴えて、特定人を国外に強制連行した不法出国が有ったとしても、[illegible]特定多数者を日本国内に任命運搬した不法入国の場合とも相通じる。[illegible]違法行為であることはいささかも弁解の余地がない。さりとて、いちいち主権侵害の誇大な主張が罷り通るであろうか。しかも、時と場合によりけりで、あの忌むべき韓国動乱のさい、数多くの韓国人不法入国者を、日本は人道という温情によって受け入れてくれた前例もあるではないか。

人道がもし人間生活にとって、最も基本的な指標でありとすれば、韓国は国家生活にあって、最も必要的な心情でありとしても何らの疑義をはさむ余地がない。

◇

国家主権といえば、自国であろうと他国であろうと、あるいは日本であろうと日本以外の外国であろうと、じゅうぶんに尊重しなければならないということは、日帝治下三十六年と、分断治下二十七年という長い苦難時代を体験している私たち韓国人といえども、よくよく承知している。ただひとつ、承知できないのは、日本国にのみ金鶏のごとき主権があって、アジアの近隣諸国、とくに隣接韓国に対しては、主権など有っても無きが如き侮蔑の対象としか考えなかった日本の無謀なやり方である。

十年溯って、日本経済がアニマル的性格に移行される直前に、日本主権は少くも世界の自由国家群に対して、歓迎されない処がなかった。二十年溯って、サンフランシスコ条約が締結される以前における、日本の主権は世界のいずこにも認められなかった悲惨な形態ではなかったか。

さらに三十年溯って、日本国力が帝国主義に膨張した、まさにそのころは東亜地域にあって、いずれの国家主権を日本は認めたのであろうか。

ところが今日では、すっかり事情が変って来た。恰もニクソン大統領と歩調を合わすかのように両手に共産も自由も同時提携の離れ業を断行しようとする矢先に、日本の国家主権はわが分断韓国の[illegible]にも、同時[illegible]の触手を動かしていることは事実だ。

ここにおいて、いわゆる進歩を自任し、革新を家業とする日本の言論人、知識人、政治人など、挙げて反韓親北になびいて急進する態勢は、まさに露骨的であろう。

しかし、それとても全部の日本人ではない。もちろん今数の日本人たちが忠誠だと称して日本の国家目的を東亜諸民族に強制していた罪業が戦後にあってはやはり時勢だと称して、革新の特定思想を近隣諸国に扇動していることを看做している。例えば、今回の事件に、韓国のCIAの介在を主張して、一切の責任を韓国政府に帰結させ、[illegible]に取らせようとする政治目的は、[illegible]を故に測るようなものではなかろうか。

◇

事件発生を理由に、予定していた第七回韓日定期閣僚会議は、延期の公算が強いという。これで韓国政府の剛直な態度に牽制を加えると同時に、韓国内外でのいわゆる反対派勢力にテコ入れをするとの算段であろうか。これなども見当違いの最たるものである。

特に自民党AA研 責任者の言動を衝く

要するに——「日朝運命共同体の実体を確保している、日本政府の姿勢を追及する」との社共両党の提案や、「朴正熙一味に対する一切の援助を中止することを強く要求する」との朝鮮総連の要求を後押しする以外何物でもなかろう。

日本の対韓経済援助——これは簡単にいって経済協力の範疇である。何故なら、私たち韓国サイドは、元金に利子を加えてちゃんと返済している。いうところの借款の形式であるからである。韓国にいって、アメリカの肩代りまでしながら、韓国に対して経済協力を惜しまぬ日本政府の態度に対して私たちは感謝している。

しかし、同じ日本の執権党に所属するある政治家のように、膨大な経済援助を受けている韓国が日本国内で傍若無人の行動を敢えてなしていると一喝しているけれども、その根拠は一体何事を指称するものであるかを反問してみたい。

当該議員よ、傾聴あれ、去る韓日協定のさい、両国の国交正常化か、何よりまして東亜安定の要因であるとの前提に立って、あの高価（？）な無償三億ドルの線に決着せざるを得なかった韓国側の屈辱した苦衷を、一瞬でも想像してみたであろうか。

日本外交官史の言によれば——この金額は、かって太平洋戦争に強制従軍させられた二十五万の韓国青年のうち、二万二千余名に達する戦死軍人軍属に対する慰労金までも没収されていると強弁するに至っては、私たちは全身慄然たるものを覚える。これではまるで公称朝鮮総督の治下にあって、日本官憲の弾圧に抗して万歳騒動に加担した韓国民衆の胸元に銃剣を突きつけた朝鮮[illegible]下の鎮圧隊長の残酷無比な手法が思い出される。

今ひとこと付け加えたいことがある。

是が非でも、韓国を訪問して、事件の真相を糾すと頑張っているけれども、韓国とても正規な入国許可が要り、また事件を調べるということは捜査権の発動にもつながる重大問題であることを記憶して頂きたい。仮りに、この関門が突破できたにしても、果して韓国民が如何なる心境で、貴下たちの行動を見守るかは、極めて自明の事実に帰する。要は、金氏の国外活動について、私たちの許容し得る最大限は反政府の一線までで、彼の度重なる反国家行為に至っては、もはや恕すの限りでないことを明確にしておく。

日本のある政客はまた、金大中氏は、稀にみる優秀な政治家である故、彼の救出運動には無条件参加すべきであることを主張す。私たちは、強いて、この言葉に否定的な返答はしない。ただ、彼は優秀であろう。しかし、彼より以上に優秀な政治家か、韓国内に幾らでも存在し、しかも国内で立派に政治活動を続けていることを併せて欲しい。日本の一部論客が現地に行って見もしないで、勝手に幻想的な症状をあらわしているけれども、これは、韓国政府が政敵といえども、融化包摂の道を選んでいる現在の基本方針を弁えていないからである。

仮りに金氏が、日本世論によって救出されたとしても、彼の将来は、[illegible]に終るか、それとも現時の金日成の道具にしかならないことを認識すべきであろう。しかし、斯かる悲惨な末路も、今や設定する余地も見出せない。

それにしても、韓国の金浦空港における日本事件、イスラエルのテルアビブ空港における日本事件、近来に至っては、日本人の[illegible]ドバイにおけるJAL機ハイジャック事件などを思い出す。これら事件発生のとき、一度でも日本の新聞紙上に、相手国の主権侵害という論調が出現したであろうか。

願わくは、名も知らない救国同盟とやらの、価値観の狂った過激派同調者たちの非行に対しては、韓国政府によって厳重に処断されることを望んでいる。実に、今回の事件ほど、韓国民衆に民族感情を喚るような言辞を弄する一部日本人の[illegible]を許した事例は、近年になかったように思う。

◇

自民党AA問題研究会の世話人代表が、いみじくも表白しているように、「従来からある朝鮮蔑視感情とも結びついて、日韓両国関係が極度に悪化する恐れも十分ある」——その通り両者を、自らの発言まで実現させようと狂奔していることに気付かないものであろうか。

昨日まで、何事をなして来たかを好都合な方向に忘れてしまう[illegible]民族としての一部日本人、そして[illegible]に忘れては大和魂の号令に、手段を選ばぬ一部日本人のやり方——といっても一九四五年八月以前の事であろうが、今日なお無責任な放言と無限定な観測によって、韓日友好に意識的な妨害を加え、微妙な国際関係に政治的な拡光を投げて、予期しなかった重大な局面を招来するとすれば、一体この重大な結果に対して、彼らは全的に責任を負い切れるかどうか私たちは敢えて詰問したい所である。

ここに、日本の良心に充ちた一連の人士たち、そして破局を企図する多数の言論機関とともに、真の韓国人の苦衷を呈し、今後の警告に供する次第である。

一九七三年八月二十三日

根も葉もない虚偽の記事流した 読売ソウル支局閉鎖

文化公報部は、二十四日、読売新聞に対しソウル支局の閉鎖とソウル駐在特派員の国外退去を命令した。

読売新聞が、二十三日付朝刊で「金大中事件について「韓国政府機関が関連している事実を政府筋が初めて認めた」と根も葉もない虚偽の記事を報道したことに対して同部は、二十四日付朝刊でこれを全文取り消すよう要求したが拒否したため、この措置をとった。

二十四日以後、読売新聞の韓国内での配布も禁止された。

尹文公長官、日本人特派員団と会見

尹胄栄文化公報部長官は、二十三日午後五時すぎ、金大中事件を取材している日本人特派員団と会見、読売新聞二十三日付朝刊一面に掲載された「金大中事件、韓国機関員が関係」の記事は「根も葉もない報道」ときめつけ、この記事はでたらめであると述べ、二十四日付朝刊で全文を取り消さなければ、読売新聞ソウル支局を閉鎖し、ソウル特派員を追放すると述べた。

尹文化公報部長官はこのあと、日本人特派員団からの質問に答えて「わが政府は読売新聞の報道をもとに、二十三日朝から徹底的な調査を進めたが、政府機関がこの事件に介在していた事実がないことはもちろん、読売新聞特派員に対し、このような推測を流した"政府筋"もないことが明らかとなり、この報道がまったくのでたらめであることがわかった」とのべた。

さらに読売新聞に対しては、発表の直後に甲斐信郎支局長の出頭を求め「二十四日付朝刊での全面訂正を求めるとともに、同日付朝刊で、われわれを納得させうる誠意ある訂正が紙面に行われない限り、現在ソウルにいる甲斐支局長のほか、島元謙郎、浅野秀満両特派員計三人の国外退去と読売新聞ソウル支局の閉鎖の措置をとる」と言明した。

この日発表された尹胄栄文化公報部長官の声明文は次の通り。

「わが韓国政府の立場は繰り返し明らかにしたように、今回の事[illegible]るであろう。ここでただ一つ憂慮していることは、真相が明らかにされ[illegible]に、恣意的な目的から根拠のない推測で真相がゆがめられてはならないということだ。現在、[illegible]正当な方法で捜査を進めていることはよくご存知のはずである。ところが日本の一部言論の傾向をみると憂慮すべき傾向がみられる。」

全く関係ない

李参事官、日本外務省に申入れ

八月二十五日午前十一時、駐日韓国大使館李相振参事官は、日本外務省アジア局中江次長を訪ね、八月二十四日日本国会衆議院外務委員会で社会党猪崎弥之助議員が、同大使館某参事の写真を提示しながら金大中事件に関係しているから調査してくれと要請した事実及びこれに対し偏見をもって報道した大かたの日本言論界の態度に対して次のようにリ・プレゼンティションした。

①韓国大使館及び駐日領事館員は、同事件と全く関わりがないことを再確認する。
②特定な外交官をなんらの証拠もなしに指摘して同事件に関連しているように断定的に国会で発言した某議員の態度、及びこれに対し偏見をもって報道した日本言論界の態度に対して甚だ遺憾に思う。
③このような言動及び報道傾向は、同事件の真相糾明にたんの益にならないばかりか、韓日両国関係に重大な事態を引きおこす憂慮があるから、日本政府がこのような事態を防止するよう必要かつ、可能な措置を早急にとることを強く要請する。

読売新聞に質問書

23日、渡井編集局次長に手渡す

民団中央本部が

読売新聞八月二十三日付朝刊は今回の金大中氏事件について突如として"韓国政府筋が認める"として"金大中事件情報部機関員が関係"というサブタイトル付で、二段ものの凸版で一面トップに横巾紙面の五分の四の長さの大見出しを入れ、つづいて、たて見出し五段ヌキで"李情報部長ら引責か"として"ソウル支局二十二日発"の記事を掲載している。そしてさらに三段ヌキで"李氏、駐日大使にも？"として"李澔駐日大使が道義的責任を問われて辞職"云々という予測記事も掲載されていた。

民団中央本部では、この記事の信ぴょう性に疑いを抱いたが、これはあくまでも「未確認」情報である以上、読売新聞社に、記事の信ぴょう性を正す必要があるとして、別項の「質問書」を持参、姜学文副団長、鄭達鉉宣伝局長ほかが、二十三日午後二時、読売新聞社を訪れ、渡井（わたらい）編集局次長ほかと会見、口頭で質問すると同時に質問書を手渡した。

この質問の趣旨に対して、渡井次長は「ニュースソースは明かせない。しかし確認をした上で掲載した。韓国政府から発表があるまでは何ともいえないが、誤報であった場合は社内で社みずからの処置がある。このニュースは特ダネのみのスクープ（特報）である。」と回答した。

民団側は、もしこれが誤報であった場合、[illegible]事件以上になる可能性があるので、そうなることを危惧している、との旨を表明して、[illegible]読売新聞社を退出した。

質問書

今朝の貴紙によれば左記の記事を掲載しています。
①韓国政府筋は二十二日金大中事件にKCIA機関員が関係していた事実を初めて認めた。
②同情報部の上層部周辺に[illegible]責任が問われることは必至となり[illegible]李情報部長ら引責か。
③李駐日大使が道義的責任を問われて[illegible]のでは[illegible]か。
④日本の主権を侵害したことについて韓国側がいかに対処するかが大きな焦点になってきた。

若しこれらの記事が事実だとすればこれは韓日両国関係に重大な[illegible]が招来されること必至なので私たち在日韓国人としても重大な関心をもって表明せざるを得ません。よって左記の諸点について貴社の責任ある答弁を聞きたいので質問致します。

記

一、これら文面に対する根拠が如何なるものであるか[illegible]明示できますか。
二、もしこれらに対する事実の根拠が無い場合は如何なる引責措置を取られますか。

一九七三年八月二十三日
在日本大韓民国居留民団中央本部 団長 金正柱
読売新聞社 編集局長 貴下

組織再点検を指示

自発的な「整風」を

民団中央組織局で 22日、各地方本部団長に公文

民団中央本部組織局（姜学文局長）では、二十二日、組織再点検に関する指示公文を各地方本部団長に発送した。

組織再点検は、去る十二日の全国団長会議で論議された事項であり、自首スパイ鄭洪秀事件を契機に自発的な一大整風運動をおこして民団組織を防衛強化するところに目的がある。

特に民団組織には今なお、不純分子らが浸透しているものとみて、これら不純分子らを徹底的に索出して締めだす一方、民団員の中には朝総連系学校に子弟を通学させるものもあり、また朝総連組織と取り引きをしているものもあって民団組織に悪影響をおよぼす恐れがあることを指摘、通学または、取り引きを即刻中止するよう強く望んでいる。

また、この指示公文では組織再点検を実施するに当り、中傷、謀略、不信などの行為が絶対にないよう組織幹部は特別に留意することも強調している。

時局座談会

民団中央本部で 各県本部を巡回

民団中央本部（金正柱団長）では、激動する国際情勢に対処して朴大統領の六・二三平和統一外交宣言を中心とする時局座談会を、各県地方本部の積極的な協力で民団員多数参席のもと、次の要領で開き大きな成果をあげている。

講師＝各地方本部団長、[illegible]
開催地・日程
▼愛知県本部＝8月10〜11日
▼石川〃＝8月15日
▼福井〃＝8月16〜19日
▼愛知〃＝8月26〜31日
▼岐阜〃＝9月1〜5日
▼富山〃＝9月6〜10日
▼福井〃＝9月11〜14日
▼三重〃＝9月15〜17日

照点

セマウルに表われた 在日同胞の愛国心

このほど在日同胞たちが募った義捐金四億二千万ウォンが、関係当局に寄せられた。

この義捐金は、母国のセマウル運動に対する同胞たちの熱誠のこもった祖国愛の結晶にほかならない。去る七月十六日ソウルの三・一堂では、金正柱中央団長をはじめ、四十九の傘下民団組織の代表五百余人と、国内のセマウル関係者、そして在日韓国居留民団と姉妹関係を結ぶことになった全国百二十二セマウルの指導者らとのセマウル結縁式が催されたが、これはかって見られなかった在外同胞の祖国愛、ひいては、セマウル運動への全国民的参与のあらわれとして、新ためて評価されるべきである。

在日同胞たちが、これまで根気づよく募金した義捐金四億二千万ウォンの心こもる誠意は、セマウル発展に貴重な基肥となるということはぜい言を要しない。

消息筋によれば、この四億二千万ウォンの義捐金が集められるまでは、在日韓国居留民団長野県本部の[illegible]団長の五百五十万円を始め、二千八百余人の同胞らが、一人当り七千五百円に当る金額を寄付するという誠意をしめしたばかりでなく、あるいは安月給とりの家庭からのように、これまで貯蓄した五十万円の貯金通帳をそっくり献金として出したというから、同胞の熱誠がどれほどであったかは、推し測って余りがある。

この高貴な誠意を受けとった国民の感激は、表わすすべもない。

いま、彼らは、彼らが[illegible]のセマウルの[illegible]を実証で[illegible]とセマウル[illegible]一致団結し[illegible]新たな覚悟[illegible]ことに、[illegible]国内企業の[illegible]る。[illegible]なく、それは[illegible]であり、国家[illegible]である。また[illegible]の何千倍の[illegible]を誇示する[illegible]在日同胞が[illegible]のような意[illegible]い民族の資[illegible]ろう。

（アジア紙）

80年代への青写真完成

太企画院長官 長期経済計画発表

総投資13兆で成長率10・3%維持

太完善長官

政府は、来る一九八一年度に一人当りGNP、九八三ドル、輸出百九億七千万ドルを達成し、七三年から八一年まで年平均一〇・三パーセントの経済成長を実現するための経済長期展望を確定発表した。十七日、午前、太完善経済企画院長官は五ヵ年中期計画の制約性を補完し、経済運営の長期的課題と方向を提示するため、経済長期展望を確定発表することになったとのべ、この長期展望による来る八一年度の経済政策基本目標は、福祉優先の厚生国家実現と国際収支改善を通じた自立経済の実現をめざして設定されたとのべた。

太長官は、この長期展望に依拠し七三年から七六年まではインフレ要因、農工間の隔差、国際収支の逆調などを解消させ、重化学工業中心の工業構造を改善することに注力しながら、年平均九・五パーセントの安定的成長を持続することになり、七七年から八一年までは一一パーセントの高度成長を実現全体期間中、平均一〇・三パーセントの成長を実現させるとのべた。

太長官は、特に、このような成長を実現させるため七三年から八一年まで所要とされる十三兆一千二百億ウオンの投資額中、八九・三パーセントを内資で調達すべき実情であり、民間貯蓄を画期的に増大させる新たな資本動員体制の樹立が不可避であるとのべ、このため、金融資産を投資者の選好にあわせて改編する金融制度の画期的な改善と資本市場の拡充および[illegible]貯蓄を吸収するための[illegible]の方案などが検討されているとのべた。

一方、太長官は、この長期展望にもとづいて設定された来る八一年度の政策目標を達成するために①人口増加率の鈍化、②物価と為替の安定、③人力開発と科学技術の振興、④投資率を高める、⑤国際収支の均衡など5種の当面課題解決に政府施策を集中させる方針であるとのべた。

70年代における韓国経済は高速道路の開通などで文字どおりの「経済離陸」をはたした。今や80年代における「経済飛躍」に向かって韓国経済はまっしぐらにばく進しつつある

民願書類簡素化

[illegible]種を整理 処理期間も短縮

政府は行政能率の向上と[illegible]にともなう国民の経済的、時間的負担を軽減するため、民願事務の処理期間を短縮する[illegible]類を減縮し、処理機関の[illegible]一方、中央行政機関の権限を[illegible]機関や各市・道に委任することにした。

一、総務処は、この日、「国民生活と直結され、処理期限が長く行政機関の内部協力で確認が可能な民願書類は、大幅にへらした」とのべ、このような民願書類の大幅な簡素化で、年間約十億ウオンをこえる国民負担が軽減されることになると推定した。

主要改正内容はつぎのとおり。

◇民願書類減縮＝▼特許関税申告＝現在の五種を二種に▼土地区画整理事業＝13種を五種に

◇民願事務処理期間短縮

▼輸出[illegible]許可＝現行二十七日を七日に▼人参製品輸出許可(新規民願事務)＝一カ月間など。

潮力発電候補地に

牙山湾など3カ所選定

長期エネルギー対策として、その間、潮力発電所の建設問題を検討して来た政府は、西海岸の牙山湾など三地域を発電所建設候補地に選定、フランス技術陣と共同で基本調査に着手することになる。

十七日、関係当局によれば、商工部、韓電、建設部、水資源開発会社などが、潮力による発電を計画しており、すでに、フランスのランサー潮力発電所を設計したソグリア用役会社に、立地および発電規模等に対する基本調査と妥当性調査を依頼したといわれる。

調査対象地区は、牙山湾、加露林湾、チョンス湾などの西海岸の3地域で、潮力発電には世界最適の立地条件を備えているということである。

ところで、政府は、一九六〇年初ごろから潮力発電所の建設を推しすすめて来たが、発電設備に対する投資額が莫大であるということから、潮力発電所建設の優先順位をおくらせて来た。

なお潮力発電とは、特殊発電の一つで、干満の差による海面の水位差を利用する発電で、現在まで建設された潮力発電は、フランスの二十万KW規模のランサー発電所のみだという。

世界各国が、新たなエネルギー源の開発のため特殊発電を計画しているが、経済性が問題で本格的な開発には手をつけていない現状である。

わが国のばあい、六十万KW規模の原子力発電所が完工される七六年以後に着工される見とおしである。

祖国を再認識

反共・愛国・愛族の民族精神を涵養

第八回 夏季学校大きな成果

一九六六年度の夏休みに開設されて以来、今年で第八回の夏季学校が開設された。在日韓国学生に対して祖国に対する正しい認識と民族精神を涵養し、反共・愛国・愛族に[illegible]する在外国民の育成に大きな成果をあげて来た。

今回、第8期の夏季学校に、[illegible]団長とともに、金[illegible]中央本部文教局長が副団長として、五百十三人の夏季学校生を引率した。そして、一人の落伍者も無く、所期の課程を全日程無事に修了したことは、在日同胞二世の今後の正しい成長をおしはかる一つの頼もしい事実として、喜ばしいことといえる。

夏季学校の目的は、在日韓国学生をして、祖国に対する正しい認識と民族精神を涵養し、反共、愛国、愛族する在外国民として成長させることを目的としており、具体的目標としては、

一、祖国の自然環境と生活様式を紹介し、周知させる。

二、祖国の文化的伝統と歴史に対する理解を助ける。

三、躍進する祖国の発展相および祖国の近代化過程を正しく認識し、韓国の未来像に対する理解を深める。

などの目標のもとに三週間の教科課程として、つぎのような学習内容を消化することになる。すなわち、わが国の言葉と文字、歴史的伝統、民俗、文化、セマウル活動、語学訓練、祖国の民謡と舞踊、礼儀作法、三千万人の合唱、体育大会および[illegible]大会などをふくめた、生活学習課程を履修、特に、人気のあった民泊、家庭訪問などを終え、八月十九日にめでたく修了式をおえた。

特に修了式典で、学生らの誠金五万余ウオンを、セマウル運動に献金、教職員一同に深い感銘を与えた。

抱きあって感激の涙

韓国系日本人学生

ついで八月十日韓国系日本人学生韓国親善訪問団が、[illegible]青年局次長の引率によって、KAL便でソウルに着いた。

出迎えは、国際教育[illegible]課長、ソウル特別市教育委員会学務局長、京畿高校生(男子)と京都女子高校生、梨花女子高校生の歓迎を受け、梨花女子高校講堂で開校式が行なわれた。

八日間にわたって、顕忠祠、ソウル市内古宮見学、民俗芸術公演観覧、慶州古蹟踏査、国立墓地参拝、蔚山工業センター見学、前方部隊訪問、陸軍士官学校見学、民泊、28周年光復節記念式典に、在米韓国学生一行と参加、水泳大会などにも参加し、修了後は、自由に親戚訪問をした。

親戚訪問では、祖先の墓前にぬかずき、涙を流しながら郷土をビニール袋に詰[illegible]るとか、言葉が通じあわないまま、初対面の祖父母と抱きあってなつかしさの余り声をあげて泣いたという感激的なエピソードは無数にあり故国への愛情をたしかめた。

このたびの在日同胞夏季学校および、韓国系日本学生韓国訪問の成果は期待以上のもので、今後より一層の充実と拡大を期するものである。

路辺広告など規制

取締法準則改正

内務部は、都市美観を害している無秩序な各種広告物を規制するため、今月中に、現行広告物取締法に関する準則を改正来月から実施することになった。

税務相談

解答者・玄庠涪
玄会計事務所
税理士・経営コンサルタント

財産分配における贈与税について

問い 贈与税について、御尋ねします。妻や子供に少し財産を分けておきたいと思いますが。

答え 贈与とは、当事者の一方が自己の財産を無償で相手方に与え、相手方が受託する事によって成立する契約です。

贈与は、主に親子、夫婦など親族の間で多く行われるが、次のような場合には贈与があったものとみられ、贈与税がかかります。例えば、住宅で夫の所有している土地や家屋を、妻や子供の名義に登記すると、対価の形式で登記したり、親が買った不動産を子供などの名義で直接登記した場合でも同様です。また、受取人以外の人が、保険料を支払った生命保険金を受け取ったとき、財産を時価より非常に低い価額で譲り受けたときは時価と譲受価額との差額が、贈与とみなされます。贈与を受けた財産の価額は、原則として時価により[illegible]ます。贈与税は、贈与のつどかかるのではなく、その年の一月一日から十二月末日までの一年間にもらった財産を合計し、これから四十万円を控除した残額に税率をかけて計算し、その申告と納税は翌年二月から三月十五日までです。

この場合、基礎控除四十万円のほか、次の二つの条件に該当する分は、配偶者控除として、最高三六〇万までの金額を差引くことができます。（1）婚姻期間が二十年以上の夫婦の間で行われる居住用不動産を取得する為めの金銭の贈与である事、（2）贈与を受けた人が、翌年の三月十五日までに、その居住用不動産または贈与を受けた金銭で取得した居住用不動産を、実際に自己の居住用として使用するとともにその後も引続いて居住する見込であること。なお、この配偶者控除は、一生に一度しか適用されません。この控除は一度受けると相続税にかかる配偶者控除の適用は受けられません。

昭和四十七年四月の改正により相続の場合には、居住用不動産については、婚姻期間十年以上の場合、最高三千万円まで控除されるので事情に応じて考えて行うべきであります。

問い 土地や建物を短期間しかもっていなかったのを売ったときの税金はどのようになりますか。

答え 即ち、昭和四十四年一月一日以後に購入したり、建築したりした土地建物は、その保有期間が五年をこえていても、その譲渡所得は短期譲渡所得の税金を、他の所得と分離し、次の（1）、（2）いずれか高い方の金額となります。

（1）課税短期譲渡所得の四〇%、（2）普通の総合課税の方法で、計算した場合の、その譲渡所得に対する税額の一〇%増し、この場合、短期譲渡所得には、長期譲渡所得の百万円控除にあたる特別控除額はありません。しかし、収用など[illegible]の特定の譲渡の場合には、長期譲渡所得のところで説明した特別控除額を差し引いた残額に、税率を適用することになります。短期譲渡所得に対する住民税も所得税と同じように分離課税となっています。短期譲渡所得については所得税の最低税率は四〇%、住民税は一二%となっていますから短期譲渡所得の最低五二%から最高八八%の税金がかかることになります

短期譲渡所得の税金計算方法。（1）譲渡価額ー（取得費十譲渡費用）＝課税短期譲渡所得。（2）短期譲渡所得・税率（40%以上）＝税金。

この税金よりも、総合課税の方法で計算した税金のうち短期譲渡所得に対応する百十%相当額の方が高い場合には、高い方の金額が税金となります。

またこの様にして土地建物等の売買した利益は、税制で抑制し一般の商品の売買と区別して高税率で課税する様になりました。おさえる制度に転じたのである。が、法人の場合は、大企業を動かして投機的に土地等を買いしめたため、これから土地や建物を売ってもそのもうけは全部といってよい税金という名の下で国と、地方公共団体が、徴収する様に改正されている点は注目すべきであると思う。

問い 土地や建物を売ったときの譲渡資産税についておたずねします。

答え 大都市とその周辺を中心とする土地の価格のアンバランスと、それに伴う地価の上昇は、深刻な社会問題となっています。

そのため、土地や建物の譲渡所得をその土地や建物の保有期間の長短などによって、長期譲渡所得と短期譲渡所得に分け、このうち長期譲渡所得については、その譲渡所得を他の所得と分離して、その金額の大小にかかわらず一定の比例税率で課税する様になりました。「長期間もっていた土地や建物を売ったときは、どうなるのですか」、長期とは五年をこえる期間もっていた土地や建物の譲渡所得です。即ち長期譲渡所得の税金は、他の所得と分離してその税率は、四十七年～四十八年度は一五%で、地方税が5%、四十九年～五十年度のものは二〇%で地方税は6%となって居ります。

特別控除額は、土地建物等の長期譲渡所得の特別控除額は、普通の場合は百万円です。土地建物等の短期譲渡所得には、この百万円にあたる特別控除はありません。しかし次のような場合には、土地建物等の譲渡所得の特別控除額は次の通りになります。（1）自分が住んでいる居住用財産を譲渡した場合は一千万円。（2）収用などにより資産を譲渡した場合は一千二百万。（3）日本住宅公団等が行なう土地区画整理等のため土地を譲渡した場合は六百万円。（4）特定住宅地造成事業等のために土地等を譲渡した場合は三百万円（5）農用地区域内の農地等を譲[illegible]ん。

長期譲渡所得の計算は、（1）譲渡価額ー（取得費十譲渡費用）＝長期譲渡所得。（2）長期譲渡所得ー百万円＝課税長期譲渡所得（3）課税長期譲渡所得×税率＝税金となりますが、年間譲渡所得全体を通じて、最高一千二百万円を限度とします。またこの特例の適用を受けた長期譲渡所得については、重ねて一般的な百万円の長期譲渡所得の特別控除額の控除を受けることはできません。

問い 自分が住んでいる建物とその敷地を売ったときは税金面でどうなりますか。

答え 現に自分が住んでいる建物（店舗併用住宅は住宅部分だけ）ですしやその建物と一緒にその建物の敷地となっている土地借地権を売ったときは、その譲渡所得から一千万円の特別控除額が差し引かれます。しかし、売った相手方が自分の親族や同族会社など特別の関係にある場合には適用されません。

この特例は、建物やその敷地の所有期間の長短を問わず受けられますが、特例の適用を受けた年の前年と前々年には適用されません。

なお、自分が住んでいた建物を空家としている人でも、空家にした日から一年以内に売れば、この特例の適用が受けられます。また転勤などのため、建物の所有者が一時、住んでいない場合でも、その間生計をいっしょにする親族でそれまでいっしょに住んでいた人が引続いてその建物に住んでいる場合にも、この特例が適用されます。

問い 土地や建物等を同じ種類の資産と交換したときはどうなりますか。

答え 特定の固定資産を交換した場合、①一年以上もっていた土地、建物、機械など特定の固定資産を、②同じ種類の固定資産で相手方も一年以上もっていて、交換のために取得したものでないものと交換し、③その土地や建物などを前と同じ用途に使った場合には、譲渡はなかったものとされます。しかし、交換しあった資産の時価の差額が、交換した資産のいずれか高い方の時価の二〇%を超える場合には、この特例は適用されません。

この特例を適用しますと、相手方から金銭などの交換差金をもらっていないときは課税されないことになります。

本人も知らぬ間に役員

激憤した金敬和君（旧韓青役員）

ねつ造事実を本紙に訴え

不純分子部任役らが発行している機関紙「民団東京」二五一五号（七月五日付）に、事実に反する記事内容があったとして、これに激憤した旧韓青川崎支部委員長兼神奈川県本部副委員長であった金敬和君は、去る八月六日本紙記者に次のような内容を寄り、その卑劣さを訴えた。

同紙四面記事によると、「委員長に敦元期君、韓青神奈川で定期大会」云々の見出しがついており当日選出された新役員を次のように報じている。

監査　金敬和、崔□誠

副委員長　林時一、崔昌宝

金敬和　君

渉外部長　鄭□鎮

組織部長　金昌男

しかし、これは去る六月三日、神奈川県韓国人商工会で開かれた、旧韓青神奈川県本部臨時大会で、県内の愛国青年有志たちは韓青を解散し、民団と本国の維新体制を支持すると決議した事実と、あまりにもかけはなれた、ねつぞう事実であり、不純分子らが主催した七月一日の自称大会にも、金君は参加しておらないことを明らかにし、本人も知らぬ間に役員にさせられたわけで、金敬和らに内容証明付の役員辞任届を出す一方、再びこのような悪らつなことをしないよう、警告している。

任役員辞任届

旧在日韓国青年同盟神奈川県本部（韓元斉委員長代行）第二一回定期大会なるものが、七月一日午後三時、不当民団神奈川県本部二階講堂で開かれた。この大会で選出された新役員（監査役）として、私の名前が不当民団東京（七月五日付）なるものに掲載され報じられてありました。

私自身、当日大会には参加しておらず、また、役職を承諾した事もありません。本人の意思も問わずに、全く迷惑を蒙むっております。

過去、民団史と始まって以来の混乱策動（所謂・録音問題事件）に対して真意を取り違えた旧韓青指導者が、民団内の一部不純分子の煽動に惑わされ、韓国青年としての立場を放棄した事は遺憾に思います。また私自身、以前韓青□年間盟神奈川県本部副委員長の要職にありながら、民団混乱策動の一連の事件に対する正しい認識と判断に欠け、事態収拾に努むることをせず、一部不純分子に附和雷同したことにつき、ここに反省の意を表明するものであります。

今後、大韓民国々民として、民団規約を尊重し、また在日韓国青年としても、民族的矜持と共に、国民としての自覚と教養、同胞との一体感を持ち、祖国の建設に寄与することを誓うものであります。

昭和四八年七月二五日

川崎市川崎区浜町一丁目十三番三号　金敬和

東京都文京区春日二丁目二〇番十三号　金載沢殿

横浜市神奈川区鶴屋町二丁目十八番地　敦元基殿

横浜市中区末吉町三丁目四五番　民団神奈川県本部

川崎市川崎区浜町四丁目二番一号　民団川崎支部

（原文のまま）

国体派遣選手

文教局で募集よびかけ　選手推せんは体育会へ

民団中央文教局では、恒例の第五十四回国体派遣選手の募集について、全国民団組織によびかけている。

毎年、本国で催されている年中行事の一つである国体には、これまで在日同胞選手が参加しており、今年も例年にもれず参加するもので、卓球、柔道、サッカー、バスケット・ボール、野球などの各種目にわたっており、その総合選抜大会の要領は次の通り。

〈第一地区〉

▼八月二十四日開催。福岡市厚生年金スポーツ・センター。

サッカー、バスケット、野球など約百五十人参加予定。

〈第二地区〉

▼卓球選抜大会は東京だが日時場所未定。

〈第三地区〉

▼柔道選抜大会は、奈良県天理市だが、日時は未定。

右いずれも選手推せんと問合せは在日本大韓体育会まで（TEL東京四〇四—二七八四）

なお、地方の高校、大学選手は、国体にかかわらず、常時、種目や記録などを、体育会あてに報せてくれるよう望んでいる。

在日同胞　国楽で表彰

長鼓・金澤満　舞踊・朴正美

☆去る8月15日の第28回光復節を記念して在日同胞二氏が本国の韓国々楽協会から表彰され、愛好家の間で話題をまいている。

その一人は、金沢満氏（60・不動産業者）で、表彰対象は、国楽の「鼓手」と、「長鼓部門」の二つ。同氏は、今年の1月に、既に名人級の資格認証をうけており、もう一人は女性の朴正美さん（33・舞踊家）で、民俗舞踊を永年研さん、同じく国楽協会の正会員としての活躍を認められたもので、二氏とも、本国からの国楽芸術団が来日、巡廻公演したおり、物心両面にわたる献身的協力があったとして、この点も高く評価されている。

この二氏表彰のため、来日した前記国楽協会の金鍾詰理事長は、二氏の国楽研さんへのひたむきな精進ぶりをほめ讃えたあと、次のように記者に語った。

芸術で国威宣揚

金鍾詰理事長談

韓民族の伝統芸術である国楽を、外国において研さんし、しかも、本場であるソウルの国立劇場や市民会館において、堂々と、その真価を問うたところは、さすがといいたい。両氏とも、わが国の無形文化財である朴貴姫先生に師事しており、海外にあって、今後、ますます精進して欲しいし、それは必らずや芸術面での国威宣揚につながるものと信じて疑わない（写真右から受賞の金沢満氏、陰の功労者である尹吉炳氏、金鍾詰理事長、受賞の朴正美さん）

婦人会で全国合同講習会

十二日間四地区で

在日大韓婦人会中央本部（金信三会長）では、八月二十日から、第五回全国講習会をもよおしている。

三十一日までの十二日間、全国を四地区にわけ、一地区ごとに三日ないし二日間催されるこのたびの講習会では、急変する世界情勢を正しく把握し、本国の施策と当面問題を理解することによって、愛国愛族精神を深めることを目標としている。

組織基本姿勢など講義

講習内容は、組織における基本姿勢、婦人会業務、本国の事情、韓国の礼儀作法、韓国の歌などであるが、講師は、共和党訓練院の下島発教授、内外問題研究所の李奇鏈所長外一人である。

地区別、日程は次の通り。

▼20日—22日＝第一地区（関東・中北・近畿）

▼23日—25日＝第二地区（中国・九州）

激突！攻防熾烈を極めたバレー試合（後向きが韓国大新高）

韓国球技の実力発揮

韓日高校スポーツ交歓

恒例の一九七三年度韓日高校スポーツ交歓競技会は、去る十八日と二十日の二日間にわたって、駒沢屋内球技場、世田谷区立総合運動場など六会場で、連日の猛暑にもめげず、各種競技が、双方選手間で激しく展開されたが、韓国は得意とするサッカー（漢陽工高）バスケット（龍山高、淑成女高）ハンドボール（高麗高）の球技に快勝、陸上競技では、走り幅とび（金栄関）と五千メートル（蔡俊錫）に勝っただけで、あとの全種目を日本の勝利にゆずった。

韓日理容技術の交流はかる

民団中央の朴太煥議長の積極的なあっせんで、かねてから進められていた韓日親善理容交流は、ようやくこのほど結実、韓国理容師会朴広圭中央会長の招請で、日本側から峯森英雄氏ら一行十三人が去る十三日訪韓、翌る十四日午前十一時からソウルで、韓日理容懇談会がひらかれた。

この席上で、朴中央会長は、あいさつを通して、両国親善と理容業界の発展向上のために、共につくそうと力強くのべたあと、峯森氏は、今日あるを信じて、さきに二度も訪韓した甲斐があったと答え、両国理容業界の実情報告と技術交流のための研修生受入れ案などを討議通過させ、午後一時半、懇談会を終わり昼食会に移って、和やかに歓談がつづいた。（左は記念撮影の一同）

団長に兪弘濬氏

東京・練馬支部総会

民団東京・練馬支部では、去る八月四日、団員家族の慰安旅行を兼ねて、千葉県の片貝海岸のあけぼの荘で、第十二回定期総会を開き、次の新役員を選出した。

なお、兪団長は、今度で団長を二期つとめることになる。

団長	兪弘濬
副団長	朴珍淳
副団長兼事務部長	諸兄雲
議長	金鍾台
副議長	金仁在
〃	鄭炳俊
監察委員長	李用洙
〃委員	李康吉
〃	安碩基

犠牲同胞慰霊祭

関東大震災五十周年　9月1日、駐日公報館で

民団東京本部（鄭東淳団長）では、関東大震災第五十周年を迎え九月一日午前十一時から、駐日韓国公報館会議室で犠牲同胞慰霊祭を厳修する。この日、地震が襲いかかった午前十一時五十八分を前後して、罹難者への敬けんな黙祷を捧げ、焼香する予定で民団側の多数参席を望んでいる。

関東大震災は、今から五十年前の一九二三年九月一日、突如、関東地方をおそった大地震で、多くの人命と財産を一瞬に奪った大災の変であるが、日帝の官憲は、在日同胞に無実な汚名をきせて、七千人あまりの同胞を虐殺した民族受難の日である。

◇　◇　◇

韓国人原爆犠牲者慰霊祭　広島

原爆の街・広島で、今年も韓国人犠牲者の霊を慰める第4回慰霊祭が、同市平和公園内にある韓国人慰霊碑の前で、8月5日午前10時から、同胞200人が集まる中でしめやかにとりおこなわれた。

対馬島本部移転

民団対馬島本部は、長崎県上県郡峰村佐賀四五五・電話〇九二〇八—二—〇〇三九へ移転し、さらに対馬島上支部も長崎県上県郡上対馬町□□・電話〇九二〇八—六—二二五〇三（副団長室）二〇四〇（事務所）へ移転しました。

尋ね人

☆故盧相鉉さんの家族で—

趙有順さん（故盧相鉉さんの妻）

盧廷漢さん（ソウル大・文理科大学中学科・長男）

盧漢趙さん（長女）

〃東漢さん（次男）

本籍地・全南谷城郡梧谷面梧枝里三五八番（本貫は咸安盧氏）一九四四年度まで慶南居昌郡居昌邑上洞で東亜婦人商会（繊維業）を経営していた故盧さんの家族を故盧さんの次女ソウル居住の盧宗子さん（随筆家）がさがしています。

在日同胞のうち、全南谷城郡梧谷面梧枝里出身の方や、慶南居昌郡居昌邑上洞出身の方で心当りの方は、盧さんの家族探しに協力して下さい。

連絡先は、〇三—四五五—四一五八・水原まで

☆金点用（竹村満吉・72歳程度）本籍・慶南山清郡今西面水鉄里393

☆金載基さん（金さんの長男・50歳）

☆金載万（金さんの次男40歳）

☆金載千（三男・30歳程度）

十年前まで石川県金沢市金石松原町一〇五番地に住んでいた金さんらを、日本で研修中の外換銀行釜山支店の劝の金厚根さん（37・劝名は崔近）がさがしています。ご存知の方は民団中央本部民生局または外換銀行東京支店（二一六・三五六一）に連絡を。

☆張在徳さん（51歳・男）

本籍・大韓民国慶尚北道聞慶郡山北面虎岩里44。

30年前渡日13年前まで兄さんである呉義鍋さん（63才）と文通があったということです。

ご存知の方は、慶北聞慶郡店村邑二里間農英数学院内張根成さんまで連絡を。

☆金高王さん（田中高王・46才・男）

本籍・慶南咸安郡伽倻面

終戦前、神戸市林田区房王寺町7丁目15番地の15に住んでいた金高王さんを弟の武次さんがさがしています。ご存知の方は、ソウル特別市中区南昌洞一九〇—14号、金武次さんまで連絡を。

☆韓光鈞さん（清村基青・男51才）

一九三二年頃渡日、千葉県千葉市今井町三八六に住んでいた韓さんを弟の重鈞さんがさがしています。ご存知の方は、江原道原城郡文幕面文幕、韓重鈞さんまでご連絡を。

☆崔鳳烈さん

本籍・慶北漆谷郡角南面日谷洞三四五番地

愛知県春日井市上条木町四三九五番地に住んでいた崔鳳烈氏家族をご存知の方は、大邱市東区新岩洞2区四五三番地、崔鶴谷さんまで連絡を

☆千スミヨンさん（男・54才）

一九四九年七月に、韓国へ一時帰国したことのある千さんをご存知の方は、慶尚北道礼川郡甘川面千香洞96番地、権翊春さん宅で連絡を。

韓国と日本の関係に新視点

日本上古史（文定昌著）抜粋と解説（13）

応神王朝（7）

応神王明石浦で新羅軍に降服②

東史綱目　李朝五百年間、正確な史家として知られる「順菴　安鼎福」もまたこの事件に関して次のように記録した。

日本漢在大東　四面大海　外兵不入。但見其年代記　倭皇応神之二十二年　新羅人明石浦。浦去大阪纔百里。（以下李右門扶桑記と同一部分省略）

接応神之　二十二年辛亥　即儒礼王之八年也。与年歳稍差　而概同時事也。東史不見　闕文也。（儒礼王十二年条）

[illegible]　文献備考、輿地考を担当、編さんした申景濬も、この事件を、以上の諸氏と大同小異に伝えている。

日本書紀　応神二十二年は、扶余の後王、依羅と見られる応神王が難波朝を建設してわずか二十二年である。関係文献を綜合して見ると、このときの戦闘は今日の岡山県の前の海から淡路島にかけて行なわれた。親（した）しく応戦していた応神王が敗れて明石浦まで追い込まれ、遂に今日の岡山県地方六県を新羅軍に割譲（かつじょう）する条件で和解が成立した。そして赤間関で白馬を斬り、双方がその血を口びるに塗って赤くすることにより降服の誓いが成立したようである。

すでに述べたように、百済の史家安万侶は、日本国の国威が傷つくと思われる事項ごとに、その事件を神話的に装飾して、そのことを有のまま伝わることのないように気を配った記録をしている。この淡路島敗戦もまた次のように擬装された逸話を記述して、史家自身はその責務を果たしながら、後世の人たちが容易に知ることのできないようにつくり上げた。（日本書紀の本文は解説のところに載せた＝訳者）

新羅軍を御友別（みともわけ）

戦争を奉饗（みあえつかえまつる）

敗戦を悦懌（よろこびたまうこころ）

という風にあらわした。

応神二十二年秋九月六日、天皇が淡路島で狩りをした。この島は難波の西の方の海に位置しているが、岩石がるいるいとしており、谷がたがいに接し、草木がうっそうと茂り、おおしか、かも、かりが多いので、天皇はたびたび行幸した。

天皇がにわかに淡路島から吉備に転じ、さらに小豆島で遊んだ。

著者註＝この六日紀は応神王が攻め込んで来た新羅軍と淡路島で交戦したあげく、吉備国の小豆島に退却した動きを語ったものである。

十一日にまた移動して葉田の葦守宮にいた。このとき御友が急に駆けつけて来て、その兄弟と子孫たちが料理人となり天皇に奉饗した。

著者註＝接戦がはじまったということである。

天皇がその侍奉する御友の誠慎と恐縮する有様を見て喜こんだ。

著者註＝追われて葉田の葦守宮すなわち吉備の中にかくれていた応神王が、新羅軍に包囲されて恐れおののいていることであろう。

因而、吉備国を割ってその息子たちに与えた。

川島県を分けて、長子稲速別に封じた。これが下道臣の祖である。

次、上道県を中子仲彦に封じたこれが上道臣と香屋臣の祖である。

次、三野県を弟彦に封じた。これが三野臣の祖である。

また波区芸県を御友別の子鴨別に封じた。これが笠臣の祖である。

また苑県を兄、浦凝別に封じたこれが苑臣の祖である。

著者註＝生けどりになった応神王が、新羅軍に降服して、その降服条件として吉備国の六県を割譲したものである。

新羅軍が応神王からゆずられた吉備地方のこの六県は、日本本州内で特殊地域＝準邦国家を形成して、数世紀間応神王の難波ー大和政権に、あるいは協助し、あるいは反抗をしたりした。そのような事実を日本書紀上では、仁徳六十年記、吉備中国、川島河派の大虬、雄略七年紀、吉備上道臣、田狭父子の謀反、同二十三年紀、吉備臣尾代の造叛事件、清寧即位前紀の王子星川と、かれを助けるために駆けつけた船舶四十隻などに見ることができる。

古墳文化上からは、吉備地方の特長的形態である円墳と、帆立貝式古墳が、西紀三〇〇年頃からはじまり、横穴式石室と同時にたて穴式石室が、六世紀中葉にいたるまで維持されていたし（著者注＝見西川宏「日本古考学の諸問題」吉備政権の性格）、そうした吉備古墳文化は崇神朝で見たように出雲地方の古墳文化と関連＝同一圏を形成し、新羅系に属するという点などに見ることができる。

つづく

「日本年代位」「異称日本伝」共に現存・所在判明す

〔解説〕　なお、前回の本文に紹介された「日本年代記」と「異称日本伝」は、何れも現在実存する書物で、「日本年代記」は写本、「異称日本伝」は版木印刷本（原本?）と活字本の二種があることが判った。「異称日本伝」は国立国会図書館にあり、いつでも閲覧可能であるが、「日本年代記」はお茶の水図書館の中の「セイキ堂蔵書」となっており、現在八万巻に上る図蔵書の整理中で、当分（数カ月ないし新年）は閲覧不可能であることが判った。

「異称日本伝」は次回までに、原文と、その書物の写真を準備する予定である。

日本書紀の応神天皇二十二年記のうち、関係文の訳文は全文次のとおり（岩波書店、日本古典文学大系六七、日本書紀P三七四、一部仮名書きにした）

『秋九月の辛己（かのとのみ）の丙戌（ひのえいぬ、六日）に天皇（すめらみこと）淡路島に狩したまう。この島は海によこたわりて、難波の西にあり。峯いわおまよいまじりて、陵（おか）谷あい続けり。こうばし草しげくもくして、たかきなみそそぎながる。またおおしか、かも、かり、さわに（多く）その島にあり。ゆえに、すめらみこと、しばしば遊びたまう。天皇、すなわち淡路よりめぐりて、吉備にいでまして、小豆島（あずきしま）に遊びたまう。庚寅（かのえとらのひ）にまた葉田葦守宮（あしもりのみや）に移りまします。ときに、御友別（みともわけ）もうけり（来たという意）すなわち兄弟子孫（いろねいろどうみのこ）をもってかしわでとして饗奉（みあえつかえまつ）る。天皇、ここに、御友別がかしこまりつかえまつるかたちをみそなわして、よろこびたまうみこころまします。よりて吉備国を割（さ）きて、その子等（こども）らに封（ことよ）さす。すなわち川島県（かわしまのあがた）をわかちて長子稲速別（このかみいなはやわけ）にことよさす。これ下道臣（しもつみちのおみ）の始祖（はじめのおや）なり。つぎに上道県（かみつみちのあがた）をもって中子仲彦（なかつこなかつひこ）にことよさす。これ上道臣・香屋（かや）臣の始祖なり。次に三野県（みののあがた）をもて弟彦（おとひこ）にことよさす。これ三野臣（みののおみ）の始祖なり。また波区芸県（はくぎのあがた）をもて、御友別が弟鴨別（かもわけ）にことよさす。これ笠臣（かさのおみ）の始祖なり。すなわち苑県（そののあがた）をもて兄浦凝別（うらこりわけ）にことよさす。これ苑臣（そののおみ）の始祖なり。すなわち織部（はとりべ）をもて兄媛（えひめ）に賜（たま）う。これをもて、その子孫（うみのこ）、今に吉備国にあり、これ、その縁（ことのもと）なり。』

（金元奉　記者）

写真左は「国際情報」誌刊「戦争文化史1」より

鉄製の短甲をつけた日本の埴輪（はにわ）

韓国歌曲の夕　辺成燁氏のリサイタル

韓国声楽界のバリトンの第一人者である、辺成燁リサイタルが、来たる八月二十八日午後七時から、東京・京橋のブリヂストン・ホールでひらかれる。

ピアノ伴奏に竹場みつ子さん、合唱に、李海成、李外千、許順子さんらが賛助出演する。曲目は、李相根の「雅歌」羅運栄の「招魂」などクラシックな韓国歌曲ばかりで十三曲。

新木音楽事務所の提供で、韓国公報館と民団中央本部が後援する。会員券は八百円。

読者の声

農村の所得増大が鍵　セマウル運動への私見

黄　益　浩

わが国の最近の基本政策は、内政面においてはセマウル運動、外政面では、祖国分断の現状固定を基調としていると思われる。この事は、結局、国内の近代化を徹底し、北韓に対して優位な立場に立って、民族悲願の祖国統一を達成しょうとするもの である と考える。

旧韓首の諸氏が言うように、本国政府が祖国の永久分断を意図しているとは思えない。祖国の統一は、為政者にとって最終の目標である筈だし、国民は本当、統一に至るまでの施政を為政者に委任しているわけである。

民族の統一自体について言えば、南北両国民の一人一人が富裕になれば、当然に実現されると思うので、そうした政策過程を実現する国家の基本的組織を否定して、いっきょに政治的路線によって解決しょうとするのは、論理の転倒であるし、徒らに混乱を招来させるだけではあるまいか。

もちろん、終局的な民族全体の繁栄のためには、双方のメリットを生かせる統一国家の実現が不可欠であるけれども、現時点のわれわれをとりまく状況は体制維持を前提としているし、実際に共産主義者と闘っている現実を直視しなければならない。それ故、われわれが、民族の統一を実現するために、まず、われわれ自身が繁栄するべきであるし、その一環としてのセマウル運動を位置づけるべきである。

ところで、今までの本国は、都市と農村の不均衡が甚だしく、農村の低開発性が、国家の経済的発展に大きな障害となっていたと思う。このことは、常識的に考えても、国家の工業生産性を増大させるためには、消費者の購買力を増さなければならず、その ために は、農村住民の所得を大きくさせる必要があるからである。日本の場合についていえば、戦後の高度経済成長は、まさに韓国動乱の特需を背景とした一連の農業政策に負うところが多かったのである。

従って、今度のわが国のセマウル運動が、今後のわが国の経済的発展の成否を決するといっても過言ではないと思う。

では、そのためにはどうすべきか。つまり農業政策を中心とする農村行政の問題である。しかし、私は、われわれの出発点がセマウル運動にあるとしても、それが、人間性を失った資本の論理によって行なわれるべきではないと考える。日本が、今日において、結果的に農業政策が失敗したといわれるのは、農業破壊や農村社会の人間性喪失、老人社会化などの過疎化をさしているのである。その原因は、農民の機械化倩金、離村、農産物の自由化、出かせぎ、学校閉鎖、低賃金下請企業の倒産など農業近代化が徹底した資本利潤の観点で行なわれた点にある。例えば、土地を奪われた農民の末路が如何に悲惨であるか想像に難くない。そうした反省から最近では、総合農政、複合農業を見なおす声が高まりつつある。従って、わが国の健全な農村近代化についても、農村の問題は、農民だけの問題とするのではなく、在日同胞をも含めた国民全体の問題でなければならず、各部門の役割を有機的に複合した政策を展開する必要があると思う。

在日同胞の役割としては、民団を中心に母村との間に〝姉妹縁組〟を結んで、資金面の援助など活発な運動を展開しているが、その支援は、単なる状況論として行なうべきではなく、小規模でも永続性的な支援のできるよう計画性を持つべきであるし、その為には、思い切った組織編成を行ってもよいと考える。また、特に、在日韓国青年としては、本国の農村に行って、直接に、土を耕し、生産ということを身をもって学ぶべきではあるまいか。そのことが国民としての教育にとって有用であり、祖国の発展に直接参画している意識こそ、愛国心の礎となるものは他にないと思う。今までの青年達のセマウル運動参加は、あまりに短期間であり、効果的であったか疑問である。

林慶業将軍傳（二〇）

訳　洪　相　圭

編　八　東　周　吉

予想もしなかった大伽藍が望まれ、よく耳を澄まして聞くとそこから鳴るのであろう鈴の音が念仏の声にかわって聞こえてくるではないか！人里を遠く離れて、さまようていた慶業はほっと生きた心地がした。竹杖で足元をたしかめながら、この寺に着いた慶業は、数十名の僧侶共が一心不乱に念仏を唱えているのをまず目撃した。慶業は一身の安全を図るためには僧形に身をやつすることが便利であることを悟り、一計をめぐらした。

念仏を唱えている僧侶につかつかと近寄った慶業は、だれにともなく、一同に向かって話しかけた。

「私は素姓の卑しい生まれの者ですが、お坊様の皆様方にお願いがあります。どうも、念仏を唱えられておるのに、まことにお邪魔になってご迷惑でもございましょうが、振り合う袖も他生の縁といわれますうえに、ましてこうして御山門をわざわざ尋ねてきた者をかわいそうだとおぼしめされまして、わたくしのお願いを聞きとどけてくださいませ」

念仏を唱えていた声は一つ止み、二つ止み、果ては慶業の声だけが、法堂の天井に響き、数十名の瞳が「うさんくさい奴」と慶業を眺めていた。慶業はいかにも哀れそうな声で話をつづけた。

「お坊様の説法を聞かなくても、この世の生命のはかなさをいやというほどに知らされてきた、私でございます。どうした悪魔に魅入られたのでしょうか父母・兄・弟・妻子を一時に失って、私だけが生き残りましたが、全く生きた心地もしませんし、生きたい欲もありません。しかし自分の手で、自分の生命が断てなくて、ただ足の向くまま悠然と諸国をさまよっているのはちょうど、大海で波にもてあそばれる木の葉のようなものであります。ここを過ぎながら決心することがありますので、御山門に帰依させていただこうとお伺いしましたわけでございます。どうぞどなたか剃髪をお頼みできないものでしょうか」

と申し出たが、身なりはともかく、眼のくばり、身ごなし、人相かっこうがただものではない慶業に、恐れをなしてか、誰も剃髪してやろうという慈悲心を起こすものがおらず、数十の僧侶どもはうろんな奴と、お互いに顔見合わせているばかりであった。慶業は、「坊主ども、ふがいなし」と、心の内で舌打ちしながら、自ら刀を握って、ぷっつりと髪のたもとを切った。その時になって独歩というお坊がようやく剃髪に応じてくれた。

こうして墨染の衣をまとう僧形に、うまうまと化けおおせた慶業ではあったが、それでも用心に用心をかさね、夜にはお寺で寝たが、昼間にはきまって深い谷間に身をかくしていたのでついには他の僧侶どもが疑わしく思うようになった。

一方、慶業に肩すかしをくわされた胡の使者は仕方なく手ぶらで帰り、王にそのいきさつを告げたところ、王は烈火のように怒り、すぐ慶業逮捕の令をくだしたが、かいないことに過ぎなかった。

慶業は寺での長居も無用と、山を下り、明国に渡航する手段をあれこれと考えていたが、ある日ふと妙案が浮かんできたので、さっそく、論よりためしと実行に移した。慶業和尚はある船宿に立ちより、いかにも、坊主らしい念仏の声よろしく鈴を鳴らした。

「愚僧はソイ山の和尚でありますが、延安白川で托鉢した米が、ざっと数百石もあるのですが、それをここに運んで来なくてはなりませんので、舟と人夫が入用たのです。準備していただけましょうか。その代価は望み次第にさし上げましょう。」

船宿の主はこころよく応じてくれた。にわか和尚の慶業は仏の賓加を押し売りしながら、約束の日に違わないよう、念には念を押した。

「愚僧の面倒を親切に見てくだされば、仏様の功徳はてきめんに現われるでありましょう。世間にも積善の家に余慶ありと言われております。どうぞ日時を間違えずに大船と数十名の人夫をお頼みしますよ。それにどっさりと酒肴の準備もついでに頼んで置きます。その代価は存分にお払いいたしますよ」

と言った。主人は承知した。

慶業将軍は一応、寺に帰って、住持の独歩を連れて山をおり、約束の刻限に船宿の主の前に現われた。果たして、数十石の大船が数多くの人夫を乗せて慶業がくるのを待っていた。

九、両将の奇遇

慶業は非常に喜び、船宿の主に丁重に謝してすぐ船を出帆させた。順風に帆をあげた船はぐんぐん川をすべりおりて海を眺める河口までできたときである。にわか和尚の慶業がたとえ生ぐさ坊主にしろ仏僧にあるまじき秋水三尺を引き抜いて、ぴゅうぴゅうとそぶりをくれながら、りんとした声を放ったので、人夫どもは仕事する手を止めてただぼうぜんと立ちすくんでいた。

「お前たちは予が、だれであるか知るまい。」

がらりと血色から、ことばつきまで変わり、柔弱な僧侶の片鱗はどこにも見られなかった。

「はい、私どもは何も知りませぬ。」

と声をそろえて答えながら、わなわなとふるえている人夫どもをにらみすえて、一段と声を励ました。

韓國新聞
在日大韓民国居留民団
中央本部機関紙
韓国新聞社
発行人 金正柱
東京都文京区春日町
2丁目20−13
電話 (815)1451〜3
(813)2261〜5
振替口座 東京163774
本国連絡所(民団本国事務所内)
ソウル特別市鍾路区世宗路
政府合同庁舎四階
電話 73−0162・0165

民団綱領
一、われわれは大韓民国の国是を遵守する
一、われわれは在留同胞の権益擁護を期する
一、われわれは在留同胞の民生安定を期する
一、われわれは在留同胞の文化向上を期する
一、われわれは世界平和と国際親善を期する

民族への反逆行為

7・4 共同声明の精神破壊

李厚洛調節委員長声明

〈金英柱の八・二八豹変声明反駁〉

根拠のない言いがかり

金英柱の8・28声明を厳しく批判

李厚洛南北調節委員会ソウル側委員長は、八月二十九日午前十時、中央情報部で内外記者と会見し、同委員会平壌側委員長である金英柱の八月二十八日付の声明は、根拠のない言いがかりをつけることによって南北対話を一方的に破壊しようとするたくらみであり、平和統一に向けられた民族の希望にそっぽを向け、七・四共同声明を破壊するしわざであると同時に民族反逆行為として歴史の審判をさけられないと強調、きびしく批判、ただちに八月二十八日付の声明を撤回するよう、全文次のような声明文を発表した。

対話は忍耐で継続

北韓の一方宣言は即時撤回せよ

国連総会での劣勢自認

平和統一めざす対話進行を妨害

死を覚悟し、誠意尽くした

私の任務は、今日成も知悉している

対話の不振は北韓責任

合意事項を違反したのも彼ら

平和統一は民族の悲願

北韓は理性をとりもどし、声明撤回を

北韓の言動は自家撞着

民族の大事に感情をはさむのは危険

……かしたのであります。

その後、金日成氏も私にあって、「私は共産党を捕える人がたずねて来たから信頼するが、他の人が来たなら不信任することもありうる」とふくみのある答えをしました。

このようないままでの経験から見れば、今にいたって彼等が反共法を違反した共産主義者を逮捕処罰したとかで、私を愛国志士を処刑する民族叛逆者として規定するということは、つじつまのあわない自家撞着のふるまいであり、到底、理解できないことであるとしかいえません。

もし、このような論法からすれば六・二五戦争の挑発者であり、したがって数百万の同胞を虐殺した北韓労働党、それだけでなく数多くの愛国志士を南北両地域で、死の労働においとし入れている北韓労働党の組織指導部長金英柱とは、私も席を同じくすることはできないという論理がまたなりたつものであります。

民族の大事に感情をさしはさむというのは、きわめて危険なことであり、それ故、私は、一切過去の感情をこえて、ひたすら忍耐と誠意をもって対話につづけて来たのであります。

金英柱は会談に不誠実

始めから病気を理由に姿見せず

それだけでなく、所謂北韓側を代表する共同委員長と称する人が病気を口実に、一度も会議場に現われない不誠実な姿勢を見せたのも北韓側であります。

果して、誰が七・四共同声明の精神にそむき、南北間合意事項を違反し、また果して誰が南北関係改善の具体化をふさいでいたかということは明らかであり北韓側のいいがかりこそはぬすっとたけだけしいことというしかありません。

6.23 宣言こそ統一への道

対南暴力革命の指令、中止せよ

彼等は、朴大統領閣下の六・二三平和統一外交宣言を指して、二つの韓国云々と誹謗しています。しかし、六・二三宣言こそは、七・四共同声明に立脚して、南北韓半島に平和を定着させ、また平和的な方法によって、祖国統一を促進させようとする現実的な平和統一政策なのであります。

国民の皆さん

もし、北韓が共同声明の精神を充分に守り、スパイを南派させなかったならば、われわれがスパイを捕えるわけがなく、また北韓が対南……

金大中事件

政争の具にするな

東大名誉教授　神川彦松博士

◇…八月八日に突如として起ったいわゆる「金大中事件」が…◇
◇…単なる警察行政上の問題である範囲を超えて、忽ち日韓両…◇
◇…国の国内並びに、国際上の複雑な政治・法律問題と化した…◇
◇…ことは、韓日両国の親善提携を念願とするわれわれの甚だ…◇
◇…遺憾とするところである。

神川彦松博士

特別寄稿

冷静な国際法的関点から

この事件の真相は、目下日韓両国の当局の捜査検察の途上にあって、われらはもとよりその真相を知ることはできない。ただ次の一事は明白だ。韓国最大で唯一ともいうべき野党新民党の事実上の首領たる地位にある金大中が先に本国を脱出してアメリカに渡り、反朴運動を展開し、今また日本に来って同様の強力な運動を展開しつつある矢先き、「韓国青年団の何者かによって、ホテルから連出され密かに本国に送還されたということだ。

ここには不幸にして、一八九〇年の金玉均暗殺事件を想起させるような複雑・困難な問題と化そうとしている。しからばなぜこのような展開をとろうとしているかまずこの問題の日韓両国の国内・国際政治的観察から着手せねばならない。

わが国内政争への影響甚大

主権の侵害論は逆だ

国際非友誼の言動やめよ

我国内での反朴運動は迷惑

国際政治への影響も甚大

国内法と国際法的な考察

事件の刑事責任を負う者

韓国には法的責任はない

庇護権発動の余地もない

……それゆえ、先ず明白なことは今回の事件発生の第一の、かつ最高の責任はその国のアングロサクソン的自由主義憲法並に政治体制にあるということだ。この事を認めずしては、今回の事件の政治的責任を究明することは不可能だ。こういう事件が、わが国やアメリカに起るとすれば、その第一の原因はこの両国の憲法の時代錯誤的欠陥にあることは、いやしくも公平な政治学者の何人も承認せねばならぬところだ。

……再入国を要求する如きは迂愚の骨頂なのだ。金大中事件につき、国際法上の庇護権を援用せんと欲する徒は国際法の素人であることを自ら証明する者とみねばならない。

（東大名誉教授・法学博士）

民団東京本部移転

民団東京本部と関連機関は、八月二十七日付をもって、左記の新住所に移転致しました。
新住所 東京都港区芝公園二丁目二〜十七（都営駅＝国電浜松町駅）
◆電話 (03)四三七−二〇〇一〜五
在日大韓民国居留民団東京地方本部
〃 大韓婦人会東京本部
〃 韓国青年会東京本部
東京韓国新聞社

モスクワの空に太極旗燦然

U大会で韓国体育の快挙

＝男子バレー・女子バスケットに銅メダル＝

共産圏の首都で国威宣揚

去る八月十五日から二十日まで、モスクワで開かれた「ユニバシアード大会」で、韓国選手団は善戦、男子バレーボールで銅メダルの三位、女子バスケット・ボールでも三位の銅メダルを獲得、20センチをこえる身長差や、体力の差をふみこえ、抜群の技術と気力を発揮して、みごとに上位入賞をはたし、ソ連の首都モスクワの空に二度も太極旗を高く掲揚し、愛国歌をスタジアム場内に高々と鳴りひびかせた。総勢三八人、三種目の参加でかちえた韓国選手のこのたびの健闘は、単なる競技の成果だけでなく、対話の時代にはいった東西の緊張緩和ムードのなかで共産陣営との交流をも歓迎するというわが国の外交の使節としてもあっぱれな成果をかちえたといえよう。

チーム・ドクター金氏長氏はこのたびの出戦中に「一人の患者もでなかった」と語り、国民の声援に感謝した。

大韓大学体育会副会長は二十七日の歓迎式で「今日の凱旋は勇気ある人だけが享有する瞬間であることを強調」し「この日の勝利をかちとるまでは、体力すなわち国力であることを信ずる全国民の意志と選手、役員の一致した団結力である」と語った。

一方、金沢寿団長は「大会がひらかれた十五日、選手一行は太極旗のもと必勝を誓い奮戦した」と語った。

この日、金浦国際空港には、張基栄IOC委員、李泰鎬バスケット協会々長、韓成鉉文教次官をはじめ一千余人の家族、友人らが選手団を出迎えた。

金団長と一問一答

男子バレーと女子バスケットで各々銅メダルの成果をあげた感想は？――

▽金団長＝銅メダル二個で満足というわけではないが銅メダル二個を獲得、未知の世界であるソ連に太極旗をあげたことで「モスクワ・ユニバーシアード」に出戦した成果はあげたものとみる。この勝利は、開会式の日である八月十五日宿所のモスクワ大学構内に太極旗を掲揚して光復節の記念行事をもち、選手一同は勝利を誓い一致団結して戦ったたまものである。

モスクワ・ユニバーシアードでの教訓は？――

▽金団長＝純粋なアマチュア・スポーツと国家が挙国的に支援し管理する、所謂国家管理スポーツの差を大きく感じた。

ソ連をはじめ、東欧のスポーツはみな国家管理スポーツであり、純粋なアマチュア・スポーツはこれと対抗できるものではなかった。

韓国も早急に国家的な支援態勢を整えなければ今後銅メダル獲得も不可能であろう。

審判のハンディキャップはなかったか？

▽金団長＝審判は至極公正で不平は全然ない。

北韓の不参加に対するソ連の反応は？

▽金団長＝ソ連人らは北韓の不参加に対し至極冷淡であった。参加がいやならやめろという態度であった。

ミュンヘン・オリンピック、札幌冬季オリンピックにも南北韓が同時に参加しているのにモスクワ・ユニバーシアードに南北韓が同時参加するといって参加しないのは、根拠のない言いがかりだというのがソ連体育人らの見解であった。

北韓の大会ボイコットで我が選手団が大きな外交成果をあげたわけでソ連市民は韓国の選手に驚くほどの親切を見せてくれた。

韓国系ソ連市民と韓国系二世の動向は？

・▽金団長＝相当数の韓国系二世らが競技場で我々選手団を熱烈に応援してくれた。

彼らはもちろん、韓国語をわからなかったが父母の母国という話だけをきいて応援をし、また訪ねてきたときは感激せざるを得なかった。

競技場に応援にきてくれた二世の中にはサハリン、タシュケントなどモスクワから遠く離れた出身もあった。

望郷の応援を送ってくれた彼らにバッジと記念品をあげたところ彼らも非常にうれしがっていた。

〈写真説明〉
モスクワのレーニン・スタジアムで太極旗を前に入場する韓国選手団(右)男子バレー銅メダル(左上)女子バスケット銅メダル(左下)

観光施設を拡張

七六年まで三六〇万人誘致計画

観光行政機構も統合

政府は来る七六年までの観光客誘致目標を、当初の二九六万から三六〇万人にたかめ、これにともなう外貨収入も、五億九千万ドルから七億三千万ドルに増加策定する一方、観光客を収容する観光ホテルの客室数も現在推進中である五千から二万五千に拡張すべく計画をたてた。

この計画は、当初、今年度の外国人観光客を五〇万人に推定したが、上半期の実績がすでに七〇％をこえる三六万人にいたり計画を拡大修正したものであるが、元の計画が七三年の五〇万人から、七六年、百三〇万人と推定された。

これにともないホテルの収容能力も七三年上半期現在、五千個室から七三年末には八千三百個室、そして七六年には一万五千個室にふやす予定であるが、現在、ホテル新築のため外資導入が認可された件数は、十件、一億二千二百万ドルで客室数は六千四百個にいたっており、こんご約三千六百個室程度の新築が必要である。

関係当局では、観光振興の効果的な政策遂行のため現在、青瓦台観光担当秘書官室、経済企画院交通部、各市道などに分散されている業務を一元的に管理調整する機構統合案の必要性を主張しており中期計画の確定とともに、機構改編論ももちあがっている。

韓銀、新五百ウォン券発行

九月一日から忠武公像入れ

来る九月一日から新五百ウオン券が発行される。

二十日、韓国銀行は、現在、使用中の五百ウオン券紙幣との均衡をあわせるため、九月一日から現行紙幣より小さな新五百ウオン券を発行、当分、現行五百ウオン券と併用することにしたと発表した。

新五百ウオン券の大きさは、横百五十九ミリ、縦六十九ミリで、現在使用中の五百円券より、若干小さく、百ウオン券より少し大きい。

図案は、前面に忠武公李舜臣将軍の文官服を着た肖像画と亀船が入っており、裏面には、顕忠祠全景が入っている。

500円新紙幣の表(上)と裏(下)

本国論調

U選手団の善戦を祝う

モスクワへ太極旗あげた快挙

去る十五日から二十日まで、モスクワで開かれた「ユニバーシアード大会」で、韓国選手団は男子バレー・ボールで銅メダル、そして女子バスケット・ボールで銅メダルなど二つのメダルを獲得して二十七日、凱旋帰国した。力と技をつくして、よくたたかい遠くモスクワの空に、大極旗を掲げ、ひるがえしたという歴史的な事実は、韓国体育史上だけでなく体育を通じて、体育以上の多くの効果をおさめるのにおいて、画期的な前程標をたてたものといえよう。

特に、イデオロギーの厚い壁にふさがれ、しばしば東西・南北間で、相互の意思疎通が行なわれず対話が断絶していた冷戦時代を、スポーツ交流で壁をくずしたという点をかえりみれば、このたびのユニバーシアード大会に韓国を招待したソ連やモスクワで韓国民のほこりと、沈着な行動と立派なスポーツマンシップを発揮して、韓国のイメージを充分植えつけた韓国選手団は、緊張緩和時代の息吹きと呼吸を共にしたものと見られる。

われわれは、このたびのユニバーシアード大会でおさめた、特に無形の多くの成果をふみだいにしソ連の好意の中にひそんでいる東北亜に対する慎重な態度変化を注視しながら、その変化をわれわれに有利に展開して行かなければならない。

一方、南北対話の相手国である北韓が大韓民国の参加を理由に、ユニバーシアード大会に参加しないことに対しては、再三、遺憾に思うしだいであり「スポーツ」を政治に利用するとか、イデオロギーの殻の中にかたつむりのようにしがみついて、緊張緩和の国際趨勢を逆行しているということは理解できない不幸なことであるというしかない。

今や、わが選手団はモスクワの空に大極旗を掲げ、はためかせ、全員無事に凱旋した。わが国民は国の名誉をになって責務をはたした選手の労苦はいうまでもなく、選手をして全力を発揮させるべくあらゆる誠意をつくして、すぐれた成績をおさめるようにした監督・コーチ・役員の労苦を真心からねぎらい、凱旋する彼等を歓迎するしだいである。

（ソウル新聞）

対国連基本政策点検

支持底辺拡大で同時加入推進を

韓・米両国の国連関係実務責任者会談がソウルで開かれる。

「デビッド・H・ポッパー」米国務省国際機構担当次官補と「ウィリアム・T・ベネット」米国連代表部次席大使を迎え、今秋、第二八次国連総会の韓国問題討議にそなえる共同戦略が具体的に、協議確定されることが期待される。

ついで、ポッパー次官補一行は二九日、東京へ行き、米・日定例国連関係協議会に参席することになるという。

時を同じくして、国連韓国統一復興委員団全体会議が、二九、三〇日の両日間、ソウルで開催されることになる。

一言でいえば、本格的な国連外交の季節がいたったのである。また韓国と友邦国との共同歩調として推定されるのは――

①南北韓国同時加入推進

②アンカークの解体または活動休止の可否は、総会決議に従うか自意による解散宣言形式をえらぶことができ

③駐韓国連軍は、南北韓関係が安定されるまで撤収しないという方向であるといわれている。

また、このような基調設定は、六・二三特別宣言の趣旨と合致するもので、国際機構と世界与論の広範な支持確保をのぞかのるものである。

すでに「ワルトハイム」国連事務総長は、二六日にあかした国連活動に関する年例報告書のまえおきで、会員資格の普遍性の原則について、「全人類を代表する国際機構化」を力説した。

東・西ドイツ同時加入が確実視されるこの際、南北韓の同時加入も追求されるべきだとの示唆があきらかである。

一方、日本外務省も韓国問題討議に関する基本方針を確定したといいうが、これまた韓・米・日三国間の歩調一致を展望させる。

このような与件にも拘らず、北韓側は、未だワルトハイム総長が指摘したような「頭の痛い問題」の「頭痛病」ともいうべき我執を追求しているようである。

たとえば、北韓高位層の六・二三演説は、その国連対策に関して同時招請には応じるが同時加入には反対であるとした。

結局は、国連も宣伝舞台に利用すると同時に、そのオブザーバー代表部を他目的に活用はするが、国連加入にともなう平和愛好義務は拒否するということとかわりない。

北韓側の姿勢は、国際情勢の進運に明らかな話しあいと和解時代の到来を否認するものなので、いつまでも持続するものではない。

たとえ、共産圏一部国家のとまどいぎみの支持を一時、かち得るかは知らないが、我執やわる知恵はすぐ底をつくものである。

折しも、シュレジンジャー米国防長官は、二六日の記者会見で、南北韓が近い将来東西ドイツとおなじような安定関係を設定することになると展望しながら、それまでは、駐韓米軍をひきつづき維持するとのべたということである。

それによれば、近い将来とは、十二乃至は十八個月の期間を意味することと解釈されている。

このばあい、われわれの国連対策は、自由諸国と大多数中立国の支持確保にとどまらず一歩進んだ布石を講じることがもとめられる。すなわち、共産圏に対する現実認識の誘導とともに、北韓の一部諸国など勢力に対する国際与論の圧力加重を並行させて行くべきである。

韓国の平和統一外交政策は平和のための共存をめざすのでなく、これら共産圏との相互開放促進と軌を一にしたものなので、漸進的でありながら、最も着実な統一与件形成であることを自信をもって断言できる。

国連対策が、海外弘報活動の改善・強化と直結する方向で強力に推進されるよう期待してやまない。

（韓国日報）

新羅天馬の飛翔を見て

―保存・結果報告に期待―

発掘作業が最後の段階にさしかかった慶州の新羅積石塚である、一五五号古墳から白樺樹皮にえがかれた彩色天馬図が発見されたと、発掘関係者をとおしらされ、国内の耳目を集中させている。

最近、慶州一円の開発計画進行のため、数十基の古墳が発掘されているが、拙速による危惧を論外とすれば、天馬図の発見は考古学界および古美術史学界の慶事だといえるし、また三伏の炎天に労苦を惜しまなかった発掘関係者の努力に充分なむくいがあったものといえる。

しかし、われわれには、発掘された貴重な遺物を原形を損なわずに保全する問題、完璧な報告書作成などがこれからの課題であり、全力をつくしてより完全を期するよう望むしだいである。

（韓国日報）

592

在日同胞の殿堂 中央会館建設 いよいよ九月から本格化

民団中央では、去る八月二十七日付公文で、中央会館建設に関し、各地方本部団長あてに、建設募金促進と集計報告など、再確認のための、次のような指示事項を通達した。これは、民団組織が本国で全民族的にくりひろげられているセマウル運動支援に総力を集中し、さきほどの四億二千万ウオンという誠金伝達をもって、一時的にせよ、この支援事業に一段落をつけたため、こんどは、民団本来の大事業である、中央会館建設問題をクローズ・アップしてきたための措置の一つである。これで、いよいよ九月から建設は本格化してくる。

募金、集計報告指示

建設費の預金は、韓信協傘下の各地方信用組合内に新設された、「中央会館建設基金」口座で取扱うことを原則とする。

(一) 民団各支部 名支部管内の団員たちから募金された会館建設募金は、そのつど積立と同時に、名単および広告原稿を整理して、毎月二十五日までに地方本部口座に、はらいこむと同時に、名単および広告原稿を地方本部あてに送る。

(二) 民団地方本部 各支部からはらいこまれた募金額と、名単および広告用原稿を、地方単位に一括整理して、毎月三十日まで、中央口座にはらいこむと同時に、名単および広告原稿を中央本部あてにおくる。

(三) 中央事務局は、全国から送金された募金額と、名単および広告用原稿を、誤差のないように整理して、次の月の十日までに、新聞紙上にその明細内容を発表して、万全を期す。

▼基金送り先
東京都新宿区西大久保一ノ四四九・東京商銀本店普通預金三七一〇番、中央会館建設委員会

くり返すな、この惨劇！ 妊娠7カ月の韓国婦人の腹をさき陰部に竹槍と日本刀をつきさして、惨殺した"平均的日本人"は今日なお多いというが…

この命虚しく七千人 関東大震災50周年追悼

きょう九月一日。今から半世紀前、わが韓（カラ）の同胞が、日帝の蛮行により七千人近く虐殺された、関東大震災ではない呪うべき"人災の日"である。

民団東京本部主催による、殉難韓国人追悼式は、東京・赤坂の韓国公報館に各機関代表約百人が参集、李乙圻宣伝部長司会により進められ、鄭東淳東京本部団長の追悼辞につづいて、無らつであった日帝の後裔たちは、半世紀が過ぎた今日までも、自らの大罪をかくしており、未だに病床で呻吟している原爆被害者、サハリン抑留同胞の救出なども放置していると、金正柱中央団長は、追悼辞の中で激しく訴えた。

さらに、金信三婦人会中央会長の追悼辞のあと、張暁氏による"韓国擁護の平均的日本人"は、いまなお健在していると、実例をあげながらの充実した講演には、場内にしわぶき一つきこえず聴衆に強い感銘を与え、焼香のあと、午後一時すぎ散会した。

二事件めぐり活発な論議 中国地方協議会

民団中国地方協議会（姜文熙事務局長）は、八月二十八日午後二時から、金正柱中央団長、金架庠副団長らの来賓と、広島、岡山、山口、島根の各県本部三機関役員らが参加する中で、島根県簸川郡湖陵町の国月荘でひらかれ、千葉県本部の鄭淵秀団長スパイ事件と金大中事件をめぐって、活発な論議を展開、今後における中央本部の姿勢、指示など、いっそうの組織強化を要望し、午後六時に閉会、玉造温泉で、親睦を兼ねた夕食会をもよおした。

在日同胞テニス大会 国体へも参加

大韓テニス協会日本支部（梁熙済会長）では、七三年度の在日韓国人テニス選手権大会を次の要領により開催するが、愛好者の多数参加を希望している。

なお、今度の大会は、釜山市で開かれる第五十四回国体（十月中旬）への出場資格選衡も兼ねている。

◇九月十五日（祭日）・十六日（日）午前九時から、近畿大総合グラウンド。

◇種目は、壮年男子（単・複）一般男子（単・複）一般女子（単・高校女子ふくむ）高校男子（単）中学（単・男女）

◇申込と問合せは、九月五日までに、大阪市天王寺区堂ケ芝町五〇・良田方、梁熙晋氏へ。電話は（〇六）七七一－三二七。

石川・富山青年部合同キャンプ

民団石川、富山両県本部の青年部では、去る8月11・12の両日間、石川県羽咋海岸において、85人参加のもと、合同キャンプ大会をひらき、祖国の平和統一を誓いあった。

金大中事件におもう
差別する日本言論界の態度を悲しむ…

慶応大学経済学部長 気賀健三

金大中氏誘拐事件は、韓国との友好関係の維持をはかろうとしている立場の現政府にとって、とりわけ大きな衝撃である。韓国にたいしてむしろ批判的な野党勢力にとっては、政府攻撃の意味をもふくめて、格好の韓国攻撃材料となっている。

野党や多くのマスコミの論調は、この誘拐の背後に、同国の中央情報部が動いておって、朴政権に反対する一切の勢力を弾圧しようとする巨大な権力が国民の言論の自由や政治活動の自由をば、国外にまでひろげて奪いとろうとしているという風に憶測しているのである。

韓国は現に強烈な反共政策をとっており、その方針から国内において共産主義的言論や政治活動がきびしく抑圧されていることはすでに周知のことであるが、単に反共運動を取締まるばかりでなく、反共でなくても現政権を批判する政治活動や言論をすら弾圧する巨大な組織が同国内にも、また国外にも網を張っているとすれば、それは同国との友好を望むものにとってもまことに由々しい事態といわなければならぬ。三十八度線を境として朝鮮民主主義人民共和国（北朝鮮）の共産革命の侵攻を警戒する韓国や、中国大陸と海峡をはさんで敵対関係にある台湾の国民党政府が共産勢力を抑圧しているのは、いわば臨戦態勢にある国の事情として、わからないこともない。けれども現政権の批判勢力が同国の主権の外がわにまで拡大されて弾圧を受けているとすれば、これこそ正に度を超えた言論の自由の侵害であって、このような言論抑圧勢力の存在を許す現韓国政権にたいして深刻な反省を求めざるをえないのである。

わが国における野党と多くのマスコミの論調は、この事件が朴政権と一体をなしている中央情報部の活動であるかのごとくに断定し、そうだとすれば、現政権は日本の主権を侵害しているのではないかという風に論陣をはっている。読売新聞社は、これを推測とすることに満足せず、同機関員があきらかに関与していると韓国政府筋のものが語ったことを全面的に信用して、韓国政府の言い分を信用しないという態度を表明した。その結果は同社のソウル支局の閉鎖となり、これを受けて日本の「新聞労連」は、民主主義の基礎をつくる言論・報道にたいする重大な弾圧であって許せないと抗議声明を発表した。これにたいして、韓国政府は日本の国会論議やマスコミの論調に反省を求める抗議を送ってよこした。

韓国政府の態度はこの問題について満足のいくものではなく、わが国の警察にたいしても非協力的である。政府・与党の中でも韓国政府の態度に不満の感情を表明するものがあらわれてくるのも事の成りゆきとして止むをえぬものがあるのは残念である。

事態がこのような情勢で進行するならば、日韓両国の友好関係はこれを維持することが困難となり、感情的な対立のまま両国の不和を高めることになるかもしれない。

わたくしは、この際日本の側としても韓国非難のみに終始することなく、日本の野党とマスコミの行きすぎにたいする反省をうながしたい気持をおさえられないものがある。というのは、たとえどんなに周囲の情勢が韓国の中央情報部の事件関与を思わせるものがあるにせよ、それはあくまでも推測であり、いまだ明白な断定をくだす段階には至っていないのである。問題がこれほどまでに大きな国際的話題になっているかぎり、真相をかくして暗に葬ることは不可能であろう。いまだ推測の域をでない段階において、犯罪者をきめつけ、その責任を追求することは、慎重の上にも慎重でなければならない。一家庭内で何か物が紛失したというような些細な事件でさえ、情況判断をもとにして、十分な調査や証拠がためのできない段階で嫌疑者を速断し、その非を糾弾することは、人権じゅうりんのそしりを免れないのである。まして事件は国際的な主権侵犯という重大問題にまで発展しかねない性質のものである。

われわれとしては、現段階においてはとにかく韓国政府の責任ある調査報告をまつべきであり、それを受けてもの疑義が残れば、納得のゆくまでその疑義をはらす手続きをとるのが公正で民主主義の精神に即した順序ではあるまいか。この点で野党や一部のマスコミの論調は、言論に責任のあるものの立場からみて、速断にすぎ、韓国政府にたいする非難は「急」にすぎるといわざるをえない。

まして政府の関係までが「第六感によれば某国機関が関与」とか、対韓経済援助の再検討をにおわせる発言を国会ですることは、速断に拍車をかけるものであり、軽率としかいいようがない。

日本の主権の侵犯の有無を今の段階で論ずるよりも、もっと重要なことは、民主主義的な自由が国内においても国外においても、ある強大な組織によって極端に監視されている事実が存在することである。この点では、犯人が中央情報部員であるかどうかよりも、民主政治の根本の問題として重要であり、わたくしは韓国政府が早急にもかかる事態を改めるよう切望するものである。

これにたいし日本の野党やマスコミの態度は、はたして言論の自由や政治的活動の自由にたいする弾圧と非難するのか、それとも金事件を材料にして韓国政府を非難するのが狙いであるのか。真相はむしろ後者に傾いているのではないかと疑わせるものがある。

民主主義的自由の抑圧を非難するのであれば、日本のマスコミや野党は平素からもっと北朝鮮や中国の政権にたいし、あるいはソ連政府の数々の言論人弾圧にたいしてきびしい態度をとるべきではなかったか。これらの国では、政府当局はイデオロギーの共存を許さない。徹底的に言論を統制し、反政府活動を禁圧している。日本の多くの新聞、テレビの報道は、それにもかかわらず中国に不利な報道をしないという言論の制限をのんでまで北京に特派員の滞在を認めてもらい、[illegible]の報道にはたずさわろうとしない。このように、ある国の反民主主義行為には服従したり、口を閉ざしたりしておきながら、他の国のそれには犯人も確証されないうちから非難の声を大きくするのでは、一体その非難の本意はいずこに存するか。マスコミと野党は民主主義的自由を本気でまもる精神に徹しているかどうかを疑いたくなるのである。

わたくしは韓国側の政府の態度を弁護するつもりはないが、日本側の非難には口と心とにちがいがあり、国によって差別をする態度があることを思い、日本の言論界のために悲しまざるを得ない。

（筆者とサンケイ新聞の好意により特別掲載）

母国夏季学校についての感想文をお送り下さい！

第八回母国夏季学校修了生の皆さん！

母国韓国で、さぞ、色々な事を学習し、見聞して、日本に帰られた事でしょう。愛国、愛族精神の昂揚、韓国語や歴史の学習、そして母国社会風俗等々、祖国で得た知識と体験は、今後、皆さんの学窓生活に役立つばかりでなく、在日韓国人社会や祖国大韓民国にも役立つ事でしょう。

楽しかった懐い出の数々、見たまま、聞いたまま、感じたままの意見をのべて下されば、それは、後輩達のため、民団、教育文化センターが今後の夏季学校実施に関する、計画をたてるのに良い参考となります。

皆さんが、御寄せ下さる感想文は、民団機関紙「韓国新聞」に掲載して、皆さんの地域グループの親睦会開催にも役立てるつもりです。

皆さん！どうか感想文を九月二〇日までに民団中央本部文教局に御送り下さい。御待ちして居ります。

東京都文京区春日2－20－13
（TEL03－813－2261）
在日本大韓民国居留民団中央本部
文教局長 金采錫

尋ね人

☆通名山本一郎さん(58)と吉田鈴子さん
戦前、長野県伊山居住。本籍は慶北尚州。息子さんの民さん(29)がソウルで待っています。民団山梨県本部団長まで。電話（五五二）五二－五四四四。

☆尹致栄さん（男）
一九四三年に渡日。東京都渋谷区神宮前五丁目四八三の七（または三七の一）尹さんのお子さんかお孫さんにあいたいと甥の尹・チヨルヒさんが探しています。
日僑東京都支部援護隊（電話二二二－六七四四、六七四一）まで。

☆金点徳さん(58)
本籍は、慶北金陵郡鳳山面仁義洞五一九。解放前徴用で渡日、北海道で日本女性と結婚、三男児をもうけた。戦後もしばらく音信があった。兄さんの金道徳さんが上記本籍で尋ねています。

☆張在徳さん(51)
本籍は、慶北聞慶郡山北面虎渓里四四。三十年前渡日、十三年前までは音信あり。甥の張徳成さんが、聞慶郡店村二重二五〇、英数学院におります。

☆朴乙文さん（62・通名は中村勇雄）
本籍は、慶南昌原郡上南面吐月里、九七二。十才で渡日、福岡市住江町三四、第四隣組で解放の時まで居住し、職業は新聞支局員だった。釜山市釜山鎮区亀浦洞十二統一班にいる弟さんの朴琪文さんまで。

☆李竜奎さん（通名は広田稔）
東京都中野区南台三－三四－一五で一九六八年まで居住し、永住権まで申請したという。ソウル市城北区敦岩一洞二〇一〇（十二統二班）鄭貴植さんまで。

☆盧恩哲さん(45)
大阪で一九五〇年頃まで住み、便りがあった。盧さんの親友で盧さんの父母の面倒を見ているソウル市鍾路区明倫洞四街三五、朴亀鉄さんがたずねています。

☆白聖鉉さん(53)
東京都深川区高橋三丁目三九に住み、解放直前まで音信あり。ソウル市鍾路区恵化洞一五一－五四で、いとこの郭明栄さん(58)が待っています。

☆鄭秀夫さん(30)
北海道静内郡字ナ和二八四に居住したことあり。釜山市東莱区石坮洞二〇四－三の鄭聖七さんがたずねております。

☆成瀬ヨシ子さん(62)と花子さん(36)光子さん(34)
息子さんの朴相奎さんが、全南麗州郡麗州邑竹林洞六〇で便りを待っています。

☆青木ミツオさん ヨシ子さん
東京都豊島区池袋東一四二の人形専門店にいたという。ソウル市中区乙支路三街三三四－一二で、いとこの申裕相さんがたずねています。

☆申泰鳳さん（53・通名は岡田正義）
三十年前、日本夫人と渡日、二年後に一時帰国、その後も二年間便りがあった。また、今年の四月十五日も、二十七年ぶりにおくった手紙の返信があったが、以後杜絶。全北益山郡底悦面瓦里四五三で甥の申鉉周さんが便りを待っています。

☆金洛中さん（60才程度・男）
本籍・慶北義城郡安渓面安足一洞。十余年前まで東京都板橋区上板橋二の九二一に住んでおり、十余年前に一時帰国し、その後二年間音信交換があったのち消息がとだえたとのことです。ご存知の方は民団中央本部民生局まで連絡を。

韓国と日本の関係に新視点
日本上古史(文定昌著)抜粋と解説 (14)

応神王朝 (8)
百済木氏＝蘇我氏の登場

木氏は百済国八大姓の一つである。

国中大姓有八族。沙氏・燕氏・劦氏・解氏・貞氏・国氏・木氏・苩氏。（隋書 東夷伝 百済）

蘇我氏は古代日本にあって、もっとも名声をとどろかした権門で、蘇我稲目・馬子・蝦夷・入鹿の四代にわたり一〇〇年間、大臣勢道政治で倭国を支配したのである。ところが、万多親王の姓氏録（既出）は、そのような蘇我氏の出自を隠すために必死になったし、日本国の史家たちもまた言及しようとしない。

しかしながら、三〇〇年にわたった百済木氏＝蘇我氏に関する記録が、ときれときれになっているようであるが、よく調べるとわずかながら繋がりがあり、それを詳細にたどって行けば、自ずとはっきりする。百済木氏が倭国の蘇我氏になって行く過程の基幹的な記録は次に見る応神二五年記である。

（応神）二十五年に百済の直支王（ときおう）みまかりぬ。即ち子久爾辛（くにしん）立ちて王となる。

著者註 ここでいうところの百済は、第一編攻前記（既出）で述べたように畿内の「倭済」すなわち日本の百済のことである。王が若いので、木満致（もくまんち）が国政を執る。王の母と相淫（あいたわけ）して無礼なことが多いことを天皇が聞いた。百済記にいう。木満致は、これ木羅斤資（もくらこんし）、新羅を討ちし時に、その国の婦（おんな）をめとりて生む所なり。その父の功を以って任那（みまな）に専任させた。我国に来入りて、貴（かしこき）国に往還する。制（のり）を天朝に承けて我が国の政治を執る。権勢世に高れり、然るを天朝その横暴を聞いて召（め）すという。

すなわち、この記録に依れば、木満致は百済将軍木羅斤資の息子である。

木羅斤資の代に蘇我氏であることを知る上に、もう一つ基幹史料となるのが、襲津彦（そつひこ）に関する記録である。襲津彦は応神十六年八月紀で見ると、弓月（ゆつき）国一二〇県の人たちを連れて来た者である。現に日本書紀は、すべての初めに襲津彦の姓を記録していない。だが、姓氏録の「摂津国諸蕃下 神」の条には、葛木襲津彦（かつらぎそつひこ）としてある。葛木襲津彦は日本上古史上明白である。それは、その娘、磐之媛（いわのひめ）が、応神朝の第二世仁徳王の妃となったためである。

仁徳二年三月八日 立磐之媛命為后。（日本書紀）

立磐之媛命為后。葛城襲津彦の女なり。（飯田武郷「日本書紀通釈」二二〇八面）

磐之媛命。葛城襲津彦の女。（佐伯有義「六国史」上二二五面）

仁徳天皇、葛城曾豆比古（襲津彦・渚者）女子 伊波乃比売（磐之媛・若者）皇后と御座。（日本書紀通釈一〇）

百済木氏である襲津彦を葛木またはは葛城襲津彦だとよぶようになったのは、仁徳王がその妃、磐之媛のために葛城部を設置したためであり、そしてそれらは一名葛城朝臣（かつらぎのあさおみ）または葛木臣（かつらぎのおみ）すなわち葛城木氏から移り変ったものである。

仁徳七年八月九日・為[illegible]葛城部。（日本書紀）

葛城朝臣。葛城襲津彦[illegible]（姓氏録 右京皇別）

葛木臣。[illegible]

葛木寺。賜 葛木蘇我葛木臣。（聖徳太子伝暦）

百済木氏がいつの頃から蘇我氏に移り変ったのかは明らかでない。飯田武郷は襲津彦の兄がすでに蘇我石河宿禰として登場したとしている。そして木満致の息子満智が仁徳の次の代である履中王の四執国中の一人として蘇我満智宿禰として登場し、前後九代にわたって栄えるのである。

第一代、木羅斤資、神功記中。

第二代、木満致、神功記中。

第三代、蘇我石河宿禰、葛城襲津彦、応神記中。

第四代。蘇我満智宿禰、履中記中、石河宿禰の息子。

第五代、蘇我韓子（からこ）宿禰、雄略記中。

第六代 蘇我稲目（いなめ）大臣、宣化・欽明記中。

第七代、蘇我馬子（うまこ）大臣、敏達、用明、崇峻、推古記中。

第八代、蘇我蝦夷（えみし）大臣、舒明、皇極記中。

第九代、蘇我入鹿（いるか）大臣、皇極記中。

また、これら蘇我氏が葛城に居住する百済木氏であることを、蘇我馬子大臣が帰納的に明白に示している史録がある。それは推古三十二年記の句節である。

冬十月一日、大臣遣阿曇連……奏天皇曰 葛城県者 元臣之本居也。

著者註 臣の本居だということは、応神王の十六年己酉の一二〇県の人間たちを連れてきた葛木襲津彦を葛城に定住するようにしたことをいっているのである。

つづく

解説 前々回に文さんが紹介した「異称日本伝」の版木刷り本が国立国会図書館に保管されている。今でいえばB列五番（週刊誌）ほどの大きさで十五冊。和綴（とじ）じ、各冊約六十五枚（百三十ページ）平均である。総ページ数約二千。引用文を捜したが時間切れとなって図書館閉館時間となり、後日の"お楽しみ"となった。

このほかに学者が日本文で解釈（原文は漢文）した活字本もあるが、これはもっと膨大なページ数で、それこそ引用文を見付け出すには、運がよくても一日はたっぷりかかりそうな代物である。「日本年代記」も漢文で、その解説本「日本年代記大成」があるけれども、これも引用文を見付け出すのは容易でなさそうだ。

さて、今回は日本古代史上でも聖徳太子とともに活躍し、入鹿が暗殺されるまでの四代にわたり、政権をおもうままに切回した蘇我氏が登場した。

日本の史家は、蘇我氏の出自を一応武内宿禰（たけのうちのすくね）の子孫としているが、一方、武内宿禰そのものがどうも架空の人物クサイということで、蘇我氏の出自は不明であるというのが定説になっている。それが、文定昌さんによれば、百済木氏の出であるということだ。もう少し詳しい証明が必要だが、日本古代史解明に一つの手掛りを提示したことは間違いない。

蘇我氏最盛期四代のことについて、知らない読者のために蛇足ながら、簡単に紹介しよう。

日本書紀宣化天皇元年記の中に「また蘇我稲目宿禰を以て大臣（おおおみ）となす」という一節がある（解説者注＝日本書紀上の宣化天皇元年は西紀五三六年に当るが、現在は西紀五三六年は種々の資料から判断して「欽明天皇五年」に当り、日本書紀の年代に無理があることが明らかになっている）。

稲目は財政をあずかる文官で、吉備国（岡山県地方）に「屯倉（みやけ）」つまり穀倉を設けたりした。稲目のときに仏教が伝わり、物部（もののべ）中臣（なかのおみ）が反対するのを押し切って仏像をまつった。娘を皇妃に出し（欽明天皇に二人、用明天皇に一人）ている。この仏教を受入れることで蘇我氏と物部氏が闘争を繰ひろげることになる。

馬子の代になり、馬子が建てた仏殿を物部氏が焼きはらい、ここで蘇我氏と物部氏は正面衝突する。結局物部氏（守屋）は亡びた。

馬子は崇峻天皇を立てるが、崇峻は馬子に兄を殺されているので馬子を滅亡させることを考えていた。それを知った馬子は部下に天皇を暗殺させ、その部下をまた馬子の娘を犯したとして殺してしまう。馬子は厩戸（うまやど）皇子すなわち聖徳太子とコンビを組む。太子と馬子は五年程の間を置いて死亡し、馬子の地位を蝦夷（えみし）が継ぐ。推古天皇の死後、馬子の弟といわれる摩理勢（まりせ）が山背大兄（やましろのおおえ）王子を天皇にしようとし、馬子は田村皇子を天皇にしようとする。結局馬子が勝ち、摩理勢は殺される。田村皇子は舒明天皇となるが、七年ほどで死に、その妃が皇極天皇となる。この頃から入鹿（いるか）も政治に参画する。そして蝦夷が病気となったとき、勝手に入鹿を大臣にする。入鹿は田村皇子のライバルだった山背大兄王子一族を自殺させ、舒明天皇の子（母は入鹿の叔母）を次の皇位につけようとする。これで入鹿は与党からも見離される。しかし、もう一人のライバル中大兄（なかのおおえ）皇子がいる。次に殺されるのは明日、そこで中大兄皇子は、同じく亡ぼされる立場にある倉山田蘇我石川麻呂（後に中大兄に殺される）と藤原鎌足（ふじわらのかまたり）と組んで、皇居に入鹿をおびき出し暗殺してしまう。

この後入鹿の父蝦夷も自殺させられる。

（金元奉記者）

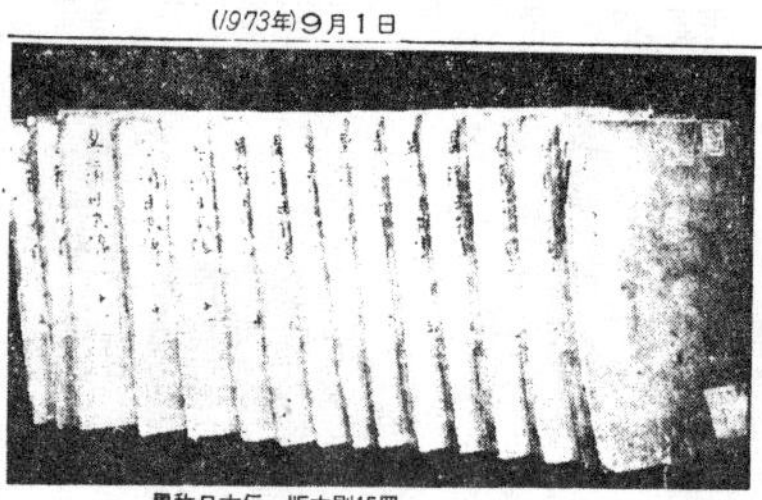
異称日本伝、版木刷15冊　（江戸時代初期刊本）

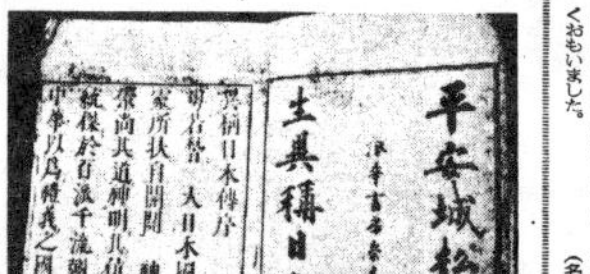
異称日本伝第1巻トビラ、序文は大文字だが本文は小さい文字である

読者の声
売国奴国籍を抹消せよ

最近の金大中事件で、反朴系の在日韓国人による野党への情報によってわが国は、不利な立場に立っているが、中央本部としてはどのような処置をとるつもりでしょうか？

私の考えとしてのべさせていただきますと、彼等は現在、セマウル運動によって、新しき韓国を建設しつつ、また日本の経済協力、借款によって、近代国家へと一歩でも近づこうとしているわが国にとっての反国家的、反愛国的な敵対行為と考えます。北と朝総連にあやつられている売国奴です。彼等には、大韓民国国籍のはくだつ、原籍地での戸籍の抹消などの断固たる処置を望みます。

また朝総連に加入している朝鮮籍者も、韓国籍をあくまで望まないなら原籍地での戸籍の抹消をしなければいけないとおもいます。何故なら、朝鮮籍とは、恐ろしき共産国家の国民という事であるし大韓民国国民ではない、敢然たる敵国人であるからです。何故、敵対国の戸籍を残しておく必要があるでしょうか？

私も、5月に祖国大韓民国に行きましたが、日本での新聞報道その他の出版物等とは内容が全く違っていました。日本の野党、朝総連の言う事はデマばかりとつくづくおもいました。

民族を二つに分けた、6・25動乱も、北の侵略とははっきり知りました。愛する父母兄弟、親戚一同の住む、わが大韓民国を一歩一歩前進させる為に、在日同胞は一致団結しなければならないために、彼等売国奴の国籍、戸籍のはくだつ抹消を強く望みます。

朝総連、そして北の金日成殺人者集団の打倒のため、恐しき共産主義への憎しみを持って対抗せねば、故郷の山河も赤く染まってしまうでしょう。自由主義国家大韓民国万才！

乱筆乱文すみません。　敬具

最近の日本新聞の報道を読んでいると、全く偏向的報道とおもわれるので、腹が立ち、怒りを生じたので、一筆ペンをとりました。

（名古屋市・金名竜）原文のまま

金允中氏の福井講演

民団福井県本部（金順永団長）、福井商銀（金方演理事長）、福井韓国人商工会（李鎮哲会長）共同主催の時局講演会が八月二十六日午後一時から福井駅前のグランドホテルで開かれ、約百人の民団指導者が金允中KPI社長の「半島情勢」を興味深く聴いた。

韓国総合物産展

日韓経済開発公社（丁光秀社長）が開店一周年を迎えた第一銀行大阪支店（大阪市浪速区元町二ー二七ー二五坂本ビル）内に「韓国総合物産展」を八月三十一日から常設した。展示時間は午前九時から午後三時まで。

韓日交歓歌の集い

ソウル市立少年少女合唱団を招いた、全日本少年少女合唱協会では、文化庁と韓国公報館の後援により九月五日午後六時半から、都内御茶の水の日仏会館で、日韓交歓少年少女合唱の集いを催おす。当日のプロは「ハレルヤ」「アベマリア」など三十六曲で、大阪厚生年金会館、八幡市民会館ではすでに合唱のつどいがもよおされ大好評をうけており、愛好者の多数来場を主催者側では望んでいる。入場無料。

林慶業将軍傳 (二一)

訳 洪相圭
編 八東周吉

「このようなりではあるが、余は前の義州府尹林慶業である。

お前たちも知るごとく朝鮮国の三王子は、今恐れ多くも胡国に人質として行かれ、とらわれの御身となられている有様である。そこで予は南京に渡り明国と力をあわせて胡を討ち、王子殿下を迎え帰る一方、丙子年の恥辱をそそぎたい一念であるぞ。

その方どもも、たとえ人夫に過ぎぬとはいえ、朝鮮国の臣民には違いないはず、生身であれば涙も出るだろうし口惜しさも情はあるであろう。各それ相当の事情はあるであろうが、万難を排して予のために南京に渡り、不滅の功をたてて帰ってくるのも、また一興あるであろうが」

しかし人夫どもは容易に応じてはくれなかった。彼らは言い合わせでもしたように、つぎつぎとひざまずきながら哀願するのであった。

「府尹さまのおことばでなくとも、丙子の胡乱が口惜しくてたまらないことは、私ども一同とても変わりはありません。殿さまのおことば通りに南京までつれて行っていただきたいのは山々ですが、何しろ多くの家族がすがりついておる身でございますから、勢い先立つのは父母妻子の心配であります。

お殿さま、なにとぞ、我ら卑しい者どもの実状を汲みとられまして、お慈悲を垂れたまいますよう、お願い申し上げます」

と口々に言いながら、ぼろぼろと涙を流すありさまであった。慶業も母・兄弟・妻子のある身で思わずほろりとさせられたが、大事の前の小事と心を鬼にして、刀を振り上げ、一段と声を励まして、人夫どもを叱りつけた。

「お前たちが予の命に従わなければ、この刀のさびになるものと覚悟せよ」

人夫どもはおそれて、ついに林慶業将軍の令に従って明に渡洋することを誓ったので、大いに気をよくした林慶業は、すぐ酒肴をもてなしてねぎらい、針路を南京に向けて船首を回らした。出帆してから三十九日目になる、ある晩、際限しない大海で暴風雨に会い、一晩中波と闘いながら明かしたが、翌日は、風も静まり、麗らかな日和となって遠く水平線まで見渡すことができた。はるかな水平線上に島らしいのが見えたので、針路をその方向にとり、間もなく島に着いた。船員どもが久しぶりに土を踏んで感慨無量の面持ちでいるときに、突然、誰何の声がして一隊の隊長らしい人が走ってきた。

「お前らはどこの者で、どこに行く船か。問うのも愚かなことであろう。お前たちは胡の諜者に違いあるまい」

と、まくし立てるのから推してみて、胡の傭兵ではないと林慶業は判断したが、それでも万一を慮って商人のふりをした。

「いいえ、私どもが胡の諜者などとは滅相もございませぬ。私どもは朝鮮国の商人ですが、貿易に出向く途中、不意に暴風雨に会い、風のまにまにここまで漂流してきたものに過ぎませぬ。一体、ここはどこでしょうか」

と尋ねた。その隊長は、

「ここは明の領地、ピソムであるが、どうもその方はただのくせ者ではないようである。その身なり姿からして、なおさら怪しい。皇将軍に経緯を報告して指揮を仰ぐつもりであるから、そのときまで一歩でもここを動くと、ただではおかないぞ」

とすごむのを聞き流しながら、林慶業は心底から嬉しそうな微笑をもらしつつ、

「天もわしの衷情を察せられ、ここまで引導したもうたのか！」

と独りつぶやいた。ここが明の領地であり、しかも皇子明が統治の長であるからには、何も包み隠すことはあるまいと思った慶業は、自分の身分と姓名を打ち明け、一伍始終を率直に話してやった。島の守将はすぐ皇子明将軍に事の次第を報告した。

「朝鮮国の者が本島に漂流してきたので、その素姓をただしたところ、朝鮮に名だたる武将林慶業であると名乗り将軍にまみえることを願っております」

林将軍きたるの報に接して、皇子明は夢かとばかりに驚き且つ喜びながら、さっそく迎えの使者を差し向けた。

ところが、くだんの守将は何を感違いしたのか、頑として聞き入れないばかりか、慶業一味の身柄を入牢させていた。

「この者はただ者ではない。何かきけいがあるようであるから、たとえ皇将軍の命令といえども服従するわけにはいかない。直き直きに聖上陛下の御裁決を仰ぐ所存であるから構うな」

迎えの使者は役目を果たせずに、すごすごとそのまま帰り、ありのままを告げたので、非常に立腹した皇子明は親しく一軍を率いて、迎えにおもむいた。

なんとか、かんとか小理屈をつけて、慶業の身柄を引き渡すまいとする守将を尻目に、皇将軍は悠々と牢を破り最大の礼を尽くして慶業を迎えた。ふたりの知己は久しぶりの対面に手をとりあって喜び、お互いの無事を祝した。本陣に戻りながら、皇子明は慶業がここまで出向いてきた理由を尋ねた。慶業は大きく嘆息をつきながら、胡王の害意について話した。

「ピソムから朝鮮国に帰って間もなく、胡王はわが主上に一書を送り、拙者を胡国に送るよう強迫したのであります。もちろん表面の理由はピソム戦役の勲功を表彰するにあるとのことでしたが、実は胡国に呼んで殺そうとの了見であるぐらいは、三尺の童子も知るところでありました。

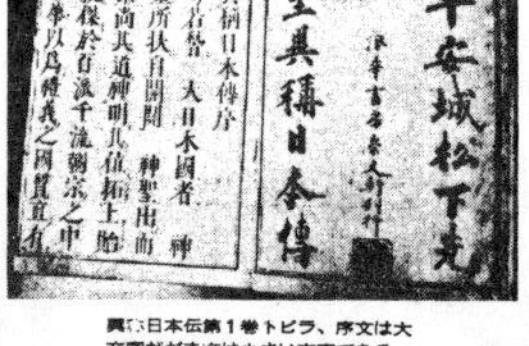

韓國新聞
在日大韓民国居留民団
中央本部機関紙
韓國新聞社
発行人 金 正 柱
東京都文京区春日町2丁目20―13
電話 直(815)1451～3
交(813)2261～5
振替口座 東京 163774
本国連絡所(民団本国事務所内)ソウル特別市鍾路区昌成洞政府合同庁舎四階
電話 73―0162・0165

民団綱領
一、われわれは大韓民国の国是を遵守する
一、われわれは在留同胞の権益擁護を期する
一、われわれは在留同胞の民生安定を期する
一、われわれは在留同胞の文化向上を期する
一、われわれは世界平和と国際親善を期する

連邦制の本質は共産化

人民裁判にかけるとおどす

残忍、悪辣極まる手口

朝総連が秘密指令

民団組織に浸透せよ

朝総連では、北韓側の指令にもとづき、近づいてきた秋の国連総会にアピールする手段として、いわゆる金日成が称える〝連邦制による国連加盟〟の運動を、在日同胞に呼びかけ、ことの理非をわきまえない一部民団員に〝署名〟を強要している。彼らのおどし文句は「協力しなければ、統一のなった時点で人民裁判にかける」というもので、「連邦制国家」という本質は「共産化」にあることを暴露している。さらに朝総連は金大中事件をきっかけに、民団から締め出された不純分子（秘密朝総連分子）に指令して、民団組織内に不平不満の空気をかもし出させ、反民団、反国家運動を起して民団組織を破壊することも目論でいる。これらの件について、民団中央本部組織局（裵学文局長）では、朝総連が全国組織に流した「指令」の内容を明らかにすると同時に、八月二十九日付で各地方本部団長宛に公文で連絡、民団組織防衛に万全を期するよう指示した。朝総連の指令内容は次の通りであるが、これがまさに朝総連の正体であり、本音であることを把握し全民団員は、朝総連の如何なる誘いにも応じてはならないことを心に銘ずべきである。

民団員を対象、署名運動

不純分子を利用、民団破壊企図

一、金日成の祖国統一五大綱領にもとづき、単一国号で国連加盟を主張する署名運動。

①署名は朝総連並び中立系、特に民団員九才（小学四年）以上を対象にする。

②期間…九月二十三日から九月十五日まで。

③方法…組織単位分工（任務分担工作）を組織し、全戸を訪問する。字が書けないものは世帯主が代筆する。一次訪問で納得がいかない場合は、納得できるまで訪ねて署名させる。

④目標数…各県別に割当。

一、金大中事件に関連した活動方針。

①対内活動…方法　朴政権の蛮行に憤まんを激発させ、二個の朝鮮路線から発生した蛮行であることを暴露する。

②民団系同胞に解説を強化、反朴政権の罪債を非難して金大中の再来日を促す。

一、方法

①祖国統一戦線呼訴文、朝総連中央声明（八・二三）、韓徳銖演説など特別解説展開。

②分会及び班の各階層で討論集会をもつ。

③署名運動を討議して民団系の分工組織を強化する。

④分会拡大会議をもち、署名運動推進委員会を構成し連絡推進する。

⑤対外活動

方法（Ⅰ）①日本側の与論を喚起して（A）金大中再来日促求（B）犯人逮捕促求（C）韓日閣僚会議中止促求。

方法（Ⅱ）①日本政党、国会議員との事業強化②著名学者及び文化人、法律家からなる連名の声明及び要求紡導。③日本自治体が金大中再来日と経済援助中止を要決するよう工作④民主団体、労組、市民団体などの共同集会を要求するよう扇動する⑤日本著名人士及び人民と懇話会などあらゆる方法で促求するよう誘導⑥各級機関は具体的な計画と推進要綱を八月三十一日まで朝総連中央に報告すること。

反韓運動を誘導

金事件きっかけにあおる

ソウル汝矣島広場で展開された陸・海・空・海兵隊の分列式

二千人参加を予定

「国軍の日」記念式典参観母国訪問団

民団中央本部民生局（李海鎮局長）では、十月一日国軍の日を迎え、在日同胞からなる慣例の記念式典参観母国訪問団を派遣することをきめ、九月三日付で各地方本部団長に公文指示した。参加要領は次の通り。

▲構成人員＝約二千人。二十人以上の場合は各地方本部単位で訪問団を構成する。

▲日程＝九月三十日ソウル到着十月一日国軍の日記念式典参観、国立墓地参拝、ソウル市内名所観光、十月二日解散。

なお、各地方本部は参加人名簿を作成、九月二十日まで中央本部民生局に報告すること。詳細は各地方本部または中央本部民生局に問い合せのこと。

母国で青年研修会

9月28日から　幹部級ら産業視察も

民団中央本部青年局（李彩雨局長）では、青年指導者研修会及び産業施設見学母国訪問団を派遣することをきめ、各地方本部団長に協力を望む九月三日付公文を発送した。

母国訪問団人選は、組織に貢献した青年指導者を優先、青年部長を主とするが不参加の場合は、青年会長または幹部級青年で組織する。日程及び参加要領は次の通り。

一、日時＝九月二十八日から十月三日まで五泊六日間

二、集合場所＝①下関港、釜関フェーリ待合室、九月二十六日午後一時まで集合。②本国集合場所、日時＝九月二十八日午前八時まで、釜山港、釜関フェーリターミナル待合室

三、人員＝定員三十人

但し、参加人員が三十人を超過する場合は第一回青年部長会議に参加した地方本部及び青年部長任命順に決定する。

四、参加金＝一万円

五、旅費及び宿泊費＝本国政府で全額負担。

六、行事内容＝①ソウル、釜山、蔚山工業団地見学②顕忠祠参拝③慶州観光④国軍の日行事参観⑤陸軍士官学校及び一線部隊慰問（慰問品は中央本部で準備）⑥セマウル部落見学⑦中央マスコミセンター見学⑧要路訪問（外務部、情報部、ソウル市庁）

七、参加者名簿及び参加金＝九月十五日まで中央本部青年局に提出。

そのほか詳細事項は、中央本部青年局（電話 03八一三―二二六二）に問合せのこと。

八百四十五億

資本市場通じ 調達

今年上半期中に株式募集、各種債券発行等資本市場を通じ八百四十五億七千七百四十七万八千ウォンの資金が調達された。

韓国投資公社によると国債等各種債券発行で全体の六三％の五百三十五億九千百ウォンが動員され長期運営資金にあてられた。

新株募集増資等による企業の直接金融は全体の二三％、三百二億百四十七万八千ウォン、中央銀行の通貨安定証券発行で百七億八千五百万ウォンの流動資金が資本市場を通じて吸収された。

なお、新株募集、旧株売出等企業公開で調達された資金は百四億二千五百三十一万五千ウォンにのぼる。

八千億ウォン台予想

〈来年度予算規模〉

経企院は来年度予算規模を七千八百億ウォン以内にとどめる方針が読出要因がひきつづきふえたため税収増大の方針の下に二百億ウォン増の八千億ウォン台で部門別調整作業に入った。来年から重化学工業の大工場建設に着手するため莫大な施設資金が必要になった。このため内国税もふえ今年より二〇・八％増の五千三百億ウォン台と予想されている。

輸出14億ドル突破

七月末現在、目標の63％

去る七月末現在の輸出実績は、十四億八千八百二十万ドルで、今年度目標二十三億五千万ドルの六三％に達した。構成別には①農産物四千四百四十三万ドル（六〇％）②水産物九千九百四十万ドル（五三％）③鉱産物二千六百六十万ドル（六六％）④工産品十三億千七百八十万ドル（五八％）等である。

先進国型へ移行

韓国産業構造

韓国銀行が二十二の主な産業の実態を分析した「韓国の産業」によると、韓国産業は高度経済成長を通じ国際先進国型に近づいていることが明らかになった。つまり消費財工業から工業化の第二段階といえる中間財、資本財工業の重化学工業の比重がようやく高まり、七〇年後半期からは重化学工業と並行、知識集約産業がだんだん移植されるとみている。つまり八〇年代からは知識集約的産業の開発期に入り、①研究開発、原子力関連事業等②公害防止機器、数値制御工作機械等高度組立産業③高級衣類、家具、電子楽器等ファッション型産業④情報処理等知識産業等の開発が本格化するものと見通している。

漢江に六大橋

八十年代まで

ソウル市は八〇年代まで百六十八億ウォンをかけ漢江に新しく六つの橋をかけることになった。これで漢江橋は七つから十三にふえ総延長は一万五千二百四米となる。六大橋は次の通り。①千戸大橋（広壮洞―千戸洞）②盤浦（東氷庫―盤浦洞）③蚕室（蚕室島―新川）④清州（清州山城―金浦空港）⑤汝矣（元暁路―汝矣島）⑥東部（楊州郡間里―千戸洞）

韓中経済閣係会議

10日から台北で

韓中経済閣係会議が九月十日から十二日まで台北で開かれる。太経企院長官を首席代表とする同会談では韓中間の貿易増大をはじめとする経済協力方法や技術交流等問題について協議する。

照点

北韓側金英柱の一方的な声明は

対話中断ねらう

南北調節委員会平壌側金英柱共同委員長のソウル側共同委員長とは「これ以上会談しない」という北韓側金英柱の一方的声明を直ちに反撃した李委員長のいう通り、大体三つに分析できる。

まず第一の動機にあげられるのは、基本的に北韓が韓国と対話を望んでいないという点である。これまでの対話期間中の態度からして対話のためのものか、対話を中断するための口実をさがすためのものか疑わしい。北韓側は「法律的社会的環境条件改善」をかかげ内政干渉の反共法、国家保安法廃止を要求した。

また経済文化交流提案に対しては、軍事問題優先解決と米軍撤退を要求した。北韓は、最終的に解決しなければならないものを初めから要求し、直ちに出来る秋夕墓参のような非政治的交流にそっぽを向き、最近はユニバーシアード大会までボイコットした。したがって今度の声明はソウル側共同委員長が気に入らないといっているものの南北対話をやめようという「政略的宣言」としかみられない。

次に第二の動機は六・二三宣言が世界的に支持されていることにあわてた南北韓同時国連加入問題に対し、北韓側の立場表明といえる。六・二三宣言に対し北韓は、ユニバーシアード大会にみられるように社会主義国家に対する接近を妨害、南北連邦制を前提とする国連単一加入等を主張しているが劣勢に追い込まれている。

そこで南北韓同時加入に反対するため南北対話が「韓国のため」職調に行っていないという口実をさがす必要にせまられた。毎月一回開くことになっている南北調節委幹事会を、去る七月からボイコットしていることもかれらの意図がうかがわれる。

第三の動機は金大中事件を結びつけ李委員長と中央情報部をゆさぶろうということである。李委員長は直ちに事実無根だと否定した。以上三つの動機を分析すれば第一は北韓側思考の基調であり、第二は直接的原因、第三は声明を出す契機であったといえよう。

中央委員会召集公告

第二十二回定期中央委員会を次の通り召集する。

一、日時　一九七三年九月二十一日午前十時

一、場所　日傷会館
東京都新宿区市ヶ谷本村町四二
（電話 03 二六九―八一五一番）

一、議題

①中央綜合会館建設に関する件。
②組織整備に関する件。
③財政確立に関する件。
④規約修正に関する件。
⑤敵性団体規定に関する件。
其他

一九七三年九月七日
在日本大韓民国居留民団
中央本部議長　朴　太　煥

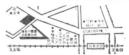

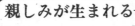

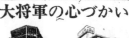

韓国南海岸の造船所でのパン・コリア号建造のもよう。韓国は今や20万トン級の大型船受注など世界の造船国として脚光をあびている。

世界へ急ピッチ　韓国造船業界進出

米・濠・日・ギリシヤなどから大型船受注

26万トン級など37隻

政府の強力な重化学工業育成策により、造船業界が大きく活気を示し去る八月末現在、船舶輸出契約高は三億六千万ドルに達した。

一日、関連業界によれば、今年にはいって、アメリカ・日本・ヨーロッパなど、世界各地から船舶注文が殺到し、造船公社と現代、大韓、大東造船など4大造船所は八月末現在、アメリカ、日本、ギリシア、パナマなどに漁船・貨物船・油槽船など、すべて二百十万トン(37隻)の輸出契約を結び、契約高は、三億六千万ドルにいたっている。

国内最大の造船施設をそなえた現代造船所は、今年に入って

▲二六万トン級油槽船二隻を、ギリシヤのノース・オーシャン・シッピングとサウス・オーシャン・シッピング

▲二三万トン級油送船四隻を日本の川崎汽船、ファイブ・スター・ナビゲーション、ソラ・タンカーズなどと契約を結び、去る八月初には、リベリヤのアイルランド・ナビゲーションに二六万トン級油槽船二隻を輸出することにするなど七六年まで八隻の大型油槽船を建造することに契約、三億ドルの契約実績をあげた。

業界の設備拡充で今後の対外受注は増加一路の見通しである。

1965年4月に導入され、わが空軍を超音速時代に導く契機となったF－5A機(一名自由の戦士)新鋭戦爆機のエアショー。

105飛行大隊が達成

ファントム機世界記録樹立

三万七千時間無事故

空軍第一〇五戦闘飛行大隊は、去る三〇日午前、F5(自由の闘士)超音速戦闘機で三万七千時間無事故飛行記録をたてた。

これで、F5機を保有しているアメリカ・カナダ・自由中国など十五個国のうち、世界最初の最長時間無事故飛行を記録した。

このたびの世界記録は、三〇日午後三時、一〇五戦闘飛行大隊のアルファ編隊編隊長がひきいる4台のF5機が海上攻撃訓練をおえて光州基地に無事着陸することによって達成されたものである。

無尽蔵の肥料原料

硅灰石五八〇万トン埋蔵確認

工業振興庁、堤川・丹陽で

埋蔵量五八〇万トンにいたる硅灰石の鉱脈が発見され、肥料原料の確保に明るい展望をなげかけている。

一日、工業振興庁国立地質鉱物研究所によれば六月から八月までの調査で、忠清北道堤川郡水山面大田里で三八〇万トン、忠北丹陽郡中方里地域で二百万トンなどの新たな埋蔵量が確認された。

硅灰石は、硅酸石灰および若干のマグネシュームを含有している非金属鉱物で肥料原料に使われるが、今までは慶北ヨン徳と忠北丹陽に二一〇万トンが確認、生産されていた。

中学校教育課程改編確定

時間・科目全国均一に

国民的資質・セマウル・総力安保に力点

数学科学 時数増　外語社会 減で来年実施

韓民族のほこりの一つは優秀な頭脳資源であり、人々の熱列な教育への熱意である。写真は中学校での科学時間の学習のもよう。

文教部は三一日、「中学校教育課程改正案」を確定発表した。この改正案は、道徳、国史科目を新設し、女子の技術科目を「家庭」に、「家庭(選択)」を「家事」にそれぞれ改称することとなった。道徳科目様に、家庭生活を追加し、家庭科には婦徳綾家に関わるものと家風、家族関係などの内容をくみ入れることにした。これにしたがい教科書も全面改編される。中学校課程、18科目の教科書中道徳、国語、国史、社会、漢文、外国語、技術、農業、工業に商業水産業および特別活動は七四学年度から、新教育課程による教科書によって教育が行なわれることになり、数学・科学・体育・音楽・美術・家事・家庭科目は七五年度から段階的に内容が変わる。この改正案は、今まで上下限線を設け学校ごとに異なっていた科目別時間配当を、統一した。

二、三学年のばあいは、道徳、国史(二時間)、体育(三時間)(一週二時間)国語(五時間)、技術および家庭(三時間)科目の時間を固定させた。外国語は一年のばあい、現行一週三～五時間から四時間へ、二年のばあい三～五時間から二～五時間に縮少され、二、三年の社会生活時間は一週に一時間づつへった。

数学と科学は一年のばあい、現行一週三～四時間を上限時間である四時間に、三年のばあい二～四時間を三～四時間に、一時間づつふやし、農・工・水産・家庭など実業選択科目の時間配定をのばした。

特別活動時間は、一週二・五時間以上であったことを三時間以上にした。

このような調整にしたがって一学年は現行十科目(特別活動除外)を一週三二～三四時間づつになる。

二年は十一科目、三二～三四時間が十三科目、三三～三五時間に三年も十一科目、三三～三四時間が十三科目、三三～三五時間になる。

文教部は、この改正案が、国民的資質を高め、(2)人間教育を強化し、(3)輸出・セマウル運動・総力安保と、(4)基礎体力を高めるのに力点があるとのべた。

この改正案は、去る五月に発表された試案をもとに、三七八個の教育機関と公聴会をへて確定された。

一次試案で修正されたものは、一学年国語時間、三年、社会生活二、三学年の外国語、六実習時間に若干づつ増減があった。

補完されたのは、道徳科目様に家庭生活を追加し、家庭、国史など各科目の不備点である。

農水産部

農地転用を規制

食糧自給めざし耕地活用に立法

農水産部は、毎年減少している農耕地を保全するため、まず全国の水田を絶対農地と相対農地に区分、公共投資などで水利化された絶対農地は、他目的への転用を許さないことにし、耕作が困難か、山間地帯にある相対農地は重化学工業のための工場設立など、やむを得ないばあいに限って工場地帯面積の半分以内に転用を許可することにした。

鄭韶永農水産部長官は八月三一日「重化学工業育成のため工場建設が推進されている現時点で、政府がこのような措置を取ったのは世界食糧事情にそなえ、国内食糧の自給を計画どおり達成させるためのことと」であると説明し、この措置は八月三一日から施行されると発表した。

鄭長官は、今後三個月内に畠も絶対・相対農地に区分、その転用を抑制するとつけくわえた。

農水産部は、これとともに現行「農地の保全および利用に関する法律」にふれなければ

▲都市計画の拡張および都市開発予定地域

▲工業団地の新規設定

▲国防・国道・鉄道および国土保全施設など、公共目的のため農地を使用する際にも、農水産部の事前協議を経るようにし、都市計画区域および地方工業団地内の農地は、施設前まで必らず耕作するようにし、これを施行しないばあい代理耕作をさせることにした。

韓国での経済成長のための力点のひとつは食糧自給をめざす農業改革である。写真は機械化された韓国のとり入れ。

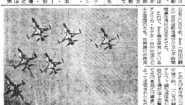

ミス・インターナショナルに出場

大阪の厚生年金会館で10月13日

ミス・コリアの金梅子さんを激励

韓国一の"知と美"を競める恒例のミス・コリア・コンテスト（韓国日報主催）に在日同胞が参加して四年目（日本では本社主催）。去る五月のソウル大会で、ついにミス・善の上位入賞という栄冠をかちとった金梅子（21・埼玉）さんは、来たる十月十三日午後六時半、大阪厚生年金会館大ホールでひらかれる"世界美の頂上"ミス・インターナショナル選抜大会に出場が決定、韓国を代表して世界の美女たちと競いあうことになった。この壮途を前に、地元の民団埼玉県本部では、李根団長と李根株顧問の音頭とりで、五月のソウル大会で特別審査委員をつとめた民団中央の李彩雨副団長と、民団関東地協の鄭東淳事務局長（民団東京本部団長）らの協賛を得て、当の金梅子さんを励ますための、大会出場仕度金八十万円を調達、その寄贈伝達式を、移転したばかりの民団東京本部で、関係者立ち会いのもと、九月一日午後三時からおこなった。なお当の金梅子さんは、最終仕上げを急ぐため、九月六日ソウルへ発ったが、開催地である地元の民団大阪本部や興銀、商銀を始めとする組織的な

地元、大阪の声援望む

声援を、関係者は望んでいる。

ミス・コリア・善の栄冠に輝いた金梅子さん
（1973年5月・ソウル奨忠体育館で）

養護ホーム「白石ハイツ」

事業収益を社会に還元

札幌・朴準竜氏の快挙

（北海道支局発）札幌市白石通りの、社会福祉法人・光松会（朴準竜理事長）では、かねてから建設中だった、寝たきりの老人のための特別養護老人ホーム「白石ハイツ」を、去る八月二十五日竣工、この落成式が当日午後一時から同所において、板垣札幌市長、孫漢豊民団北海道本部団長、駐札幌総領事館の金領事らを来賓に迎え、内外五百余人が参席、盛大に竣工披露式典をとり行った。

この施設の規模は、医師、看護婦、付添人ら三十八人で、定員八十人の寝たきり老人を世話することになっている。

建物は、鉄筋三階建て、延べ面積約千八百平方米、総工費一億四千万円で建設されたもの。

とくに、施設の中での御自慢は、浴場にあり、体を洗い浴そうにつかり、体を乾かすまで、約八百万円をかけた最新設備を施し、全部寝たまま車でもOKという道内では始めての近代設備である。

ちなみに、当ホームの設立に最後の尽力を傾け、漸くここまでこぎつけた朴準竜理事長（民団北海道本部監察委員長）は、多年の念願であった信義と責任の中で、この種の奉仕による社会への還元を実践する第一歩を踏み出すにあたり、とりわけ、日本の地に、韓国人として、この偉業を達成したことは韓日双方より多くの賞讃を浴びている。朴氏は、日本に渡って三十七年、あらゆる人生の苦難をのり越え、今日では、光松グループの総帥として、公私に活躍、その存在は在北海道同胞の大きな柱となっている。

最新設備を誇る「白石ハイツ」の偉容

種目別総合競技大会

福岡で熱戦展開

在日大韓体育会（鄭祥理事長）では、去る八月二十四日、福岡市厚生年金スポーツセンターで、第一回在日韓国人種目別綜合競技大会をひらいたが、戦績は次の通り。

〈サッカー〉
東京韓国高6−1福岡高校選抜
一般関西代表4−1関東代表

〈野球〉
一般九州代表10−1関西代表

〈バスケット〉
福岡高校選抜80−39東京韓国高

団長に康東玉氏 事務所も移転

対馬本部定期大会

さきほど移転（本紙一〇九六号で既報）したばかりの民団対馬本部では、新たに左記の新住所へ移転、八月三十日には、第三十回定期大会をひらき、次のような新役員を選出、組織刷新と強化へ、力強い一歩をふみだした。

新任三機関

顧問　康雲興
顧問　韓永春
顧問　金永吾
議長　金昌琨
副議長　趙泰茂
副議長　金永寿
監察委員長　玄景泰
〃委員　金小賛
〃委員　李栄豪
団長　康東玉
副団長　姜太浜
副団長　厳申変
事務局長　康泰盛

新住所：長崎県下県郡厳原町大字大手橋一〇九五・電話（〇九二〇五）2−〇三三九。

高津分団新たに結成

民団神奈川県南武支部（朴魯夏支団長）では九月三日午後一時から川崎市溝ノ口駅前玉井食堂二階で、懸案の高津分団結成式を行ない次の通り役員を選出した。

分団長　朴興基
副分団長　金重根、申在栄
議長　郭鍾洞

このあと、引きつづき、分団結成祝賀会を開き、発展に尽すことを誓い合って、和気あいあい裡に五時すぎ散会した。

戸籍実務講習延期

民団中央民生局（李鍾舜局長）では、本国からの専門講師の来日が遅れたため、さきに全国組織へ通達した戸籍実務講習会を、十月に延期することにした。

ソウル司法書士会で

同胞戸籍事務無料代行

ソウル司法書士会が就籍、戸籍訂正等をすませていない在日同胞の戸籍事務を無料で代行するための在日同胞戸籍無料奉仕団を日本に派遣することをきめた。奉仕団は十人を一組とし五組を派遣「在外国民就籍戸籍訂正、整理に関する臨時特例法」の施行満了期間である八〇年末まで年次的に戸籍事務を処理して行くという。

故洪賢基氏一周忌追悼会

今日の民団の前身ともいうべき旧建青（朝鮮建国促進青年同盟）の創立者であり、初代委員長として解放直後莫大な私財を投げ打った故洪賢基氏の一周忌追悼会が、八月三十日午後五時半から市ケ谷会館で挙行され約五十名が参席、故人の冥福を祈った。会場には国民勲章牡丹章が飾られ、故人の遺徳を偲んだ。なおこの催しの世話はアジア友の会（大山貴士会長）在日建青会（金释太世話人）在日全北会（千昌久会長）の三団体であった。

「敬老の宴」

9月15日　東京商銀で

東京商銀（許弼奭理事長）では来る九月十五日正午、韓国の[illegible]である恒例の「敬老の日」集会を本店七階の大ホールで開き、都内高令者を慰労する。一般参加歓迎。

金済源、徐英姫

おしどり議員誕生

共和党金済源議員（50）と維政会徐英姫議員が二十七日結婚式をあげた。夫婦議員は韓国憲政史上初めて。

済州島の洞窟に旧石器時代線刻石片

済州島涯月面於音里の洞窟から韓国でははじめて旧石器時代の線刻石片が発見された。これは韓国大郷永和博士が洞窟から一・五m入ったところで発見したもので六、七万年前第四氷河期の原始人が刻ったものとして動物の模様がある。

セマウル支援の模範

鄭甲植氏に多くの賞讃

東京で、不動産と廃棄物輸出入業を手広く営んでいる鄭甲植氏は事業上の理由で、本国に頻繁に出入りしているのを幸いに、出身地である慶北氷川郡一帯を中心に、現在、国をあげて進められているセマウル運動を支援、個人としてはもっとも多くの誠意溢れる業績を残している模範的在日同胞の一人として、多くの賞讃の的になっている。

鄭氏が、本国のセマウル運動支援に積極的にのり出したのは、民団を中心としたセマウム運動が本格的になってきた昨年からで、それまでにも、郷里の氷川郡には数多くの業績を残してきており、かてて加えて、この挙族的事業におおいに感ずるところあって、在日氷川郡出身七百余人にアピール、愛郷心を促す一方、率先して、電灯もない未開発地である北部一帯をくまなく踏査、電化や村道、橋梁の架設、開墾、そして生活相談所の開設など、目まぐるしい活動を展開してきたものである。

鄭甲植氏

ちかぢか、その功労に対する表彰がささやかれている同氏の数多い業績のうち、ごくさいきんの実例をいくつかあげて、在日同胞たちへの参考に供しておく。

おもなセマウル業績

①出身地の慶北氷川郡紫陽面龍山洞で、わらぶき家屋を全部スレート屋ぶきに改良、四㍍村道を四m幅に拡げる。

②氷川郡北部の平川橋（長さ一二〇m）護岸橋（長さ四五〇m）建設運動を関係官庁に働きかけ、今回工事に着手し一個所は年内に、もう一個所は七四年完成の見込。

③同じく北部臨皐面全戸一帯の電気架設及び紫陽面全域の電気架設に全力を注ぎ、工事費の大半を負担する約束を住民と締約す。

④氷川郡守に対し、紫陽面三鳥[illegible]セマウル誠金一〇万円（七三年七月二十五日）及び、クボタ脱穀機一台（十三万円相当）寄贈。

⑤氷川地区郷土予備軍正服・正帽三〇〇着寄贈、紫陽面警察一〇個所新設。

⑥紫湖邑に、セマウル誠金一〇万円。

⑦共和党地区党（慶北第三区）にセマウル誠金一〇万円。

⑧その他、花山面、古鏡面、華湖邑、華北面、北安面、紫陽面のセマウル指導係に奨励慰問品を寄贈。（約二〇万円）

⑨民団本国事務所に扇風機三台

国内至るところに結縁部落

民団大阪府西成支部からも結縁部落に黄牛が贈られた（中央花環の左側が鄭氏）

視野の広い国際感覚を

―在日韓国学生アメリカ・ツアー―

東京の大韓交通社（左玉花社長）では、正月恒例のハワイ・ツアーにつづいて、夏季休暇を利用しての第二回在日韓国学生アメリカ・ツアーを実施、好評を博した。

去る七月二十三日KALジャンボ機で、左社長陣頭指揮のもと、羽田を飛び立った在日韓国人学生ら、一行三十五人（小学二年から大学生まで）は、アメリカのロスアンゼルスにつき、小学三年から大学までの児童たち十人は、近郊にあるカラミゴス・キャンプに入り、現地アメリカ人児童たちと合流して、四週間にわたるサマースクール生活をおくった。

一方、中学・高校、大学生らの編成班は、カリフォルニア大学のキャンパスに入り、各国学生と共同の英語セミナーを、これも四週間つづけ、双方共に大成果をおさめ、八月二十日、帰りもKAL便で、ホノルルに立ち寄り、二泊三日の自由観光を楽しんで、二十二日東京時間午後四時すぎに、元気で羽田に戻ってきた。

なお、一行の中の男女高校生四人は、現地に残留、留学手続きをとっており、今夏の大成果につづき、主催側の大韓交通社では、来年、この催しをつづけたいといっている。

大韓交通左社長の話

ビジネスを離れての話ですが、私のこの企画はズバリ当ったようです。つまり、日本の中だけの視野の限られた韓国人ではなく、アメリカという舞台での合同キャンプを通して、視野の広い国際感覚を身につけ、韓民族としての意識を高揚できるという意味でです。いまや、世界は狭くなりつつあります。小さい時から、機会あることに世界への目をひらかせることこそ、これからの韓国人近代教育の具体的な一方向ではないでしょうか。

そういう立場から、在日同胞の子弟を一人でも多く、この集まりの中に加えて下さるよう、私は心から願っております。

←一年中風がふきまくっているので有名なハワイのヌワヌ・パリ山頂で（成人の女子は、スカートをはかず、ズボンをはかねばならないという）

華燭

羅大煥氏の長男、基祖君と、許水澄氏次女、恵美子さんは、九月十八日午後一時から東京・品川駅前のホテル・パシフィックの万葉の間で華燭の典を。

新博士235人、医学が181人でトップ

七二学年度後期卒業式を機会に各大学で二百三十五人の新博士が誕生した。医学の百八十一人がトップ、工学十三人、薬学の一人が最も少ない。大学別ではソウルの六十五人が最も多く、カトリック医大三十四人、全南大三十二人、高麗大二十七人、慶熙、忠南、釜山水産大は各一人と最も少ない。

東郷元帥の戦勝碑韓国で発見

日露戦争当時東郷平八郎の日本海海戦の戦勝碑が巨済郡松真浦で発見された。高さ二mで、幅七十cmで、有名な「皇国の興廃この一戦にあり……」の文句がほられている。

尋ね人

☆崔鳳烈さん

本籍・慶北西道郡角南面日谷洞三四五番地

愛知県春日井市上条木町四三九五番地に住んではた崔鳳烈氏家族をご存知の方は、大邱市東区新岩洞2区四五二番地、崔鎬谷さんまで連絡を。

☆千スミヨンさん（男・54才）

一九四九年七月に、韓国へ一時帰国したことのある千さんをご存知の方は、慶尚北道礼川郡甘川面千竜洞96番地、権潤春さんまで連絡を。

☆鄭貴順さん

☆李甲祥さん

本籍、全羅北道扶安郡山内面馬浦里246番地

東京都文京区西丸町61番地に住んでいた。右の方をご存知の方は千葉県船橋市宮本一の三の二鄭相熙さん（電話〇四七四・二二・七四九五）まで連絡をお願いします。本籍地のお父さんである鄭煥永さんがさがしています。

☆金寿永さん（57才）

本籍は咸鏡北道。京畿道長湍郡から日本へ、第一次徴用で渡日し、六・二五動乱以前まで文通があった金さんを、妹の金和永さん（幼名チャッカニ）がさがしています。金さんをご存知の方は京畿道坡州郡泉峴面法院里四二〇、崔擁盛方金和永さんまたは民団中央本部民生局まで連絡を。

☆姜正大さん（46・日名、神田）

本籍は慶尚南道[illegible]。解放四、五年前に渡日し、七年くらい前本県下に居住後東京に移ったようであるが消息不明。捜している人は妹の姜有貴さんで東京都板橋区志村一―三四―二一、ひいらぎマンション二〇一号、または民団中央本部宣伝局まで御連絡下さい。

本籍地・全南谷城郡梧枝面梧枝里
国内居住地・慶南居昌郡居昌邑上洞
一九四五年度　東西婦人商会経営（株式会社）

故盧相鉉（盧国賛）氏の家族である

☆趙有順（62才・妻）

盧琎漢（43才・ソウル大学史学科）

盧東漢（34才）

盧漢趙（長女38才）

等が、一九五七年度までは東京都北区内に居住したことまではわかっているが、以後の住所がわかりません。谷城郡居昌邑出身の在日同胞の方は、この人たちを探しに積極協力して下さい。本国に居る盧京子（三六才・次女）が必死になってさがしています（TEL〇三一―四三一―四五四七・四五五一―四一五八の水原まで。

訂正　本紙一〇九四号（八月十一日付）六面広告上から三段目の神奈川県韓国人商工会役員中、副会長の林春雨氏は、林春先氏のまちがいであるので訂正致します。

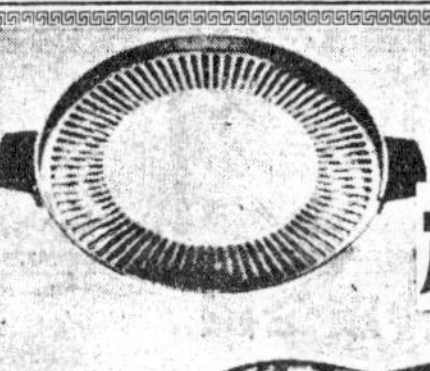

韓国と日本の関係に新視点

日本上古史(文定昌著)抜粋と解説

(15)

仁徳王朝

仁徳王の新羅侵寇とその死

発掘中の難波宮跡から出た模型？のかまど

そば女が得られず

倭王が新羅と絶交し侵略くり返す

応神王がその二十二年、新羅軍に降服した後、かれは新羅との和交を続けた。

次に仁徳がつぐと、かれは新羅に対して強硬政策を取った。

日本書紀上に仁徳は応神王の第四子である。応神王が死んだ後、彼（おおさざき）は、うじのわきいらつこと四年間のし烈な戦争の末王位にのぼった。そして彼は百済木氏である韓津彦の娘弟之媛を妃とし、木氏が居住する地域を直轄部とするなど、百済人が倭国建設に関する基盤をつくり上げ、百姓たちに三年間、課税と課役を免除し、宮殿の修理もおこなわないなどとして、民力を養成して堤防を築造し、土地を開墾させ、農業の振興に大きな努力をはらって富強国家を建設した。

（訳者註＝日本書紀では、うじのわきいらつことおおさざきが、たがいに皇位をゆずり合って位につこうとせず、四年目にわきいらつこが皇位をおおさざきに継がせるために死んだーことになっている。これも、応神二十二年紀伝と同じ筆法で、文定昌さんがいう通り、皇位の争奪戦を、皇位をゆずり合ったとした、と見るのが正しいであろう）

彼はまた死んだ後、今日、日本古墳文化の一つのナゾとなっている巨大な墳墓、仁徳陵を、大阪府堺市に残している。

仁徳王は即位前から新羅に対してまず求婚した。これに対して新羅は、阿飡急利の娘を嫁がせた。

訖解王三年（三一二年）春三月、倭国遣使、為子求婚。以阿飡急利女送之。三国史記

それから三十二年が過ぎた後、仁徳はまた難くせ（そば女を求む）をつけて来た。新羅が聞き入れないので、倭が新羅に侵攻しはじめた。

訖解三五年（三四四年）春二月、倭国、遣使請婚。辞以女既出嫁。

◇三六年二月、倭王移書絶交。

◇三七年、倭兵猝至風島、抄掠辺戸、又進囲金城急攻。王欲出兵、相戦。伊伐飡、康世曰、賊遠至、其鋒不可当。不若緩之、待其師老。王然之閉門不出。賊食尽将退。命康世、率勁騎追撃走之。三国史記

それから二十三年が過ぎた奈勿王九年夏四月、倭兵が突然に攻め込んで来た。王はおどろき、吐含山下にワラで作った偽兵士数千体を立ててあざむき、倭兵が通ると思われる険しい要所には別に伏兵一千をおいた。そして何も知らずに進撃する倭兵を伏襲し、これを敗走させ、追撃全滅させた。

奈勿王九年夏四月倭兵大至。王聞之恐不可敵、造草偶人数千、衣衣持兵、列立吐含山下。伏勇士一千於斧峴東原。倭人恃衆直進。伏発撃其不意。倭人大敗走。追撃殺之幾尽。三国史記

大日本年表によれば新羅奈勿王九年（三六四年）は倭仁徳五二年（三六四年）である。日本書紀はこの年代の韓倭間の争乱に関して次のように記録している。

仁徳五三年、新羅不朝貢。夏五月、遣上毛野君祖竹葉瀬、令問其闕貢。…乃授精兵。新羅起兵而拒之。…爰新羅軍、田道連精騎、撃其左。新羅軍潰之。因縦兵乗之、殺数百人。即虜四邑之人民、以帰焉。

三国史記と日本書紀が記録した仁徳王の対新羅侵攻はこれで終わる。

ところがこの十四年後、吉備国川島河派でおかしな事件がおこった。そのことを日本書紀は次のように記録している。

仁徳六十七年（三七九年）、この年吉備中国の川島河派に、大きな虬（みずち・へびに似た想像上の動物）があり、人々を苦しめた。毒気を出すため多くの人が死んだ。

このとき、笠臣の祖、県守の人となりは勇かん強力であった。かれは河淵に行き、完全にフタをしたひさごを三つ水の中に投げ入れて叫んだ。「お前が毒気を吐き出して人々を苦しめるので、俺はお前を殺すつもりだ。お前がこのひさごを沈ませれば、俺は逃げるが、これを沈ませられなければお前を斬る」と。

虬が鹿に化けてひさごを引いて見たがひさごは沈まなかった。県守がただちに刀を抜いて水の中に飛込み大きな虬を斬り、また虬の党を探したところ、すべての虬が川島河派の淵の底の岩穴にかくれているのを見付け、全部を斬り殺した。そのために河水が血に変ったという。

吉備国川島県とその隣接五県はこれより八十八年前、遠征して来た新羅軍に降服した応神王が、新羅家またはその将軍と見られる人たちに割譲したところである。

このとき、この、人に害を与えるという大虬は、そのような新羅人の勢力が大きくなって、政権を奪おうとしたもののようである、この変乱が原因で仁徳王は死ぬ。

（著者註＝仁徳六十七年＜三七九年＞紀は「冬十月五日、幸河内石津原、以定陵地。十八日始築陵。」となっており、すでに死んだ仁徳王を埋葬した日付まで示している。このようにして築造された仁徳王陵の位置が、河内石津原だとしているが、河内国は今日の大阪府堺市も含まれ、自然の起伏を利用した巨大な仁徳王の陵墓が

それで、その後何回かの加工と補作で今日の如き整頓された巨大な陵が出現することとなったのである。）

そうして日本書紀上、その後二十年間事実でない仁徳年代が、かって神功が死んだ後、神功紀が多年間継続したのと同じ手法で継続したが、そのような事実を日本書紀は次のように偽装一記録した。

こうして天皇が早起き遅寝をし年貢を軽くするなどして善治に努力し、二十年間天下が泰平であった。

八七年春正月十六日天皇が死ん

大阪府堺市にある仁徳天皇陵（世界最大の墳墓）

解説

日本の史家で、「異称日本伝」を参考文献として著書を著わした人がいる。熊本商科大学教授で日本古代史の藤間生大（とうませいた）氏である。

だが残念なことに、その著「倭の五王」で引用している部分は本の表題通り、倭の五王の部分のみである。応神二十二年紀に関する部分は気が付かれなかったのか、あるいは見てはいるけれども、応神天皇が新羅軍に降服する筈がないとの立場から無視されたのか、または、倭の五王を論ずるのに、その部分に触れる必要が無いので触れなかったのか、その何れでもなければ、「異称日本伝」には、そのような記録がないということになろう。何となれば、次に引用するように、藤間氏が使っている「異称日本伝」は国粋主義者が復刻した本であるので、その部分が改ザンされた可能性が皆無とはいえないことである。

「特に彼（松下見林）の場合は三十年にわたって『異称日本伝』にとりくんだので、なおさら彼の研究はしっかりとしたものになった。研究対象の関連事項が国際的な領域をもっているなら、困難でも領域を広げ、その成果にたって日本の歴史をみるという、すなわち日本の歴史を一国だけの自己完結で把握しないという方法論は、日本では彼が初めてうちたてたといってよい。しかし彼の議論は、これまで単純に理解されることが多く、天皇擁護の国粋主義者とみられていた。このため彼の著いた本は、国粋主義者によって復刻がなされ、私が現在つかっている、『異称日本伝』も、一九二七年出版の『国書叢書』という叢書に入っている。」

今回は「仁徳王朝」を論じているが、ここで前記「倭の五王」から倭王が新羅に嫁を求めたくだりを引用しよう。

読者の声

本紙「読者の声」欄では、読者の皆さまの忌憚のない、民団発展のための建設的意見を求めています。ふるって御投稿下さい。

また、団員皆さまの周辺におきた、公私ともども、ニュースになるものでしたら何でもけっこうです。

編集局・読者の声係

「まず四世紀の前半は、わりあいに平和的な接触が文献の上では出ている。三〇〇年とされる基臨王の三年の記事は倭国とたずねあうとある。三一二年と三四四年とはともに、嫁をもらいたいという記事である。前者の場合は阿飡急利の娘を倭国王に送ったとある。阿飡は新羅の官級では、十七階級の中の六級に当る。五級までは真骨（この上に聖骨があり、王族・この両者も婚姻は禁じられている）の人のみがなれる（『三国史記』「雑志」上）。したがって阿飡では、中央官庁の長官、各軍団の将軍にもなれない。ただ三一二年の新羅に、このような身分制度はまだ成立していないと思うので「倭国王」は王女を求めて来たが王族ならぬ下の者の娘をやったという意味に、この記事を理解したい。三四四年の時は、女がいないといって断った。翌年三四五年に「倭王」は絶交書をたたきつけた。三四六年には「倭兵」にわかに風島にいたり、辺戸をおびやかし、かすめとり、また進んで金城をかこんで攻めてきた。新羅王は出て戦おうとしたが、重臣の康世が、倭兵は遠くから来た。その鋭い攻撃はあたることができない。しかしゆっくりかまっておれば倭兵は弱くなるといった。王はそれに同調し、門を閉じて出なかった。倭兵は食糧がつき、ひきあげていった。康世はそこで、強い騎兵をひきつれて追撃し、倭兵を敗送させた。一嫁とりをことわられた腹いせのようであるが、それは表面のことである。辺戸をかすめ取るということこそ大切である。すなわちそこらに居住する人間を略奪していったのである。奴隷制の発展のためには、労働力の獲得はどの国でもなくてはならぬことである。」（金元鎬記者）

林慶業将軍傳

（二二）

訳　洪相圭

画　八東周吉

みすみす殺されに行くのもばからしく慶大嶺の山深い地域を利用してうまく跡をくらましました。きびしい追跡を逃れるためにこのように髪をそり、南京に渡る機会をうかがっておりましたのは、一に丙子の屈辱をそそぎ、三王子をお救いしたい一念からでありました。拙者は、黄将軍とともに手を取り合って胡地に進撃する日を夢見ておりましたのに、図らずもここでお目にかかれるとは、まことに天の助けでもありましょうか」

黄子明は林慶業の忠義に今更ながら感嘆してやまなかった。大事を没って遠路の苦労を慰め、すぐ朝廷にこの事実を上奏するために一足先に急使を出した。もちろん翌日には両人同道で南京をさして発った。

黄子明の上奏文を読まれた明帝は、慶業が来るのを心待ちに待っておられたが、黄将軍が参内して、彼の事を一伍始終申し上げたところ、明帝は殊のほかに喜ばれてさっそく呼び入れるよう仰せつけられた。

数日後、林慶業は黄子明に案内されて宮城にはいり、明帝の前にひれ伏した。

「陛下の御竜顔、殊のほかうるわしきを拝し奉り大慶に存じまする」

と申し上げれば、明帝は竜座よりつかつかとおりられ、感に堪えないように慶業の手をおとりなさって、ゆうあくなおことばを賜わった。

「時は朕に利せず、北胡の勢が日につれて強大となり、先には朝鮮を降し、朕が領土の辺境を侵すことその数を知らぬほどであるが、朕がこころに賢明な良将なく、夷狄のなすがままに捨てて置くとは、まことに祖宗の御威光まで損ねるものがあって心外の至りである。時に忠勇なる将軍が遠路わざわざおもむいて来てくれたのによって、もはや北敵など恐るるに足らないと心強く思うぞ。実に朝鮮こそは、人倫の大本を忘れない仁義の国である。朕の心に銘じて長く忘れぬであろう。

朝鮮国は日に日に胡の圧迫を受けて、累卵の危うきにあると聞くが、形勢はいかがであるかな」

慶業はあまりに勿体ないお言葉にひたすら恐れいり、慎しんで、丙子の胡乱から三王子の人質、ビリムの攻防、胡国さして北行中姿をくらましていい髪僧形にやつしたこと、果てには南京渡来の海上で暴風雨に襲われ、漂流したところ偶然にもピソムで黄子明にあったことなどを申し上げると、明帝はいたく感嘆せられた。

「それこそ、天が引導したもうたことであろう」

明帝は林慶業将軍を迎えて、盛大な宴を催すよう命ぜられ、そのもてなしを、黄子明にいいつけられた。

さらにまた、護威大将兼都元帥を授けられ、胡の乱を平らげるよう仰せつけられた。

一〇、英雄義理をつくす

天恩のかたじけなさに感激して御前をさがった慶業は、黄子明とともにピソムに帰り、胡敵を討滅する計略を着々と進め、まず辺境の名頭に令をくだして軍器を整え将卒の訓練をたゆまざりにせぬよう厳しくいましめた。

林慶業将軍自身が陣頭に立って、率先垂範したことはいうまでもなかった。

歳月はまたたく間に過ぎ去り甲申年の三月となった。胡の勢力が強大になるにつれて、明の領土はますます侵され掠められてゆくばかりであった。そこで明帝は目にあまる胡賊の横暴をようちょうするよう、黄子明に詔勅をくだされた。

肝胆相照らす仲の林と黄の両将軍は、出陣に先立って戦略の相談をしていた。

「ここは軍略上まことに重要なところでありますから、寸時も防備をおろそかにすることはできませぬ。林将軍にあとを頼みますぞ」

「くつわを並べてともに出陣したいところですが、今度は拙者が留まるでありましょう。しかし危急の場合にはいつでもお報せ下され。鉄騎を率いてはせつけるでありましょう」

両将の話を盗み聴いていた者に独歩という天下にも使いみちのない生ぐさ坊主がおった。

どうした訳か同じ朝鮮の人でありながら、この坊主は慶業が憎くてたまらなかった。恐らくその盛名と卓越な人格をねたむことに根ざしていたのであろうが、実に始末に困る小人ものであった。この坊主は林・黄の両将がとり交す話を聞いて、悪心がむくむくと頭をもたげた。悪知恵に長けた奴であったから慶業を害すべく念の入った小細工をした。

もともと、ピソムは天然の良港であり、地の利を占めていたから、三国貿易で賑かな港町であった。したがって諸国の人の出入も激しかった。

独歩は奸計を胸に秘めて、港のあちこちをうろつきながら胡の人と近く交わった。ある日、独歩は胡の商人と世間話をしながら、じょうずに誘って話題を林慶業のことに移した。胡の人たちは、林慶業の名だけ聞いても戦々とした気がしたらしい。独歩は、ついに恐ろしいことを口にした。

韓國新聞
在日大韓民国居留民団
中央本部機関紙
韓国新聞社
発行人 金 正 柱
東京都文京区春日町
2丁目20－13
電話 直(815)1451～3
交(813)2261～5
振替口座 東京 163774
本国連絡所(民団本国事務所内)
ソウル特別市鍾路区昌成洞
政府合同庁舎四階
電話 73－0162・0165

民団綱領
一、われわれは大韓民国の国是を遵守する
一、われわれは在留同胞の権益擁護を期する
一、われわれは在留同胞の民生安定を期する
一、われわれは在留同胞の文化向上を期する
一、われわれは世界平和と国際親善を期する

金大中一派の反国家行為を断罪

全国各地で糾弾民衆大会

売国・売族言動に憤激
東京は民団関東地協主催28日、九段会館で
大阪は民団大阪本部主催26日、二万人参加

民団関東地区協議会（鄭東淳事務局長）では、金大中事件発生以来の沈黙を破り、来る九月二十八日、午前十時から東京の九段会館で「金大中一派糾弾民衆大会」を開催し、金大中の罪状と鄭在俊一味らの言動を厳しく糾弾することになった。この民衆大会には関東地区団員約四、五千人の参加が予定されており、九段会館での大会だけでなく、場合によってはデモ行進を行って気勢を上げることも予想される。一方、大阪では民団大阪地方本部（姜桂重団長）主催で、九月二十六日午前十時から、大阪中之島公園で約二万人が参加して、糾弾大会を開き、デモ行進を行う。なお、この種の民衆大会は、今後全国的に波及すると見られ、日本政界野党と自民党A・A研および一部の言論機関に対しても、糾弾の抗議などが続発する可能性がある。大会を催す趣意は次の檄文のとおりである。

檄！

「われわれは、この度の金大中事件をきっかけに、わが韓国政府に対し、あらゆる暴言誹謗を弄している日本の野党をはじめ、自民党内の容共派、問題を悪意に満ちた誇大報道で連日つづけてきた一部言論機関、加えて、この事件に便乗し、祖国への裏切り行為を格的に露呈している鄭在俊一…

大会スローガン

一、金日成の同調者金大中一派を徹底的に糾弾する。
一、朝総連の手先、鄭在俊一派を民族反逆者と断定する。
一、韓日友好を破壊する日本の政商輩の暴言を糾弾する。
一、日本言論界の偏見報道に強く抗議する。
一、金日成は南北会談再開に即時応ぜよ。
一、民団名称を盗用する詐欺集団を粉砕する。
一、国連同時加入絶対支持。
一、南北連邦制絶対反対。
一、大韓民国万歳。
一、在日本大韓民国居留民団万歳。

金大中一派の罪状

本国における大統領選挙で落選した金大中は米国や日本を往来しながら、国家に対する誹謗と、政府打倒を夢見ることのみに没頭してきた。

一、米国において金大中は主に韓国の現実非難と、朴大統領を攻撃しながら、軍事援助の中止を叫んで来たが、韓国への軍事援助中断は韓国の安全保障問題につながるもので、北韓の共産軍と対峙している韓国の軍事力の弱体化を意図してのことであり、ひいては、共産軍の侵略を助け民族相剋の謀略を実現せんとする政治的陰謀に他ならない。これこそは、金日成が策略している武力による統一の為の売国的な役割を果していることの外の何ものでもない。

一、日本における金大中は、主に対韓国経済援助の中止を訴えて来たが、その狙いは、韓国が世界でも驚異的な経済成長を遂げつつあるので、これを妨害し発展を中断させんとするところにある。

一九七三年九月
金大中一派糾弾民衆大会

千葉県本部臨時大会

スパイ事件を収拾
団長に曺允具氏、議長に鄭鳳和氏

千葉県本部第十一回地方委員会及び臨時大会が、八日午前十時から、千葉駅ビル会議室で開かれた。午前中の地方委員会では、自首スパイ鄭測秀事件による団長辞任など緊急を要する案件討議のため臨時大会を開くことを了承して引きつづき午後一時から臨時大会が、金正柱中央本部団長をはじめ、中央副団長、参席のもと、代議員定員八十一人中、六十四人があつまったなかでひらかれた。この日の大会では、自首スパイ鄭測秀事件の道義的責任を痛感して執行部をはじめ、議長、副議長、監察機関が総辞職、役員改選を行い三機関を選出、新執行部を構成した。これで千葉県本部は一カ月ぶりに正常化された。

曺允具団長

鄭鳳和議長

金洙成監察委員長

監察委員長には金洙成氏
八日、千葉駅ビル会議室で地方委もひらく

組織防衛誓う
曺允具団長あいさつ

▼団長＝曺允具
▼副団長＝李方根、高権錫
▼事務局長＝高権錫
▼議長＝鄭鳳和
▼副議長＝金達斗、金貴根
▼監察委員長＝金洙成

照点

北韓に一大打撃
自首スパイ鄭測秀事件
千葉県本部、組織を防衛

正体現した不純分子
＝趙盛済は民団静岡県本部と無関係＝
パスポート破りは戦術

サハリン委で
日本政府を訴訟

一九七三年九月　日

祖国と民団に忠誠誓う
鄭測秀

在外国民登録現況
月末まで報告要望

民団中央本部民生局（李鍾舜局長）では、九月七日、在外国民登録現況報告を毎月末までに必ず報告するよう、各地方本部団長宛に公文を発送、協力を要請した。

同局では去る六月十二日付公文で、在外国民登録に関する業務指針により、国民登録の現況報告を七月末まで報告（月間統計は毎月末まで）するようになっているが期日が一カ月経過したにもかかわらず一部の本部を除いて未だに報告が遅延していることは業務運営にも支障があるので、七、八月末統計を正確に作成、即刻報告するよう望んでいる。

韓・米安保の紐帯強化誓う

駐韓米軍削減なし

自主国防めざし防衛産業育成

劉載興国防長官

七三年度韓・米年例安保協議会が、二日間の会議の末、十三日午後、共同声明を発表して閉幕した。劉載興国防部長官とウイリアム・P・クレメンツ米国防次官は、この日、午後四時十分発表した共同声明で「①韓・米相互防衛条約を再確認し、②韓国軍現代化計画が韓半島の安全保障に緊要であり、③駐韓米軍を現兵力水準でひきつづき駐屯させ、④韓国の自主国防のため、米国が相当水準の軍事援助と技術支援をつづけることに合意した」とのべた。共同声明は、また両国が韓半島で緊張緩和を追求することを強調し、このため大韓民国の防衛能力維持が緊要であることを強調した。

劉載興国防部長官は、二日間にわたって行なわれた会議が「韓国側から見て、ひじょうに満足できるものである」とあかし、「もっとも大きい成果は、韓米相互防衛条約を再確認し、韓国に対し武力攻撃があったばあい、米国がすみやかで効果的な援助を提供するとの保証をたしかめたことだ」とのべた。

劉長官は、焦点である国軍現代化計画に対して「韓国軍部隊および装備維持費は、わが予算で負担することにして、現代兵器購入などは米国の協力をうけることにした」とのべた。

また、このたびの会議で韓国の工業力を発展させて、国軍装備と兵器および付属品を国内生産する能力をきづきあげるため、米国がひきつづき支援することの約束をかわしたとつけくわえた。

劉長官は、韓・米両国間に韓半島情勢および北韓の軍事力を評価する見解が一致したとのべた。

今年の韓・米安保会議は初日である十二日午後、議題決定と韓半島情勢分析があったのち、二日目の十三日午前、韓国軍現代化計画など、本格的な討議をした。

この日、発表された共同声明は劉長官とクレメンツ次官が十三日午後二時二〇分から三時四〇分まで単独会談を持ったのち発表。

世界最強のほまれ高い韓国軍は名実ともにアジアにおける共産侵略を防ぐ自由世界の堡塁である。写真はベトナムで勇名をとどろかせた青竜部隊凱旋のもよう。

韓・米安保会議 共同声明全文

一九七二年二月六日、大韓民国と米合衆国政府間の合意にしたがい、かつ、一九七二年六月二七日、コロラド州、コロラド・スプリングス米空軍士官学校で開催された年例安保協議会での合意によって、大韓民国と米合衆国間の年例安保協議会が一九七三年九月十二日と十三日の二日間、ソウルで開催された。

劉載興国防長官とウィリアム・P・クレメンツ国防次官、そして両国政府の外務、国防高位官吏らがこの会議に参席した。

1、クレメンツ次官は、朴正煕大統領閣下と金鍾泌国務総理を礼訪し、劉長官招請によって大韓民国内の防衛施設を視察し、古蹟地を巡訪した。

2、劉長官とクレメンツ次官はアジアおよび太平洋地域の情勢全般と、両国の安全保障に影響をおよぼす特定問題を検討協議した。

また、両代表は特に前回の会議以来、北韓の増強された能力に比べ、大韓民国が直面している脅威の性格と範囲を分析し、そのような脅威に対する防衛能力と態勢を評価した。

両代表は、この問題を鋭意検討することをつづけるということに合意した。

3、双方の代表団は、大韓民国の防衛能力維持が緊要であるということに合意した。両側の代表団は、大韓民国[illegible]が韓半島における[illegible]を防止できるよう[illegible]な水準と規模で、かつ充分な準備態勢下に維持されるべきであること[illegible]った。

これに関連して、クレメンツ次官は、米合衆国政府が韓国に駐屯している現水準の米合衆国軍隊を減縮する計画が無いとのべた。

4、双方の代表団は、両国が韓半島における緊張緩和を追究することを強調し、これと関連して北韓が一九七二年七月四日付、南北共同声明の精神に立脚して、韓国問題の平和的解決を心から望んでいるということを具体的に立証せよとの希望を表明した。

クレメンツ次官と劉長官は、また六月二三日に、大韓民国に対する武力攻撃があったばあい、一九五四年に締結された相互防衛条約にしたがって、迅速かつ効果的な援助を提供するという米合衆国の継続的な対備と決意をふたたび劉長官に保証した。

劉長官とクレメンツ次官は、両国間に存在する固い紐帯を再確認し、相互尊重と協力精神でこの紐帯をより強化させることを決議した。

両代表は、両国が大韓民国とアジア・太平洋地域の安全保障に影響を及ぼす諸般の問題に関して、緊密な協議を継続することに合意

5、劉国防長官とクレメンツ次官は、一九七一年二月六日付共同声明で大韓民国と米合衆国政府間に合意された、大韓民国現代化計画の順調な進行が、韓半島における平和と安全保障の維持に緊要であり、かつ、ニクソン・ドクトリングで示された所の米合衆国の力と協同の政策に合致するということに留意した。

クレメンツ長官は、大韓民国が適切で相当な水準の軍事援助を必要とすることを、米合衆国がひきつづき認めていることを再び言明し、米合衆国がそのような要求を充足すべく努力することを劉長官に保障した。

6、劉長官は大韓民国の自体防衛のための人的物的所要のより多くの部分を負担するためきづきあげた大きな進展と、防衛産業開発努力を説明した。

クレメンツ次官は、そのような努力を歓迎し大韓民国が自体の防衛所要を充足しうる産業基盤を発展させるため、米国の産業技術と韓国の資源が提携、活用する共同努力の必要性を考慮することを勧告した。また研究開発を含めたこの分野に適切な援助を提供するよう努力するとのべた。

7、両代表は、次期の年例安保協議会議を米合衆国政府主催で米合衆国で開催することに合意した。

8、クレメンツ次官は、大韓民国関係当局が、自身と代表団に示した好意と歓待に深い謝意を表明した。

新預金六種目新設

農漁村契吸収、年利6～10％

農水産部は「農漁村貯蓄一兆ウオン」達成方案の一つとして、労農貯金、自由積立式貯金、農機具購入積立式預金など六種類の新種預金を新設することを計画し、財務部側と協議に入った。

七日、農水産部によれば、貯蓄資源の開発と契などを、制度金融に吸収するためのこの預金は農協で取扱うようにしている。

▼営農資金融資と連続した「営農預金」

▼自由積立式積金

▼資金用途にしたがって、加入できる「農牛・農土購入積金」「農機具購入積金」「漁船建造購入積金」、「漁網漁具購入積金」

など6種類からなるこれら預金の金利は営農貯金が年六%、その他の積金は年十%に予定されている。

農水産部は、また農漁村の各種契資金を吸収するため、

▼農協単位組合の預金取扱所を、現在の三八〇カ所から五八〇カ所にふやし、単位組合の相互金融取扱組合も千五百六十七カ所にと、四六三カ所を拡大。

▼水協で預金を取扱い、漁協を来る七五年まで七一カ所（現在三四カ所）にふやすことにした。

今年の輸出30億㌦に昨年比60％増

去る八月末の輸出が十七億六千九百三十万㌦で年間目標二十三億五千万㌦の七五・三％に達したことから年末まで月平均三億㌦が輸出されるので今年は昨年より六〇％増の約二十九億六千万㌦にのぼると予想される。

税務相談

税理士 経営コンサルタント 玄庠涪

財産譲渡における相続税問題について

問い 相続税とはどんな場合にかかるのですか。

答え 相続は、死亡によって開始、相続人は被相続人の財産に関する総ての権利義務を受け継ぐ場合に生ずる相続や遺贈によって財産を取得した人にかかる税金です。

また、「遺贈」は遺言によって財産を与えることであり、贈与者の死亡によって効力が生ずる贈与は、遺贈と同じに扱われ、相続税がかかることになっています。

相続税の計算は、被相続人の各財産の価額を合計し、それから債務や葬式費用を差し引いて計算した正味の遺産総額が「遺産にかかる基礎控除額」と「遺産にかかる配偶者控除額」との合計額を超える場合に相続税がかかりますが、相続税がかからない財産もあります。

問い 相続税がかからない財産とはどんなものですか。

答え 相続や遺贈による財産でも、次のような場合には、相続税はかからないことになっています。

①墓所、仏壇、祭具など。

②公益事業を行なう人がもらった財産で、その事業に使用することが確実なもの。

③相続税の申告期限までに国や地方公共団体または特定の公益法人に寄付をした財産。

④心身障害者が共済制度に基づく給付金の受給権。

⑤各相続人が受け取った生命保険金のうち相続人ごとにおのおの百五十万円までの金額。

⑥各相続人が受け取った退職金などのうち相続人ごとにそれぞれ八十万円までの金額でありますがなお、遺族が受け取った香典などは、税金の対象にはならないことになっています。しかし、被相続人の勤務先などから香典などの名目で多額なものを受け取った場合には、税金の対象になることもあります。

問い 相続税はどのくらいの財産からかかりますか。

答え 相続税は、正味の遺産総額が四百万と八十万円に法定相続人の数をかけた金額との合計額（この合計額のことを「遺産にかかる基礎控除額」といいます）をこえる場合にかかります。

また、さらに法定相続人のうちに被相続人との婚姻期間が十年をこえる配偶者がある場合には、その十年をこえる年数一年について四十万の割合で計算した金額を、正味の遺産総額から差し引くことになっています。

この控除のことを「遺産にかかる配偶者控除」といい、その最高限度額は四百万円です。したがって、婚姻期間が二十年以上である場合の控除額は、一律に四百万円となります。

例えば、婚姻期間が二十年以上の配偶者と四人の子どもが法定相続人だとすれば正味の遺産総額が一千二百万円以下であれば、相続税はかからないことになります。

しかし、その配偶者が前に「贈与税の配偶者控除」を受けたことがある場合には原則として、この、「遺産にかかる配偶者控除」は受けられません。ここでいう法定相続人とは、相続や遺贈によって財産をもらったかどうかに関係なく、相続する権利のあった人のことというのです。したがって、相続を放棄した人があっても法定相続人の数は変りません。なお、相続税の申告書を提出する人が、「遺産にかかる配偶者控除」を受ける場合には、申告書にその控除について必要事項を記載することともに、配偶者の戸籍謄本などを添付する必要があります。

正味遺産総額は

遺産にかかる基礎控除額四百万円＋（八十万円×法定相続人の数）＋遺産にかかる配偶者控除額四十万円×（婚姻年数－十年）（最高四百万円）

問い 相続財産はどのように評価するのですか。

答え 相続税を計算する場合には、相続等によってもらった財産の価額がいくらであるかを評価する必要があります。この場合の財産の価額は、原則として相続の日の時価によります。その評価方法については、財産の種類ごとに具体的にその基準を定めています。

問い 納める税金はどうして計算できるのですか。

答え 財産の評価ができたら、その財産の価額を合計し、その合計額から被相続人の債務や葬式費用の金額を差し引いて正味の遺産総額を計算します。そして、その金額から「遺産にかかる基礎控除額」と「遺産にかかる配偶者控除額」とを差し引いて課税される財産の価額を計算します。

次に、課税される財産の価額を法定相続人が相続分に応じて取得したものと仮定して、各相続人別の取得金額を計算します。

相続税の税率は、取得金額六十万円以下に対する十%から、一億五千万円を超えるものに対する七〇%というように、超過累進税率になっています。

この相続税の総額を、各相続人が実際にもらった財産の価額の割合によってあん分した額が、各相続人ごとの相続税額となります。このようにして計算した各相続人別の相続税額について、各相続人それぞれ個別の事情に応じ、「贈与税額控除」「配偶者の税額軽減」などの諸控除を行なって各相続人の実際に納める相続税額を算出します。「贈与税額控除」とは相続や遺贈によって財産をもらった人が、相続開始前三年以内に被相続人から贈与を受けた財産がある場合には、それを相続財産に加算して相続税額を計算するので、贈与を受けた財産についての贈与税額を差し引くための控除です。

「配偶者の税額軽減」とは、配偶者の税負担を軽くするための控除で、その軽減額の計算方法には通常計算と特例計算の二つがあり通常計算による配偶者の税額軽減は、被相続人との婚姻期間が十年未満である配偶者が相続税の申告期限までに遺産分割などによって財産を取得していない場合に適用されます。この計算によると、正味の遺産総額が三千万円以下の場合で、法定相続分の範囲内で財産をもらったときは、相続税を納めなくてもよいことになりその法定相続分をこえる部分について相続税を納めることになります。なお正味の遺産総額が三千万円をこえる場合には、正味の遺産総額が三千万円と仮定した場合において計算される配偶者の法定相続分に対応する相続税額が控除されます。次に、特例計算による配偶者の税額軽減は、被相続人との婚姻期間が十年以上である配偶者が、相続税の申告期限までに遺産分割などによって財産をもらっている場合に限って適用されます。この計算によると相続税のうち、①その遺産分割などによってもらった財産の価額と②一千万円に十年こえる婚姻年数一年につき二百万円の割合で計算した金額を加えた金額（最高三千万円）とのいずれか少ない方の金額に対応する相続税額が控除されます。また、これによって計算した金額が通常計算によって計算した金額よりも少ないときは、通常計算によって計算した金額によることができます。

なお、この控除を受けるためには相続税の申告書に配偶者の戸籍謄本や遺産分割協議書の写しなどの書類を添付して、その申告書を期限までに提出しなければならないことになっています。また、被相続人との婚姻期間が十年以上である配偶者であっても、相続税の申告期限までに遺産分割などによって財産をもらっていない場合または必要な書類の添付がない場合には、この特例計算による配偶者の税額軽減の適用はなく、通常計算によるとされています。

「未成年者控除」とは、未成年者の税負担を軽くするための控除で、相続や遺贈によって財産をもらった法定相続人が未成年者である場合には、その未成年者が満二十歳になるまでの年数一年について二万円の割合で計算した金額が控除されます。

問い 申告と納税はどうなるのですか

答え 相続税の申告書の提出期限は、相続の日（被相続人死亡した日）の翌日から六か月以内です。提出先は被相続人住所地の所轄税務署です。納税は、所得税や法人税と同様に金銭で一時に納入することが第一ですけれども、その性質上延納と物納の方法もあります。なお次のような場合には、五年以内の年賦延納もできます。

①納める税額が五万円を超えていること。

②担保を差し出すこと。

③納期限までに延納の申請をしてその許可を受けること。

しかし、相続財産の半分以上が不動産、立木、事業用の償却資産などのように現金に換えにくい財産の場合は、十年以内の年賦延納をも認めています。くわしいことは無料で相談に応じます。

東京都新宿区三光町35
玄会計事務所
電話三五二－四〇七〇

歳入予算3億7千万円

韓国教育財団事業計画を発表

奨学金を増額支給

財団法人「韓国教育財団」では去る九月十三日午前十時から、東京商銀本店会議室で、創設後の第一回理事会および選考委員会をひらき、昨年度の教育後援会事業報告と今年度の教育財団事業計画および予算案を通過させた。当日、奨学金支給問題などでは、まず金在沢氏を議長に選出して、選考委員会に入り、例年より増額支給を実施して、実的実効をおさめることに意見が一致、今年度の基本財産歳入予算は、三億七千二百三十八万七千三百八十六円であることを確定した。

このあと、神奈川県韓国教育綜合センター建設推進、教育環境改善のための日本関係機関への対策などこの日明らかにした、同教育財団の今年度事業計画の全容は次の通り。

（一）奨学金増額支給
（二）韓国学校指導育成
（三）韓国学校母国修学旅行支援
（四）教育者研究大会支援
（五）学術団体の支援と指導、奨励
（六）在日韓国人教育者後援と留学生の実態調査、活動支援
（七）教育文化センターの社会活動強化と支援
（八）韓国人学生多数在籍の日本学校に対する強化支援

当日の主な財団側出席者は、許弼奭理事長、柳成烈常務理事、尹達鏞監査、鄭煥麒理事、金山政英常務理事、安聖出理事、選考委員の金在沢、金洛雲、金胤鉄、康敏祏、成田浩志の各氏らで、民団中央からは金乗錫文教局長が出席した。

討議熱中の理事会（中央正面が許理事長）

在日選手団 国体に二二四人

体育会理事会で決定

在日本大韓体育会の第十一回全国常任理事会は、去る九月十一日午後二時から、都内六本木の同会会議室に約二十人が集まり延祥理事長の司会でひらかれたが、さきほど九州でひらかれた第一回種目別綜合競技大会と全国蹴球大会の経過報告のあと、決算報告があった。

つづいて、第五十四回国体参加について審議した結果、派遣在日選手団総員は二百二十四人と決定、同会の李熙邦副会長が引率団長に選ばれ、副団長には鄭恩万常務理事、総監督には安在成常務理事が、それぞれ選ばれた。

予算案審議では、千八百五十六万円を計上、通過させ、開催地である釜山市へは、関釜フェリー便を利用、十月十日に出発する。

なお、民団中央青年局の鄭悦竜次長を同会の常任理事として迎えることに決定した。

国体は、十月十二日から十七日までで、在日選手団の参加種目は陸上、水泳、柔道、サッカー、野球など、十八種目である。

親善野球試合 韓国チームが圧勝

日本社会人野球協会（青山武雄理事長）の招請で来日した韓国実業野球団（崔栄沢団長、許宗万監督、毛無説審判）は、去る九月十一日、午後二時から、都下府中市営グラウンドで、関東実業野球団と交歓試合をおこない、民団三多摩地区の同胞多数が応援する中で4—0のスコアで圧勝した。

次の試合は、栃木県の大田原市、茨城県の日立市でおこなわれる。

「敬老の日」東と西

最高令者は大阪の孫良信氏（93）

東京　さる九月十五日、敬老の日を迎えた東京では、新宿の東京商銀七階ホールで記念パーティを盛大に開いた。

この日のパーティでは、金正柱民団中央本部団長、許弼奭東京商銀理事長、金信三中央婦人会長、鄭東淳民団東京本部団長らの来賓、東京都内居住の七〇才以上になる同胞老人約百人と、その家族らがつきそいで参加した。

この集まりで、許東京商銀理事長は、今日の社会を作りあげた先輩の労苦に心から感謝する、これからも、われわれは先輩の労苦を土台にしてよりよい在日韓国人社会をつくるため、全力をつくそうではないかと、祝賀気分をのべた。このようにして、力強い記念辞をのの横溢するパーティには銀座の桜苑に専属する芸能人約三十人が特別出演、歌と踊で会場をにぎわした。

この日の最高令者李イム源（男・84・江東区在住）李順礼（女・84・新宿区在住）両氏には、東京商銀から記念品が送られた。

このあと、心づくしの宴がはられ、「郡羅・手舞臣」の映画が上映され、午後四時すぎ散会した。

大阪　敬老の日の十五日を一日前にした十四日、大阪興銀（李熙健理事長）では、管内約五百人の同胞老人の集まる中で、午後一時から、天王寺正雀ケ崎町の同本店三階ホールで第六回敬老会をもよおした。

興銀、民団関係者らの慰労あいさつにつづいて、参加者全員に記念品（毛布）が贈られたあと、最高令者である孫良信（男・93・全南珍島出身・生野区在住）李キボン（女・87・慶北善山出身・城東区在住）両氏には、民団大阪本部から安楽椅子、韓緑春氏（フジ社長）から五万円預金の興銀通帳をそれぞれ寄贈して表彰、ほかに七十才以上の十九氏にも、主催者である興銀から花束と、特別製の毛布が贈られ、来日中の韓国芸術団公演を観賞して午後四時すぎ散会した。

横浜では婦人会主催で

大韓婦人会神奈川県本部（諸□順会長）では、九月十四日午後一時から一足早い敬老の日記念行事を横浜市中区蓬莱町にある横浜商銀四階ホールで催おした。

当日の参加者は、六十才以上の同胞老人三十二人をふくむ百人あまりで、李元鎬領事、李□□副領事、朴成準民団神奈川県本部団長、李鍾大横浜商銀理事長らの来賓が出席、記念品を贈って激励慰労した。

盛会を極めた東京の敬老会（商銀ホールで）

茨城商銀、業務開始 九月六日

韓信協（李熙健会長）傘下三十三番目の茨城商銀信用組合は九月六日から水戸市大町一ー二ー一六の本店で業務を開始した。午前十時より開店披露パーティを行った同商銀の初代理事長には朴台守氏が就任、開店日の業績は組合員五百十人、出資金八千百万円、預金高四億千五百万円で幸先のよいスタートを切った。電話は〇二九二ー二四ー六二四一番。

セマウル誠金百五十万円

青年会千葉本部で 忠南雲山里と姉妹結縁

自首スパイ鄭淵□事件で大きなショックをうけたにもかかわらず青年会千葉県本部では、去る八月十四日、十五人の会員が民団千葉県本部と姉妹結縁を結んだセマウル部落を訪ねて、支援誠金百五十万円を伝達、在日二世の祖国愛を発揮して大きな成果をあげたことが、八日ひらかれた臨時大会で報告され、出席の代議員一同に深い感銘を与えた。

青年会千葉県本部では、羅正相民団千葉県本部前副団長をはじめ、金泰佑前青年部長、李栄一青年会長など、会員十五人が民団結成の光復節慶祝団と合流して、去る八月十二日午後羽田空港を出発ソウルに向かい、十三日には国立墓地を参拝したあと、民団千葉県本部と姉妹結縁を結んだ忠清南道瑞山郡大山面雲山里を訪ねて誠金を伝達、現地部落の青年団と姉妹結縁を結び友好を深めた。

同青年会では、今後も継続的に姉妹部落を支援することを現地の青年団と誓い合いながら、部落の農園で共同記念作業を展開するなどのほほえましい場面もあった。

一同は十五日光復節記念式に参加し、十六日には民団本国事務所で講習会を開き、その後現地で解散会員無事に帰国した。

なお、李栄一会長以下会員らは来年のサマーキャンピングは、本国の姉妹結縁部落で開くことを予定している。

青年会千葉県本部訪問団を歓迎する村民たち（左から二人目が金泰佑前青年部長、3人目が李栄一青年会々長）

セマウル運動に、この誠心

朴畢星氏

林李出氏

民団大阪府地方本部からの公文報告によると、管内の泉南郡田尻町居住の朴畢星氏（68）は、廃物回収業をして、細々と生計を営んでいるにもかかわらず十万円、同じく泉佐野市で日雇い人夫をしている林李出氏（51）は、五万円の誠金を、それぞれ、セマウル運動に使って欲しいと寄せてきており周囲の関係者たちを痛く感激させている。

下総支部を市川支部と改称

民団千葉県下総支部（李寿教団長）は、左記の新住所に移転し、支部名を市川支部と改称した。

（新住所）千葉県市川市八幡二丁目一ー十四、三辰ビル二階、電話（〇四七三）三四ー一四七一、在日本大韓民国居留民団市川支部

民族遺産に顔をそむけた「主体芸術」

万寿台芸術団公演評（上）

慶熙大学教授 舞踊評論家　安　済　承

欧米視察旅行の帰途東京に立ち寄り偶然「万寿台芸術団公演」があることを知った私は、ある好奇心から滞在日を延ばして観劇した。「音楽と舞踊のアンサンブル」、「花を売る娘」など二つのプログラムを二日間にわたって観覧した後の私の素直な心境は、日本の友人に少なからぬ迷惑をかけながら入場券を手に入れようとした自分が面映いばかりである、という一言に尽きる。

わずか二十〜三十年の間に、民族固有の様式が、あのように形態さえ見られぬほど抹殺され得るのであろうか？ かれらの言う「主体芸術」なるものの全貌がまさにこのようなものであるならば、かれらは先祖の遺産にさえ顔をそむけたことになる。しかし、かれらがそれを自ら認めたのであれば、同族としてある種の義憤は感じることはあっても、この一文を書こうとは思わなかったであろう。ところで、北韓の音楽舞踊大学長キム・ハクソンは、パンフレットに載った挨拶でこう述べている。「作品は単純に民俗的な旋律や律動の原形をそのまま復元したのではなく、その優秀な特性を生かしながらこれを新しい現実と現代的生活感情に適するように発展させた……」と。そこで問題は少し深刻になる。かれの言う通り「特性を生かし」「発展を図る」のであれば、最少限、古典を学びその「カラク」（旋律）なりを充分マスターする必要があった。しかし、いくらひいき目でみても、そういう痕跡は見受けられないのである。

それは、発展ではなく後退であり、改善ではなく改悪であった。徹頭徹尾無知のなかで伝統を歪曲しつつ、われわれの民俗に日本の観衆の耳目を間違った方向に導いているのである。飛鳥・桃山の絢爛たる古典文化の開花に、あれほど影響をあたえたわれわれの先祖たちの創造的結晶が、せいぜいその程度のものとでも言うのであろうか？ 筆者がこの拙文を書かざるを得なかった動機は、まさにこの点にあるのだ。

郡司正勝氏は歌舞伎の所作事や仕舞の基本精神を「動十分心七分身」としているが、これはわが国の舞踊における「静中動」の精神と相通じるものである。このような精神の形式美は、ただ韓国と日本の古典舞踊にだけあるのではない。舞踊生誕の原初的模倣が内界表出にあって、その後演戯の目的が変化したとしても、その行態様式だけはそのまま継承してきた踊りは、東西を問わず類似した性格をもっている。ことに、内向的な求心主義に基ずく宗教的、哲学的精神体系に強い影響を受けてきた東洋思想圏の舞踊は、一様に「内禁技」にその理想形態を求めている。韓国舞踊の「粋」の基底を重み〈重厚感〉と粘り〈粘着性〉においているのは、最少量の動作で最大量の表現価値を追求することからくるのである。だから、このような境地にまで至るには、たゆまぬ努力とながい間の修練を経て名人技に到達する必要がある。他人に観せるまえにまず自ら陶酔することを知り、法悦の境地に至ることを知らねばならない。

現代舞踊思想の発展とともに、これに適応する舞踊習いの開発が必要となる。こうして、表現の多様化のためにさまざまな試みが模索されるのであるが、日本における新舞踊運動もこのような一環とみられるのである。韓国における新舞踊運動は、石井漠のソウル公演を起点に一九二六年から起っているが、現代化が現代感覚の影響を受けることになるのは言うまでもない。たとい果敢な改革的デフォルメが試みられるとしても、その中につねに伝統的な形式美が維持・保存されねばならないということに、制約と難しさが伴うのである。

かれらが見せてくれた姿・遊戯での画一的な一列縦隊であるとか、平易な動作は変化のない技巧の反復であるとか、卑猥、舞踊などの

喪失した伝統美

そこで、韓国的美の典型を一考してみる必要を感じる。紙面の都合で具体的な考察は不可能であるが、一言で要約するならば「線曲た抽象線状の曲線」と言えよう。こうした美の本質は「亡の思想」「空の思想」に代表される東洋哲学と相通じるもので、韓国式の瓦屋根や、わらぶき屋根、膳、かめ、竹籠、さしなどの様式は、生活周辺のどこでもたやすく見受けられる枠の模倣である。

このような様式美は、韓国の服飾にも逃れなく作用している。チマ・チョゴリの襟、袖先、足袋の爪先などがそろった。このような様式美からなる民族衣装を着て、あれほど堅い直曲線の動作ができるであろうか？ あひるの足のように扁平な歩き方をするウォーキング・ステップにはじまり、回転も跳躍も屈伸も一様にスタッカートではじまってスタッカートで終るかれらのムーブメント（movement）には、あたかも流れの断絶が手上の妙技のごとく錯覚しているのではないか、という印象さえ受ける。『朝日新聞』に出たある評論家の文には、数多く繰り返される九〇度直角の手くびの動作を指して「印象的」という表現をしているが、筆者もまた、これとは全く反対の立場であるにせよ、万寿台芸術団舞踊の一つの典型を発見したようなので、「印象的」と言わなければなるまい。

「豊年祝賀」と題したプクチュム（太鼓踊り）や「陽山道」と名づけたジャンゴチュム（杖鼓舞）は、打楽器の基礎打法さえ履修してないアマチュア以前の水準で、技巧云々と言うのさえ気恥ずかしいほどだ。竹扇の粋を生かすことのできなかった扇の舞は、少女たちの遊戯とでも言うべきか？ その上「農楽舞」での小鼓手や「サンモ」に至っては唖然とするしかないが、そのぎこちない構成や転移からして、果たして按舞家は舞台舞踊の初歩的知識さえ理解しているかどうか疑いたくなるほどである。だからといって、筆者はここで踊り手の妙技を重視しようというのではない。ただ、舞台に登場するのなら、必須の基本技だけは身につけるべきである、という意味で言うのだ。

このような舞踊技巧の貧困が、主題の浮き彫りをとんでもないところに招いた。そもそも舞踊の性格や形式、世界などには一切おかまいなしに、すべてを「人民楽園としての北」を誇示しようとするところは主題を画一化したのが間違いであった。かれらも内心それを認めざるを得なかったのか、舞踊ではない哲学〈プログラム〉で音楽へ歌詞〈で、絵画〈幻灯背景〉でこれを持ちこたえさせてはいる。舞踊は明らかであった。なぜなら自我の集大成というものはつねに国民感情とするものであるが、これを調節する演出力の不備のため党示のみ誇示する形になったからである。（雑誌「韓国」の許諾で転載）

沖縄同胞児童に韓国語講習会

民団沖縄県本部（閔□基団長）では、県内韓国児童たちを対象とする国語講習会を夏季休暇を利用して、去る七月十三日から八月十三日までの一カ月間、同県本部内（那覇市）でひらき、大きな成果をおさめた。

この成功を機会として、同県本部では、毎年この講習会をつづけることにした。

語学教育に新威力

東京韓国学校にLL装置 理事会で開設祝賀

東京韓国学校（黄哲秀校長）では、去る九月十四日午前十一時から、新宿区若松町の同校役員室で、範慎圭理事らの参席を得て定期理事会をひらいた。

理事会は、安聖出理事長の経過報告のあと、黄哲秀校長の案内で語学習得一般授業参観につづいて、語学習得実験室におけるソニー製のLL装置（韓・英・日三語併用）システム披露開設にハサミを入れ、その成功を祝いあった。

午後に入ってからは、同校生徒たちの丹誠こめてつくった韓国料理に舌つづみをうちながら懇談、来年度は学園創立二十周年に当るので、その記念行事を盛大に催おすことに意見の一致を見た。

尋ね人

☆徐炳洙さん（山田栄市・63才）本籍は全羅南道咸坪郡咸坪邑内槽里二五三。東京通信局に勤めたことがある徐さんを弟のソウル在住徐丙一さんと甥の徐在鉉さんがさがしています。ご存知の方はソウル特別市西大門区貞洞22番地、韓国文化放送企画調整室徐在鉉さん又は民団中央本部民生局へ連絡を。

☆徐乙竜さん（70才・男）一九五三年以来消息がとだえた徐さんをいとこの徐驥周さんがさがしています。ご存知の方は、ソウル特別市鍾路区世宗路一三九、南邁ビル六〇二号徐驥周さんまたは、民団中央本部民生局まで連絡を。

☆権秉相さん（権東秉相・46才・男）一九四五年以来、消息のない権さんを、兄さんである経験前兵庫県居住の権仁寿さんがさがしています。ご存知の方は江原道江陵郡西面良村里、権仁寿さんまたは、民団中央本部民生局まで連絡を。

☆朴廷勲さん（山川勝市・61才）解放前、日本へ留学し在学中、日本の永野ハルヨさんと結婚、悦子さん（30才）という娘さんがいる朴さんを兄さんである朴基正さんがさがしています。北海道札幌市南一条六丁目一番地（松田良勝方）に居住していた朴さんをご存知の方は慶尚北道浦項市松島洞山一、朴基正さんまたは民団中央本部民生局まで連絡を。

☆南碩七（50）多燮（47）載燮（40・南三郎）明燮（36・南小太郎）の皆さん　本籍は慶北安東郡月谷面美質洞五八二。慶北醴泉郡□□面□□二洞の南成燮まで。

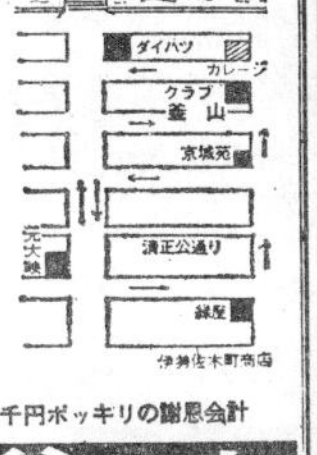

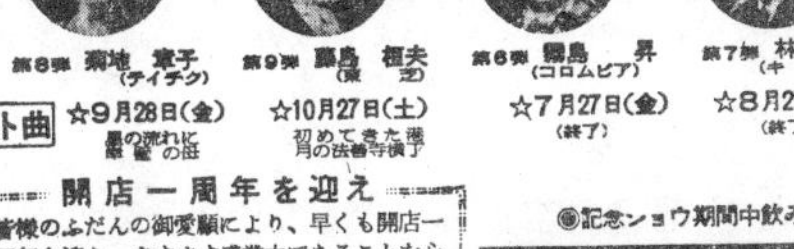

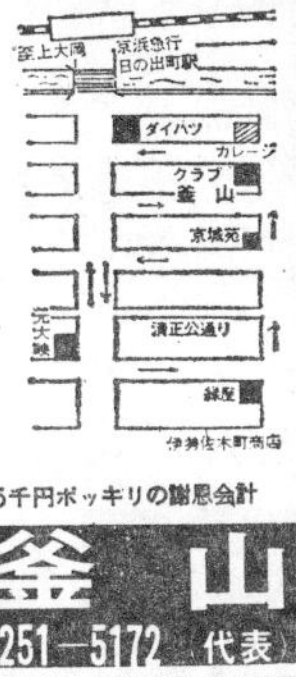

韓国と日本の関係に新視点

日本上古史(文定昌著)抜粋と解説 (16)

広開土王碑文 (1)

広開土王とは ①

四方からいじめられた高句麗、一代の英雄広開土王が登場す

広開土王碑文を理解するためには、先ず知って置くべきことがある。

それは高句麗と百済との関係である。すでに述べたように百済の始祖＝温祚王は、高句麗の始祖＝朱蒙と卒本扶余王の第二王女との間に生まれた人物である。ところがその後、前に朱蒙が北扶余にいるときに柳花夫人との間に生んだ息子（後日の琉璃王）が訪ねて来ると、その兄＝沸流と一緒に南下して建国した。

その後その北側境界線を今日の大同江とし、高句麗と隣接することになった百済は三百余年間何事もなかった。ところが百済の責稽王のとき、高句麗が渤海岸（ぼっかいがん）に位置した帯方国を討ったが、危うかった帯方王がその婿である責稽王に援けを請うにいたり、百済国が出兵して援けたことから、高句麗は百済を憎むようになった（見、三国史記、責稽王元年記、著者）

その後高句麗は、燕王慕容皝に第一丸都城すなわち担[illegible]を奪われ平壌東黄山城に追い込まれたので国王故国原王が南進策を取って百済の囚士を侵犯しはじめ、このときから両国間は完全に敵対関係となり死闘がくり広げられる。

故国原王三十九年（西紀三六九年）秋九月、王以兵二万、南伐百済。戦於雉壌敗績。

故国原王四十一年、冬十月、百済王率兵三万、来攻平壌城。王出師拒之、為流矢所中、是月二十三日薨。

王が戦死するなど大きく敗れた高句麗は第二丸都城、今日の輯安県に追われた（三七一）。故国原王の息子、小獣林王が立つや、彼は三韓三国で初めて仏教を受け入れて肖門寺を建てたりして布教に努力し、大学を設けて国民教育に大きく力を入れると同時に、律令を制定して国政の振興をはかるなどした。そして在位五年目から対百済復讐戦を開始した。これを三国史記によって見て見ると、

小獣林五年（三七五年）秋七月攻百済、水谷城。

〃六年冬十一月、侵百済北鄙。

〃七年冬十月、百済将兵三万、来侵平壌城。

〃〃十一月南伐百済。

小獣林王がその十四年に死に、故国壌王が立つと、彼はその翌年四万人の兵を出動させて西の遼東を攻撃し、前に慕容皝に奪われていた遼東、玄菟両郡を一時に奪い返すなどして勢力が強くなった。そして百済とまた死闘を展開しはじめた。

故国壌王三年、秋八月、王発兵南伐百済。

〃六年、百済来侵、掠南鄙部落而帰。

〃七年秋九月、百済遣達率真嗣、攻破都押城。虜二百人以帰。

このとき、高句麗に不世出の大英主、広開土王、談徳が登場した。

広開土王は志気が雄壮偉大で、彼は早くから四囲の国からいじめられる高句麗を、覇者の立場に昇らせるという抱負を持っていた。

故国壌王が在位八年に死に、談徳が西紀三九一年（辛卯年）に王位に上った。

五月に即位した広開土王は、その年の七月から親しく行動を開始し、四囲の国家を征服しはじめた。すなわち①先ずはじめに、この年七月南に百済を攻撃して十城を奪い、②ただちに鋭鋒を北に向して契丹を攻撃し、男女五百人を生捕り、さらにその本国の人間一万人を説き伏せて連れて来た。③鋭鋒をまた南に向け、この年十月、百済国の最大の要害であり、難攻不落を誇る関弥城、すなわち今日の江華島を、七道から攻め込み、わずか二十日で陥落させた。

（筆者註＝この年、仁徳の年号を使用する難波王朝の倭が、その服属国百済の急を救うために出兵、すなわち広開土王碑文上の辛卯侵犯を遂行したものである）（つづく）

解説　高句麗の広開土王は別名好太王とも呼ばれる英傑で、西暦三九一年〜四一二年の間在位した。その王の没後二年の四一四年に、今の中国東北（前に満州といった）輯安江上流、輯安という所に建てられていた巨大な碑石が時代を経て発見されたのが一八八二年頃と見られている。

これは日本の「古事記」や「日本書紀」を裏付ける唯一の「金石史料」として、明治以後の日本の歴史学会で色々に解釈されて来た。

後に本文に出て来るが、碑文の中に「倭以辛卯年来渡海破百残…」という部分があり、この文面の解釈をめぐって、戦前の日本の学会は全く一方的に勝手な結論を下していたし、戦後は韓国側学者からその解釈に対する反論が種々出されて「百家争鳴」の期時を迎えた。

最近になって在日同胞の李進熙氏が、この碑文そのものが改ザンされたという立場から「明治時代に日本陸軍参謀本部が碑面に石灰を塗って原文をすり替えた」という論文を発表した。これはこれでまた異論もあるが、文定昌さんがこの著書を発表した当時は「石灰作戦」の論議がまだ起っていないときである。そして石灰作戦という見方以前に、日本軍が改ザンしたと見られる碑文をそのまま認めた状態で論じている。

文定昌さんの釈文と重複する恐れがあるので、ここでは一応見送ることにするが、李進熙氏の論文の中で最も注目される点は「来渡海破」の四文字は全く元の碑文に無かったとして、日本に最初に「拓本」（正しくはそうこう本）を持ち帰った参謀本部の将校が、実は拓本を取る前に、この四文字を改ザンした—という点である。

とにかく、この碑文によって、明治の御用歴史学者たちが「新羅・百済は古代日本の属領であった。任那（みまな）日本府が南韓にあって、二百年間に亘って存在し、古代韓国を支配した」と主張して来た。その部分は後から本文に出る者だが、何れにしても、この碑文の改ザン問題が解明されれば、日本の古代史は完全にくつがえされ、古事記、日本書紀が根本的に否定される重大な問題が改めて学会を悩ませることになろう。（金元東記者）

満洲輯安にある広開土王陵碑 (1907年4月撮影)

歌でつなごう親善のかけ橋

新人・佐竹まゆみが韓国歌謡「愛の終り」

十月一日からTBSなど全国放映

レコード発売以来、二年間がすぎた今日なお、韓国の若者たちの間で、爆発的人気をもって愛唱されている「サランヘエ」が「愛の終り」という邦題で、日本のポリドール・レコードから九月二十一日、全国一斉発売されることになり、早くから韓国歌謡ファンの話題を集めている。

もともと、韓国歌謡のもつ哀愁に充ちた独特なメロディは、日本の歌謡曲王といわれる古賀政男氏の曲にも導入され、古くから数多くの日本人ファンをもっているが韓日歌謡交流が断たれている関係もあって、久しく途絶えていたところ、さいきんになって、「連絡船の唄」「木浦の涙」のリバイバル版から、「ノーラン・シャツの男」「カスム・アプゲ」などの競演版が抬頭、ようやく流行の兆しを見せ始め、一時、密航型の、〃日本歌謡韓国上陸〃にかわって〃韓国歌謡日本上陸〃の逆現象が陽の目を見るようになってきたと愛好者たちをして喜こばせている。

前記の「愛の終り」は、新人の佐竹まゆみによって吹きこまれたもので、奇しくも彼女の誕生日である九月二十一日（満十七才）に発売されることになった。

〃ボーイッシュな女の子〃として周りから可愛がられている彼女は去きほど来日したことのあるアメリカのサミー・デイビス・JRを目標としているといわれ十月一日から三十一日までの一カ月間にわたってTBSテレビの人気プロ、「銀座ナイト・ナイト」＝毎夜十一時半から一時間＝出演を前に、本社を訪れ、歌のワンコーラスだけは原語で歌いたいと、韓国語歌詞の手ほどきを、民団中央の鄭[illegible]子さんに教わるなど、大へんな熱の入れようである。

なお、この曲で、レコード歌手としてデビューする彼女は、TBSのほか、この「愛の終り」一本をもって、十月十三日の九州朝日と四国放送、九月二十二、三十の両日と、十月八、十七、二十九の三日と十一月九日の北海道HBC、十月一日から六日まで、十月八日から十三日まで、十月十五日から二十日までは瀬戸内海放送などの各テレビ局に出演、ほかにも全国の民間ラジオで放送がきまっており、是非在日韓国人の皆さんに視聴して欲しいと望んでいる。

ボーイッシュなスタイルで韓国歌謡をうたいまくる佐竹まゆみ

「無知が最大の障害」

＝長谷川才次氏の朝鮮日報寄稿から＝

「韓国と戦争でもしょうというのだろうか」金大中氏誘かい事件に関する東京の大新聞の報道態度にあきれてしまったのか日本新聞界要路にある同僚が吐きすてるようにこう言ったものだ。私も全く同感でマスメディアが又もや悪いクセを出したとため息をついているところである。事実をよく知らない韓国の皆さんが日本新聞の報道態度を世論と混同し善隣友好関係にヒビでも入れば大変だと年寄りの老婆心から居ても立っても居られず経過を見守っているところである。

韓国の政治家が東京のホテルで誰かに拉致されたからと思ったら五日後にソウルの自宅に現われた。ただそれだけのことでないのか。大体何が主権侵害か私はよくわからない。文化公報部長官も中央情報部李厚洛部長もハッキリ関係していないことを断言しているのにこれ以上あれこれいうのは友邦に対し無礼なことになる。主権侵害騒動は暫く冷却期間をおけば自然と解決されるのではないか。英国流で「時間は第一の名医である」で終りにしたい。プライス卿が「無知が最大の障害」という結論を下したが私はこれを日本のマスコミに的中する言葉でないかと思う。何よりも韓日両国関係は文字通り唇歯輔車の関係であることを理解できないでいるのでないか。韓半島と日本列島が運命共同関係を形成していることは古事記日本書紀以前から、明治維新以後の外交史が両国民の宿命を示唆している。二千年にわたり日本人は三韓を通して学んだ。十九世紀後は色々韓国人に迷惑をかけた。日帝の蛮行を今の日本人が肉親骨肉と考え善隣友好の実を結ぶよう努力しなければならない。宇都宮議員は父が朝鮮軍司令官であったと報じた韓国の新聞報道に抗議がいする前にマッケンジーの「朝鮮の自由のための闘争」の一読をすすめたい。ネール首相の五原則も「内政不干渉」に帰着する。日本人は何よりも韓国に対し内政不干渉を至上命令と思い実践しなければならない。韓国民主主義を推進する朴大統領に学ぶものが多い。韓日両国民の共存共栄の効果をあげるには無知からくる誤解をなくすことが近道でないかと思う。

林慶業将軍伝 （三三）

訳 洪相圭
編 八束周吉

「林慶業のようなでくの棒をそんなに恐れるなんて全くたわけたことですわい。わたしの目から見たらあれは猪武者に過ぎないのですよ。は、は、は、あんたの目は『手前は林慶業をよく知っておるのか？』と言っているようだが、それは、それは知っておるというだけじゃないのですよ。

彼奴が胡に引っ張られてゆく途中で逃げ出し、坊主になったのがすなわち私の寺でした。おわかりですか？そいつはばかの一つ覚えとでも言いましょうか明国しか知らないのですよ。胡なんか、てんで頭からばかにしておるのです。それで明国の皇子殿とともに胡国を討ち滅ぼして、往年の恥辱を晴らそうと企んでおるのです。実際胡にとっては全く恐ろしい奴ですが、わたしに千金を下さるんだったら林慶業を生捕ってさしあげるように図ってあげましょう。お帰りなさったらこのことを胡の朝廷に忘れなくお知らせ下され」

胡王はこの話を伝え聞いて非常に喜んだ。

「予の帝業を妨げておるものは天下広しといえども林慶業ひとり位なものである。その林慶業を生捕るというのであれば、何んで金を惜しもうぞ」

と快諾して、まず数千金を与え、成功したときには、また五千金やることを約束した。

すっかり金で買われた独歩は林慶業をだまして死地に連れ出すことを誓い、何くわぬ顔して戻って来た。今度は明国のある者をつかまえて、小銭をやり、小細工をめぐらし始めた。

ある日に、独歩は一通の手紙を書き、厳しく封じてこの者に渡してやりながら、

「皇将軍の使者と偽わって、この手紙を林慶業に差し出すのだぞ」

と言いつけた。その者も金の力で独歩の言いなりになって行動した。林将軍は受けとるや否や急いで封を切った。

「胡の勢いはなかなか強大で敵し難いものがあります。それに拙者は敵の矢に当り手の自由を失いましたので、真に難渋中でござる。至急、お目通り願いたい」

とあったので、林将軍は非常に驚き今にも駆け出さんばかりであったが、その頃合をはかって、独歩が現われ、

「皇将軍のところでしたら、わたしが案内するでありましょう」

と言った。林慶業はまさか独歩が自分の生命を狙って奸計を秘めているとは知る由もなかった。

艱難をともにしてきた同国人としてすっかり信じていたのにつけ入られては、まさに闇につぶてである。独歩を連れて船に乗った慶業は皇将軍の敗戦、負傷のことを思って余念がなかった。船が完全に内海を外れ、見わたすかぎり涯しもない青海原に出た時には、赤く燃えていた夕陽も水平線の下に沈み、夕闇が迫ってきていた。

遥か向こうに正体の判らない無数の船団を認めた慶業は、船足を止めさせた。

「あれは何んの船かな」

と指さしたところ、独歩はさり気ない風をよそって、

「貿易船のように見受けられます。既に日も暮れ、波も荒くなるようでありますから、今晩はここで停泊してはいかがでございましょうか」

疑うことを知らぬ慶業は尤もと思い、すぐ投錨を命じて停泊と決めた。

時々、見えていた水鳥もどこかのねぐらに帰ったのであろう聞こえるのは波の音と、どっと船に砕けるしぶきの音だけであった。

海上の夜は寂しく更けて、夜も三更に近くなった。慶業が心身の疲れで、ぐっすりと寝ついた時を見はからって独歩が胡の水軍に合図をすると、遠くでちらついていた蛍のような火がぐんぐん近づいてきた。無数の船がただ一隻の船を二重三重に包囲し、大声でわめき散らした。

「朝鮮国の林慶業は耳をほじくってよく聞け。陸ではたとえ鬼神もひしぐ力ありといえども海の上では我らの敵ではない。逃れぬところとあきらめて潔よく降服しろ」

「身のほども知らずに、わが君にたてつく林慶業は、命が惜しかったらさっそく出てきて降参しろ」

とわいわい騒ぐ声に驚いて、がばと起きた慶業は、どうした事変か聞きただそうと独歩を呼んだが、坊主はすでに既に帆かけて胡の船に逃げ、「ざまあ見ろ」と快哉を叫びながら、赤い舌を出しておる時であったから、なんぼ呼んだところで応えのあるはずがなかった。

慶業は、天を仰いで、自ら嘆息することを、禁じ得なかった。

「良将はくつわの音に目を覚まし武夫は蛸の音にも、眠りからさめるものだのに、これはなんという不覚であったか！無念だなり！さてこそ、くそ坊主のしわざであったか！忠誠を尽くして、国に報い奉ろうとしたのに、天、我に与せず、事がここに至れば、死んだところで惜しい命ではない」

身を起こして、甲板に上がった慶業は怒りの形相も物すごく大音声に叫んだ。

「不覚にも、獅子身中の虫けらのような奴にだまされたのがわしの不覚ではあったが、わしは降参なる二字を知らない者である。二度とその話を話せば許さぬぞ。

殺すなり、連れて行くなりは勝手であるが、予に降参することを強いるものは、岩にもの言わせるよりも無理なことであるぞ。」

韓國新聞

在日大韓民国居留民団
中央本部機関紙
韓国新聞社
発行人 金 正 柱
東京都文京区春日町
2丁目20—13
電話 直 (815) 1451～3
交 (813) 2261～5
振替口座 東京 163774
本国連絡所（民団本国事務所内）
ソウル特別市鍾路区鳥成洞
政府合同庁舎四階
電話 73－0162・0165

民団綱領

一、われわれは大韓民国の国是を遵守する
一、われわれは在留同胞の権益擁護を期する
一、われわれは在留同胞の民生安定を期する
一、われわれは在留同胞の文化向上を期する
一、われわれは世界平和と国際親善を期する

民族反逆者金大中一派の陰謀粉砕

祖国裏切り言動に鉄槌

国家転覆企図・金日成に同調
経協妨害などの妄言を糾弾
東京、大阪で大集会ひらき決意示す

金大中とその一派の反国家反民族行為を糾弾する在日韓国人の民衆大会が、このほど東京と大阪で民団の主催によってあいついで開催され、金大中事件発生以来、沈黙を続けていた在日韓国人のウップンが爆発した。九月二十日、大韓婦人会中央本部主催の「金大中一派糾弾東京地区声討大会」が、東京千代田公会堂で開かれたのを皮切りに、同二十六日には民団大阪地方本部主催の「金大中一派糾弾および一部日本政界人と言論機関に対する抗議大阪地区民衆大会」が、大阪中之島公園で開かれ、同二十八日には民団関東地方協議会主催の「金大中一派糾弾関東地方民衆大会」が東京の九段会館で開催された。これらの民衆大会では、金大中と、日本で彼を利用して反国家活動をしている鄭在俊ら民団除名分子らに対する糾弾と、日本の一部言論機関と、日本政界野党、自民党AA研などに対する抗議声明が行なわれ、関係方面への抗議も行なわれた。また、朴正熙大統領をはじめ、日本の田中角栄総理、衆参両院議長にも、民衆大会の名においてメッセージを送った。各会場には何れも定刻前から民衆が集合し、会の終了後は、それぞれプラカードを持って市内をデモ行進、道行く人々に「金大中の罪状を糾弾する」説明文と檄文を配って、日本の一部言論機関の偏向報道と日本政界一部人士の狂気じみた態度を説明した。各会場毎の民衆大会の進行は次のとおり。

東京九段会館での民衆大会（上）大阪中の島公園での民衆大会（中）東京千代田公会堂での婦人会声討大会（下）

金正柱中央団長激励辞

金正柱中央本部団長が、大阪と東京の民衆大会で述べた激励辞要旨は次のとおり。

「大阪（関東）地区に居住しておられる親愛なる団員の皆さん！

今日、われわれは全国民団の愛国的総意を結集して、この民衆大会を開催することになりました。

この大会では金大中一派の反逆行為を糾弾し、兼ねて日本の容共政客ともと偏向言論人に対して抗議するものであります。

この民衆大会は民団組織の健在を内外に宣明する機会であるだけでなく、大韓民国の国威を世界に明示するデモンストレーションとなることは明らかであります。

日本と北韓との国交樹立を促進させようとの政治的野欲から、金大中事件を契機として過去三十六年間にわたる日本帝国の韓国併合をたなあげして、いまさら、主権侵犯とか内政干渉を云々し、甚しきは経済援助中止をかざしながら脅迫する恥知らずの日本野党および自民党一部の政客に対して、われわれは彼等の過去の罪科を徹底的に糾弾しなければなりません。

第二には、中共の文化革命当時日本の言論機関がひとつのこらず北京から追放されながら、一言半句の抗議やらったえすらできなかった日本の言論界が韓国の事件といえば侮蔑感、敵視感にあふれた論調でいいたいほうだいであることを見つめるべきであります。

朝総連や朝日を先に、日本新聞らは、北韓を兄弟の国としている日本共産党の機関紙「赤旗」よりも口汚なく韓国を攻撃し、あたかも韓国は独裁国家であり、北韓は民主国家であるように宣伝し、故意に[illegible]をでっちあげようとしている企図を徹底的に是正させなければなりません。

つぎには、金大中という反民分子は、政治家の価値は、自国の国民をどれほど[illegible]するかにかかっていると自らの口で叫び、[illegible]アメリカになっては対韓軍事援助を中止せよといい、日本に来ては対韓経済援助を中止せよといっている。このような者が、いかに韓国民に対して奉仕できる政治家となりうるでしょうか。

それればかりか、理論上からも現実的にも成立し得ない南北連邦制[illegible]

[illegible]

団長先頭にデモ行進
金大中の北韓接近に憤慨爆発

東京

九月二十八日正午から九段会館に関東各地から大型バスで民団員が続々と到着、約五千人が集合した。糾弾大会は一時前から始まったが、会場は一階から三階まで座席はもちろん、両横と後の廊側にも、通路にもぎっしりと人が詰まり、熱気がムンムンとあふれていた。正面舞台には民団中央本部正副三機関長、顧問団、役員のほか、民団東京本部をはじめ、関東地方協議会の各地方本部の三機関長、役員ら約四十人が、「金大中一派糾弾民衆大会」と書かれた白ダスキを斜めに掛けて勢揃いした。

糾弾大会は国民儀礼の後、鄭東淳東京本部団長が開会の辞を兼ね次の如く述べた。「金大中は日本に来て不純分子や日本の容共政客とのみ接触し、金日成一派の同調者と会合をもった。鄭在俊一派は金大中を北韓での金日成の如く偶像化する策謀をしており、八月十五日朝総連と集会したときは、一辺が数尺の巨大な金大中の写真を掲げた。われわれはこれを徹底的に糾弾しなければならない」。

また朴成準神奈川本部団長は「金大中事件発生以来の日本のテレビを見ていて、全く憤慨にたえない。明らかに日本の容共政界人が、日本の共産化の野望を実現させるため、金大中事件を口実に金日成の思惑どおりに反韓国感情をあおっている。これは日本マスコミが容共派に牛耳られている証拠であり、マスコミ関係者を目覚めさせなければならない」と、新たな内容の発言があった。

このあと朴大統領をはじめた日本各界に送るメッセージ、読売新聞社を含む各方面に対する抗議文、大会決議文などの朗読と採択を終えた（別項）。

一時半すぎ、デモ行進に移り、宣伝車を先行にし、中央本部三機関長と東本団長らが先頭に立って行進した。デモ参加者は手持ちのプラカードのほか、胸と背中にもプラカードをぶら下げて行進したが、デモ隊列の三カ処にスピーカーを備えた宣伝車が行進を誘導しつつ、金大中一派の罪状説明、シュプレヒコールの先唱などに威力を発揮し、鄭在俊一派の逆宣伝しか知らなかった日本の民衆の目を見張らせた。

デモは九段→竹橋→大手町→常盤橋→数寄屋橋→新橋手前の土橋まで約五キロをシュプレヒコールをしながら行進したが、一部事情をのみ込めない人たちが、道々配布する「檄」文と「金大中の罪状を糾弾する」チラシを喰入るように読んでいるのが印象的であった。

一万人が集会・デモ
一部の政客、言論人は反省を

大阪

九月二十六日、中之島公園大神宮寄りの広場に、在阪民団員約一万余人が集合した。会場には定刻前から、プラカードや横断幕を持った参加者が、各支部ごとに団体となって続々つめかけ、さすがに広い会場も定刻には大半が埋めつくされた。

十一時、会場の一方に設けられた大会役員席に、東京の中央本部から駆けつけた金正柱団長ら中央三機関長、地元大阪の姜桂重団長をはじめ顧問団、役員らが着席して糾弾大会は開催された。

先ず国民儀礼の後、姜桂重団長が演壇に立ち、開会の辞を兼ねて要旨次のような糾弾演説をおこなった「われわれは、金大中とその取巻きである鄭在俊一味に対し、祖国を裏切った民族反逆者として断固非難し、徹底的に糾弾する。日本の一部言論機関が、金大中事件にかこつけて、在日韓国経済人までを殺害の如くにして誹謗していることに強く抗議する。三・一独立運動を銃と剣で弾圧し、数万人のわが先烈を殺させた張本人、宇都宮太郎の息子の徳馬が、父子二代にわたってわが国に仇（あだ）をしている。われわれはこれを決して許せない。われわれは民族の立場からこの男に厳重に抗議するものである」。次いで金正柱団長が立ち要旨別項のような大会を激励する挨拶があり、各方面に対するメッセージ、抗議文、大会決議文が、それぞれ関係役員によって朗読された。この後、読売新聞、朝日新聞、毎日新聞の各大阪本社と、日本社会党、公明党、日本共産党の大阪府支部に、おのおの八人からなる抗議団が出発した。

正午頃に大会は終了し、大会参加者全員がデモ行進に移り、中之島公園を出発、延々一キロの長蛇の列は、「金大中を葬れ」「言論機関の偏向報道粉砕」などのシュプレヒコールを叫びつつ行進、靭町公園を経て本町の読売新聞社前を通過した。読売新聞社前では「偏向報道をやめろ」などという一際大きなシュプレヒコールが次々とおこった。デモ行進は南森町を右折、梅田新道の交差点を通り、桜橋を左折して毎日新聞社前、朝日新聞社前を、シュプレヒコールを繰返して通過、渡辺橋から大阪市役所横を通って中央公会堂前で流れ解散した。当日は九月下旬らしくない暑さで、約二時間、七キロ余りのデモ行進中、老令の民団員の中には相当疲労した人も出て途中で倒れたりしたが、それでも立上って最後まで行進を続けるなど、民団員の気力を示した。

決議文
金大中一派糾弾民衆大会

われわれ在日本大韓民国居留民団関東地方協議会代表五千名は本日この九段会館に集まって金大中一派糾弾民衆大会を開催しこの大会の名において、次のことを決議する。

一、われわれは祖国の名誉と政府の威信を傷つけ、民族の正気を汚辱した金日成の同調者、金大中一派の民族反逆行為を徹底的に糾弾する。

二、われわれは金大中事件を政治的道具として利用、韓国の主権を侵して、内政に干渉し韓日友好関係を破壊する日本国野党及び自民党内の一部政商輩らに対し強力に抗議する。

三、われわれは日本言論機関が言論の公正を忘却し虚偽と偏向報道で韓国と韓国民を誹謗中傷し、赤色分子の手先的宣伝に終始していることに対し、その責任を徹底的に追求する。

四、われわれは、民団組織を破壊する企図をもって民団名称を盗用し、朝総連と合同集会の策動で日本社会にまで錯覚を与え金日成赤化統一に同調する鄭在俊一派の反逆行為を徹底的に粉砕する。

五、われわれは朴正熙大統領閣下が提示した国連同時加入案に賛成し金日成の赤化統一を目的とする南北連邦制という偽装政治宣伝に絶対反対し真正の祖国統一運動に邁進することを再確認する。

一九七三・九・
金大中一派糾弾民衆大会

全南知事に許鐸氏
忠北道は呉竜雲氏

政府は二十六日付で金在植全南知事後任に許鐸文公部企画管理室長を、太鍾鳴忠北知事後任に呉竜雲前鉄道庁長を任命発令した。太忠北知事は石公総裁に転出した金鍾顕水産開発組合中央会長後任に内定している。

国家と民族の名で糾弾
許せない破壊分子との結託

婦人会

九月二十日には、大韓婦人会々員約九百人が、千代田公会堂に集合。民団中央本部金正柱団長、婦人会中央本部金信三会長、東京本部鄭東淳団長が参席。

金信三会長は「かつての金大中は愛国者として大統領候補にまでなった。その後の外国での言動は反政府発言というよりも、反国家反民族的発言をしてきた。わたしたちは国家と民族の名において金大中を糾弾する。また、金大中を偶像化させ、民団の分裂破壊を企図する鄭在俊一味らは許せない、一致団結して民団社会から永遠に追放すべきだ」と開会の辞で述べた。

このあと、メッセージ、抗議文、糾弾文、大会決議文を採択して閉会した。

この婦人会の民衆大会は、金大中事件発生以来、金大中一派を糾弾した最初の集会である。

朴大統領に送るメッセージ
金大中の売国・売族行為許せません

民族中興の旗印のもと、維新課業に全心血を傾け偉大な領導力を発揮しておられる閣下に対し、在日六十万海外国民として満腔の敬意を心から表するしだいであります。

おりしも本国の挙族的事業であるセマウル運動を支援するわが「六十万セマウム植え運動」が、日を追って大きく結実されているこの際、売国売族的な金大中不詳事件が発生したことを、われわれは民族の大汚点として痛感するしだいでありますが、その憤怒をこらえ難く、関東地方民団々員五千人がここに集い、天人共に許せぬ民族反逆者である金大中と彼にへつらい支援を惜しまない鄭在俊らと、わが民団組織から除名された一派を糾弾する民衆大会を開くことになったのをひろく宣明いたすしだいであります。

金大中は、わが友邦国家である米国、日本などをわたり歩きながら国家や個人をえらばず、あらゆる悪口雑言をはき偽計のかぎりをつくして売国、売族の行脚をつづけたという事実、そして今まで犯した別項発表の罪状を再確認し朝総連と野合した容共派である鄭在俊一派に民族と国家の名誉をかけて開かれた民衆大会の名で鉄槌を下し、処断することを誓いながら閣下の御健勝と大韓民国のかぎりのない発展を祈願し、閣下にお送りするメッセージとするしだいであります。

一九七三年九月二十八日
東京九段会館
金大中一派糾弾民衆大会

大関嶺に育牛団地
韓・ニュー合作で

江原道大関嶺にニュージランドと合作の育牛団地がつくられる。同団地は内外資七十八万ドルをかけ五百十頭の育牛が入殖の予定。

田中首相に送るメッセージ
AA研の無責任な発言は遺憾

われわれ在日本大韓民国居留民団関東地方代表五千人は、東京九段会館において、金大中一派糾弾民衆大会を開き、この大会の総意によって、日本国政府、田中総理大臣閣下にこのメッセージを送るものであります。

田中総理大臣閣下

われわれはまず閣下が国政を担当せられ、連日御多忙な政務を遺漏なく執行せられている事を慶賀に存ずる次第であります。ところがこの度、図らずも金大中事件が発生し、貴国の朝野を騒乱させた事に関し、在日四十万民団員一同は衷心より遺憾に思うものであります。

しかるに貴国の野党をはじめ、自民党AAグループらの無責任な放言もさることながら、一部言論機関による報道の偏向ぶりには、われわれとしましては黙過出来ないものがあります。

韓日両国は国交正常化以来政治・経済・文化等あらゆる面で親善を深めている事実は、閣下の御配慮によるものと存じておりますが、貴国の野党連合並びに一部無定見なるマスコミは、両国の友好を破壊し、アジアの赤化革命の陰謀を企んでいるのであります。幸いにして「両国間の友好関係は変らない」という閣下の力強い国会答弁に接したわれわれは、閣下の強固たる平和への信念と、賢明なる御判断に絶大なる声援を送ったのであります。

田中総理大臣閣下

韓日両国は二千年の昔から深い連携をもっており、今日においては過去の如何なる時代よりも強い絆で結ばれており、地域的にも運命づけられた共同体であります。今や国際情勢は予断を許さない推移の中で、韓日両国はますます理解と親善の度を深め、誠意をもって協調すべき時期であると信ずる次第であります。それはアジアの平和、ひいては世界の平和につながることであり、且つは両国家、両民族の発展をもたらす最善の方途であると確信するものであります。

田中総理大臣閣下

今や自由と平和を愛する韓日両国に共産革命を起し、赤化統一を企んでいる北韓傀儡の野望が、卑劣な偽政者である金大中の事件を契機に日本国内にまで浸透し、両国の関係を悪化させ、ひいては両国政府を転ぶくせんとするかような国際陰謀グループを粉砕するためにも、日本国がわが韓国に対し善意ある友好と、信しみた協力を期待して止まないものであります。

おわりに当り、閣下が日夜御健勝にて御政務に精励勤せられることを祈願する次第であります。

一九七三年九月　日
金大中一派糾弾民衆大会

日本国衆参両議院議長に送るメッセージ
一部政客の憶測推理は国際親善阻害

われわれ在日本大韓民国居留民団の四十万団員は、日本国々会の長である衆参両議院議長ならびに自由民主主義を培い、育てて来た日本議会史の伝統に深い敬意を表するしだいであります。

民族と自由のたたかいにおいてめざましい成果を築き、戦後においては経済大国の今日を築いた原動力としての日本の国会史の高潮の自由に支えられた知性と品位、つきることのない正義感を高く評価してまいりました。

しかし、このたびの韓日両国にとって共に不幸なできごとである金大中事件をめぐって行なわれた貴国会の審議過程での一部発言、なかんづく、主張論議などについては、われわれ韓国々民として、まことに心外であり、貴国会の伝統と品位を疑わざるを得ず、意識を禁じえないしだいであります。

第一に、貴国会では、いわゆる第六感的推測だけで、韓国が公権力によって金大中を拉致し、日本の主権侵害をおかしたことと断定する、無意のかぎりをつくした誤りを[illegible]議政壇上の発言ということで放散させました。

とくに、「身分」と「名誉」の不可侵が保障されている大韓民国外交官の公人としての権威のみたらず、私人としての人権すらも、根拠もない推測で中傷誹謗し、無根であったことが明らかになったのちにも一言半句の反省の表示すらないことは、国際的慣例をあげるまでもなく、非礼のそしりを免れえないものではないでしょうか。

これは明らかに韓国を軽視する態度の表示であり、冒涜といえましょう。

第二に、貴国会では、韓国が国の根本としてすえている法律の範疇によって、何人かによって拉致された金大中が韓国当局の法にもとづいて、とりしらべるという事情を完全に度外視し、ひたすら金大中返還だけを主張する発言が横行しております。

これこそ、韓国の国権と国法を無視した一方的で独善的な言動としかいえないし、韓国に対する許せない主権侵害行為であります。

第三に、貴国会では、金大中事件を理由に韓国への経済援助打ち切り云々をうそぶいている一部の者があります。

韓国への経済援助とはその実、韓日両国間における相互繁栄のための相互協力であります。すなわち韓国が日本に対して行なう日本経済の繁栄のための協力関係でもあるわけであります。

このような事情をわきまえない常軌を逸した発言が、言論の自由という名において、訂正もされずになされているということは、韓日両国親善のためにも、貴国会の権威の保持という点からも、まことに[illegible]

[illegible]

われわれ在日本大韓民国居留民団関東地方協議会代表五千名は、[illegible]民衆大会を開催、[illegible]ここにメッセージを送る次第であります。

一九七三年九月二十八日
於 東京 九段会館
在日本大韓民国居留民団関東地方協議会
金大中一派糾弾民衆大会
日本国衆参両議院議長 殿

軽工から重化学に
鉱工業構造、

産業調会による韓国の鉱工業構造が軽工業中心から重化学工業へ移り、工業化の初期段階を脱し成熟段階に入っている。六六年三三・七％だった重化学工業の製造業内の純生産額比率が七一年には三九％に増加し、ことに化学工業と繊維、石油製品は同期間中年平均五六・九％、五〇・二％の高い成長率を示し重化学化の成熟期に入ったことがわかる。

福祉年金強制加入の15業種

来年一月から従業員三十人以上の業体で国民福祉年金に強制加入しなければならない事業体と団体が次の如く十五種が決ったが農林水産業とサービス業、宗教、教会等は除かれている。

①製造、加工、選別、包装、修理、解体の事業②土木建築、其他工作物の建設、改造、保存に関する事業③鉱物の採掘と採取④電気動力の発生、伝導、供給⑤運送事業⑥貨物積荷⑦焼却、清掃、屠殺⑧物の販売、配給⑨金融、保険⑩媒介周旋⑪集金案内、広告⑫教育研究、調査⑬医療の治療、助産其他医事⑭通信、報道⑮社会福祉事業。

中央委員会記事は二面

第二十二回定期中央委員会

最近の内外情勢分析 「われわれの姿勢」採択

9月21日 東京・日傷会館でひらく

在日韓国民団の第二十二回定期中央委員会が、去る九月二十一日午前十一時から、東京・市ヶ谷の日傷会館で、全国各地からの中央委員百六十人中、百二十六人が出席、関係役員と傍聴者を合わせて全員約三百人が集まった中でひらかれた。

第二十二回定期中央委員会

東京・日傷会館でひらかれた第22回定期中央委員会

財政確保を強調

「金大中事件」統一見解定まる

中央の李吉変総務局長と、團竜青年局次長の司会により進められた会議は、まず国民儀礼に始まり中央委員の点呼（この時点では百三人出席）のあと、朴太煥議長の開会宣言とあいさつ、金泰変監察委員長、李禧元顧問、大使館の宋晉錫公使が、それぞれ激励をのべた。

つづいて、金正柱団長があいさつ、あいさつの中で、最近の内外情勢と「われわれの姿勢」（別掲）を朗々と読みあげ、尹学啓事務総長による総括報告、総務、組織、経済、民生、文教、宣伝、青年の順で、各局経過報告が担当局、次長によって読みあげられた。

さらに、李彩雨副団長から、本国事務所報告があったが、この間民団から除名処分された不純分子らの手先と思われる三十人余りの見なれない青年たちが、会場入口で気勢をあげたが、韓国青年会員らによる秩序ある警備に押し返されるという一幕もあった。

執行部報告が済んだあと、監察委員会報告に入り、まず呉敬福監察委員長、李棟鶴監察委員が総括報告を朗読、李棟鶴監察委員が会計報告の中で、経理上の不正はないと言明、特別委員会報告に入っては、中央会館建設委員会報告を宋鎬用事務局長（中央経済局長）規約修正委員会報告を張聡明委員長、法的地位委員会報告を朴性鎮委員長、統一問題委員会報告を金沅孝委員が、それぞれのべ、午後二時すぎにいったん休けい昼食に入った。

午後三時、会議は再開され、経過報告に対する質疑応答が始まったが、へき頭、姜桂重大阪本部団長は、文教対策と活動がひじょうに弱過ぎる、在日学生の全国分布統計や現況も調査しておらず、夏季学校と母国訪問ていどだけにふれているのはどういうことか、また、青年、総務、組織の報告内容を見ても、おざなりというべく、必要条項が多くぬけていると、質疑の矢を浴びせ、特に金大中事件対策が具体的に明示されてないと激しくつめ寄った。

これにつづき、大阪の金明儁委員が同趣旨の質疑のあと、韓国新聞発行に関し、不明瞭な発言をしたのに対し、李彩雨副団長は韓国新聞は、執行部が全力を賭して何にも優先させ週刊制を確立してきた。苦労したとはいえ、夜を徹して編集・発行に当っている関係者たちにすまないことではないかと、発言における慎重を要請したあと、中央の借入金問題が論及されたが、李吉変総務局長は現在、三千四百万円の地方割当金（団費等）と三千万円にのぼる後援会費が未収入の状態であるから、これを一日でも早く納めてくれれば解決する問題であると答弁、さらに借入金にふくまれる利息問題については、金正柱団長が答弁に立ち仕事はせねばならず、金は集まらなかった実情の中において、二分五厘、または三分の利息のつく借入をしたと理解を求めたあと、地方割当金の完納こそ中央運営の基本的な解決策だと強調、大方の賛意を得た。

会議は、再び金大中事件対策と基本姿勢をめぐり、裵桂奎北海道本部団長、金信三婦人会中央会長らが矢つぎ早に質疑を集中、その具体策を迫ったが、姜学文副団長（兼組織局長）が、八月八日の事件以来、読売新聞ほか関係機関へ強力な抗議活動をつづけてきたし、東京、大阪における金大中一派糾弾民衆大会もひらかれることになっているが、なお中央委を通じ全国の協力を求めたいと思っているとのべ、金正柱団長は、前記の「われわれの姿勢」を再確認するが、その前に、民団は、大韓民国の国是と体面を護らねばならず政府の施策に添うという基本姿勢は従前と変らないと補足答弁した。

この答弁につづいて、朴成準神奈川本部団長は、これから先は、大阪、東京の民衆大会を契機として、全国的規模で波及して欲しいと檄をとばして喝采を浴び、朴炳憲委員は、「われわれの姿勢」の五項目を中央委の名で採択、民衆大会その他を進めていこうと提議、金正柱団長が主要部門を再朗読強調したあと、会議は、金大中事件をめぐり論議続とうした。

さらに、鄭東淳東京本部団長が中央主催による全国民衆大会を要請、卞商浩委員は、さきの中央の姿勢にまず賛意を表わし、冷静になって"草の根"運動をおこそう。例をあげて、貴重な中央機関紙である韓国新聞が、地方支部などで山積みにされたままの実情に接する時、支部単位でもりあがる"草の根"運動の必要性を痛感すると力説、聴衆から多くの共感を得た。

つづいて、丁海竜、朴性鎮両委員が建設的意見をのべたあと、鄭湖秀前千葉県本部団長のスパイ事件の収拾をめぐり、みずから悔悟して本国まで出かけての"自首スパイ"であることを尊重し、改編された千葉県本部の新三機関による自主解決が望ましいと、金正柱団長、金泰変監察委員長、呉敬福監察委員が中央の見解をそれぞれ表明、辛容祥栃木県本部団長もこれに賛同、結局、中央監察と千葉県の合同協議による解決が妥当であると採決、尹達鏞中央会館建設委員長による経過報告に、姜桂重大阪本部団長は、その労苦を讃えようと提議、同顧問は嵐のような拍手を浴びつつ降壇した。

討議事項に移ってからも、金正柱団長が、中央最大の懸案である中央会館建設問題に言及、姉妹…来年八月十五日までには、全国民団組織割当分の四億円を完納しようと強調、全中央委員の積極的な賛同を得た。

敵性団体と規定

民統、自主守護、民主回復の三団体

規約修正問題では、第二十回中央委以後、数回にわたりひらかれた修正委で論議された、名称、三機関存続の再検討（単一体制）、任期、地方本部事務局長と中央局長の中央委員権付与（中央の場合は当然職）、規約未備の整理について朴太煥議長が解説、一部字句を修正するだけで原案を修正委に一任することにしたが、姜桂重大阪本部団長から、規約修正の際、停権除名の項では、民団名義を盗用する不純分子らの懲戒につき、国籍の乗用など特に慎重に留意して欲しいと要望した。

また、四国地方連合本部設置案につき質疑があり、朴太煥議長は組織の実情から見て、その方が効率的であると考えられてきたいきさつを説明、対馬本部もふくめて中央と当該各県本部の協議の下で問題を進めていきたいと理解を求めた。

地方割当金については、李吉変総務局長が、削減の声もあるが、これは中央委や大会で決議した通りにして欲しいとし、現在のところ、十月までに全額完納して欲しいとさらに要望した。

つづいて、敵性団体規定に関する提案（別項）が、姜学文副団長によってなされ、一部字句修正のあと、万場一致をもって原案を採択し、地方議案として、裵桂奎北海道本部団長が、サハリン抑留同胞の早期帰還策を訴え、建議案を朗読、金沅孝委員が賛同して再提案、特別委員会提案も出て、金正柱団長は、中央委の名で、日本政府当局に要請するから一任してくれるよう要望、決議をみたあと、長崎県本部から言論武装のため法人組織の韓国系の合同紙案が出されたあと、金大中事件の民衆大会名称につき活発な意見が交換されたが、結局金大中一派糾弾民衆大会と称することに落着、スローガンその他も関東地協で既に準備中のものに統一することに決議、熱気をおびた会議は、充実した多くの成果を得て、午後七時三十分に閉会した。

敵性団体規制に関する提案

本団からすでに除名された不純分子の集団である下記団体

一、民族統一協議会　代表　裵東湖

二、民団自主守護委員会　代表　梁相基

三、韓国民主回復・統一促進国民会議日本本部　議長代理　金載華

以上、三団体を敵性団体として規制することを提案する。

理由は

一、不純分子らの上記集団員らが過去において忠誠を装おい本団組織の幹部として侵入し、その正体をかくして甘言を以って民団大衆を惑わせているので、この陰謀を未然に防止するため、その集団の性格を明らかにする必要があると見られる。

二、去る八月上旬に金大中事件が突発するや、彼等一派はより一層、反民族的反民団的行動をはげしく行なうことによって、一般社会および民団々員におよぼす影響を考慮し、上記団体（機関紙を含む）等を敵性団体として規制すると同時に、該団体の活動家（発起人を含む）および該団体関係者は監察機関の査察にもとづき、依法措置が取られることを提案します。

三、民団東京、民団神奈川、韓国青年新聞に対しても発行者が敵性団体構成員であるだけでなく、その内容と方向が敵性をおびているので、敵性団体機関紙であると看做す。

除名後も破壊工作

裵東湖、梁相基、金載華らの三団体

上記団体が民団名を盗用して主催した利敵行為の集会は、下記のとおりである。

七二・七・二三…東京大田区民会館で「民団」総連共同主催。

七二・七・二八～東京品川公会館で、旧韓青・朝青共同主催

七二・八・三、…東京品川社屋、文化会館で「民団」総連共同主催。

七二・八・四…東京豊島公会堂で「民団」総連共同主催。

七二・八・七…東京体育館で旧韓青・朝青の共同主催

七二・一三…群馬県太田ダイキンデパート講堂で「民団」総連共同主催。

七二・八・一五…宮城県塩釜公会堂で「民団」総連共同主催。

七二・八・二七…京都会館で旧韓青、朝青共同主催。

七二・八・二七…静岡富士国際ホテルで「民団」、総連共同主催。

七二、九、三…大阪フェスティバル・ホールで韓青・朝青連・共同主催。

七二・九・一五…青森国際会館で民団総連共同主催。

七二・九・一七…岡山県労働児童会館で民団、総連共同主催。

七二・九・一九…神奈川横須賀で「民団」総連共同主催。

七二・九・二七…東京荒川老人福祉センターで「民団」、総連共同主催。

七二・九・二八…横浜プリンスホテルで「民団」総連共同主催。

七二・一〇・一…兵庫県西宮市民会館で旧韓青、朝青共同主催。

七三・一・二七…東京大田平和島温泉で「民団」総連共同主催（新年会）

七三・一・二五…東京、東大紅で「民団」総連共同主催（新年会）

七三・二・一〇…東京荒川区役所で「民団」総連共同主催（新年会）

七三・二・一…東京日比谷公会堂で民団総連共同主催。

七三・三・一…川崎産業文化会館で、民団、総連共同主催（記念大会）

七三・八・一五…東京日比谷公会堂で金大中先生拉致糾弾大会。

七三・九・八…東京日消ホールで金大中先生救出蹶起大会。

われわれの姿勢

（一）祖国の存立に、強大国の共存政策による被害がおよばされてはならないのと同様に、民団の存在もまた、日本国の過激勢力によって侵されてはならない。

そのためには、速やかに自主、自立、自衛の組織態勢をととのえなければならない。

（二）政府機関どうしが推進している南北対話の浮沈に左右されることなく、われわれは海外にある民間団体として独自の宣言、綱領が明示する規範のもと、反共をふまえた自律、民主にもとづいて自から進む不動の姿勢を堅持すべきである。

（三）日本の一部の政客たちと言論機関らの対韓国、対民団の錯覚を是正させ、観点を修正させるため全組織体の力量を結集し効果的に活動すべきである。

（四）いわゆる連邦制というのは再言する余地もなく、赤化統一の陰謀であり、韓国を第二のベトナムにおとし入れようとの凶計にすぎないということを正確に認識しなければならない。

（五）この時期において組織内部に一大整風運動を果敢に展開し、浸透分子に対する浄化工作を活発に推進しなければならない

一九七三年九月二十一日

第二十二回中央委員会

われわれは絶叫する！

（一）われわれは36年間、主権どころか生命すら民族まるごとに奪われていたのだ。

田英夫よ！宇都宮よ！言葉をつつしめ！

（一）日本よ！われわれの祖国をカタワにした責任はどこへ行ったのか！

（一）日本よ！君らは、かつて主権どころか、人間すら干柿のようにつるしたのだ。

（一）三・一独立運動のとき、韓国人弾圧…一大殺りくの張本人が宇都宮太郎だ。徳馬よ！親のしたことを考えたら大きなことは言えまい。

（一）日本よ！金大中事件は分断の不幸だ…分断は誰がもたらしたのか！

（一）焼けただれた山河はいまだによみがえってこない。経済協力は、三六年間の殺りく略奪に対する当然の義務ではなかったか！

日本よ！
祖国をカタワにした責任はどこへ行った？
の傷はまだなおっていない。
田英夫！宇都宮よ！
言葉をつつしめ！
我々は数多くの
を耐え抜いた賢明な民族だった。
今こそ理性 今こそ対話

一万余人があつまった大阪民衆大会（上）東京都心を堂々とねり歩くデモ行進

一兆五千八百億

八月末の銀行予金

韓銀によると、去る八月末現在の全金融機関預金総額は一兆五千八百九十一億二千万ウォンで今年に入り百六十二億五千万ウォンがふえた。預金内訳は貯蓄性預金が一兆千三十五億二千万ウォン、要求払預金九千八百五十六億ウォンである。

計画の四倍

砂糖輸出八百万ドルに

今年に入っての砂糖の輸出が八百万ドルにのぼり計画の四倍に達した。内訳は第一製糖三百万ドル、三養三四百万ドル、大韓製糖三十万ドル等で輸出先は日本、香港等東南アジアからアフリカのスーダンまで拡大している。

首都ライオンと愛宕ライオンが姉妹結縁

首都ライオンズクラブ東京支部（鄭乙保会長）では二十七日夜千駄ヶ谷の外苑で例会を開き、慶南咸陽郡で建設中の夜間中学建築費の一部として金十万円を寄附することを決定、同郡出身の李彩雨ライオンに伝達した。なお愛宕ライオンズクラブから二人のライオンが参加したが、同クラブ員十九名が五日訪韓し首都ライオンズクラブと姉妹結縁する。

言論暴力許せない

再び読売に強く抗議

韓国に対する誹謗中傷止めよ

九月二十八日、東京・九段会館で、金大中一派糾弾民衆大会に参加した五千人のデモ隊のうち、読売新聞東京本社には、約五百人の抗議隊が参加し、玄関前をうずめ、「読売は韓国に対する誹謗と中傷をするな」「われわれは読売を買わないぞ」等のシュプレヒコールを繰返し、社長に面会を申し入れたが不在、編集長も不在というので、代表十人が遠藤社会部長にあい、鄭達鉉宣伝局長が大会で決議した読売新聞糾弾の抗議文を読みあげ、強く抗議したところ、遠藤部長はまだ結論が出ていないから、と突張るので、鄭局長は、結論が出ていないのになぜ読売は一方的に結論を出したのか、と詰めよると議論する必要がないといい返して来た。そこで更に鄭局長は議論する余地がないから抗議にきたのだと迫ったが、返答はなかった。一方、玄関ではシュプレヒコールにつづいて、読売新聞五百枚を破り捨て、足で踏んづけて気勢をあげ引きあげた。

五百余人抗議隊おしかけ

9月28日 編集幹部に抗議文手渡す

「再び読売の言論暴力を糾す」

昨年の週刊読売の演福事件に始まり、さいきんでは、マンスデ芸術団来日問題の政治的事前調査、そして、今回の金大中事件報道など一連の読売新聞による意識的悪意に満ちた偏向的報道は、言論の自由に名をかり社会の公器である新聞を悪用した言論暴力と指摘せざるを得ない。

これはまさに、韓日友好百年の大計に水をさしたものとして、私たち韓国人は"[illegible]"を感じるしに、世界の民主先進諸国を相手として無知無謀な世界大戦をひきおこした日帝の侵略的気質をさえ感じるものである。

韓国・未成的な政治行脚をつづけていた金大中を、あたかも民主的であり、社会正義に立脚する良心により、これを救助するかの如き印象を与えようとしている一連の言論活動に至っては、全く国際慣例を一方的に無視した良識の欠如というほかはなく、文字通りの似而非民主主義と断言するものである。

加えて、日本政府当局者の慎重な態度には、見て見ぬふりをし、"主権侵犯"云々との野卑な言動にあっては、とうてい許すことのできないそれこそ"韓国への主権侵害"と言わざるを得ない。

そして貴紙の論調たるや、共産党的色彩の濃い、今後"征韓論"を連想させるものとして、私たちの憤慨では極みに達するものがある。

韓日間は、友好条約が結ばれ、両国の新時代がまさに開かれたばかりのこの時点で、少くとも事件に関しては、冷静にして慎重な態度でのぞみ、その真相究明を追っており、両国民衆も、このなり行きを冷静に見守っているのが昨今の実情である。

それを一時的とは言え、日本の無責任な読売新聞を始めとする一部マス・コミによって、民衆を興奮のルツボに巻きこんだ過失と罪業は、あまりにも大きいが故に、看過することはできないのである。

ここに、私たち在京韓国人五、〇〇〇名は、一堂に会し、金大中および、それに加担する悪性分子を徹底的に糾弾すると共に読売新聞が犯してきた罪業をも断じて許すまいと、今後における良識ある事後処理を促がすため、ここに警告を発するものである。

金大中一派糾弾民衆大会をおえ読売新聞社におしかける抗議隊

開天節 十月三日

開天節は韓国の四大国慶節の一つで今から四三〇六年前（西紀前二三三三年）国祖檀君が白頭山のふもとに古朝鮮（檀君朝鮮）をたててその初代君主として即位した日であり、韓国の建国記念日にあたる。

今年は、檀君紀元四三〇六年にあたる。

李軍人会長に謝罪

「週刊現代」デッチあげ記事で

李麟基氏

金大中事件をめぐり、日本の一部無責任なマス・コミ、特に週刊誌などでは、興味本位の憶測記事をデッチあげ、良識ある両国の人士たちから、まゆつばものと、顔をしかめさせているが、このほど「週刊現代」九月二十日号に、事件とは全く無関係な在郷軍人会日本支会長の李麟基氏を"捜査線上にあがっている人物"として取扱い、本人の強い抗議にあったので、その非を認めた上、九月二十六日次のような謝罪文を持参してきた。

謝罪

週刊現代昭和四十八年度九月二十日号掲載の「結局金大中事件はこうして終結される」の記事のうち三十三ページ上段に「捜査線上にあがっている」人物として、貴殿の名を記載いたしましたが、調査の結果、金大中事件と貴殿とは全く関係がないことが判明いたしました。

ここに、該当部分を削除するとともに、金大中事件が両国の友好に微妙な暗影を投げかけている今日、小誌の取材の不行届きの為、貴殿並びに関係の方々に多大のご迷惑をおかけいたしましたことを心からお詫び申しあげます。

昭和四十八年九月二十六日

株式会社 講談社
週刊現代編集長
川鍋孝文

大韓民国在郷軍人会日本支会長
韓国反共連盟日本国連絡所長
李麟基殿

同友会の崔会長ら

セマウル支援に55万円

在京韓国人ゴルフ親睦団体として定評のある同友会（崔淳悦会長）では、去る九月十五日ソウル郊外の漢陽カントリークラブで行なわれた金用淳大韓赤十字社総裁杯戦に参加した際、崔会長は、同会員から一金八十万円を募金し、大韓赤十字社に二十万、セマウル事業支援として五十五万円、民団本国事務所に図書代として五万円を寄附した。

なお、同会は[illegible]をモットーとする在日中堅経済人による親睦団体で、祖国を訪れた記念として、会員たちが浄金を出しあったものである。

内乱陰謀の朴牧師に二年判決

ソウル刑事地法は去る二十五日ソウル第一教会牧師朴炯圭被告(50)等に対する内乱予備陰謀事件公判で懲役二年（五年求刑）の判決を下した。その他の三被告にも二年から一年の懲役を言渡した。

恵まれぬ子らに

神戸の福祉養護施設 張牧師の愛神愛隣舎

養護施設で遊ぶ子供たち

「教育、養育問題は、プライバシーを尊重し、わが同胞の、あらゆる困った問題を親身になって、相談できる愛神愛隣舎養護施設」のキャッチ・フレーズで、全国的に散在している不幸な韓国児童の養護施設として開放されている神戸の社会福祉法人・愛神愛隣舎（張徳出園長）では、永年の伝統ある実績をもって、今日なお健実な発展拡張を続けているが、同舎の理事長であり、主管牧師でもある張徳出氏は、さきほど民団中央を礼訪、同舎が現在行なっている全国的規模での、福祉養護事業に全面的協力を要望した。これに対し担当の中央民生局（李錫鎔局長）は全国組織に、できる限りの協力を惜しまないよう呼びかけた。

ちなみに同舎は、キリスト教の博愛精神に則り、張氏が全国を行脚して、その設立の必要性を強く訴え、あらゆる辛苦をなめたあと、近代設備を誇る今日の舎館が完成したもので、教育、養育、親子問題の総合相談所として、「子供が人として育つためには、空気や水のように大人の真心による支えが無くてはならない」という理念のもと、親に生活能力がない、親が行方不明、親が不治の病、または事故死などで困っている同胞の子供達を優先的に入舎させることを念願としている。

問合せは、神戸市灘区泉通四丁目二七、電話〇七八―八六一―二四六二、愛神愛隣舎まで。

東本庁舎移転パーティー

東京本部（鄭東淳団長）傘下各支部三機関長会議を兼ねた同本部庁舎移転パーティが、去る十九日午後一時半から、東京芝の郵便貯金ホールで駐日大使館宋賛鎬公使ら多数の来賓をはじめ、民団関係者二百余人があつまった中で盛大に開かれた。

この日の披露宴では、東本三機関長のあいさつがあり、関東地協主催で二十八日に開かれる金大中一派糾弾民衆大会開催について意見をかわしたあと、組織を防衛し祖国と民団の永遠な発展を誓う乾杯をした。

この日、鄭東淳東本団長は、あいさつの辞を通じ、二十八日に開かれる金大中一派糾弾大会にふれ、金大中は、日本の容共、反韓系の一部政客並びに言論人と結託して「対韓経済援助打ち切りなど」の反国家、反民族的言動」をほしいままにした、特に不純分子[illegible]僕らと結託した妄言、妄動は絶対に許せないことであり、強く糾弾すべきであると決意を述べ一同に深い感銘を与えた。（写真は記念パーティ）

領事業務を強化

民生局で巡回講習会開く

民団中央本部民生局では、本国政府および駐日韓国大使館の協力によって十月中旬から十一月上旬まで、全国十個地域にわたって領事業務に関する巡回講習会を開催する。

受講対象者は、民団各地方本部事務局長、民生部長および、領事事務担当職員ならびに、各支部事務部長、実務担当者で、一、戸籍、二、国民登録、三、在日国民の法的地位、四、その他の領事業務などに関する実務処理を主な内容として行なわれる。

講師は、外務部領事課長、ソウル民事地方法院戸籍課長、法院行政処戸籍主任など5人で、実務実習時間は、午前十時から午後六時までで、巡回講習日程はつぎのとおり。

一、四国地域（高松）、10月18日
二、九州地域（福岡）、10月18日
三、中国地域（下関）、10月22日
四、近畿地域（大阪）、10月24日
五、〃（神戸）、10月25日
六、中北地域（名古屋）10月27日
七、東北地域（北海道）10月29日
八、〃（仙台）、10月31日
九、関東地域（東京・横浜）11月2日
十、その他の関東地域、11月3日

国際教育協会内に

日本留学研修センター

韓国人留学生の勉学および研究を斡旋、補導、助言することを目的として設立され、活動中の（財）韓国々際教育協会（代表者・専任理事韓宗碩、東京都千代田区猿楽町二丁目五―五）では、このたび同協会ソウル事務所を設置するとともに、日本留学研修センターを付設し、より積極的な本格活動を展開することになった。

なお、ソウル事務所の住所は、ソウル特別市鍾路区清進洞一八六ユニオンタイプ学院内（ＴＥＬ：七三・四〇七九）

東京商銀の創立20周年

来年四月に予定

許弼奭理事長

許弼奭東京商銀理事長は、去る二十六日正午、同理事長室に在日新聞記者を招き、昼食を共にしながら、来年三月三十一日が創立二十周年にあたるので、来年四月中に予定しているが、記念行事をそれに先がけて本年十月一日から、二十周年記念預金運動を展開し、来年三月度末預金目標高二五〇億円を一挙に三〇〇億円にしたい旨を明らかにした。

なお、記念預金をした組合員には、抽せんにより三〇余人にカラーテレビおよび海外旅行（ハワイ経由、韓国）も計画しており、現在六、五〇〇組合員を七、〇〇〇人に増やす目標。

東京商銀は許理事長が就任以来六年間で当時の十四億から二〇〇億を突破された実績からしても、このたびの目標額三〇〇億も可能であるとして張切っている。

東京商銀理事会ソウルで

東京商銀全理事は十月六日から十日まで本国を訪問、その間ソウルで理事会を開き国立墓地参拝、大統領ら政府要路を表敬訪問する予定である。

華燭

民団三多摩本部管内の[illegible]支部李鍾一監察委員長の長男・恭興君と、金秦仁氏の長女・順子さんは、このほど百年の佳約ととのい、十月二十二日午前十一時から東京・赤坂のホテルオークラで華燭の典をあげる。

民族遺産に顔をそむけた主体芸術

万寿台芸術団公演評（下）

慶熙大学教授
舞踊評論家　安　済　承

綜合芸術としての舞踊は動・音・色・光・物の五要素の上に形成される。しかし、パンの主な原料がどうしても小麦粉でなければならないように、舞踊の主軸はあくまでも動的要素としての身体運動である。したがって、その他のものは装飾価値となるのであるが、装飾というものは絶対に独自の意味や内容を創造してはならず、付随する存在の意味や価値を強調かつ媒介し、観客の注意をそこへ集中させることにより表現と伝達を容易にするところに価値的意義があるのである。にもかかわらず、意味もなく繰り返される平面的動作を中心に、自画自讃からはじまり宣伝調動で終る歌詞と、自然風景を人為的に美化構成した背景画をつけ加えたのであるから、果たしてこの三者の間にどのような有機的、論理的連係があるのか納得がいかない。まして白・青・紅の単調な原色系の衣裳とやはり同じ色調のみを利用した照明は、華麗な幻灯背景のせいでいっそうみすぼらしくなった。背景の色調がもつ強いコントラストの彩度と輝度は、容易に眩暈現象を起させるのであるが、これがまた、衣裳にベタベタつけたスパングルの反射光と相乗作用して、観客に視覚障害まで及ぼすことになったのであるから、主客転倒もここまでくれば極まれりとでも言うべきか、これ以上言うべきことがない。そのために、[illegible]の[illegible]さや[illegible]しさがなおさらはっきりし、動作や隊型構図の線までもが曖昧となってしまったのであるから、[illegible]も甚だしい。

とくに、このたびの公演で気に思ったもう一つの事実は、表現内容に関係なく数倍大きくするかのような画であった。登・退場のときの[illegible]のときにみせるコーラス・メンバーの無表情な表情が、[illegible]にしてしまう表情に[illegible]化するのであるが、どうしてもそのようにしなければいけないのか。スタートダッシュする陸上競技のように、いつもそのようにはじめないといけないのか？[illegible]とあわせて考えるとき、[illegible]するようになる。公演の途中ところどころ[illegible]したり、大きな[illegible]制御するカーテン・コール、これらのすべてがこのスポットライト・メンバーを[illegible]にした要因となっている。

また、同じく[illegible]として[illegible]のは、政治権力による[illegible]であった。世[illegible]、プログラムに[illegible]、[illegible]……の作品の[illegible]でありのである。

演出、技術、感覚の不在

かれらが[illegible]したいくつかの[illegible]をあげてみよう。

ある場面では小作人を、[illegible]でみせてくれたように、[illegible]に搾取したりしたかもしれない。また小作人の[illegible]合も、それが自分の[illegible]のごとくみめ、[illegible]することもできたかもしれない。ここで[illegible]ない。それは[illegible]ていても、もっと[illegible]フィクションの[illegible]から[illegible]されている。いちばん[illegible]にしたことといった[illegible]「コップ」などにも、これといった[illegible]をみせなかった[illegible]——もちろん観客[illegible]……

[illegible]プロットの[illegible]、[illegible]、[illegible]ポーションを[illegible]。[illegible]……

いわゆる「[illegible]」という[illegible]を通じて、ストーリーの運びや劇中人物の感情の移りかわりを[illegible]させたのもよい[illegible]であるが、幻灯によって映写されるエフェクト・フィルムやシルエットによる視覚的効果を借りて、大衆の好奇にみちた感情に迎合しようとしたのも古い手法である。ことに、在日同胞の懐古調を利用しようとするなどは、新派調のメロドラマ以外の何物でもない。

結局、かれらの公演で[illegible]は[illegible]を味わう結果となった。しかし、当初の希望というか期待は、そのようなものではなかった。同族として、そして同じ伝統の上に立つ芸術家として、かれらの今回の公演が、せめてわが国の古典の優秀性だけは、日本の観客に肯定される契機となることを願った。だから、「もしかしたら、かれらは幸福かもしれませんね。あの程度の水準を良いとほめられて、お金まで出してくれる政治家がついているからです」といい、「私は何時のまにか四十年ほど前にかえったような錯覚すら感じました」といった友人の舞踊家の言葉を[illegible]な気持で聞き過ごしたのである。

かれらはこんどの公演のため長時間に[illegible]練習したようであり、[illegible]も認めることができた。それにもかかわらず、かれらの[illegible]「泰山鳴動鼠一匹」の結果にしかならなかったのは、どう考えても演出不在、技術不在、感覚不在のためのようである。（雑誌「自由」の好意により転載）

書評

「サハリン」

日・中・ソ抗争の歴史

ジョン・J・ステファン著
安川一夫訳
原書房刊

サハリンは、日本にとっては間宮林蔵が一八〇九年に発見した資源の宝庫であり、一九〇五年のポーツマス条約にもとづく[illegible]の植民地であった。

ソ連にとっては、二次大戦における主な対日戦争[illegible]余剰地であったといわれるほどの垂涎の的であり、まさに二大[illegible]上に突きだしたソ連国民の[illegible]域一と自認する極東の戦略的要（かなめ）である。

しかし、日本は[illegible]の[illegible]を昭和二六年サンフランシスコ条約で放棄したにも拘らず、ソ連の[illegible]を正式に認めてはおらず、[illegible]の[illegible]は今でもなおサハリンの[illegible]を要求しており、いわゆる[illegible]とからんで、[illegible]のよどみを漂わせている。

中国もまた、漢・明・清にわたる長い[illegible]時代から[illegible]などの事からサハリンは中ソ関係の[illegible]にからむ[illegible]の一つであることは否めない。

しかし、韓民族にとって、サハリンとは、[illegible]権力の[illegible]な日本によって連行され、かつて帝政ロシアの流刑地であった[illegible]の囚人労働とかわりのない、[illegible]の[illegible]であった。

戦後四十年にわたり、[illegible]は祖国への[illegible]をみにしられてきた。[illegible]い同胞には[illegible]であるとの[illegible]を[illegible]あらゆる[illegible]に[illegible]いにされ[illegible]きた。その意味でサハリンはわが[illegible]によっては[illegible]の[illegible]なのである。

×　×

安川一夫氏によって訳された、ハワイ大学助教授、ステファン博士の「サハリン」（原書房）は、ひとことでいえば、東アジア地域の歴史・政治・文化史における孤島「サハリン」に照明をすえた名著である。

ステファン教授は、中・露・日の周辺諸国、なかでも日・ロ両国勢力の抗争を、豊富な文献による驚くほど緻密で適確な考証にもとづいて理路整然と、しかもリアルにえがいている。「サハリン」の博物誌ともいえるほど、サハリンの地理、風土、産物、産業などにわたって具体的な数字をあげているのも、本書の特色である。ポール・ラッペの名著である「サハリンは、東洋のアルザス・ロレーヌ」であることの所以が、平易にしかもビビッドに示されており、人類生存とともに不安の、国際政治における力の原理をまざまざと浮彫させている。

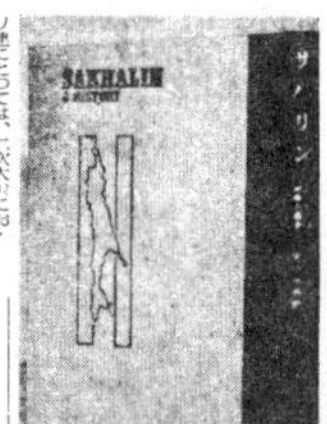

何よりも特筆すべきことは[illegible]にあげた韓国同胞の帰還の経緯と現状を「無国籍者」の成立を中心として好意的に取り扱っていることである。

訳書で二ページ内外の叙述であるが、その表現は簡潔で要を得ており、かつ、具体的である。

特に、一九五七年十月、千名にのぼる韓国同胞がユジノサハリンスクでおこした暴力ストライキなどをあげ、「ソ連の検閲制度は外部に詳報が流れるのを押えているが、サハリンの朝鮮民族という少数民族の処理が深刻な社会問題となっていることは疑いない」と明快にあかしている。

歴史研究における新たなアプローチともいえる実証手法の独自性は吟味すべきものがあり、特に、巻末の付録、および参考文献は、これからの「サハリン研究」の道標のひとつであることは確かである。より忠実な訳のため、一々原著者との問いあわせや、ロシア語発音の正確な表記への努力を惜しまず原著を完璧に日本語で再現した安川氏に敬意を表する。在日同胞に特に一読を薦めたい。

（朴鐘九）

朴性圭　個展

10月11日から6日間・韓国公報館で

来たる10月11日から、韓国画壇の重鎮、朴性圭画伯の個展が東京の韓国公報館でひらかれる。

作品は、[illegible]、[illegible]、[illegible]、桃、飛ぶ、音、うつる、吹く梅、[illegible]、[illegible]、女人ABCDEなどで、独自な画風が注目を集めそうである。

〈朴画伯略歴〉

一九一〇年二月、慶北青道生れ、一九三一年京畿高校卒。一九三四年三月、東京文化学院美術科卒。三六年～四五年まで、ソウル毎日新報社勤務。四六年～五一年、釜山女子中勤務。五一年～七三年、在日本[illegible]勤務。この間の七一年三月に、アメリカ・インデイアナで個展。

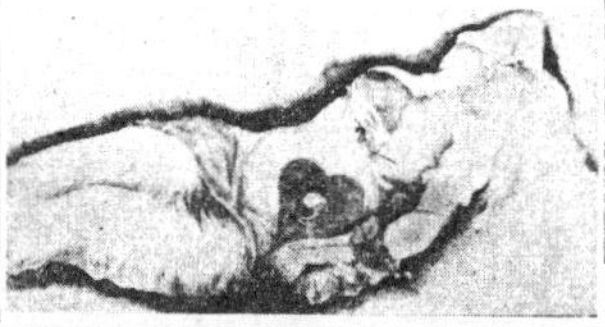

林慶業将軍傳（二四）

訳　洪　相　圭
編　八　東　周　吉

こっぱ共を手当り次第にきりすて、冥途への道連れにしたいところだが、天命を知らぬ愚行としか思えぬゆえ、一応こっぱどもの言いなりに任かせるだけであるから、誤って考えるな。この船に一兵だも乗船することはまかりならぬ。まげて乗ろうとすれば、その頭がい骨を打ち砕くであろうぞ。」

と言いながら、はったとにらみつければ、鬼神のようなその気に呑まれて、だれ一人乗船しようと出る者がいなかった。ただ慶業の船を道案内にして、その中の一つが水先を案内するので慶業もこれにはさからわなかった。吹く風に追われて船は矢のように海上をすべり北京にと海路を急いだ。

慶業が胡国の水軍に捕らわれたとの報を受けられた南京の明帝は、[illegible]に水と[illegible]かれて、慶業の無事生還を天に祈られた。

「天も林慶業の孤忠を哀れと思ほしめされて、無事生還できますよう、おはからい下さりませ。」

一方、北京の胡王は慶業を、捕えてくるとの報に接して大喜悦であった。

慶業の度肝を抜いてやろうとあれこれ頭をひねった胡王は、城外の三里に亘って軍陣を布き、旗を厳めしく林立させ、刀槍でもってあたりを金物の壁となした。物々しい示威の陣備えが終わったときに慶業を引き立てるように命じた。それと知った慶業の怒髪は天を衝いた。

「この痴れ者ども奴、木端武者どもの知略で予が捕えられたのだと思うのか！千万軍といえどもわしのこの孤剣で充分である。ただ、天命を悟り、ここまでついてはきたのだが、不時にも予を虜将と看なしてのこの振舞であるが！予の身近にくる者があれば、断じて許さぬ。一刀の下に斬り捨てるであろうぞ。」

凛と言い放ち、刀を手にしたまま悠々と王座に歩寄ったが、だれひとりとして、慶業の歩みを阻もうとする者はいなかった。

将にその気は百万の敵兵を薙い、敵陣中にいる人とは思えなかった。

つかつかと王座の数歩前で止った慶業は、刀をついて目をむき胡王を鋭くにらんだ。流石の胡王も思わず慌てたが、彼もさる者、敗けじとばかりに一段と威儀を正して、慶業を叱りつけた。

「こりゃ慶業、お前はどうして無用の刃向かいをなすのじゃ。既に朝鮮の国王が予の猛将勇卒の攻撃に堪えかねて、降書を差し出したのが丙子年であるが、その帰り道を襲い、予の将卒を痛めたのはなんの真似か！はたまた、そちをわざわざ招いたのに、中途で無断に逃げて南京に入り、敢えて余に刃向かうとは身のほどを知らぬ大たわけ者じゃ。」

[illegible]でも失ったかのように微動もせずに、どっしりと立っていた慶業が[illegible]く叱り出したら、天井はびりびりと響き、聞く人の胆に凍みこたえた。

「[illegible]にもなる者は[illegible]先年、[illegible]の[illegible]をあつくうけながら、[illegible]にも背うことなくないのに、大国に[illegible]いて弓を引くとは、まことに万古の逆賊とののしられるべきである。また丙子年にも恩を仇で返しておる。予が[illegible]の[illegible]にいる[illegible]り、[illegible]なことを知り、山海の[illegible]路をたわって我が[illegible]を[illegible]くなどの、[illegible]極まる行為を平気でやってのけるとは、[illegible]の[illegible]にも置けぬ[illegible]である。まして[illegible]で人質として、この不毛の山国にお連れ出すとは[illegible]、[illegible]じて許さぬぞ。それでお前たちの首を[illegible]らず引っこ[illegible]き、恨みを晴らそうとしたが、[illegible]で[illegible]方なく[illegible]国させたのだ。それだけでも有難く思わぬか。次にビソムのことである。予が[illegible]したら、[illegible]命の[illegible]さを[illegible]にして断るつもりであったろうが、遺憾にも汚らわしいその[illegible]の[illegible]を見抜いていたから、策する隙を与えず降書を[illegible]胡に送ったのだ。物の道理をわきまえぬ北国の山猿奴はまたいろいろと奸計を巡らしおった。わしを胡に入国させるように主上に強情しおった。一点の罪だにないわしが、なんでお前たちの汚らわしい手で命をたたられるものぞ。それでわしは南京に入り、明国と力をあわせて、忘恩背徳のお前のその細首を掻き切って、丙子年に受けた恨みを晴らし、三王子にお供して凱旋しようとしたが、不覚にも佞奸の腐り果てた坊主奴にたまされ我が志が挫かれることとはなったが、それだからといって、お前が、こしわしを侮る所存であるか？お前が今百万軍に侍せられているとしても、生死のいかんは予の手の内にあるのだぞ」

理と威に押されて、胡王はぐっと詰った。

[illegible]大声になって[illegible]で会る相手でないと、早くも見てとり、今度は下手に出て、自分の威信も立て、敵としては惜いが味方としては百万人よりも心強い慶業を手に入れようと企てた。胡王は[illegible]を反すような顔色をやわらげにこやかに笑いながら、

「そう硬がらずに、予の陣幕の内にはいるのがどうじゃな？王侯の[illegible]位を与えるであろうがの。」

と言も終わらない内に、林将軍は面を朱にして怒り、[illegible]でもはきかねないぐらいにののしった。

「ええい、汚らわしい。そんなこと聞く耳、もたぬわ。わが東国の上・下が挙って望むものは、一つ、お前のその薄汚ない首であるのに、わしがその山猿の部下になるとは笑止千万なことである。わ、はあ、は、は」

と、さも可笑しそうに嘲笑したの、胡王もその嘲笑には腹をすえかねたらしく、引き出して斬れと命じた。

その瞬間、言い手はぴたりと止まり、[illegible]な慶業の叱咤がとんだ。

韓國新聞

在日大韓民国居留民団
中央本部機関紙
韓國新聞社
発行人 金正柱
東京都文京区春日町2丁目20－13
電話 直(815)1451～3
交(813)2261～5
振替口座 東京 163774
本国連絡所(民団本国事務所内)
ソウル特別市鐘路区昌成洞
政府合同庁舎四階
電話 73－0162・0165

民団綱領

一、われわれは大韓民国の国是を遵守する
一、われわれは在留同胞の権益擁護を期する
一、われわれは在留同胞の民生安定を期する
一、われわれは在留同胞の文化向上を期する
一、われわれは世界平和と国際親善を期する

朝銀との取引は利敵行為

関連団員は即刻中止を

中央本部　取締りを全組織に指示

民団中央本部（金正柱団長）では、去る八月、民団組織再点検に関して指示した韓信協傘下各信用組合育成に関して一貫した指導理念のもと、あらゆる努力を傾注しているが、その具体的な方案として次の事項を管下各地方本部団長及び各信用組合理事長宛に十月十六日付で公文を発送、朝総連系金融機関の奸計を粉砕するよう重ねて強調した。

本団は組合育成スローガンとして「一世帯一通帳」運動を展開し、民団員の経済的地位向上を図ってきたが、今なお朝総連系金融機関である朝銀と取引している団員があることは、団員としての本分を忘却した脱線行為であり、また民団としても、取締りをおろそかにした結果であることを反省せねばならない。

一地域の実例として現在朝銀取引者（金額）の過半数が、民団の団員であることが数字で判明した事実は、組織防衛上はなはだ遺憾なことである。

朝総連系の朝銀と取引している者の個人的事情もあるとは思われるが、民団の基本精神に照し金額の多少にかかわらず、また事情の如何を問わず、団員が敵対陣営と結びついた利敵行為であるので、団組で絶対に許すことができない。そのため、管内該当団員を積極的に摘発して善導することおよび民団と組合が相互協力して、所期の成果をあげることを望む。

民族資本を育成強化

金正柱団長　商銀運営に特別談話

金正柱中央団長

一方、金正柱中央団長は、十月十五日付で、管下各地方本部長団及び信用組合理事長宛に、急変する金融政策に対応して、全文次のような特別談話文を送り、信用組合育成強化を望んだ。

時下初秋のおり、韓信協傘下各組合の飛躍的な繁栄を期し、その目的達成のため日夜奮闘している貴殿及び各役職員の労苦に対して、衷心こめて感謝する次第であります。

最近、日本国の金融事情は、過去如何なる時よりも急激な物価騰勢で、過去五ヵ月間に公定歩合が通算四回に二・七五%の引上を来し、去る八月には、一挙に一%が急騰する反面、貸出規制などで在日韓国人金融機関の経営は日増しに圧縮されている現情勢下で、在日同胞の零細中小企業の育成と併せて日常生活面を助成する面で組合としての責務もひとしお大変なことと思います。

信用組合は、全体組織の連帯的な責任感のもと、団員の血と熱意で育成された民族金融機関としての意義が付与されたのであります。組合だけの組合、または経営陣の私物化になってはならないことを再認識してくれることと、民団は常に組合発展のため努力を惜まなかったのであります。すなわち、民団発展に結びついた団員らの民生安定と、地位向上のため努力していることを組合は認識して自負しておられることと思います。

全国信用組合の現況は、三十三個の組合中、その三分の一の組合理事長または、重役が常時出勤していないことが明らかにされました。実に遺憾なことであります。

金融施策の危機に対処する措置として、これら一部の組合はすみやかに環境を整理して、姿勢をただして下さることを望む次第であります。

また組合が未だに設置されていない地域においては、約十年間の長期に亘って、認可をかちとるため、犠牲的な努力が引き続きそそがれており、既成の組合が躍進することによって、難局を突破するものと考えられるので、画期的な施策を施し、急変する金融情勢に対応してくれるよう望む次第であります。

一九七三年十月十五日
中央本部団長　金正柱

焦点

金大中一派糾弾民衆大会に怯えるベトコン一味、大狼狽

一万人を"五百人"と歪曲

＝大衆をバカ扱いの印刷物ばらまく＝

信じる人が気の毒なのだ

◇…デッチ上げとか、歪曲（わい曲）とかを専らにすることは、時には相手を思う壺に陥し入れるのに非常な効き目があるが、また時には全く反対に物笑いの種となり、以後何を主張しても全然信じられなくなるのがオチである。その「物笑いの種」の印刷物が在日同胞向けに最近流布された。

"自主民団新聞"と銘打った"10月5日号外"なるタブロイド半截の印刷物が正にそれである。それには大阪の大衆が誰でも知っている事実を次のように歪曲して記述している。一応一部を原文のまま紹介しよう。見出しには「金正柱、姜桂重一派の官製集会、みじめな失敗におわる、大衆から総スカン」集ったのはわずか五〇〇名」として目を引かせ、本文では「大使館の命令で数千万円のカネをつぎ込み三万名集会を画策した、金正柱・姜桂重一派のいわゆる「金大中一派糾弾」云々の大阪集会は、同胞大衆の強い拒絶にあい無残な失敗に終った。さる二十六日、金正柱・姜桂重一派は、大阪中の島公園で官製集会を開いたが、予定の時間になっても大衆はさっぱり集まらず、二時間おくれてやっと集会を始めたが、演壇の前に集まったのはたったの五百名、これには意気が上るはずがなく、姜桂重は三〇分で集会を打ち切るというみじめさであった。強制的に動員されて周辺の木影でこれをながめていた同胞は、それ見よがしの表情、途中でつまらなくなって帰る人が続出した。このため集会後、金正柱・金栄燮・朴太煥・姜桂重・白丁赫らいわゆる「幹部」連中らはそそくさと逃げてしまう有様で、"デモ"に参加した同胞もわずかしかなく、狩り出された人たちから不平が出て収拾のつかぬ混乱ぶりであった」という書き方をしている。

◇…大阪の同胞の殆どが知っている事実を、厚顔にもここまで曲げてウソが書けるとはゴリッパである。"大使館の命令"というくだりは彼らが勝手に憶測する常套手段だからまあ聞くとして、その次の"数千万円のカネをつぎ込み"は全く噴飯もの、それだけの大金をどこにつぎ込むのか反問したい。公園の広場を使って会場費はタダ、仮りに前日に配った"檄文"が百万枚あったとして、高く見積って一枚五円としても五百万円にすぎないが大阪で配る檄文が百万枚も必要がないことは同胞の人から考えても明らかである。

◇…"二時間おくれて……たった五〇〇名……三〇分で集会を打ち切り"とは恐れ入りました。時間の観念もなく、目は節穴であることを自ら証する以外の何物でもない。集会は午前十一時定刻に始まり、正午からデモ行進に移った。集まった大衆は一万余人である。"途中で…帰る人が続出"は、自らの戦術の失敗をさらけ出したものにすぎない。会場のうしろの端の木陰に三々五々立っていたのは彼らの仲間であることは知られている。わざとらしく帰る戦術を取ったが、何も知らない大衆でさえむしろ彼らを監視していた。はじめから会場に並んでいた参加者が途中で帰らなかったことはいうまでもない。

◇…幹部連中らはそそくさと逃げてしまう有様"、"狩り出された人たちから不平が出て収拾のつかぬ混乱ぶり"とマー考えられるだけの悪表現をしているが、姜桂重団長はデモの先頭に立ったり、途中で隊列が横に広がるのを制するため終始デモの中間に立って声をかけ、解散場所の中央公会堂前まで行進している。中央の三機関長は当初からデモに参加する時間が無いので予定外である。金正柱中央団長は当日午後三時には東京の学習院大学で講演しているのだ。混乱があったとは何をいうのか節穴の目が、流れ解散を"混乱"と見たのか。

◇…このような印刷物を同胞一般に配布することは、大衆を無知蒙昧（むちもうまい）のバカであるかのように愚弄するものである。つまり彼らを信じている人々までこのように舌先ならぬ"筆先"三寸で欺（あざ）むいているのだ。「天にツバすれば、それは自分の顔にかかる」ことを教えてあげたいものだ。実情も知らずにこんな出たらめな"自主民団新聞"なるものを信じる人々が気の毒でならない。韓民自（ベドンホ＝転じてベトコン）一派は本当に醜い奴らだ。こんな連中について行くと最後には「ケツの穴まで抜かれる」ことは確か。ベトコンカッパを御用心。（富翁居士）

赤化統一の野望

北韓、熱誠者集会で闘争指示

最近北韓は、世界情勢の緊張緩和に便乗して南北の平和統一とか"高麗連邦"論を主張しているが外部に対する宣伝とはウラハラに依然として武力赤化統一の野望を達成せんとしていることが、十三日の平壌放送で明らかになった。

この平壌放送では、十二日に平壌で「人民軍指揮官と政治活動熱誠者大会」が開かれたことを伝えたが、その中で口汚なく韓国政府を誹謗し、自らは戦争準備の完成を強調するなど、南北共同宣言に背反する宣伝に終始した。放送によれば、同会議には軍指揮官および政治活動者二万余名が参加し金日成をはじめ、金一、崔賢、呉振宇、金東奎らと、北韓労働党中央委員会政治委員会委員、党中央委員会秘書、人民武力部副部長ら北韓軍指揮官、政治活動者らが参加したという。

会議では「敬愛する首領金日成同志の偉大な革命思想で固く武装し、党の軍事路線を徹底して貫徹し、すべての軍部隊を一当百、一当千の革命隊伍として固めることに対して」と題する報告を「北韓」人民軍総参謀長呉振宇が行った。

金日成は同会議で、「人民軍隊の戦闘準備を完成させ、戦闘力を百方で高め、わが人民軍隊を一当百、一当千の革命武力により強化するための闘争で指針となる綱領的な教示」を行った。また指揮官と政治活動者が討論し「米帝とその手先朴正熙ファッショ悪徒たちが、わが党の自主的平和統一方針を最後まで受け入れず、無謀な火あそびを強行するならば、奴らを永久に追い出して祖国統一の偉業を成就せずにはおかないという、わが人民と人民軍将兵たちの火のような決意」などを宣伝した。北韓が対外的にどのような平和宣伝をしても、これでは「頭かくして尻かくさず」であり、韓国を武力で統一しようとする野望がありありとうかがえる。

ソウルと姉妹結縁

韓日交流浦和青年会議所で

去る九月十二日、ソウル青年会議所（具滋斗会長）と、日本の埼玉県・浦和青年会議所（新本九司理事長）は、ソウルのプリンス・ホテルにおいて、青年会議所国際信条による、姉妹結縁の仮調印をした。

正式調印は、来たる十一月十六日、ソウル青年会議所の月例会で浦和側代表が訪韓参席して行なわれる。

また、十一月二十七日の浦和青年会議所の月例会には、ソウル側代表が来日参席して、親善交流をはかることになっている。

なお、浦和青年会議所には、民団浦和支部の権台毅団長のほか、次の四氏が正会員として活やくしている。

片福根（民団埼玉本部副議長）
韓大滝（民団浦和支部議長）
金栄杓（　〃　監察委員長）
李世燠（埼玉商銀常務理事）
の各氏。【埼玉支局】

「ハングルの日」

韓国語を表記する文字であるハングルが制定公布された日。

ハングルは、その精緻な音韻学的構造と科学的な表記体系で世界の驚異とされているが、一四四三年、李王朝四代王世宗大王が集賢殿学士らとともに制定、三年の試行期間をへて一四四六年十月九日に子・母音二八字を訓民正音という名で発布した。漢字文化から新たなハングル文化への進展の契機として意義深い「ハングルの日」は今年で五二七周年。

稲作二、九二〇万石予想

去る八月十五日現在の本年度稲作収穫予想高は二千九百三十万石で史上最大の豊作が見込まれている。作付面積は目標より一万町歩少ない百十九万余町歩にすぎなかったが平均反当り収穫が三百五十七kgに大きくふえたためである。

在日実業人の強力な育成要望

東京商銀理事ら、金総理礼訪

【ソウルで本社鄭洪徳特派員発】来年三月で創立二十周年を迎える、東京商銀（許弼奭理事長）では、許理事長をはじめ理事全員が、去る十月六日本国を訪問してソウルで理事会を開き、十一日午後、中央庁に金鍾泌国務総理を礼訪、第一会議室で歓談した。

セマウル誠金千万ウオンも

この席上、許理事長ら二十五人の理事らは次のような事項を金総理に提出して善処を要望した。

①在日同胞の母国投資を外資として取扱ってくれること。

許弼奭理事長

②現在七百万ドル限度の在日同胞実業人のための育成資金を増額してくれること。

③在日同胞の母国投資に関する諸般書類及び手続きを簡素化して速やかに処理してくれること。

金総理は、この要望事項に対して陪席した金鎔弘外務部領事局長に「その折ごとの問題点をつかみ報告」するよう指示した。

この日、金浴植外務次官案内で中央庁を礼訪した東京商銀理事一同は、金総理にセマウル事業支援誠金一千万ウオンを伝達し板門店などを視察、十三日帰任した。

セマウル継続支援

四次誠金千八百万

東京本部管下五支部姉妹結縁団

【ソウルで本社鄭洪徳特派員発】本国のセマウル事業支援運動は、誠金伝達、セマウル視察団派遣など、日本全国支部で引き続き支援運動を展開しているが、東京本部（鄭東淳団長）でも、管下の豊島（金照滋団長）、台東（李鎮斎団長）、新宿（金炳栄団長）、足立（李肇元団長）、港（河根成団長）の五個支部八十九人からなる第四次セマウル姉妹結縁団が、去る十月十日、KAL便で本国を訪問した。

一行は、十月十一日午前、内務部に金玄玉長官を礼訪、セマウル支援誠金一千八百万ウォンを伝達したあと、同部でセマウル状況を聴取した。

一行は、十三日から支部単位別に分れ、指定されたセマウルを訪問、姉妹結縁式を行ない、部落単位五百万ウォンの誠金を伝達した。

支部別姉妹結縁部落は次の通り。

▲足立＝慶北慶山郡押梁面白村里、京畿安城郡元谷面山下里。
▲新宿＝京畿竜仁郡南四面倉三里。
▲豊島＝慶北義城郡金城面鶏鳴三洞。
▲台東＝全北扶安郡幸安面大草里。
▲港＝慶南咸陽郡瓶谷面王浦里叶内。

なお、新宿支部は当初、京畿加平郡上面杏峴二里を予定していたが変更された。

大阪本部地方委員会開く

23日、同本部講堂で

大阪地方本部（姜桂重団長）では、第十八回定期地方委員会を、来る十月二十三日午前十時、同本部講堂で開く。

案件は上半期経過報告、第二十二回中央委員会決議事項徹底遂行などその他。

本紙1,100号記念自祝会開く

本紙は、去る十月六日（土）付発行をもって、紙令一、一〇〇号を迎えるに至り、八日午後四時から民団中央会議室で役職員だけの簡素な自祝会を開いた。

民団創設と同時に、中央機関紙「民主新聞」が発行され、その後現在の「韓国新聞」と改題、二十六年間、在日韓国同胞と組織の代弁をして歩んできた本紙は、一時日刊紙として発行されたこともあり、今後における発展がなお望まれている。

（写真は中央の社旗を囲んでの自祝パーティ）

中央会館は民族の殿堂　おさめよう建設資金！

サハリン同胞救出は日本の責務

早急に送還措置講ぜよ

民団中央の陳情、日・ソ会談で論議

朴太煥議長

民団中央本部では、さる十一回中央委員会の決議にもとづいて、日本の田中総理が訪ソ出発の前日に当る九月二十五日、別項のような朴太煥中央議長名の「樺太抑留韓国人に関する陳情書」を、千代田区永田町の首相官邸に持参し、ソ連で田中総理が強く交渉してほしいことを伝えた。なお、このたびの日・ソ首脳会談をおえた日本の田中首相は「諸問題という形式で在サハリン韓国人問題をソ連側と話し合った」と語ったが、日本側はサハリン同胞の帰還希望者名簿をソ連側に手渡してすみやかな「送還」を要請したのに対し、ソ連側は善処を約したと伝えられる。

陳情書

国務多忙のおりから首相殿の御健勝をお祝いいたします。

第二次大戦が終結してよりすでに満二十八年を迎えました。

日本はあの悲惨の戦禍から立上り、今日ではGNP世界第二位の経済大国に成長しました。われわれは日本に居住する韓国人として日本のこのすばらしい発展ぶりに祝意の拍手を送るものであります。

しかし日本の戦後は未だに終っていない面も、少なからず未だに尾を引いており、われわれとしても無関心でいることの出来ない事が無きにしもありません。例えば先年グアム島から戦後二十七年ぶりに救出され帰還した元日本兵、フイリッピンのルバング島における未救出の元日本兵捜索問題などであります。そしてこの一名乃至は二名の元日本兵の救出について、日本国政府が如何に努力を惜しまなかったかについても、われわれは詳細に承知しており、日本国政府の並みなみならぬ対処については当然の事として受取っているのであります。

しかし一方、目を北方に転じるとき、われわれはそこに正に戦後がそのまま残像を見せているのを発見するのであります。現在ソ連領サハリンには、約四万人の韓国人が抑留されており、帰国するに方途なく、生活にあえぎつつ、ソ連の厳しい労働条件下に呻吟しております。彼らは日本が過去において、大東亜戦争なる第二次大戦を完遂するために、日本内地または韓半島から強制的に連行されたものが殆んどであります。彼らは「北韓」または「ソ連」の国籍を取得することを強制されており、尚それにも応じない者は「無国籍」者として取扱われ、就職も旅行も厳重な制限を受けております。これらの人々は、ソ連当局の記録上「無籍国籍は日本」となっていることは、日本国政府も既に御承知の通りであり、尚彼らは現在無国籍として取扱われ、あらゆる差別と圧迫に耐えつつ、自由世界に帰る日を待ちこがれているのであります。

われわれは、今日日本国政府が南方の元日本兵[illegible]に、如何程の熱意をもって臨まれたかを顧い、その幾分の一かの熱意を北方の我が同胞救出に、具体化されるならば、サハリン抑留同胞の帰国は困難を伴なわずして可能であると思考するものであります。

日本と韓国は東洋における運命共同体としての連帯関係にあることを顧えば、戦争犠牲者であるサハリン抑留のわが同胞が、一日も早く帰還出来るように、日本国政府が本腰を入れ具体的措置を講ぜられることは当然の事であり、戦後の任務の一つでもあると同時に、日本国政府及び関係各機関に強く要望するものであります。

わが在日本大韓民国居留民団は九月二十一日、東京市ヶ谷の日僑会館で開催された第二十二回定期中央委員会においてサハリンに残留している四万人におよぶ韓国人の帰還を一日も早く実現すべく日本政府が適切な措置を講じるよう日本政府に申し入れることを民団の名において決議しました。

日本政府がこの申し入れに対し自由と人道の名において、積極的で速やかな対策を講じられんことを陳情するしだいであります。

一九七三年九月二十一日

在日本大韓民国居留民団中央本部
議長　朴太煥

日本国
赤十字社社長　東龍太郎　殿

81年までに主要消費地へ直接送油管

商工部は新長期エネルギー政策(73−81年)に基づき精油工場からソウル、釜山、大邱等大都市と重化学工業団地等大量消費地までパイプラインを建設する方針を決めた。従来の輸送手段に比べ①片道空荷がなくなり②地下埋立での為ロスが減り③労働力依存度も低く④交通事情に影響されないため経済力、安全性が共に高いというのである。

五百億支援

来年機械工業に

商工部は長期機械工業育成計画にしたがい来年度に五百三億ウォンの育成資金を支援することになり機械工業の専門系列化のため法案をつくることを決めた。来年から八一年までの機械工業支援資金規模は、施設資金一千二百二十八億ウォン、運転資金二千四百十四億ウォン、国産化促進資金四千百七十二億ウォンの八千八百十四億ウォンにのぼる。

また機械工業の部品別専門化系列化の懸親工場と下請工場間の決済支払いをめぐる争いを防止するため下請代金の支払いを遅れさせないようにする立法措置も進めることにした。

北韓スパイ逮捕

山形県温海町で　乱数表など所持品押収

日本警察当局は、去る八月下旬山[illegible]温海町に[illegible]した[illegible]の[illegible]、[illegible]不法入国容疑で逮捕、現在の[illegible]、乱数表、暗号[illegible]などの所持品から、北韓のスパイと断定、出入国管理令違反容疑で起訴した。

日本警察の発表によれば、逮捕された[illegible]は、[illegible]出身、金[illegible]は、[illegible]中[illegible]逃亡したもう一人は手配中である。

この一味らは、八月五日夜半、国道七号線で警察官に外国人登録証の提示を要求されたが、一人が警察官に暴行を加えてきたので、[illegible]た二人のうち金を逮捕した。

警察の調査に対して逮捕された二人は、ソ連に航海途中船体が難破して日本まで漂流したと主張しているが、出港日、船名、遭難日時などがくい違い、またのってきたゴム製ボート、無線機と乱数表などからみて北韓工作員と断定されたのである。

北韓赤十字社は、八月八日、海難した二人を早急に送還せよ」と要求してきた。

なお、日本では、現行法上スパイ罪を処罰する法の規定がないので、こんどの事件も出入国管理法違反で起訴したのである。

民願手続に特別例規

「住民登録証」を「在外国民登録証」で　在外国民行政の連繋はかる

本国での民願書類提出に際して添付することになっている住民登録等の書類は、在日同胞のばあい発給対象でないため、行政規制との関係から在日同胞の本国での民願関係手続に不便があったが、このたび政府では住民登録発給対象でない在外国民は「在外国民登録証明書」の添付で代用するよう特例措置した。

民団中央本部民生局(李[illegible]局長)では、十二日、この旨を全地方本部に通達し、本国での在日同胞の経済活動や諸般事務の円滑な推進に支障なきよう周知させることを次のように通達した。

一、在外国民は、現行住民登録法第六条および第十七条八項に住民登録証が発行されないので「住民登録証」およびその「抄本」を必要とする一切の民願書類に、在外公館長が発行する「在外国民登録証」および「[illegible]済証明書」を代用する。

二、住所および居住地[illegible]に[illegible]明記を必要とする際には、法務部出入国管理所で発行する「出入国に関する事実証明」で代用することにする。(金浦空港など各出入国管理事務所で発給)

三、[illegible]を証明する書類としては、本国の「戸籍謄本」および「戸籍抄本」で代用することにする。

四、確認の際には「在外国民旅券」あるいは「在外国民登録証」の提示で代用することになっている。

五、住民登録番号記入を要する諸般書類には「旅券番号」あるいは「在外国民登録番号」の記入で代用する。

第七肥料起工式挙行

年産50万トン規模

[illegible]アンモニア年産四九万五千トン、[illegible]の第七肥料工場と、年産[illegible]万トン規模のメタノール工場[illegible]、十月[illegible]日、午前、李洛善商工部長官をはじめとする内外貴賓[illegible]多数参席のもとに、全南麗川郡三日[illegible]で[illegible]された。

[illegible]

[illegible]の先発事業として着工されたものである」とのべた。

企画院年末物価安定策

練炭・油類の供給策も

経済企画院は十月中に、年度末物価安定対策を樹立し、穀物、燃料、衣類などに対する価格安定に万全を期している。

九日、経済企画院によれば、当面計画の主要内容は冬季の需要増加にそなえ、需給の円滑をはかり、これら品目の価格引上げは一切許さず、価格引上げを抑制するため取締を強化、麦類、石炭および油類などの地域別供給方案を別途に作成する一方、木綿、綿などの生産を促進させることにした。

また、企画院は、白菜、大根、唐辛子、にんにくなど秋の漬物材料は豊作が予想され、別に問題はないが農水産部が別途の対策をたて、地域別輸送を円滑にし、昨年の価格水準をひきつづき維持するよう努力することにした。

国際議員連盟に代表

国会は来る二十二日から二十六日までジュネーブで開かれるIPU(国際議員連盟)理事会に朴俊圭(共和)議員ら五人からなる代表団を派遣することに決めた。

国連同時加入案と連邦制案 (1)

秋聖七

連邦制案で赤化統一狙う

北韓外交の二律背反的凶計

解説　北韓の国連同時加入反対について

■国連同時加入反対主張の内容

朴正熙大統領の「平和統一外交政策宣言」が発表された六月二十三日、金日成は[illegible]を歓迎する[illegible]大会で、南北朝鮮の国連同時加入に反対する、とつぎのように[illegible]した。

「われわれは、国連にも二つの朝鮮として[illegible]入してはならないと主張するものであり、国の統一が成就される前に国連に加入しようとするなら、少なくとも連邦制を実現したうえで、『高麗連邦共和国』の国号のもと、一つの国家として[illegible]べきであると考えている」

この発言は、六月二十三日、朴[illegible]

■国連同時加入反対の背景と狙い

北韓は長い間の国際的孤立から脱皮して「二つの韓国」を既定事実化するため、[illegible]外国の評価を受けつけようと躍起となっている一方、各種の国際機構に加入するため、全外交力量を注いできた。

一九四九年一月と一九五一年十二月の二回にわたって、韓国が国連加入を申請したとき、北韓側はすぐそのあとを追って、一九四九年二月と一九五二年一月の二回にわたり、国連に加入を申請したことがあった。

ところで、孤立から抜け出ようとする彼らの対外的努力は、何らの成果もあがらなかったのである[illegible]が、国際情勢が平和共存の潮流に急変したことによって、それに便乗した北韓はようやく一九七三年四月二十八日、IPU(国際議員連盟)に、そして同五月十七日にはWHO(世界保健機構)に加入することができた。

WHO加入を契機として、国連にオブザーバー代表部の設置を急ぐ一方、去る七月二十日には外相許錟がUNCTAD(国連貿易開発会議)事務局長に書簡を送って、UNCTADに加入した。

(注=UNCTADは国連専門機構会員で構成され、加入申し込みさえすれば自動的に加入できる仕組みになっている)

このように北韓側は、過去二回も国連に加入申請を出したばかりでなく、今では国連オブザーバー代表部の設置を急ぐなど、実際には国連加入の効果を狙っていながらも、表向きは南北韓の国連同時加入に反対している。このような二律背反的な外交政策の狙いどころは何であるのだろうか。

北韓側は、南北の国連同時加入は祖国の分断を永久化するものであるから反対するといい、したがって、連邦制を実現させたのち、単一国号で国連に加入しなければならないと主張している。

北韓側が、理論的にも現実的にも許されない理由をとりあげて、国連同時加入に反対している狙いは見えすいている。彼らは去る九月、WHOに加入できたことにより、他の国連専門機構への加入の門戸が開かれたばかりでなく、韓国と同様、国連にオブザーバー代表部を設置することができるようになったため、国連に加入したのとかわらない地位を確保することができたからである。

つまり、彼らは国連に加入しなくても、加入したのと何らかわらない効果をあげることができ、ある面では、国連に加入することによって生ずる、平和守護の義務などの制約を受けることなくして、より自由に対国連外交活動を行うことができるという利点から、同時加入に反対しているのにほかならない。

それでいながら彼らは、民族主義を装った連邦制と国連同時加入反対などを通して、祖国の統一を熱望している五千万民族の感情的な統一念願を刺激し、分断固定化の責任を韓国側に転嫁させつつ、赤化統一を達成しようという狙いなのである。

■国連同時加入反対の不当性

北韓側は、国連の同時加入は[illegible]国の分断を永久化するものであるから反対すると主張しているが、そのような北韓側の主張は、理論的にも現実的にも矛盾し、非現実的な主張であるといわざるをえない。

朴正熙大統領が、六・二三宣言で統一外交政策を宣言して、国連同時加入の道を拓いておいたのは、どこまでも統一が実現するまでの過渡期的な暫定措置として、多数会員国の意思であれば、それが祖国統一の障害にならないという前提のもとでのことである。

このような統一が可能であることは、現在国連に加入している諸国の例をみれば、十分理解できることだ。国連加入は「一国家一代表権」が原則ではあるが、例外的な場合もいくつか挙げてみると次のとおりである。

①「一国家、三つの代表権」の場合

ソ連は一つの独立国家であるが[illegible]、白ロシア、ウクライナとともに、三つの代表権をもっている。

②「二民族、二国家」の場合

東・西ドイツの場合がほかならぬこの実例である。一つの民族が二つの国家を形成し、東・西両ドイツがそれぞれ国連に加入を申請しているが、だからといってこれが、西ドイツの民族統一の放棄を意味するのではない。

また、西ドイツとしては、東西両ドイツの国連加入を承認するにさいして、「二つのドイツ」の問題に関しては「一つのドイツ」または「二つのドイツ」という立場に立つ必要はないとしている。

③「二つの国家が合併して国連代表権を単一化した場合

タンガニーカとザンジバルはもともと別個の独立国家で、タンガニーカは一九六一年十二月、ザンジバルは一九六三年十二月、国連に加入した。しかし、両国は一九六四年四月、「タンザニア連合共和国」という国号で統合し、それによって国連代表権も簡単な手続きだけで単一化した。

④「一つの国家が分裂して、国連代表権が二つに分かれた」場合

シンガポールは、一九六三年九月、国連に加入したマレーシア連邦の一員であった。ところが一九六五年八月、シンガポールはマレーシア連邦から分離独立し、同年九月、独立国家として国連に加入した。

⑤「二つの国家、二つの代表権が『一つの国家、一つの代表権』となり、それがさらに『二つの国家、二つの代表権』に分離した」場合

もともと別々に国連に加入していたエジプトとシリアは、一九五八年二月、UAR(統一アラブ共和国)という単一国号で併合、国連でも一つの代表権に単一化した。

ところが一九六一年九月、シリアにクーデターが発生して、エジプトとシリアが再び分離するや、国連はシリアを国連会員国として異議なく受け入れた。

一九六一年十月十三日、モンギ・スリム国連総会議長が「別に反対がなければ、シリア代表を総会の会議に出席させる」と宣言しただけで、シリアの国連再加入問題は解決されたのであるが、これに先立って十月五日、エジプトのナセル大統領は「シリア新政権を承認はしないが、国連加入には反対しない」と宣言している。

以上のように、国連加入の緒々の前例からみて、国連に加入してその代表権を得るということが、そのまま国家形体の永久不変を意味しているわけではなく、加入国の事情によって、いくらでも合併あるいは分離が可能なのである。

また、現在国際政治を支配している現状固定化の潮流から推して将来国連の代表権問題は、上述のような形体よりもっと複雑な様相をおびる可能性が大きい。

以上のような客観情勢を韓半島に適用させてみるとき、簡単につぎのような結論が引き出せる。

第一、南北韓の国連同時加入は韓国が、北韓を国家として認めるのでもなければ、祖国分断の固定化をもたらすものでもない。

第二、南北韓が国連に同時加入した後でも、祖国の統一さえ実現すれば、国連代表権は極めて簡単に単一化できる。

〈次号につづく〉

同胞社会で最大部数の「韓国新聞」

54回国体ひらく

釜山で熱戦の六日間

善斗！在日同胞選手

金4・銀4・銅8

（十七日釜山＝鄭洪徳特派員）スポーツの秋を迎えて、日本にもっとも近い韓国の表玄関、港都釜山で十六年目に、再び民族の祭典、第五十四回全国体育大会が、在日同胞二百三十七人をふくむ一万二千八百七十三人の役員、選手参加のもと、去る十月十二日、聖火燃える中で華々しくひらかれ、輝かしい多くの新記録を残して、熱戦六日間の全スケジュールを終え、興奮さめやらぬ十七日、その幕をおろした。

"12.800余の若さ"が参加した第54回国体の聖火は燃えて

大会が終り華やかなサヨナラ行進

在日選手団の主力、大阪の結団式

朴恵子、水泳で二冠王

在日選手団は、十八種目に参加、金4・銀4・銅8の戦績をおさめた。

〈入賞種目〉

▲金メダル…体操（金国楊）女子四百m・二百m（朴恵子）女子百mハードル（鄭満子）

▲銀メダル…女子背泳百m、男子[illegible]、女子[illegible]、女子テニス

▲銅メダル…[illegible]、レスリング、ラグビー、男子バスケット、女子五種、男子バレー、女子卓球、男子[illegible]

この中で、水泳の朴恵子が[illegible]二百m予選で記録した3分09秒33は、大会新記録である。

なお、在日同胞選手団は十六日釜山市内[illegible]の「[illegible]」で、各種関係者ら来賓を招き、レセプションをひらいた。

大阪で第一線実務者会議

民団大阪府地方本部（[illegible]団長）では、去る十月六日午後一時から、管内各支部・分団の第一線実務者会合を、約百人参加のもとひらき、傘下各般に関する具体事項や、応待ぶりなどを討議した。

大阪で奨学金伝達　高校・大学生ら三十八人

財団法人・韓国教育財団による奨学金伝達式が、民団大阪地方本部講堂で、去る十月十三日、大阪管内の高校・大学生三十八人に対しおこなわれた。

この日、駐大阪韓国奨学官を代理して教育官補の[illegible]氏をはじめ民団大阪本部の[illegible]副団長と会正模文教部長、東大阪韓国文化センターの[illegible]所長らが参席する中で、奨学金伝達が行なわれたが、白頭学院建国高校三年の金[illegible]守君が奨学生を代表して答辞をのべた。

会長に尹仁述氏　京都韓国人商工会

京都韓国人商工会は、六日午後六時から京都河原町の南大門で第九回総会をひらき、会長に尹仁術氏を万場一致で再選した。

総会には駐京都総領事館領事をはじめ、金[illegible]京都地方本部団長、会[illegible]協会会長らが参席、会員七十余人出席のもとで朴[illegible]副会長の司会で進められた。

[illegible]副会長の開会辞のあと、会長あいさつに立った尹仁術氏は「過去八年間、会長として最善をつくしたが、大きな成果がなく、今総会で新しく会長を選ぶことを要望し、商工会の発展のためには会員の積極的な参加と団結が必要である。」と強調した。

それから来賓祝辞に鄭虎淳駐大阪総領事は、あいさつの中で、「条件の悪い異国での商工活動は困難を極めるものがあるが、今乃をつくしてほしい。本国の"セマウル"運動と大阪総領事館建設に積極的に支援して下さった事に感謝する」とのべた。

つづいて、鄭[illegible]京都府地方本部団長が、韓国人としての自覚と正しい姿勢を持ち、民団内部の整備と全天中一派の反逆分子を徹底的に糾弾したければならないとの祝辞と、[illegible]あいさつがあり、職員選出、経過報告、会計報告、予算案、活動方針等の審議に入り、満場一致で可決した。

役員総辞職につづいて、改選に入っては、万場一致で尹仁述氏が会長におされ、副会長には金権俊氏（留任）と朴相守氏が選出された。

監事には、[illegible]氏、[illegible]氏、理事長）に[illegible]氏がそれぞれ選ばれ、理事選出は、総会の名で執行部に一任され、午後七時十五分頃、金権俊副会長の閉会の辞で終った。

沖縄に韓国女性労務者　パイン缶詰技術を習得

日本の亜熱帯地方である沖縄のパイナップル工場で働くため、韓国女子労務者一百七十八人が、去る十月九日KAL機で到着した。

これは同県パイナップル缶詰工業組合が、労務者不足解決のための対策としてとられたもので、沖縄入りした女性たちは、十八才から二十四才までの未婚者ばかりでソウル周辺の農家出身である。

この日空港には、パイン組合の尚理事長をはじめ、韓国国際技能開発協会の朴正植駐在員、県農林水産部農政部の比嘉課長ら関係者が一行を出迎えたが、県北部、久米島など配属先へ、それぞれ元気で向かった。

配属先での一行は、パイン缶詰加工の簡単な教育を受けたあと、作業班に編入され約二カ月間従事す[illegible]。

会正柱団長は[illegible]日本には[illegible]十万が居住しており、同胞の法的地位と民生安定[illegible]に力をそそいでいる。[illegible]も民団組織[illegible]。[illegible]

何よりも健康第一であり、各職場でも、気をつけて欲しい。

誠金集め中央会館建設へ

[illegible]る。

なお、この事業に[illegible]てきた民団沖縄県本部（[illegible]団長）に[illegible]。

実践理論の武装　埼玉合同研修会

民団埼玉県本部（李根[illegible]団長）では、管内各支部三機関合同研修会を、九月二十二・三の両日間、同県加賀市所在の、むさしの村農協共済研修場で、各支部役員約六十人参加のもとひらき、組織強化における実践理論武装に多くの成果をあげた。

〈研修内容と講師〉

韓国近代史と維新事業　北のいう連邦制とは？　金正柱　中央団長

組織再整備の要諦　[illegible]中央副団長

民団規約解説　呉[illegible]中央監察委員

各機関の運営解説　李根培 埼玉本部団長

海外民族教育の必要性　埼玉文化センター・朴[illegible]明講師

国際法に依る主権侵害とは　[illegible]七講師

北送船とは何か　（映画と講演）　[illegible]川[illegible]講師

セマウル結縁でテレビ寄贈

民団岐阜県本部管内の東濃支部（[illegible]）では、江原道鉄原郡近南面[illegible]とのセマウル姉妹結縁を[illegible]として、[illegible]団長ら訪問団一行が、[illegible]テレビを同村に寄贈した。

金容坤副団長

"最初の石を動かす"

韓国社会事業へ尽した蓼沼氏のこの善意

[illegible]市の[illegible]部の[illegible]でもある[illegible]イオンズクラブの会長でもある敬虔なクリスチャン蓼沼慶氏が、韓国社会事業に[illegible]する多年間の貢献で、韓国政府から[illegible]表彰され、さらにその功績に対し、韓国政府からも表彰方が近く実現されるであろうと、心ある関係人士の間で、多くの期待が寄せられ話題をまいている。

美談の主人公・蓼沼氏が、韓国への社会奉仕を思い立ったのは今から十年前のこと。日本の一クリスチャンとして、戦前、戦中を通して、日本人が犯した罪のつぐないをなすべく、戦後、海外宣教会を設立、日本人宣教師を東南アジア、自由中国、特に韓国へ派遣しようと図った。

しかし、韓国入国だけは意のままにならず、彼地から逆に社会事業大学の李[illegible]学長らの一行を日本に招き、韓国社会への奉仕計画を練ることになった。

その後、一九六四年度になり、盲人用タイプライターと点字板を韓国大使館を通じて寄贈したのを皮切りに、翌六五年には、電気オルガンを大邱市や社会事業大学に贈る一方、クリスチャン学生十人を[illegible]

山口ライオンズ会長（左）から寄金を伝達されるエルドン氏（右）中央は立ち会いの鄭三多摩本部団長

[illegible]に留学させるなど、[illegible]。

[illegible]、この間にも、身障者のための点字時計、補聴器をロータリークラブやライオンズ・クラブ、または米沢市を通じ贈ったほか、奨学金の創設など、有益な多くの業績を残し、慶北道知事ほかの表彰をうけている。

そして昨年は、蓼沼氏自身による三度目の訪韓で、再び社会事業大学を訪問、身障児用通学バスの購入資金[illegible]千ドルの募金を約束して帰日、去る九月二十四日、ついに約束した全額募金を終え、ライオンズクラブ国際協会三〇二E—一地区をゾーン・チエアマンである、エルドン氏に、三多摩ライオンズクラブ山口秀明会長と、民団三多摩本部鄭[illegible]団長を通して伝達、韓国へ送金されることになったもので、同氏は今日までの業績に対する心境を次のように淡々とのべている。

協力援助のたまもの　蓼沼氏談

多くの人びとに実情を訴え協力を仰いだまでです。特に水原教会再建のためには、全国の教会に協力を求め、また立川ロータリークラブやライオンズクラブ、さらには米空軍の絶大な援助をうけてきました。私のしたことといえば、最初の石を動かしただけのようなものです」

[illegible]教会の再建を心に誓った蓼沼氏は、後年の一九七〇年にやっとようやく教会額一千万円で、水原教会と[illegible]教会を建設寄贈した。この後、同教会の[illegible]を[illegible]日帝による[illegible]水原教会[illegible]事件の詳細な[illegible]を再調査した[illegible]を謝罪使節として初めて訪韓させ[illegible]

―秋晴れの好天に恵まれ―
―東京韓国学校運動会―

秋晴れの去る十月十日（日本の「体育の日」にあたる）、東京韓国学校では、恒例の秋季大運動会をひらいた。東京における唯一の民族教育機関である同校生徒六百人余と教職員二十五人、学父兄らで埋まったこの日の校庭では、大韓健児の意気高らかに各種競技がカラフルに展開され、和気あいあい裡の楽しい一日をおくり、午後四時頃全プロをとどこおりなく終えた。

尋ね人

☆魯仁享さん（通称[illegible]田孫太郎・59才）

本籍は慶尚南道[illegible]郡[illegible]面。十年前頃まで東京都台東区下根岸町の第一自動車合資会社の重役を勤め、現在は千葉県で運送業を経営しているといわれる魯さんを、ソウル居住のおくさんと弟である魯仁祥さんがさがしています。魯さんをご存知の方は、ソウル特別市竜山区漢江路二街一九六（市場十九号）魯仁祥さんまたは民団中央本部民生局まで連絡を。

☆金栄玉さん（56・野原新吉）と朴己未さん（54・新井）

二人は御夫婦で、本籍は全南霊光郡白岫里二六七。日本居住歴は四十年、祖国解放前後まで京都市左京区に居住。

朴さんの妹に当る朴乙丑さんが全南光州市楊林洞二八七—二三で待っております。

または、大阪市西成区梅南通五—五、高[illegible]さんまで（電話〇六—六六一—二八九八）。

☆趙鏞鎮さん（57）と鏞完さん（50）

本籍は慶北青松郡県西面九山里二二四。

御同胞が待っており、祖先の墓を移葬しますから至急連絡されたし。

鏞鎮さん

連絡は、釜山市西区西大新洞三街三六八（電話四三—六二二一）または、西区東大新洞二街九七（電話四二—九九八四）の趙鏞沢さんまで。

韓国と日本の関係に新視点

日本上古史（文定昌著）抜粋と解説

(17)

広開土王碑文 (2)

広開土王とは ②

④二年、新羅を攻撃して朝貢させ、同時に新羅王の甥（おい）で次の代に新羅王となった「実聖」を入質とした。⑤三年、侵入して来た百済を撃退。四年、百済と大同江で戦かい八千人あまりを生捕る。⑥六年、北に攻め入り、粛慎有白嶺山～塩水上に至り梨井を討つ。⑦その翌年、鉄鎌を再び南に向けて先ず百済の十八城を攻略し、後にまた四十城を陥落させ、阿利水、すなわち今日の漢江を渡……

……して遼東城を攻めたが、高句麗軍の守備が堅く、城内から出撃することもなかった。燕軍は遼東城を包囲していたが、予期せぬ大雪が降り燕軍の多くが凍死にした。ここで高句麗軍が攻勢に……

……にしている。

（つづく）

高句麗を極東最強国家に

倭を追って対馬・倭本土へ

【解説】……

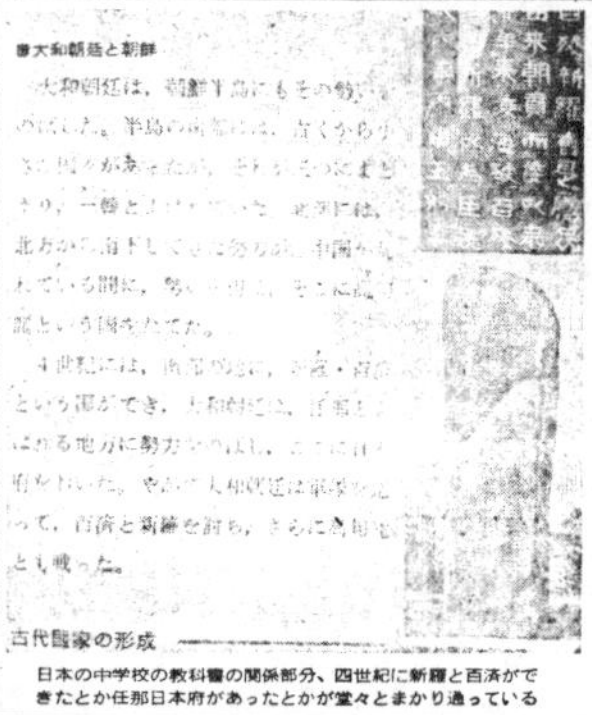

古代国家の形成

日本の中学校の教科書の関係部分、四世紀に新羅と百済ができたとか任那日本府があったとかが堂々とまかり通っている

時局座談会盛況

各地で千八百人が参加

写真：神戸で開かれた時局座談会

国旗に敬礼拒否の18人退学

（金元泰 記者）

韓日親善学生美術展

随筆

飲み過ぎ 食べすぎ

貧しく哀しかった青春の想い出

ソウル芸術大学 映画科助教授　康　太雄

—一九七三・九・三・ソウルで—

林慶業将軍傳 (二五)

訳　洪　相　圭

編　八　東　周　吉

二、胡王の優遇

韓國新聞
在日大韓民国居留民団
中央本部機関紙
韓国新聞社
発行人　金正柱
東京都文京区春日町2丁目20－13
電話　(815)1451～3
(813)2261～5
振替口座　東京163774
本国連絡所（民団本国事務所内）
ソウル特別市鍾路区世宗路洞
政府合同庁舎内
電話　73－0162・0165

民団綱領

一、われわれは大韓民国の国是を遵守する
一、われわれは在留同胞の権益擁護を期する
一、われわれは在留同胞の民生安定を期する
一、われわれは在留同胞の文化向上を期する
一、われわれは世界平和と国際親善を期する

金大中が自己批判

祖国裏切り言動反省

海外での政治活動が結果的に国家に累を及ぼして申し訳ない

日本に一時滞在中、祖国を裏切る言動で大きな物議をかもし、心ある在日同胞のひんしゅくをかった金大中は、去る八月十三日帰国直後の記者会見以来、七十四日ぶりに去る十月二十六日午前、ソウル市麻浦区東橋洞自宅で内外記者と会見、「私の海外での活動が結果的に国家に累を及ぼし申訳のないことであり、またそれは私の本意でなかった」と自己批判を下し、経緯はどうであれ無事に祖国に帰ったことを幸いに思い、私のため、韓・日両国の友好関係にひびが入らないことを望むと語った。

金大中、記者会見 10月26日、自宅で

去る八月八日午後、東京・グランド・パレスホテルで拉致され、十三日ソウルの自宅に帰り、十六日以後、外部との接触が無かった金は「現在のような条件の下では政治活動をする考えがないばかりか、当分の間謹慎同様に努力する考えである」と語った。

金はまた「今の時点では海外に旅行する計画はない、当局からも海外旅行を勧められた事実もない」と語った。

この日、内外記者を前に声明書を読みあげた金は「国会で私の事件を取り上げ論議されたのをみて私の海外での活動に関し考えが及ばなかったことが少くなかったことを知った」と語り、結果的に国家に累を及ぼし迷惑を掛ける結果を作ったのは申し訳ない。また両国間の友好にひびが入るような事態をみて、私の生命も保障された今日、両国間の友好関係を害することを望まないため記者会見をもったとも語った。

金は、十六日朝から外部との接触が可能になったことを明らかにしたあと「その間、捜査当局が私の身辺保護と捜査上の必要上、当分の間外部との接触をしないことが賢明と判断したため、私自身、これを承諾したが今日からはそんな必要がなくなった」と語り、金は「これからは如何なる集会または政治活動に参加する考えはない」と語った。

民族的良心取り戻しを歓迎

尹達鏞中央宣伝局長談

なお、当日このニュースに接した尹達鏞中央宣伝局長は、金大中の自己批判記者会見に対し、

「金大中はやっと民族的良心を取り戻したのだろう。事件について何も離れていないことが解せないが、彼が良心を取り戻した以上、われわれは温かく迎えたい。しかし、日本に来ることはいろいろ問題があるので、アメリカに行って少し勉強した方がよいだろう。歓迎中、当局の発表があったというデマが流れていたが、金大中氏が何もいわない以上、そういう事実がなかったということだ。」

10月23日開かれた第18回大阪地方本部定期地方委員会

第22回中央委の決議事項を再確認

十月十八日、大阪地方委ひらく

民団大阪地方本部（姜桂重団長）では、去る十月二十三日午前十一時から第十八回定期地方委員会をひらいた。

地方委員百三十八人中、百二十六人が参席したこの日の委員会では、下先会議長の成立宣言で開会、まず姜桂重団長は"過去一年間にわたる各種活動の成果をふまえて、今後さらに"組織を誇る大阪民団"として前進しようと力強く檄をとばしたあと、鄭虎泳総領事、姜学文中央副団長、金成洙大阪本部顧問らの来賓祝辞がそれぞれのべられた。

委員会は、総括報告と各機関の上半期経過報告とつづき東京での第二十二回中央委員会での決議事項を再確認した。

昼食後午後二時から質疑応答が活発に展開され、午後五時すぎ閉会した。

本国で幹部研修会

11月12日から 団長　事務局長 11月18日から

民団地方本部団長及び事務局長研修会が、次の日程で本国で開かれる。

民団中央本部では、七三年度活動方針で年二回以上の幹部研修会をもつことをとりきめているが、いろいろな事情で延期され、このたび本国で優秀な講師を招き第一回幹部研修会を次の要領で開く。各地方本部団長及事務局長は全員参加するよう十月二十二日付公文で指示した。

日程及び研修内容は次の通り。

11月12日から14日まで（11月11日入国）。場所＝民団本国事務所

11月18日から24日まで、場所未定。

◎十月三十日まで団長及び事務局長研修会参加者名簿を中央本部組織局に提出、入国手続をおえること。

なお、団長研修会参加者は十一月十一日午後五時まで、事務局長研修会参加者は十一月十八日午後五時まで、民団本国事務所に集会すること。

内外経済新聞発刊

貿易協会で産業経済引受で

日刊産業経済新聞が創刊二十一年で去る二十日休刊届を出し廃刊した。紙令六千八百八十四号。しかし版権は貿易協会が引受け題号を日刊「内外経済新聞」と改め十二月一日を期し新たに出発する。

新社長には金泰東、事務局長に編集局長朴在権氏らが内定した。

行きたくない子供を詭計で北送

悲劇を運ぶ万景峯号

張康德君　張康貴君

「昨夜の夢に、弟の康徳ちゃんが帰って来るのを見た」と日記に書きのこしたかの"恵さん。その耳からは、池田中学野球部のエースとして人気の的だった双生児の康基君が「父さんを見送ったあと、すぐ戻ってくるから、ユニホームを洗っておいて…」の最後の声が今でも耳に焼きついているという。無情にもひきちぎられたこの血肉！

朝総連の陰謀に身ぶるい

断腸の母、涙で救いを訴える

在日同胞の一人の母親が、朝総連と、離婚した夫が仕組んだ陰謀にマンマと乗せられ、最愛の二人の子供を北韓に拉致される事件が、さる十月十九日新潟港で発生した。

この日新潟港を出港した第百六十九次（赤十字の帰還業務でなくなって第八回配船）の北韓船「万景峰号」には、百十九世帯三百十二人が乗船したが、この中に、張康貴君（一五・男）と張康徳君（一三・男）の兄弟が含まれており、子供を取返すために十九日早朝から新潟市内の関係機関を駆けずり回った母親金光子さん（四〇・大阪府池田市神田町に在住）の悲願の面接もできないまま出港した。

二人の子供は北韓に行く意思はなく、この日乗船予定の父親張甲東（五〇）のたっての願いで新潟港まで見送りに行ったにすぎなかったもので、朝総連の強引な行為と現地入管当局の政治的ことなかれ主義によって、人道的な配慮をされないまま乗船させられたものである。この問題は在日同胞間に大きなショックを与えるところとなり、日本政府に対して強い非難が沸き上りつつあるが、民団中央本部では十月三十日、この問題について声明を発表するとともに、公開質問状と一緒に日本政府関係機関、与党自民党そのほかの各方面に発送した。さらに英訳文を了次第、ジュネーブと国際連合、米国、英国などの新聞社、赤十字社などにも、呼訴文をつけて発送することにしており、北送船の配船停止、子供たちの取戻しまで強力に闘争する構えを示した。

（関連記事三面）

卑劣な非人道行為

日本政府は北送を即刻中止せよ

民団中央で声明

民団中央本部金正柱団長は、声明を出すに当り次のようにコメントした。「われわれが早くから北送船に反対し、必ずや起きるであろうと思っていた事態が遂に発生したことはまことに遺憾である。今回の事件は声明の中にも触れているが、日本当局が人道を忘れてひたすら朝総連の意見のみを尊重したところに本質的な問題がある。まして二人の兄弟は韓国籍であり協定永住権取得者である。このような国籍のはっきりしている在日同胞を、ただ申請があったというだけで、二人の親の内一人が反対しているにも拘らず簡単に北韓行きの船に乗せるということは、韓日協定の精神にも背反する行為である。われわれは場合によっては、あらゆる手段を講じても北送船を中止させるために闘かうつもりであることをはっきり明言するものである」

声明書

在日本大韓民国居留民団中央本部は、さる十月十九日新潟港において朝総連と入管当局のなれあいによって、母親の手から無残にも子供を奪って北送船に乗船させ北韓に送り出した不法行為に対して、人道上許すべからざる非道であると断定し、ここに次の如く声明する。

当民団は張康貴（十五歳・男）と張康徳（十三歳・男）兄弟の北送事件について、日本政府が法と人道を無視し、政治的な配慮にのみ拘泥した結果、不法行為のみならず一人の母親の哀願をも完全に踏みにじってしまったものであり、人間としての良心を欠いたこの行為に対しその責任を追求する。

新潟港において、朝総連はすべてを忠誠通りに運ぶため、母親が求めた子供との面会を妨害し、あまつさえ、子供を北韓に同行させたい書類として申甲宗が金光子に手渡した子供の「出国証明書」と「外国人登録証明書」を、紛失したものと強弁して入管当局に出国証明書の再発行を迫っている。これは何朝総連が新潟において、如何に日本の法律を無視し、傍若無人に行動しているかを証明するものである。

十月十九日午前十時前、子供達が拉致されかけているとの報に接した民団中央本部では、法務省入国管理事務所に問合せると同時に民団新潟県本部にも通知した。然るに入国管理局は緊急会議の続行中であることを口実とし、打つべき手段も、会議の結論も発表する

母親が受取った問題の出国証明書

出国手続に問題

中央本部　日本政府に公開質問状

在日本大韓民国居留民団中央本部は、日本国政府に対し、次の通りの質問書を提出して回答を求める。その回答は、法的に、人道的に、世人が充分納得出来るものであることを求め、いやしくも関係機関の責任回避の弁明に非ざることを要求する。しかしその回答は公開することを前提とすることを明かにする。

一、新潟港における出国者の出国証明書の提示検印の場所において、出先入管当局は、張康貴君の出国証明書と、張康貴、張康徳両君の外国人登録証明書が、二人の母親である金光子氏から、二人の父親申甲宗氏に、康貴、康徳両人を北韓に連れて行かない証拠として直接手渡したものであることを事前に母親金光子氏の訴えで承知

ことを確認し、現地出先機関に対して、人道的に処理せよとの指示すらも行なわなかった。すべては政治的な理由にもとづく責任回避のための隠ぺいと北韓の対策に終始して、今回の事態を招来せしめたのである。

北韓に対する帰還業務なるものは、友邦である韓国政府の再三の中止要望にも拘らず、広く人道的立場から行なわれるものと押出しつけられている。その人道主義的表看板を掲げながら平然で惱むべき非人道行為が行なわれるとなれば、この帰還業務そのものに矛盾が生じる。言葉を変えれば、これは日本国外に在住する韓国人を一人でも多く国外に追放しようとする日本政府首脳の底意と、在日韓国人を一人でも多く北韓に送致することを企らむ、朝総連の野望が、暗黙の癒着となった非人道的なものである。

われわれは、今回の事件の真相を広く国際社会に訴えると共に、世界の良識者たちに強く訴え、二人の子供を母親の手の中に返すべきであることを日本政府に強く要求する。そのためには、日本政府に対し法的な闘争も敢えて辞せず日本国内の世論に問う運動も強力に推進する用意のあることを付言する。

一九七三年十月三十日

在日本大韓民国居留民団中央本部

団長　金正柱

鄭淵秀に停権三年

千葉県本部監察委

民団千葉県本部監察委員会（委員長・…）では、…

団長に李寛徹氏

民団市川支部臨時総会

民団千葉県本部市川支部臨時総会が、去る十月二十八日午後一時から、同支部会議室で三十五人の代議員があつまったなかで開かれた。

この日の総会では、経過報告のあと組織強化を図り、役職員全員が総辞職、三機長を選出した。

▲団長＝李寛徹
▲議長＝金道斗
▲監察委員長＝張暁

なお副団長以下の役職員は新任三機関に選出を一任して午後五時すぎ閉会した。

戸籍実務講習会も

なお、全国巡廻中の戸籍実務特別講師陣は、二十五日大阪で、実務者二百人を集めて講習会をひらいた。参加地域は、大阪府下を始めとする近畿、奈良、滋賀、和歌山の近畿地協であった。

韓国でも求人難

求職から求人ブーム

韓国では九月に入って求人ブームが起こり、…

懐かしの母国を訪ねて (I)

本紙既報のとおり、民団中央本部文教局（金泰燮局長）では、本国文教部主催でソウルで開かれた第八回在日韓国学生母国夏季学校受講団および、韓国系日本高校学生第一回母国訪問団を編成し、六百人にいたる在日同胞青少年男女をして、祖国の真の姿を認識し、韓国祖国への誇りと愛国心を培い、韓国民であることの大きな誇りと自負心をいだかせた。夏季学校受講者は七月三十日から二十一日間、韓国系日本高校学生は、八月十日から十八日まで、それぞれ韓国の文化、伝統、道徳、実情に関する学術、見学、式典参加、民泊などを通じて、懐かしの祖国、父祖の祖国との血のつながりを確め、新たな友情、感激をほり起したが、帰日後、母国訪問での見聞をめぐる感想文には、母国との初の対面で得た感激と喜びと誇りがあふれている。よせられた多数の感想文の中から夏季学校修了生、六編、韓国系日本学生訪問団、二編をとりあげ紹介することにする。

韓国人であることの誇りに胸ふくらむ

朴 修 東
〈長野県県ヶ丘高校二年〉

フェリーが少しずつ岸に近づいて行く。身の奥底からわき上がる何かを感じた。ああ、なんと感激したことか。初めての母国への旅だった。

船を降りて一歩々々ゆっくりと歩いてみた。やって来たのだ、我が祖国へ！

ただ、ただ感激するばかりであった。

その後、すぐソウルまで直行の列車に乗った。いよいよ列車が少しずつホームを離れだした。と、その時、大きな布に名を書き、振り回している人がいた。叔父だ。叔母もいる。写真を見て知っていた。書いてあるのは僕と弟の名である。だが、列車は動いている。どうしようもなかった。どんどん離れて行く。切なかった。手をおもい切り振り回わした。姿はみるみる小さくなって行く。涙が叔父、叔母に対する涙がこみ上げてきた。感激の一瞬だった。最初から、もうこんなにも感動していたのだ。それから後起こる事が、全てすばらしく感じるのだった。列車の窓から見える景色。岩だらけの山々、ずっと広がる田園、つながれた牛、頭に荷物を乗せて、歩く人、川原で水遊びする子供ら。同じ血の流れる同じ仲間だ。一つ一つ眺める。窓から消えるまで。ジーンと来た。目が潤んでくる。行って来てほんとうによかったと思っている。

学校に入って、たくさん学んだ。韓国語、国史、歌、などなど。が、国語の時間が少しものたりなかった。もう少しほしかった。言葉を沢山覚えたかったのである。覚えたのは、家の中で、少しでも使うようにしている。そうしている内に確実に覚えて行くだろう。覚えた歌は家に帰って来て、母といっしょに歌った。なんか得意になった。

また、学校内で、沢山の同胞と友達になれた。うれしい。こんなに沢山知りあえるのは他にないのだ。いつまでも付き合って行こう。

見学する所は皆よかった。国立墓地参拝、前方部隊訪問、李舜臣を祭る顕忠祠参拝、彼は偉大な人だった。市内見学もした。ソウルは首都だけあり、大きくりっぱだ。修学旅行で行った慶州は日本の京都と同じ、古都だ。これまた趣きがあった。

学校を終了して後、一週間ほど親戚回りをした。みんなにあって来た。一人にあうたびに、胸にこみ上げるなにかがあった。ジーンと来た。どうしようもないくらいに。言葉が通じないからただうなずくばかり。話しが通じないのはほんとうに残念だった。自分が情けなくなった。言葉が話せれば、いろいろの話がたくさんできたのに…。

これからは、一生懸命に韓国語の勉強をしようと固く心に決めた。

今思うに、今回は行かずにいられないすばらしい旅だった。貴重な体験をした。自分が韓国人であることに誇りがさらに大きくふくらんだ気持ちだ。自分が一歩前進したのだ。心が晴れ晴れしている。

日本文化は韓国から渡来　温かい人間性に打たれる

秋山 尚志
〈日本大学経済学部〉

韓国から日本に帰えってきて、はや一カ月近くたち、毎日なつかしく想い出しております。八月十日からの9日間は、まったく僕達にとっては思いもつかない事ばかりで、ただおどろきの毎日でした。そして諸先生方の心からの親切は本当に僕達にとっては、もったいない程であり、韓国の人々の失なわれていない人間性を見たような気がし、ホッとしました。日本でのギスギスした生活と人間関係を考えるとうらやましく思いました。そして慶州の名所・景勝地をまわった事、あの土地での澄みきった空気、夜空に輝く星、そして夜明けの三時に起きて4㌔程の山道を登り「石窟庵」の下で御来迎を拝んだ事、あの自然、まったく偉大な自然を再確認しました。

あの雄大な石山では、ただ自然を崇拝し愛する人々が山を登るというような感じがする。久しぶりに素直に自然を感じ人間らしさを感じました。いつまでもこの様になっていてほしいと思います。日本のように、人間が自然を変え、いろいろなゴミ、ケバケバしい商店などで自然をブジョクしないようにしてほしいと思います。そして又た新羅時代の文化をたくさん観てまわり、多くの古墳、仏国寺など、本当にスバラシイものであり、日本の文化が総て韓国から渡ってきた事を、いままで教えられていたものの、はっきりと自分の目で確められて本当に良かったと思います。ソウルにもどってからの名所めぐりや民宿での楽しかった事、資館を見学したり、38度線を視察に見て感じた韓国での、ある種の緊迫感……。

最後に韓国の国花であるムーゲン花、という花の美しさ、僕が最初に見たのは、お世話になった高校の校舎の裏で朝の大時頃起きて窓ごしに見た赤いムーゲン花の淡い色、何とも言えない色なのです。なんにしろ一人で朝早く見たという、あの花を忘れる事は無いと思います。そして今度韓国を訪ずれる時までに、韓国語を習っておきたいと思います。

一生忘れられない思い出　ステキな韓国の発展に期待

申 富 子
〈東京稲生高校一年〉

私は、この度の在日韓国人の母国夏季学校では、スバラシイ経験を得たと思っております。

生まれて始めて母国の土をふみたくさんの仲間たちと生活を共にし、国語を習い……

その中でも一番強く印象に残っているのは民泊です。二度と出来ない経験でしょう。その他、前方部隊訪問では、普通の人の見られぬところまで、見学したり、本当に楽しい毎日でした。

もちろん楽しみの中に苦しみもありました。暑い暑い日中、冷房のないバスの中……

でも、みんなといっしょならばそんなことは問題ではありません。

私が、国で得たものは知識ばかりではありません。友情というすばらしいものをも得て帰ってまいりました。

今思うとなつかしさでいっぱいです。

私と同じ在日韓国人の方で、まだ夏季学校に行っていない人は、ぜったいに行った方がよいと思います。

一生のうち、かちあるステキな思い出としてのこることでしょう。

韓国いや「大韓民国」は、これから大いなる発展をなしとげていくでしょう。

民族の血脈を共感し　誇らしい祖国持つ感激にむせぶ

三週間の夏季学校生活を、ふり返ってみて一番強く印象に残ったのは、軍事関係の見学でした。国立墓地参拝、第一線訪問、中央情報学校の見学は、日本に生まれ育った私には、戦争の身近さ、生々しさが、強く感じられたものでした。三八度線の近くに立った時は、何ともいえない、民族の「宿命」ともいえるものを感じ悲しいでした。しかし、発達途上にある祖国、韓国を外国の脅威から守る為に、若い兵士達が、真っ黒に日焼けし、日夜訓練に励む姿を見、私達が、日本で、静かに暮せるのも彼等が一秒もかかさず、祖国を守っていてくれるからだと思い、感謝がつきませんでした。

古宮見学も、私には感激でした。昌徳宮、景慶宮、景福宮などの神秘的なたたずまい。又広大な庭園に心うたれました。独特な、建築様式、明彩色で色どられた天井や軒、屋根の曲線美など、すばらしさを感じましたが、私の心の中に、単に建築が素晴しいというより「民族」の偉大さに、うち震えました。母国訪問中、我が民族の解放日を迎え、光復節の記念式で初めて我が国の朴正煕大統領を拝見できた楽しさも忘れることができません。

何よりも、私の心に、残るのは民泊でした。たった一泊でしたが家庭的な温かい雰囲気の中で、韓国の家庭を膚（肌）で知り、韓国料理をごちそうになり、有意義な一日を過すことができましたが、ここで一番、痛切に感じたのは、韓国人同士が、ウリマルで話せず英語で会話する私達でした。この時ほど強くハングルが話せない恥ずかしさ、又悲しさを知らされたことは、ありませんでした。

私達、在日韓国人二世の多くの問題点を、合宿舎で、沢山の学生と話し合えたことも大きな経験の一つでした。さまざまな意見を持つ人が集まり、意見があわず、打つかりもしましたが、自分なりにいろいろとその場で学ぶことができました。

在日韓国人の実たいを見ることができました。少なくとも私達は一個の人間として、人格も認められ確立された思想も、もっているはずですし、かなりの教育も受けているので、今後、日本で生活していく上において、外国人である私達は、日本人以上に、立派な、そして寛大な気持ちで接していく必要があると思います。私達は、もっと韓国人として誇りを持ってよいと思います。実際、大学に入り、本名に変えた今、何をする時でも、韓国人という意識が強くなり、責任を持って、ぶつかるようになりました。日本からは、近くて遠い国といわれている祖国、韓国を、理解し、韓国人としての誇りを持つことが、韓国政府から招待されたことに対する恩返しであると思います。

最後に一番強く感じられたハングルが話せない恥ずかしさ、悲しさが、今後の私の母国留学の意欲に結びつけ得たことが、私の最大の今回の夏季学校の収穫であったと思います。

壬辰倭乱で日本の水軍を潰滅させ韓国の鑑となった忠武公李舜臣提督を奉祀する顕忠祠に参拝した第8回夏季学校受講生一同

韓民族の脈搏を感得し　自己の確認へ成長とげる

崔 明 姫
〈青山学院短大〉

長くも短かくも感じられた、意義深い三週間の夏季学校教育を終え、今、私の心のうちに言葉では言い表わせない微妙な変化が現われ、韓民族の血が濃く激しく脈打っているのを感じます。

二年前に一年間アメリカに留学に行く際、父に「外国に行く前に自分の国を自分の目で良く見てくるように」と言われ、一度祖国訪問したことがあります。母は金浦空港に着くなり涙を一杯、目に浮べ、感激しているのですが、私には感激しそのようすが変に思われ又、私にはそのような感激が薄く、外国に来ているような気ざえしていました。その時、強く、人は私のことを韓国人と呼ぶけれども、私は韓国人でも、日本人でもない、国籍不明の人間なのではないかと、思いました。高校まで、日本名で学校に通っていて、変に日本人かぶれしていた私が、アメリカに渡り、一年生活してみて、多くの人に、自分は、KOREANだと、堂々と言えることに、とても、誇りを持ち始めました。別に日本において、これといった差別も受けず、日本人の友達を家に呼んでは、韓国料理を食べさせたりしていましたが、異国の地で強く感じさせられたことは、前に問題なのは自分自身の意識だということでした。

その意識を強める為に、第八回母国夏季学校に参加しました。まず、楽しかったことは、私達に対する母国の温かい丁重な歓迎ぶりでした。釜山港に入港した私達の乗ったフェリーを出迎えて、釜山の高校生達が、私達在日韓国人の為に胸にカーネンションをつけてくれ、その後、入校式を、釜山教育委員会がして下さいました。国旗掲揚をし、胸に手をおき"愛国歌"を歌った時、理屈でなく、自然と胸が熱くなり、この感激は生涯忘れることができないと思います。

その後、ソウルまでの道のり、車窓に映る景色の一人心に、ここが私の国なのネと、いいきかせつつ、見ていました。

いよいよ、五一三名との共同生活が、国立ソウル工科大学校の寄宿舎で始まりました。思っていたより、規則などが厳しく、一週目は、東京からの旅の疲れもあってか、かなりの人が、寝込んでしまいました。ふとすると、観光旅行と間違いがちになる自分の心に、何の目的で来たのかを、いいきかせ、生活していました。

勤勉で礼儀正しい韓国人　楽しい韓国での日々を想う

前 川 誠 三
〈千葉県敬愛高校三年〉

まず韓国について驚ろいたのは飛行機から降りる僕たちをすごく歓迎してくれた韓国の学生達でした。僕は気楽な考えで行ったのでこんなに歓迎してくれるとは思ってもいませんでした。と同時に少し不安になりました。でもその不安は徐々に和らいでいきました。バスで首都女子高に着きそれぞれの自己紹介はじめ、いろいろな先生方の話を聞きました。それから宿舎に案内してくれました。宿舎は別の韓国女子高に僕たちは泊まりました。次の日から見学や勉強がはじまり、まず最初に国立墓地を参拝したり慶州の仏国寺に行ったり、数々の場所を見学しました。とてもよい社会勉強になったと思います。

翌日、日本の学生と韓国の学生とが、お互いに一人々々韓国の学生の家に民泊することになりました。はじめは何か不安でしたが、家中でよく気をつかってくれ、いろいろ親切にしてくれたので、はじめの晩は不安でしたがだんだん楽しくなってきました。向こうの学生は人なつこくて勉強だし、すぐによい友だちになりました。

翌日、一線部隊を訪問しいろいろな説明を聞きました。

とてもこの一週間楽しく、またよい社会勉強になったと思います。よい友達もできたし韓国のしきたりとか礼儀などたいへんよい勉強になったと思います。いざ韓国の学生たちや親切にしてくださった先生方と別れるとなると、親しみが感じられたせいかちょっと淋しくなりました。ほんとうに学生時代に韓国に行けたことは、よい思い出にもなったし自分自身よい経験になったと思います。

本年度輸出目標　23億五千万㌦達成

李商工長官は本年度輸出目標二十三億五千万㌦が二十三日で五十九万三千㌦の超過達成されたと発表した。毎年末ぎりぎりに達成されたのが今年は二カ月も早く、年末までには六、七億㌦オーバーは容易とみられる。

セメント五万屯輸出　サウジアラビアへ

商工部は韓国に原油の六四・八%を供給しているサウジアラビアに国内需給上困難であるがセメント五万屯を政策輸出することをきめた。船便も韓国側が仕立てるCIF条件。

在日慶尚南道道民の皆さんへ　同郷人の親睦と郷土発展の為に結集しよう！

親愛なる道民の皆さん

新花薫る佳節を迎え、謹んで御挨拶申し上げると共に、皆様の御健勝と御繁栄を衷心よりお慶び申し上げます。

ご存知の如く、かねてより慶尚南道出身同胞達の切実な要望であり、念願でありました『在日慶尚南道道民会』が、ついに去る三月創立総会を開き、待望の発足を見るに至りましたことは、これひとえに慶南出身同胞皆さんの絶大なる御支援のたまものと深く感謝の意を表する次第であります。

親愛なる道民の皆さん！

私達慶南道民会の結成が、他の道民会にくらべ遅きに失した感がないでもありませんが、発足した以上は他道に負けない、より立派な、そして充実した『道民会』造りに一路邁進するつもりでございます。

本会の趣旨目的を要約すれば、一、会員相互の親睦　一、会員相互の福祉増進　一、本国同胞との連帯強化　一、郷土開発事業への協調支援による寄与等に努めることは勿論、故郷を同じくする道民達の結集体として発会したのであります。

親愛なる道民の皆さん！

現在、私達在日慶尚南道出身道民の総数は概算二十数万名にも達し、在日同胞六〇万中約三分の一というおびただしい数にのぼっているにもかかわらず、郷土を同じくする者同志の親睦、提携、友誼、交換を目的とした真のまじわりの場がなかったが故の不便、不満、不快は誰もが感じてきたことと思います。即ち、現代のすさみ切った世相や、より求められる情報化時代の中にあって、この度の私達同胞人からなる道民会組織が結成されたことはほんとに意義深いものがあり、何よりもまずこの組織を中心に出身道民総てが参加結集し、組織を育てはぐくむことに心せねばならないと思います。

親愛なる道民の皆さん！

私達同胞社会に何より必要なものは人間としての連帯感であり、緊密性でなければならないことは申すまでもありません。ごく自然な気持ちの中に潜在している故郷への真情・望郷心などの共通した結びつきから人間としてまじわりが深まり、同道出身同士、同姓同士、同釈りの方々というように交流を深め、親睦と助け合いの輪をひろげて、ひいては道民会親睦会等の結成を見るに至り、究極的には同胞としての連帯感が強まり、緊密性がより強化されて私達同胞社会の発展向上につながって行くものと確信して止みません。

願わくば故郷を同じくする道民各位全員、本会に加入せられ、本会の趣旨目的達成に惜しみなく御協力・御支援賜わりますよう、よろしくお願い申し上げると同時に、『在日慶尚南道道民会』を私達道民全体が交流する最良の場として、又、心の寄りどころとして、いついつまでも愛し誇りある慶南道民として『道民会』造りにこぞって参加し、御尽力下さるよう切望して止みません。

一九七三年十月

在日本慶尚南道道民会

顧問　李澔（駐日大使）　鄭度淳（大阪総領事）　金正柱（民団中央団長）　姜桂重（民団大阪団長）

相談役　徐甲虎・辛格浩

会長　朴漢植

副会長　成海龍・蔡尚大　朴季道・徐永昊　徐奇煥・成楽三　朴順錫（兵庫地区）　李敏和（和歌山地区）

理事　姜先潤・金命龍　尹章孝・朴弘伯　鄭寅永・陳琦淵　姜正龍・趙竜業　林吉瀧・朱祥祚　徐命寿・鄭天義　鄭元煥・金相洛　朴斗完・李明洙　金在振・全時然　甘次相・金九鶴　姜信洙・金基鳳　金基聞・宋台伷　金東出・金吉斗　朴英成・具文浩　黄性杉・金鳳錫　安哲中・李秀峰　朴多世

監事　金昌泰

参事　宋金出・崔海龍　許周漢・鄭百淳　金二泰・姜太和　全鋼・鄭徳朝　趙正根・金六九　崔基南

右は九月三十日迄に就任承諾書を提出された方で、未提出の方は次回発表致します

事務局
在日本慶尚南道道民会
大阪市北区曽根崎中一丁目四〇番地
信用組合大阪商銀内
電話（〇六）三一一−三八五一（代）

母国留学生募集

一九七四学年度在日韓国人母国留学生を次のように募集します。

一、募集対象
母国の大学課程以上（大学又は大学院）で自費修学を希望する在日本大韓民国国民

二、志願資格
①日本外国人登録法に依る登録を済ました者
②日本国内で高等学校を卒業した者（一九七三学年度卒業予定者を含む）
③日本国永住権を取得又は申請中の者

三、留学順序
①大使館が主管する詮衡に合格しなければならない
②大学志望—大学は三校まで志望が可能です
③入学許可—志望校に対する入学可否は一九七四年初に本国政府が決定通報し、一九七五学年度に入学が許可されます
④予備教育課程及び大学就学時期—母国大学に入学が許可された学生は全員ソウル大学校内に設置されている『在日韓国人母国留学生予備教育課程部』に入学して、一年間所定の課程を履修し入学が許可された大学において一九七五学年度から就学します。

四、提出書類
①母国留学志願書（所定様式）　志望大学別　各一通
②留学希望者調書（所定様式）　三通
③卒業証明書又は卒業予定証明書　一通
④成績証明書（最終学校分）　一通
⑤国民登録済証　一通
⑥外国人登録済証　一通
⑦所属民団長推薦書　一通

五、志願書交付及び提出先
駐日韓国大使館　教育官室
駐大阪韓国総領事館　教育官室
駐札幌韓国総領事館　教育官室
駐福岡韓国総領事館　教育官室
駐名古屋韓国領事館　教育官室
在日大韓民国居留民団中央本部　文教局
在日大韓民国居留民団各地方本部
各地方韓国教育文化センター

六、志願書提出期間
一九七三年十月二十五日から十一月二十四日まで

七、詮衡実施
①日時　一九七三年十二月二日（日曜日）午前九時試験場集合
②場所
▼関東地区・東京韓国学校
東京都新宿区若松町二一　電話〇三（三五七）二二三三
▼東北地区・札幌韓国教育文化センター
札幌市南九条西四丁目　電話〇一一（五一一）八九三一
仙台韓国教育文化センター
仙台市本町一−五−三四　電話〇二二（二二三）六九七〇
▼中部地区・大阪韓国学校
大阪市西成区梅南通五−五　電話〇六（六六一）二八九八
▼西部地区・福岡韓国教育文化センター
福岡市博多駅前一−一八−一七　電話〇九二（四三）四五八五
▼名古屋地区・名古屋韓国教育文化センター
名古屋市中村区井深町一六−五四　電話〇五二（四五一）二三九三
③詮衡科目
▼大学志望者…国語・英語・数学・作文・面接
▼大学編入・大学院志望者…国語・英語・論文・面接
※予備教育課程履修希望者は書類詮衡のみで合格者を決定します

八、予備教育免除（七四学年度新設）
在日韓国学校の卒業生（卒業見込者含む）で学校の成績が優秀であり予備教育を免除しても大学においての修学が可能であると認め出身学校長の推薦を受けた者の中で、詮衡成績が卓越な者（全科目成績が優秀な者）は予備教育の免除ができます。

九、其他事項
①一九七四学年度入学が予定されている者でも予備教育課程の成績が極めて不良で修学の見込みがないとみなされた場合は大学就学を保留します。
※特に「ソウル大学校」は予備教育課程修了後、同大学が別に実施する「母国留学生特別詮衡」に合格しなければなりません。
②学校入学は第一−第三志望校中で許可されますが、留学期間中の大学及び学科の変更（転学・転科）は、指導教授・ソウル大学校在外国民教育研究所及び文教部が妥当な理由があると認めた場合に限りますので、学校及び専攻学科の選定には慎重を期して下さい。
③其他の事項は最寄の韓国教育文化センターに問合せて下さい。

駐日本大韓民国大使館教育官室
〒一〇六・東京都港区南麻布一−二−五
電話　〇三（四五三）九六五三
〇三（四五二）七六一一〜九内線八一

悲

泣き叫ぶ子をなぜ送る

悲憤の母金光子さん、要路訪問し抗議陳情

◇在日同胞の一人の母親が、善意で人を信じ、日赤の処置を信じたばかりに、愛する二人の子供を北韓に連れさられ、生きて再び逢うことのない別離をさせられたが、これは、日本の入管当局が、北韓に出国する意味を安易に考えて処理したものとして、在日同胞の間に大きな怒りを呼びおこしている。子供の母親金光子さんは、事件後のさる二十三日、民団中央本部李民生局長らの介添で、駐日韓国公報館で記者団と会見し、新潟での一部始終を説明して公表するとともに、同日午後、李民生局長らに附添われて、田中総理に対する抗議文を、総理府で首相秘書官に手渡し、さらに日赤本社を訪ずれて木内外事部長と会見、抗議文を手渡し、口頭でも強く訴えた。

◇金光子さんは二十六日、業務のために韓国に渡ったが、韓国でも大きな問題として注目され、新聞、テレビなどが連日報道している。民団中央本部では、別項のように声明文と公開質問状を記者団に発表すると同時に、金光子さんの子供たちが北送されるまでの詳しい推移をまとめて発表した。抗議文には、金光子さんが新潟でどんな心境にあったかが切々と訴えられており、抗議文を読んだ当の日赤社員も、全く抗議文の通りであることを認めている。(写真は母親金光子さん)

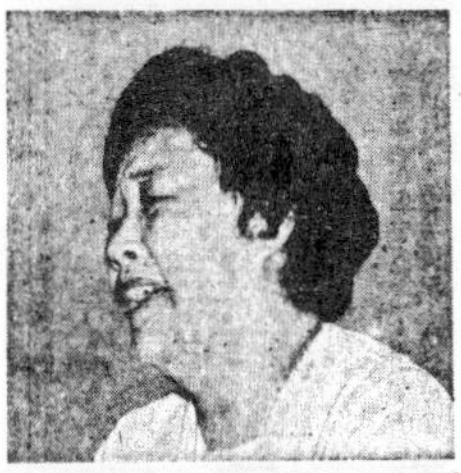

愛する我が子を返せ…

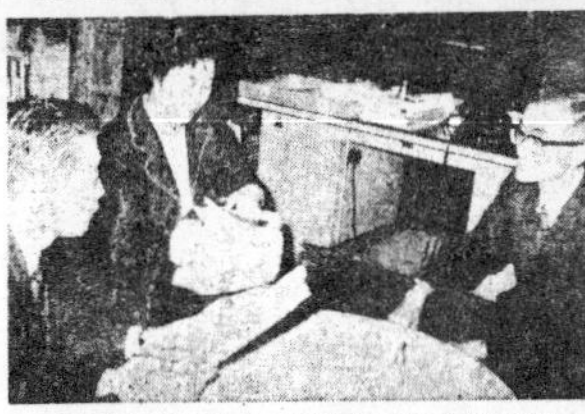

日赤本社を訪れて抗議、左から李民生局長、抗議者の金光子さん、木内外事部長

抗議書

日本赤十字社長 東竜太郎殿

抗議人 金光子

私はさる十九日新潟港にて、日本赤十字社を信じたがゆえに、日本赤十字社々員の言葉を信じ、最愛の二人の子供を取戻し得る機会までも失くし、北朝鮮側に拉致された悲しき母であります。

私の子供の張康貴(一五・男)と張康徳(一三・男)の二人は、日本国の法に基ずき私が監護養育を認められた実子であります。

私の前夫、張甲宗(五〇)が北朝鮮に帰国するとのことで、二人は単なる見送りとして何も知らず新潟まで同行し、北朝鮮側の引揚者待期所である酒風荘ホテルに監禁され、十八日の午後一時頃、二度にわたり電話で「ぼくたちは何故か帰国者になっている。ママ早く迎えに来て」と救いを求めて来ました。私は急ぎ新潟に行き、地元警察、入国管理事務所に子供達の保護を求め、何れも協力を得られないので最後の方法として日本赤十字社新潟支社に救援を求めました。ここで、本人達の最後の意思確認は日本赤十字社が行なうと知らされ、新潟港で、日本赤十字社員にあい事情を話し協力を求めたところ「意思確認の前に子供達に逢うよう必ずします。日本赤十字を信じなさい」という天の声にも似た返事でしたので、私はたいへん心強く思い安心しました。

帰国人が最後の意思確認を受けはじめたので、私は意思確認済の人々が乗船場に行くのが良く見える場所に立ち、子供達が出て来ないことを祈りながら通過する人々を見ておりました。その間北韓側の人々が私をその場所から除こうとしたけれども、私は応じませんでした。そこに赤十字社員が来て「ここに居ればトラブルが起きるから、私を信じて外で待ちましょう」といって私を他の場所に連れて行きました。

私は全面的に日本赤十字社と、日本赤十字社員の言葉を信じましたので、乗船が終る時まで安心しておりました。それが何もかも終ってしまってから「あなたに連絡しようとしたが、……」

再び相見ることの不可能な、生地獄の北朝鮮に子供を奪われた母親として、人道的立場から全ての問題を処理するべき赤十字社の、政治的な配慮としか思えない不誠実な行為に心から痛怒し、改めて日本赤十字社に対し、二人の子供を返せと痛く強く抗議し、訴えるものです。

新潟の日本赤十字小川課長様が証人です。日本赤十字社員が、信じろといった覚えがないという回答なら受付けません。誠意ある回答を期待します。

尚、ジュネーブに訴える用意があることを申添えます。

一九七三年十月二十三日

大阪府池田市神田町二丁目二十五—二

金光子

"朝総連が監禁、拉致した"

日本政府は人権尊重の責任を

抗議書

日本国政府田中総理大臣殿

抗議者 金光子

私は実子張康貴(十五・男)と張康徳(十三・男)という二人の息子を、日本国関係機関の、人道的立場を無視し、政治的配慮にのみ基づいた不誠実さの為に、北朝鮮に拉致されてしまった悲しき母です。

一九七三年十月十八日午後一時すぎ、新潟に行った二人の子供達から、自分達は帰国者ということになっている、ママ早く迎えに来て下さい、という電話を二度受けて驚ろき、急ぎその日の真夜中に新潟に到着しました。十九日早朝新潟入国管理事務所出張所に出頭し、次のような事情を話しました。

「十九日北朝鮮向けに出港する船で帰国するのは一年前に離婚した前夫、張甲宗(五十)一人であって、二人の子供は私に監護養育の権利と義務があって、二人は北朝鮮に行く意思がないので、二人を保護してほしい。日本国の法律によって大阪家庭裁判所は、一九七三年十月一日、私と前夫張甲宗の間の『慰謝料と子の監護に関する処分調停事件』について『一、当事者双方の長男康貴、次男康徳(金光子を指します)と定める。長女梨恵の監護者を何れも相手方(申立人(張甲宗のこと)は相手方に対し、昭和四十八年十月十三日までに、申立人住所に於て前記子供を引渡す。なお相手方は前記子供達が申立人の帰国の見送りを希望する場合には、新潟まで同行することを認める。二、相手方は申立人に対し、本件紛争に関する解決金として金四拾万円の支払義務あることを認め、昭和四十八年十月三日限り申立人代理人事務所に持参して支払う。』という調定成立の判決があり、金の支払い、子供の引渡しなど全部終っている。私も子供達も張甲宗に欺むかれている。」

これに対し新潟入国管理事務所出張所では「本国の決定がなければ処置できない」といって保護願いを拒否しました。

私は、調定成立のとき、私達の事件を担当された家事審判官赤塚信雄判事に対し「新潟に見送りに行って船に乗せられそうになった場合どうすればいいのか」とききました。その時赤塚判事は「そのような時は、日本国の法律に……裁判所で決定したのであるから警察に保護を求めれば警察が……てくれる」と答えました。……とを思い出し、新潟県警察……出頭して、前役の事情を話……護を求めました。警察側の……「それは民事事件であるので……では関与できない」という……ものでした。赤塚判事の言葉……じていました私は、警察当……務上とはいえあまりにもセ……ナリズムなのに落胆しました……

入管出張所での話では午……には乗船、同五時に出港と……でした。午前九時から十一……が面会時間であることを知……たので、帰国者宿所である……

新潟にての推移

事件発生の経緯

相互理解と友好親善

三重県にも日韓親善協会

23日10月 設立総会、記念に韓国旅行

「日本と韓国とは、歴史的にも地理的にも深い関係にあり、両国民の善意と良識のもとに、経済、学術、文化の交流と民間レベルによる友好親善のための諸事業が推進され…」真の相互理解と友好親善を、なお一層図るべき必要性を強く感ずるもの」という設立趣旨で、三重県にも新たに日韓親善協会がようやく発足、関心を寄せている多くの両国人士たちから、その発展が大きく期待されている。

三重県日韓親善協会設立総会は、去る十月二十三日午後三時半から津市商工会議所で、韓日双方七百人が集まる中でひらかれた。

鄭仁栖(三重県韓国人商工会々長)、真弓治(津市議会議員)四氏の司会のもと、四国歌斉唱、発起人を代表して陳且祚(民団三重県本部団長)、中川利吉(中川製作所社長)両氏があいさつ、議長に西村勘衛(県会議員)副議長に朱安万(民団三重県本部議長)北村孝顕(……)……

会長に中川利吉氏就任

会長 中川利吉

副会長 陳且祚

〃 鄭仁栖

〃 山本重治郎

〃 倉田文治

経済人の多い理事陣に期待

津市で開かれた三重県日韓親善協会設立総会

祖国発展に深い感銘

青年幹部本国研修会大きな成果

既報の通り、去る九月二十七日から、本国で開かれた青年幹部研修会(……)は、二十六名が参加、八日間の研修をおえ、……

韓国物品展好評

東京アブアブ百貨店で開く

品、人参である。会場では韓国の民俗音楽を流し、女子店員は韓国伝統の民族衣装を着飾って来客にサービスした。

同店では好評を博した今回の経験を生かして、幅広い検討を重ね第二、第三の韓国展を開くことを企画していると語った。

(写真は人気を浴びた韓国物産展)

本紙読者慰安の夜

京都で国劇など鑑賞

公演第一部は、李朝唱劇「春花紅蓮」三幕六場(李朝時代の民話を唱劇化した劇)の本格的な舞台演劇で、約二時間の熱演が続き終演の時には、場内の観衆が涙を流しながらの拍手を送った。

第二部は、寸劇と南・西道民謡で心ゆくまで楽しませ、午後九時頃盛況裡に全プロを終えた。

神奈川県韓国人綜合教育センター「建立促進の夕」

十月二十三日、横浜商銀信用組合では閔商植文教部長官を迎え、神奈川県韓国人綜合教育センター「建立促進の夕」が催され、同センター設立の基金調達のため尽力奔走している県内同胞と意見をかわした(円内は閔長官)

韓国沿岸

水質に太鼓判

去る三月、二十日間にわたり韓国南海岸の衛生管理状況を調査した米FDO(食糧医薬局)調査団は「韓国南海岸の水質はキレイでカキの衛生状態も米国と変りない」との報告書を発表した。このほかにも閑山島、巨済沿岸の水質は最も優良であり、麗水、竹島、加英島は理想的養殖場ではあるが水深が浅く潮流の早いのが欠点だと指摘した。

ソウル勤労者世帯

収入五万四千230ウォン

ソウル市内勤労者一世帯(平均五・一四人)の月平均収入は五万四千二百九十ウォンで一年間に七千五十ウォンふえ、支出は四万五千六百八十ウォンで四千二百六十ウォンがふえている。

広島県陜川人会創立会開く

さる十月二十七日午後五時から、広島市の教育文化センターで、広島県に在住する慶南陜川出身者五十五人が集まり「広島県陜川人会」の創立会を開いた。

この会で会長以下役員が決定したが、初代会長には広島県韓国人商工会会長……が選ばれた。

会は創立年度の事業として、本国陜川邑に一万九千八百平方米のグラウンドを寄贈することになり、早速その基金一千五百万円を募金することにしたほか、中型乗用車一台を陜川邑に寄贈した。

なお広島での韓国人原爆被爆者四万人中三千人が陜川郡出身者であるので、それらの人達に対する物心両面からの応援も行うことを決議した。

"文教活動の働らき手"たらん

中堅指導者研修会終る

韓国政府文教部(閔寛植長官)主催による、在日韓国人のための中堅指導者研修会に参加の在日研修生四十人は、去る九月二十八日のKAL便で、金泰範団長(民団中央文教局長)と成根春副団長引率のもと羽田を発ち、韓国での三週間にわたる研修日程を終えて、このほど全員元気で帰日した。

出発当日、駐日大使館の柳成烈首席奨学官と張宗烈教育官補らに励まされ、ソウルへ向かった一行は、二十九日の開講式をスタートに、朴大統領の指導理念(林芳鉉氏担当)を始めとして、国語、韓国史、維新課業と安保、セマウル運動、経済発展の現況と展望、在日韓国人の法的地位・教育・指導者の使命、文教政策、指導者と組織、祖国統一と当面問題などの十七科目にわたる講義を、国内一流専門家から受け、この種の研修会では近来まれに見る充実した成果をおさめることができた。

研修生一行は、教育期間中、文教部と外務部礼訪につづいて、国立墓地参拝、古宮、水原市のソウル農大、セマウル示範部落、板門店、顕忠祠、国楽院、仏国寺、博物館、京仁・蔚山・浦項地区工業団地、教育施設など広範囲にわたり、見学・視察、研修会の実績を幅広くつみあげ、十月十八日午前十時から、修了式にのぞんだ。

なお一行には、朴大統領と閔文教部長官から特別記念品が授けられ、日本に帰任してからは、在日同胞の文教活動の働らき手となることを力強く誓いあった。

大阪で韓国学生作品展

民団大阪府地方本部(姜桂重団長)では、大阪総領事館の後援と大阪韓国教育文化センターなどの協賛を得て、同胞子弟たちの民族精神を涵養し、情操教育の高揚をはかるため、学生作品展を、来たる十一月十三日(火)から二十日までの間、同本部講堂でひらく。

(実施要領)

募集作品……図画、書道、作文(小学生は四百字詰原稿用紙三枚まで、中学生は五枚まで)の三種目で題材は自由。

しめきり……十一月五日まで。

募集対象……在大阪韓国人子弟。

入賞……十一月十三日入賞者を発表し施賞(金・銀・銅)する。

領事実務講習

福岡でひらく

本紙一、一〇〇号既報、政府と駐日大使館の具体的協力を得て、日本全国十個地域を対象とした領事事務に関する巡回講習会は、去る十月二十日には、民団福岡県本部でひらかれ、九州地方七県から、実務者七十三人が参加、戸籍、国民登録などに関する実務法を受講した。

団体賞に旭支部

青年会千葉県本部 ボウリング大会盛況

在日韓国青年会千葉県本部主催第二回ボウリング大会が、去る十月二十八日午後二時から、千葉市・レーオボウリング場で県内各支部青年九十余人が参加したなかで開かれ熱戦を展開、旭支部青年会が団体賞を獲得した。

親善ゴルフ大会

民団兵庫

民団兵庫県地方本部(……団長)では、去る十月二十五日午前十時から播磨カントリークラブで県内同胞四十五人参加のもと、親善ゴルフ大会をひらき、次の入賞者を出した。

一位…金成林(……)

二位…姜好満(……)

三位…朴忠雄

この大会での十位内入賞者と、同じく来年三月実施される大会での十位内入賞者は、来年十月ひらかれる県知事杯争奪ゴルフ大会への参加資格が与えられる。

尋ね人

鄭福水さん

☆鄭福水さん(61・慶北……)

本籍は全羅北道……郡……里。……

☆李応東さん(高田輝雄)と李圭玉さん(高田輝雄)

本籍は大邱市南山洞二三九で、埼玉県比企郡小川町大字大塚三〇に住んでいた。

☆李仁出さん(55)

本籍は慶北永川郡臨皐面で東京都目黒区上目黒六―一三五四に住んでいた妻の父を尋ねています。

金起瀋さん(50)

本籍・平安北道宣州郡(ドルセル) 六・二五動乱で木浦郵便局に勤務

……さんが尋ねています。

韓国と日本の関係に新視点
日本上古史(文定昌著)抜粋と解説 (18)

広開土王碑文 (3)

王陵碑文に現われた倭との関係①

高句麗広開土王碑文は「倭以辛卯年来渡海破百残□□新羅以為臣民」としている。(解説参照)

辛卯年は、正に高句麗広開土王の元年(三九一)である。

辛卯年に来た倭は百済救援軍、碑文は高麗が主体

シャバンヌの拓本(左から三行目が問題の個所)

統一教布教 米国で盛ん

(金元雍記者)

「講演と映画の会」 日韓親和会

朝日テレビで韓国特集

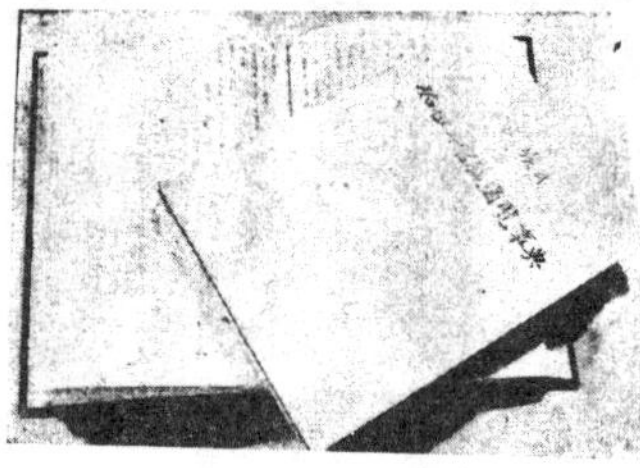

新刊案内
倍達民族の始祖と官職通覧事典
金南完編

林慶業将軍傳 (二六)

訳 洪 相 圭
画 八 東 周 吉

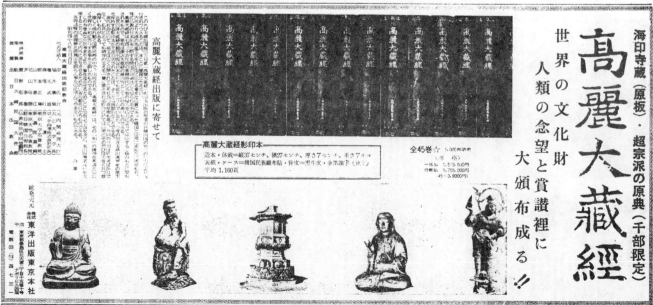

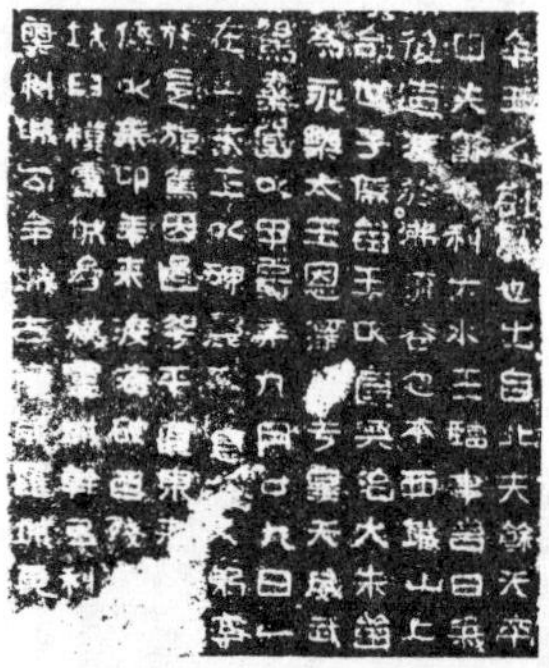

悲

泣き叫ぶ子をなぜ送る

悲憤の母金光子さん、要路訪問し抗議陳情

◇…在日同胞の一人の母親が、善意で人を信じ、日赤の処置を信じたばかりに、愛する二人の子供を北韓に連れさられ、生きて再び逢うことのない別離をさせられたが、これは、日本の入管当局が、北韓に出国する意味を安易に考えて処置したものとして、在日同胞の間に大きな怒りを呼びおこしている。子供の母親金光子さんは、事件後のさる二十三日、民団中央本部李鐘舜民生局長らの介添で、駐日韓国公報館で記者団と会見し、新潟での一部始終を説明して公表するとともに、同日午後、李民生局長らに附添われて、田中総理に対する抗議文を、総理府で倉持事務官に手渡し、さらに日赤本社を訪ずれて木内外事部長と会見、抗議文を手渡し、口頭でも強く訴えた。

◇…金光子さんは二十六日、業務のために韓国に渡ったが、韓国でも大きな問題として注目され、新聞、テレビなどが連日報道している。民団中央本部では、別項のように声明文と公開質問状を記者団に発表すると同時に、金光子さんの子供たちが北送されるまでの詳しい推移をまとめて発表した。抗議文には、金光子さんが新潟でどんな心境にあったかが切々と訴えられており、抗議文を読んだ当の日赤社員も、全く抗議文の通りであることを認めている。（写真は母親金光子さん）…◇

愛する我が子を返せ…

日赤本社を訪れて抗議、左から李民生局長、抗議者の金光子さん、木内外事部長

"朝総連が監禁、拉致した"

日本政府は人権尊重の責任を

抗議書

日本赤十字社長　東竜太郎殿

抗議人　金光子

私はさる十九日新潟港にて、日本赤十字社々員の言葉を信じ、赤十字社を信じたがゆえに、最愛の二人の子供を取戻し得る機会までも失くし、北朝鮮側に拉致された悲しき母であります。

私の子供の張康貴（一五・男）と張康徳（一三・男）の二人は、日本国の法に基ずき私が監護養育を認められた実子であります。

私の前夫、張甲宗（五〇）が北朝鮮に帰国するとのことで、二人は単なる見送りとして何も知らず新潟まで同行し、北朝鮮側の引揚者待期所である清風荘ホテルに監禁され、十八日の午後一時頃、二度にわたり電話で「ぼくたちは何故か帰国者になっている。ママ早く迎えに来て」と救いを求めて来ました。私は急ぎ新潟に行き、地元警察、入国管理事務所に子供達の保護を求め、何れも協力を得られないので最後の方法として日本赤十字社新潟支社に救援を求めました。ここで、本人達の最後の意思確認は日本赤十字社が行なうと知らされ、新潟港で、日本赤十字社員にあい事情を話し協力を求めたところ「意思確認の前に子供達に逢うよう必ずします。日本赤十字を信じなさい」という天の声にも似た返事でしたので、私はたいへん心強く思い安心しました。

帰国人が最後の意思確認を受けはじめたので、私は意志確認をする場所に立ち、子供達が出て来ないことを祈りながら通過する人々を見ておりました。その間北韓側の人々が私をその場所から除こうとしたけれども、私は応じませんでした。そこに赤十字社員が来て「ここに居ればトラブルが起きるから、私を信じて外で待ちましょう」といって私を他の場所に連れて行きました。

私は全面的に日本赤十字社と、日本赤十字社員の言葉を信じましたので、乗船が終る時まで安心しておりました。それが何もかも終ってしまってから「あなたに連絡しようとしたが北朝鮮側に妨害された」という理由で、私の最後の希望が絶たれたのです。私の手の届く所に子供達が居たのに、永遠の別離を強いられたのです。拉致を成功させたのです。

日本赤十字社員が私を連れ出さなければ、私は目前を通る子供達を認め、声を掛けて、その時点で子供達が北朝鮮に行く気は無かったと泣き叫べば、子供は私の手の中に戻っていた筈です。

私が無条件で日本赤十字を信じたのは当然の事で、その結果、取り返しのつかない結果を生じたのです。私はどうすれば良いのですか。

その時私は半狂乱になりました。年老いた母と未成年の娘が居るので、新潟の海で自殺することは思い止まりました。

再び相見ることの不可能な、生地獄の北朝鮮に子供を奪われた母親として、人道的立場から全ての問題を処理する筈の赤十字社の、政治的な配慮としか思えない不誠実な行為に心から激怒し、改めて日本赤十字社に対し、二人の子供を返せと強く強く抗議し、訴えるものです。

新潟の日本赤十字小川課長殿が証人です。日本赤十字社員が、信じろといった覚えがないという回答なら受付けません。誠意ある回答を期待します。

尚、ジュネーブに訴える用意があることを申添えます。

一九七三年十月二十三日

大阪府池田市神田町二丁目二十五－二

金光子

抗議書

日本国政府田中総理大臣殿

抗議者　金光子

私は実子張康貴（十五・男）と張康徳（十三・男）という二人の息子を、日本国関係機関の、人道的立場を無視し、政治的配慮にのみ基づいた不誠実さの為に、北朝鮮に拉致されてしまった悲しき母です。

一九七三年十月十八日午後一時すぎ、新潟に行った二人の子供達から、自分達は帰国者ということになっている、ママ早く迎えに来て下さい、という電話を二度受けて驚ろき、急ぎその日の真夜中に新潟に到着しました。十九日早朝新潟入国管理事務所出張所に出頭し、次のような事情を話しました。

「十九日北朝鮮向けに出港する船で帰国するのは一年前に離婚した前夫、張甲宗（五十）一人であって、二人の子供は私に監護養育の権利と義務があって、二人は北朝鮮に行く意思がないので、二人を保護してほしい。日本国の法律によって大阪家庭裁判所は、一九七三年十月一日、私と前夫張甲宗の間の「慰謝料と子の監護に関する処分調停事件」について「一、当事者双方の長男康貴、次男康徳の監護者を何れも相手方（金光子を指します）と定める。二、申立人（張甲宗のこと）は相手方に対し、昭和四十八年十月十三日までに、申立人住所に於て前記子供を引渡す。なお相手方は前記子供等が申立人の帰国の見送りを希望する場合には、新潟まで同行することを認める。三、相手方は申立人に対し、本件紛争に関する解決金として金四拾万円の支払義務あることを認め、昭和四十八年十月三日限り申立人代理人事務所に持参して支払う。」という調定成立の判決があり、金の支払い、子供の引渡しなど全部終っている。私も子供達も張甲宗に欺むかれているのである。」

これに対し新潟入国管理事務所出張所では「本局の決定がなければ処置できない」といって保護願いを拒否しました。

私は、調定成立のとき、私達の事件を担当された家事審判官赤塚信雄判事に対し「新潟に見送りに行って船に乗せられそうになった場合どうすればいいのか」と尋ねました。その時赤塚判事は「そのような時は、日本国の法律により裁判所で決定したのであるから、警察に保護を求めれば警察が救ってくれる」と答えました。このことを思い出し、新潟県警察本部に出頭して、前役の事情を話して保護を求めました。警察側の回答は「それは民事事件であるので警察では関与できない」という冷たいものでした。赤塚判事の言葉を信じていました私は、警察当局が職務上とはいえあまりにもセクショナリズムなのに落胆しました。

入管出張所での話では午後三時には乗船、同五時に出港とのことでした。午前九時から十一時までが面会時間であることを知らされたので、帰国者宿所である清風荘ホテルに行き面会を求めました。案内された三階の一室で、面会も許されず、朝鮮総連側の政治的な意見のみを聞かされますので、部屋を出ようとしたところ、入口で妨害して出してくれようともしません。約一時間半がすぎて部屋から出さなければ訴えると強く抗議すると、今度は「外へ放り出せ」といって私に退去を迫りました。私は面会を要求し続けましたが応じようとしません。ホテルの一階まで降りて食堂の前でも面会を求めて彼等と口論しました。それは唯一の日本人である食堂従業員も聞いているのです。彼等がこのホテルを借用している間は、警察や入管も一切入れない治外法権の場所になっていることを聞きました。日本国内で外交特権のない外国人が警察も及ばない治外法権が存在するのはどういうわけでしょうか。

乗船開始の前に、最後に本人の意志を確かめるとのことですので入管当局に、意志確認の場所に立会うことを要求しましたが、断られました。さらに意思確認の前に短時間の面会を考慮してほしいと申入れましたがこれも断られました。その理由は「第三者以外の人が逢うことは公正の意志表示の妨げになる」ということでした。入管当局は、その前日私に電話で救いを求めた子供達が、二十四時間以上も、彼等のホテルで監禁状態で説得を受けつづけたことを無視し、私の短時間面会でのたった一言「行きたくないといいなさい」という機会を与えようともしなかったのです。子供の声を録音してあるということを人伝に聞きました。それが何だというのでしょうか、未成年のまだ年も幼ない子供が、二十四時間もおどされすかされすれば、その答は聞くまでもありません。逆説得の機会をなぜ与えないのですか。これは入管当局の責任逃れ以外の何ものでもありません。

私は、二人の子供と永遠に離別させられたのです。入管当局の処置、家庭裁判所の決定と判事の言葉に対する警察当局の態度、朝総連のホテル、これで法治国とか人道とかが納得できるものですか。

二人の子供を生地獄の北朝鮮に拉致された母として断腸の想いを込めてここに強く強く抗議するものです。このことは日本国民の皆さんにも、世界中の良識者にも強力に訴えます。再び私のような気の毒な人を出さないためにも。

一九七三年十月二十三日

大阪府池田市神田町二丁目二十五－二

金光子

事件発生の経緯

民団中央本部でまとめて各方面に発表した事件までの推移は次のとおり。

金光子が、新潟港で張康貴（一五・男）と張康徳（一三・男）の二人を、朝総連によって北送船に乗せられるまでの事情は次の通りである。

十月十八日までの事情推移…

金光子（大阪府池田市在住・京都の同志社大学卒、四四）と、前夫張甲宗（同池田市在住、東京工大卒、五〇）は二十年前に結婚。十三年前に次男康徳の生後間もなく張甲宗は脳出血でたおれ、以後半身不随の夫と三人の子供（長男康貴と長女梨恵は双子・梨恵は現在母方に在住）一家五人の生計を金光子が一人で労働して稼いで来た。

四年前、夫が金光子に「男関係があるのではないか」と疑うことから家庭内の争いが絶えず遂に別居する。その時に三人の子供は父親張甲宗の主張に従がい父親方に同居することに同意した。

一昨年の夏休み前に母方に遊びに来ていた長女梨恵が、父方に戻ることを拒否し、母が、父親の身体条件を考慮して父方に戻るよう促がしても聞入れず母と同居に入る。これに対し父親は昭和四十七年春、大阪家庭裁判所に長女梨恵の身柄返還を求める調停申立をし、さらに同年十一月離婚の慰謝料請求の調停も申立てたのである。

昨年三月一日協議離婚が成立するまでは張甲宗と子供達の生活費は、張甲宗は民生保護を受けていたが、離婚後は、二人の子供達の費用は金光子が全面的に負担を続けた。

家庭裁判所での数次の調停進行中、父親には子供の養育能力のないことが明らかとなり、日本の法律にもとずいて親権者を母親とする調停案が考えられたので、張甲宗は法定代理人弁護士遠山健治氏を通じ、親権者は父親にのみ存在するという韓国民法条文の写しを大阪家裁に提出した。

張甲宗、金光子、三人の子供は何れも「永住許可者」であり、「日韓」条約にもとずくあるので、大阪家裁では母親を親権者とする調停は難かしくなった。

次に昭和四十八年六月頃、母親である金光子から逆に張甲宗を相手方とする「二人の男の子」を養育能力のない父親から、養育能力のある母方に引渡すよう調停の申立をした。これによって大阪家裁では同一家庭の調停事件であるので合併調停を行なった。

大阪家庭裁判所で調停が進行していた今年の七月十三日に、調停の結果が不利になると考えた張甲宗は、法務省大阪入国管理事務所に対して、母親金光子に対しては内密のうちに、二人の子供とともに北韓に出国する申請を行なった。

九月下旬頃張甲宗は康貴、康徳両人が在学中の大阪府池田中学校に出頭し、小谷校長をはじめ担任教師に対し、康貴、康徳両人に「北韓行きに同意する説得」をすることを依頼した。学校当局は、何れの側の説得も、学校が行うことには問題があるとして、単に康貴本人の意思を聞く処置を行なった。その結果康貴は「自分は今のところもっと日本で勉強し、将来物事の判断ができるようになってから考えたい」と返事をした。またこの間に、朝鮮人総連合会池田支部からも康貴、康徳両人を説得する行為があった。

九月二十日頃に至り、張甲宗が二人の子供を北韓に出国させる計画であることを友人から知らされた金光子は、大阪家裁の家事審判官赤塚（信雄判事）に申入れて、この事実を表面化した。そしてその後に大阪家裁においても、判事と同家裁の調停委員の立会で、調停の場で子供達の意思を問うた結果、学校での答えと同一内容であったことを金光子は聞いている。

その後数次の調停話合いの結果十月一日両者の調停が成立して、別紙の通りの調停決定が行なわれた。なおこのとき、子供達が新潟まで送り、船に乗せられそうになった時にどうすれば良いかと質問し、赤塚判事から、その時は警察に行けばいいという言葉を聞いている。

金光子は、十月三日、遠山弁護士事務所にて四十万円を手渡し、同八日康貴、康徳の両人を父親方住居に転居させ、引渡しを受けた。

康貴、康徳両人を北韓に出国させないという証拠として、十月五日張甲宗は金光子に対し、康貴君の出国証明書を直接手渡ししている。このとき、金光子は張甲宗に対して、これから直ちに入管に行き、出国申請を取消してほしい、と申入れたが、張甲宗が、必ず約束は守るから、今日すぐでなくてもよかろう、と拒まれたが、金光子は張甲宗の身体の無理を考えて、固く約束させ、その日は張甲宗のいい分を信じたとのことである。

十月十五日の夜張甲宗から金光子の家に電話がかかり、子供達に対し、是非共新潟港まで見送りしてくれるようにと泣いて訴えた。子供達が考えるのを見かねた金光子は、再会不能な別離なのであるから、せめて最後の三日間だけでも父と過ごさせることを考慮して新潟までの見送りを同意し、子供達にも納得させた。

十六日、午前十一時すぎ、大阪駅発新潟行列車が出発するとき、金光子と張梨恵は大阪駅まで見送りを行った。康貴と康徳両人は父と同行した。そしてその日の午後四時すぎ、金光子はソウル行KAL便に搭乗した。

金光子は現在京都市にある繊維関係の会社K／Kスワロンの社員でデザイナー兼韓国駐在員、韓国へ一カ月に二回、多い時は四回韓国に出張するのである。輸出品の検品などのためである。十六日、大阪駅で金光子は康貴君から、十八日に迎えに新潟まで来るようにいわれて、了承済みであり、また現金三万円を万一のために持たせてあった。ここで念のために、新潟で少しでも変だと（北韓に連れて行かれそうだ、という意味）思ったら東京に住む姉むこに電話で連絡するように、口頭で何ども説明した。

十七日、池田の自宅に同居中の実母（七二）から金光子に国際電話があり、二人の子供から「清風荘ホテル」にいることを、東京のおじ（姉むこ）に知らせて来たと連絡をうける。金光子は直ちに東京に改めて電話で問合せ、相談したところ「引揚者センター」というような所では無いようだ、ホテルだから自由に行動できるのだろうという判断をする。

十八日、正午すぎ池田市に帰宅した金光子は直ちに新潟の清風荘ホテルに電話をして子供達に連絡をとろうとした。電話の応対に出たのはホテルの人でなく、韓国語の男であった。子供の呼出しはできないといわれ、不安に思っているとき、新潟の康貴君から電話がかかり、ママ早く迎えに来て、と訴えて来た。電話は一度切れた後再びかかり大要次のような話であった。

「ママ、ぼくたちはなぜか帰国者と一緒になっている。早く迎えに来て」

「そんなに危ないと思ったら、ホテルを出て帰って来なさい。乗物ぐらい乗れるでしょう」

「三万円はお父さんが要るというのであげてしまった。今みんなが荷物を調べに行っている間に電話している。」

「それなら早くホテルを出て、無賃乗車でも何でもして新潟から逃げなさい。お母さんがお金を払うし、必ず連絡所に迎えに行くから」

「それができないの、ここを出られない。ママ早く迎えに来て」

金光子は、ここではじめて事の重大さに気付き、急ぎ新潟に行くべく大阪空港と走りまわり、結局KALの世話で航空機で東京に着き、荷物を駆け、コンコースを走って、上野発新潟行最終列車に乗車して、十九日午前一時すぎ、新潟駅に到着した。

新潟にての推移

新潟駅に到着した金光子は、車中で偶然同所した朝総連系の男子が、弟が北韓に行くので見送りに行くとのことであったので、その人に事情を説明したところ、それは危ないな、あなたはトリックにかかったようだ、思想はともかく人道的には良くないことだ、立場は異なるが同情する。といって、早速新潟駅からタクシーに同乗、清風荘ホテルに同行した。真夜中の二時頃だというのに、そのホテルの前には五、六人の青年が入口の前で警備していた。閉ざされた鉄柵の前に受付の貼紙があるので、張甲宗と二人の子供の名前を告げて帰国者名簿を調べたところ、子供の名前はなく、張甲宗外二名、となっていた。

金光子は完全に、子供たちが北韓行人員の中に含まれていることを確認した。

金光子は直ちに新潟中央警察署に急行した。午前四時頃であったという。応対の警官に、大阪家庭裁判所の調停成立のことから、赤塚判事の、危ない時は警察に訴えれば助かる、との言葉まで話し、二人の子供の保護を訴えた。応対の警官（氏名不詳）は、金光子の言葉を聞き、各方面に電話で問合せを行ったりした結果、最終的に、家庭裁判所の調停成立の件は民事事件であるので、警察官の扱う事件でない、として子供の保護を拒否した。約二時間にわたって説明したにも拘らず、遂に警察の協力を得られなかった。

金光子は警察を出て、直ちに入管新潟出張所に行き、宿直の入管職員に事情を話し、同じように子供の保護を依頼したが、その間に出勤して来た幹部職員（氏名不詳）から、入管が保護するためには、入国管理局の指示決定がなければできないとして、協力することを拒否された。午前六時から九時ごろまで。

警察について、新潟人権擁護××という肩書のついた名前を見つけ、そこにも電話で事情を説明したが、ここも協力を得られなかったという。

金光子はこの時点ではじめて、東京の入管局に訴えることを、民団大阪本部、駐日大阪総領事館などに電話で要請して来た。民団大阪本部から中央本部に、大阪総領事館から大使館に、それぞれ電話によって連絡された。

これが当日の午前十時前後である。午後三時乗船開始、同五時出港の予定という。この時間では東京から間に合うように新潟に行くことは不可能であった。

金光子が、入管出張所から清風荘に電話をして、やっと電話口に出た前夫張甲宗と話をしたが、張甲宗は全く相手にせず、逢うことも拒否し、子供たちを電話口に出すことも拒否し、話したくない、といって電話を切られた。これが新潟に来ての唯一の接触にすぎなかった。

以後のことは、金光子の抗議文の通りである。

尚、金光子ほか全員は永住権許可者である金光子の住所は次の通り。

大阪府池田市神田町二－二五－二

相互理解と友好親善

三重県にも 日韓親善協会

23日10月 設立総会、記念に韓国旅行

「日本と韓国とは、歴史的にも地理的にも深い関係にあり、両国民の善意と良識のもとに、経済、学術、文化の交流と民間レベルによる友好親善のための諸事業が推進され…真の相互理解と友好親善を、なお一層図るべき必要性を強く感ずるもの」という設立趣旨で、三重県にも新たに日韓親善協会がようやく発足、関心を寄せている多くの両国人士たちから、その発展が大きく期待されている。

去る十月二十三日午後三時半から津市商工会議所で、韓日双方七百人が集まる中でひらかれた、三重県日韓親善協会設立総会は、鄭仁栢（三重県韓国人商工会々長）、山本重治（津市商工会議所）両氏司会のもと、両国歌斉唱、発起人を代表して陳且祚（民団三重本部団長）、中川利吉（中川製作所社長）両氏があいさつ。[illegible] 各氏がそれぞれ選出され着席した。

ついで、議事に入ってからは、司会の鄭氏が、設立趣旨と会則案を朗読、これが採択され、役員選出に移り、次の各氏が選出された。

このあと、再び鄭氏が、[illegible]

来賓として、日本側から田川亮三、藤波孝生、田中覚、角永清の各氏、韓国側から尹公使と李彩雨民団中央副団長が、それぞれ祝辞をのべ、同協会の前途を祝い、[illegible]の先唱で万歳三唱があり、祝賀パーティに移った。

なお、同協会では、記念事業の第一弾として、十一月四日から五泊六日で、約五十人が韓国へ親善旅行をすることになっている。

会長に中川利吉氏就任

会長　中川利吉
副会長　陳且祚
〃　鄭仁栢
〃　山本重治郎
〃　倉田文治

経済人の多い理事陣に期待

[illegible] として、わが方は三重県全域にわたって宣伝啓蒙を徹底させ、総連の誤まった破壊工作を粉砕して欲しい。また双方の理事陣に経済人が多いのは、何よりも頼もしく、事業推進の上に絶対の条件をそなえたものといえるべく、力強い限りである。私的なことで恐縮だが、私は少年時代、四日市の河原田農校で学んでおり、人一倍三重県には親近感を感じている。

津市で開かれた三重県日韓親善協会設立総会

祖国発展に深い感銘

青年幹部本国研修会大きな成果

既報の通り、去る九月二十七日から、本国で開かれた青年幹部研修会 [illegible]

韓国物品展好評

東京アブアブ百貨店で開く

[illegible] 品、人蔘である。会場では韓国の民谷音楽を流し、女子店員は韓国伝統の民族衣裳を着飾って来客にサービスした。

同店では好評を博した今回の経験を生かして、幅広い検討を重ね第二、第三の韓国展を開くことを企画していると語った。（写真は人気を浴びた韓国物品展）

本紙読者慰安の夜

京都で国劇など鑑賞

[illegible] 一行二十四人を [illegible] 行った。

公演第一部は、李朝唱劇「薔花紅蓮」三幕六場（李朝時代の民話を唱劇化した演劇）の本格的な舞台演劇で、約二時間の熱演が続き終演の時には、場内の観衆が涙を流しながらの拍手を送った。

第二部は、才劇と南・西道民謡で心ゆくまで楽しませ、午後九時国慶記念に全プロを終えた。

神奈川県韓国人綜合教育センター「建立促進の夕」

十月二十三日、横浜商銀信用組合では閔寛植文教部長官を迎え、神奈川県韓国人綜合教育センター「建立促進の夕」が催され、同センター設立の基金調達のため昼夜奔走している県内同胞と意見をかわした（円内は閔長官）

ソウル勤労者世帯

収入五万四千　230㌦

ソウル市内勤労者一世帯（平均五・一四人）の月平均収入は五万四千二百九十ウォンで一年間に七千五十ウォンふえ、支出は四万五千六百八十ウォンで四千二百六十ウォン [illegible] ている。

韓国沿岸

水質に太鼓判

去る三月、二十日間にわたり韓国周辺カキの衛生管理状況を調査した米FDO（食糧医薬局）調査団は「韓国南海岸の水質はキレイでカキの衛生状態も米国と変らない」との報告書を発表した。このほかにも鎮山湾、巨済沿岸の水質は最も優良であり、麗水、竹島、加徳湾は理想的養殖場ではあるが水深が浅く潮流の早いのが欠点だと指摘した。

"文教活動の働き手"たらん

中堅指導者研修会終る

韓国政府文教部（閔寛植長官）主催による、在日韓国人のための中堅指導者研修会に参加の在日研修生四十人は、去る九月二十八日のKAL便で、金奉鍾団長（民団中央文教局長）と成頂容副団長引率のもと羽田を発ち、韓国での三週間にわたる研修日程を終えて、このほど全員元気で帰日した。

出発当日、駐日大使館の楊成烈首席奨学官と張英烈教育官補らに励まされ、ソウルへ向かった一行は、二十九日の開講式をスタートに、朴大統領の指導理念（林芳鉉氏担当）を始めとして、国語、韓国史、維新課業と安保、セマウル運動、経済発展の現況と展望、在日韓国人の法的地位・教育・指導者の使命、文教政策、指導者と組織、祖国統一と当面問題などの十七科目にわたる講義を、国内一流専門家から受け、この種の研修会では近来まれに見る充実した成果をおさめることができた。

研修生一行は、教育期間中、文教部と外務部礼訪につづいて、国立墓地参拝、古宮、水原市のソウル農大、セマウル示範部落、板門店、顕忠祠、国楽院、仏国寺、博物館、京仁・釜山・蔚山地区工業団地、教育施設など広範囲にわたり、見学・視察、研修会の実績を幅広くつみあげ、十月十八日午前十時から、修了式にのぞんだ。

なお一行には、朴大統領と閔文教部長官から特別記念品が授けられ、日本に帰任してからは、在日同胞の文教活動の働き手となることを力強く誓いあった。

大阪で韓国学生作品展

民団大阪府地方本部（姜桂重団長）では、大阪韓国教育文化センターなどの協賛を得て、同胞子弟たちの民族精神を涵養し、情操教育の高揚をはかるため、学生作品展を、来たる十一月十三日（火）から二十日までの間、同本部講堂でひらく。

（実施要領）

募集作品……図画、書道、作文（小学生は四字詰原稿用紙三枚まで、中学生は五枚まで）の三種目で題材は自由。

しめきり……十一月五日まで。

募集対象……在大阪韓国人子弟。

入賞……十一月十三日入賞者を発表し施賞（金・銀・銅）する。

領事実務講習

福岡でひらく

本紙一、一〇〇号既報、政府と駐日大使館の具体的努力を得て、日本全国十個地域を対象とした領事事務に関する巡回講習会は、去る十月二十日には、民団福岡県本部でひらかれ、九州地方七県から、実務者七十三人が参加、戸籍、国民登録などに関する実務法を受講した。

団体賞に旭支部

青年会千葉県本部 ボウリング大会開く

在日韓国青年会千葉県本部主催第二回ボウリング大会が、去る十月二十八日午後二時から、千葉市・レーオボウリング場で管内各支部青年九十余人が参加したなかで開かれ熱戦を展開、旭支部青年会が団体賞を獲得した。

親善ゴルフ大会

民団兵庫

民団兵庫県地方本部（鄭炳采団長）では、去る十月二十五日午前十時から播磨カントリークラブで県内同胞四十五人参加のもと、親善ゴルフ大会をひらき、次の入賞者を出した。

一位…金成林（青雲社）
二位…姜好清（兵庫商銀）
三位…朴 [illegible]

この大会での十位内入賞者と、同じく来年三月に開催される大会での十位内入賞者は、来年十月ひらかれる県知事杯争奪ゴルフ大会への参加資格が与えられる。

広島県陝川人会創立会開く

さる十月二十日午後五時から、広島市の教育文化センターで、広島県に在住する慶南陝川出身者五十五人が集まり「広島県陝川人会」の創立総会を開いた。

この会合で会長以下各役員が決定したが、初代会長には広島県韓国人商工会会長 [illegible] が選ばれた。

会は創立年度の事業として、本国陝川邑に一万九千八百平方㍍のグラウンドを寄贈することになり、早速その基金一千五百万円を募金することにしたほか、中型乗用車一台を陝川邑に寄贈した。

なお広島での韓国人原爆被爆者四万人中三千人が陝川郡出身者であるので、それらの人達に対する物心両面からの応援も行うことを決議した。

尋ね人

鄭福水さん

☆鄭福水さん（61・陝川長志）[illegible]

☆李応東さん [illegible] と李圭玉さん [illegible]

☆李仁出さん（56）[illegible]

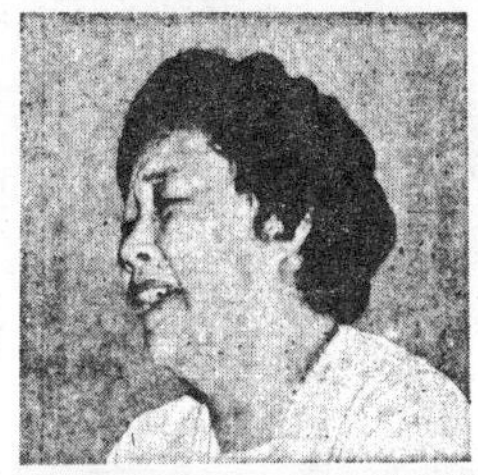

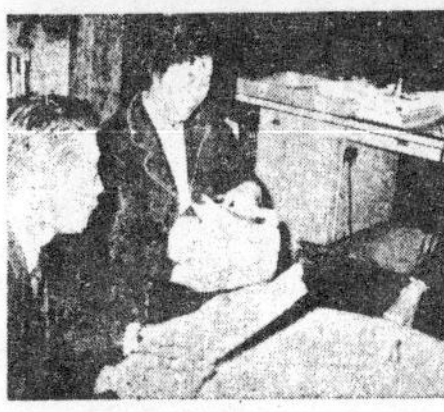

韓国と日本の関係に新視点

日本上古史(文定昌著)抜粋と解説

(18)

広開土王碑文 (3)

王陵碑文に現われた倭との関係①

高句麗広開土王碑文は「倭以辛卯年来渡海破百残□□□羅以為臣民」としている。(解説参照)

辛卯年は、正に高句麗広開土王の元年(三九一)である。

既に述べたとおり、高句麗と百済は故国原王以来二十余年間にわたり聲化宗関を続けて来た間柄で、広開土王碑文は百済を討って残った残敵という意味で百残としている。

辛卯年に来た倭は百済救援軍、碑文は高麗が主体

シャバンヌの拓本（左から三行目が問題の個所）

新刊案内

倍達民族の始祖と官職通覧事典

金南完編

韓国における姓や氏の系譜を分類整理し、同じ姓字でもそれぞれ……

「韓国、官職通覧事典」の名で新たに編者、発刊された。

……ハングルと漢字併用でわかりやすく叙述されている解説は、良質の紙面に写植印刷の配慮がゆきとどき、読みやすい。(B)

統一教布教 米国で盛ん

朝日テレビで韓国特集

林慶業将軍傳 (二一六)

訳 洪 相 圭

編 八 東 周 吉

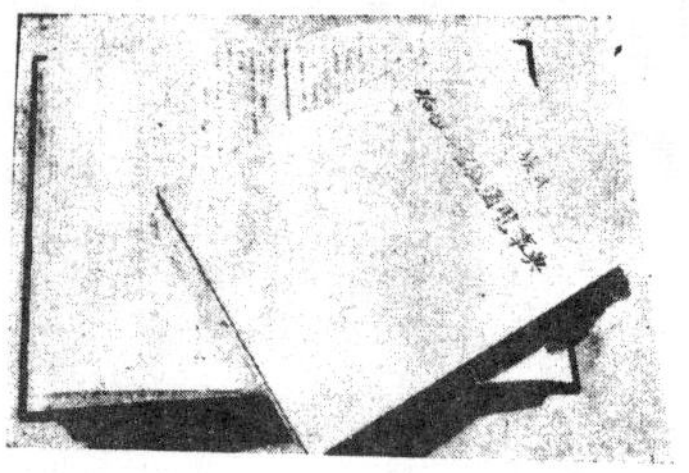

韓國新聞
在日大韓民国居留民団中央本部機関紙
韓国新聞社
発行人 金正柱
東京都文京区春日町2丁目20—13
電話 直(815)1451~3 交(813)2261~5
振替口座 東京 163774
本国連絡所（民団本国事務所内）ソウル特別市鍾路区世宗路 政府合同庁舎内
電話 73—0162・0165

民団綱領

一、われわれは大韓民国の国是を遵守する
一、われわれは在留同胞の権益擁護を期する
一、われわれは在留同胞の民生安定を期する
一、われわれは在留同胞の文化向上を期する
一、われわれは世界平和と国際親善を期する

北送のわが子をかえせ！

兄弟救出女性委で百万署名

日本の母親にも協力訴える

本紙既報、二人の子供を朝総連の謀計で北韓に連れ去られた母親金光子さんは、さる九日、民団中央本部を訪れ、李彩雨副団長、李鍾舜民生局長らに挨拶かたがた、別項のように、正式に民団に対して子供達を連戻すことについて助力を要請した。なおそのときに日本各界の良識者にあてるアピール文も託していった。本国においてもこの問題が大きな反響を呼び韓国女性団体協議会（李淑鍾会長）では「金光子女史張児兄弟救出韓国女性委員会」を、全国六十の女性団体の協力で構成し、十一月十六日を期して全国一斉に「百万人署名運動」を展開することにしており、この日午前十時から午後五時までにカードによるキャンペーンで署名を完了することになっている。また、張康貫、康徳両君が在学していた大阪池田中学校では、「わたしたちの学校の野球主将である康貫君兄弟を戻して下さい」という運動を全校的に展開し、救出署名運動を開始した。また、在日大韓婦人会中央本部（金信三会長）では、同国の婦人たちが協力して康貫君兄弟救出の署名運動をおこすべく準備を進めており、きたる十九日、午前十一時から金光子さんの出席のもとで東京九段会館で集会を開くことになった。

↑池田中学校庭で、野球部のユニホームを着た主将康貫君と、制服姿の康徳君兄弟、再びこの姿が見られるだろうか？

↑民団中央本部で、日本の良識者に訴えるアピール文を書く金光子さん（十一月九日）

キャプテンを戻してと同級生

人道的次元での解決を

金光子さん民団中央本部に要請

私はこの度不本意に北送された二児の母であり、韓国籍を持ち協定永住権の許可を持つ在日韓国人の一人として、この度の事件が私個人の力ではどうにもなりませんので、在日韓国人の権益擁護団体である居留民団本部に助力をお願い申し上げます。

この度の不祥事は、私個人の問題であるばかりでなく、日本に居留する韓国人全体の問題として、この事件に関係した日本の当局者が一方的に処理して招いた事件であることを深く追求し、その責任の所在を明らかにすることによって、在日韓国人が法的に当然守られるべき権利取得のために、居留民団は立上がっていただきたいのであります。

この問題は、韓国と日本の政治的な制約下での解決でなく、広く人道的な立場で、高い次元での人間性と権利を正視し、人類の平和のために資するべく働かってほしいと思います。

私個人の善意が一人対一人の背信ではなく、人類の背信として問題を抱け、その波紋が一つの基点から出発し、ひいては人間本来の像にまで高められる必要があります。このためには、在日韓国人の全員の協力を是非とも迎望して止みません。

また私個人としましても、在日同胞の皆様の御協力にすがり、北送された二人の子供を私の手に戻していただきたいという気持も、当然持っております。切に切に御協力をお願い申し上げます。

一九七三年十一月九日 金光子

在日大韓民国居留民団中央本部団長様

"血の通う人間として" 日本の識者に訴える

金光子さんのアピール

私は日本に生を受け現在まで居住する韓国人の一女性として、日本の良識者に訴えるものであります。

愛は遠く民族を越え、そして国境を越えるものであります。

如何なる社会機構も、偏狭なる思想も、愛のみにおいて強く自由であると思い信じて参りました。それは人間のみに許された尊い権利であると思います。人間の尊厳と権利が守られる事は、人類の発祥から現代までの歴史が証明されている如く、人間性への解放であり根底には人間愛への討論であったと思います。

私が今度、人間として、最後の義務で、また母として当然の義務、むしろ母としてより人間としての立場から、とらざるを得なかった別れた夫への最後の賭として尽くした善意が、全くの謀略と非人道的な計略にかかって、最愛の子供達の意思とは逆に強制北送された事件に関して、今まで日本の善意を信じ、良識ある国として信頼し切っていた私にとっては、青天のへきれきの衝撃でした。これは別れた夫が子供や私に対して卑怯な手段を講じ朝総連を組ませて仕組んだ事であったにしても、それまで事件が発生（出港した）するまでの経過において、法治国家であり、[illegible]である日本の為した事実である事は何故の根拠をもってしたのか、そして日本国法には人間としての血も涙もない格子な表示紙のような法律のみしか無かったのかと私は、ここにおいて初めて人間への信頼、日本国への信頼が大きく一団と崩って不信せざるを得なくなったことは、私自身人間としての存在を抹消するにも等しい事であります。

一小市民として、母として心血を注いで来た一生がこのような結果で終っていくのでしょうか。法を超え、理論を超えて、一人の人間として、皆さんの暖い人間としての血が通っている人として、この一人の母の叫びを私だけの問題としてのみ考えず、世の親として、母として、子として、人間として考えてみて下さい。

子は母の懐にのみ安らかに眠るものです。再び母の胸に抱かれる様関係当局、世の皆様にお願いする次第であります。

一九七三年十一月九日 金光子 記

朴正熙大統領 全国団長研修会の38幹部を接見

十二日から十四日まで、ソウルで行なわれた全国民団地方本部団長研修会に参加した民団中央本部金正柱団長をはじめ、民団幹部三十八名が、十二日青瓦台へ朴大統領を訪れた。

民団幹部一行を接見した朴大統領は、在日同胞二世教育を積極的に支援すると約束し、民団も引きつづき努力するよう要望した。

なお、十八日から一週間、民団全国事務局長会議が、同じくソウルでひらかれる。

国益論に立脚し 組織破壊を阻止せよ

金大中事件に臨む民団の再確認

民団中央本部では、金大中事件に関して、去る六日開かれた第三十五回執行委員会で、次のように民団としての態度と方針を確認した。①金大中事件を判断する場合、民団は国家利益を優先して考えることを前提とする「国益論」に立脚する。②事件の真相については、徒らに憶測することを慎み、韓日両国捜査当局の捜査結果を待ち、最終的な発表を注目する。③事件の政治的解決については、現在韓日両国政府間で努力が払われているので、民団としてはその結果を尊重する立場で支持する。④在日同胞六十万民団員は、この事件を口実に組織を破壊しようとする北傀と朝総連の策動、不純分子一派らの動きを警戒し、これを断固として排除して、[illegible]

第2回文化賞決定

言論で金允中氏、体育で蔡洙仁氏

民団中央制定の第二回文化賞受賞者に、言論分野で金允中氏（KPI社長）と、体育分野で蔡洙仁氏（体育会副会長）がそれぞれ決定され、来たる十一月二十六日午後一時から、東京・韓国公報館で授賞式が行なわれる。

両氏とも、多年間にわたり、在日韓国人社会に貢献してきた業績が顕著であるのがその授賞理由である。

在日言論界の長老

金允中氏 ソウル特別市で一九一二年生れ。旧制釜山中学、明治大学法学部新聞研究科を卒業後、新聞記者生活に入り、第二次大戦終戦直後朝鮮情報社を創立、のちKPI通信を経て現在のKPI通信となる。

在日韓国言論界の長老として指導的位置にあり、在日韓国新聞・通信協会々長職もつとめ、去る三月には、[illegible]

金允中氏

[illegible]筆入りをしてきた。

一九六七年には、韓国々防長官賞、翌六八年には外務長官賞をそれぞれ授与されている。

著書に、「人声人語」「世相近時片々」「平壌見たまま聞いたまま」などがあり、その鋭利な筆法は高評を受けている。

体育一筋に三十余年

蔡洙仁氏 本籍はソウル特別市で一九一七年生れ。

日本の東京YMCA体育研究[illegible]、[illegible]デンマークのコペンハーゲン体育大学をそれぞれ卒業。学生時代からスポーツなら何でもこいの万能選手で、日本YMCAの体育主事、日大の水泳講師のあと、オリンピック関係では、ヘルシンキの自転車監督、ローマ、インスブルック両大会のコーチ、東京大会では在日韓国後援会の競技局長、グルノーブル、メキシコ、ミュンヘンでは役員をつとめた。

特に在日同胞のための体育向上につくした功績は大きく、第二次大戦後いち早く在日朝鮮人体育会（当時は一本にまとまっていた）を設立して会長に就任、建国の[illegible]

民団の前身である建国促進青年同盟の訓練所長東京韓国学校創立時の体育教師を兼任したこともあり、常に愛国愛族の先頭に立ち、現在では民団中央委員、民団東京本部副議長、大韓体育会副会長を兼任しており、新潟県赤倉には、在日有志たちの協力でたてられた「ウリ山荘」の施設があって、毎冬同胞子弟のためにスキー講習会をひらいている。

蔡洙仁氏

訂正

本紙十一月三日付の一一〇二号一面右中段記事のサブタイトルで「十月十八日、大阪地方委ひらく」は、十月二十三日の間違いなので訂正お詫びします。

照点

特定思想者の機関紙化を脱せよ！

日本新聞界の猛省促がす

金大中事件は、金大中氏が事件発生後ソウルの自宅で記者会見してから、七十四日目に自由の身となったことで一つの段落を迎えたが、金大中氏が自らの意思で反省し記者団に対して「自分の海外活動が結果的に国家に累を及ぼし申訳ない」と言明しており、また、金鍾泌国務総理が韓国国会の答弁で、本人が反省しているので過去の海外での活動は不問にする、とはっきりした方針を打ち出している。

ところが、金大中氏の言明や、韓国政府の方針が明らかになっているのにも拘わらず、日本の一部言論機関は、連日執ように金大中氏に質問を行ない、何らかの別な答えを引き出そうと試みることを続けている。金大中氏がアメリカに再留学することがどうの、政治活動を再開することがどうのなどと、金大中氏自身が将来自分の意思で決定する内容を、何とかして現在の段階で引き出そうとして、実に見苦しい憶測と予想記事で連日新聞を埋めている。

日本の大新聞が、政府間の努力をぶち壊すように、ぶち壊すようにと論陣を展開していることは、韓日間の友好ムードを壊すことにその目的があるように思える。

日本の大新聞が、共産国家、北韓の問題については追従を専らにしながら、韓国に対しては「報道の自由」の名のもとで、国家の尊厳を侮ずことを平気で行なっている。

朝鮮大学を建築させた朝総連が、その代金を支払う段階で、朝鮮は日本に三十六年間も酷使を受けたのだから、建築費を支払う必要はない。ということを主張して金を支払わずに業者を倒産させたことや、最近新潟でおこった金光子さんの二児が朝総連の詭計で北韓に連れて行かれた問題など、日本の新聞には一行も報道されていない。

義憤を感じて論陣を張るならば当然これらの問題は大きく報道されるべきであるし、またそうあらねばなるまい。

報道するのも自由なら、報道しないのも自由だ—という論理をふり回すなら、これは愚草言語同断、その新聞は"一般紙"でなく、ある団体、ある特別な思想の持主たちの「機関紙」にすぎないのである。はじめから、報道方針に定まった方向が内包されている新聞が、一般紙づらでまかり通るのは日本だけであろう。

日本新聞界の猛省を望む次第。

（真居士）

大阪民団で入管に申入

また民団大阪本部（姜桂重団長）では、さる六日、李聖南事務局長他が大阪入国管理事務所の高崎辰三第一審査課長に会見し、①虚偽の申請を受入れて出国証明書を発行した新潟入管当局の真相を究明すること、②引揚者宿所（清風荘ホテル）の人道的立場からの機能是正、の二項について申入れ、高崎課長から近日中に調査して回答するという約束をとった。

[illegible]教育の実態、特に[illegible]学教育の充実を計って日本でも稀にみるL・L設備を終えたことが報告され、来年の創立二十周年を記念し多彩な行事を計画中であると民族各機関の積極的な協力を望んだ。

加えて、東京韓国学校の安聖出理事長が登壇し、学校の運営面に関し詳細な数字をあげて説明したが、当面の物価高にもかかわらず教職員の報酬が初任給四万五千円という低額では気の毒でならないベースアップしたくても財源難で窮している実情を訴え、在日韓国人の義務として今後とも積極的な支援を要請するとアピールした。

日本の偏見報道と張兄弟救出も論議

〔民団東京地方委開く〕

民団東京本部（鄭東淳団長）の第三十二期第十一回の定期地方委員会が、去る九日午後一時から熱海市の「つるやホテル」で開かれた。

会議によって国民儀礼のあと、教育憲章を金致淳副団長が朗読、委員点呼に入り、五十六人構成中三十六人が参席して成立、金尚弘議長の開会辞、鄭東淳団長、[illegible]監察委員長のあいさつにつづいて、中央本部団長代理として尹奉啓事務総長、金仁洙顧問らの祝辞が述べられたあと、駐日大使館の[illegible]、[illegible]事件による民団発展の基本事業に関し、具体性を発揮するようにとの激励辞が述べられ聴衆に深い感銘を与えた。つづいて金信三大韓婦人会長の祝辞のあと、[illegible]東京韓国学校長の二世教育の実態、[illegible]

経過報告に入っては、金[illegible]議長、金致淳副団長らがそれぞれ報告をし、また各分科委員長の報告監察機関報告があってから、質疑応答に入ったが、①十月十九日新潟港から北韓に強制拉致された張東貫兄弟の救出対策、②一部日本言論機関による偏見報道に対する対処、③負債に関する件が提議されたが、張兄弟事件に関しては、尹奉啓事務総長が現在までの経過を説明し、日本法務大臣宛に公開質問状を出したので、来る二十日までには返答があるはずだから、その内容によって闘争方針を決めたいことを明らかにした。一部日本言論機関の偏見報道に関しては李[illegible]参事が所見を述べ、負債に関しては金致淳副団長が年内に解決する見通しがあることを確認し推進副議長の閉会辞、鄭東淳団長の万才先唱で閉会した。

民団兵庫地方委

民団兵庫県地方本部（鄭炳福団長）は十月三十日午前十一時半から神戸の県教育会館で第十四回定期地方委員会を開いた。

母国留学生募集

一九七四学年度在日韓国人母国留学生を次のように募集します。

一、募集対象

母国の大学課程以上（大学又は大学院）で自費修学を希望する在日本大韓民国国民

二、志願資格

①日本外国人登録法に依る登録を済ました者
②日本国内で高等学校を卒業した者（一九七三学年度卒業予定者を含む）
③日本国永住権を取得又は申請中の者

三、留学順序

①大使館が主管する詮衡に合格しなければならない
②大学志望―大学は三校まで志望が可能です
③入学許可―志望校に対する入学可否は一九七四年初に本国政府が決定通報し、一九七五年度に入学が許可されます
④予備教育課程及び大学就学時期―母国大学に入学が許可された学生は全員ソウル大学校内に設置されている「在日韓国人母国留学生予備教育課程部」に入学して、一年間所定の課程を履修し入学が許可された大学において一九七五年度から就学します。

四、提出書類（志望大学別 各一通）

①母国留学志願書（所定様式） 一通
②留学希望者調書（所定様式） 一通
③卒業証明書又は卒業予定証明書 一通
④成績証明書（最終学校分） 一通
⑤国民登録済証 一通
⑥外国人登録済証 一通
⑦所属民団長推薦書 一通

五、志願書交付及び提出先

駐日韓国大使館 教育官室
駐大阪韓国総領事館 教育官室
駐札幌韓国総領事館 教育官室
駐福岡韓国総領事館 教育官室
駐名古屋韓国領事館 教育官室
在日大韓民国居留民団中央本部 文教局
在日大韓民国居留民団各地方本部
各地方韓国教育文化センター

六、志願書提出期間

一九七三年十月二十五日から十一月二十四日まで

七、詮衡実施

①日時 一九七三年十二月二日（日曜日）午前九時試験場集合
②場所
▼関東地区・東京韓国学校
東京都新宿区若松町二一 電話〇三（三五七）二二三三
▼東北地区・札幌韓国教育文化センター
札幌市南九条西四丁目 電話〇一一（五一一）八九三一
仙台韓国教育文化センター
仙台市本町一―五―三四 電話〇二二（二二）六九七〇
▼中部地区・大阪韓国学校
大阪市西成区梅南通五―五 電話〇六（六六一）二八九八
▼西部地区・福岡韓国教育文化センター
福岡市博多駅前一―一八―一七 電話〇九二（四三）四五八五
▼名古屋地区・名古屋韓国教育文化センター
名古屋市中村区井深町一六―五四 電話〇五二（四五一）二三九三
③詮衡科目 ▼大学志望者…国語・英語・数学・作文・面接
▼大学編入・大学院志望者…国語・英語・論文・面接
※予備教育課程履修希望者は書類詮衡のみで合格者を決定します

八、予備教育免除（七四学年度新設）

在日韓国学校の卒業生（卒業見込者含む）で学校の成績が優秀であり予備教育を免除しても大学においての修学が可能であると認め出身学校長の推薦を受けた者の中で、詮衡成績が卓越な者（全科目成績が優秀な者）は予備教育の免除ができます。

九、其他事項

①一九七四学年度入学が予定されている者でも予備教育課程の成績が極めて不良で修学の見込みがないとみなされた場合は大学就学を保留します。
※特に「ソウル大学校」は予備教育課程修了後、同大学が別に実施する「母国留学生特別詮衡」に合格しなければなりません。
②学校入学は第一～第三志望校中で許可されますが、留学期間中の大学及び学科の変更（転学・転科）は、指導教授・ソウル大学在外国民教育研究所及び文教部が妥当な理由があると認めた場合に限りますので、学校及び専攻学科の選定には慎重を期して下さい。
③其他の事項は最寄の韓国教育文化センターに問合せて下さい

国費留学生募集

一九七四学年度在日韓国人国費母国留学生を次のように募集致します。

一、募集対象

母国留学の熱意、態度及び精神が健全なる在日大韓民国国民

二、志願資格

①日本外国人登録法に依る登録を済ました者
②日本国内で中学校三学年に在学し一九七四年三月卒業予定の男子
③日本国永住権を取得又は申請中の者

三、募集人員 一〇名

四、留学順序

①大使館が主管する詮衡に合格しなければならない
②詮衡に選ばれた者は、ソウル大学校師範大学附属高等学校で一年間予備教育を履修した後、七五年度に同一学年へ入学します

五、提出書類

①母国留学志願書（所定様式） 一通
②家庭環境調書（所定様式） 一通
③小学校卒業証明書及び中学校卒業見込証明書 各二通
④中学校成績証明書 一通
⑤国民登録済書 一通
⑥外国人登録済証 一通
⑦所属民団長推薦書 一通

六、志願書交付及び提出先

駐日韓国大使館 教育官室
駐大阪韓国総領事館 教育官室
駐札幌韓国総領事館 教育官室
駐福岡韓国総領事館 教育官室
駐名古屋韓国領事館 教育官室
在日大韓民国居留民団中央本部 文教局
在日大韓民国居留民団各地方本部
各地方韓国教育文化センター

七、志願書提出期間

一九七三年十月二十五日から十一月二十四日まで

八、詮衡実施

①日時 一九七三年十二月二日（日曜日）午前九時試験場集合
②場所
▼関東地区 東京韓国学校
東京都新宿区若松町二一 電話〇三（三五七）二二三三
▼東北地区 札幌韓国教育文化センター
札幌市南九条西四丁目 電話〇一一（五一一）八九三一
仙台韓国教育文化センター
仙台市本町一―五―三四 電話〇二二（二二）六九七〇
▼中部地区 大阪韓国学校
大阪市西成区梅南通五―五 電話〇六（六六一）二八九八
▼西部地区 福岡韓国教育文化センター
福岡市博多駅前一―一八―一七 電話〇九二（四三）四五八五
▼名古屋地区 名古屋韓国教育文化センター
名古屋市中村区井深町一六―五四 電話〇五二（四五一）二三九三
③詮衡科目……国語・英語・数学・面接

九、其他事項

①入学が許可された者に対しては諸公納金を国費とし、所定の奨学金を支給します
②其他の詳細は最寄の韓国教育文化センターにお問合せ下さい。

駐日本大韓民国大使館教育官室

〒一〇六・東京都港区南麻布一―二―五
電話 〇三（四五三）九六五三
電話 〇三（四五二）七六一一～九 内線八一

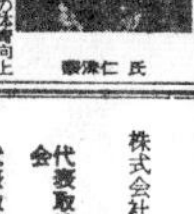

国連同時加入案と連邦制案(2)

秋聖七

(承前)

したがって、金日成が「連邦制による『単一加入』ならぬ『同時加入』は、分断を永久化する」ことだと図式するのは理屈に合わない話である。

朴正煕大統領の六・二三平和統一のための外交宣言は、統一を実現するための賢明な現実的措置であり、決して韓半島の分断を固定化させようとするものではなく、反対に南北韓が、それぞれ相手の現実的地位を暫定的に認めることにより、平和統一を促進させようとする実質的な南北関係改善策なのである。

すなわち韓国が、北韓の国連加入や、その他の国際機構への加入に反対しないのは、閉鎖的な北韓をして国際社会に参加させ、その社会を開放させることによって、国際的秩序と平和機構努力に順応させ、国際平和と祖国統一の与件造成に尽くせるようにするためである。

このように韓国が統一のための現実的努力を傾けているのに反し、これまで二回も加入申請したことがあり、また、実際に国連に接近している北韓側が、あえて現実を無視し、国際平和機構である国連への加入に反対しているのは、表面上は「平和」と「統一」を唱えていながら、その実、緊張の持続と分断の永久化を狙う術略であることは、疑う余地のないものである。

とくに北韓側が、内外的な現実的基盤の上に立ち建設的な努力を通じて、統一問題を解決しようとする韓国の主張に対して、国連代表権のように、現実の状況によって再調整が容易な問題を、逆に重要視して、それを理由に、国連同時加入に反対している底意はどこにあるのだろうか。それはほかでもない分断固定化の責任を、韓国側に転嫁することにより、「連邦制」を通じて、チェコ式または中国の国共合作方式の赤化統一を達成しようという魂胆のうちを、露呈したものといわざるをえない。

単一加入固執は不合理

六・二三平和統一宣言が統一の道

連邦制提案について

連邦制提案の内容

北韓が、いわゆる「南北連邦制」を初めていい出したのは、一九六〇年のことであった。韓国で四・一九学生義挙後、民主党政権が樹立され、平和統一論争がたけなわであった一九六〇年、金日成は八・一五記念節を通じて、統一案の一つとしての南北連邦制を提案した。

金日成が南北連邦制を提案したのは、当時の状況的特性からみて韓国で四・一九義挙により、自由党政権が倒れ、内閣責任制憲法改正案が国会を通り(一九六〇年六月十五日)、国会議員選挙(七月二十九日)、新国会の開院(八月八日)、国会での大統領選出(八月十二日)、張勉国務総理の国会批准による第二共和国内閣の誕生など、新しい政治秩序がまだ確立されなかった時期であったため、韓国の情勢変化と平和統一論に便乗して、韓国民の呼応を獲得しようという意図から出たものであった。

そして、金日成の提案内容は、大半がそれまでに彼らが提唱してきた主張を整理したものに過ぎず、ただ「連邦制」という大しい用語でカモフラジしただけのものであった。

このような南北連邦制の提案は一九六〇年十一月十一日と十九日にも言及され、さらに十一月二十四日には、いわゆる北朝鮮最高人民委員会の崔庸健委員長が、放送を通じてより詳細に言及した。その後、南韓の政治・社会秩序が、五・一六革命によって安定を回復するや、連邦制案は一時影をひそめてしまった。

その後、一九七〇年六月三日、北韓の「祖国平和統一委員会」という団体が、ニューヨークにあるいわゆる「朝鮮民主主義統一戦線委員会」の高炳哲委員長あてに出した書簡と、同年十一月二日から開かれた朝鮮労働党第五次大会の演説で、金日成は南北交流問題と軍備縮小および連邦制問題を再び取り上げはじめた。

ついで一九七一年四月十二日、いわゆる「北朝鮮最高人民会議第四期第五次会議」において、北韓の許錟外相が発表した「八項目平和統一案」の中でも、一九六〇年に金日成の提案した南北連邦制とほぼ同じ内容の連邦制を提案した。

翌一九七二年一月十日と五月二十六日および九月十七日、それぞれ平壌を訪問した外国言論人たちとの会見の席上、金日成は相次いで南北連邦制を提唱した。

ところで去る六月二十三日、朴大統領の六・二三平和統一のための外交宣言が発表されるや金日成は、同日午後八時、平壌を訪問中のチェコ共産党書記長フサクを歓迎する演説を通じて、いわゆる「高麗連邦共和国」という、特定の国号を付けて連邦制を持ち出した。

金日成の演説の骨子は、①南北間の軍事的対峙状態を解消させて緊張状態を緩和し、②南北間に多角的な合作と交流を実現させ、③北と南の各界各層の人士と政党・社会団体の代表で構成する「大民族会議」を召集し④現在の制度を当分現存させたまま南北連邦制を実現、国号は「高麗連邦共和国」とし、⑤「高麗連邦共和国」という単一の国号で国連に加入すべきである——というものである。

以上のように北韓は、一九六〇年以降今日まで、継続して南北連邦制を提唱しているが、それは時期的な背景から区分して、南北対話以前と以後では、いくつかの異なる特性を発見することができる。

第一に、南北対話以前は、独立的な別個の統一案を提示しながら韓国側がそのうちのいずれか一つを選択することを要求する方式として、連邦制を提案したのであったが、南北対話以後は、そのような二者択一方式を止揚し、連邦制を他の統一案と不可分の関連のもとで提案していることである。

第二に、とくに注目すべきことは、南北対話以前には、南北連邦制実現に何ら前提条件をつけなかったのに反し、対話以後は、南北間の軍事問題解決をその先決条件として打ち出している点である。

このような点を考慮するとき、北韓側が南北連邦制を提案した裏には、提案それ自体で何がしかの宣伝効果を狙っているだけでなくそのときそのとき適当な口実を一つ一つ追加して、南北対話の前提条件を増やすことにより、南北対話を阻害しようとしているものとみることができる。

連邦制提案の背景とその狙い

歴史的にみて連邦制は、共産主義者たちの世界赤化戦略の一手段である。東・西両ドイツ間の国家連合論争、東欧共産諸国の連立政権協商の実例、中国における国共合作などが、例である。(つづく)

懐かしの母国を訪ねて(2)

帰郷列車のなかで初の祖国との対面で喜びはしゃぐ夏季学校生

国護る国軍部隊の姿に 感激と感謝声援で胸一ぱい

尹耐子〈北九州市門司大里高校二年〉

一九七三年、夏、私にとって生涯忘れられない年となるでしょう。

私たち在日韓国学生は、第八回夏季学校に参加し、二十日間の韓国での生活を終えました。七月二十八日、日本を離れ、二十九日母国、韓国に、着きました。かねてから韓国に行きたいという念願が、やっとかなえたられしさで、私の胸は、高まるばかりでした。いよいよ釜山に到着し、自分の目で、じかに母国を見れたうれしさは、言葉では言いあらわせないほどの感激でした。

外国で育った私にとって、母国とは、遠い存在のように思っておりましたが、母国の土をふんでみると、やはり母国の暖かさが身近かく感ぜられ、なつかしさがなんとなくわいてきました。

さて、夏季学校での生活は、私にとって、一大変化を持たせたということは、まちがいないでしょう。なぜならば、今まで、日本人らしく生きてきたということです。

一つは、日本に住んでいる同じ同胞の仲間たちといっしょに生活し勉強できたということです。日本では、なかなか接することがないので、この夏季学校で、接し得たこと、また、韓国で、じかに生活している同じ民族とも接することができたことなどは、外国で、他の民族の中で生活している私にとって、よりよいチャンスでした。

また一つは、韓国古来の歴史・文化が、少しでも理解できたことです。顕忠祠(忠武牙山)参拝、古宮見学、慶州古蹟踏査、民俗芸術公演観覧など、どれもすばらしく、韓国古来から作りあげられた伝統の美しさが、愛護されていました。特に、韓国、いや、世界的に有名な李舜臣将軍は、私にとって、関心深いものでした。また、どこに行っても、ゴミ一つ落ちてなくとてもきれいなので驚きました。

また、今の韓国を少しでも理解できるようにと、国立墓地参拝、市内見学、中央情報学校見学、前方部隊訪問などがありました。古来から、外国民の侵入のため戦ってきた兵士たちのための国立墓地、この墓地の広大さ美しさは、韓民族の愛族精神が、うかがえられることと思います。前方部隊訪問は、特に関心深いものであり、考えさせられた所でもあります。国の防衛のため、昼夜を承知で、絶えず必死にがんばっている前方部隊の人々に心から感謝し、声援を送りたい気持ちでいっぱいです。

もう一つ印象深かったことは、光復節の日、朴大統領にあえたことです。あの式典の様子は、今でも目に浮かぶほどの感激でした。

夏季学校中、韓国の生活様式に接するために、民泊がありました。しかし、民泊先があまりも近代化されておりましたために、あまり韓国独自の生活様式に接し得なかったことが、とても残念でした。しかし、民泊をさせていただいたおかげで、生涯忘れられない大事な友人を得たことは、私には、かけがえのない幸せでありました。

全体的に、韓国は、全国民が、愛国心に燃え活気にあふれているように思われます。現在の韓国は、経済的に豊かではありませんが、全国民が、国をよりよく発展させようと必死に勉学にはげみ、一生懸命、努力している熱心さには、圧倒されんばかりでした。というのは、日本の人々と違って、その気がよくあらわれていました。

しかし、この熱意さと反対に、私たち夏季学校生は、何をしたというのでしょう。我が祖国はまだ、経済的に豊かではないと思いますが、莫大な費用をかけて私たちを祖国に招いていただいたにもかかわらず、外国で韓国生活を体験した学生でありながら、祖国に行って、その集団生活を乱し、学生にあるまじき行動があまりにも多すぎたことは、まことに、はずかしく腹が立ちました。というのは、言葉で言えないくらいふしだらな行動が多かったのです。まして母国でそういうことをやるとは、自分の国をけがすことと同じです。そのことだけがこの学校生活で一番心残りでした。

私自身も、ふり返ってみて、もう少し最善の努力をしていきたかったと思いました。

寮生活においては、先生方、寮の人々たちの親切な世話に対して、深く感謝しております。

韓国において、一番はずかしく思ったことは、韓民族でありながら言葉をつかえないということです。やはり、外国に住んでいて、外国の学校へ行っているので、なかなか話す機会がないためもあるでしょう。しかし、それは、単なる理由で、自分の国の言葉もはなせないということは、本当に、はずかしいことで、韓国人という誇りをもてないような気がします。だから、これからは、言葉をぜひ習いたいと思います。そして、外国に住んでいても、自分は、韓国人だということを自覚し、誇りをもっていきたいと思います。また将来は、少しでも、国のために、在日韓国人社会のために、役立っていきたいと思います。

最後に、母国は、韓国は、すばらしい。

世界に誇りうる祖国を 胸すく思いで見つめ実感した

日本より何千倍すてき 祖国の美しい姿に目を見はる

朴貴玉〈沖縄高校二年〉

韓国のことわざに、「わからぬのが薬で、わかるのが病」ということばがあるが、われわれに限ってこのことばは適切でなかった。

ほんとうに、われわれが日本で考えて来た祖国と直接行って見た私の祖国とはあまりにも差がありました。

われわれが下関で船に乗って釜山に行く時、私は船の中でいろいろな事を頭の中でえがいて見ました。

"今日の私の祖国はどんな国なのだろうか"などのことが頭の中でいっぱいでした。

このようなことを考えているうちに、船は私たちが恋しく思っていた釜山の埠頭に到着しました。

私は釜山市内を見た瞬間、驚かざるを得なかった。釜山の埠頭から市内を眺めた時、高層建物が林のようにたくさん並んでいるし、市内も空気が新鮮なので気分がまことに爽快だった。

私が住んでいる沖縄が日本に復帰前に首都だった那覇市は、釜山には比べものにならなかった。

一般的に考えて見れば、日本が韓国よりずっといい国だというのが常識だったけれども、釜山を見たあと、私は私の推測がまちがっていたと思いました。

汽車にのってソウルにのぼると、ソウルに到着してソウルを見た時、古宮と高速道路とその周辺にある高層建物と華麗等はほんとに美しく、景色がよかったし、何よりもさわやかな空気と青空は公害がひどい日本より何百倍何千倍美しかった。

私の考えでは、このようなわが祖国は世界水準に達したものと思ったので、日本にかえってきてから友達と先生に自慢をしました。

年寄りの中には、私の話を信じてくれなかった方もいましたが、私は、日ごろ、父が韓国伝道する時に、日本の方々に韓国を紹介するために「Korea」「躍ける韓国」という本を見せて発展した現在の韓国の姿を理解させました。

ほんとうに朴大統領指導のもと政府役人たちの労苦と努力の結晶が、今日の美しい韓国を作ったと思って感謝しております。

それから特に感銘深かったのは今度の夏季学校の先生方が、私たちに歴史、語学、風俗、文化等の学科を親切に熱心に教えて下さったので、何にも知らなかった私たちは、ほんとうに興味深く習うことができたことを感謝いたします。

しかし、一つ遺憾だったことは母国語を知らない学生が多いので民泊の時にことばがよく通ぜず、はずかしく感じたことでした。

このたびの期間は長いようで短かく、惜しい気持を禁じえなかったのです。私はできることなら一年でも二年でも私の美しい祖国で留学したいなあという気持ちでいっぱいでした。

行く先々で、大勢のおとなと学生たちと同胞が温かく優待してくれたことが胸に残っていますが、私たちは、日本に帰らざるを得なかったので惜別の気持ちを禁じえませんでした。

このようなよい機会を与えてくれた朴大統領閣下をはじめ文教部長官、駐日韓国大使館のみなさんと民間の役職員みなさまに感謝をささげ永遠に世界に誇ることのできる私の祖国になるよう祈願しながら祖国を離れました。

平和で豊かな私の祖国 一日も早い統一のため祈る

魏登志子〈米子北高校〉

拝啓

ただいま無事帰宅いたしました。

私達は、生まれてはじめて祖国に行くことができたこと、そして夏季学校に参加できたことは、一人一人、全員の胸の中に自信と誇りがより大きく、充実したことと思います。

私もその一人です。

何百人も参加した中で何も気をつかわなかったこと、同じ韓国人ということで親しみやすく正々堂々と生きていかなければならないと感じました。

このような三週間の夏季学校の大きな成果を韓国人としての自覚と誇りを持つことができたことが自分自身成長したことと思うのであります。

私達も立派な祖国があり発展しているのだ。日本に帰っても自信をもって日本の友達にも話をしてあげようと決めたのです。

海も、山もすばらしくきれいなのに驚きました。釜山に到着した時、明日がなんとも言えず楽しかった。

なんとなく韓国に到着したという実感がわかなかった。韓国の大地をふんだ瞬間、胸があつくジーンと身にしみたのです。

あ……私達は韓国に無事到着したのだ。これからしっかり勉強していかねばならないと思うのです。

八月七日〜八日の二日間、民泊があったのですが、大変親切にしてもらい、感謝いっぱいの気持です。

一番つらかったことは、韓国人でありながら韓国語が使えなかったこと、そのたびにもっと勉強して役立つ立派な人間になりたいと心に決めております。

八月一五日には、光復節記念式に参席しました。朴大統領の姿を見た時、夢を見ているような気がしたのですが、夢でなく本当なのです。

私は、大変うれしい気持でただ胸があつくなるばかりでした。あの時、前方部隊を訪問し、北方の山上遥かに太極旗が風にひるがえっているのを見て、私は目頭が熱くなりました。

私は祈るような気持ちになりました。ただ一日も早く祖国統一だけを願う心情が胸底から湧きあがったのであります。

平和で豊かな統一された祖国が実現しますようにと……。

話はかわりますが、ソウル大学ではわが国の歴史、国語、愛国歌を学び、大変よい思い出になりました。

先生方は、まことに親切に教えて下さり感謝いたしております。

最後に、韓国は立派な国でした。町などでとくに、バス、タクシーが多いことにびっくりしました。また、市内見学、修学旅行(慶州)もすてきな所です。もう一度、ぜひ行って見たいと思います。

そして、祖国での経験を語りあう夏季学校参加者同窓会を開くことを提議したいと思います。

ソウル釜山間大駅伝へ 在日同胞選手団初派遣

来る十九日から二十四日まで、六日間、大韓陸上競技連盟と韓国日報社主催の第十九回ソウル—釜山間大駅伝競技大会に在日本大韓体育会(鄭建永会長)は鄭勝万団長ほか二十一名の選手団を派遣することを決定した。

選手団は去る十六日午後五時、下関から関釜フェリー便で帰国した。

在日慶尚南道道民の皆さんへ 同郷人の親睦と郷土発展の為に結集しよう!

親愛なる道民の皆さん

菊花薫る佳節を迎え、謹んで御挨拶申し上げると共に、皆様の御健勝と御繁栄を衷心よりお祈り申し上げます。

ご存知の如く、かねてより慶南出身同胞の切実な念願であり、念願でありました"在日慶尚南道道民会"が、ついに去る三月創立総会を開き、待望の発足を見るに至りましたことは、これひとえに慶南出身同胞皆さんの絶大なる御支援のたまものと深く感謝の意を表する次第であります。

親愛なる道民の皆さん!

私達慶尚南道道民会の結成が、他の道民会にくらべ遅きに失した感がないでもありませんが、発足した以上は他道に負けない、より立派な、そして充実した"道民会"造りに一路邁進するつもりでございます。

本会の趣旨目的を要約すれば、一、会員相互の親睦 一、会員相互の福祉増進 一、本国同胞との連帯強化 一、郷土開発事業への協助支援による相互発展等に努めることは勿論、故郷を同じくする道民達の結集体として発会したのであります。

親愛なる道民の皆さん!

現在、私達在日慶南出身道民の総数は無慮二十数万名にも達し、在日同胞六〇万中約三分の一というおびただしい数にのぼっているにもかかわらず、郷土を同じくする道同志の親睦、提携、友誼、交換を目的とした真の交じわりの場がなかったが故の不便、支障、弊害は誰もが感じてきたことと思います。即ち、現代のすさみ切った世相や、より求められる情報化時代の中にあって、この度の私達同郷人からなる道民会組織が結成されたことはほんとに意義深いものがあり、何よりもまずこの組織を中心に出身道民総てが参加結集し、組織を育てはぐくむことに心せねばならないと思います。

親愛なる道民の皆さん!

私達同胞社会に何より必要なものは人間としての連帯感であり、緊密性でなければならないことは申すまでもありません。ごく自然な気持ちの中に潜在している故郷への郷愁・望郷心などの共通した結びつきから人間としてまじわりが深まり、同道出身同士、同姓同士、同隣りの方々というように交流を深め、親睦と助け合いの輪をひろげて、ひいては道民会親睦会等の結束を見るに至り、究極的には同胞としての連帯感が強まり、緊密性がより強化されて私達同胞社会の発展向上につながって行くものと確信して止みません。

願わくば故郷を同じくする道民各位全員、本会に加入せられ、本会の趣旨目的の達成に惜しみなく御協力・御支援賜わりますよう、よろしくお願い申し上げると同時に"在日慶尚南道道民会"を私達道民全体が交流する恒常の場として、又、心の寄りどころとして、いついつまでも愛し誇りある慶南道民として"道民会"造りにこぞって参加し、御尽力下さるよう切望して止みません。

一九七三年十月

在日本慶尚南道道民会

顧問 李澔(駐日大使) 鄭度淳(大阪総領事) 金正柱(民団中央団長) 姜桂重(民団大阪団長)

相談役 徐甲虎・辛格浩

会長 朴漢植

副会長 成海龍・蔡尚大 朴季道・徐永昊 徐奇煥・成楽三 朴順錫(兵庫地区) 李敏和(和歌山地区)

理事 姜先清・金命龍 尹章孝・朴弘伯 鄭寅永・陳琦淵 姜正龍・趙竜業 林吉瀧・朱祥祚 徐命寿・鄭天義 鄭元煥・金相洛 朴斗完・李明洙 金在振・全時然 甘次相・金九鶴 姜信洙・金基鳳 金基聞・宋台仙 金東出・金吉斗 朴英成・具文浩 黄性杉・金鳳錫 安哲中・李秀峰 朴多世

監事 金昌泰

参事 宋金出・崔海龍 許周漢・鄭百淳 金二泰・姜太和 全鋼・鄭徳朝 趙正根・金六九 崔基南

右は九月三十日迄に就任承諾書を提出された方で、未提出の方は次回発表致します

事務局

在日本慶尚南道道民会

大阪市北区曽根崎中一丁目四〇番地 信用組合大阪商銀内

電話(〇六)三一一―三八五一(代)

第二次大戦 殉難同胞の遺骨奉還

長崎で実った韓日の善意

「十五日、木浦で慰霊塔除幕」

第二次大戦中、日本の「国家動員令」が布かれ、終戦までの八年間に、百万人前後の同胞が、強制的に徴用され、日本内の炭坑、工場、土木工事現場で、いわゆる「産業戦士」として酷使され多くの犠牲者を出したことは、戦後二十八年になる今でも、わたくしたちの記憶に生々しい。中でもこの動物のような酷使と栄養失調による病気、あるいは事故などで不帰の客となった同胞たちの遺骨は、忘れられたまま、各地の寺院に今なお残されたままになっているのが多いといわれる。

237柱の遺骨が安置され、厳かに読経の声が場内を悲しみに包んだ

権寿竜さんが遺骨収集

その中の一つ、長崎県では、「このままでは戦争犠牲者の魂が浮かばれない、祖国の土に一日でも早く還してあげたい」という趣旨の運動が、今から五年前、無名の一同胞である権寿竜（通名・竹下寿雄）さんらが中心となっておこし、私財をつぎこみながら、これら同胞の遺骨収集に奔走、ついにその誠意が、心ある両国の人びとの胸をうち、「われわれも見逃すわけにはいかない！」と立ち上らせるまでになり、民団長崎県本部（鄭学春団長）、日韓親善協会（中村弘海会長）の両団体が主流となって、遺骨の収集と慰霊塔建立を実現の段階にまで到達させたという冷たい世相の中での、心温まる話題が、韓日両国の間でいま大きな反響をよんでいる。

協賛会発足して浄財集め

この事業は前記二団体を支援して、地元の三菱鉱業セメント（大槻文平社長）の百五十万円を口火に、協賛会（末岡秀夫会長）が発足、参加有志からの浄財と、この報に感激した韓国全羅南道木浦市の金東石市長とライオンズ・クラブ会員らが同市墓地公園内に確保した千五百平方㍍の埋葬地と慰霊塔建立地の提供で実を結ぶことになり、まず、去る十一月十日、長崎国際文化会館で韓国人戦時殉難者二百三十七柱の遺骨を安置して慰霊祭が催され、翌十一日には、同県北松浦郡佐々町の公民館で再び合同慰霊祭を済まして、十二日、関釜フェリーで釜山へ向かい、十五日に永遠の眠りにつく待望の地、全南木浦市で慰霊祭と慰霊塔の除幕式が行なわれることになったものである。

なお、木浦市へ向かう遺骨奉還団は、民団側二十五人、日本側二十三人の合計四十八人になるが、同日は金正柱中央団長も特別参席して追悼辞を捧げる。

李奉来氏講演と映画会盛況

さる十一月十二日午後六時から東京・神田の共立講堂で、日韓親和会（鈴木一会長）主催の講演と映画の会が開かれ日本人および在日韓国人約八〇〇名が参加して好評を博した。

主催側の鈴木一会長のあいさつと、韓国から講師として招かれた、李奉来氏（韓国芸総会長）が、韓国の文化、芸術、伝統、風習など多方面にわたる多彩な韓国を紹介する講演をおこない、つづけて韓国で有名な孝女物語の映画「沈清伝」が、感動裡に上映され、大喝采を浴びた。

静岡県商工協設立

代表理事に康民善氏

去る十一月五日、静岡県韓国人商工協同組合が認可設立された。

民団静岡県本部では、中央本部経済局（宋鶴用局長）の消費生活協同組合設立指示を受け、同本部の事情にあう組合設立を決定し、申請したのがこのほど認可されたものである。

代表理事　康民善（静岡県本部団長）
副理事長　朴水根
専務理事　朴正煥
静岡市相生町八—七号
TEL（四三）—四四—四三一—五

宇部支部で敬老会開く

民団の山口県宇部支部（白玉基団長）では、恒例の敬老会を去る十一月四日午前十時から、同市郊外にある持世寺温泉で、同胞老人三十七人（最高齢者八十二歳）をふくむ百余人が集まり、和やかなうちにも盛大にひらいた。

この日の敬老会を祝して、宇部市当局からは助成金もあり、参加者には記念品として、韓国食器一揃いが、それぞれ贈られ、楽しい一日をすごした。

韓国郵便切手を展示

二十五日まで公報館で

駐日韓国公報館では、きたる十九日から二十五日までの一週間、同館展示室で「韓国郵便切手展示会」を行なう。

駐日公報館はホテル・ニュージャパンにあり、交通は地下鉄銀座線、丸の内線の「赤坂見附」で下車するとよい。徒歩三分。

なおこの展示会は、韓日両国間では初めての試みで、多くのマニアたちの参観がのぞまれている。会場では切手の即売もする。

好評を博した創展

韓一銀行東京支店五周年

韓日貿易の窓口として活動が注目されている韓一銀行東京支店（千代田区霞ケ関ビル三十三階）では、さる十二日午後六時からホテルオークラの平安の間で、東京支店開設五周年記念パーティを催した。

パーティ場の入口に鄭永朔支店長、韓洪株銀行長、康允国常務、朴明圭次長が並び、参加者たちと握手を交わしたが、駐日韓国大使館李澔大使をはじめ、内外の取引客約四百人が参加、盛大を極めた。

韓国中堅画家創展で人気

さる十一月七日～十三日まで東京・上野の森美術館で開かれた第七回「創展」（創作画人協会主催）に韓国の三十代現代作家十名の作品が友好出品され、好評を博した。

この一行は、韓国画壇の指導的人士の一人である金栄潤氏（首都女師大教授）の門下生で、全員が大学講師クラスの最も人気ある画家たちだといわれている。

秋空の下、大運動会

青年会神奈川県本部

去る十一月四日、よく晴れた秋空の下に在日韓国人青年会神奈川県本部（李敬一会長）の主催による「第一回神奈川県韓国人運動会」が、神奈川県川崎市にある大島小学校グラウンドにおいて県下同胞一、二〇〇余名が参加するなかで行なわれた。

全南開発会長に姜永彰氏

全南開発協会では去る六日午後六時から銀座大昌園で定期総会を開き役員会を行ったが、新会長に姜永彰氏が当選した。副会長以下は会長に一任した。なお新事務所は東京都目黒区中央町二—一八—七光栄ネームプレート（株）内四七二一—〇二三五。

世界親子かけある記 ①

ビジネスと観光と歴史・美術そして…

裵乙祚・裵慶州

香港ふり出して ソウルで仕上げ

▽…男子が家業で、親爺は息子教育を、息子は親を気軽に行こうと、商売で金儲けをし、観光で気を安め、趣味の歴史、美術、そして下手な国際文化批評でも出来たら、さぞこの息づまる日本でのうつ憤晴しにもなり、同類の在日同胞にも先鞭をつけるものと、あたふたとろくに旅仕度もせず、香港を振り出しに南回りのコースをとり、中近東を経てエーゲ海を回って、ローマから欧州大陸をのしあるき、ロンドンを飛び立って大西洋を横断しアメリカに入った。

約一カ月のアメリカは、ビジネスに明け暮れた日々ではあったが、その恥部も真のアメリカの美点も再認識した。東京を素通りしてソウル入りし、この世界旅行の総仕上げを祖国で出来たことをこの上なく喜んでいる。

プロローグ

今さら世界旅行記などあまりに発達し切ったマスコミのためおもしろくもなかろうが、またおもしろおかしく読者をひきつけるならまだしも、今度の私達親子の旅はビジネスを兼ねたマッタク自由な観光旅行であった。

仕事の都合上、ホンコン経由のいわゆる南回りコースを通り、東南アジア地域の華僑の活きづいた躍法と、戦乱にあけくれたこの地域住民に力強く蘇っている"われ等はアジヤ人（Asian）"であるという人種意識に感銘し、中近東地域、即ち、古代オリエント文明の遺跡に接しては、その偉大なる人類文明の発祥の原像に驚嘆するとともに、ギリシヤローマ文明から現代西欧文化に至るまで如何に絶大な影響を及ぼしているかを再認識した。旧宗主国の首都におけるの都市スラム化現象には、驚怖と新人種誕生の生みの苦しみを見るようであった。

旅の最終地祖国の発展は、目をみはる程のテンポで進展していたが、物質文明の発達のみに汲々とするあまり、精神文化の高揚を図らねば由々しき矛盾を招くことは必定、私は今こそ全国民を挙げてあの統一新羅時代の東アジアにおける国力と、文物の発展、力強くおおらかな精神の再発見による韓国のルネッサンス（Renaissance）運動を興すことを提唱するとともに祖国の再生発展を心から願った。

こんな拙な旅行記なので果してみんなの期待に添えるかどうか解らぬが、この二カ月有余、一韓国人が、あくまで自己の見地を通して見て来た世界像を御覧いただきたい。

〈筆者紹介〉

裵乙祚氏

旧東京文理大心理学科中退。（株）金剛商事取締役。

裵慶州君

乙祚氏の長男。中央大学仏文科在学中。

アジア人意識に感銘

ノスタルジァそそる香港

見事な華僑の相互連携

◇香港（HongKong）
早安（ツァオアン）　Good morning
初会初会（チューホイチューホイ）　How do you do?
你好嗎?（ニイ・ハオ・マ）　How are you?
很好謝謝你?（ヘンハオ・シェシェ・ニンナ?）　Very well, thank you and you?

以前私は香港を中国大陸の排泄口だと言ったと思うが、今回来ても亦この考えは変らない。中国はもちろん、英国人、印度人あり、黄色白色黒色が入り乱れ、東洋と西洋が混然と溶けあって街を形成し、中国大陸と世界との欠かせぬ連絡口でもある。

街全体が巨大な市場と化して売らんかなの熱気に溢れ、こと日常生活必需品は勿論のことあらゆる人間の欲望を満さんとするものは、世界中からこの自由港に集り、そして各国の観光客の好みを欲求に応じて交換され散って行く正に国際消費市場の一大集散地の観がある。

およそ歴史的遺跡があるのでもなし、巨大なコンクリートブロックを建て並べたような、しかもわずかな海岸の平地に人間生活の全てを押し込んだ小さな島に何んでこんなにも人間が寄るのか不思議だ。

しかし、このボール程の小島に人類の知恵をしぼった商品と、人間の物欲を巧みにとらえた中国商人の自由奔放な商法と、宝石を飾めた真珠のような夜景に魅せられてむらがる人々、これらが渾然一体となってかもし出す香港特有のメランコリックな何か人間のノスタルジヤをそそるような雰囲気がその魅力らしい。

一般観光や買物案内は、多くの旅行記にゆずるとして、今回の旅行目的の一つであり私の本業である非鉄金属原料（銅真鍮亜鉛アルミ等の金属原料）の話にふれよう。

この四月香港に来た時私はこの香港第一の中国系非鉄金属取扱業者から銅スクラップ原料と大量買付け、今は相場も上り相当の利益を得ていた。

香港は、東南アジアにおける一大集散地であり、特にベトナム戦争から発生する金属スクラップの流出港であるので、それらしいスクラップが目立っていた。東南アジア一帯における華僑の、ものの見事な流通業界の相互連携をみ、今さらながら中国商法のそらおそろしさを見るようである。

大方そうであるように、中継港として香港は、一両日の滞在で旅立つが、私達も一泊してから次の目的地サイゴンに飛び立った。

你好（ニハーオ）Good afternoon, Good evening.
你歓迎吧（ニシィエチォバ）Good night.
再見（ツァイチィエン）Good-by

世界旅行こぼれ話

（1）コストはいくら

薄利多売の世の中に、これまた気の遠くなるような話。駐在の商社マンと行きつけの店にくりこんだ。愛想の良い店主が出て来て、晩安（ツァオアン）旦那と愛嬌をふりまく。中級のみやげ品十数点を選び品代の計算になっておどろいた。

くだんの商社マン「親爺ノうちの得意先だから安く頼むよ」「へいまかしといてくれやす」と品代を集計していた親爺いきなりポンと気前良く負けている。「全部でこれだけになりやす」と示された計算書を見た商社マン——

「これじゃまけたことにならないじゃないか」「わかりました。旦那、大幅に減してこれではどうです」「いやこれにしろよ、それだって儲かるんだろう」「旦那にあっちゃかなあないや、いつもひいきにしてだけるんでようございます」

と早速こちらの要求で売上伝票に品名を書き込み始める。この間の値引交渉わずか四・五分間、こちらは楽しいやらすまないやらで、ただ唖然。ところがこの商社マンまたまた値切りにかかる。

「親爺その半端けずっておけや」「ようございます、大バーゲンだ」

いとも簡単にこれで四回も値引きに応じたことになる。はてと、私は考えた。この品物のコストは一体いくらなんだろうと。

香港の露店市場

尋ね人

朴淳哲さん

☆朴淳哲さん（62才）

本籍・ソウル特別市鍾路区仁寺洞10番地

住所・ソウル特別市永登浦区鷺梁津2洞二九九の五番地

右記の住所で居住し、三年前に家出した朴淳哲さんを行方不明で渡日中の息子の朴泰楨さんがさがしています。朴泰楨さんの連絡先は、千葉県市川市本八幡五丁目11の17（〇四七三—二三—三一五一—五）、または民団中央本部韓国新聞社（八一五・一四五一）まで。

☆盧甲鉉（旧創氏名岡村政市 五〇才）

九才の時渡日し、祖国解放一旦帰国。一九四六年七月再渡日。解放前住所＝下関市幡生町長松二一〇。勤務先＝山陽電気軌道株式会社

さがしている人＝盧小鉉氏（慶南晋州市株薬洞鉄道官舎六ノ一）

連絡先＝崔昌斗（横浜市鶴見市場西中町五ノ二〇電話〇四五（五二一）〇〇八九

☆姜南駿さん（56・神原駿）

本籍は平壌市鏡斎里一五二で姜命瑞さんの三男。平壌高普卒。旧満州国北安省公署会計課に勤務中西さんのあっせんで東京市庁会計課に転勤、日大法科と東京外語ドイツ語科卒業。一九四九年の手紙には横浜か東京の朝鮮人学校に勤務していると書かれていた。弟の姜南錫さんがソウル市龍山区新堂洞十八で尋ねています。

裵南駿さん

韓国と日本の関係に新視点
日本上古史（文定昌著）抜粋と解説
(19)

広開土王碑文 (4)

王陵碑文に現われた倭との関係②

倭が第三次の侵入をしたのは永楽十四年（四〇四）であるが、このときの侵犯の様子は、碑文の上で次のように記録されている。

「永楽十四年甲辰□倭が不法に帯方界に侵入した。□□□□石城□□連船（以下九字欠）平壌□□□□たがいに討ち合い、王が旗印を高く掲げた軍船を倭船に接船させ、賊船に飛び移り手当り次第に斬り[illegible]

[illegible]た」という意味に解釈して、それから三世紀に韓半島南部を倭が二百年にわたって支配したんだ……という論法を展開し、日本が韓半島を支配するのは[illegible]然のことと[illegible]主張する材料[illegible]来た。

戦後、韓国側の学者たちが、日本の碑文の読みは、[illegible]のよいように一方的に解釈した読み方だと反論し、これからしい読み方であるとして色々新説の読みを発表している。[illegible]

と呼んだ。最近では日本で聖太子の[illegible]式で、時の[illegible]「臣・茂」（しん・しげる）と[illegible]みあげたのは有名である。また戦前の日本の教育勅語には[illegible]「[illegible]」（なんじ臣民よく[illegible]に、よ[illegible]という[illegible]た。

つまり、[illegible]れた状態[illegible]て、[illegible]民は存在したのである。[illegible]ときにのみ使われる[illegible]である。

広開土王陵碑は、広開土王のために、広開土王の功績を記録した碑である。従ってここでは「君主」とか「王」というのは、碑主「広開土王」唯一人を意味する。

"臣民"は君主あって存在する
碑は倭王を讃えたものでない

「君主」「王」のないところに「臣民」がないとすれば、この碑[illegible]

[illegible]広開土王の時代、広開土王の碑[illegible]碑が建てられた時代は、高句麗が[illegible]における軍事強国であり、倭[illegible]はわずかに百済と[illegible]であることは明らかである。[illegible]日本側が[illegible]するように「倭が[illegible]」[illegible]か、[illegible]である。高句麗には「倭[illegible]

王」を認める具体的な事実はなかった。倭といえば、新羅海岸を荒し回る海賊であり、倭寇の集団にしか過ぎない。

いたとしても、高句麗から見て敵であり、蛮族である。高句麗の王を讃えるのに、倭王をわざわざ讃えて「臣民」という言葉を使うことは有り得ない。この碑文の他のところでも倭を破ったことが記されていることを無視してはいけない。

また韓国学者らが主張するような百済王に対する讃辞でもない。「辛卯年に倭が来た。高句麗は海を渡って"倭または百済"を破り、百済……羅を広開土王の臣民とした」と解釈する意外にない。

（金元華記者）

弥生土器の起源は韓半島
杉原明大教授が歴史的発見

さきの明日香村の[illegible]の感激もさめやらぬ日本で、またもや日本考古学界の泰斗である杉原荘介明治大学教授により「日本の弥生式土器の[illegible]は朝鮮半島であり、稲作文化もまた朝鮮半島から渡ってきた。その証拠となる土器を発見した」と、去る十日、東京で開かれた東亜考古学会の第一回懇談会で発表された。稲作技術や弥生式土器がどこから日本に渡って来たかについては、韓半島、中国南部、南方諸島の諸説があり、韓半島説が有力だったものの、確実な証拠は、これまでまったくなかった。古墳時代以降の日本とわが国との交流は広く知られているが、弥生時代の初期の交流について確かな証拠があがったのは、これが初めてである。

杉原教授

日本の土器は、二千数百年前を境にして、縄文式土器から、薄手で模様の少ない弥生式土器へと変化している。しかし、杉原教授は、縄文の一番最後のころの遺跡である福岡県粕屋郡新宮町の夜臼遺跡から、縄文とも弥生ともつかない土器を見つけていた。

同教授は、この遺跡の土器を四つに分類したが、A、C、Dの三種がはっきり縄文式土器の特徴を持っているのに、Bだけは違っていた。夜臼B土器は、いずれも力[illegible]とみられるもので、他の[illegible]何の模様もないか[illegible]

[illegible]

槐亭洞遺跡から発掘されたもので、韓国の無文土器時代後期（西暦紀元前五—同三世紀）のものだった。日本の板付遺跡は、放射性同位元素による年代測定で二千四百年前のものとわかっている。韓国のこの無文土器が日本にやってきたとしたら、年代も合う。

杉原教授は帰国後、槐亭洞遺跡のこのカメのかけらと、夜臼B土器との土質の比較を東北大学考古学研究室に依頼した。測定によると、どちらも石英、カリ長石、クロムなど同じような鉱物を含んでおり、土の産地が全く同じとはいえないものの、花崗岩（かこうがん）系の同じ系統の粘土を使っていることがわかった。石英や長石は、粘土を固めるために混ぜたものと考えられる。

つまり、夜臼B土器は、韓国から運ばれてきた、と杉原教授は考えているわけだ。縄文式土器を使う人たちの中に、この槐亭洞土器をもつ人たちがきて、[illegible]が、弥生式土器と考えられる。

さらに重要なことは、韓国の[illegible]

具体的立証は貴重

金廷鶴釜山大学教授の話　私もかねてから、弥生式土器は韓国の無文土器後期と関係あると主張してきた。杉原教授は、それを立証してくれたが、このように具体的に資料を比較して確かめたのは貴重なことだ。

乙益重隆国学院大教授の話　夜臼B土器に似たものは九州のほかの遺跡でも出ているので、日本在来の土器が発展したもの、と私は考えてきた。まだ韓国の土器の実物をみていないので、何ともいえない。

韓国の槐亭洞遺跡から発掘されたカメ

好太王碑拓本 收藏확인

【報告】

文化學院 도서관에
己丑本、任昌淳씨도 所藏

[illegible]

今年の夏、台湾で碑文拓本が発見され、中国の学者も日本側の解釈は無理だと発表した（本国紙より）

林慶業将軍傳 （二七）

訳　洪　相　圭
編　八　東　周　吉

十二、待望の故国に帰る

胡国に留まった林慶業は一日でも早く故国に帰れることを念じていたが、胡王もそれと察して厚くもてなしつつも、話を切り出すすきさえ与えなかった。そして、それとなく引き留めることをほのめかすのも忘れなかった。「将軍の生まれが、たとえ小国であるとはいえ、その知略武勇は既に天下に轟いているところである。それにもましてわたしを感嘆せしめたのは将軍の忠誠心だが、まさに三国時代の関羽の面影をほうふつせしむるものがある。

関羽が五関を破り、七将を斬って千里独行した忠義に比べて勝るとも決して劣るものとは思えません。その人を愛し、その忠勇を高ずればこそ、寡人も深く動かされ、将軍の願うところといえば、無理を通してまで、かたえ申したわけです。どうぞ心配なされずにおられますよう。」

慶業は王の細かいところまで気を配ってくれる厚意を深く感謝したが、別に嬉しそうな顔も見せないので、王は絶世の美女と雅楽で、林将軍の心をなんとかほぐらかそうとしたが、それもすっかりむだで、ただ一途に本国に帰る日を待っておるようすであった。

慶業を手離したくない胡王はある日こういうことをいい出した。

「わたしの一人の姫が、将軍の英雄ぶりを非常に慕っておる。それで日頃からなんとか将軍のお顔を拝めないものかとせがんでおるのですが、どうでしょうか。失礼とお叱りなさらずに、一度その機会をつくっていただけないものでしょうか?」

ながからむ話は、苦手の慶業であるから、心の中では非常に迷惑に思ったが、王のよしみを思いあわせて、むげに断わることもできず、いやいやながら承諾してしまった。慶業の心の奥底を知らない王は、快諾したものと早合点して非常に喜び、姫を呼んでその旨を伝え、すだれの間からのぞくようにはからった。

王に招かれた慶業は、甲冑をつけたものものしいなりに大太刀を手にし、それでなくてもかさの高い背の底に木片を入れて、背を一層高く見せるように細工して大奥の一間にはいった。

すだれの間からのぞいていた王女は、慶業の偉風を一目見るなり思わずためいきをつきながら、独りごとつぶやいた。

「林将軍は果して軍神のようなお方だこと。天下の英雄にはまぎれもないが、ちょっとだけ背が高過ぎるのが玉にきず。惜しいわ、一寸ほど低くければ、もうそれこそ古今にも比類のないお方だのに。本当に小国の名将軍としては、あまりでき過ぎたお方ですこと。」

姫のほおがぽっと赤く染まるのが姫自身にもわかるほどであった。王はしばらくして出てきた慶業に、

「姫には、まだ適当な婿が見つからないので困っていたが、姫の心がそなたに傾くと知ったからには、百年の契りを結ぶのも悪くないと思うが、いかがであろうかな。」

と思いも寄らぬことをいわれては、あわてることを知らぬ天下の名将も思わずたじたじの形であった。胡王の好意は有難く受けたが、結縁のことはきっぱりと断わった。

「大王のなみなみならぬご好意は、ただただ感謝するばかりでございますが、姫様のことは大王のおことばとも思われませぬ。慶業のとしは既に人生の峠を越した、半百（五十）であるばかりでなく、本国にはめとった妻もおりますれば、子ももうけ娘も産んでおりまする。なんの他意がありましょうや。

まして仇敵の子を産んでは、心の羅針になるばかりでありましょう。」

と歯に衣を着せず、ずけずけといいのけた。ところでもいわなければ、しつこくからんできてうるさいばかりではなく、ついには本意ない結果になることを恐れたからであった。

どんなに優遇しても、慶業はその鉄石のような心をひるがえさないとわかった胡王はついに殺意を抱くようになった。ある日、人目につかぬようへやの周囲に手練の者を選んで伏せておき、さりげない風を装おって慶業を酒盛りに招いた。いつもの酒よりもずっと強い酒であったから、酔の回りも数倍早く利いた。この酒宴は絶世の美女を慶業の左右に侍らせて、絶え間なく酒をつがせる一方、酒興をそそるようにと、ひっきりなしに雅楽が奏でられていた。林将軍はもとより快活な武人であり、つまらぬ疑いをはさまぬ人となりであったから、遠慮なく大盃を傾けていた。普通の武人であったら、ずっと前に酔いつぶれたであろうに、人の数倍を飲んでもびくともしない慶業の飲みぶりを見て、胡王は今更ながら驚嘆したが、酒は正直なものであった。鉄石でない生身の慶業であるから、結局は酔いつぶれて、知らぬ間にその場に寝ついてしまった。どれぐらいたったころであったか、慶業はうつつかとまがうばかりの夢に驚いてがばっと起きた。白髪の一老人が現われ、手にしていた竹杖で床を激しく叩きながら慶業を起こす夢であった。

「すぐ、千軍万馬が押し寄せるというのに、これはまたなんとぶざまなことです!早く起きて甲冑を着けなされるがよい。」

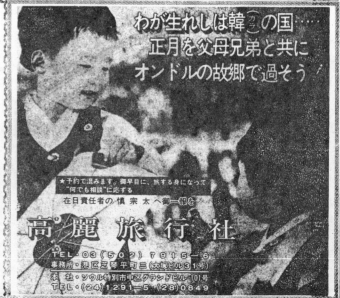

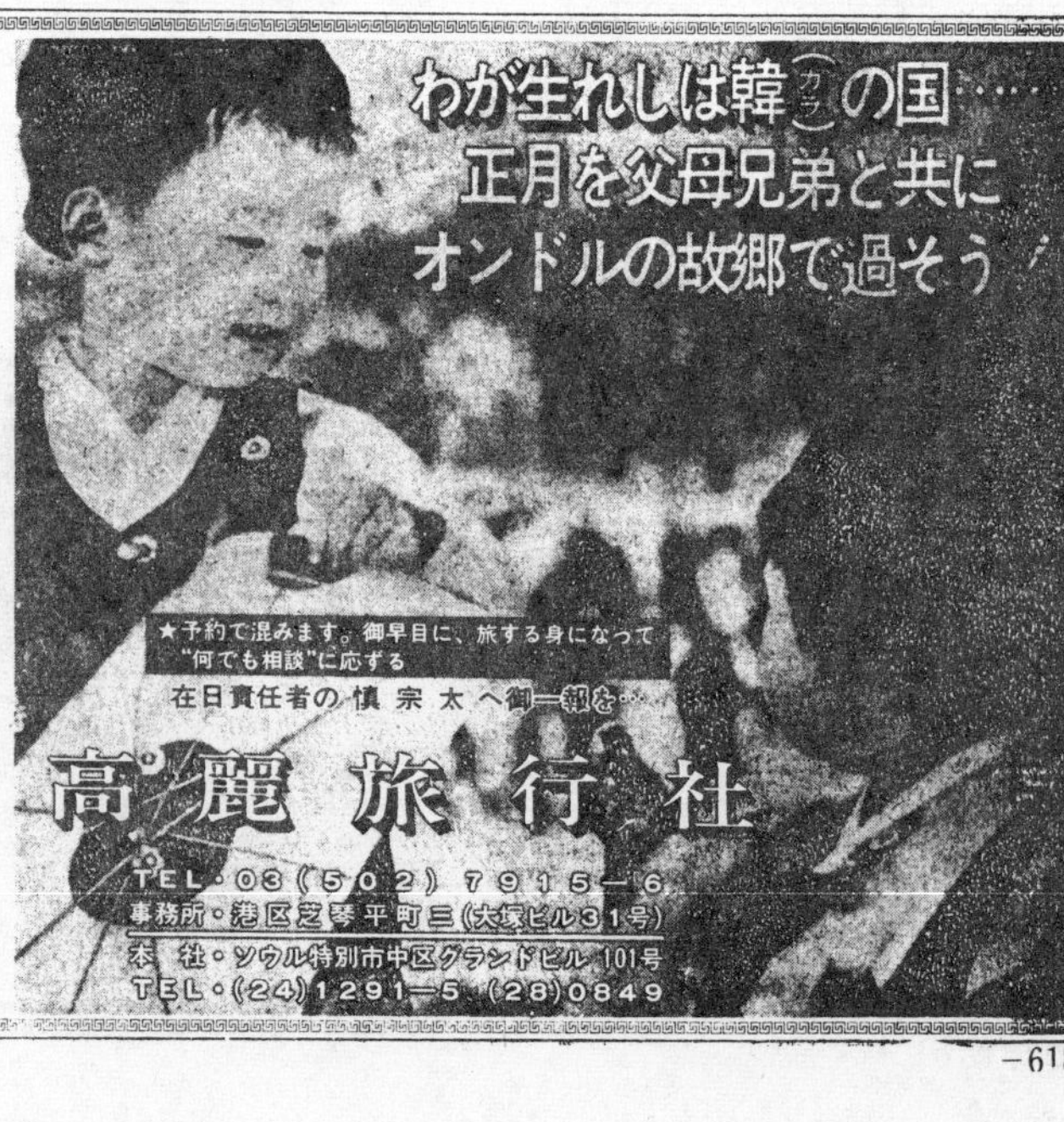

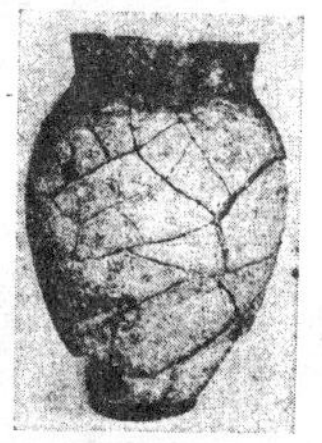

韓國新聞
在日大韓民国居留民団中央本部機関紙
韓国新聞社
発行人 金正柱
東京都文京区春日町2丁目20−13
電話 直 (815) 1451〜3 交 (813) 2261〜5
振替口座 東京 163774
本国連絡所（民団本国事務所内）ソウル特別市鍾路区昌成洞 政府合同庁舎四階 電話 73−0162・0165

民団綱領

一、われわれは大韓民国の国是を遵守する
一、われわれは在留同胞の権益擁護を期する
一、われわれは在留同胞の民生安定を期する
一、われわれは在留同胞の文化向上を期する
一、われわれは世界平和と国際親善を期する

民族の殿堂 中央会館ついに起工

有利な条件で換地落着
東京タワーとの交渉成立

在日韓国人の権益擁護と生活の向上、そして民団組織拡大発展と祖国への貢献の総本山となすべきわが同胞十数年来の宿望である民族の殿堂・中央会館建設事業は、建設委員会を主動力に、全組織を動員して、幾多の難関を乗りこえつつ歩一歩と着実に推進中であったが、懸案の一つであった敷地交換問題も、当事者の東京タワー（株）側と鋭意交渉の結果、わが方の絶対的有利な条件で解決点を見出し、さらに一歩前進した本工事準備が進められることになったと、尹達鏞委員長が発表した。

最終案をまとめる建設委の第3回常委拡大会議（11月2日・公報館会議室で）

建坪七百坪も増築可能
政府の決裁内定

この敷地問題については、問題が重大であるだけに、慎重を期して、かねてから建設委員会があたってきたのであるが、どこまでも民団の利益が最優先であり、ひいては国益にもつながるものであるとの見地から、別項のような有利な条件のもとで、交渉がまとまり十一月二日東京・韓国公報館での建設委員会第三回常任委員会拡大会議、十一月六日民団中央常任委員会と第十五回中央執行委員会、十一月七日中央三機関と中央執行委員をふくむ現地調査団による現地調査などの慎重な段階を経て換地決定にふみきったもので、十一月十六日と二十七日の両日にわたり、大使館を通じ本国関係官庁にも決裁許可方を手続中である。一方、中央では建設委の全国組織に十一月二十七日付で、韓国中央本部[illegible]三五一一七号文で通達（[illegible]地の経緯と関係書類[illegible]付）[illegible]協力を要請した。

なお換地により、建坪七百坪以上が増築される外は、本来の建設事業方針と具体的推進内容は従前といっさい変りないことを再確認している。

尹達鏞委員長

両敷地対照表

区分		前中央会館建設敷地	換地対象（現）敷地	比較（現敷地の有益点）
土地条件	所在	港区麻布飯倉3−2−2	港区南麻布1−112	
	地坪	234.64坪	360.81坪	126.17坪だけ広い
	建坪	1,639坪（商業地域）日本法規六種建坪率 80% 容積率 600%	2,381坪（最少限度）日本法規六種建坪率 80% 容積率 600%	724坪が増築され団の収益増大
	整地	整地済、（入口傾斜）	整地済、（入口平面）	正面がはるかに広い
環境条件	環境	東京タワーの隣	大使館から至近	公館接近で諸般業務に便利
	交通	大使館（徒歩20分−30分）地下鉄 赤羽橋 約5分（誘致運動中）	大使館 二の橋バス停（徒歩5分以内）地下鉄麻布十番 約3分（誘致運動中）	関東と都内一円の各組織・団員の交通と時間の浪費なし
	公害	問題あり（本建築時）	全然問題なし（本建築時）	公害反対なし
其他条件				

起工式は12月13日大安

全国民団待望の中央会館起工式は、いよいよ十二月十三日(木)の大安吉日と決定した。この日は、午後二時から建設現場である東京都港区南麻布一ノ一一二に、大使館、民団中央、建設委を始め、全国の商工会、商銀、地方の東京各機関代表約三百人が参加する予定である。

大使館と近接
旧地より一二六坪広い
換地経緯

換地問題に関しては、約三ヵ月前、東京タワー（株）から、タワー隣接の前敷地港区麻布飯倉三−二−二をぜひ譲って欲しいと換地条件を提示して来たが、建設委では、換地の理由なしとこれを拒否してきたところ、東京タワー側では、韓国大使館に再びこの問題を[illegible]持ちこみ再検討させてきた。

そこで中央としては、ことが重大であるだけに、建設委が大使館側と数回にわたる協議を重ねてきた結果、東京タワーから提示してきた敷地のうち、わが方に絶大の利益点をもたらすものと断定される、韓国大使館から徒歩[illegible]の港区南麻布一−一一二の現在地を選択、あらゆる好条件で、換地することに内定、最終決定[illegible]めの諸段階を経てきたものである。

世界の楽園、済州を築く

◇…「済州道の願望は、道民の悲願です。」済州道三十七万道民の選良、洪炳詰国会議員（共和党）は、出身区である済州道を「東洋の楽園」、「世界の公園」に築きあげることをめざしてもりあがっている道民の強願を静かに説明する。「海女の息子」である自負と誇りを抱く洪議員は済州島の潮風にはぐくまれ育った生粋の「済州人」である。それだけに過去の道民の貧苦と辛酸を誰よりもわきまえており済州の島の石塊の一つ一つにまで限りない愛情と執着をいだき政治人としての指標を「済州開発」ひとすじに「執念の鬼」となって進む道民のこよなき代弁者であり働き手であるといえよう。そのような「開発への執念」がもたらした初の成果が、「済州開発問題研究所」（仮称）の設立である。…◇

わが故郷はわれわれが建設
済州開発問題研究所（仮称）を発足

洪炳詰国会議員

済州道出身在日同胞の愛郷心は、ことさらに強いことで定評がある。

異国生活の中で故郷を慕う心情は誰しも同じであるが、済州道出身の在日同胞らは特別の事情があるという。

日本に近いこともあろうが、日本に居住している済州道出身同胞は二十万にのぼり、出身地との交流も頻繁である。

数年前からは、故郷への訪問がよりしげくなって、郷土への電気施設、上水道施設など、日本で血と汗で築いた辛苦の結晶を故郷へ寄与するなど望ましい傾向があらわれて来た。

「このような貴重な投資をより計画的に、またある特定部落に限らず済州島全体のため使用する最良の方策をさぐり実現していくための「済州人の共同の広場」が切実に必要であることを感じたのです。

このたび設立される「済州開発問題研究所（仮称）」は、[illegible]

開発基金一億余円を造成
「海女の子」洪炳詰国会議員の音頭で実る
済州出身在日同胞多数が参加

[illegible]州出身在日同胞一八二人の浄財一億九百五万円を基金として発足するものです。故郷を想い愛する心の発露はばらばらになって向けられるよりは、一つの力強いパイプを築きあげた上で、体系的な開発をはじめようという私の真心が皆さんに通じ、ひとまず済州開発を準備する第一段階にまでこぎつけたといえますね。」

淡々と語る、洪議員の[illegible]な姿には、去る六月、韓日議員懇談会参席の余暇をさいて、日本主要都市を奔走、五十日間、二十[illegible]

「清廉潔白」そのもので通る洪議員は、日本の政界などでまかり通る[illegible]の「寸志」すら、個人に向けられるものであれば絶対謝絶であったという。

「これからは、今後のことと[illegible]

[illegible]

民泊しながら生れ故郷済州のセマウルで部落民を激励する洪炳詰議員

[illegible]ている事業としては

（一）済州−釜山、済州−木浦[illegible]のフェリー運航

（二）漢拏山のケーブル・カー

（三）済州空港[illegible]

（四）観光施設[illegible]

数多い成果収め
団長・事務局長、本国研修会盛了

【ソウルで本社[illegible]特派員発】[illegible]団長研修会が十一月十二日から十四日まで、事務局長研修会が、十一月十九日から二十四日までの間に開かれ、多くの成果をおさめて全員無事帰任した。

[illegible]民団活動方針に基づいて開かれたこの研修会では、本国の[illegible]な講師を招き、[illegible]事務取扱いを始め[illegible]、指導者論、南北の実情と南北対話の経過、[illegible]など、実体面の講義を受け、祖国に対する新たなイメージを植付けられ、近来まれに見る成果をおさめた。

なお、研修期間中、[illegible]主催の晩さん会をはじめ、[illegible]主催の晩さん会があり、研修終了後一団は、蔚山工業団地をはじめ、セマウル模範部落視察、慶州、ソウルなどの名所旧跡を訪ね、全員無事帰任した。

本国研修会 自祝宴開く
タワーホテルで

一方、民団の本国研修会終了を自祝する民団中央本部主催のカクテル・パーティが、十一月十四日午後六時半から、ソウル・タワーホテルで開かれた。

本国での研修会開催を支援してくれた政府各部処関係官に感謝の意も兼ねたこの日のパーティには、[illegible]

パーティの途中、金正柱中央団長は「この度の研修会で在日国民と民団の発展のため[illegible]

婦人会東京本部
正常化の臨時大会
11日、商銀会議室で開く

[illegible]

照点
歳末に故郷へ送金しよう
貧しき人々へも餅代を…

本国では師走を前にしてのキムジャン・シーズンを迎え、家庭の主婦たちは氷点下の毎日をあわただしくおくっているときくが、この物価は、思うような漬物も充分にできず、悩みもつきないことだろう。

そこで思うのだが、ここ数年来増加一路を辿っている海外同胞から本国家族への送金のことである。

つまり、同じ送るなら、もっとも支出のかさむ歳末が最適のグッド・タイミングというべく、お金の有難味を十二分に発揮することうけ合いである。

◇

先日の政府発表によれば、在日同胞からの送金が圧倒的に多く、九月末現在で既に[illegible]万ドルで、昨年同期の[illegible]万ドルに比べ、二倍以上の急増ぶり。次いで西ドイツへの労働輸出である鉱夫と看護婦から二、〇一〇万ドルの送金があり、これも昨年同期に比べ六〇・三％増し。

また、その他の海外同胞からは七八〇万ドルが送金され、やはりこれも、七・三％増しという伸張ぶりである。

これら送金合計は、結局七、六六〇万ドルにも達し、昨年同期の四、〇五〇万ドルに比べ、何と八九・一％の増加を見せている。

全く有難き限りというべきだろう。

ただ、鉱夫、技術者の引揚げにより[illegible]ところのベトナム特需景気はなくなり、南ベトナムからは、昨年の三分の一減少の二一〇万ドルに落ちている。

◇

とまれ、故国の父母や兄弟への送金が年毎に増える傾向は、心なごむ現象であり、血族への断ち難い愛情の確かなしるしといえよう。

しかも、国家財政にとっては、貴重な外貨収入となるのであり、家族を通しての祖国愛の発露ともいうべく、まさに一石二鳥の成果であろう。

そこでもう一つの具体的な提案だが、祖国維新の大事業であるセマウル運動に、ここ数年間、祖国愛溢れる献金など多大な貢献をしてきた在日同胞だが、歳末を迎えての家族への送金の際、その中の一部を近隣の貧困家庭への餅代に指定、家族の手を通して向けさせるという方法である。

この献金が貧しき人々へ伝達される時、在日同胞の暖かい心が通じ合う、楽しいセマウルの正月風景が家族と共に、村ごと見られるであろうことを私は信じて疑わない。

（朴壽河）

国連、韓国問題討議終結宣言

南北韓対話継続を促求

「七・四声明」に解決託し劇的合意

東西両陣営は20日午後(韓国時間21日午前)、本年度国連総会では韓国問題に対する双方の相反する決議案をめぐって、真っ向対決を避け、国連韓国統一復興委員団(UNCURK)の解体だけを決議する一方、七・四声明を基本に、南北韓の自主平和統一のため、対話と多角的な交流を促す折衷案に、完全な合意に達することによって二八次国連総会での韓国問題討議を終結した。この折衷案は、去る14日政治委で韓国問題討議が始まって以来ありあがって来た対決回避のムードに応じて、西側を代表したオランダと共産側のアルジェリア間にくりひろげられた交渉が成功、双方の共同提案国の賛成を得た。この折衷案は、21日十二時四九分に開かれる政治委で発表権限を与えられたオットー・ブロック議長が、共同声明として発表し28日本会議の全会一致によって採択された。

国連消息筋では、この共同声明の基本的内容は最近、中共を訪れたキッシンジャー米国務長官と中共首相周恩来の間で合意されたものであるとのべ、同指導者は本年度総会で討議の終結を見た韓国問題にかかわる駐韓国連軍司令部の将来など、韓国問題全般にわたる行動原則に合意したものと見られる。この日発表された共同声明は、二十日発表された金溶植外務長官がひれきした韓国側希望を充足させるものである。

この国連における韓国問題討議終結を機に韓国政府は、対共産圏外交、とりわけソ連、中国に対する積極的な門戸開放外交を開始するものとみられている。

金溶植外務部長官は二十日午前韓国問題の妥結に関して、東西両陣営が合意にいたった声明が、「韓国外交の成功をもたらした歴史的なもの」であると評価した。

金長官は、記者団との会見で、「この共同声明が、駐韓国連軍の地位に何らの影響を及ぼすことなく、韓国の立場を百パーセント反映した内容のものである」とのべ、「韓国問題の国連総会自動上程が終結され、韓国問題の〈脱国連〉の契機がきづかれた」と強調した。

金長官は、ついで「韓国問題の国連総会討議がこれで終ることを頼み、この共同声明を契機に韓国も中共およびソ連間に対話の道が開かれることを期待する」とのべ、南北対話が無条件にひきつづき推進されるべきであると強調した。

第28回国連総会の開会式

共同声明全文

国連政治委員会議長は、韓国問題に対する二つの決議案の共同提案国と協議した結果、この二つの決議案を、本年度国連総会表決に付さないことに合意したことを発表するよう権限を与えられた。議長はまた、つぎのような声明をだすことを承認された。「国連」は南北韓双方が、一九七二年七月四日、統一三原則をあかした共同宣言を発表したことに満足の意を表し、これを注視する。七・四宣言の統一三原則は、(一)韓半島統一は外勢への依存や、外勢による干渉なしに行なわれなければならない。(二)統一は相手側に対する武力行使によらない平和的手段によって達成されなければならない。(三)民族的統合が促進されるべきであるということである。「国連」は南北韓が対話を継続することと、七・四宣言の精神に立脚して、独自的に平和統一を促進するため、南北韓間に多方面の交流と協助がきづかれることを希望する。国連総会は、アンカークの即時解体を決議する。

強制退去に停止仮処分

東京地裁　韓国人永住権者の訴に判決

懲役八年の刑が確定し、韓国への強制送還令をうけた在日同胞の青年が、日本政府に対して強制退去執行停止仮処分申請が、日本の裁判所によってうけ入れられ、在日同胞の法的地位に有利な判例が成立した。

東京地方裁判所民事三部は、二二日、在日同胞、申京煥さん(二五・運転手・兵庫県宝塚市伊子志四-四-一五)が提起した強制退去執行停止仮処分申請に対し、理由あることを認め執行停止仮処分を判決した。これにともない二八日に予定された申さんの送還は中止された。

裁判部は、判決文を通して『韓・日両国政府が在日韓国人の法的地位協定に関して合意した議事録の中では「永住権者の強制退去処分は、家族構成などを考慮して人道的に行なう」という項目がある。

また、この青年は韓国に行ったこともなく韓国語もわからない。家族も長らく日本に居住している。このような事情などからおして、退去処分に対しては慎重に審理する必要がある』とのべた。

日本法務省が、在日韓国人永住権者に対して、強制退去を要求したのは去る六六年一月、韓日条約発効以後、はじめてのことで、申さんは去る六八年五月、静岡地方裁判所で強姦罪で懲役八年の宣告を受け、服役中、去る九月二十日仮出獄したが日本法務省は「永住権者であっても懲役七年以上の刑宣告をうけたものは、強制退去対象となる」という出入国管理特別法を適用、強制送還を決定していた。

南北調節委　副委員長会談

12月5日板門店開催合意

国連による韓国問題の、「脱国連」決議以後初の南北調節委員会副委員長会議が、十二月五日午前十時、板門店板門閣で開かれることになった。

これは、さる二十二日、南北調節委員会 張基栄 韓国側副委員長が「北」側の柳章植副委員長に対し二十七日に副委員長会議開催を提議したのに対して、「北」側が十二月五日開催に修正提議したのを韓国側が受け入れたことによって実現したものであるが、二十七日夜の平壌放送は、"非公開"であるべき、南北調節委員会談の内容を報道しながら「韓国側の報道が北側に対してねつ造を試みたとして韓国側に対して公開謝罪を要請云々」などと報道、北の誠意なき態度の露呈とも見られ、会談の前途に難関が予想される。

なお、南北韓赤十字の連絡責任者会議は二十八日午前十時から板門店で開かれ、第八回赤十字本会談開催について協議したが、事実上、物別れに終わり、会談が今年中に開けるメドが立たなくなった。

連絡者会議は二度目のもので、韓国側が先に示した「赤十字本会談を十二月十九日にソウルで開こう」との提案について約一時間半、話し合ったが、北韓側は①赤十字関係者でないものを会談メンバーから外す②反共法、国家保安法などによる弾圧の中止③弾圧が行われているソウルは会談にふさわしいふん囲気でないから平壌で開催する④国家保安法違反者の釈放－の要求を出し、「これが入れられれば本会談開催に応じる」と答えた。

これに対し韓国側は「北の主張は赤十字会談を政治目的に悪用しようとはかるものだ」と反論、十九日の開催を要求したが、意見の一致はみられなかった。

一・二次五ヵ年計画成功

カーン博士展望「南北対話二〇年」

未来学者・ハーマン・カーン博士が二〇日、「韓国は今後二五年内に、前期工業国から後期工業国に急成長することになり、今世紀末には、米国・日本および西ドイツの水準に迫ることになろう」と展望した。

カーン博士は、日本外信記者クラブ午さん会で招請講演を行ない三百人の記者の前で、このように語り、第一次、二次五カ年計画の成功が韓国を軌道にのせ、八〇年までには飛躍的発展をきづく段階になるので、貯蓄増大など、最大の努力を傾けるべきであると強調した。

カーン博士は、ついで「韓国の武器は、観光・労働力および安定した政権」であるとのべ「南北対話は今後、十年乃至二十年がかかると思われるが、韓国は南北対話でも不当に譲歩せよとの圧力をうけている」と指摘した。

本国論調

韓国問題の「脱国連」

―国際的責任につながる新機軸の展開を待望する―

このたびの国連政治委員会における東西対決なしの韓国問題討議終結に際して、新たな問題が提起されたことを読みとることができる。

四七年以後の「韓国問題」は、今年を最後に永遠に「国連」の舞台を離れるのかということも重要な関心事の中の一つである。

ところが、国連韓国統一復興委員団が解体されたため、その年例報告書提出の手続がなくなり、政治委の新日程は次期総会の議題としては韓国を予見していない。

ともかく、必要となれば再び上程する可能性はとはいえばいが韓国問題に対する「国連」関与の一段落という推移は、すでに明確となったのである。

第二八回「国連」総会政治委は二一日、東西両陣営会員国の折衷案合意にともない、相反する両決議案を表決に付せず、南北韓の自主的平和統一接近努力を促すという共同声明を満場一致で通過させたという。

その骨子は

①七・四共同声明がたしかめた自主・平和・民族的大団結の三項統一原則に対する満足と注視。

②南北間の対話継続と多面的な交流および協調を促求する希望。

③国連韓国統一復興委員団の即時解体である。

このばあい、米本問題であった韓国の国連同時加入案と北韓の国連軍司解体案に関しては、言及がさけられた。

国際情勢のあきらかな緊張緩和と東西協調の潮流を反映したが、問題自体は解消されておらず、ただ、その取扱が「国連」から現地当事者らと強大国間の「静かな外交」にもち越された感がある。

ともかく、統一外交の「国連依存時代」は今や終止符を画するにいたったと見られる。

そのような討議終結をめぐって南北が、対国連外交で勝敗をあらそういうことは別に意味がない。

われわれの現地外交陣が「大きな成果」をのべたのに対し、北韓の現地オブザーバー団は「闘争の結実であること」を自讃したという。

わが側から見れば、国連軍司の存続、共産大国らの対韓理解促進の契機、衝突回避で平和維持による外交的余裕感などをあげることができる。

一方、北韓側は、「国連韓国統一復興委員団」の「即時解体」、「外勢介入」排撃とか、「継続努力」の余地などをあげたというが北韓側は微妙な虚脱感を免れ得なかったということで、国連の宣伝舞台化の試図が挫折したのは事実である。

彼等は票獲得の自身が無いところに、中共の圧力および、一部非同盟国の意見を尊重せざるを得ずまた手続上の未熟を自覚したものと見られる。

外部世界の観測通らは、オランダとアルジェリア間の話し合いの背景には、最近、北京で会談したキッシンジャーと周恩来の影響が察知されると指摘している。

しかし、ソ連の若干の不満がからむ、今後の布石を注目せざるを得ない。

ともかく政治委決議は決して問題解消でなく、単なる現状維持を意味するものでもない。

また、今までの歴史をかえりみれば、しばしば「われわれの頭越し」に進行されもした強大国協議という局面を看過することもできないことである。

韓国問題の本格的日程は、わが民族を主体に客観的条件も考慮にいれながら今からはじまるものと見るべきであろう。

何よりも促求すべきことは、南北対話の速やかな再開である。政治委共同声明にてらして見ても、世界注視の中で、民族の南と北は民族的自治能力を誇らしく示すべきである。

わが側の忍耐と誠意は、すでに表明された。次は北韓の順番である。われわれはソ連、中共との直接対話がはじまりうるような契機の造成に考えが及ぶ。同時に韓半島をとりかこむ国際関係の現実に適応する平和の新基盤と、各種の代案を多面的に考慮し、検討しなければならない。

われわれをめぐる周辺の条件は日ましに変化している。また政治とは、国際関係の調整をふくめて「過程」であるだけである。民族的な自主性と国際的な責任性を結びつける新たな政治のときめきがいままでのどの時よりも重要視される時機が到来したのである。

セマウルの第二期

――光州セマウル指導者会の意義

平和的統一祖国の念願を具現するため

(一)国力培養に献身し

(二)所得増大に先がける指導者となり

(三)祖国近代化・農村近代化を信念として生活化し、行動実践するセマウル指導者となる決意を三万四千余人の全指導者が公表しながら、去る三日、光州で開かれた「全国セマウル指導者会」はいろいろな面から相当な意味を浮刻した集会だといえよう。

指導者のこのような決意とともに、セマウル運動の哲学が、朴大統領の諭示を通じて、再たび体系化され、今までのセマウル運動三年の実践をふまえ、新たなふみ台の上で、八一年までの長期計画を確定、フル・コース里程表をうちたてた画期性から求めることができる。

朴大統領は、われわれのセマウル運動は貧しさを清算して、子孫に誇らしい遺産をゆずり渡すことが窮極の目的であることを明らかにし、勤勉・自助・協同をその行動綱領にすることおよび、運動効果をかならず実際の所得増大に直結させることを力説した。

また、その指導者・功労者の戦績を集中的に位置づける方針とともに、この運動こそすなわち韓国の「民主主義」と愛国心培養の「実践道場」であり、十月維新の実践的生活哲学として定義した。

また、セマウル運動長期計画を見れば、今までの成果を延長させながら来年から三年間を自助発展段階に定め、それ以後五年を自立完成段階とさため、八一年までは特質の農家所得、年当り百四十万ウオンを実現させると同時に農村近代化の基盤をかためるということである。

このような哲学と長期計画の前に、われわれがたしかめるべきいくつかの事項は明らかである。

第一には、この巨大な事業を指揮していくべき現場指導者らが、積極的で活動的であるべきだということである。セマウル事業の指導者像は、ひとことで言って心性・力量・行動面の優等生として、すべての参与者をリードしうるものでなければならない。事業の成否は、ひとえに、現場の彼等にかかっているからである。

第二には、政府の継続的な優先的支援がつづけられるべきで、運動を持続的に展開する柱であるといえよう。

第三に、すべての国民の参与と生活および行動を通じての寄与が加えられなければならない。

口先だけのセマウル運動や、参与は前進の速度をおくれさせるだけである。

いうなれば、汎国民運動の形態をよりかため、前進させるべきでこのためには、度を過ぎる無理や強要、形式的な行動様式は、つつしむべきであることがその第四である。

政府の先導と支援、現場の卓越した指導、そして道理にもとづく合意と推察が調和され、燃えあがることによって、セマウル運動は所期の目的を射とめることができるであろう。

今や、この国民的大行進は、第二期を迎えている。富の開花が農村をおおわないかぎり、国と国民の序列はつねにおくれたままでしかない。しかし、この開花はなまやさしくなしとげられるものではない。

ここに、われわれの血と汗と心身を投入しなければならない原理が、この運動の中に位置づいているのである。

光州大会は、それを鮮明に要求したものである。(韓国日報)

私の家族(母・姉・兄)を誰か知りませんか?

慶南居昌邑内で韓旧地籍光興商会を経営した母親・姉・兄が同邑女中一年在学中の私を残して渡日、十七年前本籍地である全南 谷城面長宛に私(京子)を尋ねる手紙が、東京都北区田端十二番地郎方から送付されたことがあります。

一、母、趙有順(62歳)・居昌邑で光興商会経営

二、姉、盧英錯(38歳)日本で大学卒業後結婚

三、兄、盧廷漢(韓川漢一)はソウル大文理大三年在学中、日本大学に編入、卒業後同級女性と結婚。

連絡場所…東京四五一-四五四七

・現住所…ソウル特別市城東区弘益洞四九二

本籍・全南谷城郡谷城面棚村里三五八

盧京子

盧京子(中学一年の時)

母、趙有順

兄、盧廷漢

北送、即時中止せよ

金光子さん二児拉北事件

救出母親決起大会開く

『婦人会が十一月十九日、東京・九段会館で』

子供を返せ！千二百人デモ

本紙既報、二人の韓国籍少年が朝総連の謀計によって北韓に連れ去られた〝金光子さん二児拉北事件〟は、日を追って在日韓国人の間に大きな関心事となり、兄弟を取返えすべきだとの動きが大きくなりつつあるが、在日大韓婦人会(金信三中央会長)では、被害者金光子さん出席のもとで「強制拉致北送張兄弟救出全国母親決起大会」を、さる十一月十九日、東京の九段会館でひらいた。

この日は全国から約千二百人の婦人会員が集まり、午前十一時から集会が行なわれ、午後二時から街頭デモに移り、シュプレヒコールを繰返しながら九段下→飯田橋→四谷→赤坂見付→清水谷公園まで行進し解散した。

集会では、来賓として出席した民団中央李彩雨副団長があいさつに立ち「張君兄弟が不法にも北韓に拉致されたことは、まことに遺憾である。人道の名のもとに行なわれる〝北送〟が、非人道行為の温床となっていることはこれで明白であり、在日韓国人に不幸をもたらす元凶である。われわれは、日本政府に対して、北送船の即時中止を要求すると同時に、日本政府と日本赤十字社に二人を取戻すために引続いて運動を行なうべきである。金光子さんも最後まで力を落さず、がんばってほしい」と激励するとともに、民団としてもこの運動を盛り上げる決意があることを明らかにした。

また、金信三婦人会長は「この問題は金光子さん一人の問題ではなく在日韓国人全母親の問題であり、また重大な人道問題である。わが婦人会は、広く内外に呼びかけるとともに、日本のお母さん方にも訴えて、張兄弟が母の手に戻るよう運動を拡大すべきである」と、婦人会の今後の方針を強調した。

金光子さん本人は、あいさつの後、新潟港でのいきさつを述べ「どうか皆さん、二人の子供が再び私の手に戻るよう、皆さんの力を貸して下さい」と鳴咽(おえつ)にむせびながら訴えたが、会場のあちらこちらではこらえきれずに涙をぬぐう場面が数多く見られた。

また、この席上で「母としての立場」から、自由世界の母たちに訴える決議文と、日本国田中総理大臣、日本国田中法務大臣、日本赤十字社東社長に対して「日本政府は北韓地域に出国することと、他の国に出国することとを全く同じに安易に考えているので、このような事件が発生した。また赤十字社は、何のために新潟にあるのか、日本政府と日赤は共同の責任のもとで張兄弟を取戻すべきであり、金光子さんに深く謝罪せよ」という別項のような内容の抗議文が採択された。決起大会が終って、デモ行進に移ったが、金光子さんは自ら二人の愛児の写真のプラカードを高くかかげて、金信三会長と並んで先頭に立った。「子供を返せ！」と叫ぶシュプレヒコールと、「北韓帰還船反対」のチラシに、道行く人びとは、大きくうなずいて行列を見送っていた。

(関連記事四面)

兄弟拉致の真相を訴える壇上の母親金光子さん

愛児のプラカードを持ってデモの先頭を行く金光子さん

言論人と毎月定期懇談

大阪本部

民団大阪府地方本部(姜性東団長)では、さきほど宣伝部主管による在阪韓国言論人との第一回定期懇談会をひらき、今後における組織発展と強化のために、各種の助言をうけ、意見を交換しあった。なお今回の出席は次の通り。駐大阪公報官、韓国日報大阪支社、共同新聞、東和新聞、統一日報、東洋経済日報。

今後、毎月一回、定期的にひらく。

金允中 蔡洙仁両氏に 文化賞施賞

本紙既報「第二回民団文化賞」の施賞式は、予定通り、去る十一月二十六日午後一時すぎから、東京・韓国公報館で、関係者、来賓多数参席裡に行なわれた。

この日受賞者である、言論の金允中氏と、体育の蔡洙仁氏には、民団中央の金正柱団長から、賞状とブロンド色のビーナス像、副賞の金十万円をそれぞれ授与して、在日同胞社会に長年寄与した功績を称え、大使館の柳文教官と尹致夏民団中央文教分科委員長からも、祝辞がのべられ、記念撮影のあと、テイ・パーティに入った。

受賞の右から蔡洙仁、金允中両氏

誰かこの人を知りませんか？

本籍・平安北道定州郡(ドルモル)
六・二五前に木浦郵便局に勤務
金起灌さん(50)
慶南昌原郡鎮北面智山里
金竜鎮さん(甥)が尋ねています。
▼連絡先 (〇三)五八五ー七七九三 朴まで

尋ね人

☆具判述さん(61) 本籍・慶北大邱市南区大明洞23 30年前に渡日し、東京地方で居住している具さんを韓国大邱に住んでいる奥さんと臥病中の甥子さんがさがしています。ご存知の方は、大邱市中区鳳山洞二一九東亜マーク社、または民団中央本部へご連絡を。

☆李竜奎さん(広田) 七年前まで連絡があったが、その後消息なし。ソウル特別市城北区敦岩洞二一〇ー一〇(十二統一班)鄭用禎さんまで御連絡下さい。

☆崔健浩さん(46) 十八才の時徴用で渡日。東京都千代田区九段三丁目五、猿渡方に住んでいた。一九六三年一月以降連絡なし。

連絡は、ソウル市永登浦区加里峰洞四九八(十九統五班)崔禹鉉さん(次男)まで。

☆朴雨鉉さん 六・二五動乱の時、三重県四日市に居住。また故朴倉華氏が経営していた国際ホテルに勤務、慶州出身の崔一さんと親交があった。京畿道楊州郡東豆川邑生淵里大〇一、旅館江東荘の朴雨鉉さんまで連絡乞う。

☆朴容学さん(69)士其さん(54)幸哲さん(54)孝礼さん(44) 本籍は、江原道金化郡近北面金谷里。容学さんは第二次大戦時、大阪丸屋に勤務したことがある。ソウル市竜山区厚岩洞一〇五ー四九(二十統三班)の朴宇雄さんまで。

☆姜秉天さん(43)朴光沢さん(43) ソウル工業学校の同期生で、二十五年前に渡日、消息なし。

釜山市釜山鎮区楊亭洞三五六ー五の金鶴華さんまで。

☆林鍾熙さん 最後の住所は横浜市神奈川区神大寺町七四七であった。林鍾賢さんが、[illegible]で尋ねています。

☆鄭恒台さん(前田義信)と金高雄、松田ふみさん 鄭さんは慶南泗川郡昆陽面西浦里で長崎市に住み二十年前に連絡があった。金さんは、本籍が釜山市佐川洞六七三で故金栄一さんの息子、松田さんの実家は佐賀市西田代町七番地。釜山市佐川洞三三八ー一、金弘久方の鄭鳳衛さんまで。

☆朴興石さん(石田)と文順伊さん朴万吉、和子、富子の皆さん 千葉県香取郡神崎町に住んでいたが、別れ別れになった長男の朴洪洙さんが全北群山市助村洞三区三四二番地九班で尋ねています。

☆趙鏞鎮さん(57)と鏞完さん(50) 本籍は慶北軍威郡缶渓面西九山里二二四。御両親が待っており、祖先の墓を移葬しますから至急連絡乞う。連絡は、釜山市西区西大新洞三街三六八(電話四二ー六二一一)または、西区栗草洞二街九七(電話四二ー九九八四)趙鏞沢さん。

趙鏞鎮さん

☆李洙福さん(福田寛) 本籍京畿道抱川郡内村面[illegible]八里 解放当時、東京市城東区亀戸町一丁目四三に住んでいた。勤務先は丸見工業株式会社ソウル市東大門区清涼里洞一一三で弟の李洙潔さんがさがしています。ご存知の方は千葉県柏市柏六丁目九ー二十二の在日韓国居留民団東葛支部、電話(〇四七一)六七ー五〇四一まで連絡を。

☆朴淳哲さん(62才) 本籍・ソウル特別市鍾路区仁寺洞10番地 住所・ソウル特別市永登浦区鷺梁津2洞二九の五番地 右記の住所で居住し、三年前に家出した朴淳哲さんを商用で渡日中の息子の朴泰植さんがさがしています。朴泰植さんの連絡先は、千葉県市川市本八幡五丁目11の17(〇四七三ー三三ー五一一五)、または民団中央本部韓国新聞社(八一五・一四五一)まで。

朴 淳哲さん

☆李鳳安さん(80) 本籍は京畿道[illegible]里三五。本籍地にいる叔父、李永分氏が探しています。右記宛に御連絡下さい。東京都[illegible]一ノ十四ノ三・スナック・マキ内・電話(四一五)三五一五・佐藤和江方、李永分か、民団中央民生局まで。

世界親子かけある記 ②

ビジネスと観光と歴史・美術そして…

裵乙祚・裵慶州

案内の商社マンに「一体いくら値切ったんだ」と尋ねると、「三五％から四〇％もまけましたかな。彼等のコストは四〇％を超えることはないので、あれでも三〇％から三五％利潤は確保してますよ。もっとも値段のはらないものになると何倍も儲けますからね。チョット言いかもしれませんがおのぼりさんなら五％から一〇％も値引けば、感激して買ってゆくからそこで抜くんですよ。最低でも五〇％以上も利益があるんですよ」

驚いた。たった五％の荒利益がとれず四苦八苦しているわれわれ原料問屋業者からみれば、正に天地の差がある。華商の利益観念の大きさに度肝を抜かれると同時に何んともうらやましい気分になった。

◇ベトナム(Vietnam)

(1)サイゴン(Saigon)
chào ông (Ba, cô) —Good morning.
ông manh giỏi? —How do you do?
Ông manh giỏi không? —How are you?
Bà manh cám ơn [illegible]

Fine, thank you, and you?

今にして思えば初回のサイゴン入りは、奇妙な取り合せの寄合い所帯であった。金属問屋の私と素性の良く知れぬ自称クリスチャンと言うC氏が知り合って、C氏がある観光地の奥で自動車事故が縁で交際している文医学博士、この博士自己の専門分野である医学以外は万事無頓着な一風変った御人、それに東南亜諸在五年余と言う商社のベテラン課長、これ等四人には何の共通した経験もなく共同の事業体験もないのに、この度のサイゴン入りに際してこの国の戦後処理アルミニューム原料と、ガラス原料の珪砂買付けの申し合せが出来やって来た。そして物のみごとに段取りをして引きあげたまではまずまずの成功であった。

万事うまくいくと思ったはずの仕事が、現地サイゴンの戦後不安そのままに、仲間割れ契約不履行なので一向に仕事が捗らない時、私達親子はそのたびに仕事の任務を帯びてサイゴン入りをするところだった。

[illegible]

に輝いている。サイゴンに下り立つと様相は一変し、カメレオン色の軍用機が炎天下に無気味に横たわり平和な国からの旅行者を驚かす。しかしサイゴンの街は、深い緑の街路樹が高く繁り、颯爽とアオザイが翻る平和な街である。歴史の重みをもつフランス風の[illegible]街には何か生きたエスプリを感じさせるアジアの小パリでもある。

サイゴンの朝は早い。騒しい自転車の群れと、日本製二輪車のバンバン鳴り渡る騒音で明ける。もう街には朝市が立ち、涼しい中に仕事を済ませた人々が、大衆食堂で異様な臭気のするベトナムの食事をとる頃には、街は人で埋まる熱気を帯びて来る。

ショロン地区の露天市は、アジア[illegible]

づまく地区だ。中国人の徹底した「倹約」からたたき上げた商法は見事であり、またキタナイくらい油断もすきもない。[illegible]る。薄暗い小屋の中から膨大な量まで、色あせた衣服やら日用雑貨が雑然と積み上げられ、売れているのかいないのか解らないが、膝をかかえ込むようにして下から空ろな眼で見上げている少女に、私はこの国の長い戦いが終ったとは言え、平和は帰って来たと言うが、この少女をとおして見たベトナムは、今なお不安な生活を送っている大衆に象徴されるように、前途多難であることを感じた。

停泊して港町の風情も兼ねたサイゴンは、やはりチョット粋な東南アジアの古風な美しい町である。

サイゴン郊外のロンタン(Long Thanh)地区には、今戦後経済復興計画の下に工業団地が造成され、長かった戦争から平和経済へ転換しようと努力している。オームの韓と言われるメコン河下流穀倉地帯では、農村改良計画にそって農地改革を一部進んでいるらしく、土地の区画等が行なわれていた。とにかく、この国に早く真の意味の平和が蘇ることを祈るばかりだ。

前回今回を通し、私達は一商人

アオザイ翻るサイゴン

熱気と油ぎったショロンの街

戦争から平和経済へ転換計る

としてよりは、平和への協力者経済復興の誘導者として行動したつもりであるが、果してその真意を解ってもらえることであろうか。事実私達は、輸入金属屋の買付や、珪砂の国際的買付計画を推進することに止まらず、同行したY医学博士を通し、医療方面の協力や、繊維工業の技術協力も申し出たし、ベトナム文化が意外にも東アジアのそれと共通するところが多いのに気づいた私達は、文化運動の面でも協力出来るのではないかと将来の交流を楽しみにしている。

サイゴンは十九世紀のフランス文物が漢字文化圏のベトナム文化と融合した、西洋と東洋が共存する数少ないユニークな街である。決して大きいとは言えない建物は、多くの彫刻に飾られ、古く重々しい雰囲気はここを訪れる人に安らぎを与えるだろう。目抜き通りの道幅は思ったより広く、ファッションと本屋が多い。骨董品の掘り出し物がまだ多く残されている街でもあり、韓国料理のプルコギがたまらなくおいしい食道の街でもある。メコンの支流がうねりくねって街中を抜けるように、サイゴン河があり、[illegible]

ごった返すショロンの街

世界旅行こぼれ話

(2) Mr. Karhim ラーヒムのこと

彼氏二メートルを越そうと思われる程の大男。丸ぐったようにへこんだ目玉がギョロギョロ光り、南方特有の浅黒い肌に抜けた歯が笑うといやに印象的な四〇歳のパキスタン人だ。

この男何んとまた七カ国語をたくみに話しこなせる通訳も兼ねたブローカーである。確か、英、仏、パキスタン、ベトナム、中国、マレーシャ、ヒンズー語とかで、東南亜一帯の言語を網羅している。奥さんは三十代の南方では珍らしい色白の美人で、彼にはどうしてか子供がなく、戦争孤児を養育している人道主義者とのことだ。その孤児が、バラエティに富んでいて、混血のベトナム、中国、[illegible]

韓国、日本、アメリカ人など国際色豊からしい。

気の良い男で、忠実にそのボスに仕え、東奔西走している間に身につけた知識は、ブローカー仕事のあい間につとめる通訳に存分に反映され、彼の通訳は、実に名調子でちょっと辛辣だが、流れるように口をついて出る商談は淀みなくさわやかで、私と同行した医学博士らもその才能を認め、すっかり彼びいきになったくらいだ。

ところが、このラーヒム氏、どうした風の吹きまわしか、再度のサイゴン訪問の時、前のボスとまったく反対の業者につき、前のボスを退け、私達と会合する[illegible]

大男が小鳥のように気を落して[illegible]ている姿は、もののあわれを一入そそるものである。

今度の再会には、東京から人形

おもちゃ、奥さんへのささやかな贈物を届けたら、あの大目玉を潤ませて、私の手を大きな彼の黒い手で堅く握り、幾度も幾度もありがとうを繰り返していたのが印象に残っている。彼の養児が大きく育っていく頃には、彼も五十を越す初老になっていることだろうが、この大男の[illegible]を大切にしてあげて欲しいと心から願った。

低開発地域の生活をかけた苦しい職さがしと、戦争が生み落した人間の罪を一身に負った混血の孤児を背おい、七カ国語を話しながら未だにブローカーの安定した地位すら得られない、何と、ものの悲しい大男の話である。

(つづく)

在日慶尚南道道民の皆さんへ

同郷人の親睦と郷土発展の為に結集しよう！

親愛なる道民の皆さん

新花薫る佳節を迎え、謹んで御挨拶申し上げると共に、皆様の御健勝と事業繁栄を衷心よりお慶び申し上げます。

ご存知の如く、かねてより慶南出身同胞達の切実な要望であり、念願でありました〝在日慶尚南道道民会〟が、ついに去る三月創立総会を開き、待望の発足を見るに至りましたことは、これひとえに慶南出身同胞皆さんの絶大なる御支援のたまものと深く感謝の意を表する次第であります。

親愛なる道民の皆さん！

私達慶南道民会の結成が、他の道民会にくらべ遅きに失した感がないでもありませんが、発足した以上は他道に負けない、より立派な、そして充実した〝道民会〟造りに一路邁進するつもりでございます。

本会の趣旨目的を要約すれば、一、会員相互の親睦 一、会員相互の福祉増進 一、本国同胞との連帯強化 一、郷土開発事業への協調支援による寄与等に努めることは勿論、故郷を同じくする道民達の結集体として発足したのであります。

親愛なる道民の皆さん！

現在、私達在日慶南出身道民の総数は概ね二十数万名にも達し、在日同胞六〇万中約三分の一というおびただしい数にのぼっているにもかかわらず、郷土を同じくする者同志の親睦、提携、友誼、交換を目的とした真のまじわりの場がなかったが故の不便、支障、隘路は誰もが感じてきたことと思います。即ち、現代のすさみ切った世相や、より求められる情報化時代の中にあって、この度の私達同胞人からなる道民会組織が結成されたことはほんとに意義深いものがあり、何よりもまずこの組織を中心に出身道民総てが参加結集し、組織を育てはぐくむことに心せねばならないと思います。

親愛なる道民の皆さん！

私達同胞社会に何より必要なものは人間としての連帯感であり、緊密性でなければならないことは申すまでもありません。ごく自然な気持ちの中に潜在している故郷への慕情・望郷心などの共通した結びつきから人間としてまじわりが深まり、同道出身同士、同姓同士、同郷りの方々というように交流を深め、親睦と助け合いの輪をひろげて、ひいては道民会親睦会等の結成を見るに至り、究極的には同胞としての連帯感が強まり、緊密性がより強化されて私達同胞社会の発展向上につながって行くものと確信して止みません。

願わくば故郷を同じくする道民各位全員、本会に加入せられ、本会の趣旨目的達成に惜しみなく御協力・御支援賜わりますよう、よろしくお願い申し上げると同時に〝在日慶尚南道道民会〟を私達道民全体が交流する殿堂の場として、又、心の誇りどころとして、いついつまでも愛し誇りある慶南道民として〝道民会〟造りにこぞって参加し、御尽力下さるよう切望して止みません。

一九七三年十月

在日本慶尚南道道民会

顧問 李澔(駐日大使) 鄭度淳(大阪総領事) 金正柱(民団中央団長) 姜桂重(民団大阪団長)
相談役 徐甲虎・辛格浩
会長 朴漢植
副会長 成海龍・蔡尚大 朴季道・徐永昊 徐奇煥・成楽三 朴順錫(兵庫地区) 李緻和(和歌山地区)
理事 姜先浦・金命龍 尹章孝・朴弘伯 鄭寅永・陳琦濡 姜正龍・趙竜業 林吉濃・朱祥祚 徐命寿・鄭天義 鄭元煥・金相洛 朴斗完・李明洙 金在振・全時然 甘次相・金九鶴 姜信洙・金基鳳 金基闘・宋台伷 金東出・金吉斗 朴英成・具文浩 黄性杉・金鳳錫 安哲中・李秀峰 朴多世
監事 金昌泰
参事 宋金出・崔海龍 許周漢・鄭百淳 金二泰・姜太和 全鋼・鄭徳朝 趙正根・金六九 崔基南

右は九月三十日迄に就任承諾書を提出された方で、未提出の方は次回発表致します

事務局
在日本慶尚南道道民会
大阪市北区曽根崎中一丁目四〇番地
信用組合大阪興銀内
電話(〇六)三一一ー三八五一(代)

金光子さん二児拉北事件

生木を裂かれるように、無残にもひきちぎられた母とその愛児二人、金光子さんの息子さん、金康責、康徳兄弟は、半身不随の父と共に極寒の共産地獄で今日何をしているだろうか――。本国の母親たちも、日本にいる母親たちも、朝総連の詭計で北送されたわが韓(カラ)の子たちを母の懐に還せと立ち上った。これは、人道の名において世界に訴える、胸の底のほとばしる母親たちの叫びである。(三面からつづく)

非人道、安易な北送 政府と日赤は共同責任

抗議文

わたしたち大韓婦人会は、さる十月十九日新潟港で発生した二人の子供が朝総連と父親の詭計によって強制的に北送された事件について、十一月十九日東京の九段会館で「強制拉致北送張兄弟救出全国母親決起大会」を開きましたが会場での決議にもとずいて、日本国田中総理大臣、日本赤十字社長に対して抗議するものです。

日本国田中角栄総理大臣閣下

わたしたちは、日本の政府に対して次のことを要求します。

一、在日韓国人が北韓に"帰国"することについて日本政府は重大な誤りを犯しています。なぜならば、北韓地域に入ることは、外国というのとは全く異質なものであるからです。在日韓国人が一旦この地域に入ると、再び地域外に旅行することも、日本に残っている友人知己に自由に連絡することも、地域内の人が自由に交流することも、すべて許されず、しかも消息さえも寄せないために分散させられて生活しており、ひたすら労働に次ぐ労働を強制されているのです。日本から韓国に帰国するとか、その他の国に移住するということとは本質的に異なります。北韓から自由に海外旅行ができないことを承認しなければなりません。

一、日本で、より資本的生活を送っている二十万余りの、朝総連内会の幹部たちが、正体を知られていない北韓地区を"楽園"の"天国"のように宣伝し、日本でのような自由生活に加えて、さらに経済的に保障されるかの如く一般民衆の心を惑わせ、"よく見ぬすばらしい祖国"という甘言で北韓に行くことを勧めているのです。

一、いわゆる北韓への帰還なるものが、人道的な理由ということで開始されてから既に九万人以上が北韓地域に送り込まれましたが、これらの人たちの消息はまったく途絶えており、わずかに北韓当局の宣伝の通信があるのみです。このような地域に対して出国する人は、現地に到着して間もなく強制的に収容されており、結果は、全く非人道的なことを行なっているのがいわゆる北韓帰国事業の実態であります。

一、このたびの張康責た、康徳兄弟は、北韓に行くべきして出国したものではないことは、この二人の日本での意思表示、出港前日の母親への脱出によっても明らかであり、しかも、日本の家庭裁判所の調停結果によって、兄弟の外国人登録の問題、康責たちの出国証明書は、兄弟を北韓に連れて行かない"約"として、当事者間で仮処分決定と[illegible]されたものであって、二人の出国には既に本人たちの意思のみでは再び母親のもとに戻ることのできない地域に向けて、日本政府が北韓に出国させたことは、先に述べたとおり日本政府が北韓地域に対する認識がなく、たやすくみずから現地での朝総連とのあつれきを回避しようとしたところに、その非人道性をはっきり示しています。

一、わたしたちは、新潟港で日本赤十字社がどのような任務を果したかについて何ら人道的な[illegible]ざるを得ません。[illegible]的に日本を離れる場所に、日本赤十字社が立ち合っておりながら、何らの処置も講ぜられなかったということは日本赤十字社が一体何の業務のために現地に存在し、何がために金光子さんの訴えに介在したのか、非常に遺憾であり憤慨に耐えません。新潟港での日本赤十字社は単に形式にすぎないものだったのでしょうか、入管当局とは立場を異にするはずではなかったのでしょうか、人道にもとる行為があった時それを阻止するはずではなかったでしょうか。

一、日本政府は、人道の名のもとで非人道が行なわれるいわゆる北韓帰国業務なるものを即時中止すべきであります。日本政府と日本赤十字社は、両国の責任において張兄弟を母親金光子さんの懐に取戻してあげるべきであり、また金光子さんに深甚なる謝意をなすべきであります。

一九七三年十一月十九日

強制拉致北送張兄弟救出全国母親決起大会

会長団(在日大韓婦人会)
中央本部会長 [illegible]
東京地方本部会長 [illegible]
[illegible]地方本部会長 [illegible]
北海道地方本部会長 [illegible]
愛知県地方本部会長 [illegible]
神奈川県地方本部会長 [illegible]
福岡県地方本部会長 [illegible]

民族と人道の名で 張兄弟現状復帰を

決議文

われわれ在日大韓婦人会は、本日ここ東京の九段会館に全国代表千二百[illegible]が参加し、強制拉致北送張兄弟救出全国母親決起大会を開き、本大会の総意によって、さる十月十九日新潟港から北韓に強制拉致された張康責、康徳兄弟を救助する運動を、民族と人道の名において展開し、[illegible]されるよう向かうことを次の如く決議する。

一、われわれ大韓民国の母は、母親の慈愛のもとで、自由に暮らしていた張兄弟が、[illegible]の手先らによって北韓に強制拉致されたことに対し、自由世界の母たちに強く訴える。

一、われわれ母は、[illegible]という甘い言葉で[illegible]い子供たちを北韓地獄に送っている朝総連の[illegible]の母たちに、人間の良心にもとずいて強く訴える。

一、われわれ母は、日本政府の北送担当局の非人道的な業務処理に対し、[illegible]を直ちに中止することを求める。

一、われわれ母は、日本赤十字社の無責任な人道主義に[illegible]するとともに、人道と自由の[illegible]を基本精神とする国際赤十字社に、この問題を訴える。

一、われわれ母は、不幸な張兄弟が日本に原状復帰されるまで、全国的に救出する運動を強力に展開し最後まで努力することを誓う。

一九七三年十一月十九日

強制拉致北送張兄弟救出母親決起大会

日本の母親たちに

入管当局、警察署、赤十字社の全部が母親の願いを助けなかった。お母さま方、子供たちを取返す運動に力を貸して下さい。日本の新聞は、不思議なことに一行も報道してはくれません。国籍を超え、思想を超えて、母親として考えて下さい。

虚栄とコンプレックス 文明子という女
＝自称亡命説に寄せて＝
金允煥

日本人に化ける

「週刊Y」の十二月一日付に「"私はKCIAを告発する"」と[illegible]アメリカに亡命した韓国文化広報[illegible]・文明子女史――の"独白手記"が掲載されていたので、興味を持って読んだ。Tは、私は、東京時代、もっと詳しくいえば彼女が明治大学に通っていたころから面識があり、そのころワシントンやニューヨークでも、しばしば食事をしたり[illegible]さんとも何度も食事を共にする仲だったので、手記を見て驚いた。

昔から文明子さんは、負けん気が強く[illegible]の強い女性だったが、ひと昔前「自分を売るためにはどんなことでもしてのけること」という[illegible]。この彼女は、自分が韓国出身であることをひたすら隠そうとし、よく「[illegible]日本人なのよ」ともらしていた。一説によると、父は日本人で、韓国女性との間にできた娘が文明子さんだといわれているが、さだかではない。ただ彼女の話す日本語はアクセントが不鮮明な、いわゆる"特有なアクセント"が[illegible]ったのでその点からどうしても日本人とは思えなかった。(中略)

記事の書けないインチキ記者

文明子さんが一番最初に"特派員"になったのは、たしか一九六一年のころで、[illegible]の時だった。[illegible]して彼女は[illegible]さんと結婚したわけだが、[illegible]さんは数少ない"本国特派員"のワシントン特派員だった。[illegible]日報の"特派員"を委嘱されたのも、[illegible]さんを介してだった。

日本でもあの当時は"[illegible]特派員"が流行った。たとえば、ワシントン在住二十年のS氏は、T紙の特派員をすすめ、そのあとS紙に移籍したように……。あのころは日本でも各社の"ふところ具合"によって、そういう指摘をされていたところもあったわけ。韓国では[illegible]に[illegible]した韓国では、もっともっとひどかった。(中略)

韓国の"朝日新聞"と呼ばれる朝鮮日報さえもご多分に洩れなかった。"特派員[illegible]"という[illegible]で、彼女は[illegible]の新聞[illegible]になったが、もちろんプロのジャーナリストではないし、[illegible]のころはよく本社から記事の督促が[illegible]について記事を送ったらしい。そのうち、とても"できのよい"記事がメールで[illegible]くるようになった。[illegible]

[illegible]してくるものは、ワシントン・ポストなど現地紙の"写し"ということだったらしい。

転々とスポンサー変え

その後、文明子さんは転々とスポンサーを変えた。たとえば、東亜日報(六[illegible]年から六五年まで)、中央新聞(七[illegible]年まで)、そして七[illegible]年からこの十一月八日まで韓国日報というように。朝鮮日報を[illegible]した事情について、元ワシントン駐在の某有力紙(日本)の記者は次のように述べている。

――文明子さんの原稿のオリジナルは見たことはないが、エアメール原稿(韓国文)は目も当てられないもので、すべて本社で文章を[illegible]んでリライトしていたといわれる。だからハングル文字の新字に「あなたは何か[illegible]だが、[illegible]を食い物」にしている[illegible]がぬぐいきれない。[illegible]ワシントンには正式の特派員を出すことになったのです。どうか[illegible]しからず」と……。

[illegible]彼女はワシントンに帰ると、プレスカードを作って、ジョンソン大統領のステーツ・オブ・ユニオン・メッセージを[illegible]と東亜日報本社に打電した。プレスカードがあれば[illegible](本社)[illegible]にしてくれるから、彼女は[illegible]けたわけ。それから[illegible]新聞にももぐり込んだのか、ギャラはかなり"買いたたかれて"なかったらしい。(中略)

ちなみにYの"手記"の[illegible]新聞のくだりをみると「朴政権は[illegible]新聞社主の[illegible]をワナにかけました。[illegible]新聞は朴政権批判の[illegible]でしたが、[illegible]社主が[illegible]され、[illegible]新聞の[illegible]を朴政権に[illegible]したのをはじめて[illegible]されました。[illegible]させられたのです。(中略)[illegible]は[illegible]たる民間[illegible]であり、株式は一般に公開されていますがこれは事実ではありません。[illegible]新聞と同様、文化放送も朴政権の[illegible]になっているのです」と[illegible]な[illegible]けもない[illegible]"[illegible]"を[illegible]している。

"[illegible]"によると、十[illegible]日のポーター[illegible]次官の金大中事件についての[illegible]が本社とKCIAのゲキリンにふれ"政治[illegible]"するはめになったと書いているが、この[illegible]の事情はわれの調査とは"そんな[illegible]こと"ではないようだ。

彼女はKCIAを「ヒトラーのゲシュタポ、蒋介石のやり口の[illegible]」とし、さらに「今日の韓国は朴正煕"[illegible]"の時代でなく、いわゆるKCIA[illegible]長の時代だ」と目の敵にしている。(これは北韓の[illegible]か……)

そうかと思うと、十一月十六日夜のTBSニュース・デスクで「金大中事件をウヤムヤにして四十九度線をかかめて[illegible]政治的に金大中事件をウヤムヤにした民族反逆者だ」ときめつけている。[illegible]な[illegible]だが、[illegible]るに彼女は、"新聞[illegible]特権"に[illegible]

――大[illegible]の[illegible]さんの場合は[illegible]政治亡命といえるかも知れないが文女史の場合、米国永住権を持っており、政治亡命とはいえない。彼女はソウルを追放されたY紙の[illegible]朴感情を巧みに利用して"亡命スクープ記事"(十一月八日付)を載せさせ、[illegible]をあげておいて、改めて九日に記者会見し"政治亡命の発表"をしている。

丸二年ガマンした東亜日報

朝鮮日報のワシントン特派員[illegible]は[illegible]のようにつけ加えている。

――彼女の[illegible]いギャラを[illegible]って[illegible]東亜日報は、すぐ彼女の"ウデ"を知ったようだ。だからといって契約を破棄するわけにもゆかず丸二年間ガマンしていた。契約更新について彼女はソウルの本社まで押しかけて交渉したようだが、東亜日報は応じなかった。理由はソフト[illegible]

支離滅裂な性格破綻の演出家

たしかに[illegible]さんの影響を受け、現韓国政権に対して批判的なことはわかるが、実際には「それ[illegible]

[illegible]をもち、それを[illegible]に利用して、"個人の利[illegible]"を求めながら、意識の根底にある"コンプレックスから生まれた価値[illegible]"を、現韓国政府批判という形で[illegible]している"性格破綻者"といえることができる。"[illegible]"一命と[illegible]に対する[illegible]は"[illegible]"と疑われる程の文明子ではある。

朴秀鵬翁

朴[illegible]氏(上野民団々長・新潟学術研究会々長)の御尊父である朴秀鵬翁は、宿疾のため、去る十一月十日、慶南密陽の自宅で死去された。享年七十七歳。

十一月十四日葬儀がとり行なわれた。

崔[illegible]渉氏

かねて肝硬変症で加療中であったが、さる十一月二十一日午前八時三十三分、入院中の札幌市[illegible]病院にて死去。享年五十三才。故人は一九四〇年平壌[illegible]を卒業し、来日して中央大学法学部に学ぶ。二十年前から札幌市で北斗商事を経営しつつ、キリスト教伝道につくして来た。その間民団北海道本部で教部長、北海道韓国学園理事などを歴任。

崔[illegible]渉氏、[illegible]氏は肝硬変の[illegible]のため、札幌市[illegible]病院に入院加療中のところ、さる十一月二十一日永眠致しました。葬儀は民団北海道本部葬としてキリスト教式で札幌市中の[illegible]会館でとり行ない、遺骨を札幌北光教会納骨室に安置致しました。ここに生前の御厚情を感謝し謹んで御知らせ申上げます。

連絡先・札幌市南九条西四丁目
在日大韓民国居留民団北海道本部

一九七三年十二月一日

喪　主　金 容 善　　平安道々民会幹事　朴 光 洙
親族代表　崔 [illegible] 渉　　光成中学校同門会代表　呉 敬 福
友人総代　文 會 鉉　　執　礼　呉 光 台 牧師

林慶業将軍傳 (二八)

囍

訳　洪　相　圭
編　八　木　周　吉

と、いったことばが不思議な現実感を伴って、慶業の耳底でまだがんがんと鳴っていた。

胡王のおは[illegible]であるが、胡王には人っ子ひとり見当たらず無気味な静寂がみなぎっていた。慶業ははじめて胡王の[illegible]心を[illegible]ることができた。

そうはさせじと、[illegible]を詰めた慶業は[illegible]にまかせて、[illegible]しく[illegible]を踏みつけた。[illegible]を[illegible]し、場合によっては一刀の下に首をその付け根から[illegible]ってやろうと決心し、刀を[illegible]みにして外に駆けだそうとした。その時に、[illegible]門が開き、侍従の者に囲まれた[illegible]が姿を現わした。慶業は[illegible]が、よく[illegible]のする声で[illegible]いたしながら、せせら笑った。

「どこに行って来られるところでございますか? は、は、は……。いくらわたしを亡きものにしようとせられましても、命は天にあるものです。とくにわたしの命は、天上の手でご自由に縮めることができるものではありませんぞ。」

といってはったとにらめば、心に覚えのある[illegible]は思わずたじたじとなって、あわてて弁明するよう[illegible]した。

「林将軍は何か誤解しておられるようだな。わしはせっちんに立ってきたところだが、そなたこそ、どうして[illegible]を[illegible]えていられるのですかな。」

と白を切ったが、心の中では慶業の[illegible]ぶりに[illegible]ますます[illegible]れを覚え、[illegible]の決心をさらりと捨ててしまった。

とやかくしているうちに、またもや、すくなくない歳月が過ぎ去った。

ある日林将軍がいい難いのを押し切って、本国に帰してくれるように胡王に願ったから、胡王もこれ以上止めるわけにもゆかず、ついに承諾した。胡王は名残り惜しそうに慶業の手をつかんで、しんみりと話した。

「万金を与え、王族の地位を保証しても、ついに帰られるお方だとは、前々から承知のはずであったが、いざ、かえるといわれて見れば、先立つのは[illegible]名残り惜しさです。どうぞ快くお帰りなされ。故国を遠く離れた[illegible]で長い間ご苦労でござった。別れのはなむけに、何んなりと所望のものをお贈りするでありましょう。」

林将軍はにっこりと笑いながら答えた。

「人臣の[illegible]はできるが、あえて求めて[illegible]せられるなら、大王の[illegible]をお[illegible]しとうございましょう。」

[illegible]で、[illegible]が小人[illegible]であったら、なんではすまなかったであろう。胡王も[illegible]下の大人物である。[illegible]慶業の[illegible]を[illegible]いて[illegible]した。

「面白いお分だのう。林将軍の面目がその一言に躍如としておるわい。せっかくだが、ただ一つしかないけれども、その所望は[illegible]るよりほかがないな。わ、は、は、は。」

「は、は、は、は。」

天下の名将と梟雄はさも面白そうに、笑い興じた。

胡王は林将軍との[illegible]れを[illegible]んで、かってなかった[illegible]な盛大な宴を張り、一晩中を[illegible]んで明かした。翌日、いよいよ本国に向かって帰る慶業への餞別に拒むのを押し切って巨万の金銀を贈わり、

「わしは林将軍の心の中に知己を得ているし、そちが王の[illegible]中にしを抱いても大過ないと思う。朝鮮国とわが国は兄弟の血縁であることを[illegible]い、末永く共に栄えようではないか。」

と言って城外遠くまで慶業を見送り、胡国の[illegible]ひとりをつけて、鴨緑江までお送り申し上げろといいつけた。

林将軍は胡王がおくった莫大な金銀財宝を先に本国に送り、自分は胡の使臣の道案内で急ぐともなく帰国の途にのぼった。

この時の本国の政情を一口でいえば、奸臣小人輩の独壇場であり、特に宰相金自点ひとりの手に全権が握られて、その一派の欲するところ、不可能なことがないというありさまであった。

忠誠剛勇な林慶業が故国に帰ってくると知って、顔色をひそめるのがこの一派であることは当然であるが、就中、金自点は大逆の大それた陰謀を蔵していたのであるから、尚更慶業が煙たがったのである。

「あいつが帰ってきたら、わしの大望も水の泡じゃ、なんとかよい方法がないものかな。」

と思っていた矢先に、思い切って王に慶業に逆心ありと上奏し、無実の罪をなすりつけようとした。

「林慶業は天下の[illegible]でございます。まずは王命に逆らいまして[illegible]に[illegible]れ、王の[illegible]を[illegible]まし奉ったことでございますが、この[illegible]には、[illegible]破った[illegible]には社稷を[illegible]し大[illegible]を[illegible]ろうとの、大それた野心がひそんでおることが確かでございまする。されば[illegible]も、[illegible]の野望を[illegible]まれ、北京の手に捕えられるよう、おはからいなさったのでございましょう。

次に、[illegible]にある時にも常に[illegible]心を抱き、[illegible]としてその機会をねらっていたものと、見受けられまする。[illegible]子殿下の[illegible]国の[illegible]にもお[illegible]せず自らは、[illegible]に[illegible]り込っておりましたのも、一つにこの[illegible]のゆえと[illegible]定して大過ないものと[illegible]いまする。

さしますれば、この[illegible]が[illegible]りますれば[illegible]をいわさず捕えて斬り捨てるのこそ、国家の大[illegible]を[illegible]に防ぐ[illegible]明な[illegible]かと存じまする。」

奸臣はいつものように、自分の[illegible]で慶業の[illegible]は[illegible]在であると[illegible]じていた。巧みに[illegible]を[illegible]て、さももっともらしく謀叛と申し立てたが、それは却って[illegible]しく王の[illegible]にふれ、罪[illegible]なされること、なみなみではなかった。

在日同胞の殿堂、中央会館建設着手

韓國新聞

在日大韓民国居留民団
中央本部機関紙
韓国新聞社
発行人 金 正 柱
東京都文京区春日町
2丁目 20－13
電話 直 (815) 1451～3
交 (813) 2261～5
振替口座 東京 163774
本国連絡所(民団本国事務所内)
ソウル特別市鍾路区昌成洞
政府合同庁舎四階
電話 73－0162・0165

民団綱領

一、われわれは大韓民国の国是を遵守する
一、われわれは在留同胞の権益擁護を期する
一、われわれは在留同胞の民生安定を期する
一、われわれは在留同胞の文化向上を期する
一、われわれは世界平和と国際親善を期する

全民団員の誠金で実る

二の橋(東京南麻布)敷地で起工式
大安吉日、感激のくわ入れ

尹達鏞建設委員長

在日四十万民団同胞の殿堂である民団中央会館は、十二月十三日起工式が行なわれて建設に着手され、いよいよ実現のはこびとなった。東京都港区の麻布二の橋の交差点からわずか九十米、広さ約千百九十平方米（三六〇・八一坪）の敷地に、地下二階、地上八階建の鉄筋鉄骨コンクリートの会館が姿を見せるわけだが、完成は一年後の予定である。この日は敷地に紅白の幔幕（まんまく）がはりめぐらされ、厳粛にとりおこなわれた式が、駐日大使館・尹錫鏞公使、民団中央金正柱団長、建設委員会尹達鏞委員長、建設委員会常任会長ら関係者二百人が参加して行なわれた。式後の直会（なおらい）会では朴大統領から民団に対して「セマウル運動」に協力したという表彰状の伝達と、会館建設募金の寄贈があり、在日経済人団体である十日会から一千万円、東京本部管内の一部支部の納として東京本部鄭東淳団長から百八十万円、民団中央本部常任委員の各職務部局から九十万円を、常任委員が代表して金正柱団長から、それぞれ建設委員会に贈られた。

起工式は午後二時から、神式（大成建設が準備のため）で行なわれた。この日は寒さがひときわ厳しかったが、参加者たちは神妙に祝詞（のりと）を聞いていた。

くわ入れ式では、尹公使、金正柱団長、尹達鏞委員長、設計事務所、大成建設の順で行なわれ、続いて、祭場の隣に設けられた直会（なおらい）会場に移り、起工式が無事に終了した祝いの「お神酒（みき）」ふるまいが行なわれた。ついで建設委員会を代表して常任会長があいさつに立ち「今日この場所で中央会館建設の起工式が、大ぜいの皆さんを迎えて行えたことを非常に嬉しく思います。これは本国政府の助力と、全民団員各位の惜しみない協力の賜物であり、また大成建設さんの御苦労によって実現したものであります。この席を借りて心から厚く御礼申し上げる次第であります。皆様が御存知のように、今日が始まりであります。これから約一年の御協力を得まして、この場所に誇り得る建物ができ上り、それを基盤として私たちの団体が一層団結され、日本に住んでいる私たちが、誇り得る民族となるならば、これに越したことはないと思います。寒いにも拘らず、このように来ていただきましたことを深く感謝する次第です」と謝り感謝をのべた。

ついで金正柱団長が「この日こそ、私たち民団組織にとって光栄の日であります。今日ここにこのようなことができることになったのは、駐日公館を通じた本国政府各機関、建設委員会を通じた在日経済人有志たち、そしてわが民団組織の各級活動家たちのすべての努力によってここに組織の殿堂、民族の殿堂の起工式ができたのであります。また民団の歴代団長たちの努力と協力の結果がみのったものでもあります。的確な施工と管理によって、在日韓国人社会のみでなく日本人社会、そのほかの誰からも賞えられるように運用すべきことはいうまでもありません」という事を述べ、さらに参加者に感謝の意を表した。

つづいて尹錫鏞公使が祝辞を述べ「民団の栄光の日に参席できたことは、私個人としても光栄であります。この建設事業が最後まで、民団組織の人、一般の団員、経済人資産のある人、ない人すべての人が努力を重ねることによって、誇りある完成を迎えるものと思います。この栄光の席で心から祝意を述べることを感謝すると同時に、皆さんの努力が立派に報われることを祈るものです。また、大使館としては民団中央会館が近くに建つということについて、大そう心強く思う次第であります。ありがとうございます」と結んだ。

最後に大成建設の出原取締役から「この度中央会館の建設を大成建設に下命されたことに深く感謝致します。この会館が完成のあかつきには、文化、教育、民生、経済活動の拠点として、また民団を象徴する殿堂として、在日韓国人の皆さん方に喜ばれるものと思います。私たちは非常に名誉に感じ、工事に当っては周到な計画のもとに安全の面、施工の面に充分に注意をいたしまして、期間内に完成して引き渡しをする覚悟であります。工事中は民団の皆さん方にお世話になると思いますが、よろしく御指導と御支援をお願い申上げます。この工事が皆さん方の暖かい御理解で（つつが）なく終えることを祈る次第です」と、建築工事についての抱負を語った。

このあとパーティがあり、時すぎ盛大裡に終了した。

中央会館完成予想図(上)起工式場(中)金正柱団長(左)と尹達鏞建設委員長(右)が感激の鍬入れ

韓日合同講演会
千葉県本部・勝共連共催

去る十二月十六日午後六時から民団千葉県本部では、国際勝共連合千葉県本部と共催で、韓日合同講演会を千葉市市民会館ホールで開いた。

韓日両国民約百人があつまったなかで開かれたこの日の講演会で朝鮮大学校認可取消運動本部江利川安栄氏の「危険な日朝友好ムード」と題する講演と映画「第一六八次北送船」が上映されたあとKPI通信社長、金元中氏の「これが共産首都」テーマの講演があった。

講演後聴衆から日韓親善協会千葉県本部設立促進緊急対策案が出され、万場一致で採択した。

十部長官を更迭
中央情報部長に申稙秀氏
駐日大使には金永善氏起用

朴正熙大統領は、十二月三日午前、金鍾泌国務総理と国務委員全員が提出した一括辞表をうけいれ国務総理と副総理兼経済企画院長官、財務、第一、第二無任所長官など十人を再任命し、外務、内務、法務、国防、商工、建設、保社、逓信、総務処、統一院長官など十人の長官を更迭し、李厚洛中央情報部長の辞表を受理、後任に申稙秀法務部長官を当てた。また李澔駐日大使を更迭、後任に金永善国土統一院長官を、駐米大使には咸秉春大統領政治担当特別補佐官を内定した。金鍾泌内閣は七一年六月に発足して以来、二年六カ月ぶりの内閣改造である。

新内閣の顔ぶれ

（カッコ内は前職）

▽外務部長官　金東祚（駐米大使）
▽内務部長官　洪性澈（大統領秘書室政務首席秘書官）
▽法務部長官　李鳳成（検察総長）
▽国防部長官　徐鍾喆（大統領安保担当特別補佐官）
▽財務部長官　南悳祐（〃）
▽文教部長官　閔寛植（〃）
▽商工部長官　張礼準（建設部長官）
▽建設部長官　李洛善（商工部長官）
▽農林水産部長官　鄭韶永（〃）
▽保健社会部長官　高在珌（国会保健社会委員長）
▽交通部長官　金信（留任）
▽逓信部長官　文亨泰（国会議員）
▽文化公報部長官　尹胄栄（〃）
▽総務処長官　沈興善（駐スペイン大使）
▽統一院長官　金溶植（外務部長官）
▽企画院長官　太完善（留任）
▽中央情報部長　申稙秀（法務部長官）
▽検察総長　金致烈（中央情報部次長）
▽駐米大使　咸秉春（大統領政治担当特別補佐官）
▽駐日大使　金永善（国土統一院長官）

"セマウル運動支援" 民団中央本部に授与
朴大統領の表彰状

去る十三日、中央会館の起工式場で、式終了後、祝賀会に入る前会場で「朴大統領の表彰状」が尹錫鏞公使から金正柱団長に伝達された。この表彰状は、各種団体が国の事業に貢献した業績に対して、朴大統領から直接表彰を授けるもので、表彰状と、記念つきのリボンが授与される。

表彰状は『在日韓国居留民団中央本部はセマウル運動を通じて国家社会発展及び住民福祉増進に寄与した功が大きいので茲に表彰する。一九七三年十一月二十二日、大統領朴正熙「印」。名を大統領表彰に記入する、総務処長官命彰第「印」』となっており、勲章なみの扱いを受けるものである。名称は中央本部宛であるが、実際の意味は、今年の春から夏にかけて全国の民団がセマウル運動に物心両面から支援したことを表彰したものであるので、在日全民団員に対する表彰である。

中央本部を代表して、この表彰状を受取った金正柱団長は次のような感謝の辞を述べた。

ただ今、大統領閣下から、わが在日大韓民国居留民団中央組織に対する表彰を受けることになり、わが組織としてはこれ以上の光栄はないと考える次第です。本国でのセマウル事業は正しくわが国の近代化事業であり、これに対しわが組織は全力を挙げて協力しているのであります。今年一年間にセマウル運動支援事業に対して受けたというよりも、これから先、引つづきこの事業に協力するようにという意味が含まれていると考え、これから先わが組織はもっと力を合わせてセマウル事業に支援をつづけることを、この場で再確認しつつ感謝する意思を皆様とともに表わすものであります。

会長に崔金粉氏
婦人会東京本部　大会開き直轄解除

在日大韓婦人会東京直轄本部（金信三会長）は、十一日午前十一時から東京商銀七階ホールで、代議員七十五人の参席で、第十三回東京本部直轄臨時大会を開き、同本部の直轄を解除し、新東京本部を発足させた。

正常化した婦人会東京本部は、港区芝公園にある民団東京本部内に事務所を構え、十二日から早速婦人会活動を開始した。新執行部は次の通り。カッコ内は出身区。

会長　崔金粉氏（品川）
副会長　金賞順氏（豊島）
〃　河栄香氏（練馬）
総務部長　李寿福氏（豊島）
財政部長　金賞順副会長兼任
文化部長　韓福愛氏（足立）
厚生部長　金貞ち氏（板橋）
渉外部長　劉良愛氏（渋谷）

また、顧問、監査は次のとおり。

顧問　鄭東淳（東京本部団長）
〃　金信三（中央本部会長）
監査　李順子（渋谷）
〃　李羅（豊島）

なお宣伝部長と組織担当部長は後日選任することとなった。

郭銀玉女史

駐日韓国公報館長尹奎奉氏の母堂郭銀玉女史は、十二月十四日午前五時頃、ソウルの自宅で永眠した。享年九十一歳。葬儀は十六日。葬地は、忠清南道大安郡花面の家族墓地。

623

重化学工業政策推進不変

代替資源開発に総力

太企画院長官 石油危機克服対策示す

太完善経済企画院長官は四日、推進中の重化学工業政策は石油危機にも拘らず、ひきつづき推し進めて行くことを明らかにし、エネルギー危機と資源難が長期化されるばあい、総体的な供給不足からもたらされる憂慮のある景気下降で不況からくるインフレが起る可能性に備え国内企業はこれに対備する態勢をととのえるべきだと述べた。太長官は、大韓商工会議所が、この日の午前、市内、朝鮮ホテルで開催した経済長官懇談会に南悳祐財務部長官、張礼準商工部長官と参席、以上のように述べたあと、資源確保問題は民間経済界と協調体を構成して民間主導型によって解決して行く計画であると言及した。

太経済企画院長官は、また「▲小麦をのぞく、他の食糧の自給自足体制転換 ▲石炭生産の極大化 ▲核エネルギー開発など代替資源開発のためあらゆる手段を講究」するつもりであるとのべ、政府は今後、エネルギー危機に対処し、国内外にわたる、外交チャンネルをも含めた幅広い努力によって克服していく計画であることをあかした。

また、南長官は年末を控え、各企業は賃銀支払いにとどこおりないよう付託し、政府は必要であれば労賃支払いのための金融支援を講究すると約した。

南財務長官は、また、信用保証基金が集まってはいるが、それほど活用されていないと指摘、大企業が、中小企業、または個別企業の保証をうけもち基金が活用できるよう努力することを促求した。

一方、張礼準新任商工部長官は世界経済は今や、貿易戦争から経済戦争へかわりつつあるとのべ全商工人の団結と[illegible]を促求した。

74年度完成予定の発電用原子炉、東洋第二の規模を誇るこのプラントが稼動すれば韓国は60万KWの電力を新たに得ることができる

全軍に警戒態勢、北韓砲艦侵入で

国防部は一日午後四時を期し全軍が警戒態勢に入ったと発表した。これは北韓砲艦が西海延坪島西南方の公海に侵入したためで[illegible]長官は「西海状況は重大事態を招く」と警告「西海は如何なる代価を払っても守る。事態が悪化すれば責任は全て北韓にある」とのべた。国防部によると挑発は十三日間に六回あった。

木浦、三千浦等 14地域を開発調査

政府は木浦はじめ次の十四臨海地区を新たな産業基地に開発するため調査に着手した。

(仁川)(南陽湾)(牙山湾)(木浦)[illegible](三千浦)[illegible]

セマウム運動の成果

東中支部と結縁で 竜潭セマウル肉牛団地など

在日大韓民国居留民団愛知県名古屋東中支部御中

民団中央の「セマウム運動」の一環として、愛知県名古屋東中支部が姉妹結縁を結んで本国の[illegible]竜潭里セマウルでは、このたびつぎのような結縁の成果を挙げて来たが、「セマウム運動」が祖国の発展へどのように寄与するものであるかを示す、成果の一つである。

謹啓

竜潭セマウルは、在日同胞皆さんの愛国心に感謝いたします。

わが竜潭セマウルには、皆さんのまごころがこもる義金九百万ウォンと竜潭セマウル住民の自己資金二百万ウォンをあわせて、所得増大のための肥肉牛団地が造成され、[illegible]畜舎を建てました。

肉牛(一頭二〇万ウォン)十頭を買い入れ、竜潭セマウル住民一同は希望に燃え、新しい歴史をひらく前進の隊列で力強く働いています。

異国万里、外国の地で苦労された皆さんの真心で、祖国発展の道がひらけるセマウル事業の成果はより一層輝かしいものがあります。

わが竜潭セマウル六百余住民一同は、皆さんの前途に幸運あることを祈り、感謝の[illegible]を送りたいであります。

一九七三年十月一日

竜潭セマウル住民一同

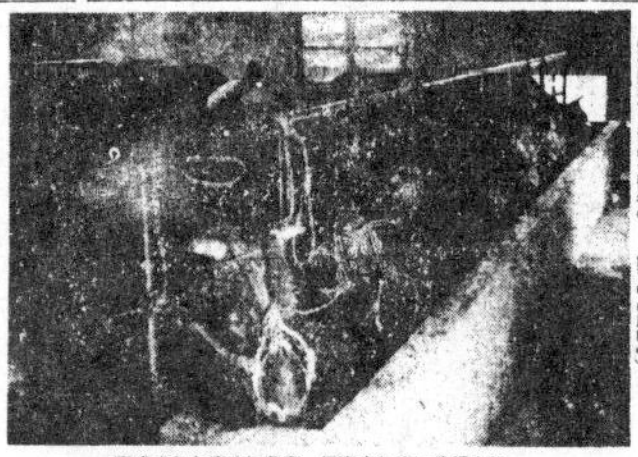

(写真は完成された畜舎へ収容飼育中の肥肉牛)

完成された畜舎に収容、飼育されている肥肉牛

論壇

金大中事件と韓半島への視座 (1)

神谷不二(慶応大学教授)

日本論調に冷静欠く

主権侵害論に侵略思想

金大中事件が教えたもの

金大中事件が起ってからすでに四カ月以上になる。この間、新聞、テレビ、雑誌など、わが国のマスコミははなばなしくこの問題を論じてきたが、しかし、十二月はじめて韓国政府が元在日韓国大使館一等書記官金東雲の犯罪への連累を事実上認め、金鍾泌総理みずからが来日して陳謝の意を表するという態度に出てからは、すっかり下火になってしまった。

この四カ月間を振り返ってみると、この事件については、いわゆる真相ものとか、推測的な記事は数多くあったし、また、国家主権の侵害とか金大中氏の人権擁護といった面から、多分に感情的に韓国政府を糾弾するというたぐいの論調も多かったけれども、冷静にこの問題からどういう反省の材料を引き出し、何を今後の教訓として汲み取ってゆくかということについて、まとまったものはそれほど書かれていないように思う。そこでこの機会にこの事件そのものというよりも、この事件をきっかけにして出された二、三の重要な問題についてあらためて考えてみようというのが、本稿の主旨である。

金大中事件はわれわれに少くとも、それまで十分には意識していなかった二つのことを教えたように思う。一つは、われわれの朝鮮半島を見る目が十分定まっていなかったということ、もう一つは、日本と韓国との関係がはなばなしい経済交流や人的な交流にもかかわらず、基本的には非常に脆いものであったということ、この二つである。この事件について、これまで行われた多くの議論の一つの特徴は、事件そのものの真相が依然として数々の疑問に包まれたままであるにもかかわらず、問題の意味合いが非常に拡大されて議論されているというところではないかと思うが、それもつまりは、この二つのことと密接な関係があるように思われる。

真相には疑問が多いというと、いや、韓国政府が認めようとしないだけであって、実際は韓国CIAがやったのに間違いないという反論が出そうだ。しかし、その点についてわれわれはいかんせん、動かしがたい証拠までつかむ立場にはないし、さらに、かりにその推測が事実であったとしても、一向真相がわかったことにはならないのではなかろうか。

はっきりしない核心的な部分

というのは、なぜ韓国CIAにしろ、なにがしかの政府機関ないし準政府機関にしろ、事が発覚すれば、韓国にとってきわめて不名誉であり、その国際的威信を低下させ、信用を落すような挙に、なぜ出なければならなかったのかということについては、まるでわからない。

この点、推測をたくましくしようとすれば二つの考え方が可能であろう。一つは、韓国政府内部に存在する対立関係からこの問題を解いてゆこうという考え方である。つまり、あるグループが他のグループと大統領に対する忠誠を競い合って、その結果こういうことになったという見方である。もう一つは、金大中氏のアメリカや日本における影響力を韓国政府が未然に防ごうとしたという考え方である。たとえば、もしあの事件が起きなかったならば日本で金大中氏を中心として八月に行われるはずであった韓国民主回復統一促進国民会議、そういう一種の旗上げが行われる前に、何としてでも同氏をら致しなければいけないという要請から、ああいった思い切った行動に出たという解釈である。

しかし、この二つのどちらをとってみても、ありそうなことかもしれないけれども、確かにもっともだと思われるほどの説得性は感じられない。なるほど金大中氏は一九七一年に行われた大統領選挙で意外な善戦をして朴大統領を脅かした実績をもってはいるものの、その後の韓国政界や国民世論の中で彼への期待が澎湃として盛っていたかといえば、必ずしもそうとは言い切れない。大統領選挙後に野党新民党の党首の改選が行われたけれども、金大中氏は破れている。これも、裏面をさぐればいろいろな解釈のしかたはあるだろうか、事実から判断するかぎり、彼が野党の中でも全面的な支持を得ていなかったということになるだろう。

また、彼のアメリカや日本での活動についてはいろいろ伝えられていたけれども、相当数の韓国人が、反政府運動を国外でやっていることにかなりの嫌悪感を示しており、彼の運動は韓国の恥を国外に知らせるようなものだという批判も少くはなかったようである。そうなると、野党の内部でも国民世論にも全面的な支持を受けていたわけでない金大中氏を、なぜ政府機関なり準政府機関なりが、ああいう思い切った策略に出るほどにまで気にしなければならなかったのか。ここらあたりはずいぶん大きな疑問である。こういった点については、たいへんうがった推測も可能であるが、本稿はそういう点が主なねらいではないので、これ以上立ち入るのは控えたい。しかし問題は、そのようになぜ起きたかという一番核心的なところがはっきりしないにもかかわらず、議論が非常に広がってきた点ではないかと思う。

強く議論された国家主権侵害論

すでに別の機会にも少し触れたことだが、この事件発生以来わが国で最も強く議論されたのは、いわゆる国家主権侵害論である。私はこの議論は明治初期の自由民権論者が、対外的な問題に関しては、しばしば対外硬の立場をとって政府と対立しさらにその立場を明確にするために、民権論からむしろ国権論に転化していくという事態と非常によく似た性格を持っていると思う。

今度の金大中事件の場合でも概して言えば政府に反対する立場を取る人々が、国家主権ということを強調した。これはわが国におけるアジア主義の伝統にも関連する。こういった人々は戦争が終わってから三十年近くの間、国家主権にはあまり触れたがらずむしろ「人民主権」、「個人の人権」というような、国家主権に対立するほうの権利を強く主張する傾向があったが、こういう事件が起ると、一転して外に対するわが国の国家主権を強く主張しはじめた。ここにはっきりした共通性が見られる。

しかし主権の侵害というような問題になると韓国政府が、そうではないと言い張る限りは、こちらにそれを立証するきめ手はない。結局は疑いが濃いというあいまいな状態のままで、終わらざるを得ない。残念ながらわが国に格別打つ手はないのである。

逆にあまりそういった議論が日本で出ると、韓国の国会で行われたような、「日帝三十六年の支配中日本が韓国の国家主権をどれだけ侵害したか。それに比べれば……」というあまり理性的とはいえない議論にも発展するわけで、こうなるとぶちこわし以外の何ものでもない。つまり、こういうことはこの事件の不幸な性格による一つの限界だと、認めざるを得ない。

もちろん、わが国で国家主権の侵害論が出ることにも、ある意味で無理からぬものがある。しかし問題はそこで議論が終わらないで、さらに発展していくところにある。こういう国家主権侵害論が起きたのは現在の韓国政府に原因がある。したがってわが国が民主主義を是としている以上、韓国の体制を民主化すべく努力するのがわが国の責務である、というような議論に発展していく点が問題だと思う。

再び明治の民権論、国権論に戻って考えてみても、たとえば自由民権派に属していた大井憲太郎(民権)が、朝鮮半島に対する積極的な介入、拡張政策を晩年主張したときのロジックも「韓国の国民は文明と進歩の恩恵に浴さないまま苦しんでいる。そういう韓国の民衆を救うのがわが国のつとめである」というようなものだった。これは金大中事件の際に出てきた議論と、きわめてよく似ている。こういった考え方は満洲事変以後、わが国の大陸経営のスローガンになり五族共和、王道楽土というような言葉にも、そのまま受け継がれている。さらに言えば大東亜共栄圏という考え方も、基本的にはその線に連なるものであると考えられる。

(つづく)

(「自由」)

ソ連アカデミー研究員

在日韓国研究院を訪問 文献・資料交換とりきめ

ソ連アカデミー傘下の東洋学研究所研究員が、五日、東京所在の韓国研究院(崔書勉院長)を訪問、両研究所間における文献と資料交換をとりきめ、注目をひいた。

このソ連は、現在、静岡で開かれているソ連宇宙開発展示会のしごとで来日中のピクトル・イワノビッチ・ヒバイェフ(45)。

ヒバイェフ氏は、この日、午前九時三十分頃、東京所在の韓国研究院にたちより崔院長と三時間半ほど歓談し、モスクワ東洋学研究所の韓国担当者として、特に韓日関係を研究していく計画を紹介、韓国の文献資料交換に合意した。

私の家族(母・姉・兄)を誰か知りませんか?

慶南居昌邑内で韓服地商光興商会を経営した母親・姉・兄が同徳女中一年在学中の私を残して渡日、十七年前本籍地である全羅南道谷城面長宛に私(京子)を尋ねる手紙が、東京都北区田端十二番地鄭方から送付されたことがあります。

一、母、趙有順(62歳)・居昌邑で光興商会経営

二、姉[illegible](38歳)日本で大学卒業後結婚

三、兄、盧廷漢(曽川漢二)はソウル大文理大三年在学中、日本大学に編入、卒業後同胞女性と結婚。

連絡場所…東京四三一-四五四七

現住所…ソウル特別市城東区弘益洞四九二

本籍…全南谷城郡梧谷面梧枝里三五八 盧京子

盧京子(中学一年の時) 母、趙有順 兄、盧廷漢

恵まれぬ孤児らに

積極的な援助の手を
歳末相互扶助運動盛ん

一九七三年もあと二週間。年の瀬も押し迫った寒空の今日この頃、日本各地では、例年に洩れず、歳末扶け合い運動が盛んである。これに負けじと、わが民団組織でも各地区単位に、貧困団員家族に越年慰問金を贈るなど、今年も相互扶助活動が活ぱつであるが、中でも、同胞孤児を収容している神戸の愛神愛隣舎とハンセン氏病の三多摩全生園などに、積極的な援助の手を差しのべるよう、民団中央では全国組織に呼びかけた。

その一つ、愛神愛隣舎は、「子供が人として育つためには、空気や水のように大人の愛心による支えが無くてはならない」という理念のもと、親に生活能力がない、親が行方不明、親が不治の病、または事故死などで困っている同胞の子供達を優先的に入舎させることを建前とし、「教育、養育問題は、プライバシーを尊重し、わが同胞の、あらゆる困った問題を親身になって、相談できる愛神愛隣舎養護施設」のキャッチ・フレーズで、全国的に散在している不幸な韓国児童の養護施設として開放されているが、民団中央民生局（李鍾舜局長）では越年を控えての時だけに、これら孤児たちに温かい心をと、全国組織に、できる限りの協力を惜しまないよう呼びかけたものである。

ちなみに同舎はキリスト教の博愛精神に則り、張錫出牧師が全国を行脚して、その設立の必要性を説く訴え、あらゆる辛酸をなめた結果、ようやく近代設備を誇る今日の舎館が完成したもので、教育、養育、親子問題の総合相談所として全国的に知られているところである。

〈援助先団体〉

①愛神愛隣舎・兵庫県神戸市灘区泉通り四－二七　電話〇七八－八六一－二四六二

②在日本外国人ハンセン氏病患者同盟本部・東京都東村山市青葉町一六一〇　三多摩全生園

または、民団中央本部民生局まで。

養護施設で遊ぶ子供たち

孤児に愛の手
東郷さんの美挙

墨田支部第三代団長であった故曹圭鉉氏は、支部会館建設に情熱を傾けるうち、七年前の一九六七年十月二十一日、過労で殉職したが、このたび未亡人の東郷道子さんが、故曹団長の七回忌法要をすませたのち、供養をかねて故人の遺志の実現に一助をと金拾万円を墨田支部に寄託した。

墨田支部では協議の結果、多くの韓国系孤児を断続的に苦しみながら養育している神戸の愛神愛隣舎（張錫出院長）に、女史の意向を伝え、十二月十日、中央本部民生局を通じて、寄託することになった。

東郷道子さん

曹団長の生前の夢であった墨田支部会館建設事業は、資金および敷地問題がすべて解決され、来年初、着工をめざし、現在、設計作業にとりかかっている。

なお、東郷女史は、故曹団長の遺志をつぎ、宏田金属株式会社を継承、事業経営も発展一路にあるが、一方、大韓婦人会墨田支部副会長として、在日同胞女性の福利と地位向上に活躍し、二人の遺児を育てる立派な母でもある。

韓日親善交歓
ライオンズ・クラブ

東京の愛宕山ライオンズクラブ（寺田雅美会長）では、さる十一日、午後六時から品川のホテルパシフィックで、創立七周年記念のパーティを開いたが、この会場にソウル首都ライオンズクラブのメンバーが招かれ、韓日親善の交歓が行なわれた。

ソウル首都ライオンズクラブは愛宕山ライオンズクラブのメンバーが昨年十月ソウルを訪問した際姉妹提携の締結をしたもので、今回の招待は姉妹結縁後初の交歓会となった。

会場には駐日大使館宋賛鎬公使が来賓として招かれたほか、首都ライオンズクラブ側は、本国の李応斗第一副会長ら四人と、東京支部郷会長ら十八人が参席した。

式典であいさつに立った宋公使は「われわれ公館側では為し得ない民間韓日親善の実を上げられることはライオンズクラブの強みで大へん嬉しく思う。これからも大いに両国親善のために努力してほしい」という主旨の祝辞を述べ、また李応斗第一副会長は「愛宕山ライオンズクラブは七周年を迎えたが、首都ライオンズクラブはまだ四年にしかならない。われわれは愛宕山ライオンズクラブを兄として尊敬し、一日も早く追いつくために努力する」とあいさつした。

なお会場で、愛宕山ライオンズクラブの今年の事業の中に、首都ライオンズクラブを通して本国各大学に対し五十万円相当の専門書を贈ることが発表され、満場の拍手で歓迎された。

ライオンズ・クラブの交歓風景

PTA連合会
民団中央訪問

日本各地にある韓国学校のPTAが、上部団体として十一月三日「在日本韓国学校PTA連合会」を結成したが、このほど金弘植会長（大阪韓国学校PTA会長）ら七人の役員が、民団中央本部に金正柱団長を表敬訪問した。

同連合会は、子弟の日本での民族教育が、多くの困難をかかえながらも各地で根強く行なわれている現在、各種の困難を克服し、情報を交換して、より一層の効果を上げようとするもので、在日韓国人教育の発展に寄与することを目的として結成されたものである。

原爆死亡の同胞 遺骨を故国へ
久保さんの善意

原爆後遺症でなくなった孤独な一同胞女性を、日本の婦人が手厚く葬い法要を終え、遺骨を故国へ手づから、送還した韓日親善の美談一つ。

美談の主人公は、福岡県大牟田市三池神田駅六三二居住の久保里子さん。

生活保護をうけながらたびたび、病床に臥して療養中、一九七二年十二月三十一日、亡くなった大牟田市居住の李福子さん（慶北義城郡出身）が、死後も無縁仏として異国に放置されることを見かね、福岡領事館、福岡県民団本部などと相談して、ソウルの原爆被爆者援護協会との連絡をとり、去る十一月二十三日、韓国を訪問、故国へ骨を埋めることが唯一の望みであった李さんの願いをかなえさせた。

なお、その間、原水爆被爆者を守る会などを中心に、久保さんがカンパを募り涙ぐましい努力を重ねて来た。

（写真は民団本国事務所を訪ねた久保さん－左から二人目）

人間愛あふれる韓日親善のきづなをかきあげた久保里子さんに対する称讃の声が高い。

母国留学生選抜
全国で百三十人受験

来年度国費および自費母国留学生の関東地区選抜考査が、去る二日の日曜、午前九時から午後五時までの間、東京韓国学校でおこなわれた。

この日、会場には、大使館の柳成渕首席教育官ら十人の考査監督が立会う中で、計五十一人の志願者が真剣な面持で受験したが、受験科目は、国語、英語、数学、作文、論文の各科目と第一、第二面接で本国留学の動機と志望をそれぞれ質問された。発表は来年一月

なおこの日、札幌、仙台、名古屋、大阪、福岡地区でも選抜考査があり、全国での志願者は百三十余人となっている。

中央会館は民族の殿堂 おさめよう建設資金！

ビジネスと観光と歴史・美術そして…
世界親子かけある記 ③
裵乙祚・裵慶州

◇ベトナム

(2) サイゴンからダナンまで

ひょっとしてこの仕事がまとまったら一代の大仕事になるかもしらんぞと、私達例の寄合い所帯の四人お互いに冗談をとばしながら二台の乗用車に分乗し目ざすカムラン湾（Vinh Cam-Ranh）に向ったのが朝の九時頃であったか。

サイゴン郊外を出ると北上する国道一号線は、坦々たる南ベトナムの穀倉地帯を抜け両側に果しなく続くゴム園の中をぬって走っていた。田園には農民の姿が見当らず、殆んど農作をしているところがなく、ゴム園は農民に夜明け前からの作業を終えた労働者が引きあげて人一人ないゴム林が続いていた。このあたりに来ると、国道の両側は幅五、六十米にわたって、一きい遮るものがないまでに樹木等障害物を一掃して、その道路を中心に両側の空地を合せると、幅は二百米以上にも達し、ジャングルや山あいの危険個所には、ゲリラ防止策として開拓されていた。

ベトナムの海岸線は美しい。こんな美しい自然の国で何故戦争のような野蛮行為をしたのか不思議に思われる程豊かな国土である。カムランには夕方近くに着いた。南国の椰子がのびのびと立ち並んでいる。海岸の白浜が輝く、南ベトナムで数少ない大型船舶が入港出来る港町であり、かつて戦争中は米軍の軍事基地でもあったが、今はベトナム中部の輸出港として平和な港街にかえっている。

そもそも私達がここに来たのは、このカムラン湾の対岸から産出する世界有数の良質硅砂（ガラス原料）を買付けるため、東京では一番の謎めいた鉱山主の Mr. ヴァン・カンなる人物に会うためであった。

この美しい国に戦争が……
絶えないジャングルのゲリラ
戦意失ったあどけない少年兵

閑散とした街中に一きわ目だって彼の現地事務所はあった。面会して語ったヴァン・カン氏は神話じみた大者でもなく、物腰のひくい好々爺でありながら、どことなく鋭い一面を持った紳士の風がそなわっているサイゴンの商工会議所副会長であった。週末のサイゴン行きをのぞいてはほとんどこのカムランの硅砂開発に全精力をつくし、朝六時から夕方まで鉱区の巡回、輸出用埠頭の荷揚げ設備工事の指揮に専念している彼の頭脳は、正に電子計算機の如く自分の仕事の全てのデーターをたたき込んだ明晰な頭の持主の経営者であった。

一説によると、この鉱業権取得には多くの政治的背景があって一筋縄では買付が出来ないと聞いていたが、その通りこの商談は、四者の一週間余にわたる精力的努力によってこの度正式調印までこぎつけながら、政治的圧力の前に無残にも一瞬の中に消え去った、南ベトナム経済界の一大国際商談であり、私の一敗血にまみれた商談の一つでもあった。

カムランを後にして、私達は二手に別れ、クリスチャンC氏とY博士二団はサイゴンに引きかえし、私達北上組三人即ち私と商社の課長と案内役の Mr. チョイとは、車でナトラン（Nha-Trang）を経て、古跡と風光明媚な国道一号線を一路キュノン（Qui-Nhon）に向った。

地方都市キュノンに一泊した私達は、ベトナム航空のローカル線でダナン（Da-Nang）に着いたのは、サイゴンを出発して三日目の昼であった。

ダナンは南ベトナム第二の都市で、激戦地とは思えない程活気に溢れた地方都市である。都市の破壊はさほど目につかず、郊外にある避難民のキャンプのみが戦争の傷あとをとどめていた。ここで私達はさきに開いた信用状（輸入代金支払制度）の買付品であるアルミニュームの原料を視察し、現地出荷業者に品質管理等の指導をして翌日サイゴンに引きあげた。

世界旅行こぼれ話

(3) 戦意を失った兵士達

数十年と続いた戦乱で国民の心身は想像以上につかれ果てているのであろう。サイゴンから国道一号を自動車で北上しながら途中の町々で、輸出用のアルミニューム原料を視察し、現地指導などしてダナンまでのぼっていた時、国道筋の要所々々をみる兵士等や虚ろなまなざしで人を見おくる民衆を見てこう考えていた。

あどけない顔にまだ童心を残した痩せこけた兵士等が、国道の処々にある橋の両側に土嚢を積み鉄条網をはって監視している風景をよく見る。そしてそれ等の兵士等の中に一風変った兵士に接することがある。銃床を上に左手の掌中には銃口を操り散歩している兵士、古ぼけた椅子に両脚をほおり出してのけぞり、居眠りをしているあどけない少年兵士、皆まったく戦意などなくのどかで平和な田園風景である。

銃口を逆さにかついでいる兵士には、きっと兄や叔父等が解放軍側にいて何処かでかくれてこの有様を眺っていることだろう。彼等同士の間ではどんなことを言われても通じるものはちゃんと通じているらしく、血肉を分けた同胞兄弟同胞との戦いが如何に無意味かを識っているし、自屋銃を逆さにかついだり、椅子に寄りかかって居眠りをすることが即ち、敵方の肉親や同胞にまったく戦かおうとすることのない意志表示でもあり、上部への暗黙のレジスタンスなのかもしれない。

ちなみに、どこでも聞けることとは、昼間政府軍にいた兵士が夜は解放軍側に内通したり、昼間ベトナムの国旗を掲げていた村が突如として解放軍の拠点になる。野良仕事をしている農民の親子兄弟が夕やみとともに左右に別れ、片や政府軍、片や解放軍に所属すると言う話はいくらでもある。

こんな有様だから、彼等の間では戦意など自己の危険を感ずる以外まったくなく、また救援軍として来援している友軍から見れば、油断もすきもあったものではないと相互不信に陥入り、危険を察知すれば首撃ちをし自己防衛するので、時として同志打ちになりかねない。こんな有様なのである友国の軍隊は恐れられ、その勇猛を称えられはしたが、全体の戦意は落ちるばかりで、さしもの物量戦をもってしてもついに支えることが出来なかったとか言われている。

こんな話は決して気持の良いものではなく、笑えない人類の恥部を暴露しているようで何とも言いようのない気持ちになる話ではある。（つづく）

カムラン湾の硅砂積出し港

2つの青年パーティ
韓国青年会と勝共青年会

在日韓国青年団体では例年の行事の一つであるクリスマス・パーティを、次の要領で開くが、男女多数の参加が期待されている。

▼在日韓国勝共青年会クリスマスパーティ

日時・一九七三年十二月二十日（木曜日）午後七時

会場・東京商銀本店七階ホール

主催・国際勝共連合在日韓国青年会、電話（五八三）三四七九

会費・無料

▼クリスマス交歓ダンス・パーティ

日時・一九七三年十二月二十三日（日曜日）午後五時

会場・東京商銀本店七階ホール

主催・在日韓国青年会東京本部　電話（四三七）二〇〇一

会費・三百円（当日）

韓国と日本の関係に新視点
日本上古史(文定昌著)抜粋と解説
(20)

三国系の日本王朝 （1）

百済木氏系の履中王

既に述べたように[illegible]は、その六十七年に既に死亡しているが仁徳記（日本書紀）には[illegible]がその八十七年に死亡したと偽作されている。

しかし日本書紀は高句麗[illegible]が五万騎をおこり新羅を[illegible]した倭軍を撃破して追撃し、遠く対馬からその本国になだれ込んだと推定できる年、即ち[illegible]（四〇〇）に「履中王が即位した」となっている。

このように観察すると、そのいわゆる[illegible]の二十年間には、[illegible]が[illegible]困っている百済を急ぎ救うために出兵して敗戦にあい、この年に戦死したので[illegible]履中王がその後を受けて立つことになったようである。

履中王は仁徳王と百済木氏系[illegible]の娘との間に生まれた人で、仲の皇子と称する人物としれつな戦闘をくりひろげた[illegible]にのぼることになった。

こうした履中王が、平群の木菟・蘇我満智・物部伊莒弗・円大使主などを四執権として四頭政治を[illegible]。[illegible]

平群の木菟宿禰

[illegible]

蘇我満智宿禰

[illegible]

物部の伊莒弗大連

物部氏が[illegible]から渡った[illegible]であることは既に述べたが、物部氏は武勇の職を専担する者である。はじめは"モノノヘ"と呼んだが、後日"モノノフ"と変り、武士＝モノノフと呼ぶようになったものである。

円大使主

円大使主は百済木氏・[illegible]の孫である[illegible]の息子で、後日[illegible]となるのである。

高句麗系とみられる反正王

その二十年間、名を明らかにしない倭王が、[illegible]百済の急を救うべく出戦して逆に戦死し[illegible]いだ履中王もまた、高句麗[illegible]王の攻撃を受けて戦死したものの如くである。

即ち[illegible]（四〇四年）[illegible]月、倭が[illegible]帯方界に侵入した。[illegible]

[illegible]

「[illegible]」とし突然「五月[illegible]」となっている。

反正王が[illegible]で勝利した勢力であったという推測は、反正を除いて王位に上った允恭王が[illegible]などとして、高句麗系勢力を[illegible]であるいは[illegible]と[illegible]である。

[illegible]くり名「反正」は、「不正を正道に戻す」また正しくする、世上を逆にして正しくつかむ」という意味もあるから[illegible]かある。

今ここで直ちにその一つ一つを指摘するには、時間的にも紙面にも余裕がない。しかし、文定昌さんの指摘したような"裏返しの記述"でなく、文章そのものが意味をなさない記述も少くない。これは、原本を経て数次にわたり、筆写する段階で、誤記もあろうが、明らかに作為的に改ざんされたと見られる部分もある。

（つづく）

解説

[illegible]日本書紀の記述に、史実を逆に[illegible]ている部分が幾つか紹介された。今回も反正王のくだりにそのような記述が紹介されたが、日本書紀のある部分が少くない。あれほど力的に、[illegible]明らかに[illegible]われる部分で、これを「[illegible]」の二上[illegible]

（金元義記者）

「韓国学」研究で 渡部教授に柊柏章

[illegible]十二月四日、駐日大使館で[illegible]教授・渡部学氏に対する柊柏章授与式が行なわれた。

韓国文化の発展と学術交流に功績が著るしい外国人に対して授与される柊柏章は、渡部教授の韓国史および韓国近代[illegible]研究への寄与と、日本における韓国学の研究普及に対する功績に対して贈られたものである。

氏は一九六九年「朝鮮近代教育史の研究」で朝日新聞学術奨励賞を受賞し、現在、韓国研究院発行の月刊誌「韓」の編集責任者として、日本における韓国学研究の泰斗である。

特別寄稿

近くて遠い日本(上)
韓日文化とパーソナリティの形成

邢基柱
東国大学校教授

筆者は、韓国人文地理学の中堅であると同時に泰斗である。韓国の文化や生活に関する豊富な学識はもちろん、英、仏、日、独などの語学力に卓抜した氏の慎眼は、つとに名高い。このたび、東京大学から六カ月間の招聘をうけ、日本各地をめぐりながら、講演をかねての踏査研究を終え、帰国するにあたって本報に特別寄稿された。韓国地理学会副会長である氏が、日本の文化と日本人のパーソナリティの本質とその生成過程に関して述べた卓見はあくまで鋭く、実に興味深いものがある。

このような両国間の親和力を阻害する要因は果して何であろうか。

このたび、日本の関西地方一帯を視察する機会があり、筆者は、この疑問を解くいとぐちをさぐり続けた。

×　×

奈良や平安朝文化が韓国仏教文化のひな型であるとは、周知の事実であるが、このほかにも韓日両国民間における文化の伝播、拡散に関する新たな情報は、ひきつづき発表されている。

韓日両国は、一衣帯水の間といわれ、歴史的には文化の伝播をともにすると迄でいわれて来たが、実際には、心理的、感情的距離がかなりあるといえる状態にあるといえる何かが、介在していることも事実である。

いうまでもなく、一地域の文化が、他の地域に定着されるばあいには、相当に変形、変貌され、その地方風土に適応した形態の新たな文化として、展開されるのが文化の生態学的原理であり、奈良や京都の文化遺蹟は、このような事実をよく反映している。

すなわち、建築・美術にしても、おおむね奈良や京都のそれは構造自体の骨組が、韓国的でありながら、細部のだけでは日本式で繊細で納めである。

「朝鮮建築史論」（昭和5年）を発表した藤島亥次郎は、韓国の建築を日本の建築と比較して、「朝鮮の建築は、比較少なものであろうと、時代をあらわす時代にどの調和、均衡においては、充分、問題として挙げることのできる特長があり……」、[illegible]で必要とされる理由もここにある」と論じている。

筆者は、藤島氏が論じた、このような点、すなわち、日本文化の"感化"を受けていない、韓国の真の姿を岡山県「備中国分寺」付近で、生々しく見出すことができた。

勿論、古代における日本に対する韓国文化の影響は、日本各地で生々しくかい間見ることができたが、「備中国分寺」附近でのごとく、韓国文化の典型が、そっくり移植保存されている所も、稀だといえよう。

×　×

[illegible]、[illegible]付近の「[illegible]」は[illegible]市の東南方に位置しているが、[illegible]の[illegible]・[illegible]などが、韓国の[illegible]をほうふつとさせる。

[illegible]、日本では[illegible]が、ちょうど[illegible]せる[illegible]など、[illegible]

みた寺の伝統と[illegible]附近一帯に展開された[illegible]の様、五重塔の形容はもちろん、塔身に彫られた十二支神など[illegible]筆者はあたかも慶州附近の古蹟を訪ねたような錯覚にとらわれたほどであった。

立場をかえれば、高度成長以後数多い日本人観光客が、世界のいたる所におしかけ、「アグリ・ジャパニーズ」という評判をうけながらも、[illegible]来わっている事実とそれはどうであろうか。

韓日両国は、このように文化的に親密な間柄にあった。しかし現在では、世界のどの国に比べても遠い国であるだけでなく、その溝はより深くなっていくように[illegible]

[illegible]、まして、むりやりに日本に連れて来られ、法的地位すら完全に保障されていない境遇である[illegible]からにほかならない。

（つづく）

おわび [illegible]

林慶業将軍傳 （一九）

訳 洪相圭
編 八束周吉

「何！林慶業が逆賊と[illegible]林慶業こそ万古に稀な大忠臣である。以後も慶業を謀略中傷する者があれば、断じて許さぬであろうぞ。」

と仰せられたので、さすがの金自点も私の施しようがなかった。金自点はついに大胆不敵なことを考え出した。

まず御印を盗用してにせん綸を偽作し、腹心の者を上使に仕立てて、義州に急行せしめた。これを知っている一部の義州府尹には巧みな弁口で慶業の謀叛をさももっともらしく説き、[illegible]の御ふれ書にすっかり信じかれているので、ますます国家の大事に[illegible]かないおそれがあるゆえ、[illegible]の手段であると[illegible]明した。これはいわば自分の心の内を吐露して見せたのに過ぎないと知ったが、[illegible]どもも知ってはいたが、その権勢に恐れて、一人として相手にするものもなかったのである。まことに情けない限りであった。

それとも知らぬ慶業は、なつかしい故国の山川を、しみじみと味わいながら、鴨緑江を渡っていた。後ろで南京府庁のために[illegible]しい[illegible]の人々が船を出してくれた[illegible]の人々も、無事に[illegible]国できたのを喜んでいた。

慶業は思わず目頭が熱くなるのをおぼえ、目を遠くうつせばかすんで見える対岸の[illegible]は、「おいでなさいまし」と暖かく招いているようでさえあった。

一三、理不尽な逮捕

船着場に待っている武士どもは朝廷がさし向けられた迎えの使者だろうと、信じて疑わぬ慶業の心は軽く弾んで、主上のやさしくほおえまれる面顔が、うれし涙にぬれた母の顔と重なりあった。

慶業は船から上るなり、

「お迎え、ご苦労。」

と先に話し掛けようとしたが、それが、話になる前に、笑いを忘れたような異様に硬直した武士たちの顔が、慶業の心をくじき、思わず口をふさいでしまった。

はてなと首をかしげる瞬間、

「林慶業、上意である。神妙に縛につけ。」

と、予想もしなかったことばが、雷のように耳を打った。次の瞬間には、数十名の武士に囲まれて高手小手に縛られ、その上に首かせ、足かせまでかけられてしまった。

檻車に乗せられながら、慶業は天を仰いで嘆息してやまなかった。

「[illegible]ならんとして生を[illegible]の[illegible]きにおき、死ずる時を[illegible]る時と思って臥薪嘗胆、南京に、北京に、水陸数千里の異域にまたがって東奔西走したが、なんの罪でこの首かせであり檻車であるか！」

同道してきた胡の使臣たちも、思わずもらい泣き、人々も[illegible]さえ声を抜って泣きながら、将軍の無実の罪を訴えた。使臣からこの話を伝え聞いた胡王が、林慶業を惜しむあまり涙を流したとのことは後の話である。

それとも知らない義州府内の住民は、父母のように慕っていた林将軍が捕縛されると、口から口へと伝わり、一府の遠近をとわず、男女・老少・上下がこぞって、酒肴の準備までして沿道に出迎えに出ていた。かんじんのお方が檻車に監禁せられて行くのを目撃して、一時は何かの間違いだろうと思ってぼうぜんと立ちつくしていた府民たちは、慶業に、逆賊の大罪がなすりつけられていると知った時の悲しみようといったら形容しがたいものがあった。

と恨むことばは、ご無事に無実の罪を免れますようにと祈りに祈わった。

府民らのこのありさまを見て慶業も思わず涙をおとしながら一同を[illegible]した。

「心配をかけて[illegible]一同に相済まぬ。どうぞ[illegible]ますように」

今の義州府尹も林将軍さまに一目でも会って、慰めたいとの思いは山々であったが、金自点の逆鱗に触れるのを恐れて、ついに姿を現わさなかった。

駆けるのよりも速い噂は千里を走って、過ぎ去る各邑の沿道には人が山と築り、慟哭の声はあたりの山をゆるがした。[illegible]街は悲嘆にくれることになった。

ずっと前、胡の使臣の目を逃れて姿をくらましたところが、すなわちこの[illegible]であったから[illegible]林将軍の悲しみはひとしを深かった。

「なんという運命のいたずらであろう。あの時ここで逃げずに胡国にはいり、いっそ死んでいたら、きょうの悲しみはなかったであろうに。これもひとえに無識の[illegible]らないことからきたのだ。[illegible]これを恨もうぞ。」

[illegible]ものがあった。

すすりあげる泣き声がついには慟哭にかわり、恨みのことばが口ぐちについて出た。

「うちのお将使さまに限ってそんなことがあるはずはない。天地がひっくり返ることはあるかも知らないが、林将軍さまが逆賊だなんて、ああー、お痛わしい。」

「あれには[illegible]の目を[illegible]った人間しかおらないのか。人もあろうに、[illegible]林将軍を逆賊呼ばわりするとは。」

「[illegible]の[illegible]のだ。林将軍さまの[illegible]を聞いただけで[illegible]ものだに。」

韓國新聞
在日大韓民国居留民団
中央本部機関紙
韓国新聞社
発行人 金正柱
東京都文京区春日町2丁目20−13
電話 直(815)1451〜3
交(813)2261〜5
振替口座 東京 163774
本国連絡所(民団本国事務所内)
ソウル特別市鍾路区昌成洞
政府合同庁舎四階
電話 73−0162・0165

民団綱領
一、われわれは大韓民国の国是を遵守する
一、われわれは在留同胞の権益擁護を期する
一、われわれは在留同胞の民生安定を期する
一、われわれは在留同胞の文化向上を期する
一、われわれは世界平和と国際親善を期する

KJ旅券申告 手続緩和を要望

期間延長・罰則中止を 民団中央 運動基本方針を通達

日本の法務省当局は、去る六月、KJ旅券を所持する在日韓国人は、旅券の交付を受けてから十四日以内に「外国人登録法記載事項変更事由」により居住地の市区町村長に届出るよう、関係行政機関に指示した事が最近明らかにされた。こうした一連の措置は、これまでKJ旅券を所持する在日韓国人に対しては、「外国人登録法」による記載事項変更条項の適用を強制せず、黙認して来たものを、今後は、同条項を厳しく適用することを意味するものである。この問題について、民団中央本部（金正柱団長）では、十二月六日、次のような運動基本方針をまとめて全国各地方本部に指示し、十八日法務省入管局に要請した。

外登法記載変更一部を KJ旅券所持者に適用

(1)KJ旅券は一般外国人の旅券とは根本的に異なる性質のもので、同法による記載事項変更事由に該当しないと考える。(2)これまでKJ旅券所持者が届出しなかったことによって、日本の社会になんらの害悪を与えていないにもかかわらず、今に至って急に適用すると言いだした民意は到底理解できない。(3)強いて同法を適用するとすれば、数万人にのぼるKJ旅券所持者を違法者にしたてることになり、現実を無視した法の運用ということになる。しかし日本政府が行政上の必要からこれを適用するというならば、民団としては敢えて反対するつもりはない。しかし、その適用時期と処罰条項については、きわめて問題があるので、KJ旅券所持者に対して充分な指導啓蒙が出来るように、同法の適用時期を大幅に延長する事。さもなければ、来年八月頃から始まる外国人登録更新の時まで待って、旅券所持者が登録更新申請書に旅券番号を記入することによって、自動的に申告を済ませるような簡単な方法を講ずること、さらに旅券の新規発給の場合、事情によっては十四日以内に申請人に旅券が伝達されない地方もあるので、同法十八条の罰則規定は実際問題として無理があり、適用しないよう要望する。

第三回アジア勝共大会 26日、九段会館で開く

来る二十六日午後一時から、東京九段会館で、第三回アジア勝共大会が国際勝共連合主催（会長＝久保木修己主催）で開かれる。この日は韓国、中華民国、日本の国会議員多数が参加する予定。また当日午後六時からは、国際勝共連合主催で岸信介衆議員（元総理大臣）をはじめ七十人の日本側国会議員が参加して日韓華国会議員親善クリスマスパーティを帝国ホテル孔雀の間で開く予定。

互恵平等で親善交流 岡山県韓日親善協会を結成

岡山県韓・日親善協会結成式が、十一月二十一日午後三時から、岡山市内プラザ・ホテル四階ホールで韓日両国の人士百五十余人があつまったなかで開かれた。発起人総会を兼ねた結成式は、韓日両国の国歌奉唱につづいて、両国間の暗かった過去の歴史を洗い流し、新しい世代が互恵平等の立場で交流を通して両国の友愛を深めようとの開会辞ではじまり、経過報告並び会則を満場採択したあと役員選挙があった。式場には、来賓として宋養鎬駐日公使をはじめ李喜衡神戸領事、岡山県知事代理らが参席した。選出された役員は次の通り。

▲名誉会長＝高原勇 ▲会長＝加藤六月 ▲副会長＝山本保、加賀尾儀忍、柳甲綱、千甲植 ▲事務局長＝烏越逸 ▲事務長＝松本輝司 ▲顧問＝星島二郎、加藤武徳、岡田忠人、朴泰鎬

東京で科学者国際会議 欧米、アジアの学者40人が講演

「東洋の心における科学の意味」を発表する尹博士

国際文化財団主催の「第二回科学の統一に関する国際会議」が十一月十九日から三日間、東京帝国ホテルで開かれた。第一回会議は一九七二年に「現代科学の道徳的方向づけ」というテーマでニューヨークで開かれ、今回は「現代科学と人間的価値」をテーマに、欧米二十人、アジア十人、日本二十人の学者が参加し、それぞれのテーマによる講演及び討論が交わされた。参加者には、二人のノーベル医学賞受賞者を始め、世界の水準をいく科学者が多数集まり、韓国からも五人の学者がこの国際会議に招かれた。

物理学者で慶熙大学教授である尹世元博士は、昨年の第一回会議に韓国から招かれた唯一人の参加者でもあり、今回も「東洋の心における科学の意味」というテーマの論文を発表し、世界の科学者の称賛をあびた。会議は、二十一日つつがなく、しかも有意義のうちに幕を閉じた。

第三回は一九七四年にロンドンで開かれる。

李駐日大使帰国 17日午後

更迭された李澔駐日大使が、十七日午後一時すぎ羽田発のKAL便で帰国した。この日、羽田国際空港のターミナルには、数百人の公館、民団関係者をはじめ韓・日両国の人士多数が見送った。

セマウル指導者視察団一行来団 金正柱団長らと歓談

去る十一月二十三日から三十日まで八日間、本国のセマウル指導者東南亜視察団二十五人が台湾、香港を経由、日本を訪問した。金鍾泌国会議員を団長とする二十五人は、全国各道から選ばれたセマウル指導者で構成された。視察団は大阪、滋賀、京都、新潟、千葉、東京を訪問した。特に一行は日本の現代的農場を視察して深い感銘を受け帰国後セマウル農場建設に大いに役にたつと感想を語っていた。

また一行は二十九日午後、民団中央本部を訪れ金正柱団長、李彩雨副団長と歓談した。

婦人会前東本組織部長らが転向声明

反国家反民族運動に走った婦人会前東京本部組織部長として梁素芝一味に追従し中央本部から停権処分をうけた金成子、同総務河貞淑の両氏が、十二月一日、それぞれ声明を発表しこれまでの誤りを全会員に謝罪すると共に大韓民国国民として忠誠をつくすことを誓った。

子女教育に赤い魔手

朝総連が名簿入手を企図 民団中央文教局 徹底阻止を指示

民団中央文教局（金秉錫局長）では、最近、朝総連が「民団とはすでに合意している」という虚偽のふれこみで、日本各都道府県および市町村教育委員会に対し、学令該当の在日韓国人子弟および、小・中・高校在学生の名簿提供を求めているのは、朝総連系各級学校の在学生が、ここ数年来減少を続け、その責任問題が生じており、あせった朝総連幹部が下部に児童増加のノルマを課した結果、朝総連系だけでは足りず、遂に韓国籍同胞の子女を引きずり込もうとする悪辣な底意を露呈したものであると断定、管下各地方本部につぎのように通達した。

一、管下都道府県及び各市町村教育委員会に要請して韓国人児童名簿を朝総連側に提供しないようにすること。

二、子女を通じて学校側へその旨を知らせる措置を各家庭でとるようにすること。

三、この種の朝総連の策動を阻止するための措置を地方の実情にしたがってひきつづき講究し、その結果を中央へ報告すること。

公開質問状の説明求む 19日、民団幹部一行 竹村入管次長らと会見

民団中央本部では、朴性鎮法的地位委員長、李■■民生局長ほかが、十八日午後、法務省の入国管理局を訪れ、竹村入管次長、竹内入国審査課長補佐と会見し、張兄弟施計北送事件に対する「公開質問状」について説明を求めた。竹村次長によれば、入管にはあくまでも法的責任はなく、十月十九日の時点において新潟の入管出張所が取った処置は正当であるということであった。

合意書提示なかった 新潟入管の処置は正当 入管見解

(張兄弟施計北送事件)

要するに、当日現金光子さん [illegible] 問題で実なかったことと、両者協 [illegible] 北送事業の [illegible] 大阪の [illegible] の合意書（引取書）を [illegible] 、新潟入管 [illegible] いうことであった。

局が父親の拒否によって金光子さんを見させられなかったということであった。

民団中央本部は、当日現地の結 [illegible] 、民団としての処置を考えると [illegible] た。

この日の入管での会見は、既報のとおり、民団中央本部が、既に明らかにした「公開質問状」を、日本の田中首相と、当時の田中法相に対して、十一月六日、書留便で発送し、回答期日を受信の日より十四日以内としてあるにもかかわらず、十二月五日にいたっても回答がなかった。

そのために民団中央本部がさらに十二月五日、別掲のような「口上書」を、後任の中村法務大臣に配達証明扱いで発送していた。

これに対し、十七日、法務省より「公開質問状」に対する回答を文書で行なうことは、前例がないので応じられないが、入管当局に直接人が来て説明を求めることには応じる」と通知して来たので、この通知にもとづき、十八日、民団側が法務省を訪問したものである。

口上書

中村法務大臣 殿

連日の御多忙御苦労様に存じ上げます。

陳者 十一月六日、東京、小石川郵便局受付の書留郵便にて、別添同文の「公開質問状」を田中法務大臣宛に発送し、その後、その郵便が法務省に到着したことを確認したのであります。

「公開質問状」のとびらに、回答期限を、書状受信の日から十四日以内と要請してあります。既に事務当局にて検討する時間も、回答を [illegible] 余裕も充分経過しておるはずであります。然るに十二月五日現在、その回答文が当民団中央本部に到着しておりません。

法務省当局が、この質問に回答しない方針であるか、または回答する方針なのか、その何れかも当民団中央本部では不知であります。

中村法務大臣殿から公開質問状の回答を得たく存じ、ここに改めて要請する次第であります。本状を受取られましたら、両三日中に回答の方針の有無、回答する予定である場合の予定日数などについて御返事を下さるよう、重ねて要望するものであります。

一九七三年十二月五日

在日本大韓民国居留民団中央本部

団長 金正柱

日赤など要路に協力を求む 本国の二児救出委員三人来日

なお本国で、金光子さんの二児弟を救出するため目下署名運動を展開している女性団体の連合体である「金光子女史二児救出韓国女性委員会」から、さる十一日三人の役員が来日、日赤をはじめ各方面の要路に事情を説明して協力を求め、十七日帰国した。

来日したのは、国会議員で、韓国女性団体協議会会長、救出委員会女性委員会委員長である李淑鍾女史、韓国女性問題研究会々長で、救出委員会の広報部長の金寧姫女史、東国大学校教授で、救出委員会の執行委員長の洪淑子女史ら。

十二日、民団中央本部に金正柱団長を訪ね、次いで婦人会中央本部に金信三会長を訪ねて、今回の来日の目的を語り、全面的な協力を要請した。十三日には日本側マスコミ関係者と会見し、更に日赤本社を訪れ小池副社長、木内外事部長と会見して陳情。その後、十四、十五の二日は日本の国会議員たちと会見して事情説明と協力を依頼した。

十四日、日赤本社を訪問したとき、日赤側は、国際赤十字社から事件の真相を求める通知が来ており、日赤としても非常に遺憾に思っているとのことであった。

民団中央を訪れた本国の救出女性委員会の役員（右から金正柱団長、李淑鍾救出委員長、金寧姫広報部長、洪淑子執行委員長）

支団長本国研修会 ソウルで来年一月十五日から開催予定

民団中央本部組織局（姜学文局長）では、団長及び事務局長本国研修会に引きつづき、各地方本部管下支部団長で構成する本国研修会を計画、参加希望者名単を作成、十二月二十五日まで中央組織局に報告するよう十二月十四日、各地方本部に通達した。

〈研修会参加要領〉

①費用＝当該支部組織で負担。

②日時＝七四年一月十五日から三日間。

③場所＝本国事務所会議室。

崔海心、河貞淑、金成子三氏を停権解除 婦人会中央

大韓婦人会中央本部（金信三会長）では、かねてから停権処分中であった次の三人を、さる十四日付で解除し、各関係先に通報した。

崔海心（前世田谷支部会長）
河貞淑（前東京本部総務部長）
金成子（前東京本部組織部長）

この三人は前東京本部会長梁素芝と共に反国家的行動をしたので、一九七二年八月三十一日付で停権処分の通告を受けていた。この度の処分解除は、前記三人ともに行動の過ちに気付き、梁素芝と決別する声明書を出し、婦人会中央本部に対して反国家分子と闘かうことを明らかにしたので、婦人会中央本部が役員会で検討した結果、本人たちが深く反省し、再び過ちをくりかえさないという誓いをしたことを認めたものである。

この処分解除は通報に先だち、さる十一日、東京本部臨時総会の席で宣言、全参加代議員の賛成を得てであった。

〈お知らせ〉

中央本部年末年始予定

[illegible]＝十二月二十八日
[illegible]＝一月五日
新年会＝一月八日正午於本部

政府、原資材確保資金全額支援

原油、原棉など27種目
貯蓄金利引上げ、通貨吸収へ

政府は、主要原資材を確保するため、不足が予想されるか、国際価格上昇が必然視される原資材二六品目の輸入に対して所要資金の全額を国内金融または、外貨資金で支援することになった。去る五日、南悳祐財務部長官は総合物価安定策の一環として、国際的に不足または、価格上昇が予想される①原油、原綿、穀物など三個特定品目と②石油化学系列八カ品目（プロピレン、カプロラクタム、エチレンDクロライドなど）③鋼鉄、ビレット、ホット・コイル、銅鉱石、電気銅、鉛鋼、化学パルプ、亜鉛塊、アルミニューム、アルミナ、生ゴム、牛脂、原木、農薬、肥料等主要原資材など十五カ品目など二六カ品目に対し来年二月末まで所要資金の全額を国内金融、または外貨資金で支援する内容の短期対策を樹立したと発表した。

石油危機にも、侵略の脅威にもめげず1980年代における一人当国民所得1000㌦、輸出100億㌦実現めざし韓国の全国民は一丸となって突進している。写真は輸出の花形、縫製品仕上げにひたすら打ち込む韓国美苑社の従業員

南長官は、また、このような原資材輸入金融にともなう通貨量増大を最大限に中和するため、不動産投機抑制税対象地域の拡大と、控除率の引下げ調整を断行する一方、短期貯蓄性預金（三ヵ月・六ヵ月）の預金金利を三パーセントと二・四パーセントそれぞれ引上げることにし（七三年十二月一〇日～七四年一月三一日預置分）輸出業者外貨定期預金制（三ヵ月・六ヵ月）も新設、海外部門での通貨量増大要因を根本的に減縮することにした。

この日、発表された短期対策の内容はつぎのとおり。

◇主要原資材確保対策

▲特定品目（3個）＝年間所要額を、場内金融（百パーセント）DA、ユーザンス「物資借款」現地金融などあらゆる方法で支援する。

▲石油化学製品（8個）および繊維原資材（15個）

①百パーセント国内融資で支援し、原料担保も許容する。

②来年、二月末まで期間内の信用状開設分（DAは許可分）を対象として、融資期間は六ヵ月にする。

③供給者の取引方法および慣習上、DA「ユーザンス」輸入が必要なばあいには、これを許容する。（外換需給計画を修正する予定）

④輸入担保金をつぎのように調整する。

（イ）国内金融で輸入するばあい、LC開設時に十パーセント融資、BL引受の際に九十パーセント融資。

（ロ）「ユーザンス」輸入のばあい全額免除。

（ホ）支援金額は、財務部と商工部が品目別に細かく決定する。

▲不動産投機抑制税の強化

①不動産の譲渡所得税の控除率を、現行年十五パーセントから、年十パーセントに引下げ調整する。

②現行、投機抑制税課税対象地域であるソウル、釜山、大邱、仁川、光州、大田市全域と首都圏都市と境界を接している市邑面全域以外に

（イ）市として現行法上課税されない二五ヵ市全域

（ロ）国土利用管理法によって基準地価が告示された地域が位置する市邑面を課税対象地域として追加

▲短期貯蓄性預金金利の引上げ

三ヵ月定期預金は、現行の年六パーセントから九パーセントと三パーセント引上げ六ヵ月定期預金は、現行八・四パーセントから十・八パーセントへ二・四パーセント引上げるが、実施期間（七三年十二月十日～七四年一月三十一日）中の新規取扱分に限って時限付きで適用。

▲輸出業者外貨定期預金制新設

などである。

世界的な資源危機である石油問題に対応して行なわれた政府の資源確保対策は、輸出増大をあくまでつらぬこうとするなみなみならぬ決意を示すものでもある。

粗鋼年産260万トン
浦項製鉄の拡張工事着工

粗鋼生産、年産百三万㌧規模の設備を二百六十万㌧に拡張する浦項総合製鉄、第二次設備着工式が一日、浦項工場現地で開かれた。

この日の着工式で、李洛善商工部長官は、致辞を通じて「世界の鉄鋼市場は、先後進国を問わず、激しい製鉄工場建設の競争で、設備の新設と大型化に拍車を加えている」とのべ、「今後、浦項製鉄は最終規模を、粗鋼年産七百万㌧程度にめざし、ひきつづき設備を拡張する計画であり、政府は浦項製鉄のため最優先支援政策をゆるめないつもり」であるとのべた。

浦項総合製鉄の第二次設備工事は、現在の十個工場十二個設備に型鋼冷延など三ヵ工場を新設しコスト、焼結、製銑、酸素など四ヵ工場を増設し、

▲原料処理、発電、構内輸送石灰焼成など四ヵ設備を増設

▲その他、現存工場設備の機器を増設するもので、外資二億千九百三〇万㌦、内資一億六百四十万㌦など、総計三億二千五百七十万㌦を投入、三十一ヵ月後である七六年六月末完工の予定である。

第二次設備工事にともない、技術用役は、第一次設備工事に参与した韓国科学技術研究所（KIST）日本の新日鉄が共同で担当、設備工事は、三菱商社、工事は東西建設、大林産業が担当する。

三六億五千万ドル
七四年輸出目標額

商工部は七四年輸出目標を、三六億五千万㌦規模にさため、内需節約輸出促進を基本方向とする輸出振興総合施策を作成した。

一日、商工部によれば、石油波動にともなう国内外の景気後退展望と、資源難を考慮し、七四年輸出目標を今年度の予想実績三〇億㌦線より約二〇パーセントを高めた三六億五千万㌦規模におさえ、内需節約で輸出促進をめざす。

金大中事件と韓半島への視座（2）

神谷不二（慶応大学教授）

論壇

与党人、韓国内の批判呼応は明白な内政干渉で行き過ぎ

慎重であるべき「十月維新」体制批判

韓国における昨年のいわゆる十月維新以降の硬直した体制に対して憂慮を禁じ得ない日本人は、非常に多いと思う。韓国の中でも、最近の学園闘争その他に見られるように、この体制に対する批判者はかなりいる。（ただし、そういった韓国の学生たちにしろ、金大中事件に対して日本のマスコミのとったような立場を、そのまま受け入れようとしているわけではない。ある意味で彼らは政府よりもはるかに反日的であり、したがって、彼らが現体制に批判的だからといって、朴政権に批判的な日本人が韓国の学生たちと提携できると思うとすれば、それはたいへんな誤解である。いずれにせよ、われわれがそういった批判勢力と呼応して、韓国の独裁体制を民主化するために協力するというところまでゆけば、それは明らかに内政干渉である。われわれは、とうていそのような行き方を認めるわけにはゆかない。ある国の政府に公然と反抗しているような人に対して、私人がなにがしかの援助をし、協力をする、そういう自由をわれわれは持っている。しかし、日本政府がそういう行動をとることは許されないこと、もとよりである。

この角度から金大中氏に対するアメリカの態度と日本の態度とを比較してみると、アメリカの方がより慎重ではなかったかと思われる。確かに、ライシャワー教授をはじめとして、金大中氏に拍手を送り、協力を申し出た人々もアメリカにはいたけれども、政府に近い人々は、いまいったような見地から、金大中氏との接触には極めて慎重な態度をとっていたようである。

ところが日本の場合には、もちろん首相、外務大臣といった人々が金大中氏に会ったわけではないが、与党の政治家、それも反田中派の人だけでなく田中派の人を含めて、同氏に会っている。これは不用意な、慎重さを欠く行動だとみられる。

内政干渉の問題はデリケートで、どこまでが内政干渉でなく、どこから先が内政干渉だというように、はっきり一つの線が引かれているわけではないけれども、しかしわれわれとしては、かりに外国の政府に対していろいろ批判的な見方をしていても、その政府が正当性、合法性をもって存在している限りは、それに対して内政干渉がましいことはできるだけ避けねばならない。相手が望ましくない政府である場合には、消極的につき合う以外にはないのであって、積極的にそれを改めさせようとして行動するのは、明らかに行き過ぎである。戦前の日本の大陸政策の誤りも、一つには、そのような誤った使命感を国民の間にかき立てたことに起因しているわけで、この点は、前述のアジア主義的な伝統と関連して、十分細心でなければならない。

韓国政府は確かにわれわれの尺度からすれば民主的ではない。しかし、現在東アジアから東南アジアにかけて十ヵ国余りの国があり、わが国はそれぞれの国とさまざまな関係を持っているのだが、それらの国々の中、西欧的民主主義の国は皆無だといってよい。

われわれがいわゆるアジア太平洋地域で民主的な国へ行こうとすれば、おそらく海を渡ってオーストラリア、ニュージーランドかアメリカまで行かないと、そういう国には出くわさない。もし民主的な国でなければつき合うべきでないという論法を使うならば、わが国は即座にアジア諸国から孤立するという、きわめて奇妙なことになる。

アジアだけではなくて、今日世界に百四十カ国近い国連加盟国があるけれども、それらの国々の中ではたして何カ国が民主主義体制をとっているかを考えてみると、そういう国は明らかに少数派に属しているという事実がある。もちろん私は、われわれがこれまで築いてきた民主主義は是が非でも守ってゆかなければならないと思っている。しかしこのことは、他の国々にも民主主義を期待するのが当然だということにはならない。

朝鮮半島には、韓国以外にもう一つ朝鮮民主主義人民共和国（北朝鮮）があるがこの国も性格こそ異れ、いわゆる民主主義体制ではない。独裁政治である点では韓国以上だろう。しかしわれわれは、そういった体制を異にする国との関係にも、内政不干渉を原則としながら平和共存と交流友好の関係を育ててゆくべきである。この意味から、韓国の「十月維新」体制批判には、十分慎重、細心でなければならない。

緊張緩和の陰の部分

さて、金大中事件の真相にかかわる論議はさておいて、朝鮮半島およびアジアをめぐる国際政治の大きな流れにおいて、この事件を位置づけてみよう。そのために必要なのは、いわゆる米中接近以来わが国で国際問題を議論する際、ほとんど事あるごとに使われる「緊張緩和」ということばの再検討であろう。

国会の論戦も最近では物価、インフレ、石油等々、ほとんど国内問題に集中している感があるけれども、ときたま外交問題について論戦が行われる際には攻める野党も、守る政府も、ともに「緊張緩和」をまくらことばとして、論議を行っているほどである。しかし、いわゆる緊張緩和が国際的な局面のすべてについて当てはまるのかというと、決してそうではない。米中間あるいは日中間といった大国間の関係を見る限り、確かに緊張は緩和しているといえよう。しかし、それが大国以外の国々にどのようなインパクトを与え、影響を及ぼしているかという点を考えれば、事態はそれほど楽観的でない。去る八月の中国共産党十全大会において、周恩来総理がその政治報告の中で、現在の国際情勢の基調を「天下大乱」ということばで表現し、緊張緩和は一時的な現象ではあっても永続的なものではなく、世界には今後とも「大乱」が続くであろうと述べたのは、周知のことに属するが、そこまで言い切らないにしても、大国間の緊張緩和によって、他の国々の内部にむしろ従来以上の緊張が生じているのは疑いのないところであろう。

朝鮮半島のケースがまさにそうである。一昨年来日本ではニクソン・ショックがいろいろ議論の対象になってきたけれども、かりに日本のショックが手足に対するショックであったとすれば、韓国の受けたショックは体や頭に受けたショックにたとえられよう。同じ分断国家ということで、朝鮮半島の問題はしばしば東西ドイツ間の問題と並べて論議されるが、南北朝鮮間で（このところ金大中事件の発生以来中断されているが）七二年七月四日の共同声明以来続けて来た対話は過去六年余りの間東西ドイツ間で行われてきた対話とは、ずいぶん性質の違うところがある。東西ドイツ間の対話は、確かに米ソ間および東西ヨーロッパ間の緊張緩和の動向に促進され、それとの関連で押し進められてきた。しかし、単にそういった国際環境からのインパクトによって両ドイツが対話を始めたということではなくて、東西ドイツにそれぞれ内部的な条件が熟した上で、対話が始められたのであり、それゆえにそれは七二年十二月に締結された東西両ドイツ基本条約という目ざましい成果に結びついたのであった。

それに比べると、七二年七月以来の（赤十字会談を入れればもう一年さかのぼることができる）南北朝鮮の対話は、南北朝鮮それぞれの内部的な条件の成熟によってもたらされた対話というよりは、緊張緩和の名によって呼ばれる国際環境のインパクトによって始められざるを得なくなったという要素のほうが強い。同年秋から暮にかけて、南北両朝鮮はそれぞれ憲法を改定した。

これについては、またいろいろな解釈が可能だが、基本的には、南北対話に臨む態勢を南北それぞれがはっきり固めるところにその狙いがあったと見ることができる。

韓国の場合には、憲法の改定というよりは新しい憲法の制定であり、それによって大統領の権限がきわめて強くなった。そして韓国政府は、統一問題を実現するためにこういう思い切った体制が必要になったという説明をしている。北朝鮮の場合にも、改定後の憲法と改定前のそれとを比べてみると、明らかに金日成首相の権限が強化されている。つまり、南北双方とも最高指導者の権限を強化することによって、外に対しては対話および統一問題にかんする機動的な対応を可能ならしめるとともに、内に対しては、対決から対話へという大きな変化に伴う国内的な動揺を最小限度に防ぐ体制をとったということだろう。金大中事件についてわが国では、韓国が緊張緩和の大勢にもかかわらず、それを解せず、あるいはそれにさからってこのような不祥事を引き起したという文脈の批判論が多い。しかし、そういうとらえ方はむしろ逆であろう。金大中事件は、大国間の緊張緩和のしわ寄せが韓国にこういう不祥事をもたらした、という文脈で考えるほうが正しいのではなかろうか。

むろん私は、こういった不祥事が起きても当然であると言おうというのではない。ただこの事件の大きな位置づけとしては、そういうふうに考えざるを得ない。別な言い方をすれば、ニクソン・ドクトリンおよびそれに発するいわゆる緊張緩和現象の陰の部分が、韓国において金大中事件という奇怪な事件を生み出したという側面は決して否定できないだろう。

「緊張緩和」の陰は、別の形で北の方にも現れている。最近における北朝鮮とソ連との関係の冷却がそれである。近い例をあげれば去る八月に行われたユニバーシアード大会へ、韓国は相当規模のチームを送った。韓国チームが平穏にソ連に受け入れられたわけである。

（つづく）

（「自由」）

医療人の免許証・資格証更新
および薬師申告に関する公告

韓国保健社会部では、11月9日付で改正医療法附則第二条および第七条施行規則第五九条規定による「医療人等に対する免許証または資格証一斉更新」および、十二月六日付で薬師法第六条および同法施行規則第三条規定による「薬師定期申告」をつぎのような要領で実施することを、それぞれ公告した。

医療人に対する免許証または資格証の更新

一、更新対象および交付機関

イ、保健社会部長官所管

（一）免許証…医師、歯科医師、漢医師、助産員、看護員、限地医師、限地歯科医師、限地漢医師

（二）資格証…各科別専門医

ロ、市・道知事所管

（一）資格証…看護補助員、接骨士、鍼士、灸士、按摩士

二、一九七三年十一月九日から一九七四年二月一五日まで

三、申請手続

イ、更新手続者は、医療法施行規則第五九条の規定による所定の書式（第二五号様式）の申請書につぎの書類を添付して、所属中央会（協会、または団体）の確認をうけ、申請人の住所地を管轄する保健所の接受をへて、市・道知事に提出しなければならない。

ただ申請人の住所地が更新をうける当該資格証の登録台帳を管掌する管轄市道でない場合には、該当登録台帳を管掌する市・道知事に直接提出する。

（一）免許証または資格証原本

（二）身元証明書　一通

（三）健康診断書　一通

（四）写真（名刺版、脱帽、前面上半身）　五枚

（五）手数料

（イ）医療人、二〇〇〇ウォン

（ロ）看護補助員・医療類似業者、按摩士、五〇〇ウォン

（収入印紙）

※なお、海外滞在者は、前項の申請書を申請人の滞留地を管轄する駐在公館長に提出しなければならない。

※海外滞在者は国内居住の親戚や友人に委任者の委任状および被委任者の住民登録証をそえて更新手続を委任できる。

※海外滞在者で、免許証や資格証を紛失し、原本を添付できないばあいには、立証文書又は、理由書を添付すればよい。

薬師定期申告

一、**申告義務者**

一九七三年十二月三一日現在大韓民国薬師免許取得者全員（薬師資格停止処分をうけた者も含む）

二、**申告期間**

国内居住者…一九七四年一月一日から一九七四年一月三一日

国外居住者…一九七四年一月一日から一九七四年二月十五日

三、**申告用紙交付**

海外居住者に対しては、該当駐在公館で交付する

四、海外居住申告義務者は、申告書一部を作成して同申告期間内に居住地公館長に提出すべきであり、当該公館長は、同申告書各一部を、七四年三月十日まで、保健社会部に提出する。

私の家族（母・姉・兄）を誰か知りませんか？

慶南居昌邑内で韓服地商光興商会を経営した母親・姉・兄が同徳女中一年在学中の私を残して渡日、十七年前本籍地である全羅南道谷城面長宅に私（京子）を尋ねる手紙が、東京都北区田端十二番地郵方から送付されたことがあります。

一、母、趙有順（62歳）・居昌邑で光興商会経営

二、姉盧漢[illegible]（38歳）日本で大学卒業後結婚

三、兄、盧廷漢（豊川漢一）はソウル大文理大三年在学中、日本大学に編入、卒業後同胞女性と結婚。

連絡場所…東京四三一－四五四七

現住所…ソウル特別市城東区弘益洞四九二

本籍…全南谷城郡梧谷面梧枝里三五八

盧京子

盧京子（中学一年の時）　母、趙有順　兄、盧廷漢

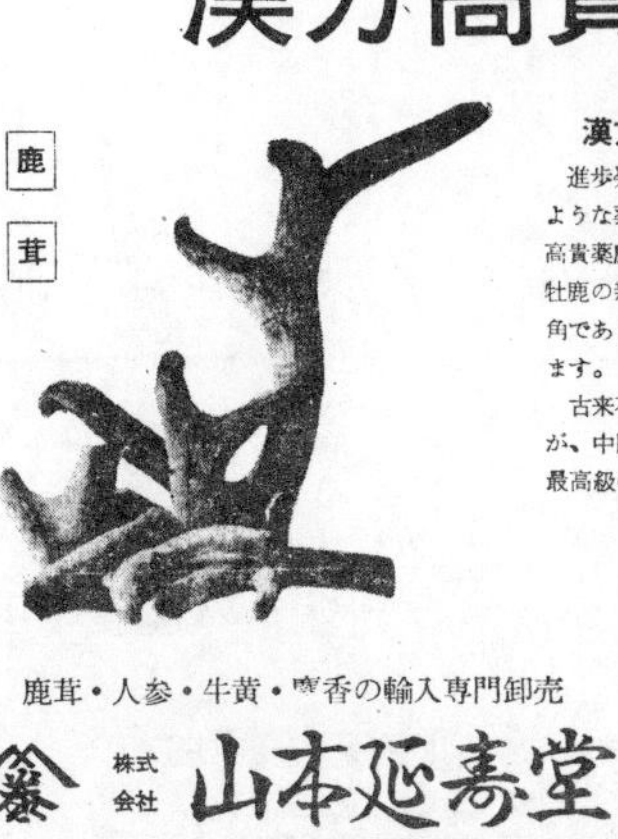

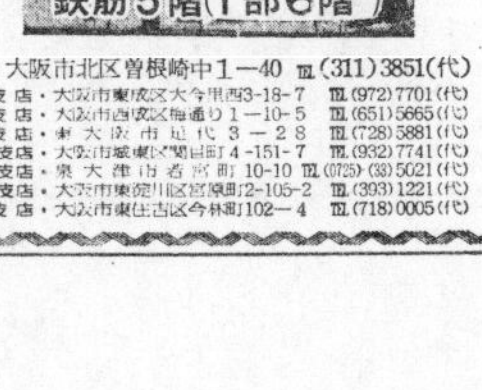

青年会結成へ拍車
全国組織に要望通達
中央は積極巡回活動

去る三月ひらかれた民団第二十一回定期中央委員会では、在日韓国青年会組織問題についてその具体策をめぐり白熱した論議が展開されたが、最終的に、①民団傘下に青年組織として、在日韓国青年会を結成することを前提とする。②民団の各地方本部は、四月末日までに青年部長を任命し、支部は五月末日までに青年部長を任命する。③このあと、六月中に全国の青年部長会議を開く。などの決議を見ている。しかし、現実は、十二月現在まで、全国的に十二地方本部に青年会が結成され、ようやく軌道に乗っただけで、中央会結成と共に、懸案であった青年会結成は不振状態にあるところから、中央青年局(李彩雨局長)では、年末年始の各種行事の場を最大限に活用して、青年組織の必要性を強調、今いっそう結成推進の拍車をかけるよう全国民団に要望を通達すると同時に、中央自ら積極的に巡回活動することを決議した。

浜松支部結成
会長に金炳松君

かねてから青年会結成が進められていた民団静岡県浜松支部では、中央青年局から鄭辰竜次長を迎え、去る十一月十六日午後七時から、同支部事務所内で、約八十人が集まり、盛大に結成大会をひらいた。

この日、会場にあてられた支部事務所には、民団幹部ら二十余人と約六十人の同胞青年男女が集まったが、国民儀礼のあと、議長選出、経過報告、準備委員発表、来賓祝辞、会員の自己紹介とつづき、綱領・規約の審議採択と活動方針および予算案審議が通過され、次の初代役員を選出、祝賀パーティのあと散会した。

なお第一次事業としては、本国での研修会が計画されており、また静岡県本部が所在する静岡市より、浜松支部管内の方に、青年の比率が大きいという事実にかんがみ、来年二月までの青年会本部結成が注目されている。

〈初代役員〉

会長　金炳松
副会長　朴康夫
〃　金容子
監査　朴秋美

▼写真上から＝大分本部、浜松支部の結成大会。下は兵庫県本部の第二回定期大会

兵庫定期大会
会長に崔昇商君

青年会兵庫県本部では、去る十一月二十五日、神戸市の兵庫県勤労市民センターで第二回定期大会を、会員約九十人(代議員五十人中三十九人参席)が集まる中で開き、議長団選出、大会成立宣言のあと、経過報告、質疑応答、新任役員選出と進められたが、特にこの大会で論議の焦点になった申京煥君の国外強制退去取消の救出運動については、日本の法務省など関係機関に提出する救出決議文を採択した。

また会場では、去る十月二十八日、大韓婦人会兵庫県本部主催でひらかれた秋季運動会では、青年会員たちが積極的な協力のおかげで、大成功をおさめたとし、組織拡大の一助にもと新執行部に二十万円の寄金があり、参会者一同を感激させた。

これと並んで、同青年会では、民族金融機関育成のための協力預金として、会員たちが自身の所金として、四百二十万円が集められ、その場で神戸商銀理事長に手渡され場内から万雷の拍手を浴びた。

〈新任役員〉

会長　崔昇商
副会長　金泰洙
〃　洪正雄
監査　尹達世
〃　蘇源吉

大分本部結成
会長に金博君
(旧韓青委員長)

民団大分県本部と、解散した旧韓青幹部との間で結成準備が進められていた、青年会大分県本部結成大会は、去る十二月九日午後一時から、民団大分県本部会議室で約四十人参加のもとひらかれ、民団の鄭…団長の辞につづき、結成準備委員長の金…君から経過報告、福岡総領事館の蘇秉和教育官、民団大分本部の南在頭団長、同じく中央青年局の鄭辰竜次長らの青年の団結をうながす激励辞がのべられ、各地からの祝電を高々と朗読、次の初代役員を選出、予算案、三個支部の結成と青年会中央大会参加など、活動方針を原案通り可決、壮行訪問、夏季講習会、秋季体育大会、学習会、通信教育などの当面行事をとりきめ、盛会裡に結成大会を終えた。

なお、この結成大会までには、旧韓青幹部らが、誠意と理解深き民団幹部らの懇切な説得により、決意を新たにしたものだけに、今後における活躍が大きく期待されている。

〈初代役員〉

会長　金博
副会長　鄭東洙
総務部長　趙元一
組織部長　申致鎬
組織次長　李志珪
経済部長　鄭大述
宣伝部長　許泰鳳
宣伝次長　金栄均
文教部長　李貞説
女子部長　殷芳子
女子次長　韓景子
監査　石達夫

在日「体育会賞」
団体に排球、個人に金国煥(体操)
朴恵子・金大賢(水泳)の各君

在日本大韓体育会では去る十二月十四日午後六時から、第二回民団文化賞が授与された蔡洙仁氏(体育会副会長)の受賞祝賀パーティと同時に今年度「体育会賞」の施賞式を同体育会議室で開いた。

この日は、民団中央の李彩雨副団長をはじめ、約十人の在日韓国人体育界功労者が出席され、蔡洙仁氏の受賞を心から祝福した。

この席上で同氏は、「この文化賞は民団だけの賞ではなく〝民族の賞〟であると思う。今日までの私の人生は、体育一筋だけの道を歩いて来た。今後とも後進養成に全力をつくすことをみなさんの前に約束する」と感慨をのべた。

施賞された団体および個人は次の通り。

▼団体賞—在日韓国排球チーム

去る七月宇都宮市で開かれた、全日本実業団の男子優勝大会関西地区代表に選抜され、全日本実業団排球界に同胞単独排球チームの実力を発揮、日本社会に広く認識させた。それと在日韓国人排球界に新しい息吹を入れた功績。

▼個人賞—体操の金国煥君(男)

京都洛南高校三年、十八歳。釜山での第五十四回国体に初参加、個人総合で優勝、金メダルを獲得。また今年度全日本高校選手権大会団体総合三位、個人戦に優勝した。

▼個人賞—水泳の朴恵子さん(女)

滋賀県大津市在住の会社員、十九歳。去年の第五十三回国体で韓国新記録二個を樹立し、今年第五十四回国体でも百米、二百米で、おのおの第一位を占め、在日選手団の意気をなお一層あげた。

▼個人賞—水泳の金大賢君(男)

八幡市立躍山小学校四年でまだ九歳の児童。今年六月の第二回全国スポーツ少年大会で、とび抜けた実質を遺憾なく発揮して第一位を占め、在日少年スポーツ界のホープ的存在となった。

劉学燮氏
セマウルに百万円寄託

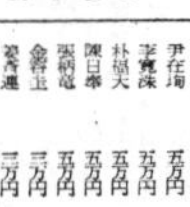

劉学燮氏

祖国の維新事業の中心課業である運動に在日居留民団も全組織を挙げて積極的に参加して多大の成果をおさめ国内外から高く評価されている折、劉学燮氏(名古屋市南区呼続町一一二＝県本部顧問)は、名南支部代表の一人として本国江原道横城郡公根面と姉妹結縁並びに誠金伝達のため行った際、同面楊山里の橋が洪水のため流失したままになっている事を聞き愛郷心の強い同氏は座視出来ず、帰日して名南支部団長と協議募金を決めると共に、再度本国の現場を踏査、全額負担する事を伝えた。まず氏自身百万円を拠出、協力を求めたところ計百八十六万円(日貨)の募金が出来たので去る十一月十一日駐名古屋韓国領事館を通して送金した。

同橋募金寄付者は左記の通り。

寄金者(敬称略)

劉学燮　百万円(県本部顧問)
金仙吉　二〇〃(名南支部団長)
金満根　二〇万円
朴八竜　一〇万円
尹在珣　五万円
李寛洙　五万円
朴福大　五万円
陳日奉　五万円
張炳竜　五万円
金容玉　三万円
姜吉連　三万円
崔燦卿　三万円
李判説　二万円

読者の声
人間の〝情〟について考える
張兄弟の北送拉致事件に寄せて
滋賀県・高一　金裕子

「在日韓国人の一人の母親が、善意で行動し、善意で人を信じ、全面的に日本の関係機関を信じていたばかりに、その全てが裏切られ、最愛の二人の子供を、二度と逢うことのできない北朝鮮に連れ去られました。」

このような事件があることを、私は、右のような書き出しのビラと、韓国新聞を通じて知らされ、世の中の矛盾と人間の非情に、強い怒りを感じ、今ここに、このような文章を書いている次第でございます。

子供は両親のものでは有りますが、裁判で親権が母親に与えられた以上、親権を与えられた者のみが、子供を育てる義務を負う——これは常識的な事で、学生である私にも分かります。

それなのに、親権を失った張甲宗さんが、どうして康貴くん兄弟を育てることが出来るのでしょう。

そして、どうしてその裁判を行なったこの日本の国から、康貴くん兄弟を北に連れて行く事が出来たのでしょう。

私には、全てが謎に感じられ、ただ、世の中の矛盾と、人間の非情が浮き出された感じで、大変情けない思いです。

康貴くん兄弟は、母金光子さんに迎えに来てもらう事を望み、家へ電話をかけ、母金光子さんが迎えに行ったにもかかわらず、康貴くん兄弟の意志も抹殺されたまま北に連れて行かれてしまった。

張甲宗さんも、朝総連の人も、余りにも、常識に、情に欠けてはしないでしょうか。人間の情とは、そんなものじゃないと思います。

どういう訳か、朝総連の人は、私たち同胞を少しでも多く自分たちの思想に従わせ、少しでも多く北に送り込もうとしているようですが、いやだという者まで送り込む事が出来るのでしょうか。

人間の意志を尊重するこの時代に、このようなことがあっていいものでしょうか。

人間らしい情のない人には、母金光子さんの悲しみが分からないでしょう。

だから、子供を取り上げるようなことが出来るのでしょう。

でも、情の有る人には、母金光子さんの苦しさが痛切に感じられると思うんです。

私は、現在、日本の高校に通い日本の教育を受けています。

そこで、先生や友だちにもビラを見せ、意見を聞いてみたのですが、みんな「ひどい、何とかしてあげたい」という感想を述べておりました。

でも、私たちにはどうすることも出来ません。

皆で力を合わせて出来る事なら皆で力を合わせましょう。

そして、皆で、真剣に考えるべき重大な問題であると私は思います。

(原文のまま)

[redacted]

編者

ビジネスと観光と歴史・美術そして…
世界親子かけある記 ④
裵乙祚・裵慶州

自由貿易のシンガポール
輸出中継地として活気
ずぶといインド商法

シンガポール
(Singapore)

(マライ語)
Tabek (tuan))
{Good morning, evening,
{-by, afternoon,
Apa khabar?…How are You?
Trima kasihSah aadabaik, dan bagimane tuan?…
Fine, thank You, and You?

シンガポールで想い出すことが三つある。海浜の魚貝料理、ナイトマーケット(Night market)と言われる、昼は駐車場で夜は屋台で露店でひしめく東南アジア料理の名店街の味、そして本業の金属原料買付けで知り合った二十一才の青年 Mr. Sharma(シャーマ氏)の若さは社長ぶりである。

機中で隣り合った中国系マラヤ人が、街ぐるみきれいなところだからと紹介すると言われ、最近建ったばかりのニューホンコン・ホテルに入る。到着の整理が終った頃、先程連絡してあった駐在商社員が二人やって来て、郊外にある海浜魚貝料理がうまいから行こうと言うことになり、薄暗くなって着き早速注文して出て来たのが蟹と蝦のケチャップ漬けみたいなものでこれがまた実にうまくかぶりつくように平らげた。庶民的なのか現地の若者や、親子連れが多くバスの終点でもあるらしく、大勢の客が屋台で常夏の夜の食欲を心ゆくまで満喫していた。

出来るだけ旅行スケジュールをくずさないようにと、サイゴンでのやり残し仕事を半日もかかって東京に国際電話をするなり、ベトナムへ指示する等して完了し終ったら、この一週間の疲れがどっと出て綿のようにつかれた。

非鉄金属業者シャーマの事務所は、市のビジネス街の中心にあった。小使ともビルの管理者ともつかぬインド系老人の世話人かにリレーされて会ったシャーマ氏は、何と童顔の面影が残った美青年であった。仲々のやり手らしくてきぱきと指示をしてすぐ自分のヤードをまず見てくれと先に立った。

シンガポール第一の業者だけあって在庫は多く、特にニューポートにある共同倉庫には、ベトナムからのアルミ屑が数百トン積み込まれていた。

このシンガポールには、中国人に混じってインド、パキスタン系の業者も多く、このシャーマ氏もインド系の業者である。最近のホンコン・シンガポールは、フリーポートの利点と、公式非公式を問わず、ベトナムからの戦後処理金属原料の輸出中継地として活気づいている。ベトナムにしてみれば戦争当事者として一番恩恵を受けなければならないのに、皮肉にもホンコン、シンガポールにお株をとられるのは、何んと言っても東南アジアの流通組織を牛耳る中国華僑の仕業であり、それにむらがっているのがこのインド、パキスタン系商人であり、遠くは日本商社でもあることは自明のことである。

一般に東南アジアにおける金属原料を取り扱う業者は、中国人、インド人が多く、その利益率は極めて高いようだ。しかしこの戦争ものを扱って甘い汁を吸う商売もいつまで続くわけがなく、やがてベトナムの復興工業計画でも開始されれば、即座に中止されることは火をみるより明らかである。

私は、一方では血を流す戦争を戦争をしてなお償いることのない国があると言うのに、片や戦争特需でボロもうけに、なおあきたらず戦後処理品をも買いまくって金の亡者と化している国もある。皮肉な現実と人間社会のキタナイ一面をみせつけられ憤りを憶えた。

夜はまたゲテモノ趣味も手伝って最近有名になっているナイトマーケットに行こうと言うことになった。初め私は何か闇市のようなものを連想したが、まったく違っていた。昼の内自動車の駐車場になっているところが、夕闇とともに東南アジア一帯の料理を屋台で食わす膨大の名店街に早変りしたところである。いやはやものすごい、かなり広い敷地に各国自慢の料理を即座でサービスする屋台がそれこれ戦後の闇市然としてもうもうと湯気をわき上げ、ような臭いをあたりにただよわせ、ボーイがせわしく立ち廻り、人間の食道楽欲を充分満たさせるような光景である。食いしん坊にはたまりかねない、見るもの、かぐもの全てが食欲をそそる逸品揃いで正に名実共天下の食天国とも言えよう。それでいて料金ときたら驚くほど安いときているので、庶民の食卓にはうってつけのマーケットである。最近外国旅行者が多くここを訪れると言われているので益々このマーケットは盛ん、シンガポールの名所となることだろう。

シンガポールを午後一時頃発った私達は、ニューデリー経由翌午前二時頃にはカイロに到着することであろう。飛行機は一路マレー半島をさかのぼってバンコックに向っていた。

世界旅行こぼれ話
(4) 若い社長 Sherma (シャーマ)

二十一歳には似合わない貫禄と体格は、今を盛りの偉丈夫と言ったところ。しかもこの青年社長インド人の悪いところは全て持合せたような強者。

シンガポールきっての大手金属原料業者の二代目、小さい時から親父に訓練され今は後見にまわっている親父の代りに会社をきりまわしている。こわいもの知らずのずぶとさに親ゆずりのインド商法を身につけたとあっては鬼に金棒か、まるで歯が立たない。

「社長さんとの側にいくら払っ…気がするんだい」How much can you pay? と、相手のおもわくなど一向に気にしないゴーイングマイウエイ式の値段交渉である。単刀直入の人を喰ったような年であるが、彼も年をとるに従って礼儀もわかってくるであろうと、ほれた弱味で許す気になる。

インド人の常套手段として値決めは実にキタナクねばる。一度決めたものでも他の品目で自分が不利であったり、又交渉相手が弱いとみたら、必ずひっかけて両方を自己ベースに有利に改変しようと他の条件を持ち出して来る。

この若いMrシャーマも中々ねばる若者である。そばでみている親父も何一つ口を出さず成りゆきをみては時々助太刀をする。いいコンビだ。

私はこの青年が好きになった。二十一歳の荒削りではあるが、どの世界に出しても生き抜くだけの度胸とコスさが気に入った。一度言ったことは余程のことがなければ変更しようとしない頑固なまでの意地には閉口だが、私の息子にもこんな面があるならと一人ほくそ笑んだ。

聞くところによると彼には既に美人の奥さんがいるとか。

(つづく)

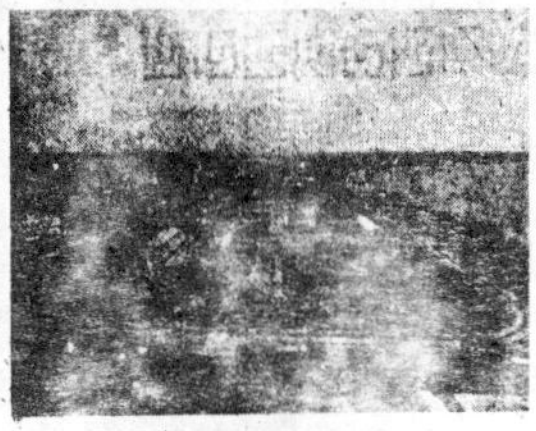

シンガポール市全景

案内

駐日韓国大使館公報館は恒例の定期映写会を次の通り開催し、在日韓国人および日本人の来館観賞を望んでいる。(料金は無料)

▽日時・一九七三年十二月二十八日午後六時
▽場所・公報館映写室(赤坂・ホテル・ニュージャパン内)
▽交通・地下鉄・赤坂見附下車三分
▽映画・文化映画、大韓ニュース九六〇号　劇映画「カプスニとトスニ」

韓国と日本の関係に新視点

日本上古史(文定昌著)抜粋と解説 (21)

三国系の日本王朝 (2)

新羅系の允恭王

反正王が薨かれた後新羅系允恭王が継承した。允恭王が新羅系であることは今日、日本国の史家一般に認められている。允恭王即位後は、允恭王が歩けないとの理由で大草香皇子と互いに王位をゆずり合った末、勤めにまけて王位にのぼったとしている。

このかれは、すぐに新羅から良医金波鎮を呼び寄せ(古事記允恭三四年条)、その難治の足の病をなおした。良医金波鎮を倭国の文人たちが「久須理師」と歌に詠んでいる(訳者注、万葉集のこと)。これにより後日日本国に久須利=薬、クスリの名が生まれることになった(見、飯田武郷「日本書紀通釈」二三五二頁)

允恭王は拡がる高句麗勢力を、氏姓を中心にした階級編成から除き、新羅系勢力を植えつけ確立するために苛酷(かこく)な方法を用いた。それは湯によって探すという「探湯」方法である。允恭王が探湯を実施する様子は、日本書紀にあらまし次のように記録されている。

膂肉韓国《ちからみつるからくに》が改ざんされ 膂宍空国《そししのむなくに》となった　日本書紀

「四年秋九月九日詔して『大[illegible]い百姓たちが所を得て姓名を持っているが、互に紛らわしいのを無くすことは民を治める根本である。朕が践祚(せんそ)してすでに四年、上下互いに争い、百姓が平安ならず、入り乱れて自分の姓を忘れ、あるいは高氏(高句麗王家の姓、著者)に従がおうとする。世上が乱れるのはこのためである。』といった。二十八日、すべての官吏と諸国の主たちに詔し『二氏族が増えて万姓となったものであるから、各々系統の実を知ることが難かしくなった。これを探し出すため各氏姓の人々が集まり、斎戒沐浴(さいかいもくよく)して神に誓い探湯を行け』といった。直ちに甘橿岬に探湯の釜を設け、諸人に令した『正しい者は何事もないが、偽りをなす者は傷つくであろう』。こうしてすべての人々が手に木綿を巻いて煮えたぎる湯の中につけた。誠実な者は何ごともなく、偽われる者はすべて負傷した。このため偽われる者たちは後に下がり、このときから氏姓が定まり、再び偽わる者はいなかった。」

こうした允恭王は自ら中心の人々に八十伴の氏姓を賜わった。古事記にはこの賜姓を「定賜天下之八十友緒氏姓也。」となっている。

(つづく)

解説　前回の解説で述べた日本書紀の中の後世の改ざん部分について、同一場面の「古事記」の記述を見ると次のようになっている。「於是詔之、此地者、向韓国、真来通笠沙之御前而、朝日之直刺国、夕日之日照国也。故、此地甚吉地詔而」読み方は「是(ここ)に詔りたまいしく、『此地(ここ)は韓国(からくに)に向い、笠沙(かささ)の御前(みさき)を真来通りて、朝日の直刺(たださ)す国、夕日の日照る国なり、故、此地(ここ)は甚吉(いとよ)き地(ところ)。』と詔りたまいて」となっている。

(岩波書店刊、日本古典文学大系一、古事記祝詞)

ここでは記述の比較を見たわけであるが、古事記の読方にも異論がないわけではない。しかし、今ここで問題として論じたいのは、日本書紀の記述の中の「膂宍の空国」(日本書紀の中の『一書』には「膂宍の胸副国=そししのむなそうくに」)の部分である。

この部分の日本書紀注では「名義抄にセナカノホネ、セナカは古くソ。ソシシは背中の骨のまわりの肉。それの無い国。つまり荒れてやせた不毛の地」と説明している。

また「仲哀天皇紀」の神託にも同一文句があって、註は同じ意味となっている。しかしながら、仲哀紀の『一書』にはそのくだりを「今御孫尊所望之国、譬如鹿角、以無実国也」とあり(今、御孫尊のねがいの国は、たとえば鹿の角の如し、無実(うつけ)たる国なり)と読ませている。その意味として「鹿の角は中が空洞なので無実、ウツケはウツを活用した自動詞ウツクの連用形」と注釈している。

では膂宍空国(そししのむなくに)が本来の文意であろうか?、膂という字はリヨではあるがセでもソでもない。宍はシシと読んで肉の意であるが、本来は「肉」の字であったとしたらどうなるか。また、本来は「韓国」であったものが「空国」になったものと見ると、どういう結果になるだろうか。すなわち「膂肉韓国」であれば、それはすなわち「ちからみつるからくに」と読むことができる。膂はセボネの意もあるが、古くはチカラの意が強く、肉はニクと読めばシシに通ずるが、ジュウという古語読みではミツル(満)となる。

「空」がカラは判るが、ムナは活用法ではシが付かなくてはならないのではないか、ムナシをムナと読むから「膂宍」では「胸」の字になったのではないか。つまり「胸副国」は(カラニツククニ)だったのではないか、それが意味不明の「胸副国(むなそうくに)」となったと見ることはできないだろうか。以上が解説者の疑問である。

古事記では、「甚吉」(いとよき)と讃めている。不毛の地であったなら、神がそこに天降りして国を活ることはない。後世「韓」を讃めたくない写筆者が、数次に亘って改ざんを繰返した結果と見られなくもない。

仲哀本紀の方は『一書』にあったものと似たものであるのを、改ざんの段階で「不祥」句に書き変えたと見ればはっきりしよう。

天降ったばかりの天孫が土地を賞でることは判るが、わざわざケチをつけて記録する意味があろうか?

(金元華記者)

特別寄稿　韓日文化とパーソナリティの形成

近くて遠い日本 (下)

東国大学校教授　邢 基 柱

以上から察すれば韓日両国間における感情的乖離、断層の主な原因はひとえに日本側にかかっているものであり、日本国民のパーソナリティ問題にあるといえよう。

一般に、ある地域、とくに国家を単位とする住民、すなわち一国の国民のパーソナリティは、歴史的風土と関連が大きいのはいうまでもない。

× ×

地政学的位置と歴史的風土という両軸から日本国民のパーソナリティの座標を見定めるばあい、その核概念の一つとなるものに「両国的武家」というものがある。

日本における武家は、八世紀近い長い年月を社会の支配勢力として君臨し、その崩壊は今をへだてること一世紀にすぎない。したがって日本国民の中では武家に対する武識が根が深く、武家を素材とする小説、映画は氾濫しテレビ番組の視聴率は高い。

一般国民の武家に対するイメージは、武士道という高級の道徳的実践者、名誉と義理に生きる高潔な人格者、主君や家系のため命を惜しまないそのような人物としてとらえるのが通念となっている。

事実、そうであれば、新羅の花郎道とそれほど異ることはないといえようが、日本の歴史に通暁している人であれば、日本に武士道が輸入された当初の理念はどうであれその概念は、はじめにあげたイメージの内包とは、相当かけはなれているものであることがたしかである。

× ×

武家のイメージの中で現在の日本人の性格と相通ずる点をあげるとすれば「上衛下克、面従腹背」ということばで表現すれば、理解に難いかも知れない。

しかし、武士とは、「高級の道徳的実践者」という表現が、歴史の一断面に過ぎないように歴史の他の断面としては、武士とは「上衛下克し、面従腹背で立身出世をはかる貪欲主義者であった」という論理も成り立つだけでなく、これに対する実際の事例は、いくらでも発見される。

鎌倉の源氏政権が確立されるまで源平合戦と各地の武家の行動を見れば、勢にしたがい源氏と平家の間をわたり歩きつつ、利を漁るのは茶飯事であり、武家としての地位を確固とするため、時には、主君を裏切り、親愛の妻をすてることなどは数え切れないほどであった。

織田信長は、家臣明智光秀に、光秀は同僚の秀吉に敗亡、家康は秀吉の死後、待ってましたとばかり大阪城をふみにじって、醜悪さをさらけだした。

戦国大名のばあい、時には通婚などで合従連衡をはかりながらも時には、背信と殺りくがようしゃなくくりかえされ、戦場においてまでも相手方の旗の数をうかがい数えながらの背信行為が続いたということである。勿論、韓国の歴史にも王位や覇道のため、各種の陰謀や殺りくが行なわれて来た事実は多い。

しかし、その時ごとに『ひもじさで死ぬとも、首陽山のわらびすら食せず』という忠節の臣下が少くなかったことを多くの史書が特記している。

× ×

現代における日本人のパーソナリティが、このような日本における過去の歴史とどの程度のつながりがあるかは、筆者として確言できない。

しかし、一つだけ明らかなのは多くの現代日本人にも「上衛下克」し「面従腹背」するイメージがすこぶる顕著であるという点である。

特に、西欧人及至、西欧系言語を使用する民族に対して、日本人は特に弱く呆れるほどのへつらいざまなのに反し、韓国をはじめとするアジア人及至は、後進国民族、特に過去において、自らの侵略をうけた民族らを内心さげすんでいる点、そして、このたびの対イスラエル外交措置のように、自国の利益に関する限り、義理などは弊履のごとく捨て去ることができるという点などの諸事例で証明は足りる。

些細な対人関係を見ても、強者に弱く、弱者に強いのが日本人の一般的性向に属するらしく、「サディズム」と「マゾヒズム」が極端的に発達した神経症の国民的典型を現代日本人のイメージで少なからず読みとることができるように思われてならない。

× ×

韓日両民族間の親和を阻害する要因を一方的に、日本人のパーソナリティに帰させたのに対し、あるいは筆者の度をすぎた偏見であるといわれるかも知れない。

韓国民は、日本人のライバルでもなく、脅威的存在でもなく、日本をさげすみ、下等国民視したこともない。互恵平等の視座を主張するのみである。

このような状況のなか、われわれは彼等と経済・技術協力関係を維持している。

両国民間の正しい理解と親和力を度外視した協力関係が、非常に空しいものになるおそれは多い。

しかし、両国間の理解と親和の増進を阻害する要因が日本人のパーソナリティにある限り、手取り早い方法はただ一つ、韓国が強大な国に成長することであるともいえよう。ただし、これは日本を見返してやろうという稚気と憤満に充ちた感情ゆえではない。

われわれは、日本に現存する「備中国分寺」が韓国のおおらかな魂の息吹きの典型であり、日本人の血潮の中には韓国の文化の華の香りを秘めていることを心から悟らせ、その上に立つ互恵平等と親和を築きあげるための現代史のあかしであると信ずる故である。(おわり)

韓日合同書道展　来春一月

韓日間の書道の交流による韓文化発展の促進と両国親善をはかる韓日合同書道展が、韓日文化交流協会(大阪市浪速区稲町二丁目十三番地)主催と民団中央本部および日本経済新聞社後援で、来春一月から三ヵ月間、全国主要都市を巡回開催されることになった。

同協会では、韓日両国の同好の人々にひろく出品をよびかけているが、左記事項参照の上、多数応募が望まれている。

金容玉氏

一、日韓合同書道展開催予定地
東京、大阪、京都、神戸、札幌、横浜、熊本、福岡、松本
(会場は別途通知)

二、開催期間
自一九七四年一月から三月まで

三、出品規定
大きさ＝画仙紙半折、寸、
内容＝漢字、又は仮名(漢字入り可)
作品は、当方にて表装し、図録を刊行の予定、作品は寄贈をうける。

四、締切り
一九七三年十二月二五日

五、応募先
大阪市浪速区稲町二丁目十三番地　TEL〇六(六三三)三四七七、日韓文化交流協会
出品申込みその他は主催者に連絡を。

なお、韓国書道の大家、金容玉氏(写真)が来日し、書道展開催に積極的な努力をかたむけている。

平易で権威ある『慶州学入門』　秦弘燮著

新羅千年の歴史と文化は、いうなれば韓国歴史と文化の一つの原型であるが、同時に日本文化形成への主な役割でもあるといえる。

さきごろ日本で論議されたように日本における縄文文化も弥生文化も源流としてもたらせられたひとつのひな型文化なのである。

なだらかな地形、おだやかな山なみ、気品ただよう山容、清い川流などから、日本の奈良の地勢は慶州や百済の都、扶余に生き写しだといわれる。

祖国ソラボル(慶州)や扶余をおもわせる地形を見出した韓半島から移住人が「国(ナラ)」を建てるに、かっこうの地として現在の「奈良」の地をえらんだことは想像に難くない。

十八万戸にのぼる青い瓦を連ねた壮大華麗、整然たる碁盤のような町並みを憶いうかべながら異境にソラボルを再現しようとの心ひとすじで「平安京」形成に精魂を傾むけたともいえよう。

慶州の王陵一つの副葬品は数万個にのぼるが、その中の一つである純金製金冠一つの重さは八㌔にもなる。

百を越すといわれる王陵を考えれば、新羅が「黄金の国」であった所以が理解されよう。

また、仏教文化の壮厳華麗さは仏閣の跡や堂々たる石塔、そして極東の三大名寺といわれる仏国寺、石窟庵などから、その片鱗をうかがえる。

東洋最古の天文台である瞻星台、古代[illegible]など、韓国が指定した史跡の四分の一が慶州に集中していることから見て、慶州は宝石をちりばめたような歴史の生きた結晶だといえよう。

× × ×

このたび、学生社から翻訳された「慶州文化財散歩」は、新羅文化の中心であった古都慶州の真髄と文化財の全貌を、あたかも、現地でひとつひとつの文化財や史跡に接し、まさぐるような気持ちで吟味できる何のこらない読みものである。

著者秦弘燮氏は現梨花女子大教授であり、文化財委員をかねている韓国の文化史と古代美術の大家である。

秦氏はまた八年間に亘って慶州博物館長をつとめ、慶州の山河と史跡をつぶさに渉猟した「慶州学」の権威でもある。

その氏が文化財にまつわる伝説や古来の民俗をあげつつ、百余枚にのぼる写真と図表を示し、慶州文化に関する最新の学術的成果のわかりやすい解説をも加えて斬新な解釈を親切に述べている。

内容は、一、新羅文化の黎明、二、新羅の京、三、慶州の山と川、四、慶州の城など十二の内容にわけ新羅の精華を傾むけて、新羅文化と慶州の本質を説いてあるが、気安く読める慶州見学案内でもあり韓国文化史や考古学のユニークな入門書でもある。

「文化財散歩」という書名を冠するには、あまりにも堂々たる名著であるといえよう。一読をすすめる。

学生社刊　A5判　二〇八ページ・八六〇円

林慶業将軍傳 (二〇)

訳　洪 相 圭
編　八 東 周 吉

ス駅で馬を休め、まぐさを食わせる度ごとに、死生をともにしてきた船の人夫どもが檻を囲んで寄り集り、泣きわめきながら、死なばもろともにと願い出て、ひとりも離れて行こうとはしなかった。護衛の者どもも、性根まで腐った者どもばかりではなかったから、みてみぬふりをして、ひそかに情けをかける武人の心がけの一片は残っていた。

人夫どもの人情に慶業も思わず泣かされたが、かえって彼らをやさしく慰めながら、早、家に帰るようきつくいいつけた。

「お前たちには長らく世話になったし、随分と迷惑もかけてきたな。父母妻子を捨てて、海を渡るよう無理に頼いたのも、お国のためとはいえ罪なことであった。家族どももさぞ難儀しておるであろう。許してくれ。」

と丁重に頭を下げれば、人夫どもはわあっと泣きむせびながら地べたを叩いて[illegible]。

「将軍さま、勿体のうございます。[illegible]らのような手前どもにも、お国のために尽くしおられていただいただけでも勿体ないのに、手前らの家族のことまで御心配なさるとは!」

「手前どものことはさておき、どうぞ、将軍さまの無実の罪が一日も早く晴れますよう。もしも死ぬのなら、いっしょに死なせて下さいませ」

「有難う。その志はかたじけなく受けるであろう。[illegible]で流浪をともにしてきたその方たちとは、肉親のような気がする。この時別れたら、お前たちに[illegible]する所存であったが、こういう身ではまたと会える機会さえないであろう。お前たちは一日でも早く家に帰って、父母を喜ばせて、末長く孝行を尽くし、妻子をいたわって楽しく余生を送れよ。予も及ばぬながら[illegible]で祈っておるであろう。さあ、早く行け、さらばじゃ。」

と言いながら、将軍も泣きそうな顔をして、大粒の涙をぽとりと首かせの上に落とした。人夫どもは断腸の思いにかられて地べたにのたうち回りながら泣きむせんだ。

「将軍さま、将軍さまになんの罪があるものですか!百万軍の胡の陣中でも、涙一滴見せられず、胡王を、頭ごなしに叱りつけ、一指だにつけさせなかった、将軍さまではございませんか!ましてそれほど忠誠を捧げられた本国に帰られてさえ、この虐げられぶりですのに、なんでいいわけもなされずに、そのまま泣き寝入られ、死出の旅にお発ちなさろうとするのですか!心外でなりませぬ。賞ご恩賜われ罰せられるかとは、爪のあかほどもない将軍さまです」

と、ひとりがいえば、皆が涙に汚れた顔を上げて、

「そうですとも、そうですとも」

と一斉に叫んだ。慶業は瞬然と涙をのんで、力なく吐き出すようにいった。

「まだ、お前たちにはわからないことなのだ。それと、これとはわけが違う。[illegible]れ。さあ、皆の者、さらばじゃ。」

泣きすがる人夫どもをようやく帰して、囚人の檻車は道を急ぎ王都に近づいた。都の守護神のように背後にそそり立っている三角山の威容も、きょうの慶業には無情に思えてならなかったが、よそよそしいのは自然の風景だけではなかった。南大門に入った慶業は檻車の中から、交わり久しい旧友の顔を幾つとなくみつけることができたが、その朝臣どもは決まったように街頭で顔を隠しあらぬ方を向いて行き過ぎるのであった。

ただ、無数の町人百姓どもは都の沿道に並んで、重罪人であるはずの慶業を暖かく迎えてくれるばかりか、涙ぐんでいる者の顔が、

「将軍様の無実の罪は私どもがよく知っております。どうぞ天のご加護あられますように」

と、祈っているようで、それがせめての慰めでもあった。数万府民の涙に見送られながら檻車の中でゆられていた慶業は、黙然と目を閉じて、車の行方がどこに決まるのかを考えていた。

禁府(義禁府の略[illegible]王の命をうけて大身者の罪を調べた所、幕府時代の大目付にやや近い職能を持っていた。)に行くともなれば、白黒の弁明をする機会もあるであろうが、典獄(今の監獄)に投げこまれるといいわけもできず、結局、本当の逆賊として死んで行くより仕方がないのである。「さて、どちらに行くつもりかな?」

と車の行方に鋭く気をくばっていたが、檻車は無情にも典獄への道を辿って行きつつあった。さすがの慶業もあまり心ないやりかたに、身をもだえながら嘆いた。

「ああ、こうして[illegible]の弁明もさせられず、[illegible]なく、逆賊として闇に葬られるのであるのか。たとえ、同じく死ぬにしろ、裁きの庭で申し開きする機会でもあれば、幾人かは真相を知ってくれるであろうし、後日にも、慶業が全く無実の罪で死んだと、濡衣を脱がせてくれることもあろうに……」

こうして、万古の忠臣林慶業は、金自点の奸計に会って、死の典獄に入れられながらも、ついに王土をうらむ一言もつぶやかなかった。

韓國新聞
在日大韓民国居留民団
中央本部機関紙
韓國新聞社
発行人 金正柱
東京都文京区春日町二丁目20－13
電話 直(815)1451～3
(813)2261～5
振替口座 東京163774
電話 73－0162・0165

民団綱領
一、われわれは大韓民国の国是を遵守する
一、われわれは在留同胞の権益擁護を期する
一、われわれは在留同胞の民生安定を期する
一、われわれは在留同胞の文化向上を期する
一、われわれは世界平和と国際親善を期する

甲寅新年に託す民族の誓い

「東方の輝やかしい真珠…」。韓民族の文化と英知を、印度の詩聖タゴールはこのように讃えた。「人類史における絶妙たる音韻科学の成果…」。世宗大王が推進、創製した「ハングル」の表音体系に、H・G・ウェルスはこのように驚嘆した。

世界最初の「金属活字」発明、戦術発想の粋「亀船」の建造活用、究極の秘色とうたわれた「高麗青磁」の美、獰猛な「蒙古」の大軍に抗戦すること二十年、護国の民族的念願がひめられた「八万大蔵経版」など、人類史に名高い文化創造の成果は、韓民族の卓越した才能と英知を雄弁する。

契丹、遼、隋、唐の強大な侵略軍を根こそぎ打ちひしぎ祖先伝来の国土をあくまで守りとおした強靭な民族の生命力は、五千年をひとすじに、この国の人々の清純な血と肉にあふれ、不可侵の威厳と高い誇りを支えて来た。

その生命力は民族の召命に殉するペダルの魂から後光のように映える不朽の瑞気である。

○

倭敵の侵略に耐え抜き、凄惨きわまりない民族相克の悲劇をのりこえた今ー五千万の切々たる平和への祈念は高まり平和統一の悲願成就をめざす民族の決意は固い。

○

平和、平和、平和……

すがすがしいこの地に清純な生を享けた幼いペダルのはつらつたる生命を見よ。

平和、平和、平和……

誇らしい韓民族の高貴な血潮たぎる、美しい若人(わこうど)を見よ。

この清純な生命の鼓動が、この韓民族の希望が、世界に冠たる英知と才能と豪勇の華が、韓民族の歴史の絆が、決して再び血腥い殺戮の巷にまきこまれてはたらない。

誠実と忍耐と努力と勇気と韓民族のあらゆる知力をふるい傾むけて、われわれの明日の主人公が、誇らしく偉大な文化の中興をなしとげ、英知と才能と勇気と夢を花咲かせるよう平和統一の土台を築きあげることを誓おう。

○

それが、維新の第三年目、甲寅新年元旦に、再びたしかめるわれわれの使命であり、民族の召命にこたえる大道である。

各界あいさつ

輸出立国政策を果敢に推進
在日同胞の祖国寄与に感謝

駐日大韓民国大使代理　尹河璡

一九七四年の新年を迎え、敬愛する在日同胞の皆さんの御多幸を祈願しながら、今年もわれわれが挙って民族的矜持と愛国心のもとで心を合わせ、このひと年を溌剌と乗り切っていくことを誓い合いたいと思います。

年の始めに過ぎ去った一年を顧りみて、われわれはよく多事多難なひと年であったと回顧するものでありますが、内外にわたって去るひと年のように多事多難という表現が実感がこもる年も近年稀でなかったかと思ってみます。

去年の六月二十三日、朴正熙大統領閣下は「平和統一外交政策に関する特別声明」を宣明され、その現実的で平和志向的な外交政策宣言が内外の高い評価を受けたことはあまねく知れわたっている通りであります。六・二三平和外交宣言は国際情勢の激動に直面してわれわれの外交政策を転換させたものでありますが、このような転換が可能であったのは刮目すべきわがくにの国力が裏付けになったと考えねばならないでしょう。

近来のわが祖国の発展相は〝漢江の奇蹟〟ということばが決してうつろなものでない実質の伴ったものでありましたし、著名な未来学者であるハーマン・カーン氏は韓国は一九八〇年代末までには現在の米日の一人当り国民所得水準に到達するであろうと予見しております。

われわれはまず一九八〇年代初の未来像として一人当り国民所得一千ドルと輸出目標百億ドルを設定し、これを着実に具体化させております。〝輸出立国〟を標榜しながらわれわれは去年の年間輸出目標額を前年度比輸出増加率三〇・五％に該当する二十三億五千万ドルに設定し、この目標額を十月末に到達させたうえ去年の輸出実績は実に三十二億ドルを記録しました。今年もわれわれはたとえ輸出環境の相対的悪化が予想されてはおりますが、野心的な輸出立国政策を果敢に推進していくでありましょうし、初めて四十億ドル台の輸出目標を追求していくでありましょう。

八〇年代初の年間輸出百億ドル、一人当り国民所得一千ドルの達成は重化学工業育成が可能であるかに大きくかかわっているといっても言い過ぎではありません。このような背景のもとで七〇年代の初めわがくにでは〝重化学工業化政策〟が宣言され、六〇年代の高度成長で固められた経済的基盤を踏まえて七〇年代には重化学工業育成に政策手段が集中されることがせんめいされたのであります。その具体的な結実として、去年の七月には近代的一貫製鉄システムを誇る百三万トン規模の浦項総合製鉄所が〝綜合竣工〟いたしました。私はこの浦項製鉄が韓日経済協力の結果完成されたことの意味を強調したいと思います。

こんにち、一国の経済発展はその国の力だけでなく経済的立地条件が似ている国家グループ間の協同・地域的経済協力を通してより効果的に推進させるということはまごうことのない事実といえましょう。韓日両国間の経済協力は今後とも相互利益のため増進されるでありましょうし、すでに構築された韓日協力関係の基盤と相互信頼関係はより一層強固になっていくでありましょう。

われわれが自覚し、韓半島の平和が定着され、ひいてはアジアの平和に貢献するためには韓日友好関係は今年もさらに発展せねばなりませんし、また必ず発展させなければなりません。

私はこれまで在日同胞がセマウル運動、工業化推進などを通じて祖国の発展に寄与し、韓日友好関係の深化に貢献した労苦に対し心から敬意を表明するものであり、新年を迎え韓民族中興のための倍前の団結と貢献とを願いまたにしたいと思います。祖国の発展なしには在外国民の飛躍も期待しがたいからであります。

終りに在日同胞皆さんの御家庭によろこびの福がおとづれるよういま一度心から祈願する次第であります。

一九七四年　元旦

大空はばたく白鶴の気高さにならい民族中興の指標、維新課業めざすひたすらな献身を

〝虎の如く勇猛な〟前進を
セマウム運動一層発展させよう

民団中央本部団長　金正柱

金　正柱団長

甲寅年を迎え、戦域において祖国の平和統一と民団の健全な発展のため、昼夜にわたり活躍していられる全国団員の皆様に、新年のご挨拶を申し上げます。

今年は〝虎〟の年であります。勇猛なことと果例な習性を、本として、すべての障害と不正と悪習を排除し、ひたすら民団の結束と祖国の繁栄のために勇敢に邁進しなければならない新年であります。

過ぎし年を振返って見ると、本国では朴大統領閣下の御領導下に十月維新という民族的一大偉業が成果を収め、維新の基本指標である八〇年代の輸出百億ドル、国民所得千ドルが目前に現実化しつつあります。

そして四十万民団員の誠心による「セマウム運動」と「セマウル結縁事業」こそは、まさしく維新祖国の行進隊列に在日同胞が参与したという栄光を意味するものであると信じます。

昨年一年間は、民団は未曽有の何時のときよりも多事多難でありました。しかし、国内に潜入していた不純分子の自由と、不穏分子の策動など、民団正常化の基盤を強固にし、金大中事件を契機に反体制分子らと、一部日本のマスコミが韓国に対して、悪意に満ちた策動を繰返したことに対し、全国団員が義憤に燃えて決起した東京・大阪での糾弾大会こそは、民族の尊厳と矜持に対する野卑な中傷誹謗を除こうとする、民族魂の発露でありました。

昨年になされたもう一つの成果は、民団の年来の宿望であった中央会館の起工であります。民団組織の象徴であり、民族の殿堂である中央会館は、遠からず雄壮な建物となり、大極旗をへん翻とひるがえすことでありましょう。

私は昨年の新年挨拶の中で、本国の「セマウル運動」に繋がる「セマウム運動」を強調しております。そして在日同胞と本国を結ぶ「セマウム」の情熱が日本全国に湧き起こり、本国セマウル事業に物心両面から画期的な協力を実現することになったのであります。

新年からは、過ぎし年に点火された「セマウム運動」の烽火を、なお一層発展させ、民団組織の一大前進に全員が参加しなければなりません。そのためには、先ず祖国を取り巻く諸般の情勢と、わが民団の現状を冷徹に把握して、民団百年の大計を慎重に設定し、団結した四十万の力で「虎」の如く勇敢で智恵ある活動を展開し、祖国の平和統一を期する維新隊列に積極的に参与することを、われわれが決心すべきときであります。

一九七四年　元旦

若き女性と連帯強化
祖国の近代化推進に積極呼応

婦人会中央本部会長　金信三

金　信三会長

敬愛する在日同胞の皆様！明けましてお目出度うございます。

多事多難であった一九七三年も幕を下ろし希望と感激に満ちた一九七四年の新しい朝を迎え、わたしは在日六十万同胞の皆様に祝福にみたされたすばらしい新年でありますよう、真心こめて新春のご挨拶を申し上げると共に虎年である今年こそ、我が祖国と民族がより光栄ある豊かな七四年を迎える様在日同胞の皆様と共に祈願する次第であります。

一方、私共韓民族の念願である平和統一が未だに達成されなかったまま再び新しい年をむかえ私は実に胸を痛む思いを禁じ得ません。

今年こそ我が祖国が統一し自由と繁栄の礎の上に悠久な民族として、国民として生活が営なまれる日がくるよう切に念願して止みません。

敬愛する六十万同胞の皆様！

特に七四年には祖国をよくしらない若き女性達と婦人会とのへだたりをなくすことです。

若い人には正義と力があり、年をとった人には経験があります。この両方が一致団結すれば祖国並びに在日韓国人のため大いに役割を果せることを確信して止みません。

韓国人である我々は悠久な半万年の歴史に思いを致し、偉大なる朴大統領の信念による近代化を推進し、内外同胞が一致団結して継続発展する事こそ、新春の誓いの言葉であります。

一九七四年　元旦

預金2千億円突破は同胞の誇り
経済自立て祖国に寄与

韓国人信用組合協会長　李熙健

われわれ在日同胞にとって、微妙な心理的影響を譲り乍ら、異国で生活に励むことによって自重自愛した年も、その幕をおろし、今日我々は一九七四年の新しい年を迎えたのであります。

私はこの不愉快さに堪え、誠実に、韓国人としての誇りある年計を営なんで居られる同胞の皆さんに、新年こそは、栄光ある年になるよう、皆さんと共に祈るものであります。

李　熙健会長

我々は、過去数十年、幾多の困難を経て、この地で安定と繁栄ある永住をするため、経済的に、自主、自立の道を確立する目的をもって、相互扶助を本旨とする、信用組合を設立して、資金の融通に努めた結果、今では日本全国に三十三個所の信用組合と、総預金高が二千億円に達し、在日同胞の企業を助ける為、一千七百億円にのぼる膨大な資金を貸し出すことによって同胞の企業活動に寄与できたことを、幸いに存ずる次第であります。

これは偏に、同胞各位の積極的な協力と、我々自身の経済的地位向上への認識の所産であり、ひいては祖国の発展に貢献せんが為の情熱の顕われであると思います。

御承知のように、ここ数年来世界中が高度経済成長政策をとったが為、各国が有限である国際原材料の獲得に狂奔し、国際商品相場の急騰を招き、インフレを助長させましたが、就中、中東戦争による産油国の、産油の規制は、自由主義経済各国の経済の基本構造である、石油産業を根底からゆさぶり、現に我々の日常生活に甚大なる打撃を与えております。

この様相は本年に入っても、当分弁済の見込はなく、GNP、世界第二位を誇る日本経済でさえも例外でなく、油の前に節を曲げる位、狼狽している有様ですから我国では、第三次五ヵ年計画を完遂の為、朝野が挙げて祖国の近代化と国力の培養を基盤として、平和統一に邁進して居る時、産油国に些かも害を及ぼさないわが国が、以降のこの様な外圧によって、崇高な目標達成に支障をもたらすかと思えば、誠に心痛むものがあります。

幸に英邁なる朴大統領の領導下、セマウル運動の推進、輸出産業の伸長に伴って、昨年はその目標である三十億ドルをはるかに超過達成することができたことは喜びに堪えないと同時に、今後の計画に、明るい展望をもたらして呉れました。

国連においても、アジヤ、アフリカの新生独立国が、所謂非同盟の中立路線をもって、彼等独自の拠点を固め国連に大挙加入してからは、韓国に対する国連の基本態度を、明らかにする統一決議案に対する賛成率は、会員の増加とは、反比例する傾向を示すに至ったとはいえ国連は依然として韓国の正しい統一政策の擁護者として、我々を勇気づけてくれています。

親愛なる同胞の皆様、かかる内外のきびしい情勢に対処する為、我が国では、旧ろう内閣を改造し施政を一新して、国民の為の施策を展開するとの政府声明にもありましたが、我々も尚一層の団結と理解を祖国にしてこれに応えなければならないと思います。

本年に入って経済界は、実体経済が、石油削減で物理的に縮少され、なお且つ、高物価に悩まされることが予想されますので、景気の見通しは、物価高の中で、企業は収益が、大幅に減退し、倒産続出という最悪の事態を迎えようとしている時、私は信用組合の協会長として、この難局を打開する為、精魂を傾むける決意であります。本年も何卒御協力、御鞭達を賜わるようお願い申し上げます。

我々一同に、神の加護があります様に祈り乍ら新年の辞と致します。

一九七四年　元旦

恭賀新年　順不同

在日本大韓民国居留民団 東京本部
東京都港区芝公園二―二―一七
電話(03)四三七―二〇一(五)

常任顧問　金仁洙
尹達鏞
顧問　張仁建
徐忠臣
丁贊鎭
鄭寅錫
金己哲
許弼奭
鄭建永
范塡圭
議長　金尚弘
副議長　蔡洙仁
権寧珣
監察委員長　徐興錫
監察委員　廉廷燮
朴珪秉
団長　鄭東淳
副団長　金栄洪
副団長兼事務局長　金致淳
事務次長兼総務部長　金西湖
組織部長　韓相竜
経済部長　李禎雨
民生部長　安正爗
文教部長　高秈徳
宣伝部長　李乙珩
青年部長　尹隆道

☆

大阪府本部
大阪市北区中崎町四三
電話(〇六)三七一―七三三一

団長　姜桂重
副団長　杜炳鉄
〃　宋台佃
事務局長　李聖南
総務部長(兼)　李聖南
〃次長　徐武雄
組織部長(兼)　宋台佃
〃次長　金六九
経済部長(兼)　杜炳鉄
民生部長　洪正一
文教部長　金正煥
〃次長　朴基満
宣伝部長　宋政模
〃次長　宋昇復
青年部長　洪性仁
〃次長　高信吉
〃次長　金清一
議長　卞先春
副議長　金明浩
〃　辺基柱
監察委員長　張起説
監察委員　張昌寿
〃　金元植

三多摩本部
団長　鄭鳳基
副団長　鄭周植
〃　朴栄年
事務局長　安商権
議長　李吉変
副議長　韓参洙
〃　金現官
監察委員長　李潤台
〃委員　李石柱
〃　姜大鳳

立川支部
支団長　李吉変
議長　王時福
監察委員長　李宇永
事務部長　宋在植

調布支部
支団長　鄭周植
議長　金在実
監察委員長　朱在文
事務部長　李尚権

武蔵野支部
支団長　梁仁鎬
議長　趙景伊
監察委員長　池竜漢
事務部長　金定慶

八王子支部
支団長　盧載赫
議長　韓参洙
監察委員長　金鍾万
事務部長　金有根

西多摩支部
支団長　李容世
議長　崔根植
監察委員長　李鍾一
事務部長　李義相

☆

広島県本部
広島市東蟹屋町七丁目九
電話・六一―六一七一～三

団長　姜文熙
議長　徐聖洙
監察委員長　金石周
事務局長　宋道東

安佐支部
広島市可部町大字可部
電話(〇八二六六)二―三三〇(代)

支団長　安理洙
議長　金永肖
監察委員長　李在悳
事務部長　宋錫一

☆

岡山県本部
岡山市駅前町一―五―二
電話・二五―〇八二六(代)

団長　柳甲録
議長　金甲文
監察委員長　陳斗好
事務局長　趙済三源

岡山市支部
支団長　洪慶郁
議長　李泰立
監察委員長　朱玉星
事務部長　金錫虎

倉敷支部
支団長　林炳護
議長　金炳墨
監察委員長　梁在益

津山支部
支団長　金琫千
議長　鄭博文
監察委員長　卞鍾明

新田支部
支団長　李命竜
議長　金年水
監察委員長　金基斗

和気支部
支団長　朴基運
議長　姜斗三
監察委員長　全益鎭

☆

三重県本部
三重県津市西堀端二〇五六
電話・二八―六七五五(代)

団長　陳且祚
議長　李有萬
監察委員長　朴英基
事務局長　金東植

上野支部
支団長　朴石巌
議長　呉昌源
監察委員長　趙外成

津支部
支団長　崔栄大
議長　具珉会
監察委員長　李相植

伊勢支部
支団長　金東植
議長　朴徳来
監察委員長　李甲祚

松阪支部
支団長　高光泰
議長　金炳柱
監察委員長　金繁男

桑名支部
支団長　朴基魯
議長　孔樹泳
監察委員長　金相圭

四日市支部
支団長　朴在春
議長　許達
監察委員長　李洪運

☆

奈良県本部
奈良県大和高田市日之出町一丁目
電話(〇七四五)53―三四五一―二

団長　金東俊
副団長　崔允根

(三面につづく)

迎春

尹 達鏞建設委員長

〈在日同胞組織の殿堂〉中央会館建設の年

誠金によって一階、また一階積み上げよう

中央会館建設委員長　尹　達　鏞

甲寅新年に皆様の御家庭に御幸運の満ちあふれることをお祈りいたします。

今年は、本国における第三次五カ年計画の二次年度にあたりますが、韓国の経済成長率は年平均十%以上、八十年初には国民一人当り、所得千ドル、輸出百億ドルをめざす、史上類例のない意欲的計画が実現されつつあります。

このような現実をふまえ、われわれは海外で生活を営なむ在外国民として祖国復興に大きく寄与すべきであることはいうまでもなく、特に七四年は、民団十数年の宿願である中央会館建設の年を迎えることにあいなりました。

全国組織やわれわれ団員が組織の殿堂であり、かつまた海外において祖国大韓民国と民族の矜持を宣揚しうる超近代式中央会館を希心に建設しようとの希望と抱負をひたすらいだき、会館建設を推進して来た関係先輩諸賢の不屈の努力がついに実りました。

ご存知のごとく、昨年十二月十三日に起工式を盛大に行なうにいたったのであります。

不肖、小生がその間、建設委員長を拝命業務を推進してきた中で会館敷地の換地問題がもち上りましたが、なによりも国益を優先にすえ、各機関の承認をかち得ることによって、決断にいたったのでありますが、積極的に協力を下さった各機関関係の皆様の指導と鞭撻に対し改ためて心から感謝をささげるしだいであります。

七四年の建設の年に際し、特にお願いいたしたいことは、在日韓国人一人一人が、一丸となって本事業に積極的に参加し、われわれ四十万のまごころからもたらされる誠金によって、一階、また一階とわれわれの殿堂をきづきあげて行かなければなりません。

そのためには、われわれが一切の私欲や我執を捨て、祖国愛と、民族愛にのっとりこの地に生を営む在日国民の美しい紐帯の深まりという大義をもとに結集を固めるべきであります。

ひとすじに団結を信条とし、われわれの無限の底力を充分に発揮することによってこそ、宿願が達成され民団三十年の歴史が輝やくものと信じます。

中央会館は単なる建物でなく在日同胞の未来を保証する象徴であるからであります。

会館建設のため、皆さんが積極的な協力をして下さることを切にお願いいたします。

皆様のより一層の御健闘をお祈りいたします。

一九七四年　元旦

百論よりも一つの実践

新しい組織、韓国青年会を強化拡大

民団中央本部議長　朴　太　煥

朴 太煥議長

全国の愛国同胞、民団員の皆さん!心から旧年の御協力を感謝し新たな年のお慶びを申し上げます。

過ぐる一年間は、全く国内外を通して、目まぐるしいばかりの変転を辞てきました。

その中でも、国内では祖国維新の各種事業、特にセマウル運動が汎国民的に展開され、在日同胞もこれにならって、セマウム運動をもって応え、未曾有の大成果をあげることができましたことを幸いに思います。

さて、新年を迎えるに当り、民団では、まず目前の大事業として宿願の民族殿堂・中央会館を是が非でも完工させなければならないということです。

中央の建設委員会を中心とし、全国民団組織と傘下各機関を動員してのこの大規模な建設事業は、文字通り、民団組織拡大発展と、祖国への貢献の総本山となすための具体的結実として、その威力を十二分に発揮すること、疑いをはさむ余地はありません。

この中央会館建設とともに、朝総連と結託し、民団組織を破壊してきた一部不純分子たちに操られた青年たち(日韓青)の不法行為を排し、新しい青年組織として生れた韓国青年会を、今年からはいちだんと拡大発展路線にのせるべく、全力を傾注しなければならないと思います。

この二つは、昨年の第二十一・二回中央委で、最大の焦点を浴びた重大決議であったし、あらゆる面から検討して、当然のなりゆきであるところから、今年度最大の課題として遂行される民団事業の最たるものであると、今いちど痛感せずにはいられません。

このような目前の内なる事業を一歩一歩と着実に実現していってこそ、次の新しき事業がまた生まれるというものであり、それらをふまえて、対内、対外の民団の姿勢も決定していくものと信ずるものであります。

百論よりも一つの実践こそ、これからの民団の行くべき道であり一人一人が積極的に参加、奉仕してこそ、その実をあげることができるのであります。

これこそ、在日同胞の未来につながる希望と繁栄をもたらす唯一の方法であることを忘れることなく、共に新しき年を精進しようではありませんか。

全国団員の皆さまの御健勝を祈り、新年初頭のあいさつにかえさせていただきます。

一九七四年　元旦

誠心誠意!　ひたむきな献身を

大韓民国在郷軍人会日本支会々長　李　麟　基

李 麟基会長

南北赤十字会談、七・四共同声明による南北調節委の不振など、一九七三年は、南北平和統一への民族的祖願を、未だ遠いものにしたまま、せわしく暮れていった。

全くやりきれないほどの暗い気持であるが、新しい年を迎えた今そんな失望感に閉ざされているひまはない。

変転極まりない世界情勢の混沌たるさ中にあって、あくまで韓国独自の主体性の上に立って、私たち在日同胞をふくめた、韓民族の祖国統一への願望が実現されなければならない年だと、今いちど声を大にして叫び、胸中深く銘じているのである。

その手だてとして、祖国大韓民国では、去年につづき民族繁栄のための維新事業が進められるであろうし、昨年の驚歎すべき在日同胞によるセマウム運動の実績をふまえて、さらに『祖国建設はセマウル運動で、民団組織はセマウム運動で』のスローガンを確認、在日同胞一人ひとりが、誠心誠意、ひたむきな献身をつづけることを共に信じあいたいのである。

そのために、私たち在日同胞は今年も継続して、私たち自身の日常生活向上をはかるのはもちろん民団組織拡大発展に率先協力して民団のセマウム運動を通して、挙族的大事業である本国のセマウル運動に最大限度の貢献を成し遂げる決意をまたまた強固にしなければならない。

国家の繁栄は、民族の発展であり在日同胞の幸せに通じるいう信念を少しもゆるがせにすることなく、これだけが、平和統一へつながり、世界の中の韓国として、高い存在価値を示し、世界人類への寄与にもなるものであることを忘れてはならない。

多くの困難と試練が、私たち在日同胞の前に、今年も待ちかまえていることと思うが、そこは私たちの心構えと姿勢と、たゆまぬ努力精進で乗りきらねばなるまい。

特に、在日同胞青年に、私はその多くを期待するものである。ここ数年、北の赤い手先として策動してきた不純分子たちに操られている同胞青年たちを目前にする時、私は痛歎の心境に落ち入るのである。

私および私たち同志は、かって六・二五祖国動乱に在日学徒義勇軍として、義勇出陣した時の、私たち自身の姿をそこにあらためて思い浮かべて見る。

もって廻った、もっともらしい一方的な民主々義論が横行している現在の青年たちに較べ、あの単純明快ともいえる、理屈ぬきの民族の血脈が激しくのたうつ愛国至誠の情をである。

あらゆる学問、理論以前に、私たちは『韓国人だという現実』から、すべからく離れることはできない。

この冷厳なる事実の上に立って私たち在日韓国青年たちは思考し行動して欲しいと心の底から願うばかりである。

思想を異にするものであれば私たちからいさぎよく去ればよい。

私たちの村づくり・国づくりの中にまぎれこんで、建設繁栄に支障を来たすような攪乱・妄動を欲しいままにしては志願千万である。

それにしても、今年は、自己の非を悟り、私たちの懐に帰ってくる多くの愛国青年たちが見られるであろうことを、心ひそかに期待して止まない。

願わくば、私のこの切実な非願が、祖国防衛戦線で生死を共にした戦友同志たちに支えられることを信じ、新年のあいさつにかえたい。

一九七四年　元旦

組織防衛で民団を強化

中央会館建設は在日同胞の誇り

民団中央本部監察委員長　金　泰　燮

金 泰燮監察委員長

甲寅新年を迎え謹んで新年のごあいさつをお送りいたします。多事多難な一年を送り、新年を迎えるに際して大統領閣下をはじめ、各界指導人士および全国民のご健康と御幸福が満ちあふれることを祈願いたします。

激動する国際情勢のさなかで、これに対応し、北韓の金日成独裁体制が、たえず赤化統一をめざしつつある脅威の中で、民族中興を築きあげるため尽夜奮闘される大統領閣下と各界指導者の労苦に多少なりとも寄与するため、本団の秩序と組織防衛の一端の責任を負い、一年有余、誠実をつくしてまいりました。

昨年は、組織内の不純な要因の除去整備をはじめ、金大中事件、新潟港事件など本団まで初有の大事件に対処しながら、建設的なセマウル事業支援運動、各種研修会など内実を充たす面でも側面的な活動を行なってまいりましたが、新年には、名実共に祖国大韓民国の飛躍的な発展を実現する新年にしなければなりません。

大韓民国が富みかつ強力になることによって、われわれ海外で生活している国民らも自負心と矜持をもって活きいきと発展されるでありましょう。

本団としては、甲寅新年には、本国と呼応し共にはげむ新年でなければなりません。

在日全韓国々民の国民精神の集結体であり、物心両面の発展の基盤と根拠となる本団の中央会館を建設することに、全団は物心両面にわたって総結し、秩序ある本団の結束と発展の新年となることを祈り年頭の挨といたします。

一九七四年　元旦

誇らしい文化を継承し

開校20周年迎え、自立発展誓う

東京韓国学校長　黄　哲　秀

黄 哲秀校長

甲寅年の新春をむかえ、在日韓国人社会の皆様に、つつしんで新年のおよろこびを申し上げます。御挨拶申し上げますに当り、まず旧年中韓国学校に寄せられました皆様の御後援、御協力に対し、厚く御礼申し上げます。今年も倍旧の御指導と御鞭撻を仰ぐ次第でございます。

かえりみまするに、昨年は祖国におきましては、民族中興の旗印のもとに、経済復興を目ざし、全国民が結束し総力をあげて励んだ年であります。また、新しい村づくりの運動は、全国津々浦々に建設の槌音も高く展開されてまいりました。このような時に新しい年を迎え、海外に居住する我々も、これに呼応して祖国の発展の一助となるべく、本年も渾身の努力と精進を惜まぬ年でありますよう念願しております。

さて、東京韓国学校は、創立時よりの幾多の困難を克服し、日進月歩の成長を続け、今年は二十周年を迎えることとなりました。

二十年前、日本に居住する韓国人子女に、五千年の歴史を誇る民族の伝統と文化、人間の内に受け継がれた魂を伝承し、自覚を促し、自主の精神を培い、もって国際人として、人類の発展に寄与させるべく、民族教育を推進させて来いったのであります。現在では、長年に亘る本国政府の補助金約九億四千万円をもって、名実ともに学校としての形態を整えました。

しかし、何時までも祖国に依存するのでなく、今年からは我々の民族学校を、我々の子女、子孫のために、我々の力で維持発展させるのだという決意を新たにしてほしいと私は希望致します。

在日韓国人の義務として、民族教育機関の運営維持は、他に頼らず、在日同胞の力で、より大きくより充実したものへと発展させる

"相互扶助で経済力培養を"

創立20周年迎え、新たな使命感

東京商銀理事長　許　弼　奭

許 弼奭理事長

一九七四年の新春を迎え、同胞各位に心からお祝いを申し上げると共に、この一年が在日韓国人社会にとって、より多幸な前進の年であるよう祈念するものであります。

顧みますれば、昨年はまさに"変革の年代"を象徴するかのように、国際的に政治、経済、外交の各面に亘って、数々の大きな事件や変動があり、中でも中東戦争の余波である「石油危機」は、世界はもとより韓日両国の国民、ひいては在日同胞の経済生活にも大きな影響を与え、物価高、もの不足の波動のうちに越年しました。

新年における祖国や日本の政治経済情勢が、どういう風に推移するかは予断を許しませんが、複雑な国際環境、エネルギー問題、金融動向等からみて、今後のわれわれの事業経営や社会生活には、波乱含みの多難さが予測されるのであります。

それというのも日本経済は、これまでの高度成長体制から安定経済体制へと、その経済構造を本質的に変えようとしており、それに伴う財政、金融政策などの変動から、必然的に種々な厳しい経済環境を現出することが予想されるのであります。従ってわが商銀の組合員をはじめ同胞各位は、このような経済情勢の転換をどのように受け止めるか、真剣な研究と対策が必要であり、一般同胞もこれに対処して、従来の消費性生活態度から、貯蓄型の生活に切換えることが強く要請されるのであります。

要はこのような情勢に対応しつつ、ひきつづき同胞社会の発展向上を期するためには、民族の相補精神をより一層強化し、相互扶助の増進によって各自の経済力を培養することであります。そのためにもわれわれは民団組織の強化と共に民族金融機関である「商銀」傘下の各信用組合を、より大きく育成発展させることが必要であり、全同胞の積極的な支援が望まれるわけであります。

わが商銀は来る三月をもって創立二十周年を迎えるに当り、組合員はじめ同胞各位の協力に対する謝恩の意を含めて、各種の記念行事を挙行する予定でありますが、この二十周年を機に全職員がその使命感を新たにし、組合員への奉仕精神に徹して、業務遂行に一層の努力を傾け、同胞社会の安定と繁栄に貢献する所存であります。

同胞各界の一層のご支援を願って年頭の辞と致します。

一九七四年　元旦

笑いの止らぬスター達

卞張鎬監督は二千万ウォン稼ぐ

物価値上りに石油危機という追打ちで一般庶民は年末年始で、青息吐息であるが一方では次のように儲かって笑いがとまらない企業や稼ぎまくっている人物も多い。

昨年八十七億七千余万の申告所得トップの韓国電力は今年も純益五十六億ウォン台で引きつづきトップは間違いなく、油公が五十三億ウォン、湖南が二十億ウォン等の純益が予想され、エネルギー関係が強い。企業以外で稼ぐのはタレント位のものであろう。テレビタレント崔仏岩は最多出演記録で八百五十万ウォン、劇作家李帝承氏はTV・放送台本料だけで七百四十八万ウォン、金昌波は映画、モデル代等合せ七百八十万ウォン、金琅廷はデビュー一年でモデル料五百万ウォンを合せ六百万ウォン、十年間トップTVタレントの李純才は四百万ウォンをかせいだ。十万ウォン以上の出演料をとる歌手は金秋子、南珍、李美子、羅勲児、金セレナ、金相姫の六人。金セレナが五千万ウォン、李美子、金相姫が千二百万ウォン、南珍は二千四百万ウォン河春花は八百万ウォンをそれぞれかせいだという。

映画界では卞張鎬監督が二千万ウォンでトップ、申相玉監督は一千万ウォン、スターでは申一竜(男)と金芝美(女)が何といってもトップである。スポーツ界ではプロゴルファー金承学が十四回も国際競技に参加し五百二十余万ウォンの賞金をかせいでいる。

謹賀新年（順不同）

副団長　李貴童
事務局長　崔允根
議長　李鳳尚
副議長　朴炳熙
〃　全萬出
監察委員長　崔又山猪
監察委員　裵相周
〃　朴鳳天
総務部長兼宣伝部長　裵善鎬
組織部長　趙鏞佑
民生部長　全守東
文教部長　慎殷晟
経済部長　李甲述
青年部長　尹相圭

支部団長
北葛支部　趙鏞佑
奈良〃　李賛童
桜井〃　慎殷晟
郡山〃　呉星来
橿原〃　李参釗
吉野〃　金弘泰
天理〃　趙五衍
生駒〃　朴華源
五条〃　姜永道
宇陀〃　沈宜燦

大韓民国婦人会
会長　李今辰

奈良韓国学園
学園長　裵基薫

奈良韓国人商工会

☆

岐阜県本部
岐阜市錦町二丁目九番地
電話(〇五八二)五一―三七〇三(代)
団長　金浩範
副団長　崔翼培
〃　陳斗極
議長　金正圭
副議長　崔丁童
〃　金福童
監察委員長　林鍾達
委員　黄南仙
〃　安璋煥
事務局長　高用煥

大垣支部
支団長　李丁洛
議長　金元得
監察委員長　呉奉午

中濃支部
支団長　申尚文
議長　鄭求相
監察委員長　朴寧秉

多治見支部
支団長　盧正煥
議長　文進岩
監察委員長　片鳳洙

恵那支部
支団長　李鍾煥
議長　金萬生
監察委員長　金容九

飛騨支部
支団長　朴甲生
議長　朱鳳成
監察委員長　崔福益

吉城支部
支団長　裵仁福
議長　李戊吉
監察委員長　金達雄

☆

埼玉県本部
浦和市常盤四―一六―七
電話三一―三九五九(代)
団長　李根
議長　李鎮台
監察委員長　姜琁熙
事務局長　李東淳

浦和支部
浦和市常盤四―一六―七
電話・三三―三一九八
支団長　権台鉉
議長　韓大滝
監察委員長　金栄杓
事務部長　金栄沢

川口支部
川口市並木町一―一三―一四
電話・五一―六八七四
支団長　崔性洛
議長　田汶秀
監察委員長　姜瑄熙
事務部長　鄭元杓

西部支部
川越市脇田本町一三―一五
電話・四二―一二八二
支団長　鄭南植
議長　崔奉祥
監察委員長　崔翼鳳
事務部長　朴明煥

大宮支部
大宮市大成町一―五五四
電話・六四―〇六七七
支団長　金萬達
議長　金定変
監察委員長　薛徳潤
事務部長　景民杓

県北支部
熊谷市熊谷三三
電話・二三―二四三五
支団長　朴正植
議長　李鎮台
監察委員長　崔永道
事務部長　張錫鏞

県南支部
朝霞市溝沼一六二九
電話・六三―[illegible]
支団長　張[illegible]

2面からつづく
議長　金致相
監察委員長　金鍾斗
事務部長　金振元

越谷支部
越谷市赤山町五―八―七
電話・六六―一〇二三
支団長　李炳旭
議長　裵鳳春
監察委員長　盧慶漢
事務部長　金潤植

草加支部
八潮市南後谷六〇
電話・二四―五〇〇〇
支団長　諸益男
議長　趙鏞世
監察委員長　梁正峰
事務部長　崔鎮衡

秩父支部
秩父市近戸町一五―一三
電話・二一―二一七五
支団長　李堪鉉
議長　金鴻載
監察委員長　金基弘

☆

兵庫県
尼崎支部
尼崎市東七松町一―一四―一〇
電話・四八二―〇二一五
支団長　秋相春
議長　韓龍表
監察委員長　姜錫度
事務部長　韓貞錫
婦人会々長　金顕基
青年会々長　孔鍾熙

西播支部
姫路市光源寺前町五九
電話・八一―〇五八五
支団長　車慶泰
議長　李来進
監察委員長　朴寿福
事務部長　金永孝

西神戸支部
神戸市長田区神楽町四―一二―一三
電話・六九一―一七四一
支団長　金鳳龍
議長　呉述根
監察委員長　南彰彦
事務部長　李大奉

☆

島根県本部
島根県江津市郷田後浜新開一一八八
電話・江津二―二六六〇
団長　朴熙澤
副団長　李弼権
〃　黄珪性
議長　李海台
副議長　朴二甲
〃　陳永洙
監察委員長　崔云寧
〃　委員　裵福竜
〃　〃　鄭[illegible]

写真で見る 本紙報道一年の足跡

民団組織はセマウム運動で

祖国建設はセマウル運動で

▲…三・一節中央民衆大会
(東京・日本青年会館)

▲…セマウム植え運動の民団東京本部代表団（4月・京畿道）

▲…金鍾泌総理、民団中央来訪（1月11日・[illegible]）

▼…在日韓国人[illegible]医療奉仕団を結成、五月三日から本国各地の無医村を無料巡回した

▲…[illegible]

▲…本国での[illegible]には513人の在日学生たちが参加した（7月[illegible]・ソウル大）

▼…第28回光復節中央大会
6、500人が東京・国際劇場に集う（8月15日）

▲…セマウル奉仕団の結団式（3月[illegible]日・[illegible]）

▲…第[illegible]回中央委員会[illegible]3日、第22回中央委は9[illegible]、東京[illegible]で開かれた ▼

▼…緊急全国団長会議開く（8月12日・[illegible]ホテル）

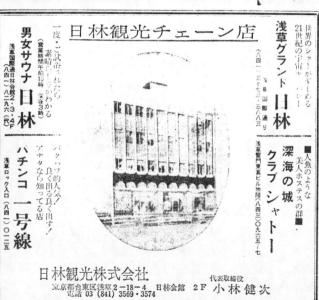

金大中一派糾弾民衆大会

▲…糾弾大会後、市街デモの先頭に立つ民団最高幹部たち（9月28日）

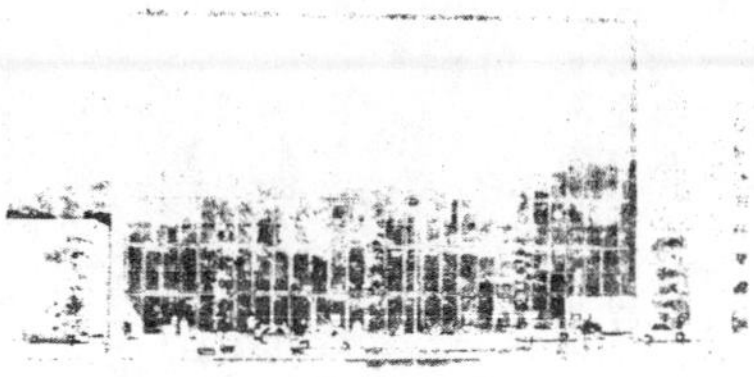

▲…金大中一派糾弾大会　9月28日東京九段会館㊤　9月26日大阪中之島公園㊦

▲…民団文化賞受賞の㊧金允中㊨康洙仁氏

▲…朝総連にだまされ北送された㊧張康貴、康徳兄弟

▲…婦人会中央本部でも金大中糾弾声討大会（9月20日・千代田公会堂）

▲…糾弾大会後、読売不買のデモ行進（9月28日・東京）

▲…中央会館起工　上から完成予想図、起工式場、鍬入れを行なう尹達鏞建設委員長㊧と金正柱中央団長（12月13日）

金光子さん二児拉北事件

▲…愛児写真のプラカード持ちデモ

▲…母親・金光子さんの絶叫　(11月19日・東京九段会館)

▲…第54回国体は釜山で開かれ在日同胞チームも健闘（左端に見える）

▲…〝世界のリトル・エンジェルス〟
日劇での百日公演を始め、全国で好評巡演（1月）

▲第四回在日ミス・コリア金裕子さんは五月のソウル全国大会で第二位「善」の栄冠に輝き、ミス・インターナショナルの世界大会へも出場

江利チエミの「春香伝」公演…▼
(4月・新宿コマ)

▲…全国団長・事務局長研修会開く　(11月・ソウル)

韓国　登場する経済国家

ハーマン・カーン博士 講演全文

▷…本紙既報（1973・12・1・1104号）のように、世界的な未来学者ハーマン・カ…◁
▷…ーン博士が昨年11月20日東京外人記者クラブで講演し、韓国は「今後10〜20年に…◁
▷…われわれが目撃する急速な成長の見本」であるとのべ、1980年代末までには、現…◁
▷…在の日・米の一人当り国民所得水準に達するだろうと予見している。本号では特…◁
▷…に講演全文を紹介する。…◁

韓国重工業の土台をなす浦項製鉄工場の製鉄工場高炉（高さ100メートル）の全景

未来学研究の意義は
社会組織の長期展望研究

実際問題として、ハドソン研究所の観点からいくつかの概念を整理し、一種の展望を描いてみるのが有益かもしれない。ハドソン研究所が初めて長期展望という一連の研究に着手したのは、一〇余年まえのことであった。当時はまだ未来学という言葉は使わなかった。だいたい未来学という用語は、占星術や生物学でいう用語のように聞えたし、このような表現のもつ意味は正確なものとはいえなかったからだ。

私は六、七年まえにアメリカ政府と事業界の注文で実施された多くの研究を検討する機会があった。これらの研究は、六、七年という短期展望としてはかなり立派なものであった。しかし、研究機関が正式に依頼を受けて、一〇年ないし一五年を診断したもので、立派な研究報告書は少なかった。これと関連して次のような質問をする人があると思う。「いったい二〇年、三〇年、四〇年、あるいは九〇年後のことを何のために研究しようとするのか」と。個人がこうした研究を成功裡に行えるのならば、組織もそれに学ぶだろう。

数年前までこの研究所は政府のための長期展望の研究にさいし予約金を受け取ったことはなかったが、私はきょう、今後はこのような予約金を取るということを明らかにしておきたい。おカネを貰うからといって、必ずしもよりよい研究ができるものではないが、われわれはこういった性格の契約に関心があるのだ。われわれは、他の人たちの九ヵ年、または一〇ヵ年研究計画にも役立つ研究のために資金が必要なわけだ。

日本の世紀、21世紀は誤解
明確な中国の現状把握を

私が今日お話をするもう二つの理由は、経済開発と成長制限について率直な展望を明らかにしたいからだ。この二つの問題は、多くの人々の関心の焦点となっているイッシューである。物質的な面で、世界の将来はどのように展開するのか？そして、世界の安保の展望はどうか？こういう問題は、裕福な人たちが直面する二つの最も重大な問題ではない。どこででも、裕福な人たちは、こういう問題でなくとも、ほかに頭の痛いことがあるからだ。しかし、世界の多くの人々は、これら二つの問題に大きな関心を抱いている。

私はこの席で「西ドイツやソ連の成長率は鈍化するけれど、日本の成長率は加速化するだろう」というわれわれの従来の診断について簡単に述べさせてほしい。これは二一世紀は日本の世紀となるだろう、と私が語ったかのように誤用されている分野の問題だ。

正確を期すためにいっておくが、実際に私がいったことは「二一世紀がアメリカの世紀にならなくても、われわれは驚かないだろう」であった。私はまた、二一世紀が日本の世紀にならなければ、われわれは驚くだろう。二一世紀がソ連の世紀になるならば、われわれはやや驚くだろうし、二一世紀が中国の世紀になるならば、われわれはびっくり仰天するだろうと付け加えた。いうなれば、二一世紀の主人は別にいるわけではない、という話である。ところが日本人たちは、私の話をもとに、二一世紀は自分たちの世紀だと結論づけてしまったのである。

韓国は「成功物語」の国
80年代末に日・米の現在水準へ
輸出増大への賭けは成功

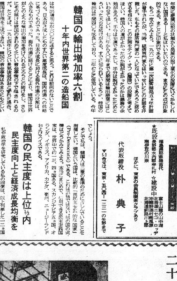

私はこの発言を二つの側面から修正したい。たとえ西紀二〇〇〇年に日本が最大の貿易国家になったとしても（これは実際に期待し得ることだが）、また対外資本流動面で日本が最大の金融国家になったとしても（これもまた予想し得ることだが）、日本は世界最大のGNP保有国にはならないだろうということである。

もちろん、この問題は日本人にかかっている。日本のこのような発展は、「日本化」ではない急速なアメリカ化という衝撃を招くだろう。いいかえれば、これによる衝撃とは、より多くの工場、より多くの道路、より多くの鉄道、より多くの飛行機、より多くの帝国ホテルのような建築物その他この種のものである。

ちょっと脱線して中国にもふれておこう。二一世紀の半ばまたは末期に中国がきわめて印象的な強大国になったとしても、私は全く驚かないだろう。しかし、中国が今世紀末か二一世紀の初めに財政、経済、技術および軍事的側面できわめて印象的な発展をするならば実に驚くべきことだろう。中国の現状について、典型的な論調があることを指摘したい。一部の人々は、中国がその突大な人口、文化および五〇〇〇年にわたりよかれ悪しかれ続けてきた生存と潜在力ゆえに印象的であることを理解していないようだ。その偉大さは現在の財政、技術、または軍事的な力から生じているのではない点は明確にされねばならない。

「超工業化文化」に加速化
公害克服は工業技術改革で

先に話を進めよう。数年前までも、われわれは「超工業化」文化に大きな関心を示した。超工業化文化の意味は、われわれが世界的な規模で史上類例のない脱工業化の過程にあり、それに伴って計画はいっそう大型化し、成長率はいっそう加速化しているということである。過去二〇年間に、世界は年間約五％の比率で成長したが、このことは一五年ごとにそれが倍にふえることを意味しよう。またこれは実のところ、史上類例のないほど活力もない成長率を意味する。このような成長趨勢は止まるだろうが、近い将来止まるとは考えられない。実際上、これは増加であって減少はないと思われる。

今日、知識人社会では、成長率を制限しようという強い要求が出てきている。一般的にいって、これらの議論はまず完全に誤っている。彼らの主張の第一は、公害と関連がある。たとえば日本の場合、自動車のモデルを変えれば、公害は二〇ないし一〇〇％緩和し得る。半面、自動車生産率を減らしても、公害減少率は二％にすぎない。製鉄所や工場の増加率を減少させても、公害減少率は二％である。しかし、自動車の構造を変えれば公害減少率は一〇ないし二〇％に達する。いわゆる田中計画は、公害を再分配するのみだという主張は、現実を誤解しているだけのことだ。

この議論に関して注目すべきことの一つは、この点を理解している記者がただの一人もいないことである。要するに、工業技術上の解決策をとれば、公害減少率は二〇ないし一〇〇％になるが、成長規制によってわずか二％しかならないということである。だとすれば、当然工業技術上の解決が必要になるだろう。

私の予測では、今後一〇年ないし二〇年間に金融危機がくるという敗北的な予言をしない限り、われわれは年間六ないし七％のGNP増加という世界史上最高の成長率をとげるだろう。その後は恐らく成長率がしだいに鈍化し、再びこのような高度成長をみることは決してないだろう。成長の鈍化は低い出生率のために起きる。ブルジョアの出生率は貧困や公害のためではなく、ブルジョアはブルジョアだから減少するのである。世界の人口は一五〇億台に達するだろうし、世界のGNP（国民総生産）は三〇〇兆ドル、一人当たり所得は二万ドルに到達するだろう。われわれはいまから一世紀後の未来についての話をしている。

私はしばしば、資源が枯渇するだろうという趣旨の主張を聞くが、こういうことは注意深くいうべきである。われわれは将来、資源不足に直面することはない。あらゆる人々が今後一、二年先にエネルギーが問題になると考えた場合、何らかの措置がとられるべきだが、全般にみてそういうことが行われなかった。すなわち、何の措置もとられなかったのである。政策が間違っていた場合もそれがとてつもないバカげた政策でないかぎり、一、二年の間に是正し得る。アメリカのことわざに、バカ者の注意を引くには大きな木材で殴らねばならぬ、というのがある。政府の場合は、棒ではなくレンガを用いなければなるまい。棒では手ぬるすぎる。政府の注意を引くにしても、レンガが効き目のあることははっきりしている。

現在の石油不足に際し、人々は自分の主張が正しかったと喜んでいるようである。さて、どのような事態になるでしょうか。車も使えず、暖房装置もだめ、産業化もできない等々。今週の新聞社説を読んでください。すべての社説が一様に、石油不足の事態を喜んでいる。十分な措置を取っておかないということになると、といった調子のものばかりでしょう。日本はあまり多くのことをあまりにも早く達成しようとしてきた。日本は田中プランの実現を目指しながら、それと同時に輸出増大をしようとしている。これは政策の誤りでこれを是正すべきである。これについて私は、石油不足現象とは関係なく、ゼロ輸出成長政策を考慮することを提案したい。アメリカにも、この提案が適用される。文字どおり超スピードで走っているから、政府はそうすべきときにも姿勢を正す気力も勇気も誠実さもない。若干厳しくならざるを得ない。

さて、韓国の事情について少し述べてみよう。韓国は今後一〇年ないし二〇年のあいだに、われわれが目撃する急速な成長の見本として最も興味あるものとなるだろう。自然資源が枯渇し公害が世界の終末をもたらすとすれば、それは人間と自然に対する犯罪である。こうした考えを鼓吹する人もまたすべて犯罪者である。私自身は犯罪者だとは思わない。

韓国は後進国開発モデル
二〇世紀末に所得五千ドル

今日、私は韓国の状況について語り得るすべての話をしようとするのではなく、またそれができるわけでもないが、韓国人は現在、大きなチャンスを持っているということをいいたい。私は彼らの賭けが成功するものと判断する。あるいはそうでないかも知れない。実際、韓国人がやっていることがすべて正しいというのではない。韓国政府や経済または文化のある側面は、アメリカ人である私としては必ずしも納得がいかないところがある。それでも私は、韓国の近い将来の展望は、韓国人にとってだけでなく、世界の多数の低開発国にとっては、いかにことを処理するかのモデルとしてきわめてエクサイティングなものになり得る。

まず、韓国の成長のイメージを示してみることにする。皆さんの過半数はどうにかこのイメージをご承知と思うが、一部の方々はご承知ないかもしれない。

今年中に、韓国が一二五億ドルのGNPを達成する可能性はきわめて大きい。参考までにいうならば、韓国の人口は約三三〇〇万人で、これは一人当たりの所得にして約三七五ドルに相当する。一九八〇年にはこの数字がほぼ倍加され、七五〇ドルになるものと予想するのだが、その時の韓国GNPは二八〇億ドルとなる。一人当たり七五〇ドルはたいしたGNPではないが、これはきわめて大きなことである。つまり、韓国を世界富裕国の地位に継ぐという意味で。一九八九年までには一人当たり一〇〇〇ドルの所得と四〇〇億ドルのGNPを見込むことができるかもしれない。今世紀末までには、もろもろの要因いかんによろうが、韓国の個人所得は三〇〇〇、四〇〇〇または五〇〇〇ドルとなろう。とにかく、八〇年代末までには、韓国人の一人当たり所得は現在のアメリカや日本の国民の水準に匹敵することになろう。

もしも、韓国人たちがますます熱心に働き、さらに二〇ないし二五年間に、六あるいは七％の成長率を持続するならば、その個人所得は一万ドルほどになるかもしれない。要するに、この先五〇年間に産業以前の状態から発展の脱工業化の段階にいくかもしれない国がある——と私はいいたいのである。まさにこの点が印象的である。まことに印象的である。

もう一度みてみよう。一九六二年に第一次経済開発五ヵ年計画が着手されたが、当時、経済専門家らはいっせいにこの計画を非難した。私もその経済専門家の一人になっていたであろうと認めざるを得ない。この計画をテイク・オフ（離陸）の段階と考えてほしい。韓国人の運がよかったのか腕がよかったのかは議論の余地があろう、半分は幸運であったし、半分は腕がよかったためといわせてほしい。七三年から八〇年までの期間は輸出産業にはこういった大きな賭けがある。すでに知られているように、韓国の輸出は年間四〇％成長しており、二年ごとに倍加している。今年

韓国の輸出増加率六割
十年内世界第二の造船国

は輸出増加率が六〇％に達すると思う。これは前例のないことである。日本が達成したものすごい高度成長は、国内市場への供給に基づくものであった。日本の成長における海外市場の役割は小さなものであった。海外市場に賭けることにより、韓国は世界がこのような輸出の増加を受け入れるだろうとの賭けをし、さらにその賭けは韓国のきわめて乏しい資金事情の下でなされるのだ。たとえば、一九七四年にひどい景気後退がおとずれた場合、韓国は目標を達成できない。韓国の資金事情はあまりにも乏しいからだ。

半面、できることもある。景気後退が小さい場合、韓国はうまくこれを克服するだろう。七〇年から八〇年に至る期間は、最大の冒険と最大の努力の時期である。貯蓄をする必要がある。資本の浪費をしないよう注意する必要がある。熱心に働く必要がある。一九六〇年における韓国の貯蓄率は二〇％にすぎなかったが、現在は二五％だ。私の判断では、八〇年までに貯蓄率は三〇％をはるかに上回るだろう。このことは、八〇年代までは韓国が相当な資本を確保することを意味する。しかしそれまでの期間、韓国は外国資本に大きく依存することになる。外国資本に依存する過渡期を韓国が成功裏に過ごせば、そのあとに公害や福祉問題がとび出すだろう。なぜなら、韓国は八〇年代には準福祉国家となるからだ。

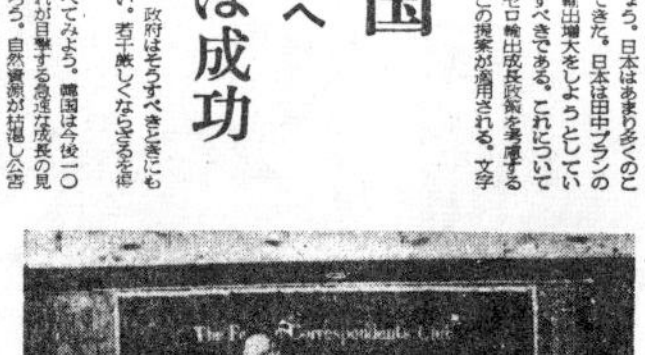

外信記者クラブで講演するカーン博士

今世紀末までに、韓国は一種の成功物語の国となろう。韓国の印象的な発展を示すいくつかの例を、もう少し挙げてみよう。他の問題についても触れなければいけないので、一つだけ挙げてみる。私は韓国の「現代造船所」を訪問した。「現代造船所」自体はまだ建造した船舶は最高二万トン級であった。これまで韓国人が建造した一隻の船も進水させていないが、いま三〇万トン級の船舶を年間二、三隻ずつ造る過程にある。同造船所は間もなく三〇万トン級の船舶を年に四、五隻つくるとみられる。現代造船所と同じような計画が、他の九つの大型造船所でも推進されており、今後韓国は一〇年内に世界第二の造船国として登場するだろう。ゼロの状態から出発して三〇万トン級の船舶を造るということは、過去において誰も成し遂げられなかった飛躍である。彼らの話によれば、このような飛躍は成功裏に進行している。これは真の大躍進といえる。

浦項に竣工した鉄鋼工場は、まもなく七五〇万トンの低廉な鋼鉄を生産するだろう。このような鉄鋼生産が、韓国の産業に莫大な利益をもたらすことはいうまでもない。要するに、韓国人は他人に誇示するために何かをするのではなく、現実的に役立つ仕事をしているのだ。これは私がきわめて印象深いと思っていることである。

では、今日の韓国の実情で否定的な側面は何か。第一の否定的要因は、ほとんどすべてのことが朴大統領に依存しているようにみえることである。彼は現在五六歳で、年をとりつつある。彼は攻撃を受けている。彼の年齢と立場にある人は攻撃されると弱い面を抱き、強力な態度を取る。朴大統領がそうなるというのではない。私は彼に会って話を交した。そういう様子は全くなかった。しかし、歴史をひもとけば、実際にそういう例がたくさんあったでしょう。

そこで私は、韓国人は二重の基準のために苦しんでいることを指摘したい。韓国という国は、比較的「親民主主義的な国家」（Pro-Democratic）である。これは議論ではない。他の国の事情はどうかみてみよう。本当にまじめで、信用できる民主国家は、世界中で約一三、四ヵ国ある。スカンジナビア五ヵ国、オランダ、イギリス、アメリカ、カナダ、豪州、ニュージーランドおよびスイスである。

韓国の民主度は上位⅓内
民主度向上と経済成長均衡を

私や政治学を研究している私の同僚は、以上列挙した一三ヵ国以外の国が「反民主主義化」したとしても、決して驚かないだろう。

最近、ハドソン研究所の職員だったある研究員が、世界各国の民主統治の程度を比較する研究をした。彼はその調査で「言論の自由があるか？言論の自由はどの程度か？学問の自由は？」などの問題を提起した。たとえば、野党のない国は民主主義的でない国の方に分類される。その他の質問には「銃殺はどれほど簡単に行われるのか。追放、投獄などはどの程度簡単に行われるのか」などであった。

このような調査の結果を総合して彼は結論を下したのだが、私の記憶では韓国は四〇位をマークした。つまり、全世界一五〇国家の上位三分の一内に入るという話だった。

韓国について私が重要視するもう一つの問題を指摘しようと思う。地位を利用した利得と腐敗は区別しなければならない。われわれの基準では利得が合法的な費用だとするならば、腐敗は反公共的（Counter-Public）な目的のための過度の費用であると規定したい。

まず、世界の到る所で盛んな縁故採用の重要性について考えてみよう。世界の大半の場所で、誰しも無能な義弟を雇うには、こうした義務を負うことになる。義弟が無能であるほど、こうした義務感が強くなるのは、よそでは彼を雇わないからである。次に、英国やアングロ・アメリカン文化圏で使用されている用語の違う面白い使用法を示そう。姻戚関係のない有能な第三者を雇って、事業に役立ち利益をもたらせば、われわれはこのような行為を非利己的な行為という。反対に、無能な義弟を雇用して事業のためにならず損害をこうむれば、われわれはこれを利己的行為と呼ぶ。しかし、大西洋やアングロ・アメリカン文化圏以外の国では、こうした用語が正反対に使われている。

再び腐敗と賄賂問題に戻って話をつづけよう。世界の大半の国では政府の官吏がチップや一定のカネを貰わないと、やる気を起こさないことも多い。だから、こういう費用は合法的なものである。このような費用は当然のものと見なされ、政府相手の取引で踏むべき諸手続きを容易にする利点もある。

腐敗は度を過ぎた費用であり、反公共の性格を有する。メキシコの場合をみてみよう。私の印象が正しければ、メキシコの官吏に賄賂をやって不法なことを強いることは実際に不可能である。しかし、これらの官吏は賄賂なしでは当然やるべきことも……ない。

国家安全保障が刺激剤
対北韓安保が第一の課題

もう一つの韓国の重要問題は、いまだに非常事態下にあることだ。この点こそ政府が苦慮している問題である。韓国政府は投資家と国民に、万事うまく行っており平和であるから心配せずに投資をし貯蓄をするよう懸命に説得している。だが北朝鮮……れている。数年前、北朝鮮は暗殺特攻隊を南に派遣した。最近、イスラエルに対するアラブ側の攻撃が発生するや、韓国人はすぐさま「われわれにもこういう事態が起きるのではないか」という反応をみせた。

彼らは憂慮している。こういう憂慮は無理はない。経済発展のもっともよい刺激剤は、生活水準の向上ではなく、国家の安全保障である。韓国の愛国者は、国民総生産を二倍、三倍にふやすことが、それは他の何よりも安保のために役立つことを知っている。まさにこのことが、韓国政府の主要な推進力となっており、経済発展の主な要因なのだ。生活水準の改善は重要だが第二次的要因である、というのは、もとより相対的な意味からである。……人たちは、率直にこうした立場を明らかにしている。

なぜわれわれはこういったことがらに関心を持つのか。それを説明するためには、超工業文化という私の原論に戻らねばならない。超工業文化を規定する主な要因は、空間が無制限でないことを初めに悟ることから出発する。つまり、産業を空間に合わせなければならない。あまりにも大きくあまりにも密に混んだ地域で起きる諸問題なのである。日本は比較的狭い地域で経済発展を遂げ、これを上手に維持していく最良の例といえる。（つづく）

正月の…新刊紹介

耽羅《たんら》のひかり

済州島の風俗と伝承

近々、宗教法人、在日曹渓宗総本山普賢院（釈能嘉法主）の青少事業委員会出版部から「耽羅のひかり」という写真を主とした済州道の風俗と伝承を紹介する本が出版される。

この本の出版の目的は、日本に来て韓国仏教の布教に努力している釈能嘉法主が、在日同胞のために在日曹渓宗の別院を日本の主な地域に建てる資金とするためで、文学博士中沢宗一郎さんの協力を得て「曹渓宗事業委員会」を設立して出版するものである。出版の動機について釈法主は「日本に来て八年間布教活動をして感じたことは、一つに、在日同胞の死後の管理問題、一つには民族意識の問題で、その解決手段として宗教活動を広く行なう必要を痛感し、そのため浄財を集めることになった。さいわい中沢先生が非常に乗り気なので、出版のことを全面的にお願いした」と語っていた。

なお中沢博士は共同事業の別系統で宗教は十六代弁の前で早突と同じ、戦前中学二年の時十五年民族は解放後から来た」という論文を発表して、あわや放校処分になるところを、家紋のおかげでまぬかれたエピソードの持主。

済州道の古民謡を済州…館長が担当している。

釈能嘉法主

AB版変型、写真約百五十点入りで、一部一万円の予定である。

この企画に対して、駐日大使館柳成烈首席教育官は次のように語って推薦している。

二・三世向きの歴史

柳成烈首席教育官談

「今までに韓国や韓日間の歴史などに関する書籍は数多く発刊されているが、歴史学とか考古学とかの、一般には親しみ難い専門書であったが、この度発刊される中沢先生の「耽羅のひかり」は、済州道一つをピックアップして、その伝統風俗、かくあったろうとの神話、伝説に主体をおいたことなど、今までのものとは違い興味をそそる事はいうまでもなく、何よりも楽しく読ませ、スムーズに理解出来るように書かれたことです。そこから、勉学、研究へと進歩していくものといえましょう。このことは、普及の最大の条件といえますね。

そのような点からも、日本で生れ育った二世、三世の方々には祖国の歴史をスムーズに理解、認識出来る「[illegible]」の本であります。

さて、今般、この本を特に推薦する理由は、唯単なる一般的な販売のための発刊では無いということです。それは、この売り上げ金で、在日同胞の心の拠り所を各地に建立して下さるということです。

最後に、在日同胞各位に、この趣旨をご理解いただきまして、絶大なご協賛をお願い致したく、心からご推薦申し上げるしだいです。

興味そそる神話

中沢博士の協力で

在日曹渓宗が出版

名物の海女　7歳の頃から潜水の練習をはじめ16歳になると一人前。16.7メートルまでもぐという

中央会館は民族の殿堂 おさめよう建設資金！

'73の消息から

セマウルへ 叺機械寄贈

東京北支部の羅大煥氏

東京の北区に住む羅大煥さんは、昨年末、出身地の全南咸平郡にある二つの「セマウル叺工場」に、総額五百五十万円にのぼる生産設備を寄贈し、地元のセマウル副収入に大きく寄与した。

羅大煥氏

羅さんは東京で、韓国から主として人参製品を輸入販売している羅針盤商事株式会社（東京都北区赤羽町一ノ四二）を経営しているが、ソウル市永登浦区に政府指定のセマウル合板工場「株式会社三正洋行」の代表者でもあり、一昨年の十月維新以来、出身地の同郡咸平邑水湖里に三百万円を投じて電気設備を寄贈、ついで学校に映写機と科学映画フィルムを贈ってセマウル文化運動にも力を入れてきた。

今回寄贈した設備は、製莚機十台と製縄機十台で、咸平郡海保面大倉里と、同市咸平邑水湖里にある二つの「セマウル叺工場」。これによって地元の生産力はアップし副収入が増加することになるが生産された莚（むしろ）は、三正洋行の分工場（全南光山郡松亭邑所在）の特殊合板原材料となり、本国内のみならず、東南アジア方面にも新建材として輸出される予定であるという。この合板はワラの莚（むしろ）を高圧プレスで圧縮するもので、屋根材、壁心材として用途が広い。

なお羅大煥さんは民団北支部団長でもあり、民団のセマウル支援事業に積極的に参加している。

楽しい正月 ユッノリ

お正月の室内遊びとして、日本では「双六（すごろく）」「いろはかるた」「百人一首」などいろいろあるが、日本の万葉集にも出てくる（たといえば時代の旧さを証明するわけだが）韓国の正月遊び「ユッノリ」を紹介しよう。

これは日本の双六に近い遊びで二人以上六人ぐらいまで（組を組めばもっと多くでも）老幼男女が一緒になってできる楽しいものである。

遊びの道具として「ユッカラッ」が必要である。これは本来「萩」または「柏」の枝で作るが、今は何でも良い。太さ三センチぐらいで長十～十二センチに切った木の枝を二つ割りにしたものが四ついる。これを振って落とし、出た目の分だけ「馬」を進めるわけだが、次のような呼び名と数がある。三つが丸い方を出し、一つが平たい方を出したもの（これを丸三、平一と呼ぶことにする）が「一」で「ト」と呼ぶ、丸二、平二が「二」で「ケ」と呼び、丸一、平三が「三」で「コル」、平四が「四」で「ユッ」または「スッ」と呼ぶ。丸四、すなわち全部うつ伏せになったものが「五」で「モ」と呼ぶが、何時の場合でも「モ」が出ると再びもう一度続けてふることができる。だから「モ」が出る間は何回も続けてふれるわけだ。

馬を進める「馬田」（マダンまたはユッパッという）は図のように縁辺に二十の目があり、内側に五つの目を持つ十字路がある。十字路になした外側との目を出発点とし、一人（一組）が四つずつの馬（日本式でいえば駒）を、出た目だけ進める。自分の馬に自分の馬が重なったときは「おんぶ」して一緒に進めることができる。反対に自分の馬に他人の馬が重なると殺されることになり、その馬は出発点からやり直しとなる。どの道を通ってもよいが近道をするため、または相手の馬を殺すために馬田から十字線内に曲がるためには、馬がその目にちょうどはいらないとだめである。

相手側の馬を殺したり、自分の馬が殺されたりして、とにかく四つの馬全部を早く出発点に進めた者（組）が勝ちとなる。ユッカラッを投る順番はジャンケンでも、ユッカラッででも決めればよい。

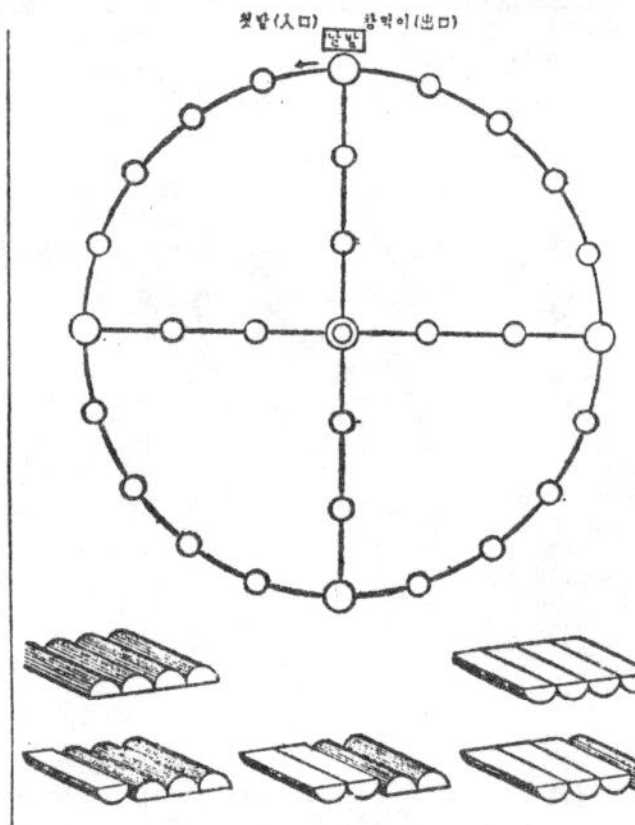

上は「馬田」で入口から左へ回る。十字の接点に入れば近道できる。中と下は「ユッカラッ」の出目で、中は右が「四」、左が「五」、下は左から「一」「二」「三」

趙永吉団員を除名処分

民団大阪本部で

民団大阪府地方本部監察委員会（張…委員長）では、敵対陣営と野合している不純分子たちと共に、自分の所持しているKJ旅券を破棄するなど、反国家・反民団的行為を欲しいままにしたとの理由で、同本部管内の布施支部から除名処分要請をうけ、慎重に審議したところ、民団規約第六六条適用規定第一条第一項・第三項に該当するので、次の者を除名処分に付したと、このほど中央に通知してきた。

▼趙永吉（一九一八年三月一〇日生（男）本籍・全南高興郡、国民登録・大大八二二一号、永住権・第二五六五五号

広島商銀 新築落成

徐漢圭理事長

広島商銀（徐漢圭理事長）では昨年二月から広島市西区平塚町四に新築中であった本店が完成したので旧ろう十二月十五日午前十時から同店三階ホールで落成式を行ない、関係各方面に披露した。来賓として駐日大使館の…参事官をはじめ下関朴…総領事、民団中央本部金正柱団長、韓信協…東京商銀許弼奭理事長、日本側からは山田節男広島市長、児玉秀一、土井一郎同県会議員ほかが出席、組合員約二百余人参席して行なわれた。

落成式は、本店建築に功労のあった張泳福同商銀監事ほか二十三人の表彰状授与式があり、ついで来賓の祝辞のあと祝賀パーティに移り午後一時頃散会した。

敷地二二〇坪、鉄筋地下一階、地上三階、総工費三億九千三百万円。

新築落成した広島商銀

田耕作氏の還暦祝い

民団川崎支部の田耕作氏は、還暦を迎え、旧ろう十二月十三日正午から、川崎市駅前の日航ホテルで、駐横浜李…領事、民団…ら三百余人の来賓参席のもと、盛大な祝賀宴をひろうした。

尋ね人

☆李恩相、李洪基、李洪竜、李洪徳、李鍾徳、李正修の皆さん（通姓・平源）

本籍・慶北金泉市

山口県宇部市麻倉村貝の木で居住し、八年前に下関市東大坪町から消息があった李さんらを、宇部市に居住、解放後帰国し、ソウル市城東区新堂洞一二八の七九に住む李金竜さんの妻朴明姫さん（中野テル子）がさがしています。

李さんらをご存知の方は、朴さん、または民団中央本部韓国新聞（八一五・一四五一～三）まで連絡を。

中央会館建設へ總力を!

信用組合 **神戸商銀**
理事長 黄孔煥
本店・神戸市生田区中山手通三丁目一四九 電話三三一—三九一一(代)
西神戸支店・〃長田区大橋町四—一四 電話六一—一八七四(代)
尼崎支店・尼崎市昭和南通五—一一六 電話四一—二一〇三六一
姫路支店・姫路市福沢町七四 電話二一四—二八七八(代)

北海道商銀
理事長 姜信学
札幌市中央区南九条西四—一〇 電話(〇一一)五二一—〇一三一

信用組合 **岡山商銀**
理事長 朴泰鎮
副理事長 金甲文
〃 千甲童
本店 岡山市野田屋町二丁目六ー三 電話二四—五九三一～三
支店 倉敷市水島神田町一番九三号 電話四六—四〇七一～二

広島商銀
理事長 徐漢圭
専務理事 梁在植
常務理事 林上圭
広島市西平塚町四—一三 電話四四—三二五一(代)

広島県 韓国人商工会
会長 金鍾霹
専務理事 朴海運
広島市西平塚町四番十二号 電話四三—一九六八〇

愛知県 韓国人経友会
会長 金允鎮
名古屋市中村区鷹羽町三の一〇一 電話四五二—一七一六

電子計算機部品 電気通信機部品 高級ツマミ 各種
株式会社 **杉原製作所**
代表取締役社長 朴炳台
専務取締役 朴炳憲
東京都目黒区中央町二の十九の十四 電話(七一五)二三二一(八)

川崎物産株式会社
中央車輌株式会社
取締役社長 李圭
川崎物産本社 川崎市幸区南幸町三丁目九七 電話〇四四(川崎)五一—六二三—七
中央車輌本社 東京都大田区大森南三—三〇—一六 電話七四一—六五三一—一五

武田商事株式会社 **白鳥会館**
代表取締役 **洪世裕**(武田)
〒277 千葉県柏市三の六の十三 電話(〇四七一)六七—八七四七(代)

在日大韓民国居留民団 長野県本部副団長
長野韓国学園理事
李東富(旧名 富潤)
長野県飯田市上飯田四八八四 電話・飯田(23)三六二八

千葉商銀信用組合
理事長 **張在昶**
千葉市新宿町二丁目九番八号 TEL〇四七二(42)〇一七六(代)

韓国居留民団 静岡県地方本部
常任顧問 **趙澔衍**
静岡市相生町八—七 電話・四五—四五三一(三)

財団法人・朴竜九育英会
理事長 **朴竜九**

韓国居留民団北支部団長
羅針盤商事株式会社々長
羅大煥
東京都北区赤羽一—二一—五 電話(九〇二)七七〇〇

民団八王寺支部 顧問
芳村石産株式会社社長
姜鉉龍
本社・八王寺市大楽寺町一二一番地 電話(〇四二六)五一—一五一二一
採石現場・八王寺市美山町二三八一 電話(〇四二六)五一—三二二八一

株式会社 **成和**
代表取締役 **河成根**
東京都港区芝大門一の十五の四 電話(四三一)六八二七

韓国人豊島生活協同組合
理事長 韓桧俊
専務理事 李炯録
常務理事 李相泰
〒171 東京都豊島区池袋二ノ六ノ三 共同ビル 電話(九八二)七一六一～三番

有限会社 **宝誠商会**
代表取締役 **金庚申**(平野政吉)
長崎市岩川町十四番八号 電話(44)一二〇五番

亜細亜商事株式会社
上野サウナ温泉会館
代表取締役 **高漢俊**
〒110 東京都台東区上野六—一六—一五 TEL〇三—八三五—〇〇六六

韓国居留民団神奈川県本部議長
合資会社 丸武燃料商会社長
丸武石油販売株式会社々長
田炳武
横浜市神奈川区立町九—七 丸武ビル三階一号 電話四三三—二五二一

海外旅行の御相談は
ソウル交通観光日本代理店の
株式会社 **宮本観光サービス**
代表 姜武夫
本社・岐阜市若宮町六—五(丸山ビル三階) 電話(〇五八二)六二—二三二八、三三三九
名古屋営業所・名古屋市中村区則武町二ノ七(側島ノリタケビル一〇階三号) 電話(〇五二)四五一—七一一五～六

南ソウルカントリークラブ 東京事務所
理事 姜鉉龍
〃 許喆九
東京都新宿区三光町一三番地 浜田ビル三〇一号 電話三五四—〇六五七—八

プラスチック射出成型
高木デルタ化工(株)
社長 朴文甲(高木武男)
広島県安芸郡船越町鴻治新開一四八四 電話(〇八二)二二一—二二二六

有限会社 **吉兼商会**
代表取締役 張泳徳
広島県福山市三光丸町八番九号 電話 二一—二三三〇(代)

土建工事一式請負 土建資材販売
有限会社 **松本土木**
社長 姜奭鎮(松本義夫)
広島市曙町三丁目二九—一号 電話 六一—六二七一(代)

土木・舗装工事
有限会社 **長谷川組**
社長 金学模
広島県安芸郡海田町海田市二五二 電話(〇八二)三—三六二五

ポンプ車・生コン車常備
建設業 **富原組**
代表者 金徳泰(富原)
事務所・広島市竹屋町三—一三(米田ビル内) 電話四三—八七六一
自宅・広島県安芸郡府中町一九六—二 電話八一—六六四六

営業種目
・コンクリート打設工事・コンクリートポンプ車・各種生コンクリート販売・掘削工事・土木、建築一式
金岡組
社長 金錫兆
広島市曙町三丁目五—一七 電話六一—五一七七(代)
自宅・電話八一—二四〇〇

株式会社 **清平組**
社長 韓石鍾(清平石蔵)
事務所・広島県安芸郡船越町字鴻治新田五の割 電話・(〇八二)八二—三四五六
自宅・(〇八二)八二—四五一〇

営業種目(土木・建築・ポンプ一切 クラブ・ニューコリア)
田中組
社長 姜泰永(田中秀夫)
広島県安佐郡古市町大字古市一三五八—六
田中ポンプ 電話七一—三三九(代) 電話七一—二九五(代)
クラブ・ニューコリア 広島市銀山 電話四三—一五一五(代)

萠食品製造卸
金沢商店
代表 金沢廉晴
広島県豆萠協同組合理事
広島県商工会理事
広島市南野川町中野数ケ原五四八〇 電話(〇八二八九)二—〇三七〇

韓国居留民団 東京・足立支部
団長 玄奎元
議長 李禎雨
監察委員長 孫道淵

屋内配線工事の省力化と安全に貢献する!明工社の配線器具

明工社の配線器具は

一般家庭、事務所、工場、鉱山、農村、建設現場、船舶等…電気を使用するあらゆる所で使用されています。

屋内配線工事用のスイッチ、コンセント、コネクター、プラグ、防水コネクター、レセップ、ソケット、……多種色々あります。

伝統と多種類 多用性を誇る

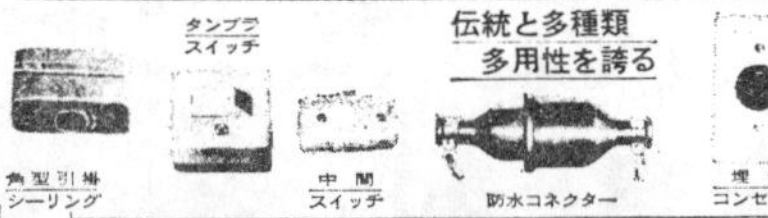

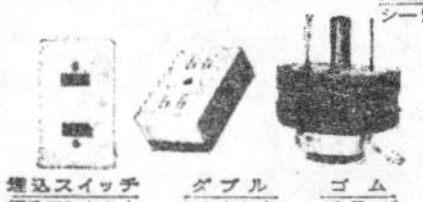

M.K.S.
株式会社 明工社
東京都目黒区下目黒6−8−19
電話 (03) 712−1106 (代)

同胞社会で最大部数の「韓国新聞」

湯島の香りただよう静寂の地…

上野の森を眺望…和洋室大小30室●エレベーター付
上野ホテル ひいらぎ
超近代的完全設備
地下鉄千代田線湯島駅下車1分 お茶の水駅・御徒町駅より徒歩5分 TEL (831)6994・(832)0505

国際的スケールの社交場!
美人ホステス300名と一流ショー!
●デラックスキャバレー●ノーチップ制●明朗会計●
上野 ニューグランド
上野不忍池・水上音楽堂前・TEL 831−6607・3666・5983 835−4916

最も効果ある広告は「韓国新聞」

韓国の古典"春香伝"を最高のスタッフ・キャストでお贈りする、東京で絶賛の拍手を浴びた感動の舞台!

清川虹子

江利チエミ特別公演・1月2日→29日〈12月16日前売開始〉

オープニング・ショウ チエミと共に
西山博行 構成・演出

井上孝雄 南 利明 立原 博 猪俣光世 茶川一郎 金田龍之介

韓国民俗舞踊団
新宿コマ・ミュージカルチーム
梅田コマ・ミュージカルチーム

世界の恋の物語 春《しゅん》香《こう》伝《でん》
安永貞利 脚色
松浦竹夫 演出

中野啓介 中野章三

時間■〈2～5日・日・祝〉11時半・4時半二回 〈平日〉12時・5時二回(初日2時一回)
料金■S席1800円・A席1600円・B席800円・C席500円

江利チエミ 松方弘樹

たのしさをあなたにおくる 梅田コマ・スタジアム 06 (313) 3251

韓國新聞
在日大韓民国居留民団中央本部機関紙
韓国新聞社
発行人 金正柱
東京都文京区春日町2丁目20-13
電話 (815)1451~3 (813)2261~5
振替口座 東京 163774
電話 73-0162・0165

民団綱領

一、われわれは大韓民国の国是を遵守する
一、われわれは在留同胞の権益擁護を期する
一、われわれは在留同胞の民生安定を期する
一、われわれは在留同胞の文化向上を期する
一、われわれは世界平和と国際親善を期する

誇らしい「維新総和」の年に

平和と繁栄の基盤固め

維新遂行過程での無理や錯誤は徹底是正

朴大統領新年の辞

朴正熙大統領

朴正熙大統領は一月一日の新年の辞で、新しい年を民族雄飛の踏み台となる総和維新の一年になるようにしようと訴え、また「過ぐる一年間維新課業を遂行する過程で、無理や錯誤がなきにしも非ずだったけれども、政府は今後国民と対話を通じて、より密接な一体感を持ち、このような錯誤を是正するのに決して躊躇しないであろう」と述べた。朴大統領の新年の辞要旨は次の通り。

〈以上要旨〉

大統領緊急措置権を発動

改憲請願など全面禁止

国家安全保障のため不可避の措置

朴大統領特別談話

大統領緊急措置第一号

一、大韓民国憲法を否定、反対、歪曲またはひぼうする一切の行為を禁ずる。

二、大韓民国憲法の改定または廃止を主張、発議、提案または請願する一切の行為を禁ずる。

三、流言蜚語を捏造流布する一切の行為を禁ずる。

四、前一、二、三号で禁じられた行為を勧誘、扇動、宣伝したり、放送、報道その他の方法により他人に知らせる一切の言動を禁ずる。

五、この措置に違反する者とこの措置をひぼうする者は法官の令状なしに逮捕、拘束、押収、捜索し、十五年以下の懲役に処する。この場合には十五年以下の資格停止を併科することができる。

六、この措置に違反する者とこの措置をひぼうする者は非常軍法会議にて審判、処断される。

七、この措置は一九七四年一月八日十七時(午後五時)を期して施行する。

一部人士らの自粛を望む

緊急措置権発動に支持談話

金正柱 中央団長

組織防衛強化に積極

―団員の皆さんへおくる年頭所感―

中央本部団長 金 正 柱

金正柱団長

15カ国議会指導者を招請

韓国国会

韓国国会は、今年度に米、仏、トルコ等十五カ国の議会指導者を招請する一方、丁一権国会議長が三月にブラジル、コロンビア等中南米諸国を訪問、積極的な議員外交活動を展開する方針である。

国会が五日明らかにした、七四年度議会外交活動計画によれば、クウェート、インドネシア等の資源外交とインド、フィンランド等の対中立国、北方外交に力点をおき与野党重鎮級議員で構成される議会外交団を構成し、これを積極的に派遣する予定である。

鄭寅錫氏永眠

民団中央顧問鄭寅錫氏は病気療養中のところ、一月十一日正午永眠された。

ひとまず、親族によって密葬されるが、告別式の日どりは追って決める。

故人は、民団中央の二十二代と二十三代の団長をつとめた。

享年六十四才。

639

韓国 登場する経済国家

(前号からつづく)

韓国は脱工業化経済へ
偉大な潜在力は労働力に

米・ハドソン研究所長 ハーマン・カーン博士講演全文

私は、韓国も大変狭い地域で高度の水準へと再び脱工業化経済を築いていく、われわれの知っている最初の国家であると予見する。韓国にとって偉大な将来の潜在力は、全世界に開放された工場敷地と非常に安い労働力があることだ。その労働力はきわめて低廉で世界最良の一つである。こうした有利な二大条件に加えて、もしみなさんがそう信ずるならば、生活し仕事をしていける環境下での安定した政府がある。これからは、韓国の新聞がたびたび、公害がまきちらされているというだろう。

公害問題は何かというと提起されるが、それは何を意味するのか。答えは、つまり人を金持ちにするということだ。金持ちになれば、おしゃれもするようになるものだ。苦労せずに貧しい状態から金持ちになるのは難しいといえば、ここにいる皆さんは驚くだろうか。貧しさから抜け出して金持ちになるのがいとも楽にできると思う人は手をあげてください。ご覧なさい。誰もそうは思わないようです。にもかかわらずわれわれは、低開発諸国に対し、アメリカでもわれわれには厳しすぎる公害規制基準を設けるべきだと力説する。ご存知ですか。これらの国に対する圧力をご存知ですか。アメリカの事業からみてもはなはだ高い福祉対策、公害規制対策をつくれと、われわれはこれらの諸国に強要する。私自身は、一般的にいって富める国といえるアメリカでさえ、環境問題が経済規制よりも優先的に扱われるべきだとする一般論には懐疑を抱いている。アラスカ送油管計画はきわめて合理的な事業である。五〇〇マイルの長さの送油管を敷設する場合、アラスカよりよい立地条件はないだろう。私は、アラスカ沿岸探査作業に賛成する。一般的に、環境問題はアメリカの場合重要な問題だ。

しかし、韓国のような国では実情が異なるので、この国を訪れる人々がみな口を揃えて、イギリスやアメリカ、日本で起きた同じ失敗を繰り返すなというのは大きな間違いだと思う。それは失敗ではない。太陽の当たるイギリスをごらんなさい。過去一五年間ロンドンの霧は姿を消した。いまでは、国民が石炭を使わずに暮らせるようになったからである。テームズ川にはいま五〇余種の魚が繁殖している。ところが、こういう変化を科学解説者らは祝うどころか、一時的な突然変異だと一蹴した。われわれの住むハドソン川にも魚はいる。世界の低開発国のための代表的な脚本は、まさにここにある。一〇年、一五年、二〇年または三〇年間の苦労、不快、難関、汚濁、騒音、煤煙。その後に生活はある程度改善され、条件が好転するので、しだいに富んで、身辺をきれいにできる。一般論として期待だけで達成されるものはない。いま一ドル払えば、あとで一〇ドルを節約できるという論理は、金利の原理からして無意味である。未来の節約もいいけれど、いますぐにそのカネが要るなら仕方がない。過去を顧みれば、この点が明白になるだろう。とりわけ、経済成長率が高い場合には、なおさらこうした方式を取るべきである。

民主度と福祉増進の相関
公害は必要悪で除去可能

韓国が戒厳令を宣布し民主主義を四〇位に下落させる代わりに、二〇位の水準に上昇する場合、経済成長が損われないだろうか、という質問にお答えする。私は、そういうこともあり得ると考えるが、そうはいいたくない。

今日急速に成長する国々をみてみよう。日本の場合は、企業のための、企業による、企業の政府がある。ある程度民主的である。韓国や台湾は世界で最も民主主義的な国ではない。香港は適当に民主的である。シンガポールの場合はかなり民主的だが、秩序を維持するため、二〇〇〇人の国民が懐疑もなく投獄されている。このほか成長国としてはブラジル、メキシコ、スペイン、ポルトガル、ギリシャ、トルコ、イタリアなどを指摘し得る。このような資料が私に示唆することは、現在の条件のもとでは、独裁ではない権威主義的な政府、準民主主義的で準プロレタリアート的な国家が、最も経済発展の成果が高いという結論である。このような主張は、資料に立脚したものである。その理由は、さまざまの形で提示することができる。

歴史的には、民主制度が他のどんな制度よりももちろんはるかによい成果をあげた。経済成長の展望を三ないし五％とみれば問題ない。しかし、民主主義国家で五％以上の成長を達成するのは難しいと私は思う。その理由はいろいろである。しかし、いちいち列挙するのは控えたい。ただ付け加えたいことは、私自身も民主主義を信奉しているということだ。それはよい制度である。私はチャーチルの言葉のように、民主主義は大変な制度だが、他のどんな制度よりもよいと確信する。私は、それぞれ異なる条件のもとにある全ての人に対して一律的にいうことはできない。われわれは、まさにこの点を理解しなければならない。（完）

29万トンの巨船を建造中の韓国現代造船所

太副総理 成長政策推進に総力
物価体系を改編へ
石油危機克服し重化学伸長

太完善経済企画院長官は、エネルギー資源難にも拘らず、成長政策を持続するとのべた。太長官は、急騰する物価対策に対する国内記者とのインタービューで新年の経済基本施策をあかし政府は、物価体系の全面的な改編とともに、前例のない強力な施策をくりひろげていく方針であることをのべた。太長官はまた、新年の財政金融政策に言及、緊急でない厳格な選別を意味するものであると語り、必要な部門の資金はひきつづき供給することを明らかにした。太長官は、浦項総合製鉄拡張など重化学分野の計画はひきつづき推進されると強調した。太長官の展望は、つぎのような韓国経済の進展をふまえているものと見られる。

20キロをこえる海を埋め堤防を築いて島と連絡させ、3450町歩にのぼる耕地を築いた韓国農民の底力が実った界火島自然改革事業

韓国の七三年度、国民総生産成長率は、一六・九パーセントで七二年の成長率七パーセントより、九・九パーセントも高いことが明らかにされた。

韓国銀行は、三一日、七三年度国民総生産は三兆八千八百三六億ウオンで一六・九パーセントの高い成長率を記録したと推計した。

一方、一人当所得は前年の三百四ドルから三百七十三ドルにいたったが、このような高い成長率は、輸出需要の好調、米穀の豊作および社会間接資本の拡充などに起因するものであるとあかした。

需要面から見れば、国内総投資は四一・一パーセントの増加を見せ、投資率は七二年の二〇・九パーセントから二六・四パーセントに高まり、国民貯蓄率は二一パーセント、海外貯蓄率は四・九パーセントを示した。

……額が一五・三パーセントである。

輸出増加率は五八・九パーセント、輸入増加率は四一・九パーセントであり、税負担率は前年度の一三・六パーセントから一四パーセントとなった。

総消費増加率は、七二年の六・七パーセントから九パーセントに高まった。

なお、商工部は七三年一年間の輸出実績が三二億五千四百十九万七千ドルであると集計発表した。

これは、昨年末の時点で目標額二三億五千万ドルより三八・五パーセント、七二年の十八億六百九十六万三千ドルより八〇・一パーセントがのびたものである。

部門別には、▲農産物一億一千百万ドル、▲水産物が二億二千百万ドル、▲鉱山物四千九百万ドル、▲工産品、二八億七千三百万ドルであり輸出対象国家数は七二年より五カ国がふえた百十六カ国、商品数は五七個がふえた千五十九カ品目である。

なお、政府は、七四年度輸出入計画を輸出四三億ドル、輸入五〇億ドル線にすえ、部処間の最後の調整作業にとりかかっている。

五日、関係当局によれば、今年の輸出は石油危機の影響、資源難などで世界的な不況が予想され輸出伸長の鈍化が不可避なものと見られるが、国際的インフレなどで輸出単位が高まり、金額では前年を三十二パーセント上回る四十三億ドル水準で推定されている。

一方、輸入は、国際原資材価格の上昇など考慮、前年対比二十パーセントふやした五十億ドルと推定しているが、今年は原油価格の暴騰で、原油導入に必要な外貨負担だけでも十億ドルにいたり、国際収支の悪化が予想されるので、緊急原資材以外の品目に対しては輸入を大幅に抑制するものと見られる。

最終的な輸出入計画は、十日以後に確定されるものと見られる。

休戦体制の補完はかる
当時者問題で咸大使米と緊密協議

咸駐米大使

政府は韓半島の恒久的平和を構築するための一方法として、現在の休戦体制を発展的に補完する方針であることが七日、明らかになった。

新任駐米大使に任命された咸秉春大使は、この日、記者会見を通じて「現在の休戦態勢を平和協定または他の何らかの形態で補完発展させるべきで、このため米国側と緊密に協議する予定」であるとのべた。

咸大使は「休戦態勢が韓半島の安保と生存のため、絶対的に必要であるが、現在の休戦協定は韓国が当事者でないためいろいろな問題が生じている」とのべた。

一九五三年七月二七日、調印された休戦協定は駐韓国連軍代表と北韓および中共代表が署名、韓国政府は署名していない。

咸大使は「現休戦協定の当事者を国連軍から韓国にかえるのは、法律的に問題ではないが、周辺強大国の態度とともに、北韓が平和共存原則にもとづいて、民族解放という彼等のイデオロギーを修正するかの如何が重要な問題である」とのべた。

ス博士展望
韓半島は平和共存の実験場

アジア問題専門家であるアメリカの政治学者、ロバート・スカラピノ博士は、韓半島が平和共存の決定的なテスト・ケースであると展望した。

カリフォルニア大学教授であるスカラピノ博士は、アメリカの季刊外交問題専門誌「フォーリン・アフェアズ」一月号の「中共と勢力均衡」題下の論文で、韓半島は南北韓に関連するだけでなく、両側の背後の強大国の態度と行動にも関連しているだけに、現代世界において平和共存の決定的なテスト・ケースであると指摘しながら韓国は最近、国際社会における南北韓の共存および共産国家との相互関係開設の用意などを示す、重要な外交政策のイニシアチブを取り、【韓国のこのような提議に当面して北韓は、南北韓連邦による単一国家としての国連加入という現実性のない要求をしている」とのべた。

書院など18種、五千点 土郷文化財に指定

内務部は四日、国家または地方文化財として指定され、保護管理されている千六百三十三点の文化財のほか、全国に散在している一般に広く知られていない書院、郷校、亭閣、碑石、塔、古文書、彫刻、絵画、偉人名士の生家など十八種、五千二百八点を土郷文化財として指定した。

内務部は、去る一年間の土郷文化財調査作業を通じて発掘した、これら五千二百八点を種類別、品格別に分類、一連番号で類別、保護するよう全国に指示した。

国際線航空料値上げ
KAL十日から四～九％

大韓航空は、五日、国際線航空料金を四～九％値上げし、交通部の許可を得たのち、来る十日から実施することにした。

大韓航空は、昨年末、国際航空運送協会（IAT）加入会員国らが石油危機と関連、現行料金を一括値上げすることに合意し、ジェット航空機の燃料代が二倍になったため航空料金の値上げが避けられないとのべた。

鄭泰演KALスポークスマンによれば、国内線料金には変動が無い。

一方、日本航空をはじめとするNWA、CPA、CALなど外国航空社も十日頃から料金値上げをはじめることになる。

値上げ料金（エコノミクラス片道基準）はつぎのとおり（括弧内は値上げ以前の料金）

▲ソウル―東京・九八ドル九〇セント（九三ドル三〇セント）
▲ソウル―大阪・七四ドル（六九ドル八〇セント）
▲ソウル―福岡・四八ドル四〇セント（五四ドル七〇セント）
▲ソウル―台北・百三十六ドル七〇セント（百二十八ドル九十セント）
▲ソウル―ホンコン・二百二ドル四〇セント（二百九ドル八〇セント）
▲ソウル―サイゴン・三百一ドル十セント（二八四ドル十セント）
▲ソウル―バンコック・三百二十五ドル（三百六ドル七〇セント）
▲ソウル―ホノルル・四百十七ドル九〇セント（三七九ドル）
▲ソウル―ロスアンジェルス・五百七ドル二〇セント（四百六十四ドル）

金外務長官 民団中央礼訪
法的地位向上推進を約束

第七回韓日定期閣僚会議に出席のため来日していた金東祚外務長官は、旧ろう二十七日午後三時、駐日大使館の尹河珽大使代理、宋賛鎬公使、外務部の金鎮弘領事局長を帯同し民団中央本部を礼訪、中央三機関と関東各県組織代表たちを前に、要旨次のような激励辞をのべ離団した。「六年前の駐日大使時代に、韓日会談を通して、在日同胞の法的地位などを解決するのに微力ながら努力してきた。現在、韓国外交の責任者として組織人諸賢と再会できたことは心から嬉しく思っている。本国でのセマウル事業に、同胞皆さんが熱烈な支援をおくっている努力に対しては、何よりも感謝しており、私としても今後、同胞の法的地位改善向上のため努力に事を進めていくことをここに約束する。」このあと、午後四時からは、金外務長官招請によるレセプションが、東京商銀ホールでひらかれ、各界有志代表約百人が参加、和やかな歓談風景がくりひろげられた。

写真 ㊤民団中央で激励する金長官（左立っている） ㊦金中央団長と歓談する金長官（右）

全国支団長研修会

民団中央本部では、昨年中に全国四十九県本部の幹部を対象とする教養・実務研修会に約三千人が参加した実績と、十一月に本国でひらかれた全国団長・事務局長研修会の成果をふまえて、さらに本国支団長研修会を左記の要領により開くことになり、目下その準備を急いでいる。

〈日程〉

二月三日から十四日までの十二日間に、三班に分け、各班ごとに四泊五日の日程で研修会を催おす。場所はソウルの民団本国事務所講堂があてられる。

〈講義内容〉

民団の当面問題、在日国民の戸籍問題、法的地位問題、組織論、指導者論、南北対話、韓国現代史、朴大統領の指導理念、在日国民の本国投資および財産搬入、セマウル運動の現況と展望・体験談、映画鑑賞

国際共産主義粉砕
第3回亜細亜勝共大会
自由アジアは団結

旧ろう二十六日正午すぎ、東京・九段会館大ホールで約三千五百人の民衆と韓国、日本、中華三国からの国会議員らが参加する中で、国際勝共連合会（久保木修己会長）主催による第三回アジア勝共大会が盛大に開かれた。

この日は、参加者全員の総意として、大会が発火点となり、自由アジアを守る闘いの決意が燎原の火の如く拡がり、今日も共産侵略と闘っているアジアの自由を愛する人々を激励し勇気づけることを決意し広く内外に宣言した。

（一）国際共産主義勢力の革命工作粉砕。

（一）自由亜細亜諸国よ団結せよ。

（一）韓日華三国の友好協力を急げ。

（一）自由の旗手アメリカの危機を救え。

の四項にわたる大会スローガンをかかげた大会会場は、三千人定員をはるかに越え、廊下と階段まではみ出すほど満員の盛況を見せ、場内は熱気であふれんばかり。

主催側の久保木会長は、あいさつを通じて、時局重大なこのアジアの危機に際し、大韓民国、中華民国をはじめとして、日本国、近隣友邦諸国より多数の国会議員諸先生方をお迎えして第三回アジア勝共大会を開催できるはこびになったことは、感謝と感激にたえない。この国が成り立って行くためには何より「信義を守る国」として世界に信用されるように国を興して行く以外に生きる道がない。力強くのべた。

つづいて、韓国代表金任植国会議員は、今日の大会を声援する韓国民の声を伝える、共産主義は人類の願いである平和と自由を破壊している、自由陣営は共産主義に対する態度をはっきりしなければならない、アジア自由人は共同宿命的関係をもって、反共信念と不屈の精神に大団結しなければならない、現在も韓国は南北が分断され共産主義と対決していると檄を飛ばした。

このあと、中華民国代表らの記念辞のあと、大会宣言をし、救国愛唱歌を合唱して閉会した。

なお大会を終え、午後六時からは帝国ホテルで、韓日華の国会議員、日本外交官多数、それに日本の各界各層の人士約三百人近くが参加する中で盛大なクリスマス・パーティがひらかれた。

場内を埋め尽した大聴衆

青年活動盛ん
大阪近況

韓青解散以来、民団各支部単位に青年課が結成され、さいきんとみに組織拡大運動が活発になってきた大阪地方の近況。

生野西支部青年課（康準長）では、停権または除名処分をうけた反民団分子たちが[illegible]している自称"自主民団""韓青"などは、民団中央委で傘下団体として否認、敵性団体にまで規定されているから、決してこれにまどわされることのないようにと、「団員・青年学生の皆さんへ！」の中で訴え、これを大量印刷配布して管内同胞たちへの啓蒙にあたっており、吹田支部ではガリ版刷りの「青年通信」を創刊、親睦と団結の声の広場としており、毎週火曜日に定期集会をひらいて「友達の環を広げよう」運動を展開、西成支部青年課（孫正治課長）では、韓国の国技である跆拳道（日本の空手の元祖）講習会を大阪韓国学校（金剛学園）講堂を借用して、毎週火・金曜日の午後七時半から九時までひらいており、同僚の吹田支部青年たちにも参加を呼びかけている。

また、毎週金曜日午後六時から九時半までの間、民団吹田支部でひらかれている韓国語講習会は、基礎からの反復学習方式が効果が高いと好評をよんでおり、多くの青年たちが受講している。

暮れから新年へ

㊤は青年会東京本部のクリスマス・パーティ

維新事業に積極参加
民団中央新年会

民団中央本部恒例の新年会は、一月八日正午から、本部内で約三百人参集のもと、簡素ながら明るいふんい気の中でひらかれた。

この席で金正柱中央団長は、今年もさらに本国の維新事業に積極参加しようと力強く開会の辞をのべたあと、金泰変中央監察委員長が新年に於ける決意をひれきし、来賓の駐日大使館宋賛鎬公使は祝辞の中で、今年の対民政策の概要をのべセマウル運動では、さらに効率的な方法を望むと激励、白丁赫中央副議長の音頭で祝杯をあげ談笑裡に約二時間にわたる会がつづいた。

貧しき同胞へ十万円
民団大阪青年部

民団大阪本部（姜桂重団長）では、管内各支部青年課長会議を約五十人参席のもと、旧ろう二十二日午後六時半から同本部でひらきつづいて同七時半から約四百五十人参加のもと、大講堂において、盛大な送年会を催した。

送年会は、国民儀礼のあと、同本部の洪性仁青年部長が、七三年の回顧と七四年の決意を披れきしたあと、民団中央の鄭辰竜次長が「祖国の繁栄と平和統一は諸君の力で」という演題で檄を飛ばし、勝共連合大阪本部の高木氏からも応援激励辞がのべられパーティに入ったが、本国から来日中の歌手たちの特別出演と、勝共連合の女子会員たち約三十人が参加して、錦上花を添えるなど文字通り日本一の大盛会を極めた。なお、閉会途中、年末助け合い運動の一環として、貧しき同胞家庭へと十万余円が集められ、関係者を痛く感激させた。

心情を交流
勝共韓国青年会のクリスマス・パーティ

旧ろう二十日、国際勝共連合在日韓国青年会（郭勝錫会長）主催のクリスマスパーティが、東京商銀七階大ホールで催された。

これは、日頃日本社会の中で勝共活動にはげむ在日韓国人青年の一年間の苦労をねぎらうとともに一九七四年にむかってさらに前進するために互いに心情交流する目的で行なわれたもの。会場には韓国大使館の宋賛鎬公使はじめ来賓多数と、青年約二百五十人がつめかけ大ホールも満員の盛況だった。

同胞の結束訴え
民団東本新年会

全国有数の規模で知られる民団東京本部の新年会は、一月十日午後一時から、都内の新宿大飯店で約三百人にのぼる参席者のもと盛大にひらかれた。

鄭東淳団長が開会の辞で民団同胞の結束を訴えたあと、金正柱中央団長、宋賛鎬公使らがそれぞれ祝辞をのべ、金尚弘議長の音頭で乾杯、新年の抱負が和やかにとりかわされ盛会裡に宴会が進んだ。

姉妹結縁盛ん
千葉青年会のクリスマス・パーティ

旧ろう二十二日午後五時、国鉄千葉駅前、塚本ビル八階大ホールで民団千葉県本部青年会のクリスマス・パーティが県内青年約二百五十人参加のもと開かれ、近来にない盛会を極めた。

同青年会は昨年五月結成されたばかりで、サマーキャンプ、本国セマウル運動支援運動と姉妹結縁などの実績をあげており、今年の主な行事の一つとしては商会と本国姉妹結縁部落の青年団とのサマーキャンプが開催が予定されている。

韓日来賓で盛会
神奈川合同新年会

民団神奈川地方本部、神奈川韓国人商工会、横浜商銀の三団体では、一月七日午後一時から商銀七階で合同新年会を催した。はじめての合同新年会だけあって、会場には五百余人の来賓が立錐の余地もないほど集まり、国民儀礼のあと、朴成準民団神奈川地方本部団長、尹珠元商工会々長、李鍾大商銀理事長が新年の辞をのべ、来賓を代表して李元鎬駐横浜総領事と、金正柱民団中央団長が祝辞を述べられた。日本側来賓としては神奈川日韓友好協会の細井特任理事と元県議長の[illegible]氏の祝辞があったのち、韓国民俗芸能人による歌舞の披露を観賞しながら四時すぎまで祝宴がつづいた。

セマウル運動に積極的プロ
東京青年会のクリスマス・パーティ

旧ろう二十三日午後六時から、[illegible]大ホールで[illegible]会東京本部（尹隆道会長）主催のクリスマス・パーティが東京都内会員が三百人近く集まる中で盛大に催された。

会場には鄭東淳民団東京本部団長、徐興錫東京本部監察委員長、鄭辰竜民団中央本部青年次長らの来賓が多数招かれ、祝辞をのべたあと、尹隆道会長の抽選によって一等から四等まで幸運の記念品授与があった。これにつづいてダンスパーティでは、青年男女らの踊りで場内は熱気にあふれた。

なお同会では、今年も、組織拡大と、本国セマウル運動支援に積極的なプロを作成中である。

丁海[illegible]氏 火[illegible]

前民団[illegible]県本部[illegible]長丁海[illegible]氏は、このほど自宅から火事が発生、焼死した。自宅は[illegible]町三—二三。

世界親子かけある記 ⑤
ビジネスと観光と歴史・美術そして…

裵乙祚・裵慶州

バンコック（Bangkok）からニューデリー（New-Delhi）カラチ（Karachi）を経由カイロ（Cairo）まで——

タイランドと言う国は長い王政下で、国民は一種従順な善男善女に出来上ってしまった。仏教教化による徹底した布教は、気候とあいまって、いわゆるタイボケと言われる無気力な気風をつくり上げたものとおもわれる。この国のみやげもの等にみられる木工芸の鈍重でラフな仕上りをみれば、如何にこの国の国民が従順な仏教徒であるか分るであろう。

バンコックの空港で見かけた日本人団体客と一緒にいることをいやがる息子の態度にも一種の偏見と考えがあるが、確かに数を頼んで暴挙にも似た行動はあまり好感を持たれていないらしい。買物をするにもどっと一挙におしよせ、農協（外国でもノーキョーと呼ばれ名がとおっている）さん然と日本刀[illegible]ケットなどへから、小走りに両手一杯にぶら下げたみやげものをひっさげた小柄な日本人団体客は、あの田舎成金の上京を想わせ何とも奇妙であり、あわれでもある。

一人一人個人としてはまったく猫のようにおとなしく、ひかえめでおどおどしている日本人が、一たんグループをつくると、有機的にある種の力を得て異様な組織体力を発揮する。たとえば、体内に癌細胞が発生し転位し始める前の人間のように、外面には出ない何物か異質な、全体をやがては狂乱の極にやる、除去することの出来ない、人間の正常な行動を絶する爆発力を内蔵させているものがある。それが人の言う日本人特有の島国的であり、小児病的であり、軍国的狂執的で、盲従するが、やがては一挙に社会組織を破壊してしまう気味の悪い内在的病根を育てうるものである。日本人の悪口を書き過ぎたが、これは日本人が持つ唯一のものでもなく、人間は大なり小なり持ち合せている一種の[illegible]韓国人には人種的に本家であるだけに一面この種の根が顕在しているのを歴史上時々勃発するのをみる。

数千年の民族生活臭
戦乱に明け暮れた歴史…
ますます進む民族の混血

飛行機がメナムデルタを大きく旋回して間もなくビルマのラングーン上空を一路ニューデリーに向っていた。気流が悪く機体が大きくゆれる。時差の説明を始める頃、成層の下西方飴色に染った乱雲を眼下に西へ西へ時速九〇〇キロで飛行を続けた。

現地時間夜九時頃ニューデリーに着陸した。下り立つとムッとした熱気が溢れていた。DC機搭乗のフライト待ちの間パッセンジャー待合室で息子が注意されていたみやげものは最大限度わきまえの約束を守り、[illegible]内心息子のガッチリやをたのもしくおもっていた。

カラチではニューデリーでドイツのフランクフルト行きのオーストラリヤのおつさんが、機内で私と話したばかりなのにバスを間違えて出国ゲートに消え、大さわぎでさがしまわり、間もなくつれもどされ人々をはらはらさせたり、アメリカのヒッピー娘が、わずかの時間を利用して待合室の喫茶店にたむろしているところを、出発間際の搭乗員等が大わらわで八方手をまわしてとりおさえてつれもどしたのは、出発時間を大分まわってのことであった。

トンボがチョッチョッと尻を水際につけるように東南亜から中近東へ立ち寄った各港には、その国々特有のにおいがあった。数千年の人間の生活臭がしみていて、人間が入り混り移動し生活しミックスされていく現代生活で、この特有のにおいとも、人類を一体に出来ない、民族色、セクト的であり理解されえない何物かを温存させているものであろう。南アジアの[illegible]ある。

黄色と言う共通のベースを持ちながら戦乱にあけ暮れた歴史を、私は堪えがたい気持で見て来た。混血している。とに角比較的単一な等質国にいるわれわれには、想像を絶するミックスが行なわれていながら、しかもなお相互の理解点をみいだせない人類社会をみるにつけ、私は神の人類を創造した意図が計り知れず恐怖の念すら憶える。混血児はほとんどと言って良いくらい顔形も良く頭も良いと言われている。旅行中多くのこれらの人々に会うが私も同感である。しかしほとんどの人が生活に恵まれていないのは人間の罪であろうか。

・これからの世界の趨勢を考える時、混血は益々進むと思うし、文これ等の人々が世界各地で活躍してくれば、彼等のシェアーも大きくなり、[illegible]的に神が望んだであろう「人類は一つである」理想像に近づくはずなのに、現在はあまりにも不信と混乱の連続とは言え小さな人間の知恵では読ることが出来ないことのみが多い社会ではある。

カイロ空港には現地時間午前三時に着く、砂漠の中にある空港で[illegible]た。みる人々がファラオ型、ナセル型、サダト型の三種に分けられるくらい、面白い程タイプ化されているのがおかしかった。動く空港ポーターは、その昔王権の下一生を虐げられた従順さと、底知れぬ不信の眼がちらりとのぞかれ、一種の戦慄をおぼえた。空港から市内までの道路は広く、両側にはこの地方特有の石造高級住宅街が続き、一般に考えられている後進国の情景はみじんもなかった。それよりは遥かに歴史的重みをもった近代都市の威厳すら感じられた。郊外に近く暗の空に黒くクッキリと建つナセルのモスクが印象的であった。

世界旅行こぼれ話
（5）日本代表農協殿

今東南アジアなどで日本人の中で知名度の高いのに"ノーキョー"がある。そのゴツイ手と、異様な身なりと、全体にセックス欲をまる出しにした行動的挙動と、そして最後に何と言っても鼻につく[illegible]の良い成金趣味で、今や日本人の代表格としてその名を海外に轟かしている。

彼等はまず絶対と言って良いくらい一人では行動をおこさない。必ず集団行動をとり、その中での彼等は水を得た魚の如く従横無尽な活躍を展開する。個人では考えも及ばぬことを平気で団体行動ではやってのけ、しかも責任の所在が明確でないことを良いことに傍若無人の破廉恥行為をして、団体の名にかくれてほくそえんでいる連中である。

彼等にはそもそもまじめな外国旅行など考えていない。ましてや最低条件のマナー・英語のひと言ふた言も弁えていればまだしも、これ等の点はまったく落第点、そもそも外国に出かける資格など持合せていない。が、今はレジャー政策よろしきを得て日本代表格にのし上り、日本人公害輸出のチャンピオンとして自他共に認める大者におさまっている。

旅行社のお膳立てしたスケジュールにのって、近来にない補助金も入ったことだし、「海外旅行としゃれ込むべし」と、短期旅行にしてはありあまる程の小遣いをふところにおしこみ、何十年前の流行おくれのしろものを着こんで、後は先頭の旗ざお見失なわねば、ホンコンだろうがハワイだろうが行く先はどうでも良い。かみさんから解放され自由の空気をすってスッカリ頭がいかれたのか一杯気げんで、「オイッねえちゃん」と鼻の下をのばし、しわから声ではりあげるのは、「カって来るぞと勇ましく」とやられては、日本代表もかたなしである。

民族の踊り（タイ）

1974 維新事業へ積極参加 恭賀

奈良商銀
理事長 李永友
専務理事 金海経
橿原市新賀町二五四－二
電話(〇七四四二)二－六七二一(代)

埼玉商銀
理事長 姜錫柱
常務理事 李世煥
浦和市高砂三丁目九－一二
電話 三三－一一三一(代)

大阪韓国人商工会
会長 姜宅佑
大阪市南区綿谷中之町四－八(大商ビル)
電話 大阪(252)六八四八(代表)

在日韓国人医師会会長
中島中央病院
医学博士 李泰永
川崎市川崎区中島町三丁目九の九
電話 〇四四(二四)〇二〇五番

社員募集
月額十三万、ボーナス年二回
社会保険、寮完備
夫婦歓迎、家族持ち可
沿岸曳船港湾曳船タグ業
八代汽船株式会社
代表取締役 朴東根(新井文吉)
広島県豊田郡大崎町大西
電話(〇八四六六四)二－一一五(代)
工場・東野町脇之浦
電話(〇八四六六五)二－二五五(代)

製鉄原料・プレス加工
一般鋼材
岩本興産株式会社
社長 岩本精治郎
本社・川崎市川崎区渡田一－一七－一二
電話(〇四四)三三四－三三四六(代)

低温除加湿倉庫
(断熱・パネル特許出願)
北洋冷凍機工業株式会社
社長 洪起華
本店・新宿区原町三丁目八四番地
電話 〇三(三五七)〇七六〇番
支店・埼玉県入間市豊岡町五丁目四五一番五号
電話 〇四二九・64・一二〇一番

姜鐵
株式会社 三精 取締役社長
東京都港区新橋一丁目十八番六号 〒一〇五
電話 (503)一一五一～九(代表)
(591)二一〇〇(直通)

湯島プラザ・ホテル
社長 金奉佑
東京都文京区湯島三－三〇－六
電話(八三二)一三一三(代)

民団東京本部監察委員
株式会社 みすず商事社長
朴珪秉
東京都練馬区練馬一－十八
電話(九九一)三二八一

三陽工業株式会社
代表取締役 金泰政(岡村憲治)
大阪市生野区生野田島町一丁目七二
電話大阪代(七五七)七四八一～三番

長岡商事株式会社
会長 張潤鍾
東京都台東区上野二－九－五
電話 〇三(八三二)九六七五

福日観光株式会社
社長 金日煉
本社・ニュー楽天地
東京都江戸川区松島三丁目十四番七号
電話 (六五一)四八五九番
(六五三)四五七六番
支社・明星会館(明星サウナ・焼料理松駒)
市川市南八幡四丁目二番二号
電話(〇四七三)(二三)三二四一～二番

道路舗装工事一般
株式会社 **関舗装**
代表取締役 石相奉
東京都板橋区板橋一丁目五六番四号
電話九六四－一二二二・九一六一－〇〇〇三(自)

有限会社 **永福商事**
代表取締役 朴永基
東京都江戸川区北小岩六丁目一六番一号
電話(六五七)二二四一(代)

幸進商事株式会社
社長 金鶴鎮
東京都千代田区神田鍛冶町一－一五
電話(二五六)三七三一番

大星商事株式会社
代表取締役 朴鍾大
東京都葛飾区亀有三－二四－三
電話(六〇二)八一九一番

陸王交通株式会社
社長 韓檜俊
東京都板橋区中丸町一三
電話(九五七)二一一一

営業品目
電子製品原材料輸出、電子部品輸出入
音響機器製品輸出入
三成貿易株式会社
代表取締役社長 金容太
東京都中央区銀座七－十五－三(第5安田ビル7F)
電話(五四二)三九七一(代)

日比谷物産株式会社
社長 李東洙
東京都港区新橋一丁目十八番二一号
第一日比谷ビル・電話(五〇三)九九八六

ニッポン・リネン・サプライ
社長 李能相(広川泰弘)
東京都北区東十条二－八－五
電話(九一一)七一九一～五

済州開発協会副会長
韓国居留民団荒川支部議長
李昌植
電話(八三二)四四一一

高山商事株式会社
高琫鉉
東京都渋谷区代々木一丁目三五ノ十六

ホテル **三喜荘**
代表 文学現
東京都渋谷区円山一〇－十八
電話 四六一－五六七九
四六二－二九三一

大和商事株式会社
社長 徐海注(大城敬三)
千葉県習志野市津田沼一丁目一九－七(ニュー後楽園ビル)
電話 七三一－〇三〇〇・二九二九

相互化工株式会社
社長 玄棋洙
東京都足立区関原一丁目六番二二号
電話(八八七)三一八一～三

民団千葉県東葛支部監察委員
土木建材業
許淳哲(内田淳)
千葉県流山市流山一ノ一五四
電話(〇四七一)58－一一七一

業種・土木掘削工事・生コン打設工事
・機械賃貸業
丸蔡産業
社長 金判碩
広島県安佐郡祇園町東原和久利一一九五
電話 〇八二二(二九)一一五五

〈社員募集〉
優遇・月10万～15万・ボーナス年2回
夫婦者歓迎・保険及び寮設備あり
営業種目
・鋼板売買・シャーリング加工・折曲加工
・ユーニ、クラブ・鋼子管
竹本鋼業
代表 呉在本(竹本義男)
広島県安芸郡船越町二五三六－一
電話(〇八二八二)三－三二一一～二

金属業＝古銅、古鉄一切
中野商店
代表 裵永述
広島市大州四丁目一－四
電話 八一－七九七二

加古川金属工業KK
取締役社長 車慶泰(伊藤慶造)
兵庫県加古川市東神吉町神吉二四八
電話(〇七九四)三二－五五八七(代)
自宅・電話(〇七九四)三二－一二五五

金属業
有限会社 **東洋商事**
社長 鄭正武(東茂)
広島県安芸郡船越町二三四九－一
電話 三－三〇七四

三貴商事(株)
社長 白鐸善
王将 浜松市須賀町二－二四－一 電話 六三－四四四〇
光扇センター 長野市権堂町二二二－一 電話 三四－三〇〇八
市場会館 横浜市鶴見区市場大和町七－三 電話 五〇－六一〇二
パーク観光 静岡県浜名郡可美村若林一五 電話 四八－一八一一

営業種目
平和会館・スナツク喫茶
雀荘平和・五日市サウナ
代表 **黄炳文**(松島和男)
広島県佐伯郡五日市町海老塩浜九三五－一
電話(〇八二九)二二－一五二二(代)
自宅 電話(〇八二九)二二－三三七七

株式会社 **ピレージセンター**
デラックス会館・キャバレーダイヤ
宇宙ゲームセンター・サウナコスギ
取締役社長 文碩洙(中村文吉)
川崎市中原区小杉町三－四七二
電話 七三－三四三四

清南建設株式会社
一般建築の設計・施工請負
社長 卞源斗
市原市古市場二〇ノ一
電話 〇四七二(63)七六八四番

有限会社 **大都商事**
社長 宋吉万
千葉市富士見一－一－一三
電話〇四七二(27)三三五一～三番

三宝物産株式会社
代表取締役 全鳳学
千葉市富士見町二－九－二八
電話〇四七二(24)三三八一番

大成物産不動産部
代表 青島テル子
川崎市幸区大宮町40
電話(〇四四)五三一－〇一四二

御婚礼衣裳とチマ・チョゴリ
衣料品 雑貨 **大山商店**
店主 李光順
広島市松原町広島駅前公設市場内
電話 六一－一九八六

・婚礼セット・木製家具・応接セット
・スチール家具・アルミサッシ・その他
ひちふく家具店
社長 趙仁顕
広島市広瀬北町三－一三
電話 三一－四四九一－二

営業種目
パチンコ・雀球・スマートボール
株式会社 **タカノ橋会館 第一会館**
社長 韓又岩
本社・広島市大手町五丁目六－一三
電話 四三－五九六二(代)

遊技業 **宝ホール**
社長 孫晋元
東京都町田市原町田六－一四－四
電話(〇四二七)二二－六二五六

男女従業員募集！
ニュージャパン会館
代表 全連珠
川崎市中原区木月七〇七
電話(〇四四)四一－八三二一

娯楽の殿堂(パチンコ・雀球 スマートボール)
グランド会館
社長 韓容球
広島県安芸郡海田町海田市三三一
電話(〇八二八二)三－三五一〇

スタミナの源泉
ホルモン料理・味噌味の鉄板焼
赤ちょうちん
店主 李洙竜
広島市堀越町一丁目二四
電話 八一－六六一六

本場の味で勝負する！
韓国料理 焼肉 **金剛苑**
店主 金喜永
広島市横川三丁目一二－一四
電話 九二－三七四九

焼肉レストラン
南大門
代表 朴永緒
神戸市三宮生田筋上高地上入る
電話 三一－九〇六三
自宅・長田区久保町三丁目八－四
電話 六一－二九六二

低料金で奉仕する全33店!!
大衆理容院 パーマ大衆
社長 崔台発・専務 崔哲垣
本社 大阪市東成区東中本3丁目20番29号
電話 大阪 06 (974) 7221－6番
分室 大阪市天王寺区大道4丁目64番地小竹ビル2F
電話 (772) 7997 6840番

娯楽の殿堂…最高の出玉！
岐阜モナコ☆羽島モナコ
従業員募集・最高給優遇
岐阜店 岐阜市徹明通8丁目 TEL(0582)52－1605
羽島店 羽島市竹鼻町268 TEL(0583)91－5723
代表 水田健

韓國新聞

在日大韓民国居留民団
中央本部機関紙
韓国新聞社
発行人 金正柱
東京都文京区春日町
2丁目20－13
電話 (815)1451～3
(813)2261～5
振替口座 東京 163774
本国連絡所(民団本国事務所内)
ソウル特別市鍾路区世宗路
政府合同庁舎四階
電話 73－0162・0165

民団綱領

一、われわれは大韓民国の国是を遵守する
一、われわれは在留同胞の権益擁護を期する
一、われわれは在留同胞の民生安定を期する
一、われわれは在留同胞の文化向上を期する
一、われわれは世界平和と国際親善を期する

緊急措置第3号を発動

国民生活安定に重点

悪徳業者厳罰、低所得層に減・免税

朴正熙大統領

朴正熙大統領は、十四日、国民生活安定のための緊急措置第三号を発表し、低所得者に対する租税負担の軽減など、国民生活安定のための必要な措置と、ぜいたくな消費の抑制、資源の節約と開発、労使間の協力強化など、健全な国民生活気風の伸長のために必要な措置をとることにした。

中小企業に三百億の低利融資

零細民就業費確保、ぜい沢品は重課税

緊急措置第三号の主な内容は次の通り。

一、低所得層の負担を軽減するための勤労所得税、事業所得税、住民税を一月から十二月まで免除、または大幅に軽減する。国民福祉年金および教員年金制度の実施を一年間延期する。

二、バスなど大衆交通手段の料金引き上げを最小限に抑制するため、通行税を減免する。

三、農家所得の増大と適正物価維持のため、一九七三年産米穀収買価格を一かます(一かます＝八十㌔)当たり五百㌆引き上げ、その収買量を大幅に増やす。

四、零細民の収入機会を保障するため、緊急就労対策費百億㌆を確保する。

五、中小商工業に対し、特別低利金融資金三百億㌆を支援し、これに必要な予算の措置をとる。

六、賃金未払い、不当解雇など……

七、財産税の免税点を引き上げ、宝石、テレビ、冷蔵庫、高級酒類、高級住宅、自家用乗用車などぜいたく品に対する租税を重くする。

八、油類節約のため、ガソリンに対する税率を引き上げる。

九、公務員の給与引き上げを繰り上げ、一月から実施する。

非友好的姿勢は遺憾

駐韓日本人特派員は事態改善のため相互理解を

駐日公報官室で経緯発表

駐日大韓民国大使館公報官室では、十四日、「一・八措置」以後報道規制に対する駐韓日本人特派員の非友好的な姿勢に対してその間の経緯を明かにする次の文書を、日本の主要言論機関に発送し、反省を促した。

時評

日本人記者団 なぜ内政干渉をする

真の"軍事独裁"の国はどこか?

日本のマスコミは謙虚であれ

◇……さる八日、朴正熙大統領は、国内の政情に混乱を生じる恐れありとして、改憲運動……

……この措置に対……

……日本の一部の新聞……

……「金大中事件」なみに無責任な憶測記事を誇大……

……に掲載した。

さらに北韓"当局"と朝総連"日朝協会"などが、よい宣伝材料とばかりに、この緊急措置を取上げて、あらゆる誹謗の韓国攻撃を行なった。

われわれ在外国民は、さきの民団中央本部金正柱団長の談話(一月十二日付韓国新聞第一面掲載)の通りに、今回の本国政府の緊急措置を全面的に支持するものであって、いささかも異議を有しないし、この措置は当然あるべき姿であると考えるものである。

……

一月十一日、東京で開かれた日本新聞協会加盟社の編集局長次長会議では、……

<Ｗ>

本国に三千万ドル融資要請

朴烈氏(初代団長)、北韓で逝去

故 朴 烈 氏

(新華＝東京)十八日の平壌放送は、「在北平和統一促進協議会々長の朴烈先生は、長期病気療養中のところ一月十七日午前一時、七十三才を一期に逝去した」と報道した。

民団創建の功労多大

金正柱中央団長談

☆朴氏は慶尚北道出身。日本大学留学中……

一九七四年一月十八日

照点

祖国は私たちの中にある

貧しき異邦人の同胞に

……(P・2)

金永善駐日大使

二十二日頃着任予定

金永善駐日大使

韓日合作で染色工場

鐘紡、三井カプロラクタム部進出か

高度成長から安定回復へ

74年経済政策を修正

成長率を8パーセントに調整設定

物価・資源・国際収支に力点

政府は一・一四緊急措置を契機として、今年の経済政策の基調を従前の高度成長為主から安定回復にかえ、政策目標を物価安定と資源節約、かつ、国際収支の改善にすえ、今年の経済成長率は当初の十一パーセントから八パーセントに設定した。一五日、政府高位当局者によれば、このような政策修正は、今年の、海外インフレの波及で国内物価体系の上向調整が避けられず、今年度物価上昇率が、昨年（一五・一パーセント）水準を上廻り、二〇パーセントにいたることが予想されるという判断のもとに、物価の安定基調回復を政策の最優先目標にあげたとあかした。これにともない需要面での上昇圧力をゆるめるため、昨年のGNP（国民総生産）の二六・四パーセントを占める総投資率を低めることにし、投資率の下向調整にしたがって、今年度の経済成長率を当初計画の十一パーセントから八パーセントに修正したのである。

世界的規模を誇る蔚山の現代造船所の30万トンタンカー建造のための船体ブロック。このブロックは450トンのゴリアスクレーンでドックに運ばれ組立てられる

八％の成長率は、外国にくらべれば、なお高い水準であるが、これは、千万人の就業者の雇傭水準を維持するため不可欠の成長率である。

しかし、成長率を鈍化させるとはいえ、一部、重化学工業に対する重点投資はつづける方針である。

また、所得政策の一環として取られた低所得層に対する各種租税の減免を一・一四措置では、一年間の時限付措置であるが、今後、総合所得税制に転換、基礎控除制を拡大し、扶養家族控除や配偶者控除、医療控除などを導入することによって、実質に、現行一万八千ウオンの免税点水準を五万ウオン程度まで引きあげる方針である。

政府は、このため、来る九月に所得税法改正案を国会に提出する。

また流動性過剰吸収のため預金金利（現行年一二％）を一五％線にひきあげる方策も検討されている。

一方、今年の国際収支は輸出を昨年より三二・三％がふえた四三億ドル、輸入は、六二億ドルと推定、国際収支の赤字は昨年の九億ドルから一九億ドルに拡大することを予想、この改善のため、輸入抑制などの対策が強力に執行される展望である。

今年の経済政策の焦点となっている物価安定政策は主要物資の価格再調整を段階的に実行するという方針から再調整作業が進行中であり、その他が最高価格制を拡大し、不当利益を徴収するなど強力な規制と取締りを[illegible]する。

一・一四緊急措置にともない、今後、政府がすすめていく主な部門別施策はつぎのとおり。

物価

▲年間上昇率が二〇％であるとの判断のもと

▲生活必需品価格の安定と需給の円滑化

▲油類など値上げがさけられない品目は段階的に現実化するが、政府が指定する基準価格以上の暴利に対しては、不当利得税の追加徴収などで規制

▲値上げ再調整される交通料金において、バスなど大衆交通料金は、引上げ幅を最小限に抑制、タクシー料金は平均六〇％以上再調整

国際収支

貿易収支において、今年の商品輸出は昨年比、三二・三％増加した四三億ドル、輸入は六二億ドルで赤字幅は一九億ドル

▲外資導入は、米日偏重からヨーロッパなど経協多辺化をさぐり導入

物資確保のための物資借款を積極導入

金利

家計預金と少額預金に対する預金金利を値上げ。この引上げ幅は現行、年一二％から一五％へ三％引上げ貸出金利は、現行（一五・五％）維持、預受金利の接近にともなう市銀の欠損は、中央銀行が補塡する。

予算

二五日まで、七四年も追加予算を計上、歳入増加三百二十八億ウオン。

[illegible]は八千八百九億ウオン。

「特化所得事業」を推進

セマウル特性、五類型に分け

内務部は五日、三万四千六百六十五個にいたる全国セマウルを、小村マウル、中間マウル、平野マウル、漁村マウル、近郊マウルなど五類型に分け、これらセマウルの特性に見あう、特化所得事業を積極的に開発し、各市、道に指示した。

この事業は、八十一年度に農家所得目標百四十万ウオンを達成するためのものである。

千七百五十三個の山村マウルは、林産所得に重点を置き、大単位果樹と用材林を造成し、生薬および、高冷地野菜栽培を積極的に推進することになる。

一万八千八百九十五の中間マウルは、韓牛飼育・養豚など企業畜産をひろめるようにし、煙草、薬草、菜種子など適性作物の栽培をすすめる。

八千百四個の平野マウルは、農業の機械化を目標に、農耕地を整理し、農機械センターと農産物加工施設を設置できるよう支援する。

千五百八十三の漁村マウルは、沿岸養殖の事業を支援し、漁具・漁船など漁業設備を改善し、防波堤、船着場などを整備することになる。

近郊マウル四千三百三十個は高等園芸と果樹、野菜の栽培を積極的に支援し、家内手工業を開発するようにする。

内務部は、これとともに十八億七千余万ウオンを投入、生産基盤事業として、千二百八十八ヵ所に小規模堤を築設し、八百ヘクタールの水田を区画整理し、四一四カ村に貯水施設をそなえる。

農外所得をあげるため、三百十八ヵ所の道路周辺整理、三三の市街地整理、五ヵ所の観光地周辺を開発、国土整理事業をくりひろげ、千七百二十六ヵ所の小河川、八百六十三キロを補修することになる。

新郵便切手2種発行

「セマウル」「人権の日」など

大韓民国逓信部では普通郵便切手、八七四号、八七五号の二種を発行した。

八七四号は、世界人権宣言二十五周年記念日である一九七三年十二月十日に発行、人権尊重意識を鼓吹し自由で明るい社会への指向を象徴する四色刷り図案である。

八七五号図案は、朴大統領の指示によって一九七一年から三年間にわたり驚異的なテンポで進められつつあるセマウル運動の発展を展望する趣旨でブルーを基調にした三色刷りの郷土色豊かなデザインである。（写真は874、875号切手）

金大中事件と韓半島への視座（完）

神谷不二（慶応大学教授）

（二〇六号からつづく）

南韓内の不安定要因

日本と韓国との関係が非常にもろいものだということは最初に述べた。しからば、それをもっと安定した、強固なものにするためには、何が必要か。そのためには、日本と韓国との関係上再検討を要するところがあるのは勿論であるが、それにとどまらず、朝鮮半島全体と日本とのかかわり合いを考え、そのワクの中で日韓関係を安定させてゆくという大きな立場が必要ではないか。

その前提として、われわれは、韓国および北朝鮮の国内事情や両国の安定度をできるだけ正確に把握しておかなければならない。まず問題になるのは、今日の韓国の政治的な硬直性、それに由来するところの政治的不安定性である。学生運動のみならず一部の知識人もすでに政府に対して、かなり強い批判的な意見を述べている。学生とか、知識人のそういった動きだけで韓国の不安定性をあまりに強調し過ぎることは、これまた正確ではないかもしれないが、とにかく十月維新体制以前の状況に比べて、政治的な不安定度が増していることは否定できない。

もう一つ、今年、つまり七三年二月二十七日に行われた韓国の第九回国会議員選挙の模様にも、われわれは注目しておかなければならない。韓国の国会は十月維新体制のもとではそれ以前のような地位を失い、もはや国権の最高機関は統一主体国民会議に移っている。選挙のしかたについても、ほぼ完全な選挙公営制が実施されていた、ある意味できわめて盛り上りの少ない選挙であったと考えられる。にもかかわらず、この選挙には、いくつかの見るべき点がある。まず投票率は前回総選挙の七二・九％に対して七一・四％。前回に近い投票率が出ており、国民多数の意志を反映した選挙であるとみてよい。選挙の得票数を見ると、与党の得票数は全国平均三八・七％、つまり前回の四六％に比して著しく減少したことが認められる。前回の選挙でさえも野党の進出が目ざましく、与野党の議席差は韓国史上初めて非常に接近した。そのとき、与党の得票率は五〇％を割って四六％になった。しかし今回はさらにそれを下回って三〇％台になっている。もしこれに野党系無所属候補者の得票率をも加えると、野党支持層は相当増大したと見ることができる。もともと韓国の選挙は日本と似ていて、野党勢力は都市は強いという特徴があり、今回もソウル、釜山といった地域では、野党の得票率は前回よりさらに大幅に伸びている。しかし今回は都市部だけでなく、農村部においても野党の伸びが目立った。もちろん議席数に関する限り、野党新民党は前回の八十九議席から五十二議席と大きく後退しており、また別に大統領が任命する議員もあって、与党が国会で安定的な多数を持っているけれども、議席の比率以上に政府批判の世論が強いことはたしかであろう。それだけ韓国の政治状況は不安定であると解釈することができる。

北韓内部の脆弱要因

一方、北朝鮮の方は、政治的には金日成体制が安定していると見られるが、経済面に弱点があるようだ。たとえば、一九六一年に発足した人民経済七ヵ年計画、これが三年間延長されて十ヵ年計画に伸びた。それについて北朝鮮は、南からの軍事的な脅威が増したために、経済建設と平行して国防強化の方針を取らなければならなくなったからだと説明したが、かりにその説明の正しさを認めるとしても、なおかつ一九六〇年代の北朝鮮経済が総じて停滞に悩んだことは否定できない。一九七一年以来北朝鮮はあらためて六ヵ年計画に踏み出しており、今年つまり一九七三年はその第三年目に当る。いわばこの六ヵ年計画の成否をうらなうべき年とでもいっていいかと思うが、限られた資料からしても、依然として北朝鮮の経済は六〇年代の停滞性からそれほど脱却していないようである。

今年北朝鮮で行われた大きな政治的集会としては、四月に行われた最高人民会議第五期第二回、及び九月に行われた中央委員会第五期第七回総会、この二つがある。それ以外に建国二十五周年記念行事の際の最高幹部の演説、毎年恒例の金日成首相の新年の辞等々、幾つか北朝鮮経済の現状をうらなうべき資料があるが、それを通観してみると、先ほど言ったあまり楽観的ではない推定が出てくる。

一例をあげれば九月に行われた党中央委員会総会の議題は、大きく見て二つある。第一は北朝鮮でいわゆる三大革命つまり思想革命、技術革命、文化革命である。こういうスローガン、発想にしても、言わば十年来金日成首相が言っていることであり、きわ立った進展が感じられない。

第二の議題は企業の独立採算制だが、これも実は前々から言われている。一九六九年三月一日に金日成が発表し、この問題に関する天才的な教えであるといままで言われてきた論文（三・一論文）が今回の党中央委員会総会の主要なテーマに依然としてなっている。

さらに建国二十五周年記念大会の席上で、金一副首相が行なった演説の内容は五年前、二十周年記念大会で金日成首相が行なった報告と、きわめて類似している。こういった幾つかの事柄から見て、北朝鮮の国内、とりわけ経済体制が、今日なお必ずしも順調にいっていないと、思わざるを得ない。

共存による平和統一の道

このように南北韓ともそれぞれ内部に、脆弱性と不安定性をかかえている。その両者が対話の中で何とか朝鮮半島の主体性と、朝鮮民族の自主性とを求めようとしているのが昨年以来の状況だと言っていいと思う。そういう状況を直視する限り、まずわれわれ日本人の立場からは朝鮮半島に何を期待すべきであろうか。

確かに民族の統一が実現することは、朝鮮民族にとっては一つの切なる願いであろう、またわれわれが朝鮮民族の統一に反対すべき何の理由もない。しかし以上のような背景や内外の状況を考えれば南北朝鮮間でいかに努力がはらわれようとも、近い将来一挙に統一が実現するとはどうしても考えられない。ドイツの場合も東西の話し合いが始まってから、六年間かかってやっと基本条約の成立まで行った。しかもこの場合結果は統一というよりは、むしろ二つのドイツというところに落ちついた。したがってドイツよりもっと内外に困難な状況がある朝鮮半島の場合には、ドイツの場合でも得られなかった統一が、それほど短日月の内に達成されるとは、やはり期待できないのではないか。

にもかかわらずもし無理に統一しようとすれば、半島全体の安定と平和が、大きく乱れることになるではないかと思う。したがってわれわれが半島の安定と平和を真に希望するならば、まず南北間の相互承認、さらには平和共存体制の定着を期待すべきである。しかも、もちろんこれは朝鮮民族の利益に反して、われわれがそれを期待するというのではない。統一を求めるにしても、まず相互の間に節度のない話し合いが行なわれなければ、これまでのようにお互いに根深い不信感を持っていたのでは、到底統一というゴールには到達できない。したがって統一という終着駅に到達する言わば途中下車駅としての南北共存体制は、朝鮮民族にとっても十分利益になるものであると思う。

日本海安全保障構想

こういう意見に対して北朝鮮側からはしばしば、日本は南北分断の固定化を策していると批判されるけれども、それはゆえなき批判に過ぎない。国際的に考えてみても、日本やアメリカだけではなく先ほどソ連と韓国との最近の関係について少し触れたが、ソ連も徐々に南北朝鮮の平和共存という形における半島の安定を望む方向に動いている。

中国がどう考えるかということが、おそらく一番大きな問題だけれども、これについては私は一九七一年の夏に行なわれた周恩来、ジェームズ・レストン会談で、周恩来首相が朝鮮問題については、南北朝鮮間に平和条約が結ばれることが望ましいと言ったことを、思い起こす。南北間の平和条約ということは、南北間の平和共存ということであり、それ以前に南北間の相互承認ということである。したがって北朝鮮が統一をあくまでたてまえとし、それに反対するものをすべて分断固定化政策であるとして、非難する立場を取り続ける限り、中国は公然とそれに反するようなことは言えないが、内心では中国も南北の共存による半島の安定に、決して不賛成ではないのではないか。こういうふうに考えると、この方式に関しては日米ソ中四ヵ国の間にきわめて微妙で暗黙のものではあるけれども、いわば"合意なき合意"が成立しつつあると、私は感ずる。

こういったことを考えると、アジアの問題を考える場合とかくアジア、太平洋という発想が出てくるがわれわれ日本人としては、朝鮮半島の安定と平和という問題を中心に日本海安全保障構想とでもいうべきものをこの際もっと積極的に、考えてもいいのではないか。つまり南北の相互承認が行われ、それに対応して日本、あるいは日米両国が北朝鮮を承認する。それとさわば引きかえに、ソ連、中国が韓国を承認する。こういった交差承認をもし実現することができれば朝鮮半島、及び日本海地域の安全保障度は、一段と高まり、それによって朝鮮民族、並びに半島を取り巻く諸国すべてが、利益を受けることができると思う。

こういう大きなワク組みの中で、われわれは日本と韓国との安定を考えていく。こういう姿勢を望みたいと思う。（おわり）

ガルフが原油値上げ通告

＄4.25から＄9.5へ

大韓石油公社の合作先であるガルフ石油から原油価格を一バレル平均四・二五ドルから一二三％引上げ九・五〇ドル（クエート原油）に値上げするとの通告があったという。一月一日から導入の原油にまで適用するというが商工部ではこれを否定している。しかし原油ばかりか運賃までも一バレル五〇セントから六五セントへ三〇％も引上げ到着価格はC&F一バレル十ドル近くになるという。しかしカルテックスとユニオンオイルからはまだ湖南精油と京仁エナジーに値上げ通告がない。

国際大会へ参加確定

47年スポーツ、国内開催は7種目

今年も、韓国スポーツは、国内外にわたって、多くの国際競技大会に参加、世界の強豪と肩をならべ、技と力を競うことになった。

九日、テヘランでの第七回アジア競技大会をはじめ、世界男女バレーボール選手権大会（十月・メキシコ）、第一回世界ボクシング選手権大会（八月・キューバ）や第二十八回世界重量上げ選手権大会（九月マニラ）など、海外で開かれる。各種国際競技大会と第三回アジア柔道選手権大会（十月）、第一回アジア拳道選手権大会（七月）、第四回朴大統領杯サッカー大会など、国内で開かれる国際大会に参加することになる。

韓国スポーツの参加と関連する主要国際大会は世界規模大会10、アジア規模8、国内開催世界大会7である。

政府、公務員採用

今年中四万七千人

政府は今年中に四万七千七百三十一人の公務員を採用する。公務員の年間自然減少率が平均七・五％、三万三千五百人にのぼるのでこれを見込むと一万四千二百五十余人の純増となる。

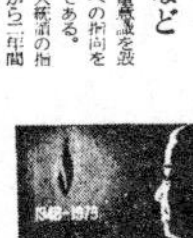

サハリン抑留同胞 80家族帰還実現か

サハリン抑留韓国人問題研究所長として活躍目ざましい若狭敬吉氏(47)は、去る十一日午後三時東京の韓国公報館で記者会見をもちサハリン韓国人の帰還運動経過と今後における活動方針を次のように明らかにした。

日本政府ようやく動き出す
活躍目ざましい若狭氏の善意

(一)日本外務省で調べた結果、昨年九月モスコーでの田中・ブレジネフ会談の際、日本側からソ連側に伝えた帰国希望日本人リストは、全部で百四家族であったが、その中で八十家族は、韓国人の夫と住んでいる日本女性たちであった。

従って、この韓国人たちは日本女性と共に帰ってくる道が開けることになろう。しかし、夫婦が共に韓国人である場合はむずかしい問題であるようだ。

若狭　敬吉氏

(二)サハリンからの船賃約二万円は日本政府で負担することになった。

日本厚生省八木援護局長は、昨年十一月二十七日、若狭氏の要請を受け、「日本人妻と共に帰ってくるはずの韓国人たちが、日本での永住を希望する時、その費用も本人たちの申請があれば、当然日本政府が負担する」ものと語っている。

しかし、ソ連から出国する時は船賃以外に十五万円（四百ルーブル）の出国税を支払わなければならないが、厚生省は外務省を通じソ連政府にこの出国税の免除を要請している。

(三)サハリン韓国人たちの帰還促進のため、投書会を発足させる予定であり、東京中央郵便局に私書函を開設、文通往来を円滑にさせる。

(四)これから先、サハリンからの韓国人の手紙には、サハリン日本赤十字社・韓国赤十字社経路で、韓国の家族に伝達されるよう関係当局に接衝中である。

(五)現在、サハリンにある無国籍韓国人たちは、いつかは祖国に帰る日のために、その間北韓領事館員たちのあらゆる迫害と圧力の中でも、北韓やソ連の国籍取得を拒否しつづけてきた人たちである。

若狭氏はこの日、サハリンのアミワ郡ノワアレクサンドロスクに住んでいる片さんが慶北慶山郡の息子さんに送る手紙も公開した。片さんの手紙には、三十年ぶりに故国に残してきた息子の消息をきき、ただ感涙にむせぶばかりだとの内容のものであった。

成人の意義かみしめ 祖国の発展に寄与
金正柱中央団長祝辞

一九七四年甲寅年の力強い躍進の鐘がなると同時に、今日一月十五日、在日青年の皆さんがこの会場に集り二十才の成人になることを祝福する意義ある成人式を迎えることを私は心から祝いいたします。

みなさん！

みなさんの知るように成人ということは大人としての権利を持つと同時にこれにともなう義務を果すべきことをちかう意義深い日であります。みなさんは成人式を迎えこの日を原点にして、新しく強い決意と覚悟で心の武装をなしとげていることと信じてやみません。

かえり見れば二十年の永い歳月にわたって異域日本の地でわが同胞は数多くの苦痛と逆境の中で生活し、それ故にひとしお深い祖国愛はかぎりなく大きいことを自負しております。わが祖国大韓民国は二年前七月四日、五百万離散家族の悲しみと分断された祖国の悲みを、子孫にまで引継がせないため困難な国内外の逆境のさ中での南北対話の広場を開き、いつかはわれわれが望む立派な結実がもたらせるものと信ずるしだいであります。

一方、皆さんの祖国大韓民国では、最近、人間として、より余裕があり、品位があり、より文化的な生活を営むことができるようにするためのセマウル運動が、国をあげて展開されており、その発展のすがたは、日一日といちじるしい進展を見せております。

つねに祖国をあこがれ、祖国の発展だけを祈っているわれわれ在日同胞にはまことにりっぱなおくりものではないかと本人は考えるしだいであります。

みなさん！

祖国は祖国なりに、力強い発展をとげているのに対し、海外にあるわれわれ在日同胞は、どのような心の姿勢をもとむべきかを考えて見ましょう。

われわれは、たとえ、身は海外にあるとはいえ、一ときも祖国の発展から目をそらすことはできず、また、今日から成人となる皆さんは、全力をつくして、祖国に寄与すべきであり、またわれわれが、日本で生きているだけにこの地域社会にも貢献すべきであると考えます。

これは、ひとえに在外国民としての義務だけでなく、明日の真の自分を形成すべきであるとちかうわれわれ青年の望ましい姿勢ではないかと考えます。

おわりに、この意義深い成人式を迎え、成人となった皆さんは、これからはじまる皆さんの、ほこらしい明日に対備するため、なにとぞ、からだをきたえ、練磨すると同時に、日本社会でも韓国人の一人として、誰にもおくれをとらず、積極的に生き抜いていく若人の真の姿を見せて下さることを望み、私のお祝いのごあいさつにかえるしだいであります。

新しい決意と心の武装
東京では四百人が成人
成人式

去る一月十五日午後一時から東京商銀七階大ホールで、青年会東京本部（尹隆道会長）主催の成人式が新成人約百二十人、先輩たち約百人と、各界からの来賓多数参席裡に盛大に催された。

尹隆道会長は開会辞で東京都内には今日の日を出発点として成人になる人が約四百人で、今日参加された青年はそのなかの一部である。日本に生れ育ったみなさんが韓国人として成人式を迎えたことに大きな意義がある。そこで私たちの組織である青年会に集まりみんなが力を合せ努力しましょうと力強くアピールした。

この日は来賓として大使館から李総領事、金正柱民団中央本部団長、金信三婦人会中央本部会長、黄哲秀東京韓国学校長、鄭東淳民団東京本部団長をはじめ各支部、各傘下団体代表多数が招かれ成人式を祝ったが、金正柱民団中央本部団長は祝辞で、成人式を迎えた青年を心から祝福する、今日からは新しい決意と心身の武装と自己の体を強くきたえて祖国発展と日本社会に貢献することを祈ると別項のように激励した。

つづいて、大使館の李致換総領事は、その国の未来はその国の若者を見ればわかる。私は二つの面で今日という日の意義があると思う。その一つは日本で育ったみな様の中で未来の祖国と民団をうけつぐ指導者が養成されることを期待する。二つめはわが祖国は五千年の歴史と先祖の輝く文化、芸術があることを認識してほしい。そのために国語と国史を学びまた学んだ知識を後輩に教えることを祈るこの精神が愛国であり愛族である、青年会の発展と青年の健康を祈るとのべた。ついで各界代表の祝辞のあと、成人を代表して東京韓国学校卒業生で足立区に居住している崔弘美さんの次のような答辞があった。

日本青年と同様に成人式を迎えることは考えもしなかった。日本人は成人式を原点にして社会的政治的権利が与えるけれど私たちにはこのような原点がないから寂しく思っていた。私たちに原点となる場を開いてくれた民団および各界に心から感謝する、今まで祖国、民族と言う言葉を聞いたけれど実感を感じることができなかった。でも今日諸先生の教訓は私たちが韓国人であることを自覚させた、今後は日本人以上に努力し、日本社会と同胞社会に貢献するため、いかなる難関も克服する決意を新しくする。

そのあと李総領事と鄭東京本部団長から記念品贈呈があり、記念撮影を終えた会員は和やかなパーティに参加、前途の希望を語りあった。

新成人を代表し答辞をよむ崔弘美さん

在日北韓の大物スパイ検挙

一月九日　北韓からの密入国事件を捜査していた愛知県警外事課は、日本在住北韓工作グループの主犯格一人と補助工作員一人を刑法一五七条（旅券不実記載）などの疑いで逮捕、アジトや日本への上陸地点など七カ所を捜索、連絡用無線機、暗号用乱数表など三十数点を押収した。二人は密入国仲間の一部を自供しており、同県警で仲間の工作員を追及している。逮捕されたのは、主犯格の大阪市城東区古市南通一の九、玉宅荘二十五号、無職金一東（四七）と補助工作員の名古屋市西区弁天通七、熱帯魚販売氷田月鎮（四三）の二人である。

太極旗翻る 東海道名物

神奈川県小田原から箱根湯元へ向かう入口あたりに、へんぽんとひるがえる太極旗を頂上にもつ韓国人会館の看板が、列車の中から眺められる。

民団湘西支部（尹仲守団長）が昨年新築した鉄筋四階建てだが、さらに同支部の金在方議長が四十万円を投じ、囲いや植木などを整備し一段と外観を美化したもので、東海道沿線での韓国PRに一役買っていると大評判である。

安東郷友会 準備委員会

慶尚北道安東郡出身者たちで進められていた同郷親睦団体となるべき在日安東郷友会準備委員会では、李寿善、金斗漢両氏が準備委員となり、安東出身の金尚年、金成洛両国会議員を迎えて、来たる一月二十六日午後三時半から、東京赤坂のホテル・ニュージャパン三〇五号宴会場で創立総会をひらくことになり、関係方面から多くの関心を寄せられている。

発起人代表は次の通り。（順不同）

李裕実、具周日、崔五作、権赫来、金鳳益、朴崇緒、洪浄、金東秀、権在洞、金龍洙、権道剛、趙漢英、金鋼元、金時元。

連絡事務所は、北区田端町二九一、電話八二三ー三三一八番。

結核予防に愛と善意の活動

公益団体、日本BCG基金協力会（笠岡輝昭理事長）は、過去八年間にわたり東南アジアで結核予防のための愛と善意の奉仕活動を続けて来たが、昨年からはその活動の主な対象国を韓国に定めた。

主な内容は一般から使い捨てた古切手を集め、それをヨーロッパやアメリカに送る、その代りに結核予防ワクチンを買い、それを韓国の僻地に送って、村民の健康を守る奉仕活動を行なうことである。

古切手千枚とワクチン一本で物々交換するというしくみ。笠岡輝昭理事長は今後の展望を次のように語った。「昨一年間韓国人の協力を得てきた。国と国の問題は重大ですが、何か事が起きたとき、忘れてならないとは、やはりこうした民間のささやかな善意の協力の積み重ねが背景にあるかないかということです。昨一年は内外ともに極めて多難な年でした。いまこそ日本の国際協力、国際親善の価値が世界に問われている時だと思います。

日先きのことばかりに惑わされずもっと気の長いペースで事にあたるために、深い反省にたった連帯感と責任感を強調したいと思います。

発足以来今日まで後援してくれたみな様に心から感謝します。」とのべ、私たちの活動をはじめて知る一般をはじめ今日韓国人の協力を特に望むとつけ加えた。

同協力会の住所
（〒一六〇ー九一）
東京都新宿郵便局私書箱　第二四一号
日本BCG基金協力会
基金のときは―
東京銀行本店・日本BCG基金口座
富士銀行　中野北口支店、日本BCG基金口座
三菱銀行　中野支店、日本BCG基金口座

ロッテ、日本ハム 韓国で公式戦？

十八日、ソウルで明らかにされたところによると、韓国はロッテ・オリオンズ（金田監督）と日本ハム・ファイターズ（張本、白の同選手がいる）の試合をペナントレースの一環として韓国で行うことを計画している。

金鍾洛韓国野球協会会長は、招待状は間もなく送られるが、その前に二、三手続きの問題を解決しなければならないと語った。

ロッテ石原代表の話「まだその話は何も聞いていない。だが、すでに公式戦の日程が決まっていることでもあり、それを外国に持っていくということになると、時間の制約などがあって無理ではないだろうか」

世界旅行こぼれ話
(6)インド駐在を懐かしがるおかみさん

海外に出た駐在員の体面や商取引の面も考えて、特に東南亜、中近東、アフリカなど人手の多い地域では、本社の重役が海外店視察のついでに駐在員の宿舎に立ち寄ってその豪華さに驚き、〃俺も駐在員になりたいよ〃ともらしたと言う笑い話があるくらい、それは殿様生活をしているところがあると聞く、これもその一つでまことに皮肉な話でもある。

以前十年近くもインドに駐在していた商社マンのかみさん、今はニューヨークに夫が栄転したのでなことを言っていた。

〃インドにいる時私何年も家事らしいものは何もしませんでしたの。それが十年近くもよ。何しろ召使が男女あわせて五人もいたから全部彼等がやってくれるので何もすることがなかったのよ。ところがうちの人ニューヨークに栄転と言うので、さぞかしニューヨークの生活もエンジョイ出来ると思ってついて来たのよ。ところがどう、女中の一人も雇えない有様よ、今じゃ朝から晩まで家事に追われ、生活をエンジョイするどころのさわぎじゃないわ。出来ることならあの忠実な召使のいるインドにもどり度い。〃

女の身勝手と言えばそれまでだが、笑えない現実であり、何とも男には言いようのない話ではある。

ビジネスと観光と歴史・美術そして…
世界親子かけある記 ⑥
裵乙祚・裵慶州

自分の努力で世界認識
二大文明の遺跡を訪ねる
コリアンに目玉むく外人たち

旅先から東京の妻への手紙・順伊様　拝啓

御元気ですか、こちら二人旅の支障もなく旅行を続け六月十八日未明、憧れの地エジプトのカイロにたどり着きました。今日まで仕事に追いまくられ御無音に過ぎたこと、これから一括報告しお許しを得たいと存じます。

ホンコン以後サイゴン、シンガポールまでと、とに角、何としてもこの旅行で初めの仕事をつくらねばと懸命に動きまわり努力した結果いくらかの輸入契約が成立したことを報告します。しかし東南アジアの実情からこの輸入結果を待たねばその成果は解りません。

これから見るエジプト、ギリシャはあなたも承知の如く、私が長い年月憧れ訪問したかった人類文明の発祥地であり、特に西欧文化を識るためには是否とも観ておかねばならぬところです。いつも話していたあなたと一緒にこの旅行が出来ないことを残念に想い、悲しくもナイル河畔のホテルの一室でこの便りを書く私の心境をお察し下さい。

今回の親子二人の旅行はあらゆる意味において大切な意義あるものになると期待しております。私は自分の時代が終りに近づいているものと判断し、次の時代を荷負う慶州、南鮮、大成を出来ることなら日本の外に出し、自分等の努力で世界を認識させるとともに、自分等の将来を考えるチャンスを与えたかったのです。だから物見遊山の気はサラサラありません。

自分の人生観や意志を少しでもその息子に伝えようとする父親がとる手段は、色々あると思います。中には人生の裏をことさら見せるため、いかがわしい事柄を選んでさせる父もいるでしょう。また中には他人にも負けない苛酷な境地に追いやり訓育させることもあるでしょう。人各々道をえらんで自分の血と汗と事業をその息子等に引き継いで行きます。

私が選んだのは共に手を取り合って一つ世界をまわってみようじゃないか、そしたら親父の弱点欠点もみえるし、息子の行動にも理解が持てるし、世界の市場を調査しながらビジネスのコツも見ようみまねで伝授出来る。不自由の中でお互いに恥もかくことだろう、そして努力し人生を生き抜くための欺と闘うことも覚えることだろう。幾千万言の哲学よりもこの道が良いと判断したから私は今回、あなたにはあらゆる面でつらいおもいをさせ、すまないとは解りながら敢えて旅に出たのです。

オリエント古代文明の発祥地エジプトにおける絶大な王権下で栄えた文明の遺跡を見てとろ考え、神話と英雄の物語、哲学にみるあの合理的な対話、ギリシャ彫刻や建築に表現された古代ギリシャ人の叡知、私には全て人類の最初にして最高の文化遺産を観て彼はどのように感じ、これからの人生に役立てていくか大切に見まもってやり度いと思っております。

この二大文明の遺跡を訪ねたのは、以上申し上げたことの他に今後私が計画しようとしている世界の高級家具、絵画骨董品の輸入市場の調査も兼ねているのです。私の希望は子供等の誰かが、この種世界の稀少物産の輸入販売の仕事をしてくれることを期待しています。

サイゴンであれほどおいしかったプルコギ焼肉の味も以後一向に食べようと思っていないのに、慶州だけはしきりとサイゴンのコムタン、ビビムパブの話を口走るとを思うとやはりまいっているようです。しかし健康状態はまったく順調ですから御安心下さい。

皆にいちいち通信を出し度いのですが、移動がはげしく、また私の性格から（息子の教育も兼ね）規則正しく起床を続けているので時間がありません。夜食を通常午後九時頃にすませ、その日の会計、旅費を終る頃は夜中の十二時になることは珍しくありません。朝は五時起床、日記や調査事項の整理に追われます。だからエアポートの時間待ちか、機内で書こうとするのですが、食事やら慶州がひやかすのでものになりません。御了解下さい。

これからみるカイロ・アテネ・ローマでは、出来るだけビジネスを離れ人類の文化資産を心ゆくまで観賞し、これからの生活にうるおいを持たせたい…と思っております。二、三日毎に移動するので通信がとだえがちになると思いますがおゆるし下さい。そしてこの便りがあなたに着く頃、私達もロンドンに到着していることでしょう。

南鮮との再会もあとわずかの日時です。元気な姿を見るまでやはり気になり一日も早く会い度いと願っております。

南東から東南亜へ、中近東と所謂アジアを線状に西へ来ましたので、異民族との接触にもなれ、日本人客の如く気前良くもなく、気に入らなかったり、東洋人としてコリアンとして相手が不当になめてかかったら容赦なくどなりつけます。すると相手はそれでなくても目玉が大きいのに驚いて目をむき出し、手ごわい相手だと思うのか態度が変ります。日本人があまりヘコヘコしてしまったので、それでなくとも東洋人をナメている人種が多いので、これをなおすのには長い時間がかかります。同じ東洋人として日本人の姿勢を早く正してもらいたいと願っています。

夜明けのナイルにはもう白帆が二つ三つ上流のピラミッドの黒い影と対象的にエキゾチックな姿をみせ、意外に涼しい外気とともに朝がやって来ました。これからメンフィスの遺跡へ出発する予定です。ではお元気でさようなら。

—敬具　六月十八日早朝　乙祚

JUPITER

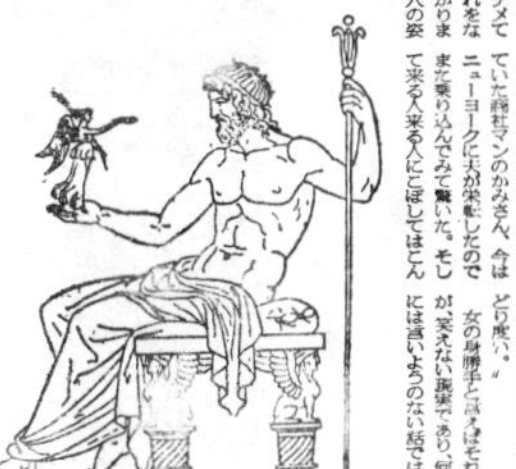

韓国と日本の関係に新視点

日本上古史(文定昌著)抜粋と解説

(22)

三国系の日本王朝

(3)

このようにして[illegible]の勢力を一掃した允恭王は、さらに百済系の勢力をも除くため、その五年に、百済木氏の中心勢力である葛[illegible]の玉田宿禰を、[illegible]にあって[illegible]怠慢したとして誅殺した。そして[illegible]に来た大和地方の百済人の[illegible]地をことごとく荒らしてしまった。

[illegible]ぐさ)の楽器(うたまいのうつわもの)を装(そな)えて、難波より京に至(もうでいた)るまでに或いは哭(な)き泣(いさ)ち、或いは儛(ま)い歌う。遂に殯宮(もがりのみや)に参会(まいつどう)。」

允恭王は明白な新羅系で、その使節たちが行なった葬礼などを見れを追わんと思うが、[illegible]の参謀が追撃しないよう説明したが王はこれを聞きいれず、数千騎あまりを率いて[illegible]山の東にまで追い合戦したが敗れ、大部分の将兵が死に、王は馬を棄てて山に上った。賊はこれを幾重にも囲んだところ、霧のためたちまち一天にわかかく暗くなって色を見分けることもできなくなり、賊の目をのがれ兵を集めて退却した。)

しかしながら、この時代、倭国は未だ統一政府が成立するに至っておらなかった。それは最近日本の一部の史家たちが「欽明朝が、安閑・宣化と併立した」と主張している(喜田氏など)。これによって考えると、允恭朝のころには倭国が多数の国の併立状態にあったもののようである。

つづく

解説

文定昌さんの「三国系の日本王朝」の[illegible]区分を整理すると応仁王朝=扶余系、履中王朝=百済系、反正王朝=高句麗系、允恭王=新羅系と目まぐるしく政権が交替しており、そこには、応神~仁徳以外は血縁関係は存在しないことになっている。

しかし、この時代、もっと詳しくいうと、仁徳―履中―反正―允恭―安康―雄略の時代は、日本では「倭の五王」の時代と考えられており、中国史書に出て来る倭の五王は父子または兄弟の血縁者である。

従がって、文さんの論文と、日本史学とは真向から対立することになる。とはいっても、倭の五王は正体不明であり、日本史学が絶対的に正しいという根拠はない。

この「倭の五王」というのは、「宋書」に初めて記録が出ており その「宋書」の文帝紀元嘉十五年条から登場する。そして「宋書」「夷蛮伝」の「倭国」条に、五代の王について具体的に説明されている。その骨子を紹介すると次のようになる。

[illegible]次が弟の「珍」、その時は「[illegible]」による)の子「興」、その弟「武」てその祖(祖先の意か)[illegible]多数の国を平定したことされたとなっている。

この血統は「日本書紀」の仁徳~雄略までの血統とも異なるし、名前も関連性がない。江戸時代、松下見林、本居宣長、鶴峰戊申、明治時代、菅政友、那珂通世などが研究、五王のトップを仁徳として履中を除外する説、逆に仁徳は無関係で、履中をトップとする説などに分かれており、最終的定説はない。

この五王は、宋に使者を送り、「都督倭百済新羅任那秦韓慕韓六国諸軍事安東大将軍倭国王」と自称している。次回にこれを詳しく見ることにする。

(金元奉 記者)

新羅王の近親と見られる允恭王、「倭の五王」説と対立する論文

で死にしたが、この訃を聞けた新羅王が、弔使たちが八十人を送った。弔使たちが対馬で大いに哭し、筑紫でも大いに哭し、難波に到着して[illegible]、素服を着て、[illegible]で哭泣した。この二年に[illegible]は次のように記録している。

「四十[illegible]の[illegible](はるむつき)の、[illegible]の日[illegible]、[illegible]の[illegible]が[illegible]。[illegible]の調(みつき)の船八十艘、及び種々の楽人(うたまい)八十を貢上(たてまつ)る。[illegible]、対馬に泊りて、又大きく哭る。筑紫に泊りて、[illegible](みねたてまつ)る。難波津に泊りて、[illegible]素服(あさきぬ)きる。悉(ふつく)に御調(みつき)を捧げて、且[illegible](まがくさ)[illegible]

倭人戦[illegible]。(倭人と[illegible]にて戦い勝つ。)

訥祇十九年(四三二、允恭二一)夏四月倭兵来侵東辺。囲明活城無功而退。(倭兵東辺に来て侵し、明活城を囲むが、功無く退く。)

訥祇二十四年(四四〇、允恭二九)倭人侵南辺[illegible]。(倭人が南辺[illegible]を侵して人間を掠奪したり、[illegible]六月また東辺を侵す。)

訥祇二十八年(四四四、允恭三三)夏四月倭兵囲金城。十日糧尽乃帰。王欲出兵追之。左右曰[illegible]。王不聴[illegible]。追及独山之東合戦為賊所敗。将士死者過半。王[illegible]。賊囲[illegible]。忽昏霧不辨咫尺。賊謂有陰助[illegible]。(夏四月倭兵が金城を囲むこと十日、糧が尽きて帰らんとする。王は兵を出して[illegible]

貴重な資料集

韓日合併の悲劇に臨場感

樺太抑留帰還韓国人会の顧問である、李在洪氏の編著による「日本帝国韓国併合侵略図説写真史」がこのたび出刊された。

上海亡命臨時政府の大統領を歴任、祖国独立に一生を捧げた韓国近代史における独立運動家であり、著名な史家であった朴殷植著の愛国の熱情たぎる名著「韓国独立運動の血史」(一九二〇年十二月、上海維新社発行中国文)の一部と一九一一年、朝鮮総督府の指示により、在韓日本人によって企画発行された「日韓併合」の正当性宣伝用の「日本の朝鮮」画報集を対比収録したものである。

解説で編著者が厳しい口調で説いているように、太平洋戦争の終戦以来、二八年の年月がたっていながら、サハリン在留の韓国人同胞には未だ解放と終戦はなく、いわゆる「二次大戦」の洗礼はもたらせられていない。

望郷の祈念に心身をうちよわせながら祖国復帰に唯一の望みを託し、あらゆる苦痛と圧迫にも耐えつづけているサハリンの同胞には、日本帝国主義の残滓が今なお重くのしかかっているといえよう。

このような時点において、祖国をふみにじり併合した日本の歴史的非道の事相を、あらためてさぐりたしかめることは、サハリン同胞の帰還問題をはじめ韓日関係の諸問題を解明する一つの鍵をたしかめることになろう。

「日韓併合」前後の歴史的情況や決定的瞬間をとらえた貴重な写真は、それだけでも一つの貴重な資料集である。問題はあるにしても「用語」や「語句」の使用で、韓日両国の正しい友好関係確立の問題を根本的に考えるためのすぐれた資料集であろう。

「日本帝国韓国併合侵略図説写真史」

李在洪編著
樺太抑留帰還韓国人会刊・指鍼書房(東京)
一八二六三一・頒価一万円

新刊紹介

心豊けきを楽しむ…

温陽で受けた教訓

助野健太郎

昨年の六月のこと。水ぬるみ、温かいそよ風の吹く頃、鷹崎会長と韓国の小学校に[illegible]を贈る式典に参列するために、温陽の宿を出て、車を川辺にそう土手の上を走らせていた。緑の田野がひろがる彼方に遠く山脈が連り、足下の川はゆるやかに流れ、土手には色とりどりの花が咲き、蝶や[illegible]が舞っていた。あまりの美しい自然に、私たちは思わず車をとめ、降りて土手に座し、二人ですっかり見とれていた。それは私たち日本人が、近来久しく忘れていた大自然の景観であった。突然私たちの後ろで、何やらささやく韓国語の声がするので、ふり向くと、農具を肩にした一人の老人が一生懸命に語りかけているではないか。同行の[illegible]教授の通訳によると、「どうかねー、旅人さんよ、わしらの村はきれいだろう。この空といい、水といい、山の景色といい見て下さいよ。こんなきれいなところは他にないだろう。わしらの村の者たちは、貧しくても、少しも苦にならないのだよ。みんな気持が豊かで、毎日を満足して暮らしているからだ」という意味だった。私たちはこの明川の村人に加えて、この一言の言葉にすっかり感銘してしまった。そこで思わず口をついて出て来た自作の詩が別掲のものである。

素晴らしい心構えだ。今の日本人にこんな心が残っているだろうか。貧しくても心は豊かである。丁度、日本の古語にある正に「ぼろは着てても心は錦」ということわざに当るであろう。韓国の田舎の一漁夫の胸に、これが生きていた。韓国の詩人、ソウルの皆さん。またどこかに残っている韓国の心を、もう一度美しく咲かせて見ようではないか。権力、反抗、不信、対立、欲望、悲嘆、混乱、こんなものがうごめいている都会を離れて、たまには貴方も温陽郊外の試験にたたずみ、自然の美しさと恵みにふれて見ませんか。

(別掲詩文の作者、鷹崎氏は神奈川県日韓友好協力会々長、日本旅行機械株式会社会長、助野氏は神奈川県日韓友好協力会事務局長、聖心女子大学教授、横浜国大学校委員教授)

温陽門外緑堤にたたずみて

鷹崎正見
助野健太郎　合作

眼前無名の花の　春巡りて咲くと語りし時
農夫足をとどめて　旅人に語る
我が村は空澄みて山青く、水また清し
人は貧しさを憂えず、心豊けきを楽しむと
牧童は水に戯れ、牛は野草をはむ
つばめ川面に飛びかい、ひばり中天にさえずる
ああ、この平和、とこしえにあらんことを

尋ね人

☆李万石さん(63才・男)
34年前に夫である李芳茂さんが妊娠6カ月の時に渡日したとのこと。
本籍・忠清南道扶余郡
ソウル市永登浦区新林三洞六四八(一統六班)の李芳茂さんがさがしています。ご存知の方は、横浜市港北区中川町一一八五、電話〇四五―五九一―二八四五・木村万錦さんまで連絡を。

☆金漢植さん(金山太郎・48才)
本籍・慶北河陽郡河陽面金川洞
福岡県若松市山手通り二丁目修多羅小学校の附近でけんでいた金さんを、お姉さんの金さん、弟の漢竜の弟子(ヨシコ)さん、弟の漢竜(マサオ)さんがさがしています。ご存知の方は、釜山市東区佐川洞68番地六統五班金漢竜さんへ連絡を。

☆李相ビンさん(50余才程度・男)
本籍・京畿道長湍郡[illegible]内面
終戦の年の一月十日に徴用で日本へ強制連行された李さんを故郷のヘヨンさん、母である李慶礼さん、弟の李相ヨンさんがさがしています。ご存知の方は、京畿道抱州郡東豆川面法院里、崔慶礼さ

☆金村宗変さん
☆金村尚変さん
本籍・咸鏡南道[illegible]六・二五動乱前東京都深川区海辺町三丁目の椅子製造工場にいた金さんらを、甥の忠清南道公州郡公州邑山城洞一五〇番地金キムさん(キム・ウフン)さんがさがしています。ご存知の方は金さん又は民団中央本部民生局へ連絡を。

謹賀新年

昨年中は格別のご厚情を賜り厚く御礼申し上げます。本年からは社名を一新致し、より一層皆様に御奉仕する所存で御座居ます。

今後共、末永く御引立ての程偏にお願い申し上げます。

Apollo Travel Service

(株) アポロ トラベル サービス

代表取締役　左玉花

〒105 東京都 港区 麻布 十番 3―17
☎ 455―0311～4 (代表)
452―6888・451―8200
☆韓国大使館から徒歩5分 (旧)大韓交通社

林慶業将軍傳

(31)

訳　洪　相　圭
編　八　束　周　吉

ちょうどこの時、金自点は嵐[illegible]として、ぜひ行かねばならない御用のお祭りがあったので一部の朝臣を呼んで話し[illegible]けていた。

「予が、[illegible]てきてから慶業を処刑するつもりであるから、それまで典獄を厳重に警備することを、おろそかにせぬようくれぐれも注意しておくぞ。それから、こんなことが陛下のお耳に達したら、それこそ一大事であることも心えておけ。」

とすごみを利かせたので、百官たちは一も二もなく恐れて縮み上がってしまった。

朝廷の権力もがこんなありさまであったから、十一[illegible]人の王子方たちは林慶業が既に[illegible]で、身近な所にあるのをもどかしく待っておられた。

いくら金自点の権力が強いとはいえ、お上を偽る大罪で、心が安らかでなかった一部の朝臣が、王子お側の者を通して、慶業到京の旨を上奏せしめるようにはからった。しかし、典獄に荷物のように投げこまれていることは申し上げなかった。

「慶業が、ただ今すぐ京に着いたそうでありますが、疲れがまだ癒えず、私宅で休んでおるそうでございます。」

と聞かれた王子は、お喜びに[illegible]をお輝かせられ、一時でも早く逢われたかったが、長い道中で疲れておるのであろうと思われたから、

「ゆっくりと休んで、明日に

「林将軍様、將軍様を典獄に入れたのは、決して王子のお計らいではありません。おそらく王子におかせられては、將軍様のお帰りなさったのもおわかりではないのでございましょう。

すべてが当議政金自点の陰謀からきていることですから、どうぞ、力を落とされぬようお願い申し上げます。」

と、声をひそめて口早にこれだけささやいて、さっと立ち去ってしまった。もう二・三尋ねてみたいことがあったが、これだけ聞いても充分であった。林慶業の身という者は、全部太井をさしてさか立つような気がした。飛び上がらんばかりにぐっと口をむき、ぎりぎりと歯ぎしりをきし

りながら、金自点その人が前にでもすわっておるかのように叱咤した。

「おのれ、奸臣逆賊め。恐れ多くもお上を欺き奉り、忠良の臣を陥れ殺そうとするこの奸人を、予は断じて許さぬぞ。きっとお前を[illegible]にして、[illegible]子の[illegible]を絶つであろうぞ。」

大由でののしる声を聞いて、典獄の長が下役の者二・三名を連れてやってきた。慶業はその長に向かって

「これや、こちらにもうそっと来れ。今や国家の大事に際した。金自点がお上を欺き奉り、恐れ多くも王じさえもその者の手で自由にされておるとの由々しきことにかかっておる。お前たちも薄々と知っているであろうが、この林慶業は断じて逆臣などではない。すべてが金自点の計らいじゃ。一時も早くこの者を除かねば、国は乱れて社稷の傾きになるであろう。早速、獄門を開けよ。」

と促したが、彼の話を恐れて近づこうともしなかった。林将軍は非常に怒って地団太を踏んだ。

[illegible]はなとに[illegible]られていると[illegible]であったが、ずっと[illegible]られたが、いつかは明るみにさ[illegible]されるように、[illegible]の耳にも慶業が帰ってくるとの話が[illegible]とどいた。

お二人の[illegible]方は待ちもどかしくて、[illegible]まで迎えに行かれると[illegible]んでおられたが、それと知った金自点は[illegible]ない風を装って、却って王子方らをおとかしたり、なだめたりするあくどさであった。

「殿下、慶業は一臣下に過ぎません。[illegible]の大本であるべき[illegible]が乱れ[illegible]しては、小さな示しもなりません[illegible]。一臣下のために、[illegible]をまでお[illegible]は、[illegible]のことでございます。きっと、お[illegible]みください[illegible]。」

と[illegible]やかに申し上げた。[illegible]の[illegible]も、金自点の[illegible]をようとして[illegible]に[illegible]したので、王子方たちも心ははやるが、[illegible]られて、仕方なく[illegible]それをとりやめられて、慶業のく

でも案内するように。」

と仰せられた。

獄中の林将軍は、こんな経緯など知るはずがなく、暗い中に向かってただ死を待っていた。

はるばる京まで帰っておりながら、王子に拝謁がかなわないとは！逆賊の大罪をきせられて、[illegible]むべきもないことと[illegible]らめようとしたが、あきらめきれなかった。また、死ぬ前にせめて一目でも、[illegible]・兄弟・妻子にも会いたかった。

「王子におかせられては、わしのことがそんなに[illegible]におなりなったのであろうか[illegible]下がこんなことをおわかりなさったら、ご[illegible]なさるはずだし、[illegible]などと濡れ衣を[illegible]られるはずはないのに。さて、どうしたことかな[illegible]よ、この[illegible]には何かあるようだぞ。」

独り言って、いろいろ考えた末に、大きなある疑問にぶつかった慶業は、ぐっと奥歯をかみしめ、[illegible]の[illegible]をたどろうとしておる時に、慶業の忠誠心に感動されたひとりの獄吏が、そっと近づいてきた。

韓國新聞
在日大韓民国居留民団
中央本部機関紙
韓国新聞社
発行人 金正柱
東京都文京区春日町2丁目20－13
電話 営(815) 1451～3
〃(813) 2261～5
振替口座 東京 163774
本国連絡所(民団本国事務所内)
ソウル特別市鍾路区昌成洞
政府合同庁舎門前
電話 73－0162・0165

民団綱領

一、われわれは大韓民国の国是を遵守する
一、われわれは在留同胞の権益擁護を期する
一、われわれは在留同胞の民生安定を期する
一、われわれは在留同胞の文化向上を期する
一、われわれは世界平和と国際親善を期する

南・北韓不可侵協定を提議

武力不使用・内政不干渉・現休戦協定効力存続含め

朴正熙大統領の年頭記者会見

朴正熙大統領

朴正熙大韓民国大統領は一九七四年一月十八日午前十時、中央政庁第一会議室で年頭記者会見を行い、国内外情勢に関する見解を明らかにするとともに、今年の施政方針を具体的に提示した。朴大統領は席上、とくに北韓に対して、南北不可侵協定を締結して武力侵略を放棄し、内政干渉を排除するとともに、統一が実現するその日まで休戦を順守しながら平和共存しようと、画期的な提案を行なった。以下は、この日三時間十三分間にわたった朴大統領記者会見の全文である。

＝時局観一致で国民総和体制　準戦時体制下の認識が必要＝

大統領＝新年おめでとう。今年もみなさんとみなさんの家庭に幸運が訪れるよう、心から祈ります。では、質問を受けましょう……。

問い＝大統領閣下、新年おめでとうございます。われわれ記者団一同、謹んで大統領閣下のご健勝をお祈り申し上げます。では、最初の質問をさせていただきます。

"平和共存"の対話交流拡大

＝国民総和体制で国家安全保障を＝

緊急措置で反維新策動を封鎖

今年は数かずの国内外的な条件からこれまでになく重大な年と思われるのですが、この点、大統領閣下は新年の施政方向をどう設定なさっておられるのか、ご説明いただきたいと思います。

大統領＝昨年は、みなさんも同意見でしょうが、実に多事多難な一年でした。国内的にも国際的にも数多い難題が押し寄せた一年であったといえます。

われわれは昨年を維新第一年度に設定、維新課業を推進するための基礎を固め、維新体制を完備することに全力を傾けてきました。この課業の推進に当たって、あらゆる苦難に耐えながら喜んでこれに参与し、また、積極的に協力して下さった国民みなさんに、この席をかりてあつくお礼をいわせていただきます。

昨年一年間振り返ってみるとき、国家安保面や政治、経済、社会または文化の各分野で、目を見張るほどの成果を収めたことはまぎれもない事実です。

しかし、その施行過程において予想だにしなかった難関に直面したこともありますし、また、良かれと思ってやったことが、かえって国民みなさんに苦痛や困難を与えた結果になってしまったこともあって、政府が独走しているのではないか――という非難の声がなくもなかったということも、百も承知しておりますし、それについては深く反省もしております。

昨年は大変だ大変だといいながらも、一つだけ例にとってみましても、わが国の経済分野をみますと、それまでになかったほどの高度成長を達成することができたのです。また輸出の面でも、過去わが国の輸出は世界のどの国よりもその伸びが早いといわれていたのですが、とくに昨年は例年の倍も伸張率を示しました。ところが昨年十月、いわゆる中東戦争が起こると同時に原油供給の制限を受け、原油価格が暴騰し始めました。結果、わが国の経済全般に大きな衝撃をもたらし、冬を目の前に、国民みなさんの生活まで脅かすといった事実もありました。

みなさんもご存知のようにわが国にはもともとの天然資源というものが少ないのです。

これといった天然資源も持ち合わせていないわが国としては、原油ばかりでなくその他いろいろな原料とか原資材を外国から輸入しなければならないのですが、今後この問題については、日が経てば経つほど困難に直面するものと予想されます。

したがって、私たちはそういう問題に対する対策を、今から早目にたてておかねばならないという立場に立たされています。いいかえれば、このような隘路を今後どう克服し、打開していくか――という問題が、当面の重要な課題として登場したのです。

今年は維新第二年度です。今年は維新理念を私たちの生活化することによって、維新課業をより充実に促進していかねばなりません。十月維新は、わが民族の運命をわれわれ自身が切り開いていくためのわれわれの決断でした。したがって、この維新課業を推進していくのには、一人や二人が先頭に立ってかけ声ばかりかけたところでどうにもならないもので、国民みなさんが一人残らず自発的に参加してくれなければなりませんしまたわれわれが日常生活を通して忠実に実践することによって、はじめて成し遂げることができるのです。

そこで、今年の施政基本方向は、四つほどに大きく分けることができると思います。

まず第一、国民総和体制をより強く固めていかねばならないということです。

第二は、これまで私たちが進めてきた国力培養、それをますます確かなものにしていかねばならないということであり、

第三には、国家安全保障態勢をより強固なものにすることで、

いま一つ第四には、世界的な経済危機の影響で、今後わが国の経済もいろいろな困難に直面するだろうと思われるのですが、こういうとき、国民生活の安定、とくにその中でも低所得層に属している庶民の生活を保護していくことこそ重要な問題といわねばなりません。

国民総和体制を固めていくためには、何よりも政府が先頭に立たねばならない、政府が先頭に立ち、公務員たちがまっ先に模範を示さねばならない、そして今年は行政の維新を実現させていこう、私たちが日ごろ口にしていた庶政の刷新を、今年こそ徹底的に実践していこう、ということです。公務員は国民に対する奉仕者以外の何ものでもありません。国民のために奉仕するの姿勢を正しく、そして綱紀を確立して、国民のための公僕としての精神が必要的である……こういう精神姿勢が確立されなければなりません。つまり、公務員たちはつねに自分たちは国民のために働いているという観念に徹しなければなりません。上役の顔色をうかがって、そのそばにいるように仕事をするのではなく、ひとえに国民のために仕事をするという姿勢、大統領の顔色をうかがいながら仕事をするのではなく、国民のために仕事をする――そういう姿勢が必要なのです。

もう一つ、行政各分野はもっと創意力を発揮し、同時に責任の限界をはっきりさせるべきである……この責任の限界をはっきりさせるということは、自分の責任を他人に転嫁するなということです。自分がやるべきことはどんなことがあっても自分がやり抜く、そして、横の協力も緊密にすることによって、各自のやるべき責任を果たそう――という一言に尽きます。

つぎに、国民一人ひとりが維新課業に積極的に参加できる雰囲気を造成するため、各分野により多い自律性を保障しよう、その上でわれわれの時局観を一致させ、国論を統一させることが重要である、そして究極的には国民総和体制を一歩一歩堅めていくことが必要です。

国力を着実に培養していくという問題については、われわれがいまどういう環境におかれているかということを、われわれみながはっきり認識しなければなりません。すなわち、われわれはいま戦時下にいるのか、それとも平和時代に生きているのか……もちろん、いまこの瞬間、戦争をしているわけではありませんから、戦時とはいえないでしょう。

だからといって、いまわれわれの生きているこの環境が平和時代かといいますと、決してそうではありません。戦争をやっているうちに休戦が成立して、一時戦争を中断した休戦状態、つまり、いいかえれば準戦時体制のもとにあるということを、はっきり認識することが肝心です。われわれがいま平和時代に生きているなどと錯覚したら、それこそとんでもありません。繰り返しますが、いまわれわれはありとあらゆる試練と挑戦の連続にさらされているということを、誰一人として忘れてはなりません。この認識を一旦誤れば、ときには時局をまともにわきまえない言動も飛び出るでしょうし、準戦時下ということを忘れた場合には、例えばぜいたくや浪費などの行動に出ることもありえます。われわれは平和時代に生きている他の国の国民たちとは、はっきり異なる環境のもとにおかれているということを、あらためて認識し直さなければなりません。

このような認識が確立したとき、この時点でわれわれが最も力を入れてやるべきことは自ずからはっきりしてきます。それはほかでもありません。わが国力を着実に培養し、組織化して、力を蓄っていくということです。そうしてこそ、急変する国際情勢の中でも毅然とした姿勢を堅持して、わが祖国を守り抜き、またわれわれの独立と自由と平和を保障することができると思います。

われわれがよく口にする自由とか民主主義というものは、いうまでもなく民主国家にとっては最も大切なものです。しかし、その自由と民主を守り、享有することは、決して口先だけでできるものではありません。自由というものは、われわれがそれを守れるだけの力があってはじめて享有できるものです。それを守り抜くだけの力を喪失したとき、自由は立ちどころに消えてしまいます。

つぎに、国家安保態勢をますます強固に固める問題については、われわれの自主国防力をより強化し、その内実を図らねばなりません。いまわれわれの国防力は、わが国民たちの絶対的な支援と協力、それに忠勇なわが国軍将兵と、この国に駐留している国連軍将兵の献身的な努力のおかげで、いかなる侵略勢力にも即刻対応できるだけの強力な力を保有しています。

しかし、われわれはこれで満足してはなりません。なぜかといいますと、われわれを侵略しようとしている相手の力も準備を怠らず、戦力を強化しているからです。だから、われわれがいま保有している国防力だけで満足することなく、今後ともわが国軍の装備の現代化、教育訓練の強化、一百五十万郷土予備軍の戦力化、それに防衛産業の開発促進――こういう諸問題を継続して押し進めていかねばなりません。

もう一つ、われわれが忘れてはならないことは、友邦諸国との連帯をますます堅いものにするために、倍前の努力を傾けるべきだということです。

最後に第四の国民生活の安定、とくに低所得層、庶民層の生活安定のためには、最大の力点をこれに注いでいくつもりです。みなさんもよくご存じのように、今年は国際的な要因のため、わが国の経済にも大きな危機や難局がやってくるものと予想されます。そういう場合、とくに低所得層に属する庶民の生活に影響が及んではならないので、政府としては、庶民の生活保障にありったけの政策手段と行政力を集中させる方針です。そのために取られたのが、去る十四日の「国民生活安定のための緊急措置」だったわけです。

以上述べました四つの問題――すなわち、国民の総和体制をより強く固めていこう、国力培養をより着実に進めていこう、国家安保態勢をますます強化しよう、そして、わが国民生活の安定を保障するために全力を集中させよう、という四つが、今年の施政の四大基本方向といえるでしょう。このことは同時に、維新課業を通じてわれわれが達成しようとしている基本目標でもあります。次の質問をどうぞ……。

＝如何なる事態にも即刻対応　北韓の軍事挑発は断乎排撃＝

問い＝去る八月、北韓は一方的に南北対話を中断させたばかりでなく、国連総会が終わるやいなや、わが国の西海岸を侵犯するなど、露骨的な軍事挑発行為をほしいままにし、韓半島における緊張を高潮させています。これに対処する方策はどんなものでしょうか。

大統領＝去年の十月下旬ごろから、北韓はわが国の領海を頻繁に侵犯しています。西海の五つの島を往来する船舶を脅かしたこともありました。これは休戦後いまだかつてなかったことでした。

去年十二月一日の軍事休戦委員会本会議の席上、国連側代表はこれについて北韓側に厳重抗議しました。これに対し北韓側はそれこそ盗っ人たけだけしく、西海一円の海域が北韓の管轄海域であると主張するかと思えば、今後同海域を航海する韓国の船舶は、北韓側の事前許可が要るとか、もし許可を受けない場合は北韓側が検問するなどと、とんでもない言いがかりをつけてきています。

北韓側が彼らの管轄海域と主張しているのは、ほかでもない白翎島、大青島、小青島、延坪島、隅島の五つの島を指すものです。これら五つの島は、休戦協定調印当時国連軍司令官の統制下にありました。したがって、これは明白に大韓民国の領土です。休戦協定第二条十五項には、これらの島とその周辺海域に対するいかなる封鎖もやれないことが明記されています。

このような協定条項に基づいて、これまで二十余年間、わが国の船舶は陸地とこれら島嶼との間を自由に航海してきたばかりでなく、共産側もこれに対して異議を申し立てたことは一度もありませんでした。ということは、国連側はもとより、共産側もこれを認めてきたことをはっきり裏付けるものです。

ところが、北韓側がいまさらのように、彼らの管轄であるとか、許可を要するとか言っているのは、とんでもない話であるばかりか、明らかに休戦協定違反なのです。さらに、につめればこれは協定違反どころか、休戦体制を根本的に無視した挑発行為と看做されなければなりません。北韓がなぜこのようなとんでもない言いがかりをつけるのか、その下心は果たしてどういうものなのか――ということが重要だといわざるをえません。

われわれは、このような北韓の態度を決して偶発的に犯した挑発行為と看做すことはできません。これはあくまで、事前に綿密に企てられた計画的な挑発行為であると受け取っています。彼らはいま一つの新しい火種を撒くことによって国内外の関心を集中させ、新たな緊張を造成しようと狙っているのです。

としますと、なぜ、北韓がこの地域をそのような緊張造成の対象としたかが、問題になるのですが、われわれはこれに関する北韓の企図をいろいろな角度から分析検討してみました。その結果、そこには多くの理由があるという判断を得ました。

まず想定できることは、北韓の内部を覆う複雑な情勢がかげっているということです。すなわち、このような複雑な国内事情から国民一般の関心をそらすための行為であり、さらには、数回にわたった南北対話を通じて、共産主義者たちの当初のたくらみが霧散した事実に対する仕返しといいましょうか、そういった腹い

（二面につづく）

金永善駐日大使着任

―22日午後―

金永善新任駐日韓国大使は、さる二十二日午後十時五十五分、羽田着のKAL便で夫人と共に日本に着任した。

同日は前日の大雪とは打って変った好天気で、東京羽田空港には駐日韓国公館員らのほか、民団中央金正柱団長以下の民団関係者、そのほか約二百人が、太極旗を振って出迎えた。

写真は羽田空港で民団首脳の歓迎を受ける金大使（左）

新大使の横顔

駐日大使として最適の人材　田中首相とも深い親交

金永善駐日大使

更迭された李澔駐日大使の後任として、二十二日着任した金永善駐日大使は、日韓関係を受け持つには、最適の人材として評が高い。張勉内閣時代には財務部長官を務めた経済問題の権威でもあり、また田中首相との個人的なつながりを持っているからだ。

日本の統治時代の四二年、京城帝国大学法文学部を卒業し、高文に合格した秀才である。解放後は珍島郡守を務めたあと五〇年から国会議員に当選、五四年からは京郷新聞の論説委員となった。李承晩政権時代は与党・自由党内部で財政問題で名をあげ六〇年四月、李政権が学生革命で倒れたあとは張勉内閣の財務部長官におさまった。

七〇年には経済科学審議会常任委員、そして同年三月には国土統一院長官に指名され、閣僚につらなった。

田中首相とは戦前からの深いつき合いがあり、いまだに金氏が訪日のたびに個人的に親しい関係が続いている。

駐日大使としての氏の今後の活躍に民団をはじめ、在日同胞社会では大きな期待を寄せている。忠清南道出身。五十六歳。

三・一節母国訪問団派遣

民生局、2月15日まで報告要望

民団中央本部民生局（李鍾舜局長）では、今年も三一節記念式典母国訪問団を次の要領で編成、派遣するよう各地方本部団長並び傘下団体長に、一月十日付公文で通達した。

①人員構成はなるべく新規団員を優先的に入選する。②二十人以上の場合は、地方本部単独で訪問団を構成すること。③日程＝二月二十八日ソウル到着、三月一日式典参加、国立墓地参拝、二日午前解散④各地方本部は、二月十五日まで名簿を作成、報告するよう民生局では望んでいる。

なお、詳細は公文参照。

金在権公使離任あいさつ

―23日民団来訪―

金在権駐日公使〈写真〉は、二十三日午後二時半、離任あいさつのため民団中央を訪ずれ、三機関長をはじめ在日同胞社会有志多数と歓談をかわし惜別を惜しんだ。

金在権公使離任送別会

四年一カ月の間、駐日韓国大使館で公職をはたしてきた金在権公使は、このたび発令された政府の人事異動にともない離任することになったが、その間の功績を讃え惜別の情をわかち合うための民団中央本部主催による送別会が、二十五日午後五時半から、東京商銀ホールでひらかれ、約四百余人参会の盛大な催しとなった。

夫人同伴で会場に臨んだ金公使を囲んで民団中央の李古英総務局長の司会によりひらかれた送別会では、まず在日民団の全機関を代表して、金正柱団長が誠意こもる惜別の辞をのべたあと、金公使から懇切にして丁重な答辞があり、次いで李彩雨副団長からの記念品贈呈、金秦煥監察委員長先唱による祝杯があげられ、金公使自から参会者一人ひとりへの握手と歓談が交わされる中で七時過ぎ送別会を終えた。

朴正熙大統領の年頭記者会見

〈一面からつづく〉

せではないかと想像されます。

もう一つは、いま北韓が突拍子もないある陰謀を企み、それをわが国に気付かれないようにするため、西海岸でひと騒動持ち上げるという、いわゆる偽装戦術としての挑発行為といえます。

さらにいま一つは、彼らがこのような挑発行為を敢行した場合、果たして韓国の反応はどうだろうか、ひいては、国連軍はどう出るだろうか、ということを試すための挑発行為とも考えられます。

いずれにせよ、明白な北韓側の企図は、もうしばらく時間をおいて検討しなければならないでしょう。

しかし、ここで一つだけはっきり注目しなければならないことは、北韓が西海方面でそのような挑発行為を犯していた時分、それらの島の北方にあるオン津半島を中心に北韓は陸海空軍の特殊訓練を実施して、一種の軍事的示威を行なったことです。われわれはこの点を重視するとともに、今後ともこれに鋭い注意を寄せなければなりません。

ここではっきりさせておきたいことは、北韓側の下心がどういうものであろうと、西海上のこれら五つの島が明白にわが国土であるかぎり、ここを往来するわが国の船舶は断固としてこれを守護する義務であるということです。

また、万が一にも北韓が、今後とも引きつづき同海域を侵犯するとすれば、われわれは決然たる対応措置を取るのはいうまでもなく、一歩たりとも譲歩しないむねを、北韓側ははっきり銘記しておきました。

したがって、今後彼らが再び同海域で問題をひき起こすとすれば、それに生じる一切の責任は、全面的に北韓側が負わなければならないということを明らかにしておきます。

いま、これらの島を往来する船舶は、海軍艦艇の護衛のもとに就航しております。また、これら五つの島には一万五千人の大韓民国国民が居住しています。政府と軍は、今後いかなる事態が発生しても、即刻これに対応できるだけの万全の態勢を整えている点を、住民各位と国民皆さんに明言しておく次第です。

互恵平等の原則で門戸開放
理念と体制を異にする共産圏とも

問い＝大統領閣下は昨年六・二三宣言を通じて、中立国家はもちろん、理念と体制を異にする国家に対しても、互いに門戸を開放することを促されました。この六・二三宣言はわが国の外交政策基本方針の転換をもたらしたものと受け取られていますが、今後政府は、中立諸国および共産圏諸国に対する外交方針をどういう方向に進めていくのか、また、いかに改善ないしは積極化していくつもりなのか、ということについておうかがいしたいと思います。

大統領＝みなさんもご存じのように、わが国の外交政策は三つの基本政策からなっています。

この三つの基本政策が、わが外交政策の基調をなしていることは、みなさんが百も承知しておられると思います。

すなわち、その第一は安保外交であり、その第二は経済あるいは文化外交、その第三は平和統一外交であり、この三大基本政策がわが外交政策の基調をなしています。

第一の安保外交とは、わが国の安全保障と韓半島における平和を定着させるための外交的な努力を指すものであることはいうまでもありません。

第二の経済・文化外交とは、わが国の経済建設のための資源を確保するとか、または通商交易を拡大して輸出を増大させることによって、わが国の経済発展を促進し、ひいては国力を培養していこう、また文化、芸術、スポーツを通じて相互間の友好親善関係をより一層増進させていこう――というのが、経済・文化外交であるといえます。

最後に、平和統一外交とは、わが民族の至上目標である祖国の平和統一を達成するため、われわれのすべての外交的な努力を傾けていくことを意味します。

こうした外交を通じて、わが国の利益を増大させ、国家目標を達成させようというのが、わが国の外交の究極的な目標であるといえるでしょう。

このような目標を達成するためには、世界の数多い国から、わが国の外交政策に対する積極的な支持と協力を獲得しなければなりません。そのためには、われわれがこれまで友邦諸国との間に保ってきた親善関係をより強化させることはいうまでもなく、その他中立諸国とか、あるいはわれわれと理念と体制を異にする国ぐにとも、修交ないしは関係改善を拡大していく必要があります。六・二三宣言以降、われわれはすでに中立国であるインドネシア、フィンランド、インド、バングラデシュ、そして最近はアフガニスタンなど五か国と修交しました。

今後は、理念と体制を異にする共産主義諸国とも、互恵平等の原則に基づいて、通商とかスポーツ、あるいは学術や文化、その他各方面にわたる交流を通じて、段階的に関係改善を強化していく方針です。

南北対話は忍耐で積極推進
必要なら一部メンバー改編

問い＝昨年、国連総会は韓国問題に関する二つの案を折衷して、いわゆる合意声明というものを通過させました。これと関連して、大統領閣下は今後南北対話をどう導いていかれるのか、その点についておっしゃって下さい。

大統領＝南北対話に臨むわが韓国側の態度はみなさんもよくご存じのとおり、対話を通じてやさしい問題から一つ一つ解決していこう、そうすることによって、これまでに積もり積もったおたがいの不信を一つ一つ洗い落として信頼を回復し、平和を定着させていこう、これが平和統一の基盤を固める一番の近道である――こうわれわれは考えています。

このような方針は、六・二三平和統一外交政策に関する特別声明を通じて、すでに国内外に言明したとおりであり、また、先の第二十八次国連総会でも、多数国家から絶対的な支持を受けました。

昨秋の国連総会で通過された韓国問題に関するいわゆる折衷案合意声明にも、七・四共同声明の精神に立脚した南北の活発な対話を通じて、韓国問題は韓国人同士で自主的に解決するのを希望する、あるいは勧誘するという趣旨がもられています。

南北対話は、昨年八月二十八日北韓側が一方的にその中断を通告してきたことによって、その後事実上中断状態におかれていました。しかし、昨年十一月中旬、わが韓国側が再び要求して、南北調節委員会副委員長会談が昨年末板門店で三回開かれたことは、皆さんもよくご存じのはずです。

また、今月九日にはわが韓国側副委員長が北韓側に対して次の会議を再開しようと提案し、来週の月曜日、すなわち一月二十一日に板門店で会議が再開されると承知しております。

しかし、昨年十二月に三回開かれた副委員長会談でも、これといった新しい進展はなく、いつも同じことだけを繰り返していると聞き及んでいます。

また、この南北調節委員会のほかにも、南北赤十字会談をこれまで数回にわたってソウルと平壌の両方で交互に開いたのですが、これも昨年八月以降は中断状態にあります。これも、わが韓国側は早く再開しようと度たび促したのですが、北韓側ではやれ反共法がどうの、国家保安法がどうのと、あるいは、これは改正せよ、あれは廃止せよなどと、いろいろとわれわれの内政に対する干渉に属する主張だけを繰り返しており、さらに、今度はソウルで開かれることになっているのに、ソウルはいま環境がどうの、ふん囲気がどうのというはいがかりをつけて、是非とも平壌で開かなければならないといった無理難題を吹っかけてきているので、いまだに、会談がいつ開かれるかに関する双方の合意がなされていないと聞いております。

わが方としては、これからさき、できるだけ早目に南北調節委員会と南北赤十字会談を再開し、これらの会談を継続して成果あるものにしようと期待しています。そればかりでなくこの調節委員会については、北韓側はこれまで何度も、そのメンバーを改編しようとか、そういう提案をしてきたのですが、必要ならば、一部のメンバーを改編してでも、早期に会談を正常化させることを、われわれは希望しています。

要は、北韓側がこの対話に対してどれだけ誠意を持っているか、ということにあるのではないか、と私は思っています。

今年の年頭にも、北韓は南韓の進歩勢力と自分たちとが協力して南朝鮮革命を云々といった、荒唐無稽なたわごとを言っているのですが、果たして彼らに、南北対話、七・四共同声明の基本精神、南北対話に対する根本的な意義を誠実に認識して、誠意をもって会談を進めていこうとする気があるのかどうか、あるいはほかに狙いがあってこう言いふらしているのかわれわれはその真意を測りかねているのですが、要するに問題は、この会談をしばしば開くことだけが能ではなく、この会談に臨む双方の誠意と姿勢が問題であると思っております。

南韓の進歩勢力云々と共産主義者たちがいっておる進歩勢力というものは、どういう人たちを指しているのかわれわれはよく知りませんが、そういう人たちと力を合わせて、暴力革命とやらを引き起こし、わが政府をくつがえそうとするのが彼らの究極的な目的であるとすれば、この対話はいくらやってみたところで、全く意味はない――こう私は考えています。

しかし、われわれはそれかといってこの会談を放棄すべきではなく、極度に困難な会談であることははじめから覚悟していたところだから、あらんかぎりの忍耐と誠意を尽くして対話を継続させ、よりいっそう会談の成果をあげるために、やれるだけはやっていこうというのが、われわれの現在の基本方針であります。

問い＝これまで北韓と関連した多くの問題について詳細に説明して下さいましたが、いま北韓は、平和協定の締結を主張していますこの平和協定締結に対する大統領閣下のご意見をうかがいたいのですが…。

大統領＝この平和協定締結問題は、いまからおよそ三年前の一九七一年八月、ニューヨーク・タイムズの某記者が中共を訪問した際周恩来首相との会見席上で周首相が初めて口にしたものと記憶しています。

その後、北韓側もしばしばこの問題を持ち出してきましたが、とくに南北調節委員会でこれを頻繁に口にしてきました。

ところが、北韓が主張しているこの平和協定というものは、言葉の上だけではなるほど平和という聞こえの良いものがついているのですが、果たして彼らが本当の意味での平和を欲しているのかどうかが、問題であるといわざるをえません。

北韓側の主張する平和協定の内容をよく検討してみると、およそ四つか五つに分けることができるのですが、まずその第一が外国軍隊撤退主張です。

つまり、現在韓国に駐留している米軍を完全に撤退させろということと、南北韓の兵力をそれぞれ十万あるいはそれ以下に減らすことを主張しています。いわば、今後南北韓の軍備競争を取り止め、外部からの装備あるいは軍需物資の導入を中止しようということです。さらに、このようにして平和協定が締結されれば、現存する休戦協定を破棄しようという主張なのです。

これに平和という言葉をしきりと使っているため、国民一般はともすればそれにまどわされるかもしれませんが、その実、共産主義者たちの主張する内容をよく分析してみれば、結局、南韓から米軍を撤退させるとともに、韓国の兵力を十万以下に削減し、さらに外部からの兵器導入を抑制することによって、現存の休戦協定を破棄しようということにほかなりません。

これが果たしてなにを意味するものであるかは、いまさら説明の必要もないでしょう。

つまり、北韓側の狙いを要約すれば、われわれの国防力を完全に無力化させ、もう少し極端に表現すれば、われわれを武装解除させておいて、適当な時機が来れば、武力をもって南侵、韓半島を赤化させようというものです。

北韓平和協定案は羊頭狗肉
武装解除を企んだ偽装戦術

若し、われわれが北韓共産主義者たちのこのような提案を額面どおりに受け取るとすれば、果たしてその結果はどうなるでしょうか六・二五動乱の二の舞いを演ずるだろうことは、火を見るよりも明らかなことです。

いうなれば、彼らは平和、平和と、口さえ開けば平和を叫んではいるものの、その平和協定の内容には、危険千万な陰謀と計略、それに底のしれない落とし穴が隠されているのです。

われわれは絶対にそのような計略に引っかかってはなりません。六・二五動乱のような悲惨な経験を味わなかったならともかく、われわれは二度とだまされてはなりません。

最近北韓側は、折にふれて南北韓連邦制を持ち出していますが、これも内容をただしてみれば、いわゆる平和協定なるものと大同小異の手口に過ぎません。

羊頭狗肉という言葉がありますが、平和、平和と口では言いながその裏ではとんでもない陰謀を企んでいるという事実を、われわれは深く肝に銘じなければなりません。

一九五三年調印された休戦協定の条文には、外部からの兵器導入を禁止するという条項が明記されています。

それは、休戦協定調印後は南韓国連軍はもとより、北韓も外部から兵器を導入してはならないという条項です。

ところが、北韓はそれに一方的に違反しました。北韓はしきりに外部から兵器を導入したので、国連軍側は重ね重ねそれに抗議しました。しかし、北韓に対するそのような抗議は、つねに馬の耳に念仏を唱えるようなものでした。結局、そういう過程を経て、兵器導入禁止の条項は死文化されてしまったわけです。

この一つの事実だけをみても、共産主義者たちとの条約や協定がいかに信用できないものであるかがわかると思います。ベトナム休戦協定をその例にとってみても、共産主義者たちの常套的な手口ははっきりしています。ベトナム休戦協定が締結されてからおよそ一年あまりになりますが、聞くところによりますと、一日にも数十件の違反事件に、数十回にのぼる戦闘が交わされているということです。

それに共産主義者たちのいう平和という概念は、われわれのそれとは根本的に違っています。

われわれの平和概念は、それこそ戦争を完全に放棄した、つまり武力による相互侵略を企てないことを意味するものですが、これとは反対に、共産主義者たちのいう平和は、彼らの狙っているある目的を達成するために、一時的に必要な時間を稼ぐための方便としての平和を掲げているのに過ぎません。そして、稼いだその時間を利用して、すべての準備を進めるかたわら、いったん準備がととのったあかつきには挑発の暴挙に出るといった、偽装戦術の一種なのです。

最近北韓は、平和協定なるものを掲げて、これを彼らの政治宣伝の目的に利用しております。

彼らは世界各国に向けて自分たちは戦争を願わず、平和を望んでいるため、南韓との平和協定締結を提議しているのに、南韓はこれに反対している、といった政治宣伝に明け暮れているのが実相です。

共産主義者たちの手口はつねに千遍一律なのですが、万が一にも彼らが心から平和を欲しているなら、いまさらのように平和協定を締結するまでもなく、いまからでも休戦協定を順守することによって戦争はいくらでも防止できるはずです。

さらにまた、七・四南北共同声明の持つ精神を、双方が忠実に履行するだけでも、韓半島における戦争の危険は十分排除できるはずです。

私は平和の定着は可能であると堅く信じています。そもそも平和というものは、協定や条約とかいった紙切れ一枚に明記するだけで保障されるものでは決してありません。

ほんとうに平和を守るという意思、たがいに戦争をしないという明白な意思があるかどうかが、重要な問題なのであって、協定それ自体が物を言うわけではありません。

ここで私は、北韓はこれまでどれだけ休戦協定を忠実に履行したか、反問せざるをえません。

北韓は休戦以来このかた、一万三千回以上も休戦協定に違反しました。果たして、彼らは協定にそのような条文がなかったため、そのような不法行為をほしいままにしたのでしょうか。

また、彼らは七・四共同声明をどれだけ誠実に履行したといえるでしょうか。七・四共同声明を発表しておきながら、これまで平穏だった西海で挑発行為を行い、協定条文にも明記されている同海域を、いまさらのように彼らの管轄云云しているのが、果たして七・四共同声明の基本精神に沿うものなのでしょうか。

若し、南北間の平和を定着させるために新しい協定が必要だとすれば、また北韓の唱える平和が真心から出たものであるとすれば、底の見えすいた平和を云云するよりは、この機会に、南北間の相互不可侵協定締結を、私はここに提案するものであります。

私のいう不可侵協定の骨子は、おおむね次のように要約されるものです。

まず、南北双方が絶対に武力侵略を企図しないということを、広く中外に約束することであり、

第二、双方が内政干渉を絶対にやらないということであり、

第三には、いかなる場合においても現存の休戦協定はその効力が存続しなければならないということです。

以上のような内容を持つ不可侵協定が締結されるとすれば、またこれが誠実に履行されるとすれば、韓半島における戦争防止はいうまでもなく、平和の維持も絶対に可能であると信じております。

ところが、このような協定とその条項を順守するという誠意と意思が前提とならないかぎり、いかなる形態の協定を、たとえ何十回繰り返して結んだところで、それは何の役にも立たない無駄骨に終わるほかないでしょう。

このような協定を締結して、統一のそのときまで平和共存を維持するとともに、活発な対話はもとより、交流もしたり協力もして、統一の基盤を一つ一つ築き上げていくことこそ、去年の夏、政府が発表した六・二三宣言の基本精神とも一致するものであります。

たとえわれわれがいくら統一を熱望するにしても、それは一日や二日で成就できるものでもなければ、今のような南北関係では、とうていそれを成就する時期でもありません。われわれは統一その日まで、平和共存を図るとともに、活発な対話、各方面にわたる交流、協力などを通じて、統一基盤を一つ一つ固めていくべきであり、それが六・二三宣言の精神であると同時に、われわれの主張でもあります。

平和協定を云云して平和を装いながら、その裏では陰謀を企んでいるようでは、韓半島における平和はそれこそ思いもよらないものであると思います。

つまり、北韓側の主張する平和協定は、その内容を厳密に検討するとともに、つねに警戒を怠ってはならないということです。

今年の経済成長は八%目標
国際経済恐慌、忍耐で克服

問い＝ただいま、世界的にエネルギー・ショックと資源の不足現象が大きく憂慮されています。このような国際経済の状況のもとで、新年のわが国の経済展望についてご意見をうかがいたいのですが…。

大統領＝最近の石油ショックや資源入手難は、全世界的に大きな衝撃と波紋を巻き起こしたと思います。恐らく、世界経済がかつて経験しなかった一大難局に直面しているのではないかと思われます。

資源不足現象にともなう各国の資源争奪戦は、経済的な次元から次第に政治的次元へとエスカレートし、まるで経済戦争を思わせる様相さえ呈しています。

したがって、最近の世界経済は新たな秩序を模索すべく陣痛中であり、世界経済は新たな秩序のための再編成が不可避であると見ている人が多いようです。

米国をはじめ、ヨーロッパの先進諸国や日本、その他すべての開発途上国も、このエネルギー対策のため、現在非常措置を取っているのが実情です。

このような事態がどうして引き起こされたかという問題については、これまでもみなさんが新聞などマスコミを通じてよくご存じだと思いますが、これにはいろいろと複雑な理由が介在しているものと見ています。

それは経済的な問題だけでなく、政治的なさまざまの理由もからんでいるのですが、私の見るところでは、その中でも最も根本的な原因は、やはり何といっても資源不足現象からきたものと見ております。

これまでのところわれわれは、資源はこの地球上に無尽蔵に秘められている。われわれ人類がどれほど大量に使ったところで絶対に尽きることはない――と思っていたのですが、最近の状況から見ると、そうではなかったのです。地球上に秘められている資源というものは、ある限られた地域に、それも無尽蔵にあるわけではなく、いつかは尽き果ててしまう分量しかないにもかかわらず、需要は毎年急激に増えつつある一方なのですから、過去のように無制限に需要を開発するとすれば、近い将来資源は枯渇してしまうほかありません。このような展望のもとで、資源を所有している国ぐにが資源の開発に制限を加え始めました。最近、資源民族主義という言葉がしきりに使われているのですが…、その結果として資源不足現象が起こり、またこの資源不足のため価格の値上がり現象が起こり、この値上がりのためインフレが誘発され、ついには全世界がこのインフレの渦巻の中に巻き込まれていると、私はこう見ております。恐らく資源を所有する国を除いては、全世界のすべての国が一様にこの影響を受けていると思います。中でも最も大きな影響を受ける国があるとすれば、それは韓国のようないわゆる上位開発途上国といえるでしょう。

なぜかといえば、最近ある外電を読んだことがありますが、この開発途上国――とくに上位圏に属する開発途上国――は、これまで外国から資本を導入し、また原料や原資材も導入して、技術を開発するかたわら、輸出に専念して、いまようやく高度成長の梯子を一段一段上ぼりはじめたところを、一瞬にして台無しにされるといったところから、上位開発途上にある国ほど最も大きな打撃を受けるのであり、むしろ先進国はすでに梯子を上ぼり終わった段階なので、大した被害もなく、一方、きわめて遅れた低開発国は、まだ梯子すらかけていない状態なので、さほど影響を受けないといったことが載っていましたが、実にもっともな話だと思います。

わが国の経済は過去十年間、いろいろと難かしい局面もあったし、また起伏もはげしかったのですが、最近のような資源難や数かずの難関に直面してみると、それでもこれまでの十年間はきわめて平川な道を歩んだという気がします。昨年だけにしても、世界各国がこのような経済的陣痛に見舞われたため成長面においても物価面においても、多くのくいちがいが生じました。ところが、ただひとりわが韓国の経済だけは、異例的な高度成長を遂げたのです。

先ほどもちょっと触れましたがわが国の経済成長、すなわちGNPは一六・九％で、これはわが国だけでなく、どの国においても過去にそのためしがなかった高度成長率なのです。

輸出面でも八〇％という増加率を示し、これまでわが国の輸出が最もいちじるしい伸長を成し遂げたときですら、年平均約四〇％の伸びであったのですから、それの二倍を越える八〇％といえば、大変な成長をもたらしたわけです。みなさんもご存じのとおり、一九六一年すなわちいまから十二年の総輸出高は三千二百万ドルに過ぎませんでした。昨年末のわが国の年間輸出高が三十二億五千万ドルですから、ちょうど百倍に増加したということになります。昨年のいろいろと難しい国際情勢にもかかわらず、わが国の輸出がこれほど増加し、また、物価も当初の予想よりははるかに上回りましたが、それでもよその国にくらべたら相対的に安定する勢を維持した、ということがいえます。

（次号につづく）

難局克服の決意を新たに
安保・経済・平和統一の三大外交政策を推進
世界最高の経済成長維持

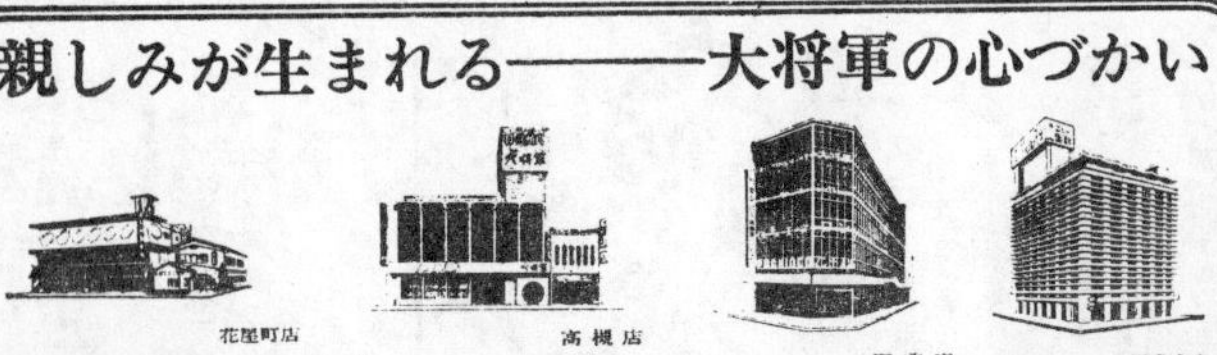

(3)　(1974年)1月26日　韓國新聞　（第3種郵便物認可）　第1110号

全国支団長研修会

三陣編成、2月4日に出発

本紙既報、民団中央本部主管による本国での全国支団長研修会は、出発日時などを一部変更し次のような日程で、第三陣にわかれて出発する。第一陣は二月四日の福岡出発で、七十六人。九州、中国、四国の各支団長からなっている。第二陣は、二月八日の羽田出発で、七十四人。関東、東北の各支団長。第三陣は二月十二日の大阪出発で、六十人。近畿、中部の各支団長。会場はソウルの民団本国事務所ホール。

抽せんで航空券 大阪の成人式盛大

民団大阪本部（姜仁煥団長）では、去る十五日の成人式を迎え、同本部講堂において約五百人の成人男女が集まり盛大な式典をあげた。

この日、各界代表から祝福された一同を代表して、教育団代表が答辞を読みあげたあと、記念抽せん会がおこなわれたが、ソウル往復の航空券六枚、服地二着分、韓日辞典十組、江利チエミの「春香伝」入場券九十枚がそれぞれあたり、大好評を博した。

講堂を埋めた大阪の成人式

なごやかな千葉の成人式

成人式と功労者表彰 千葉県本部

民団千葉県本部主催の新年会は千葉京成ホテル三階、大宴会場で成人式、組織功労者表彰式をかね県内同胞三百九十余人参集裡に正午から行なわれた。

民団千葉県本部 高権錫副団長の司会で始まった新年会で、金正柱中央本部団長を代理して参席した姜学文副団長は、組織功労者の業績を讃え、その間の労苦をねぎらい、今後におけるより一層の奮励を託した。

ついで渡辺一太郎日本参議員、彭元仏千葉商銀専務理事、韓承五千葉県韓国教育文化センター所長ら来賓の祝辞のあと、曹允具団長から組織功労者に対し、表彰状と記念品が授与され、金杉田氏が受賞者を代表して感激あふれる答辞をのべた。

ついで、新成人九十人および本国から来日研修中の看護研修生の新成人該当者十八人に対し、記念品がおくられ、代表延承順さんは在日同胞社会における立派な活動を約する旨の答辞をのべた。

当日表彰された組織功労者の名単はつぎのとおり。

黄白翊、金杉田、金水甲、金鳳吉、李守好、李沢煥、安成鎬、朴壬馨、黄葎淵、趙鏞述、朴勢均、故李白祚の各氏。

桐生韓国会館落成

朝総連組織が乱舞している群馬県桐生市に、このほど韓国会館が新築落成され、物心共に民団組織の要衝として偉力を発揮することになった。

かねてから桐生韓国会館建設委員会（俞費植委員長）では桐生市永楽町一－二九の現在地に十九坪の土地を確保、建坪三十一坪の鉄筋コンクリート二階建の建設を進めてきたが、七百五十万円の費用をかけてこの程完工したもので、一月十九日午前十一時からの落成祝賀式には、中央から金正柱団長を始め、韓翊浸群馬県本部団長、安万道桐生支部団長、小山桐生市長、福田桐生市議会議長らが祝辞をのべ、中曽根通産大臣、福田大蔵大臣らからも祝電があった。

新築なった桐生韓国会館

ハワイ・ゴルフツアーで交歓

崔淳悦氏が会長である同友会と敬友会、それに安知淵氏が会長になっている桃園会の三団体合同による新春ハワイ・ゴルフ・ツアーは、東洋航空（鄭賢式社長）主催により、去る一月十一日から五泊六日の日程を常夏のハワイで過ごし、一行二十八人がこのほど元気で帰ってきた。今度の旅行でわかったことだが、ハワイ諸島には韓国系同胞が一万人も住んでいるといわれ、ホノルルのタクシー運転手だけでも六十人に達し、いつもは日本人観光客ばかりで溢れているのに、こんなにまとまった同胞団体は始めてだと喜び、商売抜きにして市内を案内しようという熱烈な運転手が現われ、話題になったという。

一行のリーダー格である李彩雨民団中央副団長は、代表数人を連れて現地の韓国領事館を訪ね、日頃の労苦をねぎらい、日本における民団が、つねに国威宣揚のために尽くし、セマウル運動支援だけでも六億八千万円の献金を伝達したと実情を報せ、意見を交換してきたと本紙に伝えてきた。

アポロ・トラベル新発足

東京で多年間の実績を誇る旧大韓交通社（左玉花社長）では、事業拡大に伴ない現社屋が手狭なため、約二分ぐらい離れた同じ二の橋に新社屋を求め移転することになった。

左玉花社長

その上、世界一周など新企画がふえたのを機会に、社名も、すでに（株）アポロ・トラベル・サービスと改名、次のような新年度各種ツアーを発表、業界の注目を浴びている。

なお三月までは、旧社屋でも一部業務を行なっている。

新住所は、港区麻布十番三丁目十七番地、電話は四五一－八二〇〇、四五三－六八八八。

大使館から徒歩で五分、民団中央本部建設用地から三分の至近距離で、立地条件がよい。

〈新旧企画〉

一月二日－七日・第四回ハワイ・ツアーとグアム・ツアー。

二月二十三日－三月三日・アメリカ・ツアー

四月－アポロ世界一周ツアー

七月－〃アメリカ・学生ツアー

九月－〃南アメリカ・ツアー

ほか、毎月一回の東南ア・ツアーがある。

ビジネスと観光と歴史・美術そして…

世界親子かけある記 ⑦

裵乙祚・裵慶州

平和なナイルの流れ

古代宮殿遺跡の魅力にあい 感触を心ゆくまで楽しむ

午前三時頃リヴァーナイルのほとりにあるナイルホテルに着いた。この一帯河添いにヒルトンを初め一流ホテルが並んでいて、観光客の姿が目立つ。カイロでは一等地のようだ。エジプトの母ナイルは、意外に澄んで河幅は広く、私達の部屋からはナイルタワーが一点高く姿をみせていた。

とに角長年あこがれつづけていたエジプトを貪欲に観なくてはと、フロントでさっそく朝からカイロ郊外のギザ・サッカーラ、及びメンフィスのピラミッドや遺跡の見物コースを交渉してガイドをつけて一路西南へ向った。

このガイドづれした男仲々商売上手で、昼食は行きつけのところ、タクシーも仲間、行く先々で顔が良くきく。ぬけ目がないのが何かいやらしい感じがする。

先ず一番遠いメンフィスの遺跡を先に観ることにし、カイロ郊外の田舎道を走る。亜熱帯植物がナイル河畔に点在する間を、遠は右手に一段高く遥かに砂漠が続き、所々一団のピラミッドが散っている。左手はクーリーをはさんで緑の畠がかすかにみえるナイルまで拡がっていた。農民が三三五五、野良仕事に精出し、小柄のロバが物を運び、全てが平和のうちに手仕事で農作が行なわれ、途中の村々には幾つかの有力者の家をのぞいては、土蔵造りの民家が目立つていた。何千年も変らぬ家造りと、昼仕事ののどかな田園風景である。

三十分程でメンフィスに到着した。椰子の木立の中にすぐそれと解るスフィンクス、石柱、宮殿の礎石が点在している。古代宮殿の遺跡である。木陰に石碑が建っていた。表現のしようのない魅力をもつ古代エジプト文字（神官文字及び民衆文字）が花崗岩の石碑に刻まれ、たまらなくなつかしく私はこの自分の手でなでまわし、その感触を心ゆくまで楽しく味わった。「来て良かった」と私は息子に子供のように晴れやかに言った。息子はうなずいたまま遺跡と化した宮殿の跡を感慨深そうにあたりを眺めていた。村の明達が木陰で昼の憩いをしていたが、ものめずらしそうに好奇な眼を向け笑った。東南亜から度々見て来た他所者に対する笑いかけである。

石碑の彫刻の古代エジプト文字は何と言う美しさであろう。精巧で具象的に一面に刻まれた文字は、ある神秘性を持った美しさで、神であり王の業蹟を称えようとする意志が、現代技術をもってしてもとうてい及ばぬ芸術性の高い精巧な彫刻を生んだのであろう。近代文字の祖をなすこのヒエログラフは・まったく正確に物象を右から左へ、上から下へと秩序と具象性をもって、何事もしらぬ者ですら心深く刻み込まれるようにみごとに芸術化されている。

石材はこの地方に多く産出するライムストーン・アラビスター（大理石の一種）、花崗岩がおしみなく使われている。永い年月に堪え不朗の文字や、角が欠けている碑もあるが、これがまたあのロゼッタ石から受ける一種の神秘さと、人の心を強くとらえる美しさを持っているのは何と不思議なことであろう。

スフィンクス・王の威厳をこんなにも単的に古代人を威圧した作品は、世界でもめずらしい。頭部は王の威力ある顔、母体は獣の姿をしたスフィンクスは、絶大なる神としての王の権威をもののみごとに表現し、畏怖の念をすら憶える。つめたい感触から伝わるものは意外に暖か味のある古代人の真しな祈りであり、永遠に還の蒼還ることのない時間を、この像は沈黙の中に現代の私達と接続しているのだと想うと、なつかしくもあり、血のかよう同じ人類としての暖か味が体内を流れるおもいがした。私は古代人に会ったような一瞬の平和な安堵をおぼえ、立ち去りがたい想いでしばらくそこに立っていた。

メンフィスはかつて王都があったところで、今はその輪郭のみが残り宮殿跡の石柱や礎石が名ごりを留めている。最近椰子の木陰から発見されたばかりの或る王の像が横たえてあったが、数千年の眠りからめざめたようないきいきした姿であった。近くの記念館にある王の像をみたが素晴しい立体感にあふれた力作だが使われているライムストーンは不思議なまでに艶かな乳白色をたたえ、とても数千年前の作とは思えない程の迫力と、我的な現代人には理解出来ない或る威力を、いや一種説明しがたい魔力をすら感じる作品である。

チョットめずらしいものを見せてやるとくだんのガイドが、遺跡の近くにあるさびれた村の裏地をとおって薄暗い一室に案内され、手ぎわ良く所謂骨董品なるものを並べ始めた。副葬品の小物である。馴れ合いの一味がさかんにすすめるがあまりにも高いので、一個十五ドルというのを七ドルといってやったらオーケーしたので買い外に出た。何とも後味が悪い。もっと彼等の祖先が残した偉大な遺物を大切にしプライドを堅持してやったら観光客にいかがわしい価格で押し売りをせぬよう教育してもらいたいと願った。

帰り途サッカーラーに寄りギザのピラミッドに行く予定だったが変更しギザに直行した。ここは誰もしる三大ピラミッドと大スフィンクスが、ナイルのデルタから一段高くカイロ市外の高台に拡がる砂漠のはずれにその偉容をみせているところである。

ナイルデルタの緑と一段高い砂丘の白は、現世から来世に旅立つ一つの関所のようでもあり、そこに聳えるピラミッドは、崇高であり畏怖の感をおこさせ、古代社会における絶対王権の偉大な力をみせてくれる。二十数万個という膨大な石材を使用し、数十年を要したこのピラミッドの建立こそ、オリエント古代社会を象徴する金字塔である。徹底的に酷使された人民が自己の来世をも願い築き上げた巨大な建造物は、今や王権の絶対と来世においてもなお支配を続けようと願ったファラオ等が残した、盛者必衰の残骸でもある。内部のせん道を頂上近くまでのぼりつめたところに王の寝室がある。ガイドの老人が説明する声が異様に反響し、過去の王の栄光をたたえる言葉もうつろにあわれである。「アラー」ガイドの後を追って私も墓穴からどこか消え去るわが身に、或る無気味さを憶えた。

カイロ博物館前で

世界旅行こぼれ話

（7）ナセルを泣かせた人々

とに角国民と言うものは、言うことを聞かぬものと相場はきまっているらしい。特にその国の歴史が、苛酷なまでの絶対王権の下で国民がふみつけられたり、うち続く戦乱等で混乱が国民の心情をカラカラにしたなら、なおさら人々の心には不信と本能的防禦心が根をおろし、チョットやそっとのことでは掴み等いきとおるものではない。ここに政治のむずかしさがあり、世に英雄を待ち望む理由でもある。

中近東こそこの条件を不幸にもものみごとに満足させる地域であった。ナセルが革命をおこした時は、正に中近東エジプトにはこれ等の条件が極限に達していた時であり、ナセルは良くこの時期をとらえ政権を手中に納めたが、その後の彼はあまりにも近隣同胞種族、自国民の無知蒙昧にも等しい争いと、反対と、あらゆる不信にあい、あえなく若くして疲労に倒れた。

彼の死によって初めて大きなものを失ったことに気づいた人々が慟哭し天に向かい叫び地をたたいて悲しんだとしても、ついにナセルは永遠に帰らなかった。彼等は今、カイロの一角にモスクを建てナセルをしのび、この英雄を泣かせた自分等の無知をなげいても時は永劫に去って行くのみである。

今度の旅でアラブ人が如何にはしにも棒にもかからぬ国民であるかを識った。あまりにも悲惨な歴史が彼等をおしつぶしたために、如何にナセルを泣かしたことか英雄を最も望み、ナセルを愛した彼等が、もっともそれだからナセルが必要だったのかもしれぬが。私はナセルが限りなくかわいそうにおもえた。

Naharak Sahid——Good-bye

民族教育の殿堂

大阪韓国学校

大阪市西成区梅南二丁目五番二〇号・電話六六一－二八九八

本校の理事会（カナタ順）

姜桂重　郭炳顕　朴漢植　申萬変　韓禄春　李正商（監事）

姜宅佑　金容載　徐甲虎　安在祐　民団大阪府地方本部　金広植（当然職）

姜炳溌　杜炳銑　成海竜　李熙健　金相玉（監事）　李英勲（当然職）

本校の評議員（カナタ順）

康聖執　金鳳煥　金良祚　金泰鎬　朴大圭　梁東錫　尹守孝　田鍾相

高駲相　金聖淑　金鍾守　南春植　朴正準　梁順玉　李相均　陳斗好

金甲文　金性昌　金振浩　牟在圭　白憲　梁熙晋　張泰植　黄七福

（以上個人資格）

大阪駐在韓国領事団　民団大正支部　民団生野南支部　大阪韓国青年会議所

民団吹田支部　民団生野東支部　民団生野北支部　KOTRA大阪支社

民団東淀川支部　民団生野西支部　在日韓民同志会

（以上団体資格）

本校のP・T・A役員団（カナタ順）

金元治　金広植　蔡鍾萬（以上常任顧問団及び会長団）

南啓台　金洪鎮　文英順　趙斗河

高光洙　権寧穆　尹澄子　崔大順（以上各級委員長及び役員）

金基閏　馬永東　丁永順　金聖基　慎琳晟　崔圭達

尋ね人

☆尹三用さん（70才程度・男）本籍・忠南扶余郡鴻山面鳥嶋里。李鍾浩さん（斗成実業株式会社専務理事・ソウル特別市中区武橋洞25・源興ビル）がさがしています。尹さんをご存知の方は李さんかまたは東京四三二・四五四七・金まで連絡を。

☆朴谷学さん（69）士基さん（54）圭哲さん（54）圭礼さん（44）本籍・江原道金化郡近北面金谷里。谷学さんは第二次大戦時、大阪丸星に勤務したことがある。ソウル市竜山区厚岩洞一〇五－四九（二十統三班）の朴玉姫さんまで。

☆高万石さん（63才・男・叔父）〃春子さん（40才・女・従妹）〃福子さん（38才・女〃）〃明吉さん（34才・男従弟）本籍・韓国釜山市釜山鎮区鶴浦 京都市右京区梅津上田町五一で出生した韓国江原道三陟郡黄池邑禾田二里十班、高応竜方高日愛さんがさがしています。ご存知の方は、高さんか、民団中央本部民生局まで連絡を。

☆具大竜さん（清水満勝・47才）本籍・慶南東萊郡東萊邑 ソウル特別市城東区馬場二洞24番地十統二三班の金正学さんがさがしています。ご存知の方は金さんか民団中央本部民生局まで連絡を。

☆申成模さん（53才・男）本籍・黄海道殷栗郡 終戦前に在日留学中、徴用、横須賀造船所厚生課、東京出張所で勤務、その後消息がなかった申さんを弟の京畿道楊州郡南面梅谷里居住の申教模さんがさがしています。ご存知の方は申さんか民団中央本部民生局へ連絡を。

☆李漢吉さん（65才・男）本籍・全北金堤郡金溝面 長野県で農業に従事し、5、6人の子供とほんでいた頃にあばたのある李さんを、ソウル特別市麻浦区貫鉄洞二五三・大信ビル・九〇二号、金錫洞さんがさがしています。ご存知の方は、金さん又は民団東京本部中央連合支部、孫さんにご連絡を。

☆崔文子さん（高木文子・53才）本籍・全北井邑郡新泰仁面新昌里。

35年前、東京都向島区吾嬬町東四丁目に居住し、十八才当時、オリンピック・カメラ工場に勤務したことがある。

釜山居住の兄の崔大命（高木正男）さんがさがしています。ご存知の方は民団栃木県本部〇二八六・二三・七七七七（六六七一）に連絡を。

全南開発協会

会長　姜永彰
副会長　白鐸善
〃　金實鍾
〃　洪采植
専務理事　金容厚
常務理事　安夢弼

韓国と日本の関係に新視点

日本上古史(文定昌著)抜粋と解説

(23)

三国系の日本王朝 (4)

（つづく）

再び百済系の雄略王が即位

新羅を再々侵し百済系優待

新刊紹介

白浜研一郎著「半日本人」

在日同胞差別への「血の証言」

エール出版社刊　電話二九一－〇三〇六

「歌の夕べ」

芸術文化人協会主催　2月7日東京山葉ホールで

金泰燮氏

リトル・エンジェルス 国連総会で公演

扇の舞い

文化財億ッ 日本に密輸出

往年の金田正一投手

金田　留広選手

金田留広 ロッテ入り

「ロッテ」球団に、ロッテの金田正一監督の実弟金田留広投手（二七）が、「日本ハム」球団から移籍した。

このお蔭で、ロッテは監督とエースが兄弟コンビという球界の話題が一つ増えたとともに、昨年のリーグ戦で「兄貴のチームに勝つのはなが引けるが、投手だから投げ勝たなければならない。できれば兄貴の球団で投げたい」といっていた金田投手の希望もかなえられたわけ。さらに「兄貴と同じユニホームを着て、400勝した兄貴に学びたい」という。

林慶業将軍傳

(32)

訳　洪相圭
編　八束周吉

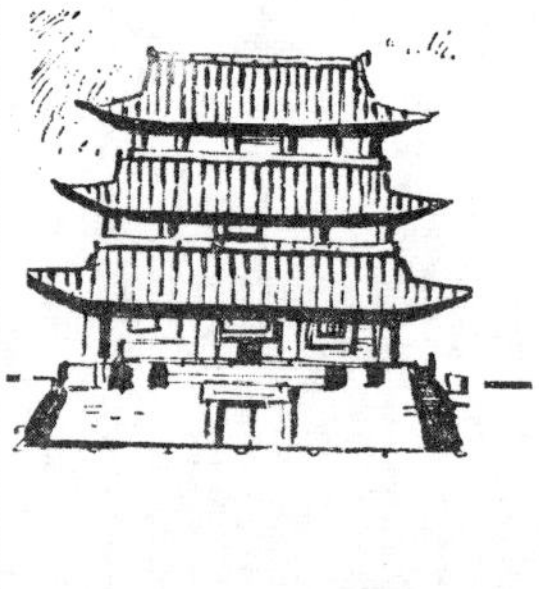

韓國新聞
在日大韓民国居留民団
中央本部機関紙
韓国新聞社
発行人　金　正　柱
東京都文京区春日町2丁目20－13
電話　(815) 1451～3
(813) 2261～5
振替口座　東京　163774
電話　73－0162・0165

民団綱領
一、われわれは大韓民国の国是を遵守する
一、われわれは在留同胞の権益擁護を期する
一、われわれは在留同胞の民生安定を期する
一、われわれは在留同胞の文化向上を期する
一、われわれは世界平和と国際親善を期する

真の韓日友好親善に努力

維新体制に積極的協力を

北韓は赤化統一の野望放棄せよ

金永善新任大使、民団で強調

金永善新任大使

○…金永善駐日韓国新大使は、さる一月三十一日午後、新任あいさつのため民団中央本部（金正柱団長）を訪れた。当日は金正柱団長ほか、民団中央本部各機関の役職員、民団東京本部鄭東淳団長ほか役職員、および近県各民団役員らと、在京同胞有志ら約百人余りが歓迎した。金永善大使は、参席者個人々々と握手を交わしたあと、韓日友好の増進、経済問題などに関して次のようなあいさつを述べた。…○

在日同胞の祖国愛を高く評価

大統領、信用組合基金二千万ドル援助

日本の経済協力に期待

、民主の名を借りた奔放は不可能事

日本とは同じ自由、民主の国家体制ではあるとはいえ、わが国と日本とは内外の情勢が、以上の如く全く違う立場にあります。特にこの点は皆さんによくよく理解してほしいと思います。

経済面において、日本は百年の近代経済開発の歴史をもっておりますが、わが国は今や、経済開発途上国家として、年々高度成長をつづけております。この点でも日本とは異なっており、日本の如く自由、民主の名において奔放なことをすることは不可能であります。

今、北韓は、祖国全土の赤化…

写真は新任抱負を語る金永善駐日大使

金日成に要求書

朴烈先生の遺骨返還

1月30日　民団中央執行委開き決議

二日、金正柱団長名儀で発送

国赤にも陳情

朴烈先生遺骨返還

国際的措置を促す

田中総理の発言に憤る

◇…日本の田中角栄内閣総理大臣は、さる一月二十四日の衆議院本会議で東南アジア歴訪の報告に関連して、公明党竹入委員長の質問に答弁中、過去の"日韓併合"時代のことに触れて「私はかって日本と朝鮮半島が合邦…◇

◇…時代が長くございましたが、その後韓国その他の人々の意見を聞うときに、長い合邦の歴史の中で、いまでも…◇

◇…民族の心の中に植えつけられておるものは、日本からノリの栽培を持ってきてわれわれに教えた、それから日…◇

◇…本の教育制度、特に義務教育制度は今日でも守っていけるすばらしいものであるというように、やはり経済的…◇

◇…なものよりも精神的なもの、ほんとの生活の中に根をおろすものということが非常に大切だということで、A…◇

◇…SEAN五カ国訪問で、しみじみたる思いでございました」と答弁した。…◇

時評

韓民族の矜持を逆なでするな

「貧困・南北相克・対日憎悪」のみを日本の"栄光の帝国主義"は残した

王妃殺害、土地収奪、ほしいままの殺人

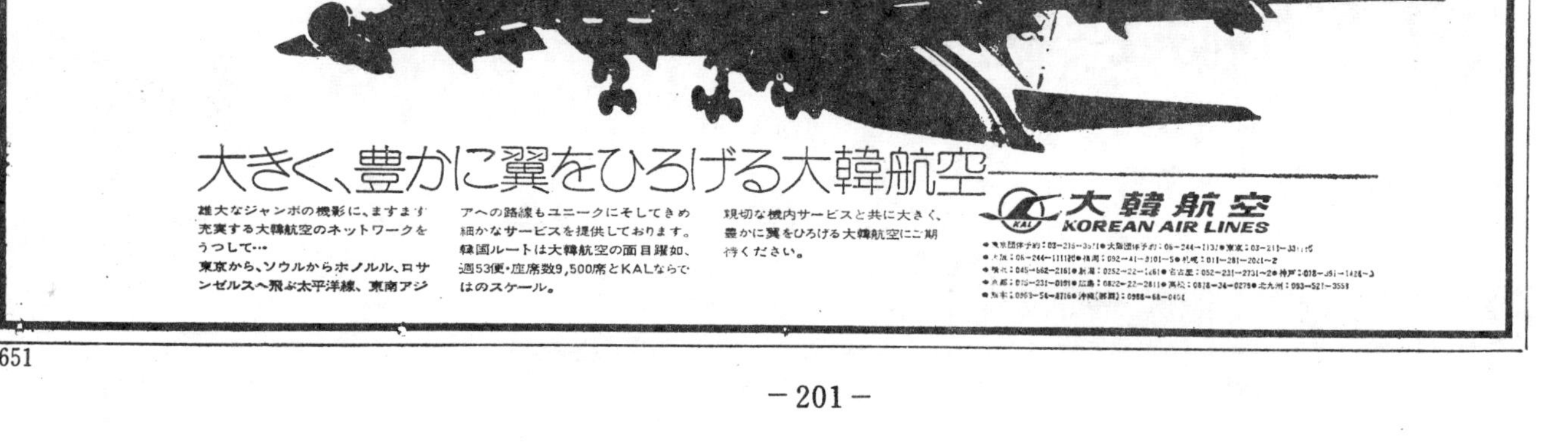

―651

朴正熙大統領の年頭記者会見

緊急措置で国際危機対応

長期経済開発計画の基本目標に変更なし

セマウル運動は農村革命

〈前号から続く〉

ここで一つよその国の物価と比較してみますと、米国や日本、またわれわれの注目の的となっている台湾などとくらべてみるとき、卸し価の上昇率が昨年末現在、米国では一八・二%、隣国日本は二九%、台湾が三七・六%といったように、昨年はすべての国で異常な物価高現象が現れました。

ところがわが国では昨年、一五%だけ物価が上がりました。この一五%ですらきわめて高い上昇率といえるのですが、他国のそれとくらべたら、むしろ相対的な安定すう勢を維持したわけです。

それでは、今年はどうなるか……。今年のわが国の経済はいろいろ難しい局面を切り抜けなければならない、大変な時期に直面しています。

[illegible]

多角的なエネルギー開発着手
原油値上げを輸出増で補填

[illegible]

韓国の物価上昇は安定趨勢
低所得層の生活保護に重点

[illegible]

企業は生産性高揚をめざし
国家福祉への寄与を指標に

[illegible]

危機の対応は努力と団結で
難関克服に民族的英知発揮

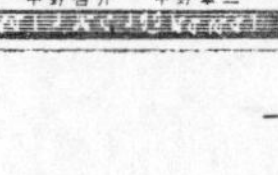

[illegible]

労使共存意識徹底で繁栄を
不況理由に一方的解雇不当

[illegible]

成功的にセマウル運動推進
部落単位耕耘機三台を支援

[illegible]

入試に民族差別あり

教育の機会均等無視した大手前短大

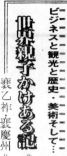

[illegible]……民団大阪地方本部では一応了承したが、今後の成り行きを注目するとの事である。なお、[illegible]

民団大阪本部に陳謝

さる一月十四日、大阪府の韓国籍A子(一九)さんが高校三年の[illegible]と同道して、大手前女子短大(大阪市東区大手前町、藤井健造理事長兼学長)に[illegible]願書を提出しようとして、窓口で[illegible]された。A子さんは在学中の高校にこれを[illegible]、同校が一月十九日、[illegible]ことで問題が明らかになったが、

民団大阪本部ではこの問題を重視し、一月二十二日[illegible]大学を訪れ[illegible]一月二十九日には[illegible]

[illegible]中は教育の場においても[illegible]るべきだ。⑥韓日協定の教育関係事項の実施についての、昭和四〇年一二月二八日付文部事務次官通達第四項の「一般教育課程に関する事項」にも日本人子女と同様に取扱うべきであるとなっており、学校教育法第一条には[illegible]教育の機会均等の原則を尊重して門戸開放の[illegible]

[illegible]両国民間の[illegible]することを強く要望する。という内容を文書で申入れた。

民団中央本部文教局(金[illegible]局長)でも、この問題を遺憾であるとして文部省大学課に善処方を申入れていたものである。

同短大の入学案内には、当初受験資格として「日本国女性」と明記してあったが、外部からの抗議で[illegible]取消していた。[illegible]ではこれを知らずに願書受付を拒否したものであるとのことである。

そもそも同短大の「日本女性」にかぎるという理由は、同短大が創立時(明治[illegible])大阪府に敷地払下げを求めた際、戦後の混乱時代の日本女性の地位を向上させることが目的の一つになっていたからである。しかし、既に二十数年を過ぎ、社会が平準化した現在、それは意味が薄れ、民族差別の条件に転化したのである。

同短大では二月[illegible]日、藤井理事長が直接民団大阪本部を訪れて陳謝し、受験者には事務員のミスであったことを説明して民団の了解を求め、さらに[illegible]日、文部省に出頭して事情を説明し、外国人の入学制限はもともとしていないことを訴えた。

大手前女子短大理事長が、民団大阪本部に寄せた陳謝文は次のとおりである。

謹啓

貴在日大韓民国居留民団に於かれては益々御隆盛の段奉賀申し上げます

過日大阪府本部団長、姜桂重先生には本前女子大学に[illegible]拝受した貴翰に対し誠意[illegible]回答します

一、短大入学願書の受付窓口に於いて本法事務員の不始末により願書提出者並にその関係方面に多大の御迷惑をかけましたことは誠に遺憾であり深く陳謝します

二、貴団より拝受した全文については誠意を表し拝誦すると共に今後に於て遺憾のなきよう当局の御指導を得て善処します

三、このことによって生じたことに対しては今後貴団と胸を開き韓日両国の親善友好関係の増進に心をつくす考えであります

右の諸点宜敷御寛恕の上御許し下さいますよう御願いします

昭和四十九年一月三十一日

学校法人大手前女子学園　理事長　藤井健造

在日大韓民国居留民団大阪府本部　団長　姜桂重　殿

民団に手渡された陳謝文

青年会愛媛本部結成

民団愛媛県地方本部(朴[illegible]団長)のあっせんで進められていた青年会愛媛県本部の結成大会は、去る一月二十七日正午から同本部会議室で[illegible]十人が参加してひらかれた。

大会は、国民儀礼のあと、[illegible]があり、会則審議の[illegible]につづいて初の役員を選出、規約案を採択、予算・活動方針を審議[illegible]会を閉会、祝賀パーティーに移った。

なお、この結成にあたっては[illegible]

青年会愛媛県本部の一同

在日新聞・通信協会の新年会

在日韓国新聞・通信協会では、来る二月二十八日午後六時から、東京駅八重洲口[illegible]の新年会を[illegible]

韓国学校への入学を要望

神奈川県本部

神奈川県本部(朴成準団長)では、二月五日午後一時から本部会議室で管内支団長会議を開いて当面の諸問題について討議した。

この日の主な討議事項は(1)三一節記念行事(2)母国訪問団派遣に関する件(3)不純分子の[illegible]分問題だったが、特に教育文化センター[illegible]所長は、そのあいさつの中において、[illegible]

民団と婦人会の合同研修会

民団大阪地方本部

民団大阪地方本部(姜桂重団長)では、去る二月三日午後一時から同本部講堂において、傘下支部三機関幹部と婦人会幹部ら百八十人を集めて合同研修会をひらいた。

この日、国民儀礼のあと、開会の辞において[illegible]局長は、朝総連の[illegible]にお[illegible]らず、わが民団の組織強化と、韓日親善につくそうと熱弁にのべ、午後四時すぎまで研修会がひらかれ、成功裡に終った。

神戸韓国学園認可

学校法人神戸韓国学園が去る一月八日兵庫県から学校法人として正式認可された。

これは民団兵庫県本部が、民団県内団員の協力を得て、昨七三年九月二十五日兵庫県庁に学校法人神戸韓国学園設置認可を申請したものが、兵庫県私学審議会第二十七号で学校教育法第四条の規定に準ずる認可を受けたものである。

同学園は徐福竜理事長、金[illegible]学園長、[illegible]理事をはじめとする県下父兄の有志により、すでに一九六六年十一月から運営されていた。学園の生徒数は現在百六十人、初等部、中等部、高等部に別れている。[illegible]

神戸韓国学園の授業風景

尋ね人

☆金桂[illegible]さん(山本[illegible])

解放前、ハルピンで[illegible]事したことのある[illegible]さんを、30年前、[illegible]

☆李鍾甲さん([illegible])

本籍 慶尚[illegible]。戦前、徳山で[illegible]県、大阪などで[illegible]さんを弟の李元[illegible]さん(京畿道平沢郡平[illegible])がさがしています。

☆徐寅錫さん(一九[illegible])

☆金仁松さん(山本[illegible])が[illegible]さがしています。

金仁松さんの住所は、1114 S Harvard Blvd. L.A. CALIF U.S.A. 90006、電話(213) 732-0409です。

☆金秋子さん(60才・女)

ソウルに生れ、[illegible]に住んでいるうち、解放後、[illegible]

☆李承実さん(山本[illegible]・43)

☆李承龍さん(山本茂・40)

本籍・[illegible]

里一一七番地

[illegible]番地、又は小山[illegible]町35番地に住んでいた。

☆李孝善さん(山本[illegible])

☆李承万さん(山本[illegible]・49)

[illegible]

☆徐駿錫さん(一九二二年一月・十六日生れ)

[illegible]

韓日学生の美術交流

ソウル各校からの中・高生三十五人(男子十八人、女子十七人)が[illegible]のため来日していたが、去る一月二十八日、[illegible]大使館と民団中央本部を訪問した。

来日したのは韓国[illegible]交流会(副会長[illegible])一行で、民団[illegible]の招待によって今回の来日となったものである。

訪問団を迎えた民団中央本部の金[illegible]団長は、韓日親善のため[illegible]

今回の来日が実のある[illegible]ように頑張って下さいと激励した。

一行はその後、二月一日、東京教育大学付属中学校を訪問して同校[illegible]と美術交流の場を持った。[illegible]

今後両国間の理解を深めるため交流することを話しあった。

なお一行は大阪、奈良、京都などをめぐり、文化遺跡を見学した後、二月四日帰国した。

美術交換する韓日学生

世界親子かけある記 ⑧

ビジネスと観光と歴史・美術そして…

裵乙祚・裵慶州

偉大なエジプト文化

物量と威圧の博物館に感激

何でも揃えてあるバザール

翌日私達はゆっくり起床し、カイロ博物館に向かった。入口から私は正直なところ驚きの連続であった。エジプト古代遺物がギッシリつまっている。私が以前から見たいと願っていたロゼッタ石碑が数え切れない程展示してあり凄いボリュームである。私はこんな物量と威圧を感ずる博物館は初めてなのですっかり感激してしまった。展示品のあらましは次のようにその殆んどが王、又はそれに関連するものであり、王の絶対的威厳を象徴する遺物が大半を占めていた。

一、王の業績を称える記念石碑

二、王・女王、それをとりまく下民等の群像

三、王の石棺・木棺(内部装飾)

四、スフィンクス

五、王その他のミイラ

六、日常品、絵画、彫刻、アクセサリー等

七、メソポタミヤ文明の遺物

[illegible]

ギゼーのスフィンクス

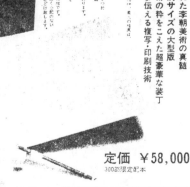

維新事業に総力を結集しよう！

朴正煕大統領の年頭記者会見

〈2面からつづく〉

セマウル運動の真意を理解するには、村の外見がいかに変貌しているかという点よりは、そのような意識にいたるまでの過程がより重要であるというべきです。また、より住みよく、よりきれいな村を造るために立ち上がった村人たちの決意と意志を高く評価しなければならないと思います。その結果、わらぶき屋根が瓦屋根にも変わり、あるいは農路が開設されたりしていますが、そのような結果自体は問題ではありません。

つまり、外形に現れていない実体をわれわれは見届けなければならないのです。貧しい農民であるため、彼らの成し遂げた結果があるいは取るに足らないものにみえることもありましょう。しかし、たとえ一〇〇メートルにも足らずの農路開設にせよ、彼らにとっては万里の長城を築き上げたような気持にひたるでありましょう。

このような結果がもたらされるためには、村を導く優れた指導者が必要であり、さらに村人全体の合意が先行しなければなりません。村人一人一人の胸に勤勉、自助、協同というセマウル精神が定着しないかぎり、このような結果は期待できません。

これをわれは農村の革命であると見ています。換言すれば農民たちの精神革命といえます。私はふだんから、わが国の農村の近代化は、農民たちの精神革命をその始発点にすべきだと固く信じています。

いまわが国の農村には、このような精神革命が燎原の火のように広がっております。この炎と農民たちの意欲が消滅しないようにつとめることが、これからわれわれが成すべき使命も貴重な課題なのです。

またそのためにはなによりもこの運動が、直接的、間接的に所得増大と直結するよう指導し、かつ支援しなければなりません。

われわれの第一段階の目標は、全国で約三万五千あまりの部落を、少なくとも八一年までに自立部落に引き上げることです。

むろん、いまのところ自立部落水準にある村は四千あまりにすぎませんが、われわれはこのような数にこだわってはならないと思います。ゆっくりと、しかも着実にことを進めるべきです。

数十年ものあいだ放置されてきた貧困を、一日や二日で解決しようとするような考えは禁物です。セマウル運動はあくまでも着実かつ地道に推しすすめるべき性質のものであると私は固く信じております。

政府は今年度の農漁村開発投資資金として、四千六百億ウォンを割り当てました。そのうち、純粋なセマウル運動向けの資金は四百億ウォンで、これは前年度の農村支援資金三千六百億ウォンに比べ、およそ九百億ウォンが増えた金額です。

われわれが目指しているのは、このような巨大な金額を農漁村に投資するとともに、これを最大限に利用、金額の増殖をはかるとか、あるいはその他の方法による所得増大を期するということです。

もう一つわれわれがセマウル運動を通して体得したことは同じ事業であっても、それがセマウル運動を通して推進される場合、その効果がはるかに大きいという事実です。

その例として、かりに部落の前を流れる河川の堤防を築く場合、いままではその工事を一般民間業者に請負わせたのですが、近ごろ、部落の希望または村全体の合意によって、部落自体がこれを請け負うようになりました。

ところが、民間業者が請負った場合には九百万ウォンもかかった工事が、部落自体が請負った場合はわずか百万ウォンから二百万ウォンですむばかりでなく、工事そのものもはるかに堅固に出来上がるという現象がおこったのです。さらに事業の内容いかんによっては十倍以上の成果をあげるという事例も少なくありません。

すなわちこれは、農民たちの所得増大に寄与するばかりでなく、労賃を節約し、さらに村人全体の協力が必要であるだけに、協同精神が高揚される次第であります。そのうえ、政府としてもこの方法で、小規模の予算をもって最大な成果をあげる予算節約にもつながり、それこそ一石二鳥の効果があるといえるわけです。

また今年度は、セマウル運動に従事する農民たちの士気を鼓吹するとともに、農村の機械化を促進するため、三年計画の下に十万台の動力耕運機を農村に拡散する計画です。

こうなると、われわれの農村にも多く耕耘機が普及され、三年後には全国あたりほぼ三台あまりの耕耘機が動くようになるのです。政府はまず、セマウル運動の成果が優秀な部落から、これを重点的に支給する計画です。

このために政府は、国民投資基金のうち、一五〇億ウォンの予算を重点的に配付する計画です。

一方、セマウル工場も、去年は約百七十カ所工場を建てましたが、今年も、年間、自体の工場、計六百余のセマウル工場を建て、農家所得の増大に寄与すべく努力するつもりです。またこのために、国民投資基金から二〇〇億ウォンの資金を支援すべく計画しております。

このようにしてセマウル運動に対する農民たちの士気と意欲を鼓吹することは、とりもなおさず、わが国農村の近代化を促進する近道であると私は信じております。八〇年代には、わが国のすべての農村が自立部落の水準にまで向上し、いかなる先進国家の農村にもひけをとらぬように盛りあげるのが、いまのわれわれの夢です。

セマウル運動と関連してもう一つ強調しておきたいことは、セマウル運動が、ただ農村に限られたものでないということです。換言しますと、都市の人たちもこれに積極的に参与すべきであるということです。

むろん、都市の人たちも最近になって、セマウル運動に積極的に参与し、多大な成果をあげている事例が少なくありませんが、農村または漁村に住んでいないからといって、セマウル運動を傍観してはならないということです。

セマウル運動は、あくまでも全国民的な運動であり、また国民的な精神革命として昇華されなければならないのです。都会人、職場の勤労者を問うことなく、工場、学校、軍隊、民間企業の区別なく全国民が積極的に参与すべきであると信じます。

わが国には、農村問題を研究している多くの学者がおります。外国の多くの農村の実態を見聞し、それをわが農村に教え、またわれわれも多くの先進国の農村にならっています。しかしながら、ともすれば外国の農村を押し立てがちでありますが、これは正しい考えではありません。

わが国の農村の中には、世界のどの国の農村にも劣らぬりっぱな村がいくらでもあるということを忘れてはなりません。

デンマークの「グルントビッヒ」のような人が、いまわが国の農村のいたるところで輩出されています。

とかくわが国の人びとの中には、外国人のなしたことを過大評価し、わが国の人のそれは過小評価する傾向の人がかなりあるようですが、それは間違った考えであるというほかありません。

いま、セマウル運動の指導者の中には、グルントビッヒのような偉大な指導者がいくらでもあり、今後とも続々と輩出されることと信じております。われわれはこのような事実を生きた教訓とするかたわら、偉大な農村指導者が、ただにデンマークやイスラエルにだけあるものでないという事実を肝に銘ずべきです。

全国民がエネルギー節約を
農村燃料の自給自足策講究

問い＝経済問題においても言及されましたがわれわれにとってエネルギー問題は至大な課題といわざるをえません。これと関連して、わが国の燃料対策に対する大統領閣下のお考えをうかがいたいと思います。

大統領＝昨年の中東戦争が契機となって石油波動が起こり、これがやがては世界的な経済波動に発展したということは、さきほども述べました。

率直に申しまして、今世界がこの石油問題をめぐって騒然としているのは事実です。日本とか西ヨーロッパ諸国はいうまでもなく、米国のような資源に恵まれている国ですら、大騒ぎをしています。

われわれが知っているかぎりでは、米国はいま開発を遅めているだけであって、石油、あるいは石油を含有している岩石を開発するとすれば、向後数百年の間使用できる資源を保有していると聞いております。そのような国においてさえ大騒ぎとなっている今日、石油一滴出ないわが国は、今後のエネルギー問題、とくに油類問題に対して深刻な対策を講ずるべきだと思います。

石油波動のさなかで、われわれは数多くの苦痛を受けておりますが、一面、多大な教訓にもめぐまれたと思います。

わが国は文字通り石油一滴出ない国であります。ともすれば、過去においてわが国はどれほど石油を節約し、また大切にしたかを反省すべき時期であると思います。

洪水のごとく流れる自動車をはじめ、汽車、発電所、それに学校、会社、工場、病院、官庁、船舶、飛行機、軍隊、家庭、これらすべてが石油を消耗しているにもかかわらず、肝心な石油は一滴も産出しないのです。

さらに、これはみな貴重な外貨を支払って導入しているので、過去における浪費を反省するかたわら、今後に必要な絶対量をいかに確保するかが大きな問題といえます。幸いに、政府の外交的な努力を通し、わが国に必要な絶対量は確保できるようになりました。

しかしながら、問題はこの石油価格の驚異的な暴騰であります。去年の春までバレル当たり二ドル台だった原油が、六ドルから八ドル、さらには九ドル、また近いうちに十ドルにまで暴騰することが予想されます。いまわが国もバレル当たり八ドル以上の値段を払っております。

要するに、年間十億ドル相当の石油を必要とするわれわれにとって、これだけの金額がいかにぼう大なものであるかを認識するとともに、これの節約につとめなければならないことです。

経済が年を追うて成長しているわが国においては、たとえ油類を節約するとしても、全体的な消費規模が増大するのは避けられないことといえます。

換言しますと、これからも石油は外部からの導入を余儀なくされていますが、そのような資源をもたないわが国が、果たしていかにその対策を樹立するかが重要なのです。なおこれに関しては、政府をはじめ、関係機関における根本的な検討が試みられておりますが、さしあたって原則的な方案を挙げますと、

まず第一に、油類に対する依存度を最大限度に抑制することです。いま研究途上にありますが、油類に代替されうるエネルギー、または油類を使用するにしても、より少量を所要する方案を開発することであります。

先ほども言及しましたように、総合製鉄だとか、セメント、アルミニューム、ガラスなどの工業には莫大な油類が消費されますが、電子工業、造船工業、機械工業などはわりあい油類消費が少ない業種であります。したがって、このような分野を重点的に開発するというのであります。

だからといって、エネルギー消費の多大な工業をみな中断するわけにもいかないのがわが国の現実であります。かりに、総合製鉄などはわが国にとって必要な業種でありますが、エネルギー消耗の多大なこのような工業をいかに管理するかが問題です。結局のところ、このような工業に対しては、エネルギー管理を徹底化させるとともに、それを義務化させなければならないといえましょう。

第二には、わが国の国内資源を最大限に開発することです。すなわち、石炭の開発、水力発電の技術的開発、また、原子力発電の優先的推進などがそれです。

第三には、農村の燃料を解決するための薪炭林の造成です。これは政府としても積極的に奨励、農村における燃料の自給策を講究するつもりです。

第四には、海外石油資源を確保するための政府の外交的努力、ないしは経済協力におけるそのような積極的な努力です。

最後に、これは最も重要な問題でありますが、すべての国民がエネルギー節約運動に呼応することです。国民おのおのまたは企業が、病院やホテルがまたは学校がこぞって政府の基本方針に協調することです。

かいつまんで申しますと、このような多くの問題を一つ一つ綿密に検討し、わが国におけるエネルギーの長期的対策を、根本的に解決すべく努力しなければならないのです。

問い＝昨年の年頭記者会見の際、大統領閣下は全国民の科学運動を提唱されました。

これから八〇年代の重化学工業時代が到来するときに当たって、技能工養成と産学協同体系の拡充のためにいかなる施策を展開されるお考えであるか、お話して下さい。

大統領＝八〇年代には、わが国は重化学工業国家あるいは高度産業社会になることが考えられます。

したがって、わが国民すべてがこのような社会に適応できるよう、いまから各自が自分の生活方式を一つ一つ科学化していく必要があるのではないか、と考えております。

国内資源を最大限に開発
産学協同体系を拡充
正当な主張でも方法に問題

八〇年初頭にいたってわが国が重化学工業国家となるためには、いわゆる科学技術要員、すなわち科学技術者、技術工、技能工などを含めておよそ二百四十万名を確保しなければなりません。

七二年度にわが国にはこうした要員が全国的に五十五万人いたということですが、そうするとそのおよそ五倍近い人員をわれわれは養成確保しなければなりません。そこで政府はこれがために必要な施策をいま推進しており、また将来も推進していくつもりです。

科学技術者、すなわちこれから高度頭脳産業に従事する技術者のために韓国科学技術研究所、国防科学研究所、また昨年開院した韓国科学院などがありますが、こういうところで、わが国の高度に開発された頭脳産業に従事する科学者たちを養成しております。またこのほかにもこうした目的のために推進している計画の一つに、忠清南道の大田付近に第二研究学園都市を建設することになっております。

科学技術者を五倍養成確保
小・中校生に技能章制度設置

ここに大きく分けておよそ七つの分野の研究所を建てる予定でありますが、そのためにおよそ八百万坪程度の土地を確保し、年度別に推進していくつもりです。

そこに建てることになっている研究所には、船舶・海洋、機械、電子・通信、石油化学、食品・保健、原水資源、建設などの七カ部門のほかに、現在ソウル近郊にある国立科学研究所なども漸次この周辺に集結させる計画であり、ここが近く一つの研究学園団地に造成されることになるでしょう。

また、わが国の学校教育に対しても一大改革が加えられるべきです。

わが国には学校がたくさんありますが、現在のように漫然な経営をこのまま継続するとすれば、将来重化学工業時代が到来したときに必要な科学技術要員を確保することは困難なので、いままで多くの工科大学や、高等工業専門学校または工業高等学校などのほかにも実業系や技術系の学校から多数の卒業生が輩出されておりますが、かれらをこれからは漸次重化学工業時代に必要な人材として適切に調節して系列化または体系化していくべきではないかと考えております。たとえば、工科大学において、教育分野を二分し、その一は理論と基礎科学分野に主眼をおいた教育を通して学生たちを将来は大学院とか博士課程を経た高級科学者に養成することを目的としており、その二は大学を卒業すると同時にただちに企業とか工場の直接生産分野で活躍できる技術者を養成することを目的とするというふうに系列化すべきだと考えております。

その次に、地方にある工科大学または技術系の学校をその地域社会の産業的特殊性に適するよう漸次特殊化していくべきです。たとえば、釜山にある学校は機械あるいは船舶を中心にするとか、光州にある学校は湖南地方に建設されることが予想される石油化学分野を中心にしたものにするとか、電子工業団地が近くにあるところでは電子工業分野に重点を置いた学校に転換するなど、特性化すべきだと考えております。

また、理工系学校の教科課程を改編して、理論よりは実習を重んじ、学校の実習施設が不充分な場合、またはないときには付近の企業とか工場で現場実習することを義務化するとかいったことを目的とした産学教育協同法というのが現在制定されております。

政府は学園の自由を保障
しかし、不純な策動は容認できない

このほか、一般の工業高等学校においては、技術資格証制度を設けて在学中にこれを取得すれば卒業と同時に就職できるといった特典を与えることを目的とする制度を立案しております。また、小学校や中学校の出身者で上級学校に進学できない者のために技能章制度を設けて、基礎的な技術を習得させ、そしてこれを卒業後の就職あるいは技術工訓練所に入学するときの基準にすることを立案しており、また大企業に対しては自ら技術訓練所を設置するよう勧奨しております。

そのほかに、すでに学校を卒業した者や、訓練所を出て就職している者がより高度な技術を習得したいと希望する場合に進学できるよう定時制学校を新設することも検討しております。以上のように、技術教育の量的向上とその底辺拡大のためにいろいろな施策をこれからも進めていくつもりです。

ところで、国民のすべてが科学と技術を尊重し、日常生活を科学化する気風が何よりも重要であるのではないか、と考えております。資源難時代を迎えて、わが国の物質的資源ははなはだしく不足しております。しかし、われわれはいまなお精神と技術という貴重な人的資源を無尽蔵に持っております。それで、この分野を開発するのがわが国の発展のために大いに寄与するものであると考えている次第です。

問い＝次に、学園問題についても触れていただきたいと思います。大統領閣下は、昨年秋の学園事態をどうご覧になっておられるのか、この点についてご意見をどうぞ……。

大統領＝私はこれまでもわが国の学生たちのデモを数え切れないほど見てきました。どういうものか、わが国の学生デモというものはまるで年中行事みたいになっているわけです。春というのは、私の知っているかぎりでは、洋の東西を問わずいちばん気候もよく、温和な季節であるはずですが、わが国では、春ともなれば何となく学園がザワつき始める風潮がいつからともなく生まれています。これは実に不幸なことだと、私は思うのです。

私は、学生たちがデモの際に掲げるスローガン、主張というものを、深い関心を持って見守ってきました。もちろん、その中には僅かに一理あると思えるものもあり、政府としても耳を傾けて聞き入れ、それを政府の施策に反映すべき点もあることは事実です。

ところが、残りの大半は、私の見るところでは、学生たちが果たしてその内容をよくわきまえていっているのか、それとも誰かがそばで扇動するから、深い事情も知らずに一緒になって騒ぎ立てるのか、ほんとうに理解しにくい主張やスローガンが少なくありませんでした。

一つだけ例をあげましょう。最近、学生たちはデモの度に、やれ買弁資本がどうの、わが国の経済がどこかの国に隷属しているのと、騒ぐわけですが学生たちが買弁資本という意味をほんとうに知っていてそういうのか、それともわけもわからずに他人がいうから自分もいうのか、私にはどうてい理解できません。

万が一にも、学生たちのいうように、わが国に買弁資本があるとすれば、どの企業が買弁だからと具体的にその事実があった場合には、それこそ即刻にそぎにする用意があります。ところが、いまの学生たちの主張する買弁資本というのは、一体何を指していっているのか、私にはどうしてもわかりません。あるいは、学生たちが何か勘違いして、ある会社が一つつくられたとするとき、その株式の割合が、内国人の持ち分より外国人の持ち分が少しばかり多かった場合、それを買弁資本だといっているのではないかと思えるふしもあります。

私の知っているかぎりでは、買弁資本というものは絶対に存在していません。だから、もし存在しているとすれば、ためらうことなく具体的に指摘してほしいと思います。

またわが国の経済がどこかの国に隷属しているということも、私にはどうてい理解できません。もちろん、わが国の経済はいまのところ、外国から外資を導入して建設を進めており、また、外国から原料や原資材を導入して商品を生産、それを外国に輸出しているのですがその輸出にしても全世界にくまなく輸出しているわけではなく、数カ国に片寄り過ぎている。いわば輸出の多辺化ができていない。そういうことから、一部の専門家たちもわが国の経済の海外依存度は少し高過ぎるということをいっております。いうまでもなくこの点は、今後漸次改善していかねばならないでしょう。

原資材一つ買ってくるにも、一カ所に片寄り過ぎていたら、一朝事ある場合には一瞬に供給が途絶えてしまう。だからもっと多くの国から買ってきた方がよい、油も一カ所からばかり買い入れない方がよい――こういったことはみなもっともな話です。輸出についても、最大の輸出先は米国と日本だが、その二ヵ国にばかり依存せず、ヨーロッパに、中南米に、アフリカに、東南アジアにと、広げていこうという主張は、どこまでも正当な話であり、だからこそ、政府もいまそのように努力をしているわけです。

ところが、いまそれがある地域に集中しているからというので、わが国の経済がどこそこの国に隷属しているというのは、全く話にもなりません。わが国の経済は毎年目覚ましい成長を遂げ、それにつれてその自立度も日増しに高まりつつあるのに、隷属ということはありえない話なのです。

いま一つ、学生たちのデモを見ていて感じる、まことに笑えないナンセンスは、どこの大学がデモをやった、そこの大学もデモをやったそうだ、だからオレたちの大学でもデモをやらなければ仲間入りができない――というので、つまり、ひとがやるからオレもやる、ひとがやるのにオレがやらなければメンツが立たないという理由で、デモをやる大学もあり、ひどいのになると、よその大学がやったから、仕方なしにやったという、それが新聞に出たとか、出なかったとか、だから、もう一回やろう――そういう大学もあったと聞いています。

そういうことを考えると、学生たちのデモというものは、はっきりした主張もなしに騒ぎ立てる学生たちが多いのではないかと思えるのです。

また、学生たちが掲げているスローガンにしても、私の見るところでは、大韓民国の学生ならとうてい口にできそうもない言語道断なスローガンも、かなり見受けられます。もちろん、先ほども述べましたように、学生たちの主張の中にも、正当で妥当なものもあります。そういったものは、政府としても虚心坦懐に受け入れて、是正するのをためらいません。

しかし、学生たちの主張やスローガンがたとえ正当なものであるにしても、その意思表示の方法や態度に問題があると思います。いまここではっきり指摘しておきますが、これまでの学生たちの意思表示の方法や態度には、学生としての本分から逸脱した脱線行為が少なくありませんでした。わが国の法律のどこをひもといてみても、学園だからといって、また学生だからといって、治外法権を認めている条項はありません。

また、人間には誰しも守るべき本分があります。学生と既成世代とを問わず、人間ならその本分は守らねばなりません。学生は学生として守るべき本分があり、学園は学園として守らなければならない本分があり、また使命があると、私は信じております。学生もこの国の国民である以上は、この国の法律と秩序を尊重し、守るべき義務があるのです。人によっては、学生がそういうことを知らないでやっているのではなく、若い血気でやったことだから、多少脱線行為があっても、政府はそれを大目に見てやるべきだという人もいるでしょう。また、そういうことをよく耳にしています。

もちろん政府としても、それだけの度量や寛容は持ち合わせているつもりです。だからこそ、これまでの数多い学生デモに際して、政府は寛容な施策で対処してきました。ところが、政府のこのような寛容政策を悪用する者がいるのです。一部不純勢力は学生たちを扇動し、外国にいる不純勢力と学生とが結び付いて社会の混乱を助長し、はては政府の転覆を図ったりする。そういう不純な策動は決して容認できません。

最近、学園の自由という言葉がよく使われるのですが、それでは学園の自由とは何か……。政府は学園の自由を保障すると、はっきり明しました。ただし、学生たちのいう学園の自由と政府のいう学園の自由の間には、その概念上、多少の差があります。

それでは、政府のやることに対して、学生や教授が思うままに批判する自由があるのか――こういう質問をする人がいるとすれば、私はそういう自由はあるとはっきり断言します。ただ、それには自ずから限界があります。その例を一つあげますと、教授や学生たちが教室で政府の施策――それが政治問題であろうと経済問題であろうと、はたまたその他の問題でも結構なのですが――に対して学究的な立場から、学術の一環として自由に批判したり、討論することはどこまでも保障されるべきだと、私は思っております。それはまた大学の基本的な学術活動の機能の一つだからです。

しかし、そういった学究的な学術活動の限界を越えて、たとえばデモなど、実力行動に訴えるのは許せないことだと思います。それはもはや学園の自由の限界を越えた学生の本分にもとる脱線行為にほかならないからです。

すべての自由には限界が伴うものです。無制限な自由――そういう自由はこの地球上の人類社会には存在しません。勝手気ままに振舞うのが自由ではありません。若しそういう人がいるとすれば、それは自由という言葉すらわきまえていない人というほかありません。この世に、公共の安寧秩序に優先する自由があろうはずはありません。

いまわが国では、政府や父兄たちがその能力以上に多額の教育投資を行なっています。とくに大学教育に多額を投資しているわけですが、ここでその理由を一度考えてみる必要がありそうです。なぜ政府と父兄たちが無理してまで教育に多額の投資をするのか……。大学教育の根本目的はどこにあるのか……。これはみな知っていることなのです。

大学教育の根本目的というものは、祖国の発展と民族の中興のために積極的に献身できる有能な人材を養成することにあるはずです。そのためには、まず国籍のある教育を通して、民族史観に徹した健全な韓国人を養成しなければなりません。わが韓国の大学で、精神的国籍のない世界人をつくる必要は少しもありません。はっきりいって、健全な韓国人を養成するための教育でなければなりません。したがって、わが国の大学は、生産的な学術と生産的な研究活動を通して国力を培養し、国家に寄与できる人材を養成するのが、その目的であり、使命であります。

このような目的、このような使命を果たすために、大学に対しては他の社会とは違って、かなり自律的な機能を保障しているわけであり、また勉学上の自由を保障しているわけです。学生たちにデモをやれと、学園に自由を与えているわけではありません。勝手気ままにデモをやるために、学園に自由がないというのは、どうしてもうなずけない話です。断じてそうではないといわざるをえません。

いわんや、学園の自由に名をかりて、われわれの学園に不純分子や共産主義者が浸透することがあったり、学園の自由の名をかりた、政府打倒のための反政府暴動の巣になることがあってはなりません。絶対に許せないことです。過去、実際にそういう不純分子たちが学園の自由に名をかりて、また、それをよいことに学園への浸透を試みた実例があったし、不純分子たちの活動により、善良な学生たちが多数被害を受けた事実をわれわれはよく知っています。政府としては国家安保という次元から、そういう事実を軽視しないわけにはいきません。

この機会に、若い学生たちを指導すべき立場にある既成世代のみなさんに一言申し述べたいことがあります。いわゆるわれわれ既成世代が、ほんとうに学生たちを愛し学生たちの将来と国の将来を心配しているとすれば、学生たちが校門を飛び出してデモをやり、法律と秩序を乱すとき、彼らをどう指導するのが既成世代としての正しい姿勢なのだろうか――ということです。学生たちの主張は無条件正しい、学生たちの行動はたとえ法律と秩序を無視するものであっても、それは愛国心の発露に過ぎない――こういうふうに学生たちにへつらい、迎合するのが、果たして正当な姿勢といえるでしょうか。それは重大な過ちであり、卑屈であるということをはっきり指摘しておきます。学生たちの行動が正しいときはほめてやり、正しくないときはきびしく叱るのが既成世代の道であり、指導力であるはずです。政府のやるのが気にいらないからといって、学生たちにデモを扇動して社会を混乱におとしいれれば学生と警察はいずれ衝突し、犠牲者も出てくることは決まり切った話です。そうしておいて得る利益は一体何でしょうか。それはどう見ても得策ではありません。

学生たちはこの国の明日の主人公であって、今日の主人公ではありません。今日の主人公は誰が何といおうと、われわれ既成世代であることは否めません。したがって、今日の過ちは、われわれ既成世代が責任を負うて解決すべきであり、若い学生たちをそそのかしておいて、その尻馬に乗って漁夫の利を得ようとする行為は、深く反省しなければならない問題だと思います。

次には、学生たちに一つお話しておきます。これは、私が大統領という立場を離れ、学生諸君の先輩の一人として、また、諸君のような子弟をもっている父兄の立場から話すわけなのです。学生諸君の中には、勉強などには興味がなく、現実的な問題の方に余計関心を持っている人が、ごく少数ではあるが、いると聞き及んでいます。そういう学生にとってみれば、この世の一切は不満だらけで、何もかも気にくわないことばかりでしょう。また、実際にこの社会には不満が多いことも事実です。だから、いっそのこと威勢よくデモでもやって、一挙に何もかもひっくり返してしまい、学生たちが主体となってやっていけばうまくいくかもしれないと思う学生がいるかもしれません。しかし、われわれの生きているこの社会というものは、その構造が大変複雑で、利害関係がいろいろもつれ合っており、学生諸君が考えているように、それほど簡単で単純なものでは決してありません。

若し、諸君がデモをやることで、この社会の不信と不条理が解決できるなら、私はそれを止めはしません。むしろ、デモをやれと勧めるでしょう。学生諸君がこの世の中について知っていることがあるとしても、それはごく一部に過ぎないし、学生諸君はまだ未完成だということをはっきり自覚しなければなりません。

また、学生諸君は、他の国の学生とは違って、わが祖国の現実と立場をよくわきまえなければなりません。よその国の学生のように平和な環境、豊かな社会で暮しているわけではなく、国土は分断され、民族は分裂し、休戦という準戦時下に生きている学生であるということを自覚すべきです。

いま一つ、学生たちは口さえ開けば自由、自由といっていますが自由はもちろん大事なもので、どこまでもそれを守らなければなりません。そのためには、それを守り抜くための力が必要です。

いいかえれば、われわれの自由を奪おうとする侵略者が現れた場合、われわれはそれを防ぎうるだけの力を備えていなければなりません。デモだけで果たしてそのような外敵を防ぎうるでしょうか。このような現実におかれているわれわれの若い学生たちが、明日の祖国を背負う主人公となりうるためには、現時点において何をなすべきかを冷静に考えて見る必要があります。街に飛び出してデモに明け暮れるのが大韓民国の学生のやることではないはずです。

われわれは既成世代も、学生諸君のような多感な青年時代を一度は経験しました。率直にいって、いまの若い世代は、われわれ既成世代のそれにくらべて、はるかに恵まれた環境に生きていると思います。

われわれ既成世代の大半は、生まれたときから亡国の民であったのです。日本植民地の統治下の民として、韓国語の使用を禁止され、名前すら日本式に代えさせられるといった、それこそ奴隷の生活にひとしいものでした。祖国という言葉すら口にすることが許されない、きびしい時代でした。

ところがいまはどうでしょうか。勉強をしたい学生のためには、いくらでも門戸が開かれており、社会に出れば、社会と国家のために貢献できる道が各々開けているではありませんか。熱心に勉強し、実力さえ身に付ければ、個人としてもいくらでも発展できるし、国としても栄え、ひいては南北統一も可能なのです。

したがって、学生諸君は明るい希望と自信を持つべきです。大志を抱くということです。明日の栄光ある主人公という誇りをもって、より奮発し、前進してほしいということを、この機会に学生諸君に訴えておきます。それでは、次の質問をどうぞ……。

全国民は緊急措置に協力を
成果上り次第速やかに解除

問い＝大統領閣下は、去る一月八日と一月十四日発表された、政治、社会、経済などに関しての大統領緊急措置と関連しての国民たちに何か、この機会にお話し下さい。

大統領＝新年早々から緊急措置などで国民のみなさんが明るく楽しいはずのお正月に重苦しい雰囲気を醸成したことに対して、たいへん済まなく思っております。

私は、実は昨年末から新年にかけて、われわれが直面しているあまたの挑戦について、いろいろと熟考を試みました。

まずはじめは、昨年の秋から西海の海上において引き起こされた北韓側のひん繁な挑発行為でした。これが新年に入ってからはどこでいかなる様相で、しかけて来るのか、という問題や、石油波動、資源難などで日増しに世界経済が激動一路をたどっていて、その余波が新年早々には間違いなく数倍となってわが国にも押し寄せてくることが明白に見えすいていたため、内外からのこのような挑戦をどのように克服していくべきかについて、いろいろと考えなやみました。

このような問題に対して、先ほども触れましたとおり、今年はこれまでになかった大きな試練を経験しなければならない難しい年であるということを、何度も強調しました。またこれに対するわれわれの対策もいろいろと説明しましたが、これだけで、すべての問題が解決されるものではありません。

国民のみなさんもよくご承知のように、大統領の任務はいろいろありますが、その中でも、最も優先する任務が二つあると思います。

まず国家を保衛することであります。

もう一つは国民生活の安定を保障する責任だと思います。

国家を保衛するということは、外部からの侵略者や敵を防ぐのも重要でありますが、内部でこれと呼応して国家を混乱におとしいれる分子を止めることもしなければなりません。

緊急措置第一、二号は、国家保衛の次元から、国家安全を脅かす内部の要因を取り除くということに第一の目的があり、第三号は国民生活の安定を期するために取った措置です。

緊急措置第一、二、三号の目的実施については、特別談話やこれまでの多くの人びとによる解説などによってくわしく説明されましたので、今日は説明を省略することにします。

ただ、今日この席を通じて国民のみなさんに一つだけお願いしたいことがあるとすれば、それは緊急措置が発表されたその背景または理由といいましょうか、目的、趣旨などを十分に理解したうえで、積極的な協力をしていただきたいということです。

みなさんが積極的に協力して下されば、この措置は一日でも早く不必要なものになってしまいます。また、このような措置が不必要な状況になりさえすれば、私はいつでもこれを解除しようと思っております。

今日みなさんに改めて、その趣旨の理解と協力をお願いします。

記者＝多くの質問で時間があまり長びいてしまいました。長い間私たち記者の質問に答えて下さいまして有難うございました。

（おわり）

韓國新聞
在日大韓民国居留民団
中央本部機関紙
韓國新聞社
発行人 金正柱
東京都文京区春日町2丁目20－13
電話 (815) 1451～3
(813) 2261～5
振替口座 東京 163774
本国連絡所(民団本国事務所内)ソウル特別市鍾路区世宗路
政府合同庁舎内
電話 73－0162・0165

民団綱領
一、われわれは大韓民国の国是を遵守する
一、われわれは在留同胞の権益擁護を期する
一、われわれは在留同胞の民生安定を期する
一、われわれは在留同胞の文化向上を期する
一、われわれは世界平和と国際親善を期する

'74、対民奉仕の年事業推進

領事業務 窓口サービス改善

戸籍整備援助、苗木送る運動も展開

▽…駐日大韓民国大使館では、このほど七四年度領事業務活動指針をまとめ、民…△
▽…団中央本部をはじめ各組織および団体に通報した。内容は次の通り。…△

一、一九七四年度を「対民奉仕」の年と定め、次の事項を推進する。
①公館および民団の対民奉仕態勢(対民窓口サービス改善)。
②在外国民の法的および経済的地位向上のための運動展開。
③民団組織の育成強化(特に下部組織の教育)。
④旅券事務指導運動展開。
⑤国民登録推進と戸籍整理。
⑥セマウル事業推進(苗木を送る運動)。

二、以上の活動方針を履行するための具体的な計画は当面の予定であるが、次の事項は重要な事業であるので直ちに計画を樹立すること。

一、対民窓口を担当する民団組織の実務者に対する教育訓練計画(公館ではこの計画により総合教育計画案を作成、通報の予定)

二、セマウル運動支援事業として三、四月に「苗木を送る運動」を大々的に展開する予定であるが苗木の種類など詳しいことは現在本国政府と協議中で、とりあえず事前啓蒙を施すこと。

三、戸籍整理のためソウル司法書士会奉仕団第一陣が二月十五日頃到着の予定。これら奉仕団は東京、大阪、福岡などの地域に配置して奉仕活動を展開するよう指導すること。

大阪で故朴烈義士追悼式 2月22日

六・二五動乱時、北韓へ拉致されたまま、さきほど死去された民団中央の初代団長であった故朴烈義士の追悼式は、中央本部の三月二日に先立って、来たる二月二十二日正午から民団大阪地方本部(姜桂重団長)主催で、同本部講堂で行なわれる。参加地域は、近畿地方一帯。

なお、日本からは民団中央本部金正柱団長が追悼会副会長として参席、また、故人の秘書であった朴性鎮氏(民団中央法的委員長)が遺族側として出席したほか、在日同胞多数が参席した。

ソウルでは八日に行わる

故朴烈義士追悼式が去る八日、ソウル明洞のYWCAに朴義士の未亡人等遺族と各界から五百余人が集って行われた。社会葬に準じて行われた同追悼式は陸軍軍楽隊の演奏にはじまり追悼会長の挨拶、執行委員長の式辞、丁国会議長(金鳳煥国会外務委員長代読)金総理(柳根昌援護処長代読)等の弔辞につづき各界代表の献花があった。

共産国と図書交換

韓国国会図書館

韓国国会図書館がソ連と中国をはじめとする共産国家十一カ国の十五の図書館に対し資料交換をしようと提議したことが、このほど明らかとなった。

国会図書館は昨年十一月、これら共産国を含むIPU(列国議会同盟)会員国三十七カ国の四十一図書館に、新しく資料交換を提議する公文書とともに、文化公報部発行の「韓国の過去と現在」「韓国の古代芸術」など英文冊子を小包で発送した。

これら共産国家の図書館の中にはソ連科学アカデミー図書館などソ連の図書館三つと中国の北京国立図書館など中国図書館二つが含まれている。

韓国の国会図書館は現在四十二カ国、百二十一カ所と資料相互交換協定を結び毎年各種の資料交換を行っている。

中共と大陸棚で協議の用意

外務部で声明

政府は中共が韓日大陸棚協定を非難したことについて六日、外務部スポークスマンを通じて声明を発表「韓国は大陸棚問題で中共当局と何時でも協議する用意がある」と再び態度を明らかにした。同声明は昨年三月十六日外務部が発表した通り何時でも協議する用意があることを再確認すると している。

金正柱団長(右)と沖縄韓国人戦没者慰霊塔建立問題を語る高尾常彦氏と趙沢元氏

韓国人戦没者 沖縄に慰霊塔

最後の目撃者、高尾常彦氏が推進

金正柱団長も支援約束

このたび、韓国民俗舞踊団の日本公演を主催した、財団法人国際協力技術研修財団代表高尾常彦氏は、旧日本軍人で沖縄戦の激戦に参加、戦死が伝えられていたうちの唯一の生存者であり、数多い韓国人徴用者をはじめ韓国人学徒兵が玉砕した現場の目撃者として、最後の死を明かす証人であることが、来日した韓国民俗舞踊団日本公演団長趙沢元氏によって明らかになった。

高尾氏は、趙沢元氏の紹介で十四日夜、港区、乳使町会ホールで民団中央本部金正柱団長とあい、第二次大戦末期沖縄で戦死した数多い韓国人の霊を慰める慰霊塔を建立することを明らかにし、韓国民俗舞踊団の日本での公演収入金全額を慰霊塔建立基金として献金する予定であると披瀝した。これに対し、金正柱団長は民団の全組織を動員、募金カンパを展開して慰霊塔建立に積極的に支援することを約束した。

高尾氏は、昭和十八年二月に徴兵され、沖縄、山部隊に配属、飛行場建設に従事していた。

当時、高尾氏の仲間には多くの韓国人が居たが彼らは学徒兵などの名目で日本帝国主義者に強制連行され、自分の民族、国家とはなんの関係もない日本帝国のためにほとんどが戦死した。ところが今だに慰霊塔一つ見られないまま、誰一人語ろうともしていないことは罪深い旧日本軍人の一人として誠に申し訳ないことであると高尾氏は語っている。私は仲間の一人としてまた戦友の一人として沖縄の現地に韓国人慰霊塔を建立することを決意、韓国元団長の激励で基金作りにふみきった。今回韓国民俗舞踊団の日本公演は、募金づくりの第一歩であると高尾氏は語っている。

なお、金正柱団長は、私たちがやることを諸先生方がやるということについて、民団を代表して心から感謝の言葉を送ると語り、事実を証明する唯一の目撃者である高尾氏の生命に全面的支援を惜しまないと激励した。

遺骨一千七百六十柱を奉還

日本で第二次世界大戦中に戦没

軍人または徴用者として日本につれていかれ第二次世界大戦中に戦没した韓国人の遺骨一千七百六十柱がきたる三月十日ごろ日本政府から韓国に奉還される。この遺骨奉還は、昨年十一月十一日の韓日閣僚会議の指示に従い外務部が日本政府と交渉したもので、これまで日本政府の厚生省に保管されていた遺骨は、南韓出身者一千六百十四柱、北韓出身者で南韓に遺族のいることが確認された者百四十六柱となっている。

なお、遺骨は韓国政府遺骨引取団の厚生省を経て、日本政府の担当官とともに韓国まで送り届けられる予定。

手に手に太極旗をうち振って選手を応援する京都の同胞ら

17分の壁を破った趙宰衡選手

趙宰衡選手、京都で17分の壁破る

2時間16分26秒F 韓国新記録

在日同胞、手に手に太極旗の熱狂的応援

京都マラソンで三位

韓国、フィンランド、日本の若手、中堅選手百九十余人が参加して開かれた第六回京都マラソン(近畿陸協・京都新聞社共催)は去る三日午後一時、京都・西京極陸上競技場をスタート、国立京都国際会館を折り返す42・195キロのコースで行なわれた。

韓国からは、趙宰衡、李鍾東、朴昌烈の三選手が参加、趙宰衡選手が二時間十六分二十六秒Fで韓国新記録を樹立、三位を勝ちとった。

韓国の太極旗が鮮明に飾られたこの日の会場には、祖国からはるばる出戦した三選手を応援するため、民団京都本部(張熙日団長)では、この日のために必勝・韓国選手!の応援幕と、太極旗を西京極競技場、宝池折り返し点の各地点に大きく掲げ、多数の同胞が太極旗を手に手にふりながら選手を激励した。さらに市内各支部の団員、青年会員もフル動員してコースの沿道に陣どり、手に手に大極旗の小旗をうち振って京都府下全民団あげての大声援を繰り広げた。

韓、李、朴の三選手もこれに応えて力一ぱい走りながら、異国日本での温かい声援に発奮、両手をあげて応援の同胞にこたえながら力走に力走、結局、趙宰衡選手が十七分台を破り、二時間十六分二十六秒の韓国新記録で三位に入賞した。趙選手は栄光のゴールインの第一声を「うれしい応援でした」と民団関係者に感謝していた。

マラソン韓国に明るい希望

張熙日京都本部団長談

張熙日京都本部団長

なお、張熙日京都本部団長は、この日の喜びを次のように語った。「三十七年前にベルリンで孫基禎選手が胸に日章旗を飾って、二十六分の壁を破って一位の優勝を勝ちとり日帝治下でのわが同胞が涙を流しながら喜んだことは、今でも生々しい記憶である。その後韓国のマラソンは沈滞一路をたどっていたが、京都でわが国の選手が太極旗を飾って十六分台を突破して韓国新記録を樹立、三位を勝ちとったことはマラソン韓国の前途に明るい希望を与えてくれた。

なお一層、韓選手の奮闘を期待する次第である。」

悪徳公務員追放を歓迎

時評

官紀粛正の成果期待

公務員の「節度」にまで昇華を

不正蓄財の国家還元を望む

◇……本国では今、不正公務員に対する粛正が静かに進行しており、二月十三日現在既に国税庁の幹部職員百十三人、一……◇
◇……般職員百八十五人の、合わせて二百九十八人の大量処分が明らかになっている。このほか、検事八人をはじめ各部……◇
◇……(省)の高級職員が辞表を提出してさりげなく退職していくケースが少なからずあるとも伝えられており、これと……◇
◇……合わせて銀行などの金融機関も自律的に粛正が行なわれているという。最近まで、われわれ在外国民が本国を訪……◇
◇……れ、聞くとはなしに聞かされる不愉快な話題として、よく高級公務員の不正がささやかれた。しかし、われわれは……◇
◇……その実体を知る機会もなく、単に面白くない話題以上にはならなかったものである。……◇

本国紙などが伝えるところでは今回の不正公務員粛正の基準は、①過去に物議をかもした汚職事件の関連者、②特定業体に深く関係している者、③国民の怨みを買い国民に指弾されている者、④身分不相応のぜいたくな生活をしている者などである

らしいとのことだが、政府の今回の粛正内容が「一級秘密」に属しているので、実際の基準は明らかでない。

本国における「官紀粛正」は歴代内閣が、国民に断固とした決意を示すことの一つとして大きく取上げてきた。しかし、それは常に尻切れトンボに終っており、如何に困難なことであったかを物語るものであった。今回は外部に対して何一つ大々的に政府の意志表示がないまま、静かに粛正が行われるもので以前とは全く違ったムードである。

われわれ在外国民が、かって日本側から聞かされたことに、馬山輸出自由地域などに工場を建設しようとした場合、ソデの下が無いと各種の許可事項が非常に長びいて困った、ということがある。筆者は、このようなことが事実であれば、それこそ国家的なことだと思い、真実を確かめることがあった。実際は、日本人が韓国の行政業務に不慣れなところから、日本人自らが勝手にソデの下(？)を使う商慣を持ち込んだもので、何

のことはない"エコノミック・アニマル"が植えつけた悪風であった。しかし、事実そういう金を受取って、書類の不備その他に業務以上のサービスをした係官が居たことは残念である。

さらに、街頭で警察にサバサバして助かったという話も、韓国人の間では武勇談のようになっている。伝えられる話のすべてが真実ではなく、面白半分の創作も少くないとは、その話の内容で明らかであるが、このような話がまかり通っていること自体、そのような土壌のあることを否定することはできない。

国民の目に余る、あるいは怨みを買うことを行なっていた公務員が、このような形で粛正されることは止むを得ない当然の帰結ではある。しかし、これが一部の国家公務員のみに対する処分で終ってしまうことのないことを望まざるを得ない。韓国

の切角はじまった「官紀粛正」を、そのまま韓国公務員の持すべき「節度」として定着させるまで、不断に継続されることによって、悪徳公務員が自然に淘汰(とうた)される状態にまで昇華させるべきである。そのときこそ、全国民が百%公務員を信じるであろうし、百%明朗な行政が行い得るときであり、左翼主義者がどれほど悪宣伝をしようとも、全国民が無条件で政府を信じ、無条件で政府施策に心から協力するときでもあろう。そうなってほしいと願うのは国民みんなの願いである。

今回の悪徳公務員粛正に関して、政府は既に方針を決定しているとは考えるが、国民が待っているのは司直による裁断である。明らかに汚職などの容疑のある高級公務員が、不正蓄財を国家に還元することもなく、単に職場を離れたということのみで免罪となり、ぬくぬくと生活することがあっては、国家発展のために耐乏生活をしている国民としては、何か釈然としないものが残ることは否めない。

われわれ在外国民は、政府の今回の処置に対し、その英断を讃(たた)え、満腔(まんこう)の敬意をもって見守るものであり、その成果に大きな期待を寄せるものである。そして、ふたたび不正公務員が台頭することのないような処置も、合わせて考究せられるよう政府にお願いする次第である。(W)

本国からの緊急融資

60億を商銀別配定

民団中央経済局(李鍾用局長)では、在日同胞零細企業支援強化策として本国政府から緊急融資された二千万ドルは別項の通り、去る二日、大阪で開かれた韓信協臨時総会で配分、返済方法などが決定されたが各地方本部は商銀と協調して民団員の中小零細企業育成になお一層の努力をはらわれるよう、十二日付公文で各地方本部団長に通達した。

二日、大阪で韓信協会臨時大会

在日韓国人信用組合協会(李熙健会長)では、二日午後二時から大阪興銀本店ホールで第十九回臨時総会を開き、昨年十月以来本国政府に緊急融資を要請してきた二千万ドルの在日同胞企業発展支援資金がこのほど送金が決まり、受入手続きなど当面問題を討議した。

張聡明韓信協専務理事司会で開かれたこの日の臨時総会には、秋田、青森、熊本を除く全組合役員が出席、来賓として権逸議員、外換銀行東京支店長、同大阪支店長の祝辞のあと経過報告につづき、信用組合育成資金受入、配定、償還に関する議案を討議、①受入方案(全信用組合連帯保証)②配定方案(別項配定案)③償還方案(一年据置二年分割償還)を原案通り議決、午後四時すぎ閉会した。

各信用組合別資金配定額は次の通り(支援資金二千万ドルのほか昨年十月までに送金された中小企業育成資金七百万ドルを含…単位千円)

◆大阪興銀	＝七二三七〇〇
◆大阪商銀	＝七二三七〇〇
◆東京商銀	＝五二七四〇〇
◆神戸商銀	＝三〇八七〇〇
◆愛知〃	＝三一八四〇〇
◆横浜〃	＝二六二六〇〇
◆京都〃	＝二五七四〇〇
◆広島〃	＝二六二六〇〇
◆岡山〃	＝一八一八〇〇
◆福岡〃	＝二二七二〇〇
◆山口〃	＝一九二六〇〇
◆三重〃	＝一七四四〇〇
◆和歌山〃	＝一六八八〇〇
◆埼玉〃	＝一六六六〇〇
◆奈良〃	＝一五〇六〇〇
◆滋賀〃	＝一四九五〇〇
◆北海道〃	＝一四六五〇〇
◆岐阜〃	＝一五五四〇〇
◆静岡〃	＝一五四三〇〇
◆千葉〃	＝一四三九〇〇
◆福井〃	＝一三九四〇〇
◆熊本〃	＝一四〇二〇〇
◆新潟〃	＝一二八三〇〇
◆長崎〃	＝一三三七〇〇
◆宮城〃	＝一二八六〇〇
◆石川〃	＝一二七九〇〇
◆岩手〃	＝一二六四〇〇
◆青森〃	＝一一八六〇〇
◆茨城〃	＝一二六〇〇〇
◆群馬〃	＝一二二九〇〇
▼島根〃	＝一二四五〇〇
◆秋田〃	＝一二四五〇〇
◆富山〃	＝一一四九〇〇

教育の質高め施設拡充

東京韓国学校開校20周年記念事業実行委員会発足

来る四月二十六日で、開校二十周年を迎える東京韓国学校(校長)では、安□出理事長を会長に三百九十九人の同胞社会有志が「東京韓国学校開校二十周年記念事業実行委員会」を組成し、韓国学校の特殊性を生かして同胞子弟教育の画期的な向上、日本語、英語などの習学教育施設など教育の質を高め施設を拡充し運営基金を積み立てるための募金を呼びかけている。寄付金は一口一万円以上。商銀□は、振替口座番号「東京一八七九九九」あて振込みを要望している。(学校法人東京韓国学院) 事業趣意文は次の通り。

一九五四年四月二十六日に設立された本校は、苦難の歳月を送ってまいりましたが、このたび創立二十周年を迎えることとなりました。

本校は、創立以来今日に至りますまで、在日韓国人の子弟に、独立国家、大韓民国の国民であることを自覚させ、幾多の民族固有文化を創造、伝承した輝ける民族の後裔としての矜持と、民族独自の歴史を積み上げてまいりました単一民族の気概を養うという、教育目標のもとに精進してまいりました。

この間、教育面におきましては特に民族教科を中心に、民族正気を培かい、国際社会に生きる韓国人としての調和のとれた人間形成にきめてまいりました。それとともに、本校の設立の特殊性に立脚し、同胞社会の文化の中心的役割も併せて行してまいりました。

この目的な事業を成し遂げてまいることができましたのは、関係各位の御支援によるものであり、その献身的な熱意の数々は、本校の歴史とともに永くその名をとどめるものであります。

また、既に二千六百余名に及ぶ卒業生が、在日韓国人社会を始め各分野に進出し、大いに活躍いたしておりますことは誠に慶賀に堪えません。

さて、二十周年を迎えます本校は、日毎に増大する本国政府の御支援と、同胞社会の皆さまの御協力を後楯に、父兄と教職員が一致団結して、教育内容の充実と教育施設の整備をはかり、成年になった本校を内面的にますます向上させるべき、飛躍の時が到来したと思います。従いまして、教育の質的向上と施設の拡充、運営基金の確立を致さなければならないと願っております。

過日、「開校二十周年記念事業実行委員会」が発足し、記念事業を推進することに衆議の一致をみました。愛国愛族精神に燃える同胞各位におかれましては、子孫代代の幸福のために本校の飛躍的発展を期し、この趣旨に御賛同下さいまして、一口以上の御芳志を賜わりますよう御願い申し上げます。

一九七四年一月 日

東京韓国学校開校二十周年記念事業実行委員会
実行委員長 安□出

田中発言完全ケリ

日本側の謝罪で

後宮日本大使が六日午前金外務長官を訪ね「田中首相の第二の発言について、日本政府は韓日両国間の長い歴史の間に不幸な時期があったことは遺憾であると考え、この点を深く反省している」と謝罪の意を伝えた。同大使はまた「この点は韓日国交正常化の際明らかにしている」とものべた。同大使と会見のあと金長官は「田中発言で物議をかもした韓日間の問題も今度の日本政府の説明で完全に一段落した」とのべた。

分断国問題と韓半島の統一

ジョン・ヘルズ

ヘルズ教授は現在米国のニューヨーク市立大学で国際政治の講義を担当しているが、十九日、韓国の慶南大学極東問題研究所主催の「東アジア問題」に関する国際学術シンポジウムに出席するために訪韓した。以下は同教授の論文「東アジアにおける国際関係パターンの変化と、それが分断国に及ぼす影響」の抄訳である。

分断は戦後処理の産物

強大国エゴが小国の統一に障害

現在のいわゆる「分断国」は第二次世界大戦の戦後処理によって生まれたものだが、これは戦勝国が「力と影響力の分配」のために敢行した産物だ。だが、すぐその後、民主、共産の両陣営間で冷戦が始まり、分断国は東西両陣営の対決のシンボルとなった。かれらは相異なる思想、イデオロギーの対決により、いよいよ性格の相違を生み出して行った。そして双方とも相手側の実体とその正当性を認めなかった。

世界の分断国の形態を大別すると次の三種になる。第一は分断国の双方が相手側の正当性を認めないばかりでなく、その支援国もそんな自分側の分断国政府を唯一の合法政府だと主張し、相手側を全く認めない。現在、南北韓もまだその状態から抜け出てはいない。そして中国と台湾がそれである。

第二に、分断国の一方は自分たちの政府だけが〝唯一の代表権〟を持つと主張し、他方が相手側を認めている形態である。

第三は分断国の双方とも相手側の合法性を認定し同等の立場に立つという形のもので、これは双方が互いに政治理念と体制が異なることをそのまま既定の事実として受入れており、東西ドイツは最近、この形を取るようになってきた。

だが、いずれの分断国も、冷戦構造の中にあっては緊張と対峙の谷間で呻吟（しんぎん）した。そして、その過程において分断諸国では力が極端に集中化し、双方とも相手側を受入れなかった。結局自分側だけの唯一性、正当性を主張することにより、双方の対話の通路は遮断され、そうした状態のまま激烈な双方非難だけが加重して行く形をとった。

こうした状態の中では、統一政策も、イデオロギーと政治的競争の道具に過ぎなかった。従って、それは間もなく〝お題目〟に転落した。

だが、分断諸国は〝統一〟への希望を捨てず、双方とも互いに「力の優位」を目指してそれによる再統合をもたらせようと試みた。ところが超大国はそれぞれ分断国の分断状態のままに、

▽超大国が相互の勢力圏を認定

自分たちの勢力圏を確立、安定させて行き、戦争という危険の発生を防止するために分断国の境界線の変更は望まなくなった。

とくに、東西両陣営間で核兵器の生産拡大競争が始まってからは、もし核戦争にでもなれば「共に滅亡する以外にない」という考えを持つようになり、超大諸国は（SALTで核兵器の削減交渉をしながら）他方では相互の勢力圏を認定する立場を取り、互いに不干渉の黙契を持っている。こうした気運は事実上、五〇年代の中葉から起こり始めた。そして六〇年代から七〇年代にかけて東西両ブロックは冷戦時代から和解時代に入って行った。

▽東西ドイツの再統一を望まずに

欧州の分断国ドイツに関する限り、強大諸国は現状維持を望んでいる。すなわち超大国はその利害関係において東西ドイツが再統一しない方がよいと考えているのだ。そこで近年は急激に押しよせた東西の和解ムードの波に乗り、東西ドイツは互いに双方を事実上認め合うようになった。こうして昨年秋の国連総会では二つのドイツが同時に国連に加盟した。このことは両ドイツの国民の大部分が、もはやドイツの分断は永久化の道をたどろうと感じていることを示している。結局東西のドイツ人がいま望んでいるのは各個人と家族の交流、文化、交易、経済関係の改善であり、こうしたことを改善して行く以外により良い道はないのだ――という事実を発見するに至った。

七・四共同声明ではじめて南北韓は対話の門を開いたが、南北韓はいずれの側もそれぞれ、自分たちの側の政策が政治的統合をもたらせるより分断を固定化させ、これを永続化するようになる印象を与えはせぬかと恐れている。だが、ここしばらく間はそのような現象がずっと続くだろう。

南北韓はこんご赤十字会談の推進を図って、少しでも多くの相互交流をすすめ、これにより、分断がよりきびしくなるのを緩和させなければならない。実際のところ、政治的な統一会談は困難なものをはらんでいるために、進捗しにくかろう。まず、分断国は相手側を〝国家〟として承認しようとしないだろうから、どうしても会談は暗礁に乗り上げる。とはいうものの、だんだんと、それが進んで行くのは確かである。

さて、韓半島の統一に対する国際情勢はどう動くだろうか。それは、欧州でドイツの統一を快しとしない国ぐにが多いように、アジアにおける韓国の再統一も、日本をはじめ諸国がそれを望んでいないことは確かなことである。とはいうものの、これらの国ぐには韓半島において紛争が起きることを憂えており、ただ、緊張緩和による現状維持を望んでいる。共産側は中ソ対立によっていっそう複雑化したが、ソ連も中国も北韓が相手側の勢力圏に落ちこまぬよう配慮している。しかし、中ソ両国はいずれも韓半島の統一――たとえ、それが共産統一であろうとも――は望んでいない。中ソ両国がそれぞれの立場で、韓半島に駐とんする米軍の撤収問題にはあまり積極的でないのは、その底流に韓半島が現状のままであって欲しいという思わくがひそんでいるからだ。中ソ両国は韓半島で何ごとも起きぬよう将来は米軍の韓半島駐留を受入れるかも知れない。

▽人間の基本的自由保障のために努力を

日本は韓半島を、自分の胸につきつけられたアイクチのように感じている。そうした感じ方は伝統的なものだといえるが、日本はそうした不安感から韓半島が統一されることより、むしろ分断のままでいることを望むだろう。

一方、米国は、もし韓半島が非共産体制によって統一されれば、それに持続を表するだろうが、しかし、韓半島の現状から推測する限り、南北韓のいずれの側も政権放棄はしないだろうから、米国が望むような形の統一はむつかしかろう。むしろ、韓半島では〝統一〟を目指して相互の対立、争いがエスカレートする可能性がみえている。とにかく、武力統一の方法を取らずに、いかにして統一を達成するかは至難中の至難であるが、その方法に対しては何の意思表明もなされていない。

分断国の、非共産側が共産主義者たちとの対決で困っているとき、米国はしばしば、これを援助するために国際政治の上で問題になることが多いが、米国は社会正義のために、そして人間の基本的自由の保障のために、尽力するのである。分断国の片一方が共産世界に繰り入れられてしまうと、そこではもう基本的人権は保障されないであろう。

▽世界平和の利害関係の犠牲にするな

世界の冷戦構造が「終わりを告げた」という表現にはそれなりの理由があるが、しかし、また、共産側、非共産側の対立は現存している。そして分断国は分断されたまま、問題は一つも片付いていない。

こうした世界情勢からみるとき、悲しいことだが、韓半島の統一はメドがつかない。むしろ早急に韓半島統一を目指して何らかの行動を取ろうとすれば、それは世界平和の利害関係と大きな係わり合いをもつものになるのである。

だが、韓国と韓国国民の統一への希望が「世界平和の利害関係」のために犠牲にされるようなことがあってはならない。すなわち、米国は韓国が韓国国民の自由を守るために、そして社会正義具現のために努力する限り、断じて韓国を見放してはならないのである。

（SISA）

民族文化の創造と開花を

全国民俗遊戯大会でひろうされた慶北安東に伝わる車戦遊戯、村対抗で行なわれる高麗時代から伝わる勇壮な遊戯、無形文化財に指定されている

文芸中興計画実現へ

文公部50億投入で初年度事業推進

国学・美術・出版など11部門

▽…文化公報部では、韓国の文化的諸遺産を正しくとらえ、その保存と研究をひろげ深めるとともに、民族的伝統をふまえて…△▽…新らしい文化芸術を開花宣揚させることを政策的推進課題にあげ、昨年10月19日文芸中興五カ年計画を発表したが、今年は…△▽…その第一年度にあたりその出帆が期待されている。①国学、②伝統芸能、③文化財、④文学、⑤美術、⑥音楽、⑦演劇、⑧…△▽…舞踊、⑨映画、⑩出版、⑪演芸など十一の分野にわたって、意欲的な事業推進が行なわれる。「伝統文化の沈滞と変質、都…△▽…市と農村文化のいちじるしい格差、創作条件の不備、文化芸術の先導的役割の不充分を克服し、新たな民族文化を創造する…△▽…ため」にうちだされた、この汎国家的事業は、韓国現代史におけるルネッサンスをめざすものとして期待が大きい。…△

文化公報部による文芸中興五カ年計画第一次年度の今年は五十億八千万ウォンを投入し①国学②伝統芸能③文化財④文学⑤美術⑥音楽⑦演劇⑧舞よう⑨映画⑩出版⑪演芸等十一の分野にわたって文芸振興政策が進められる。

国学分野では貴重な民族史料五十万余の古典が放置されていることから国学開発センターを設立「国学研究誌」を発行し、古典総合目録、解題本、国民教養史料を発刊する。伝統芸能分野は郷土民俗を発掘し録音、映画等で保存し地方文化祭を住民の生産的祝祭に発展させる計画である。

文学では一億ウォンの作家基金を設立、優秀作品の出版費を融資「セマウル文芸誌」を創刊、年間十人以上の中堅作家をセマウル現場に長期滞在させることになる。韓国文学大系の発刊事業を年次的に集大成することをめざす。美術部門では、三百坪の美術会館を開館、各市道庁所在地に年次的に常設画廊の確保を支援すると同時に、国展を四部門に分離、展示するようにする。

また、演劇ではセマウルを素材とした大演劇作品を創作公演させる。そして演劇会館を建設、公演法を改正して新しく建設される公演場は、必ず基本的な舞台施設、装備を完備させることにする。

音楽部門では、民族および民俗音楽の創作、公演を集中的に育成し、ソウル音楽祭も拡張する。映画は、反共映画、セマウル映画、教育映画などの製作を奨励し、シナリオ金庫を創設、近代施設をもつ総合撮影所をたて運営することによって製作費を四分の一以上、節約する。

また映画年鑑制度、奨学金制度を運営し、映画の質を高め、香港に輸出センターを設ける。

出版部門においては、一億ウォンを積み立て、国内外の図書展示館を拡張し、低俗不良図書出版物の取締りを強化すると同時に一面一書店を設置運用する。

大衆芸術では、退廃的で感傷的歌謡のかわりに進取的で生動する歌謡を普及するよう支援する。文化財管理面では文化財千三百四十一件を五年に分け完全補修することになる。また慶州98号古墳の発掘をおえ積石古墳の内部を公開展示する予定である。景福宮に民俗博物館を十月に開館し、郷土出身の偉人や業界の遺跡づくり国民運動を展開することになるが韓国文化史における文芸復興運動として期待されるところが大きい。

北傀、漁船に不法砲撃

白翎島近海で　一隻沈没、一隻強制連行

三八度線近くにある韓国西北の白翎島西方約三十カイリの公海上で、15日午前十時十五分ごろ、操業中の韓国の底引き網漁船水原32号と水原33号（ともに約八五トン）の二隻が北傀艦艇の射撃を受けた。水原32号は沈没、33号は北側に強制連行された。ただちに韓国海軍艦艇が漁船乗組員救助のため現場に急行した。

白翎島は西海岸の休戦ラインの北方にある島で、面積約四十五平方キロ、人口約八千六百。北傀の甕津半島に近いが、一九五三年に調印された休戦協定によって国連軍の管理下に置かれた韓国領土で、昨年十二月初め、韓国国防省は「北の艦艇は白翎島を中心に韓国側の五つの島の近海を四十三回にわたって侵犯した」と発表している。

国防省からの通告を受けた南北調節委の張基栄ソウル側共同委員長代理は十五日午後、ホットラインを通じて金英柱平壌側共同委員長に対し「南北共同声明に定めた武力挑発をしないとの合意を真っ向からじゅうりんする、不法で、非人道的な武力攻撃である」と厳重に抗議、乗組員、船体の引き渡しを要求した。

発表された抗議文は「北のこうした重大な不法行為によって起こる結果については、北側に全面的にその責任があることを指摘する」との言葉で結んでおり、海軍が白翎島付近に厳重な警戒態勢をしいて、断乎とした臨戦態勢をととのえている。

一方、韓国各紙は白翎島事件を一斉に一面トップで報道し、ソウルの放送局も、国防省の発表を一時間きざみで繰り返し流している。注目されるのは、そのいずれもが北に対する従来の呼び名「北韓」を捨て、「北傀」という表現に戻っている。この不法砲撃は、北傀の武力赤化意図を露骨に示した策動であるとして憤激と非難の声が高い。

政府、資源外交展開

太副総理、ヨーロッパ　張商工、東南アジアへ

政府は、資源確保と投資誘致のため三月中に太副総理をヨーロッパへ、張礼準商工長官を東南亜と大洋州に派遣するなど、大規模の経済使節団を送る計画であると外務部消息通が11日のべた。

この計画によれば、太副総理は三月中旬パリで開かれる対韓国際協議体（IECOK）会議出席を契機に、英国、フランス、西ドイツ、ベルギーを巡訪、投資誘致交渉をひろげる計画で、張商工長官は三月初、インドネシア、マレーシア、オーストラリア、ニュージーランドを訪ねながら原木、ゴムなどの原資材確保のための交渉をはじめる予定である。

81年めどに　石油化学製品原料自給

政府は八一年まで石油化学製品原料自給を目標に精油、ナフサ、メタノール、ポリエチレン施設を大幅に拡張する計画である。まず精油は現在の日産三十九万五千バレルを百十万バレルに、年産三十万トンのナフサ分解工場を新設、蔚山工団のナフサ施設を六十万トンに拡張、メタノール工場は今の六万トンから三十九万トンに、ポリエチレン（低密度）は現在の五万トンから二十五万トンに拡張する。同時に原料貯蔵施設もはじめは三百万KLで六百万KLへの拡張が検討されている。

鶴林ラケット稼動

純国産で72万ドル輸出めざす

ラケット専門メーカーでは東洋最大規模の鶴林ラケット工業（代表金玉琨）が去る二十八日から稼動、製品生産に入った。

輸出公団地に入住一日生産能力一千台の施設規模をもつ同社は生産製品全量を輸出、今年七二万ドルを輸出する計画である。

日本の双葉ラケット工業と合弁投資（韓日間投資比率七〇・三〇）でたてられた同社は自体内に原木乾燥施設を整えており接着剤も開発使用し国産化比率百％にする。

6月から 維新援護運動展開

民団では学徒義勇軍を対象 本国残留の二百人と遺家族

本国ではきたる六月を「援護の月」と決め、六・二五韓国動乱による戦争犠牲者たちの生活安定を図り、対象となる生活困窮者の所得増強のための各種自活支援事業を強力に推進することになった。この挙国的な維新援護運動を展開するにあたって、わが民団としても、在日同胞社会にひろくこの趣旨を理解させ、その事業の一翼として、本国に残留中の、在日学徒義勇軍出身二百余人と遺家族を対象とする独自の援護運動を展開することになり、中央民生局（李鍾舜局長）では、全国の民団組織と傘下団体に公文で通達、協力を呼びかけた。

第四回 国費留学生決る

十人がソウル師大附属高入学

四月施行される在日子弟の本国留学のための第四回国費留学生（高校）試験の合格者が去る二月五日駐日韓国大使館教育官室から発表された。

この栄冠を獲得した十人の学生は、ソウル師範大学附属高校に入学する。

〈合格者〉

朴泰……東京韓国学校卒
李哲鎬……横浜市立平楽中卒
劉貞也……板橋区立赤塚三中卒
趙秀行……静岡聖光学院卒
許英一……足立区立東綾瀬中卒
李義浩……高槻市立八中卒
金徳竜……〃
金秀石……京都洛南中卒
朱相圭……和歌山妙寺中卒
鄭孝一……高知土佐中卒

在日韓国人投資企業協会発足

李熙健会長

在日韓国人投資企業協会結成総会がこのほど大阪韓国人商工会に関係者三十七人が集って開かれ、初代会長に李熙健大阪興銀理事長、副会長に姜炳浚大阪韓国人商工副会長、金容太東京韓国人商工会理事などが選ばれた。

創立23周年迎えた亜細亜友之会

二月二十三日創立二十三周年を迎える亜細亜友之会では二月二十六日午後五時から、東京の市ケ谷会館ホール（国電市ケ谷駅）で祝賀会を開く。会費は三千円。当日野田川一郎議員の記念講演もある。

会長に金胤鉛氏 安東郷友会発足

日本在住の慶北安東郡出身者の親睦会の結成が昨年八月から進められていたが、二十六日午後四時から東京のホテル・ニュージャパンに全国から数十名の郷友が集まり、安東郷友会設立創会を開いて次の人事を決定、午後八時すぎ和気アイアイ裡に散会した。当日は安東郡出身の金尚年民主共和党議員も本国からかけつけこの親睦団体の先駆格である慶南咸陽郡人会々長李彩雨民団中央副団長も出席、会の運営についてアドバイスするところがあった。出席者は東京を中心に名古屋地区の人が大半を占めたが、今後関西にも会員をひろめる。

顧問 孔炳日
名誉会長 李裕天
会長 金胤鉛
副会長 李寿普 金鉄淵 金鶴九 柳道熙 李源吉
事務理事 金斗演。臨時事務所は東京都北区田端町二九一、寿興業金斗演氏方に置く。

なお当日は本国から経済企画院長官、安東郡守、市長、署長からの祝電が披露。

当日集められた運営基金は一九七万円。

歌の夕べ大盛況

本紙既報、在日韓国芸術文化人協会（申英会長）主催で、在日韓国人音楽家による「歌の夕べ」が去る七日午後六時、東京・銀座山葉ホールで開かれた。

出演者は、具八重子、金振元、南次祐、南栄祐、金剛煥各氏の歌と李順承のピアノ伴奏、金泰燮氏の特別出演があった。

金泰燮氏は現在民団中央本部監察委員長であり、音楽愛好家として在日音楽育成には物心両面に互って永年貢献してきた実績がある。

なお、出演者中のナンバーワン的存在の南栄祐氏はシカゴ音楽院と、ミュンヘン国立音楽院で学び昨年は、毎日新聞主催によるリサイタルをひらいて注目を浴びた。現在、大阪芸術大学音楽科教授。

写真は右から金泰燮、具八重子、南栄祐の各氏

韓国民俗舞踊団好評巡演

日本創作舞踊集団（石井みどり団長）らの招きで来日した韓国々立劇場専属の韓国民俗舞踊団（趙沢元引率団長）は、二月十三日、東京芝の郵便貯金ホールでの公演を皮切りに、きたる二十四日まで西日本各地を巡演している。

今回の来日公演は、同舞踊団の趙沢元団長（韓国芸術文化団体総連合会常任顧問）が、韓日親善文化交流の一環として、昨年五月日本創作舞踊集団の訪韓公演を実現させるのに努力した返礼として、石井みどりさんらが招請したものである。

今まで日本に来た多くの「韓国某々舞踊芸術団」の公演はやたらに激しい動きが多くて韓国本来の舞いの味を欠くした観がなくもなかったが、さすが国立劇場専属の粒選りメンバーだけに、その舞いの優雅さは格段の相異である。特に金文淑が一人で舞う「サルプリ」は圧巻で、日本の「おどり」の原形を見る思いである。

西日本各地での同舞踊団公演日程は次のようになっているが、十三日から二十四日まで、正にハードロードである。時間は午後。

二月十五日 名古屋市公会堂（六時三〇分開演）
同十六日・大阪サンケイホール（二時三〇分、六時三〇分二回）
同十七日・広島市公会堂（六時三〇分）
同十八日・下関市文化会館（七時）
同十九日・北九州戸畑文化ホール（六時三〇分）
同二十一日・飯塚市文化センター（六時三〇分）
同二十四日・福岡九電記念体育館（六時三〇分）

扇の舞い

戸籍整備奉仕団 二十日来日

東京、大阪など各地で実務

本紙既報、本国内務部のあっせんで派遣される在日同胞のための戸籍整備無料奉仕団が、いよいよ来たる二十日、東京に到着する。

この奉仕団は司法書士会から来日する第一陣十二人で編成され各国各地区に分散、戸籍整備実務に着手するが、該当地方本部での受入態勢に万全を期すよう、中央民生局では、公文で指示した。

第一陣配置は次の通り。

第一陣配置地域

大阪地方本部……五人で二月二十一日から一カ月間。
東京地方本部……三人で二月二十一日から一カ月間。
福岡地方本部……二人で二月二十一日から一カ月間。
兵庫地方本部……二人で二月二十一日から三月七日まで。
京都地方本部……二人で三月八日から二十日まで。

在日本韓国学校PTA連合会活動方針

（一） 我々は総力を傾注して、在日韓国学校と学園の持続的な発展と、その価値ある教育的成果獲得のため積極的に寄与する。

（二） 我々は連合組織が、在日韓国人社会の和睦団結に寄与し、相互扶助の精神涵養と、民族的主体意識確立に貢献する積極的な努力を傾注する。

（三） 我々は在日韓国人の総意を主導、代弁する在日大韓民国居留民団組織が、私達の子女教育を受持っている在日韓国学園を、より以上実質的に、また効果的、積極的に保護育成すると共に、支援してくれることを切実に要望する。

（四） 我々は、在日韓国人学校父兄の共通した心情をもって、京都韓国学校の建築問題が、十二年来未解決のままになっている事実に対し、深甚なる同情と至大なる考慮を禁じえない。関係者各位は早急に問題解決に臨んでくれることを強く要望する。

（五） 我々は東京韓国学校開校二十周年記念事業を推進することに衆議一致をみた。愛国愛族精神に燃える同胞各位においては、教育の質的向上の施設の拡充、運営基金確立のため積極的に協力してくれることを要望する。

在日本韓国学校PTA連合会役員

名誉顧問	金永善	（駐日本国大韓民国特命全権大使）
〃	金正柱	（在日本大韓民国居留民団 中央本部団長）
顧問	柳成烈	（駐日大韓民国大使館 首席教育官）
〃	朴仁煥	（駐大阪大韓民国総領事館中部地区 教育官）
〃	徐甲虎	（大阪韓国学校 理事長）
〃	安聖出	（東京韓国学校 理事長）
〃	崔永五	（京都韓国中・高等学校 理事長）
〃	鄭煥麒	（愛知韓国学園 理事長）
〃	姜桂重	（在日本大韓民国居留民団 大阪地方本部団長）
〃	黄哲秀	（東京韓国学校 校長）
常任顧問	李熙替	（京都韓国中・高等学校 校長）
〃	李英勲	（大阪韓国学校 校長）
会長	金広植	（大阪韓国学校PTA 会長）
副会長	裵鐘万	（大阪韓国学校PTA 副会長）
〃	安碩基	（東京韓国学校PTA 副会長）
〃	権五得	（京都韓国中・高校PTA 会長）
〃	張汎秀	（白頭学院PTA連合会 会長）
〃	尹瀚玉	（愛知韓国学園PTA 会長）
幹事長	趙斗河	（大阪韓国学校PTA 副会長）
幹事	金昌式	（東京韓国学校 校監）
〃	姜永祐	（京都韓国中・高校 校監）
〃	宋吉燮	（大阪韓国学校 校監）
〃	金基聞	（大阪韓国学校PTA 会計監査委員長）
監事	鄭錫斗	（東京韓国学校PTA 監事）
〃	金甲石	（京都韓国中・高校PTA 監事）
専門分科委員長		
奨学対策委員長	金東湖	（東京韓国学校PTA 監事）
成人教育委員長	田永福	（京都信明学校PTA 会長）
地域社会委員長	金洪鎮	（大阪韓国学校PTA 副会長）
家庭教育委員長	尹甲石	（京都韓国中・高校PTA 副会長）

世界親子かけある記 ⑨

ビジネスと観光と歴史・美術そして…

裵乙祚・裵慶州

古代文字

古代文字を語るには先づ文字に先行する段階から始めねばならない。先史時代人類が自己の意志を伝え発表するため、石器等の道具で洞窟や器物に刻んだ記号から、縄など結んで意志を伝えようとした縄文字を経て、現代人が最も文字に近いと解る絵文字に至って初めて、人類が自己の意志発表に本能的に描いた自然現象像から文字の第一歩は始めたのである。

中国の甲骨・金文・篆書・楷書とすすむ典型的絵文字（象形表意文字）の進化、シュメール、エジプト、マヤ、アステカ、インディアン等の絵文字にみる、人類が内蔵する神秘的なまでの知能と、その後の人類史を予見する程の未知なる論理の芽生えがみえる。

楔形文字こそは古代メソポタミヤ文明を解明する重要な手がかりであり、人類が到達した初期の絵文字から抽象化記号文字への第一歩である。原エラム文字、シュメール文字、バビロニヤ文字、アッシリア文字、ミノア文字、ヒッタイト象形文字がこの系類に属し、古代メソポタミヤ文明を代表する絢爛たる文字群である。

エジプト文字は、紀元前三千年から紀元後数百年まで実に三千年余使われた偉大な文字である。ヒエログリフ（神聖文字）と呼ばれるこの文字は、ヒエラテイック（神官文字）とその草書体とも言うべきデモテイック（民衆文字）の二種があり、神聖なる王の権威

紀元前三千年の文字

現代西欧文字の先駆

神秘的な芸術品にまで到達

を表すものとして使われた・石碑や王墓等に刻まれたこの文字のもつ絵画象形的文字は、抽象性と絵画性が渾然一体となって、言いようのない神秘的芸術品にまで到達している。現象文字がもつ抽象記号のみからはとうてい理解しえない感動が感じられる偉大なる文字である。

インダス文字、モヘンジョ・ダロとハラッパを中心としたインダス河流域に栄えたインダス文明の文字である。殆んど解読されていないが、出土する印章等に刻まれた写実的動物像からメソポタミヤ文明とのつながりを想像することが出来る。この文字と類似するものとして大平洋の孤島イースター島文字がある。

その他インドには、ブラフミー文字（日本に入って梵字と名乗り仏教に関係深い文字）があり、これより派生したディヴァー・ナーガリ文字はヒンドゥ教と結びついて発展し、悉曇（しったん）文字は一般にサンスクリットとして仏教方面で使用されている。

他にチベット文字、蒙古文字、わがハングル文字等があげられる。

アルファベットとは、"言葉の基本となる音声を表わす符号の体系"と定義づけられる。人類は先づ絵文字、一単語文字から出発し、言葉がふえるにしたがって文字もふえ、如何にしたらこの不便をなくして人間が使用する言葉を、少数の単音記号に集約表現出来るかを追求した。

現行のローマアルファベットの起源については、セム系のフェニキア人の創始した単音記号の体系をギリシア人が引き継ぎ、さらにラテン系のアルファベットに進化したとの説がある。このアルファベットの発明によって人類の文字による言語表現力は飛躍的に増大し、人類文化の発展に多大の貢献をしたことは自明のことである。

この部類に属す文字としてシナイ文字、フェニキア文字、ギリシア文字、アラビア文字、ヘブライ文字、ルーネ文字、エトルリア文字、ラテン文字、コプト文字、アルメニア文字、グルジア文字、ロシア文字など現代西欧文字の先駆者的文字が軒をならべている。

漢字は象形表意文字の代表的文字である。表意から表音への文字進化論からすれば、漢字はその進化がはるかにおくれているが、近年この漢字のもつ表意性を再評価する気運が国際的に高まりつつあり、言葉の意味する内容を一文字で表わす漢字は、アルファベットとは異なる別の機能があることを再認識し始めている。この点エジプト文字のもつ魅力と相通ずるところがあり興味のあるところである。

甲骨文字から金文を経て篆書・楷書へと進化して今日の漢字になった。

この他にも数多くの古代文字はある。国力と文化の進展に伴って文字の変化もまたそれに従って進化したが、今日生き残った文字は、大別してアルファベット系西欧主要国の印欧語系文字と中国語を中心とした表意象形文字の二大文字である。

（つづく）

シュメール文字

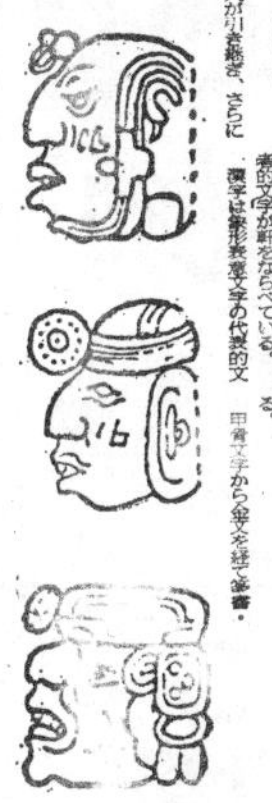

顔による数詞

帰化同胞の相談役

東京成和クラブ事務所開く

在日韓国人のうち、日本に帰化した人びとで組織されている親睦団体の東京成和クラブ（安藤富夫会長）では、かねてから新事務所の設置を急いでいたところ、東京都中央区日本橋二の二の二〇、小西ビル四階に事務所がきまり、去る一月十九日午後二時から、関係者多数同席のもとで、山本成大事務局長の司会で、その開所式を盛大に挙行、新年度活動方針や行事案を検討した。

このあと、五時から上野・東天紅で会員約百五十人が参加し、祝賀会を兼ねた新年会がひらかれ、この組織では先輩格の大阪成和クラブ江崎光雄会長（成和クラブ連合会会長兼）と東海成和クラブ長川武久専務理事らから生花が贈られそれぞれ発展を願う祝辞があり、青年、婦人会の余興がくりひろげられる中で八時すぎ閉会した。

なお、日本国内には帰化同胞が約二十万人にものぼるといわれるが、安藤会長は、子弟らの教育と就職、結婚相談など幅広く利用してもらいたいと希望している。

安藤 富夫会長

切手マニアに朗報 新郵便切手二種

大韓民国逓信部は新デザイン郵便切手八八〇号と八八一号の二種を発行した。

八八〇号はオキナの面で額面一〇ウォン、これは慶尚北道安東郡河回地方に古くから伝わる城隍堂、国神堂、三神堂などで洞神祭をするとき使ったもので河回面といわれるものの一つ、河回面は全部で十二個の木刻仮面だが現在は九個だけが伝えられている、切手はその中の老人面を扱かったもので栗色である。

八八一号は蜘蛛を図案したもので額面三十ウォン、これは虫シリーズの一つで黄地に茶色刷。両方とも大きさはタテ二五ミリ、ヨコ二三ミリ。

青少年指導のコリアン・チャペル

去る一月二十三日、東京渋谷のコリアン・チャペル（李基俊牧師・渋谷区恵比寿四丁目四一十一号・電話四四二一七四六三）では、創立八周年記念礼拝を、約百人の在日韓国人信徒参加のもと、厳粛に催した。

この日は韓国YMCAと三河島韓国教会からも多数招かれ記念礼拝に参加し、礼拝の後に同教会の婦人部が準備したお茶会があった。コリアン・チャペルは毎日曜日礼拝だけに重点を置かず、青少年の思想・精神、教養、語学などの指導、カウンセリングを重要な活動として行なっており、多くの同胞青年が教会に通っている。

尋ね人

☆金柱泳さん（山本金市）

解放前、ハルビンで土建業に従事したことのある金さんを、30年前、七歳の頃わかれた息子さんの金仁松さん（山本貞）が米国でさがしています。

金仁松さんの住所は、1144 S Harvard Blvd. L.A. CALIF U.S.A. 90006. 電話（213）732−0409です。

☆徐寅錫（一九二七年十月十六日生れ）

☆徐駿錫（一九三一年一月六日生れ）

本籍・京畿道[illegible]里五〇九番地

ソウル新設洞に居住し、鉄道庁に勤務したが六・二五事変後、行方不明、その後、日本から手紙があり駿錫さんは日本女性と結婚し勉強中だとのことで、弟の徐凡錫さんがさがしています。

訂正

本紙第一一一一号三面右下段記事中、神戸韓国学園入学案内で民団兵庫県本部を学校法人神戸韓国学園事務局に訂正しおわびします。学校法人神戸韓国学園事務局電話は、〇七八（六九一）一七四一一三）夜間〇七八（六二一）七四五一）。

韓国と日本の関係に新視点
日本上古史(文定昌著)抜粋と解説 (24)

三国系の日本王朝 (5)

倭王「武」の上表文

西紀四〇〇年、高句麗は、辛卯倭乱を敢行した倭兵を追跡し、任那＝対馬を経て倭本国になだれ込み、その五年後に倭国で高句麗系の反正王を登場させたが、その後登場した新羅系の允恭王が高句麗の勢力を排除しようとして努力を集中した。

しかし高句麗の長寿王は九十八年間にわたる安定した治政と、盛んな国力で、倭の宗国である百済を強打し、蓋鹵王を戦死させ、その国都を漢城から熊津に移さざるを得なくした。そして新羅を圧して、そのせまい国土をさらに小さくさせ、遠く倭にまで手を伸ばして倭を困らせた。

雄略王がついに高句麗との大決

宋に肩書と軍援を求め 高句麗の無道を訴える

戦を画策することになり、その準備として雄略王は高句麗の背後を先ずおびやかすため、宋の順帝に次のような援助を求める上表文をおくった。

「わが国の祖先が甲冑に身をかため、山を越え、水を渡り、多くの地をかけめぐり、心を休めてゆっくり休むいとまもありませんでした。東には毛人五十五国を討ち、西には衆夷六十六国を服せしめ、北は海を越えて九十五国を平定したので、王道がなごやかになり、下部を中心として土地を広めました。歴代にわたり天朝に服従して、年ごとに朝貢を絶やしたことがありません。臣はいまだいやしくおろかでありますが、辱かしくも先緒を受け継ぎましたので従がうものどもを引き連れて、天高は天子の国に帰順したいと思います。道が百済のはるかであり、大船を治めつつあります。それなのに高句麗が無道でわたしたちを呑み込もうとしており、辺地を略奪して人を殺すことをやめないので、すべての事がらが停滞してしまい良風をなくして、それによりあるいは通じ、あるいは通じないありさまです。臣の先考、済が仇敵の高句麗が天路を妨げることに憤怒し、百万の弓手の義の声に感激して、正に大挙しようとしましたが、にわかに父と兄の喪に当り、ほとんど成しとげられようとした功を一かけらも得ることができなくなりました。喪中にあるので兵甲を動かすわけにもゆかず、心ゆくまで休んだので、今まで討けませんでしたが、今や兵を訓練し治めましたので、父と兄の志しを継ごうと思います。義にもえる兵士と勇ましい軍隊が文と武を備え、光る白刃が前になっておりますので死を恐れません。もしも帝の恩徳によって、この強敵をくじいて下されば、禍いを除いて、よく今まで戦かって来た功を忘れません。(解説略)」（宋書列伝第九七夷蛮倭国）

雄略王はその二十二年行動を開始して、高句麗の女真族と馬韓から成る西海を防いで水軍を発し、高句麗と戦かったのであるが、誤りに敗れて戦死した。このような事実を、日本書紀は次のように記録している。

雄略二十三年[illegible]臣馬飼臣等帥船師以撃高麗。

秋七月一日天皇[illegible]・支度・事無巨細並付皇太子。八月七日天皇[illegible]。与百寮辞訣　並握手歔欷[illegible]殿。[illegible]辞　叡敬　[illegible]　非泣　気咽而[illegible]也。[illegible]

(つづく)

解説 前回、前々回の解説でも説明したが、文さんの説と日本史学とは、倭の五王で真向から対立することになるが、文さんは雄略天皇が倭王武であることを新説の上で今回の本文のように論じている。このことについては後の方で補足したい。

既に説明したように、仁徳から雄略までの天皇と宋書に出てくる讃から武までの五人の王とは、文献上では関係を認める根拠がどこにもない。ではなぜ、日本史学では宋書上の五王を仁徳から雄略に比定したのか。江戸時代に松下見林が行なった作業から見てみる。

讃＝履中天皇＝履中の名が去来穂別(いざほわけ)で、その略「さ」が讃と同じ。

珍＝反正天皇＝反正の名が瑞歯別(みずはわけ)であるが、瑞と珍が似ているところからナマって珍となった。

済＝允恭天皇＝名が雄朝津間稚子(おあさつまわくご)だが、済と津の字が似ており、ナマって済となった。

興＝安康天皇＝名は穴穂(あなほ)、これがナマって興となった。

武＝雄略天皇＝名が大泊瀬幼武(おおはつせわかたけ)であるから、略して武となった。

以上のとおりである。その比定の方法は全く「こじつけ」以外の何ものでもない。そしてその後数人の学者が現在に至るまで異論を出しているが、それは枝葉末節的なもので「比定」の根本に本格的な反論はなく、武＝雄略などは動かし得ない定説となってしまっている。(全くの別説として「倭の五王は九州の朝鮮系部族国」という説があるが、歴史学者側が認めたわけではない)

例えば東京大学出版会から一九七〇年六月一〇日付で発行された日本歴史講座第一巻、原始＝古代(歴史学研究会、日本史研究会編)の「倭の五王時代」(奈良女子大、門脇禎二教授執筆分)では、倭の五王時代に日本が強力国家となり、南朝の支配を強化したとしている。その他の日本歴史書のほとんどが五十歩百歩である。

本文中、倭王武が宋に差出した上表文の現代語訳が出ているが、宋書原文は、この文の前に「興が死に弟の武が立つ、自から使持節都督倭百済新羅任那加羅秦韓慕韓七国諸軍事安東大将軍倭国王と称し、順帝昇明二年使を遣わし上表文に曰く」とあり、本文の上表文の後に「はばかりながら自ら開府儀同三司を仮りました。もしも私に(自称の名を)授ければ忠節に励めます」と続き、このあと順帝が詔りして倭王の欲しがっている肩書を授けた。が、ここで「百済」をはいた「六国」と「大将軍」が認められるわけである。

(金元華 記者)

新刊紹介

ガイドブック「韓国の旅」 李剛氏らの力作

韓国に関するガイドブックは、韓国内発行、日本内発行を合わせて、現在数十点が市販されているが、この度、実業之日本社から、その決定版ともいうべき新しいガイドブック「韓国の旅」がブルーガイド海外版として出版された。

在日同胞のフリーカメラマン李剛氏が、昨年一年間、数回、数ヶ月にわたって韓国各地を巡って撮影した写真がふんだんに使われており、ガイドブックとしてだけでなく、韓国紹介の写真集として見ても結構時間の流れるのを忘れさせるだけの良さもある。

内容は、静かなる朝の国、という総合紹介の記事にはじまり各地ごとに項目を分けて詳しく述べられており、地図などは、全く新らしく版を興した独特のもので、市街地(ソウル、釜山など)の地図は今までにない見易さと正確さで、何がどこにあって、どう行けばよいか一目で判る。一人で釜山を回るのにも最適である。また松田恵嶋氏が書いたという出入国の手続関係の記事は、初めて韓国を訪問する人にとっては至れり尽せりの親切さ、それに旅程と費用、旅行のアドバイス、韓国旅行の問と答などが約六十ページにわたって述べられている。また車で行く人のための韓国ドライビングがコース、標識に至るまで紹介されているので、この本一冊で充分案内人の役目を果たしそうである。

執筆者の李剛氏は、元韓国新聞のカメラマンであったし、現在も韓国新聞にユニークな写真を提供している。一九三〇年東京生まれ、学習院大英文科卒、著書に写真集「韓国」(保育社)がある。

共同執筆者の松田恵嶋(よしのぶ)氏は、一九三九年東京生まれ、東京写真大工業科卒「東南アジアの旅」(ブルーガイド海外版)などがある。

二月二十八日、東京赤坂の韓国駐日公報館で、駐日大使館[illegible]公使らの発起で出版記念会が催される予定。

B6版、三一六ページ、定価六百円。

沖縄に同胞の慰霊碑を

李　沂　東

約束を果すということは、簡単なようで仲々むつかしい。私は今年二月、人類学や民俗学の研究の為に沖縄、台湾の歴訪の途次、往きのあいだ二週間沖縄に滞在した。これはその時の話であり又約束でもある。誰もが未知の土地に行くとかならず自分達の同胞を尋ねる習性のようなものがあるが、私も韓国と沖縄の文化の関係についてより深く具体的に知る必要を感じて沖縄にいる有識者の同胞を尋ねた。尋ねる間に奇しくも会ったのが、元韓国婦人部隊の第三代の司令官であった元陸軍大領(大佐)の尹[illegible]女史と、その夫君である元[illegible]軍少領の金世均氏であった。尹女史は沖縄民団の県本部副団長であり、大韓婦人会の会長であり、夫君金世均氏と力を合せて沖縄民団創立に努力した一人であった。金氏は米軍キャンプに勤め、沖縄における韓国文化にもくわしく、又その研究を琉球大学の関係者と行なっている。

私は金氏の車で金氏の家に案内されそこで約五時間よもやまの話を交した。そして最後の約一時間を沖縄に於ける同胞の実態と「同胞の慰霊碑」について語った。

第二次世界大戦で沖縄で散った同胞の犠牲者の数は確かな数字はわからないにしても、二千人以上とされている。

その内京都第三師団に配属されていた同胞の兵士約三百人が第三師団全滅の地、那覇市の西方で名もなく、意味もなく虫けら同然に死んでいった。その外の人たちは市場や路上や、野原からある日突然にかき集められ、又は徴用されて見も知らぬ遠い島に戦争目的の為につれて来られた若年や壮年の人々であった。

この中で伊江島飛行場建設に配置されていた同胞二百人が、米軍の上陸と共に地雷で全員が殺害された外、久米島では具氏一家七人が日本軍によって、終戦になっているのにもかかわらずスパイ行為をしていたと惨殺された。

このような悲惨な犠牲者は沖縄全島にあり、二千人以上の同胞は皆このように、自から掘った壕の中で、自から運んだ弾と共にあるいは戦車や飛行機や艦砲射撃の直撃にあい、日本軍の犠牲となって露と消えていった。

しかもその遺骨のほとんどは生れ故里の祖国に再び還ることは出来なかった。想えば今となってもやり場のない悲痛が胸に込みあがってくる。

その遺骨のほとんどは還らなかった。然し霧散した肉体と共に二千名以上の犠牲者の遺骨は、その骨と共に旧ての戦場を訪れる人々の下元に、又はあたりの野や山に何処かにかならず埋れている事はまぎれもない事実である。

この明白さに或人は、あながち同胞ならずとも一種の恐怖を感じ得ないだろう。にもかかわらず、そして久しく二十余年間、これらの犠牲者を形とる何ものもなかった。それ故か且ての戦跡を訪れた京都出身のある日本人の遺族の父は、息子の死と共にその死を哀れみ、且その慰霊碑の一つだにない事に堪えかねて、同胞犠牲者の為に「朝鮮人犠牲者之碑」なる物を個人の力で一基建てた。

その除幕式が今年一月に行なわれたそうだが、残念の事に民団の同胞は参席を拒絶しなければならなかった由である。

金世均氏の話によればその理由は碑銘が韓国人でなく朝鮮人なる為であったそうである。

勿論、個人の善意の力である為にその碑も小さい事であろう。

現在、沖縄には全国各都道府県庁が祀った慰霊碑は数をつくして建てられてあるが、韓国人慰霊碑は先の外にそれに比類するものはない。

金氏夫妻は力をこめて私に言われた。何んとか各都道府県に比類出来る韓国人犠牲者の慰霊碑を我々の手で力を合せて建てようではないかと。

在沖縄の同胞の力でやろうとしても、同胞は五百人余りで、力が及ばない事にも言及され、私に日本本土に帰ったらこの運動を至急起してくれるように懇願された。私もその場限りでない堅い約束をして帰ったが早や日月は十月余りになってしまった。

然し私はこの間何もしなかったのではない。韓国新聞社の朴氏には、この原稿を書いて送る事を話して協力を要請し、金氏には沖縄における犠牲同胞人の名前を送ってくれるように要請を書いて出した。

十一月二日のある新聞の切抜きによると、東京の板橋区栄町の高村順一さんが『沖縄に韓国人慰霊塔』を建てたいと訴える記事切々の記事がある。高村さんの計画では来年八月二十三日、友人の具氏家族が虐殺された日に沖縄本島に建立したいと話されているが、その為に来春にも北海道から沖縄まで建立募金の『カンパ』行脚を行なうと言っている。更に「沖縄で海洋博といってお祭り騒ぎをするより、いまもなお沖縄の土の中で母国の土に帰ることのできない霊をなぐさめるのが、人間としてあるべき道であり、平和を叫ぶ者の責任ではないだろうか」と言っている。

このように日本人のある一人は慰霊碑を建ててくれたし、また一人は慰霊塔を建てたいと立ち上っている。しかも北海道から行脚してまで費用を生みだしたいといっているのだ。在日同胞よ、これらの日本人の行為を拱手傍観して良いものだろうか。

私は金氏夫妻と沖縄同胞と共に強くおえる。沖縄に、我々同胞の暖い手で我々同胞の慰霊碑を建ててあげよう。それは日本に住む我々の一つの義務ではなかろうか。

韓国の出身地の石を一つ一つ集めて祖国の土に還ることの出来ないその為に、安らかにねむるように、その慰霊碑の下にせめてものたむけに抱めてやろうではありませんか。

我々は国家に依存し、団体に依存してはいけない。何を我々が国家に為し得るかが問題であると思う。

その時、国家も団体も黙っては見ていないだろう。いつも我々が主人公であることを忘れてはならないと思う。我々こそがその主体である。

さて、具体的に慰霊碑を建てるにどのくらいの予算がかかるかと言われると、立派に出来上っている各都道府県の碑を見る場合に、同じ物を建てるとして二千万ぐらいかかるのではないかと推察する。

(一) 費用はどのようにして集めるか。これは私案であるが、帰れない同胞の為の慰霊碑を建てるのであるから、今日まで命あって生きている我々の中でパスポートを持っては国に帰って来ることの出来る人達が、帰れない者の為に寄拾してはどうだろうか。私案では一年に三万人の人が母国を訪問するとすれば、一人が県本部に、又は韓国新聞社に何か千円ずつすれば良いと思う。それも強制ではなくキャンペーンを起して、良心的にヒューマンに。

(三) 犠牲者の名簿は当局にある程度は保存されていると見てよい。

(四) 碑は本国の石を使用し、碑の下には出身地の小石と韓国の土を以て台座を形成する。

(五) 実行委員は各県より一名ずつが出て構成する。そしてあるいは、民団中央本部に依託する。

これはあく迄も私個人の私案であるから、もっと良い案はいくらでもあると思う。

以上

金世均氏と尹夫人女史は最後に私に言われた。尹女史が大韓航空沖縄支配人をしているところから話せば石を本国から運ぶ時には大韓航空もほかならぬ事ゆえ協力してくれるだろう。いやむしろ船で運ぶ運賃はいくらでもあろう。

最後に私はこの文を発表した以上この件に関して沖縄を代表する金氏夫妻にその責任を果すと同じに皆様の賛同を得られれば全力を尽す覚悟である。沖縄には総連の人が何か仕事をしようとして、沖縄に渡って来て県本部を五人で設けた。民団でやらなければならずこの慰霊碑の件は総連でやるものと、金氏も私も思っている次第である。

〈詩人・日本ペン・クラブ会員〉

林慶業将軍傳 (33)

訳　洪　相　圭
編　八　東　周　吉

「…どうせ、死ぬのなら一か八かで、慶業逆賊のことを御前で奏上するよりほかに道はない。」

と、言うが早いか、早速行に移し、一味の朝臣どもを率いて主上の御前に出た。金自点は伏せていた顔を大々しく上げて、あくまで慶業を逆賊呼ばわりした。

「殿下、あれにおる林慶業は、間違いなく逆心を抱いておる謀叛人でございまする。不分ながらもありますことなので申上に上奏し奉ったのですが、殿下におかせられましては、どうして逆賊をかばわれるのでございましょうか?」

と体面もなく白をきったものだが、今度は慶業の方に開に直って、ぎょろりと目をむき、

「この逆賊、無礼であろうぞ、退がりおろう!」

と先手を制して大声で叱りだした。さすがに領議政を勤める古狸だけあって、威厳もたっぷりで、その上に貫禄で押せばたいていの人を圧するのに充分であったが、相手が慶業ときてはこれが通ずるはずがなかった。何しろ、百万の敵陣に単騎ではいり、胡王を叱りだした慶業であるから、金自点のわめくことなど痛くもかゆくも感じないが、ただ、その不忠ぶりをはげしく憎んだ。すっくと立って、はったとにらみつけながら、まず一かつをくらわした。

「この年甲斐もない ばか者! 黙りおれ。」

リンと冴えた一かつは、満堂をびりっと震わし、朝臣どもも、思わずはっと顔を上げるほどであった。金自点も思わずたじたじとなり、額には汗が玉と噴き出ていた。

「この古狸奴、今の今までは、よく尻尾を隠し終わせたであろうが、この慶業の目玉の光っておる前では、断じてそのいつわりは通じないぞ。位が一品、領議政で人臣を極めたものが、何が不足で逆心を抱き、果てはわしまでも陥れようとするのであるか。きさまの逆心は明々白々である。素直に天罰を待てばよし、さもなくば、この慶業がただ一刀の下に、その素っ首を叩き斬るであろうからそう思え。」

文武の百官は慶業の威勢におそれてわなわなとふるえ、慶業逆賊のことを一斉にいい張るつもりであった金自点一味の者も、いうのは愚か、早く首を垂れて、顔さえ真正面に上げることもできなかった。金自点はと見れば、顔は真っ青になって口元がぴくぴくと引きつり、顔全体から噴き出る汗でぐしゃぐしゃにぬれていた。汗はしわを伝わって首筋にだらだらと流れ落ち、がたがたとふるえる膝はもうこれ以上、上体を支えられそうにも見えなかった。

腐った魚の目のようにぎょろりと濁った目も、その視線のやり場がなくて仕方なく見開いているようなありさまで、はためにも哀れに映っていた。正に蛇に見据えられた蛙、というより外に形容のしようもなかった。

主上も痛く震怒せられて、御の一声をかけられた。

「林慶業はわが国だけではなく、中原にまで鳴り響いた大忠臣である。なんで無実の罪をなすりつけようとするのか! この痴れ者、退がりおれ、見苦しい。」

それでも金自点はなんとか、言おうと口をもぐもぐさせたが、舌が強張り話とはならなかった。主上は重臣を立たれながら、金自点の罪を義禁府で厳重にただすことを命ぜられ、すぐに身柄を監禁するよう、つけ加えて命ぜられた。

一五、あえない最期

金自点の罪を御裁決なさった主上は、ささやかな宴を設けられて慶業の思わぬ受難をねぎらわれた。

意気投合したこの君臣は、時の過ぎるのも忘れて談笑したが、慶業の疲れを気づかわれた主上は、早く帰って休むようにも仰せられた。慶業は大恩のかたじけなさを辞して、御前を退がり帰路に着いた。

大忠臣も人であるのに変わりはない。母の慈顔、淑やかな妻の顔弟たちの顔、息子・娘の顔・顔・顔・顔に顔が重なって、目の前をちらつけば足取りも思わず弾んだのであった。

一時の破滅を免れるのが、難しくなった金自点は、御前を退がり次第、また一味の者を呼び集めて慶業への復しゅうを相談した。どうみえても口惜しくて堪らなかった自点であった。

屈強の者数十名を伏せて、慶業の帰路を襲うことに衆議が一決したので、金自点自ら、刺客を率いて慶業の帰りを待ち伏せていた。

しばらくの間を待っていると微くんなおびた慶業が宮城の門を出て、こちらにゆっくりと歩いてくるのが見えた。数歩手前まで行き過ごせた金自点は、さっと現われ手にしていた数十斤の鉄槌で思い切り慶業の後頭部を打った。

何しろ、闇ほどの月もない黒闇であったし、それに、もっと悪いことには、すっかり油断しきっていたので、心身が隙だらけであったことであった。まさに無闇のつぶてである。慶業の名人業でも、ついに防ぐことができなかった。

ぱしっと頭蓋骨が割かれ無気味な音がした瞬間、今まですたすたと歩いていた当代切っての豪傑も後ろから引かれるもののように二・三歩をよろめき、朽木のようにばったりと倒れた。

3・1精神で北傀の軍事挑発を粉砕しよう

韓國新聞

在日大韓民国居留民団 中央本部機関紙
韓国新聞社
発行人 金正柱
東京都文京区春日町2丁目20－13
電話 直(815)1451～3 交(813)2261～5
振替口座 東京 163774
本国連絡所(民団本国事務所内) ソウル特別市鍾路区昌成洞 政府合同庁舎四階
電話 73－0162・0165

民団綱領

一、われわれは大韓民国の国是を遵守する
一、われわれは在留同胞の権益擁護を期する
一、われわれは在留同胞の民生安定を期する
一、われわれは在留同胞の文化向上を期する
一、われわれは世界平和と国際親善を期する

第55回三一節中央民衆大会

各地方で盛大に記念式典

朴烈義士追悼式も兼ね、東京は日本青年館で

◇…第五十五回三・一節を迎え、民団では、全国の各県本支部主催のもと、一斉に盛大な記念式典を行…◇
◇…なうが、今年の記念式は例年と違って、北傀海軍による野蛮的な武力挑発があった直後であるだけ…◇
◇…に、北傀の軍事挑発を糾弾する決意をさらに強固にし、祖国大韓民国の独立を世界万邦に誇示する…◇
◇…一方、在外国民として祖国繁栄のための維新課業推進へ積極的な参加を内外に顕示することになっ…◇
◇…た。過去如何なるときよりも祖国守護を誓う式典であり、併せて故朴烈義士の追悼式も兼ねたこの…◇
◇…日の式典は三部でなり、第一部は記念式、第二部では故朴烈義士追悼式、第三部は映画とニュース…◇
◇…など多彩な式典がくりひろげられる。この日、東京では、民団関東地協協議会(鄭東淳事務局長)…◇
◇…主催で東京都渋谷区千駄ヶ谷・日本青年館で同日午前十時からひらく。…◇

本国式典にも在日同胞六百余人が参加

なお、本国で行なわれる同記念式典に参加する在日同胞六百余人が関東、関西、九州、東北地区など日本全国から参加、地元の民団幹部と同行、ソウルで合流し、三一節本国記念式典に参加したあと、民団本国事務所をはじめ、希望により政府各機関を礼訪する予定。

記念式順

〈第一部〉
1、開会
1、国民儀礼
1、会長団登席
1、開会宣言
1、開会の辞
1、関東地協事務局長あいさつ
1、記念辞(中央団長・駐日大使)
1、来賓あいさつ
1、決議文採択
1、朴大統領閣下に送るメッセージ採択
1、閉会の辞
1、万歳三唱

〈第二部〉
1、故朴烈義士追悼式

〈第三部〉
1、映画とニュース

大会スローガン

一、三・一精神うけつぎ民族中興成し遂げよう
一、セマウル運動に呼応してセマウム運動を継続展開しよう
一、維新課業完遂のため大統領緊急措置を全面的に支持する
一、日本政府は韓日協定の基本精神を遵守せよ
一、我々は在日国民の法的地位確立と福祉向上に積極努力しよう
一、北傀は赤化統一の野欲をすて、南北会談に誠意を示せ
一、大韓民国万歳
一、在日本大韓民国居留民団万歳

三・一精神の歴史的使命を自覚

セマウム運動で祖国に寄与しよう

金正柱中央団長記念辞

金正柱団長

親愛する在日同胞の皆さん。五十五年前の今日は、我が民族が外敵の侵略と圧制よりは死を選ぶ強い姿勢を歴史の上に生々しく残した日であります。この日、二千万韓民族は、男女老幼の区別なく太極旗をうちふりながら、我らの祖国三千里津々浦々で大韓民国独立万歳を叫びました。この時、日帝憲兵の苛酷な責めにも屈することなく、憲兵の銃弾にも素手で立ち向かい、血を流し息の絶える瞬間まで、韓半島が我らの国土であることを主張し、侵略者日本帝国主義者は立ち去れと叫んだのであります。

奪われた祖国を取り戻し、今日我々が誇らしき大韓民国の在外国民として祖国を自慢し、祖国に奉仕することは、先烈が血で固めた基盤に築かれたのであります。それ故に我々は、今日の栄光と誇りを抱かせてくださった数多い先烈と愛国の志士に心から感謝し冥福を祈る次第であります。

我々は一人一人が先烈の血の代価としてうけつがれた祖国の自由を、誰にも奪われてはならないし、如何なる侵略からも堅く守り通さねばならない歴史的使命を自覚せねばなりません。

光復後、分断された祖国の悲劇を骨に沁みて経験した我々は、祖国の平和的統一がなければ、先烈が流した血に報いる道がないことを心の底からさとったのであります。

数えきれない苦難をつぶさになめてきた我々に、英明なる指導者朴正熙大統領の指導力は、民族の中興と平和的国土統一の道を明かすのろしとなっています。

日帝の侵略を排撃するため、国の津々浦々で、烈風の火のように燃えあがった愛国の情熱は、今日朴正熙大統領が提唱先導された「セマウル運動」のぶとして燃え盛りつつあります。民族の自主と独立に生命をかけてかちとろうとしたその意気が、今や「十月維新」の意欲的な国家再建事業にあらわれています。

そして三・一精神は今、大統領閣下の領導で新たにかつ大きく実ろうとしています。

朴正熙大統領は、新年辞で北韓共産主義者の挑発行為と石油騒動など国内外の挑戦を克服する道は「セマウル精神で団結した総和維新の道」であると述べられました。そして国の安全と民生安定のため、緊急措置を発動されたのであります。このような措置で民族中興のための維新課業遂行はより輝やかしい実を結ぶことは間違いないと信じて疑いません。

親愛なる在日同胞の皆さん、我々はたとえ、日本に居住しているといえども、大韓民国の国民としての誇りをもち、十月維新課業遂行に奉仕し、セマウル運動の一環として、民団のセマウム運動に積極挺身せねばなりません。

それだけが先烈の魂をうけつぐ唯一の正しい道であります。

終りに、祖国独立のための殉死された先烈と、護国戦没将兵の英霊と冥福を祈り、祖国と我々の栄光を期待しながら、第五十五回三一節の記念辞にかえる次第であります。

一九七四年三月一日
在日本大韓民国居留民団
中央本部団長 金正柱

平和統一は分断民族の当為

不撓不屈の不退転の姿勢で難局克服

金永善駐日大使記念辞

金永善駐日大使

第五十五回三・一節を迎え、私は在日同胞のみなさんとともにわが民族史上燦然と輝く三・一独立運動の今日的意義をいま一度[illegible]わが、祖国近代化への決意を新たにしたいと思います。

国際情勢の一大変革の渦中で、われわれは祖国の近代化を完成しその国家繁栄を子孫万代に受け継がせねばならない民族中興の課題と取り組んで、国家建設にいそしんでおります。この期におよんで最も切実に要請されるのは、いうまでもなく近代化への持続的意欲であり、自主独立の民族たる矜持を不断に保っていくことでありましょう。

一九一九年三月一日、わが民族指導者三十三人は、わがくにが「独立国」であり、わが民族が「自主民」であること、そしてこれを「世界万邦、子孫万代に告げ民族自立の正当な権利を主張し、人類の正義に訴える」ことを、「独立宣言書」を通じ中外に宣言いたしました。この「自主民」たる誇り高い矜持こそ、近代的意識の覚醒と次元を同じくするものであり、三・一運動で示された不屈の抗日精神と連帯こそわれわれの民族的エネルギーの尽きざる源泉であると私は確信いたします。

今日、わがくには一九八〇年代初において対外輸出百億ドル、一人当り国民所得一千ドルの達成を当面のビジョンとして掲げ、経済建設に全国民的努力を傾けております。が、われわれは祖国近代化の民族的課題を推進していく上で三・一運動精神――どのような困難な状況に直面しても不屈さを失わず、どのような逆境においても希望を保ったあの独立運動精神から不断に教訓を学び取っていかねばならないでありましょう。

われわれは、いま休戦ラインをさかいに北韓と軍事的に対峙しております。北韓は最近白翎島など西海五島の接続水域に対する統制権を主張することにより過去二十余年間定着してきた韓半島における休戦秩序を脅しており、去る二月十五日には白翎島近くの公海でわが漁船二隻に対し砲撃を加え、一隻を沈没させ一隻を拉致し去る暴挙を敢えてしました。北韓の好戦性は、国際情勢がきわめて流動的であり、その虚を衝いて局地戦が勃発する可能性を排除することができない状況においては、その危険性を倍加させているのであります。

われわれはこのような緊張をはらんだ状況のもとで近代化建設を推進していかねばなりません。加うるに昨今の"石油危機"による国際経済情勢の激動はわれわれの立場をより試練に満ちたものにしております。韓国経済は六十年代の高度成長を踏み台にまさにテイクオフの段階にあるため、未開発の段階にある諸国とか、高度の開発をすでに成し遂げた諸国よりも石油危機がもたらしたエネルギー資源面の制約をより強く感じている実情であります。

このような時局で、最も強く要請されるのはあの三・一運動が示した不退転の姿勢であり、エネルギーであり、一致団結を誇った規律であると確信する次第であります。

在日同胞のみなさん！ われわれはまた[illegible]な一致団結を誇示した三・一運動の民族的エネルギーを祖国統一を志向する原動力に昇華させていかねばなりません。

朴正熙大統領は、去年六月二十三日「平和統一外交政策に関する特別宣明」を内外に宣明され、つづいてさる一月十八日には南北韓不可侵協定の締結を提議、平和に徹する不退転の決意を表明されました。平和主義に徹し、不撓不屈に同族間の対話を積み重ね、祖国の平和的統一を実現させることは分断民族としての当為であります。

この時点でわれわれは、民族を愛し、国を愛し、そして世界の平和を愛することを宣明した三・一運動の根本的立場にいま一度立ち帰り、わがくにの近代化と平和的統一のため一致団結して邁進いたしましょう。

西紀一九七四年三月一日
駐日本国大韓民国
特命全権大使 金永善

北傀の武力挑発を糾弾

共産化の野欲すてよ

拉致船員、遺体、即時送還を要求

民団中央で声明、北傀の韓国漁船不法砲撃事件に

二月十六日、金正柱中央本部団長は、去る二月十五日、韓国西海岸白翎島近くの公海上で我が国の漁船に不法砲撃を加え、一隻を撃沈、船員を死傷させ、さらに一隻を強制拉致した北傀の野蛮的な軍事挑発に対し、拉致漁船ならびに死亡者の遺体と負傷船員、拉致船員の即時送還、沈没船体に対する完全補償を促し、これを糾弾する声明を発表した。声明文全文は次の通り。

去る十五日午前十時十五分、韓国西海岸白翎島西方三十浬海上で平和的に漁撈、操業中の韓国民間漁船二隻が北傀海軍艦艇の不法砲撃をうけた。

砲撃をうけた第三二水原号は沈没し、第三三水原号は強制拉致され、乗組員の死傷者数も少なからずと思われるが、我々在日同胞六十万は、北傀の不法砲撃と悪辣な同族殺傷行為に対し、燃えあがる憤激を抑えきれず、ここに糾弾するものである。

白翎島は、一九五三年の休戦協定により、国連軍の管轄下におかれた韓国領土であり、その後二十一年間、北傀も休戦協定を通じて認めてきた厳然たる事実があるにもかかわらず、北傀は、最近突然白翎島を中心とする五つの島の近海を四十三回に亘って侵犯する憎むべき挑発行為をほしいままにしてきた。

北傀のこのたびの蛮行は、南北共同声明で合意した武力行使の禁止を一方的に破棄する不法行為であり、北傀の武力赤化統一の野欲を露骨的に暴露したものと断定せざるをえない。

このような悪辣な野蛮的行為に対して、我々在日大韓民国居留民団中央本部は、北傀当局に対し、不法砲撃を加え、強制拉致した船体と船員らの即時送還と死傷船員及び沈没船体に対する完全補償を厳重に促すと同時に、今後、このような民族的罪過を繰り返すことがないよう全民族の前に誓うことを要求する。

また、我が国政府でも、このような北傀の蛮行が再び発生しないよう徹底的な膺懲を加えることとなお一層の予防措置を講究することを建議するものである。

我々在日六十万同胞は勿論、民族の念願である南北共同声明に立脚して、今般の北傀蛮行を強く糾弾する。

一九七四年二月十六日
在日本大韓民国居留民団
中央本部団長 金正柱

三・一独立宣言文

われらはここに朝鮮が独立国であり、朝鮮人民が自主民であることを宣言する。これをもって世界万邦に告げ、人類平等の大義を明らかにし、これをもって子孫万代に告げて民族自存の正権を永有せしめる。

半万年歴史の権威にのっとりこれを宣言するものであり、二千万民衆の忠誠を合わせてこれを佈明するものであり、民族の恒久如一なる自由発展のためにこれを主張するものであり、人類的良心の発露に基因する世界改造の大機運に順応并進するためにこれを提起するものである。これ天の明命であり時代の大勢であり、全人類共存同生権の正当な発動であれば、天下なにものといえどもこれを阻止抑制することはできない。

旧時代の遺物である侵略主義、強権主義の犠牲によって、有史以来累千年にはじめて異民族箝制の苦痛をなめてここに十年、わが生存権の剥喪されしことはいかばかりであり、精神上の発展の障碍されしことはいかばかりであり、民族的尊栄の毀損されしことはいかばかりであり、新鋭と独創でもって世界文化の大潮流に寄与補裨する機縁を失いしこといかばかりであったろうか。

ああ、旧来の抑ウツを宣暢し、現下の苦痛を脱し、将来の脅威を除き、民族的良心と国家的廉義の圧縮銷残を興奮伸張し、各個人格の正当な発達を遂げ、可憐な子弟に苦恥的財産を遺与せず、子々孫々の永久完全な慶福を導き迎えようとするならば、最大急務は民族の独立を確実にすることである。二千万各自が方寸の刃を懐にして、人類の通性と時代の良心が正義の軍と人道の干戈をもって援護する今日われらが進んで取るに[illegible]。退いてことをなすにいかなる志をひろげることができないであろうか。

丙子修好条約以来時々の金石の盟約を食んだといって日本の信の無さを罪しようとするのではない。学者は講壇で、政治家は現実において、わが祖宗世業を植民地視し、わが文化民族を未開人の如く遇して、ただ征服者の快をむさぼるばかりで、わが久遠な社会基礎と卓越した民族心理を無視したといって日本の義のないことを責めようとするのではない。自己を励ますのに急であるわれらは、他を怨むいとまがない。現在に備えるに急であるわれらは、宿昔のことをこらしめ弁ずるいとまがない。

今日これらの所任は、唯自己の建設があるのみで、決して他の破壊にあるのではない。厳粛な良心の命令で自己の新運命を開拓することであって、決して旧怨と一時的感情でもって他を嫉逐排斥することではない。旧思想・旧勢力にとらわれた日本為政家の功名的犠牲となった不自然・不合理な錯誤状態を改善匡正して自然・合理な正経大原に帰還させることである。

はじめから民族的要求より出たものではなかった両国併合の結果が、つまるところ姑息的威圧と差別的不平と統計数字上の虚飾の下で、利害の相反した両民族間に永遠に和することのできない怨みの溝を益々深めている今日までの実績を観よ。勇明果敢に旧誤を正し、真の理解と同情に基づく友好新局面を打開するのが相互間に禍を遠のけて福を招く捷径であることを明知すべきではないか。

また憤りを含み、怨みをためている二千万の人民を威力でもって拘束するのは単に東洋の永久な平和を保障する所以ではないばかりでなく、これによって東洋安危の主軸である四億万支那人民の日本に対する危惧と猜疑を時とともに濃厚にし、その結果として東洋全局が共倒同亡の悲運を招致することが明らかであろうし、われらの朝鮮独立は朝鮮人民をして正当な生栄を遂げしめると同時に、日本をして邪路から出て東洋支持者としての重責を全うさせることであり、支那をして夢寐にても免れない不安恐怖から脱出させることであり、また東洋平和を重要な一部とする世界平和、人類幸福に必要な階段になるのである。これがどうして区々たる感情上の問題であろうか。

ああ、新天地が眼前に展開する。威力の時代が去って道義の時代がくる。過去全世紀に錬磨長養された人道的精神が将に新文明の曙光を人類の歴史に投射し始めた。新春が世界に来り、万物の回蘇を催促している。凍氷寒雪に呼吸を閉ざしていたのが一時の勢であるとすれば、和風暖陽に気脈を震いたたせるのがこの一時の勢であるから、天地の復運に際し世界の変潮に乗じたわれわれは、なんのためらいもなく、なんらはばかるところもない。われらの固有な自由権を護全して生の楽を飽享するであろうし、われらの自足した独創力を発揮して春満ちた大界に民族的精華を結紐するであろう。

われらはここに奮起する。良心がわれらと同存し、真理がわれらと并進している。男女老少の別なく、陰ウツな古巣から活発に起来して、万彙群象とともに欣快な復活を成就せしめる。千百世祖霊がわれらを陰佑し、全世界気運がわれらを外護しているからには着手がすなわち成功である。ただ前途の光明にむけてバク進するのみである。

一九一九年三月一日
朝鮮民族代表
孫秉熙、吉善宙、李弼柱、白龍城、金完圭、金秉祚、金昌俊、権東鎮、権秉悳、羅龍煥、羅仁協、梁甸伯、梁漢默、劉如大、李甲成、李明龍、李昇薫、李鍾勲、李鍾一、林礼煥、朴準承、朴熙道、朴東完、申洪植、申錫九、呉世昌、呉華英、鄭春洙、崔聖模、崔麟、韓龍雲、洪秉箕、洪基兆

北韓は対話望んでいない

休戦協定、共同声明に全面挑発

事件の背景

さる十五日の白翎島事件は、第一に過去二十年保たれてきた韓半島における休戦秩序に対する挑発行為であると同時に、さる一九七三年七月四日南北共同声明の根本精神に対する挑発行為として注目される。

このような北韓側の武力挑発行為に対し、韓国側は"南北共同声明に定めた武力挑発をしないとの合意を真っ向から、じゅうりんする不法かつ非人道的な武力攻撃である"と厳重に抗議したが、この事件で韓半島における"南北対話"が挫折するとなるならば、その責任はあげて北韓側にあるといわねばならない。

このたび事件と関連して、特に注目されるのは、去年十二月一日板門店の軍事休戦委員会で北韓側が急に持ち出した理不尽な主張である。韓半島西海岸、白翎島など、五つの島は、一九五三年七月二十七日成立した休戦協定上、明らかに駐韓国連軍側の管轄地域に規定されているにもかかわらず、これら五つの島の接続水域に対する権限を北韓は主張し、この水域を航行する場合には"北韓当局の事前承認"を得ねばならず、無断航海に対しては軍事行動を留保する"という恫喝そのものの主張を敢て打ち出した。

休戦協定第二条第十三項(B)は、「白翎島、大青島、小青島、延坪島、牛島の島嶼群は国連軍司令官の軍事統制下に置く」と規定しており、さらに同第十[illegible]項は「双方の[illegible]」と[illegible]

[illegible]

一方韓国国防部はさる十五日[illegible]事件発表にあたり"北傀"なる名称を使用したが北韓側は今年に入って韓国側を"傀儡一味""売国[illegible]""民族反逆者"などと非難[illegible]

さる第二十八回国連総会において決議文を通じ実りある進展が期待された韓半島における南北対話はアジア、ひいては世界の平和定着のためにも必ず推進されねばならず、このたびの北韓側の蛮行は平和の名において弾劾されねばならない。

第23回定期中央委員会
第36回定期大会召集公告

本団規約第十三条、同十八条に依り第23回定期中央委員会並びに第36回定期大会を次のように召集する。

記

一、第23回定期中央委員会
1、日時＝一九七四年三月二十二、三両日午前十時から。
2、場所＝日傷会館 東京都新宿区市ケ谷本村町四二 電話(03)二六九－八一五一番

二、第36回定期大会
1、日時＝一九七四年三月二十四日午前十時から。
2、場所＝九段会館 東京都千代田区九段南一の六の五 電話(03)二六一－五五二一番

右の通り公告する。

一九七三年二月十一日

在日本大韓民国居留民団
中央本部議長 朴太煥

抗日反共に殉じた朴烈義士

死刑宣告裁判長に"ご苦労でした"と微笑

「裁判長、ご苦労でした」と、自分に死刑を宣告した日本の大審院判事に毅然として笑いかけ、悠揚(ゆうよう)迫らず獄舎に入った……これが、抗日義士「朴烈」氏の日本官憲に示した態度であった。その朴烈義士が、北韓で一月十七日逝去したと伝わったのは、翌十八日であった。これを発表したペンヤン側は朴義士のことを「米帝と米帝走狗である韓国政府と闘争するため」自ら入北したと発表した。朴義士と米帝が、どこでどう関係があって闘かう必要があったか、北韓の唯一の目標、いうなればバカの一つ覚えの「米帝」に結びつけなければ、偉大な抗日反共闘士を北韓に拉致した弁明もできないペンヤン側の発表である。朴烈義士は、戦前、故国を日本に侵略されたことから、あらゆることに興味を持たない虚無主義者となり、ただ一筋に日本の最高の支配者としての天皇一家を道ずれに死ぬことのみ考え行動した抗日の闘士であり、戦後出獄してからは、完全に共産主義者たちに乗っ取られた「朝鮮人連盟」に在日同胞を委(ゆだ)ねることは民族のためにならないとして、今日の大韓民国居留民団を生み出した反共の闘士である。朴義士は終始一貫して「韓民族」のために闘かって来た。その行動を封じたのは何ものでもなく、それは北韓の支配者たちである。

朴烈義士出獄記念撮影(太極旗をひざにかけたのが朴烈義士)

獄中の金子文子さん

獄中時代の朴烈義士

士官学校在学時代の令息栄一君と未亡人張義淑女史

法廷で日帝裁く智略・豪勇
民族の正道透視し反共民団創設

反日帝闘争 不逞社基盤に

◇生い立ちの記

朴烈義士は、本名を朴準植という。一九〇二年(壬寅)二月三日、慶尚北道尚州郡化北面壮岩里で生まれ、数え年九歳まで「書堂」(ソダン)に通い漢籍を勉強した。このごろ既に自分で朴赫とか朴烈とかの名前を使い出した。その理由は朴義士本人が、自分の性質をそのまま表現できる名前——ということであったらしい。とにかく子供の時から頭脳明晰(めいせき)で、書堂における約二年あまりの間に「千字文」「童蒙先習」「通鑑綱目」などを修めている。

十歳のときに普通学校(小学校)に入学、十四歳で卒業した。その翌年、京城高等普通学校(中等学校)に入学した。しかし学費が乏しく、さらにこのころから思想的に独自の考えを持つようになって三年で中退した。一説には、三・一独立運動に加担した嫌疑で退学させられたともいわれている。一九一九年十月、日本にわたり新聞配達などをしながら正則英語学校に通ったりした。そして日本のアナキスト大杉栄らの講演を聞いたりして、日本の社会運動者らと接触することになった。

◇思想的基調

朴烈義士はボルシェビキに指導されるコミュニストではあきたらず、日本の国家権力一切を否定するためアナキストとなり、さらにそれがすべての権力、真理、規範を否定するニヒリズムとなりナイイリズムにと変って行った。つまり故国の完全無欠な独立か、それが不可能である場合は支配者に対する痛烈な反撃を行うことかの何れかしか道が無いという判断である。

十八歳のときに三・一独立運動を体験した朴義士は、十九歳のとき東京で既に思想を同じくする韓日両国人の同志らと地下運動を始めた。

一九二二年、朴義士が二十一歳のとき、同じ思想の「金子文子」さんと同棲をはじめるが、それまでに、黒涛会を組織していたのを解散し、黒友会を組織した。そしてそれも解散して「不逞社(ふていしゃ)」を組織「太い鮮人」という雑誌を発行していた。こうして日本の裁判所が「大逆事件」とはいわず「特別事件」とか、「刑法第七十三条の罪」といった「天皇、皇太子」暗殺の計画が進められて行った。

◇尾行の刑事を手玉に

この当時、日本官憲は朴義士に刑事の尾行を付けさせたが、朴義士が尾行中の刑事にいきなりふりむいて「腹がへった、夕食を喰わせろ」といって驚かし、実際にめしをおごらせている。日本の官憲を全く意に介していなかったのである。

一九二三年(大正十二年)、日本の皇太子(今の天皇)の結婚式の日、皇太子と大臣大将を爆弾で一挙に暗殺する計画で、日本人の時、上海の義烈団などに爆弾入手の工作をするが何れも実現せず、不逞社の同志に爆弾持込みを依頼したことから、後日、天皇、皇太子爆殺計画が日本官憲に漏れることになる。同年九月、関東大震災直後、不逞社同志らとともに朴義士、金子文子さんは日本官憲に「保護検束」の名目で逮捕されそれを以って戦前の日本社会での活動は終りをつげる。

◇同志金子文子との愛

こうして朴義士と金子文子さんは、時の内閣が倒れるもととなった「怪写真事件」などを作なった予審を受けるわけだが、この予審の時の朴義士の答弁ぶりは、戦後新聞、雑誌、単行本となって有名になった(別稿)。

三年間にわたる裁判の結果、一九二六年三月、一旦死刑を言い渡されたあと、無期懲役になって朴義士は千葉の刑務所に、金子文子さんは栃木刑務所に収監され、金子文子さんは同年七月自殺(絞殺されたとの説もある)した。

朴義士の判決後の収監状況は次の通り。

大正十五年(一九二六)三月二十五日、大審院特別裁判所において、死刑。

大正十五年四月五日、天皇恩赦により死刑一等を減じ、無期懲役

大正十五年四月六日より昭和十一年七月にいたる間千葉刑務所。

昭和十一年八月小菅刑務所移送十八年七月にいたる。

昭和十八年八月より秋田刑務所移送、昭和二十年(一九四五)十月二十七日にいたる獄中闘争は、まさに二十二年二ヶ月一日——二十二年である。

反共の旗印掲げ 民団組織を創設

一九四五年十月二十三日、朴烈義士は秋田刑務所から釈放され、在日同胞の熱狂的な歓迎のうちに東京に着いた。その時四十四歳になっていた。

当時、日本には唯一の民族団体として「朝鮮人連盟」が存在していた。しかし、その構成幹部は殆どが共産主義者で、すでに北韓からの秘密指令にもとずいて行動しており、全在日同胞を共産主義化しようとして「朝連」即「北韓人民」と一方的に決めて、すべての行事その他を北韓に結びつけていた。

◇朝鮮人連盟の誘惑を拒否

朴烈義士にも誘いの手を伸ばしたことは無論であったが、朴義士は断固としてこれを拒否し、一九四六年一月八日、新朝鮮建設同盟を組織してその委員長となり、朝鮮人連盟の方針に反対する在日同胞を糾合して、はっきり反朝連の線を打ち出した。そして同年十月三日には「在日朝鮮人居留民団」に発展改組して、初代中央総本部団長となった。これによって、各都道府県に民団地方本部が次々と結成され、一九四六年の八・一五行事は、はっきり朝鮮と分離して開催した。そして韓半島南部に大韓民国が樹立されたのに合わせて「大韓民国居留民団」と名称を変えたのである。

一九四八年の八・一五光復祝典に際し、李承晩大統領の招きで帰国して祝典に参加した。このとき朴義士は四十七歳、実に二十九年ぶりに故国に帰ったのである。

◇祖国への愛着が北韓拉致に

朴烈義士はそのまま本国に滞在して、韓国民の教育事業発展のために身を投じ、東奔西走の多忙を極めていたが、一九四九年六月二十五日に北韓軍の侵入によって発生した韓国動乱のとき、ソウルで北韓軍に拉致されたのである。

朴烈義士は、一九四七年、当時東京で国際新聞の記者をしていた張義淑(当時二十九才)さんと結婚し、男児栄一君と女児慶熙さんをもうけた。

朴栄一氏は現在二十七歳、韓国陸軍中尉、朴慶熙さんは二十六歳民団神奈川県本部職員である。

張義淑未亡人は、現在、ソウル特別市竜山区漢江路一街東邦アパートC棟六〇一号に居住し、外語大の講師をしている。

予審判事との痛快な問答ぶり

そこで朴義士の予審第一回調書を見ると、実に面白い。

「氏名は?」

という問いに対して、

「本名は朴準植、通名は朴烈」

と明快に答えて、二度と再び調べなおす必要のないような明快さを示している。

「年令は?」

「二十五年、明治三十五年二月三日生れ」

「族称は?」

と問えば、

「新平民」といって笑う。「新平民とはどういうことか?」と追及すれば「それは多分新附の平民ということだろう」と茶化して、まともに取合わなかった。

◇「太い鮮人」は「不逞鮮人」をもじる

問「職業は?」

答「雑誌発行人」

問「雑誌の名称は?」

答「太い鮮人」

問「その意味は?」

答「日本の官憲は、俺たち朝鮮独立運動者のことを、不逞鮮人というから、その不逞鮮人と語呂の通ずる太い鮮人ということだ」

問「住所は?」

答「東京都豊多摩郡代々幡町大字代々木富ケ谷千四百七十四番地」

問「もうそこには住所がないそうではないか?」

と判事が反問すると

答「俺の意志によってなくしたのではない。だれが俺の住所を奪い取ったか知らないが、何人が奪っても、俺は俺の住所を心の中に守っている」と逆襲する。

問「本籍は?」

答「朝鮮慶尚北道聞慶郡麻城面梧泉里九十八番地」

◇内地籍は知らない、日本籍はわかる

問「出生地は?」

答「本籍地と同じだ」

問「位階、勲章、従軍記章、年金、恩給または公職を有するや?」

答「そんなものを俺にくれた覚えがあるというのか」

と答えて判事を苦笑させている。

問「刑罰に処せられたことありや否や?」

答「勝手に検束や拘留の弾圧を受けたことはあるが、正式に刑罰などを言渡されたことはない」

問「被告は内地の言葉に通じているか?」

答「内地語などということは知らないが、日本語ならよく知っている」

といって、頭初から祖国強奪に抗議している。

問「被告は金子文子と同棲しているか?」

答「夫婦だから同棲している」

問「しからば入籍しているか?」

答「入籍していなくたって夫婦は夫婦である。入籍は今でもする」

問「被告は他の同志とともに不逞社を組織しているか?」

答「俺は同志に関することはもはや何もいわぬことに決めている。警視庁や検事局の役人どもは俺に叛逆罪があるというスパイ根性で、二、三カ月も前から不逞社のことを知っていながら、営業的心理で不逞社の動きを眺めて、何もかも知っている筈だ。それは今度検束され、拘留された後の彼らの態度でよくわかる。しかも初めから不逞社のことについて、何ら適法の処置をとらないのが、彼らのやり口だ。俺は朝鮮に生れて祖国を奪われたため、こんなところに拘束されているのだが、実に不愉快だ。しかしそれは弱いからである。けれども、いくら日本の国家が強かろうと、権力が笠にかかろうと、弱い俺のいいたくないことをいわせることはできない。俺は同志に関することはいわぬことに決めている。しかし、俺だけのことについてはこれからいうが、同志に関することは聞いてくれるな」

と答弁し、結局不逞社事件は、事件に関連した同志十二名の起訴を免訴せしめているが、これは、朴義士の被告態度が絶対に同志に関する訊問を拒絶して、その秘密を語らないからである。

ところで、面白いのは「俺に関することだけはいう」といったがそのいうことについて判事との間の条件のすばらしいことである。

「俺が俺の事件に関することだけはいうというのは、問いに対して答えるという意味ではない。調べを受けて事件を明らかにするという意味でもない。俺の祖国朝鮮を強奪した強盗日本に対する憎悪の感情を、君の問いに沿うて日本の国民、日本の天皇に知らせたいからである。俺たちは不幸にして事件未遂に捕われているが、朝鮮の民族はみな俺たちと同じように祖国朝鮮の強奪を呪い、日本の強盗行為を憎んでいるから、今後いつ誰が、ぞくぞくと同じようなことを企てないとは限らないであろうことを、判事を通じて日本の天皇に知らせて、一日も早く強奪した我らの祖国朝鮮を返還するようにしないと、いつかは一度必ずやっつけられるぞ、ということを知らせたいためである。——俺のいうことは、俺のいった通りに書くということを約束しろ。俺のいったことを書記が勝手に、聴いた通りに書かなかったり、判事が俺のいったことを、勝手に解釈した言葉をもって、書記に書かせることは反対だ。すべて、俺のいった通りそのまま書くこと、書いたものを後で読んでみて、間違いがあれば、いつでも訂正させることを条件として承知するなら話して聴かせる」

というのが朴義士の予審における法廷態度であった。

民族代表として王衣王冠まとう

◇裁判史上空前の取引き

大審院の特別法廷——これこそは最後の被告態度である。文字通り最後なのは、特別事件の一審切り、宣告一下、上訴も、上告も許されない確定審の法廷である。ギロチンに直結する生命抹殺の死刑ルートである。この法廷における朴義士の被告態度はまことに面白いものであった。

布施氏を通じて交渉した要件をいうと、第一に、朴義士は被告として法廷に立つのではない。裁判官は、日本の天皇を代表して法廷に立つのだから、自分は朝鮮の民族を代表して法廷に立つのである。日本の裁判官が日本の天皇を代表するというと、法冠を戴き法衣をまとっているが俺も朝鮮の民族を代表する立場において、朝鮮の王冠を戴き、朝鮮の王衣をまとうことを許されたい——というのが第一の条件であった。

第二の条件は、自分が法廷に立つ態度をまず第一に宣言させろ、ということである。

これは被告として法廷に立つのではなく、朝鮮民族を代表して、日本が祖国朝鮮を強奪した強盗行為を弾劾するために法廷に立つのだから、裁判官が日本の天皇を代表して、朴義士の質問に答えよ、というのが第二の条件である。

第三の条件は、日本語は使いたくない。朝鮮語を使わしてくれ、朝鮮語でいいたい、ということ。

第四の条件は、日本法廷が日本の天皇を代表するというので、裁判官が高い所にいる。日本の天皇に裁かれる被告は低い所におかれる。だから俺はその被告と違うのだから、俺の所を判事の席と同等に高めてくれ、という要求であった。

この要求は、結局布施氏の仲介的折衝により、第一条件の、王冠を戴き王衣を着けて法廷に立つことは同意させたので、朴義士の被告服装は、当時の写真にも出ていたように、朝鮮の王冠を戴き、王衣をまとうたものである。

第二条件の、被告として法廷に立つのではなく、朝鮮民族を代表して法廷に立つのだという主張も同意させて、堂々とこれを宣言したものである。

ただし、第三条件の朝鮮語で話すことは、通訳を入れると却って事が面倒になり意を尽せないからというので撤回し、

第四条件の、被告席を判事と対等にするという問題は容れてやりたいが、世間がうるさいから我慢してもらいたいという、裁判長の立場を察して撤回したが、かくまで断乎たる被告態度をとった法廷闘争は、まず稀に見るといってよいのではあるまいか。しかもそうした交渉のすべてがいかに論理的で、その交渉がどれだけ巧妙なものであったかは、いよいよ大審院の特別裁判に附された後、授命判事の板倉松太郎が、朴義士の身体、精神現状を鑑定させたいというので、鑑定を命じた際、鑑定医の杉田直樹博士が鑑定を拒絶された際の拒絶振りを見ると、実に明快である。

郵便配達夫装い 皇居に出入り

朴義士が日本に渡来したのち、いかなる生活といかなる運動を実践して、最後の大逆事件決行を企てるに至ったか? 甚だ興味の多い問題で、警察でも、検事局でも随分しつこく訊問したらしいが、一切答えていない。予審判事も巧みに訊問のカマをかけているが、わずかに、郵便配達夫になって毎日宮城内に出入して天皇の動静や出御の経路などを研究し、その間ときに革命歌を朗唱してうっ憤を散らしたということを述べ、さらに予審判事が、

問「どうして朝鮮人である被告が、宮城内に出入する郵便配達夫となることが出来たのか?」

答「そんなこと問題じゃないよ。聞くだけ野暮だ」

問「どうして?」

答「日本人の同志と結託して出願し、無事に郵便配達夫の試験に合格したのち、その名前の免許証で、朝鮮人のおれが、配達夫の事務を代行することは易々たるものだ。馬鹿ヤカマシイ警戒をしていて、間の抜けた宮城警察なんて問題にならないよ」

とうっぱねている一節も予審調書に記録されている。

追悼の辞

亡国の悲哀を韓民族の誰よりも痛感し、祖国をとりもどすため、日帝とたたかおうとの義憤に誰よりも熱烈に燃え、韓民族の悲惨さを誰よりも大きく内外にしらせ、しかし、誰よりも孤独に、悲しく死を迎えられた朴烈義士の霊前に、謹んで追悼の辞をささげるしだいであります。

嗚呼、抗日闘士、朴烈先生、

先祖から五千年を綿々とうけついで来た民族の故郷、韓半島を略奪された悲しみは三千里にみちあふれました。

狼のような侵略の悪行が、われわれの国土だけでなく文化と伝統までを汚そうとする凶謀に、民族の憤激は天を衝きました。

先生はこのような民族の憤激を一身に背負い、日帝の心臓部東京で日帝打倒の独立運動結社(黒濤社)を結成、本格的な祖国光復運動をくりひろげました。

嗚呼——、抗日の英雄、朴烈義士よ。先生の噴火山のような愛国の情熱は日帝の虐待に呻吟する本国と在日同胞の太陽であり、先生のすぐれた勇猛は、日本の官憲がおそれおののくところとなり、先生の正義と智謀は、全国民が崇え慕うところとなりました。

しかし、凶悪な日帝は、先生の卓越した指導力と智略をおそれ、あらゆるわなをかぶせ「大逆」の罪名をねつ造したのであります。

あらゆる悪刑と拷問をへながらも韓民族の主張と人類正義の大道を説き諭し、日本の反省を促す先生の毅然とした姿は、日本の裁判長をはじめ、満堂の人士に深い感銘を与えたのであります。

嗚呼・民族の烈士、朴烈先生、

22年間の長い獄苦のさなかで、ひたすら民族の将来と祖国の光復をねがい、民族がふむべき道を教えておられた山のような姿勢は、わが独立闘争史に燦然と輝やく一つの偉大なすがたであります。

夢にも忘れなかった解放の鐘の音がひびくや、わが在日同胞社会は、先生の出獄を歓迎する喜びにうかれ、先生を在日大韓民国居留民団の初代団長として推戴することができました。今日の民団が維新祖国のふところで、ほこらしい民族の中興に寄与し、在日同胞の最大の自由と権益擁護を実現する組織として成長したのは、先生の遺志と教訓に恵むるところ大きいのであります。

嗚呼、祖国の悲運に殉ぜられた民族の子、朴烈先生よ!

先生が自由と民主の地、祖国で余生を過すため帰国されるや驚天動地の民族的悲劇が北韓の凶謀によって発生しました。自由で平和な祖国で余生をなげようとした先生の念願は、無残にもふみにじられてしまったのであります。

北韓共産主義者は、日帝が先生を監禁し抑圧したと同じように先生も不法ら致し、家族との別離は勿論、いつ終るともない監禁同様の束縛を加えました。所謂、在北平和統一促進協議会々長という名目で、先生の輝やかしい愛国運動の経歴と民族愛の成果をよごどりしようとたくらんだのであります。

嗚呼!半生を外敵の束縛のもとで過された先生は、残りの半生をもまた同族の仮面をつけた共産主義者に束縛されながらその一生を終えられたのであります。

嗚呼! 先生よ、しかし、先生の一生は数奇の一生というよりはあまりにも偉大な一生であり、韓国男子としての一生でありました。

先生の独立をめざす燃えたぎる意志は遺訓としてのこり、民族の更生運動である「セマウル運動」に花咲いています。南北の平和的統一を実現するための「十月維新」に結実されています。

英霊よ、安らかであれ、先生の令息が大韓民国のすぐれた将校として、国を支える武夫として立派に成長したごとく、先生の愛国情熱と民族愛は、この国の歴史あるかぎりのこり、民団組織の指標としてのこるでありましょう。

謹んで冥福を祈ります。

一九七四年三月一日

在日本大韓民国居留民団本部

団長　金　正　柱

北韓に対する声討

日本帝国主義侵略に対抗し、半生を獄中で過されたのち、またもや、北韓へ強制拉致され寂しく波瀾に満ちた人生を終えられた故朴烈先生を追悼しながら、ここに在日韓国人の総意をもって金日成徒党に対し、彼等の非人道的罪悪をきびしく声討する。

日帝官憲によって23年の獄苦を重ねたのち、朴烈先生は反共愛国の一念から在日大韓民国居留民団創団の大業を促進され、初代から五代の団長職を歴任されたが、民族千秋の悲劇である六・二五動乱の犠牲となられた。

北韓共産徒党は、朴烈先生の反共愛国の輝やかしい経歴を汚す敵対宣伝に利用しようとあらゆる手管をつくし、逝去後においても永い年月をソウルで待ち焦がれた遺家族に対し、遺骸の返還はいうまでもなく、一言の弔意表示すらない。

遺骸のない葬所で香を焚きながら死後の対面すら許されない数奇の運命に断腸の嗚咽にむせぶ遺家族とともに、われわれは北韓共産徒党の非人道性に憤激を禁じ得ない。

在日大韓民国居留民団では、中央本部団長名義で朴烈先生遺骨返還要求書を平壌政権金日成あてに発送し、国際赤十字社に対しても遺骨返還のための国際的措置を促求する陳情書を送った。

一カ月が過ぎた今日までにも何の応答すらない。わが民族古来の美しい遺風をふみにじり、朴烈義士の愛国英魂に背を向ける共産徒党の憤激にたえない蛮行を、わが民族の名で糾弾する。

南北赤十字会談を一方的に拒否し、根拠のない口実で南北対話を中断させた彼等は、祖国の解放と独立に一生を捧げた愛国者の死までをじゅうりんしている。

われわれは、この席で北韓共産徒党の罪悪と凶謀を万天下に糾弾し、彼等がふたたび悔い改め、民族本来の良心をとりもどすことを厳粛にすすめるしだいである。

一九七四年三月一日

朴烈義士追悼式

日本国に対する声討

日本帝国主義による韓国の併合と非人道的な暴圧に対し、敢然と立ち向い、祖国の自主独立運動に一生を捧げられた、この偉大な民族の義士朴烈先生の死に接し、われわれは韓民族の名において、日本政府並びに日本国民に対して厳く警告するものであります。

朴烈義士は一九二三年「日本天皇暗殺謀」という大逆罪で逮捕され四半世紀にわたる獄中生活を送り、日本敗戦により自由の身となったのであります。

出獄後の朴烈義士は、在日同胞の権益擁護と民生安定、そして国際親善を期すべく在日大韓民国居留民団を創立し、初代から五代団長を歴任して、わが民団発展の基礎を築きあげられました。

その後、朴烈義士は、祖国の分断を嘆じ、真の民族の独立と反共闘争に残された余命を捧げる決意のもと、一九四九年祖国大韓民国へ帰国されましたが、不運にも北韓共産徒党の南侵に遭遇し、北韓に強制拉致されたのであります。

あれから二十四年間、共産治下で孤独な抑留生活を強いられたるだけでなく、朴義士の民族史的に輝しい経歴を北韓当局によって政治的に悪用される破目に落ちたのであります。

そして、朴烈義士は先月十七日北韓の平壌で逝去されたのであります。

かつて、日本帝国主義の狂気じみた侵略があったればこそ朴烈義士が反日闘争に立ちあがったし、長い獄中呻吟また、本国における遺骨なき葬式に参列する遺族たちの悲哀もなかったということです。

日本帝国主義の暴虐に立ち向い、民族の独立を叫んだが故に半生を投獄され、また日本帝国主義の犯した過ちによる国土分断の悲劇を一身に背負って憤死なされたのであります。

われわれ韓民族は三十六年間、日本帝国主義の侵略の犠牲となって苦しみ、その後、解放されたとはいえ、その残滓の傷痕は未だにいやされていないのであります。

にも拘らず、日本の一部の人々、政治家として国政の責任的座についている者が折にふれ韓日合併を正当化するが如き暴言が絶えなかったことは、誠に憤激に堪えないことであります。ましては、田中総理までが国会答弁において同類の発言をするに至っては言語道断と言わざるを得ません。

さらに最近の一部日本の言論人の偏向ぶりと、韓国に関する報道に表わされた無責任な、または内政干渉的態度に対しても、われわれはその奥底に秘められている支配者的優越感をありありと汲みとることができるのであります。

このように日本の要路者の暴言と、日本の言論機関の偏向が何ら反省することなく、今日の状態を継続する場合には、われわれ在日六十万同胞はもちろんのこと、三千五百万韓国民の新たな憤激を呼び起し、両国間に不幸をもたらす結果を生む可能性がないとはいえません。そのとき挙げて、日本側に全責任が存在するということを厳重に警告するものであります

一九七四年三月一日

朴烈義士追悼式

入校者増員を建議

とりあえず今夏は七百人 交通の便も航空に切替え

本国夏季学校

七月から実施されている在日韓国人学生のための本国夏季学校は、今年で第九回目を迎えることになるが、この実施に先だち、民団中央文教局(金米錫局長)では従来の船便利用が不便であるところから、航空便にかえ、また入校志願者が毎年超過するので、増員させてくれるよう本国政府文教部に次のような要旨で建議した。

航空便利用・北海道、東北など遠隔地からの引率者と参加学生らが船便で下関から出発する場合、下関まで三日間もかかるので、ソウル到着までに既に疲労困ぱいし、また乗船までの下関での旅館宿泊予約も難かしい上、経費も実質的に安くないなどの理由から、航空便の方が有利である。

入校者増員・年々入校志願者が増大する一方なので、少くとも今年度は七百人以上に増員させる必要がある。このほか、文教局では、民族性豊かな花郎精神を体得させるため、夏季学校期間中、「花郎の家」で一定期間、修錬をうけさせてくれるよう併せて要望した。

韓国系日本人学生の「夏季学校も継続実施」

年々増加をたどる夏季学校生

昨夏、初めて実施された「韓国系日本人学生のための本国夏季学校」は、予期以上の成果をおさめたが、民団中央文教局では、このほど本国政府文教部に対し、「第二回韓国系日本人学生夏季学校継続実施」に関する許可申請の公文を発送した。

実施要領は次の通り。

対象・民団々員で国際結婚をした父、または母のどちらかが日本国籍を有し、日本の正規高校、大学に在籍している健全な学生で、居住地民団が推せんする者。

募集人員・男女各二十五人づつ。

期間・一九七四年八月十日から十九日まで。

教育担当・本国政府の文教部、ソウル市教育委員会。

経費・東京―ソウル間の往復航空運賃(三万九千五百円)宿泊費(二万四千百二十円)雑費(三千九百八十円)・但し教育費は政府負担。

教科内容・国語、国史、社会、音楽のほか、本国学生との交歓、名所古蹟・産業施設と教育機関の見学、セマウル模範部落訪問、国軍部隊訪問、光復節記念式参加、民泊などが予定されている。

応募しめきり・出発十四日前まで参加者名簿を大使館教育官室に提出するため、それ以前に人選を終えさせる。

教育基金二十万円喜捨 秋田本部の白南徳事務局長

民団秋田県本部(朴碩道団長)の白南徳事務局長(39)は、二月十五日、在日韓国人教育後援会准会員の資格で、財団法人・韓国教育財団(許弼奭理事長)に、献金二十万円を寄金した。

民団組織実務者の立場で、このような教育基金を喜捨したのは、全国民団で始めてのケースで関係者たちを感激させている。

婦人会で春季研修

在日大韓婦人会中央本部(金信三会長)では、在日韓国婦人の啓蒙と資質向上のための精神武装を期すため、組織を通して例年定期的に研修会をひらいてきたが、今年も第六回全国春季研修会を次の要領でひらくことになった。

〈目的〉

急変する世界情勢を把握、本国政府施策の当面問題を認識して愛国愛族の心を養ない、組織活動に対する精神武装を期する。

〈期間と地区〉

三月六日から三月二十九日までで、第一地区(近畿・中部)は三月六日から八日まで、第二地区(九州、四国、中国)は三月十八日から三月二十日まで、第三地区(関東、東北)は、三月二十七日から三月二十九日まで。

〈研修内容〉

大統領一・八緊急措置、組織論、子女教育問題、民俗文化(衣装、舞踊、音楽、料理)、一般教養。

参加希望者は、地元婦人会に申しこむとよい。

税務講義する尹達鏞中央顧問

三多摩で税務講習 尹達鏞氏招き商工人

民団三多摩本部(鄭厚基団長)では、二月十三日午後一時から七時まで、管内同胞商工人約三十五人参加のもと、同本部講堂で公認会計士である尹達鏞氏(中央本部顧問、中央会館建設委員長)と国税総務官作摩信義氏ほか数人を講師に招き同本部安商権事務局長の司会で税務講習会をひらいた。

この講習会は、二月十五日から所得税確定申告期に入っているだけに、時宜を得た催しというべく所得税、不動産税、相続税、贈与税などが親切に講義され、商工人たちの税務知識向上に大きな成果をあげた。

預金二十億達成に協力 『千葉県本部』

民団千葉県本部(権五良団長)では、二月十六日午後、三機関長連席会議を開き、三・一節記念、故朴烈義士追悼式、韓日親善協会設立促進、東京韓国学校開校20周年記念事業協力、千葉商銀20億円達成協力などを討議した。

特に永住権取得者が未だに民団に入団していない同胞六百余人を対象に名簿を作成、入団手続を促進させるよう決議した。

韓日アイスホッケー試合 3月5日から4戦

日本アイスホッケー連盟(堤義明会長)の招待で、韓国アイスホッケー協会から、韓日親善アイスホッケー大会のために選抜混成チーム一行二十二人が来日するが、それを迎えて在日韓国人有志たちで後援会を結成、選手団滞在中、声援をおくることになった。

このたびの選手団は、ソウル地区の選抜でナショナルチームではないが、相当長期間の合宿練習を積んでおり、日本での対戦チームも強豪揃いときて白熱した接戦が展開されるだろうと、もっぱらの前評判である。

在日韓国人後援会長の高漢俊氏(東細亜商事株社長)の話によると、今回の来日戦では、勝敗よりも、観客ムードを盛り上げることに意義があり、試合中のファイトぶりを重視するとのことである。

選手団の日程は次のとおり。

三月三日東京着、全日本アイスホッケー選手権大会参観、四日練習、五日対古河電工戦(日光)、七日大韓アイスホッケー協会主催のレセプション、八日対学生選抜チーム戦、十日対法政大学チーム戦、十一日対西武鉄道・国土計画混成チーム戦、十二日に帰国。

第二戦以降は、いずれも品川駅前のスケート・リンクで。

照点

続・祖国は私たちの中にある 暗い多くの残影の中で

「われわれ同胞の二、三世の欠陥は言語感覚であり、韓国人としての主体性なのであって、それをとり返す努力を怠って裁判をしても無駄である。たとえ勝訴であろうとなかろうと最低限度、彼自身が韓国人として生きればいい。朴は裁判闘争を支援している日本人に決して甘える。なるべく日本人は相手にしない方がいい。そして日本人に〈大きな期待〉を抱くのもやめろ! この闘争は朴およびわれわれ同胞自らの闘争でもある。日本人が何をしてくれるというのだ。〈朴鐘碩〉という人間を作り上げたのは、まさに差別者であり、抑圧者である日本人でなかったか。彼は過去十八年間日本化され生き続けていたが、今後、彼自身その十八年間を取り戻さなくてはならない。決して〈新井鐘碩〉としてではなく〈朴鐘碩〉として」

日本人への不信と怒りが集約され、日本の良心をして肺腑をえぐらせるこの言葉は、四年前に愛知県内の高校を卒業、日立の入社試験に合格採用されたが、韓国籍であることがバレ、就職取消しになり「解雇無効確認等請求」の民事訴訟を起し、十四日現在横浜地裁で最終弁論が行われた〈新井〉こと朴鐘碩君の支援組織「朴君を囲む会」に対するある同胞青年の切実な寄稿文の一節である。

正論を射て透徹、たぎりたつ心の底からのこの叫びは私たちの胸をうつ。

これは昨年の武蔵野高校と今年の大手前短大入試に通じる民族差別の数多い実例の中の一つである。

日本人の朝鮮民族に対する偏見は、徳川期においてその萌芽を生じたというから、その歴史は古くそれが深く根を張り普遍化していったのは、明治の藩閥政府が欧米諸国と同様、アジア侵略を指向して以来の教育政策に起因すると、多くの史家たちは指摘している。

首に針金をまき、石油をふりかけて焼殺し(水原教会事件)妊娠八カ月の婦人の局部を竹槍でつつき、腹を割いて胎児を引きずり出した(関東大震災及び中日戦争)大和魂の日本民族であって見れば寺内朝鮮総督の武断政策から、さきほどの国会答弁で植民政策を美化した田中首相に至るまで、その思想は一貫しているわけで、未だにその悪夢に満ちた呪うべき残影は日本社会のあらゆる断面にうかがわれる。

"韓日新時代"はたしかに始まった。始まらなければならない歴史の流れの中で。

そして、私たち韓民族は旧怨を忘れ去ろうと努力している。

しかし、いまわしき暗い残影たちが私たちの周辺にまだまだ多くつきまとっている事実から目を外らすことができないのを悲しく思う。

やはり私たちは今日でも"ニンニク臭いチョウセン人"といわれる朝鮮人に過ぎないのだろうか。

"祖国とはわれわれ自身、私たちの中にある"ことを、今一度深くかみしめて見る昨今である。(P・3)

申京煥君 仮放免帰宅

出入国管理法により強制退去命令に抵触されていた兵庫県宝塚市在住の申京煥君は、第二回公判を前に、去る十九日長崎の大村収容所から仮放免され、帰宅した。

この日、中平弁護士につきそわれた申君は、涙を流して喜んでいるはや姉、妹に迎えられ、空路伊丹空港に到着、父親の待つ家に向かったものだが、ちょうど七年ぶりになる。

なお申君を支援する関係者らは二月二十二日東京地裁でひらかれる第二回公判を注目、今後における態度をさらに固めるという。

尋ね人

☆徐竜錫さん(一九二七年十月十六日生れ)

☆徐駿錫さん(一九三一年一月六日生れ)

本籍・京畿道楊平郡西門面延寿里五〇九番地

ソウル新設洞に居住し、鉄道庁に勤務したが六・二五事変後、行方不明、その後、日本から手紙があり駿錫さんは日本女性と結婚し勉強中だとのことで、弟の徐[illegible]錫さんがさがしています。ご存知の方は民団中央本部民生局まで。

写真は徐さんの母・李順承氏

訂正

本紙前号のこの欄の切手記事中三十ウオン切手の写真が逆さになっていたことをお詫び致します。

世界親子かけある記 ⑩

ビジネスと観光と歴史・美術そして…

裵乙祚・裵慶州

1・アテネ(Athens)

カイロを発った機は、ナイルを横切ってピラミッドを下に見ながらリビア砂漠の上空を飛んでいた。無言と死の自然が果しなく続いている威力に、乾燥し切った神秘すら感じた。下を見ると既に紺碧の地中海に出ていた。

アテネの空港は今までの東南亜オリエント地域のそれとはまったく異った雰囲気で、美麗に仕上げられたエアポートビルがまぶしい。海岸線にそって美しく並ぶビル、ルリ色の海とそこ抜けに青い空と白く走る滑走路、均整のとれた姿である。

ホテルを予約していないので、今日からは自分等で安いホテルをさがす他手がない。空港内の旅行案内所でBクラスのホテルを予約して市内に入り、シンタグマ(憲法広場)前のバス停に下りた。観光客が広場に溢れていた。ホテルのチェック・インをすませすぐ外にとび出す。息子と二人で地図を片手に、後で解ったのだがアクロポリスに行くつもりが、早合点して反対方向に歩き出した。

アテネは古い観光都市でありながら街は全体にきれいであるが、やはり裏道路はよごれている。とに角聞くことに限ると文例の調子で、これは多少英語が解るなと思うやつに尋ねるがさっぱり要領を得ない。そうしている内に忽然と大通りの遥か上空に、あのあこがれのアクロポリスの丘にパルテノンが白く中空に輝いて見えた。一刻も早く見たくて、タクシーをとばして一気にかけつけた。

一つの巨大な石の塊りと言って良いアクロポリスの丘は、中腹まで緑がおおっていた。頂上の神殿跡までの階段は全て大理石(石灰石と言った方が良いか)や花崗岩で敷きつめてあった。入場券を求めて入った入口付近には、各国からの団体観光客がガイドの名調子を神妙に聞き入っていたり、思い思いに文明のメッカに詣で旅のつかれが出たのか茫然と神殿を眺めている姿が目立った。

見上げるパルテノン(Parthenon)は均整のとれた美しい姿である。神殿らしいいかめしさと、あの人を威圧するようなエジプトの神化された王権の恐怖らしいものは何も感じられない。ただただ底抜けに明るく明快であり、知的であり、唯一絶対的なものより民主制下における秩則たる人間性の結晶の姿をみるようである。二千余年の歳月に風化され、崩れて全貌は見られないが、不完全さの美が言い知れぬ完全なもの以上の感銘をわれわれに与えるものは、古代文明[illegible]の持つ共通の偉大な人間の英知の結晶であるからである。冷静に使用されている大理石材を注意深く観察してみると、一つ一つの大理石材の大きさ即ち、柱・基盤の敷石、階段等、最小のものは二トンないし三トンのものから最大十数トンをこえる重量のものを使用している。しかも積み上げによる安全度と[illegible]ものである。

標高百米近くある丘に如何に神への信仰とはいえこれ等大量の大理石材を運び(アクロポリスの石材を利用したのかもしれぬ)長い年月を要して造り上げた古代人の

ギリシャ文明の粋 輝くアクロポリスの丘に見上げるパルテノン神殿

エネルギーと、それ以上に酷使されたであろう人々(奴隷も含む)の労働を想う時、アテネの民主政治なるものの本質が奈辺にあったのかと私の思索は異様なまでに冴えて追求する。アテネ市全体が一眸の下に入るアクロポリスの丘は古代人の信仰の丘であったし現代のわれわれのあこがれの丘でもある。地と丘と紺の空と一体になったアクロポリスのパルテノン神殿の白との融和は、ギリシャ文明芸術の粋である。全く"白"を主体とした造形美は、東洋とは異る西洋美(ギリシャ美)をかたづくっている。

世界旅行こぼれ話

(8)アクロポリスで大喧嘩

パルテノンの感雌に私は酔っていた。物心ついてこの方、私の精神面の理想像としてこれほど長期にわたって私の心をとらえていたものは他になかった。だから去りがたく、あらゆるチャンスと感激をとらえてシャッターを切ったのでフィルムが売れてしまった。

私は反射的にアクロポリスの中腹にあるフィルム屋に飛び込み、カメラに弱い私は、そのものを見せそれにあうサイズのフィルムを念を押して買い求め、坂を下りたところで取り替えの装填にかかっておどろいた。サイズが大きくて取替られない。一瞬いかりが頭をかすめた、そして又迷いちゅうちょした。然し私の理性はもはや正常さを脱していた。「とって返そう人を馬鹿にしている、三倍もの値段をとっておきながら、しかも何度もサイズを確めさせたにも拘らず何事だ。ここで泣きねいりしたら後から来る東洋人はいつもなめられる」とまあーこんな調子で、くだんの不良フィルムをとりかえにもとの店にとってかえした。人の無知を承知の上で売りつけた根性がにくらしかった。

「おやじこのフィルム・サイズ違うじゃないか取りかえてくれ」「もう開封したからだめですね」「あれ程念を押したじゃないか、とに角プライスもVeryExplensive だし合うサイズと取り替えろ」「だめですね」そこでくだんのフィルムをしまいかける。「じゃこの絵葉書を何枚かもらってとにかく交換したことにしよう」「NO!」「何と言っているんだお前の責任じゃないか、商買人ならそれくらいのこと責任とって交換しろ」もうこうなると東洋的穏便におさめようとする気はさらになく、意地になって来た。そうこうしている中に隣りの店の飲んだくれおやじや、フィルムやのかみさん、野次馬連が集って来た。

「お前さんはとり角Un-reasonableだからとりかえる責任があるからどんなことがあってもとりかえさせる」「あんたこそ開封したからとりかえるわけにいかない」「開封しなけりゃサイズが合うかどうか解るか、だからおれは、念を入れてカメラを見せお前さんにサイズを確認させたじゃないか、そしておやじさんあんたはOK!して売ったろうがどうだ」「しかし開いたものはしかたない」「へりくつこねるな」「この絵葉書と交換することにしよう」「No No!」「この石頭め」野次馬がワンサと寄ってきた。息子はもういいかげんにしてひきさがろうと言い出す。見わたしたらちょうどそばにパトカーがやって来たので、私は警官を立ち合せた。

「Acropolis のイメージが悪くなる、後から来る多くの東洋人のためにもこれは是が否でも取り替えさせろ!」とつめよった。この時私は本当に理性を失った者のように警察に行っても結着をつけようと考えていた。

警官は、「マアマア、ここは一つおとなしく引き下って開封したことでもあるし、事をあらだててみてもこれしきのことだから」とまあこんな調子のことをギリシャ語と英語まじりで言っているらしく、想像の域を出ないが私に何やらだだっ子をなだめる素振りで示談作戦に出た。店のおやじにも何やら仲介しているらしかった。

ここまで来ると私もいささか腹の虫もおさまり、言うことは全部ブチマケたし、東洋人を馬鹿にしてやがる、後から来る者のためにもならぬ、と言う正義感もさめかけて来た。あまりゴリ押しすると「東洋人No Good!」と野次馬連にも逆効果になりかねないと判断し(ここが東洋人の君子面の悪いところかもしれぬが)警官の仲介調停らしきものを受けいれた形で矛を収めた。

勿論私の負けである。フィルム取返えし、[illegible]息子と二人で大笑いをした。(つづく)

ミロのヴィナス

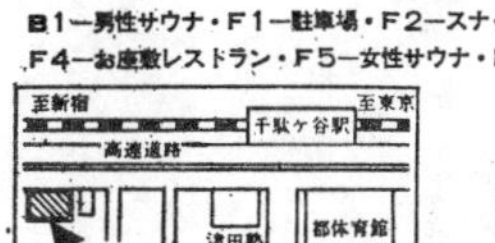

三・一運動—蜂起の概略

玄　相　允（元・高麗大学総長）

（一）

一九一〇年、国を奪われた韓国民は、暴虐な日帝のもとで、悲憤の涙をのみながら、ひたすら侵略者のきずなから逃れる機会がくるのを待ちこがれていた。

一九一八年、第一次世界大戦が終わった翌年の春、パリで開かれた講和会議の議長には、米国の大統領ウィルソンが選ばれた。彼は休戦条約に先立って一九一八年一月、講和の基本として十四カ条の原則を宣言した。その原則の中に「すべての民族の前途は、おのおのの民族の自決に任す」という項目があった。

この報道は、国内外の韓国同胞を鼓舞激励させ、われらもこの機会にその適用にあずかろうと、到るところでひそかな運動が起こるようになった。それで米国にいた李承晩博士のほか二人の同胞が韓民族の代表としてパリにおもむき、上海では亡命中の金奎植博士が在米代表団と合流するため出発した。このような状況のもとで日本の東京にいた留学生たちも独立を要求する宣言を行なったが、これらはすべて、国外の同胞たちによってなされたため、きわめて効力が弱く、その影響もまた大したものでなかった。それで国内でも大々的な運動が組織されてこそ全民族の強力な独立運動としてひろがり、それが国際的にも影響を与え得るものと思われた。

そのころわたしは、金性洙・宋鎮禹さんと共に、ソウル中央学校（今の中央高校）の構内にある舎宅に住んでいたため、朝夕に彼らと時局を論じたりした。そのようなさい、話がここにおよべば三人ともはなはだ憤激を感じた。国内に民族的な運動をおこすためには、まず団結力の強い天道教を動かすのが上策だということに、わたしたちは意見が一致した。

わたしは天道教で経営する普成中学を卒業した関係で、当時、普成の校長であった崔麟さんとは親しい間柄であった。それで、たびたび崔校長を訪ね、天道教の動きを探ってみたところ、幸いにもその力を借りることができそうであったし、また、崔校長も異議を唱えなかったので、その後は宋鎮禹さんと一緒に崔校長を訪ねた。一九一八年十一月ごろから数カ月にわたり、議論を重ねた末、民衆蜂起の決行に踏み切ることとし、同志として崔南善さんの参加を求めるとともに、天道教の幹部であった呉世昌、権東鎮の両氏に頼んで孫秉熙教領の決起を促した。

わたしは数回にかけて崔南善さんを訪問したが、彼は容易に動かなかった。おりしも（一九一九年一月初旬ごろ）日本留学生・宋継白君がわたしを訪ね、日本からひそかに携えてきた日本留学生たちの独立要求宣言書の草稿（李光洙起草）を見せながら、それを日本で発表する計画であると説明した。わたしと宋鎮禹さんは、ちょうど中央学校に来訪していた崔南善さんに見せたところ、彼も感動して今後、国内の独立運動に積極的に参加することを約束するとともに、国内運動の宣言書はその原稿を自分がつくると願い出た。わたしはまた、日本留学生らの宣言書を、崔麟さんを通して孫秉熙教領にも伝えた。これを見た孫秉熙氏は「若い人たちがこのような運動に乗り出しているのに、われらが黙然と座視することはできない」といわれ、その日直ちに、天道教幹部会議を開き天道教の総決起を決定した。

その日の夕方・崔麟・宋鎮禹・崔南善さんとわたしは、斎洞にある崔麟氏宅の内室にひそかに集まり、祝盃をかわしながら夜が更けるまで独立運動の実行について具体的な計画と方法を論じた。

その結果、①まず民族代表者の名儀で韓国独立を中外に宣言し、②その宣言書を印刷して全国各道に配布する一方、③国民を総決起させ、大々的に独立の示威運動を敢行、韓民族は、一九一〇年の強制合併を全面的に否定するとともに、④韓国民がいかに独立を熱望しているかを内外に宣明し、日本政府とその貴族・衆議の両院、朝鮮総督、パリ講和会議に列席した各国代表者などに、韓国独立に関する意見書を送ると同時に、ウィルソン米国大統領にも韓国独立に関し力を尽くしてくれるよう請願書を提出すること——などを決定した。民族代表者としては、まず第一候補者として孫秉熙教領のほか、朴泳孝・李商在・尹致昊らの承諾を得ることにし、朴氏の交渉は宋鎮禹さんが、李・尹両氏の交渉は崔南善さんが受け持つことにした。

数日後、前記の四人は例のように桂洞中央学校の舎宅で会合したところ、朴・李・尹氏は、三人とも交渉を拒絶したとのことであった。それで前記の四人は、第二候補として、韓圭卨・尹用求両氏に交渉することに決定した。韓氏に対しては宋鎮禹さんが金観鎬氏を通じて、尹用求氏には崔南善さんが尹弘燮氏を通じて交渉することにした。その数日後、中央学校舎宅における会合で、その間のいきさつをきくと、韓氏は初めは承諾したが尹氏が承諾しないということを知るや、氏も承諾を撤回したとのことであった。

日帝に立ち向かった柳寛順　（パゴダ公園のレリーフから・李剛撮影）

それで崔麟さんは、民族代表を別に求める必要はない、孫教領を先頭に、わたしたち自身が直接参加しようと主張した。まず崔南善さんにその意向を尋ねたところ、彼は家業関係で承諾できないとの返事であった。宋鎮禹さんは明いに快諾した。崔麟さんは再三、崔南善さんに向かって「あなたがたの承諾がなければ自分も参加することができないし、それにまた、天道教だけの力ではこの運動を遂行させることがむずかしい。あなたがたが矢面に立てないとすれば、残念ながらこの運動は中止するほかはない」と説得したが同意を得られず、いったん中止することに決定した。

しかし、これまで押し進めてきた運動を中止することははなはだ遺憾なことなので、四、五日後、わたしは崔南善さんを自宅に訪ねた。「キリスト教を天道教に連絡させるのはどうだろうか、その連絡のためには定州の李昇薫氏を上京させるのがよいと思うが……」というような意見をのべたところ、彼もそれがよいと言うので、わたしはその足で水下洞の鄭魯湜さんの宿所に寄った。そこでわたしは、鄭さんと一緒にいる金道泰君を定州に行かせ、李昇薫氏の上京を求める旨を託した。

（二）

二月十一日、李昇薫氏が急きょ上京してきた。しかし、崔南善さんは官憲の注目を憚り、自身は李氏と直接会見せず、宋鎮禹さんとわたしが会見するようにすすめた。わたしたち両人と金性洙さんは桂洞にある金性洙さんの別宅で李昇薫氏と会見し、その間の経過、同志の計画と天道教の動向を伝えたのち、基督教側の参加と同志糾合を誘うと、李昇薫氏は即座に快諾した。

彼は金性洙さんから数千円の運動費を受けとり、ただちに関西地方に出発した。その後李昇薫氏は疾風迅雷のように平南北を巡行して、キリスト教長老派の梁甸伯・李明竜・劉如大・金秉祚、そしてキリスト教監理派の申洪植氏などと協議のうえ、彼らが民族代表者になるという承諾書と、彼らの印章を預って、申洪植を伴ない京城に来た。

彼は宋鎮禹さんに来京を知らせたが、このころ、日帝官憲の目が同志たちの行動にそそがれている気配があったので、一同はすべての言動を慎しんでいただけでなく、交渉の当事者であるべき崔南善さんが李氏の面会に一度も応じなかったため、李氏ははなはだ不審に思ったらしい。宋鎮禹さんが昭格洞にある李氏の旅館をひそかに訪問したけれども、李昇薫氏は明快なことをいわなかった。

李氏はこのとき、天道教との連繋をあきらめ、キリスト教徒だけで、単独に独立運動を展開しようと決心していた。おりから李氏は中央青年会幹事朴熙道氏と路上で会い、京城でもキリスト教徒たちの間に独立運動に関した動きがあるという情報を得た。李氏はすぐ彼らとの会見を希望し、二十日の夜、監理教派の呉華英・鄭春洙・申錫九・崔聖模・朴東完・李弼柱・呉基善・申洪植らと会合、決起に関する計画と運動方法を相議した。その夜李昇薫氏は、これとは別に、南大門外の咸台永氏宅で李甲成・安世桓・玄楯・呉祥根氏ら長老派の人士とも会合、キリスト教側だけで独立運動を行なう計画について協議した。このような動きの中で二月二十一日、崔南善さんが始めて李昇薫氏をその宿所に訪問し、李氏と一緒に斎洞の崔麟校長を訪ね、互いに会見するに至った。

このとき李昇薫氏は、崔麟さんに「長老教徒だけで独立運動を進行させている」旨を告げた。崔麟さんは、「独立運動は韓国民族全体の問題であるから、宗教の異同を問わず共に手を握って進めるのが当然である。キリスト教と天道教が合同で行なおう」と提議した。李氏は、同志に相談した上で合流することを約束しながら、合同で行なう場合には若干の運動費を貸してほしいと申し込んだ。

李昇薫氏はこの会見を終えるとすぐに、セブランス構内にある李甲成氏宅で、朴熙道・呉華英・申洪植・咸台永・申世禎・安世桓・玄楯らと会合し、夜通し協議した結果、「天道教側と合同する問題の可否は、まず天道教側の運動方法をきいた後で決定する」ことに決め、その交渉を李昇薫・咸台永の両氏に任せた。そこで李・咸両氏は崔麟さんを訪ね、天道教側の具体的な意見を尋ねたところ、天道教側の意見もキリスト教側の方法と別に違う点がないだけでなく、運動費もその翌日、すでに崔麟さんから李昇薫氏にとどけられていたので、李・咸両氏は、咸台永氏宅でキリスト教側の同志たちと相談した結果、天道教側と連合して独立運動を推進することに決定、その旨を二月二十四日正式に天道教側に通告した。

それで、天道教側では崔麟さんを、キリスト教側では李昇薫・咸台永氏らを代表者として選び、数次にわたり協議した結果、独立宣言は、李太王（高宗）の国葬日の前日にあたる三月一日の正午、塔洞公園で行なうことに決める一方、宣言書は天道教側で経営する普成社で、秘密のうちに印刷することを決定した。

このとき、崔麟・李昇薫・咸台永氏の三人は、仏教団体にも参加を求め、韓竜雲・白竜城両氏の承諾を得た。これより前に宋鎮禹さんとわたしは、普成専門学校卒業生朱翼氏を通して、市内の専門学生のうち、学生代表となるべき人物をさがし、将来行なわれる示威運動の中核体を構成しておくように指令した。学生組織のことを聞きおよんだ朴熙道・李甲成の両氏は、これらの学生代表と会合、三月一日の計画を話して、組織的な示威運動を促した。

二月二十八日、普成専門の康基徳君と延禧専門の金元璧君、医学専門の韓偉健君ら三人は、勝洞礼拝堂に、市内の中等学校代表者をはじめ、その他の男女専門学校代表者十数名を集め、示威運動に関する具体的な指令を授けた。

（三）

独立宣言書に署名することを決定した天道教・キリスト教・仏教の民族代表者一同は、お互いの顔合わせを兼ねた最後の会議を行なうため、二十八日の夜、斎洞の孫秉熙教領宅に集まった。この席上で、三月一日に行なう独立宣言の場所を仁寺洞の明月館支店に変更した。これはパゴダ公園に多数の学生が集合するので、その紛乱をおそれたためである。また崔南善・咸台永・宋鎮禹・鄭広朝・玄相允らは、代表者たちが逮捕されて後の諸般任務を担当する補助幹部になることなどを決定した。

三月一日、正午になると独立宣言書に署名捺印した民族代表者三十三人の中で、吉善宙・劉如大・金秉祚・鄭春洙の四人を除く二十九氏が予定通り明月館支店に会合した。代表者一同は厳粛に独立宣言書宣布式を挙行し、韓竜雲氏の先唱で大韓独立万歳を三唱した。そして一同はそれぞれテーブルを囲んで祝盃をかわした。これより数日前に、上記の代表者たちは安世桓・林圭の両氏を日本に送り、三月一日を期して日本政府とその貴・衆両院に独立に関する意見書を伝達させ、玄楯氏を上海に、金智煥氏を新義州に送り、三月一日を期してパリ講和会議と米国大統領に独立に関する請願書を伝達させる一方、宣言書を全国各地に密送し、三月一日を期して京城とおなじ時刻に宣言書を散布させ独立を要求する示威運動をいっせいに決行することを指示した。

三月一日、予定の時刻になるや京城市内の男女中学以上学生四、五千名は、おのおの指定された代表者の指令に従い、厳粛な顔と毅然とした態度で一言も口をきかず、いっせいに駆け足でパゴダ公園の南北門に雲のごとく集合した。集合が終わると金元璧・康基徳・韓偉健諸君は、一段高い八角亭に上がり大韓独立万歳を三唱した後、独立宣言書を散布した。それが終わると同時に、学生たちは各自予定された場所に分かれ、ただちに市街に進出、示威行列をおこなった。

それらの示威行列は大漢門の前、京城郵便局の前、南大門停車所前で独立万歳を叫び、その一団は義州街道をすぎフランス領事館の前で、また昌徳宮の前で、米国領事館の前で万歳を叫び、さらに別の一団は、総督府に向かってのどが破れよとばかり独立万歳を連唱した。雲のような示威行列のため万歳の叫び声は全市街に溢れ、紅塵は天に万丈をなした。あまりにも意外な事態と、示威群衆の機敏にして組織的な行動に虚をつかれた日本官兵と警官らは、なすべきところを知らず呆然としているだけで、上司からの命令を待っているようだった。ともあれ示威運動はわたしたちの計画通り順調に進行した。

その日の午後、孫秉熙教領以下民族代表者たちは、日本官憲に逮捕されたが、示威幹部と学生市民はいっせいに同盟休校・撤市・納税拒否・官公吏の辞職とストライキなどの抗日運動を継続した。全国各地でも示威行列と反抗運動が蜂起して数カ月の間はこれを制止するすべを知らなかった。もともとこの運動は非暴力・非暴動を標榜していたが、殺気立った群衆が軍隊や警官と衝突したため、流血の惨劇と数多くの死傷者を出した。南原・宣川・遂安・成川・江西などの諸事件がそれである。

この運動でとくに感じたことは男女老少、上下貴賤を問わず、宗教と思想そして職業を超越して、全民族が一心一体となり、ひたすら祖国の独立のため身をなげうって闘争したことである。少なくとも数カ月、もしくは半年にかけて内外の各地で行なわれた示威と計画が一つも官憲にもれなかったのも、同胞たちがどれほど祖国の独立を熱望し、決心したためであろう。

この運動が、この当時において独立の実現にまではいたらなかったにせよ、その効果においては、一九一〇年のいわゆる「合併」を強力に否定し、わが国の自主独立を世界に宣明する国民の強烈な意思を表現し得たのは事実である。

奪われた野にも春は来る

李《イ》 相《サン》 和《ファ》

いまは　よそ者の邦、奪われた野にも春は来る。

わたしは総身に陽を浴びながら　青い空　青い野が
一つにつながる方へとカルマ(髪の分けぎわ)にも似た
畦道を辿り　夢の中をゆくように　ただ歩いてゆく。

押し黙った空よ、野づらよ、
よもわたしは　独りで歩くのではあるまい
誰かに　いざなわれてか、誰かに呼び立てられてか、
だんまりを決めこまずに　答えておくれ。

風は　耳もとで囁きながら
一足も立ち止らせまいと　わたしの裾を追い立て
雲雀は垣根越しの村娘のように
雲の陰でうれしげに笑いをする。

よくこそ育った青い麦よ
ゆうべ夜中すぎに降った小雨で
洗い立ての束なす髪が　すがすがしい。
わたしの頭までがさっぱりするようだ。

一人歩きとは言え　なんとこの爽やかさ
水気の引いた田を掻い抱いて気立てよい畦のせせらぎ
は
乳呑児をあやす子守唄さながらに　小踊りしながら流
れてゆく

蝶よ　つばくろよ　急き立てるでない
タンポポにも　スミレにも会釈をして行かにゃ
蓖麻(アジュカリ)の油で　梳けた人が
草取りした田でも見て行くとしよう。

わたしの手に手鍬(ホミ)を取らせておくれ
ふっくらとした胸元のように柔らいだこの土を
足首の痺れるまで踏みしめてもみよう
よき汗をこころゆくまで流してもみよう

江辺(カワベ)に戯れる幼児のように
手綱をはなれて取りとめなく駈けるこころよ
何をか探ねる、何れをか目指す、あなおかしや
答えてはくれまいか。

わたしは体じゅうに草の匂いをつけて
青い歓び　青い愁いを　掻き分けながら
足を引き引き日がな一日を歩む
どうやら春の精霊にでも憑かれたようだ
だがさて、いまは奪われた野づら、春さえ奪われかね
ないものを。

李相和（一九〇一〜一九四三年）。雅号は尚火。慶尚北道大邱生まれ。「白潮」同人のひとり。東京外国語学校でフランス語を学ぶ。韓国詩壇にロマン主義の旋風を起こした。一時、上海に亡命。社会詩に深い関心を示した。彼の詩は、はなやかであると同時に奔放であり、いわゆる革命的ロマンティズムの源流をなした。「わたしの寝室」、「別れ」、「逆天」などの名編がある。

投稿歓迎！
何でもけっこうです。ふるって御投稿下さい。
韓国新聞編集局

林慶業将軍傳 (34)

訳　洪相圭
編　八束周吉

豪勇無双の慶業は、それでも死力を尽くして起き上がろうとしたが、金自点の下知でいなごのように寄ってたかり、滅多打ちに振りおろす乱刃の刃の下で、当代第一の英雄もついに無惨な死を遂げた。

かっと大きく見開かれた将軍の眼子は、死んでもなおらんらんと輝き、今にも大声で叱咤するのではないかと思われ、不退な輩の心胆さえも寒からしめた。

四百余州の主、明帝にその英才を惜しまれ、一代の梟雄胡王でさえも当代随一の名将と感嘆し、その忠誠心は関羽に勝るとも劣らぬと謳われた林慶業が、こんなにあっけなく、一生の幕を閉じようとは、誰がよく想像

しえたことであろうか！ああ、英雄の末路こそ哀れである。このときの将軍は働きざかりの五十三歳であった。

日的を達して縄鉄を下げた金自点は、部下の者に命じて、慶業の死体に縄打ち典獄に送るようにいいつけ、自分たちはなにくわぬ顔して、王命の通りに義禁府にはいって行った。

こんな惨事があったとも知らぬ右議政李時白と左議政元斗杓は、林慶業が帰ってきたとの噂を聞いて、あたふたと東宮にその消息を尋ねに行った。

「殿下、林慶業が帰ったそうでありますか。」

と、両人が切り出すが早いか世子は目の色を変えられ、逆に尋ねられた。

「何？林将軍が帰国したとな！それでいまどこにおるのか？」

と、たたみかけて聞かれながら、駆け出さんばかりの勢いであった。李時白は心の中で、

「こぶ取りが、こぶを付けられた。」

と苦笑しながら、

「臣もきょうその噂を聞いたばかりであります。帰ってきたのは確かであるようでございますがただ、いまどこにいるのかは皆目見当がつきませぬ。何か間違いがなければよいのですが。」

と申し上げ、すぐ帰って行った。慶業を愛する二人の大臣は恐らく慶業をさがして他の所を回るつもりなのであろう。東宮もなんとなく不吉な予感に駆られて、心が落ち着かなかった。

夜半であったが、すぐ父王にまみえて慶業のことを問われた。

「この夜半に急な用というので何事かと思ったが、慶業のことか！

林将軍は確かに帰ってきておるが、きょう始めて会ったぞ。ふらちな奴は金自点じゃ。王命を偽り、既に義州の地で慶業を逆賊の罪で捕え、檻車でここまで運んでは、すぐ典獄に入れていたのじゃ。

これでは、どんなに待っていたところで、典獄に入れられた慶業が参内するはずはあるまい。側近の者の知らせで、ようやく慶業の帰ってきたのをわかったが、まさか典獄に入れられていたとは思わなかったのう。悪どいのは金自点じゃ。慶業の話を聞いて、捨てて置けないと思い、その一味の者に刑罰をくだすつもりでおるとき、はからずもそこへはいって来た者がおった。東宮はそれを誰と思うのう？他の者でもない金自点その者であったわい。ずっと、一味の者を従えて、慶業は逆賊の徒だから、すぐ死刑にしろという図々しさであったからのう。全く厳正な行為ではないわい。しかし、慶業の一かつはよほど応えたのであろう、二の口も継げずにおったわ。わは、は。自点の罪はただすよう義禁府にいいつけ、慶業は家に帰ってぐっすりと休み、明朝参内するよう申しつけたぞ。」

今晩の主上は王として お話しなさるのでなく、父として子に話されるくつろいだところがあった。

東宮は、父王のお話で、ますます胸騒ぎを覚えられたが、そのときはすでに三更を過ぎ、その明けるを待つよりほかにしようがなかった。

東宮は夜もろくろく眠られずに、慶業の安否のことを気遣っておられたが、一番鶏が鳴く頃であった。あわただしく側近の者が呼ぶ声に、はっと胸をついてくる、寒々とした予感があった。何も聞かぬ前から、世子のお顔からみるみる血の気が引いて行った。

「殿下、林将軍さまは昨晩打城のさがり路で金自点一味の闇討ちにあい、あえない最期をお遂げなされました。」

東宮はご自分の耳を疑われた。

「なにッ何かの聞き違いではないのか？」

「いいえ、不幸にも確かなことでございまする。ひきょうにも闇討ちで、倒れなさった将軍を数十名で囲んで、滅多切りに切りつけ、即に息を引き取られた将軍さまの体に、縄を打って、典獄に入れたそうでございます。」

「………」

あまり大きな衝撃に会って、東宮は泣くことも忘れ、ぼうぜんと小半時も立ちすくんでおられた。

「ああ、信じられないことだ。」

と完全に圧せられ、涙で夜を明かした。早朝になって、もう一度確かめさせたところ、やはり殺されたことが確かだとのことに、東宮は悲しみを通り越して激しい憤りを覚えられ、自点の一味を八つ裂きにしても飽きたらないと思いながら、すぐ父王にまみえた。

青天霹靂とは、まさに主上のためにつくられたことばのようであった。世子から慶業横死の報を受けられた主上は、王者の体面を顧られながら、赤裸の死をいたんでおられたところへ、清王の使者が入朝してきた。

「伝え聞くところによりますと林慶業を大逆罪で問われておるとのこと、何かの間違いではありませぬか？先ほどの忠臣は今のところ天下に見当たらず、朕も深く愛しているところです。これを深く察せられますよう。」

と慶業の身の上を気遣って、はるばる数百里の外から使をよこしたのであったが、当の慶業がなくなった今では、ただ犠牲に主上の涙をそそるだけであった。

慶業が帰ってきたのは勿論金自点の手にかかってあえない最期を遂げようとは夢にも思っていなかった東宮は、主上がおくられた千秋の遺恨を聞いても初めのうちは本当だと受けとらなかった。何かの間違いだろうといい張っていたが、上使が涙を流しながら昨夜の惨事をくわしく話すのを聞いて、始めて王の死を信ずるほかはなかった。

韓國新聞

在日大韓民国居留民団
中央本部機関紙
韓国新聞社
発行人 金正柱
東京都文京区春日町2丁目20−13
電話 直(815)1451〜3
　　 交(813)2261〜5
振替口座 東京163774
本国連絡所(民団本国事務所内)
ソウル特別市鍾路区世宗路
政府合同庁舎四階
電話 73−0162・0165

民団綱領

一、われわれは大韓民国の国是を遵守する
一、われわれは在留同胞の権益擁護を期する
一、われわれは在留同胞の民生安定を期する
一、われわれは在留同胞の文化向上を期する
一、われわれは世界平和と国際親善を期する

北傀挑発、再犯は許さず

朴正熙大統領の三・一節記念辞

南北不可侵協定受諾を促求

朴正熙 大統領

南侵の口実をねつ造中

三月五日の平壌放送によれば、四日午後、ブーメジエン・アルジエリア革命評議会議長歓迎平壌市民大会の席上で、金日成が歓迎演説をしたと報じているが、その中で南北統一問題に触れて、あらゆる力を尽して韓国内の反体制分子を援助することを強調した。これは北傀一味の見えすいた侵略口実である。

時評

金日成の逆宣伝演説

誰でもスパイにできる北の刑法

国民一人一人が"油断禁物"

三・一精神で国難克服

朴大統領閣下に送るメッセージ

55回三・一節民衆大会盛ん

東京三千人、大阪二千人が参加

盛況だった東京の中央民衆大会

3・1独立宣言文を朗々と読み上げる金光男中央顧問

決議文採択

第23回定期中央委員会
第36回定期大会召集公告

本団規約第十三条、同十八条に依り第23回定期中央委員会並びに第36回定期大会を次のように召集する。

記

一、第23回定期中央委員会

1、日時＝一九七四年三月二十三日両日午前十時から。

2、場所＝日傷会館　東京都新宿区市ケ谷本村町四二
　　　電話（03）二六九−八一五一番

二、第36回定期大会

1、日時＝一九七四年三月二十四日午前十時から。

2、場所＝九段会館　東京都千代田区九段南一の六の五
　　　電話（03）二六一−五五二一番

右の通り公告する。

一九七三年二月二十一日

在日本大韓民国居留民団
中央本部議長　朴　太　煥

太平洋戦争韓国人戦没者慰霊祭公告

太平洋戦争韓国人戦没者遺骨奉還会
会長 裵 濬 鎬

慰霊祭執行

一、日時　一九七四年三月二十日　午後一時

一、場所　東京都目黒祐天寺（営団日比谷線 祐天寺下車）

不可侵協定提案を拒否した北韓の狙いは何か

北傀の拒否は赤化企図露呈 不可侵協定こそ統一の正道

既報（本紙一、一一〇号・一九七四年一月二六日付一面）のとおり、朴正熙大統領は、年頭記者会見の席上、北韓に対し「南北相互不可侵協定」の締結を提案、双方が武力侵略を行なわないことを広く中外に約束し、それぞれ相手側の内部問題に干渉せず、平和統一実現の日まで、現存の休戦協定を順守しながら平和共存していこうと呼びかけたが、北韓側がこれを拒否した。これに対して韓国弘報協会では、朴大統領が提案した「南北不可侵協定」の真意とこれを拒否した北韓側の狙いを分析考察した「不可侵協定提案を拒否した北韓の狙いは何か」題下で解説資料を発刊した。以下はその要旨である。

一 不可侵協定提案と北韓の拒否

1 朴大統領の不可侵協定提案

今年一月十八日、朴正熙大統領は年頭記者会見の席上、「北韓の平和協定締結主張をどう思うか」という記者の質問に対して、北韓の主張するいわゆる「平和協定」の不当性について詳しく説明した後、南北間の相互不可侵協定の締結を提案、次のように述べた。

「若し、南北間の緊張を完全に緩和させるために新しい協定が必要だとすれば、また、北韓の唱える平和が本心から出たものであるとすれば、底の見えすいた平和協定を云々するよりは、この機会に南北間の相互不可侵協定を締結することを提案する」

朴大統領はさらに不可侵協定の骨子は、①南北双方が絶対に武力侵略を企図しないということを、広く中外に約束し ②双方がそれぞれ相手側の内部問題に干渉せず ③いかなる場合でも現行の休戦協定はその効力を持続させる――というものであると説明した。

また、朴大統領は南北が以上のような休戦協定を誠実に順守すれば、韓半島における戦争は予防することができ、平和は維持されるだろうと語り、しかし、これを守ろうという誠意と意思がなければ、たとえ十回、二十回協定を結んだところで何の役にも立たないと強調した。そして、「いま、われわれがいくら統一を熱望しているからといって、一日や二日で統一が実現しないということは誰もが知っていることであり、また、その時期や条件も成熟していないので、それまで統一が実現するその日までは南北が平和共存しながら、その間、対話や交流や協力を漸次に進め、平和統一のための基盤を一つ一つ固めていこうというのである。これが六・二三平和統一外交政策宣言の精神でありまたわれわれの主張でもある」と強調した。

上述の朴大統領の南北間「不可侵協定」提案は、朴大統領が明らかにしたように「六・二三平和統一外交政策宣言」の根本精神に立脚したもので、同宣言の精神をより具体的かつ現実的に実現するための方策提示なのである。

祖国が分断されてから今日まで、南北がそれを認めようと認めまいと、南北が分立してきたのは明白な事実であり、統一が実現するまで今日のような分立状態が続くだろうということも否定できない現実なのである。過去、南北が互いに激しく対決していたときには南北ともにこのような明白な現実を認めようとはせず、双方がそれぞれ相手の存在を否定する態度で一貫してきた。しかし、このような現実を否定する態度を固持するということは、実際に韓半島の平和を定着させ、祖国の平和統一を実現させるうえで、決してためにならないばかりでなく、現実にも逆行することであるので、朴大統領は南北関係の改善と祖国統一問題においても、現実に基づいて問題を解決していくのが賢明であると判断、南北対話の主導や「六・二三平和統一外交政策の宣言」など、南北分立の現実に基づいた統一努力を傾けることになったのである。したがって、今回南北間の「相互不可侵協定」を提案し、南北が「平和共存」を指向しようと明確に宣明したのも、南北分立状態の現実をあるがままに認め、その現実のうえで韓半島の平和定着と平和統一の基盤を実質的に固めることのできる、最も妥当な方策である。

これは、東西和解と平和共存を指向する国際的努力の方向とも一致するものであり、韓半島の平和確保のためにも最も合理的で妥当な現実的方策であるので、国内はいうまでもなく、国際的にも絶大な支持を受けたのである。だからこそ、北韓が韓半島の平和と祖国の平和統一をほんとうに心から希望するなら、誰が見ても現実的で妥当性のある「南北不可侵協定」提案と「平和共存」方針に呼応、これを受諾してくれるものと期待していたのである。

2 北韓の不可侵協定拒否

朴大統領の南北間「相互不可侵協定」提案に対して、北韓はわれわれの期待とは違って何ら反響を示さなかった。ところが八日目の一月二十六日、北韓は「労働新聞」の社説を通じて「不可侵協定」提案に正面から反対、ありとあらゆる誹謗と非難を浴びせ、これまで唱えて来たいわゆる「平和協定」主張を繰り返した。

ところで、北韓が「相互不可侵協定」を拒否する理由の主要骨子は次のとおりである。

①不可侵協定には、平和を保障するだけの実質的な内容が一つもない。武力衝突の要因を取り除くための実質的な保障一つなしに、口で不可侵を約束することだけでは決して平和は保障されない。

②米軍を南韓にとどめておいたまま、南北の間である約束ごとをすれば平和を定着することができるかのようにいうのは、米軍の南韓駐留を合理化するためである。

③不可侵協定は対決と戦争への道であり、永久分裂の道である。

④「平和共存」というのは異なる国と国の関係に適用できるものであり、一つの民族一つの国の内部問題に適用させようという自体が、そもそもわが民族と国を二つの民族二つの国に分けようというもので、南北の分裂状態を固定させるものである。

⑤真に強固な平和を保障するためには、戦争の危険を取り除く実質的な措置を講じなければならないのであり、そのためには「平和協定」を結ばなければならない。

北韓は上述のような理由をあげて、朴大統領が提案した南北間「相互不可侵協定」を拒否したのであるが、それではなぜ北韓が理由にならない理由をあげて拒否して来たのか、北韓の腹の内と拒否理由の不当性を考察してみることにしよう。

ところで、それをより明確にするためには、朴大統領の提案した「不可侵協定」がどういう背景から出たものであり、また、どういう妥当性をおびているものであるかを、先に理解する必要があると思われる。

日本軍の武装解除のための軍事的分界線を、いつの間にか政治的境界線にすりかえて固定化させてしまった共産勢力の仕業だったのではないのか？ そしてまた、将来統一するその日までは、われわれが認めようと認めまいと、あるいは欲しまいと、現在のような南北分立状態が続くだろうことは余りにもはっきりしているのに、南北が平和共存すれば分断が永久化し、互いに対決し対立する敵対関係下の緊張状態が続けば、いますぐにでも分断状態は解消されるとでもいうのか？ 平和統一とは一体何か？ それは統一の日まで南北が互いに平和な関係を維持しながら、平和的な方法で祖国の統一を推進することではないだろうか？」

以上述べたように、平和共存とは平和統一のための最も基本的な要件であり、論理であるにもかかわらず、北韓が敢えてそれを「祖国分断の永久化」と非難するのは「平和統一」云々という北韓のうたい文句が、羊頭狗肉的な仮面に過ぎないものであり、朴大統領の不可侵協定提案は、そのような北韓に対して、その仮面をぬぎ捨て名実ともに平和統一のための努力を傾けるように仕向ける基本要件となる平和共存を促した、きわめて現実的で妥当な提案なのである。

先にも触れたように、韓半島に平和を定着させ、平和統一の基盤を固めていくうえで、最も現実的で妥当な方策である南北間の相互不可侵協定提案に対して、国内外から支持と激励が寄せられているのにし、北韓は独り一月二十六日付け「労働新聞」の社説を通じて、「三個の条件を欠いた理由」を列挙しながら正面切って拒否してきた。このことは結局、北韓が韓半島の平和や平和統一を政治宣伝のためのスローガンとして掲げているだけで、実質的には平和と平和統一を欲しておらず、どこまでもその基本戦略である「暴力革命統一路線」「武力赤化統一路線」を押し通そうとする腹の内を自ら暴露したものというほかないだろう。

それでは、北韓が不可侵協定を拒否する理由として掲げた主張の不当性を指摘し、その狙いがどこにあるかを分析してみよう。

二 北韓の不可侵協定拒否の不当性とその狙い

1、不可侵協定を拒否する北韓の狙い

（一）赤化革命統一路線の不変性の立証

では、北韓はなぜ不合理で妥当性のない理由を列挙しながら、不可侵協定の締結による平和共存の構築に反対したのだろうか。それはほかでもない。北韓が統一基本戦略としての赤化革命統一路線を貫こうという狙いから出たものに過ぎないのである。北韓は分断以来今日まで統一問題を「全韓半島の革命課業」とか「南朝鮮解放」とかいう言葉で表現しながら、韓国を赤化することだけが統一課業の完遂であると狂信してきた。北韓のいう「革命」とか「解放」とかいう言葉は、「社会主義革命」あるいは「南韓赤化」を意味するものである。それに、この革命や解放は、必ず暴力による革命闘争を指すものであると、北韓は公然といっている。つまり、北韓の統一基本戦略は、暴力的革命闘争による赤化統一路線なのである。

北韓は赤化統一を達成するには二つの方法があるといっている。その一つは、北韓を「革命基地」たらしめ、そこで培われた革命力量をもって、直接南韓の赤化革命課業を完遂する方法であり、いま一つは、南韓にいわゆる「革命力量」を植えつけて革命雰囲気を造成、南韓内で培われた革命勢力が既存政治権力と社会体制を暴力で転覆させ、赤化を達成する道である。これを別の言葉で表現すれば前者は北韓共産集団が直接武力で南韓を侵略、征服する直接侵略の道であり、後者は南韓に共産党の地下組織を植え付けてその勢力を拡大させ、南韓社会の政治、経済、文化、社会、軍事など全般的な秩序と安定を破壊して、いわゆる革命雰囲気を造成することにより、「決定的な時期」にその地下組織を一斉蜂起させて、政府を転覆させる間接侵略の道なのである。

したがって、北韓は直接侵略のためにはそのための侵略力量、すなわち武力を増強せねばならず、間接侵略のためには韓国社会の不安を助長させ、韓国の対備態勢を弱めることのできるあらゆる政治宣伝活動を強化する一方、地下組織と社会不安造成のために、スパイと武装ゲリラの浸透と武装挑発、心理戦などを激化しなければならないので、北韓はこれまで絶えずそういう活動を行なってきたのである。

それでいながら、北韓は対外的には自分たちだけが平和を追求しており、韓国は侵略的な政策を指向していると、偽装平和攻勢だけを繰り返してきた。これは、国際情勢の和解潮流に迎合しながら自身の好戦性を隠蔽し、韓国の安保態勢強化を国際世論の圧力で抑制するための、一種の間接侵略の方便なのである。北韓がそれほどまでに、やれ平和だとか、やれ平和統一とかいって大言壮語しながら打ち出している主張を見れば、一見もっともらしくはあるが、実のところは全く実現性がなかったり、あるいは統一直前になってはじめて論議できそうなもので、現段階では到底考えられない問題であるか、そうでなければ韓国の体制を弱めるための政治的計略を盛った内容のものに過ぎない。そして、韓国が妥当な提案をした場合にはああだこうだと口実を設けてそれを拒否するのが、北韓の常套手段なのである。

北韓がこのような態度に出る根本理由は、韓半島の緊張が緩和され、平和が定着すれば、北韓の統一基本戦略である赤化統一路線を貫くことができなくなるからである。それでは、北韓はどうして休戦協定や南北対話ないし共同声明に応じたのだろうか。その理由は簡単である。その時その時の立場や国際世論を逆利用するのが有利であると判断したからである。しかし、北韓は一旦合意した事項であっても、しばらく経ってから、その合意が自身にとって不利だとか、あるいは逆利用する価値がないと判断されるときには、いくら重要な合意であっても盗っ人たけだけしく言いがかりをつけて、合意不履行の責任を韓国側に押しつける宣伝攻勢を展開しながら、合意事項をはき古したゾウリみたいに捨ててしまう。無責任そのものといった態度を取ってきた。休戦協定の違反、南北共同声明の違反それに南北対話の一方的な中断宣言などが、すなわちそれを立証している。ということは、北韓が不可侵協定を拒否するのは、赤化統一という基本戦略に毫も変化がないことを、自ら暴露したものである。

（二）対南武力挑発続行企図の反証

北韓が不可侵協定を拒否したのは、結局、今後ともこれまでと同様、韓国に対する武力挑発を続行する意図であるといわざるをえない。七・四共同声明を通じて南北は武力挑発の中止を堅く約束し合ったにもかかわらず、北韓は南北対話が行なわれる過程でも武装スパイの南派や、非武装地帯における銃撃事件などを敢行し、最近は休戦後二十年間も公認されてきた韓国の西海（黄海）五島海域に対する領海権主張と、武装船舶の侵犯によって、緊張を高潮させるなど、武力挑発的な事態を誘発したのである。

このような北韓の態度から推して、北韓が不可侵協定を拒否したのは、今後ともそのような挑発行為をほしいままにし、時と場合によっては全面戦争も辞さない、という意思を反証したものでなくて何であろう。

（三）対南内政干渉と偽装平和攻勢続行企図の発露

韓半島の平和を脅かし、緊張を造成する要因のうち、最も大きいものの一つは、内政干渉による政治宣伝と誹謗、非難である。だからこそ、不可侵協定にその内容を挿入して、相互内政干渉の排除を約束しようとしたのであるが、北韓はそれを拒否した。ということは、今後とも韓国に対する内政干渉と、誹謗、非難に満ちた政治宣伝をやめる意思はないことを暴露したわけである。

南北は「理念と体制の相違を超越して、民族的大団結を図る」という七・四共同声明の合意事項に基づいて、一九七二年十一月十一日午後零時を期し、相互誹謗、非難放送を中止することを約束した。ところが、そういう約束にもかかわらず、北韓はわずか一ヵ月足らずのうちに「統一革命党の声」という地下放送を通じて、対南誹謗、非難放送を再開し、それから間もなく今度は正規の放送までが公然と対南誹謗、非難放送を再開するなど、内政干渉的な非難を浴びせている。その北韓が不可侵協定を拒否したことは何を意味するのか、いわずと知れている。

（四）継続して休戦協定に違反するという腹の露呈

北韓が不可侵協定を拒否した四番目の狙いは、今後とも継続して休戦協定に違反しながら武力増強を画策し、武力で韓国を圧倒して赤化統一を実現させようということにある。

休戦協定によれば、休戦が成立した後の時点から、南北とも外部から武器を導入してはならないし、非武装地帯の中の武装も禁止されている。ところが北韓は休戦以来二十年の間に、実に二万七千回以上も協定に違反、武力増強と不法挑発を敢行してきた。ソ連と中共から最新兵器を導入して武力を増強し、非武装地帯に要塞を構築して休戦線を事実上二キロ南進させた。そしてさらに、いわゆる四大軍事路線を遂行して①全地域の要塞化②全人民の武装化③全軍の幹部化④装備の現代化を推進、早くも戦争準備は終わったとまで大言壮語している。

このような武力増強はいうまでもなく「決定的な時期」に南侵略を断行して、武力による赤化統一を実現させることにその目的がある。万が一にも、北韓が不可侵協定に同意すれば、第三項の内容にしたがって休戦協定の効力が存続し、したがってそれを順守せざるをえなくなるので、若しそうなると、これまで休戦協定に違反して武力を増強した事実が白日のもとにさらされるばかりでなく今後は武力増強ができなくなる。そこで、北韓は不可侵協定を拒否、これまでの休戦協定違反事実を隠匿すると同時に、今後も継続して休戦協定に違反しながら、武力を増強させる腹なのである。

三 北韓提案の平和協定の不当性とその狙い

朴大統領の不可侵協定提案に対して、北韓はその機関紙「労働新聞」の社説を通じてそれを拒否しながら、「真に強固な平和を保障するためには、戦争の危険を取り除くための実質的な措置を講じなければならず、それはほかならぬ北韓の主張してきた平和協定を締結することである」と述べた。そこで、北韓の主張する平和協定というものが、どれほど不当で非現実的なものなのか分析してみる必要があると思われる

1 平和協定の内容

北韓側が主張しているいわゆる平和協定というものは、もともと中共の首相周恩来が提唱したものである。周恩来は去る一九七一年八年十日中共を訪問したニューヨーク・タイムズのレストン記者との会見席上、「韓国動乱で成立した休戦協定を終結させ、新しい平和協定に代替させるべきである」と、初めて提唱した。

その後、金日成は一九七二年一月十日読売新聞記者とのインタビューで、南北間の平和協定締結の必要性を明かし、また一九七三年三月十四日から十六日まで平壌で開かれた南北調節委員会第二次会議と、同年六月十二日から十四日までソウルで開かれた第三次会議で、北韓側は再度平和協定を締結しようと主張したのであるが、その主な内容は次のとおりである。

すなわち、北韓側は軍備縮小、兵力削減、軍装備導入中止、米軍撤退、そしてこれらの事項をまとめて保障する平和協定締結など、いわゆる五項目の軍事問題優先解決を主張、このような軍事問題が先に解決されなければならないと固執しながら、「これが解決されなければ、対話をこれ以上進展させることもできないし、南北関係も実質的に改善されないばかりか、統一に関する問題も一切解決できない」と述べた。

このように、北韓は「軍事問題五項目」の一つとして平和協定を提案したのであり、一見それはもっともらしく見えるかもしれないが、その主張を注意深く分析してみれば、その不当性と狙いは明白になってくるのである。

2、平和協定提案の不当性

北韓の提案している平和協定が虚構に満ち、非現実的で不当である理由は、第一に現実的に実効性がなく、第二に韓国の安保態勢を弱めさせることで、南北間の勢力均衡を瓦解させようとするものであるからである。

思想と理念、制度が極端に相違し、不信感の強い現在の南北状況からみて、韓半島に平和を定着させ、平和統一の基盤を固めていくためには、南北が平和共存できる基盤が先に構築されなければならない。このためには、南北が互いに武力侵犯しないという約束を内外に示し、武力衝突の要因となる内政干渉をひかえ、休戦協定を誠実に守らねばならない。このようにして平和共存の基盤を固めたうえで、相互間の意見衝突や摩擦が割に少ない分野、すなわち経済と社会・文化分野から交流と協力を実施、拡大させていくことにより漸進的に相互信頼と理解を深めていくことこそ、最も現実的で妥当な南北関係改善の方法なのである。

つぎに、休戦協定以来今日まで、北韓が一方的に休戦協定に違反しながら四大軍事路線を通じた軍事力増大に狂奔してきたにもかかわらず、韓半島で曲りなりにも平和が維持されてきたのは、駐韓国連軍と韓国の総力安保態勢で戦争抑止力が確保され、南北間で力の均衡がとれたからにほかならない。ところが北韓は、平和協定締結問題の提起に際して、駐韓国連軍の撤退など、韓国の総力安保態勢を根本的にくつがえす要求をしている。

3、平和協定提案の狙い

四大軍事路線を推進してきた金日成は、去る一九七〇年十一月二日の労働党第五次党大会で「すでに一切の戦争準備は完了した」とうそぶいた。こういう戦争準備態勢は隠匿したまま、形式だけの軍備縮小や兵力削減を先行させて平和協定を結ぼうというのは、韓国の安保態勢を弱め、相対的に北韓の軍事的優位を確保しておいて、いつかは武力赤化統一を断行しようという狙いから出たものにほかならないのである。

いま一つの狙いは、駐韓米軍を撤退させることによって軍事的優位を保とうということにある。上述のように、北韓の軍事力増強にもかかわらず、韓半島でどうやら平和が保たれている原因の一つが駐韓米軍の存在なのであり、米軍が韓国に駐留しているかぎり、北韓は勝手な振舞いができない。そこで武力赤化統一基本戦略遂行の邪魔になっている米軍を、このさい韓国から撤退させようとすることにほかならないのである。

結び

以上、北韓が韓国の提案した不可侵協定を拒否した腹の内と、いわゆる北韓の平和協定の狙いがどういうものであるかについて、分析と検討を試みた。その結果、韓国としては①北韓の狙いが何であるかをまっとうに把握し②北韓の挑発に備える態勢を固め③総和維新体制をますます強化していく――という覚悟と姿勢で臨まねばならないことがわかった。

北韓が不断に軍事力増強のために狂奔していたにもかかわらず、南北赤十字会談が開かれ、七・四南北共同声明の発表とそれにともなう南北調節委員会が発足し、ソウルと平壌で交互に会議が開催されたりして、四半世紀ぶりに対話の窓口が開けたとき、一部性急な楽観論者たちは、北韓が武力赤化統一という従来の基本戦略を変更したものと早合点、感傷的な統一雰囲気に、おぼれたことはまぎれもない事実である。ところが、北韓は二年間の対話を通じて、人道的であるべき赤十字会談に政治性を介入させたり、共同声明に違反する行為を平気で行ないながら、韓国を混乱におとしいれるための無理難題を吹っかけたりしたあげく、一方的に対話を中断させる行為にまで出た。そして、今度は誰の目にも妥当で現実的な不可侵協定提案まで拒否した。この点、韓国はいうまでもなく、全世界の自由陣営は北韓共産集団が何を考え、何を狙っているかということを、まともに把握して正しい判断を下さねばならない。

つぎに、今日の国際情勢は、実益追求の平和共存を指向している。このような強大諸国の潮流は、世界大戦の危険除去にある程度は役立っているが、反面、局地戦勃発の可能性はむしろ高潮させている。すなわち、強大諸国が自国の実益追求に汲々する余り、中小国間の局地戦は傍観する態度を取っているからである。イン・パ戦争、中東戦争、それに最近のパラセル群島紛争などはその良い例といえよう。特に、極東においては、列強の利害関係と力の均衡のための相互けん制作用、米国のアジアからの軍事的後退とそれにともなう影響力の減少などにより、韓半島での戦争勃発可能性は日増しに増大している。その戦争危険性をいやがうえにもあおっているのが、戦争準備に狂奔している北韓の存在なのである。したがって、韓国がそれに備えて安保態勢の強化を図るべきはいうまでもなく、全世界は北韓の企図を十分察知、それを抑止すべく努力することが必要ではないだろうか。

韓国の立場としては、そのような北韓の企図に備えながら、折角始まった南北対話を何とか成功させることによって、韓半島に平和を定着させ、平和統一を実現させるという鉄の信念を貫く決意を固めている。そして、十月維新体制をますます固め、全国民が一致団結して安定と繁栄を築き上げることによって、平和統一という民族の悲願を必ずや実現させなければならないのである。それだけが、今日の世代に生を享けた韓国民の最大の義務であり、誇りであるといえよう。

英霊よ永遠に安かれ

朴烈義士の追悼式しめやか

三遺族迎え、故人の偉功しのぶ

三月一日、東京千駄ヶ谷の日本青年館で開かれた「三・一節記念中央民衆大会」では、第一部の式典終了後、約二十分の休憩時間を置いて、朴烈義士の追悼式がしめやかに行なわれた。

民団中央をはじめ各地方本部および傘下団体の献花で飾られた祭壇の正面には、朴烈義士の巨大な遺影が掲げられ、韓国学校生徒の演奏で故朴烈義士にたいする追悼式は始められた。

この日のために本国の遺族朴栄一人、長男朴栄一中尉(三〇)の二人が本国からはるばる会場に出席、神奈川県在住の長女朴慶熙さん(二〇)も出席した。

祭典は、金泰燮中央監察委員長の開会の辞、朴性鎮中央法的地位委員長の朴烈義士の行蹟朗読、金正柱中央団長、金永善駐日大使、丁賛鎮中央顧問各氏により故人の偉功を讃えしのぶ追悼辞、民団栃木県本部常任団長の「対日本警告」、民団埼玉県本部常任団長の「対北韓声討」文の朗読と進められ、韓国学校合唱団による「朴烈義士追悼歌」の合唱があって、各界代表の献花に移った。

この日、特別追悼者として、かつて朴烈義士に私淑し「朴正根」という韓国名を朴烈義士からつけられたという武島和仁氏(王博士仁顕彰学議会々長、北九州市在住)が特別参席して追悼文を朗読した。

各代表による献花が全部終了したあと、朴烈義士の遺児朴栄一中尉が答礼に立ち、次のように「今日の感謝」を述べた。

「今日は亡き父のために、このような盛大な追悼式をしていただいたことをたいへん感謝します。私たち兄妹は父の顔を知らずに育ちましたが、皆様によって父の偉大さを讃えられることに、深い責任を感じ、父の名を恥かしめないことを心に誓っております。そのためには一身を祖国に捧げ、皆様のお気持に応える覚悟であります。本日は本当に有難うございました」

なお、さる二月二十二日には、民団大阪本部(姜桂重団長)で一足先に朴烈義士の追悼式が行なわれた。祭典には三遺族のほか、中央から金正柱団長、朴性鎮法的地位委員長も参加、姜尚淳駐日大阪総領事も参席した。

祭壇正面には故人の遺影が飾られ

左から朴栄一中尉、張義淑未亡人、朴慶熙さん

北海道に日韓友好協会

北海道日韓友好親善協会創立総会は、さる二月二十三日、午後四時、札幌市内「サッポログランドホテル」において開かれた。

この日の創立総会には韓国からかけつけた李東元無任所長官をはじめ、民団中央本部の金団長、駐札幌総領事、駐日大使館の参事官、北海道本部団長をはじめとし、日本側より、中川一郎衆議院議員、北海道議会議長、市議等二百五十人が参席した。

経過報告等議案を採択、役員選出に入り、会長に中川一郎衆議院議員を推載、つづいて、感謝杯が果沢内蔵氏、朴慶龍民団北海道監察委員長の両氏に教育功労者として贈られた。

ついで同五時三十分から「原始林」宴の間にて、創立祝賀パーティが開かれ、堂垣内道知事、板垣札幌市長、道議会議員多数が参加、華やかな中に友好親善協会の前途を祝し同九時閉会した。

宋賛鎬大使 歓送会開く

前駐日大使館宋賛鎬公使は、三月二日駐ブラジル大使に就任のため離日したが、それに先だって二月二十六日の夕、民団中央本部主催による歓送会が、新宿の東京商銀七階大ホールで催された。

当日宋大使は夫人同伴で出席、会場には約三百人の各界有志が参席して宋大使の栄転を祝ったが、来会者を代表して金正柱中央団長から、宋大使は札幌に総領事として着任されて大使館の公使に至るまでの八年間、在日同胞社会の発展に寄与された功績は大きいと讃辞を呈し、在任八年間の活躍相を撮影収録した本紙特製の記念アルバムと各界から花束贈呈などがあって歓談裡に別れを惜しんだ。

あいさつする宋大使

義城郡人会

会長に姜高元氏

同郷人の親睦、団結と相互扶助を目的として、かねてから結成準備が進められてきた慶尚北道「義城郡人会」は、旧ろう、東京池袋の大成閣に有志多数が集まり、創立総会をひらいて、発足第一歩をふみ出したが、同日席上で、相互親睦だけでなく、セマウル運動などを通じて郷里の発展にも寄与しようと意見を交換し誓いあった。

新任役員

顧問 張聖明、権寧燮
会長 姜高元
副会長 朴達衡、金荊振
〃 金善潤、朴漢奉
総務 李錦鋒
監査 張道源、朴石鋼
 金龍淑
責任幹事 孫禄寿、朱輝七

事務所は、東京都目黒区目黒三丁目十五ー三・電話東京七一三ー一八一七八(九)。

夢と希望を持て

東京韓国学校高等部卒業式

開校20周年も間近

東京韓国学校(黄哲秀校長)では、高等部第十六回卒業式を、さる三月四日の午前十時から、同校二階講堂で、来賓多数参席のうちに行ない、七十三人の新卒業生を送り出した。

当日の来賓は、金永善駐日大使、金正柱民団中央団長、鄭東淳民団東京本部団長、金信三大韓婦人会中央本部会長ほか約三十人。

黄哲秀校長の勧告、安聖出同校理事長の奨励辞があり、つづいて金永善駐日大使が次のような祝辞を述べて卒業生に対する花向けとした。「わが祖国は過去十年間、飛躍的発展をしている。卒業する諸君は夢と希望を持ち、韓国人であることを自覚してほしい。日本との経済的バランスも、今後四、五年で平等になると確信する。卒業生に祖国と民団社会に寄与することを期待する」。

また金正柱中央団長は「韓国学校の初期二代にわたり校長を歴任したことを思い合わせると、今日ここに十六回目の卒業式を迎えて誠に感慨無量である。実社会と学校生活を考えると学校生活は温室である。今後は自分の生活に責任を持たなければならないし、競争社会に生きて行くためには、賢明な判断力と、誠実に努力することが大切である。」と祝辞で述べた。

この後、卒業生に対する「優等」「皆勤」「努力」「功労」などの各賞のほか「理事長賞」「大使賞」「中央団長賞」などがそれぞれ授与された。今回の卒業生男子二十四人、女子四十九人の七十三人は、うち三十五人が進学、十六人が就職、二十二人が家事そのほかである。

卒業答辞をのべる金和政君

なお、今年度の新入生の入学試験はさる二月八、九の両日実施されたが、今年特に目立ったことは成績の優秀な学生、在日同胞社会の指導層の子弟が多数受験したとのことである。

また、東京足立支部([illegible]支団長)では支部内の初等科新入生と、同四年生までの教育費を負担することにしたが、同校でも、足立支部管内の児童の送り迎えにスクールバスを運転して登下校の時間を短縮することになった。

この韓国学校はきたる四月二十六日に開校二十周年を迎えるが、記念事業に予定されている施設拡充と運営費約三億円の募金運動に対し、[illegible]、商銀口座、現金、小切手直送などが続々寄せられているとのことである。

幹部研修会

民団広島本部

民団広島県本部(姜文熙団長)では、さる二月二十三・四の両日、県下各支部、分団の第一線役員幹部百三十人を集め、広島労働会館において幹部研修会をひらき、組織活動における質的向上を期した。科目および講師は次の通り。

(日程講義順)

組織論 姜学文中央副団長
法的地位と一般領事 李寛変 駐日大使館領事
国際情勢と祖国統一 李参良 中央専任講師
北韓の実態と南北対話 金栄庄 下関領事館領事
在日韓国民の戸籍 韓国司法書士会
民団の当面課業 金正柱中央団長

尋ね人

☆宋沢奎さん(68才叔父)
☆宋栄一さん(39才従兄弟)
☆宋愛子さん(35才・従姉妹)
本籍・全北金堤郡

約40年前渡日した宋さんらを全北金堤郡進鳳面古沙里居住の宋鎮根さんがさがしています。ご存知の方は民団中央本部民生局まで。

☆李万石さん(63才・男)
本籍・忠清南道。

若い頃の李さん

34年前一人娘と妊娠6カ月の妻を残して渡日した李さんを、お子さんである李芳茂さん(ソウル永登浦区新林三洞六四八)がさがしています。ご存知の方は横浜市港北区中川町一一八五(電話〇四五ー五九一ー二八四五)木村万録さんまで連絡を。

☆安於年さん(叔母)
☆康栄基さん(41才・従兄弟)
☆康錦礼さん(40才・従兄弟)
本籍・忠清南道

一九四三年、樺太に徴夫として行った夫を尋ねて子女を連れて渡日した安さんらをご存知の方は民団中央本部民生局まで。

ビジネスと観光と歴史・美術そして…

世界親子かけある記 ⑪

裵乙祚・裵慶州

彫刻は芸術の頂点

神や英雄物語を集約表現

心安まるエーゲ海の風物

II・アテネ

次の訪問先ローマへの予約を終って、国立博物館(National Archaeological Museum)に行く。今日は木曜日なので入場料はとられなかった。私が年来ぜひ観ようと願っていたギリシヤの彫刻がギッシリと展示され、楽しい一時をすごした。展示内容は……

一、クレテ、ミコノス時代の考古遺物
二、アルカイック時代の彫刻群
三、英雄・上流階級等の墓碑
四、壺(黒絵、赤絵)絵皿
五、その他アクセサリー等

多くの彫刻は地元大理石を使って製作され、後代西洋彫刻に限りない影響を及ぼした西洋芸術の粋である。作品は完全品が風化されて破損されたもの、初めから未完成品として美的にと思おうか、腕の半ばまでないもの、胴体の下半分を自然石のまま残すテクニックはにくいまでに美的表徴の頂点を行くもので、ギリシャ彫刻のみが持つ人間の美的感覚の最高である。これ等彫刻の題材は、殆んどが神や英雄の物語を集約表現したもので、壁絵のそれと相まってギリシャ芸術における神と人間との織りなす絵巻物は、明るく美しいものである。

帰りにアカデミー(アテネ大学)に立ち寄った。こじんまりした知的なものが溢れている美しい大学である。正面入口の壁面にはカラー豊かなアカデミー画が印象的であった。

今日の昼はアテネ外港のピレウス港に行く予定であったので、オムニアス広場から出る地下鉄に乗り込んだ。電車は古いが落ちついた車内である。二十分後にピレウス港につく。港町特有の潮の香りがプンと鼻をつく。船着場前のレストランで野菜料理を久しぶりにたらふく食べ、港外遊覧船に乗り込んだ。港には世界の観光地にふさわしく大型外航汽船や貨物船がギッシリ入っていた。気のせいかギリシャ的に船体は白が目立ち、それがエーゲ海の紺碧の海と空にくっきりと映え美しい限りである。港外を出るともう島々には、あのクリーム色、白色の壁の民家がオリーブ島の間に点在するエーゲ海特有の景観が目に入ってくる。小一時間も航行したのか、右手にギリシャ海軍基地のある島に着いた。途中の島嶼には海運国らしく貨物船がおびただしく係留されているのが海運王国の一面をのぞかせていた。船着場前の地元喫茶店で場末のアイスクリームを求め、テラスの腰掛けにそりかえって、茫然とエーゲ海の風物や、通りをけたたましいエンジン音を立ててつっぱしる一昔前の三輪車等をあかず眺めていると、不思議なほど心がやすまり、平和な世界にいるようだ。現代社会のせわしくやかましい都会生活から離れて、すがすがしい空気と美しい海や島々の緑の中に、溢れるばかりの平和と自由と幸福感がみなぎっているのを感じた。

気になっていた東京へのみやげものを買い込もうと、アクロポリス裏手際のみやげ専門路地をブラつき、将来ギリシャ物産品の輸入計画のマーケット調査も兼ねてメイン道路の商品街も時間のゆるす限り歩いた。私のアイデアでは、古代オリエント及びこのギリシャの高級物産、骨董品類を日本に輸入してはどうかと考えている。

主な広場のテラスには、世界各地から集った老若男女がまったくカラフルなリラックスした服装でこの世界文化のメッカの雰囲気を満喫しているようだ。特に歴史の浅いアメリカ、カナダなど新興国の観光客が目立つのは、文化遺産のない者の一種のノスタルジヤと思われる。

夜、繁華街のレストランでは値ばかり張ってうまくないと言うので裏通りを模索する。あやしげな看板と客引きがしつこく誘いかける中をアクロポリスの背面の坂を登りつめたところに、バンド付きの野外レストラン「タベルナ」に腰を据えもの珍らしさも手伝って多くの若者や、老人夫婦が場末の音楽を聞きながら杯をかたむけている。私達もまた度の強い地酒をやりながらこのギリシャの安レストランの雰囲気を悪くないと思った。おかしなことにギリシャ料理を「タベルナ」でたらふく食べたということになる。

(つづく)

パルテノン神殿

三・一運動が成功していたら

李炫熙（史学者・誠信女大教授）

三・一運動

三・一運動は、周知のとおり、国内外の情勢に刺激され、日本帝国主義の暗政策に抵抗して、一九一九年三月一日宣明して全国で一斉に決起した、わが国の民族主義民衆政団の自主独立運動である。

一九二〇年代に入ってから、日本の韓国侵略——政治・経済・社会・文化など——は次第に露骨化し始め、一九〇五年乙巳保護条約を締結させた後、一九一〇年には日本の専制政策が前もってのとおり運んで韓日合邦が成立、韓半島全体が日本のひとつの領土となり、その名前が論じられた。

略するが、ともかく、武断政治の結果として、排日思想は国民の間に強烈な力をもっていんぜんと広がり、自我意識と自主自立の精神が養われ始めた。これは誰かが注入したのでもなければ、誰かがやれと強要したのでもなく、民衆自身が深刻な「現実」を通して自覚したのである。しかもこれが、全国民的なものであったことは、三・一運動の結果が証明している。

このように排日反日思想がみなぎりつつあった一九一八年、第一次世界大戦が終わり、翌年の春、パリで世界平和会議が開かれる運びとなったが、同会議の議長であるウィルソン米国大統領が提唱し……

……どに大衆化している。しかし、こら、ともいうが、文字だけの解釈の方面の学術研究論文が不足であることは、筆者も同学の一人として痛感に思うのであるが、三・一運動を客観化して批判検討し、建設的な発言がなされなければならないと思う。

いずれにせよ、同運動は成功を収められずに失敗したというのが通念となっている。しかし筆者は、客観的な立場からいって、失敗したから成功したのがこの三・一運動であるとみている。

なぜかといえば、一九一〇年から……

……は不当であると思う。すなわち、文化政治を打ち出していたとしても、それは表面だけのことで事実は文字どおりでなかったのである。その一例としては、総督には文官も任命すると改正しておきながら、最後まで文官は一人も任命されたことがないし、憲兵警察制度を廃止するといっておきながら、思想犯は日増しに増え、監獄は満員であるという有様であった。

まず一時は八・一五解放のさいのような混乱におちいったことであろう。

一九四五年八月十五日直後の状況はあまりにもひどいものであった。自由という概念が各種各様に勝手に解釈され、伐採・屠殺・賭博・強盗・殺りく・酔っぱらい……何でも勝手気ままにやれるのが自由だと勘違いして、その混乱は形容しがたいものがあった。この解放は、われわれ自身が勝ちとったものではなく、連合国がもたらしてくれたものであったから、米国軍の軍政がその混乱を収拾したのであった。

一九一九年のわが独立宣言文には「われらはここにわが朝鮮の独立国であることと、朝鮮人の自主民であることを宣言する……半万年歴史の権威にかけてこれを宣言するものであり、二千万民衆の誠……

3・1精神をセマウム運動に

独立万才の声は津々浦々に（パコダ公園のレリーフから・李朝）

ていたとしたら、われわれには臨時政府も必要なかったはずだし、数多い同胞の生命も失われることなく……

一つだけいえることは、現在のような苦難の歴史の街に身を投げ出しはしなかっただろうし、六・二五動乱という同族殺し合いの悲劇は味わわずにすんだはずである。

思想的な対決の中で犠牲にされるのは、罪のない民衆である。……

しかし、当時、三・一運動が成功したからといって、必ずしも以上のべたような展望と予測どおりいっていたとはいえないかもしれない。

日韓親和会の韓国語講座

第二次大戦後の韓国引揚者で構成されている日本人親睦団体、日韓親和会（鈴木一会長）は、創立以来、十有余年間、韓日両国間の親善と文化交流に多くの実績を残してきたが、その中の一つである韓国語講座を今年も四月から七月、九月から十二月、来年一月から三月までの三学期にわたって施行されることになった。

申込者は先着順の上、三月二十五日まで受付。

入学金、月謝、テキスト代あわせて六千九百円。

講義は初・中級の二種があり、講師は金東俊、金容洙の両氏。

講義会場は、東京・赤坂の韓国公報館（ホテル・ニュージャパン内）研究室で、問い合せは、電話二九一—一六八八の同会まで。

スポーツ

日本に民族道場設立

—韓国キック・ボクシング—

去る二月二十九日、韓国キックボクシング協会の具判弘会長が東京キックボクシング連盟組織委員長と研究会合を兼ねて三選手を引率して来日した。

具会長は、韓国武道である跆拳道八段で韓国一の使い手と謳われているが、韓国キックボクシングの創始者としても功績が大きく、一九七二年十二月にも来日、東京・後楽園スタジアムと大阪府立体育館で初の韓日親善試合を行なっており、現在韓国には具会長指導のもと、全国に四十二の道場、会員八千人、国際級選手百人余りをかかえている。

本社を訪問した具会長は、こんどの来日目的の二つのほかに東京、横浜、大阪、名古屋、福岡、札幌等地に、韓国式のキックボクシングと跆拳道を兼ねた道場を設立するため、日本各地の同胞と組織体からの推せん協力を求めており、既に日本キック界の後援による東京道場設立もある程度話が進んでいると明らかにした。

この道場設立が実現した場合は師範を韓国から来日させて指導にあたるが、特に在日韓国青年の民族精神豊かな身心鍛練に主眼をおきたいといい、そのためには、民団、青年会、体育会等全国組織の積極的な協力をあおぐことになるだろうとつけ加えた。

なお、この民族道場づくりに共鳴の有志は、東京青山のアジア会館三二六号室（電話四〇二—六一一二）か本社に連絡をとればよい。

具判弘会長

林慶業将軍傳 (35)

洪相圭 訳
八束周吉 編

……とるのもとりあえずに、……

韓國新聞

在日大韓民国居留民団
中央本部機関紙
韓國新聞社
発行人　金正柱
東京都文京区春日町
2丁目20—13
電話　直(815)1451〜3
　　　交(813)2261〜5
振替口座　東京　163774
本国連絡所(民団本国事務所内)
ソウル特別市鍾路区昌成洞
政府合同庁舎四階
電話　73—0162・0165

民団綱領

一、われわれは大韓民国の国是を遵守する
一、われわれは在留同胞の権益擁護を期する
一、われわれは在留同胞の民生安定を期する
一、われわれは在留同胞の文化向上を期する
一、われわれは世界平和と国際親善を期する

"民団撹乱"の秘密指令
朝総連の十全大会で決定

民団中央本部組織局(姜学文局長)では、朝総連が先の所謂十全大会(2月23日〜25日)で、民団組織の撹乱をはかるための秘密指令を示達したことに対して、その指令内容要旨をあかし、万全の態勢でのぞむよう管下各組織へ指示した。朝総連は74年2月28日、韓徳銖名儀で各地方本部委員長に秘密文書で「統一前線事業と対南事業の整備を推進するに対して」を指令したが、同文書の骨子はつぎのとおり。

民団系再点検、対南工作など
指令内容要旨

一、各県本部委員長責任下に政治部長が主管して74年3月15日まで各級組織(支部、分会、分組)単位で管内組織員の再点検と民団同胞の住居登録事業を完了して報告すること。(すでに調査把握されている民団系同胞名単の再点検と動態を把握して上級組織に登録)

二、重要対象と一般大衆に対する人間関係を検討、一対一分工を割当て、対象を政治的に覚醒させ

새마을 精神
대통령 박정희

朴正熙大統領揮毫の「セマウル精神」

74年度 セマウム運動展開
六十万本の苗木、祖国に

民団中央青年局(李彩雨局長)では、昨年度のセマウル運動支援事業である在日同胞のセマウム植え運動の好成績をふまえて、今年も「在日同胞六千万セマウム植え運動」参加の青年奉仕団を派遣することに決定、次のような要旨の計画でその具体的な実施を進めている。

〈目　的〉

昨年度、民団東京本部が模範的に実施した「六十万在日同胞セマウム植え運動」による六十万本苗木植えなどの好成果につづいて、今年も規模を拡大してこれを実施、恒例の年中行事にする。

〈目標と方針〉

民団の挙団的事業の一環として六十万本の苗木を今年も本国の山野に植えるが、この実施により青年たちの協同社会生活と、セマウル運動支援における正しい参与意識を鼓舞認識させ、在日青年組織運動の新しい里程標にする。

なお実施にあたっては、本国政府、民間各機関の全面的協力を得る。

〈期間と参加人員〉

一九七四年四月二日〜十二日までの十一日間で、約百七十人が参加。

参加費用および班編成など詳細事項は、中央青年局が原案を作成、地方本部と協議してこれを進める。

三候補出揃う
中央団長改選
第36回定期中央大会

来たる二十四日、東京九段会館で開かれる第三六回定期中央大会で、中央団長の任期満了、改選にともなう団長選挙立候補者は、二月二十八日李禧元前団長、三月七日尹達鏞前団長代理、三月十一日金正柱現団長が、それぞれ記者会見で発表したことにより、下馬評の全候補が出揃うこととなった。

これで、本格的な選挙運動の火ぶたが切られ、目下各候補とも票読みの段階であるが、巷の声はまちまちで、決戦投票にまでもつれ込むのではないかとの見方が多い。

各候補の立候補の弁および公約要旨は次のとおり。

(가나다順)

李禧元候補

尹達鏞候補

金正柱候補

朝総連の妄動に勝つ民団

李禧元氏

中央会館建設は団員の使命

尹達鏞氏

何をどんなに実行するか

金正柱氏

また居た北送詭計の被害者
寸前脱出した高さん

昨年十月十九日、新潟港を出港した第一六九次北送船で、大阪豊田市在住の金光子さんの二児、張康徳、張康賢の両君が、朝総連の悪辣な詭計によって北韓に連れ去られ、全韓国人に大きなショックを与え、民族の怒りとなったことは、在日同胞の間にまだ記憶が生々しいが、実は、その第一六九次

…てものごとを決められるが、高清枝さんの北送は、父が秘密の内に行ったのであり、何かといえば韓国籍を必要とする入管当局の申請の手続きで、未成年の清枝さん本人の出頭をのは理解に苦しむ事務処理である。清風荘ホテルと「…」の場を日本の警察はするのであろうか。

またも大スパイ団
南侵うかがう北傀

現役および予備役の領官級将校二十人を集めて「六五同志会」という組織をつくり、軍隊内への影響力の拡大を図ったという。

また全北グループは、東京大学大学院に入学したことがある全北大学教授(…)を中心とするグループ。

李教授などリーダーは、いずれも留学、農業研修などで訪日した際、北に渡り、労働党に入党したとされている。

丁賛鎮中央顧問
郷里で療養著述

丁賛鎮氏

老骨に鞭うち
自叙伝を著述

差別受ける民族教育
抗議署名運動展開
する京都韓国学校

13年もの間、尽力して来たが、建設敷地などをめぐって当該地域住民の反対や京都市当局の消極的かつ非協力的な姿勢によって、建設がおくれている。この問題は、在日同胞の日本における民族的受教育権にもかかわる問題であることから、在日本韓国学校PTA連合会(金広植)では去る2月24日民族差別と人権問題および教育権の侵害としてとらえ、在日韓国学校に学ぶ父兄を中心とする日本全国にわたる抗議署名運動を展開することを決議、推進中である。

これに対して民団中央本部文教局(金秉錫局長)では、3月13日傘下各級機関に対して署名運動の趣旨と意義をあきらかにし、民族教育の展開推進を保証するための挙団的積極的支援を指示した。

民団全組織の団員および家族は要望書に署名捺印し、文教局に送付することとなり、文教局では、全国PTA連合会長へ託して、京都市長に伝達されることになる。

京都市長に対する在日本韓国学校PTA連合会の要望はつぎのとおり。

要望事項

一、京都韓国学校建設問題をすみやかに解決し、強力に推進して下さい。

一、在日韓国人の基本的人権と教育権を保障して下さい。

一、地元住民の民族差別を糾弾して下さい。

在日本韓国学校PTA連合会
会長　金広植
京都市長　船橋求己殿

ダイヤ密輸の張尚宰氏逮捕

金浦税関は七日、プラチナ、ダイヤ等貴金属二千万ウオン分を密輸した在日同胞張尚宰(48・神戸金泉化学社長)を逮捕した。張は六日三重カバンで宝石一千余点を持込んだもの。

姜信満議員
本社を礼訪

在日同胞出身である維新国会議員の姜信満氏は、公用かたがた来日していたが、去る三月五日、本社を礼訪歓談した。

崔成石議員

技術交流協会発起人会出席

全北長水出身の崔成石国会議員はこのほど来日、二十日から東京で開かれる「日韓青年技術交流協会」発起人会に韓国側代表として出席することになった。

照点

続・祖国は私たちの中にある
重く深い流れの中に…

日本に生まれ、生涯をこの地で果てるつもりでいるかも知れない若者の身をさいなむ絶望にも近いこの疎外感と挫折感を、私達はどう受けとればよいのだろうか。あまりにも重く深い流れの中に立たされた想いである。

「朝鮮人と呼ぶわれわれの無意識の差別観念は……彼ら隣人をいつまでたっても近くて遠い国にしてしまう……」—根本東—。「特に就職についてですが、同じはだをした韓国人、中国人など軽べつするのでしょうか。ただの色によって軽蔑することとは、日本人が自分をも軽蔑していることになるのではないでしょうか」—李山カイ—。(共に朝日新聞「声」欄)という言意もあることを救いとしながら、日本に生活基盤を築いてきた私たち在日韓国人は、さらに多くのいばらと試練の中で、憂憎からみあい、そして、怒誓をのりこえて生きていかなければならないだろう。いつも心の底のここには「祖国は私たちの中にある」誇りを忘れることなく。

(P・4)

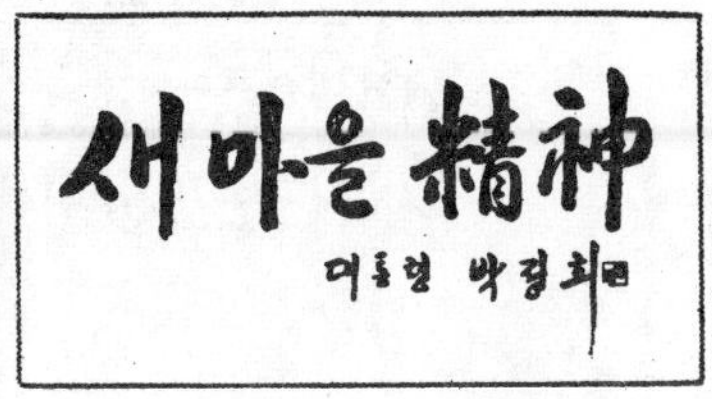

本国論調

駐日公報館への乱動
―背後にある精神風土を糾弾する

去る6日、一部日本大学生が東京内の韓国公報館に侵入、乱動をはたらいたという報道は、何より驚くべきことでもあり不快なことである。

報道によれば日本の早稲田、法政など大学々生ら50名が6日、赤坂所在、韓国公報館に乱入、非常識で韓国政府を非難し、そのうち10名が事務室内にとび入り、約20分間にわたって乱動をはたらいたということである。

乱動をはたらいた者は、口々に「早稲田大学アジアの反日闘争に連帯する有志」または「法政大学アジア大学連絡会議」所属であると主張したことから見て、日本内の雑多な左派系の学生らと思われる。

昨年、アテネ空港での流血事件が起り、最近シンガポールでの貯油所爆発および人質ろう城事件で見たように、一部、日本左派学生らの非現実的所行は、世界がすでに知り、悩んでいることで、それと軌を一にする常識のない学生らの乱動は、あらためて驚くべきことではないかも知れない。

しかし、たとえ彼等の行為が日本政府とは直接関係がないものであるといっても、厳然たる外交特権を持つ外国の公館内に侵入、乱暴をはたらいたというのは、重大過ぎることであり、日本政府はそのような事態を未然に防止できなかったことに対して正式に謝罪すると同時に、この事件に関連のある乱動分子を摘出、処罰すべきである。

われわれは、ここで同事件の背後にかくされている二つの問題点を重大視するしだいである。

第一は、彼等、日本の学生らの乱動の動機が、彼等が主張している何らかの主義、信条を表明するための自発的行為であったというよりは、何らかの背後勢力に操作される行為の嫌疑が濃いという事実である。

彼等が提示した所謂公開質疑の内容にも明らかではあるが、特に乱動分子中の一人は、最近、日本警察に逮捕された北傀スパイの救出運動をはたらいていた者で、在日朝総連がこのたびの事件の背後にひかえていることは疑う余地がない。

周知のように、北傀は、現在南北会談を拒否し、休戦線一帯の軍事力を強化する一方、西海上での漁船拿捕など大韓民国に対するあらゆる形態の挑発行為をはたらいている。

また北傀は、最近、日本内の朝総連に「教育援助」という名目で日貨2億6千2万オウンを送るなど、朝総連を通じても対南攻勢をひろげているのである。したがって日本政府は朝総連の政治、破壊活動を容認してはならないことはもちろん、このたびの事件の乱動参加者だけでなく、その背後操縦者までも徹底的に糾明し処断すべきである。

また、他の問題点は、そのような不祥事がおこるべくなっている日本の歪んだ精神的土壌にあるといえよう。日本人は隣接国、特に韓国に対して誤った優越感をいだいているためである。

その例として年初に、日本議会席上で過去の対韓植民地政策を正当化しようとする田中首相の発言や、数日前、日本実業界の総師格である植村氏の所謂内地人々の発言などをあげることができる。

過般の不幸な韓日関係を清算して、今や同等なパートナーとしての善隣関係を維持発展させるべき日本指導層人士らの口から、そのような妄言と失言が、すべりでる程度に日本の偏見は根が深いのである。

もし、日本人が旧態どおりの帝国主義的思考方式から脱皮できなければ、過般の田中首相の東南亜巡訪で当面したような激烈な反日感情に包まれ、日本はアジアの孤児になるかも知れない。

といっても、われわれは真の意味における韓・日共存を願っているため、日本政府がこれ以上、韓国民らの自尊心を傷つけ、感情を激化させる事件が再発しないよう駐日韓国公館や在日同胞保護に責任ある行動を取ることを提言するしだいである。

明日を展望する国会へ
―開院一周年迎え活気と脱皮を―

新体制下の第9代国会が12日開院1周年を迎えた。内外情勢の激動期に際して、時には「驚くべき事態」の継続のなかで議員ら自身が正しい判断をおろす暇もないまま、一部の萎縮と沈滞が伝えられもした。

冷静に見て、去る1年は急変した新制度と状況的与件に対する適応の模索期であったといえる。

今や、その模索は、ある中間結論にいたる時点にいたったと見られ、またその適応も能動的、前向き的なもので新脱皮をちかうことができると信じたい。「能率国会」もよいが、もしか「浪費国会」であるような印象を与えないため、納税者らがその効用を確認すべく新しい使命を証明すべきである。

現在の議席分布は、維政会73、共和党69、新民党52、無所属20、統一党3となっているが、それぞれの異なる立場によってはたらきも多様になるのは当然であるが、最大公約数的な職責も考えるべきである。人間は職業的自尊心とほこりを持つことで、生活の意義と事業のやりがいを感じる。特に国会議員であるため代表的韓国人であることを、子女や弟子そして全同胞の前に、実践を通して正々堂々と明かして当然である。

維新国会1年を回顧すれば、長点として評価されるのは、能率の回復と、与野関係における激突回避、地域区本位出張の軽減などである。この反面、立法府・国民代表機構としてそなえるべき権威、影響力の減退、行政権に対する監督の鈍化、特に民声反映の不振などが指摘されて来たといわれる。

その上、巷では、二百余の議員のうち、一、二の「異材」でもあろうにいかでか、なべて平均的であるかという意見も聞える。勿論、脱線行為はありえないが、活気が欠けるとの批判であればうなづけることである。元来、国会運営の妙は、多様性の中で生産的調和を達成するところにあり、また、そうすることによって国民総和の土台にもなりうるであろう。

一般官僚は、当面のことの処理に忙しいが、議員は明日をみこして事を論じる位置にあり、またそれ相応の余裕も保障されている。わが国が処している非常時的難局にてらして、客観的与件を慎重する必要があると同時に未来指向的な創造的活気が、より重要であると強調するしだいである。

もともと国会は、統治権力の代行機構でない。維新体制下では国会が統治権に対応する存在でありえないことは認められる。しかし国会である以上、国民のための批判と統制は、その不可欠の存在意義であるべきである。

たとえ、政策決定をタッチしなくとも行政的レベルの各種偏差を是正し、わが社会の各分野にちらばっている不条理を勇敢に糾正していく活動分野は非常に広いものである。

ビスマークすら政治を「可能事の芸術」だとのべた。9代議員諸公が、その「可能事」を正しく測定しながら民声反映に最善の意努を望むしだいである。

(韓国日報)

米増産3千万石めざし250日作戦

米穀自給の宿願実現へ
農水産部が73億投入し7段階で一斉推進
団地営農の推進など7施策

▽…米生産三千万石突破のための稲作二五〇日作戦が一月を期して全国で一斉にはじまった。農水産部はこの日、本部と全…△
▽…国各市・道・農園および農村振興庁、農業協同組合に「米三千万石突破状況室」を設置し、①18個奨励品種の栽培、②…△
▽…団地営農の推進、③保温苗床の設置、④種子消毒から本畓までの病虫害防除徹底、⑤堆肥増産、⑥田作物増産、⑦多収…△
▽…穫農家の施賞拡大など七大重点施策と7段階増産作戦を通達した。…△

維新農政は米穀自給の宿願をめざして3千万石生産突破を今年実現することになる。写真は高速道路にそってはてしなく広がる肥沃な水田地帯

農水産部は、このような増産作戦をささえるために
▲種子更新に3億7千45万6千ウオン
▲地力増進に22億6千73万ウオン
▲病虫害防除に23億千17万千ウオン
▲営農改善に23億5千69万2千ウオンなど、73億百4万9千ウオンを支援することにした。

農水産部は特に
▲干・水害をふせぐため、毎月15日と月末を干・水害定期点検日にさだめ、市・道知事の責任のもとで予防を徹底すること。
▲耕地整理と官庁および揚水機整備は、4月30日までおえること。
▲農薬は、5月末まで確保することなどを指示した。

1日から11月10日まで、7段階でひろげられる稲作250日作戦はつぎのとおり。

▲1段階(3月1日~4月20日)=種子確保、営農資材確保、水田耕耘、農民教育など営農準備をする。
▲2段階(4月10日~5月20日)=保温苗床整備
▲3段階(5月20日~6月30日)=田植え、麦刈り、あぜ道豆植え
▲4段階(6月1日~9月20日)=病虫害防止および雑草抜き
▲5段階(7月20日~9月30日)=堆肥作り、山野草刈り
▲6段階(10月1日~10月20日)=稲刈り
▲7段階(10月10日~11月10日)=麦種播き

以上の段階で推進される三千万石突破作戦は、鄭農水産部長官の陣頭指揮によってすすめられるが、目標達成は、昨年の稲作水準から見て確実であると見られるが、この政策の成功は、維新体制の成果のひとつといえよう。

官公庁に紙節約運動
状況説明掛図 撤廃など6億5千万ウオン

「ブリーフィング・チャート」(状況説明用掛図)をなくせ!・内務部は12日、紙節約方法の一つとしてチャート作成を原則的に禁じると各地方官署に指示した。

これにともないチャート行政だともいわれた官庁風景が変貌することになったが、内務部は官公庁の文書類はいままで用いて来た模造紙をすべてざら紙にかえるよう指示した。

内務部がこの日、例規第二五六号で示達した紙節約方案はこのほか①刊行物の統制、②印刷物の両面プリント、③封筒の規格化と流出防止などをあげている。

内務部によれば、現在、地方官公署が購買する模造紙は16切1枚5ウオンであるが、ザラ紙は30ジョンで模造紙使用を禁止すれば、年間6億5千9百万ウオンを節約することになる。またザラ紙を節約すれば千5百万ウオンを節約する余地がある。

このため、内務部が作成した節約方案の骨子はつぎのとおり。

▲チャート禁止=チャート作成を原則的に禁止する。教育用、会議用、外部視察団用など不可避のばあいは例外とするが、用紙はざら紙だけを用いる。

▲高級紙使用禁止=模造紙で作成された書類はすべてザラ紙に変える。模造紙以上の高級用紙は台帳など長期保管書類、大統領と国務総理報告用にのみ使用する。油印物はザラ紙だけを用い、表紙は中質紙とする。

▲印刷物統制=永久的な図、書類小冊子などだけを印刷し、地方刊行物は各市道調停会議委員会の承認をうける。

孔版印刷は一年以上、活用する重要文書と例規文書に限ることにする。文書のプリントは、16切りザラ紙の両面印刷を原則とするが、20部未満はタイプで複写、余分は10部未満に制限する。

▲封筒統制=かならず規格用紙、用途などを規定、流出や転用を防ぐ。

▲ざら紙節約=現在地方官公務員一人当り、一日5枚づつの使用量を3枚にする。高級紙は機関長責任で集中保管し使用を統制。

丘陵地帯を農耕地に造成
農水産部で17万5千ヘクタール

農水産部は、農耕地拡大事業として、傾斜度が24度以下である全国17万五千ヘクタールの丘陵地帯を年次計画にしたがって、農地に造成することにし、まず今年から来年まで2年間、32億ウオンを入れて百二十七個地区2万ヘクタールの農地を作ることにした。

9日、指定、来る4月から着手される農水産部の地域別農地造成計画は
▲統一村11個地区千七百六ヘクタール
▲民統線北方18カ地区、千五百五ヘクタール
▲大団地事業地区4カ地区8千9百62ヘクタール
▲一般地区94カ地区=7千8百27ヘクタール
となっている。

日、対韓経協転換
IECOK経路で韓日合意

日本外務省当局者によれば、これからの対韓経済協力は両国閣僚会議にはからず、そのかわりに対韓国際経済協議体(IECOK)を通じるようにして、昨年12月の第7次閣僚会議で合意した4千5百万ドルの政府ベース借款を含む2億ドルにもこの方式を適用するとのべた。

日本政府が構想している新たな方式は両国の双務合意を止揚し、IECOKで合意される対韓経協額の相当な部分を日本が負担することになるが、具体的内容は実務級で決定するということである。

韓日閣僚会議は、前段会議で実務的な経済協力問題は論議しないことに合意したところである。

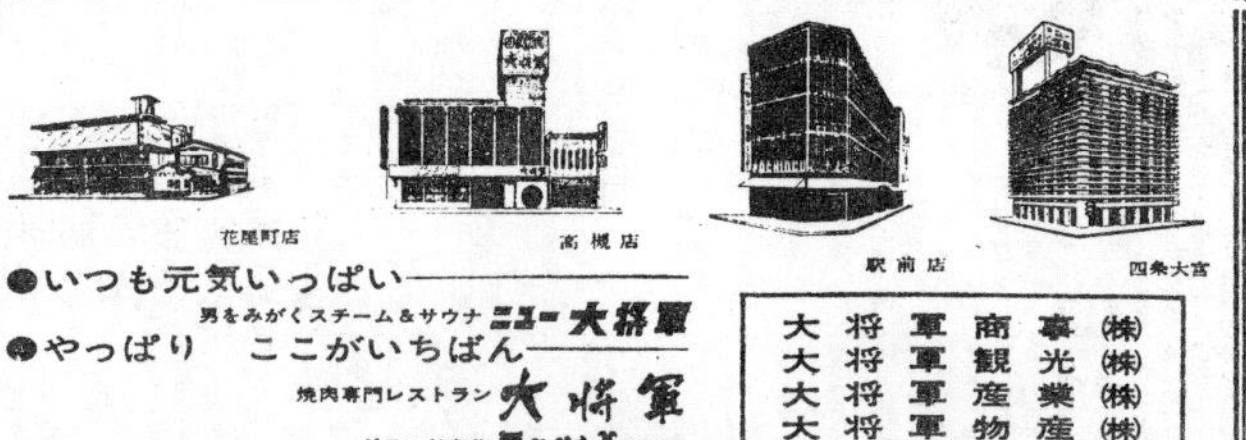

朴烈義士の遺骨返還陳情

国際赤十字から中央に返信

遺家族から要請するよう

去る二月二十二日は大阪で、また三月一日は、三・一節中央民衆大会につづいて東京で、張義淑女史ら三遺家族参席のもとしめやかに行なわれた独立愛国義士故朴烈先生（民団中央初代団長）の追悼式はとどこおりなく終えたが、これに先立ち、民団中央本部金正柱団長名儀で、北韓の地にさらされたままの朴烈先生の遺骨をソウルの遺家族に返還するよう斡旋依頼した国際赤十字総裁への陳情書が、去る二月十一日ジュネーブの国際赤十字本社へ差し出され、このたび別掲内容の返信が中央本部に届いた。それによると、このような人道的な事柄をお手伝いすることは喜ばしいのですが、当人の近親者からの要請が必要であるとのことで、民団中央では在日中の張義淑女史にこの旨を伝達、本人から直接次のような陳情文を国際赤十字総裁に送り、適切な措置が講ぜられるよう要請した。この遺骨返還に関しては、人道主義に立脚した国際慣例があり、今後の北韓の出方が世界の注目を集めることになりそうだ。

追悼式での朴烈義士の遺影

……ならびに、その崇高な作者である総裁閣下に対し衷心から敬意を表する次第であります。

"遺骨は故国の土へ" 張未亡人 国赤へ陳情

私たち三人は、去る二月十五日付で総裁閣下に送られました故朴烈の遺骨返還に関する陳情文の内容の通り、故朴烈は、真正なる韓国人として、あのいまわしい日本帝国主義の圧政から、呻吟していた同胞と祖国を解放するため、英雄的行動を敢行、不幸にも日本官憲により逮捕され、無期懲役という一方的裁判の宣告を受け二十四年の長きにわたる獄中生活を経たのち、一九四五年八月十五日、日本帝国解体により出獄するのに至ったのであります。

その後、在日韓国人の権益擁護と民生安定、国際親善を目的とする在日本韓国居留民団創立に参加、初代中央本部団長として就任、多くの業績を残しつつある最中、一九四九年祖国大韓民国へ帰国したが、翌一九五〇年六月二十五日、北韓の不法侵入による韓国動乱が勃発、北韓軍によって強制拉致され、二十三年余り彼地で本意ならぬ抑留生活をつづけてきたところ、このたびの逝去となったものであります。

敬愛する総裁閣下！

以上のあらましの通り、故朴烈は、愛族、愛国の志士としてその生涯を閉じましたが、遺族である私たち三人は、当然、人間として血族として、故国の土へその遺骨を埋葬し、その英霊を永遠に安らかにしたいと思うものであります。

これこそ、私たちに与えられた人間的義務であり、従って、異郷にさらされているその遺骨を是非とも返還してくれるよう主張するものであります。

尊敬なる総裁閣下！

国際赤十字社がもつ、世界的権限と使命を最大限に発揮し、私たち遺族三人の悲願が叶えられるよう北韓当局に対し、遺骨返還に対する適切な措置が講ぜられますよう大きな希望と期待を寄せ、陳情文にかえさせていただきます。

総裁閣下の平康と、国際赤十字社の限りなき前進、世界平和への寄与発展を祈ります。

一九七四年三月十三日

大韓民国SEOUL特別市龍山区漢江路一街三三一、東部アパートC棟六〇一号

未亡人 張義淑
長男 朴栄一
長女 朴慶熙

国際赤十字から民団中央本部あてに送られてきた返信

一九七四年二月七日付国際赤十字社々長E・MARTIN教授発

朴烈氏の遺骨を北韓から大韓民国へ返還することを国際赤十字社に仲介を依頼する書信を受け取りました。

国際赤十字社は、このような人道的な事柄をお手伝いすることは喜ばしいのですが、当人の近親者からの要請を受け取らなければ、不可能なことです。

これは常に行なわれてきた一般的な規則です。

それ故、われわれは北韓に書信を送る前に、張義淑夫人の要請を受けとらなければならないことをお伝えしなければなりません。

われわれがおかれている立場を御理解下さいますように。

一九七四年三月四日・ジュネーブ

研修会盛況 漁船拉北糾弾大会も

大韓婦人会中央本部

本紙既報、在日韓国婦人の啓蒙と民族精神武装を期するため、大韓婦人会中央本部（金信三会長）主催による第六回全国幹事研修会は、予定通り三月六日から八日までの三日間、第一地区（近畿・中北）の研修会を、和歌山県白浜温泉で同会の十二地方本部約五百人からの幹部、会員を動員して、予定どおり終えた。

この研修会につづき、同会では去る二月二十五日、韓国西海岸白翎島近海での北傀海軍によるわが漁船不法攻撃と拉致事件に対する蛮行糾弾大会をひらき、拉致された漁船と船員の即時送還を訴える決議と糾弾文を採択した。この集まりで拠出された船員家族への誠金は三十三万二千円。

なお同会では、三月十八日からの第二地区、第三地区でも、研修会につづき、この糾弾大会をひらくことになった。

バザーで苗木資金づくり

在日大韓婦人会東京本部（権金粉会長）では、正常化後の初の事業として、本国の緑化運動を支援する"六十万セマウム植え運動"に参加、四月本国の植樹日に苗木を植えることになったが、その資金づくりのため、去る十六、十七日の三日間、東京新宿の東京商銀本店七階ホールでバザーを開いた。これは同婦人会々員の家庭に死蔵されている新品または新品同様の各種の品物を提供してもらったもので、売上金を苗木購入資金にあてるもの。

蛮行糾弾文を読み上げる金信三婦人会中央会長

미스·코리아

誰でも応募できる「知と美」の祭典

在日ミス・コリア・コンテスト

本社恒例の年中行事である「第六回・在日ミス・コリア・コンテスト」は、今年も東京でひらかれる。

「知と美」を競うこのコンテストには、全国民団から推せんされた同胞女性たちが参加することになるが、ここで選ばれた在日ミス・コリアたちは、来たる五月二十日ソウル市でひらかれる「一九七四年度ミス・コリア全国決選大会」—韓国日報主催—に参加する。昨年度は、在日ミス・コリアである金梅子さん(22)が、全国決選で二位の「善」に入賞、大阪での世界大会「ミス・インターナショナル」に参加した実績もあり、今年の参加もその成果が大いに期待されている。

☆応募資格 満十六才から二十五才までの未婚女性で韓国籍を有する者。

☆応募方法 居住している地方の民団支・本部団長、または韓国系機関長の推せん状と本人の履歴書（得意なものあれば記入）、写真（全身・上半身の二種でキャビネ各三枚づつ写真の裏には氏名、生年月日、身長、体重、バスト、ウエスト、ヒップを必らず書く）

☆しめきり 四月十二日まで、本社応募係に書類到着のこと。書類は一切返却しない。個人の秘密は守る。

☆審査 審査委員会で「知と美」の総合審査をおこなうが、日時と場所は本人に直接通知する。

☆準備衣裳 水着とハイヒール、韓服。

☆費用は本人負担。

☆書類提出先 東京都文京区春日二丁目二〇 韓国新聞社・ミス・コリア応募係（直接または書留郵便で）

遺家族に弔慰金を

民団中央本部では、故朴烈義士の遺家族に弔慰金を贈ることを決定、全国地方本部及び傘下団体に、その趣旨を盛った公文を発送、協力を呼びかけたが、誠意こもる弔慰金が連日届いている。なお朴栄一中尉は七日、張義淑女史は十九日帰国、民団神奈川県本部に勤務している朴慶熙さんが残っている。

三・一独立運動33人の遺族 自活支える道はないものか

三・一独立運動33人の遺家族の暮しが困難なありさまである。長い間の貧困で慢性病にかかり、あえいでいる人もいる。

33人のうち、李甲成氏を除く32人の遺家族で、自分の家を所有している人は数人にすぎない。

33人の遺家族会（会長、孫秉熙先生未亡人、朱鈺卿さん・80）によれば、32人遺家族3百余名のうち自力で生活できる会員は3分の1に過ぎず、3分の2は政府の援護金にたよっている。

その中でも33人のうち7人は、万才運動以後、変節または6・25事変の際、北へ拉致されたため、叙勲をうけられず政府の援護金すら受けられないままである。

遺家族たちは、傷痍勇士や戦没遺族に対する自活支援のような恩恵を33人遺家族にも適用することを要望している。

33人遺家族らの実態を見れば、先烈32人の遺家族のうち権東鎮先生の直系後孫である権命基氏(46)がアメリカへ移民、韓国には31人の遺家族がいる。31人の中で[illegible]は居住地すら把握されていない。遺家族のうち生活がましなのは、[illegible]仁協先生の遺家族など少ない。政府が提供した関鎔制、光復洞復アパートに住む朴東完、権秉悳、権東鎮先生の遺族のほかは、ほとんど借家ずまいである。

洪秉箕先生の遺家族洪東弼氏(53・麻浦区西橋洞一九三)は失業中で在億君(19)、在万君(16)など二人の息子さんが職工勤めの収入、月給一万余ウォンで生計をたてている。

羅竜煥義士の遺家族である羅京模氏(58・麻浦区大興洞47)も失業中6人家族が借家住いで運転士として就職した長男・羅永毅氏(33)の安月給と月一万五千六百ウォンの年金で生活している。

このように、失業中の31人義士の直系遺家族は20人に達する。困難な生計は挫折感を生むかも知れない。

現在、これらの後孫に国家から支給される金は、独立有功者援護法にもとづき年金で生存者に月六千ウォン、未亡人に四千八百ウォン、その直系遺家族一人に三千六百ウォン、このほか生存者に月二万ウォン、遺家族に一万二千ウォンが支給されているだけである。

したがって、李甲成氏は月二万六千ウォンに看護手当がついて支給される金は、3万ウォン未満。遺家族らは一万五千六百ウォンを受けている。

33人遺家族会副会長権寧暢氏は援護基金だけでは、かろうじて生計維持するにすぎず、それも叙勲を受けられなかった七人の後えい達は、一切の援護基金の恩恵も受けられない実情であると困惑の表情である。

申錫九義士の孫である申翔均さん(48・大邱市西門路一街83・光復会慶北支会長)は、現在独立志士遺家族に対して、孫の代までの教育の恩恵を与えてはいるが、事実上、抗日志士の後孫は、ほとんど年令がこえ、その恩恵を受けられないとのべている。

申氏は33人遺家族のほかにも、全体独立志士の遺家族のばあい、慶北道内光復会員百十五人のうち3分の1が無住宅者で極貧世帯が年々ふえるとして対策を訴えている。

求む良縁

中煥白（男・四二才）
本籍・慶北義城郡舎谷面梅谷洞

経歴・東京深川生まれ。城東小学を出る。米国ロスアンゼルスに渡りウッドレイ・カレッジ卒業 米国永住権あり。千葉県の宇観光社長。理解深き韓国女性を求めます。希望者は韓国新聞（八一五—一四五一）まで。

華燭

林木祥氏（日林観光社長）の長男・東基君と、金英俊氏（一竜社長）の次女・盛媛さんは、百年の佳約を結び、去る三月十二日午後二時、東京のホテル・オークラ別館で許弼奭氏（東京商銀理事長）の主礼で華燭の典をあげた。

ビジネスと観光と歴史・美術そして…

世界親子かけある記 ⑫

裵乙祚・裵慶州

明晰誇るギリシヤ陶器 人間臭いギリシヤ神話 最大の英雄はヘラクレス

神と壺と

世界神話の中でギリシヤ神話ほど明るく人間臭いものはない。次に示す主な神の系譜を見ながらそのまことにほほえましくも愛らしい神様の描写をしてみよう。

予言に怯えた父神クロノスに呑みこまれるところを危機一ぱつでのがれたゼウスは、オリンポス神族の第一人者であるとともに精力絶倫の神でもある。系譜でも解るように、彼は正妻のヘラの眼をぬすんでは小娘や、人妻などに手を出し発覚して、その奥さんにこっぴどくとっちめられかくれまわる、いとも愛すべき人間界の殿方にそっくりな神様である。彼の聖獣は鷲で、手に王笏、雷霆を、ときにニーケ（勝利）の女神として表わされる。最高正義の大神・唯一神としてこむずかしい威厳をそなえたギリシャ神族の大ボスだが、ヘラの前ではカラキシだめな恐妻家の人間臭い神様でもある。

ゼウスの正妻ヘラもこれまた世の奥方に輪をかけたような女丈夫で、夫の浮気にははげしい気性をみせ、嫉妬の心にかりたてられて、夫の恋人や、その子供等を迫害した。彼女はある時、男女いずれが性行為においてより大きな快楽をうるかについて、夫ゼウスと議論したが結着がつかず、有名な予言者テイレシアースに尋ねたところ、男女のそれは一対九であると答えたため、彼女は自分のやきもちと恥ずかしさで、怒ってテイレシアースを盲にしてしまった。またある時、夫婦は争い彼女は怒って逃れ、キタイローンと言う山中にかくれたが、入れ知恵をうけたゼウスは他の女と結婚すると称して、木像に花嫁の衣裳を着せて同山中を通行したところ、嫉妬に狂ったヘラが飛び出し、衣裳をむしりとったところ、トリックの木像であったので、初めてゼウスの意を察し大笑いして和解したそうな。

ゼウスの額を破って完全に武装した姿で飛び出したのが、このアテナというギリシャ神話きっての処女神である。英雄二神の守護神となった大物女神でもある。彼女の聖鳥が梟であり、あらゆる技術の神であり知性高い軍神であることとも良く知られている。浮気の多いギリシャの神様の中で、処女を守りぬいた数少ない女神の一人である。

アポローも彼もまたおやじに劣らずプレイボーイであった。そしてまた美少年ヒュアキントスを愛し、今日のホモの先駆をなした。一般に太陽神としてあらゆる知性と文化の代表者であり、法律・道徳・哲学の保護者であり、音楽・医術・予言・家畜の神でもある。

エロスの戯れに放つ矢に胸を射られて神も人も堪えられず恋に苦しんだ。あまりにも美しいプシュケ（魂）とエロス（愛）との愛の物語りと母アフロディテの嫁いびりは有名である。

ディオニュソスは、女等の熱狂的崇拝を受け、また劇の神としてついには酒の神として広く祭られている。

ヘラクレスはギリシャ神話中で最大の英雄であり、ゼウスが人妻アルクメーネを犯して生ませた半神半人の超人的英雄であるが、例のようにヘラの敵意にあい、卑怯者のエウリュステウス王の命に従い所謂"ヘラクレスの十二功業"を成しとげ、全ギリシャ人の血をわかせた英雄である。

アフロディテはギリシャの愛美と快楽の女神である。軍神アレースと交情して生れたエロスを従え、彼等の打ち込む愛の矢に当った者は、恐ろしく激しい恋に陥入る。エロスは初め人を襲う激しい肉体的欲求、身心を慄わせ、なえさせる恐るべき力を持つ神であったが、母アフロディテと共に恋に対する戯れの気の増大とともに、美しい若者で気まぐれで、ばらの花の上をかろやかに歩む有翼の神様となった。弓と矢を持つ子供の神

ギリシャ神話は多くの詩人や芸術家等によって語り継がれ、創造され物語られたので、多くの異説や混乱があるとともに、東洋西洋の思想が入りまじって神様の系譜にも、寄木細工的バラエティに富んだ総合化はあるが、やはり世界最高の神話には変りがない。この神話の影響が如何に西欧文明に及んでいるかを、ギリシャの壺にみて行きたいと思う。

東洋陶器がもつ面白さ、暖かさまた肌の味とか、色の鮮やかさや深みといったものは、ギリシャの陶器からは期待することが出来ない。ギリシャ陶器の本領は、器体の表面はあくまでも清潔で、その輪郭は張りつめて鋭く、冴えて余裕とか戯れといった面白さはみられない。種類によって重厚なものも、杯のように軽快なものの差があっても、どの形も明快で明確であり、澄んで冷やかである。それぞれに一定の約束と基本型といったものが厳守されている。即ちギリシャ陶器はその輪郭の清らしさと、その明晰さと部分のすばらしい均衡をその本領とする。

もう一つギリシャ陶器の特色としてつぼ絵がある。即ち神話の物語を集中表現し、純粋絵画の域にまでつぼ絵を高めたところにその最大の特色をもつ。

物語とは饗宴、戦い、葬列、舞踊、決別などの出来なども画かれたが、もっとも多いのは神々や英雄たちの伝説である。ギリシャの陶器はギリシャ人の生活、神話伝説の宝庫であった。それらは決して陶器としての質において勝れているわけでもないが、われわれに黒色像の不自然さを忘れて神話の世界に導き、英雄はもとより、神とも人間と変らぬ姿をしているし争い、和解し、また喜び、悲しむつぼ絵の世界は一つの人生図であった。ギリシャ人にとってはつぼ絵とは生命のない単なる装飾画ではなく、そこには神々と英雄の物語、自分等の日常生活が描写されてついには人間心理をも表現しうる高度な技術を発揮した。

このようにつぼ絵は、ギリシャ人にとっては装飾以上のものであり絵画芸術であった。しかしながらつぼ絵は、本来工芸画であって純粋絵画ほど自由でなく、大きな制限をまぬがれ得ない。画面は曲面であり、色彩は単一であるにかかわらず、その表現する悲壮、高貴、壮烈、情愛、陶酔などは、人間性の深さと味いを高度にし、限りないつぼ絵の魅力の源である。形の清冷さとつぼ絵の暖かい神話をとおしての人間世界とが調和して、極めて高度な芸術品を形成しているのがギリシャの壺である。

ギリシャの壺の種類は保存貯蔵用器として、アンフォラ、クラサル等、杯には、名作の多いキュリックス、スキュフォス等、香油入れに、レキュトス等がある。

様式には、ミケネ様式、幾何学様式、コリント式、アッテイカ式等あり、アッテイカ黒絵式陶器は、ギリシャ陶器の第一盛期をつくり出し、赤地に黒色に輝く絵画は、次に来る赤絵時代の先駆としてアッテイカ式前期の花形であった。

黒絵式はつぼ絵を工芸画の枠内に止めたのに対して、赤絵式はつぼ絵をより純粋な絵画の世界へ導いた。赤絵式は装飾性をこえて写実性に富み、表情より人間の相互関係から内的心理表現をも可能にした。

ギリシヤの壺

尋ね人

☆金サックグル（金ボンスル・61才）本籍・慶北大邱市新川洞九四二 ソウル特別市東大門区祭基3洞二六四の三居住の息子さん、金鍾大さんがさがしています。ご存知の方は金さんか民団中央本部民生局まで。

☆禹貴鳳さん（56才）本籍・慶北義城郡比安面 お子さんである大邱市太平路4街二九番台一番地センスドン方居住の禹キョンファンさんがさがしています。ご存知の方は民団中央本部民生局まで。

☆崔秉根さん（48才）通名・山本 本籍・[illegible]三六

☆李鐘甲さん（46才・男）本籍・慶南[illegible] 民団中央民生局まで。

第二次大戦中、大阪から静岡県へ疎開、終戦の年、姉の家を出たきり消息不明。大阪市生野区猪飼野東九—十五で生れた。妹の鄭正順さんが、ソウル市城東区新堂洞三四六—九六、鄭金出方でさがしております。民団中央民生局まで。

☆李相（尚）彬さん（60才前後・男）本籍・京畿道（誕生日は11月29日）一九四五年一月十日、強制徴用で渡日した李さんを実父の李南敏、妹慶礼、弟の李相（尚）鍾さんらがさがしています。ご存知の方は京畿道坡州郡[illegible]まで連絡を。

韓国と日本の関係に新視点
日本上古史(文定昌著)抜粋と解説 (25)

百済東城王記 (1)

倭地内での三国勢力の交替劇

雄略王が死ぬと、その二子間に骨肉戦がおこった。その一子は百済木氏である円大臣の娘、葛城韓媛が生んだ清寧である。もう一子は新羅系吉備上道臣田狭の美しい妻稚媛が生んだ星川である。

既に述べて来たとおり、神武以来韓半島から渡って来た多くの支配勢力者たちが、日本列島内で優勝劣敗的な新作用を継続して来たのであるが、そのような勢力らもまた王家と姻戚関係を結ぶなどして、その支配者層間に王位争奪戦を限りなく展開したのである。

ここで見る新羅系吉備上道臣の妻稚媛の生んだ男子と、百済木氏円大臣の娘葛城韓媛が生んだ清寧との間に展げられた王位争奪戦はその例のはじまりであり代表的なものである。

書紀によれば、雄略王が死ぬと、吉備の稚媛はその男子星川に対し、百済勢力の中核である大蔵省を占領するようすすめた。星川が大蔵省を占領し財政を思いのままにしたので、百済系勢力の代表者である大伴の室屋大連と、東漢掬直等が立ちあがり、兵を引連れて大蔵省を包囲して四門を閉じ火を放った。このため王子星川、その母吉備稚媛、稚媛が生んだ男子磐城王子、そのほかの関係者にいたるまで焼死してしまった。

このと吉新羅系勢力が王宮から追い出されてしまった。また吉備国の新羅系人たちが、星川王子を応援するため、四十隻の船に数千人の兵を乗せて急行したが、時すでに遅く引揚げたが、後に罰を受けることとなるのである。

この争乱は五カ月で終り、そして百済系葛城韓媛の男子清寧が即位した。これから倭国内の新羅・百済・高句麗系の間に錯雑な交替劇がつづくことになるが、王権交替の様相は応神年代までのそれと、雄略年代までのそれとも性格を異にするものである。

百済に敗戦国の立場となつた倭

すなわち応神までは、主として韓半島から渡って来た勢力が直接王位争奪戦をくりひろげたが、このときからは日本列島にある三韓三国系勢力間に、それらの勢力の強弱により行なわれるとか、ときにはそれらの母国の戦勢如何により、直接、間接に影響を受けて行なわれた。これらの事実は以下に見られるとおりである。ところで、雄略の男子清寧は、さきに雄略王の狩りの場に誘い出して弓で射殺した市辺押磐の男子である弘計に除かれ、弘計が王位にのぼる。これがすなわち顕宗王である。

顕宗王の年代に、日本上古史上に一つの画期的な事件がおきた。それは雄略九年に任那国司となった紀生磐宿禰が、高句麗の勢力を背景にして、対馬島の王となるべく、対馬島内の百済勢力を追い出しにかかったが、百済本国の東城王の一撃を受けて敗れ去った。これにより倭国は意図しなかった敗戦国となり、今日の奈良地方と京都地方の国土の一部を百済国に割譲したうえ、また対馬島内の領県をも割譲して、百済国が加える作用を受け容れるようになったという歴史的事実である。

東城王は次のようにして即位した百済王である。

百済の蓋鹵王は高句麗王が派遣した僧道琳に一杯食わされ、高句麗の長寿王に大敗して戦死した。このため百済は悲惨であったが、さらにその子の文周が即位四年目に佐平・解仇に殺害され、その子三斤王が十三才に立って、これも三年余りで死亡した。そのため文周王の弟昆支の息子牟大が即位した。これが百済国を大きく発展させた東城王である。

東城王は胆力が人にすぐれ、弓が上手で百発百中であった。東城王は隣国と親善をはかり、即位六年新興の南斉と軍事同盟を結び、明くる年新羅とも友好関係をつくりあげた。こうして北の魏に対向する姿勢を固めたのである。

(つづく)

解説

倭王武が宋の順帝から「大将軍」の称号を認められたが、その肩書に「新羅・任那・加羅」が入っているということを、江戸時代から戦前までの、いや一部では今日でも、日本の歴史学者が「三・四世紀」頃日本が韓半島南部を"支配"した証拠であるとして、あらゆる場合に主張して来たのである。

それでは、とっくに無くなった「秦韓・慕韓」の名はなぜ入っているのか―ということに対しては大略次のように理由をつけている。

倭王が、宋に「安東大将軍」の称号を認めさせるのに、一国でも多くの国を支配しているという満足感を得るために、その三世紀以上も前に百済や新羅に統合された仮空の国名を入れたのだ、と。

この論法は考えれば全くおかしな話で、日本の学者は「倭」側に立った一方的な解釈で、称号を許した「宋」側の立場は全く無視しているといえる。つまり宋の順帝と、その国務大臣たちが「明きめくら」でもあるかのような論法である。

宋の順帝が「百済」を削った理由の日本学者の解釈は前々回に触れた。では順帝は「秦韓・慕韓」を仮空のものとして認めたのであろうか。そうではあるまい。少くとも"倭に二つの称号を与えることは高句麗、百済、新羅の三国のみならず、そのほかの"国家群"にも知れ亘ることであり、それらの国々から、順帝は仮空の国の大将軍を許したと評されるか、又は表面的に意思表示が無くとも、そう思われることは、それは「宋」の統治者の権威を失墜することである。

同じ宋書の「東夷高句麗国」伝および「百済国」伝にはそれぞれ「使持節散騎常侍督平営二州諸軍事征東大将軍高句麗王楽浪公」・「使持節都督百済諸軍事鎮東将軍百済王」を百済王「余映」のとき義熙十二年「鎮東大将軍」に号を進めた、とあり、何れも仮空の国名は入っていない。

従がって、倭王に与えた称号は全部が仮空のものか、そうでなければ、全部が本物の国名であると考えなければならない。そして、"支配"したという考えを変えるならば、倭王に与えられた称号の国名は、全部倭国内に割拠した韓半島系の部族国家を意味すると考えるほかないのである。

(金元奉記者)

"春香伝やってよかった"
チエミ大いに語る

チマ・チョゴリでシャベリまくるチエミ

エリ・チエミは、韓国古典の愛の物語りとしての「春香伝」を、昨年三月、東京コマ劇場で上演したのち、今春、一月の大阪上演、二月の名古屋上演を終え、一応日本での公演を打上げたことになったが、「春香伝」を演じたことによるチエミの感慨を、このほど東京のホテルで語ってもらった。

「私が春香伝を演って先ずいいたいことは、おかげさまで大勢の韓国人と接することができ、お友達が増えて私的な財産が増えたということです。その次には、私にも悲劇が演れるということが判ったことです。泣いてもらえたことで新らしい道が見つかったということです。今までほかにも悲劇を演じてますが、春香伝では観客が納得したということを肌で感じました。

東京、大阪、名古屋と公演しましたが、本(シナリオ)がバシッと決っているので、どこでも同じ反応があり、地域的な差は全く感じませんでした。春香伝をやれてよかったと思いますし、できれば北海道から九州まで公演をしたい気持です。でも、コマの舞台の広さが春香伝を成功させたので、ほかの小さな舞台で演じても、あの味を出せないと思います。私自身今まで芝居が打上げになると「やれやれ終った」と感じたものですが、春香伝は終ったような気がしません。次は沈清伝を愛の物語りシリーズとして演りたいと思います。」そして、メ一杯演じたので心地よい疲労感が残っており、観客が物語りに溶け込んでくれたことをこれ程はっきりわかったのも初めてだとのことである。今年の八月には仕事の休みを取り、舞台となった「南原」に是非遊びに行きたいとも語った。

チエミの今年のコマ物は中国の「木蘭従軍」を九月に上演する予定とのことである。

月刊紹介

韓国問題特集号 異色雑誌「浪曼」

日本の皇太子殿下と学習院で同級生だった作家、藤島泰輔氏が編集発行している月刊雑誌「浪曼」四月号は、特別企画「新しい日韓関係の展望」として、金山政英前駐韓国大使、金正柱中央団長、白鉄韓国ペンクラブ会長らの寄稿をはじめ十四編の韓国関係記事と、「韓国問題の原点」という座談会記事を収録している。

藤島編集長自ら三人の社員と、一月十九日から二十四日まで、ソウルで六さに駆け回り取材したもので、二七四頁のうち二〇〇頁以上を当てている。そして藤島編集長の「韓国で会った人々」という最新のレポートでは、金鍾泌国務総理と会見したくだりで「私は外国に来て、外国の総理以下の関係と、日本語で談笑することの不思議にあらためて思いを馳せた。そこに韓国人の胸に穿たれた大きな傷痕がある。もちろん非公式の場所だから、通訳ぬきで話せる共通語で喋ってしまうのだが、それでも、私たち日本人がそういう諸手の接待に安易にあぐらをかいていてもよいのだろうか。日本という隣国を持つた不幸を、これ以上、この紳士たちに味わせてよいのだろうか。」という厳しい反省と、朝鮮日報千寛宇氏と会つたときの日本での受取られかたの違いを知らされたときの驚ろき、明るい李方子さん(故李王殿下妃)に会つた心の和みなどを綴り、「金大中事件以後の日韓関係はその緊張を冷静に把握するところから出発しなければならない」と結んでいる。

本国の論陣としては、「韓国ジャーナリズムへの苦言」ー金景来「韓国の新しい村」ー宋海均「南北統一は可能か」ー金点坤「原則のない日本人」ー許文道「南の論理・北の論理」ー呉義模「日本人のための妓生(きーせん)史」ー李瑞求」が、日本人のために書かれている。

このほか、長い沈黙を破って、金山前駐韓大使がはじめて語る"事件の核心"に触れた「金大中事件の裏うつ」、白紙の状態ではじめて韓国を旅行した画村特派員の、凍てついた街々で凍てつかない人々の心を発見する「韓国は凍てついているか」、西海五島で何がおこっているか、現地に飛んだ小谷豪二郎軍事評論家による迫真のルポ「韓国版『キューバ危機』の実現」などの日本人側の記事と在日韓国人、田駿氏の「在日韓国人の社会参与」という在日韓国人が辿ってきた戦後の社会史の問題と、金正柱中央団長の「日本国民に訴える」という日本人への呼びかけなどが心を打つ。

また金水善駐日大使と藤島編集長との「近くて遠い国」という対談と、小谷豪二郎氏、中川一郎氏、木内信胤氏、金山政英氏、崔書勉氏の座談会「日韓問題の原点」が、何れも、読むものに今まで忘れられていた新しいものを強烈に呼び覚ましてくる。

とにかく、近来にない正確な韓国問題の特集号の感じ。共鳴点が無数にある。是非一読をお推めしたい。(凡)

新刊紹介

李朝美術の真髄再現

李朝絵画の白眉といえる国宝3点、重要文化財27点を韓国の博物館や個人所蔵などの中からえりすぐり、原画そのままの色調と年彩あふれる雰囲気を忠実に再現、斯界の権威による韓・英・日語のていねいな解説と格調高い鑑賞の視点をもあげた画集「李朝絵画」が韓国印刷技術の粋をかたむけた豪華装丁でソウルの知識産業社から発刊された。

タテ56センチ、ヨコ40センチの大型版に集められたこの画集は、15世紀から20世紀までにおよぶ李朝美術の真髄をみごとにとらえている。韓国の美術印刷、製本技術がまさに世界のトップレベルにいたったことの生きた証拠でもある。

高麗美術が仏教の影響を受けていたのに対し、李朝美術は儒教思想によって高麗美術を昇華させたものといえよう。

李朝美術の全般にわたって儒教の与えた思想的影響が根強いといわれているが、この画集にはそのような文化の陰影をこえた新鮮な個性がみなぎり、さながらコローのペン画を思わせるような現代的タッチが水墨画に見られるなど、美術史的な研究対象としても新たな課題性を含んでいるものといえる。

収録された絵画は、それぞれの台紙に軽くのせられており簡単に取りはずしが可能で表装すれば額やかけ軸としても利用できる。

出版史的な名品というべく、書斎や家庭に必備の画集である。

輸入頒布元　和合株式会社
一冊五万八千円

アイスホッケーレセプションでの交歓風景・

日本側に返礼のレセプション

韓日親善アイスホッケー

7日、東京高輪プリンスホテルで

既報、アイスホッケーを通じて韓日親善を促進するため、日本アイスホッケー連盟(堤義明会長)の招きで来日した「韓日親善アイスホッケー韓国選抜チーム」(李極鎬団長)は、さる十一日、西武鉄道・国土計画新人連合チームとの対戦を最後に、十二日韓国に帰国したが、それに先だって七日、午後六時から東京品川の高輪プリンスホテルで在日韓国人後援会(高濬煥会長)と同チーム共催による招待返礼のレセプションが催された。

韓日双方のアイスホッケー関係者約百人は、祝辞と記念品の交換を行ない、韓国選手一人一人の紹介があってパーティに入り、同九時すぎ散会した。

なお、パーティに入る前、選手団に対して、民団中央本部金正柱団長から贈られる花束を、団長を代理して大韓婦人会東京本部崔金粉会長が李極鎬団長に手渡した。

招魂
金素月

微塵に砕け散った名よ!
虚空に見失われた名よ!
呼び立てても　答えぬ名よ!
呼び立てつつ　この命果つるべき名よ!

心の奥の　その一言は
いつかな口に出せなんだ
いとおしいものよ!
いとおしいその人よ!

紅の夕陽が西山にかかり
鹿の群れは哀れげに鳴く。
ひとり立ち出でた山の上で
わたくしは　そなたの名を呼ぼう。

哀しみに痴れて　呼ぶ
哀しみに呆けて　呼ぶ、
呼び立てる声は尾を引いても
空と地の間は　あまりにも広い。

立ちつくしたまま石となるも
呼び立てつつ　この命果つるべき名よ!
いとおしいものよ!
いとおしのその人よ!

服従
韓龍雲

人は自由を愛するという、でも私は服従が好きなのです。
自由の忝さを知らぬというのではありません。けれどもあなたにだけはただ服従したいのです。
服従したくて服従するのは　美しい自由よりもはるかに心愉しい。
それがつまりは私の幸福なのです。
けれど、あなたが、もしも他の誰かに服従せよといわれたら　そればかりは何としても服従ができません。
他の誰かに服従すれば　あなたへの服従が叶わなくなるからなんです。

韓龍雲　(一八七九〜一九四四年)。雅号は萬海。忠清南道洪城で生まれる。己未三・一独立運動の三三人のひとり。禅僧であると同時に仏教学者であり、詩人、小説家、愛国の志士として活躍した。

遺作詩集「君の沈黙」がある。彼の君とは民族であった。

金素月　(一九〇三〜一九三五年)本名は廷湜。平安北道定州生まれ。日本の東京商科大学中退。帰国後、郷里で商業をいとなむ。事業に失敗、失意の中で自殺同様な死にかたをした。彼の詩は、民謡風の多感な節でつづられ、万人の胸をゆさぶる民族的情恨の古典となった。一九二五年、処女詩集「石楠花」を発刊、他に「招魂」、「J・M・S」などがある。

韓國新聞
在日大韓民国居留民団
中央本部機関紙
韓国新聞社
東京都文京区春日
2丁目20-13
電話 (815) 1451～3
　　 (813) 2261～5
振替口座 東京 163774
本国連絡所 (民団本国事務所内)
ソウル特別市鍾路区昌成洞
政府合同庁舎西館
電話 73-0162・0165

民団綱領

一、われわれは大韓民国の国是を遵守する
一、われわれは在留同胞の権益擁護を期する
一、われわれは在留同胞の民生安定を期する
一、われわれは在留同胞の文化向上を期する
一、われわれは世界平和と国際親善を期する

中央団長に尹達鏞氏選出

議長に朴太煥氏、監察委員長に鄭泰柱氏

民団第三十六回定期中央大会

写真㊤は中央大会㊦は中央委員会

民団第三十六回定期中央大会は、去る三月二十二・三日の第二十三回定期中央委員会につづいて、翌る二十四日午前十一時から、東京・九段会館でひらかれた。李吉燮総務局長の司会により国民儀礼と教育憲章朗読につづいて、全代議員四百五十八人中、三百七十七人が出席する中で朴太煥議長が大会成立宣言をし開会の辞をのべた。

金正柱氏、再決選辞退

このあと、金正柱団長と金泰変監察委員長がそれぞれ力強いあいさつをのべ、金永善駐日大使が万雷の拍手裡に入場、逆境の異国で民団組織のもと、協助しあっている同胞皆さまに対し、政府を代表して感謝の言葉をのべることができるのを嬉しく思う。特に本国のセマウル事業に国土緑化の苗木をおくる運動など何と感謝の言葉をのべていいかわからない。また不純分子の集団である朝総連の妄動に対しては、これを粉砕し、常に秩序ある団結のもと大いなる前進と発展あらんことを期待すると要旨の祝辞をのべられた。

つづいて来賓大臣閣のあいさつがあり、金大使退場、前二日間にわたる中央委員会での決定事項報告が朴議長の総括報告と企画等の七分科委員会報告の順でおこなわれ、再び朴議長の解説朗読による規約修正案が万場一致の拍手に迎えられ通過した。

三機関全役員が参列して総辞職を宣告、午後一時から約四十分間昼食時間をとったあと大会は再開この日のハイライトである中央団長選出に移り、金正柱、尹達鏞、李禧元の三候補が名のりをあげた。

まず"立候補者の弁"が各自五分間づつのべられ、無記名投票に入った。

投票数四百五票のうち、金正柱候補が百四十五票、尹達鏞候補が百六十一票、李禧元候補が九十八票で、金、尹両候補の間で決選投票、金候補が百九十七票、尹候補が二百一票をかくとくした。

このため、民団規約第十四条に規定されている「中央大会は構成員過半数の出席により成立し、大会の議決は多数決とし、可否同数時には議長がこれを決定する。ただし団長選挙は在籍数の過半数を得なければならない」との解釈を巡り、第一回投票時の全数を在籍数とすれば、二百一票では過半数に達しないし、第二回投票時の全数を大会在籍数とすれば、三百九十八票のうちの二百一票であるから当然過半数を超えるものと賛否両論が激突する中で会場は一時騒然となったが、結局、朴議長は、中央顧問や、立候補双方側、各機関代表、経験者らの意見をうかがったあと、「在籍数を第一回投票時の四百五票と見なし、再々選挙をするが、次回からは"在籍数"とはその場の総投票者数と解釈する」と宣言。再々選挙に入ることにした。しかし、この事態を見かねた金候補は、発言を求めて登壇「私を支持してくれた全国代議員には申し訳ないが、こんなにまで組織を混乱させて団長に当選したくはない」と大同団結を訴えた悲痛な決意を表明、立候補を辞退した。

このため、朴議長は、立候補辞退により尹候補が無投票当選したことを宣言、紛争を極めた団長選出にケリをつけた。

次の議長選出に入ってからは、前議長の朴太煥候補が二百七票で前事務総長の尹希啓候補の百三十九票をおさえて再選された。これにつづく監察委員長選出では李寿成氏ら五人が推せんされたが、他の四人が立候補を辞退、残る鄭泰柱候補が万場一致の無投票で当選した。

このあと、尹達鏞新団長が副団長に金仁洙氏と事務総長に呉敬福前監察委員を任命したのにつづいて、朴太煥議長が副議長に前副議長だった白丁赫、崔成源両氏、鄭泰柱監察委員長が監察委員に、朴炳憲、柳甲録両氏を指名して大会承認をうけ、午後六時四十分すぎ波乱に富んだ第三十六回定期中央大会の幕を閉じた。

なお顧問団と、中央執行委員ならびに直選中央委員は執行、議決両機関に大会名儀で一任することにした。

新三機関代表 政府要路礼訪

金永善駐日大使は一日午後六時から、そのコリア・ハウスに民団中央本部の新旧三機関代表を招き歓送迎会を開いた。なお、来る十三、四日頃、新三機関長が朴大統領はじめ政府要路に新任の挨拶かたがた帰国する。

新執行部力強く発足

民団中央の尹達鏞団長は四月二日付をもって、第三十六回中央定期大会で選任された金仁洙副団長と呉敬福事務総長をふくむ新執行部を次のように発令、力強い第一歩をふみ出した。

〈新執行部一覧〉

団長　尹達鏞（兼中央会館建設委・委員長）
副団長　金仁洙
〃　李鍾鳴
〃　1名（大阪地方本部からの推せん待ち）
事務総長　呉敬福（兼事務次長、兼中央会館建設委・事務局長（留））
総務局長　宋鎬用
組織局長（兼）呉敬福
〃次長　高用煥
組織専門委員長　蔡洙仁
経済局長　李建鎬
〃次長　孫赫寿
経済専門委員長　金昶輝
文教局長　姜仁煥
〃次長　成根容
文教専門委員長　金・宋錫（兼民団三十年史編纂委員会事務局長）
民生局長　安商権
〃次長　姜徳才
民生専門委員長　姜永彰
宣伝局長　鄭達鉉（留）（兼韓国新聞編集局長）
宣伝専門委員長　金正甲
青年局長　沈種孝
〃次長　鄭辰竜（留）
本国事務所々長　朴源邦
〃副所長　金炯晋（留）
〃総務　文先宇（留）
宣伝次長　朴英勲（留）（兼韓国新聞編集次長）

北傀南侵に備えて

時評

◇……朴正煕大統領は三日夜、憲法第五三条にもとづいて緊急措置第四号を発動した。これは同日午前十一時ごろ「全国民主青年学生総連盟」の名のもとに、ソウル大医科大、同文理大、成均館大、梨花女子大などの一部の学生が反政府集会を開いたことに対する処置として発動したものである。その主な内容は①「全国民主青年学生総連盟」とこれと関連する各種団体を、組織したり、加入したり、その活動をほめたり、同調したり、そのメンバーと会合、連絡するとか、潜伏、会合などの場所、物、金、そのほかの便宜を提供するとか、あるいは直接、間接を問わずそれに関連する一切の行為を禁止。②「総連盟」とそのメンバーの活動に関する文書、出版、製作、所持、配布、展示、販売の一切の行為を禁止。③第一、第二項で禁じた行為を誘い、煽動し、宣伝する一切の行為を禁止。④この措置の宣布される前に、第一項から第三項で禁じられた行為を既に行なった者は、四月八日までに、その行なった内容を、捜査機関に出頭して全部を報告せよ。届出た者は処罰しない。以下十一項まであるが、学生のサボタージュの禁止、軍の出動、違反者を出した学校の廃校処分、五年以上死刑までの刑罰、十五年以下の市民権停止などを厳しく規定している。……◇

われわれ在外国民としては、朴大統領が、この緊急措置令を発動せざるを得なかった背景を考えるとき、誠に残念至極であるが、止むを得ざる措置であるというのほかはない。不本意ではあっても、これを支持するほかないのが、偽わらざるところである。

われわれは日本にあって、遠くから祖国を見つめている。故に、この度の大統領緊急措置の発動について、無責任な立場から支持を表明しているように思う人もあろうと判断するが、決してそのようなものではない。何となれば、われわれは、日本という"自由"な国に居るが故に、つねに日本のマスコミが報ずる北傀の動向を把握しており、朝総連の宣伝する内容が、何を意図しているかを、身をもって経験しているからである。そして本国の内情を知ることも毎日本国の新聞を通して可能な立場にある。これらを総合して判断した結果、われわれは緊急措置第四号を支持せざるを得ないのである。

目覚めよ学生諸君！

大統領緊急措置第四号　発動の意味するもの

「全国民主青年学生総連盟」という名称を耳にしたとき在日国民の殆どが直感的に朝総連の主張する宣伝文句と結びつく。「民主」という名称を付けた団体名は、あらゆる場合を通して朝総連、北傀側の専用常用語であって民団サイドでは全くといってよいほど使用されていない。

北傀とその手先の朝総連が、韓国に三、四月蜂起があるということを宣伝しだしたのは昨年の夏からである。北傀のラジオ放送は、韓国の学生、農民、知識人が、地下組織を作り、韓国内で"人民"蜂起の機を熟させており、その最も可能な時期は七四年三月～四月であると宣伝して来た。そして、その時には"あらゆる手段"に訴えてこれを支援すると金日成が演説している。それが単なるゼスチ・アジ演説でない証拠に、北傀内部に国民総動員令（北傀ではこういう表現はしない）が発布発動されたし、三十八度線付近への軍の移動も殆ど完了している。そして陽動作戦として「西海領有権」を突然に主張し出し、さらに漁船に対して砲撃連行しスパイ呼ばわりをした。そのように挑発する一方、韓国内に潜入させた工作員をして、韓国のヤングパワーに「不平不満」を根強く植えつけ、彼らを盲目にした上、学生デモというトリガーを準備しているのである。北傀がいう"あらゆる手段"の一つである軍隊の南侵の口実が、ここにあることをわれわれは既に見抜いているのである。しかし、本国の学生たちの一部は、このことを知らないし、知ろうともしていない。ただ煽動者に引きづられ、興奮し、後にかくれた本物の煽動者に従ってアジテーションを行ない、自から救国の英雄気取りに紛れこんでいるのである。学生諸君よ、もっと目を開いて北傀の動きを確かめよ、一握りの煽動者に同調する前に、その理非曲直を考えよ、李朝末期を想起せよ、他国から乗ぜられる愚を繰り返すな。

ソルジェニーツインの「収容所列島」に示される共産国家の人権否定を持出すまでもなく、今北韓住民は、日本から北韓に入った人口とほぼ等しい人口が北傀の「収容所列島」で呻吟し苦しみのたちまわっていることが有り得ることを考えれば目が覚めるであろう。学生諸君の行為が、共産主義者に祖国と国民を売り渡すことになってはならない。それを防ぐのが今回の緊急措置第四号である。（W）

3機関長 新任の抱負

尹達鏞団長

朴太煥議長

鄭泰柱監察委員長

業績受継ぎ公約を実現する

中央団長として団務を遂行するにあっては、立候補時の公約を実現することに努力することはもちろんでありますが、まず何よりも、歴代諸先輩および前団長の業績を継ぎ、その方々と協力して、全組織の強化、民団員相互の融和を重点的に考えて行くつもりであり、さらには、民団員の民生安定の問題を推進することと、最も急な要求事項であるところの、民団中央本部の一般財政の確立の問題を解決することであります。

そして、北傀の動きと、朝総連の反韓国、民団攪乱工作に対処して、民団としては断乎とした姿勢で臨む決意を新たにするものであります。これは中央本部のみならず全民団員の決心でもあると思い、全国民団の諸先輩および団員各位に改めて協力をお願い申し上げる次第であります。

なお中央会館建設事業は、早急に諸般事項を推進し、着工、完工を予定通り行う考えであることを付言致します。

明解な規約条文に修正する

第三十六回定期中央大会で私が議長に再選されたことは、全組織が私に対する、より一層の貢献を求めたものと思うので、これに応えるべく、新たな決意と覚悟で議決機関の任務を全うしたいと思います。団長選挙の時、規約の解釈上に疑義があるとの問題があったが、現規約に準拠するかぎり、私が解釈したとおりであることを再確認するものであります。しかし解釈に疑義を生じるような規約条文は、将来ふたたび混乱が生じることも考えられるので、私が大会場で公約したように、明解な規約条文に修正することは私のつとめであると信じております。このたびの大会で私を支援して下さった全国の代議員の方々に、心から感謝の意を表する次第であります。もういちど御支援下さるようお願いします。

妄動不純分子を排除する

民団の諸情勢を考える時、中央の監察委員長という職に就くにあたり、その責任の重大さを痛感しております。今日まで、諸先輩が信念をもって護って来た重要なポストでありますので、誠心誠意任務を遂行するつもりです。この前の中央委員会で、一、中央会館換地問題についての特別委員会を委任された問題。二、民団を混乱させるべく目的をもって妄動を続ける不純分子の浸透工作排除等、三、各級組織の規約整備など、任期中、全力をもって尽す覚悟であります。大会において、監察委員長の重責を担ったことに責任と誇りをもって任務遂行に邁進致しますので、どうか皆様の御指導を仰ぐものであります。

中央会館換地で応酬

青年会拡充と組織学院設立

民団第23回定期中央委員会

民団第二十三回定期中央委員会は、去る二十二、三の両日、東京市ヶ谷の日傷会館で、全国からの中央委員百五十九人のうち百三十余人が出席してひらかれた。中央委では、議決機関、執行部、監察委員会と特別委員会の経過報告がおこなわれたが、なかでも懸案の中央会館建設の換地問題をめぐる質疑応答が大半をしめ、その収拾法において、朴太煥議長の採決により、結局、最初の建設予定地だった港区麻布から二の橋に換地した経過報告をひとまず承認するが、その真相究明のための特別調査委員会構成を新しく選ばれる中央監察委員会に一任し、その報告を逐次うけながら次の中央委員会で討議決定することにようやく意見がまとまった。

この中央委員会で提出された執行部の活動方針案と予算案は各分科委員会で討議一部修正され、翌二十四日の大会承認をうけたが、事情の如何を問わず、一年以内には必ず中央会館を建設する。七十四年度中には四十九地方本部の半数以上に青年会を設置し、中央組織学院を設立、幹部を養成して朝総連と不純勢力に万全の対備をする、韓国新聞の強化、セマウル支援運動は継続する、国民登録促進と戸籍を整備、沖縄経済協に対備、在日韓国学生会結成を促進、民団三十年史を刊行するなどがその主要なものである。

なお七四年度歳入、歳出の予算は一億七千八百三十三万円を計上している。

拓大関係者と歓談する金大使（右から二人目）

朴大統領、幻想平和論排撃

朴大統領は三月三十日の空軍士官学校第二十二期卒業式で「北韓の如何なる奇襲攻撃をも直ちに迎撃せん滅できる完璧な対空態勢を備えなければならない」とのべ「近代国家で安全保障の要締は正に空軍の増強にあり戦争の勝敗は正に空を制圧できるかどうかにかかっている」と強調した。

朴大統領は二十九日陸軍士官学校第三十期卒業式でも訓示し「今年は安保面で極めて重要な年であり今後数年は、わが民族中興も重要な時期」と前置きし「国民全体が幻想的平和論を徹底的に排撃、何時よりも鉄のような防衛体制で如何なる武力挑発も一撃で粉砕できる万般の国防体制を整えなければならない」と強調した。朴大統領は、北韓が七・四共同声明に反し、ひぼうを宣伝「南朝鮮革命」大衆運動を扇動、武力赤化統一の機会をねらっていると指摘し「敵に勝つ道は兵力の数、装備の優劣よりも軍の精神戦力にあり、このような戦力の育成は軍の指揮官にかかっており正に諸君が今からこの栄光ある困難な任務にふみ出した」と激励した。

金永善大使 拓大と歓談

昨年九月閔寛植文教部長官の招請で、訪韓した拓殖大学豊田悌助総長は、去る3月28日、金永善駐日大使、尹公使、柳成烈首席教育官をホテル・オークラに招待し、韓国訪問中の温情あふれる配慮に対する謝意をのべ、韓日教育交流に関して歓談した。

拓殖大学側から豊田万年学事理事長、三代川正一商学部長、瓜谷良平語学研究所所長、藤沢総務部長、金貞淑講師が参席した中で行なわれた和やかな同歓談会で、金永善大使は、韓日両国の真の相互理解を促進するため、学者、文化人の交流促進が必要であるとのべ、尹公使は、今後、日本の若い世代が韓国を直接理解するには、言語の障害をとり除くべきで、同大学に韓国語科目を正規の課目として設置するのがどうかとのべた。

大学側からは、日本のマスコミの論調が日本国民の考えとは必ずしも一致するとはいえずマスコミの論調のみで日本の対韓与論の如何を憂慮することはないと思うとのべ、韓国語講座に対しては正課とする方針であることをあかし同大学と韓国との文化交流に奉仕して来た韓国語講座担当金貞淑講師の努力を讃えた。

記者協会11代会長 金仁洙記者を選出

韓国記者協会は、去る三十日午後、新聞会館（ソウル・太平路）ホールで全国代議員大会を開き、第十一代会長に金仁洙記者（新亜日報）を選出した。副会長には崔文淳（京郷新聞）李相旭（文化放送）鄭大秀（国際新報）全瑞漢記者（全南毎日）を選出した。

「漢陽」誌の第二回公判

ソウル刑事地法で李浩哲氏ら文人五人に対する反共法等違法事件第二回公判がこのほど開かれ被告等は「漢陽」誌が総連系資金で運営されていたとは知らなかったとのべた。

大徳に研究学園都市を建設

科学技術の粋を結集

機械電子石油化学など5大研究機関も新設

8年計画で産業基地を完成

政府は去る3月22日、「大徳研究学園都市」のマスタープランを最終的に確定、4月中、正式の建設工事に着手する方針である。科学技術処が作成した同マスタープランによれば、人口5万を収容するこの大徳研究学園都市は74年から81年まで、8カ年計画で内資3百31億4百万ウォン（都市下部構造施設、67億2千万ウォン、七個系列別研究機関および共同利用施設2百63億8千4百万ウォン）、外資2千8百万ドルを投入、大田西北側の約8キロ地点の、忠南大徳郡の儒城・炭洞・九則面一帯8百10万坪（26・6平方キロ）敷地の上にたてられる。

維新体制の重点指標の一つは国産科学技術の開発と産業の発展である。写真は韓国のシンクタンク、科学技術研究所（KIST）の内部

この研究学園都市には、戦略産業技術開発のため新設される(1)船舶研究所（74～76年、内資20億ウォン）、(2)海洋開発研究所（74～76年、内資10億9千7百万ウォン）、(3)総合機械技術研究所（75～80年、内資57億6千3百万ウォン）、(4)電子通信研究所（76～80年、内資48億4千5百万ウォン）(5)石油化学研究所（76～80年、内資15億2千5百万ウォン）など、5大研究機関と①電子計算室、②図書館、③共同会議場④工作整備工場、⑤分析および材料供給センター、⑥科学会館および展示館など6カ分野の共同利用施設（75～77年、内資29億6千9百万ウォン）をはじめ、理工系大学一個（新設または移転）、中・高等学校5個（新設3、移転4）、国民学校6カ校（新設3）が入るマンモス規模である。

また、ソウル市内の科学技術処傘下の①国立科学館（75～76年、内資2億8千9百万ウォン）、②中央専売技術研究所（75～77年、内資4億9千万ウォン）、商工部傘下の③国立工業標準試験所（74～77年、内資7億6千9百万ウォン）、④国立地質鉱物研究所（79～81年、内資19億3千6百万ウォン）、農水産部傘下の、⑤国立農産物検査所（79～80年、1億2千万ウォン）、⑥国立農業資材検査所（79～80年、内資3億2千7百万ウォン）、⑦国立農業資材検査所（79～81年、内資5億8千6百万ウォン）、⑧水産物検査所（75～76年）、⑨食品研究所（75～76年、内資2億5千2百万ウォン）、保社部傘下の⑩国立保健院（75～76年、内資18億1千5百万ウォン）、交通部傘下の⑪鉄道技術研究所（75～76年、内資1億4百万ウォン）、逓信部傘下の⑫電気通信研究所（76～78年、内資13億5千5百万ウォン）など12カ研究機関が移転することになる。

科学技術処は、この研究学園都市に各種民間企業も誘致する。

政治理想を教育発展に

インタービュー

国会文教公報委員会 崔成石 議員

在日同胞教育振興に全力 祖国の分身自覚し、成長を

「異国の空にひるがえる太極旗のもと、立派な大韓民国々民として育つため勉学に打ちこんで来た韓国学校の皆さんを目のあたりに見て、感慨無量です。私は小学校のころ、わらじばきで学校までの8キロの山道を往復しながら、学校に通えるということがどれほど幸せであり、かつ辛いことであるかをしみじみと感じました。そして私は、立派な教育を、わが国のすべての人々が楽しく受けられるようにする事業を達成するため政治家になろうと固く決心したのであります。

国家の発展と繁栄の最大の底力は教育にあるのであります。大韓民国は世界にたぐいまれな経済成長をなしとげつつあります。大韓民国の発展をより確実にし先進国の水準を抜くためには、何よりも教育に全力を傾けなければなりません。皆さん一人一人は祖国の分身なのであり、皆さんの学力は祖国の国力なのであります。これからも、たゆまず愛国心を育て学力を磨くことによって祖国に光をそえて下さい。私は、在日同胞教育の発展に今後、私の全力を傾けたいと思います」。

国会文教公報委員会所属の全北茂朱・鎮安・長水地域区出身・崔成石議員（新民・43）が去る20日東京韓国学校初・中等部卒業式で百名の卒業生にはなむけとして贈った祝辞である。

教育発展に政治生命をかける崔成石議員の面目躍如たるものがあり卒業生はもちろん、列席の学父兄や同胞に深い感動を与えた。

来日は三月19日。「韓日青年技術交流協会」発起人会の韓国側代表としてであるが、滞日1週間、主に在日同胞の教育実態に関する資料の収集と視察、見学に、かぜによる高熱をおして精力的に歩きまわった。

10月維新後、ともすれば国会議員の政治的貢献能力の弱化が云々されているなかで、野党のしかも初選議員である崔成石議員がなしとげた業績は、目をみはらさせるものがある。

たとえば地域本位のエゴや固執のため、解放後から歴代政権がはたそうとしてはたせなかった、全北大学のキャンパス統合実現である。このため、崔成石議員は、大学教授、地域の教育者、学生に対する綿密で科学的な実態分析を行ない、移転プランを国会に提案、激しい一部の反対を退け文教部の決断を促し、分校移転あとには韓独技術専門学校設置という大きなおまけまでつけ実現にこぎつけさせた。維新文教業績の大金星といわれている。

「これからは、在日同胞の教育文化振興の問題を勉強して見ようと思います。このたびは日程の関係でおうかがいできませんでしたが、民団組織の皆さんにもよろしく」

ことば少なに語る崔議員には、しかし在日同胞二世教育振興へのなみなみならぬ決意がうかがえた。国家百年の大計である教育問題は党派をこえて長期的眼目に立ち慎重に国をあげておしすすめていかなければならない。－というのが崔議員の持論である。

防衛態勢弱化狙う策謀

尹文公部長官 北韓平和協定提案に声明

政府代弁人、尹胄栄文公部長官は25日、北韓外相許淡が米国に対して所謂平和協定を締結しようと提議したことに対して、

「このような提議は、韓国の防衛態勢を弱化させ、武力赤化統一をなしとげようとの野欲をふたたび露呈したものにすぎない」と反駁した。

関係長官との協議をおえたのち尹長官は、文公部で発表した声明を通じ「武力挑発行為をより激化させると同時に、彼等自らが理由もなしに南北対話を一方的に中断状態におとし入れた北韓共産集団が、平和協定を云々するのは侵略意図を隠蔽しようとの常套的な偽装宣伝策謀」であると指摘し、「彼等が心から韓半島の平和を願うならば現休戦協定を誠実に守り南北対話に誠意を示すと同時に、われわれが提議した南北不可侵協定締結を受諾すべきであろう」と強調した。

尹長官の声明全文は、つぎのとおり。

「北韓共産集団は25日、駐韓米軍および国連軍撤収を内容とするいわゆる平和協定を米国と締結しようと提議したという。今まで休戦協定や七・四南北共同声明すら守らず韓半島の緊張を造成して来た北韓共産集団が、だしぬけに米国に対して平和協定締結を提議したのは、要するに駐韓国連軍と米軍の撤収を促進することによって韓国の防衛態勢を弱化させ、武力赤化統一をなしとげようとする野欲を再たび露呈したことにすぎない。

また74年度予算に国防費を増額し、休戦線一帯に軍事力を増強しながら武力挑発行為をより激化させると同時に、彼等自からが理由もなく南北対話を一方的に中断状態におとし入れた北韓共産集団が平和協定を云々するのは、彼等の侵略意図を隠ぺいしようとする常套的な偽装宣伝策謀といわざるを得ない。

彼等がここから韓半島の平和を願うならば、現休戦協定を誠実に守り、七・四南北共同声明と昨年第28回国連総会で満場一致で採択された南北対話促進決議によって南北対話に誠意を示すと同時に、われわれが提議した南北不可侵協定締結を受諾すべきだ」とのべた。

米国務省代弁人も否定的意見を示す

なお米国務省、ジョン・キング代弁人は最近、北韓の平和協定提議に対して「アメリカと韓国は、つねに韓半島の緊張を緩和する良しな提案に関心をいだいて来た」とのべた。26日、キング代弁人は国務省記者会見で北韓提案を論評せよとの要請に対し「まだ新聞報道以上、見たことがないので」正式に論評はできないが「これは、一年前、北韓が行なった一連の提案の再版と見られ、その内容に別段の差はないようである」と一旦否定的に反応した。

キング代弁人は、あらかじめ準備して来た内容にしたがい①駐韓米軍は、韓半島の平和と安全を維持するため、韓国政府の要請と韓米防衛条約によって駐留している。②韓米両政府は、つねに緊張緩和の良しな提案に関心をいだいて来た。私は、特別に朴大統領が最近提案した南北不可侵協定に注目し米国政府がこれを支持するということを明らかにする。③私はまた昨年の秋、国連が、南北対話の継続を激励した満場一致決議を行った事実に注意を喚起したい。－とのべた。

ソ連のカプロ500屯輸入

韓国ナイロン会社が商工部の承認をうけソ連製輸出用原資材カプロラクタム五百五十屯時価八十五万二千余ドルを第三国の日本経由輸入した。商工部はこれより先に公海上で韓国漁船団が日本や第三国人仲介でソ連漁船から魚を買付け加工輸出するのはさしつかえないと承認した事実もある。

対韓国際経済協議体 74・75年度に15億ドル援助

第七回IECOK（対韓国際経済協議体）総会が七四年と七五年度に年間十五億ドルずつ韓国に援助できるとの結論を下し二十七日閉幕した。共同声明は次の第八回総会を七五年五月に開くことも明らかにしている。

総会は韓国の経済開発が妥当であることを認め、今年は昨年より50％増の外貨十五億ドルを援助できるとの結論を下し、うち三分の一の約五億ドルはADB（アジア開発銀行）世銀等国際金融機関と開発国の公共借款で援助を申合せた。

韓国側南北調節委で 船体引揚げ事実究明提議

南北調節委第五回副委員長会議が二十七日午前十時から午後二時四十五分まで板門店平壌側の板門閣で開かれた。韓国側張基栄副委員長は北韓側柳章植副委員長に対し沈没した水原32号の船体を引揚げて撃沈された事実を究明しようと提案したが柳はこれを拒否し韓国に対する中傷ひぼうだけをくり返し何の結論も出なかった。次の第六回会議は四月二十四日板門店ソウル側自由の家で開く。

張副委員長はこの日、南北対話を正常化することは南と北の両体制間の緊張を緩和することだとのべた。

北韓の赤化企図と鬱陵島スパイ網事件

北韓の金日成は最近、ユーゴスラビアのウェスリン・ノボスチ新聞主筆が提出した質問に答えた中で、対南暴力革命は不可避であると語った。このことは平壌放送もはっきりと伝えているが、こんど摘発されたウツ陵島と全羅北道を二大拠点とする北韓の大規模な対韓赤化スパイ事件をみても、金日成の暴力赤化の執念がうかがえる。

論壇

暴力詐術で対南攪乱 南北対話を一方的に破棄

北韓は最近、対話の"仮面"をはいで馬脚をあらわし、暴力の"本色"に立ち戻った。十五日、韓国で発表されたうつ陵島のスパイ網事件はそうした北韓の凶策の一つである。

北韓がこのごろ、暴力一路を走りつつあることは、金日成が相次いで公言した対南暴力革命、また休戦線上に造成されている緊張、西海での武力挑発、南北対話の忌避、対南ひぼう宣伝の強化、それに北韓内部における強硬派の得勢問題などがその証左である。

▽東ベルリンのスパイ団事件も

北韓の大規模スパイ団事件はこんどのうつ陵島事件が始めてというわけではなく六七年の東ベルリン・スパイ団事件なども大がかりで六十七人が関連、第三国を通じた長期的な対南工作を企図したものだった。また、六八年の仮称「統一革命党」スパイ団事件は北韓が七〇年代に武力赤化統一を遂行しようと、その決定的時期づくりのために南に地下党を組織したもので、これには六十九名が関連していた。なお、同年の荏子島拠点地下党スパイ事件も多数が関連し、スパイたちは北韓から百六十七回に及ぶ無電指令を受け十数回も北韓との間を往来して決定的時期に呼応する同調者を抱き込み糾合していた。

このように大がかりなスパイ団事件は他にも随分とあったがこんどのうつ陵島事件のように徹底的な秘密保持の組織的保護で十年間も摘発されずにスパイ行為の暗躍を続けてきたのは珍しいことだった。このスパイ組織の特徴は①血縁、地縁を十分に利用して徹底的に秘密保障したこと②前進基地を陸地から二百十七キロ離れている島に置き、スパイ網の手を日本にまで伸ばしていたこと③知識人や高級公務員のサークルのみならず、現役ならびに予備役の将校サークルにまで組織の浸透の土台づくりを試みていたこと──などが指摘される。

▽申稙秀中央情報部長は語る

そして、このスパイ網の活動は共産革命戦術の一つである統一戦線を形成しようとして行われ、まず一次的には利害関係を同じくする団体を共産党の指導下に引き込もうと試みた。こうした巧妙な手口はいま、韓国国民に今さらのように警戒心を呼び起こしている。

うつ陵島スパイ網事件の摘発に際し申稙秀中央情報部長は「北韓は北側の力だけではもはや武力統一も困難であるとさとり、まず南韓社会を混乱に落とし入れ、現政府に反対する人士であれば、知識人であろうが、政党であろうが、社会団体であろうが、その路線にはおかまいなく共同戦線を繰り広げるよう働きかけていたことが判明した」と語っているが、それは最近の金日成発言の中にもうかがえる北韓の対南政策の一環である。

▽対話を行き詰まらせて責任転嫁

金日成は七三年十月二十八日に対南暴力革命に関して公言しているが、さる三月四日にも平壌で開かれたブーメジエン・アルジェリア革命評議会議長を歓迎する群衆大会でも、はっきりと「南朝鮮人民の革命闘争に総力を挙げて積極的な支援をする」と言い、対南暴力革命への企図を再確認している。また、金日成は最近、ユーゴスラビアの新聞の主筆からの質問に答え、これと同様のことを繰返し述べている。なお、金日成は韓国の六・二三外交宣言（一九七三年六月二十三日、韓国の朴大統領は現実を踏まえて南北韓の同時国連加盟など、平和統一を目指す外交政策を提案した）をひぼうし、さらに朴大統領の南北相互不可侵協定締結の提案をも撤回させよと主張、相も変わらず駐韓米軍の撤収、大民族会議、南北政治交渉会議など陳腐なセリフを繰返している。

このような北韓の動向は明らかに南北間で推進の努力が重ねられてきた"対話と平和"への試図をそこなうものであり"平和統一"を約束した七二年の七・四共同声明をホゴ紙化したものである。こうしたことにより、結局北韓は、これまでもかれらが口ぐちにかしましく掲げてきた「平和統一」、「緊張緩和」、「平和協定」などのスローガンがいかに虚構に満ちたものであったかをはっきりと示したといってよい。

とくに矛盾に満ちているのは、こんどのスパイ網摘発で明らかになった北韓のスパイ網指揮者の地位である。その指揮者が南北調節委員会の平壌側副委員長の柳章植だったこと、すなわち南北対話の当の相手が対南スパイ工作を指揮していたということは笑うに笑えぬ問題である。

北韓は昨年からとてつもないことばかりを仕でかしてきたが、昨秋、韓国の白翎島など西海の五つの島々の領有権を突然に主張し出したのも不思議な行為だった。そうしているうちに西海の公海上で韓国漁船を拿ぬ・ら致して、韓国の"スパイ船"だなどと、あらぬことを言い出した。かと思うと、南北調節委員会委員を現在の十人から六百人線に拡大しようなど事実上不可能なことを提案しては南北対話を行き詰らせようとしているのみならず、南北対話が暗礁に乗り上げたのは、"南朝鮮のせいだ"などと責任転嫁をしている。事実上南北対話を一方的に破棄したのは昨年の北韓の八・二八声明だった。にもかかわらず、韓国は対話の続行にあらゆる努力をし、その努力を現在もなお続けている。だが、北韓は上述したような一連の事件で暴力と詐術を行使して対南攪乱を図ろうとしている。

一方、北韓は七・四共同声明で「お互いに刺激し合って危険な状態を呼び起こすことを避けるために、中傷やひぼうは止めよう」と約束し合ったにもかかわらず、北韓放送の対南ひぼう件数は七・四声明後、昨年末までに一万二千余件にのぼった。とくに最近北韓は対南ひぼうをより激化させ、海州付近で「統一革命党の声」放送という対南黒色放送を通じて韓国社会の各界層を煽動しようと懸命である。

▽海州付近の統一革命党の声放送

こうしたことは放送だけではなく不穏ビラの散布にもあらわれている。北はさきほど、「いま一度四・一九（一九六〇年四月十九日当時の李承晩政権を倒した学生義挙）を起こさなければならぬ」などという幼稚な不穏ビラをゴム風船で南へ飛ばしてきただけでなく、種々様々の不穏刊行物を韓国内の各界人士に郵送してきている。最近の北韓のこうしたやり方は、韓国の現政府転覆のためにはあらゆる手を使う、といった切羽詰まった煽動法ですべてを動員している、といった感じである。

▽ソ連製"装備"で軍を近代化

北韓はかれらの人民軍創設記念日の二・八節記念式での報告演説の中で次のように豪語している。「朝鮮人民軍は軍事的に五大綱領を強力に押したてており、南朝鮮当局者とはいかなる妥協もありえず、ただ闘争を通じて祖国の統一達成が可能である」と。そして最近は軍の装備も拡大し、航空作戦基地と渡河装備を休戦線にまで南下させた。それに大規模な特攻訓練を実施するなど、明らかに南侵の準備に大わらわである。

北韓は、このほど米国の国防総省当局が指摘したように空軍機、戦車、野砲などソ連製の装備で近代化し、南への作戦上大がかりな兵力を再配置した。そして北韓は昨秋の中東戦争前夜のエジプトが整えた軍の近代化をすでに完了しているといわれ、韓国は地上兵力の点においては北韓より五対三の割で優位を保っているものの、空軍力では二対一で北韓の方が優位である。

結局、北韓はその対南戦略において再び"暴力"のみが武器だということをあからさまにした。そして南韓を赤化しなければ統一はできぬという従来の考えを臆面もなく再び露呈し、そのためにはいかなる手段も辞さぬといった言行を敢えて続行している。「武力赤化統一」という北韓の野望は決して変わらなかったわけだ。最近の北韓の剣のんな動向は、韓国国民に六・二五の教訓を思い起こさせる。

そして、北韓はいま、韓国内部の情勢をうまく利用して事を運ぼうとしているが、それは韓国に対する判断の誤りである。北韓は韓国内の一部の自由回復運動に便乗することができるとふみ、また、年末以来の石油危機なども四・一九のような事件を起こすのに格好のチャンスとみているようだが、いま踊りまくっている北韓はまるで拳逆病者の格好よろしく、客観的には愚かな振舞いだといえる。

だが、このような情勢の中で、韓国はいま一度、健全な批判のもとで国力総和が強調されてしかるべき時に到来している。

（S・I・S・A）

京都韓国学校建築実現へ
在日同胞の総力を結集
在日韓国PTA連で建議

▼在日同胞に対する民族教育機関の増設と充実は、同胞社会における重大な課題であるが、京都韓国学校の移設は周辺住民の反対運動、地元行政機関の生ぬるい態度などによって十二年有余にいたるまで遅々として進まない状態にある。この問題は、わが同胞の日本における生存権として受教育権に対する許しがたい干渉、抑圧であり、このような事態は、これからの在日同胞の教育問題に対して陰惨な差別のおしつけに通ずることとして、民団組織をあげての対処が、もりあがりつつある。

本紙既報(第一、一二五号・一九七四年三月三日付、一面)のとおり、在日本韓国学校PTA連合会では民族教育の殿堂である京都韓国学校移建に対する地元住民の反対や京都市当局の消極的かつ非協力的な姿勢が、在日同胞に対する民族差別と教育権の侵害だとしてとらえ、民団中央本部の積極的後援のもと日本全国にわたる抗議署名運動を展開推進中であるが、このほど同PTA連合会の金広植会長、権五[illegible]副会長、韓斗河幹事長ら5名が、四千二百人にのぼる署名による要望書を二次分としてとりまとめて京都市庁を訪れた。一行は応対の清水武彦都市計画次長に対して要望書を朗読し、要望書の3項目((1)京都韓国学校移設問題をすみやかに解決し、強力に推進して下さい。(2)在日韓国人の基本的人権と教育を保障して下さい。(3)地元住民の民族差別を断固、糾弾して下さい。)について説明を行ないそのための積極的な実践を促求した。これに対して京都市都市計画次長は、要望書をうけとり吟味すること、今後におけるより積極的な対応を約したといわれる。

なお、在日本韓国学校PTA連合会では、36回民団中央大会で要旨次のような建議文を提出、大会では満場一致で、今後の民団文教方針の努力指標としてとり入れることに決定を見た。

建議文

一、韓国学校(園)の育成強化策を講究して下さるようお願いします。

▼世代交替期に処するわが在日韓国人社会と民団組織は、他の何よりもわが二、三世らの教育問題を最優先的に重視すべきなので、これの具体策としての韓国学校育成強化のための根本的で恒久性のある民団としての対策樹立と、これの強力推進を熱望し、訴える。

▼教育こそ70年代の国運を左右する源泉的力であると喝破した朴大統領閣下の遺業を銘じて、民団組織の将来を左右する韓国学校発展策を早急に講究することによって民団組織成員の誰でもが安心して韓国学校に子女を託するようにすべきである。

二、韓国学校への子女就学を拡大促進して下さることをお願いします。

▼国語の喪失と国史の忘却によって招来される民族的悲劇を最大限に、未然防止するためにも、わが民団組織は子女の韓国学校就学を最急先務の運動とすべきなのに、現状はこれに積極的でないことを指摘する。

▼学生不在の「学校」、学校不在の教育、教育不在の民団組織がありうるかを猛省して、既存、韓国学校の通学距離内居住者は勿論、遠距離居住者であろうと「民団」各級組織の指導的成員は率先して子女を、韓国学校に就学させる当然の熱意を見せてくれることを期待し訴える。

三、韓国学校(東京・京都および大阪)内の小・中学校運営を日本国内法上の「義務教育」水準で財政支援できるようにする方案も講究・実現して下さるようお願いします。

▼一九六五年締結の韓日協定として保障された、在日韓国人子女の日本小・中学校(義務教育段階)就学がもたらす、教育費負担上の現況は、韓国学校に就学するわが児童と学父兄にも波及されるべきであるとの「当為」と「当為」をわが組織がなによりも認めてくれることを望む。

▼このような認識のもと、韓国の方案が模索・講究され、民団の活動による韓日両国政府の新たな理解にもとづく接近が導かれることによって価値ある成果が得られることをわれわれは強く期待する。

四、京都韓国学校校舎建築問題解決のため、民団組織の力を発揮して下さることを望みます。

▼過12年来、われわれの資金と敷地を持ちながら、学校建物の建築工事を着手すらできないままの京都韓国学校移建工の停止状態は、これ以上、看過・放置できない最後の極限点にいたったことを認識するわれわれは、その根本的な阻害要因が

(一)当該地域の日本人住民が固守する時代錯誤的な民族差別意識と

(二)該地方日本行政当局に内在する微妙な対韓国姿勢、そしてこの問題が基本的人権と教育権侵害の結果をたらすことに対する認識の不足にあると判断する。

▼このようなあやまった要因を、われわれ「民団」の組織力によって除去・是正する強力な力の発動を痛切に求め、要望する。

一九七四年三月

在日本韓国学校PTA連合会

미스·코리아

参加しよう! あなたも私も…

在日ミス・コリア・コンテスト

本社恒例の年中行事である「第五回・在日ミス・コリア・コンテスト」応募のしめきりが迫ってきた。

「知と美」を競うこのコンテストには、全国民団から推せんされた同胞女性たちが参加することになるが、ここで選ばれた在日ミス・コリアたちは、来たる五月二十日ソウル市でひらかれる「一九七四年度ミス・コリア全国決選大会」—韓国日報主催—に参加する。昨年度は、在日ミス・コリアである金梅子さん(22)が、全国決選で二位の「善」に入賞、大阪での世界大会「ミス・インターナショナル」に参加した栄誉もあり、今年の参加もその成果が大いに期待されている。

☆応募資格 満十六才から二十五才までの未婚女性で韓国籍を有する者。

☆応募方法 居住している地方の民団支・本部団長、または韓国系機関長の推せん状と本人の履歴書(得意なものあれば記入)、写真(全身・上半身の二種でキャビネ各三枚づつ写真の裏には氏名、生年月日、身長、体重、バスト、ウエスト、ヒップを必らず書く)

☆しめきり 四月十二日まで、本社応募係に書類到着のこと。書類は一切返却しない。個人の秘密は守る。

☆審査 審査委員会で「知と美」の総合審査をおこなうが、日時と場所は本人に直接通知する。

☆準備衣装 水着とハイヒール、韓民族衣裳。

☆費用は本人負担。

☆書類提出先 東京都文京区春日二丁目二〇 韓国新聞社・ミス・コリア応募係(直接または書留郵便で)

卒業状に「本名」明記
民族の誇り自覚させる
大阪・北鶴橋小学校の場合

「韓国人の民族的誇り」を「本名」を名乗ることからとりもどそうという運動が在日同胞社会でもちあがっているが、大阪市教育委員会傘下の北鶴橋小学校では、去る16日同校54回卒業式で、今年同校を卒業する23名の在日同胞子弟に対し、従来いわゆる「通称(日本式創氏名)」で表記していた名前を、本名で明記した卒業状を授与するにいたった。

この措置は、大阪市教育委員会からの通達による指導要録の改訂などの行政的考慮にともなって行なわれたものである。これに対しては、同胞社会の一部に、原則的には賛成するが日本社会に根深くはびこる民族差別の風潮への根本的な対処なしにとられた措置として危ぶむ声もある一方、祖国と民族の中の自己を確認し、また日本社会において外国人としての自己を正しく認めさせる契機としてとらえ民族差別や、在日同胞の生き方を新たにうちだすふみ台として歓迎する向きも多い。

しかし、北鶴橋小学校における本名の名乗りが、行政的措置や強要によるものでなく、在日同胞の児童一人一人の自覚にもとづく要請によるものであったということに意義がある。北鶴橋小学校の前倉校長もこの点は、あくまでも当該児童や父兄の要請にもとづいて行っているとのべているが、このように「本名」を名乗ろうとする「民族的自覚」がおきたということは、同校の民族学級(4~6年生の在日同胞学生に対して行なう祖国の歴史および言語に関する特別教育組織)を20年にわたって担当して来た金容海氏の確固たる教育的信念にもとづく指導の成果であるといえる。

金容海氏は、大阪市教委で民族学級担当教師として北鶴橋小学校へ配置されている教員である。氏は日本社会における差別をなくし誇り高い韓国人としての人格形成をめざす「人間教育」を氏独自の立場からすすめて来たが「本名」の名乗りを、その第一歩の実践としてかねてから主張して来た。なお氏の実践記録としては、「差別をなくし誇り高い人格形成を—本名を名乗ることの意義を通して考える—」がある。

本名を名乗ること自体がこのような教育の蓄積によってはじめて実を結ぶことができるほど屈折したいろいろの社会的条件にとりかこまれているのが在日同胞の現状であるが、この問題についての在日同胞社会の本格的な対応や運動の指標がもとめられる。

金容海先生

ビジネスと観光と歴史・美術そして…
世界親子かけある記 ⑬
裵乙祚・裵慶州

対話あるギリシャ哲学
人間性極める真理探究
獄中死したソクラテス

世に哲学と言うと何かしかつめらしく、そこには決して明るい面は微塵もない。しかしギリシャ哲学には、明るく明解な対話があり人間性の探奥を極める真理探求の崇高な哲理の中にも人間臭さがプンプンし、少しの深刻さもない。ソクラテス、プラトン、アリストテレスなど錚々たる哲学者以前に、タレスやアナクシマンドロス、ピタゴラス、ヘラクレイトス、パルメニデス、ゼノン、そしてエンペドクレス、さらにはアナクサゴラス、プロタゴラスなど諸々の知ぐ所謂ソフィストなどがいた。その中には、原子論者もいれば、懐疑派もおり、ペシミストもいた。しかし不思議と彼等には暗さよりも明るさが目立つ。ギリシャ哲人等であった。

ここにギリシャ七賢人の箴言をあげその一端をのぞくことにしよう。リンドスのクレオブロスは言った。一、節度が最善。二、聞くことを好むものであって、おしゃべりであってはならぬ。三、身分の同じ者から結婚の相手を選べ、さもないと親類でなく主人を得ることになる。アテネのソロンは言った。一、苦痛を生む快楽をさけよ。二、友人を急いで作るな、しかし友人にしたら急いで退けるな。ラケデイモンのキロンは言った。一、汝自らを知れ。二、友人たちの食事にはゆっくりといけ、しかし不幸には急いでいけ。ミレトスのタレスは言った。一、保証、それと一緒に身の破滅。二、無為は苦しみ、無教養は重荷。レスボスのピッタコスは言った。一、汝がなそうとしていることを語るな、失敗すれば笑われようから。プリエネのブアスは言った。一、過ちをしないため、早く話すことを憎め、後悔がそのお伴をしているのだから。二、熟慮していではなく、説得させたら取れ。コリントスのペリアンドロスは言った。一、幸運な時には節度を保ち、不運な時には思慮を持て。二、友人達には、彼等が幸運な時にも、不運な時にも、同じであれ。

これら七賢人はデルポイの神殿に、〝汝自らを知れ〟〝節度を慎しめ〟を書き、アポロンに知恵の初穂として献納した。

禿頭で獅子鼻、だぶだぶの太鼓腹、もじゃもじゃの頭髪に不精ひげ、お世辞にも[illegible]れ、「わしの結婚は誓て生きる分には差しつかえないが、誓て死ぬにはおそまつすぎるというのかね」と、一向に気にせぬ衣服をまとい、アテネの街角でいかさまソフィスト等の知識者ぶりをこきおろし、「私は何も知らない、知っているのはただ自分が何も知らないということだけだ」といってはソフィスト等をついには「自分もやはり何も知らない」と白状させずにはおかない一風変ったグロテスクな男こそ、われらが愛するソクラテス先生である。デルポイの神託でお前程知恵者はいないといわれ、一向自分を知者だと思っていなかった彼は、政治家や芸術家等、さらに技術家を訪ねた。その結果彼には、この人々はいずれも知るに値することは何一つ知っていないのに、自分は知っていると思っている即ち、知っていないということをほんとうに知っていないということがわかった。しかし彼は知るに値することを知っていないということでは自分も彼等と同じであるが、その知っていないということを自分は知っていると解った。だから彼は自分だけが知っていないということを知っているというこのわずかな点で彼等よりも知者であると判断した。こんな調子でわがソクラテス先生は、街角といわず、市場といわずアテネ人を相手に人間吟味を続け、人間の知恵の産婆役をかって出た。

死の獄中に居ながら友人と魂の不死について相変らず問答をかわしていたソクラテスに毒人参を盛った杯が渡された。彼は顔色一つ変えず、一気にグッと飲みほした。友人等は泣きうろたえた。それ等をたしなめてやおら床につき、いまわのときに覆いをとりはらって「クリトン(古き友人)忘れないでアスクレピオス(医神)に鶏一羽の借りがあるから返してくれ」「承知した。しかしどうだ、ソクラテス何かほかにいうことはないか」と尋ねたが、何の返事もなく従容として死についた大人である。あのやかましやの悪妻クサンチッペですら一言もなかったほどのジャジャ馬馴しの名手でもあった。しかし彼は若い弟子に結婚の是否を問われ、「どちらにしたところで、君は後悔するよ」と彼はほとほと彼女に手をやいたらしいが、生涯素貧に甘んじ、真理を探求した彼こそ古今の大哲人といえよう。

そして最後に私は、ギリシャの神話の人間的な明るさと人間性に対する哲理を、[illegible]芸術を介して展開される神と人間との極限美に近いドラマチックな物語、そしてこの[illegible]をして最高の世界観表現の集約手段として結晶させたギリシャ人の芸術手腕、人間性の最高限理を追求しながら、そこに何等の暗さや深刻さがなく、極めて日常的な生活の中に人間性の哲理を明快な論理で探求していったギリシャ哲学との間には、一貫した思想があり、これが調和統一して世界最高の文化を築き上げたものと思われる。

ギリシャの気候風土、ギリシャ人の気質、そして文物等が意外に多く韓国のそれと似かよっていることに驚きと、限りない興味を私はもつのである。

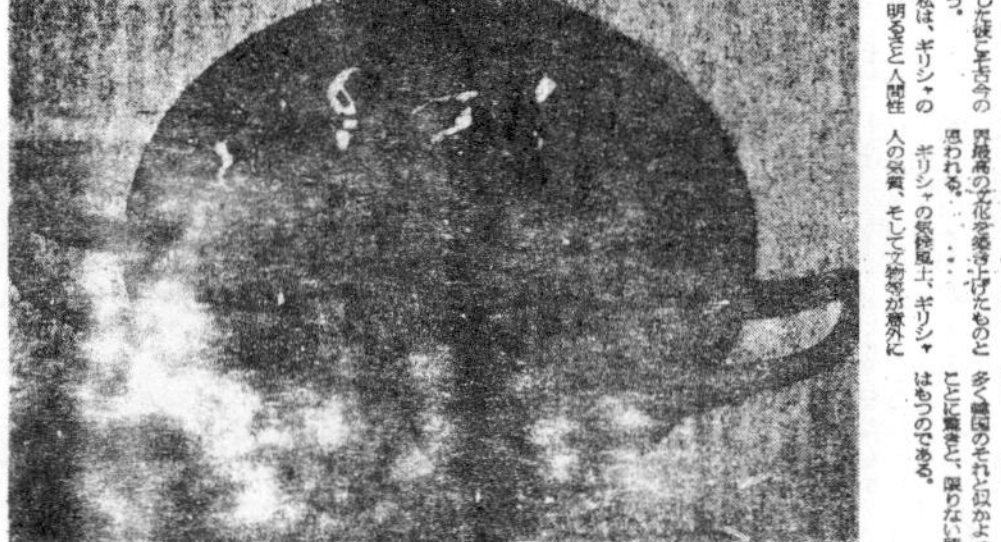

ギリシャの杯

風薫る四月一日
韓国学校入学式

風薫る四月一日、東京、大阪をはじめ、日本各地の「韓国学校」で、幼稚園から高等部までの各級の入学式が行なわれた。

東京韓国学校では、午後一時すぎ、初等部三十二人、中等部四十四人、高等部九十四人の入学式が行なわれた。

式場には新入生百六十人のほか約百人の父兄と、学校側安知出理事長、黄哲秀校長はじめ教員、関係者らに、駐日韓国大使館李竜勲奨学官、民団中央本部尹達鏞団長、民団東京本部金尚弘団長、大韓婦人会東京本部鄭金粉会長らの来賓が参席した。

国民儀礼、教育憲章朗読のあと黄校長は「数多い日本学校に行かず、韓国学校で民族教育を受けることは意義が深い。今年は開校二十周年でもあり、教育施設も整のって、みなさんが勉強するための態勢はできている。二十年たてば立派な在日同胞の指導的人物となる。初志を貫徹してほしい」という主旨の歓迎辞を述べた。その後安知出理事長、李総領事、尹中央団長ほか名来賓の、新入生に対するはなむけの祝辞があった。

なお、民団東京本部金会長から民団東京各支部からの寄金二封が二十周年記念行事費の一部として手渡された。

大阪の金剛学園(李英勲校長)でも、午前十時から、幼稚園六十三人、小学校五十人、中学校四十人の入学式が行なわれたが、新入生の父兄二百余人が参席し、約一時間で終了した。

今年の入学式で注目されることは、両校とも、例年より入学生が増加したことであり、そのため関係者らが今後に大きな期待を持ち教育施設に熱意をもっていることである。

あどけない表情の初等部一年生(東京)

北傀蛮行糾弾大会
婦人会研修会で

在日大韓婦人会(金信三中央会長)では、さる三月二十七日から二十九日までの三日間、熱海市のニューアサヒホテルで今年度の春季講習会を開催したが、初日の二十七日「北傀漁船不法[illegible]行糾弾大会」を開き、北傀の金日成に対して糾弾した。

この研修会は毎年春と秋に定期的に行なわれる同婦人会の年中行事の一つで、今年もさる三月六日から三日間白浜温泉で近畿ブロックが開会したのをトップに、同十八日から三日間、中国、四国、九州ブロックが山口県長門市で開催、そして熱海温泉で関東、東北ブロックが開催されたものである。

三会場に集まった参加者総数は約九百人にのぼった。

なお北傀糾弾大会の席上で、漁船の遺家族に贈る義金が集まったが、三地区合計五十万円に達したので金信三中央会長が、三月三十一日本国に持参し、民団本国事務所を通じ、直接遺家族に手渡されることになった。

糾弾文を読み上げる金会長

政治大学校 創立20周年

WUM学園の政治大学校(高宗新学長)は、さる三月二十八日、学園創立二十周年を迎え、東京市ヶ谷の私学会館で「学園創立二十周年祝賀会」を催した。

当日は日本の政界人と、校友、その他の祝賀客約百人が参加し、盛大を極めたが、学園側は、これまで学園運営に協力して功労のあった二百三十五人に感謝状を贈って労をねぎらった。

なお同学園は米国ロスアンゼルスに、ブリード大学を開設、大学院を設置し、四月二十八日に第一回開校式を行うとのことである。

独立軍を毒ガスで虐殺した日本人手記発見
「天楽覚書」

三・一運動が発生した一九一九年間島を中心とする、韓国人独立闘争韓国人の虐殺、弾圧を直接指揮した日本人の手記が半世紀がすぎた近頃発見された。

独立同志会(会長、金斗鎬)が最近あかしたこの文書は、当時、在満日本浪人、中野天楽が朝鮮総督府に報告した手記体の「天楽覚書」で、今まで全く知られなかった毒ガスによる大量虐殺など、新たな事実が記録されている。

この文書には①朝鮮総督府の指示と資金資源で、馬賊団と結託、間島の韓国人独立運動者を討伐し、②総督府が提供した資金で武器とガスを購入、使用し、③鴨緑江沿岸の日本警察と憲兵の協力指示がくだされたのはもちろん、日本軍が鴨緑江をこえ、変装して馬賊団に加担、共に討伐作戦を行なったことを記録している。

天楽覚書は、なべて白紙十七枚となっており独立運動史編纂委員会が七二年春、ワシントン米国家公文書保管所で入手した資料の中で発見されたのであるが、八・一五解放当時、日帝が焼却できなかった物を米軍が進駐しながら発見保存したものである。

東京韓国学校長に
呉培根氏発令
黄哲秀前校長 首席教育官内定

文教部は、3月26日付で東京韓国学校黄哲秀校長を文教部奨学官に任命したが、駐日首席教育官に内定したものと見られる。

また後任の東京韓国学校長には呉培根氏(ソウル市教育研究官)が任命され、前駐日首席教育官の楊成烈氏は文教部へ転任した。

金熙明氏
七ヵ月で退院

昨年八月から東京女子医大附属第二病院に入院中の金熙明氏が闘病七カ月ようやく健康を回復しこのほど退院、自宅で静養、加療することになった。東京都目黒区南三ー一四ー四(電七一七ー〇八六七)。なお、氏が入院直前、洋々社から出版の「日本の三大朝鮮侵略史」は、日本図書館協会選定図書に推薦され好評市販中であり、氏は第三回民団文化賞候補の呼声が高い。

尋ね人

☆金活年さん(光山・男63才) 本籍・全南務安郡 解放当時、関西地方で居住しており、両親は帰国したとのことです。金さんの甥である尹敬植さんがさがしています。

☆鄭浩義さん(男・56才)
☆鄭鉉徹さん(男・52才) 本籍・慶北大邱市南山洞二八五 35年前から兵庫、関西地方に住んでおり、解放後には文通がないとのこと。鄭浩義さんの姉である鄭玉子さんがさがしています。

右の三人をご存知の方は、民団大阪府地方本部文教部または民団中央本部民生局まで連絡を。

☆朴命祚さん(幼名福順、女・60才) 一九五三年に京都駅近[illegible]に住んでおり、林銀蔵(死亡)の妻であった朴さんを弟の朴徳兆さんがさがしています。

ご存知の方は、慶尚北道[illegible]朴徳兆さん、または、民団中央本部民生局まで連絡を。

☆柳順外さん(女・60才程度) 四国の高知県で解放当時まで居住していた川本しげるさんの妻であった柳順外さんを、解放を迎えて帰国した長男の鄭熙京さん(幼名清)がさがしています。

柳さんをご存知の方は釜山市西区[illegible]洞4街15番地・ブョン菓子店内鄭熙京さんまたは民団中央本部民生局まで連絡を。

☆宋南坤さん(男・54才) 韓国の全南長興郡安良面[illegible]里に住んでいた宋さんを全南光陽郡北下面[illegible]里加仁部落の姉である宋福礼さんがさがしています。ご存知の方は宋福礼さんまたは民団中央本部民生局まで連絡を。

求む良縁

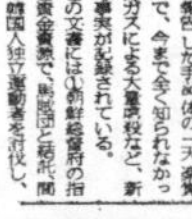

申煥白(男・四二才) 本籍・慶北義城郡舎谷面梅谷洞 経歴・東京深川生まれ。高輝小学を出る。米国ロスアンゼルスに渡りウッドレイ・カレッジ卒業。米国永住権あり。千葉県の宝観光社長。理解深き韓国女性を求めます。希望者は韓国新聞(八一五ー一四五一)まで。

本工場(鉄筋170坪)

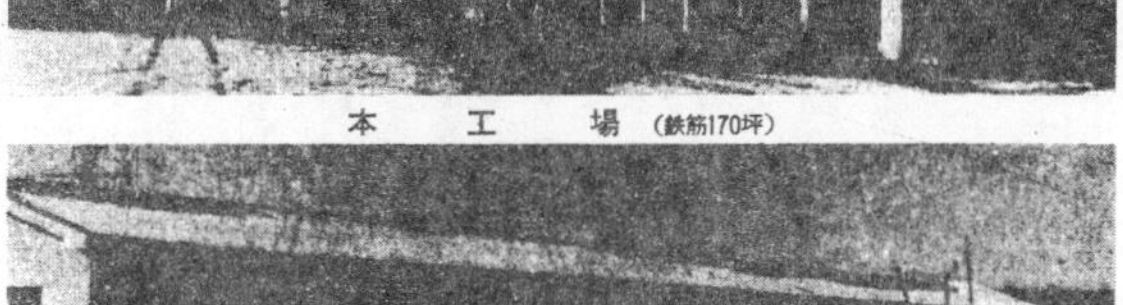

寄宿舎(105坪)・倉庫(50坪)

守衛室と舎宅(25坪)

※ほかに食堂75坪

韓国と日本の関係に新視点

日本上古史(文定昌著)抜粋と解説

(26)

百済 東城王記 (2)

中国大陸内に領地略有し 十四人の将軍を配封する

既に宋書列伝のくだりで詳しく述べたとおり、百済国は晋世のとき、即ち四世紀のはじめ、遼西・晋平両郡を領有して百済郡を設置している。近肖古王が死んだ後五年間続いた百済国の混乱に、北魏がつけ込み再々百済郡国を侵略した。

東城王が即位して、北の魏を撃退して、遼西、晋平両郡を回復したが、さらに幽州と燕を討ち太原地方まで進出した。そしてまた山東半島に進出して斉と魯の両国をゆさぶった。これは北京から山東半島にまたがる広大な地域である。

東城王のこの北京地方の領有と、山東半島に進出したことを崔致遠が、唐の国に出仕しているとき、唐の太師侍中に提出した書状で、次のように述べている。

「百済は北から幽州と燕と斉と魯をゆさぶり……中国の大きな害虫となった。」（三国史記崔致遠伝を見よ）

東城王の華北～山東省地方占領は、歴史的な大業であり、ずっと前に(A・D四九年)、北平、漁陽、上谷、太原まで攻め入って占領したことのある高句麗の慕本王の業績でさえ、この半分にもならないのである。（後漢書、三国史記を見よ）

新しく興った南斉は北の強敵魏に対して備えるため百済と同盟を結んだ。西紀五三七年に南斉の蕭子顕が書いた南斉書は、東城王のこのような歴史活動をつまびらかに収録している。

然るに現在伝わる南済書の東南夷伝、百済条は、その最初の一枚（二面）が完全に白紙になっている。今日伝わる中国の二十五史、数千巻の冊子中、一枚が完全に白紙になっている史書は他にない。

これは明らかに、東城王が中国の領土を領有したなどの偉業に関する記録を好まなかった何者かが、その部分を削除して白紙にしてしまったのであろう。

そして、後々の人が、既に白紙となったその最初の一枚を、そのまま伝えて無言の中にこの部分が削られたことを知らしめている。

この南済書の百済伝の最初の一枚を白紙にできるほどの人物は、その方面に深い関心を持つ権力者でなければかなわないことである。しからば、それは誰であるかということになるが、史記の上から判断するに、南済以後、このような種類の作業を敢えて行う可能性のある人物は①北史を編纂して五胡十六国時代の漢族に不利な部分の記録を除去し、②隋書を編さんして、唐の高祖が以臣伐君（臣下が王を弑すること）したことを美化、③括地志を編み、元来、河北省～遼東半島に位置していた古朝鮮地、すなわち漢四郡と楽浪沮を、韓半島にあったようにデッチ上げた人物、唐の太宗父子とその御用学者の顔師古、蘇徳言・司馬檜らをおいて他にはあり得ないと見る。

しかしながら、さすがの彼らもその全記録を白紙にすることは容易ならないことなので、東城王が南斉と交わした協約により、幽・燕・斉・魯の各地方に配置、封任した王、侯、将軍、太守などについて、斉の同意を

南斉書の百済伝冒頭は白紙 数十万の魏軍大破記録残存

得た関係の記録二枚半（五面）は残してある。これにより本書（日本上古史・文定昌著）が、東城王が展開したこの方面の歴史活動に関する一部分を知ることができたのである。

東城王はその部将たちを、各自の勲功に従がい封任したが、四回にわたり南済の明帝の同意を得た。それによると、王に封じたのが五人、侯に封じたのが三人、太守に任命したものが六人で合わせて十四人に達する。

東城王の中国本土内領有地とその留守封任一覧表（カッコの中は旧職官名）

姐瑾・寗軍将軍都将軍都漢王（寧朔将軍面中王）
余古・寧朔将軍阿錯王（建威将軍八中侯）
余歴・竜驤将軍邁盧王（建威将軍）
余固・建威将軍弗斯侯（広武将軍）

第二回
高達・竜驤将軍帯方太守（建威将軍広陽太守兼長史臣）
楊茂・建威将軍広陵太守（建威将軍朝鮮太守兼司馬臣）
会邁・広武将軍清河太守（宣威将軍兼参軍臣）

第三回、庚午（東城王十二年西紀四九〇年）年の戦功を褒彰するために。
沙法名・征虜将軍邁羅王
賛首流・安国将軍辟中王
解礼昆・武威将軍弗中王
木干那・広武将軍面中侯

第四回
慕遺・竜驤将軍楽浪太守（ここでいう楽浪郡は、漢の武帝が衛満朝鮮を討滅して設置した四郡の一つで、この楽浪郡は今日の遼東地方に位置していた。）
王茂・建武将軍城陽太守
張塞・振武将軍朝鮮太守（この朝鮮郡地は、はやくに衛満朝鮮の首都王険城があった今日の華北省、昌黎地方のことである。）
陳明・揚武将軍

またこの南斉書によれば、北魏が数十万の大軍を率いて百済との境界を侵したので、東城王が将軍沙法名、賛首流、解礼昆、木干那らを送り、魏軍を大破したことがわかる。（つづく）

解説 今回の重要なポイントは二つある。何れも倭とは直接関係が無いが次回の倭との関係を述べる前の伏線となっている。

今回のポイントの一つは、南斉書の百済国伝の最初の部分が白紙であるということの指摘であり、もう一つは百済東城王が中国大陸内に広大な百済郡国を領していたということである。

南済書の「東夷高伝」は、はじめに「東夷、高麗国」として西に魏と境を接しており、高麗王楽浪公を建元元年に「驃騎大将軍」に号することを進めたというくだりから「征東大将軍高麗王楽浪公驃武三年」で文句が切れており、中間の数十字が欠字となって「仮行寧将軍臣姐瑾等四人」云々と百済の説明の途中から文が残っている。

著者文定昌さんのいうとおりこれは他のところでは全くない「欠字」で、原文を見れば作為的なところがうかがえる。

次に東城王の業績であるが、これは「宋書」百済国伝の冒頭に「高麗は遼東の東千余里にあったが後に遼東を略有し、百済は遼西略有して」云々となっているところと「梁書」百済伝の初めの方で「百済また遼西を拠有し晋平二郡に百済郡を置き」云々と中国大陸内に領地があったとなっているところを考え合わせると、時代的に中間の「南斉書」の冒頭にも、このような記録があったことは確実であるし、後続文から判断して、それはかなり詳しいものであったことも推測できる。

しかし、現在残っている史料では、三国史記、三国遺事の韓国史書しかないので、推測でない「歴史」を知る手がかりは非常に少ない。

（金元泰記者）

文化特集

慶州155号古墳

主人公は智証王?

西紀五百年前後の王陵

慶州市皇南洞所在第百五十五号墳に関する最終的学術調査結果が発表された。文化公報部文化財管理局は、慶州味鄒王陵地区古墳発掘指導委員会を開き、その間の調査内容を整理した学術報告書を提出、第百五十五号墳の発掘成果を分析するとともに、現在発掘中の双墳第九十八号墳は、その一部の槨を七四年六月まで、残りは十一月までに遺物収集を終えることに日程を組んだ。七三年四月六日から同年十月二十日までの六カ月にわたった第百五十五号墳の学術調査を総決算した最初の同報告書は、わが国考古学史上もっとも大規模に進められたこのたびの発掘により、三国時代の文化史をはじめ、考古学研究に画期的な転換期がもたらされたと指摘している。

同報告書によれば、①古墳の主人公は西紀五〇〇年前後の新羅二十一代の炤知王、若しくは二十二代智証王である可能性が濃く、②いままでにはっきり知られていなかった積石木槨墳の基本的な構造および手法を確認することによって、古新羅の土木技術の一面とその発達相を究明し、③いままでに発掘された古墳では見られなかった多彩かつ豊富な遺物の発掘により、新羅人の生活および民俗史研究の資料を得るようになり、④天馬図障泥をはじめ、騎馬人物図の画法を通じ、古新羅の絵画を知るようになり、⑤金冠および金製冠飾の正確な出土位置の確認により、新羅金冠に関する貴重な資料を得たとなっている。

第百五十五号墳は慶州市庁東向かいの都心に位置する高さ十二・七㍍、直径四十七㍍、封墳体積一万立方㍍（トラック二千五百台分）というマンモス古墳。

当初はこの古墳の発掘計画が立てられていなかったが、文化財管理局は第九十八号墳の発掘に先立ち、一種のテスト・ケースとしてこれに手をつけたのであるが、思いがけない大きな収穫をあげたわけである。

しかしながら一部学界では、せっかく国家が二千万ウォンという莫大な経費をかけて着手した第百五十五号墳の発掘に、経験の乏しい極少数の発掘要員だけが参与したうえ、前もって完べきな遺物処理の準備が整っていなかった嫌いがあったと指摘、いま進められている第九十八号墳の発掘を、徹底した準備が整うまで中断することを望んでいる。

築造年代および被葬者の身分究明は、字の入っている遺物が発見されなかったため、遺物自体の様式、およびその形式を通じた研究にたよるほかない。

いまのところ定説はないが、現在までの学界の研究結果からすれば、西紀五〇〇年前後の二十一代炤知王（西紀四七九～四九九）か、それとも二十二代智証王（西紀五〇〇～五一三）を埋葬した古墳ではないかという説に傾いている。

それはまず、装身具類の比較から類推できるといえる。第百五十五号墳からの金製鈴帯は金冠塚、瑞鳳塚のそれと様式がそっくりである。ところで、金冠塚からのものは公州宋山里一号墳出土のそれと似ているため、公州時代である五世紀末～六世紀前半に作られた可能性が濃いわけである。また、瑞鳳塚は、青銅器に刻まれている銘文により、西紀四一五年を上限線とする古墳であることが確められている。

このほかにも、第百五十五号墳出土の銀製腰佩形式が、基本的に武寧王（西紀五〇一～五二三）のそれと非常に似通っている。したがって、このようないろいろな点から推してみる場合、第百五十五号墳の鈴帯は五世紀末～六世紀初めの遺物とみなすことができるのである。

第二に、ドーナツの模様をした彩画板の蓮花紋も大きな手がかりをくれている。先端の尖っている蓮べンに内廓があり、黒点一つが刻まれている蓮花紋様式が、大同郡内里の江西大墓、平壌真披里一号墳などの高句麗後期、あるいは扶余陵山里古墳のそれと相通じているのである。

この蓮花を土台にして究明するとすれば、この古墳のそれは、やや新式ばった点がなくもないが、いまだ古式蓮花がその面影を残していた西紀五〇〇年前後につくられたものと推定できる。

第三に障泥周囲の唐草文も興味深い資料になっている。この唐草文は高麗時代の仰花宝眼のように筋の入った半円形の中に花形の模様が配置されているが、江西中墓の様式とかなり似通っている。また、馬の泥除けに描かれている花を両分した模様は、舞踊塚の二叉茎蓮花と相通じている。

舞踊塚は高句麗壁画古墳のうち最盛期のものであり、その年代は六世紀前半ごろと推定されている。

きわめて新式に属する埋葬法

しかし、これらの理由よりか決定的な資料となるものは、漆器、杯などの外面に描かれている三角形の火炎紋である。この特殊な火炎紋は舞踊塚、角抵塚だけに見られる中国北魏仏の光背様式をならうものである。また、このような火炎形光背の北魏仏に、みな六世紀初めの約二十年の間にわたってはやったものである。この期間は高句麗に仏教が入ってすでに百年を過ぎた時代であり、新羅においても、その公認いかんはともかく仏教が流入され、仏教芸術が隆盛をきわめた時代である。

したがって、北魏→高句麗→新羅につづくこの火炎紋様式により第百五十五号墳の築造年代を西紀五〇〇年前後に推定することができるのである。

最後に、あぶみ（馬に乗るさいの足かけ）もかなりの端緒をくれている。漢代にはあぶみが用いられず西晋（西紀二六五～三一六）代になってはじめて片方だけのあぶみが用いられた。その後、四世紀初期になってからは本格的な双あぶみが発明されたのであるが、現在伝わっている最古のあぶみは中国北燕の馮素弗墓（西紀四一五年）から出土されたものである。

この五世紀代の馮素弗墓からの古式あぶみと同じものは、金冠塚、金鈴塚皇南洞八十二、百九号墳などからも出土されている。なお金鈴塚からは新式あぶみも一緒に発掘されているが、第百五十五号のそれは新式に属するものである。

このような点から推して、第百五十五号墳の築造年代を四世紀とみることはとうてい理くつに合わないものであり、五世紀であるとも推定しかねるものである。したがって、第百五十五号墳の築造年代は五世紀末から六世紀初め、そのうちでも六世紀初頭である公算が強いといえる。また、このような年代の推定に基づいて炤知、智証王の二人を古墳主人公の候補に想定したのである。

一方、金冠類にみる堂々とした、かつ力の溢れるような威厳や気象などからして、また遺物の様式からしても、智証王がより適切な候補者になれるものと思われている。

さらに智証王は、部族国家だった新羅を中央集権的国家に形成させ、隆盛をきわめていた時代の王だったからでもある

座談会 発掘調査よもやま話

発掘調査費は二千万ウォン

D＝第百五十五号墳はそれこそたいへんな古墳でしたね……。ともかく、韓国考古学界に一つの転機点を画してたといえる同発掘調査団に参与できたこと自体が、私にとってはこのうえない光栄でした。

E＝高さ十二・七㍍、直径四十七㍍、それに封墳体積一万立方㍍という小高い山のような古墳を、ち密な計画の下に発掘したことから、これは韓国考古学史上はじめての工事でしたね……。一つの古墳として六ヵ月半にわたる発掘、二千万ウォンの発掘費、ベルト・コンベヤーおよび無線機の使用、延人員八千名の動員というのも記録でありますし……。

A＝しかし、新羅の歴史を静寂に眠らせるほどのそのようなすばらしい古墳から、最後の瞬間まで血眼になって探した古墳の主人公を暗示する字が見いだされなかったことは、かえすがえすも心惜しいものでした。

C＝主人公が棺に安置される際の様子を綿密に調べるとすれば、案外それがたやすく究明されるかも知れないですね……。

あたかもチャンピオン・ベルトのような。

頭には、いままで出土された新羅金冠のうち、もっとも華麗かつ壮厳な黄金宝冠（外冠）をかぶり首には胸いっぱいをおおうほどの首飾り三つを、さらに耳には金製耳飾り三対のほか……。

B＝指一本ごとにはめた十個の指環に金銀二対の腕環をはめ、ちょうどチャンピオン・ベルトを思わしめるようなけんらんたる鈴帯、それに足先までにとどくようなこれの装飾…。

貴重な資料となった宝石箱

C＝左腰には鳳凰が精巧に刻まれている金銀装飾の長刀を帯び、青銅造りの巨大な履物を、それに頭のかたわらには考古学界をはじめ国民たちをアッとさせた宝箱がおかれ…。

D＝いわゆる"宝石箱"と名づけた遺物収蔵箱は、なんといっても第百五十五号の自慢物といわざるをえませんね……。おおむね三重に区分されているこの箱には、新羅の絵画、服飾、馬具、それに食生活などの生活史を知らせてくれる貴重な考古学資料が、なにしろ想像を絶するほどごまんとつめられていたものだから……。

F＝一点一点の遺物をこわれないように風呂敷に包み、丹念に積み重ねた手法はまことに異彩でした。なんと遺物に布切れが張られているやら、遺物と遺物の間にはパッキングとおぼしき繊維などもはさまれていて……。

G＝新羅古墳からいままで、これほど多くしかもはっきりした形態の繊維切れが出土されたのは初めてですな……。三十余点に及ぶこれらカラフルな繊維類は、紙よりも薄い美麗な絹織りから、織り目の太い麻地、それに手で織られたとみえるが、科学的調査の結果につれては、わが国の歴史をくつがえすかも知れない絹織物まで究明されるかも知れませんね……。

純金が七・五キロ

また正確に計量されてはいませんが、純金だけでも金冠塚のそれとほぼ等しい七・五㌔、二千匁はゆうになるものと思われます。人間の死後の栄光のため、これほど多くの遺物を埋蔵し、さらに大仕掛な封墳をこしらえるためには、国庫はもとより、百姓たちにもよほどの負担を与えたものと思われます。

D＝第百五十五号墳の築造に用いた土と石だけでも、おおむねトラック二千五百台分にはなるでしょう……。とくに大人の頭くらいの石塊の運搬にはよほど苦労したことと思われますね。おそらく二年くらいの期間がかかったのではないでしょうか。

B＝第百五十五号墳の周辺には十八基の巨大な古墳群が散在していますが、最大の第九十八号墳発掘を先立ち、とりわけ第百五十五号墳を第一次に発掘したのは、この古墳の位置のためでした。第九十八号墳からもっとも近い距離に位置しているため、九十八号との比較研究および古新羅時代の積石木槨墳調査には打ってつけのものだったからでした。

E＝五月二十三日、封墳頂点から六・五㍍を掘り下げた地点で、東西十五㍍、南北十二㍍の巨大な積石層が現れてから作業はピッチをあげはじめました。それは一言にして石の海とでもたとえましょうか。百十万㌧をかけて三台のベルト・コンベヤーまで動員しましたが、掘り出しても掘り出してもきりがありませんでしたね……。

F＝たとえ久しい歳月が流れたにせよ、その昔の新羅人の苦労のにじんだ石を、現代のわれわれが対する感慨はなんともいえないものでしたね……。ともかく、うんざりするほどの積石除去をおおむね終え、遺物層に出合ったのが七月八日でしたね……。

金冠に触れるや稲光

G＝なんといっても発掘におけるハイライトは、完形のさんらんとした金冠と天馬図の発見といえましょう。棺の頭の部分から黄金色の金冠を掘り出し、不純物を除去する瞬間、いきなりピカピカッと稲光に、ゴロゴロの雷が落ちるではありませんか…。

A＝二週間以上のあいだ、雨一滴降らなかった天気が、こともあろうに当日になってそれこそ青天のヘキレキとは…。ピンセットをとっていたG氏の手が瞬間ブルブルッとふるえていましたね…。そのじつこの私も背筋が冷たくなりましたが…。

B＝ともかく、堆石が崩れたさいも、遺物は奇跡的に傷づきませんでした。生きている人間が身につけているのと同然の姿で……。とくに、指環の置かれている位置からして、当時右手の親指はやや内側に、左手の親指は上の方に向けられたことまで推定できるほどでしたから…。

C＝私は、古墳の主人公の背たけがはたしてどれくらいだったろうかと、遺物のそばに仰むけに横になってみたところ、私の背たけ（一・七六㍍）よりかやや小さい一・七〇㍍くらいに思われました。頭の大きさは私とほぼ同じくらいで…。

D＝天馬図はそれこそ思いがけない収穫でした。金銅製の鞍を注意深く取り除いたところチョコレート色の地にたくましい白馬が描かれているシラカバの皮が見えるではありませんか…。光線が入らないよういちはやくこれをかぶせ早々に金裕善博士に知らせたのち用心深く発掘しはじめたのですが…。結局、薬剤をいっさい使わず、さらに直射光線にあたらせることなく、鉄板をその下にはめてから取り出すのに成功しました…。

B＝じじつ、これまでの発掘は一次的な調査にすぎないといえましょう。このたび出土された一点一点の遺物を詳細に調査し、布切れ、木板のかけら、青銅器などを分析する場合、思いがけない新しい事実が究明されるかも知れませんね…。

参席者
金東賢（三六・文化財専門委員）
池健吉（三〇・美術工芸担当）
朴志明（三六・実測）
尹根一（二七・遺物収集・撮影）
崔秉鉉（二六・遺物記録）
蘇果玉（二六・遺物保存）
南時鎮（二四・実測）

（カットは金製腕輪と紙面上中央は金冠）

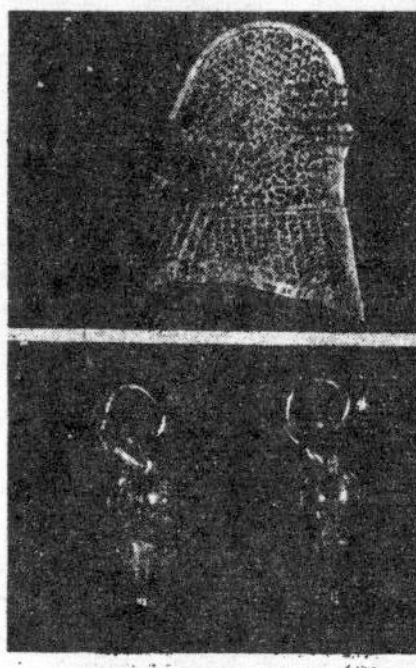

金製の冠帽（上）と耳飾り（下）

発掘現場（左）天馬図障泥（右）

構造および葬法

第百五十五号墳は、[illegible]㍍、高さ十二・七㍍[illegible]る。慶州最大の第九[illegible]十三㍍・二十五㍍）[illegible]十三㍍・二十二㍍）に及ばないが、金冠塚[illegible]十二㍍）とほぼ同じ[illegible]に属する。新羅の典型[illegible]墳形式のものだが、[illegible]木槨地が表に位置して[illegible]特色である。

これは慶州古墳では[illegible]れる様式のものであ[illegible]の流入を防ぎ、有機[illegible]度をおくらせる役割[illegible]みえる。

積石や木棺の上に[illegible]遺物の配置も特異で[illegible]封墳の頂点から一[illegible]げは地点で発掘され[illegible]類をはじめ、木棺の[illegible]瓶、杯、耳環などは[illegible]品というよりは、特[illegible]って奉安されたもの[illegible]具および耳環は、馬[illegible]するものとして殉葬[illegible]したものと汲みとれ[illegible]

木槨の周囲に石壇[illegible]である。これは副葬品[illegible]ための装置とみえるが[illegible]積みあげた様式もはじ[illegible]在来の竪穴式石槨墓の[illegible]している点が興味深い[illegible]

また、棺の上側の[illegible]などにみるたなの上に[illegible]ている点も注目に値す[illegible]の板でつくられた遺物[illegible]いている様式とは非常[illegible]ある。

発掘日誌

四月六日＝古墳発掘[illegible]
六月四日＝積石木槨[illegible]
七月一日＝積石部分[illegible]
七月九日＝木槨上[illegible]
七月十二日＝遺物[illegible]出土
七月十四日＝金製冠[illegible]
七月二十六日＝金[illegible]ど発見
八月二十日＝馬具[illegible]
八月二十三日＝天馬[illegible]見
八月三十日＝金銅製[illegible]ど発見
九月六日＝兜。青銅[illegible]
九月九日＝白樺の皮[illegible]ドウナツ模様の彩画板[illegible]見
九月十七日＝鉄釜、[illegible]
九月二十日＝遺物[illegible]
十月二十日＝古墳発[illegible]
十一月十四日＝古墳[illegible]員会は第百五十五号墳[illegible]を分析するとともに[illegible]採択、第九十八号墳発[illegible]議

出土遺物

△金製品＝（金冠、[illegible]環珞など）＝七百八十[illegible]
△金銅、青銅製品＝[illegible]斗、鼎など）＝二百[illegible]
△銀製品＝（鈴帯、[illegible]ど）＝七十点
△鉄器類＝（釜、[illegible]＝六百六十八点
△漆器類＝（杯、[illegible]＝五十一点
△白樺樹皮製品＝[illegible]騎馬人物図、[illegible]
△繊維類＝（麻[illegible]毛織物片など）＝三十[illegible]
△土器類＝）高杯、[illegible]七千七百三十五点
△るり製品＝（杯、[illegible]百四十七点
△その他（曲玉、[illegible]千五百八十四点

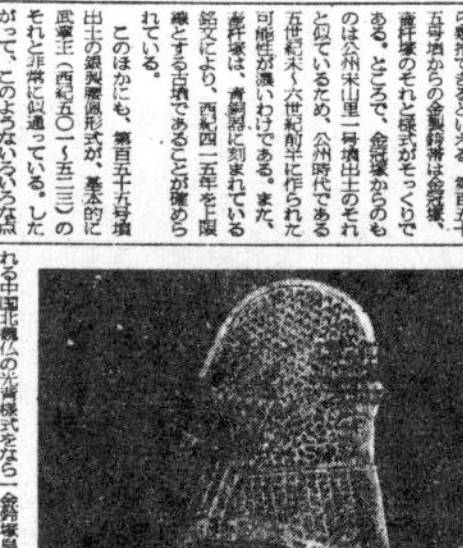

韓國新聞
在日大韓民国居留民団
中央本部機関紙
韓国新聞社
東京都文京区春日2丁目20－13
電話 直（815）1451～3
交（813）2261～5
振替口座 東京 163774
本国連絡所（民団本国事務所内）
ソウル特別市鍾路区世宗路
政府合同庁舎四階
電話 73－0162・0165

民団綱領

一、われわれは大韓民国の国是を遵守する
一、われわれは在留同胞の権益擁護を期する
一、われわれは在留同胞の民生安定を期する
一、われわれは在留同胞の文化向上を期する
一、われわれは世界平和と国際親善を期する

合法性仮装の共産侵透 学園社会に焦点合せ

朴大統領、緊急措置四号解明

朴正熙大統領

朴正熙大統領は、四日開かれた政府、与党連席会議で、今回の緊急措置第四号が一般的な学園事態に対する便法でないことを強調した。

朴大統領は「解放以後、国内外でみられた事例を総合してみるなら、共産主義者たちが使用してきた統一戦線戦略は、第一に、学生運動など合法的な方法を仮装し、自由だ、または民主だとかいう共産主義とは全く関係のない背馳する主張を偽装し、第二に、階層間の対立を悪化させ反政府勢力を糾合、政権を打倒し、次の第三段階には、戦略的に即時共産主義政権に代替させず、その間地下に潜入してきた共産主義勢力を陽性化させ、彼らの活動を合法化させ、第四段階でこれら陽性化した勢力と協同、共産政権を打ちたてるなどの四段階になっている」と述べ、今回の措置が「合法性を仮装し、わが社会各界、各層、特に学園社会に焦点をあて、巧妙に浸透してきた共産主義分子を初期段階において根絶するものである」と語った。

また「大多数の一般学生たちと教職員たちの正常な学園活動を保障するのが目的の一つである」と説明し、「彼らの巧妙な手法によって同調勢力を糾合する過程で、知らず知らずのうちに彼らに利用されてしまった善良な人たちに対しては善導しなければならず、またそのためにこれらに自首の機会を与えなければならない」として、「政府と与党はこうした主旨を一般国民によく理解させ、善良な大多数の人士に被害がおよばぬよう努力するよう望む」と指示した。

朴大統領はさらに「今まで個人的、または非公式的な機会に様々な教職者たちと学園社会指導者たちから、わが学園社会に共産主義的要素が大部前から浸透してきていると話を聞いた」とつけ加えた。

文教部、全国大学に公翰

文教部は全国の大学総・学長、高校長および教育監に公翰を送り、緊急措置四号の遵守と不法行為に対する告知行為を即刻勧誘することなどを促した。

文教部はこの公翰で、各級学校当局者は緊急措置の必要性と背景を学生たちが納得できるように説明し、学校別に告知専担部処を定め、学校を通じても告知できるようにし、教授同伴告知の便宜などを提供するよう指示した。

緊急措置は保安上必要 挙団的支持て妄動粉砕

民団中央本部声明

去る3日、本国政府では、祖国の保衛と民族の将来を確保しなければならない厳粛な義務に立脚し憲法第五十三条による「大統領緊急措置第4号」を発動した。

これは最近、一層激化しつつある北傀のいわゆる「赤化統一」のための破壊活動が神聖な学園内まで浸透したものを根本的に除去するための不可避の措置である。

所謂「全国民主青年学生総連盟」という団体は、北傀の「共産革命」遂行のための組織であり、反国家的な乱動集団であることが明らかである。

われわれは祖国の自由民主体制を破壊しようとするこのような悪らつな奸計を粉砕するための今般の措置が、国家保安上最も適切であることをわが民団全組織は充分に認識し、緊急措置を積極的に支持するしだいである。

また、今般の措置は北傀の南侵赤化の野欲に大きな打撃を与えただけに、北傀共産徒党は勿論、その走狗である朝総連と民団名を詐称している不純分子らがあらゆる謀略をつくし虚偽宣伝を画策している。

以上のような理由からわが民団は今般の朴大統領緊急措置発動を全面的に支持すると同時に、一致団結して不純分子を粉砕し、健全な民団組織強化に全力をつくすことを誓うしだいである。

一九七四年四月六日
在日本大韓民国居留民団
中央本部
団長 尹達鏞

狙われた「横浜商銀」

目的は民団の弱体化

金允鍾ら不純分子一派の謀略

韓国を朝総連と同列の立場から誹謗し、民団の攪乱工作をほしいままにしている金允鍾、朴昌淳ら朝総連ブラッチが、今度は横浜商銀を焦点にした新しいデマ宣伝を行なったが、調査の結果、それらのデマは全く商銀を混乱させ、民団を弱体化させることをねらった悪質なものであることが判明した。しかも、民団を相手とするのでなく、民族の金融機関にホコ先を向けて来たことは重大であるとの判断に立った民団中央本部（尹達鏞団長）では、これらの朝総連ブラッチを完膚なきまでに粉砕する決意を新たにするにいたった。商銀は、さる三月二十二、三日東京で開かれた第二十三回民団定期中央委員会において、民団の傘下機関であることを再確認したばかりであり、商銀に対する攻撃は、全民団員の直接の生活権に対する攻撃であると考え、今までの、他のいかなる紛争よりも重視し対処することになるもようである。今回のデマ事件に当って、横浜商銀の李鐘大理事長は、九日の連席会議（別項）でつぎのように、立場を明らかにした。「韓国人信用組合である横浜商銀は、民団の傘下機関である。自分たちは政治家ではなく、組合員の皆さんから金を預かり、それを運用して在日同胞の生活向上に専念する立場にある。このような事件は、民団が、全勢力を傾注して解決してほしい。自分らも、できるかぎりの協力はおしまない」。

横浜商銀全景、円内は李鐘大理事長

流用事件デッチあげ 商銀乗取りを画策

さる四日前後、神奈川県在住の民団員の家に「民団神奈川」と銘打ったタブロイド半裁の印刷物が配付された。それによると「横浜商銀で組合長らの不正発覚」という凸版横見出しの下に「李鐘大らが違法の"株"売買に九億円を流用、六千万の穴あける」「県議会でも追求、当局も事実認める」「組合の正常化に立ち上る有志で「不正糾明委」結成」という見出しで「横浜商銀理事長の地位を巧みに利用して李鐘大ら数人が……巨額のカネを勝手に使い、危険な"株"に手を出し……不正事件が発生した……金融法に違反した不法なもので県当局の注意警告も受けておりさらに進んで、県議会でこの不正事件がとりあげられるまでになった。また一方……横浜商銀の危機を感じた民団員の有志から、横浜商銀に巣食う李鐘大らに対する責任追求の火の手があがり その正常化のため立ちあがった」と主張している。

民団中央本部では、「民団神奈川」の発行人が、民団から除名された金允鍾ではあるが、これがもし事実であれば、ことは重大であるし、理事長の不信任、退陣要求をしなければならない問題であるので、直ちに真相を糾明する必要があると判断した。

一方、民団神奈川県本部（朴成準団長）でも、この問題を重視、さる九日、横浜市の韓国人商工会三階会議室で 県下民団支部三機関長連席拡大会議を開き、横浜商銀の李鐘大理事長、同李俊護常務理事の出席を求め、金允鍾らの主張する件について説明を求めた。

また本紙記者も、九日に民団支部長会館と、十日には県庁、県議会を訪れ、関係先に、金允鍾の主張と 商銀側の説明について徹底的に取材した。

その結果は 金允鍾の主張する内容は、一部の事実を取り上げ、これに勝手な解釈をつけ、さらに古い出来ごとなどをことさらに最近の重大事件のように装おって、いかにも横浜商銀が不正だらけであるように印象付けようとする、彼らの常とう手段に過ぎないものであることがはっきりした。

これについて、民団神奈川県本部、横浜商銀側では、金允鍾らの目的が、横浜商銀をめぐる民団内部の混乱、組合員による「取付けパニック」の発生、商銀乗取りの画策をねらったものであると見ており、今後は、このような意図的な悪宣伝に対し、ことが商銀の問題であるので、全組合員のためにも、徹底的にこれを粉砕することを明らかにしている。

デマ文書ばらまき民団詐称

横浜商銀（李鐘大理事長）に不正事件があるというデマ文書がバラまかれたが、民団神奈川県本部名を詐称し、県下の全民団支部名を列記したこの印刷物は、さきに民団を除名された金允鍾ら秘密朝総連分子が出したものである。このため民団神奈川県本部朴成準団長は、出張中の本国から急拠県本部に戻り、直ちにことの真偽を確かめると同時に、これがデマであるという「神奈川民団新報」の特報を発行して、一般団員に金允鍾一派の詐術に乗らないよう警告した。さらに九日には、横浜市若葉町三丁目の韓国人商工会三階会議室で、県下全支部の三機関長連席拡大会議を開いて、商銀側の説明を李理事長から聞くとともに、金允鍾らの悪らつな破壊工作を完全に封じ込める決意を固め、あわせて、十日午後六時から金允鍾らが開く集会に出席してその非を指摘し抗議することを決定した。

十日の午後六時、会場の神奈川会館には、朝総連工作員の金尚竜のほか、金允鍾、朴昌淳、宋悳植、李禹鍋ら七人ほどしか集まらず、そこに朴成準団長はじめ支部役員約二十人が出席、民団名の詐称、商銀不正事件のデマについて強く抗議したので、金允鍾をはじめ、全員が流会を口実に逃走した。

彼等はつねに、民団員のいないところでのみ、こそこそと民団名を詐称して行動するにすぎず、金尚竜を通して朝総連の指示で動いているにすぎないことを自ら暴露した。

全く無くなった転換社債

昨年八月の県当局の監査時に指摘された転換社債は、その後直ちに整理され、現在横浜商銀には全く無くなった。このことに引っかけて金允鍾らが主張する六千万円の穴はどうなっているのか、それについて、横浜商銀第十二期事業報告書と、今期の報告予定に見ると、横浜商銀が有価証券で、二期を通じ約二億円の利益を上げていることがわかった。

前期（昭和四十七年四月一日～同四十八年三月三十一日）の損益計算書の利益の部、有価証券売却益を見ると、一四五、五〇五、九八八円（一億四千五百五十万余円）が計上されている。

今期は、バランス・シートが完成していないが、前期の損失の部価格変動準備金繰入が四千百万余円が利益の部に入り、合わせて六千万円を越す利益が見込まれているとのことである。

朴成準団長警告文

朴民団神奈川本部団長は「最近、金允鍾、金尚竜ら一派は朝総連の背後操縦に依り民団分裂工作とわれわれの金融機関である横浜商銀に対する破壊活動の触手を延ばしており、『横浜商銀の不正』云云と称して民心を惑わしている」との主旨の警告文を発表した。

【解説】転換社債とは…

社債持主の意志により株式に転換できる社債。一般に無担保の社債、転換時期は発行会社が決めるが、普通一定期間据え置いた後、自由に転換できる。アメリカで発達。【種類】株式と交換するさいの社債の額面金額（転換価格）で二つに分けられる。①社債額面と株式額面とを等価とする額面転換（パー転換）・②社債発行日に先立つ一定日の株式の時価と社債額面との比率を使う時価転換。（講談社刊、現代世界百科大辞典より）

機構知らぬ無知な発想

理事長独断の流用できない

事実調査

金允鍾一派がいうところの、横浜商銀の不正とは、①李理事長が地位を巧みに利用して、五億円を株投資に流用して、株暴落で六千数百万円の穴をあけた。②理事長の無謀な行為は転換社債などの有価証券の取得を禁じている協同組合による金融事業に関する法律に違反し、このため神奈川県議会が進んでこの事件を取り上げて、きびしい追求をはじめている。③県側の金融課長が、それらの不正事件の事実を全面的に認めた。④組合員にはタッタの数十万円の貸付もことわる。⑤最近横浜商銀本店営業部内で、現金紛失の不祥事件が続発し、そのたびに職員たちが頭割でこの穴埋めをした。⑥数年前川崎支店で、当時の支店長が他人の預金三千万円を無断で流用し、その責任で支店長は退職させられ、いまも係争中の事件がある。⑦今年度韓国政府から総額六十億円が各在日韓国人信用組合に配分され、横浜商銀に渡された二億六千二百六十万円が、当の組合員にすら知らされていない。⑧横浜商銀の不正にたまりかねた民団の有志が、不正糾明委員会を発足させ、独自の調査を行なっている。というものである。これについて各方面から取材した結果は、事実はつぎのとおりである。

①理事長が金を流用したということについて。

商銀（銀行全般）の機構を知らない無知な発想である。商銀の理事長が、自分の銀行の金を借りる場合は、例え一千万円であろうと、十五人の理事全員の承認と連帯保証を必要とする。理事長の地位を巧みに利用して流用することは、十五人の理事全員の目があるかぎり不可能である（李鐘大理事長談）・

株式でなく、転換社債（解説参照）を商銀が買っていたが、それは商銀名儀で、商銀の財産であった（神奈川県高瀬金融課長談）・

②の法律違反と、県議会の追求について。

転換社債は株式に似た危険性があるので「協同組合による金融事業に関する法律」第四条余裕金の運用の制限の項には、信用組合が購入を許されていない。従って横浜商銀を監査したとき、それを指摘した（高瀬課長談）・

三月県議会の末期近くになって金允鍾さんの名前で、商銀に不正があるという陳情書が来たので、これをどう日程にのせるかあわてました（県会事務局談）・陳情書が提出されれば受理することは当然のことであって、不正があったかどうかとは審査の結果いえることである。審査の結果、不正ありと認めれば、陳情の主旨了承ということで、県当局に指示してそれを処置させる。不正がなければ不了承として否決処分にする。議会会期末で、日程が足りないので六月定例県議会に継続することにした。了承不了承はその後に決定する（県議会安藤源太郎商工労働常任委員長談）

③県の金融課長が不正事件の事実を全面的に認めたということについて。

三月十九日の県議会労働商工委員会で議員の質問に対し、担当課長として答弁した。転換社債を持っていたことは事実であるので、信用組合として法律違反であることは事実であると答えた。しかし、最近営業部内で現金の紛失事件が再々あるという情報と、川崎支店長が他人名儀の預金を流用したという陳情は事実でないので、はっきり否定した。全部を認めた覚えはない。（高瀬課長談）

議事録が完成していないので、細かいことはいえないが、朴昌淳という人が、口頭で補促陳情したいというので口頭陳情を認めた。しかし、当局側が全面的にそれを認めたということはないと思う（安藤委員長談）

④組合員には数十万円の貸付もことわるということについて。

商銀は組合員のものであり、組合員相互の向上のために存在するので、人を見て貸付を断わることはない。ただ、無暗に貸出すことはどこの金融機関も行なわないことで、一定の条件を具備しなければならないのは常識。現に、今度問題を起こそうとしている人達にも、過去延べにして約二億円から貸出しており、現在未返済額が約二千万円残っている。またつい一週間ほど前にも、あのグループの一人に相当多額の手形を現金化した。それは、条件が揃っているからである（李俊護専務理事談）

貸付申請があれば、商銀の審査課で、すべては事務的に審査されるので、お気の毒な返事をする場合もある。可否何れの場合でも、最終的に担当理事に報告されるので、一人や二人の考えで手心を加えるとかはできないシステムになっている（李理事長談）

⑤現金紛失事件が続発しているという件について。

昭和四十六年（一九七一）九月二十七日、伝票と現金額と合わないことがあった。金額は百万円であったが、これは地元の伊勢佐木警察署に連絡し、調べてもらった。こんなことは外部には一応発表しないものである。既に処理済である。現金紛失事件はこれ以外にない。預金者の組合員に迷惑をかけられないので、当時の営業部役職員の連帯責任で、金を補てんさせたことは事実だ（李専務理事談）

⑥数年前、川崎支店長が他人名儀の預金を流用したということについて。

昭和四十三年（一九六八）十一月、当時のN交通のKさんが商銀に貸付を頼んで来たが、担保物件がないので断わったところ、南部に住む文某さんが、三千万円の定期を組み、三千万円を借り出した。文某はこの金を三分の暴利でN交通に貸していたところ、N交通が倒産した。商銀では、定期担保の貸出しであるので、定期預金と相殺してしまった。文さんはこれを不服として法廷で争うようになったが、今年中に決審となる見通しとなっている。支店長の流用ということは当らない（李専務理事談）

⑦今年二月、韓国政府から、在日韓信協に対して、育成資金として金が来たのは、既に新聞にも報道されているし、各信用組合に割当られた金額も公に発表されている。これは、一人一人の組合員に通知すべき義務は別にない。また、この金は無条件で組合員に貸付するという性質のものでもない（李理事長談）

⑧商銀に対する不正糾弾委を民団有志が作ったということについて。

民団有志とは何か、民団の行事に事々に反対し、韓国政府をひぼうしているせいぜい十七、八人の連中が集まって、民団神奈川本部を詐称しているだけでなく、金仁石、朴昌淳、宋悳植らが策動しているにすぎない。自らの黒い手をきれいにしようとせず、商銀に不正があるなどとは、全くあきれ果てた連中である（民団神奈川本部朴成準団長談）

経済協力で英・仏・西独らに重点

外資導入政策を修正
第7回、対韓国際経済協議体会議を契機に
民間レベル交流多辺化も

▽…今後における外資導入政策の基本方向は、ヨーロッパ地域との経済協力多辺化に重点をすえ、民間どうしの合作投資線…△
▽…化に努めると太完善副総理兼経済企画院長官が31日午後あかした。太副総理は、去る26、27日の2日間、フランスの…△
▽…パリで開かれた第七回、IECOK(対韓国際経済協議体)総会に参席し、英・西ドイツ・フランス・ベルギーを訪問…△
▽…したのち、31日午後、金浦空港にかえってこのようにかたった。…△

長官は、IECOK総会と各国巡訪を通じて会員国と国際金融機要らが韓国経済の成長潜在力を高く評価、韓国をすぐれた投資対象国として認めているとのべ、外資導入の通路がより広まりヨーロッパとの経済協力多辺化に転換点をつくりあげたと強調した。

韓国はヨーロッパEC諸国との経済交流に重点をすえることによって重化学工業国家としての発展をめざしている。写真は製鉄年産103万トンの浦項製鉄所の内部

太副総理は、面談したヨーロッパ政府指導者や実業人から必ずといってよいほど、韓国の健全な合作投資者との連繋の方案が非常に難しいという意見を聞いたとのべ、今後、韓国の実業人らがヨーロッパの実業人との緊密な接触により一層努力してくれるよう付託、政府もすぐれた事業計画を作成して民間経済協力の橋架役割を惜しまないつもりであるとのべた。

太副総理は、またIECOK総会で会員国らが①油類供給確保②インフレ抑制政策、③長期経済開発計画、④農業開発計画、⑤家族計画事業など韓国の経済政策に関心ある議題があり、世界的な油類および原資材価格推移を勘案して、一部計画を再検討するのがどうかという意見もあったが、わが代表団の説明にもとづき、74年と75年に所要とされる約30億ドルの外資を確保する意向を確認したとのべた。

太副総理は、英国が年内に、西ドイツがおもに、投資使節団、フランスが10月に投資調査団、そしてベルギーが5、6月に通商調査団をそれぞれ韓国に送る約束をしたとのべ、韓国実業家は今年をヨーロッパとの経済援助多辺化の年としてとらえ、資本・技術導入に積極的に努力することを促求した。

75年に夜間工大新設
文教部技術人力供給計画

文教部は需要が大きくのびている技術人力養成のため、75年度に夜間工科大学を新設し、全国の各工業専門校に特別選抜部、各工業高校には技術[illegible]それぞれ付設する計画であり、これとともに工高、工専、工大の在籍学生定員もふやすことにした。

文教部が一日、作成した「工業系技術人力供給計画」によれば、新設される夜間工科大学および工専特別選抜制度では、高校卒業者と技能工のうち優秀な人材を選抜して、来る81年までなべて4万6千6百名の技術工を養成することになる。

工業高等学校付設技能養成所では、一年程度の教育を通じて81年までに16万5千3百名の技能工を養成する。工業高等学校も75年度に92学級(一学級60名)、76学年度に百四十三学級をふやし、81年までなべて9万4千3百名の技能工を養成することになる。

工業高等専門学校は、重工業分野学級を75学年度に82学級、76学年度に80学級、77学年度に73学級などなべて2百35学級をふやし、同じ期間中、軽工業分野も百七十五学級を増設する。

工科大学は、81年まで機械・化学・冶金分野定員5千4百40名、建築・土木分野定員千40名をふやす。

文教部のこのような技術人力供給計画は、来る81年まで必要な技能工百59万名、技術工、百91万名、科学技術者百1万余名確保方案の一つである。

「民青学連」は学園破壊し
無産革命企む不純勢力の手先

閔文教部長官

閔寛植文教部長官は、4日午後不法地下団体である全国民主青年学生総連盟は、全国の大学は勿論、高校にまで侵透、階級闘争と労働者、農民を扇動するなど北傀と完全に同一の主張を露らにし一種の共産プロレタリア革命を企てたとして「民主青年学生総連盟」の学園浸透手法をはじめて公開した。

閔長官は、この日、KBSテレビ「政府との対話」プロ、録画放送インタービューで、全国高校と大学から不穏ビラが数万枚も出て来たとめかし、政府はこれら不法団体の活動が北傀の人民革命を画策しようとの前段階にあると判断このような地下組織がより深く根をはる前に抜本塞源し、善良な大多数学生を積極的に保護しようとの目的から事前対処がやむを得なかったと説明した。

ついで、閔長官は、学校の廃校措置までもおさなかったのは「一つの学校の廃校と国家の安保はかえることができない」という政府の診断を示したものだとのべ、このたびの措置の真意を理解、国力総和と学園正常化に協力することを、教授、学生、学父母に付託した。閔長官の発言内容は次のとおり。

最近の学生運動は、しだいに変質し、スローガンや行動や油印物などに反国家的な不純勢力の背後操作をうけているとしか断定できないような傾向が現われはじめたことを捜査機関で発見した。

調査結果、全国民主青年学生総連盟という不法的な地下団体の組織がひろがり、全国各大学は勿論高校にまで侵透しつつあるという確証をとらえたのである。このスローガンの内容を見れば、階級闘争を主張し、労働者農民など北傀の主張と完全に同じものである。

それ故、これら地下組織が拡散し、深く根を張る前に、一掃し、これを純粋な学生運動として錯覚付和雷同する学生を保護し、学園を正常化しながら、働きながら学ぶ風土を育てあげようとする政府の苦心の表現であると考えられる。

これら不穏文書の内容は「緊急措置撤廃」から前進、労働者、農民の政権を樹立しようとするプロレタリア革命のようなものとなる。

なお文教部は各学校に対して①緊急措置5項の不法的行為(出席・授業・試験拒否、学内の集会・示威、その他)を事前に防ぎ、正常授業となるように特別指導する。②文教部長官の退学・停学処分権および学業停止処分権を周知させ、処分権が発動される場合、該当学生の学籍および兵籍処理など後続処置を遅滞なく履行することを通達している。

声 明 文

去る3月16日付、本国新聞に「うつ陵島スパイ事件」が報道された。甚だ遺憾な事実であるが、その中に本会会員李佐永が関係していることから事態の重大性にかんがみ、3月28日緊急拡大役員会を招集して長時間、慎重に討議した結果、本人の除名が満場一致で可決された。

したがって、今後、本会と李佐永とは何等の関係が無いことをここに声明するしだいである。

一九七四年三月三十日

在日本全北会

会長　千　順　久

文学全集仏訳で
韓国人像伝える
ゲオルグ氏夫妻離韓

「25時」の作家、コンスタンチン・ビルジル・ゲオルグ氏([illegible])夫妻が11日間の訪問日程をおえ、3月30日、午後2時30分、CPA便で金浦空港を発った。

ゲオルグ氏は空港で「真心を理解してくれる韓国人は王者のような国民」とのべ「韓国人の温かく高貴な人間像を世界に知らせるため韓国文学全集の仏訳をはじめる」と語った。

ゲオルグ氏は「ルーマニアへ帰りたいが、共産主義者に支配されている以上、夢が実現されはしないだろう」とのべた。

ゲオルグ氏は、韓国に滞留する間、都市と農村を見学し、講演会も開催した。

米軍の韓国駐屯は
北傀奇襲予防のため
ドウリング副次官補証言

テニス・ドウリング米国防省東部アジアおよび太平洋担当副次官補は、三日、駐韓米軍は北傀の陸海空軍が韓国を効果的に奇襲攻撃し韓国経済と社会を破壊したり、分裂させないための予防的手段として駐屯しているとのべた。

ドウリング副次官補は、この日午後二時、下院外交委のアジア・太平洋小委の証言を通じて駐韓米軍が北傀の奇襲攻撃を予防するため駐屯しているので、米第二歩兵師団は北傀がソウルを攻撃する際にえらぶと思われる地域に布陣しており、第二師団の機能は、首都ソウル前方の北部地域でいかなる北傀侵入もこれを阻止するのに寄与するであろうとのべた。

ドウリング副次官補は、また駐韓米軍砲兵およびミサイル部隊は韓国軍の地上および空中防衛を支援しており、韓国自体防衛の必須の役割を担当しており、駐韓米戦術空軍部隊は韓国空軍力とそれより優勢な北傀空軍力の不均衡をうめるものであると言明した。

ドウリング副次官補は、去る数年間、駐韓米国兵力が相当減縮したことを是認し、しかし現在駐屯している約3万8千名の駐韓米軍兵力は米国の対韓政策を支援する重要な役割を担当しており、韓国に米軍が存在するのは、韓国問題を解決する韓国政府の努力を支援するアメリカの意思表示を反映するものであるとのべた。彼はついで、アメリカのこのような対韓政策支援に力を得、72年7月4日の南北韓共同声明、73年6月23日の北傀との自由経済政策宣言、74年1月18日、朴正熙大統領の不可侵協定提議など韓国政府がより大きな自信をもっているとのべた。

論壇

韓・日政治関係の展開と見通し (上)

金 瑢 奉 (漢陽大教授)

日本の対北韓接触の制限が
韓日間の親和を保証

はじめに

一九六五年六月、韓国と日本が国交を正常化して以来、韓日関係は急速に緊密化した。しかし、両国の関係が緊密化したということが、そのまま両国関係が円満だということは決してならない。両国間の関係が満足すべき関係に展開されていないという事実は、両国の政府、政界、財界、言論界、さらに識者層が表明している異論と不満からも十分うかがえる。

今日、日本ほど複雑とかっとうの入り混った感情を同時に巻き起こしている国はない。このような感情は、アジアの複雑かつ多元な政治・軍事情勢の急速な展開の中で、巨大な経済力を背景に、今後日本がアジアでどのような役割を果たすかについて全く見通しがつかないためである。日本が各国の期待どおり、自由アジアの 地域安保に積極的しかも指導的な役割を果たすか、それとも期待とは裏腹に脱線的な独自路線を指向するかによって、今後アジアの平和と安全は重大な影響を受けるだろうことは明白である。このため、韓日政治関係もまた、根本的に協力若しくは脅威ないしかっとうとして展開されることになろう。

端的にいって、第二次大戦以後、日本は他意または自意によって、外交政策不在の国として振る舞ってきた。しかし、爆発的な経済成長を基盤としている日本は、一九六五年 韓日国交正常化を契機に、アジア諸国と政治・経済関係をもちはじめた。米国の対アジア政策の変化と沖縄の返還は、今後、日本をして少なくとも自国の経済的利益を追求するためにも、中国大陸、韓半島、東南アジアの政治・軍事情勢の変化に対して、強い関心を寄せざるをえないように仕向けた。したがって日本は、自国の安保問題を日本列島に局限させていた従来の思考方式を大幅に修正しなければならなくなった。これはちょうど米国が大陸の事態を傍観できないのと同様である。

一九六五年の韓日基本条約の精神は 一八七六年以来、韓国のなめた屈辱的で不幸な過去を清算し、両国間に新しい友好と協力的関係を互恵平等の立場で樹立することにあった。ところが韓日関係の正常化は 最近米国の対アジア政策が示唆しているように、韓日両国を一つにくくって、アジアの共産勢力をけん制しうる協力体制に発展させようとすることにもその意義があったのである。

韓日関係の正常化は、日本の立場からみたとき、日本国民の全面的な同意によるものではなく、日本の保守政界・財界の主導勢力の一部と、米国の強力な圧力によって実現されたものである。韓国民の立場からみたとき、日本との正常化は必要悪から始まったものであり、両国間の関係がこれまでになく深化した今日においてさえ、韓日関係は経済的、政治的、文化的または軍事的被害意識からくる誤解と警戒の範囲から抜け切っていない。このような対韓観や対日観が 両国間の協力のための調和された環境の造成に 大きな障害となるのは明白な事実であるがこれが今後の韓日関係において、基本的な政治的性格や限界を決める決定的な要因にはなりえない。

その理由は、韓日間の政治関係の展開が、全面的に韓日両国の自意によってのみ決定できるものではないからである。韓日関係は、それよりももっと大きな客観的要因である米・日・ソ・中共四か国の関係の展開いかんによって、大きな影響を受けざるをえないからである。

韓国の安保と政治的立場を間接的に強化した経済協力

国交正常化以後、両国間の協力面で全面かつ最も活発に進められてきた部分は、何といっても経済面である。というのは、もともと韓・日・米の国交正常化の重点が、経済的な面に置かれていたからといえる。過去六年間の経済協力は貿易量、資本導入、技術導入において、日本の一方的な支配による経済協力であり、韓国にきわめて不利な貿易逆調をめぐる両国間の不和と摩擦が繰り返されている。しかし、韓国の経済的成長と社会的安定に、日本の協力が至大であったということは周知の事実であり、韓国の第三次五か年経済計画も、外資調達面でかなり日本に依存せざるをえないのである。

このような面に照らしてみるとき、韓日経済協力は、韓国の安保体制と政治的立場を間接的に強化させたといえる。今後とも、韓日の経済協力による相互利益が何よりも大きな比重をしめる限り、経済協力は継続するものと期待される。もちろん、このような経済協力を通じて 日本への経済的文化的あるいは政治的隷属化可能性を全面的に排除するものではない。

韓日間の政治的関係はどのように展開され、また今後どのように展開されるだろうか。表向きには、日本が誠意を尽くして韓国の政治的立場を擁護してきたようになっている。しかし、韓日間の政治関係は不信と不和をもたらすなど、決して満足なものではなかった。韓日基本条約第三条は 日本が「大韓民国政府が国連総会決議第一九五(Ⅲ)号に明示されているように、韓半島における唯一の合法政府であることを確認する」となっており、一九六九年十一月のニクソン・佐藤声明では「韓国の安全は日本自身の安全にとって緊要である」と述べることによって 韓国の政治的立場と安保の重要性を明白に認めるかのような態度をとり、さらに日本は「事前協議」によって、韓半島に深刻な軍事的事態が誘発される場合に備えて、日本本土および沖縄を米軍の発進基地として引き続き提供するという言明をたびたび繰り返してきた。韓国の政府、与・野党もまた、韓国の安保と外交の強化は対米・対日協力を通じて達成するという基本的な立場を言明してきた。

これまで満足するにたる政治的協力があったとすれば、それは日本が国連で米国とともに韓国の立場を忠実に支持し、アスパク(ASPAC)の創設に韓国と緊密に協力し、韓・日閣僚会議、韓日議員懇談会と韓日協力委員会などを通じて、両国の政府、民間ベースの協力と交流体制を強化してきたという点である。

ごく最近は、韓国の要請によって、日本首相がニクソンとのサンクラメント会談で、安保・経済問題に関する韓国の立場を米国に理解させようと努力した。

ところが、これとは別に、一九六五年以後における韓日間の最大の政治的課題は、北韓を含む対共産政策である。国力のうえでも外交的にもオプションがきわめて制限されている分断反共国である韓国と、地政学的な利点と経済力を背景に、アジアの新秩序の創造に大きな役割をはたせる日本とは、根本的にその立場と力量が異なっている。

このような相違から韓日間には政治的異見が生まれるのであり、そのような見解の相違は、韓日基本条約第三条の解釈から始まる。韓国は第三条に基づいて、韓国政府を韓半島全域を統轄する唯一の合法政府であることを日本が法律的に認めたものとみなしてきた。したがって日本は、北韓が不法政体であることを確認し 北韓とはどのような公式的な関係も持つことはできないばかりでなく、韓国にとって害となるいっさいの実質的な人的、物的接触と交流も持ちえないという見解をとり続けてきた。

しかし、一九六九年から韓半島には〝二つの韓国〟が事実上存在していると言及してきた日本は、一九六五年の条約締結以後も、韓国の主権は韓国が実質的に統治している休戦線以南に制限されているという見解を公式的に表明してきた。

したがって、日本の第三条に対する解釈は、国連会員国としての日本が国連総会の決議第一九五(Ⅲ)号を受け入れるものであり、この決議で指摘した〝唯一の合法性〟とは、国連の権威が一九四八年当時作用しえた南韓で樹立された韓国政府の合法性だけを意味するものとしている。

(次号につづく)

676

第2陣 戸籍整理奉仕団来日

地方本部単位で巡回計画
五月中旬から一カ月の予定

本紙既報のとおり、去る2月21日から3月21日まで、第一次在日同胞の戸籍整理無料奉仕団が全国6個地域にわたって、二千八百余件の整理および千余件の相談成果をあげ、帰国したが、山積する戸籍整理案件の必要にともない戸籍整理奉仕団の再派遣をねがう声が高いこともあって民団中央本部では5月中旬から6月中旬にわたり第二陣の派遣を要請している。

これにともない、民団中央本部民生局（安商権局長）では、戸籍整理無料奉仕団の各地方本部単位の巡回奉仕の期日、人員などを全国的に調整するため、各地方本部あてに必要な奉仕団要員数、整理期間などを4月10日まで中央本部へ報告するよう次のように通達した。

①各地方本部は、該当地方本部の団員数および支部数など参考して、作業量およびこれに必要な期間、そして奉仕団の人員数などを具体的に策定して中央本部に要請すること。

②司法書士会、無料奉仕団要員を配置するにおいて、各地方本部は該当地方本部の作業をおえるまで奉仕団要員の宿泊費および交通費、そして他地方本部に移動するまでの交通費を負担すべきなので、これを充分に検討したうえ、人員配置を要請すること。

③但し、地方実情にしたがい該当地方本部の行政能力で戸籍整理作業も充分に推進完了できると判断されるばあいには、奉仕団要員の配置を要請しなくてもよく、いったん配置要請をしたあと、中央で日程が決定すれば事情如何を問わず配置に関する変更は許されない。

④このような事実を考慮して奉仕団要員の配置を要請する地方本部は管轄地域の団員に、充分な事前の啓蒙運動を展開し、最大限の成果をおさめうるよう万般の措置を取られることを望む。

⑤現在、戸籍整理作業を推進している6カ地域のうち、東京地方本部の場合は、一日平均20人程度のよい成果をあげており、これに必要な申請様式など一切の書類も奉仕団で無料提供している。

⑥戸籍整理を要する団員らは戸籍謄本だけ準備できれば処理可能である（但戸籍の場合は不要）ので団員へ通知周知させることを望む。

金永善大使、初の地方視察

金永善大使

金永善駐日大使は、着任後初の地方視察のため、去る八日午後[illegible]時十分発のひかり号で夫人同伴、従事官帯同で京都へ向かった。京都駅では、尹達鏞中央団長、張熙[illegible]京都本部団長、[illegible]大阪[illegible]らに迎えられ、都ホテルの歓迎会にのぞんだ。この席上で、張団長の歓迎辞にこたえ金大使は本国から来た国民の一人として団員皆さんに感謝の意をのべたいとあいさつ、一人一人に握手を求めながら和やかな歓談を交わした。金大使一行は、翌九日に民団京都地方本部を礼訪後、神戸入りして民団兵庫県本部も礼訪したあと、東明閣での歓迎昼食会に出席した。このあと、さらに大阪入りした一行は、夕方六時半からグランド・ホテルでひらかれた民団大阪地方本部主催の歓迎会に出席、十日に民団大阪地方本部を礼訪して東京に帰任した。

地方本部を主体に セマウル苗木運動を

【民団中央組織局で通達】

民団中央は本国の「植樹期間」（4月1日～4月15日）を迎え、民団の年例事業である60万のセマウム植え運動を、金[illegible]中央団長引率の青年会員を本国へ送り、60万本の苗木を祖国の山河に植える作業として展開しているが、このたび、民団中央組織局（呉敬福局長）では、74年度活動方針に依拠、本国への「セマウル苗木送り」運動を、各地方本部単位でも積極的にくりひろげることを指示する細部指針を別項のように各地方本部あてに通達した。

セマウル苗木送り運動実施指針

▽目的・祖国近代化のためのセマウル運動の一環として、祖国山川の山林緑化運動を支援するため、わが在日国民は各自の郷土、縁故地、姉妹結縁地に苗木を送る運動を展開することによって、祖国近代化作業に参与する。

▽実施期間・苗木は季節的に適期に送付、植樹すべきなので春季の4月を期して実施し、第一次締切りの日時を一九七四年四月三〇日までにするので留意すること。

▽援助品目
果樹木・りんご、梨、桃、ぶどう、みかん、くるみ、栗
造林樹・イタリアポプラ、桐
街路樹・銀杏樹、杉、桜など
そのほか、桑の実など

▽通関および関税

1、援助品目に属する苗木に対しては、一人当、五〇〇本未満のばあい、在日公館（大使館および各領事館）が発行するセマウル苗木送付確認書だけで無課税、通関される。

2、一人当五〇〇本以上、千本以下のばあいには市長、郡守が発行する実需要者証明書が添付されたのち通関が可能である。

3、一人当千本以上のばあいにの通関には農水産部長官の推薦書提出が必要である。

4、セマウル樹木植え運動期間中、国内の特定個人に寄贈するのではなく、政府事業のため外務部長官に寄贈するばあい、外務部長官の通関要請によって数量制限なく通関される。

5、援助品目以外のすべての苗木には、関税が賦課される。

▽植物検疫

植物検疫手続においては、セマウル苗木送付確認書が添付され、韓国関係機関が発給した輸送植物衛生証明書が添付されたものに対しては、最優先的に検疫完了するよう措置する。

（苗木を日本から購入する際、事前に取扱商社をして、輸出植物衛生証明書まで準備してくれるよう要請すれば便利）

▽送付先

1、送付先が個人のばあい、1人当り五百本未満の苗木は公館の確認書だけで通関が可能であり、千本までは市長、郡守の実需要者証明を添付すれば、通関されるので個人にも送付可能である。

2、公共事業のため寄贈され、千本以上の苗木を送付する際には寄贈送付先を外務部長官とし、特定のセマウル部落などの植樹用に使用するよう記録すれば外務部がこれを受付、目的先に再分配する。

▽寄贈者・寄贈者即ち、送付者は個人であれ団体であれ、親友会であろうといかなる親睦団体でもよい。

李秉禧長官迎え 和やかな韓日親善

山形県日韓親善協会

山形県日韓親善協会では、七四年度総会を、去る七日午後一時から山形県民会館会議室でひらき、新年度事業計画などを採択、役員選出をおこなった。

この総会に先立ち、六日午後、東京からは、韓国政府の李秉禧無任所長官をはじめ、金仁[illegible]政務調整官、[illegible]参事官、李[illegible]中央副団長、金[illegible]民団文教専門委員長らが、山形空港に垂石義太郎県会議員、民団山形県本部の[illegible]団長らに迎えられ、天童温泉の紅葉苑に入り民団幹部らと夕食会をひらいた。

翌七日、県民会館会議室での総会では、百五十余人が参席する中で来賓あいさつ後、経過報告、会則改正事業計画案、収支予算案、役員改選の順で議事が進められ、事業計画案では①韓日県議会の随時開催②文化・体育の交流③両国民間の融和促進④産業・貿易の交流⑤訪韓団の編成派遣などを採択、役員改選では、垂石義太郎氏が新会長に、[illegible]団長が副会長にそれぞれ就任、総会を終えた。

このあと、場所をホールに移し韓国民俗歌舞芸術団の特別記念公演が盛大に催され、両国民衆の大喝采を浴びた。

また午後六時からは産業会館で、和やかな歓談裡に親睦披露パーティがひらかれ、盛況を呈し、つづいて[illegible]グランド・ホテルで李長官主催のパーティがひらかれた。

なお特筆すべきことは、自民党所属の山形県議会議員三十二人が、全員、当会に加盟していることである。

朴烈義士遺家族に 弔慰金を贈ろう

本紙既報、去る三月一日、朴烈義士の遺家族三人を迎え、東京・日本青年会でおこなわれた民団の初代団長朴烈義士の追悼式は三・一節記念式典とも重なり、しめやかな中にも盛大におこなわれたが、民団中央では、全国各地方本部や有志からの弔慰金を中央あてにおくってくるよう再度の公文で示達した。

遺家族のうち、[illegible]長男の朴栄一中尉は帰国したが、現在、民団神奈川県地方本部に勤務中の長女の朴慶順さんが在日中である。なお、弔慰金の送り先は中央本部団長室あて。

山口県本部で 緑化奉仕団

民団山口県本部では「郷土緑化奉仕団」を結団し、去る三日、午後五時発のフェリーで、朴[illegible]県本部団長以下、男70人、女41人の奉仕団が韓国へ向かった。

この奉仕団は、民団が挙団的に推進している「60万のセマウム植え運動」の一環として、杉・桧などの苗木六万本（三百万円相当）を韓国釜山の造林場に送り、五日の植樹日に、植樹した。

三重県で青年会 結成準備委開く

―年内には全国25本部目標―

民団中央本部七四年度活動方針の一部である在日韓国青年会地方本部の結成は、民団地方大会と相まって、ようやくその動きが活発化し、年内には少なくとも二十五カ所以上に青年会が結成される目やすがついた。

その第一号として、民団三重県地方本部では、韓国青年会三重県本部結成準備委員会を、去る四日午後七時からひらき、呉相泰君（[illegible]）から、青年会の目的、性格、活動内容等が説明、報告された。準備委員会の会長には[illegible]、副会長には[illegible]相泰君が就任、四月末までには結成大会に持っていきたいとしている。

防衛誠金に 五十万円

朴成準神奈川団長

朴成準民団神奈川地方本部団長は四月二日から十二日まで行なわれた「在日同胞六十万セマウム植え運動」に参加し、青年奉仕団と行動を共にしたが、現在募金中の防衛誠金として、率先五十万円を四月七日韓国文化放送を通じて献金した。

朴成準団長

反共会議に 林理事長来日

[illegible]連合主催のアジア反共会議（九カ国出席）に参席のため来日中の林[illegible]理事長（元外務次官、国連大使）は、四日午前十時すぎ民団中央本部を表敬訪問した。五日午後九時羽田発でワシントンに向かい、世界反共大会（80カ国参加）に出席、月末再び東京に立寄って帰国する予定。

昨年より 新入生増す

東京、大阪、京都の各韓国学校三校と建国学校の入学式がそれぞれ終了したが、今年度の新入生の統計によると各学校とも昨年を上回っている。

東京韓国学校の場合は新入生総数百六十人で昨年より八人多い。

関釜フェリー 週四回運航

関釜フェリー（株）は、さる七日からフェリー運航回数を週四回に増便した。同社はまた、大韓通運との輸送契約に次ぎ、日本国内に鉄道とデパート網を保有している西武運輸とも運送契約を結んだが、将来は陸海一貫複合輸送方式を採用している全日本国際運輸とも運送契約を結ぶ計画である。

全国一斉に地方大会

大会結果は速かに中央へ

去る三月二十二、三日の第二十三回定期中央委員会、二十四日の第三十六回定期中央大会につづいて、全国各県地方本部ではいっせいに地方委員会と地方大会をひらくことになり、四月十一日現在判明しただけでも、十三日に新潟、十四日に愛媛、十五日に石川、十六、七日に大阪、二十一日に北海道、山梨、二十二日に長崎、二十六日に神奈川、二十八日に三重、福井、兵庫、三十日に千葉がそれぞれ委員会ないし大会をひらくことになった。

なお本紙では、地方大会の結果をいち早く報道するため、大会報告をただちに中央へおくるよう希望している。

尋ね人

☆崔先準さん（山本・75才）本籍・ソウル特別市麻浦区[illegible]洞四四〇

幼時に父母が死亡し、当時京畿府[illegible]町の叔父宅で5人兄妹と住んでいたが、約40年ほど前にひとりで渡日した崔さんを、ソウル特別市永登浦区[illegible]84、崔永寿方崔光準さんがさがしています。ご存知の方は崔さん又は民団中央本部民生局まで連絡を。

☆黄在鳳さん（長井・49才）本籍・慶北青松郡[illegible]面

一九四二年東京に居住、一九四三年五月頃、大阪府泉南郡長滝村佐野飛行場の[illegible]工事場で労役従事中、解放を迎え、一九四六年に一度文通があったとのことです。

☆崔一男さん（梅田・49才）本籍・慶北大邱市内[illegible]洞

右の黄在鳳さんと同居していたといわれますが、この二人を本国ソウルに居住する李[illegible]さんがさがしています。ご存知の方は民団中央本部民生局まで連絡を。

読者の声

「侵略」と結びつく 日本人の優越意識

李 小 勝

ついさきごろの国会における田中首相発言は一国の総理大臣ですら、戦後二十九年になろうとする今なお戦前の感覚で韓国人をみていることの証左であると思う。このことは、なにも今にはじまったことではない。その度に、このような発言は、日本人の大部分が、現在の韓国および韓国人を充分に理解していない事実を我々に教えるが、特に、一国の指導者においてさえ、そうであるとすると、日本の対韓外交政策の基調そのものに対して危惧と疑惑を感ぜざるを得なくなる。

しかし、更に問題なのは、このような発言の背後に潜む、韓国に対する日本人の潜在的優越意識そのものであろう。民族的優越意識ほど「侵略」と結びつくものはないからである。勿論、現在の日本が韓国を侵略する意図をもっているとは思わないが、我々は、過去において、二百年に一度の割で、外国の侵略を受けている歴史的事実を忘れるべきではない。少なくとも、二十世紀の韓国民の使命は、二度と日本の侵略を許さないことにあるのであって、そのために、あらゆる意味での万全の措置を講じておくことは、次代の韓国民に対する義務でさえある。

この点、我国の態度は非常に寛大であるのは不可思議である。例えば、戦後の西ドイツは、二度とフランスを侵略しようと思うことのできない程、フランスは徹底たる態度をとっている。韓国も、日本との経済的協力関係は別として、そうした面については、もっとシリアスに日本に対処するべきである。そうすることによって、日本人に対して韓国の「決意」を認識させることができ、日本の支配者たちの侵略根性を抑制することができると思う。日本との経済的協力関係が「経済的侵略」に思われているのは、我国の政治家がそうした筋をとおすことを怠っているためである。

ところで、我々が、日本人と対等な国民と認められるためには、我々自身が独自性をもつことが前提となると思う。もし、わが国の政治家が、韓国の社会構造を日本化しようと思っているのなら、重大な間違いであると思う。

そのような態度は、いつの日かまた同じような発言を招く。我々の民族的自尊心、独自の政治経済体制なり文化体系なりをもつべきであって、決して、日本に「従属」する形態であっては、ならないと考える。我国の近代化の為に、日本の「従属」を避けることができないと考えるのなら、その政治家は無能であるという他ない。

在日韓国人自身についていえば、いつまでも過去の植民地時代の被害者意識を持つべきではない。解放後二九年になろうとする今日では二、三世の時代が出現したのだから、新たな発想の下で、自分たちの地位を確立すべき時期である。それは、基本的なことで、我々自身が外国人であると認識することから出発する。断じて日本人への同化の方向にむかうべきではない。その為の指導をするはずのは、他ならぬ民団であるはずだが、民団にそうした観点を欠いていると感ずるのは、私一人だろうか。

日本に居住していても、韓国人である以上、韓国名を使用し、韓国語を話すことは、当然のことである。このあたりまえのことさえ、実行されていないのが現在の在日韓国人の実情である。そうすると、我々は、問題に直面しながら、それを解決し、打開するだけの適当な精神的姿勢をまだともに確立していないことになる。

今度の田中首相の発言が、日本人の変態的優越意識のあらわれだとし、仮に、それが彼らの病的コンプレックスの裏返しであるとしても、我々側からすれば、我々の日本に対する一線の寛せいとして把えるべきである。そして、我々自身が新たな価値観を創造して上での契機として把えていく必要があると思う。

世界親子かけある記 ⑭

ビジネスと観光と歴史・美術そして…

裵乙祚・裵慶州

観光・商用兼ねる

安ホテルに現地外食 きりつめの貧乏旅行

旅と会計

費用のことならドントこい式の大名旅行ならいざしらず、最低経費でいこうとする私達は、常に手持残高をにらみながら行動しなければ旅行半ばで破算するはめになりかねなかった。

毎日私達は日記と記帳作業を続けることになっていたので帳簿もチャンと持参していた。この毎日の作業は旅行中特に移動のはげしい時などは負担になった。観光ばかりでなく商用も兼ねている旅行なので、相手に対する面子もあり、出費もかさむことを予算に入れ、節約出来る時には思い切ってきりつめた。たとえば、みやげものは必要最少限におさえ、交通機関は出来るだけ大衆交通機関を利用、バス、電車、地下鉄を最大限に使ったり、徒歩は勿論のこと、ホテルはBクラスでいけるところはコンチネンタル方式の朝食付きで最低にあげ、出来るだけ現地食を外食して安くあげることに努力し、重点的にしかも効率的に観光視察場所を選定し時間と交通費の節約を考える。勿論案内役者つけることなど出来ない。

いってみれば、私の案内が日常やっている家計簿的思考である。入って来るものが限定されているから（手持資金が限られている）出費をコントロールする、極めて明解なことからであるが、時にはつらくみじめでもある。しかしそもそも今回は覚悟しての予定行動なので、二人で笑いとばしながら明るく楽しくこの作業を続けているのは幸福である。「二人で互いにチェックしあって無駄使いを監視するんだ」と息子はどうも自分のおふくろに点数をかせがんばかりにガッチリしめてかかった。

この会計作業でレート換算や外貨間のドル換算記帳は、激しい訓練の一時でもあった。私達はその国の通貨とあやり残しの記帳作業は、殆んど飛行機の中でやっていた。

（Ⅰ）通貨交換と旅

かって世界の通貨が固定制の時ですら世界を一周しようとする時は、出入国時における通貨交換と交換率を正しく適用して交換することは並たいていのことではなかった。最近のように世界通貨がお互いにフロートしていると、各国間のレートを適正に判断し、自分がその国に何日いてどのくらいの費用を必要とし、その総額を一度に交換するかしないか、空港の銀行で行なうべきか、レートは少々高くても安易なホテルや必要時に随時街の両替屋で行うか、持合せの非現金やトラベルチェックなど観光客相手の不当な店舗で使うとレートがばか高くつく、こんなことは一度旅行をした者なら誰でも経験することがらである。

そもそも今度の旅行は、レートのフロート制下で如何に適正な判断で、有利にレート交換をもっていくか、一つ勉強のつもりでマルクとポンドをドルと合せて持参したのだった。勿論、貧乏旅行でもあったから必然的に多少の有利な条件でも最大限利用することになったのである。実地に円、ドル、ポンド、マルクの主要通貨間の交換と、行く先々の通貨との交換等これらの相互交換による相乗効果を適正に判断して、通貨のフロート下に於ける各国の経済をも判断出来れば良い経験になると考えたからである。

私達は交換差とレートとそして使い残しの再交換による手数料の二重払いをさけるため、切りつめられた時間内で空港での交換には素早い相乗効果を判断する訓練をホンコンから始めた。

このス早い計算は若い息子が一手に引き受けて、手まめにしかも私のあまりこの点にこだわらないので不利と思われる時など適時指摘してくれたのは、この旅行で息子教育をしている私には一つの成功であった。金銭にあまりキタナクなっても良くないが、不必要なむだや大名旅行のような馬鹿さ加減もどうかと思うし、要は成金風を吹かせてナメラレルよりは、常に正しく対等な取引をして相互理解をした方が楽しい旅が出来るし、基礎的旅行技術でもあり、通貨交換のテクニックを習得することはとりもなおさずその第一歩なのである。

（Ⅱ）再び通貨交換と旅について

六月末日にドイツマルク五・五％切り上げられ又もEC諸国の通貨は、対ドル及び域内相互の調整のため目まぐるしくフロートした。日本のように単一国家単一通貨圏ならことは極めて単純に解決されるし、又為替制限等により利己的に自己を守ろうとすれば或る程度の効果は出る。しかし欧州はそうはいかない。飛行機で一時間、電車で四、五時間も動けば否が応でも通貨の問題にぶつかり、関心を持たない訳にいかない。すくなくともEC加盟国内の各通貨に他地域通貨が加わって流通しており、それが限られたせまい地域で目まぐるしくお互いの政治経済通貨の事情によりフロートしているわけだ。

EC主要都市では特定数種の通貨が使えるが、これは特に銀行等でその国の貨幣に交換して使用するのが無難である。直接他国通貨を支払に使う時は、相手方の換算率に従わねばならぬので不利であるのと時には不愉快な場面にぶつかる。発展途上国等で特定通貨の需要が特に強い場合は、直接使用によるメリットが以外に大きいことがある。要するに彼等は特に通貨の変動に敏感であり、またその交換による相乗効果をはじき出す感覚を身につけている。このことに比較的無関心でへたなのは、自国通貨の絶対優勢をうたがわなかったアメリカ人と日本人その他唯一孤立国民だけである。

例の如く私達は約四カ国の通貨及びトラベルチェックを持っていたので、一つの通貨圏から他の通貨圏に入国するとすぐ、空港の両替レートを見て、その国では手持ちのどの通貨と交換したら有利か、交換額はどの程度にするか、もし残ったらその当事国で再交換するのかそれとも旅先でもっと有利な交換通貨があれば、そこまで未交換のまま持ち出すことも考えに入れ、素早く総合判断をし交換をすまし、さて日本円に対する価値の値ぶみを計算し判断する。そしてその国の通貨一単位に対して日本円いくらと言うことがわかるとこれを徹底的に頭にたたき込む。これで異なる通貨圏に入る時の準備はひとまずOKである。だが実はこれではまだ不充分で、その国の物価や現地での通貨そのものを実際に使用する実地感覚を知らないと正しい判断はむずかしい。

このように私達は出来るだけ無駄なく、合理的に、所謂殿様旅行のようにレートなどとんと気にかけず、相手のなすがままに交換することはなかった。トラベルチェックで支払うか現金でするかをも慎重に考慮し有利な方を採用した。

旅行中、ドイツマルク、スイスフランは特に強かったからドルの使用は極力さけた。マルクが強い相手通貨をえらび交換して使用し、結局ドルは最大限アメリカに持ち越すことにし、対日本円では未だ東京にいた時とさしてレートの変化がない有利性と東京帰着後のドル残金両替を考えて最善の道をえらんだつもりだ。たしかジュネーブで夜出納帳を記入しながら試算したところでは、マルクは東京における交換率を基準にして今スイスその他EC諸国の一部で使用すれば、二〇％から五〇％くらいの有利な相乗効果があるのではないだろうかと話し合った。貧乏旅行の私達には大変なことである。早く通貨が安定しこんな面を使わずに旅行が出来るようになることを望むものだ。

（つづく）

躍進をつづけてここに20年！

創立20周年

創立記念

預金増強運動実施中

東京　　商銀

●期間 1973年10月1日➡1974年3月31日

祝賀式典と豪華アトラクション!!

5月11日午前11時開場・新宿コマ劇場へ

ごあいさつ

理事長　許弼奭

組合員各位はじめ、同胞各界の皆様方には益々ご清栄のこととお慶び申上げます。平素は当組合発展のため格別のご配慮ご支援を賜わり、衷心より厚くお礼申上げます。

さて、当組合はお蔭をもちまして本年三月、創立20周年を迎え来る五月十一日、新宿コマ劇場にて「創立20周年記念式典」を盛大に催すことになりました。これひとえに韓日両国要路をはじめ、同胞各界のご愛顧の賜と存じ、役職員一同深く感謝申上げる次第でございます。

・つきましてはこの機会に「東京商銀20年史」の発刊をはじめ、「記念預金」の大増強運動を展開しその成果をもって意義ある祝賀式典を飾りたいと存じますので、何卒民族金融機関「東京商銀」を、より大きく育てる見地から、奮ってご支援ご協力のほどお願い申し上げます。

なお、東京商銀としましては今後も、同胞みなさまの金融機関として、豊かな社会の造成に役立つよう、役職員一同一層の努力をつくす所存でございますので、各界の絶大なご指導ご鞭撻のほど重ねてお願い申し上げます。

一九七四年三月吉日

創立20周年記念祭プログラム

★記念式典(各界来賓祝辞・大統領・国務総理・外務長官各表彰)

★ハワイ・韓国招待抽せん会(ハワイへ30名・韓国へ30名)

★祝賀アトラクション　春の豪華特別公演一彦左と一心太助・無法松の一生(進藤英太郎、山田太郎、高松しげお出演)
☆唄いまくる　村田英雄ショー

入場無料　先着500名様に抽せん券進呈

後援

在日大韓民国居留民団
東京本部
三多摩本部
在日韓国人商工会連合会
韓国人信用組合協会
東京商銀親睦会

許理事長、記者会見で行事などを語る

今年で創立二十周年をむかえる東京商銀信用組合は、第二十期々末の七四年三月末には、預金高二百八十三億七千余万円をあげ、当初の目標額二百五十億円を、大きく上回り、二十周年記念式典をむかえ、三日正午から、許理事長は、記者会見を通じて次のような行事などを発表し「二十周年記念式典は、五月十一日新宿コマ劇場で、預金者および組合員とその家族などを招いて、盛大に開く予定で、式典その他、功労者表彰、アトラクションについで、記念行事として海外旅行招待抽せん会を行い、当選者はハワイ、韓国に旅行する。また「東京商銀二十周年史」をつくり、記念にくばる。また職員のために、韓信協主催で韓国研修旅行も行なっている。

本年中に東京・江東区錦糸町に支店をもうけ、預金獲得はもちろん、組合員利用のための便宜を図るため準備中である。

本国からの同胞育成資金二千万㌦は、各組合割当後、当組合でもいつでも資金の利用を待つている。

日本国内企業が、人手不足であると同じように、職員不足に悩んでいる。だが今年は二十五人の新職員が入行し、これら新職員の定着性を考え、四月一日の入行式は、父兄同伴で行い、記念撮影や懇談会を開き、商銀のあり方などについて、ともに話し合った。」と語った。

堂々たる威容を誇る東京商銀本店の社屋

商銀二十年の歩み

東京商銀の前身「漢城信用組合」は、一九五三年九月一日都庁より内認可、五四年二月二十四日正式認可、同三月五日日本橋蛎殻町で営業開始。発足当時の組合員三一九名、出資申込額七八〇万円であったが、第20期（73・4・1～74・3・31）上半期の・七三年九月末には組合員六、七六五名、出資金七億九、六四八万三千円、預金高二四二億五、六六六万八千円、第20期々末の七四年三月末には、組合員七、〇一五人、出資金八億一、四〇七万九千円、預金高はついに当期目標額二五〇億を三〇余億も超過して達成し、二八三億七、七二六万七、五一三円を記録した。

生かそう民族金融機関！

あなたもわたしも商銀通帳!!

みんなで通おう東京商銀!!

信用組合　東京商銀

理事長　許弼奭

本店	東京都新宿区西大久保1−449	電話(208)5101(代)
上野支店	東京都文京区湯島3−38−15	電話(832)5141(代)
荒川支店	東京都荒川区東日暮里6−22−1	電話(802)5121(代)
五反田支店	東京都品川区東五反田2−19−1	電話(441)5181(代)
立川支店	東京都立川市柴崎町3−3−9	電話(0425)22−5131(代)

678

韓國新聞

在日大韓民国居留民団
中央本部機関紙
韓国新聞社
東京都文京区春日2丁目20－13
電話 直 (815) 1451～3
　　 交 (813) 2261～5
振替口座 東京 163774
本国連絡所（民団本国事務所内）ソウル特別市鍾路区昌成洞 政府合同庁舎四階
電話 73－0162・0165

民団綱領

一、われわれは大韓民国の国是を遵守する
一、われわれは在留同胞の権益擁護を期する
一、われわれは在留同胞の民生安定を期する
一、われわれは在留同胞の文化向上を期する
一、われわれは世界平和と国際親善を期する

60万のセマウム植え奉仕団

在日同胞 本国との結束確かめる

朴大統領㊧と共に植樹する奉仕団一行

本紙既報のとおり、民団の第二回「60万セマウム植え運動」本国植樹奉仕は、引率団長である金仁洙中央本部副団長をはじめ、金致淳東京本部副団長鄭辰竜中央本部青年局次長ら88人の奉仕団が四月二日、金浦空港到着後から九日間の全日程をおえ、東京・神奈川陣は十三日、福岡陣は十七日に無事帰日した。

朴大統領が激励

本紙特派の曹承徹記者によれば、一行は四月五日の「植樹日」には、在日同胞六十万人のセマウムである苗木を京畿道始興郡吠谷里で、朴正熙大統領臨席の下に植樹を行ない、激励の言葉をうけて感激したと報じてきた。

特に本国各界での奉仕団に対する歓迎は昨年にもまして高く、維新祖国の発展めざし、本国と在日同胞間の固い結束を確かめたものといえる。

本国では来年には、三百人規模の青年奉仕団派遣を期待しているといわれ、植樹をおえて、陸士見学、顕忠祠参拝などをはじめ、祖国の発展ぶりを見聞した奉仕団員は、口々に誇らしい祖国を持つ感激と喜びに胸をふくらませたとのことである。

赤化統一戦略不変化 幻想的神話警戒せよ

金総理、公館長会議で挨拶

金鍾泌 総理

金総理は十五日、アジア公館長会議開会式であいさつし「南北対話がはじまって以来国民一部には同じ民族という血の神話を信じる人もいるが、韓半島を赤化統一しようとする北韓共産主義者の基本戦略には何の変化もない」と強調し「このような幻想的考えを抱く人が出て来たことを警戒しなければならない」とのべた。

金外務部長官司会で開かれた同会議には十八カ国駐在公館長が出席、二十七日まで北韓対策、資源外交、海外僑民対策等を協議する。

三機関長帰任

本国各界に、新任あいさつのため礼訪中であった、民団中央三機関長一行は、二十一日帰任予定。

中央会館土地免税 十一日に本登記

去る一月十七日、交換契約された民団の中央会館土地本登記に関する登記料免税申請に対し、日本の国税庁から去る四月二日付で免税証書が交付された。

その結果、建設委員会では、四月十一日に交換土地の本登記を完了、換地援助残額一億円は当日付で駐日大使館納入業出保管を通じて東京商銀に預けられ、利息は四月三十日付で受取ることになった。

尹団長当選祝賀レセプション

日本政府の倉石農林大臣主催

きたる二十六日、午後五時三十分から、東京品川の高輪プリンスホテルで、日本の倉石農林大臣の主催による「尹達鏞団長当選祝賀」レセプションが行なわれる。

日本政府の現職大臣が、民団の団長当選の祝賀会を催おすことは全く異例のことであり、民団創立以来初めてのことである。

当日は、民団関係者のみでなく日本の国会議員、駐日各国公館、マスコミ関係者など約五百人が招待されているので、相当盛大な祝賀会となることが予想される。

これは、韓日親善の促進にも大きく寄与することは確かで、韓日親善協会の設立の遅れている民団地方本部では、これを機会に、地元韓日親善協会の設立に大いに拍車がかかるものと、関心ある両国人士たちは期待している。

団長に朴振業氏 愛媛本部大会

民団愛媛県本部では、去る十四日定期大会をひらき、次の三機関役員を選出した。

団長　朴振業
副団長　鄭実秉
（事務局長兼任）
〃　柳竜増
議長　朴鍾奐
副議長　李景出
監察委員長　朴秀鳳
監察委員　成任道
〃　柳振甲

団長に崔季守氏 石川本部大会

民団石川県本部では、去る十五日定期大会をひらき次の新任役員を選出した。

団長　崔季守
議長　崔三鳳
監察委員長　韓一千
事務局長　河鳳珪

時評

無税宣伝はナンセンス 北韓

◇北傀が税制を廃し、世界最初の無税国家になった—というニュースが日本の新聞に報道されて一カ月ほどになる。そして朝総連が鬼の首でも取ったようにこのことを誇大に宣伝し、すべて金日成様々であると盲目的に説明している。それが、最近民団員に対して「北朝鮮は労働者の天国」という今までの宣伝に絶好の材料として上のせしたアプローチが目立って来た。

◇北傀地区が本当に労働者の天国なのかどうか、北送された同胞で、南下した人たちは真赤なウソだと断言した。また、日本人以外の外人記者が海外で報じているいままでの種々のニュースや解説からも、北の労働条件がどのようなものかをうかがい知ることはできる。

北で一般国民が「英雄」とか「模範」とかの称号をうけるためには、その人がどれだけ自分を犠牲にして労働に打ち込まなければならないか、実にそれは地獄のような、想像に絶するものである。例えば、西ドイツの社会主義学生連盟の幹部ホルスト・クルニツキイが、一九七二年クルスブウフに発表した北韓紀行文によれば「人間の労働力を情容赦なく無制限に搾取している手段と方法を講ずるために、私は一つの例を引こう。第五次労働党全党大会のとき、平壌紡績工場出身の女性労働者で労働英雄である『リ・ファスン』は、代議員の熱烈な歓迎を受け、ラジオ、テレビ、新聞を通じて全北朝鮮の労働者に輝く模範的な働き手として宣伝された。彼女は他の労働者が六台の紡績機械を受け持っているのに比べて、十四台の機械を受け持って毎年割当てられた作業量の四〇〇%を超過達成したのである。おま

税制廃止のカラクリ 地獄のようなノルマ作業

けに彼女は毎日十四台の機械と機械の間を走り回った距離を計算すると、日に百二十キロの距離を走ったことになる（これは北朝鮮の公式発表である）ことを発見した。南朝鮮出身の避難民である彼女は、長くどうすれば革命事業に、より忠実であり「金日成首領の思想を習い得るかをつくづく思案した結果、ついに決定的なある決心に思いついたのである。しかしこの女性労働者が五年間死ぬ程に酷使された事実に対しては沈黙を守っている。この話は北朝鮮住民に対する指導方式を明らかに物語ってくれている。」という恐るべき事実を知ることができる。ノルマを例え五%でも上回って達成しないかぎり、そこには配給削減という罰則が待ち構えている。

このように身を粉にして働いた結果、彼らの労働収入はどれぐらいになるのだろうか、週刊新潮四月十一日号「東京情報」S・P・I特派員ヤン・デンマンの記事にそれを見るとである。

「北朝鮮のウォンと日本の円は、およそ背景が違うから換算しにくいが、単純計算でいくと、一ウォン百四十円といわれる。その場合人口千四百万の北朝鮮の一般労働者（高額所得者はまずいない）の平均月収（昨年九月）は九千八百円〈著者注・これは日本円に換算した額だから、労賃でいくと七十円である〉、二年後の目標が一万二千六百円。そして賃金上下は一万七千円、腕時計が一万四千円、自転車は二万円なのである。むろん、住居費、教育費、医療費はタダだし米なども安いけど、生活用品としては相当に高い。」と伝えている。そしてヤン・デンマン氏によると、「（無税が）そりゃうらやましいには違いないが、そんなことは実際問題として有り得るわけがないのだ。税金という言葉はなくなったかも知れないが、社会主義国といえども国家予算があって、財政を支出していく限り、歳入は必要なのである。

それを企業の自由競争に任せて法人税で徴収するか、国営企業の名のもとに、その中で利潤を生み出すかというだけの違い。一般に社会主義国の場合、国営企業や、国営農場の利潤上納金という形で吸い上げるから個人の所得税は取らないか、取ってもごくわずかなのだ。その代り、賃金も物価も、決定権は政府にある。現に中国には所得税がなく、工商業税と農業税、それに関税と塩税の間接税があるのみ。ソ連には低率ながら所得税もある。北朝鮮はここ一、二年、所得税の占める割合が、二%弱になっていたから、今回の実現は既定の事実だったのだ」「しかし税制はどうあろうと、問題は国民の手取りではないか。それも物価との関連において税引きの給料で見るべきだ。税金さえなければ、いくら月給が安かろうといいのかね」「日本の年収百五十万円以下は無税という制度のほうが有利だと思わないか」「さらにいえば無税の国は何も初めてじゃないだろう。個人から税金を取らない国は、観光のモナコもそうだし、石油あふれるクウェートだってそうだ。税金のもともと不要なそういう国はともかく、北朝鮮の場合は、マルクス経済学でいう労働の価値、つまり人民の汗の結晶が、結局はお国に吸いとられているんじゃないか」「経済活動の自由のない、中央集権の統制国家が、どうして"民主主義"国といえるのか。土地家屋所有の自由のないところに、所得税や家屋税や相続税など、もとより考えられるわけもないだろう」「実は今、北朝鮮は税制撤廃にうつつを抜かしている場合ではないのだ」「党と首領に対する奉仕だけでも大へんだろう」「まあ、税制があろうとなかろうと、肝心の問題はただ一つ、権力者による税金の使われ方、富の分配に尽きるわけだ。しかしその行方を監視してチェックできるのも、自由の国だからこそで、たとえ超過利得税はもたつき、夫が妻に金を渡そうものなら贈与税であっさり持ってっちゃうバカバカしい税制の国だろうと、長い目で見ればかけがえがないのさ」と。米人、ドイツ人、イギリス人記者の述懐と自分の言葉で、北傀の無税制を木端微塵（こっぱみじん）に評している。

朝総連がどんなに宣伝しようとも、世の良識ある人々は、ごらんの通りそのウラのカラクリをちゃーんと見通している。無税宣伝なんてナンセンスそのものである。朝総連からアプローチがあれば、それを示してやるがよかろう。（W）

照点

再び・祖国は私たちの中にある 暗い哀しい春の同胞学生

さきごろ、ジュネーブの有力紙「ラ・スイス」は「日本の中の韓国人」という題の下に数ページにわたる特集を掲載、現地の関心を集めた。

これは、当地の宗教団体である「プロテスタント・センター」の社会問題担当者、ジャン・ピエール・プレユモン氏が寄稿した一文で、在日韓国人の歴史は日韓合併以後、軍需産業と戦域地などでの強制労働のため、二百万人にのぼる韓国人を日本に狩り出されたことから始まったと指摘し、日本社会での韓国人に対する差別待遇の深刻性を如実に活写している。

プレユモン氏はこの中で在日韓国人六十五万の中に九十余万人が正常の職業を持っておらず、また北韓宣伝攻勢の中で、民団系と朝総連系に別れ、分裂だけを事としていると指摘した。次にその要約の一部を紹介すると「日本に強制移住させられた六十五万のうちの五十万人は日本で生まれた二・三世であるにもかかわらず、まともな企業を経営している」ごく少数を除いては、日本に帰化する機会も閉ざされており、正常な職業も得られないままである。

よしんば一流の国立大学を優秀な成績で卒業した者であっても、彼等が得られる職場というのは韓国人学校の教師か、韓国人企業体以外は無く、汚物処理、道路清掃、屑・金属回収、危険な土木工事など、日本人が嫌がる職場しか残されておらず、悲惨な境遇におかれているのが実情である。そしてさらに、韓国人の子弟だという理由で差別される日本社会の中で、自然隔離される存在となり、自分たちだけの特殊社会を形成するようになる。そして自分たちの生きる権利と将来のため、団結を固めていくのだが、北韓の積極的な民族宣伝攻勢にさらされ、民団と朝総連に分裂、猛烈な闘争が展開されるのである。しかも日本政府当局はこの現象を幸いに思っているように私には見うけるのである。」

（以上、新世界新聞の資料による）

まともな人間として、実力相応に生きるための努力も空しく、狭き門が立ちはだかり、あるいは閉ざされている「日本の中の韓国人」の生態を克明して確かである。

過ぐる三月にも、日本各地の高校、大学では、多くの同胞子弟たちが数多く巣立っている。

しかし彼等の前には狭き、あるいは閉ざされた門が立ちふさがっているだけである。

輝ける将来への夢に胸ふくらむ日本人卒業生の中にあって、同胞子弟たちは、今年も"暗い哀しい春"を迎えたようである。（P・5）

KPI通信隔日刊に

在日韓国通信界の元老格であるKPI通信（金允中社長）では明年一月一日の創刊三十周年を前にして、従来の週二回（水・土）発行を週三回とする（日曜を除く）隔日刊にし、既に四月から実施しており、今後の拡大飛躍が大きく期待されている。

黄七福氏が団長初当選

議長に卞先春氏、監委長に張起説氏再選

民団大阪本部定期大会

民団大阪府地方本部第四一回定期地方大会は、前日の地方委員会に引き続いて、去る十七日午前十一時から、同本部講堂で開催された。

代議員三百六十人出席で開かれた大会は、鄭慶淳駐大阪総領事の祝辞などを経た後、任期満了にともなう役員改選に入り、団長選挙では、黄七福氏が二百票で、姜林重現職団長に四十一票の差をつけて当選した。なお議長には卞先春氏、監察委員長には張起説氏がそれぞれ相手候補を大差で破り再選された。

中央あいさつするのが黄七福団長

団長に李元世氏 新潟本部大会

民団新潟県本部では去る十三日正午から、同本部講堂で代議員九十人中、八十五人が参加して第三十六回定期大会をひらき、次の新任役員を選出した。

団長　李元世
副団長　権東国
議長　文錫順
副議長　李範伊
監察委員長　金万淑
監察委員　金三中
〃　李金紀

石油類十二品目大幅値上げ

国産飼料、牛乳・豚肉も

政府は八日、灯油を除く石油類十二品目の工場渡し価格を平均二二・三%、消費者価格を八・三～二九・七%引き上げ、これと関連した石油化学製品十一品目の価格も七・九～四四・二%上げ、石油類原価比率の高いセメント価格（工場渡し）は七・三%、板ガラスが八・二%、ソーダ灰は五%引き上げた。このほかにも国産肥料の農協引き受け価格、原乳、粉乳、牛乳、牛肉、豚肉などにも大幅な価格引き上げ措置を断行した。

これは去る二月一日に石油類製品価格（八二%）と工産品価格を大きく引き上げてから二カ月目に再び引き上げたもの。今年にはいってから石油製品は一〇四・三%も引き上げられた。

不純分子糾弾 神奈川民衆大会

横浜商銀乗っとりを画策し、民団内に派閥を助長させ、組織弱体化を狙っている金允鍾など不純分子ら一連の破壊行為を糾弾する「不純分子糾弾神奈川民衆大会」は、民団神奈川県本部（朴成準団長）主催で、予定通り四月十六日午後一時から横浜市の神奈川会館でひらき、約五百人にのぼる団員たちが集まって、その非行を糾弾して気勢をあげ、四時すぎに散会した。

なおこの日、前民団中央団長の金正柱氏と、民団東京本部金商弘議長がかけつけ激励辞をのべた。

韓日政治関係の 展開と見通し(下)

金 瑨 奉（漢陽大教授）

アジアでの日本の役割は、経済力による 自由諸国の発展と安定貢献

（前号よりつづく）

日・中共のアジア支配は不可能 日本は米・中共接近におくれまじと、拍車を加えている日中共関係改善の爆楽が、決して韓日関係を危うくさせるものではないと、数回にわたって強調した。ところが、周四原則だけを例にとっても中共の意思と圧力度にもかかっているだろうが、何よりも日本自身の態度いかんによって韓国の政治的・経済的立場をきわめて不利に追い込む可能性もある。韓国と取り引きしている日本の財指の商社までが、すでに中共の圧力に屈服し、韓日協力委員会からの脱退を図ったりした。

中共の国連加入とニクソンの北京訪問にショックを受けた日本は一九五二年の台湾との条約を一方的に廃棄、中共を中国大陸における唯一な合法政府として認め、国交を正常化すると表明した。これは日本が「二つの中国」「一つの台湾」政策を試みたものとみられる。このような日本の政策は、ひいては韓国などの分断国家に同等に適用される政経分離政策に発展する可能性すらある。さらにこのような日本政策の発展は、普遍性原則に立脚した分断諸国の国連招請および同時加入の決定的契機となる可能性もある。

さきほど日本は、「政治体系と社会制度を異にする国を含むすべての国と友好関係を結ぶのが外交基本原則の一つ」であることを再強調した。これが単純に北韓を含めた共産国との緊張緩和のためよりひん繁な接触と交易のためなのか、それとも究極的には米国から独立した外交を指向しようというものなのかはっきりしない。しかし、もし中共と軍事・外交的に完全に独立した日本との間で、将来アジアにおける自国に友好的な緩衝地帯を韓半島に設ける必要があるとして、中立的な韓国の統一や、現状維持策としての永久的な南北分断を欲するようになれば、韓国の立場を困難なものにする可能性もあるが、それまでに韓国の経済的・軍事的実力が北韓をはるかにしのぐとすれば、韓国はこのような日本と中共の企図を挫折させることもできよう。

しかし、日本と中共の仮想的なアジア支配はほとんど不可能なものと見られる。その理由は、米国とソ連が長い間世界頂上の軍事大国としてそのまま残ることははっきりしているという点と、四大国（米・ソ・中共・日）の利害関係のために、日本と中共がアジアを簡単に支配するよう放置しないだろうと見るからである。

客観的に展望して一つだけはっきりしているのは、日本がこれからどのようにその外交基本路線の変更を希望するかはわからないが、現在の日本内の多数世論の動きからみて、現保守主流勢力が日本を支配するかぎり、戦後米国と日本が結んできた伝統的な関係から簡単に脱皮することはきわめて難しいだろうということである。現在の日本の指導者たちと支配層の意思を正確に判断してみるとき、米国が日米安保条約を廃棄しない限り、アジアにおける力の均衡が日本の存立を脅かさない限り、そして、経済市場である米国と東南アジアから日本が追い出される危険性がない限り、日本は米国の核保護の下で、在来式に武装された自衛力によって自国の安保問題を解決しようとするであろう。その理由は日本が日米安保体制の下で今日の経済大国が可能だったばかりでなく、今後とも米国との安保・経済協力を持続するのが、不確実な中共との協力や政治的に統制、利用される中共市場より、はるかに有利であるからである。

また、日本は米国にとってかかせない政治的パートナーである。外交軍事上、日本はアジアにおける米・ソ・中共間のデリケートな力の均衡の中で、米国の立場を強力に補強し、ときには米国の政治的肩代わり役をつとめなければならないからである。もし日本が核兵器を保有する軍事大国として完全な独立勢力になることを欲するとすれば、それはアジアにおいて緊張緩和、協商、力の均衡を追求する米国の新政策に逆行するものであり、米国がそれを欲しないのは火を見るよりも明らかである。

のみならず、日本の軍事大国化は中共とソ連を刺激するばかりでなく、日本を不信するアジア諸国から孤立を自ら招くものであり、エネルギー・ソースをはじめ、重要工業の戦略原料を海外から輸入し、日本商品の販路と市場を外国に依存しなければならない海洋通商国である日本としては、経済的な自滅を招くのはいうまでもなく、軍事的大国としても維持できなくなる。

また、地政学的に見たとき、日本が独自的な核兵器を開発保有するということは、戦争抑止力としても無意味なことである。いかに大量の核兵器を配置したところで狭い日本の面積からみて、敵の第一次攻撃によって報復力を全面的に喪失するばかりでなく、戦争遂行の社会的能力を破壊されてしまうからである。

米国の対韓政策と基本的に一致する日本の対韓政策

これらの問題を考慮するとき、日本はその経済的繁栄と安保のために、長い間米国との緊密な協力関係を維持せざるをえない。したがって、アジアにおける日本の新しい役割とは、その経済力を通じて、非共産諸国の経済的発展と社会的安定の達成に貢献することであり、それだけが、日本が経済大国から政治大国に転換できる道なのである。それは同時に、韓国が日本に期待する新たな役割でもある。

日本の国益から見たとき、これからの日本の基本的外交・安保の進路はほかでもない、日米体制を通じアジア現状維持ないし現状改善であり、米国の主導の下で日本の地位を高めることであるため、日本の基本的な対韓政策は、米国と韓国の現関係が維持される限り米国の対韓政策と根本的には、同一な歩調を取るものと期待される。

万一、韓半島で新たな北韓の侵略が行われたという仮想的な状態が来るとすれば、韓日基本条約とこれまでに深まった両国関係からくる道徳的・政治的義務、日米安保条約および韓米防衛条約などでからんでいる三角関係からくる日本の立場、沖縄返還のさい日米間で了解された「事前協議」条項と日本自身の国益のために、日本はその憲法が認める範囲内で、韓国に対して可能なすべての協力的な措置を余儀なくされるだろう。

現在、日本の対北韓政策と制限された接触・交流は、東西間の接触と緊張緩和すう勢に照らして不可避な現実である。今後、米・中共接近の後を次いでアジアの情勢に明るい変化がもたらされると仮想した場合、日本はこれに備えるためにも、隣接した北韓とある程度の制限された関係を維持しようとしているものと思われる。しかし、日本の対北韓政策は、現在の韓米関係が続く限り、「すべての国と友好関係を結ぶのが外交基本原則」という、象徴的なワクから抜け出ることはできないだろう。

今後、韓日間の政治的連携の強化は、日本がそのような対北韓政策の意図と限界を、韓国にどれだけ理解させうるか、ということにかかっていると見られ、日本のいっさいの対北韓接触と交流が、両国間で事後紛争に進展する前に、緊密な事前協議がなければならないだろう。

日本の政策は、近視眼的に韓国の利益だけを追求するものであってはならないし、統一のための韓国の努力を深く理解しなければならない。

守勢的に見て、外勢を防ぎ得る十分な独立と国力を保有した統一韓国は、アジアの永久平和の関鍵なのである。

韓国もまた、「新時代の国際潮流に積極的に参加」するという弾力性のある外交政策を試みている。この際、日本の政策を韓国の政策にしばりつけておくよう強要し、また抗議する外交から脱皮し、上昇一路をたどっている日本の地位と威信を媒介にして、韓静を含む敵性国の好戦性を鈍らせうるより積極的な協力を求めることができよう。このような韓国の新しい政策は、今後アジアで新たな役割を追求する日本外交の指向と和合するものであるため、それは韓日間の政治的協力をより緊密に強化させる基本になりうるのである。（おわり）

韓国私学の名門高麗大学での和やかな学園祭、北韓共産主義者はこのような平和な学園まで不穏組織を侵透させようと躍起になっている

所謂「全国民主青年学生総連盟」の 正体と狙いは何か

政府は、大統領緊急措置第4号4項に依拠、民主青年学生総連盟関連者の自首による告知期間である8日まで、関係当局に自首した者の総数が2百61名であると9日発表した。政府はこのうち、自分の関連事実をかくすことなくすべて告知した百94人を放免し、他の67名に対してはひきつづき調査中であるが緊急措置第4号4項にしたがい処理する予定であるとあかした。警察は自首した者の身元と、それらの関連事実などに対してはあかさなかったがこのたび本紙では、その間の当局の発表を総合して所謂「全国民主青年学生総連盟」という不純団体の正体が何であり、その狙いは何であるかの問題を考察して見ることにし、資料として提示するしだいである。不純勢力の完全一掃による民団維新の具現のためにも熟読吟味すべきであろう。

民青学連の狙いは無産革命 北傀の対南戦略・戦術と同軌

一、民青学連の目標および策動計画

1、闘争目標

▽現政権を転覆し国家を紊乱、労働者と農民など所謂無産階級による社会主義国家建設

2、闘争方法

▽74・4・3を期して、学生、労働者、農民、小商人、物貨者などを動員し容共的であるか現政府に不満がある言論人、宗教人、知識人を網羅した小市民の呼応をうけ人民革命へ誘導発展させる。

3、活動事項

▽主動者らは、一九七三年八月頃から労働者、農民などいわゆる無産階級を基幹とする社会主義国家を建設することを積極し、同調勢力を糾合するため、地下組織に着手する一方、一九七三年十月からは各級学校からおこる純粋な学生デモに便乗して反政府デモに転換させようと背後で操縦して来た。

▽去る冬期休学期間中には、組織拡大のためソウルをはじめとする各地方を転々しながら同調者を獲得、勢力を拡大していたうち

▽一九七四年一月八日、緊急措置が宣布されるや、一時活動を中止していたが、同年二月から策動を再開し、[illegible]れた同調者と頻繁に接触しながら国家変乱のための基本方策を討議した末、新学期が始まれば、各大学の学生を[illegible]することを画策し、去る三月21日から地方とソウルで散発的なデモを敢行するよう計画案を追成し、①民衆の声、②知識人・言論人宗教人に送る文、③勤労者よ蹶起しようとのスローガン、④宣言文、決議文など数万枚を印刷、組織網を通じて、各大学、一部高等学校または市場、商店街などへ投入撒布する一方、

▽七四年四月三日、ソウルで各大学と高等学生らを一斉に蜂起させ、市庁広場と清渓川5街交叉点へ学生デモを誘導、労働者、零細商人など小市民の呼応で民衆蜂起を画策したが、事前阻止で挫折

▽これら主謀者らは、デモの時、警察阻止線を突破し、鎮圧警と衝突するにあたっては、軍の抵抗を克服するため、手製火焔爆弾製造まで企図、四・三デモの際には阻止警察に対抗できるよう大量の角材も、あらかじめ準備した。

▽デモの名分は、大衆が呼応できる労働者農民の民生苦解決および独裁政治、外勢依存反対と民主憲法へ環元させ、労働者、農民、被行者による政府構成を標榜した。

※一部の学生は当日撒布されたガリバン刷りのビラをはじめて見かけ、共産主義者や北韓スパイが作成したものではないかと疑ったため、デモ行動を避けたものが多い。

二、四・三学園動態と様相

1、4・3当日の学園街不穏行動

▽学園街に存在する反国家的不法地下組織である所謂「全国民主青年学生総連盟」の背後操縦と指令の下に、大学内の主動学生らは事前に綿密に樹立された計画にともない、四月三日、11時、一斉に国家紊乱の行動化段階へ突入（4・3は一九四八年済州暴動事件日である）

▽一部大学で一斉に惹起した不法行動の類型は

▲当日学生らが校内に放送室を占拠し、蹶起を煽動する一方、市内の集結地に参加ができるよう広告放送し、プラカードと鉢巻をしめて出動後、市内示威展開する。

▲民青学連名義のガリ版刷りを事前に校内に投入し、同調加担を暗に唆かし、運動会があると学生を偽装動員したのち出討大会を展開し、阻止警官に集団暴行を加え大学構内で多量の角材も発見

▽校内で連坐デモを展開し、民青学連名義の政権打倒など不穏スローガンを叫びながら、私服警察官と衝突、乱闘劇展開、または刀剣をふりまわしながら接近させないように脅やかす暴力行為を行なう。

▽民青学連名義の不穏ガリ版ずりを下校生に手渡し、市内集結予定地を告知

▽特にソウル市内一部高校へ、早引き登校時間にあわせてキリスト教伝道を仮装、一斉に民青学連名義の不穏ビラを登校する高校生に配布しながらデモ加担を促す。

2、七三年十月二日の学園騒乱と相異

10・2事態は純粋な学生運動として校内組織によって散発的に行動されたのに比べ、四・三学園動態は学園外に存在する不法地下団体の操縦と指令のもとに、一部大学が同じ日時に一斉に行動化したが、その特徴は

▽外部地下団体である民青学連と事前に密通、懐柔された各大学の不純主動分子らが秘密裡に綿密な事前工作を長期間推進。

▽不穏ビラの投入、撒布計画と校内での声討・示威計画事前樹立同日時に一斉に行動遂行、しかし絶対多数の一般学生らは、これに同調せず不純分子らだけが加担

▽市内、市庁広場および清渓川5街を各大学の共同集結地とし、四月三日、十四時に集結、清渓川平和市場周辺の小商人および労働者合同のもとに多衆蜂起を画策

3、不穏ビラ作成と撒布

▽民青学連の不穏ビラの内容が共産主義用語と北傀対南放送用語で一貫しており、容共性と人民革命を標榜していることを認知しつつも積極的にこれを賛助、複製、撒布、伝達

▽民青学連の不穏ビラを基本として、民青学連指令下に各大学反独裁斗争委員会或は学生闘争委員会名義で蒐集再作成して、これを大衆撒布

▽大学別に共産主義的用語による学園守護歌、革命讃歌、共産讃歌の歌詞を模倣・改造して配布する。

▽デモ・声討の際のスローガンとして民青学連の不穏ビラを使用しただけでなく、プラカード、ピケットに引用作成して掲示しようとした。

三、北傀の対南戦略と戦術

1、目 標

南韓で暴力による共産主義革命を完遂

2、戦略

同革命を実現できる条件（決定的時期）の形成のため、あるゆる国内的または国際的勢力を総動員し

▽基本的には反体制

▽現実的には現政府打倒を企図

※北傀は一定の革命段階で労働階級がどの階層を孤立させ、どの階層と同盟するかを決定し、それを組織して実践するのと戦略概念を規定している。

3、戦 術

▽韓国情勢変動、その時期と条文などにしたがって闘争方針と闘争組織形態を規定

△したがって一定時期の情勢にしたがって、学生、インテリ、労働者、農民、軍人など大衆が独[illegible]を提起し、組織的な宣伝煽動活動[illegible]

▽北傀が戦略戦術でつねに準備し[illegible]

▲韓国内革命運動の成熟度

▲社会経済発展途上であらわれ[illegible]

▲反革命勢力である韓国政府の[illegible]

4、統一戦線形成戦略

（一）国際共産党の統一戦線の[illegible]

□第1段階

合法的な方法を仮装して学生運[illegible]関係もないか、むしろそれと矛[illegible]

□第二段階

階層間の対立と反対的勢力を[illegible]

□第三段階

ただちに共産政権へ代替させる[illegible]

□第四段階

浸入して来た共産主義勢力を陽性[illegible]地下で陽性化された共産勢力と[illegible]

（二）北傀の対南統一戦線戦略

▽わが政府、打倒のためここで利[illegible]体および個人らをひとつの政治的[illegible]を展開

▽統一戦線に吸収させようとの諸[illegible]を推進する過程でのひとつの補助[illegible]ぎのような原則にしたがって闘争[illegible]

▲労農階級（現在、南韓内では[illegible]）を基礎に広範な群衆を[illegible]ると規定）

▲下層（一般住民層）統一を基[illegible]をなしとげ団結して闘争▲低い形[illegible]他）への共同闘争。

▲部分的連合から全面的連合へ[illegible]

（三）組織形態

▽純真な大衆らを彼等の目的遂行[illegible]体をかくして偽装

▽大衆を動員するため一定の闘争[illegible]ローガンをそのつどこの情勢に[illegible]

▽この時、提示したスローガンが[illegible]合する有利な結果が生ずるか[illegible]め、つぎのように煽動、宣伝を並[illegible]

▽これとともに彼等の目的に符号[illegible]することによって、大衆を動員、[illegible]

▲煽動→大衆性を帯びて大衆に[illegible]

▲宣伝→理論的に深化され、よ[illegible]

（四）活動方法（北傀の対スパイ[illegible]

▽彼等の組織保護のため、合法、半[illegible]無謀な闘争は禁止

実 例

▲現政権止面反対の代り→民主[illegible]

▲米軍撤収の代り→米軍駐行[illegible]

▲資本家打倒闘争の代り→賃金[illegible]

▲反共主義者でも、反政府・[illegible]

▽彼等へ吸収され、或は助成する[illegible]激化させ、極端的な政府攻撃スロー[illegible]る扇動、宣伝強化。

四、民青学連と北傀対南戦略との共通性

1、民青学連ビラの特徴

（一）使用された語句と表現が北[illegible]用語であり煽動的な表現であること[illegible]

（二）煽動内容が学生対象を主[illegible]識層、特に労働者、農民など所謂[illegible]

（三）資本主義体制の全面的否定[illegible]階級形成闘争」を促求

（四）文脈上から見て、学園内の[illegible]これらが主導した民衆蜂起の誘導な[illegible]線はどこまでも共産革命を指導する[illegible]暴"と同一視する。

五、結 論

以上のような民青学連の労働者・[illegible]は、その拡散過程とともに不穏文書[illegible]が北傀の対南工作上の指令とほとん[illegible]て、所謂、彼等が主張している統一[illegible]されるものである。

さ迷える英霊

二次大戦戦殁同胞

「日本の良心」を待つのみ
南韓出身一括して返還せよ

七一年頃から数回にわたり本紙に特報してきた、太平洋戦争時における日本軍人、軍属としての戦殁同胞遺骨返還問題は、日本政府側の一方的解釈による無誠意な措置のため、今日に至るも遅々として進まず、韓国側関係者をして激憤させており、その成行が注目されている。

写真①は戦殁者のための釜山納骨堂　②は245柱を奉遷した際の釜山・金水寺における献霊祭

すなわち、第二次大戦中における戦殁同胞の数は判明した分だけでも二一、九一九柱。そのうち戦後三十年を経た今日なお、祖国に奉還されず、東京だけで二、三二九柱の英霊が宙に迷っていたところ、そのうちの遺族が確認された二四六柱の遺骨のみが奉還され一時は残りの遺骨も韓日両国政府の外交交渉と民間協力により奉還されることになったと聞いていたのにまたまた日本側の出方がこじれその実現に暗い影を投げかけているのが実情のようである。つまりこの遺骨返還をめぐって韓国政府は、南韓出身の戦殁者遺骨一、六一四柱の一括引渡しを要求しているのに対し、日本政府は国内法を名実共に今は韓国籍となった遺骨にまで適用させ、遺族のない遺骨は引渡せないとの態度を固執しているようで韓国政府や民間関係者らの感情を極度に刺激している。

戦後、日本政府は、自国民戦殁者の遺骨は、北はシベリヤから南は南洋の無人島まで、莫大な費用をかけて探し、韓国だけでも、去る七十年八月に仁川沖の徳積島で二〇〇柱、七一年九月に京畿道碧蹄面で五〇〇柱、同年十二月に済州道で百七十余柱の日本人遺骨を遺族の有無にかかわらず日本へ自由に奉遷しているのに引きかえ、かつて日本国籍を強いられたわが同胞戦殁者に対しては、遺族に対する戦死通知書はもちろんのこと遺骨が東京目黒の祐天寺に安置されていることさえ明らかにしておかなかったものが後日判明しており、遺骨返還問題は、来るところまで来てしまった感があるものとして「日本の良心」による打開策が望まれる時期に至ったようである。

次に遺骨奉還をライフ・ワークとし献身的努力をつづけている来日中の釜山癒園の鄭琪永理事長にその現状を語ってもらった。

政治抜きでの人道的措置を
鄭琪永氏談

昨春のことだが、日本の厚生省次官は、たった十一柱の中国人遺骨を北京まで届けるため航空機をチャーターしている。それも遺族が中国本土にいるのか台湾にいるのか確かめもせずにである。はたしてこの時も日本の国内法を適用したのかどうか……。

鄭琪永 理事長

釜山には現在、一、六〇〇余柱の英霊を奉安すべく新しい納骨堂まで建立し、その帰還を待ちわびている。

韓日国交正常化以来、表向きには政治、経済、文化など各分野にわたって交流が日増しに増大しているが、それにも増して未だに異国にさらされている戦殁同胞の遺骨が故国の土に還る日をと、切実な想いで胸がいっぱいだ。

日本政府の政治ぬきでの人道的措置に大きな期待をかけている。

新民党でも国会へ提出

本国の新民党は、十六日、第二次大戦中に戦殁した韓国人の遺骨返還とその遺族への補償を日本政府に要求するよう、韓国政府に求める決議案を国会に提出した。

同決議案は提案理由のなかで、「戦殁韓国人の遺骨を厚生省の倉庫に放置して、いまになって二千八十三柱を一言の謝罪もなく、一柱当たり一万円の葬儀費で返還するというのに、民族的憤りを禁じ得ない」と、日本政府の態度を非難するとともに、近く返還される二千八十三柱ばかりでなく、日本側が公表している韓国人戦殁者二万一千九百十九人について、遺骨の返還とその補償を日本政府に要求するよう提案している。

（この項は日本紙の報道による）

求む良縁

申煥白（男・四二才）

本籍・慶北義城郡舎谷面梅谷洞　東京深川生まれ。瑞穂小学校を出る。米国ロスアンゼルスに渡りウッドレイ・カレッジ卒業米国永住権あり。千葉県の宝観光社長。理解深き韓国女性を求めます。希望者は韓国新聞（八一五―一四五一）まで。

のど自慢公開録音
ソウルの東洋放送

ソウルの民放ラジオのキー局の一つである「東洋放送TBC」では、さる十七日に東京足立の産業会館、十八日に川崎市新川橋の読売ホールで、在日同胞の〝のど自慢〟公開録音会を開いた。足立での録音は、平日の午後二時でもあり、参加者は百人に満たなかったが、川崎での録音は、時間も午後六時からで参加者の数も多く、約五百人が参加した。

何れの会場でも、出演者とTBS放送のアナウンサーの質問応答に、時々爆笑がおこる和やかさ、日本に来て五十年、六十年になるお年寄りの歌に盛んな拍手がおくられていた。

この録音は五月五日、午前九時から約一時間にわたり、本国の全国ネットで放送される予定。

足立で1位になった金満賢氏（右端）と家族の合唱

原爆症の孫さん
福岡県が控訴

第二次大戦中、広島で原爆の犠牲となった在日同胞の孫振斗(47)さんが、原爆症治療のため韓国から日本に密入国し、福岡県を相手どり原爆医療法による被爆者手帖交付を求めた「被爆者手帖交付却下処分取消し請求訴訟」は、福岡地裁が法の下の平等に反するものとして、ほぼ全面的にこの訴えを認める判決を下したが、福岡県はこれを不服として、福岡高裁へ控訴した。

これに先立ち、地裁のこの判決は、在韓被爆者四万人に対する受療権にも大きな光明を与えたものとして、韓国内の与論をわかせただけに、高裁が控訴を認めるのかあるいは棄却するのか、国際人道上の問題として大きくクローズ・アップされてきた。

在日韓国医療奉仕団
5月2日から 済州道で巡回診療

在日韓国人医師会（李泰永会長）では、来たる五月二日から三日間、済州道の旧左面と南元面で医療奉仕を行なうことになった。

この医療奉仕活動は、在日韓国人医師会で昨年、忠清南道牙山郡の第一回医療奉仕活動を展開したのを皮切りに、第二回目の年例事業である。

奉仕団は、会員や在日同胞各機関からの献金などを含む日貨八百万円相当の薬品を携帯、活用することになる。

在日韓国人医師は、日本全国に千二百人程度が医療活動に従事しているものと見られるが、会員としては、現在二百人程度であり、同会への積極的入会が望まれている。今回の奉仕団はつぎの12人で、四月二十五日出発することになる。

柳沅烈、金振玉、朴炳文、李泰永、権塚範、金仁洙、康聖鎬、金正沢、金憲智、金栄進、林性訓、張相大の諸氏。

ビジネスと観光と歴史・美術そして…
世界親子かけある記 ⑮
裵乙祚・裵慶州

ローマ（ROMA）（一）

Buon giorno (bwawn JOH R-no) —Good morning.

Come sta? (KO-may stah?) —How are you? Bene, grazie, e Lei? (BEH-nay, GRAH-tsyay, ay LEH-e?) —Fine thanks, and you?

ローマ上空に入る直前、私達はイタリーのビザをとっていないことに気づいた。一瞬迷ったが、そこは度胸のいい私達、何んとかなら―式に機内のスチュアードに聞いたら、イミグレーションを通る前にポリスに行き相談したらと教えられた。警察は何かごちゃごちゃ彼等同志で話し合っていたが、仲々入国を許可しようとする気配がない。こちらも少々心細くなって来た。さかんにこちらの身なりを確めるのかジロジロ見つめている。〝熱帯地方は勿論、夏期の東南亜、中近東、地中海を廻って来たので、私達の身なりたるやさしづめ風来坊か、出稼ぎの行商人然としたまったく風采のあがらない、開襟シャツに膝のまるまった着ながしのよれよれズボン、気軽くいこうということで靴もぼろなら、どこからみてもカッコイイ紳士とはほど遠かった。

「ハハアー」ピンと私には来た。

私は素早く名刺を取り出し、私は経営者でこれは息子だから信用してほしいと相手に渡した。初めて納得したらしく、明日正午のバスで出国する条件で許可すると回答があり、三十分後にようやくイミグレーションを通った。

ローマ郊外からすぐ気づいたのは、ギリシャと違い建物の色調が黄土色（オレンジ色）が目立ち、過去長い間同じ文化圏でありながら白と黄土色の違いに民族色の強さを感じた。スターツ・テルミニ（シティーセンター）にバスがついたのは午後四時過ぎであった。ローマの第一印象は、薄汚れ、異様な臭いのする崩れゆく街のように感じた。例の有名なCOLOSSEOをとりまく遺跡にしても大理石は酸化褪色し、鋼瓦造りの壁は崩れ落ちて美的感覚は何もそこらない。ただローマ栄華のはかなさをのみ想われるのであった。

ローマ栄華のはかなさ
オレンジ色の建物に民族の強さ感じる

Bクラスホテルなので部屋はみるかげもなかった。中庭に面して窓からはホテルの厨房がまる見えである。水洗関係の配管が無造作に露出し、上塗の漆喰がはがれ落ちそしみがつき、ローマの長い年月をおもわせるのだった。滞在期間が短いので要領良く見ないとだめなので、相談の上、とに角今夕はトレビノの泉スペイン広場を見ようと飛び出した。ローマに入って間もなく体の調子が悪い風邪気味のようだ。街は坂がけっこうあって旅づかれの私にはこたえる。傷げきった石造りの建物、レンガ造りの上に黄土色のトノコを塗った（ペンキをぬったか）のが崩れ汚れてみえる。木造の年輪とはちがって不潔感が残っている。街のショーウインドウは、外部の汚れにくらべ気を使いディスプレーがゆきとどいているのは、自然の理とは言え、イタリー初めヨーロッパでインテリア・ディスプレーが発達してるのは、案外この建物の汚れをカバーする方便じゃないかとも思われた。レストランや店の奥は日本では考えられない程インテリヤを完璧にほどこしてあるが、汚れしなびた果物の中味のような感じがして、やはり一種の佗しさと、不潔感がのこるのは止むを得ない。トレビノの泉の彫刻は写真でみるよりは汚れて大理石の感触はひどい。ローマ全体の彫刻はおびただしく多いが、その殆んどは長い年月には堪え切れず、凹部分は薄黒くしみがつき美観を害している。ローマには泉も多い。中でもトレビノの泉が名高く、三三五五観光客がつかれて茫然と眺めていた。スペイン広場は何のへんてつもないところで、ヒッピーらしい青年が泉の水をうまそうにのみ込んでいるのが印象的だった。

カイロ、アテネ、ローマと、どこの観光都市に行っても、街中が何等か観光客相手の商売をやっていて、ウインドウをのぞく客もまばらなのに店員のみがやたらと目立っていた。日本人団体客がたむろしてセルフサービスのパサパサしたサンドイッチやハムバーガーを立喰いしていたが、私には一向に食べたい気はおこらなかった。ローマ到着後、駅前で食べたサンドイッチのまずさが残っていたからだ。小ぎれいなレストランに入ってウインドウで見たメロンとストロベリー其の他の野菜食を注文し、その上あれやこれ追加してたらふくたべ、久しぶりの菜食にすっかり気を良くして、〝えらくうまかった〟とボーイにおせじを言ったらニヤリとグラーチェと返って来た。多分あの日本人達は金がなくてまずい立喰いをしているのでなく、ややこしい注文が出来なくて止むなく集団で立喰いをしているんだと、息子が言っていたがあるいはそうかもしれない。慶州がワイシャツをローマで買いたいと言っていたので、帰り途これはと思われる店に入り、気に入ったものを買って帰った。若者はやはりファッションを気にするらしい。マッタク疲れた。ただ休むことのみ最上と何もせず床につく。

ローマの古蹟名所

世界旅行こぼれ話

(9) 〝ローマは一日で去れ〟

〝アッいけない！イタリーのビザをとっていない〟ローマ空港着陸十分前に気づいた。私達韓国人は協定がないのでイタリーはビザを必要としたが、東京の旅行業者のミスで取っていなかったのをアテネでとるよう注意されていたが、あまりにも旅のおもしろさにまぎれてトント忘れていたのだった。

スチュアードに相談したらとに角空港内の警察に行って相談しろと来た。面どうになったと思ったが何事も経験、まづは当ってくだけろと警察署に出頭とあいなった。やはり小うるさい。〝Why〟とまづやってくる。〝実はすっかり忘れていた、ローマはぜひ見たい。迷惑やトラブルは一際おこさんから入国を認めてほしい〟。中々OKと言わない。何やら彼等同志でしばらく話し合っている。もしかしたら追放かなとピンときたので、すばやくビジネスカードを取り出し、私のカードだが信用してほしいとチーフらしい大男の警官に提示した。これで事は一転して好転した。〝OK〟但し一日だけだ、明日の正午のエア・フランスで出国をのめば入国を認める。と、こんな調子でひとまず難を切りぬけローマの通関をとおった。

先進国のしかも観光国の第一人者であるイタリーでこんなにうるさい入国手続きはどうしたことか、たしかイタリー人は世界各国に出稼ぎに行っているのに、どんなに自国入国でやかましくてはお互い困どうではないだろうかと素人考えではあるが、世界旅行のややこしさに戸まどいを憶えた。

結局ローマは一日にして成らなかったが、私達はローマを一日にして追いやられるはめにあいなった。

（つづく）

読者の声

スポーツと政治を混同するもの

四月二日から始まったアジア卓球選手権大会が横浜で開かれた事は、日本はもとより世界各国のスポーツ愛好者は御存知の通りである。スポーツを通して「世界は一つ」と言ったのは、どこの国の誰であったかわからないが、数年前、アジアで初めて開かれたあの感激の東京オリンピックや、アジア競技大会、今度のアジア卓球選手権大会の入場式、閉会式の場面を見る時、世界の若い力は頼もしく平和そのものである。スポーツに「国境はない、世界は一つ」これは全くその通りである。しかし、その国の事情に依って参加、不参加は止むを得ないとしても、参加を希望する国に対して一國の政治的理由により反対されボイコットされる事は、スポーツ精神を汚すだけでなく、国際親善の意義も全く満たせないのである。私はスポーツを限りなく愛し、すべての国際競技に対しても熱情と興味を感じる者であるが、スポーツと政治を混同し、スポーツ精神を解せない北韓共産集団の指導者達の知能程度の低さを思う時、同一民族として全く情ない気持である。世界スポーツ祭典の場を、戦場と錯覚している金日成が選手を前にして訓示したあの放言は、ミュンヘンオリンピックで万国スポーツ関係者に、ショックを与え、射撃選手が宣言した通りであるが、射撃の道具が武器である事を分っていても、それを使用する場所を分別出来ない人間共には、スポーツの意義は無理な様である。私はこの度、アジア卓球選手権大会に祖国選手が参加していない事を残念に思うと共に淋しさを感じてやまないのである。

在日大韓民国居留民団神奈川支部　団員　金必岡

民団組織強化で維新課業完遂を

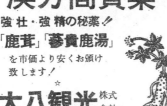

特別寄稿

武蔵野における新羅文化の遺跡を訪ねて

金田成雄

ある韓国人のコトバに、日本の古代文化は、韓国の亜流だ、という意見がありました。この人の文は、ちょっと民族主義的なクサミが強い、と感じましたが、わたしも大体、そんなものだと思います。正しくは、日本文化は、何種かの復合文化で時代によって、色彩がちがいますが、その源流と骨格は朝鮮の分身といえるでしょう。

古代新羅郡の領域は、ほぼ、この範囲と推定される（東京・板橋から埼玉県へかけての一帯）

スエ器・和光市白子谷白子出土

韓国民話 竹現陵の亡霊（上）

—新羅を救った竹の葉の神兵—

韓国と日本の関係に新視点

日本上古史(文定昌著)抜粋と解説

(27)

百済 東城王記（3）

倭地の割取とその基地設置

百済王の血統倭王室に入る 東城王、一撃で紀生磐破る

韓國新聞
在日大韓民国居留民団中央本部機関紙
韓國新聞社
東京都文京区春日2丁目20−13
電話 (815) 1451〜3 (813) 2261〜5
振替口座 東京 163774
毎週土曜日発行

民団綱領
一、われわれは大韓民国の国是を遵守する
一、われわれは在留同胞の権益擁護を期する
一、われわれは在留同胞の民生安定を期する
一、われわれは在留同胞の文化向上を期する
一、われわれは世界平和と国際親善を期する

スパイ行為断じて許さず
大統領緊急措置第四号違反で日本人学生逮捕

韓国中央情報部では、「大統領緊急措置第四号」の違反容疑で、ソウル大学校文理科大学大学院で韓国文学と語学を専攻中の……さん（三七）と、観光ビザで入国中であった早稲田大学教育学部大学院生の太刀川正樹さん（二八）の二人を逮捕、取り調べ中だと二十五日発表した。

反政府運動の「民青学連」援助

取り調べはホテルで

政府、全面支援を確約
留学生給費・法的地位、義勇軍援護など
中央三機関本国訪問の成果

金浦空港に降り立った中央三機関代表一行

中央本部三機関本国訪問日誌

時評

検挙に疑念、日本人の甘さ

◇韓国の中央情報部が、さる十八日「韓国の大学、宗教界に浸透した在日スパイ団二つと、韓国内のスパイ団一つを検挙し五人を逮捕した」と発表し、五人の姓名と年令を明らかにした。その中に大学助教授一人が含まれていたため、日本の新聞は特にこのことを強調した見出しで報道し、その大学の関係者が「スパイでない」と語った談話を併せて掲載した。そして日本人の友人や教授らが「救う会」を結成し、救援活動をしているという報道、それに加えて韓国を如何にも"暗黒の世界"でもあるかのような表現をした論評文の報道が、追っかけて新聞紙面に現われた。これらの報道で見るかぎりでは、昨年から今年にかけてスパイ容疑で逮捕された学者、技術者らが、すべて無実に思え、「またか」という気持を起こさせ、反韓国的な気持を寄生えさせるに充分効果を発揮している。だが、今まさに韓国では、優秀な人材が一人でも多く輩出することを願っており、且つ必要としていることを考慮すれば、これらの報道が何をネラいとしているか、問わず語りに教えてくれている。◇

昨年から今年にかけてスパイ容疑で逮捕された在日留学生、在日韓国人は九人である。その中には非常に重要なポストにい……

「スパイ天国」の日本で
対韓向けを養成する朝総連

日本のあるジャーナリストは幾月か前、雑談中たまたまスパイ問題に話が及んだとき、次の……

(W)

北海道本部大会（円内は孫桂雲団長）

団長に孫桂雲氏再選
議長に金本正氏　監委長に崔東洵氏
北海道本部定期大会

団長　孫桂雲
議長　金本正
監察委員長　崔東洵

公約は必ず果たす
孫桂雲団長談

沈穪孝氏の歓送会

民団の権威高め組織を強化
尹中央団長談

団長に朴成準氏再選
議長に金桂善氏、監委長に金大栄氏
民団神奈川本部定期大会

団長に朴洙性氏
滋賀本部大会

団長に鄭鎮烈氏
山梨本部大会

団長に裵永桓氏
茨城本部大会

団長に韓永出氏
長崎本部大会

団長に全世均氏
沖縄本部大会

戸籍整理と商銀の拡充
秋田本部地方委

朴鎮道団長

八月までに商工会結成
埼玉本部地方委

人事発令

四月二十五日付をもって次のように人事発令された。

免　総務局長　宋鎬用
任　事務次長代行総務局長　李聖南

許基彦氏永眠

照点

冷遇されるアジア留学生
「日本の大きな壁」を思う

（P・6）

公告

「左外国民の就籍及び戸籍訂正と整理に関する臨時特例法」に依る各種申請の記載要領を次のようにお知らせします。

一、就籍許可申請（所定様式で二通）
添付書類

一、戸籍訂正許可申請（所定様式で二通）
添付書類

一、戸籍整理申請（A）（所定様式で二通）
添付書類

一、戸籍整理申請（B）（所定様式で二通）
添付書類

一、戸籍訂正申請（所定様式で二通）
添付書類

以上、戸籍申請に関してよくわからない点があれば、所属民団支部か民団地方本部に問合せて下さい。

在日本大韓民国居留民団中央本部
民生局

民統線北方地域一帯を開発

特例法制定し農地に

2道、9郡、31面で耕地は2万2千ヘクタール

交通・通信など生活環境を造成

▽……政府は休戦線一帯の民統線北方地域を開発、食糧増産と定着地などとして利用する方案を検討中である。……△
▽……18日、関係消息通によれば内務・国防・農水産部など関係部処では民統線北方地域の開発のため、何回かの現地調査をへて総合的な政策研究をしているものと見られる。政府は、この地域に生活環境を造成し、多角的な……△
▽……営農を誘導するため、出入制限など行政規制を多少緩和する問題も考慮しているといわれる。……△

韓国の農業機械化は急速に進んでいる。写真はトラクターによる豊かなかり入れ時の稲田。荒されたままの民統線北方地域がこのような黄金地帯になるのもまじかであろう。

政府のこのような方針……権政会が民統線北方地域……査し、この地域を……する必要があると……土台としたもので、金富……(権政)は18日、「政府は、この……地域の開発のための段階的な行政……措置をすでに取っているものと見……

石炭の需給計画を確定

今年度には千五百万トン生産

18日、商工部は今年の石炭生産……量を当初計画より50万トン……五万トンに調整し、……

▲面単位以下の煉炭使用抑制
▲49孔炭など大型炭の製造・使用禁止
▲煉炭製造業体の10%以上、小型煉炭(2・9キロ)生産義務化など、石炭消費抑制を強化することを骨子とする今年度の石炭需給計画を確定した。

この計画は、去年の繰越分、直……三十七万七千トンを含む千五百万トンを生産、このうち千四百七十九万トンを供給し、年末貯炭量を百五十八万七千トンに策定している。

今年の需要量は、昨年度需要……三百十七万トンに自然増加率五・七%、油類活動による石炭転換14・4%を合わせて千四百二十二万トンと推計されている。商工部が発表した主要石炭需給対策はつぎのとおり。

▲石炭生産の極大化のため炭鉱別・月別責任生産制実施
▲生産実績にともなう貯炭資金……

日本を見つめる韓国の眼

自由中国に背を向けた中共追従は

不道徳な日本外交の典型

本国論調

韓・中・日をさすものであるが、東洋三国ということばがある。……

……排他的で権威的な中国と、戦闘的な日本の間にはさまれ、われわれの祖先がその間生きて来るための苦しみがどれほどであったかをしのばれる。事情は今もそれほど変っていない。韓半島が分裂しただけにその苦しみは、昔よりひどいかも知れない。いや、ひどいのが事実である。

中国大陸も自由中国が統治しているとすれば、われわれの苦しみは少いといえるが、中共が中国大陸を占めており、元々、巨大で権威的であったことが共産化によって戦闘的な性格すら帯びた上、われわれと鋭く対決している北傀とイデオロギー的に同一であるだけに、われわれの緊張は加重されるしかないのである。

その上、日本とは韓日協定で国交を正常化したとはいえるが、日本の政治が中立的ではなく、日本国民一般の傾向が予測不可能なため、われわれは今後、警戒心をゆるめることはできない。

ところが日本は20日、中共との航空協定を結んだという。それによって、台湾の自由中国との関係が困難になったようであるがわれわれが嘆息を禁じえないのは、日本はなんのため、このように急ぎ、30年た過ぎた今にいたってアジアの大地から、日本がこのように自分勝手にふるまうのがということである。

西欧文明をすばやく受け入れた日本が、おくればせながらヨーロッパ帝国主義の隊列に伍して、……

国を併合して中国を狙い、アジア中国を蚕食のようにほうり捨てた全域に災の炎をまいたが、敗戦後アメリカの格別な恩恵をこうむり……

……

このように見れば、革新政治勢力の対韓態度からおして、韓国持社国家化に過度の否定的関心を持つ余り、日本左傾化に何らかの加勢となることであれば、これはきびしく控えるべきであろう。

……一つの外国として、それ以上にもそれ以下にも見ない冷徹な眼を持つべきであろう。(韓国日報)

米議員団と懇談

韓半島の緊張と安保問題に関心

大統領緊急措置など国内事情にも

国会は十七日午前、三日間の訪韓日程を終えた二十二人の米下院議員団(団長=オニール民主党院内総務)の離韓に先立ち、朝鮮ホテルで韓・米議員懇談会を開き、両国の共同関心事について広い範囲にわたり論議した。

この懇談会は同日午前十時から二時間半非公開でつづけられたが、席上丁一権国会議長のあいさつにつづいて、南北調節委員会ソウル側委員長代理の張基栄議員が南北対話の進展状況と展望について説明、また、崔栄喜国防委員長が質問を提起し、韓国側がこれに答弁する形で懇談は進められた。

この日、米議員たちは、韓半島の緊張状態など安保問題と南北対話などに最も大きな関心を示したが、ときおり大統領緊急措置や学生デモ、労使問題など時局問題に関連した韓国国内事情にも少なからざる関心を表明した。

オニール総務は「米国は七・四共同声明で南北韓の間に公式チャンネルができたことを歓迎した」と明らかにし、多くの米議員たちが忍耐と根気を持って対話に臨むが、その具体的根拠を提示してほしい」とただしたが、これに対し……

……

米議員団一行(夫人同伴)は三日間滞韓したが、その間、朴正熙大統領、金鍾泌国務総理ともそれぞれ会って歓談し、板門店やソウル一帯をも見学した。

なお、一行は十七日午後帰米に向かったが、出発に先立ちオニール団長は空港で記者会見し「現時点で米国が駐韓米軍を撤収する計画は全くない」と明らかにし「韓国軍の近代化計画は米国の財政事情により多少遅延したものの、必ず完成するだろうと確信する」と語った。

オニール総務はまた「韓国国会……

統一院改編へ

政策執行機関に

韓国政府の国土統一院は、69年3月に発足し、今まで統一政策と南北問題に関する研究に専念して来たが、このほど南北会談実務など施策、執行するような性格を持つ機構改革案がまとめられ去る20日、総務処に提出された。

改編は、相当大幅にわたる予定であるが、総務処および法制処の検討がおわり次第、今月中にも国務会議に提出される予定である。

IPU理事会

東欧に発展座標を設定

韓国議員代表団ルーマニア入国

公式名称も"ROK"(大韓民国)

……

在日韓国人含む北韓スパイ逮捕

……

本国での諸般手続には
旅券か国民登録証を代替
民団中央民生局で地方に通達

民団中央民生局（安商権局長）では、国内において諸般手続をする場合、本来は住民登録証が必要とされるが、在外同胞の場合はこれがないため、次の諸証明をもって代替することができると、駐日大使館からの指示を各地方本部に通達した。

（一）居住事実を確認するために住民登録等の抄本が必要な場合は、「出入国に関する事実証明」——法務部発行——で代替使用できる。これは現在、全国空港駐在の分室が発行している。

（二）身分関係を確認するために住民登録の抄本が必要な場合は「戸籍謄本」−本籍地発行−か「在外国民登録謄本」で代替使用できる。

（三）本人であるか、ないかを確認するために住民登録が必要な場合は「韓国旅券」か「在外国民登録証」を代替使用すればよい。

（四）住民登録番号を記載する必要がある場合は、「韓国旅券」番号か「在外国民登録証」番号を代替記載すればよい。

（五）その他の場合も、以上の例に準じて、他の証明で可能な限り代替使用できる。

（六）印鑑証明は、印鑑証明法第三条に依り本籍地で証明発給が可能である。

玄海越えた親族の情
千万家族さがし運動の成果
33年ぶりの姉妹ソウルで再会

ソウルの韓国日報では八・一五解放前後や六・二五動乱前後の混乱で、一家が離散した千万にいたる行方不明の家族をおしをひきあわせる「千万家族さがし運動」を毎年展開し、続々と成果をあげているが、今年の運動展開後28番めの成果として、33年間消息不明であった姉妹をソウルでひきあわせることになり、再会の喜びに両家はわきかえっている。

主人公は日本在住の[illegible]、李福成さん（58才・下関市幡生町二丁目11の6）とソウルの文成浩さん（53才・竜山区漢江路三街二）。

平北竜川が出身地である文さんは、36年前の17才の年に、隣村へ嫁いだ。義妹の李さんは3年前、満州へ嫁いだあとであったが、毎年実家をたづねた。

その後3年、ふたりは親戚の情をあたためあっていたが、解放の年、文さんは夫と一緒に南へ避難した。麻浦で家を建て二男三女を育て、4年前には孫を得た。満洲の義妹は勿論、故郷の実家の消息は全然知るすべがなかった。

一方、満洲で解放を迎えた李さんらは、送還船に乗って渡日し、下関で[illegible]を商いながら基盤をかためた。

二人の娘だけの孤独な中で、李さんは、つてがあるときごと、弟と姉の行方をさがした。李さんは韓国日報「家族さがし事務局」に手紙を出した。その間の経緯は報道され、お互いにめぐりあうことになったが、残念なことに弟さんは3年前に亡くなったあとであり、李さんは亡き弟の訃音を聞いて泣きむせびながら、今夏ソウルでの再会を待ちわびている。

育成費三百万円伝達
民団中央で各韓国学校に

民団中央では、予算事業の一つである民族教育拡大策にもとずき、今年度も積極的に、韓国学校円滑運営のための支援を実施することになったが、四月二十七日催された、東京韓国学校の開校二十周年祝賀式典の式場をかりて、尹達鏞団長が、東京、大阪、京都の各韓国学校々長に、育成費三百万円を伝達した。

誠金集め中央会館建設へ

世界親子かけある記 ⑯
ビジネスと観光と歴史・美術そして…
裵乙祚・裵慶州

ローマ（Ⅱ）

ローマは一日にして成らず
街全体が骨董品化
カトリック信仰の総本山

十二時近くには、是が非でもテルミユ（シティセンター）までもどらねばならないので早飯をすましホテルの前からVATICANO行きのバスに乗り込む。乱暴な運転だ。途中朝のラッシュにかかったので車が渋滞しがちである。世界どこの主要都市に行っても、この自動車洪滞と排気ガスの公害、そして振動による被害は、間もなく大きな社会問題となり大手術をせねばならぬだろう。ヨーロッパの街の旧道は多く敷石を使っているので、余計に振動と騒音がはげしいように思われる。

街全体が骨董化され、十八世紀風の建物は昔日の面影もなく、暗仮死状態にあるようにみえる。新興国や先進諸国の如く近代化が進み、都市改革の下に新築ビルが建ち並ぶ都市とは想像もつかないくらい古ぼけた街並みである。価値感が異うと云ってしまえばそれ迄だが、私の眼には過去の栄光にしがみつこうと言おうか、中々自分等の歴史遺産を改良または新しく再生させようとしない人々の心を私は理解するのに苦しむ。ましてやここのイタリー人こそ十四世紀ルネッサンスの発祥地であればなおさらのこと、現代イタリヤの立ちおくれをいらだたしくさえおぼえる。

Vaticano につき、サン・パトロ広場から見る寺院は大きく、さすがに世界のカトリック総本山の貫録があった。正面頂上のキリストほか使徒たちの彫刻が印象的である。寺院内に入って再び私はおどろいた。絢爛たる内部造作に私はすばらしいと思うと同時に、如何に多くの人間がこの建物のために犠牲になったかを想う時、一種言いしれぬ気持になった。彫刻絵画など大作の完成までの作業は、人の一生を費してもなお足らず、幾代もひきつがれ今日の姿になったのだと思うと、感嘆した職人気質のみが、そして財力と底知れぬ信仰の力のみがこれを可能にしたとしか思えない。寺院の最高所の展望台まで急勾配の階段を乗り眼下のローマをみた気持はすばらしい。ローマ七つの丘が美しく眼下に広がっていた。そこを出た私達は裏手の バチカン美術館 に入った。

天下の名品が絢爛たる館内におどろくばかりの物量で展示されていた。地中海文明圏は勿論、東洋と云わず西洋といわず、ローマの力を誇示する如く、カトリック信仰の偉大さを感じさせるおびただしい量である。とても一日やそこらで見おわるともおもえない。時間がないので一部を早々に見学し外に出た。ミケランジェロやラファエロの絵画彫刻は丁度見学中止中でみることが出来なかったのは残念だった。

ローマはたった一日の滞在であったが、老化して行く街をみて色々と考えさせられた。"ローマは一日にして成らず"確かにその通りだとおもう。またこれは"ローマは一日にして滅びず"ということでもあろうが、現代イタリーが新しく脱皮することを願うものだ。

〔骨董品・美術品・アクセサリ・ファッション商のこと〕

エキゾチックな海外の骨董品、美術品、家具、アクセサリー、ファッション、女なら勿論男でさえ何とも言いしれぬ夢心地のするものが数多くある。誰でも一度はこれ等に囲まれて生活してみたいなと想うのも無理からぬことと、その実私も来年からこれ等商品を輸入販売して日本でこじんまりした店でも持たせたら（うちのかみさん等）趣味も兼ねて面白いだろうなあと考えていた。そのこともあって今度の旅はカイロからロンドンまでこれ等に関する少なからぬデーターを集めたし見ても来たがなかなか決め手がなく弱っていた。

ロンドンである商社マンに話したら、彼も個人的に興味があるということになり、或はこの夢が実現することにもなりかねないと喜ぶことにあいなった。

西洋人と日本社会のインテリヤに対する考え方も又それにつぎ込む金額もはるかに西洋に及ばないが、最近の日本社会の生活を豊かにしようとする風潮をとらえれば成功する商売だと思う。但し高級品を扱いたいと思う。献物は労多くして成果が思わしくないのはどんな商売でも同じである。

金属類のカタものばかりを扱っている私にはチョットあまりにも異質でためらうところもあるが、女性でもある程度こなせるところがある。自分等の趣味を生かしてしかも生活の足しになるのなら理想的とも思えるのだった。

世界旅行こぼれ話

"ALITALIA, ALITALIA, STATIONE" Visa を取っていなかったことでローマ空港にはしばらくいたことになる。

ひっきりなしに飛行機の離着陸があり、そのたびにパッセンジャーが行き来し観光都市の空港らしいにぎわいを見せている。

出発到着便の案内放送の女性の声が実にきれいに流れる。"ALITALIA" "ALITALIA"国際空港の出発到着便の案内放送の前には必ずこのアリターリヤが美しい声で連呼される。一般にラテン系言語は発音が甘くきれいだがこのアリターリヤは子音母音とイタリヤ語特有の母音がきれいな歯切れでひびくのでなおさら印象が強い。

このアリターリヤが他のどの航空会社の発音よりも柔らかいから良いアリターリヤのみが目立ち、初終"アリターリヤ、アリターリヤ"と聞こえ、ところの良さも手伝って心地よい響き[illegible]情に残る。不思議といやらしい抵抗を感じないのはやはり発音とところ合せが良いせいだろう。これを"JAL" "JAL"とか"TWA" "TWA"…またはその他発音の悪い航空会社名でやったら、恐らく抵抗感をおぼえることだろう。

これと同類の呼び名に"STATIONE"（駅）と言うイタリヤ語があるが、テルミネ駅で聞いたこの声も忘れがたい旅情をそそるものである。

ローマ空港と言えばこんなことを想い出す。ある日本の中年の女性二人が全然外国語の1つも話せず、ましてや読むことも出来ないで、「私達これからウィーンに行くんですが、どこでどの飛行機に乗ったらいいんでしょう……」と息子にすがりついているのをみたが、この純度胸のいい女性達に世界旅行中しばしば出くわしたのには、おどろかされたりほほえましくもあった。

Buon notte (BWOH-nah NOHT-teh) · Goodnight

Arrivederci (Ahr-ree-veh-DEHR-chee) · Good bye

（つづく）

ローマの聖ペトロ広場

韓国人遺骸九十体発見

最近、日本北九州市若松附近の海上で八・一五直後死亡した韓国人90人の遺骸が埋められているという事実が確認された。

これらは、日帝時代、日本へ強制徴用された人々で、解放を迎え小型船舶で本国へ帰国するうち、強風と荒波にであい溺死した人々で、尾崎前日本弁護士連合人権よう護委員長などによる調査団によって確認された。

防衛誠金30万ウォン
勝共青年団が寄捐

国際勝共連合会の在日韓国本部勝共青年団（鄭啓和団長）団員四十七人がこのほど訪国、文化公報部を訪問、李次官に防衛誠金三十万ウォンを寄託した。

統一教会の文鮮明氏来日

アメリカ各地で「希望の日」講演を行いエクソン大統領はじめ米国民に多大な感動を呼び起している世界統一教会創始者文鮮明氏の「希望の日」晩餐会が開かれる。

岸信介名誉委員長、久保木修己実行委員長による「希望の日」実行委員会が五月七日午後六時から八時まで東京帝国ホテル「孔雀の間」で催すもので文氏の記念講演のほか「希望の日」の活動記録が上映される。なお、世界基督教統一神霊教会、国際勝共連合、国際文化財団なども後援している。

大阪商銀人事異動

昨年八月十日をもって創立満二十周年を迎えた大阪商銀（朴漢植理事長）では、業務拡大にともない、九番目の店舗として寝屋川支店を今秋開店する運びとなったが、このたび次のような人事異動を断行し、新体制に備えた。

常務理事・審査部長　宮崎　稔
常務理事・営業担当　清水　昌雄
常務理事・総務部長　山田　勉
参事・今里支店長　町田　佐雄
花園支店長　平伊　辰雄
布施支店長　福井　武雄
平野支店長　岩本　吉晃
森小路支店長　松村　白憲
寝屋川支店開設準備委員長　成田　光雄

卓球選手募集
大韓体育会で五月十日まで

在日大韓体育会（鄭建永会長）では、ソウルで六月四日からひらかれる恒例の第三回少年スポーツ大会に派遣する小・中学生の男・女卓球選手を在日同胞の中から募集することになった。

また、イランのテヘランで九月にひらかれる第七回アジア大会に参加する男・女高校、大学、一般の卓球選手も募集することになり、前記いずれも五月十日までに同会へ申しこめばよい。

◆東京都港区西麻布一−一−五・オリエンタルビル八階・在日大韓体育会内・卓球競技部（電話〇三−四〇四−二七八四）

「新しい時代」季刊で発行

康清子氏

在日韓国婦人会中央本部の元副会長で、婦人文化啓蒙運動に多くの実績を残している康清子女史が主宰する韓国文化社は、中野の自宅から、都心の新宿区東大久保一−三三八、木下コーポ三〇二号室に新事務所を借りて、去る十七日各界来賓を招き、事務所びらきをした。

同社は、不定期刊だった総合誌「新しい時代」—日本語版—を季刊として続刊することになり、四月末までには、一年ぶりにお目見えすることになる。

康女史は、各界からの寄稿を歓迎すると語っていた。

電話は東京（二〇八）四五四〇で、なお、購読希望者は、同社あてに電話か、郵便で申しこむとよい。

不純分子懲戒
民団神奈川本部

民団神奈川県地方本部の監察委員会では、規約を無視し、朝総連側と野合、破壊工作をほしいままにしている不純分子に対し、次のような懲戒処分をおこなったと発表した。

〈被懲戒人〉

朴勝福…規約六六条運用規定第一条第一項並びに第3項第2条第6項に該当し、除名処分
朴碩柄…前者と同じ
白致珠…〃
南鋪福…〃
石成基…〃
李琨基…〃
金仁錫…〃
朴阜淳…〃
宋植植…〃
郭元基…〃
李壕根…〃
鄭学天…規約六六条運用規定第2条第6項に該当し停権5年
金広照…〃

尋ね人

☆金邦佑さん（男、55才程度）
本籍・慶尚北道青山郡青山面

☆梁甲先さん（女・50才程度）
右の金さんの奥さんで、一九四〇年11月30日に結婚

☆金君子さん（女・32歳・長女）

☆金英子さん（女・30歳・次女）
右の金邦佑さんの妹で、40歳になる江原道三陟郡三陟邑[illegible]金鎮社内金点童さん（幼名、金来渉、通称金東根）がさがしています。
金邦佑さんは、解放前弟である金鎮岩さんと渡日したとのことでご存知の方は民団中央本部民生局又は金点童さんへ連絡を。

☆金根哲さん
解放前、韓国仁川で警察官を勤めた方で渡日後の一九五五年頃東京都の住所から文通があったとのことで、叔父である京畿道[illegible]面の桂さんとその家族がさがしています。ご存知の方は民団中央本部民生局まで連絡を。

☆金活年さん（光高・男63才）
本籍・全南務安郡
解放当時、関西地方で居住しており、両親は帰国したとのことです。金さんの甥である尹敏植さんがさがしています。

☆鄭鉉徹さん（男・52才）
☆鄭浩義さん（男・56才）
本籍・慶北大邱市南山洞二八五
35年前から関東、関西地方に住んでおり、解放後には文通がないとのことで鄭浩義さんの姪である鄭玉子さんがさがしています。
右の三人をご存知の方は、民団大阪府地方本部又は民団中央本部民生局まで連絡を

☆柳順外さん（女・60歳程度）
四国の高知県で解放当時まで居住していた川本しげるさんの妻であった柳順外さんを、解放を迎えて帰国した長男の鄭鉉京さん（幼名禹）がさがしています。
柳さんをご存知の方は釜山市西区忠武洞4街15番地・ブヨン写真館内鄭鉉京さんまたは民団中央本部民生局まで連絡を。

☆宋南坤さん（男・54歳）
韓国の全南長興郡安良面[illegible]に住んでいた宋さんを全南長城郡北下面葛水里加仁居住の姉である宋福礼さんがさがしています。ご存知の方は宋福礼さんまたは民団中央本部民生局まで連絡を。

☆崔先奉さん（山本・75才）
本籍・ソウル特別市麻浦区麻浦洞四四〇
幼時に父母が死亡し、当時京城府竜山区津町の叔父宅で5人兄妹と住んでいたが、約40年ほど前にひとりで渡日した崔さんを、ソウル特別市永登浦区新吉洞84、崔炳方崔光華さんがさがしています。
ご存知の方は崔さん又は民団中央本部民生局まで連絡を

☆黄在鳳さん（長井・49才）
本籍・慶北善山郡高山面
一九四二年東京に居住、一九四三年五月頃、大阪府泉南郡長滝村佐野飛行場の建設工事場で労役従事中、解放を迎え、一九四六年に一度文通があったとのことです。

☆崔一男さん（梅田・49才）
本籍・慶北大邱市内堂洞
右の黄在鳳さんと同居していたといわれますが、この二人を本国ソウルに居住する李泰熙さんがさがしています。ご存知の方は民団中央本部民生局まで連絡を。

☆朴命祚さん（幼名福順、女・60歳）
一九五三年に京都近辺の農村で住んでおり、林銀敏（死亡）の妻であった朴さんを弟の朴信兆さんがさがしています。
ご存知の方は、慶尚北道[illegible]郡[illegible]朴信兆さん、または、民団中央本部民生局まで連絡を。

朴信兆さん夫妻

ルポ 青年会の「セマウム植え」同行記 (1)

本紙 曺承徹 記者

一人の落伍者もなく 国語力の弱さが悩み

金浦空港に着いた青年会奉仕団一行

韓国の古美術

韓国文化財管理局企画

新刊紹介

「韓国の古美術」の出版を慶ぶ

安達健二

安達氏

「韓国の古美術」の刊行に寄す

有光教一

有光氏

（文化庁長官）

画期的な図録に期待

蔵田蔵

蔵田氏

（奈良国立博物館々長）

（文化財保護審議会専門委員）

韓国の新発売切手二種

郷土予備軍創設六週年記念

世界人口の年記念

（つづく）

韓国と日本の関係に新視点

日本上古史（文定昌著抜粋と解説） (28)

百済 東城王記 (1)

倭地内百済領に百済王家統治者

欽明天皇は百済王の骨肉浸透のはじまり

（金元奉 記者）

おねがい

本紙四面の文化関係記事について御意見、御希望があれば、本紙編集局までお寄せ下さい。また読者の投稿を歓迎します。尚投稿の掲載分には薄謝を進呈致します。

韓国民話

竹現陵の亡霊

—王と忠臣が墓の中で論争した話—

おわり

韓國新聞

在日大韓民国居留民団中央本部機関紙
韓国新聞社
東京都文京区春日2丁目20-13
電話 (815)1451~3 (813)2261~5
振替口座 東京 163774
本国連絡所(民団本国事務所内)ソウル特別市鍾路区昌成洞 政府合同庁舎四階 電話 73-0162・0165
毎週土曜日発行

民団綱領
一、われわれは大韓民国の国是を遵守する
一、われわれは在留同胞の権益擁護を期する
一、われわれは在留同胞の民生安定を期する
一、われわれは在留同胞の文化向上を期する
一、われわれは世界平和と国際親善を期する

反共教育を強化

治安当局 民青学連の背後は 国際共産主義系と発表

韓国政府文教部は反共教育を一層強化する方針を決め、五月一日、各市道教育委員会に通達した。中央の新聞報道によると、さきに摘発された全国民主青年学生総連盟の事件が、教育課程手直しの直接のきっかけになっているという。

文教部の通達は「共産主義理論の虚構性を正しく理解させるため、各級学校の反共教育教科活動を強める」という内容になっている。

具体的には①来年度の高校入試の出題の中で反共課目の比率を一割以上とする②小、中、高校の反共課目専任教師の再教育を実施、各学校に優先配置する、などが指示されている。

治安当局は、民青学連組織の背後には、「国際共産主義系列」が動いていたと発表、共産分子の学園浸透を強く繰り返している。

韓日科学技術長官会議開く

朴正熙大統領表敬訪問の森山長官

第四回韓日科学技術大臣会議は五月一日ソウルでひらかれ、崔亨燮韓国科学技術処長官と森山日本科学技術庁長官との間で次のような取り決めが行なわれ、共同声明を発表した。

①原子力の平和利用で情報交換と専門家交流を推進させる。②環境科学に関する交流を推進させる。

なお、森山長官は、二日午前、朴大統領を表敬訪問し、同日午後三時からは、金国務総理と、さきに逮捕された二人の日本人学生釈放などについて意見をかわした。

中央会館建設賛助金

残額利息、商銀へ預金

本紙既報、四月十一日付で換地本登記を済ませた中央会館の建設賛助協助金の残額二億円に対する利息百四十万四千円は、四月三十日午後一時、大使館の保管立会いの下、三菱地所から受取り、翌日東京商銀に預けられた。

なお、中央会館建設委員会では全国に割当てられた建設基金を指定期日までに募金し、納入してくれるよう呼びかけている。

韓日友好協会結成を承認

福岡本部地方委

民団福岡県地方本部では、去る四月二十六日午前十一時から、福岡韓国会館で、第十七回定期地方委員会をひらき、第二十三回定期中央委員会と第三十六回定期中央大会の報告、七三年度活動と決算報告、七四年度活動方針案などを討議通過させ、韓日友好協会の結成が承認された。

〃 李鉀植
事務局長 趙外成
議長 朴英基
副議長 金敬煥
〃 安鍾錫

団長に陳且祚氏

三重本部大会

民団三重県地方本部では、去る四月二十八日正午から、同本部講堂で第十五回地方委員会にひきつづき、第二十回定期大会をひらいたが、代議員八十三人中、七十七人が参席、団長選出では陳且祚現団長が四十五票対三十二票で金成学元団長をひきはなして再選された。

団長 陳且祚
副団長 朴石岩

会館建設基金十月まで完納

奈良本部地方委員会

民団奈良県地方本部(金奉俊団長)では、去る四月二十一日午前十一時から同本部講堂で、第十七回定期地方委員会をひらき、新年度の活動方針案と予算案を討議採択したが、そのうちの重なものは同本部の韓国会館建設と民団中央会館建設基金をあわせた七千百余万円を六月末までに五十パーセント、残額を十月末までに完納させる募金運動を本格的にくりひろげることなどであった。

時評

日本マスコミの愚かさ

日本人学生逮捕で示した 近視・独善・教条的な発想

韓国で、大統領緊急措置第四号違反容疑の日本人二人が捕まったことについて、今や日本中のジャーナリズムが、固唾(かたず)を呑んで成行きを見まもっている。在日韓国人も同じ思いの人が少くない。捕まった二人の日本人の容疑が、日本流にいえば「内乱予備罪」または「国家騒擾(そうじょう)幇助罪」に当るほどの、重大なものである。そして、単なる「内乱予備罪」や「国家騒擾幇助罪」などと異なることは、今度の緊急措置の対象となった「民青学連」の計画を野放しにしていれば北傀が待ち望んでいる南侵の「口実」が実現し、再び「南北相克」の修羅場が韓半島を被うはずであったことである。言葉を替えれば「戦争誘発、民族殺戮(さつりく)」の大罪につながる、とてつもない行為に加担したのである。四月四日から八日までに任意に当局に出頭して洗いざらい証言した学生は、総出頭学生二六一人の三分の二を越える。その中には学生たちに対した二人の行動、言句が、余すところなく包含されている。その証人の数は余りにも多いのである。日本のジャーナリストの中には、二人の日本人が逮捕されたのは、金大中事件の報道に対する韓国政府の報復だくらいにしか、考えていない人も少くないようである。

四月二十五日、韓国政府は、二人の日本人を任意取調べの段階から正式逮捕の段階になったことを明らかにした。それは成行きとしてそうなったことは致し方ないが、日本の一部のジャーナリズム(今後は"一部の"を省略して単に"日本のジャーナリズム"と述べるが、特に"一部の"ことを指す)はこれに対して様々な反応を示したのである。いわく「不審点多い韓国捜査、早川氏の妻子、ソウルで要請す、釈放へ緊急措置を、社会共党政府に働きかけ」(Y紙二十六日朝刊)「両国関係に悪影響」「あいまいな容疑金大中事件と共通逮捕『政治的色彩』の疑問」(A紙二十六日朝刊)などなどそして御丁寧にも、二人の内の一人が三年前に離党届を出したという日共の発表と、他の一人が接触したという在日朝総連フラクションの否定の談話も載せている。この報道よりは、正に「韓国政府はヒドイことをしている。日本人に対して何ごとだ。この通り無実じゃないか。両国関係がこじれるぞ」という世論誘導そのものである。

韓日関係を悪化させようとしているのは、日本のジャーナリズムそのものではないか。否定的な考えが出ることの判っている側の発表を、ことさらに付け加えるのは、ジャーナリズムの自らの意思表示を代行させる日本ジャーナリズムのいつもの手である。しかも、金大中事件を何らかの形で付け加えて、暗々に韓国政府を誹謗することも忘れない、いや、戦法を採用しているのである。

四月二十六日、筆者は複数の日本ジャーナリストの幹部に電話で打診した。その結果を総合すると、次のような結論になる。但し、何れも個人的立場という前置がつけ加えられていることを申添えておく。

「韓国の政府が、権力を維持し大統領の独裁を続けるために非民主的な方法で学生の正しい運動を弾圧している。それは前近代的やり方である。日本の新聞などが金大中事件の時のように騒がないのは、韓国に派遣した特派員の身の安全のためである。特派員全員を引揚げさせて思い切り書こうという動きもある。日本人をなき者にするのは迷惑千万である。韓国の現政権は退陣すべきである。救出委員会を結成するのは日本人の自由である。罪があるというならば速やかに発表すべきである。金大中事件の報復にすぎない。北韓が攻め込むというのは政権維持の口実だ」などなど。あいた口がふさがらない―とはこのことであろう。これが日本のジャーナリストの幹部の、ものの考え方であったのだ。救出委員会云々は当り前で「どうぞ御勝手に」と答えたが、そのほかは一つとして返事するに値いしないので黙って聞いた。だが、ここで公けに反論しよう。

日本のジャーナリズムは、偏向などというものではなく、全く近視眼的、皮相的、独善的、教条的な発想しかできない"ぬるま湯"の中で物を視、判断しているにすぎないことがはっきりしたのである。

二人の内の一人が、日共を三年前に離党したということは、こうなるのだ。一九七二年(昭和四十六年)にソウル大に留学したが、そのためには前年の十一月頃手続きが必要である。入学許可は三月頃となる。渡韓するのが八月(九月入学)以前である。七二年三月末に離党届を出し、五月中旬除籍したとなれば、これは偽装の為の偽装離党と視られても仕方あるまい。もう一人が日本で接触した「朝総連フラクション」の答えは当然だろう。何処の世界に、進行中の事件で被疑者に不利になることを認めるスパイの元締が存在するだろうか。

取調べも完了しないうちから罪状を発表する捜査機関が、世界のどこに存在するのか。筆者は寡聞(かぶん)にして知らない。他国に混乱の因をもたらす方が過激ではなく、逮捕されることが過激だという論法は、これまた開いた口の塞がらない話である。まして大統領の退陣云々は傲慢(こうまん)無礼でなくて何だろうか。第二次大戦直後から今日まで、北韓は日本の天皇の責任を云々し、存在を否定しても、わが韓国は、日本の天皇の戦争責任を追求し、天皇家の存在を否定したことはない。その種の問題は、その国の国民のみが決定すべきことである。

北傀南侵の危険性をいうことは、政権維持の口実だ―となれば、北傀の宣伝文句そのままではないか。全特派員を引揚げさせて、好きなことを報道するということは、韓国としては一向に痛痒(つうよう)を感じない。世界中の良識の見守る中で日本のジャーナリズムの歴史に汚点を残すことにならなければ幸いである。ただし、日本が共産化すれば賞賛されることは間違いのないことだが。

以上は、いわゆる偏向紙全般に対して申上げた。これはこの「時評」の筆者「W」の挑戦状である。これに対しての答は何時でも受けて立つ用意がある。感情的でなく、理論的な対話があることを期待する。

なお、二人の日本人については、若気の至りには限りがあ[illegible]の危険存亡に[illegible]あるだけに、何とも[illegible]い。願わくは、[illegible]寛大な処置に浴らんことを。(W)

会長に金信三氏三選

大韓婦人会中央大会

在日本大韓民国婦人会の第十一回定期中央大会が去る四月二十九日午前十一時、東京・千代田公会堂で開かれた。

大会は、代議員二百五十人のうち、二百十二人が参加して成立、来賓として、金永善駐日大使、尹達鏞民団中央団長、朴太煥民団中央議長、呉基文婦人会顧問らが出席、祝辞をのべた。

このあと、婦人会功労者の表彰状授与、財政報告、監査報告、婦人会東京本部の信頼期間中の出費などの審議があり、次期予算案が承認された。

このあと、今後三年間における活動方針案の討議に入り、三年前の第十回大会で決定された婦人会の会館建設資金のための"一日十円積金運動"は今後も継続していくことなどが決議された。

規約修正の件で、婦人会地方役員の任期も中央に準じて、三年に延長し、婦人会役職は本団、入会五年以上を経過した者に限ることなどが採択された。

つづいて、改選に移り、金信三現会長が対立候補なく無投票で三選された。また監査には李達秀、尹得漢、金点任の三氏を選出し、午後六時閉会した。

婦人会の第11回定期大会

監察委員長 崔栄大
〃 委員 崔根洙
〃 〃 陳泰根

中央からは、安商権民生局長が来賓として参席した。

団長に金順永氏

福井本部大会

民団福井県地方本部では、去る四月二十七日正午から福井県民会館での第二十回地方委員会にひきつづき、第二十六回定期大会をひらき役員改選では前三機関長を再選した。

団長 金順永
議長 鄭慶讃
監察委員長 呉基栄

団長に林鍾信氏

岡山本部臨時大会

民団岡山県地方本部では、去る四月二十八日、第二十八回臨時大会をひらき、次のような役員改選をおこなった。

団長 林鍾佶
議長 金甲文
監察委員長 金寅甲
事務局長 趙三済

近日中に続会して役員改選

千葉本部大会

民団千葉県地方本部では、去る四月三十日午前十一時から、千葉市民会館で、地方委員五十一人中四十二人が参席して、第十二回地方委員会をひらき、さきの第二十三回中央委員会で決議された規約修正、青年会結成、セマウル事業推進などを再確認し同本部内に昨年発足させた、民団の円滑運営を期すための経済委員会が、一年間にわたり、予算の半額にあたる八百十三万円を補助した実績を高く評価、今後とも同委員会の活動を継続させることにした。

地方委員会につづき、午後三時からは、代議員八十七人中、六十三人が参席して、第二十五回定期大会がひらかれたが、団費増額改正案などを通過させたあと、役員改選に入ってから、曹下宇本部団長の辞退により、金重學氏を団長に推せん、満場一致で可決したが金氏は宋吉福氏を推せんして辞退したところ、宋氏もまた強く辞退して曹允貞現団長を推せん、結局、会場使用制限の午後五時に至り、近日中に続会して役員改選をおこなうことになった。

中央からは、李禧元副団長と姜鍾文教局専門委員長が来賓として参席した。

また、さきに民団中央監察委員長名義で除名処分された、呉世九、李武局、宋在韻、郭泳文、林茂沢、李康楨、金任述、金容元各氏らの除名処分がさらに再確認された。

大阪商銀通常総代会

信用組合・大阪商銀(朴漢植理事長)では、来たる五月十三日午前十一時から同本店会議室で第二十一期通常総代会をひらくことになった。

住所移転

福岡商銀・北九州市小倉北区香春口二丁目七番二十二号へ

京郷新聞東京支局・東京都港区西久保巴町二五、鹿友第三ビル六階へ(電話四三四―五七七二)

団長に金基禄氏選出

議長に卞埈植氏、監委長に黄河千氏 民団兵庫本部臨時大会

民団兵庫県地方本部では、第十五回定期地方委員会と第二十七回臨時大会を、去る四月二十八日午前十一時から、神戸の御影公会堂でひらいた。

午前十一時からの地方委員会では、委員百二十人中、九十八人が参席し、活動方針案が討議されたが、これにひきつづき、午後二時から臨時大会がひらかれ、次の新任役員が選出された。

団長 金基禄
副団長 金万寿
議長 卞埈植
副議長 朴中坤
〃 朴憲行
監察委員長 黄河千
〃 委員 金興權

中央からは、尹達鏞団長と李禧元副団長が来賓として参席した。

旧「韓青」に会館退去通告

民団京都府地方本部(張根日団長)では、七二年七月七日の第三十回定期中央委員会で傘下団体取消しになった旧「韓青」と「韓学同」の京都本部が、一年前からの退去通告にもかかわらずその後もひきつづいて、京都韓国会館の一部を事務所として使用しているので、去る四月十八日付で明け渡しの最終通告文を公示した。

なお同本部では、韓国青年会の結成を急いでいる。

旧「韓青」の韓学建設運動は危険と強調

京都本部地方委

去る四月二十七日午前十一時から、京都韓国会館で民団京都地方本部第二十回地方委員会がひらかれた。

同委員会では、旧「韓青」と「韓学同」問題をとりあげ、青年協議会という仮名で京都韓国学校建設促進運動をしているのは危険だとし、張根日団長は、民団々員は彼等の募金や行動に参加してはならないと強調した。

柳珍山新民総裁永眠

柳珍山新民党総裁は、脳ガンのためソウルの漢陽大学附属病院に入院加療中であったが、去る四月二十八日午後三時、永眠した。享年六十九才。

故人は、旧君成高普から早大政経学部に学び、中国に亡命して独立運動機関「韓人会」を組織して日帝抗争につくし、国内では秘密結社「興国会」を創立、暗躍した。

祖国解放後は、国会議員に七期つづけて当選し、民主党を経て、七三年五月に新民党総裁になった。

葬儀は五月二日、新民党葬としておこなわれた。

趙景衍氏永眠

民団福岡県本部議長・趙景衍氏は、さる四月二十六日、肝臓ガンのため永眠した。

葬儀は、四月三十日午後一時から福岡市内の真行寺で行われ、民団関係多数が参列した。

解説

日本外交政策の二形態

ナザニェル・ザイヤ(米・ハンター大学教授)

南阿での特別扱いに有頂天の記者
日本新聞は極度の民族主義

日本には二つの形態の外交政策が存在している。その一つは世界観のない政策であり、もう一つは世界観があるものである。換言すれば一つは合理的であり、他の一つは感情的である。合理的な方は問題解決に志向的であるとともに原則的には経済に関連する外交政策として外国人を対象とするものである。いま一つ感情的な方は問題志向的であると同時に、政府樹立に関連するものとして、日本をその対象にしているものである。

なお、はじめの形態の外交政策は大衆の討議を通して形成され、他の一つの形態は非公開会議を通して形成されるものである。ここで

新聞だけ可能な特殊審判

政府の"庇護"の問題

島国の新聞にすぎない

4月25日、中央情報部で開かれた記者会見で、百余人の内外記者に「全国民主青年学生総連盟」事件に対して捜査中間発表をする申中央情報部長

中央情報部長は25日、全国民主青年学生総連盟の事件捜査を中間発表、この日現在、二百四十余人がこの事件に関連した嫌疑で当局の調査をうけており、被疑者が準備していた各種印刷物10余万枚をはじめとする証拠資料を収集したとあかした。申部長はこの民青学連の背後には、いままで共産系不法団体である人民革命党組織と在日朝総連系秘密組織党員郭東儀、および郭にあやつられた日本共産党国内左派革新系が複合的に作用したと発表、特に学生主謀者らは北傀の統一戦線形成工作と同一の4段階革命を通じいわゆる労働者・農民による政権樹立を目標に、その過渡的政治機構として民族指導部の結成も計画したとのべた。申中央情報部長は、彼等が画策した4段階革命は、①維新体制を非民主独裁と断定、エネルギー危機に伴う経済事情を政府失策と誇張、反政府勢力を糾合し②4月3日を期して全国主要大学が一斉に蜂起、青瓦台・中央庁などを占拠破壊し③民主連合政府を樹立したのち④労働者・農民による政府を樹立するという内容であったとのべた。本紙では、既報(一一一八号・4月20日付)の民青学連の輪郭紹介"所謂「全国民主青年学生総連盟」の正体と狙いは何か"について、申中央情報部長の記者会見発表全文を資料として紹介する。特に発表の中で、民団破壊を企図し除名された郭東儀らの罪状を明らかにしている点など注目に値するといえる。

全国民主青年学生総連盟事件の
捜査状況を中間発表

背後関係

所謂「全国民主青年学生総連盟」の政府転覆および国家変乱企図事件の背後には、過去の共産系不法団体である人民革命党組織と在日朝総連系にあやつられた日本共産党員と、国内左派、革新系などが複合的に作用したが、これら背後人物の性分と活動事実を説明すれば

その第一として、前人民革命党党員、都礼鍾は64年7月頃、北傀スパイ金永春・金□俊など共産分子らで構成された所謂人民革命党を組織し、地下活動中に検挙され刑に服した者。

河在完は、容共不純団体である民族自主統一慶北協議会副委員長として活動中、5・16後逮捕、64年赦免された者で、これらは日ごろ念願して来た社会主義政府を樹立するためには、分散した自派勢力を糾合し、学生煽挙をおこし、現政府を顛覆する道のみであると認想した末、相互連絡して各派勢力を連合することに合意し、七一年四月頃から共産主義思想をいだいていた当時、慶北大法政大学政外科四年に在学中であった呂正明をたきこみ、あやつって71年から73年11月5日間に

▲慶北大教練反対デモと不穏印刷物「反独裁救国宣言文」散布事件をはじめ

▲慶北大反独裁民主救国闘争委員会学生デモなど前後数回にわたって対政府斗争を展開しようと背後操縦したが、その時ごとに当局の制止で挫折するや、73年12月初上記の呂正明に効果的に目的を達成するためには全国的規模の学生動員と学生デモをおこし民衆蜂起に点火する役割をきづきあげるべきであり、ソウルを拠点として全国的な学生組織を結成させるようにし、自身は民衆参与を目的とした革新系勢力を拡張させることを謀議決定したのち73年12月上旬ころ、都礼鍾と徐道源はそれぞれ上京し、市内清進洞所在、三楽日語学院講師となっている前民自統、慶北大委員長、李銖秉と前人民革命党党員金鏞元などに上記の呂正明をひき

つぎ、ソウル各大学の組織指導と資金提供をまかせ、同李銖秉、金鏞元は李哲、柳寅泰、安亮老などを呂正明に紹介することによって、74年3月21日、慶北大学校反独裁、民主救国斗争学生デモ指導をはじめ、全国民主青年学生総連盟の機関と活動を背後で指導し、資金を支援するなど指導的役割を担当したのであります。

第二に、一九六六年、日本左翼系の校内自治会副会長を歴任した太刀川正樹(男・28)は、在日朝鮮人総連盟の秘密組織員として活動していた日本の週刊現代など週刊誌のフリーランサーとして活動していて、在日民団員を自称する郭東儀の指令のもと、観光名目でわが国を数回にわたって出入しながら、一九六八年以来、日本共産党員として活動しながら機関誌「赤旗」などに論文を寄稿して来た早川嘉春(男・37)とともに、この事件の主動者である李哲、柳寅泰などと秘密裡に接触し、上記の李哲などに暴力革命計画を激励煽動、金品を提供してこれを助成するなどの活動をしたのが明らかになっております。

第三に、都永柔、張琪杓などは国家保安法違反および内乱、陰謀事件で服役した事実がある者、李賢培は、反共法違反で処罰をうけた前歴のある者、柳根一は、左派革新系として活動するうち懲役15年を宣告され、7年間服役した事実がある者、黄寅範は、日ごろ容共思想をいだいている者で、以上の者は相互に共謀し、ソウル大学休学在学生である李哲、羅炳湜、柳寅泰、金秉坤など

主動人物の思想的背景

闘争の目標と戦略

謀議および活動状況

鄭東年　李哲　鄭相鎔
太刀川正樹　柳寅泰　徐道源
早川嘉春　姜求哲　河在完

(3) 74年1月末ソウル光化門所在、クラウン製菓店から李哲、鄭汶和が会合し、上のような内容を謀議し

(4) 74年2月6日、ソウル道峰区所在柳寅泰が借りた部屋で、

労農革命はかり二百回謀議
火焔ビン・化学弾も製造
四月三日に一斉蜂起企らむ

(資料)

四、火焔ビンなど

(1) リンゲルビン、サイダー…

(2) 角材を準備して校内数…

(3) 自動車を用いて阻止線…

五、活動事項

東京韓国学校開校20周年記

民族教育の成果誇る

東京韓国学校開校二十周年

青空のもと、盛大な式典

在日同胞の教育文化の揺籃ともいえる東京韓国学校開校二十周年記念式典が、去る四月二十七日、東京・新宿の同校校庭で盛大に挙行された。前日挙行の予定が雨で順延となったこの日、ひときわ青い空のもとで式典、芸能発表会、文化活動展示会、記念パーティなどつぎつぎとくりひろげられる催しに、生徒、学父兄、来賓ら千余人は楽しいひと時をすごし、一様に民族教育の殿堂を発展させるための決意をかためた。

記念式典は、10時から始ったが、尹達鏞民団中央団長をはじめ在日同胞各機関代表者と、陸貫修国会文公委員長、権逸議員、尹河珽公使、柳成烈首席教育官、金山前駐韓日本大使らが参席した。

国民儀礼について、金貫式校監の学校沿革紹介があり、感謝状授与があった。文教長官からは前民団中央団長金正柱氏ら七人、大使からは許弼奭氏ら九人、理事長からは、柳成烈氏ら六人、校長からは李鍾漢氏がそれぞれ受けた。ついで民団中央の尹団長から安聖出理事長に学校育成費伝達があった。

黄哲秀校長は記念辞で「20年間本国政府から五億五千余万円におよぶ支援と在日同胞の熱誠的な寄与により、施設、待遇が飛躍的に向上した。今後、今までの20年をふまえた在日同胞の自主、自立的な力量をより一層高めるべく努力していかねばならない」と強調した。

式典後、来賓、学父兄たちは、各教室で展示された研究発表、多彩な催物を見学し、民族教育殿堂で育くまれた、多くの成果を鑑賞した。

なお、同校黄哲秀校長は、駐日大使館首席教育官に栄転し、後任には四月三十日付で前文教部中央教育行政研修院教学課長であった呉錯根氏が就任した。

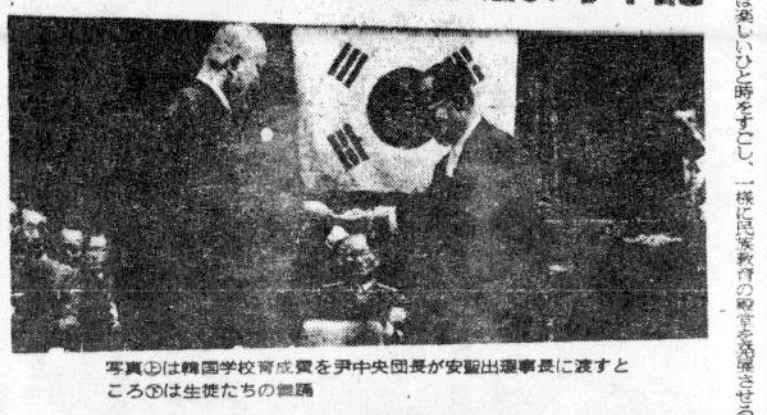

写真①は韓国学校育成費を尹中央団長が安聖出理事長に渡すところ②は生徒たちの舞踊

各界から三百人

倉石農林大臣主催の尹中央団長当選祝賀会

倉石忠雄氏（日本・農林大臣）が主催した、尹達鏞民団中央団長当選祝賀会が、さる四月二十六日午後六時から、高輪プリンスホテルのプリンス・ルームで開かれた。

会場には、木内四郎参議院議員をはじめ、自民党関係者、尹団長の母校である専修大学の森口忠造理事長以下大学関係者、韓国側では、尹河珽駐日公使、権逸国会議員（維新政友会）ら約三百人が参加し盛況を極めた。

倉石大臣や各来賓からの祝辞を受けてあいさつにたった尹団長は「尹達鏞個人でなく、在日同胞の代表としてこの会場に参加しました私に対する祝賀は、とりも直さず六十万に対する祝賀であると受けとめ、感謝の意を表したい」とのべ韓日間の友好増進を強調した。

日本の現役閣僚が、民団関係者の祝賀会を開いたことは、民団史上はじめてのことである。

ちなみに尹団長は、東京における倉石後援会の副会長でもある。

円内は倉石農林大臣（後向き）と尹団長が歓談しているところ

アジア大会に朴貞子さん

在日大韓体育会（鄭建永会長）ではこのほど、来たる九月一日から十五日まで、イランのテヘランでひらかれる第七回アジア競技大会に参加する韓国選手団のうち、在日同胞の朴貞子さん（25・天理大出・瑞国高校教師）が、水泳部門で参加することになったと発表した。

朴さんは、板飛び込みの選手で昨年の日本選手権で二位をしめ、学生時代は全日本学生選手権で優勝したこともあり、十メートル飛び込みでは第一人者だといわれる。

一方、昨年の第五十四回国体で総合優勝した高校体操の金国煥君（19・現中京大）は、四月二十八日、ソウルの慶熙大学体育館でひらかれたアジア大会体操競技代表選考会に参加した。

マーキュロの韓国輸出中止

赤チン原料・マーキュロクロムの唯一のメーカー、富山化学工業（中野護社長）は一日、マーキュロクロム製造プラントの韓国輸出計画を断念したことを明らかにした。

同プラントの韓国輸出問題は、製造過程で水銀を使うため、富山市下奥井にある工場で流出水銀による富山湾の海水汚染が問題となり、昨年九月、生産を中止したことがある。その後、同社の販売代理店が同工場のプラントを韓国に輸出することになったが、これを知った富山市の公害反対市民グループが、〝公害輸出〟だとして、反対運動を繰り広げていたもの。

同社の河島晃常務取締役は計画断念の理由について「公害輸出企業という誤解を世間に与え、企業のイメージダウンするのを避けるため」と説明している。

求む良縁

申煥白（男・四二才）

本籍・慶北義城郡舎谷面梧谷洞

経歴・東京深川生まれ。両国小学校を出る。米国ロスアンゼルスに渡りウッドレイ・カレッジ卒業米国永住権あり。千葉県の宝観光社長。理解深き韓国女性を求めます。希望者は韓国新聞（八一五―一四五一）まで。

尋ね人

☆洪道聖さん（通称宮本正一・男）

本籍・慶尚北道清道郡

戦前、福岡県八女郡水田村に居住、昭和17年頃福島県に引越したのち消息のない洪さんを、従弟である慶尚北道清道郡雲門面梧津洞小藍里八三一番地居住の洪永性さんがさがしています。ご存知の方は、民団中央本部民生局、または洪さんへお知らせを。

☆金邦佑さん（男・55才程度）

☆梁甲先さん（女・50才程度）

本籍・慶尚北道善山郡善山面

右の金さんの奥さんで、一九四〇年11月30日に結婚。

☆金君子さん（女・32才・長女）

☆金英子さん（女・30才・次女）

右の金邦佑さんの妹で、40才になる江原道三陟郡三陟邑東亜信用金庫社内金宗宣さん（幼名、金英淑、通称金英淑）がさがしています。

金邦佑さんは、解放前弟である金銀哲さんと渡日したとのことで、ご存知の方は民団中央本部民生局又は金宗宣さんへ連絡を。

☆金銀哲さん…

解放前、韓国仁川で警察官を勤めた方で渡日後の一九五五年頃東京都の住所から文通があったとのことで、叔父である京畿道華道の桂さんとその家族がさがしています。ご存知の方は民団中央本部民生局まで連絡を。

☆金活年さん（光高・男63才）

本籍・全南務安郡

解放当時、関西地方で居住しており、両親は帰国したとのことです。金さんの甥である李敬植さんがさがしています。

☆鄭浩義さん（男・56才）

☆鄭鉉徹さん（男・52才）

本籍・慶北大邱市南山洞二八五

35年前から関東、関西地方に住んでおり、解放後には文通がないとのことで鄭浩義さんの姪である鄭玉子さんがさがしています。

右の三人をご存知の方は、民団大阪府地方本部又は民団中央本部民生局まで連絡を。

☆柳順外さん（女・60歳程度）

四国の高知県で解放当時まで居住していた川本しげるさんの妻であった柳順外さんを、解放を迎えて帰国した長男の鄭燦京さん（幼名清）がさがしています。

柳さんをご存知の方は釜山市西区志武洞4街15番地・ブヨン写真館内鄭燦京さんまたは民団中央本部民生局まで連絡を。

☆宋南坤さん（男・54歳）

韓国の全南長興郡安養面雲保里に住んでいた宋さんを全南長城郡北下面薬水里加仁居住の姉である宋福礼さんがさがしています。ご存知の方は宋福礼さんまたは民団中央本部民生局まで連絡を。

☆崔先奉さん（山本・75歳）

本籍・ソウル特別市麻浦区鷺江洞四四〇

幼時に父母が死亡し、当時京城府鷺梁津町の叔父宅で5人兄妹と住んでいたが、約40年ほど前にひとりで渡日した崔さんを、ソウル特別市永登浦区宮洞84、崔永寿方崔先華さんがさがしています。

ご存知の方は崔さん又は民団中央本部民生局まで連絡を。

☆黄在鳳さん（長井・49才）

本籍・慶北善山郡善山面

一九四二年東京に居住、一九四三年五月頃、大阪府泉南郡長滝村佐野飛行場の建設工事場で労役従事中、解放を迎え、一九四六年に一度文通があったとのことです。

☆崔一男さん（梅田・49才）

本籍・慶北大邱市内唐洞

右の黄在鳳さんと同居していたといわれますが、この二人を本国ソウルに居住する李貞眼さんがさがしています。ご存知の方は民団中央本部民生局まで連絡を。

☆朴命祚さん（幼名福順、女・60歳）

一九五三年に京都近辺の農村に住んでおり、林銀徹（死亡）の妻であった朴さんを弟の朴億兆さんがさがしています。

ご存知の方は、慶尚北道金泉郡三洞朴億兆さん、または民団中央本部民生局まで連絡を。

中央会館は民族の殿堂　おさめよう建設資金！

ビジネスと観光と歴史・美術そして…

世界親子かけある記 ⑰

裵乙祚・裵慶州

地中海世界

気候風土その他自然環境が、そこに住む人々の衣食住はもとより、生活様式の共通性を与え、精神文化の性格をもある程度包含することは否めない。地中海世界は、この地中海性気候と言う自然的公分母の下に、紀元前より今日まで人類文明文化の発祥地として、世界のあらゆる民族にその文明の恩恵を与えた源であった。

地中海世界、今日の西半球の諸民族は勿論、陸海路（例・シルクロード・アジア沿海航路）を経て、それを母胎とし、または影響を受け歴史のにない手として活躍した。オリエント・アラブ的世界、ギリシャ・スラブ的世界、ラテン・ゲルマン的世界、またはキリスト教的西欧ヨーロッパ文明、イスラム教的西アジア文明は、全てこの地中海世界の中に包含されることは勿論、これ等は地中海世界の分離崩壊の中から、また、その転族の中から生まれたものであり、地中海世界はそれ等全ての原点であり母胎である。

しかもこの地中海世界こそは、あの巨大なエジプト、メソポタミヤ地方の古代オリエント文明を筆頭に、ギリシャを中心とするエーゲ海文明、ギリシャ・エトルリヤ文明を吸収発展させたラテン・ローマ文明が地中海に流れ込み、相互矛盾と衝突をはらみつつ、総合統括され、アマルガムされて地中海世界文明と言う偉大なる文明社会を形成していったのである。この文明社会を形成完了させたのがローマ帝国であり、その巨大な支配であった。実にローマこそは歴史上、空前絶後のものであり、その支配した領土の広大さは、その滅亡した今日に至るまで再び一つの支配権によって統合されることは二度とふたたびなかったのである。その支配地域をみると、イタリ、スイス、フランス、スペイン、ルクセンブルク、ベルギー、オランダ、西ドイツ南部、リヒテンシュタイン、オーストリア、イギリスのイングランドとウエールズ、ハンガリー西部、ユーゴ、ルーマニア、ブルガリア、アルバニア、ギリシャ、アゾフ海周辺、地中海の島々、アフリカ大陸北部、モロッコ、アルジェリア北部、テュニジア、リビア、エジプト、トルコ、シリア、イスラエル、レバノン、ヨルダン、そしてイラク、イランの一部、ソ連のカフカズ地区を含む巨大な支配地域であった。

その支配地域には、今日の主要西欧民族の殆んどと、アジア主要民族の一部が包含され即ちインド＝ヨーロッパ語族を殆んど支配し、世界の二大宗教を擁し、正に世界の海はローマに通じたのである。ローマはこれ等広大な地域を支配したばかりでなく、地中海地域のポリス（都市国家）を征服したに止まらず、ローマの偉大さはこのポリスを長くその支配下におく巧妙な支配体制と、東方古代オリエント文明、ギリシャ文明を融合統一し、地中海世界に空前の繁栄をもたらしたことであった。そして地中海世界が、歴史上後世に伝えた最大な遺産は、あの絶対王制下に築かれた古代オリエント文明を止揚し、自主、独立で自由なギリシャ精神を受け入れ育くみ、巨大なローマの支配下にこれ等諸文明を混然統合して地中海文明社会を形成し、今日に至ってもなお世界を動かす指導民族の淵源を築いたことであった。

ローマ帝国の強大な支配

地中海は人類文化の発祥地

村落合併で都市国家形成

ここで私達は、地中海社会において重要な役割を果たしたポリス（都市国家）についてふれてみよう。古典ギリシャの歴史は、ポリスの歴史であり、文化はポリスの文化であることは自明のことである。このポリスと言うギリシャ語は一般に「城塞」を意味し、王城又はその周辺都市町を含めて拡大解釈され、アリストテレスは複数の村落が合併してポリスとなると説いている。ついには「都市国家」と言う小共同体国家の意味に使われた。ポリスとは、その構成内部に支配と隷属の階級関係のない、比較的平等の相互関係で結ばれた共同体であり、その共同体が一つの小独立国家をなしているものであると言うことになる。そしてそこでは、共同体内の富裕者層に重点のかかる貴族（共和）政治から、富の大小の差を無視した民主政治に至るまで、さまざまな形態と程度をもった広義の民主政治が展開されるとともに、代議制間接民主政治ではなく、直接民主政治の形をとる。共同体員は、全成員参加の民会において決められた法律によって、政治をし、裁判をうけると言うことが、このポリスと言う共同体運営のたてまえなのである。

やがてパクス＝ロマーナ（ローマの平和）もその内蔵する支配の矛盾を露呈し、平和とは支配であり、支配とは破壊であり殺りくであり掠奪であり、平和の痕みすらもが支配の苛酷な現実の嘆きに伝わならないと言う国家統治の前に、天的使命観にまで高められた「ローマの平和」は、あえなくくずれ去るのである。

この後に続く歴史は、ローマの支配を正当化し、そのバックボーンの如き存在であったキリスト教社会の支配の前に半を譲り、ゲルマン民族大移動と相まって、ぞくに言う中世暗黒時代に突入し、ローマの末路は敢えなくくずれ去るのである。

しかしながら、これで地中海世界は、こと終ったのではなかった。中世封建社会暗黒時代の終りを告げる近代ヨーロッパの曙の光りが再びイタリヤの地に射し込み、世に言うルネサンスの到来となるのである。ちなみにルネサンスとは再生または復興を意味するフランス語であって、イタリヤ語のリナシタより出たものである。この表は、人間の精神の歴史は、古典のかって存在したギリシャ＝ローマ時代、それをまったく欠いた中世封建社会の暗黒時代、そして再び古典が復興した時代の三つに大別されると言う概念より発したもの なのである。

中世においては、古典即ちギリシャ・ローマ精神（地中海世界文明）は、ただ無意識的に伝統としてうけつがれたものでしかなかった。それ等は生命を失った形態だけのものとして存在したものである。ところが十四世紀のころからこの自明的古典ギリシャ＝ローマ精神が、新しく感激と崇拝の対象となり、かっての未だ歪曲されないギリシャ＝ローマ時代の人間性が、中世暗黒時代を経て疲れ果てた人々の理想像として、新時代の指導理念となった。古典時代が発見されたのではなく、ルネサンスにおいて新しく生れかわり再生したのは、古典でなく、古典に対する人間の態度であったのである。

（つづく）

フェニックス丘でアテネ市民に演説するペリクレス

ルポ 青年会の「セマウム植え」同行記 (2)

本紙 曺承徹 記者

予備知識講義で 祖国を一そう理解

主催者の民団中央本部では青年たちの本格的な外部活動に先だって、予備知識を与えるため教育日程を用意した。

おもな講義内容は国際情勢と韓国問題、韓国文化史、朴大統領の指導理念、セマウルの講義およびスライド、南北韓対話、在外国民の教育問題などである。

熱心に講義を受ける団員

招かれた講師は、李相根(明知大教授)、梁柱東(東国大教授)、文彦浚(内務部セマウル指導課長)、鮮于煇(朝鮮日報論説委員)、閔錫泓(ソウル大学教授)、朴[illegible](青瓦台、特別補佐官)の各氏である。いくらかでも本国のことを知る人ならば、この顔ぶれを見ただけで、本国政府および関係先が在日同胞にかける期待がいかに大きいものであるか知ることができるであろう。特に有名な梁柱東、鮮于煇両講師を簡単に紹介する。

梁柱東氏を現在韓国民は人間国宝とよんでいる。梁氏が韓国文化に尽くした功績は、永遠なる歴史的なものであると韓国民は考えている。現在は最高の学者として韓国民にとって灯台的な存在である。韓国での最高名誉にあたる国民勲章・無窮花章を授与されている。

鮮于煇氏は韓国第一の言論人ともいえる人である。鮮氏は、青春時代に朝鮮日報に記者として入社して今日まで、言論界に活躍した人であり、現在言論界を代表して、南北赤十字会談、韓国側諮問委員となっている。

このような有名講師の講義によって青年たちは、何を思い何を認識したのであろうか。

青年たちは日本での教育と日本のマスコミによって、日帝侵略下の韓国社会と、解放直後の当時の貧乏な生活について、特に涙が教えるということがなくてもよく知っている。また現在わが政府が直面している難関が何んであるか誰よりも知っているであろう。

貧困なわが国の生活水準を他国なみに、豊かな暮しにするため、血と汗を流して作りあげた祖国の山川を、スライドを通じて見た青年たちは、何をどのように受止めたであろうか。

わらぶき屋根が瓦やスレートぶきの屋根に変り、はげ山が緑の山に変じ、眠っている土地に汗を流している姿の一コマ、一コマを見る瞬間、豊かな暮しができる日が、そう遠くない将来に訪れるという確信が、青年たちの胸に刻み込まれたことは確かである。

貧困な生活水準と後進性を脱皮するために努力するだけでも困難な韓国の立場で、北韓共産集団の侵略に対して、民族相剋の悲劇を二度とくり返えさないように防止するための努力もしなければならない。このような現実を知ったとき、青年たちはどんな思いを胸のうちにいだいたのか、それはいうまでもあるまい。

今も北韓集団は七・四共同声明の基本精神を踏みにじり、対南放送をもって、韓国民は黒い暗黒の中で生活し、北韓は独裁政権下にあることを、さも金日成が太陽ででもあるように、唯一色の宣伝をしている。

このような共産集団と対話を続けようとする韓国政府の苦労を、講義を通じて十分に理解し、南北赤十字会談の説明を通して、まざまざと北韓集団の目的がなにかを知ることができたであろう。そして、人道主義精神と政治との区別のつかない、共産主義者と対話をつづけるために必要なものは、力を養成することのみであることを、認識することができた。在日同胞の教育問題に対しても、本国政府がどんなに苦労をしているかも充分、知ることができた。

急変する国際情勢の中で韓国のような発展途上国の現実は、米国、日本なみの経済大国の現実と違って、山また山、谷また谷の困難な道であることも充分認識し、韓国政府が明らかにしているところの、韓国的民主主義がなんであり、国籍ある教育がなんであるかも理解したことであろう。

(つづく)

三、四年内に大地震

参院選自民党大敗なし

九〇%適中率誇る 韓国、金鶴氏の予言

今、韓国で、予言の適中率九〇%以上の成績を有する「世界の予言者十傑」の一人、金鶴氏が来日しているが、このほど本社を来訪し、今年の日本の有名人の動向、運勢などについて、次のような予言をした。

なお、金氏は、四柱推命(月の運行によって支配される運命、旧暦で観る)、観相、霊感の三つを組合せて予言を行い、予言する内容は、頭の中に文字の形で現われるという、他に例のない予言者である。今年の一月、週刊「女性自身」誌に載った世界の代表的予言者の多くの予言の中で、金氏の予言は全部適中しているので、読まれた人は記憶にあると思われる。

問 今年の日本の有名人の動向運勢は?

答 有名人といえば、事業家として財ばつ級の人が、今年中に多く死ぬでしょう。五月中にそのうち一人が死ぬでしょうが、反面、財界での指導的大人物が現われるでしょう。次々と死亡することでしょうが、死なくて済む人たちですので長い病床に伏せて一という死に方ではありません。

問 物価、選挙などは?

答 モナリザは世界的なお守りです。日本の難かしい問題が解決されるでしょう。日本の不景気円高、物価上昇のストップ、などです。モナリザが日本に来たおかげで、今度の参議院選挙で、自民党は大きく敗れることはないでしょう。同じ理由で、五月には、生命力のある神が、日本人に新らしい進路方向を指し示すでしょう。そして多くの日本人が新らしい姿勢で神の声を聞くでしょう。その神は、昔から予言して伝えられているアジア人でしょう。

問 大災害などは?

答 三、四年以内に、関東地方に大地震があるでしょう。それは急激に来ないで、予震が再々おこり、その間隔が縮まって大地震となりますね。その時、多くの人々が助かる秘訣(ひけつ)があります。地震の時に驚ろかないで、東に向かって礼を三回行うことです。その間に神の声(啓示)を聞くでしょう。早く逃げるか、遅れて逃げるかが運命の別れ道となりますが、逃げるのは西の方角がよい。人間は万物の霊長であるので、こうすれば大きな地震が起っても、多くの人は助かります。

問 ところで、韓国で逮捕された二人の日本人学生はどうなるのか?

答 あまり芳ばしくありません。太刀川さんは、英雄心に溺れて、自らほろびる運命にあります。長男の運命を持って生まれた人です。スパイ行為をする運命です。今年は運勢が悪いために露出しました。

早川さんは、英雄心理が強く、いつも先頭に立ちますね。非常に才能があり、目先が効く人です。運命から見て共産党の手先になったことは事実です。片親が欠けていますね。

二人について自信を持って予言できることは、共産党、朝総連と深い関係にあることは、ここ三カ月以内に、全日本人に判明することです。

(写真は金鶴氏〈左〉と弟子の金鎮鎬氏〈右〉)

韓国の新発売切手三種

韓国逓信部はさる四月下旬、国楽楽器シリーズ切手二種類と「通信の日」記念切手一種類を発行した。

逓信部では国楽楽器シリーズと

特殊楽器「祝」と「敔」

して今回は「祝」と「敔」をえらんだ。

「祝」という楽器は下部が四角な木箱のようになっており、これは台の上にのせてある。木箱の上面の中央に穴があり、その穴に演奏用の丸棒がはいっている。

「祝」は「敔」と共に雅楽(宮中音楽)につかわれた。高麗時代に使用された楽器である。

今は成均館(儒教の教育を司った所)の文廟祭享楽につかわれている。

「敔」という楽器は木でつくられたトラの背に、二十個のノコギリ形状のデコボコがある「祝」と共に雅楽の始め、合奏を終るという信号につかわれる「敔」も高麗時代から使用された楽器。

「祝」切手はヨコ五十三ミリ、タテ三十六ミリ、楽器と奏手がデザインしてあり、色は青、韓貨一〇ウオン。

「敔」の切手もおなじ大きさで色は緑、韓貨三〇ウオン。

「通信の日」記念

さる四月二十二日は第一九回通信の日である。逓信部は通信事業の発展と向上をはかるとともに、国民によりよいサービスを提供するため、この日を通信の日と定めた。

いま韓国では郵便番号制の実施、切手原紙の国産化実施をはじめ、国内で製作した鉄道郵便専用列車を京釜線、湖南線に運行を開始し、今年中には中央線にも運行することが予定されている。

切手はヨコ三十ミリ、タテ二十六ミリ、郵便専用列車と郵便シンボルマークがデザインしてあり、オレンジ、韓貨一〇ウオン。

写真上から「祝」「敔」と「通信の日」

紀元前の貨幣

馬山部族遺蹟から出土

さきに馬山で発掘された三国形成前の部族国家遺跡から韓国最古の「五銖」の銘文のある五銖銭が発見された。これは紀元前一世紀頃から貨幣が使用されたことを証明するものといえる。これまでの正確な資料としては高麗成宗一五年(西紀九九六年)からはじめて貨幣が発行使用されたことになっている。この時発行されたのが乾元重宝で東国銭で拓本が伝えられている。しかしこれ以前から貨幣が使用されたとの学説が有力である。馬韓時代の銅銭使用説や海東繹史二五泉貨項には新羅国で無文銭を使用した記録がある。

高麗の乾元重宝が完全な中国貨幣の模ほうであるだけに今回馬山で発見された五銖銭も部族国家による模写品であるかも知れない。しかし金海貝塚で発掘された貨泉(AD一〇年)より五銖銭(BC六一ー五八年)が約七〇年も古いので文化史的価値は大きい。五銖銭は漢武帝元狩五年(BC一一八年)はじめて鋳造された。種類は一四種あり、馬山から出たのは初期の穿上横文のものでBC六一ー五八年通用した。大量に通用したことから今も沢山残っているし相場も比較的安い。BC六一ー五八年といえば新羅建国の前でありその主権が馬山まで及ばなかったことから馬山にあった部族国家が中国と交流があったことは間違いない。この五銖銭は日本でも多くみられさきの武寧王陵でも発見された。

現在韓国では約一千コが収集家の手もとにあるといわれる。相場は五千ウオン程度。乾元重宝につづき高麗穆宗(九九八)から粛宗通宝、海東元宝、海東重宝、三韓通宝、三韓重宝等多くの貨幣が鋳造された。中でも海東元宝は三枚しかなく七二年一五〇万ウオンで取引されたことがある。高麗中期をピークとし粛宗以後は貨幣が姿を消す。近世朝鮮でも朝鮮通宝をつくって通用を奨励したが一般は物々交換にたよった。貨幣が市中で広く使用されたのは常平通宝の出た粛宗四年(一六七八)以後のことである。常平通宝は約三千種が鋳造された。

パリに韓国学校

在仏同胞が最近五百余をこえた。したがって児童の数もふえたがフランスの学校へ通っているため母国語を学ぶ機会が切実にのぞまれていた。韓国人であるのに母国語を一言も知らない児童を米国で沢山みたという。パリの「韓国カトリックの家」責任神父呉景東神父が在仏児童に母国語をおぼえさせて忘れないようにしたいと韓国学校の設立を決意した。呉神父は昨年から仏カトリックの関係者と協議を重ね、教育機関の密集しているラテン地区の聖シュルピース学校の教室三つと体育館を毎週水曜日に借りることに成功した。

フランスの学校は水曜日が休み、当日は午前十時から午後五時まで国語、歴史、地理のほか、から手を教えることにし教師資格をもつ二人の女教師を招いた。すでに五才から十四才までの児童三十五人の入学申請がありさしあたり二組に分け四月二十四日から授業をはじめたがフランスに養子に来た孤児など適令児童はパリだけで百五十人もいるので授業が軌道にのれば六十人位は入学するとみている。呉神父はフランス外務省に外国人学校設立認可願を出しておりカトリック関係者の応援もあって必らず認可が出ると確信している。駐仏大使館が外交ルートを通じもっと積極的に動いてほしいと要望する向きも多い。駐仏公報館では韓国学校で使う教科書を提供するというので教材問題は解決した。

韓国と日本の関係に新視点

日本上古史(文定昌著)抜粋と解説 (29)

百済 東城王記 (5)

継体王の妃は武寧王の娘だ

対馬島は、古代韓日両地の交通の要衝であり、また数世紀間続いた新羅、百済争覇戦で、新羅、百済、倭三国間の死命を決した戦略基地である。

対馬島は、日本書紀の神代記で「韓郷之嶋」といわれるところ、くにを失くして流浪する新羅族の、絶好の足場となった。垂仁神六五年(B・C三三)条には「任那者去筑紫二千余里。北阻海以在鶏林之西南」として、任那が対馬島であることを記録している。

次には、西紀二〇〇年、神功女王が征伐した土地として「是所謂之三韓也」という表現になった。さらにその後、西紀四〇〇年、高句麗広開土王の陵碑文上に「追至任那加羅」として対馬島が登場し、高句麗または新羅の有であったのが、その後雄略王の侵略活動によって四六二年、倭国の有となるなどした。

これらについては既に詳述したとおりである。

西紀二七〇年に建立された応神王朝の倭国は、その王の氏姓が百済王と同一の扶余氏だという点、建国当時、百済国の援助を大きく受けたという点などのほか、その後おびただしく渡って来た百済人たちが、国都、大和地方に深く根を下ろし、王の戚臣となるなどして巨大な勢力をつくり上げ、高句麗と新羅に苦しめられる本国、百済を援けて来た。

ところが、倭の顕宗三年(四八七)、その鎮将、紀生磐宿祢が、対馬島の王になろうとして高句麗と通謀し、対馬島内の百済勢力を追い出そうとして、東城王の一撃で敗北してしまい、遂には対馬島の一部を百済国に占領され、大和地方の土地を割譲した。

既に述べて来たとおり、継体王は百済の武寧王の娘、手白香を妃とした。

日本書紀には継体王の妃が武寧王の娘だとの明文はない。継体記には手白香の出自を明らかにしていないし、飯田武郷ら日本の史家一般も、手白香の出自に関して一切言及していない。佐伯有義は、手白香を仁賢王の娘だとしている(見「六国史」二巻十三面)。

しかし、本書は継体王と手白香との配合は、次の句節などにより、戦勝国百済武寧王の対倭、政略結婚政策によって無理に成立したものと推定される。

日本書紀上、それまでのすべての王妃たちは「立某香姫為皇后・立某香田宿禰之女某姫為某妃」などとして、その出自を明らかにし、その迎え入れる手続きに関する用語は「立・為」で一貫した。

継体天皇の出自は謎 礼を尽して迎えた妃

ところが継体王の妃、手白香に関しては①その身分不可侵であるとの式のやりかたで出自を明らかにせず②大臣、大伴が長々しい上奏をもって、手白香を妃として迎え入れるよう陳情し③それを受けた継体王が詔書を下だし「完全な礼を尽くして手白香皇女を奉じて迎え入れよ(宣備礼儀奉迎手白香皇女)」として、上国の公主(国王の娘)を迎え入れる形の最高の礼儀と手続きによって立妃したこと、④妃として迎え入れた後のその夫婦間の性生活を「教えを内から修め、遂に一男をもうけた。これがすなわち欽明王である(修教于内是為天国排開広庭尊)」として、その手白香が、妃ではあっても、その身分が継体王よりはるかに高いということを明白にした。(以上、見継体六年記)

こうして武寧王は継体王に対して対馬の「おこしたり」「あしたり」「さた」「むろ」四県の地の割譲を要求した。倭の王朝は大いに驚ろき、反発が甚だしく、議論が紛糾して空気が険悪化したが、最終的に、継体王の実力者であり手白香をその妃に奏請した大伴の大連の主張により、その四県を百済国に割譲した。(見継体六年紀)

こうした百済は、多数の将領と五経博士段楊爾らをおくり、政治文化両方面から倭王朝に作用を加え、そしてその翌年また「己汶(こもん)」「帯沙(たさ)」両地の割譲を受けた。

このように、倭国が百済国に対して対馬島を割譲したことは、隣接の伴跛国を刺激し、己汶の土地を寄こせと迫らせ、新羅国をして行動を開始させ、南加羅、㖨己呑を略取せしめるに至った。

つづく

解説

ここで解説者が読者各位に対しておわびしなければなりません。前々回の解説の後半で、どこでどう勘違いしたのか「紀生磐宿禰」の項を扱うべきところ「磐井の乱」の説明をしました。これはこれで間違いではないが、解説者自身「全く別の話で」と書きながら、大へんな勘違いをしました。従がって「紀生磐宿禰」と「磐井」は全く別人でありますので御了承下さるようおわび致します。解説文の中から「磐井の乱」の項を除けば、他の記述は誤りではありません。

さて、小学館の「日本の歴史②飛鳥の朝廷」によると、継体王朝の皇統について、古事記、日本書紀の話には多くの謎がこめられていることをはっきり指摘しており、戦後、歴史を正しく批判できるようになってから多くの学者が、現在の「天皇家の血統」は継体天皇またはあとの方の欽明天皇がはじまりであろう、という説に近い見方をしている。まず継体天皇の出現についての疑問として「第一は、継体天皇は越(えつ)の豪族か、それとも近江(おうみ)の豪族か、ということである。第二は継体は応神天皇の五世の孫というが、それは事実かどうか、皇統と関係のない地方豪族ではないのかということである。またもう一つ、継体を大伴大連がむかえたとしてあるが、それは『記・紀』の潤色(じゅんしょく)で事実は王権を簒奪(さんだつ)したものではないか、ということである。」としており、その死因にも三つの謎について、第一の謎は、前回の解説で引用した「日本の天皇、太子、ともに崩じた」という問題の辛亥年、(五三一)説が正しいのではないか、として他の「五二七年」説と「五三四年」説の解釈をおかしいとしている。第二の謎は継体の次の安閑天皇の即位年の喰い違いを指摘している。日本書紀の継体二十五年条では、安閑天皇を即位させてその日に継体が死んだことになっているが、その年は「五三一年」に当るので、二年の差が出るということである。第三の謎として「『書紀』以外の古伝には、継体のなくなったその年、欽明が即位したとする所伝のあることである」ことを指摘し、その根拠を示している。

この疑問を別の角度から見ると文さんのいう百済王室の日本王家渡来説が大きな意味を持つようになる。

(金元幸 記者)

韓国民話 バカの温達(オンダル) (1)

―バカの嫁になれと追出された王女―

高句麗第二十五代、平原王のみ代。温達(おんだる)という若者が、都のはずれに住んでいた。気だてのやさしい温達は、世にもまれな貧乏で、その上ひどく貧しかったから、毎日物ごいをしては年とった母親をやしなっていた。

いつもぼろをまとい、やぶれたぞうりをはいた温達を、村の子どもたちは、いじめたり、からかったりした。

「おーい、ばかが通るぞ。温達が通るぞ」

「ばかの温達は寒くないのか。すねがみえる」

と、はやしたて、中には石ころをなげつける悪童もいた。しかし、温達はおこるどころか、いつもやさしい笑顔を向けるのであった。そのころ、平原王の幼い平康公主(王女)は、夜昼となく泣きつづけるので、王はほとほと手をやいていた。

「おまえが、どうしても泣きやまないのならばかの温達のお嫁にやってしまうぞ」

そう言って、王は幼い公主をあやした。それでも泣き虫公主はいつまでも泣きつづけた。

やがて、月日は流れ、公主は十六の春を迎えた。そろそろ、婿をもらわなければならない。王が選んだ婿は大臣の令息であった。

「お父さまは日ごろ、わたしを温達に嫁がせるとおっしゃったではありませんか。それをお忘れになって、どうしてほかの方をお選びになるのですか。わたしは、子どものときからきめてくださった温達でなかったら、死んでも嫁にはいきません」

公主は、泣きごえで訴えた。聞いて王は、あっけにとられてしまった。

「な、なんと申す。そんなばかなことがあるものか」

「お父さま。わたしは幼いときから聞きなれた男の方に、心をきめてしまったのです。水呑百姓にもうそをいってはならぬと、常日ごろさとしていらっしゃる王様が、ご自身でうそをおつきになるとは…わたしは悲しくなります」

「黙れ!もう聞きたくない。おまえも温達とおなじバカものだ。もう、よい。さっさと出ていけ」

激怒のあまり、平原王は公主をご殿から追いだしてしまった。が、公主は少しも悲しまず、すべてを自分の運命とあきらめて、宮殿をあとにした。一国の王女として、何不自由なく、華やかな暮らしになれていた王女は、ひとたび市井の巷に放り出されてみると、どうしてよいものやら、さっぱり見当がつかない。村人たちにおしえられて、やっと温達の家を探しあてたものの、それは、家とは名ばかりの豚小屋同然であった。家にはひとりの老婆が座って針しごとをしていた。公主は、その老婆が、温達の母親に違いないと思った。

「おばあさん。温達さんは、いまどこにいらっしゃいますか」

老婆は、おどろいて公主をみつめたが、急に、おどおどしはじめた。

「わたしのせがれには、何の罪もありません。ただ貧しく暮らしているだけです」

「いいえ、わたしは温達さんにお会いしたいと、わざわざ訪ねてまいったのです。どうぞ、温達さんに会わせてください」

公主は、老婆の手をとって、やさしく言った。

「おお。何と柔らかい手でしょう。まるで絹のようだ。それに、あなたの絹の着物の美しさといったら、ほんとうに生まれてはじめて見るものです。きっと大官のご令嬢にちがいない。ねえ、そうでしょう。こんな高貴なお嬢さんが、どうして温達などをお訪ねになるのですか」

「お会いしてから委細をお話しいたします。どうぞ温達さんの行先を教えてください」

「温達は、朝早くから裏山に葛の根を採りにいきました」

公主は、さっそく裏山にのぼっていった。そして山奥からチゲ(背負子)にいっぱい葛の根をせおっておりてくる、ひとりのみすぼらしい男に出会った。

「もしもし、あなたは、温達さまではありませんか」

不意に自分の名を呼ばれた温達は、ぎょっとした。

「ええっ!こんな山奥で、わたしの名を知っているあなたは、いったいだれですか」

「わたしは、あなたの妻になるために、ここまで訪ねてきたのです。どうぞ驚かないで、わたしといっしょに、家へ帰りましょう」

「な、なんですって?」

温達は、気も転倒せんばかりに驚いて、しげしげと公主をみつめた。目もまばゆいほどの豪華な着物につつまれた、まるで、姫君のようなあでやかさである。

〈この娘は、きっと人間ではない。うら若い娘がこんな山奥に現れるはずがない。これはきっと、きつねの仕業だ〉

そう思った温達は、大声でどなりつけた。

「このめぎつねのばけものめ!おれをたぶらかそうとしたって、その手にのるものか」

チゲを投げ捨てると、一目散に逃げだした。

つづく

韓國新聞

在日大韓民国居留民団
中央本部機関紙
韓国新聞社
東京都文京区春日
2丁目20―13
電話 (815) 1451～3
　　 (813) 2261～5
振替口座 東京 163774
ソウル特別市鍾路区世宗路
政府合同庁舎四階
電話 73―0162・0165
毎週土曜日発行

民団綱領

一、われわれは大韓民国の国是を遵守する
一、われわれは在留同胞の権益擁護を期する
一、われわれは在留同胞の民生安定を期する
一、われわれは在留同胞の文化向上を期する
一、われわれは世界平和と国際親善を期する

北傀、南侵意図露骨

女幹部ら30人のスパイ網

治安局が全員検挙

韓国治安局は6日、去る2月から4月までに北傀が南派させた大物女スパイ蔡洙貞（49・平壌市中区独身者合宿所）を検挙し、その間、大田、全州等地を拠点に暗躍中であった固定スパイ7個網、三十人を全員検挙したと発表した。

治安局によれば、女スパイ蔡は去る一月、北傀労働党対南事業総局、金仲麟の指令をうけ対北スパイ、鄭寛雨（45）、張仲淳（45）、宋命文（45）などがすでに南韓に植えつけておいた固定スパイ七カ網の活動状況を督察、点検、組合し、三、四月危機説にともなう社会不安および混乱造成活動を積極的に強化、決定的時期に一斉に蜂起し、大韓民国政府を顛覆させるため侵透したスパイ、鄭寛雨、申昌吉、申昌五、張成洋、宋亨変、蔡洙亀、宋任光などと接線、地下網の組織拡大のため暗躍したため検挙された。

朝鮮民主女性同盟平壌市責任指導員として、関東の政治経済大学で6年間修学したあと、スパイ養成機関である695軍部隊、940軍部隊で、一年十カ月間スパイ教育をうけて南派、スパイ活動後、北傀に復帰、金日成から労働党創建20周年記念勲章と、北傀最高勲章である国旗勲章一級をうけた大物である。

治安局は、捜査結果、蔡は教入北させ、スパイ活動に必要な教育をうけさせたのち、再び南派させて来た事実を明かし、韓貨九千ドル、韓貨一千四百九十万ウォンの工作資金と無電機など、多くのスパイ装備をうけとり、主にソウル、大田、全州などに地下拠点を構築し、文化界人士らをひきこみ、済州組、通信組織表3組、略語表3十万4千7百ウォン、ピストル二丁、実弾51発、無電機4台、乱数表3組、羅針盤一個、偽造住民登録証三枚、人事殺傷用毒薬2ビン、不穏小冊子など百点の工作装備と金品を押収した。

一方、崔鉉元治安局長は、6日スパイ一党30人の検挙発表とともに、北傀は恒久的な平和統一主張をくりかえし、対南赤化統一戦略には何らの変化がなく、むしろ緩和ムードが醸成されている昨今の内外情勢を利用、軍備拡張と対南スパイ活動に狂奔していると強調し、国民らは、このような凶計を事前に分砕することに積極的に協助してくれることを要請した。

強制労働にあえぐ北韓の惨状

日本人妻の手紙で判明

北送同胞の日本人妻が、実家に送って来た手紙八通が公開され、日本人妻らは、一様に強制労働にあえぎ悲惨な生活をしていることが、手紙の内容から読みとれる。

脅迫電話かける朝総連

この手紙が公開されるや、朝総連は、日本人妻子「自由往来実現運動本部」（責任者・池田文子）に脅迫電話をかけるなど、妨害工作をひろげている。同本部が日本人妻らの家族から入手した8通の手紙は北傀当局の検閲を予想したためか、手紙の冒頭に金日成と北傀を讃える文句を公式どおり書いたあと、生活状況を注意深く記している。

「よく理解しながら読んで下さい」と記しながら、いいたいことをありのままに書けないもどかしさを間接的に表現している。

同本部の責任者である池田さんは、「北が一九八〇年に北送したのち二回の手紙も受け取ったことがないとのべた。

北送された日本人妻の、家族、親戚らが日本政府と赤十字社に、彼女らの自由往来と安否調査を正式に要求することによって、北送を推進した朝総連が大きなショックをうけたようである。

この問題が、これから日本と北傀間に微妙な事件にひろがる可能性が濃くなった。

黙殺された日本人妻自由往来大会

先月三十日、東京日傷会館で、日本人妻自由往来実現運動本部、全国大会が開かれたが、会合自体は、日本マスコミによってほとんど黙殺された。

手紙8通は、すべて住所が削除されたまま公開された。

在日同胞北送は、去る39年に始まりその間、新潟港を通して北韓に行った同胞数が九万一千人であり、そのうち日本人妻が六千人であるが、ほとんど音信不通である。

その間、この実現運動本部に集った家族からの手紙は、約百通にのぼるが、5年前から最近にいたっている。

日本政府は、北送当時、個々人の自由意思を人道的な見地から、阻止できないと公言したため、日本人妻が一時帰国を望めば、その自由意思を傍観できない立場にある。

北傀と朝総連のばあい、そのジレンマはより深刻である。一自由往来実現運動本部」が請願書を提出したのを、日本のマスコミがほとんど黙殺したのには、朝総連の工作に働きかけた形跡がうかがわれる。

北から帰った日本人妻の手紙からその要旨をあげて見れば、つぎのとおりである（名前はすべて仮名）

▼米飯が食べられないので乳でない

T秀子さんが姉に送った手紙（67年2月22日）＝東京で必要のなくなった物をお手数でも送って下さればありがたいです。実は、時計が無くて不便なので、どんな物でもよいから一個だけお願いします。米飯を食べられないので、乳がでません。送って下さった牛乳は受取りましたが牛乳ビンの吸口が無いので困っております。

ウドンと餅をぜひ一度食べて見たいといっていた手紙をよく解釈して読んで下さい」。

▼2級品の服地でも…

M静枝さんが妹の静枝さんに送って来た手紙（68年）＝「なぜこのような罪を犯ったのかと泣きました。2級品でもよく、何枚でもよいからオーバー地と毛布、毛糸を少し送っていただけませんでしょうか」

▼大根の葉集めて、冬の食糧に

S秀子さんが兄さんに送った手紙＝「私はこのたび、冬にたべる大根の葉を集めるため、一カ月間、体が悪くなったため、無理をして稼いでいました。兄さんが中心となって大阪に住む皆さんが、ナイロンネッカチーフを兄弟一人当り百枚程度、サッカリンを一人が5キロずつ集めて送って下さい」

▼早く故郷へ帰りたい

M・W子（日本人妻の子供）が叔父に送った手紙（73年9月4日）＝「叔父さんが送って下さった品物、ありがたく受けとりました。お母さんも涙を流して喜んでおります。今年からは叔父さんが送って下さったオーバーコートがあるので心配ありません。こちらにいる日本人らが、一日も早く故郷に帰ることができるよう心からお祈りするしだいであります」。

▼はじめて経験する食糧難

S一郎君のお母さんが妹に送った手紙（1信）＝「日本で砂糖一丁が60円に値上げしたという話であるが、私はこちらに来てから豆腐を見たこともない。生れてはじめて経験する食生活をしている。

仕送りが許可して送った金はまだ通知がないが、3個月以上かかる場合もあるとはいうが、どうなるかわからないから領収証をよく保管しなさい」

▼子どもの絵本もない

A子さんが両親に送った手紙（70年?月9日）＝「4才の坊やは、朝から晩まで本を読むだけですが、それも絵本ではなく、共産主義なんとかいう学生のまねをしているだけです。皆さんが送って下さったセーターと靴下のおかげで子供たちも寒い冬を無事に過しております」

▼胃腸薬を送って下さい

T千代さんが両親に送った手紙（72年12月21日）＝「今年の春には子供を結婚させようと思いますが、辛うじて口をつなぐ程度なので困っております。しかたなしにお母さんにお助けを乞おうとペンをとりました」

民族差別の「日立製作」

韓国キリスト教女性連合

全国的な不買運動を展開

韓国キリスト教会女性連合会（李恩貞会長）は七日午後、実行委員会をひらき、在日韓国青年の朴鐘碩君（23）が、日立製作所入社において、不当に差別されたことに抗議して、韓国全土にひろがる日立製品不買運動を展開することを決めた。

この採用取り消し事件は、本紙一面の「頂点」などでも強くとりあげたように、入社試験に合格したにもかかわらず、韓国々籍であることが判明するや、入社を取り消された民族差別事件であるだけに、同胞社会はもとより、良識ある日本人からもその不当性がするどく指摘されてきたもので、この報に接した国内でも大きな反響をよび、この不買運動に発展したものである。

前記連合会では、日立製品の販売実態を調査すると同時に、各都市のデパートや専門店などで、不買キャンペーンをくりひろげる気勢でいるが、全国百五十万人の会員を動員した場合の成果が大きく注目されている。

ちなみに、日立は、現在月間九億円に達する製品を韓国へ輸出している。

なお同社のソウル事務所長は現在韓国人の正社員が三十人もおり国籍を差別したようなことはないと、強く否定している。

時評

朝総連 謀略専担部を新設

◇北傀が、かねてから韓国内部に造成した指導者による「民青学連」の赤化工作部隊は、彼らの計画が事前に韓国当局にキャッチされていることも知らず、予定通り、さる四月三日、全国一斉に蜂動すべく動き出したところを、当局のタイムリーな封殺作戦により失敗に帰したが、これについて、北傀は対南放送を通じて、韓国政府が如何にも善良な学生を弾圧しているかのように、いつものように大々的に宣伝を繰返している。というのは、「民青学連」リーダーの一網打尽ということが、北傀にとっては実に切歯扼腕（やくわん）の痛憤事に違いないからだ。なんとなれば四月三日直前まで、北傀はその日の来ることを北叟笑（ほくそえん）で待っていたはずだからである。蜂起した人民を援ける名目の大ッ名分で、一挙に南侵、赤化統一のチャンスが遂に到来する、と思えたからにほかならない。だが、その第一回の野望は挫折（ざせつ）したのだ。北傀はさぞ口惜しいことであろう。◇

しかも今回の計画が、北傀の単独計画ではなく、日本にある国際共産主義者と、朝総連が積極的に参加した計画であったことがはっきりしたことは、韓国の今後の内政に、なお幾多の困難を、次々ともたらすのではないかという懸念を起させるに充分である。彼らは手を換え、品を換えて同じようなことを企てることは、今日までの前例を見てもあきらかであるからだ。

日本において、ここ数年間に、民団員であった者が、朝総連の分裂工作にマンマとのせられて、朝総連に代って先頭にたち、朝総連以上に反国家、反民団的行動をしていることは、すでに御存知の通りである。わずか十数人の秘密朝総連分子の思いのままに「あの人物が？」と目される者までが、民団を離れ、かっては同志であった友人知己を敵にまわし、国家をも誹謗（ひぼう）するようになった。

"統一を邪魔するのは韓国" これが基本的殺し文句

彼等はこうしてアプローチする

われわれの身の周りには、つねに朝総連系工作員の眼が光っている。彼らは「笑顔」と「真顔」と「甘言」を使いわけ、たくみにアプローチして来る。決して「金日成」の名前を初めから持ち出すことはない。親族を通して、ここまで来ると「一味徒」中西康徐々に、韓国政府に対しての「不平」「不満」を植えつけ、その不満を解決するためには「統一」しかないと説きつける。そしてその「統一」を邪魔しているものは韓国の現在の政権であるーというように人心を導いてゆく。そして、人心が完全に傾むいた時点で、"偉大なる指導者、金日成"の話が登場するのである。ここまで来ると一味徒と同じで、かれらの思うがままになる。主体思想の乏しい者ほど、金日成の"主体思想"論に魅せられてしまうのである。

朝総連では最近、もっと積極的な戦法を展開する態勢を固めた。朝総連の中央本部には「第一事業部」「政治局」など、全部で十三局があるが、この全局に「統一事業部」を新たに設置し、全組織をあげて赤化統一の準備段階に入った。しかも、この統一事業部を統轄して「在日朝鮮人統一事業促進委員会」を設立した。この責任者には副議長の鄭任務がおさまった。このように重要な意味をもつかはこれで明らかであろう。そして四十九の地方本部に統一事業担当部を置き、二十九の傘下団体（民青、女性同、商工会、信用組合など傘下を含む）に「政治部」を設け、ここで統一事業を専担させ、刈り取っても刈り取っても、後から後から、彼らの毒牙にかかった者が続発する。表面では善良な自由主義者の仮面のまま、スパイとなり、あるいはフラクションとなる。

ることを指示し、専担人事を発令して完了した。これらのシステムは、いわゆる"統一促進事業"に名を借りたスパイ養成を前提にした措置であることはいうまでもない。

この新システムを判りやすくいえば、中央においては"統一事業部"の中に、十三局の要素をすべて備え、下部の全組織に"スパイ謀略専担部"を設置したということである。新システムは具体的な行動方針を次のように指令されている。

第一、全機関的、全同胞的統一戦線事業を展開して、民団系同胞の分裂離間を助長せしめる一方、左傾日本人たちと合同して、細胞を萌芽（ほうが）育成することと、拠点拡大を目標に幹部養成事業と浸透事業を大巾に強化せよ。

第二、韓国内の軍、学園、宗教界、言論界などを対象にし、反韓連合戦線を形成せよ。

既に、それ以前にも、目標人物に対して一対一の接触研究が韓国内にスパイ組織の増強をはかることが、そのための専門組織に指令されているわけである。

朝総連のこの新戦法は、即日開始され、現在進展していると見なければならない。これに対して民団側はあらゆる機会に警戒（けいかい）を行なっているが、金日成の名による鉄の掟（おきて）で縛られている朝総連傘下団員とほぼ違い、自由意志で行動する民団員に対しては、民団としての強制措置はあり得ない。そして、民団員の中の不純分子は一応即座出たし、全国にちらばる少し怪しいと思われる数人については"泳がせ"た形で、本人の覚醒（かくせい）を待っている。しかし、本国から往来する人たちについては、その実態は不明である。

つまりは「祖国統一」を口実にして、民団の内部分裂をはかり、日本の野党や、自民党A・A研などのメンバー、さらには左翼学者と連携して、反韓国キャンペーンの連合戦線を結成するための、布石である。

全国の民団地方本部、支部は充分（じゅうぶん）朝総連の動きに注意し対処しなければならないであろう。（W）

中央会館建設基金

完納第一号の群馬県本部

民団群馬県本部（鄭淵遠団長）は、同本部に割当てられた中央会館建設基金三百三十余万円全額をさる五月八日全国のトップを切って完納した。

同本部では、割当てられた中央会館建設基金完納を急ぎ、三機関長をはじめ最高幹部にいたるまで、熱意をもって事にあたって来た。

そのかいあって、このほど募金が割当額三、三三六、〇〇〇円に達したので、同本部の事務局長が、中央本部に持参し、尹達鏞中央本部団長兼中央会館建設委員長に手渡したものである。

群馬県本部が、全国地方本部のトップで割当金を完納したことは、同本部管内の全団員の誠意がなみなみならぬことを示すものとして、中央本部では高く評価している。これについて、尹団長は次のように語って、その労に報いている。

「第二十三回中央委員会で、各地方本部に割当てられた会館建設基金を、七四年八月十五日までに完納すると再確認したが、八月までまだ期日が相当あるにもかかわらず、群馬県本部が全額を完納されたことは、誠に喜ばしく、その努力がどのようなものであったかを考えるとき、全く頭が下がります。また募金途中の地方本部に対しても、団員の皆さんがどのように努力しているか、感謝するほかありません。全地方本部が、共に八月十五日までには完納されることと思います。募金を呼びかけるポスターの製作が諸般の事情で遅れているが全国団員の熱意に期待するほかありません。全国四十万団員の誠意に応えるためにも、中央会館は期日内に完成することを改めて約束し、群馬県本部の皆さまに深く感謝する次第であります。」

鄭淵遠団長

金永善大使 横浜を視察

金永善駐日韓国大使は、地方視察の一環として、さる五月九日神奈川県を初訪問した。

金大使一行は、横浜総領事館の李元鎬領事に案内されて、領事館、民団神奈川県本部、神奈川県韓国人商工会、横浜商銀、横浜韓国物産センターなどを訪問して、県下同胞らと親しく意見を交歓した。

民団神奈川県本部では、朴成準団長をはじめ県本部三機関と、県下支団長らと組織発展のため話しあい、横浜商銀では、李鍾大理事長から商銀の沿革、運営に対する説明を受けた。

この日、商銀の四階大ホールでは、民団神奈川県本部主催の金大使歓迎パーティが催され、約三百人の同胞が参席し、盛況を極めた。またパーティ会場では、故・洪旬杓元神奈川県韓国商工会々長に与える国民勲章の柊柏章を故人の遺子・洪性久氏に授与した。

金大使から故洪旬杓氏遺影に授与される柊柏章をうける遺子・洪性久さん

無公害の環境うたいEXPO74開幕

韓国館初入場は米大統領夫妻

"静かな朝の国からのこだま"をテーマに

スポーケン河畔に韓（から）のひびき

EXPO74のシンボルマーク

「さわやかで新鮮な明日の環境を祝おう！」公害のない明日のビジョンをかかげた74年度世界博覧会が4日、午前十一時（韓国時間5日夜十二時）、ワシントン州スポーケン川べりの展示場でニクソン大統領夫妻、咸秉春駐米大使などが参席した中で開幕された。博覧会全体開幕式に先だちニクソン大統領夫妻は咸秉春大使の案内で韓国館開幕式に参席、入口に設置されているチン（どら）を力一ぱい打ちひびかせて開館の信号を高らかに鳴らした。主催国であるアメリカをはじめ、韓国、ソ連、フランス、西ドイツ、日本、カナダ、イラン、フィリッピン、自由中国など10個参加国が公害のない環境を競うこのたびの博覧会で、韓国は「静かな朝の国」をうきぼりにしている。

千ヘクタールにいたる巨大な展示場を横切るスポーケン川の右岸にそびえる二百五十余坪の美しい韓国館は建物の外郭に吊した二千四百個の3色の風鈴と九個のどらの音に「静かな朝の国からのこだま」（韓国館主題）を送ることになる。

大韓貿易公社が主管し、建設費だけで二万ドル（八千八百万ウォン）を投入、EXPO70の時と同じく、建国大学校、金海根教授の設計でたてた韓国館は、建築様式よりは、韓国固有の情緒を生かすのに力点をおき、金銅外壁は、韓国金冠の形をめぐらせて微妙な音色をひびかせ、風鈴とどらの音とのハーモニーを醸しだした。

内部には、韓国の神秘的な雰囲気を持つ環境を紹介する絵画を展示した。

中央部には、人物と生活状況を百四十四枚のカラー・トランスパレンサーにえがき、上部には長寿を象徴する鶴、太陽、月、亀、竹などの十長生図。

上部中央には「二十生図」と「四君子図」、中央下段には韓国の画などを展示している。また50余坪の野外舞台では民俗舞踊団が扇の舞い、長鼓舞い、僧舞など、民俗舞踊を一日5、6回公演し、公演のあい間には韓国の風土や民芸を紹介する観光映画を上映する。

特に、8月15日から3日間のコリア・デー記念行事にはリトル・エンジェルスが博覧会場内にある二千七百席のオペラ・ハウスで民俗舞踊をはじめとする記念公演をひろうして、政府および経済界人士が主催するレセップションをもよおし、国際間の親善をはかる計画である。

韓国館ではまたディスク4万枚、灰皿、木彫りのペン皿、金冠文鎮、韓紙扇子、李朝置物などを準備し韓国館を訪れる人々に贈る予定である。

美しい色彩が動く虹のような韓（から）の情緒を醸しだし、わが民族の気品ある芸術の伝統を示してくれる民族舞踊。EXPO74でもこのような伝統芸能がはなやかに演じられている。

在日同胞の地位向上に努力

日本の北韓接近は平和を阻害

ソウル開催の韓日議員懇親会で声明

韓日議員懇親会は4日、ソウルの貿易会館で第三回総会を開き、政治・経済・文化など3分野にわたって韓日両国間の懸案問題に対する討議事項を整理した15項目の共同声明を採択し、閉幕した。

この日の声明は「大韓民国の安全と繁栄が日本の安全と繁栄に直結するというところに意見の一致を見た第一回総会声明の内容と精神を再確認する」とあかし、「特に日本議員団が南北対話の正体と、北韓の軍事および政治的動向が、韓国の安全と平和を脅やかしているという事実に対して深い理解と共感を示し、日本側が急テンポで北韓に対する政治的経済的接近を試みるばあい、韓半島の平和維持とアジア地域の勢力均衡をこわす憂慮があるという結論にいたった」と指摘した。

この日、総会では韓国側から李東元議員が、日本側では宇野宗佑氏がそれぞれ両国議員団を代表して基調演説を行なった。

なお声明文内容はつぎのとおり。

▲韓・日両国間の基本関係に関する条約精神に立脚して、両国々民間の相互理解増進は勿論、これを阻害する多くの要因を排除するのに相互努力することを合意した。

▲日本議員団は、南北対話の正体と、北韓の軍事および政治的企図が韓国の安全と平和を脅やかしているという事実に対し、深い理解と共感を示し、日本側が性急に北韓に対し政治的、経済的接近をはかるばあい韓半島の平和維持とアジア地域の勢力均衡を破る憂慮があるという結論にいたった。

▲日本議員団は、韓国の6・23宣言と、平和政策のための韓国政府と国民の努力に対して積極的な支持を表明した。

▲両国議員団は、大陸棚開発協定が両国々会で早急に批准同意されるよう促進することに合意した。

▲在日韓国人の法的地位向上、サハリン残留韓国人の送還、原爆被害者の救済および戦後韓国人遺骨の返還などの問題に対し、日本議員団は日本政府が早急な解決のための措置を取るよう努力することを表明した。

▲両国議員団は石油危機をはじめとする国際情勢の変ぼうに能動的に対処、経済協力をより積極化することに意見の一致を見た。

▲両国議員団は、文化・芸術・教育・体育など各分野で緊密に協力し、必要な協定の締結など、相互協力を促進することにした。

▲両国議員団は在日韓国人子女の進学・就職問題など、両国間に懸案中の教育問題の実現のため、相互協力することをちかった。

▲第4次、韓日議員懇親会を75年1月に日本東京で開催することにした。

4日ソウルの貿易会館で開かれた韓日議員懇親会

ソウル－昭陽江ダム間私設ハイウエイ検討

政府は民間資本によるソウル－昭陽江ダム間の高速道路建設を検討している。これはソウル－昭陽江ダム－雪嶽山－東海岸を結ぶ新しい観光ルートを開発するため民間資本を誘致しようというもので建設される高速道路は有料となる。

GMコリアが34屯トラクター

GMコリヤが三十四屯大型トラクターを国内ではじめて生産する。合作先の米GMから主な部品を導入し組立てるもので排気量九、二九九cc、三一八馬力、水冷式八気筒ディーゼルエンジン前進一三段、後進三段のオーバードライブミッション装置で今年中に百四十台を生産販売する。

炭坑労務者子女に奨学金10億ウォン

大韓炭鉱協会は炭鉱労務者子女奨学基金として一屯生産に二十五ウォンを拠出し四年間に十億ウォンを拠出することをきめた。

本国論調

日本に恥を着せる"やから"

"学生デモ"即"容共"は誤ち　公報館への乱動は許せない行為

（一）

去る4月、東京で第4インターナショナルという日本の極左学生団体が中心となって、いわゆる「朝鮮人民連帯4月行動委員会」という集会を催し、デモを行なったが、韓国公報館前で騒ぎを起こしたという。

自由とはしたいほうだいにするというようにとられやすい日本というデモの大国、若い青少年の極く少数が、したいほうだいのデモを行なったことに関して、真向から日本と日本の青少年を評価する考えは無いが、このたびのことがはじめてでないだけに日本極左学生らの韓国公報館に対するそのような乱動は決して軽視できないことだと思う。

第4インターであれ、第5インターであれ、彼等の自由であると云ってしまえば、それだけであるが、考えないことは彼等が4月革命を、ただし、自からの行動を4・19学生革命に関連させたことであり無視できないのは、4・19の14周年である4月19日を期して、韓国公報館に対して悪い行動を行なったという事実である。

日本の安相的で図式的な眼は、しばしば学生デモといえば、反政府的、反政府的といえば容共または北への傾斜のように見る欠陥があるが、一部であってとんでもない考えである。

4・19義挙は、李承晩政権の独裁（独裁ということもない）に対して、民主主義の回復を望むのがその目的であり、そのような韓国の民主主義は昔も今も北傀の共産独裁を最大の敵と考えているのである。

4・19当時、学生らが民主秩序びん乱の元凶として指目された政治家の家から、尾系族が出て来るや、米国人特派員に丁重に接し、すばやくマッカーサー将軍の銅像の首に花環を飾ったのは、世界に向かって4・19の真意が何であるかを訴えた実証の一例である。

（二）

それにも拘らず北傀と朝総連と一脈相通している日本の極左学生が、4・19を我田引水の見方で考え、韓国公報館がKCIAの機関であるとか推したのは、明らかに事実をはずれた妄想にすぎない。

また共産主義者や北韓のスパイ網や連のスパイなどをとらえ、赤化路線を粉砕するにあたって、KCIAに相手を恐るならともかく非難する人は一人もないというのを知るべきである。

近来、日本には知能指数の低い若者たちが、世界のいたるところで乱動をおこし、国際的なひんしゅくをかっているのに、第4インターナショナルを自称する者ども、いわゆる赤軍派との共謀共日本の恥さらしである者どもである。その乱動には朝総連系とも思われる在日同胞もいるといわれたようであるが、これらはまた韓民族の代表的な恥さらしといえよう。

すべからく日本当局は、このような韓民族の恥さらしをとらえて、彼等が大国化する北傀に送るべきであろう。

それは、日本の国内治安のため、また、いわゆる偵察北送の「人道主義」のため、一挙両得一石二鳥の効果をおさめるためである。

およそ、他国に行って自国に対する義務が免除された状態で、自国に対して、あれこれという行動を行なう者ほど最低の人間もまた無いであろう。

食生活の心配がない、知覚の無い若者たちのいたずらだと思えばそれだけであるが、韓国公報館に対する一連の乱動は、韓国および韓国人に対する挑発とみなされるだけに、甚だ不快である。ふたたび極左学生の韓国公報館に対する乱動がないよう厳しい措置あることを望むしだいである。

（韓国日報）

民青学連の正体に思う

輝しいわが学生運動史に汚点　国家安保に致命傷の危険性も

中央情報部長はこのほど四・三緊急措置が発せられてからずっと国民の大きな関心が注がれてきた全国民主青年学生総連盟（民青学連）事件の捜査状況を中間発表した。これによると民青学連は北韓のいわゆる"統一戦線戦略"形態の四段階工作を通じて暴力デモで政府転覆を図り、その国家変乱の後、労農政権を樹立しようと計画していたことが明らかになった。また捜査は完全に終っていないが、現段階でこの民青学連事件に関連した者は二百四十人で、かれらはいま引続いて調査を受けている。この事件の主動者として表面に出てきたのは六十人にのぼるが、それらの者たちの中には、かつての共産不法団体、人民革命党や在日朝総連をはじめ国内左派革新系列および韓国キリスト教学生総連盟の幹部などそれに日本共産党員までを含む約二十人の背後者がいた。これらの潜入者は革命的な援護作用をし、また資金の提供などをしていたという。

中央情報部の中間発表によると、このような背後関係者の相当数が過去において容共不純活動をしていた者であり、あるいは内乱陰謀の嫌疑前歴者だったことが判明した。なお、主謀学生たちの思想的背景、あるいはその行動内容からみて、かれらは共産主義者だとみられるということだ。

また、かれらが労農政権を樹立しようとする目標で展開した戦略計画は"四・三暴動"の決行であり政府打倒のための暴力デモへの合意だった。この計画のために主謀者らは二百回以上も会合を重ね謀議を練ったということだ。

▽北の接線手法、組織活動、宣伝内容

民青学連関連者たちが製作・散布した十余万枚の不穏印刷物をみると、その用語が北傀の対南宣伝の表現や対南誹謗（ひぼう）の扇動文句とそっくりであるばかりでなく、その印刷物散布の方法や活動連絡のための接線方法も北韓共産主義者たちの地下工作手段とよく似ている。それに計画された暴動の種類やり方、さらにその道具までが北韓工作員の手法に非常に類似したものである。このようにして国家変乱を起こし、政府転覆を図ろうとした筋書きとその活動状況にはまことにすさまじいものがある。

まだ、当局の捜査は完全に終わっていないし、事件にはなお審理過程が残っているから、断定的なことを述べるのは時機尚早と思われるが、とにかく、わが大学社会の一角にこのような不純勢力が潜入して陰凶な活動をしていたことに対しては、ただただ驚くばかりである。とくにその背後には日本共産党までがうごめき、接線手法、組織活動、宣伝内容、工作目標に至るまで北韓路線そのものをたどっていたということは、まことに恐るべきものであり、われわれとしては痛憤を覚えざるをえない。

だが幸いなことに事件は途中で摘発された。そしていま、その全相が段断されつつある最中にあるが、このほど発表された捜査状況をみるとき、民青学連事件は、六・二五（一九五〇年六月二十五日に起きた韓国戦争）以降ずっと反共民主闘争に輝しい足跡を残したわが学生運動史にややもすると真っ黒な泥をぶっかけるようなものである。それはまるで民主国家の安保に致命傷を負わせるような危険性をはらんでいた。

▽学園を共産策動から守るために

そこで、こんどの事件はまだ明らかになっていない部分の完全捜査を進めて、当局が天下に真相糾明をしてくれるよう促求しなければならない。

とくに、善良な大多数の学生を保護することは絶対に必要なことであるし、こんどは勉学の学園やその他の社会に第二、第三の魔手が伸びることのないよう注意しなければならない。その一つの防波堤としても徹底的な捜査がなされなければならない。

さらに当局は学園を共産策動から守るための巨視的対策を、学校や学生とともに一層能動的に考慮すべきである。南北対話以後、北韓はまたもや"暴力"と"武力対決"に傾いたが、こうした北韓の策動がわが青年学生たちをねらって"革命工作"に実を上げるのかと思うとまことにそら恐ろしい。

▽北韓の落としアナにはまるな

赤化革命統一の夢を捨てきれぬ平壌集団は四・一九（一九六〇年四月十九日、当時の李承晩政権を倒した学生義挙）のさいに、見送ってしまった"好機"を補い、夢よもう一度と策動の限りを尽くしている。昨年の十月以降、毎日のように騒ぎ立てている"南朝鮮革命"の扇動でかれらは、その対象として若い青年学生に狙いをつけ、稚拙な陥穽（せい）をしかけることに余念がない。

これまでのように、不幸な事件が起きるたびに、その事後処理をするだけでは、いつまでたっても同じことの繰返しであるから、こんどのように純粋な学生たちが不純勢力の策動にだまされたりそそのかされたりすることのないよう予防の手法が必要であろう。それには理念の鍛錬が必要であるし、またあまりに経験が未熟であることもそのような事態に陥りやすい要素の一つである。

学生たちや国民は間違ってもその落としアナにはまりこんではならない。また付和雷同するような暴挙はつつしむべきである。いうまでもなく、民主韓国の国民なら誰しも、そのような術策は少し時間がたてば容易にわかることであろうが、いずれにせよ、今日のわれわれの思考や行動の最大規範はこの点で確実さを取り戻すべきである。

（韓国日報＝SISA）

奨学生募集要綱

一九七四年度 本財団 奨学生を次のように募集する。

一、応募資格
① 高等学校・大学 及び 大学院に 在学中の 在日韓国人学生
② 思想が 穏健で 品行が 端正な者
③ 学業成績が 優秀で 学費調達が 困難な者

二、募集人員
約一四〇名

三、応募期間
一九七四年四月二十五日から 五月二十五日まで

四、奨学金支給額

理工系大学生	年壱拾弐万円	（月壱万円）
人文系大学生	年八万四千円	（月七千円）
高校学生	年参万六千円	（月参千円）

五、提出書類

① 願書（本財団所定様式）	二通
② 在学証明書	二通
③ 成績証明書（新入生は最終出身学校のもの）	二通
④ 在籍学校長の推薦書	二通
⑤ 住所地民団の推薦書	二通
⑥ 国民登録証	二通

六、願書交付ならびに提出先

次の各地域別に近い韓国教育文化センターへ提出すること（括弧内はセンターの電話番号）

① 首都地区　大使館教育官室（〇三－四五三－九六五三）
東京（〇三－二九四－〇五四八）　埼玉（〇四八八－三一－六六三五）
横浜（〇四五－二五一－一八九三）　千葉（〇四七二－四一－二六六二）
栃木（〇二八六－二二－一〇五九）　静岡（〇五四二－四五－四五三四）
新潟（〇二五二－四四－六九六八）　長野（〇二六三－三四－三二〇八）
茨城（〇二九二－二二－三三三七）

② 東北地区　教育官室（〇二二－六二二－〇六八）
札幌（〇一一－五二一－八九三一）　釧路（〇一五四－三三－六〇八九）
旭川（〇一六六－三三－六八二三）　青森（〇一七七－七六－二四三六）
秋田（〇一八八－三四－〇九〇三）　盛岡（〇一九六－五一－一八七五）
仙台（〇二二二－二三－六七三〇）　福島（〇二四九－三二－九〇七三）

③ 名古屋地区　教育官室（〇五二－九三五－九三二一）
名古屋（〇五二－四五一－二三九三）　三重（〇五九－二七－七七〇）
福井（〇七七六－二一－二〇五九）

④ 中部地区　教育官室（〇六－五五一－六八一八）
京都（〇七五－七〇一－三六九二）　東大阪（〇六－七二一－八一二二）
大阪（〇六－二五一－八三九六）　和歌山（〇七三四－二四－〇七七八）
神戸（〇七八－三三一－四八五三）　岡山（〇八六二－二五－八九六）
高松（〇八七八－六二－五〇八一）

⑤ 西部地区　教育官室（〇九二－七五一－七一八七）
広島（〇八二－六二一－六二七四）　島根（〇八五五九－二－二九四七）
下関（〇八三二－三二－二四二四）　福岡（〇九二－四三二－四五八五）
北九州（〇九三－六二一－〇九八七）　長崎（〇九五八－二六－七二四一）
大分（〇九七五－三五－一五七二）　熊本（〇九六三－五五－一八〇六）

七、奨学生選定

選考委員会で書類銓衡（場合によっては面接考査をすることもできる）で選考して合格した者に限り本人に通知する。

一九七四年四月二十五日

財団法人 韓国教育財団
郵便番号 一〇六・東京都港区南麻布一丁目二番五号
電話(直)四五三－九六五三(交)四五二－七六一一(内線八一・九二)

入試問題に異状あり

『韓国をひぼう、北傀を美化』

民団中央、東京教育大附属高に抗議

東京教育大学附属高等学校（国立・宮沢俊弥校長、文京区大塚一−一九）が、今年の入学試験に出題した社会科問題に、ことさら韓国をひぼうし、北傀を美化した内容が含まれているとして、民団中央本部（尹達鏞団長）では、さる八日、金仁洙副団長、成錫容文教局次長が同校を訪れ、長谷川三郎教頭（理事）と、問題作成者である山本洋章教師に、抗議文を読み上げて手交すると共に、口頭で抗議し、山本教師に問題作成の真意をただした。学校側では、校長不在でもあり、日を改めて民団中央本部に対して何らかの回答を行なうことを約束した。

去る一月に行なわれた74年度、東京教育大学付属高校入試問題の社会科目問題（二）で、北傀の経済をあたかも完全国家にまで飛躍したように表現し、韓国経済をそ米・日に全面的に依存しているように極力強調し、間接的に韓国を誹謗したのに対し、在日同胞はもちろん、国内同胞の怒りがたぎっている。

この問題に対して、民団中央本部文教局（姜仁煥局長）では、問題となった入試問題の内容を慎重検討した結果、純真な学生に対し

（一）事実を甚だしく歪曲させて誤認させ

（二）底意のある民族的偏見の浮上であり

（三）友好国の威信を傷つける影響をあたえるものであり

国立大学付属高校としての教育本然の使命と教育的中立を守るべき学校にあるまじき行為であると断定、同校の猛省を促すための強い抗議を行なう必要ありと認めた。

問題となった社会科の出題内容は、大略次のようなもので、解答を考える受験生は、いやもおうもなく北韓が〝勝れ〟ており、韓国は他国に依存しなければならない〝劣等〟国であるような印象を受けるように仕組まれている。

問題2−次の文章中のA、B、C、P、Q、Rはいずれも現在の国を示す符号である。文章をよく読んで、A、B、Cにあたる国名を答えなさい。（中略）なかでもとくにめざましい変化をとげたのは、（A）（ソ連）の南東に位置している（B）（北韓）である。（B）は、第2次世界大戦までは南に接する同一民族の（Q）（韓国）とともに、すぐ東に位置する（R）（日本）の植民地とされ、豊かな土地を奪われただけでなく、豊かな地下資源をも原材料として本国にもちさられ、後進的な農業国の段階にとどまっていた。独立後、（B）は、新しい社会経済体制への転換を急速になしとげ、自力建設を基本としながら、豊かな地下資源を開発し、一人あたりの石炭、電力、鉄鋼の生産高を先進工業国の水準に近づけ、さらに、国産のトラクター等によって、農業の大規模な機械化をおしすすめている。この点、（P）（米国）と（R）の援助に全面的に依存しながら経済建設をすすめてきた（Q）とはきわめて対照的である。（後略）

配慮が足りない問題作成

これについて、問題の作成者山本教師は「配慮が足りなかったと思い申訳ない。教科書にも同じような説明があり、そこまで深く考えなかった。表現がドギツかったと思う。韓国を特にひぼうする気持はなかった。このように難かしいものとなれば、これからの社会科全体の有り方を根本的に考えなければならないと思う。今後は充分に注意して、二度と御迷惑にならないように心がけていく。」と語っていた。また、長谷川教頭は「問題作成は山本主任だが、社会科の全教師がディスカッションして最終的に決めるので、誰一人、事前に問題の個所を指摘しなかったことは、社会科教師全体の勉強不足であるので、そのことを指摘し、反省を促した。学校としての正式な意志表示は、校長とも連絡し、近日中に民団中央に回答したい。」と語り、学校側の手落ちであることを認めた。民団中央の抗議文は別掲のとおり。

写真　①は教育大附属高校②は抗議文を読み上げる金仁洙副団長と③が長谷川教頭、その④が問題作成の山本教師

事実を歪曲した底意ある偏見

抗議文

貴校の一九七四年度社会2の入試問題中「北韓は独立後、新しい社会経済体制への転換を急速になしとげ、自力建設を基本としながら豊かな地下資源を開発、一人あたりの石炭、電力、鉄鋼の生産高を先進工業国の水準に近づけ、さらに国産のトラクター等によって農業の大規模な機械化をおしすすめている。

この点、米国と日本の援助に全面的に依存しながら経済建設をすすめてきた韓国とはきわめて対照的である」云云は、事実を歪曲し大韓民国の名誉を損ない在日韓国人同胞の憤怒を引き起こした重大な事実に鑑み、ここに厳重な抗議をするものであります。

在日大韓民国居留民団は、韓日親善を一層深め、両国の繁栄は勿論、ひいては人類の平和と幸福の為に努め、あらゆる努力をつづけております。

しかるに、この度の貴校の入試問題は——

一、北韓の社会経済体制を讃揚し、あたかも先進国であるかの如く純真な学生に印象付け、韓日友好を損ねた。

一、わが大韓民国は、日本と米国の援助に全面的に依存していると云っているが、これは事実を事実として正視しないで歪曲している。北韓はソ連を始め他の共産国の経済的援助に依存していないという誤認でもあるというのですか。

一、両国を対照に列記して、一方では北韓の礼讃とは反対に、大韓民国の全面的経済依存云々は友好国の威信を傷つけるものもはなはだしいものである。

一、国立大学附属高等学校としての教育本然の使命と教育的中立を守るべき貴校が、かくも入試を通じて偏見と教育精神に反した非行は、在日韓国人に激しい衝撃を与え、善良な在日韓国人子弟の童心を傷つけ、父兄を憂慮させるに充分である。ひいては貴校の教育的良識を疑うものである。

一、しかも一高校の入試を通じて底意のある民族的偏見の存在の浮上に注目せざるを得ない。

ここに貴校の猛省をうながして、在日六十万韓国人の総意を代表して抗議すると共に、それ相応の謝意を強く要求するものであります。

一九七四年五月八日

在日本大韓民国居留民団中央本部

団長　尹達鏞

世界親子かけある記 ⑱

ビジネスと観光と歴史・美術そして…

裵乙祚・裵慶州

人間の権威主張したルネッサンスの精華

統一新羅時代の栄光を想う

ルネッサンスとは単なる文芸復興ではなく、社会改革であり時代の更新であり、近代史の序曲であると言える。ルネッサンスとはこのようにして共通封建制度の衰退と中央集権国家の形成、資本主義的生産の発展を背景に、とりわけ急激に展開した東方貿易と、それによって起った都市の発展を直接の地盤として起って来た文化運動が、十四、十五世紀において、とくに古代の学芸復興、古代的世界観の再建という形をとって、人間の権威の主張、個人の独立と自由の研究、学問と芸術の古典からの解放とそのすばらしい成果の表現、躍的な現実主義、思想と信仰の自由等の理想を強く打ち出し時代精神である。

かくて古典的地中海世界は終り近代社会のだが然も、新く産業革命はこの世界を大きく変え、歴史は再び第二の植民時代とも言える、力による征服、即ち、帝国主義・植民地主義的時代に突入し、果では徹底的第一、二次世界大戦を経て、世界は正に末期的症状ともえる現況に流入った。

やがて再び歴史の大転換は、現代の機械文明と情報化社会の矛盾の中から、古代古典社会の精神文化に何らかの解決の糸口をみい出そうと行動し始めている。既に形成されてゆくEEC社会の統一理念か、かつてのローマが果たした如く、全欧州を統合し果たして第二次ルネッサンス運動とも言える指導理念として、これからの全ヨーロッパを再び古典ギリシャ＝ローマ的地中海世界の再現には献しうるかどうか、私達は大きな期待をもって見守っているものだ。

そして最後に私は、東方社会においてもルネッサンス運動のきざしが、わが韓国において築っているのを感た。精神文化において既にその歴史的欺瞞を一掃に改めようとせず、指導力を失った日本にかわって、歴史的地理的立場条件が似ている韓国が、統一新羅時代の東アジアにおける指導的地位と旺盛なる国力、そして未開の天地を求める開拓精神と、北方系民族の躍動的民族性が、近隣諸地域特に今日の日本列島に民族移動に近い規模をもって移動進出し、三国（新羅・百済・高句麗）の分身的、分家的、開拓移民部族群を設置後、本国の支援と相互調整作用を経て列島統一を完了、即ち開拓移民的部族共同体から連合部族国家を経て、本国の分身的分家的植民国家を建国、ここに東アジアにおける一大文明圏をうちたてた、おおらかなわが国古代文明の人間性を今一度再現し、虚偽に満ちた東アジア史を根源にもどし、正しい歴史観を通て事物を本然の姿にもどす運動が緒についたことを喜びと期待をもって見守るものである（韓国ルネッサンス運動については後述の慶州訪問記にゆづる）

パリー（PARIS）　I

空港は今までのどこよりも自由に入国出来た。待合室は清潔で気持がいい。車窓からみる郊外の民家は、色調がローマとちがって、屋根はオレンジ色、壁は白色系のクリーム色で、面白いことにアテネは白が目立ち、ローマは黄土色、そしてパリーは黄土色と白が調和して、過去同一文化圏で交流の多かった国々でかくも色調が異るのは、国民性か自然環境がそうさせるのか私には解らないがおもしろいと思った。

ローマと同じ古い街だが、パリーは、一部に近代高層建物が古いものと調和して抵抗を感じさせないのは、先入観とばかりはいえない何かフランスの伝統のようなものがそうさせているのだろう。ホテルは一昨年慶州が来たことのあるモンマルトル通りの裏地で星二つの甘苦クラスだが、値段のわりに設備が悪く気になる。午後八時だと言うのにまだ明るく、シャンゼリゼにある日本食をしばらくぶりで喰べようと出かける。パリ滞在中は出来るだけメトロを利用しようと回数券を買っておいたので便利である。

開店して間もないと言う、小さな日本料理店にはもう大勢の日本人が入っていた。パリーでありついた日本食に何ともいえぬ複雑な気持が入り混じって異様な雰囲気である。そこを出て凱旋門までウインドショッピングをしながらぶらつく。

いるわいるわ、白・黄・黒・中間色、世界の人種大会でもやっているように、多彩な多彩ぶりである。私もあわせて、何故パリーパリーと皆が集って来るのか不思議である。白・欧州各地のおよりさんか、世界各地に散らばっている白色の文化的ノスタルジヤか。黄・今パリーで最もはぶりが良い連中、中には所構わずスパイもいることだろう。黒・出稼ぎ組か、或は植民地酋長の息子だろうかパリジェンヌと手をとりあって楽しそうである。人種の坩堝である。

ここで一寸有名観光都市の二流ホテルについて紹介しておこう。カイロ、アテネ、ローマ、パリなどでは、全市が遺跡や名所と渾然一体となって観光政策を打ち出しているので、ホテルも一部大資本のものをのぞけば、殆ど既存の古い建物を利用しているのが多く、ことに二、三流に至っては、外装のよごれはペンキでカバーし、正面入口は一応ディスプレー・インテリアで装ってあるから何とかかっこうは整っているが、しかし料金のわりには部屋の設備など決して良いとは言えない。同等の日本の旅館やホテルがはるかに行き届いているようである。ホテルの選択としてただ寝るだけのところだと思えば何のことはないが、夕方帰って行く自分のホテルの良し悪しはけっこう旅情を左右するものである。

ひどいのになると床の板張りがみしみし鳴り、床が傾斜してベッドまで傾いているので尻餅をつかえさせるが、どこの部屋の一隅が水もりがしてカーペットが腐敗し寝苦でねむれない夜もあった。ローマのホテルでは、寝返りをうつと落ちてしまう程幅がせまかったことを覚えている。勿論日本式のように風呂の完備はない。小型のシャワー室が一つついていて、浴槽にしたって農家まじりでつかるというわけにはいかない。

こんな時は、寝おきざまその日のスケジュール計画を立てたり、日記整理や、とに角時間にまぎらわすか、早々に外に飛び出すことこそ自己そのみじめさを消す最良の方法なのだ。二流以下になると共同のレストランを近くに契約し、そこまで泊り客は食事をとりに行くこともある。ルームサービスなど初めから考えない方が良い。何か頼もうものなら物うさそうに応待されると気分を害するだけよけいあわれである。もっともこれはあくまでわれわれのように殿様旅行を返上、庶民的に安上りの旅をしようとする場合ではあるが。

一晩ねてみたがあまり寝心地が悪いので、朝食を下のフロント横にあるレストランでとるや、スケジュールが変ったからと飛び出し、ホテルをかえるためシャンゼリゼ大通り裏側の安ホテルを三、四カ所当ってみたが皆目プランを崩すので、最後に星二つの屋根裏の小ぎれいな部屋をみつけて入る。（つづく）

パリのエッフェル塔

易断案内

在日同胞のうち、不運な方々の悩みを解くため、在来韓国特有の易解に依り、身運、財運、相性吉凶、四柱運命、姓名判断、其の他全般的な運勢の見方に、お客様方の正確な生年月日時を基点として見ます。お悩みのある方は是非一度御相談下さい。遠方の方は通信でお申込み下さい。詳しく見て上げます。

（但し通信料百円切手同封して下さい）

運命鑑定　大聖易館・許瓏

川崎市川崎区浜町四丁目七ノ十　セメント通り　乙女湯正面

電話（〇四四）三五五−三五五五番

王仁博士顕彰会　東京上野

王仁博士顕彰会（大祭委員長・佐藤栄作・前総理大臣）がさる五月四日午後一時から、東京・上野公園桜ケ丘、王仁博士建碑の前で約七十人が参加して催おされた。

王仁博士は西暦二八五年、現在の韓国全羅道地方に位置していた百済から百済王の使臣として渡日した学者で、千字文及び論語を携え、伝授したばかりでなく、鍛冶工、醸造工、呉服工、医薬師ら名を引率して来て、数々の技術を日本人に習得させた。

王仁博士の指導に依り学問をはじめた日本は、応神天皇時代になって、はじめて文化生活が営まれるようになったのである。

今回の顕彰祭は、世界平和を祈願して、国際親善と文化交流を目的とし、王仁博士の功績を広く日韓両国民に再認識させるため、催おされたものである。

生涯を日本の民衆と共に生活し、その教育普及にささげた王仁博士の墓は、大阪府北河内郡の枚方市長尾字藤坂村にあって、ここを訪れる人は今も後を絶たない。

文鮮明氏の「希望の日」晩さん会盛況

さる七日の午後六時から、東京帝国ホテル・孔雀の間において、「希望の日実行委員会」（岸信介名誉委員長）主催の晩餐会が催おされ、韓国が生んだ世界の精神的な指導者、文鮮明氏の講演が行なわれた。

当日は韓、日、米三国関係者らが多数招待を受け、金永善駐日韓国大使、福田赳夫日本大蔵大臣、尹達鏞民団中央本部団長ほか約千七百人が参席し、さしもの孔雀の間も満席となった。実行委員会久保木修己実行委員長の紹介を兼ねた司会が行なわれて、晩餐会にはいり、フルコースが終了したあと、文鮮明氏が演壇に立ち「人は神の子、神は人を対象者として愛を与えている。人も愛を与え合い、人の為、国の為、世界の為に尽さねばならない。」という要旨の講演を行ない、満場から万雷の拍手を受けた。

文鮮明氏は世界キリスト教統一神霊協会の創始者で「原理講論」の著者であり、一九六九年から全世界を回って神の福音を伝えており、昨年はアメリカで四十日間にわたる断食祈祷宣言を行ない、ウオーターゲート事件について「許せFORGIVE」「愛せLOVE」「団結せよUNITE」と全米に呼びかけたことは有名である。そしてアメリカの全州で「希望の日」講演旅行を行ない、全米で多大の感銘を与えた。

（写真③は「希望の日」晩餐会　円内は文鮮明氏）

日韓親善書道展盛況

本紙既報（一、一〇六号）のとおり、韓国書道界の大家と郷土の代表書家の作品を集めた「日韓親善書道展」が日韓親善協会（西岡政雄理事長）主催、民団島根県本部（朴鍾鶴団長）後援で、四月二十六日から三日間、島根県松江市殿町の県民会館第一、第二展示ホールで開かれ、書道愛好家はもちろん、市民に韓日親善ムードをもりあげた。

書道展は、韓国書道界の大家、金秀基さん（韓日文化交流協会副理事長）の来日を機に日韓両国の文化交流と親善をふかめるため、熊本、福岡について三回目として開催されたものであるが、展示作品は、韓国側から61点、日本側から29点など90点の格調高い名品ぞろいで、展覧あざやかな展示品の前で、参観者がうっとりと見とれている姿も多く、ひさびさに同根といえる両国の書芸文化をかえりみる貴重な機会を与えた。

なお、この書道展は、5月20日から4日間、東洋親善書道連盟の主催で中国の出品などをも含めて百五十点を網羅し、大阪芸術センターで開かれることになった。

東本団長選に両金氏立候補

民団東京本部の第三十三回定期大会は、来る五月十六日、日傷会館において開かれることになった。

任期満了となった鄭東淳現団長が再出馬しないところから、一時は団長立候補者として、李彩雨前中央副団長、徐興錫東京本部監察委員長、金致淳東京本部副団長、金沅栄内外通信社長らの各氏が出馬するといううわさが流れたが、李彩雨、徐興錫両氏が正式に出馬を取止めたので、金致淳氏と金沅栄氏の一騎打になるもようである。

ルポ 青年会の「セマウム植え」同行記 (3)

境界線にある北の平和村はインチキ

本紙 曺承徹 記者

青年たちは、四月五日の植樹日……六日は……

休戦ラインの北側を見る青年団員

……ここで一行は再びバスに乗……かつて青瓦台を襲う目的で……武装ゲリラ三十数人が……

……今後、青年たちが祖国のことを考えるとき、今見て来た祖国の姿を抜きにしては考えることができないだろう。

「三国史記」の再評価

韓国 震檀学会シンポジューム

4日ソウル大で開く

ぼつ海史が脱落

中国史書の引写しが多い

"そのまま信じてよい" 金元龍教授

「三国史記」原本

韓国と日本の関係に新視点

日本上古史(文定昌著)抜粋と解説 (30)

倭王の祖百済 (1)

百済聖王時代にも領地を割譲した倭

……ところが、この時、筑紫の国造である「磐井」が、今日の福岡、佐賀、大分三県の土地を有して一大勢力を持っていた。……

強大国家に成長する新羅

継体王は現天皇家の祖か

【解説】……

韓国民話

バカの温達(オンダル)

―弓矢が上手になった温達― (2)

……金の指環とかんざしを……それを高価に換した……飾りものは、わたしに……がありません。これを……てください。そして、……あなたのお気に入るような……しい馬と弓矢を求めて……んでください」

……さっそく馬と弓矢を買……た。馬にまたがり山野を……た。かれが牧ったたは……鹿やノルをみごとに射……もともと馬鹿ではなか……

つづく

韓國新聞
在日大韓民国居留民団
中央本部機関紙
韓國新聞社
発行人　尹達鏞
東京都文京区春日2丁目20－13
電話　直（815）1451～3
交（813）2261～5
振替口座　東京　163774
本国連絡所（国際本国事務所内）ソウル特別市鍾路区世宗路政府合同庁舎四階
電話　73－0162・0165

民団綱領

一、われわれは大韓民国の国是を遵守する
一、われわれは在留同胞の権益擁護を期する
一、われわれは在留同胞の民生安定を期する
一、われわれは在留同胞の文化向上を期する
一、われわれは世界平和と国際親善を期する

百億ドル輸出の態勢なる

"民族の総和団結で祖国の近代化と中興へ"

朴大統領祝辞　"海運振興は国力の基本"

5万トン級船舶25隻が同時に接岸できる仁川港閘門ドックが完成し、その完工を祝う竣工式が十日、午後2時、朴大統領をはじめ関係人士が出席した中で開催された。一九六六年四月に着工、百九十三億ウォンを投入して八年目に完工した仁川港は、これまで9メートルにのぼる干満の差を克服し、年間約二十五億ウォンの荷役費が節約できることになる。

＝仁川港拡張完工式典＝

竣工式に臨席した、朴正熙大統領は、あいさつを通じて「今日、この場は、一八八三年、高宗20年に仁川港の開港以来、91年目の最大の祝祭であり、わが港湾史に新紀元を画するもの」とのべ、「今政府は港湾現代化計画の一環として北坪をはじめとする主要港湾をひきつづき拡張整備し、浦山、馬水、昌原、玉浦などを工業港として建設するための計画を推進しており、このような計画が結実される時、われわれの海上輸送体系は完備され、重化学工業もまたより促進され、80年代の百億ドル輸出の態勢をうらづけするもの」とのべた。

朴正熙大統領

朴大統領は「われわれの海運振興は、まさに輸出の国際競争力を強化し、ひいては国力培養の加速化を確固と支える道なので、海運振興は、早急なとりくみが要せられる重要な当面課題である」と前提、「この課題を完遂するためには、造船工業発展により拍車を加え、われわれの手で船腹を増加させ、われわれの船の貨物積取率を高めて行くべきである」と強調した。

朴大統領は「今まで4千トン内外の船舶だけが出入できたものが今や5万トン級大型船舶も、この内港埠頭にまで自由に接岸できるようになり、これは潮水干満という自然障碍をわれわれの汗と意志で克服したもの」と指摘し、「今や仁川港は国際水準の港としてわが国の産業発展を促進し、輸出の国際競争力を強化して行くところに要衝地となるだけでなく、国際港として新たな脚光をうけることになろう」とのべた。

朴大統領は終りに「今日のこの仁川港ドック竣工を通じて、民族の無限の底力を実証し、発展の意志と総和団結で祖国近代化と民族中興の偉大な前進をおしすすめていこう」と強調した。（二面に詳報）

全国民団地方大会

団長に金致淳氏　東京本部第三三回大会開く

民団東京地方本部（鄭東淳団長）では、五月十六日、東京市ヶ谷の日傷会館で第32－12回地方委員会と第三十三回地方大会を開いたが、注目の団長選では、大方の予想通り、金致淳前東京本部副団長が圧倒的支持で当選した。

当日午前は地方委員会が開かれ七三年度経過報告と、七四年度の活動方針案が、報告され、原案通り通過し、同午後一時四十分から大会が開かれた。三機関長のあいさつ、許弼奭東京商銀理事長、尹達鏞中央本部団長、李駐日大使館総領事、朴成準神奈川県団長ら来賓の祝辞があり、続いて、民団文京支部の宋事務部長が勤続十年で退職することになったのに対し、鄭東淳団長から感謝状と金一封が贈られた。

金致淳団長

その後任期満了となった三機関長が辞任し、役員選挙にはいった。代議員総数百六十二人の内、百五十六人が出席して投票した結果、それぞれ次のような得票となり、団長に金致淳氏、議長に徐興錫氏、監察委員長に金栄洪氏が当選した。

団長選挙　金致淳　一二七票
　　　　　金沅奎　二九票
議長選挙　徐興錫　一〇四票
　　　　　金[illegible]　五〇票
監察委員長選挙　金栄洪　一一〇票
　　　　　崔学文　四五票

団長に張斗玉現団長が再選さる　宮崎地方本部大会

民団宮崎地方本部では、第二十七回定期大会を、去る十二日午後一時同本部会議室で開らき、経過報告のあと活動方針並びに予算案は新執行部に一任することにして役員選挙を行ない、張斗玉現団長が他の三候補を大きく引き離して再選された。また、議長には三候補のうち金七星氏が絶対多数で選らばれ、監察委員長には金俊圭氏が無投票で選出された。

団長、張斗玉
副団長、具漢会、崔明彦
議長、金七星
副議長　権泰坤、鄭錫教
監察委員長、金俊圭
委員、金述二、李水会

なお、同大会には李聖南中央本部総務局長が中央団長代理として参席して祝辞を述べた。

特別財委で円滑運営期す　大分本部地方委

民団大分県地方本部（南在植団長）では、六日午前十一時から同本部会議室で、第五回定期地方委員会をひらき、経過報告、決算報告のあと、さきの第二十三回定期中央委員会と第三十六回定期中央大会の決議事項も報告、活動方針ならびに予算案を審議したが、活動方針案の団の円滑運営を期すための基本財政確立問題では、特別財政委員会を設けることになり、その具体策を執行部に一任することになっを執行部に一任す るこ とになった。

国民登録推進運動を展開　香川本部大会

民団香川県地方本部（尹命煥団長）では、五日午後一時から同本部会議室で、第二十五回定期大会をひらき、民団中央会館建設基金割当の早急募金、団運営の合理化などを討議したが、中でも永住権取得者中、いまだに国民登録をしていない同胞百七十人に対し、戸別訪問をして、一日でも早く国民登録を済ませるよう説得させることを決議した。

照点

「共存共栄のアジア精神」　日立製品の不買運動に思う

本紙一一二〇号、一一二二号一面の本欄で論評され、同じく一一二一号一面でもニュースとして「民族差別の日立製作」のタイトルでとりあげられ、心ある韓・日両国人の間でセンセーショナルな話題をまいている愛知県出身の同胞青年・朴鐘碩青年（23）日立入社拒否事件は、ようやく本国にも飛火して、韓国キリスト教会女性連合会、同じくキリスト教長老会とイエス教長老会があいついで、日立製品の不買運動を展開、その成行が大きく注目されてきた。

この在日韓国人への就職差別に対する抗議運動は、約五百万人に達している韓国のクリスチャンが全員参加した場合、これはもはや一宗教団体の動向などというものでなく、汎国民的な反日運動に発展する可能性も多く、月間九億円にのぼる製品を韓国向けに輸出している日立だけに、不買運動によるは実は予想以上のものと思われてくる。

これは、ひとり日立だけではなく名の通った他社も、その殆んどが在日同胞の就職をしめ出していると見られる現在、全くその悪弊ははかり知れないものがあると思われる。

在日韓国人に対する日本人の差別行為は、何も今始まったわけではなく、その歴史は古くさかのぼるだけに、日立の問題だけを事さらとりあげることはないものだと言えばそれまでだが、だからと言って"韓・日新時代"が始まった今日、これを傍観放置しておくわけにはいかないのである。

朴青年の就職差別をめぐる訴訟は、近く横浜地裁民事部で判決がおりる予定だが、その結果に強い関心をよせているのは筆者だけではあるまい。

それは、この判決が、この韓民族差別事件のサンプル的判例につながるからである。

日本で生まれ、日本で教育を受けた優秀な同胞青年たちは、毎年三月ともなれば学窓から数多く社会へ巣立って行く。

そして彼等の前には、狭き門、閉ざされた所が立ちはだかっているのだと"暗い春"を筆者は削号でも強く訴えてきた。「謝罪し採用する」と一転した日立製作所。しかし韓国・馬山の工業団地に進出した日本企業の公害、低賃金による韓国人職工の酷使などが、韓国国会にとりあげられ、反日機運をつのっている時だけに、東南アジア進出の日本企業による搾取政策？とも併せて、「共存共栄のアジア精神」が再確認されなければならない時期に来ていると筆者は心深く思うのである。（P・7）

全国地本団長事務局長会議

五月末に箱根で開催の招集

二人とも不参の地本は公文で理由提出

民団中央本部組織局（呉敬福事務総長兼任局長）では、全国各地の地方本部の大会が終了した後、全国地方本部団長、事務局長会議を開くことになった。

この会議では七四年度の活動方針に対する細部実施方案徹底化と各地方本部の実情聴取による細部強化対策を検討する予定である。

それというのも、去る三月に開かれた中央委員会で、各地から参加した中央委員によって活動方針案が審議通過したけれど、その後、全国各地方本部の大会が続々開かれ、多数の団長が入れ替っており、それにともない事務局長も交替しているため、新らしい団長の地方本部では、今年度の活動方針が不徹底する恐れがあるためである。さらに、新旧団長が入り交るので、初顔合わせも兼ねることになる。

日時、七四年五月二十八日（火）十三時より、二十九日（水）十一時まで、一泊二日。
場所　神奈川県箱根町湯本茶屋
於　箱根南風荘
会場連絡電話（〇四六〇）五－五五〇五

なお、一地方本部で、団長、事務局長が共に参加できない場合は、その不参理由を公文で、五月三十一日までに、中央本部組織局に提出しなければならなくなっている。

本紙購読料納付に範

長野、戸畑、島根の各民団

さきの第二十三回定期中央委員会と第三十六回定期中央大会で再検討されたように、中央機関紙である本紙「韓国新聞」育成発展のための購読料徴収問題は、未だに完全実施を見るに至ってなく、常にその円滑な運営が憂慮されている実情だが、ここ数年来、金相喆事務部長の努力により毎月欠かさず一万円づつの購読料を納めている民団北九州戸畑支部（白楽守団長）につづき、昨年度からは民団長野県本部（李東富団長）が年間購読料全額納付を断行、今年度第一期二十二万五千円をこのほど送金して範を示している。また最近では、民団島根県本部（朴[illegible]団長）からも毎月一万円の購読料をおさめるようになって、関係者が注目している。

スパイ曺讃煥が自首　与えられた全命令を暴露す

中央情報部発表

韓国中央情報部では、70年6月から日本と北傀を往来しながら、北傀労働党の指令にもとづきソウル、釜山等地に活動拠点を構築してスパイ活動を行ない、民族的良心の苛責をこらえきれず、過去の罪過を反省し祖国の懐に自首して来た曺讃煥のスパイ事件の全貌を次のように発表した。本紙ではこれを要約紹介することにする。全国民主学生総連盟事件などを境にして、北傀の韓国侵透工作がしだいに悪辣の度を高め、その様相もより陰険な手法に変りつつあるが、このたびの自首スパイの自白結果によれば、韓日間の離間を計画的に深めるための戦術などを企らんでいる生々しいケースでもあり、このような侵透に対してより一層警戒心を高めるべきであるといえよう。

（I）

自首スパイ曺讃煥は、六八年九月、密航渡日し、在日北傀工作指導員であり、朝鮮人学校教師である金鳳にだきこまれ、北傀工作網として活動するうち、金鳳の上部線である崔某（日本通名山本）に引渡され、七〇年六月十二日、北傀工作船で入北、平壌で北傀対南工作担当秘密党員に入党宣誓を行ない、金からソウル市麻浦、竜山および水原、[illegible]を対象に所謂一二一、網会を組織し、その委員職を相当せよとの指令と

○労働青年解放団綱領宣布
○重要工場内初級委員会組織
○各政党内核心要員配置
○武装小組を組織して治安局警備、ソウル市警、某警監および対北攻送作家某氏等の暗殺
○高校学生に対する党の唯一思想注入および金日成宣伝事業展開
○空軍操縦士一名をだきこみ有事の際利用、
○死亡者の住民登録証収集
○組織の拡大より性分と正義感の強い核心組織に発展、
○ビラ撒布等の工作指令および乱数表一組、無電機一台、工作金日貨四九〇万円、韓貨十万ウォンをうけとり国内に潜入したのち、ソウル、釜山等地を活動拠点として"革命戦線"など北傀宣伝物を撒布し、学生の蜂起を刺激する不穏印刷物を製作郵送し、同窓生および親友を対象とする、同調者だきこみを試み、軍部および学園動向収集を報告するなどスパイ活動を行なって来ました。

特に最近には、国民の反日感情を利用した韓日離反の策動と日本軍国主義打倒運動を通じて大衆暴動を画策せよとの新たな工作指令をうけて、その遂行を企図しました。

これは、北傀対南工作戦術の転換を意味するものですが、去る四月十六日付で北傀が曺に指令したいわゆる「対南暴力闘争計画」によれば

第一に、現政権の顛覆を促進するため南韓内の反日感情を急増する日本資本に対する反発心を利用して、今後の闘争目標を日本軍国主義糾弾に転換せよとのべ、

駐韓日本公館、日本人企業、日本人家族に対して爆破、放火テロ行為を敢行し、日本人を拉致、暴行を加えるなどを指令しています。

第二には、尖鋭の民青学連事件は、統一戦線構築の不手際と闘争スローガンが適当でなかったということで親共的連合政府樹立、宗教人との密接な連携などを強調して一般民衆に反日テロをおこすようはたらきかけると同時に、日本人の反韓感情を刺激し、韓日関係を離反させることを企んでおります。

（II）

一方、自首したスパイ曺讃煥（32才）は、本籍が全南莞島郡莞島邑中内里で住所は、ソウル城北区[illegible]洞41、六八年九月密航渡日後、上にのべたように神戸地区在日北傀工作指導員であり朝鮮人学校教師である金鳳にだきこまれ、70年6月12日北傀工作船で入北、平壌でスパイ教育をうけ、初々のべたような指令をうけたのち、70年11月26日、日本へ復帰しました。

70年12月12日に国内侵入後、城北区[illegible]に活動拠点を構築天安、大田、全州、光州、麗水馬山、釜山等地を転々しながら国内政治情勢、学園および軍部動向を収集

（二）七一年五月三〇日、北傀のA－3指令によってソウル市内、ニュー・コリアホテルコーヒーショップで在日指導員崔某（山本）の網員牛島（通称）と接線し、牛島から

○労働者のなかへ組織を着実に育てていくこと
金日成宣伝事業を広範囲に組織すること
○氏名、年令の区別なく、死亡者の住民登録証を収集、報告せよとの指令をうけ、その間の事業報告と国内政治情勢、学園および軍部動向を書面報告し、
○71年10月10日、所謂、北傀労働党の創党日を記念するため"労働者、農民の決起を呼びかける内容のビラ二百枚を作成して、竜山駅前、鉄友館前路上をはじめ、満政府米軍駐屯地域など撒布に。
○72年2月中旬および72年4月初旬までの間に数回にわたって、親友および同窓のうち、だきこみ対象者25名の名簿と南北会談に関する各界各層の反応および、西・南海岸の警備状態を指導員、崔某に書信報告。

"在韓日本人をねらって　反日テロを装おい襲え"

北指令

（三）

72年11月上旬に、北傀から「非常戒厳解除まであらゆる事業および計画を保留せよ」との指令をうけ、73年10月末まで活動を中止したが、国内の学園事態悪化にともない、73年11月上旬、北傀から「指導部核心を優秀な青年学生で補強し、74年新学期から青年学生事業を計画的に展開せよ」との指令により、学生蜂起を刺激する不穏印刷物を製作、各級学校、討論界および社会団体に郵送した。

○73年12月28日、上の崔の指令によって国内に潜入した在日指導員安某（佐藤）から、北傀の宣伝刊行物「革命戦線」二百部と資料誌十部を旧正月を期して撒布せよとの指令をうけたのち、74年1月25～30日間に三回にわたって釜山竜頭山公園、大新公園をはじめ釜山大、東亜大等地に「革命戦線」20枚を撒布した。

（四）

74年4月5日、上の安某（在日）の指令にもとづき、密航渡日し、4月16日、横浜で接触だきこみ対象者に対する性分と最近国内経済事情、学生動向、うつ陵島スパイ事件以後の各界動向など"を報告する一方、所謂「対南暴力闘争計画」として駐日会館や日本関連企業の爆破放火、テロ行為を敢行して韓・日関係を悪化させよ。

（III）

決定的時期造成のため2段階で闘争を実施し、

第1段階は、74年・4月19日～5月25日にビラ撒布で反日感情を刺激し、

第2段階は、74年5月26～6月30日の間、放火、爆破など暴力活動を展開すること。

（IV）

闘争期間中には

△韓民地教教育云々の日本首相の妄言を非難し
△日本公害産業撤廃
△売春観光糾弾
△拘束学生および人士即時釈放
△物価上昇にともなう民生苦

などのような内容のスローガンとビラを使用すること

（V）

今後の学生運動は"韓国学生運動宣言"であかした行動綱領にもとづいて展開せす等の指令をうけ

○74年4月26日国内に潜入したのち、74年5月4日、中央情報部に自首したのであります。

これと関連してわれわれは、朝総連が4月1日を期して、同中央本部副委員長である鄭在俊を委員長とする所謂「在日朝鮮人統一事業促進委員会」を創立し、統一事業部を新設、地方組織と傘下団体には統一事業担当責任者と政治部を配置し、つぎのような任務をかかげて活動中であります。

（1）在日民団同胞をだきこみ、反政府統一戦線を形成

（2）日本人をだきこみ、反韓連合戦線を日本内に樹立し

（3）アメリカ、ドイツなど各国へ工作員を派遣し、現地の韓国同胞と国民をだきこみ、国際的反韓統一戦線を形成し

（4）直接韓国に工作員を派遣、政府顛覆活動を展開することなどです。

朝総連の動向と自首スパイ曺讃煥に与えられたいろいろな指令から見れば、彼等はあくまでも韓国内での反政府策動をたくらんでおります。

政府では、すでに確固たる治安対策を樹立し、スパイの浸透封鎖はもちろん、在韓日本人と外国人の人命、財産を保護するための万般の準備態勢をそなえております。

国民の皆さんは狡猾な北傀の画策を警戒し、不純分子の活動を予防するのに全幅的な協力あることを望んでやみません。

おわりに、自由の尊さを覚り、あやまちを精算し、勇敢に韓国のふところへ戻った曺讃煥の決断を讃え、温かく迎えて下さることを望むしだいであります。

なお自首スパイ曺讃煥は、14日、記者会見で「北傀の共産体制に幻滅を感じたため、スパイ任務を遂行中、自首を決心した」とのべ、「北傀の赤化野欲が祖国の平和な統一とはあまりにもかけはなれており、惨劇を招く憂いがあると考え、ちゅうちょなく自由の懐にかえることができた」と自首動機をあかした。

曺はこの日、反日感情を利用した韓・日関係離反策動と日本軍国主義打倒運動をくりひろげよとの指令を北傀対南工作責任者金仲麟から直接うけたとのべ、最近の北傀対南工作事実がかわった事実を暴露し、「一日も早く大韓民国の市民として精進したい」とのべた。

団長に李東富氏　長野本部大会

民団長野県地方本部では、去る四月二十五日午後一時から、松本市内の信州会館で、代議員百人のうち、八十九人が出席、第二十五回定期大会をひらき、七四年度の活動方針では、中央の活動方針に準ずることを確認し、次の新任役員を選出した。

特にこの日の団長選出では、前団長の鄭俊永氏と、前副団長の李東富氏、同じく権宅起氏の三候補がしのぎをけずったが、鄭、李両氏が同点の三十五票づつをかくとく、結局鄭氏の辞退表明で、李氏が新団長に選出された。

団長　李東富
副団長　権宅起
〃　鄭埈和
議長　孫晋兌
副議長　金命植
〃　魯学秀
監察委員長　黄雲瑞
〃委員　成隆興
事務局長　金南完

民族教育の義務制確立　愛知本部地方委

民団愛知県地方本部（権会俊団長）では、五月八日午前十一時から同本部講堂で第二十回定期地方委員会をひらき、民族教育の五十時間義務制、財政確立、規約修正、青年会結成などを中心に討議が活発に展開され諸案件が決議された。

中央からは李鍾鳴副団長、朴太煥議長らが来賓として出席した。

団長に曺允具氏を再選　千葉本部大会続会

民団千葉県地方本部では、去る四月三十日ひらかれた第二十五回定期大会で、経過報告、活動方針案など討議に関する事項をすべて終了し、役員改選に入ってから、会場にあてられた市民会館の使用制限時間が午後五時になり、時間切れとなったので、五月十日午後一時から国鉄千葉駅の五階ホールで続会、次の新任役員をようやく選出した。

団長　曺允具
副団長　李万生
〃　高棒錫
（事務局長兼任）
議長　金連斗
副議長　李鶴洙
〃　金昌根
監察委員長　金洙成
〃委員　羅正相
〃〃　李正坤

支部会館新築落成　京都東山団員の努力実る

民団京都本部東山支部（呂彩九団長）、支部新築会館落成式が、去る十二日約一五〇人が参加して催された。

新築会館会議室で行われたこの日は、駐大阪韓国総領事館から呆升敏領事、張熙日民団京都本部団長ら多数の来賓が招かれた。

金洛願・支部議長の開会辞ではじまり、会館建設功労者に対する表彰状授与も行われた。

会館落成は呂彩九支団長、李春三建設委員長と支部傘下団員が一致団結して、努力した結果である。

（写真は祝辞を述べる張熙日京都本部団長）

神戸、横浜、名古屋　総領事館昇格

韓国政府は、五月七日付で横浜、神戸、名古屋の三領事館を、総領事館に昇格したと発表した。

この措置は、韓国政府と日本政府との間で前から合意を見ていたもので、昇格のための諸手続きのため時間がかかったものである。

これにより、日本での韓国総領事館の数は、既設の大阪、福岡、札幌と合わせて全部で六カ所に増えたわけである。なお領事館は、仙台、下関、沖縄の三カ所。

公告

「在外国民の就籍及び戸籍訂正と整理に関する臨時特例法」に依る各種申請の記載要領を次のようにお知らせします。

一、就籍許可申請（所定様式で二通）

①原籍ならびに本籍　②住所　③申請人ならびに事件本人名　④生年月日　⑤申請の趣旨　⑥原因事実

添付書類

①在外国民登録謄本一通　②外国人登録済証明書一通（永住権許可者は番号記入）　③身分表一通

以上を揃え、年月日と申請者名を記入捺印し、民事地方法院長あてを明記する。

一、戸籍訂正許可申請（所定様式で二通）

①本籍　②住所　③申請人ならびに事件本人　④生年月日　⑤事件本人　⑥生年月日　⑦申請の趣旨　⑧原因事実

添付書類

①戸籍謄本一通　②在外国民登録謄本一通　③外国人登録済証明書一通（永住権許可者は番号記入）　④事由書一通

以上を揃え、年月日と申請者名を記入捺印し、民事地方法院長あてを明記する。

一、戸籍整理申請（A）（所定様式で二通）

——婚姻、認知、入籍、離婚——

身分事項（例・婚姻）

▼妻の方が書く場合は　①本籍　②住所　③戸主姓名ならびに戸主との関係（父母の姓名、本貫）　④夫の姓名と生年月日

▼夫が記入する場合も右と同じだが　④の欄に妻の姓名を記入する。

⑤整理の趣旨

添付書類

①在外国民登録謄本　②外国人登録済証明書（夫妻各二通、永住権許可者は番号記入）　③戸籍謄本（夫妻各二通）

以上を揃え、年月日と申請者名を記入捺印、市・面長あてを明記する。

一、戸籍整理申請（B）（所定様式で二通）

——出生、死亡、戸主相続、分家、転籍——

身分事項（例・出生）

①本籍　②住所　③戸主姓名ならびに戸主との関係（父母の姓名本貫）　④出生者名　⑤生年月日　⑥出生場所

⑦整理の趣旨

添付書類

①在外国民登録謄本一通　②外国人登録済証明書一通（永住権許可者は番号記入）　③出生届受理証明書一通

以上を揃え年月日と申請者名を記入捺印し、市・面長あてを明記する。

一、戸籍訂正申請（所定様式で二通）

①本籍　②住所　③戸主姓名ならびに戸主との関係　④訂正される該当者名　⑤生年月日　⑥訂正する事項

添付書類

①在外国民登録謄本一通　②外国人登録済証明書一通　③事由書一通　④在外公館長の確認書一通

以上を揃え、年月日と申請者名を記入捺印し、市・面長あてを明記する。

☆

以上、戸籍申請に関してよくわからない点があれば、所属民団支部か民団地方本部に問合せて下さい。

在日本大韓民国
居留民団中央本部
民生局

仁川港、東洋初の閘渠で維新の門出

5万トン級など 二五隻が同時接岸

世界4位の規模で荷役能力六百万トンにのびる

干満差克服し巨大な海上湖化

世界の港として浮上する仁川港の閘門（ルーリング・ゲート）式ドックが完工され10日、朴大統領参席のもとでその竣工式が行なわれた。仁川港ドック工事規模は5万トン級一基と、1万トン級一基など2基のドック、閘渠の閘門6連、岩壁3千9百20メートル、航路締切堤5万メートル、浚渫2百80万立方メートル、堀さく土量6百立方メートルなどである。この大水中工事に動員された人員は延べ3百万人、各種装備が40万台にいたり、セメント4百70万袋、鉄筋1万2千3百トン、鉄鋼材千9百トン、合板4万枚が使用された。

仁川の干満差9㍍を克服、5万㌧級貨物船など25隻の荷役を同時処理できる世界一流港として再出発した閘渠の壮観

去る3月27日から貨物船が閘門を通過する試運転を行なうことによって5万トン級船舶をはじめ、25隻が同時に接岸でき、仁川港の荷役能力は年間百42万トンから6百27万トンへと4倍以上も大、二重荷役からの損失、約25億ウォンを節減する効果をもたらすことになる。

干満のない湖港化

今や、仁川港は干満に関係無く [illegible]

巨大な水門6個

また外港と内港をわかつ閘門は6個、5万トン級1個の長さは38メートル、幅8・3メートル、高さ18・5メートル、重さ千50トンでソウルYMCAの建物とほぼ同じ大きさである。

この巨大な水門がスイッチ一つで操作されているが、一度開かれるだけでも5分かかる。この閘渠は東洋ではほじめて。仏・独・英・ベルギー・オランダについで6番目であり大きさでは世界4番目となる。仁川港は今後また一度の拡大が見込まれる。

76年内防波堤築造

来る76年まで外港に5百メートルの防波堤を築造し、曳引船・揚上起重機などが確保され、80年まで内港の内国運送がおわれば35隻が同時に接岸でき、年間千百万トンの荷役能力を持つことになる。したがって仁川港は荷役能力面で、すでに釜山を上まわり、ソウルをはじめとする全国土の30％、全人口の35％、全国海上貨物取扱量の20％の業務は全国に拡大され80年代、百億ドル輸出の関門役割を果すことになる。

ブラッセルに 輸出支援総合センター設置

ヨーロッパ向け拡大を本格推進

企画院・外務 商工部・貿公 など関係官常駐し業務を統轄

▽政府はヨーロッパ地域向け輸出強化のためベルギーの首都ブラッセルに輸出支援総合センター（仮称）の新設を推進中である。センター新設計画案によれば外務部・経済企画院・商工部・貿易振興公社（コトラ）の関係官らが常駐、EC（ヨーロッパ共同体）国家等との輸出入業務を総合管掌するようにし、ベルギー駐在大使がセンターの責任者となる。△

政府関係の消息通は、8日、「輸出市場の多辺化のためヨーロッパ特にEC9ヵ国に対する輸出拡大が大きく要望される」と前おき、「このセンター新設計画は昨年、ヨーロッパ地域を巡訪した金鍾泌国務総理の特別指示にともなって推進されたもの」とあかした。

[illegible]

船舶用機械の五工場を建設

政府は昌原機械工業基地内に [illegible]

大阪商銀、興銀総代会

新年事業計画を承認

[illegible]

韓—中間交易開くか

韓国人実業家としてはこのほど [illegible]

「北送同胞帰還」に介入用意を言明

[illegible]

海外同胞の現在と未来を考える

アメリカと日本の差

金光男（民団中央顧問）

日本「永住権」の虚構見つめ

在日同胞子弟の将来を憂うる

温厚な人柄と公正な職事遂行で在日同胞界の長老として人望をあつめていた民団中央本部顧問、元議長、金光男氏は去る四月、米国民情視察を通しての所見や感慨を在日同胞に対する警備のかたちで本紙へ託された。

米国における在米同胞の生活にくらべて在日同胞の境遇にからむ数々の問題をあげ、在日同胞子弟の将来に思いをはせた切々たる同族愛がみなぎる慈族の文章である。全文を要約掲載する。（文責記者）

（前略）

私は、このたび、ロスアンゼレスのニュー・ワールドという在米同胞の一団体から招きをうけ、アメリカを訪ねました。

在日同胞との提携や、在日同胞二世のアメリカ留学に関して仲介の労をとってくれないかとの依頼だったのであります。耳よりな話でありましたが、一応、先方の話をじっくり聞いて、実情を把握しようと思っております。

こちらで、非常に心をこむことは在米同胞はひじょうに民族的誇りと民族愛に満ちております。私はゆやに大極旗をはりつけ、さっそうと乗り廻っている車を見かけました。

また、商店の の 店先にあざやかな大極旗を揚げているのも見ました。

私は、日本における在日同胞が日本人の通称を用いて業界に参加して行かねばならない違いを真面目に考えました。在日同胞は、在米同胞にくらべ、民族的に非常に弱いのではないかと直感しました。

集団行動の場では民族的でありますが、個人としての行動では民族的になりきれないような場合が多いことを考え、私は強いショックを受けました。

この国の永住権の内容は、アメリカ人と全く同じで、すべての福祉や法的生活が保障されている点です。而もこれに付帯する利点も大きく、永住権をもっている人と同じ宮籍にある人を、アメリカに招くことができ、アメリカで生活する場合には同じ永住権が与えられるということです。

また、これらの人の二等親も招くことができ永住権が与えられるということです。

つまり日本人は、アメリカでの永住権を持っているということです。その日本国政府は、自国の民族が海外で持っているのと同じ永住権を我々に与えるべきだと思いませんか。いや、われわれがかちとるべきだと思いませんか。日本国は国連の理事国であると立場からもなお、考えるべきでしょうね。

次には、教育事情です。永住権所持者の子弟は、高校までは一般に義務教育制ですから、費用もいりませんが、州立大学でも学費が要りません。そして差別なく平等に教育の機会が均等に与えられているということです。

卒業後も、自分の能力にしたがって次々とアメリカ社会に進出して活躍している事です。学者も多く、医師も、歯科医も、牧師も、教師も大学教授も、エンジニアも、あらゆる分野にわたって自分の力で道がひらかれております。

企業を営んでいる経営者も大分多いですね。ロスアンゼレスカウンティには現人の市長もおります。日本人の市長もおります。居住史が長いからでしょう。韓国人の市長、上院議員が出るでしょう。希望に満ちた国です。

[illegible]

奨学生募集要綱

一九七四年度　本財団　奨学生を次のように募集する。

一、応募資格
① 高等学校・大学及び大学院に在学中の在日韓国人学生
② 思想が穏健で品行が端正な者
③ 学業成績が優秀で学資調達が困難な者

二、募集人員　約一四〇名

三、応募期間　一九七四年四月二五日から五月二五日まで

四、奨学金支給額
- 理工系大学生　年壱拾弐万円（月壱万円）
- 人文系大学生　年八万四千円（月七千円）
- 高校学生　年参万六千円（月参千円）

五、提出書類
- ① 願書（本財団所定様式）　二通
- ② 在学証明書　二通
- ③ 成績証明書（新入生は出身学校のもの）　二通
- ④ 在籍学校長の推薦書　二通
- ⑤ 住所地民団の推薦書　二通
- ⑥ 国民登録証　二通

六、願書交付ならびに提出先

次の各地域別に近い韓国教育文化センターへ提出すること（括弧内はセンターの電話番号）

[illegible]

七、奨学生選定

書類審査（場合によっては面接考査をすることもできる）で選抜して合格した者に限り本人に通知する。

一九七四年四月二十五日

財団法人　**韓国教育財団**

郵便番号一〇六・東京都港区南麻布一丁目二番五号
電話（東京）四五三—九六五三（交）四五二—七六一一（内線八一・九二）

「望郷30年」になお異見の壁

帰還希望韓国人を日ソ確認
問題は韓日の「最終目的地」合意

サハリンで30年も望郷の一念を燃やしている韓国人らの問題は、日本とソ連、韓国と日本の政治テーブルにのぼっているだけで、未だ原則線上からぬけ出ていないようである。このなかで、将来帰還の道が優先的に開かれると見られる「日本人妻を持つ韓国人とその家族」71戸、3百40人の名単が去る8日、日本政府厚生省によって発表された。問題は日・ソ間における送還合意が原則として認められたばあい、サハリン同胞の「居住地の自由選択」権を日本が認めるかにかかって来る見とおしである。

サハリン同胞送還署名運動のもよう

昨年8月、日本厚生省援護局で作成した「帰還希望者」百七戸のなかにふくまれた名単は、当年10月10日、モスクワでの日蘇頂上会談の際、田中首相によってブレジネフ書記長に伝えられたが、その際に、韓国人問題に関する唯一の収穫は、帰還を希望する韓国人がサハリンに居住しているという事実を両国の首脳が確認したという事実である。

日本側は、モスクワ会談後この名単とは別に「韓国人帰還希望者名単」も作成したが、その内容はまだ明かされていない。

韓国人帰還のばあい、最大の問題となっているのは「最終目的地」である。

ソ連赤十字社としては昨年5月「日本政府が入国ビザを発給するならばという前提のもとで日本移住希望者には日本移住を許可し、韓国へ帰国を望む者には、日本経由で帰国できるようにすることに協力する」ということを明らかにした。

これに対して日本は、「日本を経由して韓国へ帰るのはよいが、日本に定着することになれば困る」として、どこまでも通過の役割だけすることを望む態度であった。

韓国側は、サハリンの韓国人らの悲劇が誰のためにはじまったものであったかを想起させながら、当人が日本であろうと韓国であろうと居住地選択の権利を認定すべきであるという立場を取っているものといわれる。

韓日両国政府の交渉では、去る一月以来、この問題に関する何らの進展を見ていないようである。

関係者らは、まず、韓日間に原則上のいとぐちがつかめたのち日ソ間に実務関係—たとえば出国税（日貨で15万円）・船賃（2万円）問題などをとりあつかうことになろうとのべている。

また、ある関係者は、「サハリン」から韓国人が帰還する問題に対するより確かな展望は、今年の後半に開催される東京での日ソ首脳会談以後に、可能であろうと見ている。

この会談では、昨年モスクワで約束したとおり「戦後未処理問題など」を再論するなかで、その一環として韓国人帰還問題も含まれる公算が大きい。

昨年8月、日本厚生省が作成した名簿は、65年以後①在ソ日本大使館とソ連赤十字社に帰還を願いでた者②帰還希望者を縁故者などを通じて知らせて来た者を中心に作成したものである。

64年4月にも、このような名簿を作ったが、その際の帰還希望者は2百世帯であった。

これを昨年8月の百七世帯と比較すれば約10年間に93世帯が減ったわけである。

また64年の名簿に無かった世帯として、新たに追加されたのは52世帯、したがって帰還をひきつぎ希望している人は55世帯だけであり、百四十五世帯は、10年という年月が流れるあいだ、帰還をあきらめたか、帰れない事情が生じたものと見られる。

帰還希望者の中には、高令者もいるだけに、年がたつほど異域サハリンの空のもとで淋しく世を去っていく人々がひきつづくと見られる。

このたびの名簿の中でも、去る数年間に7名が死亡したと年初、ソ連から日本外務省に通告して来たこともある。

このほか、子女問題、生活基盤問題などでちゅうちょする人も少くないと思われる。これと関連して、百七世帯のうち、22世帯が、「一時帰還」を希望している点も注目できよう。

これは、帰還希望者のうち、「日本人妻を持つ韓国人」（韓国人の夫と死別した日本夫人と彼等の家族71世帯、3百40名（そのうち氏名不備15名・死亡5名）である。

東京商銀20周年祭盛況

豊かな韓国人社会めざし
同胞三千人集い祝う

東京商銀創立20周年記念祭で祝辞をのべる金永善大使（上）無窮花章を授与された許弼奭理事長が支える商銀旗に大統領表彰のリボンをつける金大使（下）

東京商銀（理事長・許弼奭）創立二十周年記念式典がさる五月十一日、東京コマ劇場で催された。会場には金永善駐日韓国大使、尹達鏞民団中央本部団長、李熙健在日韓国人信用組合協会会長ら各界代表多数と、約三千人の組合員が参席して記念式典、村田英雄ショー、韓国、ハワイ招待抽選会などの順で盛大に行われた。

記念式は安鎬中副理事長の開会辞が述べられ、表彰に入った。

東京商銀に朴正熙大統領表彰状、許弼奭東京商銀理事長に韓国国民勲章・無窮花章が金大使から授与された。

つづいて金鍾泌国務総理表彰状が鄭学林東京商銀顧問、金在沢東京商銀顧問、安鎬中副理事長ら三人に金大使から表彰された。

鳥井喜尚・東京商銀常務理事、金昌珍・東京商銀理事ら十八人に金東祚外務部長官の表彰状が金大使から授与された。

羅大煥・東京商銀理事以下二十二人に金大使表彰状が授与された。また金容燮氏ら東京商銀総代百十七人全員に、東京商銀理事長感謝状が許理事長から授与された。

表彰後、許理事長は記念辞で、今後、豊かな同胞社会の造成に努める覚悟であると語った。

式典終了後午後4時から東京商銀7階ホールでパーティーが開かれ、在日同胞金融機関の発展を心ゆくまで祝った。

中央会館は民族の殿堂
おさめよう建設資金！

民団大阪本部新体制

公約ふまえ実践ちかう

民団大阪府地方本部の三機関及び執行部役員名単が、さる五月十日発表された。

黄七福民団大阪地方本部団長は発表にあたり、何よりも公約実行を基本に徹底した実践をすすめて行きたいと語った。

発表された名単は次のとおり。（敬称略）

議決機関　議長・卞先春　副議長・金帥槇、崔濱柄

監察機関　委員長・張起説　委員・宋台仁、佪、金元植

執行機関　団長・黄七福、副団長・金鳳錫（経済部長兼任）（一名未定）事務局長・崔景乙（組織部長兼任）総務部長・（未定）宣伝部長・宋政稹、民生部長・洪正一、文教部長・金正煥、青年部長・洪性

韓国教育財団理事会

74年度事業計画案決定

財団法人韓国教育財団（許弼奭理事長）の一九七四年度総会（理事会と評議員会を兼ねる）は、さる九、十の二日間、熱海の翠光園で開かれ、七三年度事業報告、四月七日の理事会の決議報告、柳成烈首席教育官の帰国にともなう常任理事辞任と、理事として再任する件、民団中央本部文教局長を理事に就任させるかどうかの問題、基金管理、事務局設備の件、などをそれぞれ承認、その他の決定を見、質疑応答のあと閉会した。

今次の総会には、金永善駐日韓国大使、尹達鏞民団中央本部団長、金山前駐韓日本大使、全国の韓国教育文化センター所長らの来賓のほか、理事、評議員五十人が出席して開かれた。七三年度事業報告では、奨学金が それまでより増額され、月額高校生三千円（前二千円）、人文系大学生七千円（五千円）、理工系大学生一万円（七千円）となり、高校生七十一人、大学人文系二十八人同理工系三十六人の、計百三十一人に支給されたことが明らかになった。また百四人の在日韓国人教育関係者の合宿研究会が三泊四日で行なわれたほか、韓国学校母国修学旅行費の一部補助、同卒業式などの行事支援を含む事業費が総額千三百八十三万余円であることが報告され、承認決定した。

さらに七十三年度末の基金は、前年度末よりも三千万以上も多い三億三千八百八十余万円の内、二千五百六十八万円が募金成果であり、この寄付者五十二人に対し、文教部長官の感謝状が贈呈された。

七四年度の事業計画は、高校生六十五人、大学生七十一人の合計百三十六人に奨学金が支給される予定で、その他を含め千五百八十余万円の支出が見込まれている。

また特別会計学生会館建設事業の募集を七四年度から開始し、一億円達成を目指している。

この一億円募金は民団が組織的に支援して達成させることになった。

東京韓国学校PTA総会

安碩基会長など選出

東京韓国学校七十四年度PTA総会がさる五月十一日同校会議室で開かれ、今年度予算承認と役員改選が行なわれた。

PTAの今年度活動方針は、学生たちの研修、視察、調査活動の支援、教育座談会、講演会等の開催、運動会、文化祭をはじめ学校の諸行事に積極的補助する、父兄間の親睦を深めるなどである。

これらの活動方針と昨年度の予算決算と今年度予算承認を終えた後、役員選出に入った。

それと歴代会長を顧問にすることを全員一致で決議して閉会した。

新役員名単（敬称略）

会長・安碩基、副会長・鄭錫斗、李慶順、監事・金鐘湖、高廣鎮、崔乙順、総務部長・朴普根、財務部長・張俊淑、文化部長・黄花子、厚生部長・林相培、保健部長・李敬順、広報部長・金翊敏。

以上

世界親子かけある記 ⑲

ビジネスと観光と歴史・美術そして…

裵乙祚・裵慶州

世界旅行こぼれ話

（11）"ズボン一着十七万円なり"

世ぼあげてファッションの時代その本家のパリーファッション街を一つ偵察してやれと、少ない時間をさいて例の如ものファッションの大御所カルダンの店をのぞかんものと、出かけたカルダンの店なるものをみてまずはおどろいた。黒系統の色彩で何のへんてつもないショーウインドーに気品高く（?）飾られている男物ズボンの値段をみてたまげた。日本円にしてザッと十七万円相当である。馬鹿げて眺めているのもあほらしくなる。

この界隈数百軒もいならぶ店のショーウインドーを日本で妹に依頼されたとは言え、見てまわるのもしゃくやらなさけなやで、これ等を買い求める人種があわれになって来た。

人間どっちみち、食べるか、着るか、の極めて原始的欲求に応じて生きているのだから、いくら高かろうとその本人が他に金を使う必要がなく有るものに出費をおしまなければ、それがズボン一着百万円でも一向にさしつかえなかろうが、私達日本人か、戦時下育ちの人間には、何ともあほらしい限りだとしかうけとれない。

人間中味が大切で、外見などの次だと教育された私達は、ファッションこそ現代の花形であり、どんなに気張ってみてもしょせん、身だしなみの悪いのはその真価の半分も認めてもらえない世の中では、いくら精神論をとなえてみてもファッションの色香には勝てぬ世の中になってしまった。

ちなみに私の妹二人は既に嫁ぎ先で、彼女等が習得した服装技術と、商業美術の知識を生かして、さる地方都市で輸入ファッションものを営業していたので、将来直輸入をする下準備として私のパリー滞在中調査し、コツをつかめられたらぜひお願いすると頼まれていたのだった。

しかしこんな精神とファッションに対するみじめな感覚ではしょせん成功するはずはなかった。東京へ帰って笑われたんだが、ズボン一着十万、二十万で驚くようでは、ことファッションに関しては素人だと烙印をおされた。

Bonne nuit.(bon nyit)…
Good night.
Adieu (adjo.) Good bye
Au revois. (O revwa:r)
…So long.
A demain (a deme)…See you tomorrow.

数人に一人は有色人
頭の痛い植民地人の都市集中
日本の島国的狭量さを思う

パリーII

昼からLOUVRE（ルーブル）美術館に行く。道はシャンゼリゼー大通りから一直線にルーヴルまで続き、両側は公園の緑が、大都会の中で別天地をつくっている。入口のコンコルド広場には、エジプトから強奪して来たオベリスクが高く天をついていた。

今日は日曜日なので入場料は無料、中はルイ王朝構成の粋を集めて、あのローマのヴァチカン美術館におとらず、絢爛たる物量に圧倒されるものがある。私達東洋人が日常機会ある毎に眼にふれる有名な絵画彫刻の殆んどは、このルーヴルにあるような気がする程、それは多く、もののみごとな展示品である。とうてい一日や二日で観きれるものではない。

欧州の大美術館に共通して云えることは、観覧入口の一角に必ずと言ってよいくらい大きなスペースをとって、古代地中海文明の発祥地であった東方オリエント文明の中心地エジプトを初め、メソポタミヤ地方等中東古代への遺物が展示してある。その殆んどが石造物のため重量感があり、絶対王制下に開いた文明遺産が神秘なまでの威圧感を観者に与える。

これ等の展示品は、後世植民地政策下で、或は戦乱にまぎれて強奪ないしは全力で買い求め、持ち帰ったものであるが、展示品をとおしてみるものは、あくまで融和することのない別文明であり、人類史において如何に強圧し融和策を講じようと、しょせん一文明を根こそぎ吸収統合することは、不可能であるということを教えられるようである。後世の西欧史観の限界をみるようである。どちらかというと地中海文明なるものの頭脳がオリエントにこそあれ、決してギリシャ=ローマ文明が、オリエント文明を融合統一し吸収したとのみ一方的解釈を受け入れ兼ねないものを、私は世界の大博物、美術館をみて痛切に感じた。

ブルボン家の近世王権の巨大な権力と富をもってコレクトした、この想像もつかない美術品。メシッジ家の財力を傾け、ヴァチカンの信仰の力をかっての収集をもって人類文明遺産を融合統一しようと努力したが、なおそこには決して統合することのない歴史的現実として次の如き事点は残っていたのである。

エジプトの絶対王制とその思想…奴隷制度

ギリシャのポリスにおける差別的民主政治思想……民主的奴隷制度

ローマの軍事中心的共和制的民撤思想……植民地的奴隷制度

これ等のものは一部共通するところをもちながら決して融合統一されるものではなかった。

全て強力な一部支配階級の強圧政治の下で創造された文化は、ひ肉にもその支配階級はほろんだけれど、被支配階級の残した文化遺産のみが今日私達の郷愁をそそっている。共通して身分制度下に奴隷化されていた多くの人々と英智のみが、時間と年月を超えて今日の私達に、人類の歴史が如何に偉大であったかを示している。私達はこの後、大英博物館とニューヨークのメトロポリタン美術館を観れば、世界の名だたる美術館は全てみることになるが、それにしても何とかこれ等大量の遺物の一部を、東洋その他世界中の諸国美術館に貸与し、一人でも多くの人々に観覧させ得る道はないものかと残念に思うのである。

パリでの交通は主とメトロを利用したが、目立つのは数人に一人は黒人がいることである。勿論黄色人を入れたらその率はもっと高くなると思う。ほとんど若者が多い植民地からの出稼ぎか、チャンスをねらっての宗主国へのアタックか、世に言うヒッピー族なのかわからぬがおびただしい数である。

ヨーロッパの大教会でパリーに限らず、過去現在植民地を持っている本国の大都市には、後をたつことなく原地民が都市に集中しつつあることは、一種の驚異にすらなっているらしい。それでもパリーは比較的、これ等植民地原住民に外面上は寛大にみえるけれども、この数日間私が観察したところでは、本国人は一種あきらめにも似た態度で、古傷にさわりたくないと言った表情である。今日これら植民地は、自治または独立国となったとは言え、未だ間接支配を続けているところが多く、このように押し寄せる原地に対する本国政府の対策は、頭痛の種であると想像される。日本のように島国的小児病的国民感情だったら、とうに暴動さわぎか、排斥運動さわぎで世界をおどろかしているだろう。これも過去彼等が蒔いた種を、今になってからねばならぬ、流転の法則であろう。

（つづく）

パリー公園での筆者、慶州さん

ルポ 青年会の「セマウム植え」同行記 (4)

本紙 曺承徹 記者

強力な推進がほしい 今後の青年教育事業

百貨店の店員は私に二、三年前までは外国人に対して、民芸品、民族服などがもっとも人気を集めたが、最近はこれと並んで化粧品、ライターなども人気を集めていると語っていた。

ショッピングをおえた青年たちは、産業立国の韓国を自分の目で確かめたと思われる。

韓国の経済発展を、一部の日本人は外国の資本のみによって成し

雨の中、顕忠祠本堂に向って歩く青年たち

韓国教育財団 奨学生を募集 5月25日まで

財団法人韓国教育財団では、一九七四年度、韓国教育財団奨学生をつぎのように募集している。

一、応募資格

(一) 高校・大学および大学院に在籍中の在日韓国人学生で、

朴大統領杯 アジアサッカーで 韓国、全日本を三対0で完封

老将、李会沢が絶妙のアシスト

さえた技で韓国に勝利をもたらした李会沢選手の活躍ぶり

第4回朴大統領杯争奪アジアサッカー大会が11日、前年度大会優勝国であるビルマとクメールおよび前回準優勝の日本、そしてタイ、マレーシア、インドネシア、韓国などアジア7カ国が参加したなか、ソウル運動場で開幕、10日の幕が上がった。

初日の予選A組で、ホームチームの韓国は、日本を三対〇で撃破して活躍を飾り、

日本チームは東京で大会の予選で4・25と対戦し、四対一の三点差で完敗したチームだけに、チームの実力をはかる試金石として注目されていたが、ホームグラウンドなので同じような三点差ではあるが完封したということで日本チームの平木隆三監督は、南北韓の水準は互角だとのべている。

日米の韓国人体育会 サッカー選手交歓試合 両地で互に開くことになった

在日大韓体育会(鄭建永会長)では、去る十一日午後体育会会議室で記者会見を持ち、在米大韓体育会(崔世五会長)との交流を深めるため、来る六月十二日から二十五日まで、在日同胞サッカーチームをアメリカへ派遣し、在米同胞サッカーチームと親善試合を行

今夏アメリカで開く 在日韓国人青年指導者セミナー 参加費無料・募集中・民団中央後援

在日韓国人青年または学生を対象にした「在日韓国人青年指導者セミナー」が、この夏アメリカで十五日間開かれることになった。民団中央本部(尹達鏞団長)では有意義なことであるとし、後援することにした。主催者は「国際勝共連合在日韓国中央本部事務局」。

日時、六月一日・八日・十五日(各土曜日二時～六時)。

会場、東京商銀本店七階ホール

申込所、東京都港区赤坂三―四―一、赤坂松平ビル八〇一号、国際勝共連合、在日韓国中央本部

電話〇三―五八三―〇八―五一〇一。

団長)で、目下参加申込の受付を行なっている。期日は七四年七月十五日から同三十日までで、アメリカのニューヨーク・ボールタウンにある「クリスチャン・プラザース・トレイニング・スクール」で、民主々義とキリスト教の新らしい理念、新らしい共産主義批判などの学習をする。その後観光とパーティが予定されているが、渡航費、滞在費は一切主催者側が負担し、本人が負担するのは旅券手続き経費と、自由経費のみである。

応募資格は、在日韓国青年または学生で、二三歳～三〇歳までの高卒者以上の男子で、本パスポートを持っているか、またはそれを取得できる人。定員七十名。

希望者は電話〇三―五八三―四七九に問い合わせるとよい。締切りは六月十五日(午後六時必着)となっている。応募者は選抜研修を受けることになっているが、日取りは応募者と相談して決める。

なお参加希望者はかならず説明会に参加して説明を聞く必要がある。

会団長に役員三名、監督、コーチ各一人、選手十六人、合計二十一人。

在日体育会ではサッカーチーム派遣に関し、選手団と同行して在米同胞と交流を深める参観団を募集している。

参観団員のアメリカ滞在中の宿所、交通その他については在米体育会が便宜を提供してくれる。

これらの計画は、第十三回常務理事会で正式決定されたものであり、体育会定期総会を来る五月二十五日(予定)に開くことも常務理事会で決定した。

参観団参加希望者は五月二十五日まで、在日大韓体育会に申込。東京都港区西麻布一の一の五オリエンタルビル八階

電話〇三―四〇四―二七八四―五。問い合せも同所へ。

韓国と日本の関係に新視点 (31)

日本上古史(文定昌著)抜粋と解説

倭王の祖百済 (2)

百済と倭の新関係 宣化王の時代から

新羅国のこのように強くなったことに対し、倭が百済を援けて出兵し、高句麗の戦いに敗れるなど、百済と倭の関係が、このような時代に新しい段階に突入したのである。

欽明王とその側近大臣 百済国の血統で一色化

[illegible]

韓国民話 バカの温達《オンダル》 (3)

―遂に大将軍となり、戦死する―

かれらは、自分の射とめた獲物を王の前にさしだしたが、きじ二三羽とか、山うさぎ一匹とか、たいのない獲物ばかりであった。

少しおくれて、獲物を山のように乗せて、ご前に現れたみすぼらしい若者があった。猪三匹、ノロ三匹という獲物であった。

この若者こそ、大臣たちがみくびっていたあの男であった。

「ほう。これは大しい獲物ではないか。でかしたぞ」

王は目を丸くして、褒めたたえた。

「はっ。ありがたきおおせ。おそれいります。このほかにも山うさぎを十匹、きじを二十五羽射止めましたが、数が小さいのでおいてまいりました」

「おお、あっぱれ、あっぱれ。すばらしい腕前だ。してそちの名は何と申す」

「はっ。温達と申します」

「なに。そちが、お、温達か!」

陽王が即位した。温達は、嬰陽王のご前に進み出て、奏上した。

「新羅は、かつてわが高句麗の地漢北を占拠しました。そこの住民たちは、祖国の高句麗を慕い、一日も早く新羅の圧政から解放されることを願っております。この機にわが高句麗の失地を奪回いたしたいと存じます。臣に出兵の命をおくだしくださいませ」

嬰陽王は、温達の武勇を深く信じていたから、即座に出兵の命を下した。

出陣の日、愛馬にまたがった温達は、妻の平康公主に自分の覚悟を話した。

「こんどの戦いは、わたしがじきじきに願い出た戦いである。もし、戦いに敗れれば、帰らぬものと思ってくれ」

「ようしゅうございます。お国のために出陣するのは男子の本懐でございます。わたしも陰ながら武運をお祈りいたします」

公主のことばは、夫の悲壮な決意をいやがうえに奮いたたせた。

やがて、阿旦城に軍勢を進めた温達将軍は、新羅軍とはなばなしく戦い、勝利をおさめて失地回復に成功した。しかし、流れ矢にあたって壮烈な最期を遂げたのである。

高句麗の将兵は、温達将軍のなきがらを棺におさめ、本国に持ち帰ろうとしたが、棺桶が地面にへばりくっついて、どうしても離れない。それを聞いた平康公主は、すぐにかけつけ棺桶をなでながら

「こんどの戦いは、高句麗の勝利に終わったのです。さあ、わたしといっしょに本国に凱旋しましょう」

と、生きた人に聞かせるごとく話しかけると、不思議にも、棺は地面から離れて、故郷へ帰ることができたという。

温達将軍は、歴史上の実在人物で、いまから千三百年ほど前の人である。

(完)

(平安南道平壌市に伝わる民話)

韓國新聞
在日大韓民国居留民団中央本部機関紙
韓國新聞社
発行人 尹達鏞
東京都文京区春日2丁目20-13
電話 (815) 1451~3 (813) 2261~5
振替口座 東京 163774

民団綱領
一、われわれは大韓民国の国是を遵守する
一、われわれは在留同胞の権益擁護を期する
一、われわれは在留同胞の民生安定を期する
一、われわれは在留同胞の文化向上を期する
一、われわれは世界平和と国際親善を期する

「中央会館」全容発表

充実感あふれた討議

全国団長、事務局長会議ひらく

民団中央本部では、全国民団地方本部の大会が一段落した五月二十八、九の両日、箱根湯本の南風荘で、今年初の全国団長、事務局長会議を開き、中央本部各局の活動方針に基ずく指示事項の説明、駐日大使館側から出席した各担当領事からの説明があり、会議は白熱したが、何れも予定時間を超過するありさまで、近来にない充実した会議となった。また、二日目の二十九日には、中央会館の全容が発表された。これまで中央会館建設委員長として、この日、永年民団組織に貢献した功績により、民団中央会館建設委員会范塡圭会長に対して授与された国…

范塡圭 建設委会長に 佟栢章

全国地方本部団長、事務局長および傘下団体長連の面々は、会場南風荘の会議室に、来賓(公館側)のほか、全国から百四十人が参加、会議はじめから…について、中央会館の全容内容がはじめて明らかにされた。

范塡圭会長

十月維新は近代化推進に必要

金永善大使…

白熱した全国団長会議

全国が歩調合わせて進もう

団長に 姜文熙氏 再選 広島本部大会

民団広島県地方本部では、去る五月十九日午前十時からの第十四回定期地方委員会にひきつづき、第十八回定期大会をひらき、前団長の姜文熙氏が団長に再選された。中央からは…が来賓として参席、祝辞をのべた。

新任三機関役員は次の通り。

団長 姜文熙
副団長 崔炳文
〃(事務局長兼任) 宋道東
議長 徐聖鉄
副議長 金日讃
〃 曺裕永
監察委員長 裵海植
〃委員 鄭泰浩
〃 金甲渾

セマウル支援と青年会結成促進 青森本部地方委

東京商銀 総代会開く

中央会館建設割当金再確認 岐阜本部地方委

団長に 姜且生氏 富山本部大会

日本人学生ついに起訴

日本マスコミ 〝非礼〟と〝横暴〟から覚醒せよ

自らが事件解決を妨げ 韓国政府の〝屈服〟のみを期す

時評

◇五月二十七日、韓国の非常軍法会議検察部は、早川、太刀川両氏の起訴を明らかにし、起訴事実を公表した。このことについては、日本のマスコミが大々的に報道しており、今さら説明を要しないが、しかし、度々この「時評」で指摘したとおり、日本の一部のマスコミはこの時期になっても、自らの「力」のみを信じたような紙面作りを続けている。◇これを一つ一つ取上げて反論するには「時評」に与えられたスペースでは不可能である。だが、その各々の紙面に表われたマスコミ側の底流意識は殆ど大同小異、差異はないようなので、ここで、その代表的なもの二、三について反論し、偏向全マスコミに対する警告とする。◇

二人が軍法会議に起訴されたことに対して、Y紙五月二十八日の社説は『日本人学生の起訴事件を憂う』というタイトルで二人のことと緊急措置第四号のことに触れたあと「日韓関係の将来を考えて、韓国政府が二人の早期釈放、国外追放措置を取ることを強く要請する。それができなければ、せめて軍法会議が、有力な弁護団や日本人…韓国の自由な取材のもとに、全面的公開で公正に行なわれることを要望する。……非公開の『暗黒裁判』などになっては、日韓関係のこんごに重大な影響を与えることになる。」と主張。同二十九日のA紙の社説もその前後を「われわれは、韓国政府に対して、この事件の裁判が公正に行われ、日本国民も納得しうるような結論が出されることを強く要請する。さらに、われわれは軍事法廷が暗黒裁判でないことを示すためにも」として Y紙と同じことを主張している。さらに五月三十一日付Y紙朝刊は「早川さん日共指令否定、韓国軍事法廷弁護士に語る、起訴事実崩れるか」という見出しでソウル電を報じている。以前から日本のマスコミは日共や民青の否定記事をことさら紙面にのせ、強調していることで、日本のマスコミが要求したからといって、恫喝(どうかつ)したからといって、とおるものではない。

韓国の内政問題について日本のマスコミが報道する場合、韓国を〝屈服〟として読者に印象付ける方向に世論指導をする。それが、読者に対する親切さでもあるかのような姿勢である。

韓国と日本は、日本の左翼勢力とそれの同調政治家、左翼学者などと、偏向マスコミを除けばかということも、韓国サイドで…

例えば、読売新聞(東京)五月二十九日付朝刊一面のコラム「編集手帳」には、今度の問題と、金大中事件とを同列に扱かった記述が載っている。…

「日本人学生が韓国政府の転覆計画に参加したのが事実なら、たしかに非礼といえるし、いまの朴政権にとっては許しがたいことかも知れないが、日本国民がいまなお苦い思いを味わっているあの金大中事件もまた、国際法規を無視した非礼だったというのである」とひらき直っている。

ここでいう金大中事件は、未解決だという意味でいっていることははっきりしている。つまり金大中氏を日本に出国させろ、ということである。一国の…

日本のマスコミが依然として韓国の面子にツバをはきかけるかぎり、われわれは、日本の偏向マスコミと対決せざるを得ないし、本国政府の毅然(きぜん)とした態度を支持し、拍手を送るものである。日本のマスコミよ!〝非礼〟と〝横暴〟の狂騒から早々に覚醒(かくせい)せよ。ペンの尊さの真の意味を学び直せ。(W)

福島日韓親善協会設立さる 会長に三枝利光氏 副会長に朴秀烈氏

…新任役員は次の通り。

会長……三枝利光(県商工会…)
副会長……朴秀烈(民団県本部団長)
〃……吉野…(郡山…)
〃……野崎…(いわき商工会議所会頭)
〃……山田…(会津若松商工会議所会頭)
〃……太田…(日本青年会議所東北ブロック協議会長)

群馬本部大会で激励辞をのべる金仁洙中央副団長

団長に 魯得文氏 群馬本部大会

団長 魯得文
議長 劉寅寿
監察委員長 張致夏

朴永銅氏告別式

資料収集

一九六〇年から一九六四年七月までの「民主新聞」および「韓国新聞」(日刊含む)をおもちの方は、資料提供を望みます。提供して下さった方には謝礼を致します。

☆使用目的 「韓国新聞」縮刷版作成

韓国新聞社

訂正おわび

本紙五月十八日発行の第一一二一号一面の記事中「本紙購読料納付に県本部が一期二十三万五千円納入」とあるのは、長野県松本支部分の誤りでした。訂正しておわび致します。

干拓史上、最悪の難工事を完成

奇跡の大防潮堤竣工
農地8万町歩で機械営農、4万戸の電化実現
牙山・南陽湾に維新農政の凱歌

牙山湾と南陽湾の二河口に奇跡の防潮堤が築かれた。堤防の延長は4千7百2メートル——1里にわたる海水を3年2カ月間せきとめ、牙山湾には2千8百町歩の東洋屈指の巨大な人工湖水が作られ、南陽湾には7百61町歩の淡水湖が作られたのである。総工事費、内外資4百79億ウォンを投入した錦江・平沢地区全天候農業のための核心事業である牙山湾と南陽湾防潮堤が、築造され、竣工式が5月22日朴正熙大統領はじめ、太完善副総理、鄭韶永農水産部長官など内外貴賓および現地住民が参席したなか牙山現場で挙行された。

牙山湾をはさむ京畿道平沢郡玄徳面と忠清南道牙山を2564㍍の防潮堤で結び1億4千万トンの用水を貯える一大人造湖を実現させたダムの水門。この事業は農業機械化と農村電化のための維新課業としての大自然改造の一環である。

両防潮堤は、堤防というよりはむしろ、広々とした大路道——。12M幅のアスファルト道路が海水をふたつにわけ、湾をはさんだ十四里の人江の両側の村が、半里の距離に近づいた。

平沢邑から両側と5㌔離れた野原は、碁盤を敷いたような平野にかわった。川をこえ、山を貫ぬいてくもの巣のようにひろがる千二百六十四㌔の農業用水路は、運河のようである。国内最大といわれる9百90㍍のトンネルを含めたトンネル用水路だけでもこの工事で43個が掘られた。

牙山・南陽湾の多目的な二つの防潮堤は農業近代化と食糧自給をめざした大事業でもあった。

この両防潮堤を築くのに投入された石や土は、五百万立方㍍で、8トンダンプトラックで、百十二万五千台分になる。

このほか叺9万3千枚、ポリエチレン布、21万4千7百㍍、わら百60万束、縄93万2千㍍、ここへ動員された人々は延3百40万名にいたる。

京畿道平沢郡玄徳面権管里と忠南牙山郡仁州面□□里をわかつ安城川河口を陸続で結んだ牙山湾防潮堤は長さが2千5百64㍍、防潮堤の高さが17㍍、路幅16㍍、底幅百68㍍の厚さで海を分け、一方は畑、一方は湖となっている。

2千8百町歩の人工湖水には、1億4万トンの用水が貯水され牙山郡、天原郡など4ヵ郡、14ヵ邑・面の1万5千3百50町歩の水田を灌漑する。

総工事費は33億5千5百万ウォン工事の最終段階で、8千万トン～1億9千万トンの潮流水の圧力をもちこたえねばならない世界干拓史上最悪の難工事であったと農業振興公社平沢事業所、吉宮地区事業所長は□□。

潮流位差が8～11㍍、流速は秒速6～8㍍に防潮堤建設条件が悪かった。

2千5百64㍍の防潮堤締切区間中、4百㍍ほどが岩盤であり、残りの区間はすべて、若干の流圧にも流失浸食されるぜい弱な地盤であった。

南陽湾防潮堤は、京畿道平沢郡浦升面遠井里と華城郡□□面□□里を連結する2千64㍍の堤防を築いたのである。

牙山湾防潮堤より長さは若干短いが、防潮堤の高さが35㍍、路幅16㍍、堤防底幅3百30㍍で造成された湖水には、3千4万トンの用水が貯水される。

24億5千7百万ウオンの工事費を投入してできあがった淡水湖は、4千8百50町歩の蒙利面積に注水する。

両防潮堤には、12個の排水閘門が設けられ、洪水のばあいには秒当5千トンの水を海にはき出す。

湖水の水を3段階にひきあげ、平沢地区に水を注ぐことになる16個の揚水場の設置、そして、千2百余㌔の用水路工事とともに、干拓地開拓など錦江・平沢地区開発事業が来る75年にすべて終れば、7千町歩の農耕地拡張と4万2千町歩の作付面積が拡張され、3万7千余町歩に灌漑施設が完備される。地図がかわり、全天候農業の地盤が構築されて食糧増産効果が期待されるのである。年間7万5千トンの食糧増収で48億9千万ウオンの農家所得がふえるのである。

このような直接的な事業効果外に、この地域には農業機械化によるトラクター営農が実現され、4万余戸に達する農村電化事業が着手される。

養殖場や、観光遊園地開発事業などが活発に展開され、千9百万名の雇傭増大など防潮堤竣工にともなう地域開発事業が75年にすべて終れば、7千町歩の農耕地拡張と4万2百町歩の作付面積が拡張される3万7千余町歩に灌漑施設が完備される。地図がかわり、全天候農業の基礎が築かれ、食糧の年間7万5千トンの増収で48億9千万ウオンの農家所得がのびる。

このような、直接的な事業効果外に、この地域には農業機械化によるトラクター営農が実現され、4万余にいたる農村電化事業が着手される。

養殖場や観光遊園地、開発事業などが活発にくりひろげられ、千九百万名の雇傭増大など防潮堤竣工にともなう地域開発事業がつづくものと見られる。

6・23宣言の支持不変
偏向報道の是正も促求
日外務次官が記者会見で表明

東郷文彦日本外務次官は、24日午後、日本記者クラブが主催した午さん会で韓日間の多くの外交的な問題の重要性と韓半島の南北平和共存問題、韓国の共産圏外交に対する支持などに関する問題に対して、基本的な日政府の外交方針をあかした。

東郷次官はこの日、「日本の当面外交問題」というテーマで演説し韓日間の問題は日本政府の当面した重要外交問題の一つであり韓半島には、まだ緊張状態が現実的に存在しているという基本認識を持っているとのべた。

東郷次官は、特にこの日の演説で、歴史的に見て韓日関係が時おり硬化した時があったが、双方が納得できる範囲内でおたがいに解決するため努力しているので、日本政府も、このような事実に鑑み、協力的姿勢で臨むことを望むとのべ、韓日関係報道において、偏向または一方的な報道を行っている日本の報道動向に対して是正を促した。

東郷次官は、また韓半島問題は日本と最も近く問題点が多く、日本としては米・日、ソ・日、中日関係同様扱うべきであると前提し現在、韓半島の南北問題を第3者の立場から見れば、平和共存以外には解決方法をさがしだすことが困難であるとのべた。

ついで、東郷次官は、自由陣営国家が北韓と関係を結ぶのと同じように共産国が韓国と国交関係を結ぶべきであるという、韓国政府の主張は当然であると考え、これを支持し、国連における韓国問題と国連軍司令部存続問題をどのように取扱うべきかは、日本の安全のためにも重要だと指摘、大きく関心を表明した。

また日米、安保条約にも言及、日本周辺の情勢が、未だ一面緊張一面緩和状態がつづいているので日本とその周辺の安全のため重要な意義を持つとのべた。

北送の日本人妻問題
日議会に初登場
民社党、永末議員が質問

本紙既報(第一一二二号、一九七四年五月十一日一面)のとおり北送同胞の日本人妻の悲惨な生活に対して与論が高まっているおり、日本民社党の永末英一議員は、5月24日、北韓から送って来た日本人妻の手紙を衆議員で公開、北送された日本人妻問題が初めて日本国会で論議をおこした。

この日、永末議員は、着古してもよいからナイロン衣料を送ってくれるようにとか、乳が出ないので粉ミルクを送ってくれるようにとの訴えた手紙を朗読したのち、自国民保護に対する政府の生ぬるい態度を非難した。

永末議員は、この日、衆議院外務委員会で、日本政府および日本赤十字関係者らに、北送者の実態および政府の対策を追究したが、これに対して大平外相など政府当局者らは、北送者の正確な実態を把握できずにいるもので、今後、その対策を検討すると答えた。

武装スパイ3名と銃撃戦
一名射殺・二名追撃中
警官、面職員など4名戦死

対スパイ対策本部は20日夜十一時頃、全南木浦前方80㌔、牀子島に武装スパイ3名が侵透したが、警察と予備軍が銃撃戦のすえ、このうち一名を射殺し、他の2名は警察・予備軍捜索隊がひきつづき追撃中であると21日午前発表した。

発表によれば、武装スパイ等は手投げ弾と銃砲、無電機などを携帯し、射殺されたスパイ一名は、北傀製ピストル、手投げ弾、無電機、刀、偽装用住民登録証、現金10万ウォンなどを所持していた。

この作戦で、わが側は警察官一名、面職員2名、防衛召集者2名など4名が戦死し、牀子支署長など3名が負傷した。警察と予備軍捜索隊は、逃亡中の2名を逮捕するため、周辺海岸を封鎖し牀子島全地域に対して捜索戦をひろげている。

韓日の接点を考える
ジュリア祭巡礼の記

☆ソウルの韓日問題研究所の所長である筆者は、このたび来日、著作資料収集のため日本の各地を実地踏査中であるが本稿は、おたあジュリア祭の参加所感である。☆

波濤の音に目をさます。

キャビンの外はまだうすぐらい。時計をみると四時十分前、船はゆっくりと速度をおとして進んでいる。船内の巡礼者はみな安心したようにしずかにねむっておりときたま船体をたたいては散り咲く銀のしぶきが丸い窓ごしに美しく見えてである。到着予定時間の五時までにはまだ時間がある。この巡礼団に加わるまでのことを頭の中で整理してみる。

五月十九日第九回めのジュリア祭が、彼女の生涯の地神津島(コウヅシマ)であるということを韓国新聞社できいたのは、いまから二週間まえのことであった。この時私の日本滞在中の日程はすでに具体的な時間割でぎっしりつまっていた。もしこの時間割にくるいがあったら、いま私が計画している著書の執筆はむずかしくなるである。

日本の各地を実地踏査しながらこの足と目と肉体をもって日本の現実を把握し、その歴史の背景を分析しもって韓日両国の未来像を展望しようとするのである。それがためには相当な時間と綿密なだんどりが必要なのである。でも私はこの機会をのがすまいと心をきめた。一度はいってみなければならない神津島だ。時間をつめあわせて計画をたてた。そして韓国新聞社で神津島行を申請することにした。このようなスケジュールだったので十八日の出発の前夜の真夜中まで富山地方をまわっていた。鈍行列車で十八日の朝上野駅到着、何日間の旅行のあせを宿舎でながした。

十九時三十分東京竹芝桟橋に到着、今日はなんとなくむし暑い日だ。修女、それに大勢の人がもはや集っている。あつまった人はたいていの人がカトリック信徒のようにみえる。あちこちでカメラのフラッシュがひかっている。韓国新聞社紹介の東京七局新聞社の田中英一さんに会う。往復の乗船券と宿泊券それに第五回ジュリア祭の案内書がはいっている大きな封筒をわたしてくれる。二十時参加者全員集合まるでお祭りのようだ。二十時三十分吹奏楽のかなでるなかで巡礼者結団式、韓国側から康基南大主教、日本側から白柳誠一大司教それに多くの神父修女の顔がみえる。一般巡礼者それに招待参加者合わせて八百三十名とのこと、一回めのジュリア祭のときは四百名たらずの人数であったという。

二十一時、東海汽船所属の三千二百トンの「かとれあ」丸は波をけって神津島へとむかって出航。二十二時マリアさまへの祈り、神父さまの先唱で信徒たちはみなつづいて復唱する。

終生童貞たりし我が母マリアさま。正義の鏡、我が母マリアさま。殉教者へのけん者。主われらを許したまえ。

七分間の祈りがつづく、二十三時消灯、みな静かな眠りに入る。

港をはなれて七時間もの神津島が近づいたようである。波もおだやかですがすがしい初夏の朝をおもわせるような気持のいい朝になりそうだ。

―「おたあジュリア」のこと―

もう十余年前にもなるであろうか金正柱さんの「韓来文化の後えい」綱上巻に編著勉さんが書いたジュリアのことと何年か前、遠藤周作さんが文芸春秋にジュリアをテーマに小説をかいたのを読んだのがジュリアに対する私のあさい知識であった。私は日ごろ機会があればいつかの日神津島にいって、じっくりジュリアのことを研究してみようともおもっていたところであった。このたび神津島にいった機会を活用し私はいろいろと角度をかえながらジュリアのことを直接見聞、村人からもいろいろときくことができた。特にこのたびのジュリア祭にはこの道の権威といわれる人たちも多くあつまってきたのでひじょうに有益なききかいでもあった。

立教大学の海老名□二さんの講演などはジュリアを知るに新しいかくどから私にヒントをあたえてくれた。

罪のないやさしくて聡明なジュリアは豊臣秀吉がおこした壬辰倭乱のあの惨禍のなかで、日本の兵士にとらえられ、わけもわからず日本に連れてこられた。これからジュリアの数奇な運命がはじまるのである。日本軍の侵入—孤児—捕虜—小西行長の養女—キリシタン入教—関ケ原の戦い—小西行長の死刑—小西行長の妻との離別—徳川家康の侍女—一六一二年幕府のキリシタン追放令—(このときジュリアは徳川家康の大奥の女の一人となっていた)ジュリアに徳川家康はキリスト教を捨てるよう迫ったがこれを断ったため遂に伊豆大島に流刑され、それから新島、神津島と移送されそうしてきびしい孤島での四十年……

戦禍の犠牲はとくに婦女子によってもっともはっきりと現われる、これは昔も今も変らない。韓国の少女おたあジュリアはこうして殉教の生涯をとじるのである。

ジュリアの遺跡が歴史的な事実としてあきらかにされたのは上智大学のH・チースリクさんがローマのイエズス会記録所、ロンドンの大英博物館などに残された報告書から発見されたもので、これらの記録によりジュリアの史実が一層明確にされている。史実をつたえる資料は現在のところこれらの報告によるものに限り、イエズス会報告書の記録が主であるが、この他に、フランシスコ会、ドミニコ会などの記録にも出ており、このように各報告書に記録されているということは珍しいことだといわれそれだけにジュリアは徳の高い人であったことが裏付けされるものとキリスタン研究家たちは一致した見方をしているのである。

甦る聖女の息吹き
韓国女性久遠の典型を見る……

聖処女ジュリア顕彰碑とジュリア像

ジュリア祭

民宿の若田というところで朝食をすまし十時のミサ聖祭に参加する。またジュリア顕彰碑(小さな公園のようなところ)前に集合する。二千人をちょっと越すこの小さな島に一ぺんに千人ちかくの巡礼団がどっとながれこんだのでこの島ではたいへんなことである。顕彰碑前の狭い場所は地もとの人それに巡礼団でそれこそ立錐の余地がない。よく茂った森、その枝と枝との間には縦横に太極旗と日章旗がそよふく風にはためいている。

この島の面積は一八・五八平方㌔、伊豆七島の中間に位置している。富士火山帯に属するこの島の地質はきわめて古く流紋岩の熔岩流出物層よりなり、最下部の熔岩は第一期熔岩だといっている。島の中央部には標高五七四米の天上山がそびえ、北側には、神戸山(二六八米)、南側には、高処山(三〇四米)秩父山(二八二米)が連なっている。平坦地はほとんどない。天上山に源を発している神津沢は、伊豆七島中最大の沢で東西に走りこの沢の下の海岸に沿って民家が集落し、十区十七番地に区分されている。

そらは晴れ、この島の空気はあまい。ジュリアの記念碑の前にはそれぞれおもむきをことにしたチマ・チョゴリ姿の三枚のジュリアの想像画がつつましくおかれている。今日のためにつくられたであろう仮設の壇上に韓国側から康基南大主教、日本側から白柳誠一大司教の顔がみえ神父修女つぎつぎとならぶ。いまからミサ聖祭がはじまるのだ。吹奏楽、祈りがはじまる。厳粛な瞬間である。

いまの韓日両国の現状を思いめぐるしく変転しつつある国際情勢をしばしおもいみる。そしてジュリアの三百余年前の姿をまぶたにえがいてみる。そしてまたおもう、人間とは、人間社会とは、祖国とは、民族とは、国家とはそして戦争とは……宗教は永遠に時空を超越することができるであろうか……客観的に主観的に、疑問はさかんに自問自答をくりかえしながらつづく、ミサがおわりジュリアの墓碑への行列がはじまる。手に手に花を持って献花する。ジュリアの墓はここから五分もかからない。石塔の窓は田の字形に十字を秘めている。ジュリアはこの墓地の傍にあるヨタネという小山の辺に住み故国をしのびながら孤独な生涯を終えたという。

十三時三十分から小学校体育館でジュリア祭五周年式典がおこなわれる。松本一さん(村長)の挨拶それに桜井徳三郎さん(神津島ジュリア祭執行委員長)の経過報告をかねてのあいさつ、韓国巡礼団の歓迎、それに続いて韓日両国の友好旗リボン交換。

夜は打ち上げる花火の中で韓日親善芸能大会、特に東京韓国学校高等部の生徒たちのよくみがかれた韓国特有の舞踊は満堂の拍手の中で優雅にひかっていた。

ジュリアの祖国、そのジュリアのやさしくつつましい聡明さをあらわすに充分なしっかりした、ジュリアの愛すべき後裔たちでもあった。そこで神津島古来のおどりがはじまった。仮設舞台のまん中では若い村の衆たちが踊りまわりその周囲をとりかこんでの巡礼団と村人たちのおどり、なかでも修女たちのゆったりとしたしとやかなおどり、手や足のたくみなうごきに、私はうっとりとしてこのおどりの世界に見入ってしまった。

九時がすぎて、おどりの終了を告げるかのように、花火が一だんと高くパパーン、パパーンにこの小さな島にこだましながら高くまいあがり、きれいな色とりどりの花になってすっと消えた。

このおどりがおわるまで、ひと気のすくないすみっこの方で、白柳大司教はじっと立ったままみとれるようにして見入っていた。

人の歴史

有限な人間の生命—、無限な歴史の生命—有限を意識した人間が無限の世界に挑戦する—韓国の血をひいた私達のジュリアは、自分が信ずる一すじのみちをあるいてくじけず、人間として誇り高い一生をおえた。

人間—地球上にあらわれて幾億年—だがまだ人類の理想は実現されていない。真の人類の理想が達せられるまでにはまだ遠遠のものであろうか。いまこの島には世界各国から多くの人達があつまっている—ジュリアが—韓国の魂が—今この時点ではこの島の中心—ここにあつまった人たちのこころの求心点にまでなっているかのようにみえる。これを超越した世界—カトリックの実は、カトリックの精神は、韓国の少女「おたあジュリア」をしてこの小島に花咲かせ実をむすぶようにしたようである。

道ゆく島の人々、誰をみてもやさしかったであろうあのジュリアのうつくしいいぶきがかかっているようでなつかしい。

この島の人たちにはカトリック教徒がいないときいた。それだのにジュリアはこの島の人々から敬慕され愛されたという。これはどうしたことであろうか。もしも当時の秀吉にこの島の人々のような善意が万分の一でもあったとしたなら韓国と日本の歴史は血でいろどられた惨酷の歴史にはなっていなかったであろうにと私は思った。

すがすがしい、からっとした空気、すきとおるような、きれいな海の水、一泊二日の思い出をのこして、寂くうつくしく昇華した、韓国の魂—ジュリアがねむる島をあとにする。

さようなら 島の人たちよ。
さようなら ジュリアさま。

公告

「在外国民の就籍及び戸籍訂正と整理に関する臨時特例法」に依る各種申請の記載要領を次のようにお知らせします。

一、就籍許可申請(所定様式で二通)

①原籍ならびに本籍 ②住所 ③申請人ならびに事件本人名 ④生年月日

◎申請の趣旨 ◎原因事実

添付書類

①在外国民登録謄本二通 ②外国人登録済証明書一通(永住権許可者は番号記入) ③身分証三通

以上を揃え、年月日と申請者名を記入捺印し、民事地方法院長あてを明記する。

一、戸籍訂正許可申請(所定様式で二通)

①本籍 ②住所 ③申請人ならびに事件本人 ④生年月日 ⑤事件本人 ⑥生年月日

◎申請の趣旨 ◎原因事実

添付書類

①戸籍謄本二通 ②在外国民登録謄本一通 ③外国人登録済証明書一通(永住権許可者は番号記入) ④事由書二通

以上を揃え、年月日と申請者名を記入捺印し、民事地方法院長あてを明記する。

一、戸籍整理申請(A)(所定様式で二通)

—婚姻、認知、入養、離婚—

身分事項(例・婚姻)

▼妻の方が書く場合は ①本籍 ②住所 ③戸主名ならびに戸主との関係(夫の姓名、本貫) ④夫の姓名と生年月日

▼夫が記入する場合も右と同じだが ④の欄に妻の姓名を記入する。

◎整理の趣旨

添付書類

①在外国民登録謄本(夫妻各二通) ②外国人登録済証明書(夫妻各二通、永住権許可者は番号記入) ③戸籍謄本(夫妻各二通)

以上を揃え、年月日と申請者名を記入捺印、市・面長あてを明記する。

一、戸籍整理申請(B)(所定様式で二通)

—出生、死亡、戸主相続、分家、転籍—

身分事項(例・出生)

①本籍 ②住所 ③戸主姓名ならびに戸主との関係(父母の姓名本貫) ④出生者名 ⑤生年月日 ⑥出生場所

◎整理の趣旨

添付書類

①在外国民登録謄本二通 ②外国人登録済証明書二通(永住権許可者は番号記入) ③出生届受理証明書二通

以上を揃え年月日と申請者名を記入捺印し、市・面長あてを明記する。

一、戸籍訂正申請(所定様式で二通)

①本籍 ②住所 ③戸主姓名ならびに戸主との関係 ④訂正される該当者名 ⑤生年月日

◎訂正する事項

添付書類

①在外国民登録謄本二通 ②外国人登録済証明書二通 ③事由書二通 ④在外公館長の証明書二通

以上を揃え、年月日と申請者名を記入捺印し、市・面長あてを明記する。

☆

以上、戸籍申請に関してよくわからない点があれば、所属民団支部か民団地方本部に問合せて下さい。

在日本大韓民国
居留民団中央本部
民生局

未解決の偏見入試問題

東京教育大付属高事件

民団中央 文部省に抗議文手交

本紙既報（一一二二号）東京教育大学附属高等学校（宮沢安弥校長・文京区大塚一ー九）の今年度入試問題に対して、民団中央本部では、同校に対するさきほどの抗議文手交につづいて、さる五月十八日再び、安商権民生局長、成禎容文教局次長が文部省を訪れ、阿部充夫文部省大学学術局教職員養成課長に、抗議文を読み上げて手渡した。

これに対し、文部省側では、数回にわたって同高校側と話し合い中であり学校側からの公文書による報告書を求めていると答えた。

民団中央に対しては、この報告書があった後、改めて回答を行なうと約束した。

この抗議に対して阿部充夫・教職員養成課長は次のように語った

「問題になっている入試問題を知ったのが五月中旬ごろである。そのとき、入試問題が韓国側に偏見的であると判断したので直ちに教育大の学長と付属高の校長と話し合ったが、両者共に偏見であることを認め、口頭で、解決のために努力すると意志を表明した。その後も数回にわたって話し合いをしているが、公文による報告を求めておいた。偏見であることを認める問題が入試に出題されることは、現行の教育法では文部省で事前に問題を検討することも、強制的に圧力をかけることもできない。とまれ、今度の問題は韓日間の友好を考えるとき、遺憾な出来事と言わざるを得ない。」

民団中央の抗議文は次の通り。

韓国観の意識的歪曲

一九七四年度、東京教育大学付属高等学校入試問題（社会科）はその事実を歪曲し、大韓民国の名誉を損ない、在日韓国人同胞の憤怒を引き起こし、韓日友好精神に逆行した重大な事実に鑑み、ここに強烈な抗議をするものであります。

在日大韓民国居留民団は韓日親善を一層深め、両国の繁栄は勿論ひいては、人類の平和と幸福のために務め、あらゆる努力を致しております。

しかるに、この度の入試問題は

一、北韓の社会経済体制を潤色しあたかも先進国の如く純真な学生に印象付け、その結果、韓日友好を損ねた。

一、例の入試問題は大韓民国と北韓を対照に列記して、一方では北韓の讃揚とは反対に、大韓民国の全面的経済依存云々は、友好国の威信を傷つけるものである。

一、教育本然の使命と教育的中立を守るべき、国立大学付属高等学校が、かくも、入試を通じて偏見と教育基本法に反したひぼう行為は、在日韓国人に激しい衝撃を与え、善良な在日韓国人子弟の良心を傷つけ父兄を憂慮させた。

一、しかも、国立高校の入試を通じて、対韓国観の公平和親に反した故意性を浮上し、悪意にみちた意識的な北韓の讃揚は、北韓の侵略を助けるものである。

ここに関係当局の指導、不行き届きを指摘し、今後このような事態が、再び起こらないよう猛省を促すと共に、在日六〇万韓国人の総意を代表して抗議するものであります。

一九七四年五月十八日

在日本大韓民国居留民団中央本部

団長　尹達鏞

文部大臣　殿

右・抗議文を読み上げる成禎容文教局次長、中央・安商権民生局長、左・阿部充夫文部省大学学術局教職員養成課長

青年活動を一元化

研修計画は中央に事前報告

六月に熱海で 全国青年部長会議

民団中央青年局（沈揮孝局長）は、来る六月十一、二の両日、熱海市の松寿館で、全国青年部長会議を召集し、青年活動強化策を論議することになった。

沈青年局長は、第二十三回定期中央委員会で表決された青年指導育成および活動に関する諸問題を討議し、次の議題に対する実践の方針をうち出す考えである。（一）七十四年度青年局活動方針に対する細部実施方案（二）青年会結成推進実施方案、（三）各地方本部青年活動の実情聴取および活動強化策。

沈局長によれば、各地方本部が青年の本国訪問および研修を散発的に実施している傾向があると指摘し、今後青年活動一元化のため各地方における青年研修計画表は事前に中央本部青年局に報告するよう指示した。

沈局長の指示によれば、各地方本部が組織活動の一環として青年たちに民団参与と祖国の認識を深めるため、本国訪問と研修を中央に報告なしに推進している例が多いのは、青年活動の一元化に逆行するだけでなく、地方青年相互間の親睦と組織的連帯を結ぶ機会をなくし、実質的成果をあげることができない。青年局では地方本部の計画を事前に把握して、地方本部活動には最大限に便宜を提供、青年活動を一元化するつもりであるとのべた。

'74미스·코리아誕生

在日代表 李甲子さんに『友情賞』

恒例の韓国名物年中行事の一つ、ミス・コリア一九七四年度決選大会（韓国日報主催）は、去る五月十四日から六日間にわたる予備行事のあと、最終日の五月十九日午後七時から、ソウル市の奨忠壇体育館特設大ステージに、本国各道美人代表に加えて、遠く米国、カナダ、日本からの同胞代表など全員四十人が参加して開かれ、華々しく"知と美"を競いあった。

この大会に正式参加して以来五度目になる今年のわが在日ミス代表は李甲子さん（19・愛知県蒲郡市）。

民団中央本部の李 聖南副団長（決選大会特別審査委員）と、担当の朴炳憲宣伝局次長に引率されて初日の十四日から参加して善戦、昨年の決選大会における在日ミス真・金梅子さんの第二位入賞にははるかに及ばなかったが、それでも期間中における本国各道ミス代表たちとの誠意こもる友情の交流と謙虚なマナーによって人気を集め、ついに「友情賞」をかくとくするという栄光に輝いた。

〈入賞者〉

▼六位のミス・賢までは、各種世界美人コンテストへ出場する。

ミス・真……金銀貞（18・忠南）
〃　善……金瑛玉（19・全北）
〃　美……沈晩淑（21・全北）
〃　貞……金宝賢（20・ソウル）
〃　淑……蔡英淑（20・ソウル）
〃　賢……李貞永（18・カナダ）
〃　韓国日報……全貞卿（21・ニューヨーク）

「友情賞」李甲子（19・在日代表）

☆

ミス・コリア決選大会（円内は李甲子さん）

易断案内

在日同胞のうち、不遇な方達の悩みを解くため、在来韓国特有の易解に依り、身運、財運、相性吉凶、四柱運命、姓名判断、其の他全般的な運勢を鑑定致します。

運勢の見方は、お客様方の正確な生年月日時を基点として見ます。お悩みのある方は是非一度御相談下さい。遠方の方は通信でお申込み下さい。詳しく見て上げます。

（但し返信料百円切手同封して下さい）

運命鑑定 大聖易館・許瓚

川崎市川崎区浜町四丁目七ノ十 セメント通り 乙女湯正面

電話（〇四四）三五五ー三五五五番

「在日韓国青年の歌」募集

民団中央青年局では、在日韓国青年に、健全な精神をつちかい、愛国心と団結心をもりあげ、主体性と正しい価値観を確立させ、青年運動にはつらつたる気風と活力を高めるため「在日韓国青年の歌」の歌詞を次のように懸賞募集中であり、同胞の多数応募を望んでいる。

応募要領

1、資格・在日韓国居留民団団員（国民登録済者に限る）

2、締切り・一九七四年七月十五日。

3、当選発表・一九七四年八月十五日

4、施賞・光復節記念式席上

5、賞金・当選作十万円1名
佳作三万円2名

6、送り先・中央本部青年局

なお作曲は本国の著名作曲家に依託し、八・一五光復節式典で発表（合唱）することになる。

世界親子かけある記 ⑳

ビジネスと観光と歴史・美術そして…

裵乙祚・裵慶州

MONTMARTRE（モンマルトル）の丘には、前から絵葉書でみていたあの坂から寺院の建物をみたいものと来てみる。何とここにも用人の多いことでびっくりした。丘をのぼって右手に回り込んだところが、俗にわれわれが映画や絵画で良くみる若い画家のたまり場だった。観光客相手に未だ売り出し前の生活をかけて描きあげた風俗画、人物画、えたいのしれない抽象画などを展示し、なかなかよく売れているようだった。ここにもヒッピー族がたむろしている。

裏手の方から坂道を下りて来ながら、両側のアパートを眺めるとローマのそれとかわらず古い造りで異様な臭気が流れてくる。昨夜安ホテルでかいだあの臭いである。私はその時ふとヨーロッパ人が香水を異様に使い、又脱臭剤が発達しているのは、この長い年月の間にしみ込んでいる悪臭からのがれる手段に必要なのだなと想ってみるのだった。

モンマルトルの裏通りには一目でそれと解るSex Shopがおびただしい軒数並んでいた。ストリップ小屋や映画館も多い。有名なムーラン・ルージュもここにある。この界隈はさしづめ浅草、道頓堀と言ったところで、パリの表盛り場がシャンゼリゼーであるなら、モンマルトルは裏の盛り場と言えよう。老大国の退廃した一面を見たようで気が晴れなかった。

ドイツのビザをとろうとドイツ大使館に向かう。この種証明受付時間は、どこも午前中とあって、わづかの間に人がおし寄せるので相当混んでいた。

三十分も待たされて出て来た係官の話では、申請を受けつけて五日間はかかるが、パリ滞在はいつまでかと問われる。明日だと答えたら、むしろロンドンでとった方が早いと来た。何もカムバックしてドイツ入りする手はないとねばったがついに駄目。あきらめて外に出た。

同じECの中でもフランス、英国、スイスなどのように比較的自由に出入国出来る国と、ドイツのように極めて制限がうるさい国がある。良く考えてみると、何か独善的で利己的な面がみえ、自分等の国民の権益のみを主張しているようで感心しない。

虚栄くすぐるパリ

悪臭払う香水の発達

制限にうるさいドイツ

メトロに乗り、デパートめぐりなどしてフランス消費産業の一端でものぞこうと、ボンマルシェを尋ねたが、あいにく休業であった。何度か電車を乗りかえて今度は、サンラザール駅前通りに面するプランタン・ガルリーラファイエットに入る。例の如く女性ものと家庭用品が多く、日本のデパートとあまり大差ない。フランスには私達ののぞむ美術書籍のみるべきものもなく、この時はまた時間がなくて、ファッション関係や絵画骨董品等の調査も意をつくせなかったのは残念であった。実はドイツ入りしたら充分これ等の調査は満足されるであろうと安心していたのが、思わぬところでビザがとれず不覚をとってしまったのである。

パリⅢ

ロンドン行きのフライト予約時間が切れるというのでとって返し、バスセンターで翌日十二時のAFにブックした。とに角つかれたから一たんホテルに引きあげようと、ルーブルの前を通りシャンゼリゼー通りに向かった。両側には七月十四日のパリ祭の準備らしく多くの資材が積み上げてあり、一部既に仮施行が始っていた。観光収入をあてこむフランスの用意周到な一面が出ていた。

ホテルで一息入れた私達は、最後のパリー観光と、フォーブルサントーレ通り、こういえばおわかりの方も多いが、いわゆる世界のファッション界をリードする有名店が立ちならぶファッション通りである。夕方六時頃出かけていった。

時間がおそく全部店は閉っていたが、各店のショーウインドーは何も遠慮がなく、どうせ買う気のない私達は、冷静な眼で観察ショッピングが出来た。公園の横手を出るとシャルダンがあった。何のへんてつもない店構えである。この通りは、シャンゼリゼー大通りとならんで扇状にひろがるファッション通りである。妹達のたのみもあったので、ショーウインドの写真を出来るだけ多くとった。

全体に店の商品陳列、ウインドのディスプレーは、小規模ながら豪華さを失なわず、奥行きのある内部のインテリヤも金をかけてあるのに気づく。商品のマーチャンダイジングの総合的芸術化とでもいっておこうか。一つのファッション商品をとりまく広告宣伝から立地条件、ディスプレー、インテリヤ・パリのもつ歴史的ファッション界における地位、これらをフルに利用、コントロールしたものから生まれる一種のあこがれ、特に女性の虚栄心をくすぐる小にくいまでの商法が、こんなへんてつもない裏通りの商店街を、世界のファッション界の王座にすわらせているのだと考えた。

即ち商品を売っているのでなくファッション芸術品を売っているのだと言うこと、売るためにただ店頭に飾っているのでなく、観賞をも兼ねてその芸術性を評価して芸術工芸品を高価で求めてもらう如く買ってもらうのだという感覚物を売るのでなく、芸術的パテントを売りつけ、世界にいち早く流行させていく このパテント販売商法が、パリファッション界のねらいだと思った。これはまた私の考え過ぎであろうか。

オペラ座に出てメトロ駅に入ったところで、バッタリとカイロから何とはなしに同じ飛行機、同じ観光地をまわっているカイロ在住の老人とその娘らしい二人に邂逅の扉が開いたとたんに出くわした。まったく奇遇以上だと息子は連発した。相手もおどろきと喜びで握手を求めて来た。たしかに考えてみると、カイロ、アテネ、そして、パリー、必ずどこかで顔をあわしている。同じ観光地をまわればどこかで会うのは別にめずらしいことではないが、何かいんねんがありそうで二人で将来東京にも来て下さいと言ったら、息子にカイロには又来るのかと尋ねていた。

夜は日本食にした。何故ならチョッと気をつかえば案外安くあがるからだ。「美紀」と言う大阪出の、あのテレビによく出る漫画家の加藤氏に似た主人がカウンターにいる店である。想像にたがわず日本人がいっぱい来ている。隣りにいた大阪から来たという市会議員二人が、自己紹介を店主にしていたが、何とも不愉快なタイプの人物であった。態度が横柄で、誰か店主の知りあいからのすすめだと言ってもったいをつけるので、店主がヘコヘコおせじを言えば、ますますそりかえる有様であった。こんな連中が、個人的かあるいは公的かは知らぬが、市会議員の名をかりて海外旅行をして来ましたと、日本食を紹介先の店で食べ、日本語しかしゃべれず、単独で外国の食事一つすらとれない者が、世界をまわって来たとばかり帰って市民にひとくさりぶつ有様を考えただけで、へどが出るおもいであった。その相手の酒、料理のたらふくのぜいたく三昧をなじるように私達は、安物の料理数点をえらんで食べた。そしていや味とは知っていたが、「せっかく儲けた金だから大事に使わねば…」と息子に言い聞かすふりで相手に注意したら、察したらしく終りまで私達を意識していた。口に楊子をつまんでチュッチュッとやりだしたので、たまらずそこを出た。

（つづく）

パリ郊外の典型的な市民住宅

会長に鄭建永氏再選

在日大韓体育会総会

鄭建永 会長

在日大韓体育会では、去る五月二十五日午後二時から、東京・六本木の同会事務所で、関係者約五十余人参席のもと第十二回定期総会を開いた。

この日の総会では、国民儀礼にひきつづき、丁海龍常任理事から一年間にわたる事業報告と決算報告などがあり、七十四年度事業予算案が提出され、満場一致で承認された。

次いで、定款改正案も採択され、また今後、全国の領事館所在地には同会の地方本部が順次結成されることになった。

このあと、在米大韓体育会の招請により渡米するサッカー選手団と、ソウルの全国少年スポーツ大会に参加する選手団と役員がそれぞれ紹介され、同会の役員改選に入ってからは鄭建永前会長が満場一致で本部会長に再選され、午後四時半閉会した。

日韓文化講演会

ー森敦、韓雲史両氏講演ー

映画「孝女沈清」も上映

さる五月二十八日午後一時半から東京新宿の紀伊国屋ホールにおいて、日韓文化親睦会主催による文化講演会が催おされた。会場には、約二百人余の韓日聴衆が参席、芥川賞作家の森敦氏の「韓国文化と私」の演題で講演、つづいて韓国から特別招待された放送作家・韓雲史氏が「私と日本文化」の演題で講演した。

特に韓氏は講演の中で、今日の日本は文化を先取したため、文化の恩を受けるより文化の奴隷になる心配があると語り、また日本人が韓国を理解する気があるならば文化、芸術には国境がないため、言葉の心配はないと思われる。日本のみなさんが日本マスコミが言うことだけで韓国を判断するより真の韓国人の人間像をはじめ素朴な国民性を自ら実感した後、判断してほしいと語って、聴衆の共感と喝采をうけた。

両氏の講演が終った後、劇映画「孝女沈清」が松山善三氏の解説付きで上映され、好評を博し、友好裡に散会した。

尋ね人

☆林炳勲さん（男・49歳）

本籍、江原道金化郡金城面防案里一区13番地

一九四二年に徴用で北海道に、解放後、一九四七年まで大阪から文通があった林さんの弟の李承官さん（30歳）がさがしています。

ルポ 青年会の「セマウム植え」同行記 (5)

本紙 高承徹 記者

私大の名門延世・梨花 幸福なキャンパスの印象

国立墓地と顕忠祠を参拝しおえた青年たちは、四月八日京畿道・水原にある鮮京合繊株式会社を訪ねた。

鮮京合繊は六七年資本金六億ウォンで設立された会社で十五年、輸出・繊維を目標にして会社員が努力している。

の正門前にとまると、青年たちはバスをおりて校門を入った。広々とした校舎がなによりも印象的で、大公園のようだった。

この学校は総合大学で、人口衛星世界一位であるソウル市内のキャンパスをもっている。

梨花女子大学も広々としたキャンパスがなにより印象的だ。青年たちが校内に入ると女子学生らは「在日同胞青年でしょ」といい、青年たちに声をかけてくれた。

学生らが一番気にすることは、日本で生れ育った青年たちの祖国に対する初印象だった。

まず日本のマスコミが偏見的であることをよく知っているように感じられた。

公園のような延世大学キャンパスを行く青年たち

では韓国に対する偏見はなくなるだろう。祖国も輸出一〇〇億ドル、国民所得一〇〇〇ドルを達成する日がそう遠くない将来であることを同胞一人一人が認識し、まず第一に自分が韓国人であることを自覚した上で努力することを痛切に感じた。

祖国の経済が安定し、国民の生活が豊かになるならば、在日同胞に対する支援も活発になるだろう。

その時代には新しい課題が青年たちに提供されると思うので、その新しい課題を解決するためにも青年たちの役割が重要であるといえる。

その時代は誰の時代でもなく、今日を生きる青年たちの時代であることを認識しなければならない。

また広々したキャンパスで勉強していた祖国の青年たちと肩をならべ、国家発展に役立つために在日青年たちの今後の努力が要求される。(つづく)

朴大統領杯サッカー 韓国が初の単独優勝 インドネシアを降す

韓国は20日、ソウル運動場でナイターで開かれた、第4回朴大統領杯アジアサッカー大会決勝戦で、インドネシアを七対一で大破し、この大会初の単独優勝の宿願を達成した。

一方、この日の3、4位戦では、クメールを6対0で破り、3位をかちとった。

韓国は、この日、前半戦で3分目に1点ずつを得点…

新刊紹介

独習書にもなる「韓国語学習」 懇切な内容は抜ぐん

成根容著

A5判・六〇頁・八五〇円。発行所・民団中央本部宣伝局。(凡)

著者の言葉

言語はその国の最高の文化と言われている。国語は祖国の気高い民族文化であり、民族の誇りと伝統につながる。しかもわが韓国語はその体系性において世界に類がない程優れている。その優れた言葉を私は微力ながら、普及することに誇りを感じる。わが韓国語を覚えて頂きたい一心と、沈滞的な民族教育に役に立ちたい一念が私をしてこの本の発刊に駆りたたせた。この本は、学習会に事情があって出られない皆さんのために編んだものであるが、役に立てばと心ひそかに願っている。

礼儀正しい真の隣人 対韓偏見を恥ず

大阪商業大、韓国視察団帰日

韓国大学生との友情を深め、真の韓国を理解するため、韓国を訪問した大阪商業大学韓国研究視察団員らは、「韓国とは本当に礼儀正しい国だ」と口をそろえて語った。

韓国を語る商業大生たち

韓国と日本の関係に新視点 日本上古史(文定昌著)抜粋と解説 (32)

倭王の祖百済 (3)

中国古文書が伝える百済人の文化の高さ

日本国文化の母体となる百済の対倭文化輸出開始

[解説]

西厓柳成竜の三男「柳袗」の乱中体験記

文禄・慶長の役

壬辰倭乱私録(イムジンワエラン) (1)

金竜煥 画

壬辰倭乱(文禄・慶長の役)当時の生々しい戦争記録である柳袗の「壬辰録」は、尚州邑居住の後孫柳時浣氏が大切に保管してきた手録本である。

修巌柳袗は宣祖朝の領相(総理大臣)西厓柳成竜の三男。壬辰倭乱勃発当時わずか十一歳の少年だった彼は、後日記憶をたどりながら当時の倭寇の奢行と乱中の惨状をしたため、家門の座右の銘とした。

●倭賊釜山を攻略

西厓、母上に別れの挨拶

●乱をのがれて

韓國新聞
在日大韓民国居留民団
中央本部機関紙
韓国新聞社
発行人 尹達鏞
東京都文京区春日
2丁目20-13
電話 直(815)1451~3
交(813)2261~5
振替口座 東京 163774
本国連絡所（民団本国事務所内）
ソウル特別市鍾路区世宗路
政府合同庁舎四階
電話 73-0162・0165

民団綱領

一、われわれは大韓民国の国是を遵守する
一、われわれは在留同胞の権益擁護を期する
一、われわれは在留同胞の民生安定を期する
一、われわれは在留同胞の文化向上を期する
一、われわれは世界平和と国際親善を期する

対民団工作の百二十日間

平和統一の美名にかくれ 策動をはじめた朝総連

「祖国の自主的平和統一を促進する愛国運動」と称し、いわゆる百二十日間の対民団工作を開始した朝総連の悪辣な策動を粉砕すべく、尹達鏞中央団長は、全国団員に告げる「朝総連の悪辣な策動を粉砕しよう」という檄文を発表、対朝総連への強固な姿勢を示した。

尹達鏞　中央団長

朝総連は、六月一日から九月末まで、いわゆる"百二十日間愛国運動"と称して「祖国の自主的平和統一を促進する愛国運動」という名の仮面をつけ、全国的に対民団工作を展開しています。

……

そして、最近発生した日本人学生逮捕事件と、金大中問題等に関して偏向した日本の一部の論陣と不純分子らの策動で騒いでいるが、全団員は、大韓民国々民としての誇りを堅持し、感情に支配されずに、正々堂々と対処されることをお願いします。

わが民団は、過去三十年近くにわたり、あらゆる危機と苦難に対し勝利に耐える素地と歴史的に……

このように、われわれ四十万の民団組織は秘められている巨大な武力をこの機会に充分に発揮し、朝総連の悪辣な策動を断乎粉砕することによって、ふたたび勝利を民団中に記録することを全民団員と共に堅く誓うものであります。

在日本大韓民国居留民団中央本部
団長　尹達鏞

"海外の頭脳"を国内誘致

全在徳公使、民団中央礼訪

去る五月二十九日赴任した全在徳駐日公使が六月九日民団中央本部を礼訪、尹達鏞中央団長をはじめ民団幹部らと歓談した。

全在徳公使は、今後民団といっそう深い関係をもって国家のため努力したい、公館に対する民団の協力を望むと語った。

全公使は、先に駐ブラジル大使に転任した宋……公使の後任である。

全在徳公使の略歴
一九四八年……学校卒業、六五年成均館大学院政治科卒、六六年ソウル市第一副市長、六七年行政改革委員会常任委員。

時評

天網恢恢…日共を捕う

否定に躍気、2人の起訴事実

日本赤化に荷担するマスコミ

……（W）

団長に徐正喜氏

宮城本部大会

民団宮城県地方本部では、五月二十八日、同本部会議室において第十六回定期地方委員会と第二十四回定期大会をひらき、次の新任役員を選出した。

団長	徐正喜
副団長	李太元
〃	鄭圭晟
事務局長	鄭致鎬
議長	安秉鎬
副議長	成楽禹
〃	曹秉烈
監察委員長	金先出
〃委員	呉炳泰
〃委員	金俊炫

設立発起人会が発足

商銀存在が民団強化

佐賀地方委ひらく

民団佐賀地方本部（朴昌斗団長）の第十九回定期地方委が五月十三日午後一時から佐賀市民会館で開かれたが、経過報告のなかで注目されることは、佐賀商銀設立発起人が発足し、去る三月三十日付で同県に認可申請を出したことである。……

公報館長に

李星澈氏

去る五月三十一日付で任期満了、KOTRA（韓国貿易公社）に退任した李……

中央、笑顔で歓談している全在徳公使

日本人妻の里帰り

北韓側に要請

外務省と日赤乗り出す

……　（P・8）

左端が長谷川仁議員

長谷川議員が民団礼訪

韓日紐帯強化で尹団長と懇談

参議院議員（自民）長谷川仁氏が、……民団中央本部を積極的に訪れ、尹達鏞団長と懇談した。

照点

S・P・I特派員で……デンマン氏が、週刊新聞の「東京情報699」で「日本憲法は万国共通ではない」と題した一文に、あまりにも痛快な共感を得たので……

職員募集

① 高等学校卒業以上の在日韓国人男女
② 履歴書持参の事
③ 給料面談、優遇す

在日本大韓民国居留民団
中央本部総務局
☆電話八一三—二二六一（五）

公告

「在外国民の就籍及び戸籍訂正と整理に関する臨時特例法」に依る各種申請の記載要領を次のようにお知らせします。

一、就籍許可申請（所定様式で二通）

①原籍ならびに本籍　②住所　③申請人ならびに事件本人名　④生年月日　⑤申請の趣旨　⑥原因事実

添付書類

①在外国民登録謄本二通　②外国人登録済証明書二通（永住権許可者は番号記入）　③身分証二通

以上を揃え、年月日と申請者名を記入捺印し、民事地方法院長あてを明記する。

一、戸籍訂正許可申請（所定様式で二通）

①本籍　②住所　③申請人ならびに事件本人　④生年月日　⑤事件本人　⑥生年月日　⑦申請の趣旨　⑧原因事実

添付書類

①戸籍謄本二通　②在外国民登録謄本二通　③外国人登録済証明書二通（永住権許可者は番号記入）　④事由書二通

以上を揃え、年月日と申請者名を記入捺印し、民事地方法院長あてを明記する。

一、戸籍整理申請（A）（所定様式で二通）

—婚姻、認知、入養、離婚—

身分事項（例・婚姻）

▼夫の方が書く場合は　①本籍　②住所　③戸主姓名ならびに戸主との関係（父母の姓名、本貫）④夫の姓名と生年月日
▼夫が記入する場合も右と同じだが　④の欄に妻の姓名を記入する。
⑤整理の趣旨

添付書類

①在外国民登録謄本（夫妻各二通）　②外国人登録済証明書（夫妻各二通、永住権許可者は番号記入）　③戸籍謄本（夫妻各二通）

以上を揃え、年月日と申請者名を記入捺印、市・面長あてを明記する。

一、戸籍整理申請（B）（所定様式で二通）

—出生、死亡、戸主相続、分家、転籍—

身分事項（例・出生）

①本籍　②住所　③戸主姓名ならびに戸主との関係（父母の姓名本貫）　④出生者名　⑤生年月日　⑥出生場所
⑦整理の趣旨

添付書類

①在外国民登録謄本二通　②外国人登録済証明書二通（永住権許可者は番号記入）　③出生届受理証明書二通

以上を揃え年月日と申請者名を記入捺印し、市・面長あてを明記する。

一、戸籍訂正申請（所定様式で二通）

①本籍　②住所　③戸主姓名ならびに戸主との関係　④訂正される該当者名　⑤生年月日
⑥訂正する事項

添付書類

①在外国民登録謄本二通　②外国人登録済証明書二通　③事由書二通　④在外公館長の確認書二通

以上を揃え、年月日と申請者名を記入捺印し、市・面長あてを明記する。

☆

以上、戸籍申請に関してよくわからない点があれば、所属民団支部か民団地方本部に問合せて下さい。

在日本大韓民国
居留民団中央本部
民生局

维新民团의 알찬發展에 総力을

全国团長·事務局長会議指示事項

团務執行의 気風確立을

総務局

本紙가 이미 報道(1123号 74·6·1)한바와 같이 지난 5月28·29日에 開催된 民团地方本部团長·事務局長및 傘下团体長의 連席会議에서는 中央本部各局의 活動方針에 依拠한 指示事項의 説明, 伝達이있었다. 이 指示事項은 民团의 各級組織, 特히 各支部段階에서의 対民業務에서 留意해야할 活動力点이다. 本紙에서는 그 概要를 特히 原文으로 紹介한다.

1 公文書取扱에 関한事項

가 各地方本部가 中央本部에 発信하는公文은 必히 地方团長 名儀로 하되 公文下段에 「地方团長 ○○○」라고 記名하여 中央本部 局長에게 提出한다.

나 公文 発信上의 文書番号는 반드시 地方本部의 大会回数에나 発信番号를 表記한다.

(例) (地方名) (大会回数) (発信番号)

韓居 ○○発第○○—○号

...

3 各種 未納金(該当本部)

4 組織有功者

民生向上에 綜合的努力

経済局

1 商工会의 活動助成

2 信用組合의 育成

3 生活協同組合의 設立促進

4 税務対策

5 母国投資 促進

6 其他

組織体系의 整備와 拡充

組織局

1 姿勢

2 組織幹部의 教育

3 朝総連과 不純分子에 関하여

4 새마을支援運動

5 傘下团体指導育成

民族教育의 拡充과 強化

文教局

1 在日韓国人民族教育政策樹立

2 既成韓国学校·学園 한글講習所 強化策

3 韓日親善協会結成促進

4 在日韓国人学生指導

5 在日韓国人学生会結成

不純言論의 排除에 全力

宣伝局

1 朝総連및 不純分子 配布物除去의 件

2 韓国新聞 個人別直送에 関하여

3 新聞郵送費納付

国民登録과 旅券所持運動을

民生局

1 国民登録에 関한件

2 旅券所持運動

3 待遇問題促求에 関한報告

4 沖縄国際海洋博覧会에 関하여

5 戸籍整理促進運動에 関하여

民族魂투철한 青年像을

青年局

1 総 論

2 行 事

民族의殿堂完工에 総力을

建設委

1 報告事項

国民勲章授与 組織人を表彰

民団中央では、組織有功者を全国的な規模で調査、推せんするよう、このほど公文で各地方本部に指示した。これは、民団組織発展のために長年寄与してきた組織人たちを表彰して、その士気を鼓舞するのを目的としたもので、現在編さん中の「民団三十年史」にも大きく収録されることになっている。表彰者には、大統領表彰をはじめ国民勲章（無窮花、牡丹、柊柏など）が授けられる予定である。

本国の光復節式典に

在日同胞今年も参加

民団中央では、例年にならって今年の第二十九回光復節にも、本国での記念式典に、慶祝使節団を派遣することになり、各地方本部および傘下団体に公文をもって指示した。

それによると実施要領は次の通りである。

実施要領

人員構成…初行者や新入団員を優先的に参加させる。

地区別編成…東北、関東地方を第一地区として取扱いは東京本部でする。費用は航空料金と雑費共で七万三百円。

近畿、中北、岡山、鳥取を第二地区とし、取扱いは大阪本部でする。費用は航空料金と雑費共五万六千八百円。

九州、広島、島根、四国、沖縄を第三地区とし、取扱いは福岡本部でする。費用は航空料金と雑費共で三万三千三百円。沖縄は別に福岡までの航空料金を各自で払う。

山口本部だけを第四地区とし、船便を利用する。費用はしめて三万五千円。

団体行動日程…八月十四日金浦ソウル到着集合し、八月十五日に記念式典参加および国軍墓地参拝。翌十六日正午までに解散。

姜知事迎えて慶南道民祝典

在日慶尚南道道民会（卜擄植会長）では、来たる六月八日午前十時から大阪梅田のサンケイホールに、姜永殊慶尚南道知事を迎えて映画、芸能など盛り沢山のプロを組んで結成記念祝典を催おすことになった。

中央会館は民族の殿堂 おさめよう建設資金！

韓日仏教学術会議ひらく

去る六月一、二日の両日、京都仏教大学でひらかれた第二回韓日仏教学術会議に、韓国側からは、円光大学の韓鍾万教授ら八人が参加し「韓国仏教の歴史的反省」などが発表され、内容の充実した討論が交わされた。

追悼辞を読み上げる尹中央団長

厳かに「顕忠日」

東京は大行寺でおこなう 本国には 李鍾鳴副団長が参加

第十九回顕忠日を迎えた韓国在郷軍人会日本支会（李鱗基会長）では、六・二五動乱の戦没在日学徒義勇軍追悼慰霊祭を、都下西多摩郡福生町草花の大行寺で厳かにとりおこなった。

この日午後一時五十分、大行寺本堂には、各機関からの献花が静かに飾られ、国民儀礼、李会長の開会辞、尹達鏞中央団長の追悼辞とつづき、読経の流れる中にうやうやしく焼香がなされ、故人たちの冥福を祈り、三時すぎ式順を終えた。

なおこの日、式場には遺家族と軍人会員たちのほか、大使館から陸・海・空の三軍武官を始め民団婦人会から多数参加したが、本国での式典には、民団中央を代表して、李鍾鳴副団長が五日、空路ソウルに向かった。

布施支部を東大阪支部と改称

民団大阪府地方本部管内の布施支部は、このほど東大阪支部と名称を変更した。

同支部は、布施、河内、枚岡三地区が管内に入っている。

九日に野遊会 在日咸陽郡民会

同郷親睦団体である在日咸陽郡民会（李彰雨会長）では、恒例の野遊会を来たる六月九日（日）にもつことになった。

場所は東多摩湖の巣（一心亭）で、向島八広四丁目の日興信用金庫前と五反田駅南側の富士銀行横にバスを配置、午前九時にそれぞれ出発する。

また、同郡民会では、来たる九月三十日の秋夕を前後して、本国の咸陽郡民会館とセマウル事業を参観し、記念碑の除幕式も行なう計画をたてている。

金九先生暗殺の黒幕は金志雄氏

白凡金九先生暗殺真相を発表した洪鍾万氏がさきに検察に出頭、重ねて安斗熙の単独犯行ではなく張銀山、金志雄氏が黒幕で日本に亡命した金氏は洪氏まで殺そうとしたと陳述した。

向って左から金元奉記者、司会の川崎敬三、問題の鄭東儀

憤激買った偏向プロ

金記者孤軍奮闘

去る6月5日、12時から放映されたNETテレビ番組、「韓国非常軍法会議に訴える」は、表向きは、「民青学連」事件関与で拘留された太刀川、早川両日本人の家族が、韓国へ、釈放を訴える形式をとりながら、その実、無関係な事例までをとりあげ、韓国のイメージ・ダウンを狙う悪意に満ちた進行方式で一貫し、在日同胞はもちろん、良識ある日本人の憤りをかった。

本紙では金元奉記者が局側の要請で出演したが、登場者は外務次官、太刀川、早川両氏家族をのぞいては鄭東儀をはじめ和田春樹、青地晨など所謂共産系文化人で占められ、悪意に満ちた韓国誹謗をほしいままにした。

唯一人冷静に、正論をのべる金記者の健闘が目立ったが、放送言論のみにくいほどの偏向ぶりを見せつけられた在日同胞の憤激は高い。

なお放送中から本社へひっきりなしにかけられて来た同胞の電話は、すべて当放送の悪意をなじるもので、抗議の実力行為を訴えるものすらあった。

ビジネスと観光と歴史・美術そして…

世界親子かけある記 ㉑

裴乙祚・裴慶州

「新しい人種について」

世界いたるところで都市集中化がすすんでいる中で、西欧諸国の中特に、過去現在植民地を持っていた宗主国の大都市に集る人種の群はおびただしいものがある。先にも書いたようにこれ等諸都市におけるビールスとも言える者らのかもし出す一種異様な雰囲気と生活圏は、やがて世界主要国の大きな国際問題としてクローズアップされてくることは間違いない。

一般に人種間の混血は、優生学上からも良いとされているので、これら白、黒、黄その他が相互に入り乱れておりなす人類の綜合混血は、いや綜合融和（肉体的精神的）は、必ずやわれわれの想像を越えて進行しており、そこから未来の新しい人種が生れるであろうと期待される。過去のどの時代よりも現代は、人類が生存する地球は距離的に小さくなり、人種偏見はより寛大であり、人類の肉体的精神的面における自由化がすすんでいる今日、この新人種の形成は休みなく華間で進行されていくことであろう。

宗主国の首都や大都市に行ってみるが良い。白と黒の組合せ、白と黄との結合、黒と黄との接近、と言った考者の所をみることだろう。彼等の世界観人生観は、もはやわれわれの常識的な観念を越えて大きく一歩ふみ出して、新人種的思考を始めていることだろう。それは純アジア人でもなければ、ましてや純西洋人でもない。東西南北人の混血人であり、神の意志があるとすれば、それこそ新人種仮りに地球人（Globian）とするなら、彼等こそは、全人類の何物かを綜合混血させた、その間立ち肌色はもはや白でもなく、黄でもなく、ましてや黒でもない、神の意志による新しい色と精神の持主達であろう。

こんな話は、とてつもない馬鹿げたものだと一笑に付されるだろうが、実は本当にこれ等の事実が今純東洋人西洋人と自称する、血統つきの人々の足下でアミーバーのように繁殖し始めているのである。まぎれもない事実として。

混血は優生学上良い

休みない新人種の形成

絢爛物量の西欧美術館

〃世界の大美術博物館のありかたについて〃

先ず私達が見た大美術博物館は、幸にも歴史的に時間を追ったように、カイロ、アテネ、ローマのバチカン、パリーのルーブル、イギリスの大英博物館、ニューヨークのメトロポリタンの順をおっていた。ドイツのベルリンのそれは入国がかなわずみることが出来なかったが、これで世界の主要美術博物館をみたことになる。だから他の地域即ち、東洋及び一部社会主義国圏のそれは、今ここで検討する外のこととして了解してほしい。すくなくとも東洋その他の美術博物館の規模・内容の物量、文明遺産の蒐集範囲の広さにおいては、これら六大会館に遥かに及ばないことだけは認識してほしいとともに、これから私が語ろうとするのは、つまるところはこのこと即ち、あまりにも人類文明の遺物が、これら一部のところに必要以上に独占されていることに抗議するとともに、新しい提案をしようとすることなのだと了解してほしい。

そもそも西洋文明の母胎は、地中海世界文明であり、地中海文明は、その多くのものをオリエント古代文明を原点として負うところが多いことは、大方承知のところであるが、東洋のわれわれには、それがただ観念的であり、その偉大で計り知れないほどの影響力を今なおもっていることを認識するのには、努力と時間が必要なようにおもえるのだった。最近東洋からもこの古代オリエント遺跡めぐりをし歴史的時間を追って、地中海各地の文明遺跡を訪ねる人々が増えたので、これ等古代文明の相互関係や、そこにつらぬかれている地中海文明の本質、そして現代西欧文化の歴史的本質を認識してくるであろうと思う。

このことから解るようにこれらの美術博物館は、現象的には文明の遺物の違いこそあれ、神話や美術やそしてこれは遺物をとおして、互いに深く関連していることが認識出来る。

さてこれ等美術博物館には、合法的非合法的にあらゆる手段をえらばず、あくなき蒐集欲は、おどろくばかりの物量をこれら会館に集中させた。その建物は、王宮かギリシャ神殿様式の荘厳な風格をもち、内部の絢爛たるや言語に絶するほどの装飾をほどこし、建物と展示品とが一体となって、一大文明の集約化を示現しているところは、東洋にみる断片的でしかも物量においてもはるかに貧弱な美術博物館とは雲泥の差があると感じたのである。

しかしながらここで考えなくてはならないことは、如何に多くの遺物の量を一堂に集めたとしても、私達がオリエントから見てきたように、文明発祥地現地のうつろな廃墟が、或は砂漠に或は荒涼たる台地に点在するのをみた時、如何により多くの人々の観覚に供しようとするとは言え、盗賊的持ち去り、金力による独奪は何としても許せることではないとおもった。

私達がこれ等美術博物館の展示品をみて常に一種の物足りなさをおぼえるのは、それ等がただの展示品としてわれわれの知識欲を満してくれはするが、それがあった現地の自然や人間が長い間築きあげ、かもし出されて来た人類遺跡の迫力を欠いていることだ。知識を満たすことはあっても、血となり肉となって現代人の私達に、幾千年前の人々が語りかける何物をも持ちあわせない、うつろな物象と化した廃墟物や物体にすぎないとおもわれ、残念でならない。

私個人の意見を述べるなら、本当に人類文明の精神と生命を生かし、現代人がそこから真の人類の将来を考えるようにするためには、これ等ありあまる程の遺物は、中最少限必要なものを残し大事にもとの姿にもどし、その文明の遺跡のあった地で保存修復や研究をさせるのが、最もそれらの文明、文化を理解する早道であり、正道であると考える。即ちそれが数千年の風月にたえて来た、歴史的時間的、自然の摂理にもどしてこそ、われわれが、これ等の文明を築き残してくれた先人と同じ人類として実感出来るのではないか。

もしそうすることによって、たと之遺跡の保存が多少そこなわれたとしても、それでよいではないか。これが自然の理であり、人類史であるから。

彼等古代人は、この事柄を知っていたればこそ、自分等の意志をわれわれが驚くほどまでの根気と、職業意識を超越した信仰、いやそれ以上の神そのものの意志としてこれ等のものを後代に残した。そしてこれ等遺跡物がまた再び大地にかえり、時とともに永遠に消え去っていったとしてもそれでよいではないか、それが自然の理であるなら。

〃そのⅡ〃

アメリカ人のAntique（古いもの）に対する関心は大変なものらしい。金力と時間と権力によって蒐集した美術工芸品・遺物は、おびただしいものがある。ニューヨークのメトロポリタン・ミュージアムのそれは莫大な物量である。もしこれらのものを、もとの姿にもどしたり、公平に世界各地にある美術博物館に貸与または交換して再分配し、これらの知識を必要とする人々に供したら、人類にとってどのくらいプラスになるか計りしれない。わざわざ多額の経費をつかって世界からはるばるこれら文物の発祥地でもない殿堂に集めるのは、何としても不経済であり、おしむべきことである。

東西を問わず人間は、自分と異なる文化、文明にあこがれ、知識を得ようと欲する。近世における西欧の支配と富の力によってまたたく間に世界の主要文物は、西欧社会に持ち去られ、今日みる美術博物館の基礎が出来上ったのである。人類が等しく平和的に全人類の遺産の恩恵に浴するには、各自が持っている必要以上の文物を相互交換するなり、国際機関をとおして貸与制度をつくって、世界各地のこれ等美術博物館を充実させ、真の意味の世界人類博物館の機能を再建することが、なによりのぞましく、これはその気になればさしてむずかしいことではないとおもわれる。

国際文化交流は、この独占欲をかなぐり捨て、相互対等に人類文化文明遺産を再分配・相互交換によってのみその真価を発揮出来るのではないか。

要するに世界各地の美術博物館が、横に連絡をとり必要以上にダブついている品目があれば、これを相互に交換・貸与し、各地の欠陥を補い、情報交換をし、組織的に世界博物館なる型の保存展示機関を開設するとともに、各文明発祥地の保存新規発掘など計画的に相互援助指導をしていくなら、今のような偏在的、独占的なものから、平等でそれらの文明が持つ世界史的意義を正しく反映した博物館が出来ると確信する。

一塊の土石や木々誰が、熱にうかれたように蒐集するだろうか、人間の英知と人類史の姿がそこに表現されているからこそ、価値をみいだし、人の心をも動かすのではないか。富と力によって独占し死蔵するなら何の価値や感動があろう。人々がその価値を認めず、また関心を示す機会をすらうばって見むきもしなかったら、それらは土石のような古物にしか価いしなく、かつて一共産革命家は、人類は将来必ずや金を必要としない時代が来るであろう、その時、金の価値は、公衆便所に使われる程の値うちしかない。と言ったことを思い出す私である。

今こそわれわれは、文化、文明の遺産の意義ある再分配を検討する時期に来ている。（つづく）

尋ね人

☆金守宕さん（男・一八九九年九月二八日生れ）本籍・慶北慶泉郡許門面九新洞

長年間、行方不明となっている金さんをご存知の方は、民団福岡県戸畑支部総務課（福岡県北九州市戸畑区中防3丁目20番27号、電話87―一八八六番）まで連絡を。

☆黄小奉さん（一八九二三年月一九日生れ、男・木村）

☆朴伊東さん（女・一九一二年・七月九日生れ・慶北尚州郡尚州邑仁鳳洞18・朴永化さんの長女で黄小奉さんの妻）

☆黄竜雲さん（黄小奉さんの長男）

☆黄龍海さん（黄小奉さんの次男）

☆黄秋子さん（黄小奉さんの長女）

☆黄定子さん（黄小奉さんの次女）

終戦まで、豊橋市花町字南裏町84、または豊田市東田町字東滝44に居住していた黄さんらを朴伊東さんの従弟である朴寅禧さん（韓国慶北尚州郡邑伏竜洞四三二一、金舞秀方）がさがしています。ご存知の方は、朴寅禧さんまたは民団中央本部民生局まで連絡を。

☆康云民（男・一八九九年四月十四日生れ、75歳）本籍・済州道済州郡西帰邑法還里

30年前、山野キミさんと結婚後渡日、現在まで音信不通とのことで、康さんの甥である慶南蔚山市也音洞也音玩具店、康正周さんがさがしています。康さんをご存知の方は康正周さんまたは民団中央本部民生局まで連絡を。

☆李鍾漢さん（男・通称李永珠・63歳程度）本籍・慶北清道郡

大阪で日本の婦人と結婚したとのことで李さんの甥である慶北浦項市海島洞共営住宅10号、金永漢さんがさがしています。ご存知の方は金さん又は民団中央本部民生局まで連絡を。

☆権奉吉さん（男・68才程度）

権さんの兄さんは安藤という通称を使用したといいます。昭和8年1月28日、28才当時、河順岳さんと結婚し神戸で生活したが、河順岳さんは単身帰国、以後、連絡がとだえているとのことで、河順岳さんおよび河順岳さんと権奉吉さんの間で生れた子どもさん（釜山市東大新洞一街一六九）がさがしています。権奉吉さんをご存知の方は、河さん又は民団中央本部民生局まで連絡を。

☆李萬祚さん（男、62才）本籍地・慶尚南道金海郡鳴旨面竹林里

一九三五年前後に九州福岡に居住したことがあるとのことで弟の大韓民国釜山市東萊区佑二洞一三五〇番地の李万寿さんがさがしています。李さんをご存知の方は、李さんか京都府宇治市五ヵ庄新開15の14番地安藤方郎李運さん（〇七七四―32―〇九二〇）かまたは民団中央本部民生局まで連絡を。

資料蒐集

一九六〇年から一九六四年七月までの「民主新聞」および「韓国新聞」（日刊を含む）をおもちの方は、資料提供を頼みます。提供して下さった方には謝礼を致します。

☆使用目的

「韓国新聞」縮刷版発行

訂正

本紙六月一日発行の第一一二三号一面の岐阜本部記事中（趙世済団長）とあるのは、（金容範団長）の誤りでした。訂正してお詫びします。

ルポ　青年会の「セマウム植え」同行記

(完)

量より質の行事計画を望む
生命・創造・永遠を植える

本紙 高承徹 記者

青年たちは大学見学を最後に全日程を消化し、四月八日の夜、宿舎のアカデミハウス八角ホールでのお別れパーティに参加した。母国に帰った日からはじまった規律正しい生活をした青年たちは、この日はじめて解放されて歌と踊りをはじめ、いろいろなゲームを楽しみながら時間を過ごした。

パーティの終りには幹部役員を含め全員が輪になって、アリランやトラジ、自分の故郷の民謡などを歌いながら、ふたたび会う日を待つという短い言葉をのこして散会した。宿舎に戻った青年たちは、時計の針が十二時を過ぎても寝ることを忘れて、部屋ごとに集って話し合い、別れのひとと時を惜しみながら過ごした。

短い夜が明け、朝が来ると青年たちは部屋の整理をし、午前十時から宿舎大ホールで行なわれる修了式に集合した。

修了式で金仁洙引率団長は「なによりも無事故で全日程を終えたのは青年らの努力の結果である。その努力に深く感謝する」と語り、次に尹太鎬東京本部青年会長が青年を代表して、「今回の祖国訪問によって、われわれ青年は今日の祖国を自分の肌で感じ、知ることができた。講義、訪問、見学などを通じて得った知識を、青年らは居住地域の民団社会のため貢献します。」とのべた。その後青年各人に民団中央本部からの、奉仕活動参加修了証と記念品が授与された。

式を終え、青年たちは全日程を顧みながら記念サインをのこして各地方別に別れ各人の故郷に向かって出発した。

帰りは十二—十三両日に地方別にふたたび集って、金浦と釜山の両空港から全員無事に帰ってきた。

今回の訪問を振返って考えて見ると、なによりも青年たちが祖国に対する新たな認識を得たことである。大部分の青年は初の祖国訪問ということもあって、肌で祖国の発展像を感じ、青年自身の民族的自覚をあらたにしたことであろう。次には祖国の青年たちの姿を把握できたことであろう。陸上生徒、大学生、最前線を守る兵士たちと直接会い対話をもちながら彼らの考え方を知ることができた。

青年たちの意見では、全体として日程が少しきつい、短い日程で多くのものを得ったことも良いと思われるが、量より質ということわざのように、範囲をしぼって内容の面でもう少し充実させるため時間をもっとふやしてほしい、時期や期間は今回のように四月の初めが一番適当であるということであり、これに対して沈檜孝民団中央本部青年局長は、経験と青年の意見を生かして、より充実した青年活動を展開したいとのべた。

今回の特徴として、奉仕団の中に兄弟と親戚関係にある青年と夫婦で参加した青年もあった。

また最近の話であるが、祖国ではじめて知りあってまもなく、結婚する男女もあるという。このカップルに心から祝福をおくりたい。

それと祖国で知りあった多くの青年たちが、電話や手紙などで交際を続けているのだ。これらの青年たちが先頭に立って、青年会を発展させることを願いたい。

これらの青年の意見を考えると各地方別青年活動より、全国的に青年の活動ができる機会がふえることを望みたい。

沈檜孝青年局長も、各地方本部が青年の本国訪問および研修を散発的に実施している傾向があると指摘し、青年活動を一元的に調したいと語っていることから、その実現が期待される。

来年もこの奉仕活動が行われるが、植えることは生命であり、創造であり、永遠を意味するだろう。

若い苗木が祖国の山河に根を張り、大空に向って枝をのばすことは、青年会の発展と繁栄を象徴することであろう。

おわり

金浦空港で名残り惜しみながら機上の人となる東京の青年たち

在日韓国人体育大会
7月22日奈良で開催決まる
大韓体育会で発表

在日本大韓体育会(鄭建永会長)では、去る五月五日午後一時体育会会議室で記者会見を行い、きたる七月二十二日、奈良県生駒市高山町にある三洋スポーツセンターにおいて第十二回在日韓国人体育大会を開催すると発表した。この体育大会は在日大韓体育会主催、体育会関西地方本部主管で行われ、来る十月本国で開催する第五十五回全国体育大会の予選大会をも兼ねて行われる。

同体育会では毎年本国開催の全国体育大会に参加するだけでなく、数人の国家代表選手を本国に派遣していた。

大会種目はサッカー、野球、バレーボール、テニス(ダブルス)、卓球、バスケットボール、柔道、アーチェリー、跆拳道などであるが、実施種目による参加希望者は居住地に該当する体育会地方本部および体育会本部に申込。

体育会では特に柔道、卓球、テニスの参加を望んでいる。

体育大会では民団近畿地方協議会が中心となって、韓国ずもう、リレー、農楽などの賛助出演もあって同胞社会の祭典になりそうだ。

また本紙一一二二号に発表した在米韓国体育会とのサッカー交流は、選手団、参観団共に来る十四日午後五時体育会本部で結団式を行い同日二十二時三〇分羽田発の大韓航空002便で出発する。

体育会本部および地方本部住所は次の通り。

在日本大韓体育会
港区西麻布一の一の五、オリエンタルビル8階。
電話〇三—四〇四—二七八四

関西地方本部
大阪市南区鰻谷中の町四—八大商ビル内。
電話〇六—二五一—七六四六

九州地方本部
福岡市博多駅前一の十八の十七民団福岡地方本部内。
電話〇九二—四四一—七五〇〇

愛知地方本部
名古屋市中村区廣羽町三—五六
電話〇五二—四五一—八〇〇九

北海道地方本部
札幌市南九条西四—一〇
電話〇一一—五二一—三三八一

済州道体育大会に
在日選手団五十人参加

大阪にある在日済州道体育会(朴連進会長)では、去る六月二日午後六時から、第三期第一回常任委員会をひらき、来たる七月二十三、四日の両日間済州道でひらかれる第八回済州道体育大会に役員、選手団を派遣することを決めた。

参加種目は、サッカー、バスケット、柔道、卓球、テニスの五種目で参加全員は五十人になる予定。

桜美林大学で 韓日親善講演会

去る五月十六日、桜美林大学(清水安三学長)において、『韓日親善と真実の愛とは』と題する金潤鎬牧師による講演会及び『愛は国境を越えて』の映写会が開かれた。

これは学生サークル活動の心情教育研究会が、人間の原点に立ち返って、真の教育を見つめる立場から、円満なる人格形成に不可欠であるところの愛の教育、しかもこの真実なる愛のあり方をキリスト教の精神の中に尋ね求め、学生の中に眠っている本心の覚醒を期する目的で主催したものである。

会場にはおよそ六百人近い学生が集まり、金牧師の講演は終始熱のこめられたものであった。

師は韓国キリスト教育教団の副会長であり、当大学においては、専任講師として、韓国事情講座をうけもっている。

師はここで、真の愛とは"アガペ"すなわち神からくるところの愛であることを力説、この真実なる愛に基づいて、韓日親善は推進されるものと説き、学生たちの間に大いなる感動を呼びおこした。

本国新発売の記念切手

このほど、韓国逓信部(郵政省)から、二つの記念切手が新らしく発売された。その一つは、本紙でも既報の仁川港拡張完成記念切手であり、もう一つは、五月初旬ソウルで開かれた「国際商業会議所アジア極東委員会」を記念したものである。

仁川港拡張記念切手

この程大規模な拡張工事を完了して新しくスタートした仁川港の改築工事の竣工を記念して売り出された新切手は、仁川港の鳥瞰図が図柄となっている。

東洋で最も大きく、初めての「ローリングゲート」式閘門を備えた仁川港ドックは、一九六六年四月二十六日着工され、満八年目に竣工を見た。本工事は百九十三億余ウォンを投入し、五万トン級の大形船舶を含めて二十五隻の船舶を同時に接岸させうる。

33×23㍉、10ウォン、四色グラビア

国際商業会議所アジア極東委員会、第二十二回総会記念切手

国際商業会議所アジア極東委員会(CAFEA—ICC)は七四年五月六日から八日までソウルで開催された。

国際商業会議所は一九一九年に創設され、全世界の実業人たちの熱望と、民間企業の活動により、国際間の経済協力と発展を推進させ、企業人自らが世界貿易と投資などの問題を検討し、これに対する意見を表明して、国際間の経済活動の与件を改善し、きゅう極的には世界の平和と繁栄に寄与すべく、千七百余の経済団体と、国際舞台で活躍している七千余の一般会社などで構成している世界的な大組織で、フランスのパリーに本部がある。

23×33㍉、10ウォン、四色グラビア

ラジオ韓国日本語放送番組のお知らせ

ラジオ韓国は、韓国の首都ソウルからお送りするKBSの国際放送です。当放送は一九五三年に放送が開始され、一九七三年三月韓国放送公社の発足とともにラジオ韓国として皆様に親しまれています。[illegible]カ国語で一日十八時間ずつ電波を送っているラジオ韓国は、迅速かつ正確なニュースと解説、娯楽番組など、国際間の理解と友好の増進に役立つ多様なプログラムを世界各地の聴取者に送っております。なおラジオ韓国は、聴取者皆様からの受信報告をお待ちしております。

受信報告をお寄せくださる方には韓国の風景、風俗などを描いた楽しいベリ・カードをお送りします。

時間 ＼ 曜日	日	月	火	水	木	金	土
日本語 第一回							9.640MHz
10:30〜11:00	週間ニュース	ニュース	ニュース	ニュース	ニュース	ニュース	ニュース
10:40〜10:50	KBSサロン	LBSゴールデンリクエスト	ニュース解説	ニュース解説	ニュース解説	ニュース解説	ニュース解説
10:50〜11:00	KBSサロン	LBSゴールデンリクエスト	玄海灘に立つニジ	玄海灘に立つニジ	玄海灘に立つニジ	玄海灘に立つニジ	玄海灘に立つニジ
日本語 第二回							15.3335MHz 9.640MHz
18:30〜11:00	週間ニュース	ニュース	ニュース	ニュース	ニュース	ニュース	ニュース
18:40〜18:50	KBSサロン	ニュース解説	ニュース解説	ニュース解説	ニュース解説	ニュース解説	ニュース解説
18:50〜19:00	KBSサロン	玄海灘に立つニジ	玄海灘に立つニジ	玄海灘に立つニジ	玄海灘に立つニジ	玄海灘に立つニジ	玄海灘に立つニジ
19:00〜19:15	今週の論調	ソウル通信	韓国の若い世代	文化の香り	韓国さまざま	韓国への旅	放送週間誌
19:15〜19:25	KBSゴールデンリクエスト	やさしい韓国語	韓国音楽	やさしい韓国語	韓国音楽	やさしい韓国語	韓国音楽
19:25〜19:30	KBSゴールデンリクエスト	連続朗読	連続朗読	連続朗読	連続朗読	連続朗読	連続朗読

韓国と日本の関係に新視点
日本上古史(文定昌著)抜粋と解説 (33)

倭王の祖百済 (4)

天神・地神・祖先神
古代朝鮮と倭の国神

百済人たちの気宇は高く、気品が大きく、その持つところの手ぼが広く、くわしい上、芸術と学術は独特で円熟したものであった。このとき、この対倭文化輸出、その総額は、こうした百済国のものを、百済人に依り行なわれたものである。

百済の聖王が行なう文化輸出その総額は多方面にわたって行なわれた。その第一が、倭の継体七年におくった五経博士「段楊爾」による儒教経典の伝授であり、第二が、倭の欽明十三年にはじまった金銅製仏像と仏教経典の輸出である。第三は、欽明十九年に行なわれた医・易博士・暦博士・採薬師・楽人などの大規模な人間文化財輸出である。

朝鮮族は、本来天神・地神・祖先神を祭る神社を広く普及させた。日本書紀の神武以下の各王紀にはこのことがかんだんに出てくる。

西紀五五二年冬十月、百済の聖王が西部姫氏、達率、怒利斯致契を使者として、仏像一具と仏経若干巻を送ったので、欽明王が大へん喜こんだ。

著者註—現在日本書紀のこの項目「姫」氏は、原文「解」氏の誤記であろう。姫姓は中国周王室の姓であり、解氏は百済八大姓の一つである。また日本書紀では、仏教が初めて倭国に伝わったのは、この欽明十三年だとしている。ところが、上宮聖徳法王帝説、元興寺縁起は仏教の伝来をこれより十五年前の宣化三年だとしており、扶桑略記が引用した法師伝記は、それよりも約十五年前だとしている。百済国が仏教を受入れて漢山に仏寺を建てたのが、これより百五十年前であったし、百済人たちが倭国に往来したのはしばしばあったから百済仏教の民間流伝は日本の記録年代より、はるかに早かったのではないかと考えられる。

倭に仏教が伝わったとき、物部大連、尾輿と、中臣鎌子連らが神祇を前に押しだして、国神が怒るということを主張して積極的に反対したので、欽明王は蘇我稲目大臣に対して、まず先に信仰してみるようにと命じた。

このとき倭地に悪疫が流行したので、反仏派がそのことを利用して、悪疫の流行は、仏教がはいったことに対する国神の怒りの現われであると称し、王に仏教を除くよう建議したので、王はこれに許可を与えた。勢い得た反仏派は、仏像を水に投げ込み、寺を焼打ちしてしまった。

一方、仏教側も負けて居ず、悪疫が年々広がるのは、仏教迫害に対する仏の反応であると称し、各種のデマを流布させ、仏を信仰すれば悪疫が止まると主張したので、王はまた仏教の布教を許可した。

欽明紀の十五年二月条には「百済国が…僧、曇慧等九人を僧、道深等七人と交替した」とあるので、排仏・信仏の論争の最中にも百済の僧侶たちがぞくぞく倭地に浸透して、寺などが建ちはじめた。

仏教伝来による倭の混乱
蘇我物部両氏の対立激化

このような中で蘇我稲目が死に、その息子の馬子(うまこ)が大臣となった。馬子大臣は、自宅に仏殿を作るなどとして、一そう仏教に力を入れることとなり、百済国は僧、造寺工などをつぎつぎと送り込み、高句麗からも僧が渡って布教活動をはじめた。

さらに倭地内の高位の百済人子女たちが出家し、百済国を聖地として崇礼し、修道するなどした。このために、仏教はここで、百済と倭をより一そう密接な関係にさせることとなり、そのつながりをかたくする仲介役的な政治勢力として登場することになった。

敏達十三年(五八四)にまた悪疫が流行した。物部尾輿が死に、その息子の守屋が大連となった。守屋大連はただちに敏達王に「いま病気がはやるのは、蘇我大臣が仏教を大きくしたためのたたりだ」と訴えた。敏達王はそれを聞き入れて「処断してよい」と許した。物部守屋は自ら寺に入って仏殿、仏像、仏塔などを焼き、尼僧たちを捕かまえて行き、尼服をはぎとり、むち打ったのち監禁してしまった。

(つづく)

解説

前回の解説で、著者文定昌さんがサンケイ新聞社からの電話に答えた内容の、サンケイ新聞の記事を紹介した。文中にもあったように、高松塚古墳の壁画は文さんの主張を裏付けるように、正に高句麗そのものであった。

高松塚古墳は、古墳の規模としては非常に小さい方だといわれている。そして、被葬者については、さまざまな推測が行なわれたが、結局、結論として確定的な人物を探すことはできなかった。しかし当時、多くの学者が発表した種々のデーターを総合判断して、解説記者は、被葬者について一つのイメージを持った。

高松塚古墳の主について、古墳発見当時、その時代のナンバー1、2以下の人物の比定が試みられたが、記者の記憶するかぎりナンバー1、即ち「天皇」の古墳ではないか、という推測発表は無かったように思う。

ソウル大学校文理科大学の金元竜教授は来日して高松塚古墳の中を見られたあと、記者に次のように語った。「壁画の実物を見て、その壁画が、如何に丁寧に描かれているかを知った。頭の毛一本、眉(まゆ)毛の一本に至るまで、被葬者に対する尊敬と追悼の心のこもった画き方であると思った。高句麗の絵師が、異民族の壁画を画いたという感じではない。これは写真では判らないことだった。また、被葬者は、高位の人ではあるが実権を持たない人、明治時代の大名のような、そんな立場の人ではなかったかと思っている。絵は正に高句麗的ではあるが、しかし百%ではない。何か、日本的な、または日本化する道程的なものが感じられる」

金元竜教授の、学者としての目で見たこの感想は、非常に重要な意味が含まれている。被葬者の身分を判断すると、一、高句麗または百済系の人である。二、高位の人である。三、敬われた人である。四、日本での年月が大へん永い人である。となるのである。

これで、充分に文定昌さんの論文は実証されたことになる。だがこれだけでは不十分な面もある。それは、どの程度の高位の人か、という問題が残るからである。そして、それを解決する重大な事実が、実は、あの古墳の中にあったのだ。次回にそれを見ることにする。

金元奉記者

文禄・慶長の役

壬《イム》辰《ジン》倭《ウェ》乱《ラン》私録 (2)

西厓柳成竜の三男「柳袗」の乱中体験記

金竜煥 画

難民官家を焼く

三、四日のあと、ある者が来ては、倭がすでにソウルを占領したからには、いつここに押し寄せてくるか知れないと言いながら心配した。彼は、松葉で屋根をおおい、その上を苧生でかぶせたら、倭賊が通り過ぎても人気を気づかれないかも知れないと言った。彼はそれまで倭賊を知っていない様子だった。

ある日、訓読(訓練院の従九品武官職)を務めたことのある許氏という人が尋ねてきたが、彼は伯父にあいさつを丁寧にしたのち、涙声で、

「大奥の家族をひと所に連れておられるのは危いことでございます。もしも倭賊にでも出会うものならどうなされましょう。なるべく多くの地域に疎開させるのが賢明でございます。不肖は幼い時分から大監様のお陰で難なく過ごしたものですが、ご恩返しのつもりで、大監様の令息たちをお任せ下さるとすれば、不肖命あるかぎりお供したいと思います」

と願い出た。

彼の申し出に感じ入った伯父は、長兄と私を彼に任せようとした。

ところが伯母はこれを知って、「幸いに彼らが無事だったらまだしも、万が一にも不幸な目に会うとしたらどうしますか」と言われながら必死に反対した。

父が別れの際、わたくしたちを伯父にあずけた以上、一緒に居ながら生死を分かつならともかく、もし彼につけてやって、不幸にでも会ったら困るという話だった。さらに、強いて彼にあずけるなら、そして彼には私をあずけるのがどうかという心構えだった。

伯父は伯母の意見を受け入れ、彼に私をあずけることに決めた。

私は彼が乗ってきた牛に乗って道を発った。たまたま義兄の官家を通り過ぎる際、難民たちが官家の財宝と穀物を掠奪し、官家を焼きはらっている光景を目撃した。通りの人たちは、ソウルに倭賊が侵入したことをひそひそと話し合っていた。

わたくしたちは道を急いだ。楊州「スクタン」という所に、義兄(李文英)が姉と彼の母と一緒に避難したと聞いて、さしあたって義兄の許に行くことにした。

義兄の家もすでにあき家

しかし、ソウルを倭賊が席巻したとの噂が広まったため、どの人家も空いて人気がなかった。義兄の住処を尋ねる由もなくあちらこちらをさまよっていたところ、突然、山の方から二、三人の下僕が駆けつけて来てあいさつをしたのち、

「進士様が今朝スクタンへ発たれる時、小人どもをここに残るようにし、もし畿湖からだれかが尋ねて来ればお連れするよう言い付けられました」と語った。

彼らの話にしたがって峠を越え、およそ十里(四キロ)ばかり歩いたところ、山峡に二、三軒の農家が見えた。しかし、ここも道からは程近い所だった。

義兄と姉は非常に喜んで迎えてくれたばかりでなく、私を再び許訓読に任せようとしなかった。許訓読は心から名残り惜しむ面持ちで、

「不肖の居所もここからほど遠くはありませんので、たびたびお目にかかるつもりでございますが、もしも倭賊がより近辺に押し寄せるようなら、もっと遠くに避難して下さい」と言い残して去って行った。

○敗戦の悲報

五、六日後のある日、李進士と一緒に家の前にある胡桃の木の下に坐っているところへ、南方の峡谷から冠もかぶらず、履物は脱ぎ捨てたまま袖をまくりあげて走ってくる者がいた。大へんいぶかしかったのでそのわけを聞いたところ、彼は息も切れ切れに、

「わたくしは副元帥申恪の兵ですが副元帥が、あの山越しの野原で倭賊に敗れて逃げたため、軍卒も一人残らず散り散りになりました。倭賊たちは間もなくこちらへ押し寄せるでしょう」と答えた。

びっくりした李進士は、すかさず奴婢を呼びよせいち早く荷物をまとめるよう言い付けた。そして老母と先だって北方の山に登った。

李進士の外祖父南宮判書(南宮枕)、外祖母李氏、母の南宮氏も一緒だったが、みな山を登るには老い過ぎていた。そのほかにも姉、子どもたち、奴婢など、一行は四十名あまりだった。そのうえ近所からの避難民もたくさんあつまったので、山はそれこそ白衣でおおわれているようだった。

下僕漢洙は、これでは困るとでも思ったのか、

「小さな山にこれほどおおぜいの人が集まれば、遠くからも見分けがつき、もし倭賊でもやって来るとすれば大変だと思われます。夜になったら家に下りて一泊し、荷物をまとめて明日の明け方、江原道地方に発つのが賢明な策と思われます」と李進士に申し上げた。

李進士は彼の申し入れをもっともな話だと受け入れ、その夜すべての荷物をくるめ翌日の夜明け方江原道への道を急いだ。

ちょうど城門を外れたとき、ほのぼのと夜が明けてきた。

韓國新聞

在日大韓民国居留民団中央本部機関紙
韓国新聞社
発行人 尹達鏞
東京都文京区春日2丁目20－13
電話 直(815)1451～3 交(813)2261～5
振替口座 東京 163774
本国連絡所（民団本国事務所内）ソウル特別市鍾路区門成洞 政府合同庁舎四階
電話 73－0162・0165

民団綱領

一、われわれは大韓民国の国是を遵守する
一、われわれは在留同胞の権益擁護を期する
一、われわれは在留同胞の民生安定を期する
一、われわれは在留同胞の文化向上を期する
一、われわれは世界平和と国際親善を期する

青年は祖国統一の原動力

青年会地方本部年内結成急ぐ

第2回全国青年部長会議ひらく

民団中央本部青年局（沈鶴孝局長）主催の第二回全国青年部長会議がさる六月十、十一の両日、熱海市の松涛館において開かれた。この日の会議には二十七県の民団地方本部から三十四人の青年部長および青年次長、中央からは尹達鏞団長、呉敬福事務総長、朴性鎮法的地位委員長、大使館からは奨学官らが参加し、沈鶴孝青年局長司会で当面民団が抱えている青年問題に対して各地方の実情が述べられた後、問題解決のため自由討論が活発に交わされた。

中でも一番の課題は青年会中央本部結成であるところから、この問題をめぐって各地方本部の青年部長は中央本部が青年会中央本部結成のため、より強力な態勢で推進するよう要請、それが結成されたとき青年会の自主性をどこまで認めるのかと民団中央の見解を求めた。

これに対して呉敬福事務総長は青年会の運営および活動は、青年会宣言、綱領、規約の範囲内で自主性を保障し、その上で積極的に後援すると約束した。次いで沈青年局長は青年会中央本部結成は青年会地方本部結成が先決であり、過半数以上の地方で青年会が結成されれば、直ちに中央本部結成にのりだすものと前提きし、今年中に全地方本部結成を目標に強力に推進したいと決意のほどをひれきした。

会場には、金仲範建国大学教授と張聡明民団中央専任講師も招かれて特別講演が、聴衆の共感を呼んだ。

"すべての知識と青春を祖国にささげよう"

統一指導方案

青年育成に関する指導方案が今日まで地方別になっていたが、今度始めて青年局から統一指導方案が出たのは青年会発展の一端を物語るものとして注目される。この方案をめぐって討論した結果、青年局原案通り地方本部が受け入れることを決定した。決定された活動方針は次の通り。

一、在日韓国青年は祖国統一の原動力としてそれを推進する先鋒隊になる

①韓国政府が祖国統一の前提案として「南北不可侵条約」を北韓に提議したが、北韓はこれを拒否した。われわれは本国政府の正当な提案を北韓側が受諾するまで促求運動を展開する。

②北韓の偽装された平和攻勢と態度に対して、われわれはこれを糾弾し予防する。それに従う朝総連の陰謀と策略を粉砕する先鋒隊になる。

③韓国の安保と繁栄は韓国民の至上課題である。一部の日本国民と日本マスコミの無責任な偏見的報道に対して、われわれはこれを糾弾し予防する。

④祖国で展開している「セマウル運動」に、われわれ在日韓国青年はわれわれが持っているすべての知識と青春を祖国にささげる。

激励辞のべる呉敬福事務総長

二、在日韓国青年は在日韓国人の権益擁護と地位向上、そして協同団結する課業を遂行する役軍になる

①われわれは在日韓国人社会の先鋒隊であり、将来の指導者である自覚の下で、いつでもわが社会を指導できるように実力培養と体制確立に努力する。

②われわれの先祖が日本史上に寄与した偉大な業績と日本文化の源流が韓国文化である点を高く評価し、われわれの存在価値と在日生活権の意義を正しく認識する。そして日本国民の不条理な民族差別観を打破するため努力する。

③われわれの父母と先輩たちが苦難の中で作りあげた貴重な遺産と土台を継承しより一層の生活向上と国力培養を期する実践的な運動目標に注力する。

三、今後日本で居住する韓国人としての姿勢と態度

①われわれが抱えている法的地位と処遇問題を正確に把握する。在日韓国人半数以上が永住権を持っている。われわれは参政権を除くすべての法的地位を日本国民と同等に待遇せよと言う主張を貫徹させる運動を積極推進する。

②われわれは善良な国際人として日本に居住している限り、日本国の法令を遵守することは勿論、義務を忠実に守る。その上でわれわれの権利を正当に主張しなければならない。

四、日本社会の精神風土の中で生れ育った在日韓国人二、三世に民族教育を実施する

①民族には言語があり言語には必ず固有な文化と、それに伴う民族精神がある。同じ血統を受けた同胞といえども民族の言葉を知らなければ民族固有の精神と思考、また民族本来の自主心と独立心は培養されないことはもちろん、その民族の将来に明るい希望も期待できないだろう。

②民族の生存与否は団結のみであり、民族的団結は民族意識に目覚ませる。

また、民族を理解するためには民族教育が必然的であり民族教育のみに民族の生きる道が具現される。

③従って、民族としての自己を発見するためにも民族教育は必要である。

われわれはこれを「民族の再確認運動」と呼び積極的に推進する。

青年との対話を積極的に

尹中央団長記念辞要旨

尹達鏞団長の記念辞の要旨は次の通り。

青年問題に対しては経験もあり実情もよく知っている。民団の混乱は民団幹部と青年たちとの対話がなかったためである。今後は青年との対話を積極的に持ち、青年の意見をより積極的に民団運営に反映させなければならない。今日の青年層にはあまりにも強い個人主義が充満していると感じられるが国家、民族を離れて個人主義は論じることができない。すべての物に母胎があるように、われわれにも母胎がある。在日韓国人の母胎は民団であり、民団の母胎は大韓民国である事実を自覚しなければならない。（後略）

熱烈な討論の全国青年部長会議

韓国人として民団員として

呉事務総長激励辞要旨

民団課題として一番重要な事業は後進の養成である。日本で生れ育った青年を今後どうするか？ この解決のためには、これらの青年に五千年歴史を持っている先祖の文化と風習、国語等を教え韓国人として認識させるのみである。

中央執行部をはじめすべての民団幹部が青年会問題を重大に考えている。この会議では青年関係諸問題に対して充分な討論をし、その結果を地方に反映させるため努力することを願いたい。青年問題解決にどんな障害があろうと、われわれはすべての二世、三世の青年を韓国人として、また民団の団員として育成しなければならない。そのためにも活動家である青年部長の努力を期待したい。

時事漫評

必要な均衡

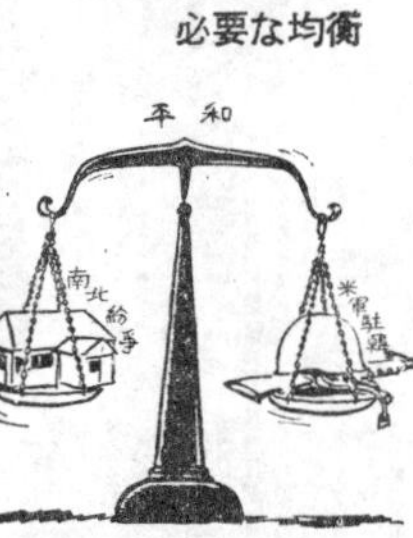

金竜煥

解説

選挙法違反事件に関する金大中氏召喚の真相

ソウル刑事地方法院（裁判所）合議九部（裁判長＝朴忠淳部長判事）は六月一日、前新民党大統領候補金大中氏に対する大統領および国会議員選挙法違反事件審理のために、五日午前十時、ソウル刑事地法（地裁）に出頭するよう同氏に出席要求書を発送した。

金大中氏の選挙法違反事件というのは、一九六七年と一九七一年の大統領および国会議員選挙にあたって、同氏が「虚偽の事実」を流布し、「事前運動」を行なうことによって、大統領および国会議員選挙法を違反した疑いで、身柄不拘束のまま、ソウル地検によってソウル地裁に起訴されていた事件を指すものである。

ところで、今回ソウル刑事地法が金氏に出頭要求書を発送したのは、決して新しい事件の発生を意味するものではなく、同氏がこれまで地法の審理に出頭しなかったため、七年間も懸留されたままに残っており、共同被告である梁一東、金綱一両氏まで、公判遅延による被害をこうむっていることから、同事件を一日も早く終結させるためのものに過ぎない。このような裁判所側の意図は、同事件の起訴内容が、過去の判例からみても、重刑に相当する性質のものではないことからも、十分に納得できるものであり、事件の早期終結は、同氏自身のためにも、かえって望ましいことであるはずである。

参考に、被告事件の内容、裁判の進行状況、召喚の経緯などを列記すれば、つぎのとおりである。

一、被告事件の内容

①一九六七年の第六代大統領選挙の際、全州で「共和党は有権者の胸にリボンをつけさせて、投票場に連れていく計画をたてている」と、「偽計詐術」を使用するとともに、「虚偽の事実」を公表した疑いで、同年八月三日、大統領選挙法違反のかどで不拘束公訴が提起された。

②一九六七年の第七代国会議員選挙に当って、木浦で、金炳三氏（共和党候補）は安斗熙（金九殺害犯）と氏族だとして、「金九先生を殺害した」と、「虚偽の事実」を公表した疑いで、同年九月六日、国会議員選挙法違反のかどで不拘束公訴を提起された。

③一九七一年の大統領選挙に際して、選挙公示が行なわれる以前に、十四回にわたって全国各地で「四大国保障論」などの政策を提示、支持を訴え、「事前選挙運動」を行なった疑いで、同年七月二十六日、大統領選挙法違反のかどで、梁一東・金綱一両氏とともに共同被告人として不拘束公訴が提起された。

④一九七一年の第八代国会議員選挙の際、十二回にわたり全国各地で「共和党が百二十万票の不正投票を行なっている」など、「偽計詐術」を使用し、「虚偽の事実」を公表した疑いで、同年七月二十六日前項とおり公訴が提起された。

二、裁判の進行状況

①公判

イ・一九七〇年六月二十二日、第一回公判開廷、被告人欠席（弁護人延期申請）。
ロ・一九七〇年七月六日、第二回公判開廷、被告人欠席（弁護人延期申請）。
ハ・一九七〇年七月二十日、第三回公判開廷、被告人出席、事実審理。
ニ・一九七〇年八月十七日、第四回公判開廷、被告人欠席（弁護人延期申請）
ホ・一九七〇年八月三十一日、第五回公判開廷、被告人欠席（弁護人延期申請）

②併合審理決定

イ・五回にわたって、金大中氏単独事犯に対する公判が続いたが、一九七一年七月二十六日、新たに金大中、梁一東、金綱一ら三氏が共同被告人として、大統領および国会議員選挙法違反事犯に追加起訴された。
ロ・そこで裁判部は、一九七三年二月二十二日、前回の公訴事実と追加起訴事実を併合審理することを決定した。

三、召喚の経緯

①一九七〇年六月二十二日から同年八月三十一日までの間に、五回も公判日を指定被告人を召喚したが、うち一回出席して審理に応じただけで、弁護人を通じて公判延期申請を行ない、つづけて出席しなかった。②一九七三年二月二十二日以降現在に至るまで、金氏が召喚に応じなかったことと、同氏の海外滞留などにより、裁判が不可能な状態に落ち入っていた。

③このような事情から、同事件は選挙法違反事件の中で唯一の長期未済のままになっているため、裁判部としては早急に同事件を終結させる必要に迫られ、召喚するに至ったものである。

以上、これまでの経緯でわかるように、今回ソウル刑事地法が金大中氏を召喚したのは、一九六七年から七年間も未済のまま懸留中の選挙法違反事件を終結させようというものに過ぎず、新たな事件の発生を意味するものではない。したがって、金氏の召喚は、金氏に対する迫害どころか、かえって、早期終結により金氏自身はじめ、共同被告人の梁一東、金綱一両氏のためにも有益な措置であったといえる。

口よりも実践を…

三世が民団隊列に

＝東本三機関・事務部長会議＝

民団東京本部（金致淳団長）では管下各支部三機関、事務部長並びに傘下団体役員合同研修会を、七日午後二時から熱海のホテル・ニューアカオで催した。

この研修会は、金致淳執行部が誕生して初の催しであるだけに二百余人の支部・傘下団体の役員が参加し盛況を極めた。

国民儀礼のあと、尹達鏞中央団長の「朝総連の対民団百二十日間破壊工作を徹底的に粉砕する」という激励辞がのべられ、ついで金永善大使があいさつの中で、韓国の民主体制の特殊性・驚異的な発展をつづける経済・輸出の伸長・北傀の赤化野望を封じるための挙国民的態勢等々に言及、約一時間微に入り細にわたって説明し研修会を一層意義づけた。

つづいて金致淳東本団長から新執行部の活動方針の説明に入り、「これからの民団は口よりも実践をもって、朝総連の百二十日間運動を粉砕するため、内部態勢を八月十五日までに完了する。そして、二・三世青年が民団隊列に参加すること、婦人会の積極的な協力を要望」した。

特別講師として、朴載宗僑務と呉敬福民団中央専任講師による講演が行なわれ役員たちに深い感銘を与え、七時ごろ研修会は終り、同三十分ごろから懇親会に入り和やかに団結を誓いあった。【写真下は盛況を極めた民団東本管下三機関・事務部長会議】

高知で全役員が青年層

38回四国地方協議会開く

民団四国四県の連絡会議である第三十八回四国地方協議会（事務局長・尹奇炯香川県団長）が、さる九日午後一時から民団愛媛県本部（朴炳憲団長）で開かれた。中央本部から李福南総務局長、駐神戸領事館から姜鉄九領事が来賓として出席、あいさつがあったあと議事進行、各県本部の活動報告ならびに議案が討論され、同五時頃散会した。

なお高知県本部（徐仁泰団長）は次のように注目すべき事業内容の報告をした。①民団役員を全員青年層に交替させた（将来の幹部育成の一環として）。②民団員全員の家庭の戸別訪問を実施中である。③商工会の内容充実をはかるため、理事陣の改編、義務金納付の強化などの改革を行ない、将来信用組合発足を期す。④協定永住権取得者中、まだ六十人が民団に入団していないが、数カ月以内に全員入団させるための運動を展開している。⑤月例役員会を開催しており、⑥明年三月を目標に、韓日親善協会結成を促進中である。

韓英洙議員

民団中央礼訪

本国の韓英洙国会議員（無所属・国防委）がさる六月十三日民団中央本部を訪れ尹達鏞団長と懇談した。

なお、韓議員は尹団長から民団の課題である中央会館建設に全団員が努力しているという話を聞いて、民団の歴史的事業に協力したいと語り、その一助にと金一封を寄贈した。

中央会館建設費の一部前納

三多摩本部

民団三多摩地方本部（鄭鳳基団長）はさる六月十三日、中央会館建設費七十万円を東京商銀口座を通して建設委員会に入金した。

三多摩本部の配当金は五百八万円で入金したのはその一部である。

中央会館建設委員会事務局長は、全国組織が会館建設のため誠意を尽しているがその努力が、期限である八月十五日までに、完納されるよう希望していると語った。

団長に李七斗氏

横浜支部総会

民団横浜支部は、六月二日、横浜商銀三階ホールで第二十七回総会を開いた。来賓は駐横浜李元錫領事、同梁風錫副領事、民団神奈川県本部朴成準団長。新支団長に李七斗前支団長が再選、議長に崔竜若氏、監察委員長に徐泰玉氏がそれぞれ当選した。

照点

ソ連の文学者ソルジェニーツィン氏の西ドイツ亡命に次いで、今度は同じソ連のレーチキン大阪外語大教授がアメリカへ亡命した。またまた胸のすくような思いのこの壮挙に快哉を叫んだのは私だけではあるまい。▼しかも両氏亡命の共通点は、いずこも同じデモクラシーを標榜する「自由国」だという事実である。ところがこの亡命をとりまく日本人の反響は必ずしも同一ではない。▼朝日新聞の「声」から拾って見ると「義務を忘れた亡命」と題した一文では、レーチキン教授が「ソ連の指導者たちが一般市民の意見を聞こうとしなかったからだ」と言ったのに対し、ソ連の一市民としての行為が軽率に感じられる。最高の知識人であり、国民のもう一方の指導者であるはずの教授として、政治を良くする義務と責任を忘れて、権利を主張するのはけしからんと言う主旨である。▼果たしてそうだろうか、ソ氏をふくめて鉄のカーテンの中のがんじがらめの弾圧政治に抗し切れずに、自由を求めた行為に対し、義務と責任をなお追求することは苛酷なことではないだろうか。レ氏の場合、罪があるとすれば、圧政に反抗する力が足りなかったことであり、ソ氏と違って亡命しやすい外国に居たということが幸いしたということだけであると私は思うがどうか…▼同じ「声」欄でもう一つ「レーチキン氏の味わい深い言葉」と題した一文は、毛沢東と田中首相の例をあげたあと、「中世の日本では、だれもがお互いに教師であるとあえていた。ところが、民主々義国家だというわが国では、政府は自分が全国民の教師であると考え、だれのいうことにも耳をかさない」とのレ氏の言葉が味わい深いとしている。そしてレ氏が、現在の日本にふれず、中世の日本を持ち出したところに、ただ単にソ連への批判だけでなく、私たちにも何かを暗示してくれたものと思うが…と讃辞にうけ取っている。▼一心同体であるはずのいい二つの対照としてここに考えて見たい。▼レ氏の自由への脱出により、ある日突然に裂かれ、右左へと別れて行った。夫妻の別離は断腸の想いであったかも知れない。アンナ夫人は、遥かなるロシアの空の下で『わが愛、わが夫』の身を案じているのだろうか。▼それにひきかえ、わが方の金大中事件はいつ果てるともなく尾を引いているのは歎かわしき限りである。彼の祖国、国民に対する誹謗、無責任、うらぎりの国辱的な利敵行為はとても許されるべきものではない。断罪あって然るべきである。前記のソ氏やレ氏が死をかけて求めた「自由」の尊さは、たしかなものであり骨肉にしみ入る共感を覚える。間違っても金が弄している『自由の主張と保証』とは本質的にほど遠い（P・9）

韓・サウジ間の経済交流積極化

セメント長期供給合意
沈・タ商工次官会議で精油、貿易合作も具体化
今年中に20万トン輸出を計画

沈宜煥商工部次官は、10日午前、マムド・タイバ・サウジアラビア商工次官と50分間会談し、両国間の経済協力および通商増進法案に関して協議した。沈次官とタイバ次官は、商工部次官室での会談で①麗水精油が、慶南温山で建設を進めている年産15万バレル規模の精油工場に対する、サウジアラビアの合作投資、②韓国がサウジアラビアで建設することを計画中のペイント工場および鋼管製造工場の進出問題、③韓国建設業体の対サウジアラビア進出への協力④韓国・サウジアラビア合作貿易会社の設立などに関して具体的に協議した。

沈次官とタイバ次官は、また、サウジアラビアへ、セメントを長期供給することにし、一応今年中に20万トンを輸出することにした。

この日、両国次官間で協議された経済協力および通商増進問題は去る5日、張礼準商工部長官を団長とする中東経済使節団がサウジアラビア政府と暫定的な合意をしたもので、このたびの両国次官会談で具体的な協力方案を論議したものである。

張礼準商工部長官招請で、去る9日来韓したタイバ次官は、外務部長官および次官、企画院次官などを訪問し、双竜セメント、現代造船、蔚山工業団地、金星社、大一〔…〕子業業など、国内産業界を視察後、13日、離韓する。

韓国にはセメントの原料が豊富で生産の伸びはめざましく国外へ輸出される良質のセメントは引く手あまたである。写真は江原道にある双竜セメント工場。

海外建設事業110%に伸張
21地域に23業体が進出

韓国は今年に入って海外建設事業への進出が盛んである。五月末現在二十三の建設業体が二十一地域に進出、総額七、九二一万九千ドルの契約をした。建設部によると、この建設契約は昨年同期契約額三、六三七万七千ドルに比べ一一〇%の伸張率をみせている。地域別ではマレーシア二、三三六万一千ドルでトップ、フイリッピン一、九七六万二千ドル、インドネシア八〇二万五千ドル、グァム島三一四万二千ドル、ベトナム一〇九万三千ドル、米国信託統治領四五〇万ドル、濠州二六〇万九千ドル、ヨルダン一三三万二千ドルとなっている。今年になって五月末現在各地域に建設契約により進出している建設企業は次のとおり。

△(沖縄含む)=漢陽建設、三陽浄水、祁和設計 △ハバナ=新韓振興工 △グァム=現代建設、進興企業 △インドネシア=三煥企業、大林産業、国際実業 △マレーシア=高麗開発、大林産業 △フイリッピン=南光土建 △ベトナム=大林産業、共栄土建 △シンガポール=新韓振興工 △ヨルダン=南光土建 △サウジアラビア=大林産業、韓〇開発 △タイ=現代建設 △濠州=現代建設 △ニューギニア=現代建設 △クメール=共栄建設 △ブルネイ=大林産業 △太平洋地域=東洲土建

18日から 韓・中経済会議

第九回韓・中経済閣僚会議が十八日から二十二日までの五日間ソウルで開かれることになった。韓国からは太完善副総理兼経企院長官、自由中国側から孫運璿経済部長が各々首席代表として参席、資源および原資材の共同開発、鉄鋼、繊維、食品加工など特定産業分野の協力、それに通商拡大並びに貿易不均衡の是正問題を含め広範な経済協力方案を協議する。

75年に6億株
自力造林・産業樹林に優先

山林庁は一日、75年度植木計画を確定した。これによれば国民植樹期間を今年より、10日早めた、3月20日から4月20日までととらえ、この期間内に17万千ヘクタールに6億2百万本の各種の木を植える計画である。

山林庁は、治山緑化10年計画の第3次年度である75年を培林業化の年とすえた。

この計画は、自力組合、特に産業造林など義務造林を最優先とし山地所有主の造林・融資造林・補助造林などを一旦おえた後5年間、立入りと通行を禁ずることにした。

山林庁は、適地適樹のため資源調査研究所を動員して大規模の土壌調査にすでに着手した。

これとともに市・郡は来る10月末まで、道は十一月末まで造林予定地を確保し、これを報告せよと指示した。

今年は一部地方の苗木渋滞などにともなう苗木不足をうめるために、全国二百個村に50万本ずつを支援「イタリア・ポプラ」など繁殖が容易な樹種を選択して一村落養苗」として生産するようにすすめることにした。

北傀、ミサイル艦を導入
国連側 停戦委で 20余新型装備写真公開

軍事停戦委員会第3百51回本会議が、7日午前11時、共産側の要請で板門店で開かれた。国連軍側首席代表マクロド少将は、この日北韓で発刊された各種の出版物と軍事力に関する権威ある国際刊行物から抜粋した休戦協定後に北傀が不法導入したOSA級誘導弾発射艇など20余種の新型装備写真を示しながら、北傀の軍備増強を非難した。

マクロド少将は、特にOSA級誘導弾発射艇一隻は73年11月4日から8日までに、外国船舶(パブロスク号)によって東海東北海岸から南海をへて、西海北韓領海である西北海岸に引かれる場面が写されたと指摘された。

マック少将はOSA級の外共産側が不法導入した20余種、新型武器を列挙し、「これを停戦協定当時は勿論、その後、数年間北傀が保有していなかった戦争武器」と指摘し、「北傀は、このような違反をかくそうとする主張と停戦協定と関係の無い宣伝をくりかえしている」とのべた。

マクロド少将は、このほか「国連側が過去に提議した非武装地帯の平和的な利用と共同警備区域内の警備要員武装解除案件を誠意をもって討議すべきである」と促し、「去る2月15日、西海領海上で北傀から拉致していった水原33号と漁夫14名を速やかに送還せよ」と要求した。

この日、板門店にあらわれた南北韓記者間には、北送在日同胞の日本人妻が送った哀切な手紙内容が話題となった。

北韓側記者が、はじめは「手紙の内容は、すべて虚偽であり謀略宣伝である」とのべ「高度に発達した日本で居住したあと、北韓に来れば不便なことが多いとは思うが手紙に記された程度ではない。物資が不足だからでなくより多くほしいからである」と弁明した。

この日、マクロド少将が指摘した北傀の最新型導入武器はつぎのとおり。

△FROG5地対地ミサイル △SAMLET他対空ミサイル △STAX地対空ミサイル △SU7誘導発射艦 △OSA級誘導弾発射艇 △P6魚雷艇 △MIG21戦闘機 △T54・T55タンク △37ミリ対空砲 △14・5ミリ対空砲 △一五二ミリ曲射砲 △一三二ミリ(M13)ロケット発射器 △一〇七ミリロケット発射器 △K61水陸両用車輛 △57ミリ対空砲 △85ミリ対空砲

金国務総理
奇襲対備を訓辞

金国務総理は七日第三士官学校第一〇期卒業式に出席、訓示を通じて「北韓共産主義者らは武備を強化して南侵の目的で北韓同胞に軍事訓練を強行している。我々は強力な反共精神でもって武装して彼らの策動を粉砕し平和、自由、民主主義を守らねばならない。北韓は一九五〇年六月彼らが韓半島を赤化するため奇襲を強行した時となんら変っていない」と強調したあと「南北対話を一方的に中断させたうえ、多くの地下工作員とスパイを南入させ各界の混乱をひき起こそうと企てている」とのべた。

ゴム製品輸出、急増
中東地域で人気

タイヤ等のゴム製品輸出が活気をおびている。同業界によると五月末まではきもの(ゴム製品)は七千五百万ドルの輸出を果し、今年の目標一億八千万ドルの達成は確実視されている。又タイヤは千二百万ドルの輸出で年末までの目標である二千三百五十万ドル比三六%の実績をあげている。

韓・仏航空協定署名

韓国とフランスは七日、両国間の航空協定に署名、ソウル―パリ間の定期民間航空路線が開設されることになった。

第7回アジアスポーツに219名
8月15日出発、15種目で南北対決も

大韓体育会は、10日、第7回アジア競技大会選手団構成のための選手委員会を開き、第7回アジア競技大会選手団構成を15種目、2百19名(本部役員15、競技役員33・選手百71)に決定した。

一方、選手団長には、[illegible]体育会副会長が内定されたものと見られる。

このたびのアジア競技大会選抜は、体育会の当初方針どおり、量と質の両面攻勢で対処できるマンモス選手団で構成された。

このたびの選抜は、去る5・6回、大会についで総合2位堅持という目標のもと、北韓および中共がアジア競技大会にはじめて参加する関係などで、南北スポーツ対決の勝利および3位入賞可能種目を優先的に選抜した。

選手団は男女バスケット・ボールおよびバレー・ボールがそれぞれ28名で最も多く、そのつぎが射撃で26名。

体育会は、このたびの大会で陸上、水泳、重量上げなど個人記録競技よりは、レスリング、ボクシングなど個人種目とサッカー、女子バスケット・ボール、女子卓球など団体球技種目に期待をかけている。

これにともない、記録競技である陸上競技は9名、水泳は6名で少数精鋭を選抜し、ボクシングは9名、レスリングは15名、サッカーは22名など入賞可能種目に大規模選手団を派遣することを決定した。

一方、体育会は選手団を来る8月15日頃、現地へ派遣、高地適応訓練を行なう予定である。

特別寄稿

韓国における墓地制度改革

高元一

(上)

わが国の墓地は在来の慣習や儒教の葬礼規定などのため、広大な敷地を占めるようなかたちで山野に散在し、活用されるべき有用な土地が、名実ともに墓地として死蔵される率が高くなっている。国土の総合的な機能化や利用が、開発の一大指標としてとりあげられている現在、旧来の墓制は、根本的な再検討を迫られており、政府も、この問題の重大な意義を認識して「家庭儀礼に関する法律」(引用参照)を発布した。とくに葬礼における虚礼や浪費を戒めている。このような時点で、これからの墓地制というものは、一大再検討を加えられるべき局面を迎えている。それ故これからの墓地の望ましいかたちは、いわゆる現代的な葬墓形式をめざす方向に向かう。この点で、韓国の現状や風習に最も適した墓園とは何かを研究している高元一氏の所見を紹介することにする。

わが国の墓地および墳墓は未だ全国的に系統的な整理がなされておらず、その数が正確に把握されてはいないが、保健社会部が各道別に推算集計したのを見れば、墓地97万二千四百個所、墳墓、5百56万2千基となっており、当局によれば年間死亡者が全体人口の約一パーセントである30万名程度だと推算しており、全体死亡者のうち85%は、埋葬(土葬)し、15%は火葬をしている実情である。

また火葬のばあいを除けば、年間全国に約25万基ずつ、新たな墳墓が形成されているという結論となる。

また土葬のばあい、墳墓が占める敷地の総面積は七万二千余町歩にいたるが、その46・4%である3万3千4百町歩は、農耕地として活用されうる土地なのである。

当局は、このような墳墓がどんどんふえることによって、農耕地は勿論、住宅、工場などの建設と道路用に少くない障害となるだけでなく国民保健、都市計画、国土開発計画などにも、多くの支障を来している点にかんがみ、埋葬一基あたり、墓地占有面積を20平方メートル(6坪)合葬のばあい25平方メートルをこえないように規制した。遅ればせながらまことに、適切な措置といえる。

当局は、このように、墓地の占有面積を制限する一方、墓地を農耕地としては利用価値のない地域へ集中させることをすすめた。

そして、可能なかぎり火葬をすすめ、遺骨を納骨堂に安置させる方向へと墓制改革のねらいをすえている。

このような墓制改革は、一九六九年一月十六日、法律第二〇七九号で公布された「家庭儀礼に関する法律」と軌を一にするもので、以下で、家庭儀礼準則(一九七三・五・一七大統領令第六六八〇号)を概観することにする。

なお、このような墓制改革は数千年来続いてきた根強い伝統的慣習を打破するという途方もなく大きな問題なのである。

このような家庭儀礼に関する法律や墓制改革の試みが、「十月維新」の改革における主たる事業の中の一つであり、また、維新体制による強力な推進なくしては実現が難しいほどの近代化事業であることも確かである。以下家庭儀礼準則の内容のうち主な関連条項を参考に紹介しよう。

家庭儀礼準則

一九七三・五・十七大統領令第六六八〇号

第一章 総則

第一条(目的) この令は家庭儀礼に関する法律(以下"法"という)第三条第二項の規定によって、家庭儀礼の儀式の仕方に関する基準を定めることを目的とする。

第二条(用語の定義) この令において使用される用語の定義は次の通りである。

1 "婚礼"というのは婚約または婚姻から新行までの儀式の仕方をいう。

2 "喪礼"というのは臨終から脱喪までの儀式の仕方をいう。

3 "祭礼"というのは忌祭・節祀・年始祭の儀式の仕方をいう。

4 "還暦祝宴"というのは第六〇回の誕生日を記念するために行なわれる儀式の仕方をいう。

5 "主喪"というのは喪礼の儀式祭事を主宰する人をいう。

6 "祭主"というのは祭礼の儀式全般を主宰する人をいう。

第三条(挽章の使用) 法第四条第一項第五号において"挽章の使用"というのは亡くなった人を悲しんで書いた文章を、絹織物や紙などにかいて旗をつくり、柩車をしたがわせるようにすることをいう。

第四条(宗教儀式の特例) 宗教儀式にともなう家庭儀式を行なう場合には、この準則に違背しない範囲内でその宗教固有の儀式の仕方によって行なうことができる。

第三章 喪礼

第七条(葬礼祭式) 死亡後、埋葬完了または火葬完了時まで行なう祭式(以下"葬礼祭式"という)は出棺祭と慰霊祭のみ行ない、それ以外の路祭・返虞祭・三虞祭等の儀式は行なわない。

第八条(出棺祭) ① 出棺祭は霊柩が喪家または葬礼式場を出発する直前に、その喪家または儀礼式場で行なう。

② 出棺祭の式場には霊柩(棺)を安置してその横に銘旌を立て、祭壇には写真または位牌をおいて、ろうそく台・香炉・香箱を準備する。

第九条(慰霊祭) ① 埋葬の場合における慰霊祭は墓造りが終ったのち、その墓の前に霊魂の位牌を移し、簡単な飲食物をならべて、焼香・献盃・祭文朗読・拝礼の順で行なう。

② 火葬の場合においては火葬が終ったのち、霊魂の場所を骨壺にあるものとみなし、第一項に準じた順序で行なう。

第十条(葬儀の日) 葬儀の日はやむをえない場合を除いては死亡した日から三日目とする。

第十一条(喪の期間) ① 父母・祖父母および配偶者の喪の期間は死亡した日から百日までとし、その他の者の喪の期間は葬儀の日までとする。

② 喪の期間中、位牌を置く祭壇は設置せず、脱喪祭は忌祭に準じて行なう。

第十二条(喪服等) ① 喪服は特別につくることなく、韓服の場合には白または黒い服装とし、洋服の場合には黒い服装とするが、左の胸に喪章または白い花をつける。ただし、やむをえない場合はその服装を平服にすることもできる。

② 喪服を着る期間は葬儀の日までとし、喪章をつける期間は脱喪時までとする。

第十三条(服喪者) ①死者の配偶者と直系卑属は服喪者となる。

②喪主は長男がなり、長男がいない場合には孫がなる。

③死亡者の子孫がいない場合には最近親者が喪礼を主宰する。

第十四条(死亡通知) 新聞に死亡通知を掲載する場合には行政機関・企業体・その他職場や団体の名義を使用してはならない。

第十五条(運柩) ①運柩は霊柩車をもってする。ただしやむをえない場合には輿とするが、輿にはいきすぎた装飾をしてはならない。

③柩をはこぶ行列の順序は写真・銘旗・霊柩、遺家族および弔問客の順とする。

第十六条(葬儀の式順など) 葬儀における式順・喪章の規格は別紙3による。

第四章 祭礼(法事)

第十七条(祭礼の区分) 祭礼は忌祭・節祀・年始祭に区分する。

第十八条(忌祭) ①忌祭の対象は祭主から二代までの先祖とする。 (つづく)

(筆者は済州道高山中・高等学校理事長・東京中央商会社長)

京春国道辺にある牡丹公園墓地の一部

ソと北韓を招請
76年ソウルの国際図書館総会

韓国図書館協会は、7日、第42次国際図書館協会、連盟総会が来る76年8月、ソウルで開かれる計画であると発表した。

図書館学および書誌学分野の相互協力のため、一九二七年に非政府国際機構として創設された国際図書館協会連盟には、アメリカ、日本など友邦国62カ国、ソ連、北韓など共産国18カ国をすべて招請することにした。

朴大権韓国図書館協会事務局長は、中立国は勿論、共産国家もすべて招請する計画であり、共産国代表の入国のため政府に入国許可など、諸般協力を要請するつもりであるとこの日、あきらかにした。

新繊維会議開催
韓米会議終る

ワシントンで開かれていた第六回韓米商工長官会議は五日、交易増大、米国の対韓投資増進を強調した声明を発表して二日間の会議を終えた。同会議で両国政府は年内に国際繊維交易問題に関する最近の関税貿易一般協定(ガット)の措置に従って新しい繊物協定会議をもつことに合意した。同会議では又対韓基本原資材の安定供給をはかるため米国は最大の努力をする旨を約束した。

第1回 民団東京本部夏季学校生募集

第一回東京本部青少年夏季学校入校生を次のように募集する。

一、主題

韓民族の誇り

二、趣旨

韓国人でありながら母国の語文、歴史と伝統にうといというのは恥かしいことである。

韓国人としての自覚のもと心身を鍛錬し、祖国の語文、歴史と文化を体得することによって誇らしい文化民族としての自信を持って生活を営んでいくことこそ、望ましく価値あることである。

在日同胞の青少年男女が夏休みを利用し、共通の広場で民族の情感あふれる対話と民族遺産の学習に打ちこめる機会を持つことの意義を痛感し、第一回青少年夏季学校を開設するものである。

三、応募資格

(1) 東京地区に居住する満12才~25才までの青少年男女
(2) 思想が穏健で品行方正な者
(3) 韓国籍の者

四、募集人員

約一二五〇名(先着順)

五、応募期間

一九七四年六月七日~七月二五日(木)午後五時まで

六、授業時間

一九七四年七月二九日(月)~8月1日(木)まで(3泊4日)

七、場所

山中湖

八、学習内容

(1) 国語、(2) 国史、(3) 民話、(4) 時事、(5) 討論会、(6) レクレーション、(7) 各種競技、(8) フォークダンスなど

九、講師

国内外の権威ある講師陣(追って通知)

十、会費

六千円

十一、提出書類

(1) 入校願書 2通
(2) 支団長推薦書 1通

十二、提出先

民団東京本部文教部

十三、出発場所

七月二九日(月)午前10時30分東京本部事務所前(芝公園)に集合、十一時に観光バスで出発。

在日本大韓民国居留民団東京本部
郵便番号一〇六 東京都港区芝公園2-2-17
電話 四三一―二〇〇一―(五)

一世は積極的に母国へ投資せよ

李鍾鳴中央副団長、記者会見で所信

去る三月二十四日ひらかれた第三十六回定期中央大会の役員改選で副団長に就任以来、本国要路 [illegible] ミスコリア・コンテスト審査委員、顕忠日行事とこのところ、本国訪問の機会の多い李鍾鳴中央副団長は [illegible] して、ソウルで中央日報との単独記者会見にのぞみ、在日同胞による母国への投資窓口を広げるよう [illegible] 筋の注目をひいた。

李鍾鳴中央副団長

中央日報との記者会見で、李副団長は「母国の受け入れ態勢だけ固まれば一億ドル程度は集めるのに難かしくはない」と前置きしたあと「現在、日本にいる六十万同胞の財産は、おおざっぱに見つもっただけで二十兆円ぐらいだが、一世同胞たちがほとんど五十歳を越えており、彼等が他界すれば七十パーセントにもなる相続税のために、その財産は日本政府に還収する状態にある。従って、一世たちが生存中に、たとえいくらかでもその能力のある限り本国へ送金するようになれば、政府がこれを保護、整理してくれるように」と強調した。

さらに李副団長は「現在も外資導入法により母国投資の道が開かれてはいるが、国内事情にうとい在日同胞のことゆえ、政府が在日同胞の共同投資を受け入れる窓口を設け、年十パーセント程度の配当だけを保証してくれるようにというのが民団側の事業計画案」と明かした。「しかも、母国に投資したこの金の果実は、日本へ戻すことなく、母国に再投資し、同胞の二・三世たちが母国に帰る機会があれば、その時これを有効に利用する」とつけ加えた。

そして、この事業計画を具体化するために李副団長は、[illegible]

慶南祝典に2千人

大阪

在日本慶尚南道道民会（朴漢植会長）の結成記念祝典は、さる八日、大阪のサンケイホールに約二千人の同胞が参加して行なわれた。

これは関西地方を主とし、日本 [illegible]

岐阜に教育委員会

奨学金支給し、本国留学

[illegible]

新潟日韓親善協会創立一周年

[illegible]

またも北傀スパイ

愛知県で逮捕

李日学という男

[illegible]

姜慶南知事民団中央礼訪

[illegible]

九月一日から義務教育実施

民団愛知本部

[illegible]

「半島ホテル」消え42階の「ホテル・ロッテ」

[illegible]

映画「証言」全国巡映

ニューヨークにコリア・センター

[illegible]

民団本国事務所の金副所長帰任

去る五月二十八日ひらかれた全国団長・事務局長会議で来日していた民団本国事務所の金錫普副所長は、事務打合せなど公務を果たし、六月十日ソウルへ帰任した。

尋ね人

☆金允鍾さん（男・61才・[illegible]）

☆梁道源さん

☆梁道銀さん（通称・三井）

☆梁麟熙さん

☆梁麟鎬さん

☆慎昌晟さん（通称・慎田）

[illegible]

求む良縁

朴鍾善（[illegible]）

[illegible]

世界親子かけある記 (22)

ビジネスと観光と歴史・美術そして…

裵乙祚・裵慶州

シテイの存在厳然

父子三人が他国の空の下でファラオはファラオに…

ロンドン（London）ー

[illegible]

ウェストミンスター寺院

（つづく）

世界旅行に往れ

三洲物産株式会社

取締役社長　李彩雨

本社　〒160　東京都新宿区四谷三ー八　藤井ビル三階

電話（三五九）三七九一～二番

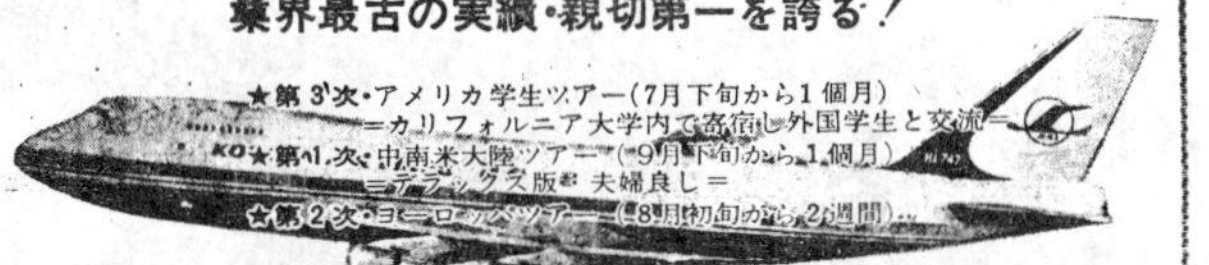

韓国 全国歴史学大会

ソウル成均館大で開く
研究論文の総数三二編

さる五月三十一日と六月一日の二日間、韓国で、韓国史学会をはじめとする七つの学会の合同による全国歴史学大会が、成均館大学校の中講堂で開催され、韓国史部、東洋史部、西洋史部、経済史部、考古・美術史部などから、総数三十二編の研究論文が発表された。

この研究発表論文のうち、全くはじめて発表された論文二編を紹介することにする。その一つはソウル大学校博物館長金元竜教授の「韓国出土の遼寧式銅剣」で、西紀前八～九世紀の遼寧式銅剣が初めて韓国で発見され、その時代、旧満州地区と韓半島の銅剣文化は共通であるというものである。もう一つはソウル大学校工科大学金在瑾教授の「亀甲船の造船学的考察」というもので、今まで一般的には、亀甲船は鉄甲船として信じられているが、種々の資料から判断して木造船ではなかったか、というものである。

紀元前8～9世紀の青銅剣発見
＝ソウル大・金元竜教授＝

亀甲船は鉄甲でなく木造戦艦
＝ソウル大・金在瑾教授＝

「韓国出土の遼寧式銅剣」　金元竜 教授

「わが国の銅剣の中で、最も旧い様式を持つ遼寧式銅剣一ふりが発見された。青銅剣の祖形ともいえるこの青銅剣がわが国で出土したことは全く意外なことで、韓半島の青銅器文化の始源を究明することので貴重な資料として評価することができる。長さが四十二cm、幅8cmのこの剣は、刃が楕円のようになっているが、中心にする「とげ」がついているのが特長である。遼寧式銅剣は、満州遼寧省12台営子の墓から発掘されたBC(紀元前)八～九世紀の遺物を称するものである。このような古式青銅剣の発見は、満州と韓半島がたがいに連関した青銅器文化を持っていた、ということを意味するものとして、これから先わが国の青銅器文化の研究に、大きな転機をもたらしたものと考えられる。

「亀甲船の造船学的考察」　金在瑾 教授

「コブックソン（亀甲船）は、船の上部をおおった蓋板以外は、ほかの船の構造と全く同じようになっている。戦船とか漕船など、わが国特有の構造をもった船は、平底船になっていた。このような船は満州式よりも速度が遅い欠かんがある。しかしわが国の船が平底船になっていたのは、地理学的な理由のためであった。すなわち西、南海の水深が浅く、干満の差が甚だしいので、船底が三角に突出しているものより、平べったい方が有利であり、また、導入うとすれば船材を曲げなければならないが、わが国にはそれの可能な木材がなかったこともある。亀甲船は、韓船の典型である板屋戦船の上部を少し改造して、蓋板をかぶせたものであり、(?)は、一方からのみ漕ぐ西洋式櫓でなく、両方から漕ぐ韓国式櫓であった。文献によれば、櫓一丁につき四人の軍兵と一人の長が配置されていたと記録されているが、壬乱のときに日本人が書いた「朝鮮記」にも「たがいに向かいあい、押して引いた」という記録があるところから、四人が一緒に座って漕いだのではないかと推測される。壬乱のあと、日本人が亀甲船をマネて日本丸を造ったが、この船は一方から漕ぐ櫓を採用している。李忠武公全書（技説）は、亀甲船の全体を明らかにできる科学的で詳細な資料であるにもかかわらず、いまだ学会で解釈が行われないまま、その価値が認められないでいる。要件だけ簡略に収録された「技説」によると、長さは64尺8寸、へさきの広さが12尺、まん中が14尺半、ともの広さが10尺6寸である。亀甲船が鉄甲船と誤認されてきたのは日本側の記録によったのであるが、技説には鉄甲船だという記録を探すことができないし、当時わが国には鉄板をリベッティングする鋲（びょう、リベット）技術が発達しておらず、鉄甲船を造ることはできない。したがって、結局亀甲船は鉄甲船でない可能性がかなり高い。荒い海上で、旋回し攻撃する近接戦に大へん有利なように造られた亀甲船は韓国特有の軍艦であったと見られる。

卓球で韓日親善に功
東本の安正璨委員長
本国で表彰牌を受く

贈られた表彰牌を前にした安さん

民団東京本部安正璨副議長は、人も知る万能スポーツマンだが、このほど、得意のピンポン部門で、本国の卓球協会から表彰牌を贈られた。

安氏は、去る三日から四日までソウル新世界体育館で開かれた体育大会に、サッカー、水泳選手五人を含むピンポン選手団を引率として参加したが、初日の三日、韓国卓球協会会長から、ピンポンを通じ永年韓日親善に尽して来た、として表彰を受けた。

なお安氏は現在自宅にトロフィーや盾牌が室中に飾られており、賞状も優勝が十六枚、二位が約三十枚、三位が約十枚あり、その八〇％がピンポンの戦績である。しかし、これらは全部日本でのものであり、本国関係のものは今回の表彰牌が最初のものとのことである。

全国少年スポーツ大会
忠北二連覇2位慶南3位慶北
在日同胞チームに奨励賞

去る4日開会を見た第3回全国スポーツ少年大会は、全国十一個市道支部から七千六百六十四人の役職選手が参加、4日間の熱戦をおえた。七日午後ソウル運動場メインスタジアムで行なわれた閉大会式典では、忠清北道が総得点2万8百7点で優勝、去年についで2連覇の栄光を手中に入れた。一方、2位は慶尚南道、3位は慶尚北道となった。在日同胞選手団は全羅南道、慶尚南道は済州チームに与えられ、在日同胞チームには奨励賞が授与された。

このたびの体育祭典は大都市勢の下落と地方勢の急上昇を示し、韓国スポーツのソウル集中が徐々にくずれている現象を見ることができる。

1－3位入賞の表彰式

噴飯しないよう注意
北傀の大マジメなナンセンス
雨が降るのも悪政の〝せい〟

さる五月二十三日の平壌放送は明らかに金日成の恥部を紹介した。その内の一つを紹介しよう。五月十八日から二十日までの三日間、韓国の全地に、例年のような初夏の大雨があったことは、読者の皆さんは先刻ご承知のことであるが、ナンともはや、これが韓国政府を打倒すべき理由になっていた。

「雨期以後の雨」と表現し、「雨の被害を受けたのは韓国の悪政のためである。水の被害から免がれようとするなら、何よりも悪政府を一掃しなければならない」。なるほど、北傀では日照り続きのあとに降る雨を「金日成元首さまが贈って下さった命の水」と表現するだけあって、自然現象までが、南の韓国でも〝金日成のおかげ〟でなければならないと考えている。ナンボなんでもとんな考え方、マッピラ御免だネ。

本国新発売シリーズ切手

「桃」と「ぶどう」

韓国逓信部から、このほどくだものシリーズ第二集として「桃」と「ぶどう」の二種の新切手が発売された。今度の切手は何れもたて型で、23×33㎜、四色グラビア刷り、一シート10入×5枚、桃図案切手は十ウォン、ぶどう図案切手は三十ウォン。

韓国と日本の関係に新視点
日本上古史（文定昌著）抜粋と解説
(34)

飛鳥の仏教文化
(1)

蘇我馬子の信仏側勝つ、崇神王が殺され排仏論者消ゆ

用明王がその二年四月に病いに伏すところとなり、群臣が集まって看病した。用明王はその席で、自分は仏法に帰依しようと思うので、群臣は相議せよ、といった。物部守屋が、これに反対したが、蘇我馬子が一救神を信仰しようとなさるのか」と反対したが、これは、蘇我馬子のなかで……

[illegible]

仏教による飛鳥文化の幕開く
物部守屋との戦勝で安定化す

〔解説〕 高松塚古墳の……

（つづく）

金元寧 記者

文禄・慶長の役
壬辰倭乱私録
西厓柳成竜の三男「柳袗」の乱中体験記
(3)

金竜煥 画

○加平員避難民を斬首

翌日、一行は水平（京畿道抱川郡水中面・東面）におもむいた。その時分、祖母は無事に懸灯寺で乱を避けていた。懸灯寺付近に倭賊が侵入したということもまことしやかなうわさだった。それは、加平員が功名を立てるため、やたらと避難民たちを斬っては、それが倭賊であると言いふらしたのが、その噂となったのであった。

それにたぶらかされて、間近なところにおられる祖母に会えなかったと思えば、ただくやしいかぎりであった。

ある所で昼飯をとろうとしていたところ、一人の僕が大声で叫んだ。

「向こうの木に死体が吊り下げられていますから、驚かないよう……」

一行がいくらも歩かない所に、果たして九人の死体がチャンチンの木の枝につり下げられているのが目に止まった。

人間の死体をはじめて見たため、それこそ身の毛がよだつ思いが消えないうえに、ポトポトと首筋からしたたる血がチラチラして、二、三日ものあいだは、全く食欲がなくなった。

夜になって水平白雲山（京畿道抱川郡）のふもとにたどりついた。朴春という人の家を訪ねたところ、はじめは迷惑そうな顔持ちだったが、次第に親密になることができた。

彼の家に五、六日間泊っていたところへまたもや倭賊が押し寄せるとの風聞が広まり、私たちは朴春とともに白雲山に避難したが、この山は非常に険しく、うっそうとしていたため、倭賊を避けるにはうってつけの所だった。

創団30年史発刊に際して

民族と国家は、その歴史を記録することによって保存されているものであり、歴史の記録を通じて過ぎし日の事どと文化を鏡として現在のわが民族の進路を期するものであります。

来たる一九七五年、民団は創団三十年を迎えることになりました。

回顧すれば、苦難の多かった過ぎし日が、……

この三十年史を、在日同胞の……

編纂委員長　尹達鏞

資料提供のお願い

……創団三十年史……古い遺物、刊行物、写真など参考資料を提供して下さるようお願い致します。

また「韓国新聞」の縮刷版（第?巻）も刊行しますので、古い「民主新聞」「民団新聞」時代の「韓国新聞」また地方の時機紙なども提供して下されば幸いです。

☆しめきりは十二月二十五日まで。

民団中央本部・創団三十年史
編纂委員会事務局
電話・〇三－八一三－二二六一～五（内線三五）

韓國新聞
在日大韓民国居留民団
中央本部機関紙
韓国新聞社
発行人 尹達鏞
東京都文京区春日
2丁目20－13
電話 直(815) 1451～3
　　交(813) 2261～5
振替口座 東京 163774
本国連絡所(民団本国事務所内)
서울特別市鍾路区吉成洞
政府合同庁舎4層
電話73－0162・0165

在日本大韓民国居留民団 綱領
一、우리는 大韓民國의 國是를 遵守한다
一、우리는 在留同胞의 權益擁護를 期한다
一、우리는 在留同胞의 民生安定을 期한다
一、우리는 在留同胞의 文化向上을 期한다
一、우리는 世界平和와 國際親善을 期한다

セマウル支援で祖国に寄與
具体推進要綱まとまる
中央、各地方本部に通達

民団中央組織局(呉敬福局長)では、今年度活動方針の決議事項である「セマウル支援運動」継続事業に関して、その趣旨と具体的推進要項を次のように管下各地方本部へ通達した。

새마을 精神
대통령 박정희

朴正熙大統領揮毫の「セマウル精神」

一、趣旨

(1) 73年度セマウル事業では、[illegible]

(2) [illegible]

(3) [illegible]を通して、われわれの[illegible]に寄与する。

二、目的

各地方本部(および各支部)で73年度[illegible]をひきつづき支援することと、個人参与として[illegible]団の[illegible]一つである本事業を[illegible]ことによって、祖国の近代化事業に寄与することを目的とする。

三、推進方法

(1) 時期
本事業期間は七四年六月二十日から九月十日までとする。

(2) 対象
(イ) 10大都市では、支流単位[illegible]

(ロ) [illegible]

(3) 規模
(イ) 10大都市では[illegible]

(ロ) [illegible]の実情に見合う最大限の努力を傾注すること。

(4) 募金処理
(イ) 信用組合がある地域は、期間中、「セマウル窓口」を設け、預金するようにし、
(ロ) 締切後、東京商銀に振込んで、それぞれの拠出者名を確認[illegible]総括送金する。

(5) セマウル指定
[illegible]

四、姉妹結縁行事

(イ) [illegible]
(ロ) 七四年十月一日(国軍の日)前後に[illegible]を行なう方針である。

日本人妻の自由往来大会　大阪

北送された日本人妻たちの自由往来実現のための関西大会が、去る十[illegible]日午後一時から大阪府立[illegible]年会館で、約[illegible]百人が集まる中でひらかれ[illegible]。
この大会で[illegible]、それぞれ[illegible]ことに決議した。

団長に鄭鳳基氏
再選　三多摩本部大会

民団三多摩地方本部では、[illegible]十四日午前十時から立川市[illegible]館で、第十八回定期地方委員会[illegible]につづき、第三十一回定期大会[illegible]

団長 鄭鳳基
副団長 [illegible]
議長 李栄年

起訴事実殆ど認む
早川　太刀川　両被告軍法会議で

日本人二人を含む「民青学連」事件被告五十四人に対する韓国の非常普通軍法会議第一回公判[illegible]部内の軍事法廷で始まった。まず今日、[illegible]被告など韓国人被告に対する人定尋問が行われた[illegible]太刀川正樹(27)両氏に対する審理は韓国人被告と分離され、同日午後第二審判部(朴炳賢裁判[illegible])に起訴状朗読、検事の尋問、弁護人の反対尋問まで終えた。

[illegible]

団長に朴秀烈氏
再選　福島本部大会

[illegible]

団長 朴秀烈
議長 [illegible]
監察委員長 [illegible]

団長に朴鍾氏
再選　山口本部大会

[illegible]

日本マスコミの偏向をつく
「不偏不党」と言うが…
死文化した新聞倫理綱領

◇現在までに、この「時評」で数回にわたり、日本の偏向マスコミについて指摘して来た。だが、それは何れも、何らかの具体的な事柄と関連して取上げたものであって、全般的な偏向マスコミに対する一般論の形で論じてはいない。つまり、マスコミの偏向とは、何をもって根拠とするかという基本的な問題と、偏向論を称える側も反対側に偏向している、という反論に対する解明もしてはいない。この与えられたスペースでは意を尽くせない恐れなしとしないが、骨子のみながら、「一般論とは何か」について論じることにした。◇

ここで問題とする論は、一部地方紙を除外し、いわゆる中央紙といわれる全国紙と、一部のTVキー局、一部の週刊誌を、必要によって名称を明らかにしつつ論じることにする。

これらの中央紙は、「不偏不党」を旗印とし、常に公平な立場で、読者にサービスする精神を持って記事を扱っていると公言している。これは当然のことで、特定政党の機関紙でないのだから、そして商業紙であるからは、そうあらねばならない。だが、それは一昔か二昔前まで の中央紙の紙面であって、現在は明らかに違っている。

まず、日中国交が樹立される段階を振返って見るとよい。支那一国であった台湾の中華民国をアッサリそでにした政府の態度に対して、それは不当であると論じた新聞はなかった。それぱかりか、日中国交がなったという ことの喜びにあふれていた。当時、台湾の内部でどのようなことが論じられ、日本政府に何をコメントして来たかということは、読者に対して、「目かくし」された状態であった。ただ国交断絶と大使館の閉鎖のみが報じられたにすぎない。

チリのアジエンデ政権が、軍部のクーデターで崩壊した時も、日本で報道されたのは「軍

[illegible]

(P.10)

光復節母国訪問団
四国地方は大阪本部に
申込変更

本紙既報、来たる八月十五日の第二十九回光復節を前にして、民団中央では各地方本部に[illegible]訪問団に関する具体的な[illegible]を通達したが、その実施[illegible]の一部を次のように[illegible]
第三地区である四国地協[illegible]各地方本部は、福岡地方本部に申請せず、第二地区の大阪本部に申請すること。従って[illegible]同地方本部は前記各地方[illegible]分を受けつけてはならない。

[illegible]

議長 李吉奭
監察委員長 李石柱
事務局長 宋在植
(七月発令)

時事漫評
増える友好

金竜煥

照点

前号につづいて再び朝日の「声」から大久保誠明さんの「韓国への奇妙な"責任"」を拝借して私見を進め、同胞諸氏と考えて見たい。
▼「在韓日本人二学生が軍法会議にかけられている。日本国民として重大な関心を持たざるを得なくなった。こうした事態を静観する日本政府の消極性は一体何に由来するのかを考えざるを得ない」とするとしても「一九六二年から一九七三年までの日本の対韓投資額は四億二千七百万ドルで、第二位の米国を二億六千万ドルも抜いている。その多額の投資の下に進出した日本の企業について、現地の東亜日報(三月九日)は、[illegible]度以上の熱い鉄を扱う勤労者たちに防熱服さえ提供しない鉄鋼会社、幼い女工たち(十四・五歳)は、電子会社などの精密機械で視力を失いつつある。[illegible]

[illegible]

金正柱 編
朝鮮統治史料 全10巻
第一巻 間島出兵
第四巻 韓日合邦(Ⅱ)
第六巻 共産運動
第八巻 不逞鮮人
第十巻 在外鮮人
韓国史料研究所
東京都千代田区飯田町二ノ五[illegible]

関東一円居住の在日韓国人大学新入生歓迎と懇談会

親愛なる在日韓国人学生の皆さん！
御入学、御進学お目出度うございます。青雲の志を抱いて最高の学府に入学され、学術の研鑽、心身の錬磨、技術の体得に青春を謳歌しつつ学業に励んでおられる皆様のご健勝を陰ながらお祈り申し上げると共に、輝かしい将来の栄進と母国の貢献に栄光あれと祈っております。
民団は皆さまの学窓生活に微力ながら少しでも協力しようと常に願っておりますが、諸般の事情で意のままにならず遅れ勝ちながら、この際、皆さんと相まみえ、共に語り合う機会をつくる運びとなりました。
ご存じの通り、祖国においては「新しい国づくり運動」「セマウル運動」等の国民的運動を通じて近代化のために韓国民が団結して邁進しております。
皆さんも学窓生活を通じて、民族文化を学び民族的自覚を持つことが祖国への寄与に通じるものであります。私共は皆様との意志疎通の欠如を痛感致しておりこれを機会に皆さんとの連繫を密にして行きたい所存であります。
皆さんは民族と国家の発展のために民団という母体を忘れてはなりません。
皆さん！ 民団を通じて団結し、祖国の発展に寄与しましょう。
新入生の皆さん！ 一九七四年度の「新入生歓迎会」を次のように開催致しますから、当日は是非ご参席して下さい。
当日は一堂に集まり語り合いましょう！
新しい入校生を迎えようではありませんか！ 新しい友を得ましょう！

記

一、日時　一九七四年七月六日(土)午后二時～八時
二、場所　東京商銀7階ホール(東京都新宿区西大久保一－四四九)TEL(03)二〇八－五一〇一
三、楽器所持の方はお持ち下さい。
母校の校歌、応援歌等を御用意下さい。
四、お問い合わせ－
本部　在日大韓民国居留民団中央本部　東京都文京区春日二－二〇－一三・TEL(03)八一三－二二六一～(五)
東京　地方本部(〇三)四三七－二〇〇一～(五)
神奈川県〃(〇四五)二五一－六二七一
千葉県〃(〇四七二)四二－四六二一
埼玉県〃(〇四八八)三一－三九五九
三多摩〃(〇四二五)二三－四八〇八

在日大韓民国居留民団中央本部
東京地方本部
神奈川県地方本部
千葉県地方本部
埼玉県地方本部
三多摩地方本部

本国夏季学校　一九七四年度生徒募集

一九七四年度・第九回本国夏季学校入校生を次の要綱により募集致しますから、各地方本部では、該当学生にひろく周知せしめ、優秀な学生を多数応募させるよう、ここにお知らせ致します。

目的…夏季休暇を利用して、日本系高等学校ならびに大学に在学中の在日韓国人学生をして、母国に対する新たな認識と愛国精神を涵養させるのを目的とする。

募集人員…男・女合わせて六百人。

応募資格…①日本系の高校、大学に在学中(正規)の在日韓国人学生。②過去、本国夏季学校に入校した事実がない学生。③品行方正にして思想穏健、身体の健康な学生。

開校期間および教育内容…昨年度に準ずるが、詳細は追って通知する。

提出書類…入校志願書(所定様式)に写真二枚添付、在学証明書、所属民団支部団長の推せん書(但し、地方本部団長の確認捺印が必要)、国民登録済証、外国人登録済証(但し、永住権申請もしくは許可番号を記入)以上各二通づつ。

志願書交付および提出先…志願書は追って郵送するが、地方本部がこれを集計して中央本部文教局に直送すること。

募集しめきり…一九七四年七月十日まで。(地方では七月五日)

出発日時と場所・経費…七月二十六日午後五時、下関港から船便、一人当り百三十ドル。

事前教育…出発前に適切なる時期をえらび地方別に事前教育を実施。詳細は民団地方本部か教育文化センターへ。

留意事項…旅券申請にあっては中央団長の身元推せん書を無料で発給するが、旅券を所持している学生はこの限りではない。

民団中央本部文教局

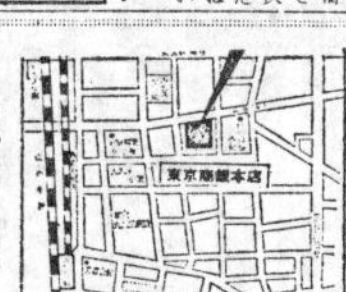

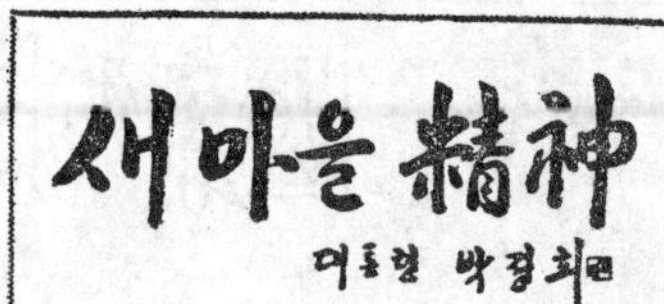

医療の国家保障体制構築へ

保健所を治療機関に

病床・救急車・診療車確保し全国医療網完備

90億投入し来年から5年計画

保健社会部は、国民全部が安い費用で医療をうけられるようにするため、75年から5カ年計画で政府が主導する全国的な医療保障体制を完備することにした。これは、経済成長にともなう国民の医療要求を充足させるためには、長期的な医療対策が必要であるとして着手されたものである。計画によれば、保健社会部は、90億ウォンの予算を投入して、年次的に予防業務に注力している全国の保健所と保健支所を治療機関にかえ、保健所・道立病院・道立中央病院→国立医療機関をつなぐ保健医療網をつくりあげることになっている。

韓国の医療は水準が高く質的に欧米に劣らない。問題は写真に見るような医療機関の都市集中である。維新保健行政は優秀な韓国の医療サービスを全国へ均等に配備充足させることをめざしている。

75年まで百％国産化　自動車工業育成計画なる

領海12海里　経済二百海里　に同調　カラカス会議の韓国代表団

農業機械化促進法　76年まで耕耘機10万台供給

大韓教育連合会　全国教育会長大会盛了

"6・25後"世代の反共教育と　維新遂行に総力ちかう

韓国案満場一致で採択　イタリア　フロレンツの離散家族再結合会議で

セマウルで自力更生　「陸の孤島」に架橋の執念実る

馬山輸出自由地域の　韓国人従業員解雇に措置

シェル試錐を前に　精密地質検査

特別寄稿

韓国における墓地制度改革（下）

高元一

最も現代的な牡丹公園墓地（ソウルから30分）

職員募集

① 高等学校卒業以上の在日韓国人男女
② 履歴書持参の事
③ 給料面談、優遇す

在日本大韓民国居留民団
中央本部総務局
☆電話八一三—二二六一（五）

季刊　新しい時代

韓・日新時代を迎えて創刊された総合誌「新しい時代」が、季刊として再発行されることになりました。両国の寄稿者と読者皆さまですこやかに育てて下さい。
六月初旬までには発行されますから下記新住所か電話で申し込んで下さればけっこうです。

代表　康清子

東京都新宿区東大久保1—338　木下コーポ302号・電話（208）.4547

公告

「在外国民の就籍及び戸籍訂正と整理に関する臨時特例法」に依る各種申請の記載要領を次のようにお知らせします。

一、就籍許可申請（所定様式で二通）

①原籍ならびに本籍　②住所　③申請人ならびに事件本人名　④生年月日
㊀申請の趣旨　㊁原因事実

添付書類

①在外国民登録謄本二通　②外国人登録済証明書二通（永住権許可者は番号記入）　③身分証三通

以上を揃え、年月日と申請者名を記入捺印し、民事地方法院長あてを明記する。

一、戸籍訂正許可申請（所定様式で二通）

①本籍　②住所　③申請人ならびに事件本人　④生年月日　⑤事件本人　⑥生年月日
㊀申請の趣旨　㊁原因事実

添付書類

①戸籍謄本二通　②在外国民登録謄本二通　③外国人登録済証明二通（永住権許可番号は番号記入）　④事由書二通

以上を揃え、年月日と申請者名を記入捺印し、民事地方法院長あてを明記する。

一、戸籍整理申請（A）（所定様式で二通）

—婚姻、認知、入養、離婚—

身分事項（例・婚姻）

①本籍　②住所　③戸主姓名ならびに戸主との関係（父母の姓名、本貫）　④夫の姓名と生年月日
▼妻の方が書く場合は
▼夫が記入する場合も右と同じだが　④の欄に妻の姓名を記入する。
㊀整理の趣旨

添付書類

①在外国民登録謄本（夫妻各一通）　②外国人登録済証明書（夫妻各一通、永住権許可者は番号記入）　③戸籍謄本（夫妻各一通）

以上を揃え、年月日と申請者名を記入捺印、市・面長あてを明記する。

一、戸籍整理申請（B）（所定様式で二通）

—出生、死亡、戸主相続、分家、就籍—

身分事項（例・出生）

①本籍　②住所　③戸主姓名ならびに戸主との関係（父母の姓名本貫）　④出生者名　⑤生年月日　⑥出生場所
㊀整理の趣旨

添付書類

①在外国民登録謄本二通　②外国人登録済証明書二通（永住権許可者は番号記入）　③出生届受理証明書二通

以上を揃え年月日と申請者名を記入捺印し、市・面長あてを明記する。

一、戸籍訂正申請（所定様式で二通）

①本籍　②住所　③戸主姓名ならびに戸主との関係　④訂正される者の姓名　⑤生年月日
㊀訂正する事項

添付書類

①在外国民登録謄本二通　②外国人登録済証明書二通　③事由書二通　④在外公館の証明書二通

以上を揃え、年月日と申請者名を記入捺印し、市・面長あてを明記する。

☆

以上、戸籍申請に関してよくわからない点があれば、所属民団支部か民団地方本部に問合せて下さい。

在日本大韓民国居留民団中央本部民生局

712

朴裁判勝訴　日立入社拒否事件

民族的差別による解雇は労基法違反で無効である

石藤裁判長

本紙既報、韓国人であるというだけの理由で民族差別され、入社試験に合格したのにもかかわらず就職を拒否され、心ある韓日両国民間に大きな波紋をなげ、その成り行きが注目されていた在日韓国青年の朴鍾碩君（23）の日立製作所入社拒否事件に対して、当事者の日立製作所（吉山博吉社長）では、去る五月十八日、同社の本社会議室（東京千代田区・新丸ノ内ビル）において、新井啓介常務取締役が記者会見し「日立が在日韓国人を差別して来たことを認め、深く謝罪し責任をとる。朴鍾碩君は昭和四十五年九月入社として、その間の給料も出したい」とその態度を明らかにした。

一方、これに対し朴鍾碩君は、同じ十八日午後一時半、東京新宿区のキリスト会館において記者会見、「韓国人として日立に入社して、社内において民族差別撤廃と、今後在日韓国人が日立で日本人と平等に勤務できるように努力精進したい」と語り、その帰すうが関心を集めていたところ、去る六月十九日の横浜地裁民事二部（石藤太郎裁判長）の裁判（特報3面記）では「労働契約は採用通知書を出した時点で成立している。在日韓国人がおかれている歴史的、社会的背景を考えると、出生以来使っていた日本名を使用したからといって、企業が解雇する理由にはならない」と、朴君の主張を全面的に認め、石藤裁判長はさらに、「しかも本件の解雇は原告が在日韓国人であることを決定的理由としているので、労働基準法第三条に抵触し民法九十条にも反し、無効である」と明言、民族的差別を痛烈に批判、日立側の採用取り消しを認めないという判決を言い渡し、韓日両国関係者たちの感銘をよんだ。

この判決により朴君は、最初からの主張が完全に認められたものとして、名実共に勝訴となった。

現実を知らずに犯した誤り
相互確認書の内容

去る五月十七日、日立本社会議室における、日立製作所と朴鍾碩君と「朴君を囲む会」の交渉の席において、双方は左記の内容を相互確認したことがある。〈朴君が一九七〇年の入社試験時に「日本名」、「出生地」を記載したことに関し、日立は、それが「虚偽の記載」であり、そのようなことを働く人間は「ウソつきで信頼できない」と、この間一貫して主張してきた。

しかし今回、朴君の上申書を読むことによって、そのような主張は、在日韓国人のおかれた現実を全く知らないために犯した誤りであると気付いた。

従って、この三年間、①こうした誤った判断にもとづいて、朴君の入社を拒否したこと、②その誤りの責任が、日立にあるにもかかわらず、「ウソつき」のレッテルをはることで、朴君に責任転嫁してきたこと、の二点だけでも、日立が朴君を民族差別し続けてきたものに他ならない二点を認め、日立は責任をとる。

右記載内容に関し、相互確認したことを署名をもって証す。

株式会社日立製作所、常務取締役・新井啓介、朴鍾碩「朴君を囲む会」呼びかけ人佐藤勝巳〉

韓国人として主体性を回復

裁判を終えた朴君は「勝ち負けは、どちらでもよかったんです。裁判をすることで韓国人として生きていこうとする主体性を回復できたことが、すでに僕自身のかけがえのない勝利です」と言葉少なげに語った。

5月18日キリスト会館で記者会見した朴君（中央）

労働契約上の権利有す

「朴裁判判決主文」

一、原告が被告に対し、労働契約上の権利を有することを確認する。

二、被告は原告に対し、金一七二万六、二二四円及び内金（慰謝料）五〇万円に対する昭和四五年一二月一七日以降支払い済みにいたるまで年五分の割合による金員、並びに昭和四九年二月一日以降本判決確定にいたるまで毎月二五日限り、月額金三万二、一〇四円の割合による金員を支払え。（三以下は略）

在日韓国青年の歌　募集

民団中央青年局では、在日韓国青年に、健全な精神をつちかい、愛国心と団結心をもりあげ、主体性と正しい価値観を確立させ、青年運動にはつらつたる気風と活力を高めるため「在日韓国青年の歌」の歌詞を次のように懸賞募集中であり、同胞の多数応募を望んでいる。

応募要領　—韓国語に限る—

1、資格・在日韓国居留民団団員（国民登録済者に限る）
2、締切り・一九七四年七月十五日まで
3、当選発表・一九七四年八月十五日
4、賞賞・光復節記念式席上
5、賞金・当選作十万円1名・佳作三万円2名
6、送り先・中央本部青年局

なお作曲は本国の著名作曲家に依託し、八・一五光復節式典で発表（合唱）することになる。

茨城本部で幹部講習会

茨城地方本部（姜永相団長）は六月十四日午後二時から大子のホテル・奥久慈で幹部講習会を行なった。

主な講義内容は、李商寅総領事（国内情勢）、朴載京信事（共産主義の内容と朝総連の謀略）、李□南中央総務局長（民団の性格と当面の活動方針）、姜□成中央専任講師（稲植時）、□鎮教育文化センター所長（李朝年代）などで、充実した講習会だったと好評である。

防衛誠金三十万円
金振玉宮崎監察委員長

金振玉民団宮崎県本部監察委員長は、去る十八日、駐福岡大韓民国総領事館に李浮総領事を訪ね、防衛誠金三十万円を伝達した。

金振玉監察委員長は、赤化統一を狙う北韓の悪辣な企図を粉砕し、自由大韓民国守護のためこれからも浄財を集め防衛誠金を醵出する決意であると語り、深い感銘を与えた。

京都商工会も百二十七万ウォン

京都韓国人商工会（尹仁述会長）では会員から集めた防衛誠金百二十七万ウォンを本国に送った。このほかにも大阪金剛学園幼稚園から高校までの教職員、生徒全員が二十二万ウォンを拠出した。

東京商銀の海外招待旅行

東京商銀（許弼奭理事長）創業二十周年記念行事が去る五月十一日盛大に挙行されたのは既報の通りだが、海外旅行招待の当選者である金正敏（東京都・杉並）さんら三十三人が十五日羽田発で二泊三日の韓国旅行の旅に上った。引率者は許理事長自らの案内で、ハワイ旅行組は七月中旬出発の予定。

林元植氏が大阪交響指揮

韓国クラシック音楽界の大御所の林元植氏が来日、大阪フィルハーモニー交響楽団を六月二十日、神戸文化ホールで指揮した。だしものは、リストの交響詩前奏曲と、ベートーベンのピアノ協奏曲第四番、チャイコフスキーの交響曲第六番であった。

浜松韓国ユース・クラブ　敬老親睦会で大きな成果

「浜松韓国ユース・クラブ」というささやかな同胞親睦グループが、話題をまいている。

「われわれ若人は、決して祖国を忘れない」という趣旨のもと、浜松地域の同胞5人が「日本に居住する韓民族に対してあらゆる面で寄与することをめざして」、手近な問題から、こつこつと7年間奉仕活動をすすめて来た、ほのぼのとした明るい話題の主人公である。

ユース・クラブだとはいえ、上は50才の呉鍾変さん（金融業）から、鶴根泰さん（自動車解体業）、朴康夫さん（飲食業）、辛光善さん（金融業）そして最年少27才の李厚さん（鉄工業）までで、68年9月3日、静岡商銀浜松支店の新築開店を機会に、積立てをはじめたが、いまでは4百万にもなっている。

毎月25日に定例会をもち、月1万円の預金をつづけているが、民団や青年会（浜松支部）の活動に積極的に参加している。

去る6月9、10日には、市内に居住する61才以上の同胞老人32名を山梨県石和温泉に招待敬老会を催したが、もてなしをうけたお年寄りたちは感謝の涙にくれたといわれる。

このユース・クラブの目標は、老人保養所の建設と在日同胞のための共同墓地造成であるという。

クラブ発展をねがう声が各界からよせられている。

ビジネスと観光と歴史・美術そして…
世界親子かけある記 ㉓
裵乙祚・裵慶州

世界の銅はユダヤ系米人に
絶対的権威のLME
自主性のない日本市場

ロンドン　Ⅱ

London Metal Exchange (LME) ロンドン金物取引所。

ここで私は、LMEについて一言ふれておかなくてはならない。なぜならこの取引所における取引情報は、世界各地の非鉄金属取扱業者(銅、鉛、亜鉛、錫、金、銀等)にはなくてはならない指標だからであり、この私も半生を非鉄業に従業に従事し、十数年以前から今日まで、東京に非鉄金属の取引所を開設しようとあらゆる研究努力を重ね、今は東京金属取引会による非鉄金属取引を毎日開設しているので、今回のLME訪問は他の誰よりも重要な関心事であるとともに、将来の東京金属商品取引所の強化推進と云う意味でも欠かせない目的でもあった。そしてまた、もっと広い意味としては、在日同胞の中多くの人が銅の商売を営み、好むと好まざるとにかかわらず、このLMEに泣かされたり、恩恵をこうむっていることとは良く承知のことなので、たまたまこの道に深く首をつっこんでいる者としてこの機会にぜひ紹介しておきたいと思う。

そもそも世界の非鉄産業（特に銅）は、その大半がユダヤ系米人の手に握られている。そして銅の歴史は、PP価格（産銅業者の値段）によるコントロールの強化と、それへの反動としての混乱期を繰り返す歴史であった。しかしこの銅の徹底したコントロールの中にあって、二百余年にわたって非鉄金属の先物自由市場の取引を守り抜いて来たのは、他ならぬこのLMEであったものである。いかなる統制時代にも自由取引の旗印の下に生きぬいて来たればこそ、今日世界非鉄先物取引の大中心市場として、絶大なる権威と影響力を行使しているのである。

その組織、取引方法、出来高等専門分野の知識は別の機会にゆずるとして、これからこのLMEの一般的功罪について、日常われわれ取引業者が影響を受けている一端を述べてみよう。

日本社会の習に限らず、この業も又西欧的舶来主義から来る事大主義思想は、その無批判な受入によって合理的徹底性を欠きこの非鉄業界をつねに混乱と投機の場に追いやっている。だからLMEに対する感情は、ある時はとてつもなく誇大視され絶対的権威として扱われ、一転して一部業界指導層の不利益な取引状態が続けば、投機の場として罵倒無視されるという一貫性を欠いた自己本位に受入れられていた。これはいつに日本市場が自主性がなく、しかもこの種自由先物取引所の性格、ルールを取り入れる姿勢が出来ていないため、場当り的な自己の都合によってその都度ルールを変えたり、指標としての比重を増減して、コントロールと自由の使いわけをあやまる結果に他ならない。抽象的な説明になったがいずれにしてもLMEの取引値を基準にして、非鉄金属の鉱石輸入・そしてその製品国内販売輸出が原則としてなされている以上、何はともあれ、このLMEを如何にして利用し、多くの取扱業者がリスクを負うことなくこの産業に従事出来るかは、われわれの大きな関心事でありこのことから私達が年来主張運動している東京金属商品取引所の開設が、一日も早く実現することをそのぞむものだ。

ヨーロッパ及び米国の非鉄金属取引業者は、このようなLME・COMEX（ニューヨーク商品取引所）といった先物取引所を利用して、一般市中の現物取引をすることによって生ずる危険（リスク）を回避するため先物取引所を利用しているのである。この行為をわれわれは保険つなぎ（Hedge）をすると言っているが、非鉄金属のように相場変動の激しい国際商品取引には、なくてはならないシステムなのである。このヘッジ機関として東京に先物取引所である東京金属商品取引所を開設する必要があると説いているのが私達なのだ。

私はここでどうしてもLMEについて今少し具体的説明をせねばならない。なぜならこの後に続く私達のビジネス旅行に大なり小なりこのLMEの影がさすからである。先づLME場内での取引情況をのべることにする。

六月二十九日の第一セッション（その日の前場取引き）からの立会から見学することになった。その日の最終リング（競り場）は多少荒れ模様であった（事実この後日たらずして銅相場は熱狂し、暴騰につぐ暴騰で数ヵ月の二倍の値段に押上げしこの年の十一月には、中東オイル削減とオイルダラー資金の市場流入で遂に史上最高値の千ポンドを超えた。）大よそ場内知識は持ち合せていたので不自由はなかった。Ring-member（取引員）が時間になると所定のリングと言う場内の中央に丸くリング状に据えられた所に向い合って座り陣取り、リング鳴りと同時にCarry（やりとり）を始めた。マッタク静かなやりとりが続く。値と口数（数量一口二十五ト）が唱えられ、日本の即売市場のような競り市とは様子が違う。あくまでリングメンバーが、自己の店頭なり既に注文を受けた顧客の指値・数量にもとづいて売買しているだけである。だからキャリーが順当な値と数量であれば極めて早く取り決めが成立するが、無理が出れば市場は活気づき荒れる。

安い買い指値には修正高値買いが入るか、高値売値のカウンター（反対値指し）がとなえられ、市場の空気が高安どちらかに熱気を帯びてくると、売りあびせ、買いたたき、買いささえが活発に行なわれるのは、日本の商品取引所のそれと変らない。普段リングメンバーによって打ち出される値段は、いわゆるReasonable（妥当な）なプライスであり、信用上からも突ぱな実質指値はないようである。指値による実質が困難な時に即ち、値の上下運動がおこるのであって、日本の競り市的、一方硬直的、指値取引システムでないので、つねにその時の需給（市中現物需要供給、市場内需給）によって値が上下し決せられることは勿論である。この日の第二セッション（午後の取引）は、前場と打って変り大きく値をとばした。熱気を帯びて来ると、座っていたメンバーが体をのり出して、自然声も大きくはり上げるし、動作にも手振りが入り競り相手の反応に間断なく即応して"何日もの何口いくらで売ろう""いくらでもらおう""それなら何口その値で売ろう""その値なら何口こちらも売ろう""もうその値ではいらぬ"ここで値が下る。と云った具合にまたたく間に五分間のキャリーを終えるとともに、時間切れ間ぎわのすさまじいやりとりは迫力がある。

一日の取引時間にたった5分であるからだれた気持ちやひやかしなどはしようにも出来ないそれこそ待ったなしの真剣勝負であるよくもこんな短時間に多い日は数万トン、少ない時で何千トンと大量取引が出来るものだと感心する。しかもこれは氷山の一角で、本市場外での彼等の情報収集、注文取り合戦、朝のプレマーケット（本市場前の場外取引）、カーブ（本市場取引後の場外取引）などにおける市場外取引活動をとおして、それから市場外での一杯屋での立ち話しなど、お互いに相手の尻の穴まで知りつくしているからこそ、あのような短時間の中に何の不都合もなく大量取引が出来るものだと思われる。即ち彼等の市場組織は、いうところの中世のギルド制を守って、同業意識によって固く結ばれていることを認識する必要がある。

近年日本の商社は御多聞にもれず、おのれの灯台下の暗いのに何事も気付かず、莫大な入会金を積んでわれもわれもとLMEに乱入してくるのを見て、あるリングメンバーは、まゆをひそめていると聞いたがなげかわしいことである。

（つづく）

ダイエーがソウル進出

流通部門に外国資本としてははじめて日本のダイエーがロッテと提携、ソウルにショッピングセンターを開く準備を進めている。

尋ね人

☆金山順子さん

本籍・慶尚南道

戦前鳥取県西伯郡和田村下和田で、故張守福さん（木村仙吉）の妻として居住、終戦後、一度帰国したのち再渡日した金山順子さん（写真）を、娘である張在順さん（37才・慶北大邱市大鳳洞61−152）がさがしています。

金山さんをご存知の方は、張在順さんまたは、民団中央本部民生局まで連絡を。

☆趙学哲さん（西村学哲さん・60）

☆趙正雄さん（35・趙学哲さんの長男）

本籍・全羅南道莞島郡芦花面礼松里三〇四番地

右の趙さん親子をご存知の方は全羅南道莞島郡芦花面礼松里、趙西福さんか民団中央本部民生局まで連絡を。

☆韓東述さん（横川東述・約53歳）本籍・全北益山郡五山面南田里一八五。

終戦の年、拓殖大学貿易科に入学した韓さんを、老母と弟の韓東範さんがさがしています。ご存知の方は、民団中央民生局まで。

求む良縁

朴鍾善（男四六才）

本籍・慶尚南道南海郡雪川面非蘭里

経歴・一九四三年渡日。一九五〇年東京第二高等学校卒業。五四年法政大学文学部地理学科卒業。六〇年同大学院修士課程修了。七三年に川崎市内に三成物産株式会社設立。協定永住権あり。中学一年生の女の子と小学二年生の男の子と三人暮し。相性判断によると三八才、三七才、二九才、二六才が最適。理解深き韓国女性を求めます。希望者は写真と経歴を書いて左記へ御連絡下さい。

運命鑑定　大聖易館

住所・川崎市川崎区浜町四−七−一〇

電話・〇四四−三五五−三五五五

ごあいさつ

去る六月八日慶尚南道々民会結成記念祝典には、公私御多忙の折、斯くも御多数御参席の栄を賜り、祝典が始初から会場溢れる入りでありながらも、最後まで秩序正しく祝典を盛況裡に終らせて戴きました事は、偏に、皆様方が当慶尚南道民会を心から御支援下さった賜であると信じて止みません。

ここに謹しんで御礼申し上げます。

当日は場内外におきまして、多勢の人で混乱致し皆々様に思わぬ御迷惑を御掛け致しました事に対しまして心からおわび申し上げる次第でございます。

場内整理を充分な人員を手配致したつもりでしたが、多数の御来客のため、皆様方に何かと御不便を感じさせ不快な点も数多くあった事と存じ上げます。誠に申訳御ざいませんでした。何卒御理解あらん事を心からお願い申し上げます。

当日のその盛況さは、皆様一人々々の御協力の賜である事を信じ感謝に絶えません。

どうか、今後も異国の地に住む我々慶尚南道々民は、心から愛する祖国大韓民国と、郷土慶尚南道に限り無い愛郷心を持ち、我々二、三世にも民族精神を植え付け大韓民族としての誇りを持ち、日本社会において、日本人と対等に生きるべき人格を形成させ立派な社会人として、親元から巣立つ様心掛け同郷人同志の人間愛がにじみ出る親睦を一層深め、本国の総和維新を基にするセマウル運動事業を成功させず一環として、道民は皆ここに団結しましょう。祖国の繁栄こそ我々民族の力であることを自覚し、郷土発展に我々道民の総ての力を結集して行くことを願うものであります。

慶尚南道々民会の今後の発展の基礎は、一人や二人の組織でなく、道民全体の組織である事を私達はここに再認識して、より良き道民会組織作りに一人残らず参加し、我々の目的を達成しようではありませんか！

今後共、慶尚南道々民会発展のため、御指導御鞭撻あらん事を心からお願い申し上げます。

皆様の御家庭が益々繁栄されますよう祈りながら、御挨拶にかえさせていただきます。

在日慶尚南道道民会　会長　朴漢植

韓国と日本の関係に新視点

日本上古史(文定昌著)抜粋と解説 (35)

飛鳥の仏教文化 (2)

仏教渡来を三期に分ける　法興寺の主要式に百済服

飛鳥文化は、六世紀の中ごろから七世紀のはじめごろにかけて、倭国、すなわち倭は大和と呼ぶ今日の奈良・河内(かわち)地方で、百済人たちによって計画・開化した絢爛(けんらん)な仏教文化であり、これが直接日本文化の母体となったものである。

既に述べて来たように、日本列島内には相当古くから[illegible]

宗教対宗教の対立は深刻なものである。日本列島内での四十年にわたる仏教対国神の闘争は、はなはだ劇的なものであった。

[illegible]

推古帝をロボット化し　聖徳太子と馬子で執権

[illegible]

(つづく)

全韓国民必見の映画

6・25動乱生存女性の記録

今年もまた六・二五がめぐって来た。二十四回目である。一九五〇年六月二十五日は日曜日であった。その日を境にして、同一民族でありながら、南北韓は仇敵となった。三年間にわたって韓半島は破壊と殺人のるつぼと化し、赤い魔手によっておびただしい同胞が死んで行ったが、危うく死を免かれた一人の女性がいた。それがこの映画の主人公「スナ」である。

彼女は結婚前のうら若い女子大生であったが、この動乱に巻き込まれて、あまりにも多くの悲劇を目撃し、経験したのである。生き残ったスナは、自分の記憶に残るあらゆる事を証言し、後世の人に真実を伝えると共に警告を与えることを、動乱の最中から固く決意した。今ここにその「証言」が国民の前に提出されたのである。

この映画を、涙なくして最後まで見ることはできない。

特撮の効果はすばらしい。

韓国映画振興公社・作品。シネマ・スコープ、オールカラー。上映時間約二時間半。

上映申込は民団中央宣伝局または大韓在郷軍人会日本支会まで

劇映画「証言」のあらまし

6・25の惨劇は38度線による国土分断からすでにめばえ、[illegible]

韓国、10部門受賞　20回アジア映画祭

15日幕を閉じた第20回アジア映画祭で、韓国は3個の主演賞をはじめとする10個の賞を獲得し、自由中国(20個)、インドネシア(11個)につぐ、賞を獲得した。

台北で開かれたこのたびの映画祭では、なべて13個の主演賞を授与したが、このうち韓国は高銀児(水仙花)、申一竜(ソウルの恋人たち)、尹孝雅([illegible]事件)など[illegible]名が主演賞を獲得、作品「証言」(林権沢監督)が監督賞と「水仙花」([illegible]監督)が[illegible]を受けた。

韓国側受賞者と作品はつぎのとおり。

▲主演賞=高銀児、申一竜、尹[illegible]▲監督賞=林権沢、[illegible]▲撮影賞=[illegible](証言)、▲演技賞=[illegible](深い仲)、▲ドキュメンタリー=「キムチ」、「韓国の子ども」、「韓国」

噴飯しないよう注意

北傀の大マジメなナンセンス

"動乱時の南下難民は原子爆弾から逃げる為"

UN(国連本部)に駐在している北傀代表部の代理大使ニイー・ユンギョンには、さきごろアメリカのコロンビア大学で開かれた韓国学会セミナーに出席したが、例の「自然も金日成元首サマの恩けいを受けている」という話をして満場の失笑を買ったことが判った。

このセミナーに参加したある来付者が語ったところによると、さる五月六日のセミナーで、ナンセンス発言をして笑われたが、そのときの質問に対する回答もナンセンスであったという。

質問=北韓が独裁政治でなければ、どうしてすべての国民の意見が一致するのか、反対者はいないのか。

答=北韓は金日成の領導下に、すべてが一心不乱に一致団結して生活している。

質問=北韓社会の生活がそれほど良いのであれば、なぜ韓国動乱のとき、数百万人が大韓民国に南下したのか。

答=米国が原子爆弾を使用するといううわさがあったからだ。

韓国、ミドルセックスを破る

韓・英親善サッカー

英国のアマチームのミドルセックス・ワンダレス招請、韓・英親善サッカー大会の一回戦が十五日ソウル運動場で行われた。

韓国チームは前半、[illegible]選手の好パスを受けて[illegible]選手がシュートを決め、二点を先行した。

後半、ミドルセックス・チームは、一点取ったものの追加点をあげることはできず、結局二対一で韓国チームが勝利した。

これで、韓国チームはミドルセックス・チームと七戦して四勝三敗の成績をおさめた。

韓国代表 2(2-0, 0-1)1 ミドルセックス

なお第二戦は引きわけ。

西厓柳成竜の三男「柳袗」の乱中体験記

壬辰倭乱私録 (4)

文禄・慶長の役

金竜煥 画

一路咸鏡道へ

夜になってから、平安道におられる父が従者をこちらへつかわしたとのしらせがあって、あたふた山を駆け下りたところ、祖母の安否をうかがって来るよう言い付けられた父の従者卜という者だった。彼に会ったときの喜びはなんにもたとえようがないほどだった。

「大夫人(祖母様は、[illegible])から・・・」と[illegible]

[illegible]

できなかった。

一行はやむをえず[illegible]山という山に隠れたが、それはこの山が赤土でなっているのにちなんだ名であるといった。大きくはなかったが、かなり奥深い山だった。

とりあえずハキ[illegible]

[illegible]

創団30年史 発刊に際して

民衆と国家は、その歴史を記録することによって保存されてくるものであり、またその記録を通じて過ぎし日月の事実と文化を鏡として現在のあらゆる問題に対処して未来への発展を期するものであります。

来たる一九七五年、民団は創団三十年を迎えることになりました。

回顧すれば、千余曲折の多かった過ぎし日月が感慨無量であり、解放された喜びと、団結の意識を高くかかげ、自己実実のための多くの努力、民族愛と血で求められた苦闘、不当な日政に対する抗争など、その絢爛たる歴史の一齣一齣を整理、記録して民団三十年史を編さんすることは、われわれの一大事業であるといえます。

既に、写真で見る二十年史は発行されたことがありますが、このたびの三十年史編さんに当っては、写真はもちろん、事実内容の記載で一九四五年八月十五日の解放を基点とし、六・二五動乱を経て今日に至るまでの、各級組織の闘争活動を詳細に記録、刊行せんとするものであります。

この三十年史こそ、在日同胞の貴い文化の生きた証言として永遠に残されるであろうことを確信してやまない次第であります。

編纂委員長　尹　達　鏞

資料提供のお願い

先の第二十三回定期中央委員会において承認決定された「創団三十年史」発刊のための編さんにあたっては、全国に散在している民団史のための資料を広く集めておりますから、古い遺物、刊行物、写真などを積極的に提供して下さるようお願い致します。

また「韓国新聞」の縮刷版(第2巻)も刊行しますので、古い「民主新聞」「民団時報」日刊時代の「韓国新聞」また地方の機関紙なども提供して下されば幸いです。

☆しめきりは十二月二十五日まで。

民団中央本部・創団三十年史
編纂委員会事務局
電話 〇三 八一三—二二六一～五 (内線三五)

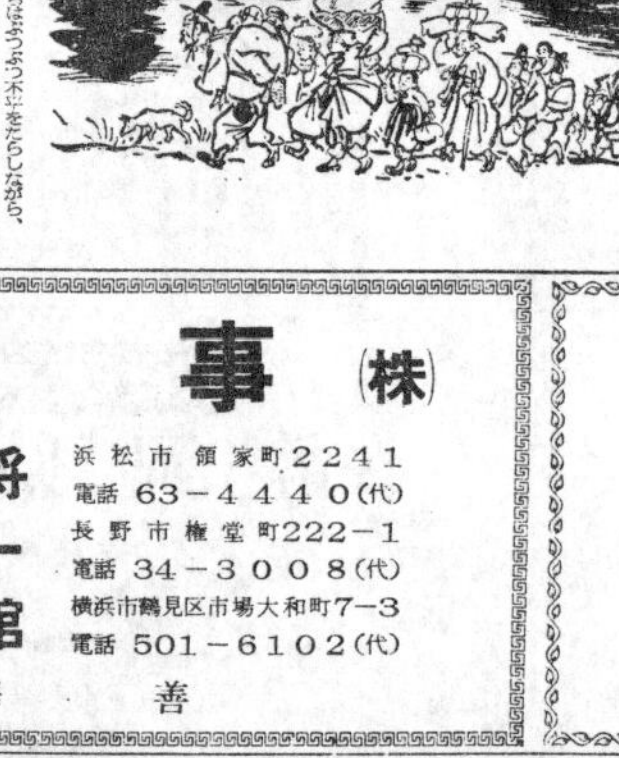

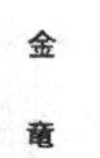

韓國新聞
在日大韓民国居留民団
中央本部機関紙
韓國新聞社
発行人 尹達鏞
東京都文京区春日2丁目20-13
電話 (815) 1451～3
(813) 2261～5
振替口座 東京 163774
本国連絡所（民団本国事務所内）서울特別市鍾路区昌成洞 政府合同廳舎4層
電話73-0162・0165

在日本大韓民国居留民団 綱領
一、우리는 大韓民國의 國是를 遵守한다
一、우리는 在留同胞의 權益擁護를 期한다
一、우리는 在留同胞의 民生安定을 期한다
一、우리는 在留同胞의 文化向上을 期한다
一、우리는 世界平和와 國際親善을 期한다

武力赤化を放棄

わが不可侵協定に応ぜよ

六・二三平和統一外交宣言一周年を迎えて

朴正煕大統領談話

今後とも誠意と忍耐で

朴正煕大統領は、韓半島における平和定着と世界平和への現実的寄与として、内外に高く評価された平和統一外交政策に関する特別声明（一九七三・六・二三）一周年にあたり六月二十三日つぎのような談話を発表した。

朴正煕　大統領

国軍の精鋭・ミサイル部隊の堂々たる行進！

汝矣島にある5・16広場。ここは飛行場にも使用できるほどの広大さを誇っている。

北傀は第2の六・二五企図

民団破壊たくらむ朝総連

六・二五動乱記念日を迎えて

尹達鏞中央団長特別談話発表

尹達鏞 団長

今日は民族の悲劇、六・二五動乱が勃発して24年目にあたる日であります。一九五〇年六月の今日未明、二年にわたって奇襲準備をおえた北韓共産軍は、二百五十台……

国民精神力強かれ

共産主義者は人間の尊厳無視

朴大統領 訓示

時事漫評

平和のためだと

金竜煥

北傀軍備増強に狂奔

徐国防長官、記者会見で言明

漢陽大籠球チーム善戦

品川支部正常化 領事々務も再開

照点

'74 本国夏季学校生募集

一九七四年度・第九回本国夏季学校入校生を次の要綱により募集致しますから、各地方本部では、該当学生にひろく周知せしめ、優秀な学生を多数応募させるよう、ここにお知らせ致します。

目的…夏季休暇を利用して、日本系高等学校ならびに大学に在学中の在日韓国人学生をして、母国に対する新たな認識と愛国精神を涵養させるのを目的とする。

募集人員…男・女合わせて六百人。

応募資格…①日本系の高校、大学に在学中（正規）の在日韓国人学生。②過去、本国夏季学校に入校した事実がない学生。③品行方正にして思想穏健、身体の健康な学生。

教育期間と場所…七月二十七日から八月十六日まで。ソウル大学内在外国民教育研究所。

提出書類…入校志願書（所定様式）に写真一枚添付、在学証明書、所属民団支部団長の推せん書（但し、地方本部団長の確認捺印が必要）、国民登録済証、外国人登録済証（但し、永住申請もしくは許可番号を記入）以上各一通づつ。

志願書交付および提出先…志願書は追って郵送するが、地方本部がこれを集計して中央本部文教局に直送すること。

募集しめきり…一九七四年七月十日まで。（地方では七月五日）

出発日時と場所・経費…七月二十六日午後九時、下関港から船便、一人当り百三十ドル。

事前教育…出発前に適切なる時期をえらび地方別に事前教育を実施。詳細は民団地方本部か教育文化センターへ。

留意事項…旅券申請にあつては中央団長の身元推せん書を無料で発給する。

民団中央本部文教局

北韓の変わらない野望（資料）

韓国動乱二十四周年を迎えて

一九五〇年六月二十五日早朝、北韓共産集団は、韓半島赤化統一を戦争手段を通じて達成すべく、大韓民国に対する全面的奇襲侵攻を開始した。約二百五十台の戦車を先頭に立て、戦闘機の空中支援のもと、優秀な装備をととのえた北韓共産軍は、一斉に三十八度線を越えて劣勢の韓国軍陣地に襲いかかり、史上まれな惨禍をもたらした。

一九五三年七月二十七日、板門店で休戦協定が調印されるまで、満三年一ヵ月間続いた韓国動乱。その悲惨な思い出は、永遠に韓国史から消すことのできない傷あとを残した。

その韓国動乱が勃発して早くも二十四年。今日の韓半島情勢は、あまりにも当時の状況と酷似している。

しかし、この韓半島で再び北韓共産集団による侵略戦争が再演されてはならない。韓半島の戦争防止と、平和の維持こそ韓民族の至上最高の使命である。韓半島の平和が維持されてこそ、祖国の近代化も、民族の中興も、そして平和的統一の実現も、はじめて可能であることはいうまでもない。

それでは、戦争――北韓共産集団による侵略戦争――を防止する道は何だろうか。それは、韓国動乱勃発当時と現在の状況を比較検討するとともに、北韓共産集団の腹の内を正確につかみ、その謀策を粉砕すること以外にない。

したがって、韓国動乱勃発二十四周年を迎えた今日、韓半島がもう二度とは侵略戦争の惨禍に見舞われないようにするため、北韓共産集団の武力赤化統一謀策の実態を世に訴え、警告するという趣旨のもと、海外公報館では別項のような解説書をだした。本紙ではその概要を資料として紹介することにする。（編集部）

一、動乱24周年を迎え

昔から錦繍江山とよばれて来た平和な国――韓半島。その韓半島を、同族の血で洗う悽惨な修羅の場にしてしまった韓国動乱。それから早くも二十四年という年月が流れた。

十年ひと昔といわれ、また、時が経てばすべて忘れられるのが人間の常でもある。しかし、民族の血で描かれた韓国動乱の傷あとは、これから先、百年千年はおろか、永遠に韓民族の脳裏から消え去ることのない痛恨の歴史であるといえよう。

顧みれば、第二次世界大戦の終結がもたらした東西両陣営の鋭い対立が、わが韓民族の期待と念願とは裏腹に、韓半島を南北に分断させ、ついには国際共産主義の使嗾を受けた北韓共産集団の武力南侵による民族の悲劇まで生んだ。北韓共産集団から韓半島の平和と自由を守護するために散華した韓国軍将兵十四万と国連軍将兵三万人の英霊、それに共産主義者たちの銃剣にたおれた三十六万人と行方不明になった三十万人の民間人の冤魂は、二十四年の年月をもってしても消えないものがあり、また回復するすべもない。

ところが、それほどの悲惨な民族的悲劇を引き起こした北韓共産集団は、何ら反省するどころか、今この瞬間も韓半島の赤化統一という基本目標を達成すべく、大韓民国に対する侵略と謀略の限りを尽くしている。

北韓共産集団は一九七三年八月二十八日、一方的に南北対話の中断を宣言して以来、対外的な偽装平和攻勢と、対話中断の責任を大韓民国に転嫁させるための宣伝を執拗に繰り返しながら、その裏で大韓民国に対する武力挑発と反政府煽動、赤化革命のための統一戦線形成工作などに狂奔しているのである。

休戦ライン付近とその付近一帯への兵力と攻撃用装備の増強、空軍の前進基地と海軍基地の建設、駐韓米軍の撤退を狙った対米平和協定提案、韓国の学生たちに対する反政府煽動と、西海（黄海）五島海域での挑発と民間漁船の撃沈、共産党の地下組織と反政府的雰囲気造成および社会混乱を引き起こすためのスパイ南派の増大、大韓民国に対する挑発的言動、誹謗と悪宣伝の強化などが、ほかならぬそれである。

このような状況は、二十四年前の韓国動乱前夜を思わせるものがあり、北韓共産主義者たちが直接、間接の両面作戦を通じて、再び大韓民国の赤化を画策していることを示すものにほかならない。

一方、北韓共産集団の赤化戦略を粉砕することによってのみ、韓半島における同族相争う民族的悲劇の再発は防止されるということをはじめ、それにいたるまでの過程として、一九七二年七月四日の南北共同声明の精神に立ち返って、対話を再開させることもまた、急がれることなのである。

しかし、これも北韓共産集団の態度によって実質的な進展が阻まれ、ただに南北間の不信感を増幅したところか、これまで北韓共産集団の対南挑発を激化させ、南北間の平和が実現されなかったばかりか、北韓共産集団の対南挑発激化によって緊張が高まっているのが現実である。

それならば、大韓民国として打つ手は一つしかない。それは、北韓共産集団の侵略企図と野望を鋭く看破して、国民総和と国家安保の体制を強化し、北韓共産集団の南侵を未然に防止することである。

韓国動乱勃発二十四周年を迎えた今日、このような正しい時局観の確立と、国家安保の体制強化こそ、大韓民国にとってひとしお切実に要求されるゆえんもここにあるといえる。

二、韓国動乱勃発の真相と教訓

五千年の悠久な韓民族の歴史上、かつてその例がないほどに悲劇的であった韓国動乱。その韓国動乱がいかにして勃発し、それが残した惨禍の真相はどういうものであったかを、いま一度顧みて教訓に資することは、北韓共産集団の赤化統一野望を粉砕し、韓半島の平和を維持するうえで、是非とも必要なことであると思われる。

1、北韓の南侵準備と奇襲の真相

一九四八年大韓民国政府が樹立され、同年十二月十二日、パリで開かれた第三次国連総会が大韓民国を韓半島唯一の合法政府として承認したのを契機に、金日成の率いる「朝鮮民主主義人民共和国」という北韓の共産政権は、武力で大韓民国を侵略するための戦略を具体的に進めはじめた。

しかし、北韓共産集団が対南侵略の計画をたてたのは、それよりはるか以前、すなわち、一九四六年二月八日の「北朝鮮臨時人民委員会」と、一九四六年九月の「人民集団軍」（人民軍の前身）創設にその端を発している。

当時北韓では、南韓赤化のための三つの方策が検討されていたのであるが、そのうちの金日成案は『革命情勢を高度に昂揚させておいて、客観情勢が韓半島革命に有利に展開すれば、時を逃さず打撃の機会をつくりあげ、軍事的に南韓を一挙に占領、政治的に北韓と同一な人民委員会政権形式に転換させる』――というものであった。

そこで、北韓共産集団はこのような金日成の基本戦略に従って、つぎのように武力南侵工作を進めていった。

①対内外的な政治的基盤の醸成

金日成は対内的に政治上の実権を自派のソ連系に集中させて、一九四六年六月「祖国統一民主主義戦線」をつくり、平和統一実践方策として米軍と国連韓国委員団の即時撤退を要求し、南北朝鮮を通じた立法機関の選挙を一九四九年九月南北で同時に実施する」という内容の宣言を発表、武力南侵の意図を偽装するための平和攻勢をとりはじめた。

一方、金日成は一九四九年六月三十日から七月一日までの二日間にかけて、南・北労働党を統合して首相と党委員長を兼任、個人独裁体制を確立した。

金日成はこのように対内的には独裁体制を固めながら、対外的にはソ連、中共との連携関係を強化した。すなわち、金日成は一九四九年三月ソ連を訪問して、同七日「朝ソ経済文化協定」を締結、隠密のうちに軍事的同盟関係を強化した。

しかし、北韓とソ連との軍事協定問題は世間に公表されなかったため、その詳しい内容はわからないが、その後の諸般状況から推して、秘密軍事協定を締結したろうというのが、専門家たちの一般的な見解である。

これについて、オクスフォード大学のベロフ博士は『ソ連が間もなく起こる韓国戦争の責任を回避するために形式的な軍事協定を結ばなかっただけの話で、実質的な軍事協定関係を約束し合ったはず』であると論評、北韓とソ連の間には実質的な軍事協定関係があったことを示唆している。

一方、北韓はソ連と密着しながら、中共とも軍事上の協力体制を築いていた。

一九四九年六月六日付けにニューヨーク・タイムズは『中共は一九四九年三月十七日、ソ連の援助下にある北韓と相互防衛条約を締結した』と報道、その条約内容の一部は『一九四九年七月一日から一九六〇年八月三十日まで、いかなる攻撃もこれを共同で防衛し、北韓に対する武力的攻撃を共同で防ぐため、満州と中国北部から兵器と物資を供給する』というものであったと指摘した。

以上のように、金日成は韓国動乱を引き起こすための対内外的な体制強化に奔走した。

②人民軍の軍備増強と南侵予行演習実施

ソ連は韓半島から米・ソ両国軍が撤退すれば、北韓の対南武力行使はより自由にやれるものと信じ、一九四八年十二月「米・ソ両国軍同時撤退」を主張、一方的に撤兵を断行した。しかし、ソ連が撤兵に先立って、北韓人民軍の兵力と装備増強など、北韓の南侵準備を完了しておいたのはいうまでもない。

ソ連は一九四八年十二月機械化部隊戦術、情報および作戦専門家で構成された軍事使節団を北韓に派遣、それから十八カ月間（一九五〇年六月まで）北韓人民軍の装備強化と特殊訓練に努め、南侵のための準備を急いだ。

北韓人民軍の地上軍兵力は、六コ歩兵師団を中心に帰入中共軍部隊二万ないし二万五千人で突撃部隊を編成し、このほかにも機動性を保有する八コ戦闘師団と、優秀な装備と訓練のゆきとどいた八コ予備師団を編成、計二十二コ師団にその規模を拡張した。その数は、当時の南韓の兵力（約十万）の二倍に当たる十九万二千人である。

人民軍はソ連から最新型重火器と攻撃用兵器を導入、T34型戦車二百四十二台で戦車師団を編成するなど、強力な攻撃部隊を用意した。

ソ連はさらに一九四九年三月以後、当初の計画を変更して[illegible]の最新型戦闘機と爆撃機を北韓に供与、飛行旅団の編成を支援するとともに、シベリアで約三年間戦車と飛行機の操縦訓練を受けた一万人の北韓軍兵士を帰還させた。

このように、武力南侵のための兵力と装備を増強し、対内外的な基盤と条件を醸成した北韓は、一九五〇年六月二十五日（日曜日）を南侵決行日に定め、南侵予行演習に没頭しはじめた。

すなわち、一九四九年末には師団規模の戦闘訓練を実施、海岸上陸作戦および渡江作戦などを集中的に演習し、一九五〇年一月には「敵陣突入および敵背後への浸透作戦」という名の合同演習を実施した。

そして、三月に入ってからは、北緯三十八度線以北五キロ以外の北韓の住民を疎開させ、南侵のための準備万端を整えた。

ついで北韓共産集団は、攻撃開始の六月二十五日が近づくや、六月十一日には人民軍を三コ軍団に再編成、六月十二日から二十三日までは全軍の三十八度線への移動を完了して、六月二十五日南侵をはじめた。

2、南侵を立証する資料

韓国動乱が北韓共産集団の不法南侵によって挑発されたものであることは、すべての証拠から明らかであるにもかかわらず、北韓共産集団は「北侵」うんぬんと、事実の歪曲に大童である。

しかし、韓国動乱が南侵であることは、数多い資料がそれを余すところなく立証している。その主なものをつぎに例示してみよう。

①国連韓国委員団は六月二十五日、リー国連事務総長に宛てた公式報告書で、『韓国政府は一九五〇年六月二十五日午前四時を期して、三十八度線全域にわたり北韓軍の侵攻を受けた。侵攻軍の主力は甕津半島を含む開城地区と春川地区から侵攻し、江陵北方と南方では上陸戦が行なわれた（以下省略）』と、北韓共産集団の南侵真相を明らかにした。

また、六月二十七日開かれた国連安保理事会に報告された国連韓国委員団の報告は、つぎのように北韓共産集団の南侵事実を指摘した。

『現在の作戦状況によれば、北韓軍は綿密に計画された総合的で全面的な韓国侵略を敢行しており、韓国軍は三十八度線全域にわたって全面的に防衛の目的で配備されていたため、完全に奇襲を受けた』

以上二つの報告内容は、北韓共産集団の不法南侵を具体的に全世界に向けて伝えた最初の公式文書である。

②国連が北韓共産集団を「侵略者」として糾弾し、世界平和と自由守護のために侵略者を膺懲する目的で国連軍を史上初めて創設して韓国に派遣したのは、北韓の南侵事実を国際的に確認したことを立証したものである。

緊急招集された国連安保理では『北韓軍の大韓民国に対する武力侵攻は重大な事態である』と断定、即刻停戦と北韓人民軍の三十八度線以北への撤退などを骨子とする国連決議案を九対〇、棄権一、欠席一で可決、採択した。

国連安保理はまた『国連は武力侵攻を撃退し、同地域における国際平和と安全を回復するため、必要な援助を韓国に提供することを国連加盟国に勧告する』という決議案も、七対一、棄権二、欠席一で採択した。

これらの決議により、米国の陸、海、空軍を主力とする国連軍が編成され、七月七日の国連安保理では米仏両国の共同決議により、国連軍が作戦行動中、国連旗を使用することを決議、さらに七月八日にはマッカーサー元帥が国連軍総司令官に任命された。

以上のような事実は、北韓共産集団が侵略者であることを余すところなく証明した歴史的事実である。

③北韓人民軍の「人民軍攻撃命令（偵察命令）第一号」に記された北韓の侵略計画によれば、北韓共産集団が南侵を敢行し、六月二十五日を期して戦争を引き起こしたという事実は、より明白になってくる。

ロシア語で作成された同命令の原本は、北韓作戦〇〇軍事情報隊の手を経て、現在米国に保管されているが、そのコピーは、当時米国の国連代表ワーレン・オースチンが国連安保理事会の各国代表に手渡した。

同命令は、ソ連軍顧問官が作成して北韓の保衛省（国防省）偵察局に渡し、一九五〇年六月十八日、「朝鮮人民軍第四師団長に下達した」もので、その内容はつぎのとおりである。

■第一項＝（三十八度線一帯の韓国軍配置状況を説明）

■第二項＝（攻撃態勢が完全に整えば、攻撃に先立って注意すべき五項目の指示事項を列挙したうえで）攻撃が始まれば、敵の部隊を撃滅すべき新しい攻撃目標を積極探索し、敵抵抗の中心に強力な打撃を加えると同時に、分裂した敵軍がどこに後退するかを正確に把握すること。

一線部隊が議政府地区に到達すれば、倉洞里と楊秋方面の新攻撃部隊を組織し議政府道路沿いに沿って敵の防御陣を追い、後方からの前線援兵到着をはかること。

楊州とハガ里ラインに到着した後は、ハヤン～ノホクリ間と佳納里～プコク里間、ソド里間にかけた新攻撃のために部隊を構成すること。そのうえで、ソウルに接近している敵の可能なすべての抵抗線に決定的な打撃を加えること。

ソウルに進撃するにつれて、ソウル駐屯部隊の集中状況および布陣状況の偵察を、いかなる手段を講じても偵察すること。

以上のような「攻撃命令第一号」の指示に従って、北韓共産軍は六月二十三日まで南侵準備を一切完了したのである。

④「北侵」を主張する北韓共産集団の論理的矛盾性が、かえって北韓の南侵を反証している。

北韓共産集団が主張している「北侵」説の内容と、その矛盾性はつぎのとおりである。

■「南朝鮮は一九五〇年四月末、三十八度線に配置した五コ師団で軍団を編成し、砲兵と工兵を増強すると同時に後方三コ師団をソウル付近に集結させた」という主張に対して。

北韓はこのように韓国軍が軍団を編成したのは、戦争勃発二ヵ月前から編成替えを行なったと主張しているが、それは全く根拠のない捏造にすぎない。

韓国軍が軍団を編成したのは、動乱が勃発した後の後退作戦中のことであった。第一軍団の創設は一九五〇年七月五日平沢で、第二軍団の創設は一九五〇年七月十五日咸昌でのことで、このこと一つだけでも、北韓共産集団の主張がいかに事実無根なものであるかがわかる。

■「三十八度線全沿線および南朝鮮全域で特別警戒警備を実施し、六月十三日には南朝鮮全域に準非常戒厳令を宣布した」という主張に対して――

韓国政府は当時準非常戒厳令を宣布した事実もなければ、三十八度線全沿線で特別警戒警備を実施した事実もない。

万が一にも北韓の主張どおりであるとすれば、それは間違いなく非常事態に突入した状況であったはずである。ところが、当時韓国では非常事態はおろか、何一つとして危機意識を感じない平穏を維持していたのである。だからこそ、六月の農繁期を迎えて多数の兵士が休暇で帰郷し、六月二十四日には週末外泊まで実施されていたのである。

若し、韓国が「北侵」を計画していたとすれば、攻撃十数時間前に将兵を外泊させる指揮官がいたろうか。

■『三十八度線北方二キロまで進撃して来た韓国軍を撃退、三十八度線以南四キロの地域まで反撃し、江陵方面に上陸した』という主張に対して――

この主張は、北韓で使用している高級幹部用の「朝鮮歴史」という教科書の一節であり、六月二十五日午前九時三十分と午後一時三十分の平壌放送の内容でもある。

ところが、動乱勃発当時、韓国軍は一歩も三十八度線以北には足を踏み入れたことがなかった。それに、北韓共産集団は三十八度線以北二キロまで韓国軍が進撃したと主張しながらも、金川、九化里、鐵原、華川、楊口を結ぶ線で反撃に転じたといっている。三十八度線からこれらの地域までは十五ないし四十キロの距離にある。そこまで敗走した部隊が、果たしてその日のうちに戦列を再整備して逆攻勢に転換することができるだろうか。また、たとえ逆攻勢に転換できたと仮定したところで、失地を回復したうえで、さらに三十八度線以南四キロの地域まで進撃できたとするなら、この日の人民軍の行軍距離は四十八キロにのぼったという計算になり、常識では到底考えられないナンセンスである。

以上のように、北韓共産集団の主張は、無根の事実を捏造するに急だったあまりに、論理的矛盾を自ら暴露してしまったのである。

⑤最後に、北韓共産集団の不法南侵は、当時のソ連首相スターリンの黙認のもと、金日成の主張によって敢行されたものであるというフルシチョフの秘録第二部「赤い魔の手」第十一章「韓国戦争」（一一四～一一六ページ）でも、次のように明らかにされている。

『北韓は李承晩大統領の統治する大韓民国を支配することを欲していた。私は韓国戦争がスターリンのアイデアではなく、金日成のアイデアであったことを強調しておきたい。金日成こそ、その主唱者だったのであり、スターリンはもちろんそれを断念させようとはしなかった……（中略）……われわれは金日成の完全な成功を祈願したし、彼らの闘争が勝利する日を期待し、勝利のために乾杯した』

以上、数々の証拠によって明らかであるように、綿密に計画され、十分に準備された計画に従って、北韓共産集団は韓国側の防衛態勢がスキだらけであるのにつけこんで、奇襲南侵を敢行することによって、同族が血を流し合う悲劇の韓国動乱を挑発したのである。

北韓の挑発、6・25前夜を彷彿
武力赤化策謀粉砕に総力を

南侵3日目にソウル南大門まで侵入したソ連製北韓共産軍のタンク（1950年6月28日）

3、韓国動乱の惨禍と教訓

これまで考察したように、韓国動乱は北韓共産集団の不法南侵によって挑発されたものである。

ところが当時、韓国側の防衛態勢が整備されておらず、北韓共産集団の偽装平和統一攻勢にまどわされたあまり、その侵略を阻止する準備ができていなかったため、韓国側は釜山、大邱地方を除く全国土を北韓共産軍の馬蹄にじゅうりんされ、数え切れないほどの同胞が共産軍に虐殺、拉致されるといった惨劇に直面しなければならなかったのである。

三年間にわたった韓国動乱で命を失った者は、南北韓合わせて百四十三万一千人にのぼる。これを詳しく分類すると、戦死した韓国軍将兵が十四万一千人、単に自由を愛するという理由だけで共産軍に虐殺された一般国民が三十六万四千人であり、北韓共産軍のうち戦場で命を失った者が五十二万人、北韓共産軍が敗走するさい、焦土戦術の一環として犠牲にされた者が四十万六千人にのぼっている。

しかし、人命の被害はこれだけにとどまらない。戦場で負傷して不具になったり、行方不明になった韓国軍将兵が八十六万二千人、共産軍によって負傷した民間人が二十二万九千人、強制拉致された者が八万四千人、民間人の行方不明が三十万三千人、「義勇軍」という名目で共産軍に強制徴集された青少年が約四十万人、総計百八十七万七千人の韓国民が韓国動乱の犠牲になったのである。

そのほか、国連軍の戦死傷者十二万人と中共軍の戦死傷者九十万人、計百万人余りの外国軍の被害まで含めれば、韓国動乱で命を失った者の総計は四百万人以上になり、北韓共産集団の犯した罪は千秋にぬぐえないものがある。

このような人命の被害のほかにも、南北韓の産業施設一切が破壊され、一般家屋五十二万四千棟が灰となり、その他、橋梁、鉄道、列車、車輌、船舶など社会間接資本の被害は一々数え切れないほどである。

韓国側の財産上の被害が約四千百億ウォン、北韓側のそれは約六千億ウォン、計一兆ウォンにのぼる財産が戦火で灰燼に帰したのである。

ところが、北韓共産集団の民族に対する反逆行為のためにこうむった被害は、それだけにとどまらない。民族の精神的、文化的、社会的被害は、財産上の損失に決して劣らない。韓国動乱は、韓民族の伝統的な美風良俗と倫理道徳を破壊し、退廃的風潮までも生んだのであるから、韓国動乱がいかに惨憺な民族的悲劇であったかがわかろうというものである。

したがって、もう二度とは韓半島で戦争が起こってはならない。それは、北韓共産集団の狙っている第二の韓国動乱画策を徹底的に粉砕することによって、韓半島に真の平和を植え付けてこそ、はじめて防止できるのである。

ところで北韓共産集団は、暴力革命を通じた赤化統一を完遂するためには、大きく分けて二つの方法があると考えている。

その一つは、北韓を全韓半島革命のための「革命基地」と称しながら、その「革命基地」で準備された力量をもって、直接、全韓半島の革命を完遂するという方法である。言い替えれば、北韓共産集団が直接武力で南韓を赤化するということである。たとえば、韓国動乱がそのような基本戦略による武力赤化統一のための挑発だったのである。

いま一つの方法は、間接侵略を通じて南韓にいわゆる「解放革命勢力」（共産勢力）を扶植、強化し、その勢力をして直接既存政府と社会秩序を転覆させて、「人民民主主義革命」を達成し、「革命基地」である北韓が、それに支援と協力を与えることによって、共産勢力が支配権を握るという、いわゆる「統一戦線」形成による赤化統一方策である。

以上二つの方法は、それが「直接侵略」なのか、それとも「間接侵略」であるかという相違があるだけで、暴力革命を通じた南韓赤化という基本目標には、何ら変わりはないのである。

三、北韓の変わらない赤化野望

したがって、このような基本戦略は、北韓が自ら共産主義理念を放棄しないかぎり、絶対不変のものであると見做すのが妥当であるといえよう。

ということは、北韓共産集団がたとえ口先ではどういうことを言い、どういう行動を取ろうと、それは決して革命的統一基本戦略の変更や放棄を意味するのではなく、どこまでもその基本戦略を遂行するための一つの戦術的方便であり、手段であると判断するほかないのである。

なぜかといえば、過去四半世紀間の北韓共産集団の言動を見るとき、その平和攻勢と甘言はつねにその腹の内を隠蔽するための手段であったのであり、世間の目と耳をそらすための陽動作戦であったからである。

韓国動乱勃発直前にしても、南侵の準備を完了しておきながら、その腹の内とはウラハラに南北政治協商の呼びかけたり、曹晩植と李舟河、金三龍の交換を提案したりするなど、偽装平和攻勢を展開したことはまぎれもない歴史的事実なのである。

また、休戦以降今日まで、表向きは平和統一をお題目のように唱えながら、その裏では「四大軍事路線」を通じて軍備と兵力を増強する一方、スパイと武装ゲリラの対南浸透を強化させてきた事実がそれを証明している。

北韓共産集団の武力赤化統一戦略にいささかの変更もないということは、一九七三年七月三日の「平壌放送」と「朝鮮中央放送」がはっきり示している。

同日、以上二つの放送は、一斉につぎのような内容を流した。

『祖国の統一は南から米軍が撤退し、人民民主主義が勝利をおさめて政権を握り、北の社会主義力量と南の民主主義力量の団結した力によってのみ成就できる。また、それは南朝鮮革命が遂行される条件でのみ成就できるのであり、祖国統一の実現には平和的、非平和的方法がありうるが、南朝鮮革命の遂行にはただ暴力的方法があるのみである』

北韓の放送が徹底的に労働党を代弁していることと思い合わせるとき、北韓共産主義者たちが翌日発表される予定の七・四南北共同声明の合意事項を知らなかったはずはなく、したがって、七・四南北共同声明や南北対話も、煎じ詰めれば、その基本戦略遂行のための手段の一環に過ぎなかったのである。

北韓共産集団は、南北対話の初期の段階ではそれを対南戦略の方便の一つとして利用しようという腹から、かなり誠意を示すかのように見えたが、間もなく、南韓の内部撹乱と反共体制の弱化という計略がうまくいかないと悟った途端、一九七三年八月二十八日、一方的に南北対話の中断を宣言したのである。このこと一つだけでも、北韓共産集団の狙いがどこにあるか、十分推察できるのである。

それればかりではない。南北対話が行なわれている間も、済州島隣接の牛島や全羅南道の武装スパイ事件、非武装地帯内での国連軍狙撃事件など、数かずの武装挑発をほしいままにしたばかりでなく、「統一革命党の声」という名の謀略放送を通じて、七・四南北共同声明の合意事項に違反して対南誹謗をやめなかった点などは、民族の自主的平和統一を追求するための南北対話までも、その赤化統一の野望を貫くための方便として利用したことを証明しているのであり、それは結局、北韓共産集団の赤化統一革命基本戦略には何ら変更のないことをはっきりあらわしたものである。

したがって、北韓共産集団は南北対話の推進がその基本戦略遂行に役立たないと判断、一方的に対話を中断させた以後は、赤化の野望を一層露骨に示しはじめたのである。

すなわち、北韓共産集団は一九七三年十一月以降、西海（黄海）五島海域における海上挑発を続けているうちに、今年二月十五日には公海上で漁撈作業中の韓国民間漁船を撃沈、拉致する野蛮行為を犯したかと思えば、ここ数カ月間、休戦ライン一帯に膨大な兵力と軍事施設を投入、配置し、前進空軍基地と海軍基地を建設し、海軍哨戒活動を一層強化した。そして、五月十五日には、臨津江下流の韓国領空を飛行中だった米軍ヘリコプターに対空砲火を浴びせる挑発行為までもしでかしたのである。

国軍入城に太極旗をふりながら歓迎する平壌市民集会（1950年10月20日）

このような一連の事実は、北韓共産集団が南韓を侵攻するために口実をつくろうとしたものと解釈され、そのことは「決定的時期」の醸成に狂奔していることを意味する。

北韓共産集団の露骨な赤化野望は、金日成の今年の新年メッセージによくあらわれている。

金日成は今年の新年メッセージで「人民軍隊と人民警備隊員、それに労農赤衛隊と赤い青年近衛隊は戦闘力を一層強化し、緊張した動員態勢を堅持せよ」と促す一方、「革命」を完遂するための準備を強化するよう指示した。

さらに、五月十二日の北韓中央放送は「ヤツらはわが人民と人民軍隊の壊滅的打撃を受けるだろう」と叫び、日増しに南侵の野望を露骨化させている。

以上のような北韓共産集団の一連の言動を思うとき、北韓共産集団の対南赤化のための策動は今後ますます激しくなるものと想像されている。

四、韓国動乱勃発前夜の状況と今日の現実

韓国動乱以後、大韓民国は韓半島の平和を維持し、祖国の平和的統一を達成するために全力を尽くしている。しかし、二十四年という年輪を重ねたにもかかわらず、平和の定着はおろか、いつまた第二、第三の韓国動乱が再発するかわからない危険をはらんでいる。それは、北韓共産集団の南侵の脅威が日増しに加重しているからにほかならない。

そこで、二十四年前の韓国動乱勃発前夜の状況と今日の現実を、冷徹に比較検討してみる要があると思われる。

1、動乱前夜を思わせる徴候

韓国動乱勃発前夜を思わせる脅威的な要因とは、つぎのような事実を指すものである。

第一に「武力赤化統一」という北韓共産集団の基本戦略の不変性をあげることができる。北韓労働党は、その規約の前文で「全国的範囲で反帝、反封建的民主主義革命を遂行することに当面の目的をおく」と規定、その南侵の意図を公然と表明しているのであるが、一九七三年十月に開かれた「人民軍指揮者および政治指導員熱誠者大会」という集会では、北韓共産集団の統一戦略を承認しなければ南韓を「一掃してしまう」という内容の決議を採択することにより、南侵の意図をいよいよはっきりさせた。

第二に、「四大軍事路線」の完遂を通して、北韓共産集団の戦力がこれまでになく強化され、これに基づいて、最近休戦ライン一帯での軍事的な緊張状態をますます助長させている点である。

今年二月二十三日のニューヨーク・タイムズの報道によれば、北韓は昨年十月の中東戦争以前に、ソ連がアラブ諸国に援助したのと同じ水準の装備で軍を現代化し、休戦ライン一帯に全地上軍を集中配置し、休戦ライン近くに前進軍事基地を建設し、休戦ライン近くに重砲を配置して海軍哨戒活動を強化している――ということである。

北韓共産集団のこのような軍事的動向は、韓国動乱勃発前夜の彼らの動向とあまりにも酷似しており、この点、北韓共産集団に対する韓国民の警戒心はいやがうえでも募る一方なのである。

第三、北韓共産集団は最近これまでになく軍事的な挑発と侵略行為を強化させることにより、韓国社会を不安に落とし入れ、経済と社会秩序を混乱させようと画策している点である。

北韓共産集団はこのような軍事挑発の裏で、韓国の国論を分裂させ、維新体制を崩壊させることにより、安保態勢を弱化させる目的で、絶え間なくスパイを南派させて共産党の地下組織づくりに腐心する一方、ごく最近には「統一戦線」工作を積極化させはじめた。つまり、北韓共産集団は社会の混乱と民心の撹乱を通じて、韓国社会を動乱勃発直前のようなスキだらけの状態に仕向けることにより、「決定的な時期」を醸成しようと狙っているのである。

第四、北韓共産集団は韓国動乱直前の「南北協商」とそっくりな内容の「政治協商会議」とか「大民族会議」などというものを提案しながら、偽装平和攻勢を一段と強化している。あげくの果てには、三月二十二十三日、米国に対してまで「平和協定」の締結を呼びかけたりしている。

このような一連の平和攻勢は動乱当時と同様、その侵略性を隠蔽して、対外的に平和を指向しているかのように思い込ませて国際世論を誤導し、韓国に対しては再侵略への警戒を怠らせようとしているものに過ぎない。

第五、駐韓国連軍の撤収を執拗に主張、それを貫徹することにより、南北韓の力の均衡を破ろうとしている点である。これは動乱前に駐韓米軍を撤退させようと術策の限りを尽くしたのと同じことである。

北韓共産集団が駐韓米軍を南韓侵略の拡大のガンであると考えるのは、昔も今も変わらない。したがって、北韓共産集団が再侵略の「決定的時期」を醸成するためには、駐韓国連軍としての米軍の撤退が何よりも急務なのであり、そのために、北韓共産集団はありとあらゆる手段と術策を尽くして、米軍の撤退を叫びつづけているのである。

第六には、米国の対アジア政策が次第に変化を見せはじめているという点である。

顧みれば、韓国動乱の勃発する満一年前の一九四九年六月末までには駐韓米軍が完全撤退し、翌一九五〇年一月十二日には、韓国は米国の極東防衛圏から取り除かれるという、いわゆるアチソン・ラインが発表された。

2、米軍撤退への誤解

このような米国の対アジア政策の急激な変化が、結局は北韓共産集団をして、韓半島からの米国の後退という誤解を抱かせ、北韓共産集団の戦争挑発に決定的影響を与えたというのが、大方の専門家たちの一致した見解なのである。

ところが、何と二十数年ぶりに、ニクソン・ドクトリンを通じたアジアからの後退という、全く酷似した状態が再現されているのに注目しないわけにはいかない。

一九六九年七月、ニクソン米大統領は、通称ニクソン・ドクトリンと呼ばれる「アジア人によるアジア政策」を発表した。

ついで一九七〇年二月に発表された外交特別教書では、さらにこれを公式化し、これによって米軍はタイはじめ日本、ベトナム、沖縄などから撤退した。

そして韓国からも、動乱以後二十余年間西部戦線一帯の防衛を担当していた米第七師団が撤退したのである。

一方、今年一月一日、シュレジンジャー米国防長官は「グアム島とハワイに駐留している米海兵隊および陸軍で構成された「機動予備軍」が、アジアの米軍の役割を引き継ぐことにより、韓国に駐留している米軍は逐次撤退することになるかもしれない」と、駐韓米軍撤退の可能性をにおわせた。

このような一部米軍の移動や米国高官の言明など一連の事態は、北韓共産集団をして、韓国動乱勃発直前のように南韓に「力の空白状態」が醸成されるかもしれないという、情勢判断上の過ちを犯させる可能性が十分にあるのである。

こうみてくると、今日の韓半島の現実は、二十四年前の韓国動乱勃発前後とあまりにもそっくりな状態であることに、今更のように驚くほかないのである。

五、結び

したがって、北韓共産集団の第二の韓国動乱挑発企図を明確に看破し、それに備えることこそ、韓半島の平和、ひいては世界と人類の平和を維持する道であることを、少なくとも自由と平和を愛好する人なら、その国籍を問わず、認識しなおす必要があると信じて疑わない次第である。韓半島の平和――それはいかに遠く険しい道のりであろうと、是非とも達成されなければならない人類の使命であることを、ここにあらためて強調しておきたい。

青年活動の一元化期す

本国で全国青年夏期講習会

民団中央青年局、全国組織へ通達

8月10日から十日間

民団中央青年局（沈稀孝局長）では、第23回中央委員会で決議された青年局活動方針に依拠、74年度全国青年夏期講習会を次のように本国で開くことをとりきめ、管下全国組織へ通達指示した。

一、目的
わが民団社会の青年の[illegible]が高まり、また[illegible]が切実に要求されるに際し、本国で[illegible]青年相互の[illegible]と団結および[illegible]を強化することを目的とする。

二、方針
①本事業は、[illegible]として、本国または日本国内で実施する。
②本事業は中央本部青年局で主管し実施する。

三、期間
一九七四年八月十日から八月十九日まで十日間

四、研修場所
本国内（未定）

五、集結場所および日時
在日大韓民国居留民団本国事務所（ソウル特別市鍾路区[illegible]洞一一七番地、政府総合庁舎内・電話、73－○一六二、73－○一六六）
一九七四年八月十日、午後3時まで必着し登録を完了すること。

六、参加人員
約百名（各地方本部で一～三名）まで、年齢は18歳～35歳までで青年活動に献身できる中堅的青年男女）
※定員超過のばあいは先着順に

七、参加金
日貨一万円
（七月二十日まで中央本部青年局へ送金）
内訳──
①研修団ワッペン代
②[illegible]
③一線将兵慰問品代
④国軍墓地参拝花環代
⑤ペナント代その他

八、旅費
個人負担

九、宿食費
本国政府で負担

十、服装
青年らの気概を誇り、統一性を期するため、次のような服装に統一し各自が負担、購入する。
①上着は男女共に半袖ワイシャツ（白色）
②下は男子は灰色ズボン、女子は紺のスカート
③ネクタイは、中央本部で一括購入し配付する予定

十一、名簿報告
一九七四年七月二十日まで、下記事項で総括、必着するようにする。「姓名」、「性別」、「生年月日」、「住所」、「職業」、「学歴」、「組織経歴」、「備考」

十二、教育内容
①八・一五光復節記念行事参加
②前方部隊慰問
③国軍墓地参拝
④産業施設見学
⑤市内観光および古蹟見学
⑥学習

十三、日程表
本国で決定

十四、経費
中央本部役員が八月九日午前[illegible]便で東京羽田空港を出発予定なので関東地協、東北地協、中北地協傘下各地方本部から団体で出発する参加者は参加金および航空料金を送金すること。
東京↓ソウル往復　五四、三〇〇円
大阪↓ソウル往復　四〇、六〇〇円
福岡↓ソウル往復　二六、六〇〇円

朝総連侵透に対備しよう

民団中央組織局（呉敬福局長）では21日、朝総連と不純分子らは全国各地で民団組織を攪乱、破壊するため、あくどい策略をめぐらしているとし、これに対備して、全国の民団組織や、傘下機関は、特に（1）公文書（2）各級組織役職員の人的事項、（3）敵対勢力で悪用される憂慮がある各種資料の保安などに徹底を期するよう公文で通達指示した。

中央会館は民族の殿堂　おさめよう建設資金！

永住権者は国民登録を

地協開催は輪番制で

九州地協

民団九州地方協議会（権[illegible]事務局長）は、去る二十二日午後一時から、民団熊本県地方本部会議室でひらかれ、対馬、沖縄両本部を除く福岡、長崎、佐賀、大分、宮崎、熊本、鹿児島の七県地方本部が参加した。

この日、各県本部からの三機関長、事務局長と傘下団体長六十余人が参加し、中央からは尹達鏞団長と呉敬福事務総長が特別参席したが、尹団長はさきの中央委と大会で決議通過した七四年度活動方針を説明したあと、協定永住権の問題にふれ、永住権を取得していて未だ国民登録を申請していない六万六千人にのぼる在日韓国人に対しては、[illegible]促進運動に匹敵する挙団的規模での国民登録促進運動を徹底的に推進展開すべきだと力説、参加全員の積極的賛同を得た。

このほか、尹団長からは、中央会館建設募金完納、朝総連のいわゆる対民団破壊工作としての一百二十日間運動」への対策などについて論じられたあと、管内各県本部からその間のセマウル事業支援や商銀設立準備（大分、佐賀）を中心とした現況報告がおこなわれ、活発な討議がつづけられた。

また、団員数がもっとも多い福岡県での地協開催を、今後は三カ月ごとに各県本部輪番制でひらくようにとの提案が採択され、次回は九月に大分で地協がひらかれることになった。つづいて遠隔地である沖縄県本部の九州地協加入の問題が出されたが、これは中央にその決定を一任することにし尹団長から宮崎県地方本部会館建設に功績の大きかった同本部張斗玉団長に表彰状が授与された。

なお同議会を終えたあと、来賓の桑[illegible]国会議員から内外情勢に関する時局講演があり、聴衆に感銘を与えた。

光復節は国際劇場で

千葉は単独で行事

関東地協

さる二十六日、民団関東地方協議会（金致淳事務局長）では、第一百回の地協会議を東京のホテル・ダイエーで、新潟を除く十一地方本部が出席してひらかれ、八・一五記念行事、同胞国防訪問団編成、民団強化対策会議等事項などを協議した。

会議は、午後一時すぎに開会され、金致淳地協事務局長、鄭東淳前地協事務局長、金仁洙中央副団長のあいさつと、駐日大使館[illegible]領事の来賓祝辞のあと、参席者全員の自己紹介のあと討議に入った。

今年の八・一五記念大会の名称を「第二九回八・一五光復節記念中央民衆大会」とし、場所は昨年と同じく東京・浅草の国際劇場に決定した。なお千葉県地方本部の場合、千数百人動員予定で独自の集会を開く計画が承認され、中央大会には代表者が数十人参加することとなった。

また民団強化対策会議の懸案事項では、全国の団長が参加するため、会議の進行が冗長になるので、地協事務局長が代表して発言し、特に重要な内容の発言に限り団長発言を認める方針が確認された。

その他の議題に移り、朴成[illegible]奈川団長から「日本の偏向言論に対する抗議集会を持つべきではないか」という発言があり、討論の結果、技術的な問題もあるので、関東地協の要望事項として民団中央に申入れをすることに決定をみた。

関東地協で挨拶する金仁洙中央副団長

全南道民会結成3年

記年祝典に2千同胞

大阪の在日本全羅南道々民会（姜桂重会長）では、創立三周年を迎え、六月二十三日（日）午前十時から、大阪市・大手前の国民会館で、同胞慰安の記念祭典を、約二千人余りの同胞の集まる中で盛大にひらいた。

この日の記念祭典では、第一部で映画「ソウルから来た手紙」を上映、つづいて式典に入り、張徳日副会長が開会の辞、姜桂重会長が記念辞をのべ、許[illegible]全羅南道知事の祝辞を[illegible]副会長が代読。特別来賓の駐大阪総領事である[illegible]慶源公使は、その祝辞の中で、特に朴大統領の六・二三外交宣言一周年と時を同じくしたのは意義深いものがあると朴大統領からの特別談話文を高らかに朗読、万雷の拍手を浴びた。さらに、民団大阪本部の黄七福団長、大阪韓国人商工会の姜宅佑会長、大阪興銀の金容載理事長がそれぞれ祝辞をのべ、尹達鏞中央団長の祝電朗読のあと、民団中央を代表して出席した呉敬福総務局長が祝辞をのべた。

このようにして第二部の式典は張斗会副会長の閉会辞でいったん幕をおろし、第三部の慰安芸能大会に移って、ディック・ミネや本国からの芸能団二十余人が出演して約四時間、同胞たちを心ゆくまで楽しませて午後五時頃、記念祭典の全行事をとどこおりなく終えた。なお、幕間を利用しての抽せん会では、カラーテレビなど豪華な景品があたり、同胞たちを大喜びさせた。

中部民族教育研修会

愛知

名古屋の愛知韓国学園を主体とする中部地方六県の民団教育関係者が集まり、去る二十二、三の両日第一回中部地方民族教育講師研修会をひらいた。この研修会は、講師たちの資質向上と相互啓発による民族教育の充実を期す目的でひらかれたもので、①在日国民教育の基本方針②国語科指導要領③国史科指導要領④社会科指導要領の各項にわたっており、また①各教科の指導上の問題点②受講生募集および出席管理方案③教育課程の改善などが協議された。このほか研修会の存続問題をめぐり討議が行なわれたが、①研修会は年二回ひらく②共同行事として本国修学旅行、体育大会、雄弁大会などをひらくことなどを決議した。なお教育会組織では、会名を中北韓国人教育会と決定した。

民団愛知県本部（[illegible]団長）で民族教育五十時間受講義務制を実施して注目を浴びた

千葉本部で支部連席会議

民団千葉県地方本部（[illegible]団長）では、去る二十一日午前十時から千葉県労働福祉センターで、同本部三機関長および管内支部三機関長・事務部長連席会議を開催

出演料全額を中央会館に寄金

本紙金元奉記者

去る六月五日正午から放映されたNETテレビの「韓国非常軍法会議に訴える」という日本マスコミの悪意に満ちた企画に出演、反共分子宛東鎮をはじめとする日本人左傾評論家の青地晨、和田春樹等の偏向発言を向うにまわし、孤軍奮闘した本紙の金元奉記者は、六月五日の出演料としてNETから送金してきた六千三百円を、わずかであるが民団中央会館建設基金の一部にと事務局長に手渡した。

中央三機関にも中央会館割当金・

民団中央では、三機関会役員が、義務的に中央会館建設基金を拠出することを決め、実施してきたが、今年三月の中央大会以後就任した役員にもこれを適用、六、七、八月の三カ月間にわたって全額を完納させることになった。ちなみに割当額は次の通りである。

三機関長	各二十万円
三機関副長	各十五万円
事務総長	十万円
局　長	各五万円
次　長	各三万円

訂正

本紙一一二六号一面八段三多摩地方本部副団長李栄年を朴栄年に訂正し深くおわび致します。

世界親子かけある記 ㉔

ビジネスと観光と歴史・美術そして…

裵乙祚・裵慶州

ロンドン　III

OXFORD, BIRMINGHAMゆき

"OXFORD"長いこと私の想い出の中に生き続けて来た町である。もはやかなわぬ夢ながら、胸にあたためいつかはこの学問の門をくぐらんと青春の夢を追った町である。

レンターカーを借りて子供二人でドライブでもしようということになり、保証金二十ポンドを積んで簡単に手に入れた。[illegible]

緑一色の田園風景

楽しい郊外住宅と大学の町

合理的な金属再生工場

Birmingham地区にある友国討ることだ。そしてこの地金を自家消費し原料を鋳造加工、成型加工、その他二次加工工程を経て、仕上げ製品で完成し、自家製品として市場に送り出す。即ち一企業の一つのヤード内で、スクラップから完成品までをしかも資源の完全利用をみると言うのが、私の言っているいわゆる非鉄金属のリサイクル産業なのである。

要するに私が長年考えていたのは、一企業の中で[illegible]ドで生産をしていた。まったく維持するためには、[illegible]私が長年考えていたことをここで[illegible]

（13）"鴨料理がうまいLME"

御承知の如くLMEの歴史は古く、その組織は閉鎖的でありギルド制が今だに厳然と残っている数少ない中世的遺物のくせに[illegible]

プチブルは未だそんなによたっているとは思えないし、EEC の中におけるLMEは、すでに英国一国のものでなく、ヨーロッパ全体いや世界の非鉄金属市場の大物であることを、とくと考えての行動なら、なおさら無気味な反撃と、場合によってはネギを背負って入って来た鴨になりかねないことを銘記すべきではないか。

（つづく）

共産国家一人独裁者の偶像化 北傀の状態は最も極端な例だ

(北傀紙)

事件記事なく、金日成一色

スエーデン 新聞が皮肉り論評

絶対権力者も自由にならないこと
卵の暗取引防止策は〝食べるな〟

スエーデンで六十万部を発行する最大の夕刊紙「エクスプレスン」紙をはじめとし、「スベンスカ・ダグブラデット」や「ダゲンス・ニヘッタ」の各紙は、[illegible]

副読本附図などの単一化

中学義務教育実施に備えて

57年度から実施 本国文教部発表

韓国文教部は24日、現行中学校の教科、科学、体育、社会科付図など4科目教科書を今年中に、各[illegible]

また、文法、作文、音楽、美術、家庭など他の5教科の教科書も76年以後、段階的に単一化されるものと伝えられ、結局、中学校の全教科書が単一化される見とおしである。

韓国YMCA 本国ツアーの参加者を募集

在日韓国青年会では、きたる八月十一日から十八日まで、七泊八日間の日程で韓国旅行を実施するため、参加者を募集している。今回の旅行は韓国で韓国滞在[illegible]

募集要項

一、日時、八月十一日～十八日（七泊八日）
一、費用、九万九千円（申込金一万円）
一、募集人員、二〇名
一、申込締切、七月十五日
一、申込所、在日本韓国青年会[illegible]

本国新発売シリーズ切手

韓国逓信部はさる六月十四日、ユネスコ韓国委員会創立二十周年記念切手を発行した。

韓国と日本の関係に新視点

日本上古史（文定昌著）抜粋と解説

(36)

飛鳥の仏教文化 (3)

大読経会を宮中で催おし、儒学の講義、横笛も渡来

推古朝が仏教の発展期 文化の流入本格化する

[illegible]

文禄・慶長の役

壬辰倭乱私録 (5)

西厓柳成竜の三男〝柳袗〟の乱中体験記

金竜煥画

ぬかるみの道中

[illegible]

七月 今週の運勢（一日～七日迄）

運命鑑定 大聖易館
川崎市川崎区〔illegible〕4丁目7の10
TEL 044 (355) 3553
易師 許瓏

五行年令別（数え年）

金性の人	木性の人	水性の人	火性の人	土性の人
80	77	69	79	75
73	76	68	78	74
72	63	61	71	67
65	62	60	70	66
64	55	53	57	59
51	54	52	56	58
50	47	39	49	45
43	46	38	48	44
42	33	31	41	37
35	32	30	40	36
34	25	23	27	29
21	24	22	26	28
20	17	9	19	15
13	16	8	18	14
12	3	1	11	7

日	一日	二日	三日	四日	五日	六日	七日
運勢別	身運 財運	身運 財運	身運 財運	身運 財運	身運 財運	身運 財運	身運 財運
金性の人	[illegible]	[illegible]	[illegible]	[illegible]	[illegible]	[illegible]	[illegible]
木性の人	[illegible]	[illegible]	[illegible]	[illegible]	[illegible]	[illegible]	[illegible]
水性の人	[illegible]	[illegible]	[illegible]	[illegible]	[illegible]	[illegible]	[illegible]
火性の人	[illegible]	[illegible]	[illegible]	[illegible]	[illegible]	[illegible]	[illegible]
土性の人	[illegible]	[illegible]	[illegible]	[illegible]	[illegible]	[illegible]	[illegible]

718

韓國新聞
在日大韓民国居留民団
中央本部機関紙
韓国新聞社
発行人 尹達鏞
東京都文京区春日
2丁目20－13
電話 (815) 1451～3
(813) 2361～5
振替口座 東京 163774
本国連絡所（民団本国事務所内）
서울特別市鍾路区昌成洞
政府合同庁舎4層
電話 73－0162・0165

在日本大韓民国居留民団 綱領
一、우리는 大韓民國의 國是를 遵守한다
一、우리는 在留同胞의 權益擁護를 期한다
一、우리는 在留同胞의 民生安定을 期한다
一、우리는 在留同胞의 文化向上을 期한다
一、우리는 世界平和와 國際親善을 期한다

北は赤化野慾棄て
平和統一には誠実で寄与せよ

南北平和統一への里程標ともいうべき南北共同声明が同時に発表され満二周年を迎えた。この日を迎え、民団中央の尹達鏞団長は、相も変らぬ北からの一連の南侵行為と、朝総連のいわゆる百二十日間運動による民団破壊工作は目にあまるものがあると指摘、七・四共同声明の精神に戻って、われわれは民族の良心に訴え、平和統一には誠実で寄与しなければならないと、次のような特別談話を発表した。

七・四共同声明2周年迎え
尹達鏞中央団長が談話発表

尹達鏞団長

…歴史的な南北共同声明が、二年前の今日、発表された時、われわれは、平和的統一こそは、民族の唯一の念願であるため、諸手をあげて歓迎し、南北間に合意した統一三大原則精神にのっとった民主的方法で統一されることを全民族がねがい求め…

…たのは事実でありました。

その後、南北調節委員会と南北赤十字会談が数回にわたって開催され、統一に対する希望がしだいに熟していったと見られます。ところが昨年八月二十八日、北韓側は突然、南北対話を中止するという通告を一方的に宣言して来たのであります。

そして両側がたがいに誹謗しないという約束を破棄し、露骨な対南非難をはじめ、野蛮な人身攻撃までするにいたったのであります。

それればかりか、今年二月十五日には北韓の艦艇が西海…

近海で平和裡に操業中の韓国民間漁船を砲撃して、一隻を撃沈、一隻を拉致、何の罪もない漁夫たちを殺傷する非人道的な蛮行を犯したのであります。

また国内においても、大韓民国を転覆させるための暴力赤化をたくらんだ悪質スパイを侵入させ、所謂「民青学連」という地下陰謀破壊工作隊を組織して、暴力蜂起を画策したが未然に発覚し、完全に粉砕されました。

また周知のように現在、北韓赤狗の手先である朝総連は、所謂「百二十日間愛国運動」という美名のもと、善良な在日同胞を煽動…

して、民団破壊工作におおわらわであるが、これまた、わが団員の健全な精神姿勢と排撃によって完全に粉砕されることは間違いないものと断ふするしだいであります。

朴正熙大統領は、北韓共産徒党らのこのような一連の反民族的で犯罪的行為を敢行する赤化野欲を放棄し、反省させ、真の祖国の平和統一をなしとげるため「六・二三平和統一外交宣言」一周年を迎え、去る六月二三日、特別談話を発表され、北韓側に対して武力と暴力による赤化統一路線を捨てて七・四共同声明精神に戻り「南北赤十字会談と南北調節委員会を正常化し、相互交流と協力を実現しようとするわれわれの努力に即刻応じることに」を強く促求されました。

朴大統領が「平和統一外交宣言」一周年談話を発表した五日後、即ち六月二十八日午前八時五十分に北韓共産警備艇三隻は、東海休戦線南方の江原道に津公海で操業中の民間漁船を保護警備中の韓国海洋警備艇第八六三号に砲撃を加え、恥知らずにも領海を侵犯したため…

これを撃沈し事務は拉致したと発表しました。これは朴大統領の民族愛と正義に立脚した談話に対する北韓側の野卑で卑劣な反応だといえます。これはまた、大きく見れば、今般のニクソン米大統領の訪ソで世界緊張緩和の推勢がより明らかになっているのに対して北韓の好戦的な姿勢が孤立を免れえなくなったことに対するあせりと絶望的なあがきだといえます。

また、これは、今年の国連総会で韓国問題を上程し、自分らの存在に対する注意をひらこうという欺瞞的な策動だといえます。

恥知らずの侵犯

しかし、北韓が今まで韓国に対して取って来たそのような破壊活動や、武装工作は決して彼等の企図を達成することの助けにはなりません。

むしろこのような行為は、北韓自身の好戦性と野蛮性をより明らかに証明する結果となるでしょう。

また、彼等のこのようなあらゆる策動と挑発は、二年前に南北が合意し、全民族が支援を受けた南北共同声明の精神を徹底的にふみにじり、完全に背く行為であるとしかいえません。

即ち、五千万民族の期待と念願に逆行する反逆行為だと指弾されて当然であります。

北韓共産主義者のこのような反逆的な企図と方法で、赤化統一が促進されると考えればそれは大きな誤謬であり、結局致命的な敗北を味わうしかないのであります。

北韓共産主義が再び起こそうともくろんでいる六・二五、即ち武力南侵は「自由でなくば死を選ぶ」四千万の覚悟した反共精神と、盤石のような国軍戦力の前…

…民族の平和的統一のため誠実に寄与する姿勢をただすことを心から強調するしだいであります。

第一に、その初段階として北韓当局が不法な武力攻撃を加え、沈没させた「白翎島近海漁船攻撃」事件と今般の「東海警備艇攻撃」事件に対して、民族的立場から、拉致した生存者と死亡者の遺体を全員送還することによって誠意を示すことを強く要求するしだいであります。

第二に、われわれはこの機会に朝総連に対して、恥ずべき民族分裂工作を一日も早く放棄し、海外で民族大同団結のため誠実な姿勢で臨むことを再三、促求するしだいであります。

終りにわれわれは、民族の良心として表現される七・四共同声明の精神を悪用したり、違背するいかなる勢力や集団もこれを徹底的に糾弾、排撃するであろうが、真に誠実な姿勢で対話に臨むということが確実であれば、いかなる集団とも融合し、対話をもつという基本姿勢に立っていることを言明し再び北韓当局と朝総連に対して七・四共同声明精神に戻ることを促求するしだいであります。

中央会館は民族の殿堂 おさめよう建設資金！

中央会館完成予想図↓

北傀 無税制のカラクリ露呈

◇最近、北傀では「速度戦」ということが叫ばれ、この速度戦から脱落する者は「反動分子」として制裁を受けるところまで、強力に推進されていることが、労働党の機関紙の社説から明らかになった。北傀が「無税制国家」の宣伝をはじめて未だ半年も経たない内に、やはりそうであったかという無税制のカラクリが露呈された。労働新聞の社説では、労働指標（ノルマ）二倍化の義務化と、労働指標達成に対する無報酬の主張と、それは金日成に対する忠誠度の尺度であると三回にわたって紙面を割いて主張している。朝総連が殺し文句として好んで宣伝している無税制の落し穴が、今や北傀住民に重く強くのしかかって来たことは見逃せない問題である。◇

時評

ノルマ2倍、報酬据置き
脱落者には反動の烙印

労働新聞主張

六月十一日付労働新聞の社説によれば「生産を高める唯一の方途は、労働者の頭数を増やすのではなく、工場、企業所で、従業員一人当りの生産額を伸ばすこと」で、「一人当りの生産額倍加は、革命の高い配慮に対して、思誠で報いる闘争であり」党組織たちはこの闘争において、も、速度戦の革命的旗幟を、なお一層高く掲げて扇動しなければならない」と主張している。労働人員を据え置いたままで、生産額を倍加するということは、いうまでもなくノルマの二倍化のことをいっているのであり、しかも、それを「速度戦」という名詞で定形化し、一生懸命に二倍のノルマ達成を行うことは金日成に対する忠誠であると強調している。北傀はこれまでもノルマに対する要求は厳しく、例えば5％でも未達してノルマを達成しないと直ちにマークされ上級幹部に呼び出されて警告を与えられていた。それが、今度はノルマが、今までの二倍になっているので、実質的には二〇〇の心配を少くしてさしあげるために心を使い、努力することと、けれはならないわけである。

このあと、十三日付の社説でにかなりものと説明している。…

北艦艇三隻が わが警備艇を撃沈

28日午前、東海軍事分界線南方で漁撈保護警備中の海洋警備隊八六三警備艇（一二〇㌧）が北傀艦艇三隻の攻撃をうけ、交戦のすえ沈没した。国防部発表によれば、八六三艇はこの日、午前八時五〇分ごろ東海軍事分界線南方九㌔海上（東経一二九度、北緯三八度二八分）で北傀警備艇二隻が接近中であると報告、一時間四〇分が過ぎた十時三〇分ごろ、北傀警備艇三隻の包囲攻撃をうけ交戦中との打電のあと連絡がとだえた。国防部はこの日午後、北傀艦艇の攻撃をうけた海警八六三号が交戦をつづけ、勇敢善戦するうち、軍事分界線北方三～五㌔海上まで北上、沈没されたことを確認したと発表した。

八六三警備艇からの打電をうけた空軍機と海軍艦艇は、即刻出動したが、悪天候と、不高百付の低い雲にさえぎられ、現場探索が不可能であった。

出動した空軍機は北傀警備艇を発見すれば、撃沈する態勢をとっていたが、悪天候のため機会を逸した。

現場には、北傀ミグ機も出動、双方航空機が二㌔まで接近するなど休戦以来はじめての緊張状態がかもしだされた。

八六三艇には、艇長安昌一警監…

北傀スパイ船を撃沈

去る三日、韓国国防部では、二日夜、釜山近海を民間漁船に見せかけて航行、発砲してきた北傀船を発見、これを撃沈したと発表した。

武力挑発に強く抗議

李東馥スポークスマン談

南北調節委副委員長会談

南北調節委員会の双方副委員長は一九七四年六月二八日午前十時から午後一時一五分まで板門店平壌側地域の板門閣において第7回…

直通電話が架設されており、南北間の偶発的軍事衝突事故は、この直通電話を使用することにより未然に防止することができるにもかかわらず、北韓側は東海海上において正常任務を遂行中の、わが方警察警備艇を一方的に攻撃する重大な武力挑発を遂行することによりり、7・4南北共同声明を正面から挑戦に違反したと指摘した。しかしこれに対し、平壌側の徐載鎮は、わが方による問題に対する言及を回避した。

またまた大物スパイ
・外登法違反と不法旅券で…
孔泳淳を逮捕

今から二十二年前、東京の民団日比谷支部の馬末岩副議長宅に火炎びんを投げこみ、全焼させた前科をもつ、孔泳淳（47）という男が、今度は日本人に化け、北傀の秘密工作員として活動していたところを、去る三日、警視庁公安部に旅券法、外国人登録法違反容疑で逮捕されたと、日本の各紙はいっせいに報道した。

それによると、孔は慶尚南道生まれで、千葉県香取郡多古町北中…

無知、無能なあの男が…
民団群馬県本部 姜秉鎮事務局長談

…時効後に三村繁生という日本人に化け、今日に及んでいるものだが、その間孔は他人名儀のパスポートを使って、韓国やホンコンでも工作活動をしていたという。

本県に関係することで、さっそく地元団員たちにたずねたところみんながみんな異口同音に、あの無知、無能な男が、孔泳淳など使ってスパイ行為をしたとは、とても考えられないと語っています。

十数年も前に住んでいて建売住宅や土地ブローカー的な仕事をしていたようだが、同一人物であることは間違いなく、誰でもこれから旅券申請には身元調査をしっかりしてかからねばと痛感しました。

民団と接触ない
民団千葉県本部 高権錫事務局長談

当地の一つである香取郡多古町には、ガソリンスタンドを経営している渋谷命という団員宅が一世帯あるだけで、孔は民団とは接触なく、元から朝総連系に間違いないと思っています。

22年前の恐怖忘れられない と馬夫人語る

逮捕されたスパイ孔泳淳が、命しくも二十二年前、当時、民団日黒支部の馬末岩氏（当時の通名・伯蚊）宅を襲い、固家を火炎びん…

日本図書館協会選定

金熙明著
日本の三大朝鮮侵略史
＝倭寇・壬辰倭乱・日韓合併と総督統治＝

☆日本が如何に朝鮮を侵略したか三つの歴史的事実を両国学界の研究成果をふまえて叙述した日本の「つまずき」の歴史を日本人の前につきつけたものである。
［武蔵大学教授 渡部 学］
☆…書評が幾紙に掲載されております。

B6判 美装 四〇〇頁
写真挿画七〇枚
価 九八〇円・〒 一四〇円

発行所 洋々社
東京都新宿区納戸町五
〒一六二 電話（二六八）〇七九六番
振替 東京 一三一五一五番

照点

…人は裸一貫で食うものもなく苦労のしっ放しでした。あの日の恐怖は生涯忘れられません」と当時を回想、ホッとため息をついた。

「ヘエーそうですか、そんじゃあおタクの国も〝日本の字〟と同じ字を使ってるんですね…」と如何にも感心したふう。日常茶飯事といおうか、少なくとも私の知る限りでは、ほとんどこの類の日本人が大多数であるのは事実で、▼つまり「漢字」は日本文字であって、漢の国、今の中国から伝わった字だとは金輪際思っても見なかったし、知ろうともしない。▼漢字が日本化した今日、いまさら追究するのもおかしいのでは、といわれればそれまでだが、史実上の原産地ぐらいは知っておいた方が何かと好都合だと思われるから敢えて一言。▼しかも高校（あるいは中学）以上の教育課程では、…

’74 本国夏季学校生募集

一九七四年度・第九回本国夏季学校入校生を次の要綱により募集致しますから、各地方本部では、該当学生にひろく周知せしめ、優秀な学生を多数応募させるよう、ここにお知らせ致します。

目的…夏季休暇を利用して、日本系高等学校ならびに大学に在学中の在日韓国人学生をして、母国に対する新たな認識と愛国精神を涵養させるのを目的とする。

募集人員…男・女合わせて六百人。

応募資格…①日本系の高校、大学に在学中（正規）の在日韓国人学生。②過去、本国夏季学校に入校した事実がない学生。③品行方正にして思想穏健、身体の健康な学生。

教育期間と場所…七月二十七日から八月十六日まで。ソウル大学内在外国民教育研究所。

提出書類…入校志願書（所定様式）に写真二枚添付、在学証明書、所属民団支部団長の推せん書（但し、地方本部団長の確認捺印が必要）、国民登録済証、外国人登録済証（但し、永住権申請もしくは許可番号を記入）以上各二通づつ。

志願書交付および提出先…志願書は追って郵送するが、地方本部がこれを集計して中央本部文教局に直送すること。

募集しめきり…一九七四年七月十日まで。（地方では七月五日）

出発日時と場所・諸経費…七月二十六日午後五時、下関港から船便、一人当り百三十ドル。

事前教育…出発前に適切なる時期をえらび地方別に事前教育を実施。詳細は民団地方本部か教育文化センターへ。

留意事項…旅券申請にあつては中央団長の身元推せん書を無料で発給する。

在日大韓民国居留民団
中央本部文教局

国産技術、超大型造船に凱歌

26万トンタンカーを建造

着工16ヵ月、延べ百万人動員、七億ドル受注も

世界16番目の超大型造船国に

造船維新の夢が実現した。現代造船所では六月二八日国内最初の二六万トン級大型タンカー、アトランティック・バロン号を完工、同型二号船であるバロニス号とへさきを並べ朴正煕大統領臨席のもと命名式を持った。これで韓国は着工以来、16ヵ月目に国産技術で超大型タンカーを建造、世界で16番目に20万トン級以上の超大型造船国となった。アトランティック・バロン号は全長3百54メートル、幅52メートル、高さ27メートルである。ソウルで最高の三・一ビルディングを5個重ね、上に3個、下に2個を積みあげた大きさである。送油管が中央部を貫ぬいている上甲板は、ソウル運動場サッカー場を三つしきならべたほどの広さである。

単一造船所としては世界最大規模を持つ蔚山市田下洞所在の現代造船所の巨大なドックで建造され進水した超大型タンカー

船というよりは、浮いている山というのがより適切な表現のようである。積荷重量26万トンは、ソウルの6百万市民を一度に運搬できる大きさである。6回の運搬でわが国の3千5百万の人口（北韓地域除外）をすべてはこべるということにもなる。

鄭周永現代造船会長は、「かえり見れば鳳伊金先達（途方もないことを企らみしてかすほら吹き）のような気がしてならなかった」とのべた。

72年初、造船所が着工される前には、閑散とした海辺であった尾浦湾の砂場写真一枚で、世界の海運王、ギリシャのジョージ・エスリバノスから26万トン級タンカー2隻の建造契約を得たという。

何を信じて、一隻に3千4百万ドルにいたる巨船の契約にすんなり応じたのが不思議でならないということである。

このような船主の好意にこたえまた韓国造船業の対外的信用のため、予定どおり、来る7月17日、アトランチック・バロン号を船主にかならず引渡すということである。1万4千余名の従業員が昼夜2交代、夜間にも7千余名が昼間のように明るい照明のもと徹夜作業をしている。

彼等の血と汗が惨んだアトランチック・バロン号一隻だけでも、60余万個の大小鋼鉄板をコンピューターで裁断し、溶接するぼう大な作業、今まで延人員百余万名が投入された。

日本造船界が驚倒

木材は船室の一部内装にだけ使用されるため、自体重量は、4万トンにいたる。8トントラックで5千台分である4万余トンの鉄鋼材が使われた。

何の経験もなく無から出発したものであるが、設計図面だけをイギリスの、スコット・リスゴ社から購入、何人かの外国人監督の参与はあったが純然たるわが技術陣によって完工された。

黄炳周技術担当理事は造船に全く無経験なわれわれが、26万トン級一号船を16カ月目に進水させるや当初、われわれの大型造船建設をあざ笑っていた日本造船業界は驚いているということである

アトランチック・バロン号と同型の2号船、アトランチック・バロニスはこれよりもっと早かった着工後わずか9カ月目に進水、アトランチック・バロン号とへさきをならべて命名式を持ったのである。

世界最大規模の施設

また去る3月に着工した23万トンの3号船（日本ジャパン・ライン発注）は、来る7月20日進水、工期は5カ月に短縮される。

黄理事は、第2ドックが完全稼動する来年初には、最大造船能力が70万トンから百万トンにのび、30万トン級5隻を同時に建造することになるということである。

そうなれば、技術も飛躍的に向上、26万トンの進水期間を国際水準である七、八カ月程度に短縮させることができるということである。

わが国を16大造船国の一つに飛躍させた最大船建造能力70万トン規模の現代造船所は、単一造船所としては世界最大規模。

機資材も世界各地から第一級品をえりすぐって導入して来、現代造船工業の最新縮図を呈している。

すでに23万トン級ないし、26万トン級大型タンカー14隻をギリシャ、日本、ホンコン、スペインなど各国から受注している。

金額では約7億ドル、今年中に外貨2億6千万ドルを稼ぐことになる。

本社金允中社長慈堂鄭淳媛大夫人（本貫咸陽）は六月二十三日午前八時ソウル特別市鍾路区仁寺洞一四五番地の自宅で老患のため別世いたしました。享年九十才。

ここに生前のご厚誼を深謝し謹んでご通知申し上げます。

なお、葬儀は自宅にて六月二十五日午前十時出棺、引きつづき葬地の金浦公園墓地にて入棺式を執り行いました。

千代田区内神田三—十七—八号

KPI通信社

韓国政府 エネルギー長期対策を修正

石炭30対石油57の比率に確定

政府は長期エネルギー総合対策を一部手直しして八一年度における総エネルギーのうち石炭の需要を三〇・三%、石油は五七・八%とした修正内容を発表した。

これによると国際的なエネルギー事情の不安定と石油高価格時代に備えて政府が先に策定した長期エネルギー対策を一部改めたもので、先ず基本方向として①重化学工業の推進にともなうエネルギー需要激増に備え安定供給体制を確立する②石炭を含めた国内エネルギー資源の開発と活用およびエネルギー源の多様化を図る③エネルギー利用の科学化、熱管理の制度化、消費節約の生活化などに力点を置いている。

このような基本に則ってエネルギー需要を七六年末までは年平均増加率を九・二%、八一年までは一一・三%に見込み八一年には総エネルギー需要のうち石炭の比率を当初の二〇・一%から三〇・三%に大きく増やす一方、輸入エネルギーである石油は六八・七%から五七・八%に落すことにした。

一方原子力発電事業を韓国電力（韓電）から切り離し、政府の石油類調節機能を強化、流通構造を改善するため韓国石油開発公社を設立する方針を決めた。なお八一年度における総エネルギー源一億一、一三〇万三千トン（石炭換算物量）のうち①石油は六、三三万二千トンで五七・八%②電力は七九五万四千トンで七・二%③薪炭は五二四万三千トンで四・七%の比率となっている。

また長期需給均衡をはかるため電源開発に力を入れ発電設備容量を七三年末まで四二七万一千KWから八一年度には九九七万千KWに大幅に増やす一方、水力発電比重は七三年の一五%から八一年には二一%に、原子力発電所は四基を建設して設備容量一三九万五千KWを二四%に高める計画である。このほか送配電施設の拡大を図るため三四五KVの超高圧送電線を早期完工させ石油備蓄を増大させるため原油備蓄基地の建設を進めることにしている。

韓国経済好調続く

石油パニックとこれにともなう国際景気の沈滞にも拘らず、数字からみた韓国経済は物価は安定した中で高度成長を維持している。たが鉱業生産は引続き好調をみせているが在庫が累積しており、需要が伸びなければ景気がスランプに陥いる恐れが出ている。四月の景気予告指標によると生産と輸出は活発だが預金、機械類輸出は鈍化、景気総合指数は前月比〇・二ポイント下落、二・一を示している。

経企院によると一・四分期中のGNP成長率は前年同期比一八・五%の高水準をみせており、産業生産は好調だ。

ハワイ大・北韓問題シンポジューム

北韓学術の実態

李根茂（東亜日報駐米記者）

米ハワイ大学の韓半島問題研究所ではさる十日から十四日まで「北韓問題シンポジウム」を開き、米国内に住む韓半島問題専門家たちが出席して北韓問題に関する討議を行った。このシンポジウムにはさる四月から五月にかけて北韓を訪れた徐大粛博士（四二、ハワイ大学政治学教授）をはじめ高秉喆教授（イリノイ州立大学）や申麟変教授（アメリカン大学）、金ジンウ教授（イリノイ州立大学）ら韓国系の米人学者たちが顔をそろえ、北韓の政治体制や外交政策をはじめ、言語政策や革命戦略など広い範囲にわたる討議を展開した。とくにハワイ大学の政治学教授徐大粛博士はこの春、二週間にわたって平壌を訪れ、北韓の科学院学者らと会いその研究施設を視察した見聞記を報告して注目を引いた。徐博士は米市民権を持つ韓国人学者で専攻は共産主義運動史。徐博士は北韓科学院の招待により北京経由で平壌を訪れ、北韓の科学院を視察し金日成大学の教授らと会って、主として共産主義理論に関して論じてみたという。その結果、北韓の学問に対する姿勢は自由世界では思いも及ばぬほどに偏狭で、しかも独善的だったということである。以下は韓国系の米人学者たちが披瀝した北韓に関する学問の討議内容である。

北韓の学問研究は党のための奉仕

"金日成思想"へ理論を集約

◇徐大粛教授（ハワイ大教授）

私はさる四月三十日から二週間にわたって平壌を訪問した。それは北韓科学院の招待によるものだったが、私はこれを契機に米国と北韓との間で学者交流が可能であるか否かを打診した。しかしその結果は"不可能"という線がハッキリと出たことにより失敗を余儀なくされた。それは米国務省が現段階ではビザを発給することがむつかしいと表明したからであるが、一方北韓もまた"招請"を拒絶した。

▽唯一思想で人民武装

私が北韓を訪問した印象で最も強かったのは金日成の唯一思想により人民が徹底的に武装させられているということで、それはまさにオドロキであった。そしてその金日成の唯一思想なるものはまるで理性の限界を越えており、反米思想にまで及んでいた。たとえば子ども宮殿を訪れると、子どもに教える思想表示の中で米兵を標的（マト）にした射撃場が完備しているという有様だった。

何よりも北韓の学問研究はあくまでも党のためのものであるということが、自由世界のそれとは全く違っていた。自由世界の学問は真理の追求であり、その方法と目的は知識そのものに置かれているのが常であるが、北韓の場合、それは金日成思想のためにつくられる理論であり、学問であった。

私は、学者としての共通の立場から北韓の金日成大学教授らに、私の著書「朝鮮共産主義運動」について批判して欲しいと言った。するとかれらは学問としての理論的研究については何の批評もせず、ただ、金日成が登場していないことについて指摘した。まるで重要なのはそのことだといわんばかりの姿勢をかくそうともしない北韓の学者たち、そしてかれらは朝鮮共産主義運動の史実、あるいは誤謬（びゅう）や誤解については何も指摘しなかったのである。

私は金日成の出生地といわれる万景台や青山里協同農場、信川博物館、託児所、百貨店などを興味深く見て回ることができたが中でも私の関心を引いたのは金日成の還暦を記念するために建てた大理石の巨大な「新革命博物館」であった。それは金日成に対するかれらの称賛ぶりがまるで理性の限界を越えるものであることを物語っていた。

▽情報資料不足で研究制限

◇高秉喆教授（イリノイ州立大学）

北韓の政治体制において最も目立つ特殊な面は、かれらが至上のものとしている金日成によって類例のないほどに支配されているという事実である。金日成は過去三十年間にわたって権力をほしいままに独占してきたのみならず、金日成自身を個人崇拝のマトにまつりあげてきた。そしてその個人崇拝に対する規模の大きさ、強さは、身の毛もよだつほどにひどいものだった。金日成は単に北韓全部を支配しているというだけでなく、恐ろしいほどにまでそれを鋳型にはめこんでいる。それは北韓から出される公式発表にも如実にあらわれており、北韓はいわゆる「革命化」や「プロレタリア」、あるいは「産業化」を達成するために、金日成がずっと長年にわたって人民を動員し続けてきた。だが北韓の政治体制を理解するには、そうした金日成の統治方法を研究する以外にない。とはいうものの、北韓には確実な資料というものがないために（現在、北韓からは資料が出てこないし、また将来もそうであろう）、その研究はなかなか困難である。とにかく北韓に関する理論的、方法論的研究が思うようになしえないのは北韓からの情報と資料が不足しているからである。その少い資料も、北韓当局（金日成）が発表してもよいと判断したものに限られている。そうした資料さえ動員させて研究しないことには、北韓を知るすべがないといった状況にある。どのような資料であれ、推測するよりはましだからであるが、資料の不足で北韓に対する研究が部分的な印象にとどまり、批判らしい批判もなしえない状態にあることは否めない事実でもある。

▽危険がないという宣伝の必要性も

◇申麟変教授（アメリカ大学）

北韓の政策樹立者たちがいま直面している課題は非常に複雑である。とくに難題なのは東アジアの平和と安保に関した問題であり、中でも南北韓の平和と安保をめぐり、重大な関連性を持つ問題には特別な配慮をしなければならないという点である。かれらの当面の最大の挑戦は北韓の統一戦略とは全く異っている韓国のそれをどう調節して行くかという問題である。また韓半島地域に利害関係を持つ強大諸国の態度や反応も考慮に入れて、その調節を図らなければならない。換言すれば、北韓は、金日成の統一戦略が、あらゆる当事者、あるいは関係者に何らの危険も、不安も与える性質のものではないことを宣伝しながら"統一の成就"に向かって進んで行かなければならぬという課題を抱えている。

▽北韓の条件による統一戦略だけで…

なお、北韓の外交政策について実質的、歴史的な研究過程を経て暫定的結論を次に述べよう。

（一）北韓のいわゆる"主体思想"はかれらの対韓政策の主要決定要因として使われているが、この仮説は自分自身で経験することによって"確定"させようとする傾向にある。

（二）北韓は一九七一年の半ばころまではその外交政策において韓国と対等の座にのし上がろうとあがき続けさまざまの方法を試みた。しかしその後は韓国が外交に成功し、また北韓自身が対外的に失敗したことと、外部世界の反応が無気力になっていることなどが原因になって、立ち遅れている。

（三）外交問題では、北韓が依然として頑固だというイメージがあり、また挑戦的だという印象のために困難をきわめている。

（四）北韓の対外平和共存政策は"共存"ではなく韓国を排除しようとする性格を持っているが、これは事実上、外部からの否定的な反応を受けている。

（五）北韓はかれらが打出している条件による統一しか考えておらず、その統一戦略を最善の目標としている。

▽朝鮮語学と北韓の言語政策について

◇金ジンウ教授（イリノイ州立大学）

私のこの論文は北韓の①一般言語学②朝鮮語学③言語政策などについて研究したものである。

まず、北韓の一般言語学についての結論をいうと、それは近代の西側言語学発展からは何も、影響を受けていないものである。欧米の言語学構造主義および変形生成論は北韓の言語学には何一つ導入されていない。第二次世界大戦後の朝鮮語学はロシア語学の影響を受けている。北韓の論文をみると、文法や形態学の分野でも、また語調構造、文章構造などがすべてロシア式に取扱われている。

なお、北韓の言語政策は党の政策であり、すべての言語および言語学分野には高度に徹物性政策が反映されている。そして党は第一次的な言語政策として、それを少数の者たちの道具となるような方法を避け簡素化して大衆的なものに転換させようとしている。北韓は一九四五年各地に成人学校を設置し三年かかって文盲を皆無にした。そして一九四九年には言語の土着化運動を始め外国の影響を受けた言語を追い払った。いきおい漢字も使用禁止となり、漢文用語は土着用語に代替された。これとともに"死語の再活用"があり、また"造語"も行われた。

▽党が規定、主義で方向を決める

北韓がその言語政策において、最も顕著な方向を示しているのは、党が"規定"して、党の目指す方向で発展させようとしていることである。すなわち北韓の言語は自然な状態で使用され、変形されるという発展過程をたどってはいない。自然状態のままからくる自然の発展過程を踏まない北韓の言語は党によって明確な"方向提示"をされているために、韓国語とは言語そのものも用語も大きく変わるという結果をもたらしている。

（SISA）

創団30年史発刊に際して

民族と国家は、その歴史を記録することによって保存されてくるものであり、またその記録を通じて過ぎし日月の事実と文化を鏡として現在のあらゆる問題に対処して未来への発展を期するものであります。

来たる一九七五年、民団は創団三十年を迎えることになりました。

回顧すれば、千余曲折の多かった過ぎし日月が感慨無量であり、解放された喜びと、団結の旗幟を高くかかげ、自己忠実のための多くの努力、民族愛と血で染められた反共闘争、不当な日政に対する抗争など、その絢爛たる歴史の一齣一齣を整理、記録して民団三十年史を編さんすることは、われわれの一大事業であるといえます。

既に、写真で見る二十年史は発行されたことがありますが、このたびの三十年史編さんに当っては、写真はもちろん、事実内容の記録で一九四五年八月十五日の解放を基点とし、六・二五動乱を経て今日に至るまでの、各級組織の闘争活動を詳細に収録、刊行せんとするものであります。

この三十年史こそ、在日同胞の喜怒哀楽の生きた証言として永遠に残されるであろうことを信じて止まない次第であります。

編纂委員長　尹　達　鏞

資料提供のお願い

先の第二十三回定期中央委員会において決議採択された「創団三十年史」発刊のための編さんにあたっては、全国に散在している民団史のための貴重な資料を広く集めておりますから、古い遺物、刊行物、写真などを積極的に提供して下さるようお願い致します。

また「韓国新聞」の縮刷版（第2巻）も刊行しますので、古い「民主新聞」「民団時報」日刊時代の「韓国新聞」また地方の機関紙なども提供して下されば幸いです。

☆しめきりは十二月二十五日まで。

民団中央本部・創団三十年史
編纂委員会事務局
電話・〇三—八一三—二二六一～五（内線三五）

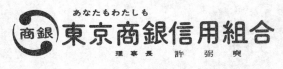

哀切、サハリンの空の下
忘れられた四万三千の同胞
望郷の念にかられ三十星霜

本紙既報、旧日本帝国の犠牲となったサハリン（樺太）残留韓国人四万三千人は、第二次世界大戦が終わって三十年も経過した今日なお、その殆どが望郷の念にかられつつ異国の冷たい空の下で、ただ死を待つばかりのその日暮しの生活にあえいでいるのが偽らぬ実情といわれる。ここで、十六年前に奇蹟的にも日本に引揚げてきた一部同胞たちの残留同胞帰還促進のための自治組織である「樺太抑留帰還韓国人会」（東京都足立区六月一－三三－一五・朴魯学会長）では、同会々員の日本人妻たちで組織されている「樺太抑留帰還韓国人会に協力する妻の会」と共に、離散家族の再結合を目的の一つとする難民救済の人道的立場から、その悲惨な実情を訴え、国会における迅速な解決方案成立を要望する公開質問状を日本五大政党に発送、共産党を除く、自民、社会、公明、民社の各党から別項のような要旨の回答文を寄せられ、この帰還促進運動に一歩前進の兆しを見たと、内外から多くの関心を寄せられている。

抑留帰還韓国人会 各党に公開質問状

樺太抑留帰還韓国人会

樺太抑留帰還韓国人会に協力する妻の会

回答要旨

出国希望を確認しないソ連　自民党

日本国籍者か家族のみ問題　社会党

政府は即時解決に取りくめ　公明党

人道の問題でわが国の責任　民社党

相互の独立と主権尊重
金永善大使特別講演

2千8百億円預金目標
組合員数は10万5千人余
韓国信用組合協会総会ひらく

世界親子かけある記 ㉕
ビジネスと観光と歴史・美術そして…
裵乙祚・裵慶州

時計と観光のスイス
大山岳のパノラマが展開
独、仏、伊の合作国

ロンドンから GENEVEへ

スイスでも一番よごれていない街だと息子は言う。今まで口で来た観光都市があまりにも歴史の重みに堪えて薄よごれているので、このジュネーブはことの他美しくみえた。

ロンドンで組んだハードスケジュールによれば、三日間にドイツ及びスイスを一巡してロンドンにひきかえすことになっている。

（つづく）

水清きレマン湖の絶景

京都韓国学校 創立27周年

東教大附属高代表が陳謝

婦人会で母国研修会

婦人会で時局講演会

鄭炳学教授の講義をうける婦人会員たち

国会議員の同胞実態調査団

本国記者団が同胞社会取材

李起周総領事の歓迎会盛大

韓国と日本の関係に新視点

日本上古史(文定昌著)抜粋と解説 (37)

飛鳥の仏教文化 (4)

仏教による精神的物量的文化
それはそのまま百済の文化だ

摂政の聖徳太子は二十九年に死んだ。推古女王は沙門の死を痛[illegible]立するため、僧正・僧都・法頭を設置した。そして百済僧観勒を僧正にし、百済人鞍作鳥の息[illegible]、飯田[illegible]を僧都に起用した。

このようにして[illegible]大地と化した仏教は、その後教勢が強盛[illegible]し、この六十九年後の持統六年には、寺の数が五百四十六に増えており、その中の七つの寺だけでも僧侶が一千三百八十五人も居住する程になった。

百済本国、武寧氏の全盛時代である推古朝の三十六年間は、実に倭地での三宝興隆の黄金期である。飛鳥文化の絢爛たる開花期であったこの飛鳥文化がいかに高水準であったかを知ることができる。

(1)百済人造寺工たちにより創建された元興寺、四天王寺、法隆寺などの建物が、飛び抜けて雄大、荘重で、彼らの優秀な建築技術が後世に示されたものである。

(2)百済人造仏工たちによって造られた百済観音像と、中宮寺の弥勒像などは、飛鳥・白鳳として、その円熟した芸術を示している。

(3)百済国の阿佐太子が画いた「聖徳太子像」は、日本国の最初の、そして最古のズバ抜けた技術の[illegible]として有名である。

(4)高句麗僧曇徴がえがいた法隆寺金堂の壁画、薬師像と釈迦三尊像は、韓国の慶州石窟庵の仏像、中国の雲崗石仏と共に、東洋の三大芸術品の一つに数えられ、世界的にひろく知られている。

(5)高句麗僧[illegible]により伝えられた「三論宗(六二五)」、百済僧、智通により伝えられた「法相宗(六五五)」、新羅僧審祥により伝えられた「華厳宗(七四〇)」などは、高い水準の精神文化を、日本の王室、貴族、[illegible]階層に深く植えつけた。

以上の通りであるが、飛鳥文化は、そのまま百済文化であることも判る。百済国の文化がこのように巨大、荘麗、精巧を誇り得るようになった由縁と、その特徴については、本書で既に東城王の[illegible]と、百済国の対倭文化輸出の項で述べた。

その後、飛鳥文化は、さらに物質面でも誇示しはじめた。その代表的な例の一つは、聖徳元

陸奥から日本初の黄金を生産
百済系敬福が倭孝謙王に献上

年九月紀に見ることができる。それは、近江国と越国の壮丁たちを徴発し、諸国に賦を課し、遣唐船を新造するなどして、国内の人力と財力をフルに動員し飛鳥の地、百済川を中心にして西側には大宮殿を建て、東側には百済大寺を建立したことである。そしてさらに、西紀七四九年、百済義慈王の第五世の孫である百済王敬福が、陸奥地方小田郡で、初めて黄金を生産して献上した。これを大そう喜んだ孝謙王が仏の恩徳であるとし、奈良地方に寺刹を興し、十年ほどで仏殿の基礎と、仏像の鋳造を完成した。これがすなわち日本国の有名な東大寺と奈良の大仏である。

この仏殿と仏像に関して大森金五郎は次のように記述した。(同氏「大日本全史」上巻)

大仏殿は木造家屋として世界第一の高い建物である。

大仏像は高さ五丈三尺五寸。

この大仏に要した資材は

熟銅　七三五、五六〇斤
白鑞　一二、六一八斤
錬金　一〇、四三六両
水銀　九八、六二〇両
炭　一六、六五六斛(石)

(つづく)

解説

今まで数回にわたり、この解説欄で、高松塚古墳の被葬者の身分を与えるための下調べをして来た。実をいうと、日本の学会でも被葬者についてはずいぶん論議されたのであるが、結局は不明ということで決着したと記憶しているので、ここで記者が、ズバリ「この人にだということを指摘することは、あくまで憶測の憶測を承知の上での「推理小説」にすぎないものであることを断わっておこう。

記者の推測では、高松塚の被葬者は「弘文天皇」(六七一〜二年)ではないかと思っている。

その理由として次のことが上げられる。(1)弘文天皇の父、天智天皇は、六六〇年に滅亡した百済の再建軍を支援するために、六六三年百済に水軍を派遣して、白村江(日本ではハクスキノエという)という錦江の下流で「唐・羅」連合軍と闘かい、決定的敗北を喫したのである。これによって、日本は完全に新羅と敵対国となったが、同時に、飛鳥文化とは全く別の「唐式」文化が日本に流入しはじめる。それは戦勝国「唐」の日本に対する「内政干渉」と共に押付けて来た「唐様式化」の道程であろう。天智天皇は病気中に王位を皇太弟大海人皇子にゆずろうとしたが、拒否され、あげくの果てに行方不明となってしまった。弘文天皇は日本書紀には一行も出て来ない天皇であるが、天智天皇の子「大友皇子」である。大海人皇子が出家して、あとで王位を奪うまでの約半年あまりの間、天皇であったとして、明治時代にはいって追認され、弘文という名を明治天皇がおくった、いうなれば悲劇の人である。

陵墓式にも弘文天皇の御陵名は全くなく、陵墓の所在は不明である。

大化二年の葬制改革から三十五年目であり、新らしく王位を奪う天武天皇も他の内政問題に忙がしい時であり、弘文天皇である大友皇子の追慕事業を強いて禁止めることも無かったのではないか。

高松塚の人骨からは生前非常にカッシリした人であったらしいと推定されている。大友皇子は三十五年で亡くなっている。しかも、大友皇子は生前資性にすぐれ、教養深く、天智十年には太政大臣に任ぜられた程の人である。壬申の乱で大海人皇子に敗れ、近江で自殺している。

ここで整理すると(1)皇宿と薄葬令から考えて、天皇でもおかしくない。(2)西紀七〇〇年前後の人だから、六七二年の人でも不当ではない。(3)唐様式文化が入って来た頃で、タイミング的に合う。(4)渡来人の子孫でなければならない=墓制、古墳壁画など。(5)他に墓所の所在が判らない。従がって、弘文天皇に比定しても差支えない。

金元學　記者

アジア女子バスケット 四度目の優勝

韓国チーム感激の二連覇

韓国は第五回アジア女子バスケット(ABC)大会最終日の三十日、日本と対戦76—70で勝ち、二連勝、四度目の優勝を飾り来年六月、コロンビアで開かれる第七回世界女子バスケット選手権大会への出場権を獲得した。

一万観衆の歓声がどっとわきあがる中、韓国ベンチでは勝利の感激にむせびないた。

韓国の優勝は、去る3月以来、4ヵ月の特訓のすえ、かちとられたものである。6月30日、奨忠体育館で開かれた第5回アジア女子バスケット選手権大会の決勝韓日戦は、勝敗が数秒ごとになる逆転につぐ逆転で終始する息づまる大熱戦であった。韓国選手のファイトは、前後半40分を通じて[illegible]のように白熱し、正確な中距離シュートは日本を圧倒した。

韓国チーム・ベンチの李相勲監督と鄭周鉉コーチは、スコアボードにスコアが点滅するたびごとにひきつづき両手で選手にサインを送り、作戦を指示、この作戦は見事に成功をおさめ、韓国に優勝の栄光をもたらした。

これで韓国は決勝リーグで3戦全勝優勝し1、2、4回大会についでこのたびの第5回ABC女子バスケット選手権大会を制覇し、優勝通算四回、韓国女子バスケットがアジアの頂上に健在していることを再び確認し、来年六月、コロンビアで開かれる第7回世界女子バスケット選手権大会でアジア地域を代表し出場することになった。

一方、これに先だつ戦技で自由中国は、イランを83—47で破り、決勝リーグで二勝一敗の戦績で3位、4位はイランが占めた。

〈韓国—日本戦〉

ゲーム初盤、韓国はタイト・マン・ツー・マンで日本の攻撃をしゃだんし、これに対する日本は、ハーフ・コート・プレッシングで対決、きびしいせりあいを見せた。李玉慈の中距離シュートで砲門を開いた韓国は、柳快仙の中距離シュートがつづき、ファウル続

逆転また逆転の接戦
日本の猛追を振切り76〜70で

出の日本を4分間リードした。

脇田と佐竹など長身センターをスターティング・メンバーに起用した日本は、韓国のタイト・マークマンを突破できず、ゴール下を固めないまま、中距離シュートを乱射したが、不発が多く、カード生井の果敢なドライブ・インで点差をせばめた。

前半四分頃、6—6タイ後、両チームは、韓国の中距離と日本のゴールドシュートでせりあったが日本は7分頃、13—12で逆転、リードを奪った。

しかし、韓国の柳快仙、李玉慈の驚くほど正確な中距離シュートが危機を救い、10分には10—10タイとなった。

この後、韓国はマン・ツー・マンがゆるみ、ゴール下を奪われがちでリバウンドでも劣勢を見せ、点差が開き、12分頃には25—21で4点差とリードされた。

この時、交代したリリーフ、ガード金恩卉は、入るやいなや、二つのロング・シュートを成功させ37—37でタイとなり、接戦をひろげたが前半は日本が39—37で辛うじてリードした。

後半に入り、両チームは交互にフル・メンバーを起用、攻守両面で積極的プレーを展開、ゲームはより白熱し、両チーム選手の闘志もいやが上に高まった。

日本は、後半5分まで、43—41でリードを守ったが、韓国のファイター柳快仙の縦横無尽の活躍で再びリードをとり、バトンを申仁愛がうけつぎ、後半10分頃まで逆リードをとった。

しかし、このあと日本は、前半で振わなかった生井と西本の中距離シュートが、ふきかえし、14分頃柳快仙のいない間に66—60と、このゲームで最大のスコア差で韓国をリードした。

これが韓国側のピンチであった。プレイ・メーカーとして登場したキャプテン曹水子が5反則で退場し、続出するファウルでえた自由投を日本は着実に得点に結びつけた。

金恩卉、李玉慈の中距離がひきつづき成功、66—64までスコアがせばまった時、韓国の愛長身、金載順がまた5反則で退場、不安がただよったが、金恩卉のゴール下シュートが成功し、韓国は68—67でゲームを逆転させ危機を免れた。

その後、両チームは、一ゴール一ゴールをとりつとられつ、手に汗をにぎるゲームを展開、ゲーム終了二分を残して70—70タイとなった。

この時、切迫した状況で日本チームにはあせりが見えた反面、韓国チームはファイトにもえ、柳快仙の中距離シュートが成功、金恩卉のゴール下シュートがスコア差をひろげ、一分前に76—70にこぎつけたあと、ストーリング・プレイで日本の追撃を防ぎ優勝した。

史上最強といわれる日本チームもさすがに善戦したが、ホーム・コートとはいえ、センター不在という決定的なハンディをかかえながら日本の速攻をよみこたえ、正確な中距離シュートで、着実に得点したのが大きな勝因といえよう。

しかし、韓国チームのおはこである速攻を日本に奪われたようなこのたびの決勝戦の結果から、チームの大型化、チーム・プレーの敏速化など本格的にとりくむべき課題が見出だされた。

勝利の瞬間、だき合って嬉し泣きの韓国選手たち

韓日両選手成績

韓国	前半	後半	反則
④李玉慈	8	2	3
⑤柳快仙	7	11	3
⑥尹貞老	4	2	4
⑦金貞熙	0	4	0
⑧申仁愛	0	4	3
⑨趙栄順	10	4	3
⑩金恩卉	2	10	2
⑪曹水子	2	2	5
⑫尹善子	0	0	3
⑬姜賢淑	0	0	0
⑭金載順	4	0	5
計	37	39	31

日本	前半	後半	反則
④脇田代喜美	10	2	3
⑤佐竹美佐子	8	2	5
⑥山本幸子	4	1	4
⑦羽根川洋子	4	2	4
⑧西村幸子	0	0	0
⑨生井京子	13	11	3
⑩西野久子	0	6	1
⑪橋本富美子	0	7	0
⑫宮本輝子	0	0	0
⑬大塚啓子	0	0	0
⑭横山真智子	0	0	0
⑮西根京子	0	0	0
計	39	31	20

最終日戦績

韓国 76 (37—39, 39—31) 70 日本
中国 83 (44—19, 39—28) 47 イラン

個人賞

▽ベスト5=(1)趙栄順(韓国)(2)脇田代喜美(日本)(3)柳快仙(韓国)(4)生井京子(日本)(5)徐台栄(中国)

誇り高きABC盃、1位の表彰台に立つ韓国チームの趙栄順さん、柳快仙さん、二位日本三位自由中国の各選手

◎ABC女子バスケット決勝リーグ

	韓国	日本	中国	イラン	勝	敗
①韓国	☆	○76—70	○74—67	○75—35	3	0
②日本	×70—76	☆	○99—73	○108—29	2	1
③中国	×67—74	×73—99	☆	○83—47	1	2
④イラン	×35—75	×29—108	×47—83	☆	0	3

ペティ・キムに銅賞

第三回東京音楽祭、東京帝国劇場で

去る六月三十日、東京帝国劇場でおこなわれた第三回東京音楽祭で韓国の女性歌手ペティ・キムが銅賞を獲得した。

この音楽祭は七二年から毎年東京で開かれているもので今年は世界各国から三百余曲が参加して予選の結果最終的に二十余曲がこの日歌われた。

この日銅賞を獲得したペティ・キムの歌は「吉岡治作詞、作曲の「愛は水辺にて」であった。

世界大会にははじめて出たペティ・キムは銅賞獲得の感想を次のように語った。

世界トップクラスの歌手が集った大会で入賞できたことはなによりもうれしい、次回はもっと努力してよりよい賞をとりたい。

なおペティ・キムは芸能生活十七年、現在までLP二十五枚を出しており、現在は六歳になる娘と二人暮し。

子供さんと一緒のペティ・キムさん

奈良の体育大会参加

民団中央が地本に呼びかけ

来る二十二日、奈良県生駒市高山町の三洋スポーツセンターで開催される第十二回在日韓国人体育大会(本紙既報)に、青年男女が積極的に参加するよう、このほど民団中央本部青年局代[illegible]李局長から各地方本部に公文で指示した。

また、各地方本部の対抗陸上リレー競技を同時に開催することが、在日大韓体育会と了解に達した。これに各地方本部から五人の選手団が参加することも決定した。

文禄・慶長の役 壬《イム》辰《ジン》倭《ウェ》乱《ラン》私録 (5)

西厓柳成竜の三男「柳袗」の乱中体験記

金竜煥 画

とめどもない判官夫人の涙

私は川岸の柳の木にかくれてこのようすをみながら考えた。

「私のような幼いものとしては、とうてい逃げ延びるすべもないから、幸いにも兄さんたちが助かればともかく、もし殺されでもするものなら、この私も後を追って自刃しよう」

このような考えに耽っているうち、いつのまにか私は眠りにおち、倭賊たちの去るのも知らなかった。

私は李進士が判官夫人の手をとりじゃぶじゃぶと川を渡る水の音に目を醒ました。頭をもたげながら「兄さん、兄さん」と呼んだところ、李進士は私の声を聞き分けたらしく、

「おい、ここにいたのか、こちらへこい」と叫んだ。私は一息に川に飛びこんでそちらへ行ったが、そこでも倭賊のがやがやする声が聞えてきたため、

首だけを出して川に身を沈めていた。それこそ何一つ見えない真暗やみだった。

一人の倭賊が私たちのそばを通りすぎながら立小便をひっかけた。小便の飛沫がわずかに私の頬をかすめた。もう一人の倭賊がなんとかしゃべると、

「あそこは大きな道路でありますから大丈夫であります。」それは確かにわが国の言葉だった。おそらくわが国の者が倭賊の道案内を買っているのであろう。

彼らが通り過ぎるのを待ってから畑にはい出たところ、そこでも倭賊たちの大声で叫ぶ声と、鳥銃を撃つ音が聞こえてきた。

鳥銃の撃つ音を聞いたのはそれがはじめてであった。それこそ地もゆらぐ音だった。われわれはまたもや各々逃げ隠れた。真先に私が逃げだしたのであるが、しばらくして元の場所に戻って来たところ、判官夫人は動かないままでいたが、どこへ行ったのか李進士は見当たらなかった。判官夫人はつぶやいた。

「李進士を見失ったからには、これから先どうしたらいいのだろう。」

「いや、そういうはずはありません。この私はさておいても、判官夫人がここに居られるかぎり…。もうしばらく待つことにしましょう。必ず戻ってまいりますから…」と私は慰めたが、判官夫人はただ涙を流すばかりであった。

「あの子はまだ若いだけに、生き延びなけりゃ…なんでこのような年寄りを…」

私は決してそういうはずがないといたわった。果たしてしばらくの後、李進士は南の方から戻ってきた。夫人は思わず立ち上がりながら、

「李進士が戻ってくるよ。ここだ、ここだ」と喜び叫んだ。李進士は、

「もうじきに夜が明けます。明けてからの隠れ場所を見つけておきましたから、さあさっそくそこへ行きましょう」とせき立てた。

彼についていったところは渓谷のつるが無造作にからみ合っている渓谷べりであった。

夜が明けてから知ったことであるが、そこは、さき程倭賊に出会ったところからおよそ二百歩離れた北方の地点であった。

あまりのひもじさに失神

私たちの背面の切り立てたような絶壁には、空を覆うように雑草が生えしげり、ひねもす霧雨が降りつづいた。遠くからは倭賊たちの声がかすかに聞えてきた。

草むらがあまりにもうっそうとしていたため、倭賊たちが捜す心配はなかったが、日和が寒かったうえ、終日飯を口にしていなかったため、日暮れごろには気が遠くなる思いだった。ついに私は気を失ってしまった。驚いた李進士が私を胸に抱き、判官夫人は手足を揉んでくれた。日が暮れてからようやく私は正気をとり戻した。

山道でうたた寝

二人は再び杖をたよりにあてもなく歩き出した。よろめきつつ歩いたのが二、三里もあったろうか、また倭賊の声が聞えたので、一行は草むらの陰に身をひそめた。

じっと息を殺していたとはいえ、人気がしたのだろうか。どこからか小石が飛んできた。そしてちょっとの間をおいてから、

「おい そこにいるものは、人間か、それとも獣か」と問うてきた。

わが国の人と知った判官夫人は大いに喜びながら

「聞いたところわが国の人のようですが、なんでも差上げますからどうか私どもを救って下さい」と哀願した。ところが、あちらからはうんともすんとも答えがなく去って行く気配がしたので、すかさず判官夫人は彼らの後を追いながら、

「私どもを助けてくださらないにしても、せめてあなたたちの行先だけでも……」とたのんだ。そのうちの一人が

韓國新聞
在日大韓民国居留民団
中央本部機関紙
韓国新聞社
発行人　尹　達　鏞
東京都文京区春日2丁目20－13
電話(813)1451～3
(813)2261～5
振替口座　東京　163774
本国連絡所（民団本国事務所内）
서울特別市鍾路区世宗路
政府合同庁舎4層
電話73－0162・0165

在日本大韓民国居留民団　綱領

一、우리는 大韓民國의 國是를 遵守한다
一、우리는 在留同胞의 權益擁護를 期한다
一、우리는 在留同胞의 民生安定을 期한다
一、우리는 在留同胞의 文化向上을 期한다
一、우리는 世界平和와 國際親善을 期한다

反韓行為ほしいまま
全く異常な偏向報道
東本支団長会議で抗議運動を決定

民団東京本部（金致淳団長）は、さる七月十日午後一時から韓国公報館会議室で支団長会議を開き、一部言論機関の対韓偏向報道に対して強力な抗議運動を展開することを決定した。

同本部の金致淳団長はあいさつの中で「働く民団」にするのが私の第一の公約であった。執行部誕生以来今日まで、団員と共に働く民団にするため努力を尽して来た。また、最近一部言論機関の対韓偏向報道に対して、強力な抗議運動を展開したい。これには支部団長らの協力が必要であると力説した。

続いて、徐興錫同本部議長、金学洪同本部監察委員長のあいさつのあと、討議に入り、抗議運動に対する方法が論じられた。

その結果、七月十一日から二十四日まで十四日間（日・祭日除く）毎日一回、読売新聞社を相手にし抗議運動を行うことを決めて閉会した。

←読売新聞社前で抗議のシュプレヒコールを唱える民団抗議隊

公器、倫理性忘れた
偏向的な読売に抗議

この決定に従い、第一陣として十一日は、[illegible]百人余りが読売新聞社に行き、読売新聞はただちに対韓偏向報道をやめ、中立公正な立場で真実に立った報道をするよう要求、読売側の社会部長が抗議団代表との話合いに応じた。つづいて抗議団は、次のような抗議文を読みあげ、社会部長に手渡し回答を求めた。

抗議文（要旨）

韓国関係報道においては、[illegible]ともいえる偏向的な姿勢のため、たびたび物議を醸して来た読売新聞が最近、特に公器としての新聞の倫理はもちろん、社会の一般的常識の枠をもかなぐりすて、[illegible]ともいえる韓国非難の扇動的記事を連日掲載している。

特に本紙の反政府反民団分子を正式の東京本部のごとく[illegible]し、韓国大使館を赤中傷するなど韓国や在日韓国人全体をないがしろにし、言論に名を借りて一方的な行為をほしいままにしている貴紙に対し、われわれは憤りをおさえがたく、強く抗議すると同時に貴紙の反韓的行動を、われわれの権益と安全に関する挑戦行為とみなし、編集幹部に対して謝罪と報道内容の是正を要求し、貴紙のための闘争をつぎのような決意[illegible]。

一、われわれは読売新聞の国際[illegible]にもとづく[illegible]くりひろげる。

一、われわれは読売新聞の[illegible]道義と新聞倫理綱領を無視した、[illegible]万人共栄の報道姿勢を徹底的に糾弾する。

二、われわれは、韓国の内政干渉を[illegible]にし、祖国の平和的南北統一を阻害させ、民族分裂と戦火を[illegible]ない、われわれの自由平和と繁栄を妨げようとする読売新聞の排他行為に対し強く抗議する。

三、われわれは、読売新聞が読者を欺瞞し、善良な両国々民を惑ろうし、両国間の不和と分裂を煽動しようとする非道義的行為に追求する。

四、われわれは、読売新聞がウィーン条約の基本精神を無視し、一国の公館の尊厳を汚なう犯罪的行為に対して謝罪を要求し、今後このようなことがないよう保障することを表明せよ。

五、われわれは韓日両国の自由平和共栄を阻害し、両国民の友好を妨害するいかなる行為も許さず今後、両国の友好と国際平和運動に積極的に貢献することを固く闡明しておく。

在日居留民団東京本部
城南地区代表・金[illegible]

内政干渉に狂奔の宇都宮徳馬

◇日本の国会議員の、それもマルクス主義や、その亜流を掲げている党でもなく、レッキとした自民党員でありながら、北傀の宣伝をしているモーロクもんがいる。日本の国会議員イコール世界の"目付役"だくらいに考えているノボせ上った男は、即、宇都宮徳馬君だ。だが、徳馬君が何をいっても、所詮は一日本国会議員にすぎない。その徳馬君が、このたびの参議院議員選挙で、自民党の議席数がどうなるかわからんという大事なときに、自民党候補の応援もソッチのけにして、アメリカくんだりまで出かけた。その目的は、日本の国政に関したことでなく、韓国の国政に関する宣伝のためであった。徳馬君は、韓国の国会議員でないことはいうまでもない。それなのに、徳馬君のやっていることは、韓国の内政をアーさせろ、コーさせろ、という思い上がった交渉に他ならない。ほんじゃまー、われわれ四十万の民団員も、徳馬君にあやかって、日本の内政問題に、アーしろ、コーしろと一ぺんやって見るか。……◇

時評

曲げて教わった『韓国』
恥かくようなこの無知

徳馬君はさる十一日午後、東京・帝国ホテルの日本記者クラブで「金大中事件と米国の対韓政策」と題した演説を行ったが、その中で「米、中、ソの朝鮮政策が進む場合、手のひらを返すような外交をしてみても、北朝鮮は、生身の外交しかできないではないか。朴政権への援助は再検討すべきだ。「南」に「北」と話し合える政権ができないといけない」（読売新聞七月十二日朝刊二面）というくだりがある。

徳馬君よ、「南」に「北」と話し合える政権とは何を指すのかネ。本心は金大中に大統領をさせたいということか。それならそれとはっきりいったらどうなんだい。持って回ったいい方をすることはないじゃないか。その方が、スッキリしてかえっていいのじゃないか？

しかし徳馬君よ、君は「北」の体制についてどのくらい知っているのかネ、韓国の内情は、何もかも筒抜けに知っているから、韓国についての知識はマー一応あるように見えるんだがナ、だが、君の知っている韓国は、君の先生、金大中が曲げて教えた韓国の実情なるものなんだろう?。韓国を実際に自分の眼で見て来たわけでもないのに、韓国を知っていると思うことを、徳馬君、おこがましいと思って恥かしいとは考えないかネ。まして「北」に関する知識などというものは、日本の偏向マスコミが伝えるていどの内容しか知らないんだろう。

徳馬君に聞くがネ、「北」では、自然現象までが金日成の影響を受けると、はっきり活字にまでなっていることを知っているかい。北では、いや日本の中にある或る団体までも、どんな文章の書き出しにも必らず「敬愛する首領金日成元帥様」とか「父なる金日成首領様におかれては」とかの言葉がなければならんことをどう思うかネ。

徳馬君よ、君は解決済のはずの金大中事件を、今もってバカの一つ覚えよろしく「主権侵害」が今でも続いているように放言を繰り返しているが、君の属している自民党の政府が、解決したといっているのをどうして徳馬君だけが認めないのかネ。それほど不満ならサッサと自民党を脱党して、イキの良いところを見せた方が男らしくていいじゃないか。

徳馬君、今の韓国が置かれている立場を知っているのかネ、君は自分の国がそうだからといって、韓国も同じでなければならんと思っているんだろう。ところが、韓国の立場は違うんだよ。君はアメリカまで行って、北の共産傀儡らいが南侵するスキをうかがっているということは韓国の大統領が自分の独裁のための口実だとブチまくって来たが、君がアチラへ行っている間に、韓国の水域で、韓国の警備艇が共産艇の集団に襲われて沈没したし、共産艇が釜山沖で韓国軍に撃沈されたし、日本で共産スパイの"朝鮮人"が捕まっているんだよ。

君はこんな事実に一切目をつぶろうというのかネ、徳馬君よ。金大中のような権謀術数に長けながら卑怯な男が、この韓国の国政を担当して、北と話し合ってウマく行くと思っているなんて、よその火事を眺めながら無責任なことをやらかす連中と五十歩百歩じゃないか。金大中がいみじくもいったネ、朴大統領は軍人出身だから、ライバルということは知らず、反対するものはすべて敵だとネ。だから軍人ではだめだと徳馬君もいったネ、冗談じゃないよ、韓国が話し合うべき北の共産主義者は民間人かい、金日成は軍人じゃないのかい、金日成の教が、そう北では金日成のいったことをすべて"教示"ということもついでに知っておけよ、その教示に一寸でも反したら、どうなるか知っているか、反動分子といわれたらもう一巻の終りだぜ。しかも金日成を神様と仰ぐようにツメ込まれた若い世代が、金日成の一言で目くらめっ法突撃することしか知らないことも知っているか、そんなことウソだといいたいだろう。だったらもっと勉強せんと恥をかくよ。何も根拠がないのにこんなこと俺がデッチ上げてるんじゃないよ。

西ドイツの新聞の指導者たちが手分けして各共産国家を旅行したことがあるんだ。その内の一人、ホルスト・クルニッキーが書いた旅行記内か、西ドイツの大衆誌「クルス・ブーフ」の第三十号に載っている。ドイツ大使館にあるから読んで見ることだ。

徳馬君よ、君がアメリカくんだりまで、韓国政府の悪宣伝に行ったんだから、そして韓国してから韓国政府の交替を主張しているんだから、俺たちも、君と同じように、日本の内政問題に積極的に取り組もうと思うんだけれど、どうだろうかネ、誰それが、国会で、国会外で、何をどうしろというのはけしからん、こうしろ、とネ。

徳馬君、どうだろうか、何？ダメだって、君のやっていることは、俺たちの祖国に対する主権侵害でなくて、俺たちがやれば日本の主権侵害だといいたいのか、君の親父と同じだネ。（W）

入管事務簡素化要望

民団中央本部（尹達鏞団長）では、在日同胞が本国に往来するとき、そのつど再入国手続きをするために必らず本人が「入管事務所」に出頭して手続きをしなければならないこと、一往復で無効になること、などについて、かねてから何らかの便法を講じられるよう、法務省当局に要請をしていたが、例年の「本国夏季学校」の手続き時期も目前に迫っているので、このほど、尹中央団長は法務省入国管理局を訪れ、改めて善処方要望の話合いをした。

さる九日午前十時、民団中央本部から尹達鏞団長と安商重民生局長が、法務省入国管理局を訪問、影井梅夫入管局長、沢井昭之資格審査課長らの各担当官と入管局長室で会見した。

話合いの主なものは、民団の規模拡大につれ、夏季学校生の再入国申請の時期で、尹団長から、多忙を極める民団関係役員が本国に行く都度、一々本人が入管事務所に手続きすることは、時間的に非常に困難であること、夏休み以前の勉学中の数百人の生徒が、学校を休んで数回入管事務所に出頭しなければならないことは、生徒たちにとって大へんな労苦である、などを説明した。

これに対して入管側は、現行入管法では、民団側の要請事項を認めるのに若干困難な面もあるが、事務手続きの問題として、技術的に何らかの方法が講じられるかどうか、前向きに検討し、できるだけの協力をしたい、という意向を明らかにした。

韓国原爆患者
に明るい兆し
辛泳洙さんの来日治療

第二次大戦中、広島や長崎で原爆被害をうけた約二万人が現在韓国に居住しているが、そのうちの一人、辛泳洙さん(54)が、治療のため来日、東京・五反田にある五反田整形外科医院（南雲吉則院長）で、去る四日、ケロイド症状などを整形手術した。

これら原爆被爆者は、日本政府の補償による治療を切望してきたにもかかわらず、日本政府は、韓日条約の補償に既にふくまれているもの決定事項として、これを受け入れてこなかったもので、辛さんの場合は、南雲医師が、ソウルでこの種の手術を無償でしたという実績もあって、南雲医師みずから身元引受人になりこのたびの来日治療となったものである。

今後、このケースがつづけば、いずれは多くの被爆者救済の糸口になるのではないかと、関係者間では大きな期待を寄せている。

宮城日韓協会
総会ひらく

宮城県日韓親善協会（伊沢平勝会長）では、去る八日午後三時から仙台市の精養軒で七四年度総会をひらき、親善訪韓団、セマウル事業支援、韓国物産展開催後援などの新年度事業計画を討議、通過させた。

来賓として、金永善大使と金仁洙仙台領事、青木仙台領事が参席した。

韓国物産展の
開催と訪韓団
岩手日韓親善協会

岩手県日韓親善協会第三回定期総会は、七月三日午後三時から盛岡市内の農業会館会議室で八十余人の両国会員たちが集まる中で盛大にひらかれた。

総会は、岩動道行会長の開会の辞に始まり、第二次訪韓視察団派遣、韓国物産展（郷土館）の随時開催、会員加入拡大、韓国民俗芸術団公演による文化交流などの事業計画を討議採択し、次のような役員改選を行なって閉会した。

名誉会長　椎名悦三郎
会長　岩動道行
副会長　工藤　巌
〃　久保義雄
〃　高橋清孝
〃　盧成永
〃　韓哲次
常任理事　池野[illegible]
〃　金東洙

ほか四十人の常任理事と理事。

訪韓団増員
研修生受入
熊本日韓親善協会

熊本日韓親善協会（平塚秀蔵会長）では、去る六月二十六日午前十一時から熊本市鶴屋百貨店八階ホールで、民団熊本県地方本部会議室を含む今年度定期総会をひらき、⑴訪韓使節団を増員する⑵両国で化学技術研修生を受け入れる…積極的協力をするなどを決め、韓国古典舞踊のひろうと、韓国の映画、文化映画などを観賞して、和気あいあい裡に全員を交にし散会した。なお同総会では、セマウル運動の資金に送る義援金十万円を先ほど本国を訪問した民団熊本県本部代表一行に寄託した。

（熊本日韓親善協会の総会風景）

民団東本に
朝総連が共
同集会提案

朝総連東京本部の[illegible]委員長以下四人の幹部が、さる七月二日午後二時民団東京本部を訪ねて七・四共同声明発表二周年記念大会を共同で開催しようと申し入れてきた。

これに対し民団東京本部の尹[illegible]組織部長は、申し入れを直ちに拒否し、政治的な宣伝目的のため行動する朝総連の姿勢を批判した。

また、朝総連が総力を上げ工作している百二十日運動とは何か、東海岸公海上で発生した警備艇撃沈事件に関する朝総連の見解は何かと質問したが、それには一言も答えず政治的な発言を繰り返すだけで物別れとなった。

読売新聞
が謝罪
千葉県本部に

本紙でも既報した、北傀スパイの[illegible]事件は、中央の各紙でいっせい報道したが、同記事を七月三日付夕刊で扱った読売新聞ではその見出しに「北朝鮮工作員逮捕、千葉県の韓国人社長不正旅券で拠点活動」と題し、故意に"韓国人"を印象化させたことの抗議を表明するため、当該地の一つである民団千葉県地方本部（責任局長）では、七月四日、緊急会議をひらき、さっそく読売本社に抗議した。即ち、孔の外国人登録関係帳簿には"朝鮮"と明記されているのにもかかわらず、故意に"韓国人"としたのは、真実を報道する新聞の在り方として、全くけしからないものだと読売側に抗議したもので、読売では、その非を認めると共に、担当記者である社会部の石田和[illegible]記者が翌五日、民団千葉県地方本部を訪れて丁重に謝罪すると共に次のような訂正文を同紙に掲載した。

なお同本部では、さいきん読売新聞の一連の記事は偏向的なものが多く、意識的に韓国をひぼう中傷したり、刺激する語句を多く使用していると、今後とも同紙のいき方を注目していきたいとしている。

（左は読売にのった謝罪文）

〔訂正〕三日付夕刊10面の「"北朝鮮工作員"逮捕」の記事で、見出しに「韓国人」とあったのは「朝鮮人」の誤りでした。関係の方々に、ご迷惑をかけたことをおわびします。

公海上における
海賊行為許せぬ
北韓糾弾民衆大会

韓国警備艇撃沈北韓糾弾東京民衆大会が、さる九日午後六時から東京千住のミリオン座で民団東京本部（金致淳団長）主催で行われた。民団を中心として婦人会東京本部、青年会東京本部から約五百余人が参加して「北韓は公海上における海賊行為を二度と繰り返すな」「北韓は七・四南北共同声明精神に返り南北調節委員会の開催に応じよ」と、北傀の不法な暴力行為を厳しく糾弾した。

金致淳民団東京本部団長から経過報告があったあと、荒川支部副議長から抗議文、尹支部団長から決議文がそれぞれ朗読され、満場の拍手によって採択された。最後には全員が起立してスローガン斉唱、北傀糾弾のシュプレヒコールをあげた。この時、会場から「日本一部言論機関の対韓偏向報道について、強力な抗議運動を展開する必要があり、民団東京本部は具体的な行動を行うべきだ」との緊急動議がなされた。これに対して金致淳東京本部団長は「短期間内に抗議行動を行なう、その方法については一任してほしい」と答えた。これを満場一致で承認し民衆大会は散会した。

在郷軍人会
反共連盟加入

大韓在郷軍人会（金一煥会長）では韓国反共連盟加入にともなう協約を結んだ。これで二百八十万在郷軍人は自動的に反共連盟に加入、組織はさらに拡大した。

稚魚35万ドルを
日本に輸出

うなぎの稚魚四百五十万ドル相当（三百四十kg）が初めて日本に輸出された。これは南陽産（二百四kg）、静岡産（二百ミリもの）…のもので、価格は[illegible]

北洋に五千屯
母船追加出漁

遠洋水産業界は来年春までに五千屯クラス母船十一隻を追加、北洋に出漁させる。現在北洋には二万七千屯の最新母船と百余隻のトロール船が出漁しており、来年大型船が大挙出漁すると米ソ等沿岸の漁業規制をうける可能性もあるという。

韓国も宣言
12海里領海200海里水域

カラカスで開かれている国連海洋法会議で一日、韓国首席代表宋光植駐ベネズエラ大使は領海十二カイリ、二百カイリ経済水域案を支持すると宣言した。宋代表は同演説で「二百カイリ経済水域設定に付帯事項には沿岸国家が同水域資源を十分利用できない場合は他国が同水域で漁獲活動が出来るとの但書をつけなければならない」とのべ北韓が前日の演説で[illegible]を決めたことについては「同海域で韓国の漁業生産は二倍以上にふえ世界十大漁業国に浮上した」と説明した。

太経企院長談
今月中に景気浮上策

太完善経企院長官は三日、輸出支援に重点をおく下半期景気浮上策を作成していることを明らかにし「下半期には国内需要が大きく増大し、輸出金融の期間延長等輸出支援に中心をおく景気対策を今月中に実施する」と語った。

国産可能の繊維原料
輸入は継続抑制へ

商工部はアクリル系など国内生産が可能で輸出用に使う原資材は下半期にも継続して輸入を抑制する方針である。しかし国産可能なものでも品質が外産より落ちるものや価格の高い品目に対しては輸入量をひろげる等の弾力的な扱いをする予定という。

ナフサ分解工場
正常操業に入る

石油公社のナフサ分解センター工場の補修点検のため一部系列工場が先月下旬から操業を中断していたが五日から正常操業を始めたと商工部が発表した。

職員募集

①高等学校卒業以上の在日韓国人男女
②履歴書持参の事
③給料面談、優遇す

在日本大韓民国居留民団
中央本部総務局
☆電話八一三－二二六一（五）

北韓の対南戦略とその思惑（上）

申相楚

南北韓の対話が始まってからソウルを訪れた北韓の代表は南の発展と自由に動きまわる人びとを見て心底、驚いたということだ。しかし、自分の"宣伝"により韓国の"みじめな姿"をいつしか信じ切っていた金日成は北の代表たちが率直な報告をすることができぬほどに終始不機嫌だったといわれ、とくに南からもらってきた"おみやげ"をみせると、それを投げとばしてひどく怒ったそうだ。この南北対話も昨年の夏に北側が一方的に拒否したことにより、さっぱり進捗していないが気になるのは今年に入ってからの北側の挑発ぶりである。二月十五日に韓国漁船を公海上で撃沈・拉致した事件、学生暴動を扇動した民青学連事件、鬱陵島拠点の北韓スパイ団事件をはじめとする数々のスパイ事件や韓国での革命拠点づくりのための対韓工作、そして先週起きた北韓軍艦三隻による韓国の警備艇撃沈事件など――すべては金日成が六・二五韓国動乱を起こしたころ以前から続いている「金日成の対南戦略」によるものであろうが、米ソの首脳が平和共存で語り合っている現在でさえ、南北韓関係は戦争の前夜のようにけわしい。

「赤旗」でさえ糾弾した「北」独裁　金日成"神格化"が"神聖化"へ

第二次世界大戦後、北韓に進駐したソ連軍司令部は、ソ連軍の少佐になっていた金成柱に、朝鮮民族の抗日闘争で伝説的英雄の名をあげた金日成将軍の名を詐称させ、北韓共産党の第一人者につくり上げた。しかしこの金日成ならぬ金日成の登場劇にはさまざまなムリがあった。とはいうものの、当時の北韓におけるソ連駐留軍の権威はほとんど絶対的なものであったから、駐留軍は北韓の政治を自由自在に操作することが可能であった。そこでこの世紀的なペテン劇も容易に成功を収めることができたのであった。

そして金日成はソ連の絶対的なバック・アップによって土着派共産党のボス玄俊赫を暗殺し、また延安派の共産党を屈伏させることに成功、さらに共産党と新民党との合党、ならびに南朝鮮労働党と北朝鮮労働党の合党過程を経て、一九四八年にいわゆる「人民共和国」を樹立した。こうして金日成は当時の朝鮮労働党内では自他ともに認める第一人者の地位を築き上げていた。

予測を裏切った六・二五の結末

一九五〇年、金日成はスターリンの許可とソ連の積極的支持のもとで六・二五韓国動乱を引き起こした。この六・二五動乱の作戦計画は、白系パルチザン出身のソ連軍少佐の金日成やその配下たちによって企てられたものにしてはその規模があまりに大きく、まことに緻（ち）密であった。その軍事作戦は数十万の兵力を投入して、速戦速決を画策した大規模なもので、恐らくその作成には北韓駐留のソ連軍司令部、またはソ連の極東軍司令部が当たったものとみられ、金日成一党はただその"執行"をゆだねられただけではなかったかと思われる。

だが、六・二五動乱はスターリンの予測に反して米軍を主とする国連軍が即刻介入したため戦況が一変、その後、北韓カイライ軍の全面的な崩壊によって北韓の共産勢力が完全に掃討される危機に追いこまれると、こんどは中共軍が大規模な介入をしてきた。この段階から六・二五韓国動乱は、明確な"国際的階級闘争"の性格を帯びるようになった。それに金日成はこの中共軍介入により、北京をモスクワと同様宗主国として仰がなければならない立場に陥った。

延安派などの大粛清で危機脱出

だが、当時の中ソ両国にはまだ蜜月時代が続いていたし、それに戦争を遂行していた時代でもあったので、金日成も二つの宗主国を同時にいだくということを、それほど苦痛には感じなかったようだ。

韓国動乱の休戦が成立すると、金日成は、南韓征服が失敗に帰した責任を南朝鮮労働党系に転嫁して朴憲永をはじめその一味をむごく粛清した。一九五七年はハンガリーでの反ソ独立運動の火の手がようやくおさまった年だったが、共産主義には一般的にいって危機の年でもあった。ご他分に洩れず非スターリン化の波は平壌にまで押し寄せていたが、金日成の独裁政治に対する批判の声もいやが上にも高まっていた。だが東欧旅行から急きょ帰国した金日成は、延安派を中心にすべての反対派を容赦なく粛清除去した。この一九五七年は金日成の独裁政治にとって最も大きな危機をはらんだ年であったが、秘密警察と党組織の中核を掌握していた金日成は、反対派をことごとく去勢粛清することによってこの危機を克服した。

大粛清の後、一九五八年に入ってから金日成の独裁政治体制はもはや、揺らぐこともない、といったほどに不動のものとなり、労働党の内外では誰一人として金日成に挑戦する者もいなくなった。

存在しなかった金日成抗日部隊

すると、やにわに金日成の周辺には、追従のやからが群がり集まった。そして彼らは、金日成の神格化運動を熱誠をもって繰り広げることによって出世と栄達の道を突っ走ろうとした。金日成にへつらう者たちによって歴史はますます歪曲されることになり、韓民族を解放したのは第二次世界大戦時の連合国軍隊ではなく、存在もしなかった"金日成抗日部隊"であるかのように宣伝し始め、金日成が韓半島解放の主役であるかのように話はつくられ"博物館"をこしらえるという有様だった。

一九六〇年代に入ると、金日成の「神格化運動」は、ついに金日成の家族たちの「神聖化運動」にまで拡大され、金の祖父や父親だけでなく、母親などまでが「朝鮮革命運動」のそうそうたるリーダーに祭り上げられることになった。すなわち、金日成を「現人神」にデッチ上げるために、一家のことごとくを神聖化しなければならぬハメとなり、まことに荒唐無稽な「神聖化運動」が広げられて行くことになるのである。

当時、北韓の宗主国ではスターリンも毛沢東も一様に自身の神格化に並々ならぬ精力を費やした。しかしこの両者とも自分の家系の"神聖化"にまでは運動を広げなかった。ただ一人、金日成だけはその家系にまで神聖化を及ぼしたが、それは金日成をとりまく側近たちが金日成にこびへつらうあまりに広げていった極限だった。それに金日成自身、非常に封建的な家族主義意識の持ち主であったから側近のへつらいにまるで当然のように乗って行ったのである。

封建時代の韓国社会では個人の栄枯盛衰が一門の栄枯盛衰と直結していたが、その民族史の性格が二十世紀の金日成一門にはまだ生きていたのである。

韓民族の氏族社会では甚、誰かが出世して権力の座につくと、その一家はこぞって権力を振るうことになり、これに反し、権力を持っていたものが、その座を退いて没落すると、その一門一家がことごとく落ちぶれてしまう。こうした歴史は中国も似ているが、韓半島の場合、近代以後にこのような傾向を打破するほどに"個人の覚醒"が行われなかったことが指摘される。

共産主義者は反封建、反伝統の闘争をする先兵だと自任しているが、共産党首の金日成は前近代的な家族主義や氏族主義のワクから一歩も出ていなかったのである。

共産党版の"世襲君主制"

共産主義運動の生理からみても、その歴史からみても、共産党のトップリーダーを党のシンボルとして偶像化し偉大化することはありうべきことで、別に驚くにはあたらない。というのは、独裁主義集団である共産党としてはトップ・リーダーにカリスマ的な権威を与える必要があるからだ。

だが、共産党の党首といえども人間である。神ではないから決して誤謬（びゅう）を犯すことのない「現人神」にまつり上げることは全くナンセンスな話である。ソ連における非スターリン化運動もそのカリスマ的組織の弊害を自覚してはじめて起きたものだった。

にもかかわらず、金日成は自分自身だけの神格化ではあきたらずその家系にまで神格化を及ぼした。これは共産党と共産党の支配下にある人民大衆にまことに大きな弊害をもたらすことになるだろう。

金日成の場合のように、個人の神格化と家族の神聖化が結びつくとき、共産党党首の"権力の座"は世襲化せざるをえなかろう。そこで金日成は年をとったとき、おそらく自分の息子を後継者にするだろう。あるいは実弟の英柱を後見人なみの暫定的な後継者にし、そのあとで結局は息子にバトンを引き渡すような形にする可能性も強い。だが、この"共産党版世襲君主制"が成功するかどうかは、はなはだ疑問である。

いずれにしろ、金日成のこうした思考方式は前近代的な絶対君主的意識に似ている。

銅像や肖像画は劣等意識の現れ

金日成の家系はみすぼらしいものだった。金日成、すなわち成柱の父親は農業と漢方医を兼ねていたが、朝満国境を往来しながら密輸でひともうけした。彼の母は中流の農家の出だったが、母方も父方と同様、家系がみすぼらしかったため、金日成が権力の座についてからも出世の"順序"を与えてやれる人物は叔父康良ウクしかいなかった。いわば、金日成は下賤の生まれであったが、彼が共産党の党首として「貴族の生まれ」と誇っているのは語弊がある。かれは満州に渡って流浪生活をしたが、父親はのちに密輸でふところをふくらませていたし、母方は中農のプチブルだったからだ。

終戦後、金日成はソ連軍の絶対的バック・アップで一躍「民族の英雄」として登場したが、かれは幼いころからの"劣等意識"を払拭（しょく）するために、自分の親たちを"革命家"としてデッチ上げたのである。いま、北韓中にあふれている金日成の銅像や肖像画は、かれのいわゆる"抗日戦争当時"の姿だとし、一様にマントを着ているが、これは恐らく、かつてマントを着用していた日本軍の高級指揮官に対する劣等意識がつきまとって離れないせいではないのかと、分析する専門家もいる。

鼻持ちならぬ"一人独裁"ぶり

一九六〇年代の後半に中国が文化革命を遂行する過程で張りめぐらした例の壁新聞は、次のように金日成を批判したものだった。「おちぶれた共産貴族」「共産党のネコをかぶったブルジョアジーの腐敗分子」等々――。

また、一九七二年、北韓共産党が金日成の還暦の祝いにあたって前代未聞のおべっか競争を繰り広げたとき、日本共産党中央委員会の機関紙「赤旗」は金日成の一人独裁を猛烈に攻撃した。すなわち、第三国の共産主義者の目にも、金日成の行状は鼻持ちならぬものとして映っていたのである。これは決して見のがすことのできぬことだといわなければならない。（つづく）

（S―SA）

筆者は慶熙大学教授で政治評論家。

維新産業に原子力利用積極化

カナダ原子炉、2基購入

60万KW容量で3、4号基、81年までに稼動

重水型、国産天然ウラン使用も

▽……韓国は2基のカンヅー型原子炉購入に関して、カナダに意思を打診して来たとカナダの公式消息通が三日のべた。韓国が関心を見せたこの6百メガワット級原子炉はクェーベック州政府のため、セント・ローレンス川岸ジェンティリーに建設された原子炉と同型で価格は一基あたり3億ドル程度に推算されるものと見られる。韓国政府は数個月間、原子炉購入のため折衝を重ねて来たが、具体的な財政問題は未だ決定されていない。カナダ政府は、これらの原子炉が核爆発製造に使用されないという保障を願っている。……△

重化学工業化をめざして進む維新韓国では、エネルギーの核依存率の高まりが予想される。写真は東海岸に建設中の原子炉で1976年に完成すれば60万KWの電力を供給する

現在カナダと交渉が進行している原子力発電機3、4号は慶南昌原に築かれ、それぞれ容量60万㌔㍗で3号基は80年9月、4号基は81年9月稼動を目標に、カナダ側と覚書が交換され契約締結段階にある。

この3、4号基は原子炉の中でもカンヅー型（重水型）に属する。重水型原子炉の特徴は核燃料でウラニューム二三五含量が〇・七一％である天然ウラニュームをそのまま加工、使用し、中性子の減速として重水を利用するのである。

したがって核燃料費が他の型の原子炉に比べて費用が安く、天然ウラニューム資源を持っている開発途上国は核燃料を自給できる道が開かれる長所を持つ。

しかし、重水価が高く、運転経験が少ないため、安全性においてアメリカで開発された軽水型原子炉よりおちるのが欠点である。

一方、現在、慶南東萊郡古里に建設中の第一号基（容量59万5千㌔㍗）と、これに隣接され建設されている第二号基（60万㌔㍗）は軽水型に属する。

軽水型とは、核燃料であるウラニューム二三五含量が3％程度に濃縮された低濃度ウラニュームを使用し、減速材は純粋の水（軽水）を使用している。

ところがわが国の忠清北一帯で最近埋蔵量がぼう大な天然ウラン鉱脈が発見され、現在精密検査中であるが経済性だけ保障されれば燃料を自給自足できる利点がある。

韓国・サウジアラビア協定締結

金外務・サカフ務相が

合同委毎年交代開催

韓国とサウジアラビアは、4日午前、経済・技術協力協定をむすび、ソウルにサウジアラビアの常駐大使館を開設することに合意した。

両国間の経済・技術協力協定はこの日午前十時、外務部長官室で金東祚長官とサイェド・オマル・アル・サカフ外務担当国務相によって署名、締結された。この協定は前文および7条で韓国とサウジアラビア両国間の合作事業、資本投資および技術協力などの経済協力推進を骨子としており、発効のための法的要件完了を相互に通告した日から発効され5年間有効となる。

韓国とサウジアラビア政府間に最初に締結されたこの協定の重要内容は、

①経済諸分野、特に航空と海上加工産業の促進、農水産産業の促進、資源の開発と利用分野において協力が必要と考えられるあらゆる可能な措置を取ること。

②合作・混成企業および会社の設定に重点をすえ、両国国民間の経済および技術協力を促進すること。

③両国間の技術協力を促進するため訓練生および技術専門家は勿論、科学および技術情報交換を通じて可能な必要措置を取ること。

④協定の適切な施行のため、各当事国から2名の代表者を含む合同委員会を構成し、毎年交代して両国で開くことを規定した。

一方、この日、ソウルとジェッタで同時発表された金東祚外務長官とサカフ外務担当国務相の共同発表文でサカフ国務相は「両国の現存する友好関係増進のため、駐韓サウジアラビア常駐大使館をソウルで開設すること」をあかし、「金外務長官に、サウジアラビアを訪問するよう招請、金長官はこれを喜んで受諾した」とのべた。

この発表文はまた「金外務長官は韓国の南北対話を通じた誠実で忍耐強い平和統一努力に対して北韓は一方的にこれを中断し、武力挑発をつづけていることを説明しサカフ国務相は、韓国の平和統一努力を歓迎した」とあかした。

南北韓交易と文化交流を

金統一院長官　高大ア研で強調

金溶植統一院長官

金溶植国土統一院長官は5日、「われわれが追求する統一は5千万同胞らの共存共栄を約束する平和統一でなければならず、また統一成立の条件が、日増しに改善される"過程としての統一"をめざすべきである」とのべた。金長官はこの日、タワー・ホテルで開かれた高麗大アジア問題研究所主催、「韓半島周辺情勢と南北韓関係」学術会議に参席、致辞を通じて「韓民族のわが世代は、今だに新たな同族相残の根となる民族的同質性喪失という危機に直面している」と指摘し「われわれは統一問題に関する制度的解決を追求するに先だち南と北がたがいに行き来し物資を交換し、民族文化を共同で発展させうる状態を一日も早く回復するのに統一的努力を集中すべきである」と強調した。

金長官はまた「このような南北関係を誘導できる条件の形成過程一つ一つがわれわれにとっては統一に近づく道」であると強調し、「したがってわれわれは金日成の宣伝員のように、南韓から米軍が撤収すればわれわれの統一が数個月内に成就できるという妄想をおしたてる民族の他の部分の人々とも現実に根をはった対話を通じて彼等を幻想から解放させなければならない」とのべた。

金長官は、ここで「金日成とその宣伝員らは、南北韓の同時国連加入と不可侵協定締結がわが民族の分断を固定化させるという心理戦を対内外的に積極的に展開している」とあかし、「南北韓の同時国連加入が分断固定化の法的根拠となりえないということが、国連秩序の厳しい現実であるにも拘らず、彼等がわれわれの正当な主張を全面拒否するのは、彼等が国際法の現実から状況を見ないで、彼等の架空の観念の上から現実を判断するため」であると指摘した。

金長官は、「特に七・四南北共同声明は、平和統一をめざす、わが民族史の展開過程で格別な意義があるにも拘らず、北韓は、この声明の原則を順守しないばかりかむしろ、韓国の安全保障を弱化させる心理戦の道具として逆利用し自主の原則は、米軍撤収主張で平和の原則は韓国だけの一方的な軍備弱化追求で民族大団結の原則はわれわれの反共思想解除要求として悪用している」と非難し「それだけでなく北韓は南北対話を一方的に中断し、今年にはいっては東西両海上で、われわれの漁船と警備艇を撃沈させるかと思えば、また武装スパイ船を南派するなど軍事的挑発を激化させることによって、南北関係を七・四声明以前状態に後退させている」と指摘した。

韓国など10年内核保有可能

米軍備関係官吏が予測

政治的ないし技術的な制約が強化されないかぎり、10年内に韓国を含めた24ヵ国が核武器を所持しうることができると米国軍備管理軍縮局（USACDA）の官吏が予見したとニューヨーク・タイムズ紙が一面に報道した。

そのような事態は、相当以前から予想されて来たことであるが、印度が核実験を行ない、ニクソン大統領が去る6月、エジプトとイスラエルに原子力工場設立を提議した時まで政治指導者らは、この事実を無視して来たとのべた。

世界には、基礎的な原子力装置を組立てることのできる技術者が数千名いるといわれる。

しかし、武器生産に最も基本的な要素物は「核分裂物質」を獲得する問題であるという。

一九八二年までには、世界に散在している原子力工場で10万㌔のプルトニュームを生産することになると予測される。

米国軍備管理軍縮局によれば、日本、西ドイツ、アルジェンチン、ブラジル、パーキスタン、韓国などは、核武器を今すぐでも作れることができると新聞は報道した。

最も重要なことは政治的な問題として多くの核武器発展をほう棄するか、国際的監視を受け入れるかが両者択一であるとのべ、しかしこのうち、いかなる国家も原子武器を生産しないことを署名した国は無いと、この新聞は指摘した。

西ドイツ、日本、イタリア、南ア共和国、ブラジルなど実質的に核武器をもっていると見られる国は核拡散防止条約に署名したが、これらを含めた26ヵ国中13ヵ国すなわち日本、西ドイツ、イタリア、ベルギー、オランダ、スイス、トルコ、コロンビア、エジプト、インドネシア、韓国、リビア、ベネゼラなどは署名したが批准しなかった国であるとニューヨーク・タイムスは報道した。

他の核保有国または保有可能な13ヵ国、即ち、スペイン、印度、イスラエル、南ア共和国、アルゼンチン、ブラジル、ポルトガル、パキスタン、バングラデシュ、アルジェリア、チリ、サウジアラビアおよび北韓らは核拡散条約に署名しなかったとニューヨーク・タイムズは報道した。

創団30年史発刊に際して

民族と国家は、その歴史を記録することによって保存されてくるものであり、またその記録を通して過ぎし日月の真実と文化を鑑として現在のあらゆる問題に対処して未来への発展を期するものであります。

来たる一九七五年、民団は創団三十年を迎えることになりました。

回顧すれば、于余曲折の多かった過ぎし日月が感慨無量であり、解放された喜びと、団結の旗幟を高くかかげ、自己忠実のための多くの努力、民族愛と血で染められた反共闘争、不当な日政に対する抗争など、その絢爛たる歴史の一駒一駒を整理、記録して民団三十年史を編さんすることは、われわれの一大事業であるといえます。

既に、写真で見る二十年史は発行されたことがありますが、このたびの三十年史編さんに当っては、写真はもちろん、事実内容の記録で一九四五年八月十五日の解放を基点とし、六・二五動乱を経て今日に至るまでの、各級組織の闘争活動を詳細に収録、刊行せんとするものであります。

この三十年史こそ、在日同胞の尊い足跡の生きた証左として永遠に残されるであろうことを信じて止まない次第であります。

編纂委員長　尹達鏞

資料提供のお願い

先の第二十三回定期中央委員会において決議採択された「創団三十年史」発刊のための編さんにあたっては、全国に散在している民団史のための貴重な資料を広く集めておりますから、古い遺物、刊行物、写真などを積極的に提供して下さるようお願い致します。

―また「韓国新聞」の縮刷版（第2巻）も刊行しますので、古い「民主新聞」「民団時報」日刊時代の「韓国新聞」また地方の機関紙なども提供して下されば幸いです。

☆しめきりは十二月二十五日まで。

民団中央本部・創団三十年史
編纂委員会事務局
電話・〇三―八一三―二二六一～五（内線二五）

第2次戸籍整理奉仕団 十四人で一カ月全国巡回

在日同胞の戸籍関係業務を整理するため来日した、第一次戸籍整理奉仕団は多大な成果をおさめ好評裡に帰国したが、このたび第二次戸籍整理奉仕団十四人が七月二十五日頃来日、一カ月間、全国地方本部を巡回し、戸籍整理業務を行なうことになる。中央での担当は、民生局が従前通り、これにあたることになっている。

体育会中北本部設立
47回中北地方協議会開く

第四十七回中北地方協議会（権会俊局長）は、七月四日午後二時から福井県芦原温泉の呉竹閣でひらかれ、来たるべき民団強化対策会議への提案を中北地協事務局に一任、体育会中北本部設立を促進、対外渉外活動における情報の相互交換、刑法改正の石川県組織部長の報告に関する芦原村応援などを決議、約四時間にわたる真剣な討議の末閉会した。

中央からは、金仁洙副団長と李聖南総務局長が参席し、あいさつをのべる一方、尹達鏞中央団長の七・四共同声明に関する特別談話文を読み上げた。

組織の充実と青年の健全育成
大阪で支部三機関長会議開く

民団大阪府本部（黄七福団長）主催による「第一回支部三機関長・事務部長・傘下機関長会議」が四日午後一時半から高石市の新東洋に駐大阪総領事、尹達鏞中央団長らの来賓を迎えて開催された。黄団長は挙団体制固めの第一歩として下部組織の充実と青年の健全育成を訴えた。

この会議はさる四月十七日の第四十一回定期大会で、黄七福団長、卞先春議長、張起說監察委員長の新三機関長が選任されて以後、初めて開かれたものでいわば"名刺交換会議"といったもの。

まず、黄団長は「下部組織の充実が全体組織の強化発展につながる」として、末端の編成と再教育が急務だ」と述べ、さらに「民団の弱体化現象にカツを入れるには青年の大量吸収以外に道はない」と熱っぽく訴えた。このため、大討論会の実施などをふくめて徹底的対話を重ねていくという。また、民団破壊を目的とする朝総連の百二十日運動に対処するため、「民団の派閥を解消し、挙団一致体制でのぞむべきだ」と強調し、前面対決する構えをみせた。来賓として出席した趙総領事も「政府公館と表裏一体で協力し、あらゆる困難を乗り越えよう」と語った。

ついで、本部側から①今年度活動方針案の再確認②領事館建設基金の支部割当金完了③今月末の総合体育大会支援④各支部の実情調査⑤八千人の入団動員運動実施―などの指示事項が発表され、挙団体制固めへの第一歩を力強く踏み出した。

一方、この席上できたる九月に竣工する予定の駐大阪総領事館建設問題にふれ、姜宅佑同期成会々長代行から「現在九十%以上が完成しているが、建設資金十億円のうち残り四億円が不足している。遅くとも九月までには全額集めたい」と最後のせっぱつまった決意を表明し、各団員への再アタックを要請した。

なお、先月二十七日同本部が読売新聞に対し「韓国の国家威信を傷つけわが国民を侮辱した」として抗議文をつきつけ謝罪を要求していたことについて、席上、回答のあったことが明らかにされた。

それによると四日午前、古沢公太郎同紙社会部長が同本部を訪れ①東京から送られてくる記事は大阪でも最優先する②韓日友好関係を維持する③駐大阪総領事館にも謝罪を申し入れる――などを口頭で約束したという。この読売の"全面降伏"について黄団長は「民団側の勝利として一応満足はできるが今後も読売の出方を継続して見守っていく」と語った。

大阪で青年部課、次長会議

民団大阪地方本部（黄七福団長）では、去る五日午後七時から同本部講堂で、同本部管内の三十三支部合同による青年部、課、次長会議をひらき、かねてから懸案となっている韓国青年会結成を、来たる九月を目標とすることに決定した。

また同本部青年部の活動方針としては、奈良で二十二日ひらかれる在日韓国人体育大会には大阪青年部としての単一チームを編成参加させる、和歌山での夏期講習会を二百人規模でひらく、中央青年局主催の全国青年夏期講習会には管内全支部から課、次長ら三十三人派遣を要請するなどであった。

大阪支部三機関長・事務部長会議

広島青年会が第二回大会

二年前の七二年九月に、全国で初めて結成された韓国青年会広島県本部（韓昭明会長）は、中央から次鎮秀青年局長を迎え、去る七日午後一時半から広島韓銀ホールに会員ら百三十余人を集め、第二回定期大会をひらき、組織拡大強化と年間事業などを中心に真しな討議をした。

青森青年会結成
会長に李春守君

昨年来、結成準備を進めてきた韓国青年会青森県本部は、中央から尹達鏞団長を迎え、七月十日午後一時から関係者ら六十人が集まる中で、民団青森県地方本部（沈載明団長）で結成大会を開いた。

民団青森県本部の甲方信事務局長司会でひらかれたこの日の結成大会は国民儀礼で始まり、同本部李在禧議長の開会辞、沈載明団長の記念辞、尹達鏞中央団長の激励祝辞とつづき、経過報告、会員紹介、役員選出のあと活動方針案と予算案が審議され、中央の鄭辰亨青年局次長が約三十分間にわたり、綱領、規約、青年会中央本部結成等に関する詳細な説明をおこなった。

会長　李春守
副会長　林三鎬
〃　金三男

なお民団青森県本部の青年部長には前監察委員だった崔貴童氏が就任した。

夏期講習会と体育大会で指示
中央青年局

民団中央青年局では、本紙既報の通り、全国青年夏期講習会を本国で開くことになり、諸般の受入態勢を整えているが、万全の効果をあげるため、しめきり日を厳守するよう全国組織に再度公文で指示通達した。なおしめきり日は七月二十日である。また同じく青年局では、さきほど発表公示した第十二回在日韓国人体育大会（七月二十二日・奈良）に参加する選手団の服装規程などに関しても、その具体例を地方組織へ通達した。参加種目は、陸上四百メートル・リレー、卓球、庭球、跆拳道（空手）などである。

世界親子かけある記㉘
ビジネスと観光と歴史・美術そして…
裵乙祚・裵慶州

ドイツ入国時間切れ
がんこ一点ばりの検査官
永世中立、平和なスイス

"ドイツに入れざるの記"

Guten Morgen—Good morning.
Wie geht es Ihnen?—How are you?
Gut, danke, und Ihnen?—Fine und Ihnen?
—Fine, thanks, and you?

夜十一時過ぎにチューリッヒに着いた。おそいしホテルさがしも容易でないので、いっそうのことこのまま乗りつづけてフランクフルトまで夜行列車で行き、旅費の節約でもしようかと思い時間表をみるとまったく列車がないので、しかたなく夜の街に安ホテルをさがしに裏通りに入った。同じく宿をさがしているドイツ青年とTwin（ツウイン）で泊三千円ぐらいのペンションにおちついたのは既に十二時を大分過ぎていた時分であったか。

早朝電車の出発を一時間おくらし、湖に通じるメイン通りの大商店街を見物した。実に良く整備された商店街で、幅広い道路には路面電車のみ通し、自動車の進入は禁止で、歩道はゆったりと大幅にとり大理石を敷きつめてあった。うらやましい程の深い緑の並木路は立派で、静かで豪華な商店街である。帰り道、偶然ペスタロッチの銅像を発見し、深い感銘を受けた。学生時代尊敬した教育者であったので、去り難くしばらく時をすごした。

人間のやることにすべてうまくいくことは、千に一つもないくらい失敗や思わぬ出来事はつきものだ。これが正に図星で私達の上に降って来た。

チューリッヒ発十一時の国際列車の急行に私達は乗っていた。ガラリとすいたキャビン内で最高のコンディションだと二人で冗談を言いながらくつろいでいた。電車はわずかな平地にならぶ工場地帯を走っていた。今までの大自然の景観とはうって変った、人工的で人間臭い眺めである。

三十分余もたったか最初の停車駅に電車は停った。空いていたので降りる客もなく、そのうち紺式ばった正服を着た検査官が乗り込んで来た。ハハアーこれが国境の税関検査官かと気づいたのはその時であった。

"No, Good"の一喝が私の耳に不意打ちをくらわした、"Why" "Over Time"だ" "どこがそんなはずはない" "いやドイツ入国ビザの時間切れだ。"いやはやまいった。すっかり私達は忘れていた。実はパリーでビザをとるための手続の時間がかかり過ぎるので、止むなくロンドンでスケジュールの都合もあって、三日間のビザをとって、ドイツから先に入国する予定になっているところを逆コースをとってスイスから入国したことに初めて気づいた。しかももっと悪いことにロンドンを出発する時既に一日出発がおくれ時間切れに気づいていなければならなかったのだ。"いや私のミスだ、ルートを逆にした、何とかならぬか"

"どこか税関まで来てくれ"万事休すかなと直感的に来たが、度胸をきめて頼み込み戦法でいこうと税関にかけあったが、全くとりつく島もない石頭なドイツ税関の警察官は、只々、"絶対だめだ、ただちに退去してくれ"の一点ばりである。ここで初めて私達の身なりからまた追及事項から、例のローマでの行商人扱いにされ御用を喰ったんだなあと気づいた。あらゆる事情を説明しても規則だからだめだと言う。

ついにあきらめて、あまりしつこく言ったものだから飛行場まで警官をつけると言うのをようやくことわって、国境の街に出て初めてそこがバーゼルという鉄道の要所であることを知った。

旅行スケジュールからすれば、これから再度ビザをとりなおしてドイツ行きをする時間がなかった。しかも既にドイツには一昨年訪問しているので何が何でもドイツ入国をせねばならぬ理由もなかったので、いさぎよく飛行機でロンドンに夜中引きあげた。

"永世中立と富国"

自然を大事にし自然を人工的に整備しなおした国もスイスをおいてそう他にはあまりないとおもった。私達の識っている日本のように改造しようとする姿勢でなく、自然があるがままの姿に保護整備していると言った方が良いだろうか、人工的匂いのしないところにこの国の観光政策の高度な配慮と自然に対する愛情があふれているようだ。

人間社会に対する姿勢も同じことで、かつて人種、宗教、思想等多くの社会問題をかかえていたこの国が、今は囲りの国々と融和した平和境を築き上げた根底には、この国の大自然への順応と愛情と同じ精神が働いていたのではないかと思われるのである。

言語は大きくわけて三カ国語、勿論民族的にも三種の人々が大きな摩擦もなく国家を形成していけるのは、この国が過去多くの犠牲を払いもし、周辺諸国の血なまぐさい国際関係を経験して来たからでもあろうが、やはり山国としての厳しい条件を克服し、また強国に囲まれて生きる道はただ一つ永世中立あるのみと、自然を愛し賢い人心を人間社会においても、永遠に執ることのない平和を求めようと願ったのがこの永世中立と言う国是ではなかったのか。だからこの国を旅して各国から入って来た旅行者に、何くれとなくサービスをする人々の精神的基盤には、永世中立と平和への願いと自然への愛情があると思った。

美しく整備された町、電化が行きとどいている鉄道、完備された道路、そしてこれを大きく抱擁している自然を見ていると、この国の力が如何に大きいかを識る。それは決して無理をして築き上げた気ではなく、自然と人間社会との調和のとれた、自己の能力をわきまえその範囲内で営々といとなまれ、平和をこの上もない人間社会の至上にして最良のものと願っている人々が築き上げたものであることに気づく。

このことがまたとかく派手で重量感のある現代重工業部門を追いかける世界諸国の中で、自己の能力と条件にあった精密機械工業をとおして世界の工業に貢献しているのは立派である。

わが国もこの国の行き方に大いに学ぶところがあり、アジアにおいてユニークにして独自の国造りと、平和な社会を築きあげるために出来るだけ多くの人々が訪れることを願うものだ。（つづく）

秀峰マッター・ホルン

在日サッカー、米で全勝

在米大韓体育会の招請により初のアメリカ遠征を試みた在日大韓体育会（鄭建永会長）派遣の在日同胞サッカーチーム（金忠全団長）一行二十三人は、去る六月十四日、東京・羽田をとび立ち、一路ロスアンゼルスへ向かったが、全米各地同胞チームとの親善試合で、五戦全勝の栄冠に輝やき、六月二十八日全員無事で帰日した。

民団中央では、民団三十年史編纂委員会の金東興事務局長が応援団長として参加した。

なお、在日体育会では、本国で毎秋ひらかれる国体に参加する場合、在米同胞選手を日本に招き、参加前に親善競技を行なうことになったが、種目は在米体育会と事前協議するという。

在日同胞サッカーチーム（羽田で）

青年会小野田支部を結成

かねてから準備が急がれていた山口県の韓国青年会小野田支部の結成大会が七月七日、民団小野田支部会議室でひらかれた。

大会には、準備委員ら青年たち二十余人と、きも入り役の民団山口県地方本部（朴鍾団長）や同小野田支部役員がおおぜい激励にかけつけたが、初代会長には鄭龍杰君が選出され、一、二世入れ混っての交歓会がつづいた。

青年会宇部支部を結成

民団山口県地方本部（朴鍾団長）管下宇部支部（白玉奎団長）ではさる六月三十日午後二時宇部市福祉会館において約四十人の青年男女をあつめ、韓国青年会宇部支部を結成した。

民団山口県本部の李奥副団長、白玉奎宇部支部団長以下支部役員の参加の下で開催された結成会は朴徳浩（28歳）君を会長に選んだ後、討論に入って週一回定期会を開き、国語、民謡等を勉強することを決定した。

民団山口県本部では七、八月にかけて青年会の小野田支部、下関支部、岩国支部を結成した後、九月に青年会県本部を結成する予定である。

季刊誌「新しい時代」好評

韓国文化社（康商子代表）発行の待望の季刊誌「新しい時代」第五号（日本語版）がついに出た。季刊誌として再出発したこの総合誌は、小たながらピリッと辛い内容の目次が並んでいる。同社代表の康商子氏は、婦人文化啓蒙運動の戦後パイオニアとして、在日同胞社会におけるその存在は、知る人ぞ知るであるが、この号でも「印度を旅して感じたこと」のほか、民団中央大会と婦人会中央大会などをとり上げ、氏特有の持味を生かしながら、鋭く抉って論理を進めていくあたりはさすがといいたい。陳秀夏氏の玉稿も光っているし、金剛寺、丁贊鎮両氏の人物紹介も私達には身近く感じられる。小誌とはいえ、これだけのものを自前で孤軍奮斗しながら発行する、その次元の高い情熱をこそ、何よりも高く評価したいと愛読者間では好評である。

購読の申込者は、次へ申し込むとよい。☆東京都新宿区東大久保一―三三八・木下コーポ三〇三号・韓国文化社・電話二〇八―四五四七・価三五〇円（〒五〇円）

☆写真左は「新しい時代」第5号の表紙

第5号

太極旗の前で新たな決意
大学新入生歓迎会

在日韓国人の大学新入生歓迎会がさる六日午後三時から東京商銀七階大ホールで開かれた。

都内の大学に在学している在日韓国人学生有志が主催したこの日の歓迎会は尹達鏞民団中央本部団長、駐日大使館黄哲秀首席奨学官、金信三婦人会中央会長をはじめ関東地協関係民団幹部約四十人と七十人の学生が参加して盛大に行われた。

明治大学の金正明君は、日本の学校で日本人向けの教育を受けた新入生諸君は、これから自分の力で求めて勉強をするため大学に進学したと思う。今日太極旗の前で韓国人としての新たな決意をし、韓国人としての知的教養を高めて、新たな青春を送るよう願いたい。われわれが持っている知識と力を将来祖国の発展と在日同胞の発展のため捧げたいと所感をのべた。

金永善駐日大使からの記念品と民団中央からの記念品が学生一人一人に黄哲秀首席奨学官、尹達鏞中央本部団長からそれぞれ伝達された。

その後、簡単な料理とジュースで乾杯しギターにあわせて歌い、グループごとに語り合うなど親睦を深め、話題に上っている韓国の映画「証言」を観賞して解散した。

夏季学校など
全国文教部長会議

さる十二日午後、民団中央本部会議室で全国文教部長会議が開かれ、今年度第九回夏季学校運営および予備教育など諸計画を話し合った。

この日再確認されたおもな夏季学校日程は次の通り。

集合場所・七月二十七日正午、下関市関釜フェリーターミナル
出発・同日午後十時。
集合当日連絡所・民団山口県地方本部（電話）〇八三二―二三―八二七一～四

修学旅行と教育視察団
PTA連合会

在日本の全韓国学校父兄間で組織されているPTA連合会（金広植会長）では、七月十三日午後一時から、東京・新宿区若松町の東京韓国学校で総会をひらく。

また同会では、東京韓国学校が主催する在日韓国高等学校合同による全国修学旅行と時期を同じくして、学父兄による教育視察団を本国に派遣することになり希望者を募集している。

視察・旅行地は、ソウル、水原、牙山、慶州、蔚山、釜山の各地で、九月十九日から十月四日までの十六日間、一人あたりの費用は約十万円ぐらいである。

また東京韓国学校（呉培根校長）では、来年度新入生募集に先だち、七月下旬からすでに募集活動を展開することになり、学父兄はもとより、ひろく同胞社会の積極的な協力を呼びかけている。

尋ね人

☆韓東述さん（清川東述・約53）本籍・全北益山郡五山面南田里一八五。終戦の年、拓殖大学貿易科に入学した弟さんを、老母と弟の韓東奎さんがさがしています。全羅北道益山郡五山面南田里前洞八六の韓東奎さん又は民団中央本部民生局へ連絡を。

☆徐相元さん　本籍・全羅南道谷城郡　黄海道延白郡で居住中、17歳の時、志願兵として渡日、解放後2年の五月頃本籍地へ文通があった徐相元さんを、84歳のお母さんと京畿道江華郡吉祥面草地2里新村八〇三に居住している弟の徐相範さんがさがしています。ご存知の方は、徐相範さんか民団中央本部民生局まで連絡を。

☆梁元虎さん（梁川元虎）　現在日、林錦女さんらの長男である梁さんを伯父であるソウル特別市道峰区上溪洞百七十三番地（一二三八号）林永茂さんがさがしています。ご存知の方は、林さんか民団中央民生局まで連絡を。

☆孫末哲さん（大山末哲）
☆孫洙哲さん（大山洙哲）
昭和12年頃、山口県おおみね、よしのり、うえの、しのだ町に住んでいた孫さんらをご存知の方は、ソウル冠岳区新林二洞二五三番地二八統八班居住の張忠鎮さん、または民団中央本部民生局まで連絡を。

☆鄭順甚さん（女）　本籍・慶尚南道咸陽郡水東面上白里　愛知県東春日井郡野口に住んでいた鄭順甚さんを弟である韓国ソウル特別市冠岳区奉天3洞山81―三七五、三統五班居住の鄭基鉉さんがさがしています。ご存知の方は韓国の鄭さんか民団中央本部民生局まで連絡を。

求む良縁

南喜珠さん（38）

忠南女高卒、教員生活経験。子供なし。再婚。身体健康一六二センチ。希望者は本社まで電話（八一五―一四五一）まで。

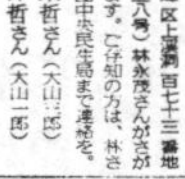

朝鮮学校で教育を受けた乙女……今や真の祖国を発見した!!

青年会李嬢の感想文

今年の四月、在日韓国青年会は、昨年に引きつづき セマウムシムキ 運動として、日本全国から約九十人の青年を故国の「植樹日」に参加させ、大いに祖国のすばらしさを満喫させたが、その参加者の一人である李某嬢から、一通の感想文が寄せられた。李某嬢は朝総連の学校で少女期を過ごし、金日成崇拝思想を植えつけられた人であるが、現在は朝総連を離れ、民団の一員となっている。しかし、生活の周囲がすべて朝総連であるので、この感想文を新聞に掲載しないでほしいという断りがついていた。本紙では感想文の内容から、紙上に発表すべきであると判断し、本人に了解を求め、住所と名前を伏せて発表することにした。

……

れた制約と、「セマウム運動」を実践する様子はどこに行っても注目を浴び、市内を歩いていると特に同年輩の青年達が非常に友好的な態度で対話を求めてきました。この様な機会を通して、かなり多くの祖国の青年達と接触しましたが、彼らは在日同胞に対して、まず最初に受ける印象は日本人と話している様な感じを受けるということでした。それは何よりも祖国の言葉を知らないということが、在日同胞の祖国心と主体性に不信感を抱かせる要因となっている様……

す。事実を教え、豊かな知識を教えて当然の学校教育が、いまも合法的に嘘の教育を教え、純白な子供に黒い革命思想を教える彼らにいかりを感じるのです。

今のわたしなら、祖国の若者が私を愛し、私が最愛の祖国だと思う男性がおれば、ちゅうちょなく嫁する祖国で幸福な家庭を築くという気持ちで一杯です。（おわり）

洪秀煥世界チャンピオンに

プロボクシング バンタム級　南ア、テーラーをK.O

韓国プロボクサー洪秀煥（24）は、世界チャンピオンであるアーノルド・テイラー（28）を一方的な判定で制圧、WBAバンタム級タイトルをかちとることによって、プロボクシングの世界王座を占めた。

3日、2万余の黒人白人観衆が観戦できあげるなかで、ダーバン市、ウェスルタン・リッチ屋外競技場でくりひろげられたWBAバンタム級タイトルマッチで、洪秀煥はチャンピオンであるテーラーを計4回もダウンさせ、審判全員一致の判定勝ちをおさめることで、韓国人としては二回目の世界チャンピオンとなった。

この日、洪秀煥は一回、レフトフックでテーラーをダウンさせ機先を制したあと、多様なコンビネーションを駆使してテーラーをひきつづき圧倒、5回、14回、15回にそれぞれダウンを奪ったが決定打をきめないまま、惜しくもKOを逸した。

これで洪秀煥は……

8位にランクされている。

……バンタム級の世界の王者をきめるダーバンの挑戦15回戦はスタートから一方的に洪秀煥がリードしたゲームであった。

主審ジャック・ブリアンド氏は一〇七対八九、副審スタン・クリスドウラー氏は一〇〇対九四、ヨハネス・ベネイド氏は一〇〇対九九でそれぞれ洪秀煥の優勢と判定した。

……

アナヤは昨年十一月、アーノルド・テーラーに14回KO敗を喫し……

……と語った。

旧六月の運勢(辛未月)　(自7月19日—至8月17日迄)一ヶ月	川崎市川崎区浜町4—7　大聖易館　許　瓏	
申子辰年の人	身運	申年、開化調校の好運、子年、前途暗り不運、辰年、慎重にして利あり
	財運	小欲求む、大望持つな、愛情、交渉を一時中止すべし、巳年の人大凶
巳酉丑年の人	身運	巳年、慎重にして小利を得、酉年、困苦あり、丑年、強情故に損失する
	財運	巳年は良、酉年丑年は不振、愛情、東方の人を忌む、酉年の人大凶なり
寅午戌年の人	身運	寅年は自己過信失敗の元、午年は努力不足が禍、戌年は諸事佐賀的也
	財運	大望は捨てるべし小望可能、愛情、北方の人を恐し、亥年の大凶なり
亥卯未年の人	身運	進退共に障りなし、小望は達成する、あらゆる面申年の年は凶に当る
	財運	金銭の融通割合良し、愛情、徐々に成立する、申年の人は大凶なり

韓国と日本の関係に新視点

日本上古史(文定昌著)抜粋と解説

(38)

新羅・善徳王の登場

(1)

高句麗が隋の煬帝の二百万大軍を殲滅す

……

皇極王時代蘇我勢力絶頂に　反対勢力軽皇子らが台頭す

……

金元　記者

文禄・慶長の役

壬辰倭乱私録

西厓柳成竜の三男「柳袗」の乱中体験記

(6)

金竜煥　画

……おい、行くな」と叫んだ。ぱたっと伏せて周囲を回したところ、馬に乗った黒衣の倭賊一人が、向かってすぐ前の道をよこぎっていた。驚ろいてはすばやく元の位置に戻った。

松葉を噛みながら

……

……くなってから東北方へ向って道を急いだ。……この山を越えたら倭賊たちの屯所か……

……

……はようやく東の方へ歩き出した。

韓國新聞
在日大韓民国居留民団
中央本部機関紙
韓國新聞社
発行人　尹達鏞
東京都文京区春日
2丁目20−13
電話　(815)1451〜3
(813)2261〜5
振替口座　東京　163774
本国連絡所（民団本国事務所内）
서울特別市鍾路区世宗路
政府合同庁舎4層
電話73−0162・0165

在日本大韓民国居留民団　綱領
一、우리는 大韓民國의 國是를 遵守한다
一、우리는 在留同胞의 權益擁護를 期한다
一、우리는 在留同胞의 民生安定을 期한다
一、우리는 在留同胞의 文化向上을 期한다
一、우리는 世界平和와 國際親善을 期한다

全同胞は民団傘下へ
旅券所持で韓国を自由往来
中央、全国的促進運動指示

さいきん、朝総連などから脱退する同胞が漸次その数を増してきた状況と相まって民団中央組織局と民生局では、これら同胞のうち、未だに民団加入していない同胞に対して、この機会を利用して民団に加入し、国民登録を完了すると同時に、旅券も申請発給してもらって名実共に大韓民国々民として祖国往来できるようにとの趣旨で全国的に加入促進運動を指示展開中であるが、新年に入ってから五月三十一日現在まで驚ろく数字を示している。そしてさらに、これに対しては、三・一節や八・一五光復節などの記念日には、優先的に本国旅行をあっせんするなどの便宜をはかることになっており団員たちに大好評を博している。

"偏向読売"の反省で
抗議運動一応中止
東京
＝尹中央団長に了解書を渡す＝

民団東京本部（鄭在俊団長）では、さる十一日から、十八日まで八度にわたって、読売新聞東京本社に対し、一連の偏向報道を糾弾する抗議運動を展開して来たが、二十三日の第九次抗議のさい、読売新聞社から、民団の抗議の主旨を了解したとして連絡があり、同日午後、読売新聞社代表が文書を持って東京本部、中央本部を訪れたことにより、今回の抗議運動は一応所期の目的が達成された。しかし、民団としては、読売新聞が今後民団側の抗議内容を十分に把握するかどうか今後の紙面を注目する方針である。

尹団長に抗議了解書を渡す読売の遠藤社会部長

一昨年の週刊読売での偏向報道にはじまった読売新聞は、昨年の金大中事件、今年の民青学連事件……

……たずらな刺激を与えるばかりでなく、本国の国民に大きな憤激を呼び起していた。

大阪、千葉には謝罪

このため民団大阪本部がいち早く読売新聞に対して抗議運動を展開、さきごろ読売新聞大阪本社に謝罪させたし、また民団千葉県本部もスパイ事件にからむ報道で、読売新聞千葉支局に抗議、同じく謝罪させ、品川、富山両本部ほかでも、地元読売支社に抗議をしている。

これとは別に、さる十日東京赤坂の韓国会館で開かれた民団東京本部管下支団長会議は、読売新聞の偏向報道をこれ以上看過できないとし、長期にわたって抗議を続けることを決定し、同十一日から東京読売新聞東京本社に対して抗議運動を展開した。この抗議運動に対して読売側は何ら誠意ある態度を示さず、むしろ言論の自由を主張するなど、全く反省の余地が無いもののようであった。十一日には各支部副団長、事務部長、職員ら六十人が抗議、その後は連日、婦人会東京本部、青年会東京本部、民団足立・葛飾両支部、品川・北両支部、台東・墨田・文京三支部、江東・江戸川両支部、大田・品川両支部の順で八波にわたり抗議運動を続けた。しかし読売新聞社側は、これほどの抗議に対しても誠意を示さないので、二十三日には一挙に世田谷・渋谷・港……

・杉並・新宿のほか、民団中央の役職員まで加わり、今回の抗議運動はじまって以来の大規模抗議団を編成し、それまでにない強い抗議をすることにした。そして次にはさらに大規模動員の計画をたて、中央本部でも、読売新聞に対する抗議運動を全国規模に拡大する用意をした。そうしたところ、二十三日午前、読売新聞側から連絡があり、同日午後二時四十分、読売新聞社遠藤徳貞社会部長、杉田幸雄同次長の二人が、読売新聞社を代表して次の文書を持参、東京本部を訪れた。

遠藤部長が反省文書を読み上げてこれを金致淳東京本団長に手渡し、握手をかわした。これをもって、東京本部は一応読売新聞が誠意を見せたものであるとの判断から、当日予定されていた抗議運動を中止し、以後の抗議運動もいったん打切ることを決定した。

このあと、読売新聞代表は民団中央本部にも同一文書を持って訪問し、尹達鏞団長、金仁洙副団長、呉敬福事務総長、徐鍾總局長の立ちあう中で、正式に民団側の抗議意向を了解したことを伝え、文書を読み上げたあと尹団長に手渡した。

なお、文書内容のほか、今後の報道では、郭任俊一派のことを慎重に扱い、本来の東京本部とはっきり区別できるようにすると、双方口頭で了解を約した。（二面に関連記事と写真）

"在日韓国人の心情傷つけた"
抗議に対するお答え

在日本大韓民国居留民団東京本部（金致淳団長）の読売新聞の「偏向報道に対する抗議」については、その主旨を了解致しました。

当社の記事がややもすれば在日韓国人の心情を傷つけた点については、今後十分に留意し中立公正な立場で、韓日両国民の親善につくす所存です。

一九七四年七月二十二日

読売新聞社会部長
遠藤徳貞

在日本大韓民国居留民団中央本部殿

8月15日まで納めよう
中央会館建設基金

時評

宇都宮徳馬君に告ぐ　2

革命後政治犯の死刑例なし
政権交替の主張は増長慢

◇前回この時評で、日本自民党代議士宇都宮徳馬君にもの申した。それまで宇都宮君個人に対して論及したことはなかった。だが、前回はいうなれば陽動的程度の効果に終った。一旦徳馬君に照準を合わせて砲門を開いた以上は、追撃砲となり、カノン砲となり、ロケット砲となる威力を発揮するまで、砲火をおさめるわけにはいかない。何となれば、徳馬君の言動が、われわれ在日韓国人にとって、どうしても黙過できないところまで、再三にわたって挑発して来たからである。これは受けて立たざるを得ない。特に、徳馬君が「自民党」に所属しておりながら、北傀を弁護する発言を平気で行うところがガマンならないのだ。つまり、現在の韓国政府指導者を誹謗するがために北傀を賞讃して、何も知らない人々を欺そうとする論法方式は、何としても是正されなければならないのである。◇

徳馬君は、アメリカで韓国関係会合に出席して韓国批判演説をし、帰国後に帝国ホテルの日本記者クラブで演説をしたが、その中で、「朴」の言葉を好んで使っているが、政権への援助は再検討すべきだ、「南」に「北」と話し合える政権ができないといけないということを主張した。このことは前回もチョッと触れたが、

……

（W）

戸籍整理奉仕団来日
7月25日から8月14日まで全国巡回

前回に引続き、本国から第二次戸籍整理奉仕団が、さる二十二日来日した。今回の奉仕団は総勢十五人で、二十五日から八月十四日まで六班に別れて全国各地で戸籍の整理作業を行なうことになっている。

二十二日午後四時半すぎ、東京羽田空港に到着したソウル司法書士会在日同胞戸籍整理奉仕団（団長、金洪策ソウル司法書士会会長）一行は、出迎えた民団中央本部の権民生局長、駐日大使館領事部の職員らと握手をかわし、民団中央の歓迎の花束を受け取り、直ちに宿舎のホテル宿舎に入った。

金団長によれば、今回来日した司法書士会のメンバーは、全員十五年以上のベテランたちであるが、それでも、戸籍問題は難かしいことが多いので、ソウルで徹底的に特訓を行い、在日同胞から持ちこまれる全ケースを一〇〇％整理できるように準備して来たとのことであり、この機会に、在日同胞は遠慮なく申込んでほしいとのことであった。

一行の日程は次のとおりである、法院の立場で各司法書士の作業を巡回指導する。

戸籍整理奉仕団一行に花束贈呈（羽田）

奉仕団日程

三多摩	七・二五−二〇
長野	七・三一−八・五
新潟	八・八−一〇
埼玉	八・一一−一四
神奈川	八・一−一四
静岡	七・二五−三一
愛知	七・二五−三一
岐阜	八・一−五
石川	八・九−一一
富山	八・五−八
福井	八・一二−一五
大阪	七・二五−八・一四
京都	七・二五−八・七
滋賀	八・八−一四
山口	七・二五−八・六
島根	八・七−一〇
岡山	八・一一−一七
鳥取	八・一八−二〇
東北六県	七・二五−八・一四

勲章と表彰
鄭明勲、洪秀煥選手

政府はモスクワ国際音楽祭ピアノ部で二位に入賞十二日帰国した鄭明勲君に銀冠文化勲章を授与し、十五日帰国の世界バンタム級チャンピオン洪秀煥選手は大統領表彰を行うことに決めた。

金竜煥

原爆症の辛さん
被爆者手帖もらう
南雲医師の善意実る

本紙前号既報、第二次大戦中、広島での原爆投下にあって被爆、韓国へ帰国したあと、日本人医師である南雲和さんの個人的善意で来日、南雲さんの東京・五反田にある五反田整形外院で治療中の辛泳洙さん(54)は、七月二十二日、関係書類をまとめて東京都衛生局へ被爆者手帖の申請をし二十五日交付された。

辛さんは大戦中、徴用で日本に連れてこられ、広島で通勤中被爆したものでいったん一九四五年の終戦を迎えたあと帰国したが、ケロイド症状で無惨な顔になり、戦後三十年の今日まで完全なる社会復帰もできず病床に呻吟していたが、先の南雲さんの渡韓治療の時に知ることになり、南雲さんの個人招請で今度の来日治療となったものである。

同医院では、左耳や首などケロイド症状の手術も終わって療養中であるが、いましばらくの継続治療が必要なので、来月十七日までの日本滞在のビザ延期も許可され、このたびの被爆者手帖交付となったものである。

照点

週刊読売の「私はKCIAに拷問された」を三回連載で読ませられた。さすが"偏向読売"の面目躍如、済州の紙（？）価を高め……

……

新亜日報日本支社上野に事務所移転

ソウルで発行されている日刊総合紙新亜日報日本支社（金慶榮支社長）では、このほど事務所を移転した。移転先および電話番号は次の通り。

東京都台東区東上野1丁目21番4号
新亜日報社日本支社
電話（03）八三二−一五六五

団結로써・粉砕하자　朝總連의破壊工作

本執行部発足以来、空席であった関西地区を代表する副団長ならびに中央顧問、中央執行委員を補完する諸般人事の発令、発表を次のように公告致します。

常任顧問
(組織)　李裕天
(経済)　許弼奭
(〃)　范塡圭

顧問
(組織)　曺圭訓・金光男
(経済)　丁贊鎮・李寧柱・李裕天・金致元・張聰明・尹成夏・金泰変・李寧重・辛格浩・姜永重・許弼奭・鄭東亀・金己哲・安八圭・鄭煥麒・范塡述・徐甲虎・尹仁植・李熙健・朴漢春・金鳳煥・韓禄淳・安在祐・鄭東珍・金在沢・金坪佑・李鍾大・姜宅

副団長　徐永昊
韓国新聞主幹　朴性鎮

中央執行委員
尹達鏞・金仁洙　李鍾鳴・徐永昊　呉敬福・宋鎬用　金致淳・黄七福　権赫斗・曺允具　金信三・李在竜　金昶輝・蔡洙仁　許允道・徐興錫　金成一　李根　鄭鳳基　李点変

7月16日付
青年専門委員長
(埼玉団長)
(三多摩団長)

7月18日付
経済専門委員
(東京)　玄岸浩(税理士)
(〃)　李年子(〃)
(大阪)　金達寛(〃)
(兵庫)　権世顔(〃)
(大阪)　金井基(中小企業診断士)

一九七四年七月十八日
在日大韓民国居留民団
中央本部団長　尹達鏞

〈直選中央委員〉
一九七四年三月二十四日の第三十六回定期中央大会で、議決機関ならびに執行機関に委嘱した直選中央委員と各特別委員会委員の選出事項に関して、次のように選出したので、ここに公告致します。

尹達鏞・金仁洙　徐永昊・朴太煥　崔成源・呉敬福　李聖南・組織局長　姜仁煥・安商権　鄭達鉉（以上当然職）　黄孔世・金基李春植　李宗述・朴祚・金明浩　李彩源・朴邦・孫啓勲　金成允・許道・蔡洙仁　李金竜一

〈規約修正委員会〉
張聰明・朴太煥・金仁洙・朴炳憲　徐興錫・李彩雨・卞先春・朴成準　金聖聞・丁海竜・組織局長・李鱗基

〈教育委員会〉
徐永昊・金世経・金恒性・張德益和　張熙日・李春植・黄河・金昌式　宋吉変・姜永祐・張千・李瀚煥

〈法的地位委員会〉
尹致夏・白丁赫・朴性鎮・柳甲緑　李吉変・呉敬福・李信・張道源　金栄洪・金明浩・金三根・宰淑

〈統一委員会〉
直寧柱・李鍾鳴・崔成源　黄七福・辛容祥・金基録　黄順相・崔学阜・陳斗鉉　李棟鎬・尹奉啓・李宗樹　朴性佑・孫性祖

一九七四年七月十六日
在日大韓民国居留民団
中央本部議長　朴太煥

北韓の対南戦略とその思惑 (下)

申相楚

四半世紀にわたって南北に分断されてきた韓半島では南北韓がともに「平和統一」を目指しているものの、北韓のいう「平和統一」は共産主義による統一であることが金日成の一貫した戦略により、明らかであり、自由主義による「統一」を願う南韓とは、同じ「平和統一」という表現でも、内容に大きな違いがある。したがって、この"差異"を埋めることは至難のわざである。そこで南韓は、統一への途上における現実の段階で、南北の平和共存を提唱し、今年初め朴大統領は互いに不可侵協定を締結しようと提案した。これは昨年から南側が唱えている南北韓の国連同時加盟の意義と関連のあるものである。すなわち、南北韓は、平和統一の過程において"相互に不可侵"を原則とし、交流や協調によって平和共存と共栄を模索しようとするものだ。だが、これを拒否する北韓により、緊張状態は解消できずにいる。

"唯一思想"の無茶に地下のマルクスも失笑?

対南暴力赤化戦略は凡て失敗

(承前)

一九六〇年代の中ソ関係は次第にその対立が激化の一途をたどったが、両国の"はざま"にあった金日成一味はその時、その時の都合で北京とモスクワの間を振り子のように往来した。中ソの谷間で[illegible]することとしばし、ついに[illegible]

北韓は一九六七年八日十二日付の労働党機関紙「労働新聞」社説を通じて"自主宣言"をするに至った。この社説は北韓が、共産中国の「教条主義」とソ連の「修正主義」をともに非難することによって、親ソ的とはいえ「自主」することに自己を求めようとしたもの[illegible]

[illegible]

「読売」の"居直り"から"反省"まで

民団東京本部の"偏向報道糾弾"に凱歌

民団は、また一つの勝利をかちとった。韓民族の誇りと自尊心をないがしろにしたような偏向言論「読売」に、民団東京本部（金致淳団長）がひとまず「懺悔の鉄鎚」を加え、無思慮な一部日本言論を自省させるにいたったのである。

新聞は社会の「公器」であるといわれ、第四府といわれるほどの完全な言論の自由と権利が与えられている。しかし、このような自由と権利の行使には、責任と公正と気品など高い倫理水準の順守が絶対の前提条件である。このような倫理水準の維持機能を日本の新聞倫理綱領は、報道、評論の限界をみずからの節制による規律としてうたっている。一に真相の正確忠実な伝達、二に報道における個人意見挿入の禁止、三に宣伝として利用されることの厳戒、四に人への批判は当人の面前で語りうる程度にとどまること、五に真実からかたよった評論は新聞道への違反（新聞倫理綱領第二、報道・評論の限界条項）であるとしており、特に個人の名誉は、基本的人権と同じく尊重、擁護さるべきであり、非難されたものには弁明の機会を与え、誤報はすみやかに取り消し訂正しなければならない（第四、公正条項）と規定している。

日本の一部マスコミ、特に「読売新聞社」が韓国関係報道において示した悪質むき出しの扇動的態度や、あいつぐ事実無根な韓国ひぼう記事は、読売自身が順守をちかった「新聞倫理綱領」をほごにするばかりでなく、「公器」を乱用して、韓国および韓国民を意図的に中傷したことにほかならない。

東京地方本部が十日の支団長会議で「偏向報道糾弾週間」を設定し、十一日から読売新聞を焦点に波状的抗議行動を開始したのは、日本で韓国および韓国民に対するいつくせないほどの[illegible]をこらえつづけて来たすえの[illegible]である。[illegible]日まで第八波の抗議の結果、はじめ頑として抗議をみとめなかった「読売」は、[illegible]からの非を認め、[illegible]社会部長および[illegible]が東京本部および中央本部を訪れ陳謝した。しかし、われわれは、このような[illegible]における一つの勝利が、われわれの団結と[illegible]による当然なものであることを認めると同時に、今後この勝利をより完全なものにするためより一層の努力を怠ってはならない。本号では、[illegible]偏向報道糾弾週間における民団の抗議活動と、[illegible]「読売」側の"居直り"から"反省"表示までの一週間の表情を紹介する。

▶「読売」は"悪意に満ちた反韓偏向報道やめよ""韓国は「革命」の遊び場ではない""外国公館と外交官に対する不可侵権をふみにじった暴挙を謝罪せよ"在日大韓婦人会東京本部権会長を先頭に読売本社前で憤激にみちたシュプレヒコールをくりかえす第二波抗議団の婦人たち（7月12日）

「偏向報道糾弾週間」の初日である7月11日第一波抗議団の許南哲代表が読売新聞遠藤社会部長に対し抗議文を高々と朗読している。このあと偏向報道の追究に対し読売側は「ソウル支局が閉鎖されているから実情を知るすべがない」などふてぶてしく開きなおった。◀

▲正面入口を閉鎖した読売側の阻止を突破、応対の新井管理部長に対韓誹謗中止をきびしくもとめる青年会代表（7月13日、第3波抗議）

▲頑なに抗議をうけつけようとしない「読売」に対し、抗議団の憤激の糾弾はいよいよ高まった。7月16日足立、荒川支部団員による第5波抗議団の力強いシュプレヒコール

反韓的姿勢の転換を拒みつづけた「読売」は、二週間にわたる東京地方本部をあげての糾弾に遂に自らの非を認めた。写真は「読売」代表遠藤社会部長が民団東京地方本部に金致淳団長（右から二人目）を訪ね公正な姿勢を守ることを約す文書を手渡したところ。このあと遠藤部長は民団中央本部も訪問し中央本部団長あてに同じような内容の文書を手渡した。（7月23日午後2時40分頃）◀

協同と団結を誇示 民団組織強化期す

第12回在日韓国人体育大会開く

歩武堂々の選手団入場式

絶讃を浴びた京都韓国学校の農楽隊

梅雨明けの真夏の太陽の下 年代越えた白熱の競技展開

本国の第五十五回国体予選会を兼ねた第十二回在日韓国人総合体育大会が、さる七月二十一日埼玉県[illegible]市のサンヨースポーツセンターで、約五千人の選手、役員人が集まる中で盛大に行なわれた。東京、京都、大阪の各韓国学校の小、中、高校生の参加もあって、年代の差をこえた民族体典となった。

この日大会は、梅雨あけの真夏の日ざしが照り映える中で午前九時から種目別に各会場に分かれて予選競技を開始し、十一時になってから開会式がおこなわれた。

開会式の祝辞で尹達鏞民団中央団長は、第十二回在日韓国人体育大会開催のため苦労した、鄭建永体育会会長以下関係諸位に心から感謝する、この大会が全国的規模の体育大会として、韓国人の協同と団結を内外に誇示し、民団組織強化を期する有益な大会になるものと信じていると述べた。また金永善駐日大使の祝辞を代読した[illegible]駐大阪総領事は、国民個々の体力は国力である、在日同胞全体がこのような大会を契機にして、心身を鍛錬、体力を向上、どの国家の国民よりも健康的な国民になることを祈りたいと述べ、参加選手、観衆から大拍手を浴びた。

参加した競技種目は、サッカー、野球、バレーボール、卓球、軟式テニス、陸上競技(四〇〇m、二〇〇m)、バスケットボール、弓、跆拳道、柔道、韓国ずもう等で、入賞は大部分大阪、東京、京都勢が占め、陸上競技に参加した民団中央本部チームが模範賞をかくとくした。特にこの日の異色プロで観衆の注目をひいたのは、京都韓国学校高等部生徒による農楽隊で、民俗色豊かなその演技に、嵐のような喊声がわき起こった。

このようにして熾烈な対抗、個人戦が白熱の競技を展開、新記録が樹立される中で午後六時すぎ、全大会の幕を閉じた。

戦績は一般総合優勝が体育会関西本部、高校総合優勝が東京韓国学校であった。(写真=[illegible])

京都韓学建設支援 PTA連合会定期総会 新会長に 安碩基氏選出

さる[illegible]日東京韓国学校で、第一回在日本韓国学校PTA連合会定期総会が開かれた。

東京、大阪、京都の各韓国学校PTA代表が集まった会場には、[illegible]

[illegible]たのち、これを承認し、七四年度活動方針、予算案の審議に入った。

活動方針では一、本国に教育視察団派遣(秋の学生母国修学旅行の時)、二、会報発行、三、民団傘下団体[illegible]、四、京都韓国学校建設支援、五、韓国学校に対する民団の[illegible]、六、韓国学校PTAの組織強化(家庭訪問等の活動を[illegible])などを決定した。

このあと[illegible]

会長	[illegible]
副会長	[illegible]
〃	[illegible]

故朴烈義士の弔慰金 張義淑女史に伝達 未納地方は早急に納入を

一九二三年、日本天皇暗殺計画をたてたとして大逆罪にされ、第二次大戦終戦まで秋田刑務所につながれていた抗日愛国の故朴烈義士(民団中央の初代団長)は、六・二五韓国動乱の時、北傀に拉致され、彼地で去る一月十七日逝去し、民団中央では三月一日の三・一節行事にひきつづいてソウル在住の張義淑未亡人と長男朴栄一(大尉)、長女朴慶姫(横浜在住)さんの三遺族を迎え、東京・日本青年館で追悼式をあげたが、その後いったん帰国した未亡人がこのほど夏季休暇で来日したのを機会に、中央から地方本部に割当てられた弔慰金のうち、七月二十三日現在集まった百七十六万円を、尹団長から伝達した。

なお中央では、未だに弔慰金未納の地方本部に対し、未亡人が滞在する八月十五日光復節までに完納してくれるよう要望している。

ソウルでの張義淑未亡人は、外語大、中央大などで日本語講師をして生計を営んでいる。

尹中央団長から張未亡人㊧に弔慰金を伝達

百二十日間運動を粉砕 和歌山支団長会議

民団和歌山県地方本部(金[illegible]団長)では、去る七月十四日午後一時から紀北支部で、第十回目の管下九支部支団長連席会議をひらき、事務報告、組織再点検と[illegible]強化などを中心に熱意あふれる討議をおこなった。

特に今度の会議では、朝総連が打ち出した対民団攪乱工作である、いわゆる百二十日間運動の粉砕をめぐって活発な意見交換が行なわれ、また、県内同胞のための消費生活協同組合(去る六月二十日県知事認可)の運営計画も併せて論議された。

7月30日しめきり、8月20日から 青年局 夏期講習変更

本紙既報、民団中央青年局主催による本国での七四年度全国青年夏期講習会は、諸般の事情により七月二十日のしめきりを七月三十日に延期、開講期日も八月二十日から十日間と変更、この内容を全国組織に通達した。

なお応募資格者は満十八歳以上三十六歳までの韓国籍男女。

研修学生は航空券割引

民団中央青年局主催の七四年度全国青年夏期講習会は、七月三十日にしめきりを延期、八月二十日間、本国でひらかれることになったが、中央青年局では、大韓航空と交渉した結果、参加者中の学生(18才~26才)には、25パーセントの割引券を発行することになった。

希望者は、割引券をもって在籍校に行き確認捺印を受けた上、最寄りの旅行社で航空券を購入すればよい。

和歌山青年会結成 初代会長に李尚紀君

全国的に着々と青年会の組織づくりが進んでおり、民団の次代をになう同胞二世の積極的な参加が高まっているが、このたび和歌山県青年会本部が21、22日両日間にわたって中央本部[illegible]の参席裡に和歌山県[illegible]でもよおされた。

民団幹部5人をはじめ青年八十余人の参集で開催された集会は二十日の研修会について、二十一日の午前十一時から結成大会が挙行された。大会は、国民儀礼のあと青年代表のあいさつ、[illegible]団長のあいさつ、[illegible]中央本部青年局長あいさつ、[illegible]教育文化センター所長のあいさつの順で行なわれたが、[illegible]県本部事務局長による青年会綱領、規約草案の説明につき活発な[illegible]ような[illegible]があった。

なお、[illegible]することにとりきめた。

新任役員

会長	李尚紀
副会長	[illegible]
代表幹事	[illegible]
総務部長	[illegible]
組織部長	[illegible]
次長	[illegible]
宣伝部長	[illegible]
次長	金光男
文教部長	[illegible]
体育部長	[illegible]
次長	[illegible]
女子部長	[illegible]

三沢、西北 2支部結成

去る十[illegible]日に結成された[illegible]青森県本部(李[illegible]会長)では管内の三沢支部(朴[illegible]会長)が十八日に、西北支部(金[illegible]会長)が二十[illegible]日にそれぞれ結成大会をひらき新発足した。

新任役員(金[illegible])

名誉顧問	[illegible]	
〃 顧問	[illegible]	
常任顧問	[illegible]	
顧問	[illegible]	

映画「証言」大ヒット 軍人会

本紙[illegible]文化欄トップで国民必見の映画として紹介ず[illegible]みの六・二五動乱の[illegible]を描いた、シネスコ・カラー、上映[illegible]時間の大作映画[illegible]が、本国での大ヒットにつづいて、日本の同胞社会でも[illegible]的な人気をよんでいる。

この映画は、韓国映画史始まって以来の最高傑作といわれ、韓国在郷軍人会日本支会(李[illegible]会長)が本国から35ミリ版(劇場用)と16ミリ版の[illegible]を入手、全国民団と傘下組織に提供、上映されているものである。

既に八月十五日までは上映申し込みが殺到しており、軍人会では十五日以降の申し込みを望んでいる。申し込みは、本社か、軍人会(電話・東京八一二一二七三六)にすればよい。

主催	月日
民団三多摩本部	六月二五日
関東地協会議	〃 二六日
民団大田支部(東京ダイエーホテル)	〃 三〇日
〃 東京城東地区	七月 五日
〃 中央本部	〃 六日
〃 京都 〃	〃 七日
〃 神奈川〃	〃 九日
〃 相模原支部	〃 十日
〃 横須賀〃	〃 十一日
〃 尼崎 〃	〃 十三日
〃 茨城本部	〃 十六日
〃 岡山本部及び管内支部	七月十七日から二三日まで
〃 福岡本部及び管内支部	七月二六日から二七日まで
婦人会中央本部	七月二七日
民団大阪本部及び管内支部	七月二九日から三一日まで
〃 京都本部の管内支部(第二次)	八月一日から三日まで
〃 岐阜本部と管内支部	八月九日から六日まで
〃 広島本部と山口本部	八月十五日

婦人会の百五十日 国民運動全国巡回

本紙既報、大韓婦人会中央本部(金信三会長)では、朝総連の百二十日間運動に対抗して、百九十日間国民運動を全国的規模で展開することになり、去る七月十二日の福岡を皮切りに、時局講演(呉[illegible]人)と、韓国在郷軍人会日本支会(李[illegible]会長)提供の劇映画「証言」をもって巡回、各地で好成果をあげているが、七月十日現在確定の日程表は次の通り。

地方本部	期間
福岡	七月一二日~一四日
佐賀	七月一五日~一六日
兵庫(神戸)	七月一七日
大分	七月一八日~二〇日
長崎	七月二一日~二三日
熊本	七月二四日~二五日
東京	七月二七日
山口	七月二八日~三〇日
広島	七月三一日~八月一日
島根	八月二日~四日
鳥取	八月五日~七日
岡山	八月八日~一〇日
和歌山	八月一一日~一三日
東京	八月一五日
滋賀	八月一七日~一九日
奈良	八月二〇日~二二日
大阪	八月二三日~二五日
京都	八月二六日~二八日
三重	八月二九日~三一日
岐阜	九月一日~三日
愛知	九月四日~六日
福井	九月七日~九日
石川	九月一〇日~一二日
富山	九月一三日~一五日
岩手	九月一六日~一八日
青森	九月一九日~二一日
山形	九月二二日~二四日
宮城	九月二五日~二七日
北海道	九月二八日~三〇日
秋田	一〇月四日~六日
長野	一〇月七日~九日
福島	一〇月一〇日~一二日
栃木	一〇月一三日~一五日
群馬	一〇月一六日~一八日
千葉	一〇月一九日~二一日
静岡	一〇月二二日~二四日
神奈川	一〇月二五日~二七日
三多摩	一〇月二八日~三〇日
茨城	一〇月三一日~一一月二日
山梨	一一月四日~六日
埼玉	一一月七日~九日
新潟	一一月一〇日~一二日
鹿児島	一一月一三日~一五日
徳島	一一月一六日~一八日
愛媛	一一月一九日~二一日
香川	一一月二二日~二四日
高知	一一月二五日~二七日
沖縄	一一月二八日~三〇日
兵庫	一二月七日~九日
宮崎	一二月一〇日~一二日
対馬島	一二月一三日~一五日

ビジネスと観光と歴史・美術そして… 世界親子かけある記 ㉗

裵乙祚・裵慶州

悔いない旅の演出 また弥次喜多道中かも… 新羅男児の珍談ふえる

″東京からの便りがとどいた″

乙祚様

この頃私はホーッと溜息をついている自分にハッと気づいてみると、空ろな瞳を何となく遠くにやっている時があります。あなたが東京を発ってからはや一月になろうとしております。サイゴンからのお便りいただき間もなくナムキからの手紙では風邪をひいて大分まいっているとのこと。あまりにも遠くへやってしまった息子に、どう手の差しのべようもなく、毎日おろおろと仕事も手につかずにしております。そして誰一人として番茶の一杯もあたためてくれる人もいない、侘びしいフラットでうずくまっているのではないかと思うと、気も狂いそうで一日一日ロンドンに近づいているお二人に一刻も早く到着されるよう心に念じておりました。そしてふだん国内は勿論海外旅行の時にも、行く先々から便りや現在地を会社に几帳面に通信をしてくるあなたが、何故この度はサイゴンを発って後は音沙汰なく、子供の病気を報せようにもどうすることも出来なくて、悲しさと腹立たしさでやるすべをしりませんでした。

″七月初旬にはロンドンに入る″やれやれこれでやっと私も今夜からは熟睡出来ると思いました。風邪をこじらせて相当まいっていても子供だからもう大分良くなっていることでしょう。そして二人に会ったその時から一人暮しの緊張と疲労から立ちなおり、三人でプルコギ(焼肉)でもほおばれば元どおりの元気者になるでしょう。本当にこれでよかった!どうぞ親子三人心ゆくまでロンドンの休日を楽しんで下さい。

家のことは何も心配することはありません。それよりも私からのお願いは、今回の旅行だけは全くリラックスして身心ともにのびのび休めてほしいとねがっています。大家族の主柱として、責務の遂行者として、常に適切な処置をするための判断と、細心の配慮、神経と身体をすりへらすような日々の連続、四六時中あなたはこの数年間は以上のような緊張の中にい来ました。そして東京に帰ったら又同じ状態のくりかえしが続くことでしょう。せめて旅行中だけでも解放され休んで下さるよう心から願っております。

男親のあなたは何んと言っても子供等に威圧を与えるものです。如何に仕事を兼ねての旅とはいえ旅行中くつろぐ間もなくビジネスだ、勉強だ、旅行だ、ところ[illegible]しくては若い慶州が可哀相です。あの子は[illegible]が過ぎるくらいの[illegible]なんですからそう厳しくなさることもないと思います。

良く母親連れの旅と言うのは聞きますが、父子連れだっての旅というのはあまり聞いたことがありません。ことに息子が幼いうちならともかく、成人した息子とまだ若い壮年の父親とが二カ月余の長期観光を兼ねた、しかも留学中の次男に会いに行こうとする旅はあまり例がないのではないでしょうか。非常に恵まれた是非楽しい旅行にしたいケースだと思っておりますので充分配慮して、悔いの残らぬよう楽しく意義のある旅の演出をして下さいね。

この便りが届く頃はもうそろそろロンドンを発つ準備をしていらっしゃることでしょう。ナムキがまた一人になることを想うと母親の私には堪えられない程のいとおしさがこみ上げて、とめどもなく涙が溢れ、寂寥が限りなく広がってゆく想いです。あなたのことですからきっと万全の処置をとって下さるものと存じますが、何といってもまだ十八の子供ですから可哀想でなりません。元気でいるならまだ気も安ぎれますが、病気にでもなりやしないかといつも案じておりますので、あなたが持参した薬の中から急場の特効薬は残して来て下さい。どんなところに住んでいるのか一向にくわしいことを聞かしてくれないので不安です。衣食住だけはあまり不自由させないよう取りはからって下さい。病気にでもなったら取りかえしがつきませんもの。

次はアメリカ大陸ですね、キャ[illegible]二人の弥次喜多道中だとは思いますが、何事にもめげずいつも積極的に物事にアタックするあなたですから、あのアテネでの新羅男児の珍談もその後ふえてることと思います。どうぞ現地でのトラブルは出来るだけさけ、危険をして被害のないようお気をつけあそばせ。

間もなく地球の裏側を一巡りして裏側のニューヨークに着けば、後は日一日と私のいる東京に近づいて来るでしょうし、二人の陽焼けした顔が見えるようで、出発の時のように私から西へ西へと離れてゆく時のあのさびしくつらい想いからすれば、今の私は太陽が東から上って来るのを待つような気持で、凍てついていた私の心を溶かし始めています。どうぞつつがなくお帰りあそばすよう遥か東の空にむかって祈っております。

さていくら心配無用等と留守の東京について申し上げましたが、気がかりになっていらっしゃると思いますので、ここでチョットわが家のありさまやら、子供等の[illegible]ミや大成の近況について一筆けいじょういたしましょう。そして私の″わが留守居の日記″なる代物を同封致しますので御覧下さい。

ロンドンの大学街で親子3人

わが家のこのごろ

間もなく夏期休暇に入るのでマミは学校のアニメーションの作品仕上げに余念がなく、夏休みにはキット事務所のアルバイトをして友達と旅行する計画もたてていることでしょう。もう嫁にやることもそろそろ考えねばならぬ年頃になりましたので帰って来たらしんけんに考えて下さいね。大成はあいかわらず三明坊のしんがり息子で、何事にも飄々としていますが、近頃は何とかの反抗期なのか私を困らせることが良くあり手をやいています。しかし男の子が必ずとおる道なのであきらめムードで見守ってやっています。あなたが出発の時″大成も来年はロンドンに行くか″とおっしゃっていたことが、今になってあの子の心におぼろげながらある変化を芽ばえさせたようで、近頃は時々、おれもロンドンに行ってみるかなあ、オモニ、ぼくがいなくなったらどうする―とゆうでしょう。ドキッとして返事に困ることがあります[illegible]がうらめしい。母親の私から何もかも取りあげようとするあなたの教育の厳しさに私は女親としての切ない悲しみをどうすることも出来ません。……何とめめしい母親でしょう。私も立派な気丈夫な母親にならなくっちゃ。だけどやっぱりあなたこんなに小さい末息子の留学だけは今少しさきに延ばして下さいね。

こんなこと書いていると、また悲しさがこみ上げてくるので今日はこれまでにしましょう。かしこ。―スニー

(つづく)

在日同胞赤化노린・소위「120日間運動」을 排除한다

吉屋潤が初めて歌う
作詩・作曲三十年のキャリヤ

韓国と日本で八月十日同時発売
読売TVがバックアップ言明

韓国ではじめての日語版売出し
日本エレックレコード

日本のエレックレコード社は、きたる十八日東京赤坂のホテルニュージャパンで記者会見を行い、韓国歌謡界で知名度の高い吉屋潤（本名・[illegible]氏）の歌のレコードを製作、市販することを明らかにした。

このレコードはLP盤とシングル盤で、きたる八月十日から韓国と日本で同時発売されるが、韓国での発売は新世紀レコード社との間で契約済みで、日本の歌謡レコードが韓国内で発売されるのはこれが初めてである。

吉屋潤は本来作詞、作曲家で自ら歌うのは今回が初めてであり、LP、シングル盤にすべて自ら作詞、作曲した歌である。

エレックレコードが吉屋潤を取り上げた[illegible]は「吉屋潤とは[illegible]からの知り合いで、彼の音楽的才能は日本の楽界にもよく知られている。また彼が持っている現代的感覚の創造性を再認識し、これを今の日本社会に向けることに決めた。そうすることによって政治的にゴタゴタしている韓国と日本のムードを変えることができる。[illegible]」と語った。

吉屋潤は「日本の音楽界が私を認めてくれたのはなによりもうれしい。これをチャンスに韓国のすぐれた歌手が日本で活躍できる土台を作りたい。今後それに努力したい。その足掛りにはなによりも在日同胞の協力が必要です」と語った。

吉屋潤は音楽生活三十年でヒットした曲だけでも数え切れないほど出しており、代表曲には「愛するマリア」、「ソウル賛歌」などがあり、最近は「愛は永遠に」を作詞、作曲し、これを歌ったペティ・キムが第二回東京音楽祭世界大会で銅賞を受賞した。

吉屋潤は民団組織にも積極的に参加しており、[illegible]

今回発売の歌の名は[illegible]氏の日本語訳で題名は次の通り。

シングル盤A面、「一九九〇年」。B面「離別」。

LP盤、A面、(一)「愛するマリア」、(二)「へへへ（笑）」、(三)「青山別曲」、(四)「愛も」、(五)「愛するあなたに」、(六)「彼は逝く〜」。B面、(一)「恋人よさようなら（東京音楽祭入賞曲愛よ永遠に）」、(二)「モッサラ（生きられない）」、(三)「鳳仙花」、(四)「ソウル讃歌」、(五)「一九九〇年」、(六)「離別」。

巡訪外交の記
崔成石（国会議員 文教公報委）

「議員外交」という名目で行なわれている党派をこえた国会議員団による世界各国との親善外交活動は維新韓国の外交活動の一環として脚光をあびている。予算面や、外交長期計画との調和の点などで一部の異論がないでもないが公式チャンネルによる外交活動につきまといがちの複雑な手続や、煩らわしい儀礼抜きで、相手国の政界に影響のある人士とある程度自由に膝を割って、それほど負担なく話しあえるという雰囲気は、あるばあいには公式の外交活動で望みえない効果をもたらすことが多い。

このたびの国会文教公報委員会所属議員団の各国歴訪の結果を見ても、短期間ながら各国との教育交流や在外同胞教育の増進に実り多い成果をあげたといえる。

本紙では、国会文教委員会所属議員団の視察経過を、崔成石議員（全北長水出身）の所感を通じて紹介したい。

とくに在日同胞の関心事である韓国学校卒業生の日本の国公立大学への入試資格認定をめぐって、奥野文相と直接、協議を行なったことなどは、民族の代弁機関としての議員外交の面目躍如たるものがあるといえよう。

崔成石議員は、今年、四月、来日し、同胞教育機関の実態を調査したが、このたびの文相訪問ではその調査にもとづく懸案課題の提起と折衝が行なわれ、今後への全力投球を約している。

一、六カ国歴訪の趣意

このたび、われわれ文教公報委員会所属議員団は、[illegible]委員長（共和）を団長とする与野党[illegible]議員と記者など一行5人で、六月十六日、ソウルを出発、自由中国、フィリッピン、オーストラリア、ニュージーランド、アメリカ、日本など六カ国を19日間に亘って歴訪いたしました。

訪問、視察の目的は、なによりも、発展一路にある韓国の正しい実態に対する理解を深め、相手国との教育文化交流増進の契機を造成し、在留同胞の教育機会を拡充高揚するとともに、相互の親善を深めることにありました。

短い期間ではありましたが、6カ国の文教行政担当者や国会幹部、大学総長らとじっくり話しあって、本国の留学生や在留同胞との懇談を通じて現地同胞の教育問題を直接たしかめあったりする時ごとに、われわれ一行は、いわゆる外交における[illegible]というものがどれほど大切なものであり、その点で国民の民意を代弁する立法府の議員としてのわれわれの責任の重さを痛感したしだいであります。

特に「議員外交」というかたちの視察訪問すなわち、政治家レベル、文化人レベル、民間人レベル、行政官僚レベルなど相手国の多様な階層とうちとけてコミュニケートできる柔軟な外交折衝形式は、賢明に運用されれば相当な成果をあげうる方式であると思われ、国会議員の本格的な国際政治の素養や幅広い文化的教養をより一層高めるための研究が深められるべきだと感じました。

二、誇らしい"韓国のイメージ"

このたびの訪問で、喜ばしかったことは、第一に訪問した各国で韓国に対するイメージが、一飛躍的な発展をなしとげている国として受けとめられていることで強く印象づけられているということです。

ニュージーランド訪問では、まる五日間訪問、韓国の発展ぶりを直接見学したニュージーランドの国会議長および幹部一同がウェリントン空港に直接出迎えてくれましたが、情にあふれる面持の暖い握手をかわす議長をはじめ皆さんの胸に、われわれが贈った太極旗マークが輝やいているのを見て、一様に懐しさと感謝の気持ちに打たれたことは、忘れられません。開院中のいそがしい日程を割いて、われわれ一行を自宅に招き、議長夫人のテーブル・サービスを受けながらざっくばらんに夜がふけるのをも忘れて、文化や政治、社会自体の発展や、政治風土の[illegible]などを[illegible]して見解を深めたことも、結局はお互いの国に対する理解と尊敬の念が十倍になってであることはいうまでもありません。

三、即座に韓国語学科設置

またオーストリアではオーストラリアの国立カンベラ大学を訪れました。東洋史学部の研究講座として日本語学科と中国語学科はあるが、韓国語学科は設置されていません。

われわれは、大学総長との懇談会で、東洋史研究における講座設置を提案したところ、その場で、大学講座責任者と事務当局との連絡をとり、ただちに学長が設置意思のための手続をすすめることをわれわれに約しました。

われわれは、あまりにもずんなり意見がうけ入れられ、また即座に設置の確定[illegible]実現の段取りへ運んだことに驚きましたが、その間の韓国人留学生の優秀な勉学ぶりや、東洋文化への高い関心などが大学当局に醸成されていたことなども要因になっていたことがそのあとの留学生との懇談会で明らかになりました。しかし、国立大学におけるこのような大学の自主性、必要な学問研究のため総長に託されている大幅な権限や自由裁量、てきぱきした事務執行態勢などには深く感銘したしだいであります。

四、韓国学校卒業生の進学資格問題

日本には去る四月、私は在日同胞の文教行政機関を見学させていただき、いろいろな懸案問題などの勉強もいたしました。特に韓国学校高等部卒業生は日本の国公立大学進学において、正規の高校卒業資格を認められていないことがひとつの問題となっていることを発見し一日も早く解決されるべきだと思って、このたびの日本政府奥野文相訪問の際に、提議したわけであります。

奥野文相は、新聞報道などではこちこちの国家主義者のように伝えられがちですが、文相就任後の発言や、政策方針の重点などを考察して見直すと、急速に変化する国際社会や文化にてらして、日本独自の教育などをどのように展開していくかということの問題を正しくとらえており、国際的にも相当開けた眼識を持つ筋の通った人柄のように感じておりました。

[illegible]に相違せず、奥野文相はわれわれが提議した、韓日両国にかかわる教育文化交流の諸問題、特に在日同胞の教育問題に対して、ぜん大きな関心と積極的な熱意を示し、自からの手で即決する意気込みでとり組もうとする姿勢が明らかでした。

特に、韓国学校卒業生の国公立大学進学資格認定の問題については、即座に関係局課長に問いあわせ現状と[illegible]の問題点をただし、解決のための行政的措置や手続などを20分にもわたって具体的に論議、指示していました。

その結果、韓国学校卒業生が、法的根拠の性格のため、今まで、韓国では正規の課程と認められている教育課程が、日本では認められていないことは矛盾であり、在日韓国人の教育権保障における深刻な障害であることを認め、行政上、必要な手続を韓日双方の実務者レベルで論議して、必ず早急に解決することをわれわれに約したのであります。

われわれとしてはもちろん、不満ながらもこのような具体的で身近な問題をひとつひとつ解決していくことこそ、在日同胞の福祉増進や地位向上につながるものと確信し、この問題の解決まで今後ひきつづき全力投球しようと思っております。

ともかく、このたびの6カ国訪問において特に在留同胞の問題点解決のためには、国民の代弁者としてのわれわれが担当する余地や課題が山積していることを痛感したしだいであり、いわゆる「議員外交」が「外交」にとどまらず、外交によって在外国民や内国民への課題解決に直結するような態勢と性格を帯びるべきであると信じるのであります。

五、外交効果は国力に比例

はじめに申しあげたように、われわれが訪問する国々での予想以上に高い韓国に対する評価は、決して単なる外交辞令ではなかったことは確かです。

[illegible]的な状況におち入っても決して挫折することなく、営々として建設にはげみ、世界に稀な経済成長率を維持している韓国国民のファイトとエネルギーが外国に強く印象づけられているということです。

六、"民族の誇り"の堅持を

「自からを蔑すむ」ということばがあります。われわれがわれわれ自身とわが民族に対して、誇りと自尊心を持って進めば、他の国々や他民族は敬意をはらうものであり、「外交」が実を結ぶのもこのような敬意にうらづけられた地盤あってのことだといえましょう。

そして、他からの誤解にもとづく偏見やべつ視の打破には、われわれ自身の内実や努力による文化・経済・政治のあらゆるレベルにわたる国力の増進こそが第一義であることを痛感し、政治の一端にあずかっている私自身が一層努力しなければならないと思ったしだいであります。

おわりに民団を中心に祖国と民族を思い異国での生業に日夜はげんでおられる同胞の皆さんの御健闘を祈るしだいであります。

韓国と日本の関係に新視点
日本上古史（文定昌著）抜粋と解説 (39)

新羅系孝徳王の登場 (2)

「大和」の国名は新羅真徳女王の年号"大和"から付けた

蘇我氏の勢力に反対する中臣鎌子連は中臣氏の始祖である。

鎌子連は斉明女王が神祇伯という高い位の官職に就かせようとしたが、これを受入れず時を待っていた。

安市城事件（注・前回の本文参照）の前年である新羅・[illegible]年九月に、新羅の将軍[illegible]が百済を攻撃して大勝し、[illegible]、その翌年の春正月、新羅軍が東に向かい、海を渡って今日の日本の[illegible]、即ち今日の近畿地方に進出して倭軍を大破した。

新羅の[illegible]年は倭の[illegible]

紀六六〇年、東夷伝・百済）
新羅＝七〇〇、〇〇〇戸（推定）
倭＝二〇〇、〇〇〇戸（西紀六六〇年頃、隋書・東夷、倭国、通典・倭国）

である。この時代の倭の国家成長はまだ幼稚な段階にあった。そのことは次の二つのことからうかがい知ることができる。

（1）[illegible]は、七世紀はじめまでの倭について、倭の勢力範囲は筑紫より東に[illegible]した。つまり、[illegible]、筑紫より西の地域は倭に属さず、九州西、南部には別の国家が併立していたことを意味する。自筑紫以東[illegible]倭。隋書倭国伝。

（2）三韓三国および倭国の国勢概観。
高句麗＝六九七、〇〇〇戸（西紀六六八年、旧唐書・九、地理志二）
百済＝七六〇、〇〇〇戸（西

一方、[illegible]大総管蘇定方は、前年十二月[illegible]五百艘に兵四万をのせて山東半島、萊州を出発し、平壌城に至りこれを包囲した。またこの年の六月、唐の大宗李世民は精兵三十万をひきいて遼東城を包囲したので、今や遼東・卑沙城・安市城は、完全に新羅・唐の連合軍の制圧するところとなった。このような大勢を背景にしてクーデターをおこした軽皇子、中大兄皇子、蘇我倉山田石川麻呂、中臣鎌子連らは、新らしい政権を樹立した。これが新羅系の孝徳王朝（軽皇子が即位）である。

孝徳王朝は、日本有史以来初の年号を定め「大化」として、法制、官制、兵制、文物制度を羅・唐の方式をそっくり移植した。この事実は日本書紀に記録されており、日本国の史家はこれを「大化の改新」といっている。

〈筆者注・新羅は法興王七年（五二〇）律令を制定し、自らの公服を定めたが、これは倭が[illegible]する九十八年前のことである。倭が政変したころ新羅は善徳女王が死し、真徳女王が立ったが、真徳女王はその年号を「大和」とした。そして金春秋が実権をにぎった。〉

このとき金春秋は、その前年に人質として捕えた高句麗[illegible]を帯同して倭国にわたり、進行中であった大化の改新に指導を加え、倭国の名を変えさせ、[illegible]女王の年号「大和」にあわせて「大和国」と定めさせた。これが日本列島内に大和国ができた由縁である。

古代日本はこのときまで倭と呼んで来た。古代日本がはじめから倭国と呼んで来たことは、既に述べた来たように三国史記、漢籍、日本書紀が明白に伝えている。

しかし、その倭が大和国に[illegible]った歴史事実については記録が伝わっておらず、日本国の人たちは[illegible]の「協和万邦」に[illegible]したこの立派な称号「大[illegible]

クーデターで蘇我勢力滅亡
倭の政変は三国情勢の投射

解説

前回の本文を解説すると、今回の本文に、三国時代の歴史的人物の名が登場した。在日三、四世の諸君の中には、歴史に登場する三国時代の人物について知らない人もおるようなので今後、これらの人物を必要により解説することにした。

太宗武烈王＝金春秋・新羅第二十九代の王、西紀六〇四年生六六一年没、武烈王ともいう。[illegible]

（金元奉記者）

「作文」日本人の心
東京韓国学校中等部三年　金玉姫

在日韓国人二、三世は、[illegible]日本社会で、何でもない時にホンの些細なことで大きなショックを受けることが多い。だが、これも心の持ち方で受取り方がちがうのではなかろうか。成長期の乙女の考え方を、東京韓国学校生徒の作文から拾ってみた。（編集部）

日本人にとって私たち韓国人は、一体どういう存在なのだろうか。私は、しばしばこういう思いにとらわれる。それは、今までも私が韓国人だということで、数々のいやな思いをしてきたからである。

去年の秋の出来事だった。私は級友と一緒にある学校の文化祭を見に行ったことがある。いろいろな面白い催し物があって、私たちはとても楽しい気分になっていた。そこで、少しスリルを味わおうかと思って、おばけ屋敷の会場に行ってみた。すると、二十人近くの人が列を作って待っていた。

「うわあ、こんなに人気があるのをみると、このおばけ屋敷、相当恐いんじゃないの。これなら並んで待っていても損はしないわね」

私たちははしゃぎながら列を作っていまかいまかと待っていた。そのおばけ屋敷は二人ずつ入るようになっていたので、結局十分くらい待つはめになってしまった。そして、やっと私たちの前にいた二人が入っていった。入口の前には四人の学生がいて、そのうちの一人が紙と鉛筆を私たちのところへ差し出した。

「学校名と名前を書いて下さい」

私たちは、学校名のところに東京韓国学校と記入した。そして、紙と鉛筆を学生のところに返した。その学生は、しばらくその紙をみてから、驚いた様子で私たちの顔を見ながら、

「韓国人?」

と聞いた。

私たちが、「そうです」と言うと、その学生は急にうしろにいた三人の学生の方を向いて、[illegible]したかと思うと、今度は四人の学生が一緒になって、私たちの方をジロジロ見はじめた。うさんくさいとでもいいたそうな彼らの視線の前で、私たちはどんなにいやな思いをしたことだろう。

私たちは、そのおばけ屋敷での出来事によって楽しかった気分も一転してしまい、すっかり元気をなくしてしまった。友だちと別れてからバスの中でも、私の頭の中はおばけ屋敷での出来事でいっぱいだった。

「どうして、韓国人だと言っただけであんなにジロジロ見られなければならないんだろうか。どうしてあんなに驚くのだろうか」

私の心の中は、なんともいいようのないくやしさと淋しさとが入り混じってふえくり返っていた。その時、ふと韓国学校の生徒が言っていた言葉が思い出された。

「私、韓国人って知られるのいやなの。だから学校以外のところでは日本名を使ってなるべく学校名は人にいわないことにしたの」

私は、その言葉を思い出し、これではいけないと思った。その人たちは、いじわるな日本人の視線から逃げようと努力している。そんな努力をする前に、もっと真剣に考えるべきではないのだろうか。韓国人であることをはずかしく思っている韓国人。なんと愚かな人たちだろう。

しかし、そのように愚かな人間にしてしまったのは本人ではなく、まわりにいた日本人なのではないだろうか。日本人たちに自分が韓国人だと知られたら、変な目で見られるという考えが日夜頭から離れなかったためではないだろうか。

私は、今、心の底から次のように祈っている。日本の人々に、日本に住んでいる韓国人にもっと温かい心をもって対してほしい。そして、日本に住んでいる私たち韓国人の心を傷つけない程度のやさしい心を持ってほしい、と。

百済聖王妃墓が日本に?
山口大二宮教授説。韓国学者は疑問視

田[illegible]中にポツンともりあがった丘がある。「古（くつ）丘」という碑が立っている。これが百済二十九代武寧王の姪で、二十八代聖王妃の墓だと山口大の二宮[illegible]教授（日本史）は主張する。山口県[illegible]（あざ）、入口[illegible]の部落の中を流れる小川のほとりに周囲の丘はある。二宮氏は王妃の伝説として[illegible]にまつわる多くの[illegible]と一四〇四年応永十一年大内氏[illegible]本をのげる。「あざ」という地名も聖王妃の[illegible]をつくるため刈取った麻（あさ）からきたものだという。

聖王の[illegible]琳聖太子が父命をうけて[illegible]、[illegible]をもって日本に渡り当時[illegible]にいた聖徳太子の[illegible]大内県（現在の山口県防府）を領治してもらう。本国の聖王妃は遠い日本に行った息子に会いたさに百済を離れ[illegible]一隻の船で[illegible]ところ、周防灘を渡り[illegible]内海に入る[illegible]、船の帆が折れたので近くに上陸した。[illegible]という神社で一晩をすごす。[illegible]（うじうら）の地名はここから出た。[illegible]したが船が見えない。[illegible]に祭りあげられた。[illegible]

[illegible]が見付かった[illegible]（今の[illegible]）の上でもう一度[illegible]ことになり、従者たちが急いで刈った麻（あさ）で天幕をつくる。今度は妃の[illegible]がなくなる。お古墳の「くつ」は[illegible]に由来する。妃はつづく[illegible]は仏[illegible]付かった。[illegible]（琳聖太子）に会うことを[illegible]その後大内の[illegible]が[illegible]と戦って戦死した[illegible]を[illegible]らめ、十六年間日本で暮らし七十才で死んで[illegible]に埋められた。琳聖太子の後孫が大内氏で同地方を長く支配した。[illegible]には聖王妃と従者達を祭る大福寺と[illegible]神社があり[illegible]に祭りがある。今住民が聖王妃が百済からもって来たという十一面観音[illegible]をかつぎ、[illegible]まで行進する。二宮教授説に対し韓国学界は、[illegible]は後世のものであり、[illegible]なければわからないが聖王妃の墓とは信じられないといっている。

おことわり

「王国擾乱私録」は都合によりしばらく休載します。

韓國新聞

在日大韓民国居留民団
中央本部機関紙
韓国新聞社
発行人 尹達鏞
東京都文京区春日
2丁目20—13
電話 (815) 1451～3
(813) 2261～5
振替口座 東京 163774

本国連絡所（民団本国事務所内）
서울特別市鍾路区昌成洞
政府合同庁舎4層
電話 73—0162・0165

在日本大韓民国居留民団 綱領

一、우리는 大韓民國의 國是를 遵守한다
一、우리는 在留同胞의 權益擁護를 期한다
一、우리는 在留同胞의 民生安定을 期한다
一、우리는 在留同胞의 文化向上을 期한다
一、우리는 世界平和와 國際親善을 期한다

豊かな国造りで自由民主を保障

目的完遂のために 米国の理解と支援を

韓国の金鍾泌総理は一日、外国人記者団五人を官邸の昼食会に招き約四時間にわたって、朴大統領の政策を説明、最近高まってきた米国の韓国に対する批判に答えた。金首相はこの中で、現在行われている韓国での民主々義的自由の一時的抑制は、韓国が米国の誇りになるような自由、民主的で、豊かな国になるまで、少なくともあと六年間はつづくだろうと言明した。昼食会での発言要旨は次の通りである。

①自由、民主主義というものは金がなければ保障されない。もしわれわれに金がなければ北韓の金日成にすぐやられてしまうだろう。国防もしかりである。この目的をめざしている間、米国の理解と継続支援がのぞましい。

②一九七二年十月に制定された憲法および、今年になって出された大統領緊急措置による規制は、安定と経済成長達成のためには、ささやかで短期的なものである。

③この規制はGNPが一人当たり千ドル、年間輸出額が百億ドルになる予定の一九八一年にまで及ぶだろう。

④政府は反政府勢力らに対しては、厳しく対処する方針であり、彼等はガンのようなもので全身にひろがる前に除去せねばならない。これら一部の幻想のおかげで被害を受けるのは三千三百万の韓国民であるから、許しておけない。

⑤われわれは友人たちの忠告を歓迎するが限界を破る内政干渉に至れば黙ってはいられない。

⑥米議会は、世界の指導者としての米国の責任を考え、対韓援助削減などという決定をするとは思えない。また三万八千の在韓米軍を撤退させることは直ちにわれわれの安全を脅かし危険を発生させるだろう。

金鍾泌 総理

8月15日まで納めよう 中央会館建設基金

時評

宇都宮徳馬君に告ぐ 3

◇徳馬君にはお気の毒だが、徳馬君が自民党という大政党の一員であり、名の売れた政客であるので、時評記者としては徳馬君に対する論評を続けなければならない。つまり徳馬君が共産主義者でないということを認めるところに、記者が徳馬君に呼びかける理由があるのだ。何となれば、マルクス・レーニン主義を信奉する連中のいっていることは、それはそのまま北傀のいい分と全く軌を一にするから、彼らのいうことは何れ、事実と相反することが自然に露呈されるであろうが、徳馬君の場合は主義主張よりも先に"感情"が徳馬君の言動を支配し、政治家としての思考から出たとは思えないところがあり、左翼言論のシリ馬に乗っているとしか思えないところが多いからである。◇

徳馬君、君が感情的に面白くないと思って拒否した部分については、今ここで触れずに置こう。ここでは、君が政治家として、余りにも思考力が不足していると思った点から批判することにする。

徳馬君は、金大中を偉大な政治家であると思っているらしいが、金大中が「北」との関係で、金日成の呼びかけに応じ、韓半島の統一方式を「ゆるい連邦制」で出発すべきだと主張していることを、徳馬君はもっともな方式であると思っているのかネ。つまり、どういう形であれ「連邦制」というものが「北」との間で合意できる方式が万に一つでもあると思っているのかネ。金大中のことを韓国で金大中をおいて他にない唯一の政治家であると徳馬君が思っているとすれば、当然この「ゆるい連邦制」案は徳馬君も賛成である筈だ。だから「南」に「北」と話し合える政権として、金大中のような人物でなければならんと思考し、発言していると、われわれ在日韓国人は徳馬君のことを、そう規定するのである。

しからば「ゆるい連邦制」

金大中の"ゆるい連邦制"は 実現不可能な絵空事である

さて、「南」と「北」のゆるい連邦制を成立させるとなれば、例えば名目だけでも可能であるかどうかを検討してみよう。その前に、連邦制国家が成立するための最少限の条件はどんなものがあるかを知る必要がある。それは⑴対外的には唯一の外交政策でなければならない。⑵それを代表する「一名」の国家代表を確かなければならない。これ以外にもあるが、この二つだけは連邦制の"唯一"国家として、国際社会に通用するための必須条件である。このことは徳馬君も否定はできないだろう。

ば、この二つの条件がクローズ・アップされてくる。そして最も問題となるのが二つ目の「一名の国家代表」の選出の件である。韓半島の南と北の総人口は約五千万人と見られ、南に三千五百万人、北に千五百万人が居住していると一般にいわれている。もう少し差が縮んでいるといいたいならそれでもよい。徳馬君、このような場合の連邦国大統領はどうして選出するのが一番ふさわしい方法と思うかネ、そう、当然選挙によるべきであろう。ここで、次に話を進める前に、北の日頃の主張と国民教育を一寸振返って見よう。

北は、いついかなる場合にも、「金日成唯一」を主張し、国民にもそれを押しつけ教育している。他の指導者（連邦国家の大統領）が金日成の上に"君臨"することは「考える」ことすらできない（資料は省略、徳馬君が必要ならいつでも提供する）。したがって、連邦国家の大統領は何が何でも「金日成」がならなければ、北の国民に対する金日成とそのとりまき連中の謀略がバレてしまうことになる。

徳馬君、連邦大統領を選出することは、もうこれで困難なことが明らかであろう。つまり、南北を一本にした「自由選挙」は、どう見ても金日成に勝目はない。連邦大統領は「南」からでることになる。

徳馬君、はやまってはいけない。韓国に、現政府に対する不満分子がいるから、金日成が選挙に勝つ自信を持って自由選挙に応じるだろうと考えてはいけない。現政府に対する不満がイコール金日成賛成派でもないし、韓国の親共勢力は、国民総数から見た場合「0」（ゼロ）に等しいからである。親を、兄弟を、親族を共産主義者に殺された恨みがどのようなものか、徳馬君、君には全く判るまい。しかし、金日成はそれをよく知っている筈だ。だから金日成は、韓国内に在日朝鮮総連のような団体を、何とか育ててあげようと苦心しているのだ（これも資料がある）。そればかりではない。北韓の住民の中に、頭をゆるがされれば金日成を自然でようとしている数は決して少くない（資料はあるが公開できぬ）。その上、その空気は指導者と称される連中の中にまであるのだ。

徳馬君、だから金日成は要求するだろう。南北自由選挙のためには反共法、国家保安法などを廃止せよと。しかし北の刑法その他の反共、批共者を取締る法律の廃止はガンとして応じないだろうことは、南北赤十字会談で経験済みである。もし金日成がこれに応じたと仮定し、選挙宣伝のための工作員を南に送り込んだとしても、今までにゲリラやスパイを南下させて、すべてを失敗に帰したと同じ運命、つまり韓国々民の反撃による敗北、に終ることは明白である。

徳馬君、このように「連邦大統領」の選出は、金日成が自らそのポストにつくことを熱心埋懐に改変しないかぎり、絶対に不可能であるが、金日成が自分の上に連邦大統領を戴くことに絶対ガマンできないことも事実である。金日成が三十年の歳月を費し築き上げた「神格」が崩解することを意味するからだ。

徳馬君、連邦大統領が存在しなくて、どうして「連邦国家」といえるかネ。ましてや、外交政策の統一など、できる可能性などはそれこそ何もないのだ。

徳馬君、金大中がいうところの「ゆるい連邦制」は、どう逆立ちして見ても、人気取りのための「絵そら事」にすぎないじゃないか。

だから徳馬君がいう「「南」に「北」と話し合える政権ができる」ことは、意味を吸えれば、金日成の要求をすべて受入れて、韓国を共産化する政府ができることしか意味しないのだ。徳馬君も非共産主義の政治家であるならば、自らの思考力の稚さをさらけだすようなオロかさを恥じ、韓日両国民にわびるべきであろう。（W）

日本人土地取得 捜査指示待ち

釜山輸出自由地域内日本人不動産不正買入事件の捜査を指揮して来た釜山地検馬山支庁では捜査を一たん中断し法務部と大検察庁の指示をまっている。これまでの捜査で韓国帝千業（山本茂司）、韓国スミダ電子（八幡孝郎）、韓国ニューポン（小倉利彦）、東京電研（高島伸行）等七、八社が馬山市内の土地建物を韓国人名義で買入、しかもこれら買入資金は国内銀行から不正に貸出されていたことが確認されている。

韓日親善の会心会発足

韓日親善グループ、日韓会心会（尹致夏会長）の発足式が、去る七月二十三日午後六時半、東京・江東区亀戸の、城東連雲館でひらかれた。

韓国船員24人行方不明 日本船に追突され沈没

7月28日午前5時30分頃、大分県佐賀関沖の水道海上で鉄鉱石をのせ、徳山港へ航海中のパナマ船籍、ウェスターン・スター号（船長・白仁基・40・日本パイオニアライン傭船）が濃霧の中で、日本菊光丸（一万三千二百九十二トン）と衝突して沈没、乗組の韓国人船員26人中24人が行方不明、機関長崔判吉さん（48・慶南鎮海市中坪洞10）と通信長李文基さん（35・釜山市…）など2人を救助した。

韓国人輸出船舶によって運航されているウェスターン・スター号は、7月21日、クローム鉱石4千5百トンを積んでフィリピンを出航、徳山港へ向かう途中であったが、視界百メートルの霧がたちこめた事故海上（東経一三一度七分、北緯三三度九分）で、自動車輸送船菊光丸によって、右舷三分の一部分に追突され、二分後に沈没した。

菊光丸の人命被害は無く、日本海上保安庁は、緊急救助体制を動員して現場を捜索した。

なお大分海上保安部は、菊光丸の橋本船長と今磯一等航海士を業務上過失艦船覆没罪の疑いで逮捕した。

左端は会心会相談役の氷見江東区議会副議長 中２人おいて金光和民団江東支部団長

時事漫評

金竜煥

日本人妻たち 公開質問書 帰還実現運動本部

北送日本人妻帰還実現運動本部は七月三十日午後、福岡市の明治生命会館で約百二十人の日本人妻の父母など家族が参加する中で大会を開き、日本政府と日本赤十字、朝総連に対し、里帰り実現を促求する一方、福岡県朝総連を訪ね公開質問書を伝達した。

この日、池田文子氏をはじめとする十七人の代表たちは、午後四時、朝総連を訪ね、朝総連側長との面会を要請したが、朝総連一味が玄関をふさいで妨害してしばらくの間騒いだ。

そのうち、この光景をカメラにおさめようとした大会側の日本婦人のフイルムが強奪されたりしたが日本警官らがかけつけてこの騒ぎをおさめ大きな事故はなかったようである。

大会代表たちは公開質問書を朝総連支部においてき、午後五時頃引きあげたが、五項目にわたる公開質問は、日本人妻たちの生死を明らかにすることを要求した。

一方この日の大会では、北からの新しい手紙を紹介した。

張基栄議員 民団中央礼訪

経済企画院長官を歴任した張基栄議員（韓国日報会長）は、七月二十六日午後五時、民団中央本部を礼訪、尹達鏞団長をはじめとする民団幹部ら三十余人と、約二時間内外情勢に関する意見を交わした。

公告

この度経済局では団員の税務対策ならびに経営指導のため左記の通り専門委員を委嘱いたしましたのでお知らせします。税務問題の処理または税務会計指導等に経済局を通じて十二分にご活用下さい。

経済専門委員

税理士	玄庠浩	（東京）
〃	李年子	（〃）
〃	金達寛	（大阪）
〃	権世顕	（兵庫）
中小企業診断士	金井基	（大阪）

一九七四年七月十八日付
在日大韓民国居留民団
中央本部 経済局

間諜船遺体引渡しを通告

国連軍は韓国軍の依頼をうけ、去る二十日釜山前近海で撃破した北韓武装間諜船乗組員五人の遺体を引取るよう板門店軍事休戦委を通じ北韓側にこのほど通告した。

百済観音複製品の寄贈うける

六世紀頃日本に渡った百済観音が千三百余年ぶりに新潟県の仏寺から複製品の寄贈をうけこのほど到着、近く百済の古都扶余で一般公開される。

リトルエンジェルス 二十一カ国巡訪

世界に誇る韓国の少女舞踊団・リトルエンジェルスが芸術使節として、東南アジア、中東およびヨーロッパ地域など二十一カ国を巡訪するため離韓した。

四十八人で構成されるリトルエンジェルスは、自由中国、フィリピンなど東南アジア九カ国とイランなど中東六カ国を巡訪し、九月初めにはテヘランで開かれるアジアゲーム芸術祭に参加した後、スイス、西独などのヨーロッパ五カ国を巡訪する予定である。

韓国ナショナル カラーTV輸出

亜南産業系の韓国ナショナルが今年に入り二万台のカラーテレビを米国に輸出した。

文鮮明氏がニクソン支持

統一教祖文鮮明氏が弾がい審議のニクソン大統領のため議会前で三百五十人の会員と共に二十二日から七十二時間断食祈祷した。

京郷新聞と文化放送合併

新進グループ（金昌源会長）の京郷新聞社が系列会社の韓国文化放送に吸収合併され同社は二カ月以内に「文化マスコミ社」で発足し李桓儀氏が発行人に就任する。なお、京郷新聞新会長に崔錫采、社長に李桓儀、専務に鄭…中、常務理事に徐…氏がそれぞれ就任。

照点

「韓国は外国である。日本と法律が違う。そこへ二人の日本人が行って法律違反をおかした。それに対し韓国側は法律に従って判決を下した。それは当然のことである。日本側として何もいうことはできないと思う。…韓国は非常事態という厳しい状態にある。その中で、政府転覆という政治的行動をやった自体が、まことに驚くべきことである。私として、そういう韓国の事情を知らず勝手なことをやったナイーブな行動に対しては憐みを感じるが、判決に対して厳しいとか、ひどいとかいうことは絶対に日本人として言えないと思う」前駐韓日本大使・金山政英氏の明快率直にして偽りのない心情を吐露した直言である。▼去る七月十二日夜、フジテレビの番組「今日の視点」でも、解説委員会長が、テルアビブ事件での岡本公三が、イスラエルで無期懲役に服しているのと同じく、どのようなものにしろ、韓国内で法に抵触したのなら、当然服刑、処罰されなければならない。ただ両国友好親善の大局的見地から、大統領の温情溢れる特赦を心から願うのみであると放送、心ある人びとの共感を呼んだ。右両人の良識ある発言は、私たちの胸の中のモヤモヤをいっきょに吹き晴らしてくれる。これは何も"韓国びいき"の発言をしてくれたからという、ケチな了見からではさらさらなく、偏見に堕していない明白公正で健全な思考方式であるからである。▼今二人の日本人学生は裁かれて獄舎にいる。日本の一部偏向マスコミでは"無実の罪で極刑に処されている"と号論を沸作、民心を扇動しているが、左翼がふれしたヘドの出そうなこれら一連の動向はさておくとしても、世界の強大・アメリカから沖縄返還を勝ちとった神秘的奇蹟のバイタリティ・日本（官民共に）が、毛沢東の中共に媚犬のような媚をおくり、ソ連に対する北方領土返還要求はもとより、サケマス漁の交渉にもびくつく風潮には、奇異な感じすら受ける。それにはいくつかの理由が考えられるだろうが、ともかく世界七不思議の一つであることに間違いはないようだ。▼ただ韓国に問題の根源をしぼって見た場合、その周辺の流れにもっとも深く息づいているのは、倭寇、壬辰、乙未から連綿として今日に及ぶ"朝鮮征伐"の歴史感にとらわれた古い考えじめの伝統思想だと思われるが、必らずしもそうでもない面もあるところが、日本の複雑多岐なる国柄のゆえんである。▼話戻って、二人の日本人学生に願いを馳せて、韓国政府と朴大統領の恩断による釈放で釈放される日が訪れることを私も心から共に祈ってあげたい。

（P・14）

民団地方組織めぐり　その1

民団高知県地方本部篇

（カットの写真は高知の竹林寺）

▽…民団地方組織の活動状況や実態を紙上で紹介することは、地方組織間の相互理解を深め、共通の問題点解決に新たな糸口を示唆するものとして読者からの要望が多いが、このたび民団高知県地方本部からの招きもあって、記者は三日間、高知県高知市所在の民団地方本部を訪れ、県本部団長をはじめ各部長、そして管内の同胞をたずねて、最も家庭的で同胞意識の強い小規模組織としてのほほえましく温かい雰囲気を満喫した。とくに、三十代の部長陣で団務が執行されている「民団組織若がえり」の計画は着々と実行され、効果をあげているものを見て、まさに、組織拡充の先端を行く地方組織という感が強かった。また、商工会での「出資証券制」による同胞資本の拠出と活用などは、全国組織にかける民族資本形成の適切な模範とも思われ感激深かった。以下、（一）民団高知県地方本部の創団と発展の経過（二）活動指標（三）組織の実態（四）同胞の資本形成活動（五）新人の表情などにわたって紹介することにする。（曺栄敏記者）…△

"働く民団"・"勉強する民団"めざす

組織の若がえり実現し　同胞資本形成で紐帯強化

一、県本部発展の経過

初代団長は朴奉千氏　六百人が一つに団結

民団高知県本部が創団したのは一九四九年三月一日、県内・須崎市で結団式をあげ、初代団長に朴奉千氏を選出した。これから同市内の目抜き通りに創団本部を構いた。

事務所が現在地（高知市都相生町七—六）に移ってきたのは一九六四年四月八日であった。

当時、朝総連は民団の高知市内進出にあわてて組織の再整備に四苦八苦したという。

日本人所有の土地六〇三・三九平方米を民団が六〇万円で買い入れ、百四十万を投じて鉄筋二階建ての同本部を建築。

歴代団長がとんとん拍子に進んだのは経済人の物心両面の協力と民団を通じて助け合う協調精神があったからである。この精神を基盤に民団はより強固な団結を核として歴代団長がその役割を果して来た。

昨年五月には約二百万円の工事費をつかって古くなった屋舎を修理し、事務の能率化をはかり一般団員の集いの中心にするため、冷房装置を完備した。

高知県内には永住権申請済の同胞約五百十人、最近入団した団員が三十人で現在未加入の同胞が四十五人。

歴代団長は次の通り。

初代　朴奉千
二、四、六代　朴俊学
三代　馬鍾徳
五、七代（現）　徐仁泰

二、民団活動の指標

"青年"・"教育"問題中心に　三機関一体で強力推進

団員の数が少ない民団高知県本部では団務の能率をあげるだけでなく、団の活動を早くさせるため七二年七月傘下支部（中村支部、窪川支部）を統合した。その代り県内三ケ所に地方委員による連絡会議機関を新設し、他地方にない特別な組織運営方法を利用している。この方法を利用することによって、一般団員と民団との関係が多くなり、民団に対する団員の認識が深くなった。また民団が主催する諸行事に団員の参加が毎年ふえ、非常に積極的になったと徐団長は語った。

現執行部が最も力を入れているのは青年問題と教育問題である。

教育問題の実質効果を上げるため全役員による全戸数の戸別訪問を年二回行い、日本化して行く一般団員に韓国観を植える精神教育と地域ごとに小人数を集め短期日間の学習を実施する。

青年問題は全国的に全組織が抱えている問題であり、これらしき成果を[illegible]である。民団の興亡を左右するだけの問題であって、一朝一夕に効果を上げることはできないが、長期間の目標で努力を尽すつもりであると徐仁泰団長は計画を語った。

祖国との関係においては昨年七月十七日、慶尚南道固城郡上里面坪村里とセマウル姉妹結縁を結び創団以来初めて祖国に五十万円を寄付した。セマウル支援事業は今後も継続事業として続ける予定である。

全国的に実施している未加入同胞入団事業は執行部のみでなく議決機関、監察機関も一体になって努力を尽していた。

三、組織運用の体制

部長は全員30代で無給奉仕　"青年育成"に総力をあげる

徐仁泰団長は時代の流れをくみ入れ現執行部を若がえらせるのにうち込んでいるが三十代の各部長は全員自家営業を経営しており、執行部には無給で勤務している。

給料には関係なくほとんどの部長が日に一回事務所に出て執務を行い定期的に地域別に班を作って戸別訪問等を実施して、団員と民団とのパイプを大くさせる。

各部長は大部分日本生まれ、日本育ちであり、教育も日本教育を受けている。そのため母国語をはじめ歴史や文化など時間が許す限り勉強する熱心派。

各部長がいままでの民団を通じて感じることは、同胞各自がもっと協力してほしい、今日のように民団自らの体制を作るまでには、誰かの犠牲が必要になって来るでしょうと、三十代の各部長は語っていた。

執行部の若がえりについて一部では反対の声が強かったが、それを踏切るには、徐団長の決断とこれを支持した幹部有志の努力があったからである。

高知県内で居住し、民団社会に顔が広く知られている呉亨烈副議長は、今の民団がやることは一も青年育成、二も青年育成だ。これのみ今の民団がやることで、戦後二十数年になり、今やらなければ永遠にできないだろうと、青年問題の重大性を強調した。

民団および傘下団体役員は次の通り。

顧問

尹錫奉、禹鍾徳、李奇赫、朴太淳、洪錫松、鄭徳竜。

議決機関

議長・朴俊学
副議長・呉亨烈、李炳圭

監察機関

監察委員長・賓学碩　監察委員・朴璘澤、徐慶朝

執行機関

団長・徐仁泰、副団長・兪竜水、徐鳳朝、事務局長・鄭渭竜、総務部長・徐鳳朝（副団長兼任）、青年部長兼文教部長・李珉雨、民生部長・李相天、組織部長・李相暎、宣伝部長・[illegible]鍾力、経済部長・韓松出。

商工会

会長・朴俊学（議長兼任）、副会長・徐仁泰（団長兼任）、李奇赫、鄭徳龍、理事長・尹錫奉、専務理事・李珉雨（青年、文教部長兼任）、監査役・呉亨烈（副議長兼任）、鄭渭竜（事務局長兼）、賓学碩（監察委員長兼）、会計・韓松出（経済部長兼）

婦人会

会長・曺李蘭
副会長・曺君子、車廣
総務部長・朴救先
文教部長・任春心
厚生部長・金順伊
組織部長・朴徳粉
宣伝部長・金竹子
経済部長・朴希善
監査・権差美、鄭任連
常任顧問・孫正玉
顧問・宋乙順、李相順、岩本又粉、木山樹恵

毎月一回商工会証券主が集まって入札し、資金を回転させる。またこの日に一般団務および重要問題を討論する（写真は7月の集い）

朴奉千初代団長

朴俊学2代団長

馬鍾徳3代団長

高知県本部会屋（円内は徐仁泰現団長）

四、民団活動の状況

日曜日には役員勉強会　信用組合結成の土台造成

民団高知県地方本部徐仁泰団長以下全役員は、急変する諸情勢の下で、一人づつでは弱い一般団員の身になって日常生活諸問題の相談役をやっている。

「働く民団」、「勉強する民団」、二つのスローガンを立てた徐仁泰執行部は毎月第一日曜日は三機関長はじめ全役員勉強会、第二日曜日は婦人会勉強会を行う。

また、これとは別に毎週水曜日と土曜日に一般団員（特に青年層）の国語、本国歴史、本国音楽等の学習会を開く。この学習会には青年層の日本人の参加もあってなかなかの好評を受けている。

傘下団体で活発な活動を続けているのは商工会（会長・朴俊学）で、設立以来最近までそれらしい活動もなかったが、昨年十月、三百十万円の資本金を集め商工会の再建をはたした。資本金は団員各自の出資金で成り立っており、現在も出資証券を発売中である。

資本金を母体にした商工会の活動実績としては一年間で約一〇〇万円の利益を上げただけでなく、一般団員の民団事務所出入がさかんになった。

今後の計画では五カ年間、現在行っている方法で活動を続け、五年後には、その経験と実績を土台にして信用組合を結成する予定。

国際人として地域社会の日本人との関係を一層深めるため民団高知県本部では高知県韓日親善協会結成のため努力を尽くしており、結成時期は来年三月を目標にしていた。また、昨年八月には青年会を結成し、二—三世を中心にした青年活動が行われている。

「敬老の日」の記念式も

民団高知県本部では昨年敬老日記念式に県内該当者十七人の内十三人をはじめ家族および一般団員約五十人が参加して盛大に行われた。また、今年の成人の日には五人の該当者の内三人の参加と全役員が参加して新しく成人になる彼らに韓国人として力強く生きるよう、希望と勇気を与える記念式典を催した。

三・一節と八・一五光復節には毎年約二百人の参加があって、働く民団の力と意気込みを誇っている。

来たる八月十五日の光復節記念式典は高知市内の出内会館（電話〇八八八—二三—三九一）で行われるが、執行部では約三百人の参加を見込んでいる。徐仁泰団長は二十九回光復節を迎え次の案内文を出していた。「二十九回目の光復節を迎えまして、私達団員はこの日を祝し新たな気持を持ち、お互いが一致団結して行こうではありませんか。年に一回この日を忘れず、万障御繰合せの上、御家族全員が揃って参加下さる事を御願い致します」。

式典は一部と二部に分れて行われるが、二部には韓国舞踊、歌謡をはじめ多くの催しを計画して居って、老人から子供まで楽しめるように気を配っていた。

五、高知民団の"働き手"

若さあふれる組織のホープ

青年部長兼文教部長
李珉雨氏（39才）

七才のとき来日した李部長は福岡、京都で長く住んでいて、高知に移住したのが六年前である。京都で今の夫人、車広（婦人会副会長）氏と結婚し、現在は三男一女の父である。

今日までカネ万能主義で生きて来た李部長には祖国、民族もなくカネ以外なにもなかった。そんな人間を変えたのはカネでなく、祖国であり、民族であると李部長は語る。「生活が安定してから考えたのが、少ない資産であっても外国人である私がこの資産を守り、家族の生命を永遠に守るため、団結した力の必要性を感じるようになりました。そのとき入団し時間が許す限り民団事務所に出入りしたので、その結果が現在のポストだと思います。引き受けた以上恥ずかしくないように力の限り努力します。」

李部長を一言で言うなら努力家であり勉強家である。徐団長から部長に任命されたときは韓国語を知らなかったが、一年半たらずでほとんど覚え、今は不便を感じることなく使っていると徐団長は話していた。また、本国研修および民団主催の大小会議に高知県を代表して積極的に参加している。

これは全国組織に高知県を認識させるのが目的でなく、組織を学び各地方の指導者が持っているすぐれる知識を学ぶためであると語る李部長の目は輝やいていた。

県本部勤務
金英姫さん（23才）
（団務・民族教育担当）

父の事業のため今年の三月に来日して高知市内に居住。民団高知県本部に勤務し、おもに国語をはじめ民族教育を担当している。

「はじめは民団と言うのがこんな田舎にもあるとは知りませんでした。ある日町を歩いた時、太極旗を見かけて懐かしさとうれしさにとらえきれず事務所に入っていさつしました。その時、団長が私の居住地等を聞き、父に民団勤務を依頼したのです。父から話を聞いてびっくりしました。

うれしい気持ちで団長の要請を受け民団に勤務することになりました。在日同胞の諸問題や民団組織のいろいろな問題を学ばなければならない私が、人を教えるなんてなにか嘘みたいです。なにも知らないため責任を重く感じます。

同胞の青年男女が韓国人として立場をはっきりし、生きる道を開拓するため努力するのを見ると、「血は水より濃い」と言うことわざを実感することができるのです。

海外で居住していても国を愛する気持は国内で住んでいる人よりも強く感じられるし、知らなくても国の言葉で話そうとする努力ぶりは一層責任感を重大にさせるんです。毎週二回の学習会を行っているがまだ字を書くより、正確な発音に気をつかって教えてますが、日本化した青年たちには難しく感じているようだけれども、私ができるところまでやりたいです」。

意欲十分であった。徐仁泰団長は彼女が結婚し、県内で居住しながら同じ年ごろの青年たちが抱えている問題を深刻に考えるようになるならば、民団は本当に助かるだろうと語った。

彼女自身まだ結婚は考えてないと言っているが、立派なスウィートホームを築く日はもうすぐであろう。

県本部勤務
岡田幸子さん
（総務・民生担当）

民団勤務四年になる彼女、今は民団の仕事だけでなく、傘下団体（商工会、婦人会）の仕事まで行っている熱心派。

「今年はクーラを付けて本当に助かりました」と大喜び。

日本人である彼女が民団勤務四年にいたるのはなにか理由があるだろうか？

「給料のみを考えると日本会社が良いでしょう、でも民団には金で買えない家族的な雰囲気があり、助け合う人間味があります。それ以外にもまだ良いなにかがあると思います。」

残業手当も出ないのに自ら超過勤務をする彼女、高知県本部の百科事典的存在である。

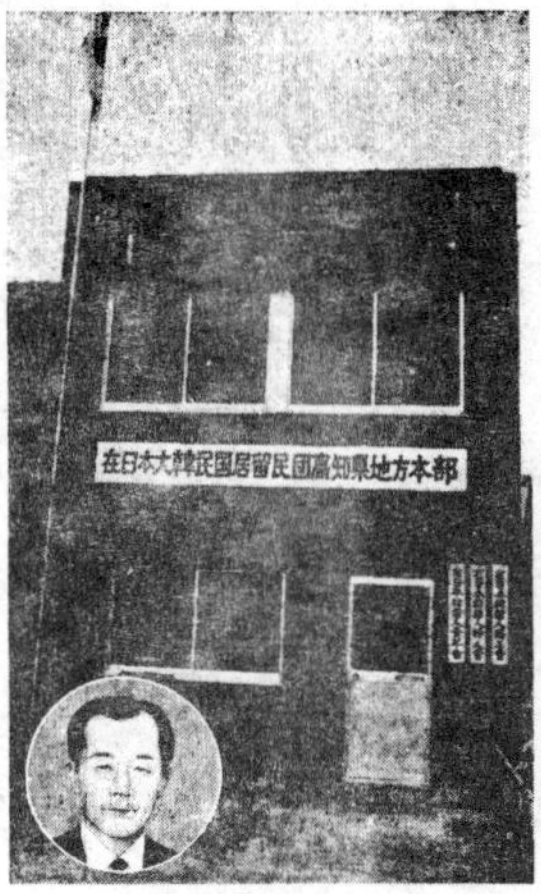

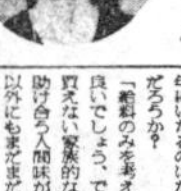

全民団傘下の結束固める

婦人会中央百五十日間運動

婦人会中央の特別講師として来日した李道先議員は立板に水を流すような巧みな弁舌とユーモアと熱意溢れる講演で聴衆を魅了しつくして大喝采を浴びた

在日大韓婦人会中央本部（会長・金信三）主催の「百五十日間国民運動」初日の東京民衆大会がさる七月二十七日午後二時から、都内千代田公会堂で開かれた。

李道先新民党院内副総務を特別講師として招いて催されたこの日の民衆大会には、都内居住婦人会員ら約七百人が参加した。金信三会長は大会辞で、この運動は北海道から沖縄まで全国四十九の地方組織で行われる予定である。この運動は朝総連の百二十日運動に対抗するのみでなく、民団破壊を粉砕し、民団とその傘下団体である諸組織の結束を強めるためでありますと語った。民団中央本部尹達鏞団長は激励辞で、北韓当局と朝総連は、わが民族の良心を表す七・四南北共同声明の精神を不当に再武装するように、切実に望むと語った。その後、演壇に立った李道先議員は北傀集団が行った蛮行に対して具体的な数字を上げ熱弁をふるったがその巧みな弁舌に満場の聴衆から嵐のような喝采を浴びた。大会の終りには朴金約東京本部会長が朴正熙大統領へのメッセージと婦人会中央本部崔宣伝部長から決議文が朗読され、満場一致で採決した。なお来日した李道先議員はこの日の民衆大会を前にして韓国新聞社を礼訪して鄭達鉉局長以下全職員を激励歓談した。

在日韓国人教育者 研究大会 8月5日から伊東で

在日韓国人教育者協会（呉炳根会長）では、八月五日から八日までの四日間、伊東の既斉閣で「祖国新事業遂行のための教育の質的向上」をテーマに、七四年度教育者研究大会を開くことになった。

こんどの大会では、五人が全体発表をし、八人が分科発表をするが、担当主管は東京韓国学校。

ライオンズ 日本支部総会

首都ライオンズクラブ日本支部では、七月二十七日定期総会を開き、次の新任役員を選出した。

会長 郭乙徳
第一副会長 李鍾鳴
第二副会長 范塡圭
第三副会長 尹達鏞
総務 桑洙仁
財務 河徳成
理事 金泰燮
〃 金允中
〃 李彩雨
〃 朴成斗
〃 姜永彰
〃 黄相烈

金大使が蓼沼氏に感謝状 身障者救済に寄与

米軍立川基地司令官ハワード・E・ルーバー氏の渉外顧問をしている蓼沼（たでぬま）独氏（62・東京都昭島区南長崎四ー二ー七）は、韓国の社会事業に寄与するため、一九六四年に盲人用タイプ四台などを韓国に寄与したのを皮切りに、毎年、電気オルガン、テープレコーダー、補聴器、盲人用腕時計など教育品を韓国の関係事業体に寄贈したほか、現金（奨学金、会館建設費、バス購入費など）日貨一千万円と米貨三千七百余ドルを同じく関係事業体に寄付して来た（本紙昨年九月に詳報済）。

蓼沼氏のこの奇特な行ないに対し、駐日韓国大使館では、さる七月三十日午前、蓼沼氏、ルーバー司令官、民団三多摩本部鄭鳳基団長ほか関係者を招き、同大使室で金永善大使自ら感謝状と記念品を蓼沼氏に手渡し固い握手を交した。

蓼沼氏は立川ロータリークラブ、ライオンズクラブの会員であるので、年に一回、立川基地の一部を解放してもらい、クラブ員が事業収入を得た時、その金をそっくり韓国の社会事業に寄付しているがこのほかに基地内で募金をした分も加えている。

金永善大使から感謝状を受取る蓼沼氏、中はルーバー司令官、座っているのはルーバー夫人

金大使が表彰予定 朝総連皆無の安房支部

全国到るところ、民団組織のないところもないが、また朝総連系もこれに負けず例え一人でも地方に根を張っているのが実情だ。ところが、ここに朝総連系が一人も住んで居ない民団支部がある。

千葉県館山市にある安房支部（蒋煥文団長）がそれで、金永善駐日大使から、同支部に表彰状が贈られることになっている。

韓国相撲 選手来日

日本相撲連盟（アマチュア）の招請で韓国相撲協会所属の選手団（崔席寿団長）十人が七月二十三日KAL機でやってきた。

一行は、在日体育会や民団中央を礼訪歓談したが、今度の来日は、韓国相撲の紹介と日本相撲の習得を通しての親善交流と、国際相撲連盟の創設提案を目的にしたもので、七月末までの間、東京と大阪を巡回する。

東京での選手団は、日大相撲合宿所に入った。

中央幹部たちと韓国相撲団

読者の声

血肉を忘れた狂気 消ゆることない罪

最近朝総連の動きを新聞で見ていると、彼らは祖国においても民団組織に対しても、目にあまる無軌道ぶりは、民団員として我慢出来ないまで来た事を感じるのである。彼らの所謂百二十日間運動は韓国内において「民青学連」の暴力蜂起が事前に粉砕され、朝総連内部の不信、不満が高潮し、組織の内外の挫折感と士気低下を回復し、感情的回の策動である事は言うまでもない。民団組織の使命は彼らの暴虐な策謀を粉砕する事にあり、在日同胞は祖国民と共に金日成共産集団と、朝総連氏が日を経まし改心悔悟する迄、止まない事を宣言するものである。彼らの知能では如何なる卑劣な手段によっても、祖国の武力革命は勿論、民団の破壊工作は到底不可能である事を悟って知るべきであろう。金日成共産集団が二十数年間も南侵を続け、数万の人命を犠牲にし数百億の工作費を投資した武装ゲリラ工作は成功の試しもなく、ことごとく失敗に終った事を見ても、彼らの知能の低さを知る事が出来るのである。ここで朝総連老輪者幹部に一言呈したい。生れ故郷も、親、兄弟、妻子の生死、安否も知らずある年波に老衰し死期が迫った年である事を認識しているのかと聞きたいのである。今日の在日同胞は数十年間も異国の風土の中で苦難の日を共に生きぬいて来た同一民族である事も忘れ、生れ故郷は勿論、肉親に対し愛情さえ失なっているのである。そして精神的妄想の中で、すべて錯誤し未知の北韓封鎖社会に心身共さまよっているのは、全く狂気の沙汰としか思えないのである。彼らも金日成と共に老衰し、やがて世を去る身であろうが、しかし彼らが犯した罪跡は祖国の歴史から消える事はないことを知るべきであろう。

在日韓国居留民団旭川支部 副団長 金必同

青年会岡山本部結成 初代会長に鄭竜男君

かねてから結成準備が急がれてきた青年会岡山県本部の結成大会は、去る七月二十八日午前十一時から、約八十余人が集まり、民団岡山県地方本部会議室で、盛大に開かれた。

大会は、国民儀礼のあと、金昌男、康聖載両氏が議長に選出され民団県本部の林鍾伝団長と金甲文議長がそれぞれ祝辞をのべたのにつづき尹伝経青年局長が経過報告、鄭竜男君が綱領・規約を朗読、中央の沈稔冬青年局長が約一時間半にわたり「青年本然の姿勢」の演題で講演、参加聴衆に大きな感銘を与えた。

この日選出された新任役員は次の通り。

新任役員
会長 鄭竜男
副会長 姜河水
〃 李益雨

青森支部結成 会長に金松植君

さきに青年会青森県本部が結成されて一カ月もたたないうちに、三沢、弘前両地区にも同会支部が結成されたが、七月二十八日には青年会青森支部が、民団青森県地方本部会議室で、青年たち二十余人と民団関係者ら多数が集まる中で結成された。

この日午後一時から開かれた大会には民団本部の沈載明団長、権青東青年部長が参席し、民団が老令化現象を見せている時、青年会の結成意義と使命は大なるものがあるとして激励辞をのべ、会長に金松植君、代表監査に李敬一君がそれぞれ選出され、閉会後あらためて自由討論会がひらかれ、今後における活動方針などの意見を交換しあった。

民団大阪の青年部講習会

七月二十七、八両日、和歌山市の和歌の浦・南風ホテルで、民団大阪本部青年部（洪性仁部長）主催による夏期講習会が百三十人余りの多数参加のもと開かれた。

初日の講習会では午後五時から夕食時間を除いた六時間もの長時間を費やし、近来まれに見る大成果をおさめた。講義には中央青年局の沈稔冬局長がこれにあたった。

京都青年部は夏季キャンプ

民団京都地方部青年部主催による夏季キャンプが七月二十七日から三日間、滋賀県寿来浜でリクレーションを兼ねて開かれ、中央青年局沈稔冬局長の講義と水泳講習などがあり、盛況をきわめた。

民団大分でも夏期学校開く

民団大分県地方本部（南在鎬団長）と教育文化センター共催による韓国人青少年夏期学校が、同県杵築市の住吉海岸で七月三十、三十一の両日、百余人参加のもと開かれた。

同夏期学校は、国語とふるさとの歌などの学習のほか、水泳大会、花火大会、映画観賞などリクレーションも兼ねたもので楽しい夏の思い出の二日を過ごして解散した。

ビジネスと観光と歴史・美術そして… 世界親子かけある記㉘

裵乙祚・裵慶州

"留学通信"

三人の息子を見送るそのおふくろは、とめどもなくあふれる涙をどうすることもなく、目を赤くはらして私から遠く距離をおいてついて来た。世に言う女親は悲しいものだと思った。一九七四年四月三十日私は、長男慶州・次男南獻・三男大成の三人をロンドン大留学に送り込んだ。長女のマミを手もとに残すのみであった。

この一年間の私達の生活には過去のそれとあまりにもかけはなれた変化が続いた。二度のベトナム行きと、長男を伴っての商用世界一周、次男南獻のロンドン留学、そして今や三人の息子が手元を離れた。せまい日本に強制的にとじこめられていた生活習慣が久し振りに音をたてて崩れ去っていった。

私はここに東京とロンドンを結ぶ親子の通信を紹介し、これから海外に子を出そうとする親達には心の慰安を、未知なものへアタックしようとする青年達には先達の失敗や苦労を通しるべとなれば幸いだと思う。

"東京から三人の息子への手紙"

東京では今回の留学についてあまり話すこともなかったので、そのまま三人共ロンドンへ行ってしまったが、今考えると私の心には一種の信頼感を君達と私との男同志の暗黙の了解があったのではないか、二人はすくなくとも欧州を経験しているのでいまさら能書を言ってみても始まらないと考えたのじゃないかな。

ところで君達も承知の如くヨーロッパは民族と言語のルツボだ。大きくゲルマン系のドイツ、イギリス、ラテン系のフランス、イタリー、スペインなど過去、現在をとおして世界に雄飛したメンバーである。だから君達が本当に学業を身につけようとするなら、これ等の英、独、仏、西、伊の各国語を初め、ことに言語の習得には欠かないだろう。だが出来ることなら英、独、仏、西の四カ国語だけは積極的なものをマスターしておけばキットよかったと帰る時が来るだろう。

またヨーロッパは、歴史の宝庫だね。オリエントのエジプトから始まってギリシャ・ローマ文明、これ等を中心にしての地中海文明の形成、ルネサンスを契機にキリスト教社会の中世から解放された近代文化の開花、産業革命がもたらす欧州の世界制覇、現代ではこの第二次大戦後のECの偉大な試み、君達が書物の上でのみ考え接することの出来たヨーロッパに君達は幸にして留学しているのだ。向学熱を燃やし一日一日を大切に充実したものにしてくれ給え。

「燃やせ向学熱を…… 3人ともロンドン留学 四カ国語マスターせよ」

新緑の季が過ぎると間もなく夏がやって来る。しんがりの大成は初めてのヨーロッパなので、夏のバカンスにはヒッチハイクでヨーロッパ各国をみせてやってほしい。人間学せいをしり、歴史、言語を学ぶ一番てっとり早い方法だと私は思う。

それからこまかい事だが、自炊道具やらまた料理知識の不足から栄養がかたよらないよう注意することだ。経費は一カ月単位に東京に報告し、特に手持残高を明記してほしい。それを基準にして送金をし安心していたいから

最後に兄弟三人で留学するケースは珍らしいのだから、この点よくわきまえ力を合せて成果をあげ来年のアメリカ留学の基礎準備を完成されるよう努力することを祈っている。

―父より―

留学通信第一便

アボジオモニ御許に

学校には五月六日から登校する予定です。三人寄ればなんとかやらで、食事当番は大成が皿洗い、南獻は料理づくり、そしてぼくは材料仕込みと総監督と言った具合に、妙に兄弟意気投合し東京では味わえなかった親密感が湧いて来ます。

南獻はすでに一年近くもロンドン生活をしましたので、日常生活や言葉には不自由しないようですし、生活態度も研究姿勢もこのぞいては問題ありません。大成はしんがりと言う立場もあって責任つ自主的な行動をおこそうとせず金魚のうんこみたいに後から瓢々としてついて来ます。そのうちなれてくれば一人歩きも出来、積極的になることでしょう。

この頃のヨーロッパは、ドイツマルクを中心にはげしいフロートが続いています。持参したドルをチェンジしたらロンドンでは今九百五十ポンドに、ドイツでしたら八百五十ポンドと二〇〇ポンドも差がある程、ドイツマルクは強く他の欧州主要通貨はスイスフランをのぞいて弱いです。

ここで少しロンドンでの生活費を紹介しておきましょう。

◎フラット代 週22ポ×4週＝88ポ
◎食費ー朝夕食自炊（3人） 週10ポ×4週＝40ポ
昼食 一食3ポ×30＝90ポ
◎交通費（3人定期） ＝20ポ
◎雑費（ランドリ他通信費 水道光熱費等） ＝15ポ
計 253ポ…5月1日レート 1ポ＝¥720

少なく見積っても二五〇ポンドは下らないようです。既に三人の学費二五〇ポンドを払込みましたので、中旬までは何とかもちますが下旬はピンチになるでしょう。以上出来るだけ生活費は切りつめて二五〇ポンド内にとどめたいと思いますので、一回当りの送金はこれを超えないようにして下さい。東京でも手元不自由してはすまないと思っておりますので、出来るだけ無駄をはぶき生活を合理化していきたいと思ってます。

早々

慶州、南獻、大成

留学通信第二便

公園の芝生の上にあおむけにねそべり、雲をみていると、昨年のこの頃トランク一つ持って不安と期待のうちにロンドン入りしたことが思い出されます。何もしらず無鉄砲にやって来た一年間は、今こうして兄弟三人で留学していることをおもえば、つらいことも忘れて懐しくさえ想っています。

この夏までには INTERMEDIATE（中級クラス）を終え上級に進み、本格的なコンプ（十月）の準備を完了したいと思っていますので御安心下さい。

大坊のことはボクにまかして下さい。来年東京に帰る時までにはいくらかロンドンの生活にもなれ来年アメリカに行く準備も出来ていると思ってます。

オモニ読んで下さい…… ―南獻

二人の後についてあるいて何だかしらないけれど元気にやっているよ。今なんだか良くわからないけれど、どうしてここに来たのか、何をやれば一番いいのかわかんないけど、言われたとおり学校にかよってる。兄貴二人のしゃべってる英語は何を言っているかわかるけど、イギリス人やどこかの国の人かしらないが巻き舌で早口に言う言葉はサッパリ言っているところがわからないや。そのうちぼくにだってわかって来ると思うので心配しないで。学校はいろんなやつがいて面白い。ぼくと同じで英語は良くわからないが、自分等の言葉でこっちに話しかけて来てもさっぱりチンプンカンプンだ。だけど何となく安心してつきあえるし、言葉がうまく通じなくても身振りや手振りでどうにか笑ったりスポーツの話ぐらいはわかるらしい。

食事はいつも簡単でオモニのとはてんでちがう。しょうがないけど、だけど御飯や味噌汁だってあるよ。ぼくの当番は皿洗いだけれどむずかしくもつらいとも思ってないよ。アボジに言われたとおりもって来た理数系の参考書は、この頃ようやくおちついてやりはじめた。

東京の学校でまわりがうるさくて勉強など出来なかったが、ここでは夜静かだし、テレビも早くおわるので、落ちついて出来る。

マミあねごに何か面白い本送れと言って。パンツと靴下も。

ではおぢいちゃんおばあちゃんそして皆さんもげんきで。

―大成―

（つづく）

ケンブリッジ大学教会

韓国高校 野球来日

日本高校野球連盟の招請で、韓国高校選抜野球チーム（林光任団長）金鐘運監督、役員六人、選手十四人構成）が来日、日本高校チームと八月五日から十一日までの間、日生、岡山、津、瑞穂球場などで五試合を行うことが決定した。

慶南道民会 関東理事会

慶南道民会の関東地方第一回理事会（崔学林会長）が去る七月二十九日午後六時すぎから東京・千駄谷の「外苑」で三十八人の理事参席のもとに開かれた。

李彩雨副会長の経過報告につづいて、同郷人の親睦を期し郷土発展へ積極寄与するなどを全員が再確認した。

郷声合唱団 韓日親善推進

東京都下多摩市の下田徳一市議会議員と、ソウル市にある郷声合唱団の姜永基団長が、去る七月三十一日午後三時、民団中央本部を訪問し、安商権民生局長、鄭煥麒宣伝局長と三多摩地区における韓日親善の積極推進を図るための意見を交わした。

済州訪問団がチャーター機で

KALの特別チャーター機がはじめて東京から済州道へ直行し在日済州道民の念願が実現された。

これは済州道開発協会（会長金坪珍）が郷土訪問団を直接はこんだもので、今後東京ー済州間直行路線開設にも大きな前進になるものと期待されている。

尋ね人

☆趙孝任さん（51才）
☆韓喜代子さん（30才）
30年前、福島県耶麻郡喜多方町四八二七番地に住んでいた趙さんと娘の韓さんを長男の慶北大邱市東山病院院長（大邱市南区旧一番地内）韓倫高さんがさがしています。

☆李みどりさん（田中みどり）
昭和三十四、五年頃、大阪難波区ナニワ遊技場で一緒に働いていた門司市出身の李みどりさんを、ご存知の方は李恵雨（宏永俊）さん（TEL0888(72)0518）に連絡を。

☆李黄連さん（51才・女）
終戦当時、下関市大字東大坪町三三七番地でわかれたお子さんの趙竹市さん（35歳・慶北大邱市達城洞二二三・34番）がさがしています。ご存知の方は神戸市長田区神楽町4の2の13、民団西神戸支部（TEL神戸・六九一ー一七四一〜三）まで連絡を。

求む良縁

南喜珠さん（38）
忠南女高卒、教員生活経験。子供なし。再婚。身体健康一六二センチ。希望者は本社まで電話（八一五ー一四五一）を。

西原さん（男・53）
ウエスの製造・販売業。生活安定。21の長男と二人住まいです。在日韓国女性で30代から43ぐらいまでの方。希望者は、本社（八一五ー一四五一）か、直接西原さん（〇四六八ー二三ー四九二三）まで電話を。

黄順必氏永眠

（司法書士、民団安芸支部顧問）

第二次大戦直後から今日まで、民団広島県本部管下の組織強化に多年の功労のあった黄順必氏が、去る七月十四日、六十九歳を一期に永眠した。葬儀と告別式は七月十五日午後一時から、民団安芸支部葬として、関係者多数が参列して、しめやかにおこなわれた。

本籍は慶南固城郡会華面背屯里八二三、自宅は広島県安芸郡船越町二三九六。喪主は長男一根氏。

民団広島県安芸支部顧問 黄順必儀
七月十四日午前三時十分永眠致しました
ここに生前のご厚誼を深謝し 謹んで
ご通知申し上げます
なお葬儀及び告別式は 民団安芸支部
葬として 七月十五日午後一時から近親
者と民団組織関係者が集まりとり行ない
ました

一九七四年七月十六日

喪主
黄一根（長男）
黄竜根（次男）
黄文根（三男）
黄孝根（四男）

第二의 6·25 꾀하는 北傀와 朝總連의 策動을 粉破하자

五千年の歴史が二千年の歴史に縮む

史学者76人声明書に署名

"部族社会であって国家ではない"編修官

文教部が国定で改編した初、中、高校国史教科書が史実を大きく歪曲しているとの意見が韓国古代史学会（安浩相会長）等一部学界から強く出されている。つまり新国定教科書は檀君を完全に神話として否定し、檀君朝鮮の千四十八年と扶余朝鮮の百六十四年、箕子朝鮮の九百二十八年等二千百四十年の歴史を削除し、中国の燕人衛満（BC一九四年）が韓国歴史の創造者のようになっているという。

同学会では、さる七月二十五日李丙燾、金庠基、李丙根博士ら、学会の七十六人が署名した声明書を発表した。檀君歴史を単なる神話としてしか扱わないのは日帝の植民史観＝植民地史観をそのまま踏襲するものであると、相当きびしく決めつけている。

この声明書によれば、新しい教科書が檀君朝鮮千四十八年（四十七代）と、扶余朝鮮の百六十四年、箕子朝鮮の九百二十八年（四十一代）など、二千百四十年を除いて中国燕の人間である「衛満」（西紀前百九十四年）をわが歴史の創始者のように扱かっており、古今の史書に記録されている檀君の歴史が否定され、われらの開国歴史が五千年から二千年に縮まってしまっているのは、われわれは始祖のない民族となるなど、多くの問題点が生じた。というものである。

一方文教部は、韓国古代史学会のこの声明に対し、さる六[illegible]年に学会の意見を総合（編集責任者第四集）したときから、初、中、高校で檀君を神話として取扱い、箕子朝鮮を削除したことを明らかにした。文教部の教科書編修官は「檀君神話は、古朝鮮の部族社会を率いた世界観の反映を果たしたとする歴史的意義は大きいが、当時の部族社会を完全な形態の国家に見ることはできないし、箕子朝鮮を認める場合、中国の植民地であったことを認める結果になる。」との学説を表明したものであると語った。

解説　檀君説話は、そのはじまりが天から降臨するところからなっているので、日本の天孫降臨の説話とよく似ているが、檀君の歴史は、日本書紀や古事記の神話と異なって、種々の古文献に現われており、作意的な部分が非常に少なく、或る勢力が特定の意図を持って作られた話でないことはよく知られている。これを、単なる神話として一回の余地もないことのように扱かったのは日本の史家たちであった。それにもかかわらず、文教部の教科書編修官が、国内の学会の意見を無視して一方的に決定したことは、立場の問題でなく、意識の問題として注目されることであり、今後の成行によっては、問題は大きくなるものと見られている。

檀君開国を単なる神話扱い

新年度国定教科書で物議

裵淑堂女史の個展開く

韓国の女流東洋画家・裵淑堂女史の個展が、八月五日から十一日まで、東京・銀座のフジ画廊（銀座二丁目ツルヤビル内）で開かれる。

女史は日本美術学校を出て、現在韓国美術協会会員として多くの作品活動をつづけており、このたびの個展では、「雪嶽山風景」「慶州」「仏国寺」など三十六点が出品される。

裵淑堂女史

「ソ連圏の四次元科学」上・下

新刊紹介

超心理・超能力・心霊

これは科学なのだ、いや科学の革命であるのだ。

人間に死後の世界があり、死人との対話は可能なのか？一人の人間の思念が他の人々や、地球や宇宙の他の部分へと光速をはるかにこえるまで伝達されうるものなのか？ そして現在の科学で説明できないこのような現象が実際にありうるとすれば、それをひきおこしているエネルギーの根源は何であり、どのような本質を持つものであろうか？ などのいわゆる4次元世界にかかわる問題や疑問は、老若男女を問わず興味やときめきとともにそれぞれの胸に秘められている。

時間のベルト・コンベアーをさかのぼったり、予知できるタイム・マシーンは現実化されうるものなのか？ 肉体や精神の病（やまい）をより早く治療に決断し、治療しうる、いわゆる「霊治」は可能なのか？ 幽霊というものは実在するものなのか？ ユリ・ゲラーの子供、関口少年のスプーン曲げは、はたして信ずるにたるものだろうか？ トニーの心霊手術はインチキではないのだろうか？

× ×

しかし、このような問題は、一九五〇年代までは迷信や実在のものさしである「科学」の目から見れば、口にすることすらはばかれる「非科学的」なものであり、徹底的に排除されるべき「迷信」であり「悪夢」の骨頂であったのである。

しかし、一九六〇年以後、強大国、特にソ連や中国など共産圏ではいわゆる「超常現象」に関する研究が、膨大な予算と最高の頭脳を集結し、最優先の国策として秘密裡に進められている。

唯物論を基調とする共産圏諸国で「心霊現象」研究に熱中しているのは皮肉なようであるが、人間の性格や信念の形成、教育を政治の中心機能としている共産国家ではむしろ当然なことといえよう。とくに仮想敵国への侵略や破壊における活用の可能性を考えれば慄然とならざるを得ない。

× ×

「ソ連圏の四次元科学」（上）（下）は一九六八年モスクワにおけるESP国際会議に招待をうけた両著者が、共産圏諸国、特にソ連とチェコでおこなわれている「超常現象」に関する主な研究の方向と成果を総括紹介した歴史的文献である。内容はすべて当該国の科学の最高水準にある研究者との直接の対話、科学的実験と透視を経た原始的資料、実際的研究者との会見、代表的な研究所の見学や招待などの見学を通じて得られた、最も実証的事実的といえるものである。

ナチの侵攻の予測で功をおさめた超能力者の実話、フルシチョフのスターリン格下げ後の裏に秘められたレーニンの「夢のお告げ」など荒唐むけいのような物が科学的立場による紹介では、ひとつの仮説として充分検討の価値ある事例として看做される。とくにチェコの「超能力発生装置」などは驚異的な発明としてくわしく解説されている。

「RSI現象」、「オーラー」の科学的な定義など超常現象解明のための科学の基本的課題を一つ一つ克明に関連づけているが、[illegible]興味をそそりながらもていねいにおさえている。

特に、巻頭にのせられているグラビア写真に、「科学」の眼でとらえた驚異的な「実像」としての超常現象」を紹介している。

ソ連で年間八十億円の国費による三十余個の専門研究所が核科学をこえる「超科学」を解明している所以が、くわしく誰にもわかりやすく、えがかれている。

平易でわかり易い文章は、高校生程度から一般の「超心理学」への適切な入門書であると同時に、斯学研究の最新の成果を網羅総合した専門家への便覧書にもなるといえる。

すべての人々に一読をすすめたい。

たま出版刊（東京260−1436 7）上巻＝九五〇円、下巻二一五〇円、A5判、総七二八P。

著者紹介

【写真下】著者 シーラ・オストランダー（左）はマニトバ大学、カナダ大学、ヨーロッパで超心理学を研究し、四冊の著作がある新進の女性ジャーナリスト。リン・スクロウダー（右）はニュージャージー出身でスキドモア単科大学卒業後、ニューヨークで新社会研究を専攻、討法関係の著書がある。本書は二人が一九六八年モスクワの国際超心理学会議に出席したとき、東欧をまわって見聞した事実を書きおろしたものである。アメリカでは一三〇〇万部の超ベストセラーとなった。

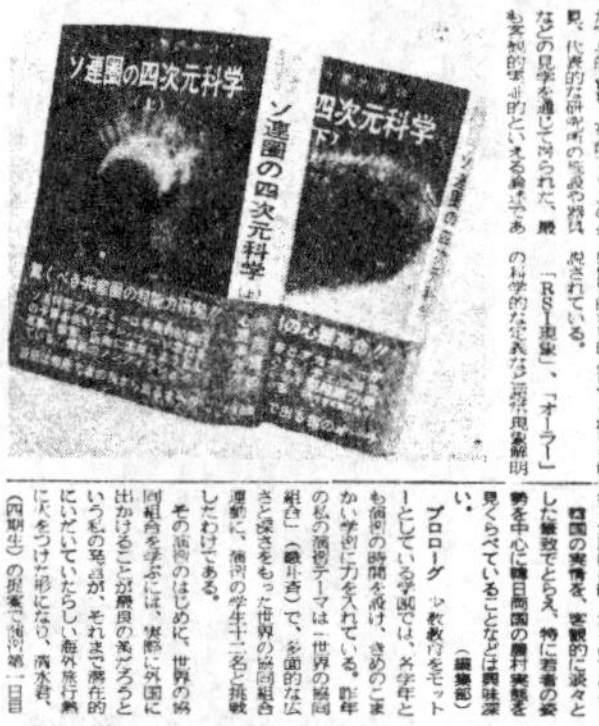

韓国と日本の関係に新視点

日本上古史（文定昌著）抜粋と解説

(40)

新羅系孝徳王の登場 (3)

百済系勢力を完全に拭い切らなかった新羅系孝徳朝

古代から「倭」として通って来た日本は、孝徳王の時に国号を「大和」と定めた。名前というものはその由来がはっきりするものである。まして、国号を改定するということは重大なことであり、そうするだけの理由でもっともな歴史的理由がなければならない。

日本国の史家たちが、この歴史的な大事件の発生年月を明らかにしないのは、それを公開することのできない理由があったためとみられる。本書はこれを[illegible]

[illegible]

羅・唐の文物制度の本格的模倣

大化の改新は果敢、迅速だった

[illegible]

解説

[illegible]

（金元●　記者）

日本農協学園生韓国を行く

(1)

本文は、韓国の農協大学と姉妹提携関係を結び同じく農協指導者育成をめざす中央協同組合学園の鄭福男氏が「世界の協同組合」という演習テーマを指導展開するにあたって、担当の学生12名とともに、韓国の実情見学を通じてより深い学習経験を得させるため、韓国を13日間にわたって見学、旅行した所感を綴ったものである。

韓国の実情を、客観的に淡々とした筆致でとらえ、特に若者の姿勢を中心に韓日両国の農村実態を見くらべていることなどは興味深い。（編集部）

プロローグ　少数教育をモットーとしている学園では、各学年とも個別の時間を設け、きめのこまかい学習に力を入れている。昨年の私の演習テーマは「世界の協同組合」（[illegible]）で、多面的な広さと深さをもった世界の協同組合運動に、演習の学生十二名と挑戦したわけである。

その演習のはじめに、世界の協同組合を学ぶには、実際に外国に出かけることが最良の策だろうという私の発言が、それまで潜在的にいだいていたらしい海外旅行熱に火をつけた形になり、清水君（四期生）の提案で演習第一日目にして海外旅行決定ということになってしまった。

しかし経費の点から、そう遠いところは望めず、ヨーロッパツアーなどの団体旅行は演習の主旨から適切ではない。経済的に豊かな社会で、貧しさを知らず、きびしい生活体験をしないで、のびのびと育った現代の若者は、華やかな先進国に行くよりも、むしろ、貧困を克服し、経済発展のために懸命になっている国のほうが、現実の自国なり、自己をみつめるのに多くのものを与えてくれるのではないかとも考えた。

韓国の農協大学と学園は、提携関係にあり、また、毎年双方から教授が訪問するという交換教授のシステムが確立されている。このようなことから、韓国を訪問することは韓国農協大学学生との交流にもなり、農業、農協を通じて、韓国を知り、理解を深めることにもなる。また遠くの国を理解することよりも、隣国を理解することは、現実的にも重要であるし、若い人の将来にプラスになるであろうと考えた。ほんらい、韓国と日本は北欧三国のように、社会的にも、経済的にも密接な関係になるのが望ましい。協同組合間協同も徐々に発展の方向に進むのが当然であろう。かくして韓国訪問を決定し、一年間の準備期間をとり、四十九年三月出発した。参加者は演習のメンバー十二人、うち一人が女子学生の竹前君で、一人では心細いだろうと、もう一人大川君の参加を求め、それにまだ当時研究生で、現在紀南農協職員の中家君と私を含めて総勢十五名ということになった。

演習も後期に入り、韓国の農業・農協の学習、そして韓国語の習得にとりかかった。韓国語については適当な先生もなく、全員で学習することに決定、週一回夜に、「アンニョンハシムニカ」（今日は）から始まる日常会話を始めたが、イントネーションが皆目わからず、とにかくやみくもに暗記することに努めた。私よりも学生のほうが上達が早く、練習後の試験でいちばん悪いのは私で、先生役の学生からお目玉を頂だいしたものだ。

また、ハングル文字もマスターしようとしたが、そこまで及ばず断念した。

すでに交換教授として訪韓された、山下先生、日向先生の特別講義も聞き、準備はどうやら整ったが、かんじんの日程については、農協大学に一任の形で、現地で打ち合せということになった。日程は十三日間、長いという人もいたが、韓国を少しでも知るには、長いほど良いということで、済州島まで足を延ばすことにした。団長は堺市出身の清水君、経理部長は恰幅のよい福村君で、一行の結団式も終えた。

出発。三月十二日、前日までに福岡出身の清水・中園両君の家に集結していた一行は、福岡板付空港より出発。飛行機から眺めた韓国の国土は、赤茶けた山々が印象的で、全山山々の緑の少なさにおどろきの声をもらしていた。

金浦空港には六年ほど前、ICAセミナーで、私とスウェーデンで生活を共にしていた金氏と安氏、それに交換教授で来日され、今回の旅行計画についてご面倒をかけた宋先生の出迎えを受けた。金氏と宋氏とには六年ぶりの再会で、感無量。金氏はソウル農協の支店長、安氏は同農協の常務で、六年前とは違って、いちだんと風格を備えられたようで、往時共にした労苦を思いだして堅い握手。学生たちは始めての外国にキョロキョロ。税関も無事通過して入国。そして韓国旅行が始まった。

食事、ちょうど、正午に着いたので、昼は空港で中食、大衆的なカレーライスを注文。カレーの辛さと、キムチの胡椒に全員目をパチクリ、到着早々にして食事でまずびっくりした様子である。

旅行中は、朝食以外はほとんど外食であったが、旅館の朝食のおかずの数と種類の多さには驚きであった。魚入りのスープ、みそ汁、魚のフライ、肉の煮付け、卵料理、海苔、つくだに、ノリ、漬物、等々で特に胡椒のからさに、三日ほどで、私と福村君以外はメニューの変更を望む者が出てきた。一日の労働の始めに充実した食事をとるという慣習かららしいが、徐々にこの慣習も崩れつつあるといわれており、また、韓国の人々の中にも、辛さを好まない人々もかなりある様で、当然なことかもしれないが家庭や人で料理の好みもかなり違っているように感じられる。所内水原の土産などで、日本と同じように料理の洋風化が進んで行くと思われるが、味噌、醤油、漬物などの家庭での手作りは、日本のインスタント化からくらべると、まったくうらやましいようで、むしろ、このような食生活の存続は望ましいのではないかと思われる。

筆者　鄭福男氏

水原郊外の王陵を見学する一行

韓國新聞
在日大韓民国居留民団
中央本部機関紙
韓國新聞社
発行人 尹達鏞
東京都文京区春日2丁目20－13
電話 (815) 1451～3
(813) 2261～5
振替口座 東京 163774
本国連絡所 (民団本国事務所内)
서울特別市鍾路区昌成洞
政府合同庁舎4層
電話 73－0162・0165

在日本大韓民国居留民団 綱領
一、우리는 大韓民國의 國是를 遵守한다
一、우리는 在留同胞의 權益擁護를 期한다
一、우리는 在留同胞의 民生安定을 期한다
一、우리는 在留同胞의 文化向上을 期한다
一、우리는 世界平和와 國際親善을 期한다

光復二十九たびめぐり
全国的規模で記念行事
母国訪問団は14日出発

二十九たびめの光復節が八月十五日めぐってくる。この日を期して本国はもとより世界に散在する同胞社会では、今年も民族と国家の栄光を祝う記念行事がくりひろげられるが、わが民団中央でも全国規模で記念行事をおこなうことになった。また恒例になっている光復節の在日同胞母国訪問団を派遣することになり、この一行は総勢九八六人（団長・[illegible]四四人）が編成を終え、出発を待つのみとなった。なお出発は、第一地区（関東、東北）が八月十四日午後一時半の出発KAL便、第二地区（関西、中部）が八月十四日午前十一時二十分の便で出発、第三地区（九州地方）が八月十四日午後一時十分出発となっている。中央引率団長には李[illegible]がこれにあたる。団体の動きは十四日夜でソウル到着、十五日には政府主催の光復節慶祝記念式典に参加、国軍墓地など各国有施設を参観し、十六日午前中に解散、自由行動に入る。

一方、日本全国の民団組織では、民衆大会など記念行事が盛大に催されるが、東京では関東地協主催で八月十五日午前十時から東京の国際劇場で式典が用意され、約千人の動員が見込まれており、大阪でも中之島中央公会堂で、午前十一時から同じく式典につづいて、映画、余興など本国からの一流芸能人を招いての余興が前景気をよんでいる。

また来る十五日、第二回韓国人原爆[illegible]を期した[illegible]が予想され、[illegible]千人動員を目標にしている。福岡では[illegible]にひきつづいて各支部単位で光復節行事を催すが、愛知県では名古屋市公会堂で午前十時から約四千人動員の民衆大会をひらき、特別講演に本国から金[illegible]議員を招いている。京都では、京都会館で午前十一時から式典につづいて[illegible]ショーを見せてくれる。

東京と大阪　5千を予想
民衆大会開く

8月15日まで納めよう　中央会館建設基金

長野本部も全額を完納
中央会館建設割当基金

民団長野県地方本部の李東富団長は、去る八月二日民団中央本部を訪れ、中央会館建設割当基金全額二百九十一万九百円を金仁洙中央本部副団長に手渡した。

この割当金完納は群馬県本部についで二番めであり、建設委員会では期限内の八月十五日までには全国割当金が完納されるものと見込んでいる。

また中央会館建設委員会では、「募金集め達成しよう！われらの中央会館」のアピールと会館の青写真によるポスターを作成して傘下組織および一般団員の協力を高めている。

建設される中央会館は、地下一階地上十二階、総面積二千三百五十坪の最新設備をもつビルになる。

李東富長野県本部団長（中央）から金仁洙中央副団長に建設基金が渡された。右は建設委の宋鎬用事務局長

時評
宇都宮徳馬君に告ぐ ④
ミイラ取りがミイラに…
政治家としての資格に疑問

◇宇都宮徳馬君、君がこのたび北韓に行ったことについて、時評子は大へん興味深く見ており、徳馬君が非共産主義者の国会議員としての真価を発揮するかどうかを注目している。時評子がかねてから本コラムで徳馬君に北韓をもっと勉強せよと指摘したことがあった。徳馬君の今回の北韓行きについては、その意味で大いに賛成である。充分に北韓の実情を把握して帰ることを期待する。徳馬君が今回北韓に行くに当たり、韓国側が主張する南侵の脅威が本当にあるかどうかを確かめる、そのためには金日成とも突込んだ話合いをする―と語っていたことは、徳馬君の本心だと思う。と同時に、徳馬君の考えの浅はかさも見過ごすこともできない。徳馬君自身、ミイラ取りがミイラになる可能性が非常に濃厚だからである。ヒョッとすると君は初めから決っているナレアイ訪問の疑いもあるがネ。◇

徳馬君、君が北韓から帰ったときの記者会見が、徳馬君がその名のとおり単なるヤジ馬であるのか、本当の「政治家」なのかを自ら決定することになるのだ。つまり、徳馬君がミイラになって帰ってくるか、ミイラを取って帰るかが興味のあるところである。

何となれば、徳馬君、君のように大声で「北に南侵の意図の有無を確かめる」と叫んで北に行くのに、「ハイ、そうです」と認める金日成の指導者はバカ正直ではない。それどころか、そんなことはどこにもありませんと、いうゼスチュアをするだろうし、徳馬君を完全なミイラにするために、ありとあらゆる手を使うだろう。われわれは、かつて高木健夫という非共産主義者のジャーナリストが、北韓から帰って来たあとの通話発表を聞いている。

せつけられているし、日本の有力ジャーナリズムの特派員が、どのようなことを書いたかを、忘れてはいない。徳馬君、君とて例外では有り得ないだろう。徳馬君、君は例外どころか、むしろ君の心情からして君は積極的に北傀の代弁人になる素質が充分すぎる程なので、なぜならば、徳馬君は感情的に「朴政権」を憎悪しており、またかつて「北も独裁だが、北には国民という「サンプルをマザマザと見て「北も独裁だが、北には国民に対する配慮がある」という内容の発言をしている。

ったような発言をしているからだ。北についての日本側の報道はすべて鵜呑みにしながら、南のこととなると、一切を〝悪〟という方にしか解釈しないというものの見方は、北傀のいう〝案内人〟から離れて「自由」に取材できたかどうかを、徳馬君、君はいうだろう「北から自由に外へ散歩に出られたかどうかを。平壌の市民たちくいっていた「金日成との突込んだ話合い」になるものが、君は本当にできたと思っているかネ。

成は熱烈な平和統一主義者だった。北の国民は恵まれた生活をしている。」

韓国の指導者が南侵の脅威を主張するのは、やはり政権維持の口実だった。南の国民は今や革命を起す一歩手前にあり、現政府は国民に見放されている」などなどとネ。つまり、常日頃から北傀が主張しているとおりのことしかいえないだろう。君は洗脳されて、オームのように北傀のいい分を繰り返すだけに過ぎないだろう。

徳馬君、君は北韓で〝自由〟に行動し、突込んだ〝討論〟をして来たと思うであろう。だが、北韓でのことを振返って見たまえ。君はつねに〝案内人〟によって〝案内〟され、説明され、見物したことを。君が〝案内人〟が答えた筈なのだ。君が訪問した市民の代りに都合が悪くて会えなかった筈だし、会いたい人物は行進で歩く場合は到底どころか隊列で歩く場合は金日成を讃える歌を歌った筈だし、学生、生徒が集団で市街を歩く市民の表情はカタかった筈だし、ホテルから自由外出はできなかった筈だし、ホテルに閉じこめられた筈だし、それに同行させられた筈だし、動員された人以外の人でもあった筈だし、討論は一方的な意見の発表をする機会は与えられなかった筈だし、市民と一対一で話した機会は君の存在を全く無視した筈だし、君が行って見たいところとは関係のない処に案内された筈だし、君が行動できなかったのだったかを。

徳馬君、君は案内人と称する随伴者なしには行動できなかった筈だ。

学生、生徒たちがどんな形で街頭を歩いたかを。君が逢わせてほしいといった人物のすべてに会うことができたかどうかを。君がもし市民に何か質問したことがあればその時に答えたのは誰だったかを。

徳馬君、われわれは、君が本当にモノを見る目を持った「政治家」ならば、君は帰国した時の記者会見で次のようなことぐらいいう筈だ。「金日成とは腹を割った話はできなかった。南侵を否定する材料は発見できなかった。しかし接触した範囲で、否定する材料も発見できなかった。しかし接触した範囲で考えただけでも、南侵ムードの空気に充ち充ちていた。」とネ。そして「実際に北朝鮮に行って見て、そのモノモノしさと厳しさは、日本に居て感じるのとは大違いだった。」ともネ。

徳馬君、君は今、自らの政治家としての真価を問われる瀬戸際に立っているのだ。われわれは、君に北傀の悪口をいってくれとは頼まないし、望みもしない。しかしながら、徳馬君に北傀の代弁人に成下ってほしくない。徳馬君が単なるヤジ馬となるか、それとも本当の「政治家」としての面目を発揮するか、それは君自身の問題であると同時に、われわれ在日韓国人の注目のマトでもあるのだ。徳馬君の、この度の北韓行きがナレアイでないことは決ってるとは思うがネ。（W）

韓国に地下鉄時代
ソウル―清涼里間

来る15日から開通される地下鉄と首都圏電鉄の運行計画が決定された。31日、交通部が作成したこの計画によれば、ソウル駅―清涼里駅間地下鉄は10分ごと、ソウル駅―清涼里→仁川間は20分ごと、城北―水原および清涼里―九老間は40分ごとにそれぞれ配車されることになった。

したがって、ソウル駅→清涼里間地下鉄線には、毎5分ごとに一台づつ首都圏電車と地下鉄電車がかわるがわる往来することになる。

鉄道庁は、この計画を土台にしてソウル市と協議、運行ダイヤを組んでいるが、今週内にダイヤ編成を終える予定である。

また、地下鉄と電鉄は、毎日午前4時30分から夜11時40分まで運行する。

◎は試運転第一号車

戸籍奉仕団、全国で
酷暑おかし奮闘中

本紙既報のとおり、本国のソウル司法書士会会員で構成された第二次戸籍整理奉仕団（金東柱団長）十四人は、去る七月二十九日以来、二人づつ六班にわかれ、各総領事館と緊密な連絡をとりながら民団地方本部および支部を巡回し在日韓国人の戸籍整理業務の活発に推進中であるが、着実にその成果をあげている。

来日した十五人のうち、林永煥氏は七月三十一日、社業都合のため急遽帰国したが、残り14人は各地方巡回を通じて講習会を開催、啓蒙活動などもあわせて行ない在日同胞の戸籍整理業務への関心を大いにもりあげている。

とくに、司法書士会会長の金東柱氏と大法院の洪世福戸籍担当官は、各地方を巡回しながら戸籍整理業務の完璧を期して指導に打ちこんでいる。

一行は、八月十四日頃、一旦、東京に帰り、その後、戸籍未整理の地方へ再びでかける予定である。なお、奉仕団の業務計画はつぎのとおり。

管轄 大使館
担当 林永煥、馬森国
三多摩（7月29日～7月30日）
長野（7月31日～8月5日）

管轄 横浜領事館
担当 姜信[illegible]、金奎昌
新潟（8月8日～8月10日）
埼玉（8月11日～8月13日）
神奈川（8月1日～8月14日）

管轄 名古屋領事館
担当 宋[illegible]、[illegible]
静岡（7月29日～7月31日）
愛知（7月29日～7月31日）
岐阜（8月1日～8月5日）
石川（8月9日～8月11日）
富山（8月5日～8月8日）
福井（8月12日～8月15日）

管轄 大阪総領事館
担当 宋基男・崔基昌・申光鉉
大阪（7月29日～8月13日）
京都（7月29日～8月7日）
滋賀（8月8日～8月14日）

管轄 下関領事館
担当 片載九・崔泳実
山口（7月29日～8月6日）
島根（8月7日～8月10日）
岡山（8月11日～8月17日）
鳥取（8月7日～8月10日）

管轄 仙台領事館
担当 洪世福・崔鎬衍
宮城（7月25日）
岩手（7月29日～7月30日）
山形（7月31日～8月2日）
福島（8月3日～8月4日）
北海道（8月5日）

教育の質的向上に成果
韓国人教育者大会

本国政府、文教部、駐日大使館などを迎えて、去る五日から伊豆の[illegible]で開催された第十一回在日韓国人「教育者研究大会」は、八日、従来にない成果をあげて幕を閉じた。

このたびの大会には、各地の韓国学校、韓国学園、教育文化センターなど在日同胞やその子弟の教育にあたっている教育者、駐日公館、民団の文教担当者などが百二十人も参加し、研究発表を行なった。[illegible]のための教育の質的向上をめざし、大会予算のもと本国からの講師の講演、在日韓国人教育者の研究発表などがくりひろげられ、四日間の会期中に参加者は[illegible]

金竜煥

スパイ船を展示

韓国文化公報部は、去る七月三十日南海岸で撃沈した北傀スパイ船と同船から押収した装備品百四十余点を、十日から十九日まで、ソウルの[illegible]で展示している。

その他の地域では[illegible]

北傀の偽造紙幣
チリに搬入発覚

チリ警察当局は去る一日、北傀が作った六百二十万ドル相当の偽造紙幣をチリに搬入し、逮捕された八人のチリ人極左ゲリラが自白したと発表した。

アーネスト・バエア警察庁長によると、北傀で訓練を受けた十五人のチリ人極左主義者が南米の共産ゲリラ活動を支援し、北傀主義者に友好的な国家の経済を混乱させる目的でこの偽造紙幣を南米に搬入しようとしている。

名古屋総領事に李春洙氏

去る七月三十日付で名古屋総領事に赴任した李春洙総領事の歓迎会がさる七月三十一日名古屋市内の中日パレスで約三百人の関係者が集まる中で盛大に催された。

この日、民団中央から尹議長、金主事の会場には、地元選出の愛知県知事と自民党関係の各地方本部、各民団団長と日本側関係者が参加し、名古屋総領事館では[illegible]をお招きしている。[illegible]限りの努力を尽したい、いつでも気軽に総領事館を訪ねて下さい」とあいさつを述べた。

李総領事はエジプトの駐カイロ総領事に栄転発令され、近日中にカイロに向かう予定。席上、李総領事に民団中央本部から団長の感謝状が送られた。

沖縄海洋博に参加

政府は来年七月沖縄で開かれる国際海洋博に参加することを決定した。

韓日大陸棚協定を国会提出

政府は二日、韓日大陸棚協定を国会に提出した。同協定は去る一月調印されたもの。

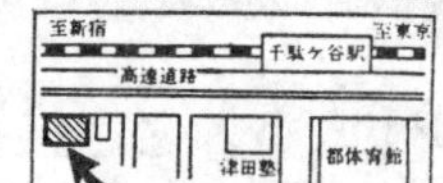

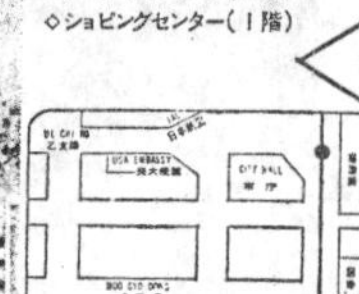

第29回 光復節에부치는 民族의決意

第29回 光復節 슬로건

一、国是遵守는 民団의 生命이며、自由大韓의 栄光속에 우리 組織은 発展한다。

二、朝総連의 悪랄한 民団破壊企図를 徹底히 粉砕하고 組織의 強化拡充에 全力을 다하자。

三、祖国의 平和統一을 위해 十月維新課業에 積極 参与하자。

四、在日同胞의 民生向上과 教育権의 守護 伸長 위해 하나로 뭉쳐 努力하자。

五、우리는 새마을運動으로 祖国의 새마을運動에 積極的으로 協助한다。

希望과자랑의 열매위해前進

北傀와 朝総連의 妄動粉砕

尹達鏞中央団長記念辞

尹達鏞団長

親愛하는 在日同胞 어러분!

光復節 스물아홉돌을맞이하여 여러분과함께 慶祝하며 기뻐하는바입니다。36年에 걸친 日本帝国主義의 侵略을물리쳐 韓民族의 血脈이 새롭게設動치기시작한 自由와 解放의 이날을 回顧할때、우리는 새로운 感激을새삼스럽게 느낍니다。

그러나 오늘 光復節은 우리民族에게 있어 単純히 不幸했던 時節의 끝장을 祝賀하는 명절이아니고 希望에찬 새時代의 展開를 期約하는 名節이기도 합니다。同時에 이面한苦難을 이기고 앞길의障碍를 除去한 努力을 盟誓하는 날이기도합니다。

一九七四年의 오늘、스물아홉돌째 맞는 光復節의時点에서 国内外의情勢와 民族의課題를 살펴볼때、우리는 祖国의 現在에 無限한希望과 자랑을 発見하는한편 우리에대한 類例없는 挑戦도 発見하게 됩니다。

우리의 希望과자랑이란 英明한 民族의指導者 朴正熙大統領의 領導아래十月維新의大課業이 우렁차게 進行되어 빛나는成果를 기두고있다는것이며、北傀와赤色分子의 妄動이 余地없이 粉砕되어가고있다는 点입니다。

그리고 一連의 大統領緊急措置는 우리 自由民主体制의 安保強化를위해 適切한防壁이 되었음을切実히 느끼는바입니다。

우리에대한 挑戦이란北傀가 民族의聖스러운 宿約인 七・四南北共同声明을 一方的으로 짓밟고武力挑発을 露骨的으로 強行하려하는것이며、朝総連은 北傀의 장단에 맞춰 民団組織의 破壊를 策動하려는것입니다。

親愛하는 在日同胞여러분!

우리는 오늘 29回光復節을맞이하여 우리祖国大韓民国이 이룩하고있는希望과 자랑의꽃을 열매맺게하기위해 全力을 다해 奉仕하여 주기를바랍니다。

그리고 民団組織에対한 朝総連의 破壊企図를 다시는 엄두도내지못할 程度로 徹底히 粉砕합시다。

民団의 維新課業과 民団의 새마을運動이란 끝우리의 希望과 자랑을열매맺게하고 우리에 挑戦을 余地없이 粉砕하는길입니다。

오늘 第29回光復節을맞이하여 慶祝하는 이자리가 우리祖国과 60万在日同胞의勝利와 栄光을 期約하는자리가 될것을 굳게 믿으며 祖国光復을위해 犧牲이되신 先烈의冥福을 비는바입니다。

一九七四年八月十五日

富強한나라建設은 目前에

団合과不退転의 姿勢로前進

金永善駐日大使記念辞

金永善大使

第29回光復節을맞아 우리韓民族이 解放을맞았던 8・15의 感懐를 되살키보고 民族中興을 指向하는 우리들의 不退転의 決意를 다시한번 가다듬어보려합니다。

8・15는 우리韓民族에게는 해마다한번 国民的立場에立脚하여 스스로를 反省해보고 国家発展을위해 자신이 貢献할바가무엇인가를 되새겨보는 契機가 되어왔읍니다。

우리는 오늘、스스로의 힘과 이름을 되찾은지스물아홉번째、그리고 一九四八年 스스로의 政府를 樹立한지는 스물여섯번째의 8・15를 맞이하였읍니다。

親愛하는在日同胞여러분、그동안 우리는 무試練을 이겨내고、스스로의進路를開拓해왔으며、그터전 위에 이제 "富強한 우리나라"를 建設할수있는 条件을갖춘立場에 到達하였읍니다。물론 우리 祖国이 位置한韓半島를 에워싼内外形勢는 순탄한것은아니며、우리의 目標達成에는 앞으로도 갖가지 試練이 따를것입니다。80年代初、1人当国民所得1千달러、輸出量百億달러의 青写真을 길잡이로삼아 그동안 순조로운成長을 거듭해온 우리나라経済는 不時에世界到処를휩쓴「오일・쇼크」의 正面波를받은 試練에 부딛치고있읍니다。그러나 우리는 이試練을 期必코 克服하고 重化学工業의完備와 새마을事業은 이룩하여 持続的인 経済成長을 追求해나가야 할것입니다。이것만이 우리国力의 源泉的基盤이될것이며 伸縮性있고 効率的인・対外政策推進의 지렛대가될것이기때문입니다。

또하나의 試練으로서、本人은 北韓의 加重되는対南武力挑発을 指摘하지않을수없읍니다。올해들어서의 事例만을보더라도 北韓은 西海上에서의 우리漁船攻撃、大韓航空機에대한発砲、東海上에서의 우리海洋警備艇攻撃등을 敢行하는가하면 不断한 間諜南派등을통한 破壊工作에 血眼이되고있읍니다。이는 南北間의 모든문제를 平和的手段으로 解決하고韓半島의平和的統一을 모색해나간다는 七・四南北共同声明의根本精神에대한正面挑発임은 두말할나위없읍니다。그러나 우리는이 北韓의武力挑発에 警覚心을가지고 이겨내는가운데 이다루기어려운 상대와 忍耐를가지고 対話를 쌓아올려가야하는 어려운立場에 있는것입니다。

在日同胞 여러분!

지금 우리에게 要請되고있는것은 朴正熙大統領閣下의 領導下에 国民的団合으로 当面한挑戦의克服과 国家의安定을期하고 이安定의바탕위에 우리의 国家目標달成을위해 邁進하는것이라 할것입니다。

그렇게함으로써 우리는 앞으로 우리의힘은 보다 알찬것으로 만들고 나아가서는 祖国의平和的統一을 바라볼수있는 基盤을 굳히게 될것입니다。

오늘、第29回光復節을맞아、殉国先烈에 敬虔한黙念을 올리면서 우리 한사람한사람이 이民族的課題를 되새겨보고 決意를 다시한번 새롭게합시다。

決議文

우리 在日本大韓民国居留民団은 오늘 뜻깊은 8・15光復節第29周年記念慶祝大会를 開催하고 이大会의 이름으로 다음과같이 決議한다。

一、우리는 祖国光復의 大義를위해 一生을바쳐 犠牲하신 愛国先烈의 가르침을 받들어民族의 念願인 平和統一을 成就하고 民主主義基盤위에서 子孫万代의 繁栄을 이룩하는데献身한다。

一、우리는 在日同胞가 日本国内에서 公正하고 平等한 法的、社会・経済的地位를 確立하기위한 努力을 더욱強化하고 広範하게 展開한다。

一、우리는 民団이 지닌 無限한 底力을 発揮하여 朝総連과 그의 앞잡이인 不純分子들이北傀의 南侵企図에 同調하여 暗躍하고있는工作을 徹底히 粉砕한다。

一、우리는 民族中興의 歴史的指標인 十月維新課業의 達成을위해 새마을運動을통한 民団維新具現에 組織의 総力을 傾注한다。

一九七四年八月十五日

在日本大韓民国居留民団

第二十九回光復節慶祝大会

참된友好確立에 한층의努力을

田中首相에게 보내는 메시지

日本国総理大臣田中角栄閣下

韓国の光復節第29周年を迎え、われわれ在日本大韓民国居留民団は、民族と祖国の解放と発展を祝う盛大な「記念民衆大会」を開催し、この大会の総意によって日本国政府、田中角栄総理大臣閣下に、このメッセージをおくることとなったことを深甚な光栄と存ずる次第であります。

田中総理大臣閣下

われわれは先ず閣下に対して、閣下が国政を担当せられてはやくも3年を迎えた今日、閣下は連日の激務にもかかわらず御健勝にて執務せられていることに心からの喜こびと尊敬の念を持って慶賀の意を表する次第です。

さらに種々の困難が介在するにもかかわらず、わが大韓民国の友邦としての日本を方向を誤ることなく統率せられ、韓日間の親善に心を尽されていることに対して厚く感謝申上げるものであります。

田中総理大臣閣下

われわれ在日韓国人は、韓日協定締結以来日本国政府が示して下された幾多の好意ある政策と処置に対し深い謝意をもつものでありますが、それにもかかわらず、われわれ在日韓国人の社会生活においては依然として理由なき差別、不当な処遇などの問題がいまだに皆無ではなく、われわれの基本的な生活維持に多大な障害となっていることも事実であります。

日本国政府はこの点に強く留意せられ、韓日協定の精神に立脚せられ、これらの風潮を一日も早く除去せられるよう、具体的な方策を着実に推進せられることを、われわれは強く希望する次第であります。

田中総理大臣閣下

われわれの祖国大韓民国は、一昨年秋より実施している維新事業によりまして今や全く昔日の面影を残さず、都市のみか農村漁村に至るまで大きく発展を続けております。全国津々浦々で展開しているセマウル事業については、既に伝聞せられているとは存じますが今年はその三年目であり、その成果が具現しつつあることは、全世界の自由民主国家の大きな賞讃の的となっているのであります。

田中総理大臣閣下

韓国と日本は、文字通り一衣帯水の地理的条件にあり、同じ自由民主々義国家としての運命共同体であることは、再言を要しないことであります。

目下の国際情勢は、東西双方の歩みよりによって、雪解けムードと称される友好関係が保たれておりますが、にもかかわらず、わが韓国においては、常に北韓との対立関係が日増しに厳しさを加えつつあります。

われわれは平和を願い平和を保つのに、いかなる国家とも友好関係を結び、かつ人類の幸福を願うことにおいて、他のいかなる国家いかなる民族にも勝ることはあっても劣るものではありません。

韓国と日本は一時期暗い時代があったとはいえ、両国関係の永い歴史の中のそれは一駒にすぎず、両国が友好と親善を深めることはアジアの平和ひいては世界の平和に貢献すると同時に韓国と日本の将来に益々発展をもたらす最善の有り方でもあると、われわれは確信するものであります。

田中総理大臣閣下

韓国と日本が強い友好のきずなによって結ばれることは、両国の必然的なそして運命的な命題であると、われわれは固く信ずるものであります。

両国が善意あふれる友好と惜しみなき協力を交換することは、両国の国民にとって幸福であるばかりでなく世界の自由民主々義国家の要望するところであり、われわれは、日本政府がそうであると信じ、かつそうあることを熱望するものであります。

田中総理大臣閣下

おわりに当り、総理閣下が御健勝にて日夜の御政務に精励せられることを祈願し、日本国の発展を願いつつ、このメッセージを終る次第であります。

一九七四年八月十五日

第29回光復節慶祝在日大韓民国居留民団

緊急措置는 自由와民主의 防壁

朴大統領께 보내는 메시지

尊敬하는朴大統領閣下

우리在日本大韓民国居留民団은 栄光스러운 第29回8・15光復節을맞이하여 祖国光復의 聖스러운 民族課業達成을위해 목숨을 바친 여러愛国先烈의 冥福을 비는同時에 祖国의 発展과 繁栄을위해 全心全力을다하겠다는 불타는 決意아래 盛大한慶祝大会를開催하고 이大会의 이름으로 大統領閣下께 메시지를 보내게됨을 栄光으로 생각하는바입니다。

尊敬하는 大統領閣下

작년의 오늘、28回光復節式典에서 우리는 大統領閣下가 唱導하고 이같이오신「維新体制」가 現時点에서의 우리民族에게 適合한民主主義理念과 形式임을 確認하고 全幅的으로 支持하며 積極的으로参与할것을 期約했었읍니다。

또한 우리는 昨年의光復節式典에서 朴大統領閣下가 内外에宣布하신「平和統一外交政策에関한 特別声明」을받들어 祖国의 平和的統一에대한 大英断임을 認識하고 우리에게 平和的으로 国土統一을가져다줄 지름길로서 支持歓迎했었읍니다。

一九七四年의 오늘、29回光復節을맞이하여 1年동안의 内外의推移를 살펴보면 우리는 閣下의決断이 우리의現実과 将来를위해 얼마나 適切하고 正確했는가를 알수가있읍니다。

民団組織이 새마을姉妹結縁이나 「새마을運動」을通해 参与해온 本国의 「새마을運動」은 이제永続的인 汎国民的維新課業의 하나로서 定着되어 一九八〇年代의 百億달러輸出 国民所得千달러의 指標는 하루하루 다가오고 있읍니다。

石油波動의混乱에도不拘하고 今年의輸出目標45億달러는 着着達成되어가고 있으며、経済成長率도 10%를上廻할것이 틀림이없게되었읍니다。

世界的인不景気와 経済混乱속에서도 우리나라가 무특하게 発展의速度를加速化하고있는것은 閣下의 偉大한領導力과 維新体制의 積極推進이있기때문임을 우리는 잘알고있으며 앞으로 더욱積極的인 献身을 期約하는바입니다。

다음으로 閣下가提示하신 平和的国土統一을위한 諸方案에대해 北傀는「南北連邦制」를云云하여오더니、이제는 오직 武力南侵의 길만이 赤化統一의 길이라 公言하기에 이르렀읍니다。

西海에서의 漁船砲撃拉致를비롯、武装間諜의南派 対南誹謗의 加重등 北傀의 狂的인挑発行為가 더욱심해져 5千万民族의平和에대한 与望을 그들이 一方的으로 짓밟기에 이른것입니다。

또한 今年4月에 北傀가暗暗裡에 鼓舞策動한所謂「全国民青学連」事件은 불생틈없는 政府各機関의 対備로 未然에防止되었거니와 閣下가 発動하신大統領緊急措置는 우리의自由民主主義를 지키고 発展시키는 防壁으로서 必須不可欠의 措置였음을認識하고 全幅的인支持를表明하는바입니다。

한편 朝総連은 北傀의 장단에맞춰 所謂「一二〇日運動」이라는 民団破壊工作을 벌이고있읍니다。

우리는 우리民団이 至今까지 지켜온伝統과 底力을 充分히発揮하여 우리에게 닥치는어떠한 悪辣한策動도 粉砕하여 自由와民主의拠点인 우리民団組織은 強化하고 拡充해갈것을 굳게 맹세하는바입니다。

우리在日同胞들은 尊敬하는大統領閣下의 領導밑에서 発展에邁進하고있는 祖国에 無窮한栄光이 있을것과 閣下의健勝하심을 祈願하면서 오늘의 기쁨과맹세를 閣下께 드리는바입니다。

一九七四年八月十五日

在日本大韓民国居留民団

みたま安かれ

折鶴ささげ追悼しめやか

第5回 韓国人被爆者慰霊祭

広島

第二次世界大戦時、原爆投下による韓国人犠牲者は、約二万人にのぼるといわれるが、その第五回韓国人原爆犠牲者慰霊祭が今年も八月五日午前十時から、慰霊碑のある広島市平和公園で、民団広島県地方本部（姜文熙団長）主催でしめやかに行なわれた。

「鳩の会」と「折鶴の会」の韓日女生徒たち

この日会場には、本国から来た韓国原爆被害者援護協会の辛判石会長と本紙一、一三〇号既報の原爆症治療のため来日、念願の被爆者手帖をもらって話題をまいた辛泳洙さんら六人を迎え、関係者百五十人余が参加、国民儀礼、過去一年間に死去した被爆者百四十人の遺影奉納（既納をふくめ九百八十五人）、黙祷、各界代表の追悼辞、献花と進められた。

特に日本女学生たちによる「折鶴の会」と、韓国「鳩の会」からの故人たちの霊を慰める折鶴献納は、参席する人たちの感動をよび頬をぬらした。

中央からは李東南総務局長が参席、追悼文を読みあげた。

被爆少年少女慰霊のつどい

八日午前九時平和祈念式の終了した広島・平和記念公園の原爆の子供の像前で、折鶴の会主催"原爆被爆二十九周年少年少女慰霊のつどい"が行われ折鶴の会三十余人と姉妹団体である韓国・鳩の会の李京姫さんら百余人が参加した。

青年会三重本部結成

初代会長に崔城喜君被選

韓国青年会三重県地方本部の結成大会が去る七月二十八日正午すぎから七十余人の会員と来賓参席のもと、民団三重県地方本部講堂で開かれた。

国民儀礼のあと、李済旭結成準備委員の開会辞で始まった結成大会は、陳且祚民団三重県本部団長ら各界代表の祝・激励辞のあと、崔城喜準備委員の経過報告、自己紹介、活動方針、予算案、綱領・規約とつづき、次の初代役員を選出して閉会した。

なお同日、会場では青年会育成資金を緊急動議で募り、三十四万五千円がたちどころに集まった。

中央からは鄭辰竜青年局次長が参席、綱領・規約を説明した。

初代役員

会長 崔城喜
副会長 崔成九
〃 李済旭
総務 崔金鎬
女子部長 金正子

民族の誇り自覚

東京青少年夏期学校

第二回東京青少年夏期学校が民団東京本部主催で、七月二十九日から四日間、山梨県都留郡山中湖畔の丸石荘で、百七十余人が参加して開かれた。

初日は、国民儀礼のあと、金致淳団長の開校あいさつ、李乙術文教部長の開校趣旨説明があり、金東俊（国語）、張暁（近代史）、李淑姫（舞踊）、鄭辰竜（跆拳道）講師ら八人を紹介、学生を代表して鄭光寿君（東京韓国学校）が宣誓、日程表と班編成をし、後八月一日までの全日程を終了して日焼けした顔でこのほど全員無事で東京へ帰ってきた。特に今回は、小、中、高の混成であったにもかかわらず、一人の事故も出さなかったこと、韓国国民としての誇りを自覚させたことなどが大きな成果としてあげられ来夏からの一つの指標になったものとして期待されている。中央からは呉敬福事務総長、姜仁煥文教局長、前記の鄭辰竜青年局次長が参加した。

千葉青年会は白樺湖で講習会

青年会千葉県本部（李栄一会長）は、長野県白樺湖畔で夏季講習会を開き、七十七人がこれに参加した。

八月一日午後十二時、千葉駅前に勢揃いした青年会員一同は、二台のバスに分乗して出発、翌二日朝九時、目ざす白樺湖畔に到着、中央からの沈鎮泰青年局長の講義に始まり、船橋キリスト教会の孟銀植牧師による時事講演、夜は歌の紅白戦で第一日を終り、四日までの三日間、国語講座、野ケ峰登山、キャンプ・ファイヤー、ぶどう狩りなど楽しいスケジュールをこなした。この集りで特記すべきは終始一貫、秩序ある団体行動で民族意識を高揚させたことであると沈中央青年局長は成果を高く評価している。

富士の見える山中湖畔で跆拳道練習（東本夏期学校）

福岡本部で実務研修

民団福岡県本部（権鉄斗団長）傘下の十七支部、三連絡所の実務者を集めての研修会が二日から四日まで、民団県本部主催で大分県別府、スギノイ・ホテルで三十余人参加裡に開かれ、これからの業務推進上の問題点などについて意見を交換した。

東京商銀の立川支店開店

東京商銀立川支店（張銘燦支店長）の新築開店祝賀式が五日午後一時半から民団三多摩本部鄭眞華団長をはじめ各支部団長および地元同胞ら百五十余人参集のもと、同支店会議場で開かれた。

立川支店は、上野、五反田、荒川支店につぐ四番目の東京商銀支店として、昨年五月から立川の仮店舗で営業して来たが、このたびの開店は、本店舗への移転である。

一年間の営業実績もめざましく開店時、六億円だった預金が十五億円を突破するにいたり、二年後には五十億円達成をめざしている。

立川支店の総坪数は二百二十坪で、八十坪の会議場は、同胞関係結婚式などの会合に無料貸与することになっている。

立川支店の住所は、立川市錦町二丁目一七六番五号（TEL・〇四二五―二二―五二三一）である。

旭川支店も5日に開店

北海道商銀の旭川支店（伊藤俊夫支店長）が五日、開店した。

張民明韓信協常任副会長をはじめ、北海道商銀の姜信学理事長、百五十余人の同胞、日本人関係者が参加し、旭川市内北海ホテルで祝賀式が催された。

韓国系日本人学生団訪韓

七四年度韓国系日本人学生訪韓団8人は、八月十日から十九日まで、韓国各地を訪問見学し、父祖の地にまつわる歴史や文化を実地に見学することになった。

一行は、訪韓を通じて、国立墓地参拝、教育施設見学、顕忠祠参拝、慶州古跡見学、一般家庭訪問、浦項製鉄見学、セマウル運動現場などの多彩な日程で血縁のふるさとに直接接する二日間の民泊予定もあり、一行は、はじめての訪韓に胸おどらせながら父祖の地での見学を期待している。

京都に高麗寺を

元暁宗師一行来日

大韓仏教元暁宗の総本山大聖寺院長と同院の金大準国際部長が、去る八月三日午前十一時民団中央本部を訪問し、尹達鏞団長、金仁洙副団長と歓談した。

両師は日本宗教法人"国分寺"の招請により去る六月二十五日訪日し、大阪、京都、奈良、大津など仏教伝来の由緒ある古刹を巡訪したが図らずも仏縁により、元高麗村（京都府相楽郡山城町大字椿井町）にある千二百坪余の古跡を地主の赤松耕雲師より寄贈を受けた。

同古跡は、いまから千三百年前百済、新羅から仏教が伝来した因縁深い土地で、坪数も年数と同じ千三百とは奇遇と云わざるを得ない。

両師は深い仏恩に報いるため同地に「高麗寺」を建立し、仏教信仰を通じて韓日親善と人類愛に貢献する決意をあらたにし、目下その準備を進め、後援者の出現を待っている。

なお、両師は東京・港区にいちる荘（四五二―九七五五）に約一カ月滞在しながら信徒たちの相談に応ずることにしている。

世界基督大会

延六百万参加

「エクスプロ（EXPO）74」という史上最大の世界キリスト教大会が八月十日から十八日まで、ソウル汝矣島広場で延六百万人が参加して開かれる。「聖霊の第三爆発」という新しい大波が起るものとキリスト教界ではみている。第一の聖霊運動である五旬節と第二運動の宗教改革につづき、聖業第三の偉業を韓国に期待している。

「入国目的違反」で法務省、文明子に講演中止を通告

日本法務省は、さる三日に米国から来日、東京滞在中の文明子に、八日午後一時から東京・九段会館で行われる反韓団体「韓民統」主催の講演会で、講演してはならないと事前通告した。

文は、もともとソウルの京郷新聞や文化放送の現地採用特派員の資格で、在米生活をつづけていたが、昨年にわかに態度を豹変、反政府運動に加担する声明を出したりしていたもので、今回の日本入国もそこに目的があったものと思われ、通過ビザで入国している。

法務省の講演中止通告は「入国目的に反する」というのが理由で当然の措置としてとられたものである。

世界親子かけある記 ㉙

ビジネスと観光と歴史・美術そして…

裵乙祚・裵慶州

"欧州見本市調査についての所見"

以前私はよく東京大阪の見本市に君等をつれて行った。それは一つにはリクレーションの意味もあったが、他に大きな目的があったことを、君自身が一人で長期にわたって見本市調査の役目を負ってヨーロッパに出張して理解してくるであろう。

見本市こそは、人間社会のあらゆる生産物が、時間場所等あらゆる困難をこえて限られた場所に世界各地から集結され、そのもつ最大の利点を宣伝し、交易しようとする理想的な行事だと言うことを認識するに違いない。人間の進歩は一個人の努力や一地域での利用では達成される成果に限界がある。如何に素晴しいアイデア生産物でも、世界各国の多くの人の眼にとまらなかったら、その効用や人類への貢献はおぼつかないだろう。人間の知識やアイデアは、より多くの人によって見、話され、まねされ、利用されてこそ生きるものだと言うことを今回の調査で君はいたいほど学ぶだろう。私はこの調査の仕事をとおして、君がこれからの人生にかけて学業や事業に役立つ多くのものを学びとることを願うものだ。全世界の生産物・商品知識を初め、あらゆる人智の粋を集め完成された展示品から、人間社会の哲理をくみとることが出来るよう私は心から祈っている。（欧州見本市調査に出張中の長男にあてた手紙の一節）

ここで私は見本市の宝庫とも言える欧州の主な開催地と見本市名を紹介し、国際行事をとおして世界が平和裏に交流し、人類の進歩と福祉に貢献している有様を一瞥しよう。

一月―野外生活旅行展（ロンドン）―国際家具ショー（シカゴ）
二月―国際家具見本市（フランクフル）―国際理想家庭展（パリ）
三月―国際見本市（フランクフルト・ウィーン・ザール・リヨン等）
四月―国際見本市（ミラノ・ハノーバー・グラーツ・パリ）国際家庭見本市（アムステルダム）
五月―北欧四ケ国合同家具見本市（コペンハーゲン）
六月―国際理想家庭展（ナポリ）
九月―国際見本市（テサロニキー・ストラスブール・ローザンヌ）・国際スポーツレジャー用具見本市（パリ）
十月―国際見本市（コペンハーゲン）・国際理想家庭展（ニュールンベルク）
十一月―国際食品・繊維・包装・事務器・インテリア各展（ベルリン・パリ・ロンドン等）―国際電子工業国際見本市（ミュンヘン）

この他めずらしいものにカンヌのファッション祭・宝石、金銀細工、時計展・児童用品展・国際宿泊展、金物展、玩具展等人間社会のありとあらゆるものが展示され世界中から呼び寄せ交易のチャンスを与えている。

見本市は交易の理想

展示品から哲理くみとる

今度はビザ無しでドイツ入国

見本市通信第一便

アボジ御許に

今ドイツのハノーバのペンション（こちらではプライベートと言って個人のアパートの一室を旅行者に解放して宿泊施設の不足を補っている）で泊っています。今日五月一日ロンドンを発ってHANOVER INTERNATIONAL FAIRを見学するためこちらに来たところです。

仲の良い老夫婦が家主で、ドイツ語がたどたどしい自分が嫌になるくらい親切にしてくれます。夕食に出されたチーズの匂いの強いものと、ひき肉を黒いパンの上にのせ、お世辞にもうまいとは言えない食事も時間をかけて全てたいらげました。

手振りや、あらゆる表現技術を使って何んとかドイツ語による意志疎通を計ろうと努力をしているのは、三年前の何か暗いムードのドイツ人に溶けこむのは、この手が一番良いと考え出来るだけこの老人等や一般の人々には、カタコトのドイツ語をあやつっております。

ハノーバは今ホテルと言うホテルは全て満員で、ぼくのように飛び込みの入る余地はありません。たとえばダブルルームの百二十マルク（約一万四千五百円）と言ったデラックスなのはありますが、とても私には手がとどきません。仕方なく旅行者相談所に行き、このペンションを紹介してもらったと言う次第です。

どのドイツ人に会っても"あなたは南か北か"と最初に聞かれます。そして南だというと初めてニコリと微笑を浮かべます。一服するところがあるのか何とも言いようのない気持になります。そしてこれが意外と親近感をよぶのも不思議です。次の便ではこの見本市の資料と調査報告をいたしますので今日はこれまでにします。

さようなら――慶州

見本市第二便

ハノーバー見本市の規模は大きく、二五の展覧会場が野外展示場延べ四〇万㎡の会場を二日間みて回りました。この見本市は工作機械、工具を初め工業機械を中心にした見本市で、私の調査対象であるインテリア関係の展示品には見るべきものがありませんでした。やはりこの種住宅関係はこの後各地で開催される理想家庭展に期待する他ありません。

一日約六時間を使って各コーナーを丹念に調査したのですが、今年の展示品にはわが社がねらっている新製品は見当りません。私の未熟さから来る見落しもあるかと思われますが、決定的なものがないことは残念です。

但し展示内容もさることながら会場のレイアウトとドイツ国民の見本市にかける意気ごみには感心しました。この後でみたパリーフェアーとはマッタク異った雰囲気で、パリーでは六つの会場がほとんど日常家具用品やレジャー用品等住宅家具雑貨品で、しかもカタログや資料も不備であるに比較して、ハノーバーのそれは展示面積と楽しい種の相談コーナーを設け即商談に応じられるよう手配され資料の完備は勿論のこと、観覧者の便宜を考えレストラン配置その他交通機関の特別措置、例えば飛行機、バス、タクシー、鉄道等あらゆる関連機関を総動員してインフォメーション・サービスに万全の準備がなされていました。

本来ならビザなどがなければ入国出来ないところを、今回ハノーバー見本市見学者については、ビザ不用のため手続も極めて簡単にすみ入国が出来ました。

即ちドイツ人の商魂がうかがわれるようでおそれ入った次第です。二つの見本市の収集資料の別送しましたので、検討の上今後の調査について御意見を聞かせて下さい。

敬具
慶州

（つづく）

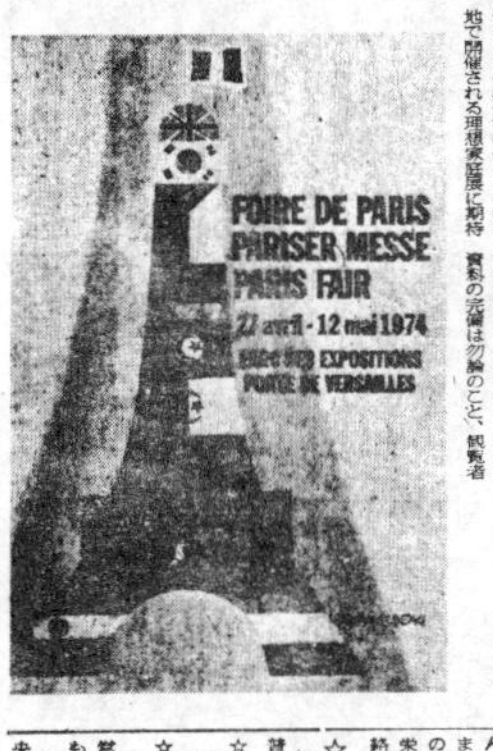

尋ね人

☆朴昌仁さん（六四、五才）本籍・慶尚南道晋州市本城洞一二三番地（旧本町）

四十年前に渡日、大阪に居住していた朴さんを弟の昌鎬さんと昌敏さんがさがしています。朴さんをご存知の方は、名古屋市南区曙浜町四―五 金富曄さん（〇五二（六一）―二六二三）まで連絡を。

☆鄭丁律さん（鄭山丁律）本籍・慶南河東郡辞山面東沙里二五五番地

福岡県直方方面で旅館業を営んでいるかも知れないといわれる鄭さんを息子である韓国晋州市将台洞一三八―四晋州湖案内鄭在和さん（電話四一九七）がさがしています。鄭さんをご存知の方は韓国の鄭さん又は熊本県菊池郡合志町栄三七九六 西山末子さんまで連絡を。

☆金奥守さん（67歳ぐらい）慶南昌原郡内西面が本籍。昌原普通学校卒業。

☆盧文賛さん（60才ぐらい）慶南昌原郡面大方里が本籍

☆姜在根さん（40才ぐらい）慶南馬山市が本籍で慶北市（統営）の鷹巳区方に住んでいた。ともある。

▼右三人を御存知の方は民団中央本部の民政局まで連絡を。

噴飯しないよう注意

北傀の大マジメなナンセンス

一九一〇年代のうわさは金一成将軍のことなのに

北傀・労働新聞論説

行きすぎ宣伝取消しの目的がウカツにニセ金日成を認める

韓国と日本の関係に新視点

日本上古史(文定昌著)抜粋と解説

(41)

百済国の滅亡と倭　(1)

孝徳王を大和から追い出し皇極前王が政権を併立する

日本書紀の「白雉」の記事　政権交替を暗示する裏記録

出場選手決まる

本国での鳳凰旗争奪高校野球に在日同胞

筆者・魯福氏

青年セミ終る

アメリカでの十五日間　国際勝共連合主催

日本　農協学園在韓国を行く　(2)

農協大学屋上を散歩する

74ミス・インター大会

世界の美女四十人競う　九日夜東京の神宮外苑で

民族服姿のミス金曝玉

特設ステージに勢揃いした世界の美女たち

韓國新聞
在日大韓民国居留民団
中央本部機関紙
韓国新聞社
発行人 尹達鏞
東京都文京区春日2丁目20－13
電話 (815) 1451～3
(813) 2261～3
振替口座 東京 163774
本国連絡所 (民団本国事務所内)
ソウル特別市鍾路区昌成洞
政府合同庁舎4階
電話 73－0162・0165

在日本大韓民国居留民団 綱領
一、우리는 大韓民國의 國是를 遵守한다
一、우리는 在留同胞의 權益擁護를 期한다
一、우리는 在留同胞의 民生安定을 期한다
一、우리는 在留同胞의 文化向上을 期한다
一、우리는 世界平和와 國際親善을 期한다

光復の感激を維新完遂へ！

朴正熙 大統領

光復節特集号

希望と誇り実らせ 赤色分子の妄動粉砕

尹達鏞 中央団長

尹達鏞 団長

「富強な祖国」を建設 団結と不退転の姿勢

金永善 駐日大使

金永善 大使

解放の歓びを統一の歓びへ

朴大統領祝辞要旨

太極旗はためき解放されてはや29たび

平和統一と子孫万代の繁栄を築くのに献身

大会決議文

第29回 光復節スローガン

一、国是遵守は、民団の生命であり、自由大韓の栄光のなか、われわれの組織は発展する。
二、朝総連の悪辣な民団破壊企図を徹底的に粉砕し、組織の強化拡充に全力をつくそう。
三、祖国の平和統一めざし、十月維新課業に積極的に参加しよう。
四、在日同胞の民生向上と教育権の守護伸長のため一つに団結し、力をつくそう。
五、われわれは、セマウム運動で祖国のセマウル運動に積極的に協力する。

慶 第29回 光復節 祝

在日本大韓民国居留民団 中央本部

東京地方本部　神奈川県地方本部　千葉県地方本部　山梨県地方本部　茨城県地方本部　栃木県地方本部　埼玉県地方本部　三多摩地方本部　群馬県地方本部　長野県地方本部　秋田県地方本部　福島県地方本部　宮城県地方本部　北海道地方本部　山形県地方本部　青森県地方本部　岩手県地方本部　新潟県地方本部　石川県地方本部　福井県地方本部　富山県地方本部　愛知県地方本部　岐阜県地方本部　三重県地方本部　大阪府地方本部　兵庫県地方本部　京都府地方本部　奈良県地方本部　滋賀県地方本部　和歌山県地方本部　広島県地方本部　岡山県地方本部　鳥取県地方本部　島根県地方本部　山口県地方本部　福岡県地方本部　長崎県地方本部　佐賀県地方本部　大分県地方本部　宮崎県地方本部　熊本県地方本部　鹿児島県地方本部　対馬地方本部　愛媛県地方本部　徳島県地方本部　高知県地方本部　香川県地方本部　沖縄県地方本部

韓国居留民団 中央本部三機関

団長 尹達鏞

在日大韓民国婦人会 中央本部会長 金信三

大韓民国在郷軍人会 日本支会長 李麟基

在日本大韓体育会 会長 鄭建永

かくして民族解放は成った

「朝鮮総督府」最後の日
29年前の歓喜新たに回顧

忘れもしない、今を去る二十九年前の今日、八月十五日、わが韓民族が日帝植民地政策の抑圧から解放された民族歓喜の日である。この日を祝って本国々内はもとより、世界名地の同胞社会では、各種記念行事を今年もくりひろげるが、これは、八月十五日の民族解放その日の今なお生々しい表情の記録である。

一九四五年八月六日、広島に原子爆弾が投下され、九日には長崎にも原子爆弾が落とされた。アメリカのB二九による、人類最初の原子力兵器の威力の前で、本土決戦と斤候戦術をもって、肉をきらせて骨を切ると叫んでいた日本の軍部も、敗戦の決定的段階を迎えたことを悟らずにはおられなかった。

追い討ちをかけるように、同じ九日にソ連の対日宣戦布告があり、東京では天皇と戦争責任者たちが、虚脱状態におちいっていた。

三日の間に、二回も原子爆弾の洗礼を受けたうえに、ソ連の参戦で、風前の灯（ともしび）のようにゆらぐ軍国主義日本の支配層は、同じ九日深夜、宮城の防空壕の中で御前会議を開き、

「状況によっては無条件降伏も致し方ない」

という決定を下したのである。

十日には、ポツダム宣言受諾通告の方法が、政府部内で秘密裡に進行し遂に八月十四日午前十時五十分、いわゆる「日本の一番長い日」であった最後の御前会議が開かれた。

これまで、日本の大本営内には国体護持のために本土決戦を主張する、主戦論者たちが相当数いたが、降伏しなければならないという多数意見が、主戦論者の強硬な主張を抑えてしまった。

この場で、米英中ソ四カ国の、ポツダム宣言の正式受諾と、戦争の終結を決定したのである。

その頃、東京の情勢を目ざとくキャッチしていた、朝鮮総督府の高官たちは、危うくなった自分たちの運命を直感しているようであった。

やがて戦争終結に関する正確な指示もなしに、最後の局面を迎えた朝鮮総督府では、阿部信行総督をはじめ上層部が民衆の蜂起を恐れて、かつては自分たちの手で投獄し苦しめた、高名な民族主義者たちに盛んに媚を売っていた。

しかしこのような甘い話に乗る宋鎮禹氏ではなかった。断固として拒否し、かえって日本は必ず勝つと皮肉りながら、席をけってその場を辞した。

八月十三日になると、朝早くから原田次席が宋鎮禹氏を訪ねてきて勧誘し、ついで京畿道の田中保安課長、しまいには京畿道の生田知事が、岡警務部長を伴ってきてくりかえし勧めたけれども、宋鎮禹氏は依然としてこれを拒絶した。

岡警務部長は座ったり立ったり無謀のあまりなす術を知らなかった。

彼等が宋鎮禹氏に何回も懇願した内容は、他のことではなく、朝鮮総督がもっている権力の大部分を譲るから、これを引き受けて自分たち日本人の生命財産を保護して貰いたいという虫のいいものであった。

権力の四分の三を譲るばかりでなく、新聞、ラジオの報道機関、警察、軍兵等、司法機関まで譲渡するから、そのかわりの唯一の条件として、日本人の居留を認定することと、何よりも生命の安全と私有財産の保護を求めたのである。

宋鎮禹氏が承諾だけすれば、すぐ遠藤政務総監の所へ行って、最後の決定を下すつもりであった。

宋鎮禹氏が最後までこれを拒否すると、こんどは朗山・金俊淵氏を訪ねていった。

八月十四日に金俊淵氏が致し方なく生田京畿道知事に会うことになったが、その場には岡警務部長も出たり入ったりしながら、そわそわしていた。そして、朝の九時から、五、六時間も懇願されたが、金俊淵氏の態度もまた宋鎮禹氏と少しも変わるところがなかった。

その時、ソウル（当時京城）には、米軍のB二九が現われて、市民たちは防空壕に退避する騒ぎを起こしたが、不吉な予感にとらわれていた彼等は国内に暴動が起こりはしないかという点と、特に学生たちの動向に関心を集めているようであった。

このようにして、朝鮮総督府の時局担当に関する宋鎮禹氏、呂運亨氏、金俊淵氏等、民族主義の巨人に対する交渉の結果は、事実上水泡に帰した。

運命の時間は刻々と近づいてきた。

八月十四日のラジオ放送は、十五日の正午に重大放送があることを予告した。

一九四五年八月十五日正午、全世界に放送された裕仁天皇の、弱々しい声音は、日本の無条件降伏を知らせるものであった。

暗黒の夜は明けて、[illegible]韓民族は三十六年間の鉄鎖を断ち切って、感激に満ちた解放の喜びに浸った。

三千万民族が歓喜の余り身もだえ、叫び、誰とでも抱擁して歓呼した八月十五日！

三千里の山河も生気をとりもどして、太陽は光り輝やき、空はあくまで青く、悠々と流れる漢江は山の緑を映しながら、来たるべき新しい歴史をささやいていた。

しかし、自主独立国家の建設というものは、決して生やさしいものではなかった。

歴史はそれを事実をもってわれわれに冷酷に教えてくれた…

裕仁天皇の降伏放送で、最後の幕を下した朝鮮総督府は、それからアメリカの軍人が上陸する日まで、独立万才を叫び、感激と興奮のるつぼと化した三千万民族の渦巻きの中で、戦々兢々とした日々を送っていた。

卑屈な陰と黄色い顔が、ちょうど死刑宣告でも受けた罪人のような姿であった。

宋、呂両愛国志士 祖国独立準備急ぐ

八月八日、阿部信行総督は、当時の指導的人物であった古下・宋鎮禹氏と夢陽・呂運亨氏を招いて、時局に関する意見を聞きながら、事態の発展に伴って起り得る問題の解決と協力を要望したのである。

しかし、宋鎮禹氏と呂運亨氏から、何の言質も得られなかった彼等は、今にも三・一運動のように大々的な蜂起が起こりはしないかと、ますます焦燥にかられ始めた。

そして、八月[illegible]日忠武路（当時の本町）署の磯崎保安課長、原田次席、朝鮮軍司令部の神崎参謀等が集まり拒絶してきた宋鎮禹氏の参席を得て、会議を始めた。

始めは東京の動きや、戦争終結などはおくびにも出さないで、

「形勢が緊迫重大化しているから、行政委員会のようなものを組織しなさい」

と勧めていたが、宋鎮禹氏の反応がなく沈黙が続くと、突然——

「独立準備をしてもよろしいです」

という話にまで飛躍した。

8月15日まで納めよう 中央会館建設基金

歓喜と希望に燃えたあの日の感激！

三十六年にわたる日帝の侵略の鉄鎖がたちきられた一九四五年八月十五日、三千万の韓民族は、全国の津々浦々で感激にむせび、希望と喜びに雀躍りした。「大韓独立万才！」の声は空高く轟き、太極旗は道にあふれた。人々はお互いにだきあい、歓喜と希望と自由の実感をたしかめあいながら、終日、列をなして祖国の、そして人間の解放をうたった。

"八・一五"の上海の表情

金明水（当時・上海韓国僑民団文化部長）

一九四五年八月十二日の夜、上海の空につんざく爆竹の破裂音は、まるで豆を炒るようだった。それはフランス租界「霞飛路」からはじまった祝砲であったのだ。いわば日本の投降を祝う歓声の祝砲だった。

五百万上海市民が軍国日本の敗亡を祝うものだった。

日本の敗戦が時間問題だったのは事実だが、それがこんなに早目にやってくるとは。

ともかくかれらは、われわれより先に、この情報を手に入れたわけである。

日本天皇の降服宣言四日前のできごとであった。

山東出兵、満州事変、第一次中日戦争に次ぐ第二次世界大戦を通じて、日本軍の鉄蹄に蹂躪された中国本土が、連合軍の勝利によって解放されたのである。

八月十五日、待望の日はついに来た。

在上海韓国人たちは、日本の敗亡を目のあたりに見たからには、いま死んでも恨みはないとばかり喜びに踊り狂った。だが、同じ韓国人でありながらも、喜ぶのはおろか、まっさおになっておびえ、身の置きどころを知らぬといった部類もあった。

ところが、日本の降伏が報道されたとたん、上海居住の全同胞は、すべて愛国者に豹変した。

愛国同志会という団体が組織され、比較的上流に属する事業家が集い、豊富な財力を誇示するかと思えば、KとPという輩は、いつの間にか重慶に飛び、「臨時政府上海支部」事務所を設け、日本軍から除隊した優秀な青年将校四十名を糾合、「ブラック・ジャンパー」隊を組織し、目まぐるしい活動をはじめた。

精神的にもっとも同胞の助けとなったのは「上海韓人通信社」の青年たちだった。首を長くして帰国を待っている同胞に、かれらは正確、迅速な情報を提供した。朴巨黙の「大韓日報」が生まれ、また東亜同文書院出身が集って刊行した「新韓報」があった。

上海韓国僑民団を組織したN博士と甲、玄氏らは、重慶から帰った李済天将軍、鄭時元氏らと仁成学校を改編し、韓国の学生に国語、国史、英語などを教えはじめた。

同胞たちのもう一つの主要事業は、中国政府の放送局とかけ合って、一日一時間の韓国語放送を実現することだった。

ある日、「韓人通信社」に金某朴某という輩が訪ねて来た。彼らは、南京の中央大学に在学中、彼方に脱出し、光復軍第○支隊の先発工作員になっていたといって、上海からさほど遠くない浙江省杭州地方で抗日闘争をつづけた第○支隊の李蘇民将軍が、じきに凱旋入城するから、その歓迎準備を頼むというのだった。

李蘇民氏は本名が李泉山。はやくから金若山に従い、日本警察の手先石某を暗殺した義士だった。

李蘇民将軍が、上海北站に到着したおり、大極旗を手にした五千あまりの同胞は「抗日闘士、李蘇民将軍万歳」と書いた大きなプラカードを前に熱狂した。彼を迎えるため、プラットホームに整列していた同胞の表情は緊張と厳粛そのものだった。

汽車から下りる五尺短躯の抗日闘士、李将軍のやつれた姿は見るに忍びないものがあった。

祖国の独立のため、万難を排して抗争を続けて来られた方を敬うのが同胞の義務だといわんばかりに、感激にあふれた万歳の声は天地をとどろかした（後日、重慶臨時政府要員の歓迎も、これにはおよばなかった）。

李蘇民将軍は、歓迎群衆を前にして感傷的な雄弁をふるうことを忘れなかった。

「過去をきれいに清算し、これからは一丸となって国家建設にまい進しましょう。本隊はここで光復軍の兵力を整え、故国に帰る使命をになっています。わたくしにならってください！」と絶叫するや、恐怖におののいていた親日派たちは、先を競って財産を献納した。

このようにして蘇民部隊は、上海で勢力を拡充し、夢のようなある計画をひそかに進めていった。

ところがある日、このような夢は、はかなくも挫敗する羽目に陥った。

中華民国軍部から、李蘇民光復軍司令部の駐在弁事処を訪問するという公文が届けられたのである。

李蘇民将軍は、なにかの慶事であるかのように、満面に喜びの色をただよわせ、ある期待に胸をときめかせた。さっそく閣僚（？）を召集し、正装して貴賓の来着を待った。

当時蘇民は、弁事処に宣伝処、軍需処、交通処、財務処、外交処などの各部署を設け、親日分子を引き入れ、かれらに各処の正・次長をあてがった。いうなれば小内閣の構成だった。

各処の長に任命された者の権勢はなみたいていのものでなかった。さしあたり、私有財産の保護もできたし、それに、帰国してからは高官の地位に就けるものと思いこんでいた。

そのおり、蘇民王国は虹口にある日本の第六小学校を不法占拠し庁舎として使用していたが、友邦の親善使節の礼訪（？）を待っていた当日、中国軍一個大隊は、この敵産庁舎を急襲し包囲したのち、その中にいた蘇民部隊を全員武装解除させた。

現場で逮捕された蘇民は、中国軍総司令部に監禁された。

重慶臨時政府の内務部布令によって構成された、「上海韓国僑民団」を与党にたとえるとしたら、これに参与できなかった不満人士の集団「帰国促進委員会」は野党ともいえた。

この二つの団体はことごとに衝突した。

一日も早く故国に帰りたいのが同胞の望みだった。そのうえ揚子江以北から上海に集結する戦災同胞韓国籍兵士の数は、うなぎのぼりのすう勢だった。

「僑民団」は、これらを救済するため、衣類と食糧の分配に目が回る実情だった。独善的な、また非民主主義的な「僑民団」は、同胞の帰国事業に誠意がないとの非難を受けた。

「帰国促進委員会」と、「僑民団」は万事につけて衝突を免れずろとなり、同胞の民心は左右に分かれるところとなり、ただならぬ険しい空気がみなぎっていた。

ついに、虹口公園で挙行された「僑民大会」のまっさい中、青年同士のあいだで乱闘が起こり外国人の前に醜態を演ずる結果をもたらした。

そのうち、重慶から金九主席をはじめ、臨時政府の要人らが飛来し、さらに李範奭将軍の引率のもとに来着した光復軍精鋭部隊などほんとうの抗日闘争人士らが集まり、韓国人の立場が好転するようになった。

独立運動の揺籃地といえる上海では、日本警察の刑事、総督府の嘱託などが、みな無事に帰国できたのが特色だった。

朝鮮人居留民会会長だった李甲寧は、一九四六年五月の帰国船に紛れこんで帰国し、また日本領事館の朝鮮人係長だった野田警部は、帰国直前まで韓国人の家にひそんでいたという。

九月九日に 米軍上陸
総督府会議室で歴史的な日本降伏の調印式挙行

八月二十一日、ソウルに米軍の飛行機が現われて、近日中にハージ陸軍中将が上陸するであろう、というビラを撒いて回った。

米軍が始めてこの地に上陸したのは、一九四五年九月九日のことである。

この日、日本帝国主義の植民地として、搾取と圧迫から三千万同胞が解放されたことを実証する朝鮮総督府の降伏調印式が、総督府の第一会議室で行なわれた。

午後四時!! 歴史的な瞬間である。ハージ中将を中心とする米軍側の代表団と、阿部朝鮮総督、上月朝鮮軍司令官、山口鎮海警備府司令官等が、秩序整然と整列した中で調印式は挙行された。

この瞬間こそ三千万民族が解放される、歴史的瞬間であり、自主独立のための試練の出発点でもあったが、希望と感激に満ちた胸ふくらむ瞬間であった。

降伏調印式は三十分後に終わった。それと同時に国旗掲揚台から、日の丸がするすると下され、星条旗がするすると上がった。

十六日には日本人警察官も一斉にひき処分にしたものである。

このようにして、三十六年間韓国に君臨した朝鮮総督府は終焉を迎えたのである。

北傀와朝總連은'南北不可侵'提案을無條件 받아드리라

韓國新聞
在日大韓民国居留民団
中央本部機関紙
韓國新聞社
発行人 尹達鏞
東京都文京区春日2丁目20—13
電話 (815) 1451〜3
(813) 2261〜5
振替口座 東京 163774
本国連絡所（民団本国事務所内）
서울特別市鍾路区昌成洞
政府合同庁舎4層
電話 73—0162·0165

在日本大韓民国居留民団 綱領
一、우리는 大韓民國의 國是를 遵守한다
一、우리는 在留同胞의 權益擁護를 期한다
一、우리는 在留同胞의 民生安定을 期한다
一、우리는 在留同胞의 文化向上을 期한다
一、우리는 世界平和와 國際親善을 期한다

国母・陸英修女史逝く
共産分子・文の兇弾にたおれる

[illegible]十五日[illegible]ソウルの国立劇場[illegible]大会が行なわれていた。その頃、ソウルの[illegible]ピストルで狙撃、弾は外れて大統領夫人・陸英修女史の頭部に命中、たおれたという速報が[illegible]名儀のパスポートを不法利用して韓国にもぐりこみ、この恐るべき兇悪行に及んだ在日[illegible]同日夜同時から正式発表された。さらに[illegible]人は、さきに政治性をおびた不純分子の集団として民団傘下団体から除名処分させられた旧韓青の大阪[illegible]部であり、同時にいわゆる「韓大中」[illegible]の事務次長や「民統協」に所属する[illegible]国民[illegible]に対する激しい怒りをぶちまけている。（関連記事三面に）

故陸英修女史

中央庁で国民葬、沿道に2百万の慟哭

朴大統領夫人・故陸英修女史の不慮の逝去にともない、政府は国民葬をもって故人の遺徳に報いることになり、十九日午前十時から中央庁広場で、金鍾泌総理がつとめる葬儀委員長の総指揮のもと、国民葬永訣式が、遺家族を始め三府要人と各界代表、田中首相をふくめた外国弔問使節、外交使節ら二千九百余人が参席する中でしめやかにとりおこなわれた。

葬儀は[illegible]故陸女史の略歴報告に始まり、金総理が「あのようなむごいことをする共産主義者たちを、私たちは今後見逃すわけにはいかない」との主旨の切々たる弔辞をのべ、婦人代表の朴順天女史が故人の遺徳をしのび、カトリックや仏教の祈とうと読経があり、故人の肉声録音が場内に流れ、献花へと移った。

献花では遺子三人につづき、金総理、田中首相の順で進み、その間弔歌と陸女史が生前好んだ「故郷の春」「カコパー」「母の心」などの歌曲が合唱され、午前十一時半すぎ、オーケストラの葬送曲で閉式した。

閉式後、故人の柩は中央庁広場を離れ、沿道を埋めた二百万にのぼる哀悼市民の中をソウル駅まで運柩され、そこから国立墓地までは車輛行列となり、午後[illegible]時半、遺家族や葬儀委員の見守る中で安葬式をとどこおりなく終えた。

なお朴大統領は、韓国慣例によって、同日の午前九時四十分、青瓦台内で家族としての告別式をすませ、国民葬には臨席しなかった。

民団中央は四人参席

故陸英修女史の国民葬には、民団中央本部を代表して、尹達鏞団長、朴太煥議長、[illegible]監察委員長の三人と、大韓婦人会中央本部を代表して[illegible]会長が参席、献花した。

全国民団で追悼式 黙念捧げて冥福祈る

ソウル・中央庁広場で、朴大統領夫人・故陸英修女史の国民葬が、全国民哀悼のうちにとり行なわれた十九日午前十時を期して、日本では韓国大使館、民団中央本部を始め、東京、大阪など全国各地では青瓦台に弔電をうつ一方、厳かな追悼式をあげて黙念を捧げ、故人の冥福を祈り、朝総連を始めとする共産徒輩たちの一連の兇悪犯を再発させないよう[illegible]ほどを新たに誓いあった。

中でも韓国大使館では、陸女史逝去の翌十六日から既に館内に祭壇がしつらえられ、各国外交使節団、日本の[illegible]前首相、木村外相、各界人士、民団関係者らがぞくぞくと弔問にかけつけたが、弔問の受付は国民葬の十九日までつづけら[illegible]

御霊前に捧げる追悼辞

われわれは、今もその時の衝撃と不安を忘れることができません。半世紀にわたる他民族の圧政をまぬがれ、国権をかちとった光復節の祝典でわが国の国権の象徴である大統領に対する狙撃事件があったとは憤りにたえないしだいであります。朴正熙大統領は、不幸中の幸で狙撃を免れましたが、令夫人陸英修女史が、この凶弾で逝去されたのであります。それればかりか犯人は日本国に居住する所謂「民統協」系列分子であったということでわれわれ在日同胞は一層の憤りと申しわけなさを感じえないのであります。

国内外を通じて常に、気高い品位と優雅さで定評のあった陸英修女史！

われわれ在日同胞は今も忘れません。母国訪問の際に、ご対面の折にはつねにさわやかな微笑とあたたかな模範を下さった陸女史！

すべての国民の尊敬と敬慕をうけていた陸女史は、国への大きな内助の功をたてながらこの国の明るい前途のため一身を捧げられたのであります。

謹んで陸英修女史の霊前に申しあげます。

女史は逝かれましたが、われわれは決して女史の無言の教えを忘れません。この機会に、われわれは憤りに燃えつつ、誰がこの国の分裂をたくらみ、在日同胞社会の混乱をひきおこそうとするのかを鋭くつきとめ、万全の態勢で対備すべきであることを切実に感ずるしだいであります。

また、われわれ在日同胞は、犯人の居住地が日本国であることから日本で犯行を準備し、共犯と接触したものと考え、現地当局の徹底した究明を注視するものであります。それればかりでなく、女史は生前に全国各地に「子供会館」を建設し、敬老教護事業などに一身をささげられました。このような奉仕社会福祉活動にかたむけられた女史のまごころを胸に刻み、ふたたび団結し、力を集め、女史がそれほどにも大切にされたかけがえのないわが母国の発展にささげることをちかいます。

そして、われわれすべては、女史がさわやかな微笑をつねにたたえておられたように、母国の前途に明るい微笑がみちあふれるよう力をつくすつもりです。安らかに眠られますよう霊前にご冥福をお祈りいたします。

一九七四年八月十八日
在日本大韓民国居留民団

反国家分子と野合した朝総連に責任あり

声明

民団中央では、十六日午前十時から緊急中央執行委員会を開いて協議し傘下全組織に、故陸英修女史の国民葬が行なわれた十九日までの間、哀悼の意を表して喪に服するよう指示したあと、十一時半からの記者会見で、反国家的不純分子と、これと野合している朝総連はもとより、これら一連の行動を煽動、助長してきた一部日本のマスコミに対し、激しい国民的怒りをぶちまけた次のような声明文を発表、[illegible]態度をさらに高めた。

八月十五日、ソウルの国立劇場の光復式典場で、朴大統領暗殺未遂事件が発生し不幸にも大統領夫人陸英修女史が兇弾により不慮の他界をし女子高校生張峰華さんも死亡するに至った。国民の尊敬と親しみを一身に集めていた朴大統領夫人陸英修女史の逝去に際しわれわれ在日韓国人は心から哀悼の意を表します。

われわれは兇悪犯の文世光が敵性団体として既にわが民団から除名解散させられた旧「韓青」の構成員である事実と更には、旧「韓学同」、旧東京本部等一部の反国家分子で構成されたいわゆる民統協に所属している事実を知ると[illegible]共に許せぬ[illegible]的行動に激しい怒りを覚えると同時にこれらの不純分子を徹底的に糾弾する覚悟であります。さらに日本の一部マスコミが、このような集団の行為を正当化するような編集方針を続けてきたところに、彼らをしてテロ行為にまでエスカレートせしめた責任があることを指摘し抗議すると共に、今後においても尚このような集団とこの集団を擁護する立場にある人物の発言のみを報道することを続けるならば、われわれ在日韓国四十万民団員は相当の覚悟を持って対処せざるを得なくなろう。また反国家反民族分子等によって起り得る総べての責任は、民団から除名解散させられた不純分子とこれらをあやつる北傀の手先である朝総連にあることを宣言します。

一九七四年 八月十六日
在日本大韓民国居留民団中央本部
団長 尹達鏞

大統領狙撃事件に関する北傀発表は虚偽

声明

民団中央本部尹達鏞団長は、二十日午後五時半から、民団中央で記者会見を行ない、十九日平壌放送が行なった北カイライの声明「韓国当局の発表はデッチ上げだ」ということに対し、全面的にこれを反駁声明した。

文世光が韓国大統領を狙撃するのは、北のカイライとその手先朝総連の指令によるものであることが、文の自白で明白となった。

彼等は、文が大統領を狙撃した時点で射殺されることを予期していた。それがなければ文が自殺する者であった。しかし文は死ぬことが出来ず生捕りとなった。そうして犯行に至るまでの事実を洗い自白しはじめたのである。北カイライと朝総連は、ここで思わぬ手違いによって真実が明らかになることに大いに慌てふためき彼等の陰謀と指令事実が万天下にさらけ出されるのを恐れ、急ぎ記者会見を行なって「デッチ上げ」だとか「事実無根」だとか、[illegible]一線命令」だとかを強調し、むしろ韓国側が一方的に悪いかのように宣伝した。われわれは北側の悪辣極まる今回の行為を、彼等の計画的犯罪であると確信するものである。

北カイライの外務担当チャ・ビョンノクは、五月五日に文が万景峰号で工作員から指示を受けたという日は、万景峰号が朝早く大阪港を出発したから接触していないとしているが、この日付は単に文自身の内容の記憶違いであることを示すもので、否定の根拠にはならない。これは五月三日のことを指すとも見ることができるからである。文が朝総連の金浩龍から韓国大統領暗殺の指示を受けたのは、一九七三年十一月だと韓国が発表したのは、日本の警察が押収した文の手記の、一年前からの計画と矛盾していると主張しているが、これを否定の材料として取上げるのは詭弁である。文が心情的に持っていた反韓の感情に、具体性を与えたのが九月で実行を指令したのが十一月であるというにすぎない。その証拠に、文と吉井美智子が十一月十九日から同二十二日まで香港を旅行したことが日本警察の調べで判明したが、文自身が香港旅行は武器入手が目的であったことを認めており、金浩龍から日本円五十万円を受取ったことも自白している。しかも金と文の接触が七三年九月四日ごろだと文自身が認めているので、文は金にこの頃から扇動されたことを証明するものである。

朝総連も、金浩龍も、好んで"デッチ上げ"という言葉を使っているが、彼等は都合の悪いことはすべてデッチ上げだと否定する。これらは彼等の常とう用語にすぎない。今日までデッチ上げだと否定したことの、ほとんど事実であったことはよく知られている。

日本警察の調べによれば、文の収入は月間五万ないし十万円までなのに、今回直接使った費用だけでも巨額であると見られるだけでなく、文の家庭の家具調度も月収不相応である。これは当然背後に資金を提供したものがいることを証明するものである。金額その他は既に新聞、TVなどで報道されている。文が大統領と、陸女史を狙撃するときの写真を見た。過去に軍隊で教育を受けたことのある者は、あの写真を一見して直ちに判断したことは、素人の射撃姿勢でないということである。日本警察の調べでは今年二月から三月にかけて、文が入院したことを確認しているが、文がそのとき朝総連の金浩龍から照準の合わせ方射撃の姿勢の訓練を受けたと、韓国の捜査当局が発表していることを裏付けするものである。

短銃奪取に文が直接参加していることが判明した。警察当局が、保管してある当時の現場資料では複数犯としか考えられないとしており、文のクツより小さいクツの足あとがあるとのことから、[illegible]にも共犯者があることは間違[illegible]い。暴力団の外に、他の不同調者[illegible]官が戻った時に、交番の戸口で警[illegible]間をして警官が内部に入る時間を遅延させる役目の「女性共犯者」もあったと考えられる。

文世光の名が始めて確認された当時、いわゆる"旧韓青"の会員だった者が、文は七二年九月に"韓青"を離脱したので無関係だとウソの声明を出した。しかし実際は七三年二月長野県菅ヶ原で"韓青"の冬季講習会があったとき、文は彼の指導助言者として出席しており、また七三年八月まで"韓青"の事務所は文の自宅であったし、七三年九月に借りた"韓青"の事務所は、文が名儀人となっている。文世光が"韓青"の一員であることを否定することは不可能である。

われわれは、これらの事実を総合[illegible]、朝総連と北カイ[illegible]しようとも[illegible]声明[illegible]全[illegible]次第、逐次天下にそれを発表するであろう。

日本マスコミこそ教唆犯
在日韓国新聞通信協で声明

朴正熙大統領夫人の陸英修女史が兇悪犯文世光により狙撃され、不慮の死をとげたことに際し、在日韓国新聞通信協会では、哀悼の意を表し次のような声明を発表した。

声明

八月十五日光復節記念式典場における陸英修女史の不慮の横死を悼むと同時に、兇悪犯文世光のこの唾棄すべき反逆行為に憤慨をお[illegible]であります。

このかかる兇悪犯を在日韓国[illegible]から出したことは、かえすがえすも痛恨であり、われわれは大きな衝撃を禁じ得ないのであります。

特に反逆者文が、民団から既に除名された反国家団体に所属していることを思い合せ、これら不純分子の背後関係が徹底的に究明されねばならないのはもちろん、今後かかる不祥事の再発を根本的に防がねばならないことは他言を要しません。

これら反国家分子を共同正犯とするなら、一部日本のマスコミこそは、彼らを扇動した教唆犯であることに思いをいたし、これらマスコミの偏向的報道姿勢の是正を強く要望するものであります。

ここに在日韓国新聞通信協会加盟全社は、あらためて陸女史の御逝去に深甚なる哀悼を捧げると共に、御冥福をお祈り申し上げるしだいであります。

一九七四年八月十六日
在日韓国新聞通信協会

追悼文を読み上げる金仁洙中央副団長

平和統一基本三原則を宣明

朴正熙大統領慶祝辞（全文）

第29回光復節

本紙前号での第二十九回光復節によせる朴大統領慶祝辞要旨につづき、その全文をここに掲載する。

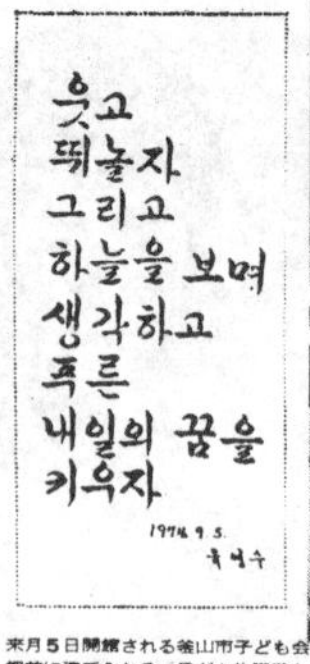

来月5日開館される釜山市子ども会館前に建てられる「子ども礼讃碑」の故陸英修女史による文と揮毫

第27回光復節慶祝式に参加した民団幹部一行の表敬訪問をうけ歓談される故陸英修女史（1972年8月15日）

▽大統領令夫人陸英修女史が、ソウル大学病院に入院、逝去された15日午後七時を前後して突然雨があがり、ソウル一帯には、何分間もの間、厚い雲が裂け、その裂け目から濃い夕焼けのような光が市街一面に映え渡ったという。ソウルの新堂洞に住むという李仁順さん(70)は『その色合いは、光復節記念式典で陸女史が着ていた民族衣装の色だった』といいながら、「あの方が亡くなられたのだなと思った」とのべ、忠信洞で、その強い夕焼けの色を見た朴末述さん(68)は、「天が心の美しい方が逝かれる道をうるわしくかざるもの」とのべた。強い夕焼けの光彩という自然現象を、天の悲しみとしてとらえ、それに託して、大統領令夫人の逝去を嘆き、弔う韓国全国民の悲嘆は言い表わせないほど深く、大きい。祖国の激動の歴史のさなか、国土防衛の一念に命を賭けた将校の妻として、そして[illegible]の危険に身を挺し、祖国中興の理念実現の先陣に立つ大統領の一家を支える令夫人としての陸英修女史は、また全国民老幼男女がひとしく敬い、愛する敬愛の的でもあった。

▽庶民とともに呼吸し、生活した大統領夫人故陸英修女史は、生前、華美な趣味生活とは一切関係のない質素な一生を送り、さわやかで温かな微笑をたたえながら児童福祉や老人対策など国民の生活の底辺で悩み苦しむ人々のための厚生事業を地道にま心をこめてひろげて行った。故陸女史の殯所に長い列をなして弔問するほとんどが庶民であり、子供の手を引いた婦女子らが焼香しつつ、号泣するありさまは、令夫人がどれほど庶民とともに歩み、庶民の生活にうちこんでいたかをまざまざと語るものである。同時に祖国の実情や、国民の心情をわきまえてもいない祖国叛逆の文世光に対する憎しみと、背後で文を操ったと見られる赤色分子に対する憤りは、いいようがないほど強く大きい。ソウル市内の南山には、夫人が自ら設計して建てた児童会館をはじめ、昨年五月一日にはソウル市東郊外にあったソウルカントリークラブ（ゴルフ場）をつぶしてこども公園を完成した。また閣僚夫人などを中心とする陽地会という婦人慈善団体を主宰し、バザーを開いたり老人ホームを慰問するなどの業績に対して、与野を問わず国民の敬愛の情はあくまで厚かった。また故陸英修令夫人は「青瓦台野党」を自負し、国民の声に耳を傾むけ、大統領にも伝えていたということで広く知られている。

▽一男二女の母で、趣味は生け花、今年で49才の陸女史は忠北沃川で出生、一九四二年、ソウル培花高女を卒業、解放後、郷里で女子中学校教師として教鞭をとったが、一九五〇年、朴大統領と結婚した。本報では、全国民とともに故陸英修女史ありし日の面影を偲び、こみあげる悲憤の情をこらえつつ、凶弾に倒れ、維新祖国の祭壇に、一身を献げた故陸英修女史の冥福を祈るしだいである。

故陸英修女史の遺徳を偲ぶ

祖国中興に捧げた清楚・慈愛・至誠の生涯

名門の次女として

女高生時代の令夫人

見合い結婚で結ばる

赤貧の新婚生活に

質素・倹約・端正の人

忘れられない友

日陰に陽光を燦然と

最後の遺墨は少年少女へ

故陸女史の語録

第29回　光復節
全国で盛大な民衆大会

平和統一の決意新た
陸女史悲報に場内ぼう然

八月十五日の第二十九回光復節を迎えた民団組織では、東京、大阪の各五千人の[illegible]動員するなど、[illegible]慶祝民衆大会を全国各地で開き、祖国の平和統一への決意を新たにした。

写真上は、東京・国際劇場での中央民衆大会◎中は狙撃事件を発表する金致淳東京本部団長（中央）◎下中央は大阪中之島公会堂での民衆大会で伊敦花勲章を授与される[illegible]大阪本部団長

炎天の下五千団員　東京

この日[illegible]

大阪も五千　愛知は四千

[illegible]

沈甚川女史　永眠

[illegible]

青年会岩手本部結成
初代会長に　金盛文君選出

[illegible]は八月十一日午後一時半から、盛岡市の民団岩手県地方本部で会員、会友ら関係者六十五人が参加して開かれた。

民団の李山仲組織部長の司会で開会された結成大会は、国民儀礼のあと金盛文結成準備委員長の開会の辞、金東鳳副委員長の経過報告に次いで、民団の金南洙岩手県本部団長、仙台領事館の申吉植副領事、岩手商銀の黄成永理事長がそれぞれ祝辞をのべ崔千代さんを議長に選出して大会を進め、次の新任役員を選出した。

つづいて、青年会綱領と規約を、中央から参席した崔東青年局次長が説明これを採択、活動方針、[illegible]

またこのあと[illegible]、一日間にわたる民族精神と[illegible]局に臨む青年のあり方について講義があり参加者たちの[illegible]った。

新任役員

会長　金盛文
[illegible]

熊本でも結成大会
初代会長員に　金泰汶君

民団熊本県本部（鄭八岩団長）の肝入りでかねてから準備が進められてきた韓国青年会熊本県本部結成大会は、八月十一日正午から、会員や民団、婦人会有志ら五十四人が集まる中で、民団大熊会議室で開かれた。

大会は朴次事務局長の司会で国民儀礼から始まり、鄭富愛八岩団長、李道的福岡領事、宋浮商教育文化センター所長から祝辞、中央から崔東青年局長が激励辞をそれぞれのべた。

次いで議長に民団の金泰汶青年[illegible]

新任役員

会長　金泰汶
副会長　朴大相
総務　金孝坤
女子　金[illegible]
監査　任鎮鎬

韓国青年の歌
当選作なし
作詞・作曲を本国へ依頼

在日韓国青年に健全な精神を培い、愛国心と団結心をもり上げ、韓国民としての主体性と正しい価値観を確立させるようなほうらつ[illegible]ている。

米で在日韓国青年セミナー

[illegible]では、国際勝共連合主催で来る七月十五日から三十一日まで[illegible]国で実施された第一回在日韓国青年セミナーが予想以上の成果をあげたことにより、第二回セミナーを次の要領により実施することになったのを機会に、民団中央はこれを後援、ひろく優秀な韓国青年たちの参加推せんを呼びかけている。

募集要項

[illegible]ニューヨーク・[illegible]タウン・インターナショナル・トレーニングセンター

[illegible]統一原理、民主主義と共産主義の理念、国際情勢、韓国の発展と在日韓国青年の使命、主要都市見学。

[illegible]

資格　在日韓国人で、学生で20歳から30歳までの[illegible]。参加者は大阪か、東京の選抜研修会に参加しなければならない。詳細な問合せは次のところまで。

▲大阪方面は電話（〇七九七）九一―一〇〇三九▲東京方面は電話（〇三）三九二―七三四六へ。

連絡先は、電話（〇三）五八三―三四七九、国際勝共連合まで。

規約を一部改正
幹事理事にKPI
在日新聞通信協会総会

在日[illegible]新聞・通信協会の[illegible]年度定例総会が、千葉県習志野市のホテル・谷津カーデンで、ちょう光復節の過ぎ六日午後五時から本社など各社参加のもとに開かれた。

常任理事社のKPI通信・金[illegible]社長と通事社の[illegible]長の司会により、[illegible]と、前日ソウル国立劇場における光復節式典での[illegible]により故陸英修女史がなくなられたことに対する[illegible]報告されあらためて全会一致で追悼声明を出すことに意見が一致した。

つづいて会員整備と役員改選の問題に移り、規約に準じてコリアスポーツと内外通信は準会員として扱かい、[illegible]経済新聞も規約改正で[illegible]につづいて協会加入を勧告することにし、本社を始め新世界新聞、共同新聞、KPI通信、KEP通信、韓国通信、統一日報、コリア通信（KJ通信と改題）各社が正会員であることを確認、この結果を在日各機関に通知することになった。

なお役員改選では、名称など一部の規約改正をおこない次の各社が選出された。

幹事理事社…KPI
理事社…新世界、共同、統一
（事後承認の形で推せん）
監査社…KEP、コリア

狙撃犯・文世光の足どり

大統領の命を狙うという狂気の文世光は、次のようなステップを経て犯行をするに至った。

一九五一年十二月二十六日大阪で生まれる。父は文炳台（六七年死亡）、母は陳末順（[illegible]）。大阪の桑津小学校、東住吉中学校を経て六七年四月私立成器商業高校に入学した。六九年夏八大阪の市岡高校の学生が騒動した時、外人部隊として積極的に参加、それから急激に左傾化、同年二学期退学。

韓青[illegible]とは七一年二月結成。民団生野支部東分団に所属、幹部もロクに知らずクビ同然に東分団を辞め、同時分団の団員になるが、ここも間もなく退職する。

韓青は六九年十二月の第五回臨時大会で、四、五年前から発生している反政府勢力がハッキリ旗をもたげ、時の中央本部、府本部と対立するグループが、金君夫（現〃韓民自〃中央委員長）、梁東準（元学同中央委員長）、金清明（現大阪韓青本部委員長、当時生野支部長）らの扇動で、中央の反政府体制が優位を占める。このとき文世光は宣伝部長、後に同時した五歳年上の姜政以が財政部長である。

なお梁東準は、中央情報部でごう問を受けたとして日本のマスコミに売り歩いた梁東準の兄であり、父の梁応承は民団大阪本部に潜入し、朝総連フラクションのリーダークラスであったので七三年十月民団から除名されている。

吉井美喜子とは、文が高二のときの六八年夏、大阪天王寺で開かれた朝総連主催の「日朝文化祭」に参加したとき、大阪の精華女子高三年の旧姓小林美喜子と知りあい、美喜子が参加していた社会科学研究会に入り、美喜子との交際が深まった。美喜子はそれから「朝鮮問題研究会」や政治集会に、文とともに積極的に参加するようになった。七二年一月、吉井氏と結婚する。そして長男が生まれた後も、文とともに名神のデモに参加している。

一方韓青生野支部は、七一年二月に開いた臨時大会で完全に反政府派に握られ、文世光は副委員長になった。その後文は韓青内でも一方的な意見を固執するところから浮上った存在になったこともあるが、七三年二月、長野県美（ウツクシ）ケ原の韓青全国研修会に班の責任者として出席、七三年八月まで自宅を韓青事務所にし、同九月、生野北支部事務所を文名儀で借りる。

金浩竜とは七二年九月五日、初めて知りあい、それから数度にわたって二人は会っているが、七四年七月に会ったのが最後であると自供している。

文の自白では、七三年十一月金から大統領暗殺を指令されたとなっているが、この頃から金まわりが急によくなり、家具調度がよくなる。十一月には美喜子と三日間「吉井夫妻」として香港を旅行しているが、これは暗殺用武器の入手が目的であった。この時文は金から五十万を受取ったという。美喜子は、この時の費用二十三万円を文が負担したと自供。

七四年二月～三月・東京の病院に入院中、金浩竜からけん銃の射撃について照準の合せ方、姿勢などの訓練を受ける。犯行後文の自宅からオモチャのけん銃が押収されており、また警察官のけん銃も発見されたが、ソウルで下手な扱かいから暴発したところを見ると、射撃訓練は実弾でなく、オモチャのけん銃で行なわれたと見られる。

七月はじめ、吉井夫妻と文は大阪港に停泊中の北朝鮮「万景峰号」に行き、北工作員に大統領暗殺の指令を受ける。

七月十八日・大阪府警の高津派出所でけん銃二丁実弾十発盗難。警察の追求にもかかわらず発見できないまま、この事件となる。犯人は、はじめから複数と見られていたが、文も関係しているらしいことが判った。

この後、文の長兄、文根洙氏（大阪金剛学園教諭）は文の計画を知り、けん銃奪取を知るが、説得しただけで当局にも知らせず黙していた。

七月二十三日・文は美喜子から渡された戸籍謄本や関係書類を利用して大阪府外務課に「吉井行雄」のパスポートを申請。

二十四日・夜八時ごろ、文は金から暗殺計画実行資金として八十万円を受取る。

二十五日・大阪府外務課からパスポートを受取る。旅券番号M一一二九五九七五、本籍、香川県高松市扇町一―五九、現住所、大阪府泉大津市池浦四三三、昭和二十五年八月二十五日生、三共鉱業株式会社勤務、吉井行雄。である。

八月六日・伊丹空港発大韓航空二〇二便でソウル到着、直ちにタクシーで朝鮮ホテルに乗りつけ、十二日までの宿泊料八万円を前金で払う。

十日・午後四時半ソウルからタクシーで青平ナイヤガラホテルに行き、李英[illegible]女に逢い、十万で六日間の契約結婚を申込む。その後十二日の朝まで行動をともにして別れた。李英は二日とも夜眠らせてもらえなかったとのことである。受取った金は合計三万五千円。

十二日・さらに十六日までの宿泊料として三万三千円を払い込む。文はソウルに着いてつねにタクシーを使って観光したり、行動したりしている。

十五日・朝リムジンに乗り、VIPを装おうと一万ウォンを運転手に渡し、日本大使館員に成りすまして式典場に入り、同十時二十分頃狙撃を実行し捕えられる。持っていたパスポートから日本人「吉井行雄」と誤認されるが、やがて「文世光」ということが判明する。陸女史は手術のかいなく死去、ソウルはもとより韓国全体に陸女史死去を悲しむ空気におおわれる。一部で日本大使館にデモをしたが排除された。例外を除いた日本人と、在日韓国人の出国禁止さる。

十六日、使用したけん銃が、大阪で盗まれた警察官のけん銃であることが確認される。十九日に国民葬が行なわれることに決定。

十七日・日本田中首相が自ら訪韓して国民葬に参席することを決定。文が「北工作員」と朝総連系金浩竜から指令され、巨額の金を受取ったことを自白。

十八日・朝総連と金浩竜が〃無関係である、デッチ上げだ〃といい張る。

十九日・国民葬行なわれ、二百万市民が泣きながら沿道で陸女史の葬列を見送る。

婦人会東京本部研修会のもよう

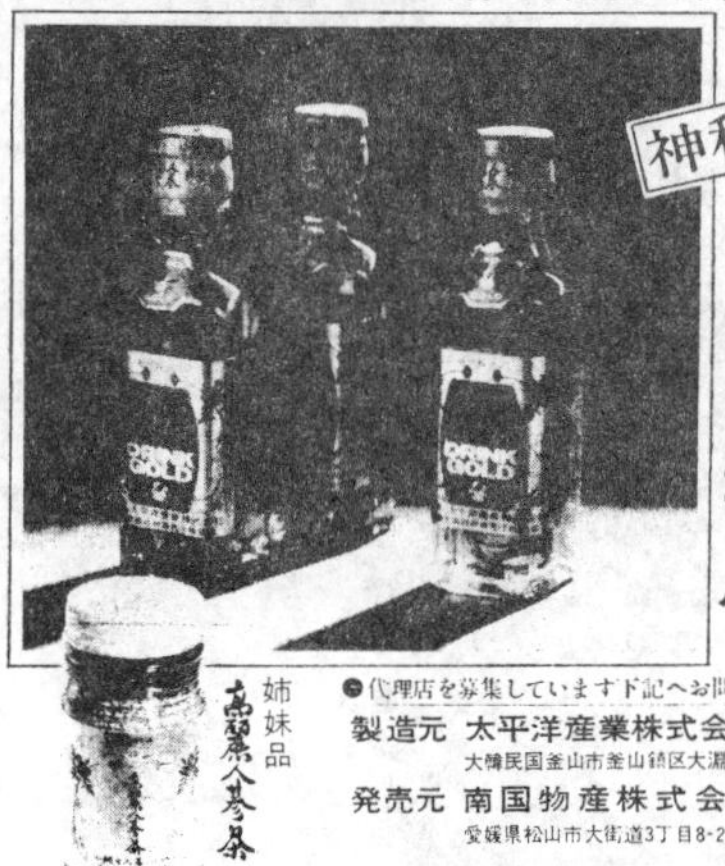

陸英修女史の逝去に哀悼の意を表します

在日本大韓民国居留民団

静岡県本部
団長　康民善
議長　李春来
監察委員長　金松坤
事務局長　朴正煥
静岡市相生町二一九　電 四五 四五三一三

西神戸支部
支団長　金鳳龍
議長　呉述根
監察委員長　南彰彦
事務部長　李大奉
神戸市長田区神楽町四—二—三　電 六九一—一七四一

尼崎支部
支団長　秋相春
議長　韓龍表
監察委員長　権泰煥
事務部長　韓貞錫
尼崎市東七松町一—一四—一〇　電 四八二—〇二一一—五(代)

東神戸支部
支団長　朴奉洙
議長　金順用
監察委員長　丁勇声

事務部長　徐人水
神戸市葺合区旭通二—九—一四　電 二三二—二三〇一(代)

西播支部
支団長　車慶泰
議長　金義済
監察委員長　姜鍾石
事務部長　金永孝
姫路市光源寺前町五九　電 二—三七八九

伊丹支部
支団長　鄭横出
議長　金奇鎬
監察委員長　朴泰元
事務部長　申泰連
商工会々長　黄周錫
納税貯蓄組合長　呉道源
伊丹市伊丹字宮の下一六—一　電 八二—〇七四三

生野南支部
支団長　崔喆洙
議長　金賢圭
監察委員長　宋基洙
事務部長　姜斗晟
大阪市生野区勝山南四丁目三　電 七一二—六一二三(代)

株式会社
関舗装
代表取締役　関　清
本社・東京都板橋区板橋二丁目四一番一二号
電話 〇三(九六四)一二一二(代表)
〇三(九六二)〇〇〇三(社長専用)

三成イーアンドエム株式会社
取締役社長　金　容　太
東京都港区六本木三丁目十八の十二 ゲッツビル4階
電話 582—五四三一(七)

寿興業
代表取締役　吉田寿善
東京都北区田端町二九一
電話(八二二)〇八八五〜六
専用(八二三)三三一八

チエーン製造販売・チエーン部品・コンベヤチエーン
中山工業株式会社
社長　崔　喆　林
〒174 東京都板橋区若木1ノ6ノ20
電話 (935)2233番・0006番(代表)

セラタイジンク　メッキ
株式会社 **杉山塗装工業所**
代表取締役　杉山日出雄
(李　午　宰)
本社　東京都板橋区熊野町13番地13
〒173 電話 (03) 956—0610
工場　埼玉県北本市東間330
〒364 電話 (0485) 41—3671—3

東三水産株式会社
東三冷凍株式会社
社長　姜　東　根
釜山市中区大橋路
電話 釜山(43)7114〜6
日本連絡所　東京都大田区東糀谷1—1—5
(03)741—0322

日本ケーエスサッシ株式会社
代表取締役　姜　東　根
本社スチール工場　東京都大田区羽田1丁目3番7号
電話 東京(742)代表6321〜5番
アルミ工場　東京都大田区大森南1丁目13番12号
電話 東京(742)代表6344〜6番
アルマイト工場　東京都大田区羽田1丁目6番5号
電話 東京(744)代表3521〜3番

国際航空輸送協会公認代理店
運輸大臣登録一般第一九一号
株式会社 **大韓旅行社**
代表取締役　郭　鍾　涼
〒107 東京都港区赤坂1—1—16 細川ビル
電話585—0400〜4

大井産業株式会社
伊丹グレイスボウル
取締役社長　黄　河　千
兵庫県伊丹市北河原123
電話84—5151(代)

暑中お見舞い申し上げます

大韓民国 社団法人　**全州李氏**　大同宗約院 日本支部

総裁　李　玖

日本支部会長　李　相　権
TEL・(075) 461—6882

顧問
李舜夏(東京)(ライオンズ・クラブ日本支部長) 電話〇三(六五七)一三五七
李基寿(東京)(東洋金属㈱社長) 電話〇三(四四一)一六五〇
李琯善(東京)(音楽家) 電話〇三(八三三)〇七〇一
李来玉(奈良)(光和産業㈱会長) 電話〇七四五(六)二五八一
李正来(滋賀)(滋賀南部銀行理事長) 電話〇七七五(三七)二一一〇
李甲柱(山口)(山口南部銀行理事長) 電話〇八三六(二二)七一七八

理事
李学伊(東京)(ノーベル㈱社長) 電話〇三(四四七)三八五四
李学鎬(大阪)(天山産業㈱社長) 電話〇七二二(三三)二四五六
李広寿(大阪)(新関西化成㈱社長) 電話〇六(七五八)〇〇一三
李特宰(新潟)(平沢工務店社長) 電話〇二五四二(二)六〇一九
李正和(札幌)(岩崎商店社長) 電話〇一一(六三一)一九六八
李来進(姫路)(朝日通信建設㈱社長) 電話〇七九二(八九)三三二〇
李秉旭(奈良)(天理教本部講師) 電話〇七四三(六二)四六〇六
李義吉(神奈川)(横浜商銀審査部長) 電話〇四六八(二六)一六七〇

事務局＝〒一五〇 東京都渋谷区桜丘町二一三・富士商事ビル六〇二号
TEL(03)四六二—〇八七〇(代)

入会歓迎
全州李氏の方は、どなたでも入会できますのでご一報下さい。

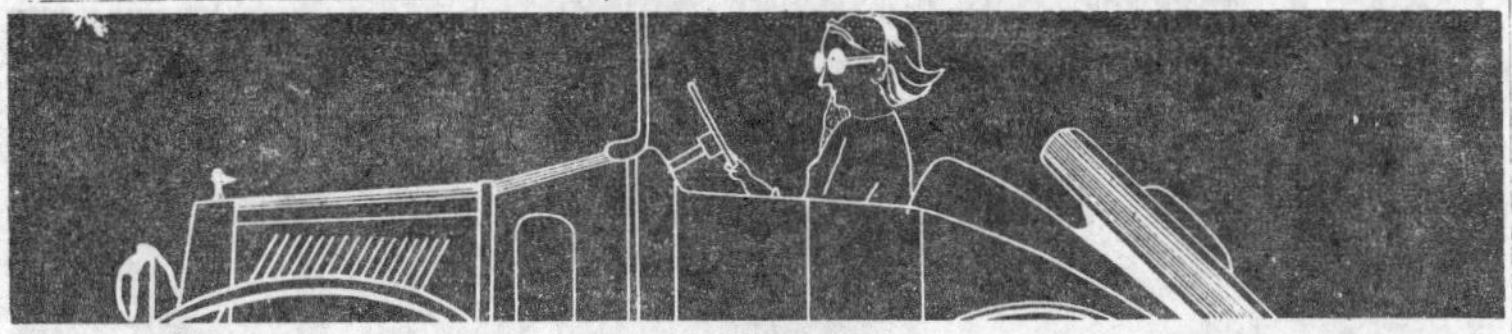

運転免許は当所の卒業証明で実地試験免除!
日本橋より5分地下鉄東西線木場駅下車徒歩5分
都内随一の校舎と立体ハイウエイ練習コース。練習は朝8時から夜7時・予約制で待たずにのれる
深川公認 **中央自動車教習所**

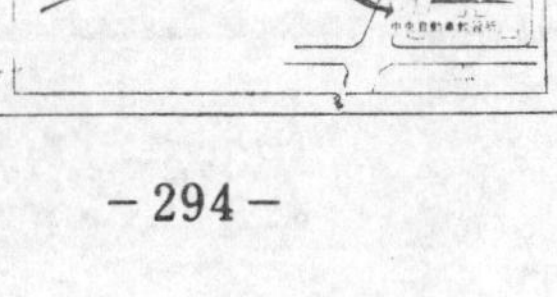

江東区塩浜2丁目8番4号　TEL.(644)4186〜9

湯島の香りただよう静寂の地…

上野の森を眺望…和洋室大小30室●エレベーター付
ホテル **ひいらぎ**
超近代的完全設備
地下鉄千代田線湯島駅下車1分
お茶の水駅・御徒町駅より徒歩5分
TEL (831)6994・(832)0505

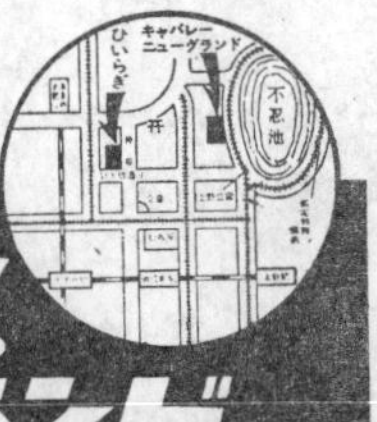

国際的スケールの社交場!
美人ホステス300名と一流ショー!
●デラックスキャバレー●ノーチップ制●明朗会計●
上野 **ニューグランド**
上野不忍池・水上音楽堂前・TEL 831—6607・3666・5983 835—4916

韓國新聞
在日大韓民国居留民団
中央本部機関紙
韓國新聞社
発行人 尹 達 鏞
東京都文京区春日
2丁目20－13
電話 (815) 1451～3
(813) 2261～3
振替口座 東京 163774
本国連絡所 民団本国事務所内
ソウル特別市鐘路区昌成洞
政府合同庁舎4層
電話 73－0162・0165

在日本大韓民国居留民団 綱領
一、우리는 大韓民國의 國是를 遵守한다
一、우리는 在留同胞의 權益擁護를 期한다
一、우리는 在留同胞의 民生安定을 期한다
一、우리는 在留同胞의 文化向上을 期한다
一、우리는 世界平和와 國際親善을 期한다

大統領緊急措置 第一号 第四号 解除

裁判中と判決ずみは適用せず

朴大統領、談話文を発表

8月23日

朴正熙大統領は、去る二十三日午前九時半に臨時国務会議を開き、発効中の大統領緊急措置第一号と第四号を同日午前十時から解除することを決め、これを公布した。朴大統領は、この解除にともなう次のような談話文を発表したが、この緊急措置第一号と第四号に違反し、現在裁判中か、すでに判決ずみの事件は、適用されない。

朴正熙 大統領

緊急措置は、北傀の陰謀粉砕が目的だった

親愛なる国民のみなさん！

さきに第二十九回光復節式典で、われわれは[illegible]きわまりない惨事を目撃いたしました。この惨事はただわが国民だけでなく世界のすべての国民に対しても限りなく大きい衝撃と驚きとを与えました。

しかし、この惨事はきわめて胸が痛く不幸なできごとではありましたが、つきつめてみますと必ずしも驚くべきことだとばかりはいえません。

なぜかといえば、われわれは北韓共産主義者たちが、いま[illegible]いるのがなんであり、かれらがなにを[illegible]んでいるのかなんであるかを[illegible]いるからであります。

かれらは、わが政府を転覆し、韓半島を共産化せんとする[illegible]

[illegible]を設定し、このため、ありとあらゆる[illegible]方法をみさかいなく動員、[illegible]してまいりました。

[illegible]

また、[illegible]的な地下党を組織き[illegible]せ、大韓民国で内乱をあおりたてようとしましたし、合法を装い[illegible]政府転覆と国家[illegible]を画策しましたし、したがって、政府はかれらのこのような凶計を粉砕するため、ときには本意ではなくとも、また一部の誤解を受けることを知りながらも、やむをえず非常な措置を取らざるをえませんでしたし、このような措置によってわれわれは、かれらの陰謀を未然に粉砕しまた阻止することができました。

このようにかれらの陰謀が、そのつど失敗に帰するや北韓共産主義者たちは、このたびは大統領暗殺を企図してまいりました。

その例がまさに一・二一事件と顕忠門爆破事件、そしてさきほどの光復節式典での狙撃事件でした。

北韓共産主義者たちは、好戦的な方法と手段の限りをつくし、はなはだしきは国際的な雰囲気さえも逆利用しながら政府転覆と赤化統一を推進してきました。

しかし、不幸にもわが社会の一角では北韓共産主義者たちが追求している目標がなんであり、かれらの正体がなんであるかを正しく知らず、政府の緊急措置があたかも国民を弾圧するためのものであるかのように誤解さえする人がなきにしもあらずでした。

しかし私は、さきほどの光復節式典での惨事をみたわが国民たちは北韓共産主義者たちの正体が何であるかを改めて再認識したでしょうし、かれらの凶計がなんであるかを改めて感得したでしょうし、このような途方もない挑戦に対処するためには国内安定がなにより優先課題であることを理解するようになりましたでしょうし、また、その間政府が取ってきた緊急措置の真の意味も理解したことと信じます。

そして、このたびの事件を契機として国民総和が固く地ならしされたのをみるとき、私は少なからず心丈夫に思いました。

したがって、私はここに憲法第五十三条によってさる一九七四年一月八日宣布された緊急措置第一号と、一九七四年四月三日宣布された緊急措置第四号は解除する時機であると判断し、これをおのおの一九七四年八月二十三日午前十時を期して解除するものであります。

しかし、国民のみなさん！

北韓共産主義者たちが、かれらの目標、すなわち韓半島全体を赤化統一せんとする野望を放棄したと考えては大きな誤りであります。かれらはこれからもくりかえしわれわれに挑戦してくることでしょう。これに対し万全の準備をしておかねばなりません。

親愛なる国民のみなさん！

われわれ自身が生存するため、またより自由で平和な社会を建設し、そして愛するわが子孫たちに、より幸福な社会を譲りわたすため、われわれはこぞって総和の精神で固く団結し、内外の挑戦を敢然と克服していきましょう。

故陸英修女史追悼式に 無慮2万5千の弔問客

大阪

民団大阪府地方本部（黄七福団長）では、東京の中央追悼大会よりひと足先の八月二十六日午後二時から吹田市桃山台の千里会館で故陸英修女史の遺影を安置し、その遺徳をしのびながら、しめやかな追悼式を挙行した。

この日追悼式場には大阪はもとより近畿地方一帯から二万五千人にのぼる空前の弔問客が参集、読経神に焼香をあげ故人の冥福を祈ったが、日本の国会議員や各機関長らの著名人士も多数見えたこの追悼式は、民団始まって以来の記録的数字だと主催者側ではおどろいている。

高知ではテレビ放送

また、高知県本部（徐仁秀団長）では、去る十九日午前十時から同本部事務所で追悼式をあげ、韓日両国人士が多数参席焼香したが、この模様が高知テレビにより同午後六時五十分から放映された。

写真㊤は祭壇に安置された陸女史の遺影（高知本部）㊦は追悼式に雲集した弔問客たち（大阪本部）

時評

朴大統領狙撃事件 背後関係はいずこ

◇本稿を草するに当り、先ず、故陸英修女史の御霊に心から御冥福をお祈りすると同時に、朴大統領閣下に対して衷心よりお悔みを申上げる次第であり、合わせてわが四十万民団員各位に対して、あらゆる事態に応ずる覚悟を充分心に銘記されることを促がすものである。わが韓国においては李朝末期に、時の皇后陛下閔妃が、王宮内で日本人によって殺害されている。このときは下手人も背後関係もすべて日本人であった。指令の張本人は三浦梧楼駐韓日本公使であり、殺害の直接指揮者は王宮を警備するという名目で王宮内をくまなく調べあげ、王宮内の事情に精通した日本警察萩原警部であった。一八九五年十月八日未明、楠瀬幸彦砲兵中佐は正規の砲兵隊を出動させ、三〇分の戦闘の後王宮内に侵入した。日本側はこの犯人達を証拠不十分の名目で全部無罪にした。処刑されたのは日本側が犯人として挙げた行動不審な韓国人であった。背後関係という韓国の手の届かないところでのことであった。そして下手人こそ日本人ではないが、日本の中の黒い手を借りた二人目のファースト・レディ殺人事件が発生した。そしてその背後関係の糾明は……◇

日本のマスコミが、韓国政府に対して悪意ある報道をしはじめた時期を振返って見ると、その第一段階は第三共和国に入ってからで、チラホラそれらしい記事が現われはじめた。金大中が、大統領選に破れた後、国外に出て、外国人に〝朴独裁〟を〝呼称〟しだしてからである。第二段階は金大中が日本で〝朴独裁政権〟に援助をするなと宣伝しだした時からで、日本の政治家たちに対して金大中が出まかせの〝韓国の実情〟なるものを説明したところである。そして決定的になったのが例の金大中事件である。このときからは、われわれ在日韓国人の神経を平気で逆なでする紙面が連日続いた。

この事件をキッかけとして、日本の偏向マスコミは、われわれの敵対団体の発言を特集大書し、その連中の好き勝手な言分のみを「真実」のごとく報道してきた。この敵はや日本のマスコミは、これら自称韓国人の檜舞台と化してしまった。この自称韓国人をバックアップしたのは日本の左翼学者と団体、そして朝総連である。こうして、日本の中の左翼陣営は、自らの立場に酔い、扇動に乗ってエスカレートした挙論ならざる暴論に麻ひしたのである。朝総連の思うツボにはまってしまったのだ。本来ならば民青学連事件にからんで二人の日本人が逮捕されるに及び、も共であるはずの彼等は、〝韓国人〟を自称しながら共産主義者の説く〝韓半島の赤化統一〟理論に無批判に追随するようになったのである。

文世光という気狂いを、韓国に送り込むことは、朝総連にとって何の造作もない。一種の催眠状態に陥いった人間には、「暗示」と賞金さえ与えればことたりる。武器の調達は本人がしなければ、決定的な「犯罪系統」の立証品になる。朝総連がそこにぬかりがあるはずはない。かくて文世光は交番からピストルを盗んだ。

日本捜査当局の非協力態度 「証拠不十分で無罪」待ちか

文世光が自白した内容は非常に重大である。にもかかわらず、日本の官憲は積極的な動きをしない。理由は簡単である。日本の左翼の反撃に対応する自信が無いからである。表向きは「日本の国内法が適用できない」となっているが、われわれは、日本の当局者が、必要がある場合、法律をどれだけ拡張解釈して適用したかをあまりにもよく知っている。

今や朝総連は、こんどの事件の背後関係が明らかになることを恐れ、連日の如く宣伝車を目抜きの場所に出動させて、韓国政府の陰謀であるかのようにスピーカーでガナリ立てている。それと同時に日本の偏向マスコミに常に「デッチ上げ」と「事実無根」の二つの言葉からなる反論を掲載させ、放送させている。また日本の偏向マスコミ自体も、韓国側の発表記事と並行して必ず朝総連や〝韓青同〟の反論を掲載するということが一つのパターンになっている。

こうして日本の中で「あーでもない、こうでもない」と論議している間に、犯人を仕立上げた方は韓国捜査当局の発表に合わせて、あらゆる証拠いん滅の作業を、ゆうゆうと行なうことができるのである。

日本の捜査当局は、外務省筋が流したという「法的にも、道義的にも責任がない」という言葉を隠れミノとでも思っているのであろうか。われわれが見る限りは日本の道義的責任は論じるまでもないことである。警官のピストル。日本人の協力。日本政府発給のパスポート。日本大使館員の詐称。日本の法治下にある生活。日本での野放図。

とまれ、日本の捜査当局が、一刻も早く本格的な捜査を開始しなければ、やがては「鳩も鳥も飛んだあと」に捜査することになっても、背後関係の証拠がつかめず、すべては「証拠不十分で無罪」となりかねない。このままだと九十年前とは意味と形は違っても、同じ結果になることは目に見えている。二人目の非運のファースト・レディの霊に何とおわびを申上げればよいのか。

[illegible]な政治扇動。日本の一部マスコミの煽動的報道。etc.数え挙げればキリが無いであろう。これらの総合したものが、日本政府の道義的責任でなくて何であるのか。

「日本が背後関係の糾明に非協力的であれば、日本と国交断絶をも辞さずべきだ」と政府に提言した韓国国会外交委員会の処置に対して、われわれは、真向から反対するものである。しかしながら、これを全く無謀なことだともいえない複雑な感情が無くもない。この気持の動きは恐ろしいことである。われわれは、在日韓国人として、韓国と日本が対立した関係になることを好まないのは事実である。

（W）

大統領暗殺〝事業〟は金日成が直接指示

狙撃犯文の新しい自供

韓国の朴大統領狙撃事件特捜本部筋は二十二日夜、犯人文世光の新しい自供内容を明らかにした。

[illegible]今年一月十二日東京・足立区の赤不動病院に入院したのは金浩竜（朝総連大阪生野西支部政治部長）の指示で、秘密教育をうけるためだった、とのべ、費用は一切朝総連が負担する約束ができていた、とのべた。

文はまた、五月に大阪港に停泊していた北傀の万景峰号に乗船したのは五月四日夜八時ごろであるとのべ、乗船したのち約一時間にわたって、船内の食堂で、北傀工作員から教育を受けた、とのべた。

文はこの自供の中で、同工作員が「南の革命のためには、朴大統領を暗殺して、韓国の民心を撹乱するしか方法がない」と指令し、さらに「この事業は金日成主席が直接指示した事業だ」と強調したことを明らかにした。

北傀は文の万景峰号乗船問題について、そのようなことは関知しないとウソぶいているが、文のこの新しい自供は今後波紋をよぶものとみられる。

日本非難デモ 15万人が参加

日本非難デモが一週間もつづいているソウルで、八月二十七日ソウル運動場に三十四団体から約十五万人が集まり「金日成糾弾及び日本覚醒促求国民決起大会」が開かれ、北韓の武力統一放棄、日本の捜査進展等六項目を決議した。

全国女性会館「陸英修会館」に

全国四十九女性団体代表は二十一日、故陸英修女史の業績を継承する意味で全国女性会館の名称を「陸英修会館」とすることをきめた。

金浩竜の裏 付資料送付

韓国の朴正熙大統領狙撃事件捜査本部は八月二十七日、同二十六日に後宮駐韓日本大使を通じて日本側に手渡した同事件に関する韓国内捜査の全容を発表するとともに、同「総合結果」とあわせて、文世光を、万景峰号に案内した総連大阪生野西支部金浩竜のモンタージュ写真一枚と見取り図数枚を参考資料として送った。

暴力革命 放棄せよ 赤十字会議で非難

一千万離散家族の再結合のための南北赤十字本会談を予備的に討議し、解決するための南北赤十字第三回実務会議が、二十八日午前十時から板門店の中立国監視委員会で開かれた。韓赤の金錬珠交代首席代表は、この会議で、朴正熙狙撃事件に関連して、「わが民族の最も神聖な慶祝である八月十五日の光復節の記念式を選び、韓国の大統領を暗殺するよう指令するまでにいたった」と北傀を非難し、また「七・四南北共同声明」と、赤十字人道主義とも相反する暴力革命路線の放棄を要求した。

御弔問お礼

さる八月十五日逝去された大韓民国朴正熙大統領令夫人故陸英修女史の大韓民国国民葬が八月十九日ソウルで行われました。その折り在日同胞および日本国各界、駐日外交公館の皆様から寄せられたご丁重なご弔問に対してここに厚くお礼申上げます。

西紀一九七四年八月二十二日

駐日本国大韓民国特命全権大使

金 永 善

ゆする漫評

これでもシラを切るのか

金 竜 煥

ありし日の 陸英修女史を偲ぶ

聡明・慈愛・優雅・気品 至誠をかねたファースト・レディ

▲永しえの訣れに断腸の悲涙 最愛の伴侶であり最高の内助者であった妻と、聡明と気品をかねそなえた理想的なファースト・レディ陸英修女史を同時に失なった朴大統領は、霊柩車に手をそえ万感こもる悲痛な心情で悲運に逝った愛妻の冥福を祈る

▶慈愛を世界の孤児にも 陸女史が国内の戦災遺児など施設の子どもに一貫して示した母としての慈愛と老いた人々に傾けた敬老の情には、全国民のナイチンゲールとして賞賛の声が高い。一九六六年、大統領夫妻のオーストラリア訪問に際してメリミド孤児院で孤児らと一緒に記念植樹される陸英修女史

▲子どもの成長と未来への献身と至誠 国の未来であり希望である少年少女が、明るくすなおに育つ環境や施設達成への陸女史のひたすらな献身は、全国民讃嘆の的である。東洋随一の"子ども会館"を自から設計築造するにいたり、韓国の子どもは陸女史を心から母と慕った。円内は子ども会館開館式で除幕する陸女史

▲愛情にみちた母、淑やかな妻 青瓦台家族の主婦として故陸女史がきりもりしておられた世帯は典型的な韓国の中流家庭であった。青瓦台を訪れたある婦人が米の流通や量に不平がましい意見をのべた。陸女史は混食の必要性を説き台所に行って青瓦台家族の飯櫃をあけて見せた。そこには麦と豆の黒いご飯があった。しかし陸女史の愛情と淑徳で質素な生活の中にも清らかな一家団らんがあふれていた。写真は寸暇をさいて"ユツ"(韓国式双六)に興じる陸女史在世中の大統領一家。左から長男志晩君、故陸女史、朴大統領、長女槿恵嬢、次女槿暎嬢

◀優雅と気品の華 一九六六年二月タイ国訪問では美貌のほまれ高いタイ国王妃が、優雅で気品ある陸英修令夫人に心をひかれ、訪問中終始自ら案内役をつとめ、歓談をかわしたといわれる。写真はタイ国立劇場で政府主催のタイ国古典舞踊を観覧したあと、出演した舞姫たちから花束を受け取る陸女史(右後が王妃)

▲優奨と典雅あふれる理想的ファースト・レディ 1966年2月マレーシア国王を礼訪された際、マレーシアの最高勲章をシャー国王から贈られる陸女史

▲女性体育振興を助成 陸英修女史の業績のうち、韓国女性の女性らしさをかねそなえた社会活動の促進はめざましいものがあった。写真は第二回大統領令夫人盃テニス大会で始球する陸英修女史のはつらつとした容姿

▲韓国女性の聡明と知性の典範 青瓦台野党を自負し、1日2時間以上、たえまのない自己成長と研鑽を自から実践する陸英修女史は、民主社会の発展は国民一人一人の知性と自覚の深化できづかれることを痛感、つねに国民各層との隔意のない対話と交流を主宰した。写真は青瓦台で新聞雑誌放送の女性記者を招いての懇話会

多くの成果残し

第二次戸籍整理奉仕団帰国

取扱い総数二九七七件

民団中央のもっとも重要な継続事業の一つとして進められている在日同胞戸籍整理活動は、去る七月二十二日来日したソウル司法書士会所属を中心とする全洪栄会長以下十四人の第二次戸籍整理奉仕団の連日の炎天にもまけぬ目ざましい活やくによって、八月十七日までに関東、東北、中国、北陸、関西にわたる各地方本部を精力的に巡回、多くの成果を残して全日程を終了、八月十八日午後三時四十分羽田発のKAL機で全員帰国した。

[illegible]

「国軍の日」参観団派遣

中央で編成要領通達

[illegible]

1、実施要領

[illegible]

2、各地方別人員構成

[illegible] ただし、二十名未満の地方本部は[illegible]事情を考案して隣接地区事務局県に合流するようにする。

3、派遣要領

各地方別事務局県および地方本部は単独で派遣団員の航空券、宿所手配、本国宿泊所、引率、解散にいたるまで、一切の問題を責任を持って遂行する。

4、旅行日程（2泊3日）

9月30日 ソウル到着

10月1日 国軍の日記念式典参観、国軍墓地参拝、市内観光

10月2日 [illegible]

5、所要経費

各地区および20名以上の単独派遣地方本部は宿泊費、交通関係などを含め、実費を決定して明細書を項別に中央本部へ報告すること。

留意事項

1、各地区および二十名以上の単独派遣可能な地方本部は引率者氏名と本国内宿泊処、往路、帰路便名、出発日時、出発空港、人員数、[illegible]を明細に記載し、九月十[illegible]日まで中央本部民生局に報告すること。

2、引率責任者は本国到着後、[illegible]

[illegible] 4、「国軍の日」を中心にセマウル事業も兼ねるのでセマウル支援事業関係は、郷里中心に協賛推進するようにする。

広島は被爆者手帳交付を拒否

治療中の金容範氏

[illegible]

大阪興銀で敬老会

大阪興銀（李熙健理事長）では恒例の第七回在日韓国人敬老会を来たる九月十四日午後一時から同本店三階会議室で、七十歳以上の在留韓国人を招いて開かれる。[illegible]

青年会福岡本部で夏期講習会

[illegible]

埼玉日韓協会で第三次訪韓

埼玉県日韓親善協会では今年度事業の一部として、今回の第三次訪韓団を八十人で編成、来たる九月十二日から十五日までの三泊四日間の日程で訪韓旅行する。費用は約八万円で民団埼玉県本部内の同協会か、民団各支部または埼玉商銀へ申しこめばよい。

「日立」の差別事件

朴君の入社で解決

[illegible]

確認書

会社は昭和四九年五月十七日にとり交わした確認書に基づいて、次の施策を取ることとします。

1、採用について

不採用の方針、採用選考は本人の能力、仕事への適性、仕事に対する意欲の観点から行い、国籍等による差別はしない。

(2)具体的施策 具体的には行政指導の趣旨を積極的に活かし、次の施策をとる。(一)応募書類は統一応募書類による。(二)戸籍謄本、抄本は提出させない。(三)面接に当たっては差別につながる恐れのある質問は行わない。

2、社内教育

会社の責任において確認書の趣旨に則り必要な教育を行う。

3、在日韓国人、朝鮮人問題に関する話し合い

朴君、または日立に入社した在日韓国人、朝鮮人に関し、話し合いの必要が生じた場合、相互の要請により随時話し合いを行ない、誠意をもって問題の解決に当るものとする。

この話し合いは、中平健吉弁護士および中平氏が会社と協議して選定した者三名以内と、会社側本社勤労部長および労務課長、並びに会社が中平弁護士と協議して定めた者二名以内の間で行うものとする。

昭和四九年八月二十七日 以上

国民葬に集まった市民・・・ 中央庁前からソウル駅まで35.6度の炎天をものともせず、二百余万人が朝の五時頃から延々七時間を立ちつくして葬送した

ソウル 衝撃と痛恨の十日

狙撃の瞬間

これは夢ではないだろうか。どうしてこのようなことがあり得るだろう。あの日の会場における驚きとショック、事件発生後十日を経た今日この瞬間までも私から"冷静"さを完全に奪いさってしまった。胸をえぐられるような無念とくやしさ、憤りとかなしみ、何ものかを呪い、[illegible]たい憤りとが錯綜し、ただ[illegible]のように「どうしてこんなことが……」と。

あの日（十五日）私は、報道陣指定席に着席して大統領閣下の演説に聴きいっていた。ところが突然[illegible]後方あたりから銃声が起こり、[illegible]

[illegible]

しかし、市内のあちこちでは降りだした雨を避けようともせず多くの市民たちが、町かどの速報板や店さきのテレビに群がって立ちつくし、涙と雨に顔をぬらしながらもニュースに見いっていた。

犯人像の実態

[illegible]

やはり北傀金日成のしわざであった[illegible]

不快なニュース

[illegible]

大統領の悲哀

[illegible]

この葬儀をテレビの中継で見まもる全国民の哀悼の中で厳かに行われた。[illegible]

午前十時だというのに国民葬式場はもう炎天下の酷暑であった。この暑い真夏の太陽の照射の下、葬儀式は一時間三十五分間にわたってとり行われたが、この日の永訣式の参列者は日本の田中首相はじめ各友邦国家からの弔問使節団と国内人士で二千九百名であった。中央庁の正門前からソウル駅までの間に式場に参列できなかった一般市民が街路に立ちつくして流れる汗と涙に顔をぬらしながら、特製スピーカーから流れ出る式場内の声に耳をかたむけ、[illegible]

"母"を失くした韓国という家族

[illegible] が、私の目に映るすべての人がみな泣いていた。

[illegible]った人をおくるかなしみに身もだえて神仏までをうらむ"韓国"という名の一大家族があるだけである。全国民が一つの大きな家族なのだ。

大統領と国民の心

二十日の午前十時のニュースは緊急措置第一・第四号の解除を報じた。そして大統領閣下の談話も同時に発表された。大統領閣下は談話文の冒頭でつぎのように述べている。

「親愛なる国民の皆さん。さきの第二十九周年光復節においてわたくしたちは悲惨この上もない惨劇を目撃しました。この惨事はわが国民にはもとよりのこと世界のすべての国民にも、比べようもないほど大きな衝撃と驚きをあたえました。しかしたとえこの惨事が極めて不幸であり胸の痛む出来ごとではありますが、決して驚くべき偶発的事件ではないと考えるのであります。なぜならば、わたくしたちは、北傀の共産主義者たちが現在狙っているのはなにか、また何を狙っているかを十分に知っているからであります」と。

そうである。大統領閣下のいわれるとおりあの十五日のできごとはわが大韓民国の大きな不幸である。しかし三千五百万国民の心が一つであることを証明した。そしてこの不幸なできごとは、かれら北傀にとっても大きな不幸なできごとでなければならない。そのようになる日は必ず来る。閣下をはじめ全国民がうけたこの深い悲しみと不幸の代償としてでも、その日の一日もはやく来ることをわれわれは祈るものである。

（本紙・鄭洪錫記者）

読者の声

反省の色なく悪罵の旧韓青

暗殺計画に間接的に関与した旧韓青

李 小 勝

一連の破壊行為をつづけ民団傘下団体から除名解散させられたあとも、民団中央本部構内の一部に居を構えたまま久しい旧韓青は、未だに居住権を主張、立ち退く様子もないが、十五日の陸英修女史の狙撃犯が旧韓青の幹部だった[illegible]内戦状態にもちこもうとしていたし、それが思うにまかせないので[illegible]

[illegible]

公 告

来たる九月三日は故陸英修女史の追悼大会を挙行し、翌四日は臨時休務と致します。

在日本大韓民国居留民団中央本部

謹んで故陸英修女史の御冥福を祈ります

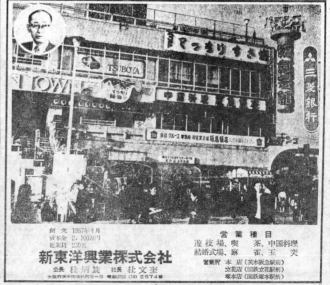

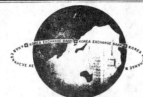

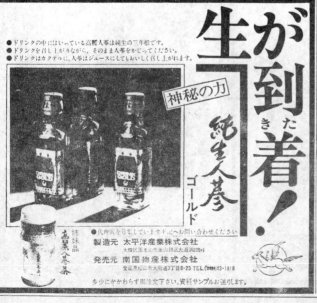

—748—

在日本大韓民国居留民団 綱領
1、われわれは大韓民国の国是を遵守する
1、われわれは在留同胞の権益擁護を期する
1、われわれは在留同胞の民生安定を期する
1、われわれは在留同胞の文化向上を期する
1、われわれは世界平和と国際親善を期する

韓僑通信

（毎月5.15.25日発行・1カ月100円・特別1000円）

（昭和40年7月27日第三種郵便物認可）
発行所
韓僑通信社
発行人 鄭在俊
東京都文京区本郷3丁目32番7号
韓僑会館 電話（811）1535
〒113 振替口座 東京166316番

関東大震災犠牲同胞慰霊祭

忘るな日帝の暴虐

東本で慰霊祭執行

関東大震災の犠牲同胞

民団東京本部（鄭在俊団長）では、さる一日午前十一時三十五分から、同会議室において第四十六周年関東震災犠牲同胞慰霊祭を行なった。

これは一九二三年九月一日、東京を中心に関東一帯に起きた大地震の際に、日帝の官憲によって虐殺された同胞六千余人の霊を慰めるものであるが、戦後毎年のこの日、在日大韓民国居留民団が、発生の中心地である東京本部でしめやかに行なってきたものである。

慰霊祭は民団東本関係者のほか中央本部、婦人会、韓青などから一〇〇余人が参礼した中で、鄭在俊東本団長の開式辞にはじまり、李禧元中央団長、羅鍾卿東本副団長金宰淑韓青中央委員長、朴琪先婦人会東本会長らが追悼の辞を、韓晛相氏が当時の回顧談を述べて当時日本官憲の陰謀と残虐性をまざまざと想起させたあと参祭者全員が焼香 午後一時三〇分 閉式した。

なお、この日の慰霊祭のために渋谷支部、荒川支部、大田支部、江東支部、金勲暎渋谷団長からそれぞれ香料として金一封が送られた。

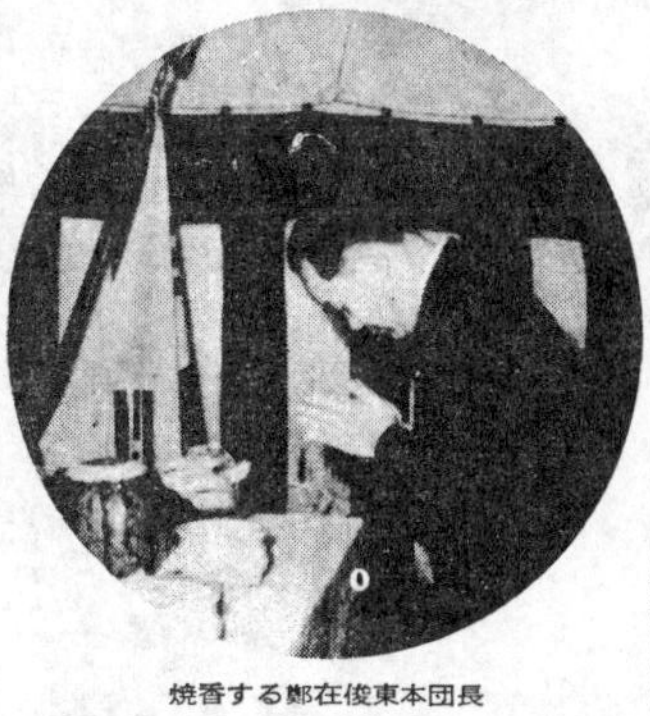

焼香する鄭在俊東本団長

鄭団長追悼文

鄭団長の追悼文はつぎのとおりである。

一九二三年九月一日午前十一時五十八分、日本関東地方に大地震が発生したその日をわれわれは永遠に忘れることができません。

日本帝国主義が軍警の銃刀をもって鬼畜の如き残忍性を露骨にし〝日韓合併〟という名目のもとで半万年の歴史と文化を築きあげた大韓民国を植民地化したのが一九一〇年、すなわち関東震災を十三年前にした年でありました。この震災は悪魔のような日帝に対するまさに天災、いや天罰であったと言わざるを得ません。

しかし、彼らは亡国の悲哀を背負い敵国の労働市場で奴隷のように流浪を強いられた在日韓国人を殺害する蛮行をもって天の意に背むいたのであります。

鳴呼！日本官憲当局は民衆を煽動し、民衆を殺人鬼たらしめ、六千余人におよぶわが民族を撲殺しました。

第二次世界大戦の時、ドイツのナチスがユダヤ人を大量虐殺した非人間性に対しラドブルフは「もしドイツ国民がこのような犯罪を忘れる時があるとすれば、その時こそ全ドイツ人は責任を負わなければならないだろう」と言ったことを思い出します。

日本国民が毎年九月一日を迎え関東震災を回顧する時、彼らがはたして罪のない韓国人を数日の間に六千人も虐殺した史実を記憶し、後悔しているのでしょうか？たずねてみたいのであります。いま平和と繁栄の中で安住している日本国民は、新聞やテレビなどのマスコミを通じてみる限り、そのような罪状は忘れ去ったかのようであり、彼ら自身の災害のみを記録しているようです。日本は、かっての帝国時代にわが民族を必要に応じて労働を強制し役に立たぬ者を虐殺したが、戦後になっては追放のためあらゆる術策をもくろんでいます。

きよう、われわれ関東地区に在住している在日韓国人は、あの震災と虐殺の犠牲になった同胞の霊前に悲しみの涙ばかりを流していてはなりません。われわれは四十六年前の震災で犠牲になった英霊の前であらたな決意を固くするものであります。すなわちわれわれの正当な権利をわれわれ自身が擁護し、われわれの力で権益を獲得することと、在日同胞がこの地に安住できる百年大計を確立することを。そして非道で犯罪的なたくらみを阻止するため闘かうことを六千余英霊の冥福を祈りながら誓うものであります。

国軍の日参観団派遣

民団では来る十月一日から本国で挙行される国軍の日行事参観団を例年通り左記によって派遣する。都内参加希望者は支部または東京本部民生部に問合わせのこと。

《日程》9月30日羽田出発、10月1日国軍の日記念式典に参席、国軍墓地参拝、2日空軍航空ショー参観、政府要路礼訪、3日解散
（公式日程三泊四日）
《所要経費》合計七一、四五〇円
（往復航空旅費、宿泊費を含む）

執行部また改編

事務総長に朴太煥氏

民団中央

民団中央本部の李禧元団長はさる一日付で、執行部の事務総長をはじめ総務局長を除く全局長の人事を改編し、二日の記者会見でこれを発表した。

李団長の発表によると全局長が入れ変っているが、改編の理由として、事務総長を中心に構成し各局長間の融和と組織活動の円滑をはかり②永住権申請促進と万博招請事業を強力にすすめるため③意欲的な人事構成の必要を感じ、時期的にも適当だと判断して、この度の改編に踏み切ったと、李団長は説明した。

なお、改編人事はつぎの通りである。

依頼免
事務総長＝李成甫
組織局長＝姜錫憲
経済局長＝金寛永
民生局長＝安商権
文教局長＝池雲竜
宣伝局長＝金潤
宣伝次長＝李杞雨
法地委事務局長＝尹翰鶴

任命
事務局長＝朴太煥
〃次長＝朴炳憲
総務局長＝李聖南
組織局長＝朴太煥（兼）
経済局長＝朴炳憲（兼）
民生局長＝李鍾舜
文教局長＝姜仁煥
宣伝局長＝鄭炯和（兼）

埼玉県本部でも

民団埼玉地方本部（田泳秀団長）でも執行部の一部を九月一日付でつぎのように発令した。

任・組織部長兼文教部長＝金洛連、民生部長＝崔元洛

福井県本部も

民団福井地方本部（金三益団長）では八月二十一日付でつぎのように新任役員を選び、それぞれ発令した。

△副団長＝崔述蓮△事務局長＝呉基栄△文教部長＝朴熹棋△宣伝部長＝金外甲△総務部長＝金鎮熙

東京韓国学校

理事長に安聖出氏

東京韓国学校の理事会では、さる三日午後、同校の会議室で理事会を開き欠員中の理事を補選するとともに、理事長に安聖出氏を選出した。これによって同校の理事11名、監事2名のほか評議員全員がそろった。

東本礼訪 安聖出理事長は、五日午前、新任あいさつのため宋基鶴校長、許弼奭理事とともに民団東京本部を訪れた。

中央委」延期

民団中央本部は、九月中にひらかれるべき定期中央委員会を、都合により来月に開催することに決定したといわれる。

事実調査はしないが資料記録は集める

永住申請で日本法務省

韓日法相会談の合意事項について民団中央では、これを前進とみなして歓迎の意を表しているかと思えば、韓国青年同盟など一部では、永住権申請の条件が緩和されたとはいえ〝入管特別法〟第九条の罰則規定を引用、決して問題点が本質的に解決されたものではないという見解を示すなど、法相会談の共同コミュニケが在日同胞社会に与えた波紋はさまざまである。（関連記事二面に）

折りも折、民団中央の機関紙韓国新聞の某記者が、日本法務省の協定永住室々長を往訪し、インタビューしたところ「事家調査はしないが申請者に関する資料は集める」と語ったといわれ、永住申請促進に一つの影を投げかけている。

すなわち、

さる一日、韓国新聞の記者が法務省の協定永住室々長にインタビューしたところ室長は、「法相会談後も、われわれの実務段階では基本的に従来と何ら変るところがない。つまり、いままでも協定永住許可をする際は居住歴の事実調査はしていない。ただ資料を整えるため申請者当人に関する記録は集める。その過程で違法であること（つまり虚偽の申告）が判明された場合、それを黙認して許可するわけにはいかないじゃないか。今後も従来と同じく、ことあらたに調査はしないが記録は集めるだろうし、その過程で協定に反することが明らかにされればそれを無視することはできない。」と語ったといわれる。

このように、両国法相会談後共同発表の内容と、それに対する民団の評価と期待をくつがえすような見解が日本当局の真意であるといわざるを得ない。この法務省室長の談話を重視した民団中央は五日午前十一時、李禧元団長が朴事務総長李民生局長を従えて法務省の辰己参事官、入管局長らに会い見解をただした。そのさい「法相会談を機に在日韓国人に対する永住許可方針は一転換に至ったといえる。われわれの真意を信じてくれ。それよりも民団の協力をお願いしたいんだが、申請促進運動を積極的にすすめてほしい」という旨を参事官、入管局長らが一致して強調した、という。

また、法務省としては今月二十五日頃、地方入管や関係窓口に、さき頃の両国法相が合意した趣意を具体的に実施するよう通達する予定であるとも語ったと伝えられる。

しかし、法相会談で合意した事項は即日に効力を発するものであり、八月中に通達されると、責任ある消息筋が言明していたにもかかわらず、いまだに通達されておらず、許可実施段階ではもっとも重要なポジションである法務省協定永住室室長がそのような見解と方針を持っていることは申請促進にともなって重大な事態を招くのではないかと憂慮する向きもある。

疑問点解明した上で

東本の法地位

民団東京本部の法的地位委員会（鄭在俊委員長）常任委が五月午後一時から東本会議室で開かれ、永住権申請促進問題について論議したが、この日の会議では具体策を決める段階でないとし、中央本部の指示を待ちつつ、申請にともなう疑問点も不明確な事項を文書を持って関係当局に照会した上で、第六回法地委を開催し、そこで今後の方針を決めることにした。

人情有感

民団中央本部は、また執行部の入れ替えを行なった。さる三月の大会で李禧元団長が執行部を担当して以来半年足らずの間、これで三回目の改編である。▲李団長の語るところによると、こんどの執行部改編の理由として「事務総長を中心に各局間の融和をはかるため」だとのことである。この李団長の説明をうらがえせばいままでの執行部は、事務総長を中心にしたものでなかったために各局間に統一がとれてなかったことを団長自から認めていることになるのだが、組織運営の全く初歩的で当りまえのことである「事務総長中心制と人の和」ですら実現してなかったとすれば、李団長の組織運営能力のいかんにかかる問題である。▲たしかに李執行部に限らずいままでの民団の人事行政というものは、不合理な点が多く下手なやり方で考えさせられる面が多いが、李禧元氏の場合特にそれが目だつようである。ヒ近な例であるがこんどの場合でも、公務出張中にいつのまにか首がとんだ局長もおればその反対に本人の承諾もなく知らぬ間に移動させられた者もいる。▲世は「実力主義」の時代であり「適材適所」という言葉もある民団は失業者の救済機関でもなければ、人材をテストするところでもない。要は、民団の実務にたけて経験豊かな者をぢっくり腰をおちつけて仕事ができるようにしてやるのが団長の任務でありそうすることによってはじめて民団の仕事も充実になるであろう。▲わづか任期の四分の一期間において、三回も改編を行なうとは、誰がみても軽卒な人事であり執行部の前途に首をかしげるであろう。どうか外部勢力に左右されることなくもっと主体性をもって安定した執行部として前進してもらいたい。局長の首ばかり入れ替えしているうちに、肝心な組織運動がおろそかにされ、任期がきてしまうようではならない。

日本の誠意を望む

協定の基本精神を生かせ

韓日法相会談の成果

民団中央で声明

声明書 一九六九年八月十九、二十の両日にわたり、東京で開催された李皓法務部長官と西郷日本国法相との会議で確認された「在日韓国人の法的地位」について、在日本大韓民国居留民団はつぎの通り声明する。

わが民団の中央本部、地方本部支部および傘下団体が法的地位問題に対し一致団結して闘った結果と、その土台の上に、大統領をはじめ政府各部処の関係官たちの積極的な配慮と適切な措置をもって協定永住権について多大な成果を得るに至ったことを高く評価しこれを歓迎する。

したがって、その実施において、日本政府当局が友好的かつ誠意ある態度を示し、法的地位協定の基本精神が正しく示顕され、在日韓国人が日本の社会秩序の下で安定した生活を営み得る結果になることを望み、それによって韓・日両国と両国国民の友好親善がさらに増進されることを期待する。

一般永住権取得について確認された事項の如く、日本政府当局が審査基準を緩和し申請手続を簡素化すること、また、サハリンから帰還した韓国人の協定永住申請については〝友好的に検討する〟などの確認事項に関し、今後強い関心をもってこれを注視する。

これにより民団は、その間不振であった協定永住権の申請を積極的に推進するとともに同申請を妨害する朝総連の虚偽宣伝を断呼粉砕することをここに明らかにする。そして、全団員はもちろん、朝総連傘下にある善良な同胞たちも、朝総連の悪意と虚偽に満ちた無責任な宣伝に眩惑されることなく、この際に民団の傘下に参加し永住権を取得して、日本において平和的な民族の繁栄をはかり、地域社会にも貢献することを願い、すべての同胞が民団に入団することをつねに歓迎するものである。

最後に、今なお未解決で重大な待遇問題については、われわれの要求が貫徹されるまで運動を継続推進し、在日韓国人の権益擁護に関する本団の本然の使命を完遂すべくここに確認するものである。

在日韓国人の府県別居住数（5月末現在）

北海道	8,113	滋賀	6,249
青森	1,950	京都	40,809
岩手	1,594	大阪	167,483
宮城	3,254	兵庫	62,171
秋田	1,112	奈良	4,966
山形	666	和歌山	4,789
福島	2,202	鳥取	1,498
茨城	3,589	島根	1,580
栃木	1,929	岡山	7,875
群馬	2,701	広島	14,912
埼玉	7,174	山口	15,020
千葉	7,682	徳島	277
東京	70,293	香川	875
神奈川	27,045	愛媛	2.047
新潟	2,602	高知	951
富山	1,878	福岡	25,105
石川	3,147	佐賀	1,574
福井	4,757	長崎	3,273
山梨	1,927	熊本	1,884
長野	4,791	大分	3,196
岐阜	10,626	宮崎	1,105
静岡	7,806	鹿児島	620
愛知	49,314		
三重	7,467	合計	601,878

（法務省入国管理局登録課調べ）

完全解決と見難い

法相会談へ韓青も声明

韓青の声明要旨＝韓日両国法相会議が、さる八月十九、二十の両日にわたって開催され、法的地位協定の実施に関して共同〝コミュニケ〟が発表された。これまで法的地位問題の抜本的解決を指向し、粘り強く闘争し、真の韓日友好の樹立と在日韓国人の基本的人権の確立という視点から注視してきたわれわれは、この共同コミュニケに対して、つぎのような見解を表明する。この会談は、われわれの運動の成果として前進ではあるが、日本政府当局が、その非友好的な態度を是正しない限り、同コミュニケ前文に明記されている、協定のより円滑にして効果的な運用に問題が残される。

一、協定永住資格の居住経歴などに対して、共同コミュニケにおいては、つぎのとおりいっている。

すなわち「1、協定永住許可申請をした者が第二回 外国人 登録（昭和二十五年一月から昭和二十七年九月まで）を終えており、申請時までに昭和二十七年法律第一二六号第二条六項に該当しないと認定されたことのない者（例えば不法入国容疑による退去強制手続きをえたことのない者をいう）に関しては、あらためて事実調査することなく協定永住を許可する所存である（日本文）」（韓国文は〝許可する〟）と。

① 「あらためて事実調査をすることなく」という表現は、「すでに調査されたか或いは、申請時までに調査される」事実には、あてはまらないことを意味する。

② 『許可する所存である。（この所存は韓国文には はない）』とは、日本法相の意向の表明らしいが、法的根拠として「許可」が実現されてはじめて評価すべきだ。第二回外国人登録終了者、法律一二六のひとは、無条件に協定永住が賦与され〝実質的に基点が移された〟という観察は、楽観的でありより明白にしておくべきだ。

③①②の憂慮があるにもかかわらず、いわゆる「戦後入国者」「一時帰国者」に、協定永住許可が賦与されたとしても、「協定永住」の資格の基点が、依然として一九四五年八月十五日になっているから、実はいつでも虚偽申請として許可が取消される危険性が含まれているとみる。

これに関しての分析批判は、一九六七年七月二日法的地位対策委員会（当時李裕天委員長）が出している「法的地位の問題点」と題するパンフレット6、虚偽申告の項で、「日本政府は、法的地位協定実施による＜出入国 管理 特別法＞を法律一四六号で公布し、同法第九条で〝虚偽申告をして永住許可をうけたものは一年以下の懲役またわ三万円以下の 罰金に処する」としているとおり、すでに問題点として提起されている。

この法律も、現行出入国管理令のように、時効が規定されてない。したがって、もし申請時に特別配慮とか審査官の目を避けて永住許可がおりたとしても、申告事実が虚偽であった場合は、いつでも永住許可は取消され＜出入国管理特別法＞第九条規定に該当されて処罰をうけ強制退去の対象となる憂慮が残されている。

したがって、永住許可が賦与されたとしてもいつも戦々競とした思いで生活しなければならない状態におかれるのだ。

二、またコミュニケをみると、別項を設定し、戦後入国者を別に取扱うといっているが、現在までの一般永住権に対する審査基準が厳重であったことや一般永住権許可の審査基準も具体性がなく、どのような基準をもって許可するのが、決定する側は、いつも法務大臣にあり、在日同胞に対する恣意的な裁量が悪用される危険性はそのまま残っているとみることができる。

以上のようにその運営いかにおいては、問題性をそのまま内包していることを考えれば、これからいくらも残ってない期間に、大多数が申請できる道をひらくためにもこの時期に完全解決をはからねばならないし、そのためにわれわれは引続き斗争するであろう。

九月三日 韓国青年同盟。

アジア安保に協力約す

韓日閣僚会議おわる

去る八月二十六日から東京・芝白金の迎賓館で第三回韓日定期閣僚会議が開かれ、浦項総合製鉄所の建設について日本に対する協力要請、韓日貿易の極端な不均衡是正などの経済問題、さらに政治問題については沖縄問題への言及を含め、アジア太平洋地域での両国の関係の緊密化等について意見を交換し、二十八日再開した全体会議でこれらの問題について共同コミュニケを採択、三日間にわたる会議の幕を閉じた。

朴大統領の三選問題、韓半島の緊張等の政治情勢をうけて開かれたこの会議には、韓国側から金鶴烈副首相兼経済企画庁長官、崔外相、黄財務相、金商工相らが、また日本側から愛知外相、福田蔵相らがそれぞれ参加、特に韓国側は、現在その賛否をめぐって急速度にあわただしさを加えつつある三選改憲を政府与党に有利に導く立場から、朴大統領が韓日経済建設のシンボルにしようと計画を進めている 総合製 鉄所建設 問題で日本側の援助をとりつけることに重点をおき、これに対して日本側はその政治的判断から協力を約したが、「より実際的な計画にするため」調査団を派遣する、との慎重な合意をするにとどまった。

また韓日貿易の不均衡是正問題についても具体的な前進はみられず、ほとんどが今後の課題として残された。

こんどの閣僚会議で韓国側は、浦項総合製鉄所建設について、はじめて日本の協力約束をとりつけることに成功したほかハマグリなど数品目の関税引下げについても日本の譲歩を護得した。また三年越しの課題だった租税協定の仮調印を行ない、韓日経済関係はますますそのきずなを堅くすることになった。

共同コミュニケでは、両国アジア・太平洋地域の一部に緊張のあることを認めその緩和に協力することを約束、特に韓国側は北からの韓国にたいする侵略的挑発行為が激化している最近の事態を説明し自国の安全保障の観点から沖縄返還に伴う米軍基地の機能の将来に強い関心を示したが、この沖縄問題に言及した点を共同コミュニケに織込むには日本側の難色を押切って敢行した。

閉会後に行なわれた内外記者会見の席上、崔圭夏外務部長官は、①沖縄の米軍基地の機能が損傷されないよう、また必要な場合は迅（じん）速かつ有効な使用ができるよう、保持されることは肝要な問題である、②このため韓国は済州島に米軍基地を建設してもよいと考えているくらいで、アジアの安全保障に韓国は深い関心を持たざるを得ないのである、と強調した。

一方、日本の愛知外相は沖縄返還問題についての質問に答えて次のように述べた。「日本は日米安保条約を基本として、日本の安全を守ってきたが、これからもこの方針を堅持したい。沖縄返還も、日米安保条約が存続している中で返還するのが自然な姿である。沖縄を含む日本の安全は、極東の安全と切りはなしては考えられない関係にあり、沖縄返還も日本および日本を含む極東の安全に支障のないようにしていかなくてはならない」

なお、総合製鉄所にかんする日本側の協力方針などに関しては大平通産相は①日本政府が公式に協力要請を受けたのは今回が初めてであり、さきに八幡、富士、鋼管の三社が調べた同製鉄所にかんする報告書もこれから〝協力する主体としての日本政府〟が吟味することになる ②調査団は政府の責任で権威ある専門家をも加えて構成するが、できるだけ早く派遣時期を決めたい、と述べた。また福田蔵相は「資金計画は調査結果を待って決めることになるが、最大限の協力をするつもりである」と語った。

在日韓国人への課税適正に

共同発表 北送問題、両国の立場を認む

コミュニケ要旨

二十八日の韓日定期閣僚会議全体会議で採択されたコミュニケの要旨は次の通り。

一、両国の閣僚は両国関係全般に関して検討した結果、長期的な観点から互恵の原則と信義に立脚した両国間善隣関係を一層発展させるため、引続き努力することに合意した。

一、国際情勢一般、とくにアジア太平洋情勢に関して広く意見を交換し、沖縄問題にも言及した。

一、両国の安全と繁栄がきわめて密接な関係にあること、およびアジアにおける平和と繁栄が両国共通の目標であることを認め、その実現のために引続き協調し努力することを再確認した。

一、韓国側は北からの侵略的挑発行為が激化している最近の事態を説明し、また政府および国民が朴（パク）大統領の指導のもとに堅く団結し、一面国防、一面建設の政策を成功のうちに遂行している事実を説明した。日本側は韓国が自国の安全の確保と経済開発の分野でなし遂げた画期的な業績に対して敬意を表明した。

一、両国閣僚はベトナム問題に関するパリ会談を含む最近の情勢に注目し自らの将来を決定しうる自由と権利がベトナム国民に保証されるような平和がすみやかにもたらされるように、ベトナム問題が解決されることについて強い希望を表明した。

一、在日韓国人の「北送」および在樺太（サハリン）韓国人の帰還問題を討議し、第二回韓日定期閣僚会議の共同コミュニケに述べられたそれぞれの立場を確 認した。

一、韓国側は総合製鉄所の建設につき、日本の対韓経済協力での最優先計画として日本側の協力を要望した。日本側はこれに深い理解を示し、協力するため本計画のより具体的かつ実際的な調査団を派遣することを約した。

一、両国の閣僚は、民間実業人による合弁投資の積極的進出が、両国間の経済関係の緊密化に資するものであることを確認した。

一、二重課税防止協定に関し、両国の閣僚は、第二回韓日定期閣僚会議共同コミュニケで合意された課税原則に基づく協定の内容について合意に達し、同協定の発効に努力することに意見の一致をみた。

一、韓国側は、在日韓国人に対する諸般の課税問題について適正を期するよう日本側の措置を要望し、日本側は、これに対して今後とも十分に配慮することを約束した。

一。①両国の閣僚は、両国間貿易の不均衡を漸次是正することが両国経済関係においてきわめて重要な問題であるとの認識をさらに深め、今後ともあらゆる可能な方法によりその解決に努力すべきであることに合意した。

②韓国側は、加工再輸入品の原材料分関税軽減制度の適用品目の追加につき、日本側の特別の配慮を要請したのに対し、日本側は、一九六九年までを目途に品目追加に関し、積極的に検討する旨約した。

また、日本側は、韓国側の関税引下げ要請に関し非、食用海草の一部、ハマグリ（生鮮、塩蔵）、莞草（イグサ）敷物を含む若干の品目について関税一括引下げ（ケネディ・ラウンド）最終税率の引下げを検討する旨約した。

一、農林水産問題に関し、韓国側は、現行のノリの輸入時期及び取引方式は合理的でないことを指摘し韓国ノリ生産漁民の利益を図るため、現行方式の改善を強く要請したのに対し、日本側は、現行のノリ輸入時期及び取引方式を直ちに変更することはできないが、この問題は、両国のノリ生産流通の実態の進展に伴い漸進的に解決されるべきものである旨述べた。

両国は、今後、この問題を両国の関係者の間において検討することに合意した。

一、両国の閣僚は、第四回韓日定期閣僚会議を、来年、両国政府が合意する時期にソウルで開催することに合意した。

高すぎる万博招請費

招請資格制限も論難

東本支団長・事務部長会議

民団東京本部管下各支部支団長ならびに事務部長会議がさる八月二十八日午後一時から日本信販ビル会議室で開かれ、①さきに発表された韓日法相会談共同コミュニケをうけての法的地位問題②万国博覧会招請問題などを討議した。

会議は、李泰術民生部長の司会で進行され、鄭在俊団長、徐興錫副議長、李馬致監察委員長のあいさつのあと丁賛鎮顧問から、八月初旬ソウルでひらかれた民団強化対策会議についての報告と入管法反対闘争によせた各支部団員の協力に対する感謝のことばが述べられて討議事項に入った。

当日の会議において論議された事項ならびに主なる発言、結論はつぎのとおりである。

①法的地位問題については、朴性鎮副委員長から韓日法相会談の成果について説明があった。すなわち、こんどの法相会談は、従来よりは若干の進展があったと思われるがなお警戒を要する点がないでもない。とりあえず協定永住許可の申請を促進すべきだと思う。

②万博招請事業については、その手続変更事項の要領について、羅鍾卿副団長から説明があり、これに対して姜学文墨田支部団長からA招請手続に費用がかさみすぎて莫大な同胞財産が消失する。Bとくに中央へ一件二万円も上納しなければならないとは、末端組織として到底認めることはできない。これは、組織という名の暴力であり組織破壊行為に等しい。一体何のために二万円も徴収するのかその使途明細を早急に機関紙に発表せよ。C招請者の資格についても永住権取得者に優先したのは賛成しかねる などの 発言があった。

これに対して、李鍾舜中央民生局次長から「万博後援事業としての本国連絡事務所の設置、それにともなう人件費、関連事業として文化・芸能公演などの費用に必要なためである」とのべたが、結局この問題については、郭東儀練馬支部副団長、目黒支部事務部長の提案により①招請者資格制限の撤廃②被招請者が入国できなかった場合は既納金全額を返還するようにとの二点をきたる中央委員会に建議するよう鄭東本団長に一任した。

③その他、韓僑通信の編集内容の充実と配布についての要望、協同組合定款草案の配布説明（羅副団長）、割当金未納支部への督促などがあって閉会した。

民団実務者との領事事務懇談会

9日駐日公報館で

来る九日午後二時から駐日公報館において、駐日大使館第一領事課と都内民団各支部実務者との領事事務に関する懇談会がもたれる。なおこれは駐日大使館からの要請によるもの。

70才以上の老令者招待

商銀主催で敬老会

敬老の日にあたる来る九月一五日、東京商銀（許弼奭理事長）では都内の同胞老齢者を銀座の韓国料亭、秘苑に招待して敬老会を催す。これは昨年から始めたもので今年で二回目。当日は食事と韓国芸能などで一日中ゆったりとくつろいでもらうとのこと。招待される対象は原則として七〇才以上の方、会は午後十二時三〇分に始まる予定。

日本から送られた衣類に大喜びの子供たち

〝誕生日に着るよ〟

日本のおじさんありがとう

目黒商工協が 韓国孤児へ衣類

韓国人目黒商工協同組合（李馬致理事長）では、このほど故国の孤児院に衣類、帽子など約一千点の愛の贈りものを送り、温い同胞愛を示した。

同組合李理事長は、数カ月まえ母国を訪問したさい、親のない不遇な子供たちのために、なにかしてやらねばならないと思い日本にかえって組合員有志たちと〝ポケッマネー〟を出しあってシャーツ、ズボン、帽子など約一千点を買い求めてソウル国際弘報社へ送り、孤児たちへの伝達を依頼したのであった。

国際弘報社では、李理事長の心温まる好意をできるだけ有意義に分ちたいとの意味で、韓国日報社の少年韓国日報と相談のすえ、韓国でもっとも古く有名な仁川市の聖光保育院に伝達することにしたとのこと。

「少年韓国日報が伝えるところによると、同保育院の子供たちは、日本のおぢさんたちから送られたま新しい服や帽子に大よろこび、「よくしまっておいて、誕生日の朝にきたい」とか「このような贈りものをして下さったおぢさんたちに感謝の手紙を書かなくちゃ」と、はしゃいでいたとのこと。

なお、仁川の聖光保育院は、一九四八年に設置されて今年までに約二千人の孤児たちが、ここで生長し社会にとびたっていったといわれ、現在は三才から十八才までの九十二人の孤児がおり、このうちには五十一人が市内の国民学校に通っているほか、中高校生が十六人いる。

金団長

団長に金鎮奎氏再選

北支部で定期総会

民団東本管下の北支部（金鎮奎団長）は四日、第十八回定期総会を開き、経過報告、活動方針および予算案を審議するとともに、役員改選を行なったが、団長には金鎮奎現団長が再選された。

総会は同日午後八時から、先月十七日落成したばかりの同支部事務所二階の会議室で団員一八〇人参席で開かれ、会順に従い国民儀礼の後、李慶晩議長の開会の辞、金鎮奎団長、崔容奎監察委員長のあいさつにつづき東京本部の鄭在俊団長から来賓祝辞が述べられた。

総会は、つづいて各機関と会館建設委員会の経過が報告、活動方針と予算案が審議承認された後、任期満了にともなう役員改選に入ったが、団長候補に金鎮奎現団長と羅大煥氏が立候補し投票の結果一一八票対五一票（無効八）をもって金候補が当選、前期に引きつづき団務を執行することになった。

なお、この日に選ばれた役員はつぎのとおり。

団長＝金鎮奎
副団長＝金介竜
〃　尹鉉福
議長＝李慶晩
副議長＝金麒煥
〃　高鎬一
監察委員長＝崔容奎
〃　委員＝李俊根
〃　委員＝金升五
事務部長＝禹昌信

支部だより

墨田支部

〈各種講習会盛ん〉

四月以来支部事務所でつぎの各種講習を行なっている。参加者随時歓迎。詳細問合わせは同支部へ。

一、生花＝毎週火曜日午後七時から。現在婦人一〇名前後が参加して成果をあげている。

二、舞踊＝婦人会が主催して韓国舞踊の講習会を行なっている。毎週木曜日午後七時から。

三、国語＝毎週金曜日午後六時半青少年会が中心になってウリマル習得に励んでいる。

江戸川支部

〈婦人のための国語講習会〉

来る十月から三日、十三日、二十三日の三のつく日の正午から同支部事務所で婦人のための韓国語講習会を開く。希望者の積極参加を歓迎する。

豊島支部

〈韓青豊島支部でも国語講習会〉

来る九日から毎週火・金曜日、午後六時から八時、支部事務所で韓国語と国史の講習会を行なう。

大田支部

〈支部団員のための敬老会〉

来たる十五日の敬老の日に同支部団員のための敬老会を催す。当日は韓国舞踊などのアトラクションが予定されているほか、参会者全員に記念品が贈られる。場所は区内の大田体育館で午前十一時開会の予定。

〈十二日から国語講習を再開〉

来る九月十二日から毎週水、金曜日、午後七時から同支部事務所で韓国語講習を開講する。青年、婦人の積極参加が望まれている。

〈十日に月例映画会〉

来る九月十日午後七時から同支部事務所で月例映画会を行なう。

板橋支部

去る七月二十五日、千葉県九十九里の白浜海岸で管内団員慰労のための海水浴会が催された。当日は団員一〇〇余名が参加して水浴を楽しみ、団員相互の親睦を深めあった。（この記事は編集部の不手際で掲載が遅れましたことをお詫び致します—編集部）

民族意識の向上へ

婦人会東本が 音楽と生活講座

在日大韓婦人会東京本部（朴琪先会長）は、民団東京本部と表裏一体となって活動をつづけ、在日韓国人の権益擁護のために展開されるあらゆる運動には陰に陽に民団東本を助けているほか、民団に対する婦人の意識向上と組織活動に堅実な成果を上げているが、さる八月二十五日の定期支部長会議では、生活指導と音楽習練を通じて家庭教育と民族意識の向上をはかるという目的で毎週定期講座を開設することを決めた。

この講座の内容は韓国の歴史、民俗、学芸などにふれながら伝統的な礼儀や風俗について理論と実習を通じて学び、現代の日常家庭生活に調和させる趣向であるという。また、音楽指導では民謡や歌曲を学びながら、愛国歌、三・一節の歌など儀式に必要な歌を正確にならい実生活に役立てるとともに情緒を豊かにしようとするものである。

一方、婦人会の支部組織を強化するため、本部役員は九月はじめから都内の各支部を巡回している。

なお、講座は左記のように開催される。

日時・毎週水曜日午後一時から三時まで（九月十日開講）
場所・民団東京本部三階
講師・音楽指導　金永純先生
　　　生活指導　金智子先生

同窓会のお知らせ

東京韓国学校高等部卒業生

東京韓国学校高等部第一回から第十一回（今年三月卒業生）までの全卒業生を網羅した同窓会を組織し①同窓会員の相互の親睦と連結を図り②母校への協力体制を整え③全卒業生の名簿を作るなどの準備をすすめるため左記のように発足会を開きます。

記

日時・九月二十一日（日）午後一時
場所・母校小講堂
連絡先—東京韓国学校高等部
同窓会準備委員会
代表　洪性豪
東京都新宿区若松町二十一
電話　三五七—二二三三〜五

追記・退職された諸先生方も招待いたしますので御参席をお願いいたします。

東京韓国学校

退職の諸先生方へ

民族教育機関である韓国学校在職中はさぞかし御苦労の多かったことと思います。

退職後、逆境にもめげず、各方面で御健闘のことと存じますが、諸先生方の近況（職業・勤務先・現住所・電話番号など）を左記へお知らせ下さい。

連絡処

在日本大韓民国居留民団東京本部
文教部
東京都文京区本郷三丁目三二—七
電話　八一一—一五三五

息たえた36年間 首都の名もきえて

ソウルの歴史 日本統治時代

日本統治は三十六年間つづいたが、それを三期に分けて考えることができる。一九一〇年から一九一九年三・一独立運動までが第一期で、その翌年から満州事変までが第二期、その翌年から一九四五年の終戦とともに韓国が解放されるまでを第三期とする。

第一期は、すなわち武断政治といわれる時期で、日本が徹底的な圧迫を加え、集会、結社は許されず、言論機関としては総督府機関紙である毎日申報ひとつだけがあったにすぎなかった。しかも、急いで司法、刑獄制度の整備、財政貨幣の整理、行政体系の調整などを行ない、日本帝国による植民地統治の基盤を造り上げた。

つぎつぎにたてられた私立学校に制限を加えるとともに、教育制度を改革して、小学校は四年、中学も四年となり、韓国語は初めからすこしだけしか教えられなかったのみならず、やがては全廃の方向にむかわせた。韓国の歴史については初めから全然教えようとしなかった。このころには小学校の先生にまで帯剣をさせ、憲兵に警察権をまかせるなど目にあまる圧政があった。

第一次世界大戦後、パリ講和条約で、ウイルソンの唱えた民族自決主義は、韓国人の民族主義思想を多いにふるいたたせ、一九一九年三月一日ソウルを中心におこった韓国人の独立運動はたちまち全国にひろがり、多数の犠牲者をだしたが、事件に驚いた日本政府は、いわゆる文化政治を実施し、治安維持、民意暢達、行政刷新、生活安定、文化福祉の増進をモットーとし、憲兵警察制度を廃止、教育の普及改善により、教育制度を日本のそれに近づかせ、二、三の韓国語新聞の発行を許し、形式的な地方自治制をひいた。これが第二期である。しかし、このような表面的な文化政治の裏面には、遠大な植民地支配の意図がかくされていた。すなわち、形式的には日本なみの帝国大学を設けたけれども実際には韓国人学生は一割だけしかとらず、当時全人口の五％にも足らない日本人在留者の子弟から残りの九割の学生を入学させたものである。

ソウル秘苑の蓮池に浮ぶ水亭宮

第三期は、一九三一年のいわゆる積極的な日本の大陸侵略政策を遂行する必要上、韓国はその兵站基地となり、その目的のために、各種の産業開発をいそぎ、韓国の豊富な地下資源と低廉な労働力が徹底的に利用されたのである。

韓国人に対する日本語常用の強要、神社参拝強制、韓国人の名前を日本式の名前になおす創氏改名の強行、志願兵制度を設け、後からこれを徴兵制度にきりかえる一連の政策などに、韓国文化抹殺政策と並行して韓国人を未曽有の苦しい環境に追いつめたものである。

一九四五年、日本が韓国から撤退する時も、在留日本人は百万人を超えなかったが、下級官庁や小学校長までその大部分が日本人であったし、京城帝国大学ではたったひとりの韓国人教授を除いては全部が日本人であった。同じ階級の官吏でも、日本人は六割の加俸を加えた月給を貰う制度を維持し、それで人為的に日本人に高い生活レベルを維持させたものであった。

ソウルの町の名前は全部日本流に改められ、黄金町、本町、大和町などの町名が使われ、また景福宮の正門である光化門を他に移してその跡に総監府庁舎を建てたし日本人の居住に適する施設を主とし、それなりに現代化の途をたどってはいたものの、ソウルは所詮一国の首都から一地方の行政地域の単位に格下げされてしまった。

日本人は、前に述べたように生活程度を高く維持して韓国人との混住を好まず、いまの忠武路（本町）、退渓路（昭和通り）、忠正路（竹添町）および竜山地区の軍隊の基地近くに集中して住んでいたがこれら日本人住宅は韓国動乱中大部分が焼かれてなくなった。

（民）（話）「高麗葬 棄老伝説」

昔は、人が七〇歳になると、その子によって山の中に捨てられる風習があった。そんなとき、ある人が自分の父が七〇歳をすぎたので、これを捨てようとヂゲ（背負い子）にのせ、山の奥へやってきた。彼は本来ならば自分一人でこれをやるはずであったが、ちょうど息子がものごころつき初めたころだったので、息子も一緒につれていくことにした。

山の奥にほど良い場所を見つけ、老いた父を降ろし、用意してきた食べものを置いて、儀式通りに父に向かって三拝し、いざ、きびすを返して帰ろうとした。すると、息子が老父をのせてきたヂゲを持ってついてきた。そこで彼は息子にむかって、「そんなものは持って帰るものではない。そのまま捨てて帰るのだ！」と、強い語気でいった。息子はこれに対し、「おとうさん、このヂゲはおとうさんが年をとったとき、わたしが背負ってくるためにとっておこうと思います」と、静かに答えるのだった。彼はこの息子の言葉を聞いたとき、ぞっと背筋が寒くなる思いがした。それは、まぎれもなく恐怖の感であった。

彼は、そのヂゲに老父をのせ、のぼってきた途をひきかえして、わが家に帰った。それから、老人を捨てるという悪風が村から絶えた。

このはなしは全州地方で採集されているが、伝わっているのは全国的なものである。この筋は、今日では高麗葬とよんでいて、史実としても確かめられている。

高麗葬は、世界的な例の一つで、たとえば西欧のバイキング時代にもそれがあったし、北極に住んだエスキモーなどの民族にもあったし、日本にもナラヤマの風習があった。これは人類のある時代に必然的に起った遺風であったと見られる。

これは人口と食糧との関連で起った現象で、人類が食糧をコントロールし得なかった時代に、人口を調節することで種族の保存を考えた方法でもあった。もっとも、現代でも人類は完全には食糧をコントロールすることができず人口の調節を強いられてはいるが、この人口の調節の場合、いまは産児制限という方法がとられる。けれども、この当時は棄老という方法しか考えられなかった。これがこの遺風の必然性ということになる。

高麗葬はいうまでもなく、高麗王朝の初期から中期にかけての遺風であるが、それは社会的に公認されたものではなく、内緒ことしてなされ、そしてその社会はこれを黙認するという形になっていた。もちろん、高麗葬は庶民とくに農村社会の一つの黙契であった。

もっとも、高麗時代以前にもこの遺風があったかも知れない。いま、われわれはたしかな証拠がないからはっきりいえないのであって、高麗葬が高麗時代にはじまったものであるとも断言できない。

ただ、韓国史をたどって見るとき高麗以前は比較的に人口が少なく、食糧がなくて餓死するような事態は考えられない。だから高麗以前にこの遺風はなかったと見るのである。

高麗の中期をピークにして、人口は急激に増え、食糧が欠乏しはじめた。この事情は大陸でも同じで、そのために大陸では戦乱が絶えず、「元」はしばしば高麗を攻め、食糧を略奪していった。こうして食糧事情は極限に達した。こうなると、農民の生活意欲は逆に低下した。いくら食糧を作ってもすっかり取り上げられるからであった。

人々はここで「穀つぶし」を減らさざるを得なくなった。そこで生産能力のなくなった老人が、その家から淘汰（とうた）されたわけである。生産能力がないのは家の中で老人と子供であるが、この際、子供が棄てられずに老人が棄てられたのは、種族保存の本能によってそうなるのである。

高麗朝の末期になると、儒教が相当に広まり、父母への孝が強調され、高麗葬も社会黙契の地位から追い出されるようになった。要するに、高麗葬は「仕方のないこと」から「してはならない」ものに変わっていったのである。周知のように李朝になってからは、この遺風は国禁として禁じられることになった。

このはなしの時期的な面は、ちょうどこの高麗葬が批判の対象になりはじめた頃のことになろうかと思われる。主人公の彼は、老父をヂゲにのせて山をのぼっていったが、その重みは親に対する愛情という無限の重さであったにちがいない。彼は、これは社会のしきたりだからという諦観の文句を幾度もくりかえしながら歩いたことであろう。彼の息子がヂゲを持って帰ろうとするのに対し、彼は語気を強くして、それを捨てるようにいっているが、この気持ちは、罪すなわち原罪の罪悪感から解放されたいことであったろうと思われる。

そこで登場するのが息子であるが、この息子はいわゆるはなしの筋の擬人法によって教訓者である。普通のはなしの筋ならば、この息子は自分の父に向かって、老祖父を棄てることは情にしのびないとか、あるいはそれは罪なことであるとかいって、止めることをいい出す筈である。けれども、息子はここで一つの言葉で実証的な教訓を垂れる。すなわち、彼のやっていることに反対をするのではなく、彼の行動を延長し、その将来の帰結を明確に示すことによって、彼の行動の矛盾を指摘しているわけである。息子の、「このヂゲは、あなたのときに使います」という論理に、彼は強い恐怖を感ずる。この恐怖が彼にもっとも素朴な人間感情を呼び戻してくれることになる。この恐怖があったからこそ彼は次に素直な気持を持つことができた。もし、このとき彼がこの恐怖感を感じなかったとすれば、彼はいつまでも精神堕性に陥り、素直に考えることはできなかったであろう。

現代でも、高麗葬の考えが全くなくなったわけではない。たとえば、核家族の思考は高麗葬となんら変わるところはない。この両方に差があるのは高麗葬が純粋素朴な感情であるのに対して、現代はエゴイズムが新たにつけ加えられているという点であろう。

風俗と習慣

韓国シリーズより

婚礼と葬儀

①婚礼

結婚は冠婚喪祭の四礼中、もっとも重要なものである。先ず伝統的な婚礼の儀式について説明して見よう。これは儒教の影響をうけて、朱子の六礼に則って行われている。

男女が成人に達すれば、主として双方の両親の意思に従って、月下氷人が両家の間を往来しながら縁談をまとめる。男家では花婿の生年月日を書いた″四柱″というものを女家に送り、女家ではそれを花嫁の″四柱″と合せてみて吉凶を判じ、相性運星が合うと結婚の吉日を選んで、これを男家に報ずる。つまり″択日″の権利は、女家に属している。男家でもその日の吉凶を判じて、結婚の前日に″納采″のやりとりを行う。この納采は、結婚申込とこれに対する承諾証書のようなもので、これで婚約が成立したことになる。納采を取交してからは、破約のできないのはもちろん、儀式を挙行しない前でも一方が死んだ場合喪に服し、女子は寡婦として取扱われる。

儀式は先ず、花婿の方から驢馬とか轎に乗って、この日だけは″上客″（専属の者がこれに当る）を従えて女家の近辺に設けられた″舎処″という休憩場所まで赴く。やがて″函夫″（彩緞を入れた函を運ぶ人）の案内で、花婿は新婦の邸内に設けられた婚礼式場に導かれ、携行した木雁を式台において再拝の礼をもって、結婚を誓う。これを″奠雁″といっている。奠雁が済んだら、新郎新婦が相対して百年偕老を誓約する″醮礼″を行う。交拝床の東側に新郎、西側に新婦が立って、相互に再拝を行ってから酒盃を交わすことによって婚礼は終了する。

その夜は家で用意された″新房″において、夫婦生活がはじまる。こうして3日を女家で過ごした新郎は、新婦を伴って家に帰る。

②葬礼

葬儀もまた重要な儀礼で、殊に父母の葬儀は盛大にする。

薬石の効なく死期が迫ってくると、清水または重湯を匙で飲ませやがって息を引きとると死者の手足を整頓し、室内に猫を入れないように注意する。死後5〜6時間経ってから″招魂″を行なう。これは死者が平生着ていた着物をもって屋上とか塀の上とか高い所にのぼって「誰某、何日何時に別世す」とその着物を打ち振りながら三度呼んでから、その着物を死体の上にかける。招魂は、死者のあることを告げると共に死体の霊魂を呼び戻す式である。

招魂が済むと7つの茶碗に御飯を盛り、その前に一足ずつの草鞋を添える。これは幽界から死者の霊魂を引取りに来る死者を接待する意味で、この飯を″使者飯″といっている。ついで″小斂″といって、死体の手足や顔を香水で拭き、7つの″無窮珠″を口の中に入れ、男子は″額帽″といって白紙を額に貼り、女子は白粉で化粧し、衣は着更えさせ、手に手袋を足には黒の鞋をはかせ、″七星板″という板の上に仰臥させる。喪主や親戚の者が、″成服″といって喪服を着てから″大斂″の式を挙げる。これは死体に″寿衣″という新調の袷を着せ、その上を12個所麻で縛り、長方形の寝棺に納めることである。

こうして3日、5日、7日というように奇数日に出棺するが、それまでは毎日朝晩″上食″といって、死者の生前好んだ食べ物を供え、喪主や親戚たちが死者に対して悲しみを表する″哭″をする。

さて出棺になると、″奠″といって酒果を供え香を焚き、また哭をする。葬列には、女子はその夫以外は従わぬことになっているので、棺にすがって泣き悲しむ。喪輿は″輿丁″という人夫に担がれ、その前後に喪主・親戚・知巳および″方相師″などが付き、銘族その他の儀具を列ねて葬列を整い、葬送の途次、輿丁は振鈴に和して哀者を放って、死者に対して礼を尽す。

前もって選定してある墓地につくと、″永訣式″を挙げて埋葬する。韓国では殆んど土葬が多く火葬は稀である。埋棺が済むと、″神主″（位牌のこと）を持帰ちり、これを家の祠堂に祀る。この神主は普通、栗の木で作るもので小祥（1年忌）大祥（3年忌）間の墓祭以後これを祠堂に祀り、五代目になると墓地に埋めてしまう。

喪服は家族・親戚その親疎の如何によって、三年とか三ケ月とか着るので、その服にも麻とか木綿とか布質や、縫方などに複雑な区別がある。

【結婚式】昔から行なわれた結婚式は、李朝時代からのものである。写真は、首都女子師範大学で昔の風俗の模範を示している結婚式の一場面。

尋ね人

○丁　ピルヨン
○丁　チャンス

右の二人は解放当時、広島市内のコイ駅裏附近で古物商と韓国食料品商を営んでいたキリスト教人で現在消息不明。

心あたりの方は左記に連絡して下されば幸甚に存じます。

東京都大田区仲六郷一ー五五ー八。金甲順（岩城）電話七三四ー七一五一　または、民団大田支部電話七三二ー七六五一

在日本大韓民国居留民団
綱領
1. われわれは大韓民国の国是を遵守する
1. われわれは在留同胞の権益擁護を期する
1. われわれは在留同胞の民生安定を期する
1. われわれは在留同胞の文化向上る期する
1. われわれは世界平和と国際親善を期する

韓僑通信

(毎月5.15.25日発行・1カ月100円・特別1000円)

(昭和40年7月27日第三種郵便物認可)
発行所
韓僑通信社
発行人 鄭在俊
東京都文京区本郷3丁目32番7号
韓僑会館 電話 (811) 1535
〒113 振替口座 東京166316番

「中央委」への関心高まる

法地位・万博問題など 執行部の一貫性ある施策を

民団の規約により九月中にひらかれるべき「中央委員会」は、執行部の都合によって延期され別項のようにきたる十月十七・八の両日東京日傷会館でひらくことにきまった。こんどの「中央委員会」は現執行部が迎えるはじめてのものであり、一般団員の関心が大きい法地位問題、万博家族招請事業などの重要問題に関して活発な論議が予想され一貫性のある明確な中央の施策が強くのぞまれている。

法的地位問題

在日同胞の生活を規制する悪法出入国管理法案は、民団あげての決死的反対闘争により廃案にもちこみ目的を達することが出来たがその立法精神の根底を推し測るときいつまた同じような法案が日本国会に再上程されるか警戒を怠ってはならない。

現中央執行部が推進した民団組織の強化の為の本国政府との「合同会議」は、「民団強化対策会議」と改称されたが、その会議で論議される案件が民団の自主性が尊重され、民団の組織強化と在日同胞の権益擁護につながる重要な内容だけに事前に臨時中央委員会等権威ある議決機関において充分論議し尽した上で、民団としての最終最善の案件を提示すべきであったが、それがなされず、とくに在日同胞の為の最重要課題である法地位問題については永住権申請の起点において大多数の同胞達が熱望している一九五二年四月二十八日の線が斥けられ次善の案が提示されたことは遺憾に堪えない。

韓日協定の法地位問題に不合理な面があり、これを是正すべきであると、去る第一四回中央委員会で満場一致で決議されたし、李禧元中央団長もその修正に命をかけるとまで極言し公約している。

本国政府との会議に提示された法地位問題がそのまま、韓日法相会議の議題とされた。両国法相会談の結果の諒解事項は、協定永住権申請に進展を見せているが、出入国管理特別法第九条の問題等がまだ、残されて居り手放しで嬉ぶことは出来ない。

中央本部の機関紙韓国新聞には両国法相会議の諒解事項について「勝利による要求貫徹」とか「部分的にはかえって有利になった」とかいうような事実に反する過大評価は、団員に錯覚をおこさせるような宣伝をすることなどは民団の声明とも距離が有り過ぎるし、それに若しも問題が起きた場合には本国政府機関や日本法務当局の保証のとりつけに努力すると共に事故者の救済に万全の対策が要望されている。

万博家族招請問題

中央本部が総力をあげて推進しようとしている万博家族招請事業にはいくつかの矛盾がある。

中央本部はこのような大事業を推進するについて中央執行委員会にすらはかることなく、どのような決議機関をへて事業方針を取決めたのか全く知るよしもない。

東京本部ではこの事業推進のため去る八月二十六日管下各支部団長事務部長の合同会議を召集し慎重に検討したが、参加者全員が一致して左の事項の変更と再検討を望んでいる。

現在、全国組織の窓口で招請申請者が九千人をこえるといわれ予定の数をはるかに突破し、このままの状態では組織の混乱が予想されている。さらにこんどの万博では、世界各国から一〇〇万人以上の観光客が招請されるといわれているところからみても、隣国の韓国から五千人とは、あまりにも少なすぎる数字であるので、この点民団中央の再考を強く望む声が多い。

一、招請人の資格問題

家族招請人の資格が協定永住権および一般永住権取得者および申請中のものに限られているが、このような不公平な制限は民団組織の運営に大きな支障を招来するおそれがあり百害あって一利のないものであること。

現在、民団々員の永住権取得者数と未申請者数の比率は未申請の団員が圧倒的に多く永住権取得者が必ずしも民団事業に対する積極的な協力団員とは限らないこと。

また永住権取得者は万博の機会がなくても何時でも家族を招請することが出来ること。

二、手数料問題

中央本部は家族招請の手数料を中央本部二万円、地方本部一万円支部三千円と決めており被招請人が不許可の場合は手数料一切「四万余円」を返還せず航空料金のみを返すことにすると指示しているが、このような料金の比率は何を基準にして決めたのか、まだどのようなところに使用されるのかその使用目的が提示されてなく全く大義名分のたたない措置である。

また被招請人の不許可の場合手数料を返還しないことが如何に招請団員に民団に対する不信感をおこさせるかを考えたことがあるだろうか。また被招請人に対する保安問題や中央本部のこの事業推進におけるたび重なる申請手続内容の変更などをみる時、その結果が将来の民団組織発展へ重大な影響について憂えざるを得ない。

来月17・18日にきまる 第15回定期中央委員会

民団中央、朴根世議長は十一日第十五回定期中央委員会をきたる十月十七・十八の両日午前十時から東京都新宿区市ヶ谷の日傷会館でひらくことを公告した。

民団の規約によると、定期中央委員会は、九月中に召集することになっているが、こんどのように規約をそむいて十月にひらくことになったのは、執行部のやむを得ぬ事情による要請によったものであると朴議長は発表しており、同中央委員会ではつぎのとおりの事項が行なわれる。

①各分科委員会の構成Ⓐ常任委員会Ⓑ特別委員会、②報告受理Ⓐ三機関の経過報告Ⓑ特別委員会の経過報告Ⓒ本国政府との民団強化対策会議の報告、③討議議案Ⓐ第一号議案規約に関する挙団的討議に関する件Ⓑ第二号議案既制定規定の再検討と未制定規定の起草に関する件Ⓒ第三号議案代議員中央委員配定の基準とその定数の全面的検討に関する件Ⓓ第四号議案韓日法相会議以後においての永住権申請促進ならびに待遇問題に関する件、Ⓔ第五号議案万博招請事業に関する件、④委員会提出議案、⑤請願案件の処理、⑥その他。

嶺、湖南地方に水害 温い同胞愛で救援を

本国紙の伝えるところによると十五日、南海岸一帯に集中豪雨があって死者・行方不明が四百人を越し農作物の被害、家屋流失など総額四十五億ウオンに達する一大水害を蒙ったといわれる。この被害数字は、大ざっぱなもので交通通信の復旧とともに詳細な集計がわかればもっとふえるものと予想されている。

昨年は、湖南地方に六十年ぶりの大干ばつで歴史的な凶作の年に見舞れたが、ことしまた南海岸一帯の穀倉地帯にこのような一大水害に見舞われるとは、打ちつづく天災と嘆かざるを得ない。とくにことしの米作は例年にない豊作が伝えられていた慶尚南道一帯にこのような未曽有の水害に直面した結果今後の食糧難が憂慮されている。

さらに、農作物の被害ばかりでなく人命の被害、数字からもうかがわれる通り。悲惨な目にあっている罹災民も無数にのぼるものと思われ、その救援対策が望まれている。在日同胞社会においても昨年の湖南干害同様、一大救援運動の展開が期待されるところである。

朴中央議長が入院

民団中央議長朴根世氏は急病のため、さる八月二十五日以来、東病院大中尾内科14号室に入中院である。

神奈川本部人事異動

神奈川地方本部（孫張翼団長）では、つぎのとおり人事異動を行なった。

事務部長兼民生部長　梁鴻圭

任、総務部長兼宣伝部長　白正善

民団本国事務所開設

在日大韓民国居留民団（李禧元団長）では去る八月二十九日からソウル中区乙支路二街一九九の二一監査院後方に本国事務所を開設した。

所長は文圭準氏で、連絡電話番号は、ソウル㉒局9409番。

人情有感

秋だ。碧い空そよぐ風、野に咲く花もいまが酣であろう。黄金色の稲はそよかぜになびき、紅葉は色づく季節である。街のウインドには秋のモードが美しくコーヒーの香りも豊かなみのりの秋であり享楽の秋でもある。世の中には、この大自然の恩恵にめぐまれて活す幸福な国民もいるが打ちつづく災害に泣く不幸な同胞もいることを忘れてはならない。▼秋風とともに吹いてきた母国からの風は、われわれの胸を冷く痛みつける。コレラの発生で数十名の尊い命がうばわれたかと思えば、その病魔の終息もまたぬうちに、こんどはまた集中豪雨による大水害だ▼天災は忘れかけた時分にやってくるというが、あの未曽有の災害を招いた昨年の湖南干ばつを誰が忘れようか。十四日の午後から十五日午前中までまる一昼夜に降りそそいだ雨は、嶺南・湖南・済州一帯を洪水化し、罹災民十余万、死者・行方不明四百余、家屋の流失はもとより農作物への損害など被害総額は、数十億ウオンに達する悲惨さであり、被害額からみれば去年の干害をはるかにこえ十年前の「サラ」台風以来最大なものであるという。▼十四日といえば、丁度その日の未明に三選改憲の法律が変則国会を通ったばかり。政治と天災とは何の関係もない。しかし、一夜の雨で国土がこんなに荒れるとは、為政者たちに小言も言いたくなるのが人情。たが農民たちは、議事堂の騒ぎよりは、ことしの農事により多くの関心がそそがれていたに違いない。そして事実、豊かなことしの収穫を夢みていた。その矢先に降ってきたこの天災…。▼食糧が豊富な農業国として知られた祖国である。有史以来お米が余って海外へ輸出したことはあっても他国から輸入しなければならなかったことはない。それが昨年の干害のためにかってはこちらが供給したこの日本から、逆にお米をかりるという辛い経験をなめた。この重なる母国の不幸な事態に温い同胞愛を送らねばならない。

支部訪問　墨田

一九四八年城東連合支部が発足されたときは江東、江戸川、墨田の三区域が一体であったが、その後入団者が激増するに従って世帯が大きくなり、団勢も拡大され、組織の合理的な運営と一区一支部がもっとも理想的な形であるという方針にそって、江東、江戸川、墨田がそれぞれの独立支部を結成するに至った。

墨田支部管内の同胞人口は約二千人、そのうちの二〇六世帯が団員家族、団費納入は一七六世帯。職業別にみると鉄工関係（製作所から古鉄商まで）がもっとも多くそのつぎが飲食業、ビニール製品織維、不動産業、精油関係、靴製品などの順にあるが、生活程度は豊かだとはいえなくともそれなりに現状維持が保たれている限り安定しているといえようだ。

大部分の団員は戦前からこの区内に住み着き、今日の基盤を築くまで多くの辛苦を堪えしのんできたのは全在日同胞の共通する経路であるが、生活が安定し居住が定着するにつれて現状維持が最善の生き方でもあるかのように、民団の組織活動に無関心、思考も保守的で、現状を打開しようと呼びかける民団のスローガンには対岸の火事のように消極的な団員が多いというのが役員たちの憂慮するところ。

支部結成当時の初代団長は李徳栄氏、つづいて鄭順相氏が二期をつとめ、曹圭鎬氏の後を受けついたのが五代目の姜学文現団長である。姜団長の経歴を紹介すれば、もともとの地盤は九州の長崎、ここで支団長、県本部団長を経て一九五九年度から中央本部の民生局長に就任、四年間二期をつとめ、後に組織局長、事務総長署理、経済委員長、監察委員などを歴任した生粋の組織人である。中央組織の現役から離れ、墨田区内に居をかまえて生業に専念しているところ、管内の有志や団員の要望により、また再び出発時点に戻って支団長になったのが、昨年六月の総会であった。それから一年余り、三機関役員の協力を得て、団員の

団務執行の明朗化へ
会館建設今年度には着工

実情把握、団員の民団に対する信頼回復、団務執行の明朗化、などの基礎作業からやりなおした。また傘下団体の育成策として青少年を中心に国語講習実施、婦人会のために、ステレオ、チャングまでも購入して民族踊りの教習「このような、明朗な雰囲気の助成、団務の正常化、傘下団体の整備などの組織の基礎的段階を経たところであります」と、姜団長は語った。

今後の具体的な活動目標は①九月二十六日「秋夕」には墨田区民会館で婦人会の踊りの披露会を開催②支部管内の児童全員が韓国学校に入学し、安心して通学できるようにするため通学バスを購入したい。これは来年の新学期まで実現する目標③支部会館建築の計画であるが、これは八年前から商工組合を中心にその基金作りを推進している。すでに二千五百万円の資金が出来たが、これを基金に土地を買収し、その上寄付金を集めて今年度中に着手する計画、であると述べた。

この日、われわれの訪問を応待してくれたのは姜団長のほか、曺成玉監察委員長、梁命介監察委員が同席したが、姜団長は特に韓国学校が唯一の民族学校としてその機能をより正常に発揮すべきことを期待し、同胞子弟のすべてがよろこんで入学できるよう学校体制と教育内容を真剣に考える必要があると力説した。また姜団長は、法地委東京本部の常任委の一人であるだけに、在日韓国人の法的地位の現状と法相会談後の民団の見解や措置に対して強い不満と批判を示した。〈K〉

姜団長

姜議長

曺監察長

三機関役員

団長　姜学文
副団長　薛鳳九
副団長　姜渭鍾
議長　姜貴男
副議長　金道鉉
副議長　曺成玉
監察委員長　梁命介
監察委員

韓青準備委員会
委員長　金成喆
婦人会々長　李順道
墨田韓国人商工協同組合
理事長　金竜植

墨田韓国人会館

税金の手引き
44年度　改正所得税法解説

給与所得控除の適用範囲拡大

給与所得控除については、最近数次にわたり定額控除の引上げが行なわれたので、その控除額は、たとえば年収五十万円の場合で十八万円となり、その控除率は三十六%、年収八十万円では控除額二十四万円で、控除率は三十%に達しており、他の所得との均衡の点からも、給与所得控除の主たる論拠である費用性の点から考えても、低額の給与所得者についてはすでに相当の水準に達しているものと認められる。

しかし、税制調査会の長期答申にあるように定率控除の適用階層についてみると給与所得控除額が頭打ちとなっている給与所得者は、昭和三十二年には全給与所得者の二・八%にすぎなかったものが、昭和四十六年では約二十パーセントにのぼると推定される状態になっており、この間における定率控除の適用階層の限度額の引上げが給与水準の上昇に十分即応していないと認められる。また、給与所得者の支出の費用性については個人消費との限界をどう画するかという困難な問題もあるが、収入の増加に伴って職務に関連する支出がある程度増加するとも考えられ、定率控除にはこの面をしん酌する機能も含まれているが、改正前のように給与の年間収入金額が百十万円で控除が頭打ちとなる制度では、この面のしん酌が十分でないと考えられるところから、今回、下表のように給与所得控除の定率控除の適用範囲が大幅に引き上げられることとなった。これにより、年収三百十万円まで（給与所得者の圧倒的大部分はカバーされる。）は給与の収入の増加に応じて給与所得控除額もふえることとなる。

（上段表参照）

改正後		改正前
昭和44年分	平年分	
給与の収入金額から、まず 100,000円 を控除し、その残額について 800,000円までの部分 20% 800,000円をこえ 1,000,000円 までの部分 14% 1,000,000円をこえ 2,000,000円 までの部分 4% 2,000,000円 をこえる部分 2% の合計額を控除する。（最高控除額 348,000円）	給与の収入金額から、まず 100,000円 を控除し、その残額について 800,000円までの部分 20% 800,000円をこえ 1,000,000円 までの部分 15% 1,000,000円をこえ 2,000,000円 までの部分 5% 2,000,000円 をこえる部分 2.5% の合計額を控除する。（最高控除額 365,000円）	給与の収入金額から、まず 1,00000円 を控除し、その残額について 800,000円までの部分 20% 800,000円 をこえる部分 10% の合計額を控除する。（最高控除額 280,000円）

韓国学校敷地払下げ問題実現へ

東京韓国学校敷地は現在、日本国有財産を賃貸借の関係にあるが、未だに払下げが受けられず、賃借料も数年間滞っているままになっている。去る三日の同学校理事会で安聖出氏が理事長に選出されたのを機会に、強力な理事陣の再編をはじめ評議員制度を新設し、敷地払下げの実現に邁進することになった。現在の敷地は一、七五九坪、建物六二〇坪である。従来払下げに実現しなかった大きな理由として挙げられるのは、学校法人がなれなかったことの他、前理事長以下理事の熱意が足りなかったことだが、今度こそは借物の敷地から自分の土地にするため前向きの姿勢で取組むことになった。これがため来る十六日午後三時から第一回の評議員会を開く。（記者注・学校教育法第一条によれば、学校法人は現在賃貸使用中の国有土地は時価の五割以下で払下げを受けることが出来ることになっている。）

東京商銀　盛大に敬老会　婦人会大田

敬老日の十五日、東京商銀信用組合（許弼奭理事長）は、都内の七十歳以上の同胞高令者約百名を銀座の韓国料亭「秘蔵」に招待し長寿を祝うとともに、長年間異国の悪条件下で生き抜いてきた苦労をねぎらって民謡や踊りを披露した。（写真は東京商銀主催の敬老会）

一方、婦人会大田支部でも管内在住の六十をすぎた老人約百五十名を大田区役所第三庁舎に招待し、踊りや歌を披露したほか記念品を呈贈した。特に大田支部婦人会のこの催しは今年で九回目で、例年の如く民団大田支部が後援しているが、単に敬老の意義だけではなく、団員相互の親睦のためにも成果は大きいものであると好評。

支部だより

台東支部〈新韓僑会館建設地鎮祭〉

かねてから準備中の支部韓僑会館の建設が具体化し、来たる21日に地鎮祭を行うことになった。新屋舎は地上4階の鉄筋ビルで、来年一月末までに完成の予定。

墨田支部〈秋夕慰労会を開催〉

来たる二十六日の秋夕の日に、墨田区民会館で団員慰労会を開く。当日は婦人会による舞踏、韓国映画のほか、民団江東支部との歌合戦などの催しが予定されている。午後五時半に開会の予定。

江東支部〈塩見分団で総会開かる〉

去る七日午前十一時から管内塩見分団（金山漢分団長）の総会が団員六十名が参席して盛大に行なわれた。

〈秋期親善旅行を開催〉

来たる10月19日、伊東、長岡温泉で団員親睦のための秋季旅行会を行なう。参加者はバス二台で百名が見込まれている。

〈墨田支部と秋夕合同演芸会〉

来たる26日に墨田支部と合同で秋夕演芸会を行なう。

大田支部〈月例映画会盛大〉

去る10日、月例映画会が開かれ、団員多数が劇映画「たそがれのブルース」、最新本国ニュースをそれぞれ観映した。

〈第九回敬老会を盛大に開催〉

去る15日の敬老の日に婦人会大田支部主催で第九回目の敬老会が盛大に催され、管内の六十才以上の同胞多数が芸能などで一日をくつろぎ、長寿を祝福された。

権・黄両家のお目出度

権寧珣（足立支部団長）氏の次男五鉉君と黄大淳氏の長女淑嬢はさる四日、上野タカラホテルで金商奉牧師主礼のもと結婚式を挙げ、引続き披露宴をもった。

東京商銀明春には百億達成

東京商銀信用組合（許弼〇理事長）の伸び率は一昨年六月、新理事長就任時、14億円であった預金高が、翌四十三年三月三八億円と飛躍、それから一年後の本年三月末には六三億円を突破、今年八月末現在では六九億六、三七七万円となり、まる二年間で約四倍の増加を示している。今秋には五反田に城南支店開設も内定しており、明年四月末百億円突破目標に許理事長以下全職員が張切っている。

洪賢基氏の母堂一周忌盛大

民団創設当時功労者の一人である洪賢基氏母堂盧女史の一周忌追悼会が九日午後四時から新宿・河田町・月樹寺で執行されたが、李裕天前中央団長、鄭在俊東本団長ら百八十名が参席盛大であった。

徐・文両家のお目出度17日東天紅で

徐永錫氏三男鏡安君と文菁玉長女令嬢の結婚披露宴は来る十七日正午から上野・東天紅で挙行される。主礼は呉允台牧師。

母国夏期学校修了生懇談会のもよう

母国夏期学校に参加して

今年度修了生歓迎懇談会ひらく

民団東京本部文教部（許南明部長）では、さる九月六日午後二時から同本部講堂で、管下在住の今年度母国夏季学校修了生を歓迎する懇談会を開いた。

懇談会には民団東本関係者をはじめ、民国中央・大使館奨学官室・韓青中央などの来賓と三十八名の修了生が参席、許文教部長の司会で進められたが、三週間にわたる夏季学校参加の成果と、祖国訪問の感想など修了生たちから、従来になかったきわめて率直な意見がのべられ、今後の夏季学校運営計画に多くの問題点を投げかけた。

なお、懇談会終了後引きつづき第四回母国夏季学校東京地区同窓会を結成発足させ、同窓会長（鄭昌成君—明治薬科大三年—足立区居住）をはじめ、役員を選出して午後六時過ぎ散会した。懇談会の模様つぎのとおり。

鄭昌成君

今後の活動を期待　主催側のあいさつ

司会＝みなさんアンニョンハシムニカ。最初に主催者側を代表して東京本部の鄭団長からみなさんを歓迎するあいさつ引きつづいて、大使館奨学士、民団中央本部の李総務局長、在日韓国青年同盟の金副委員長からそれぞれあいさつがあります。

鄭在後団長＝みなさんが、夏季学校を無事に終了して元気にお帰りになったことを何よりもうれしく思います。祖国の土をはじめて踏み、そして祖国を直接肌身に感じとって、多くの事を学ばれたみなさんは、きっと祖国に対する認識を新たにしたと信じます。

みなさんが夏季学校に参加して、韓国人としての誇りと自覚を身につけるとともに、在日同胞社会における、一・二世間の断層や祖国に対する認識を新たにしたものと思いますが、その感覚をもって、今後われわれ在日韓国人の母体である民団を理解するとともに、よりよき民団とするため、みなさんのような若い学生諸君がすすんでわれわれの組織活動に参加されることを期待して止みません。どうか前向きの姿勢で勉学にはげむ一方在日韓国学生同盟或いは在日韓国青年同盟に、積極的に参加して下さるようお願いする次第です。本日はみなさんが夏季学校に参加して学びとり感じたことを自由に話し合い、建設的な意見を出しあいながら、今後共、みなさん同士が同胞としての連帯感を固く結んで行かれるよう期待してやみません。

金鍾出奨学士＝きびしい暑さの中を一人の落伍者もなく、夏季学校の課程を無事終了して、みなお帰りになったときいて心からよろこんで居ります。修了生みなさんの「声」を、今後の夏季学校に対する計画に、参考資料とするつもりですから、入校中での感想を忌憚なく自由に話して下さい。

李聖南民団中央総務局長＝夏季学校修了お目出度うございます。このたびの夏季学校への参加と祖国訪問を契機として、みなさんが民団の仕事をよりよく理解し、今後韓学同・韓青或いは婦人会などの活動に積極参加して下さるよう希って止みません。

金恩沢韓青中央副委員長＝わたくしはみなさんと同じ立場にある二世の一人として、また殆んど同世代の先輩の一人として、みなさんが、この度祖国訪問によって得た貴重な経験を無駄にすることなく、将来に於て具体的に生かして欲しいと思います。その一環として、国語のマスターに心掛けるは勿論のこと、皆さん自身が、学生同盟或いは韓青を身近なものにするよう努力して下さればと思っています。わたくしたちは、在日青年学生としての連帯感からみなさんのおいでを、いつでもお待ちします。

感激もし心安らぎも　見なおす自分の特殊な立場

司会＝では、懇談に入りますがまず祖国を訪問した大ざっぱな感想とか、印象をどうぞ。

男子学生＝参加して本当によかった。しかし、国語ができないので不自由だったのは、とても残念でした。

男子＝祖国を訪問したことにより、初めて在日韓国人という自分の特殊な立場を改めて見つめられるようになった。つまり本国では在日同胞への考え方が、これまで自分がとらえていた印象と違っていざ帰国して見たら、大分食い違いがありました。例えば、韓国人でありながら「なぜ韓国語が話せないのか」といわれ、非常に考えさせられました。

女子＝私も本国の人から韓国に何代も続いて住む中国人が立派に自分達の母国語を話せるのに「君たちはなぜ国語を知らないのか」と聞かれ、改めて国語の必要性を切実に感じ、あわせて自分のあり方をも考えさせられました。

男子＝貧困さが目についたが、日本と異なり学生の考えがしっかりしていて、国家建設への強い意欲が感じられ、頼もしいと思った。

男子＝夏季学校ではスケジュールがきつく、その上規則にしばられて堅苦しかったが、参加してよかった。もう一度行きたい。

男子＝日本では余り感じなかったのですが、反共意識の強さに更めて驚ろきました。

女子＝失業者が多いのと、街中に子供のガム売りや靴磨きがいて、なんとかならないかなと思った。

男子＝僕は釜山に上陸して国に第一歩を印した時の感激は、今でも忘れません。国語は出来ませんが僕にとっては何もかもいい感じでした。

女子＝私は向こうで生れ、幼い時日本に来ましたので、なつかしい故郷に帰ったという実感が湧きました。たゞ、残念なことには、貧富の差がひどいように思われたことです。

男子　私は、ソウルの街を歩いた時はそれほど異和感を感じなかったのですが、一部の授業を通して、自分の考えと本国の人との考え方の矛盾に当面して、夏季学校のあり方は勿論、在日韓国人と本国との関係について、真剣に考えるようになりました。それは、ある授業の際、教師が我々在日韓国人を無視した思想、つまり偏見をのべたからです。私は非常に失望もし、そんな意見にはついていけないと思いました。

男子　そんなことがあったので自分はいつも本国のことを思って勉強してきましたが、自分のこれまでの努力が本国に歓迎されないのではないかという不安を感じました。

男子　そのことは私に、今までの人生の中で最もショックなことでした。本国の人は私たちを同じ韓国人としては感じていないのだろうかと思いました。

司会　どのようなお話しであったのか、後ほど具体的なお話しを聞かせて下さい。

女子　今度の祖国訪問を通じて私は、自分の国があるんだということを、おとき話しでなく現実に実感しました。日本を出発する前には想像も出来なかったような喜びを、本国に居る間いつも感ずることができ、日本に居る時と違って、一種の安らぎさえ感じて、正直帰りたくありませんでした。私は七年前の中学生当時帰国したことがありますが、当時と比べてソウルの街並みが近代化されているのには、驚きました。私は今年の夏季学校に参加したのは、実は卒業製作絵画のテーマを祖国に求めるためでしたが、表面はともかく裏町などを廻って見ますと、貧富の差などはむかしとそれほど変わっていないようでした。そして何よりも祖国の統一の必要性を強く感じました。私は日頃からできるなら祖国に住みたいと思っているのに文教部長官とのインタビューの際のことですが、長官の口から「つらかったら国に帰ってきなさい」という言葉が一言も聞かれなかったのにとても淋しく感じました。

男子＝僕は本国留学の下調べのつもりでしたのですが、前のお話しの通り、国の先生の偏見があったりする上に、国のどの人に相談しても帰ってくるなというので、正直いって失望しています。

司会＝ではもとへ戻りまして出発準備とか、手続関係について気づいた点はありませんか。

男子＝教育内容については、もっと考えて欲しかった。なくてはいけないと思うが、反共を主体とした政治教育が必要以上に強調されていた感があり、個人を無視した共産主義の様な集団的な物の教え方に日本育ちの僕はとまどいました。

足りぬ国語の勉強　宿舎や食事には満足

女子＝事前教育をもう少し徹底的にやってもらいたかった。特に国語の。

男子＝帰国して国語の必要性を痛感しただけに、事前に不自由を感じない程度に、国語の講習に力を入れてもらいたかった。（一同同感）

男子＝出入国の手続きが複雑で、とても勉強になりましたが、土産品の税関などについても、もっと詳しく教えて欲しかったですね。

司会＝宿舎や食事などはどうでした。

男子＝設備はまあまあでした。食事は良かったですね。

女子＝梨花女子大の設備は、みんな満足出来たんじゃないですか食事もおいしかったようです。

司会＝では、本論に入って、入校中の日課や授業などについて遠慮なく話して下さい。今年は男女別になりましたが、男子からどうぞ。

男子＝授業内容については、話し合ったのですが、僕らに合わなく、何か片寄った講義が多かったようで、新鮮さに欠けていたようです。

男子＝時間割そのものを、もっと綿密に作成して欲しかった。自由時間が少なくてホッと一息つくひまもなかった。

男子＝無理な計画が目立った。例えばある時は、一日中バスの強行軍で、ゆっくり休むひまもなかったし、授業なども、暑いさ中でもあったし、午後の授業をもっと少なくするとかして自由なレクリエイションにするとか能率的な配分を考えてほしかったと思います。

男子＝盛り沢山でしたが、とても強行スケジュールでした。その民謡などは、よかったのですが、男子に民族舞踊などは、現実離れもするし、時間的にもロスであったと思います。

男子＝私たちにとって、最も大切な国語の授業でしたが、発音練習をするのに教室の音響が悪かったり、椅子などカタかったりして、長時間座るのに骨が折れました。

女子校には感謝したい　目だつ無理な計画

男子＝授業について、例えば日本についての考え方で、反日が必要以上に強く押しつけられている感じがして、不自然な感じを受けました。

男子＝夏季学校のスケジュールがこんなにきついことを予め予備知識として教えてくれてほしかった。そして、学校でも、外部見学の場合などは、通り一辺で変化に乏しく、全体として、韓国の本当の姿を伝えてくれなかったと思う。もっと、あるがままの本国の姿を、見せて欲しかったです。

鄭東本団長＝今お話しのあった日程のことですが、夏季学校のスケジュールは、今までも、決して楽なものではなかった筈で、文募集の際も、皆さんも、それを承知で参加したものと思います。そして、皆さんは、遊ぶためにではなく、祖国を学びとるために、夏季学校に入校したのですから、多少の強行スケジュールは、むしろ歓迎すべきだと思います。

男子＝極端な事になりますが、政府も民団も、ぼくらを夏季学校に入校さすことによって、モルモット扱いして、実験しているような感じがしました。第三回までのことはよく知りませんが、今年から男女別に分けたことも不自然で、強く批判したい。計画性も足りなかったようだし、先生も、義務的に教えているような感じだった。

司会＝男子のほとんどが主に日程のきつさや、ゆとりが欲しかったとかで、大分手きびしい意見でしたが、特に梨花女子大で講習を受けた女子のほうは、如何でしたか。

女子＝男子のお話しを聞いてびっくりしましたが、私は参加して本当によかったと思います。環境も設備も素晴しく、先生方も親切によく指導して下さって、申し分ありませんでした。文教部や特に梨花女子大の先生方には何と感謝してよいのかしりません。

女子＝私も同感ですが、ただ、ほかの授業よりも国語の時間が、もっと多くてもよかったのではないかと思います。

女子＝私は、梨花女子大側でとても気をつかってある程度自由にして下さったので、感謝の気持ちで一杯ですが、一方女子学生たちの中には、ルールに反して故意に授業に出なかったり、授業中に居眠りする人などが、いたりしてはずかしく思いました。

女子＝先ほど男子の方からもお話しがありましたが、団体見学の時は、予めきまっている型にはまったような、良い所だけ見せてくれたのですが、私にとっては、それが不満でした。

女子＝私は、日本に住む私たち二世学生・青年たちに、このような機会を夏季に限らず、出来ればほかの季節にも設けてくれたらと思います。

司会＝女子のお話しを聞いていますと、男子側の不満とは、余りも対照的に手離しの好評ぶりで、とまどいますね。それから、先ほど男子のほうから、講義中に教師が、在日同胞をけなすような発言があったといいますが、具体的にはどのようなことだったのでしょう。

男子＝とある講義がほとんど終りかけて、担当教授が、在日韓国人を冒涜するような、発言をしたのです。「君らの両親たちは、韓国が日本の植民地となって難かしい岐路に立っている時、祖国から逃げ出した人たちだ。だから、その内には経済的には本国にいる人々より、成功している人もいるだろうが、子供に国語を教えなかったので、君らは民族意識も薄く、国語も話せないではないか…」。というような教育者として、極めて低次元なあるまじき発言をしたのです。この失言によって、教室は一時騒然として、授業ボイコットの動きが出た程でした。

男子＝自分もそれには反撥を感じました。（男子一同同調）それでも、僕たちの意思を十分表わす機会が与えられませんでした。「何の為の母国夏季学校か」と憤りを感じました。もっと僕たちに対して理解のある、情熱的な先生を政府が選んでほしかった。

司会＝指導的な立場にある、本国の先生がそのような発言をしたとしたら、聞き棄てになりませんが女子の方は如何ですか。

女子＝本当に驚きました。前にものべましたが、私たちの方は、先生方は親身になって指導して下さったので、女子一同感激していたのです。それに、私たちの方は政治教育も、それ程ではありませんでしたし。（女子一同同感）

男子＝ですが、男の先生でも、いい先生もいたのですが。（同調者あり）

男子＝それに関連して、これまでの夏季学校も、そのような状態であったなら、当然問題になった

次頁へ続く

夏期学校修了生懇談会（続き）

曲がり角に来た感
望まれる運営の刷新

と思いますが、それが反映されたとは、思えません。来年からの夏季学校の計画には、僕らの経験を是非反映させ、改善するようにして欲しいですね。

司会＝それでは、実際に入校しました皆さんから、今まで出そろった意見や批判などにつきまして直接夏季学校運営計画を担当していらっしゃる、大使館奨学官室の全奨学士にお聞きして見ましょう。

全鐘出奨学士＝皆さんのお話しをお聞きして、色々参考になりました。

特に、男子諸君はさぞ不自由だったことでしょう。ただ、政治的だとか、国家的な教育だとかなどにつきましては、皆さんも、休戦ラインを中にして北韓傀儡政権と相対峙するという、本国が置かれている、厳しい現実を考えて下されば、自ずと理解できることと思います。次に、男女別の実施につきましても、昨年までの実施経験と、要望によって別々に開設するようになったのです。第三に一部先生の失言の件については、これまでにそのようなことがなかっただけに、真に遺憾に思って居ります。追って詳しく調査もするつもりです。そのほかの問題点などにつきましても、整理しまして、来年度からの夏季学校運営計画に、出来得る限り反映させるつもりです。

司会＝では、そのほかに夏季学校入校中気づいたことや要望などありましたら、お願いしましょう。

男子＝先生に対する不満というより政府の計画そのものに問題があると思う。暑い盛りなので、一時限当りの授業時間なども、短縮した方がよいのではないだろうか。日程も長過ぎる。（三週間では短かいという異論もあった。）より能率や、効果のある方法を、再考して欲しい。言い過ぎとの意見も出る）それに、盛り沢山の教科よりは、民族教育特に国語などに重点を置く配慮が、望ましいと思います。

男子＝自分は、引率団の先生方が、もっと、我々を理解して欲しかった。

女子＝私にとって夏季学校に参加した何よりの収獲は、知り合った友人と自分達の立場について、語り合えたことだと思います。ただ、残念なのは、本国の学生との交流が少なかったことです（一同同感）

男子＝入校中に他地域からの参加者と、もっと接したかった。ですから、皆が親しくなれるような工夫を、学校当局にして欲しかった。

女子＝私も在日韓国人二世学生としての同じような境遇を理解し合って相互に知り合える機会、例えばグループ討論のような方法があって欲しかった。

男子＝また、先生のことになって恐縮ですが、一部の先生の我々に対する。教育態度が、例えば意欲などにイライラしました。ある先生が、個人的ではあったが、「夏季学校に政府の命で教えることになった、本来なら夏休みなので、家族を連れて、山や海に行きたいのだが。」ともらしてくれたが、一面その気持は理解できても、なぜか、割り切れない気持ちだった。短期間ではあっても、本当に、僕らの教育に打ちこんでくれ、ともに僕らの悩みなどを真剣に考えてくれるような意欲のある教師に教えて欲しかったですね。

司会＝よく解りました。それでは話題を変えまして、家庭訪問による民宿はどうでしたか。

女子＝私の場合お世話になった家が、兄弟が殆んど欧米各国に留学に行くなどするほど上流過ぎて家庭内での風習も、洋風化されていたので、もっと韓国的な家庭に接して見たかった。

男子＝僕の場合もそうで日本の僕たちよりはるかに豊かな生活をしていました。

女子＝私も、ハイ・クラスの家庭であったけれども、韓国の良い部分をすべて備えた所だったので家庭内での礼儀作法など学ぶ所が多かった反面、国の本当の庶民生活の様子とは、大分違っていました。

一同＝民宿では、とても親切にしてもらいました。

司会＝夏季学校が終って本籍地など地方を旅行した感想はどうでした。

男子＝父母の故郷である済州道に行って来ましたが、見る物聞く物が、ソウルあたりと大分違うので珍らしく、大勢の親戚に会えてうれしかったですね。

女子＝私も田舎に行って来ましたが、折柄海外からの帰国僑胞に対する[illegible]ということで、どこへ行っても、親切にしてもらいました。

男子＝やはり、田舎へ行く程、家庭も封建的で、形式にとらわれすぎ、特に家長が亭主関白でもあるようでした。（一同爆笑）

女子＝地方では、まだまだ男尊女卑が、抜け切れないように感じました。

男子＝田舎の老人たちの韓国に対する日本統治時代の感情が、今も根強く残っているのにとまどいました。

結　論

司会＝では、最後に、皆さんが今回の夏季学校に参加した成果を実際にどう生かすかを考えながら皆さん自身、これからどうあるべきかを簡単に述べて下さい。

女子＝私は今まで祖国を、自分があたかも外国人のような意識で、見て来たことが、深く反省されました。今後は、国語は勿論のこと、祖国韓国に関することを、出来るだけ学ぶことによって、自分のものにしたいと思っています。

男子＝僕は、本国が厳しい環境の中で建設に懸命になっているのや、若い人達が一生懸命なのを見て、とても誇りに思っている。そして日本に住む韓国人として希望をもって努力して行きたい。

女子＝在日韓国人であるところの自分の内部から、今まで持っていた本国との壁をとり除いて、祖国を把えて行きます。

男子＝韓国に住みたいと思っても私にとっては、本国に住めるだけの、基盤も、受け入れ体制もないという不安がある。そして、人間は、どこに住もうと、その地で真面目に一生懸命努力することこそ母国に貢献することになると思います。僕は、そのような生活信条で、今後共頑張ろうと思っています。

司会＝では、この懇談会を終わるに当り、直接民団の文教関係実務を、担当する一人としまして、感想を述べさせて戴きます。

本国での夏季学校は、もともと短い期間ですから、その間に、日本育ちの皆さんに、国の知識や実情を、十分理解さすのは、とても無理でもあるのです。

その上、今年で四回目を迎えてその運営ぶりも、ややマンネリの状態にあったためか、男子の不満が多かったようです。妥当な意見もあったようですが、夏季学校や本国に対する、皆さんの認識が、必らずしもその的を得ていない点も見受けられたように思われます。

それは、皆さんの意見や感想の中には、やゝもすれば本国に対して、丁度外国人のような、責任のない半ば傍観者的な発想に、終始したものがあったということです。より身近に、祖国韓国を実感として、把えることにより、国を本当に自分の物にしていく努力こそ、望ましいということです。

そしてその為には、これを機会に、今後皆さん自身が、一人殻に閉じ込もることなく、東京に住む数多くの同胞学生を中心に呼びかけて、より積極的に、民団に結集することにおいて皆さん自身を、韓国人としての誇りを持って本国に位置づけることを期待します。

それから、今後皆さんが、相談するようなことがあれば、いつでも遠慮なく申し出て、気軽に東京本部に出入りして下さい。喜んで御相談に応ずることに致します。

みなさん、本日は長らく有難うございました。

首都に返り咲いたが
待ちかまえていた民族の悲運

ソウルの歴史 8 **解放後の姿**

一九四五年韓国が解放されて、三十六年間の日本統治に終りのピリオドを付したときのソウルの人口は、一二〇万程度であった。ソウルに集中していた日本人は残らず撤退して、空家になった住宅はかなりの数に達したはずだが、ソウルがふたたび一国の首都に返り咲く運命におかれると同時にこれらの住宅はたちまち占居するところとなった。

しかし、韓国人の渇望していた独立はすぐにはこなかった。国土は分割占領されることになり、一九四五年八月二十日ソ連軍は元山に、二十二日は平壌に、またアメリカ軍は九月八日に仁川に上陸してソウルに入り、日本総督政治は三十六年で終わったが、まだ幾多の困難が祖国の前途にまちぶせていた。

徳寿宮の石造殿で開かれた米ソ共同委員会は、朝鮮半島に統一した政府を樹立させる案に意見の一致をみず、ものわかれとなり、北緯38度で半島は二分され、南部にアメリカ軍政庁の設立をみて一九四八年にいたり、韓国南部のみで政府を組織し、やがて国連でこの政府が韓国唯一の合法政府として承認されたものの、実際の行政力は北部におよばず、現在にいたっている。

アメリカの軍政庁の法令で、一九四六年八月十八日ソウル市はソウル特別市となり、首都としての面目を整え、行政機構を一新したアメリカ軍政庁は、一九四八年八月十五日李承晩博士のひきいる政府に入れ替わったのであるが、この政府がまだ十分に行政力を発揮するにいたらない一九五〇年六月二十五日、北部の平壌に樹立された金日成を首班とする共産政権の南侵により、韓半島全体が戦争の渦中に落ち込まれ、ソウルはふたたび、徹底的に破壊されるという悲惨なめにあうことになった。

いまここで戦争中のソウルおよび休戦後のソウルについてくわしく記すことはできない。

動乱の戦火に消えた文化財

韓国動乱はその性質上、休戦協定で終止し、38度線は多少修正されて休戦線となり、その線を中心に南北4キロメートルずつを非武装地帯としており、38度線上の板門店という無名の村落に中立国からなる管視委員団、スウェーデン、スイス、ポーランド、およびチェコスロバキア委員団が駐屯して常に休戦状態の監視を行なっている。しかし板門店からソウルまでは自動車で二時間内外、したがって休戦が成立しても、ソウルに復帰した市民の間には不安が去らず、自分の住宅を修理することもためらったほどである。

韓国動乱は数十万に達する戦死者、数百万に達する被害者をだした。ソウルおよびその他の地方から共産軍に強制的に北へ連れ去られた人は、三万人以上に達する惨状であった。ソウルが二度にわたり占領された間の市街の破壊状態は、徹的なものであった。中央庁舎をはじめ逓信部庁舎など、大きな政府建物のほか文化財は、光化門のような重要なものが戦火によって失われた。光化門こそは元来景福宮の正門であった。それを前述のように、日本人が同宮の東側に移建した。一九五一年正月、ソウルがふたたび共産軍によって陥落するや、まもなく焼かれたものであるが、当時ソウルに残留していた人がすくなかったためにその焼失のくわしい日時すら不明である。

国立博物館と徳寿宮美術館の蒐集品は、韓国美術品の秀品を集め国の美術品の八割を占めているともいわれるものであるが、共産軍の第一次ソウル占領後はそっくり共産軍の手中に落ちたことはもちろんである。しかし、博物館関係者の処置によって、第一回目の共産軍撤退の時、これらの美術品を北送しようとする共産側の企図を防ぐことに成功し、その後、第二次占領直前、蒐集品の全部を安全地帯に疎開させ、戦火をまぬがれることができたことは、不幸中の幸いであった。一九五八年以後二回にわたって、アメリカ合衆国とヨーロッパ諸国において展示会を開いて、韓国美術を世界に紹介することができたが、いまはもちろん全部もとの場所に陳列されている。

光化門のほか、徳寿宮内の現在国立博物館として使用されている石造殿も戦火を被ったが、その内には当時陳列品を入れておかなかったし、また石造殿はその後の修理を経てもとどおりの姿にかえり市民に親しまれている。

（写真は、建設途上にある今日のソウル市街一部）

お知らせ　毎号連載中の「風俗と習慣」ならびに「民話」は休載しました。

在日本大韓民国居留民団
綱領
1. われわれは大韓民国の国是を遵守する
1. われわれは在留同胞の権益擁護を期する
1. われわれは在留同胞の民生安定を期する
1. われわれは在留同胞の文化向上る期する
1. われわれは世界平和と国際親善を期する

韓僑通信

(毎月5.15.25日発行・1カ月100円・特別1000円)

(昭和40年7月27日第三種郵便物認可)
発行所
韓僑通信社
発行人 鄭在俊
東京都文京区本郷3丁目32番7号
韓僑会館 電話(811)1535
〒113 振替口座 東京166316番

改憲論議,是か非か

政治不介入方針に反す

民団中央「反闘委」を厳しく非難

本国の改憲問題は、ついに在日同胞社会にも波及した。海外同胞として本国の政治動向に関心をもつのは当然であり、それに反対か支持かの意思を表明するのは個人として全く自由であろう。

だが、いま在日同胞社会において問題になっているのは、この「意思表明」が「政治問題」であるか否かのことと「本国の政治には介入しない」民団の方針に反するか否かのことで論議が沸騰しているようだ。そして民団組織外の"個人の自由意思表明"がいかなる経路と理由で民団に"介入"して行ったのか?あるいは民団が"引き入れた"のか?解明すべき問題であろう。

反闘委の声明

三選改憲案が、本国の国会に上程されたさる九月九日、民団中央現顧問数氏もまじえた有志九名の代表委員からなる「三選改憲反対在日韓国人闘争委員会」(梁三永事務局長)が、「在日同胞は、本国の政治動向を重視し重大な関心をもつ。たとえ海外に居住するとはいえ、祖国と民族を愛する心にはかわりがない。したがって祖国の民主主義を破かいする改憲には、痛切な気持で反対する」という要旨の声明を発表するとともに「有志が集まって改憲反対の意思表明をしたのであり、居留民団とは関係がない」と語って「政治不介入」方針の民団との関係を慎重に考慮した発言をした。

民団中央声明

この「反対闘争委」の声明が発表されてから数時間後の同日午後四時、民団中央本部(李禧元団長)は、「数名の人士による改憲反対行動は、意識的に民団組織を混乱させる背反行為である」との要旨の声明を発表した。そしてその声明文には「本団は、本国の政治問題には介入しない既定方針にてらして違反行為である」と断定し「数名の人士策動に対し責任をきびしく追求する」と述べ、さらに改憲問題とは何の関係もない"法的地位"とか"万博招請事業"云云までを結びつけては「組織内部を混乱におとし入れようとする行為」として「改憲反対闘委」を正面から攻撃した。

組織内部に波及

このような前後両者の声明を分析してみた場合、改憲反対が政治問題かどうかはさておき、問題が民団内部にもちこまれそして組織全体に混乱をきさしている。「反闘委」側は「改憲反対運動は、国民運動で民団顧問ではあっても政党人でないから政治運動ではない」したがって「政治不介入の民団方針」とは無関係であると、はっきり断わっているのに反して「民団中央」は、「改憲反対運動は政治運動だ。したがって民団現顧問がそれに関係するとは、基本方針に反する」という論拠であるらしい。

しかしながら、それぞれの論拠がどうであれ、反闘委の声明をきっかけに、それを非難した中央の声明と本国紙の広告声明文などによって、改憲問題はついに組織内部に持ちこまれた結果になったのである。

つぎに、前記「反闘委」の声明は、全文そのまま本国の東亜日報(九月十三日付)に広告として掲載されるとともに、本国の新聞はもとより日本の有名新聞、英字新聞などにも記事にとり上げられて反響をよんだ。

ところが、民団中央もただちに「改憲反対闘委は、在日韓国人を代弁するものでなく組織を混乱するもの」であるという「反闘委」を非難する趣旨の声明文を本国の新聞に広告した。そしてその声明文の末尾には、中央団長、議長、監察委員長のほか東京・京都・埼玉・群馬の各地方本部を除く団長の名が連記されている。

この広告声明文の内容には、改憲に反対か賛成かの何らかの意思表示はなくただ「反闘委」を非難攻撃するという間接的な表現によって意思表示を行なっているにすぎない。

本国の政治に不介入

鄭東京本部団長の見解

なお、民団が本国の新聞に出した声明広告文には、改憲に反対か賛成かの明確な意思が表明されていないが、三選改憲問題と関連して出した広告声明文であり、時期が時期だけに、改憲支持を間接的に示唆したものと一般的にうけとられている。

また、声明末尾に連記されている全国地方団長の名にもれている団長もあり組織全体の意思でないことを暴露しているが、この声明末尾の団長名にもれた団長の一人である東京本部の鄭在俊団長は、この問題について大要つぎのような見解をのべた。

三選改憲に反対することも、また、その反対に対する反対もともに本国政治に介入することを意味する。したがってこれは、本国政治不介入の民団基本方針に反するものである。民団中央から、わたくしにも意思表明の要請があったが、本国政治に介入することになるのでお断りした。この問題は、重大な問題だけに民団中央ももう少し慎重にやってもらいたかった。組織であるからには、組織のルールにしたがって中央執行委員会などにはかり民団の総意をまとめるべきであった。

両者とも遺憾

李裕天顧問談

改憲に反対の意思表明が、政治運動であるならば、いくら間接的な表現にせよそれに賛成の意思を表明したことは明らかに民団が「本国政治に介入した」ことになりはせぬか?

ある一部の人士を非難する自体在日同胞社会の指導団体として自負する民団としてなすべきことではなく、まして莫大な経費を使って新聞に広告するとはどういう理由なのか?

現在、在日同胞社会においては、この改憲問題による民団の本国政治介入云々問題で論議が少なくない。きたる中央委員会においては、当然この問題が論議されるものと思われ大きな関心がもたれているが、このほど「国軍の日・本国参観団」の団長として帰国をまえにした李裕天中央常任顧問は、記者団をまえに「この問題=改憲賛反論争=は、どちら=反闘委と民団中央=も民団の基本方針に反した行為で遺憾なことだ。」と語って、民団中央の行為が民団の政治不介入の基本方針に反したことを是認した発言をして注目された。さらに李氏は「わたくしがこんど国軍の日参観団の引卒団長として帰国するのも、本国政府のこの問題に対する誤解を解きたいためである。今後は、顧問団の真価を発揮して民団運営に協力したい。民団が本国の政治問題に介入しないということは、規約にもなければ宣言にも見当らない。ただ本国政府の在日同胞問題に対する施策には是々非々主義で対するというのが民団の伝統だ」と語ったのである。

当面の課題に意見を調整

三機関連席会議

民団東京本部の三機関(鄭在俊団長、金載淑議長、李馬致監察委員長)連席会議がさる二十二日午後開かれ、本国政局について民団組織内外の声明騒ぎ、中央委員配定など、当面の課題について論議し、意見を調整した。

法相会議諒解事項

具体的取扱方指示

去月二十一日韓日両法相会談の共同声明が発表されて丁度一ケ月、果たして会談における確認事項が完全に実施されているのかどうか? 法務省入管局辰見参事官は次のようにいっている。

諒解事項は完全に実施される方向に進んでいる。さる二十五日には全国入管事務所の資格審査課長会議を開き、諒解事項の具体的取扱方法を指示した。

東京本部の国軍の日参観団出発

民団東京本部の羅鍾郷副団長を引率団長とする国軍の日参観団一行二十三名は、さる九月二十九日午後、KAL便で出発した。

日韓文化協会を告発

朴春琴氏らを背任罪で

日韓文化協会(東京都杉並区高井戸東三ー二ー二三、土田豊理事長)が昨年の十二月、同協会の基本財産である都下狛江町の土地(約千六百四十八坪、時価約二億円)を、朝総連に約四千万円で売却処分した事件は、その事件の土地が戦時中韓国人の血と涙で得た財産であるだけに在日同胞社会で大きな問題となっていたが、このほど権友会(中央区日本橋兜町二ー五五、張仁建会長)は、「日韓文化協会がその基本財産を売却処分したことは不法であり、背任行為である」として同協会の常任顧問朴春琴・同副会長権逸・同理事長土田豊・同常務理事八木信雄の各氏を、東京地検特捜部(鈴木検事)に告発した。

また権友会では、同協会の韓国人役員を「反共法」違反で本国の検察当局に告発すべく準備をすすめておりもの成行きが注目されている。

なお、告発事実の要旨はつぎのとおりである。

被告発人らは、何れも財団法人日韓文化協会の役員であるが、共謀の上、右協会に損害を加える目的で任務に背き、処分を禁止されている右協会唯一の基本財産である時価二億円以上の不動産を僅か四千万円で朝総連に売却し、もって右協会に重大な損害を与えたものであり、右所為は背任罪(刑法第二四七条所定)に該当すると思料されるので厳重処罰を求めて告発するものである。

解説=この事件は、日韓文化協会の基本財産そのものが、戦時中在留同胞の募金によって得られたものだけに民族感情上残念なことで、しかも朝総連側に二足三文で売り渡したところに心ある人びとのヒンシュクを買っていた。

前進への意欲にもえて

全国事務局長研修会終る

民田中央本部では、さる九月十九日から三日間、都下にある韓青中央訓練所「花郎台」において、全国都道府県地方本部の事務局長研修会をひらいた。

この研修会においては、主宰者側から李禧元団長、尹達鏞副団長、張聡明監察委員長、文圭準副議長、丁賛鎮中央顧問、金正柱中央顧問、鄭烱和韓国新聞社長、朴性鎮東本法対委副委員長、朴太煥中央事務総長署理ほか中央の各局次長ら、大使館側から金、康両公使、中参事館、丁副領事、洪領事、盧課長、さらに洪泉公報課長らが出席し、受研者側から韓昌主東京本部事務局長をはじめ三多摩、和歌山、滋賀、京都、新潟、兵庫、福岡、宮城、山梨、栃木、群馬、岩手、青森、大分、埼玉、鳥取、長野、福井、石川、岐阜、愛知、神奈川、茨城など二十四地方本部の代表が参加した。

研修会は、李中央団長から「永住権申請の促進を契機に対朝総連に攻勢をとる時期が到来した」という要旨のあいさつにはじまり鄭三多摩地方本部団長から地元代表として歓迎のあいさつ、大使館の康公使が来賓の祝辞として「法相会議の成果によって在日同胞の地位は向上しつつある」とのべて第一日の開会式をおえた。

研修会は三日間にわたってつぎのような研修を行なったが受研者一同熱心な態度で全日程をおえた。

▲金正柱中央顧問から、ソウルでひらかれた民団強化対策会議の大要を説明して同議と民団今後の施策についての認識を深めた。▲張聡明監察委員長から、法的地位運動の経過と現状について、▲姜仁煥中央文教局長から、[illegible]業の報告▲李聖南総務局長から、民団事務規定の説明▲李鍾舜民生局長から、万博招請事業の推進に関しての説明▲尹達鏞副団長から税務に関する講義▲鄭烱和韓国新聞社長から、組織体系についての講義、▲大使館から、永住権申請促進についての説明、▲朴性鎮東本法対委副委員長から、法的地位についての説明など。

なお、研修会終了後懇談会がもたれたが同懇談会においてはつぎのような要請があった。

①[illegible]招請人員の増員、②全[illegible]並びに事務局長の定期講[illegible]の整備、③日本入管関係者の[illegible]招請。

人情有感

新聞広告には、いろいろな種類がある。商品を売るがための純粋な営業広告、自己の会社の優秀さを誇示するがための企業広告、各種団体などが勢力を拡張するがためのPR広告など種々雑多で数えればきりがない。いづれも金を出して広告をするからには何らかの利益が広告主に戻ってくることを目的にするものである。▼もっとも現代の新しい産業社会においては、私的な企業とはいえ利潤だけを追求する時代は去ったとして、読者または視聴者にも教養を与え、娯楽ともなる広告も多いし、官公庁あるいは公共団体なども広告宣伝を使っている。日本のある無名の人士が自分の私財を投げうってアメリカの新聞に"ベトナムの戦争をやめろ"という広告を出し、有名になり広告界に話題をよんだこともある。これなどは一種の意見広告で売名のにおいがしないでもない。▼日本の広告界や新聞界にもこの"意見広告"が真剣に考えられているという。つまり自分の社会的な意見を金を出して新聞にのせてもらうことだ。この意見広告は社会的に影響が大きいばかりか他人の人格を傷つけるおそれが多いので慎重を期して、その実施を研究中であるという。

新聞はそういう個人の人権に関する記事はとり上げないが、金の力でもって他人の人権を蹂躙するような広告があっては困るからだ。▼ところで最近、民団中央本部が本国の新聞に出した声明広告などは何を目的にしたものか理解に苦しむ。いやしくも在日六十万を代表する権威ある団体の声明ならば、金を出して広告をするまでもなく新聞記事で大きくとり上げてくれた筈だ。改憲反対闘委を非難するだけのものなら大げさすぎるし政府施策の支持というのであれば、ことさらの感もする。▼改憲反対の反対も政府政策の支持云云も、結局のところ改憲を賛成する意味ではないか。そうならばなぜ堂々と"改憲を支持します"と声明できなかったのか不思議である。歯に衣をきせたような発言でなく卒直な意見をのべたなら、かえって正直さが認められてよかったかもしれない。二人の顧問が改憲反対声明を出したことを叱った中央は、レッキとした党員であり改憲支持活動を行なっている別の顧問はどうするのか?注目したいところである。

9・25日号休刊し本号に合併

改憲案通過と政局展望

与野の対立鋭角化

国民投票に再び激突か

改憲案の国会変則通過で与野は戦場を院外にうつし国民投票までに再び激突することは明らかである。与野が改憲賛成反対のワクをこえ極限闘争を展開するだろうと思われる。国民投票は十月十五日から二十日頃までに実施される予定で与野は今後二週間全力投球でのぞむことになろう。野党は何よりも党の復元にピッチをあげ、与党は改憲確定後の党と政府の改編とからんで党内勢力再編に神経を使っている。共和党は国民投票では六割以上の賛成が得られると楽観している。執権党が国民投票で破れたことがあまりないことに根拠をおいているようだ。したがって国民投票後に来る党論調整や結束を心配している。

野党は党復元で苦しすうが国民投票をひかえているので兪鎮午氏を頂点とする旧新民党の指導体制がそのまま復元した。と汎国民闘委とも引きつづき協力し改憲反対を訴えながら変則通過に攻撃の焦点を集めることになろう。奇襲通過に対抗し法律のワクをこえた極限闘争を展開しよう。また改憲案が国民投票でみとめられようが否決されようが最も重要な国政を審議する七二定期国会がマヒするおそれもある。新年度予算案審議をはじめ経済立法が山積しているのに改憲案騒動のあおりで政策による対決はのぞめなくなった。

改憲案処理後の与野の内部事情も複雑なようだ。共和党は七一年の総選挙をふまえて役員改編を行わなければならないからだ。改憲案処理にあたって金鍾泌氏が反対議員の説得に貢献したことは事実で氏の行動をどう評価するかで復帰の可能性もなくはない。多少の内紛はあっても朴大統領のリーダーシップで解決がはかられよう。野党にしても改憲を阻止できなければ派閥内紛に党外の汎闘委もからんで改編の幅は一そう大きくなり超強硬路線への旋回も考えられよう。そうなると強硬急先鋒の前大統領尹潽善氏がカムバックする可能性もありえよう。

国民投票20日前後

政府は厳正中立守る

朴大統領

朴正熙大統領は二十四日、慶尚北道の道政視察を終えて帰京中、随行記者たちと車中会談し、改憲案に伴う国民投票に臨む政府姿勢とその所信につき次のように述べた。

一、現在、党内（共和党）の一部は国民投票をできるだけ早く実施しようとする意見もあるが、政府としては水害の復旧問題など重大な事業をかかえているのでできる二十日前後にしたいと考えている。

一、国民投票に備えて、閣僚など別定職公務員も遊説することが可能だと法では決められているが改憲案支持を訴えるような遊説は行なわないことになろう。ただ野党などから政府の業績などがわい曲されて宣伝された場合、実際問題に当たっている公務員がこれを解明するという程度にとどまるだろう。

一、政府は国民投票実施において厳正中立を守り、その管理はきびしく、公正に行なう覚悟である。いざ国民投票が行なわれた結果、もし私が再信任を受けるようにでもなれば、私は粉骨砕身、国民に報答するつもりである。

韓半島の平和維持確保せよ

愛知外相国連演説

ニューヨークからの報道によると、愛知日本外相は十九日（現地時間）国連総会での政策演説をした中で、国連の平和維持は強化されなければならないと強調、日本は北韓の挑発による韓半島の緊張状態にたいしては深刻な憂慮をしていると語った。また、同日本外相はこうした緊張状態のなかで大韓民国が安定と開発をつづけていることに対しては何よりも心強く思うと述べさらに「日本政府は韓半島の平和維持のために、これまで国連がつくしてきた努力に深い敬意を表しており、日本は国連と協力して韓半島の平和確保のため

李国会議長 辞表を提出

李孝祥国会議長は二十日、さる十四日の国会における改憲案処理（変則通過）問題で政治責任を負い、国会議長職の辞表を国会に提出した。

李議長は同日朝、奨忠洞の議長公邸で記者会見をし「憲法改正案の国会通過によって引起された大混乱にたいし、私は国会議長として政治道義上の責任を痛感している「十四日の改憲案表決を正常なものであったとは決して思わないが、しかしこれは不法なものではなかった。総議席の三分の二をはるかに上回る百二十二票の賛成で可決されたことは厳然たる事実である」と表明した。

なお、李孝祥議長の辞表は次の国会本会議で処理されることになるが、共和党は同辞表をさし戻す方針を打出しているといわれ、注目されている。

新民党の創党大会

新民党創党準備委員会は二十日ソウル寛勲洞党舎で創党大会を開き、さる七日に改憲案の国会通過阻止のために一時解散した党体制を再整備し、〝新民党〟として再発足させたが、これは党解散以来十三日目のことであった。

同大会は党指導体制と政網・政策などを党解体以前と同様のもので採択、党総裁に兪鎮午氏（病中のため大会には欠席）を、副総裁に柳珍山（首席）、鄭一亨、李載エイ、趙漢栢氏らを再び推戴、当面目標としては十月二十日ごろに行なわれる国民投票を対象にして改憲案の阻止闘争を繰広げることにしぼっている。

この日の大会には創党発起人と地区党委員長ら百四十名の代議員中、百十七名が出席、「共和党の改憲陰謀を粉砕するために新民党は、院（国会）内外で総力を尽くし、朴政権打倒の当面目標を必ず戦取する」と決議し、また「命のある限り独裁政権を倒して不正腐敗を追放する」という宣言文を満場一致で採択した。さらに同大会は朴正熙大統領の〝下野勧告文〟を採択し「朴大統領は自己の終身執権のため、官権、金力を動員して改憲を強要……国民を裏切り国憲を破壊した」と非難した。

資料 北韓の内幕

陸海空 兵力40万

ソ・中共からミグ機も

一・二一事態とプエブロ号事件

六七年十二月の北韓最高人民会議第四期第一回会議では、金日成が「祖国の統一を実現するため、南朝鮮人民の反米闘争を支援し、来たるべき革命的大事変を主導的に迎えるよう強固な準備を進めなければならない」と演説、それから二カ月後にはまるでこの〝模範答案〟のように武装ゲリラのソウル襲撃、朴大統領暗殺未遂事件とプエブロ号捕獲事件が発生した。

六八年十一月には蔚珍、三陟地区に約百二十名の北韓武装ゲリラが海上ルートから侵入したが、金日成は現在ゲリラ戦略に重きをおいて（一二四部隊で大がかりにゲリラを訓練）制限攻撃を試みている。全面的攻撃は七〇年代にと考えられており、七〇年の日米安保条約改定をめぐる激動期と韓国での波乱含みの大統領選挙期を一つのポイントとしている。

なお、六五年以来の北韓ゲリラの南への浸透は陸上ルートが一千四十四回、海上ルートが百十一回。また武装ゲリラの侵入企図は三千九十四人、うち五百七十九人は射殺された（国連軍統計）。

北韓軍の編成と統括

北韓軍はソ連式であり、最高軍事委員会のもとに人民最高軍司令官があり、三軍を統括する。最高指令官は金日成（元師）。

陸軍＝兵力三十五万四千名戦車約七百台、高射砲一千七百門（うち三〇%は核弾頭も発射できる）、迫撃砲三千五百、野砲一千八百、ロケット砲数十。

前方の休戦ライン一帯に三個集団軍（歩兵十三個師団と一個旅団）があり、二個砲兵旅団、二個迫撃旅団、一個ロケット砲旅団、三個戦車連隊、二個砲兵大隊があり、後方には主として平壌—元山間一帯および東西海岸地区に二個集団軍（六個歩兵師団と四個旅団）、戦車一個師団と二個連隊がある。

海軍＝ソ連製W9潜水艦（一千三十ﾄﾝ級）四隻、駆逐艦（二百五十ﾄﾝ級）約十隻、大捕艦警備艦艇および魚雷艇三十隻、掃海艇三十隻、補蔵隻二十隻、その他、補助艦艇十隻。兵員一万名。

空軍＝三万三千名中、三四・五%は軍官、操従士二千名、整備士六千六百名。主力は四個戦闘機師団で戦闘機と激撃機など総六百六十機。うち主なものはミグ21C型およびD型三十機、ミグ17型三百五十機、ミグ15BIS五十機ミグ19五十機、IL28型軽爆撃機六十機、BEAGLE型軽爆撃機など。その他偵察機にDIL28型RMIG17型三十四機。輸送機にはIL18型二機、IN24、LI2NN2、IL14機など合わせて三十機。

平壌近辺六十六カ所にミサイル

北韓では空軍が一番強く、これができたのは韓国戦争少し前、ソ連の援助で生まれた。

一九六五年にはソ連との軍事援助協定によってSAM＝地対空ミサイル（射程四十キロ）を平壌近くの六十六ヵ所に建設、ソ連からミグ21戦闘機（最大速度マッハ二）を三十機程受取った。これらの戦闘機のなかには地対空ミサイルを装備できるものもある。

なお、北韓は韓国戦争後、中共からもミグ17戦闘機（最大速度マッハ〇・九七）を受取っている。

（SISA提供）

税金の手引き

44年度 改正所得税法解説

所得税の減税

4 税率の緩和

国民の負担能力に応じた公平な負担を確保し、所得再分配機能を発揮するために、所得税の税率は超過累進税率とされているが、日本の所得税は、経済成長の進展が著しいこともあって、その累進効果がとくに中堅所得者層を中心にあまりにも強く表われるところに問題があった。

たとえば、夫婦子三人の給与所得者の場合を例にとると、年収二百万円の者の改正前の所得税額は十八万三千三百五十円であるが、かりに収入が十パーセントふえて二百二十万円となると、税額は四万八千八百八十五円ふえることになっていた。すなわち、この者の場合は収入が十パーセント増加すればその税額が二十六パーセントふえたわけである。

一般に所得税が重いと感ずるのは、このような累進効果の著しさにその理由があると考えられる。

ところで、最近までの所得税の減税は、主として課税最低限の引上げによる中小所得者の負担軽減に重点がおかれ。税率の方は、昭和三十二年度の改正後、基本的な見直しが行なわれていない。このため最近における所得水準の急激な上昇やこれに伴う所得階層分布の大幅な変化に即応していないうらみがあるとして税制調査会の長期答申でも所得税の税率の改善を図るべきであるとしている。

そこで、中堅所得者層に適用される税率の累進度を緩和してその負担軽減を図るため、次表のように税率の刻みとその適用区分の改善が図られた。

この税率の改正は、前述の長期答申における具体的な改正方向のおおむね三分の一以上を実施しようとするものである。

なお、この改正は、昭和四十四年四月八日から実施されるので、昭和四十四年分については税率緩和の幅はこの四分の三とされている。しかし、昭和四十四年の所得税の税率は、税法上は直接表わされていないで、「昭和四十四年分の所得税の簡易税額表」（改正法附則別表第一、第二）が定められ、昭和四十四年分の所得税については、すべてこの表によって税額計算を行なうこととされている。

改正後		改正前	
所得階級区分	税率	所得階級区分	税率
		10万円以下の金額	9.5%
30万円以下の金額	10%	30万円 〃	15
60万円 〃	14	60万円 〃	15
100万円 〃	18	100万円 〃	20
150万円 〃	22	150万円 〃	25
200万円 〃	26		
250万円 〃	30	220万円 〃	30
300万円 〃	34	300万円 〃	35
400万円 〃	38	400万円 〃	40
500万円 〃	42		
		600万円 〃	45
700万円 〃	46		
1,000万円 〃	50	1,000万円 〃	50
2,000万円 〃	55	2,000万円 〃	55
3,000万円 〃	60	3,000万円 〃	60
4,500万円 〃	65	4,500万円 〃	65
6,500万円 〃	70	6,000万円 〃	70
6,500万円をこえる金額	75	6,000万円をこえる金額	75

31,139,000名

韓国の総人口

六月末現在韓国の総人口は男子一千五百六十四万三千名、女子が一千五百四十九万六千名計三千百十三万九千名でこのうち生産年令である十四才以上が一千七百五十五万二千名、就業者、失業者、一時休息者を合せた経済活動人口が一千百十一万五千名と経済活動参加率は六十三・五%となっている。

在日基督教総会で

水害義損金を募金

在日大韓キリスト教総会の厚生局長金在述氏はさる九月二十日同総会所属の各末端機関と日本の各友誼団体にひろく呼びかけて今般本国の水害罹災同胞に贈る義損金を募金している。

同義損金は十月上旬頃大韓キリスト教連合会を通じて本国へ伝達される。

また武装スパイ船

西・南海岸にひんぱん

北韓の大型武装スパイ船一隻が二十四日未明西海岸黒山島付近で韓国海軍パトロール艇に撃沈された。

スパイ対策本部の発表によると、二十三日夜十時ごろ、黒山島近くの荏子島沖に最高時速三十五ﾄｯの大型武装スパイ船が近づいてきたのを警戒中の韓国海軍パトロール艇が発見、これを追跡して、二十四日午前二時二十分ごろ、黒山島北西約三・六ｷﾛのところで撃沈した。同スパイ船に乗っていた十五人は水死あるいは射撃により、全員死亡した。

撃沈された北韓武装スパイ船は五十ﾄﾝ級の大型船で八十二ﾐﾘ無反動砲一門、四十ﾐﾘ・ロケット砲二門、十四・五ﾐﾘ機関砲、機関銃、拳銃、手投げ弾などで重武装しており、エンジンや銃砲などはソ連製であったが日本製のレーダーを備付けていた。

なお、このスパイ船との交戦で韓国側のパトロール艇乗組員のうち六人が重軽傷を負った。

一方、柳根昌スパイ対策本部長は最近とみに激化した北韓の武装スパイ船による海上からの浸透について次のように語った。

「改憲問題をめぐる韓国の国内混乱などのスキに乗じて北韓は後方かく乱を目的に海上ルートをつかい武装スパイ船による浸透挑発をひんぱんに続けているが、これに対備して韓国海軍は九百ﾏｲﾙの全海岸線に非常仲による警備で万全を期している」

なお、北韓の武装スパイ船はこのところひんぱんに韓国の西、南海岸に現われており、さる十八日には南海岸の島沖に武装スパイ船が現われて、韓国警察のパトロール船と漁船に発砲、警官、漁民ら七人を死亡させた。続いて二十日には西海岸群山沖にまた別の武装スパイ船が近付いてきたが、韓国側に発見され乗員四人の全員が射殺された。

東京韓国学校 理事陣を再編成

敷地払下げ実現など 運営面の正常化はかる

安 理事長

東京韓国学校の運営を、直接担当する同校理事会では、昨年五月末、本国教育界から迎えた、新任校長宋基鶴氏により、十四年の長きに亘って、理事長職にあった金相吉氏の後を継いで、前校長朱洛弼氏を同年六月、新たに理事長に就任させたのであった。

朱氏の理事長としての登場は、今まで消極的であった同校理事会の活動から見て、同氏の十二年間に亘る校長在任の経験から、解決せねばならぬ、多くの懸案を抱える同校の運営に、多くを期待されたのであった。

しかし、同氏は就任一年足らずにして、個人的事情により、辞意を表わしていたが、本年三月末、正式に辞表を提出したので、四月からの新学年度に入って、理事会の活動は事実上停止し、以前にも増す、理事会の沈滞ぶりが、心配されていた。

このような事態を打開して、理事会の正常運営を図るべく、許弼奭副理事長を中心とした有志の努力によって、さる六月十二日に会合を開き、理事陣の再編成と、新たに評議員制度を設けることを決議し、併せて、学校法人東京韓国学校定款の原案をも審議した。

当日は、定款による理事の定員十一人中六名を、とりあえず選出し、監事二名も選出するとともに評議員の人選については、民族教育に関心と誠意のある各界人士に広く門戸を開放することを、申し合わせたのである。

次いで、七、八の二月間の準備期間中に、残る五名の理事の人選を終えた後、九月三日に開かれた理事会で、朱洛弼氏の辞任により長い間空席中であった理事長に、安聖出氏を選出した。

同日は、新たに設けられた評議員の人選については、民団組織、一般有志、PTAなどのほかに、長年同校に勤続して功労のあった教員及び卒業生をも網羅して、構成することを申し合わせた。

引き続き九月十三日午後三時から、再編された理事陣をも含めた第一回評議員会が開かれ、新たに選任された理事、評議員の顔合わせと、修正中であった定款を承認採択した後、当面されている活動方針を審議した。

東京韓国学校は開校以来、本年をもって十五周年になるのであるが、未だに自主的な学校運営は出来ず、その運営費のうち相当額が本国政府補助に依存している状態にある。ちなみに一九六八年度の学校運営費収支比率を見ると、収入面で生徒納入金が42%政府から教師俸給補助金が35%であり、一方支出においては人件費が70%を占めているという。そかあらぬか、学校運営面に於て、学校本来の主体性は失われ、本国からの校長派遣その他によって、教員人事に至るまで、自主性のない状態にあることもこれを契期に是正されねばならない。

特に日本国有財産である同校の敷地は現在まで賃貸借の関係にあり、その払下げ実現が緊要な問題となっていた。

このような韓国学校運営の実情に当って、第四代理事長として登場した安聖出氏は、東京在住韓国人社会で信望のある経済人であり同校創立以来、理事として長い間同校の運営に協力して来た。

教育施設の拡充はかる

安理事長抱負

安聖出理事長は、新任の抱負を「数年来の懸案となっている同校の敷地払下げ実現に全力を挙げる一方、教育施設の充実と教職員処遇改啓などの解決によって、名実共に兼ね備えた民族教育の殿堂としたい。」との所信を述べた。一方、従来政府補助依存度の大きかった、学校運営費に対しても、その健全化のため、東京地区在住同胞社会からの、運営費の合理的な拠出を呼びかけて、前向きの姿勢で、その実現を図ることによって東京韓国学校運営の正常化を目指したいと、意欲的な態度を示すと共に、同氏は理事長就任以来、連日精力的に駆け回っているとのことである。それが為には、一般団員をはじめとして、特に都内民団組織の積極的な協力を願いたいとのことである。

〈H〉

東本管下の役員研修会 8・9日花郎台で

民団東京本部管下各支部三機関及び事務部長の第一回研修会を来る十月八、九日の両日間「花郎台」で行なう。

この研修は、東京管下の民団役員に義務付けられているが、さる六月中旬に予定されていたものが"入管法案反対闘争"のため延されていた。今回の研修科目は①在日韓国人史、②法的地位、③万博招請関係、④一般領事事務などに重点が置かれるが予定が変更されることもあり得る。

なお、研修実施場所は韓青中央研修所「花郎台」=東京都西多摩郡五日市町細代坪松(電話・〇四二五(98)〇〇四八)五日市線武蔵増戸下車 ※八日午前九時三十分まで、新宿西口安田生命前集合、貸切バスで出発。

法地位、さらに検討 東本組織分科委員会

民団東京本部の組織分科委員会(姜学文委員長)がさる二十二日午後二時から、文京区の「ソウル屋」で開かれ①改憲三選声明②万博招請③"韓民自青"④法地位などの問題について討議した。

その結果、本国政治についてはあくまで民団の基本姿勢を守り、政治的動きに介入しないことを確認、万博招請についてはつぎの中央委にいくつかの非合理点を正すよう要請することにした。またいわゆる"韓民自青"(韓国民族自主統一青年同盟の略称)と民団傘下にある韓青とはなんら関係のないことを明らかにし、一般団員の子弟を彼らの浸透から防ぐように対策を構じる、などの点に意見をまとめた。

また法地位については、処遇問題などの不備点について今後さらに検討することにし、中央本部から具体的な永住申請促進案が通達され次第これを組織的に進める方針を決めた。

目黒支部 敬老の日

敬老の日にあたるさる九月十五日は、都内各所で敬老祝賀の集いがもたれたが、民団目黒支部(姜高元団長)では、九月二十三日管内の同胞老齢者を目黒銀座会館に招き、盛大に長寿を祝賀した。

正午すぎ姜高元団長はじめ三機関の祝辞で開会、この日の主賓である老齢者の方々の経歴紹介等のあと婦人会特製の料理に舌づつみをうちながら民族の歌や踊りで楽しい一日をすごした。なお李永三民団東本副団長、李棋先婦人会東本会長も祝賀にかけつけ慰労のあいさつをのべた。

おごそかに地鎮祭 =台東韓僑会館着工=

台東支部(李鎮浩団長)ではかねてから新韓僑会館の建設計画を進めていたが、このほど具体化の運びとなり、去る九月二十一日午前十時より、東京、上野の新屋舎建設用地において地鎮祭をおこなった。

この日、金鎮浩団長はじめ支部役員、建設委員、婦人会代表、さらに鄭在俊東京本部団長ら三十余名が見守る中で地鎮の儀が約三十分にわたっておごそかに進められ、たがいに着工を祝いあった。

このあと支部事務所で三機関と建設委員による合同会議を開き、建設経過報告、建設予算承認、第二次募金等の問題を討議したが、とくに建設募金については今後、小口を含めて広く一般団員に協力を呼びかけることに合意した。

新韓僑会館の建設場所は台東区東上野三丁目七〇番地三号のビル街の一角。新年会は是非とも地上四階鉄筋建新屋舎でとの声もあり来年の一月の完成が待たれていた。

(写真はクワ入れする李団長)

団員慰安運動会 民団川崎支部で

民団川崎支部(金鏞熙団長)ではさる九月二十八日午前九時から、川崎市富士見公園で「秋季団員慰安運動会」を盛大に開催した。

この運動会ではすもう、ぶらんこ、板とび、農楽など韓国古来の民俗遊戯の競技が行なわれたほかテレビ、時計などの賞品が盛り多くさんであった。なお、民団神奈川本部、横浜商銀、商工会、婦人会、青年同盟、領事館が後援した。

釜山—大阪線を新設 大韓航空・対日大幅に増便

大韓航空(KAL)では、十月一日からソウル—東京路線を週九便(従来の毎日一便を月と木曜に二便)に増便するとともに十月二日から釜山—大阪・済州—大阪路線を新設し一日一回運航することになった。

また、東南アジア路線(ソウル—大阪—台北—香港—サイゴン—バンコク)も十月二日から運航を開始したが、これに伴いソウル—大阪間のダイヤを改正した。これによると従来の週五便が四便に減るかわりに東南アジア経由便が週三便加わるので実質は週七便にふえることになる。

大韓航空は、今年に入って日本からYS11機とF27機などを導入国際線の充実をはかってきたがこのたび東南アジア線の就航ならびに釜山—大阪線の開設などは、のびゆく韓国航空の姿を示したものといえよう。とくに在日同胞がもっとも多く居住し、しかもその出身地が韓国南部であることから釜山—大阪線の開設は乗客の便利に応えたものとして好評をよびそう

支部だより

台東支部〈秋夕の日に老人慰労会〉秋夕にあたる26日に婦人会主催で管内の同胞老齢者を上野の千寿苑に招待し慰労する。5時開会。

荒川支部〈国語講習会を再開〉婦人会主催で来る10月から婦人のための国語講習をおこなう。毎日曜午後七時から場所は支部事務所。

韓青でも24日から国語講習会を再開している。毎水・金曜日午後七時半からで、場所は同じ支部事務所。

豊島支部〈毎月五日に定期総会〉同支部では恒例として毎月五日に定期総会を開いており、支部役員はじめ納貯組合、財政後援会、婦人会、韓青関係者がそれぞれ一同に会して話し合うことによって支部活動の活発を期している。

中野支部〈婦人会がノレ講習〉このほど大韓婦人会会歌ができたのを機に、中野婦人会では先週から毎週一回、会歌の練習もかねて、韓国フォークソング練習会を催している。

渋谷支部〈秋の慰安旅行〉来る10月12日に団員慰安と親睦のため元箱根へ日帰り旅行におもむく。多数の参加が望まれている。

大田支部〈池上分団で総会〉さる一六日午後七時から池上区民館会議室で管内池上地区分団総会を開催。当日は分団員はじめ支部役員が多数参席し、分団の組織強化、活動方針を討議決定したほか役員を改選、分団長に李松鎬氏、副分団長に黄今錫、鄭炳文の両氏をそれぞれ選出した。

ちなみに新分団長の李松鎬氏は福島県本部団長をはじめ民団の要職経験者であることからその活躍が期待されている。

公 告

本団規約第三章第一節第十八条により左の通り第十五回定期中央委員会を召集する。(但し規約上の会期は九月であるが今回に限り執行部の已むを得ざる事情による要請に依り十月に開催することになったものである)

記

一、日時 一九六九年十月十七日午前十時から十八日迄(二日間)

二、場所 日傷会館 東京都新宿区市谷本村町四二 電話二六九—八二五一

三、会議事項

Ⅰ 各分科委員会構成 (1)常任委員会 (2)特別委員会

Ⅱ 報告受理 (1)三機関経過報告 (2)特別委員会経過報告 (3)本国政府と民団強化対策会議の報告

Ⅲ 議題

第1号議案 規約に関する挙団的討議に関する件

第2号議案 規約に対する既制定規定の再検討及び未制定規定の起草に関する件

第3号議案 代議員、中央委員配定の基準と既定数の全面的検討に関する件

第4号議案 韓日法相会談以後における永住権申請促進及待遇問題に関する件

第5号議案 万博招請事業に関する件

Ⅳ 委員提出議案

Ⅴ 請願案件の処理

Ⅵ その他

一九六九年九月十一日

在日本大韓民国居留民団中央本部

議長 朴 根 世

統一への使命になって

首都として新しく出発

ソウルの歴史 ⑨　6・25動乱後

ソウルに復帰した市民は、とりあえず緊急の修理だけを加えて住んでいたが、数年のうちに本格的な再建にのりだし、いまやソウル市内で戦火の跡を見出すことはできないようになった。もちろん20年前のソウルを知る人は、見当もつかぬほどソウルは変ってしまっている。

韓国を訪れる人はまず韓国が南北に分断されていることを忘れないでほしい。この南北の分断は第二次世界大戦の産物であって、韓国人自身の力だけではどうしても解決できない。しかも、南北の両断は韓国人に幾多の耐えがたい負担をおわせている。この国は北の工業資源と南の農業地帯とが一緒になってこそはじめて経済的に栄え得べき運命にある。すべての産業がそうであるばかりか、それを背景とする文化的建設も南北一つになってこそ可能である。

ところがいまでは北韓は南韓の人にとっては世界中で一番遠い国となってしまった。非武装地帯を通って南北をつなぐものはなにひとつない南北間に通信連絡は全くなくなり、北の共身の南韓居住民が彼らの親兄弟の消息をきくことさえまったくできない。この点は東西二つのドイツの場合の方がよっぽどましである。この状態のまま南韓だけが経済向上をはかることは容易なことではない。

現在、南韓には人口三、〇〇〇万（北韓一二七八万）があり、ソウル市だけに四〇〇万が集っている。この人口はおもに自然増加によるものであるが、韓国動乱中、北韓から約二〇〇万の人口が南に引き揚げてきてその内の半分以上がソウルにとどまったとみて誤りはないだろう。この人々に、ことに北から引き揚げてきた生活根拠のない人たちに、職場を与えることは並み大抵のことではない。また南韓はいま常備六〇万を擁し、軍事的に世界第四位の兵力をもつが、これは北からの脅威に対し常に備えねばならない当然の措置である。三〇〇〇万の人口に六〇万の常備軍をかかえていること自体が非常に重圧であるがやむを得ないことである。この軍備に使う資源を文化方面に回わすならば、韓国は一躍世界有数の文化国になることだろう。

銀杏の葉が黄色に彩った景福宮

韓国特有の文化建設へ

韓国に与えられた政治的、経済的条件はここに述べられた通りである。休戦線を越えれば戦備につとめている共産軍が控えているソウルにあって、建設をすることすら愚かなことだといわれるのも無理ではない。けれども、韓国人は歴史はじまって以来アジア大陸から、また日本列島からの武力侵略あるいは倭寇のような海賊団の脅威をほとんどいつも感じてきた。ソウル市民はこの歴史的教訓とそこから得た生活哲学を忘れていない。幾多の苦難を経ても韓国人はつねに韓国特有の文化を発展させながらこの半島を保持し続けてきた。歴史上、アジア大陸には漢族のほか多くの民族が興亡したが、それらはみな漢化されて、いまは二、三民族しかのこっていない。韓国人は中国文化をとりいれて二千余年、距離的に侵略を受けたにもかかわらず、独特の風俗、服装、言語、文化を享有している。これは韓国人が常にたゆまず、環境の如何にかかわらず、また外勢に屈せず黙々として勤勉に働いてきたという証拠にほかならない。

近代化進む

今日、ソウル市民は苦難に屈しないで政府の計画と歩調をあわせて、あゆる方面でソウル市民の現代化をはかっている。ここ四、五年来ソウル市の発展振りはめざましいものがある。狭い道路は広くなり、あたらしい道路がつぎつぎに造られ、日毎に増加する交通量を円滑にまぬくために交通網の立体化を進めている。公務員と低収入勤者のための住宅建設事業、ソウル周辺地区の開発、公衆施設の改善など 数えきれない ほどである。四、五年前まではなかった高層ビルディングがたちならび、地下商店街へ商街住宅など、これと並んで近郊には多くの工場がたちはじめた。しかし、これは必然的に農村人口の都市集中、ことにソウル市の人口膨張をもたらしつつある。

〈つづく〉

お知らせ

毎号このページに掲載の民話は、休載しました。

風俗と習慣

韓国シリーズより

訪問と接客

来客が自分より身分・年輩共に目上である場合は、部屋の入口の外まで出迎え、一層目上の場合は門口まで出迎えて敬意を表する。客に対しては、煙草を出して接待するが、茶は殆んど出さない。尤も都会あたりで外来の飲み物を出すのは別問題であるが、客に懇意であるか珍客の場合は、酒を出して饗応する。

来客の時間が食事どきである場合は、食事を出すのが当り前な作法になっている。客が年上かあるいは珍客である場合は、別床（一人膳）にし、同年輩か懇意な場合は、兼床（二人膳）にして、飯と汁だけは別々にするが料理は主客共同に食べる。酒はたいてい一つの盃で、自分からついで献盃をうける。御飯は主人が先ず箸をとり客の食事が済むまでは箸をおかない。

初対面のあいさつは、姓名、住所を告げ、年令、職業、暮し向きなどに関する問答をしても失礼にならない。若し同姓の場合は、その本貫つまり祖先の出身地を確かめ合う。これらの問答によって、相互の立場が分ってくるので、相手に対する態度や言葉遣いが改まってくるのである。

他人を訪問する場合は、非常に懇意にしているかまたは平常出入している者の外は、みだりに邸内に入れない。先ずその家の門口で召使を呼び、主人の在否を問うて来意を告げる。

部屋に通されたら、若し自分が先方と身分、年輩が同等あるいは以上の場合は、主人と同列に坐り、同等以下の場合は一段しもての斜めに着坐する。若し主人との身分や年輩に甚だしい懸隔がある場合は、着坐を勧められてからでなければ立ったままの姿で席に着けない。坐り方は特に敬意を表する場合は、端坐であるが、多くの場合は胡坐、女ならば 立膝である。親の友人なりまた同輩の人の前では次の間に着坐し、同室の場合は起立のままでいる。こうした作業は、長い間の儒教の感化がまだ行われているからである。

言語と応対

応対の言葉

韓国では従来相手の者を呼ぶときに、目上の者に対しては必ず敬語を用いるが、目下の者に対してはみな呼び棄てにする風習があった。ところが近年になって、この呼称法はたいへん改まって、たとえ目下の者でも丁寧な言葉を使うようになってきた。例えば他人の子供であっても、〝子女〟とかあるいは〝坊ちゃん〟〝嬢ちゃん〟といい、自分より年下の相手でも〝何兄〟と呼ぶが如き類である。しかし他人に対して身内の者をいう場合、尊長だからといって敬語で表現する風習は未だ残っている。例えば、父母とか主人とかに関して表現する場合他人に対してもそのまま敬語をもって言い伝えるが如き類である。

家庭内では、一部地方は別として一般的に夫婦の応対は対等である。もちろん言葉使いに多少の軽重はあるけれども、夫が妻に対して命令的な 言葉は 決して 使わない。概して男は女に対して、相手が多少目下の者でも丁寧な言葉を使う習わしになっている。例えば兄の妻（兄嫂）に対しては対等な言葉を使うが、弟の妻（弟嫂）に対しては敬語をもって対するといった工合である。女の場合はこれと反対に、自分の弟の妻なり、その妻の弟なりに対しては対等語を使う。

総じて自分より目上の者、または年令の高い者に対しては、それぞれの敬語を用いる。殊に自分の親の友人などに対しては、自分の両親に対すると全く同様な態度と敬語をもって対する。しかし近年は、男女の若い世代に新しい風潮が入り、長幼有序という年令の高低あるいは身分の高下による言葉の差別は次第に薄れつつある傾向である。

年長者に対する儀礼としては、大体自分の年より二倍以上の人に対しては父母の如く遇して、彼を〝尊長〟と呼び自らを〝侍生〟と遜称する。また自分より10歳以上の者は、兄事文の礼をとって、彼を〝老兄〟と尊称し自らを〝小弟〟と卑称する。5歳までの開きがある場合は、肩随えといって友達付き合いをする。目上の者の前では、飲酒喫煙を憚り眼鏡の使用も遠慮する堅苦しい風習は、除々に弛んでいる。

長者を尊敬する代りに、幼者を軽視する風が大いに残っている。わけても未婚の男女に対しては、一人前の待遇はしな一のが通例となっている。

在日本大韓民国居留民団
綱　領
1. われわれは大韓民国の国是を遵守する
1. われわれは在留同胞の権益擁護を期する
1. われわれは在留同胞の民生安定を期する
1. われわれは在留同胞の文化向上る期する
1. われわれは世界平和と国際親善を期する

韓僑通信

(毎月5.15.25日発行・1カ月100円・特別1000円)

(昭和40年7月27日第三種郵便物認可)
発行所
韓僑通信社
発行人　鄭在俊
東京都文京区本郷3丁目32番7号
韓僑会館　電話(811)1535
〒113 振替口座　東京166316番

第81回関東地協ひらかる

万博手数料の公正管理

中央委へ建議案などきめる

第八十一回関東地方協議会（鄭在俊事務局長）が、十四、五両日群馬県伊香保でひらかれ①万博家族招請事業に関する建議案②第十五回中央委員会に関する件③その他の議題を討議した。同協議会は東京をはじめ神奈川・三多摩・埼玉・栃木・群馬・山梨・千葉の各地方本部の代表が参席（協議会構成十一地方本部のうち茨城・長野・静岡三地方本部が欠席）し、中央委員会をひかえての重要な議題だけに真摯な論議が展開された。

なお同日中央から朴太煥事務総長と鄭烔和宣伝局長、丁栄沢監察委員が来賓として参席朴総長があいさつをのべた。

会議は、十四日午後二時三十分からはじめられ国民儀礼ののち金栄出群馬県本部団長が開会の辞をのべ、鄭在俊事務局長（東本団長）が「中央委員会を明後日にひかえて本協議会の意義は大きい。議題も重要な案件であるので活発な論議をつくして、民団のよりよき前進をはかり団員の福祉向上に資したい」とあいさつし、議題の討議に入った。二日間にわたっての討議の内容はつぎのとおりで、ほとんど中央委員会への建議事項と本国紙に掲載された声明に対する問題であった。

万博招請事業に関する建議の件

万博家族招請事業に関する建議案は、東京本部の三機関連席会議で合意をみたものであるが、この東京本部案を中心に討議が行なわれつぎのとおりの案件を第十五回中央委員会に建議することに満場一致で合意をみた。

①万博家族招請手数料問題について＝この問題についての中央本部に納入される手数料は、一人当たり二万円として一万名合計二億円のほか航空料割引利益ならびにチャーターによる利益金が約一億円、総計すると三億円の手数料ならびに利益金が中央本部に入ることになる。

（A）この三億円のうち一億円を中央会館建設基金として東京商銀に積み立てること。

（B）一億五千万円を万博韓国会館建設資金として援助すること。

（C）五千万円をもって中央本部の諸般費用にあてるが、その用途についての予算編成を明細にすること。

②招請人の資格問題について＝招請人の資格が、協定永住権取得者ならびに申請者と一般永住権取得者ならびに申請者となっているが、このような不公平な制限は組織運営に大きな支障と混乱をまねく結果となるから、この制限を撤廃し一般団員全員を対象に受付け取扱うこと。

基金管理委員会を構成せよ

③基金管理委員会の構成について＝前記中央会館建設基金ならびに万博韓国会館建設資金を管理するため基金管理委員会を構成すること。

④入国不許可者の手数料返還問題について＝不許可者に対する手数料は、実費を除く全額を返還するよう。

この不許可者の手数料返還問題は、協議会に参席した朴中央事務総長が「中央本部で納得できる案を指示するから」という要請があり中央委への建議はとりやめた。

中央委員会で追究する

組織の混乱おこした"声明"

中央委員会について

①旅券所持者が、有効期間中に本国へ旅行する場合、所属支部と地方本部を経由しないで入国手続をするものがいるが、これを今後は必ず民団組織の経路をふんで各種手続を行なうよう中央委員会で議決し、大使館に交渉させること。（埼玉県本部提案）

②戸籍事務を能率的に促進するため中央委員会で戸籍整備委員会を構成する。（山梨県本部提案）

この①②の提案について慎重に討議した結果、中央民生分科委員会に東京本部所属民生分科委員が提案して中央委員会に提議することに合意をみた。

①中央本部副議長文圭準氏の本国事務所長就任問題に関して＝これについては、「事前に是正する」との朴事務総長の発言がありこれを諒とし、もし中央本部が是正しないときは、関東地協の総意をもって中央委員会に提議し、中央団長の責任を問うことにした。

②本国新聞に発表された声明書問題＝この問題に関しては、事の重大性にてらし激しい論議が展開されまず、声明書に連名された地方本部らから「中央団長と中央監察委員長から声明書発表に関して電話連絡をうけた経緯とその声明書の内容を充分に知らせもしないで連名を発表した中央本部の地方本部無視に対する不満」の意が表明されたのち声明書連名にもれた地方本部からは、三選改憲問題に対する賛、反の意思表示もしないで、本国の政治問題に介入できないという民団組織の基本原則を厳守したまでであるのに、声明連名にぬけたとして三選反対だとか反政府だとかいって騒ぐ状態をつくった中央本部の処置には、迷惑千万なことである。さらにこのような重大な声明書を中央執行委員会その他の正式議決機関にもかけないで、幾人かのものが他の幹部たちの知らぬ間に、擅恣に発表した点、また、中央本部の執行機関の困務遂行を厳正に監察すべき立場にある中央監察委員長自身が、この問題に直接加担した点について中央本部の責任を追究すべきだとの発言が多かった。

すなわち①中央本部は、重大な声明書を発表するにおよんで正式な議決機関にかけなかった点。②本国の政治問題に介入してはならないという民団の基本原則に逸脱した点。

など重大な過誤を犯した結果、日本国内においては地方組織の対立と分裂を招来させたのであり、本国においては、声明連名にもれた地方本部は、三選改憲反対、すなわち反政府という規定をうける結果になるから、民団組織に忠実なこれら地方本部に対しては、余りにも不当なぬれぎぬをうけることになるといわねばならぬ。このような重大な結果をもたらした中央本部の軽卒な措置に対して、こんどの中央委員会において当然その責任が追究されるべきである。

③日韓文化協会財産処分問題＝この問題は、すでに第十四回中央委員会において論議され、特別調査委員会まで構成されたが、今日に至るも何ら具体的な真相調査がなされておらないので、こんどの中央委員会においては、この事件の真相調査に鋭意努力中の樺友会代表に発言する機会を与え徹底的に真相を究明することに合意した

万博までに中央会館

"法地位"原則は解決した

中[illegible]央[illegible]談　李[illegible]

李禧元中央団長は、十五日午後四時、中央会議室に在日韓国人新聞通信協会加盟の各社記者をまねいて共同会見を行ない大要つぎのとおり語った。

団長就任以来、わたしの公約であった法的地位と万博招請ならびに後援事業は、原則において解決をみたので、これから実践に入ることになる。万博招請の五千名追加問題も、こんどの本国出張で政府の諒解をとりつけた。ただし追加分の資格審査は、新しい方針で行なう。

中央委員会がおわれば中央会館問題と韓国新聞の日刊化にとりくむつもりだが、会館は新しく建設するのでなく適当な物を購入するつもりですでに手をつけており来年三月の万博までには決着をつけたい。招請人の資格の制限問題は、地方本部の団長が招請するなど技術的に問題はない。

なお、最近、在日一部同胞人士による本国改憲反対運動に端を発して、本国新聞広告を通じて声明合戦が行なわれたが、これについての記者の質問に答えて、李団長は「団があのような声明を出さなければならなかったのは、わたし自身遺憾なことであった。反闘委側が本国の一流日刊紙に改憲反対の声明を出して、あたかも[illegible]留民団が改憲に反対するような印象を本国同胞に与えたので、それを[illegible]すために民団でもあのような声明を本国の新聞に広告した。改憲反闘委が改憲反対の意思表示をするならまたしも、本国経済建設を[illegible]するような文面があったのは至極残念でたまらない」と語り、さらに民団の広告声明を反駁した反闘委の第二次声明に対しては「声明の内容があまりにも幼稚すぎて、とり合う価値もない」と黙殺の意思を明らかにしたほか、在日学同の改憲反対運動に対しては「わたし自身はっきり[illegible]をもっているが、中央委で質問があれば明らかにするつもり[illegible]慎重な態度を示した。

また、民団本国紙声明には、もれている地方団長もいるが？という記者の質問に対して李団長は「連絡がとれなかった本部や断ってきた団長もいたので仕方なくそうなってしまった。この声明についてのわたしたちの苦衷を察してほしい…」と答えた。

人情有感

本国においてはいよいよ来年から、ハングル専用となる。官公庁の公文書はもとより、小・中・高学校の教科書から、新聞・雑誌に至るまで一切の文書から漢字は消えてなくなりハングル一色になるとのこと。しかも公文は横書きを大統領が指示している。▼このハングル専用についても憲法改正におとらず、その賛否をめぐって論議がわいたが「大統領指示」という鶴の一声で七〇年一月から実施されるのである。外来文字とは言え、この民族が何千年もまえからなじみハングルとともにわが国民の知性と学術の発展に用いられてきた漢字が抹殺されることは、大変な文化革命である。▼この文字文化革命の断行は、あらゆる社会に相当な混乱が予想されるがすべての国民個人への影響も大きい。またわれわれ在日韓国人とて無関係ではありえないであろう。ハングルの謄本はカタカナ表音に書き改らためなければならないし、名刺ももちろんカタカナ表音となる。まあいままでの横文字外人の仲間入りというところか。

公正な管理に最善

朴大統領 国民投票で談話

朴正煕大統領は十日午前「国民投票公告に当っての特別談話」を発表、『政府は公正な国民投票の管理に最善をつくす』と述べ、『今回の国民投票が静かな雰囲気のなかで法と秩序を維持しつつ公正に行われるよう協力を』要望した。

（写真は朴大統領）

この日午前十時、青瓦台大接見室から全国テレビジョン及びラジオ放送を通じて発表されたこの特別談話で朴大統領はこのように述べ、今回の国民投票の性格を『だれでも二回以上大統領の就任ができない現行憲法条項を改めて三回まで選任出来る道を開くべきか否かとの改憲国民投票であり、同時に現政府に対する信任投票』であることを明らかにした。

朴大統領はまた、約二十分にわたるこの談話文を通じて改憲自体にも言及、『憲法は絶対に改めるべきでないという強硬論は、真正な意味での憲法精神に違背する思考方式』だと前提『祖国近代化の道はひとえに現実に即した修正と補完の努力にある』と改憲の不可避性を説明した。彼は特に「不正腐敗」問題にも言及、『わが社会に不正腐敗を一掃できないでいることも事実』だと述べながら『今後この不正腐敗をなくすための努力にいっそう力点をおくが、より積極的な方法は経済建設を急ぎ豊かな社会を作ることにある』と強調した。朴大統領はまた、この日の談話で特に「野党の極限的な姿勢」を指摘して非難した。

政府は八日午前の臨時国務会議で改憲案にたいする国民投票日をきたる十七日に決定、朴正煕大統領は国民投票法第四十六条一項の規定により同日午後これを公告した。

一方、投票日が正式に公告されたことに伴い、中央選挙管理委員会は投票日までの事務日程を決めて下部の各級選管委に示達した。

同日程によると、十一日に選管委員の住所・氏名・職業を公告、十二日に投票人名簿確定、十四日には投票所名称と所在地公告、開票所設置公告、国民投票公報発送、投・開票所従事員公告、十四日から十七日までの間に参観人申告、十五日までに投票用紙加印完了、投票通知表交付、十六日に投票用紙・投票箱の送付、投・開票所設置、十七日に投・開票参観人申告、開票となっており、国民投票無効訴訟提起は十一月六日までと決めている。

なお、八日の国務会議はまた、国民投票日の十七日を臨時公休日にすることを議決した。

激しい与、野遊説

互いに泥縄作戦を展開

改憲案にたいする国民投票を一週間前に控え、与党の共和党と野党の新民党は十日から十五日までの五日間、全国主要都市で終盤遊説を繰広げながら最終的な攻防戦を展開、十七日はいよいよ国民の審判を受けることになった。

十日からの終盤遊説に先立ち、共和・新民両党は七日、互いに激烈な声明最を発表、新民党の高興門事務総長は共和党に送る公開要求最の中で「共和党は九月十四日未明に国会第三別館で行なわれた改憲案の変削処理をめぐる疑惑を解明せよ」とせまり「政府・与党は全国各地で不正投票運動と野党運動妨害工作をくり広げている」と非難した。これにたいし共和党の金在淳スポークスマンは同日新民党に送る五項目の公開質問最の中で「新民党の終盤国民投票運動は極限闘争—デモ誘導—騒乱誘発—拘束事態—衛戍令または戒厳令事態にまで追込んで行こうとする性質のものである」と非難しながら「野党は憲政による秩序ある状態の中で政権交替を求めているのではなく、民衆蜂起や騒乱あるいはクーデターなどの暴力で現政権を打倒しようとしているのではないか」と反問した。

共和・新民両党は浮動票の吸収に全力を注いでおり、十七日の国民投票日直前まで主要都市での遊説を通じて"国民投票における勝敗"を決する態勢である。

共和党は十日、大田を起点として十一日には大邱、十二日に釜山、仙川、十三日に光州、十四日には全州、そして十五日にソウル、原州で大々的な遊説戦を繰広げる。

一方、野党新民党は十一日に仁川、木浦、済州、西帰浦を出発点に、十二日は釜山、光州、清州、麗水、順天、安東、大邱、十四日にはソウル、そして十五日に大田、原州で遊説対決を行なうことにしている。

18日に大勢判明

「大統領の三選改憲」を問う国民投票は、十七日、全国八千四百七十一ヵ所で一斉に行われ、大勢は早ければ十八日昼ごろまでに判明する。有権者は、ベトナム派兵などの不在者五十万二千四百七十八人を含めて、千五百五十五万千四百三人。この過半数が投票し、その投票者の過半数が賛成すれば改憲は可能となる。改憲派の与党民主共和党も阻止派の野党新民党も十五日までに、首都ソウル最後とする全国遊説をすませ、国民の審判を待っている。

朴大統領は改憲論議の高まりの中で「国民投票に私の信任をかける」と表明した。このため今度の国民投票は改憲という国の基本にかかわる問題以前に、朴政権を信任するかどうか、という問題にすりかえられてしまった。

与党にしてみれば、投票に勝っても賛否がせり合うことになれば今後残されている二年近くの朴大統領の任期はもちろん、七一年春の大統領、国会議員選挙が不利になるとして、今度の国民投票に大勝せぬ限り意味はないと考えている。投票率は八〇%前後と見て与党は七百二十万票を目標にし、可決線を軽くオーバーすることによって「改憲前朴政権信任」をかちとりたいといている。

湖南開発団地竣工

湖南野山開発団地がこのほど完工、六日、全北金提郡白山面興寺里で竣（しゅん）工式が行なわれた。

これに出席した朴大統領は「政府は農漁民所得増大事業として昨年は七十の事業を、今年は四十の事業を実施したが、これらの事業が農漁村の生活向上に効果をみせているので来年も引続き実施する」と述べ、総二十二億ウオンを投入して一万五千戸余りの農家が参加する湖南野山開発事業にかんしては「政府の支援・補助とあわせて、要は事業にたずさわる人びとの意欲が大切だ」との見解を示した。

統韓へ努力続ける

国連復興委の年例報告

UNCURK（国連韓国統一復興委員団）は八日、国連事務局を通じて年例報告書を発表し「UNCURKを通じた国連の平和的で民主的な統韓努力は北韓が国連の権威と権能を限本的に否認していることで、また北韓が休戦協定に違反して韓国にたいする武力挑発行為を増加させていることにより、何らの進展をも見ないでいる」と報告した。

同年例報告書は六章からなっているが、その中で「UNCURKは国連憲章と原則を拒否する北韓の態度にもかかわらず、韓国におけるUNCURKの活動がこの地域の平和を維持し懸案問題の平和的解決を誘導することのできる重要な要因となっている」と指摘、さらに「北韓の継続的な侵略脅威にもかかわらず、韓国は六八年度には一三・二%という驚異的な経済成長をなしとげ、また六九年にも引続き成功をおさめるだろう」という見通しを表明している。

米、韓国に一億ドルの追加軍援

米下院外交委員会は六日、こんご二年間に一億ドルの軍事援助を韓国に与えるという対韓追加軍援案を承認した。

ニクソン政府は対外軍事援助費として三億七千五百万ドルを議会に要請していたが、対韓追加軍援一億ドルはその一部であり、このうち五千万ドルはさる七月一日から五千万ドルはその後に提供される。

韓国問題討議に外務長官が書簡

外務部が六日明らかにしたところによると、崔圭夏外務部長官は来週開かれる国連総会の政治委員会における韓国問題討議に備えて「韓国は国連の統韓原則とこのための努力を継続支持する」という内容の書簡をウ・タント国連事務総長に提出した。

同書簡は韓国政府の態度として「韓国は一九四八年、国連の監視下で自由・民主選挙によって樹立された韓半島の唯一合法政府として、国連活動に積極的に支援・協力してきた」と強調し、さらに北韓について「北は国連の権威と権能を引続き無視しており、また一九五三年の休戦協定に違反して韓国にたいする武力挑発を強行してきた」と指摘している。

なお、崔圭夏外務部長官は七日こんどの第二十四回国連総会での韓国問題討議と関連して、韓国政府は国連の目的と原則を全面的に支持する、との特別声明を発表、さらに記者会見を通じて「うち続く北韓の挑発行為は韓国を守護しようとする国連の固い決意と能力をテストしようとする悪質なものである」と非難した。

なお、崔長官は今年度国連総会での韓国問題討議は十一月中旬ごろに終わるだろうと語り、崔長官を首席代表とする韓国代表団は十一月初めに派遣されるとつけ加えた。

東京で韓日民間漁業協議会

第五回韓・日民間漁業協議会がきたる二十七日から二日間、東京で開かれる。

同協議会は韓・日漁業協定に伴う共同規制水域における両国出漁民たちの安全操業を図るためのもので、こんどの会議では、昨年十月ソウルで開かれた第四回協議会での合意事項にかんする実施報告および六九年度漁船の事故処理状況ならびに人命災害補償基準設定問題などを討議する予定。

税金の手引き

44年度 改正所得税法解説

二 所得税制の整備合理化

前回に述べた所得税の減税のほかに、今回の所得税法の改正では、次のような所得税制の整備合理化が行なわれている。

1 ノーベル賞を非課税所得として法定する等表彰金の非課税規定についての整備

昨年秋、川端康成氏がノーベル文学賞を受賞された際、ノーベル賞が非課税となるか否かについて巷間各種の議論が行なわれたことは御承知のとおりであるが、法令解釈上これが非課税となることを疑問視する向きがあったことを考慮し、今回の改正で、ノーベル賞を非課税所得として法律上明確にされた。

この整備に関連して、同時にノーベル賞に類する国際的な表彰金で外国から受けるものは学術に関するものでなくても大蔵大臣が非課税所得として指定できることとしている。これは、ノーベル賞に類するような賞を外国から受ける場合には、それが全世界をあげての表彰ということになり、単に人類の福祉向上という面だけでなく、国際的な場におけるわが国の地位を高めることにもなるので、必ずしも国内からの受賞と同様に学術に関するものに限定する必要はないと判断されたことによるものである。

2 短期譲渡所得および山林所得の区分を保有期間三年から五年とする

四十四年度の税制改正にあたっては、現下の土地問題の解決に資するため、別途租税特別措置法の一部改正によって、投機的な土地取得を抑制する等の見地から、短期保有土地の譲渡所得について重課することとされ、その際この措置を実効あらしめるために、従来保有期間三年をもっていわゆる長期譲渡所得と短期譲渡所得とが区分されていたのを、保有期間五年をこえるかどうかによってその区分を行なうこととされたことと関連して、所得税法においても、税法全体としての斉合性をも考えて短期譲渡所得の範囲を保有期間三年以内から五年以内に改められた。

また、これに関連して、山林所得についても、従来、保有期間三年以内の山林の伐採または譲渡による所得は山林所得に含まれないこととしているのを改めて、保有期間五年以内のものを山林所得から除外することとしている。

なお、これらの改正は昭和四十五年分の所得税から適用することとしている。

3 予定納税を要しない者の範囲拡大

従来は、予定納税基準額が一万五千円に満たない場合には、予定納税を要しないことになっていたが、この予定納税を要しない予納税基額の限度額が二万円に引き上げられた。

この結果、たとえば昭和四十三年分の予定納税の実績によると、約百六十万人の納税者が予定納税を行なっているが、その約十パーセント以上に当たる十七万人程度の納税者は、予定納税を要しないことになるものと思われる。

4 小規模企業共済掛金を年末調整で控除できることとする

従来は、小規模企業共済掛金の控除は、すべて確定申告により行なうこととしていた。しかし、最近においては、この制度の加入者数も増加し、昨年十二月末現在で約八万人に達し、その約四分の一は法人役員のような給与所得者についている。ついては、これを年末調整の段階で控除できることとし、少なくともこの控除を受けるためだけで確定申告をしなければならないといった事態は生じないよう措置している。

5 社会保険労務士の報酬を源泉徴収の対象に加える

昨年六月に議員提案による社会保険労務士法が制定（昨年十二月二日施行）され、労働および社会保険に関する法令の円滑な実施に寄与することを目的として、社会保険労務士の制度が発足することとなったが、社会保険労務士の業務の内容は、従来よりその報酬が源泉徴収の対象となっている司法書士や税理士等の業務に類似しているので今回、社会保険労務士の業務に関する報酬についても源泉徴収の対象に加えることとされた。したがって、その報酬については、その支払の際十パーセント（同一人に対し一回に支払う金額が五十万円をこえる場合には五十万円までの部分については十パーセント、五十万円をこえる部分については二十パーセント）の税率により所得税の源泉徴収を行なわなければならないこととなった。

6 給与等とみなされる年金の源泉徴収不要制限の引上げ

給与等とみなされる年金については、従来は毎年その年最初の年金の支給期日の前日の現況で、その年中に支払いを受けることとなる年金の総額が十四万円未満の場合は、所得税の源泉徴収を要しないこととされていたが、今回の改正で、この源泉徴収不要限度が十七万円未満に引き上げられた。

なお、この十七万円未満の源泉不要限度は、昭和四十四年分については、昭和四十四年四月八日以後最初にその年金の支払を受ける日の現況において判断することとされている。（つづく）

政治参与も課題に

学生指導研究所を設置

洪鍾哲文教部長官が六日明らかにしたところによると、文教部は学生デモなど、最近激増している学生たちの政治・社会への参与問題を学問的に研究・分析した上で対策を樹立するため、社団法人"中央学生指導研究所"（仮称）を設置することにした。

洪長官は六日、"教育週間"を迎えて記者会見をし、同中央学生指導研究所は、学生たちの現実参与問題と総合的な奨学指針を始め保健、体力、健康管理、情緒指導など、すべての生活指導問題を研究課題するものだと説明、政府は同研究所の建設を受けて学生指導の指針にする、と語った。

この研究所は所長の下に二十名の専門研究委員を委嘱、専門分科（中高校教導教師、大学相談教授ら）、現職分科（学生処・課長、教務処・課長ら）、一般分科（法曹界、言論界人士ら）など三つの分科委員会を設置し将来は地方に支部を置く計画だという。

なお、洪長官は、こんどの教育週間を契機に学園正常化が実現できるよう"心から望む"と語り、さらに「学生デモのために臨時休講中の学校が開講する問題や処罰学生の救済などは問題大学の総長の裁量に一任する」と語った。

改憲反対デモを煽動

地下任務のスパイを逮捕

スパイ対策本部が四日発表したところによると、全羅南道一帯を舞台に地下組織を作る任務を帯びて暗躍していた二人組の北韓スパイ李泰老（四四）と呉基泰（四〇）が韓国軍警に検挙された。

この二人の当面の任務は改憲反対闘争のための流言飛語を流すということで学生や労働者を抱きこみながら、光州で改憲反対デモを扇動していたが、韓国内の改憲反対論者の説とは微妙に違う点、またこれに伴う挙動不審な点などを怪しいとみた住民が通告したことにより逮捕された。

調べによると、李と呉は昨年八月、北韓労働党政治学校で密封教育を受けた後、さる七月六日夜十時三十分ごろ全南長興部安良面水面水門の海岸に侵入、同九日には工作目的地の光州に潜入して改憲反対デモの扇動を始めたというもの。

なお、二人を逮捕した軍警は彼らが所持していた機関短銃二丁、ピストル二丁、無電機二台、ラジオ一台、工作金三十七万六千ウオンなど総五十二点を押収した。

組織強化へ成果多大

当面課題に真摯な使命感

第1回実務者研修会

研修会であいさつする鄭団長

韓国近代史を講義する張暁氏

民団東京本部では、さる十月八・九両日、都下五日市町の韓青中央研修所「花郎台」において、第一回実務者研修会をひらいた。同研修会は、組織の第一線にたって直接団員たちを指導する立場にある支部実務者の質的な向上とお互いの親睦をはかるとともに、新たな段階を迎えた団務推進を円滑にするための意義深いもので、管下二十二支部から三機関役員および事務部長など七十一名が参加した。

研修会は、当初六月中旬にひらくべく予定されていたが「入管法案反対闘争」その他によって已むを得ず延期されていたもので、研修内容は、領事事務、万博招請事業・韓国近代史・民団史・民団規約・法的地位などについて、それぞれの 講師から 講義が 行なわれた。

参加者一同は、二日間にわたる研修期間中、寝食をともにし、和やかな雰囲気の中で、一線組織活動家同士の親睦を深め、相互の連帯感を育てる一方、組織人としての使命感にもえて熱心に学習、今後の民団組織強化と事務能率の向上に多くの成果を上げた。

とくに、韓日法相会議了解事項に伴なう、永住権申請促進問題と万博招請事業など、当面する二つの重要案件を抱えた民団の現時点からか参加者たちは、極めて真摯な態度で質疑に臨み、幾多の実例を提示して納得のいく解決策を要望するなど、大使館ならびに民団中央本部関係者に、多くの問題点を投げかけたのは、注目に値いした。

団員に奉仕を

鄭団長のあいさつ

研修会第一日目の八日、午後二時から開講式が開かれ、主催者側から鄭在俊団長、金載淑議長、李馬致監察委員長、羅鍾卿副団長、韓昌奎事務局長をはじめとした東京本部役職員のほか、中央本部から朴太煥事務総長が、来賓として大使館から中貞変参事官、丁暢副領事が、婦人会東京本部の朴棋先会長、東京韓国学校から安聖出理事長と宋基鶴校長が出席した。

開講式は許南明文教部長の司会で進められ、国民儀礼につづいて、新たに民団の各種行事の際朗読されることになった在日韓国人教育憲章を、羅副団長が朗読したあと、主催側を代表してあいさつにたった鄭団長は、

まず東本管下各支部三機関役員および事務部長など実務者諸氏の労をねぎらった後「民団規約に義務づけられている実務者の学習がところもわれわれの次代を担うべき若人の手で築き上げた韓青の研修所で行なうことになったことの意義と、今回の研修を通じて学びとったものを、今後支部組織の強化と、事務能率の向上に生かし、一般団員に奉仕できるよう期待する」と述べた。

続いて、金議長、李監察委員長のあいさつがあり、本国出張中の中央本部李禧元団長に代って朴事務総長署理が現時点における民団運動の二大目標として「永住権申請促進」と「万博招請事業および後援事業」であることを明らかにするとともに、これらの事務推進に対する積極的な協力を要請した。

ついでとくに、勉強したいという希望で参加した婦人会東本朴会長のあいさつにつづき、東京韓国学校理事長就任以来、意欲的な動きを見せている安聖出氏が、理事長就任のあいさつをかねて東京韓国学校運営の現状を紹介し、同校への今後の援助を要請したあと、同校宋校長のあいさつがあった。

法地位に活発な質疑

万博費中央会館建設に使え

大使館側の来賓あいさつは、折からの雨で、到着が遅れたので、後回しとなっていたが、研修科目の「領事事務」を繰り上げて、あいさつと兼ねて行った上に質問が続出したので開講式が終ったのは四時半過ぎであった。

大使館中貞変参事官による「領事事務」は、韓日法相会談了解事項解説が主で、会談進行中の裏話しなどを紹介し「これを契機に在日同胞が、どしどし永住権申請をするよう期待する」と結んだところ、矢継早やに質疑が活発となった。この問題は、われわれ在日同胞の切実な問題であるだけに永住権申請資格に関し救済の必要な実例などを具体的に挙げて、その解決策の有無あるいは、法的地位に対する、民団側と本国政府との見解の相異を問い質すまでに及び、中参事官も思わず返答に窮するひとコマもあった。

続いて、「万博招請事業」に入っては、李泰術民生部長から万博招請事業要領についての簡単な説明の後、朴中央事務総長署理から補充説明があった。朴事務総長署理は、被招請人の増員問題について中央団長の本国出張交渉により五〇〇〇名増員がほとんど決定したと楽観するとともに、万博後援事業として韓国館建設負担金一億八千万円を民団組織の自らの手で捻出する方針であり必要経費の使用途や被招請人輸送関係業者選定などについても、絶対不正のないようガラス張りで行なうことを明らかにした。

これに対して受研者側から、招請手続要領のたび重なる変更、招請手続上納金問題、招請人資格制限などに対する不満がのべられその是正をきびしく追及した。

鄭東本団長からは、招請手続上納金の用途についての提案として、被招請人一万名中半数の五千名分を懸案である中央会館建設基金に利用しては、との意見が出たが、一同この提案に共鳴者も多く注目された。

韓国近代史は民族抵抗の史

第二日目の九日は「ハングルの日」奇しくも国文制定の日であり まず張暁氏（評論家、通信韓国語学院長）が「韓国近代史」を講じ「わが国の近代史を恥辱の歴史だとして避けようとするのは間違った考え方で、史実はわれわれの民族独立の為の数多くの抵抗の歴史であることを教えている。」「私が教えた経験からみて日本に生まれ育った、二、三世の青年学生諸君は、近代史学習の過程で学習前と比べ生まれ変ったかのように、民族意識に目覚めて、韓国人として立派に活躍しているではありませんか」と結んだ。

失なわれた民団自主性

つづいて、鄭哲氏（評論家・中央本部顧問）は「民団史」を、組織の第一線にいる者から見た立場で講じ、民団運動は解放後からではなく、約五〇年前の三・一運動（一九一九年）前後からつづいている、在日同胞の民族運動の延長であると見るべきである、と前提し、民団の前身である建青、新朝鮮建設同盟当時の度重なる流血騒動を初めとした、対朝連との英雄的闘争によって、悪戦苦闘しながら財政も乏しい悪条件の中で、運動を展開し今日の民団に成長して来た過程を説いた。そして、当時は確立されていた民団の自主性とわれわれの、民族的主体性が、昨今は薄らいでいると共に「昔しの若さや厳しさが、今の民団に欠けているのではないだろうか」と結んだ。

同胞の地位向上

懇談会で多くの要望

最後に登壇した朴性鎮氏（東本法地位副委員長）は「民団規約及び在日韓国人の法的地位」を講じて、まず「民団規約」の解説に当たっては、民団結成当時の宣言及び綱領の沿革を、資料によって解明し、更に現在の規約の基本を講じた。また「法的地位」に関しても、資料によって説明がなされ「韓日法相会議了解事項の成果によって、従来にも増す在日同胞の地位向上があった」と論じた。

続いて研修会を総括整理する意味で、懇談会がもたれ、席上つぎのような要請があった。

①民団組織人の体質改善が叫ばれている時機であるのに、支部団長の研修参加が少ない。これにどう対処すべきか②今後開かれる研修会は盛り沢山なものより、統一テーマで内容のあるものを計画すること③永住権申請関係の疑問点をなくせ④万博招請手続上納金返還問題の解決、民団入団の対策⑥本国の政治問題を在日同胞社会に導入してはならない⑦一般団員のため、支部役職員は正しい姿勢で行動しよう⑧来る地方委員会には事務部長は必らず参席するようなど。

☆☆華燭の典☆☆

民団葛飾支部副団長曹圭必氏の二女英子嬢と金泰石氏の三男、正春君両人の華燭の儀が十三日午後一時から都内のダイヤモンドホテルで行なわれ、友人知人多数の祝福を受けた。

練馬商工組合発足

初代組合長に李幸雨氏

十一日午後三時から民団練馬支部会議室において練馬商工協同組合の設立総会が開かれ、役員選出、規約採択等を行ない、出資金額六三〇万円で正式に組合を発足させた。また総会の後、理事会を開いた。この日選出された役員は次のとおり。

△組合長 李幸雨△副組合長 孫田吉△監査 李用洙、金仁在、安禎基△専務理事 朴珍淳△顧問 柳行一

支部だより

江戸川支部〈一九日に創団十周年記念祝賀会〉

民団江戸川支部が創団されて今年で十年目を迎えるが、来る十九日午後一時から支部韓僑会館講堂で「十周年記念祝賀会」がもたれる。同支部ではこの日にむけて韓僑会館の補修工事を進めてきており、当日は新装なった同会館で、功労者表彰、アトラクションなど多彩な催しが予定されている。

〈商工協同組合で総会開く〉

江戸川商工協同組合ではさる九月十四日総会を開き、新組合長に金仁寛氏を、副組合長兼専務理事に朴永基氏を選んだほか理事九名幹事二名をそれぞれ選出、また組合員資格の枠を広げるよう一部規約の改正も行なった。

北支部〈韓青北支部再建準備〉

さる二日、管内青年有志が集って韓青北支部再建準備委員会をもち、近々にも支部を再建するべく話し合った。

葛飾支部〈26日に支部で運動会〉

秋たけなわの来る26日、民団葛飾支部では同区内水元公園で団員慰安をかねて運動会を催す。同支部ではこれまでも花見の折などに余興として運動会を行なっていたが、秋の運動会は初めての試みで注目されている。当日は午前九時の開会式に始まって午後三時まで団員、婦人、青年が入りまじって競技を楽しむ予定で、進行その他は韓青が担当する。

訂正＝本紙10月5日付当欄の中江東支部塩見分団長は表七竜氏に訂正致します。

カヤ国時代の遺骨・遺物を発見

一千四百年余り前のカヤ国時代（押督国）の遺骨と、当時使われていた遺物が、慶尚北道慶山郡慈仁面北西洞近くの古墳の中から発見された。

遺骨は嶺南大学学術調査団によって発掘されたものでまっ白の歯がいまも鮮やかな頭蓋骨および四肢で男子の全身骸（がい）骨。大昔に埋蔵され安置された当時の原形がそのまま残っており、頭蓋骨から足の先端までの長さは一メートル九十一センチ、腕と脚の骨は太く、黄色に近いがやや黒みがかった色を帯びており、長身巨躯の男子遺骨とみられる。

洪淳亀氏

元民団大田支部団長、洪淳亀氏は病気療養中のところ薬石の効なくさる九月二十九日病状が悪化して逝去、十月一日その葬儀が故人宅において、閔泳相大田支部団長ら民団関係者多数が参列する中でしめやかに行なわれた。

故洪淳亀氏は解放後まもなく茨城県民団日立支部創設に貢献、三期にわたって同支部団長を勤めたのを始め、東京では民団大田支部団長をも歴任、その間、大田支部屋舎建設を積極推進するなど民団への功労が大きかった。なお葬儀は大田支部葬で民東本から鄭在俊団長、許南明文教部長が参列した。

金昌国氏がフルート二位入賞

ジュネーブ国際音楽コンクール

金昌国氏

さる四日までジュネーブで開かれたジュネーブ国際音楽コンクールで、在日同胞、金昌国氏がフルート部門で、みごと第二位に入賞した。今回は一位の入賞者はなく、金氏がフランスのギ・コタンと二位をわけ合ったもの。世界的に有名なこのジュネーブ国際音楽コンクールの中でも、フルート部門は特にその水準の高さで国際的に定評があり、今回も世界各国から選り抜かれた百三十人が出場するという激戦だった。

金昌国氏は東京芸大を経て六八年同大院を卒業、その間一昨年の十月、毎日新聞主催、NHK共催による毎日音楽コンクールでも第一位に入賞しており、名実ともに新進気鋭として今後の活躍が期待されている。なお金氏は一九四二年生れで済州道出身。現住所は東京都練馬区南大泉町六四番地大柴方。

北韓の内幕

信仰

信者を″スパイ″に処刑

寺院は静養所に転用

北韓では宗教の否定について、一九五九年、労働党が発刊した反宗教運動の指針書「われわれはなぜ宗教に反対しなければならないか」と題した小冊子の結論で次のようにうたっている。

「北半部（北朝鮮）にいまだに残ってしゅん動している悪質宗教人たちは宗教の看板をかかげながら、その実反革命的な行為をしている。従って宗教的思想をわれわれの間に植えつけようとする彼らの企図にたいしては徹底的に闘争しなければならない」

▽宗教を破壊した二つの措置

北韓が宗教抹殺のために最初に取った措置は、一九四六年三月に実施した土地改革のさいに行なった″宗教財団所有の土地無償没収措置″であった。この結果、総一万五千百九十五町歩にわたった宗教団体の所有地は全部没収となりこれにより宗教団体の経済的基盤は破壊され、同年八月の″重要産業国有化″措置によって宗教団体の財産は皆無となった。

次いで取られた第二の措置は事実上の宗教弾圧措置で韓国戦争後に徹底化した。既存の宗教施設は託児所や幼稚園、倉庫など、他の目的に転用され、また布教者や信徒たちに対しては共産党が反宗教運動を大々的に展開して弾圧した。すなわち、宅教的色彩のある言動者には″スパイ″あるいは″反動分子″の汚名をかぶせて公開で虐殺するなど、宗教迫害旋風を起こした。

こうして現在では表面上は宗教的動きが北韓にすでに見られなくなっているが、これまで共産党の弾圧に反抗する宗教勢力がことごとに姿をあらわしては多くの宗教事件を発生させた。

ところが、根強いキリスト教徒たちの抵抗に手こずった共産党は″キリスト教同盟″（委員長＝康良〇）という御用団体を組織、現在これは平壌政権の宗教弾圧機構の一つとなっている。

▽キリスト教の投票拒否事件

「宗教ほどおそろしいものはない」と共産党員たちを震憾とさせた反抗事件は幾つも起きたが、有名な実例を三つ四つ次にあげる。

▽讃頌歌事件＝一九五九年春に起きたこの事件では平安北道博川郡である女教員が日曜日にコドモたちに学習を指導するとの名目でひそかにキリスト教の讃美歌を教えていたことが共産党員に発見され、その女教員および他の関係者たちが処刑されたと▽カトリック教の金神父事件と天主教の″金神父事件″＝カトリック教は韓半島全域に広く布教されてきたが、北韓がカトリック教の影響を排除するためには大へんなことがたくさん起きた。その代表的なものに″金神父事件″″十字架事件″などがある。

▽キリスト教信徒の投票拒否事件＝北韓の選挙はあらかじめ、党が単一候補者を決めて、一般は賛成なら白の箱へ、不賛成なら黒の箱へ投票することになっているが（平壌発表によると、有権者数のうち九九・九%が投票に参加、そのうち賛成者がまた九九・九%となっている）、キリスト教信徒たちは不賛成の票を投じたくても、黒箱へ入れなければならぬため、一見して″反抗者″と分かるため投票を拒否、これが大事件となって処罰を受けた事件である。一九五七年八月二十七日に行なわれた第二回最高人民会議代議員選挙では、平安北道竜川郡一郡だけでも二千名以上のキリスト教信者たちが投票を拒否したが、この事件の首謀者と見なされた牧師十余名は公衆の面前で処刑された。

また、一九六〇年初めには元山鉄道工場で″十字架事件″が起きた。これは同工場で働いていたある若い労働者がかくし持っていた十字架をふとしたことから落としたためにカトリック信者だということが発覚、これが発端となって元山市中のカトリック信徒がしらみつぶしに摘発され、大多数が処刑あるいは投獄された事件である。このほか平安北道の雲山郡などでも同様の事件が発生した。

▽天道教の粛清事件＝この天道教は韓民族の独立精神を根本にしている宗教であるが、これは今日でも北韓社会になお、根強い影響をひそませているといわれる。天道教粛清事件は一九五八年末ごろに起き、天道教の青友党幹部たちが大がかりに粛清された。これより先、天道教は宗教弾圧に会ってかなり骨抜きにされていたが、この粛清事件は金日成のソ連・延安派粛清事件の余波を受けて起きたものである。

金神父事件は一九五六年八月、それまで弾圧のあまりのきびしさに気ちがいのマネをしてカトリック教の布教活動をしていた金神父が「つらい世の中なればこそ、神の救いが必要なのです。祈りましょう」などと呼びかけていたことから秘密警察に摘発された事件。年老いた金神父はひどい拷問の末、群衆が見守る中で処刑されたが、金神父は銃殺直前に空を仰ぎながら「主よ、これらの人びとを許したまえ。彼らはおのれのなすわざを知らざるにあれば……」という聖書の句節を、自分を処断した人たちのために祈りながら凶弾に倒れ人々の涙をさそった。

この事件の関連者のうちの大物は金達鎬であるが、実際のところ金達鎬は十年も前に天道教徒たちを裏切り、共産党の言いなりになってきた上、共産党に忠誠を誓うと一札入れていたにもかかわらず″反金日成″勢力をおそれた金日成によって、金達鎬はスパイという罪名で粛清された。（当時、金達鎬はすでに天道教信徒ではなかったといわれるが……）これを契機に共産党は天道教の残りかすまで一掃する企てをたて、監視をいっそう強化した。

▽仏教の土地・寺院没収と仏教標識抹殺事件＝寺院所有の土地は一九四六年三月五日に発表された土地改革によって全部、無償で党に没収され、説教することを禁じられ、宿泊所や静養所に転用された。

（SISA）

風俗と習慣

韓国シリーズより

訪問と接客・祭祀と祈祷

訪問と接客

来客が自分より身分、年輩共に目上である場合は、部屋の入口の外まで出迎え、一層目上の場合は、門口まで出迎えて敬意を表する。客に対しては、煙草を出して接待するが、茶は殆んど出さない。尤も都会あたりで外来の飲物を出すのは別問題であるが、客に懇意であるか珍客の場合は、酒を出して饗応する。

来客の時間が食事どきである場合は、食事を出すのが当り前な作法になっている。客が年上かあるいは珍客である場合は、別床（一人膳）にして、飯と汁だけは別々にするが料理はたいてい主客共同に食べる。酒はたいてい一つの盃で、自分からついて献盃をうける。御飯は主人が先ず箸をとり、客の食事が済むまでは箸をおかない。

初対面のあいさつは、姓名・住所を告げ、年令・職業・暮し向きなどに関する問答をしても失礼にならない。もし同姓の場合は、その本貫つまり祖先の出身地を確かめ合う。これらの問答によって、相互の立場が分ってくるので、相手に対する態度や言葉違いが改まってくるのである。

他人を訪問する場合は、非常に懇意にしているかまたは平常出入している者の外は、みだりに邸内に入れない。先ずその家の門口で召使を呼び、主人の在否を問うて来意を告げる。

部屋に通されたら、若し自分が先方と身分、年輩が同等あるいは以上の場合は、主人と同列に座り同等以下の場合は一段しもての斜めに着座する。若し主人との身分や年輩に甚だしい懸隔がある場合は、着座を勧められてからでなければ立ったままの姿で席に着けない。座り方は特に敬意を表する場合は、端座であるが、多くの場合胡座、女ならば立膝である。親の友人なりまた同輩の人の前では次の間に着座し、同室の場合は起立のままでいる。こうした作業は、長い間の儒教の感化がまだ行われているからである。

祭祀と祈祷

韓国の祭祀は、釈尊祭、洞祭、家祭などが主なものである。

釈尊はいうまでもなく、中国の孔子を文教の師として祀った″文廟″の祭尊のことで、毎年春秋二季に行われる。文廟は首都ソウルは勿論、全国の各群に″郷校″として存置されている。洞祭は部落の守護神である洞神を祀る祭礼で洞内に住んでいる40歳以上の男で出生や服装などに汚れのない清浄な人一人を選んで祭主とし、この祭主一人が幾日間も精神潔斎して祭をするもので、村中の者が集まってお祭り騒ぎすることはない。

若し洞祭をした後、何か村に災害があったり、疾病が流行したりすれば、祭りがよくなかったというので、洞祭の祭り直しをすることになっている。家祭は各家々で行う祖先の祭りで、祖先崇拝の念が強い韓国では、祖先の祭祀を誠実に行うことが家を治める要諦とされているので、戸主の第一義務はこの家祭にあるのである。家祭は祖先の神主を祠堂に安置し、正月広朝を始め名節ごとに行う祠堂祭と寒食や秋夕に墓地にいって行う墓祭とがあり、また″告祀″といって春秋二回に家宅の神を祭ることもする。

″韓国では昔から″祟り″という信仰が深く、今日なお地方では残っている。つまり災害、疾病、不幸、不運など、何でもこれを悉く何かの祟りと考える風があるわけである。祟りをなすものは一般に″鬼神″と呼ばれ、この鬼神には天神、地神、山神、川神、人の死霊、〇獣、虫魚の怪、岩石草木の精など、その種類が極めて多い。

これらの鬼神は何処にでもあるので、人がこの鬼神に祟られるのは、何か不敬のことをして鬼神を怒らせるか、元気をなくしてその弱身に付込まれるか、または鬼神の方から何か求むるところがあって襲いかかると信じられている。この祟りを防ぐためにいろいろな

″禁厭″が行なわれる。例えば、山坂の幽敷を通るときは紙片、布片を幣代りに上げたり、何も持たないときには古鞋・石塊をおき、あるいは唾を吐くなどする。悪疫の侵入を防ぐため、部落の入口に「天下大将軍」のちゃんすんを立てたり、踏臼の杵を立てたり、松枝や唐辛子を門戸に吊したり、棘のある木を立てたりする。お産のあった家では、三週間ぐらい大門に左ないの縄に炭・松葉・唐辛子を挿んだ″〆縄″を張って悪魔の侵入を防ぐ。

若し運悪く、何かにひかれたと思うときには、「ちゃんにむ」（亡者のこと）に何鬼神の祟りであるかを占って貰い、何鬼神の仕業であるかが分れば、今度は「むーだん」（巫女のこと）に祈祷して貰う仕組になっている。

幸福を祈る祈祷の中で、もっとも普通なものは″雨祈り″と″子祈り″であろう。

″雨祈りは、毎年夏になって旱魃が続いて農作物が枯死するようになると、部落の代表者が山上または川・淵に臨んで天神に雨を祈り同時に斎神に犬の皿とか豚の頭を供える。これは犬や豚は不潔な動物であるから、斎神が怒ってこの不浄物を洗い去るために雨を降らすという呪である。

子祈りは、富貴多男を家運増進のモットーとしている韓国では、もし男児が生まれない場合は、結婚後1〜2年足らずでも子祈りを始める。最初は子宝の婦人の下衣を貰い受けて腰に巻いたりするが、それでも効目がないと、山寺の仏とか石仏とか、大石、大木、大地などに対して祈願を始める。

お知らせ・毎号連載のソウルの歴史は休載しました。

民話

卜術

卜（ボク）術で有名なタクタク師と呼ばれる先達がいた。タクタク師の卜術は、それこそ黙って坐ればぴたりと当たる偉大なものだった。

ある日、タクタク師は息子の嫁が自分をないがしろにしたとして大いに怒り、つかまえてこらしめようとした。嫁は、つかまえられてはかなわないと、山みちを急いで田んぼの方に逃げていった。そしてそこの農夫に向かって、「どうか私をしばらく隠して下さい。私が蘆の上に臥しますから私の身体の上に蘆のみのをかぶせ、その上に水を一杯おいて下さい」といって身を臥せた。農夫はたのまれるままにしてやった。

やがて、タクタク師は農夫のところに来てあたりを見まわし、そこで得意の卜術で占いを立てた。そしてタクタク師は農夫にきいた。

「この辺に蘆山という山があるか、そして蘆田というところがあるか、またそこに池があるか」、とつぎつぎに聞いた。

農夫は、きかれるままに「はいはい」と答えた。すると、タクタク師は大きな嘆息をしながら、「これはとんでもないことをしたもんだ。嫁は蘆山の麓の蘆田にある池に身を投げて死んでしまった」といい、やがてしょんぼりと道をひきかえしていった。

× ×

全南地方で採集されているが、ほとんど全国にひろまっているはなしである。よく自分の術数に自分がはまってしまうというが、このことをいいあらわしたはなしである。

ここで、卜術というのを少し説明する必要がある。周知のように中国には易学が発達して、これは昔の政治、文化に重要な役割を果たしたが、これが新羅にはいり、高麗王朝になると、その形態が非常に変わってきた。易学の伝統はそのまま残り、後世に伝わっているが、それはほんとうの一部の人々によってであって、一般化するわけにはいかない。その内容が難解であり、これを理解するにはほとんど一生を要する大事業だったからである。そこで、易学のダイゼスト版ともいうべきものが考え出された。それがこの卜術ということになる。もっとも、卜術は易学の単純略化ではなく、これには仏の経と、土着の仙とが加味されていて、いわばミックス形態であるが、その目的と機能は明確に人間の悩みを軽くすることにあった。

だから卜術は、人の運命を予見したり、邪気を追い払ったり、運勢を占ったり、人生相談をしたりその内容は実に多彩なのである。いまでこそ、これらのことをあるいは迷信として断を下だし得ても高麗王朝から李王朝にかけての時代にこれが迷信であるわけがなく卜術は社会の必須機能であったろうし、それをつかさどる卜術師はまさに敬崇の的であったにちがいない。

このはなしにでてくるタクタク師はまさに世間から尊敬されていた卜術師である。タクタクというのは固くななとか、生一本なとかいった意味でつけられた名前であろうけれども、この専門におぼれて、広い常識を持ちあわせなかったともいえるが、その占いの能力はまさに百パーセントであって、一分の狂いもない。

このはなしは、筋の中に大きな盲点を設定して、それに読者を落とすのではなくて、はなしの筋を逆の手からひねってしまうのである。いわばこれは完全なレトリック法の用法であり、それがまた手際よく語られている。要するに、はなしの用語は古臭い昔のことなのであるが、その語法はもっとも近代的なレトリックであることに気がつく。これは実にすばらしいことなのである。

はなしにタクタク師が息子の嫁に怒って、つかまえようとしたとあるが、占術が盛んであった昔の時代は、嫁の地位は全く低いときであって、まさに嫁は家の働き手であり、子を産む道具程度の地位しか与えられなかった。この地位の低い嫁が、家権を振りまわす義父に向かって智恵をしぼり、そしてひとあわ吹かしてやっているという図も、まったくすばらしい構図なのである。

卜術のはなしでは似たようなはなしの筋がいくつかある。その一つに次に李舜臣将軍のはなしがある。

李舜臣将軍が閑山島で死期を迎えたとき、部下にむかって、「私が死んだら、私の足の裏に土をつけ、口に餅を入れておけ。そして決して喪を知らせてはならぬ」と厳命を下した。部下たちはいわれた通りにした。もちろん、これは将軍の死が敵に知られてはならないと思ったからである。

加藤清正は、死んだ筈の李将軍揮下の兵が一向に士気がおとろえないので不思議に思い占いを立てたところ、李将軍はまさに大地の上に立って餅を食べている。加藤はおそれをなして逃げていった。

このはなしも筋はタクタク師と同じであるが、しかし、本来の卜術のはなしを李将軍に当てはめた感がつよい。こうなれば、このはなしの持つすばらしいレトリックもまったく堕落してしまって、元のすばらしさはなくなってしまう。

民族意識の中で壬辰の日本来襲がどんなに大きなショックを与えしかもいゆることなき心の傷を与えたか、これははかり得ないほどのものであったことが、民話を通じてもはっきりわかるのである。

けれども、そうであるからこそこの傷は一日も早く洗い清めねばならず、民話の中の民族意識も、清く、素直なものへの努力がなされねばならないと思う。

〈おわり〉

在日本大韓民国居留民団
綱　領
1. われわれは大韓民国の国是を遵守する
1. われわれは在留同胞の権益擁護を期する
1. われわれは在留同胞の民生安定を期する
1. われわれは在留同胞の文化向上る期する
1. われわれは世界平和と国際親善を期する

韓僑通信

(毎月5.15.25日発行・1カ月100円・特別1000円)

(昭和40年7月27日第三種郵便物認可)
発行所
韓僑通信社
発行人 鄭在俊
東京都文京区本郷3丁目32番7号
韓僑会館 電話(811)1535
〒113 振替口座 東京166316番

注目の第15回中央委おわる

財政の乱費を衝く
万博問題に論議集中

第15回定期中央委員会が17、18の両日間中央委員89名（定員130名）の参席で東京新宿区の日傷会館で開かれ、李禧元執行部誕生以来約6カ月間の活動の経過が報告されるとともに、日韓文化協会土地売却問題、韓国新聞の所管、さらに三選改憲にともなう本国政情についての民団声明などの問題をめぐってかなり激しい問答が交されたが、論議の大部分が万博招請の事業内容とその運営に長時間ついやされ、法的地位や民団中央の姿勢など基本的問題についてはほとんど論議されないまま18日午後8時すぎ閉会した。

会議は十七日正午からはじまり国民儀礼、委員点呼、成立宣言を経て朴根世議長、李禧元団長、張総明監察委員長のあいさつ、つづいて李裕天、李熙健顧問のあいさつ、さらに駐日大使の祝辞として姜永奎公使の代読があった。このあと各機関の経過報告、特別委員会（法地委、教育委、十一・十三事件対処委、三・二十二怪文書調査委）の報告、また、民団強化対策会議の報告などを受理して同日午後七時、第一日目の会議を終えた。

二日目の十八日は午前十時から各分科委員会を開いた後十一時に本会議に入り、前日の報告受理についての質疑応答が行われた。監察委員会が報告したとおり、財政の乱費が目立ち特に三百七十万円を超過する出張費、五百三十万円にのぼる会議費二千数百万円の借入金などについて明細を明らかにするよう問われたが、執行部の答弁は要領をえなく、ことに韓国新聞の広告料などの収支内容は一切に明るみにされないまま議事は進行、そのほか組織、文教の報告について若干の問答が交わされた。

さらに、日韓文化協会所有の土地が朝総連の組織に売却された問題について、さる十四回中央委で執行部がその真相を調査・報告することになっていたが、現執行部から報告がなかったため東京地方の李馬致委員、羅鍾卿委員らがその報告を求めるとともに同問題に関する槿友会の調査報告を要請したのに対し、李団長と朴組織局長は「この件に関連する中心人物が現執行部の顧問または民団の功労者であるため実質的に調査が出来なかった」とし「同土地売却特別調査委員会を構成」することを提案した。

また、韓国新聞の責任所管、運営内容、本国支社、広告料の使途などを正す質問に対し、鄭烱和韓国新聞社長が答弁に立ったが質問に対する明らかな答弁は得られなかった。

永住促進結論えず
"遺憾"認めた本国声明広告

さらに、本国の「三選改憲」にともなって民団中央が発表した声明について三多摩中央委員と、山形中央委員から質問があり、とくに山形中央委員から「自分の知らないうちに、名前が記載されているのはどういうことか」?との質問から端を発し「本国の政治問題に介入してはならない」という民団の基本姿勢と創団精神を犯すもので、しかも声明の内容、その決定・発表の手続きなどにおいて民団のルールを全く無視した措置であると激しい質問が集中されたが朴事務総長が「三選改憲を支持するのも反対するのも愛国的精神からなるものだ。声明書に署名しなかった県本部の態度こそ民団の立場を正しく堅持したものである」との発言でさらに追及されることなく、問題の重大性がぼかされてしまった感があった。

また「三・二十二怪文書事件」についても、何んら明らかな調査報告はなく、鄭在俊委員（東本団長）が同調査委の解散を提案、即座にこれを可決した。

この後、報告による処理に入り、①金今石、権逸両顧問から出た辞表の受理、②文化賞授賞規程の審議を文教委員会に回付、③韓国新聞の独立採算制を再確認、④十一・十三事件対処委員会を解散し執行部内に専門委員会を設置、⑤日韓文化協会土地売却調査委員会を構成（中央三機関長と各地協事務局長の連席で十五名以内の委員を選任する）、⑤万博事業本国連絡事務所々長の選任を中央執行委員会および全国地協事務局長合同会議に委任する、などの事項を決定した。

つづいて、議案審議に移ったが①規約に関する挙団的討議、②規約における既制定規定の再検討および未制定規定の起草、③代議員・中央委員配定の基準を配分の全面的検討など三議案のうち第一議案、第二議案を企画分科委員会に第三議案を組織分科委員会に一任しその決定を中央委員会の決議とすることにした。また、④韓日法相会議以後における永住権申請促進および待遇問題は法地委にそれぞれ回付することに決議した。

この日の論議の焦点はやはり万博開催にともなう招請事業とその運営内容についてで、事業の重大性にかんがみ熱気をはらむ論戦が長時間にわたって交わされた。

席上で、中央本部が提出した招請事業にともなう収支予算書には追加分を合わせて一万人の招請で入る約三億円の収入金に対し、韓国館建立費、本国事務所設置費、輸送費など、その実施運営の諸経費として三億円の全額が支出されることになっていたが、その予算書については、"無計画" "具体性がない" などとかなり突っ込んだ質疑が行なわれた。

これに対して、羅委員（東本副団長）は先ごろの関東地協で合意した同招請事業に関する中央会館建設基金問題、万博韓国館建設資金賛助問題、基金管理委員会構成問題などの具体的な案を文面で建議するとともに、口頭説明で補充した。しかし、時間の都合で充分な討議による決定は見られず次のような基本方針を決めるにとどまった。すなわち①招請人の資格について永住権（協定・一般とも）既得者、また既申請者の規定に限らず、地方本部団長の責任において全体団員に資格を与える。②中央会館基金として一億円を確保する③そのほか予算、輸送など招請事業にともなうすべての具体策は中央執行委員と各地協事務局長の連席会議を早急にひらいて、そこで再検討し、決定する。

以上の報告受理および処理、案件の審議および決定をもって、第十五回の中央委員会はさほどの波乱もなく、十八日午後八時閉会した。

なお、中央委員会修了後、全中央委員は、大使館主催のパーティに参席した。

会館建設へ一億円
中央執行委員 地協事務局長 合同会議できまる

第15回中央委員会の決議による万博問題を討議するための中央執行委員と全国地協事務局長との合同会議は、二十二日午後一時三十分から同七時まで中央本部会議室においてひらかれた。

同会議においては、李禧元、朴根世、張聡明の中央本部三機関長をはじめ鄭烱和、朴大煥、朴炳憲、池昌男、姜錫憲、鄭在俊、金晋根、張翼相、尹致夏、金泰燮、李彩雨、羅鍾郷、朴性鎮、李聖南、李鍾舜各氏が出席した。

同会議において討議され結論をみた事項はつぎのとおりである。

①万博家族招請事業の予算編成問題＝中央本部で提示された予算案に対して各執行委員ならびに各地協事務局長が具体的に質疑討議し、万博後援会への援助金五千万円支出の件と万博後援事業と家族招請事業を別途会計で運営するという原則を確認したうえ中央本部提出の予算案を承認した。

②万博家族招請事業の日本側取扱い旅行社に関する問題は、地区別に同胞業者全員を統合させて取扱わせるという東京本部の提案に対して、中央本部の李団長はこれを慎重に検討したいとした。

③本国万博事業事務所の業務推進と輸送計画に協助するために全国各地協単位に一名づつを本国に派遣することにした。また、この諸事業を円滑に推進するため東京本部を中心にして中央本部の万博関係諸事業の業務推進に協力することに決定した。

④本国万博事務所々長任命の件は、文圭準副議長を任命したいきさつもあり中央本部団長の意思を尊重して、中央常任たちの意見を調節することにしその決定を中央団長に一任した。

⑤中央会館建設基金一億円の積立問題は、地方本部から、中央へ上納される手数料金一人当り二万七千一百円（中央本部手数料二万円、本国側旅券手数料五千五百円、[illegible]入場券一千六百円）のう[illegible]円を東京商銀信用組合の中央会館建設基金特別口座に自動的に積立てることに決定した。

⑥本国においての旅券手続きな[illegible]びにビザ手数料は、韓貨一[illegible]を目標で、本国政府[illegible]してきた五つの旅行[illegible]ことにする。

⑦万博[illegible]する被招請[illegible]は支部を経由して招請することを原則とし、手数料に関しては支部で三千円のみ徴収することにする。

⑧入国不許可者に対する手数料返還問題は、中央本部一万円、地方本部一万円、合計二万円を返還することに決定した。

万博招請問題に関する諸問題は以上のように、中央執行委員と地協事務局長との合同会議において最終の決定をみたことになる。

団長に金賢九氏
熊本本部役員改選

民団熊本県本部では、さる九月二十日の第二十六回定期大会でつぎのとおり新役員を選出した。

△団長金賢九 副団長金福同、任漢碩△議長朴善鉉 副議長金士七、韓今出△監察委員長裴八岩、委員李雨沢、金必俊。

人情有感

本紙前号のこの欄にふれたとおり、来年の一月から本国のすべての公文・公薄から、漢字は消えてなくなり戸籍謄本の地名・人名はハングルで表記されることになる。この本国のハングル専用がわれわれ在日同胞社会には、どういうような形で影響してくるか？無関心ではすまされないし日本の事務当局においても、対韓関係の文書にはちょっとした異変が考えられる。▼韓国も日本もともに漢字を国文と同じく使用してきたために表音読み方は違っても意味は通じたし、地名、人名などそのまま漢字で通用できた。本来、地名とか人名などの固有名詞は、原音通り発言するのが正しいのに、漢字で書かれた韓国の固有名詞であっても、日本は日本式の発音で読んできたのである。例えば、大韓民国とか釜山などの国・地名から朴玉竜さんなどの人名も、それが漢字であるから、日本はタイカンミンコクとかフサン・ボクキヨクリユウさんなどと読む。しかしこれは正しくないい方で、あくまでテハンミンクック・プサン・パクオックヨングさんでなければならない。東京品川・南一郎をトングキヨングプムチョン・ナムイルナングと言ったって通用しないのと同じだ。日本がよその国の固有名詞をどう読もうと勝手であるが、われわれの国名や人名をそういうように間違った呼び方をさせたのはそれが漢字で表現されていたためであろう。▼ハングル専用になろうがなるまいがわれわれの国名や名まえは正しく呼ばせるべきであったのに、国語の日本からの解放は忘れていたかの感がしないでもない。八・一五解放後いち早く「京城」はソウルに還ったが、それはハングルのおかげであるようである。日本にいるわれわれは、知らず知らずのうちに自分の祖国の固有名詞が日本化していたのを忘れていた。日本の多年間の韓国支配の残滓がこういうところにも残っていたことになる。▼さて、来年から私たちが本国からとりよせる戸籍謄本は、すべてハングルである。日本当局への提出書類にはどうすべきか？。地名や人名を漢字にすべきか、それとも正しい発音通りにカナで表現すべきか、韓国語の発音を日本のカナで表現するのは非常に困難である。このように本国のハングル専用は、意外にも在日同胞社会に一つの波紋を、よびそうである。指導当局の事前の対策を望んでやまない。

公　告

民団東京地方本部の第七回定期地方委員会を左記のように召集する。

記

日時　一九六九年十月三〇日　午前十時
場所　東京商銀信用組合荒川支店会議室
（荒川区東日暮里六ー二二ー一、国電三河島下車・電話八〇二ー五一二一番）

在日本大韓民国居留民団東京本部
議長　金　載　淑

新気分で国政刷新

改憲可決で朴大統領談　野党よ失望するな

三選改憲案は、十月十七日の国民投票で圧倒的多数の賛成票を得て可決された。十八日午後八時開票を完了したが、中央選管の公式集計によると賛成が、七百五十五万三千五百八十九票で、投票数対比六五・一%を占め、反対は三百六十三万六千三百六十九票で三一・三%にとどまった。

朴大統領は、十八日、改憲案が国民投票で可決されたことに対して談話を発表、国民のみなさんが再び全幅的な支持で、政府を信任して下さったことに対し、まづ主権国民みなさんに深い感謝の意を表し、わたくしに与えられた重い責任を痛感する次第である」と述べたあと「わたくしは再び新しい気分で国民みなさんの期待にそうよう国政刷新に努力するつもりであり秩序と安定を固く確保したうちに与・野もなく官民もないただわれわれの目標をもう少し遠い所に設定した一つの焦点に向って前進する全国民の団結があるのみ」であると強調した。

朴大統領はまた「すべての公務員は、国民の厚い信任にこたえる決意を新たにしなければならないし、与党は今日の勝利に酔うことなく執権政党としての国利民福のための政策政党の姿勢を一層充実にすべきであり、わが野党は、今日の敗北に失望することなく、なお一層政策対決の闘志をかためるべきであり、国民は彼らの努力を激励、監視しながら各自の職場で一層勤勉すべきである」と語った。

与・野が声明

金在淳共和党代弁人は、十八日声明を発表「平穏裡に終ったこんどの国民投票で、野党はきれいな敗北者になれないで各種の後遺症を誘発させる劃策をした」と野党を非難した。

宋元英新民党代弁人は、国民投票の結果に対し「こんどの国民投票は、行政力により国民の票が強奪された一つの過程にすぎない」と主張した。

内閣改造を断行

中央情報部長に金桂元氏

朴正熙大統領は二十一日、金炯旭中央情報部長、李厚洛大統領秘書室長らの辞表を受理し、行政府内の要職を大幅改編した。

姜尚郁青瓦台代弁人は「朴大統領のこの度の人事決定は先ほどの国民投票で現われた国民の絶対的な信任に答えるもので、その間しばしば公約した国政刷新のため下した一大決断である」との談話を発表した。

△中央情報部長－金桂元（前陸軍参謀総長）△青瓦台秘書室長－金正濂（前商工部長官）△財務部長官－南悳祐（西江大教授）△商工部長官－李洛善（前国税庁長）△保社部長官－金泰東（前交通部長官）△交通部長官－白善燁（前駐カナダ大使）△逓信部長官－金甫炫（前全南道知事）△総務処長官－徐壱教（前法制処々長）△法制処長－劉敏相（前法制処次長）△国税庁長－呉定根（前水産開発公社々長）

なお、朴正熙共和党総裁は党要職の改編も、近く断行する方針であると語った。

国民投票への行列京畿道広州にて

70年代アジア安保をさぐる

外務部研究報告書

外務部はこのほど七〇年代の韓国安保策にかんする研究報告書をまとめたが、同報告書は東北アジア同盟構成など、地域的同盟体構成によるアジアの中・長期安保対策を講究することが肝要だと指摘これが韓国の安保のために最も必要なことだと強調している。

なお、政府筋が伝えたところによると、政府は東北アジアの地域集団安保体制を推進するために、政界、学界の人士および前職外交官からなる韓国安保問題調査団を編成して年末ごろに各関係国に派遣し①東北アジア同盟体にたいする関係国の意図を打診し②こんご予想される米軍のアジアからの撤収に伴う各国の安保態勢を研究③中・ソ紛争と中共の核開発が同地域に及ぼす影響を調べ④日米安保条約終了後の日本の安保対策をみるなどして、広範な調査を行なう予定だといわれる。

国連総会に統韓覚書

南北の自由選挙を再び表明

韓国政府は国連総会での韓国問題討議と関連して、韓国統一にかんする政府の基本立場を明らかにする統韓覚書を十六日国連総会に提出した。

同覚書は①韓国統一と国連②北韓の国連権威と権能拒否③北韓の統一方案の欺瞞（まん）性④代表招請問題⑤北韓の挑発行為などの五章、総八十項目からなっており韓国は国連監視下で人口に比例する自由選挙で統一を成就したいとの従来の立場を明らかにしている。

新聞協会の創立七周年記念式

韓国新聞協会創立七周年記念式が十三日半島ホテルで行なわれたが、同時に同席上で第四回新聞授賞式も並行して挙行、編集部門では大韓日報社会部の徐徹源記者ら十一人が受賞、工務分野では東亜日報印刷部長の金永鉄氏ら六人、業務部門では宋錫澳朝鮮日報販売部長が表彰され賞を受けた。

スパイ浸透激化か

柳根昌対策本部長語る

柳根昌スパイ対策本部長は十一日、記者会見をし、北韓は〃七〇年代の武力赤化統一〃という金日成の目標のために、韓国の国民投票とニューヨークでの国連総会が終わり次第、季節にかかわりなく武装スパイの〃多数組多地域〃浸透工作を激化させる計画をしていることが明らかになったと語った。

これによると、武装スパイの浸透を国民投票が終わるまで待つというのはもし改憲問題中に多くの武装スパイが侵入すると「北からの脅威阻止のため朴大統領のような強力な指導者が必要」だということになるために〃様子待ち〃をするということであり、また国連総会が終わるまで待つというのは北韓がソ連などの共産国を通じて国連で〃韓国における外国軍隊（米軍のこと）撤収〃を主張しているため、緊張を緩和しているのだという。

また、柳根昌部長はその説明の中で北韓は昨年中は武装ゲリラを集団的に浸透させたが今年にはいってからは二人ないし三人の少人数からなる北韓労働系列スパイを多くの組みに分けて陸上よりも海上ルートを通じて浸透している。

税金の手引き　44年度

改正所得税法解説

所得税制の整備合理化

昭和四十四年一月一日から四月七日までに支払われた退職手当等に対する源泉徴収税額の精算還付

今回の改正で税率の緩和が行なわれたことに伴い、「退職所得の源泉徴収税額表（別表第八）」が改正され、また新たに「昭和四十四年分の退職所得の源泉徴収税額表（改正法附則別表第六）」が設けられて昭和四十四年中に支払うべき退職手当等で同年四月八日以後に支払われるものについて適用することとされた。

そこで、昭和四十四年一月一日から四月七日までの間に支払の確定した退職手当等で、その期間中に支払われたものについて改正前の「退職所得の源泉徴収税額表」を適用して徴収された税額が、改正後の「昭和四十四年分の退職所得の源泉徴収税額表」を適用した場合の税額よりも多いときは、昭和四十四年六月三十日（昭和四十四年四月八日から六月三十日までの間に昭和四十四年分の他の退職手当等の支払を受けるため「退職所得の受給に関する申告書」を提出する場合には、その申告書を提出する日の前日）までに本人からその住所地の所轄税務署長に還付請求書を提出すれば、その差額は直接本人に還付されることになっている。

なお、昭和四十四年六月三十日までに還付請求をしなかった場合でも、確定申告書を提出することにより、その差額の還付を受けることができる。

特定退職金共済団体の要件の緩和

中小企業においては、その企業が独自に従業員に対する退職給与制度を設けることが困難な場合が多いので、これに代わって退職給与を支給する制度として中小企業退職金共済事業団等が行なう退職金共済制度のほか、市町村、商工会議所、商工会や民法三十四条法人が退職金共済制度を行なう場合があったが、この場合、これらの法人が行なう退職金共済制度が一定の要件に該当するときは、その法人は所得税法上、特定退職金共済団体とし、事業団又は特定退職金共済団体が行なう退職金共済制度から支給される退職年金又は退職一時金は給与所得又は退職所得として課税するとともに事業主が被共済者である従業員のために支出する掛金は、その事業所得計算上必要経費又は損金として認めることとしてきた。

ただ、この場合、従来は特定退職金共済団体はいわば事業団に代わるものであること及び税制上このような優遇を認めていることと関連して、従業員が被共済者として加入することはいずれか一の共済制度に限ることとし、重複加入は一切認めないこととしていたが、最近、中小企業の従業員の福祉の向上を図る見地から、中小企業退職金共済事業団又は特定業種退職金共済組合の退職金共済制度に被共済者として加入するとともに特定退職金共済団体の退職金共済制度にも加入することを望む声が高まってきた。そこで、今回、特定退職金共済団体の要件を緩和し、この事業団または共済組合に被共済者として加入している従業員もいずれか一の特定退職金共済団体に限って被共済者として重複加入することを認めることとされた。

譲渡所得の基因となる地役権の設定範囲の拡大

最近、都市における電気の需要が著しく高まったこと、都市近郊の市街化現象が著しくて土地の効率的な利用が望ましいこと等から、大都市における電力の安定的供給を確保するための送電線は、特別高圧の地中電線が望ましいとしてその敷設が進められている。

そこで、今回、特別高圧の地中電線の敷設に必要な用地の確保のために地役権が設定された場合、その設定の対価が土地の価額の四分の一（地下又は空間について上下の範囲を定めないものは、二分の一）をこえるときは、譲渡所得として課税することとされた。

また、超高層ビルを建築する場合に、都市計画法に基づき建設大臣より「特定街区」の指定を受けて建築物の高さの制限の緩和を受ける必要があるが、一方特定街区内では建築物について容積制限が定められるので、その街区内の他人の土地について地役権を設定しその設定し土地にかかる建築容積の余裕部分を利用して超高層ビルの建築を行なう場合がある。この場合の地役権もいわばその設定された土地の上の建築物について一定の制限をするもので、今回、この地役権の設定の対価が土地の価額の四分の一（地下又は空間について上下の範囲を定めない地役権の場合は、二分の一）をこえるときは、譲渡所得として課税することとされた。

10その他

以上のほか、次のような改正が行なわれている。

(1)たな卸資産の法定評価方法を最終仕入原価法（従来は、売価のあるたな卸資産は、売価還元法売価のないたな卸資産は総平均法）に改める。

(2)返品調整引当金の設定対象となる資金の範囲から割賦販売資産を除外する。

(3)特定寄付金の対象となる試験研究法人等に貿易研修センターを加える。

(4)通常の使用時間をこえて使用される機械および装置の増加償却割合は、納税者の選択により、個々の機械および装置の取得価額のウエイトを加味した増加償却割合によることができることとする。

〈所得税の項おわり〉

太平洋戦争韓国人戦没者慰霊祭案内

太平洋戦争の犠牲になったわが国の若き軍人軍属並びに、戦災により死去された一般同胞の霊を慰めるために、左記の通り慰霊祭を執行いたします。

御多忙中と存じますが、皆様の御参席御焼香を賜りますよう右御案内申し上げます。

一九六九年十月十五日

太平洋戦争韓国人遺骨奉還会
会長 姜滑鍾
顧問 李裕天
〃 権逸
〃 金光男
〃 丁賛鎮

慰霊祭次第

日時　一九六九年十月二十八日正午
会場　東京都築地本願寺（地下鉄築地下車）

一、挨拶　本会常任委員　洪賢基
一、祭文　本会会長　姜滑鍾
一、弔辞　大韓民国駐日大使　厳敏永
〃　内閣総理大臣　佐藤栄作
〃　厚生大臣　齋藤昇
〃　在日本大韓民国居留民団中央本部団長　李禧元
〃　在日本大韓民国居留民団東京本部団長　鄭在俊
〃　日本遺族会々長 元法務大臣　賀屋興宣
〃　日韓協会々長 元衆議院議長　石井光次郎
〃　大韓在郷軍人会日本支会々長　李麟基
〃　在日大韓婦人会中央本部会長　金信三
〃　在日大韓婦人会東京本部会長　朴[illegible]先
〃　亜細亜友の会々長　大山量士
〃　本国遺族代表 元済州道知事　康祐俊
〃　遺族代表　金道鉉
一、挨拶　本会常任委員　姜学文

以上

30日、東本定期地方委
商銀荒川支店会議室で

民団東京本部の金載淑議長は規約第三十六条による東京地方本部の第七回定期地方委員会をつぎのとおり開くことを決め、各委員を召集した。

日時 一九六九年十月三十日（木）午前十時

場所 東京商銀信用組合荒川支店会議室（荒川区東日暮里六ノ二十二ノ一）国電三河島駅下車、電話（八〇二—五一二一）

地方委への意見調整
執行委員会開かる

民団東京本部（鄭在俊団長）ではこれに先立ち、さる二十三日午後一時から、東本会議室で執行委員会を開き、十七、八の両日に開かれた第十五回中央委の報告、万博招請事業にともなう諸般事項、地方委開催などの件について討議し、意見を調整した。

27日支団長会議

民団東京本部は地方委を前に、諸般事項について協議するため二十七日午後一時から、同本部の会議室で支団長会議を開く。

組織人を招待慰労
李ホテル八景社長

民団東京本部の李永三副団長はこのたび在日同胞社会で唯一つの有志集団経営になる熱海「ホテル八景」の社長に就任した。

李社長は、これを機にさる二十三日、東京本部の全役員をはじめ都内各支部の事務部長ならびに近県各地方本部の事務局長を、同ホテルに招待、社長就任の披露をかねて組織人の労苦をねぎらうとともに平素の支援を要望した。

盛大に記念祝賀会
江戸川支部創団10周年

今年で創団十周年を迎えた民団江戸川支部では、その記念祝賀会をさる一九日正午から改修によってすっかり新装なった同韓僑会館講堂で、団員、婦人、青年など百余名が参席して盛大に催した。

会は金永純事務部長の司会で進められ、国民儀礼、在日同胞教育憲章朗読に続いて鄭昌煥支部団長は、十年前有志数人から出発した同支部が宇余曲折を経て今日に至った感慨と意義にふれながら、今後とも一致団結した力で諸問題の解決と支部発展に努力したいとあいさつ、続いて李舜夏顧問から創団以来今日までの経過が詳細に報告された。また鄭在俊東本団長、姜学文墨田支部団長らが来賓を代表してそれぞれ祝辞を述べた後支部発展に特に功労の多かった10氏に対して鄭昌煥団長から表彰状と記念品がおくられた。

二部の宴会では婦人会手製の韓国料理に舌づつみをうちながら、婦人有志による歌揺、青年有志による寸劇など盛沢山のプログラムを楽しんだ。

なお当日表彰を受けた方々は次の各氏。

鄭寅錫、李舜夏、鄭寅暻、朴達権、李権弼、姜東選、文光弼、申東秀、趙栄来、曹圭必

江戸川支部の記念祝賀会

法地位問題の核心 ①

在日韓国人の法的地位ならびに待遇問題は、いまさら言うまでもなくわれわれ在日同胞全体に直接関係の深い問題であるばかりでなく、われわれの子々孫々に至るまで影響を与える重大な問題である。

韓日条約が四年前に締結されて両国の新時代を迎えたとはいえ、この問題だけは、なぜか直接当事者であるわれわれに多くの不満を残して現在に至っている。したがって民団でも、この問題の解決のため「法的地位委員会」を特設し要求事項を掲げて闘っていることは周知のとおりであり、本国政府にしても、強力な外交手段を通じて努力してきたことも否定しがたい。

しかしながら未だに、この問題がわれわれに満足を与えるような結果をみてないのが現実といえよう。

そこで本紙は、ここに在日韓国人の法的地位問題にかかわる"法令"と"現実"の谷間を深く掘下げて為政者たちへの参考に供するほか、その"谷間"にさまよう疑問点をとらえていきたいと思う。

まずこの問題についての最近の動向をみよう。

さる十七・八の両日に開かれた民団第十五回中央委員会に、法的地位委員会の「報告書ならびに活動方針」が出された。この報告書は、新聞スクラップをダイジェストしたようなごく簡単な経過を説明したもので、この報告書による①法的地位協定の矛盾と不合理を是正するための運動は、民団運動にも大きな比重をなすものであり民団の熾烈な活動とあいまって本国政府の理解ある措置、とくに韓日法相会談の成果によって、根本的な解決はみてないが多大な成果をおさめたと前提し②その間、韓日両国の実務者会議などがあったけれども、永住権申請期限が迫るにつれ、民団の与論は、法的地位の是正あるいは修正説が極度に達したほか大会における団長立候補者たちの所見も是正論で一致し、その法的地位（法的地位の是正か法的地位協定の是正かはっきりせぬが協定文の是正を意味するものと思われる。カッコ内編集者註）是正論者の一人である現団長李禧元氏が、朴大統領に直訴するほか本国に与論を喚起することによって解決へのスイッチが入れられた。③その結果が両国法相会談の確認事項（後述）として現われた。④そしてこの両国法相会談の確認事項を、多大な成果として歓迎し⑤今後は、永住申請促進運動を広範に展開するほか待遇問題の要求が貫徹されるまで継続運動するとしている。

「原則は解決した」と
民団中央、両国法相声明を評価

一方、李禧元中央団長も、この韓日法相会談の確認事項をさして「法的地位は大きく前進した」として「原則は解決したので実践の段階だ」＝十月十五日記者会見談＝としている。

さて、このように李団長の最初の公約ともいうべき法的地位の是正が、法相会談の確認事項によって原則が解決されたとすればそれこそわれわれの法的地位は、大成功だといえる。だが果してそうか?、まず法相会談の確認事項の内容からみてみよう。

李皓大韓民国法務部長官と西郷吉之助日本国法務大臣は、一九六九年八月十九、二十の両日にわたり東京で会談し、在日韓国人の法的地位ならびに待遇に関する協定の実施に関して意見を交換し、同協定のより円滑で効果的な運営を図るため実務者会談において諒解されたつぎの事項を確認する。

一、協定永住資格者の居住経歴などに関して①協定永住許可の申請をなした者が、第二回の外国人登録（一九五〇年一月から一九五二年九月まで）をすませ申請時まで日本国の法律第一二六号第二条第六項に該当されないとされてない者（例えば不法入国容疑に依り退去強制の手続を経たことのない者をいう）に関しては、新たに事実の調査をすることなく協定永住を許可することにする。

二、戦後入国者に対する出入国管理令上の永住許可に関して①一九六五年六月二十二日日本国法務大臣の声明に依る戦後入国者に対する特別在留は、法令の範囲内において可能な限り迅速に許可することにし、またその者の一般永住許可申請は、特別在留許可を受けた後、いつでも受理する。

②前記の大臣声明の精神を充分に尊重し永住許可の審査を今後一層緩和し、また提出書類など申請手続きを簡素化する。

三、協定永住者の再入国許可に関して、①協定永住者の再入国許可に関しては、継続好意的に配慮する。

②協定永住者（協定永住有資格者を含む）が、まことやむをえない事由に因り再入国許可期日内に入国できなかった場合においての遅延事由確認に関しては、再入国許可期間経過後三個月以内に入国できる可能性がある者に対して、日本国の在外公館でこれを行なうことにし、この確認を受けた者は協定永住者（協定永住有資格者を含む）として入国を許可する。

四、協定永住者の家族の入国ならびに在留に関しては、家族構成その他の事情を勘案し人道的見地から妥当な考慮を行なう。

韓日法相声明は以上の通りであるが、これをもって、李民団中央団長は「法的地位は原則が解決した」と公言している。

さて、われわれは日本に居住する限り日本の法律の影響下にある。そして、われわれの法的地位に関する法令が厳存している限りそれを守らなければならないし、また、その法令は自分の都合のよいように勝手な解釈など許されないものである。したがって、前記の両国法相声明と法的地位に関する法令との関係は、どんなものか? 正しい解釈を得るための研究を怠ってはならない。＜つづく＞

（註＝法的地位問題について、疑問な点、あるいは事実に直面した経験など、本紙編集部へお知らせ下さい。）

火炎ビン投げて乱入
日本の学生が韓国大使館に

国際反戦デーをまえにしたさる二十日、韓国大使館に日本の反代々木系男女学生七人が乱入。火炎ビンを投げるなどの騒ぎがあった。

同日午前十一時すぎ港区南麻布一ノ二ノ五、駐日大使館の正門に向って数人の男女が走ってきた。大使館を警戒していた麻布署員の二人によって正門前で男一人女一人を組伏せつかまえたが、そのすきに残る五人がしまっていた約一・五㍍の鉄さくをのりこえ、大たんにも約五十㍍離れた木館内にかけ込み、二階の通信室に乱入した。急を知り、かけつけた職員たちによってまもなくこの男四人女一人を取押え麻布署員に引き渡したが、彼らは「安保粉砕だの南朝鮮・沖縄解放」という横幕をもっていたほか鉄パイプや火炎ビンなどをもっていた。また彼らは大使館本館に乱入するまえに火炎ビン三本を前庭に投げたが一本が炎上しただけで他の二本は不発におわった。

大使館前に警備車

さきほどの日本学生侵入を受けた韓国大使館には、その後、機動隊の警備が続けられており、警備車が大使館前に常駐している。

本国体 選手団派遣
在日韓国人体育会

来る二十八日からソウルで開催される第五〇回韓国国民体育大会に参加する在日同胞選手団一行百四〇名は、二十六日本国に向け羽田を出発する。

華燭

△金秀雄君と趙栄子嬢はさる十九日、裴東湖氏の主礼のもとに、赤坂プリンスホテルで挙式を行ない同日午後披露席で多数の来賓から祝福を受けた。

△梁在文氏の次男泰祚君と黄三龍氏の次女明美嬢は二十一日午後三時、東京大飯店で結婚式をあげた。

新宿支部事務所移転

民団新宿支部（金炳栄団長）では、東京都区画整理にともない事務所をつぎのとおり移転した。

移転先 東京都新宿区三光町25 三立ビル二階二〇三号（新宿花園神社前）

電話連絡は従来と同じ。

TEL（三四一）〇二四四 （三五一）四〇七一

三共工業で火事

十九日午後四時頃、民団江東支部団長廉廷変氏所有の三共工業株式会社（東京都江東区南砂二—35—1）に火事があり、同社二階社員寮と一階工場をそれぞれ全半焼した。

支部だより

板橋支部 ＜婦人会で秋季旅行＞来る27日、婦人会主催で静岡県畑温泉に秋季慰安旅行に赴く。

目黒支部 ＜支部秋季旅行会＞来る11月9・10日の両日、群馬県伊香保に支部秋季旅行会を催す。多数の参加を希望している。

大田支部 ＜婦人会が奥伊豆へ＞婦人会大田支部では去る22・23の両日、バスで奥伊豆に旅行した。参加者は60名。

江東支部 ＜80名が伊豆長岡へ＞支部団員80名が去る18・19日、伊豆長岡で紅葉を楽しみ親睦を深めあった。

北支部 ＜国語講習会を計画＞主に二世青少年を対象に韓国語講習の実施を計画中、講習日時など検討の上近々にも開講の見込みである。

荒川支部 ＜韓国学校理事長らと懇談＞さる14日、韓国学校の安聖出理事長、宋基鶴校長が支部を訪問、趙活俊団長ら支部役員と学校運営等について懇談した。

文京支部 ＜韓青支部を発足＞去る12日6時から支部事務所において韓青文教支部移行準備委を開催、この日をもって正式に韓青文京支部を発足させ、委員長に李東杰君を選んだ。

品川支部 ＜団員慰安旅行＞品川支部（李幸九団長）ではさる三、四の二日間、団員慰安の秋季旅行を行なった。

参加者四十五人は一台の貸切りバスに乗り、三日午前九時同支部を出発して快適な東名高速道路を走り、浜名湖を経て三重県の湯の山温泉で一泊、翌四日は伊勢神宮、伊勢志摩、伊良等を経て同日午後十時、全員無事に帰宅した。

武装ゲリラの浸透様相とその展望

北韓の内幕

暗殺組・処女組も編成 金日成が直接陣頭指揮

韓国の中央情報部は十六日、労働者や学生の組織に浸透して統一革命党の再建などをはかって運動しようとしていた北韓の武装スパイ韓容植（四二）と、これに協力していた固定スパイ金春植（四〇）ら計十九人を逮捕したと発表したが、これに類似した武装スパイ事件は韓国のあちらこちらでしばしば起きている。北韓の対南工作は昨年のような大規模のものとは形を変え、今年にはいってからは比較的小規模のものが数多く、足しげく発生している。以下は韓国の、スパイ対策本部が調査した一九六〇年以後の北韓武装ゲリラの浸透様相と金日成の対南工作構想である。

変る浸透様相

今年にはいってから大々的に行なわれた北韓の軍幹部級の粛清の原因は対韓ゲリラ工作やスパイ作戦の失敗に起因したものであった。金日成は、これまでの対南工作はすべて〝失敗〟であったとのきびしい評価をくだし、特に対南ゲリラ工作の責任者たちの総粛清を断行、対南浸透工作は金日成自身が指示すると宣言した。最近の対南浸透工作の様相が大きく変わっているのはそのためであり、昨年までの武装ゲリラは大人数であったが、今年のゲリラは二人か三人組で韓国僻地のあちらこちらに足しげく出没している。

大がかりの軍幹部粛清

六八年度、すなわち昨年の北韓武装ゲリラ対南工作の対象地域はけわしい山岳地帯を中心に、地上浸透に注力していた。目的は僻地にゲリラ基地をつくり、南にいる縁故者を抱きこんでゲリラ基地の確保・拡張をねらったものであったが、六八年一月二十一日の三十一人の武装ゲリラソウル襲撃事件や同十一月初めの百二十名浸透による蔚珍・三陟地域上陸工作をはじめ、ゲリラ作戦はいずれも失敗に帰した。

そこで北韓は今年にはいってから大規模な陸上浸透作戦計画を変更、小規模のゲリラ組で海岸の軍事施設をスパイすることおよびその他の秘密探知をする浸透作戦をしており、地上より海上浸透の方向に向いている。

北韓の金日成は今年の初め、対南工作の全面的失敗を理由に軍の高級幹部の粛清を断行し、満州の抗日パルチザン出身の崔賢を民族保衛相（国防相）に据え、金日成直系の呉振宇を参謀総長に、さらに第一集団軍司令官に崔敏哲、第三集団軍司令官に鄭炳甲、第七集団軍司令官に金陽春を任命した。また対南事業総局長には金仲麟、ゲリラ総責任者には趙ジョンチョル、金チャンキ、金昌徳の三人を起用、対南工作戦術の大転換を行なった。

金日成が指示した事項四つ

対南ゲリラ作戦の計画を大転換すくに当たり、金日成は軍の粛清断行と同時に今年の一月、第四期第四次の軍・党代表者全員会議の席上で次の四つを打出して、強力な指示を与えた。

①対南軍事偵察を強化し破壊かく乱事業をさかんにする。

②山岳戦に有利な軽歩兵部隊を創設する。

③低空飛行技術の培養に力を入れる。

④武装ゲリラたちが基地を確保して、韓国でゲリラ革命を起こし、支援を求めてきた場合に備えて直ちに投入しうる準備態勢を完備する。

この計画を推進するために金日成は対南工作機構までを改変し、対南事業総局を秘書局と改称、金日成が直接、この秘書局を指揮することにし、金仲麟をを同秘書局対南事業の担当秘書に起用した。なお、金仲麟の前に、六七年末以来対南事業局長の職にあった軍出身の許鳳学は追放した。

金仲麟はもともと民間人で軍出身の許鳳学と違ってゲリラの性質がスパイ的に変わってきているのは、あながち、金日成の計画と方針だけではなさそうだともみられている。金仲麟はさきに摘発された東ベルリンを拠点とした北韓のスパイ団事件の背後操縦をした男で韓国の学生をはじめインテリ階層に対する〝敏感な情報筋〟として知られている。

ゲリラ作戦と革命への道

金仲麟はみずから南出身の人びとを厳選して、四名で構成される〝工作組〟を編成、これを猛訓練して南の軍主要指揮官（大隊長級以上）を拉(ら)致あるいは殺害するよう指示しており、また韓国の三選の改憲案が通過するものとみて、七一年度の大統領選挙時に対する計画では四・一九（一九六〇年四月十九日に起きた学生義挙で李承晩政府を打倒した）のような学生革命を起こして全国的に無秩序状態の混乱を造成し、すべての行政をマヒさせて、この機をのがさず、韓国に〝革命〟を起こして〝解放〟するというスケジュールを組んでいる。

この案は、さきの四・一九学生義挙のさいに、北韓が予期していなかったために南革命の準備ができておらず、みすみす絶好のチャンスを手をこまねいてみていたと激しく金日成が当時の対南工作責任者を責め（追放）たときにすでに作られたものであるが、その計画を七一年の韓国次期大統領選挙時にしようと決めたのは六七年の韓国の国会議員総選挙のころである。しかし、この実施を決定的なものにしたのはごく最近、韓国に改憲騒動が起きてからのことであり、その細部にわたるスケジュールは金仲麟が立てた。

なお、北韓は今年度の、韓国漁夫拉北の目標を一千七百名としており、西海岸で一千名、東海岸で七百名をそれぞれ拉致してきた漁夫は約一年（従来は三ヵ月から六ヵ月間であった）密封教育をほどこして工作員（スパイ）に仕立てるが、特殊工作要員をのぞく工作員を選抜するさい、南に縁故者のいる四十歳以上の壮年に重点がおかれている。

南派訓練に六組の分類

一九六〇年代にはいってから北韓は〝平和統一論〟を捨てて〝武力統一論〟に転換、七〇年代に〝武力赤化統一〟を完遂する計画を樹てている。

この計画に基づき、多くの武装ゲリラおよびスパイが〝南派訓練〟を受けているが、任務の別によって訓練の方法も違っており次の五つに分けられて訓練・教育されている。

①地下党組織組②ラ致暗殺組③暴力団、スリ、ひったくり組④処女組⑤ラ北漁夫組などである。

新手の浸透法

なお、今年にはいってから、新計画による労働党偵察局の指示で行なわれた事件には次のようなものがある。

注文津畜入事件（三月十六日）、北坪砲撃事件（六月八日）、莞島白昼浸透事件（八月十二日）、韓国船舶襲撃事件（九月十七日）など

しかし、こうした新しい手法の対南工作も八五%～九〇%かた失敗している。そこで金日成は、彼自身の直接指揮によって、また新たな浸透工作方法を考えているということである。

（SISA）

常識講座 母国の風俗と習慣

韓国シリーズより

娯楽と趣味

〈娯楽と趣味〉一般に韓国の家庭は、子供を遊ばせる所でなく、子供をしつける所という観念が強い。従って屋内での玩具類は殆んど発達しておらず、主に戸外での遊び道具が発達している。男の子は、〝独楽まわし〟とか〝紙鳶あげ〟などがあり、女の子には〝板とび〟とかブランコのり〟などがもっとも普通なものである。

韓国の独楽は、4～5センチ位の丸い木の上部を平に切り下部は円錐形にした高さ10センチ位のもので、これを回すには最初は手で回し始めそれからは40～50センチ位の棒の先に紐をつけた鞭を振って、こまの側面をたたいて回す。紙鳶はその種類が多く、だいたい外国のと同じものがあるが、角張りのものは中央に穴をあけて、風抜けを容易にし空中での運動を敏活ならしめている。

板とびは、長さ一・五～2メートル位の板を、中央部を土や藁を枕にしてのせ、その両端に一人ずつ乗って、互いにはずみを付けながら飛びあがる。ブランコは、何時も家内にのみ閑居している婦女子たちが野外の空気を満喫する絶好な遊戯である。端午の節句に、大樹の枝に縄をかけてブランコを作り、高く揚がるのを誇りとする。

この外にも、葉銭（古銭）に朝鮮紙を巻いて靴の内側で蹴る〝銭蹴り〟鋳貨数枚を投げて鉄板で当てる〝銭打ち〟長短2本の捧をもって長い捧で短い捧を切ちながら遊ぶ〝捧打ち〟など、要するに戸外娯楽は種類が多い。

大人の娯楽はたいへん発達していて、身分・年令の相違によってそれぞれ異っている。学問のできる老人たちが、詩賦・揮毫に熱中することは普通としても、老壮を通じて囲碁・将棋は広く行なわれ上流の間では〝射弓〟に興ずる。庶民層では、花札・麻雀の外にも骨牌・闘銭などの雑伎・各種の双六などが盛行される。

ブランコ遊び

韓国人の好む縁起は、文字による寓意あるいは文字紋様・物象紋様であるが、その実例をあげると立春の日に「立春大吉・建陽多慶」といい、衣類装身具などに寿福・囍・喆・貴・徳などの文字を入れ、また装飾金具に蝙蝠・蝶類卍の紋様を用いることである。

色に対する好みは、白色である。上下貧富を通じてもっとも多く用いるのが白い服で、自ら〝白衣民族〟と称している。白以外の色物は、赤・青・黄の単原色をよく用い、鈍い色・渋い色は殆んど使わない。

■歌舞音楽に対する趣味は、一般的に濃厚といえよう韓国は歴史の所産であろうを、民族歌謡は概して、哀調・平和なものが多く鼓舞・激越なものが少い。器楽も大陸の影響を受けながら、独特の新開地を拓き、雅楽農楽共によく伝えられている。

在日本大韓民国居留民団
綱　領
1．われわれは大韓民国の国是を遵守する
1．われわれは在留同胞の権益擁護を期する
1．われわれは在留同胞の民生安定を期する
1．われわれは在留同胞の文化向上を期する
1．われわれは世界平和と国際親善を期する

韓僑通信

在日本大韓民国居留民団東京本部機関紙

発行所
韓僑通信社
発行人　鄭在俊
東京都文京区本郷3丁目32番7号
韓僑会館電話（811）1535（代表）
〒113　振替口座東京166316番
（購読料1カ月100円・特別1000円）

事件を報道した本国紙のきりぬき

日韓文化協会土地売却事件　ついに本国へ飛火

権・朴両氏訴えらる
ソウル地検、捜査にのり出す

在日同胞社会で好ましからぬ事件として話題をよんでいた日韓文化協会の土地売却事件は、ついに本国に飛火、関係人らが本国司法当局に告訴されるという重大な事件へと発展した。

槿友会代表張仁建氏は二十五日午後六時都内八重洲飯店で在日韓国人記者団と共同会見を行ない、日韓文化協会　副会長権逸氏、同顧問朴春琴氏の両人を「国家保安法違反ならびに背任嫌疑」でソウル地検に告訴したことを明らかにし、同地検公安部李彰雨検事が捜査にのり出したことを報道した本国の新聞および告訴状内容を提示発表した。《二面に関連記事》

本国新聞の報道記事によると、在日同胞親睦団体である槿友会々長張仁建氏、同理事長尹啓守氏など会員三十六名の告訴人たちはその告訴状において「権、朴両氏は日韓文化協会の所有で韓国人財産である東京都北多摩郡狛江町和泉所在の土地一千六百三十八坪、建坪二百坪（時価二億七千万円）をわずか四千万円で朝総連東京都本部委員長金性律に売り渡し敵を利した」と主張した。

なお同日の記者会見において張氏は「この事件が社会の表面に出て以来何回となく在日居留民団中央本部にその善処方を要望したがとり上げようとしなかったのでやむなく本国にもちこまざるを得なかった」としその告訴の内容と理由をつぎのとおり文書をもって発表した。

告訴の動機と理由＝朝総連はわれわれの土地建物を不法占拠しここで祖国と在日民主陣営を侵攻するためゲリラの訓練をしているが権・朴両人は朝総連を追い出そうとしたどころか不当に安い価額で売り渡したから一体この両人はどこの国の人か？　槿友会はこれを黙視できず本国の法と与論に訴えた。

事件の内容＝日韓文化協会の基本財産である同土地および建物は日政時協和会で在日韓国人たちの誠金（当時日貨五十万円）によって確保されたもので管理者である東京都興生会から、いかなる場合においても他に譲渡してはならないという条件で無償貸与をうけたものである。解放直後から朝総連はここを不法に占拠していたので、日韓文化協会はこれを追い出すために東京八王子地裁に仮差押処分を申請した。ところが権・朴両氏は同族同士の反目闘争を好まないとの口実をもってこれを取下げ朝総連幹部と協商、売り渡してしまった。売り渡しにおいてもやむを得ないとの虚偽報告をもって日本法務省の許可を得た。現在東京地検特捜部においても調査中であるので遠からず立件の見通しである。

結論として権・朴両人は巨額の財産を朝総連に贈与したことになり、祖国を赤化するためのゲリラ訓練の場所を提供したことによって、在日民族陣営の生命財産に脅危をまねき民団側の士気を低化させたなど完全に反動利敵行為をなしたとみなさざるを得ない。

したがってこの両人の利敵行為を反共法にてらして処罰するとともに、本来の目的を忘却した日韓文化協会の解散と、同財産の返還対策を樹立するために本国捜査当局の急派とともに真相調査を望んでやまない。

主動役割してない
権逸氏"誣告"だと声明発表

日韓文化協会の土地売却事件に関しソウル地検に訴えられた同協会の前副会長権逸氏は、二十七日正午都内六本木の鳳亭で記者会見を行ない、同事件に関する声明書を発表、「あたかも本人が土地処分に主動的役割を演じたように宣伝されているが、実は事前交渉や事後処理などに一切関与したことがない」したがって告訴人らの誣告だとして「法律上内至法律外のあらゆる手段をとる」ことを強調した。

声明文の要旨つぎのとおり。

同協会は、法務省を主務官庁とする日本の法律上の財団法人で会長・副会長はもとより理事十七名のうち十名以上が日本人である。同協会の財産処理と運営は理事長と数名の有給常任理事とをもって構成されている執行部により行なわれる。本人（権逸氏）は、その当時（土地が処分された時点）副会長でもなく十七名の一人である平理事にすぎないので独断的な役割などありえない。

本人が協会土地処分に関与した範囲は、協会第三七回理事会において執行部が提案した本件土地処分案件に対して出席理事十六名のうちの一人として参席した一点にすぎない。

協会が土地を処分しなければならなかった理由は、その不動産が朝総連によって不法に占拠されて税金どころか地代一銭も入らず出入すらできない状態であったので協会は名目上の所有権者にすぎなかった。ことに法律上の関係からみても、協会が一九五九年五月東京地裁八王子支部に朝連の妨害排除と権利保全の仮処分命令を申請したが、裁判所は「現状を変更しないとの条件付で朝連に不動産の使用を許可せよ」という決定を下したために朝連の使用権が合法的に認められてしまった結果になったばかりでなく協会の前執行部が本訴提起もしないまま十年も経過したために協会は法律的にも不利な立場にあった。

権利回復のための本訴を提起して訴訟解決をはかると仮定しても、最終結論を得るには十数年の歳月と莫大な経費を必要とし、その勝敗すら判断が困難であった。

このような事情で、協会執行部は利害得失を考慮した結果、協会の常任顧問である朴春琴氏に売渡し交渉を依頼したのであった。

本人はその後一九六八年十一月に理事を辞任し今年の二月副会長に就任したがこれもさる七月辞任したので現在は同協会と何等の関係もない。したがって張氏らが事実を故意に歪曲し極悪無道な手段で誣告したことは到底許せぬ。

なお、同記者会見において「土地処分に直接関係がないとすれば第三者の立場からみてこの事件をどう思うか」という質問に権氏は「実利的にはやむを得なかったが指導者の立場からすれば、好ましくないことで回避すべきことだったと思う」と答えた。

朴春琴氏も同記者会見に中途から同席したが朴氏は、民団中央の無能を非難しながら同協会が韓国のために役立ちたいと語って注目

特別調査委員会名単

さる十月の民団中央委員会における決議によって構成された日韓文化協会の土地売却事件特別調査委員会の委員はつぎのとおり。

朴太煥（中央組織局長）李馬致（東京本部監察委員長）鄭順相（中央委員）金泰変（中央委員）梁相基（中央委員）鄭鳳基（三多摩地方本部団長）李彩雨（中央委員）吉秉玉（神奈川地方本部監察委員長）張起説（大阪本部監察委員長）金栄出（群馬地方本部団長）金宰淑（韓青中央委員長）以上十一名。

警告と調査を要請
民団中央で談話を発表

一方、李禧元中央団長は、二十八日午後五時赤坂の一竜で張聡明中央監察委員長、丁栄沢同委員らとともに記者会見をもち大要つぎのような談話を発表した。

日韓文化協会の土地売却事件は第十五回中央委員会で構成された真相調査委員会が調査処理すべきことであるのにもかかわらず、槿友会が、この事件を本国に訴訟を提起し不穏な文書まで配布した軽挙妄動に対しては厳重警告する。

とくに張仁建氏は、地方本部の顧問であり指導的立場にあるのにもかかわらず中央委員会の議決を無視して在日韓国人社会を混乱させたことは組織から離脱した行為とみなす。同時にこのような好ましくない行為の底意と意図が奈辺にあるのか、その調査を同調査委員会に要請する。〈団長李禧元・監察委員長張聡明〉

このような談話を発表したのち李団長は、「過去、本国同胞と在日同胞との間には不信感が多かったが、合同会議以来一致感を強調してきたのであり、金圭南事件や金載華氏に引続き権逸氏までとなると傍観できない立場になった。こんどの事件は結果的にみて在日同胞に対する不信感をたかめ混乱におちいったので調査委員会に調査を要請したのでその結論が出るまで態度を保留する」と語った。

また"この談話文は、張氏が問題を本国に提訴したことに対する見解にすぎないが、しからば日韓文化協会が土地を売却した事件自体に対する見解はどうなのか"という記者の質問に対して張監察委員長は「一切ノーコメント」だと答えたが李団長は「あなたはどう思うか」と、かえって記者に反問する始末であった。

さらに張監察委員長は「この事件でこれ以上問題が派生しないよう収拾するよい方法があったら教えてほしい」と要望した。

なお、同記者会見においては、永住申請の促進について近畿地方一帯に広範な運動を展開していることと来年三月十五日から九月十五日までの万博開催中は、一般の家族招請事務は一切停止することを明らかにした。

人情有感

日韓文化協会の土地売却事件は、この一年来われわれの社会で問題になっていたが、ついに本国にまで飛火し告訴沙汰に及んでいることは各新聞に報道されているとおりである。この問題についてここ十日ばかりの間に連続三回の記者会見があった。問題の事件当事者たちを訴えた方、訴えられた方、そしてわれわれ社会の指導的な立場にある民団側とである。どちら側もみな自分たちの行為を是認し弁護につとめたことは言うまでもない。これは人間として当然なことで誰しも他人本意に物を考えるひとはいないからだ。▼事件と関係者の行為についての是非と善悪正邪の判断は、あくまでわれわれ在日同胞と関係のある問題だけに、われわれの大衆がすべきであって、事件当事者たちにはその資格はない。したがって関係者たちは、問題の内容を明らかにし自分たちの是とするところを強調すればよいのだ。そのための記者会見であり、記者たちもまた問題の本質を深く詳細にまた公平に報導したいからこそときには辛らつな質問も出る。まして公共組織であるならば、その組織のなすことについてその構成員は知る権利もあり、知らしめる義務もその組織機関の指導者たちにはある筈。▼話しが大分横道にそれたが日韓文化協会の告訴事件で民団側と記者会見が行われたとき、某機関長は「この事件がこれ以上発展しないよう良い収拾方法はないか」と記者たちにもちかけたのはいいが、反対に別の機関長は、記者の質問の言葉が終るのも待たず間髪を入れずに「あなたはどう思うか？」と鋭い語調で反問した。答えにくい性質の質問であったなら答えなくてもよかったしまた別な表現の返辞もあった筈である。主客が転倒したのはいいにしても、そういう言動はいやしくも指導的立場にあるひとが公的な場所でなすべきことではない。そればかりでなく「叩くならたたいてみよ」という暴言を吐くに及んでは一体このひとは報道機関をどう思っているのだろうか？

日韓文化協会の告訴合戦

権氏が張氏を誣告で訴う

民族感情の問題、理性で解決を！

権友会（張仁建会長）側が日韓文化協会の土地売却事件に関して、同協会の関係者である権逸、朴春琴両氏をソウル地検に告訴することによって、同事件はついに本国へ飛火したが、こんどは被告である権氏が逆に権友会側を誣告罪で訴えることにより、同事件は在日同胞社会の一大不詳事件へと発展するに至った。

権氏は、さきの記者会見において権友会側の行為を激しく非難し法律的にもあるいはそれ以外の方法に訴えても断固対抗して戦う決意をほのめかしたが、さる一日急拠帰国し行動を開始したものと思われる。

さる三日、本国出張から帰国した朴大煥民団中央事務総長の語るところによると、権氏はソウルで正式に張仁建氏を誣告罪で告訴の手続をとったといわれる。

一方、今年の春、この事件が同胞社会の表面に出て以来、何ら具体的な動きもみせていなかった民団中央本部も、事件が本国の司直当局にまでおよび同胞社会に一大混乱が見はじめてからやっと腰を上げて、記者会見を行ない談話を発表するやら特別調査委員会をひらくなどあわただしい動きをみせはじめた。

さる三日の同特別調査委員会においては、委員長の選出と同時に早急に事件の経緯と問題の土地の由来を調査することにしたといわれる。

いま時分になって「事件の経緯」とか「土地の由来」の調査に着手すること自体、すでに発生した告訴合戦による同胞社会の混乱を収拾する方策とは距離がありすぎるようである。こんどの事件の本質は、ある個人間の利害とか感情から出発したものでなく、ただつきつめて「民族の財産」が不当に処分されたという「民族感情」に起因したものと思われる。

しかも関係者たちは、在日同胞社会の指導的な立場にある人士であるだけに、相互の告訴合戦は在日同胞社会に大きな混乱を招いたことは否めない。願うところ在日同胞の良識と理性によってすみやかな解決を望むところである。

早急に調査進める

特別調査委員会ひらく

日韓文化協会の土地売却事件の特別調査委員会がさる三日午後三時三十分から民団中央会議室でひらかれた。

会議は非公開でひらかれたが同調査委員の一人である李馬致東本監察委員長の語るところによると①同特調委の委員長に朴太煥事務総長が選ばれ②同事件の全般的な調査を早急に（一週間以内）行なう。とくに問題の土地の由来と売却に至るまでの経緯を詳細に調査する③駐日大使館が同土地の売却について事前諒解を与えたといわれる点などについて調査を進めることに合意したという。

支部だより

新宿支部 ＜納税組合で業務を開始＞さる18日の定期総会で新役員を選んだ新宿納税組合では24日、専務理事に関泳敦氏を選任するとともに、同日から業務を開始した。

練馬支部 ＜婦人会で忘年会＞婦人会練馬支部では来る16日午後7時から支部事務所で忘年会を開く。

足立支部 ＜分団会議を開催＞11月20日から来る10日までの期間、管下16分団では各分団毎に分団会議を開き、永住権促進、万博問題、今年度活動総括等を討議した。

豊島支部 ＜婦人会で忘年会＞婦人会豊島支部では来る十日正午から池袋西口の大成園で忘年会を開く。

江東支部 ＜生活協組で総会＞江東韓国人生活協同組合の総会が去る28日区内門前仲町の東天紅で組合員70名が参席して開かれ(1)決算報告(2)活動方針案等を討議した。

葛飾支部 ＜納貯組合で役員を改選＞葛飾韓国人納税貯蓄組合では去る11月25日総会を開いて諸案件を討議するとともに、左記の通り役員を改選した。（組合長）金玉男（副組合長）陸相根、梁昌玉（監事）成周昌、朴竜達（理事）崔鶴基、金祐浩、申道寛、金哲東、金永鉄、曹圭必（相談役）尹致夏、金金童（顧問）金賛模、石寿星、元万植、金鐘源。

江戸川韓青支部 結成記念祝賀会

韓青江戸川支部（李丈一委員長）では来る14日、支部結成一周年を記念して祝賀会ならびに青年相互の親睦のためのダンスパーティを開催する。当日は専門バンドを入れるなど青年交流の意義深い日にしようと楽しい趣向が準備されており、青年男女多数の参加が望まれている。場所は民団江戸川支部講堂で、午後3時からの結成記念式のあと、祝賀パーティは5時開会する。連絡、問合せは民団江戸川支部（電六五七ー七五一二）または韓青中央本部（電八一四ー四四七二）まで。

在日軍人会が戦死遺家族に10万円

去る十一日南ベトナムで作戦指導中の駐越韓国軍、作戦参謀の金准将以下中領二名を含む計八名が飛行機事故で戦死したが大韓在郷軍人会日本支会（李麟基会長）では二十六日駐日大使館に申駐在武官を訪れ、戦死将星遺家族に対する弔慰金十万円を国防長官宛寄託した。

訂正 本通信11月25日号の練馬「支部訪問記」の中で、朱事務長とあるのは諸兄雲事務部長の誤りですのでお詫びし訂正します。

救援物資伝達に 朴会長らが帰国

婦人会東京本部の朴琪先会長と梁炳芝総務部長は、さきに本国南海岸一帯を襲った集中豪雨罹災者の慰問と救援物資の伝達のため三日四時半のKAL便でソウルにむかった。（写真は婦人会東本で本国へ送った救援物資と役員）

法地位問題の核心

戸籍のないひとびと② ④

東京や大阪、神戸など日本の大都会には近年、美しい韓国服のホステスのあるキャバレーがふえた。いわゆる韓国調キャバレーである。韓国服をまとったからとて全部が韓国女性ではない。なかには日本女性もいるが、殆んどが不幸な過去を背負った中年女性であり、またその二世たちである。

婦徳の誉れ高き韓国女性がなにも外国で…と国粋主義者は嘆くかも知れない。だが彼女らに罪はない。異国であったが故に不幸になりやすかったし生きる道は一段とけわしい。

かたことの韓国語をしゃべり韓国人である意識はあってもそれがこの日本で生活していくためにマイナスこそあれプラスになったことはない。祖国の恩恵など考えたこともなければ、そういうものがあるのかさえ知らないのだ。

ただ、華やかな光と音のなかで男にだかれ酒に酔いつつ浮世をわすれて明日の糧にありつくのがせい一ぱいの彼女らの生きていく道である。

さて、彼女たちは法的地位と〝永住権〟についてどれほどの知識をもっているのか？

無知が産んだ所産

紅灯の下で踊る女性にも

Eさんの場合

Eさんは、華麗な韓服に身をまとい厚化粧で顔のシワはかくしているものの、もう人生のなかばを遠うにすぎて五十の峠にかかっている韓国の女性である。四十年ほどまえ、すでに日本にきていた父をたずねて母親とともに、この異国の土を踏んだのは彼女が十一歳のときであった。当時、彼女の父はある山奥の炭鉱で働いていた。山のふもとにバラック建ての同胞部落があって土でかためた壁の温突部屋一つがEさん一家の住居。近くに工場があるでなし、言葉もわからなくもちろん学校などいける筈もない。父の作業衣をつくろったり近くの小川で洗濯棒でたたく洗いものの帰りにたき木を拾ってくるというのが母娘の日課であった。

たまに訪れる駐在所の巡査から、なにやらおこられたり、ひやかされたこわい思い出がいまもEさんの頭から消えてない。

十七才のとき八才とし上の青年と結婚、終戦のときには幼い女の子が二人いた。

彼女は南の出身であるが夫は北の出身であった。終戦後、夫は「朝鮮人連盟」の役員をしていたが、いまから十年程まえに病気でこの世を去るまで「大韓民国や民団の悪口」をさんざん言っていたという。想像できることであるが無学の彼女は国家や団体などなんの関心もない。ただ夫の言うことは正しくすべて彼についていかなければならない。

外国人登録が、どう登録されているやら、子供の籍もどうなっているのか彼女は知らないままである。

ところが上の娘が五年程まえに結婚してEさんから離れていったが、その娘の夫の父親が韓国へ旅行し子息の婚姻届を出そうとしていろいろ調べた結果、つぎのようなことが判明した。

すなわち、Eさんの出身地は六・二五動乱で面事務所がすっかり焼けてしまったので住民の戸籍は申告によって復製されてはいるがEさんの戸籍はない。当時Eさんたちは日本にいたから戸籍の復活がなされてなかったのである。

したがってEさんは、もちろんその娘たち、またその娘も子供ができたが、このEさんの孫も本国の戸籍上には載っていないし完全無籍である。そこでEさんの外国人登録にはどうなっているのかというと「夫まかせ」であった「記載事項」が本籍も出生地もすべて事実とは違って「北」になっている。

仮空の戸籍

さて、Eさんのように自分の戸籍もなく、よしんばあってもまだ娘のままになっているような在日同胞が、この社会にどれぐらいいるかを考えるとき、在日韓国人社会ははかりしれないほど複雑で、その解決は困難さをもっているといえるだろう。

Eさんは、自分が無知であったために、そしてまた苦しかった過去の生活のために、そういうことを考える暇もなければ能力もなかったのだ。

Eさんは言う。

永住権申請？それをすればこの日本で一生活せるということはきいています。しかし、しないからとして追い出すでしょうか？あと何年生きるか知らないが、そう別に悪いことをしているでなし、してもしなくても同じものなら面倒くさいことする必要もないでしょう。三年に一度外国人登録のため、区役所のまえの代書屋さんへ行きます。こんど行ったらよくきいてみます、と。

これがEさんの率直な言葉かも知れない。三年に一度代書屋へ行くというのは外国人登録の申請を書いてもらうために行くのだ。いまもっている登録証と数百円の金を出して書いてもらった書類を、役所の窓口へ出せば新しい登録証がもらえる。「朝鮮人」というしるしにこの登録だけはもらっておかなければとEさんは考えている。そして、これはあの世にいった夫が残し教えてくれた大事なものと思っている。ここにわずかながらも民族の意識をうかがうことができるが、その民族の権威機関とか指導団体となると全然無関心で無知。Eさんは言葉をつづける。

昔し、裸しで歩いたあのなつかしい故郷へ一度は行ってみたいなとは思います。しかしいまのわたしたちには、そういう金もありません。夢ですわ。わたしが永住申請をしないと娘たちや孫が困るというならしなければなりませんね。登録を切り替えて（朝鮮籍を韓国籍に）そればお金はいくらかかるの？。よくわかりましたわ。むずかしい話しもうやめて踊りましょう…

（つづく）（1）

協力と理解を深める

運営実状と教育内容を公開

教育懇談会ひらかる

東京韓国学校

東京韓国学校（宋基鶴校長）では、さる三日午前十時から、来年度の生徒募集に対処するため、民団東京本部管下支部の事務部長をはじめ三多摩・埼玉・千葉・神奈川などの、近県の地方本部関係者を招いて、教育懇談会を開いた。

民団組織の実務を担当する各支部関係者と、東京韓国学校側とのこのような合同懇談会が開かれたのは、同校開校以来未だかってなかった画期的なことであるが、九月初め第四代理事長に就任して、同校運営の健全化のため、精力的な動きを見せている安聖出理事長は、「これを機会にして近い内に、都下民団各支部団長全員をも学校に招待して、韓国学校運営の実状と教育の内容を公開し理解を深めたい」とその抱負を語っている。

懇談会は、まず同校の第三校時の授業を参観し、全員が初中高等部各学年の教室を回って、生徒の日頃の学習ぶりの一端をうかがったあとに始まり、宋学校長・安理事長のあいさつに続いて民団組織からの来賓としての中央本部文教局関係者・東京本部羅副団長のあいさつがあった。

続いて、金昌弐校監が「学校の現況」を、一九六九年度の教育活動計画中、②今年度の同校運営の重点①教育課程などについてふれたあと学校運営に於ける収支状況・初等部児童専用の通学バス運行状況、現時点に於ける同校の隘路と建議事項を説明した。

さらに学校側から一九七〇年度新入生募集活動に関して、①就学対象者名簿作成の依頼②年末年始の忘年会・新年会などの集会時に於ける生徒募集のP・R③同校教員による就学対象者（小・中・高別）の戸別訪問の便宜依頼などについて、各支部の全面的な協力を要請したあと、参席者一同と学校当局との間に、忌憚のない意見の交換が交わされて、民団組織と学校との今後に於ける表裏一体となっての協力と理解へ多くの成果を上げた。

懇談会終了後、今年度の同校秋季運動会と文化祭の記録映画を鑑賞したあと、高等部女生徒の心づくしの韓国料理を楽しんで、午後三時過ぎ散会した。

新年号の企劃など協議

機関紙委員会

東京本部では、機関紙「韓僑通信」の編集内容をより充実向上するための研究機関として「機関紙編集委員会」が構成されているがその編集委員会の会議が、さる二十九日午後五時、東本会議室で行なわれた。

同会議においては、主に韓僑通信新年号の編集企画について協議を行なったほか、紙面の体裁、週刊実施への体制、題号改称問題などを話し合った。

題号の改称については、一般団員から題号を公募することにし、週刊への移行問題は、東本団勢に応じてその必要性は認めたが体整のととのうまで待つことにした。

紙面の体裁については十二月五日号から実施し、新年号の編集企画は、編集部案を承認、各編集委員の協力を得て増頁に遜色のないものを二十五日までに発送できるよう印刷を急ぐことにした。

東本告知

年末年始執務と新年会の知らせ

第一六二回支団長会議の合意により年末年始の執務をつぎのとおり執行するよう通達する。

▽年末執務終了 12月27日(土)
▽新年執務開始 1月6日(火)
▽本部新年会 1月10日午前11時 東京本部三階会議室にて

合同忘年会の開催

第一六二回支部団長会議の合意をみた東本管下各支部合同忘年会をつぎのとおり開催する。

▽12月7日(日) 箱根湯本「ホテル南風荘」にて一泊二日。各支部三機関任員ならびに顧問、事務部長、各課長の参加を歓迎する。会費は一人当り往復交通費、宿泊費を含み金四千円。

▽同日午後零時三十分、小田急新宿駅西口改札口に集合、一時発第23はこね号で出発する。

税務講習会 10 17日東本会議室で

在日韓国人納税組合東京連合会では、つぎのとおり税務講習会をひらく。

▽12月10・17日（各水曜日）
▽講習科目 改正所得税、譲渡税および年末調整
▽講師 篠山宗男氏
▽場所 東本三階会議室

韓学同で 総合文化祭

在日韓国学生同盟（金光沢委員長代行）では来る十二月十一、十二の両日、第六回総合文化祭を開催する。これは「民族民主の旗を高く掲げて民族新生の歴史を切開こう」との主題のもとに開かれるもので、第一日目の十一日は東京荒川公会堂で映画と講演の夕べを、また二日目の翌十二日は午前十時から、文京区春日の国際華道会館において、民団関係者らを招いて法的地位問題など在日韓国人の権益擁護運動についてティーチ・インを行なう。

事務簡素化のために

墨田支部団長 姜学文

第一六二回支団長会議において姜学文墨田支部団長から提議されて合議をみた「事務様式簡素化のための要望の件」の内容はつぎのとおりである。

提議書＝現在実施されている各種申請および届出書類に添付する外国人登録済証明書は、国民登録完了証で代用すべきである。

姜支団長

国民登録証で充分

不必要な外国人登録済証明

在日同胞たちに関する各種領事事務に必要な手続書類をみるとき旅券・出生・婚姻・自費帰国・住所変更など各種申請・届出には必ず外国人登録済証明書を添付することになっている。この外国人登録済証明書は、日本国の外国人に対する治安上の対象物であり外国人の身元確認のためのもので在日同胞にとってはあまり好感をもつものではない。日本官公庁への提出ならいざ知らず大韓民国の政府機関である駐日大使館および領事館の領事事務である限り、大韓民国の法律によって制定された「在外国民登録証」で十分である筈である。領事事務取扱者たちが自国機関のものよりも日本機関の証明書により信頼度をおくことは理解に苦しむところである。

周知のとおり海外に居住する大韓民国国民は、一九四九年十一月二十四日法律第七十号大韓民国在外国民登録法によって国民登録証を所持している。したがってこの国民登録証によって身元は確認できると思われる。事実、海外同胞たちが本国へ入国し前記諸申請と届出をする場合には国民登録証で事務取扱に支障なく十分こと足りている。

さらに在日同胞たちがこの外国人登録済証明書の交付をうけるために要る時間的、金銭的な損失も無視できないものがある。一枚の外国人登録済証明書をもらうためには交通費など含め最低二百四十円はかかる。

また、自国の国家機関に提出すべき書類をもらうために日本官庁の窓口で待っていなければならないその精神的苦痛も考慮すべきであろう。

以上のような趣旨で今後われわれの機関に提出する諸手続き書類には「外国人登録済証明書」を廃し「国民登録証」でもって代替するよう関係当局に訴えるとともに善処されるよう提議するものである。

十一月二十一日

提案者・居留民団墨田支部団長 姜学文

東本・機関紙の躍進へ

「韓僑通信」の改題号を公募

東京本部の機関紙として団員みなさまから親しまれてきました本「韓僑通信」は、油印謄写版からB4版十段活版刷りへと躍進してきましたが、ご覧のとおり本号からさらにタブロイド版十一段制輪転機刷りに切替えて体裁を刷新しました。

組織における機関紙が果す役割の重大さはいうまでもありませんが、民団東京本部組織の発展にともない機関紙の運営体制もより強化拡充が望まれてまいりました。したがって今般の韓僑通信「体裁の刷新」もその一環をなすものでありますが、その編集内容においても今後一層の充実をはかり「東本宣伝事業」の強化を期しております。

また、現在の旬刊制も運営体制の拡充とともに週刊制へと移行すべく鋭意検討をかさねておりますが、さしあたり「韓僑通信」という題号の改称を行なうべく広く団員みなさんの創意を求めますから、ご協力を期待してやみません。

題号を改称する理由は、従来在日同胞の代名詞のように使われた「僑胞」という用語は、その語源からしてわれわれ在日同胞に適当でないとの理由から、民団中央委員会でも使用しないことに決議されており、「通信」という慣用もいまの東本機関紙の体裁とはそぐわない感があるからであります。

つきましては、つぎの要領で東本機関紙（現韓僑通信）の題号を募集しますからふるってご応募下さるよう願ってやみません。

一、題号は、居留民団東京本部の機関紙であることが暗示され、新聞というイメージが表現されるもの。漢字またはハングル文字で横書き。字数は四～六字程度のもの。

一、応募は、官製はがきまたは封書に題名のほか応募者の住所・氏名・所属支部名を記入するとともに簡単な解説を付け、一九七〇年一月三十一日までに東本宣伝部へ郵送のこと。

一、採用された分については民団東京本部から薄謝します。

―在日大韓民国居留民団東京本部宣伝部―

韓学同で 臨時大会

在日韓国学生同盟（金光沢委員長代行）では来る十二月十三日午前十時から東京池袋東口の豊島振興会館で中央委員会ならびに臨時大会を開催する。

韓国研究院が移転

東京韓国研究院（崔書勉院長）は十二月一日港区麻布飯倉六ノ十三、郵政省隣（電話（五八四）六九五二）の百十坪の建物に移転した。当院では現在日本人留学生六名を韓国に送っているなど韓日文化人の交流に努めている。

サウナで楽しむ

品川支部で敬老会

民団品川支部（李幸九支団長）では、さる十一月二十[illegible]日午前十時から、区内の「荏原長寿園」で同支部管内居住の、六十才以上の同胞おとしより約七[illegible]名を招いて敬老会を開いた。

同日の敬老会に参[illegible]したお年寄り達は、まずサウナ風[illegible]楽しんだあと、[illegible]部からの心づくしの料理に[illegible]づみを打ちながら、和やかな雰囲気のうちに、歌舞などに打ち興じつつ午後四時過ぎ散会した。

当日は、李支団長が撮影した同支部の今年度秋季慰安旅行と同じく同団長撮影になる、本国における第五十回国民体育大会の記録映画を上映したほか、特に各人毎に「マフラー兼用のショール」をプレゼントして、参席したお年寄り達を喜ばした。

なお、同敬老会に東京本部からは許南明組織部長代理が参席した。

姜駐日公使長男の結婚披露

姜永奎駐日公使長男世勲君と韓鼎三氏長女秀子嬢の結婚式は十二月五日正午ホテル・オークラで挙行、披露宴は引続き同ホテル平安の間で催される。招請人は厳敏永駐日大使。

尋ね人

諸韋雲氏

本籍 韓国・慶南巨済（旧・統営郡）郡済面玉山里、現在年令五七、八才位

一、昭和十二、三年ごろ、下ノ関市牧場に居住したが、その後、行方不明。

心当りの方は、東京都練馬区豊玉北四ノ三一、民団練馬支部・諸[illegible]事務部長宛ご連絡下さい。

韓僑通信
在日本大韓民国居留民団東京本部機関紙

祖国近代化の達成へ

70年度の予算 朴大統領施政演説

25日の国会本会議で、朴大統領は（丁一権国務総理の代読で）政府の提出した70年度予算案に対して施政演説を行ない、その中で朴大統領は新年施政の基本を明らかにしながら「開発の60年代を送り　跳躍の70年代　を迎えるわれわれは、70年代こそ　民族中興の年代　として歴史に記録する転換の契機にしなければならない」と述べた。

さらに朴大統領は「70年代には是非ともわれわれの念願である経済自立と祖国近代化を達成してわれわれがともに繁栄を分け合うことのできる福祉社会を建設しなければならない」と強調、国民に勤勉と貯蓄倹素を呼びかけながら「こんご数年の間われわれが何をどのようにするかに国運の進退が左右され、近代化の基盤の上で自由・自立・繁栄・統一の新しい韓国を建設するか否かが決定されるだろう」と述べた。

なお、朴大統領は政府が編成した4343億ウオン規模の新年予算案が健全予算原則のもとで編成されていることを指摘しながらつぎの諸点を明らかにした。

①1970年の経済の基本方向としては、その間の高度成長の傾向を安定化させながら成長率は11％くらいの達成にし、適正水準の投資を誘致することにより無理な膨張を避ける一方、経済体質の改善強化を図る計画であり　②諸生産部門を補強　③財政は引続き収支均衡を堅持し　④国際収支を改善するため、10億〃の商品輸出目標の達成と不要不急な輸入を抑制する　⑤自主的で能動的な国防態勢確立を期し　⑥国防費は今年よりも182億ウオン多くし1017億ウオンを計上　⑦公務員俸給を70年度にも25％引上げることにしている。

特に新年には　①防衛外交を強化し　②軍の全奨兵を戦闘要員化し　③経済の高度成長すう勢を安定化させ　④無試験進学制を確立　⑤不正・腐敗、暴力など健全な社会気風を侵食する社会悪の排除に引続き努力を傾注することが強調された。

70年度の外交指針

安保と地域協力経済外交

崔圭夏外務部長官は26日、国会外務委員会で、79年度の外交指針を明らかにし、来年度の韓国外交は安全保障外交、経済外交、そして地域協力外交に重点を置くと証言、「アジア太平洋閣僚理事会（ＡＳＰＡＣ）機構を通じた地域協力で主導的役割りをする一方、対中立国外交強化のため、アフリカと東南アジアの中立諸国と中南米諸国との経済および技術協力を増進させてゆく方針である」と述べた。

第3回補正予算案国会通過

国会本会議は27日、李孝祥議長の辞表を差しもどすことを議決した後、政府が提出した今年度第3回補正予算案188億ウオン規模）を原案どおりに通過させた。

李議長は9・14改憲案変則通過事態の責任をとり議長職の辞表を提出していたが、この日の国会で票決に付した結果、在席92人中、否90、可1、無効1で　差戻し　が決定した。

国会はまた、新年度の予算案審議に伴う一般国政監査を28日から12月9日までに実施することを議決、同監査期間中は本会議を休会することに決めた。

これに伴い、国会の12の常任委員会は28日からいっせいに国政監査に着手、監査が終了する翌日の12月10日からは総規模4343億ウオンの70年度予算案にたいする本格的審査にはいる。

国会法中〝改正法律〟を正式に公布

政府は22日正午、臨時国務会議（閣議）を開き、同日国会から移送された〝国会法中改正法律〟を公布することを議決、同日午後これを正式に公布した。

この国会法中改正法律は同日午前、新民党所属議員たちが全員出席を拒否したまま、与党単独で開かれた国会本会議で通過した国会法改正案で、これは改憲に伴い国会議員の国務委員兼職を認めることなどを内容としたもので、また、与党だけで常任委が構成できるようになっている。

◇改正内容　▷国会委員が国務委員を兼任できるよう兼任制限規定を削除（30条）　▷やむを得ない場合、常任委員長と委員および予算決算委の選任を国会の議決で議長に委任することができるように規定（44条二項、46条一項）　▷国土統一院を外務委所管に、そして科学技術処は財経委所管にする（37条2項）。

独島問題で日本へ覚書

車智徹国会外務委員長が語る

外務部は25日、日本が独島（日本では竹島という）の領有権を主張していることに反駁（ばく）して、覚書を厳敏永駐日大使を通じ日本政府に提出した。

外務省は同覚書で「独島は歴史的、地理的位置から見るとき厳然たる韓国領土であり、日本側の主張は一考の価値もない」と主張しながら、遺感の意を表明した。

新民党，共和党との交渉を拒否

新民党は25日、政務会議を開き、共和党が単独国会を中止しなり限り、共和党側とのいかなる交渉をも展開しないと議決した。

なお、新民党は引続き国会への出席を拒否したままの強硬姿勢で22日国会を通過した後政府によって公布された国会法改正案の〝白紙化〟を主張している。

美しい山河・祖国を写真でみる（3）

忠清北道清原郡芙蓉面の白鶴　千古の神秘を秘めた白鶴が飛来するさまは、深緑の山河で虚空を蹴り蒼空に飛び交う清楚で悠久な歴史を伝え継いだ白衣民族の象徴であり、久遠な韓国の情緒でもある。

72年に一部米軍韓国を撤収

車智徹国会外務委員長は27日の記者会見で72年度には米軍が韓国から一部撤収するだろうと語った。

車委員長は、駐韓米軍の予算が漸次に削減されつつあることを指摘し米軍の一部は72年には撤収するだろうが、米国はその見返りとして韓国軍に特別軍事援助を考えていることを明らかにし、さらに、韓国は米軍の撤退に備えて現行の韓米相互防衛条約を改正し、緊急事態発生の場合、米軍が即時に出兵できるようにすべきだと強調した。

農村近代化促進法案を議決

国務会議（閣議）は25日、農地改良事業を総合的に遂行、また農業機械化事業を専担する農業振興公社設立を内容としている農村近代化促進法案を議決した。

同法案は全文 190条付則からなっており、①農地改良、農業機械化および農家住宅改良などの促進をはかり農業振興公社を設立　②従来の土地改良組合を農地改良組合と改称し事業範囲を縮小　③これまでの土地改良組合連合と地下水用発公社を統合して新設の農業振興公社に吸収、地表水と地下水の総合開発および利用などをも同公社が管掌すると規定している。

ＫＡＬのソウル—東京間運行中止

25日午後7時40分ごろ、金浦空港で、韓国航空整備株式会社所属の給油車（運転士崔照鍾、54）はＣＰＡ機に給油しようとして近ずく途中、運転の不注意からＫＡＬ所属のＤＣ9機の左翼の端にぶつかるという事故をおこし、同ＫＡＬ機の翼を約2メートルのところで折ってしまった。

このため、ＫＡＬは同機の完全修理が終わるまで当分の間ソウル—東京間の運行を中止するとともに、ソウル—大阪線も週7回から3回に減らすと発表した。

ソウル—香港路線を新設

12月22日から週二便

ＫＡＬ（大韓航空）はきたる12月22日からソウル—香港路線を新設し、ＤＣ9双発ジェット機（91人乗り）で週二回就航する。これでＫＡＬはさる、10月2日に新設したソウル—大阪—台北—香港—サイゴン—バンコク路線につづいて2度目の東南アジア路線就航を実施したことになる。

なお、ソウル—香港路線の発着日時はつぎのとおり。

▷ソウル発（月、金）19時30分
▷ソウル着（火、土）13時

農業開発に重点

第3次経済開発5ケ年計画指導

経企院は第三次経済開発五カ年計画（七二年から七六年）の作成指針案を大幅修正したが同修正案によると計画の基本目標を「輸出の画期的な増大と農業の革新的開発」に置き総量規模において①年間経済成長は当初の一〇％八・五％に引下げ②目標年度に当る七六年度の国民総生産（ＧＮＰ）は三兆三千億ウオン（百二十八億〃）に推定③目標年度の一人当りＧＮＰは当初の九万六千五百八十ウオン（三百七十三〃）から九万四千三百八十ウオン（三百六十四〃）に引下げ④商品輸出は目標年度に三十五億〃⑤人口増加率も目標年度に一・五％線に抑制する。この開発計画を達成するため①食糧の自給を期し農漁民の所得拡大と農業の機械化②重化学工業を促し工業の高度化を期する③雇用の最大限増大と技術訓練の強化で生産性の向上④電力、交通、通信など社会基礎施設の均衡のとれた発展を期する⑤住宅と衛生施設などの拡充、国民の生活環境を改善⑥文化施設の充実化、農漁村の保健及び電化事業を拡充⑦輸出産業団地など開発団地を積極造成し、工業と人口を適正分散、地域開発を促進するなどとなっている。

永住権申請案内

永住権申請の期限が迫っております。

在日同胞のみなさんが、この日本で安定した生活を営むためには、永住権の取得が必要です。まだ申請していない方々は一日でも早く申請するよう、お互いに努力し合い、勧誘しましょう。

協定永住権を受けることによって、

（一）何よりもまず、これまでの暫定的であった地位をはなれて、権利として日本に永住することができるよう法的に保障されます。

（二）協定永住許可を受けていない者や一般外国人とはちがい、協定永住許可者は、ほとんどすべての場合において、退去を強制されることがありません。

（三）さらに、同永住許可者に対しては、海外旅行に必要な再入国許可における制限がないばかりでなく、一家族が離散することのないよう、人道的な配慮が十分ゆきとどくようになっております。

（四）子女の教育問題においても、日本の公立小・中学校への入学が認定され、また上級学校進学においても、その入学資格が認められております。

（六）生活保護を必要とする人には、従前どおりの生活保護が受けられるようになっており、とくに、国民健康保険に加入することができます。

（七）日本から永住帰国する場合には、自己財産の本国搬入または送金などが、協定上保障されております。

在日同胞のみなさん！

さる八月十九・二十日の〝韓・日法相会談〟の結果、皆さんが安心して永住権を申請できるような措置が講じられておりますから、一日でも早く、永住権を申請して下さい。

もしみなさん方の中で、永住権申請に関連して、質問または相談される事項がありましたら駐日大使館（第一領事課、または永住権申請案内室）あるいは、地方に所在するわが国の各級領事館へ直接来訪されるか、書信で同事由を問い合わせて下さい。皆さんのご期待にそえるよう、万端の対策が講じられております。

なお、皆さんの親戚の方々にはもとより、親しい知人の皆さんにも、以上の事実を広く周知させて、今年中に、永住権申請該当者は一人残らず、この申請を完了するように協力して下さい。

一九六九年十一月　日

駐日本大韓民国大使館

(毎月5．15.25日発行)　(1965年7月27日第三種郵便物認可)

新年特別号　第2392号

(1970) 1月5日 月曜日

韓僑通信

在日本大韓民国居留民団
綱　領
1．우리는 大韓民国의 国是를 遵守한다
1．우리는 在留同胞의 権益擁護를 期한다
1．우리는 在留同胞의 民生安定을 期한다
1．우리는 在留同胞의 文化向上을 期한다
1．우리는 世界平和와 国際親善을 期한다

発行所
韓僑通信社
発行人 鄭在俊
東京都文京区本郷3丁目32番7号韓僑会館
電話（811）1535（代表）
〒133　振替口座東京16631番
（大韓民国文化公報部国内頒布許可）
（購読料1カ月100円・特別1000円）

年頭にあたって

六〇年代をおくり、いよいよ年代の幕あけを迎えた。六〇年代をふりかえってみるとき、わが韓国にとっても実に波乱の多い十年間であった。この年代のはじめに、四・一九学生革命によって古い政治理念からの脱脚をみたのであり、軍事革命に引きつづいて民主共和の政体が確立されて、はじめて祖国近代化の道を歩みはじめた。

試錬の多いわが民族が、民族本来の優秀な能力を発揮していまや世界の先進国に伍して、内に民族中興の大業を成し遂げる途上にあり、世界にあまねくその国威を宣揚していることは、われわれ海外国民としても輝かしい栄与にほかならない。

だが、われわれの民族にとって久しい至上の念願である国土の統一は、いまだ深いねむりにとざされているが、この年代こそは明るい光明がさしこむものと期待してやまないものである。

一方、祖国を遠くはなれて異国に生を営むわれわれにとっても、消えていった年代は意義あるものであった。

それはまず、われわれの祖国と日本の関係十数年の永い間の交渉のすえ妥結をみて両国が新しい時代を迎えたことであり、それとともにわれわれの法的地位が不完全ながらも一応の帰結をみたことであろう。

異国にあって祖国の発展、繁栄にまさる栄光はないが、それとともにわれわれの社会はわれわれとしても苦難をきりひらいていく努力をおろそかにしてはならない。

経済的な繁栄を欧歌しているこの日本のなかで、われわれの社会的地位はあまりにも低く、その格差の甚だしさを感じる。この現実のよってきたる原因は、あながちわれわれ自身のせいばかりではないにしても、時代と潮流に目をむける謙虚さを忘れてはならないと思う。反共を叫び組織の強化をとなえてから、幾久しいけれども、十年まえも今日も民団社会は大きな進歩のあとがみられないばかりでなく、むしろ退歩した面もなくもない。現実ばかりに目をとらわれて将来への夢をおろそかにしたために、世代断絶の甚だしい現象が露呈されているのもわが組織における現実である。俗にいう民団の指導力の貧困である。わが社会の未来を背負うのは果して誰か？七〇年初頭にあたって、とくに民団の近代化とビジョンの確立を望んでやまない。

온 겨레가 흠모하고 추앙하는

우리민족의 성웅 충무공 이순신장군동상

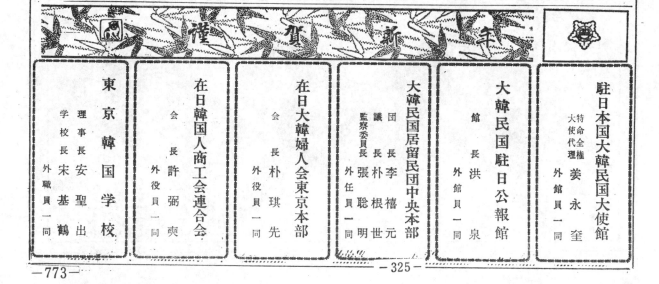

東本3機関長및各界의새해인사

七〇年代의開幕
힘차게나아갑시다

団長 鄭在俊

多事多難하였던 一九六九年을 보내고 希望에 넘치는 七〇年새해를 맞이하여 在日同胞여러분 그리고 組織一線에서 奮闘하시는 同志여러분에게 삼가 多福하심을 빌면서 年頭의 人事를 올리고저 하는바입니다。

도리켜보건대 지나간 一年 우리在日民族社会는 커다란 試鍊을 겪어왔다 하겠읍니다。即 우리在日同胞들의 前途에 一大不幸을、갖어올 優慮를 품었던 出入国管理法案이 日政立法府에 依하여 提議되고 그에 対한 우리들의 反対運動이 熾烈히 展開됨으로서 우리 在日民族運動史上에 燦爛한 한페이지를 남겼다는 그것입니다。

韓日새時代를 맞이한지도 이미 오래이지만 日本為政者들의 우리民族에 対한態度는 아직도 아무런 変함이없고 平和롭고 自由로워야할 우리들 六十万의 日常生活에 不必要한 刺激을 짜아 내게하고 있는 것이오늘날 日政当局의 施政態度라 하겠읍니다。

出入国管理法의 登場도 그와 같은 그들의 그릇된世界観에서 울어나는 氷山의 一角에 지나지 않는 것이지만 우리들의 굳은 団結과 決死的인 反対로 말미암아 드디어 粉砕되고 말았읍니다。그러나 언제 또다시 그와같은 悪法이 擡頭하지 않으리라 保障할수는 없음에 비주어 우리들은 앞으로 더욱더욱 組織의 힘을 培養하고 団結을 공固히 하여야 하겠읍니다。

지나간 激動六〇年代를 通하여 우리居留民団의 重要한 課題는 오직 在日韓国人의 法的地位와 処遇에関한 要求貫徹運動에 集約되었다 하겠읍니다 마는 이 運動은 七〇年代가 開幕된 오늘날에도 아직 完結을 보지못한채 当面되고 있읍니다。

現在、本国政府의 積極的인 外交的措処의 支援밑에 推進中에 있는 永住権申請의 促進運動도 所期의 目的이 達成되겠금 期待하여 마지않는것은 勿論이거니와 그問題와 같은関係가 있고 오히려 永住権申請의 促進剤가 되리라 믿어지는 우리들 処遇問題에 関한 要求貫徹運動도 時急한 課題라 아니할수없읍니다。

居留民団의 存在価値가 어디있으며 組織指導者의 使命은 무엇인가 고 묻는사람이 있다면 本人은 서슴치 않고 対答하겠읍니다。

그것은 在日同胞社会의 福祉向上을 期하고 団員한사람일지라도 物心両面에 損害와 不安이 없겠금 指導하는 것이라고 構成員이없는 組織이란 있을수없으며 構成員의 意思와 要求가 反映되지못하는 組織体의 存在価値는 無意味한것입니다

그렇다면 現在 우리在日同胞社会의 한구석에 숨어있는 크다란不安——。이것을解消시키는 方向으로 指導하고 運動하는것만이 居留民団의 当面한 使命이요 組織指導者의 任務가 아니고 무엇이겠읍니까。

本職은 就任以来 그러한 使命을 自覚하고 굳은信念으로써 団務에 精励하여왔고 앞으로도 秋毫도 初志에 変함없이 나아갈 決心을 새롭게 하는바입니다。

親愛하는 同胞여러분!

周知하는바같이 우리祖国을 에워싼 国際情勢는 七〇年代를 맞이하여 바야흐로 激動이 予側됩니다。

美国의 対아시아、政策의 転換과 더불어 共産主義国家들의 虎視眈眈한 動向 특히北傀의 거듭하는 挑発行為는 厳戒를 要할 事態라 아니할수 없읍니다。그러나 偉大한指導者 朴大統領의 領導아래 飛躍的으로 発展하고 싸우며 建設하는 祖国의 모습을 볼때 우리들海外国民으로서는 마음든든한 感을느끼고 오직 祖国과 呼吸을 같이하여 国家近代化作業에 이바지할 覚悟를 새롭게 아니할수 없읍니다。

親愛하는団員同志여러분!

새해에는 우리民団또하나의 重要한 事業으로 推進中에 있는 万国博覧会의 後援과 그에따르는 招請事業의 成就를 期하여야 하겠읍니다

「人類의 進歩와 調和」라는 테-마아래 東洋에서 처음으로 開催되는 이万国博覧会에 우리나라는 民族固有의 文化와 未来像을 展示参加함으로써 国威를 宣揚시키고저하는 것입니다。

이万国博覧会를 参観하고저 大挙来日하는 本国同胞들에 対하여서는 우리居留民団의 威信을걸어 対応하여야 할것이며 그러함으로서 民団의 万博関係事業이 有終의 美를 거두기를 마음것 期待하여 마지않읍니다。

끝으로 団員諸位의 家庭에 幸福이 깃들기를 거듭 빌면서 아울러 倍旧의 支援을 바라마지않읍니다。

精神武装새롭게

議長 金載淑

一九七〇年을 맞이하여 삼가 問安 드리오며 団員各位의 家庭에 瑞気満堂하시기를 비옵니다。

再昨年 五月大会에서、微力한 이 사람이 東京本部의 重職에 任하여 以来、山積한 多難事에 부닥쳐 가면서도、오직団員여러분과 三機関 그리고 各支部의 役職員께서 不撤昼夜로 努力하여주심에依하여 大過없이 새해를 맞이하게 된 것입니다。무엇인가 雑多하게 번거로웠던旧年은 永劫으로 사라지고、새 出発의 一歩를 내딛임에 즈음하여 真情으로 民団組織과 民族社会의 前途에 繁栄과 幸福하심을 빌어마지 않는 바입니다。

近年에 와서 우리祖国大韓民国의 힘차게 躍進하는 近代化의 모습은 海外에서 生活하는 우리들로 하여금 実로 마음 든든하게 하는바가 있읍니다。그러나 한편 再昨年 一月에서 부터시작하여 激化한 北傀의 盗行은 公公然한 挑発行為을 계속하여 民族의 将来를 또 다시 괴로 물들일려는 野欲을 나타내고 있읍니다。이에 対하여 우리들은 새롭게 精神武装을 굳이 해야 하겠읍니다。

우리 組織社会에서는、体質改善이니、組織人의 良識과 姿勢를 바루자니、活動財源을 確立하자는 等等의 必要性이 力説되어 왔으나 如前히 남아 있는 課題입니다。新年을 契機로 劃期的인 前進을 바라지 않을수 없읍니다。

特히 今年은 永住権申請을 促進할 해라하겠고、韓日協定에 依한 法的地位에있어서 그 実施의 改善과 民団要求의 貫徹이 지금 緊迫한 커다란 問題이라고 하겠읍니다。이 問題의 結果는 우리들 一代에만 그치는 것이 아니고 子孫代代의 生活権益을 規定하는 것인 만큼 後世에 不幸한 遺感을 남기지 않도록 있는 精力을 傾注하여 地位 確保를 争取하지 않으면 안될것입니다。

그 뿐만이 아니고 民族教育에 있어서도、積極的이고 広範囲한 活動의 展開가 必要한 것이며、組織의 系統的인 施策과 同時에本国政府 및 駐日大使館의 새로운 認識과 施策을 促求하지 않을 수 없읍니다

이와같은、우리民族과 組織社会의 前途에 가로놓인 基本的인 大課題를 解決、獲得하기 위해서는 우리들 自身이 先頭에서서 努力하고 이러한 諸般 問題를 争取해 나아가야할 覚悟와 矜持를 새롭게 하여야 하겠으며 一致団結이 要望되는 바입니다。새해를맞이하여 簡単히 年頭辞에 代하는 바입니다。

徹底한使命感을

監察委員長 李馬致

意義깊은 一九七〇年을 맞이하여 団員여러분 過歳安寧하옵시고 今年이 여러분의 一生을 通하여 가장 福많은 해가 되기를 바라마지 않읍니다。

특히 東本管内各支部三機関任員을 비롯하여 団員諸賢께서는 恒常 우리組織의 発展을 為하여 一線에서 많은 手苦를 하심과 同時 物心両面으로 東本을 支援하여 주심에 対하여 衷心으로 敬意를 表하여 마지않읍니다。

지나간、一年을 回顧할때 우리社会의 周囲는 多事多難하였읍니다 마는 특히 民団事業中에서도 出入国管理法案의 反対運動은 우리在日民族運動史에 남을것이며 그成果를 높이 評価하여야 할것입니다。

出入国管理法案이 日本国会에 上程되자 在日同胞全体가 反対에 일어섰고 우리民団도 挙団的으로 運動을 展開하여 끝끝내 同法案을 癈案시켰읍니다。더욱이 同反対運動에는 우리関東地協을 為始로 東本管内의 傘下団体등 全組織이 一体가되어 決死的으로 先頭에서 闘争한것은 組織과 団結의 힘을 誇示한것으로 우리民団史에 燦爛히 빛날것으로 믿읍니다。

過去나 現在나 우리民団社会에서는 複雑한 問題가 많이 発生되고 있읍니다。그럴때마다 良心을 가진 사람이라도 浪説에 雷動하여 自己判断대로 行動을 履行하지 못하는 傾向이 있다는 것을 指摘하지 않을수 없읍니다。本人도 大衆의 信任을 받아 東京本部의 監察機関을 担当하고 있는 以上 大衆의 信頼를 背信할수는 없는 立場으로서 그 使命을 엄숙히 遂行할 信念과 覚悟를 새롭게 하고 있읍니다。그러나 一部에서는 公正을 無視하고 私的思考方式과 見識으로서 問題를 解決할려는分子가 있다는 것을 유감으로 느끼는 바입니다。그러한 分子가 우리 組織에 潜在하고 있는 以上 우리民団의 発展은 期待할수 없다는 것을 指摘하고저 합니다。監察機関의 職務와 使命을 完遂하는데 있어서 民団의 善良한 大衆을 擁護하는 것이 至当한가 一部 民団 破壊者들을 擁護하는 것이 当然한가? 생각할때 이사람의 身辺에 어떠한 危険이 発生할 憂慮性이 있다할지라도 우리民族繁栄과 民団의 発展을 위해서는 慎重한 用意와 覚悟를 가졌다는 것을 紙面을 통하여 誓約함과 同時에 이사람의 精神으로서는 威圧에는 屈服할수 없다는 것을 다시 盟誓하는 바입니다。끝으로 団員諸賢의 絶対的인 支援을 就望하면서 年頭人事에 代하고저 합니다。

조국번영에힘쓰자

주일대사대리 강 영 규

밝은 희망과 굳은 결의에 넘치는 새해 一九七〇年을 맞이하여 본인은 동포여러분과 더불어 조국의 무궁한 번영과 발전을 기억하며 아울러 동포여러분 가정에 가지 가지 행복이 충만하여 뜻하시는 모든 일들이 순조로히 이루어 지기를 충심으로 바라는 바입니다.

우리조국은 지난해에 제2차 경제개발5개년계획의 제3차년도 파업을 성공적으로 완수한 결과 경제성장율은 제2차년도의 11%을 훨씬 상회하게 되어 새해부터의 경제시책의 기본방향으로서는 지금까지의 고도성장을 안정시키면서 11%의 성장을 꾀대로 계속 달성하여 적정수준의 투자를 유지함으로서 무리한 팽창을 억제하고자 하는정도까지 발전을 거듭하고 있는 것입니다.

이와같은 조국의 눈부신 경제발전을 질시하고 초조한 나머지 북괴공산도배들의 침략적야욕은 날이 갈수록 노골화하여 가고 있는바, 이들은 온갖 만행을 자행하여 상습적인 휴전선 침범은 물론, 무장공비를 남파하여 양민을 계속 학살하고도 부족하여 민간항공인 대한항공 YS-11기를 납북하여 가는등 전세계 자유국민들의 분노를 사고 있는 것입니다.

진정 우리조국은 한편에서는 잘살기 위한 건설을 서두르고 또한편에서는 이건설을 붉은 마수의 파괴에서 막아내야 하는 양립시키기 힘든 벅찬 파업을 안고 준엄한 시련을 겪고 있는 것입니다. 이러한 어려운 여건하에서도 우리국민은 오로지 "싸우면서 건설"하는 굳은 결의를 되새기며 박정희대통령각하의 위대하신 영도하에 일치단결하여 만난을 극복하여 나아가고 있는 것입니다.

재일동포 여러분! 우리도 조국의 현실을 직시하고 북괴의 침략적도발행위에 적극 대처하여 가면서, 우리 조국의 번영과 안정을 위하여 더욱 힘써야 될것입니다. 여러분의 잘 아시다시피 우리조국은 자유우방제국과의 유대강화를 위하여 온갖 외교적 노력을 계속하여 온 결과 오늘날 그 국제적지위는 크게 향상되었으며, 이러한 바탕위에서 한·일 양국의 협력관계는 어떠한 부면에있어서나 한층 고조되어 왔으며, 특히 재일동포 여러분들이 일본 사회에서 안정된 생활을 영위할수 있도록 법적지위는 물론 경제적、문화적、사회적지위가 점차로 향상되어 가고 있음은 지극히 다행한 일이라고 할것입니다.

그러나 우리는 우리스스로의 자각과 실천없이 환경의 호전만을 기대할수 없는 것입니다. 법적지위、나아가서는 경제적、문화적、사회적생활 조건이 향상되었으면, 그만큼 우리스스로의 자주적인 활동이 있어야 할것입니다. 유자격자가 영주권신청을 함이없이 법적지위의 안정을 기대할수 없는 것처럼 우리 상은신용조합의 육성발전에 적극협조함이 없이 경제적지위의 향상을 기대할수없는 것입니다.

우리가 참되게 온갖 노력을 다함으로서 점차적으로 좋은 열매를 맺어 우의가 충만하고 상호협조하는 재일한국인 사회가 이룩될 것이며, 나아가서는 일본사회로 부터도 존경을 받는 훌륭한 독립국가의 국민으로서 자체할수 있게될 것을 믿어 의심치 않는 바입니다.

새해에는 재일동포 여러분들의 더욱 힘을 합하여 진정으로 애국하는 대한민국 국민으로서 활약하여 주시기를 바라오며 본인도 미력이나마 여러분의 뜻이 이루어 지도록 전력을 다할 새로운 각오와 결의를 다짐하는 바입니다.

끝으로 조국의 번영과 동포여러분의 광복과 건승을 다시한번 축원하는 바입니다.

万博事業積極推進

民団中央団長 李 禧 元

一九七〇年은 在日韓国人의 永住権取得完了와 万博後援会 및 家族招請"業의 해가 되겠다

이 두가지事業은 民団이 걸머진 가장 큰 任務이기에 去年後半期부터 組織이 全機能을 動員하여 그 効果的인 成果를 노려왔는데 새해를 맞이한 오늘 아직도 目的達成까지는 時間이 더 必要할것으로 느껴진다

그러나 永住権申請問題에 있어서는 "永住権을 申請하여 安定生活 이룩하자"는 스로-강 아래 그 모든 宣伝、啓蒙運動을 通하여 申請促進을 하여온 結果 順調로운 発展을 보여 現在 十六万가까운 数字를 나타내고 있어 적어도 一月末까지는 二十万名이 申請을 完了하도록 할것이고 늦어도 七〇年半期에는 有資格者는 全部 永住権申請이 끝날 것으로 展望된다 둘째로 大阪의 日本万博会場에 자리잡은「韓国館」建立에 있어서는 在日韓国人万博後援会와 協調하여 本国政府를 도와 이後援事業에 積極 뒷받침 할것으로 이것 역시 現在 全力을 기우리고 있는 한편 本国親族등 一万名을 招請하여 万博観覧을 시키는 同時에 이 機会를 利用하여 家族 親知들이 오래간만에 相逢함으로서 本国과의 紐帯가 끊임 없이 든든하게 될것으로 믿어지는 바이다

願컨대 이러한 二大事業을 完遂하는데 있어서는 一部組織人들의 힘만으로서는 達成할수 없는것이며 오직 個個人의 힘을 合하여야만 이 우리들의 目的을 達成할것이다 新年을 맞이함에 있어 全体在日同胞의 앞날을 祝福드리며 여러분에게 이바지하는 일꾼이 되기를 굳게 다짐한다

経済的地位向上에

東京商銀理事長 許 弼 奭

新年을 맞이하여、組合員 여러분과 同胞社会各界의人士께 새해의 인사를 드립니다.

지나간 해에는 人類史上 처음으로 人間이 달나라에 갔다오는 偉業이 이룩되었읍니다. 이제、全世界的으로 多様한 激動이 予想되는 70年代를 맞았읍니다. 우리들은 해를 따라 急템포로 進展하는 変動에 直面해 왔으나 앞으로 더욱 어려운 試練이 닥쳐올 것으로 내다 보입니다.

金融機関에 있어서는 自由競争時代로 옮겨지고 있는 모든 産業界와 마찬가지로 치열한 競争의 틈바퀴에 들어서게 되겠읍니다

이와 같은 展望아래서、東京商銀은 僑胞各界의 따뜻한 支援의 덕택으로 着実한 前進을 계속하고 있으며、今年 三月 期末決算까지는 百億의 預金目標를 達成하기 위해 全役職員이 한덩어리로 되어 분투하고 있읍니다.

「하늘은 스스로 돕는자를 도운다」고 합니다. 우리들의 前途는 우리들 自身의 힘으로、個個의 힘을 뭉치어 나아가면 반드시 打開할수 있다고 믿는 바입니다.

新年과 더불어、同胞社会 全体의 経済的繁栄과 地位向上을 念願하면서 여러분의 健闘를 빕니다.

堅実한家庭이룩해야

婦人会東本会長 朴 琪 先

새해를 맞이하여 삼가会員여러분에게 問安드리오며 貴宅에 幸運이 가득찬 新年이 되옵기 祝望하는바입니다.

去年中에는 会員여러분을 비롯하여 民団各機関의 따뜻한 後援에 依하여 우리婦人会東本도 大過없이 지내왔음을 깊이 感謝하는 바입니다.

우리 大韓婦人会는 海外에서 常住生活한다는 諸条件을 考慮하여 무엇보다도 民族的인 自覚과 認識을 깊이하여 堅実한 韓国的인家庭을 이룩해야 한다는 것이 急務라고 생각하고 있읍니다.

이러한 家庭이 됨으로써 만이 子女教育과 組織活動의 意義와 効果가 있는것이며 나아가서 民族과 祖国에 이바지 할수 있는 礎石이 되리라 믿읍니다.

모든 活動은 이러한 目標와 理念밑에서 出発하여야 할것이며 特히 子女들에 対한 家庭에서의 民族教育은 重大한 것이며 同時에 그, 役割이 큰 것이라고 생각합니다.

새해와 더불어 새로운理念과 抱負를 갖고 나아갈 覚悟를 새롭게 하면서 大韓婦人会의 発展을 위해 알뜰한 指導鞭撻있기를 仰望하여 마지않읍니다.

お知らせ

本紙本号に、朴大統領の海外同胞におくるメッセージを掲載する予定でありましたが、最終印刷日までに原稿未到着のため掲載不能におち入りました。本国政府から発表され次第次号に掲載致します

韓僑通信社

民団70年代の課題

民団東本副団長
羅鍾卿

内外の緊迫した情勢下において、激動が予想される一九七〇年代の幕明けを迎え、民団組織活動を展望するとき、創団以来の組織防衛偏重の姿勢から転じ、民団々勢の拡充と発展へと民団運動を積極的に展開すると共に、近来とみに失われつつある民団組織の自主性を取り戻し、民団本来の使命に目覚め、団員のための民団にかえり真に団員の権利擁護と民生安定に寄与しうる組織活動に専念すべきである。

法的地位問題

韓日法的地位協定が締結されてから四年余にわたり継続されてきた在日韓国人の生存権を左右する法的地位要求貫徹運動は、永住権申請促進よりも要求貫徹運動が先行優先されてきたが、去年八月の韓日法相会談の結果協定永住権申請の基点において、一歩前進をみるにいたり、第十五回中央委員会ではこれを高く評価し、現在永住権申請促進運動が全国的に活発に推進されており、申請期限を一個年足らずにひかえて有資格者の申請が急がれている。東京本部では、管内の未申請団員の実態を迅速に正確に把握し、啓蒙活動を積極的に行ない、永住権取得のために最善の努力をすると共に今年こそ処遇問題に関するわれわれの具体的な要求を貫徹させるべく挙団的運動を展開すべきである。

また去年行なわれた出入国管理法案反対闘争は、民団はじまって以来の激しい組織運動であり、総力をあげての決死的闘争は遂にこの悪法を廃案に追込むと共に、一般大衆の意識を目覚めさせる大きな役割を果したが、出入国管理法案が近き将来再び日本国会に上程されることは必至であり、その内容によってはより以上の決死的反対闘争が、予期されるので、この法案に対する警戒心を怠ってはならない。

万国博の家族招請事業

この事業は第十五回中央委員会において、当面推進事業として決議された民団三大事業の一つであるが、一万名を超えるぼう大な数の家族を招請するためこの事業を推進するのに多くの困難が予想される。

最も注意すべきは招請家族の保安問題であり、万博期間中の手続輸送等も難問題である。また招請人の資格の面において民団組織の運営上問題点もあるがわれわれは祖国の威信と民団組織の発展のために、万難を排してこの大事業を完遂しなければならない。ただ悪評の高かった前例の轍をふまないよう細心の注意を払い公明正大にこの事業を推進して民団歴史に輝しい実績を残すべく、東京本部では総べてにおいて積極的に協力する所存である。

組織の再整備と強化

民団組織の基幹であるべき分団等の末端組織がいまだに整備されてなく組織幹部や組織実務員の甚しい欠如が益々組織の発展を阻害し、組織の老朽化に拍車をかけており、また民団組織の中核的存在であるべき韓青、韓学同等二世々代との連携が弱く、民団には若さが足りない現状では民団将来の飛躍的発展は望むべくもない。

東京本部では分団未組織の支部と協力して分団組織の整備強化を一日も早く推進し組織の強化を計ると共に、組織幹部の訓練と組織実務員の養成を定期的に継続して実施して、組織一〇〇年の計をたてるべきである。また傘下団体の育成強化には特に留意し、婦人会との連携を強固にし韓青、韓学同の育成に関しては現代の社会の潮流にゆれ動く若人達の心情の理解に努め、話合いの場をひろく持ちわれわれ自らの姿勢を正して、民団運動の正しい方向を理解させ、民団組織に若さと新風を注入して民団を若返らすべきである。

民族教育問題

在日韓国人の民族教育の重要性についてはいまさら論をまたないが、現実的にはその進歩と発展は遅々としている。民団組織における民族教育問題は、民団組織の将来を左右する重大問題であるにも拘わらず、その文教活動は観念的な域を出ず、結果は見る程のものがないのが現状である。現在の文教活動の主なものと言えば、既設教育関に対する協助、育成のほか定期的な本国夏季学校入学生派遣、自費留学生制度等があるが、在日韓国人の民族教育は根本的に再検討の時期にきている。

すなわち、二世、三世の民族教育は他力本願的な思考をやめて、在日韓国人の民族教育は、在日韓国人の力で行うべきであり、民団は全組織をあげて在日韓国人の力を、その方向へ結集させるよう努力すべきである。

民団は民族教育の発展と成果が民団組織の将来とつながり礎となることを忘れるべきでない。

最近東京韓国学校は理事、評議員等の人事を一新し見違えるばかりに意欲的に活動し、都内有志方々の協助を促進しているが東京本部もこれに歩調を合せて東京韓国学校の育成に万全を期したいと思う。

企業活動への協助

高度成長を謳歌する日本の経済社会における在日韓国人の経済活動は益々困難の度を加えて来ている。

日増しにきびしくなる税金攻勢や、金融引締による差別金融等在日韓国人の事業は先細りの外はない。税金攻勢に対して、在日韓国人納税貯蓄組合東京連合会では管下一九の納税貯蓄組合を指導育成し、日本税務当局への納税対策をつくすと共に、中小企業等協同組合法を活用して、企業の法的組織を目標に近い将来に先づ、東京韓国人鋼鉄商業協同組合を組織し東京都の認可をとり金属関係企業の協業化を計り事業活動の一助とし続いて他の業種の協同組合を組織する所存である。

東京商銀信用組合の育成についてはその適正な運営と役職員達のたゆまぬ努力により、全国的に例をみない程驚異的発展をみて居り、今年度末迄は一〇〇億円の預金を目標に努力しているが、東京本部では組合員の増員や預金の勧誘等団員の啓蒙に一層の協助をおしまないものである。

(写真は羅副団長)

望郷

趙活俊

異国に在りて　故里《ふるさと》の
病めるが故の　吾が愁《うれ》ひ
過ぎたる日日の　辛ささへ
今は心に　かすみゆく。
山辺《やまべ》のつつじ　野にれんげ
水汲む乙女の　おさげ髪
麦稈《むぎわら》帽子の　田ぐさ取り
牛飼ふ童子《わらべ》の　笛流る
背負子《チゲ》の稲穂は黄金《こがね》なる
繁《しげ》しき畦道　秋ゆたか
三寒四温　雪も舞ひ
柴刈りて焚く温突《オンドル》よ。
若き日別れ　おのが青春《はる》
失《な》くてぞ会へぬ　せつなくて
鏡に映る吾がかげに
ちらほら白髪の　侘《わび》しきよ。
他人《ひと》のたよりにつたへ聞く
いとほし　慈母《はは》の　老いたりと
あの海越へて　ふるさとよ
山江恋《やまかわこい》し　母こひし。

繁栄の謳歌、目前

駐日公報館長 洪 泉

在日同胞の皆様、明けましておめでとうございます。

希望に満ちた一九七〇年代の開幕を告げる新年を迎え、私は祖国の発展と平和をお祈りし、皆様の前途を祝福する次第であります。

韓国にとって一九六〇年代は、発展か停滞かを決定づける重要な転換期でありました。執拗な北韓の挑発は激しさをまし、昨年だけでもEC121機撃墜事件、武装ゲリラの大量浸透、KAL機乗っ取り事件など、北韓は最後まで悪らつな行為をつづけましたが、郷土防衛と建設の意欲にもえる朴大統領の指導のもとに、全国民が一致団結してこれを退け、第二次経済開発五カ年計画の達成に向かって全力をそそぎました。その結果、国力はめざましく伸び、国民生活も見違えるほど豊かになったのであります。

一九七〇年代は このような成果をふまえてさらに前進し、経済自立と近代化を完成して、韓国民族の宿願である国土統一を達成しなければならない、六〇年代にもとらず重要な時期であります。したがって、ことしも「戦いつつ建設する」決意を新たにし、国の内外を問わず全国民が総力を挙げて国防と建設に励まなければなりません。祖国が自由と平和と繁栄を謳歌する日は、目前に迫っているのであります。

六〇万在日同胞の皆様、巧妙な北韓の宣伝に惑わされることなく、韓国国民としての誇りを抱き、誠実に生きることこそ国のために役立つ道であります。他国での生活にはいろいろな苦労がつきものですが、どうか皆様、ことしもご健闘下さい。

皆様方のご多幸を心からお祈り致しております。

懸案解決に協力を

韓国学校理事長 安 聖 出

明けましておめでとうございます。

祖国の近代化の促進と、民族中興という歴史的な課題を成就すべき庚戌の年を迎えました。

かえりみますれば多事多難なうちに送りました昨年、菲才不徳の私が東京韓国学園の理事長の任を拝命致しまして、この重責を微力ながら勤め得ましたのは、一重に皆様の御後援の賜物と衷心より感謝の意を表するものでございます。旧年には学園理事会の再編成も行われ、学園運営の正常化と、教育の充実を期して全力を傾注してまいりましたが、或る程度、その成果をあげてまいったものと信じて居ります。

しかしながら漸次発展の方向に進んでいるとはいえ、非常な重大事でございます民族教育の将来を鑑みます時、我々とその子孫の輝ける明日を約束するために、この一年は誠に大切な一年であり、成さねばならぬ肝要事が山積されて居ります。

新しき年を迎うるに当り、私は旧年果し得なかった本校最大の懸案でございます校地払下問題の解決を始めとし、教育施設の拡充、教育環境の整備、教職員の処遇改善等を、各界の御理解と御協力を得て成しとげるべく努める所存でございます。

学園の発展と向上に格段の努力を致し、よりよき学園の実現に邁進しまして、在日同胞の皆様の御期待にお応え致し度く念願致して居ります。

民団を始めとする関係諸機関各位、及学父兄の皆様におかれましても、倍旧の御協力、御支援を賜りますよう。この年頭に当り、切にお願い申し上げまして御挨拶と致します。

記者たちがみた民団活動

ものは見方、考え方によってその価値も違ってくるが、自分が自分の価値を正しく判断するのはむづかしい。われわれ在日同胞社会における指導団体である民団の組織活動についてもしかり、直接組織の活動には携ってなくとも同じ在日同胞社会の指導的な立場にある言論界では、いまの民団の姿勢についてどう思っているのか、そして、昨年一年の民団活動はどう感じたか? を知るのもわれわれ組織活動者にとっては必要なことであろう。そこで同じ新聞ではあっても機関紙の立場上組織部内者である本紙は、民団社会の一線で活躍するつぎの現役言論人をまねいて座談会をひらき「記者がみた民団活動」を率直に語ってもらうことにした。

東洋経済日報副社長 朴 一 哲
新世界新聞編集局長 李 康 吉
同 記者 金 声 浩
韓国新聞編集局長 宋 基 活
〈司会〉韓僑通信編集長 李 紀 雨

〈司会〉みなさん、平素はわれわれ組織発展のためにいろいろご協力を願っており、また在日同胞社会の福祉向上へご活躍なさっていることについて敬意を表します。きようは、わたしたち民団活動に携っているものに参考になるような話しとかみなさんの目にうつった民団のあり方などについて忌憚のないお話しをきかせて下さい。まずこの一年をふりかえってとくに目についたことは何でしたか?

〈朴〉それはなんといっても入管法反対運動であったでしよう。とくに関東地協主催の民衆運動は在日民族運動のあり方を示したもので感銘深くうけとった。

〈李〉わたしも同感、その中心的役割を果したのはやはり東本であろう。

〈宋〉組織のあり方とか運動の方法については是非もあるが、結果的にはよかった。折角もり上った運動の腰を折るようなことがあってはならない。個人的な感情論に走ったというような欠陥もさらけだした。例えば、民団中央対関東地協との対立といった一面も露呈された。

〈朴〉東京と中央の足並の乱れがあったことは否めない。団長選のいきさつも影響しているのではないか。

〈李〉わたしもそうみる。その是非はともかく最後は中央と足並をそろえた。あの運動はあれでよかったのではないか。

〈司会〉中央対関東地協の運動方法論の相違でもあるが、それについてどう評価するのか。

〈宋〉いやしくも全国的な組織であれば一貫した政策があった筈だ。あの運動の成功も結局下部組織の強力なツキ上げがあったからではないか。

〈金〉あの運動の基盤になるものは単に方法論の問題でなく価値感から派生してくる問題の筈だ。例えば、入管法反対運動についていえば、関東地協は同胞の団結で権利を獲得するという立場であったし、中央は本国とか日本政府の力に依存する傾向があった。

〈司会〉中央対東本ではなく焦点をしぼりましよう。東本の姿勢について、

〈金〉東本が人的その他で健全になってきたと思う。例えば韓僑通信が新聞版になり、部数もふえたことについての意義は大きい。団員のための民団という方針にかなっている。

〈宋〉団長が名目上の団長でなく、実質的な仕事を誠実に遂行してきたという印象が第一の特徴だ。そのほかに基本財政の確立なども。

〈朴〉基本財政を確立したことは意義が大きい。画期的なことだ。これは今後われわれ民団に末長く受継がれていくという意味で意義が大きい。

発展的姿勢の東本

一般招請停止は言語道断

〈李〉わたしも同感だ。鄭団長がどこまでやるか疑問だったが、その執務ぶりは、あるべき団長の姿勢があらわれている。

〈金〉経理面についても極めて明瞭な点も特記に値いする。

〈宋〉運動は運動として、事務体系の整備さも重要だ。従来は往々にしてルージなのが普通であった。

〈金〉東本は発展的な姿勢をもっている。すなわち、法地位、入管法に対する態度、[illegible]の立場[illegible]している。その点中央[illegible]

[illegible]の民生安定に力を入れなければならないのにややもすれば、政治的あるいは権力争い的なものがでてきやすい。もっと団員たちと密着したあり方が望ましい。

〈李〉東本団長に注文がなくもない。基本路線にしても、またその評価は今後に残されている。韓国学校の問題など若干手をぬいたきらいがあると思う。

〈宋〉鄭執行部に対する期待し教育施設の拡充などまだ課題が多い。

〈朴〉これは東本についての問題ではないが、[illegible]

[illegible]とか、ひいては本国に貢献することになるのではないか。商業の育成なども民団としてやるべき大きな課題である筈だ。信頼される民団、たよりになる民団になってもらいたいものだ。全体同胞のための民団ではなくプロのための民団という傾向がまだ残っている。こうしたことが一般団員の無関心をあおっている。

民団二大事業

〈司会〉[illegible]

〈宋〉万博事業が、民団運動のすべてのような感を与えているのは問題だ。

〈李〉招請者の資格に制限をつけたことは問題だ。本末転倒だ。まして万博期間中は、一般の招請事務をストップするとはとんでもない。

〈宋〉そういうことは、組織のありかたとして重大問題だ。一般招請業務は中止すべき性質のものではない。万博のために本来の[illegible]

[illegible]

新年度予算案 国会を通過

国会は二十二日の本会議で、予算決算委員会の修正した新年度予算案を通過させた。これは一般会計歳出入規模を四千三百二十七億二千二百万ウオンに調整したもので当初の政府案より十六億一千九百万ウオンが削減されている。

この日確定・成立した新年度予算は、さる十月十七日の改憲案国民投票後に政府が採択した緊縮財政方針に基づくもので歳出部門で百八億ウオンが削減されているがうち農産物価格安定基金に二十五億ウオン、調達基金に七億ウオンが回されている。また、歳入では甲種勤労所得税率の調整で九十八億ウオンが減らされた代わりに、物品税と織物類税率の引上げにより百億ウオン、入場税率引上げで一億八千万ウオンの税収入がそれぞれふやされている。

新年予算の総規模は今年度の第三次追加更正予算よりも一五・五%ふえており、内国税の総額二千八百三十七億四千五百万ウオンは今年より五三・三%膨張している。

同予算の歳出部門別比率を見ると、一般行政費が四四・一%、国防費二三・三%、投融資[illegible]

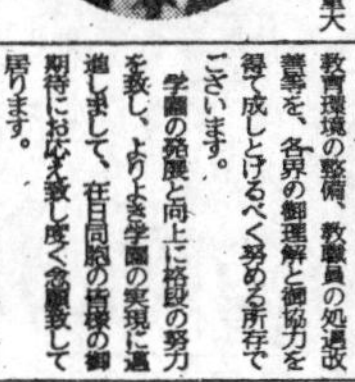

日本の「ソンミ」事件

張 暁

張暁氏

このごろ、ベトナム戦線のソンミ村における米兵士による一般人虐殺事件が明るみに出ると当の米国では大きな波紋がまき起っている。

この事件は、一九六八年三月に起きたのであるが、その一年後、ベトナムから帰国した元兵士が、伝え聞いた話として、レアード国防長官と五人の有力議員にこの事件の真相調査を訴えると、驚いた国防総省や議会が動き出し、ニューヨーク・タイムス紙などに報道されることにより表面化された。

そこでまず米国政府は、「こうした事件は、米国軍隊の方針に違反したものであるばかりでなく、全米国民の良心に反するものである」旨声明し、リーサー陸軍長官は上下両院に呼ばれて証言を行ない、さらに陸軍省は当時の責任者を軍法会議にかけると発表し、国民の間にもこの事件を徹底的に糾明しようとする動きが高まった。このような時に、事件当時の従軍カメラマンによる虐殺現場の生々しい写真が公表されると、米国民は大きな衝撃を受けた。この事件をめぐって、新聞・雑誌・放送の追及の手はきびしく、事件の参考人を見つけ出して証言をとるのにやっきとなっている、といわれる。こうして、元従軍カメラマンの撮った十八枚のカラー現場写真の版権がなんと十二万五千ドルの高値をよんだとのことである。

平和を愛好し、人間尊重・人道主義を標榜する日本の新聞・雑誌は、連日、このような事件を起したアメリカ社会の病根を鋭く分析・指摘している。まさにそのとおりであって、アメリカは病んでおり、苦悶しているのかも知れない。そして、「米国民にとって、ソンミ村の大虐殺事件ほど戦争に対する原罪を呼起し、良心の声に苦悩している機会はなかったであろう。」「ソンミ事件に対する米国の反省は、今後も深まりこそすれ、おさまることはないであろう。」と朝日新聞は報じている。

このような米国民の反省と苦悩は当然であり、またそれは不足こそすれ、過ぎることは決してないのである。ともかく、米国民がこの事件で罪の意識をもち、自己の良心に問いかけていることは重要である。

しかし、今日の平和な日本の国民は、かつての犯した残虐な行為に対して、罪の意識をもつことのないまま、いつの間にか平和主義者になり上ったものである。日本には「ソンミ」事件はなかったのであろうか。

日本の「朝鮮」支配の全過程をとおしての無数の韓国民の殺害はおくとしても、三・一運動の時の村の人を教会堂におしこめて焼き殺した「提岩里事件」においても、日本国民の良心の反応はなかったし、また関東大震災の時は、当局の流した流言にのった民衆が立ち上って、六千六百名もの莫大な数の「朝鮮人」を白昼公然と虐殺しても、日本国民の良心に反応は起きなかった。

一般国民はいうに及ばず、キリストの愛を説く日本のキリスト教徒までもが早くから韓国併合を賛成・支持していたが、さすがに関東大震災の時の「朝鮮人」大虐殺に対してもついに意思の表明をしなかったのである。以後、太平洋戦争中の大陸や南支各地で行なった数々の残虐行為に対しても勿論同様である。

敗戦後、連合国により東京国際裁判が開かれ、東条英機以下多くの戦争犯罪者が裁判を受けたが、日本国民は、それを日本国民を裁くものとして受入れず「勝者が敗者を裁く」ものとして、強く反発した。良心は内から発するものであって、外から与えられるものではないかも知れない。

戦後も二十二年を過ぎた一九六七年に至って、日本のキリスト教の一派である「日本基督教団」の中の一部の人たちによって、「第二次大戦下における日本基督教団の責任についての告白」を表明すべきであるとの提議がなされたが、猛烈な反対がまき起ったという。どうにかして「告白」は発表されたが、それも戦争中の教派統合と戦争協力に重点がおかれ、日本が「ふたたび憂慮すべき方向にむかっていること恐れ」るというもので、日本国民の原罪にふれるものではなかった。

このように、日本国民は、その犯した残虐行為に対して、一度も自己の良心に問われることのないままに、人道主義者、平和主義者になったのである。ここに日本国民の良心の原型ともいうべきものがあるのかも知れない。それで、日本の手もとに置かれている在日韓国人に対しては、一連の弾圧政策がとられ国民は蔑視と排斥を継続していても気がつかないのである。外面上はとても健全で平和な日本の国民の良心、人間尊重も、やるべきことをやっていないところから、どこか畸形的な一面を内包しているのではあるまいか。

大規模な北傀糾弾大会

本国で 赤狗打倒の叫び

北傀の蛮行を糾弾する自由民の熱い憤怒が全国内にわきあがった。さる十三日、ソウルでは各級社会団体員、市民、学生など三十余万名が集り北傀の蛮行を糾弾する大規模な全国民決起大会がひらかれたほか釜山、大田、清州、春川、仁川そして悲劇のKAL機が飛び発った江陵など全国津々浦々で決起大会がひらかれた。

ソウル奨忠壇公園でひらかれた決起大会において、自由市民たちは、手に手に「北傀金日成徒党を打倒せよ」「強制拉北した旅客機と搭乗者たちを即刻送還せよ」などのプラカードとピケットをもって民族的ないかりをぶちまけた。

警察楽隊の奏楽ではじまったこの日の大会で韓国反共連盟ソウル市支部許伯支部長は大会あいさつを通じて「北傀金日成徒党狗走たちが、わが大韓民国の民間航空機と搭乗員たちを強制拉致した事実は、北傀の非人道的な蛮行と戦争挑発策動を白日の下にさらけだしたもの」と憤激した言調で指摘、「全世界の自由民の名においてこれを糾弾応徴すべきである」と叫んだ。

この日大会に集まった自由民たちは、「北傀は、強制拉致したわが民間航空機と搭乗員たちを即刻送還せよ」「北傀金日成徒党は無謀な武力赤化統一の策動を即刻中止せよ」など五個項目の決議文を憤怒と滅共の決意がみなぎった叫び声と拍手でもって採択したあと△朴大統領に送るメッセージ△国連事務総長に送るメッセージ△赤十字国際委員会委員長に送るメッセージ▽自由友邦国民に送るメッセージなどを採択した。

国会での追求

国会外務、国防、交通委はKAL機の拉北事件に対して政府側の報告を受け事後対策を追及した。国防委で任忠植国防長官は「事件の直後、戦闘機を出動させ撮営をつくしたが、これを防止することができなくて誠に遺憾に思う」と述べ「これから関係部処と協力してこのような事件の未然防止に最善をつくしたい」と述べた。

金成竜空軍参謀総長は、KAL機の拉北事件の経緯に対しての報告で「十一日ひる十二時四十七分最初にKAL機が空軍レーダー網にとらわれ、この時から防空機構では未識別航空機を規制しながらこれの北上を追撃した。十二時四十九分、全レーダー網にも監視を指示した。KAL機が飛行中のこの地域は作戦の任務上、時々、特殊活動がある地域でこの視角での韓国航空機の出動はなかったが作戦遂行中の米空軍機ではないかとみて、米軍側へ調査を依頼した。この時も継続、未識別機が北上し十二時五十四分、江陵空軍基地でF5A戦闘機二機を出撃させ追撃したが、この時はすでに休戦線を通過していたので逃がしてしまった。これが空軍機であれば空中撃墜という方法もあったが民間機であったので乗客の安全のため積極的な措置を取ることができず、また時間的な余裕もなかった。KAL機は十三時五分元山の南方までレーダーでとらえていたが高度をさげてきたのでそれ以上とらえることができず。戦闘機も基地へ呼びもどした」と述べた。

われら名誉ある反共国民

共産主義は人類の共敵なり

劉 徹

劉徹氏

世界人類の疑惑に充ちた共産主義 これは正に地上最悪の主義で我々人類にとって共敵と言えよう。彼等は、自分達の共産主義を民主主義だと言う。然し筆者は、これ等の主義こそ悪魔の教えであり、人類を滅亡に導く、誤った倫理と思っている。私達の生活の中での物の見方、考え方、人生観、世界観乃至歴史観に至るまで凡て温い人類博愛主義に立却し、人民の為めの利益、人民の為めの施設乃至は建設、教育でなくてはならない筈の今日の二十世紀後半期に於て彼等マルクス信奉者共々は誠の民主主義とも知らず凡て悪に充ち、彼等の顔には常に憎悪の風潮がみなぎっている。現在日本に於ても革マル派、赤軍派、ML派、四トロ、全国全共闘、中核派、社学同、反帝学評、プロ学同等の悪質な破壊分子によって常軌を逸した革命の悪夢を追って悪事を働らく現況を我々は毎日見ている。彼等は今や終戦後の日本の貧窮、食糧難、貧困と戦い乍ら父母に育てられた過去を完全に忘れているのである。

全国大学の破壊状況はやがて高等学校に迄波及し学園は正に倒壊前夜に迄来ているのである。実ににくんでもにくんでも余りがあるのである。筆者の聞いた話では彼等の資本ルールは勿論共産圏の支援で動くと言うが、今頃毛沢東や金日成のあの馬鹿者共の写真を頭上にかかげ各地で騒乱を再現また再現をくりかえすが如きは実に愚の骨項と言えよう。我が祖国は神聖なる反共を国是となしている。全国民が共産主義を挑撃している。北の方から金日成の手先きの間諜等は何処にも足を踏み入れられない、これは絶対的である。老ひも若きも男も女もである。言うならば男女老幼全部がである、筆者は共産主義者等は世界のギャング集団であると思う。また世界の暴徒の集りでもある。平和人類の破壊者でもある。

今日、日本に於てもこれ等を早く応懲することが不可能ならば為政者の苦労は益々つのるのみであると信ずる。最近の様子を見ると少しづつは当局も目覚めつつはあるかの様に感ずる然しこれは機先を早く制せざれば国家の体面も国際的位置も低下を免れないのである。国益の国家を代表して国家の外交に旅出つ一国の国総務総理が歓迎はおろか 反対 のデモの中で出発しまた帰るとは実に嘆いても余りあると言うべきである。これが国民所得世界の第二位の日本の現況である。日本も一日も速かにこれ等暴徒に断乎と臨み、これ等暴徒を孤立化させないと、これ等凶悪犯が増加一路をたどると信じてやまない。我が親愛する民団において活躍する新風気鋭の多くの若手の役員たちもことごとく筆者と意を同うするものと考えるが、これ等祖国発展に数多く貢献する在日同胞社会においてはこれ等無知と虚偽のシンボル人類を滅亡に導びく憎むべき思想共産主義の断末魔に対し我等誠の民主主義信奉者の勝利を信じ疑はない信念こそ我等には絶対必要ではないでしょうか。

彼等のなかに多い背信行為、不法行為乃至は破壊行為を我々は絶対見逃すことが 出来ない のである。悪徳暴虐を冒したこれ等暗黒国家群も決して現状を維持することこそ困難なのである。共産主義が滅亡する時こそ今迷っている可憐な朝総連も我が傘下に馳せ参ずるものと信じて疑わないものである。（おわり）〈寄稿〉

「編集者注」筆者は現ソウル大韓商工日報社副社長兼在東京世界日報社副社長である。東京の専修大学の経済科と米国のインデアナ州立バデュ大学校の行政科を修了し、済州道警察局長を歴任した。

賀正
御一家御一同様の御多幸を御祈り申上げます
元旦

拉北機すぐ返せ

滅共への決意新たに

北傀蛮行糾弾中央民衆大会

北傀のかさなる海賊的な蛮行事件、大韓航空機の拉致事件は、われわれ韓国民はもとより全世界の人民が憤怒を禁じえないが、在日大韓民国居留民団では、そのような北傀の野蛮行為を糾弾する中央民衆決起大会をひらき、赤狗徒党たちへの憤激をぶちまけて、拉北機の即時変還を要求した。

北傀糾弾在日居留民団中央民衆決起大会は、さる二十二日午前十時から東京市ケ谷の日傷会館でひらかれた。

この日東京をはじめ関東地区一円に居住する同胞たち約三百余名は北傀の野蛮きわまる行為へのいかりをこめて会場へ参集。

大会は、年末の多忙な時だけに主に東京本部を中心とした同胞の代表たち三百余名が参加した。

まず大会は、会長団に、朴根世中央議長張聡明中央監察委員長、池昌男副団長、鄭在俊東京本部団長、張翼相福岡県本部団長を選出した。引きつづき李禧元中央団長の開会の辞を池昌男副団長が代読し、「北傀の野蛮行為を断固として許せぬ」という要旨の決議文を朴大煥中央事務総長が朗読したあとこれを満場一致で採択した。

さらに大会は、「乗っ取られた機体と搭乗員のすみやかな返還を全世界の与論に訴える」という要旨の呼訴文を羅鍾卿東京本部副団長が朗読したあとこれを採択し国際赤十字と日本赤十字へそれぞれ陳情することにした。

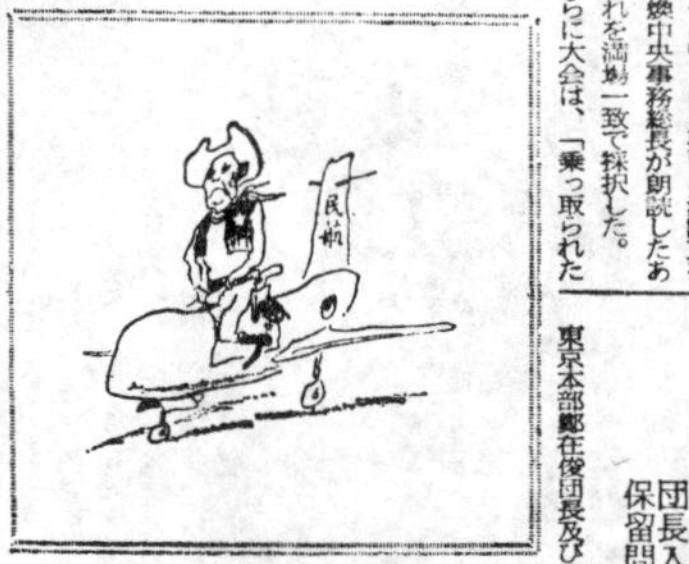

本国紙の漫画

早急な解決要望

団長入国保留問題　東本執行委員会

東京本部鄭在俊団長及び李永三副団長の入国許可保留についての問題について、さる十二月十八日ひらかれた東本執行委員会でつぎのとおりの御話書を駐日大使代理ならびに中央本部へ伝達した。

去る一九六九年十一月二十五日付で東京本部鄭在俊団長及び李永三副団長が本国入国許可を申請したところ、去る八月七日本国で開催された合同会議に参加しなかったことに対する行政処分であるとして、申請後三週間余が経過した今日まで入国許可が保留されており其の間、巷間に浪説がみだれ飛び民団組織運営に莫大なる支障と混乱を招来しており、民団組織強化に及ぼす影響が甚大なので、現状情を賢察なされ、早急な時日内にこの措置を解消され、本国入国を許可されるよう東京本部第六回執行委員会の万場一致による決議をもって仰望致すものです。

写真は韓青臨時大会のもよう

委員長に金恩沢氏

韓青、臨時大会ひらかる

さる十二月二十一日午後二時から東京・台東区民会館において、韓国青年同盟中央本部の臨時大会が全国の代議員、盟員ならびに来賓多数が参席して開催された。

大会は、国民儀礼のあと代議員点呼が行なわれ、ついで議長選出に入り、議長に大阪地方本部の朴才俊副委員長が、副議長に愛知地方本部の金佳秀副委員長がそれぞれ選出され、大会成立が宣言され委員長あいさつに移った。金宰淑委員長は、在任五年間の総括と今後の展望を述べた後、「後進に道を譲るにあたって、韓青同のなお一層の発展を新執行部に期待する」と力強く挨拶した。ついで来賓あいさつにうつり、民団中央本部の海丁寛組織局長、丁栄沢監察委員の挨拶があった後、東京本部の鄭在俊団長は「五年の長きにわたって委員長の重責を務めた金宰淑氏に対して労をねぎらうとともに、廃案に追いこんだ入管法案反対闘争での韓青の果した役割を高く評価し、今後とも予想される様々な困難な状況に対しても共に闘おう」と力説、盛んな拍手を受けた。

ついで司会者より、参席した先輩、若手の民団有志が紹介されたあと、活動経過報告、質疑応答、活動方針案等を討議、続いておこなわれた役員総辞職では、金宰淑執行部にねぎらいの拍手が送られた。この後十分間の休憩ののち地方決議案を審議、ただちに新役員選出に入った。

新委員長の推薦では冒頭、金一明前韓青副委員長が同じく副委員長の金恩沢氏を推薦、また福岡の代議員から金一明氏が推薦を受けた。金一明氏がこれを辞退したため、票決と信任投票の是非をめぐって活発な応酬が続いたが、結局金一明氏が韓青の“団結と統一”の立場から再度辞退するとの意思を表明したため議長判断により論争を打切り、金恩沢新委員長が決まった。午後七時閉会。

（法大）

相助会で忘年会

都内の民団実務者のあつまりである相助会の忘年会が、さる二十日午後五時から東京上野の新羅苑で開かれた。万博招請、永住権申請受付にと日頃はん雑な仕事に追われている実務者約四〇名が出席韓国料理に舌づつみをうちながら一年の話題に花を咲かせ、たがいに日頃の労苦をねぎらった。

韓学同の新執行部

さる十三日に臨時大会を開催した韓国学生同盟では、十二月二十三日付次のとおり新執行部役員を発表した。

▽委員長　金光沢（早大）▽副委員長　梁正善（内定・早大）▽総務部長　宣甫鎬（中大）▽組織部長　俞彰一（中大）▽情宣部長　金承輝（早大）▽文化部長　全鍾春（早大）▽女子部長　崔順子（農大）▽組織次長　呉秀一（内定・法大）▽情宣次長　申東秀（明大）▽文化次長　朴粋徹（早大）▽女子次長　権末子（法大）

尋ね人

姜道根（58才）（本籍）慶北永川郡永川邑采薬洞218　西紀一九一九年十二月三十日生。渡日時博多にいてその後東京に移転した。現在は不明。

右記の方を弟の姜道秀さんが探しています。心当りの方は、当韓僑通信または大阪市北区西根崎上一丁目四七韓世界旅行社まで。

東本新年会のお知らせ

東京本部恒例の新年会は、一月十日午後一時から四時まで、新宿小田急デパート八階「豪華」で行なわれる。

激化する北傀の挑発と韓国の防衛

分断の平和さえ保たれぬ

日帝の統治から解放（一九四五年八月十五日）されてから二五年、韓国政府が樹立（一九四八年八月十五日）されてから二十二年、血で血を洗う六・二五動乱が軍事停戦協定の調印（五三年七月二十七日）によって休戦に入ってから一七年にもなったが、三千万国民の念願である南北の統一はおろか、分断のままの平和すら保たれそうにない情勢となり（過去十六年間に軍事挑発事件でも一万件以上にのぼっている）、アジア・極東の危険地帯であるだけでなく、地球上でもっとも引火しやすい軍事爆発直前の地点の一つになっているのが現在の韓半島である。

恒久的な平和へのたゆみない各国の動きや、東西両陣営間の平和共存の動きが見えはじめてから以後、かえってますます軍事的に無気味な対立をつづけているのがこの地域である。

アメリカのエドウイン・ライシャワー教授はさきに「アジアの平和に対するもっとも危険な当面の脅威は、南北韓国が真正面から極度に対立していることだ」と述べ、ベトナム戦争が解決された後までも、韓半島がアジアの平和を脅かすもっとも大きな震源地になる可能性を示唆した。

昨年の夏、訪韓したロジャーズ国務長官は、「北韓の軍事的挑発が激化し平和に対する大きな脅威になっていることを認め、北傀から直接軍事的な挑発がある場合には、断固として共同防衛に当ることを再確認するニクソン大統領の親書を朴正煕大統領に手渡すとともに、アメリカは米韓間の相互防衛条約の義務を遵守することを確約している。

また、米韓間の政治、経済、国防関係については、昨年八月にアメリカでひらかれた朴大統領とニクソン大統領の会談でさらに再確認されているが、いずれにしても北傀の絶えざる軍事挑発とアジアに対するアメリカ政策の大転換にもかかわらず、韓国の独立と安全を守り抜くアメリカの決意は確固としているようである。

ニクソン大統領は、アジア各国内で起こり得る紛争に直接介入しないが国境外からの軍事的な侵入事態については特別の関心をもつことを明らかにしたことがある。北傀が一九五〇年当時のような本格的戦闘をしかける場合が「後者」に属するのはもちろんである。北傀は本格的な戦争をしかける場合でも「国内問題だ」「南北統一のための民族統一運動だ」と主張し、国連はじめ各国の介入を排除する工作をとることは自明のことだが、「韓半島の人口四、三〇〇万の約四分の三が居住し、国連の監視下で実施した自由選挙によって樹立された韓半島内の唯一の合法政権」という今までの韓国の地位を完全に無視しない限り、そのような北傀の主張がそのまま通るはずはない、と言って、一九五〇年代のように国連の旗印の下に一三ヵ国軍が韓国に進駐して支援するというようなことも期待できない。結局ニクソンが主張しているように「自衛・自助の精神」をもとにして、アメリカからの支援を受けなければならない。それだけに、韓国が六八年からうたってきた「自主国防」「自立経済」の目標が達成されねばならないのである。

韓国の独立安保へ　アメリカの決意は固い

「自主国防」と「アメリカの支援」を柱にする韓国の防衛体制に対し北傀は、対ソ軍事同盟、対中共軍事同盟（ともに一九六一年七月に締結された）の共同防衛体制はゆるぎないようであり、人口が韓国より少ない（韓国三、〇〇〇万人、北韓一、三〇〇万人）割りには、大陸と陸続きになっているという関係もあって地理的に防衛に有利な立場に立っており、物的人的資源をぎりぎりまで動員し得る国家統制が徹底しているので、軍事的な力量はなかなか無視できないものがある。しかも北傀の軍事動向はもとより、政治、経済、社会の動向がまったく厚いベールの中に隠されているので、北傀がどのような大それた計画を、いつどこで、どのように進めているか外部にはまったく知られない国柄である上に、現執権者金日成は神格化され統治体制が強固になっていると言われる。それだけに北傀からの直接、間接、有形、無形の挑発と脅威から韓国を守り抜くには韓国は政治的安定、経済的発展軍事力強化のため、全精力を傾けなければならない情勢にある。そこで激動する七〇年代を迎えて最近のこの地域の情勢をもう少し詳しくさぐってみよう。

驚異の成長率

韓国の近年のめざましい政治、経済面での前進は内外によく知られているところだが、大筋の足あとをたどると、政治的には六〇～六一年の激動と混乱期、六四～六五年の激変期を経て、六七年からは躍進期にはいっており、七〇年代の高波に備える国内体制を固めた。六七年ごろからは北傀からの軍事挑発が激化し、六八年からは休戦ラインから後方にいたるまで北傀の武装ゲリラに備える国をあげての国防体制をとりながらも、中進国への離陸をめざす積極的な経済建設政策が推進され、干害による大凶作が二年も続いた中で、第二次五ヵ年計画（六七～七一年）は順調に進み、六八年にはGNP（国民総生産）は年間一三・三％の伸びを見せ、一人当たりのGNPが一六四・七ドル、一人当たりの国民所得が一三八・九ドル。

これらの数字は、年間わずかに六四ドルの国民所得しかなかった六〇年代初めごろの韓国民の経済水準からすると、五～六年の間に所得が倍増し、対外輸出も商品だけで五億ドル（六〇年前後には二～三〇〇〇万ドル）を越え、無形輸出を合わせると八～九億ドルになっている。ただ急速な生産と輸出の伸びに先がけて消費が増大し、輸入のテンポが輸出をしのぐということ（民借による輸入もふくめて）と外資導入の増大が大きな負担となってはね返ってくるなどという客観的な経済体質問題と、輸送、電力の相対的な不足による国内的なアンバランスの問題が大きく浮かんできたが、このような経済現象の裏を返せば、韓国経済がそれだけケタ違いに伸びたことにもなるのである。

経企院当局は、去年は干害がなかっただけでなく、鉱工業生産が大きな伸びを見せた。昨年の年間成長率は一五～一七％は問題ないと見ているが、今年からは「成長から安定へ」「海外依存から内資の確保へ」「輸出の増大と並行する輸入の抑制策断行」などといった安定策を打ち出し、GNPの伸びを一一％にとどめるということである。

「緊張した軍事情勢のなかにあっても、経済成長のテンポをゆるめない」という韓国政府の方針を簡単に表現すれば「建設しながら防衛する」ということになる。

一昨年一月二十一日の北傀武装ゲリラのソウル侵入と、同二十三日のプエブロ号捕獲事件から緊張が高潮した。以後同年八月二十日済州島での武装スパイ船捕獲事件、十

（次ページへ）

国軍の日に閲兵する朴大統領

「国軍の日」の記念式
汝矣島にある「民族の広場」を縫いながら華やかに展開する荘厳な我が国軍の大パレード。世界第四位である真強な軍事力を誇り歩武堂々と行進するりんりんとした偉容と，はためく旗の下に滅共の信念と勝共統一への気概が目にうつる。

10월 1일 국군의 날 기념식
여의도「민족의 광장」을 누비며 화려하게 펼쳐진 장엄한 우리 국군의 대 퍼레이드. 세계 제4위의 막강한 군사력을 자랑하며 보무도 당당하게 행진하는 늠름한 위용과 나부끼는 기치 위에 멸공의 신념과 승공통일에의 기개가 어린다.

韓半島の緊張

建設しながら戦う
驚異的な経済の成長率

〈前面からつづき〉
一月初めの蔚珍、三陟への北韓武装ゲリラ大集団の上陸・浸透事件、六九年の四月十五日に起こったアメリカ偵察機EC121型機の撃墜事件など、主な北韓の挑発事件だけでもこれだけ挙げられるが、そのような情勢下にあっても、ソウル、釜山、蔚山、麗水、仁川などにおける工業化は進展し、建設は進められ、ソウル—釜山間のハイウェー工事は夜昼なくどしどし進み、韓国の地図を塗り変えている。そしてそのような建設を進めながらも、韓国に侵入した武装ゲリラは山中で、海上で、休戦ライン上で掃討された。

韓国は一昨年来の対米交渉により、一億ドルの追加軍事援助を受け北傀に比べはっきりと差がついている。韓空軍の質、量的強化策（ファントム機の導入、レーダー施設、通信施設の近代化と基地拡張など）をとり、攻撃用駆逐艦の導入、韓国地上軍装備の近代化（個人兵器、夜間透視器、通信器および機甲装備などの近代化）をはかるとともに、一〇〇万以上の郷土予備軍の編成と武装（七〇万丁の小火器の一部が着き始めている）を進めた。対南武力工作をねらって特殊訓練を受けて待機中の北傀軍第一二四部隊（六、〇〇〇人から一万二、〇〇〇人と推定されている。一・二一事件、蔚珍・三陟事件などはみなこの部隊員による浸透だった）にまけない猛訓練が韓国軍各部隊で実施され、戦闘部隊の中堅将校に対しては次々と再訓練、再教育が実施されている。

最近、アメリカ軍の撤退開始により小康状態にはいった南ベトナム戦線で、もっとも活発な作戦をつづけているのは韓国軍だが、それは韓国が直面している軍事脅威、軍事危機を意識したまじめさと気迫があるからである。ベトナムの各戦線に派遣されている五万人の韓国軍は、ベトナム戦場での経験を生かし、韓国に帰ってはさらにきびしい再訓練を受けた上、三八度線の各戦線、後方要地や海上に配置されている。北傀がエスカレートしている軍事挑発を受けて立つ韓国側の対策も最近とみに積極化している。

「北韓が冷静に韓国軍の実力を評価すれば、簡単に本格戦争には乗り出せないでしょう」「韓国軍はあくまで防衛を作戦の基本にしているが、一九五〇年の六・二五動乱の時のように、緒戦から後退するようなことはありますまい」—真っ黒く日やけした最前線の将校がきりっとした口調で自信たっぷりにこう語っていた。ある軍事専門家は南と北の物理的な面以外の戦力について次のように言っていた。

「北韓が軍事的、政治的に徹底した訓練を受けているのは事実です。はっきりした目標を示せば、もっとも勇敢に前進できる軍隊にはちがいない。しかし、あまりにも外部世界を知らせないまま猛訓練だけさせたので、複雑な情勢、変転する作戦状況に適応し得るような有能な軍隊とは言えません」

対等視への作戦か
拉北機事件　北傀放送の真意

二十五日夜の平壌放送は、北韓に乗取られた大韓航空（KAL）YS11旅客機の乗客送還問題にかんし「板門店で南北双方の民間団体で交渉する用意がある」との北傀提案を伝えたが、韓国政府はこれを「韓国政府に北韓を国家として認めさせようとする一つのゆさぶり作戦だ」という見方をしており、これにたいする対策を慎重に検討中であるといわれる。

韓国は一九四八年十二月の国連総会で「韓半島の唯一の合法政府である」ことが認められており、北韓を国家として認めていない。そこで北韓側は乗取られたKAL機の乗客四十七人を人質として民間レベルの交渉という実績をつくることによって「韓半島における唯一合法政府」という原則を破ろうと試みているとみられる。

二十五日夜の平壌放送はまた、KAL機の操縦士二人は北韓に"義挙"してきたから送還しないといっているが、韓国政府は少なくとも正操縦士の柳炳夏は自発的に北韓入りするというようなことは決してあり得ないと判断しており、北韓側が柳氏らの"義挙"に賞金を与える決定をしたと発表しているのは、昨年一月北韓にだ捕された米情報収集艦プエブロ号ブ[illegible]ャー艦長が銃剣[illegible]北[illegible]領海侵犯"[illegible]めて"自白[illegible]させられたケースと同[illegible]るデッチ上げだと解し

鄭団長

羅副団長

李副団長

民生の安定をはかる

留民団東京都本部

顧問
張仁建
鄭寅錫
丁賛鎮
呉宇泳
徐忠臣
金仁洙
金己哲

議決機関
議長　金載淑
副議長　徐興錫
副議長　金聖煥

監察機関
委員長　李馬致
委員　禹英鎮
委員　朴達権

執行機関
団長　鄭在俊
副団長兼経済部長　羅鍾卿
副団長　李永三

韓事務局長

企画分科委員会
委員長　尹致夏
委員　金鎮奎
〃　曺圭必
〃　朴道春
〃　姜高元
〃　尹奉啓
〃　徐龍岩

組織分科委員会
委員長　姜学文
委員　金致淳
〃　李海龍
〃　金東春
〃　金宰淑
〃　朴琪先
〃　商工会代表

民生分科委員会
委員長　申奉文
委員　李彩雨
〃　徐興錫
〃　許允道
〃　金勲暎
〃　崔祥烈

ことしも頑張ります

金団長

文京支部
団長　金尚弘
議長　韓文鳳
監察委員長　鄭鎮鎬
事務部長　宋成復
東京都文京区小石川二ノ十一ノ一七
電話（八一一）三五五五番

李団長

台東支部
団長　李鎮浩
議長　趙弁訓
監察委員長　李鍾燮
事務部長　李柱赫
東京都台東区上野七ノ二ノ一
電話（八四一）八〇三二番

申団長

中央連合支部
団長　申奉文
議長　金容太
監察委員長　黄方燁
事務部長　文秀直
東京都中央区日本橋茅場町一ノ六
電話（六六一）五三七〇番

姜団長

墨田支部
団長　姜学文
議長　姜、謂鍾
監察委員長　曹成玉
事務部長　薛鳳九
東京都墨田区太平町一ノ四ノ八
電話（六二二）九四四二番

廉団長

江東支部
団長　廉廷燮
議長　金教安
監察委員長　具滋順
事務部長　李基重
東京都江東区木場六ノ八ノ十
電話（六四四）〇五一二番

崔団長

板橋支部
団長　崔学林
議長　石相奉
監察委員長　金鍾声
事務部長　朱光熙
東京都板橋区板橋二ノ二二ノ九
電話（九六一）六五六五番

李団長

練馬支部
団長　李用洙
議長　孫田吉
監察委員長　崔基炳
事務部長　諸兌雲
東京都練馬区豊玉北四ノ三一
電話（九九二）五五七七番

金団長

新宿支部
団長　金炳栄
議長　李慶容
監察委員長　周星会
事務部長　李昌夏
東京都新宿区三光町二五　三立ビル二〇三号室
電話（三四一）〇二四四番

李団長

中野支部
団長　李鳳学
議長　高潤溶
監察委員長　鄭道俊
事務部長　金寔烈
東京都中野区新井二ノ一ノ一七
電話（三八六）五五三六番

呉団長

杉並支部
団長　呉成伊
議長　鄭熙永
監察委員長　李麟基
事務部長　朱尚根
東京都杉並区梅里二ノ二四ノ一三
電話（三一三）七五七五番

われらの権益を

在日本大韓民

宣伝部長兼韓僑通信編集長　李杞雨
次長　金博夫

執行委員
鄭在俊
羅鍾卿
李永三
韓昌圭
尹致夏
姜学文
申奉文
廉延燮
金尚弘
崔学林
鄭昌煥
許允道
趙活俊
門泳相
李彩雨

〃　権寧珣
〃　趙活俊

宣伝分科委員会
委員長　金尚弘
委員　朴性雲
〃　牟萬尚
〃　鄭昌煥
〃　李幸九
〃　金炳栄

経済分科委員会
委員長　崔学林
委員　金周億
〃　金坪珍
〃　許弼奭
〃　李鳳学
〃　朴珪秉
〃　朴鍾太
〃　李慶晩

李監察委員長

金議長

われらの殿堂、東京本部屋舎

北支部

金団長

団長　金鎮奎
議長　李慶晩
監察委員長　崔容奎
事務部長　禹昌信
東京都北区稲町一ノ二六九
電話（九〇一）二六六一番

足立支部

権団長

団長　権寧珣
議長　李禎雨
監察委員長　玄圭元
事務部長　権重落
東京都足立区千住桜木町五三
電話（八八八）八三〇一番

荒川支部

趙団長

団長　趙活俊
議長　趙文淑
監察委員長　河文相
事務部長　高昶徳
東京都荒川区荒川三ノ三二
電話（八九一）〇五五五番

葛飾支部

申団長

団長　申鳳権
議長　梁昌玉
監察委員長　金昌植
事務部長　秋元植
東京都葛飾区本田立石六ノ一八ノ一六
電話（六九三）一七七一番

豊島支部

牟団長

団長　牟万尚
議長　崔龍雲
監察委員長　金熙淑
事務部長　金時元
東京都豊島区池袋二ノ一一六七
電話（九八二）七一六一番

世田谷支部

徐団長

団長　徐龍岩
議長　朴麒奉
監察委員長　尹熙万
事務部長　金鍾浩
東京都世田谷区下馬町一ノ七
電話（四二一）三六〇九番

目黒支部

姜団長

団長　姜高元
議長　尹奉啓
監察委員長　黄晩伊
事務部長　方永哲
東京都目黒区青葉台一ノ三〇ノ一〇
電話（七一三）四三七八番

港支部

金団長

団長　金周億
議長　張仁建
監察委員長　李鎔吉
事務部長　康三熙
東京都港区三田四ノ六ノ一八
電話（四五一）六五三八番

品川支部

李団長

団長　李幸九
議長　南琦煥
監察委員長　朴弼鍾
事務部長　李一雨
東京都品川区豊町三ノ一ノ一
電話（七八六）一二二四番

大田支部

閔団長

団長　閔泳相
議長　郭泰石
監察委員長
事務部長　金大栄
東京都大田区新蒲田一ノ六ノ七
電話（七三二）七六五一番

みなさんのご支援を

経済建設の目ざましい成果

租税とその用途

1968年度の地方税をふくむ租税のうち，産業別に分類可能な範囲で徴収実績の比率をみると，第一次産業が5.1％，第二次産業が44.8％，第三次産業が50.1％で，農林部門の第一次産業は国民総生産構成比28％に比べ，租税は全体の5.1％しかなっていない。このように租税は第二次産業部門に厚くして，農業部門と間接資本の形成に配分している。

1968年度租税負担率を業種別に分類すると

農林水産業	5.1％
鉱工業	44.8
電気ガス業	3.1
建設業	2.7
運輸保管業	8.8
金融保険業	0.4
卸・小売業	22.5
飲食業	6.8
その他サービス	5.8

となり，鉱工業と卸・小売業，飲食業，その他サービス部門で租税負担額が高い。

農漁業に全人口の過半数が従事しているのに比べると，租税負担率5.1％というのはきわめて少ないものである。しかし，租税負担率は少ないけれど，69年度に直接，間接におよそ1,750億ウオンほどの財源が農漁村部門に投資されている。農民が68年度に納めた農地税はわずか27億ウオンしかならないが，農民に投資されている。資金は農民の納税額の64倍にもなる。

農漁村開発は他の産業とちがい，投資効果が短期間に現われるものではないから，長期的な見通しのもとに今日の苦難を耐えて行くよう努力しなければなるまい。

水利施設の拡充　　単位：千トン

年度別	全水田面積	水利安全水田面積	水利安全水田比率
1960	1,216	669	55％
1966	1,298	763	58.8
1968	1,301	782	60.1
1969	1,801	1,027	79.0
1971	1,301	1,176	90.3

羅州、湖南肥料 農業近代化の核心である肥料生産は自給自足を超過して外国に輸出する実情である。その一部分を担当する湖南肥料は一九六二年に建立され祖国近代化の一翼をになっている。

六〇年代の〝韓国外交〟

経済発展で国際的地位高まる

申化鳳

一九六〇年代の韓国外交は大きく跳躍した。かつては自由諸国一辺倒、とくに対米協調外交にしぼられていたものを、この十年間の外交は徐々に多辺的、多角的に広げ、中立国外交に重点を置き始めた。反共基本外交方針に変わりがないが、五十年代には中立国を共産主義へのシンパとみていたのに反し、六十年代には中立新生国群を、過渡期にある影響されやすい国ぐにと解釈して、積極的なアプローチに踏みきった。それは多くの経済・親善使節団などの派遣にもうかがわれたが、これと共に、国力の増大に伴い国際的地位も向上、アスパック（アジア太平洋協議会）も六六年六月、韓国の提唱によって生まれた。なお、これより先、六五年十二月に、長年問題となってきた韓日国交正常化を実現したこともマークすべきことの一つだった。

この十年間の韓国外交をふり返ってみると、かっての依存外交を脱脚して〝成年外交〟の道にはいり、大躍進をとげたことが、まずあげられる。といっても、一足跳びにではなく、これは漸次になされてきた努力のたまものだったといえよう。北韓からの脅威は年月と共に増大していたが、国内的にも幾多の問題がある中で、韓国の多角的積極外交は推進された。六〇年の四・一九（四月十九日の学生義挙で李承晩政権を倒した）と六一年の五・一六（五月十六日の軍事革命）という二つの革命を経て、第三共和国の出発からその間、韓国外交は激変する国際情勢に大きな刺激を受けて変わって行った。

▽国民は〝外国参与〟の意識をもつ

五十年代の韓国外交は、韓国動乱とその戦後処理に大きく左右され、国内安定を第一の指標としながら、狭く閉鎖的独断外交の域を出ることができずに悩んでいた。ところが六〇年代にはいってから朴政権の積極的対外姿勢により、あるときは〝中立国外交〟あるいは〝頂上外交〟あるときは〝経済外交〟などといわれながら、外交の範囲を大きく広げて行った。その間、米ソ両大国は共存体制を持続、そしてアフリカの新生国群の間には民族主義の抬頭がめざましかった。

米国との協調はいうまでもなくベトナム派兵なども行なわれたが韓日国交正常化、アスパック、アフリカ諸国をはじめとする対中立国外交などの伸展により、韓国国民の眼は大きく外に向けられ、国民は間接的に〝外交参与〟の意識をもつことになったのである。

外務部の予算も外くなっており六〇年当時の外務予算は政府全体予算の〇・六%、二十二億一千七百万ファン（貨幣改革以前の旧貨幣、十ファンが一ウオン）にすぎなかったが、積極外交の始まった六四年から六六年にかけては一・二%にまで上昇した。これが六七年には〇・九%線に落ちたが、韓国の政府予算全体がその間ずっと大きくなっているので金額としては落ちていない。しかし六八年からまた少し上昇し、今年六九年の外務部予算は全予算の〇・九八%で三十七億二千二百万ウオンに達した。

大幅にふえた外交・領事関係

外務部の予算はこうした起伏の中で金額では除々に増加の一途をたどっており、これに合わせて外務部での機構も急テンポで伸びている。すなわち六一年四月には四局十九課だったものが、六九年五月には外交研究院を含む二室六局三十二課となった。

また、友好諸国との外交関係も大きくふえている。四八年の韓国政府樹立以来、韓国が結んだ外交関係は九十九個であるが、このうち八〇%の七十五個は六〇年代に結んだものである。

海外公館設置状況の十年の足どりをみると、常駐大使館は十館から三十一館にふえ、兼任大使館はたったの三館から今では四十六館になった。そして代表部は三から四へ、総領事館は六から十七に増設、このほかに兼任総領事館一つと領事館五つが新設された。

一方、韓国に駐在する外国公館もぐんとふえており、常駐の大使館が十一ヵ国から十八ヵ国へ、兼任大使館は三館から三十館となった。また、総領事館もインドネシアなど四ヵ国によって新設された。

国際機構にも積極参加

また、この十年間は、外交関係を持つ国々との間で締結・調印した各種条約および協定も多く、全部で三百五十五件にのぼった。この数は韓国のもつ全条約数三百六十八件の三分の二という大きな数である。

さらに、韓国はこの期間に国際機構である国際開発協会（IDA、第二世銀）をはじめ三つの専門機構に参与している。

このほかに、国連直属の機構では国連貿易開発会議（UNCTAD）など三つ、政府間の国際機構ではアジア生産機構（APO）など十一の機構に加入、また民間レベルで推進される機構には五十個余りにも参加し正会員国としての活動を行なっている。

六〇年代にはいってからの世界外交は〝訪問外交〟を行なった。

第一に、朴正熙大統領は最高会議議長の時代も含めてここ約十年の間に、米国、東南アジア、西独、南太平洋国家など十回にわたる海外諸国訪問を行なった。そして一般的な外交チャンネルや実務者間では解決のできなかった諸問題を直接「頂上会談」に訴えて、政治的次元での解決模索をし、多大の成果をあげた。

また、丁一権国務総理はこの三十日にマニラで挙行されるマルコス・フィリピン大統領の就任式に参列するのをも含めて、五回の海外・親善旅行をしたし、他の閣僚および特使級の高官五十人余りがそれぞれの分野で友好諸国を訪れた。

さらに、政府および民間の経済団体からも四十チーム余りが親善ならびに経済使節団として各国巡訪の旅にのぼった。

一方、外国から韓国を訪問した人びとも多く、主な国家元首をあげると、六〇年六月十九日に当時の米大統領故アイゼンハワー将軍が訪韓したのをはじめ、当時の、ジョンソン米大統領、リュブケ西独大統領、セラシェ・エチオピア皇帝、ナシルジン・マレーシア国家元首、チュー南ベトナム大統領ジオリ・ニジェール大統領らが韓国を訪れた。

このほかに外国の首脳陣は佐藤日本首相、当時のハンフリ米副大統領をはじめ四十名余りの高官が米韓、さらに多くの外国親善団がソウルにやってきた。

懸案の外交課題解決へ

この六〇年代に、もっとも刮（かつ）目すべき外交課題の解決は、長年問題となってきた韓日国交正常化、韓米行政協定の調印、ベトナム派兵による対ベトナム外交などで、これら韓国の外交は一大転機を記録することになったのである。

韓日間の国交正常化は両国間の歴史的特殊事情もからみ、長い間進まなかったが、六〇年代にはいり、新しい国際情勢の動きなどもあって韓日両国はあらゆる障壁を打破して〝協力体制〟に踏切った。

過去の、不幸な屈辱にみちた歴史のために、幾度か開かれた国交正常化のための予備会談はさっぱりはかどらなかったが、十四年間にわたって七回の本会議と七十回以上の分科委員会での話合いの末、やっと六五年六月二十二日当時の李東元外務部長官と椎名日本外相との間で基本条約、漁業協定、対日請求権・経済協力協定、在日韓国人の法的地位協定、文化財返還にかんする協定などが正式に調印され、十二月椎名外相以下日本全権団がソウルを訪れ批准書を交換した。そうして韓日両国の外相が共同声明で明らかにしたように「韓日両国は新しい基礎の上に立って共同の繁栄と発展とをもたらす歴史的転換点」を持つに至ったのである。

韓米行政協定とベトナム派兵

六六年七月に調印され、六七年二月に発効した韓米行政協定は五〇年代の遺産であった対米一辺倒外交を脱皮し、協調体制外交のしるしをきざんだ。この協定は当時の李東元外務部長官とラスク米国務長官との間で調印されたが、やはり十四年来の懸案問題であった。韓国はこの行政協定により、米国が韓国で使用している施設や土地の所有権を法的に明らかにし、また司法的権限を持つことにより米兵の犯罪を予防することに大きな役割をしている。

韓国は六四年九月十一日南ベトナム政府の要請により、一個医務中隊と（たい）拳道（韓国独特の手の一手）教官団を派遣したのを皮切りに、六五年二月に戦闘部隊二千人を南ベトナムに派遣、現在では五万名の兵力を送っている。これは南ベトナムの外国軍派遣では米国に次ぐ大きなもので、これを契機に韓国は南ベトナムとの関係も緊密となり、さらに国際的発言権をも高めた。

このベトナム派兵は韓国戦争による経験を買われたものであったが、韓国としては韓国戦争のさい国連軍十六ヵ国の援助を受けて共産侵略勢を後退させたことに対する返礼の気持があった。しかしこのベトナム派兵に先立ち韓米間では〝ブラウン覚書〟が交換され、韓国はこの覚書により韓国軍の装備近代化、対スパイ作戦用の装備導入などが約され、のちこれが推進された。そしてベトナム派兵は付随的に韓国の対南ベトナム経済・人力進出を可能にした。

アスパックを提唱してから……

六〇年代の韓国外交が成しとげたもう一つの大きな実績はアジア・太平洋時代に向かっての地域協力体制づくりの貢献であった。六〇年後半期にはいって韓国が提唱したアジア・太平洋協議会（ASPAC）は六六年六月十四日、会員国の韓国、日本、マレーシア、フィリピン、タイ、国府、南ベトナム、オーストラリア、ニュージーランドなど九カ国とオブザーバー（ラオス）一カ国が出席した中で創立総会を開いたが、その後、アスパックは、タイ、オーストラリア、日本での年例総会を経ながら地域協力体制としての役割を着実に果たしている。このASPAC創設により韓国はこの地域での国際的リーダーシップを確保したが、ニクソンのアジア非米国化政策によりASPACの地域協力体制はこんごますます大きくなろうとしている。

国連外交とハルシュタイン原則

六〇年代の韓国外交で、また別の変化・成長を見せた点では対国連外交があげられる。韓国統一問題は過去二十年の間毎年、年例行事のように国連総会に自動上程され、東西両陣営間で慣性的な論難対象となってきた。しかし昨年の第二十三回国連総会ではこうした自動上程方式をやめ、今年からは〝随時裁量上程〟方式としたことにより、統一作業にたいする新しい転機をつくった。

六〇年代の韓国外交の〝大躍進〟は政府の積極的な外交姿勢によるものではあったが、同じ時期に見られた韓国経済の大きな発展によるところが多い。

経済発展とともに国家と国民の自信度が高まり、それが積極外交の後だてとなったことは否めない事実である。

韓国政府がこの六〇年代ではかって五〇年代には一つのタブーとしていた対中立国外交を積極化する方向に進み、来年からはいわゆるハルシュタイン・ドクトリン（東西に分断された西独などの外交方針の中で決めた姿勢で[illegible]を除き、東独を承認する国とは外交関係を持たないという原則[illegible]し、これは六七年一月三十日のルーマニアとの国交再開、六八年二月のユーゴとの国交再開で、事実上崩壊した）に伸縮性をもたせて中立国群にたいする外交を[illegible]積極化してゆくことを検討して[illegible]るということは、国際情勢の[illegible]もさることながら、その間の[illegible]経済力の増進と国際的地位の[illegible]などに伴う国力の相対的なバックアップがあるためだといえよう。

自主防衛態勢確立を根底に

以上のように韓国外交は時の推移とともに多角的実利主義の方向に向かって大きく成長してきたが、まだ未解決の課題をたくさんかかえている。特に七〇年代初期の〝武力赤化統一〟を狙っている共匪北韓の〝対南武力挑発〟に対する態度——こうした問題に悩まされている折の米国の新アジア政策に対処して韓国軍の装備近代化と戦闘力強化による自主防衛態勢確立——こうした中で韓国外交は友好諸国との地域協力を推進することによって地域安保体制を模索して行くことになるだろう。

（SISA）

筆者の申化鳳（ヒル・シン）氏は、時事評論社社長兼韓国[illegible]事通信社東京支局長。A[illegible]前ソウル支局長。

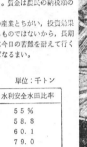

祖国近代化への道

農漁村も近代化

活気にあふれる農漁村

韓国の農民は昔から貧しさにあえいでいた。1960年当時までは端境期になると農民の食糧が切れたという話をしばしば聞いたものだった。しかし五・一六革命以後，経済開発計画が進み国が繁栄するにつれ，農漁民の生活もしだいによくなってきた。すなわち，1960年当時の米の政府買い上げ価格は，市場の価格ばかりか生産費にも達しないもので，農民の増産意欲をかなり低下させたが，その後しだいに改善された。1968年の米穀生産高は前年よりも17%も増加したが，1969年も17%増が見込まれている。

このほか他の農産物についても，収穫期に価格が暴落して農民が損害をうけることのないように，69年には農産物価格安定基金51億ウォンを活用して価格低落防止に努力しており71年までにこの基金は200億ウォン確保され，農産物の価格安定に大いに役立つことになる。

農工併進政策の実現

韓国の農業はしだいに米麦生産から経済作物の生産に変わっていく傾向にある。これは農業の収益率を考えるようになったからだ。それで，工業原料になる作物を栽培・供給して，農産物加工業を農村で行ない，収益性の高い作物の生産地をつくることが，政府の農業政策のひとつとなっている。このような方向転換は，1967年12月の農漁村開発公社が発足してから本格化しはじめた。これは，過去の食糧増産中心の農業から多角農業に転換させて農家所得を増大させるためだ。

一方，水産業は水産物の価格維持と漁民所得の向上を期するため，政府はただ増産のための支援ばかりでなく，水産物の販売に有利で生産・処理・加工・消費を結ぶ総合的な経営体制をつくるのに力を入れている。

政府が過去1年間に完成した工場は，

(1) 済州道西帰浦の葡萄糖工場
(2) 京幾道仁川市の養豚加工センター
(3) 慶尚北道善山郡の総合食品加工工場
(4) 全羅南道羅州のワラビ加工工場
(5) 忠清北道忠州市葉タバコ再乾燥工場
(6) 京幾道平沢の総合農産加工工場
(7) 江原道溟州・平昌・旌善の牛肉加工工場
(8) 慶尚北道羅山のリンゴ加工工場
(9) 江原道墨湖のイカ調味加工工場

などがある。

このほか68年から工事が進められているものとしては，

(1) 全国的な冷凍・冷蔵施設事業
(2) 全羅南道務安，扶安郡のエビ養殖
(3) 全羅南道莞島のノリ改良など総合養殖加工事業
(4) 江原道太白山地域の牛肉加工および流通改善事業
(5) 慶尚南道昌寧，全羅南道務安の玉ネギ貯蔵事業
(6) 全羅北道金堤，全羅南道光山，忠清南道天原，慶尚南道陜川，忠清北道清原などの蚕糸産業
(7) 江原道春川市の兎毛・絹紡事業
(8) 釜山市，仁川市の飼料貯蔵および流通改善事業
(9) 全国6カ所に設置されるパルプ製造工場，タンパク質飼料を生産する食料化学工場などがある。

自給自足の食糧増産

第一次五カ年計画期間に，食糧生産は急激にふえ，1960年に527万トンだったのが1966年には757万トンと43%もふえ年平均7.4%の高い増加率をみせた。これは同じ期間の人口増加率2.7%をはるかにしのぎ，1957～60年の年平均食糧生産増加率5.3%よりも高い。

ひどい干害で1967年には684万トン，1968年には686万トンだったけれども第二次五カ年計画の終わる1971年には，1966年の25.2%増加した948万トンの食糧を生産することになる。

食糧増産のため政府は水利施設の拡充，耕地面積の拡張および利用度の増大，種子改良病虫害予防，農業の機械化などの施策を講じている。なかでも水利施設にはとくに力を入れてきた結果，米の収穫高はふえてきた。

造林と砂防

全国土面積の68%を山林が占めている韓国は，山林緑化のため造林・砂防事業を実施してきた。

1960年から68年までの造林面積は145万町歩で，年平均16万歩になる。一方砂防事業は第一次五カ年計画期間中，49万6,000町歩実施した。67年度には3万3,000町歩，68年度には新規5,900町歩，補修6,000町歩，海岸砂防100町歩を実施した。

倍増した水産物

韓国の水産業は良い漁場条件をそなえていながら，漁船の不足，動力不足，老朽化，漁労技術の不足などのため他産業に比べかなりおくれている。

しかし，第一次五カ年計画期間中の水産物生産高は35万8,000トンから70万2,000トンへと2倍も増加し，水産物の輸出は1960年の1万5,000トン（700万ドル）から1966年には6万8,000トン（4,200万ドル）へと大きく増加した。

また68年度には80万8,000トンの生産高を上げ，そのうち12%にあたる10万トンを輸入して6,519万ドルの外貨をかせいだ。69年度には87万5,000トン生産し，その12%である10万6,401トン（7,300万ドル）を輸出し，残りは国内で消費することになる。

一方「捕獲から養殖へ」という水産増殖事業に力を入れたので養殖高は大きく増加し，1960年には1万4,700トンにすぎなかったのが，1968年には9万2,500トンへと7倍増加した。

また最近，韓国の遠洋漁業は水産業のなかでもとくに目ざましい発展をとげた。1960年当時，たった3隻の漁船が太平洋に出て漁労をしたにすぎなかったが，1968年度には184隻の漁船が太平洋・太西洋・インド洋などに進出して外貨獲得に貢献している。すなわち1968年の漁獲高は4万9,000トンで，外貨1,500万ドルをかせぎ，69年度には漁獲高6万8,713トン，外貨2,088万ドルとなる見込だ。

用水開発に401億ウオン

1960年の水田面積121万6,000町歩にたいし水利安全水田は66万9,000町歩で水利安全水田の比率は55%にすぎなかったが，第一次五カ年計画期間に水利安全水田の面積は9万4,000町歩ふえたため，1966年には全水田面積は129万8,000町歩になったにもかかわらず，水利安全水田の比率は58%という過去を上回る数字を示した。

政府は67年と68年に経験した日照りを教訓に，第二次五カ年計画では水利施設の拡充にいっそう拍車をかけ，恒久的な干害対策を樹立した。また，1968年6月から1971年までに総額401億ウオンの資金で農業用水開発事業計画を推進している。

農漁民所得増大施策

1968年からはじまり1971年に完了する総数90の農漁民所得増大特別事業は，①協同畜産団地②蚕業団地③韓牛団地④乳牛団地⑤高級野菜団地⑥肉牛団地⑦シイタケ団地⑧果樹団地⑨水産養殖場などの造成に474億2,600万ウオンを投入して農家所得を高める。これで所得がふえる農家は45万戸におよぶ。

1968年にはすでに62億1,200万ウオンを投入して，47の事業が推進された。1969年には161億7,600万ウオン投入するが，71年まで推進されるこの事業によって，農家所得は67年の14万9,000ウオンから71年には22万5,000ウオンへと50.6%がふえることになる。

それとともに政府は農漁民所得増大特別事業を拡張して，76年には全国の104万3,000の農家を参加させ農家所得を30万3,000ウオンに，81年には70%に当たる176万7,000の農家を参加させ，86年には250万の農家に農家所得を48万1,000ウオンにふやす構想だ。

70年代の国際情勢展望

七〇年代における国際情勢はどう展開するか？ とくに北傀と中共の好戦的な共産勢力がうごめく東北アジアならびに極東一帯の情勢について、はやくも国際政治専門家たちは危機の状況を予測している。南ベトナムの戦争が急激に協商に転じて70年代にはどのような形態にせよピリオドを打つであろうという客観的な推勢に加えて、米日安保、沖縄の返還、イギリスの撤兵中共の核実験、ソ連の進出など戦後の冷戦列強体制が、一たん整理され新らたな強国の権力政治が抬頭するにつれて、七〇年代の極東の不安は一つの現実的な脅威として迫っている。このような不安の根源と状況はいまどのような角度から提起されているであろうか？

写真はさる8月の朴大統領の韓米で韓米両国の固い友誼を誓いあう朴・ニクソン両大統領

焦点は東北アジア

日本新登場、共産脅威増す？

七〇年代のはじまりは、戦後冷戦体制のなかで米・ソ協力関係を二つの柱に二十年間の東西緊張を力で押えてきたアメリカが、昨年七月グァム島においての声明を通じて明かにしたニクソン・ドクトリンにより軍事介入から経済援助へとアジア支援形態を変えていく初舞台のはじまりであり、英国もすでに六八年の一月に発表した国防白書によって香港を除くスエズ以東の全駐屯軍を撤収する計画であることを明らかにしており、両方二つの強国の影響力に少なからざる真空状態をもたらした。

これらとときを同じくしてソ連は、このような西方勢力の動向をいちはやく利用、アジアにおいての新しい影響力の確保をもくろんで集団安保という新たな対西方外交攻勢をとりはじめた。

これらの諸国の中間にはさまって、いままで敗戦国の不具的な外交地位を甘受してきた日本は、今年に日米安保条約の有効期限が終り、アメリカがアジアにおける地位の代行を要求する態勢を背景に百万の民兵隊を組織するほか核武器開発などを促進させる自主国防論をかかげて七〇年代の強大国勢力に仲間入り、大陸に対する本格的な政治進出をねらって鋭敏な反応をみせている。

とくに現在、西方アジアの橋頭堡である沖縄基地の施政権が七二年までには日本へ返還されるのでアメリカのアジア防衛線は後退を余儀なくされるであろう。

そこへもってきて七二年までには、ICBMを保有できるとみられる中共が、昨年の九月第一週につづけさま二回にわたって核実験を行なったことにおいて名実ともに核勢力国としての面貌をととのえて軍事的脅威を増大させながら、文革以後の国内政策の再整備と外交政策の修正を通じてアジア近隣地域への新しい進出をねらうであろう。

六〇年代の東西緊張の中心であった南ベトナム戦争が、協商という政治的次元で戦火が消えるであろう七〇年代には、またほかの地域で共産勢力が、挑戦を試みることによって新しい緊張ならびに紛争地域が登場する可能性もなくもない。もちろんベトナムの銃声が消えたとして東南アジアにおける緊張がすぐ解消するとは限らない。

泰国、フィリピン、マレーシア、ラオスの共産系列たちがベトコンの後を追って、西方体制の地域安保を撹乱しはじめるであろうし、南ベトナムの政治的安定と経済的再建のための収拾段階において列強国たちの対立もさけられないであろう。

しかし、アメリカがこのような局地的紛争には介入しないという政策を明らかにした以上、第二の南ベトナム化が起るようなことはないであろう。

そうすると核武器を備えた中共を中心としてソ連対中共、アメリカ対中共、そして米ソ関係の新しい対決に日本の経済進出がぶつかる可能性も生れ、東北アジアが緊張の舞台となる可能性が大きいと政治専門家たちは見ている。

このような外交的役割関係のなかで、対南浸透と併行し対アメリカ挑発を激しく増している北傀が、韓国の間ショウをぬっていわゆる独自路線を継続的な武力挑発に出る危険性も濃い。

その実例が、プエブロ号拉北EC－121偵察機の撃墜ならびにアメリカの撃墜事件、さらに最近のKAL機拉致事件などある。

したがって、ソ連と中共の間にはさまって巧妙なつな渡りを続ける北傀の好戦的な路線は、七〇年代西方の東北アジアにおける防衛体制の焦点となることは確実である。

一方、アメリカは、七〇年代のアジア安保のために「アスパック」の軍事同盟化をひそかに期待しているようであるが、日本をはじめ一部加盟国の強硬な反発で、その実現は困難が予想されているため、アメリカはアジア軍事政策縮少計画から韓国は例外ケースとして取り扱い、北傀の挑発に対処する布石をしいている。

韓国経済60年代の回顧

激動に挑躍の10年

60年代を決算する韓国経済は、工業化による高度成長をもとに跳躍段階から成熟段階へと到った。貧困を唯一の遺産として受けついだとしか言えないようなわが国の経済は、はじめてこの期間において後進国のくびきを自らの力で脱ぎさり、その間育てあげた推進力を底力として中進国の列にふみ入った。60年代初に計画を樹立、推進した長期的な2回に亘る経済開発5個年計画を中心に、わが国の経済は、国連が開発年代と定めこの期間中達成をめざしていた年平均5パーセントより三・五パーセント高い八・五パーセントを記録、その成長速度において世界一三〇余個国中、第三位を占めた。

輸出35倍に伸びる

面目を新たにしたわが国の経済は、その規模の拡大として現われ一国の経済を評価する基準尺度である国民総生産においてに51年の5千7百58億ウオン（65年価格）から二・三倍がのびた1兆3千7百億ウオン、一人当り国民総生産は2万3千9百99ウオン（94・8ドル）から2倍である千万1千6百28ウオン（一九三・二ドル）規模へと大きく伸びた。

この国民総生産の規模拡大を可能にした根底としては①産業構造はその体質改善により農林水産業では28・1倍鉱工業で26・1倍、社会間接資本および其他のサービスは高速道路港湾などの拡充で四五・八倍に伸びただけでなく、その比率においても農林水産業42・3％から28・6％、鉱工業14・1％から26・7％、社会間接資本及びサービス、43・6％から44・7％へ高度化した。

②投資は5百78億ウオンから七・六倍拡大した4千3百67億ウオン。

③人口は2千4百万3千名から二九・七％増加した3千百13万9千人

④商品輸出は、千9百80万ドルから7億ドルへと53倍にのしあがった。

内外国力の調和

主要品目の生産量増加は、セメント16倍、鉄鋼材10倍、ミシン6・9倍、石炭3倍、綿糸2倍、米1・3倍をはじめ、想像を絶するほど少なかったラジオは9千百50倍、自動車保有は3・7倍、船舶2・7倍、教室2倍、旅客輸送2・7倍に増加した。

この高い成長率は、前近代的な低い経済生活から脱し出ようとの国民の意志と、これを一つにまとめあげることができた5・16革命を契機とする新たなリーダーシップの確立など内部的力とこれを推進するため必要な外国投資財源の獲得、そしてこの対内外的な二つの力を政策的に統合した結果によるものであると言えよう。

経済開発の潜在力を統合した強力なリーダーシップは、経済的自立の基盤構築のための経済第一主義を掲げ、経済開発5個年計画推進としてくりひろげられ、アメリカの無償援助が無くなりはしたが韓日国交正常化、ベトナム派兵など多角的に展開されたこの期間の韓国の国際社会での位置向上は多辺化された国際協力の基礎を、よりかため22億7千万ドルに到る外資導入を可能にした。

世界的なインフレ傾向と、国際収支面での黒字国と赤字国のかく差のひろまりによる国際流動性問題が大きく混乱しているさなかでの外資導入は、経済援助が消費財生産部門に投資されて投資配分を歪曲させたのに反して、この外資導入は消費財中心の開発効果から脱皮、主体意識による投資配分計画によって、この期間中資本財および輸出原資材を輸入させることによって革新的な投資効果を得させるよう貢献したのである。

このような二つの力を、より加速化した経済政策の大きな環は、価格機構の調停で①高い金利政策は内資動員を容易にし、外資導入を促進させ②低い換率的政策は外資導入と輸入をふやし、③慣性的なインフレは企業の原業価格を製品価格より安定させることによって企業利潤を高め、④財政金融政策は輸出と投資および外資導入を保護促進するため間接支援政策で一貫した点をあげることができる。

この価格機構による刺激は結局のところ、消費者よりは生産者、消費行為よりは貯蓄と投資活動に有利となるよう作用し、国内資源と外資動員を短期的になしとげた。しかし①高い金利は内資動員を促進したが、企業の負担率を高め、②低換率政策は金融及税制面での間接支援が限界に達するや、輸出の阻害要因としてあらわれ、③インフレの持続は、物価の上昇・労賃引上等、国民経済のある面にあるしわよせを来したような現象を呈した事は事実であるがこれは急激な経済成長での副作用として無理でもないことである。

持続的な成長の促進

成長の長期持続のため克服の要因としては、①農業の役割が消極的であること。②工業化が国際収支の逆調幅を拡げる間接要因になったということ。③ベトナム特需ブームや価格機構の成長誘引力が鈍化しているということなどが数えられている。

結局70年代の持続的成長のためには、60年代の外的成長要因と価格機構による成長要因を自体成長力にかえねばならず、持続的な成長のため当面している課題は、①経済量と構造の均衡のとれた発展②工業のあとだてとしての農業の発展③貯蓄増大と資本動入態勢の整備④輸出増大と国際収支改善⑤経済的二重構造の調整などが指摘されている。

これは本年度において15・5パーセントの高度成長を記録し、71年に終わる二次五個年計画の目標成長が11・3パーセントを超過達成したが、投資が目標の91・8パーセント、商品輸出が111・6パーセントを超えた農反面、林・漁業部面は目標から7.8パーセント未達だった事実から見て推しはかられる。

しかし、このような問題点は、すばらしい成長の潜在力をまだまだ出しきっていない韓国国民経済において、解決されることが明らかな「鼓舞的課題」でこそあれ決して「悲観的阻害要因」ではないことは明らかである。

70年代の経済展望

成長率は緩和の方向へ

経済企画院が作成した「六〇年代の回顧と七〇年代への展望」によると、新年の経済成長は今年の、非常に高かった成長率一五・五%につづいて一一%線を見込んでいるが、国際収支改善努力に伴い、海外貯蓄率は今年より一〇・四%も減少するものと予想される。にもかかわらず、一人当たりの国民総生産は六九年度の六万五千百九十六ウオンよりも一九・六%増の七万七千九百六十ウオンに達するだろうとみられ、これをドルに換算すると二百十七ドルである。

韓国経済は国連開発年代であった六〇年代には、年平均八・六%の成長を記録し、こうした高度成長を後だてするための所要投資の増大が反映して総投資額も五九年の二百三十七億ウオンから六九年には六千二億ウオンへと、約二十五倍（不変価格では七・七倍）という膨大な拡大ぶりをみせた。

なお、七〇年度の主要経済指標はつぎのとおりである（六六年不変価格表示＝カッコ内は今年実績）

◇GNP＝一、四四五二億ウオン（一、三〇二〇億ウオン）、増加率＝一一%（一五・五%）▽農林・水産業＝五%（一〇・七%）▽鉱工業＝一九・八%（二一・二%）▽社会間接資本＝九・七%（二五・五%）

◇総投資（経常価格表示）＝一、〇〇四七億ウオン（六〇〇二億ウオン）▽国内貯蓄＝四五七七億ウオン（三七一四億ウオン）▽海外貯蓄＝六七二〇億ウオン（七九三七億ウオン）

◇輸出＝十五億ドル（十一億八千万ドル）▽商品＝十億ドル（七億ドル）▽用役＝五億ドル（四億八千万ドル）

◇輸入＝二十一億七千二百万ドル（十九億五千三百万ドル）▽商品＝十八億ドル（十六億一千二百万ドル）▽用役＝三億七千二百万ドル（二億四千百万ドル）

◇人口＝三一、七九三千名（三一、一三九千名）

◇一人当たりのGNP＝七七、九六〇ウオン（六五、一九六ウオン）ドル表示で二一六・八ドル（一九五ドル）

七〇年度の主要経済施策としては"合理的で総合的な経済政策を樹立、勤勉と倹約の気風を造成して安定と成長の調和をはかる"などの三大原則のもとで、輸出をすべての経済政策の求心点とし、高米価政策の持続などにより農工並進を引続き追求、優先順位に伴う外資導入の厳選、基幹産業と高速道路の建設促進、根源的な物価対策で安定基盤を構築するなど五つの施策方向を提示している。

なお、韓国はこんご十年間にGNPが倍増して"成熟した中進国"になるだろうと展望されている。

蔚山，精油工場　1日に6万バレルの原油を処理、ガソリン、石油、軽油等を生産、石油化学工業の原料供給源の役割を果す一方、家庭燃料であるプロパンガスも生産供給している。

政治的多極化の時代

日本政府分析の国際情勢

日本政府の内閣調査室は、七〇年へ向かって流動する国際情勢の分析を中心とした「一九六九年－一九七〇年・国際情勢の回顧と展望」を、このほどまとめた。

この中で、日米関係については、日本の経済力の急速な発展で、これまで相互補完的だった両国の経済関係に新たに競合的要素が加わるようになるとともに、アジア地域ではアメリカの日本に対する期待が増大することにより、日米両国が、とかくの摩擦を起こす心配もあると懸念している。

また、安保問題については自動継続になることは確実だが「少なくともアメリカ側に自動継続に異議を唱える向きはほとんどなく、しかも、安保条約の維持、強化を主張するアメリカ側の理由が①アメリカは日本の友好、政治的支援を必要としている②日米両国は相互に協力を必要としている――などにありいわゆる"安保ただのり論"（日本はアメリカの軍事力に代償を払わずに依存している）が米国内世論からは影をひそめる傾向を示していることは注目をひく」と分析している。

一方、中国の対外政策については「今後の中国の外交の本格化は、収拾段階にはいった文化大革命のあと始末など国内体制の整備いかんによって大きく左右されよう」としている。

〜米中関係ではニクソン政権は対中関係打開に、かなり積極的な意図を持っているようだが「これまでの中国側のかたくなな対米閉鎖的態度からみて、アメリカの対中国姿勢の緩和が直ちに中国側の好意的反応となって現われてくるとは思われないが、少なくともアメリカ側としては慎重な対中国瀬踏み工作を続けていることは明らかで、一九七〇年以降、中国側から何らかの形で、その反応があるものと思われる」とみている。

反面、中国の対日動向の見通しについては、文革の一応の収拾に伴い対日態度の柔軟化を予想する向きもあったが、今回の日米共同声明に対する中国側の激しい反発などから「現在、中国が日本にいだいている不信、曲解、わい曲が解消しない限り中国の対日政策の基調は当分変わることがなく、七〇年問題などともからんで政治の局面ではさらに硬直化することも予想される」と分析している。

このほか、第二次大戦後、世界の大勢だった緊張緩和の方向は、なお進んでいる反面、米ソ両大国は多くの国内問題をかかえて対策に苦悩している。こうした大国の威信の相対的低下に伴う中小国家の自主性の高揚は"政治的多極化の時代"と呼ばれるのにふさわしく目ざましいものがある、とナショナリズムの高揚と、その方向を注視している。

経済開発60年代のあしあと

〈60年〉△2月23日＝換率1ドル対650ウォンに変更△6月1日＝過渡政府、不正蓄財自首期間を設定、三星物産など9財閥36億8千200万脱税申告

〈61年〉△2月3日＝韓・中通商協定調印△2月27日＝国会でタングステン鉱対日不正輸出問題化△3月6日＝西ドイツマルクとドル比率4・75%平価切上

▲五・一六革命△6月14日＝不正蓄財処理法公布△8月5日＝農漁村高利債申告はじまる△11月5日＝アメリカAID発足

経済改革五ヶ年計画

〈62年〉△1月13日経済計画五ヵ年改革発表△2月3日＝蔚山工業地区起工式△6月10日＝通貨改革・平価10分の一に切下、ウォン貨使用

〈63年〉△1月1日＝新商法発効

〈64年〉△2月11日＝三粉暴利政治問題化△5月4日＝単一変動換率制実施

〈65年〉△6月30日＝9個の多目的ダム建設など水資源開発10年計画成案△九月30日＝金利現実化断行

新金融統制方式

〈66年年〉△1月29日＝本元的通貨規制方式による新金融統制方式採択△3月3日＝国税庁・水産庁発足、△9月15日＝韓国肥料、サッカリン密輸政治問題化、△12月16日＝関税および貿易に関する一般協定（GATT）に加入

第二次五ヶ年計画

〈67年〉△1月1日＝第2次5ヶ年計画着手△4月3日＝KISAとの総合製鉄工場建設基本契約締結△7月10日＝ネガティブ・リストシステムによる貿易自由化政策実施▽10月3日＝浦項総合製鉄工業団地起工△10月17日＝韓国肥料株51パーセント政府献納△11月18日＝英国ポンド14・3パーセント平価切下げ

〈68年〉△2月1日ソウル－釜山間高速道路着工△3月22日＝蔚山石油化学工業団地起工△4月6日＝通運、海公など6個の国営企業体民営化案発表△10月1日＝第2次金利調整（預金最高月2・1パーセントに修正）△12月21日＝ソウル－仁川、ソウル－水原間高速道路開通

総合製鉄工場建設へ

〈69年〉△4月14日＝アメリカの〈ガルフ社〉と大陸棚石油探査および、開発契約締結△6月1日＝第3次金利調整（逆金利是正）△13月3日＝日本と総合製鉄工場建設のための基本覚書署名△12月10日＝ソウル－大田間高速道路開通

民族的自覚もとめ

同化への環境とたたかう

―民団姿勢にも批判の目―

在日青年運動の現状と動向

最近若い世代のあいだから、旧世代にたいする鋭い批判の声がとみに増大してきている。この批判は、なかんずく民団指導者層にたいして向けられているようだ。それは民団指導の基本姿勢にかんするものである。

たとえば「われわれ青年には民族的自覚をもてと声を大にして叫びながら、実際においては、みずから日本への同化傾向を助長している」といった指摘である。このような指摘はかならずしも全くそうであるとはいえないだろうが、われわれが真険に考えなおす、必要のある問題ではなかろうか。率直にいって民団指導層の間にもそのような傾向はみられるし、これを憂える声も根強い。

さてそれでは同化の背景や原因は奈辺にあるのだろうか。

在日同胞の同化傾向の主因が、日本政府のわれわれに対する「同化」政策にあることはいうまでもない。この同化政策は昨日今日にはじまったものではない。それは韓日会談法的地位要求貫徹運動の途上においてたびたび発せられた日本政府要人の数々の暴言に明確にあらわれたごとく、その根は深く、歴史は古いのである。

この同化政策が、追放政策と表裏一体の関係で推進されていることは、いまさら言うまでもない。出入国管理法案反対闘争を通して再三にわたって確認してきたところにも明らかである。要するに、日本政府支配層は、一方では韓日友好を叫びながら、他方では在日同胞にたいする徹底した圧迫政策を遂行しているのである。その手口は悪らつ巧妙であり、その追及は徹底極まりないものがある。旧世代にたいする若い層からの非難も、このような情勢にたいするわれわれの見解の甘さと対策のなさを指摘するものなのである。

東本支部の管内青年の動向

さてつぎに、東京本部管内の各支部の青年の動向を追いながら、彼らの主張に耳をかたむけることにしよう。

都内には現在、ちょうど十の韓青支部が結成をみており、都内の同胞青年の日常活動の中心になっている。いぜんには、民団各支部ごとに青年会または青少年会が設置されていたが、それぞれの会の間に横の連絡がなく、活動の内容もサークル活動的な範囲にとどまりがちで、青年の自主的な活動が疎外されるなど、かならずしもよい結果をもたらしていなかった。

現民団東本執行部では発足と同時にそうした状態を打解する、必要性から、韓青中央本部と連携しており、韓青支部の結成に力を注いできており、青年の活動も目にみえて活発になってきている。

これまでに結成をみている支部は渋谷、豊島、北、大田、港、江戸川、葛飾、荒川、品川、文京の各支部であり、ほかに墨田、江東でもすでに結成準備委員会が設けられて、国語講習会をもつなど実質的に支部活動を始めている。

これらの支部では日常活動としてそれぞれ、韓国語講習、歴史学習がおこなわれており、このほかその時その時によって権益擁護問題、本国情勢などについても積極的にとりあげて学習と討論会をもっている。

こうした日常活動に常時参加している青年の数は支部によって事情がちがうが、今のところかならずしも満足な状態ではないようだ。韓青の場合、勤労青年が主体であるため、日常活動を維持していくには様々な制約がある。

同化ぬぐいさって

日本に生まれ、日本で育ったこれらの二世或いは三世の若者たちが、みずからの自覚と努力によってすすんで祖国の言葉や歴史を学ぶ姿の中に、おのずから彼らの立場と志向の方向がうかがい知れよう。それはこれら青年にとっては民族の一員としての自己を回復するために必ず経なければならない関門でもあろうし、また裏をかえせば、母国の言葉にも歴史にも文化にもうとい「同化された」自分の中から同化をぬぐいさって、逆に〝奪われていた〟祖国や民族を自己の中に取り戻すことでもあるのだ。民族の一員としての主体性を回復し、確立する努力は、おのずと自己を同化、即ち日本人化させようとする諸環境、諸条件とたたかう過程そのものなのでもある。

このような青年たちの活動や主張にみられるようにその動きは極めて着実なものであり、これまでの民団にはみられなかったものである。また彼らの主張は純粋で、民族的であり、愛国的であり、祖国の統一に真険にむけられている。

旧世代と若い層との間の相違をある人は世代の違いに帰する傾向があるが、必ずしもそうとはいえないのである。なぜなら、青年の主張こそ全民団の主張にならなければならないのであって、この課題の前には老若男女を問わず、全同胞が取り組まなければならないからである。

北傀の新たな挑発行為

北傀による大韓航空機強制拉致事件は、ひと時なりをひそめていた北傀が、再び新しい形態の挑発行為を敢行しはじめたという点で大きな衝撃的な事件といえよう。

さる五八年二月のKNA機拉致事件以来、航空機拉致事件としては二度目であるこの事件は、アメリカ情報艦プエブロ号拉北事件とか同偵察機EC-121機撃墜事件とは多少その様相が違っているが南派されたスパイが北へ帰るための手段としてよりも、韓半島内に新しい緊張状態を造成しようとする北傀の計画的な海賊行為とみるのが正しいようだ。

北傀は、一昨年の一・二一事態（大統領官邸襲撃未遂事件）三陟・蔚珍武装共匪侵透事件、そしてプエブロ号拉北ならびにEC-121機撃墜事件など一連の武力侵透を通じた挑発行為を、多角度に激化させてきたが、最近において一とき沈黙を守っていた。これは韓国における改憲問題と関連して、それに対する明分を与える結果をさけようとする一時的な「作戦上後退」戦術ではなかったかと推則される。

したがってこんどの事件は、北傀が六七年「武力による赤化統一」の野慾を表明したのち、引続いてとってきた鉄道破壊、武装共匪侵透など一連の挑発行為とを関連して見た場合、彼らの根本的な対南赤化統一企図が、決して後退したのではなく、むしろ七〇年代と関連して今後なお一層加速されるかもしれないことを暗示しているようである。

他の事件とは異って航空機拉致事件が、国際与論を大きく不利に作用することを知らぬ筈がない北傀が、敢えてこのような挑発行為を敢行したのは、韓国に不安感を造成し、緊張状態をまねいて外国人たちの投資意欲を減退させると同時に観光客の誘致を妨害して、経済発展を阻害しようとするこんたんであり、同時に武力挑発行為とともに北傀自身の存在を過視し交渉の接触過程で相対的な威信を高めてみようとする策略がかくれていると分析されている。

また、これと同時に韓半島内に緊張状態を造成させて南ベトナム戦争の場合と同じく韓国においても米軍の減縮または撤収ムードを造成してみようとする心理的な効果もあわせてねらったものと専門家たちはみている。

楽観許さぬ送還交渉

国際与論に待つほかない？

政府はこれと関連して、まず乗客、乗務員ならびに機体の送還が先決だと判断、多角的な交渉にでているが相手が常識と理性の通じない北傀であるから決して楽観はできないであろう。

北傀は、空中海賊行為に対する国際与論の圧力に結局は、屈服しないわけにはいかないだろうが、崔外務長官が言うように、彼らは、悪疎な人質外交をねらうなど送還過程であらゆるろう説をならびたてることは明らかであるからだ。

政府は、送還交渉のためにまず一次的にアメリカなど第三国を通じてソ連など北傀に影響を与える国をして送還のための対北傀説得を要請し、国際赤十字委員会にも人道的見地で、北傀が速かに送還してくれるよう協力を要請した。

これと同時に政府は、海外公館を通じて北傀の蛮行を糾弾、国際与論を喚起させるとともに駐韓国連軍事停戦委を通じた送還交渉を行なうよう要請した。

一方、国連統一復興委員会は、真相調査に着手するとともに特別声明を発表、この一月に開かれる全体会議において作成される報告書に、この事件を「韓半島に新しい緊張状態を造成させる事件」として収録する計画だといわれる。

しかし、このような政府の多角的な交渉も、さる五八年のKNA機拉北事件当時とは、状況が多少異なることを考えれば、決して順調にいきそうもない。五八年二月十六日KNA機が拉北されるや政府は、こんどのように一連の措置をとったが、北傀は三月四日まで国赤など第三者の仲介を一切拒否して韓国代表との単独解決を主張したがついに国際的圧力に屈服し、板門店で国赤がサインし引渡しを受ける形式で機体は残したまま人間のみ送還されたのであった。

しかし、当時KNA機上には韓国人だけでなく二名の西独人と二名のアメリカ人など四名の外国人が乗っており国際与論の圧力が重かった。

また、当時KNA機体は、所有権が韓国であったが、こんどのKAL機の場合は所有権が日本にあって韓国は一年間の賃貸権だけなので、対日関係もからみ送還過程においては微妙な問題点を見せる可能性が多い。

これと同時に、国際法上からも航空機内における一般犯罪と関連犯人引渡しなどを規定した東京協約というのがあるのみで、政治的な問題を含む航空機拉致については明白な救済規定がないのにてらして、国際的与論を喚起させ北傀をして人道主義的な立場から送還せざるを得ないようにするしか方法がなさそうである。

いずれにせよこんどの事件が、七〇年代を迎えて、ますます多様化され激化しそうな北傀の新しい挑発様相の前兆にほかならないとすれば、交通保安の強化など国内治安対策はもちろん、根本的な安保対策の樹立が緊要である。

万博がやってくる

70年3月15日から大阪で開かれる世界万国博覧会はあと七〇余日にせまっている。アジアで始めて開かれる史上最大のこの博覧会場の建設工事は、いま急ピッチに進められている。大阪市の中心部から北東に15粁の地点にある大阪市吹田市の千里丘陵は今からほんの二年前には大木と雑木でうっそうとしていたが、このかつての原野に今では建築技術の粋を集めた世界79個国の展示館が林立するようになった。

より深い理解と友情をテーマに、去年の4月2日に起工した韓国館は昨年末に完工、きたる2月初めには内部施設の完成を目標に、工事を進めている。この韓国館の規模は一千二百五十坪の用地に建坪七百十坪の超近代式構造の展示館で、施工は大成建設が受け持っており、総工費は百二十万ドルである。この韓国館建設をつくるにあたって万博在日韓国人後援会が組織され全在日同胞に基金運動が展開中であり、民団も万博に際して一万一千名の本国家族招請事業を推進している。

「人類の進歩と調和」というテーマのもとに開かれるこの度の大阪万博への韓国の参加は、わが国固有の輝かしい文化、力強い建設の槌音、そしてまばゆく輝く希望に満ちた韓国の将来への姿勢を内外に示す契機として大きな意義がある。また、韓民族の創意力と文化の発展相を世界の人々に展示し、それらの人々に韓国に対する新らしいイメージをうえつけることによって、国威を宣揚するとともに友好諸国とのいっそうの理解増進と相互親善を強化することにも寄与する契機ともしなければならない。

四層からなる韓国館の内部は超現代的なデザインで統一され、その外観は由緒深い韓国の伝統と現代の発展相、そして未来の夢を抱括的に象徴しており、空高く突き立った八本の大円柱は、文字通り躍進する韓国を表現している。

一方5月18日を「韓国の日」と定めてVIPを招待してレセプションを開くほか、韓国民俗舞踊団も来日し、優雅な韓国の民芸を紹介すると同時に参加各国との親善を図ることになっている。そのほか、直売場を設置して韓国の民芸品、記念品、韓国料理等で各国の参観客へのサービスにつとめる。

また万博期間中の5月15日頃には丁一権国務総理夫妻が朴大統領の代理として来日、18日の韓国の日の主賓として、各国貴賓を韓国館に招待してレセプションをひらき、韓国の参加展示を最高潮に盛り上げることになっている。

（写真は韓国館）

大勢、来そうもない本国同胞

悪い外貨事情に対総連関係も心配！

アジアではじめての万国博がおとなりの日本でひらかれる。六八年秋から、本国では商工部外務部文化公報部などが中心となって「万国博参加準備委員会」をつくった。大韓貿易振興公社（KOTRA）には万国博覧会課も発足した。そして二百万ドル（日貨七億二千万円）という巨額を投じて韓国独自の展示館を建設したのである。

せっかくの参加に、一人でも多くの観客を動員したいのは当然、新聞社などは、はやばやと団体客の募集をはじめた。ソウル市庁の横には、万博の広告塔が立っている。ソウル市内のある新聞社では「四月はじめにとりあえず五百二十人の団体をつのったところ、十日間で、たちまちいっぱいになった」ということでどうしようもないくらい、希望者があったという。味をしめて第二陣の募集をはじめた。ところが政府から〝待った〟がかかった。「希望者は集まっても、渡航費として外貨を出すわけにはいかぬ。第一陣の募集も取り消して白紙にもどせ」―と。

ソウル駅前にある大韓貿易振興公社の博覧会課も「いまのきびしい外貨管理法があるかぎり、万博見物という名目では渡航許可は出ません。一度、うちのビルの屋上を見て下さい」ということだった。なるほどビルの屋上には「輸出目標七億ドル」と書いた大きな看板がかかげている。近くのビルには「戦いながら建設する」の看板があった。

第二次経済建設五ヶ年計画ととり取んでいる韓国としてはとにかく外貨がほしい。すでに六九年の上半期だけでも公務員の外国出張など「国家の利益になる」海外旅行で、五百二十七万七千ドルが政府の金庫から出て行った。保有外貨はいつも四億ドル前後、三十一億ドル（六九年七月末）もある日本のように海外旅行を自由に許可できる状態ではないのだ。

また、もうひとつやっかいなことは、韓国人が日本に旅行すると対北韓問題で、複雑な事件をおこすこともありうるのだ。つい最近も、ベトナムから本国へ帰る途中日本に立ちよった同胞が、朝総連の幹部に〝洗脳〟された事件があった。政府は、万国博でこういう事態をおそれる。在日情報関係者によると――。

「すでにこの問題では、日本を舞台に、戦いの火ブタが切られている。だから本国にいる韓国人がたとえ外貨を手に入れることができても、日本に北韓系の親戚がいれば、ビザを出す段階でチェックされるであろう」と。

となりの日本で〝世紀の祭典〟があるというのに、韓国は外貨事情に政治事情がからんでじゅうぶんに観客を送りこむことができない。

〈日本新聞特派員レポートから〉

こちら民団は

さて、こちら日本の民団の事情はどうなっているのか？民団中央李禧元執行部は、発足当初から万博招請事業と銘うって本国からの親知招請者の募集にのりだした。万博後援会も発足しソウルにも出店を出した。どこからどういう風に割り出したのか被招請者一人あたり金三万数千円という名分の立たぬ手数料をとるということで一時不評を買ったのも事実。それでも親戚をよびたい在日同胞たちの申請が、最初の予定数（五千名）よりは、はるかに多く殺到したので、ほくそえんだ李団長、足しげく本国を往来した結果、一万名の増員に政府の諒解をとりつけたと公表、万博執行部？の面目躍如たるところをみせたのが、去年の十一月ころのことであった。

ところが、その後「一万名なんて確約したことはない」という政府筋からの情報が流れ出し、関係者たちをあわてさせ、また李団長が本国へとんだ。たしか十二月はじめころのことであろう。

政府との交渉途中に厳大使の逝去で急拠帰任したがすぐまたソウルへ引きかえした。

政府が一万名増員を心よく許可しなかった理由は、やはり対朝総連系との関係にあるらしい。在日情報関係者が言うように、総連系では、すでにさまざまな策略を組んで暗躍をはじめているらしい。いまの韓国民でそうやすやす彼らの宣伝にのるものはいないと思うが、なにせ空飛ぶ飛行機でさえさらっていく時代である。親知をよぶのはよいが慎重を期するにこしたことはない。

一万名の招請

ところで、一万名増員危うしの情報はどうなったか？もしもこれが事実で一万名の招請がうまくいかないとすれば、民団組織に一大混乱が起ることは必至であり、李団長のクビがフットブ大問題になるのである。是が非でも政府の確約をとりつけなければならない。

在日居留民団の団長か、在韓民団長かわからない程、李団長は任地の留守が長いのだが「どうやらうまくいったらしい」というのがこの原稿を書いている時点（二十四日）での情報である。折角、何万という金を出し複雑な手続をふんで招請申請をしておいたのに「だめだ」と言われたらそれこそ大変な社会問題になる。一万名成功とたんかを切った李団長の公言が、どういうわけで「一万名許可したことなし」という噂に変じたのか、その辺の事情もいづれ聞きたいところである。ともあれ「うまくいった」のだから幸いなこと[illegible]はある。

入管法反対63大会のもよう円内は入管法案反対を叫ぶ鄭団長

東本活動日誌

1969.1〜12

1．10．東本新年会
15．韓青主催成人式に参席
18．東京商銀　〃
1．27．関東地協開催さる
2．1．東本三機関会議を開催
1．執行委員会を開催
3．155回支団長会議開催（於世田谷）
7．中央執行委員会に参席
〃　全国議長研修会に　〃
13．各支部監察委員長，委員会議開催
14．韓青冬期講習会に参席（長野県）
21．各支部事務部長会議開催
3．1．3．1式典ならびに法的地位要求貫徹民衆大会示威行進挙行
10．東本三機関会議開催
17．第156回支団長会議開催（於荒川）
24．中央執行委員会参席
25．都内緊急三機関合同会議開催
〃　中央委員会開催，参席（於日僑会館）
26．全国大会　〃　〃（於千代田公会堂）
4．1．故李熙祥氏　江東支部葬に参席（江東公会堂）
2．万博起工式に参席（大阪）
3．三機関連席会議開催
5．体育会大会に参席（中央本部）
6．杉並支部総会に参席
7．故呉炳寿氏葬儀に参席
〃　文教分科委員会開催
8．韓国学校入学式に参席
9．大使レセプションに参席（ホテル・オークラ）
10．執行委員会開催
12．通信，新聞協会総会に参席
14．企画分科委員会開催
15．157回支団長会議開催
各分科委員会開催
17．神奈川本部大会に参席（横浜）
18．4.19　9周年記念全国青年学生総蹶起大会に参席（神田）
20．荒川支部学校設立委員会に参席
21．東本法地位常任委員会開催
26．東京本部第6回地方委員会開催
27．港支部総会に参席
5．2．韓国学校P.T.A.総会に参席
〃　韓国学校足立分校の開催する会議に参席（公報館）
9．故板橋支部鄭輝祚氏の葬儀に参席
10．中央執行委員会に参席
11．文京練馬豊田支部総会に参席
14．婦人会東京本部大会に参席
〃　中央法地位委に参席
15．新旧総領事歓迎送別会に参席（一竜）
17．東京商銀15周年記念式典に参席（日比谷公会堂）
18．葛飾，江戸川支部総会に参席
韓学同大会に参席
21．入管法研修会開催（東本）
22．婦人会全国大会に参席（千代田公会堂）

特集

'69，東本アルバムから

断食闘争も行なった

デモ行進も何回となく行なった

東本活重日誌

24. 荒川支部研修会に参席（熱海）
25. 足立，目黒支部総会に参席
27. 豊島支部総会に参席
28. 第76回関東地方協議会開催
29. 各支部三機関合同緊急会議開催

6．2．入管法反対中央民衆大会開催（文京公会堂）
5．東本法地位常任委員会開催
6．顕忠日，在郷軍人会慰霊祭に参席（大行寺）
8．外務長官歓迎次羽田出迎
12. 外務長官午餐会に参席
14. 江東支部総会に参席
〃 三関会議開催
15. 77回関東地方協議会開催
〃 158回支団長会議開催
16. 入管法反対近畿地方民衆大会に参席（大阪）
17. 全国団長会議に参席
19. 出入国管理法案反対韓中，蹶起大会開催（日比谷公会堂）
〃 東本財政後援会開催
20. 入管法反対中北地協決起大会に参席（名古屋）
24. 中央法地位に参席
27. 入管法反対断食闘争に突入

7．1．中央法地位に参席
3．78回関東地協開催
8．中央執行委員会に参席
〃 支部三機関ならびに事務部長会議開催
9．79回関東地協開催
〃 断食闘争団解団式
11. 東本法地位常任委員会開催
12. 台東支部総会に参席
14. 中央法地委に参席
〃 中央執行委員会に参席
15. 中央法地委に参席
19. 荒川支部臨時大会に参席
23. 中央執行委員会ならびに法地位に参席
24. 夏期学校入校生出発
25. 80回関東地協開催
26. 中央連合支部総会に参席

8．1．大使館主催関東地方事務局長会議に参席
4．159回支団長会議開催（日本信販）
7．出入国管理法案廃案慰労会開催（タカラ・ホテル）
14. 光復節参観団羽田出発
15. 第24回光復節記念中央慶祝大会開催（共立講堂）
17. 韓日高校スポーツ交換競技大会開会式に参席（駒沢）
18. 法務長官歓迎次出張
19. 梨花女子大芸術団公演に参席（飯野ホール）
22. 荒川支部青少年夏期学校閉会に参席
23. 韓青夏期講習会に参席（千葉）
26. 中央執行委員会ならびに法地位委員会に参席
28. 160回支団長会議開催（日本信販）

9．1．関東大震災犠牲同胞追悼式開催
3．韓国学校理事会に参席
4．北支部総会に参席
5．東京本部法地位開催
6．本国夏季学校修了生座談会開催
9．大使館主催都内事務部長懇談会参席（公報館）
10. 大使館主催関東地方本部懇談会に参席（大使館）
15. 東京商銀大田支部敬老祝賀会に参席
19. 中央研修会に参席
22. 三機関ならびに組織分科委員会開催
26. 墨田，江東支部主催，秋夕団員慰安会に参席（墨田区民会館）
28. 韓国学校秋季運動会に参席
29. 国軍の日参観団出発

10.8.9. 東本管下．三機関ならびに事務部長研修会開催　於韓青中央研修所
10.14.15. 第81回関東地協開催　於伊香保温泉
10.19. 江戸川支部10周年記念式
10.22. 第5回東本執行委員会
10.27. 第161回定例支団長会議開催
10.30. 第7回東本定期地方委員会開催　商銀荒川支店
11.21. 第162回支団長会議開催　於江戸川支部
12.2. 東本三機関会議開催
12.7. 東本管下合同忘年会開催　於湯本
12. 2. 駐日大使告別式
12. 7. 東本執行委員会開催 於東本

地方委員会のもよう

江戸川支部創団10周年祝賀会

講師を招いて研修会もひらいた

入管法反対運動ご苦労さま！ 慰労会ひらく

厳大使の無言の帰国を挙団的動員で見送った

板 と び

謹 賀 新 年

株式会社
朝光製作所
取締役社長
金 竜 植
本社 東京都足立区小台
二丁目三九番一二号
電話(九一三)七五六一～三番

三慶物産株式会社

本　　社・東京都港区新橋２丁目１番10号
（第１田村町ビル３階）
電話 (502) ５５０１番(代表)
ソウル支店・ソウル特別市中区大平路二街70
(海南ビル)
電話 (22) ８３８８・８４８８

우리子女、우리学校에 보냅시다

東京韓国学校1970年度学生募集要項

1. 募集人員
初等部1学年……50名
中等部1学年……100名
高等部1学年……100名
編入 各学年……若干名（但、高3除外）

2. 受験資格
初等部1学年……満6才児童
中等部1学年……小学校卒業又は予定者
高等部1学年……中学校卒業又は予定者

3. 願書接受
期間……自1月10日～至2月14日（但初等部は7日まで）
時間　午前9時から午後5時まで
場所……本校教務部

4. 考査料
初等部……300円
中等部……1、000円
高等部……2、000円

5. 出願手続
（イ）本校所定の入学願書
（ロ）出身学校調査書（編入者は在学証明ならびに成績証明書）
（ハ）外国人ならびに 国民登録済証明書
（ニ）写真4枚（4cm×5cm）
（ホ）考査料

6. 考査
初等部……面接、健康診断
中等部……面接、書類審査
高等部……面接、学科考査（国・日・英・数）
（但国語・日語中1科目選択）

7. 考査時日
初等部……2月7日（土）午前10時
中・高等部……2月15日（日）午前9時

8. 合格者発表
初等部
中・高等部 } 2月17日（火）正午・本校

東京韓国学校
東京都新宿区若松町二一
電話〇三（三五七）二三三一―五

（1965年7月27日第三種郵便物認可）

（毎月5．15.25日発行）　第2394号

在日本大韓民国居留民団
綱　領
1．우리는 大韓民国의 国是를 遵守한다
1．우리는 在留同胞의 権益擁護를 期한다
1．우리는 在留同胞의 民生安定을 期한다
1．우리는 在留同胞의 文化向上을 期한다
1．우리는 世界平和와 国際親善을 期한다

（1970）1月25日　日曜日

韓僑通信

発行所
韓僑通信社
発行人　鄭　在　俊
東京都文京区本郷3丁目32番7号韓僑会館
電話（811）1535（代表）
〒133　振替口座東京16631番
（大韓民国文化公報部国内頒布許可）
（購読料1カ月100円・特別1000円）

組織の態勢確立を強調

永住権促進と万博事業推進へ

全国団長・傘下機関長会議

民団中央本部では、さる第15回中央委員会において策定された活動方針である「永住権促進事業」をはじめ「万国博後援ならびに家族招請事業」を挙団的に推進するための組織態勢の確立と幹部訓練を実施する目的で、さる二十三〜四日の両日熱海のホテル・八景において、全国地方本部団長同事務局長および傘下団体機関長の連席会議を開催した。

会議には、北海道、秋田、鹿児島、長崎、対馬島などを除く全国の地方本部団長ならびに事務局長をはじめ韓青、韓学同、軍人会、商工会などの傘下団体機関長ら約百二十余名が参加したほか、駐日大使館からも姜永奎大使代理をはじめ金在権公使が来賓として参席して祝辞を述べた。さらに大使館の永住権申請担当官も会議に参加し質問に応じるなど盛況で意義ある会議であった。

東京本部からは鄭在俊団長をはじめ羅鍾卿副団長、韓昌奎事務局長が参加した。

会議は第一日（二十三日）の午後一時三十分、丁海竜中央組織局長の司会でひらかれ、国民儀礼のあと朴大煥事務総長が開会の辞をのべ、李禧元団長（別項）朴根世議長「民団の近代化に目をむけよう」張聡明監察委員長「中央と地方本部ならびに傘下団体間の紐帯強化を望む」らのあいさつについで姜大使代理がこの会議によせるメッセージ（民団の発展を祈り朝総連の瓦解に自信をもってあたれ）金在権公使が祝辞（尊敬される海外僑胞として生きよ）をのべた。

引きつづいて会議は、在日韓国人の法的地位ならびに永住権の現況について朴性鎮中央法地委副委員長の講演が約四十分間にわたって行われ、つづいて丁海竜組織局長が約一時半にわたって「組織論の抄考」テキストを中心に講義を行なったあと、午後七時三十分第一日の予定を終えた。この丁局長の「組織論」講義は、どう受取られたかは別として理論の乏しい民団といわれているだけに組織人にとっては有益な知識であり感銘深いものであった。

会議第二日（二十四日）は、午前九時三十分から永住権申請の促進運動について詳細具体的な活動方針を李団長、朴法地委副委員長、朴事務総長、丁組織局長らから指示説明（内容は次号に掲載する予定）し、これに対する質疑応答と地方の情勢についての報告が行なわれた。

会議はつぎに「万国博後援ならびに招請事業に関して」の附議に入って姜宅祐万国博後援会副会長から「万国博後援事業を成功させるためには民団の協組がなければならない」とのあいさつがあり朴炳憲同会事務局長から①万国博後援事業の推進②韓国館の紹介③万博に関する各種の行事ならびに記念事業などについて、李鍾舜民生局長から招請事業について、李聖南総務局長から同事業会計について、朴事務総長から①招請事業に附随する保安対策と輸送問題②朝総連の策動についての対策などについて、それぞれ説明が行なわれた。（この会議において明らかになった万博事業の大要については次号に掲載）

さらに大使館の許参事官からも関連問題について説明が行なわれたほか大阪、福岡、福井などの各地方本部からも関連問題について要望、丁栄沢監察委員から注意事項の発言があって同件の附議を終え池昌男副団長の閉会の辞をもって午後二時、二日間にわたる会議の幕を閉じた。

地方団長に責任負わす

李禧元中央団長は、全国地方団長会議の冒頭、約三十分間にわたってあいさつを行なったが、その大要はつぎのとおりである。

ささの第十五回中央委員会の決議により永住権申請の促進運動は当面の民団最大の課題である。昨年末に近畿地方を中心に大々的な活動を行なったが相当の成果をあげている。ことしの民団の事業計画を段階別に説明すればきたる三月十五日万博が開始するまでに全団員が永住権申請を完了し、九月十五日までには中立系同胞ならびに朝総連傘下の同胞を対象に啓蒙運動を展開して、永住申請目標の完了を期する。

もしこの期間に、この中央の計画を達成できない地方があった場合は、その地方本部の団長は責任をとってもらわなければならない。この永住権促進事業の段階別計画とあわせて三月十五日前後に第十六回の中央委員会を、九月十五日前後に第十七回中央委員会をひらいて民団組織の基盤を確立し、十月一日の国軍の日を前後に第二回政府との合同会議をひらくつもりだ。万博招請事業も、この事業の成果いかんは組織の興亡を左右する重大な意義をもつものであるので成功を期さねばならない。

遊説班で戸別訪問

永住権促進へ　東本法地委の方針

東本では、二十三日午後一時から本部会議室において「永住権常任委員会」をひらいき「協定永住権申請の促進」運動について協議を行ない、大要つぎのような当面の方針をきめた。

会議はまず鄭在俊団長から「昨年十月の第十五回中央委員会で決議された永住権申請促進運動は組織のルールにしたがい東京地方委員会にかけ、その決議を経て末端組織に通達を行なったので、その大綱はすでに浸透されているが、いよいよこの運動を実践に移さねばならない。永住権申請の促進運動がより効果的な成果をえるよう真摯な討議を望む」というあいさつがあって、羅鍾卿副団長から、さきほどの中央法地位常任委員会の報告とこの運動についての諸般の情勢について説明が行なわれたあと本題の討議にはいり①遊説班を構成して未申請家庭への戸別訪問を通じ直接大衆に呼びかける②機関紙「韓僑通信」に「永住権案内」を特集し文書による大大的な啓蒙宣伝を行なう③各[illegible]別訪問の予定計画を[illegible]、それをきたる二月二日の[illegible]会議に報告させることにした。

永住権申請案内の韓語版

東本では、永住権申請の促進をはかり大々的な啓蒙宣伝を行なうため、本紙四・五・六面に「永住権申請のすべて」を特集しましたが、さらに近く「永住権申請案内」の韓国語版（ハングルに漢字を入れて読みやすくした解説版）を機関紙の特集号として発行します。とくにこの「永住権申請案内」は朝総連傘下の同胞、すべての家庭にゆきわたるよう増刷りを行ないます。

人情有感

在日ある団体の事務担当責任者は、昨年の九月その席に就くやいなや「こんどの人事改編の意義」と「今後の抱負」なるものをいかにも幼稚な表現の言葉で語ったあと「いまや意欲と能力が兼備しない者は去れ」という要旨の談話をご丁寧にも活字をもって発表した。当時、世にもまれにみる有能者であると自負したらしい彼の論法からすると「実務と指導能力のある者」が残され、仕事に対する意欲もなければ能もない者が去ったことになる。▼悪貨は良貨を駆逐するという言葉があるにはあるがいついかなる時代にせよ有能者が無能者よりは先んじるもの。まして実力主義の世の中であり、そして公共機関であってみれば彼の言うとおり能なしは自から進んで去るべきものかも知れぬ。だがその能力の有無は別として、彼の威勢のよい言葉はあまりに社会人としての礼を失しているばかりか非常識なことばである。▼有能者の命令で出て行くものに、追い打ちをかけて「無能者は去れ」とおよそ社会通念上からして常識以下の礼儀すらわきまえてない彼の能力はいか程のものなのか？お手なみを拝見してきたが去ったものたちと比べそれほどの玉石でもないらしい。▼もちろん人間の能力と礼儀とは一致しないものかも知れないが、人格形成上からはともにあわせもつことが望ましい。敵と味方の戦争でもあるまいし、仮りにも同じ組織内の先輩であり同僚である者たちが、おのおの職位から去っていくのに慰労の言葉こそすれ「死人にむち打つ」行為に等しい彼の言動は絶対に聞き捨てるわけにはいかない。▼離合集散常ならずを地で行くようなわれわれの社会ではあっても東邦礼儀の国の国民としての礼儀作法ぐらいはまもりたいものであり、別れの慰労会はひらいてやらないまでもせめて温い言葉の一つはしてやるのが人情ではなかったか。在日民族社会の最高指導府の事務責任者たるものが、こんな調子では情ないことではある。

統一テーマに国際学術会議

米・日など16ヵ国参加・八月ソウルで

高大亜細亜問題研究所では来たる八月二十日から二十七日まで、ソウル・ウォーカーヒルで「韓国統一問題」を主題とする大規模の国際学術会議を開くことになった。同会議は六七年から企画されていたもので、韓国学者四十名と米国、日本、印度、ラオス、ベトナム、独逸など分断国家と仏、英、スイス、オーストラリア、シンガポール、香港、インドネシア、マレーシア、タイなど十六ヵ国専門家六十名が参加するマンモス会議。東洋または共産圏専門家、未来学の権威ホマンカン、社会学者ハバート・フェシンらも参加する。「韓国分断事態の特殊性」に対する亜研所長・金俊燁教授の基調演説について、六分料委で討議されるこの国際学術会議は戦後の冷戦体制で硬化されつつある国家分断の世界的悲劇を初めて取上げることになっており、討議方向も韓国問題に集中帰着させることによって、統一に対する積極的執念を表現すると同時に韓国問題は韓国自ずからイニシアチブをとり、自身の責任であり、解決を先導する主体であることを確認することになっている。

第一議題の「現代分断国家の分断現況と統一方案」では韓国独逸、ベトナム、ラオス、中国などの特殊性と共通性及び統一方案を比較 検討し、第二議題「韓国統一の国際的環境」では国際的変化函数を検討、第三議題「韓国統一の内的条件」では毛沢東思想と北韓の関係、共産陣営の自由化傾向が北韓に及ぼす影響、第四議題「北傀の統一方案」ではゲリラ戦による赤化統一戦略などが検討され、第五議題「大韓民国の統一政策」では統一論議と統一政策など討議、第六議題「平和統一方案の類型とその適用可能性」では中立統一方案の問題点などが論議されることになっている。六〇年代の模索期を経た韓国の統一問題は七〇年代の課題として期待されており、七〇年代の初めに開かれるこの国際学術会議は内外の韓国統一運動に決定的役割を発揮するものと注目されているのである。

申国土統一院長官、西独へ

申国土統一院長官は、このほど同じ分断国家である西独を視察するため同国へ向った。

大韓公論理事長に呉宗植氏

文化公報部は13日、任期が満了した金鳳基大韓公論社（英字新聞コリア・ヘラルド発行社）理事長の後任に呉宗植韓国新聞研究所所長を内定した。

今年度主要物資需給計画

経済企画院は14日、今年度主要物資需給計画案を作成、つぎの経済長官会議に上程することにした。

同計画は 128 主要品目の年間需給量を推定したもので、その規模は44億 9 千 6 百万㌦に相当する。うち国内生産品は35億 5 千 7 百万㌦で全体の79.1%に当たり、輸入に依存するのは 9億3千9百万㌦で全体の 20.9%になる。

なお、今年の需給計画規模は昨年の19.8%増となっているが、このうち国内生産分増加は37.3%を占め、輸入依存分は7.3% ふえた。

10年後には中進国圏へ

70年代経済展望

経済企画院が12日発表した70年代の経済展よると、きたる79年の1人当たり国民所得は482•9ドル（ 12,984ウオン）にのぼる予想で人口は3,6674,000名、輸出は50億ドルに達し韓国経済は成熟した中進国圏に入る見通しである。

さらに、79年の国民総生産は4兆760億ウオン（177億1千百万ドル）になり経済規模は69年より2•3倍に増大、人口は69年の3千百万から78年には1•2倍にふえるだろうという。

商品輸出は70年の10億ドルから76年には35億ドルへ、さらに78年には45億ドル、79年は50億ドルとなり、地下水開発事業は71年に完成、また、種子改良は72年に完了し、75年ごろには完全な食糧自給を達成する。このほか国土は有機的に開発され、大規模な単一経済圏を形成、生業構造では製鉄、機械、造船、電子、化学工業などが高度化し、国際収面支においては、資本と技術を輸出する立場になるだろうと展望している。

今年度の主要建設計画

京釜高速道路6月に開通

李翰林建設部長官は10日、今年度の主要建設計画を発表、京釜（ソウル釜山間）高速道路は月末に全線開通し、嶺東線および湖南線の高速道路（約100キロ）が4月に着工して年内に完工するほか、仁川、釜山、墨湖、群山などの港湾施設を大巾に拡張、国土開発10ヵ年計画を確定する、と明らかにした。また、ソウルを始めとする大都市の上水道施設が完成され中小都市の借款上水道工事も推進されることになっている。

李長官は、今年の建設部予算 585億ウオンで、約 150件の事業を推進し、特に四大江流域調査を始め水資源の開発、重軽工業団地の造成と住宅14万棟を建設する計画だと語った

安定化政策堅 持と内資調達

70年度の財務部主要施策

財務部は①安定政策の堅持②内資調達の極大化③金融紀綱の確立④外貨資金の確保⑤租税制度の合理化⑥財政金融非常計画の強化などを骨子とした70年度の主要施策を確定。これを12日、朴大統領に報告した。

財務部はこの施策を通じて通貨規制方式を国内与信限度制に切りかえる一方、年間与信増加の幅を2726億ウオンに策定、60年末総与信残高68百億ウオン （推定） を70年末には0526億ウオンを限度として推持することにした。

財務部はまた、今年の税収目標として①内国税2837億ウオン②関税 604億ウオン③専売益金 301億ウオンを確保するかたわら、均衡財政原則を維持するため①農生物基金制②肥料自由販売制などを構想している。

今年の貯蓄目標は昨年より 130億ウオン減の2200億ウオンにし、各種債券 330億ウオンを発行する計画である。

全国の電化事業を強力に推進

商工部は、今年中に電化事業を強力に推進年末まで全国の電化率を44•4%に引上げる計画である。

同計画によると、今年一年間に一般需要の間発は4万4500百戸、農漁村の電化は6万25000百戸、計20万7 千戸を新しく電化し、年末までには全国電化率を昨年の40•8%より 3•6%増の44•4%に引上げるとともに、2万戸をはるかに上回る全国の未電化地域の完全電化を図る長期計画をたてる方針である。

具体的職制改編基準を作成

改正された政府組織法

政府は、さきに改正された〝政府組織法〟により各部処の職制改編作業を進行中であるが、総務処はこのほど具体的な職制改編基準を作成、十三日の閣議に上程した。

改正された政府組織法は、中央官署権限事項を下部に移管することによって一線行政を強化、担当官制採択、下部職子任専決制などを実施することを骨子としているが、総務処が作成した職制改編基準はつぎのようなものである。

①行政的機能を持つ課を除いた他の課は統・廃合②執行的機能を持つ係以外は全廃③これによる四級以下の人員三分の一を一線官署に転出④一局に二、三名以内の担当官を置く

なお、朴正熙大統領は十日、改正政府組織法による各部処職制改編をきたる三月末までに完了するようにし、それまでの間は、四、五級一般職公務員の任用、転職、昇進などを制するよう内閣に指示した。

70年の経企院業務計画

経済企画院は十二日、同院を年初した巡視朴大統領に七〇年の業務計画をつぎのように報告した。

①商業借款は七〇年総資源予算などのワク内で年度別限度を設定、適格事業を厳格に調査・選定する。

②技術用役会社を一月中に設立、活用する

③経済協力局の機構を改編、従来財源に別していたものを事業分野別に変え、担当官制度をつくる。

④日本、大阪で開かれる万博にやってくる外国実業家を誘致し、日本実業家を招待、外国人投資を窓口一元化で積極的に奨励する。

⑤物価基準年度は六五年から七〇年に変えきたる十月に人口および住宅センサスを実施する。

⑥コンピューター使用などで予算編成の科学化を期する。

⑦地方財政の効果的運営を図る。

⑧外資企業の育成策を樹立し、株式公開などで自已資本の充実化を期する。

⑨支払い保証銀行の担保取得および管理状況を調査・監督するる。

⑩輸入商品の価格安定のため、関税策を樹立実施する。

なお、朴大統領は六九年の経済分析と七〇年の展望などについて報告を受けたが、同席上で「安定基調を阻害したり逆行する施策はいっさい避けるべきで、政府各部処はこれに協力してほしい」と語った。

徴兵免除者の海外施行禁止

国防部は13日、こんごは徴兵免除者の丙種判定者たちにたいして海外旅行の禁止を決めまた、すでに海外に出ている者のうち兵役を終えていない者と丙種判定者たちは海外公館長を通じて全部召喚することにした。

国防部当局者によると、これまでは丙種判定者たちの海外旅行は許可してきたが、このたび権力層や富裕層において不正な方法で丙種判定を受けた事例が明らかにされたため、こうした措置が取られることになった。

なお、海外に出ている兵役検査未済者と丙種の者たちは期間を定めて全員帰国するように指示、この期間内に帰国しない者は全部強制送還あるいは兵役法上の保護者処罰が加えられるなど強力な措置が取られる。

一方、国防部は現在、兵役上の特典全廃を検討中であるが、これまで兵役の延期などが許されていた1人息子や極貧者も徴兵されるというこのほどの報道に関して、国防部高位当局者は14日、親を支えている1人息子や生活の柱となっている極貧者の徴兵延期は兵務行政上の不正要因、になっていないとの意を表明した。

党首の席争奪戦で新民党、大荒れ

珍山系と反珍山系の対立は深刻

新民党では26日の臨時全党大会を10日前に控え、党首の席をめぐって争奪戦が演じられている。とくに珍山系（現首席副総裁の柳珍山派）と反珍山系の争いが日増しに白熱化してきたため、これは政界の注目を集中させている。

また、新民党内部はまず党の指導体制を構築してから後に71年の総選挙に臨む大統領候補を指名しようとする「先指導体制構築、後候補指名論」と指導体制づくりと候補指名とを同時に行なおうとする「同時指名論」の激突で十字砲火渦中さながらの荒模様である。

珍山系の高興門事務総長は「まず指導体制をしっかりとつくってから、その後に名実ともに後だてのきく基盤の上で大統領候補を出すべきだ」と主張しており「そのためにはまずこんどの臨時全党大会を行なって、指名大会はその後2、3カ月たってから開くのが妥当である」といっている。

これに対し、すでに大統領指名戦に出馬することを宣言している金泳三前院内総務は「珍山系は柳珍山氏の意のままに動くと思っているのか……」といいながらこんどの全党大会で同時指名が行なわれるよう固執している

一方、珍山側の党首単一候補（柳珍山氏）に反対して党首の席をねらっている鄭一亨李載エイ副総裁らはそれぞれ互いに対立しているが、李副総裁は「降将よりは敗将を選ぶ」といって〝一戦不辞〟の決意を明らかにしている。また、鄭副総裁は趙漢栢、徐範錫、太完善、洪翼杓氏らと接触して〝鄭支持〟への応援を求めている。

新民党の党権争奪戦がこのように、激烈化した理由は①党総裁の兪鎮午氏が脳神経関係の病気を理由に党首を辞退することを表明したこと②柳珍山氏が日本で静養中の兪鎮午氏を訪ね最近東京・帝国ホテルで会見して一連の話合いを行なった結果、〝党首と大統領候補分離原則〟に合意を見、党首には柳氏をそして大統領候補には兪氏をそれぞれおすという〝密約〟が成立したとの報道がそのキッカケとなったものである。

13日に開かれた新民党政務会議では、兪鎮午一柳珍山東京会談経緯と「兪一柳密約説」にたいする疑惑で反珍山系が鋭い追及をしたが、柳副総裁は同密約説を否定したもののその言葉の直後に「党の指導体制は強力なリーダーシップが必要だ」と暗に柳氏自身の指導力を示唆し柳氏の党首職にたいする意欲を示した。

この日の政務会議は激論の末、きたる26日臨に時大党全会を開くことを再確認したが、その準備作業のため〝党憲改正人小委〟の構成を決めた。

なお、副総裁団は14日、全体会議を開き党の指導体制を集団、単一のいずれにするかについて論議した結果、集団体制にすることを決め、これを日党憲改正人小委に通達した。

与・野党院内総務今年始めての接触

来月初旬に国会正常化で合意

金沢寿共和党総務と鄭海永新民党総務は14日午後今年に入ってから初めての非公式接触を持ち、国会正常化のための準備交渉を行なった。同非公式会談では選挙区調整を含む選挙法改正問題が討議の焦点となったが、双方とも妥協的な態度を示し、遅くとも来月初旬どろまでには国会を正常化することで互いに努力という意見で一致を見たという。

国土統一院の統一設計

その分析と各界の意見

特集

国土が南と北に分断されて速や二十五年が過ぎた。

一九四五年、祖国解放の歓びもつかの間、同じ血と同じ言葉と文字、そして同じ歴史をもっている「単一民族」であるわが韓民族に他意的な政治的勢力が介入し国土が南北に分断されるという、人類史上この上ない悲劇をもたらせた。その後、われわれ韓民族は国際的な潮流とともに、わが民族としては、あくまでも不本意ながら東西間の冷戦にまきこまれて、「信託統治」「南北協商」或は「六・二五動乱」それにいくつかの政変という民族的受難を経て、ここに七〇年代を迎えたのである。

いまや、われわれは、ここに国土統一という聖なる目標に向って「足並みをそろえて」立向わなければならない決定的な時点に到達したのである。

統一問題については悲愴なまで関心をしめしてきたわが政府は、六十九年「国土統一院」を発足させ、今まで多分に悲曲的で感傷的にぬれていた統一論を冷厳な現実にもどして分析し、能動的に対応する気がまえをみせたことはまことに喜ばしいことである。

特に、この「国土の統一」問題はその論議を抑圧してもならないしだからと言って煽動的であってもならないが、また、消極的であっても困るのである。唯、一つ望まれることは理論的でしかも実践的に積極性をもって開拓し、民族的次元で処理されなくてはならないのである。七〇年代の後半期までには文字通り統一問題は民族的課題となって合頭してくるであろう。

今、ここに「統一院」が構想するところの青写真を中心に「韓国の統一」という客観的情勢をめぐって七〇年代の状況を展望するとともにその分析と各界の衡見を「特集」した。

70年代後半に積極的な試図

あてにならぬ国連・北傀の南侵も心配

経済建設は中間目標

朴大統領は去る六十六年八月十五日の慶祝辞を通じて「革新を仮装した容共思想と民族愛を粉飾した「灰色統一論」或は分別のない南北交流論や、国民に阿附するための"迎合主義"を排撃し、「統一への中間目標として、まず経済建設と近代化の事業に総力を傾注しなくてはならない」と強調しながら主・客観的事情でもって七〇年代の後半期に至って統一のために積極的な試図がなされるであろうと展望したのであった。

改憲の課題を通じて負加された七〇年代の安保論争とともに政府は七〇年代を北傀がいうところ「決定的時機」が必ずあるものと分析しているのである。申泰煥統一院長官はこのような七〇年代の国際政治の事項を次のように分析展望している。

日本の仮作戦地に

「始めに米国はアジアでの非米国化政策を宣言した、ニクソン・ドクドリンを強化してゆくことだろう。二番目にソ連は米国と制限された敵対関係と、また、制限された協調関係の均衡を維持しながら政治的色彩が濃こうな地域安保体制を模索しながら大洋への進出政策を押しすすめてゆくであろう。三番目に中共は〈九大全会〉を峠に毛・林体制を確保整備して継続軍事力の強化で反米、反ソの両面作戦を展開するだろうし、四番目には、日本は自民防衛計画の完成と米国の強力な後押しでアジアでの影響力を増大させるだろう。「このような米、ソ中共及び日本など四カ国間の複雑な相衡関係の中で韓国は統一に有利な外交的技倆と智略を発揮しなくてはならない」と強調する。

このような周辺の強大国間での韓国に対する利害相衡の関係は、学界でも指摘されてきたが、高大の閔丙岐教授は「中共は韓半島が敵対的力によって統合、支配される事態を重視しないという伝統的な政策を堅持しており、日本はソ連と中共を仮想の敵として韓半島を作戦基地にするという前提のもとに、防衛計画を発展させてきている。かような事項は清・日戦争など一八九〇年代の歴史的事項を再びくりかえすことが展望される」と指摘している。

誤算で南侵を憂慮

UN問題に関しても閔教授は①「UN」は強大国間での権力政治の妥協の所産であるので相手方の勢力圏を破壊する現状打破の機能を遂行することはできず②ヤルタ体制の産物である韓国の分断状態は、多元化された百二十余会員国を包容しているUNには時代錯誤的課題として褪色しており、したがって「UN」による韓国問題の妥結は結局、韓国の分断状態を固着させ凍結させるという逆機能を作用させる可能性が多分にあると指摘した。

このように外部的な条件による統一問題の試図はすでに、そのほとんどが不可能であった。したがって、統一問題は終局的には韓国人自身による主体的な解決に依存する以外方法がないものといえるのである。この他にも、よく論議される来る七十二年度の米国大統領選挙のときまでには、ベトナム戦争がどのような形態であろうと処理され、それにともなう米軍の減縮と米・日間の安保条約の後始末や沖縄基地の返還等一連の転換期的事項の変化に、北傀は大きな誤算のもと武力を行使する可能性が多分に出てくるというのである。

北傀の軍事体制

統一院の見解によると北傀は六十年代の初盤から宣伝攻勢を展開してきた南・北韓の連邦制、それに各種民間単位による文化交流、板門店での南・北協商、南・北韓間における不可侵条約並びに相互間の減軍、また、中立国監視下での総選挙の実施などと口先だけで呼びかけてきた、いわゆる平和統一への方法を最近はこれを表面から取り去り、武力増強を通じた決定的時機の到来を待つという作戦を継続しているのである。しかも、金日成は、いわゆる決定時機を能動的につかむための闘争方法として、北韓地域内での基地の強化、南韓での革命機運の助成国際共産主義国との紐帯強化という三大スローガンを打出し、金日成独裁体制の確立のもと経済産業構造を戦時体制へと転換させて四大軍事路線をたてて準備完了段階に入っているというのである。

南北総計略も

このような挑発計画は、北傀の対南赤化統一工作を遂行している労働党と内閣並びに政党、社会団体らの、所謂「三位一体」という組織を通じての局面展開にすぎないのである。北傀の対南事業総局」を中心に計画、遂行されてきているが、この機構の中にある連絡部は①ソウル市並びに各道担当と②六九五軍部隊③独立された密封招待所④案内所などの部所を置いて、継続してスパイを密派しており、文化部は平壌放送委員会、出版社、祖国統一新聞社、並びに南韓研究所などの事業部を傘下に対南宣伝・心理工作を展開している。その他にも情報部・調査部などを通じた各種の事案を店開きしている実情である。北傀は如何なる方法を駆使しようと南・北韓の総選挙の時機が熟するまで待ちながらこれに対応するための準備として約千四・五百万人と推算される人口的なレッ勢をカバーするため大韓民国と同じ代表数を出そうと、その行政区域を韓国と同じ一カ特別市（平壌）と一カ直轄地区（開城）、それに九ヵ道（咸南北・平南北・黄海南北・慈江・両江・江原）と行政区を再編したのを見てもわかることである。

改造された思想体系

彼らはまた、内閣の各産業部署に第一部を置き、南韓に該当する部門を研究、検討して南韓の産業施設についての具体的な対策を樹立しており、あわせて南侵計画の一環策として南韓出身の越北者らを各郡の人民委員会の副委員長の一人として任命して行政的援受に対する綿密な計画まで作成しているといわれる。また、北傀は、約五百万名にのぼる同胞の越南で弱化されたものと見られる北韓同胞の力量を抹殺して、共産主義者らの理論法典でもあるマルクス・レーニン思想を注入するのに狂走しているのである。

南・北韓が固着した状態のままの二十五年間は結局北韓同胞らの民族的で伝統的な文化生活と認識並びに生活体系が共産党的に改造されている可能性が濃厚なのである。

それ故に今の三十才未満の若い世代は解放後、マルクス・レーニン主義理論以外は教育を受けていないので理論的にも完全に共産化されているだろうし、また、彼らの思考方式も一・二一事件で生き捕りした金新朝など武装間諜などの訊問を通じて明確に把握することができた。

抹殺された倫理観

共産主義の唯物史観的な思想攻勢は韓国の歴史をねつ造し改造して戦闘的で強制的である。また、暴力的で無慈悲性を基礎としていながら民族感情の融和というものが側面では深刻な問題となっているのである。また、五十八年以降、強行された五世帯担当制は五世帯当り、熱誠党員一人を配置して各種の思想的な教養講座で夫婦間における伝統的な倫理観さえ破壊されており、その他にも各種の革命的伝統の研究室、民主宣伝室、社会主義労働青年連盟を通じた工場、集団農場での思想攻勢などをひろめている。

外交的には各種の通商や、民間団体を通じた攻勢をひろげているが、政党社会団体を通じた「祖国統一民主々義戦線」「祖国平和統一委員会」「在北南韓人平和統一促進委員会」など、彼らなりに赤化統一には懸命に狂奔しているのが実情なのである。

促進活動も活発に展開

80年代に達成へ本格的な攻勢か

国土統一院の出帆は、今まで分散していた政府の統一関係の業務の一元化乃至は体系下に先ずその意義を求めることができるようである。

従来、散在していた、統一関係機関としては、外務部の邦交局、外交研究院、公報部の対共課、内務部の治安局、以北五か道庁、韓国反共連盟、中央情報部、国家安全保障会議の事務局などをあげることができる。

統一院は自由民主主義の厚則に立脚した、国土統一の実現を基本原則として統一案並びに政策を樹立している。

統一院は初めに、国土統一のための前提条件として「勝共統一」を実現さすことができる主体力量の培養に政策目標を置き①北傀に対する力量評価と動向の分析②統一に対する国論の統一③統一促進活動などを展開してきている。

北韓学も活発化

北傀の力量分析や評価のために北韓関係の資料の整理事業を展開しており、各種の民間学術団体や個人の研究員らを通じて約百四十個の北韓問題についての研究分析に入った。

これと関連して、最近学界では「北韓学」と「統一学」に対して論議が活発化している。これらは統一方案と統一後の諸般の政策方案の樹立とも関連して、北韓の政治、外交、軍事並びに経済状況の研究、北韓の家族制度、財産権、離散家族の再会問題、それに土地改革の調整や通貨の処理並びに流通秩序の確立、国際条約に至るまでのぼう大な分野に亘っている。最近の文化公報部も北韓に散在している各種の国宝、文化財などを整理指定する作業を展開しているのである。

来る四月、以北五カ道庁と統一院が共同して越南同胞の対策や政策の樹立のためにセンサスに着手する予定である。約五百万名と推算される越南同胞の実態や、北韓に残留している家族の実態など貴重な材料を収集整理するものである。

統一観の抽出し

国論を統一するために「統一憲章」を起草公布して六十九年末に実施した統一に対する国民与論の調査も国民の確固たる統一観を抽出したのである。

統一と反共教育の強化のため各種の統一ゼミを開き、国民の思想統一を期してきた。特に西欧文化を無批判的に導入したことで国民精神の瓦解という心配があるかどうかの可能性について学界では大きな関心を寄せている。

独逸民族の統一を民族教育の強化と新しい人間像、それに道徳的な改造について嶺南大学の李寛永教授は「放逸な抵抗主義や外国の学説を単純な模放としてでなく、独自的な韓国思想の定立を促求すべきである。」と強調している。

特に、娯楽プロという偏重のマスコミに乗ることをやめ、健全な国民相の定立と、統一思想の鼓吹のためにマスコミの活用方法なども論議されなくてはならないのである。

安秉煜教授がいうところの「生産的な自由哲学」を定立する問題や、李瑄根博士が主張する「七顛八起」の歴史的な民族精神の鼓吹など思想的な統一にも、拍車を加えなくてはならない。

統一に備えた国民の政治的力量や動員方案も急を要する課題の一つとして論議されなくてはならないのである。

七十年代の初盤に予想される北傀の武力挑発に対応して、国民的な大結束をおこすためには、慎道晟教授は①国民的合意と国民的信頼に立脚したリーダーシップの確立や国内政党の調和ある調和体制の構築が望まれ②都市と農村間のひどい所得の差を抑えて不平と不満を除去する国政の刷新などが必要だとその例をあげている。

申煥泰統一院長官も統一問題に対しては超党的な接近でもってバイ・パルチサンイズムを実現させなくてはならないと強調しているのである。

国防大学院の李基遠教授も「国際政治の与件からみて制限戦争の性格をおびている南・北韓の分離戦争の可能性」を指摘して、自主国防力量の強化と、駐韓UN軍に対しての効果的な発言権の強化を力説しているのも注目の的だ。

統一外交は果敢に

「六十二万の海外僑胞らを通じての民間外交の強化と、統一意識の鼓吹」はUN外交にも助けとなるだろうし、統一院に常設されているUN特別対策委と協調して「外務部は七十年代の統一外交を果敢に展開する」であろうと崔圭夏外務長官も明らかにしたものであった。

汎国民統一委構成

申泰煥統一院長官は、国政監査における政策の答弁を通じて南・北韓の総選挙に備えての国内保守政党の理念の整備や、選挙区別による単一候補者のよう立問題や、北韓の全域に亘っての反共民族勢力圏の編成問題とその要員の養成問題、全韓国の国会の構成や統一政府の樹立までの法秩序の維持についての問題、収復地区の行政並びに産業施設の接収問題など可能な対策をたて、統一促進委のような、汎国民機関の編成を通じての国論の統一問題など広範囲な研究スケジュールをたてなくてはならないと示唆しているのである。

その他にも、統一関係のCPXや分断国家間の協調強化問題など特に、最近の東・西ドイツ間での接触を通じての情勢の展望などを、たゆまず直視しなくてはならない。

統一院自体も統一のための重要な時期を七十年代の後半期とみている。これは第三次五カ年計画の樹立でもって、三十億ドルを越える輸出高と、三百七十ドル線にいっている国民所得とそれに韓国が主軸となるアジア地域の安保機構の構築などを前提とした「先建設・後統一論」にその根拠を置いているのである。また、米・ソの平和共存的ムードに拘らず北傀は無謀な挑発行為をあえて強行しようとしているが何らかの限界点を見出さなければならないと展望されるのである。

イートン卿の主張のように、独裁政権の限界寿命は三十年だという学説に従うならば、七〇年代の後半は無理な金日成の個人"崇拝"という内部的な"むじゅん"が激化して所謂、彼らが打出した第三次五カ年計画というものが全面的に蹉跌をもたらすだろう。

ひんぱんなる内部粛清を通じて北傀は自ら崩壊するものと思われるが、その反面、自由民主力を発展させた韓国は相対的に強者の位置に立つようになるということである。

韓国の分断が歴史的な波動から出発したものであったがために、与えられた国際与件のなかで韓国人自身の主体的な摘応を必要としており、これらのために段階的な統一対策をたて、最少限、七〇年代の初めには北傀の武力挑発と間接侵略に備えるならば、基礎的な態勢を整備して、アジア集団の安保体制の構築と国際的な発言権の強化と、第三次五ヵ年計画が終る七十六年からは、統一ムードに能動的に対処して、来る八十年代には本格的な統一攻勢をかけて、北傀を圧倒しようというのが七十年代の後半における統一論者らの共通した見解のようである。

〈韓国通信から〉

請のすべて

在日同胞のみなさん!

一九六五年十二月十八日批准書が交換され、翌年一月十七日に発効した"日本国に居住する大韓民国々民の法的地位および待遇に関する日本国と大韓民国間の協定"は、在日大韓民国国民が日本で安定した生活を営めるよう、法的地位を保障する韓・日両国間の協定であります。みなさんはこの協定に基づく永住権を申請してその許可を受けることにより、はじめて協定に規定されたいろいろの権益が保障されることになるのです。

現在、駐日大使館と各級領事館および大韓民国居留民団は、永住権申請に関し大々的な指導と啓蒙運動を実施しており、とくに、各級公館では遊説班を地方に巡回させているほか指導員を配置して、永住権申請に関する指導・案内はいうにおよばず同申請書の代書、代筆などを行なっております。また、大使館、領事館には、永住権申請相談室を設けて、皆さんの便宜を図っております。さらに昨年八月

協定永住権の意義

一、協定永住権がもつ意義は何か。

日本に居住する一般外国人は出入国管理令により滞留資格を取得しなければ、日本に滞留することはできないとされているが、①終戦前（解放前）から日本に継続して居住している韓国人および、②このような韓国人の子女として、平和条約発効前までに日本に出生した者は、一九五二年の法律第一二六号により、別に特別な法律で滞留資格が定められるまでは、特定の滞留資格がなくとも、継続して日本に滞留することができるようになっている。

さらに、③右に述べた人々の子女で平和条約発効後に日本で出生した者には特別の滞留資格が与えられ、滞留期間が三年となっており、この期間は更新できるものである。しかし、このような措置はあくまでも、新たに特別な法律をもって滞留資格、滞留期間が定められるまでの暫定的なもので、協定永住権申請とは、多年間日本に居住し、すでに日本に生活基盤をおいている韓国人に、一九六五年韓・日両国間に締結された"日本国に居住する大韓民国国民の法的地位および待遇に関する大韓民国と日本国の協定"に基づいて、この暫定的な措置による地位からはなれて、特殊な地位を賦与して日本に永住できる権利を授けようとするものである。

協定永住権を受ける人

二、協定永住権はいかなる人々に賦与されるのか。

（1）一九四五年八月十五日（解放）以前から、協定永住許可を申請するまで、継続して日本に住んでいる韓国人。

（2）（1）で言及された者の子女または子孫（直系卑属）で、一九四五年八月十五日から一九七一年一月十六日までの間に日本で出生し、同永住権を申請するまで継続して日本に住んでいる韓国人。

（3）（1）と（2）により協定永住を許可された者の子女として一九七一年一月十七日以後に出生した人々は、同協定の定めるところにより、協定永住の許可を受けることができる。

永住権申請の手続き

三、協定永住権許可を受けるにはどのような手続きをすればよいか。

申請希望者は居住地の市・区・町・村の行政当局（役所）へ自ら出頭して次の書類を提出すればよい。ただし十四歳未満の者は親が代理しなければならない。また疾病などでどうしても自ら出頭することができない場合には、一定の親族を代理人に選定して手続きできるようになっている。なお提出する具備書類は次のとおりである。

（1）協定永住許可申請書二通

（2）旅券、または国籍を証明する文書（大韓民国国民登録証）。

これらを所持していない者は、大韓民国の国籍を持っているという趣旨の陳述書

（3）写真二枚――提出する日から六ヵ月以内に撮影した五ｾﾝﾁ平方形または名刺用の脱帽、正面上半身の写真であること。

（4）家族関係および居住経歴に関する陳述書二通

（5）外国人登録済証明書。

以上のとおりであるが、①②④の申請用紙は市・区・町・村の行政当局（役所）に備えつけているので、申請者自身は写真のみを準備すればよい。なお、この申請における手数料はいっさい無料である。

字の書けない人のために

四、字が読めないか書けない場合、あるいは永住権申請の内容、手続き方法をよく知らないために案内や指導を必要とする場合にはどうすべきか。

このような場合に備えて政府では、民団の協調を得て、日本各県ごとに永住権申請指導員を配置しており、また東京には大使館、地方には各級領事館、教育文化センターなど政府機関が所在している各該当住所あてに、電話で案内または指導を要請すれば、同指導員が直接代書なり代筆をし、永住権申請に関するいっさいの事項について案内することになっている。同指導員が直接戸別訪団して永住権申請を勧誘するときにはこれに応じて前記のような指導を受ければよい。

協定永住の申請期限

五、いつまでに申請しなければならないか。

協定永住権の申請期間は、協定発効日より五年以内であるため、一九七一年一月十六日まで申請することができ、一九七一年一月十七日以後に出生する者は、出生した日から六〇日以内に申請しなければならない。しかし、法的地位は、協定永住権を許可されたときから確定されるものなので、申請期間が多少残っているからといって、あとに延ばさず、今すぐ申請して一日も早く日本で安定した生活基盤をもつことが自分自身のための道となる。

許可の通知がきたら

六、協定永住許可の通知が届いたあとの手続き。

市・区・町・村行政当局から、出頭するように、という通知の葉書が届いたとき、その葉書を持参のうえ出頭し、法務大臣の永住許可書の交付を受けるがそのとき外国人登録証明書を持参しなければならない。外国人登録証明書、協定永住権の許可を受けた旨の内容を書き入れてくれる。

許可申請の記載方法

七、永住許可申請書の記載方法はどういうものか。

市・区・町・村当局に備え付けられている永住権申請書の裏面には、申請書や陳述書の記載方法がわかりやすく説明されているのでこれを読んで書けば、さほどむずかしくない。

家族関係および居住歴に関する陳述書は、できるだけ正確に、漏れなく記載する必要があり、家族関係においては、本国に住んでいる近親者が明確に記載されておれば、その人を日本に招請する場合その入国申請にも有用なものとなる。さらに、外国人登録を一九四七年五月の第一回目から欠かさず済ませている者はいうまでもなく一九五〇年一月から一九五二年九月までに第二回登録を済ませた者は、居住経歴などをいちいち調査することなく、書類のみで審査するので問題はないが、そうでなくて居住経歴を詳しく記入していない場合には、日本に継続して居住してきたかどうかを立証することができないため、やむをえず入管当局が調査をすることになる。

継続居住歴とは何か

八、継続居住歴とは何か。

協定永住権申請に関連して昨年の韓・日法相会談（一九六九年八月十九・二十日）が行なわれる前は、同協定永住権申請人の居住歴に関し疑いがある場合に限り、解放前から日本に継続して生んでいたかどうか、あるいはこの人たちの子女として日本で生まれてその後、継続して日本に居住していたかどうか、という事実を調査することが従前の日本政府当局の方針であった。そこでこの法相会談の結果、このような居住歴調査を省くために、第一回外国人登録では漏れていたとしても、第二回外国人登録（一九五〇年一月〜一九五二年九月）を済ませた者は、一二六―二―六に該当しない、とされない限り、新たに居住歴を調査しなくても協定永住許可を与えることになっている。

去年の韓・日法相会談で了解された事項については、第一三項を参照すること。

韓国政府が関与する点

九、協定永住許可手続きにおいて韓国政府が関与している点はあるのか。

協定永住許可を受けるためには大韓民国国籍法上の韓国国籍をもっていなければならず、この国籍を旅券または国民登録証で証明することができない者は、大

協定に違反して退去を強制されようとした場合には、法的に救済を受けることができ、訴訟を起すこともできる地位をもつことになる。

（2）強制退去

協定永住許可を受けていない外国人は、例をあげれば、一年を越える懲役に処された場合とか、日本国の利益または公安を害する犯罪を犯した場合には退去を強制される。しかし、協定永住許可を受けている人は

①内乱、外患の罪により禁固以上の刑に処された場合（ただし執行猶予を受けた者および内乱に付和雷同したことにより刑に処された場合を除外する）

②国交に関する罪により禁固以上の刑に処された場合。

③外国の元首、外交使節またはその公館に対する犯罪行為により禁固以上の刑に処された場合法務大臣が、その犯罪行為により日本国の外交上の重大な利益を害した、と認定したとき。

④営利を目的として、麻薬取締法、大麻取締法、アヘン法などの違反または阿片煙に関する罪を犯して無期または三年以上の懲役に処せられた場合（ただし執行猶予になった場合は除外する）。

⑤麻薬取締法、大麻取締法、阿片法などの違反または阿片煙に関する罪により三回（特別法の施行日以前の行為による罪で三回以上の刑に処せられた場合は二回）以上、刑に処せられた場合。

⑥無期または七年を越える懲役あるいは禁固に処せられた場合に限り、強制退去を受けることになっているが、この場合でも上述の④⑤⑥においては家

戦後入国者の滞留に関し妥当な考慮がなされる。

（4）教育

教育に関しては、日本の公立小・中学校への入学を希望する者はその入学が認められ、さらに中学校を卒業した場合は、上級学校へ入学できる資格が認められている。したがって、日本の公立小・中学校で日本人と全く同じ義務教育を受けることがでさる。そして上級学校へ進学する場合には試験に合格した子弟には入学資格を認定することになっている。

（5）社会生活

①生活保護を必要とする者には生活保護が保障され、在日韓国人のうち生活保護を受けなければならない者で協定永住権を受けた者は、日本の関係者に基づいて、日本人と同一に生活保護が保障される。

②国民健康保険＝協定永住権者は一九六八年四月一日から、日本人と同一の条件で国民健康保険に加入することができる。

（6）永住意思を放棄する場合

①財産搬入＝法令の範囲内でその携帯品、引越荷物、職業用具などの持ち帰りが認められる。

②資金搬入および送金＝協定永住者が所有していた資金を持って帰ることができ、送金に関しても、法令の範囲内で一世帯当り米貨五万ドルまでを帰国時にまたその額を越える部分に関しては、実情によって全額を後日送金することができる。

（7）土地（不動産）取得

一般外国人は土地・建物などを取得するときに主務大臣の認可が必要であり、またその付随的な義務

永住権申請に関し相談を受けつける 大使館・領事館の所在地一覧

駐日本国大韓民国大使館	東京都港区南麻布一―二―五	（〇三）四五二―七六一一〜三
駐大阪総領事館	大阪市南区末吉橋四―二三―一第二心斎橋ビル九階	（〇六）二五二―四二五一〜三
駐札幌総領事館	札幌市南二条西四―二六北海道商銀四階	（〇一二二）六二―〇二八八
駐福岡総領事館	福岡市赤坂一―一〇―二五	（〇九二）七七―〇四六一―三
駐仙台領事館	仙台市北五番町九―三	（〇二二）二一―二七五一〜二
駐横浜領事館	横浜市中区山手町一―一八	（〇四五）二〇一―四五三一
駐名古屋領事館	名古屋市東区東曽根南一―一八	（〇五二）九六一―九二二一〜七
駐神戸領事館	神戸市生田区中山手通り二―七三（YMCA向い）山口自転車ビル	（〇七八）二二―四八五三・五四五五
駐下関領事館	下関市大和町五貿易ビル	（〇八三二）六六―五三四一〜三
駐日韓国公報館	東京都千代田区永田町二―二九ホテルニュージャパン東新館	（〇三）五八〇―二五七七

民団中央および各地方本部の所在地

民団中央本部	東京都文京区春日二―二〇―一三	（〇三）八一三―二二六一〜三
東京	東京都文京区本郷三―三二―七	（〇三）八一一―一五三五
神奈川	横浜市神奈川区鶴屋町三―一―八	（〇四五）三一一―四九〇三〜五
千葉	千葉市新宿町三―一三五	（〇四七二）四二―四六三一〜三
山梨	甲府市丸ノ内三―三〇番六号	（〇五五二）三三―五四四四
栃木	宇都宮市塙田町三三六	（〇二八六）三―七七七七
茨城	水戸市西原町三三一〇	（〇二九二）三一―三三三七
埼玉	浦和市常盤町四―一六―七	（〇四八八）三一―三九五〇
三多摩	立川市錦町一―三―二〇	（〇四二五）二二―二三八一
群馬	前橋市古市場町字松場四九七―五	（〇二七二）五一―二三二八
静岡	静岡市相生町二丁目	（〇五四二）四五―四五三一
長野	松本市深志二―八―一〇	（〇二六三四）二―二六三五
秋田	秋田市土崎港中央三―九―五四	（〇一八八二）五―〇九三五
福島	郡山市深沢三―一―三一	（〇二四九二）二―九〇七二
宮城	仙台市茂市ケ坂八―一	（〇二二二）二三―九六一〇
北海道	札幌市南九条西四―一〇	（〇一二二）五三―二二六九
山形	山形市幸町七―四一	（〇二三六二）三―九五〇六
青森	青森市長島一〇一	（〇一七七二）二―三三一七
岩手	盛岡市駅前新町通一五―一八	（〇一九六二）二―〇一一八
新潟	新潟市弁天町三―二四	（〇二五二）四四―二九四二
石川	金沢市北安江五八―甲四	（〇七六二）三一―二九一四
福井	福井市豊島二―八―一二	（〇七七六）二二―五四三一
富山	富山市牛島新町三―二一	（〇七六四）三一―五七七九
愛知	名古屋市中村区鷹羽町三―五六	（〇五二）五七一―六四三一〜五
岐阜	岐阜市錦町二―九	（〇五八二）五一―三七〇三
三重	津市古河町一―一―一五	（〇五九二）八―四三〇八

永住権

者には継続居住歴の調査を省略するなど、申請手続きが大幅に緩和されましたのでこの機会を逸することなく一日も早く永住権を獲得して、日本で安定した生活基盤を築きあげるよう願うものであります

この案内書は、このような皆さんの法的地位を保障する永住権の申請に便宜を図るために用意されたものです。もし、この案内書の説明の中で、わからない点があるとか、その他の事項についても質問されたいことがあれば、いつでも、大使館をはじめ駐日各級公館あるいは民団または指導員にお問い合わせ下さい。

駐日本国大韓民国
特命全権大使 代理 姜永奎

かどうかが明らかでない場合には、日本政府が駐日大使館に照会して国籍確認を受けた後、処理することになっているため、わが政府はこの国籍の照会を確認するうえに関与することになっている。

協定永住許可者の特恵

十、協定永住が許可されれば、どのような特恵があるか。

永住を許可されるので、これまでのような暫定的な地位とはちがい、将来において期間が中断されることなく、望む限り日本に権利として居住することができるようになる。さらに関係協定に明示されている特定犯罪を犯さない限り退去を強制されることなく、教育、生活保護および国民健康保険などいろんな面で日本人と同じ待遇を受けることになり、これをもう少し詳しく説明すると、

(1) 法的な永住保障

暫定的な地位をはなれて、権利として日本に居住することができるもので、日本に居住する一般外国人のうちで最も卓越した法的地位を享有するものであり、るので事実上、協定永住者は強制退去を受けないに等しいといえる。

(3) 在留および再入国

①在留＝協定永住者に対する上記の強制退去事由に該当しない以上、たとえ一般在留者に対する強制退去事由に該当しても日本での在留が永久的に法により保障される。

②再入国＝協定永住権者は、一般の場合とちがい特別な在留資格が認定される以上、再入国許可においても、再入国の回数や期間に関して、制限なしに許可を得られるようになっている。

③家族離散の再会（別れ離れになっている家族との再会）＝協定永住者は特別な在留資格をもっているので、本国にいる家族や親族が再会のために日本を訪問したい場合には、入国許可を効意的に配慮するようになっている。

④家族離散の防止（家族がおのおの別れ離れにならぬよう防止すること）＝やはり特別の在留資格により、協定永住権者の家族のうちに、いわゆる戦後入国者（第二次大戦終結以後、一九五二年四月二十八日までに日本に不法入国した者）がいる場合には

建物など、財産を取得するにあたっての主務大臣の認可およびこれに付随する義務を必要としない。

戦後入国者はどうなる

十一、いわゆる戦後入国者はどうなるのか

このような在日韓国人は、現在までですでに相当の長期間にわたり日本での生活根拠を築いてきたという事情を考慮して、日本における生活安定のために特別在留許可を与え、さらに申請がある場合には、その在留状況を参酌して可能な限り出入国管理令上の一般永住を許可することになっている。とくに一九五二年四月二十八日の平和条約発効以前から在留していることが確認された韓国人に関しては一九六六年六月二十二日の日本法務大臣談話に基づいて、その情況により一般永住許可を与えることができることになっているが、このような一般永住の許可を受けたい人は、市・区・町・村行政当局ではなく、各所管の入国管理事務所へ行き一般永住許可申請をすればよいのである。これに関しては、韓・日法的地位実務者了解事項においても、その手続きの簡素化が了解されている。

実務者会談での了解事項

十二、在日韓国人法的地位に関する韓・日間の協定以外に、韓・日実務者会談で合意した了解事項があるといわれるが、その内容はどのようなものか。

（1）在日韓国人の法的地位に関する韓日間の協定を締結した後、同協定の円滑な運営、とくに永住権申請手続きの簡素化のために、実務者会談を一九六七年七月十九・三十の両日に第一次として東京で引続き一九六八年十三月五・六両日に第二次としてやはり東京で催した。

（2）第一次韓日実務者会談では、韓日間のいわゆる"了解事項"として次のような点が合意された。

①協定永住許可申請をした者は、第二回外国人登録を直接済ませたものの、第一回外国人登録に漏れている場合にも、戦前から継続して日本国に居住している事実が推認されれば、事実調査をすることなく、協定永住許可を受けることができ、

②一九五二年四月二十八日の平和条約発効以後、大韓民国々民と婚姻したことにより国籍を取得し、日本国国籍を離脱した女性に永住を許可する問題については、人道的な考慮のもとに善処されるであろうし、

③協定永住者が再入国期間内に日本国外で子女を出産した場合には、両国の事務当局間で事実確認の方法その他の措置に関する合意をみたときには、その子女の日本入国はもちろん認定され、あわせて協定永住権申請の有資格者として取り扱われ、

④日本国から外国へ出国した者の子女の永住許可は協定の規定上、不可能ではあるが、これに関しては今後新たに検討することになっている。

⑤協定永住者に対し、

（イ）再入国許可申請は特別な事情がない限り日本の所管入国管理事務所で処理しており同許可の回数および期間に対する制限は行なわず、第三国への旅行のための再入国許可申請に対しても、法務省（本省）で処理するため時間がかかることもあるが、特別な制限を加えているわけではない。

（ロ）留学のための再入国許可期間については、出入国管理法を改正する際に考慮することになっており、

（ハ）再入国許可期間内に入国することができなかった者で、真実やむをえない事由があったものと認められる場合には、入国許可をすでに与えたことでもあり、この件で協定永住許可の効力を喪失させないようにする問題についても好意的な考慮を受けられるであろうし、一方、"真実にやむをえない事由"があったかどうかを確認する方法についても、その後検討することになっていたが、今回の法相会談了解事項第三項②において見られるように、やむをえない事由が確認されれば、従前の滞留資格を喪失することなく、再入国を許可することになっている。

⑥協定永住者の配偶者および扶養を要する未成年の子女と同居するための日本入国については、家族構成その他の事情を勘案し、人道的な立場に立脚して好意的に処理されることになっている。

配偶者など、同居を目的とする者は、最初から合法的に入国することが要望されており、合法的な入国をしていない者は、新しく正式の手続きをふんで入国することが望まれる。

⑦協定永住者の父母、子女、兄弟の一時訪問のための日本入国については、原則的に、最初二カ月程度の査証（ビザ）を究給してもらい、入国後はその状況に応じて、二回まで在留期間を更新することには、好意的に処理されるようになっている。

一時訪問を目的として入国した者は、必ず期間内に出国することが望ましいし、同査証を現地の日本公館の裁量で発給するとこには、事実調査が必要であることからも、現在では無理であるとされている。

⑧協定永住者の家族の強制退去については、家族構成その他の事情を勘案し、人道的な見地に立って妥当な考慮が払われる。

⑨いわゆる戦後入国者に対し出入国管理令上の永住を許可する場合において、従来は特別許可後五年とされていたが、今後その期間を短縮する方向へ検討することになっている。

（3）第二次韓日実務者会談では、第一次韓日実務者会談で合意した了解事項の内容を、いっそう具体化しているが、同会談において合意をみた主要な内容は次のとおりである。

①継続居住歴の推認問題

(イ)一九四七年第一回外国人登録以後、同登録が順次に継続しているときには、協定永住権に関する居住調査はこれを行なわない。

(ロ)第一回外国人登録には漏れても、第二回以後の外国人登録が継続されている時には、その人が戦後に入国したという疑いがない限り、あらためて同居住歴に対する調査は行なわない。このような居住歴に対する推認を容易にするため、申請するときに提出する居住歴に関する陳述書を忠実に記載することが要望されている。

〔(2) 一般永住許可問題〕(イ)

解放（一九四五年八月十五日）後から"サンフランシスコ平和条約"発効時（一九五二年四月二十八日）までの期間に日本に入国した者は、一般永住許可申請、すなわち出入国管理令による永住権申請をすることができ、

(ロ)一般永住許可を申請するときに注意すべき点は

(a) 観察期間

従来、特別在留許可後五年間の観察期間[illegible]たが、一九六八年三月十五日以後、申請者たちがすでに日本国において生活していることを参酌して、特別在留許可直後から一般永住許可申請を受理し、許可することができるようになっており、またこのような実例も多くみられる。

(b) 素行が善良であることと素行の審査においては、前科がなく、納税の義務だけが履行されていればよいのであ[illegible]このうちの前科については、懲役刑は十年、[illegible]過すれば[illegible]前科を問題視しな[illegible]ており、軽い交[illegible]違反も問題にしないの[illegible]履行においても、税務当局に告発され[illegible]確定された場合を除けば問題視しないことにな[illegible]いる。

(c) 独立の生計を立ててゆける財産または技能があること

これに関しては、日本政府から生活保護を受けないで自力で生活することができるか、または扶養責任のない独身の場合には収入が三万円程度であるとか確実な就職先がありさえすればよいのである。

年令は満二十歳以上であり、また扶養家族をかかえているときには扶養能力さえあればよい。

(b) 健康であること

単に常識的な意味で健康であればよく、これを証明するために一般国立病院で発行している簡単な健康診断書を提出すればことたりる。

(e) 身元保証人

身元が確実な日本人または在日韓国人であれば十分である。

③再入国許可問題

(イ)再入国許可の回数と期間

従来は特別な事情がない限り再入国の許可において、その回数と期間を制限しなかったことはもちろんだが、今後は刑罰を受けた者、法令違反者の場合（刑が時効または恩赦により消滅した場合は当初から問題にしない）においても、旅行目的、犯罪内容、居住状況など、諸般の事情を勘案し、人道的見地から好意的に処理される。

(ロ)留学のための再入国期間の延長

(a) 一般在留者の留学のための再入国期間最高一八〇日（六ヵ月）まで許可する。

(b) 協定永住者の留学のための再入国期間＝当初の許可期間を一年とし、管轄日本在外公館でさらに一年延長できるようになっている。

(4) 協定永住権者の家族の強制退去

①協定永住権者の配偶者、未成年の子女、六十五才以上の父母で一九六〇年前後に入国した人も、在留状況その他を参酌して特別在留を許可しており、

②一方、協定永住権者の配偶者、未成年の子女、六十五才以上の父母で同居するために日本へ来たい場合、諸般の事情を参酌して好意的に処理される。

（次ページへつづく）

京都	京都市左京区下鴨宮崎町一九	（〇七五）七八一—八二八一
奈良	奈良市大和高田市日之出町二—一二七四	（〇七四五）二—二〇九八
滋賀	大津市島の関九—五号	（〇七七五四）二—三六三九
和歌山	和歌山市屋形町二—九	（〇七三四）二—三三三三
広島	広島市東蟹屋町七番九号	（〇八二二）六一—六一七一
岡山	岡山市本町五番五	（〇八六二）二五—〇八二六
鳥取	鳥取市行徳六七—一	（〇八五七）二三—六七八〇
島根	江津市郷田後浜新開一一八八	（〇八五五五）二—二六六〇
山口	下関市竹崎町四二九	（〇八三二）二三—八二七一
福岡	福岡市明治町一—一三	（〇九二）四三—七三三一〜三
長崎	長崎市川口町九番一七号	（〇九五八）四四—〇七八一
佐賀	佐賀市大財町一—二—四	（〇九五二二）三—七四五〇
大分	大分市勢家五〇二—五	（〇九七五二）三—一四四六
宮崎	宮崎市川原町七番一三号	（〇九八五）二—七五一九
熊本	熊本市本山町四七七—五	（〇九六三）五二—一九六五
鹿児島	鹿児島城南町二番二五号	（〇九九二二）二—二七〇六
対馬島	長崎県下県郡厳原大字国分一三五一	
愛媛	新居浜市泉川町松原	（〇八九七二）四—七二六一
徳島	徳島県小松島市北浜（〇八八五三）二—三六七七・二—〇三〇八（夜間）	
高知	高知市日之出町一九九番地	（〇八八八）八二—八七七七
香川	高松市常盤町一—三二五町会館ビル三階	（〇八七八）三一—八九五五

東京本部管内各支部の所在地一覧

文京	東京都文京区小石川二—十一—七	（八一一）三五五五
台東	東京都台東区上野七—二—一	（八四一）八〇三二
中央	東京都中央区日本橋茅場町一—六	（六六一）五三七〇
墨田	東京都墨田区太平町一—四—八	（六二二）九四四二
江東	東京都江東区木場六—八—十	（六四四）〇五一二
江戸川	東京都江戸川区興之宮二九	（六五七）七五一二
北	東京都北区稲町一—二六九	（九〇一）二六六一
足立	東京都足立区千住桜木町五三	（八八八）八三〇一
荒川	東京都荒川区荒川三—三二	（八九一）〇五五五
葛飾	東京都葛飾区本田立石六—一八—一六	（六九三）一七七一
豊島	東京都豊島区池袋二—一一六七	（九八二）七一六一
板橋	東京都板橋区板橋二—二三—九	（九六一）六五六五
練馬	東京都練馬区豊玉北四—三二	（九九二）五五七七
新宿	東京都新宿区三光町二五（三立ビル二〇三号室）	（三四一）〇二四四
中野	東京都中野区新井二—一—七	（三八六）五五三六
杉並	東京都杉並区梅里二—二四—一三	（三一三）七五七五
渋谷	東京都渋谷区宇田川町一五	（四六一）五三八二
世田谷	東京都世田谷区下馬町一—七	（四二一）三六〇九
目黒	東京都目黒区青葉台一—三〇—一〇	（七一三）四三七八
港	東京都港区三田四—六—一八	（四五一）六五三八
品川	東京都品川区豊町三—一—一	（七八六）一二二四
大田	東京都大田区新蒲田一—六—七	（七三二）七六五一

永住権申請のすべて

前面より

韓日法相会談での合意事項

十三、先般の韓・日法相会談で合意した事項は？

一九六九年八月十九・二十の両日間にわたって、李木法務部長官と西郷吉之助日本法務大臣が東京で会合して開催された韓・日両国間の法相会談は、在日韓国人の法的地位および待遇に関する協定の施行に関し、相互の意見を交換し同協定の、より円滑で効果的な運営を図るため、なされたもので、先般の法相会談の結果の中でとくに注目すべきことは、第一項①において合意した事項で、これを簡単に要約すると、第二回外国人登録を済ませた者には、居住経歴を調査することなく協定永住権を賦与する、ということである。それでは、法相会談で合意した了解事項を具体的に次に列記する。

（1）協定永住資格である居住経歴などに関し、

①協定永住許可申請をした者が第二回の外国人登録（一九五〇年一月より一九五二年九月まで）を済ませ、申請時まで日本国の法律第一二六号第二条第六項に該当しないとされたことのない者（例えば、不法入国の容疑により強制退去の手続きを受けたことのない者をいう）に関しては、新たに事実調査をすることなく、協定永住を許可することにする。

②戦前、サハリン（樺太）に渡航し、戦後に日本へ帰還した韓国人たちの協定永住許可申請に関しては、協定の討議記録、日本側代表の発言（A）の趣旨を尊重して好意的に検討する。

（2）戦後入国者に対する出入国管理令上の永住許可に関し、

①一九六五年六月二十二日、日本国法務大臣の声明による戦後入国者に対する特別在留は、法令の範囲内で可能な限り、じん速に許可することとし、さらにこの者の一般永住許可申請は特別在留許可を受けた後、いつでも受理する。

②右の法務大臣声明の精神を十分尊重して、永住許可の審査基準を今後いっそう緩和し、さらに提出書類など、申請手続きを簡素化する。

（3）協定永住者の再入国許可に関し、

①協定永住者の再入国許可に関しては、継続して好意的に配慮する。

②協定永住者（協定永住有資格者を含む）が、真実にやむをえない事由により再入国許可期間内に入国できなかった場合における遅延事由の確認に関しては、再入国許可期間の経過後三カ月以内に入国できる可能性がある者に対し、日本国の在外公館でこれを行なうものとし、この確認を受けた者は協定永住者（協定永住有資格者を含む）として入国を許可するものとする。

（4）協定永住者の家族の入国および在留に関し

協定永住者の家族の入国および在留に関しては、家族構成その他の事情を勘案し、人道的見地から妥当な考慮をする。

（5）なお韓国側は、

①協定永住者に対しては、本国との往来の便宜を図るため、回数再入国許可が賦与されることを希望する、と表明し、

②協定永住者の家族のうち、特別在留許可または、その他の資格により在留が認められている者については、今後出入国管理令下の永住許可が賦与されるよう、関心を表明した。

発展する祖国の姿 ①

戦いながら建設する祖国、大韓民国は、めまぐるしく近代国家へと発展し日、一日とその姿をかえていく。写真は、手前南大門からソウル市庁をのぞむ一角で高層ビルが林立し文字どおり近代国家の首都にふさわしい光景をみせている。

6月から釜関フェリー運航開始

玄海灘を自動車で

韓・日旅行便利になる

（一部既報）釜山－下関間の韓日フェリーが六月から正式就航の運びとなり京釜高速道路の完成と相まって東京からソウルまでの自家用車による観光も可能となった。韓日共同運営の韓国側釜関フェリー社（本社釜山、資本金八千五百ウオン）代表理事に鄭建永氏（東亜相互社長）ほか理事陣に朴鍾（民団山口県本部長）金世基（東亜相互常務）ら在日同胞ほか王相殷氏（釜山商議副会長兼協成海運社長）、監事に安範守氏（釜山商議事務局長）顧問に金徳燁（釜山市長）姜錫鎮氏（釜山商議会長）らが決定した。釜関間を七時間で渡る豪華フェリーは三千八百屯、乗客六百二八、乗用車六十台、貨物六百六十屯を積んで毎日往復し七一年には第二号船も就航する。運賃は一等二十四ドル、特二等十九ドル、二等十四ドル、貨物は屯当り六ドル、手荷物一コ〇・五ドル、自動車は十五－七十ドルとなって下関を午前九時に出発、午後四時釜山着、釜山を午後十時出発、翌朝午前五時下関に帰ることになっている

韓国と日本の間を自動車と共に渡ることが可能となった。それは釜山〜下関間の百二十三マイルで、この海峡を渡る連絡船に乗ると自動車と共に七時間すると到着する。交通部が十三日発表したところによると、この便利で早い〝釜関フェリー（連絡船）〟の実現はさる六七年八月から推進されてきたもので、いよいよ大阪の万国博覧会期間中の六月六日から運航を開始する。

なお、釜関フェリーは韓日両国がそれぞれ一隻づつ所有船を出して共同運営することになっており、来年四月までには双方とも一隻づつを建造・運航させる予定。

六月から運航される、現在建造中の一番船は五月初めに建造を終えるが三千八百トン、航海速力十九ノットのもので、日本の広島大平工業が建造中である。

この連絡船は第二船ができるまで二日ごとに一往復する予定で、六百二名を収容、乗客たちは自動車をも載せることが可能（六十台積載）となっており、これで韓日間は自動車旅行することができるようになった。

第51回3・1節記念式典に

東本で参観団を募集

希望者は早めに申請を

東本では、今年もきたる三月一日政府主催ソウルでひらかれる第五一回三・一節記念式典に、本団を代表する盛大な参観団を派遣することになった。

同参観団は、例年どおり在日同胞の代表を希望者から選抜し本国の記念式典に参加させ、三・一運動の認識を深めるとともに本国の発展相を視察する。

本年の日程は二月二十八日羽田を出発、三月一日記念式典に参加するほか国立墓地を詣でて、同二日政府要路を礼訪したのちソウル市近辺の名所旧蹟を視察、同三日にソウルで解散するが、所要経費はつぎのとおりであり、希望者は民団各支部へ二月五日までに申請されるよう本部民生部では要望している。

〈所要経費〉往復航空賃　宿泊費　国内交通費など一切を含めて七万二千四百五十円。（但し臨時旅券申請者は二千円増）

第82回関東協議会

第八十二回居留民団関東地方協議会（事務局長鄭在俊東京本部団長）が、二十七日午後一時から栃木県下塩原温泉リバーサイドホテルでひらかれる。

同協議会においては、第五一回三・一節記念式典の開催について協議を行なう。

永住権申請案内

今年は、永住権申請の年です。

在日同胞の皆さんが一日も早く安定した生活を営むためには、永住権を取得しなければなりません。まだ永住権を申請してない方は一日も早く申請するよう、お互いに努力し、勧誘しましょう。

協定永住権を受けることによって、

（一）、何よりもまず、これまでの暫定的であった地位をはなれて、権利として日本に永住することが法的に保障されます。

（二）、したがって、協定永住許可を受けていない者や一般外国人とはちがい、協定永住許可者は、ほとんどすべての場合において、日本から退去を強制されることがありません。

（三）、さらに、同永住許可者に対しては、海外旅行に必要な再入国許可において制限がないばかりでなく、一家族が離散することのないよう、人道的な配慮が十分ゆきとどくようになっております。

（四）、子女の教育問題においても、日本の公立小・中学校への入学が認定され、また上級学校進学においてもその入学資格が認められております。

（五）、生活保護を受ける必要のある人には、従前どおりの生活保護が受けられるようになっており、とくに国民健康保険に加入することができます。

（六）、外国人財産取得に関する政令の適用を受ける一般外国人とはちがい、主務大臣の認可なしに土地・建物などの財産を取得することができます。

（七）、日本から永住帰国する場合には、自己財産の本国搬入または送金などが、協定上保障されております。

在日同胞の皆さん！

去年の八月に開催された〝韓・日法相会談〟の結果、皆さん方が安心して永住権を申請できるよう措置が講じられておりますから、一日でも早く、永住権を申請されるよう、かさねて要望する次第であります。

もし皆さん方の中で、同永住権申請に関連して、質問または相談なさる事項がある場合には駐日大使館（第一領事課、または永住権申請案内室）あるいは、地方に所在するわが国の各級領事館または民団へ直接来訪されるか、書信で同事由を問い合わせて下さい。必ずや皆さんのご期待にそえるよう、全力を尽してみなさんのご相談に応じます。

なお、皆さんの親戚の方々はもとより、親しい知人の皆さんにも、以上のことを広く知らせて、一日でも早く、永住権申請該当者は一人残らず、この申請を完了するようご協力下さい。

駐日大韓民国大使館

盛大に成人祝賀会

民族精神かみしめて

諸先輩から祝福と激励!

成人の日にあたるさる十五日、東京護国寺の天風会館において韓国青年同盟主催により、東京在住の同胞青年のための成人祝賀会が盛大にとり行われた。式は午後三時すぎ始まり、この日新しく成人の仲間入りをした同胞の青年男女がチマ、チョゴリや背広で礼装し祝賀にかけつけた多数の先輩、友人に囲まれて着席する中で、金恩沢韓青委員長はじめ大使館を代表して丁暢副領事、民団中央の朴根世議長そして東京本部の鄭在俊団長らからそれぞれ祝福と激励の挨拶を受け、また張暁先生による特別講演を傾聴するなど、韓国人青年としてのあり方を含め、それぞれが神妙に成人の意義をかみしめた。

成人祝賀会のもよう

プリンスホテルでの東京商銀新年会

荒川支部の新年会のもよう

江戸川支部の新年会

明るい将来へ

韓青委員長　金恩沢

一九七〇年の新春を迎えるにあたり、団員のみなさんに、心から新年のお祝いの挨拶をおくりたいと思います。

昨年一二月二一日、韓青第一四回臨時中央大会において不肖私が委員長として選出され、幾多の難問をかかえた七〇年代の初葉を担当する重責をになうことになり、その責任の大きさを今更ながら痛感している次第であります。

顧るに韓青にとって過ぎし六〇年代は、その出発点において四・一九革命の触発によってその質的変化をとげ、在日同胞間にをける民主民族の旗手として四・一九理念の定着化を目ざし、法的地位要求貫徹闘争をはじめとする権益擁護運動を果敢に闘いとってきた時期でありました。そして内外における様々の矛盾相剋の中で一世か二世への世代交替がなされ、熾烈な権益擁護闘争において現在の韓青運動を支える数多くの第一線幹部が輩出し、今やものものしく幕をあけた七〇年代を主導的に迎えんとしているのであります。

七〇年は六〇年代に達成し得なかった課題克服の年であり、永住権申請にまつわる諸般の問題解決の最後の年であるとともに、再度日本国会に上程が予想される出入国管理令改悪法制化と外国人学校法制定の動向など私たちに投げかけられている問題点は枚挙にいとまがありません。

一方本国においては、新年早々から国土統一院を中心として七〇年代後半を祖国統一実現の時期としてあわただしく叫ばれており、さきの米日共同声明とあわせて内外から非常な注目を集めています。

このような諸情勢のなかで韓青は、激動する現代史を主動的に受けとめるなかで主体的に参与し、韓青の四大綱領実現を目指し、現在私たちの課題となっている在日同胞の未来像を明確に策定していくなかで、在日六〇万の将来に明るい展望をきりひらいていくための努力をつくしたいと思います。

各支部の新年会

品川支部　12日正午から支部二階で団員多数参席のもとに新年を祝った。

豊島支部　14日午後一時から区内の池袋温泉において、管内団員はじめ百余名が参加して盛大に新年あけの祝宴をとり行った。なお東京本部の鄭団長をはじめ三機関役員、任員も祝賀にかけつけた。

足立支部　新年会は14日午後5時から足立産業振興会館で行われたが、これに先だち2時から同所で映画会を開き、本国ニュース、劇映画「将軍のひげ」を観映した。新年会には管内の同胞老若男女約三百名がつめかけ、婦人会手製の料理に舌づつみをうちながら、歌や踊りを楽しみ、八時すぎ散会した。

中野支部　15日午後一時から区内の韓国料亭「トラジ」に支部役員はじめ団員約百名が集って祝杯をあげ、新年の抱負や希望に意義深いひとときをすごした。なお、東本からは羅副団長が参席し新年のあいさつをのべた。

練馬支部　15日正午から支部事務所に団員、婦人ら百名が集り、祝宴と歓談の花を咲かせた。東京本部の金議長と羅副団長も参席した。

江戸川支部　15日午後一時から支部二階において、成人式とあわせとり行なわれた。百名をこす団員、婦人、青年らが会場にあふれる中で、この日成人を迎えた青年男女が祝福を受け、新年会では芸能団の奏るリズムにあわせ歌に踊りに歓談にと盛大な宴が続いた。なお東京本部から鄭団長らも祝いにかけつけ年頭の辞を述べた。

港支部　15日午後一時から区内の香港園に団員、青年ら約六十名が参席して一部の成人式、二部の新年会があわせて盛大に行われた。東京本部の鄭団長、李監察委員長、許文教部長も祝賀にかけつけた。

東京商銀の新年会盛大

東京商銀信用組合（許弼奭理事長）の新年会は、十七日午後一時から赤坂プリンスホテル・ロイヤルの間でひらかれたが駐日大使館の姜永奎大使代理をはじめ民団組織など各界から約三百余名の来賓で盛大であった。〈写真別掲〉

延世大が三勝一敗

韓日親善バスケット試合で

韓日親善バスケットボール試合のため来日、15日から連日、日本各チームと対抗試合を行なっていた延世大チームは、第2戦の住友金属との対戦で惜敗を喫したほかは勝ち星をあげ、通算三勝一敗の好成績をおさめた。

延世大の対戦記録は次の通り。

第1戦（15日於代々木体育館別館）
延世大 96（47－43、49－32）75 立教大

第2戦（16日）
住友金属 74（35－36、39－34）70 延世大

第3戦（17日）
延世大 68（28－34、40－31）65 日本鉱業

最終戦（18日）
延世大 96（47－43、49－32）75 立大

韓国金融実業蹴球団も27日来日

このたび本国から"韓国金融実業蹴球チーム"が来日、日本の関係チームと親善試合をおこなうことになった。一行は来る二十七日、午後三時四五分のKAL便で来日、三十一日（土）午後一時から埼玉県大宮蹴球場で日立チームと、また翌二月一日には午後一時から横浜の三沢球場で古河電工とそれぞれ親善試合を行う予定で、近隣在住同胞の積極的な応援が望まれている。

正民会が発足

民団の主体性を堅持し民主的方式による民族事業遂行に協力することなどを目的とした団体「正民会」が、さる二十四日熱海ホテル八景で創立総会をひらき正式に発足した。

創立総会には、前居留民団中央団長李裕天氏をはじめ同氏が団長時の民団中央顧問、局長、さらに体育会、軍人会の現役など組織重鎮ら三十余人が参加し、五章二十五条目からなる同会々則と顧問（丁賛鎮、梁相基、金光男、洪賢基、李守成、呉基文の各氏）会長団（李裕天氏のほかは追ってきめる）幹事長（崔学阜氏）幹事（二十一名）監事（二名）などの任員をきめたのち金宰淑氏（東京本部議長）が創立を宣言した。

同総会において、同会の創立経過報告ならびに趣旨などの説明が行なわれたが、それによると「民団の自主性が今日ほどじゅうりんされた時代はない」とされてその正しい方向への政策研究ならびに機関紙の発行など同会の目的を達成するがための諸事業を「集団指導制による会の運営」により積極的に行ない「その成果が民団自体に移されなければならない」ことを強調した。

한국의 발전

2. 우리 나라의 지형

(1) 산 지

우리 나라를 흔히 삼천리 금수 강산(三千里錦繡江山)이라고 한다. 산과 들이 아름답고 여러 가지 산물이 풍족하여 사람 살기에 알맞다는 데서 나온 말이다.

한반도의 등줄을 이루는 산맥이 바로 낭림 산맥(狼林山脈)과 태백 산맥(太白山脈)이다.

우리 나라의 지형

A 장백 산맥　B 강남 산맥
C 적유령 산맥　D 묘향 산맥
E 멸악 산맥　F 함경 산맥
G 낭림 산맥　H 태백 산맥
I 마천령 산맥　J 마식령 산맥
K 광주 산맥　L 차령 산맥
M 소백 산맥　N 노령 산맥
O　P 추가령 지구대
Q 길명 지구대　R 개마 고원

낭림 산맥은 평안도(平安道)와 함경도(咸鏡道)를 나누는 분수령(分水嶺)이므로, 자연은 물론 풍속(風俗) 등에 큰 차이를 가져오게 하였다. 낭림 산맥에서 북동쪽으로 함경 산맥(咸鏡山脈)이 뻗어 있고, 압록강과 두만강의 건너편에는 장백 산맥(長白山脈)이 달리고 있다.

장백 산맥에는 우리 나라의 명산이며 최고봉인 백두산(白頭山, 2774m)이 솟아 있다. 지금은 화산 활동(火山活動)을 멈추었으나, 아득한 옛날에는 많은 용암(熔岩)과 화산재(火山灰)를 뿜어 내어 개마 고원(蓋馬高原)의 북부에 용암 대지를 만들었다. 이 고원은 대략 1500m 정도의 높이를 이루어 '우리 나라의 지붕'이라고 부른다. 근세에 이르기까지 쓸모 없던 초원으로 돌보지 않던 이 개마 고원은 근래에 농경지로 개척되었다. 또, 이 고원을 흐르는 압록강의 여러 지류를 댐으로 막아서 얻은 수력 전기는 북한 지방의 중 화학 공업을 일으키는 데 원동력이 되었다. 개마 고원의 동쪽을 남북으로 함경 남북도의 경계를 이루면서 마천령 산맥(摩天嶺山脈)이 뻗어 있다.

백두산

서울과 원산을 연결하는 경원선은 추가령 지구대(楸哥嶺地溝帶)를 달리고 있다.

태백 산맥은 대체로 반도의 동해 쪽으로 치우쳐 뻗고 있는 산맥인데, 여기에는 금강산(金剛山), 설악산(雪嶽山), 태백산(太白山) 등의 아름다운 산들이 솟아 있다.

특히, 아름답기로 세계적으로 유명한 금강산은 수많은 봉우리와 골짜기가, 푸른 나무, 맑은 물과 어울리고, 유서 깊은 절들의 단청(丹靑)과 조화되어, 천하의 명산이라는 탄성이 저절로 흘러 나오게 한다.

태백산에서 경상도와 충청도, 전라도의 경계를 이루면서 남서쪽으로 소백 산맥(小白山脈)이 뻗어 내려 다도해에 이른다. 이 산맥에는 소백산(小白山), 속리산(俗離山), 지리산(智異山) 등의 여러 명산과 역사상에 이름높은 죽령(竹嶺), 조령(鳥嶺) 등의 고개가 있다.

낭림 산맥과 태백 산맥 및 소백 산맥에서 황해안으로 향하여 묘향 산맥(妙香山脈), 멸악 산맥(滅惡山脈), 광주 산맥(廣州山脈), 차령 산맥(車嶺山脈), 노령 산맥(蘆嶺山脈) 등의 여러 갈래의 낮은 산맥들이 뻗어 있다.

독도(경상 북도 울릉군)

이들 산맥에는 묘향산(妙香山), 구월산(九月山), 북한산(北漢山), 계룡산(鷄龍山), 무등산(無等山) 등이 있는데, 이 산들은 옛날부터 신성한 산으로 여겨져 왔다.

남해에는 멀리 한라산(漢拏山, 1950m)을 주봉(主峰)으로 하는 제주도(濟州島)가 있고, 동해에는 울릉도(鬱陵島)와 그 부속도인 독도(獨島)가 본토를 바라보고 있다.

우리 나라의 평야

A 신의주 평야　B 안주 평야
C 평양 평야　D 재령 평야
E 연백 평야　F 경기 평야
G 안성 평야　H 내포 평야
I 호남 평야　J 나주 평야
K 김해 평야　L 대구 분지
M 안동 분지　N 충주 분지
O 함흥 평야　P 수성 평야

(2) 평야와 분지

평야는 산지에 비하여 여러 가지 산업을 일으키고 사람이 활동하는 장소로 더 중요하다. 그러므로, 장백 산맥의 험준한 지형에 의지하였던 고구려(高句麗)는 인구가 증가됨에 따라서 1500년쯤 전에 서울을 대동강(大同江) 하류의 넓은 평야로 옮겼다.

우리 나라의 북쪽과 동쪽에는 높은 산지가 있고, 서쪽의 황해안(黃海岸)과 남쪽의 대한 해협(大韓海峽)의 연안에는 비교적 넓은 평야가 펼쳐 있다.

이 중에서 특히 중요한 것이 금강(錦江) 유역의 내포 평야(內浦平野)와 동진강(東津江) 유역의 호남 평야(湖南平野)이다.

이 외에도 한강(漢江) 하류의 경기 평야(京畿平野), 영산강(榮山江) 유역의 나주 평야(羅州平野), 낙동강(洛東江) 하류의 김해 평야(金海平野)를 비롯하여 곳곳에 평야가 있다.

韓僑通信

啓蒙・文化

本面に連載中の〝韓国の発展〟は、大韓民国文教部の著作になるもので、母国の地理・歴史・社会などの分野にわたる国民の常識として知らねばならぬものです。在日同胞の成人教育ならびに国語講習などの教材として活用して戴ければ幸甚に存じます。

なお、在日民族学校ならびに教育文化センターで本紙ご入用の節は、居留民団東京本部へお申込下さい。ご望要に応えます。

우리 조상들은 이와 같은 평야를 농토(農土)로 잘 가꾸었을 뿐 아니라, 오늘날에는 깊은 산골짜기까지도 층계논(棚田)을 만들어 빈틈 없이 논밭으로 이용하고 있다.

그리고, 우리 나라의 중요한 생활 무대로 내륙 분지(內陸盆地)가 있다. 내륙 분지는 땅이 비옥하여 농산물이 많이 나므로 인구 밀도가 상당히 높다. 그리고, 우리 나라의 대부분의 지방 도시는 이와 같은 내륙 분지의 중심지에 자리잡고 있다.

황해안과 남해안에는 넓은 간석지(干潟地)가 있다. 이것을 간척하면 넓은 농토를 얻을 수 있으므로, 지금 황해안과 남해안의 여러 곳에서는 간척 공사가 한창 진행되고 있다.

나주 평야 (시가는 전라 남도 송정 : 松汀)

自由論文の原稿をつのる

本紙は 名実ともに民団東京本部の機関紙であるばかりでなく広い意味において 在日同胞社会の機関紙としての役割を果しております。つきましては 本紙に掲載すべき題目自由な論文ならびに民団活動に対する 建設的な批判などの原稿をつのりますから ふるってご投稿下さい。なお掲載分には薄謝をします。

在日大韓民国居留民団東京本部宣伝部

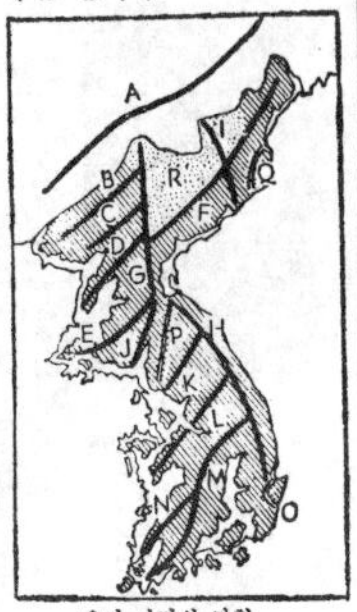

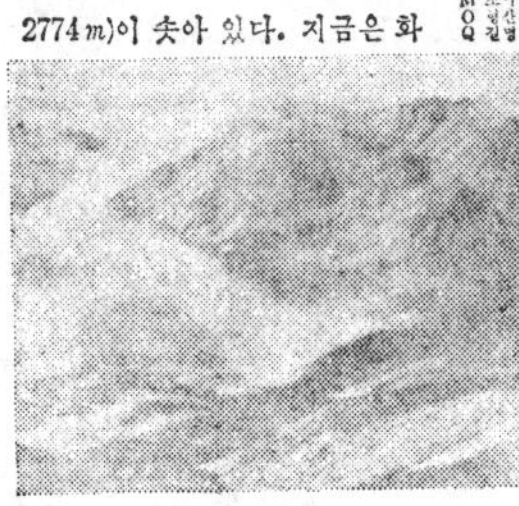

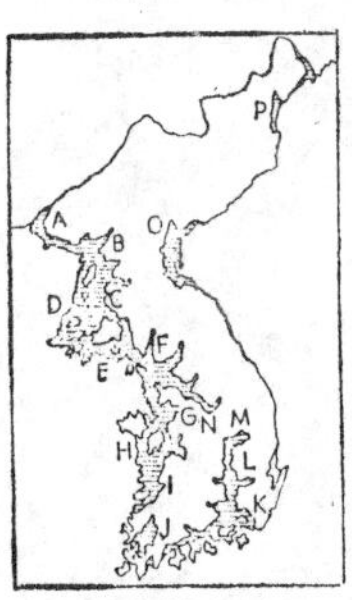

（1965年7月27日第三種郵便物認可）

（毎月5．15.25日発行）　第2395号

在日本大韓民国居留民団
綱　領
1. 우리는 大韓民国의 国是를 遵守한다
1. 우리는 在留同胞의 権益擁護를 期한다
1. 우리는 在留同胞의 民生安定을 期한다
1. 우리는 在留同胞의 文化向上을 期한다
1. 우리는 世界平和와 国際親善을 期한다

（1970）2月5日木曜日

韓僑通信

発行所
韓僑通信社
発行人　鄭在俊
東京都文京区本郷3丁目32番7号韓僑会館
電話（811）1535（代表）
〒133　振替口座東京16631番
（大韓民国文化公報部国内頒布許可）
（購読料1カ月100円・特別1000円）

第82回関東地協ひらかる

朝総連と対決の構え
永住権促進へ強い決意

民団関東地方協議会（事務局長鄭在俊東京本部団長）の第82回定例会議が、さる二十七日栃木県下の川原温泉・リバーサイド・ホテルでひらかれ民団本年の最大課題である永住権申請の促進と万国博家族招請の両事業推進について協議を行なうとともに第51回三・一節記念行事の挙行についての打合せを行なった。

会議には、開催地元の栃木をはじめ東京、神奈川、三多摩、埼玉、群馬、千葉、山梨、静岡、茨城の各地方本部から団長、議長、監察委員長、事務局長らが、中央から呉宇泳顧問、李禧元団長、朴性鎮法地委副委員長、丁海竜組織局長、大使館から丁暢副領事と劉領事ら、栃木教育文化センターの尹所長、さらに地元民団本部の役員ら多数が参加して盛況を呈した。

会議は、同日午後二時四十分栃木県本部事務局長の司会で開会国民儀礼ののち、辛容祥栃木団長が会議参加者一行を歓迎するあいさつにたち「民団はその後進性を脱皮し感情的な態度をすてて民主的な運営をしなければならない」と民団の近代化を強調した。

つづいて鄭在俊協議会事務局長は「永住権申請の促進と万国博招請事業は、民団当面の重要課業であり組織の全力量をそそいで成功を期さねばならない。とくに被招請者の滞日保安対策は、万全を期さねばならないが組織の混乱を防ぐために招請者の責任感を促してやまない。七〇年の初頭にあたって団員みなさまの事業の繁栄ならびに家庭の幸せを祈る」という要旨の開会の辞をのべた。

つぎに李中央団長は「過ぎた69年の組織活動」に感謝し「七〇年の組織方向を正しくのべた」鄭東本団長のあいさつを讃えながら「出入国反対運動の勝利のうえに韓日法相会談が成功したのであり入管法反対運動を通じてわれわれは組織の力がなんであったかを知った。永住権申請促進運動の成果いかんは、組織の力量を示すものであり、朝総連と対決を意味する天下わけめの戦いである。組織に対する力は発揮しないばかりか努力もしないでその地位のみをまもっている団長は、中央の決定にしたがい愛のむちをもってあたるであろう。永住権申請の数字を土台に民生・教育問題など新たな政策をうち出すつもりである。北傀は莫大な金を使って永住権申請の妨害運動を行なっているが、国家の威信にかけて、永住権促進事業の成功を期さねばならない」ことを訴えた。

つぎに呉宇泳中央顧問があいさつにたち「二十有余年ともに闘ってきた同志たちと顔を合せる機会を得て感慨無量である。入管法反対運動は在日民族青史に残るであろう。組織は闘争によって強化される。永住権申請の促進は在日同胞たちが安心して暮せるよう特別法第九条との関係などに留意しながら適切なPRを望む」と要望した。栃木教育文化センターの尹所長が「教育センターを国民教育の振興に活用してもらいたい」とのべ大使館の丁副領事は「民団の近代化を望み、末端にまで浸透できる機能が発揮されるよう科学的な組織運用を通じて民団は成長してもらいたい」とあいさつした。

第82回関東地方協議会のもよう

有害無益問題で李団長遺憾の意

つぎに会議は、永住権申請の促進についての協議にはいり朴中央法地委副委員長が①永住権申請の促進事業は民族的事業である。②これを妨害している朝総連は民族的罪悪を犯している。③民族的愛情をもって朝総連系同胞を抱擁しよう。④永住許可の審査基準は緩和され継続居住問題は解決された。⑤団勢拡張に民族愛をもって具体的に実践しよう、と説明があり鄭東本団長からも組織一線における永住権申請の実際状況を視察した＜墨田支部＞経験を語ったあと「永住申請をすれば許可されるというからまづ受けてみよう。強力な対策班も構成したから安心して中央委員会の決定を実践しよう。」とこの運動に対する心構えを示した。

＜金載淑東本議長＞あるときはやってはいけない。あるときはやれという永住権申請についての中央の一貫しない態度には納得がいかない。法的地位委員会を組織化して有給常任をおけ。

＜金栄出群馬団長＞永住権申請の促進はよいが処遇問題はどうするつもりか。有害無益云云いいながら地方団長にのみ責任を負わすつもりか?。

引きつづいて会議は中央本部に対する質問が行なわれたがその主なる発言はつぎのとおりである。

＜李馬致東本監察委員長＞最近永住権申請の促進のために本国政府から九十数名の係官が来日するといわれるが、その必要性があるのか?

＜李中央団長＞申請の数字が上らないから促進の後押しをするための政府の老婆心から出た話しだと思う。組織にとって非常に不愉快なことである。大使館に質してもわからないとのことであった。実は、この永住権促進のために政府から20万弗の金が大使館にきておりそのうち9万弗はすでに使われて11万弗が残っている。この11万弗では自信がないので民団としては金を受けとってない。

＜鄭三多摩本部団長＞永住権申請の促進運動にどの本部には金が支払われ或る本部には払われないという不公平はなくしてもらいたい。

＜李中央団長＞さきほど近畿地方一帯で大々的なキャンペンを行なうとき一支部当り二万円ずつを民団中央から運動費用の一部としておくったことはある。

＜李山梨本部副団長＞本国政府から係員を派遣するということは組織が反省すべき一つの材料である。日本法務省に協力を要請してもっとPRを活発にし新聞・通信などを活用せよ。

＜鄭東本団長＞92名の来日について大使館でも否定している。そういう計画はないとのことであった。永住申請を促進することにして予算は各支部に配当せよ。日本の新聞を通じて宣伝を活発にしてもらいたい。

＜鄭泰浩神奈川本部事務局長＞永住が許可されてから虚偽申告をしたとの理由で取消された例がある。

＜朴中央法地委副委員長＞事件の内容を詳細に中央対策に報告してほしい。

＜孫張翼神奈川団長＞永住は許可されたが帰化申請をしたら居住歴調査で不許可になった例もある

＜丁中央組織局長＞指導団体の責任として大衆に知らしめることに主力をおくべきである。戸別訪問を通じて説得し進んで申請するよう徹底的な周知運動が必要である。

＜辛栃木団長＞中央法地委に要望する。日本法務省を通じて在日同胞57万の名単を入手し、文書作戦を活発に展開せよ。関東地協の合意をもって提議する。

＜李中央団長＞万国博招請の審査は厳格に行ない事故を未然に防ぐよう各支部に周知徹底を要望する。輸送問題は各地方本部単位に実施するつもりだ。

韓国新聞の問題も

つぎに会議は、韓国新聞の問題とさきの全国団長会議召集公文問題について、論難の発言があり熱気をおびたが李中央団長がそれぞれ遺憾の意を表して今後は中央本部と一部とを混同せず思いつきをやめて企画化された示達に留意してもらいたい」と中央の姿勢について発言した。

さらに会議は、その他の事項協議に入り①新潟本部の関東地協加入問題は同本部が現在所属している中北地協を正式に脱退したのちにこれを認める。②協議会の構成は民団規約の改正をまって三機関全員で構成することにし地方本部の事務局長の発言を認める。③次回の協議会は茨城本部の主催で三月に開催する。④こんどの三・一節記念行事は協議会事務局（東京本部）提案とおり承認する。などに合意し、姜栃木県本部議長の閉会の辞をもって閉会された。

入管法案再び登場か
小林法相、今国会提出を示唆

日本政府は、昨年出入国管理法案を国会に提出したが、在日韓国人の熾烈な反対運動にあわせて在留外国人ならびに良心ある日本社会の与論に屈してついに同法は廃案になった。ところが、昨年末の総選挙をへて新内閣の誕生とともにまたもや同法案をこんどの国会に提出する構えをみせている。

すなわち、小林法務大臣はさる一月二十三日の大臣就任初の記者会見において、つぎのようにのべている。

出入国管理法案は、野党が強く反対しているが、出入国手続の簡素化と不良外国人の規制を強化するために早急に成立させる必要がある。自分（法相）としては自民党と野党とも充分に相談して、ある程度の目度がつけば、いまの国会に再び提出する考えである。

お知らせ

本紙は、さきに社告をもって題号の改称を行なうことにしその題号を募集しましたが、現在多数の応募があり厳正な審査を行なっております。正規の組織機関にかけて近く正式に決定する予定であり、その実施は追って発表します。

韓僑通信社

永住申請状況を点検

鄭団長、組織の一線を巡る

墨田支部で永住促進事務を点検する鄭団長（中央）

協定永住権の申請期限も残すところ一年足らずにせまっており、民団では団を挙げて申請促進運動を展開している。東京本部でも、一人でも多くの団員が協定永住権を取得できるように万全を期して活動をはじめているが鄭在俊団長もみずから組織一線におもむき、申請状況の点検をおこなうことになった。

これはさる二十二日の法地位常任委員会での確認にもとづくもので鄭団長は二十六日、早速墨田支部を訪ね、姜学文支部団長、ソル鳳九副団長らから協定永住申請の現状について報告を受けるとともに居あわせた団員もまじえて意見を交換した。

なお、東本では近く大々的な宣伝啓蒙を行ない永住権申請の促進をはかるべく管内の全同胞家庭を戸別に訪問、説得を行なう計画である。

一般家族招請事務を中断

駐日韓国大使館では万国博覧会の参観招請確認中は、父母死亡、遺産整理などやむをえない理由を除いて、一切の本国からの家族訪問確認を行なわないことになり、民団中央民生局（李鍾舜局長）でも、その旨各地方本部あて通達した。なお万博招請確認事務は大体二月中に終える見込み。

永住権얻어 놓고 待遇改善要求하자

砕け総連の妨害

年末現在永住申請158935人

永住権申請締切はあと一年弱（来年一月十七日）、永住権申請該当者約五十五万のうち昨年末現在十五万八千九百三十五人が申請した。六六年一月十八日「大韓民国と日本国の日本国に居住する大韓民国々民の法的地位と待遇に関する協定」の発効以来、月平均三千三百十人の割合でしたことになる。決して多い数字ではない。民団の全組織をあげての永住権申請促進キャンペーンにも拘らずはかどっていないのは△期間が五年もあるから急がずともよい。他人の出方をみて決めたいとする心理的作用△戦前から継続居住経歴を徹底調査する（昨年八月の法相会議により一応緩和された）との同胞社会における一般的不安感△朝総連の脅威・妨害による自由意思の抑制、などが大きな理由として挙げられるのである。

また最近総連では全国組織から十万人を動員「一人当り二人の反対拘込み戦略」に出たという話も飛んでいる。事実「永住権を得ると御宅のお子さんは軍隊、特にベトナムへ行かされる」との虚偽宣伝（総連）で親だけが申請し、子供は保留する例が少なくないという話だ。実に馬鹿げたことだが。

しかし半面、現在申請者のうち約三万人が元総連系だということから一応大きな成果をあげているのも確かである。韓日協定前には民団・総連・中立系を三分の一ずつに等分するのが常識とされたが、現在韓国籍を名乗る者三十万。先週民団では全国県本部長会議（熱海八景）で全団員に申請を三月十五日まで終えるよう指示すると共に三十五万を目標に朝総連系抱損にも積極的に乗出すことにしたが今後日本万博を機に本国政府の支援を得て民団の促進事業は大きな成果をあげることだろう。とにかくできる限り多くの人が永住権を獲得して仮住い的境遇から脱してもらいたいものだ。永住権を取得し生活安定を築こう！

映画「高麗村」に特別賞

第六回韓国演劇映画芸術賞施賞式が、去る二十七日ソウル市民会館で行われ、在日同胞の権唐渉氏（東京在住・民団渋谷支部監察委員）が制作した文化映画「高麗村」に特別賞が授与された。

尋ね人

黄香順（60）、**劉根培**（65）夫妻。両人は終戦後、東京都中野区高田に在住していた。お心当りの方は民団杉並支部（電話三一三一七五七五）または当韓僑通信社宛へご連絡下さい。

崔炳善（通名平山正吉、西紀一九二五年十二月十一日生、本籍全南順天市石峴洞四五六）。この方は年少時、山口周辺におり、解放後は尼崎市灘波に日本女性と住んでいるとの消息をきいた。この方を韓国京畿道議政府市新谷洞四〇五番地の崔炳日さんが探しており、心当りの方は右所または当韓僑通信までご連絡下さい。

ベトナム村民殺害のニュースは事実無根

韓国国防部スポークスマン語る

〈駐日公報館発表〉南ベトナムに派遣されている韓国軍が現地の村民を殺害したという最近の一部の外信報道について、このほど韓国国防部の廬スポークスマンは、要旨つぎのような談話を発表した。

最近ある外信は、南ベトナム駐留の韓国軍が一九六六年にベトナム人を殺害したと報じているが、これは韓国の国家的威信と韓国軍の名声を傷つけるもので、はなはだ遺憾である。

韓国軍は共産軍の侵略を防ぎ、ベトナム共和国の平和と安全を守るため一九六五年ベトナムに派遣されたが、それ以来「多数のベトコンを逃がすことがあっても、一人の良民を救え」というのが、韓国軍の一貫したモットーとなってきた。韓国軍はこれを忠実に守ってきた。そして、規模の大小を問わず作戦行動に移るばあいはどんなに困難な状況下でも、かならず事前に村民を安全な地域に完全に避難させ、ベトナム人の生命を確保した。

ベトナム人を保護するためのこうした軍事面での努力のほかにも韓国軍は種々の対民事業を実施してベトナム平定計画をいちじるしく促進させ、韓国国民とベトナム国民の友好親善を深めるのに貢献した。

韓国軍が村民殺害に関係したという報道は確かな証拠に基づくものではなく、無責任なうわさや、共産側が自由陣営の団結を撹乱しようという目的で流したものである。こうした根拠のないニュースは、ベトナム参戦諸国の平和への共同の努力を傷つけ、共通の敵に利するものに他ならない。われわれはこのようなデッチあげられたニュースに惑わされるようなことがあってはなるまい。

韓青中央の新任員発表

在日韓国青年同盟中央本部ではさる一月一〇日付で次のとうり任員を発表した。

（顧問）洪賢基、曹寧柱、李海竜、趙鐘琺、李禧元、李元裕、郭東儀、宋金出、韓昌圭（常任顧問）金宰淑（委員長）金恩沢（副委員長）金治男、金君夫、金一明（総務部長）朴燦鎬（同次長）李畔植（組織部長）金君夫（同次長）高昌樹（宣伝部長）朴炳渉（同次長）許昌源（東京担当部長）慎忠義（女子部長）金正善（同次長）金好子（無任所部長）鄭庚浩（監査）金承煥、金正輝、金栄顕

万博後援会の任職員

在日韓国人万博後援会（李熙建会長）では、一月一七日付で左記任職員を発令した。

事務局次長　朴英成（民団大阪本部事務局次長）渉外部長　元容範（前民団大阪本部民生部長）

民団福島人事移動

民団福島県本部（李鍾根団長）では一月一日付で次の人事移動をおこなった。

（職名）事務局長（新任）朴任祚（辞任）崔鍾煥

商銀の映画会盛況

さる二十四日午後六時から荒川公会堂において、東京商銀主催による映画会が開かれ、荒川はじめ近隣在住の団員約五百名が、史劇「張緑水」ほかニュース、文化映画を観映した。上映のあい間にあいさつにたった東京商銀の許理事長は、来年三月末までに預金額百四十億円達成を目標にしていると述べ、この日集った同胞に協力かたを呼びかけた。なお民団荒川、北の両支部、および荒川韓国人商工会が後援にあたった。

在日韓国新聞通信協会の新年会

在日韓国新聞通信協会（会長朴一哲東洋経済日報副社長）では二十九日午後六時、都内日本橋通りの八重洲大飯店において新年祝賀会をひらいた。

同新年会には、会員社側のほかに駐日大使館から許亨淳参事官、丁暢副領事、駐日公報館から洪泉館長、趙泳求外務書記官、居留民団側から李禧元中央団長、鄭在俊東京本部団長らの来賓が参席して小宴をひらき有意義な来賓祝辞と談笑のうちに楽しい一時をすごした。

訂正

本紙前号八面「正民会が発足」の記事で金宰淑氏（民団東京本部議長）とあるは金載淑氏の誤植でありましたので訂正します

支部だより

江東支部　さる一月十四日午後六時から支部事務所において今年第一回目の執行委員会が開かれ、組織強化策について論議した。また、二月三日午後六時から納税組合総会が支部事務所で予定されている。

北支部　一月二十六日午後六時から婦人会主催によって、国語講習会をおこなっている。毎週月曜と金曜日。午後六時半より八時半までで、場所は支部事務所。多数の受講が望まれる。

葛飾支部　支部韓青では一月三十一日から二月一日まで、夜行日帰りで軽井沢で約40名が参加してスケート教室を開き、親睦を深めあった。

足立支部〈生活協同組合で総会〉足立区大韓生活協同組合では来たる14日、熱川温泉の「一柳閣」で決算報告と組合員の慰労をかねて定例総会を開催する。

渋谷支部〈盛大に新年会〉6日の旧正月をひかえた去る3日午後一時から渋谷の焼肉店「まな」で団員、婦人約60名出席のもとに新年会を開いた。民団東本の鄭団長、韓事務局長、許文教部長も参席した。

羅副団長が入院

民団東京本部の羅鍾卿副団長は内痔症加療のため、さる一月二十四日、東京品川区五反田の三輪病院に入院した。

民団東本要員募集

民団東京本部では、つぎのように要職員を募集しております。希望者は履歴書持参して下さい。

一般事務職員ならびに機関紙編集要員

男女各若干名

〈資格〉大韓民国の国籍をもち思想穏健で大学または高校卒以上の者、年令は問いませんが健康な方、〈待遇〉面接の上決定しますが民団の規定により優遇します。

東京都文京区本郷三丁目三二ノ七
在日大韓民国居留民団東京本部
総務部
電話（811）一五三五（代）

우리들의永住權 하루속히申請하자

同胞子女は韓国学校へ

総連の就学勧誘粉砕せよ

民団中央文教局がよびかけ

民団中央本部文教局（姜仁煥局長）では団員子女が韓国学校に就学するよう積極的によびかけているが特に①朝総連系学校の就学勧誘を粉砕し、すでに在学中の子女は韓国学校または日本系学校に転学させること②小学校入学児童でやむおえず日本学校に就学する場合、区役所から入学通知がこない地域もあるので、学父兄が該当地域の教育委員会に連絡して入学手続をとること。特に「文部事務次官通達」によって就学の通知の有無は就学に問題がない、等の留意事項を通達した。

なお、この文部次官通達は、さる一九六五年十二月のものであるが、在日韓国人の教育問題に関する事項であり、現在もこの通達によってそれが、実施されているので参考のためここに全文を掲載する。

永住権獲得하여 安心하고살아가자

永住権者と否とに区別なし

日本政府の文部次官通達全文

日本国に居住する大韓民国国民の法的地位及び待遇に関する日本国と大韓民国との間の協定における教育関係事項の実施について（通達）

日本国に居住する大韓民国国民の法的地位及び待遇に関する日本国と大韓民国との間の協定（以下協定という。）は、昭和四十年十二月十八日条約第二八号をもって公布され、昭和四十一年一月十七日から効力を発生します。

この協定における教育関係事項としては、協定第四条に、協定第一条の規定に従い日本国で永住することを許可されている大韓民国国民（以下永住を許可された者という）に対する日本国における教育に関する事項について、日本国政府は妥当な考慮を払うものとすることが規定されており、妥当な考慮の内容としては、合意議事録の同条に関する部分において、日本国政府は、永住を許可された者が日本国の公の小学校または中学校へ入学することを希望する場合には、その入学が認められるよう必要と認める措置を執り、および日本国の中学校を卒業した場合には、日本国の上級学校への入学資格を認めることが明らかにされています。

ついては、下記事項に御留意の上、日韓両国民の相互理解と親和の促進の見地も配慮して、事務処理に遺憾のないようにお取り計らい願います。

なお、貴管下の関係機関および学校に対してよろしく御指導下さい。

一、協定の実施に伴う事項

（一）公立の小学校および中学校関係

ア、公立の小学校または中学校への入学の取り扱い

学校教育法第二十三条に規定する学令児または同法三十九条第二項に規定する学令生徒の年令に相当する年令の永住を許可された者の保護者（親権を行なう者または後見人をいう。以下同じ。）が、当該永住を許可された者をその住所の存する市（特別区を含む。以下同じ。）町村（当該市町村の加入する市町村の組合を含む。以下同じ。）の設置する小学校または中学校に入学させることを希望する場合には、市町村の教育委員会は、その入学を認めること。

この場合において、小学校または中学校への入学は、それぞれ第一学年への入学を原則とすることはもとよりであるが、やむを得ない特別な事情があるときは、第二学年以上の年令相当の学年（学力が著しく劣っていると認められる者に係る場合等、教育的配慮から年令相当の学年以下の学年に入学させることが適当なときはその学年への入学を認めることができること。

なお、上記の場合において、入学は学年の始めからとするよう取り扱うものとすること。また、小学校を卒業した者でなければ、中学校への入学は認められないこと。

イ、入学手続の取り扱い

永住を許可された者の保護者が、当該永住を許可された者を公立の小学校または中学校に入学させることを希望する場合には、市町村の教育委員会に対して入学の申請をさせるものとし、保護者に対して入学期日を通知すること。市町村の教育委員会は、当該市町村の設置する小学校または中学校が二校以上ある場合において、前記の通知において当該永住の許可された者の入学すべき学校を指定する。

また、市町村の教育委員会は、当該永住を許可された者の入学すべき学校の校長に対し、当該永住を許可された者の氏名および入学期日を通知すること。

なお、永住を許可された者の入学に当っては、日本人子弟の場合における就学時の健康診断等について、日本人子弟と同じ取り扱いとすることが適当であること。

ウ、学校の指定の取り扱い

永住を許可された者の入学すべき学校を指定する場合においては日本人子弟と同様の取り扱いとすること。ただし、入学を希望する永住を許可された者の数およびその住所地ならびに小学校または中学校の施設等の実情に照らして、通学の場合と異なる学校を指定してもさしつかえないこと。

（二）高等学校への入学資格関係

永住を許可された者で中学校を卒業した者については、高等学校への入学資格を認めること。

二、協定の実施に関連する事項

（一）授業料等の取り扱い関係

一に掲げる協定の実施に伴う事項のほか、公等の小学校または中学校に在籍する永住を許可された者については、日韓の友好関係の促進および教育上の配慮等の観点から、授業料等について次に掲げる取り扱いをすること。

ア、授業料は徴収しない。

イ、教科用図書の無償措置の対象とするものとすること。

ウ、就学援助措置（学用品またはその購入費、通学に要する交通費、修学旅行費、教科用図書またはその購入費、寄宿舎居住費、医療費、学校給食費および日本学校安全性の共済掛金に係る援助措置）についても、日本人子弟の場合に準じ同様の扱いとするものとすること。

（二）盲学校、聾学校および養護学校関係

ア、小学校および中学部に係る取り扱い

公立の盲学校、聾学校および養護学校の小学部および中学部に係る永住を許可された者の教育上の取り扱いについては、一の（一）および二の（一）に掲げる公立小学校および中学校に係る永住を許可された者の取り扱いに準ずる。

イ、高等部に係る取り扱い

盲学校、聾学校および養護学校の高等部に係る永住を許可された者の入学資格の取り扱いについては一の(2)に掲げる高等学校に係る入学資格の取り扱いに準ずること。

なお、盲学校、聾学校および養護学校の高等部に在籍する永住を許可された者に係る就学援助措置についても、日本人子弟の場合に準じ、同様の扱いとするものとすること。

三、永住を許可された者以外の朝鮮人の教育上の取り扱いに関する事項。永住を許可された者以外の朝鮮人についても、わが国の公立の小学校または中学校において教育を受けることを希望する場合には、永住を許可された者と同様に一および二に掲げる内容の取り扱いとすること。

四、教育課程に関する事項

学校教育法第一条に規定する学校に在籍する永住を許可された者およびそれ以外の朝鮮人の教育については、月本人子弟と同様に取り扱うものとし、教育課程の編成、実施について特別の取り扱いをすべきではないこと。

大宮サッカー場で行なわれた韓日親善サッカー

韓国が一勝一引分け

日本との親善サッカー試合

日本との親善サッカー試合のため来日した韓国銀行リーグ選抜チーム（万熙千団長）は、三十一日午後二時から埼玉県の大宮サッカー場で日本リーグ・ジュニア選抜チームと第一戦を行ない3対1の得点で勝った。

この日、前夜の雨でグランドのコンデイションも悪かったが技能的にはるかに優る韓国チームは試合最初から日本チームを押しまくり前半6分まず1点、29分にさらに1点、後半16分に1と3点をあげた。日本チームは前半からすっかり韓国のペースにはまって防戦一方0点に終ったが後半23分やっと1点を返して0敗だけは免れた。

なお、同試合には地元の民団埼玉県本部から多数の応援参観者がつめかけたほか民団東京本部を代表して、韓昌奎事務局長が韓国選手団を訪れ、歓迎の意を表するとともに健闘を祈り激励した。

第二戦は、日本リーグの古河電工を相手に一日の午後二時横浜三沢サッカー場で行なわれ〇対〇の成績で引分けた。

北韓とも対戦の可能性

世界バレー

韓国バレーボール協会は二十九日、九月二十一日から十月二日までブルガリアで行われる世界選手権大会への参加申込みをパリの国際連盟本部へ送ったことを明らかにし「大会には男女両チームを派遣するが、北韓と対戦することもあり得るだろう」とのべた。

〈注〉韓国と北韓のバレーボールチームは東京オリンピックの予選の際、ニューデリーで対戦し、男子は韓国、女子は北韓が勝って本大会の出場権を得た。日本協会では「こうした前例からみて、試合方法によっては両チームが対戦することはあり得るが、スポーツの交流という立場からも好ましいことだ。発表はそうした意味からなされたものと思う」といっている。

新館舎落成

駐韓日本大使館

駐韓国日本大使館がソウル市内の中央庁（旧朝鮮総督府）のはす向かいに建設され、このほど執務を始め、きたる二月二十一日開館式をおこなうことになった。六五年十二月、韓日協定が結ばれてから同大使館は半島ホテルの五階に設置されていたもので、この間、同大使館の建設は韓国民の強い反日感情を考慮して延びのびになっていたもの。同日本大使館の敷地は二千五百四十三平方米、鉄筋五階建てで総工費（土地代を含む）約四億円をかけ、館員二十五人、現地職員を合わせると五十人を越える大世帯で、アジア一の規模である。

海外拳闘選手に本国引揚げ命令

政府は、海外とくに日本に滞留しているボクサーにすみやかに帰国するよう命令を出した。これは彼らの試合成績がかんばしくなく国家の威信を傷つけるために行なわれた措置である。

永住権申請案内

今年は、永住権申請の年です。

在日同胞の皆さんが一日も早く安定した生活を営むためには、永住権を取得しなければなりません。まだ永住権を申請してない方は一日も早く申請するよう、お互いに努力し、勧誘しましょう。

協定永住権を受けることによって、

(一)、何よりもまず、これまでの暫定的であった地位をはなれて、権利として日本に永住することが法的に保障されます。

(二)、したがって、協定永住許可を受けていない者や一般外国人とはちがい、協定永住許可者は、ほとんどすべての場合において、日本から退去を強制されることがありません。

(三)、さらに、同永住許可者に対しては、海外旅行に必要な再入国許可において制限がないばかりでなく、一家族が離散することのないよう、人道的な配慮が十分ゆきとどくようになっております。

(四)、子女の教育問題においても、日本の公立小・中学校への入学が認定され、また上級学校進学においてもその入学資格が認められております。

(五)、生活保護を受ける必要のある人には、従前どおりの生活保護が受けられるようになっており、とくに国民健康保険に加入することができます。

(六)、外国人財産取得に関する政令の適用を受ける一般外国人とはちがい、主務大臣の認可なしに土地・建物などの財産を取得することができます。

(七)、日本から永住帰国する場合には、自己財産の本国搬入または送金などが、協定上保障されております。

在日同胞の皆さん！

去年の八月に開催された〝韓・日法相会談〟の結果、皆さん方が安心して永住権を申請できるよう措置が講じられておりますから、一日でも早く、永住権を申請されるよう、かさねて要望する次第であります。

もし皆さん方の中で、同永住権申請に関連して、質問または相談なさる事項がある場合には駐日大使館（第一領事課、または永住権申請案内室）あるいは、地方に所在するわが国の各級領事館または民団へ直接来訪されるか、書信で同事由を問い合わせて下さい。必ずや皆さんのご期待にそえるよう、全力を尽してみなさんのご相談に応じます。

なお、皆さんの親戚の方々はもとより、親しい知人の皆さんにも、以上のことを広く知らせて、一日でも早く、永住権申請該当者は一人残らず、この申請を完了するようご協力下さい。

駐日大韓民国大使館

한국의 발전

압록강(鴨綠江)과 두만강(豆滿江)은 국경을 이루면서 황해와 동해로 흐르고 있다. 이 강들은 연안에 있는 평야가 좁은 편이고, 강물이 비교적 빨리 흐르므로, 관개나 교통에는 큰 도움을 주지 못하나, 수력 발전에는 이용 가치가 크다.

대동강(大同江), 한강, 금강, 그리고 낙동강(洛東江) 등은 마치 나일강이나 황하(黃河)처럼, 우리 나라에 있어서 문명을 발달시키는 데에 큰 역할을 하였다. 옛날에는 하천이 내륙 수로로 크게 이용되었고 관개에도 많이 이용

곡류를 하는 한강의 상류

되었으므로, 서울과 평양(平壤), 부여(扶餘)와 같은 옛 서울들이 강가에 발달하였다.

대체로 황해안의 넓은 평야를 흐르는 강들은 곡류(曲流: 蛇行)를 이루면서 흐르는 것이 많고, 흐르는 속도도 느리다. 그러므로, 자칫하면 넓은 평야에 강물이 넘쳐 흘러서 홍수가 나는 일이 많다.

우리 나라에는 호소(湖沼)가 극히 적다. 발전과 관개를 위하여 만든 인공호(人工湖)가 더러 있기는 하나, 자연히 생긴 호소로는 동해안의 경포(鏡浦)와 같은 여러 개의 석호(潟湖)와 백두산의 용왕담(龍王潭), 한라산의 백록담(白鹿潭) 등의 화구호(火口湖) 등이 있는 정도이다.

(4) 해안

우리 나라의 삼면을 둘러싼 해안 중에서 황해안과 남해안의 해안선은 굴곡(屈曲)이 심하다. 특히 전라 남도의

다도해(목포 앞바다의 고하도 부근)

다도해(多島海) 지방은 아주 복잡한 해안선을 이루어 한국식(韓國式) 해안이라고도 부른다. 해남 반도(海南半島), 고흥 반도(高興半島), 여수 반도(麗水半島), 고성 반도(固城半島) 등의 여러 개의 반도와 진도(珍島), 완도(莞島), 남해도(南海島), 거제도(巨濟島) 등의 헤아릴 수 없는 여러 개의 섬들이 서로 얽혀서 바다의 공원을 이루고 있어서, 어느 나라의 해안에 비한다 해도 그 아름다움에

発展する祖国の姿 ②

近代国家の首都として発展していくソウル。まさに繁栄する祖国大韓民国のシンボルである。写真はソウル市街の一部。

색이 없다.

황해안에는 장산곶(長山串), 옹진 반도(甕津半島), 태안 반도(泰安半島) 등의 큰 반도와, 강화도(江華島), 안면도(安眠島) 등의 섬들이 있다. 그리고, 구미포(九味浦), 대천(大川), 변산 반도(邊山半島) 등에는 해안 사구(海岸砂丘)와 아름다운 사빈(砂濱)이 발달해 있다.

남해안과 황해안은 침강 해안(沈降海岸)으로 해안선이 복

다도해

잡한 데 대하여, 동해안은 융기 해안(隆起海岸)을 이루므로 해안선이 아주 단조롭고, 영일만(迎日灣), 장기곶(長鬐串)과 영흥만(永興灣) 외에는 별로 굴곡이 심하지 않으며, 울릉도 이외에는 큰 섬이 없다.

(5) 근해와 해류

동해는 평균 수심이 3000m를 넘는 깊은 바다이고, 황해는 대륙붕(大陸棚)으로 된 바다이다. 대한 해협은 우리 나라와 일본 사이를 가로막는 바다이다.

대륙붕은 좋은 어장이 되는 곳인데, 외국에서는 대륙붕에 있는 지하 자원(地下資源)을 개발하고 있는 곳도 있다. 따라서, 대륙붕을 영토와 마찬가지로 취급하는 나라도 많다. 이와 같은 뜻에서 우리 나라 근해의 일부를 우리 영해로 간주하고, 어족 보호와 국방상의 필요에 따라서 해양 주권선(海洋主權線)을 설정하였다.

1965년에 한일 조약(韓日條約)이 체결됨에 따라서 전관 수역(專管水域)과 공동 규제 수역(共同規制水域) 등으로 나누어 어로 작업을 할 수 있도록 하고 있다.

동해에서는 조수의 간만(干滿)의 차가 겨우 30~70cm에 지나지 않으나, 황해안의 인천(仁川)과 아산만(牙山灣) 등에서는 9m 전후가 되어, 그 차가 동양에서 가장 크다. 그래서, 큰 기선이 부두에 닿는 데는 특별한 시설이 필요하다.

전라 남도의 진도와 우수영(右水營) 사이에 있는 울돌목(鳴梁項)은 일본의 나루토 해협(鳴戸海峽)과 같이 조류(潮流)가 빠른 곳으로 유명하다. 임진왜란(壬辰倭亂) 때에 이 충무공(李忠武公)이 조류를 교묘하게 이용하여 왜적의 대함대를 꾀어들여 전멸시킨 곳도 바로 이곳이다.

우리 나라 근해의 해류

우리 나라의 동해안에는 제주도 부근에서 북쪽으로 흐르는 동한 해류(東韓海流)와 제주도의 서쪽 바다를 거쳐 황해로 흘러가는 황해 해류(黃海海流)가 있다.

주요항의 간만의 차

동한 해류와 황해 해류는 북태평양 해류의 일부이며 난류(暖流)이다.

동해에는 북한의 해안을 따라 남쪽으로 흘러내리는 북한 해류(北韓海流)가 있다. 북한 해류는 시베리아의 연안에서 흘러내리는 리만 해류의 일부이며 한류(寒流)이다.

이들 해류는 각각 고기의 종류를 결정지을 뿐 아니라, 이 지방 사람들의 생활에도 여러 가지로 영향을 주고 있다.

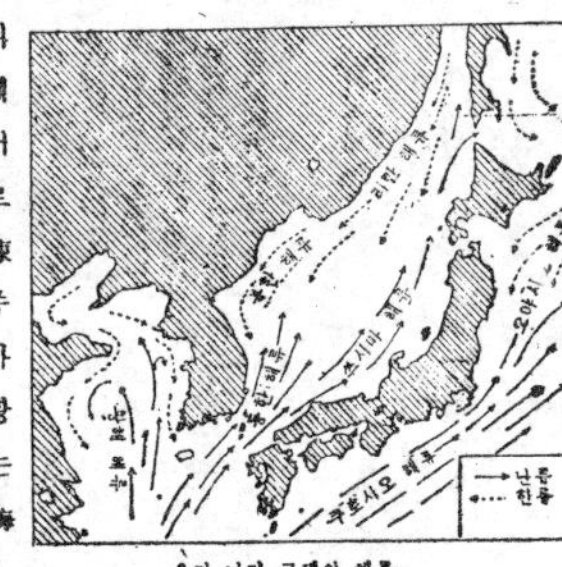

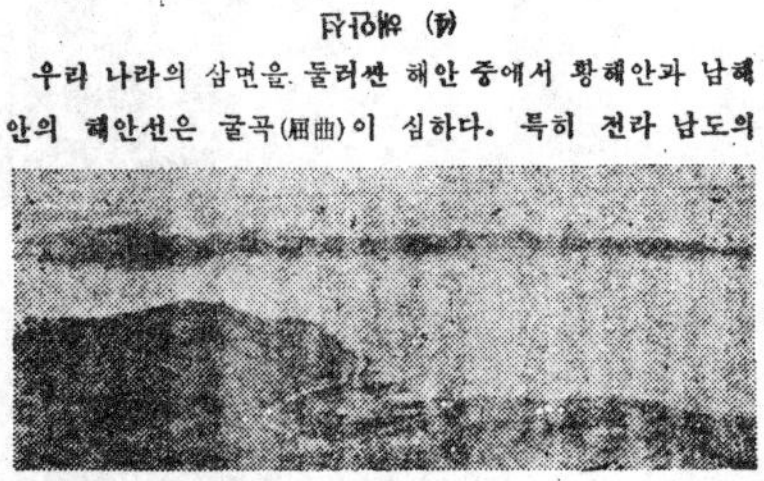

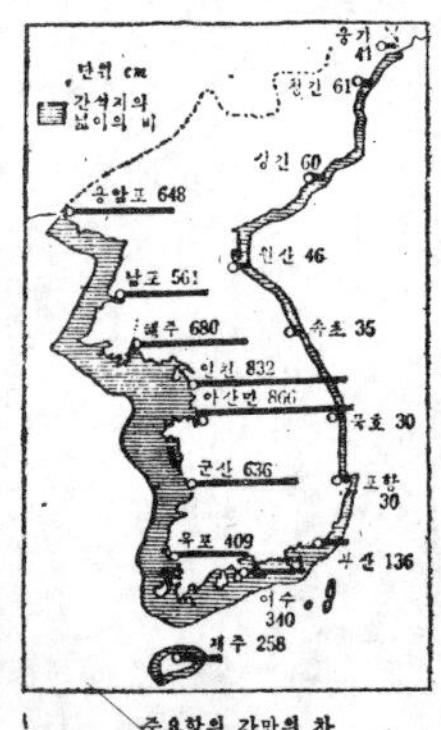

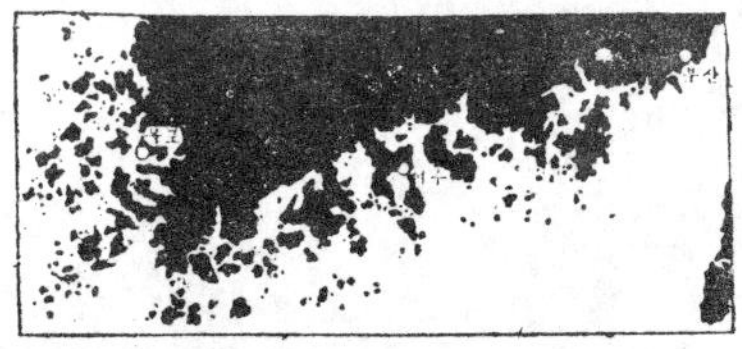

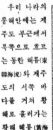

（1965年7月27日第三種郵便物認可）

（毎月5．15．25日発行） 第2396号

（1970）2月15日 日曜日

在日本大韓民国居留民団
綱　領
1．우리는 大韓民国의 国是를 遵守한다
1．우리는 在留同胞의 権益擁護를 期한다
1．우리는 在留同胞의 民生安定을 期한다
1．우리는 在留同胞의 文化向上을 期한다
1．우리는 世界平和와 国際親善을 期한다

韓僑通信

発行所
韓僑通信社
発行人 鄭在俊
東京都文京区本郷3丁目32番7号韓僑会館
電話（811）1535（代表）
〒133 振替口座東京16631番
（大韓民国文化公報部国内頒布許可）
（購読料1カ月100円・特別1000円）

北傀コレラ菌密輸糾弾大会ひらく

断じて許せぬ野蛮行為

一万五千の同胞が市街をデモ

恐るべき北傀の野蛮行為、コレ菌密輸事件を糾弾する在日韓国人全国民衆大会が、十二日大阪市北区の扇町公園でひらかれ日本全国から約一万五千の同胞が参加し「殺人鬼金日成徒輩とその手先朝総連の兇計を粉砕しよう」という要旨の決議文ならびに「事件の真相を公開し、当事者の厳罰を」要求する日本政府への抗議文、さらに「いまこそ朝総連傘下の同胞は、祖国大韓民国の国民として民団に参じるべきである」という要旨の呼訴文などを採択したあと会場から約三・五粁の大阪城公園まで約二時間にわたるデモ行進を行なった。また、北傀の手先となって動いた柳田商会への抗議団も同時に出発抗議文を手交（別項記事）した。なお、関東地方協議会からは鄭在俊東本団長をはじめ管下各地方本部ならびに婦人会から約三〇〇人が大型バス三台で前夜午後十時三十分東京を発ったほか多くの同胞たちが他の交通機関を利用してこの日の糾弾大会に参加した。

（写真は北傀コレラ菌密輸糾弾全国民衆大会のもよう）

正に糾弾デー

糾弾大会は、大極旗やスローガンを飾った特設の壇台を前面に「糾弾」のはちまきにたすきをかけた参加者たちが地区別にならび晴れ渡った青い上空では、同じく本大会の趣旨を高らかに叫ぶ宣伝飛行機が旋回していた。正にこの日は、共産赤狗と死の商人が結託した非人道的行為を日本国民とともに憎むにふさわしい糾弾デーであった。

大会は、定刻正午から丁海竜中央組織局長の司会でひらかれ、市街にとどろく愛国歌の合唱につづいて崔鳳学大阪団長が開会の辞をのべて大会々長団（中央三機関長、関東、近畿、中北、東北、中国、九州、四国の各地方協議会事務局長、京都、兵庫の両地方本部団長、婦人会代表、韓信協会長、万博後援会長）を選任した。

会長団着席のあと李中央団長辞、事件の経緯報告、決議文（別項）決議文（別項・鄭在俊関協事務局長が朗読）朝総連同胞に送る呼訴文採択があって朴根世中央議長が「非人道きわまる北傀の行為は断じて許せぬものであり、在日韓国人の総意をもってこれを糾弾する」という要旨の閉会の辞で大会を終り、デモ行進に移った。

民団中央が声明と抗議発表

北韓の細菌輸事件は単なる密輸事件とちがい重大な問題を提起しており、全人類の名において犯罪者金日成を糾弾すると、民団中央本部（李禧元団長）では、三日、要旨次のような声明文を発表する一方「一、日本政府は事件の全貌を明かにせよ、二、捜査当局は事件の真相を逐次公開せよ、三、日本政府は責任をもって北韓との密貿易を厳重取締り、関係者を厳罰せよ」との抗議文を愛知外相に伝達した。

〈声明書要旨〉一、平和統一と愛国愛族を修飾語として常用する赤狗金日成徒党よ！コレラペスト菌を密輸し誰を大量虐殺せんとするのか？殺人鬼金日成徒党の手先、朝総連達よ！汝らが盲従する北集団が祖国と民族に対し、何をなさんとするか、今度の細菌密輸事件一つを見ても、その野獣性をよく知ることが出来よう、今度は君らが間違いを覚醒すべき時だ三、朝総連の甘言利説に惑わされている同胞も自分の祖国が何処かを語り一日も早く祖国の懐に還えることを望む、四、平和を愛護する日本人商社が本密輸事件に介入していることを遺憾とする。

軍人会も声明

李麟基大韓軍人会日本支部長は五日夜、六本木鐘路苑で記者会見し、民団中央本部発表と同趣旨の声明を発表すると共に、先般行なった第二回ベーナム派遣軍慰問旅行の成功について「在日同胞も是非一度ベトナムの第一線を慰問する必要がある」と慰問の感想を述べた。

事件の真相公開せよ

決議文と抗議文の内容

糾弾大会において採択された決議文ならびに抗議文の内容はつぎのとおりである。

抗議文 金日成共産徒党たちは、重なる挑発的策動に引きつづいて来たもや非人道的行為である細菌戦を企図し、コレラ・ペスト菌などの密輸による凶悪な大韓民国国民の大量虐殺を画策した。

われわれは、北傀の妄動と非人道的事実を全世界に訴えるとともに天人ともに許すことのできないこの兇悪な行為と営利を目的に北傀の手先になった柳田株式会社の犯罪行為に対し憤怒を禁じえず、これを糾弾するために、全体在日韓国人一五、〇〇〇名は、ここ大阪扇町公園に参集し北傀コレラ密輸糾弾全国民衆大会を開催し、大会の名をもってつぎのとおり決議する。

一、殺人鬼金日成徒党とその手先朝総連の兇計を粉砕しよう！

一、殺人鬼の手先柳田株式会社は、全人類のまえに事件の真相を明らかにして謝罪せよ！

一、日本政府は、事件の真相を調査しその全貌を公開せよ！

一、日本政府は、極悪非道の当事者を厳重処罰せよ！

一、日本政府は、北傀とのすべての交易を即時中止せよ！

一、全体在日同胞は、朝総連の非民族的策動をしりぞけて民団に結集しよう！

決議文 われわれ在日韓国人は、このたびのコレラ菌密輸事件に対し、日本商社の"死の商人"的極悪非道の所業と天人ともに許し難い北韓カイライの兇計を、心底から憎悪するとともに激しい怒りを表明するものである。

日本の商社が、商魂のみにかられて北傀と結託し、多くの本国同胞がコレラ菌によって尊い生命を奪われた惨事をひきおこすとき、その犯罪行為は人道の名において断じて許すわけにはいかない。

われわれ在日韓国人は、きょう大阪扇町公園において、コレラ菌密輸事件を徹底的に糾弾するとともにつぎのとおり抗議する。

一、日本政府ならびに捜査当局は、事件の全貌を明らかにし、その真相を全世界に公開せよ。

一、日本政府は、今回の事件に責任をとり、現在放任状態にある北韓カイライとの一切の貿易を直ちに中止し、再びこのような事件が発生しないことを約束せよ。

在日本大韓民国居留民団北傀コレラ密輸糾弾全国民衆大会

本号八面・特集内容

本号記事ふくそうのため八ページに増面、三面にコレラ菌事件その他本国ニュース、四・五面に永住権申請促進への啓蒙要領と大韓航空ラ致乗客の帰還記事、六面に万博韓国館関係記事などを特集しました。

永住權獲得하여 安心하고살아가자

（写真はパコダ公園にある三・一運動を浮彫りにした青銅作品）

民族青史に輝く3・1精神を受け継ごう

第52回3・1節記念式典

3月1日午前10時・日比谷公会堂で

第1部記念式典・第2部映画・婦人会のコーラス韓国学校舞踊団などの公演

主催、在日本大韓民国居留民団関東地方協議会

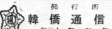

李厚洛大使着任さる

16日、天皇に信任状

婦人会から花束をうける李大使

李厚洛新任駐日大使は、さる九日午後四時二十分羽田空港着日航機で赴任した。

李大使は、この日午後一時四十五分到着の予定であったが空港上空の強風のため着陸できずいったん大阪国際空港に緊急着陸し約二時間ほど休んでから国内線にのりかえて東京に到着した。

羽田空港には、姜永奎大使代理をはじめ駐日公館職員、李禧元中央団長、鄭在俊東京本部団長、孫張翼神奈川本部団長など居留民団関係、東京婦人会、韓国青年同盟在日軍人会、商工会、東京韓国学校生徒ら百余人の在留同胞たちが出迎えた。

李大使は、夫人とともに姜大使代理の案内で空港貴賓室に入り民団東京本部、東京婦人会、韓国学校生徒代表らから歓迎の花束をうけたが、〃あいさつはいづれつぎの機会に〃と簡単な一言をのこして大使館へ向った。

〈写真は羽田空港貴賓室で〉

愛知外相を訪問し要談

李厚洛新任駐日大使は十日、日本外務省に愛知外相を訪問、新任状を伝達し約四十分にわたって要談した。李大使は同席上、韓日両国関係は共同運命体であることを強調、とくに「韓国の安保なくしては日本の安保は期待できない」と、今後両国間の懸案を相互信頼と寄与の精神で解決して行くよう協調を要請した。なお李大使は十六日午前十一時、皇居に日本天皇を訪問、信任状を提呈し第三代駐日韓国大使として正式に就任する。

新築開館した日本国大使館 〃トーチカ・ハウス〃

中央庁から安国洞へ約二百メートル、韓国日報社裏に去る一月二十六日、奇怪な一つの建物が機能を発揮し始めた。ガラス窓を多く用いる現代感覚とは全くかけはなれた重苦しい壁が特に目につくこの建物、ニック・ネームは人呼んで「トーチカ・ハウス」—我国とは「忘れられない深い関係」にあった、また今後別の意味で深い関係を持つ日本—日本国の駐韓大使館である。檀君以来独立した建物の日本大使館が出現したのはこれが初めてである。

一八七九年、花房義質公使が西大門外の清水館に公使館を設けたことはあったが、しかしこの公使館が後の「朝鮮総督府」である。韓日国交正常化と共に六五年に日本政府が半島ホテルの九一〇号室を借り「在ソウル日本政府事務所」を設置、その年の暮、五階に移って「大使館の看板」を上げ仮住い四年目に「マイ・ホーム」へ移った訳だ。

この新築の日本国大使館は敷地面積が二千五百四十三平方メートル（約七百七十坪）で、建坪は二千七百三十七平方メートル（八百二十九坪）、地下一階（自家発電機、暖房施設など）地上五階の鉄筋で工事費は約五十万ドル（約一億五千万ウオン）。このトーチカ・ハウス一階の領事部のほかに近く図書室を設置（現在の蔵書約一千冊）一般に公開する予定で、いわば対韓文化活動の中心部である。二階から五階が外交の厚いベールにつつまれた「聖域」であり、ここで彼らの言う「協力外交」が立案、論議され実践に移される訳である。職員は現地採用の韓国人を含め五十余名、韓国人と日本人が半々。

上川公使の話では駐在外交官の最も多い所はワシントン、次がジュネーブ、三番目が韓国である。余談であるが、このトーチカ・ハウスの近くに既に日本料理の店が三軒も店開きしており、また旅券手続代行業者も看板も上げたという話だ。いずれにしてもこのトーチカ・ハウス、どのような機能を発揮するかみものである。

3月14・15日大阪で

第16回中央委員会を召集

朴根世中央議長は、さる二月三日第十六回中央委員会を、きたる三月十四・五の両日大阪市天王寺区筆ケ崎町一七番地信用組合大阪興銀ビル三階大会議室（電話大阪七七二—一三八一番）においてひらくことを公表した。

会議事項は、三機関ならびに各委員会の経過報告の受理ならびに①一九七〇年度活動方針案②一九七〇年度予算案③規約改正試案④規約にともなう規定案⑤規約にともなう規定改正案⑥地方建議案⑦その他が討議されることになっている。

なお、三月十三日午後三時から行なわれる万国博韓国館開館式には、全中央委員が招請されて参席することになっている。

張基栄委員大いに怒る

韓日協力委会議でコレラ論議

写真は大阪の北傀糾弾大会におけるデモ行進

このほど東京で開かれた韓日協力委員会の常任委員会議でも、北韓が日本商社に発注したコレラ菌などの細菌菌株問題が議論された。終始攻撃側に出ていたのは韓国側委員で、日本の弁明をあいまいだと指摘する韓国側は「日本政府は必要不可決な統制さえもおろそかにしている」と述べるかたわら「われわれのこうした指摘や、また約束不履行を問われた時の口実に日本側はすぐに、日本にはもう一つの政府があるのだとか、日本は半国家だとか弁明するが、それはわれわれには納得のできないことだ」と怒るように激しい語調で主張した。

さる六日と七日に東京で開かれた韓日協力委常任委員会では予定されていた議題のほかの問題で長時間にわたる議論があって注目を浴びた。それは北韓がコレラ菌などの細菌菌株を日本商社に大量発注したことと、日本商社が戦略物資を北韓に対して密輸出していた事実に関する問題であった。韓国委員たちはこれを重大な政治問題として、日本に対策をせまり、放置しておくと緊迫した事態になるかも知れないと強調、はてはこれが韓日両国の外交関係に微妙な波紋をもたらすだろうと示唆した。

▽強烈な韓国側とあいまいな日本側

韓国委員が主張した点は、日本商社の細菌菌株受注とCOCOM（対共産圏輸出調整委員会）の制限している禁輸戦略物質の対北韓密輸出事態は日本人の一部が韓国破壊を企図したともいい得る重大な政治問題だというものであった。そして韓国側は、この問題に対する日本側の解明を、かくすところなく披瀝してほしいと要望、さらにこうした事件を根絶させる保障とその前後措置に関する明示を要求した。

これに対して日本側は現在、海上保安庁が調査中であるため、ここで結論は示し得ないが「細菌菌株は北韓に流出しなかっただろうと思われる」という不透明な弁明を繰返した。

張基栄委員はこうした、日本側の核心回避の態度に我慢ならぬという態で立ち「必要ならば、細菌菌株が流出された可能性を立証するにじゅうぶんな根拠資料を提示する用意がある」と述べ、これは重大問題であるから、午後秘密会議を開いて別途に討議しようと提案したほどであった。

結局、秘密会議は日本側の主張した〃海上保安庁の調査結果をまって再び討議しょう〃ということで、午後の会議も一般会議として続行、という形になった。

〈SISA〉

公告

第十六回中央委員会をつぎのとおり召集する。

時日・一九七〇年三月十四日
〃　十五日
（両日とも午前十時開会）

場所・信用組合大阪興銀大会議室
大阪市天王寺区筆ケ崎町一七番地　電話七七二—一三八一

在日本大韓民国居留民団中央本部
議長　朴根世

永住権얻어놓고 待遇改善要求하자

熱海温泉

ホテル八景

冷暖房完備

熱海市咲見町6—25
TEL(0557)81-2714・7467
東京事務所　千代田区外神田2—10—8
電話 代表（255）8032

民団東本要員募集

民団東京本部では、つぎのように要職員を募集しております。希望者は履歴書持参して下さい。

一般事務職員ならびに機関紙編集要員
男女各若干名

とくに新聞、雑誌など編集・出版関係に携っていただく若手青年を歓迎します。

〈資格〉大韓民国の国籍をもち思想穏健で大学または高校卒以上の者、年令は問いませんが健康な方、〈待遇〉面接の上決定しますが民団の規定により優遇します。

東京都文京区本郷三丁目三二ノ七
大韓民国居留民団東京本部
総務部
電話（811）一五三五（代）

北傀のコレラ菌発注事件

日本の政治責任追求

政府、人道的見地で重視

北韓が日本商社を通じて対南工作用戦略物資など30万9千9百3個(7千9百万円相当)を密輸入し、コレラ、ペストなど伝染病の細菌菌株を秘密注文した事実が日本海上保安庁第五管区によってこのほど摘発された日本商社の密輸出事件で明るみにでたが、(別項関係記事参照)これは韓・日間に新たな政治問題としてクローズアップされた。

韓国側は北韓がコレラ菌などを秘密発注していることを特に重視しており、これは北韓の金日成が目指している〝70年代初期の赤化統一〟策略の一環として対南破壊工作に使われる恐れのある点で憂慮している。

朴正煕大統領は3日午前、丁一権国務総理を始め崔圭夏外務部長官、金泰東保健社会部長官、李厚洛駐日大使金桂元中央情報部長、金正廉大統領秘書室長らを青瓦台に招き、日本商社の北韓にたいする細菌密輸事件の真相について報告を受けその対策を協議した。

朴大統領はこの事件が人道的見地から非常に重視すべき問題だと見て政府の強力な対策を要望、さらに外務部には公式的な声明を発表するよう指示した。

これに伴い、政府は日本の民間商社がコレラなど伝染病の細菌とCOCOM(対共産圏輸出調整委員会)の制限物資品目に含まれている軍事用無電機などを北韓に密輸した事実を重視、これを徹底的に糾明するため、日本側にたいし重大な政治的責任を追及する方針である。なお、崔圭夏外務部長官は同日、金山駐韓日本大使を招き、日本政府にたいし遺憾の意を表明し適切な是正措置を取ってくれるよう強く要求、金山大使はこれを本国政府に伝達すると答えた。

一方、姜永奎駐日大使代理は、本国政府の緊急訓令に従い、日本外務省側(須之部アジア局長)に追及したが、日本側は「速やかに各関係当局と共同調査を行なった上韓国政府に通告する」と答えた。

なお、崔外務部長官は三日、コレラ、ペスト(黒死病)などの細菌を日本に秘密発注し、スパイ用無電機など戦略物資を密輸入したことを糾弾する特別声明を発表、世界保健機構(WHO)にこの事件の真相を報告する方針だと明らかにし〝北韓の非人道的な陰謀に同調して策略を共にした〟日本商社にたいし「人間の良心と人道主義的な立場から警告を発する」と語った。

日本海上保安庁の調べによると、北韓が注文した伝染病菌株は炭疽菌株、ペスト菌株(大陸型と大洋型)、アジア・コレラ菌(ビブリオ菌など)天然痘菌およびバシルス・アントラシス(BACILLUS・ANTHRACIS)などの五種である。

日本海上保安庁によると、この対北韓密輸事件でつかまった七人はその主謀者である佐野彦弘(大阪市南区塩町丁目)が年前に設立してみずから社長をつとめる共邦産業とその代行会社である貿易商柳田株式会社の事業として、過去三年間、北韓の対南工作用物資を在日朝総連を通じて発注を受け秘密裡に北韓に送っていたが共邦丸(379トン)と富士丸(200トン級)の2隻で北韓の興南港を往来しながら日貨5億円相当を密輸出していた。

秘密に注文うけた

日本当局捜査進める

北韓向け電子部品密輸出事件で貿易商社柳田株式会社(大阪市南区塩町通り1)を捜査中の第5管区海上保安本部(神戸)は1日、同社が北韓の国の機関の一部からコレラ(ビブリオ菌の)やペスト菌などの細菌菌株(細菌の集落)を密輸出するよう秘密注文を受けたことを明らかにした。同事件で逮捕された柳田会社の者たちは「細菌菌株を注文されたが密輸出していない」と主張しているが、5管本部では伝染性の強い細菌類が自由に国外に持出されたとすれば社会問題、人道問題であるとして、海上保安庁と連絡を取りながら、さらに捜査を進めている。

同本部は昨年11月21日、神戸港から共邦産業所属貨物船きょうほう丸(379トン)でトランジスタなど電子部品2千8百32個(時価約9百万円)を北韓に密輸出しようとした柳田株式会社の取締役第二営業部長兼同船事務長佐野彦弘(35)ら7人を次々に関税法違反容疑で逮捕した。

調べの結果、佐野らは昨年1月から逮捕されるまでに12回にわたり、トランジスタ、ダイオード、ビデオコードなど30万9千9百3個(約7千7万21万円相当)を密輸出したのがわかったが、同本部はこの事件で柳田株式会社を捜索したさい、きょうほう丸が各航海で受けた北韓側からの注目リストを発見、押収した。

このリストの昨年初めの部分に「細菌菌株」という項目があったので、調べると佐野らは「細菌菌株の注文は確かにあったが、大学や研究所に当たったところ入手困難なため密輸出しなかった」と否認している。

しかし、同本部は当時の状況から①大学紛争と管理がルーズになって盗難にあったり②大学の教職員から横流しを受けたことも考えられるし③培養液と一緒に凍結乾燥すれば持ち運びが簡単である——などの点を考慮して捜査を続けている。

なお、神戸大学医学部中央検査部微生物室の話によると「細菌菌株」はコレラや天然痘などの細菌が細胞分裂して何百万、何千万個も集まった集落で、この型になって初めて毒性を持ち、研究用などに使えるという。

微生物の研究には国際的に認められた菌株が必要で、日本では東大応用微生物研究所や国立予防衛生研究所など数ヵ所で厳重に保存され、大学や研究所で必要なときだけ公文書で譲渡を受ける仕組みとなっている。

問題は、もし北韓が研究所で学究のために必要な場合はソ連など国交のある国から堂々と輸入すればよいものを、国の機関がこっそりと密輸業者と手を組んでコレラ菌やペスト菌など伝染性の強い菌を入手しようとした企図についてである。従って捜査関係者たちは、佐野らの強い否認にもかかわらず、裏付け捜査を続けている。

ソウル市民と学生が糾弾大会

ソウルの市民、学生ら約四十万人が5日、ソウルの南山野外音楽堂に参集、北韓が日本商社にコレラ菌など細菌を秘密注文したことを非難し、また、対南工作用の戦略物資を北韓が日本から密輸入していた事件に抗議した

同抗議集会では北韓の非人道的な〝細菌戦策略〟を糾弾するとともにさる12月11日北韓に乗取られたKAL機搭乗員の即時送還を促求する決議文およびウ・タント国連事務総長に送るメッセージを満場一致で採択した。

金昌槿共和党スポークスマン

大韓民国への露骨な挑戦

金昌槿共和党スポークスマンは三日、日本の一部商社が北韓に細菌とスパイ物資を密輸出した動きにたいし声明を発表し「日本の一部親共商社のこうした動き大韓民国にたいする露骨な挑戦であり極東およびアジア自由地域の安全保障に重大な脅威である」と述べた

なお、新民党の高興門事務総長は同日「政府はこのさい対日外交で国民が納得するような対策をたてるべきである」と主張した。

輸出の可能性濃厚

崔外務長官が声明発表

大韓民国駐日公報館は去3日、北傀の細菌株密輸入企図事件に関する崔外務長官の声明を次のように伝えた。

すでに報道されたように、北傀が年初にコレラなど細菌菌株を入手するため、日本のある商社にこれを発注した事実が、日本警察当局によって明らかになった。この細菌菌株がすでに北韓に渡ったかどうかに関しては、日本警察当局で捜査中だというから、その真相は遠からず明らかになると思うが、われわれは、これまで無数に犯してきた北傀のあらゆる蛮行をかんがみて、このような恐るべき病菌をすでに北傀が入手した可能性は濃厚だとみざるをえない。1969年9月韓国西海岸にまん延したコレラの病菌の元がどこから来たかは推測するに足るものがある。また、この度の北傀の細菌菌株対日密輸入企図事件は、こうした北傀の蛮行に新しい事例を添えるものであり、とくにこの事件はその性質上人命を脅かすものであり、全世界の自由愛好国民の糾弾を受けてしかるべきものである。また私利をむさぼる余り、対北韓密貿易に従事する一部の心ない日本商社に対して、人間の良心と人道主義の名のもとに厳重に警告する。

昨年のコレラ再検査へ乗出す

保社部は北韓の対日細菌発注事件を契機にに昨年昨年流行したコレラの疾学調査結果のうち、はっきりしていなかった点について再検討に乗出したが、①コレラが海岸地帯に集中発生したこと②ゲリラ浸透可能性の濃い島から集団発生したこと③釜山の場合、魚1匹を20人が食べ皆コレラにかかったこと④他の鮮魚からの感染はなかったという奇異な現象などの解明に全力を尽すことになった。

〝北韓、すでに細菌入手〟 金保社部長官が断定

金泰東保社部長官は「北韓が既にコレラ菌をはじめ各細菌を入手したものとみる」と述べ、東京大学などカ所しか細菌を扱っていないとの日本側の解明とは別に、数十の医大、細菌研究所がある事実から見て昨年のコレラは間違いたく北韓により撒布されたものであると断定した。

日本、細菌北送事件報道を管制

北韓への密輸事件を捜査中の日本海上保安庁では細菌受注に関し、一切言及を避け、厳しい報導管制を行なっている。

日本の対外北傀貿易の実態

日本の貿易商社が北韓と対韓国間諜用物品を交易している事実は目新しいものではないが、伝染病菌の取引まで行われているとの報導は国内は言うまでもなく、全世界に大きなショックを与えたのである。柳田商社(本社・大阪・社長柳田恭子38)とその傍系会社である共邦産業が日本の第五管区海上保安部の捜査線に上ったのは昨年の十月、当時柳田商社がココム・リストに入っている電子工業用品(約1千9百50万ウオン相当)を神戸から興南へ運ぼうとして発覚、その後罪追及した結果、北韓が発注した品目リストとその対の対北韓交易実態が明るみに出、コレラ菌、ペトス菌など5種の細菌を北韓から頼まれたことが明らかになった訳である。調べで持出された形跡はないというものの、昨年の全国的なコレラ流行があっただけに政府もある種の推測をせざるを得ない状況にある訳だが、北韓へ密送された対南間諜用品をザッと並べて見ただけでも、無電機材、撮影機材、電子工業品、ソウル市内電話帳、ソウル及び各市道の最新地図、最新発行の雑誌、最近撮影の各機関の写真とフイルム、映画十余編(軍事施設が一目で判る赤いマフラーなど)44種に昇る。現在北韓と取引のある日本商社は約六十社、このうち朝総連系を拾って見ると、秋山洋行(呉子竜・資本金3百万円)、新亜細亜貿易(尹太性・8百万円)、太古産業(金田泰蔵・帰化・5百万円)、以上大阪所在、東海社(梁宗高・5億円)、日隆商社(吉永重光・5千万円)以上東京所在で、これらを操っているのは北韓の対外科学技術交流協会委員長・鄭松男と書記長方永模、貿易促進委員会委員長・韓寿吉、設備輸入会社々長・金秉然らで、朝総連の貿易担当責任者であり、朝総連系商工人会幹部の吾某が日本商社と接触、現金決済で北韓へ物品を密送している訳だ。いずれにしてもこの事件で、朴大統領が直々に対策会議を召集、各部長官に真相究明を指示しているだけに、若し事実だとすれば韓日問題だけでなく、世界的な問題となり、日本政府がどう裁くかその帰趨が注目されている

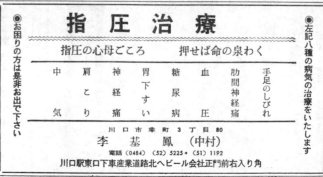

永住権申請促進のしおり

永住権者と否との違い 協定文と入管法で示す

1、永住権の現況

①一九五二年四月二八日、日本が桑港条約を通して日本が独立することにより在日韓国人の日本国籍離脱の法的手続が完了した。

②日本国離脱と同時に在日韓国人の法的地位は臨時措置法令一二六～二～六号として、在留資格が確保される時まで在留資格なしに居住できるようになった。

ポツダム宣言の受諾に伴い発する命令に関する件に基く外務省関係諸命令の措置に関する法律

（全文）（昭和二十七年四月二十八日法律第百二十六号・昭和三十九年一月一日現在）

日本国との平和条約の規定に基き同条約の最初の効力発生の日において、日本の国籍を離脱する者で、昭和二十年九月二日以前からこの法律施行の日まで引き続き、本邦に在住するもの（昭和二十年九月三日からこの法律施行の日までに本邦にて出生したその子を含む）は、出入国管理令第二十二条の二第一項の規定にかかわらず、別に法律で定めるところによりその者の在留資格及び在留期間が決定されるまでの間引き続き在留資格を有することなく本邦に在留することができる。

③韓日協定（一九六五年六月二二日）の法的地位協定において、在日韓国人の法的地位が確定された。即ち在留資格が定まった。

その内容は、

イ、協定永住権

一九四五年八月一五日以前に日本に入国して永住権申請時まで継続して居住した者。（協定文第一条）

第一条

日本国政府は、次のいずれかに該当する大韓民国国民が、この協定の実施のため日本国政府の定める手続に従い、この協定の効力発生の日から五年以内に永住許可の申請をしたときは、日本国で永住することを許可する。

ロ、一般永住権

一九五二年四月二八日以前に日本に入国して永住権申請時まで継続居住した者は、出入国管理令に依拠した永住権を取得できる（入管令第4条）

ハ、出入国管理令第4条に依拠した特別在留許可（入管令第4条）

（在留資格）

第四条① 外国人（乗員を除く。以下この条において同じ。）は、この政令中に特別の規定がある場合を除く外、左に掲げる者のいずれか一に該当する者としての在留資格（外国人が本邦に在留するについて本邦において左に掲げる者のいずれか一に該当する者としての活動を行うことができる当該外国人の資格をいう。以下同じ。）を有しなければ本邦に上陸することができない。

一、外交若しくは領事官又はこれらの者の随員

二、日本国政府の承認した外国政府又は国際機関の公務を帯びる者

三、通過しようとする者

四、観光客

五、本邦で貿易に従事し、又は事業若しくは投資の活動を行おうとする者

六、本邦の学術研究機関又は教育機関において特定の研究を行い、又は教育を受けようとする者

七、本邦の学術研究機関又は教育機関において研究の指導又は教育を行おうとする者

八、本邦で音楽、美術、文学、科学その他の芸術上又は学術上の活動を行おうとする者

九、本邦で演劇、演芸、演奏、スポーツその他の興業を行おうとする者

十、宗教上の活動を行なうために外国の宗教団体により本邦に派遣される者

十一、外国の新聞、放送、映画その他の報道機関の派遣員として本邦に派遣される者

十二、産業上の高度な又は特殊な技術又は技能を提供するために本邦の公私の機関により招へいされる者

十三、本邦でもっぱら熟練労働に従事しようとする者

十四、本邦で永住しようとする者

十五、第五号から第十三号までの各号の一に該当する者の配偶者及び未成年の子で配偶者のないもの

十六、前各号に規定する者を除く外、法務省令で特に定める者

②前項各号（第一号、第二号及び第十四号を除く。）に規定する者の在留期間は、三年をこえない範囲で法務省令で定める。

③第一項第六号、第七号、第十二号又は第十三号に該当する者が、本邦に上陸しようとするときは、法務省令で定める手続により、あらかじめ、当該外国人がその在留資格に該当すると認める旨の証明書の交付を法務大臣に申請しなければならない。

④前項の申請があった場合には、法務大臣は、当該在留資格に属する者の行うべき活動に係る行政の所管大臣と協議し、その者が当該在留資格に該当すると認めたときに限り、同項の証明書を交付することができる。

⑤第一項第十四号に該当する者が、本邦に上陸しようとするときは、法務省令で定める手続により、あらかじめ、永住許可を法務大臣に申請して、その許可を受けなければならない。

⑥前項の申請があった場合には、法務大臣は、その者が左の各号に適合し、且つ、その者の永住が日本国の利益に合すると認めたときに限り、これを許可することができる。

一、第五条第一項各号のいずれにも該当しないこと。

二、独立の生計を営むに足りる資産又は技能を有すること。

2、協定永住権について

①韓日協定で確定された協定永住権は、自西紀一九六六年一月一七日～至西紀一九七一年一月一六日まで五年間に申請取得しなければならない。

②期限内に協定永住権を取得できない者は、協定永住権取得資格を喪失する。

③協定永住権を取得できない者は臨時措置法令である一二六－二－六号によって在留資格を確定せねばならないので、出入国管理令に依る一般永住権、特別在留許可を受けるほかない。

第一条

日本国政府は次のいずれかに該当する大韓民国国民が、この協定の実施のため日本国政府の定める手続に従い、この協定の効力発生の日から五年以内に永住許可の申請をしたときは、日本国で永住することを許可する。

④申請できる範囲は実施面において西紀一九五〇年一月から一九五二年九月までの間に実施された第二次外国人登録を所持した者で、不法入国容疑で退去強制の手続を踏まなかた者まで緩和された。

韓日法相会議共同コミュニケ　（一九六九年八月一九・二〇）

西郷吉之助日本国法務大臣と李皓大韓民国法務部長官は、一九六九年八月十九日及び二十日の両日に亘り東京において会合し、在日韓国人の法的地位及び待遇に関する協定の実施に関して意見を交換し、同協定のより円滑かつ効果的な運用を図るため、実務者会談において了解された左記の事項を確認した。

記

一　協定永住資格である居住経歴等について

1　協定永住許可の申請をした者が、第二回外国人登録（昭和二十五年一月から昭和二十七年九月まで）を終えており、申請時までに昭和二十七年法律第一二六号第二条第六項に該当しないとされたことのない者（例えば不法入国容疑により退去強制の手続を経たことのない者をいう。）については、あらためて事実の調査をすることなく、協定永住を許可する所存である。

2　戦前樺太に渡航し、戦後引き揚げた韓国人等からの協定永住許可の申請については、協定の討議の記録日本側代表発言@の趣旨を尊重して好意的に検討する。

二　戦後入国者に対する出入国管理令上の永住許可について

1　一九六五年六月二十二日の日本国法務大臣の声明による戦後入国者に対する特別在留は法令の範囲内において可能な限り迅速に許可することとし、かつ、その者のする一般永住許可申請は特別在留許可を受けたのち何時でも受理する。

2　右の大臣声明の精神を十分に尊重し、永住許可の審査基準を今後さらに緩和し、かつ、提出書類等申請手続を簡素化する。

三　協定永住者の再入国許可について

1　協定永住者の再入国許可については、引き続き好意的に配慮する。

2　協定永住者（協定永住有資格者を含む。）が真にやむをえない理由により再入国許可期間内に入国できなかった場合における遅延理由の確認については、再入国許可期間経過後三箇月以内に入国できる見込みの者については、在外公館においてこれを行なうこととし、この確認を受けた者は、協定永住者（協定永住有資格者を含む。）として入国を許可する。

四　協定永住者の家族の入国及び在留について

協定永住者の家族の入国及び在留については、家族構成その他の事情を勘案したうえ、人道的見地に立って妥当な考慮を払う。

なお、韓国側は

1　協定永住者に対し、本国との往来の便宜のため数次有効の再入国許可が与えられることが望ましいことを表明した。

2　協定永住者の家族のうち、特別在留許可又はその他の資格によって在留が認められている者については今後出入国管理令上の永住許可を与えられることに関心を表明した。

3、退去強制について

①退去強制（協定第三条）

第三条

第一条の規定に従い日本国で永住することを許可されている大韓民国国民は、この協定の効力発生の日以後の行為により次のいずれかに該当することとなった場合を除くほか、日本国からの退去を強制されない。

(A)　日本国において内乱に関する罪又は外患に関する罪により禁錮以上の刑に処せられた者（執行猶予の言渡しを受けた者及び内乱に附和随行したことにより刑に処せられた者を除く。）

(B)　日本国において国交に関する罪により禁錮以上の刑に処せられた者及び外国の元首、外交使節又はその公館に対する犯罪行為により禁錮刑に処せられ、日本国の外交上の重大な利益を害した者。

(C)　営利の目的をもって麻薬類の取締りに関する日本国の法令に違反して無期又は三年以上の懲役又は禁錮に処せられた者（執行猶予の言渡しを受けた者を除く。）及び麻薬類の取締りに関する日本国の法令に違反して三回、（ただし、この協定の効力発生の日の前の行為により三回以上刑に処せられた者については二回）以上刑に処せられた者。

(D)　日本国の法令に違反して無期又は七年をこえる懲役又は禁錮に処せられた者。

出入国管理法（退去強制）

第二十四条　左の各号の一に該当する外国人については、第五章に規定する手続により、本邦から退去を強制することができる。

一、第三条の規定に違反して本邦に入った者。

二、第九条第五項の規定に違反して本邦に上陸した者。

三、前二号に該当する者を除く外、寄港地上陸の許可、観光のための通過上陸の許可、転船上陸の許可、緊急上陸の許可又は水難による上陸の許可を受けないで本邦に上陸した者

四、本邦に在留する外国人（仮上陸の許可、寄港地上陸の許可、観光のための通過上陸の許可、転船上陸の許可又は水難による上陸の許可を受けた者を除く。）で左に掲げる者の一に該当するもの。

イ　旅券に記載された在留資格の変更を受けないで当該在留資格以外の在留資格に属する者の行うべき活動をもっぱら行っていると明らかに認められる者

ロ　旅券に記載された在留期間を経過して本邦に残留する者

ハ　らい予防法の適用を受けているらい患者

ニ　精神衛生法に定める精神障害者で同法に定める精神病院又は指定病院に収容されているもの

ホ　貧困者、放浪者、身体障害者等で生活上国又は地方公共団体の負担になっているもの

ヘ　外国人登録に関する法令の規定に違反して禁こ以上の刑に処せられた者。但し、執行猶予の言渡を受けた者を除く。

ト　少年法（昭和二三年法律第一六八号）に規定する少年でこの政令施行後に長期三年をこえる懲役又は禁こに処せられたもの。

チ　この政令施行後に麻薬取締法、大法取締法、あへん法又は刑法（明治四〇年法律第四五号）第一四章の規定に違反して有罪の判決を受けた者

永住權獲得하여 安心하고살아가자

永住権申請促進宣伝啓蒙要領 四面のつづき

リ へからチまでに規定する者を除く外、この政令施行後に無期又は一年をこえる懲役若しくは禁こに処せられた者。但し、執行猶予の言渡を受けた者を除く。

ヌ 売淫又はそのあっ旋、勧誘、その場所の提供その他売淫に直接に関係がある業務に従事する者

ル 他の外国人が不法に本邦に入り、又は上陸することをあおり、そそのかし、又は助けた者

ヲ 日本国憲法又はその下に成立した政府を暴力で破壊することを企て、若しくは主張し、又はこれを企て若しくは主張する政党その他の団体を結成し、若しくはこれに加入し、又はこれと密接な関係を有する者

（１） 公務員であるという理由に因り、公務員に暴行を加え、又は公務員を殺傷することを勧奨する政党その他の団体

（２） 公共の施設を不法に損傷し、又は破壊することを勧奨する政党その他の団体

（３） 工場事業場における安全保持の施設の正常な維持又は運行を停廃し、又は妨げるような争議行為を勧奨する政党その他の団体

カ オ又はワに規定する政党その他の団体の目的を達するため、印刷物、映画その他の文書図画を作成し、頒布し又は展示した者

ヨ イからカまでに掲げる者を除く外、法務大臣が日本国の利益又は公安を害する行為を行ったと認定する

②教育権（協定第四条）

③生活保護、国民健康保険（協定第四条）

④帰国時の 財産携帯（協定第四条）

第四条

日本国政府は、次に掲げる事項について、妥当な考慮を払うものとする。

(a) 第一条の規定に従い日本国で永住することを許可されている大韓民国国民に対する日本国における教育、生活保護及び国民健康保険に関する事項

(b) 第一条の規定に従い日本国で永住することを許可されている大韓民国国民（同条の規定に従い永住許可申請をする資格を有している者を含む。）が日本国で永住する意思を放棄して大韓民国に帰国する場合における財産の携行及び資金の大韓民国への送金に関する事項

⑤財産取得権（土地等）

外国人の財産取得に関する政令

（認可）

第三条① 外国人が日本人、日本国の政府若しくは、地方公共団体又は第二三条の二の規定により、主務大臣の指定する外国人から左に掲げる財産を取得しようとするときは、主務大臣の認可を受けなければならない。外国人が自己の計算において日本人又は第二三条二の規定により、主務大臣の指定する外国人をして取得させようとするときも同様とする。

一、土地、建物、工場、事業場若しくはこれらに付属する設備又は鉱業権若しくは、これに関する権利。但し、自己の居住の用に供するために通常必要と認められる土地及び建物並びに、これらに付属する設備を除く。

二、前号に掲げる財産の賃借権、使用貸借に基く借主の権利、地上権、永小作権、若しくは質権、抵当権その他の担保権又は前号に掲げる財産の取得の予約による権利若しくは前号に掲げる財産を取得するかどうかを選択する権利。但し、賃借権、使用貸借に基く借主の権利、地上権及び永小作権については、その存続期間が五年をこえるもの又は契約の更新の結果その存続期間が通じて五年をこえるに当るものに限る。

三、特許権（特許権に関する権利、実用新案権及び意匠権及びこれらに関する権利並びに特許、実用新案、登録又は意匠登録を受ける権利を含む。）

②前項の規定による認可は、当該財産の取得、それに関する契約若しくは取引き又は、これにともなう外国への送金もしくは物資の輸出等について、他の法令の規定により必要とされる認可、許可、その他の処分を排除するものではない。

在日韓国人の法的地位協定に関する討議の記録

日本側代表

(a) 日本国政府は、協定第一条一(a)の適用に当たっては、兵役又は徴用により日本国から離れた時から復員計画に従って帰還するまでの間を日本国に引き続き居住していたものとして取り扱う方針である。

(e) 外国人の財産取得に関する政令に基づく告示において、同政令の適用除外国として大韓民国を指定しているが、日本国政府は、協定の効力発生に際してこれを削除する意図はない。

4、朝総連の虚偽宣伝

①徴兵云々は根拠のない虚偽宣伝である。

兵役法第四七条

大統領令に定めたところに依って国防部長官、在外同胞の兵役任務を延期または免除できる。

（要旨）国防長官の通知が公布された。

②"協定永住権でも一二六－二－六でも違いがない"という説は、協定文と現行入管令を対照すれば明白であり、出入国管理法案にうかがえる日本政府の姿勢を分析すれば明白である。

（例）第五〇条（送還先）

一、本邦に入国する直前に居住していた国

二、本邦に入国する直前に居住していたことのある国

三、本邦に向けて船舶または航空機に乗った港、または飛行場の属する国

四、出生地の属する国

五、出生後にその出生地の属していた国

六、前各号に掲げるもののほか、退去強制される者が希望する国

③協定永住権を取得した者が多ければ多いだけ朝総連の勢力が減少され、彼らが信奉する北傀との協定がなされないために認定することができない底意をもった虚偽宣伝をしている。（同協定第三条と現行出入国管理令第条との対照によってわかる）

39万名申請を目標に

在日韓国人永住権申請 9ヶ公館に人員割当て

政府は在日韓国人の協定永住権申請推進目標を三十九万名に決め、駐日大使館を始め、日本内八つの総領事館および領事館別に目標人員数を割当てて、協定永住権申請に最後の追車をかける方針である。

政府がこのように僑胞たちの永住権申請を促求しているのは、在日韓国人の法的地位および待遇にかんする韓日間協定の"満了口"が来年の一月十六日に迫っているからであり、あと一年しか時日が残っていないにもかかわらず、同協定発効（一九六六年一月十七日）後四年たったこの一月末現在で永住権（協定永住権）申請者は十六万五千四十名にすぎない。

政府当局者の展望では残りの一年間で協定永住権申請者数は過去四年間の年平均実績よりは比較にならないほどふえるだろうと楽観している。

こうした見方は①昨年八月の十九、二十日の二日間東京で開かれた韓日法相会談の結果、協定永住権申請条件が大幅に緩和されたためだということで、②また、在日居留民団は昨年四月に執行部改選をした後、協定永住権申請促進事業に非常に積極的だという点などから起きている。

居留民団はきたる三月十五日までに、第一次的に民団所属僑胞たちの協定永住権申請を全部終え、三月十五日以後からは在日韓国人社会内の中立系および朝総連系にたいても協定永住権の申請勧誘運動を繰広げる方針である。

昨年一月から八月までの月平均協定永住権申請者数は四千名程度であったが、九月以後からは六千五百名にふえている。これは月平均六千五百名であるが、それでさえも来年一月十六日まで三十九万名の目標を達成することはむづかしいと見て政府は日本内公館長の責任において、目標人員をつぎのように割当てている。

▽駐日大使館（東京地域）＝三万九千三百五十一名▽駐札幌総領事館＝四千三百二十名▽駐仙台領事館＝五千五百九十二名▽駐横浜領事館＝一万二千四百七十七名▽駐大阪総領事館＝七万八千百二十七名▽駐名古屋領事館＝三万八百六十二名▽駐神戸領事館＝三万一千五百三十二名▽駐下関領事館＝一万四千五十九名▽駐福岡総領事館＝一万五千六百三十八名（合計二十三万一千九百五十八名＝すでに申請した者まで入れると三十九万名）

海外同胞の財産搬入手続きを簡素化

政府は、海外同胞の国内財産搬入を、より合理的に勤奨するために財産搬入業務手続きを簡素化する一方、一部業務を税関長に委任する方針であるという。

関係当局者によれば、現行多岐化されている財産搬入事務を単一簡素化させるのと、財産搬入制度を基準化させるため、関係規程の綜合統合作業に着手し、搬入要件と限度を定めるなどなど、財産搬入業務も、下部機関である一線の税関長に委任するというものである。

いままで、海外同胞の財産搬入は、関連部署の業務が複雑であり、また関係規程が面倒くさく、実効をあげられなかったといわれ、大幅な簡素化にふみきったといわれる。

北傀、39人を送還

大韓航空のラ致乗客

北傀は十四日午後四時四分すぎ、板門店を通じ、昨年十二月十一日、北傀にいったままの大韓航空（KAL）旅客機YS11の乗客男三十三人、女六人計三十九人を六十五日ぶりに突如送還した。問題のYS11にはパイロット二、スチュワーデス二、乗客四十七の計五十一人乗っていたが柳炳夏機長（37）崔石満副機長（37）鄭敬淑（24）成敬姫（24）両スチュワーデスの乗員全員と、乗客のうちさきに韓国側が乗取りの共犯として発表した病院長と元憲兵の二人、それに嶺東地方放送局の記者二人ら計八人は帰って来なかった。

送還者記者会見

六十五日ぶりに十四日北傀から送還された大韓航空（KAL）旅客機YS11の乗客三十九人全員が十五日午後、中央情報部で記者会見し、「事件は乗客の一人、趙昶熙元憲兵（42）の単独犯行である。抑留中は"学習"を強制された。これに反発したものが帰ってこれなかったと思う」と語った。

乗客たちは送還後、帰宅せぬまま政府当局の調べを受け、この会見に臨んだもので、一様に疲れていたが質問にはきはき応答した。

元憲兵の単独犯行の理由として乗客たちは①その男が操縦室へ飛込むのをみた②北韓に着陸後、その男だけが迎えの車で去った③"義挙"をしたといわれる二人のパイロットは、着陸後も一般乗客と同じ扱いを受けていた、などの点をあげた。

乗客たちの話によると、抑留中一同は平壌市内の二つの旅館に個別収容され、"学習"の時だけ一緒になっていた。その間、乗客の一人が拷問で言語障害、精神異常になった。"学習"に反発したものは途中から姿がみえなくなった、という。

なおこの会見に先立って中央情報部、内務部治安局は「趙元憲兵は北傀の地下スパイで、軍事情報を集める任務を帯びていた。今度のKAL機乗取りも指令に基づいてやった。KAL機が強制着陸させられたのは、これまでの調べと違い元山の北、連浦飛行場である。まだ帰されていない十二人は強制抑留されている」という合同捜査結果を発表した。乗客たちは十五日も引続き精密検査などを受けており、帰宅は十六日以降になると見られる。

ところでこの日の発表と会見で今度の事件がすべて明らかにされたと考えられていない。というのは、韓国は北韓に残っている十二人の乗客、乗員の送還をあきらめるわけにいかず、そのために彼らの安全をそこなうような事実まで明らかにすることは出来ないだろうからだ。

12人も早くかえせ

政府は十四日、申範植文化公報長官名で、北傀は直ちに、無条件で抑留されている十二人と航空貨物ならびに機体（YS－11機）を返せ、と強く北傀に要求する声明をだした。

永住権얻어놓고 待遇改善要求하자

ついに国会再提出にきまる

日本政府 出入国管理法案

日本政府は、十四日から再開される特別国会に、人権の無視等世界類例のない悪法として、民団をはじめ全ての在日外国人、日本世論の一致した反対と糾弾を受け、昨年の通常国会で審議未了、廃案となった「出入国管理法案」を無修正のまま再び提出する方針を決めた。これはさる一月二十三日のNHKニュース、翌二十四日付東亜日報の報道に続き、二月に入って五日午後のNHKニュース、翌六日の朝日新聞等で明らかになったもので、同出入国管理法案は日本政府が今国会に提出する法案百三件、条約二十一件のうち中心案件のひとつとなっている。

断固として闘いぬく

入管法反対へ 在日韓学同が名のり

日本政府の出入国管理法案の国会再上程への動きに対して、在日韓国学生同盟（金光沢委員長）では去る七日付で、要旨次のような声明を発表した。

声明書 われわれは昨年八月五日の日本国会々期終了とともに廃案になった出入国管理法案に対して、現在まで日本政府の同法案再上程の動向を注視してきたが、世界史上類例のない悪法である「入管法」が、在日外国人の圧倒的多数を占める在日韓国人に対する「同化」と「追放」の治安、抑圧立法である事は、昨年の入管法決死反対闘争の過程ですでに明らかである。この度報じられた同法案の特別国会への再度上程も同じ意図と背景を持つ事はいう迄もない。

そもそも日本政府当局は、われわれ在日韓国人の存在が、過去日本との一方的歴史関係によって生じたものであるという責任ある立場を放棄し、解放後も一貫して弾圧的姿勢を固執してきた事は、われわれがたび重ねて警告してきたところである。にもかかわらず、またしてもこの悪法が出現した事は、われわれ在日韓国人の基本的人権を脅やかそうとする、執拗で悪辣極まりない挑戦行為であると断定せざるを得ない。

日本政府が一方に於ては韓日友好のスローガンを掲げながら、外国人学校法案、外国人登録法とならんで、この非人道的抑圧立法を策動しようとする意味は極めて重大であり、従って我々の反対闘争は、韓日友好の欺瞞的現状と、我が民族に対する蹂躪とに対する民族的立場からの極めて正当な闘争である。

我々は一九六五年の韓日会談を頂点とする在日韓国人に対する露骨かつ陰険な圧迫政策が、増々体系化の度を加えている事を感じざるを得ない。最早日本政府当局は我々に対する一切の人道的姿勢と誠意ある立場を自ら放棄したものと断ずる。すべての人間的自由及び権利がそれを求めてやまない大衆の闘争に拠ってのみ獲得されて来た事を想起し民族の名に於て次のように宣明する。

我々は、今や、日本政府当局による在日韓国人抑圧のための一連の黒い策動と、それに加担するあらゆる勢力に対して、断固として最後まで闘い抜くであろう。

一九七〇年二月七日

在日韓国学生同盟入管法反対闘争委員会

民団政策の研究

正民会が活動計画発表

在日同胞社会の政策研究団体として、さきに発足した「正民会」（李裕天会長団）は七日、東京・千駄ケ谷のレストラン外苑に、在日韓国人報道関係者を招き、正民会は「正しい民団、正しい民主主義、正しい民族精神を一般に広く訴え民団組織を結束して、朝総連と闘おうとするものである。われわれは民団がもっと宣言や綱領を実践できるよう側面から助言や研究をし、政策に強く反映させるつもりだ」と説明した。

また、正民会の活動計画については次のとおり説明した。

一、正民会に組織宣伝（委員長尹翰鶴）、教育問題（同金東春）、経済問題（同呉敬福）、民生問題（同申皓）の四研究委員会を設け毎月一回以上、各研究委員会を定期的に開く。

一、四研究委員会の各委員長を中心に政策審議会を設ける。

一、機関紙〝正民〟を月一回発行する。

一、民団の基本事業の推進に協力するため、民団幹部とも必要に応じ協議するが、当面の方針として永住権申請の促進運動に積極的に参加する。ただ、待遇問題の改善、六七年の了解事項の実践などの要求運動も強力に進める。そこで民団、政府関係機関、在野人士などを網羅した委員会の結成を希望する。

問 現在の民団中央本部執行部に満足しているか。

答 現執行部は発足一年未発で仕事中だろうが、私として満足はしていない。

問 春の中央委員会で不信任案を出すうわさもあるが…。

答 不信任案は歴代団長の中で任期中に退任させられた例が三、四人いるが原則として不信任案はよくない。しかし団員の総意で不信任案が出ることがあるかも知れないが、いまのところ私として考えてない。

問 日韓文化協会土地売却事件についてどう思うか。

答 感心したことではない。売却決議の時、某団長経験者が「民団には事後承認でよい」と発言したそうだが、当時の団長の私は事前も事後も相談をうけたことがない。

スケッチは韓国館本館中央部のOPENWELLと1階舞踊場の全景

万国博「韓国館」が完成

民族未来の夢を多角化

展示品の搬入いそぐ

韓国の国力を世界に示す万国博の韓国館が完成した。会場のシンボルゾーンに面する四、五〇〇平方米の敷地内に二、四〇〇平方米を使って建てられた韓国館は、いま内装もほとんどでき上り、近く到着する展示品を待っている。

大空にそびえる十五本の円柱に囲まれたパビリオンは四階が文化遺産館として過去の文化の繁栄を、三階は現在館として産業の発展を、二階は未来館として国土開発の明日の姿を展示する。

韓国館は韓国総合開発公社の金寿根氏が設計したもので、展示装飾は弘益大学工芸学部の韓道竜教授が担当し、二月一ぱいにすべての展示装飾を完了する予定である。

四階に展示される韓国の文化遺産は貴重なものなので万全を期すためすべて模造品になるが、すでに本国で立派な模造品がつくられている。この中でももっとも有名なのが韓国の国有文化財である「エミレ鐘」でこの模造品は重量五千㌔もある豪華なものであるが、この鐘のほか高麗青磁など由緒ある文化財の模造品二十一点とともに貨物船ニューチャンス丸に積込まれ二十一日仁川港を出航二十五日には日本に到着している。

このエミレ鐘は西暦七七一年、新羅の恵恭王が仏教に帰依し当時の名匠に命じて作らせた梵鐘であるが、この鐘にまつわる伝説は韓国古代人の信仰のあつさを物語っている。

これにつづいて展示品はぞくぞく送り込まれてくることになっている。

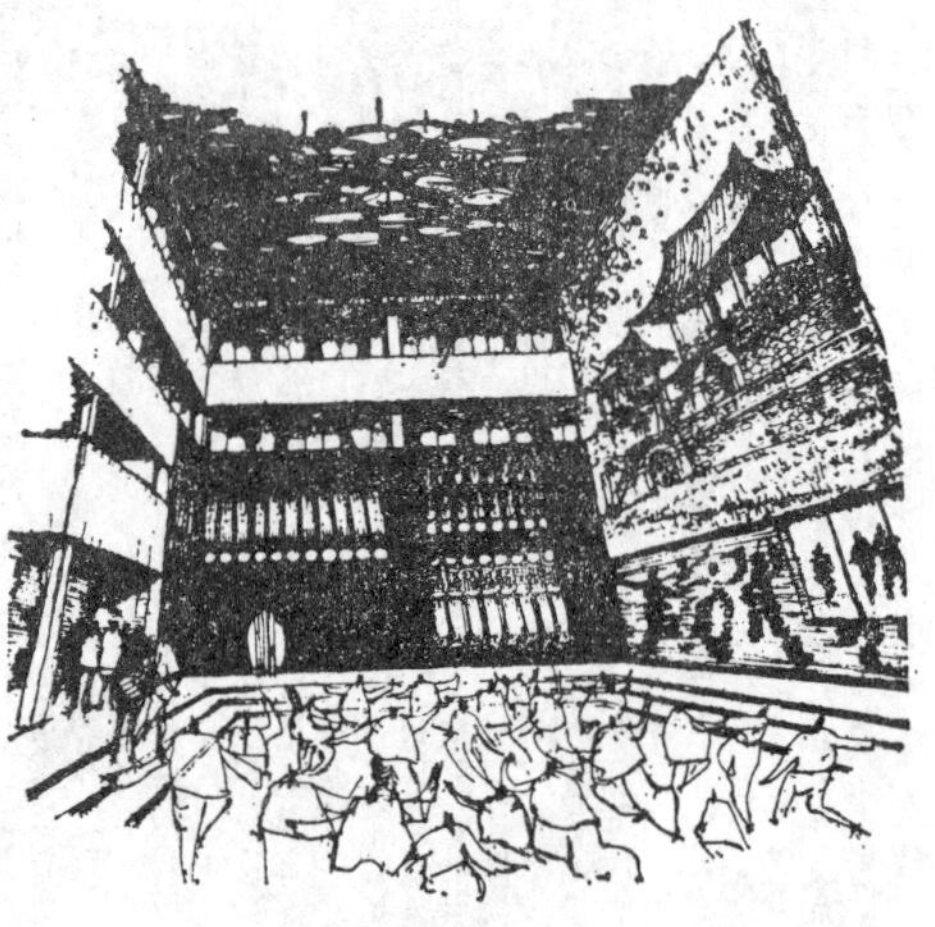

北傀コレラ菌密輸糾弾全国大会

北傀コレラ菌密輸糾弾全国民衆大会は、扇町公園における声討大会をおえてひきつづき示威行進団を編成して会場から大阪城公園まで大極旗を先頭に〝細菌戦を企らんだ金日成を葬ろう〟〝金日成の手先、死の商人柳田商会を葬れ〟〝日本政府は当事者を厳重処罰せよ〟などのプラカードをかかげて秩序整然と示威行進を行ない午後三時解散した。

一方、鄭在俊東本団長をはじめ孫張翼神奈川団長、丁海龍中央組織局長ら主に関東地協を中心として構成された。大阪市内の柳田株式会社へ、大会で採択した抗議文をもって伝達に赴いたが、姿をくらまして不在のため同社の社員門脇幸男氏なる男に対しはげしく抗議した。

柳田社長の出現を待っていた抗議団は商社員と話し合いの結果、三日間の猶予期間を与え、その間抗議団が同社入口に張った『抗議文』をやぶり拾ってないことと、柳田社長が、民団大阪本部へ謝まりにくることを約束させて一応全引揚げた。

北傀のコレラ菌発注事件

社長は逃げていない

3日間以内に民団大本へ来訪約束させる

柳田商会へ抗議文手交

会長に宋基復氏

在日ペン・クラブで総会

在日韓国人ペン・クラブでは、さる九日午後六時、〝南江〟で定期総会をひらき新会長に宋基復氏（新世界新聞社長）を選任した。

在日韓国人ペン・クラブは、前会長の金波禹氏が旧年死去されたため空席のままにある会長の選任と、来る六月二十九日からソウルでひらかれる第三十七回国際ペン・クラブ大会への参加その他を協議するため、総会を召集したものであった。

総会は裵東湖 副会長が 会議を主宰、林培根事務局長の経過報告のあと、かねてから申請のあった新規加入者の入会を承認、つづいて五人の詮衡委員をえらんで後任会長の人選を協議した結果、宋基復氏が在日ペン・クラブの三代目会長に選出された。なお、副会長二名と理事改選は今月中に開催予定の拡大総会で選出することにした。

23日拡大臨時総会

在日韓国人ペン・クラブ（宋基復会長）では、九日の総会においてきめた拡大臨時総会をきたる二十三日午後五時、上野の南江でひらき①一九七〇年度事業計画（国際ペン・クラブ大会参加会員拡充問題など）②会則補充に関する件③任員補選に関する件などを議題に協議する。

支部だより

来月中旬は所得税、特別区民税の申告締切日。この期にあたって東京本部管内の各納税貯蓄組合では、それぞれ税務申告に関する説明会を開催して組合員の相談に指導にとあわただしい。各組合での開催状況は次のとおり。

葛飾＝12日午後六時から支部事務所で開催。

世田谷＝16日午後四時から熱海への景苑で組合員50数名が参加してひらく予定。

目黒＝10日午後五時から区内の焼肉店、牡丹苑で開催。

品川＝10日品川文化会館で午後一時から開いた。

韓青冬期講習

新潟六日町で

韓青恒例の冬の集いである全国冬期講習会が、来たる二十一日から二十三日までの三日間、新潟県六日町で開催される。これは、白銀を踏みしめながら同胞と祖国の明日を語ろう、との主旨で韓青が主催して毎年開いており、今年で六回目。青年多数の参加が望まれている。詳細問合わせは韓青（電話八一四～四四七一）まで。

三・一節の意義

聖なる独立精神うけ継ごう

青史に残る民族精神

殉国先烈の労苦を偲ぶ

過去52年前のこの日を三・一独立運動を回顧しながら、私の如き浅学非才な者が、この一文を記すことは読者諸氏に歴史を論ずるというよりも、共に過去をふりかえり殉国先烈たちの労苦を偲ぶとともに、その冥福を祈るためでありわれわれの世代はもちろん子孫に対しても民族精神培養に資するところがあれば幸甚に思うからである。

日米は丙子修交条約により、韓国の独立を明言し、日清戦争を終結する下関条約において、清国に韓国の独立を確認させたにも拘らず、韓日合併直前に自ら約束を破り、韓国に統監府を置いて、言論、集会を禁止する策に出た。

そのため地方によっては、武装義挙もあったが、日本の弾圧施策によって義挙の志士たちは、地下組織に入り表面的には一応平穏であるかのように見えた。しかし最初から野望充満の下に仕組まれた日本は、総督官制を発布し、初代総督に寺内が就任して、憲兵制度が実施され弾圧政策は日増に強化されていった。

その代表的なものは枚挙にいとまもないが特に反日愛国記事で有名であった大韓毎日申報を買収して自分たちの機関紙である京城日報に吸収合併し、他の新聞を廃刊させて我が国民をして目、耳、口を塞ぎ徹底的な武力弾圧政策が施行された。したがって善良な国民を不純分子と断定して投獄するなど我が民族を暗黒の世界へと追い込み、隷属生活を強要した。これと同時に日本の官吏、商人、高利貸金融業者、農民その他、実業家が連続して来韓し、貧農韓国人に高利で金を貸し、返済が不可能な者から土地、家屋、その他の財産を収奪して巨額の富を占めた日本人その数を知れず、巨大な資本の日本商人は、全韓土の主要な都市にその座を占め、自己経営の会社の本支店網を拡張したり、一部はヘンピな農漁村にまで侵蝕を始めたのである。

このような状態を見るに忍びないわが憂国の志士たちは弾圧に耐え兼ねて愛する故国を背に近くは満洲と中国本土、上海方面はもちろん、遠く米国本土、ハワイ、或はシベリヤ等へ亡命してそれぞれの地を根拠に国権の回復を図ったのである。我が先烈がこのように各方面において呻吟している間に中国大陸においては辛亥革命が起り、欧洲大陸においては第一次世界大戦が勃発したのである。

このような衝激の中に米国の参戦によって、一九一八年独逸の降服を見るに至った。これに一九一七年九月米国ニューヨークにおいて開かれた世界二十五の弱少民族会議や、これに類似した会議に亡命家たちは、それぞれ代表を送り我が国の民族自決を折ある毎に訴えて来たのである。これはわが民族青史に高く評価されなければならない。

第一次大戦終結のまえに米国のウイルソン大統領は、講和条約の大前提である声明の中で「総べての民族の統治はその民族の自決に委ねるべきである」という一条項をうたった。これが世界に発表されるやこれに勇気づけられた我が先烈たちは、中国上海に集り一大独立運動を起そうとして、ソウルと東京の留学生に秘密連絡を取りこれが成功した。

日本の侵入以来ユウウツな世を送って来た高宗皇帝が一九一九年一月二十日急逝されたので、我が国民に一層のフンゲキを与え、三月一日を期して世に万才事件という民族独立運動の義挙が行なわれたのである。

この日民族代表三十三人が署名した大韓独立宣言文を朗読、大韓独立万才の悲痛な叫びは、韓国全土津々浦々を震かんさせたのである。これにギョウガクした日本官憲は、武力でこれを弾圧その犠牲者の数ははかりしれないものであった。

三・一運動己未万才事件は数年間、その余インを引き、これに参加した人員はインペイにあくせくした日本官憲の統計ですらも、参加人員百三十六万九千余名、虐殺された者六千六百七十余名、投獄された者五万二千七百七十余名にのぼった。以上のような過去の歴史を繰返さないためにもわれわれは常に団結して、民団組織強化は勿論、祖国大韓民国発展のためにこの機会に新たな覚悟が必要であることを銘記すべきである。

わが民団においては、この三・一独立運動を記念して毎年盛大で意義ある式典を行なっているが、

今年も日比谷で

今年も中央式典大会を三月一日、東京日比谷公会堂で民団関東地方協議会の主催で行なうことになった。この式典にはわが神奈川県本部も主催者の一員であるから県下の全団員がこぞって参加するよう望んでやまないものである。

人事発令

民団東京本部ではさる二月五日付次のとおり人事発令をおこなった。（カッコ内は前職）

命、総務部長　申秀鉉（総務次長）
〃　組織部長　許南明（文教部長）
〃　文教部長　文秀植（中央連合支部事務部長）

朝鮮籍同胞の永住申請勧誘を

墨田支部で協力要望

民団墨田支部（姜学文団長）では朝鮮籍所持同胞への協定永住申請に関して協力を要望するつぎのような呼訴文を発表した。

当墨田支部管轄内に居住する朝鮮籍をもつ一部同胞が、朝総連分子の虚偽浪説に騙され、いまだに永住権申請をはばかっているひとがおります。このような同胞に対して、団員みなさんは、苦労を惜しまず同胞愛を発揮し、積極的に勧誘して永住権申請を完了するよう説得してくれることをお願いするものです。

顧りみれば十年前、北送を必死的に反対した民団の真意が、十年たった今日になってはじめてそれが同胞愛の発露であったことを理解したと思います。朝総連分子のその非人道的な行為がいまや骨身にしみて わかったことと思います。これと同じくこの度の永住権申請も、やはり同胞の利益になることには、つねに反対をこととする朝総連分子の浪説に騙されないよう、相互協力して、一人も落伍者がないよう同胞愛を発揮されるよう願う次第です。

大阪総領事館を万博参加本部に

政府は四日、商工部会議室で、大阪万博参加準備委員会を開き、大阪総領事館を万博参加本部に決め、金鎮弘総領事を本部長として業務の一元化を期するよう決定した。

商工部は三月十三日に韓国館開館式を行ない、東京、大阪、京都などの四つの百貨店に直売店を設置、民芸品、雑貨類、ノリ、その他の商品を直売することにした。

永住権申請案内

今年は、永住権申請の年です。

在日同胞の皆さんが一日も早く安定した生活を営むためには、永住権を取得しなければなりません。まだ永住権を申請してない方は一日も早く申請するよう、お互いに努力し、勧誘しましょう。

協定永住権を受けることによって、

（一）、何よりもまず、これまでの暫定的であった地位をはなれて、権利として日本に永住することが法的に保障されます。

（二）、したがって、協定永住許可を受けていない者や一般外国人とはちがい、協定永住許可者は、ほとんどすべての場合において、日本から退去を強制されることがありません。

（三）、さらに、同永住許可者に対しては、海外旅行に必要な再入国許可において制限がないばかりでなく、一家族が離散することのないよう、人道的な配慮が十分ゆきとどくようになっております。

（四）、子女の教育問題においても、日本の公立小・中学校への入学が認定され、また上級学校進学においてもその入学資格が認められております。

（五）、生活保護を受ける必要のある人には、従前どおりの生活保護が受けられるようになっており、とくに国民健康保険に加入することができます。

（六）、外国人財産取得に関する政令の適用を受ける一般外国人とはちがい、主務大臣の認可なしに土地・建物などの財産を取得することができます。

（七）、日本から永住帰国する場合には、自己財産の本国搬入または送金などが、協定上保障されております。

在日同胞の皆さん！

去年の八月に開催された〝韓・日法相会談〟の結果、皆さん方が安心して永住権を申請できるよう措置が講じられておりますから、一日でも早く、永住権を申請されるよう、かさねて要望する次第であります。

もし皆さん方の中で、同永住権申請に関連して、質問または相談なさる事項がある場合には駐日大使館（第一領事課、または永住権申請案内室）あるいは、地方に所在するわが国の各級領事館または民団へ直接来訪されるか、書信で同事由を問い合わせて下さい。必ずや皆さんのご期待にそえるよう、全力を尽してみなさんのご相談に応じます。

なお、皆さんの親戚の方々はもとより、親しい知人の皆さんにも、以上のことを広く知らせて、一日でも早く、永住権申請該当者は一人残らず、この申請を完了するようご協力下さい。

駐日大韓民国大使館

한국의 발전

3. 우리 나라의 기후

(1) 살기 좋은 기후

우리 나라는 중위도 지방에 있다. 위도로 보아서 남북으로 약 10°의 길이를 갖는 반도이므로 남북에 따라 기후가 다르고, 또 동서에 따라서도 다르다. 그리고, 지형, 바다와의 거리, 높이에 따라서 기후가 변하므로 등온선(等溫線)은 남쪽을 향하여 혀모양의 곡선(曲線)을 나타내고 있다.

우리 나라의 측후소

우리 나라는 일본과 같이 대륙의 영향을 크게 받는 동안 기후(東岸氣候)를 이룬다. 그러므로, 같은 위도에 있는 유럽의 지중해 여러 나라에 비하여 우리 나라의 기후는 대륙성(大陸性)을 나타낸다. 여름에는 강수량이 많은 위에, 기온(氣溫)이 상당히 올라가기는 하나 일본처럼 무덥지는 않으므로 지내기는 훨씬 좋다. 다만, 겨울에는 몽고 지방의 한파(寒波)가 강하게 우리 나라에 밀어닥치므로, 북부 지방에는 다소 견디기 힘든 곳도 있다.

삼한사온

겨울 옷이 두툼한 솜옷으로 되어 있는 것이나, 온돌(溫突)이 널리 보급되어 있는 것으로도 겨울의 추위가 약간 심하다는 것을 알 수 있다. 그러나, 추운 겨울이라 할지라도 삼한사온(三寒四溫)이라는 현상이 나타나므로 지내기가 좋다. 삼한사온은 겨울에 추운 날과 따뜻한 날이 3, 4일씩 번갈아 나타나는 현상으로, 우리 나라에서 남만주 일대에 걸쳐 나타난다.

특히 남한 지방은 온화한 기후 지역으로 사람이 사는 데 알맞다. 가을 기후는 세계 어느 나라에도 비길 곳이 없을 만큼 좋으므로, 우리 나라를 방문하는 외국인이면 누구나 맑게 갠 가을 하늘과 아름다운 경치에 매혹(魅惑)되지 않는 사람이 없을 정도이다.

(2) 계절풍 기후

아시아 대륙의 동부와 남부에는 여름철과 겨울철에 따라 기압 배치(氣壓配置)가 바뀌어서 계절풍(季節風) 또는 몬순(monsoon)이라는 바람이 분다.

겨울에는 몽고 지방에 고기압(高氣壓)이 생기고, 일본 남쪽 바다에는 저기압(低氣壓)이 생긴다. 이 때문에 겨울에는 대륙에서 대양으로 향하는 계절풍이 분다. 건조한 대륙에서 불어 오는 바람이므로, 공기가 건조하여 강수량이 적다. 여름에는 몽고 지방이 더워져서 저기압이 생기고, 일본 남쪽 바다에 고기압이 생긴다. 그러므로, 태평양에서 대륙 쪽으로 계절풍이 분다. 바다 위를 부는 동안에 습기를 받아들여서 많은 비를 내리게 한다. 이 계절풍은 세계에서도 우리 나라를 비롯하여 아시아 대륙의 동안과 남안에 뚜렷이 나타난다.

겨울과 여름의 풍향

우리 나라는 세계적으로 볼 때 비가 알맞게 내리는 지역이다. 그러나, 대체로 6~9월의 4개월 동안에 1년의 총 강수량의 60~70%가 내린다. 또, 지형에 따라서 강수량에 차가 생기는데, 섬진강(蟾津江), 한강, 청천강(清川江)의 중·상류 지방에는 비가 많이 내리고, 울릉도에는 겨울에 눈이 많이 내린다.

주요 도시의 기온과 강수량 (1958~65년 평균)

중국의 양쯔강 유역에는 여름에 저기압(低氣壓)이 생긴다. 이 저기압은 이동하여 우리 나라의 남부와 일본 일대를 덮어서 많은 비를 내리게 한다. 이것을 장마〔長霖〕라고 한다.

일본에서는 장마철이 되면 음울하여 견디기 어려운 날씨가 계속되나, 우리 나라의 장마는 일본의 장마와 달라서 비 오는 날이 잦을 뿐 별로 무덥지 않아서 큰 고통을 주지 않는다. 오히려 비가 옴으로써 여름의 더위를 잊을 수 있다.

그리고, 장마비가 많이 내리므로 벼농사를 하기에 알맞는 기후라고 할 수 있다.

연 평균 기온

우리 나라의 강수량

(3) 자연 재해

한발과 홍수 세종 대왕 때 발명된 측우기(測雨器)는 세계 어느 나라보다도 앞선 강수량의 측정 기구로서, 서울의 청계천의 물 높이를 재던 수표(水標)와 아울러 세계에 자랑할 만한 것이다. 농업을 국가에서 가장 중요한 산업으로 여겨 왔고, 또 많은 사람이 농업에 종사하고 있으므로, 기후에 대한 관심이 크지 않을 수 없었다.

우리 나라는 계절풍 기후에 있는 다른 나라들과 마찬가지로, 강수량이 많은 해와 적은 해가 있다. 강수량이 많은 해에는 홍수(洪水)가 나고, 비가 적은 해에는 한발이 드는 수가 있다. 그런데, 천수(天水)만을 바라고 벼농사를 짓는 농가가 아직도 남아 있어 해를 입는다. 이 때문에 정부에서는 어떠한 기후에서도 마음놓고 농사를 지을 수 있도록 전천후 농업(全天候農業)을 서두르고 있다.

기상 관측(중앙 관상대의 노장 : 서울)

우리들은 관측 사업을 더 활발히 일으켜 농업을 더욱 발달시키는 데 노력하여야 할 것이다.

태풍과 해일 일본에서, 태풍이 불어서 집이 쓰러지고, 나무가 뿌리째 뽑혀 넘어지는 것을 보았을 것이다. 우리 나라에도 이와 같은 태풍이 불어 온다. 태풍이 불 때는 마침 벼농사가 한창일 때인만큼 농부들의 걱정이 대단하다. 태풍이 바다 위를 지날 때에는 거센 파도와 해일(海溢)이 일어서, 항구의 시설이나 기선, 어선이 부서지는 일도 있다.

우리 나라 부근을 지나는 태풍의 진로

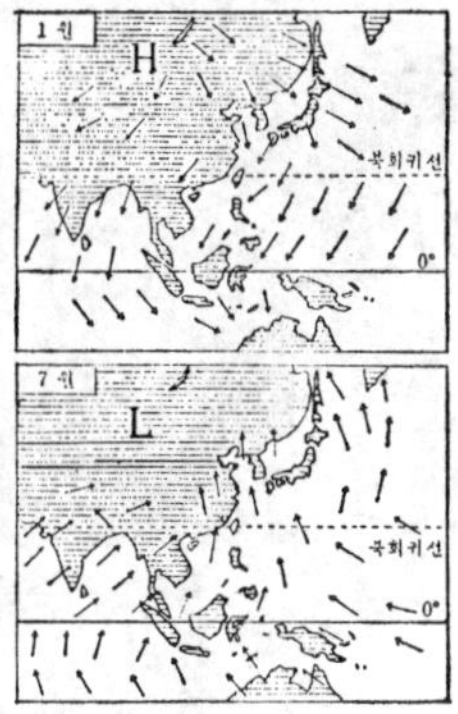

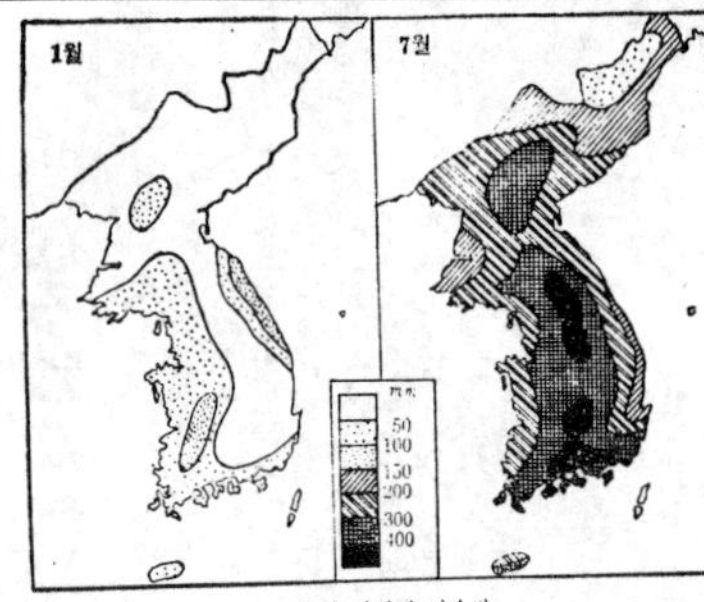

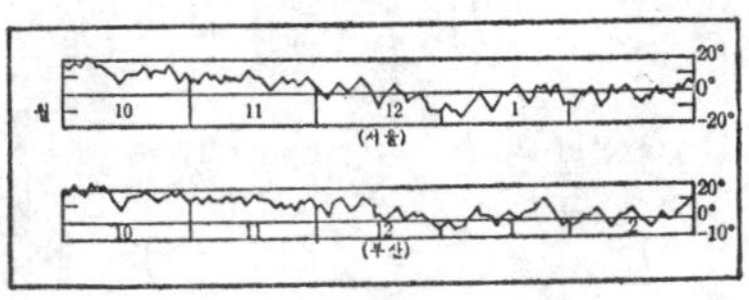

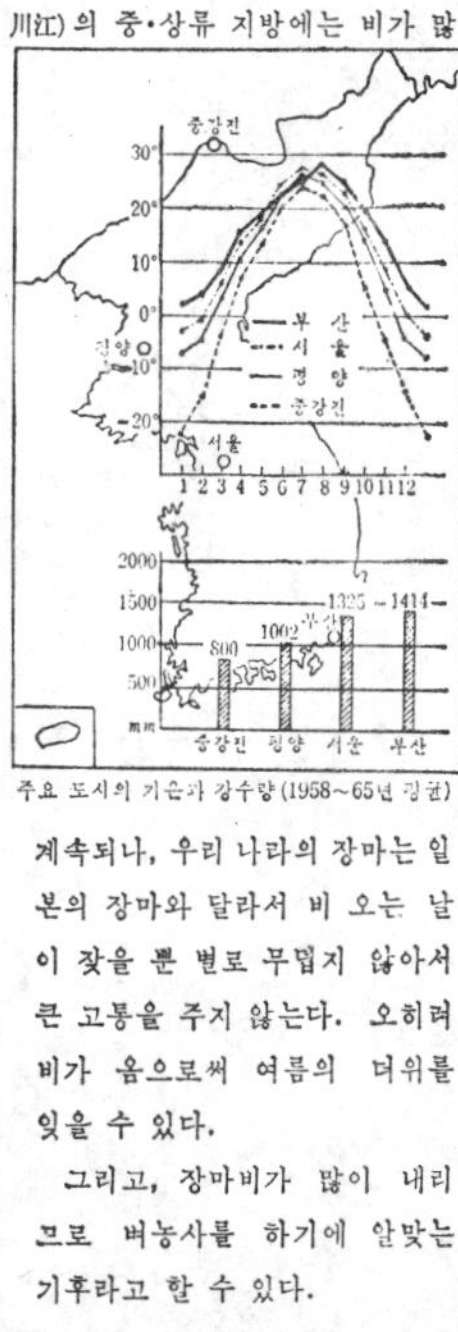

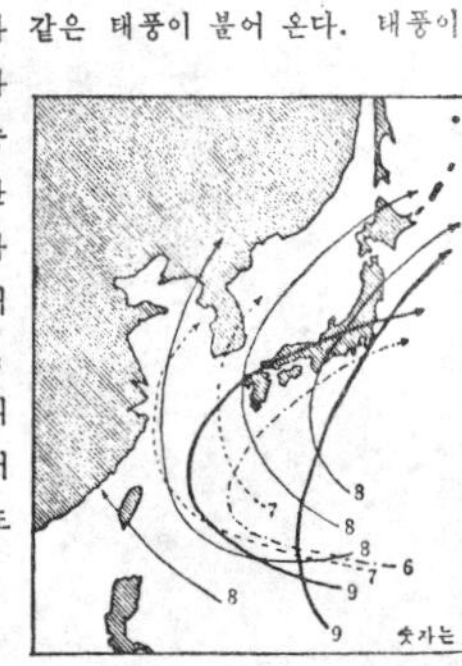

(1965年7月27日第三種郵便物認可)

在日本大韓民国居留民団
綱 領
1. 우리는 大韓民国의 国是를 遵守한다
1. 우리는 在留同胞의 権益擁護를 期한다
1. 우리는 在留同胞의 民生安定을 期한다
1. 우리는 在留同胞의 文化向上을 期한다
1. 우리는 世界平和와 国際親善을 期한다

韓僑通信

(1970)
3月5日木曜日

3,1節特別号

(毎月5.15.25日発行) 第2397号

発行所
韓僑通信社
発行人 鄭 在 俊
東京都文京区本郷3丁目32番7号韓僑会館
電話(811)1535(代表)
〒133 振替口座東京16631番
(大韓民国文化公報部国内頒布許可)
(購読料1カ月100円・特別1000円)

3・1精神받들어民族中興이룩하자

第51回3・1節記念中央民衆大会

東京・日比谷公会堂 3月1日午前10時 第1部・記念式典 第2部・映画・演芸 婦人会大合唱団・東京韓国学校舞踊団

主催・在日本大韓民国居留民団関東地方協議会

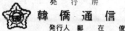

第51回3,1節記念辞

李厚洛駐日大使

3·1伝統꽃피워
밝은교포社会建設하자

친애하는 재일동포여러분!
오늘 제51회3·1절을 맞이하여 동포여러분과 더부러 이곳 일본에서 그기념식을 갖게되니 그감회 특별하다 아니할수 없읍니다。 여러분이 이미 잘아시다싶이 3·1독립운동은 우리민족의 해방운동이며 독립운동이며 또 자유운동이며 나아가 우리민족의 단결운동이었던 것입니다。 51년전의 이민족운동은 해를 달리할때마다 우리겨레에게 더욱 굳건한 민족정신을 새겨주게되었으며 이얼은 우리민족의 자유수호와 발전의 기본정신이되었으며 나아가 자랑스러운 우리의 전통이 되었던것입니다。 우리민족의 나갈길이 바로 여기에 있으며 우리민족의 발전지표가 또한 여기에 있읍니다。

재일동포여러분!
지금 우리조국은 이러한 정신과 전통아래 힘찬 전진을 계속하여왔으며 우리국민들의 자각과 노력의 결실로서 이제 위대한 업적을 이룩하였읍니다。 조국근대화의 우리의 선진대열은 일면 건설 일면 국방이라는 구호아래 멈출줄 모르고 앞으로 앞으로 전진하고 있읍니다。 여기에는 너도 없고 나도 없고 오로지 뭉친 한민족이 있을 뿐입니다。 우리의 민족의 결의가 이러하고 그대열이 이러하고 또전진이 이러할때 보람찬조국、근대화의 조국의 모습을 보게될날도 멀지않으리라 확신합니다。

지금 우리가 지난날을 도리켜 뉘우칠것은 우리의 자각과 결의와 노력이 좀더 일찍부터 이러했었던들 우리는 훨씬 보다더 앞선 위치에 있었으리라는 안타가운 것입니다。

우리는 비록 멀리 이역에서 더구나 이일본땅에서 지금 살고있읍니다。 우리다같이 조국의 동포들과 같은 결의로써 같은 힘찬 전진대열을 꾸며 우리는 굳세게 전진하여봅시다。 이일본땅에서 우리대한동포와 더욱 뭉치고 더욱 잘살고 또 더욱 조국을 사랑하는 것이 바로 51년전의 3·1정신을 살리는 일이며 그전통을 꽃피우는 일이라고 생각합니다。

3·1정신은 먼곳에서 찾는 것이 아니라 바로 우리주변에서 먼저 찾아야 합니다。 그것은 바로 동포 여러분 한사람한사람이 보다 훌륭한 독립대한 민족의 자랑스러운 국민이 되는 일입니다。 일본의 이웃사회로부터 우리동포 한사람 한사람이 존경을 받는 시민이 되는일 이것이 바로 우리가 3·1정신을 발휘하는 일인것입니다。

재일동포여러분!
지금 이순간에도 우리재일동포들중에는 공산주의의 마술에 현혹되어 부모형제와 등지고 본의아닌게도 우리조국을 멀리하고 살고 있는 소위조총련교포사회가 있다는것을 나는 여러분과 함께 가슴아프게 생각하고 있읍니다。 공산주의의 마술은 결코 오래도록 그본성을 감출수는 없는것이며 언젠가 그허위와 사기성을 만인앞에 공개되고야 마는 법입니다。

KAL기 납북사건이나 또 12명이라는 선량하고 자유를 그리워하는 사람들을아직도 억류하고있는일이나 이러한일들을 적어도 자유를 알고 또 자유를 소중히 여길줄아는 인류라면 모두 분개하고 규탄할 공산진 만행들이라 아니할수없읍니다。 소위 조총련사회라는 우리일부교포들이 하로바삐 공산주의 마술에 깨어나서 우리 대한교포사회에 되돌아와 주기바라며 그때 우리는 그파거를 탓함이없이 따뜻하게 받아 드려야 할것입니다。

동포여러분!
본인은 동포여러분을 대한민국 국권으로서 힘껏 보호하라는 무거운 사명을 지고 주일본국 대한민국특명전권대사로서 부임하였읍니다。 본인은 본인의 지혜와 성의와 노력을 다하여 여러분을 보호할 책임을 다할것이라는것을 이자리를 빌여 확실히 말하고저 합니다。이사명수행에서 교포개인 개인의 권익보호도 중요하지만 본인은 보다 근본적으로 우리교포사회의 조직인 대한민국 거류민단과 또 교포들의 신용조합등 공식 조직기구를 더욱 육성、보호 강화시켜나가는 것이 근본적인 방향이라는 본인의 소신을 먼저 밝혀두는 바입니다。

우리는 오늘을 계기로 새로운 각성과 노력으로 더욱 뭉치고 서로 사랑하고 또 서로 믿고하는 밝은 우리교포사회를 건설해 나갑시다。 이것이 바로 3·1정신을 이어받는 일이며 더욱본질적으로는 우리교포자신이 살수 있는 길임을 본인은 강조하여 두는 바입니다。

60만재일동포여러분의 가정에 더욱 건승이 있기를 빌면서 본인의 기념사를 맺고저 합니다。 감사합니다。

洪泉公報館長

피로서보여준愛国心

오늘 제51회삼일절을 맞이하여 60만 재일동포 여러분과 함께 일제의 식민통치에 항거하여 자주독립을 쟁취하려다 순국하신 애국선열들을 추모하는 동시에 이 거룩한 삼일정신을 계승하여 조국근대화에 이바지할 것을 다시 한번 다짐하는 바입니다。

도리켜 보면 우리 반만년 역사상 삼일운동 처럼 온 민족이 한 덩어리가되어 웨세에 항거한 일은 없었고 또한 우리 민속정기를 세계에 파시한 일도 없다하겠읍니다。 바야흐로 우리 조국은 재침을 노리는 북괴의 도발을 분쇄하면서 안으로는 조국근대화와 경제자립을 추진하고 있으며 밖으로는 우리 국군을 멀리 월남전선에 파견하여 자유진영의 평화와 안전을 위하여 싸우고 있읍니다。

이처럼 "싸우면서 건설" 하고 있는 오늘날 우리 민족에게 가장 필요한 것은 51년전 우리 선열들이 피로써 보여준애국심과 단결입니다。 어디에 살고 있더라도 자기 나라와 민족을 사랑하는 마음에 변함이 있을리 없읍니다。 조국을 떠나서 일본에 살고 있는 60만 우리한민족은 굳게 단결하여、하루 속히 영주권을 획득해서 우리의 권리를 떳떳하게 주장해야 할것입니다。 이것이 삼일애국선열에게 보답하는 길이요 조국에 이바지하는 길이라고 믿습니다。

3·1절노래

—51돌을 맞는 3·1절— 선열의 숭고한 정신 이어 받아 승공 통일 이룩하자

李中央本部団長記念辞

先烈앞에 깊이 反省 後世에 幸福 남겨주자

(要旨) 오늘신한번째의 3·1節記念日을 맞이 했읍니다. 돌아가신 殉国先烈들과 愛国志士들의 霊魂에 먼저 冥福을 빌며 崇高한 그精神을 여러분들과 더불어 받들고저하는 바입니다.

지금부터 51年前 一九一九年 오늘 自由와 独立을 높이 부르짖었던 우리들의 先祖들은 民族自決主義를 世界万邦에 宣布했읍니다. 내나라는 내가 다스리고 내 民族은 내가 보살펴야 한다는 너무나 当然한 原理였읍니다. 侵略者 日政의 野蛮性을 暴露하며 白衣民族의 自由와 独立이 世界에 메아리치게 했읍니다. 日政의 총칼앞에서도 独立의 喊声은 드높았으며 大韓民族의 気魂을 떨쳤읍니다.

先烈들의 苦生에 依해서 祖国은 光復되었고 우리의 民族은 中興되었읍니다. 오늘 이聖스러운 記念日을 맞이하여 우리들의 生活圏이 加害者의 国土위에 묻혀 있는것이 기구한 저희들의 運命인것처럼 느껴집니다만 우리들의 課題와 責任은 무겁습니다. 先烈들이 남겨주신 그 崇高한 3·1精神을 이워받어 보람된生活을 해야만 할때가 온것입니다.

北傀의 侵略으로 3年間의 戦禍속에서 재떠미와 荒廃地밖에 없었던 祖国땅이 이제는 中進的 経済国의 기틀이 세워졌고 亜細亜에서도 第2位의 経済成長国으로 邁進하고 있읍니다. 北傀이 再侵을 防衛하기 위해 한손에 銃을 들고 다른한손에 망치를 든 本国国民들은 잘살아야만 勝共의 길이요 祖国統一의 길이라고 確信하고 建設中에 있읍니다.

지난해는「出入国管理法案」反対運動과 法的地位要求貫徹運動에 싸워왔읍니다. 勿論今後에도 우리在日韓国人을 抑圧하는 어떤 法案도 계속 反対闘争해야함은 当然한 일입니다만 우선 規定된 法을 준守할 義務가 있는 저들은 来年1月16日까지 満期가되는 永住権申請을 스스로가 서둘러야하고 이웃을 督促해야할 것입니다. 本国万国博覧会가 멀지않어 열립니다. 本国家族、親戚들을 이大会에 参加시키고저 現在招請手続을 착착 進行中에있읍니다.

北傀総連사람들은 謀略、中傷、虚偽를 하여가며 永住権申請과 家族招請事業等에 防害와 危脅을 加하고 있읍니다. 비단 이것뿐이겠읍니까 飛行機拉北事件에다 콜레라菌密輸事件등 새로운 悪辣한手法이 날로 激増하고 있읍니다. 武力으로 同族을 全滅시키지 못했으니 이제는 細菌으로서라도 全滅시킬려고 발버둥치고 있읍니다.

이날을 맞이한 우리모두는 先烈들앞에 깊이 反省해서 後世들에 幸福을 남겨주는 栄光스러운 일이 되도록 다짐하면서 이날의 記念辞로 끝을 맺겠읍니다.

中央民衆大会会長団

田埼玉団長

李中央団長

鄭三多摩団長

鄭東京団長

金群馬団長

孫神奈川団長

趙静岡団長

孫千葉団長

金長野団長

金山梨団長

辛栃木団長

朴茨城団長

鄭東京本部団長記念辞

精神武装強化하자 厳戒要하는周囲의情勢

親愛하는 在日同胞여러분 오늘 우리들은 意義깊은 第51回三·一節을 맞이하였읍니다.

우리나라와 民族青史에 永遠히 빛나는 이날을 맞이하여 우리들은 먼저 여러殉国先烈들을 追慕하고 三·一独立精神을 다시한번 가다듬어 보고저합니다. 一九一九年三月一日 即 지금으로부터 51年前의바로 오늘 우리民族의 領導者三十三人을 先頭로 愛国에 불타는 여러愛国同胞들이 民族自決原則의 깃발을 높이들고 日本帝国主義의 侵略으로 因해 苛酷한 武断政治에 呻吟하는 祖国과 民族을 救하고저決死義挙에 일어섰던 것입니다. 그리하여無慈悲한 日帝의 銃칼과 果敢히싸워 우리 白衣民族의 魂을 世界万邦에 宣揚하였고 民族의 独立을 宣布하였던 것입니다.

이와같이 不義의 異民族支配를 排撃하고 祖国과 民族을 為하여서는 生死를 超越하였던 우리 先烈들의 正義에 勇敢한 三·一精神은 崇高한 民族精神으로써 永久不滅의 "햇불"이 되었고 그대로 우리들에 継承되어 民族中興에 昇華되고 있는 것입니다.

오늘 우리들이 往時에 우리나라를 侵略하고 우리同族을 피롭힌 이日本의 首都에서 三·一記念式典을 挙行하게 됨은 그意義적지 않은 것이있읍니다. 우리나라와 日本은 그러한 過去의 不幸한 歴史를 깨끗이 씻고 互恵平等의 条約아래 새로운 時代를 맞이한것도 이미 四年이란 歳月이 흘렀읍니다마는 아직도 우리들 在日同胞에 対한 日本의 世界観은 올바른길을 걷고 있다고는 믿어지지 않읍니다.

韓·日協定에서 日本은 우리들 在日六十万의 正当한 法的地位와 処遇를 約束하였지만 그것이 아직도 우리들에 満足을 주지못하고 있는데다가 最近의 그들日政의 動向은 오히려 甚히 危険한方向을 가르치고 있읍니다。出入国管理法의 発想이 即 그것입니다. 昨年, 우리 在日民族의 前途에 적지않은 不幸이 招来될憂慮를 품었던 同法案이 提起되자 우리들 決死코 그法案에 反対하여 廃案에 [illegible] 하였던 것인데 最近 다시 同法案이 提議될 展望이 濃厚하여지고 있읍니다. 바라건대 이러한 日本의 策動이 [illegible] 拡折되기를 期待하여 마지않읍니다.

이와같이 우리들을 둘러싼 情勢는 余断을 不許하는것이 적지않읍니다마는 이때야말로 우리들은 우리의 先烈들에서 継承받고있는 三·一精神을 発揮하여야 될것으로 믿읍니다.

最近거듭되는 北傀의 非人道的인 蛮行과 더불어 祖国에 対한 挑発行為는 우리들 在日同胞에도 一層의 精神武装을 促求하고 있으며 居留民団이 挙団的으로 推進中에 있는 永住権申請의 促進과 万博招請事業에 対한 朝総連의 忘動에는 厳戒를 要하는 課題가 아닐수 없읍니다.

오늘 뜻깊은 第51回三·一節을 맞이하면서 우리들은 거룩한 그三·一精神을 올바르게 継承하여 우리들 周囲에 일어나는 反民族的現像에 果敢히 対処하여야할 覚悟를 새롭게하여야 하겠읍니다.

우리들은 비록 異域万里에서 生을 営為하고 있읍니다마는 사랑하는 내祖国을 잊을수 없는 것입니다. 지금 祖国은 偉大한 領導者朴大統領의 뒤를따라 民族中興의 聖業이 이룩하고 国家는 날로 繁栄되고있읍니다. 이栄光스러운 国民으로써 在日同胞여러분은 母国同胞와 어깨를 겨누어 祖国近代化에 貢献있기를 바라면서 第51回三·一節記念辞에 가름하는바입니다。

第51回3,1節記念中央民衆大会

決議採択事項の内容

第51回三・一節記念中央民衆大会において採択された決議文、朴大統領に送るメッセージ、佐藤首相へのメッセージ、日本政府への抗議文の内容はつぎのとおりである。

決議文

오늘 日本国関東地区에 居住하는 在日韓国人代表五千名은 51年前에 우리愛国愛族先烈들이 祖国의 独立과民族의 自由를 争取하기위하여 旧日本帝国主義에 対한 挙族的인 抗争에 蹶起하여 우리民族青史에 万減의 金字塔을 세운 3・1独立運動 第51周年記念日을 맞이함에 있어 여기 日本国東京日比谷公会堂에서 第51回3・1節記念民衆大会를 挙行하고 崇高한 愛国愛族先烈들의 3・1精神을 올바르게 継承하며 在日韓国人의 権益擁護를 主軸로한 本団의 対内外的 모든課業에 対処하여 組織姿勢를 한층더 確固히할것을 다짐하면서 大会의 総意로 다음과같이 決議한다。

一、우리는 祖国의 光復을 위하여 犠牲하신 愛国愛族先烈들의 崇高한 三・一精神과 高貴한 教訓을 再銘心하여 民族中興의 祖国近代化事業에 積極参与한다。

一、우리는 北傀金日成徒党의 赤色侵略과 非民族的蛮行을 徹底히 粉砕하고 民族의 念願인 勝共統一을 成就하기 위하여 献身한다。

一、우리는 在日韓国人을 抑圧하려는 意図가 内包된 出入国管理法案이라면 그立法化는 絶対反対한다。

一、우리는 永住権을 하루빨리取得하여 우리의 既成権益을 確保하고 法的地位및 待遇에 関한 끊임없는 向上에 全力을 傾注한다。

一、우리는 万博後援및 家族招請事業을 成功시켜 国威를 宣揚하고 団勢를 拡張하자。

一、우리는 朝総連의 民団에 対한 間断없는 浸透工作과 非民族的策動을 強力히 물리치고 그들의 虚偽宣伝에 眩惑되고있는 善良한 同胞들을 救出하여 民団에 総結集하자

朴大統領에보내는멧세ー지

尊敬하는 大統領閣下

우리民族青史에 不滅의 金字塔을 세운 三・一独立운동 第51周年記念日을 맞이하여 우리들 日本関東地区에 居住하는 在日韓国人代表 五千名은 이곳 東京日比谷公会堂에 参集하고 崇高한 愛国愛族先烈들의 三・一精神을 이어받아 本団의 対内外的 모든 重要한 課業에 対処하여 組織姿勢를 한층더 確固히 할것을 다짐하는 第51回三・一節記念中央民衆大会를 開催하고 本大会의 総意로 大統領閣下께 멧세이지를 보내게 됨을 無限히 栄光으로 생각하는 바입니다。

尊敬하는 大統領閣下

祖国은 바야흐로 賢明하신 大統領閣下의 領導下에 全国民이 劃期的인 経済開発을 中軸으로 近代化를 推進하여 民族中興을 着着이룩하고 있으며 国威는 날로 높게 宣揚되고 있읍니다。이와 同時에 勝共統一이란 우리民族의 第二의 光復을 이룩하는 聖業을 妨害하고 破壊하려는 北傀共産集団의 非民族的蛮行도 또한 頻発하고 있읍니다。昨年의 大韓航空YS11機拉北事件에 이어 쿨레라菌密輸事件 및 共匪不法南侵等等 北傀의 最後的発悪은 漸次로 露骨化되고 있읍니다。

그러나 賢明하신 大統領閣下의 領導로서 이미 鉄壁같은 防衛態勢로 우리国土와 国民의 安全을 保障하게 되어있음은 무엇보다도 마음 든든한 일이라 생각하오며 앞으로 우리 在日韓国人도 士気를 날로 한층더 積極的으로 싸우면서 建設하는 祖国의 民族事業에 参与할것과 北傀의 앞재비 朝総連의 織烈化되고 있는 赤色侵透를 徹底히 粉砕하고、自由大韓民国의 在外国民으로서의 矜持를 굳굳히 간직하는데 忍耐와 努力을 아끼지 않을 것을 다짐하는 바입니다。

尊敬하는 大統領閣下

그러나 韓日協定発効以後 四年을 経過한 現在에도 在日韓国人의 法的地位및 待遇問題에 関한 많은 事項이 남겨져 있는 状態이며 特히 昨年에 이어 最近에 物議를 일으키고 있는 日本政府의 出入国管法案立法化動向等은 日本政府가 우리들에 対한 抑圧을 노리는 毒素条項이 削除되지않은 限 크다란 不安을 남기는 것입니다。

尊敬하는 大統領閣下

우리들은 一九七一年一月十六日까지 韓日協定에 依拠한 協定永住権을 在日韓国人에게 取得시켜 権益을 確保하는데 全力을 기울이겠아오나 日本政府의 協定精神에 立脚한 誠意있고 友好的인 措置로서 在日韓国人의 法的地位및 待遇가 보다 向上되도록 閣下께서 格別한 配慮를 베풀어 주시기 바라오며 끝으로 閣下의 健勝을 빌어 마시 않는 바입니다。

佐藤首相に送るメッセージ

佐藤総理大臣閣下

本日われわれ関東地区に居住する在日韓国人五千名は、わが民族史上永遠に輝く三・一独立第五十一周年記念日を迎えるに当り、ここ日比谷公会堂に参集して、人道と平和と正義の道標をうちたてた、わが愛国先烈たちの崇高なる精神を継承することに依り、自由と独立と繁栄を守ることへの民族的決意を新たにしながら、在日韓国人の日本における人権と生存権を正当に守る為の、第五十一回三・一節記念中央民衆大会を開催し本大会の総意に基づき、閣下にメッセージを送ることを甚だ光栄に思うものであります。

佐藤総理大臣閣下

われわれ在日韓国人は、西紀一九六五年韓日協定以後、互恵平等の立場で相互の繁栄を願う、友好協定国の国民として、日本において日本国民と同等な納税者であることと自然後孫まで、永住することに照し、大韓民国々民であるばかりでなく、日本社会の構成員として深い自覚をもって、尊敬と信頼を得るような生活を営み、日本国民との友好と協助を増進することに全力を注いで来ましたが、今国会に昨年、抗議して来ました事項に対し、削除または修正なくしてそのまま、出入国管理法案を上程するという動向に対し、誠に遺憾に堪えず、閣下の御配慮が強く要望されている次第であります。

佐藤総理大臣閣下

われわれ法的地位に関する、韓日間の協定は、あくまでも、われわれが日本社会と特殊な関係を持つところから、その生活の安定をはかるというのが、韓日友好の形で表明されている基本精神となっております。

佐藤総理大臣閣下

われわれが日本における正当な生存権を主張し、要求することは、われわれの歴史的な権利であります。このような正当な権利の主張に対し閣下の賢明、且つ積極的な御配慮あらんことを重ねて要望すると共に、閣下の御健勝を御祈りするものであります。

抗議文

本日われわれ東京地区に居住する在日韓国人五千名は五一年前我が祖国の独立と民族の自由を守るために、旧日本帝国主義に対し挙族的な抗議に蹶起した三・一独立運動第五一周年記念日を迎えるにあたり人道と正義の道標をうち立てた崇高なる三・一節精神を継承するためにここ東京日比谷公会堂に参集した。西紀一九六五年韓日協定以後我々在日韓国人は互恵平等の立場で相互の繁栄を願う友好協定国の国民として、日本において、日本国民と同等な納税者であることと後孫まで永住することに照し大韓民国々民であるばかりでなく日本社会の構成員としての深い自覚をもって尊敬と信頼を得る様な生活を営み日本国民との友好と協助を増進することに全力を注いで来たがこの度物議をかもしている出入国管理法案は昨年我々が生命をとして抗議してきた抑圧と追放をもくろむ遵守事項、行政調査権追放の強化、自由裁量権等に亘る毒素条項を削除、もしくは、修正せぬまま今回会に上程するという動向に対し、我々は重大なる関心をもってこれを注視せざるをえない。われわれは関係当局が在日韓国人の日本に在留するに至った歴史的由来と法的地位協定基本精神に立脚した合理的で妥当な考慮が充分になされることを強く要望すると共に上記の様な動向に対し抗議するものである。

一九七〇年三月一日

在日本大韓民国居留民団

第五一回三・一節記念

中央民衆大会

己未独立宣言文

宣 言 書

吾等은 玆에 我朝鮮의 独立国임과 朝鮮人의 自主民임을 宣言하노라。此로써 世界万邦에 告하여 人類平等의 大義를 克明하며、此로써 子孫万代에 告하여 民族自尊의 正権을 亨有케 하노라。半万年 歴史의 権威를 仗하여 此를 宣言함이며、二千万民衆의 誠忠을 合하여 此를 佈明함이며 民族의 恒久如一한 自由発展을 為하여 此를 主張함이며、人類的 良心의 発露에 基因한 世界改造의 大機運에 順応併進하기 為하여 此를 提起함이니 是一天의 明命이며、時代의 大勢며、全人類 共存同生権의 正当한 発動이라、天下何物이든지 此를 沮止抑制치 못할지니라。旧時代의 遺物인 侵略主義・強権主義의 犠牲을 作하여 有史以来 累千年에 처음으로 異民族 箝制의 痛苦를 嘗한지 今에 十年을 過한지라、我 生存権의 剝奪됨이 무릇 幾何며、心霊上 発展의 障碍됨이 무릇 幾何며、民族的 尊栄의 毀損됨이 무릇 幾何며、新鋭와 独唱으로써 世界文化의 大潮流에 寄与補裨할 機縁을 遺失함이 무릇 幾何뇨。 噫라! 旧来의 억울을 宣揚하려 하면、時下의 苦痛을 擺脱하려 하면、将来의 脅威를 芟除하려 하면、民族的 良心과 国家的 廉義의 圧縮銷残을 興奮伸張하려 하면、各個人格의 正当한 発達을 遂하려하면、可憐한 子弟에게 苦恥的 財産을 遺与지 아니하려 하면、子子孫孫의 永久 完全한 慶福을 導迎하려 하면、最大急務가 民族的 独立을 確実케 함이니 二千万 各個가 人마다 方寸의 刃을 懐하고、人類通性과 時代良心이 正義의 軍과 人道의 干戈로써 護援하는 今日、吾人은 進하여 取하매 何強을 挫지 못하랴。退하여 作하매 何志를 展지 못하랴。

丙子修好条規以来、時時種種의 金石盟約을 食하였다 하여 日本의 無信을 罪하려 하지 아니 하노라。 学者는 講壇에서、政治家는 実際에서、我 祖宗世業을 植民地視하고、我 文化民族을 土味人遇하여 한갓 征服者의 快를 貪할 뿐이요、我의 久遠한 社会基礎와 卓犖한 民族心理를 無視한다 하여 日本의 小義함을 責하려 아니 하노라。 自已를 策励하기에 急한 吾人은 他의 怨尤를 暇지 못하노라。 現在 綢繆하기에 急한 吾人은 宿昔의 懲弁을 暇지 못하노라。今日 吾人의 所任은 다만 自己의 建設이 有할 뿐이요、決코 他의 破壊에 在지 아니 하노다。厳粛한 良心의 命令으로써 自家의 新運命을 開拓함이요、決코 旧怨과 一時的 感情으로써 他를 嫉逐排斥함이 아니로다。 旧思想、旧勢力에 羈縻된 日本為政家의 功名的 犠牲이 된 不自然 又 不合理한 錯誤状態를 改善 匡正하여、自然 又 合理한 正経大原으로 帰還케 함이로다。 当初에 民族的 要求로서 出지 아니한 両国 併合의 結果가 畢竟 姑息的 威圧과 差別的 不平과 統計数学上 虚飾의 下에서 利害相反한 両民族間에 永遠히 和同할 수 없는 怨溝를 去益 深造하는 今来 実績을 観하라。勇明果敢으로써 旧誤를 廓正하고 真正한 理解와 同情에 基本한 友好的 新局面을 打開함이 彼此間 遠禍招福하는 捷径임을 明知할 것이 아닌가。 또 二千万含憤蓄怨의 民을 威力으로써 拘束함은 다만 東洋의 永久한 平和를 保障하는 所以가 아닐 뿐 아니라、此로 因하여 東洋安危의 主軸인 四億万 支那人의 日本에 対한 危懼와 猜疑를 갈수록 濃厚케 하여 그 結果로 東洋全局이 共倒同亡의 悲運을 招致할 것이 明하니、今日 吾人의 朝鮮独立은 朝鮮人으로 하여금 正当한 生栄을 遂케 하는 同時에、日本으로 하여금 邪路를 出하여 東洋支持者인 重責을 全케 하는 것이며、支那로 하여금 夢寐에도 免하지 못하는 不安恐怖로서 脱出케 하는 것이며、또 東洋平和로 重要한 一部를 삼는 世界平和・人類幸福에 必要한 階段이 되게하는 것이라、이어찌 区区한 感情上 問題이리오。

아아、新天地가 眼前에 展開되도다。威力의 時代가 去하고、道義의 時代가 来하도다。過去 全世紀에 錬磨長養된 人道的精神이 바야흐로 新文明의 脚光을 人類의 歴史에 投射하기 始하도다。新春이 世界에 来하여 万物이 回蘇를 催促하는도다。 又 凍水 寒雪에 呼吸을 閉칩한 것이 彼 一時의 勢이라 하면、和気暖陽에 気脈을 振舒함은 此 一時의 勢니 天地의 復運에 際하고、世界의 変潮를 乗한 吾人은 아모 주저할 것 없으며、아무 忌憚할 것 없도다。

我의 固有한 自由権을 護全하여 生旺의 楽을 飽亨할 것이며、 我의 自足한 独創力을 発揮하여 春満한 大界에 民族的精華를 結紐할지로다。吾等이 玆에 奮起하도다。良心이 我와 同存하며、真理가 我와 併進하는도나。男女老少 없이 陰울한 古巣로서 活潑히 起来하여 万彙群衆으로 더불어 欣快한 復活을 成遂하게 되도다。

千百祖霊이 吾等을 陰佑하며、全世界 機運이 吾等을 外護하나니 着手가 곧 成功이라、다만 前頭의 光明으로 驀進할 따름인저!

公 約 三 章

一、 今日 吾人의 此挙는 正義人道・生存尊栄을 為하는 民族的 要求이니 오직 自由的 精神을 発揮할 것이오、決코 排他的 感情으로 逸走하지 말라。

一、 最後의 一人까지、最後의 一刻까지 民族의 正当한 意思를 快히 発表하라。

一、 一切의 行動은 가장 秩序를 尊重하여 吾人의 主張과 態度로 하여금 어디까지든지 光明正大하게 하라。

朝鮮 建国 四千二百五十二年三月一日

二つの三・一運動

チャンヒョ

張暁氏

きょう、われわれは第五一回の三・一独立運動記念日を迎える。

解放後だけでも二十数年、われわれは大いなる記念日として、毎年ひとしく祝っているうちに、三・一運動はいつしか過去の歴史的事実として遠ざかり、記念行事は形式化した感すらなくはない。ようやく、半世紀を過ぎた今日、この運動に対する新しい評価と意義の発見は、各方面から試みられているが、さて、この運動はどうして起きたのであり、またわれわれにとって何であろうか。まずこの運動の経過をかえり見ることによって、それを考えよう。

三・一運動の前年である一九一八年の一年だけでも、一四万名もの無実の韓国民が検挙されたが、これは武力的脅迫による日本の統治方式を物語るものである。この年には五年ぶりに第一次大戦が終りその戦後処理をめぐって、米国大統領ウィルソンは、いわゆる民族自決の原則を唱えたが、それは世界被圧迫民族の独立運動を鼓舞するものとなり、じじつこの大戦後、独立する国があいついだ。このような世界の大勢に呼応して、志士たちの間では民族の独立をはかろうとする準備を進めていた。翌一九年二月には、実質的に韓国最後の皇帝であった高宗が日本人医師によって毒殺された、といううわさが伝わると、韓国民ははげしい怒りをいだいていた。その葬儀に全国から人が集まる機会をとらえて民族自決権の一大宣言を行ない、平和的な示威によって独立への願望を示し、日本の良心的反省を促して、民族の独立をもたらそうとしたものであった。

その独立宣言書は、次のようなことばではじまっている。

「われらはここに、わが朝鮮の独立国たることと朝鮮人の自主民たることを宣言する。これにより世界万邦に告げて人類平等の大義を克明し、これにより子孫万代に告げて民族自存の正権を永有せしめるものである。半万年歴史の権威によりこれを宣言し、二千万民衆の誠忠を合せてこれを佈明し、民族の恒久如一なる自由発展のためこれを主張し、人類良心の発露に基因する世界改造の大機運に順応並進せんがためこれを提起するものであって、これ天の明命であり、時代の大勢であり、全人類共存同生権の正当なる発動である。……」

こうして、「ああ新天地が展開するのである」と、「武力の時代が去り道義の時代が来る」ことを信じて疑わなかった。そしてこの運動は、「日本の無信を罪とせず」「日本の少義を責めず」いっさいの暴力的闘争を否定し、あくまでも堂々と民族自決権の宣言を行なうことがそのもっとも大きな目的であった。そのため独立宣言書に署名した「民族代表」三三人は、三月一日、旅館に集まって宣言書を発表し、日本警察にその所在を知らせることまでしたのである。このような運動も、それがある挙族的運動への導火線的役割をはたしたことは事実であるが、このようなやり方では、この運動は宣言書の発表で終ってしまうものであった。

ところが、もう一つの三・一運動がそこに展開された。パゴダ公園に集まって「民族代表」たちの現われるのを待ちくたびれていた群衆がついに示威運動を開始すると、独立万歳を高唱する人の波は街にあふれ、あらかじめ準備を進めていたため、運動はまたたくの間に全国にひろがった。じつに全国二一八郡の中、二一一郡でこの運動が起き、二〇〇万人以上の人が参加し、七千五〇〇人が殺され、一万六千人が負傷する、という文字どおり空前絶後の大運動であった。

そこには、「民族代表」は考えてもいなかった事態が現出したのだ。それは、一つは平和的な示威に対して日本は陸海軍まで投入して武力でそれを押えたということ、もう一つはそのような武力弾圧に対して群衆は素手でたち向ってたたかい、想像だにしなかった巨大な民族的エネルギーが示されたこと、である。そしてこの運動は、日本の支配体制を大きくゆさ振り、威圧による統治をそのまままつづけられなくしたのである。

ではこの巨大な運動を貫く原動力は何であったろうか。江華条約以来の日本の侵入と国家の強奪的併合、それから武力による弾圧、土地の収奪、産業の独占の下で、日帝に抗してたたかおうとする意識は、国民の間に広く深くひろまってきたのである。これがすなわち外勢の侵略に際して、世界各民族の維持発展のための原動力として登場する近代ナショナリズムであったのである。じつにあの二〇〇万の人の、死をもかえり見ない、たたかいの原動力となったのは、難しい「世界の大勢」や「自決権」ではなく、日帝へのはげしい怒りであり、対決であった。そして三・一のたたかいを原点として、抗日独立のたたかいは、以後の民族運動へと継承・発展していく。韓国近代史は日帝への抵抗の歴史であり、それはまた韓国ナショナリズムの特質であった。

以上のように、三・一運動には二つの性格があった。一つは、ナショナルな性格をのり越えたものであり、一つは、ナショナルな意識をもったたたかいであった。それは単なる運動の方法論的なものではなく、民族観、世界観のちがいに基因し、ナショナルな意識をもたないでは、現実の認識すら正しくできないように思われる。独立宣言書と「民族代表」は帝国主義侵略の性格がどんなものであるか、という認識からちがっていたように見える。日本の良心的反省は思いもよらぬことであり、「道義の時代」は、当時はおろか、半世紀後の今日に至っても来ないのではないか。そして独立宣言書の起草者をはじめ、「民族代表」の中には後に民族を売って日帝に協力する道を歩むものさえ現われるのである。

ナショナルな意識なき民族運動、それは原動力のない運動である。それは、今日の在日韓国人の民族運動においての基本的問題である。在日同胞に対する日本国民のいわれなき偏見・蔑視・排斥、日本政府の伝統的な弾圧と追放の政策の下にあって、ナショナルな意識をもたないとき、その現実の正しい認識すら不可能であり、「民主日本」を信じ、韓日友好を信じて、たたかいは名ばかりとなる。在日同胞の基本問題は、じつにここにある。たとえば法的地位、出入国管理法案、または先年の外国人学校法案などをめぐる考え方の根底にあるものも、この点である。

（通信韓国語学校長）

独立運動につながるエピソード

韓　晛　相

韓民族が、住んでいる大地であればどこでも三・一独立運動の日が巡り来ると、記念行事が繰りげられる。一九一九年三月一日独立宣言が発せられるまでは、朝鮮人は日本の自称所謂「仁政」に心服協しているとして、日本の韓国併合の事実を合理化するのに宣伝これ努めていたのが、日本であった。それほどまでに、彼等は韓民族の愚民化政策は成功したものであると、うぬぼれていた。しかし、一九一〇年八月以来期して待っていた韓民族は、亡国十年にして早くもフェニックスのごとくに、大きく羽ばたきした。今を去る五一年の昔三月一日の日。

この国内運動にさきがけて、在日わが韓国留学生の先人達は当年二月八日在日本韓国YMCA会館において、祖国独立のノロシを打上げた。国内での三・一独立宣言に先立つこと二十日間という時間的余裕は、独立運動に非常に幸をしたことであった。民族解放の鐘が鳴き渡るまでに、表面ではわからない直接間接独立運動につながるエピソードは、相当数あると思われるが、わたくしが記憶しているものの中から、拾ってみることにする。（写真は韓氏）

"亡国の日"の前後

教科書の訂正にすゝり泣く先生

一九一九年をさかのぼること十年の一九一〇年は亡国の恥辱で全民族が、痛哭と悲嘆にうちのめされ、自由なき受難の一時期を、迎えることになった。その年、わたくしは普通学校二年生のときのことである。今日なら中央の出来事はTVやラジオで、その日のうちに全国が知ることになるが、当時ソウル以外の地方の一般民家が中央での政変を知るようになるのは相当な日数がかかったことでもあり既に六十年という歳月が廻った昔のことになるので、いわゆる"亡国の日"のことはどんなものであったかはっきりしない。がしかし、その前後のことだけが、いまでもはっきりしてくる。

日本の韓国合併工作を推進した主動的人物伊藤博文が北満ハルビン駅頭で安重根義士（一八八一－一九一〇）により暗殺されたのは一九〇九年のことであり、この事件がきっかけとなった日本の韓国併合工作は、いよいよ露骨にスピーデーとなったことである。

いま考えてみると、これは伊藤博文の葬式日であったらしい。何んでも冬の寒い日のことであった。都庁々舎の丘の上に建てられた神社には、祭壇が設けられた。校長浅沼先生に引率されて全校生徒が神社におまいりさせられ、伊藤の位牌の前でわけのわからない罪を詫びさせられたことを、覚えている。

つぎのことは、一九一一年春の新学年の授業始めの時間のできごとである。韓国併合を前年一九一〇年八月強行した日本は、植民地として朝鮮統治の手始めに、先ず旧独立国朝鮮色を一掃することであり、先ず文化面から日本化に着手した。このときの授業始めの事件が、それである。

始業のベルと一緒に、担任の曹先生が悲壮な面持ちで教壇に立たれたときのことが、とても印象的であった。われら学童たちは、何事だろうと心配顔でそれとなく緊張して先生の出方を注目していた。先生は、やや暫らくの間、如何にもはやる感情を抑制するのに相当、苦心してる様子であった。先生は、よけいな無駄口は一言もおっしゃらず、ただ「国語読本」を出すように言われたので、一同机の上に読本を、置いた。すると皆のもの、よく落着いて聞け！これから読本の中で訂正しておかなければならない個所があるから、と言われた。生徒たちはただ、先生がいわれる通りに、訂正をはじめた。

先ず、表紙からはじめた。「国語読本」という表題を「朝鮮語読本」と改め、目次、本文中にまで及んだ。「韓国」は「朝鮮」に、「日本」を「内地」に、「皇帝陛下」を「李王殿下」といった具合に、全部訂正をすませたことであった。この作業は、当時子供なりにとてもつらかったことを、思い出す。殊に曹先生―この先生は故郷の先覚者で思想的にも影響力を持った人であった人だけに、訂正個所を読まれるときの、泣き泣きのすすり声であったことが、いまでも鮮かに心にうかぶ。

二・八宣言

さて予定の枚数がなくなるので直接三・一運動につながるものを書いておく。平壌崇大大学長尹山温博士（本名メクキュン・米人宣教師）が、安息年休暇から平壌に帰任する一九一八年冬東京に立寄った際に、彼の弟子達から伝言されたコトバ「商売はうまく行ってる」と。丁度この時である。東京二・八運動の地下準備が進められていたときで、国内の同志への連絡の用語（商売）であった訳。尹氏もさるもので、ピント来た、それで彼は釜山大邸、ソウル、沙里院、平壌、宣川等々で、駅で会う同志に忠実にメッセンジヤを果した。これで東京二・八運動の秘密情報が完全に伝達されたとのことであった。この話は、後年、博士が戦時中総督から追われて母国米国へ帰る途中、東京で会ったときの話である。一九一八年一月ウイルソン米国大統領が、提案したパリ講和会議の原則一四ヶ条の中の「民族自決」の主張は、韓国の独立意志を刺激し、きわめて活発な運動となったことである。

ところがウソみたいな話で、留学生を取締るお役人たち―警視庁の内鮮課のスパイと総督府警務局の連中ときたら、「民族自決主義」がどんな用語で何にを意味するのか、全く無知であったと言われた。勉強不足でもあり、当時連中の知能水準も大したものであった。一面、こちらにとっては大変な利益でもあった。

それで、祖国独立という驚天動地偉大な革命事業が、いささかの機密漏洩もなく、二・八運動から三・一独立宣言までの悲願を、達成することができたのであった。

革命家には、革命家だけが持つ地図とヒラメく勘がある。心血を砕き大事決行に天来のエイ智も閃くものだ。以心伝心・連絡口伝にも細心の用意を怠らなかった先輩たちのウイット、ユーモラスを考えると、腹の底から笑いがこみあがってくる。

台東韓僑会館が完成
盛大に落成祝賀会行なわる

会館建設功労者に感謝状を贈る李支団長

昨年九月の着工以来、その完成が待たれていた民団台東支部の韓僑会館屋舎がこのほど完成し、去る一九日午後一時から新装なった同屋舎の四階会議室においてその落成祝賀会が、民団はじめ関係者、来賓約二〇〇名参席のもとに盛大にとり行なわれた。

式は金昌植台東納貯組合専務理事の司会で進められ、まず主催者側と代表して李鎮浩台東支部団長は、長年にわたる全団員の宿願が実現したことに満感の感慨をこめながら、「待望の落成式を迎えて喜びに堪えない。これも全団員の一致協力のたまもので、これを機に民団発展のために一層の力を尽くしたい」と挨拶、続いて同支部の趙弁訓議長、李鍾燮監察委員長顧問を代表して金坪珍、芒鎮圭の両氏、台東韓国人納貯組合の李棟鎬組合長、尹順汝婦人会長がそれぞれ祝賀と感謝の言葉を述べた。

続いて徐興錫常任顧問（民団東京本部副議長）から、挨拶をかねて落成に至るまでの経過が報告されたあと、来賓を代表して鄭在俊東京本部団長、姜学文墨田支部団長が挨拶に立ち、新屋舎を完成させた同支部の団員一丸となった努力に対して慰労と祝賀の言葉を送るとともに、諸懸案が山積した状況にあって、同支部が今後とも民族と同胞の権益擁護の姿勢を堅持して名実ともに大支部として発展するよう激励した。この後関係各氏の功労に対して感謝状が授与され尹正男同支部副団長の閉会辞、万才三唱をもって落成式を終え、祝宴にうつった。

延百六坪の鉄筋4階建

この日晴れて落成をみた台東韓僑会館は、国鉄上野駅正面の住友銀行わきを約一〇〇㍍入った交通至便の所にあり、鉄筋四階建、延百六坪、総工費は土地価を含めて四千万円の堂々たるもの。建設計画はほぼ十年前からあり、大口、小口を含めて団員から建設資金を募るかたわら、その間一時上野池之端に用地を購入、昨年それを転売して現在の用地を再購入、同年九月二十一日の地鎮祭、同十一月六日の上棟式を経てこのたび落成にこぎつけた。同屋舎は一、二階は貸店舗、三階は支部事務所、四階は会議室として使用される。

なお民団台東支部の住所は、東京都台東区東上野三丁目二〇番地三号、電話は東京〇三－八三三－九九〇四～五番。

第163回支団長会議もよう

永住権申請の促進
支団長会議で論議さる

第一六三回東本管内定例支団長会議が、さる二月十六日午後一時から小石川の文京支部講堂でひらかれた。

同会議においては、①永住権申請の促進について②万博参観団の招請事業について③その他の問題について本部の指示事項を協議した。

同会議において鄭在俊本部団長は、いま民団が挙団的に推進している永住権申請促進運動は、組識の全力量を傾注して所期の目的を達成しなければならないし、万博事業も有終の美をもって成果を得るよう一層の努力を要望した。

また、同会議において、最近明るみに出たコレラ密輸問題をはじめYS11機拉致乗客への拷問など北傀の非人道性を暴露して、虚偽宣伝にだまされている朝総連傘下の同胞を救出すべきだとの意見が多く支団長会議の名儀でこれに関する声明を発表（本紙次号に掲載）することにした。

鄭俊東在団本長帰任
万博問題会議に出席して

鄭在俊東京本部団長は、さる二十日からソウルでひらかれた万博招請事業の輸送問題を協議するKAL本社との会議に万博推進委員の代表として出席するため、文圭準委員とともに帰国し二十六日帰任した。（写真は歓送をうけて羽田を発つ鄭団長）

韓青冬期講習 盛況裡に終る

白銀を踏みしめながら同胞と祖国の明日を語ろう、との主旨で韓国青年同盟（金恩沢委員長）が毎年開いている第六回韓青全国冬期講習会が、去る二十一日から二十三日までの三日間、新潟県六日町において盛大に開催された。全国から青年男女約四五〇名が参加、講演、討論、学習とぎっしり詰まった日程に真摯に取組むかたわらスキー等のレクリエーションを楽しみ連携を深めあった。特に在日韓国人青年としてのあり方や、再び日本政府が国会提出を企図している悪法「出入国管理法案」等について真険な討論がおこなわれるなど、多大な成果をおさめて、二十三日午後の閉会式をもって講習会を終えた。

本国31節参観団出発

本国政府主催で行なわれる第51回三・一節慶祝式典に参観する在日同胞、関東、東北、北海道地方の代表一三〇名が、民団東京本部羅鍾卿副団長の引卒下に二十七～八日の両陣にわけ羽田空港を出発した。（写真は羅団長）

第一陣は主に東本と三多摩本部の代表で二十七日に、残余の地方は第二陣として二十八日それぞれKAL特別便で出発したが、ソウルにおける宿所は、第一陣がセントラルホテル（電話七五－八〇五七～九）第二陣がアストリア・ホテル（電話二八－七二七一～四）である。なお、同参観団の派遣手続を担当した東京本部では李泰術民生部長を随行させた。

もっと民族的息吹きを
韓青全国冬期講習会に参加して 朴 健 二

こんどの講習会において、その講習内容と時間を制限したことに対してわたくしは不満であった。もっと高く深い内容と長時間の学習を期待していたのに、それも総勢四百五十名をこえる人員では仕方がなかったであろうと解してはいる。はじめて参加した講習会ではあったが痛切に感じた事は〝韓青幹部の育成が急務〟であるということであった。入管法に留まらず種々の法令、二世、三世の問題と在日同胞には多くの問題が山積していることはいうまでもないがとくに発展途上にある韓青としてはこれから多数の幹部が必要であろう。と同時に私は、民族的息吹がもっとほしかった。それは、国語を話せない者が幹部にも及んでいる事で、わたくしは多少の驚きの念を禁じ得なかった。もちろん我々在日同胞青年の特殊性を考える時、仕方ないではないかと思ってはいないだろうか。もし、そうだとすればそれは理由にならないであろう。なぜなら我々は韓国人であるからである。時折国語を話せる者がいると、きまって「本国から来ましたか？」「どうしてそんなに国語がうまく話せるのですか？」などと言われるのである。国語を話せる者がかえって特異的な存在に見える雰囲気に対しては考えさせられた。

韓国人という確固とした意識を持っていればと言うが、それは最終的ではない。では、国語さえ知っていれば良いのか、それも否である。なぜなら、李完用のような者の出現は許すべきではないからである。つまり我々は平行して進まなければならない。今さらと感じるかも知れぬが、現にあまりにも多い（われわれの二世たちの間での）日本語に疑問を感じる。

特に我々日本生れの青年達の主体的な立場では、民族意識の昂揚と国語の学習を基に立っていなければならないと言える。私もまだ完全に、国語で話す事が出来ない。これは非常に恥ずべき事と思わなくてはなるまい。そして、組織幹部に限らず我々韓国青年達の中に、もっとキムチ臭さを発散させるべきだと痛感する。

（筆者朴君は、昼は民団東京本部に勤め夜は定時制高校に通っている二世青年である）。

3日花郎台で
万博保安指導要員の訓練を実施

民団中央組織局（丁海竜局長）では万博保案の指導要員訓練を左記要領で実施した。三月三日午後一時から四日午後四時まで花郎台韓青中央研修所において。なお、この訓練に東京本部からは許南明組織部長、宋成復文京事務部長、田永馥大田支部副議長、成致運中野事務部長、朱光熙板橋事務部長、康三熙港事務部長が参加した。

李麟基氏が会長に再選
軍人会日本支会定期総会ひらく

大韓民国在郷軍人会日本支会（写真＝李麟基会長）では、さる二十二日午後二時から民団中央会議室において第五回定期総会をひらいた。

同総会においては、全国地区代表が参加して別項のとおり役員を改選するとともに経過報告を承認するほか①新年度事業計画として第三回駐ベトナム韓国軍慰問団の派遣②在郷軍人会本部招請による母国訪問団の派遣③在日会員に政府からの定着金支給を推進する④在日会員の永住権申請は完了した。⑤新年度予算案〈五二三万円〉の審議（可決）などがあった。

とくに、この日の総会において行なわれた駐日大使館の許亨淳参事官による軍人会々議法の説明と本国に組織されている在日学徒義勇軍同志会の文性煥副会長の本国実情報告は、深い感銘を与えた。

同総会において選任された役員はつぎのとおりである。

最高顧問大使李厚洛 顧問公使金在権 顧問参事官許亨淳 〃韓国新聞社長鄭烱和 〃日韓経済協会事務局長金学鳳 会長 李麟基（留任）副会長 趙基南（〃）〃 池碩鎮（新任）事務局長（保留）参事 朴道学、李奉男 李聖根 金泳水 朴英勲 金文栄 金斗元監査 朴明煥、ハイ光道

3・1節のうたも高らかに第51回中央記念式典

盛大な中央民衆大会のもよう　円内は記念辞をのべる李駐日大使

晴れの感激ひめて

日比谷に集う在日同胞5千

在日大韓民国居留民団関東地方協議会主催の第51回三・一節記念中央民衆大会は、一日午前十時から東京日比谷公会堂において関東地方一円から約五千の同胞が参加して盛大に行なわれた。

この日、わが民族の聖なる記念日とあって、先烈たちが残した尊い三・一精神を胸にひめた男女愛国同胞たちが早朝から続々と日比谷につめかけたほか、韓青、韓学同などわが若い知性たちは、晴れやかな顔で大会々場の整理にかけまわって在日韓国人の意気も高らか…。

大会は、韓国学校ブラスバンドが演奏する3・1節のうたで開幕許南明東京本部組織部長の司会で愛国歌の合唱にはじまり殉国先烈へ敬虔な黙念を捧げたあと大会々長団（李禧元中央団長、鄭在俊東京本部団長、孫張翼神奈川本部団長、孫晋協千葉本部団長、金碩煥山梨団長、朴台守茨木本部団長、田汝秀埼玉本部団長、鄭鳳基三多摩本部団長、金栄出群馬本部団長、趙皓衍静岡本部団長、金竜煥長野本部団長、辛容祥栃木本部団長）が着席、まず鄭東本団長が「解放前は日本警察の目をぬすんで涙をのみながら、きょうの記念日を祝ったが、今日われわれは、彼の地の首都東京で晴れやかにこの日を記念することに感激あらたなものがある」との要旨の力強い開会辞をのべ朴根世中央議長が独立宣言文を朗読し、李中央団長と、李厚洛駐日大使がそれぞれ記念辞をのべた。

つづいて在日韓国基督教総会の呉允台牧師の意義ある記念講演があり①大会決議文②朴大統領に送るメッセージ③佐藤首相へのメッセージ④日本政府への抗議文＜いづれも内容は別項＞を採択し、孫神奈川本部団長の「三・一精神を正しく受継いでわれわれは、当面の民団事業を成就しよう」という閉会の辞、金信三婦人会長の先唱による万才の三唱をもって大会第一部を終えた。

大会第二部は、大韓婦人会東京本部合唱団、韓国学校合唱団などの出演による「麗わしきわが山河」の演芸とコーラスがあり、映画「軍番なき勇士」が上映された。

婦人会と韓国学校合唱団の合唱

婦人会朴東本会長あいさつ

大会第二部において、大韓婦人会東京本部婦人会朴琪先会長はつぎのようなあいさつをした。

きょう第51回三・一節記念日を迎えて、わたしたちはわが国家民族のために尊い生命を捧げて犠牲になった先烈たちに、敬虔な黙祷を捧げると同時に祖国大韓民国の栄光ある国民として国家への忠誠を誓いたいと思います。

わたくしたち婦人会東京本部はみなさんの心からなる協力をもって、きようご覧のとおりコーラスをもってささやかながら国家への愛を示したいと思います。今後ともなお一層のご支援を願うとともに、同じく本日この記念式典においでになった韓国学校生徒たちにも感謝の意を表したいと思います。

崇高한三・一精神 옳바르게継承하자

パコダ公園

屈辱的な植民治下で不断に燃えあがる独立への熱情を刻みこんだレリーフは1919年3月1日、独立宣言書が朗読された場所を記念するために建立された目で見る民族運動史である。

파고다 공원

치욕의 식민지 치하에서 지칠 줄 모르고 타올랐던 독립에의 열정을 새겨넣은 릴리이프는、1919년 3월 1일 독립 선언서가 낭독되었던 곳을 기념하기 위하여 건립한 눈으로 보는 민족 운동사이다.

（1965年7月27日第三種郵便物認可）

在日本大韓民国居留民団
綱領
1. 우리는 大韓民国의 国是를 遵守한다
1. 우리는 在留同胞의 権益擁護를 期한다
1. 우리는 在留同胞의 民生安定을 期한다
1. 우리는 在留同胞의 文化向上을 期한다
1. 우리는 世界平和와 国際親善을 期한다

韓僑通信

（1970）3月15日 日曜日

（毎月5.15.25日発行） 第2398号

発行所
韓僑通信社
発行人 鄭在俊
東京都文京区本郷3丁目32番7号韓僑会館
電話（811）1535（代表）
〒133 振替口座東京16631番
（大韓民国文化公報部国内頒布許可）
（購読料1カ月100円・特別1000円）

第16回中央委を迎えて

民団の近代化はかれ

朴議長 会議の能率化強調

大韓民国居留民団、第十六回中央委員会が十四・五の両日にかけて信用組合大阪興銀（大阪市天王寺区筆ケ崎町）三階大会議室においてひらかれる。今年は、世紀の祭典万国博覧会が大阪でひらかれるのを機会に、民団中央委員会も異例の措置をもって開催地を移したわけである。こんどの中央委員会は、また李禧元執行部が発足して満一年間を経過し二年目を迎える初頭のものであるが、その経過報告とともに新しい年度の活動方針が討議される居留民団にとって重要な会議として注目をあつめている。

朴根世中央議長が、公表したこんどの中央委員会の会議事項によると従来とおり執行・議決・監察の三機関ならびに各委員会の経過報告の受理のほかに①一九七〇年度執行部活動方針案②予算案③規約改正試案④規約にともなう規定改正案⑤地方建議案⑥その他の案件が討議されることになっている。

李禧元団長は、昨年の就任大会において在日韓国人の法的地位ならびに処遇問題に対する要求貫徹を公約したが、出入国管理法案の反対運動と永住権申請の促進ならびに万博事業などが、前面に押し出されたあまり、かんじんの要求貫徹運動はかげが薄くなって軽視された感が深い。

過去一年間の李執行部に対する一般の評価がどうでるか注目に価するところであるが、それにもまして七〇年代を迎える民団の活動方針についても一般の関心がそそがれている。

朴中央議長

鄭東本団長

朴中央議長談

中央委員会を数日まえにしたある日、朴根世中央議長は往訪の記者につぎのとおり中央委員会にのぞむ抱負を語った。

▽民団の近代化について＝組織とはマス・コミの手段ともいわれるが、たしかにいまの民団は意思伝達の機関として旧態依然たるものがある。組織の機構と運営面の改善、事務の合理化、体質改善などそれ自体が近代化を意味するものと思う。そして運営の能力のある人を配置せねばならない。規約を尊重するところに暴力、圧力のない明朗な社会が期待できる。

▽中央委員会にのぞむ態度＝従来の民団中央委員会には、経過報告に対する質疑にのみ重きをおいて論議されたきらいがあるが、そのような過去を議論するよりも未来を開く意味において今後の問題に対する質疑に重きをおきたい。また会議の能率化をはかりたい。

▽規約の改正作業について＝規約改正試案をつくるために一般から意見を求めたが、現在までのところ全国組織からの意見が文書できたのが一～二件にすぎなく試案をつくるのには不足であるので、規約分科委を構成して多角的な検討をこころみている。各種の規定のうち中央執行委員会の運用規定とか組織学院の規定などいくつかの規定の起草は終っているので、こんどの中央委員会に提案できると思う。

▽李執行部に対する評価は＝〈記者の質問には答えず〉財政（活動資金のことか？）がなくて思うようにできず努力しているのではないか……。

企画分科委員会

民団中央企画分科委員会（委員長鄭在俊東本団長）は、十日午後一時から中央本議会議室でひらき民団規約改正の試案ならびに規定草案などを検討した。

韓日基本精神に反す

北韓への渡航緩和 日本政府に抗議覚書

政府は、日本政府が示した対北韓渡航緩和方針に激しく反発、十日午前十一時、金山駐韓大使を外務部に招き、尹次官が、同方針をただちに撤回するよう要求した抗議覚書を渡した。

外務部筋によると、この覚書は、日本政府の方針は韓日条約の精神に反する非友好的なもので、両国関係に重大な事態をもたらすかも知れぬと強調、北韓往来を一人でも許してはならないとしている。

さらに韓国会外務委員会でも北韓往来問題が取上げられ、国会での紛糾が予想されている。

抗議声明も

日本政府が総連系の北韓訪問を許可する方針を決めたとの報道について、外務部は九日、抗議声明を発表した。

同声明は「総連系の北韓往来の許可は韓日基本条約の精神に反するだけでなく両国関係に悪影響を及ぼすものだ」と非難、さらに北韓のコレラ菌発注事件、大韓航空旅客機乗取り事件を指摘し、北韓との往来を認めないよう要望している。

李大使が抗議

李厚洛駐日大使は十一日午前、日本外務省に愛知外相をたずね、日本政府が今週中にも在日韓国人六人の北韓への一時帰国（里帰り）を認めようとしている問題について「さきのコレラ菌事件などで北韓に対する韓国国民の感情は硬化しており、一時帰国を許可しないでほしい」と抗議した。

これに対して愛知外相は「在日北韓人の再入国については、人道的な目的の場合には慎重な検討のうえ認めるというのが、従来からとっている方針であり、今回も認めざるをえない」と答えた。

また外相は、政府が日本人の共産圏諸国など未承認国への渡航について緩和の方針をとろうとしていることに関連して「それは原則であり、北韓への渡航は別だ。おしなべて当てはまるものではない」と述べた。

解説＝愛知外相は、政府が今国会に再提案している旅券法の改正に関連して、中国はじめ北韓北ベトナムなど共産圏未承認国へ日本人の渡航を入国許可があれば認める、という大幅な制限緩和に踏切る方針を固めたと同時に、在日華商の中国への渡航・再入国を認めたのに続いて、在日北韓人の北韓への渡航についても若干、制限をゆるめる考えを明らかにしたといわれる。

今国会への提出断念

日本政府 出入国管理法案

日本政府、自民党は、昨年の通常国会で審議未了、廃案となった出入国管理法案を今国会に再提出するとしてその検討を進めていたが、今国会への提出はいちおう断念する方針を固めた。これは同政府、自民党が①野党との対決をさける②昨年の国会での強行採決事態で大荒れに荒れた轍にふまえて今国会の混乱を嫌う参院自民党の反対③日中覚書貿易協定交渉を前に中国側を刺激することをさける等を配慮したためとみられている。

出入国管理法案は、外国人の出入国の増加に応じて短期滞在者の出入国を便利にしたり、手続きを簡素にする等が法案提出の理由とされているが、実際は全容九五条からなる法案は主に日本滞在中の外国人に対する管理、規制を強めることに力点がおかれている。このため、その法制化は在日外国人ことにその九〇%を占める在日韓国人を追放、抑在するなど、その基本的人権を奪おうとする世界類例をみない悪法だとして、内外世論の猛烈な反対をうけ、ことに民団では昨年、デモ、断食等をふくめ一大反対闘争を展開、同法案を廃案に追いこんだ。民団はじめ世論のこのような一致した反対にもかかわらず日本政府、自民党が同法案を再び今国会に無修正のまま提出しようとした動きに対して、民団では青年、学生を中心に、日本政府の相も変わらぬ在日韓国人への差別と抑圧、さらには追放の姿勢の表れだとして、再びこれに対する反対運動を盛り上げる構えをみせていた。このたび日本政府自民党が、主に党利党略の立場から同法案の今国会提出を見送ったことによって小康を得たものの、同政府自民党がその在日韓国人に対する姿勢を基本的にあらためないかぎり同法案をめぐる問題はひき続き持込されたにすぎないとしていぜん今後の動向が注目されている。

日本政府が、対中共など共産圏国家に対する渡航制限緩和などの方針から、今国会への提案は断念したけれども、日本の外国人に対する根本的な考え方にはなんら変更がないので、出入国管理法案はいずれ再台頭してくることは間違いない。

国防に丁来赫氏

四国務長官更迭さる

朴正熙大統領は十日、国防 国土統一院など四国務長官を更迭して内閣改造を行なった。

それによると、国防部長官には元陸軍士官学校長の丁来赫韓国電力社長、国土統一院長官には五・一六前の民主党張勉内閣時代財務部長官であった金永善経済科学審議委員を任命、また国務担当無任所長官に吉在号民主共和党前事務総長、経済担当無任所長官に李炳玉民主共和党政策研究室長を当てた。

こんどの内閣改造は、さきの三選改憲で可能になった国会議員の閣僚兼任許可条項を使って、政務経済担当の無任所長官に与党の実力議員を据えたことが目立つ。これは朴大統領が三選をねらって政府与党の体制固めにはいったのを意味しているといわれる。

人情有感

某団体の月刊機関紙2月号に「在日韓国人が肌で感じた天皇皇后両陛下の御心」と題するCという男の寄稿が載っている。これは、日本の天皇夫妻が故厳駐日大使の逝去に際し、儀礼をつくした当然なことを幼稚な文章で書いているもの。"御心"だの"御下賜"だの時代の錯覚を感じさせる表現文句がでてきてC氏の精神状態を疑がうよりもむしろあわれむべき人間であることを感じさせる。▼Cが、日本皇室をどう思っていようとそれは手前勝手であるが、いやしくも一国の特命全権大使をひきあいに出して尊卑を対照させた文章を活字にしたことは、まさに国辱的である。さらに驚くことはこのCという男がわれわれの機関のなにやらの看書を麗々しく文章の末尾に紹介していることである。一体われわれの機関というのは、民族運動をやっているのかそれとも日本皇民化運動の片棒をかついでいるのか疑がわしくもなる。したがってC氏などは、二重橋まえあたりで土下座でもしておるべきで、われわれの社会にのさばるべきではないことは明らかだ。▼ついでながら、このような文章をとり上げたその雑誌社の意図は奈辺にあるのだろうか。それほど下手な文章をも取材しなければならないほど寄稿がないのか、それともこのような韓国にとって国辱的な文章をのせることによって何かうるものがあるのだろうか。きくところによると、この雑誌を発行しているその団体は、韓日親善を目的にしているという。その誌名が示しているような新時代とは、よもやCと同じような思考方式を強要したいつかの時代のことを指しているのではあるまい。親善々々と騒ぐ連中の心の片すみに、われわれ韓国人にとって非常に危険で屈辱的な思想がひそんでいたかと思うと寒気がするほどゾッとする。

本号8ページ △2面・本国関係ニュース、△3面・特別レポート、北傀の"日本基地"朝鮮大学、△4・5面、拉北帰還者の手記、△6面・万博関係記事

性教育に共産理論も

新学期からハングルだけの教科書

文教部の教育態度大に変る

3月2日は韓国の学校の新学期。この日全国の小、中、高校生は始業式に出てきてハングルだけの教科書をもらった。いよいよ漢字を追放した授業が始まるのだ。

政府などの公文書、戸籍、登記などは、すでに今年の1月1日からハングル横書き実施しており、最近は、店の看板などもみな変わり、町はいまやハングルの洪水である。

ハングルというのは百年以上前、李朝第四代の世宗によって作られた韓国独得の文字。子音字母十四、母音字母十を組合わせて音を表わすが、朴大統領はハングル専用に熱心である。

ところが、ハングルは音表文字のため、名前の音読みや同じ二人の被告が即決裁判で取違えられたり、同じ音読みをする隣家に手紙が配達されたりする例がすでに、あちらこちらで起きている。

こうした日常の不便が当初はまぬがれ得ないが、知識人や言論機関の中には「ハングル専用は過去何千年かにわたって作られてきた漢字文化の伝統と断絶する」という理由で反対しているものもある。

しかし、漢字より読み書きがしやすいので小さな子どもには歓迎されており、こんどは〝漢字世代〟を〝ハングル世代〟が追上げて行く、とさえいわれるようになっている。

一方、さきごろ発足した韓国の科学技術研究所はハングル字母を電気計算機に直結する作業にとりかかっている。

なお、文教部の教育に対する変化は、さきの「全国の女子中、高校では新学期から純潔教育という名の性教育を特別課目として実施するよう」指示したことにもあらわれておりまた大学の教養課目に「共産主義理論」を入れてもよいことになった。これまでは共産主義理論を教養課目に入れるなどということはアタマから不許可だったし、性についても「それとなく自然に」基礎的な方針としてきた従来の教育態度とは大きく変わった。

駐韓外交使節にKAL機拉北を説明

残留者送還の協調を要望

外務部は3日、駐韓外交使節全員を中央庁第一会議室に招き、昨年12月11日に起きたKAL機強制拉北経緯を説明、さらに先月14日に帰還した乗客たちが北韓で受けた非人道的待遇にかんする報告を行なった。

崔圭夏外務部長官は同席上で「KAL機強制拉北事件は事前に綿密に計画された空中海賊行為であり、北韓は世界の良心と人道主義の道にそむいて人質外交を繰広げた」ことを指摘、「北韓が乗客たちを抑留している間中彼らに行なった尋問と虐待など多くの非人道的な蛮行は世界自由愛護国民たちから当然糾弾されなければならないものである」と語った。

崔長官はまた、北韓がいまだに強制抑留している乗員四名と乗客七人の送還が速やかに実現されるよう、各友邦の積極的な協調を要望すると述べた。

KAL機乗取りを海賊行為と規定

アジア太平洋民間航空機総会で

さる1日から東京・プリンスホテルで開かれたアジア・太平洋地域民間航空機構（OARB）総会は3日、北韓によるKAL機乗取り事件を〝空中海賊行為〟と規定し、北韓に対し未送還者十一名と機体・貨物をただちに送還するよう促求する決議文を採択した。

金圭南に死刑の判決

昨年春、中央情報部が摘発した日本・欧州を舞台にした北韓スパイ事件の前共和党議員金圭南、法学博士朴櫓洙らにたいする控訴審公判が4日ソウル高等法院（高裁）で行なわれた。一審で死刑を宣告されていた金、朴の両被告は同控訴審公判でも、求刑どおり、それぞれ死刑を言渡された。

なお、他の12人の被告の判決も、一人が無罪だったのを除き、あとは無期から1年までの懲役が宣告された。

尹潽善氏が新党運動

新民党内一部人士らと新民党に入党しないでいる政浄法（政治活動禁止法）解禁人士および前新韓党系（明政会）所属人士たちは尹ボ善元新民党総裁を中心に新党副党運動を活発に繰広げている。

新民党の張俊河議員は日「尹ボ善氏は新党運動に積極的で、すでに新民党所属十余名の国会議員および在野人士たちと広範な接触を繰広げている」と明らかにした。

この新党運動に積極的に関与している張議員はさらに「新党創党に意を同じくする国会議員が10名以上になり次第、柳珍山新民党代表に除名を要請して別途の院内交渉団体を構成する計画だ」と述べた。

新党運動には金相敦、金善太、曺仲瑞氏など政浄法解禁者および陳馨夏、柳津氏ら前新韓党系人士、そして新民党の張俊河、張基永辛泰嶽、趙鍾昊氏などが参与していると伝えられる。

韓日租税協定調印さる

所得税法人税の二重課税防ぐ

韓・日両国は三日、日本外務省で両国間の懸案問題であった韓・日租税協定に調印した。

李厚洛駐日大使は愛知揆1日本外相との間でこの「韓・日所得にたいする租税の回避および脱税防止条約」に署名したが、これは前文、26条からなってている。なお、このほかにも議定書と両国政府の公簡などが交換された。

この租税協定は批准書の交換後30日たってから発効するが、発効から5年経過すると、いつでも6カ月前に書面で通告することにより協約の効力を停止させることができるとなっている。同協定は所得税、法人税の二重課税を防止し、二重課税を防止し二重課税を回避する方法として税額控除制を採択するように規定している。

なお、租税協定の主な内容は①投資所得にたいする税率は両国とも%に制限する　②船舶、航空機運航など国際運輸所得にたいする租税は両国が法人税、所得税、営業税までも免除する　③対日請求権資金取引きで生ずる収益金にたいする営業税はこの協定が発効した日から免除する　④資本財取引き（商業借款）で生ずる収益金にたいする営業税は67年12月31日以前に契約されたものに限って免除する、となっている。

解説＝韓・日両国間の一大懸案だった韓・日租税協定が3日正式調印されたが、これにより両国間の租税にかんする紛争を排除、二重課税を回避することができるようになった。さらにこれは日本資本の対韓進出のためのより良い投資環境造成にもなって行くはずである。

同協定第18条は「外国で納付する租税は自国で納付する租税から控除する」という外国税額控除制度による回避が規定されている。これは外資誘致のためには大きな作用をすることになろうがこんご、外資事業で韓国に居住する日本人や法人（在日僑胞を含む）の場合、外資導入法によって軽減される租税も含め韓国で納付した租税は日本政府に納付する租税から控除されるというものである。（無論逆の場合も同様）この協定締結はこんごの韓・日経済協力関係を一層緊密なものにする契機となろう。

発展する祖国の姿

ソウル、高架道路

ソウルは、凡ゆる可能な夢の集合体である。空を縫う鉄とセメントの虹を夢みる市民の願いが実って、ソウルは日増しに立体的な都市の面目を備えつつある。

与野で超党的安保対策機構を構成

与・野党は、国家安保会議が主催した70年代韓国安保問題セミナーで、与・野共同安保協議機構を構成する必要があるとの結論が出されたのを契機に、超党的な安保対策協議機構を構成する動きを見せている。

金守漢新民党スポークスマンはこの問題に関し、声明を通じて「政府が構想中の超党的な安保協議機構の構成を歓迎する」と述べて党の公式態度を明らかにした。

51回3・1記念式盛大に

生存者の李甲成翁宣言文を朗読

朴大統領自助自立の精神を強調

第51回3・1節（1919年3月1日の独立運動記念日）記念式が1日午前中央庁広場で、朴正熙大統領を始め三部要人、駐韓外交使節独立有功者および遺族、市民・学生ら2万5千人余りが集まった中で、盛大にとり行なわれた。

51年前の3・1運動当時に独立宣言文に署名した33人のうち、ただ人の生存者李甲成翁は同席上で〝独立宣言文〟を朗読、当時の民族的独立の叫びを再びよみがえらせた。

さらに、朴大統領は祝辞を通じ「祖先たちが発揮した自主独立、自助自立、自存自衛の精神を鏡として一面建設、一面国防で自力経済と自主国防の保るいを堅固にして行こう。そしてわれわれの世代の宿願である統一という大事業を必ず成就させよう」と語った。

（関連記事6面にあり）

現実に立脚した安保政策を

国家安保会議のセミナーで強調

国家安保会議はこのほど、70年代の安保にかんしてアジアの非米化政策けアジアにおる日本の役割、ベトナム終戦、国連の新しい様相などに対処し、理論よりも現実に立脚した果敢な政策をたてて行かなければならぬとの意見を発表した。

これは安保会議の主催でさる16日から1週間にわたって安保専門家をはじめ各界人士ら42名が出席して開かれた〝70年代韓国安保上の諸問題セミナー

、　　　　では70年代韓国安保の当面問題として次のような点が指摘された。すなわち、70年代にはベトナム戦争が終結し、日本の第次防衛計画がその前半期にはいる。すると駐米軍撤収論が具体化するだろうし、駐韓米軍の第一線部隊兵力の後方地域配置、軍援移管、日本にたいする依存度急増などが予想される。これに対処する基本課題としては長期的眼目から軍事的側面の重点主義よりも政治ー経済ー外交上の問題解決に重点を置くべきで韓国政府の政策方針もそうした方向によるべきであるというもの。

同セミナーではまた〝非米国化撤軍政策〟が韓国の場合は例外だと現在もいわれてはいるが、確かに米軍の継続駐とがん与える韓国安保上の心理的効果は考慮されるべきである。従って米会や行政当局に働きかけて米軍が早期撤収をしないよう、外交交渉を繰広げることが肝要だが、同時に国内体制の強化が緊要であると述べ、このためには日本の直接的間接的、な協調が必要だと指摘している。

なお、同セミナーは、韓ー米ー日の共同防衛体制の必要性を力説、これが米軍の全面的撤収を防ぐ道であると共に日本の過度な軍事的進出をけん制する方法でもあり、こうした共同防衛体制によって北韓の南侵に対処することが望ましいと指摘、また、安保強化を図るための国民的合意を期するために、与野党が参加する安保協議体あるいは安保問題専門家および各界人士を含めた多角的な協議体を構成・制度化する必要があるとの結論を出した。

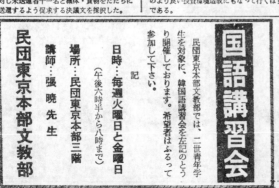

朝総連の妄動防ぐ
万博保安要員の訓練終る

きょう三月十五日開幕される日本万国博覧会を記念して民団が挙団的におし進めている、万博家族招請事業に対して、朝総連側はいち早く、秘密裡にあらゆる手段をもって被招請者に対する誘引工作を企らんでいるといわれ、これに対する真剣な対策の必要が叫ばれていた。

民団中央組織局（丁海竜局長）では、この朝総連の工作に対処して本国からの被招請者を保護すべく、「万博保安指導要員訓練」を、全国からの受訓者約七十名を集めて、さる三月・四両日韓青中央研修所「花郎台」にて行ない、受訓者一同真摯な態度で学習し多くの成果を上げると共に、保安指導要員の今後の活動に多くの期待をかけた。

同訓練は、第一日の三日午後三時からの入所式のあと、丁組局長が「組織論」を、朴事務総長が「万博保安対策」を講じて、午後九時すぎ終了二日めの四日は午前九時から丁局長が再び「組織論」に続いて、「保安指導要員の任務」、「最近朝総連が注力している事業」、「万博に予想される朝総連側の工作」などを講じ、熱心な「質疑応答」のあと出所式をもって午後五時全日程を終了した。

民団東京本部関係では、既報のように許組織部長のほか、四名が参加したが、三月下旬には東京本部管下の万博保安要員に対する講習が予定されている。

なお同訓練には中央本部からは、前記講師と李禧元団長・丁栄沢監察委員・金宰淑組織分科委員長のほか、来賓として大使館から許亭淳参事官が参席した。

万博館建設費一部
李大使に伝達

万博韓国館建設費五十万ドルを割当てられた民団中央本部（李禧元団長）と在日韓国人万博後援会（李熙健会長）では、さる二十七日午前十一時半から駐日大使館を訪れ、その一部を李厚洛大使に伝達した。この伝達式には前記李団長、李会長の他朴漢植韓信協会長、許弼奭商工連合会長らが同席した。

李熙健会長から李大使に伝達文を読み上げ二十万ドルを伝達したがこれに対し、李大使は本国政府を代表して在日同胞の誠意に感謝の意を表すると述べた。式後、今後の受入れ態勢と残余の募金などについて懇談した。

なお韓国館の建設費は当初二百万ドルの予定であったのが二百八十万ドルを突破したといわれる。

旅券申請手続一部変更さる

これまでの全ての旧旅券を新旅券に切替えるために、次のごとく大使館の取扱規定が変更されました。

イ、旅券期限延長手続については原則的に一切認めず、新規申請とまったく同じ書類を具備して申請しなおさなければならない。

ロ、現在所持している旅券はその有効期限まで使用することができる。

ハ、本国家族の危篤状態または死亡等その他急を要する場合に限り、事由書を添えて六ケ月間期限延長手続をすることができる。

大韓民国居留民団東京本部
民生部

教育後援会の奨学金
69年後半期分を支給

民団中央本部文教局（姜仁[illegible]局長）では在日韓国人教育後援会奨学金（一九六九年度後半期六個月分）を左記によって支給する。

1、東京、千葉、埼玉の各地方本部……三月十七日午後二時、韓国公報館において

2、その他の地方本部は追って通知する。

民団中央人事

民団中央本部（李禧元団長）ではこのほど次のとおり人事発令をおこなった。

辞任 宣伝局長 鄭炯和（一九七〇年二月五日付）

任 組織委員長 金宰淑

〃 民生委員長 宋鎬用（以上同二月十一日付）

任 組職局次長 呉吉竜（前文教局員、同二月一九日付）

任 宣伝局長 池雲竜

〃 宣伝委員長 金寛永（以上同三月六日付）

特別レポート

東京都下小平市にある朝鮮大学校の学校長は朝総連中央委員長の韓徳銖である。そして、この朝鮮大学校が事実上は朝総連の幹部養成所であるということは、いまでは多くの人の知るところとなっている。

私はこの朝鮮大学校を取材したいと思い、さる二月二十三日午前、東京の中心部から西北方に約三十㎞離れた武蔵野平野の雑木林の中に、同校を訪ねた。

朝鮮大学校の前に立つと校舎の前に垂れ下がっている赤地の幕に北韓の宣伝文句を書いたものが、まず目に飛びこんできた。私はこうした校舎ふぜいを写真にとろうとしてカメラを眼の高さにまで持上げた。そのとたんに、どこからか警備員のような青年が一度に六名押寄せてきて学校の承諾なしに写真を取ってはならないと私に言渡した。そしてきびしい口調で、写真を取った場合はそのフィルムを没収することになっているから、フィルムを出せと私にいうのであった。そこで、私はなぜ写真を取ってはいけないのか、と反問した。すると、韓国の新聞が朝鮮大学校について悪宣伝をするので、写真取材はさせないことにしているのだというのであった。

私は仕方なしに、フィルムを出して渡した。

〝認可〟はカラ手形で獲得

最近、朝鮮大学校の警戒態勢は一層きびしくなってる。その警戒ぶりは封鎖をさらに強めるものである。駐日韓国大使館の奨学官室が、東京都の学務当局を訪問して知り得たことは、朝鮮大学校がその監督官庁である東京都学務当局に何の学務報告も行なっていないという事実である。日本の法律によって各種学校として認可された朝鮮大学校はその監督官庁に学務報告を行なわなければならないことになっているが、東京都総務局学事部学事第二課長の大井長之氏らによると、朝鮮大学校は認可以来、二年の間、ただ一度も学事報告を出したことがないという。

東京都の当局は朝鮮大学校の認可騒ぎのあったとき、同校が認可されれば、日本教育法の条項を守らなければならなくなるので、日本の法律の監督を受けることになる、といっていたが、これは今ではカラ手形となっている。朝鮮大学校は明らかに日本において治外法権的存在となっている。

その運営と学部の内容

朝鮮大学校は一九五五年五月朝総連の決議によって五六年四月設立された。当初は三年制であり、校舎もなく、朝総連系の〝東京朝鮮中・高校級学校〟の校舎の一部を間借りしていた。翌五七年十月、平壌政権から送られてきた三十万ドル（一億五十一万円）を投入して〝大学〟としての形態を整え、学制は四年制に改めて学課も増設した。そして現在の所在地に校舎を建築、五九年四月に移ってきた。

北傀の〝日本基地〟朝鮮大学校

東亜日報駐日特派員 南時旭

現在、朝鮮大学校の敷地は約一万九千坪、うち建坪は四千五百二十五坪で校舎は四階建て、ほかに講堂と寄宿舎がある。

この朝鮮大学校が各種学校として東京都の認可を受けた当時、東京都に提出した認可申請書によると、同校の運営者は学校法人である東京朝鮮学院（理事長は黄錫周）となっている。

朝鮮大学校の理事は百名からなっており、執行部格となっているが理事は年間五十万円以上の賛助金を出すことになっている。

同校の運営費は六七年が一億二千七百七十二万円、六八年度は一億三千二百二十二万円、六九年店は一億三千八百三十二万円となっている。

学校長は前述したように朝総連中央委員長の韓徳銖で、この下に学部長六名、教員四十名、講師十名、助手十名がいる。

また、学部をみると、四年制として文学部（朝鮮語学科、外国語学科）、歴史地理学部、政治経済学部、理学部（生物科学科、物理数学科）、工学部（機械工学科、電気工学科）など五つがあり、二年制として師範教育部がある。学生定員は総一千二百名。

招待日以外は父兄も立入り禁止

朝鮮大学校で最も他と異る点は学生たちがいっさいの教材やノートを外部に持出すことを厳禁されていることである。大体、朝総連系の各級学校の学習は〝非公開〟を原則としており、父兄たちも招待された日以外は立入り禁止であるが、朝鮮大学校の場合は特別にこれがきびしく、徹底している。また、何らかの事情で、休日に学生が学校に行くようなさいは、学生三名以上、あるいは学習組（一組は六名からなる）単位でなければ出入する許可が与えられない。

朝鮮大学校は全学生寄宿制である。その生活は厳格で、普通の自由世界の大学生活にはみられぬ規則と義務によってしばられて、学習制度も徹底的なワクの中にある。学生たちは朝六時起床してから夜十一時に就寝するまで、すべて軍隊式の内務生活をしなければならない。

関係当局によると、朝鮮大学校の学生は卒業年度になると、卒業前の六カ月間、中央学園に入って特殊訓練を受けて最後の仕上げをするという。この中央学園での訓練は①学生各自の思想を再点検する②北韓支持の度合いがどのようなものかを調べ、朝総連の決定事項に対する実践について調査し、訓練する③非合法活動の方法を習得④対韓、対日浸透と在日韓国居留民団への浸透工作――などを基礎に実施している。

国際共産主義の〝日本基地〟

こうして、朝鮮大学校は朝総連の幹部養成機関、ならびに朝総連系各級学校の教員養成所だといわれ、また政治的には国際共産主義の〝日本基地〟とされている。

そして、朝鮮大学校は、地理的に住宅街から遠く離れているためもあって、厳重な警備の上、朝総連の各種会議および訓練場として使われている。六四年の東京オリンピックのさい、北韓選手団は（結局、最後には出席せず、全員引揚げたが……）、オリンピック村にはいらずに、この朝鮮大学校に宿泊していた。また今年の、万博をねらった工作活動にかんして、朝総連は昨年来からこの朝鮮大学校の講堂を協議場に使って〝EXPOの招請者抱込み工作〟研究・協議会を行なってきた。この〝招請者〟というのは民団が韓国から万博に招待する韓国人たちのことで、朝総連はこれらの韓国人に浸透しようとしており、いわゆる〝内からの切りくずし作戦〟が企画されている。

朝鮮大学校問題が単なる教育問題でないことは、早くから言われてはいたが、最近とみにその旗色は鮮明となっている。

このほど、世を騒がせた北韓の細菌発注事件でも、朝鮮大学校を拠点として政治活動を行なう朝総連が一枚かんでおり、こうした点から、韓国国会では韓国政府に〝速やかなる対策〟を促求している。

（おわり）

対韓破壊工作の拠点

朝鮮大学校が〝教育〟という名目の上に立ってかくれた政治活動を行なっていることについては、これまでもしばしば指摘されてきたが、最近東京で開かれた韓・日協力委員会に出席してこのほど韓国へ帰った朴炳培新民党政策審議会議長は朝鮮大学校について次のように述べた。「第一にあるまじきことは、朝鮮大学校が北韓の対南工作の拠点となっている事実である。北韓は〝教育資金〟という名目で今年分の四億三千万ウオンを含め、これまでに日貨九十七億円を香港経由で朝鮮大学校校長は北韓の対南工作の連絡〝責任者〟の地位にあり、彼は韓国に対する戦略物資や細菌、あるいはゲリラ作戦やスパイ工作での神経マヒ剤、洗脳工作用剤薬などを北韓に密送している。この拠点となっている朝鮮大学校は純粋な教育機関ではなく、スパイおよびゲリラ訓練所であり、さらに対韓破壊工作の拠点である」

＜SISA＞

万博事業成功시켜우리国威宣揚하자

拉北された65日間を顧る

食事ものどを通らず眠れずに

その飛行機は普段のものより、乗客も多かった。それは朝九時半の飛行機が天候の加減で欠航したからだったろう。

私はソウルに住むムスコ夫婦に会うためにソウル―江陵間をよく往復したものである。この日も朝の飛行機で行くつもりで空港まできたのだったが"欠航"と聞いて、一度家へ帰り、昼に出なおしたところだった。

江陵近くの私の家にはばあさん(私の妻)を慕って、ソウルの一人ムスコの子どもたちが二人きていたが、上の女の子はしきりにソウルの父母に会いたいと駄々をこねた。「おじいちゃん、あたいも連れて行ってェー」「こんどにしようよ」私は強いて一人で家を出た。

操縦室に入って行った男

今にして思えは、このとき孫娘を連れて出なくて本当によかったと胸をなでおろすのである。それにもう一つ、不幸中の幸いは、その日、すなわち十二月十一日の朝九時半の飛行機でいっしょにソウルに行くつもりで私の弟と従弟(いとこ)がやはり空港にきていたが"欠航"と聞いて二人でどこかへ行ってしまったことだった。その時、二人は「昼の飛行機には間に合うまいから、夕方のにするよ」といっていたから、この二人の肉身も"拉北"というからい目に合わずにすんだのだ。これは全

段同様、何の変わりもあるとは思えなかった。しかし、私は安全ベルトをしたままでいた。

乗客の中には早くも昼食をとりながら、隣りの人と友だちになってしゃべっている者もいる。そして窓の外をみている人、新聞を読んでいる人など、さまざまである。

私はぼんやりとしながら休憩するような気持で、あたりをみていた。何気なく目についたのだが、私のはすかい側の最前列の客が立って操縦室のドアのノップに手をかけて中へ入って行くのを見た。

これが、帰国してからはじめて知ったのだが、スパイの頭だったのだ。しかし、その時の私は知るよしもなく、誰かが、何か用があって操縦室へ行くのだナ、くらいに思い、ことさらに気にとめるということもなかった。

雪嶽山から機首を回転した

飛行機は大関嶺の上空にた。その時、突然、機体が大きく揺れた。そして機首を回転した。「エアポケットにでも入ったかな……」と一人ごちながら、気流がよくないので回航しているのだろう、と思った。この雪嶽山近辺あっちゅう乗る常連のようなものである。従って、左側に陸地を見る海上を、どんどん北に飛ぶ飛行機に"異常"を覚えるにはそう時間を必要としなかった。しかし、乗客の中には呑気そうに、そんなことは知らぬ、と気付かぬ風のものも多かった。

不審に思った私が、窓外に眼をこらしていると、北韓の軍用機二台がまるでわたしたちの飛行機を護送するように、後になり先になりしてついてくる。その瞬間、私は"拉北だ"と思った。さあ、大へんだ。どうしたものか——。東海上に身を投げて、潮流に乗って泳いで帰ろうか。バカな。下へ無事に降下できると思っているのか……。

思いあぐんでいるうちに、飛行機は速度をおとした。どこかへ着陸するのかな?と私は"不安"で胸がつぶれる思いであった。

ＫＡＬ拉北帰還者39名は拉北67日ぶりに夢にえがいた家族たちと再会の感激をあじわった。

立たなければならなかったが、よくなりかけていたはずの足の神経痛が急に悪化して、そのさすような痛みは気が遠くなりそうで立てなかった。ところが良い方の右足も冷えて、感覚がなくなり、何だか、ジュクジュクと濡れていた。

ションベンだ!気がつくと私はいつの間にか、小便をたれていたのだ。恐ろしさのあまり、自分でも気付かぬうちに尿が流れ出ていたのだった。

「小便がしたいのですが……」

私は、もう半分出てしまってるのですという身振りで、傍らにいた軍人に告げた。

私は待合室の便所に連れて行かれ、監視付きで小用を足そうとした。しかし、何という皮肉なことか、その時には一滴も出てはこないのだ。

待合室では寒い中をみんなふるえながら七時間も待たされていた。入口からそう遠くないところにパイロットの柳炳夏機長と崔石満副機長が沈痛な面持ちで坐っていた。それはこの上なくしょげきっているようにも見え、また不安におののいているようにもみえた。のち、ソウルに帰ってきてから聞いたのだが、この時、ある乗客は二人のパイロットと会話を交わしている。「客室では何ごとも起こらなかったのですか?拳銃でおどされるというようなこと…」「いえ、なかったですよ」「われわれがやられたのは、ちょうど雪嶽山あたりの上空でした…」

青ざめた柳機長と同じバス

夜の八時になってから、やっと北韓の将校があらわれて演説口調で言った。

「トンム(同年、共産主義者の使うことばで、ともだちというような意味)たちとは互いに二十五年間離ればなれになって苦しみましたが、いま、ここに再会の喜びを味わうことができました。こんなに嬉しいことはないのであります。それなのに、トンムたちはどうしてそんな不機嫌なのですか。さあ、元気に、笑いましょう」

この将校は一人で笑ってみせたが、私たちの中からは誰一人笑うものが出なかった。

彼らは、なぜ拉北したかを説明しないばかりか、寒い中に七時間も待たせておいて"すまない"一つ言わずに"笑いましょう"もあったもんではない。共産主義は笑うことも泣くことも強要するのか!!

私たちは二組に分けられて、二台のバスに分乗させられた。パイロットも一人ずつ分けられ、私の乗ったバスは機長の柳炳夏氏と同じバスであった。約二十分間、バスに揺られながら、みんな黙りこくっていたが、柳機長も青ざめた顔で隣の席の乗客からもらったタバコのケムリを、深い呼吸といっしょに吐き出す姿は、どうしようもないという衝撃に打ちひしがれてみえた。

旅館で一人ずつ別の部屋に

でそれが文化だとでもいわんばかりの有様で、ペットを指さしたがそれは私たちに見せるだけで、私たちは別の部屋の宿人となった。

むかむかした私はよっぽど「そんなペット、私など、家で毎日ペットで寝ている」と言おうとしてやめた。そんなことをいえば"労働者の敵"としてひどい目に会うに決まっている。かつて韓国戦争のとき、私は"地主"というレッテルを張られ、百日以上も、地下に掘った部屋にかくれて生活した経験がある。"地主"がつかまればどのような目に会うか知っていたからだ。

平壌では性分調査が始まっていた。いわゆる尋問であるが、韓国戦争当時の苦い経験をもつ私は、あんまり利口でない農夫をよそおった。確かに私の仕事は農業だがおくびにも農協組合長などといってはならないのだ。毒にも薬にもならない"平凡な農夫"でなければ注目されてしまう。

丁総理は北傀の残忍な拷問をうけ失語症にかかったソンホキル氏など帰還者一行を慰問した。

一日に四時間の学習と洗脳

一度にらまれると、拷問は耐えられぬほどのものとなる。孫鎬吉(二七)氏は平凡な農夫なのだが(そして彼はまことに好青年なのだが)、米兵の着るパーカー(裏に毛皮のついた外套)を着ていたおかげで"特殊訓練を受けた人物"とみなされてひどい拷問の末精神異常をきたしてしまった。帰国してから聞いたのだが孫氏は電気拷問や薬物注射などによって神経マヒ、言語障害をおこし、つい

いたタバコを吸うと、それは漢方薬のようなニオイがしてまずかった。

平壌の町は閑散としていた。約三十分もすると、三～四台のトラックが通るだけである。高級乗用車などはめったに通らない。とにかく交通量の少ないことは驚くほどで、人通りさえも多くはないのである。朝、黒いチマをはいた女性が、寒いのにオーバーも着ずに眠ったような子供を背負い、あるいは抱いて通るのはよく窓から見かけたが、聞くところによると、それらの女性は工場に出勤する前に子供を託児所にあずけに行くのだという。

かかしを木銃で突く子ら

社会見学のバスの中でも、場所によっては窓のカーテンがおろされ、私たちはそれを見ることをさえぎられた。しかし、私はトーチカのようにくり抜いたトンネルの中に軍需物資の積まれているのを見たし、また軍事施設のある山を半分切ったトンネルをも見た。

とくに"浮壁楼"のある山の中腹には、至るところに軍事施設が入っていて、各トンネルの入口には警備員が監視していた。

軍需工場見学のときに私の眼に真先に飛込んできたものは、黒い木綿織りの作業服を着た女工たちが、白い息でハーハーと手を暖めながら、油にまみれて働いている姿だった。

これより、もっと私を悲痛にさせたのは、国民学校(小学校)の運動場で、制服を着た子たちが競って、鼻の高いかかし(米人の形)を足で蹴ったり、木銃で突いている姿だった。それは子供のいたずら遊びではなく、学校で行なう軍事訓練の一つだったのである。ちょうど、韓国では童話の本を楽しんだり、コドモ野球に夢中になる子供たちと同じ年ごろの子であった。私は、こうした北韓の子供たちが成長した時代のことを考えると、おそろしさで背すじが凍る思いであった。

大同江の自然の氷も子どものスケート場ではなかった。それは軍需物資を運ぶ牛ぐるまの通路になっていたのである。漢江が子どもの自然のスケート・リンクとなっているのとは大きな違いであった。

悪夢の日日

ち、さきほど帰還してきた39人は異口同音に「拉
。電気や薬品、注射などによる恐るべき拷問にか
の恐怖を味わって帰ってきた人びとの言である。
慄(りつ)にふるえた悪夢の日々、と題した手記
もある人で、また、第7回アジア映画祭企画賞受

朴　益　東〈手記〉

身分証明書を破り捨てる

突然、後方にいたスチュワーデスが、声をころすようにして力なく、しかし、はっきりとした口調

ーデスは何もいわなかった。普通は天候がどうだから揺れるとか、(航路は変えられないが、変えた

戦慄にふる

KAL機乗取り事件で拉北された50人（スパイの1
致されていた65日間の思いは〝恐怖〟の一言で尽きる
けられ、言語障害を起こしたり、精神異常まできたし
以下は江原道溟州郡農協組合長の朴益東（55）氏がよ
である。朴氏はかって農村開発先駆者として大統領賞
賞の記録映画〝トウック（堤防）〟の主人公その人で

江原道溟州郡農

く、天の助けであった。

KAL機が出発したのは十二時二十五分った。空はまだ、どんよりと曇ってはいたが、朝方のような凍てつく寒さはやわらいでいた

私の座席は左側の列の真中ごろで、クッションはやわらかく、背に

は、よくエアポケットがあるのだ

ところが、驚いたことに、いつのまにか飛行機は東海（日本海）にあって海岸線伝いに北上していた。私はさきにも述べたようにこの江陵ーソウル間の飛行機には一人ムスコの家族との往来でしょ

全部破り棄てられた方がよいと思います」

不思議なことといえば、これまでスチュワーデスはあまりにも静かすぎた。たとえば大関嶺付近で私がエアポケットに入ったのかなと独言をいったときも、スチュワ

スチュワーデスが、はっきりと口をきいたのは、この最後の瞬間になって始めてであった。

私は身分証明書や写真などをコナゴナにさいて、椅子のうしろのスキ間に押しこんだ。

背の高い灰色コートの男

飛行機が着陸したのは咸興南方にある連浦飛行場であった。これはあまり大きくない飛行場で、あたりは荒れすさんでみえた。

乗客の間には恐怖感と緊張のひとときが流れ、やがて泣声が起きていた。と思う間もなく、開かれた飛行機のドアから武装した北韓兵がドサドサと入りこんできた。そして彼らは窓のカーテンをおろし、乗客に手ぬぐいをくばった。そして、私たちに目かくしをするようにと命令した。私は自分で眼をおおいながら、ふと、スキ間からのぞいてみた。こわかったからだ。

カーテンのスキ間から外をぬすみ見ると、飛行機のまわりは武装した兵隊たちにかこまれていた。

そして黒色のセダン乗用車が一台留まっているところに一人の男が丁重に扱われながら凱旋将軍のような恰好で歩いて行き、三、四人の北韓軍の将校と共にサッと車の中に乗りこんだ。灰色のコートを着た背の高い、マスクをかけた男で、それはまぎれもなくKAL機の出立直後、右側の最前列から用ありげに操縦室に入って行った男であった。しかし、その時の私には、それがスパイの趙昶熙だなどということは知るすべもなかった

恐ろしさで小便までもらす……

乗客たちは立って飛行機の外へ出るように命ぜられていた。私は

KAL機拉北帰還者報告ならびに未帰還者送還促求市民決起大会が2月23日ソウル市南山野外音楽堂で40万市民が参席してひらかれた。
（文化公報部国立公報館提供）

が、私たちの連れてこられた咸興旅館はソウルの三流旅館のような感じのものであった。そして私たちは小さな部屋に一人ずつ別個の部屋に入れられた。それから遅い夕食のために食堂へ連れて行かれたが、私は食卓に何が並んでいるのか、眼にも入らなかった。いうまでもなく、箸も取り上げず、ただ熱い湯だけをフーフー言いながら飲んだ。そしてその夜は一睡もできずにいるうちに夜明けを迎えた。

明け方、便所に行くと監視員たちがまだ立っており、私はその眼に合ったとき〝囚人〟のような気持ちにさせられた。

それから三日間、何も食べず、部屋にこもっては窓から外ばかりをみて暮らした。背嚢（のう）を背負って急ぎ足に行く男、黒いチマ（はかま）と黒いゴム靴をはいて暗い表情で往来する女たち――まるで制服のように、どの女も同じ格好をしていた――、そして外は昼間でもあたかも〝死の世界〟のように静かだった。私は、多分もう生きては帰れないだろうと覚悟した。しかし、何とか骨だけは故郷の、家族たちのいるところに埋めてもらいたいものだと考え続けた。

まなかに平壌へ送られる

食堂では私以外の、他の乗客たちの中にも食事がノドを通らぬのか、食べない人がたくさんいた。

十四日、零時五分、私たち乗客の一部は（残りは十七日おくれて……）これまでの私服をぬがされて、国防色の毛布地のような胸のつまった服を着せられて汽車で平壌に送られた。この旅での監視人は乗客三人につき一人という割合いだったので監視人としてはかなり大へんだったようで、私たちのうち誰か一人が便所へ行きたいとなると、他の二人をも監視人はそこまで引きつれて歩いた。

汽車の窓はあつい木綿の布でおおわれていた。はじめは寒いのであつ地のカーテンをかけているのだと思っていたが、太陽が高く上がっても、そのおおいを除くことは許されず、外を見ないようにしむけられた。のみならず、仲間と何か話していると、監視人は「互いに話をせぬように」ときびしく注意した。

汽車はきたないだけでなく、ノ

ていた。客車はほとんどなく、多くの汽車は夜走るようだった。

平壌の旅館は大同江旅館といって、外人の観光客専門のホテルだということだ。五階建てで、そのあたりでは一ばん立派だったが、それでも、その裏の方にはホッ立て小屋の並んだようなゴミゴミした街がみえ、これが首都平壌かと私は驚いた。

何も知らぬ農夫のふりして

大同江旅館でも一人々々個室に入れられ、互いに話したり、連絡したりするようなことは禁じられた。案内人は最初「ほら、ペットの部屋ですよ」と得意気に、まる

神経痛のクスリに消化剤

しかし、社会主義の立派さを見せるのだ、として工場、小学校、博物館、牡丹峯劇場、浮壁楼（遺跡）などに連れまわされるのには弱ってしまった。全部、共産主義宣伝のためにしつらえられているもので、どれをみても同じである。それに外は零下二十度という寒さなので神経痛が悪くなって、その痛みはえもいわれぬものだった。

そこで「足が痛むので、休ませてくれ」と頼むと、監視員は〝学習〟の点が下がると、南へ帰るのがおくれるよ、というのであった。

私はせめてクスリをもらおうと思い「神経痛のクスリを下さい」と頼んだ。ところが、私のもらったクスリは消化剤で、スキッ腹に消化剤――（ものをあまり食べなかったので――）という皮肉な有様だった。

食事は、いつもあまり気が進まなかったが、（米のゴハンと雑穀が交替に出て、私はいつもキムチでそれを少しばかり食べた……）食堂では他の乗客たちの顔がみれるという〝安らぎ感〟があって、待ち遠しかった。だが、仲間の乗客の中に目の下に黒いアザをつくった顔（なぐられたあと）や、殴打のあともあざやかなはれた顔が、歯が痛いのかゴハンを食べるのも苦にしているのをみるとき、私の胸はきざまれるように痛かた。さらに私を悲しませたのは食堂に姿をあらわさない人びとのことであった。これらの人びとは無期のさい何らかの理由でどこへか、連れて行かれている人びとだから

だ。

そのようによそおったのでもあるが、それでも一日四時間の〝学習〟はきびしく実行させられた。

学習の内容は全部、金日成の個人崇拝主義にかんする作り話と、共産主義の宣伝であった。たとえば、日本から韓国を解放したのは偉大なる金日成領袖だとか、李王朝末期に大同江にやってきた米国商船のシャーマン号を、民族的愛国心で一撃のもとに撃沈したのは金日成の曽祖父だったとか――歴史的事実に反する話にみちていた。しかし、私は無知な農民ということになっているので、あー、そうか、そうか、ですませ、何ごとも起きなかった。

金日成冊子の感想に苦しむ

金日成のことを書いた冊子を一日に五十頁ずつ読まされたが、毎日その感想を書いて提出させられるのには弱った。作り話で金日成を英雄のように書いてある本だから「まことに立派だ」とか「民族的に感激した」とか書くように仕向けられているのだが、でなければ「それはうそだ」とか「歴史的に聞いたこともない話だ」とか、全く反対のことを書かねばならない。しかし、反対したら、どのような目に会うか、この年までムダメシを食ってきた私ではないからはっきりと分かるのだ。

〝苦しまぎれに、長い間、断って

なくて餓死する人が多いという話だが……」と。私は性分調査も終わったのに、面倒は起こしたくないと思いながら、静かに「飛行機の乗客の中に田舎の百姓もいたという事実などで南韓の事情が想像できませんかね」とだけ言った。

この監視人たちは二十年も前の作業服地のようなものでできた服を着ていて「どうだ、最高品だヨ」といって誇らしそうな表情をしていた。また、彼らは、朝、私が電気ヒゲソリでヒゲをそるのを不思議そうに見ていたものである。

二月三日、私は拉致されてから五十四日ぶりにはじめて散髪してもらった。そして二月十三日の朝監視人は「夕方カバンを返してやるヨ」と言った。私はこうしたことから〝帰還できるのではないか？〟という想像で胸がわくわくした。ところが十三日の夜はとんでもない夜となった。深夜の二時過ぎまで〝学習の総復習〟だとして、あきあきするような共産主義の宣伝文句を、まるでオウムのように繰返させられたのだ。

KAL機拉北者39名は外信記者会見で北傀の残忍で悪ラツな蛮行を暴露した（2月17日）

ところが、十四日は世にも素晴らしい日だった。午前十一時ごろ私たちはバスで開城に到着、そして板門店に向かった。途中監視人たちは「引受けを拒否されたら、また戻ってこいヨ」と、本当にそうしたことを信じている顔つきで言った。

（SISA）

筆者の朴益東氏は江原道溟州郡農協組合長。KAL機拉北事件の乗客の一人。さる十四日帰還した。

北傀の正体知った筈
温い同胞愛で民団は招く

朝総連傘下の同胞たちへ

民団東京本部支団長会議声明

＜既報＞さる二月十六日の民団東京本部管内第一六三回支団長会議においては、朝総連傘下同胞たちの抱擁について積極的な宣伝活動を行なうことに合意をみたのであるが、その合意にもとづいてこのほど民団東京本部は「支団長会議」の名においてつぎのような要旨の声明を発表した。

＜第一六三回支団長会議声明＞

最近、大韓民国に対する悪辣な挑発行為をはじめ大韓航空機の拉致ならびにコレラ菌密輸事件など北韓共産カイライたちの非人道的な蛮行がつづいたことに関連してわれわれ在日大韓民国居留民団東京本部管内支団長一同は、朝総連傘下の同胞たちの覚醒をうながすとともにいまこそ祖国大韓民国の国民として居留民団傘下に、はせ参じるよう温い同胞愛の手をさしのべることを決議した。

一、赤狗金日成徒党たちは、口に平和をとなえながら、その実祖国大韓民国に対しては無意味な挑発行為をくりかえしている。

一、大韓航空機をはじめその乗客を拉致するなど海賊行為を平気で敢行するばかりでなく、拉致乗客を人質にしてはあらゆる拷問をもって、その洗脳をこころみた。

一、そればかりか、コレラ菌を密輸し祖国同胞の大量殺害をこころみるなど天人ともに許さざる彼らの非人道性を暴露した。

一、このように彼ら共産主義者どもの正体がいかなるものかをよく認識したものと思う。いまこそ朝総連傘下の同胞みなさんも日に日に繁栄していく栄光の大韓民国の国民として居留民団の旗のもとに結集することを望むものである

羅東本副団長帰任

第五一回三・一節記念式典参観団は、三月一日午前十時から中央庁前広場において朴大統領ら参席のもとに挙行された記念式典に参列した。一行はこの後国軍墓地、顕忠寺をそれぞれ参拝、翌二日は外務部長官室での有功者表彰式に参席、公式日程を終え、翌三日解散した。またこの度の参観団関東地区一行一三〇名の引率団長として式典に列席した羅鍾卿東京本部副団長は公式日程終了後の三、四の両日、池昌男中央副団長とともに、外務部亜州局長、僑民課、中央情報部各局、万博対策本部長ほか各責任者、治安局の外事課長、第一、第二各係長、さらにソウル特別市警察局長、第二係長等をそれぞれ礼訪して懇談、また三・一独立宣言文起草者の一人である李甲成翁とも歓談した。なお、民団東京本部の羅副団長は九日、李泰術民生部長は七日、それぞれKAL機で帰任した。

12氏に表彰状

崔圭夏外務部長官は去る二日、第五十一回三・一節記念式典に参列するため帰国した在日同胞十二名に有功表彰状を授与した。その名単は次のとおり。▽崔鳳学（大阪本部団長）△申吉秀（和歌山本部団長）安洪柱（三多摩本部組織部長）柳慶沢（同商工会会長）△金相列（福岡本部事務局長）△呉文煥（人吉支部団長）△金洛天（旭川支部団長）△朴秀益（前宮城本部団長）金基淑（愛知本部執行委員）△孫啓薫（島根本部教育担当）△金竜雲（兵庫本部組織部長）△黄二柱神奈川商工会理事）

祖国の将来背おって
東京韓国高校76名が巣立つ

東京韓国高等学校の一九六九年度第一二回卒業式が、さる九日午前十時より東京新宿区若松町の同校講堂において、卒業生はじめ来賓、学父兄多数参席のもとに盛大にとり行なわれた。

この日晴れて卒業を迎えた卒業生は男子三十一名、女子四十五名の計七十六名、それぞれ宋基鶴校長から卒業証書を授与され、また優等賞、大使賞、理事長賞、民団東京本部団長賞等々の表彰がありそれぞれに賞状と賞品が授与された。つづいて宋校長は、参席した来賓、特に学父兄の労苦に感謝の意を表しながら、「異国日本の地に生活している諸君は、つねに大韓民国の息子、娘であるという自負心をもって進んでほしい。祖国の将来は諸君自身にかかっている」との諭告をおこなった。つづいて駐日大使（代読）、洪泉公報館長、金竜煥首席奨学官、李禧元民団中央団長、鄭在俊東京本部団長、金信三婦人会長がそれぞれ含みの多い祝辞を述べ、また多数の祝電が披露された。つづいて在校生代表による送辞、卒業生代表による答辞、学父兄の先生方への感謝の言葉が述べられ、卒業歌、校歌の斉唱が奏る中で、厳粛な中にも意義深いこの日の式を終えた。

なおこの日表彰を受けた卒業生はつぎのとおり。

優等賞梁富男（3年間）、金和子、鄭淳五、宋一烈、朴慶子、玄英順、金玉順、李愛子、沈基守　大使賞梁富男　理事長賞朴慶子、中央団長賞鄭淳五、東本団長賞宋一烈、公報館長賞金玉順、商銀理事長賞玄英順、功労賞呉圭三、梁富男、丁聖哲、崔秀春、金仁、崔在国、朴泰弘、呉貞好、河泰憲、文聖基、宋一烈、金数雄、崔友子、李成子、権秋子、曹淑枝、李竜美、朴慶子、李淑子、金玉順、金海淑、成竜大、努力賞金光均、皆勤賞梁富男（三年間）、崔友子、李時男、成竜大、朴慶子、玄英順、沈基守、裵恵美子、精勤賞尹允淑（三年間）、

また同日公表された学事報告によると今年度同校卒業者の進路状況は卒業生七十六名のうち進学が四十二名、就職が二十二名、家事が十二名で、進学の内容は、本国留学が十二名、日本の各大学へ十五名、技術専門校が十五名となっている。（写真は卒業式のもようと㊤宋一烈君に賞状賞品を授与する鄭東本団長）

一番町法律事務所に
朴宗根氏事務所開設

これまで朴宗根法律事務所は杉本良三法律事務所としてそれぞれ法律事務にたずさわってきたが、三月一日からは「一番町法律事務所」と改名、三月十六日から千代田区一番町二七ー五に新事務所を開設、執務することになった。電話二六三ー九一ー六八ー九

韓国学生会館を建設
東洋経済日報の計画進む

在日僑胞紙として広く知られている東洋経済日報社（朴鐵社長）では、創刊満三十周年記念事業の一環として韓国学生会館（仮称）の建設を検討中であったが、このほどその基本案がまとまり、実現をめざして鋭意努力することになった。

計画案によれば、一九七七年度に完成が予定されている東京郊外の研究学園都市の中心部（茨城県筑波郡大穂町大字大曽根）に、東洋経済日報社がすでに確保している約四千五百五平方米の敷地を使用、総鉄筋三階建、冷暖房完備の近代的施設（延べ建て面積二千六百五十平方米の予定）を誇る韓国学生会館を建設する。

同学生会館には学生寮（男女別計百五十室・一室二人）図書室・娯楽室、ホール、食堂などを完備、付属施設として庭球場や各種スポーツ施設、駐車場なども造ることになっているほか庭園には韓国から各種の樹木や草花なども移植する計画を進めており、完成後は韓国人男女学生約三百人を収容する方針。

筑波研究学園都市は総面積一千六百四十万平方米にのぼる大がかりな学園都市で東京から三十分で結ぶ通勤新幹線や高速道路も建設されることになっており、その中心部に韓国学生会館が建設されれば、住宅や韓式食事に悩む韓国人学生にとって大きな朗報になるものと各方面から期待されている。

また、同学生会館の運営・管理方法については研究中だが、韓国政府文教部や駐日大使館筋とも協議のうえ財団設立による運営案が慎重に検討されている。

なお同社では、韓国学生会館建設計画に並行して奨学育英金制度の具体的な検討も進めており将来は漸増が予想される韓国からの留学生の指導対策もねっている。

韓国学生会館の建設予定地

韓国の自然と文化を
李仁実女史が個展で紹介

なつかしい母国の山水画の個展が東京で開かれる。韓国国展の女流無鑑査作家の一人、李仁実女史は、韓国の自然と文化を芸術を通じて日本に紹介し、また在日韓国人の本国に対する愛着と郷愁を少しでもいやして上げ得ればという気持から東京で個展をひらくもので、農村や古宮の平和な風景や花鳥画等に、加えて二百年前の李朝宮廷画員であり、かつ渋いユーモラスな庶民風俗画家の随一として謳われた檀園金弘道（一七六〇ー）の〝耕織図〟と〝平生図〟などを模写展示する。〝耕織図〟とは一年間の農民生活を正月春耕、田植等の段階順に八枚の屏風に分けて描いた物であり、〝平生図〟とは人の一生を、誕生一周年宴、結婚、科挙等と、やはり段階別に八枚に分けて描いた屏風である。いわば二百年前当代随一の画家に依って成された一年の生活と、人の一生の記録画が韓国式パノラマに仔細に渡って展開されているので、貴重な展覧会として期待されている。

李仁実女史はソウル大学校美術大学出身で、現在淑明女子大学の講師を務めている。なお、李女史の個展はホテルニュージャパン一階の韓国公報館展示室で三月二十四日から三〇日まで。＜写真は李女史と展示される水彩画風景＞

支部だより

江戸川　＜村山へ花見会＞春をまじかにして、同支部では恒例の花見会を計画。来る4月12日の日曜日、バス2台をくり出して村山貯水池へ花見に行く予定。

葛飾　＜花見会と運動会を計画＞同支部でも来月の12日、第二日曜日に、区内水元公園において花見会をかねて運動会を開く計画をたてた。同支部では昨年秋にも運動会を予定したが雨のため中止となった苦い経験から、今度こそはと担当者一同はりきっている。

民団東本要員募集

民団東京本部では、つぎのように要職員を募集しております。希望者は履歴書持参して下さい。

一般事務職員ならびに機関紙編集要員

男女各若干名

とくに新聞、雑誌など編集・出版関係に携っていただく若手青年を歓迎します。

＜資格＞大韓民国の国籍をもち思想穏健で大学または高校卒以上の者、年令は問いませんが健康な方、＜待遇＞面接の上決定しますが民団の規定により優遇します。

東京都文京区本郷三丁目三二ノ七

大韓民国居留民団東京本部

総務部

電話（811）一五三五（代）

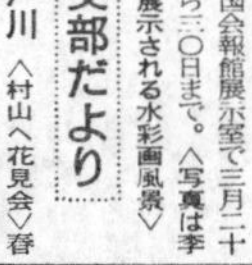

左から善の高菊栄嬢・真の下仁子嬢・美の尹正伊嬢

人類の進歩と調和

万国博の幕ひらく

深い理解と友情を

パビリオン 韓国館も開館

エキスポ70、万国博覧会はいよいよこの十五日からその幕をひらいた。アジアではじめて開かれ世界77ケ国が参国するこの歴史的な人類のお祭りに、祖国大韓民国も積極的な意慾をみせて参加、韓国館パビリオンを建立して躍進韓国の威容を示すことになった。

在日居留民団でも「万国博後援会」を組織して、いろいろな記念事業を行なうが、そのうちとくに万博招請事業は、団を挙げてその成功を期している。万博対策本部の輸送計画によると東京地区の被招請者約一、一〇〇名は六月七日から一ケ月間に来日することになっている。

さる13日には、万国博開幕にさきだち韓国館の開館式が行なわれたが、これには在日万博後援会役員、民団中央委員、全国信用組合長、商工会々長など約三〇〇名が参加した。（写真は韓国館の外景）

大韓民国館 お祭り広場のすぐ西側に大屋根によく似たスペース・フレーム構造の屋根が、大韓民国館で、高さ30㍍、直径4㍍の大円柱15本にささえられた縦66㍍、横36㍍の大屋根の下に、近代的な主展示館と古代の船＜李舜臣将軍の亀甲船＞を模した副展示館が立っている。化学工場の大煙突を思わせるこの大円柱と大屋根は韓国の近代産業国家達成を象徴したもの。

展示も「より深い理解と友情」をテーマに「人類の進歩と調和」に貢献する韓国の過去、現代、未来を国宝級の文化財や一般文化財を展示しながら紹介していく。

エスカレーターで主展示場の二階へあがっていくと、民族文化の繁栄を描く「文化遺産館」がある。ここでは、日本との文化交流を中心に、百済時代に日本にはじめて仏教を伝えて以来、東洋文化の窓口になった韓国の役割を、歴史的資料や文化財約90点によって説明する。

韓国産業の発達を紹介する一階の「現代館」では、五・一六以後短い期間に韓国がなしとげためざましい進歩と、近代工業国化に取りくむ今日の姿―政治・外交・国防・文化・観光の現状が展示されている。

地下一階の副展示館にある「未来館」は、船形の広いフロアで韓国の明るい未来を紹介し、船のデザインで前進しつづける韓国を表現している。ホールにかざられている「エミレー」（神の鐘）と呼ばれる青銅製の鐘は8世紀の作（西暦七七一年、新羅時代の作で韓国の国宝であるが、万博に展示されたものは、模造品である）という国宝で、世界に誇る鐘の音を録音できかせる。ロビーでは、民族舞踊をはじめ民芸品、みやげものの即売場、韓国料理レストランなどが韓国の味わいを運んできてくれます。

写真はトスカの舞台と金金煥氏（円内）

トスカの主役に金金煥氏

藤原歌劇団の春季公演に抜擢 絶賛博した韓国声学家の実力

さる三月五日上野東京文化会館において上演した藤原歌劇団の、春季公演オペラ「トスカ」に、韓国人テナー金金煥氏が主役を演じ絶賛を博し、日本オペラ界での話題をよんでいる。

このオペラ「トスカ」は、東京都オペラ・シリーズと銘うって東京都が助成する公演で東京フィルハーモニー交響楽団をウラジミール・ベニチ氏が指揮し、演出にはオペラの本場イタリーからピエロ・ファジョーニ氏が招かれてこれにあたり、日本の代表的声楽家である五十嵐喜芳氏、砂原美智子氏などを擁する藤原歌劇団が総出演したが、その主役マリオ・カバラドッシをわが国のテナー金金煥氏が演じたもの。

金氏は、ソウルのソラブル芸術大学を卒業後、ソウルで国立オペラ歌劇団の代表的テナーとして活躍し、一九五五年以来「ラ・ボーエム」「マルータ」「トラバトーレ」「アイーダ」など多くのオペラの主役を演じて韓国オペラ界の発展と向上にも貢献してきたひとりである。

さる六九年に日本でのオペラ研究を目的に来日して東京芸術大学大学院音楽科に籍をおいてオペラ研究のかたわら、民団埼玉県本部県南支部の事務部長兼埼玉韓国文化学院の講師として県下同胞二世たちの民族教育にも尽力している。

日本の舞台で、韓国声楽家の実力をいかんなく発揮した金氏は、こんどのトスカ出演を機に日本楽壇で積極的な音楽活動をしたいと希望しているが、まず来る四月二日には、東京有楽町の第一生命ホールで独唱会をひらくことになっており、この独唱会では氏が得意とするイタリア歌曲の他に、わが国の代表的な民謡と歌曲を数曲紹介することになっている。

民謡では朴淵瀑布、済州道民謡の「オドルトク」。歌曲では「山有花（金聖泰作曲）」「そよ風（玄濟明作曲）」「巡邏〝カゴパ〟（金東振作曲）」などが予定されている。

在日ミス・コリア・コンテスト

真の栄冠は下仁子嬢

善＝高菊栄嬢・美＝尹正伊嬢

民団中央宣伝局主催の一九七〇年在日ミス・コリア・コンテスト決選大会は、さる八日午後一時から東京市ケ谷の日傘会館で行なわれた。

真に大阪代表の下仁子嬢、善に東京代表の高菊栄嬢、美に同じく東京代表の尹正伊嬢がそれぞれ選ばれた。

この日のコンテスト大会には、東京予選で入選した五人と大阪予選で選ばれた三人、京都から一人計九人が参加して行なわれ選ばれた真善美三人は、きたる四月六日ソウル市民会館で行なわれるミスコリア全国大会に参加することになっている。

真に入選の下仁子嬢 大阪市西成区出身、過去東京オリムピックの年に在日ミス・コリアになった下嬢の妹で、金剛学園高等部を卒業し梅花女子大英文科に在学中の当年18才で身長一六七センチ

善の高菊栄嬢は、東京都大田区出身、精華学園をへて、田中千代デザインスクールを卒業現在JCB英会話スクールに在学中で当年21才、英会話を得意とし身長一六四センチ。

美の尹正伊嬢は、東京都墨田区出身、上野学園高等学校をえて山野愛子高等美容学校を卒業し、現在家事を手伝っている。当年22才、身長一五八センチ。

李純子嬢　裵洋子嬢　金毅技嬢

東京本部で予選

五人の代表選ぶ

在日ミス・コリアの東京地区予選は、五日午後一時から東京本部会議室で行ない、十一名の美女が参加したなかでつぎの五人を中央の決定大会に参加する代表として選ばれた。

△高菊栄嬢（決選で善に入選）

△尹正伊嬢（決選で美に入選）

△金毅枝嬢、大田区出身、立華学園女子高等学校卒、大関早苗チャームスクール卒、当年21才。身長一七二センチ。

△裵洋子嬢、墨田区出身、日本女子体育短期大学を卒業、22才。身長一五六センチ。

△李純子嬢、大田区出身、東京韓国学校中等部から高等部をへて東京教育専修学校保育科を卒業、韓国舞踊と韓国料理を得意とする当年21才で身長は一五六センチ。

한국의 발전

一. 우리 나라의 유래

1. 한국 민족의 성립

(1) 우리 민족의 원시 생활

우리 한국 민족은 황색 인종으로 우랄·알타이어족에 속한다.

아득한 옛날 중앙 아시아 방면으로부터 몽고 고원을 거쳐 만주 평야와 한반도에 들어와 살게 된 퉁구스족의 한 갈래가 우리 민족의 먼 조상에 해당한다.

이들은 만주와 반도의 각지를 헤매다가, 보다 살기 좋은 곳을 찾아 한 곳에 머물러 움집과 귀틀집을 짓고 농사를 지으며 짐승을 기르기 시작하였다.

이 때는 핏줄기가 가까운 사람끼리 한데 모여서 한 마을을 이루고 살았는데, 이 사회를 씨족 사회(氏族社會)라고 한다.

그 후, 씨족 사회는 뭉쳐서 부족으로, 부족은 점점 커져서 나라의 모습을 갖추게 되었다. 이것을 부족 국가(部族國家)라고 한다.

이 무렵엔 돌을 깎고 다듬어서 생활에 필요한 연모를 만들고, 진흙을 빚어서 토기도 만들어 썼다. 이 시대를 석기 시대(石器時代)라고 한다.

석기 시대의 유물로는 석기와 토기·외에도 고인돌(支石),

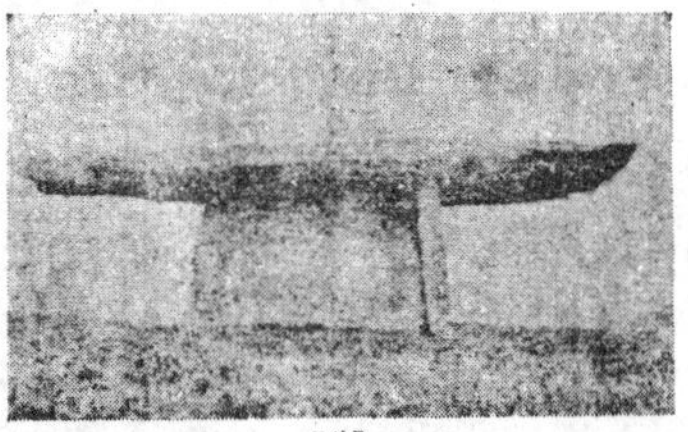

고인돌

선돌(立石) 등의 유적이 우리 나라 전역에 산재해 있다.

(2) 고조선

고조선(古朝鮮)은 우리 민족이 이룩한 최초의 부족 국가이다.

고조선이 자리잡은 대동강(大同江) 유역은 기름진 평야로 농사짓기에 알맞고 교통이 편리하여, 가장 먼저 농경 문화가 발달한 곳이다.

우리 민족의 시조인 단군(檀君)이 처음으로 세운 나라가 바로 이 고조선이다. 우리가 단군을 민족의 시조로 모시고 매년 10월 3일을 개천절(開天節)이라고 하여 온 국민이 이 날을 기념하는 이유도 여기에 있는 것이다.

그 후, 고조선 사회는 발달하여 종교와 정치의 구별이 생기고, 종교는 제관(祭官)이, 정치는 임금이 각각 맡아보게 되었다.

이 무렵에는 사회의 제도도 갖추어지고 또 여러 가지의 규범도 행하여졌다.

그러나, 이 무렵 중국의 전란을 피해서 많은 피난민들이 몰려들어와 고조선 사회는 매우 어수선하게 되었다. 이 틈을 타서 위만(衛滿)이 고조선의 새 지도자로 나타나게 되었다.

고조선의 위치

위만은 이웃의 작은 부족들을 합쳐 국력이 강해지자, 중국을 통일한 한나라와 대립하게 되었다. 마침내 고조선은 한의 무제(漢武帝)의 침략을 받아 망하고 말았다.

한은 고조선과 그 이웃을 차지한 후 낙랑군(樂浪郡) 등의 군현(郡縣)을 두고 통치하였다.

(3) 우리의 여러 부족 국가

고조선이 다른 민족의 지배 밑에 들어가게 되자, 만주 벌판과 한반도 각지에 흩어져 살던 우리 민족은 부족 국가로 뭉쳐서 한(漢)나라의 군현과 대항하여 싸우게 되었다.

이 무렵에 이룩된 우리의 여러 부족 국가는 부여(夫餘), 고구려(高句麗), 옥저(沃沮), 동예(東濊), 마한(馬韓), 진한(辰韓), 변한(弁韓) 등이다. 이들 부족 국가는 한나라의 군현과 싸워 낙랑군을 제외한 군현을 몰아 내기에 성공하였다.

그러나, 대동강 유역에 자리잡은 낙랑군만은 313년에 멸망할 때까지 한의 융성한 문화를 한반도에 전하여 우리의 고대 문화 발전에 영향을 끼쳤다.

이 무렵, 우리의 여러 부족 국가는 농사를 주로 하고 살았기 때문에 자연히 하늘을 숭배하게 되어, 추수가 끝난 가을에는 하느님께 제사를 지내는 풍습이 있었다. 곧 고구려의 동맹(東盟), 부여의 영고(迎鼓), 동예의 무천(舞天) 등이 그것이다.

삼한에도 10월을 상달이라고 하여 추수를 감사드리는 행사가 있었는데, 오늘까지 그 유풍이 전해 오고 있다.

이 때에는 온 나라 사람들이 술과 음식을 마련하고 춤과 노래로 즐겁게 놀았다고 한다.

우리 나라 부족 국가

이 당시의 우리 조상들은, 흰옷을 좋아하여 백의 민족이라 불리었고, 마음이 어질어 도둑이 없는 평화스런 사회 생활을 하였다.

(4) 삼국의 정립

만주와 한반도 각지에 있는 여러 부족 국가들은 지역적으로 뭉쳐 마침내 고구려(高句麗), 백제(百濟), 신라(新羅)의 세 왕국으로 발전하였다.

이 세 나라는 모두 강력한 권력을 가진 왕을 받들고 서로 나라를 넓히려고 애썼는데, 이 때를 삼국 시대라고 한다.

삼국 중 가장 먼저 발전한 나라는 고구려이다. 고구려

韓僑通信

는 압록강 유역의 국내성(國內城)을 중심으로 자라난 부족 국가로, 중국의 마지막 군현인 낙랑군을 없애 버리고 영토를 넓히 강한 왕국을 건설하였다.

광개토왕비(퉁꼬우 : 通溝)

는 광개토왕과 장수왕 때에 그의 전성기를 이루었다.

광개토왕은 서쪽으로 중국 세력과 싸워 만주와 랴오허강(遼河)에 이르는 넓은 땅을 차지하고, 남으로는 백제를 쳐서 한강 이북의 땅을 합쳤다. 그의 아들 장수왕은 서울을 평양(平壤)으로 옮기고(427), 다시 백제를 남으로 쫓아 영토를 사방으로 넓혔다.

이 무렵이 고구려가 가장 전성했던 시대로, 그 영토는 만주와 반도의 중부 이북 지방을 차지하는 광대한 판도였다.

남으로 옮아 간 백제는 웅진(熊津: 지금의 공주)을 중심으로 겨우 나라의 명맥을 이어 갔다. 그 후, 성왕(聖王)은 백제의 중흥을 위하여 서울을 사비성(泗沘城: 지금의 부여)으로 옮기고 국력을 길러 신라의 협력으로 고구려에게 빼앗겼던 한강 유역의 옛 땅을 도로 찾는 데 성공하였다. 그러나, 이번에는 신라가 이 한강 유역의 땅을 차지해 버

한강 유역에서 자라난 백제는 위례성(慰禮城)을 중심으로 남으로 마한의 여러 부족을 누르고 발전하였다. 한때는 북으로 고구려의 세력을 꺾어 그 기세를 크게 떨친 일도 있었다.

경주(慶州) 지방에서 일어난 신라의 본 이름은 서라벌(徐羅伐)로서, 진한의 여러 작은 나라를 합쳐서 이룬 왕국이다. 나라의 위치가 반도 남동부에 치우쳐 외부와의 교섭이 적었기 때문에 자연 고구려나 백제처럼 큰 싸움도 없었다. 그러므로, 신라의 국민적 기질은 삼국 중에서 가장 온화하고 보수적이었다.

이 무렵, 낙동강 유역에서는 가야의 여러 나라가 뭉쳐서 살고 있었는데, 금관 가야(金官伽倻)는 그 맹주였다.

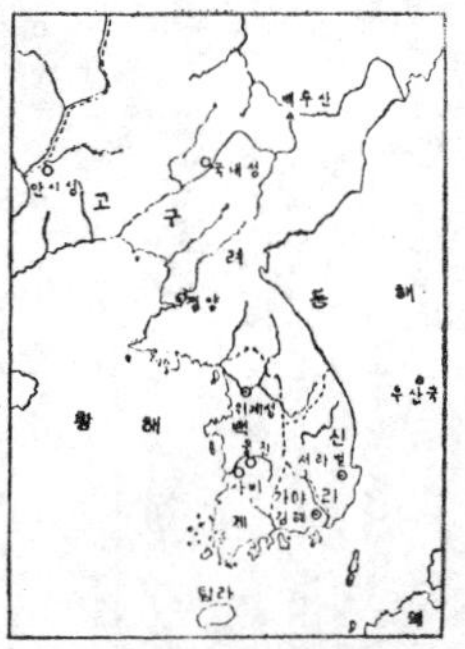

삼국의 초기 정립도(鼎立圖)

（1965年7月27日第三種郵便物認可）　　（毎月5.15.25日発行）第2399号

在日本大韓民国居留民団
綱　領
1. 우리는 大韓民国의 国是를 遵守한다
1. 우리는 在留同胞의 権益擁護를 期한다
1. 우리는 在留同胞의 民生安定을 期한다
1. 우리는 在留同胞의 文化向上을 期한다
1. 우리는 世界平和와 国際親善을 期한다

韓僑通信

（1970）3月25日 水曜日

発行所 韓僑通信社
発行人 鄭在俊
東京都文京区本郷3丁目32番7号韓僑会館
電話（811）1535（代表）
〒133 振替口座東京16631番
（大韓民国文化公報部国内頒布許可）
（購読料1カ月100円・特別1000円）

第16回中央委ひらかる

団結と前進への土台に
70年度活動方針など可決

第十六回定期中央委員会はさる十四、十五の両日、大阪の信用組合大阪興銀三階大会議室において中央委員百十二人（定員百三十人）のほか来賓・顧問、傍聴人など約三百余人が出席して開かれ、中央三機関ならびに各分科委員会の経済報告を処理するとともに一九七〇年度の活動方針案、同予算案、新潟県本部の関東地協への編入案、文化賞授与規定案、中央組織学院規定、中央執行委員会の運営規定などを可決した。

第一日の会議は、白丁赫副議長の開会の辞で開幕、朴根世議長、李禧元団長、張聡明監察委員長、李裕天顧問らのあいさつで、中央委員会の序章をひらいた。

李団長はこのあいさつで、前日行なわれた万国博韓国館開館式における後援会事務当局の案内不手際と中央本部で斡旋した宿所の不充分な準備から中央委員に少なからぬ不便をかけたことについて遺憾の意を表した後、永住権申請の促進、万博招請事業の完遂と保安対策、中央会館の建設見通し、民団運動の展望などについてのべた。

永住権の取得は、期限中に三十万の突破は可能だと語り、多年の懸案である中央会館問題は近いうちに解決されそうであるとその見通しを明らかにしたが、いづれもこの一年間言いつくしたことでこれという目新しいものはなかった。

つぎに各機関の経過報告は、議決機関を文圭準副議長が、執行部を各所管局長が、監察機関を金皓一委員が、各常任委員会と特別委員会はそれぞれの委員長が行なった。

議決機関の報告要旨は、第15回中央委員会の決議により規約委員会を構成し規約に関する挙団的な討議活動を行なったが①各級組織の意見提出が僅少で規約改正試案作成の土台にはならなかった。②規約の修正または改正すべき点があると認められるので、できたる九月の中央委員会にはその改正案を提出したい。③第15回中央委から委任された事項の決定などの通知④特別委員会（日韓文化協会土地売却事件調査委員会）の構成とその召集⑤既制定規定の再検討と未制定規定の起草⑥永住権申請の促進活動⑦法的地位活動などであった。

監察委員会の報告においては、①割当費の徴収ならびに賛助金の調達が過年度予算で策定された額の50パーセント程度にすぎない。②公金使用に一層の注意が要求される。③団務執行態度の弛緩が目につき綱紀の確立が要求される。④永住権申請促進に各級組織の努力が要求される。⑤韓国新聞問題は、現実的方向において慎重に研究されなければならない、とされている。

執行部の経過報告書は、百ページをこえるぼう大なものであるがその総括はつぎのとおりのべている。

永住権申請促進事業と万博後援事業は、民団の命運を決する歴史的課業であるので一般団務を簡素化してこの二大事業に全力を傾注してきた。したがって一般団務をおろそかにしたことを認める。割当金の徴収活動が活発でなかったことと会議召集の回数からして団全般にわたり充分でなかったことを自認する。一九七〇年代を迎えて過去の反省を新たにする。

以上が総括報告の大要であるが報告自体が指摘しているとおり、「団務をおろそかにし、充分でなかった活動を指摘し、過去の成果を反省する」となっている。

会議は、このような各機関の報告をもって第一日を終了したが、全体会議のあと、各分科委員会が個別に開かれ、各所管の活動方針案を審議した。さらに、そのあと中央委員全員が、大阪興銀と大阪商銀主催の歓迎会にのぞんだ。

写真・祝辞をのべる李大使㊤と企画委員会の報告を行なう鄭東本団長

団会計に論議集中
永住権促進と万博事業にも

会議二日目は、前日の経過報告に対する質疑からはじめられたがその主なる応酬はつぎのとおりである。

①、永住権申請の促進運動が開始されて四年二ヵ月を経過したのに、運動推進に不可欠な、正確で科学的な統計資料が作成されていない。すみやかに統計資料をしゅう集すべきだ。

②、民団中央の基本財政となる割当金の徴収はしないで、約束手形ばかりを乱発しているのはいかなる理由なのか？。万博韓国館後援基金の募金など理由があるにせよ、賛助金を含めて割当金徴収に全力をつくせ。

③、貸借対照表にある仮払金、貸付金、立替金などは、すみやかに解決すべきである。本中央委員会での負債整理委員会を構成してつぎの中央委に報告せよ。

④、万博特別会計の収支の明細において出張費、会議費、行事費、給料、宣伝・渉外活動費など、ぼう大な支出が目立つが、もっと公金取扱いに慎重を期せ。

⑤永住権申請の促進において、李団長は、さきに金は心配するなと言ったが経費対策はどうなっているのか、一支部に二万円を支給すると団長は約束したがいまだに音沙汰がないが、その真否はどうなのか？

などおもに財政・会計についての質問が集中したが、これに対し執行部は、万博関係で団長の本国出張が多かったために財政捻出に時間がなかったことと永住権申請運動の経費は原則的に本部・支部の負担であるという答弁があり、一支部二万円云々の件はすみやかに処理するという李団長の言明があった。また負債整理委員会の構成問題は、中央執行委員会にまかせてすみやかに整理することに可決をみた。

会計問題のほかにもう一つ中央委員たちを驚かせたことはKAL契約問題にからんだことである。万博輸送はJAL（日本航空）と契約することにしたという虚偽の本国放送についても、そのような中傷謀略がどこから出たか根拠を明らかにし善処すると李団長は約束したほか、この問題に関していろいろな雑音が出たことについては、反省すると言明した。

同問題で本国まで出張した鄭在俊、文圭準両推進委員ならびに李団長の報告で、万博輸送へのKAL機チャータ、コンミッションは22パーセントプラス二千万円、それに、東南亜旅行の無償サービスの約束で落着したことが明らかにされた。日韓文化協会問題では一時間余り議論がなされ、権逸氏に対して民団規約、第六十六条第三項を適用して処分すべきだ、という強硬意見も出たが、ここで駐日韓国大使館の許事務参事官が発言を求め「特定の個人を擁護するためではない」と前置きし「売却されたことは事実で、しかも朝総連に売却されたことは〝失策（失手）であった。だが〝大同団結する〟という大局的見地から関係者に反省を求める。近く本国政府の態度表明がある筈である」と発言。結局、真相調査委員会の報告をもとに監察委員会が慎重に審議して新たに態度と見解を発表するよう、監察委員会に回付することに決定した。

このあと、一九七〇年度の活動方針案、同予算案、文化賞授与規定案、新潟県本部を関東地協に編入させる案と中央組織学院規定案中央執行委員会運営規定案など各分科委員会で審議されたものを一部修正して可決。代議員中央委員の数と配定の問題は継続審議することに決定して閉会した。

永住権への無知は残念
李厚洛駐日大使の祝辞

李厚洛駐日大使は、中央委員会第一日目の会議で、要旨つぎのような祝辞を行なった。

大韓民国の国権をもって在日同胞みなさまの権益を擁護するのがわたくしの任務であり責任である。

在日僑胞みなさんの法的地位の向上や経済問題の解決、さらに民族教育問題などさまざまな問題が横たわっているが、本質的で根本的な問題は、僑胞社会の団結である。組織の強化もここから生れるものである。そして僑胞自身の問題は僑胞自身が解決し決定すべきだと思う。したがってきようここに集った中央委員みなさんの努力に期待する。

わたくしは、赴任してきてから日本の政・財界などいろいろなひとと会って、朝総連問題を含めての諸問題を話し合ったが日本側は話しの後は必ず「一般的に韓国を支持している多くの在日韓国人が、居留民団を必ずしも支持していないのではないか」ということを指摘された。

しかし、わたくしは在日同胞の団結については楽観している。朝総連内部にも問題がない訳ではないが、いつかは霧散するであろう。残念なのは、朝総連の妨害もさることながら、無知であるが故に国家や政府が、みなさんの権益をまもるために締結した永住権協定の恩恵を自から放棄していることである。

来年一月がすぎれば、永住権の有無による区別がはっきりするであろうし、在日僑胞社会も新しい段階に入るであろう。みなさんには、あやまった道を歩む同胞たちを啓蒙し指導をする重い責任があることを自覚し、永住権申請の促進に努力してほしい。そして、より団結したなかで、いままでとは違った外国人としての誇りある在日韓国人として平和に生きていこうではありませんか。民団のシンボルである中央会館の建設については、研究中であるが、その実現には協力するつもりである。

10年内に中進国圏へ
農業近代化に輸出増進
企画調整室 70年度の行政白書を発表

政府は十七日、六九年度の部門別施策評価と七〇年代の課税ならびに未来像をおり込んだ全文五百六十七頁に達する一九七〇年度の行政白書を発表した。

企画調整室で作成したこの白書は第三回経済開発五ヵ年計画の基本目標は輸出の革期的な増大と農業の革新的な開発に重点をおき主要政策手段として①経済安定基盤の強化②国際収支の改善③投資財源の国内調達拡大④流通構造の現代化⑤地域開発の促進⑥人力開発と科学技術陣水の容⑦農業用開発、耕地整理及び農業の企画化、種子の改良など農業技術の開発の普及を打ち出した。白書はまた、第四次経済開発計画が終る七〇年代末の経済展望を一人当りの国民所得を五百㌦、商品輸出五十億㌦、国民の生活向上、農漁民所得の倍加、農業の近代化と均衡的な産業の発展、完全雇備の実現で成熟した中進国圏に入ると展望した。

選挙法の改正案
与・野共同提案を検討

与・野党の総務らは幕後折衝の新しい打開策として、先ず新民党側が要求している選挙制度の改善案を両党の幹部らの共同提案の形式で一括して国会へ上程することを検討中である。

共和党の金振晩総務は十七日「野党が要求している四十八個項目の選挙制度の改善案並びに選挙訴訟法の改正案を先ず一括して国会へ共同提案することには応じる用意がある」と語った。

しかし、金総務は「新民党の案が与・野議員らによって共同で提案したとしても、これは与・野党議員らが個人の資格で提案に賛成するものなので院議によって「取捨選択権が前提とされなければならないという条件づけでなくてはならない」と述べた。

一方、新民党の鄭海永総務も「国会の正常化のためには、先ず選挙制度の改善のための〝事前合意〟が先きだつものでなくてはならないという新民党の従来からの立場から両党による共同提案は当然なこと」だと語り「両党の役員を含めた二十名乃至三十名の議員が法案化された選挙の改善案へ共同で署名提案する形式をとらなくてはならない」と強調した。

しかし、このような新しい与・野党による協商の打開策について新民党の内部では「野党の議員らが登院した後に共和党側が院議でもって同法案の重要部門を否決する可能性があるために充分な事前保障だとみるわけにはいかない」という主張が台頭しているので、このような新しい打開策が新民党の公式機構で党論としてかたまるまでには相当な期間があるようである。

これに対して、鄭海永総務は「このようにして共同提案された法案が院議で否決されるということは、ありうることではなく、これは共和党のもう一つの重大な政治的背信行為となるだろうと」強調している。

また、共和党の金振晩総務も「共同提案が両党の正式なる合意を意味するものではなく、議員個人の資格で提案するものであるが、与党の院内総務という立場で貫徹されるよう最善の努力をつくすと約束、共同提案が事実上部分的な「事前保障」の性格をもっていることをもらした。

選挙法15項目は接近

国会正常化のため、与・野党が幕後で交渉してきた選挙制度の改善についての協商は両党総務級の折衝が壁にぶつかり両党の公式機関で最後の党論を調整しなくてはならない段階に立ち至った。共和党金振晩総務と新民党の鄭海永総務はその間、幕後交渉を通じて新民党側が提案した四十八個項目の選挙制度の改善案を中心に双方の意見を縮める作業を継続してきたが、その結果、すでに両党の総務間で折衝が可能な限界線まで到達しつつあるといわれる。

共産圏代表の入国許可

二十一日のソウル放送によると、韓国の崔圭夏（チェ・ギュハ）外務部長官は同日の記者会見で、四月九日からソウルで開かれるアジア開発銀行第三次総会にソ連とモンゴルがオブザーバーとして参加を希望すれば入国を許可すると述べた。もし両国代表が参加することになれば、戦後はじめて韓国に共産圏の代表が入国することになる。

KAL機事件の残留者対策会議

外務部は七日、KAL機事件の残留者早期帰還対策会議を開き、崔圭夏長官を始め尹錫憲次官、金溶植駐国連大使、朴東鎮駐ジュネーブ大使らが出席した中で、北韓にまだ強制抑留されている十一人のKAL機未送還乗客（七人）および乗務員（四人）を早期に帰還させるための方案について検討した。

同対策会議では金、朴両大使から現地報告をきいた後、外務部が作成した〝第二段階送還対策〟を検討し、次の三項目を決定、実施にうつすことにした。①この事件は人道主義の原則に従い世界世論に訴えて解決をはかる。②残留者の早期帰還実現にはあらゆる外交的方法をつくす。③すでに帰還した人たち（三十九人）の証言により、北韓の、乗客たちにたいする非人道的拷問と虐待など北韓蛮行を国際社会に暴露する。

対中立国外交を多辺化

政府は、これまではアフリカ・中東地域に集中させていた対中立国外交を多辺化する方針で、こんごは中南米をはじめ欧州、オセアニア地域にまで外交活動を広げ、強化する計画である。

政府はこの計画に沿い、今年中に中南米のペルー、コロンビア常駐大使館を新設、ブラジルのサウパウロ市に総領事館を置く予定であり、また欧州のスペインに常駐大使館を、オーストラリアのシドニーに総領事館をそれぞれ開設することにし、現在各関係国と協議中である。

このような政府方針は先月ソウルとロンドンでそれぞれ開かれた中南米および欧州地域公館長会議の建議を土台として決められたものでなお、政府は昨年開設した駐オランダ大使館の大使（現在は代理大使が職務代行）任命をも急いでいる。

総額1億5千8百万円

1970年度予算

1970年3月1日～1971年2月末日
（第16回中央委員会可決）

歳入之部

科目	金額
前期繰越金	2,215,232
割当金	51,706,000
（1969年度分未収金を含む）	
手数料	9,000,000
補助金	15,000,000
賛助金	18,000,000
雑収入	398,768
計	96,320,000

歳出之部

人件費		34,100,000
俸給		25,500,000
1,200,000	団長室機密費	100,000×12
3,060,000	副団長 総長	85,000×3×12
5,400,000	局長	75,000×6×12
5,040,000	次長	70,000×6×12
諸手当		8,600,000
	局員	12,000,000
局員手当		
2,550,000	皆勤 残業 日当直 俸給の10%	
機関〃		
1,800,000	議決 監察機関	75,000×2×12
特別〃		
4,250,000	俸給（月2,125,000の）200%）	
事務費		3,240,000
事務費		3,240,000
消耗品費		1,440,000
印刷費		1,200,000
備品費		600,000
維持費		5,100,000
電信電話料		3,000,000
通信運搬料		720,000
購読料		420,000
車輛維持費		960,000
出張費		4,200,000
出張費		3,600,000
交通費		600,000
営繕費		360,000
慶弔費		1,200,000
機関紙		9,600,000
印刷費月4回×200,000		800,000
会議費		2,420,000
中央委員会		800,000 （年2回）
中央執行委員会		120,000 （年1回）
		1,500,000
地方団長会其他		500,000
強化対策会議（本国合同）		1,000,000
行事費		2,000,000
活動費		19,500,000
二機関活動費		1,000,000
財政調達活動費		500,000
渉外〃		2,000,000
組織〃		3,000,000
経済〃		2,000,000
民生〃		2,000,000
文教〃		2,000,000
学校関係費		1,500,000
宣伝活動費		2,000,000
法的地位関係		2,000,000
幹部訓練費		1,500,000
補助金		5,500,000
傘下団体		4,500,000
特別補助		1,000,000
手数料		1,500,000
厚生費		2,400,000
厚生費		600,000
社会保険		1,800,000
予備費		1,200,000
借入金返済		3,000,000
旧債返済		1,000,000
合計		96,320,000

永住権申請促進特別会計収支予算

1970．3.1～1971．1．16間

収入之部

賛助金	26,000,000
各商工団体 賛助	
特別賛助金	36,000,000
合計	62,000,000

収支之部

科目	金額
宣伝費（文宣）	3,000,000
宣伝費（特別）	6,350,000
芸能団（地方補助）23回×100,000＝2,300,000航空15回×30,000＝450,000新聞（5大）広告各3回15回×200,000＝3,600,000	
7名 毎月85,000 11個月	
遊説班人件費	6,545,000
全国地区専担員人件費	1,600,000
専担員400名2回×20,000	
遊説班旅費宿食費	9,548,000
7名月平均20回月当4,000延220回＝6,160,000（旅費）7名月当2,000 11個月延242日＝3,388,000（食費） 地方、支部、専担員 補助150名 毎名当月3,000 11個月	
会議費	5,000,000
中央3回＝300,000 地協7×2回×50,000＝700,000 支部傘下400×1回×10,000＝4,000,000 月約140,000×11	
雑費	1,537,000
通信費	1,870,000
電話月70,000×11＝770,000 文書発送費月100,000×11＝1,100,000	
借入金返済	7,200,000
1969年度中借入分（一般会計）	
合計	62,000,000

執務時間変更のお知らせ

民国では本団規約にしたがってきたる四月一日より左記のとうり執務時間を変更致します。

記

自四月一日 至十一月三〇日 始務 午前九時 終務 午後五時

居留民団東京都本部総務部

弘報活動強化
文公部海外局新設

政府は海外弘報活動を強化するため文化公報部内に〝海外局〟を新設することにし、さらに三十六ヵ国に〝一人公報館〟を増設する計画である。

中文公部長官が七日明らかにしたところによると、文公部は当初八つの地域に設置しようと試みた公報館を分散させ、三十六ヵ国にワンマン・ポスト制（一人公館制）を設置する方針だという。また申長官は北韓が全予算の三・六%を海外弘報活動に使っているのに対処して対共放送の出力も現在の五十倍にふやすなどして対共宣伝活動をも一層強化すると語った。

伊潽善氏来月に渡米

最近、新党結成運動を展開している元大統領尹潽善氏は来る四月初め、約二十日間の予定で渡米する予定である。

武装ゲリラ盈徳海岸へ

対間諜対策本部は十三日、ここしばらくなりをひそめていた武装ゲリラが今年に入ってはじめて少数組の北傀の武装ゲリラが幾日か前、東海の盈徳海岸に浸透してきて軍、警、郷土予備軍が合同捜索作戦を展開していると発表した。

対間諜対策本部によると韓国軍の警備隊は、この幾日か前二・三名だと思われる武装ゲリラが木舟に乗って盈徳南方、十三㌔離れた砂場から浸透してきたものと断定して即刻捜索作戦をくりひろげた。長さ五米、幅一・一五米のこの木舟は後尾にモーターがついている。北傀がモーター付の木舟でゲリラを浸透させたのははじめてである。

駐日総領事へ李楠基氏を任命

政府は十二日付で駐日大使館の参事官兼総領事に李楠基外務理事官を発令した。

統社党中央委議長李清天氏を選出

統社党は去る二日の大会決定に従って中央常委議長へ李清天、政審議長には李弘根氏を各々選出。

内務部治安局長に鄭相千氏任命さる

政府はこのほど崔社烈内務部治安局長の辞表を受理、後任に鄭相千ソウル市警局長を任命した。なお、ソウルの市警局長後任には張東植治安局捜査指導課長が任命された。

崔局長はさる十二月十一日KAL機拉北事件ぼっ発当時の治安責任を取って辞表を提出していた。

韓国がこんごの日本に望むもの

本国新聞論調

昨年十一月の佐藤・ニクソン会談の共同声明がアジア諸国に及ぼした反響には賛否両論さまざまのものがあったが、それから数ヵ月たって、いまアジア諸国に残っているものはあまりかんばしくないものの方が多いようである。すなわち、日本に対する不快感、そしてそれが将来には一つの脅威になるのではないかという感じがそれであり、タイのブンチャナ経済相などははっきりと「タイはまた日本に侵略されるのではないか。こんどは経済的に侵略されるのではないかと懸念している」と語っている。とにかく、いま東南アジアでは米国人に次いで日本人が嫌われているというから、日本はこんごの進路をじゅうぶんに考えなければなるまい。東南アジア諸国で日本人は米人に次いで嫌われている、ということが最近では伝えられている。これは米人に次いで日本人が″わがもの顔″をして歩いている、ということなのではないか――。そしてこれまでは米国が″アジアの指導的役割り″うんぬんを口にしながら、これを実施してきたが、ニクソン・ドクトリン以後は日本がこれに代わるのではないかという不快感と危ぐがあるに違いない。それを裏付けるものはすでに大々的に出回っている日本商品である。すなわち、日本の経済進出はやがては経済侵略に化けるのではないかという懸念へとつながって行く……。

こうした情勢の中にあって、かっては直接的な日本侵略を受けた経験をもつ韓国の有力紙が、やはり連日、日本について述べている。以下その主要な部分を紹介する。

軍事よりは経済協力で
理由のない優越感は捨てよ

東亜日報社説「韓国と日本」

日本は韓国の隣に位置した国として古代以来、交流もひんぱんであったし、同じ漢文字を使う同一文化圏内の国同志として、相互にさまざまの関係を持ってすごしてきた。従って他のどの国よりも、また、どの民族よりも互いに理解の行く間柄であるはずなのだが、実際上は近くて遠い国だと表現されるとおりである。

「韓国の安全は日本の安全に緊要だ」とみられているのも、両国が政治的にほとんど運命共同体的な位置におかれているということを意味している。

しかし、歴史的にはむしろ日本人は古くから韓民族を苦しめてきたことの方が多かったし、また近年では一日先に西洋文明を受入れたとて、近代武器の力を借りて韓半島を往来しながら、東洋平和を看板にして韓国を併合、三十六年の間、この半島の地に筆舌につくしがたき罪悪を残した。

第二次世界大戦での″敗北″と共に日本は過ぎし日の誤りを悔い、民主主義を導入して国連精神に立脚、アジアの平和を指標にして出たのは歓迎すべきことであったが、しかし現在の日本が経済大国から漸次政治的軍事的強大国に成長しつつあるということは、共存共栄を期待しているわれわれにむしろ不安の疑懼心を起こさせている。これはまことに遺憾なことだといわなければならない。

文化国民なら蔑視と偏見は止せ

もし、日本が韓国との善隣・友好を本当に願うのであれば、また、みずから文化国民であると自負するのであれば少なくとも次のような点は反省しなければなるまい。まず、理由なしに優越感を持つこと、そして韓国人を蔑視する傾向のあることは改めなければならない。

一時の不運で、政治や経済が立遅れているとしても、五千年もの固有の伝統文化を持つ民族には必ず個性があるものであり、また毅然とした自負心を持つものである。この点を無視して、過去三十六年の間、日本人は韓国人を抑圧してきたが、その結果韓国人は日本人を尊敬するどころか、うとんじてきたものである。日本人の持つ民族的優越感は彼ら特有の島国根性的な狭い観念から起きている。こうした日本人の狭少な心は、今日に至るまで韓国民を蔑視してきたが在日僑胞などの間では民族的差別と侮辱を受けたことに恨みと憤りを覚えた金嬉老事件のようなものまで発生している。これらのことは文化国民として良識のある日本人ならば大きく恥じなければならないことだろう。

日本国民の韓国観断面を見る

最近の日本人の韓国に対する商魂にも反省を促したい。韓国が日本に対して期待しているものは、アジアの自由と平和、すなわち安保のための紐帯意識のようなものであるが、日本が韓国に対するときはまず商品、資本、技術の販路などだという印象が強い。かつての″帝国日本″が軍事一辺倒であったのに対し、こんどは″民主日本″が商業一辺倒で対しているという感が深いが、これはいずれも″問題″だといわざるを得ない。

ここ数年来、韓国は日本との間で貿易不均衡で悩んできたが、日本国民の世論ではその六三%が七対一にもなる不均衡な貿易を改善する必要はない、と考えている。また日本人の圧倒的多数が韓国軍のベトナム派遣に対して否定的見解を持ち、韓国に行ってみたいとは思わないという世論が七二%を占める。こうした傾向は今日の、日本国民の韓国観の断面だということができる。

日本との間で国交正常化の道が開かれてからすでに五年の年月がたった。こんご七〇年代にはいってからの韓日関係はいっそう緊密化して行くことであろうが、韓国が熾烈きわまる反対世論を押し切ってまで両国間の国交正常化を実現させたというのも、旧怨はぬぐいさって将来に大局的な眼を向け、共同運命開拓の道を痛感したからに他ならないだろう。だが、真の友好親善というものは、まず国民間で偏見を除き、互いに尊重し合って″親善の道″を歩むものでなければならないし、それは互恵平等の原則によって互いに共存共栄をして行く″経済交流″が前提とされなければならない。

朝鮮日報社説「穏やかならぬ佐藤発言」

韓国と日本の関係において最も差し控えなければならないことは、韓国側は感情的に敵がい心を燃やしてはならないということ、日本側は傲慢な優越感をもって臨んではいけないということだ。

昨年十一月の日米共同声明の中で「総理大臣（日本首相）は韓半島における平和維持のための国連の努力を高く評価し、韓国の安全が日本の安全のために緊要だと語った」という一節を見たとき、われわれは、韓国がまるで日本の従属物のように扱われている感がある……と不快に思う気持ちがなくもなかったが、しかし善意に解釈して、これは取りもなおさず日本が日本の置かれた位置と役割りをさとりはじめたからなのだと理解したつもりでいた。

在韓日本人保護のために派兵？

しかし、その後、日本国内でしばしば論議される″韓国問題″の扱い方を見ると、あたかも韓国が日本の勢力圏内にはいっているかのような前提で、とかくの言辞がなされているため、われわれは内心、不快感を覚えずにはいられない。日本でひんぱんに出てくる発言には韓国が日本の手の中にあるボールのような大言壮語ぶりがうかがわれる。われわれは日米安保条約に伴う日本の軍事施設としての役割りを充分に知っているため、その役割りに対する支障が起きないよう、これまでは沈黙を守ってきたが、こんどの佐藤発言にはもう我慢することができない。佐藤首相は議会で韓国にいる日本人の生命財産を保護するために、それらに危険が生じるような場合は、韓国に日本の自衛隊″兵力″を派遣することもあり得ると言った。これが対議会発言であったことは事実だが、それでも、これは穏当でない言辞である。この言葉の持つ刺激的ニュアンスはわれわれに禁じ得ないほどの痛憤の念を覚えさせたのである。

誇大妄想的考え方に警告

幸いに高辻内閣法制局長官の反対意見発表があったので、われわれもいくらか激憤を静ませることができたが、われわれは日本人たちが、ひょっとすると韓国を自分の勢力圏内にある″地域″だとでも思っているのではないかと危ぐしたものである。

もし日本人たちが、そのように考えはじめたとしたら、それはとんでもない誇大妄想的考えであって″明らかなる誤り″であることを、この機に警告しておきたい。

韓国日報社説「対韓安保は経済協力で」

韓日両国は東北アジアの要衝の地として一衣帯水の関係にあるので、この両国の間柄が緊密化して行くことは自由世界では望むところである。ところが共産勢力にとっては逆であるため、彼らはずっと執拗にこれを破壊させようと企図し続けてきた。

こうした中で韓半島の危機説は七〇年代にはいってからは注目されるものとなっているが、これと時を同じくして米国のニクソン・ドクトリンによる米軍の漸次撤収の印象が生じ、さらにその一部役割り代替が日本によってなされるのではないかとの説さえ生まれている。

しかし現段階における韓日協力問題は、その標榜するところは別として、実際にはこれというものもなく、その姿勢や基盤さえもまだ議論されている状態にある。

たとえば、昨年十一月の佐藤・ニクソン共同声明で、韓国の安保が日本の安保に緊要だとうたった基本姿勢が明らかにされてから、いくばくも立たぬうちに一部日本商社の対北韓軍需物資密輸と細菌密輸企図事件があかるみに出され、外交問題化したくらいである。

われわれが隣国日本の人びとに提言したいことは″日本のイメージ改善事業″は歴史的地理的な点からしてもまず対韓関係から着手しなければならないということだ。

まず利害の共通性認識して……

そして今日の韓国人が過去にそれほど執着していないということも知るべきである。最近行なわれた幾つかの世論にも明白にあらわれているが、韓国人の日本観はいま大きく転換しつつある。

韓日両国関係は感情的になってはならず、理性によって取扱われるべきで、まず利害の共通性を認識しなければならない。これは必然的に相互依存を要求すると思うが、その態勢は世界の傾向となっている″地域協力″という基調の上に立脚すべきである。

われわれは韓国安保に対する日本の直接的寄与には限界があるということをよく知っている。というのは、日本の現在の政治体制や防衛力、ならびに国民の合意など――すべてを考慮に入れなければならないからである。従って韓国の当面した安保問題と将来につながる安定、さらに民主統一に対して日本が明らかに寄与すべきは経済力である。つまり韓国を共産側の侵略および浸透から阻止しうる最善の方策は韓国経済の持続的成長と安定であることはいうまでもないことなのである。さらにこの方策は日本の安全に寄与することになり、日本の防衛力負担を軽くすることに役立つと思う。

ところが日本は国交正常化に伴う請求権のワク以上に、いったいどれほどの対韓経済協力を行なったか、また何をもって韓国の経済体質強化に寄与したといえるだろうか。第一に、懸案の貿易逆調是正はいつになったら実現されるかも分からない有様である。

″政経分離″韓国への該当は不当

日本の企業借款は他に比べ、非常に吝嗇（しょく）で、高利、短期条件のものである。日本産剰余米穀の対韓貸与でさえ、今年は昨年よりいっそう苛酷である。

論難の多い″政経分離″政策が無原則に商魂本位で、安保面では互いに″緊要″な韓日関係にまで応用されるのでは、全く話にならないことだ。

韓日関係はまず経済協力分野でなされるべきで、その実質が立証されることをわれわれは望むのである

（SISA）

人類の進歩と調和

万国博の幕ひらく

工業立国を象徴して 国威宣揚する韓国館

″万博″の韓国館開館式が十三日午後三時、大阪近郊の千里が丘の現場で小雪の降りしきる中で挙行された。″万博″全体の開館式よりも一日先き立って開館した同館の開館式には李厚洛駐日大使日本万博代表、在日大韓民国居留民団李禧元団長らがテープを切った。

同開会式には地元、大阪韓国学園のブラスバンドによる奏楽に合せて百余名の女子合唱団が合唱する愛国歌の斉唱ではじめられた。

同館回覧の最後のコースである舞踏場では民俗舞踊団が伝統的な韓国舞踊を披露して観客らを魅了した。式が終った後、韓国館に隣接した火曜広場にもうけられた韓国食堂で李厚洛駐日大使主催のレセプションが催された。

一方、韓国は同万博期間中、韓国ブームを醸成して″世界の中の韓国″を強調するための行事の一つとして五月十八日を「韓国デー」と定め、大阪ロイヤル・ホテルで丁国務総理主催による八百余名の内外貴賓を招請、韓国を世界へ広く紹介する。

当日は、本国から選抜された三十名の一流舞踊団による古典舞踊を公演、韓国のイメージをより深くうえつける計画をたてた。このような古典舞踊の公演は「韓国デー」を前後して三日間「お祭り広場」でも公演され、古代における韓国民俗舞踊を通じて優秀な韓国芸術を誇り、韓国的なお祭りムードをかもし出すものと期待されている。

また、韓国ブームを醸成するための計画の中には「韓国の日」を前後した一週間を「韓国週間」と定めて東京、大阪の二大都市に所在する一流百貨店で韓国商品を直売、韓国商品に対して大々的な宣伝も展開する。

70年代のビジョン

（一部既報）

シンボル・ゾーン近くに高さ三十㍍の鉄円柱十五本が外景をなし、工業立国に向って躍進する韓国を象徴する韓国館が雄大なたたずまいを誇っている。「深い理解と友情」を主題にした韓国館は四階建ての本館、亀船（コブク船）の型をした二階建ての未来館、レンディング・プラットホーム（二階）など総建坪一千二十三坪、参加七十七ヵ国中九番目の規模。韓国館は過去館、現代館、未来館の三つに分れており、まず来客は正面の火曜広場と裏側のシンボル・ゾーンの方から入り、エスカレーターでレンディング・プラットホーム一階から二階へ、ここは広いホール「静かな朝の国」—韓国を象徴し、エミレー鐘の音を聞き、鐘の由来を読む。そして本館の四階へ直行すれば過去館、珍貴な古来の木器、青磁、白磁等文化財五十余点、各種模型、モンタージュ写真など—韓民族の過去の智の結晶が陳列されている。この階下の三階が現代館、入口には朴大統領の写真と共に親筆署名が刻まれた歓迎の辞が掲げられており、飛躍的に発展する輸出産業、都市建設、観光、生活向上相を五色電気などを通じ紹介される。ハングル・テレックスで打出される。

（写真は韓国館全景）

館内を観覧する李大使夫妻

韓国風俗写真㊤奥ゆかしい昔の韓国娘たちはこのようにして書道を習った。　華青白

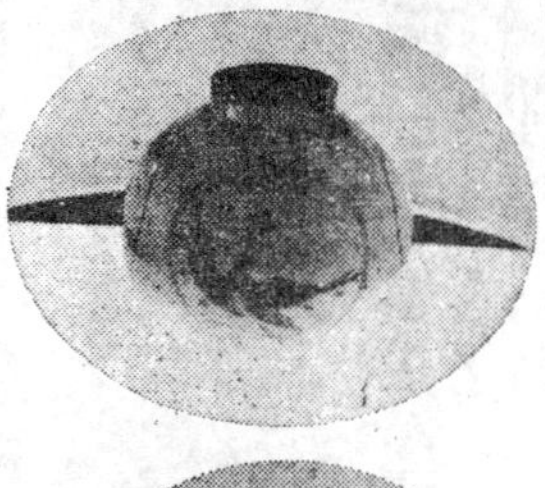

韓国古典舞踊　一階ホールでは美しい民俗古典舞踊がくりひろげられる。

万博をみたら韓国へ

政府で観光客誘致を計画

日本万国博は開幕したが、政府ではこれをきっかけに外国観光客に韓国へ立ち寄ってもらおうと、その対策におおわらわ。大阪万博事務局では万博期間中に日本を訪れる外国人を約百万人と見積もっているが昨年四月にスタートした韓国の万博観光客誘致対策委員会は、日本を訪れる外国観光客の五%に当たる五万を韓国に誘致する計画。昨年一年間に韓国を訪れた外国観光客は十二万六千人だったが、ことしは合計十八万人を誘致、五千百万㌦の外貨を獲得しようとの皮算用をたてている。

このような目標達成のため同対策委員会では米国、欧州、東南アジアの各地域に三班の観光客誘致団を派遣するほか、八十万部の海外宣伝物を配布するとともに受け入れ対策を検討するなど万全を図っている。

韓国政府は万博の帰りに韓国に立ち寄る外国人の便宜を図るため、①これまで三日間だったた無査証入国期間を五日間に延長する②日本人について年二回に制限していた観光査証の発給制度を撤廃する③到着時の入国手続きをスピード化するため金浦空港の入国通路を拡張、一階を入国専用に、二階を出国専用に区分するとともに、入国検閲台や手荷物検査台を低くし、その数も十六個から二十一個にふやす④外国観光客については特別な情報がない限り手荷物検査を大幅に緩和する—などの措置を講じる。

また韓国観光のイメージを高めようとのこれまでのタクシー不足を解消するため、個人タクシー二百四十一台を増車させ、″サンキュー制度″を奨励、外国観光客に親切を施す②四月からコールタクシー三百台を走らせ、電話で申し込めばいつでも乗車できるようにする③五月までに五百台の乗用車を確保、レンタカー制度を実施する④韓日間の交通をスムーズにするため、現在週四十五便の航空便を五十八便に増やす⑤自動車ごと運べる釜山—下関間のフェリーボートを六月から運航させる—などの計画も進めている。

このほかにも①ホテルのルームチャージを十人以上の場合には一〇%、個人でも五%割引く②韓日間就航のKAL（大韓航空）の航空料金を十人以上の団体に一〇—二〇%、鉄道料金を同二〇%それぞれ割引く③ホテルなど観光業所での遊興税、飲食税、物品税、酒税などを外国観光客に限り免除する④ホテル従業員の教育を強化、サービスを徹底する⑤外国観光客に限り板門店を開放するとともに、夜間の通行禁止を緩和する⑥韓日間の電話回数を大幅に増やす⑦ソウルはじめ慶州、釜山、済州に韓国伝統の観光民俗舞踊を毎日披露する⑧二泊三日の旅行クーポン制を実施、交通、市内観光、宿泊、食事などに便宜を図る—ことにしている。

×　×

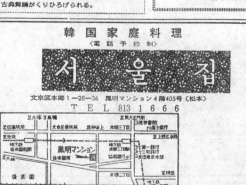

70연대 한국의 비전을 펴자

「엑스포」70 개막에 붙여

사설

「엑스포」70 한국관이 전체개막식을 하루 앞둔 13일 개관의「테이프」를 끊었다. 한국관은 인류의 진보와 조화를 바라보며 보다 더 깊은 이해와 우정을 은은히 알리는 평화의 종 소리가 울려 퍼지는 가운데 문이 열린 것이다.

「엑스포」한국관은 이미 널리 소개된 바와 같이 1천2백57평 부지에 총공사비 3억6천만원을 들여 만든 4층건물과 화려한 정원으로 구성되어 있다. 1층은「민속관」, 2층은「미래관」, 3층은「현대관」, 4층은「과거관」등으로 나누어 우리나라의 산업발전상과 고유의 민속 및 문화재가 고루 전시되어 세계만국인에게 선을 보이게 될 것이다. 한국관은 총76개 참가국 가운데 9번째로 규모가 크다는 데서 주목을 받게 될것이라는 것이다. 이국땅에 한국관을 전시하여 국력과 70연대 한국의「이미지」를 널리 알리기 위해 애쓴 그간의 보람이 유감없이 발휘되기를 염원해 마지않는다.

그러나「엑스포」개최기간을 통하여 여러모로 경계해야 할 사항과 또 우리나라 참관자들이 조심해야 할 일들과 그리고「엑스포」에 참관하는 많은 외국인들을 우리나라로 관광유치해야 할 사업들이 있음을 주의 깊게 바라 보고자 한다.

첫째는 북괴의 갖은 파괴음모책동을 여지 없이 봉쇄하는 일이다. 그간 우리측이 입수한 정보에 의하면 북괴는 그들의 앞잡이인 조총련을 시켜 소위「만국박람회대책위원회」를 조직케 하여 한국관 참관방해와 한국참관자 포섭공작을 목적으로 막대한 자금을 투입하고 있다는 사실이 밝혀졌다. 북괴는 현지「한국관」을 직접적인 수단으로 파괴하고 또 한국관 관람을 이모저모로 방해할 것도 아울러 예상된다. 또한 한국 참관자들을 대상으로 갖은 수단을 다하여 접선·포섭하여 세뇌공작을 기도하고 있다는 정보도 있다.

이 점에 관해서는 앞서 본난을 통하여 대조총련 경계심과 참관자들의 마음 가짐을 피력한 바 있었거니와 요컨대 참관자들은 그간에 받은 정신훈련과 요주의 사항을 어김없이 지키기만 하면 문제는 없으리라고 보는 것이다. 한 사람의 희생자도 발생하지 않도록 유종의 미 있기를 바라는 마음 간절하다.

둘째는 이번「엑스포」기간을 통하여 우리나라에 외국관광객을 최대한 유치하는 일이다. 그러기 위해서는 먼저 관광객을 받아들일 수용태세를 갖추어야 하겠거니와 지금까지 알려진 바를 개관컨대는 아직도 허술한 면이 허다한 듯싶다. 정부당국의 관광유치계획에 의하면 약 5만명을 유치할 계획으로 숙박시설과 관광안내요령 등을 면밀히 짜고 있는 것으로 알고 있거니와, 이는 정부의 힘만으로 가능한 것도 아니고 각관계업자와 더 나아가서는 국민 전체가 외국손님들을 즐겁게 해줄 수 있는 마음 가짐부터가 바람직한 것이다. 근자 우리나라의 관광산업은 급속도로 발전을 거듭하여 왔으나 아직도 세계수준에 도달하려면 전도요원한 바 있다. 이를테면 관광의 소재는 남달리 풍부하면서도 관광자원을 제대로 개발하지 못하고 있다는 결론이 되는 것이다. 관광자원개발사업은 자금면에서나 시간적으로 용이한 일은 아니로되 관광사업의 높은 수익성을 감안할 때 정부나 관계업자측은 이점에 좀 더 적극성을 가져 주기를 차제에 한 마디 첨언하여 둔다.

또 하나 이번「엑스포」참관자들은「엑스포」참관을 단순한 관광여행으로 여겨서는 안되겠다 함이다. 참관자들은 각자가 모두 민간외교사절의 인원임을 자처하고 국력과시와 국가이익에 위배됨이 없이 행동해야 하는 것이다. 우선 현지에서 조총련계열의 붉은 마수에 걸려들지 말아야 하는 것도 중요하겠으나 진일보하여 한국인의 명예를 더럽히는 일을 저질러서는 절대로 안되겠다.

일례를 들어 외국산 물건 보따리나 들고 들어오는 거동은 깊이 삼가야 하겠다. 이점 관계당국의 단속내용을 철저히 주지하여 지적되는 일 없도록 유념하기 바란다.

見ごとな造形美を放つ韓国館の外景

吹雪の開館式に集った同

大韓民国館

いらっしゃいませ—万博嬢もサインと記念スタンプせめにいそがしい。〈韓国館二階入口で〉

平和の鐘　2階入口にあるこの鐘は高さ3.33米の巨大なものでこれは韓半島に仏教文化が発盛をなしていた8世紀の新羅時代につくられた奉徳寺の汎鐘の実物大の模型であり、とくに〝韓国の鐘〟と呼んでいる。汎鐘は新羅の名君、聖徳大王の冥福を祈るためにつくられたもので、この鐘の特徴はその曲線の美しさにあるといわれる。テープに吹きこまれたこの鐘の音が館内にひびきわたる。

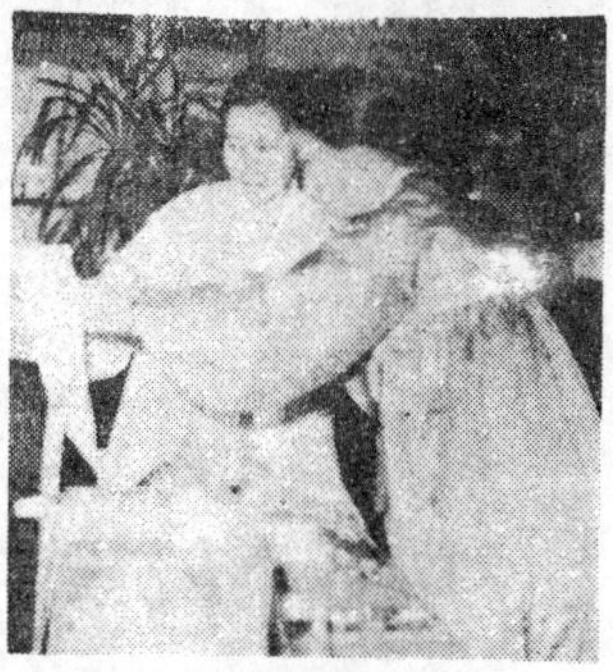

韓国文ほんやくテレタイプ　韓・日・英文が同時に翻訳されてでてくる最新式テレタイプである。

万国博画報

韓国料理食堂も開店　韓国館の正面わきに韓国料理食堂・食堂園も開店おなじみ焼肉料理に韓国からきたホステス嬢も人気もの

20世紀の人間像　万博ホステス鄭順姫嬢の説明によると20世紀の人間は、理性と個性を失なっており、この展示は、その虚像を表現したものという。

一面観音菩薩像　仏国寺石窟庵内にある壁面仏像の一つで国宝第24号、八世紀中頃統一新羅時代のもの。

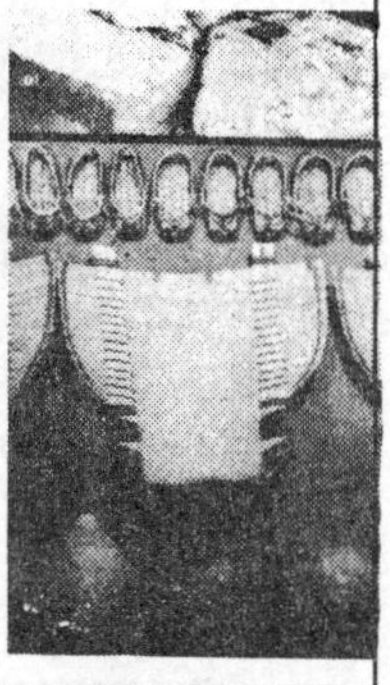

北送会談再開の動き

日本政府、対策を考慮か

日本政府はその間中断状態にあった在日同胞の北韓送還会談を再開する動きを見せており、この問題は再び韓日間の紛争要因となりそうである。保利茂日本官房長官は九日、牛場信彦外務部次官に、日本赤十字社と北韓赤十字社間で結ばれた在日僑胞北送協定が終結した六七年十一月十二日以前に北送申請をした約一万五千名にたいする北送問題を〝再検討するよう〟指示したといわれる。

保利長官はこの日、日本社会党の山本議員から北韓との北送会談を再開するようにとの要請を受けてこのように指示したものであるが、保利長官は山本議員に「外務省でこの問題にたいする検討を終えた後、政府は外務省の案に基づいて対策を考慮する」と答えたという。

同日夜、金正泰韓国外務部アジア局長は日本の北送再検討説にたいし「北送協定が六七年にすでに終結している以上、北送再開はあり得ない。政府は駐日大使館に真相を調査・報告するよう指示する考えだ」と語った。

一方、日本外務省の牛馬次官はこの問題に関し、十一日韓国記者に「北送再開説には根拠がない」と言切り、また「日本政府としては新しいイニシアチブは取らない」との態度を明らかにした。

解説 五九年日本と北韓の赤十字社間で在日僑胞の北韓送還にかんするカルカッタ協定が結ばれ、同年十二月十四日最初の北送船が新潟から清津に向かって出発、その後全部で八万八千名の在日同胞が北韓に送還された。六七年十一月十二日同協定は終結したが、その直前に北送申請をしたまま、未送還に終わった同胞の数は約一万五千名であった。

その後、日本赤十字社と北韓赤十字社は六七年セイロンの首都コロンボで、また六九年にはモスクワで北送に関する会談を持ったが、北韓側は協定の延長を主張、これにたいし日本側は協定終結時の送還申請者だけを北送し、その後の送還希望者にたいしては第三国人の出国方式を適用することを主張して互いに折り合わず、会談は二回とももの別れとなった。

政府で対策会議

政府は朝総連系同胞の北傀往来問題についての政務協議をするために去る十六日、一時帰国した李厚洛駐日大使を迎えて十七日朝、市内三清洞の総理公邸で丁総理の主宰下で朝食会を兼ねた高位対策会議を開き、日本の再入国許可方針を強力に阻止するための一連の対策を協議した。

崔圭夏外務長官など関係閣僚らが参席した同対策会議で北傀への往来問題をはじめ、コレラ細菌の発注並びに日本の民間商社による密貿易などに関して李大使から現地の報告を受けた後、これを土台に日本の対北傀への接近を根本的に阻止するために多角的な方案を検討した。

李大使は新しい訓令をもって十九日帰任した。

高令者六名に再入国を許可

日本政府法務省は十九日、在日北韓系韓国人六人が親類訪問のため北韓へ一時渡航することを認めることにし、再入国を許可するむね同日、それぞれ本人に通知した。

日本に住んでいる外国人で、中国や北韓など、まだ日本と国交のない、いわゆる「未承認国」の人たちの一時帰国については、原則として親類訪問や墓参など〝人道主義のケース〟だけしか認めておらず、こんどもこの方針にそって許可したもの。

北韓への一時帰国は、朝総連がさる三十九年に帰国運動をはじめてからこれまでに、延べ約二千三百人の申請（法務省調べ）が出ている。しかし、許可されたのは、四十年に三人、四十四年六人のあわせて九人にすぎない。

六人に一時帰国を認める方針は、かなり前から決っていたが、在日華商の広州交易会参加のための一時帰国を認めたこともあって、つりあいをとる意味から、韓国側の反対を押切って認めたといっている。

このたび北傀への許可されたものは高令者六名で二ヵ月間の期限付である。

報復はしない

崔外務長官談

日本政府が在日同胞六人の北韓への里帰り―再入国を許可したことについて、崔外務部長官は二十一日の記者会見で「このような問題には引続き反対するが、対日外交の観点から見て、報復措置をとるのが正しいとは思わない」と述べた。同長官の発言は、今度の里帰り問題に一応のケリをつけたものとみてよい。

日本側の里帰り許可方針が伝えられたとき、韓国内では「日本は二つのコリア政策をとっている」と激しく反発する空気が強かった。しかし、日本政府が最終的な許可を少しおくらせて冷却期間をおく間、韓国側でも里帰りが認められたのは高齢者ばかり、それも小人数であるということが理解され、日本政府のいう「人道的立場」を了解する方向に向ったらしい。

大丈夫か万博保安

拉致団、要所に配置

厳戒せよ朝総連のたくらみ

検察はEXPO70の期間中、日本を訪問する旅行者たちが朝総連系幹部やその構成員らと接触する場合、これを反共法などで厳罰に処する方針である。

ソウル地検公安部の崔大賢部長検事が語ったところによると、北傀と朝総連はEXPO70の場をチャンスとして韓国からの参観者たちにたいする抱き込み工作を計画しており、大阪に設置した〝万博対策委員会〟を総指揮機関として抱込み実施のために多額の工作金を投入しているといわれる。なお、同検事は韓国からの参観者たち（約一万名の予定）はワナにかかったりせぬよう特別な注意を要すると語った。

在日北傀構成員と会っても罪になる

北傀は、万国博で来日する本国同胞たちをだきこみ、洗脳工作を行なって帰国後に地下党を組織するよう在日朝総連に指令するとともに「万博対策委員会」を構成させて、これに莫大な資金を投入しているといわれる。

ソウル地検公安部崔大賢部長検事は、このほど「朝総連は、北傀の指令にしたがい、韓国の万博観覧客をだきこんで帰国後に地下党組織を画策している」と語り、すでに①接近②各種利益の提供③不穏文書、金品などの提供④朝鮮大学など施設の観覧⑤洗脳工作⑥自分たちのアジトに招いての密封教育⑦帰国後地下党を組織させるなど七つの指針をたてていることが探知されたと発表した。

崔部長検事はまた、このような北傀の挑発的な策動を粉砕するため徹底的な対備策をたてたと語り、日本にいった万博観覧者が、①北韓にいる家族・親知などに書信連絡を行った場合は、書信連絡罪ならびに同調罪②観覧者が北傀構成員と会った場合は会談罪③同じく観覧者が北傀構成員と会って国家機密などをもらした場合は、間諜罪をおのおの適用して拘束起訴する考えであることを明らかにした。

ソウル地検崔公安部長検事が発表した犯罪構成要件はつぎのとおりである。△北傀構成員と会って宣伝文書とか金品をもらったとき＝金品受授罪、取得罪△北傀構成員から北傀に対する意見をきかれ、これを〝讃揚〟したとき＝讃揚・鼓吹同調罪△不穏文書をもらって韓国にもちかえった場合＝運搬、保管領布罪△北傀構成員の要求で朝鮮大学、万博対策委員会を参観したとき＝同調罪△指令をうけて帰国したとき＝潜入罪△北傀構成員に財産上の利益とか便宜を与えたとき、または依頼、要望により韓国にいるひとに物品書信などを伝達したとき＝便宜供与罪△日本に行って北傀構成員と会った事実を知りながら申告しなかった場合＝不告知罪。

一ドルでも持出したら処罰

万博密輸厳重取締る

密輸合同捜査班は、万博参観者の密輸行為と外貨、文化財の搬出などを防ぐための特別取締り方針を固め、検察側に指示した。

まず、外貨の浪費を防ぐため、家族または知人の招請ケースで旅行する一般人は一ドルでも持参してはならず、これを違反した場合は外為管理法違反で送検する。

なお、輸出業務のための旅行者も社長の場合は三十ドル、一般社員は二五ドル、（公務員は総務処長官が認める額内に許可されることになっている。

特に、海外旅行者が入国する場合、申告もせず輸入原価の五万円以上を携帯した場合は密輸とみなし、場合によっては拘束することもあり得るが、とくに観光客の誘致のため外国人にたいしては確実な情報と容疑がない限り、携帯品の調べには慎重を期す方針である。

朝日、毎日、NHK 北韓へ特派員派遣か

日本報道界の伝えるところによると、北傀は日本の有力紙朝日、毎日の両新聞社とNHK放送の平壌への駐特派員を送ってくれるよう要望したという。十七日、日本の一精通な消息筋によると常駐特派員を送ってくれるようにと要望している北傀は、朝日、毎日並びにNHKなどの三か言論機関が北傀へ特派員派遣の意思表示をしたことがあったが、北傀によって断られたことがあった。

今回、北傀が従来からの態度をあらためて派遣方を要請したことに対し前記三社は慎重に考慮中。

北韓 訪日団派遣申入れ

万国博視察を理由に

北傀が、万国博を視察するため経済、貿易担当者七、八人からなる訪日団を送りたいと非公式に申入れ、いわゆる日朝友好貿易商や社会党関係者は、視察団の入国を認めるかどうかについて日本政府の意向を打診しているといわれる。これに対し政府は、この話がまだ非公式な段階であり、また万国博の開催期間も九月半ばまであるので、急いで態度を決める動きは見せていない。

この万博博視察訪日団の話は、このほど北傀から日朝友好貿易筋に伝えられたもので、顔ぶれや滞在期間など具体的な点は明らかにされていない。

もともと北傀からの入国は、六三年の世界スピード・スケート選手権大会と六四年の東京オリンピック大会の二回、スポーツ関係者について認められただけで、あとはほとんど話が具体化する前に立消えになってきた。

しかし、こんどの場合日本政府も基本的にはケース・バイ・ケースで検討したい考えであり、たとえば六六年、東洋レーヨンのプラント輸出にからんで、北傀技術者の入国問題が起きたさいは、政府は入国を許可する方針を決めたこともあった。

この時も結局は、韓国の強い反発で、入国が実現しなかったが、それ以来、四年ぶりのこと。しかも北傀が参加していないとはいえ、国際間の相互確解を深める万国博視察を理由にしての入国問題だけに、日本政府の態度が注目されている。

もちろん、北傀の訪日団派遣のねらいは、日材政府が最近、在日華商の広州交易会参加を許可したことをはじめ、未承認国の渡航制限緩和や里帰り許可など一連の政策を出した流れをさらに拡大する一方、日韓条約締結から去年秋の日米共同声明にみられるような日本と韓国との緊密化にくさびを打込むためだ、との見方が強い。

とすれば、万国博視察団の入国に対しては当然、韓国の反発も一段と強まることであろう。

月末には一〇〇億突破

許理事長記者会見　健全にのびる東京商銀

記者団に説明する許理事長（中央）

在日民族金融機関として発展をつづける東京商銀信用組合の許弼奭理事長は十九日午後、都内湯島の城園で共同記者会見を行ない「今月の末までには予金高一〇〇億の目標達成は確実に目途がついた」と大要つぎのとおり、のびゆく東京商銀の現況などを説明した。

三月に一〇〇億を達成すれば、来年度末の目標を一四〇億、二年後は二〇〇億を達成する予定を立てている。現在競争相手の同和信用組合が一〇店舗をもっているが商銀は三店舗しかない。それにも負けずに二年後には必ず追いつき追い越す覚悟である。

今建築中の五反田支店は工事の都合で三月開店予定がおくれているが、四月中には開店する見込である。また、本店の新築の地を新宿コマ劇場から五分位の裏に敷地一七〇坪を買収、目下設計中であるが、総工費七億五千万円で五月に着工する予定である。地下三階、地上九階の十二階で延べ一五〇〇坪を建てるつもりであるが、民団中央会館として共同使用するかどうかについては目下相談中である。商銀は、五〇〇坪もあれば十分であるのでもし民団中央と話合いがつかなくても在日同胞の事業体または、福祉向上のために貸し事務所にも提供するつもりである。

この新宿の本店ができれば、いまの新宿支店はなくなり立川あたりに支店を増設するつもりである。日本全国の信用組合で、黒字を出しているのはわずか23%にすぎないが、東京商銀はこの黒字組合に入っており安泰した経営状態である。法規によって信用組合は三年以内に黒字にならなければ他の組合に合併されることになっているが、この点東京商銀は心配なく、従業員の努力はもとより組織の協力もあり健全にのびている。

支部だより

墨田〈相模湖へ花見会〉来月十二日に、団員の親睦と慰安をかねて相模において花見会を開く。バス二台をすでに予約済。多数の参加が望まれている。

江戸川〈青年の国語講習会さかん〉韓青江戸川支部（李丈一委員長）では、毎週水曜日、午後七時から支部事務所において国語講習会をおこなっている。現在は講師を青年自身が担当するなど青年が主体となっているが、かなりの成果をみている。これが刺激となって四月からは婦人会もいっしょに国語を学ぼうとの気運がでており、目下その具体策を検討中。

北〈婦人会で国語講習盛況〉北支部婦人会（朴才兆会長）では今年一月以来毎週月、金曜日、午後七時から九時まで、支部事務所において国語講習会を開いている。国学韓園の郭先生が講師にあたっている。

葛飾〈柴文運動場で花見会と運動会〉同支部では来月の十二日第二日曜日に花見会をかねて運動会を開くが（既報）、場所は水元公園を都合でとりやめ、同じ区内の柴文運動場に変更した。

杉並〈婦人会が修善寺へ慰安旅行〉婦人会杉並支部（裵春玉会長）では来月の14日から二泊三日の予定で修善寺へ恒例の慰安旅行におもむく。

豊島〈韓青豊島支部で第二回大会開く〉去る三月八日午後四時から支部事務所において、韓青盟員多数出席のもとに第二回大会が開かれ、前執行部の財政報告、活動報告の後、新執行部が選出され、活発な討論をへて今後の活動方針がうち出された。現在毎週火・金曜に国語講習を行っているが四月から本格的学習に入り、今後より一層の組織拡大と韓青活動が期待されている。なおこの日、新たに委員長に韓健首、副委員長に高公子嬢、、朴健二君らをそれぞれ選出した。

板橋の同胞親子感電死事件

民団で責任追及する

工事業者の不注意　水中に絶縁不備のポンプ

まだ寒風がきびしいさる十五日午後、おぼれた小学生の息子を助けようとして川に飛込んだ一同胞が、絶縁不備の水中ポンプ（二百ボルト）にふれ感電死し、このため子供もおぼれ死ぬといういたましい事故があった。水中ポンプの絶縁が悪くなっているのを知っていながら、それを作動させていた工事請負業者の不注意が招いた事故だったが、事故のいたましさと寒空の下で一度に夫と長男を失い後にとり残された若い母親と幼児の身の上は、同胞はじめ多くの人の涙をさそっており、工事責任者のずさんで無責任な監理に怒りが集っている。

さる十五日午後二時半ごろ、東京都板橋区蓮根町三丁目の通称蓮根川に、近くのプラスチック加工会社々長金栄浩さん（36）の長男、蓮根小四年誠秀君（10）が落ちた。いっしょに遊んでいた子どもたちの声で金さんが家から飛出して川に飛込んだが、金さんは誠秀君をかかえあげたとたん「電気だ」と叫び沈んでしまった。折から蓮根川は板橋区役所の護岸工事中で、この悲劇の最中、仕事休みで停止しているはずの電動式排水ポンプが水中で動いていた。

このため二人の救出が手間どりようやく三十分後にかかえあげられ病院に収容されたが、誠秀君は午後五時前、金さんも同七時すぎ死亡した。死因は、金さんは感電による心臓停止、誠秀君は水死とされている。

金さんは一昨年夏大阪から単身上京してビニールパイプなどをつくる従業員二十人ほどの会社をたて、ようやく仕事も軌道に乗ったので去年の暮れ自宅を増改築、家族を呼び寄せたばかりだった。

この事故は朝日、毎日、読売など各新聞社が十六日朝の社会面のトップで大きく報道したが、各紙とも金さんの名を日本通名、嘉納元一さんと報道、また金さん一家が大阪から上京して日が浅かったこともあり、当初金さんが同胞であることに気ずく人が少なかったが、金さんは大阪在住の頃からの民団団員で、現在は板橋支部（崔学林団長）の団員。この度の事故を重視した同支部では崔団長はじめ朱事務部長らが率先してかけつけ、葬儀の面倒やら今後の問題やらで奔走し、金さんの妻、呉貞姫さん（32）はじめ残された家族を力づけている。

金さんと誠秀君の葬儀は、十七日午後、地下鉄六号線わきの事故現場から十㍍と離れていない、まだ真新しい金さんの自宅でしめやかにおこなわれた。遺族、地方からかけつけた親戚、友人、金さんの取引関係者、誠秀君の学友、崔学林団長、羅鍾卿東本副団長はじめ同胞、そして事故の責任者である板橋区長、関口工業＝板橋区板橋二の三六の五、関口清社長＝関係者らが、二人の遺体を見送った。折から身をさすような木枯らしが吹きすさび、とても一度に親と子をのみこんだとは思えない幅二㍍ほどの蓮根川は、誠秀君の級友らの献げた生花を浮かせていた。

このたびの事故は社会に少なからぬ波紋を投げかけたが、遺族への同情もさることながら、単に事故としてだけではすまされない工事担当者の不注意、工事を依頼した板橋区役所当局のずさんな監理に対していちおうに非難が集まっている。今後、警察当局によって事故の原因糾明と責任の追及がなされるだろうが、責任当事者である関口工業および板橋区役所が誠意のある責任を示すことが、ただひとつ犠牲者を供養する道であり、また社会への責任でもあろう。

後には妻の呉貞姫さんと次男、哲秀君（六）、三男賢秀君（五）それに一年七ヵ月の長女、知恵ちゃんが残された。民団では板橋支部をはじめとして、団を挙げてこの度の事件の責任を糾明、追及する姿勢である。

写真＝感電死した金さん（上）と葬式

お知らせ

韓僑通信は、次号四月五日付をもって紙齢第二千四百号を迎えます。これを記念して増ページに加えて多彩な編集企画による「特別号」を発行します。

韓僑通信社

国際親善民族祭典

WUM　東京・大阪でひらく

WUM（世界を一つにする博愛運動・高世一成総裁）では、万国博記念として国際親善民族祭典を東京（三月二十六日日比谷公会堂）と大阪（四月二日中ノ島公会堂）でひらく。

式典は、第一部各国代表による世界平和宣言、第二部で韓国・日本・アメリカ・中華民国・スペイン・フイリピン・フランス・インドネシア・タイ・インド各国の民族舞踊と唄、催眠科学法の披露などが行なわれる。

なお、WUM総裁高世一成氏は政治大学・日本経営大学・日本電子計算学院・日本催眠科学院など各種社会学校の経営で有名であるが、さる三月十六日には、政治大学創立十五周年を迎え、市ケ谷の私学会館ホールで記念式典を盛大に行なった。

また、高世氏の語るところによると前記各種の学校は、本年三月現在全国主要都市と沖縄校を含めて総計七十一校に達しており、そのうちコンピュータを設置したのも六〇余校に達したといわれる。

永住権促進の講演会ひらく

婦人会中央本部

婦人会中央本部（金信三会長）ではこれまで七ケ月間にわたって各県を巡回、①永住権促進②組織強化③勝共精神再武装を目的に講演会策をおこなってきたが、来たる三〇日午後六時から、東京、千代田公会堂においてその最終集会を開く。当日は映画「白いからす」の上映も予定されている。

足立分校問題で隣接支団長会議

東本では、韓国学校足立分校問題で二十四日午後七時、民団足立支部（足立区千住桜木町五三）において同分校隣接支部団長会議をひらく。

初・中等部の卒業式

＝東京韓国学校＝

さる五日に七六名の高等部卒業生を送り出した東京韓国学校では、一八日午前十時から新宿区若松町の同校講堂において初等部、中等部の卒業式を行なった。

この日晴れて卒業を迎えた生徒は、初等部四七名、中等部六二名。安聖出理事長、宋基鶴校長はじめ来賓、後輩らから祝福と激励の言葉を送られ、進学や就職への決意を新たにした。

同校学事報告によると、今年度卒業生のうち初等部では三七名が同校に、一〇名が外部にそれぞれ進学、また中等部では四九名が同校に、一〇名が外部にそれぞれ進学、就職者は一名となっている。なお民団東京本部からは羅鍾卿副団長と文秀直文教部長が参席し、祝辞を述べた。

支部機関長合同会議

東本では、永住権申請促進事業ならびに万博招請事業にともなう保安対策などを示持討議するため二十五日午後一時から東本会議室において傘下各支部三機関長ならびに事務部長の合同会議をひらく

本号8ページ

△一面に第十六回中央委員会の記事△二面に民団中央七〇年度予算ならびに本国政経ニュース△三面に本国新聞論調△四・五面に万国博写真画報を特集しました。

한국의 발전

(6) 삼국의 문화

삼국 중 고구려와 백제는 우리 나라 북쪽과 서쪽에 자리잡고 일찍부터 중국의 문화를 받아들였으므로, 문화가 앞섰다. 이에 대하여 신라는 그 문화는 뒤떨어졌지만, 자기의 고유 문화를 잘 간직하여 발전시켰다.

삼국은 일찍부터 중국의 한자를 받아들여 사용하였다.

고구려는 나라의 최고 학부인 태학(太學)을 세워 교육을 장려하였고, 백제에서도 학문 활동이 활발하여 많은 학자가 나왔다. 신라는 한자의 사용이 삼국 중에서 늦었으나 한자의 음과 뜻을 빌어 우리말을 적는 이두(吏讀)를 창안해 내었다. 이두로 노래를 적은, 신라 시대의 가요인 향가(鄕歌)는 우리 나라 국문학 연구에 좋은 자료가 되고 있다.

백제의 학자 중 아직기(阿直岐)와 왕 인(王仁)은 바다 건너 일본에 천자문과 유학을 전하여 일본을 깨우쳤다.

삼국은 일찍부터 천신과 조상신을 믿어 왔으나, 불교가 전래된 다음부터는 불교가 매우 중요시되었다. 불교는 원래 인디아에서 일어났으나, 우리 나라는 중국을 통하여 이를 수입하였다.

삼국 중 고구려가 제일 먼저 불교를 받아들이고(372), 이어서 백제와 신라에서도 불교를 믿게 되었다. 백제는 침류왕 때에 불교를 받아들이고(384), 성왕 때에는 불교를 일본에 전하였다(552).

민족 고유의 신앙이 뿌리 깊었던 신라에서 불교가 실제로 믿어지기는 이 차돈(異次頓)이 순교한 법흥왕 때부터의 일이었다(527).

삼국 시대의 중으로는 고구려의 담징(曇徵)과 보덕(普德), 백제의 겸익(謙益)과 관륵(觀勒), 신라의 원광(圓光)과 자장(慈藏) 등이 유명하다.

삼국의 승려 중에는 일본에 건너가서 활약한 사람이 많다. 고구려의 혜자(惠慈)는 일본 쇼오토쿠(聖德) 태자의 스승이 되었고, 혜관(惠灌)은 일본의 승정(僧正)이 되어 일본에서 삼론종(三論宗)이라는 불교의 한 교파를 세웠다. 백제의 중 혜총(惠聰)은 일본에 계율종(戒律宗)을 전하고, 관륵은 일본의 승정이 되었다. 이 밖에도 고구려의 도현

쌍영총의 내부 실측도

(道顯) 같은 이는, 일본에 건너가 지은 일본세기(日本世紀)의 저자로 이름이 높다.

정림사지 5층 석탑

또, 예술적 재능이 풍부하였던 삼국 시대의 우리 조상들은 건축, 공예, 그림, 음악 등의 분야에 뛰어난 솜씨를 남겼다.

삼국의 건축으로는 고구려의 쌍영총과 백제의 정림사지 5층 석탑, 그리고 신라의 첨성대(瞻星臺) 등이 남아 있다. 첨성대는 석조로 된 동양 최고(最古)의 현존하는 천문대로 유명하다.

공예품으로는 고분에서 나온 여러 가지 부장품들이 전하여져 당시의 예술의 발달을 엿보게 하고 있으며, 고구려의 고분에 남아 있는 벽화에서 우리는 고구려인의 씩씩한 기질을 엿볼 수 있다.

이름난 화가로는 호오류우사(法隆寺)의 벽화를 그린 고구려의 담징, 쇼오토쿠 태자의 화상을 그린 백제의 아좌태자(阿佐太子), 신라의 솔거(率居) 등이 유명하다.

첨성대(경주)

음악은 거문고를 만든 고구려의 왕 산악(王山岳)과 방아타령으로 이름난 신라의 백결(百結)선생을 비롯하여, 가야금을 신라에 전한 가야의 우륵(于勒)이 유명하다.

이와 같이, 발달한 삼국의 문화는 당시 아직 미개 상태에 있었던 일본에 전하여져 그들을 크게 깨우쳐 주었다. 특히 백제와는 일찌기 교섭이 잦았으며 많은 학자와 승려가 건너가 문화의 전달에 공을 세웠다. 또, 역학(易學), 의학(醫學) 박사와 약사(藥師), 야공(冶工) 등의 기술자가 건너가 여러 가지 기예를 전하였고, 농구(農具)나 수리(水利)를 이용한 농업 방법도 전하여 산업의 발달에 이바지하였다. 또한 승려는 물론, 사원의 조성을 위한 불교 예술가들이 건너가 일본의 불교 발전에 큰 도움을 주었다.

이와 같이 일본이 중국으로부터 직접 문화를 받아 들이기까지는 삼국 사람들에 의하여 깨우쳐졌으며 일본의 아스카(飛鳥) 문화는 삼국의 영향하에서 개화된 것이다.

2. 한국 민족의 통일 시대

(1) 신라의 삼국 통일

삼국 중 신라는 특유의 화랑도(花郎徒)를 발전시켜 김유신(金庾信)과 같은 많은 인재를 길러 내었다. 이들 화랑 출신의 인물들이 후일 삼국 통일의 주동 역할을 한 것은 주목할 만한 일이다.

화홍문(경기도)

화랑도가 한창 번창하고 있을 때, 신라에는 김 춘추(金春秋)와 같은 대정치가가 나와 백제와 고구려를 누르기 위해서 당나라와 동맹을 맺었다. 이를 나당 연맹(羅唐聯盟)이라고 한다.

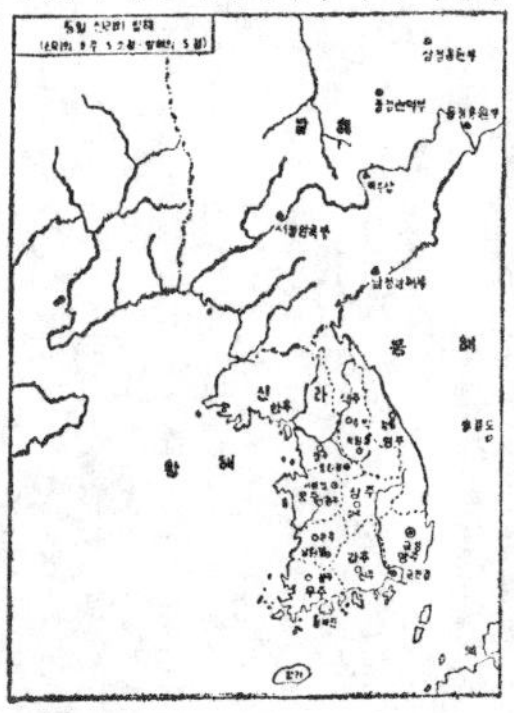

때마침 백제는 의자왕이 정치를 그르쳐 나라가 기울어져 가고 있었다. 이 틈을 타서 신라와 당나라는 백제를 쳐서 멸망시켰다(660).

또, 고구려도 연개소문(淵蓋蘇文)이 죽고 그의 아들들 사이에 정권 다툼이 일어나 나라가 어지럽게 되었다. 신라와 당나라는 이 기회를 놓치지 않고 고구려를 공격하였다. 그렇게 씩씩하고 굳세었던 고구려도 안으로 분열하고 밖으로 나당 연합군의 공격을 받게 되어 마침내 멸망하고 말았다(668).

그러나, 당나라는 백제와 고구려의 옛 땅을 독차지하는 한편 신라까지도 지배하려 들었다.

이에 신라는 민족의 자주적 터전을 지키기 위하여 온 민족이 힘을 합하여 수 년 동안이나 당군과 싸워 그의 세력을 몰아 내고, 평양과 원산 이남의 반도를 통일하였다(676).

이로써 우리 나라는 비로소 단일 민족의 국가로 통일을 보게 되었다. 문화적으로도, 신라 고유의 문화에다 고구려와 백제의 문화를 통합하여, 우리 민족의 독자적인 문화의 터전이 잡히게 되었다.

한편, 고구려의 옛 땅인 만주에서는 고구려의 장군인 대조영(大祚榮)이 고구려의 유민과 말갈족을 거느리고 발해(渤海)라는 나라를 세웠다(699). 발해는 당나라의 문화를 받아들여 200여 년 동안 번영하다가 거란족의 요나라에게 망하고 말았다(926).

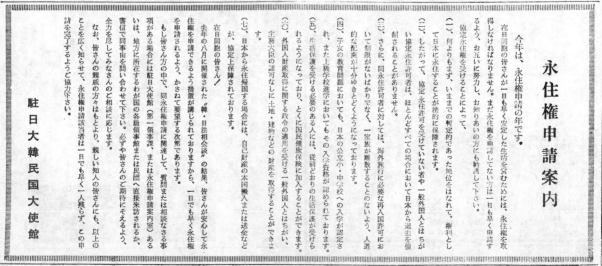

(1965年7月27日第三種郵便物認可)

(毎月5.15.25日発行) 第2400号

在日本大韓民国居留民団
綱　領
1. 우리는 大韓民国의 国是를 遵守한다
1. 우리는 在留同胞의 権益擁護를 期한다
1. 우리는 在留同胞의 民生安定을 期한다
1. 우리는 在留同胞의 文化向上을 期한다
1. 우리는 世界平和와 国際親善을 期한다

韓僑通信

(1970) 4月5日 日曜日

発行所
韓僑通信社
発行人 鄭在俊
東京都文京区本郷3丁目32番7号韓僑会館
電話(811)1535(代表)
〒133 振替口座東京16631番
(大韓民国文化公報部国内頒布許可)
(購読料1カ月100円・特別1000円)

鄭在俊執行部の任期終えて

第31回定期大会ひらく

金栽淑議長

徐興錫副議長

金聖煥副議長

李馬致監察委員長

羅鍾卿副団長

鄭在俊団長

李永三副団長

禹英鎮監察委員

朴達権監察委員

創団精神つらぬいて 2年間の活動経過を總括

この四月で任期を迎える東京本部は　さる三月三十一日三機関連席会議をひらき第八回地方委員会ならびに第三一回定期大会を四月十日午前十時から新宿・三福会館新館七階大会議室で開催することをきめ、この旨金栽淑議長が四月一日公表した。

この第八回地方委員会においては、一九六九年度後半期の各機関ならびに法地位委員会などの経過報告とともに新年度の活動方針案ならびに予算案などが上程されて審議されるほか、第三一回定期大会においては、任期満了による各機関役員の改選が行なわれる。

4月10日・地方委とも・三福会館で

こんどの第8回定期地方委員会において提出される執行部の活動経過報告は総括・総務・組織・民生・経済・文教・宣伝の各部にわたっての69年度後半期における活動経過をまとめたものであるが、その大要はつぎのとおりである。

なお、この経過報告は各分科委員会で慎重に検討されたものである。

總括

親愛なる地方委員の皆さん、今日われわれは第八回定期地方委員会を迎えて、第七回地方委員会以後の六九年度下半期に本団が遂行した団員各位から委任された民族課業を総括することに至りました。

本執行部が、在留同胞を取りまく客観情勢、即ち日本政府の伝統的な、苛酷な抑圧政策と、敵対陣営である朝総連の断えることのない挑発の下で、これに対処し、本団が名実共に在留同胞の権益擁護のための唯一の指導団体であるという深い自覚と使命感に立脚してその受けもった課業の遂行に微力を尽してきたことは、ひとえに愛族愛団の熱誠にあふれる組織幹部そして団員各位の協力の結晶に他ならないと信じ、感謝の意を表するものです。

ここに多事多難であった一九六九年度を回顧しながら、その下半期の本執行部の活動概要を報告致します。

(1)永住権申請促進事業に関して＝

本団第十五回中央委員会および第七回本地方委員会の決議にしたがい、協定永住権有資格者の申請促進運動は、本団が当面した重要課業のひとつとして、本執行部では、あと八個月未満の期限内に有資格者の全員が申請することができるよう、組織・民生・宣伝の各部門を総動員して、管内各支部がこの運動に全力をかたむけるよう指導・啓蒙を展開すると同時に、全団員に申請促進の気風を造成して、その所期の成果をおさめている。

(2)万博後援及び招請事業に関して

永住権申請促進とあわせて、万博の後援と団員家族招請に対する援護事業は、本団の当面するもうひとつの主要課業である。

EXPO70に参加する躍進大韓民国の国威を宣揚して、これに参観する本国家族の招請に対する朝総連のあらゆる悪質的な妨害工作を粉砕し、被招請者の円滑な入国と案内と輸送、そして事故防止のために、各支部との緊密な協力の下に、その万端の保安対策を講究している。

(3)組織強化と傘下団体指導に関して＝組織および文教部門にあって本団傘下の婦人、青年、学生団体の指導育成は、将来は本団の組織強化に直結するという長期的な展望の下に、その指導と後援を継続してきた。その成果として、婦人会東京本部の活発な活動が継続されており、さる三月二十九日には韓青東京特別本部の結成をみるに至った。韓青東京特別本部の結成は、かねてからの懸案であり、本部管下二世青年に対する民族的啓発と育成に画期的な機会となるものである。

このほかに、二世民族教育機関である東京韓国学校足立分校の一時休校は遺憾であったが、やむをえぬ事情によるもので理事会が新らしい陣容のもとに強化されている。

(4)宣伝・啓蒙事業の強化に関して＝母国の発展相と本団の施策を団員各位に伝達することによって、団員をして敵対陣営のあらゆる虚偽宣伝をしりぞけ民族的隊列に固く立つようになるための宣伝・啓蒙事業も本団の主要な課業のひとつである。本団あるいは政府刊行の各種文書、印刷物の配布とあわせて、特に第六回地方委員会の決定によって形態を刷新した本部機関紙『韓僑通信』によって、大きな成果をあげている。

(5)基本財政と経済対策に関して＝

管内団員各位の誠意ある協力でなされた本部基本財政に対しては出資の勧誘による増額ならびに基金の適切な運営と管理を継続しており、管内にあるわれわれの金融機関である東京商銀は、本団各支部の協調の下で、預金額は一〇〇億を突破し、五月中には城内地区に支店開設も予定されている。そのほか、税務対策のための指導と中小企業の育成強化にも注力してきた。

以上によって、本執行部の六九年度下半期の総括報告を終え、詳細は各部報告にゆずる。

(以下二面へ)

大会までの日程

第31回大会を迎えて東本では、つぎのような日程で各分科委員会をひらき、それぞれ所管事項の新年度活動方針案などを審議する。△執行委員会・六日午前十時から△法的地位委員会・六日午後一時から△企画分科委員会・六日午後一時から△組織分科委員会・六日午後三時から△民生分科委員会・七日午後一時から△文教分科委員会・七日午後三時から△経済分科委員会・八日午後一時から△[illegible]分科委員会・八日午後三時から△[illegible]委員会・八日午後六時から

鄭団長が再出馬 顧問団の強い要望で

任期を迎えた東京本部の三機関役員は、きたる十日の第31回定期大会において総辞職を行なうが、執行部の鄭在俊団長は、さる四月一日午後5時、在京韓国記者団と共同会見を行ない、次期団長選に再出馬することを明らかにするとともに「二年間の任期を通じて団員みなさまのご協力に感謝する」と語った。

なおこれより先呉宇泳・丁賛鎮・金仁洙・鄭寅錫・張仁建の各顧問諸氏は、顧問会議をひらき「鄭団長が次期団長に再出馬するよう」強く要望、次期団長選に推薦することをきめた。なお、同会議において管下組織役員の慰労会をひらくことをきめた。

第二四〇〇号記念・大会特集号

韓僑通信は、本号をもって紙令二四〇〇号を迎えました。これを記念して6面に各界からの祝辞を掲載しました。

また、東京本部の第31回定期大会を迎えて1・2・3面に定期大会に関する記事と執行部報告を特集しました。▽4面に本国ニュース5面に日航機乗っとり事件の記事を掲載しました。

人情有感

万博開催中に訪日する人は民団招請を受けた一万名と商工部で選定した各種招請関係者四千名、経済新聞で募集した[illegible]五百名など総計一万五千名に達する。これは在日韓国人なら誰でも御承知の通りだが、民団招請をめぐって最近本国内で[illegible]が起っている▼民団と特別契約した大韓旅行社の弁をかりると一万名のうち、慶南が三〇%で最も多く、済州二〇%で二位、つぎが釜山、ソウル慶北、全南全北、その他の順になっている。男女比率は半々、五十歳以上が五〇%、なんと二歳未満が百人、最高令者が九十六歳、招請者死亡が一人、被招請者死亡が十人。何と言っても山奥の被招請者を探し出すのがひと苦労だという。招請状を送ったが返送されたものが千余通にも昇り旅行社側は招請状を本人宛に届けるのに想像以上の精力を消耗しているという話だ。▼一例を挙げると、三十八年間姜米石という名をつかい法律行為もすべて[illegible]で通してきたある婦人は招請状に[illegible]めチャンに[illegible]▼また在日同胞の[illegible]の[illegible]民は日本に在住、恐らく本国に[illegible]られ[illegible]これは記載上のミスで本人達は気をもんでいるという▼[illegible]話だ。折角のチャンスを一寸したミスでつかみそこなうとはネ、とある職員(大韓旅行社)の弁だが、とにかく商工部の話では第一次出国は三月二十五日頃を予定しており、滞留期間は一カ月以内、帰国時の免税範囲は五万ウオンまで認められるという▽万博に一万五千名が出国するが、さてこの万博をあてこんでの外国観光客の韓国誘致ははかどっていない。二月末現在の観光契約者数は皮肉にも一万五千名で、政府のキモいりにも拘らず五万名目標はどうやら難しいらしい。余談だが招請者諸氏/今一度招請書類の再点検をなさってみては如何?〈KPI〉

公　告

東京本部第8回定期地方委員会ならびに第31回定期大会をつぎのとおり召集する。

時日、一九七〇年四月十日
午前10時から　地方委員会
午後3時から　定期大会
場所、三福会館(新館七階)
(中央線大久保駅下車)

議長　金　載　淑

1969年度後半期

執行部活動経過報告

所期の成果めざし 民族課業果敢に推進

組織部

永住権申請促進運動に関して＝ 韓日協定締結以後の永住権申請状況は、在日韓国人の法的地位の未備によって全国的に不振状態にあった。民団ではわれわれが置かれている立場を改善するために要望事項を本国政府に訴える一方、法的地位に対する是正要求貫徹運動を継続してきた。

昨年八月十九・二〇両日開催された韓日法相会議共同コミュニケが発表されて後、民団組織は第十五回中央委員会で永住権申請条件の大幅な緩和を中心にした諒解事項を好意的に評価し、不振状態にあった永住権申請を促進するため積極的に運動を展開した。

東京本部は、申請期限が一年内外に迫っている時点に立ち中央委員会決議に従って管下支団長会議を始め各種会議で、永住権申請促進運動に総力を傾注するよう指示しまた中央では組織の現況と内外情勢に照らし次のような三大方針を打ち出した。①六九年十二月末までに全任職員の申請完了（有資格者）②七〇年三月十五日までに全団員の申請完了③七一年一月十六日までに全団員の申請完了

これに従い当組織部は管下各支部全任員が各戸別に訪問して積極的に申請運動をするよう示達した。

しかし本年三月十日までの活動結果はさきの第十六回中央委員会報告で指摘されたとおり、①各支部実務者不足に因る多忙②各級任員の学習不足と組織的使命感の欠如③決定および指示事項の支部浸透度不足④執行部に対する三機関全任員の協力態勢不充分⑤未申請者の現状把握不充分⑥特殊事情から申請できない団員の存在、等で所期の目標を達成できなかったが管下各支部では永住権申請促進に全力を傾注する気風は造成されたといえる。当組織部では各支部の永住権申請督励と協調をしてきたが今後は支部実情に従い積極的に巡回支援をするようにする。

万博保安対策に関して＝万博家族招請事業は民団が当面した二大事業のひとつであり、この事業を事故なく完遂して国威を海外に宣揚し、民団組織の実力を内外に誇示しなければならない。特に朝総連はすでに被招請家族に対する特殊工作班を組織して機会をねらっており、これに対処して事故を未然に防止せねばならない。当組織部では中央本部および大使館と緊密な連絡を取り支部に配置された保安要員を中心に現場保安、輸送、案内、情報にわたる対策に全力を傾注している（後略）

出入国管理法案立法化動向に関して＝ 在日韓国人の抑圧と追放をねらう昨年の入管法案立法化を阻止した本団の同法案反対運動の記憶が新らしい時にあって、日本政府がこれを再び国会に上程しようとする動向があったが、本団は第五一回三・一節記念中央民衆大会を通して不当な日政の同法案立法化動向に対処する本団組織の確固不動な姿勢を内外に闡明にした。日政は今国会上程を断念したものの今後再度同法案上程が予想され楽観できない。

記念行事および抗議集会＝その間当東本が関係した主要行事は次のとおり。

①大韓航空機拉北事件糾弾大会 一九六九年12月22日於、日傷会館

②コレラ菌密輸事件糾弾民衆大会 本年2月12日於、大阪扇町公園③第51回三・一節記念中央民衆大会 於、日比谷公会堂④日本万博韓国館開館式参席 本年3月13日。

朝総連が注力している事業＝①所謂金日成の革命思想で徹底的に武装させ組織を強化する。②所謂「米国と韓国の新戦争挑発策動」に反対し統一を早めるための決定的時期を造成する闘争を強化する。③永住権申請に反対排撃し北送のため闘争する④民族教育事業の強化⑤対外活動に注力して国際関係を強化する⑥「朝鮮労働党」第五回大会と朝総連第九回大会を成功させる等の陰性的な動きを持続する中で、本団の永住権申請促進運動に対する露骨な反発策動を敢行しており、特に北傀の武装共匪南派事件等を始めすべての非民族的策動は、北傀が「朝鮮労働党」第四回大会で金日成の所謂平和統一論を否定したことに依拠したもので、従ってこれに呼応した朝総連でも次第に本団組織に対する挑発が顕著化したものである。その証拠に朝総連はすでに万博に対処すべく招請される本国家族に対する熾烈な包摂工作を企図中である。これは所謂彼らのいう「統一を早めるための決定的な時期を造成する闘争を強化する」ことに結び付け、本国内外の社会混乱をおこすことが予想され、北傀があらゆる対南工作に実利をえられぬ焦燥感をとり除くことができずにいる折、朝総連は対韓国工作基地となっている。

今年五月に予想される朝総連第九回大会を頂点に、米日安保および韓日関係に対する日本左翼陣営との共闘態勢準備に力を注いでおり、最近物議をかもしている日政の共産圏地域に対する出入国緩和政策示唆に便乗して、北送再開および往来への動きもさかんになっている。

傘下団体に関して

(イ)婦人会＝婦人会は民団組織活動と表裏一体の婦人運動をしてきており、定期的な教養講座（音楽、生活講座）を実施しながら、支部役職員の資質向上を図り、特にさきの三・一節記念行事における合同団出演は多大な歓迎を受けた。

(ロ)韓青東京特別本部結成＝都内韓青組織は法的地位要求貫徹運動等を推進する一方、これまでに都内に10個支部を結成させた。今後ともこれら韓青支部の有機的な活動と都内未結成地区の支部結成化を促進させるため、さる三月二九日に韓青東京特別本部が結成され委員長に慎忠義君が選出された。

其他、①成人式祝賀文発送（略）②台東支部新屋舎の落成＝昨年の北支部新屋舎の落成に続いて管下台東支部新屋舎が去る二月一九日完工され盛大な落成式が挙行された。

民生部

はじめに

韓日協定が締結されてから満四年間にわたる、在日同胞の法的地位に対する切実な是正要求運動、昨年八月に開催された韓日法相会談に反映されて永住権申請条件の緩和をみ、その後日本側の動向が極めて注目されていたところ、幸いに諒解事項声明のとおり実行されており、協定永住権に関しては大むね効果をみている。

これも地方委員諸位そして各組織員諸位の貴重な努力の結果であり最大の敬意を表するものである。

さらに現在進行中の万博招請事業も成功裡に終わるよう、積極的な協助をあわせて望むものである。

万博参観団招請事業

今年度民団重要課業のひとつは万博に本国家族を招請、参観させることである。大阪で開催されている人類の進歩と調和の万博に、世界の科学、産業発展近代化の知識を見学することと、さらには家族再会の機会をつくることにこの意義がある。

招請事業推進過程においては、多くの苦悩を克服してきており、本国関係当局の積極的な政策にしたがって大部分の身元照会が終わり、日本入国査証も招請人永住許可者に対しては全面的に駐韓日本大使館から発給するようになった。

すでに本国政府では、東京地区は六月八日から七月七日の間に日本に入国させる計画になっており大使館の確認事務もこの計画にあわせ完了されると思うので、招請事業は支障なく進行されるものと確信する。

申請接受数一、三〇六名の中取消者一五二名、被招請者数一、一五六名（三月末現在）となっている。

永住権申請促進運動

永住権を取得することはわれわれの地位を法的に保障、その他諸般権利の確保と安定な生活を営むことができるようにすることにその目的がある。

昨年の韓日両国法相会議で合意をみた諒解事項声明の後

イ、第二回外国人登録をした者に対しては事実調査をすることなく協定永住が許可され

ロ、戦後入国の疑いで協定永住が不許可になった者に対しては、一般永住権を申請すれば許可する等好意的に確実に諒解事項どうり実施されている。

申請することのできる有資格者は、全員早急に永住権を取得するようにすることが緊急の課題となっている。このため永住権申請状況の実態調査を実施し、各支部を激励、訪問した。

都内（三多摩を含む）永住権申請状況（一九七〇年二月末現在）

申請一七、二二六名 許可一四、七五八名 不許可三〇〇名

参考・全国（同二月末現在）

申請一七二、五五七 許可一四七、四一九 不許可一、三九九

一般永住権＝申請一、一一一 許可八一六 不許可二七三

国民登録更新申請

団勢把握上重要な事業として各支部の積極的な協力で国民登録更新と新規申請を推進してきた結果更新および新規申請が増加している。

戸籍の整備について

戸籍が未備である団員を救済するために、民生部の継続事業のひとつとして戸籍再整備促進事業がある。その重要性を認識して、戸籍未備の団員が多くの恩恵を受けられるよう推進している。

旅券申請手続および招請確認手続の一部変更

イ、KJ旅券番号五万台以下は、有効期限満了前に新規申請と同じ書類を具備しなければならない。五万台以上は戸籍謄本、外国人登録済証明書、民団推薦書を必要としないことになった。

旧旅券の期限延長手続は廃止したが、緊急事情に限っては一定期限を設定して取扱っている。

ロ、万博招請確認が完了する時まで一般個人招請確認を中断しているが、急ぐ事情がある場合にはこの限りでないことになっている。

三・一節記念式参観団派遣について

本国での三・一記念式典は中央庁広場で開催され、関東、東北地方を含んだ百十余名が参観した。特に朴正熙大統領が在日同胞参観団を慰労されたことに対して参観団一同は敬意を表した。

団員感電死事件救援活動に関して

さる三月一五日、板橋支部管内で発生した団員金宋浩氏（36）と長男誠秀君（10）が河川で感電死した事件に対して、東本ではこの事態を重視、板橋支部と密接に協力して救援活動をおこない、相手方の板橋区長、工事責任者に対して四名の遺家族のためにも全力をあげてこの事件の責任を糾明している。

執行部2年間をかえりみて

副団長 羅 鍾 卿

一九六八年五月二八日開催された第三〇回東京本部定期大会以降、一九六〇年代末期に至るまでの民団の組織活動は誠に多事多難であった。

韓日協定が発効した後われわれ在日同胞の生存権を左右する法的地位問題は、協定内容の不合理点是正のための法的地位要求貫徹運動が四年余の長期に亘り継続したが、一九六九年八月に行われた韓日両国法相会談の結果、永住権申請に関する進展をみるにいたり、第十五回中央委員会における評価と決議によって、永住権申請促進事業に民団組織の命運をかけ総力をあげて推進中であり、東京本部においても支団長会議および各支部三機関任員合同会議等を数回召集し、その趣旨や意義を周知徹底させ支部毎の戸別訪問を実施させるとともに点検指導を行い、支部活動を側面的に協力しその成果を期している。

東京本部組織活動の重要課題である基本財政確立事業もその目標額の七〇％に達し、既に東京本部財政後援会が構成されて出資金の適正な運営管理が行われて居り、東京本部の組織運営に大きな力となっている。

またいよいよきびしくなりつつある日本税務当局の在日同胞に対する税金攻勢に対処するため在日韓国人納税貯蓄組合東京連合会を整備強化し、管下十九の各支部納税貯蓄組合を育成しこれと緊密に協力し適正な納税と事故防止に努力し団員皆様の事業繁栄と利益擁護に奉仕していると共に、団員の中小企業育成のための金融機関である東京商銀の育成についても各支部の積極的協力と東京商銀役職員のたゆまぬ努力により今年三月末預金高目標額一〇〇億円を大きく上まわり（一〇七億円）第一七期末目標額一四〇億円達成をめざしており、名実共に在京唯一の民族金融機関に成長しつつある。

前記の組織活動の外、民団東京本部の組織運動のうち特筆すべきは出入国管理法案反対闘争であろう。

この闘争は、民団有史以来の最も激しく全組織をあげての闘争であった。在日同胞の日常生活のすべてを規制し追放と同化を目論むこの悪法に対し、民団組織のみならず全団員が一致団結して闘い遂に廃案に追い込んだ。この運動は一般大衆の意識を目覚めさせ民団組織の団結の強さを内外に誇示したものであり民団運動史に輝しい一頁をかざるものであろう。

しかしながらこの運動を通じてさらけだされた民団組織の内部矛盾についてわれわれは自らきびしく反省すべきである。

この二年間になしてきた数々の組織活動をふりかえり心ひそかにはずかしく思うことは、民団組織の将来を左右し民族一〇〇年の計をたてるべき民族教育事業における成果のあまりにも少ないことである。

民族教育の重要性がさけばれながらも観念的にとどまり既設教育機関に対する補助育成も充分でなくいまなお他力本願的思考に低迷しているのが現状ではなかろうか。二世三世の民族教育問題を根本的に再検討しこの問題を民団事業の最優位におき民団組織の将来の基礎作りに努力すべきである。

また韓青、学同等二世々代の傘下団体との連携を強くし、その育成指導に理解と説得をおしまず、民団将来のにない手となるべく最善の努力を忘れてはならないと思う。

東京本部はこの二年間における組織活動の貴重な経験と成果を忘れることなく、民団組織は団員のためにあるという大原則にたち、常に団員皆様の民生安定を願い権利擁護に奉仕する心構えに徹すると共にいま推進中である二大事業の永住権申請促進事業および万博家族招請事業に全力を集中し、在日同胞の子孫代々に残すべき法的権利の永住権を最も価値あるものとし、万博事業を保安問題その他において無事故で完了することにより本国の国威を海外に宣揚し民団組織の強化をはかるべきである。

最後に本紙がその題号を新たに紙面を刷新して東京本部の機関紙として団員皆様のよき手びきとなることを期待してやまない。

写真は第30回定期大会のもよう

宣伝部

機関紙に集約されて

本来、民団の宣伝事業は広範で多岐にわたるものであるが、現実は機関紙「韓僑通信」が唯一の宣伝手段として利用されている。したがって宣伝部の活動経過は、東京本部の機関紙「韓僑通信」に集約されているといっても過言でない。第7回定期地方委員会以後の主要な活動事項を抜粋すればつぎのとおりである。

①機関紙のイメージ・アップをはじめ出版規格上の改善を期して従来の平台印刷版を一九六九年十二月五日第二三九〇号からB４版輪転機刷りに転向したばかりでなく韓・日両国文による紙面の刷新と拡張を期した。

②永住権申請促進運動を後押しするためにⒶ六九年十一月十五日第二三八八号に〝永住権申請の促進へ〟の主張Ⓑ七〇年一月二十五日第二三九四号に〝永住権申請のすべて〟Ⓒ七〇年二月十五日第二三九六号に〝永住権申請のしおり〟を特集して永住権の内容を理解させる記事を掲載し同運動の促進を期した。

③万博後援ならびに招請事業に関しては、万国博に関する記事ならびに韓国館の建立状況を随時報道して、韓国が万博に参加する意義を認識させるとともに韓国館の展示内容を三月二十五日第二三九九号に写真で報道紹介した。

④敵対陣営の虚偽宣伝を粉砕するためには、時事報道に加えて三月十五日第二三九八号にYS11機帰還者の手記を掲載して北傀の兇悪性を暴露した。

⑤宣伝の効果を高めるためにつねに写真を豊富に使ったばかりでなく、さる三・一節特別号は、原色版を印刷、民衆大会参加者全員にこれを配布し、東本機関紙の存在を宣揚したばかりでなく第一版第二版を発行し報道の迅速を期した。

⑥そのほか母国の発展相を[illegible]に写真で報道し団員をして愛国観を高め、韓国の対日論調を随時紹介して母国国民の対日観を伝えた。

⑦さる四月五日発行の韓僑通信は、紙令第二四〇〇号を迎えたので記念特集を行なった。

⑧新年度から週刊化とともに題号変更を断行、編集方針を確立し名実ともに機関紙としての面目を一新するつもりである。

中央執行委員会

四日午後一時から民団中央会議室で中央執行委員会がひらかれたが、討議内容については公表しないことにしたといわれる。東本では羅副団長がこれに参席した。

各支部三機関事務部長合同会議

東本各支部三機関ならびに事務部長合同会議がさる三月二十五日午後一時から本郷三丁目の日本信販ビル会議室でひらかれた。同会議においては、さる三月十四、五日大阪でひらかれた第15回中央委員会の経過報告（羅副団長）とともに①永住権申請の促進②万博招請事業の保安問題などが論議された。写真は同会議のもよう。㊨㊧とも

経済部

はじめに

第七回東京本部第七回定期地方委員会以後、民団の重要二大事業である永住権申請促進事業と万博家族招請事業に総力をかたむけてきており、東京本部の重要事業である基本財政確立事業も出資勧誘と出資基本の適切な運営管理に努力した結果、東京本部財政に大きな力となっており、東京商銀信用組合育成に関しても管下支部との緊密な協助の下で預金額および出資金が増加しており、城南地区五反田支店設置問題も大田、品川、目黒、港各支部任職員および団員有志の積極的な協助と東京商銀任職員の努力によって四月中開店を目標に支店建物が建築中であり、今年度内預金高百億円もその目標を超過する驚異的発展をみている。

税務対策においても、在日韓国人納税貯蓄組合東京連合会が中心になり、管下各支部納税貯蓄組合の質的向上と各組合の納税対策および事故防止に全力を傾注してきている。

在日同胞の大部分である中小企業の育成策として各業種別事業協同組合組織に関しては、東京都経済局担当者および協同組合中央会担当者らと数次にわたって協議し、まず東京韓国人銅鉄商業協同組合組織を先行して四月中東京都認可取得を目標に推進中であり、其他業種別協同組合も継続して組織し中小企業育成に努力してゆく。

基本財政確立事業

継続事業として推進してきた東京本部基本財政確立事業は、永住権申請促進事業および万博家族招請事業遂行に総力を集中してきたために時間的に多少支障があったが、出資の勧誘と既出資基金の運営管理においては東京本部財政後援会任員各位の努力で、大きな成果をおさめており、東京本部財政運営に貢献されている。

東京商銀信用組合育成に関して

東京商銀信用組合育成に関しては信用組合が民団の傘下機関であるという立場から民団組織の積極的な後援と協助なしに商銀の発展を期待することはできず、団員一人一人が商銀の組合員になるよう努力しており、東京商銀任職員の非常な努力によって城南地区五反田支店設置問題も四月中開店を目標に支店屋舎が建築中であり、今年度内預金高百億円目標もすでに到達してなど驚異的な発展をみている（三月三一日現在百七億円）。東京本部では東京商銀育成のために継続して預金勧誘其の他に万全の努力をかたむける。

税務対策に関して

税務対策は在日同胞の日常生活に大きな比重を持つ重要事業のひとつであり、東京本部では在日韓国人納税貯蓄組合東京連合会を中心に各支部納税貯蓄組合と緊密な協助の下に各組合員の税務対策に努力してきており、適切な納税と事故防止に主力を傾注して団員らの事業擁護に奉仕するよう努力してきた。四十四年度所得税申告においても管下各支部納税貯蓄組合任職員の努力で事故なく完了したことを報告する。

中小企業育成強化

団員の中小企業体の育成強化方案として第六回東京本部定期地方委員会で決議された中小企業協同等組合法に依拠した業種別協同組合組織に関して、日本国法律を活用する唯一の特別法人体としてその組織に専念し、東京都経済局担当者および協同組合中央会担当者と数回協議して原則的な合意をみており、まず金属関係業種である東京韓国人銅鉄商業協同組合組織に着手して、四月中認可取得を目標に推進中であり、その他業種に関しても逐次組織することを報告する。

荒川支部で映画会

民国荒川支部では同商工会との共催で商銀荒川支店の後援により来たる18日午後六時から荒川区民会館において映画会を開催する。シネマスコープ喜劇「うわさの結婚」、本国ニュース等を上映の予定である。

なお、同支部では、このような映画会を通じて団員の文化啓蒙に多大な成果をおさめている。

文教部

韓国学校ならびに足立分校の休校に関して

①同校理事会は昨年九月三〇日新たに安聖出氏が第四代理事長に就任した後理事陣の改編と評議員制度を新設して、学校に対する協力体制と同校運営の正常化の為にめざましい活動を開始中であったが同校運営費の健全化にその間相当な成果を収めている。また同校と民団組織との関係もこれまでのどの時よりも緊密で改善されてきている。②学校現況㋑一九六九年度学校運営費比率予算表（略）㋺卒業生進路状況（略）㋩出身校別在籍数㊁一九七〇年度新入生数

③管下各支部の韓国学校運営費補助状況（略）④足立分校の休校

一九六四年四月開校した東京第二韓国学園はその後運営難に逢着し一九六六年四月東京韓国学校足立分校として再発足された。六七年二月二四日同分校建設委員会が発足して民団足立支部を中心に北、葛飾、荒川、台東等隣接五支部関係者から構成した分校屋舎建設を期した（募金目標足立五千万円、隣接地区五千万円、政府補助金三千万円計一億三千万円）。しかし東京本部始め各支部執行部の交替その他等で具体的な活動がみられぬまま所期の成果を収めることができず、分校所在の建設委員会足立分会も記帳約束された約五千万円募金の現金化が実践されぬままになっている。

かかる過程で当初五〇余名であった在籍生徒が今年三月にはわずか二十三名に減少し、運動場さえない老朽校舎での複式授業教育によって児童が犠牲になってきた。そこで分校児童の救済策を打開する為に昨年九月二十二日開かれた「分校問題協議会」で次の通り決議された。①分校を六九年末をもって一時休校し②分校在籍児童は七〇年度から本校に通学させ③分校建設委員会は存続させ別途に関係五支部と協助して新たな角度から検討推進する。

またさる三月二四日当文教部斡旋で足立分校隣接五支団長会議を開催し、上記決議事項を確認した。

在日韓国人文化賞設置に関して

第14回定期中央委員会で在日韓国人の教育、文化、芸術、体育の四個部門に対する奨励と専門的な面から在日韓国人社会に寄与することを目的に文化賞設置が採択され、一九六九年十一月九日中央文教分科委員会で授賞規程が審議、決定された。これに従い今年度から募集して施賞は七一年度から実施される。

一般文教事業＝①自費母国留学生 募集（略）②進学 指導（略）

（四）**未完事業**＝①東京韓国人教育委員会組織の件②母国留学生学父兄組織の件

夜間国語講習

毎週火・金の両日、本部屋舎三階において東京本部直轄の東京国語学園の国語講習を行なっている。講師には張暁先生があたられており、現在は主に青年、大学生約三〇名が受講し多くの成果をあげている。

顧問団主催・東本慰労会

東京本部顧問団主催の東京本部ならびに管下支部三機関慰労会が、さる四月四日午後五時から新宿小田急・豪華で盛大にひらかれた。（写真は同慰労会）

同慰労会には、本部をはじめ管下各支部三機関役員ら約二百余名が参加し、呉宇泳顧問が「東京本部三機関が任期を迎えて役員改選が行なわれるが、在日同胞社会の福祉向上のために活動したみなさんの労を多とする」という要旨のあいさつをのべ中央本部を代表して中央常任顧問李裕天氏、東京本部鄭在俊団長、金載淑議長、李馬致監察委員長らがこもごも所感をのべた。

鄭在俊団長は、二年間の任期を通して無事に大過なく使命を果してきたことは団員をはじめ組織幹部みなさまのお陰であると感慨をこめた謝辞をのべた。

母国留学生合格者発表

駐日大韓民国大使館では、このほど一九七〇年度母国大学自費留学生合格者一一七人の氏名を発表したが、各大学別の合格者はつぎのとおりである。

今年は一一七名

ソウル大学 法大法科 安正成（東京）牟大成（大阪）李健雨（大阪）姜尚文（東京）李進海（長野）金光振（京都） 行政科 禹東万（大阪）林商基（京都）韓鎮浩（大阪） 商大 経済科 宋一烈（東京）金昌吉（長野）厳基良（北海道）徐国雄（大阪）経営科 安俊行（東京）康敬明（静岡）金久淵（愛知）姜貞子（岐阜）李栽鍋（大阪）李丙昊（大阪）朴明俊（大阪）趙光済（大阪）金東哲（兵庫）朴宗達（広島）美大 成楽守（長野）李達熙（京都） 音大 張鎬相（京都） 文理大 英文科 金一美（静岡）鄭金澄子（青森）陳秀政（愛知）鄭丙永（大阪）鄭寅□（兵庫） 仏文科 俞澄子（兵庫）崔イコン 東洋史科 李虎雄（滋賀）呉圭三（東京）李鳳梧（東京）李哲承（大阪）姜謂文（大阪） 心理科車一輝（京都） 物理科金鍾大（大阪） 地質科李一光（静岡） 薬学科李定人（長野） 医大医予科李紫英（東京）趙庸勲（東京）丁奎大（新潟）李実求（千葉）李次男（岩手）徐相勲（兵庫）金凡中（宮城）丁承竜（岐阜）趙潤権（京都）崔秀美（大阪）金光徳（大阪）孔益秀（大阪）金順雅（大阪）鄭憲（兵庫）申昄振（福岡）曹博信（大分） 歯大予科金洋京（東京）趙成允（山梨）李沢勲（兵庫）高羲宝（兵庫） 工大造船科金重輝（東京） 電子工学科秦博義（東京）安成隆（滋賀） 電子工学科李智永（和歌山） 師大社会教育科朴英子（福岡）

大学院 李洋憲（東京）黄正夫（広島）金良仁（東京）金在男（東京）李地求（千葉）南秀明（群馬）李楠哲（京都）金大雄（大阪）裵玄浩（和歌山）鄭夏永（大阪） 文理 大国文二年鄭印烈（京都） 史学三年崔満路（東京） 師大国語教育三年宋運玉（大阪） 医大三年金吉男（奈良）

延世大学 洪美子（京都）成楽文（長野）崔秀春（東京）金譜三（大阪） 二年編入林清造（長野）

高麗大学 趙文涼（大阪）金哲才（山口）李相秀（福島）

梨花女子大学 金玉順（東京）梁恵順（大阪）金洋子（東京）朴京恵（兵庫）安吉子（山口）姜美代子（東京）金慶子（岩手）蔡和枝（秋田）金順福（岐阜）朴順子（東京）安玉珠（東京）崔福美（広島）鄭英子（愛知）朴文子（兵庫）姜権順（岡山）申潤姫（東京）金竜順（東京）

慶北大学 金光夫（京都）尹福富（福岡）趙景子（京都）孫勝英（東京）丁順礼（宮城）朴順子（神奈川）李和枝（山口）

釜山大学 釜輝誠（兵庫）

姜中央文教局長談

なお、姜仁煥中央文教局長は母国自費留学生についてつぎのとおり語っている。「毎年合格者の数が増加する反面卒業できずに途中で落伍する者もかなりある。合格した学生諸君が卒業できるよう一層奮発して母国の学生に負けないように努力することは勿論、学父兄も物心両面からねばり強く後援してほしい」

北傀「早期送還」の意図は
日航機乗っとり事件

赤軍派学生九人に乗っ取られた日航機「よど号」で平壌入りした山村運輸政務次官ら四人を、飛行機もろとも送還した北傀のねらいについて、韓国では二つの点をあげている。

第一は、日本人の韓国に対する印象を悪くするためという見方。「よど号」が乗客を乗せたまま金浦空港で停滞状態を続けていたさい、日本人の間には「北韓が身柄の安全を保障しているのだから乗客もいっしょに早く平壌に飛ばせる方がよかろう」との意見があった。これに対し韓国は「乗客を無事降ろさなければ絶対北韓には行かせない」という態度で、結局「よど号」は四日間金浦空港に立往生し、気の短い日本人をジリジリさせた。

非人道打消しに目的

こんど北傀が四人を予想外に早く送還することはよって、結局解決を長引かせたのは韓国側のせいとの印象を日本人に与え、同時に大韓航空機乗っ取り事件など、韓国が主張する「北傀の非人道性」を打ち消そうとしたのだというわけ。

第二は、大韓航空機事件など、これまで二件の乗っ取り、北韓が機体を返還した例はないが、日航機のスピーディーな返還によって、韓国の飛行機の場合は〝国内問題〟であり、外国の飛行機は国際的慣例通り返還することを証明したというもの。

〝カイライ〟呼ばわりし、主権を認めないが、この北傀の措置にはその含みがあるとの見方。前日わざわざ「乗客を韓国に降ろし、犯人だけを送り込むことに事情が変わったため。どう乗客の安全は保障できない」とする発表をしたのにたいしても〝国内問題〟で例外だということを強調したものと韓国ではみている。〈外信から〉

白英寛氏

（民団東京本部許南明組織部長岳父）脳溢血で長らく加療中のところ、心不全にてさる三月十四日午後十時死去。享年六十七才。さる三月十六日、川崎市下沼部の自宅で告別式を行なった。

なお許家では、昨年暮れの母堂孫和色女史の死去（既報）に次ぐ不幸であった。

引越荷物は制限せず

海外同胞の財産搬入を陽性化

商工部は海外同胞の財産搬入を陽性化することに決め、二十一日承認要領を公告した。

これによると、財産搬入形態を永住帰国者、非帰国者、寄贈財産の四種類に区分し、在外公館長が確認した所有財産範囲内で原則的に輸出入期別公告上の輸入許可品目を搬入することができるように規定している。

特に永住帰国者の場合の引越し荷物には輸出入期別公告の制限を受けないと規定されており、また寄贈財産もこの制限を受けず、ただ財産搬入審査委員会の承認を受けることになっている。

なお、永住帰国者や非帰国者の財産搬入資格は海外で帰国者の財産搬入は主務部長官が推薦した事業にたいする投資に限られる。

ソ連外モンゴル代表に入国許可

〈既報〉政府はきたる四月九日から三日間ソウル・朝鮮ホテルで開かれる第三回アジア開発銀行総会（ADB）にソ連、外モンゴル両国の代表が国連のアジア極東経済委員会（ECAFE）オブザーバーの資格で参加する場合、これに対し入国許可を行なうことに決めた。

崔圭夏外務部長官は二十一日の記者会見席上でこれを明らかにし「政府はこんご韓国が主催する国際会議に共産国が招待される場合共産国代表が入国を要請してくれば入国査証（ビザ）を発給する計画だ」と語った。

こんどソウルで開催される第三回ADB年次総会にはケネディ米財務長官、福田日本大蔵大臣、エフラー西独連邦経済協力長官をはじめ、ECAFE域内国家二十カ国、域外国家十三カ国から長官級代表十名と交替代表の中央銀行総裁十余名のほか、オブザーバー、ADB幹部、米国銀行代表、国際金融機関代表ら総六百名余りが参加する予定である。

なお、ソ連と外モンゴル代表団の参席問題は、この両国がECAFE域内国家である点、またこんどのADB総会にはオブザーバーとして出席するという点を考慮、渡辺ADB総裁の名義で招待状をすでに送っているが、同招待に応ずる場合、韓国政府はこれら共産国代表らに入国を許可することにしたもので、もしソ連、モンゴルなどの代表が入国すれば、共産国代表が韓国入りするのは一九四八年以来のこととなる。

韓国はADBの理事国であり、その間三千百三十万ドルのADB資金を受けたほか、カプロラクタム工場、安東多目的ダム、高速道路建設事業などで総一億五千百九十万ドルの借款を申請している。

こんどのソウル総会では年次報告、会計監査報告、純益の配当、七〇年度予算承認、諸法規の検討役員選出などの議案が処理されることになっている。

韓日間の国際電話 半自動交換方式へ

逓信部は二十一日、韓・日間の国際電話四十回線は半自動交換方式で開通したと発表した。

この方式は発信局の交換手が着信局の加入者を直接呼出すものでこれは差しあたりソウル市内だけに適用、市外の自動化は後日実施される。

日本防衛研究所長が訪韓

麻生茂日本防衛研究所長は崔大明韓国国防大学院長の招待で二十三日来韓、文亨泰合同参謀会議議長、崔大明国防大学院長、丁来赫国防長官らと要談した。

麻生氏は韓国を訪問した最初の日本防衛研究所長であり、韓国軍事当局者は彼の訪韓を韓・日軍事外交の第一歩だと見ることができると語った。

麻生氏は二十四日駐韓国連軍司令部で儀仗隊を査閲した後、マイケリス国連軍司令官と歓談を交わし、二十五日は韓国陸軍本部などで軍事事情にかんする意見を交換し、二十六日には中西部前線を視察して、二十七日帰国した。

なお、麻生氏は、韓国記者たちの行なった質問の「こんご韓国と日本はどの程度の深さで軍事的協力が可能だと思うか」ということに対して「私はそういう問題に対して論評することのできる地位にいないので——」とことわり、私見を述べることを避けたことが注目された。

軍事停戦委、秘書長会議 抑留者送還で

大韓航空（KAL）機が北韓に乗取られてから百日目のさる二十日、板門店で開かれた軍事停戦委第三百七十三回秘書長会議が開かれ北韓にまだ抑留されたままの十一人（正・副操縦士、スチュワーデス二人、乗客七人）の送還問題について討議した。

国連軍側は、その〝送還〟について、双方が同意できる中立の場所で〝何ら強圧のない自由のふん囲気の中で〟十一人の自由意志を聞いてからそのとおりにしようと提案した。すなわち、もし「南」に帰りたければ南へ、「北」に住みたければ北に——いずれでも当人の自由意志を尊重しようと提議したもの。この提議は国連軍側秘書長のモーリス・E・ゼセフ大佐によってなされたが、これに対し北韓側秘書長の韓柱庚大佐は返答をせず、具体的問題から離れて「米帝国主義者たちの侵略行為だ」うんぬんを繰返した。

義務教育を九年に

長期総合計画草案なる

政府は二十一日、長期総合教育計画草案作成作業を完了、八十一年度から義務教育を九年（現在は六年）に延長するとともに、大学定員令を撤廃して大学の門戸を開放すると発表した。

同教育計画によると、高校を実業、人文に区文して総合高校化し、地方教育自治のため企業体に教育税を新設、これを主として技術教育に使い、教育課程開発センターを文教部に設置して各級教育課程を改編する。このほか、南北統一に備えた教育を各学校で実施するという内容を持っている。

対北韓貿易中止は不可能と

日本が韓国に回答

日本政府は二十七日、さる二月二十四日韓国政府が対北韓貿易中止を要求する口上書を送ったのにたいし、日本政府としては対北韓通商が対共産圏禁輸品以外のもので法的に違反事項がない場合はこれを規制することはできないという内容の回答覚書を送ってきた。

これにたいし、鄭韓国外務部スポークスマンは「日本商品が北韓の挑発行為に使われる事例が多く韓国安保に悪影響を及ぼしている」ことを指摘、一般商品の取引きではあってもその大部分が北韓の南派する武装ゲリラたちの装備に使われている例をあげ「この理由で、韓国政府はこのような対北韓貿易を是正することを強く要求する」との声明を発表した。

百ドル以下は郵送も可能に

同胞の本国送金

金甫炫逓信部長官は二十八日、在日僑胞たちが百ドル以下の金額は郵便で本国に送金できるよう外国為替制度をつくり、日本側と料金協定を推進中だと明らかにし、早ければ今年の下半期に実施される予定だと語った。

金長官はまた、今年中に中小都市の電話線を当初の計画よりも一万一千回線をふやした七万七千回線を増設、米国との電話も半自動式にして、きたる六月に開通する計画だと述べた。

本国新聞論調

無責任な言論つつしめ

道義に反する日本の対北韓交流

韓国はこのところ外交面に柔軟性を示し、共産圏にも窓を開きつつある。崔圭夏外務部長官がさる二十一日「四月九日からソウルで開かれるアジア開銀理事会にソ連ならびにモンゴル代表がエカフェ（国連アジア極東経済委）のオブザーバーの資格で参加するなら韓国政府としては入国ビザを発給する」と述べたのがその一つで、これが実現すれば共産圏諸国からの韓国訪問第一号となるが、韓国は、六月末ソウルで開かれる第三十七回国際ペンクラブ総会にも共産圏諸国代表を軒並み招待している。ところが、一たび北韓の問題になると、とたんに姿勢は強化する。三十八度線の対決は〝韓国安保〟のすべてだという立場からである。

〜〜〜〜〜〜〜〜〜〜〜〜

日本政府は最近〝渡航の自由化原則〟を適用して、北韓を含む中共、北ベトナム、東独など、共産圏の未承認国に対する日本国民の旅行を大幅に緩和する計画である。これに対し日本の主要新聞はいっせいに、筆をそろえて日本政府の政策を支持しており、同時に日本政府が朝総連系親共産主義者たちの北韓往来を許可したことに韓国政府の行なった抗議を不当なものだとして論評している。

日本の各新聞は、日本が北韓との間で戦後二十五年の間、交流もないままに、やたらに警戒心だけを抱き、相互不信に陥ったと指摘、こんごは二者間の制限を緩和して行くべきだと述べている。そしてそれは将来、国交正常化の道を開くのにも助けになると主張するかたわら、過去において日本政府が韓国政府にけん制されて北韓交流をしないというのではいけないと述べて、日本政府が大きく門戸を開くよう激励している。

法律改正による北韓交流を主張

日本はこれまで、韓国との関係から、北韓への旅券を発給していなかった。（少数の例外はあったが……）そこで日本は北韓との往来をソ連経由で〝密入国〟をするという方法で行なってきた。日本新聞はこうした点を〝違法行為の黙認〟だと述べ、一日も早く法律を改正して、このようなことは改めるべきだと、ずっと促求してきたが、最近の日本新聞は、韓国が韓日基本条約によって韓国政府を韓半島における唯一の合法政府だということを打出して日本が北韓と交流することを不当だと主張することを事理に合わないものだと述べている。さらに日本新聞の論調は韓日交渉当時に日本側が主張した点までもむし返して、当時、日本が、韓国の統治権は休戦線以南に局限されていると、また以北に〝別途の権威が存在〟していることなどと述べたことを強調、さらに佐藤内閣も指摘したように韓日国交正常化が決して北韓との交流を閉すものではないということなどを挙げて、早急に立法措置の考究をすべきだと強調している。

成文化されたものは守るべし

こうした日本新聞の論調は、韓国との間で結ばれている国際法上の約束をないがしろにするものであり、われわれには日本が良心と道義を忘れようとしているとしか考えられないのである。これはまさに、一種の〝強弁〟と〝遁辞〟の乱用である。日本はいま、北韓との往来を正常化させるために、成文化されている韓日基本条約までを無視しようとするのか？——。これに対しわれわれはせ遺憾の意を表さるを得ないのである。

日本新聞が、いまになって韓日国交正常化の交渉当時に行なわれた会議の発言までを引用しているのは何らかの法的根拠を示そうとしているからであろうが、およそ国際間で協商、あるいは交渉展開がなされるときには必ず、いつの時代にも激しい論議が戦わされるのが常である。いざ成文化されるまでの検討段階ではそうした相互間の主張が互いにくい違うことはままあることであり、むしろそれは外交の常であり、かつ外交史の裏面でもある。だが、互いに折合って一度成文化されたのちは、両国関係はどこまでも条約の精神と条文の語句に準じて事が処理されて行かなければならない。

にもかかわらず、いまになって日本新聞が、交渉当時にやりとりした議論のことばの中から前述したようなことを並べ立て、条文の精神にもとる解釈を下そうとすることは、これまでつちかわれてきた韓日間の友宜をそこなうものに他ならない。

韓国の安保を危うくするもの

言論の力が国民の世論を形成して行くものであることは異論を要しないが、これはまた国際間の親善関係を維持して行く上において大きな影響力を持っている。

今日、極東の安保問題は重大なヤマバに差しかかっている。そして韓半島において韓国と北韓はまるで水と油のように、絶対に両立しえない実情にある。

こうした中で、日本政府が韓日基本条約の精神を踏みにじり、北韓を相手とすることによって起こりうる問題は何であろうか。日本がもし、韓国の安保が危険にさらされる措置をも辞さないというのであれば、これは昨秋の佐藤・ニクソン共同声明で明言された「韓国の安保は日本に緊要である」という句節とどうつながるのだろうか。

日本の新聞は、日本の北韓との交流が、結局は韓国の安保を危くするものだということを認識し、かつひいては日本の安保までも害することになるということを明察して〝無責任な言論〟はつつしんでほしいと希望する。

（東亜日報＝SISA）

日航機乗取り事件

人道で最善尽した
申公報長官 談話を発表

申文化公報部長官は、日航機「よど号」乗っ取り事件について、三日午後要旨次のような談話を発表した。

一、さる三月三十一日、日本航空機が共産暴徒たちに乗っ取られ、平壌に向かう途中、金浦空港に非常着陸したことに対して、韓国政府は人道主義の立場から乗客、乗務員および機体保護のため最善を尽くした。

一、プエブロ事件、大韓航空YS11機乗っ取り事件などを通じ、北傀は自由諸国民に対し野蛮行為をほしいままにした。韓国政府は乗客たちを地獄に連行されるのを見過ごすことはできないとの立場から、八十時間近い間、日本政府および関係各国政府との協調の下、説得と懐柔を試みた。

一、その結果、自爆するとまでおどかしていた共産暴徒たちを屈服させ、百三人の自由民が救出されたのを幸いに思う。

一、韓国政府は乗客全員を救出するのに当たって、暴徒と乗務員三人および山村次官を乗せた日航機をわが領空の外に飛ばすことに決定した。われわれは乗客たちがソウルで救出されたのを喜び、これまで機内で苦痛を耐えしのいだ乗客とその家族たちに心から慰労の言葉をささげると同時に、共産主義者らの野蛮行為について、全自由世界の警戒心を繰り返し呼びかける。

乗客の北韓行き見るにしのびず

赤軍派に乗取られた日航機〝よど号〟の乗客九十九人とスチュワーデス四人計百三人が三日、午後三時二十一分無事機外に出たことが確認されると、申範植文化公報部長官は談話を発表、次のように述べた。

「さきの米情報艦プエブロ号の乗組員および昨年十二月に乗取られた大韓航空のYS11機の乗客たちが受けた北韓の仕打ちから、われわれは〝よど号〟の乗客が北韓に連れ去られることは極力防ごうと、犯人たちに対し説得を重ねた。代わりに山村政務次官が〝よど号〟に乗ったが、乗客たちが一人残らず解放されたことはまことに喜ばしい結果であった」

なお、韓国が日本政府と協議の上、説得工作を続けたのに対し、日本の世論が「時間がかかりすぎる」「いっそ北韓へ行った方がよい」といっている、との雑音を耳にはさみながらも、韓国側が自信を持って、あと一両日立とうとも罪のない乗客を北韓にやることは彼らの経験上①「直ぐ」送りかえすという北韓の「直ぐ」は長期間になる恐れがあり②政治的に利用するための仕打ちで乗客の苦しむのを避けること③金浦での停泊は、乗客が百人という数なので（犯人は九人）健康であれば心理的圧迫はそれほどでもないこと——などを確信していたからだという。

金浦空港に着いたよど号

◇事件のあらまし◇

【3月31日】	
7時21分	「よど号」羽田離陸
〃 40分	富士山南側で乗っ取り
8時59分	福岡空港着陸
1時40分	幼児ら23人降ろす
〃 58分	離陸、北へ
3時16分	ソウル郊外金浦空港に着陸、平壌擬装工作失敗。一味、乗客とともに北韓行きを要求
7時	朴大統領の指示で擬装をやめ乗客釈放の説得開始、釈放条件に北韓行き認める
11時45分	金山日本駐韓日本大使が説得
【4月1日】	
0時53分	丁国防部長官も説得 日本、韓国政府に「人命尊重第一」を要請、韓国も協力を約す 説得続くが、一味「断食宣言」で食料受け取り拒否
0時39分	北傀通信、領空内飛行の安全と着陸後の人道的待遇を約す 北傀赤十字会乗客の即時送還を正式回答
夜	犯人、20余時間ぶり食事受け取る
【4月2日】	
4時40分	飛行機乗っ取り世界最長時間（45時間）突破
5時30分	両国責任者協議、両国の方針変わらず
6時20分	説得再開
7時5,分	「よど号」滑走路上に移動
1時45分	丁長官の説得に一味の主犯田宮が初めて交信
5時	山村次官「乗客の身変わり人質」を犯人らに申し入れ
6時05分	犯人、阿部社党代議士を人質に乗客釈放を表明
10時49分	羽田発日航特別機「飛騨号」で阿部代議士ソウルへ
【4月3日】	
9時	阿部代議士を含め、韓日両政府当局者、最後の打ち合わせ
2時26分	乗客49人スチュワーデス4人をまず釈放
3時	山村次官〝人質〟として「よど号」内へ
3時10分	残る乗客全員釈放
6時05分	「よど号」金浦空港を飛び立つ
7時20分	「よど号」平壌着陸
7時33分	特別機「飛騨号」金浦発
8時23分	「飛騨号」福岡空港着
【4月5日】	
9時11分	「よど号」羽田帰還

韓国の苦衷察せよ
民団中央でも声明を発表

日航機乗っとり事件について、民団中央本部李団長は四月二日つぎのような声明を発表。

声明書 こんどの日航機乗っ取り事件によって、いわゆる左派勢力の目的のためには手段を選ばない非道な戦術が万人の前に曝け出された感が深い。憎むべき赤軍派と称する一派の蛮行はともかくとして、わが民団は特に次の諸点を指摘したい。

一、金浦飛行場において、大韓国旗を降ろしここが平壌であるとまで機体を誘導しながら、乗客乗務員の無事着陸を図ったことは、国家威信上到底考えられないことであるが、敢えてこれを為した政府当局の人道的見地に徹した深謀はその苦衷を察するに余りあるものがある。日本国民はこの点を深く諒解して頂きたい。

二、飛行機着陸後も日本側との緊密な連携のもとに最後まで乗客の安全上陸について犯人たちとねばり強い説得を試みていることは、数個月前における韓国機拉致の苦しい、しかも尊い体験によるものである。常に人道主義を喰い物にして政治的道具として自己宣伝に汲々としている彼らの常套手段を知悉している立場として無知の乗客を地獄の谷に追いやりたくない心情が滲み出ている。

三、北韓傀儡の手先である朝総連が言明している通り、これが日本国民と北韓人民との離間策を討る陰謀であり何れが政治謀略であるかは今後の事実によって日本国民の前に現われるであろう。

四、今後日本国内にあって、これら過激派を含む左派勢力の手段を選ばぬ蛮行は、その背後関係と共に充分な厳戒がなされなければならない。

何れにしても日本に居住しているわれわれ韓国人はたとえ忍び難き条件に応ずるとも人命尊重の前提に立つ本国政府の措置によって乗客全員無事帰還を心から願ってやまない。

この声明は、ホテルオークラにおける内外記者団との会見席上で発表されたもの。

時論

日航機乗っ取り事件に思う
人道に徹した韓国の好意ふみにぢるな

去年七月のアポロ十一号が人類初の月着陸を成し遂げたとき以来、これほどテレビにくい入るようにその経過を注視した事件はなかったように思われるのがこのたびの「よど」号ハイジャック事件である。

異民族のこととはいえわれわれ地域社会の一員として、かつまた友好関係にある国民のひとりとして乗客ならびに乗務員全員の救出を心から祈るとともに赤軍派といわれる犯人たちの狂暴には日本国民と同様怒りを禁じ得ないのはいうまでもない。しかしながら危機一髪の危うい場面を免れて、何ら人命の損傷なく、機体まで戻った今日素直に喜びを共にする気持には変りないが、事件の経過において、祖国の分断状態が大きくクローズアップされ、また終始、韓国が大役を果たしたことに、われわれの関心はより深いものがある。

この種の事件を二度と起こさせないためにも、事件のあらゆる角度から議論するのは結構であるが個人も国家も相手方の好意を受け取る方に必ずといっていいほど問題があるのである。昨年のKAL機拉北事件に大きなショックをうけ、いまなお十数人の乗務員、乗客が抑留されていることで大変悩んでいる韓国としては、感情と国策をあとまわしにした辛抱強い我慢と、人道的立場においての措置をとったのであるが、この韓国の措置を、あたかも日本は経済大国であり、優位にあるから何にかの見かえりを狙ってわざと一役買って出たかのように論ずるふしがあるのは、遺憾なことと言わざるを得ない。すなわち一部の日本の報道機関は、さかんにこのたびの事件で日本は韓国と北韓に借りができたとしながら、いかにも次元の低い考え方をして吝嗇な島国根性をむき出しにした。もちろん世話になれば恩義を感じお返しを考えるのが人間の良心として妥当であろう。だが世話をする方は必ずしも見かえりを前提としない場合が多い。

このたびのわが政府当局の措置は人命尊重の観点から国家の威厳をもかえりみなかった面があったように思う。空港の国旗までおろして不倶戴天の仇敵ともいわれた北韓を偽装（これは国の威信が傷つく行為であるから）してまで乗務員と乗客の救出に努力したことならびに国民感情を抑えて犯人たちに説得をつづけ、また最後に丁国防長官が犯人たちに乗客をおろさない限り出発させないと強硬な呼びかけをした。これは乗客救出のための手段であって、もしここで犯人たちが折れなかったとしても人道に反して強硬ななんらかの措置に出たとは考えられない。このような韓国の努力は、経済大国日本の報酬を受けるためでもなければ仇敵とはいえ北韓にいかせたくない一心でもなかったのである。

仮りに当事者が日本人でなく自由中国あたりであったとしても、韓国は人命を助けるための人道的な見地から同じ措置を取ったであろう。板付から平壌に直行しないで金浦空港に着陸したことをいかにも人道主義より政治的策謀が先行したかのように言っているが、もし「よど号」がそのまま北韓領域に直行した場合、乗員乗客ら一〇二名は大きな政治的取り引きの材料にならないで済んだと誰が保証できようか。北韓側は結果的に犯人を除く全員と飛行機を返した。これは北韓から見れば韓国側に点数をかせがせ機先を制されたから、対照的にならざるを得ない国際世論を恐れたためにとった措置であったと思うが、金浦空港に着陸したからこそ、被害を最小限度にくい止めたのである。

韓国は前にも述べた通りKAL機拉北事件の辛い経験もあって、このたびの「よど号」事件も他山之石として自分の事のように考えて妥当な措置を取ったに過ぎない。

韓国の社会では一般の個人的な行事つまり冠婚喪祭などに際しても知り合い同士が応分の金品を扶助するが、一般的にお返しという取引きじみたことはやらない。他人が困った時に助け合い、また自分が困った時何らかの形で助けてもらえばいいのであって、行事毎にお返しをしてもらうような形式ばったことはやらないのが、慣習である。人間社会には貧富貴賤、国家、個人を問わず突発的な不詳事はあるのだ。その時には、利害関係を超越しての相互扶助が必要であって、貸借対照じゃあるまいし、借りだの貸しだの吝嗇なことを言うと折角の扶助精神も人道主義もなくなり百年の恋も一夜にしてさめるのである。貧乏ながらも他人が困った時数字抜きに助け合うのが韓国のお国柄であることを強調しながら事件の解決を喜ぶものである。

〈孤 岩〉

奨学生募集要項

一九七〇年度在日韓国人教育後援会奨学生をつぎのとおり募集する。

一、**応募資格**
①在日韓国人で韓国高等学校またわ日本高等学校（東京、大阪、京都地区を除外）ならびに大学、大学院在学生
②学業成績が優秀で経済的理由で学費調達が困難な者
③思想隠健で身体健康な者
④他の奨学金を受けてない者

二、**提出書類**
①本会所定願書（各地区韓国教育文化センター、またわ民団で交付）二通
②在学証明書ならびに校長または学校の推薦書二通
③成績証明書（新入生は高校成績証明書）二通
④民団推薦書ならびに国民登録済証二通
⑤写真（一枚は願書に添付）二枚

三、**募集人員**
約一五〇名

四、**応募期間**
一九七〇年四月一日〜四月二十五日

五、**支給額**
自然科学系 月約七、〇〇〇円
人文科学系 月約五、〇〇〇円
高校生 月約三、〇〇〇円

六、**書類提出処**
東京都港区南麻布一―二―五
韓国大使館奨学官室内 在日韓国人教育後援会事務局
またわ民団中央本部文教局
（郵送の時は封筒に「奨学生、応募書在中」と朱書すること）

七、**面接**
書類合格者に限り面接を行ない該当者には追後通知する

八、**備考**
詳細は本会事務局またわ民団東京本部文教部に問合せること

在日韓国人教育後援会
東京都港区南麻布一―二―五
電話（四五三）九六五三

韓僑通信発刊第2400号

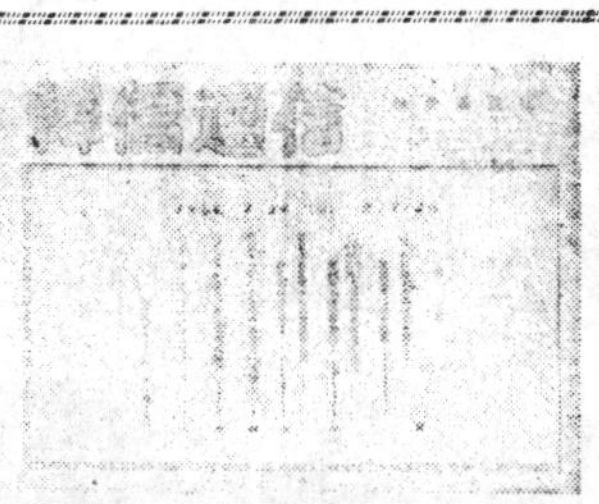

タイプ印刷当時の韓僑通信

民団東京本部機関紙「韓僑通信」は、本号をもって紙令第二四〇〇号をかぞえることになった。

韓僑通信が創刊されたのは一九五五年で、当時は韓日国交がまだ正常化されてなく、いまのように両国の交流も活発でなかったために「近くて遠い両国関係」であり在日同胞たちは祖国の消息にうえていた時でもあった。したがってひとりでも多くの団員に母国の事情を知らせあわせて組織の宣伝に活用すべく、タイプ印書による通信を発行したのであった。以来ひたすら組織とともに歩んで今日の紙令を迎えたのである。また組織の発展とともに一九六九年六月からははじめてタブロイド版活字印刷へ移行、今日に至っているのであるが、いまや名実ともに組織の機関紙としての使命を果しながら在日同胞社会において有数な報道機関の一つとして遜色のないまでに発展をとげてきた。これひとえに団員みなさまのご鞭撻によるもので厚い感謝の意を表してやまない。

なお、韓僑通信は、別項記載のとおり近く題号を改称し新しく出発するが今後とも倍旧のご支援を願ってやまない。

組織とともに歩んできた16年

なごやかに初会見

李駐日大使、記者団と懇談

李厚洛駐日大使はさる四月三日正午、在日韓国新聞通信協会の会員社記者たちを官邸に招き昼食をともにしながら懇談した。

李大使は同席上、記者たちの質問に答えてつぎのとおり語った。

在日同胞の権益を護るのが大使の任務ではあるが、同胞ひとりひとりを全部助けるわけにはいかないので当然在日同胞社会の組織になっている居留民団ならびに信用組合などの強化発展に協力し、それを通じて在日同胞たちの福祉向上に尽したい。

特定の民団を援助するといってもある個人を援助するとか人事に干渉することではなく相互意味すもとで協力することを信頼のる。

また、李大使は、ユーモアを交えたなごやかな談話を通じて記者たちに接し、在日同胞社会における報道機関の育成に関心の多いことを示した。

なお同日の会見には、姜永奎、金在権両公使をはじめ洪泉公報館長も同席した。（写真は記者たちの質問に答える李大使）

幅広い活動望む

駐日広報館長　洪　泉

韓僑通信が本日二四〇〇号を発行することになりましたことは、ご同慶の至りであります。

日本に生活基盤のある同胞は六〇万といわれますが、この在日韓国人の権益を守り世論を代表するマスメディアは、数えるほどしかありません。外国で言論活動を行なうには、いろいろな困難がつきまとうからでしょう。したがって韓僑通信が二四〇〇号を発行し、在日韓国人社会における機関紙の一つとしてその地位をきずき上げるまでには、さまざまな難関を克服しなければならなかったことと思います。同紙関係者のみなさんに、心から敬意を表するしだいであります。

ご存知のように、在日韓国人社会には金日成の手先となって働いている朝総連という集団があってたえず同胞を拘[illegible]っております。かれらの宣伝は実に巧妙であり目的のためには手段を選ばないことは、周知の事実であります。したがって、善良な同胞がだまされることのないよう、朝総連の虚偽をあばき、何が真実であり正義であるかを正確に知らせることは、在日同胞社会におけるマスメディアの第一の使命ではないかと思います。同紙がこのような使命を認識して、最善の努力を尽くしてきましたことは、自他が共に認めるところでありましょう。

韓僑通信のこんごの課題は、来年に迫った永住権申請の最終期限までに、在日同胞が一人残らず永住権を申請して、日本におけるわれわれの権利を獲得し行使できるよう、永住権申請の促進を図ることだと思います。韓僑通信がこれまでよりいっそう、在日同胞のため幅広い言論活動を行ないますことを期待してやみません。

受読者のみなさんと共に、韓僑通信のご発展をお祈りする次第であります。

限りなき前進を

民団中央団長　李　禧　元

七〇年代の民団は、創設以来の反共を理念とし、在日韓国人の権益と福祉向上、そして多年の宿願である民族教育の普遍化のための再装備をはかるため、更に一歩前進し、強化していかなくてはならないと再確認している。

まず、その具体策の第一目標に万博後援事業の成功と、永住権申請完了をあげられる。

御承知のように、万博事業の中には、世界注視の中の万博会場における韓国館を通じての国威宣揚であり、また一万名に達する本国からの家族招請などがあるが、問題は、これらの同胞たちが、所期の目的を果たし、平穏無事のうちに帰国しなければならないということである。

その意味で、朝総連の謀略に、まとわされることのないよう、充分なる保安対策を講じなくてはならない。

したがって、民団組織の実力をいかんなく発揮して、その真価を見せるのは、今日これからの仕事といえよう。

地方民団のひとりひとりに負わされた責務は、大にして、また重である。

更にこれと並行して、現在挙団的な規模で進められているものに全国の民団組織人、約七千人が参加した永住権申請促進運動がある。

今の時点としては、説明をする段階ではなく、既に実践があるのみである。

私たち在日同胞が、外国である日本にあって、自由に、平和に、安定して住めるための、これは、他の外国人には与えられていない絶対的な協定事項であることを忘れてはならない。

そのための永住権獲得なのであるから、自分の与えられた権利として、獲得すべきである。そのために本国政府も、日本政府と強力に交渉し、協定を決めたのである。

以上の二つのことが、民団の当面する最大目標であり、その目的達成のためのマスコミの担い手として、新聞、通信の果たす役割は至大というものである。

「韓僑通信」が発行されて、その紙令まさに二四〇〇号を重ねてきた。

その韓僑通信が、更にこれから限りなき前進と発展を遂げることを心から祝福し、以上の二大事業完遂のために、全幅的な大キャンペーンを展開するよう希求して止まない。

役割を高く評価

在日韓国新聞通信協会
会長　朴　一　哲

このたび「韓僑通信」が四月五日付で、創刊以来、実に紙令、「二四〇〇号」となり、記念号を発刊するにあたり、在日韓国新聞通信協会加盟十四社を代表して衷心よりお祝いを申しあげます。

「紙令十五年」「紙令二四〇〇号」までの、新聞、通信を継続して発行する事業がいかに困難な仕事であるかは、同業の一人として痛感し、情報化社会の現代において、「韓僑通信」が民団員の日常生活に欠くことの出来ない重要な分野の一翼を担って、在日韓国人の権益擁護や文化、社会、教育、反共理念高揚等の共通意識の広場として、今日まで果してきた役割を高く評価し、民団東京本部と関係者の皆様に、報道関係者の一人として深く敬意を表します。

「韓僑通信」は戦後の荒涼とした荒廃期で時局多難な時期に、タイプ印刷の通信として創刊し、「民団・東京本部の機関紙」として、在日韓国人社会で期待され、愛され、親しまれて、団員相互間の〝回覧板〟となり〝燈台〟となって、理解と親睦と団結を深めながら、祖国、大韓民国の発展と在日韓国人社会に寄与した貢献度を高く評価するものであります。

いまさらながら、十五年前に、韓僑通信の「発刊の英断」を断行した、当時の関係者を讃えまた今日まで大切に育ててくれた諸先輩の労苦を察し、誠に感無量なものがあります。

韓僑通信が昨年以来、現在の、タブロイド版新聞、輪転機印刷で〝一戸に一部〟を実行し、さらに近く紙面を拡大して「大版」となり、現在の旬刊から週刊に飛躍的な躍進を遂げることは、実にご同慶にたえません。

「韓僑通信」が今後とも、在日韓国人の〝燈台〟となり、常に「団員のための「韓僑通信」となって「声なき声」も「正論」も報道されることによって、信頼され、期待され、愛されて、民団・東京本部とともに着実な発展をみるよう心から念願して止みません。

最後に、韓僑通信を創刊し、今日の発展の基礎をつくられた〝歴代の関係者〟の皆様に、改めて心から敬意を称し、「二四〇〇号」の記念号発刊の祝辞に代える次第であります。

（筆者所属・東洋経済日報社）

次代の民団を双肩に
韓青東京特別本部結成さる

さる二九日午後二時より東京の豊島振興会館において、韓国青年同盟東京特別本部結成大会が開かれ、韓青および民団東本の懸案であった同特別本部を正式に発足させた。

慎忠義氏

大会は都内各支部から選出された代議員五七名はじめ百余名の青年、来賓が傍聴、参席する中で開会、国民儀礼、同特別本部結成準備委員会代表による開会辞、資格審査などのあと、韓青中央本部を代表して挨拶に立った金恩沢委員長は、六〇年代の韓国青年の運動が十年前本国で闘われた四・一九革命に触発されて新たな理念と指向をめざして出発したと前置きしながら「われわれ在日韓国青年は法的地位要求貫徹、外学法、出入管法と闘い、その過程で東京地区青年も飛躍的に成長、発展して今日を迎えた。今後とも民族主体の確立、組織の発展、そして民族の権利の擁護のために頑張ろう」と述べた。

つぎに民団東本の鄭在俊団長が来賓を代表して挨拶に立ち「民団でもしばしば後輩の育成が指摘されてきたが実践がともなわぬきらいがあった。明日の民団は皆さんの成長いかんにかかっており、韓青東本の結成を機に、一致団結して実力を発揮してほしい。また近日中に都内民団二十二支部全部に韓青の支部が結成されるよう期待している」と祝福、激励し、また羅鍾卿東本副団長から激励にかけつけた民団、婦人会代表ら来賓を紹介して挨拶にかえた。つづいて韓青埼玉本部代表の祝辞、祝電の披露、結成に至るまでの活動経過報告、活動方針案、予算案等の審議、採択をおこない、任員の選出にうつった。まず委員長には金恩沢中央委員長によって、東京担当部長および同特別本部結成準備委員長として活躍した品川の慎忠義氏が指名を受け、認准された。また副委員長には李應雨（大田）、李丈一（江戸川）、高昌樹（豊島）の三氏が、監査には鄭康浩（大田）、河銀鎬（港）、権建喆（台東）の三氏をそれぞれ選出し午後五時閉会。このあと大会々場隣に用意された会場に場所をうつして祝賀レセプションを開いた。

韓青東京特別本部結成式のもよう㊤㊦とも

解説　都内の青年組織としては以前、一部民団支部傘下に、青少年会がつくられていたが、一昨年現鄭在俊民団執行部の発足を機にこれらを韓青支部に移行して都内青年組織を韓青のもとに一本化しようとの方針が採択された。一方韓青でも「都内青年懇談会」を中心にかねてより都内青年の組織作業を進め、今年に入って一月二五日東京特別本部結成準備委員会を結成、このたびの大会に至ったもの。なおこれまでに結成をみた韓青支部は渋谷、豊島、北、大田、品川、江戸川、港、葛飾、荒川、文京の十支部となっている。

新学期から本校通学に
足立分校問題会議

さる二十四日午後七時より民団足立支部において韓国学校足立分校に関する隣接支部支団長会議を開き懸案事項について意見を交換した。権寧珣足立支部団長、玄圭元同監察委員長、趙活俊荒川支部団長、曺圭必葛飾支部副団長、また民団東京本部から鄭在俊団長と文秀直文教部長が出席、①足立分校建設委員会の発足以来足立支部が中心になって現在までに約五千万円の募金が記帳されているが、まだ現金化されてない現状である②足立分校の生徒二三名については来る四月の新学期から本校通学が決定している。通学については金周奉氏の尽力で通学バス一台を購入したのでそれをあてる③分校建設については分校建設委員会をひき続き存続させ、近隣五支部が協力して新たな角度から推進する、等を確認した。

支部だより

江東　〈五日に野遊会〉同支部では五日、千葉県市川市の里見公園において野遊会を開催する。

荒川　〈婦人会主催で慰安旅行〉同支部婦人会（金君玲会長）では恒例によって五日から一泊二日で、熱海において花見をかねて慰安旅行におもむく。宿舎は大野屋ホテル。

中野　〈相模湖で野遊会〉来る12月に、婦人会と共催で相模湖において親睦のための野遊会を開く。日帰りで、バス二台を予約ずみ。

板橋　〈東京商銀の預金協力運動〉東京商銀信用組合（許弼奭理事長）では三月末までに預金高を一〇〇億円の大台に乗せようと民団など各方面に協力を呼びかけているが、板橋支部でもさる三〇日支部役員、有志が懇談会をもちこれに積極協力することを決め、崔学林団長を先頭に預金勧誘に奔走している。

渋谷　民団渋谷支部（金勲煐団長）では三月一日付で次のとおり人事を発令した。

依願免、事務部長　金鍾睍
任、事務部長金東輪

埼玉に文化センター

このほど政府の在日韓国人教育強化策のひとつとして、埼玉韓国文化センターが開設された。管轄区域は埼玉県と民団三多摩地域で開設場所は埼玉県浦和市常盤町四ー一六ー七（県本部二階）。電話は（〇四八八）三一ー三九五九。所長には金東俊氏があたる。

国際親善民族祭典盛大に行なわる

WUM（高世一成総裁）ではさる三月二十六日、日比谷公会堂で日本外務省、日本万国博覧会協会、WUM世界博愛協団などの後援、世界連邦日本国会委員会・政治大学校などの協賛による国際親善民族祭典を盛大に催した。

同祭典にはポーランド、ラオス、グアテマラ駐日大使はじめ内外貴賓多数が出席して午後五時からWUMの歌「世界は一つ」の合唱について賀陽恒憲元宮殿下（総裁）、片山哲元総理大臣（顧問代表）、早川崇州（会長）藤原義江（祭典委員長）各氏の挨拶の後、高世一成総裁が世界平和宣言を行ない、WUMは、戦争の絶滅と世界恒久平和の確立は世界連邦政府の樹立以外に道はなし、世界連邦政府樹立の促進を全世界に宣言すると述べた。このあと六時四十分から韓国舞踊団など各国の舞踊などが披露された。

旅券更新手続の変更

民団では、本国政府当局の方針にしたがって、旧旅券を新旅券に更新する場合の更新手数料の徴収をつぎのとおり変更した。

手数料　(1)支部　二千円　(2)、地方本部　二千円(3)中央本部　千円

旅券更新について(イ)、一九六八年七月一五日から一九六九年一二月末日までの間に大使館から旅券を受けた者は、民団の推薦書、戸籍謄本、外国人登録済証明書の書類を添付することなく大使館及び領事館に更新手続だけすればよく民団の手数料は不要。

(ロ)、一九六八年七月一四日以前に外務部で発給した旅券の更新申請時には、新規旅券申請時とおなじく戸籍謄本、外国人登録済証明書、民団推薦書を添付しなければならず、民団所定の手数料を支払うこと。

(ハ)、現在旅券を所持している者で旅券の有効期限が経過失効した者が、本国に緊急に行くべき理由がある場合は、その理由書を添付して旅券有効期限延長を申請すれば、理由にしたがって必要な期間の延長が許可される。

二、現在旧旅券を所持する者で有効期間が充分に残っていても、新旅券に更新ができる。

年度末決算で百七億
東京商銀　預金目標額を突破

在日民族金融機関として健全な発展を続けている東京商銀信用組合（許弼奭理事長）は、本紙前号で既報のとおり預金目標高百億円突破を目ざしていたが、さる三月末日の年度末決算でついにこれを突破、預金高は一〇七億円に達した。

ちなみに、同組合の預金高は一九六七年五月二十二日に許理事長が第六代目理事長として就任して以来、驚異的な伸びを示しているが六七年三月末現在の預金高が十六億六千万円だったのが、一年後の六八年三月末には三十七億五千二百万円、六九年三月末六十三億四千九百万円、さらに同年十二月末に八十六億円五千円という著しい進展ぶりをみせ、ついに一〇〇億を突破することになった。これは許理事長の手腕と人徳によるものともっぱらの評判である。

写真は許理事長

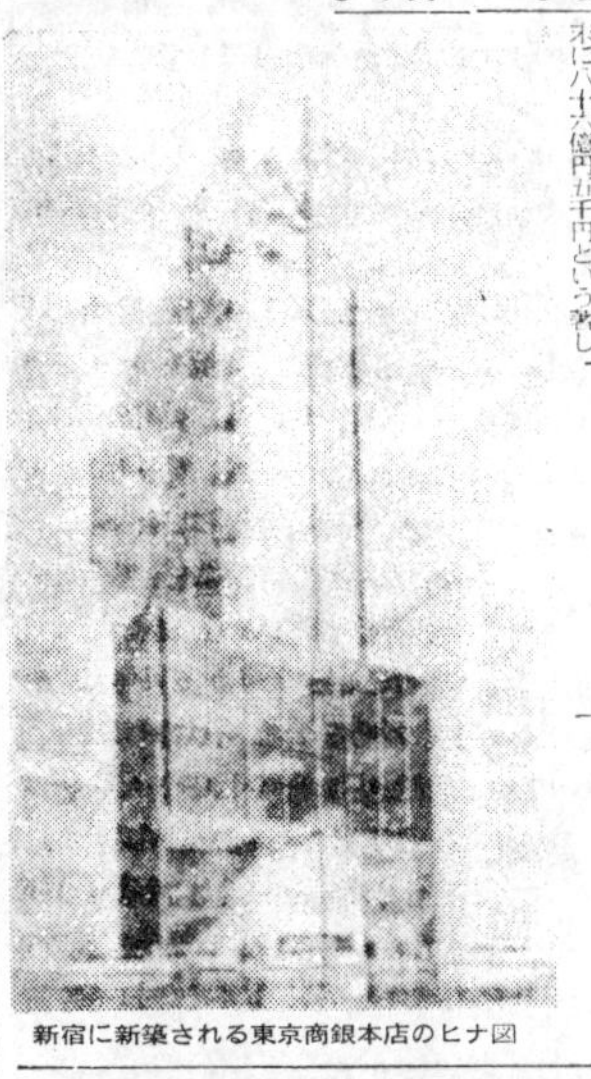
新宿に新築される東京商銀本店のヒナ図

自由の家 板門店

한국의 발전

(2) 통일 신라 시대

신라는 민족을 통일한 후 오랫동안 평화스러운 생활을 계속하였다. 안으로 나라 정치에 온 힘을 기울이고, 밖으로는 당나라에 왕래하여 그의 발달한 문화를 수입하였기 때문에, 통일된 민족 국가로서의 나라 살림이 융성하였다.

우선 신라는 고구려와 백제를 합쳐서 나라가 커졌으므로, 이를 다스리는 데 알맞은 새로운 정치 제도가 필요하게 되었다. 이에 신라는 삼국 시대부터의 옛 제도에다 새로이 당나라의 제도를 수입하여 정치 제도를 갖추었다.

신라의 서울 경주는 한창 때에는 집이 17만여 호나 되었으며, 초가집은 없고 모두 기와집이었다고 한다. 또, 음식은 숯을 써서 익혔고, 거리에는 노래 소리가 그치지 않았다고 한다. 향가(鄕歌)가 한창 불리던 때도 이 무렵의 일이었다.

이 무렵, 신라인의 해외 진출 또한 활발하였다. 불법을 배우고자 하는 구법승(求法僧)과 유학생이 멀리 당나라와 인디아에까지 빈번히 왕래하였다.

의상(義湘)은 당나라에 다녀와 화엄종(華嚴宗)을 열었고, 장 보고(張寶高)는 황해, 동지나해, 남해의 세 바다를 주름잡고 해상 무역을 독점하였으며, 최 치원 같은 이는 어려서 당나라에 유학 갔다가 그 곳에서 과거에 급제하고, 황 소(黃巢)의 난 때에는 그 토벌을 위한 격문을 써서 명문으로 이름을 날렸다.

이와 같이, 신라인의 해외 진출이 빈번함에 따라 당의 해안 지방에는 신라인의 집단 부락인 신라방(新羅坊)과 신라인의 사원까지 생기게 되었다.

그러나, 신라의 번영도 통일 후 약 100여 년이 지나서부터는 일부 귀족들의 호화스런 생활과 정권욕으로 말미암아 점차 기울어지게 되었다.

이로 말미암아 일반 백성들의 생활도 점차로 어려워져 각지에서 반란이 그칠 사이가 없었다. 그 중에 세력 있는 사람은 조직적으로 신라에 반항하였다.

이들 지방 세력 중에서 가장 강한 사람은 전주 지방을 중심으로 후백제를 세운 견훤(甄萱)과, 철원 지방을 중심으로 태봉(泰封)을 세운 궁예(弓裔)였다. 이리하여, 신라의 통일은 무너지고 다시 신라, 후백제, 태봉의 세 나라로 나누어지게 되었다. 이를 후삼국이라고 한다.

후삼국 중에서 가장 세력이 강한 나라는 태봉이었다. 그러나, 태봉의 궁예는 백성에게 무도한 짓을 하기 시작하였다. 그러자, 여러 장군들은 궁예를 몰아 내고 왕 건(王建)을 추대하여 왕의 자리에 앉게 하였다(918).

왕 건은 고구려를 잇는다는 뜻에서 나라 이름을 고려(高麗)라 하고, 서울을 송악(지금의 개성)에 정하였다.

이 때, 정치가 매우 어지러워진 신라는 마침내 나라를 고려에 넘겨 주고, 후백제도 나라 안의 분란으로 망하게 되자, 반도는 고려에 의하여 다시 통일되었다(936).

(3) 고려 시대

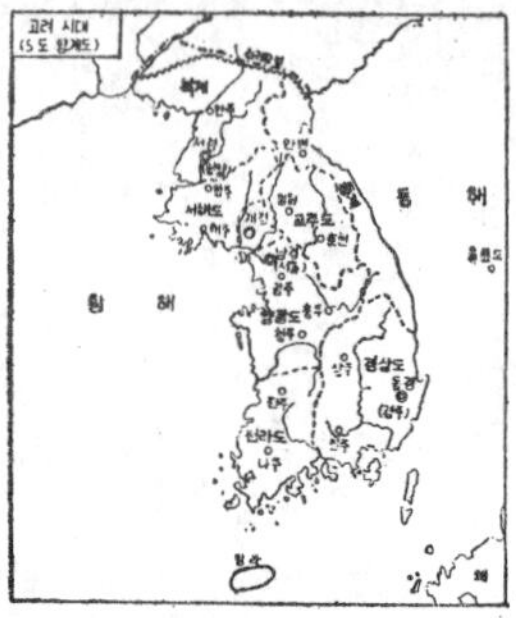

신라와 후백제를 합쳐서 민족을 다시 통일한 태조 왕 건은 나라의 기초를 닦는 데 온갖 힘을 기울였다. 즉, 그는 불교를 국교로 삼아 이를 숭상하였으며, 고구려의 옛 땅을 회복하려는 뜻에서 북진 정책(北進政策)을 썼다.

그 후, 여러 왕도 태조의 뒤를 이어받아 나라의 제도를 마련하고 기초를 튼튼히 하는 데 힘을 다하였다.

광종 때에는 과거 제도(科擧制度)를 실시하여 시험으로 관리를 뽑아 쓰게 되었고, 경종 때에는 전시과(田柴科)라는 토지 제도를 마련하여 관리들에게 토지를 나누어 주게 되었다. 그리고, 성종 때에는 당나라 제도를 본받아 정치 제도를 정비하였다.

중앙에는 3성과 6부를 두고, 지방은 도(道)로 나누고, 그 밑에 군, 현을 두어 다스렸다. 특히 국경 부근에는 동계와 북계를 설치하고 국방을 튼튼하게 하였다.

교육 기관으로는 서울에 국자감(國子監)을 두고 지방에는 향학을 세워, 주로 귀족의 자제를 교육시켰다.

이와 같이 고려가 안으로 나라의 기틀을 잡고 중국의 송나라와 사귀고 있을 때, 송과 싸우던 거란족의 요(遼)나라가 쳐들어왔다.

거란족은 993년부터 세 차례에 걸쳐 고려에 침입하였으나, 서 희(徐熙)의 훌륭한 외교와 강 감찬(姜邯贊)의 귀주 싸움의 승리로 뜻을 이루지 못하고 물러갔다.

그 후에는 만주와 반도 북부 지방에서 자라난 여진족이 고려의 국경을 소란하게 하였다. 이에 윤 관(尹瓘)은 대군을 이끌고 함경도 지방의 여진족을 쳐부수고 9성을 쌓았다(1107).

그러나, 여진족이 9성을 도로 찾으려고 여러 번 그 땅에 침입하고 또 사신을 보내어 돌려 주기를 애걸하였으므로, 고려는 마침내 그 곳을 도로 내주고 말았다.

이와 같이 고려는 북으로부터 계속 침입을 받았으나 잘 싸워 이를 막아 내고, 도리어 신라 때보다도 훨씬 북쪽으로 영토를 넓혀 서쪽은 압록강까지 차지하게 되었다.

그러나, 이와 같은 고려의 번영도 문종 때가 전성기로서, 그 후 100여 년이 지나서부터는 귀족들 사이에 정권 다툼이 생기게 되었다.

인종 때에는 왕의 외척이었던 이 자겸(李資謙)이 왕의 자리를 엿보다가 난을 일으켰고, 또 서경의 중 묘청(妙淸)은 서울을 서경으로 옮기려다가 실패하자 반란을 일으켰다. 또 의종 때에는 문무의 차별 대우에 불평을 품고 있던 정 중부(鄭仲夫) 등의 무신들이 반란을 일으켜 문신을 죽이고 왕을 새로 세워 정권을 잡게 되었다. 이 때부터 약 100년 동안은 무신들이 정치를 마음대로 하여, 한때 나라가 어지러웠다. 이들 중 최 충헌(崔忠獻)은 많은 사병을 길러 실력으로 나라의 실권을 잡고 왕을 자기 마음대로 갈아치우는 등 무단 정치를 하였다.

이 무렵, 대륙에서 세력이 강하여진 몽고가 고려에 침입하여 왔다(1231). 몽고의 침입을 받은 고려는 서울을 강화도로 옮기고 온 국민이 힘을 다하여 약 40년 동안 몽고군에 대항하였으나, 힘이 모자라 결국 몽고에게 굴복하였다.

이 때, 강화도에서는 삼별초(三別抄)의 군인들이 몽고에 굴복하는 것을 반대하고 끝까지 저항할 것을 주장하여 반란을 일으켰다. 이들은 한때 그 기세가 대단하였으나, 정부와 몽고의 연합군에게 쫓겨 제주도에서 패하였다.

이 후, 고려는 오랫동안 원(元 : 몽고족이 세운 나라)의 간섭을 받게 되었다. 그러나, 고려 말에 원나라가 쇠약한 틈을 타서 공민왕은 원나라를 배척하는 운동을 일으켰다. 지금까지 고려의 정치를 감독하던 원나라의 관청을 철폐하고, 원나라에게 빼앗겼던 땅을 도로 찾고, 또 원나라식의 관제와 연호 및 풍습을 버리게 하였다.

그러나, 이 무렵, 고려는 밖으로 왜구(倭寇)와 홍건적(紅巾賊)이 침입해 오고, 안으로는 새로이 중국에서 일어난 명나라와 사귀느냐 또는 그전대로 원나라와 사귀느냐 하는 문제로 나라의 안팎이 매우 어수선하였다.

在日本大韓民国居留民団
綱　領
1. 우리는 大韓民国의 国是를 遵守한다
1. 우리는 在留同胞의 権益擁護를 期한다
1. 우리는 在留同胞의 民生安定을 期한다
1. 우리는 在留同胞의 文化向上을 期한다
1. 우리는 世界平和와 国際親善을 期한다

韓僑通信 改題

民団東京

4月15日水曜
<1970>
第2401号
（1963年7月27日第3種郵便物認可）

発行所
民団東京新聞社
発行人 鄭　在　俊
東京都文京区本郷3丁目32番7号
電話 (811) 1535 (代表)
〒133　振替口座 東京 16631番
（大韓民国文化広報部国内頒布許可）
（購読料 1カ月100円・特別1000円）

70年代組織発展への布石

自主・団結の体制ゆるがず

団長に鄭在俊氏再選

議長・閔泳相氏、監察・徐興錫氏

在日本大韓民国居留民団東京本部第8回定期地方委員会ならびに第31回定期大会は予程どおり十日午前十一時から新宿三福会館七階大ホールでひらかれ、執行部提出の一九七〇年度活動方針案ならびに同予算案、地方委員ならびに代議員の新配定案などを採択するとともに任期満了による三機関役員の改選を行なった。

第31回定期大会おわる

第31回定期大会であいさつをのべる鄭団長

何を語る?両候補

この日開会から午後五時までの地方委員会においては、六九年後半期における各機関の活動経過報告が行なわれ、それに対する質疑応答で白熱的な討論が展開されたが、首都民団としての価値ある活動経過は万雷の拍手で承認され70年代を迎える組織の健全な発展ぶりを示した。

地方委員会に引きつづいてひらかれた大会において行なわれた役員選挙においては、再出馬した鄭在俊団長が99対37票という圧倒的な多数で対立候補をしりぞけて執行部の首班に再選されたほか議長に現大田支部団長閔泳相氏が90対45票で、監察委員長には鄭執行部とともに副議長として活躍した徐興錫氏が無投票でそれぞれ当選の栄冠をかちえた。（・・3面に関連記事）

鄭団長

閔議長

徐監察委員長

少数意見尊重したい

鄭団長、大会で選挙圧勝後に語る

第31回定期大会は、昼間の地方委員会に引きつづいて午後五時三十分開会、国民儀礼ののち徐興錫副議長が「もっとも重要な時期により重要な事実が横たわっている。この際に、発展ある大会になるよう期待する」という要旨の開会のあいさつを行なったあと出席代議員を点呼、一三七名（定足一四二名）の出席で大会は成立。

金載淑議長が「60年代の民団は計画で終れた。70年代は実践する民団として大衆に深く浸透する組織として朝総連に勝たねばならない。過去二年間無事に歳月を送ったが東京本部の思考方式はなにか新気風があったとみる。執行部の功績を高く評価する」とあいさつ。つづいて鄭在俊団長は「二年間の任期を無事に終えたことに対し大使館をはじめ関係要路に敬意を表し、あわせて協力を惜しまなかった同志のみなさんに厚い感謝の意を表する。いま民団は、永住権申請促進をはじめ万博後援事業など重要な事業が展開されている。次期団長が誰であろうと民団の継続事業に対してはより一層の協力をお願いする。二年前団長に就任の際公約した本部の財政赤字解消は、公約どおり実践し東本には借金はなくなった。」とあいさつした。

また李馬致監察委員長は「無事に任務を果し終えたことは団員みなさまのお陰であり感謝に耐えない。永住権申請の促進による団勢の拡張、万博招請事業の保安問題東京商銀の発展など倍旧のご支援を望む」とあいさつした。

つづいて来賓の朴大燦中央事務総長、李禧基総領事、金巳哲顧問孫張翼神奈川本部団長らからそれぞれ有意義で鼓吹的な祝辞があった。

大会はつづいて金議長が経過報告に立ち、昼間の地方委員会で決議された事項を報告、大会の承認を求めて通過させたあと三機関の総辞職が行なわれ、新役員の選挙にはいった。

団長選においては、趙活俊荒川支部団長の推薦で鄭在俊団長と鄭順相墨田顧問の推薦による姜学文墨田支部団長の両氏が立候補、それぞれ所定時間の抱負演説が行なわれたのち投票、開票の結果は鄭候補が99票、姜候補が37票、白票が1で鄭団長の再選が確定。

議長選においては、閔泳相氏（大田支部団長）、金載淑氏（前議長）尹奉啓氏（目黒支部議長）らが推薦されたが尹氏は辞退、閔・金両氏の対決となったが開票の結果は、閔氏が90票、金氏が45票で閔氏が当選。

監察委員長の選挙では、徐興錫前副議長が推薦されたが対立候補がなく無投票で徐氏の当選が確定した。

団長選挙に圧勝した鄭在俊氏は就任あいさつを通じて「37票という批判票を念頭におきながら団務執行にあたりたい」とのべて「対立候補の少数意見も尊重したい」と旨を明らかにした。

また、副団長には羅鐘卿現副団長が、副議長には葛飾支部の議長梁昌玉氏が、監察委員には禹英鎮（現監察委員）、金炳輝（文京支部常任顧問）の両氏がそれぞれ指名された。そのほか顧問、中央委員ならびに直選地方委員の選出は、新選の3機関に一任することにした。

（大会ならびに地方委員会の記事は3面にあります。）

副議長に申奉文氏

執行部全員留任にきまる

十日の大会で新しく選出された東本三機関役員は、十四日午後本部に会同、大会で未決定の副議長の一人に現中央連合支部団長申奉文氏を指名し申団長もこれを承諾した。

また鄭団長は、韓昌奎事務局長以下執行部の各部長の再任を発表した。

人情有感

ひとの噂もなんとやらであれ程世間を騒がせた日航機乗っとり事件も、なりをひそめた形。北韓に残された犯人どもはそのごどうなっているのかつ誰しも心のなかで思っているに違いない。およそこの文明の世のなかで暗黒世界ほど野蛮で恐しいものはないがそこに何事がおこり物事がどう行なわれているのか知るよしもないのが共産主義社会の実態であることをこんどの日航機事件がよくおしえてくれている。▼手前たちの支配する地域に降りてきた犯人たちであるから、何らかの措置を講じているには違いないが、これについて何ひとつ発表はされてない。機体や乗務員が帰ったからとして日本国民は、北傀らに対して関心をよせているようだが、それはあまりにも共産主義に対する無知さを暴露しているものにほかならない。彼らがまこと人道を重んずるなら、そして理にかなった、正当な措置を講じているのなら、こんどのような全世界の耳目を集中させた国際的事件についてその進行ぶりは明らかにすべきである。▼韓国の解放以後多くの韓国人が拉致されて38度を越えたが、一段北韓地域に入ってしまえばヨウとして消息不明になるのが常である。共産主義社会の恐しさはそこにあり暗黒世界といわれる所以である

主張

機関紙の任務を論ず

改題「民団東京」発足によせて

本団機関紙「韓僑通信」は、紙令第二四〇〇号をもって最終号を送り、ここに新らたな体制にあわせて題号も「民団東京」として登場することになった。

「韓僑通信」は東京本部の機関紙として創刊以来十六年間、ひたすら組織の運命のなかでともに歩み、より一層の強化と時勢に呼応した体制を整えるためここに改題を断行するに至ったのである。前進のための新体制と改題とはいえ、多年間親しまれてきた「韓僑通信」と訣別するにおいては、いささか感慨がなくもない。ここに謹しんで創刊以来多年間に亘って「韓僑通信」に携ってきた諸先輩に対し、深い敬意を表しながら、改題に至った事情とともに今後の「民団東京」紙の編集方針などについてふれてみたい。

改題についての経

「韓僑通信」が創刊されたのは記録によると一九五五年で当時は本国と日本との距離が不自然に遠い時代であり在日同胞たちは本国の事情にも疎かったために文字どおり在日韓僑通信として油印物の同通信は、速報としての価値が高く在日同胞社会から歓迎された。

しかしながら、組織の機関紙としての性格上報道性よりも社会教育的な啓蒙性、またより多くの発行部数が要請されるに及んで、昨年の第六回地方委員会において通信型式を「新聞」への転換が論議決定され同年六月からタブロイド版旬刊発行をみるに至り従来の通信とは完全にイメージの違うものになっていた。

さらに、同年第13回中央委員会において「僑胞」という語句は在日同胞の呼称として不適当だとしこれが使用しないとの決議をみたので当然「韓僑通信」の題号も組織の決議事項に抵触することになった。

このような主観、客観両面からの要請に応えて、本部では昨年の暮から機関紙の改題作業にとりかかり「編集委員会」の合意のもと新しい題号の公募を行なったが適当なものがなく斯界の権威者たちにも依頼して煮つめた結果民団東京本部機関紙の表現として最も簡明な「民団東京新聞」とすることにきめこれを宣伝分科委員会にはかり承認を得たうえ、さる第8回地方委員会に提出、正式に決定をみたのである。

機関紙の使命探求へ

在日同胞社会の発展につれてわが民団の組織も拡大強化され、その活動範囲も多岐に亘っているが、組織活動のうちでも宣伝啓蒙事業がもつ役割もますます重要さをましている。そのような民団宣伝事業の重大な役割を認識する上に立って今後の「民団東京」紙が忠実に果したい任務はつぎのようなものに要約されるであろう。

まず第一に組織の機関紙であるという性格を露骨に示し一般商業紙との混同をさけたい。周知のとおりわれわれの周囲には、種々様々な言論・報道機関があって、日常一般のニュースには事欠かないばかりでなく、むしろ言論の自由に名をかりて粗製乱造の傾向に加え、同胞社会に弊害さえ齎らしているのがいつわらぬ斯界の実情といえよう。さらにこの日本においては、われわれ民族陣営とは活動理念を異にする集団が存在し、たえずわれわれの権威を傷づけ一般同胞の進むべき方向を迷わしている。すなわち朝総連の虚偽宣伝のはん濫である。

このようなわれわれの社会基盤に立って「民団東京」紙は、民団組織活動の一部分としての役割を果していきたい。組織の機関紙である以上、組織活動に密着していくべきで組織活動以外の範囲を越えて一般紙的な態度に迎合することはつつしむべきことであり、それはまた機関紙としては邪道と考える。

このような機関紙の基本態度を堅持しながら、制作される紙面は、少なからず無味乾燥な点がなくもないが、それが機関紙の背負う任務である限り仕方がないことと思う。

つぎに編集の方針としては、民団五大綱領の主趣にそうことを第一義にし、報道性よりも社会教育啓蒙面に重きをおきたい。

さきにも述べたとおりわれわれの社会には多くの報道機関があってその面については不便がない。したがって「民団東京」紙は、たとえほかの一般紙に報道された記事であってもそれがわれわれ民団団員にとって必要な知っておくべきことであるならば遅速にとだわらず掲載するほか、組織と団員をつなぐよきパイプの役割を果したい。新聞は社会の鏡であり木鐸でもあるというが、「民団東京」紙こそは、民団東京の鏡であり対外的には木鐸として高らかに打ちならしていくことを誓いながら、改題新発足の辞にかえたい。読者諸賢の一層のご支援ご鞭撻を願ってやまない。

民団東京

週刊・水曜日発行へ

かねてから予告したとおり本紙は、本号から「民団東京新聞」と題号を改めて大版化に躍進しました。

さきに「韓僑通信」の改題についてその題号を公募したところ多数の応募がありましたが、遺憾ながら採用には至らず斯界の権威者たちの意見をとりいれ、あわせて組織機関ともはかり「民団東京」と改めることに決定しました。折角のご応募者に対しては、厚く感謝の意を表してご諒承を乞う次第であります。

別項で報道したとおり、民団東京本部は第31回定期大会において鄭在俊団長が再選されることにより第二次鄭執行部が発足することとなりましたが、これと歩調をあわせ機関紙も心機を一転して大版・週刊化を断行、本号から毎週水曜日発行を実践します。

また、こんどの大会で通過をみた70年度東本宣伝部の活動方針にしたがい、「民団東京」新聞の運営も強化、近代化を推進します。まず編集面において徐々に充実多彩な企画をとり入れますが、それとあわせて配布の合理・迅速化をはかります。現在、本部から支部へ配達し、支部で各個人読者へ郵送しておりますが、このシステムは非能率的でとかく迅速さを欠きます。そのような配布制度を改善するため宛封作業を機械化し本部で一括郵送するよう計画しております。

なお、本紙の正式名称は「民団東京新聞」ですが、新聞は現物そのものでありますので「新聞」は略し「民団東京」のみを題号とします。

在日大韓民国居留民団東京本部

民団東京新聞社

よど号事件韓国で問題

日本政府の要請はあったが強制着陸させてない

丁国防と一問一答

日航機よど号乗取り事件が解決したいま、韓国で最も問題になっているのは〝人命尊重〟を第一として協力したにもかかわらず、日本の世論の多くがこれを曲解しているとの点で「有難がられもしないのに(感謝されるつもりでやったのでないにしても)、何で韓国政府の長官が三日間も眠らずに金浦空港にクギ付けとなって陣頭指揮する必要があったのか」との批判であり、新聞の中にはJAL(日航機)とKAL(大韓航空機)とを間違えているのではないかと皮肉ったのもある。特に野党の攻撃は韓国領土から「北」に飛行機を飛ばしたということであるが、丁国防長官は「平壌へ」と口にしたことは一度もないといっている。

「罪のない乗客を地獄へ送るな」というプラカードを持ったデモ隊は金浦空港の入口にまで迫っていた。そして口ぐちに叫ぶのは「プエブロの悲劇をくりかえすな」「KAL機乗取り事件の一部乗客、乗務員、機体もまだ返還されていないじゃないか……」等々。

丁来赫国防部長官はこうした中で眠りもせず、次々に〝全員を救出すること〟〝しかも決して北へは送らぬ方法〟について考えながら事に当たった。こんどの事件の難点は共産圏の北韓へ行きたいと主張する者たちが乗っている航空機が大韓民国の領土に降りたったということだったが、しかし人命の保護を第一としてよく事を処し、事件はいま終わりを告げた。以下は丁来赫長官との一問一答である。

日本は韓国の誠意を曲解?

問—日本の新聞は韓国の誠意を曲解して、韓国が反共国家という宣伝のために乗客を必要以上に苦しめたと報道したが……

答—日本政府はわれわれと完全に同じ見解のもとで収拾方法に当たった。立場が違っていたなどということは決してなかった。むしろ、日本政府は金山駐韓大使を通して乗客を北韓へは送らず、何とかして金浦空港でおろしてほしいという要請をしてきた。もちろん「人命尊重を第一として設備などのないように取扱ってほしい」「北韓には送らず事件を解決させたい」という要請であった。

問—日本では韓国が日航機を強制着陸させたといっているが…

答—強制着陸させる理由はないではないか。日航機が福岡を発ったとき、韓国は米軍を通して日本の要請を聞いた。それは〝北韓に行くために日航機が飛んで行ったが、日本政府は北へは行かせず韓国で事を処理したいと考えている。しかし、それでも日航機が北へ入ろうとしたら射撃したりせず通してやって欲しい〟というものであった。直ちに韓国はそれに対する対策をたて①強制着陸はさせない②しかし緊急着陸の場合は助ける—という原則を指令した。

問—では日航機が金浦におりたのは緊急着陸か。

答—われわれは操縦士の意志によるものと解釈した。金浦管制所にかかってきた無電連絡は平壌(ピョンヤン)をさがしていた。

操縦士は「平壌」と呼び、「ここは金浦」と最初は答えず、管制塔ではいっている。何度「ここは金浦」といっても「ピョンヤン、ピョンヤン」を繰返す。そこで、操縦士は平壌に着陸するよう犯人におどされているので「ピョンヤンか、ピョンヤンか」といいながら、本当は金浦に降りたがって案内を求めているのだと管制塔ではハッと気付き〝こりゃまずい!!〟と大急ぎで「ここはピョンヤン」に切替えたという。それから日航機が無事着陸できるように誘導することで懸命な[illegible]これに伴い金浦を[illegible]ように見せかけるには空港[illegible]をおろさなければならぬと大騒ぎになった。だが航空機の着くのは早い。三時十五分平壌にみせかける準備もすすまぬうちにもう到着。そこで米機などのみえぬ、ずっと奥の方に日航機を誘導したが、それが三時十八分。私に電話がきたのは三時二十分で直ちに金浦にかけつけたのだが、三時四十五分になっていた。空軍ターミナルにはすでに金成竜空軍参謀総長、柳根昌合同参謀本部長らが駆けつけていた。

問—日本側は日航機が金浦す[illegible]ることをあらかじめ知っていたのか?

答—いや、飛行機が着いたので、われわれが緊急、日本大使館に知らせた。日本大使館から真先にとんできたのは自衛駐在官の塚本一等陸佐(大佐)で彼は「金山大使に連絡したから大使もまもなくみえられるでしょう」といった。金山大使が貴賓室に姿をあらわすと、私はまず日本側の要求をきいた。金山大使は「日本で解決しなければならぬことを韓国にまでもってきてしまい、まことにすまないと思っている」とあいさつしたのち、日本政府の要請は①人命第一②次はこの問題を北韓に送らないで大韓民国領土内で解決したい意向だと答えた。

問—なぜ、平壌だといつわって偽装工作などやったのか。日本の問題で韓国は国旗までおろして〝国家の威厳を傷つけた〟と怒っている者もあるが……。

答—それは金浦管制塔が呼び出されたとき、操縦士の様子から平壌だといって、金浦におりたがっているとの判断したからで、あくまでも人命を無事に救出するためのものであった。あまりに急であったので平壌にみせかける作業はうまくいっていなかったし、飛行機がついて一時間近くもしてからやっと米軍機を動かしたりして偽装がととのった有様だ。しかしこうなった以上は「あくまでも平壌と偽装して犯人を含む全乗員を飛行機からおろすことである」という目標ですべてがすすめられた。しかし犯人たちが要求した金日成の肖像画と北韓の旗を準備するのに手間取り「いま、さがしに行っています」「もうすぐです」という返辞だけで、それは七時になっても到着しなかった。

偽装は管制塔の案内求むから始まる

問—それで持[illegible]のいわれた「君たちの降りたところは大韓民国の金浦空港だ」ということになったのか? ではなぜからの偽装などとしなければよかったのではないか。

答—それは日航機が金浦に着陸する以前に、すなわち金浦の管制塔に〝着陸の案内〟を求めてきた時点ではじまったことなのだ。従って、そのまま平壌に降りたということになれば、犯人も同時におろすことができ、事件は解決するではないか。しかしそれがうまくいかなかったために攻めるのは結果論である。

問—それで乗客だけをおろす説得が始まったわけか。

答—はじめは、われわれも(日本側も含めて)犯人たちをも同時におろすつもりでいた。自分たちの目的をはたすために、何の関係もない乗客たちを人質にした行為はまことに憎むべき犯罪であり、目的をやすやすと果たせるという印象を与えることはこうした事件の後を絶たなくするだろう。そこではじめは「全員おりるように」といったが、犯人たちは「自分たちを逮捕しようというハラなのだろう。それでは乗客ともども自爆する」と脅迫してきた。

自爆しないことは確信していた

問—それで驚いて乗客だけをおろす説得に変わったのか。

答—いうまでもなく、われわれは実態を把握するのにつとめた。犯人が八、九人もいる場合、みんなそろって〝自爆〟する意見がまとまるわけもないし、交信しながら犯人たちの様子をうかがい〝自爆〟はすまいという確信さえあった。しかし、人命尊重の立場から〝万一〟という想定のもとに事を運ばなければならなかった。

問—山村次官の人質交換交渉に韓国は反対したというが……。

答—相談を受けたときは反対した。それは〝人質〟という点では百人であろうと一人であろうと変わりはないからだ。それに乗客[illegible]すると、政府の高官の生命さえも犠牲にすることになりはしないかと思ったからで、また、私はすぐさ[illegible]に、長期戦にはいった交渉過程で犯人が以前の高ピシャの態度から徐々に変わってきていることも見抜いていた。だが、乗客が長い時間にわたって閉じ込められている点を考慮し、われわれは期限を〝四日〟に区切り、この日に犯人をおろす作戦をすすめていた。だが、日本側は〝ぎりぎりの期日〟をもっと早くみており、この点で山村次官の人質交渉が進められた。しかし、原則的には韓国も日本もこの対策では意見を同じく持っていた。

写真説明〈上から〉①「こちら平壌」という金浦空港管制塔の呼びかけで「よど号」は十一日午後三時十六分金浦飛行場に着陸し、銃をもった軍隊が出動、ドアを閉ざした同機をきびしい警戒体制をしいた②空港の国旗までおろしてカイライ軍に変装した韓国兵士や③花束をもった娘さんたちが「平壌港」であるかのように擬装して出迎えた。④「JAL機を地獄(北韓)へ行かせるな」「わがKAL機の返還を先に保障させよ」とのプラカードのデモに複雑な国民[illegible]

韓国の国威そこねた

野党 政府の過剰協力に抗議

新民党の高興門事務総長、鄭海永院内総務、朴炳培政策審議会議長、金弘壹、金元万政務委員、金守漢スポークスマンらは八日、中央庁に丁一権国務総理を訪れ、最近の日本航空機よど号の乗取り事件にたいする韓国政府の〝対日過剰協力〟を抗議した。

同野党議員たちは特に、韓国政府が他国である日本の航空機乗取り事件にたいして国防長官を始め内務、交通部長官、その他、官吏たちが連日三日間も、不眠不休の努力をして乗客の人命救助の金浦空港での釈放に努めたにもかかわらず、日本の多くのマスコミがかえってこのような韓国政府の努力と誠意を曲解して、これを〝政治的〟うんぬんと称し、この韓国よりもむしろ北韓の方がいっそう〝人道的〟であるかのような論調をくり広げるに至ったことを非難、日本は〝北韓に傾りがある〟として政治的、経済的その他の対北韓接近を強調しているという事実を指摘して「韓国の主権と権威を行使せずして、国威をそこねた」と〝対日低姿勢〟をただした。

韓国新聞論調

日航機乗取り事件

日本の「よど」乗取り事件が一人の犠牲者もなく無事に解決したことは本当に幸いなことであったが、今になってみると、この問題は、日本、韓国、北韓の三者間に〝政治問題〟を提起させ、大きなしこりを残すことになった。

韓国政府は何よりも〝人命救出〟に一貫した態度を取ったが、日本の新聞などにあらわれた面からみると、日本ではソウルで長時間の〝乗客救出作戦〟をしていた時から、これを〝政治問題〟とみているようであった。〝人間の犠牲〟ということで共産主義者たちから多くの痛い目に会わされてきた韓国が、罪のない乗客を「北」へはやるな! と考えるのは当然のことだったのである。

この問題をめぐる〝言論関係〟に憂うつな思いを抱いて(ある新聞は怒りをこめて)論評しているから、その代表的なものを次に紹介する。

〈朝鮮日報〉 国際法を忘れるな

世界の耳目を引いた日航機の乗取り事件が無事に片付いたことは本当に〝有終の美〟を飾ったといえよう。〝乗取り〟は今や国際的犯罪であり、これを友好的協力によって、特に罪のない乗客を救出できたということはまことに幸いなことであった。韓国の立場としては、そのような国際犯人たちを「北」へはやらずに、逮捕したかったが、たとえ韓国領土内の問題になったとはいえ、日本の事件であった上に、乗客の生命がかかっていた点からみると、韓国のこんどの措置は適切であり、かつ賢明なやり方であったといえよう。

しかし、こんどの問題で日本の言論でさまざまな〝不当なこと〟が取沙汰されているので、ここではっきりさせておきたいことを述べる。

まず、国際法に照らしてみると、わが領空を飛んでいる〝不法航空機〟をかりに強制着陸させたとしても(韓国政府は強制着陸などさせなかったと主張しているが…)、これは主権国家の当然の権利であり、世界的に公認されていることである。次にわが領土に降りた不法航空機をわが国がわが国内法によってどのように処理するにしても当然のことである。

そして、忘れてはならないことは、わが国がかの航空機の〝離陸〟を許したことはわが領域外へ追放したのであって、絶対に北韓に向けて飛ぶことを了解したわけではないということだ。従ってこの日航機はわが国から北韓へ飛んだのではないから、北韓もわが国に対しては何も言えるわけがない。つまり日航機はわが領域外に出て機首をどちらに向けたにしろ、それは日本政府の責任であり、わが国とは関係がない、ということを日本政府ならびに日本国民はもっと認識しなければならない。

その上、わが国は国際法上の権利行使を一部保留して来て、日本政府の要請を受け入れた。それは〝法律〟外の〝人間〟の問題であり、人命救出のため、日本人乗客を救出することが第一義としてとめであった。いう迄もなく友好関係にある国との外交問題もあったろうが、しかし〝人命救出〟という意義があったればこそ、わが国の一部批判の声も問題化しなかったのである。

わが国では〝他国の事件解決のために、何でわが国の閣僚級の要人たちが直接陣頭指揮に当たらねばならぬのか〟という強い批判の声があった。

しかるに、日本の世論が、われわれの誠意と努力をねじ曲げて非難するような傾向をみせたことは憤懣(まん)に堪えない。だが、われわれの指摘したいのは、そうした判断をする日本知識人に引きずられたふん囲気というものが、あのような無軌道な〝赤軍派〟を生み出した温床になったのだということだ。これは単に共産主義に対する価値判断いかんの机上の空論ではない。現実の問題としてアジアの安全の脅威ともなることなのである。

いずれにしても危機一髪、虎口からツミなき乗客たち自由市民が救出されたことに関しては喜びの一語に尽きるが、それにつけても関係官たちの労をたたえながら、この突発事件を契機に韓日両国の協力体制を示したことを嬉しく思う次第である。

こんごもあらゆる惨事に協力して解決し、またこれを契機に安全問題に対しての警戒心を喚起して欲しいと考える。

日本の言論に憤怒する

国際法と韓国主権忘れるな

〈韓国日報社〉 玄海灘両岸の問題提起

日本のこんどの空賊事件に対して〝人道主義〟を貫き、忍耐を重ねて〝強盗〟たちと交渉を続けた。強大なる主権国家が、しかも共産主義の暴悪さを肌で感じてきた韓国が金浦空港で取った寛容の措置はギリギリの寛容であったにもかかわらず、日本の韓国に対する冷遇は韓国国民の憤怒を買った。そしてこれは玄海灘をはさむ両岸の問題を提起することになったようだ。

独立国家である韓国が出入国管理法や反共法を無視してまで〝乗客救出〟を一途に考えたのも人道主義のゆえであった。親北韓政治家(社会党の阿部助哉代議士のこと)を入国させるのに、政府は正式の入国許可を出すいとまもなく便宜入国を認めたが、これは明らかに入国管理法ならびに反共法違反である。それというのも〝乗客の生命〟の危機を救いたいというだけの理由であったのだが、にもかかわらず、本日世論が〝韓国は政治的理由のために金浦空港によど号を長期抑留した〟といったのは残念のならないことである。あの時に韓国の願ったのは〝乗客乗員の生命の安全〟をはかりつつ、しかも北韓へはやらぬ」ということであった。北韓へ行けば〝百人の乗客〟が政治的に利用されることは、これまでの韓国の経験からして明白である。

—「日本から勇敢な学生たちが百人の乗客を連れて米帝国主義、日本軍国主義の圧迫からのがれて、わが朝鮮民主主義人民共和国に義挙入国してきた」という宣伝をしたくても、乗客を金浦でおろされ、しかも連日三日間にわたる犯人と韓国当局とのいきさつが世界中に知れわたった以上、北韓としてはもう「よど号」は利用価値のないものと化した。それに人道主義を通した韓国との世界的比較感から乗員三名と山村次官および機体を返したことは疑う余地もない。これまで北韓は乗取った航空機を返したためしがないのである。昨年十二月に起きた大韓航空機乗取り事件の乗客の一部七名と乗務員四名ならびに機体も未だ返していないのである。

大体、日本の言論が、この空の暴徒を「学生代表」などと呼んでいることが驚きであり、またこれこそ無謀な〝赤軍派〟などを生むことになった温床だったといえよう。

この事件はいわば日本の〝恥部〟をさらけ出したものであったにもかかわらず、日本の自称〝進歩的知識人〟たちはこの問題と北韓との外交関係を継続させてみえ、まるで〝身のしろ金〟まがいに〝通商強化〟をどうのこうのといっている。

われわれは凶悪犯人たちの人質身代わりとなってよど号に乗って行った山村運輸政務次官の崇高した犠牲的精神と勇気を高く評価しこれをたたえるものであるが、同時に大胆かつ沈着な行動で終始ことに当った石田機長以下乗務員一同が無事に帰ってきたことをこの上もなく喜んでいる。

日本は、北韓が金浦空港で乗客たちが救出されたことを理由に、「事情が変わった」として、一時、乗務員と山村次官ならびに機体の安全を保証したいと発表したのを覚えているのだろうか。よど号は地理も分からず、空港の状況も知れぬまま、何の誘導も便宜も与えられずに平壌に着陸した。そしてこのベテランパイロットたちと山村次官はたとえ一日であろうと〝不法侵入者〟として有罪判決を受けたのである。それが、またひっくり返って無事返還されたとしても、それが人道主義原則にのっとった考え方によるものではなく〝韓国が人道主義に沿ってとった態度に反して北韓は……〟と評されて世界の世論を恐れたものであることはいうまでもなく、また、日本における親北韓勢力の立場をおもんぱかった政治的措置だということは明白である。そして、ひいては在日僑胞の北送、自由往来、北韓側の日本視察許可などをかち取る肥料にしたのだとも考えられる。(韓国は北韓のスパイ、ゲリラの〝日本ルート〟に悩み、常にこれに反対してきた……)。

にもかかわらず、日本世論の多くが、これを契機として、対北韓関係の〝変化〟を促求していることはまことに残念である。また日本政府内にもこうした勢力がのびて、対北韓通商強化論や[illegible]論まで出ているというし、日本言論界の一角では、このチャンスに〝南北和解あっせん論〟が出ているというからあきれてしまう。これは韓国戦争以後、ずっと南侵をねらっている北韓に対して〝赤化統一〟をすすめるようなものである。われわれは共産主義による統一を決して望んではいないのである。

〈東亜日報〉 日本言論のひとりよがり

こんどの事件でソウルに取材にきた日本記者たちは〝事実を報道〟するために来韓したはずである。しかるに[illegible]な思考法を挿入して〝生いき〟な韓国批判をし、これを〝政治的〟ときめつけたことを憤慨する。彼らは、韓国領空にはいりかつソウルに不法着陸した日航機の処理権限がどこにあるか……を知らないのか。彼らはソウルは東京だと思っているのだろうか。

そうした傲慢な態度に加えて、左翼に有利な見方、考え方を基調にしてレポートを送ったことは言論人としても偏向したものである。(SISA)

国語講習会

民団東京本部文教部では、二世青年学生を対象に、韓国語講習会を左記のとおり開催しております。希望者はふるって参加して下さい。

記

日時…毎週火曜日と金曜日(午後六時半から八時まで)

場所…民団東京本部三階

講師…張暁先生

民団東京本部文教部

奨学生募集要項

一九七〇年度在日韓国人教育後援会奨学生をつぎのとおり募集する。

一、応募資格

①在日韓国人で韓国籍、学校または日本高等学校(東京、大阪、京都地区を除外)ならびに大学、大学院在学生

②学業成績が優秀で経済的理由で修学困難な者

③思想穏健で身体健康な者

④他の奨学金を受けていない者

二、提出書類

①本会所定願書(各地区韓国教育文化センター、または民団で交付)二通

②在学証明書ならびに校長または学校の推薦書二通

③成績証明書(新入生は高校成績証明書)二通

④民団推薦書ならびに国民登録済証二通

⑤写真(一枚は願書に添付)二枚

三、募集人員 約一五〇名

四、応募期間 一九七〇年四月一日〜四月二十五日

五、支給額 自然科学系 月約七、〇〇〇円 人文科学系 月約五、〇〇〇円 高校生 月約三、〇〇〇円

六、書類提出処 東京都港区南麻布一−二−五 韓国大使館奨学官室内 在日韓国人教育後援会事務局 またわ民団中央本部文教局 (郵送の時は封筒に「奨学生、応募書在中」と朱書すること)

七、面接 書類合格者に限り面接を行ない該当者には追後通知する

八、備考 詳細は本会事務局またわ民団東京本部文教部に問合せること

在日韓国人教育後援会

東京都港区南麻布一−二−五

電話(四五三)九六五三

1970年度予算案

収入部

科目	月額	年額
前期繰越金		137,200
割当金	1,435,000	17,220,000
手数料	350,000	4,200,000
広告費	300,000	3,600,000
財政後援会補助金	800,000	9,600,000
前期未収金		2,695,000
万博招請収入		5,000,000
貸付金返済		100,000
仮払金返済		700,000
その他の収入		3,604,000
合計		46,856,200

支出部

科目	月額	年額
中央割当金	350,000	4,200,000
前期中央割当金		350,000
人件費	980,000	11,760,000
諸手当		3,500,000
交通費	40,000	480,000
電話料金	50,000	600,000
通信費	20,000	240,000
行事費	150,000	1,800,000
会議費	40,000	480,000
事務費	30,000	360,000
出張費	25,000	300,000
接待費	35,000	420,000
自動車維持費	50,000	600,000
新聞図書費	10,000	120,000
光熱費	10,000	120,000
備品	15,000	180,000
営繕費	5,000	60,000
補助費	300,000	3,600,000
慶弔費	40,000	480,000
厚生費	30,000	360,000
保険	30,000	360,000
税金		84,000
宣伝活動費	30,000	360,000
新聞発刊費	300,000	3,600,000
二機関活動費	50,000	600,000
推薦状購入費	100,000	1,200,000
家族招請返済金		842,200
借入金返済		2,800,000
予備費		1,000,000
[illegible]会改築費		1,350,000
万博保安対策費		4,650,000
合計		46,856,200

地方委員・代議員ならびに各支部割当金配定表

支部	地方委員（旧）	地方委員 新	代議員（旧）	代議員 新	割当金（旧）	割当金 新
文京	(1)	1	(5)	6	(50,000)	6,0000
台東	(1)	2	(5)	7	(65,000)	70,000
中央連合	(1)	1	(5)	5	(50,000)	50,000
墨田	(1)	1	(5)	6	(65,000)	65,000
江東	(1)	2	(5)	7	(65,000)	70,000
江戸川	(1)	1	(5)	6	(50,000)	60,000
北	(1)	1	(5)	5	(50,000)	50,000
足立	(1)	2	(5)	9	(65,000)	90,000
荒川	(1)	2	(5)	10	(65,000)	100,000
葛飾	(1)	2	(5)	7	(50,000)	70,000
豊島	(1)	1	(5)	6	(50,000)	60,000
板橋	(1)	1	(5)	6	(50,000)	60,000
練馬	(1)	1	(5)	6	(50,000)	60,000
新宿	(1)	2	(5)	6	(65,000)	65,000
中野	(1)	1	(5)	6	(50,000)	60,000
杉並	(1)	1	(5)	6	(50,000)	60,000
渋谷	(1)	1	(5)	6	(65,000)	65,000
世田谷	(1)	2	(5)	6	(50,000)	60,000
目黒	(1)	1	(5)	5	(50,000)	50,000
港	(1)	1	(5)	6	(50,000)	60,000
品川	(1)	2	(5)	7	(65,000)	70,000
大田	(1)	2	(5)	8	(65,000)	80,000
直選	(26)	26	(26)	26	計(1,235,000)	1,435,000
婦人会	(1)	1	(5)	5		
商工会	(1)	1	(1)	2		
韓青		1		5		
合計	50	60	142	180		

註＝地方委員はつぎの地方委員会から代議員はつぎの大会から、新割当金は本年度から実施される

70年度活動方針案の全容

総合ビジョンの確立へ

当面永住権申請促進に全力

繁栄と安定へ

一九七〇年代は変化と飛躍の時代であり繁栄と安定を促す時代でもある。このような新たな時代を迎えるわれわれはこれをわれわれ自身のものにするためには変化と飛躍の本質を探究すべきであり繁栄と安定をかちとるためには努力と勇気が必要である。

われわれはこの新たな時代に呼応して可能性を最大に吸収するためには70年代の展望と民団の運動、協定上永住権を土台とするこの地での生活条件、民団活動の強化などを主軸として運動方針を決定する。

70年代の展望

1、国際情勢

六〇年代は東西間の緊張が国家間というよりは一国内の不満による闘争が東西陣営間の冷戦状態を造成しそれによる局部戦争がひきつづいた。しかし60年代の末期にいたって、米ソ両国を中心とする東西間の対話の機会をもち、緊張状態から脱出する方案をおたがいに注意深く模索しているのである。

いまや世界の各国は自国の経済的発展と国民福祉をいかに結合するかの課題を提起しながら対外的には国民的利益を強力に追求している。それ故各国は国民的利益を高める過程で今日までの東西間に置かれた国家機構の相違はあるとはいえ経済面では相互間の利害打算さえ成立すれば経済的面から接近しており政治に先だつ交流がしだいにその進展を加えている。

この動きはソ連を中心とする共産陣営内部で公然に台頭しているが「現在ではソ連の威圧から脱してはいないまま、国家的利益を追求する欲求はしだいにたかまっている」のである。

東西間のこのような交流が増していけば共産陣営内部は自由陣営のそれより混乱と変化がはげしくなることは必然的事実とみられる。

この国際情勢はわれわれが生きているアジアにおいて変動の徴候をみせると思われる。

即ちベトナムでの力の対決がパリ会談に移り自国は自らが守るべきだというアメリカの政策が徹底に転向させたのである。

ベトナムでの対決は多くの困難を経たのちしだいに沈静化すると思われる。20余年に亘って継続されたベトナム紛争が東西南北関係の集中的事態であることを考えればベトナム戦争の沈静化がただちにアジアでの緊張の解消、平和と民主的秩序の確立を意味しないことは明らかである

しかしこの事態がアジアでの緊張の解消ならびに平和と民主的秩序の確立を意味しないことは明白である。

しかしこの事態がアジアにおいての緊張の解消を指向する大きな転機となると見られる。

2、本国情勢

国際的緊張がしだいに解消へ指向している情勢にてらし本国では北韓傀儡集団の策動によって緊張度はしだいに増大している。

最近にいたってはわが民間航空機YS11機の拉北事件、細菌の密輸事件、武装ゲリラの南派などあらゆる挑発を敢行し国際情勢とは逆行する緊張感をひき起している。

このような北傀の策動に対処する祖国は国土防衛に万全を期しており、祖国の近代化のための経済的基盤をかため安定と繁栄の社会をかがやかしく建設している。

今や祖国は対内的には指向する目標へ国民の総力を結集し、対外的には飛躍な経済発展と安定した政治によって国際的地位をたかめ70年代の祖国は世界的に新たな役割を負うこととなる飛躍的発展をもたらすと思う。

このような繁栄の道をばく進する祖国の現況は北韓傀儡集団をして恐怖と恐怖におびえたずえあらゆる挑発を強行することに依って北韓同胞を緊張のうずにしばりつけているのである。孤立化した北傀集団は、この策動によって国際的緊張を造成し最後のあがきをたくらんでいるが遠からず彼等の策動が幻想に過ぎないことになるのは明らかである。

3、70年代の日本

日本は60年代において世界的に類例の無い経済的発展をなしとげ政治面では与党の自民党が前般の総選挙の結果、圧倒的な勝利をもたらしたため政治的安定が続くことと思われる。

しかし日本は70年代に起きる事態の変化に対応するためアジアだけでなく全世界がその動向を注視している中共問題を新たな角度から取り組んでいくことと予測される。日本はわれわれが期待する対共政策とは違い従来から叫ばれている政経分離の政策をより一層積極化すると思われアジアでの経済的優位性を絶対化するために努めること思われる。

最近起った在日中共系中国人の往来指向、朝総連系同胞の北韓往来許可などはわれわれが憂慮して来た事実の一つとして今後注視する問題と思われる。

日本の安保問題は今年六月以後自動延長されるにしたがって革新陣営の反対による社会的混乱が発生することと予想されわれわれの社会にも突発的な事態が起らないとは断言できない。経済的にも大きく成長した日本はその反面このような情勢とともに社会的不安を脱していない側面を見せている。新たな世代を中心とした意識の変化から生ずる欲求不満、人間疎外価値観の喪失等で断絶、破壊、暴力が現われている点を重視せざるを得ない。このような時代的変化は世界的な問題となって居り、われわれの子孫がこの問題にどう対処するかに対しわれわれは関心を持ち正しい指導の方向を提示すべきである。

①民団の役割と運動の基調＝民団は反共を理念とし在日韓国人の権益と福祉向上のための主体的な条件を整備しつつ客観情勢に対応する運動を強力に推進し組織発展を重ねてきた。

われわれが今日までの過程を回顧して見ればすべての運動路線はどこまでも正当であったし今後においても本団は自信と勇気をもって前進すべきである。しかし運動と闘争の過程においてすべてが効率的だと言えない故に深い自省が必要である。

われわれは遠からず全体在日同胞を確実にわれわれの傘下に結集させるため組織の近代化を推進すると同時に内部体制の確立と活動の充実、組織の新鮮な気風をわきおこすことを図りながら70年代に対処すべきである。

②長期的展望に立つ運動の推進＝われわれが目標した成果を蓄積するための運動を推測するには、そのつどことの活動では不可能で、過去、現在、未来を継続的発展的に展望し長期的計画的運動を推進して成果を蓄積するところにはじめて勝利の前進があり、われわれが展望した70年代が変化と飛躍の時代であるとすれば民団は新たな角度から長期的展望にたった運動を計画的に推し進めるべきである。

③長期計画と総合ビジョンの確立＝民団組織の発展と在日韓国人社会においての真の指導団体を指向するわれわれは長期的展望に立つ計画的運動を推進すると同時にこれをより一層具体化するためには総合的なビジョンを確立してこれを実現する運動の展開が必要である。

そのためには、方法と手段を明示し各級組織が忠実に履行することによって目的を達成することができるのであり、一般団員に未来への希望を与えるものである。

② 永住権申請促進運動に関し 韓日協定以後継続して来た大事業は団の命運をかけた重大な事業として今年度活動の最重点になるのである。

協定上、永住権はこの地で永住しようとする我々の法的保障だけでなく、われわれの次代がひきつづき永住する地盤をすえるものである。

本部または支部は一致団結して総力量をこの事業にかたむけるべきであり全幹部はこの運動の隊列に率先して団の使命を完遂すべきである。われわれの世代はこの地で永住しようとする決意に何を残し後輩に何を手産すかを考えると当それすなわち永住権であるということをいい得るようにすべきである。

③ 万博後援および招請事業に関して＝東京事業の一つである万博後援および招請事業は組織・民生両部の報告どおり複雑な難路を克服しながら当初計画どおり順調な進展をみせている。しかし、（一）身元保証（二）所要経費の完納（三）帰国するまでの保安（四）国内同胞との紐帯強化（五）国威宣揚などに注力すべきである。

④ 法的地位および待遇問題に関して＝在日韓国人の法的地位および待遇問題に対処する活動はわれわれの生活権を左右する重要な課業である。永住権申請促進運動の成果を基盤により積極化することのできる組織姿勢をかためて行くつもりである。

活動方針案①

以上のように70年代を展望しながら一九七〇年度活動方針案をつぎのように提示する。

①一九七〇年度の重点活動に関して＝創団以来20余年間本団は、透徹した反共闘争を通して組織を拡大、維持、防御してきた。しかしその間組織の質的成長を期せなかった実情を直視しながら今後着実な歩みと充実した活動を展開しなければならない。すなわち居留民団の創団精神に立脚して大綱領を具現するための理論の整備、財源の確保、活動要員の養成その他民生・文教など各般の団結に対処しなければならない。しかし本団をめぐる70年度の内外情勢は、本団をして永住権申請促進運動、万博後援ならびに招請事業に全組織力量の投入をうながしているので、本団はまづ永住権申請促進運動と万博後援ならびに招請事業に重点的な活動を展開する。

2年間ご苦労さまでした

大会で総辞職を行なう3機関役職員

執行部原案どおり通過

新年度活動方針案・予算案など

第8回定期地方委員会

羅副団長

鄭副議長

申副議長

閔監察委員長

金監察委員

韓事務局長

第８回定期地方委員会は予定どおりさる十日午前十一時から新宿・三福会館においてひらかれ①３機関活動経過報告を承認処理するとともに②第一号議案新年度活動方針案③第二号議案新年度予算案④第三号議案地方委員ならびに代議員の新配定案⑤機関紙「韓僑通信」の改題ならびに運営強化案などを執行部原案どおり通過させた。

地方委の経過

第8回東京地方委員会は、予定どおり10日午前11時から、許南明組織部長の進行で開かれた。文秀康文教部長のピアノ伴奏による愛国歌の斉唱、国民儀礼、国民教育憲章の朗読のあと孫興烈副議長が開会の辞を述べた。出席委員の点呼で39名（定員50名）の参席が確認され委員会の成立を金議長が宣し、各機関長のあいさつが述べられた。

金議長は「2年間を通して良い点も悪い点もなかった。ただ感じたことは、朝総連に勝つ仕事をしなければならないと思った。70年代の民団は新しい方向に進まねばならない。地方本部は中央委員会の活動方針に添わねばならない」と述べ、執行部の鄭団長は大要つぎのとおり述べた。

団長就任時の公約であった団運営の赤字解消は約束どおり私財をもって補填し負債はなくなった。基本財政の確立も約七割程度の成果をみた。出入国管理法案の反対運動は民族的良心にてらして恥じないものであった。民団が当面している永住権申請の促進と万博招請事業は所期の目的に向って推進中である。東京地区の被招請者は五月末から六月はじめ頃に来日する。多年間の懸案であった韓青東京特別本部が結成されて後継者養成に期待がもたれる。韓国学校の発展に学校当局と協助をおしまなかった。民族金融機関である東京商銀は順調な発展をつづけ、さる三月末には預金高二百億を突破した。機関紙「韓僑通信」も格段の前進をみることができた。これひとえに団員みなさんの協力のたまものと感謝にたえない。きょうこの委員会に提出する経過報告ならびに活動方針を慎重に討議検討されることを望む。

李監察委員長は「二年間の任務遂行によせた協助を感謝し、悪いことが少なかったことを謝する。過般の本国研修会に参加したが万博保安に万全を期さねばならない。日韓文化協会の土地売却問題は中央委員会で論議され中央監察委員会に回附された」とあいさつした。

つづいて委員長は、三機関の経過報告が約一時間にわたって行なわれてから質疑応答にはいった。質疑はおもに、永住権申請促進事業、万博招請事業基本財政問題、韓国学校運営、万博保安対策などに対するものであったが、鄭団長羅副団長らそれぞれ所管役員から応答した。

また、東本会館問題も論議されたが当の金[illegible]が登席していたので「速やかに事務引継ぎを」地方委員会の決議をもって要請することにした。

つぎに委員会は議事日程にのっとり、第一号議案70年度活動方針案を上程、各分科委員長の審議結果報告のち異議なく可決、同じく第二号議案、70年度予算案を上程これも異議なく可決、さらに第三号議案地方委員・代議員の増員配定案ならびに割当金配定案なども執行部原案どおり可決した。

委員長は、韓青東京特別本部を傘下団体として認准しすべての予定議事日程を終え、[illegible]議長の閉会のあいさつをもって閉会した。

大会で認准をうけあいさつに立った韓青東本幹部たち

日航機事件取材で 膨大な国際電話料

韓国逓信部は、こんどの日本航空機よど号の乗取り事件を報道した外国特派員たちから約四千百余万ウオンの国際電話料を徴収した。

これはよど号が金浦飛行場についた三十一日から乗客とスチュワーデス四人が解放された三日までの電話料金で平常時の三倍以上。最も多くの料金を支払ったのは日本のNHKで、さる二日にはNHKが一回線を一日中専用して使用、この日の電話料は百七十万ウオンであった。

韓国3部門で優勝 アジア卓球選手権大会

韓国は八日、名古屋の愛知県体育館で続開した第十回アジア卓球選手権大会団体戦最終日の戦技で、女子一般部および少年部、少女部が優勝したことにより団体四部門中三部門の選手権を獲得した。

女子一般部団体戦決勝戦で、韓国は[illegible]選手が二段式競技で日本の世界チャンピオン小和田選手を二対一で破り、また世界四位の浜田選手をも二対〇で退け、つづいて複式戦では[illegible]小和田・今野組を二対一で[illegible]、さる89年インドネシア大会につづいて[illegible]連続優勝の殊勲をたてた。

一方、男子一般部は決勝戦で日本に五対〇で敗れ二位にとどまった。

なお、少年部は決勝戦はインドネシアを三対二で破り、少女部はフール・リーグ戦で四戦全勝をおさめてそれぞれ優勝、初のアジア選手権を獲得した。

한국의 발전

(4) 조선 시대

조선의 태조 이 성계는 서울을 한양(漢陽:지금의 서울)으로 옮기고 나라의 기초를 닦기에 힘썼다. 그는 유학으로써 나라를 다스리는 근본으로 삼고, 불교를 멀리하였다.

산업의 대본으로는 농업을 중히 하였고, 밖으로는 명과 사귀는 한편, 일본, 여진 등의 이웃과는 평화적인 국교를 추구하였다. 이와 같은 태조의 정책은 그 후 대대로 계승되어 조선 왕조의 전통을 이루었다.

조선 왕조의 정치와 사회, 문화의 터전은 태종, 세종, 세조, 성종대에 걸쳐 틀이 잡혔다.

태종은 왕권의 기초를 닦았고, 세종은 학문을 장려하여 문화의 자주적 터전을 굳게 하였다.

세종은 조선 왕조를 통하여 가장 영명(英明)한 군주로서 그 업적이 찬란하다. 김 종서(金宗瑞)와 최 윤덕(崔潤德) 등을 시켜서 북동과 압록강 방면을 개척하여 6진과 4군을 두게 함으로써 비로소 오늘의 압록강과 두만강을 국경으로 하는 우리의 국토를 완성하였다. 남으로는 쓰시마섬(對馬島)을 근거지로 하는 왜인의 행패가 심하여, 세종은 이 종무(李從茂)로 하여금 쓰시마섬을 정복시켜 그들의 입국을 금하였다. 그러나, 쓰시마섬의 도주 소오(宗)씨의 간청으로 계해 약조를 맺어 일본인의 무역과 왕래를 제한하였다.

조선은 그 후 더욱 발전하여, 세조, 성종 때에는 경국대전(經國大典)이라는 법전을 완성하여 정치와 제도의 표준을 비로소 확립하였다.

정치 제도는 성종 때 정비되었는데, 중앙의 최고 행정 기관으로 의정부(議政府)가 있고, 그 밑에 육조(六曹)가 있

이 나라의 사무를 각각 맡아 보았다.

지방은 전국을 8도로 나누고, 도를 다시 목(牧), 부(府) 군, 현으로 나누었다.

군제(軍制)로는 중앙에 오위도총부(五衛都摠府)가 있었는데, 그의 우두머리인 도총관이 전국의 병권을 장악하였다.

각 도에는 병영(兵營)과 수영(水營)을 두고, 각기 병사와 수사를 두어 군사를 맡아 보게 하였다.

교육 기관으로는 서울에 성균관과 4학을 두고, 지방에는 향교를 두었다. 이 곳에서는 주로 양반의 자제에게 유학을 가르쳤다.

과거 제도로는 문과와 무과가 있었는데, 이를 통하여 각각 문무 관리를 뽑아 썼다.

토지는 국유(國有)를 원칙으로 하였으나, 과전법(科田法)에 의하여 문무 관리에게 나누어 주고, 그 밖에 공신과 관청 같은 기관에도 주었다.

세금에는 토지에서 받는 지세와, 호구별로 바치는 공물(貢物), 그리고 장정으로부터 받는 군포(軍布)가 있었다.

조선 사회는 성종에 이르기까지 약 1 세기 간은 대체로 순조롭게 발전을 하였으나, 그 후 안으로는 사화(士禍)와 당쟁(黨爭)으로 혼란이 거듭되었고, 밖으로는 왜란(倭亂)과 호란(胡亂)이 겹쳐 안팎으로 어려운 난국에 놓이게 되었다.

학자들은 토론과 시비를 따지기를 일삼더니, 서로 상대편을 헐뜯고 모략하게 되었다. 이리하여, 연산군 때에 이르러서는 마침내 사화(士禍)가 여러 번 일어나게 되었다.

이와 같은 선비들의 싸움은 날이 갈수록 더욱 악화하여, 마침내는 당파를 이루어 서로 세력 다툼을 하게 되었다.

처음에는 동인과 서인으로 갈리더니 다시 남인, 북인, 노론, 소론 등으로 갈라져서 이른바 사색 당파가 어울려 싸우게 되었다.

이들 양반 관료들의 당파 싸움으로 나라의 정치가 어지럽게 되었을 때, 남으로부터는 왜란을 겪었고 북으로부터는 호란을 겪었던 것이다.

왜란은, 1592년에, 엉뚱한 야심을 품은 일본의 토요토미히데요시(豊臣秀吉)가 많은 군대를 동원하여 갑자기 우리 나라에 쳐들어온 난리이다.

우리는 당쟁으로 국방이 소홀하였기 때문에 거의 온 나라가 왜군에게 짓밟히게 되었다.

이 때, 우리는 왜군이 가졌던 조총(鳥銃)과 같은 새로운 무기는 없었으나, 온 국민이 굳게 단결하여 용감히 싸웠다. 육지에서는 권 율(權慄) 장군과 각지에서 일어난 의병이 왜적을 무찌르고, 바다에서는 이 순신(李舜臣) 장군이 거북선을 이끌고 한산도 등 남해의 여러 곳에서 수백 척의 왜선을 쳐부수었다. 육지의 왜적이 평양 이북으로 더 진군하지 못한 것도 이 순신 장군의 활동으로 왜군의 후방 연락이 두절되어 공급이 끊어졌기 때문이었다. 이 때, 또 명나라의 원군이 우리와 함께 싸우게 되어 전세가 불리하게 된 왜군은 자기 나라로 도망을 가게 되었다.

이 순신 장군은 도망가는 왜군을 놓치지 않으려고 노량(露梁) 해상에서 싸우다가 불행히도 적탄에 맞아 장렬한 최후를 마쳤다.

이 전란을 통하여 우리가 거둔 한산도 해전(閑山島海戰)과 행주 대첩(幸州大捷) 및 진주성 혈전(晋州城血戰)은 우리 민족의 빛나는 3 대 대첩이다.

전후 7 년에 걸친 왜란은 우리의 수많은 인명과 재물의 손실을 가져왔다. 왕궁과 사찰을 비롯하여 무수한 국보적 예술품이 전화 속에 타 버리고, 또 적에게 파괴와 약탈을 당하였다.

그러나, 이 전란은 우리 나라와 일본, 중국과의 문물의 교류를 도와 문화의 발달에 이바지한 바도 없지 않았다.

일본은 이 전란을 통하여 우리 나라의 많은 학자와 기술자를 납치해 가고, 또 귀중한 문화재를 많이 약탈하여 갔기 때문에, 그들의 문화 발달에 크게 도움이 되었다. 일본이 활자의 제작과 도자기를 굽는 법을 처음으로 알게 된 것도 이 때였다.

그러나, 우리 민족은 왜란의 상처가 너무도 컸던 관계로 이 후 왜인에 대한 적개심과 증오하는 마음이 높았다. 이 점은 우리의 민족 의식을 높여 애국심을 기르는 데 큰 구실을 하였다.

왜란이 겨우 끝나 그 상처가 채 아물기도 전에 이번에는 청(淸)나라가 북으로부터 침입하여 국내는 다시 전란에 시달리게 되었다. 그러므로, 우리 나라는 제대로 싸우지도 못하고 그들과 화의를 맺었는데, 이 난리를 병자호란이라고 한다.

이와 같이, 조선은 일본과 청나라의 침입으로 그 피해가 막심하였다. 전란 후에도 당파 싸움은 그치지 않고 치열하여 사회의 혼란은 좀처럼 가시지 않았다.

그러나, 영조와 정조의 2 대 70여 년 간은 조선의 중흥기라고도 할 만큼 정치와 문화의 여러 면에서 새로운 발전을 하였다.

馬山にある学生革命記念碑

民族前進への指標
四、一九第十週年を迎えて

チャン　ヒョ

張暁氏

一九六〇年四月の十九日を頂点として、全国民を焦燥と興奮と新たな希望にかりたてた「四・一九」が起きて、はや十年になる。

それまでの十二年に及ぶイ・スンマン独裁政権の崩壊、その後の民主党政権の誕生、やがて軍事革命と共和党政権の出現など、いくたのめまぐるしい変転を重ねる間に、この四・一九は、各方面からいろいろさまざまの評価をうけねばならなかった。いわく、四月革命、学生革命、民主化運動、学生義挙等々がそれである。

きょう、われわれは四・一九第十週年を迎えるにあたり、この運動がわが民族史上でどんな意義をもち、どのような位置を占めるものであるかを、当時の状況を省りかえりながら、もう一度考えて見たい。

一九四五年の民族の解放は、そのまま民族の革命ではなかった。民族の革命とは、被支配民族の力が増大して、支配権力をくつがえすことであるが、それにともない民族の発展と前進をめざす新たな秩序原理が支配し、内部に新しい秩序体系と価値観が確立されるものである、ということができる。ところが解放された民族社会には異る原理が君臨し、支配した。それは三八度線であり、相克する二つのイデオロギーであった。ここに民族の新たな苦難がもたらされたのである。

この魔の三八度線の下で、民族社会は畸形化した。共産勢力に対立する中で、日帝時代に民族を売ったものでも、反共を唱えてさえいれば、地位と権力が得られた。日帝時代に甘い汁を吸ったものが押えられるどころか、かえって反共をたてに、いち早く米軍政を背景とする一つの勢力となった。こんどはそれを押える勢力として独裁政権が台頭した。前者は韓民党→民国党→民主党、後の新民党系列であり、後者は後の自由党であった。そこにはどこにも民族発展の要素はもっていなかった。もはや民族の正義は地に落ち、反共は名ばかりの形式的なものとなり独裁の口実とされた。

信託統治反対運動から政府樹立まで、イ・スンマンをたてまつってきた韓民党は、制憲国会においてイ・スンマンを大統領に指名したが、初代韓国一致内閣において割振られた閣僚の数をめぐって、イ・スンマンと袂別し、イ打倒勢力にまわった。日本に対しては厳しい態度を堅持していたイ・スンマンが旧日帝の親日勢力であるとして韓民党を心よく思わなかったためであり、両者の争いは十二年に及んだ。イ政権はこれを押える過程で独裁への道を走るようになった。

イ・スンマンとその一党は、動乱中の臨時首都プサンにおいて、次期大統領の再選を目的とする国民直選制改憲をめざして野党に大弾圧を加えたことを皮切りに、五四年にはさらに三選をめざす、いわゆる「四捨五入改憲」を経て、五六年には三選、さらに六〇年にはイ・スンマンの四選とその後継者としてのイ・キブンの副大統領当選をめざした。この間に警察は自由党の私兵化し、全国の地方自治体の長はかれらの家僕化した。こうして六〇年三月十五日の不正選挙は、他にその類例を見ないものとなった。

このような自由党の専横に対して、野党民国党は口ではその非を唱えながらも、内面では妥協していた。この対立十二年間に、野党所属の多くの議員が与党自由党に転向したことを見ても、その基本姿勢を察することができる。

以上のような既成社会の中で、新しい世代による、妥協を知らない抗議が出てきた。それが高校生を中心とする、三月十五日の「マサン事件」である。そしてこの「マサン事件」を押えるために用いた人命殺傷の手段に対し、はげしくたち向う「第二のマサン事件」、四月十八日の「高大生事件」を経て、ついに十九日には百八名もの血で色どられた、全学生の抗議となった。

ここには妥協のない対決の精神構造が見られる。民族の代弁者たらんとするエリート意識にささえられ、既成世代の生理に対するはげしい不信と既存体制に対するはげしい怒りをもって、民族社会の新しいモラルを求めようとするものであった。対決とは、だれもが支持する、都合のいい、民族のための運動や闘争ではなく、困難な状況において、犠牲に直面した厳しい内面性をもつものである。

強力な権力を握っていたイ政権が崩壊したのは、学生の武力的力の前に敗北したためではなかった。それは、民族の正義の前に屈したのである。学生たちの叫びと行動は、民衆の声なき声の代弁であったからである。その民衆の声とは、民族前進のための全民族の願いであった。この至上命令の前には、独裁政権も屈せざるを得なかった。

それでは、四・一九によって叫ばれた、具体的内容は何であろうか。それはいわゆる「四反理念」という、きわめて当りまえのものであった。すなわち、民族社会の前近代的封建性を打破して近代化し、独裁を廃して政治は民主化し、外勢への追従を排して民族の主体性を確立し、買弁資本を押えて経済の自立を図れ、というものであった。これをおいて他に民族の進む道はない。これは民族前進のための永遠なる指標である。

このような理念は、学生たちが新たに考え出したものというよりも、全民族の願いであり、近代以後、外勢の侵入に対抗して、民族の存続と発展をめざして展開してきた民族史、すなわち東学農民のたたかいから三・一運動を経て光州学生運動に至るまでのもろもろの反封建・反外勢のたたかいの継承であり、その発展であり再確認であったと見るべきである。このような民族内部を連綿と貫く原動力、それは、民族の絶えまない前進を願う韓国ナショナリズムにほかならない。

そのために、民族の願いは、民族社会の早急な近代化である。そして真の近代化は、民族理念の示す明確な方向からのみ達成されることを、四・一九は示している。

このような余りにも明確な民族の進路をさえぎるいかなる力も存在しない。

四・一九革命10周年
在日韓青・学同で記念集会

来る十九日は四・一九革命記念日。学生の決起に端を発し、当時の李承晩自由党独裁の暴政に怒りを爆発させた国民が、真の自由と民主主義、さらには自主、統一を叫んで敢然と銃剣に立ちむかって李独裁体制を打倒、わが民族史に不滅の金字塔を打ち立てたあの革命発端の日から今年で十年目を迎えようとしている。

四・一九革命がさし示した反独裁、反封建、反買弁、反外勢を基調とする理念は、六〇年代以降のわが国の歴史に新たな潮流を注ぎ込み、内外をとわず今日まで脈々と承け継がれてきているといえよう。

この日本の地でも毎年この日、各地において各種の集会がもたれてきたが、十周年にあたる今年も各地で青年・学生によって各種の記念集会が準備されている。

東京では韓国青年同盟関東地区協議会（俵中英事務局長）の主催で、一九日午後一時より東京神田の韓国YMCA会館において「四・一九革命十周年記念集会」が開催される。四・一九革命を承け継ぎ発展させようとの主題の下で、関東近県の青年を中心に記念式典、講演、討論会をおこなう。

また在日韓国学生同盟でも中央総本部（金光沢委員長）の主催で同じ一九日正午から東京渋谷の青山学院会館ホールにおいて全国の学生、青年二百余名を動員して全国集会をひらく。四・一九の旗を高くかかげ民主・民族の闘いを力強く前進させようとの主旨で講演、弁論大会等を予定している。

支部だより

葛飾　〈納税組合で慰安旅行〉葛飾韓国人納税組合（金圭男組合長）では来る一八、一九の両日箱根強羅温泉の早雲閣で、組合員の親睦をかね、組合運営のための懇談会を開催する。組合員50名が参加の予定。

豊島　〈村山で春の野遊会〉来る19日、都下村山貯水池で春の野遊会を開く。バス二台を予定。

大田　〈強羅で野遊会〉同支部でも来る19日箱根の強羅自然公園で団員親睦と慰安のため野遊会をひらく。バス三台を予定。

〈韓青大田支部で総会、新委員長に李秉哲氏を選出〉韓青大田支部ではさる12日総会をひらき活動経過報告等を論議するとともに、このほど韓青東京特別本部副委員長に選任された委員長の後任に、李秉哲氏を選出した。

世田谷　〈向丘遊園地で憩う〉さる12日、団員六〇名が世田谷区の向が丘遊園地におもむき、すっかり吹きそろった桜の下で団らんのひとときをすごし、親睦を深めあった。

「立派な韓国人になろう」
東京韓国学校で入学式

さる八日午後一時から東京韓国学校の入学式が新宿区若松町の同校々庭においておこなわれた。この日同校の諸先生、先輩に暖く迎えられた新入生は初・中・高等部あわせて二一五名、まず宋基鶴校長は「今日からはみんなが家族でもあり同窓生である。みんなで力を合わせ明朗で立派な学校をつくろう」とあいさつ、また安聖出理事長も「民族学校に入学したみなさんは、国語をいっしょう懸命勉強して立派な韓国人になるように」と述べ、また金龍煥奨学官、民団中央李総務局長、学父兄代表からもそれぞれ祝福と激励のことばを送られた。（写真は同入学式）

統一新羅仏像写真展

「原影」現刊と映像技法の為の実験展と銘うった統一新羅仏像写真展が開かれる。場所は東大仏教青年会館（本郷三丁目・日本信販ビル七階）、期日は12日から33日まで。作者は金鍾海氏。

百億達成記念の観劇会
＝東京商銀＝

在東京の民族金融機関としてめざましい躍進を続けている東京商銀信用組合（許弼奭理事長）では、さる三月末までに預金目標の百億円を突破、内外の注目を集めているが、来る一九日、東京新宿コマ劇場に組合員はじめ民団など各機関関係者を招待し、一〇〇億達成記念観劇会を開催する。

婦人会大田支部総会
会長に　趙良心氏

在日大韓婦人会大田支部第九回定期総会がさる二十九日開かれ、会長に趙良心氏＝写真＝が選出された。

同日午後一時から民団大田支部二階講堂で開かれた総会には、六十余人の会員ならびに来賓が参席して、過去二年間に亘る活動、会計の総括報告のあと、活発な質疑応答が行なわれ、総会はこれを了承した。

引きつづいて組織の強化と発展に尽した役員たちに対する感謝品の贈呈と記念写真の撮影のあと役員の選出にうつった。

九回目の総会を通して、会長選出にはじめて対立候補があったため投票に入ったが、その結果、趙良心（三〇票）、金先槇（二一票）金容粉（八票）、無効一票で趙良心氏が会長に選出された。

また副会長には、金容粉、鄭永愛の両氏と総務部長に李賢福氏、監査に李玉光、金甲順の両氏をそれぞれ選出して午後五時閉会した。

(毎月5.15.25日発行) 第2401号

韓僑通信

(1970) 4月25日 土曜日

発行所 韓僑通信社
発行人 鄭在俊
東京都文京区本郷3丁目32番7号韓僑会館
電話 (811) 1535 (代表)
〒133 振替口座東京16631番
(大韓民国文化公報部国内頒布許可)
(購読料1カ月100円・特別1000円)

社告

韓僑通信は次号から

民団東京

に題号が変更されます

在日本大韓民国居留民団
綱領

1. 우리는 大韓民国의 国是를 遵守한다
1. 우리는 在留同胞의 権益擁護를 期한다
1. 우리는 在留同胞의 民生安定을 期한다
1. 우리는 在留同胞의 文化向上을 期한다
1. 우리는 世界平和와 国際親善을 期한다

「4月의 山河」에 「4月의 얼」은 살아있다

벌써 10년이 지났다.

그 火曜日의 喊声이 터지고 온 누리에 自由의 閃光이 반짝인지 江山이 変한다는 세월이 흘렀다.

차차 紀念式도「간소화」되고 그날의 勇士들의 伝説도 퇴색해 지는것같지만, 여기 그때의 외침이 살아있고, 그날의 體温이 따뜻한채 남아있는 聖域이 있다.

서울特別市 城北区 水踰洞山9의1, 이름하여「4·19墓所」。

푸르른 白雲의 連峰이 屛風처럼 감싸고 4월의 따사로운볕이 가득히 쏟아지는 3천坪의 陽地엔 봄을 先駆하는 진달래처럼 빨간 피를 나라에 바친 1백85位의 先烈들이 누워있다.

4·19의 気象을 상징하는 70尺높이의 일곱개 塔柱가「花神影像」의 鉄影을 둘러싼 紀念塔을 돌아서면 青春의 幽宅이 너무나 조용하다.

약50㎝높이의 墓碑가 幾何学的으로 곧은 줄을 이룬 墓所엔 아직 쌀쌀한 봄 바람과는 달리 뜨거운 입김과 용솟음치는 참된 勇気가 되살아난다.

1960년4월19일 火曜日, 서울의 太平路에, 鍾路에, 乙支路에, 그리고 全国의 온 都市와 고을엔 不正不義에 抗拒, 분연히 일어난 制服의 물결이 넘쳐흘렀다.

책가방을 든채『不正選挙다시하라』고 외치는 学生들에게 不法長期執権을 노리는 무리는 銃을 쏘아댔다.

아스팔트엔 붉은 피가 흐르고 学生들의 연약한 팔과 다리는 내려치는 곤봉에 무참하게 부러져 나갔다.

그러나 正義의 깃발이 鮮明한 学生들의 示威는 銃과 칼로는 꺾을수 없었다. 世宗路네거리엔 어느새『李承晩政権물러가라』는 喊声이 일어나고 戒厳軍의 銃口는 同胞를 겨냥할수 없었다.

데모의 隊列엔 中高等学生은 물론 国民学校 어린이와 教授, 一般市民들도 뛰어들었다.

그래서 4·19墓所 한구석엔「寿松国民校 全漢昇」군의 碑가 어른들틈에 끼여 돋보이고 있는 것인가보다.

일찌기 우리近世史에서 己未独立萬歲, 8·15光復, 그리고 4·19義挙때만큼 겨레의 感激이 순하디순하게 한데 뭉쳐 본일이 있었을까?

고집장이 할아버지는 쫓겨나고 学生들은 勝利를 구가했다.

그리고 10년이 흘렀다.

그 할아버지는 다시 돌아와 많은 市民들의 애도속에 国立墓地에 묻혔다. 그리고 学生들이 간후에도 우리는 숱한 변천과 격동을 겪어야했다.

그러나 그날의 祈願은 식지 않았고 그날의 気象은 꺾이지 않았다. 나라안에 큰일이 있을적마다 그날의 後輩들은 行動으로 祖国의 来日을 걱정했다.

菊花한송이 아들의 墓所에 바치는 어머니의 눈물은 10년이 지났어도 마르지 않았나보다. 아까부터 墓碑를 어루만지는손길은 아들의 등을 어루만질때와 조금도 변함이없다.

저 어머니의 머리엔 어쩌면 10년을 더 자란 아들의 모습이 환상처럼 떠오르고 있는것이나아닐까?

눈물이 그치지 않는 어머니여, 눈물을 거두시오.

하기야 빛바랜 写真한장이라도 껴안고 흑흑 느껴울어도 시원치않겠지만, 어머니여, 저기「邪悪과不義」「示威와抗拒」「勝利와凱歌」「自由와平和」를 상징하는 花岡岩彫刻에새겨진 당신아들의 늠름한 모습이 永遠히 젊고 아름답듯, 당신 아들은 우리겨레의 숨속에 永遠히 젊고 아름답게 살아있을 것입니다.

그리고 해마다 4월이오면 접동새 울음속에 그들의 피묻은 혼의 하소연이 들릴것이니까요.

그날 이곳에 묻힌 先烈들과 隊列을 함께했던 순결한 勇士중에 세월의 때에 묻혀 혹시 金과 権에 침을 흘리고, 不正과 손을잡고 不義에 항복한 背信者는 없을까? 아니 있다는 所聞을 들은것 같다.

◇글 崔顯宇 記者
◇사진 黄治熇 記者

北韓の非人道を世界に告発

抑留者と機体かえせ
大韓航空乗務員代表が訴う

北傀のスパイによって拉致された大韓航空YS11の機長をはじめ乗客ら十一人は、いまだに北傀に抑留されたままであるが、その北傀の非人道性を世界に訴えて国際世論の喚起をうながすべく大韓航空の乗務員代表が世界行脚を行なっている。ヨーロッパをふり出しにアメリカなどを回った一行は、このほど日本にもたちよった。

昨年十二月十一日北傀スパイに[illegible]北された大韓航空機YS11機の機[illegible]各十一人は[illegible]まだに[illegible]になっている。この事件の[illegible]北傀の非人道性を国際世論に訴えるため、ヨーロッパ、アメリカなど世界各国をまわっていた米国の航空乗務員代表がこのほど来日、二十六日午後四時半から東京赤坂の駐日韓国公報館において、記者会見をおこなった。

来日したのは大韓航空[illegible]の機長、閔[illegible]氏(42)とスチュワーデス車[illegible]さん(25)、姜[illegible]さん(23)の三人。会見では[illegible]同僚たちはいまだ北傀の非人道的な措置によって帰れずにいる、世界の良識ある世論の力によって一日も早く帰れるよう協力を願うと切々と訴えたあと、①北傀が宣伝している義挙云々は何ら根拠がない②韓国治安当局が[illegible]「機長が首謀者」云々は[illegible]北韓スパイ趙昌熙の単独犯行であることが判明している③政府は送還実現のため国際赤十字や第三国に積極的に働きかけている等の点を明らかにした。

閔機長は、「わたくしは犯人である北傀スパイを除く乗客と、同僚のパイロットの安全を心から願うパイロットの一人にすぎない。同僚の家族たちが、こどもたちが、どんな思いで毎日を送っているかーわたくしが全世界に訴えたいという理由も動機も、[illegible]それだけなのです」と語った。

閔機長が世界行脚の代表に選ばれたのは、抑留されている[illegible]機長、[illegible]副操縦士([illegible])が、閔機長の[illegible]操縦学校同期生だったからであり、「生き地獄の苦しみを味わっているかれらにくらべれば、この苦労は[illegible]の百分の一、千分の一にすぎません」と語っていた。

「鄭さんとは[illegible]いっしょにスチュワーデスに[illegible]した。金浦空港にある[illegible]のロッカーもとなり同士。スケジュール・ボード(乗員割表)でも、いつも名前が並んでいたのに」と涙ぐむスチュワーデス、車さん。

また、抑留されているもう一人のスチュワーデス、成[illegible]姫さんと同期生の姜さんもこう訴える。

「韓国をたつとき、この鄭さんのおばさんがわたしたち二人に抱きすがって…。"どうしてわたしの娘だけがこんな目に"って。わたしたちも、いっしょに泣きました」と。二人のスチュワーデスは、[illegible]口をはさみながら、いじらしいほど真剣さで訴えていた。

「1日も早く帰れるよう」切々に訴えるKAL乗務員代表たち、（左からスチュワデスの車さん、閔機長、姜スチュワデス・16日駐日公報館て）

事件の経緯

また同時に発表された大韓航空機事件の経緯は次の通り。

昨年の十二月十一日[illegible]からソウルに向かって飛んでいた大韓航空YS11機が、[illegible]の上空にさしかかったとき、北傀のスパイ趙昌熙(42)によって乗っ取られた。北韓は約二カ月間にわたって乗客、乗員を人質にしたが、北傀の非人道的な仕打ちに非難する世論が国際的に高まるや、二月十四日、六十九日ぶりに板門店を通じて三十九人(男32、女7)を返してきた。しかし二人のスチュワーデスをふくむ乗客11人と機体はいまだ返還されないままである。

機体は解体か
日本航空界の推測

ところで北傀らは、なぜ乗客と機体まで返還しないのかーそしてYS11機はどうなっているのだろうか？ 北傀は、さる二月十四日乗客のうち三十九人を返していらい、その時の残留者のことにふれて「本人たちの意思で残った」と発表しているが、彼ら北傀はウソをついている。彼ら北傀とては、結局このYS11機乗っ取りを"義挙"だとほめあげたが四人の乗客は事件のすべてを知っており、この四人を返せば彼らの犯罪的ハイジャックの仮面がはがされてしまうからである。

また機体についてはどうかというと、YS11が北傀の[illegible]の外にある小さな空港に強制着陸させられて以来、北傀の空港にある[illegible]のレーダーは、一度も同機らしい機影が飛び上がるのを認めていない。第一、整備部品もないはずだ。ではYS11はただ同空港に放置されているのか。

「いや、すでにバラバラに分解され、北傀の専門家たちがソ連製の飛行機などと比較・研究している」というのが、日本の航空関係者たちの"いちばん常識的"な推測となっている。そして二人のパイロットや乗員は、比較・研究の説明役として残されたというわけ。

対共産国姿勢に新風
李長官談 貿易を避ける理由ない

ソウル新聞が二十一日伝えたところによると、経済担当の李[illegible]無任所長官は同日「輸出をふやすため一部共産国にも貿易することを考えている」と述べた。政府はさきごろソウルで開かれたアジア開発銀行(ADB)年次総会をはじめ、近く行なわれる国際ペン大会にも一部の共産圏諸国代表の入国を認める方針を示し、柔軟な対共姿勢をとることもあり得る可能性をのぞかせていた。

李長官は「これまで反共国家という特殊性のため共産圏との貿易をタブー視してきたが、米国など自由陣営の諸国が共産圏との貿易を進めている現状では、韓国が対共産圏貿易を避ける理由はない」とし、今月末までに民主共和党と[illegible]して決定が下されるだろうと語った。同長官はさらに「反共国としてどうしても相いれぬ北傀、北ベトナム、中国を除いたうえで貿易相手国を慎重に選び、さらに戦略物資、建設材などを除いて貿易するなら、必ずしも韓国の反共理念にもとるとはいえない」と強調した。

この場合、相手として自由化のある程度進んでいる東欧諸国を念頭においているようで、消息筋によると、すでにユーゴが第三国にある韓国公館を通じて通商交流を提案してきたといわれ、事実これまでにも、間接貿易の形で小規模通商は行なわれていた、という。

なお六月二十八日からソウルで開かれる国際ペンクラブ大会にはユーゴの作家一人が招かれており、こんどの"新しい風"をある程度うら付ける形になっている。また、さるADB年次総会には、ソ連などの代表を招請したが入国しなかった。

経済協力推進 特別委を設置
韓日協力委閉幕

二十二日のソウル放送によると二十日からソウルで開かれていた韓日協力委員会第二回総会は二十二日、共同コミュニケを発表して閉会した。

韓日両国代表はこのコミュニケで①韓日両国は、中国と北傀の平和破壊の企図を挫折させるという日米共同声明に基づき共同の努力を[illegible](2)韓日両国は長期的展望に立って、経済協力推進特別委員会を設置する、と述べている。

財産搬出制限を撤廃
在日外国人の永住帰国時

日本政府は、さる二十日在日外国人が本国に永住するため帰国するときに持ち帰る個人財産額の制限を撤廃した。

日本大蔵省は、「貿易取引に関する省令」を改正、さる五月一日から個人財産であることが確認されれば、永住帰国のとき制限なしに搬出を許可することにした。

大蔵省は、このほか在日外国人が海外に旅行する場合、承認をうけて三千ドルの限度内で日本銀行の持出しを許可していた現行を改め、市中銀行の確認さえあれば持出せるようにした。

この措置によって韓・日両国会談以後続けられてきた在日同胞の財産搬出自由化要求は、韓国側の希望が一挙に解決したことになった。

いままで在日同胞が、永住帰国する場合五万ドル限度内で搬出が認められ、これを越える分については日本銀行に予金し毎年五万ドルずつ分割搬出されていた。

東本3機関任職員一覧

機関	職	氏名
◇議決機関◇	議長	閔泳相
	副議長	梁昌玉
	〃	申奉文
◇監察機関◇	監察委員長	徐興錫
	〃委員	禹英鎮
	〃	金昶輝
◇執行機関◇	団長	鄭在俊
	副団長	羅鍾卿
	事務局長	韓昌奎
	総務部長	申秀鉉
	組織部長	許南明
	民生部長	李泰術
	経済部長(兼)	羅鍾卿
	文教部長	文秀直
	宣伝部長(兼)機関紙編集長	李柤雨
	次長	金博夫
	総務部員	魏正徳
	〃	秦和子
	〃	玄智烈
	〃	玉井正彦
	宣伝部員	朴健二

東本顧問団きまる

東本では、二十三日午後一時から同会議室で三機関連席会議をひらいてさきほどの大会で委任された顧問団の推戴について協議の結果つぎのとおりの決定をみた。

職	氏名
常任顧問	呉宇栄
顧問	丁贊鎮
〃	鄭寅錫
〃	張仁建
〃	徐忠臣
〃	金仁洙
〃	金己哲

このほど新しく米国から供与されたFDファントム戦闘機（大邱空軍基地）米国のテコ入れによって空軍力は飛躍的に向上している。

韓米条約による防衛体制を強化

早まるか？米軍の撤収

国会でも論議さる

国会国防委員会は十六日、丁来赫国防部長官、尹外務部次官らを招き、最近台頭した駐韓米軍の一部撤収説にかんする対政府質疑を行なった。

質疑に立った申允昌議員（共和）と金益俊議員（政友会）は米上院での駐韓米軍の撤収主張は韓国に重大な危険をもたらすだけでなく極東の力の均衡を破り、中共・北韓の〝侵略意欲〟をあおる結果となるだろうと述べて政府の対応策を追及した。

これにたいし、丁国防部長官と尹外務部次官は、米国政府が数回にわたって駐韓米軍は撤収しないということを明らかにしていると語り、韓国政府は韓米防衛条約による防衛体制を強化してゆく方針だと証言した。

解説　懸念高まる

最近の共産陣営の動きのなかで、韓国国防の〝韓国化〟を考えている米国の出方が注目されているが、このところ韓国には駐韓米軍一個師団の撤収説がしばしば伝えられ、韓国国会も十六日の国防委員会でこの問題を取上げ、論議した。

信頼すべき消息筋によると、米国の〝韓国化〟政策の日程は以外に早く、一個師団の撤収はかなり近い時期になる、といわれている。これにともない韓国では、米軍が撤収しても現在の韓国軍で十分代替できるとしながらも、北傀に心理的プラスを与えるのではないか、米国の肩代りとして日本の再軍備を促進するのではないか、といった懸念が高まりつつある。

韓国には現在、国連軍の名のもとに米二個師団約五万五千人が駐留、三八度線とその後方の守りについているが、撤収の話が出ているのは後方師団。この動きは直接韓国に伝えられたのは、民主党のタイディングス議員がさる九日の上院本会議で「年内に駐韓米軍一個師団を撤収させよ」と演説したことから。

ワシントンの韓国特派員の報道によると、同議員は、韓国はグアム・ドクトリンを適用できる国になった、と述べ、撤収可能の理由として①韓国は六十二万の正規兵力を持ち、三十八万の北傀軍よりまさっている。米国が韓国軍の装備を改善すれば、米一個師団が撤収しても戦闘能力に影響はない②韓国は南ベトナムに派遣している二個師団と一個旅団を引揚げさせ、穴を埋めることができる③北傀との国力を比較しても、韓国は北傀に大きく水をあけている、などの点をあげた。

韓国消息筋では、ことし十一月の中間選挙をひかえ、ニクソン政権はかなりの政治的判断をせねばならず、駐韓米軍の削減もその検討対象から逃げることはできない、とみている。

朴大統領自身、訪米してニクソン米大統領と会談したあとの昨年九月二十三日「米軍をいつまでも駐留させることはできない。いずれの日かの米軍撤収に備え、われわれは国軍の精鋭化と、このための長期対策を考えねばならない」と語り、今年一月九日の新年記者会見でも「米国に全面的に依存できず、そのためにも地域協力体制づくりに努めるべきだ」と述べた。

これまでにワシントンからの報道として、米国は決った軍事援助以外に、六九年中に七十九万ドルの小火器を郷土予備軍に提供する、などのニュースが伝えられており、韓国でみるかぎり、韓国国防の〝韓国化〟は着実に進んでいる感じである。

韓国としては、米国の脱アジア政策を原則で理解しながら①どうしても米国の何らかの形での〝介入〟が必要である②〝韓国化〟の場合、韓国軍の装備の近代化を進めてほしい、という考えが根強い。したがって〝韓国化〟を進めるとしても、一方では軍事援助の継続、他方では米韓相互防衛条約を一部改正してでも、事あるときには米軍が急派される保障を得たいとしている。

韓半島に大きな脅威

崔外務談　アジア共産国の結束

崔圭夏外務部長官は東南アジア四カ国の巡訪を終えて十日夜KAL機で帰国、金浦空港での記者会見でつぎのように語った。

「私はラーマン・マレーシア首相、チュー南ベトナム大統領、タノム・タイ首相、蒋介石国府総統など巡訪国の首脳たちと会って、これらの国家との共同関心事にかんしてじゅうぶんな意見交換を行なった。特に最近のアジア共産諸国の結束は韓半島を含む東北・東南アジアの自由陣営諸国の安保に大きな脅威になっているということに意見の一致を見た。なお、ラオス、カンボジアなどベトナム隣接国家の情勢が安定することが肝要でこれはベトナム戦争の解決に役立つことになるということでも意見が一致したが、米国などで論議されたカンボジアにたいする韓国軍派遣問題などは全く出なかったし、また、ベトナムからの米軍撤収に伴う駐南ベトナム韓国軍撤収問題なども論議されなかった」（写真は崔長官）

境界線の衝突ますます熾烈

米下院軍事委員ウイリアム・ブレイ議員はこのほど、米国が北韓から送られてくる〝危険信号〟を無視するとすれば、これは非常に愚かなことだと語った。

AP電が八日伝えたところによると、ブレイ議員はこの日、下院で「韓国休戦線で起きている北韓挑発による衝突事件は次第にその数や規模、そして頻度の点で増大しているが、最も注意しなければならぬことは最近平壌放送がしきりに休戦線で米国および韓国が挑発行為をしたと非難していることの見逃すべからざる事実である。すなわち、北韓自身が挑発して起きた衝突事件を相手側の攻撃と宣伝しているような場合には、歴史的にみてもその国が攻撃のチャンスをねらっていることが多い」と語り、同議員は過去二カ月間注意して平壌放送をきいたが、それは非常にキチガイじみた非難口調だったと述べた。なお、ブレイ議員は「北韓は韓・米軍の前方哨所を大挙攻撃する一方、〝スパイ〟〝休戦協定違反〟あるいはその他のつくりごとの〝罪目〟で米兵を拉（ら）致してゆく恐れがある」と強調した。

韓国の共産化は日本の喉もとに七首

ワシントンからの報道によると米国のアジア専門家であるA・バネット氏（ブルキンス研究所研究員）は九日、「米上院外交委の一分科委員会で、米・中共関係にかんする証言を行なったさい韓国が赤化統一されるような事態は日本が核保有国化することを促すことになるかも知れない」と語り「日本が核保有国となることは日本自身のためにも世界平和のためにも利益にならないだろう」と述べた。

さらに同氏は駐韓米軍の撤収問題にかんし、たとえ米国が駐韓米軍を一部撤収するとしても中共が韓国を占領する可能性はほとんどないと説明、「韓国の赤化は日本ののどもとに七首（あいくち）をつきつけられた状態だとみる日本の考えに照らして見るとき韓国は非常に重要な戦略的地域だといえよう」と指摘した。

米国での韓国防衛論議

六・二五前夜の再現を恐れる

本国論調

最近、米上院では韓国の防衛問題をめぐって論議がさかんにくり広げられているが、これはわれわれ韓国人の関心を集めずにはおかない。

タイディングス上院議員は九日の上院で、韓国に関して、韓国はニクソン大統領のグアム・ドクトリンを直ちに適応しうるアジア国家としてのよい例であると述べ、駐韓米軍二個師団のうち、一個師団は今年中に撤収するよう促求した。タイディングス議員は米軍一個師団を撤収することに伴う利点を次のようにあげて、①米国がアジアでの地上戦にまきこまれる危険性が除去されること②駐韓米軍の人命被害を防ぎうること③年間二億五千万ドルの国防予算が節約される④韓国は韓国自身の安保をみずから守りうる国家として自立する時期にすでにはいっているということを自他ともに認識させうる——と強調した。

眼前の少利だけを計算

しかし、われわれ韓国人はタイディングス議員の主張するように米軍の減縮によって米国がアジアの地上戦にまきこまれる危険性がのぞかれるとは考えていない。むしろ、その逆である。

韓国における米軍の削減は相対的にいって北韓に対する抑制力を弱化させる結果をもたらし、つまるところは北韓の侵略野望の火をあおり立てるようなことになりかねないと考えられる。

こうして再びもし、北韓の南侵があれば米国は果たして目をつむっていられるだろうか。米国は地上戦に介入せざるを得なくなるであろうし、そうなれば六・二五動乱時よりもさらに大きな米軍の犠牲が強要されることになりはしないだろうか。

タイディングス議員の強調する〝年間二億五千万ドルの国防予算節減〟および現在の多少の〝人命被害防止〟の主張は当然の理由として米国人のなかにはこれに同調する人びとも少なからずいるだろうが、これは眼前の〝少利〟である。この〝少利〟の計算のために後日どれほどの代価を払わなければならないかという冷徹な見方が欠けているようにわれわれはみている。

一個師削減の意味するもの

タイディングス議員は韓国に一個師団米軍が多く駐とんしているからとて、それが北韓からの侵略防止に大きな〝抑制力〟となるものでもなければ、また中共の侵略阻止に助けとなるものでもないと語った。

しかし、一たび〝軍〟あるいは〝軍団〟が編成されている軍隊組織とその活動の面からいうときこれは単に二が一となって半減したということではおさまらない。軍事技術的な面からみるだけでも、二個師団で編成された〝軍団〟単位の兵力とこれに伴う後方支援部隊の活動力は半減ですむわけはなく、現在できている〝軍〟と〝軍団〟がひとたび解体されることになることもありうる。このような場合、あらたに一個師団で編成するものがどのようなものであるかは、専門家の指摘するように非常に薄弱なものとなることがあまりにも明白である。極端にいえば一人でも米兵が韓国に駐在していれば〝米軍駐とん〟ということになろうが、それが何の抑止力にもならぬと同様、活動力の減退は抑止力をうすくするものである。

現在、韓国には米軍二個師団が前方と後方に配置されているが、もし一個師団だけが残る場合、事実上、米軍は前線をひいて後方専門になるだろうと思われる。前方後方の連絡があってはじめて一つの活動ができるわけだが、そのようなことは無視されて前線担当は多分韓国の受持ちだけとなるだろう。

現在では北韓が南侵すれば、自動的に米軍と衝突することになり（韓国とはいうまでもないこと——）事実上、北韓は米国と戦うことになるため、その抑止力は相当の力を持っている。

しかし、米軍が後方だけに限られるようになると事実上の抑止力はきわめて減少する。

韓国戦争も同様の環境の中で起きた

さる一九四九年のこと、米軍は五百名の米軍顧問団だけを残して撤収したが、これによって北韓は南侵を強行したのではなかったか。

もし、六・二五以前に、米軍二個師団が撤収しなかったとすれば結局は韓国戦争も起きなかったであろう。従って多くの人命や財産を失う悲劇も事前に防ぎ得たものと、現地に住んでいるわれわれ韓国人は見ている。

タイディングス議員は韓国政府の安定と韓国の経済発展、ならびに韓国軍の優秀性などを高く評価しながら「米国はもう韓国が自立態勢を整えているということを認めるべきである」と強調した。しかし、不幸にして彼は、米軍の減縮によってもたらされるであろう状態を予測していないようである。すなわち韓国の安定や経済発展などを基盤とした韓国の自立態勢確立には多分に米軍駐在のもたらす条件が作用していたということである。

現段階における米軍の減縮はわれわれにとって少なからず暗い面をもたらすであろうし、それは政治・経済的に、また社会・心理的に大きな影響を与え、逆に敵を喜ばせてやる恰好になるだろうと推測しうるのである。

韓国戦争以後から今日に至るまで、米軍の存在は〝米国の韓国防衛に対する具体的保障〟の表明であった。そしてそれは直接的に韓国の安保と安定の役割りをしてきたものである。

しかし、いま米軍が撤収するとなると、まずそれは国内的には韓国戦争の前夜と同様、対米不信感が造成されて韓国民間に不安がみなぎることになろうし、対外的には韓国の安定を疑って外国投資が減退するなど〝不信〟から起きる〝不安定〟を招来することになるであろう。

好戦的な北韓の野合を指摘

こんど、米国上院で表明された駐韓米軍の減縮論議は米国朝野の一部孤立主義的世論の傾向であるが、これを国際的な面から分析してみると、最近の東西解氷ムードや日本、中共、ソ連の相互関係など東北アジア情勢全般をにらみ合わせて情況判断したものだと解される。われわれが特に指摘したいのは韓半島の特殊性である。この局地的状況をじゅうぶんに考慮に入れなければならぬという点を強調したいのであって、すなわち北韓という共産陣営でも最も好戦的存在が最近は膨張主義的な中共と野合し、虎視たんたん、南侵の機会をねらっているという事実を考えずして、米国の朝野が、敵を激励するような行動を取ってほしくないと望むのである。

二十年前、韓国動乱の起きたころの状況を忘れず、そして友邦を窮地に落とし入れるような愚行を繰返さぬよう願望する次第である。

（東亜日報＝SISA）

ソウル市長に梁鐸植氏

政府は十六日、さきのソウル・臥牛アパート倒壊事件（通信前号既報）の行政責任をとって提出された金玄玉ソウル特別市長の辞表を受理し、後任に梁鐸植前慶北道知事を任命した。

梁鐸植氏（四六歳）はソウル工大卒業後、米オハイオ州立大大学院一年を修了、ソウルの漢陽工大教授、内務部企画管理室長、鉄道庁長、慶尚北道知事を歴任した。

一方、慶北知事後任には金寿鶴釜山市長を、釜山市長の後任には前治安局長[illegible]氏を任命した。

共栄のアジア目指し

大成果挙げたADB総会

さる九日からソウル・朝鮮ホテルで開かれていたアジア開発銀行（ADB）第三回総会は、多角的な経済協力の原則を確認し、特別基金一億五千四百九十万ドルを確保するなど一連の成果をあげた後、第四回総会を来年四月、シンガポールで開催することに決めて十一日閉幕した。

三日間にわたって行なわれた同総会は韓国を始め日本、オーストラリアなどECAFE（国連アジア極東経済委員会）域内会員国二十一カ国と十四の域外会員国など全部で三十五カ国から財務長官あるいは中央銀行総裁ら財政・金融専門家と国際通貨基金（IMF）、世界銀行（IBRD）など国際金融機関幹部ら約六百余人が出席した中で行なわれ、七〇年代に「共栄のアジア」建設を目指して協力することを確約、先進国の対後進国援助政策についてはこれまでの〝二者協力〟的次元から脱して多辺協力の方向に転換させることにし、今後はすべての援助方式を、国際金融機関を通じた融資方式によって行なうことを論議したが、このためアジア地域開発を目指してのADBの役割りが強調された。

なお、同総会は先進国からADBの特別基金として次のような拠出確約を得、また技術援助提供の約束も取りつけた。

▽多目的特別基金拠出＝米国一億ドル、日本二千万ドル、英国一千三百八十万ドル、オーストラリア一千万ドル、オランダ百十万ドル、[illegible]億五千四百七十万ドル。

▽技術提供約束＝インド[illegible]万六千ドル、オランダ四百七十七万ドル、スイス二十万ドル、フィンランドなど四カ国。

このほかにも①ADBの後進国開発と援助拡大方案を理事会で検討することに決め、②事業の適格性に伴い長期低利で特別基金融資が可能な方案を模索するということに意見の一致を見た。

一方、渡辺ADB総裁は総会を終えた後記者会見をして「ADBソウル総会はこれまでにない大成果を挙げた」と語り、「ADBは輸出金融支援と会員国の現地通貨にたいする外貨支援問題をただちに理事会で論議する」と述べた。

建設業法の改正法案を議決

倒壊事件を契機に

経済閣議は十三日、このほどのソウル・臥牛アパート倒壊事件（本通信前号で既報）を契機として、国内はいうまでもなく海外に進出する不実建設業者を事前に規制するための建設業法改正法案を議決する一方、浚渫（しゅんせつ）公社の授権資本金を現行二十億ウオンから四十億ウオンに倍増することを骨子とした浚渫公社法改正案を一部修正して通過させた。

建設法改正案はまず①建設業者の質的[illegible]を図り、従来は建設部で一年に二回ずつ実施してきた建設業免許を年一回にする②建設部長官が建設業者の過当競争や能力以上の工事受注を防ぐ必要があると認めたときは海外進出地域ならびに業者が施工することのできる総工費の限度額を指定・制限することができる③無許可または制限事項に違反する海外建設工事には政府支援を拒否、建設業免許も取消す——などを規定している。

アパート倒壊で市政責任を問う

新民党人権擁護委の八人調査団は十五日、臥牛アパート倒壊事件を調査した結果、同事件の刑事責任は施工業者と区庁長だけでなく市政責任者も負わなければならないと主張した。

アメリカ週刊誌が韓国の発展相たたえる

米国の時事週刊誌USニュース・アンド・ワールド・レポは四月二十一日号で韓国の発展相を特集した中で「ソウルは世界で最も早いテンポで繁栄している都市」だとたたえた。

同誌はソウルの「市場は人びとの群れで繁盛をきわめ、飲食店や劇場はいつも大入り満員だ。そしてゴルフをする人びとは六八年度よりも五〇%もふえている」と指摘、また、米国の経済、軍事援助が韓国の発展に大きく寄与したと述べ、約九千万ドルにのぼる米国の投資も韓国発展の重要な要素となっているとつけ加えた。

湖南高速道路建設着工

湖南高速道路（大田—順天間二百八十九キロ）の建設は十五日に着工したが、総投資額二百三十二億ウオンのうち、まず七十一億ウオンを投入して大田—全州間の七十八キロは今年中に開通する予定である。

この湖南高速道路は京釜高速道路中、大徳儀徳から分かれて炭洞、儒城を経て鎮岑—杞城面—論山郡豆磨—代谷—陽村—可也谷面—錬武邑—益山郡王宮—鳳東面—参礼を過ぎて完州郡助村面に抜けることになっている。

なお、今年中に完工する大田—全州間は四車線であるが、これが開通されるとこれまでは国道（二百九十五キロ）を通じて十余時間かかった距離を二時間半で走ることができ約三分の一を短縮することになり、また一キロ当たり五千四百ウオンかかっていた輸送費も二千百ウオンに節減される。

十五日には同高速道路工事の起工式が行なわれたが全北完州郡助村面龍亭里現地で関係者ら多数集まり盛大だった。

72年まで自動車は完全国産化できる

十三日、李洛善商工部長官は、自動車完全国産化のための車体プレス工場建設業体として韓国[illegible]プレス（韓・日合作）が確定したと明らかにし、自動車国産化五カ年計画は順調に推進中だと語った。従って乗用車の国産化は七〇年に五八%、七一年七五%、七二年には一〇〇%が達成されると李長官はつけ加えた。

商工部は車体とエンジン部門の外に部品四百十万個の主要部品にたいし国産化対象品目を選定、このため八十六個の工場を自動車国産化促進工場に指定して機械工業育成資金などを重点的に支援する方針である。

帰順者の歓迎大会

越南帰順者と北韓の武装ゲリラ自首者たちを歓迎する市民歓迎大会が十四日午後、ソウルの市民会館で盛大に行なわれた。出席者は四千名の市民、学生たちで歓迎を受けたのは金新朝（元北韓軍少尉・六八年一月二十一日、ソウルに侵入した北韓武装ゲリラ三十一人のうちの唯一人の生存者で韓国に帰順）氏をはじめ二十七名の帰順者たちであった。

楽しい夏休みを母国で
夏期学校の入校生を募集

夏休みを利用して在日同胞子弟に母国のふところで国語や歴史、韓国のおかれた現状を正しく学ばせ、民族精神を涵養するとの主旨で本国文教部と民団との主宰で毎年おこなっている母国夏季学校が、今年も来る七月下旬から開校するが、民団ではこれに入校する入校生を別項のとおりの要領で募集することになった。

同学校は今年で六回目、これまでに延べ約千余名の青年、学生がこれに参加、両親ともども好評をえており、今年もとくに多くの参加が期待されている。

同校への入校資格は、中学・高校ならびに大学生男女。（韓国学校高校生と日本国籍者、まだいまださに夏季学校を履修した者のある者は除く）の志入者は四月一〇日から五月二十日までに、つぎの書類を揃え、民団地方本部を経由、中央文教局へ提出する。

①、願書（所定様式）二通⑥、国民登録証（民団推薦）一通⑥在学証明書一通⑥、入学者誓約書（所定様式）一通

なお、同校の教育期間と内容は一九七〇年七月下旬より一週間、ソウル特別市で行なわれ教育内容は国語・国史・地理・民族意識の講義のほか課外活動として名勝古跡の探訪、産業施設などの見学が行なわれる。

また、同校入校生については往

不純学生の署名運動に注意せよ

これら学生たちは、民団が傘下団体として規定したものたちで要名の要請があってもこれに応じないよう望んでいると同時にこの種の運動に加担する団員がいるときは規約によって措置するよう民団中央では指示した。

4·19 10돌

民族史の転機を想い
4·19韓学同の記念集会盛況

在日韓国学生同盟（金漢吉委員長）では、四・一九革命10周年記念を迎えて去る四月十九日渋谷区公会堂ホールにおいて数多くの新入生を含んだ約百五十名の盟員が参加、伝統ある記念集会を挙行した。

記念集会は、……約一時間にわたる盛大なうちに……

支部だより

江戸川〈万博観覧の旅行会〉春の親睦旅行をかねて、さる17・18の両日、大阪で開催中の万国博覧会を参観した。有志三〇名が参加

北〈小学生主体に高麗村を見学〉さる一九日、同支部で開催している国語講習会に通っていた小学生ら十二名が、埼玉県の高麗……

練馬〈箱根で定期総会〉来る五月10・11日、箱根の小涌園において第九回定期総会を開催する。

台東〈定期総会と野遊会〉台東支部（金燦団長）では、さる四月十四日千葉県野田市の清水公園で春季野遊会をかねて第二十三回定期総会をひらき、過去一年間の活動経過報告をはじめ……

足立〈毎週火曜日に国語講習会〉同支部では毎週火曜日の午後七時から九時まで、支部事務所において国語講習会を開催している。

品川〈韓青主催で料理教室を開講〉……

4·19精神具現化へ
韓青も全国各地で記念集会

在日韓国青年同盟関東地区協議会（事務局、東京特別本部）では四・一九革命十周年記念集会を、東京YMCAホテルで、東京地区をはじめ関東各地の青年二百数十名を参加させて盛大に行なった。

集会は午後一時半、会長団が席につき、国民儀礼と関東地協を代表し慎忠義東本委員長が「四・一九精神を受け継ぎ発展させて……」

70年度活動方針案の全容
（3）

永住権申請促進運動

……

民族教育に関して

幹部育成に関して

団務全般に亘る活動

総務活動に関して

組織活動に関して

経済活動に関して

民生活動に関して

文教活動に関して

宣伝活動に関して

総連幹部を告発
密航の弱みにつけこまれて
北韓行きを強要された手者

新聞協会定期総会
［26日熱海で］

神奈川本部では27日地方委員会

訃報

民団東京

発送業務の近代化へ

かねてから予告したとおり本紙は、「民団東京新聞」に題号を改め大幅に刷新しました。

……

大韓民国居留民団東京本部・宣伝部

民団東京新聞社

25日　埼玉本部臨時大会

徳島県本部移転

五反田支店　27日に開店　東京商銀

荒川〈映画会盛大に開催〉

韓日親善レスリング

韓国の独立運動助けた志士
スコフイールド博士死す
本人の願望で国立墓地に埋葬

한국의 발전

영조는 일찍부터 당쟁의 폐해를 깊이 느껴 탕평책(蕩平策)을 써서 당파의 차별 없이 인재를 공평하게 등용하여 정치를 바로잡아 보려고 노력하였다. 왕은 또한 산업을 장려하고, 균역법(均役法)을 마련하여 국민의 부담을 덜게 하는 한편, 학자들을 우대하여 학문을 권장하였다.

다음 정조도 탕평책으로 당쟁을 누르고 민생을 돌보기에 힘썼다. 특히 왕은 학문을 좋아하여 규장각(奎章閣)을 세우고 학자들을 모아 고전을 연구하게 하며 많은 서적을 편찬 발간하였다.

이리하여, 영·정 시대는 극성스러운 당쟁도 고개를 숙이고 새 학풍이 크게 일어났는데, 이것을 실학 운동이라고 한다.

그러나, 정조 이후에는 왕의 외척들이 세도 정치(勢道政治)를 하여 나라가 또 어지러워졌다.

세도 정치란 왕이 아닌 자가 왕의 신임을 받아 정치를 전단하는 것을 말한다. 1800년대의 60여 년 간은 세도 정치의 정권 다툼으로 정치가 문란하고 삼정(三政)이 어지러워 각처에서 민란이 거듭 일어났다.

1811년의 홍 경래(洪景來)의 난과 1862년의 진주(晋州)의 민란은 다 정치의 부패와 사회의 혼란이 빚어 낸 대표적인 사건들이다.

이러한 혼란을 없애고 나라의 정치를 바로잡아 보려고 한 이가 고종의 아버지인 대원군(大院君)이었다.

대원군은 당쟁을 없애기 위하여 인재를 골고루 뽑아 쓰고, 많은 폐단이 있었던 서원(書院)을 정리하고, 나쁜 습관과 의복을 고치게 하는 등 여러 가지 과감한 개혁 정치를 단행하였다.

그러나, 대원군은 왕실의 위엄을 높이려고 일으킨 경복궁(景福宮) 재건 공사에 너무 많은 재물과 노력을 소모하여 국민들의 원망을 사기에 이르렀다.

그뿐 아니라, 세계 정세에 어두운 대원군은 대외적으로 더 큰 실책을 범하였다. 곧, 천주교의 박해와 쇄국(鎖國)

1894년에 폭발하였는데, 이것을 동학 혁명(東學革命)이라고 한다.

동학 혁명은 밖으로 청일 전쟁을 일으키는 실마리가 되었지만, 한편 안으로는 갑오경장(甲午更張)을 일으켜 정치를 개혁하는 동기가 되었다. 이 갑오경장으로 말미암아 우리 나라에도 비로소 근대적인 사회 제도가 마련되게 되었다.

청일 전쟁 후 조선에 대한 일본의 침략적 야욕은 차차 노골적으로 나타나게 되었다.

이 무렵, 러시아는 독일과 프랑스를 끼어 삼국 간섭(三國干涉)으로 청일 전쟁에 승리한 일본의 기세를 억누르고 우리 나라에 세력을 뻗기 시작하였다.

이에 일본은 당황하여 미우라(三浦) 일본 공사로 하여

구파의 임오군란(壬午軍亂)과 개혁을 주장하는 개화파의 갑신정변(甲申政變)으로 개화파와 수구파의 싸움이 치열하여, 나라의 정세는 매우 어지럽게 되었다.

이러한 혼란을 틈타서 일본, 러시아 등의 외국 세력이 들어와 우리 나라를 엿보게 되었다. 그 중에서도 일본은 우리 나라에서 가장 세력이 컸을 뿐만 아니라, 우리 나라를 그들의 상품 시장으로 만들려고 하였다.

안으로 정치적 혼란과 밖으로 일본을 비롯한 외세의 침투로 국민들의 불만이 커 갔다. 이러한 국민들의 감정은

독립문

금 을미사변(乙未事變)을 일으켜 민비를 살해하게 하였다. 이렇게 일본과 러시아의 세력이 엎치락뒤치락하는 동안에 국내의 정세는 갈피를 잡을 수 없게 되었고, 철도, 광산, 산림 등의 이권은 러시아와 그 밖의 다른 나라로 넘어가게 되었다.

이 때, 뜻있는 사람들이 나라를 걱정하여 자주 독립의 운동을 일으켰다. 서 재필(徐載弼) 등은 독립 협회(獨立協會)를 조직하고 독립문(獨立門)을 세워 남의 나라에 의지하지 말고 자주 독립 정신으로 정치를 할 것을 외쳤다.

이러한 국민의 요구에 응하여 고종은 나라 이름을 대한 제국이라 고치고 황제 즉위식을 거행하여 자주 독립의 기세를 보였다(1897).

그러나, 외국의 침략의 손길은 날로 심하여 나라의 정세는 갈수록 어지러워 갔다. 이에 우리 민족은 스스로의 힘으로 근대화를 도모하고자, 각종 문화 단체를 만들고 신문을 발간하여 민중을 계몽하고 학교를 세워 민족 정신을 길렀다. 이 때를 전후하여 철도, 전차, 전신 등의 과학 문명이 도입되고, 또 서양식의 의료법이 실시되었다. 지석영(池錫永)이 종두법을 수입하여 그 보급에 노력한 것도 이 무렵이다.

우리 나라에서 날카롭게 대립하던 러시아와 일본 사이엔 드디어 1904년에 전쟁이 벌어졌다. 이 전쟁에서 러시아를 물리친 일본은 적극적으로 우리 나라를 침략하여 강제로 을사 조약을 맺고, 통감부를 두어 우리 나라의 외교권을 빼앗았다.

일본의 침략이 날이 갈수록 노골화하자, 이에 대한 우리 민족의 반항은 더욱 커 갔다. 이 준(李儁) 등은 네덜란드의 헤이그에서 열린 만국 평화 회의에 가서 일본의 침략을 호소하였으며, 안 중근(安重根)은

이 준

침략의 우두머리이며 초대 통감인 이토오 히로부미(伊藤博文)를 만주 하얼빈에서 쏘아 죽였다.

안 중근

그러나, 이와 같은 온 국민의 맹렬한 반항에도 불구하고 일본의 침략은 더욱 심하여져서, 마침내 1910년에는 강압적으로 우리 나라를 빼앗아 우리는 주권을 잃고 말았다.

주권 상실의 치욕적인 조약이 발표되던 8월 29일을 우리는 국치일(國恥日)로 정하였는데, 이것은 다시는 이러한 민족의 치욕이 없도록 명심하기 위해서이다.

発展する祖国

ソウル市街　高層ビルや高速道路がつぎつぎと建設され、日々によそおいを新たにしている。躍進する韓国の象徴だ。

韓日租税条約の全文

資料

懸案だった韓日租税条約は、さきに韓国側の李厚洛駐日大使と日本側の愛知揆一外相との間で正式に調印署名され、発効まで両国の国会での批准を残すだけとなった。批准書はソウルで交換されるが、その後三十日に効力を発生することになっている。同条約は①条約本文②議定書③韓国側公文書④日本側公文書からなっているが条約の全文26条を資料としてここに全三回にわけて連載する。

条約本文

日本国及び大韓民国は、所得に対する租税を回避するとともに脱税を防止するための条約を締結することを希望して、次のとおり協定した。

第一条 1、この条約の対象である租税は次のものとする。A、大韓民国においては、所得税及び法人税（以下「韓国の租税」という）。B、日本国においては所得税、法人税及び住民税（以下「日本国の租税」という）。

2、この条約は1に掲げる租税と実質的に類似の性質を有する租税（国税であるか地方税であるかを問わない）で、現行の租税に加えて、又はこれに代わってこの条約の署名の日の後に課されるものについてもまた適用する。

第二条 1、この条約において文脈により別に解釈すべき場合を除くほか A、「韓国」とは、大韓民国をいう。B、「日本国」とは、地理的意味で用いる場合には日本国の租税に関する法令が施行されているすべての領域をいう。C、「一方の締約国」及び「他方の締約国」とは、文脈により、日本国又は韓国をいう。D、「者」には、個人、法人及び法人以外の社団を含む。E、「法人」とは、法人格を有する団体又は租税に関し法人格を有する団体として取り扱われる団体をいう。F、「租税」とは、文脈により、日本国の租税又は韓国の租税をいう。G、「権限のある当局」とは、①韓国については、財務部長官又は権限を与えられたその代理者をいう。②日本国については、大蔵大臣又は権限を与えられたその代理者をいう。

2、一方の締約国がこの条約を適用する場合には、特に定義されていない用語は文脈により別に解釈すべき場合を除くほか、この条約が適用される租税に関するその締約国の法令上有する意義を有するものとする。

第三条 1、この条約の適用上「一方の締約国の居住者」とは、当該一方の締約国の租税に関し当該一方の締約国の居住者とされる個人をいう。

2、この条約の適用上「一方の締約国の法人」とは、当該一方の締約国内に本店又は主たる事務所を有する法人をいう。

3、1の規定によって双方の締約国の居住者となる個人については、両締約国の権限のある当局は、合意により、この条約の適用上その個人が居住者であるとみなされる締約国を決定する。

第四条 1、この条約の適用上「恒久的施設」とは、事業を行なう一定の場所であって、一方の締約国の居住者又は法人がその事業の全部又は一部を行なっているものをいう。

2、「恒久的施設」には、次のものを含むが、これらに限らない。A、事務所B、店舗その他の販売所C、工場D、作業場E、倉庫F、鉱山、採石場その他天然資源を採取する場所G、建築工事現場又は建設、据付け若しくは組立ての工事で六ヵ月をこえる期間存続するもの。

3、1の規定にかかわらず、事業を行なう一定の場所であって次の一又は二以上の活動のためにのみ使用されるものは、恒久的施設には含まれない。A、居住者又は法人に属する物品又は商品を他の者が加工すること。B、居住者又は法人のために物品又は商品を単に購入すること。C、居住者又は法人に属する物品又は商品を単に保管すること。D、居住者又は法人のために情報を収集すること。E、広告、科学的調査、物品若しくは商品の展示、情報の提供又はこれらに類する活動で居住者若しくは法人の事業にとって準備的若しくは補助的な性質を有するものを行なうこと。

4、一方の締約国の居住者又は法人が1、2及び3の規定により他方の締約国内に恒久的施設を有しないものとされる場合においても、その居住者又は法人は、次の場合には、当該他方の締約国内に恒久的施設を有するものとされる。

A、その居住者又は法人が次の代理人を通じて当該他方の締約国内で事業を行なう場合

①当該他方の締約国内で、その居住者又は法人の名において契約を締結する権限を有しかつ、これを常習的に行使する代理人（その権限の行使がその居住者又は法人のために物品又は商品を購入することに限られるものを除く）。

②もっぱらまたは主として、その居住者若しくは法人のため、または、これらの者及びこれらの者に支配され若しくはこれらの者に対し支配力のある利害関係を有する他の者のため、当該他方の締約国内で常習的に注文を取得する代理人。

③その居住者または法人に属する物品または商品の在庫をその中から常習的に引渡しを行なうものを当該他方の締約国内に保有する代理人。

B、その居住者または法人が当該他方の締約国内で次の役務を提供する場合。

①建築、建設、据付けまたは組立ての工事に関連して六ヵ月をこえる期間提供される監督、技術的役務その他の職業的役務または、これらに類する人的役務。

②第十二条4に規定する技術的役務。

5、4の規定にかかわらず、一方の締約国の居住者または法人は、真正な仲立人、問屋、運送取扱人、保管人その他独立の地位を有する代理人でこれらの者としての業務を通常の方法で行なうものの役務を他方の締約国内で利用しているという理由のみでは、当該他方の締約国内に恒久的施設を有するものとされることはない。

6、一方の締約国の法人が、A他方の締約国の法人もしくはB他方の締約国において恒久的施設を通じ若しくは通じないで事業を行なう法人を支配し、又はこれらによって支配されているという事実のみによっては、いずれの一方の法人又は他方の法人の恒久的施設であることとはならない。

第五条 1、一方の締約国の居住者又は法人に対しては、この条約に定める制限に従い、他方の締約国内の源泉から生じた所得についてのみ、当該他方の締約国において租税を課することができる。

2、この条約中に適用される明文の規定がない所得に対しては、各締約国においてその法令に従い租税を課することができる。

3、この条約の規定は、一方の締約国が租税の額を決定するにあたり、A、その一方の締約国の法令又はB両締約国間の他の協定によって、現在又は将来認められる非課税、免税、所得控除、税額控除その他の減免をいかなる態様においても制限するものと解してはならない。

4、一方の締約国において施行されている法令は、これと反対の規定がこの条約に設けられている場合を除くほか、当該一方の締約国において引き続き所得に対する課税を規制する。

（つづく）

JAL機乗取り事件と韓国の見方

劉 徹

今度のJAL機乗取り事件を私は韓国に於て見ることが出来た。日本としては初めての空中乗取り事件であっただけに全日本を始め世界の注視を浴びた。その上我も緊張のピークを上げたのはそもそも反共国として世界に知られているソウル首都の金浦に不時着した時から始まる。言うまでもなく、この暴挙を起したいわゆる赤軍派なるもの共は我々人類の共敵である日本の共産主義者共の一味であることは、世人共知の事実である。この時大韓民国の政府に於ては、この事件を絶対有利に導き一人の日本人たりとも殺害させしむべく[illegible]対策本部に張り込んでた者である韓国の乗客を救いたい真心から生地獄の北朝鮮には渡すまいと頑張り抜いたのは人道的な人情に依るものである。これこそ博愛精神にもとづくヒューマニズムである。なお韓日友好の実を結ばんばかりに凡ゆる熱意を注ぐ時、この問題の解決当事者なる日本側の金山大使は自国の大使館乃至は自宅にいた時間が韓国側の関係よりも永かった事は何を物語る事であろうか。これは実に主客顛倒の感すらあった程我が方が最も熱意を注いだ結果になったせいである。この時、日本国内での輿論はどうであったろう。「早く北朝鮮にやればいいのに何故韓国政府は必要以上なことをするか」等と両国の友情を無視する如き見方は韓国マスコミに非常に悪感情をもたらしたのは当然である。韓国の新聞の[illegible]するかの様な[illegible]に対し憤激したのである。

韓国の多くの人は日本人は共産主義者共の欺瞞的不道な破壊行為に対し数多くの事実を日本の各地に於て見た筈なのに！何故彼等に安価な同情を送るのか？、それではこの強盗行為である国際的一大暴挙を止めようとする韓国の友情を素直に受け取らなくしげき乃至は愉快にさせる何等の理由もないではないか？、件の北朝鮮の[illegible]物と数本の小さな日本刀に怯えて[illegible]田宮、小西、梅田等の実力を事実以上に評価して、北朝鮮にJAL機「よど号」号をおとなしく渡したがる如き日本の処置は余りにもなまやさしい"ゼンチ"な見方ではないか？私は、日本の[illegible]の[illegible]を禁じ得ないのである。然し北傀側から意外にも早く送り返されたことは国際的与論から孤立をおそれ乍ら韓国政府の示した人道的熱意に屈服したのであるが日本としては偽装された北朝鮮の偽人道主義に又一度だまされる事になるのではないかと思ふ。私はこの人類の共敵なる共産主義が地球の上から抹殺されない限り此の種の事件が相続くものと推測せざるを得ない。世界の人達はこのにくむべき共産主義者達の常套的問新しい不法行為を又見たではないか。

（筆者大韓商工日報社副社長論説委員日本支社長）

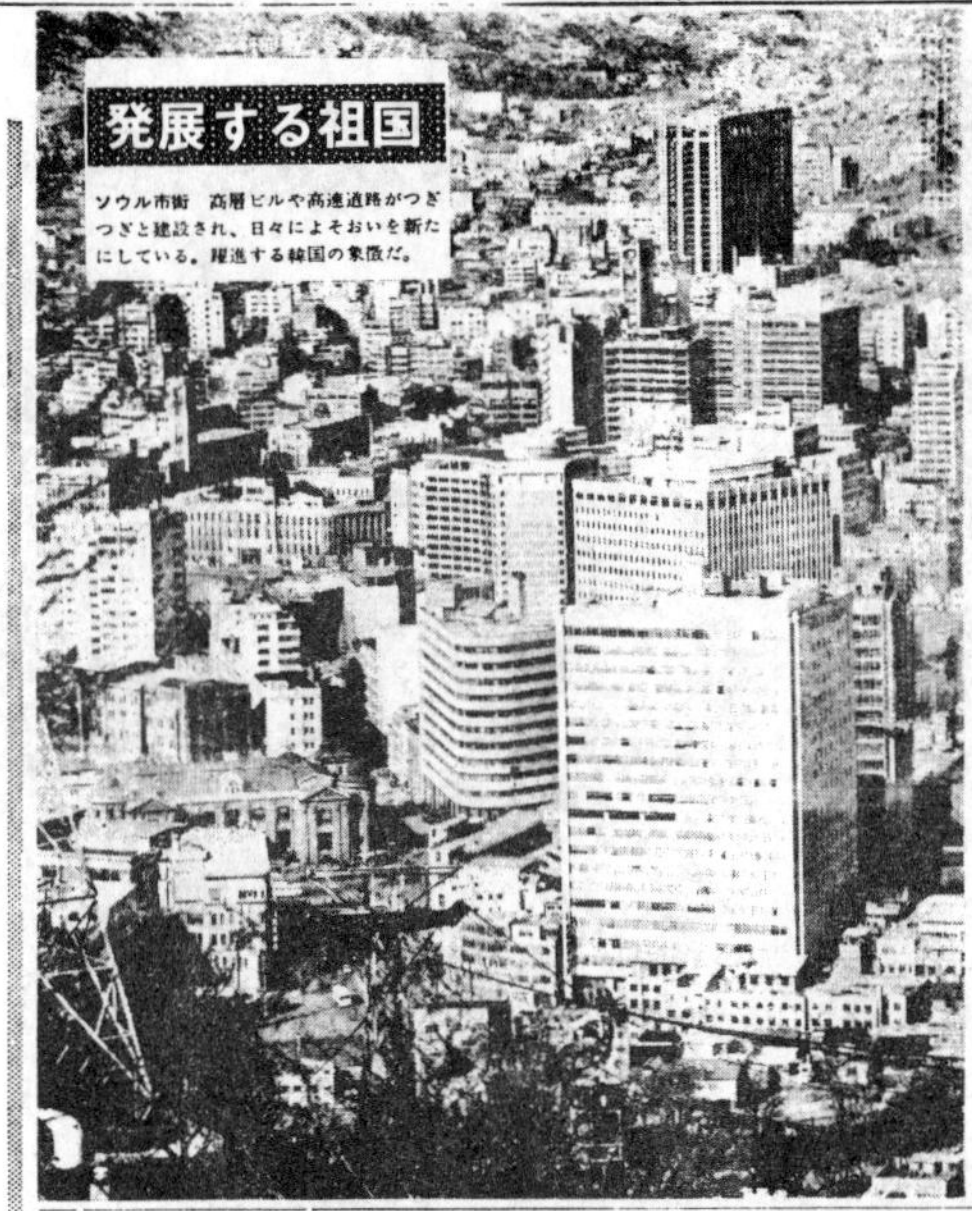

（1965年7月27日第3種郵便物認可）

在日本大韓民国居留民団
綱　領
1．우리는 大韓民国의 国是를 遵守한다
1．우리는 在留同胞의 権益擁護를 期한다
1．우리는 在留同胞의 民生安定을 期한다
1．우리는 在留同胞의 文化向上을 期한다
1．우리는 世界平和와 国際親善을 期한다

THE PRESS MINDAN TOKYO
THE KOREAN RESIDENTS UNION, IN JAPAN, TOKYO
「韓僑通信」改題
在日本大韓民国居留民団
東京本部週刊機関紙

民団東京
THE PRESS MINDAN TOKYO

4月29日 水曜
＜1970＞
週刊・毎水曜日発行
第2402号

発行所
民団東京新聞社
発行人 鄭 在 俊
東京都文京区本郷3丁目32番7号
電話（811）1535（代表）
振替口座 東京16[illegible]番
（購読料 1カ月100円・特別10円）

永住権申請と万博保安に万全を

第164回支団長会議ひらかる

第164回東本支団長会議がさる28日東京韓国学校会議室でひらかれた。同支団長会議は第2次鄭執行部発足初の会議とあって管下22支部団長全員が出席するという盛況さで，本部3機関長の公式あいさつとともに当面の重要団務である①永住権申請の促進と②万博参観団の保安対策などに真摯な協議が行なわれ多大な成果をおさめた。

また同会議は，民族教育に対する組織の積極的な姿勢を示す意義をふくみ，会場を韓国学校に選んだのであり，会議において本年度からはじまった東本月定学校補助金の伝達と生徒たちの授業ぶりを参観したほか学校側からも安理事長、宋校長がそれぞれ学校運営の現況などについて説明がなされた。

民族教育に積極姿勢
鄭団長 公約の実行を強調

会議は、校理事会員が宋校長の案内で小学部一年新入生から高等部までの全教室の授業ぶりを参観したあと午後一時定刻に開会。国民儀礼のあと[illegible]議長の開会辞が行なわれてから、[illegible]団長のあいさつがおこなわれた。

鄭在俊団長は、同日の支団長会議の会場を韓国学校に選んだ意義を強調し組織と民族教育機関との連帯強化を力説した。また同校PTA会長に（文京支団長の金尚弘氏）一線組織人が選ばれたことは歓迎すべきことであるとのべた。

さらに鄭団長は、団長再選についての公約問題にふれ「財政委員会の活発をかためてこの機運の上に十分な発展を期するとともに任期満了の際の赤字・事務引継ぎはしない」とかさねて約束し、永住権申請の促進と万博保安事業には最善をつくして努力したいとの決意をのべた。

閔泳相議長は、別項のとおり議長就任の抱負をひれきして、執行部をたすけながら民団の健全な発展へ献身したいと語った。

徐興錫監察委員長は、永住権申請の促進事業と万博保安対策の完遂には、民団の主導者であると訴え、[illegible]民団二十周年記念とオリンピック[illegible]のような前轍を踏まないよう、有終の美をもって二大事業を成功させようと呼んだ。

つづいて[illegible]中央[illegible]委員長が「同胞民団の威信と大韓民国の発展のもとで永住権申請事業の完遂を期さねばならない。日本はエキスポ70だが民団は永住権70にしたい」とのべて同事業へ一層の努力を要望した。

また来賓祝辞にたった安[illegible]理事長は、昨年九月理事長に就任して以来、学校経営の向上のために活躍してきた経緯を語り、組織の協力を多としながら今後の支援を要望し、宋[illegible]校長は、韓国学校の現況を説明し、同校ならびに民族教育についての理解を深めるところがあった。

永住権申請

つぎに会議は、議題である永住権申請についての協議にはいって、朴[illegible]法地委員長から①この問題について日本政府入管局長と月二～三回ずつ面談しているが、民団側では代理申請ができるよう要請したが入管当局では一生を左右する重大問題を代理さすとは…との理由で難色を示している②日本の三大新聞にPR広告を掲載すべく交渉中であるがさし当り五月一日付[illegible]に日本政府からはがきを出してその申請を促がしてほしいとの要望を入管当局に出した。また[illegible]いか可能であろう④総連系・中立系の動きは、民団側の積極的な活動がはじまって以来相当動揺している⑤推定数字からして東京・三多摩をあわせこれから一万名の申請をしなければならない。まず団員の[illegible]をさきだって[illegible]、支部の割当てなどの作業をはじめる必要がある⑥申請をしたあと許可がおりるまで約六ヶ月かかるので、この期間の[illegible]を入管当局に要請した、など説明があった。

ついで[illegible]副団長から、「この問題について各支部の[illegible]を求めたが[illegible]ところが少い。すみやかに[illegible]を[illegible]。本部では指導班を組織して待機しているからその班の連絡にしたがい行動[illegible]できるよう待機している。各支部においても機関で指導班を編成し積極的な運動を行なうよう」など強力に指示した。

さらに、支部側からの[illegible]に関してその経験から疑問な点、実務者不足、経費問題などについて質問があり、それぞれ適切な応答があった。

万博保安に関して

つぎに会議は、万博保安対策について許南明組織委員長から①万博招請者参観団の迎接計画②同参観団の輸送ならびに招請者への引継ぎについて③万博見学についての実施要領ならびに注意事項を別項（三面掲載）のとおり説明するとともに、この問題について招請者の事前連絡会を各支部別にもつよう指示した。さらに東京地区招請の参観団の来日は、機密に属するので正確な日時は不明であるが、およそ六月の上旬になる予定であることも明らかにした。

新聞発送業務の改善

つぎに機関紙「民団東京」の発送業務をより迅速により能率的に行なうために従来から行なわれている支部から読者へ郵送する制度をやめて本部で一括発送業者に委託する方法をとる改定案を提案したところ満場一致の賛成を得た。

つぎに、在日韓国人教育会の組織についての説明が行なわれたのち、教育憲章の掛け軸、民団々旗などの普及についての広告があって中本文副議長が「真摯な討議と有意義な会議をもったことに謝意を表する」旨の閉会の辞をもって会議は、午後五時に閉会した。

総連系との接触厳戒
万博保安対策と実施要領

民団東本では、万博参観団の保安について中央の実施要領にそって多角的に検討、万全を期しているがその主なる対策要領はつぎのとおりである。

なお、東本では各支部の実務者から構成した保安要員の研修をはじめ、許南明組織部長と李宗南民生部長が大阪に出張、現地における実際の状況を視察した結果にもとづいて、あらゆる状況に応ずるよう対策を講じたほか、参観団が滞日中に事故なく無事に帰国できるよう関係者の活動を強化する方針である。

①参観団を迎接する一切の連絡事務所を東京空港（羽田）内に設置し、空港における到着参観団の入国手続きならびに通関などについて万遺漏なきを期する。

②参観団待機所を[illegible]空港便な場所に設置し、ここで歓迎式をはじめ被招請者を各部要員に引継ぐことにする。

③参観団が空港から待機所までの乗り物と手荷物などの運搬用にバスとトラックを確保する。

東京空港における参観団の迎接方法は①日本入国ならびに通関手続きの協力（案内要員が担当）②被招請者の確認③空港においては被招請者と招請者の接触は遠慮してもらい保安要員の指示にしたがうこと④空港迎接場所の周辺において朝総連系の接近工作を厳重に警戒する。

参観団の輸送ならびに招請者への引継ぎについては①バス乗車時に被招請者を確認し②招請者のバス同乗は禁止する③被招請者の招請者への引継ぎは参観団待機所における歓迎会終了後に各支部保安要員に引継ぎ、支部保安要員は被招請者を一段支部に引率したのち招請者に引継ぐ。

参観団が滞留する期間中の連絡を緊密にするため東京本部では夜間宿直を実施する。この宿直員は保安指導要員ならびに案内要員二～三名づつであたる。

各支部では、保安要員と三機関任員が中心になって保安に万全を期し事故者がでないよう最善を尽すこと。

各支部では、被招請者が、敵対陣営の朝総連に加担しているものと絶対に接触しないよう指導するのはもちろん、これについてはとくに招請者が責任を持つこと。

万博保安訓練を終えた支部保安要員は、支部三機関任員の協力を得て東京地に参観団が来日するまでに招請者会議を必ず召集し、万博保安に関する留意事項を招請者に伝達して事故を未然に防ぐよう指導すること。

閔議長就任の決意を披歴
創団精神に立脚し 健全な発展へ献身したい

閔議長

閔泳相議長は、[illegible]東京本部大会以来はじめての支団長会議において[illegible]つぎのような就任の決意をひれきした。

このたび、わたくしのような微力なものを信任し、議長という重責をになわしてくれたことに対しては[illegible]。

事実わたくしが、決してひとよりすぐれた人物であるがために議長に選ばれたものでないことは[illegible]わたくしがよく[illegible]している。そして、わたくし個人のなにかの野心を満すために議長に[illegible]したのでも[illegible]。組織的に[illegible]でもなければ、団員大衆のなかで個人的に人気があったのでもなく、組織的な能力や卓越な手腕のもち主でもない。しかしわたくしは自分の力と能力で当選したものとは微塵にも思わない。ただ、団を愛するもののひとりとして、ひとはどうであれ自分さえよければという精神では生きていかれない。

決してない[illegible]、民団発展のために多少たりとも貢献できるものであるならばという条件でこれに応じ出馬を決意したのである。

そこで出馬を[illegible]したところこの問題と団本とわれわれの周辺には不快なことが多く起きた。泣いてよいやら笑ってよいやら[illegible]人間の良心と常識では到底[illegible]。

わたくしのいままでのものに、民団の健全な発展のために協力するよう[illegible]議長に出馬せよという組織先輩たちの勧しがあったときに、意外のことに驚き、冷静にわたくしからあらゆる角度から検討もした。[illegible]わたくしが議長[illegible]ことが、わが[illegible]判断しがたいことが多々あった[illegible]きたない中傷や謀略、さらに加えて不明朗な策動、不当な圧力もあった。

だが、みなさんは賢明であり少しの動揺もなくあらゆる障害を排除して良心と正義を貫徹した。これすなわち愛族・愛団精神の[illegible]。

みなさんが良くないということに対しては徹底的に反対して闘かいたい。

われわれの民団は、われわれのための民団であり民団の主人公はほかならぬ団員大衆である。したがって民団は、民団の主人公である団員大衆の利益に則って運用されなければならないし、ある特定の個人とか集団、または団体や機関の従属物ではない。民団は確固たる創団精神があり規約があり綱領をもった自体の組織である。

わたくしは、今後その創団精神に立脚し規約と綱領の具現のために忠実に働き、なによりもみなさんの意見を尊重してみなさんの声と意思を団務に反映させていくことに、またその要求を実現させるために献身しながら[illegible]団長を積極的にたすけていきたいと思う。ご指導ご協力を願ってやまない。

[illegible]さんがわたくしを議長に選出してくれた以上、わたくしはみなさんのためのみなさんに依るみなさんの議長としてすべてのことにみなさんと協議してやっていきたいと思う。みなさんが良いということには忠実し、

新党"創党"運動への批判

本国新聞論調

現在の新民党路線とその人的構成に不満を抱く一部野党人士たちの推進する"新しい野党創党運動"は最近拍車をかけるように急がれている。この運動の中心となっているのが尹潽善氏（元新民党総裁）だということはすでに周知の事実であるが、尹氏はさる十七日、記者会見を行ない、新党創党に関する発表をし、これを公式化させた。

この席上、尹氏は新党推進の大義名分として例の"鮮明野党論"を再び打出し「現在の新民党は共和党の統治体制の一部分であり、野党としての役目を果していない。従ってわれわれは国家と国民の利益のために闘争する野党らしい野党の誕生を期して運動している」と述べた。

民主政治の理想は両党制度

尹氏が主張するように果して新民党が共和党統治体制の一部であるか否かについてはわれわれも納得しがたいというより他にないが、しかし、見る角度によってはさまざまな見解が成立つから、この問題について述べることは差控えたい。

しかし、わが国の政党政治とその将来のために両党制度が理想であるか否かについては論議する必要があるようだ。すなわち、われわれは民主政治と安定のために、そして平和的な政権交替の基盤づくりのために両党政治が"よりよいもの"だとの考えを持っており一般国民の考え方も同様だろうと思われる。

"両党制度の理想"ということを換言すれば、現実にはしっかりした単一野党への願望ということであろう。だが後進国では与党の力が強く、これに匹敵するほどの野党がないということが欠点であるが、そうであればあるほど野党は分散すべきではなく統合すべきであろう。というのは強力な与党を効果的にけん制して行くためには野党勢力が大きい方が望ましいからである。

新民党に残って改革すべきもの

むろん両党制度にも欠点は多々ある。これが独裁占状態となって落着いてしまった場合、与党あるいは野党の力の強い方が独走したり、堕落したりする可能性もじゅうぶんにある。

理由にならぬ党内敗北

しかし、現在、韓国の野党新民党を独走しているとか、堕落しているとか批判して新党創党運動に走っている人びとに賛成の声を送るわけにはいかない。というのはこの新党推進者の大部分の人たちがかつては新民党に所属していた人たちだから。否、現に今も新民党に所属している人たちもいるということが問題なのである。彼らが新民党の人的構成や路線に不満だというのであれば、なぜに新民党のワク内に残って、党改革に努力しないのであるか――。"党内闘争で敗北した……"などということは理由にならぬ。たとえ、党内にあって敗れたりといえども、なお党に居とどまって、その改革に努力し、引続きその闘争を展開するのが道ではあるまいか。

党内で"良いポジション"が得られなかったために新しい党をつくるのだという階ずが幾分でも本当であればそれは"指導力"獲得のためというつまらぬ人間の欲望のせいになってしまう。

とにかく、われわれは新党創党運動には批判的立場を取ってきたが、しかし、これはもう、戻すことのできぬ既定の事実と化した。

いうまでもなく、共和、新民の両党体制に賛意を持たない国民も少なくない。また、この両党に吸収されなかったかなり多くの政治家もいる。そして尹氏の貫録とキャリアから推してみるとき、新党は無視できないほどの政党として誕生することであろう。

単一大統領候補指の問題

この新党運動を他の角度からみて、無視できない最大の点は野党陣営の"単一大統領候補指名戦"の問題である。この重大問題、すなわち大統領候補が決定してしまえば再び"統合"するかも知れないし、あるいはすでに、それを前提として分党したのかも知れない。六三年の大統領候補指名戦でもそうであったし、また六七年にも同じことが繰返された。

野党陣営の莫大な自己消耗

しかし、分党→統合過程で野党陣営は莫大な自己消耗を余儀なくされるだろうから、こうした戦略が的中しないで、野党は分裂したまま選挙に臨まなければならなくなるかも知れない。そうなると、野党にはまことに不利であり、特に都市における"票の分散"では野党陣営は自滅の道をたどる以外になくなるだろう。

こうみてくると、いずれにしても新党創党運動は野党自身のために不幸なことである。この新党運動がこんごどのようになって行くか――その成敗のカギを握るのは新民党の対処いかんが大きくものをいうことになるだろう。

要請される新民党の覚醒

新党創党推進者たちが指摘するように"新民党の堕落"ということが全く根拠のないものでもないゆえに、ここで要請されるべきは新民党の覚醒であろうと思われる。

（朝鮮日報）

会長に宋基復氏
言論機関の発展誓いあう
在日韓国新聞通信協会で総会

在日韓国新聞通信協会では、さる二十六日熱海・錦館で定期総会をひらき役員の改選を行なうとともに定款の一部を改正するなど同協会の発展へ一層の団結を誓いあった。

同総会には、同協会加盟社員二十余氏のほか駐日大使館から許参事官、駐日公報館から洪館長、民団中央から池宣伝局長らが来賓として参席した。

朴一哲会長は、開会のあいさつを通じて「言論を通じて在日同胞社会の発展に貢献していこう」と言論のもつ使命の重大さを強調し、許参事官は「困難な環境にありながら組織より先んじて在日同胞の権益擁護に積極努力する言論界の労苦を多とする」とのべ、池宣伝局長は「民団の二大事業である永住権申請の促進事業と万博家族招請事業に対して言論界の協力を要請し、[illegible]わせて言論界が中心性を忘れずあらゆる努力をもってあたってほしい」との祝辞をのべた。

総会では、経過報告において在日同胞紙の本国進出について行政面の善処を文公部に要請した経過についての説明がなされたが、これに対し許参事官から六ヶ月間の[illegible]につとめるよう善処するから[illegible]との発言があったほか新規加盟申請のあった内外通信（金今石社長・金[illegible]編集局長）の会員加盟を承認した。

総会は議題討議にはいって定款の一部改正について論議し、東京本部の機関紙「韓僑通信」が「民団東京新聞」と改題されるにともない同協会定款該当条項を改正することに合意をみた。しかし機関紙の例外待遇についてその削除を、「韓国新聞社」と「民団東京新聞社」の二社側から強く要望したがこれは否決された。

つぎに、民団中央執行委員会が某紙の中央委員会の記事表現問題をたてに某紙社長を除名処分にすべく決議したことについて論議されたが、「協会役員側と民団中央李団長との交渉の結果、李団長からつぎの中央執行委員会まで決議事項の監察委員会への回附を保留していいとの返答をもらっている」との報告を諒とし民団中央の態度を見守ることに合意した。さらに同問題は、民団側の措置は表現の自由をおかす不当なものであるとの意見が多かった。

つぎに、民団東京本部から出されている「K通信の虚偽報道の取消しと民団東京本部に対する陳謝を要求した」要望書について論議した。

民団東京本部から出された要望書によるとK通信の東京本部大会をめぐる報道は①事実でないばかりでなく②民団全体に対する威信を著しく傷つけたものであり③さらにK通信がある一方の選挙運動に加担した行為は言論機関の公正性を侵すものであるとされていた。

これに対し当のK通信は、東京本部が指摘した①虚偽報道に関しては「自信をもって書いた」と発言したが②③については何らふれるところなかった。しかし虚偽か虚偽でないかは事実を調査しなければならないとして総会は、つぎの役員会にこの問題の決定をまかすことに合意した。

また、K通信は明年東本大会をめぐる記事論評のなかで同業紙であるS紙の旧社員のことにふれたことに対して、S紙の代表のほか多くの会員から激しい非難をうけて居し率直にあやまると一言いってその非を認めた。

東京本部が指摘したとおりに通信が本来の言論機関の使命を忘れ不偏不党の中立性を自から侵して選挙運動に加担した行為は、言論界の威信を傷つけるものとし、論難に値いするという発言が少くなかった。

つぎに総会は、任期満了による役員改選を行ないつぎのような新役員を選出した。

△会長宋基復（新世界新聞社）
△理事朴一哲（東洋経済日報）
△理事李[illegible]守（東和新聞社）
△理事 裵東湖（韓国通信社）
△理事蘇武[illegible]（共同新聞社）
△監査金[illegible]（KPP通信社）
△監査金基[illegible]（月刊漢陽社）

防衛産業 육성토록

朴大統領지시 "悪条件속成長 배우라"

「朴正熙대통령은 23일 自主國防태세확립을 위해 빠른시일안에 防衛産業을 육성토록 하라고 관계부처에 지시했다.

朴대통령은 이날 오전 中央庁 제1 회의실에서 内閣企劃調整室이 마련한 제2차 経済開発5個年 計劃 제3차연도 (69년) 評価分析 보고를 받는 자리에서 이같이 지시하고 특히 「経済계획을 수립, 진행하는데 있어 美 英 日本 西独등 先進国의 예를 모방하려 하지 말고 和蘭 벨기에등 악조건속에서 경제성장을 이룩한 나라들로부터 배우라」고 말했다.

全国務委員과 공화당당무위원, 국영기업체장및 각부처의 기획관리실장들이 참석한 이날 회의에서 企劃調整室은 제2차5개년계획의 어떤 목표가 3차연도인 69년에 이미 초과달성되다고 보고하고 이같은 高度成長의 지속은 安定的 経済成長을 저해하는 문제점을 안고있다고 지적했다.

보고서는 70년대에도 성과있는 경제개발을 추진하기 위해서는 ①고도성장, 경제규모확대를 지속하면서 安定·均衡을 배려할것 ②수출확대, 기술개발에 力點을둘것 ③국민의 社会経済開発의 의욕을 돋우어줄것 등을 건의했다.

보고서는 특히 安定基調를 유지하기위해 통화증발을 억제하고 分期別 財政安定계획을 수립, 강력히 집행할것을 건의했다.

보고서는 그밖에 지난해 한국경제는 15·5% (목표=11·7%) 의 최고성장률을 기록했으며 産業別로는 농어업이 10·7%, 광공업이 21·3%, 사회간접자본 및 서비스부문이 15·5% 등으로 당초계획보다 각각 초과달성한것으로 평가했다.

이보고서는 또 국내 저축률이 68년은 15·1%, 69년은 목표인 16·5%를 능가하여 18·3%로 늘어나긴했으나 上昇率이 저조하여 自立的이고 지속적인 고도성장은 기대하기 어렵다고 분석했다.

◇朴正熙대통령이 23일 69년도 評價分析을 보고받고있다.

市民とともに呼吸する行政

梁ソウル市長就任辞

新任の梁鐸植ソウル市長は二十日午前市庁会議室で就任式を行ない、市政目標を提示、①生活行政②建設③協同前進などを打出したが、当面問題としては①市民アパートの事後対策②雨季に対備した安全対策③[illegible]事業の期限内完了と保安整備などを実施すると語ったが、なお、梁市長は就任の辞を通じ全職員に「市民とともに呼吸する着実な行政をして行こう」と呼びかけた。

国会内務委で倒壊事件の事後処理へ会議

国会内務委員会は十八日、さきのソウル・臥牛アパート倒壊事件事後処理のための小委員会を開きソウル市行政にたいする監督強化策を論議した。

同会議は①現在多元化されている監督機関を一元化するよう関係法を改正する②これまではソウル市の直接上級機関である国務総理室の所管国会常任委が法司委となっていたものを内務に移管する——などを決めた。

海外市場に初の外債を発行

今年の下半期中に韓国は初めて海外市場に三千万ドルの外債を発行することになった。

経済長官会議は二十日、財務部が要請した"外債発行限度同意要請案"を議決、国議を経て国会に提出するが同外債発行計画は二千ないし三千万ドルを限度に、無記名または登録債券形式でニューヨーク金融市場の一般公募に任せ、単位は千ドル基本でその償還（二千、五千ドル）を基準にし、利率は発行当時の市場金利を適用するというものである。

なお、発行時期は今年の下半期中で市場条件が有利な時機を選ぶことにし、償還は減債基金を通じて五年以後十二年以内で満期償還するようになっている。

政局、新しい局面へ

国会正常化問題の硬化で

二十一日新民党の一方的な与・野交渉中止宣言で硬化した政局は二十一日の共和党党務会議と政府・与党連席会議を契機として新しい局面に突入した。

新民党はこれまでの国会正常化のための与・野交渉の内容にかかわることなく五月初めに"独自登院"を決行する一方、大都市遊説を展開して国会内外での闘争を展開する方向に党論をほぼ固めており、これにたいし共和党首脳たちは新民党の突然の交渉中止宣言は一部にしかすぎない。従ってこれ以上新民党に同行することはできないが、その真意をはかりかねており、またこれに伴う新しい国会対策を検討中である。

金振晩共和党総務は「野党が登院交渉をどうしても放棄するという場合、共和党は"国会空転"を無制限に放任しておくことはできない。しかしそれだからとして単独国会をくりかえすわけにもいかない」と前提し、「共和党としては今月末までにより高い次元での重大決定を下さざるを得ない立場にある」と語った。

福岡にも支店

韓国外換銀行

韓国外換銀行は外換業務の円滑化を期し、きたる六月にはバンコクとシンガポールに外換銀行事務所を設置、また西独のジュセルドルフにある事務所をフランクフルトに移転して支店に昇格させることにした。

なお、八月中にはブラジルのサンパウロに事務所を、そして日本の福岡に支店をそれぞれ設置する予定のほか、欧州地域にたいする事務所増設をも推進中である。

朴大統領に佐藤首相から親書

日航機事件の謝意と日本新聞の論調で

佐藤栄作日本首相は二十一日朴正熙大統領に送った親書を通じ、さきのJAL機乗取り事件当時に見せた韓国の政府および国民の"深い理解と協力に感謝する"と表明し、一部日本新聞の歪曲した論調にたいして遺憾の意を表明した。

この親書は二十一日首相官邸を礼訪した韓・日協力委員会日本側会長の岸信介元首相によって朴大統領に手渡された。

韓銀が大量の国・公債発行に警告

韓銀は最近、公募増資株式の配当率を上回る各種国・公債が大量に発行されているため新規株式または社債の公募発行に影響を及ぼしていると指摘した。

さる三月末まで公募増資した企業は総十八件四百万株（三十八億ウオン）に達しているが、利率が高い国・公債および金融債権が機関投資家として証券市場に大きく参与している金融機関により大幅に引受けられているため、資本市場の自律的で正常的な発展を阻害する恐れが大きいと、韓銀当局は主張している。

協力関係を強化

政治経済文化面での

韓日協力委総会おわる

ソウル・朝鮮ホテルで開かれていた韓日協力委第六回総会は二十二日、極東安保にたいする韓・日両国の共同努力と韓日経済協力を強化するための"経済推進特別委員会"を設置することなどを内容とする共同声明を採択して、日間の会談を閉幕した。

この会議には日本の政界、財界、文化界の各代表らが出席、民間ベースで韓日間の懸案問題を広範に討議したが、アジアの新情勢に照らし韓国と日本は政治・経済・文化面での協力関係を強化する必要があると合意、特に経済面でアジア共同市場の前提となる地域協力の推進、韓日両国の関係全体の検討などに関して見解の一致を見、これを構成する方向を確認した。

また、両国はこんごこの経済協力の方向を研究から実行に移すことに合意したほか、両国の理解を深め、アジア新文化形成のため相互に努力しようと申合わせた。

新党づくり参与を表明

尹元大統領

尹潽善（元大統領、新民党元総裁）は十七日記者会見で新党運動に積極参与するとの意を表明、次のように語った。

「現在の野党は特定個人の利害のために偽装の"対与党闘争"をしている。すなわち共和党独裁の一翼にすぎない。いま必要なのは野党らしい野党の出現であり、このため、私は現在推進中の新党づくりに積極的に参与するつもりである」

尹氏はさる一月、新民党を脱退、一部新民党有力党員らが推進中の新党運動を背後で主導してきたが、この日初めて安国洞自宅で記者会見を行なってこのように明らかにしたのち、さらに「今月末ごろ新党の準備委員会を結成、六月の新民党大統領候補指名大会前に創党作業は全部終える計画であるが、新党の大統領候補決定問題は創党後に党論によって決められることになろう」と語った。

共産圏との貿易検討

貿易取引法第二条改正か

〈ソウル〉政府は一部東欧共産国家および左傾中立国家など貿易の道を開く方案を検討中であると政府高位筋が二十一日語ったところによると、政府は現在、対共産圏諸国との貿易の道を模索中であるが、もしこれが実施されるにしても、北韓、中共、キューバ、東独、北ベトナムなどは除外されることになろうといわれる。また取引品目は消費財に限ることになろうという。

このような方案は現在、外務部、商工部および李炳圭経済担当無任所長官室、共和党政策研究室などで共同検討されているが、現在、対共産圏貿易は貿易取引き法第二条によって禁止されているため、検討過程でもかなりの問題点が提起されるだろうとみられている。

なお、李炳圭無任所長官は語る。

「貿易取引きが禁止されている一部共産国家、親共国、中立国にたいする貿易の道を開くため、政府・与党は現行の貿易取引き法第二条の改正問題について慎重な検討を進めているが、共和党での研究は四月中に終え、その結果を土台として政府と本党の意見を折衝し確定させて行くことになろう」

新民党は非難

新民党の金守漢スポークスマンは二十一日、政府が対共産圏貿易を検討していることにたいし声明を発表「反共を国是としており、また北韓と準戦時的な対立状態にあるわが国が輸出市場拡大を理由に共産圏と貿易取引きをするということは明らかな利敵行為である。これは一部自由国家の対北韓交易を合理化させてやる重大結果をもたらす措置に他ならない」と非難した。

同声明はまた「特に対共産圏交易において北韓、中共、北ベトナムなどは除外するというが、これは迂（？）同時に対北韓交援となるだろうという意味からわれわれはこのような動きを注視している」と述べた。

対日民間請求権申告法案を議決

経済長官会議は二十日、対日民間請求権申告にかんする法案（全文十四条付則）を議決した。

同法案によると、申告受付けは法公布後二カ月から始まり、施行二カ月後十カ月以内に対日民間請求申告処理案で受付けを終了することになっているが、申告対象は日本銀行券を始め日本国債、地方債、生命保険のほかに一九四五年八月十五日以前に日本によって軍人・軍属または労務者として徴用された者あるいは死亡した者にたいする補償金となっている。

全党大会は来年二月に

共和党

尹致暎共和党議長代理は去る十三日「共和党は七一年度の大統領候補を指名するための全党大会を来年の二月中に召集する」と述べ、また「七一年に行なわれる第八代国会議員選挙への共和党議員候補の公認は早められることはなく、したがって同作業は当初の予定通り、来る十二月中に終了する」。

同日、午前九時三十分、共和党々舎で全党務委員をはじめ党職者らが陪席した中で記者会見した尹議長代理は「共和党の現体制が従来の党務管理中心から有権者接触中心体制へと転換された」と述べ「未創党地区と委員長の空席地区の地区党は党規に従って改編し、地区党委員長と国会議員の候補は別個の問題なので政友会議員らの復党問題は年末頃になって解決をみるだろう」と語った。

また、尹議長代理は、国会の正常化について「新民党の行くみちは国会へ登院することである。与・野党間における諸般の問題は、ただ、院内でのみ論議されるものだ」と強調しながら「先登・後保障」の従来からの主張を固執し「新民党は最近、北傀によるKAL機の拉北事件と諸国戦への準備など重大な安保問題に対処するための共和党による安保国会召集の提案を拒否することで登院への名分を自ら放棄した」と新民党を非難した。

同議長代理はまた「遠からず、政府が国会へ追更予算案を提出してきた場合、共和党はこれの処理のために国会を召集する」と述べながら「場合によっては単独国会の召集」を示唆した。

また、尹議長代理は「去る三月十日の改閣で白斗鎮、李炳玉両議員が入閣したのについて「共和党は、これから政府とより緊密な協調でもって一般的な民意と社会の問題点を検討して政策に反映させることになった」と主張した。

アパート建設計画は立直せ

朴大統領が指示

朴正熙大統領は十七日、梁鐸植新任ソウル特別市長に任命状を授与したが同席上、朴正熙大統領はさきにソウル市が計画した七〇年度市民アパート建設計画（二百棟の分）は全部白紙化するよう指示「新たに計画を立てなおして市民が安心して住めるようなものにしてほしい」と新任の梁鐸植ソウル特別市長に要望した。

なお、朴大統領は雨期を控えた、いま既存の市民アパートは全部徹底的に点検し、危険な建物は撤去するか、場合によっては上層部の二階ないし三階をこわして安全を期するように」と指示した。

金市長、離職の辞

ソウル市建設にたいする意欲的な活動を行ない「ブルドーザー市長」と呼ばれてきた金玄玉氏は十七日、四年十二日間にわたる"五百万市民の使徒"の職を離れるに当たり、記者会見を行ない「このたびの臥牛アパート倒壊事件はまことに何ともいいようのない悲惨事で（死者三十三人、負傷者三十余名）、責任を取って辞職したところで私の心に残る問題は消えないでありましょうが……」と語りながら、「くよくよしていても何もならぬので、こんごは気を静めて少年のころ鐘を鳴らして遊んだころの思いに帰り「軍隊生活十九年、官職九年など二十八年ぶりに得た休暇でありますから、全国の名所旧跡でも見てまわるつもりでいます」と述べた。

韓国新聞小史

韓国ではじめての新聞は一八八三年官報紙として出された「漢城旬報」であった。これは開化派である朴泳孝、兪吉濬などが福沢諭吉の影響をうけてはじめたものだが、その従業員は井上角五郎をはじめ日本人が大部分であった。それも一年後の甲申事変によって開化党が没落するや廃刊されてしまった。

一八八六年に「漢城周報」（週刊）が出るが、その製作陣容は前と同じであった。ただちがう点は、旬刊を週刊にしたこと、民間販売に門戸を開いたこと、国漢文を混用したことであった。これも開化運動が衰えるとともに新聞発行機関であった博文局が一八八八年なくなったので廃刊された。

それから十年の空白期をおいて一八九六年四月七日、最初の民間紙として「独立新聞」が創刊された。これは甲申事変のときアメリカに亡命していた徐載弼が帰国してはじめたものである。「独立新聞」は隔日刊、純ハングルの四面建で、四面は外交官、宣教師など外国人のために英文版にし、広告も取扱った。しかし、この独立新聞は新聞の独立と自由を確保して、列強の角逐に揺らぐ祖国の独立を確立せんとするところにあった。

独立協会を背景とする「独立新聞」の活躍に刺激されていくつかの民間紙が現われた。一八九八年一月には独立協会の幹部を中心に「協成会会報」（四月に「毎日新聞」と改題して日刊紙となる）、三月には「京城新聞」（発行直後「大韓皇城新聞」に改題、再び「皇城新聞」と改題）が発行され、八月にはもう一つの民間紙「帝国新聞」が出された。これらの中でも「独立新聞」が主導的な役割を果していたが、徐載弼が再び亡命（九八年）するや九九年十二月に廃刊となり、「毎日新聞」もその前後になくなり、国漢文混用の「皇城新聞」と純ハングルの「帝国新聞」だけになった。

一九〇四年日露戦争が起るや、日本は顧問政治を強要し、実質的な支配の基盤を固める反面、露骨な言論弾圧を行なった。このとき（八月）発行されたのが「大韓毎日申報」であった。「大韓毎日」はイギリスのデーリー・ニュース特派員ベデル（裴説）が社長であったため日本の言論弾圧をさけることができた。この「大韓毎日」の猛烈な反日論調に対しては伊藤博文も次のように嘆いている。「いま韓国で発行している一外国人の大韓毎日申報は確証ある日本のあらゆる施政に反対して、絶えず韓人を煽動している……」。

一九〇五年十一月ついに保護条約が強制的に締結されるや、「皇城新聞」社長張志淵が「是日也放声大哭」という有名な社説を書き、事前検閲の規定を破ってばら撒いたため筆者は拘束され、新聞は停刊となった。その前後に「万才報」が発行され、最初の新聞小説として李人稙の「血の涙」が連載されたのだが、財政難のため一年を出ずになくなり、「帝国新聞」も同じ運命をたどった。

一九〇七年には悪名高い「光武新聞紙法」が作られ、民間紙の押収休刊は日常茶飯事となる中で「大韓毎日申報」だけが抗日懐慨の論調をつづけたものだが、日本は英国領事館に強要してベデルを上海に追放し禁錮刑に処せしめた。一九一〇年韓国が日本に合併されるやこの新聞は「毎日新報」と改題され総督府の機関紙となるのだが、それからはじまる苛酷な武断政治とともにこの国の言論は完全に暗黒期に入る。

一九一九年三・一独立運動によって、この国の言論は蘇生した。武断政治を文化政治に換えるという名目で、三つの民間紙発行が許された。それが「朝鮮日報」（一九二〇年三月五日創刊）、「東亜日報」「時事新聞」（ともに一九二〇年四月一日創刊）である。

「朝鮮」「東亜」両紙の事件は最初から厳しく、総督府も削除、発売禁止、押収などの強権をもって臨んだ。「朝鮮」はその年の八月に第一回の停止処分をうけた。理由は「自然の化」という社説。極東視察中の米国議員一行を韓国の民衆が熱烈に歓迎したのを日本の警察が苛酷に弾圧したのでこれを非難したもの。一週間の停刊後出された新聞の社説には再び「愚劣な総督府当局はなぜわが日報を停刊させたか」というもの。当時の新聞の気概おして知るべしである。これによって「朝鮮」は第二回の無期停刊処分をうけた。

同じ年の九月「東亜」も第一回の停刊処分をうけた。問題は「祭祀問題を再論す」という社説。日本皇室の象徴である三種の神器を偶像崇拝にかこつけて論難したもの。停刊中にこの国最初の記者団体の[illegible]不祥事が起った。それは開局一番で日本軍によるわ[illegible]が倫脱捕殺の真相を取材していた張徳俊記者が日本軍によって射殺されたのである。

「東亜」「朝鮮」とはちがって、最初から親日紙として自ら任じ、参政運動を展開してきた「時事新聞」は翌二一年二月、社長閔元植が東京で留学生同胞に暗殺されたため、その主が消えてしまった。

一九二四年にはもう一つの民間紙として「時代日報」が現われる。これは独立宣言文の起草者崔南善が許可を受けたものだ。内容は「朝鮮」「東亜」と異ならないものであったが、財政難のため二六年には廃刊となる。つづいて現われたのが「中外日報」であるが、発行十年間に六十余回の押収、一回の停刊、発行人、執筆者が拘束されるなどの筆禍事件もあったが、やはり経営難で三二年には解散してしまう。

「朝鮮」「東亜」はさまざまな受難にもかかわらず継続発展していった。「朝鮮」は一九二五年九月に第三回目の停刊にあう。「朝鮮と露国との政治的関係」という論文がその理由。「朝鮮日報」が押収されれば行政処分ばかりでなく、司法権まで発動したのはこれが最初。二八年五月には四回目の停刊。日本軍の山東出兵を非難した「済南事件の壁上観」という社説のため。主筆安在鴻は禁錮八カ月という処罰を受けた。

「東亜」は三〇年四月には第三回無期停刊。創刊十周年記念特集にアメリカのネイション誌の主筆ビルラーズの「朝鮮の現状下で言論の使命は重大である」という祝辞が安寧秩序を乱すというもの。つづいて三六年八月に第四回の停刊。ベルリン・オリンピック・マラソンで孫基禎選手の優勝を報道する中で、孫選手の胸についている日章旗を抹消した写真を載せたというもの。この事件のため八名が拘束された。そしてこれが日帝の言論弾圧に対する最後の抵抗となった。

（つづく）

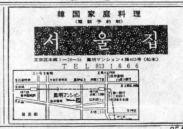

万博保安対策の実施要領

奉仕精神発揮せよ
保安要員研修会ひらかる

保安要員研修会のもよう

東本管下各支部の万博保安要員の研修会が、さる二十四日午後一時から都内本郷の日本信販ビル地下ホールでひらかれた。

同研修会には、管下各支部の万博保安要員をはじめ組織実務者など四〇名が参加し、万博保安対策の実施要領について詳細な説明が行なわれた。

同研修会において鄭在俊団長は「万博招請事業は、すでに大阪地方をかわきりに順調に[illegible]ている。この万博招請事業は、民団が背負う当面の重要事業の一つであり、在日同胞の威信にかけて有終の美をもっておさめねばならない。保安要員みなさんの活躍を期待してやまない」と激励の辞をのべた。

また申今文副議長は、副議長に就任してはじめての研修会にのぞみ「組織には経験も浅いがみなさんの協力を得て任務遂行に果していきたい。万博保安の万全を期するためわたくし自身もみなさんとともに努力したい」とあいさつを行なった。同じく大会後はじめて実務者たちと顔をあわせることになった金[illegible]監察委員も「監察委員のひとりとして万博保安問題に対して責任の重さを感じている。誠心誠意[illegible]にはげみ、ひとりの事故者も東京地区から出さないよう万博保安事業の完遂に努力しよう」とのべた。

研修会は、テキストを中心に研修がなされたが、とくに許南明組織部長と李[illegible]民生部長が、さきに大阪地方の実情を視察した結果を参考に、万全適切な保安対策が樹立されていることを説明した。

とくにこの万博招請事業に関しては、朝総連系の妨害工作・虚偽宣伝などが予想されているので、これに対する民団側の対策などについて詳細な説明があった。(万博保安実施要領は一面に掲載。)

さらに同研修会に中央本部の代表として出席した[illegible]文教局長は「永住権申請の促進事業と万博招請事業は、本年度民団の重要二大事業である。被招請者に対して奉仕精神を発揮して民団の在り方を示さねばならない」とこの事業に対する組織の基本姿勢を明らかにした。

盛大に開校記念式典
東京韓国学校 有功者表彰も

関東地方における唯一の民族教育機関である東京韓国学校(安理事長・宋基鶴校長)は、さる四月二十六日をもって開校第十六回目の記念日を迎えたが、同日が日曜日であったために二十五日に開校記念式典を盛大に行なった。

記念式典は、同日午前十時同校屋上の特設会場で組織関係者ならびにPTAなど多数の来賓と全校生が集まって慶祝の式典を行なうとともに同校十年勤続者ならびに同校有功者の表彰などが行なわれた。

民団東京本部からは、羅鍾卿副団長のほか文秀直文教部長、許南明組織部長が参席し、羅副団長は同校開校記念日によせる祝辞を寄せた。

また、十年勤続者として表彰をうけたのは、同校中・高等学校の専任教師である金明東氏である。金氏は十年間同校中・高等学校の学生たちに理科・化学担当指導ならびに学級担任・年度指導を行なってきたばかりでなく校舎造成にも多大な努力をかたむけて来た在日同胞社会において模範とすべき教育者のひとりである。

会長に 金尚弘氏
韓国学校PTA

韓国学校PTAでは、四月二十五日午後二時、同校臨時講堂で一九七〇年度定期総会をひらき、一九六九年度決算報告ならびに活動報告を行なうとともに一九七〇年度の活動方針、同予算案を協議通過させた。

また、任期満了による役員改選

韓国学校開校記念式

写真は、記念式典であいさつをのべる宋校長㊤と祝賀にかけつけた来賓たち㊥しんけんに祝辞をきいている生徒たち㊦

墨田支部で寄贈したスクール・バス

新学期から スクール・バスで
民団墨田支部の念願みのる

都内でただひとつの民族学校である東京韓国学校に一人でも多くの団員子弟を入学させようとの親心から、墨田支部がかねてから積極的に推進していた通学用バス購入運動がこのほど実を結び、さる八日の東京韓国学校入学式の当日同学校側に正式にひき渡された。

墨田支部管内から韓国学校に通学している子弟は現在十名。この現状に対して同支部では兼学文団長らが率先して、一人でも多くの子弟が韓国学校に入学するよう機会ある毎に団員に呼びかけてきた根本的な解決と合わせ、恣しあたっては、通学の際の児童の負担を少しでも軽くできればとの配慮から団員に協力をあおぎ、このほど実現にこぎつけたもの。

引渡し式行なう

ひき渡し式には同支部を代表して曹成玉監察委員長、李[illegible]議長、李徳来顧問らが立ちあった。こうした墨田支部のプレゼントに同校児童は大喜び、また学校側(安理事長、宋基鶴校長)ではさる二十五日の開校記念式典の席上、同支部に対して感謝状と記念品を贈り謝意を表わした。

東京商銀五反田支店
盛大に開店祝賀式ひらかる

東京商銀五反田支店開設祝賀会であいさつをのべる鄭在俊団長

東京商銀信用組合(許弼奭理事長)ではこのほど五反田支店(金[illegible]支店長)を完成、さる二十七日午後一時より新築なった同支店(東京都品川区東五反田二—一—九—一)の四階会議室において、その開設祝賀披露会を内外関係者約百名が臨席する中で盛大に催した。

主催者を代表して挨拶に立った許理事長は、さきに念願の預金総額一〇〇億円突破が達成され、そして今日の五反田支店も無事開店させることができたが、これも組合員はじめ関係者各位の協力のお陰であると謝意を述べながら、今後ともこれまで以上の努力を傾けて商銀の発展を期したいと抱負の一端を述べた。

次に同支店開設準備委員長として店舗開設に尽力した李馬致氏から商銀に寄せるその経過が詳細に報告され、また、[illegible]しい発展を続けている商銀をわれわれ自身の力でより大きなものに育成しようとの熱のこもった挨拶が述べられた。

このあと同支店開設に特に尽力した準備委員はじめ建設業者代表らに対して商銀側から感謝状が贈られ、来賓代表の祝辞があって祝宴にうつった。午後三時閉会。

同支店の開設は、昨年、大田、品川、目黒、港の四地区在住の組合員有志の強い要望をうけて計画され、洪馬致、関[illegible]、許允道、[illegible]の各氏を中心に上記四地区の組合員ら二二〇名を網羅して建設準備委員会が結成されて建設推進にあたった。昨年十一月三〇日地鎮祭を行い、今年の四月二十二日に完成をみた。

敷地四八坪、延二二〇坪の鉄筋五階建て、付帯工事費五千五百万円をふくめ総工費八、七五〇万円。

支部だより

文京〈10日に定期総会〉民団文京支部([illegible]議長)では規約によって来る10日午後二時より文京支部会議室において第23回定期総会を開催する。活動経過報告、今年度の予算案および活動方針などが審議される予定である。

江戸川〈10日に定期総会〉江戸川支部([illegible]議長)では来る10日支部会議室において定期総会を召集する。

〈五月に万博参観かねて親睦旅行〉同支部では毎年団員親睦のための慰安旅行を行なっている。今年は大阪で開催中の万国博覧会の参観をかねて来る5月17・18日に関西方面への旅行を計画している。

荒川〈顧問懇談会を開催〉荒川支部ではさる27日午後六時から上野の南江苑において、組織役員執行部発足後第二回目の顧問懇談会を開き、荒川韓国学校設置問題など懸案事項を中心に広く意見を交換した。

〈韓青の親睦旅行〉韓青荒川支部([illegible]委員長)では、二十九日男女盟員五十八名が観光バスで箱根へリクレーションにでかけ一日を楽しく過した。

葛飾〈婦人会で慰安旅行会〉婦人会葛飾支部([illegible]会長)では来る五月14日総会を開催、任期満了にともない役員改選などをおこなう。場所は会員相互の慰安、親睦をかねるため、福島県の常磐ハワイアンセンターで、一泊二日の予定。

練馬〈箱根で総会開催〉民団練馬支部([illegible]議長)では来る五月十・十一の両日、箱根小涌園において第九回定期総会をひらく。家族慰安をかねる。

大田〈商銀五反田支店開設準備懇談会ひらく〉四月二十七日の東京商銀五反田支店開設を前にした二十四日午後七時から支部事務所において同支店開設準備懇談会をひらき、開店にともない預金協力体制について意見を交換、また今後の商銀への[illegible]することと、[illegible]せむこなわれ、関[illegible]和氏(大田支部団長、東本議長)ら八人を新らしく総代に選出した。

杉並〈十七日に定期総会〉民団杉並支部([illegible]議長)では来る十七日午前十一時より区内阿佐ケ谷の[illegible]において第二十二回定期総会をひらく。任期満了にともなう役員改選もおこなう。

会長に 朴文姫氏
婦人会港支部

在日大韓婦人会港支部総会が、さる四月十一日午後七時から、民団港支部二階において会員三十名の他婦人会東本会長ならびに民団港支部事務部長を迎えた中でひらかれた。総会は朴文姫氏の司会で進められ会長金斗理氏のあいさつにひきつづき各部の報告があった後、新役員をつぎのとおり選出した。

〈顧問〉[illegible]〈会長〉朴文姫〈副会長〉[illegible]〈総務〉[illegible]〈組織〉[illegible]〈[illegible]〉[illegible]

韓国孤児院に二十万ウォン送る
在日同胞の南鐘福氏

在日同胞の南鐘福氏(三三、山崎市[illegible]町二丁目)は十八日「故国の孤児院にこの金を使って下さい」といって二十万ウォンを韓国日報に送ってきた。

南氏は「この金は最近なくなった父(南[illegible]氏)が、もし自分が死んだら香典のうちから二十万ウォンを韓国孤児院に寄付してくれと遺言していたことによるものです」と手紙の中でいっていた。

日本人が焼打ちした堤岩教会の再建工事

一九一九年の三・一独立運動当時、日本官憲によって焼打ちされた堤岩教会(京畿道華城郡郷南面堤岩里)の再建工事起工式が二十日午後、林東愛華城郡守、韓国日本ハングル学会理事長をはじめ日本代表など関係者多数が出席した中で行なわれた。

この堤岩教会は日本の[illegible]官憲の犠牲となった人びとの追悼一千万円(韓貨八百万ウォン)の[illegible]で建設されるもので、さたる八月十五日までに完工の予定。残りの四百万ウォンは[illegible]。

なお、同堤岩教会は三・一運動が起きた一九一九年の四月十五日に日本官憲によって焼打ちされ、[illegible]二十九人が焼死した。

拉北送還を訴えて
KAL使節団帰国

北韓に乗取られた大韓航空(KAL)機の未送還乗客七名と乗務員四名の早期送還のため、欧米各国を訪問していたKAL使節団(団長[illegible]、四〇、スチュワーデス[illegible])が十七日KAL機で帰国。

同一行は先月八日から欧米十カ国を回りながら赤十字社などを訪れ、北韓の非人道的な行為を糾弾しながら未送還者たちの早期送還協力を訴えた。

[illegible]万ウォンを支給することにした。このはかにも、ソウルの[illegible]「[illegible]」を開くなど、その他自余の[illegible]を広げている。

毒薬をもって南侵
北傀の武装スパイたち

対スパイ対策本部は二十三日、北韓の南派した武装スパイたちが人命に害のある多くの毒薬を携帯していることを明らかにした。

同対策本部はさる八日波州での交戦で射殺された武装スパイたちの携帯品の中から発見された毒薬類を国立科学捜査研究所に鑑定依頼したところ、その結果これは青酸化物類と他の毒性化合物の複合体で、ごく少量でも多くの人命を害することのできる毒薬だということが判明した、と発表した。

対スパイ対策本部は、北韓がこんごも継続してこのような毒薬を南派スパイたちに持参させ、非人道的な残虐行為を行なうとするならば、世界の世論に訴えて糾弾すると述べ、北韓がこうした凶悪な方法で韓国の民心攪乱画策をしていることに警告を発した。

スパイ申告者には百万ウォンを支給

政府はきたる三十日までのスパイ撲滅と勝共思想高揚期間中に同運動の効果を一層あげるため、スパイ申告者には特別補償金として

民団幹部で しめやかに
一家四人焼死の葬儀

民団団員父子四人が火事で焼け死ぬといういたましい事故が起った。つい先ごろも同じ都内板橋区で団員父子が同様の事故で焼死する不幸があったばかり。偶然とはいえ相次ぐ同胞の不幸は、事故の悲惨さと共に、同じわれわれの胸に悲痛に喰い入るものがある。

この事故は東京都台東区浅草二の一八の二一、製靴業、民団台東支部団員、金[illegible]さん(四二)方でおこった。五人家族のうち金さんと長女(一〇)、長男(一〇)、二男(七つ)が焼死、たまたま仕事で外出していた金さんの妻、[illegible]さん(三)がひとり残された。(日本経済新聞二十三日夕刊社会面に報道ずみ)。

金さん父子の葬儀は二十四日午後二時から台東区浅草の光照院でしめやかにおこなわれた。[illegible]監察委員長(民団東本)監察委員長)ら団員、知人、子供たちの級友がこもごもの想いをこめて四人の遺体を見送り、李[illegible]台東支部団長らが弔辞を述べた。

民団東京本部から[illegible]事務局長、中秀総務部長が弔問した。

衣裳発表と料理講習会
在日無窮花会

在日無窮花会(駐日大使館婦人会)では、大韓民国[illegible]女子師範大学と共催で、韓国衣裳発表会を五月六日午後二時・第一生命ホール)と韓国料理講習会(五月七日午後一—四時・東京会館)をひらく。

事務部長会議
七日伊豆長岡で

民団東本では、管下各支部事務部長会議をきたる五月七日伊豆長岡の古奈ホテルでひらく。同会議は組織一線の実務者で当面の団務推進について意見を交換するかたわら親睦協力をかねてひらかれるもの。

華燭の典

金斗理氏(婦人会港支部顧問)の長男河銀鎬君と金東[illegible]氏長女、順礼嬢は四月二十九日午後一時半より大田区鵜の木庁舎において結婚の儀ならびに披露宴をもよおす。主礼は民団東京本部議長で同大田支部団長、関[illegible]相氏。

永住権申請は、すみましたか?

まだでしたらもよりの民団支部へ

<永住権の申請について親切にご案内します>

東京本部管内支部の所在地

文京	文京区小石川二—十一—七	(八一一)三九九五
台東	台東区東上野三—一五—八	(八三三)九九〇四
中央	中央区日本橋茅場町一—一—六	(六六六)五三七〇
連合		
墨田	墨田区太平町一—四—八	(六二二)九四四二
江東	江東区木場六—八—十	(六四四)〇五一二
江戸川	江戸川興之宮二九	(六五七)七五一二
北	北区稲町一—二六九	(九〇一)二六六一
足立	足立区千住桜木町五三	(八八八)八三〇一
荒川	荒川区荒川三—三二	(八九一)〇五五五
葛飾	葛飾区本田立石六—一八—一六	(六九三)一七七一
豊島	豊島区池袋二—一一六七	(九八二)七一六一
板橋	板橋区板橋二—二二—九	(九六一)六五六五
練馬	練馬区豊玉北四—三一	(九九二)五五七七
新宿	新宿区三光町二五(三立ビル二〇三号室)	(三四一)〇二四四
中野	中野区新井二—一—七	(三八六)五五三六
杉並	杉並区梅里二—二四—一三	(三一三)七五七五
渋谷	渋谷区宇田川町一五	(四六一)五三八二
世田谷	世田谷区下馬町一—一七	(四二一)三六〇九
目黒	目黒区青葉台一—三〇—一〇	(七一三)四三七八
港	港区三田四—六—一八	(四五一)六五三八
品川	品川区豊町三—一—一	(七八六)一二二四
大田	大田区新蒲田一—六—七	(七三二)七六五一

在日大韓民国居留民団東京本部

東京都文京区本郷三—三二—七

電話 八一一—一五三五〈代表〉

駐日大韓民国大使館

朝総連のデマ宣伝に だまされてはいけません!

在日韓国人(朝鮮籍を含む)が、日本で安定した生活を営み且つ、自由に祖国を往来しまたは家族を招請するためには、何よりも他の外国人には、願っても得られない永住権を取得するのが最も良いのです。あらゆる手段によって、在日韓国人(朝鮮籍を含む)をだましている朝総連のデマ宣伝に迷わないで、あと一年も残されていない申請期限が満了する前に、一日も早く永住権を申請しましょう。

永住権は兵役とは絶対に関係がありません。

〈申請方法〉

第二回から引続き、外国人登録をしている人は次の書類を揃えて、自分の居住している市・区・町・村役場に行き、本人が提出します。但し、十四歳未満の人はその父母が代理申請します。本人が直接準備するものは、写真二枚だけで他の用紙は上記の役場に置いてあります。

A、協定永住許可申請書 二通

B、旅券又は大韓民国国民登録証(このようなものが無い場合には国籍を書きいれた陳述書)

C、写真(五センチ四方で六ケ月以内に撮影したもの) 二枚

D、家族関係と居住経歴書 二通

〈参考〉

1. 手数料は一切無料です。

2. 外国人登録上、朝鮮籍になっている人は、大韓民国(韓国)の国籍に変更申請したらよいのです。

3. 居住経歴或るいは身分上に何かの問題点があると思はれる人は最寄りの民団或るいは領事館又は大使館に行けば親切に案内してくれます。

人道主義への見解

韓日両国の差異はどこから？ 日航機乗取り事件の教訓

スペシャル・レポート

乗取り事件での韓国の主張は「これまでの経験から共産地獄へ乗客をやることは最大の悲劇であり、罪悪でさえある」というもので、何としてでも金浦空港で乗客を降ろそうと懸命になっていた。しかし日本一般の考えは「乗取り事件の場合、機外から機内を統制して指示を与えることは危険であり、すべての判断は機長に一任すべきである」としてこの場合、人質問題がからまっている以上共産、非共産ということを考慮に入れてはならないというものであった。しかし、韓国の立場は、韓国の持った"むごい共産経験"を除外しては何ごとも語りえない。それは"生存権"につながることであり、これはすなわち"生命"であったからだ。いま韓国は日本の甘さとあいまいさを指摘してこの事件を回顧する……。

日航の旅客機乗取り事件を契機として韓国国民と日本国民との間にはかなりの見解の相違があることが浮彫りにされたが、これは韓国と日本が処している環境の差異を考慮してみるとき、むしろ当然のことだといえよう。

ただ「見解の相違だ……」といってしまってすむ問題であれば、それは簡単なことであるが、この事件にあらわれた両者の"相違感"は確かに互いによい教訓になったとはいえ、決して過少評価できない性質のものだと思われる。

この乗取り事件の処理に当たっては、韓日両国が共に協力して解決の道へ推進したが、両者の一般国民の理解と協力体制は必ずしもうまく行ったとはいえず、ついには両政府間の努力をうしろ指することができなかった。これは見のがすべからざる重要問題である。

両者によい教訓を残す

乗取り機「よど号」が金浦空港で七十余時間の間クギ付けとなっていたとき、日本の一般国民は、どうして「よど号」を平壌に向かって離陸させないのかといらいらし、韓国側の道理は理解がいかないといっていた。理解がいかないということは、これだけ平素から韓国国民が何をどのように考え、またいかなる境遇におかれて生活していることを、日本人が確実には知っていなかったという証拠である。従ってこんどのことは日本人にもよい教訓になったのではないかと考える。

一方、韓国領土内にとまっていた「よど号」を無条件に北韓に送ってやれ、といった日本人たちの叫び声は韓国人たちには理解がいかなかっただけでなく憤怒さえ覚えたものであった。これもまた、韓国国民が常日ごろから日本を正確には知っていなかったという証拠で、その点において韓国もまたとないよい教訓を得たと思う。

ではこの教訓は具体的にいってどのような点に見られたであろうか。

人道主義への解釈の違い

第一は人道主義に対する解釈の違いで――これも立場の相違によって違ってきたものであるが――こんどの事件を契機に日本人のいう人道主義と韓国人のいう人道主義との間にかなりの差異があることが発見された。

この人道主義に対する見解の相違については、十一年前に在日僑胞の北送が始まったとき、両国国民の間で大きなへだたりが示されたことですでに経験した問題であった。日本側は故郷に帰りたいという人たちを送ってやることは人道主義に基づいたことだと主張した。これに対し韓国側は、自由のない暗い土地に送ることが果たして人道主義か、彼らは定職がなく生活苦に打ちひしがれたあまり、北韓にでも行ってみようかと窮余の一策として北送を選んだのであって共産主義制度に対する認識も何もないのだ……それでも行かせることが人道主義かとただした。そして、日本が本当に人道主義を発揮したいというのであれば、あの困っている僑胞たちに生活の基盤を作ってやる努力をしてほしい、そのことの方が先決すべきではないのか、ともいった。だが、日本側の態度は変わらず、われわれはついに"それは人道主義を打ち出した在日韓国人の追放政策"だと主張して猛烈に反対した。

さきほどJAL機事件でも日本は例の解釈による"人道主義"を打ち出し、乗客もろとも一刻も早く北韓へ送ってしまえという彼らの流儀をわれわれ韓国国民に追従させる立場にあったが、結局それは成功しなかった。

日本は信じられぬ友邦か

次にわれわれの得た貴重な教訓は、韓半島に現存している冷厳な状態を改めて国民にさとらしめたということだ。韓国国民は佐藤日本首相の声明した"韓国の安全は日本の安全と直結している"という意味を再評価しなければならないと感じたのである。昨秋、佐藤首相の宣言を聞いたとき、韓国国民はすべての過去を忘れて、そのことばを文字通り信じて心強さを覚えたものである。

しかし、こんどの事件にあらわれた日本人の本心はそれとは全く異なる面を示し、少なからず韓国人たちは失望した。年の行った人びとは一時は忘れていた、あるいは忘れようとしていた過去までを再びかえりみる結果となってしまった。一言でいうと、韓国人の日本人に対する幻滅感であるが、これは韓国が決定的な危機に陥ったとき、果たして日本はその"賓客"どおりに善隣の手をさしのべてくれるかという疑惧（く）から起きたもので、はっきりいうと、日本は"信じがたい友邦"なのではないかと感ぜざるを得なかったということなのだ。

知らなかった日本の生態

日航機乗取り事件後、いち早く日本朝野は"北韓に借りができた"といって僑胞の北送再開、北韓往来の自由、そして貿易の自由などを実施すべきだと騒ぎ立てている。

口では両方に借りができたといっており、韓国にも感謝の意を表明してきているが、韓国に対しては借りを返さねばならぬという――（韓国はそんなつもりで懸命になったのではないにしても）強い表示は何もない。

こうしたことから、韓国の対日姿勢は今後、どうあるべきかという問題でおのずからその方向は指示されると考える。

また、こんどの事件は、韓国がわれわれ流にあまりも一途に日本を信じようとしたことへの反省を促す契機ともなったといえる。

いうなれば、これは韓国が日本の生態と生理をもう少し適確に知って対処して行かなければならぬという教訓である。

本音はかぬ日本人

八方美人的な外交態度

日本人一般たちのよくいう「好意的な協力をおしまない（前向きの姿勢で……と表現される）」とか「……で……協力して行く決心だ（メドを決めると表現）」とかいう言葉をこの通り信じてはならないというのが、韓国のことをおもんぱかってくれる日本人が韓国に与える忠告であるが、こうした表現の中に"本心"はこもっていないのである。日本人が本音（本心）を吐いてしまうということはごく稀れで、必ず多くの段階やクッションにしておいておく。すなわち"前向きな姿勢で……"とか"メドにして……"とか相手側の雰囲気をいい表現で口ざわりよく交渉を進めて行くのが普通である。韓国人たちが本心を述べたものと解釈し、性急に事を決めてしまうから、結果的には失望することが多いのである。

なぜ、日本人がこのように"本音"になりいえないかという点については日本の歴史を知ることによっても理解することができる……とある日本人がいっていた。

狭い国土の中で多くの人口が、さまざまの戦国時代を経てきた中で百姓たちは長い間、自分の意思表示をすることができなかった。それがやがて一つの習性・性格ともなり今では日本人の脳裏にまで染みている。すなわち、二面、三面の性格となってしまい、これは今日の日本外交"八方美人的"な態度にあらわれている。

ハーマン・カーン教授の警告

米国で名のハーマン・カーン教授もその著書「日本の未来」の中で、日本の"八方美人的"外交を指摘している。これによると、経済的な大役割を達成した日本が次の目標としているものは国際政治面での地位の向上であるが、この目標のために日本は米・中・ソの三大勢力の谷間に身をおいてそのどの一角からも排斥されないようにつとめ、文字通り八方美人外交を進めている。だが、多元化して行く国際社会の中で日本が取っている八方美人外交が果たしてどこまで続くか、これが成功するか否かには多くの問題点が提起されることになろうとカーン教授は書いている。

いま、東南アジア諸国の眼に映っている日本の姿は、韓国と国交を結んで協力の態勢を持つかたわら、他方では韓国と対立状態にある北韓にも憎まれまいとする外交姿勢をとっているというものだ。日本はマレーシアとインドネシアが対決していた当時も両側から愛されようとつとめた。また南北ベトナムに対しても同様の態度を取っており、最近では"百億"に達するだろうといわれた対日戦争賠償要求を放棄して"敗戦日本の恩人だ"と激賞されている蒋介石国府総統を疎外視するかのように中共との接近を試みている。

二者択一の時はきている……

さらに、カーン教授は、これまでのように日本が国際政治面での発言が微々たるものであった時点では八方美人的外交も大した反発を受けずにすんだが、日本のこんごの目標では、すなわち国際政治面での大国を目指して行こうとすればするほど、このような外交姿勢では東南アジア地域はいうまでもなく世界的にも日本は困難な立場に追いやられることになろうと警告している。そしてカーン教授は「二者択一せよ」という日本に対する忠告がすでに大きく高まってきているという事実の前に、日本はこれ以上もうソッポを向くことができないだろうと述べ、日本の外交姿勢はいまや修正されるべき時に至ったといっている。

甘ければ飲み、苦ければ吐きすてるという形の日本外交（日本人たちはこれをケース・バイ・ケースという複雑な言葉で表しているが）を――つまり頼もしくない日本の対韓態度を指摘して非難する前に、韓国はもう少し日本の根底に敷かれている外交思想や外交生理を正確に把握し、かつ認識しなければならないといえる。

韓国日報の特派員筆者の鄭泰氏・要約翻記（SISA）

시청앞 번화가 **発展する祖国**

《세계 속의 한국》을 지향하는 대한민국 수도 서울은 인구 450만의 대도시다. 활기찬 하루를 시작하는 시민들의 대열로 서울의 심장부 시청 광장은 언제나 붐빈다.

資料

韓日租税条約の全文

（二）

第六条 1、一方の締約国の居住者又は法人は、他方の締約国内に恒久的施設を有しない限り、その産業上又は商業上の利得につき当該他方の締約国において租税を免除される。

2、一方の締約国の居住者又は法人が他方の締約国内に恒久的施設を有する場合には、その恒久的施設に対し、当該他方の締約国内の源泉から生じたその居住者又は法人の全所得につき当該他方の締約国において租税を課することができる。

3、一方の締約国の居住者又は法人が他方の締約国内に有する恒久的施設の産業上又は商業上の利得の決定に際しては、経営費及び一般管理費を含む費用で合理的にその利得に関連するものは、いかなる場所で生じたかを問わず、控除に算入することを認められるものとする。

4、5の規定にかかわらず、一方の締約国の居住者若しくは法人の恒久的施設がその居住者若しくは法人のためにのみ行ない又はこれらの者が自己のために行なった物品若しくは商品の単なる購入を理由としては、いかなる利得も、その恒久的施設が存在する他方の締約国内の源泉から生じたものとされることはない。

5、この条の規定の適用上、居住者又は法人が一方の締約国において購入し又は製造した物品又は商品を他方の締約国において販売することによって取得する産業上又は商業上の利得は、一部分はその物品又は商品が購入され又は製造された締約国内の源泉から、一部分はその物品又は商品が販売された締約国内の源泉から生じた所得として取り扱う。

両締約国の政府又は権限ある当局は、前記の産業上又は商業上の利得の源泉の配分に関する細目につき、この条に定める課税上の原則と矛盾しない範囲で協議し及び取りきめることができる。

第七条 1、第六条2の規定にかかわらず、一方の締約国の居住者又は法人が次の国に登録されている船舶又は航空機を国際運輸に運用することにより取得する所得又は収入については、他方の締約国において租税を免除する。

A いずれかの締約国、当[illegible]る船舶又は航空機を運用することにより取得する所得又は収入に対する租税を免除する第三国。

2、1の規定は、一方の締約国の居住者又は法人で船舶又は航空機を国際運輸に運航するものがいかなる種類の共同計算、共同経営又は国際経営共同体に参加している場合についても、同様に、適用する。

3、1の規定の適用上「租税」には、文脈により、日本国の事業税又は韓国の営業税を含む。

4、船舶又は航空機の運用から生ずる所得又は収入に対する租税の相互免除に関し日本国政府と大韓民国政府との間で千九百六十九年四月一日にソウルにおいて交換された公文により成立した両国政府間の取決めは、この条約の規定が適用される日から効力を失う。

第八条 一、一方の締約国の居住者又は法人で他方の締約国から[illegible]

[illegible]間で独立の者の間の取決めと異なる取決めが作成され又は独立の者の間の条件と異なる条件が課されているときは、その取決め又は条件がなかったならばその居住者又は法人の所得となったはずである所得で、その取決め又は条件のためにその居住者又は法人の所得とならなかったものは、[illegible]の居住者又は法人の所得に算入し、[illegible]て、当該他方の締約国において課税することができる。

2、A、いずれか一方の者が他方の者の経営、支配若しくは資本に直接若しくは間接に参加する場合又はB、それら双方の者の経営、支配若しくは資本に同一の者が直接若しくは間接に参加する場合[illegible]

第九条 1、一方の締約国の居住者又は法人が他方の締約国内の源泉から取得する[illegible]

2、1の規定は、一方の締約国の居住者又は法人である配当の受領者が、その配当が生じた他方の締約国内に、この配当の支払の基因となった株式又は持分と実質的に関連する恒久的施設を有する場合には、適用しない。この場合には、第六条の規定を適用する。[illegible]

第十条 1、一方の締約国の[illegible]

[illegible]む）が他方の締約国内の源泉から取得する利子については、当該他方の締約国において租税を免除する。

3、1の規定は、一方の締約国の居住者又は法人である利子の受領者が、その利子が生じた他方の締約国内に、その利子を生じた債権と実質的に関連する恒久的施設を有する場合には、適用しない。[illegible]

5、A、Bに定める場合を除くほか、一方の締約国（その地方公共団体を含む）又はその居住者若しくは法人が支払う利子は、当該一方の締約国内の源泉から生じた所得として取り扱う。B、一方の締約国の居住者又は法人が他方の締約国内又は両締約国外に有する恒久的施設[illegible]

第十一条 1、A、[illegible]

3、この条の規定の適用上「使用料」とは、次のものの使用または使用の権利の対価として支払われるすべての種類の支払金をいう。

A、文学上、美術上または学術上の著作物の著作権、映画フィルム、ラジオ放送用またはテレビジョン放送用のフィルムまたはテープ、特許権、商標権、意匠、模型、図面、秘密工程または秘密方式[illegible]

B、3に規定する財産、権利または情報の[illegible]

C、裸用船契約に基づいて[illegible]される船舶または航空機

4、1と2及び3の規定は、鉱山、採石場その他天然資源を採取する[illegible]

5、支払者が第八条に規定する関連を有する者に支払った使用料[illegible]

第十二条 1、第十三条、第十四条、第十五条及び第十六条の規定が適用される場合を除くほか、一方の締約国の居住者がその人的役務に関して受け取る報酬に対しては、[illegible]

2、A、個人が使用人として若しくは独立の資格においてその人的役務を提供することにより[illegible]

（つづく）

永住権を取得して安定した生活を！

永住権申請案内

今年は、永住権申請の年です。

在日同胞の皆さんが一日も早く安定した生活を営むためには、永住権を取得しなければなりません。まだ永住権を申請してない方は一日も早く申請するよう、お互いに努力し、お知りあいの方にも勧誘して下さい。

協定永住権を受けることによって、

(1)、何よりもまず、いままでの暫定的であった地位をはなれて、権利として日本に永住することが法的に保障されます。

(2)、したがって、協定永住許可を受けていない者や一般外国人とはちがい協定永住許可者は、ほとんどすべての場合において日本から退去を強制されることがありません。

(3)、さらに、同永住許可者に対しては、海外旅行に必要な再入国許可において制限がないばかりでなく、一家族が離散することのないよう、人道的な配慮が十分ゆきとどくようになっております。

(4)、子女の教育問題においても、日本の公立小・中学校への入学が認定され、また上級学校進学においてもその入学資格が認められております。

(5)、生活保護を受ける必要のある人には、従前どおりの保護が受けられるようになっており、とくに国民健康保険に加入することができます。

(6)、外国人財産取得に関する政令の適用を受ける一般外国人とはちがい、主務大臣の認可なしに土地・建物などの財産を取得することができます。

(7)、日本から永住帰国する場合には、自己財産の本国搬入または送金などが、協定上保障されております。

在日同胞の皆さん！

去年の八月に開催された"韓・日法相会談"の結果、皆さんが安心して永住権を申請できるよう措置が講じられておりますから、一日でも早く永住権を申請されるよう、かさねて要望する次第であります。

もし皆さん方の中で、同永住権申請に関連して、質問または相談なさる事項がある場合には駐日大使館（第一領事課、または永住権申請案内室）あるいは、地方に所在するわが国の各級領事館または民団へ直接来訪されるか、書信で同事由を問い合わせて下さい。必ずや皆さんのご期待にそえるよう、全力を尽してみなさんのご相談に応じます。

なお、皆さんの親戚の方はもとより、親しい知人の皆さんにも、以上のことを広く知らせて、永住権申請該当者は一日でも早く一人残らず、この申請を完了するようご協力下さい。

駐日大韓民国大使館

（1965年7月27日第3種郵便物認可）

在日本大韓民国居留民団
綱 領
1．우리는 大韓民国의 国是를 遵守한다
1．우리는 在留同胞의 権益擁護를 期한다
1．우리는 在留同胞의 民生安定을 期한다
1．우리는 在留同胞의 文化向上을 期한다
1．우리는 世界平和와 国際親善을 期한다

「韓僑通信」改題
在日本大韓民国居留民団
東京本部発行週刊紙
THE PRESS MINDAN TOKYO
THE KOREAN RESIDENTS UNION, IN JAPAN, TOKYO

民団東京
THE PRESS MINDAN TOKYO

5月6日水曜
<1970>
週刊・毎水曜日発行
・第2403号

発行所
民団東京新聞社
発行人 鄭 在 俊
東京都文京区本郷3丁目32番7号
電話（811）1535（代表）
〒133 振替口座 東京16631番
（大韓民国文化公報部国内頒布許可）
（購読料 1カ月100円・特別1000円）

国際時評

対話による平和は夢か
アジア・太平洋会議を迎えて

カンボジア問題を討議するアジア・太平洋諸国会議は十六日からジャカルタで開かれるが、ここ数日来、この会議に臨もうとする各国の態度は大きく揺れ、なお現在も多くの国ぐにの内部で、ハト派タカ派でそれぞれ深刻な議論を展開中である。この会議の主催を提唱したインドネシア自体も当初は「カンボジアがベトナム戦争始まって以来ずっと北ベトナム軍と南ベトナム民族解放戦線（NLF）によって侵害されてきたことを、アジア諸国の語らいの中で指摘、その立ちのきを要求し、カンボジアの中立を回復したい」と主張していたが、米地上軍の出撃によってこうした世論を起こすことが不可能になった、として現在、会議の方針を練り直しているという。

アダム・マリク・インドネシア外相が提唱したカンボジア・太平洋諸国会議はニクソン大統領の宣言した米軍のカンボジア出撃により、深刻な打撃を受け、当初この会議に託されていた一縷（いちる）の望みも、いまでは全く筋違いのものにみえる。しかしマリク外相は十六、十七両日、ジャカルタで開かれる予定の同会議に対して最終的準備を押しすすめている。

当年とって五十二歳の働き盛りのマリク外相はこれまで、すべての関係国に対し、特に米国に対してこのアジア・太平洋諸国会議をひかえ"カンボジアに対する武器援助や兵力の派遣を保留するように"と促求し続けてきた。ところが、カンボジア情勢は一転したのである。

▽世論のホコ先を共産軍に向けようとマリク外相がこうした"保留促求"を行なってきた理由は、ずっとカンボジア領に侵入している"外国侵略軍"――これは南ベトナム国境一帯のカンボジア領土を占拠してきた共産軍の侵略行動を指すのであるが――を非難することによって、これらの外国軍隊を撤収させるようにしたいとの計画によるものであった。ところが、このジャカルタ会議に共産諸国は出席を拒否するか、あるいは無視し続けてきたので、事実上そうした目的の語らいはむつかしいとみられてゆた上に、こんどの米軍介入である。いよいよ、もってこの会議の目的と意義は明確さを失ってしまった。

ジャカルタ会議で、もしカンボジア領内に侵入して作戦を行なっている外国軍隊を糾弾するとすれば、以前から基地をかまえている北ベトナム軍やベトコン軍勢だけでなく、米軍や南ベトナム軍もまた糾弾されなければならなくなった現在の事態にかんし、マリク外相は頭をかかえている。

さる一日までは、このマリク外相も「カンボジア領内から北ベトナムとベトコンは出て行け」という世論を世界的にかき立てることができると自信たっぷりにみえた。南ベトナムに駐とんして行動する米軍に対する世論のホコ先を、アジア・太平洋諸国会議を契機として、共産主義者たちの軍勢に向けることができると考えていたからである。

▽会議は成果よりも糾弾の場か？

しかし、マリクは内心、このアジア・太平洋諸国会議での成果をそれほど大きく期待していたわけではない。たとえ米軍の介入がなかったとしても、この会議ではカンボジア占拠している共産軍に対する非難の声を猛烈な強さでかかげることはできようが、実際上の情勢変化には大して役に立つまいとみてゆた。

いずれにしろ、この会議は語気もあらくなるだろう。外国軍隊の侵入が非難されるとになるだろう。ただ、予期していたこととはうらはらに北ベトナム軍・ベトコン軍勢への糾弾と同様のものが米軍・南ベトナム軍にもふりかかってくるだろう。

マリクは依然として十六日からアジア・太平洋諸国会議を開く予定で、この時点でも、彼が招待した二十一ヵ国からの回答を受付けている。招待された国は主催国のインドネシアを別にして中共、北韓、韓国、北ベトナム、南ベトナム、ラオス、タイ、マレーシア、シンガポール、フィリピン、ビルマ、パキスタン、インド、ネパール、アフガニスタン、オーストラリア、ニュージーランド、日本、セイロン、モンゴルである。

▽正式に参加表明した十二ヵ国

なお、このうち、同会議に出席する国ぐには非公式の推定では十五ヵ国で、はっきりと正式に"参加表明"を行なってきた国は次の十二ヵ国である。

韓国、日本、フィリピン、マレーシア、シンガポール、タイ、オーストラリア、ニュージーランド、南ベトナム、ラオス、カンボジア、インドネシア。

また、共産圏諸国はこれを無視しており、中共、北韓、北ベトナムの三ヵ国は正式に出席拒否を表明した。さらにマリクはインドとパキスタンもこの会議には出席しないだろうとの印象を受けていると語っている。

だが、事実上、カンボジア事態は米軍の介入によって共産軍の本拠をたたこうとする戦闘にはいっている。これは南ベトナムで行なわれてきたベトナム戦の舞台の中心がカンボジアに移ったことを表わしており、もうアジア・太平洋諸国会議での討議の内容が限定されてしまったことを物語っている。

▽アジアの"安全"を守るための夢

しかし、アジア地域の"安全"を守るために、アジア・太平洋の諸国自身が集まってそれぞれ論議を戦わせながら問題を解決したいとするマリク外相の夢はまだまどろみ続けており、夜明けは程遠いようである。

（UPI＝SISA）

"韓国フェアー"ひらく
東京・三越で19日から

より深い理解と友好へ
商品直売に韓国の姿を紹介

開会式に丁国務総理
慶会楼や光化門の模型も

大阪で開かれている万国博覧会においては、きたる六月十八日を韓国ナショナルデーとし、丁国務総理の出席の下に盛大な行事が行なわれるが、これと併行して東京においても五月十九日から二週間にわたり韓国文化の匠の香りをはじめ、商品の直売と民族色豊かな「韓国フェアー」が三越百貨店（日本橋本店、新宿支店および大阪店）を舞台に華やかにくりひろげられることになった。

同フェアは、大韓貿易振興公社と韓国商品振興公社の主催で、三越百貨店の協力のもとにひらかれるもので、行事名称を「韓国フェアー」とし副題を「韓国商品・三越直売展」としている。

同フェアーの開催趣旨は(1)韓国商品を日本の一流百貨店で直売することにより韓日間の交易増進に寄与し。(2)韓国の文化遺産と現代の生活相を展示紹介し、韓日両国民間の理解と友好を深め。(3)百貨店においての商品の直売展示を通じて韓国のイメージをより深く植えつけることにある。

慶会楼　景福宮にあって李朝時代歴代王の宴会場であった。韓国フェアーではこの実物50分の1の模型が展示される。

開催場所と日時は、三越百貨店日本橋本店五月十九日～二十四日、同新宿支店五月二十六～三十一日、同大阪支店六月六～十一日であるが行事の全容はつぎのとおりである。

商品直売展

韓国特有の古家具、一般家具、工芸品、身回り品をはじめ食料品、織物類ならびに衣料などを販売することによって韓国的生活構成を紹介する。直売される商品は室内装飾品として漆しの家具、一般家具、ヒョウタン、版画、工芸品、磁器陶磁器、ラセン鉄器、金属工芸品、石製品、木製品、民俗人形、造花、銀食器、テーブルカバー、刺繍製品、トランジスター・ラジオTVセット、B食料品には人参製品、乾食物海苔、煙草、C衣類ならびに織物類には手編衣類、洋服生地、洋服造材織物、レース、靴下、Yシャーツ、スポーツシャーツ、セーター、D身辺細貨ならびに雑貨には宝石（水晶）、ハンドバック、ブローチなどのアクセサリー、眼鏡ならびにサングラス、ツケマツ毛、ゴム靴、革靴、野球グローブ、郵便切手、レコード、その他容器などである。

文化財の展示

また文化財の展示は(1)韓国の文化遺産を展示して韓国古有生活様式を紹介するがいままで公開したことのない秘蔵品である古典民族衣裳と宝石、身辺細貨など二〇〇点が展示されることになっている(2)韓国古典建築様式の特異性を誇る慶会楼ならびに光化門の模型（実物の五十分の一大）を展示する。(3)韓国式居間（15坪）を特設してこれに配置された各種室内装飾品の展示。(4)韓国的色彩を紹介する韓国大門を特設する。

ファッションショー

韓国の優雅な婦衣ならびに現代の衣裳を紹介するために韓国の一流デザイナーによる古典民族衣裳15点、イブニングドレス15点、カクテルドレス15点、平常服15点、合計60点を毎日午前十一時ならびに午後三時に一時間半ずつ公演する。ファッショ・ショウをひらく。

写真は温突の部屋に洋式をとり入れたいわば韓洋折衷の居間である。

民俗舞踊団の公演

万博韓国館公堂で人気を独占している韓国民俗舞踊団が農楽など九種の民俗舞踊を公演する。

五月十九日午前十一時（三越八階舞台で）と二十三日午前十一時午後三時、同五時（三越劇場）

産業建設のカラー・透明写真展示、韓国の産業建設、経済建設、教育施設、古跡など観光施設、スポーツ競技など現代生活相をカラー透明写真45枚で展示する。

スナック・バーの設置、韓国式冷茶、茶菓ならびに人参茶を販売し韓国飲料の一部を顧客に紹介する。

クイズとチュウセン クイズ当選者10名に韓日間航空券と滞在費を支給し韓国観光の機会を与える。

テープカッチングならびにレセプション・パーティ 日本橋三越本店五月十九日午前十時から正午まで、大阪支店六月六日午前十時から正午まで、同パーティにおいて三十分間のファッションショウと民俗舞踊六十分間の公演が行なわれる。これに参席が予定されている者は、国務総理、商工部長官、文化公報部長官、駐日大使、大韓貿易振興公社社長、韓国輸出振興公社々長などである。

外国人に人気のある特産工芸品

李垠氏、悲運の生涯閉じる
大韓帝国最後の皇太子英親王

英親王李垠氏

大韓帝国最後の皇太子英親王李垠氏が一日午後一時、ソウルの昌徳宮内楽善斎で多難多恨の生涯を閉じた。持病の脳血栓が命とりとなったもので李垠氏は六三年、日本から韓国に戻って以来ずっと長い闘病生活を送っていた。享年七十三歳。

英親王李垠氏の一生は"悲運の王子"として亡国の悲哀と寂寥の連続であったが、臨終を見とった人びともごく内輪だけで、夫人の方子女史、ひとり息子の玖氏夫妻、おいの李寿吉（義親王の子息）氏、主治医の金学仲博士（聖母病院）、担当の高嶋朴敬姫さん、聖母病院看護課長方銀子さんの見守る中で李垠氏は眠るように静かに息を引取った。

英親王は一九〇七年、幼少のころに強制的に日本に連れ去られてから五十六年ぶりで、さる六三年十一月二十二日、韓国に帰ってきたが、ずっと脳血栓症で入院、闘病生活を続けていた。ところが一日午前三時ごろ、病状が悪化、応急治療を繰返したが望みなく、ついに救急車で、かつての王家の御（おもかげ）の残っている昌徳宮内楽善斎に運ばれ、思い出多い"わが家"で永遠の眠りについた。

この楽善斎は英親王が日本に連行される前、幼かりし昔、勉学にいそしんでいたところで、先王妃尹妃が最後まで起居していたところでもある。

英親王永眠の報が伝えられると文化財管理局と全州李氏大同宗約会（会長＝李建雨）は早速斎内に仏殿を設け、朝野各界からの弔客を迎えた。

葬礼式は九日に皇太子の礼遇で挙行するが、なきがらは京畿道楊州郡余谷面の余谷陵内南方一・五キロ地点に三年前に準備された三万坪林野の墓地に安葬。余谷陵には李朝王の父高宗の洪陵と純宗（高宗の長男）の裕陵（墓）があるが李氏大同宗約会は英親王の陵の傍らに方子夫人を迎える陵墓補地も準備している。

なお、遺族は方子夫人とひとり息子の玖氏夫妻だけ。英親王が療養のために入院していたのは六年五ヵ月間で、療養病院の経費は一千三百万ウオン（一ヵ月十六万ウオン）にのぼったが、これは文化財管理局が負担していた。

李垠氏の略歴

▽一八九七年十月二十日ソウル鍾路区臥竜洞一徳寿宮で高宗皇帝第三王子として出生（高宗の三番目の息子で純宗の異腹の弟として純嬪厳女史との間に生まれる）▽一九〇〇年（光武四年）英親王を奉名 ▽一九〇七年皇太子となる ▽一九〇七年十二月朝鮮統監伊藤博文により、日本へ強制連行され学習院中等科に入学 ▽一九一〇年韓日合併で隆熙皇帝が廃位となるや昌徳宮李王世子となる ▽一九一七年日本陸士卒業少尉に進級 ▽一九二〇年四月二十八日日本皇族である梨本宮の娘方子女史と結婚 ▽一九二三年陸大卒業 ▽一九二六年帰国、朝鮮軍司令部勤務、欧州旅行 ▽一九三六年日本近衛第二連隊長 ▽一九三八年日本陸軍少将、陸士教授部長 ▽一九四一年日本陸軍中将、第四師団長 ▽一九四五年日本軍事参議官 ▽一九六三年韓国に還国 ▽一九六八年三月一日明暉園（身体障害孤児園）創設▽著書"韓国語会話"。

なお、葬儀は全州李氏大同宗約会の主管で九日に執行の予定である。

全役員きまる
全南開発協会

全南開発協会では、このほど臨時総会をひらきつぎのとおり同協会役員をきめた。

△会長 金今石 △副会長 韓桧俊、羅大煥、金玉男、金八雄、宋吉千、鄭東仁、趙鏞玉、朴万圭、大阪代表、福岡代表 △専務理事 奇吉鎬、（交渉中）△常任理事 金今石、韓桧俊、羅大煥、金玉男、金八雄、宋吉万、鄭東仁、趙鏞玉、朴万圭、奇吉鎬、李炳録、金孔、宋瑞秀、金賛模、鄭鎮鎬、崔宣基▽理事 尹秉元、尹啓守、金陳男、金光和、李守福、金洪圭、鄭京述、金国鎬、徐相録、姜桂重、王吉竜、李南載、李再南、羅鍾卿、呉成大、李根、楊命吉、梁東九、姜東遠、李鶴洙、金晋鎬、李甚順、梁在根、金京斗、姜三竜、張鍾相、文李植、朴在倉、申承植、姜永矩木、朴珪淳、洪應岐、権五弘、申道植、鄭安息、朴東圭、丁兆和、李象祚、南宮光△監査 金允中、曹允賛、梁会珍△顧問 金在権、金南鉉、范俊圭、李基寿、韓大乙、全南出身国会議員、全南各新聞社長。

団長に 鉉鄭来氏
群馬県本部定期大会

民団群馬県本部では、さる四月二十九日の定期大会でつぎのとおり役員選出を行なった。

△団長鄭鉉来 副団長石在燮 △議長金栄出（前団長）副議長金世顕 △監察委員長李恵律 同委員安万道 △事務局長黄命東（留任）

団長に 金運日氏
埼玉本部臨時大会

民団埼玉県地方本部は、さる四月二十五日臨時大会をひらきつぎのとおり役員改選を行なった。

△団長金運日、副団長金寛水 △議長 李 根（留任）副議長 崔永道（留任）△監察委員長 馬鳳楽（留任）△事務局長 金英照（留任）

宮城は 徐正喜氏

民団宮城県本部は、さる四月十八日の定期大会で団長に徐正喜、議長に姜泰竜、監察委員長に李六奉の各氏を選出した。

領事関係を再開か
プノンペン政府と
政府の方針きめる

政府は、北傀がカンボジア王国民族連合政府を承認したため、プノンペン政府と政府関係を結ぶ方針を固めた。政府は、プノンペン政府の出方をみたうえで、こんご大使館も開きたい意向であり、カンボジア介入に積極的な姿勢を示しているとみてよい。

韓国とカンボジアの関係は去る六六年十二月、プノンペンにきた北傀の運動選手が韓国に亡命を企てた事件がこじれて冷却化し、それまでプノンペンにあった総領事館を引揚げ、外交関係を断っていた。しかしロン・ノル政権に対しては最初から好意的で「要請があれば援助を考慮する」との態度を明らかにしている。

スペシャル・レポート

韓国はもう一つの戦線に介入するか

李成春

カンボジア情勢が悪化し、共産侵略の脅威の色が濃くなるに従い韓国が果たしてベトナム派兵のように、もう一つの東南アジア事態に介入するだろうかという問題が東南アジア地域の諸国家間で議論され始めてきた。しかし、これは問題点が多々あり、ベトナムとは背後の事情が異なっているという事実にまず注目しなければならない。

さる三月十八日、カンボジアでは外遊中のシアヌーク前元首を追放してロン・ノル新政権が樹立されたが、以来韓国政府はずっとこの問題に関しては沈黙を守ってきた。

ところが、さる四月二十五日、韓国政府ははじめて崔外務部長官の記者会見を通じて、韓国側の立場を明らかにし「カンボジア事態の解決に対する韓国の態度はこんご支援要請があれば、これを慎重に検討する方針である。その支援形態は"派兵"というようなものでなく、おそらく避難民救護、食糧援助、医療団派遣などを考慮することになろう」と述べている。

カンボジアへの関心と韓国の立場

崔外務部長官のこうした発言がただちにベトナム戦における介入のようにカンボジアの戦闘に韓国が"派兵"して本格的対共戦に参加する意味を持つものだとは決して言えないが、しかし、韓国政府がカンボジア事態に並々ならぬ関心を持ってその推移に慎重な注視を送っていることを表わしていることには間違いなかろうか。

現在、カンボジア事態は世界注視のマトとなっており、アジアではインドネシア政府が主導となってアジア・太平洋会議を召集"カンボジア情勢を、戦争によらずに解決する方向をさぐる会議"を行なおうとしている。これに対し、崔外務部長官は別に反対はしなかったが、既存の地域協力機構でこの問題を取扱うことを希望しながら「韓国はきたる六月十七日にニュージーランドのウェリントンで開かれる第四回アスパックに提起し、関係諸国と解決方案を模索する計画である」と語ったことにより、韓国政府がカンボジア問題に積極的な関心を持っていることを示唆した。

しかし、カンボジア事態は、各国がこの種の積極的関心を持っていても実際の対処上において多くの難問点をかかえている。

韓国の南ベ派兵いきさつとその要請

韓国がベトナムに派兵したのは単に"対共産主義戦闘への参加"というだけのものでなく、その背後にそのようになる関係を持っていたのである。すなわち、韓国は南ベトナムとずっと以前から国交関係を結んでいたし、また"派兵"は共産脅威に悩まされている反共自由友邦国として韓国がみずから積極的にこれに参加したというものではなく、南ベトナム政府の要請によるものであったという点を見のがしてはならない。

ベトナム戦争が次第に激化し始めたころの六四年七月十五日、当時のグエン・カーン南ベトナム政府は韓国政府に支援要請を行ない、韓国はこれを受諾、同年九月十一日に一個医務中隊で構成された移動外科病院と十名の拳道（韓国独特の武術で空手に似ている）教官団を派遣し、続いて十二月三十一日、サイゴンで駐南ベトナム韓国大使と南ベトナム外相との間で"駐南ベトナム韓国軍援助団にかんする協定"ならびに"駐越韓国軍援助団の地位にかんする協定"を締結した。

韓国のベトナム派兵はこうして医療団と跆拳道教官団の派遣を皮切りに、六五年三月十六日には南ベトナム政府の要請によって、韓国国会の同意を得た上、ハト部隊（建設関係の工兵部隊）と白鷗部隊（医療部隊）および自体警備兵力を派遣、さらに同年十月九日には同じく南ベトナム政府の正式要請と米国側の勧誘に従って、国会で激烈な派兵論争を繰広げた末、一個戦闘師団を派遣し、なお、六六年三月十九日に再び一個戦闘師団を増派して現在、約五万の兵力が駐とんしている。

外交的紐帯もない立場で…

こうしたベトナム派兵の場合と違い、韓国がカンボジアを支援する立場はまず現在韓国とカンボジアが何らの外交的紐帯をも持っていないという事情からして考慮されなければならない。

韓国はさる五〇年三月八日、カンボジア王国がフランスの植民地から独立したさい、これを正式に承認、のち六二年三月には領事関係樹立に合意を見て同年七月十日プノンペンに総領事館を開設した。しかし、これもシアヌーク前元首の親共的綱渡り外交と金貴河亡命失敗事件（注・ボクシング選手の金貴河は日本から北送船で北韓に送られたが、北での生活に幻滅を覚え、また日本へ帰るか、韓国に行きたいと考えるようになりプノンペンでの運動競技大会出場のチャンスをねらって、駐カンボジア日本大使館に亡命を求めて出頭した。ところがプノンペン警察はこれをさえぎり、金貴河を捕えて北韓に強制送還した。以来、金貴河選手の消息は不明…）——などがあり、六五年一月一日、韓国はプノンペンから総領事館を撤収してしまった。

共和制宣布と北韓外交断絶後に

その間、シアヌーク前元首はプノンペン駐在の北韓総領事館を大使館に昇格させたのち、平壌を訪問、また国連総会では毎年、共産側の北韓同時招請案提案の先鋒（ぼう）に立つなどして、公然と韓国を敵視してきたものであった。こうした状態の中で、昨年七月、シアヌーク前政府は駐南ベトナム韓国軍が国境を侵犯したと主張して朴正鎮少尉と盧秦昌氏らを捕え十七カ月も抑留してからのちに釈放したこともあった。

現在、プノンペン政府は右傾化されているが、しかしこうしたいきさつのまま、また北韓大使館がプノンペンに居坐っている。従って、カンボジアの苦境に韓国が援助するのではないか、との論議もごく表面的なものにすぎず、カンボジアの対北韓関係が整理されていないのに"韓国の支援"ということはあり得ないだろうと思われる。

四月二十八日付のカンボジアクメール通信によれば、共和制移行を検討する法制および憲法委員会がこのほど発足したというが、カンボジア共和制の宣布がなされ、これに関連して対北韓外交断絶および同公館員たちの"追放"がなされた後に韓国との領事関係が再開するなり、あるいは正式な国交樹立に至れば、問題はまた具体的なものになるだろう。

"介入"と名付けられる以上慎重に

しかし"具体的支援"といっても"派兵"などということは余程慎重な検討が加えられなければなるまいし、またそれが単なる民間救護活動にとどまるとしても、少なくともそれが"介入"と名付けられるものである以上、簡単な行動に走ってはなるまいと考えられる。

南ベトナム派兵のさい、さる六四年七月二十二日に韓国政府が国会にハト部隊などの派兵要請同意案を提出したときの"介入名分"なるものを想起してみよう。

①共通の敵である"共産脅威"に対処することは、間接的に韓国安保に影響を及ぼすものである。

②六・二五（韓国戦争）当時に援助してくれた友邦に対する恩返しである。

③憲法第四条の精神に立脚して、国際平和の維持につとめ、侵略戦争を否認するものである。

④南ベトナム政府から正式に要請されたものであり、また友邦米国から"支援呼びかけ"を受けていたことを無視することはできない。

太平洋地域安保に対する義務履行も

以上のようなベトナム派兵の韓国側名分も、いろいろの論議こそあったが、韓国戦争の苦境時代にグエン・バン・チュー南ベトナム大統領も当時青年将校として韓国支援に参戦していたなど、韓国国民が南ベトナムを支援しようという気持ちにはかなり強いものがあったため釣合い、容易にできたことであった。

しかし、カンボジアの場合は違っている。カンボジアと韓国は"反共的立場"での紐帯関係もなく、また国交関係さえない。このようなカンボジアに韓国が"支援"することは、南ベトナムへの支援の場合とは異なり、多くの問題点がある。

カンボジアでの戦闘はベトナム戦とは無関係ではないが、もし韓国がカンボジア支援に臨む場合は、反共国家としてのアジア・太平洋地域安保に対する義務履行ということになろうが、そうなると共産側からは"韓国は好戦国だ"との悪宣伝をされることは疑うべくもなく、また事実上、韓半島における休戦ラインでの前戦、ベトナム戦線に続いて、もう一つの戦線を不本意ながらも受持たねばならぬことになるのである。これは熟慮すべきことで、よほど慎重に検討しなければならないことだろう。

米国は"直接介入"さける？

とくに、米国はニクソン・ドクトリンを打出してベトナムからの撤兵を漸次に推進しつつある折でもある。同時に米国はカンボジア事態を、明らかなる"外侵"だと規定しながらも、直接介入のかたちは避けたいとしている。

こういう事態の中でもあるし、韓国は"カンボジア支援"についてはとくと熟慮すべきで、国家利益も対外的名分もじゅうぶんに検討した上で対処すべきであろうと考える。

筆者の李成春氏は韓国日報記者（SISA）

崔外務・カンボジア問題で語る

軍事支援ありえない

難民救護や医療提供を考慮

外務委員会において答弁する崔長官

崔圭夏外務部長官は二十九日、国会外務委員会での証言を通じ、カンボジア政府が正式に支援を要請してくる場合は、これを慎重に検討するが、軍事的支援はありえないとの韓国政府の基本方針を再確認した。

崔長官は、さきにソウルで開かれたアジア開発銀行総会に出席したカンボジア代表団とフランス駐在カンボジア大使を通じて非公式に支援要請をしてきた事実を明らかにし、もしカンボジア政府からの正式要請があれば難民救護や医療団派遣などの支援を行なうことを考慮していると語った。

崔長官はまた、カンボジア事態は内乱ではなく明らかに外部からの侵略であると指摘、従って韓国政府はただ黙視しているわけにはいかないと語り、また、インドネシアが主動的に推進している二十一カ国アジア・太平洋諸国外相会議に韓国政府が招請されているが、これに出席するかどうかは現在検討中であると証言、さらに六月中旬ウェリントンで開かれるASPAC（アジア・太平洋協議会）会議でもカンボジア情勢が論議されるだろうと述べた。

一方、[illegible]議員らは国際上で、北韓の侵略行為がいっそう増加している折から駐南ベトナム韓国軍の撤収も考慮しなければならない時期であるだけに、カンボジア問題は慎重を期すべきだという意見を強調した。

東南ア情勢は安保に大影響

崔圭夏外務部長官は二十九日の答弁で、北ベトナムとベトコン（ベトナム民族解放戦線）の侵略を受けているカンボジアから支援要請がある場合、韓国政府はこれを慎重に検討する方針だと明らかにした。

崔長官がこの日語ったところによると、「またカンボジアあるいは米国から正式の支援要請は受けていないが、こんごもし要請があれば適切に考慮する計画である・派兵問題を除き、避難民救護、医療団派遣および食糧援助などが考慮の対象となるであろう」という。ここで、崔長官はつぎのように述べている。

カンボジア事態の悪化はアジア・太平洋地域の安保に重大な影響を与えるものである。きたる六月十七日から三日間ニュージーランドのウェリントンで開かれる第五回ASPAC（アジア太平洋協議会）総会ではカンボジア問題を提起させ、他の会員諸国と協議したいと考えている。また、北韓と中共が、アジア問題を共産主義による支配を是とする彼ら独特の見方で主張していることも見のがしがたく、（さる七日周恩来の平壌訪問による中共・北韓共同声明に言及）彼らが韓・米・日間の協力関係を非難して韓半島の赤化統一を再び公言したのは東北アジア地域に新しい緊張状態を造成しようとしているところにその底意があると思う。政府はこのような中共・北韓の侵略挑発に対処して、自主国防態勢完備と多角外交を通じて安全保障を強化してゆく方針であるが、また対共産圏交易問題にたいしては名分と実利が合致する線で具体的な方案を研究中である。しかし、共産圏の中でも韓国と直接敵対関係にある中共、北韓、北ベトナムなどは交易対象にはいらないだろう。

全経連が西独民間経済使節団と懇談

全経連は、このほど来韓した西独民間経済使節団（団長＝ベッセル・ベルク会社のファゾルト博士）と懇談会を持ち、両国民間経済協力と交易増進方案を協議した。

同西独使節団一行八名は特に釜山・馬山輸出自由地域に大きな関心を表明、また、韓独間の交易増進のためには商品輸出の送付や商品にたいする照会などに互いに誠意ある反応を見せなければならないと強調した。

なお、韓国の対独商品中、繊維類が四〇%を占めていることを西独側は指摘し、西独繊維産業との共存を通じたスムーズな交易がなされるよう要望、両国繊維業界が協議する必要があると述べた。

同懇談会では両国側がつぎの事項にかんして合意を見た。

①両国間経済界の交易、資本および技術協力などにかんする情報交換を行なうため、韓国の全経連と西独の産業連合会および東アジア協会間に継続的な接触を維持する。

②両国民間ベースで経済協力増進のための研究グループを構成、相互に交換派遣する。

③常設的な両国間経済協力委員会設置問題を検討する。

借款償還負担の加重

世銀の韓国経済報告で指摘

世界銀行（IBRD）はこのほど、韓国の当面した経済問題について①インフレ圧力の継続②大きな貿易逆調、③借款元利金償還負担の加重である、と指摘、こうした問題の解消は適切な投資におうと述べた。

IBRDは昨年十月経済協議団を派遣、韓国経済全般を調査分析した後、最近その"報告分析書"を韓国政府に送ってきたものであるが、その中でこのように指摘し韓国経済の長期展望は明るいが、安定基調の上で長期的持続的な発展を達成するためには現在行なっているように投資抑制措置をつづけてゆくべきであると勧告している。IBRDはまた、政府投資が部門間の不均衡を是正することに重点を置いているために部門間の不均衡は近い将来に解消されるだろうと予測しているが、政府は一歩進んで同一部門内での投資均衡を維持するよう努力すべきだと強調している。

このIBRD報告書は二十七日からジュネーブで開かれた対韓国際経済協議体（IECOK）第四回総会にも提出されたが、同報告書はまた、投資計画の樹立においては目的意識よりも費用意識を強調することが必要であると述べて時期の問題も収益費用の評価を基礎としなければならないと強調している。

全国的に乙支図上演習70を実施

政府はさる四月二十八日から五月一日までにわたり中央の各部処と地方の道・市に至るまで全国的な規模で"乙支図演習70"を実施した。

同演習は昨年につづいて二度目に行なわれたもので政府は北韓の全面南侵を想定してこれに緊急対処する軍事的なあらゆる対策を図上で検討訓練した。

なお、この演習での統制本部は青瓦台に置かれ、国家安保会議がこれを主管し、国務総理が演習総監となった。

対日輸出実績 昨年同期二倍

今年にはいってから三月末までで韓国の対日輸出実績は四千二百六十五万五千ドル、これは昨年同期の実績二千八百七万ドルの二倍以上を示した。

このうち工業商品が九百万ドル、生糸類は七百万ドル、合板三百万ドル、鉄および鉄鋼二百八十万ドル、スルメ百八十万ドル、鮮魚が百二十万ドルを占めている。

韓国の北洋出漁に米国が原則的協力

具滋春水産庁長は韓国の北洋出漁にたいし米国政府が原則的に協力する意向を示していると語り、韓国政府は北洋出漁を引続き許可する方針だと明らかにした。

三月末の通貨量 百三億ウオン減

韓銀が集計した三月末現在通貨量は二千三百六十五億ウオンで、二月末より百三億ウオン減った。

なお、これは昨年末に比べると百八十六億ウオン増となっている。

対南ベ輸出商談進む

韓国と南ベトナム政府機関および水産業者たちの間では油槽船二隻を含む各種漁船三十隻の対南ベトナム輸出商談が活発に進められている。

関係当局によると、南ベトナム政府は今年の政府保有ドルで、韓国から一千五百トン級油槽船二隻を購入することになっているが、これに関して大韓造船公社と永昌企業は駐南ベトナム韓国大使館を通じて南ベトナム政府と具体的な商談を繰り広げている。

なお、南ベトナム政府側は今年民間ベースで計画された百十トンないし百二十トン級漁船三十隻の購買にも韓国側が応札してくれることを望んでいるという。

驚異的成長続こう

米商務省が 韓国経済を評価

米商務省はこのほど、韓国経済の発展を評価した中で、さる十年間、韓国は印象的で活気に満ちた経済成長を示したがこれはこんごもつづけられるだろうと述べ、さらに「韓国経済は一九六九年度も期待した以上に発展し前年の六八年に比べ一五・五%の驚異的成長をとげた」と指摘、七〇年の国民総生産高（GNP）についても安定計画、輸出増加、輸入代替、米増産などで約一一%の増加を現わすだろうとの予想を明らかにした。

また、米商務省は韓国の貿易が現在の速度をそのまま維持するだろうと見通し、一九七〇年の輸入総額は六九年の十八億ドルを少し上回る約二十億ドル程度になろうと述べ、さらに一九七〇年の韓国の米生産は需要に足りるだろうが、インフレ抑制、保有米補充などのため約六十万トン程度の米は輸入しなければなるまいと指摘した。

韓国冶金が日本からの投資を受ける

韓国冶金工業（代表＝林相）はこのほど、日本住友電気工業など三社から七千四百万ウオン相当の投資を受けることになったと明らかにした。

同社によると、この増資額は、住友電気工業が三四%、大日金属が一〇%、住友商社五%、ミズホ工業が一%、合計五〇%を日本側が出資したという。

なお、同社は今年度分の生産としては折削工具、耐磨耗工具、鉱山工具など超硬工具十二トンを生産するが、来年は二十トン生産の目標をたてている。

対韓国際経済協議体総会開かる

対韓国際経済協議体（IECOK）第四回総会が二十七日午後、ジュネーブの世界保健機構（WHO）会館で開幕、翌二十八日まで行なわれた。

同会議はクッマン世界銀行アジア局長を議長として、米、英、仏、日本などの十ヵ会員国とオーストリア、オランダ、スイスなど三つのオブザーバー国、ならびにIMF（国際通貨基金）、ADB（アジア開発銀行）、UNDP（国連開発計画）など五つの公職機構が出席、世界銀行から提出された韓国経済報告書を中心に韓国経済の現況と展望にたいし広範な討議を行なった。

同会議では開会式終了後、世銀およびIMF側からの韓国経済全般にわたる評価があり、つづいて韓国首席代表金鶴烈副総理兼経済企画院長官の演説にはいり、金副総理はさる六〇年代に韓国経済は目覚ましい発展をしたが、国際収支の逆調、インフレの圧力、農業部門の相対的低調、輸送難など多くの問題点をかかえていると指摘、このような脆弱部門の補強を行なうために緊縮基調を堅持して、外資導入の抑制、農業部門への投資増大、外国人投資の積極誘致などを期していると語った。

写真は北傀軍が取材記者に集団暴行を加えたため国連軍憲兵が事態を収拾している

非武装地帯で怪火

北傀の暴行で 板門店一時緊張

二十九日板門店で開かれた軍事停戦委員会第二百七十五回秘書長会議で、国連側モーリス大佐は、さる二十三日非武装地帯北側から原因不明の火災が起き国連軍側の監視哨所近くまで延火して危険な状態であったことを明らかにし、この火事の原因を共同調査させるよう提議した。

これにたいし、北傀側はこの火事は国連側が故意に起こしたものだと主張し、共同調査提議には応じなかった。

国連筋によれば、二十三日午後四時五十分軍事分界線標地0105北方九〇〇mで怪火が起き、共産側の哨所まで接近し共同日直事務室の共産側兵が待避するなどの騒ぎがあったといわれる。

一方この日、会談が進行していた午前十一時四十分ごろ取材中のAFKN（駐韓米軍放送）ホンソンド記者が北傀軍をカメラでとらえようとしたとたん、北傀軍によって集団暴行を受けた。

この事件のため国連軍憲兵と北傀警備兵各五十余名が約五分間対峙し、板門店は一時緊張につつまれた。ジェソブ大佐は、閉会の直前で、北傀が拉致したKAL旅客機と乗客の十一名をいまだに返さないことを想起させ自由世界の人々は「一日も早く彼らを返還させ北傀を糾弾すべきであろう」と警告した。

北の対南工作 細菌化学戦へ

南派された北韓スパイ中、最も大物としてさきに自首してきた前北韓軍上佐（大佐と中佐の間の位）李大振氏（五一）は二十五日「最近北韓はゲリラ戦遂行の上でこれという成果がないため対南工作方向を細菌戦と化学戦に転換させている」と記者会見を通じて明らかにした。

李氏はまた、北韓では学生たちの抵抗が甚だしく政府や党員などに「金日成を殺せ」、「性分調査を止めろ」などの落書きが時々見られると語った。

마지막 皇太子 李垠씨

榮辱이 點綴된 平生

1897年大韓帝国皇室에서 태어나 1970年大韓民国国民으로 가다

10歳에 運命의 留學길에

어머니 純嬪 嚴씨 殞命엔 臨終조차 못하고

○…大韓帝国의 마지막 皇太子 李垠씨의 殞命은 李氏朝鮮王朝殘影속에 희미하게 이어지던 마지막 한 人脈의 断絶을 의미한다.

1897년 外勢가 큰 먹지게 짜고들던 旧韓末 高宗의 세째아들로 태어나 70년 5월1일 숨을 거두기까지 그의 一代記는 곧 波瀾이 중첩된 韓国現代史의 한 심볼이라고 할수있다.

嚴妃소생인 그는 李朝의 마지막 皇帝 순종의 異복동생으로 1900년(光武4년) 英親王에 책봉되었고 순종의 登極과 더불어 皇太子로 책립되었다. 이해 12월 日帝의 韓国合邦과정이 加速化하면서 伊藤博文통감에 의해 日本으로 끌려가서 日本式교육을 받았으며 나시모도노미아(梨本宮)의 딸 마사꼬(方子)와 政略결혼을 하여 日帝植民정책의 祭物이 되고말았다.

○…李垠씨의 외사촌으로 어린시절 그와 소꿉놀이 친구였던 嚴柱明(進明학원이사장)씨는「英親王은 어려서부터 소꿉장난도 늘 병정놀이 아니면 아이들을 가르치는 선생놀이를 즐겼다」면서「의젓한 王子」의 기풍을 想起시켰다.

德壽宮 中和殿에서 붉은 융단을 타오르면 어린 英親王은 하늘밖, 어린 英親王은 하나도 건너는 기색이 없이 嚴妃에게 하직하는 인사도 제대로 못했다. 그러면서도 그의 표정은 11세란 어린나이로는 너무나 근엄하여 슬픈빛 조차 보이지 도않고 앉은채 묵묵했다. 馬車行으로 仁川까지가고, 仁川에서「満洲丸」이란 군함에 실려 日本으로 갔다. 당시 東京驛頭에는 日皇太子도 (나중의 大正天皇) 마중나오는 등 겉치레로는 환영 一色이었는데 一行이 머무르게 된곳은「芝離宮」이었다.

이 기판奏告의 장난감들을 차곡 차곡 챙기는 침착성을 보이기도 했다.

1907년 섣달 열흘날 영친王이 日本으로 떠나던 날은 몹시도 추웠다. 당시 수행원은 宮内大臣 李允用과 宋秉畯, 嚴柱明, 趙東潤, 徐丙甲등 공부친구들 15명. 日官憲은 罪囚를 호송하듯 길 양편에 [illegible] 王子는 어머니인 嚴妃 [illegible] 막볼수 있었다. 항상 어머니 嚴妃가 지어보내주는 한복을 집안에서 입었다.

○…그리고 不運의 王子의 견지는 슬픔은 어머니 嚴妃의 訃音이 오면서 절정에 달했다. 얼마나 설움에 북바쳐 울었던지 아침에 깨어난 친왕의 눈언저리는 온통 눈딱지 투성이였다.「모든 일은 다끝났구나」.

○…東京에서의 첫날밤 목욕탕안에서 어린英親王은 수행한 친구 嚴씨를 붙들고「넌 어머니 보고 싶지 않니?」하면서 그만 엉엉 울음을 터뜨리고 말았다.

이날밤 둘이는 서로 부둥켜 안고 기구한 宿命을 짓씹으며 눈이 붓도록 [illegible]. 이듬해 2월 [illegible]「鳥居坂御用邸」에 이사하면서 아침·점심에는 洋食, 저녁에는 日本음식만을 [illegible] 前日本육군中将 가마다(鎌田)씨는「어떠한 어려운 일에 부닥쳐서도 끝을 내는 일이 없었으며 王族의 品位를 잃은일이 없다」고 [illegible] 근면성실한 학생으로 [illegible]

[illegible] 특히 英語스피치에 뛰어났다. 數學점수가 나쁠때면 [illegible] 王子는 스스로를 가누었으나 그후 그의 성격은 더욱 [illegible] 간혹 입언저리에 엷은 미소를 나타낼뿐 거의 말이없었다.

이윽고 幼年學校를 마치고 日本陸士에 들어갔는데 그는 거의 공부로 消日했다.

○…日本陸軍幼年學校시절의 李垠씨와 同期同窓이며 가장 절친한 벗으로 日本人에게 지는것을 싫어하여 李垠씨는 유도나 劍道연습때「항복을 하지않는 사람」으로 알려졌으며 反対로 상대를 쓰러뜨리면 道場이 쩡쩡울리도록『이겼다—』고 외쳐대었다는 것이었다.

○…陸士졸업후엔 少尉로 任官, 近衛보병 제2연대에 근무하다가 4師団長, 航空총사령관등 [illegible]

[illegible] 특히「프랑스戦史」에 조예가 깊어 陸軍大學 강연에서 큰 人気를 모은때도 있었다. 45년 終戦까지는 [illegible] 夫人方子여사와 同伴하여 [illegible]

[illegible] 方子여사 [illegible]

○…그의 望鄕에의 執念은 故国을 떠난지 半世紀를 넘어 1963년11월22일에야 실현되었다. [illegible] 그리고 지난28일 方子여사와의 結婚50주년인 金婚式을 맞았던 것이다.『北傍기슭에 뼈를묻고 싶다』던 所望을 달성하고 英親王은 李氏朝鮮王朝의 終章속에 묻혀가게된 것이다.

〈金徳亭 記者〉

◇귀국전 日本에서 지내던 英親王과 方子여사. (1960년)

◇純宗皇帝에 拜謁을 입은 英親王과 方子여사

"大島"を訪ねて (1)

故郷離れて五十年

韓民族の血を残す白老人

白老人

別項記事のとおり、東本では太平洋上に浮ぶ大島—名のとおり周囲四二㌔の島としては小さくない大きい島である—在住同胞たちの永住権申請を促進するため在島同胞たちの実態を調査することにした。

同島は、東京から飛行機でわずか三十分の距離にあり、行政上は東京都に所属し大島町と称している。が、この島にも同胞が住んでいるということをきいて、筆者など一種の好奇心めいた感すらいだき一度は行ってみたいと深い関心をもったものであった。

"異国の島に同胞あり"でなんだかロマンチックな物語りを想像したが、あにはからんや実際に行って見て意外にもこの島にも韓国と日本との深い関係にまつわる興味深いことがあることを見聞した。

異国の島の土となるあるひとりの人生物語りともう一つはこの島の伝説—韓国娘の哀しい物語り〈ジュリヤと御体さま〉である。

× × ×

この島に韓国名を白万植というひとりの老人がいる。日本名で山本と名のるが自分の生年月日すらもわからない。外国人登録には本籍慶尚南道蔚山郡蔚陽面新村洞とあるが生年月日欄には一八九八年だけあって月日は「不詳」と記載され日本入国も一九一八年月日「不詳」とある。この登録記載どうりだとすると彼の年令は七十二才である筈だが本人は今年六十七才といっている。しかし韓国語は全然話せずはっきりせぬ日本語で話すところによれば彼は十八才のとき"就職"で日本に来たというから生年と日本上陸の年が一致する。顔にきざんだ年輪からしても七十は越している感じである。

この島には二十一才のとき"川崎のガラス工場が熱くて熱くて…"逃げるごとく同僚一人とともにきたという。五十数年前の日本の労働市場に売られてつきたこの白老人は、この島の旅作場の網採工事や島の開拓工事に土方として働き"親方"によくみられたせいで島の娘さんを奥さんに世話してもらった。その奥さんとの間に三十二才の長女を筆頭に一男三女の子女を得たが子供たちは長じてみなこの島から本土へ出ていっていない。幸い長男は孝行もので月々親の生活費を仕送りしてくるという。

だが、この子女たちは法律的にはレッキとした父の国籍韓国人であるのに母方の籍にあって母方の姓をなのっているという。したがって外国人登録をしたのは白老人だけである。この外国人登録がはじめて実施された当時、すでに白老人には子供がいたことになるが登録してない。

五十数年前—白老人にはもちろん祖国に両親も健在であったし姉がひとりいたとのこと。日本にきてから手紙を書き送ったこともなければ故郷のたよりをもらったおぼえもない。それでも戦時中は、この島にも同胞が多勢きていて"韓国の仕事をしていた。"韓国人"という意識はあって終戦後散りゆく同胞たちを涙をもって見送ったという。

現在この島には、この白老人のほかにも戦後に入島してきた韓国同胞がいるが、白老人はやはりこの同胞たちとは親しくつきあっている。周囲の人の話しによると、なぜか近年は酒をよくのみ歩き同胞の家を訪ねては座り込んでしまうとのこと。

やるかたない望郷の念にかられてか? 孤独に耐えがたいためであろうか。

筆者らは、永住権申請を進めるため、この白老人の家を訪ねた。白老人の家は、町から約一キロは離れた森の中にただ一軒、木陰に隠れたトタンぶきの小屋であった。民団本部からきたことを聞いた白老人は、大事にしまってあった外国人登録証をいそいでもち出した。その表情たるや、まるで童顔そのもので遠い所から来た肉身を迎えるような嬉しさをかくしえないようであった。

必要な手続き事項を聞くためにこの老人とは数時間ともにいたがはっきりせぬ言葉ではあるが、その語る表情や態度から、同胞という同じ血の温かさを感じて、なにかしら筆者は胸がつまる思いに涙が出そうで仕方がなかった。

筆者は思う—この白老人が祖国を忘れ肉親が顧りみなかったとしても、この老人に罪はなくせめる理由もなさそうである。彼は永住権申請をしようとしまいとこの島に骨を埋めるに違いない。彼がこの世から去っても彼の血は、彼の後裔たちによって引継がれるが、それは韓民族ではなく一日本人の祖先としてである。

韓国と日本とが不幸であった時代にひとりの不幸であった人間が同民族の歴史に残していくもの—そこに今後の為政者たちが深く考えるべきなにものかがあるように思える。

白老人は語る。五十年前はじめてこの島にきた当時は、人がやっと通れるぐらいの道しかなかった

この道あの道でしていま大きな船が発着するあの波止場にも、われわれ同胞の汗がしみこんでいる。白老人が語るここ大島のことばかりではない。日本の至るところの大工事には、われわれ同胞の血や汗が大なり小なりしみこんでいるのだ。—そしていま日本民族の血にも白老人が残す同胞、韓民族の血が流れていることは否めないのではないか。

ともあれ旧日本帝国主義時代の犠牲者のひとりであるこの白老人が、その余すところ幾年もない余生を幸福に過すためには韓国人として(永住権)か、さもなくば日本人として(帰化)か—それはは周囲の人たちが考えてやるべきことのように思える。なぜなら白老人自身は、そういうことを考える能力がないからだ。

白老人の余生諸多からんことを祈ってやまない。(つぎは「ジュリヤと御体さま物語り」)

森にかこまれた白老人の住み家と白老人

在大島同胞たちへも

東本で永住権申請の啓蒙運動行なう

係員を派遣実態を調査

東京から南々西約百二十キロの洋上に浮んで火山と椿の花で知られた伊豆諸島中最大の島—大島にも、わが韓国の同胞が住みついている。全島の人口約一万三千余り(大島町観光関係発行のパンフレットによる)のこの島に韓国籍(朝鮮籍もふくむ)の外国人として登録されているもの二十四人(大島町役場調べ)なかにはパスポートを所持し祖国を旅行して韓国民としての意識にめざめた同胞も数人いるが殆んどが「永住権」についての知識は乏しいひとたちである。

民団東本では、これらの同胞たちの実情を調査するかたわら永住権の申請を促進すべくさる二日李泰衡民生部長と李相閔宣伝部長を現地に派遣し在島同胞たちの実態を把握するとともに永住権申請の啓蒙を行なった。

同島には、世帯にして九世帯で登録されている全員協定永住の有資格であるが日本婦人との結婚により法律的には明らかに韓国人でありながら母方の国籍に同化したものもおれば、また韓国人として登録はされていても父の死亡により母方の強い要望で日本人として生きようとする若者たちもいて、韓日両国の過ぎさった歴史がもたらした因縁の深さをまざまざとみせていた。(同島在住同胞の実態は別項記事)

李民生部長らは、同島に三日間滞在、かねてから民団東本と往来があり同島在留同胞たちの面倒をみていた白律伊、康京道の両氏をはじめ、相敬遵女史らと接触をかさね十四人の協定永住権資格者が申請をすることにし、申請手続きの代筆なども行なった。

韓日協定が発行されて四年を経過してはじめて町役場に韓国人の永住権申請が提出されたことになったが、李民生部長らは同町役場に鈴木三郎助役をはじめ関係役員らと同問題について懇談するとともに在住同胞たちの永住権申請促進に一層の協力方を要望した。

これに対し鈴木助役は、心よく民団側の要望をいれ申請書が提出されれば速やかに法務省へ送達することを約束してくれた。

社会の窓

悲劇の人洪思翊将軍

「新東亜」五月号に掲載されている「悲劇の将軍・洪思翊」を読んでみると、人生というものは、なにより先ず基本方向と決断が重要なようである。

洪思翊は第二次世界大戦が終幕をつげた当時、フィリピンの捕虜収容所長をしていたが、戦犯として一九四六年九月二十六日、現地で絞首刑に処せられた。

日本軍の中将であったから"親日派"とみなされていたが、これを、今の世代、見捨てればそれまでの話しだが、この彼をよく知る者たちの回顧談や、この"新東亜"の文章を読んでみても、彼の本心は決して"親日"ではなかったようだ。

旧韓末、安城で生まれた洪思翊は、十五才の少年の身で幼年学校に入学した。文明と腐敗があって国家が滅亡してゆくさまが、この少年の目にもはっきりと映り、強健な武力の必要性を切実に感じたのかも知れない。とにかく幼年学校を経て武官学校に在学中、かの有名な軍隊の解散があり、韓日合併後、この武官学校も廃止され、同校に在学中だった優秀な生徒たちは選抜されて日本へ派遣された。そこで再び日本陸軍幼年学校へ入り同陸軍士官学校へ入学したが、この在学中に"韓日合邦"が強行された。

"青雲の志しを抱いて"武術を練磨しに日本へ渡った彼らの心情は知ってあまりあるものがあった。ある者は"自決"を主張し、また、ある者は武術の練磨を捨てて祖国を主張する者もあった。

先輩格の故李青天将軍の忠告通り武術はそれなりに磨いておいて"中尉に進級"すると同時に、一斉に日本の軍服を脱ぎ独立運動に投身することにしたといわれる。

人間の"運命"は各自各己で、後日、当時の約束通り実践した者もあれば、反対に、それこそ文字通り「完全無欠」に親日派となってしまった者もいた。

また、洪思翊のように、内心では祖国の前途を考えながらも、そのまま日本軍に残って「悲劇の最後」を終えた者もいた。

洪思翊は"勤勉で忠実"な人物だったといわれる。韓国人としては、干渉を除いて、自己の実力だけで"中将"にまで昇進した一人である。しかしながら、唯の一回だけ旅団長をしたことはあるが、それ以外は、満州や中国本土で日本の侵略政策に利用されたのみで、指揮官本来の位置には坐ったことがなかった。中将でありながら「捕虜収容所長」という、もっとも苦しい職責に回され、あげくの果ては、その責任を負って、五十七才を一期に処刑されてしまった。

軍門に入った十五才から計算すると満四十年間という歳月である。昨年、日本で旧日本軍の将星らによって、彼を追慕する集りがあった。それら、旧日本軍の将星からみるとき、彼は"信義の人"であったろう。

しかし、今日、われわれの立場から彼を評価するとき、彼の生涯に対してどのように、その価値判断をしてよいか、迷うのである。要は、適期に"大決断"を下すことができなかったことが、唯々、惜しまれるだけである。

永住権申請の代筆を行なっている李民生部長

支部だより

墨田 〈31日に定期総会〉民団墨田支部(姜学文団長)では規約によって来る三十一日午後一時から、区内の太平二丁目会館において、第十七回定期総会を開催する。任期満了にともなって三機関はじめ役員の改選をおこなう。

足立 〈毎週火曜日七時から国語講習会〉既報の通り、同支部では今月から毎週水曜日に、支部事務所において韓国語講習会を開くことになった。主に婦人、青年を対象としたもので、その成果が期待される。時間は夜七時から九時まで。

板橋 〈商工会で春の慰安旅行〉板橋韓国人商工協同組合(洪学林組合長)では陽春をむかえて来る十日から一泊で、熱海のホテル八景において春の慰安旅行会を開く。これは同組合が毎年春と秋の二回定例としておこなっているものである。

大田 〈十日に月例映画会開く〉民団大田支部(閔泳相団長)では団員の親睦と啓蒙をかねて毎月十日に月例映画会をおこなっている。今月も、来る十日午後七時から支部二階の講堂において、新韓の本国総天然色劇映画「フィルムナンチンチョク(名の知れた親戚)」と本国ニュース、記録映画を上映する。他支部からの来会も歓迎する。

金中玉氏 (民団台東支部組織課長)は、さる三日午前一時、新宿区若松町女子医大附属病院でカンコウヘン症で死亡した。葬儀は、民団文京支部金尚弘団長が葬儀委員長となり四日午後一時台東区入谷二丁目の故人の自宅で告別式を執行した。

なお、民団東本では鄭副団長と申総務部長が参列した。

鄭明勲君が優勝

米音楽コンクールで

音楽一家として世界中に知られている鄭明和嬢、京和嬢の弟明勲(一六)君はさる二日、ニューヨーク・タイムズ紙主催の音楽コンクール第五回WQXRピアノ部門大会で六十一人もの競争者を退けて一等賞を獲得した。このWQXR大会は最終決戦に出演する五名が全米テレビラジオ放送網を通して演奏をきそうことで視聴者の大へんな人気を呼ぶもので、米国では最高の権威あるものとして認められている。

このピアノ部門で、栄誉の優勝をかちとった明勲君は音楽ファミリー鄭家の七人きょうだいの六番目。ニューヨークのマクバン高等学校二年に在学中であるがマイナス音楽校にも通っておりライゼンバーグ教授に師事している。

なお、明勲君が正式にピアノを弾いはじめたのは三年前のこと、米国の音楽評論家ならびに各新聞は明勲君の天分を激賞している。

永住権申請は、すみましたか?

朝総連のデマ宣伝にだまされてはいけません!

在日韓国人(朝鮮籍を含む)が、日本で安定した生活を営み且つ、自由に祖国を往来または家族を招請するためには、何よりも他の外国人には、願っても得られない永住権を取得するのが最も良いのです。あらゆる手段によって、在日韓国人(朝鮮籍を含む)をだましている朝総連のデマ宣伝に迷わないで、あと一年も残されていない申請期限が満了する前に、一日も早く永住権を申請しましょう。

永住権は兵役とは絶対に関係がありません。

〈申請方法〉

第二回から引続き、外国人登録をしている人は次の書類を揃えて、自分の居住している市・区・町・村役場に行き、本人が提出します。但し、十四歳未満の人はその父母が代理申請します。本人が直接準備するものは、写真二枚だけで他の用紙は上記の役場に置いてあります。

A、協定永住許可申請書 二通

B、旅券又は大韓民国国民登録証(このようなものが無い場合には国籍を書きいれた陳述書)

C、写真(五センチ四方で六ケ月以内に撮影したもの) 二枚

D、家族関係と居住経歴書 二通

〈参考〉

1 手数料は一切無料です。

2 外国人登録上、朝鮮籍になっている人は、大韓民国(韓国)の国籍に変更申請したらよいのです。

3 居住経歴或るいは身分上に何かの問題点があると思はれる人は最寄りの民団或るいは領事館又は大使館に行けば親切に案内してくれます。

駐日大韓民国大使館

まだでしたらもよりの民団支部へ

〈永住権の申請について親切にご案内します〉

東京本部管内支部の所在地

文京	文京区小石川二—十一—七	(八一一)三五五五
台東	台東区東上野三—一五—八	(八三三)九九〇四
中央連合	中央区日本橋茅場町一—六	(六六一)五三七〇
墨田	墨田区太平町一—四—八	(六二二)九四四二
江東	江東区木場六—八—十	(六四四)〇五一二
江戸川	江戸川区興之宮二九	(六五七)七五一二
北	北区稲町一—二六九	(九〇一)二六六一
足立	足立区千住桜木町五三	(八八八)八三〇一
荒川	荒川区荒川三—三一	(八九一)〇五五五
葛飾	葛飾区本田立石六—一八—一六	(六九三)一七七一
豊島	豊島区池袋二—一一六七	(九八二)七一六一
板橋	板橋区板橋二—二二—九	(九六一)六五六五
練馬	練馬区豊玉北四—三一	(九九二)五五七七
新宿	新宿区三光町二五(三立ビル三〇三号室)	(三五四)〇二四四
中野	中野区新井二—一—七	(三八六)五五三六
杉並	杉並区梅里一—二四—一三	(三一三)七五七五
渋谷	渋谷区宇田川町一五	(四六一)五三八二
世田谷	世田谷区下馬町一—七	(四二一)三六〇九
目黒	目黒区青葉台一—三〇—一〇	(七一三)四三七八
港	港区三田四—六—一八	(四五一)六五三八
品川	品川区豊町三—一—	(七八六)一二二四
大田	大田区新蒲田一—六—七	(七三一)七六五一

在日大韓民国居留民団東京本部

東京都文京区本郷三—三二—七

電話 八一一—一五三五〈代表〉

한국의 발전

대원군이 민심을 잃고 물러간 뒤를 이어 민씨(閔氏)의 세도가 시작되자, 통상의 기회를 엿보던 일본은 운양호(雲揚號) 사건을 트집잡아 수호 조약을 요청해 오게 되었다. 이리하여, 강화도에서 조약을 맺게 되었는데, 이것을 강화도 조약(江華島條約)이라고 한다. 이 후, 우리 나라도 외국에 대하여 문호를 열게 되어, 미국, 영국, 독일, 러시아 등의 여러 나라와 차례로 조약을 맺었다.

이리하여, 조선 사회에도 서양의 새 문명이 물밀듯이 들어와 급격히 개화하여 갔다. 그러나, 개화를 반대하는 수

경복궁 근정전

[illegible]의 조사당(祖師堂)이 고려 중기의 목조 건물로서 현재 남아 있는 것 중에 가장 오래 된 것이다.

서화에 있어서는 뛰어난 인물이 많이 나왔다. 그림에는 이 영(李寧)의 예성강도(禮成江圖)와 공민왕의 수렵도(狩獵圖)가 유명하고, 글씨에는 유 신(柳伸), 탄연(坦然), 최 우(崔瑀) 등이 뛰어났다.

음악도 매우 발달하여 궁중 음악으로는 아악(雅樂)이 있었다. 음악과 함께 가면극으로는 처용무(處容舞)와 탈춤놀이의 산대극(山臺劇)이 유명하다.

그러나, 랴오뚱 정벌을 반대하던 이 성계는 압록강의 위화도(威化島)에서 군사를 돌이키고 [illegible]의 일파를 몰아 내고 정권을 잡았다. 이리하여, 1392년에는 드디어 고려를 넘어뜨리고 새로이 조선을 세웠다.

(5) 민족 통일 시대의 문화

통일 신라　신라는 민족의 통일을 이룬 후 당나라의 문화를 받아들여 정치와 제도를 정비하였다.

국학(國學)을 세워 유학을 가르치고 독서 삼품과(讀書三品科)라는 일종의 과거 제도도 실시하였다. 강수(強首), 설 총(薛聰), 김 대문(金大問), 최 치원(崔致遠), 대구 화상(大矩和尙) 같은 유명한 학자가 나와 학문이 매우 발달

해인사의 팔만 대장경판

경은, 세계에서 가장 잘 갖추어진 것으로 이름이 높다.

유학도 매우 발달하여 문종 때의 최 충(崔冲) 같은 이는 대유학자이며 또 교육가였는데, 그가 세운 사립 학교의 문헌공도(文憲公徒)는 유명하다.

고려 말에는 유학의 새로운 경향인 주자학(朱子學)이 안향(安珦)의 소개로 시작되어 차차 발달하였다.

여말의 주자학자로는 이 색(李穡), 이 숭인(李崇仁), 정 몽주(鄭夢周), 정 도전(鄭道傳) 같은 분이 나와 주자학을 크게 발달시켰다. 주자학의 발달에 따라 불교의 폐해를 자각하고 불교를 배격하는 경향이 나타나기 시작하였다.

문학에는 정 지상(鄭知常)의 시와, 김 부식(金富軾), 이 규보(李奎報) 및 이 제현(李齊賢)의 문장이 뛰어났고, 특히

김 부식은 지금 남아 있는 우리 나라 역사책 가운데 가장 오래 된 삼국사기(三國史記)를 지었다.

불교와 학문의 성황에 따라 인쇄술(印刷術)도 발달하였다. 목판 인쇄술이 왕성하였고, 특히 세계에서 가장 먼저 금속 활자를 발명하여 사용하였다(1234).

미술, 공예도 매우 발달하였는데 세계에 자랑할 수 있는 아름다운 고려자기도 이 때에 만들어진 것이다.

고려자기는 원래 송나라에서 받아들인 기술에 의한 것이었으나, 이것을 더욱 발전시켜 아름다운 모양에 독특한 빛깔로 섬세한 무늬의 상감 청자를 굽는 데 성공하였다. 그 묘한 솜씨는 지금도 놀라운 지경이다.

고려 시대의 건축으로는 영주 부석사의 무량수전(無量

무량수전

라 예술의 정화(精華)로서 우리의 자랑이다. 이 밖에도 신라의 범종인 성덕대왕 신종과 구리나 돌로 만든 많은 불상 조각이 있다.

서화와 음악에 있어서는 글씨에 김 생(金生)과 김 인문(金仁問), 그림에 김 충의(金忠義), 음악에 옥 보고(玉寶高) 등이 각각 유명하다. 당시의 악기로는 거문고, 가야금, 비파 등이 있었다.

고 려　고려는 태조 이래로 불교를 국교로 숭상하여 많은 명승이 무리로 쏟아져 나왔다.

전국 각지에 수많은 절이 세워지고, 의천(義天), 지눌(知訥)과 같은 중이 나와 활동하였다. 뿐만 아니라, 승과 제도(僧科制度)를 마련하여, 급제한 자에게는 법계(法階)를 주고, 고승을 뽑아서는 국사(國師) 또는 왕사(王師)로 삼아 우대하였다.

고려의 불교는 오교 구산(五敎九山)의 신라 불교를 그대로 이어받아서 믿어 오다가, 의천의 천태종(天台宗) 전래를 계기로, 재래의 구산이 조계종(曹溪宗)으로 뭉쳐 오교 양종(五敎兩宗)으로 통합되었다. 고려 말기에는 임제종(臨濟宗)이 전래되어 조선 불교에 영향을 끼쳤다.

특히 불교의 경전인 대장경의 수집과 그의 조각인 대장경판은 유명하다. 우리 나라에서는 이 사업을 세 차례나 기념하였는데, 고려 고종 때에 만들어진 이른바 팔만 대장

하였다.

불교는 통일 신라 시대에 특히 왕성하여 원효(元曉), 의상(義湘), 혜초(慧超)와 같은 명승이 나와 활약하였다. 혜초는 멀리 인디아에 갔다가 당나라에 돌아와 불경 번역에 힘쓴 분으로, 특히 왕오천축국전(往五天竺國傳)이라는 기행문을 써서 유명하다.

이 때의 건축으로는 김 대성(金大城)의 발원으로 이룩된 불국사(佛國寺)가 대표적이며, 대웅전 앞에 있는 다보탑(多寶塔)과 석가탑(釋迦塔)은 그 구조와 조각이 정묘하여 신품(神品)으로 알려져 있다.

석굴암(石窟庵)은 불국사와 함께 김 대성의 발원으로 이룩된 것인데, 둥근 모양의 천장과 그 안의 석불 조각은 신

불국사

韓国新聞小史 (二)

「東亜」の日章旗抹消事件とときを同じくし、同じ抹消事件を報せた「朝鮮中央日報」は総督府が予め発見できなかったため事件にはならなかったが、責任者を自首させ、自ら進んで休刊させたが、三七年一月発行権取消によって廃刊となる。「朝鮮中央」は三三年十月に登場したもう一つの日刊紙で、「中央日報」の後身で財政難で困っていた「中央」が三三年に呂運亨を社長としてむかえて「朝鮮中央日報」と改題したもの。主として大もの親日派の私生活を暴露指弾し弊害を加えることによって異彩を放った。結局、日帝下民間紙再登場後の言論活動は「朝鮮」「東亜」が中心であった。しかし、朝、夕刊十二面制にまで発展した両紙は、三九年十二月総督府から自ら進んで廃刊することを強要された。両紙は共同戦線を張って抵抗したが、総督府の態度は強硬で、新聞用紙を統制して紙面縮小を余儀なくさせられた。四〇年八月十日両紙が同じく廃刊号を出して門を閉じたとき、社員たちは輪転機を抱いて慟哭したという。

暗黒の五年が過ぎて解放をむかえた一九四五年八月最初にこの国を支配したものは言論の自由であった。ベデルの「大韓毎日申報」の後身として、総督府の機関紙となった「毎日新報」(三八年に「申報」を「新報」と改題)は、解放とともにいち早く従業員の自治機構によって、呂運亨、安在鴻などの建国準備委員会の機関紙に早変りして発行をつづけた。これにつづいて左派、右派、中間など各種性格の新聞が雨後の竹の子のように発行される中で、四五年十一月二十三日「朝鮮日報」がまず復刊され、十二月一日に「東亜日報」が復刊された。同時にいくつかの通信社が新設されたし、地方紙も続出した。

九月八日仁川に上陸した米軍は翌九日ソウルに進駐、朝鮮総督の降伏調印をうけ、布告第一号で軍政の方針を明らかにした。建国準備委員会(委員長呂運亨)を中心とする朝鮮人民共和国が結成されるや、アーノルド軍政長官はこれを否定する声明を発表した。「毎日新報」はこの軍政声明を反駁したため三日間の停刊処分をうけ、一ヵ月後には二回目の停刊をうけた。軍政当局は経営陣を一新し「ソウル新聞」と改題し、続刊させた。解放後最初の言論受難である。

解放後の興奮と革命的雰囲気に乗じていち早く組織的基盤を整えた左翼が全評傘下の出版労組を通じて大部分の出版機関を掌握することによって、言論界は左翼一色の観を呈した。この様相が大きく変ったのは信託統治問題を契機としてであった。十二月二八日信託統治案が伝えられるや、「朝鮮」「東亜」をはじめとする民族紙は「独立でなければ死をもって闘う」と熱烈に反対した。託治反対には左翼もはじめは同調したが、翌年一月三日、左翼は一夜のうちにその態度を豹変して賛託デモをした。左翼紙がこれに同調したのはいうまでもなく、これによって民衆の支持力を失ない「朝鮮人民報」をはじめ左翼新聞社が激昂した右翼青年学生の襲撃をうけた。

このような雰囲気の中で四六年三月ソウルで開かれた第一回米ソ共同委員会は政党、社会団体の参加資格問題で決裂し、四七年七月の第二回会合も妥結を見るに至らなかった。その間四六年五月には共産党偽造紙幣事件があったし、同年十月には嶺南暴動事件があった。米軍政は同年五月軍政法令八八号を布告して左翼紙の弾圧に乗り出した。このとき有力な左翼紙はほとんど姿を消した。

四八年五月十日の選挙を通じて八月新政府が樹立された。政府は光武新聞紙法と軍政法令八八号を適用して左翼紙はいうまでもなく健全な立場で政府を批判する新聞まで反政府的であると弾圧した。政府樹立後一年も経たない四九年六月までに八個の日刊紙、一個の通信社が停刊または廃刊されたし週刊六個、旬刊一個、月刊四個が停刊または廃刊された。五〇年六月二五日の動乱は韓国言論史にもう一つの受難を加えた。「朝鮮日報」の方応模社長をはじめ「東亜日報」の編集局長張仁甫など多くの言論人が北側に拉致された。施設は破壊され、大部分の新聞が臨時首都釜山に避難した。

五三年ソウル還都をまって、新聞界もようやく落ちついた。しかし政府との対立は絶え間がなかった。李承晩自由党政権は五四年七月「新聞整備論」を主張した。当時ソウルには日刊紙十四個が発行されていたが、多すぎるから整理するというわけである。しかし、言論界の猛反対によって実現されなかった。同年十一月にはいわゆる四捨五入の憲法改正があって、言論界は一斉に攻撃の矢を放った。五五年三月には些細な誤植から「東亜日報」が無期停刊処分にあい、関連者三名が拘束された。同年九月には「大邱毎日新聞」の筆禍・テロ事件が[illegible]政治的に利用[illegible]いいがかりをつけて、[illegible]が指揮するテロ団が同社を襲[illegible]主筆崔錫采を国家保安法で[illegible]た。

政府は五五年「出版物に関する臨時措置法案」の立法化を計り、五六年には言論弾圧を目的として「国政保護臨時措置法案」を起草したが、いずれも言論界の反対によってつぶれた。五七年には「独立新聞」六十一周年をむかえて韓国新聞編集人協会が発足した。しかし、同年十一月には言論規制条項を入れた選挙法を通過させたし、十二月二四日には国家保安法を改悪した。

五九年に入って、「京郷新聞」は四回の筆禍事件を理由に四月三十日ついに廃刊された。行政訴訟を起していったん廃刊が取消されると政府は再び停刊処分によって発行を停止した。このような言論[illegible]雰囲気の中で六〇年三月[illegible]副大統領選挙が行なわれ[illegible]不正選挙を糾弾する流[illegible]おこなわれ、四月十九日の[illegible]生革命に拡大し、四月二六日李承晩の下野声明となるのであるがこの民権闘争を勝利に導く上で言論界の果した役割は大きかった。

四月二六日付で「京郷新聞」は蘇生し、過渡政府から民主党政権に移る間、刊行物の許可制は登録制に代り、言論の自由は野放し状態となった。定期刊行物だけでも四・一九以前の二倍に達し、大くの弊害が出たため、新聞週間には「新聞の責任」をうち出さざるをえなかった。

六一年五月十六日成立した軍事政権は布告第一号で、報道の事前検閲を実施した。同月二三日には布告十一号で、設備の不十分な定期刊行物千二百種を廃刊させた。筆禍事件による言論人の連行、拘束は絶え間がなかった。同年九月には新聞界の共同努力によって自律的な「韓国新聞倫理委員会」が発足した。六二年八月には軍事政権によって朝刊あるいは夕刊の単刊制が実施された。六四年八月には「言論倫理委員会法」を通過させたが、言論界の反対で実施は保留され、代りにすでに発足した「韓国新聞倫理委員会」による自律的な審議規制を全日刊紙が受けることで解決を見たが、この過程で「韓国記者協会」が生れた。

このような曲折をへた新聞界は、その姉妹紙として子供の新聞、週刊、月刊などを併刊して経営上の発展を計り、七〇年三月一日を期して従来週三六面であったものを四八面に拡大する前進を示した。

〈コリア・評論五月号から〉

お詫び＝五月はじめの連休の関係で本号の発行がおくれましたことをお詫びします。

資料

韓日租税条約の全文 (三)

(第十二条のつづき)

B、Aの規定にかかわらず、一方の締約国の居住者又は法人が運用する船舶又は航空機において提供される人的役務に関する報酬は、その人的役務がその船舶又は航空機の正規の乗務員によって提供される場合には、当該一方の締約国内の源泉から生じた所得として取り扱う。

C、Aの規定にかかわらず、個人が法人の役員の資格で受け取る報酬は、その個人が役員である法人が一方の締約国の法人である場合には、当該一方の締約国内の源泉から生じた所得として取り扱う

3、1の規定にかかわらず、一方の締約国の居住者は、次の場合には、他方の締約国内で提供した人的役務によって取得する所得につき当該他方の締約国において租税を免除される。

A、①その居住者でその年を通じて合計百八十三日をこえない期間当該他方の締約国内に滞在し、②その人的役務が当該一方の締約国の居住者又は法人の使用人の役務として提供され、かつ③その報酬が当該一方の締約国の居住者又は法人の利得で当該他方の締約国において租税を課されるものの算定にあたり報酬として控除されない場合

B、①その居住者がその年を通じて合計九十日をこえない期間当該他方の締約国内に滞在し、②その居住者が自由職業に従事し、かつ、③その自由職業について受け取る報酬が千合衆国ドル又は日本円若しくは韓国ウォンによるその相当額をこえないものである場合

4、1及び3の規定にかかわらず、演劇、映画、ラジオ又はテレビジョンの俳優、音楽家、運動家その他芸能人がこれらの者としての人的役務によって取得する所得については、その人的役務が行なわれる締約国において租税を免除する。ただし、その所得が当該締約国におけるその者の滞在中一日につき百合衆国ドルもしくは日本円もしくは韓国ウォンによるその相当額をこえる場合又はその所得が合計して三千合衆国ドルもしくは日本円もしくは韓国ウォンによるその相当額をこえる場合はこの限りでない。

第十三条　1、一方の締約国の政府又は当該一方の締約国に存在する大学その他の公認された教育機関の招請によりその教育機関において教育若しくは研究又はこれらの双方を行なうことを主たる目的として当該一方の締約国を訪れる個人で当該一方の締約国における滞在の当初に他方の締約国の居住者であるものは、当該一方の締約国に到着した日から二年をこえない期間、その教育又は研究によって取得する所得につき当該一方の締約国において租税を免除される。

2、この条の規定は、主として特定の者の私的利益のために行なわれる研究から生じた所得については適用しない。

第十四条　1、一方の締約国を訪れた当初に他方の締約国の居住者である個人であって、主として

A、当該一方の締約国内の大学その他の公認された教育機関において勉学を行なうため、

B、職業上の若しくは専門家の資格に必要な訓練を受けるため、

または、

C、政府若しくは宗教、慈善、学術、文芸若しくは教育の団体からの交付金、手当若しくは奨励金を受領する者として勉学若しくは研究を行なうため。

当該一方の締約国内に一時的に滞在するものは、次のものにつき当該一方の締約国において租税を免除される。

①生計、教育、勉学、研究又は訓練のための海外からの送金

②この交付金、手当又は奨励金

③当該一方の締約国において提供する人的役務によって取得する所得であって年間千八百合衆国ドル又は日本円若しくは韓国ウォンによるその相当額をこえないもの

2、1の規定に基づく特典は、滞在の目的を達成するために合理的又は慣習的に必要とされる期間についてのみ与えられる。ただし個人は、いかなる場合にも引き続き五年をこえる期間1の規定の特典を与えられることはない。

3、一方の締約国を訪れた当初他方の締約国の居住者である個人であって、当該他方の締約国の居住者若しくは法人の使用人として又はその居住者若しくは法人との契約に基づき、その居住者又は法人以外の者から技術上、職業上又は事業上の経験を習得することを主たる目的として一年をこえない期間当該一方の締約国内に滞在するものは、その経験の習得に関連して提供する自己の人的役務に対するその期間の報酬につき当該一方の締約国において租税を免除される。ただし、海外から受け取る金額と当該一方の締約国内で支払われる金額との合計が年間五千合衆国ドル又は日本円若しくは韓国ウォンによってその相当額をこえない場合である。

4、一方の締約国を訪れた当初に他方の締約国の居住者である個人であって、当該一方の締約国の政府が主催する計画に参加する者として訓練、研究又は勉学を主たる目的として一年をこえない期間当該一方の締約国内に滞在するものは、その訓練、研究又は勉学に関連して提供する自己の人的役務に対するその期間の報酬につき当該一方の締約国において租税を免除される。ただし、海外から受け取る金額と当該一方の締約国内で支払われる金額との合計が年間五千合衆国ドル又は日本円若しくは韓国ウォンによるその相当額をこえない場合に限る。

第十五条　一方の締約国の居住者に支払われる民間の退職年金及び保険年金に対しては、当該一方の締約国においてのみ租税を課することができる。

第十六条　1、政府の職務の遂行として韓国政府又は韓国の地方公共団体に提供された人的役務に関し、同政府若しくは当該地方公共団体によって個人に支払われ又は同政府若しくは当該地方公共団体が設立した基金から個人に支払われる給料、賃金又はこれらに類する報酬及び退職年金又はこれに類する給付については、日本国の租税を免除する。ただし、次の場合は、この限りでない。

A、その個人が、日本国の国民又は永住のため日本国に入国することを許可された者である場合

B、その個人が、日本国との平和条約の規定によって、一九五二年四月二十八日に日本国の国籍を失った者で、一九四五年九月二日以前から引き続き日本国に在留している者(一九四五年九月二日から一九五二年四月二十八日までの期間中に日本国において出生したその子を含む)の在留に関する日本国の法律により、日本国における在留を認められている場合

2、政府の職務の遂行として日本国政府又は日本国の地方公共団体に提供された人的役務に関し、同政府若しくは当該地方公共団体によって個人に支払われ又は同政府若しくは当該地方公共団体が拠出した基金から個人に支払われる給料、賃金又はこれらに類する報酬及び退職年金又はこれに類する給付については、韓国の租税を免除する。ただし、次の場合は、この限りでない。

A、その個人が、韓国の国民である場合

B、その個人が、韓国の出入国管理法により、永住に関する資格で韓国に在留することを認められている場合

3、この条の規定は、一方の締約国又はその地方公共団体が利得を得る目的で行なう営業又は事業に関連して提供された人的役務に対して支払われる給料、賃金又はこれらに類する報酬及び退職年金又はこれに類する給付については適用しない。

第十七条　第十二条、第十三条、第十四条及び第十六条の規定のうち二以上の規定に基づく特典を受ける資格のある個人は、自己にとって最も有利な規定に基づく特典を受けることができる。もっともその個人は、いずれの課税年度又は課税期間においても、二以上の規定に基づく特典を受ける権利を有しない。

第十八条　二重課税は、次の方法によって回避する。

1、韓国は、韓国の居住者又は法人につき、日本国に納付された又は納付されるべき租税の対応額を韓国の租税から控除する。この対応額は、日本国に納付された又は納付されるべき額に基づくものとするが、日本国内の源泉から生じた所得が韓国の租税を課される全所得のうちに占める割合を韓国の租税の額に乗じて得た額をこえないものとする。　(つづく)

（1965年7月27日第3種郵便物認可）

在日本大韓民国居留民団
綱　領
1. 우리는 大韓民国의 国是를 遵守한다
1. 우리는 在留同胞의 権益擁護를 期한다
1. 우리는 在留同胞의 民生安定을 期한다
1. 우리는 在留同胞의 文化向上을 期한다
1. 우리는 世界平和와 国際親善을 期한다

「韓僑通信」改題
在日本大韓民国居留民団
東京本部発行週刊紙
THE PRESS MINDAN TOKYO
THE KOREAN RESIDENTS UNION, IN JAPAN, TOKYO

民団東京
THE PRESS MINDAN TOKYO

5月13日 水曜
<1970>
週刊・毎水曜日発行
第2404号

発行所
民団東京新聞社
発行人 鄭 在 俊
東京都文京区本郷3丁目32番7号
電話 (811) 1535 (代表)
〒133 振替口座 東京16601番
（大韓民国文化公報部国内頒布許可）
（購読料 1カ月100円・特別1000円）

国会8カ月ぶりに正常化

与・野の闘争院内へ移る
第73回臨時国会を召集

共和党は四日、金振晩院内総務ほか九十八人の名義で第七十三回臨時国会召集要求書を国会に提出、これに従い李孝祥国会議長は同日、臨時国会をきたる十一日召集することを公告した。

この臨時国会は共和党が単独で召集するものであるが、その間国会出席を拒否してきた新民党も開会初日から登院する意向を明らかにしているため、これで昨年九月十四日の改憲案国会変則通過以来、共和党と政友会所属議員だけによって変則的に運営されてきた国会は八カ月ぶりに正常化することになった。

国会のもよう

こんどの臨時国会は与・野交渉の失敗に伴って共和党が単独で召集という形を取りはしたものの新民党の"独自登院"との表明があって開会される国会であるだけに会期中の与・野対立は尖鋭化するものとみられ、強硬な対与院内闘争を繰広げようとする野党とこれを封鎖しようとする与党の間で一大波乱が起きる可能性もうかがわれる。

なお、共和党はこんどの国会で補正予算など緊急案件だけを処理しようとしているが、これに反し新民党は①与野交渉で論議された選挙制度改善方案 ②補正予算案審議に先だち国政全般にわたる特別監査を実施 ③さきの臥牛アパート倒壊事件に伴う対政府質疑を繰広げる——という強硬な院内対策をたてている。

柳珍山新民党党首は二日、昨年十月十七日改憲国民投票以来、約八カ月間続けた新民党の国会出席拒否闘争に終止符を打ち"独自登院"を決行することにしたと宣言したが、登院後の対策は強硬なものである。また新民党はさる四月二十一日の政務会議で与・野交渉を中断し、事後対策の決定を柳党首に一任したが、柳党首はこの日の記者会見で「救国闘争の唯一の高地である議事堂に向かって当然として前進する」と語り、登院への意思表示を行なっていた。

なお、柳党首は同日声明を通じ、李孝祥国会議長に「国会法に基ずきただちに国会を召集すること」を要請、共和党側が国会を召集すれば独自に登院する意向を明示していた。

新民党はまた、改憲案の国会通過および国民投票過程、さきの日航機よど号乗っ取り事件などに対しても対政府質疑を展開するかたわら、共和党の単独国会で処理された法案の無効化闘争をも行なう方針である。

李国会議長

柳新民党々首

米のカンボジア介入を歓迎

韓国政府および与・野党は一日、ニクソン米大統領がカンボジア内の共産基地粉砕を期して米軍が南ベトナム軍の作戦支援を敢行したのにたいし歓迎の意を表しつぎのように述べた。

崔圭夏外務部長官

わが政府はこれを歓迎する。米政府のこのような決定は南ベトナムに駐とんする韓・米両国軍を含む連合軍の安全を保障するだけでなく、南ベトナムおよびカンボジアを共産侵略から救うのに寄与するだろう。

金昌権共和党スポークスマン

米国のカンボジア戦介入は、北ベトナムおよびベトコンなどによる共産主義侵略に対抗しているカンボジアを支援するもので、これは自由陣営の指導国家として当然のことであり、また、アジアおよび太平洋地域の平和のために望ましいことである。

金守漢新民党スポークスマン

カンボジア戦争に米軍を介入させたニクソン米大統領の措置は極東における非米国化政策にたいする限界を見せたという意味で喜ばしい。このような措置は極東の好戦的な共産勢力にたいする警鐘として歓迎する。

慶南第三区 再選挙実施へ
大法院の無効判決で

大法院（最高裁）特別一部（裁判長＝李英変判事）は一日午後、崔興林議員（政友会、当選当時は共和党）の出身地区である慶南第三地区（忠武・固城・統営）選挙の一部無効判決を下した。無効判決の理由は統営、固城郡庁の職員たちが投票所に来て崔氏に投票するよう"投票者たちに無形的影響力を及ぼした"というもの。

これにより崔議員は自動的に議員職を喪失したが、同判決は一九六七年の六・八総選当時に次点で落選した金妃変氏（新民党）が選挙無効訴訟を提起して以来二年十カ月と二十三日たってから下されたもの。

一方、中央選管委は四、全体会議を開き、固城—忠武—統営地区の一部選挙無効による一部再選挙で、六・八総選当時新民党の候補だった金妃変氏の場合、当時の新民党が六九年九月七日の解散で、国会議員選挙法第二十七条一項（登録無効）に伴い同氏の候補登録が無効化したものと解釈した。

中央選管委はまた、この再選挙をきたる二十二日に実施するという方針を地域区選管委に提示した。

なお、共和党は崔興林氏を復党させて再出馬させる方針を固めている。

ベトナム参戦 七国外相会議
七月にサイゴンで

第四回ベトナム参戦七カ国外相会議は七月五日から二日間、サイゴンで開かれる。

外務部筋によると、崔圭夏外務長官は同会議でベトナム問題だけでなくカンボジア事態を含むインドシナ半島問題全般に関する諸問題を論議するほか、昨年十二月に起きた大韓航空（KAL）機拉北事件および休戦線上における北韓の継続的挑発行為に関連した韓半島での緊張事態を説明する予定である。

フィリピンとの文化協定締結を議決

閣議は五日、大韓民国政府とフィリピン共和国政府間に文化協定を締結することを議決したが、同協定の主要内容はつぎのとおりである。

▽文化芸術および科学分野での相互関係増進▽両国の大学で相互に言語・文化・歴史の講座および科程を設置▽学位資格の相互認定

インドネシア暫定国民協議会副議長来韓

訪韓中のウハマド・スバン・インドネシア暫定国民協議会副議長は四日午前、外務部に崔圭夏外務部長官を訪ね、両国間の友好増進および共同関心事にたいする意見を交換した。

共産国との外交促す
カンボジア介入は不可
新民38議員が主張

新民党の朴炳培議員ら二十八名は六日午前、朴正熙大統領に送った「安保と駐韓米軍減縮問題にかんする質問状」を通じ、中共や北韓などの敵性国を除いたすべての共産圏国家と大胆に外交交流を試図することを促求した。

朴議員らはまた、カンボジア事態に対してはいかなる介入もしてはならぬと主張するとともに、最近タイディングス米上院議員が駐韓米軍二個師団中の一個師団撤収を主張したのは米国政府側の政策に基づいたものだという情報を入手したと指摘、これにかんする韓国政府の対策をただした。

なお、同新民党議員らは駐韓米軍の撤収は韓国の安保上認められないことだと主張、北韓からの戦争挑発行為に対処するため韓米防衛条約を修正補完するよう促求した。

一方、姜尚郁青瓦台スポークスマンは新民党が朴大統領に提出したこのような安保関係質疑状は、その質問要旨が関係長官でもじゅうぶんに答弁できる内容のものであるから関係長官が国会に出席して代理答弁を行なうことになろうと語り、朴大統領が別途に回答をすることはないだろうとつけ加えた。

なお、金昌権共和党スポークスマンは、新民党がさきに共和党の提議した安保国会召集には応ぜず今になって安保問題にかんする公開質問書を提出したことは国民の目をくらまそうとする"人気取り戦術"に他ならないと非難した。

新民趙議員 脱党を宣言

新民党の趙漢柏議員は四日、尹潽善氏（元新民党総裁）が推進している新党（民主統一国民会議）に参与するため新民党を離脱すると宣言した。

趙氏は同時に新民党政務委員および地区党委員長などの党職からも退陣したが、これで新党参与の意向を明らかにした新民党議員は張俊河、朴敦雨氏ら三名である。

KAL新航路
アムステルダム路線 オランダ航空と合意

韓国とオランダ両国はこのほどKLM（オランダ航空社）の北極経由東京路線をソウルにまで延長するかたわら、KAL（大韓航空）の北極経由アムステルダム新規路線開設に合意した。

なお、KLMのアムステルダム—東京間北極路線は七月から延長されるが、これに対する合意署名は五月初に行なわれる予定である。

なお、この路線はさらに香港まで延長される計画であるため、KALの東南アジア路線が打撃をこうむる面もあるとみられる。

ハングル綴方や標準語を再調整
国語調査研究事業計画

文教部は二十九日、ハングル専用に伴う"国語調査研究事業"計画を確定した。

同事業は政府が各種国語学術研究団体の協調を得て行なうもので、ハングルの綴り方や標準語を再調整しきたる十二月五日までにこれを整理、今年中に韓国語の使用実態と方言調査などの基礎作業を完了する予定である。

アポロ11号の記念メダルは韓国人が製作

さる六九年八月、ワシントンのホワイトハウスでアポロ11号の月着陸を記念して開かれた夕食会で世界各国の有名人二千余人に配られた記念メダルと記念タテは韓国人鄭圭氏の製作によるものであることが、この程明らかにされた。

北送再開の動き
外務部、駐日大使に真相調査を訓令

外務部は、日本政府が在日同胞の北送を再開しようとしている動きに対し「早急に真相を調査報告するよう」李厚洛駐日大使に緊急訓令を出した。

日本社会党の成田委員長と安宅朝鮮問題担当特委長は朝総連の依頼で保利官房長官を訪問、在日同胞の北送を再開するようつぎのように要求した。

①北送協定有効期間中に北送を申請して未だ北送されていない一万七千余人と、また新たに北送を希望している者とを分離しないで直ちに北送を再開し②日本・北韓間の北送再開のための赤十字会談を早急に開き③北韓赤十字代表の日本入国手続を簡素化すること。

これに対し、保利官房長官は「北送問題は人道的問題として処理したい。いずれにしても前向の姿勢で検討するつもりだ」と答えたといわれる。

永住取得者は除外する
兵役未了者召還

国防部は海外に滞留する兵役未了者のうち「海外で永住権を得た者は国際慣例上韓国籍を持っていても強制送還できないという点を関係部処間会議で確認した」ため、永住権写本を海外公館を通じ国防部に送ってきた者は召還対象から除くことにした。

丁総理、14日に来日
永住権申請の促進など
李中央団長記者会見で語る

李禧元中央団長は、十二日午後六時六本木の鳳亭で記者会見を行ない、万博ナショナルデーに参席のため来日する丁一権国務総理の滞日スケジュールをはじめ故金竜煥愛知団長の銅像起工式がソウルで行われたことなど大要つぎのとおり語った。（写真は李中央団長）

丁国務総理の日程

丁国務総理は朴大統領の代理として十四日午後KAL便で来日、十五日に日本天皇を訪問し十六日は、日本政府の案内で京都を観光午後九時に大阪ローヤルホテルにはいる。十七日は朝から万博韓国館をはじめ各国のパビリオンを視察し十八日は午前十時から行なわれる韓国ナショナルデーの各種行事に参加、十九日は東京へ戻って佐藤首相との会談が予定されており二十日は公式日程なく二十一日のKAL便で帰国する。

故金団長の銅像建立

一昨年民団団務中に暴漢に襲われ殉職した故金竜煥愛知団長の銅像をソウルに建立することになったが、政府の協力によってさる九日その起工式が行なわれた。同銅像が建立される場所はソウル南山の一角で政府提供の五八坪の台地に総工費六〇〇万ウオンをかけ基台十五平方尺、象台一平方尺、像高七尺の銅像が建てられる。

起工式には、本国政府援護処次官をはじめ文化公報局長、ソウル産業局長らが参列したほか民団側から丁海竜組織局長、李成甫ソウル連絡所長そして遺族を代表して故人の未亡人が参席した。

除幕式は、きたる十月二日行なわれるがこれには、合同会議に参加する民団全国団長らが参列する予定だ。在日同胞の銅像が本国に建立されるのは、はじめてのことで在日同胞の士気をつちかう点で意義深いことと思う。

万博招請事業は順調

万博参観団の来日は順調ですでに第一陣八百六十名は帰国し現在第二陣が滞日中である。第一陣の滞日中には事故もなくその保安は万全であった。ただ第一陣のうち五名が健康上の理由で入院している。参観団が帰国のさいは、農家出身者に限って農機具の持ち帰りを奨励してできるだけ安価で入手できるよう民団で斡旋することにしたほか、本国でもこれの持ち帰りについては無税扱いをすることに決定している。

永住権申請の促進

きょう〈十二日〉法地位委員会をひらいて永住権申請の促進について全組織の自覚を訴えた。四月中の申請数は八、三七七名でいままでの月間統計では最高であった残った申請期限七ケ月の中に有資格者の全員が完了するよう民団の主力をかたむける。地方本部によっては活発でないところもあるので、場合によっては中央から督励員を派遣し常駐することも考えている。

なお、李団長は、万博招請問題にからんでソウルの産業経済新聞社と李団長との間に不明朗な話しが伝えられているが、これは全然事実無根な中傷にすぎないと否定した。

そしてわれわれの社会で、中傷謀略があまりに多いことを認めながら「実になげかわしく思う」と語り万博招請事業について何ら非難されるべきことはないが、すべてを永住権申請の促進事業が終るまで雑音に耳をかさないつもりだと語った。

なお、同記者会見には、池宣伝局長も同席した。

南ベ経済開発に密接な協力
韓・越閣僚会談声明

サイゴンで開かれた韓・南ベトナム経済閣僚会談は二十五日「南ベトナムの経済開発に密接な協力と協議をつづけてゆく」との共同声明を発表して四日間の会議を閉幕した。

同共同声明は①両国間の通商増大に努力し通商においては相互の提議によって特恵措置を取る②私企業体の合作投資増進を推進させることに合意、韓国側は韓国企業家の南ベトナムへの投資誘致に努力し、南ベトナム側は現存の資材を利用する[illegible]を歓迎する③南ベ[illegible]韓国企業体はベトナ[illegible]訓練強化に留意し、南ベトナム政府はベトナムの人的資源状況に伴い、高度に熟練した韓国人技術[illegible]と交替する韓国技術者[illegible]する労働許可発給、ビザ延長、再入国ビザの発給などを速やかに行なうよう好意的な考慮をする——などに合意したとうたっている。

WACL躍進国民大会ひらかる

世界反共連盟（略称・WACL、笹川良一会長）では来る九月に同連盟日本大会の開催を予定しているが、この大会推進の成功をはかる主旨で、さる十一日正午から東京杉並区の普門館においてWACL躍進国民大会と銘うって「平和を祈る青年の祭典」が開かれた。

統一問題と経済協力
ソウルで韓・独外相会談

政府は十五日、崔圭夏外務部長官の公式招待で来韓するワルター・シェール西独外相一行を迎え、韓・独外相会談を開いて統一問題および経済・技術協力問題などを協議する。

外務部筋によると、こんどの韓・独外相会談で韓国側は同じ分断国家として国土統一にかんする相互間の緊密な協調問題を提起する意向だといわれ、その具体的な方案として①定期的な閣僚会談を推進、②情報および資料の交換、③専門家たちによる共同セミナー開催などを予定している。

なお、こんどの会談では、さきに東独のエアフルトで開かれたブラント・シュトフ両独首相会談の内容について、またきたる二十一日西独のカッセルで開かれる第二回両独首相会談にかんする西独政府の対策説明などをきくだろうといわれる。

人情有感

李王朝最後の皇太子であった英親王垠氏はその波瀾にみちた人生をとじた。祖国の悲運に生まれた皇太子といえばそれまでだが、十才の幼いときに日本政治家たちの政略で人質になり人間としての自由をうばわれて一生涯を送ることになった。彼は、王世子殿下という尊称をうけ日本の王女と結婚したが、すべてが"偽わりの栄華"にすぎなかった。"自由な身であればわが国民のために働きたい"と嘆いていたというから、やはり民族の血はかわらなかったようである。▼歴史の正しい流れにしたがって祖国は八・一五光復を迎えたが、時代はすでに変遷しそれに逆らうことはできなかった帝国という国家形態は旧時代の遺物と化し旧皇太子たりともひとりの国民にすぎないのであった。それでも彼はいちはやく国籍を復帰して帰国を叫んだがときの李承晩政権は、なぜか彼の帰国をはばんだと伝えられる。

夫人の方子女史が出した"悲劇の王女"という書物によると当時の旅券関係が思うようにならず再び国籍を日本にかえて在米の子息さんを訪ねたとのべている。▼五・一六革命を経て第三共和国になってからはじめて彼の帰国は実現したが、すでにその時は半身不随の病身であった。日本の病院から飛行場へはこばれ金浦でも土をふむことなく病院にタンカで直行した。健康な身体であったならおそらく飛行場の土をにぎって痛哭したであろう。——風の冷たさにわが祖国を知る——と一言感慨をもらしたそうだから正に悲劇である。そして七年数ケ月の間病院で療養生活を送ったがついに健康は回復せず不帰の客となった。彼には、もう一人の異腹妹も対馬の旧藩主宗家へ政略的に嫁がれたが、人生の幸福がなんたるやも知れずついに精神病患者となって離婚し、李氏より一足さきに帰国した。まさに不運な王家一族の末路ではある。▼帰国してからも、李氏と同様病院生活であるが、こんどの李氏の逝去を知らせても、何の反応もないほど重患で意識の回復は期待できないらしい。かくして彼は、数奇な運命をたどったが民主国家のひとりの誇りある国民として平和な臨終を迎えたことは、せめてもの人間的な安らぎであったにちがいない。われわれは、われわれの国民が共通にうけた犠牲者のひとりとして謹しんで弔意を表しながら彼の冥福を祈りたい。

近代化する今日の祖国

ソウル、高架道路

ソウルは、凡ゆる可能な夢の集合体である。空を縫う鉄とセメントの虹を夢みる市民の願いが実って、ソウルは日増しに立体的な都市の面目を備えつつある。

서울、고가도로

서울은 모든 가능한 꿈의 집결지이다. 하늘을 누비는 철과 시멘트의 무지개조차 갖고 싶어 하는 시민의 바램이 이루어져 서울은 완전히 입체적인 도시로 변모하였다.

北傀スパイ団を検挙

忠南唐津で 地下党再建に暗躍

陸軍保安司令部は日、忠南唐津とソウルに拠点を作って暗躍していた北傀地下党再建組織責任者の韓インドン（六一）など二十一名を検挙したと発表。これらスパイと接触しようと試みていた北傀の工作船を十一日夜十一時ごろ、瑞山郡安眠島で捕捉し、上陸した工作員三名を射殺したと明らかにした。

同発表によると、二十日午前十一時ごろ、安眠島の船着場での検問でスパイ団の組織員鄭ジョンウ（四〇、予備役陸軍将校）を検挙したところ、韓の自白によって同スパイ団の全貌が明らかにされたもの。スパイ団の頭目は韓インドンで、ソウル地区の地下党再建責任者はチャエボン（四…）、ソウル拠点連絡員は韓サンドン（五四）、一般連絡員が金イッチエ（五九）など一味は一網打尽となった。また、これらの固定スパイを北傀に運ぶために派遣された工作船の乗組員たちは三人とも射殺。陸軍保安部は工作用ボート、ピストル二ちょう、AK小銃二十ちょうなど四十余点を押収したが、この押収品の中には乱数表がはいっていた。

調べの結果、このスパイ団は去る五四年以来、韓国に定着して“固定スパイ”として活躍、地下共産党組織をつくることを目的に動いていた。

なお、同スパイ団は北傀から工作金として米ドル四千三百ドルと韓国貨幣百四十万ウォンをはじめ、乱数表一組、ラジオ一台など二十四種類の補給品を受けていたが、頭目の韓インドンは二回にわたって北傀を往復・連絡していた。

生産従業員の実態調査

労働庁が四日、発表した“韓国の生産従業員の初任給実態調査”結果によると、その平均初任給は七千六百十ウオンである。

労働庁は六九年四月を基準にして、製造業、鉱業、商業、運輸保管業、サービス業など種々の事業所から百十七ヵ所、雇用者各五十名以上を抽出して初任給の実態を調査したが、これによって明らかとなった平均初任給七千六百十ウオンを男女別でみると、男子九千二百七十ウオン、女子五千八百六十ウオンで男子は女子より三千四百十ウオン余、一二倍に給料を受けている。

また、初任給の最高平均は二万八百四十ウオン、最低は二千七百二十ウオンで、その格差は非常に大きいが、これは労力や技術水準の差異によるものといわれる。

なお、男の最高平均初任給は二万九千三百八十ウオンで女子の場合は一万二千三百十ウオン、女子は男子の半額にもならない。一方……

カンボジアの前国家元首シアヌーク殿下は北京において「カンボジア王国民族連合政府」を樹立中共、ソ連をはじめ共産圏諸国が次々にこれを承認している。一方カンボジア領土内では国境沿い密林地帯の“聖域”を米・南ベトナム軍にたたかれた北ベトナム・ベトコン軍がどんどんと西方に移動、これら共産軍はモンドルキリ州東北部最大のセンモノロム市を激しく攻撃して占領、また、メコン川沿いの要衝、クラチエ市をも占領した。共産軍の一部はさらに南下し拡大作戦を取っており、プノンペンとサイゴンを結ぶ国道一号とメコン川の戦略地点ネクルンとその近くのコンポンチャムにはいったと伝えられる。

韓国新聞論調 カンボジア事態をこうみる

カンボジア領内における共産軍の“聖域”本拠をたたく米地上軍の攻撃は続いている。ニクソン大統領のカンボジア作戦の行動発表以来、その賛否両論のあらしは世界中をゆるがした感があったが、韓国論調の中からうかがわれる意見の多くは「これを支持する」というものである。理由は「北ベトナム軍およびベトコンが南ベトナム国境線一帯のカンボジア領土を“聖域”としてゲリラ作戦などの根拠地としてきたことはベトナム戦発端のころからのことであるが、南ベトナムを攻撃してはこの地域に逃げこむ共産軍を、米軍や南ベトナム軍をはじめ連合軍は追跡してたたくことができなかった。というのは越境してカンボジア領土内にはいらなければ、それが不可能だったからであるが、それを共産軍側は利用してわがもの顔にカンボジア領土を“聖域”として、ここを本拠に南ベトナムへの攻撃をほしいままにしてきた。いまのチャンスにこれを叩かなければ、ベトナム戦は永遠に終わらないだろう」というものである。韓国はベトナム派兵を断行している立場でもあり、軍事的に早急に“解決の道”を見出さなければ、共産勢力の侵略がいっそうの危険をこの地域にもたらすとみているが、以下は主要新聞の社説の中にみる論評である。

ニクソンの措置を歓迎

ベトナム戦のガン“聖域”をたたけ

朝鮮日報

カンボジア支援

東亜日報

心強さ覚える

“民族解放軍”の結成を声明し、また、先週には中共の広州でインドシナ共産首脳会議を開いて、北……と評価した。

……むきなかったはずである。

シアヌーク前国家元首の巧妙な……

早期終戦への措置

ニクソン大統領はこんどの……

こうした状況の中で、共産軍は縮少を約束するどころか、いっそう軍事侵略を強化してきた。にもかかわらず、米軍のベトナム撤収だけが促進されようとしていたベトナム戦のなりゆきが、どれほどの不安を現地の人びとに覚えさせてきたことか——。いうまでもなく、この地域一帯ではベトナム戦がこのまま終結することなどとは誰にも信じられておらず、共産側の脅威だけが大きな形となって映し出されていたものだ。

共産侵略予防線

自由アジア戦線を

韓国日報

歓迎する理由あり

責任は共産側に

東亜日報の輪転機導入など

外資導入認可

456億トンに達す

韓国鉱物資源埋蔵量

六九年の完全失業率は四・八％

韓国雇用と賃金水準

韓国銀行が四日発表した「韓国の雇用と賃金水準」報告によると韓国の失業者は経済成長に伴う労働力需要増加で年々減っていることが明らかとなり、なお潜在失業者の待遇も大いに改善されている。

この韓銀報告では六九年中の完全失業率は四・八％、これは六七年の六・二％、六八年の五・一％に比べると、明らかに低率である。

浦項製鉄工場

第二段階拡張

済州付近の大陸ダナに日米合作事業

韓銀総裁に金聖煥氏

政府、突然の更迭を発表

長期低利資金引続きうける

金副総理語る

韓日民間合同経済会議議題

輸出計画は順調

一分期中の輸入増加率は九・五％

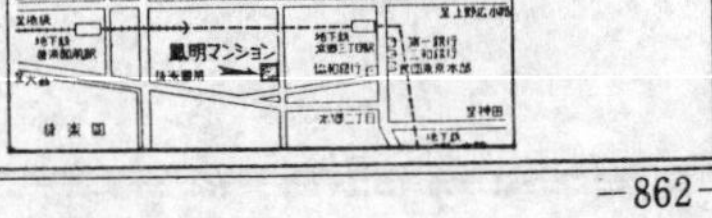

事務部長研修会ひらかる

実態把握に成果多大

経済活動の重要性も強調

東京本部管下各支部事務部長の研修会が、さる七日伊豆長岡、古奈ホテルでひらかれた。

同研修会には、本部から羅副団長をはじめ幹部各事務部長ら全部長が参席し、都内二十一支部の事務部長が参加した。

同研修会において、羅副団長は永住権申請促進事業について組織一線における実務者たちの意見を聴取しこんごの同事業推進に参考にしたいとの要望とともに同事業の推進により、協定の活動を強調するあいさつをのべた。とくに許副団長は、今後の民団は経済活動に留意し団員の生活と密接した運動を展開しなければならないとのべ、納税貯蓄組合の活用とともに生活協同組合の構想を明らかにした。

また万博保安対策について本部の方針を伝達しあわせてこれが万全を期すべく想定の注意事項などを指示した。

研修会は、組織一線の実務者だけに活発な意見が交換されたが、永住権申請促進について事務部長側から建設的な発言が多かった。さらに各支部の実情についてもそれぞれ報告がなされ団務遂行に必要な資料となる発言が多くみられた。

なお、このような同研修会の成果にかんがみ今後は、実務者主義の観点から定例的に事務部長会議を召集すべきだとの意見も多かった。

渋谷支部総会のもよう

練馬支部総会

民団練馬支部では、さる十日同支部総会をかねて箱根小涌園へ団員が参席した。

団長に金栄在氏が当選

世田谷支部定期総会ひらかる

金団長

朴議長

崔監察委員長

民団世田谷支部（徐竜岩団長）の第二十一回定期総会が、さる八日午後一時から区内の玉川区民会館において盛大に開かれた。活動方針、予算案などを審議、これを可決したほか、任期満了にともなって新任役員を選出、団長には金栄在氏が当選した。

総会は開会予定の十一時より二時間以上おくれて始まったが、会場は四百五十人をこえる団員、来賓、傍聴人らでうめつくされ熱気がみなぎった。

開会のあと三機関を代表して徐団長、朴議長、尹監察委員長があいさつ、二年間団員各位の協力で大過なく大任を果したが支部としてはまださまざまな問題が山積しており、今後とも一致協力して団員のための民団づくりを進めて欲しいとそれぞれ述べた。

つづいて来賓を代表して東京本部の鄭在俊団長、関東地協の…らがそれぞれあいさつに立ち、世田谷支部の総会が画期的な盛況のうちに開かれたことを祝福するとともに民権擁護と民生安定という民団綱領の基本的な精神と伝統にのっとった、意義ある総会になることを期待する旨、祝辞を述べた。その中で特に鄭団長は、在日同胞が日本に住む上で重大な問題となっている永住権問題とその現状について詳細にわたって説明するとともに、協定永住権の有資格者は一日も早く申請をするよう力説した。

このあと活動経過報告、質疑応答、活動方針討議の順で進み、満場の拍手の中で徐竜岩執行部が総辞職、新任役員の選出に移った。

団長選出では金栄在氏（前副議長）李外景氏（前顧問）がそれぞれ推薦をうけ、投票の決果、①二世の息子や娘には国語の教育を！②体育の育成③納税貯蓄組合の強化と商工会の設立などを訴えた金氏が二二七票を獲得、一七二票を獲得した李氏の健闘を振り切って団長に選出された。また議長に朴鎮孝氏、監察委員長に崔祥烈氏がそれぞれ満場一致で選出された。

午後五時半閉会。当日決定をみた世田谷支部新任役員はつぎの通り。

△団長　金栄在　△副団長　陳関鉉、李甲植（各再任）△議長　朴鎮孝　副議長　崔枚斗、金栄洙、△監察委員長　崔祥烈　同委員　李栄休、金鐘浩

2万の市民が見送る

しめやかに李垠氏の葬儀

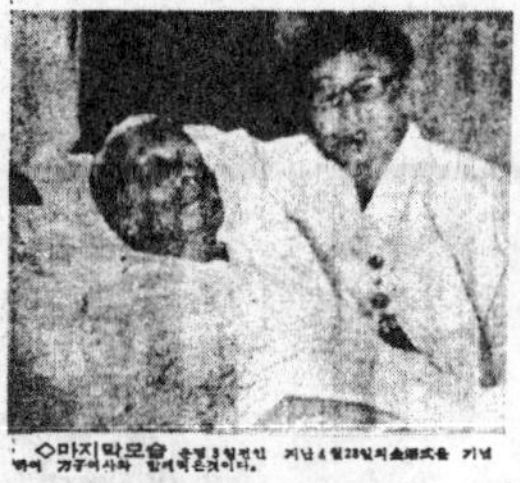

◇마지막모습 …

◇참석못한 金婚式　지난 4월28일 金婚式때도 李垠씨는 病床에 있었다. 李垠씨가 참석못한 金婚式에서 方子여사는 아들 玖씨부부와 함께 축하「케이크」를 잘랐다. 李垠씨는 金婚式 3일만에 파란많은 생애를 마쳤다.

さる一日長逝した李朝最後の皇太子、李垠氏の葬儀は九日午前十時から、ソウルの旧王宮、昌徳宮大造殿前庭で儒教のしきたりにのっとってしめやかに行なわれた。

この日の葬儀は李孝祥国会議長を葬儀委員長に丁一権国務総理ら計千五百人が参列した。棺は午前十一時、ソウル市の北東、京畿道揚州郡の王陵、金谷陵に向って出発、約二万のソウル市民が沿道に並んで見送った。

なお葬儀に日本側から秩父宮妃、高松宮夫妻らが参列した。

英親王李垠氏の葬地は、さる年すでに全州李氏大同宗約院と文化財管理局によって京畿道揚州郡渼金面金谷里にある洪裕陵のとなりに決定している。

74万4千余坪の林野に位置する洪裕陵は、英親王の父王であった高宗太皇帝と妃、明成太皇后閔氏を祭った洪陵と先王であり兄であった純宗孝皇帝と純明孝皇后閔氏を祭った裕陵である。

英親王の陵は、封土高さが3メートル、前面に1・85メートルの文武官石像と虎像、羊像などが左右に並び立つ。

李王家系譜

- 26 高宗
  - 完王（어려서별사）
  - 27 純宗皇帝（長子）　純明孝皇后閔氏　尹皇后
  - 李堈（義親王）（次子）　12女 16男
  - 李垠（英親王）（3子）　方子 ― 李玖
  - 徳恵翁主

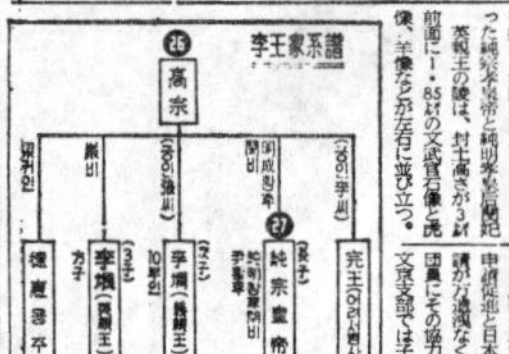

韓国学校へ援助金

民団文京支部総会できめる

金団長

民団文京支部（姜文奎議長）でも十日（日）、支部事務所の二階会議室において第二十三回定期総会を開いた。

午後二時に開会、姜議長の開会辞にはじまって金尚弘団長、鄭監察委員長、鄭在俊民団東京本部団長らがそれぞれあいさつに立ち、民団の二大事業である永住権申請促進と日本万国博本国家族招請が万遺漏なくおこなわれるよう団員にその協力を呼びかけ、また文京支部では子弟の民族教育の必要性にふまえて、東京韓国学校に物心両面から協助する方向が特に強調された。

つづいて三機関活動経過報告、質疑応答、活動方針および予算案などの順で討議が進められた。特に予算案には東京韓国学校への援助金三万円を新たに盛りこみ、金坪珍顧問ら六人によってその財政委員会を構成することを決めた。

また其の他の事項として、三機関役員のうち居住地変更のためかねてから辞意を表明していた金副議長、尹監察委員の辞任を正式に認め、その後任補充は三機関に一任、近日中に決定することで合意をみた。総会には約三〇名が参席した。午後三時四十五分閉会。

団長に金勲暎氏再選

渋谷支部でも盛大に定期総会

民団渋谷支部（李和洙議長）では十一日、同区内山手教会会議室において第十八回定期総会を開催、経過報告、活動方針などを審議するとともに、任期満了にともない新任役員の選出をおこなった。

総会は支部団員、来賓など四十余名が参加する中で午後一時すぎ呉命根副議長の開会宣言および開会辞をもって始まり、続いておこなわれた三機関長あいさつの中で特に金勲暎団長は、われわれ同胞が負わされた歴史的な使命と外国に居住している現実にてらすとき民団の存在意義はいまさらに大なるものがあるとし、民団渋谷支部の更なる発展を期すると述べ、またつづいて挨拶に立った鄭在俊東京本部団長も、日本での唯一の民族団体としての民団が、同胞にとっていっそう意義あるものになるよう、大同団結が急務であると訴えた。

ひきつづき同支部顧問…、民団中央を代表して…顧問がそれぞれあいさつを述べたあと、活動経過報告、質疑応答、討議の順で進行し、このあと満場の拍手をうけて任員が総辞職、新任役員の選出に移った。

まず団長選出では金勲暎氏、呉世経氏が推薦をうけて争うことになったが、金顧問をふくめた三者話し合いの結果、前団長である金勲暎氏の再任が決まった。また議長の選出でも呉世経、池両氏が推薦をうけて対立することになったが、金勲暎団長らをふくめての話し合いの結果、議長には呉世経氏の再任がきまり、池氏は副議長にきまった。

さらに監察委員長の選出においても金玉岩、高玉模、権唐渉、金法宋の四氏がそれぞれ推薦されたが、談合の末、権唐渉氏の監察委員長が決まった。

このあと他の三機関任員が三機関長からそれぞれ発表され、また東京地方本部代議員の選出は三機関に一任することで合意をみて五時半すぎ閉会した。

当日発表された渋谷支部新三機関任員は次のとおり。

団長金勲暎、副団長金玉岩、高玉模、議長呉世経、副議長池…、呉命根、監察委員長権唐渉、同委員金法宋（一名欠員・敬称略）

映画会をかねて

江戸川支部の総会

総会であいさつをのべる鄭江戸川団長

民団江戸川支部（…議長）でも同じ十日、江戸川韓僑会館の二階講堂において、第十二回定期総会が支部団員、来賓ら五十余名が参席するなかで開かれた。

総会に先だって午前十一時より映画会を開催、新着本国劇映画、総天然色「うわさの夫婦（日本語訳）」と最新本国ニュースなどを観映し、このあと午後二時半から総会がもたれた。

国民儀礼のあと…議長が挨拶をかねて開会辞を述べ、続いて挨拶に立った鄭…同支部団長は「これまでとかく停滞がちであった民団も、昨年の出入国管理法案反対にみられるごとくこのところ過去にない活発なものになっている。教育問題、民権擁護の向上はもちろん、永住権申請の促進、万博保安も団員の協力でいっそうの万全を期そう」と述べた。

続いて顧問を代表して李…氏と民団東京本部の羅鍾卿副団長がそれぞれ挨拶したあと、経過報告、会計報告、監察報告、質疑応答、活動方針、予算案等の順で報告、審議が進められた。

報告によれば①同支部の団勢は昨年度より三〇世帯が増加して、現在一九八世帯、団員数は七五六名（日本籍家族を除く）である。②永住権申請において、特にそれまで民団にも朝総連にも属していなかった者、あるいは朝総連から転向した者が相当数申請している。③同支部の協定永住権申請状況は、三月末現在、許可四四〇名、申請者七五名である。④同支部での東京韓国学校通学生は現在八名にすぎない。⑤今年度から小岩、平井の二地区で韓国語講習を開講する、などとなっている。

最後に韓青江戸川支部の活動が報告され四時過ぎ閉会した。

韓青研修会

在日韓国青年同盟中央本部（金恩沢委員長）では、第五期幹部研修会を、さる五月九日から十一日までの三日間、韓青中央研修所花郎台にて実施した。

同研修会においては、韓青綱領の理念を達成させ得る実践幹部を養成するのを目的に①在日同胞の歴史的運命を韓国近代史に及び在日同胞史の学習を通じて民族主体的歴史観を確立する②在日同胞の民族運動史、韓青運動史の学習を通じ、歴史的視点で把握し、その方向性を模索すこと③近代史、在日同胞史と自己の体験を関連させ、その…を通じて韓青組織の連帯を強化することなどの研修目標にしたがって熱心な研修が行なわれた。

韓国へ親善飛行

日本オーナーパイロット

日本オーナーパイロット協会会員十三人（女三人）がスカイ・マスター機など五機の軽飛行機で三十日、金浦へやってきた。大韓航空協会の招きで韓国を親善訪問したもので、小倉から金浦まで三時間三十五分かかったという。この中には僑胞の金守安氏（46・東京で巴商社を経営）も入っている。日本の同協会の海外編隊飛行は初めてで、一行は六日間滞韓し、赤十字、遊園地などを訪問する予定である。

羅錫烈氏

肝コウ変、喘息で長年加療中のところ薬石の効なく、五月四日午後七時三〇分神奈川県平塚市の自宅で永眠した。享年53才。同氏は民団品川支部団長（第三代）などの支役職を歴任した。喪主は長男、吉伸氏。

韓国の昔話　①

虎の孝誠

崔　仁　鶴

むかし、むかし、あるところに一人の貧乏なきこりが、住んでおりました。

きこりは、毎日山の中にはいって木を切っておりました。

ある日のことです。

きこりが深い山の中、道もないところまできたときです。前を見ると草むらのなかから一匹の大きい虎が現われました。

きこりは、あっとおどろきながらにげようと思いましたが足が動いてくれません。

すごくこわかったのです。

＜おなかはすいているし、これは本当によかった。＞と、思いながら虎は口なめずりをしながら少しづつちかづいて行きました。

＜しまった、どうしても虎に食われてしまうのか＞と、きこりは死ぬ覚悟をする瞬間、一つの考えを思い付きました。

「おにいさん、ひさしぶりですね。こういうところでおにいさんにおめにかかるとは夢にも思わなかったのです。」

きこりはおちついた態度で虎にいいました。

「なに、おまえは人間のくせに俺を見ておにいさんだと…」

虎は厳しく答えました。

「はい、そうです。私のおにいさんです。」

「うそをいうな。」

虎は口を開けました。

「いや、ちょっと待って下さい。ははが、私にきかせた話をおつたえしますから聞いて下さい。」

虎は、どうしても食べてやろうと決めていたのでそんなに急ぎたてる必要はないと思い、そのはなしをきいてやることにしました。

「ある日、ははが私にいいました。おまえが子供のとき、おまえのあにきは山の中にはいって帰ってこなかったんだ。まあ死んだと思ったが、ときどき夢にあにきが虎のすがたになって現われ、いつもないているのを見たんだ。もしかして、あにきが虎になったのかもしれないから、おまえが、山に行ったらきおつけてあにきをさがしてごらん。」

きこりは悲しい表情をしながら涙を流しました。

静かにきいていた虎は、＜いまは自分のははもだれかわからないし、どこで生まれたかもわからない。…小さいときのことは、とんとしらないのでこのきこりが弟かもしれん。＞と、考えました。

「おい、なくな。ははは いま生きているのか。」

「はい、でもおにいさんのためにいつもないていますよ。おにいさん、一緒に帰りましょう。」

「心では一緒にいきたいが、このすがたでは…」

虎も悲しい心になりました。

「このすがたを、ははには見せたくない。おまえがよくつたえてくれ。そのかわり毎月ぶたを二匹づつ家のそばに置いておくから。」

きこりは無事に帰ってきました。

その後、虎は、きこりに言ったとうりに毎月ぶたを置いていきました。

私は北傀を告発する

大物スパイ告白の記

姜　大　振

（一）

最近、自首して出た姜大振（五一）は北韓から南派されたスパイのうちで最高級の大物とみられているが、姜氏は先月十四日、ソウルの市民会館で行なわれた帰順者歓迎大会ではじめて一般の前に姿をあらわし、さる二十五日の記者会見の席上では、北韓情報として「最近、北韓はこれまでのゲリラ作戦がこれという成果を見せないために戦術を変えて、対南工作の方針として細菌戦、化学戦の方向に踏切っている」と語り、一般の注目を引いた。姜氏は全羅北道高敞郡の出身で、韓国戦争当時、北韓人民軍の訓練を受けたのちに北韓に行き、情報活動分野で活躍、スパイとして韓国には四回派遣された。

私の北韓での地位は高級"安全局"で、黄海道の社会安全局"反探偵"部の上級指導員を経て第一二四軍部隊（北韓ゲリラ部隊として名高い）を指揮する第二九一部隊の上級指導員を歴任した。私はスパイとして四度目に南派されたのを最後に自首して出たが、金日成が赤化統一の野望を捨てない限り、第二、第三の大振は無数に山を越え、河を渡って南派されてくることだろう。思えば北韓で過ごした十七年の間、私は残忍きわまりないものを数々眼（ま）のあたりにしてきた。私自身、共産党員として今日まで多くの罪状をおかさなければならなかったし、南派中、スパイ活動の目的のために実兄の胸にピストルをつきつけたこともある。今回はしくも九十歳に達した老母を胸に抱いて感無量、ついに同僚二人のスパイを射殺して北で自首する心境となったのであるが、私の長い"過誤の年月"を次にしたためながら、悔悟（ざんげ）したいと思う。

"北傀告発"！

私の告白の記

これは私の"北傀（北韓のこと）告発の記"であるが、正直と言う私はこれを書くことをしばし、ためらった。というのは私自身が過去二十年近くもの間、北韓のために働いたスパイ活動は"罪そのもの"であるにもかかわらず、そういう私が今さら北韓を批判しあばき、糾弾することに意味ないと考えたからだ。否、意味ない、というより、私にはその値打ちがないと考えたからだという方が妥当だろう。

だが、敢えて私はこれを書く。というのは若かりしころ、共産主義にあこがれ、ついには共産党と行動を共にすることになった私の罪多い半生を振返り、こうした被害者が再び出ないことを念願するからである。しかし、私は、私の青年時代とは異り、いまの韓国の若者たちが無批判に共産主義を信奉して"赤い闘争"に飛込んで行く様相も、ふん囲気も、要素もほとんど無いということを、スパイ活動を続けてきた私だけに誰よりもよく知っている。従ってこれは"再び被害者の出ないように"と念願する"他人のためのもの"ではなく、私の罪の意識のための"告白"かも知れない。

六・二五動乱当時の私の歩んだ道

一九五〇年六月二十五日、北韓の南への侵攻は史上、類例のないほどに悲惨な同族殺戮（りく）の悲劇をもたらした。

当時、私は南労党（解放直後、南にあった共産党）に加入しており、故郷の全羅北道高敞郡の党政治保衛部の副部長として任官、赤軍として猛活躍をするようになっていたが、いまにして思えば、私の"赤い下手人"としての発端はこのときからであった。

ところが、最初は猛虎の勢いであった共産軍も、国連十六カ国の参戦によって戦局逆転、その年の九月二十八日から後退の余儀なきに至った。そこでわれわれも高敞から三十八度線に向かって山々と谷間の岩石の道をとぼとぼと、敗退の歩みを続けることになったのである。

その途上、私の直属上官であった政治保衛部長の金少佐がチブスにかかり生命は危篤に陥ったが、部員たちは方々に散って見えなくなり、これをみとる者は私以外に誰もいなかった。私は金少佐を背中に負って千辛万苦の末、ようやく北韓軍部隊に合流、金少佐は私の介護で生命をとりとめた。そこで回復した金少佐と私は、江原道金化郡に集結した北韓軍第二軍団に編入され、私は金少佐の上申によって直ちに中尉に特進、要職である黄海道社会安全局"反探偵部"指導員になった。このことは、私の情報活動の皮切りとなり、その後私の半生を左右することになったのである。

それから私はやはり金少佐の保証で北韓の社会安全省高級軍官学校を出て上尉（中尉と大尉の間の位）に進級した。そのころの北韓では反共暴動がひんぱんで、特に三十八度線に近い地域は四六時中、反共暴動による"治安不安"で動揺していた。私はこれら不穏分子や反乱分子を鎮圧するための黄海道社会安全局の訊（じん）問官に任命された。

六・二五の休戦後、私は参謀大学を出て大尉に進級、黄海道社会安全局"反探偵"部の上級指導員に任命されて"尹成奉部隊掃討対策本部"というところに派遣された。

（つづく）

法の日「国民の法意識を調査」

五月一日は「法の日」それも今年で七回目を迎え、全国的に盛大な記念行事が行なわれた。しかし、国民の相当数が「法の日」だけでなく、刑法・憲法など法に関しあまりにも無知である事実が法務部の調査で明らかになったので、かいつまんで紹介すると、法をよく守る者千人のうち六十人、守らない者一五人、残りがよく分らないと答え、不動産登記を済せている者が全体の六七・三%、結婚申告は九五・三%、出生申告は、八七・六%、死亡申告は法定期日内（十日）にした人が四九・一%である。

また法律的な紛争が生じた場合、最も多く訪れるところが警察（三六・九%）、次が司法書士（二六・五%）、弁護士（二〇・六%）の順である。社会悪に対する申告意識は高く、犯人を発見した場合は九十人が通報するとの意見を持っており、スパイ発見の際九九・一%が申告する意思を持っていたという。流石は反共の国、韓国を如実に物語っている。なお生活に直接関係のある刑法を知っている人が三十九%、知らない人が六十%、刑事訴法は七十%が知らなかった。いずれにしても法務部の話だと、法に対する国民の意識は年々向上しているというから頼もしい限りである。しかし憲法と六法があることを知っている人は三、四十人とか。

次号から連載

韓国の昔話

チェインハク
崔仁鶴

その理解と価値

昔話は、神話、伝説、民譚、寓話、笑談と肩を並べる民話の一部で、古い時代から伝承されてきた話しである。

しかし、昔話が発生した時点のものがそのままのすがたで伝承されてきたということではない。不特定多数の民衆によって口承され続けられてきたはなしである。

そして今後もなお民衆によって造形され続けられる可能性を内含している。はなしとしてのいわゆるその核心は変わっていない。

昔話の内容が、現代は理解できない荒唐無稽なはなしばかりであるがすくなくともその（古い）時代には絶対的に信じ得る事実であった。

また、昔話は民族の骨に強くしみついた一つの信仰ともいうべき存在であり伝承されたものとしての事実は、文字以上の意味が含まれている。

荒唐無稽な昔話が、今まで大人や子供たちに愛読、伝承されてきたというのはあくまでも昔話がおもしろいというわけだけではなく、その裏面に潜在している民族の精神的遺産が込まれているためである。製作年代や作者もしらない昔話を現在の時点で理解及び研究することによって民族の思想と性格、歴史的背景、社会宗教制度などを古くさかのぼって理解できるという長所があるためである。

歴史書はそれを書いた筆者の主観が、大なり小なり多少とも作用しているが昔話は庶民の作品であり率直な表現をもつというところが違う。

歴史書では、筆者が権力層の影響を受けることもあるが、昔話はむしろ庶民の権力層に対する怨望うっ憤訴えなどの表現をふくんでいる為に、昔話を理解するというのは国民の特性、社会の真実な状態、政治的な制度などを理解する捷径であろう。

韓国には、今整理されている昔話が五〇〇余篇あって、どの国の昔話にも見られる形式的な特徴を備えているという点では同様であるが、奇抜な知恵・危機に直面したときの沈着、自然と動物を愛する心の余裕そして、苦痛の中にも安易な生活を営む哲学が韓国の昔話の特長である。

次回から「本紙に連載する「韓国の昔話」は、たくさんの資料の中でも特に興味深い話を選んで読者に紹介しようとするものである。

（一九七〇・五・八）

筆者、ソウル明知大学国文学科出身・慶熙大学校大学院碩士学位・韓国国語教育学会会員・現在民団中央宣伝文教部事務部長

写真は崔仁鶴氏

한국의 발전

조 선　조선 시대에는 유학을 과거의 시험 과목으로 삼았기 때문에 유학이 크게 발달하였다.

특히 세종은 궁중에 집현전(集賢殿)을 두고 국내의 우수한 학자들을 모아 정치와 학술을 연구하게 하였다.

성 삼문(成三問) 등의 도움으로 28 자의 훈민정음(訓民正音)을 펴내고, 이 천(李蕆) 등을 시켜서는 측우기(測雨器)를 만들고, 박 연(朴堧) 등을 시켜서는 아악(雅樂)을 정리하게 하였다.

편찬 사업으로는 고려사(高麗史)를 비롯하여, 농사직설(農事直說), 고금의방유취(古今醫方類聚), 팔도지리지(八道地理志) 등 농사와 의술 및 지리 역사에 관한 서적 등의 간행이 있었다.

세종의 업적 중 문화적으로 가장 빛나는 것은 훈민정음(訓民正音)인 한글과 1442년에 발명된 측우기이다. 한글은 우리 민족의 고유 문자로서, 민족 문화 발전의 새로운 터전을 마련하였으며, 측우기는 이탈리아의 가스텔리가 발명한 그것보다도 200 년이나 앞선 것이다.

조선 시대의 편찬 사업으로는 세종 때에 편찬된 것을 포함해서 경국대전(經國大典), 동국통감(東國通鑑), 동국문헌비고(東國文獻備考), 동국여지승람(東國輿地勝覽) 등의 편찬이 유명하다.

조선 시대의 유학으로는 주자학이 성황을 이루어, 이 황(퇴계:退溪)과 이 이(율곡:栗谷)가 나와 유학의 독자적인 발전에 공헌하였다.

임진과 병자의 두 차례 난리를 겪고 난 후부터 우리 민족도 차차 자각하기 시작하였다. 이 무렵, 중국을 왕래하는 사신을 통해서 당시 중국에 전해졌던 서양의 학술과 종교가 전해 들어오고, 일부 학자들 사이에서는 실지 생활에 유익한 학문을 연구하려는 기운이 싹트게 되었다. 이 경향을 실학 운동(實學運動)이라고 한다.

실학은 영조, 정조 때에 크게 발달하여 이 익(李瀷), 정약용(丁若鏞) 등의 많은 학자가 나와 활동하였다. 청나라를 본받아 경제의 진흥에 주력하여야 할 것을 주장한 박 지원(朴趾源)과 박 제가(朴齊家)는 북학파(北學派)로 알려졌다.

이 밖에도 실학의 영향을 받은 학자로는 안 정복(安鼎福), 이 가환(李家煥), 신 경준(申景濬) 등과 김 정호(金正浩)가 있으며, 김 정호는 전국을 답사하여 대동여지도(大東輿地圖)를 완성하였다.

조선 시대의 문학은 종래의 한문학 외에 국문학이 새로 발달하였다. 곧, 정 철(鄭澈)의 시조(時調)와 가사가 뛰어났으며, 허 균(許筠)의 홍길동전(洪吉童傳), 김 만중(金萬重)의 구운몽(九雲夢)과 작자 미상의 춘향전(春香傳) 등의 소설이 유명하다.

조선 시대 말기에 접어들면서 일본의 침략이 날로 심해지자, 민족의 역사와 언어를 지키자는 학문 활동이 일어나게 되었다.

서 재필과 독립 신문

서 재필의 독립 신문 발간과, 주 시경(周時經)의 한글 연구, 신 채호(申采浩)의 우리 나라 역사 연구와 같은 것이 그것이다. 또, 문학 작품에 있어서도 우리가 일상 쓰는 말로 작품을 써야 한다는 운동이 일어났다.

조선 시대의 불교는 유학에 눌려 깊은 산중으로 숨어 들게 되었으나, 왜란과 같은 국난을 당해서는 용감하게 나라를 위해 승병 운동을 일으켜 공을 세우기도 하였다. 휴정(休靜), 사명당(四溟堂) 같은 이가 그 대표적인 인물이다.

서세 동점(西勢東漸)의 물결을 타고 크리스트교가 우리 나라에 들어와 번지게 된 것은 정조 때의 일이었다. 그러나, 이 종교는 우리 민족의 사회 생활을 해치는 것이라고 하여 박해를 받아, 많은 순교자가 생겼다.

천도교당(서울)

우리 나라 최초의 신부인 김 대건(金大建)은 박해로 순교하였으나, 크리스트교도의 수는 그 후로 계속 늘어 갔다.

이 무렵에 최 제우(崔濟愚)는 민족적 전통을 살려 새로운 종교인 동학(東學)을 일으켜 많은 신자를 얻었으나, 이것도 또한 박해를 당하였다.

그러나, 1876년의 개국과 더불어 오랫동안 박해를 받아오던 종교 활동도 차차 자유롭게 되었다.

조선 시대 말기에 일본의 압력이 날로 심해지자 민족의 정기를 살려야겠다고 생각한 나 철(羅喆)은 민족의 시조인 단군을 받드는 대종교(大倧教)를 세웠다.

이 때, 동학도 친일적인 교도를 물리치고 손 병희(孫秉熙)에 의하여 천도교(天道教)로 발전하였다.

조선 시대에는 유학을 존중한 나머지 예술을 천하게 여기는 기풍이 있어 예술 활동에 장애를 가져왔다.

남대문(숭례문)

건축물로는 서울의 남대문을 비롯하여 파고다 공원에 있는 원각사지 10층 석탑 등이 대표적 작품이다.

공예품에는 백자기와 유기, 철기 및 아름다운 자개 기구 등이 있다. 그림에는 산수화와 풍속화가 성행하여 안견(安堅), 김 홍도(金弘道), 신 윤복(申潤福), 장 승업(張承業) 등의 대가가 나왔다. 특히 김 홍도는 풍속화에 놀라운 솜씨를 발휘하였다.

글씨에는 안평 대군(安平大君), 한 호(韓濩), 김 정희(金正喜) 등의 많은 명필이 나왔다. 특히, 김 정희는 추사체(秋史體)라는 독특한 서체를 터득한 분으로 이름이 높다.

資　料

韓日租税条約の全文

（四）

2、日本国は、日本国の居住者又は法人につき、日本国以外の国において納付される租税を日本国日本国の法令の規定に従い、韓国に納付される租税の対応額を日本国の租税から控除する。

3、2の規定の適用上、次の場合に納付されるはずであった韓国の租税は、納税者によって納付されたものとみなす。

A、韓国の租税が、第九条1、第十条1及び第十一条の規定に従い韓国において軽減されなかったとした場合。

B、韓国の租税が、韓国の経済開発を促進するための特別の奨励措置であってこの条約の署名の日に実施されているもの又は現行の措置の修正若しくはこれへの追加として韓国の租税に関する法に将来導入されることがあるものに従い、韓国において軽減され又は免除されなかったとした場合。ただし、両締約国の政府が前記の措置により納税者に与えられる特典の範囲について合意を行なうことを条件とする。

第十九条　1、一方の締約国の国民は、他方の締約国において、同様の状況にある当該他方の締約国の国民が課されており又は課されることがある租税又はこれに関連する要件以外の又はこれよりも重い租税若しくはこれに関連する要件を課されることはない。

2、一方の締約国の居住者又は法人が他方の締約国内に有する恒久的施設に対する租税は、当該他方の締約国において、同様の状況にある当該他方の締約国の居住者又は法人に対して課される租税よりも不利に課されることはない。この規定は、一方の締約国に対し、家族の状況又は家族を扶養するための負担を理由として自国の居住者に対して認める租税上の人的控除、救済及び軽減を他方の締約国の居住者に対して認めることを義務づけるものと解釈してはならない。

2、一方の締約国の法人で資本の全部又は一部が他方の締約国の一又は二以上の居住者又は法人によって直接又は間接に所有され又は支配されているものは、当該一方の締約国において、当該一方の締約国の類似の他の法人が課されており又は課されることがある租税又はこれに関連する要件以外の又はこれらよりも重い租税若しくはこれに関連する要件を課されることはない。

4、この条において「租税」とはすべての種類の国税又は地方税をいう。

第二十条　1、両締約国の権限のある当局は、この条約を実施するため、直接相互に通信することができる。

2、両締約国の権限のある当局は、この条約の解釈又は適用に関して困難又は疑義が生じた場合には、合意によってできる限りすみやかにその問題を解決するように努めるものとする。

3、両締約国の権限のある当局は、また、必要に応じ日本国の事業税及び韓国の営業税に関して相互に協議することができる。

第二十一条　1、一方の締約国の権限のある当局は、この条約の実施又はこの条約の対象である租税に関する詐欺若しくは脱税の防止に関連する情報を他方の締約国の権限のある当局と交換するものとする。

2、このようにして交換された情報は、秘密として取り扱わなければならない。ただし、この条約の対象である租税の賦課若しくは徴収又は当該租税に関する異議若しくは訴えに関与する者（裁判所及び行政機関を含む）に対しては、これを開示することができる。

3、情報を要請された締約国の権限のある当局は、次の場合には情報を交換しないものとする。

A、その情報が、その締約国の租税に関する法令及び行政上の手続の下において入手することができないものである場合。

B、その情報が、営業上、事業上、商業上又は職業上の秘密を明らかにするようなものである場合。

4、両締約国の権限のある当局は、第一条に掲げる租税に関する法令の改正及び同条2に規定する租税の採用につき、その改正又は新たな法令の公布を少なくとも年一回通知することにより、相互に通知する。

第二十二条　1、各締約国は、この条約に基づき他方の締約国において認められる免税又は税率の軽減がこのような特典を受ける権利を有しない者によって享受されることのないようにするため、当該他方の締約国において課される租税を徴収するように努めるものとする。その徴収を行なう締約国は、このようにして徴収した金額につき当該他方の締約国に対して責任を負う。

2、この条の規定は、いかなる場合においても、租税の徴収に努める締約国に対し、当該他方の締約国の法規及び慣行に抵触し又はその締約国の公の秩序に反するような行政上の措置をとる義務をいずれの一方の締約国にも課するものと解してはならない。

第二十三条　納税者は、他方の締約国の措置によってこの条約の規定に反する課税を受け又は受けるに至ると認める場合には、自己が居住者又は法人である一方の締約国の権限のある当局に対し、その事実について申立てをすることができる。納税者の申立てを受けた当該一方の締約国の権限のある当局は、その申立てに理由があると認める場合には、この条約の規定に適合しない課税を回避するため、当該他方の締約国の権限のある当局と合意に達するように努めるものとする。

第二十四条　この条約の規定は、国際法の一般原則又は特別の協定の規定に基づく外交官又は領事官の租税上の特権に影響を及ぼすものではない。

第二十五条　1、この条約は、批准されなければならない。批准書は、できる限りすみやかにソウルで交換されるものとする。

2、この条約は、批准書の交換の日の後三十日目の日に効力を生じ、かつ、次のものについて適用する。

A、韓国において

この条約が効力を生ずる年の一月一日以後に開始する各課税年度、各課税期間又は各事業年度において生ずる所得又は収入

B、日本国においては、この条約が効力を生ずる年の一月一日以後に開始する各課税年度において生ずる所得又は収入

第二十六条　この条約は、無期限に効力を有する。ただし、いずれの一方の締約国も、この条約の効力発生の日から五年の期間が満了した後の各年の六月三十日以前に、外交上の経路を通じ他方の締約国に対して書面による終了の通告を行なうことができるものとし、この場合には、この条約は次のものについて適用を終止する。

A、韓国においては、その通告が行なわれた年の翌年の一月一日以後に開始する各課税年度、各課税期間又は各事業年度において生ずる所得又は収入

B、日本国においては、その通告が行なわれた年の翌年の一月一日以降に開始する各課税年度において生ずる所得又は収入。

（おわり）

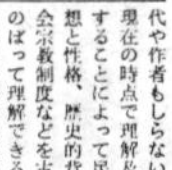

(1965年7月27日第3種郵便物認可)

在日本大韓民国居留民団
綱領
1. 우리는 大韓民国의 国是를 遵守한다
1. 우리는 在留同胞의 権益擁護를 期한다
1. 우리는 在留同胞의 民生安定을 期한다
1. 우리는 在留同胞의 文化向上을 期한다
1. 우리는 世界平和와 国際親善을 期한다

「韓僑通信」改題
在日本大韓民国居留民団
東京本部発行週刊紙
THE PRESS MINDAN TOKYO
THE KOREAN RESIDENTS UNION, IN JAPAN, TOKYO

民団東京
THE PRESS MINDAN TOKYO

5月20日水曜
<1970>
週刊・毎水曜日発行
第2405号

発行所
民団東京新聞社
発行人 鄭在俊
東京都文京区本郷3丁目32番7号
電話 (811) 1535 (代表)
〒133 振替口座 東京 16631番
(大韓民国文化公報部国内頒布許可)
(購読料 1カ月100円・特別1000円)

日本天皇夫妻と丁国務総理夫妻

万博、韓国ナショナルデー

平和民族の姿ここに……

壮大華麗な記念式典行う

さる三月十五日から大阪千里丘陵で開かれている日本・万国博覧会は五月に入って、いよいよ盛況を呈しているが、十八日は、韓国ナショナルデーとし、民族色も豊かな各種記念行事が盛大にくりひろげられた。

この日、万博会場お祭り広場は太極旗の旗にうまりチマ・チョゴリの民族衣裳で着飾った婦人たちをはじめ同胞の人々があふれたなかで丁一権国務総理はじめ韓国高官、民団関係者を貴賓席に迎えて、華麗な民族舞踊が会場いっぱいにくりひろげられるなど多彩な催しがおこなわれ、文字通り「韓国の日」一色の観があった。

韓国ナショナルデー式典においてあいさつを行なう丁国務総理

前日まで心配された悪天候がウソであるかのように、この日は朝からカラリと晴れた「五月晴れ」。お祭り広場の観覧席が同胞や本国からの参観者などでぎっしりとうめつくされる中で、予定通り午前十時十五分、丁一権国務総理夫妻が儀典長の先導で満場の拍手に迎えられて貴賓席に上る。ファンファーレ「式典序典」が会場いっぱいに奏る中で国務総理夫妻および一同が着席、大韓民国デーの式典がアナウンスされる。

次に日本国歌にあわせて日本国旗が、また大韓国国歌にあわせ大極旗が掲揚されるといよいよ韓国の日の祝賀と感激が会場にあふれた。

つづいて萩原日本政府代表からスピーチ（別掲）があったあと、丁一権国務総理は万博「韓国の日」にあたり朴正熙大統領閣下の名代として祝賀の挨拶を述べることは光栄であると前おきしながら、一九七〇年代の劈頭に万博がアジアで幕上げしたことの意義は大きい、しかしこうした時にもアジアの他の地域では戦火が燃えつづけており、韓国民の平和への願いはいつになく大なるものがある。万博を機に、韓日両国が親善と協力の紐帯をさらに強め、アジアと世界の平和と進歩に貢献するよう確信する旨、あいさつした。

（別掲）。このあと万博主催国である日本側から、万博ホステス嬢の手によって丁国務総理夫妻に花束が贈呈され、十時半から、お祭り広場の中央舞台いっぱいに花扇の舞、農楽など韓国の古典舞踊が次から次に民族色もゆたかにくりひろげられた。

こうして民族の催おしはこの日一日、お祭り広場を舞台にくり広げられた。

午前十一時十五分、丁国務総理夫妻らはお祭り広場をたち、この後大韓民国館、日本館、ベトナム館、インドネシア館、オーストラリア館などを参観した。

韓国ナショナルデーの催しなどを主宰した丁一権国務総理夫妻は、このあと午後六時三〇分から、大阪ロイヤルホテル山楽の間に、内外関係者約千人を招いて盛大なレセプションを催した。東京本部からは鄭在俊団長、関泳相議長、徐興錫議長らが招かれ、丁国務総理らと歓談した。

万博韓国の日のレセプションに参加した東本3機関長

人類の共栄に貢献する

丁総理あいさつ 韓国民の理想を示した

韓国の日の式典における丁一権国務総理大臣閣下の演説要旨はつぎのとおりである。

萩原日本政府代表、石坂万博協会会長並びに内外貴賓各位

本日七十年万国博覧会「韓国の日」にあたり朴正熙大統領閣下に代わり祝賀の挨拶を申し上げることになりましたことは私の最も光栄に存ずるところであります。

私はまず、七十年万国博覧会が当所大阪でかくも盛大に開催されたことに対し日本政府及び日本国民の皆様にお祝いを申し上げますとともに、本日を「韓国の日」と定めて各方面にわたり深いご配慮を賜わった日本政府及び博覧会当局に対し深甚なる謝意を表するものであります。

国際連合が「第二次国際開発期間」と定めた一九七〇年代の劈頭に「人類の進歩と調和」を主テーマとする万国博覧会がアジアで幕を上げましたことは永い間停滞化してきた貧困と沈滞から抜け出し、経済的自立と繁栄を目指して努力しているアジア人にとって特に意義深くかつ大きな励みになるものと申せましょう。わが韓国もこの万国博覧会に多大の関心をもっております。いま世界各国の展示館が整然と並んでいる中で「より深い理解と友情」を標榜して設けられた韓国館を目前にし、まことに満足の意を禁じ得ないものであります。この展示館を通じ、ここを訪れる人々に韓国民の文化遺産と生活の美を紹介し、平和を追求する韓国民の今日の姿と平和のうちに自然と人間を回復した豊饒な未来を志向する韓国民の理想を示す機会を得たことは、われわれとして極めて意義深いことであります。

万国博覧会はあらゆる人が人種と国籍を超越して、人間としての自己を誇示し喜びを分ち合う平和の広場であります。

しかし、今、われわれがこの平和の広場に集う人類の進歩と調和を謳っているこの瞬間にもアジアの他の地域では戦火が燃えつづけております。

わが韓国も忘れ去ることのできない戦争の惨禍をかって蒙りました。しかしわれわれは忍耐と勇気をもってすべての試練を克服し、今日英明なる朴大統領閣下の領導下に、全国民が一致協力して祖国の近代化と経済建設に邁進しております。調和は平和に通じ平和は破壊ではなく建設を意味します。従って、今日の韓国の建設状況はまさに調和と平和に対する韓国民の切実な念願であるといえます。この意味で今日、この平和の祭典において皆様が準備して下さった「韓国の日」は平和と建設に対する韓国民の意志をいま一度世界に誇示する契機になるものと信じて止みません。

韓日両国は地理的にも歴史的にも将又文化的にも何れの国よりも近い関係にあります。

従ってここに展示された韓国の昔の芸術品と文物は世界の他のどの国のものよりも皆様に親近感と共感を与えるものと思います。またこれらの展示品は日本がそうであるように韓国も今日目覚しい発展を遂げており、世界平和と人類の共栄に貢献すべく努力している事実を世界に示すものと信じます。

私は韓、日両国がこの歴史的かつ世界的行事を契機に親善と協力の紐帯を一層強化し、アジアと世界の平和と進歩のためより大きな貢献をなすものと確信いたします。

今日のこの意義深い集まりのために御骨折いただいた韓日両国の関係者及び御参集の内外貴賓各位に対し深く感謝するとともに皆様のご健康とご幸福をお祈りいたします。

一九七〇年五月十八日
大韓民国国務総理 丁一権

韓国文化に尊敬の念禁じえぬ

荻原日本政府代表のスピーチ

韓国デーにおける萩原日本政府代表スピーチの要旨はつぎのとおりである。

閣下並びに御来場の皆様

本日ここに、韓国大統領閣下の名代として、Iz Kwon Chun首相閣下御夫妻をお迎えして、日本万国博における韓国デーの式典が行なわれますことは、万国博協会会長としても、また私、日本政府代表としても最も光栄とし、かつ欣快とするところであります。

この万国博の美術館に韓国政府の特別な御配慮により古新羅の瑞鳳塚の金冠をはじめ、幾多の古美術品中の至宝が展示されております。その中でも百済金銅の弥勒菩薩半跏像を見ますと、われわれ日本人は、韓国の古人達が有していた高度な美的感受性に驚嘆と尊敬の念を禁じえないのであります。そしてその頃の日本人の手になった弥勒像が韓国の手法を受けついでいることを明白に知ることが出来ます。仏教美術の面のみならず、仏教文化全体、また儒教文化にせよ、音楽、陶磁器等にせよ、日本が大陸文化を摂取して日本固有の文化を形成してゆく過程において、ほとんど常に朝鮮半島を通じ、当時の韓国の方々が一旦明嚼し発展させたものを、取入れて来たことを深く感ずる次第であります。

このように美術館又は韓国館に展示されている韓国の文化遺産は貴国の文化の母体であるのみならず、日本の文化の淵源の一つともなるものといえましょう。

韓国の詩に Iu Sschen（[illegible]）の[illegible]は他人であって[illegible]ことと同じ[illegible]。[illegible] Iu [illegible] Sschen [illegible]

今日、[illegible]継承しながら、新しい文化[illegible]建設に向って、[illegible]おります[illegible]わが国にとっても心強いことです。

佐藤総理夫妻と丁国務総理夫妻

佐藤首相と会談か

丁総理 日本天皇を禮訪

丁一権国務総理は、十八日の万国博「韓国の日」記念式典に参席するため十四日午後一時四十五分羽田着KAL機便で来日した。

この日の羽田空港は、厳しい警戒体制がしかれ、佐藤首相ら日本政府側の要人をはじめ李禧元中央団長、鄭在俊東京本部団長ら民団側幹部多数が出迎えた。

丁総理夫妻は、日本政府の国賓としての礼遇をうけ佐藤首相の案内で自衛隊儀仗隊を閲兵、宿舎の迎賓館へ直行した。

なお、丁総理夫妻は公式随行員として李洛善商工長官、申範植文公長官、洪性溥総理秘書室長、吉在号共和党事務総長、金在淳国会財経委員長、呉範植貿易振興公社々長らを帯同した。

日本天皇を礼訪

丁総理夫妻は[illegible]三十八分から同十[illegible]館で李大使の報告を聴取したのち午後三時三十分皇居に日本天皇を訪問、約三十分間懇談ののちあいさつ[illegible]。

十六日は[illegible]新幹線ひかり号で京都へ向い、日本政府側の案内で京都市内を観光、同夜大阪ロイヤルホテル着、十七日は、午前中に万博韓国館を視察し同夜大阪府知事、大阪市長、大阪商工会議所共催のばんさん会にのぞんだ。

韓国デー行事に

十八日は、午前十時から万博「韓国の日」の記念行事を主宰、同日正午から日本政府と日本万博協会共催の午さん会に出席、同夜はロイヤルホテルでひらかれた李厚洛駐日大使主催のレセプションに参席した。

十九日は、午前九時二十九分新大阪駅を出発、十二時三十五分東京着、午後七時三十分から約二時間、首相官邸でひらかれた佐藤首相主催のばんさん会に出席した。

佐藤首相と会談

丁一権総理は、二十一日帰国の予定であるが、滞日中に佐藤首相と会談をもち、韓日経済協力の増進ならびに貿易逆調の是正方案を[illegible]韓日両国間の懸案問題とカンボジアならびに南ベトナム事態など急変する東南アジアの情勢、アジアならびに太平洋地域の協力などについて協議する予定である。

丁国務総理略歴

▽一九一七・一一・二一出生。（学）▽一九三五・四 光明高校卒▽一九四〇・六 日本陸士卒、▽一九五二・六 米参謀大学卒、▽一九六〇・九 [illegible]ハーバード大学[illegible]、▽[illegible]・四 英オックスフォード大学にて国際[illegible]。▽一九四六・一 韓国警備隊大尉、同・一二 連隊長、▽一九五七・五 予備役編入、▽一九五七・五 駐トルコ特命全権大使、▽一九五九・四 駐仏特命全権大使、▽一九六〇・五 駐[illegible]特命全権大使、▽一九六〇・九 ▽一九六一・六 米ハーバード大学国際問題研究所にて研究、▽一九六一・六 駐米特命全権大使、▽一九六一・九 第一六回国連総会韓国代表、▽一九六一・六 駐ブラジル大使兼任、▽[illegible]・四[illegible]ブラジル大使兼任、▽[illegible]二・六 駐アルゼンチン大使兼任、▽一九六二・九 第一七回国連総会韓国代表、▽一九六二・一二 駐パラグアイ大使兼任、▽同 駐エクアドル大使兼任、▽一九六三・四 無任所大使、▽一九六三・[illegible]オックスフォード大学にて研究生活、▽一九六三・一二 外務部長官、▽一九六四・三 国連貿易・開発会議韓国代表、▽一九六四・五 国務総理 現在に至る。

申文公長官略歴

▽一九[illegible]年九月一七日生 韓国忠清北道出身、▽一九五〇年 高麗大学校法政大学政治学科卒、▽一九五二年〜五七年 慶北大学校・成均館大学校教授、▽一九五八年〜五九年 韓国社会問題研究所長、青年問題研究会長、▽一九六〇年〜六一年 京郷新聞・ソウル日日新聞論説委員、▽一九六四年〜六五年 民主共和党スポークスマン、▽一九六五年 大統領首席公報秘書官歴任、▽一九六九年 文化公報部長官 現在に至る。

李商工長官略歴

▽一九二七年十二月三十日生、韓国慶尚北道安東出身。▽一九五〇年 陸軍少尉、▽一九五三年 米国砲兵学校初等軍事班修了、▽一九五五年 砲兵学校高等軍事班修了、▽一九六一年 最高会議議長室勤務、▽一九六三年 大統領秘書室秘書官▽一九六六年 国税庁長、▽一九六九年 商工部長官。

人情有感

五月十六日は、5・16革命記念日であった。ことしはその第九周年。本国では、記念式をはじめ5・16民族賞の施賞式がソウル市民会館で盛大に行なわれたという。朴大統領夫妻もこの記念式に参席し祝辞をのべ5・16の歌声高らかなうちに5・16民族賞の施賞式が行なわれた。▼解放後われわれには、多くの記念日が生れている。まず日帝から解放されたその日の喜びの八・一五記念日を筆頭に六・二五動乱の民族受難史を綴った国防記念日、独裁専制を倒しこの国に民主主義の蘇生をはかった四・一九。そして第三共和国の主体となったこんどの五・一六。さかのぼれば三・一節記念日もある。みなそれぞれにわが国民にとって大いなる意義をもつ記念日ではある。▼そしてこのような民族的な記念日は、今後とも生れてくるに違いない。是非とも早く生れてこなければならないのは、南北統一の記念日ではあるまいか?。すでに制定されている記念日であっても、時とともにその記念すべき感激が薄れていくものもある。余り好ましくもない記念日もある。韓日合併を記念した国恥記念日などがその部類に属するであろう。▼六・二五など北傀の南侵記念日は、一日も早く忘れてしまいたいが、反面国防の意識を高めるために転じて国防記念日となっている。記念日だからといって慶祝に酔いお祭り騒ぎを演ずる必要はないが、その日の意義をかみしめて将来に生かすことこそが緊要ではあるまいか▼さる四月十九日の四・一九記念日には、本国より以上に在日学生・青年諸君が記念行事を行なった。五・一六の記念日についてはこれという動向なく「あーあの日か」の程度で過してしまったらしい。六・二五記念日も近づいてくる。苦難に耐えて自由をとりもどした意義を忘れないためにも政府当局のもっと活発な音頭とりがほしい。

資料

韓・日法相会談共同発表解説

駐日大使館発表・永住権申請案内

（一）

韓・日法相会談並びに実務者会談共同発表序文

李ホー大韓民国法務部長官と西郷吉之助日本国法務大臣は一九六九年八月十九日及び二十日の両日に亘り東京において会合し、在日韓国人の法的地位及び待遇に関する協定の実施に関して意見を交換し、同協定のより円滑かつ効果的な運用を図るため、実務者会談において諒解された下記の事項を確認した。

一、協定永住資格である居住経歴等について

1　一般の場合

諒解事項　第一項　1）

協定永住許可の申請をした者が第二回外国人登録（昭和二十五年一月から昭和二十七年九月まで）を終えており申請時までに日本国の法律第一二六号第二条第六項に該当しないとされたことのない者（例えば不法入国容疑により退去強制の手続を経たことのない者をいう。）についてはあらためて事実の調査をすることなく協定永住を許可する所存である。

イ、「日本国に居住する大韓民国国民の法的地位及び待遇に関する大韓民国と日本国との間の協定」（以下「法的地位協定」と略称する）には所謂協定永住許可の要件として主観的には申請という本人の協定永住許可を取得しようとする意思表示を必要とし、客観的には国籍（大韓民国国民であること）継続居住経歴（一九四五年八月十五日以前から日本で引き継き居住しておること、）又は身分関係（継続居住者の子孫の場合）、出生地（子孫の場合は日本が出生地であること）などが必要でこれら諸要件の中最も問題になり且つ重要なのは継続居住歴に関するものであるといえます。

ロ、所謂継続居住歴に欠陥が多いというのは大部分第二次世界大戦（一九四五年八月十五日）直後の混乱期に一時本国を往来したという場合で、これは丁度一九四七年五月二十二日から実施された第一回外国人登録に漏れているか或いは誤って登録されている場合が多いことを意味するものと思われます。

従って、所謂継続居住歴上の欠陥が問題になる期間は終戦の年である一九四五年から六・二五韓国動乱が勃発した一九五〇年前後までの約五〜七年間だとみることが出来ますから、問題はこの間の所謂継続居住歴上の欠陥をどのように救済することが出来るかが何よりも先決条件であるといえます。

ハ、一方日本当局では終戦の年である一九四五年九月二日以前から対日講和（平和）条約の発効日である一九五二年四月二十八日まで引き続き日本に在留していた韓国人（朝鮮籍の人を包む）に対しては所謂法律第一二六号二条六項（以下一二六—二—六と略称する）該当者として日本の出入国管理令の規定（第二二条の二第一項）があるにかかわらず、別に法律を制定してその人の在留資格及び在留期間が決定されるまで引き続きなんの在留資格なしでも日本に在留することが出来るようになっているが、日本当局ではこのような一二六—二—六該当者が約四十二万名おりこの人達の子女で対日講和（平和）条約以後に出生した者が約十三万名（所謂四—一—一六—二在留資格者）程度であるとみています。

ニ、とすれば法的地位協定上の所謂継続居住歴がいつも問題にされる期間である。

一九四五年から一九五二年までは一二六—二—六該当者に対して別に継続居住歴を調査しなくともよいと思われるのであり今度の韓・日法相会談でも韓国政府は日本側に対しこの点を強調しました。しかし抽象的に一二六該当者が何名であるといってはおりますが、具体的に協定永住許可を申請した場合に一二六—二—六該当者だという事実を何をもって判定するかということは非常にむずかしい事であります。その理由は外国人登録上に一二六—二—六だと日本当局で表示して法律的に認めもたただ本国を往来するために再入国許可を申請した場合に申請者が終戦前から引き続き日本で住んでいたという事実が判明した場合に限り、旅券上に一二六—二—六の表示をして交付したことはありますけれどもこの数は非常に少なく二〜三万程度しかならないということであります。

ホ、従って具体的に一二六—二—六該当者だと認めてくれる手段としては第一回から引き続き外国人登録がなされておるかどうかを見るのがもっとも手っ取り早いのであり、外国人登録が引き続きすませておれば一二六—二—六該当者であり、一二六—二—六該当者であれば法的地位協定上の所謂継続居住歴をわざわざ調査しなくとも認めることが出来るということであります。

へ、しかし今度の韓・日法相会談においては同諒解事項第一項一）で見られるように一九四七年五月二十二日から実施された第一回外国人登録には洩れていても一九五〇年一月十六日から一九五二年九月二十九日までに実施された第二回外国人登録だけすませていれば一二六—二—六該当者と認めて新たに終戦前から日本で居住したかどうかに関する事実を調査することなく協定永住を許可するようになったのであります。

ト、ただこの場合には協定永住許可申請時までに一二六—二—六に該当しないとされたことのない人でなければならないが、これに関しては諒解事項第一項一）の括弧内にその例をあげ、限定させておいたのであります。このようにわざと例をあげ用語を限定させてあるのはその定義の解釈が曖昧であるのが原因になって、後日疑問の余地が生ずることを予め防ぐためのものであり、これは韓日間の要請により日本側が「不法入国容疑により退去強制の手続を経たことのない者をいう」と明記したことを文書上に表わしたのであります。

チ、ここで一つ追加したいことは諒解事項発表後、在日韓国人（朝鮮籍の人も含む）の間で関心をもたれている点は、もしも協定永住許可申請をして不許可とされた場合に、その原因が継続居住歴の欠陥に関連していれば、いわゆる日本の法的地位協定の実施に伴う出入国管理特別法第九条第一項の「虚偽の申請をして協定永住許可を受け、又は受けさせた者」として一年以下の懲役又は三万円以下の罰金刑に処されるのではないかと心配する傾向であります。この問題に関しては今度の韓・日法相会談に於いても論議され、日本側は過去にこの実条項を適用して特に処罰した例は一件もないといっており、むしろ特定永住許可申請をして不許可となった場合には、この人たちを可能な限り救済することを両国が合意し、その方法として、この人たちの大部分が一般永住許可対象者としての資格を備えている場合が多いので、従来どおり日本の市区町村役場で協定永住の不許可通知を出す程度ですますよりも、これを不許可された個々の人について上部行政当局（法務省）を経由して大韓民国大使館へ通報し、大使館では民団等に通知して本人がたとえ協定永住許可は得られなかったにしても、一般永住許可申請をしてその許可を受ければ救済されるように諒解されたのであります。従って、該当者は同特別法第九条の規定に拘泥せず、何ら躊躇することなく、一日も早く協定永住許可申請をしてくださるよう希望します。

リ、ここで問題になるのは、第二回外国人登録には洩れているが事実上終戦前から日本に引き続き居住していた場合にはどうするかであります。すなわち、事実上は一二六—二—六該当者でありながら第二回外国人登録洩れていたためその該当事実を確認する具体的表示がない場合には、諒解事項内容を厳格に解釈してすぐ協定永住許可申請書類中の陳述書に記載してある継続居住経歴を確認すればよいのです。これを確認するためには第二回外国人登録を済ませている場合と異なり、ある程度の調査が必要であると思われます。これはやむを得ない場合であり、調査を受けても本人が第二回外国人登録に洩れていたという以外にはなんら継続居住歴上の欠陥があるわけではないので協定永住許可取得上なんら支障をもたらすものではないと、韓・日両国間で諒解されています。

ヌ、諒解事項第一項一）の末尾に「許可しなければならない」「許可する」等とせず「協定永住を許可する所存である」と表現した文言については、本項目が法的地位協定及び同協定を施行するため特別に制定した日本国の出入国管理特別法上のいわゆる継続居住歴を緩和させるように韓・日間の諒解事項で合意したのですから、上記協定又は特別法と矛盾するのを避けるため表現を多少柔かくしたまでのことであり、他意はないのです。（つづく）

韓国最長の内閣 六周年を迎える

特別レポート

突撃内閣から安定内閣へ

丁総理の人柄と治績

丁一権国務総理はこの五月十一日で就任六周年を迎えた。韓国政府樹立以来、最長の内閣であり、かつ最近では"安定内閣"という世評を頂戴している。韓国の内閣寿命の平均は十一ヵ月であるから、丁内閣はその六倍を越えている。丁一権総理が第三共和国の初内閣であった崔斗善総理の後をついで就任したのは一九六四年五月十一日だった。彼は国民に向って「政局安定のために六ヵ月の時間をください」と訴えたものであったが、それが六周年になろうとは……誰一人予期しなかったことだった。当時は、朴正煕大統領を中心に韓日国交正常化に踏みきろうとする与党側政治家に向かって、野党および学生などの"対日屈辱外交反対デモ"がすさまじく、新任の丁総理は戒厳令などを敷いて"力による安定"を強行させたとして"突撃内閣"というあまり有難くない名をつけられた。それがいまは"安定内閣""補弼内閣"といわれるに至っている。

「国内[illegible]決（けつ）は？」という記者の質問に対して丁[illegible]「[illegible]」といった。[illegible]と[illegible]ことだ」。しかし、世評では、丁内閣が長続きしたのは「中庸をむねとした処世により、風当りが少なかったからだ」といっている。確かに丁総理は野党の放つ弓矢を院内の摩擦を[illegible]避けながら、青瓦台との[illegible]役を立派に果たして来た。面白い[illegible]「丁総理は[illegible]」という評である。

丁総理の総理論

第三共和国初代内閣として二年六ヵ月の短政のうしろ椅となっていた崔斗善総理の後を継いだ丁一権国務総理は、朴正煕大統領の一面国防、一面建設の所信を忠実に守って建設の歩みを続けてきた。丁総理は毎年五月十一日の就任記念日がやってくると「朴大統領の信念を忠実に守り、真面目に勤勉に実行して行く姿勢を続けるつもりであり、また、ここに新しく使命をうけたような心持ちで再出発する」といってきたものである。

この態度は大統領中心制の制度の中では内閣が独自の政策を遂行することの難しさを示しているともいえるが、突撃内閣の性格を如実にあらわしている言葉でもある。

丁総理の"総理論"とは次のようなものである。第一に、立派な総理というものは国会に対して忍耐、理解、寛容をもって仕事に当たるものである。第二、行政というものは、問題の連続であるだけに、これを合理的に処理することのできる能力を持っていなければならない。第三、内閣総理は各部処の総和団結をもたらすことができなければならない。

朴大統領を輔に多くの仕事を…

彼が"総理"として、このワク内で、どうやら"おぼれぬ泳ぎ"をしてきたことは事実である。

丁総理はかって就任後しばらくしてから「"突撃内閣"などというレッテルが"安定内閣"というレッテルに変わることを望んでいる」と言ったものであったが、現在では「丁内閣を採点すると五十点だという人もあるかも知れないが、私としては常に百点を期している」といっている。

丁内閣の六年間には色々さまざまのことがあった。大きなものでは韓日国交正常化（六五年十二月）、ベトナム派兵（六五年二月）、韓米行政協定締結（六六年七月）、アジア・太平洋閣僚会議の構成（アスパック、第一回会議は六六年六月十四日）、第一、二次経済開発五ヵ年計画を成功裏に推進、北韓武装ゲリラのソウル侵入事件（六八年一月二十一日）以後の国軍装備近代化および郷土予備軍の編成、対中立国外交の強化、兵務行政刷新などがあり、いずれも相次いで処理されて行った。

これらの大きな仕事は無論、韓国の大統領責任制という行政体制上においては朴正煕大統領の指導力に基礎をおいてなされたのだといえるが、しかし丁総理を求心点とした内閣の誠実な補助によってなされた"という評価もまた"いつわらざる事実"である。そしてその"輔弼"過程において、丁内閣はムリに行政力を駆使したために大小の政治的試練にぶつかり、傷を負ったこともあったのである。

写真・丁総理は万博ナショナルデーに参席のため14日KAL便で来日した（上）この日の羽田空港には多くの在日同胞たちが歓迎した（下）

四度にわたる一括辞表提出

丁総理は就任二十四日目に、ソウル全域に非常戒厳令を宣布して、当時の六・三事態を"力"で収拾しなければならなかったが、これは彼に取って忘れ得ぬ最初の試練であったろう。

また、彼は韓日協定批准の波動（六五年八月）のさいには、大統領に行政上の裁量権を与えるために内閣の一括辞表提出を行ない、続いて、サッカリン密輸波動が招いた国会汚物事件（六六年九月）ののちに二度目の一括辞表提出をしたものだった。また、こうした波動とは性質が違うが、朴大統領の六代大統領就任（六七年六月）を前にしたときも、その再信任を問うため、三度目の一括辞表提出を行なった。

しかし、朴大統領はその度毎に丁総理を信任し、辞表を差し戻した。

まだある。四度目の一括辞表提出が昨年の改憲投票後に行なわれた。このときは一部閣僚の更迭があり、丁総理はまた留任することになったのであるが、こうした"一括辞表"は結果的にいって丁内閣の寿命を延長するものに他ならなかったと考えられる。

現在も、丁内閣は来年の選挙を前にして大事件にぶつかっており、大韓航空（KAL）機の拉北、臥牛アパートの倒壊事件などは同内閣に大きな傷を与えている。こうした事件の処理を標的にして、野党の攻撃はなかなかに手きびしい。

七つの公約を意欲的に実践

六年前に就任してから丁総理は今日までまことに繁雑多忙な動きを続けてきた。その動静をのぞいてみると、▽各部処および国営企業体の巡視＝一八二件▽国務会議主宰＝五三二▽各種の祝辞と激励の辞＝四八五▽各種会議の主催＝三二八▽国会出席＝一五四▽地方視察＝一一五▽外国首脳級との接見＝二〇一▽外国使節接見＝二一七▽外国記者会見＝一二三▽その他外国人会見＝四七九▽海外旅行＝一一などであり、丁総理は国家安保と外交に最大の力点をおいてきたのであった。

丁総理は意欲的でありながら無難な行政を行なってきた。もちろん、そうした"政治への評"は丁内閣だけでなく、共和党政権自体に対する評価でもあるわけである。

丁総理は就任当時、公約として①公務員の処遇改善および不正腐敗の一掃②良種、肥料の絶対量確保③漁民生計の安定と中産階級の育成④言論の自由保証⑤韓日国交正常化⑥韓米協調の強化⑦学園の自由保証などをあげた。そしてこれらは不十分な点もなくはなかったが、大体において"よく実践した"との評が多いようである。

内閣の存立と国運をとして

丁内閣はこんご七〇年代の課題を背負って内閣自体の存立いかんだけでなく、国運を左右するような使命に挑もうとしているように見える。

共和党政権がぶつかっている[illegible]こんごの課題は①北[illegible]挑発に対備する国防力強化[illegible]した外債の解決と持続的な経済建設[illegible]農漁民の所得増大④公務員の紀綱確立など——であるが、行政執行者としてこれらのことを成功のうちに推進させて行こうとすることは並みたいていのことではあるまい。ここに丁内閣のこんごの存命もかかっているということができる。

（SISA）

朝鮮日報白記者記

農政強化はかり

国会 補正予算案を上程

十一日に八ヵ月ぶりに与・野党が共に出席した中で開かれた国会本会議は翌十二日、追加更正予算三十五億ウオンの今年度第一回の補正予算案を上程、政府側から施政演説をきいた。

朴正煕大統領は施政演説で（丁一権国務総理代読）こんどの補正予算案編成の理由は①糧穀基金を確保すること、②肥料資金および肥料補償金の確保、③農漁村振化事業資金調達のために追加を必要としたものでその財源は備蓄穀類の販売代銭であると説明した。

丁総理はこんどの補正予算案により今年度予算総規模は当初の四千三百二十七億ウオンから四千四百六十二億ウオン規模にふえたと述べた。

なお、同補正予算案は去る二十七日から各常任委別に予備審議されることになっている。

国会はまた、十三日丁一権国務総理を始め全閣僚を出席させた中で、[illegible]国政全般にかんする対政府質疑にはいったが、[illegible]「[illegible]努力を[illegible]つもりである」と語った。[illegible]けられる予定である。

新民党の宋議員 李国会議長を押し倒す

十二日の国会本会議の途中に[illegible]議員（新民党）が同会議の李[illegible]議長を押し倒した事件が起きたが、これは政治問題と化しつつあり、ややもすると与・野間で[illegible]に合意を見ている第七十三回臨時国会（会期三十日）の運営日程にもつまづきをもたらしそうである。

この日、李孝祥議長は昨年九月十四日の改憲案国会変則通過に関連する"身の上発言"を行なったがそのとき、宋議員は「壇上から下りて発言せよ」といいながら李議長を椅子から押倒した。

共和党は同日、本会議が休会した直後、党務委員・院内総務団・国会常任委員長らの連席会議を開いてこの問題で協議、[illegible]宋議員を国会から除名させることは[illegible]本会議での対政府質疑を中断すること、という強硬方針をたてた。

一方、新民党は緊急幹部会議を開いて「共和党が宋議員の除名を動議する場合、最大限に闘争してこれを封鎖し、宋議員の偶発的なこの事件によって対政府質疑を中断したり国会運営にかんする与・野合意を白紙化することにしてはならない」との方針を打出し対決姿勢を固めた。

なお、李孝祥国会議長は同日午後、高血圧でソウル・メディカルセンターに入院した。

単独運営の国会法は還元

[illegible]新民党院内総務が十一日明らかにしたところによると、与・野党は同日の総務会談で、共和党が昨年末、単独国会運営のために改正した国会法を再び還元させることに合意した。

さきに共和党が単独改正した国会法中、野党が還元を要求している条項は、交渉団の強化によって構成することになっている予算決算委員会（四十四条）と各常任委員会（四十六条）の構成の部分についてであり、改正案はこの構成が議長職権でなし得るようにされ[illegible]

共和、日航機事件等 特調委構成を拒否へ

共和党は党務委員、国会常任委員長、院内総務団連席会議で第七十三回臨時国会に備え院内対策を協議し、追更予算案を優先的に処理する方針を固めると共に、対政府質疑では与党が先頭に立って問題をただすことに方針を決め、①野党が議事を遅らせない限り[illegible]をとらない②野党のJAL機及びKAL機事件、臥牛アパート事件などに対する特別調査委構成を拒否するとしている。

政府機構の大幅改編を確定

二庁五局と放送総局

政府は十二日、現行政府機構を大幅に改編する方針を決定、十六日の閣議で兵務庁と[illegible]の二庁、ならびに[illegible]局など五局と文化公報部の外庁として"国立中央放送総局"を新設する内容の"政府組織法中改正案"を議決した。

なお、同改正案はこんどの第七十三回臨時国会に提出されるが、このほかにも法務部に出入国管理局、文教部に体育局、文化公報部に海外局などが新設されることになっている。

第四回韓日定期閣僚会談繰上げ

ソウル七月21日から

韓・日間の経済協力強化での他の懸案問題を協議するための第四回韓・日定期閣僚会議がきたる七月二十一日から二十三日までソウルで開かれる。

外務部によると同会議は毎年八月中旬ごろに開かれていたものであるが、八月は韓・日両国が対国会関係で共にいそがしい月であるため、今年からは七月に繰上げて開催することにした。

従って、閣僚会議と時を同じくして開かれていた貿易会議も今年は七月十八日から三日間ソウルで開くことに韓日間で合意をみた。

こんどの韓日閣僚会議での議題は①対中共問題と極東安保にたいする意見交換、②[illegible]のもとでの韓日経済協力の強化、③貿易不均衡是正のための長期方案、④海運および漁業協力問題などである。

なお、韓国側は同会議で、日本の資本自由化拡大を契機として日本資本の積極的な誘致による両国系列化および国際分業の拡大方案ならびに技術導入の増大などを提案するだろうといわれる。

オーストリア国と査証免除協定なる

閣議は八日、韓国政府とオーストリア連邦政府間の外交官および官用旅券所持者にたいする査証免除協定を締結することに議決した。

同協定は外交官および官用旅券を所持する両国市民に査証なしでそれぞれ相手国の領土に入国、六十日間滞留することができることになっており、韓国がこのような査証免除協定を結ぶのは西独、タイなどにつづいて三度目である。

外人投資企業争議権

閣議は"外国人投資企業の労働争議調停にかんする臨時特例法施行令案"を議決した。

同施行令案は外国人投資企業体の労働組合とその争議権を規制するもので、適用対象は電気および電子、化学、油類、製鉄および金属、機械、繊維、窯業、輸送、観光などの事業中、外国人の出資額が米貨十万"以上の事業で、さらにその製品を全量輸出する企業体となっている。

なお、労働組合の設立申告や変更申告を出すときは申告書を三通作成して労働庁長に提出するよう規定されており、調整委員会は十二名の委員で構成される。

同法は昨年十二月国会を通過したが、労働基本権を侵害する違法だという理由で労総（労組総連盟）のはげしい反発を受けていた。

韓国フェア 韓国商品直売展の幕ひらく

豪華な商品ずらり

国威宣揚の意義そえて

目のあたり優雅な伝統民俗

韓国フェア・韓国商品即売展ひらかる（日本橋三越で）

韓国フェア・韓国商品即売展が東京三越百貨店で華やかに幕をあけた。

同韓国フェアは、大韓貿易振興公社と韓国輸出振興株式会社ならびに株式会社三越の主催により十九日から二十四日まで三越日本橋本店、二十六日から三十一日まで三越新宿支店、六月六日から十一日まで大阪三越でひらかれ、韓国商品の即売をはじめ李朝時代の衣裳および装身具の秘蔵展示、韓国古代建築の模型（東大門と光化門）展示、韓国民俗舞踊の公演、ファッションショー、韓国の味スナックバー開設などバラエティに富む民族色豊かな行事がくりひろげられることになった。

また、展示会来場者にクイズを提供し、これに当選された10名に対し三日間の韓国旅行一切の費用を支給するなど一世はやりの趣向もそえている。

初日の十九日、三越日本橋本店四階約三百坪の広いフロアには、本国から運ばれた案内装飾品をはじめ食料品、織物と衣類、アクセサリーと雑貨など目をみはるばかりの美しく豪華な商品が陳列されて祖国の発展相を目のあたり見ることができた。

盛大に開幕レセプション

この日午前十時三十分からひらかれた韓国フェア・テープ・カッチングには、李済湖商工長官や姜永奎駐日公使らの顔もみえて意義深い国家的な行事にふさわしく、同祝賀レセプションには韓日各界から約三百余名が参加して盛大をきわめた。

団長に李敦儀氏が当選

杉並支部定期総会ひらかる

民団杉並支部の第22回定期総会が、さる十七日正午から阿佐ケ谷駅前の結川結婚式場でひらかれ、経過報告ならびに新年度の活動方針案を採択するとともに任期満了による役員改選を行なった。

総会は、約五十名の男女団員をはじめ東本顧問丁賛鎮、東本団長鄭在俊、東本議長閔泳相、同副団長羅鍾卿、東京商銀理事長許弼奭氏各氏の来賓を迎えて相当熱のこもった討議が展開された。

朴秉侏副団長の進行で三機団長のあいさつについで鄭在俊東本団長ならびに許弼奭支部顧問の来賓祝辞が行なわれた。

鄭団長は、その祝辞のなかでとくに永住権の必要性を強調するとともに万博招請事業の保安問題は招請者の責任において万全な対策が望まれると訴えた。そしてわれわれ在日同胞も祖国近代化に歩調をあわせて福祉社会建設に努力しようと呼びかけ、そのためにはまず法的に保障される永住権の取得が不可欠であるにした。

許顧問は、われわれの民族金融機関である東京商銀は、組織とともに歩んで順調な発展をみているが、在東京居留民の数からしてまだまだ飛躍的な発展をとげる余地がある。日本の金融機関に比べ有利こそあれ不利な面はない筈だからもっともっと同胞たちの利用を待っていると民族金融機関への理解と協力を要望した。さらに朝総連の虚偽宣伝は、金融機関にもおよんでいるが、これは東京商銀の発展を妨害する悪辣なデマであるとのべた。

総会は、つづいて各機関の経過報告にはいり議決機関を鄭熙永議長が、執行機関を尹翰鶴副団長が、監察機関を安達云監察委員がそれぞれ報告し質疑応答を経てこれを承認。新年度活動方針ならびに予算案の審議に入ったが執行部提案の予算案に論議が集中、無事通過をみることができず結局、白紙に戻しつぎの三機関にあらためて予算を組みなおすことにした。

つぎに総会は、役員選挙にうつり、五名の団長立候補者に対する投票が行なわれたが過半数の得票者がなかったために二位までの得票者鄭熙永（現議長）氏と李敦儀（顧問）両氏の決選投票の結果21対25票をもって李氏が団長に当選した。

杉並支部総会のもよう

議長と監察委員長選は、投票によらず多数の推薦制で議長に鄭熙永氏が、監察委員長に金末会氏がそれぞれ選出された。

新しく選出された各機関長は副団長に尹翰鶴、金在尚の両氏、副議長は後日にゆずり監察委員には、金在根、呉奉亀の両氏がそれぞれ指名された。

新しく団長に就任した李敦儀氏は、老令ながら組織に対する熱意があふれているとみえ「永住権申請の促進、民族教育問題、宣伝啓蒙運動のより活発拡充に努力したい。ご協力を期待してやまない」と今後の抱負を語っていた。

"大島"を訪ねて (2)

美しき哉「人の心」

ジュリヤと御体さま物語り

筆島の浜に立つジュリヤと御体さまの十字架

この島には、「ジュリヤと御体さま」という韓国娘にまつわる哀しい伝説がある。

大島町観光資料館に展示してある説明書によると……。

一五九二年、豊臣秀吉が朝鮮へ出兵したとき小西行長は、朝鮮貴族といわれるひとりの少女をつれて帰った。秀吉は、この少女を養育し、のちに徳川家康に引き渡とらせ駿府の城に仕えさせた。

当時、切支丹布教が許されていて、小西行長などこれを信仰し、この朝鮮の娘も、洗礼をつけて「ジュリヤおたい」といわれた。

時は移って鎖国政策から切支丹禁止令となり、娘は家康から、改宗を強いられたが拒みつづけたため禁教背犯の者として一六一二年大島流罪となった。娘は駿府から伊豆網代港まで流人船にも乗らず疲労と苦痛とに耐えて歩き通しながらも朝夕の祈祷をおこたらなかった。このような端麗な佳人を役人たちは、不ビンに思い改宗をすすめたが聞きいれなかった。

大島在島一ケ月余りで「ジュリヤおたい」は、新島に島替えとなった。ともあれ美女の島人たちに与えた印象は感概深いものであったに違いない。

離島にあたり、筆島の浜から乗船された。年移りこの地蔵体明神と美女「オタイ」と「アネー」（姉）と混同され祀られた、とある。

× ×

この説明書きにもあるとおりこの島の東南方「筆島の浜」というところに、毛筆の形そっくりの岩石が海面にそびえたっており、その海岸に流さ十がもあろうか白い十字架が立っている。この十字架は、最近立てかえたとみえてまだ新しい。そしてその横に石碑が建っているが碑に刻んだ文字はよみとれない。さらにその横に背中を曲げてくぐらねば通れぬ程の小さな鳥居があって、地蔵さんが祀られていた。

誰かが拝みにくるとみえて、地蔵さんのまえに火のつけたあとのあるローソクがさしてあり一円玉も五～六枚。そして竹筒に花をさしたあとも。

後で島のひとから聞いた話しだが、大島ではこの「ジュリヤと御体さま」の祭りが年に一度行なわれるとのことであった。

× ×

この「ジュリヤと御体さま」についてたしかな文献があるのかどうかは知らないが、全然考えられない話しでもなさそうである。

すなわち、一五九二年、彼ら日本側がいうところの朝鮮出兵と壬辰倭乱のときで豊臣秀吉が朝鮮を侵略したときのことである。その当時、多くの虜（とりこ）が、日本に連れられてきて日本人に同化したことは、至るところの文献に残っている。そうするとこの「ジュリヤ」という少女も貴族の娘ではなくいまで言うならば戦災孤児であったかも知れない。古今東西を問わず戦争には、みなし児がわんさと生れるものらしい。おそらく貴族の娘がとりこになる筈もないから、空腹で泣いていた少女をひとり連れてきたに違いない。この娘が連れられてきた年が一五九二年で島流しになったのが一六一二年だからその間二十年余りの歳月がある。たとえ赤んぼの時に連れられたとしても二十歳の妙齢の娘になっていた筈だ。少女を連れてきたとあるから赤んぼではなかった筈。物心ついた少女が望郷の念に耐えず異民族にさらわれたうらみの抵抗心もあって改宗を拒み続けたのであろう。妙令の娘―古ひとりまえの女になった"とりこ"が、民族大義を忘れなかった"一片丹心"の魂をここにみることができる。

× ×

在島一ヶ月余にしてこの島を離れたというが、一体どこへ去ったのであろうか？。現代の感覚からすれば、よほど「ジュリヤさま」はこの島民たちになにか強烈な印象を残したに違いない。

町当局の説明にも、そのことについてはふれてないが、ただ不ビンに思っただけでは、後世に残す伝説としての理由が薄弱であるように思われる。

いづれにせよわれわれは、このような伝説から、いついかなる時代においても人間の心は美しく変らないものであることを知るのである。たとえ民族は違っても、人間の心の深淵にひそむ信仰は同じである。戦禍の地から拉致されてきた一異国の少女によせるふビンの情は、この大島の島民たちの心深くに残り伝えているのであろう。

大島町観光館に展示されているジュリヤと御体さま

現代史を中心に

韓青東本 初の幹部講習会

韓青東京特別本部では五月十六、十七日の両日に花屋台において、東京都内各支部幹部五十余名が参加して春期学習会を盛大に行なった。講習会は現代史前半を東本組織次長高昌鎬氏、後半を東本総務部長梁炳竜氏が担当して行なわれ我々と祖国という命題に肉迫せんと真剣な学習が行なわれ、最後に現々を取り巻く状況について、東本副委員長[illegible]氏の報告を中心に韓青運動論、組織論を討論し、学習会を終えた。その後二時間はレクリエーションを行ない、式を五時にもって解散した。

故金龍煥志士の銅像

李殷相氏が碑文を監修

既報のとおり故金龍煥愛知団長の銅像が本国に建立されることになり、すでに五月九日その起工式も終えているが、民団中央本部が発表した同建立計画はつぎのとおりである。

①目的＝解放後居留民団が創団されて以来反共隊列で活躍中、惜しくも殉職した前民団愛知県本部団長故金龍煥氏の銅像を建立することによって国民の反共精神を昂揚し在日同胞の士気を振作する。

②方針＝本事業は援護処で主管し推進する。事業の基金は在日居留民団で募金した誠金の範囲内で建立することを原則とするが、工事費が追加所要の際は建立委員会の決議により予備費または募金によって充当する。同銅像の除幕は故人の殉職三周忌七十年十一月二日に行なう。

③銅像建立推進委員会をつぎのとおり構成する。▽委員長援護処次長、委員国務総理室政務秘書官、外務部領事局長、内務部地方局長、中央情報部[illegible]、文化公報部[illegible]、ソウル特別市産業局長、韓国反共連盟事務総長、在日居留民団本国事務所々長、援護処管理局長△幹事長援護処救済保護局長

④[illegible]

⑤碑文は、李殷相氏の監修によりつぎのとおり刻まれる。

金龍煥志士銅像、ここに立っておられる金龍煥志士は、在日本大韓民国居留民団の亀鑑である。慶北慶城出身で居留民団創団以来20余年間反共隊列の先頭に立って同胞の団結と組織強化のために奮闘努力した功労者である。愛知県本部団長として同会館における会議中に共産徒輩の阻撃をうけ殉職した。その日一九六八年一一月一三日であった。惜しくも51才を一期に尊い生命を捧げた。全在日同胞は誠金を募り政府要路の物心両面にかかる積極的な後援によりこの銅像を建立した。

1970年〇月〇日

在日本大韓民国居留民団

在日YMCA総会ひらかる

在日本韓国YMCAでは、去る四月二十九日午後一時より韓国YMCA一階ホールにて一九七〇年度会員総会を開催した。総会は正会員一二五名中五〇名が参加し、理事会報告、一九六九年度事業報告、会計報告等の報告の後、一九七〇年度事業報告、予算案を可決した。引続き、懸案の会則を改正し、理事、監事選出に移った。

新たに選出された理事は呉京世、李東和、姜徳求、金鉉任、李永欽、金滄鋼、金鳳天、金光秩、張尚燦、李小竜、金在述、韓チュン、金郁化、金成秋、韓永倍の各氏である。また監事には権策兵、鄭東寛、李紀春の各氏が選出された。

新理事、監事選出の後、会館建築問題が討議され理事会で満場一致で可決した後、午後七時に閉会した。（写真は同総会のもよう。在日韓国YMCAの提供によるもの。）

会長に 高戌生氏

婦人会中野支部

大韓婦人会中野支部では、さる五月十七日同支部第14回定期総会を民団支部会議室でひらき経過報告ならびに活動方針案などを採択し、役員改選を行なった。

同総会で採択した活動方針案は①各種（国語・料理・その他）講習会を月一回ひらく②映画会の開催③家庭訪問（役員が各会員家庭を頻繁に訪問し組織強化と会員相互の親睦を深める④二・三世たちの結婚紹介⑥婦人会専属事務員の採用などである。

なお、役員改選において会長に高戌生女史を満場一致で推挙した。

テント張幕 民団へ寄贈

中野支部李団長

民団中野支部李鳳学団長は、このほど野外集会用テントと張幕一式を同支部に寄贈した。

同支部は、かねがね野外集会用に使うテントと張幕がなく不便を感じていたところ、李団長の私財によるこのたびの寄贈によりこの不便が解消されることになったので一般団員たちから感謝されている。

韓青東京特別本部 事務所開設

このたび在日韓国青年同盟東京特別本部事務所を民団東京本部の二階と三階に設置いたしましたのでお知らせいたします。

住所、東京都文京区本郷三－三二－七

電話（八一一）七一四八

社会の窓

16年間の仏教紛争にケリ

文化公報部は、帯妻僧側の提出した"韓国仏教太古宗"の登録申請を四カ月間も審議した末、「これ以上仏教紛争を起こさない」という確約を受けたのち、正式にこれを受理した。

仏教曹渓宗の帯妻側は十六年間も尾を引いてきた比丘僧側との仏教紛争に終止符を打つ方案として、さる一月十五日新しい宗団の創宗を宣言したが、比丘・帯妻の統合宗団である"大韓仏教曹渓宗"は、その新宗団の宗憲と宗法が現在の曹渓宗団のものと同じだということはうなずけない、として猛反対してきた。

そこで、文公部は統合宗団と新しい太古宗団の意見を総合し、太古宗団の宗憲・宗法を若干修正した上で太古宗団登録の申請を受付けた。

なお、大韓仏教曹渓宗はきたる二十日ごろ宗会を開いて事後対策を協議する予定である。

釜山に韓・独公共職業訓練所

政府が推進していた韓・独公共職業訓練所がいよいよ釜山に設立されることになった。

同訓練所の設置はさる六七年三月、当時のリュブケ西独大統領が来韓したさいに、韓・独両国大統領の共同声明によって提起されたもので、昨年十一月、西独側の百三十万㌦の援助承認に伴い具体化されていた。なお、同訓練所設置に関する協定はこの十六日ソウルで調印されるが、この職業訓練所は外資百三十万㌦、内資五億五千七百万ウォンを投入して今年の末に着工、七二年二月に竣（しゅん）工の予定である。

71年度の学校施設拡充計画

文教部は九日、忠清北道教育委員会で全国教育監会議を開き、七一学年度全国中学校の無試験進学に伴う施設拡充および平準化作業の計画を示達した。

この日示達された施設拡充計画は、全国十一の市・道で百七十一の中学校（公立＝百九十一、私立＝二十）新設など全部で三千百九十二教室（公立＝二千二百六十九、私立＝九百二十三）を新設または増設することを確定したもので、遅くとも六月初旬には全部起工してきたる十一月末までに完工する予定である。

このうち、公立中学校の施設拡充予算は総三十八億ウォンであるが、うち十三億ウォンは市・道教育委員会の自体負担とし、七億ウォンは国庫補助、十一億ウォンは国民学校（小学校）施設費から転用、そして残りの七億ウォンは市・道教育委が借りて使うということになっている。

獄中の金嬉老が趙重泰氏に書簡

静岡刑務所に入獄中の金嬉老は十一日「私の独房にナイフ、網、毒薬、凶器などを差入れたのは日本官憲の仕わざに間違いない」という内容の手紙を光州市内洞一七六の趙重泰氏（五〇、金嬉老救出運動推進委員）に送ってきた。

金はこの手紙の中で「疑問の凶器差入れ事件はこれまで日本検察と警察が民族差別問題を必死にかくそうとしてきた術策の延長であり、私が自殺するかあるいは逃走してしまえば、民族差別の実例など頭のいたい諸問題が自分たちの意のまま処理できるだろうという点を狙ったものだ」と述べている。

金はまた、自分はこのようなワナには決して陥ちいらない、と明言しており、きたる二十七日に開かれる第二十四回公判で真相を暴露するつもりだと伝えている。

なお、趙氏に初めて送られてきたこの書信はその内容の多くのところが墨で消されており、航空郵便であったにもかかわらず十日もかかって到着したという。

二万五千年ほど前の紙幣を発見

忠清南道公州郡の錦江上流地域で二万年ないし二万五千年前の紙幣がソウル延世大学旧石器時代遺跡発掘班によって十三日発見された。

同紙幣には人間の頭髪やいのししの毛などがついているが専門家たちによると、この発見は韓国民族史の研究に非常に重要なもので東洋には、後期旧石器時代にこのような文化がなかったという一般的学説をくつがえすにじゅうぶんな資料だといわれる。

韓国登隊山チュレンヒマル征服

カトマンズからのAFP電によると、金禎燮氏（三八）を隊長とする韓国登山隊はネパール中部にある二万四千百八十四フィート（七千四百三十七㍍）のヒマラヤ処女峰チュレンヒマル征服に成功、これは酸素を使わずに南西稜コースから登ったもので、十二日カトマンズに正式発表された。

同登山隊は隊長金禎燮氏（香港[illegible]）副隊長金[illegible]燮氏（二七、[illegible]）隊員韓[illegible]錫（二六、延世大山岳会長）金炳九氏（二六、漢陽大四年）金[illegible]燮氏（二五、新光飼料代表）など五名であるが、うち金禎燮・祐燮・[illegible]燮各氏は三兄弟のアルピニストである。

なお、チュレンヒマル峰は一九六二年日本登山隊が征服を企図したが失敗、昨年イタリア登山隊も征服に失敗した処女峰である。

支部だより

文京 ＜婦人会で定期総会ひらかる＞ さきの民団文京支部の総会につづいて同婦人会でもさる17日正午より支部二階会議室において第12回定期総会をひらき、活動経過報告、活動方針案などを審議したほか任期満了にともない新役員を選出した。

＜商工会では24日に総会＞ 文京韓国人商工会（兪石チュン会長）でも来る24日から熱海のホテル八景において第八回総会をひらく。親睦と慰安をかねる。

荒川 ＜万博招請者の保安講習＞ 大阪で開かれている万博はいよいよたけなわ、本国からの参観団もすでに第一陣八百六十名が参観をおえて無事帰国し現在第二陣が滞日中である。民団ではこれら本国からの参観者に事故のないようその万全を期しているが、荒川支部（鄭吉俊団長）ではさる12日午後六時より同支部会議室において万博招請団員のために保安対策に関する講習会を開いた。三機関役員はじめ招請団員約四〇名が参加、民団東本の許南明組織部長の説明を中心に受講した。

練馬 ＜箱根で第九回定期総会ひらく＞ 民団練馬支部（李用洙団長）でもさる10日、午後一時より箱根の小涌園において第九回定期総会を開催した。商工協同組合の設立、出入国管理法案反対闘争、永住権促進運動、万博招請問題などについて経過が報告、確認された。なおこの総会は団員の親睦、慰安をかねておこなわれたもので、約八〇名が参加、総会には民団東京本部から徐興錫監察委員長と高英議監察委員が参席、祝辞を述べた。

目黒 ＜24日に定期総会＞ 民団目黒支部（尹奉啓議長）では来る24日午前十一時から上三丁目町会館において第二四回定期総会を招集する。任期満了にともない新任役員の選出もおこなう。

文　化

青磁竹筍形注子12世紀中葉　高麗時代
国立博物館所蔵

青磁象嵌雲鶴文梅瓶12世紀中葉　高麗時代
国立博物館所蔵

ハングル四方塔を発見して

千葉県館山市大岩院で……

朴　春　錫

朴春錫氏

千葉県館山市大網所在の大厳院境内に建っている此の四方石塔は高さ二尺幅五〇センチになる石塔で四面に四方国語で「南無阿弥仏」と書かれてあるのが、その特徴である。

すなわち、ハングル（韓国）梵語（印度）篆字（中国）和風漢字（日本）でなっているが、特に日本国内には韓国関係の遺跡遺物等が方々にみられるが、韓国文字（ハングル）の石塔が発見されたのは、初めてのことで文字通り珍しいことである。

しかし、一つの解けない謎は、誰がいつ来日してこの石塔にハングルを書くようになったか、その内容が明らかでないのが遺憾なことである。此の大厳院が建立されたのは、日本の江戸時代初期（慶長八年、西紀一六〇三）で雄誉上人（註＝①）に依って開山された。

開山後二十一年に（西紀一六二四年、元和十年）このハングル石塔が建てられたのである。この石塔の四面中、梵語で書かれた両側に「寄進水向施主山村茂兵[illegible]西信士栄寿信女為之逆修大厳院檀連社雄誉[illegible]時元和十年三月十四日房州山下大網」と書かれてある。

大岩院で発見されたハングル四方塔

これに依りその建立年代が判る。また和風漢字（日本）で書かれた両側には「門門不同八万四為滅罪明見来因利剣即是弥陀号一声称念罪皆除」とあるが、これは平和祈願のため建てられたのではないかと思われる。

この大厳院に保存されてある文献としては、雄誉上人伝記四冊と十二因縁論一巻が唯一な文献になっているが、これらを精読した結果雄誉上人伝記一の末尾に次のように書かれてあった。

「寛永十三年丙子朝鮮人来朝し日光山拝参の序総房の旧跡見物の御上々官の緊論で当院に入輪下を[illegible]美し上人の行跡を聞き讃んで影像に拝せり南無」とある。

しかし、来朝朝鮮人とハングル塔にハングルを書いたその動機と誰が書いたという点については一筆もふれてない。四方塔に刻まれている古文ハングル体（現代語はナムアミダブツ）は現在は使われてないが、ハングル（訓民正音）制定後最初に国文で刊行された月印釈譜（註＝②）（仏経諺解）で見られる文体である。

また、月印千江之曲（註＝③）と竜飛御天歌（西紀一四四五）等は、訓民正音制定後国文で刊行された最古の文献で皆当時の古文であることはいうまでもない。

この四方石塔が建立されるのが十七世紀であるからハングル制定後約二百余年間のひらきがあるので、この間にも数多くの諺訳仏書が刊行されたことであろう。

すくなくとも、一国の文字が他国において使用されるというのは諺訳書籍が流入されたことを物語るもので諺訳仏書が日本国に渡り仏教界で広く利用されていたのではなかろうかと思われる。

また考えられるのは、壬辰倭乱（日本では文禄慶長の役という）当時日本軍に拉致された人士が民族意識を鼓吹する立場から書いたのではないだろうかと思われる。

とにかく、この間については以後研究すべき価値があると思われる。

註① 松風（浄土宗）武蔵霊岩寺なり、松風字は霊岩、号は檀蓮社雄誉という、上総の人里見某の子なり、（一説駿河の人）十三歳にして吉祥寺秀岩に投して度を受け、次に増上寺の門に入り、安誉虎角に師事し、その法を嗣ぐ慶長十年牛突の大岩寺に住し、次に大和[illegible]に遊び、[illegible]を開き住し、幾もなく再び牛突に帰住し、一旦将府の命に従い、安房大網に徙さる、一説に幕府師を推して智恩院に任せしめむとするも、師応ぜざりしに由るという、師安房に在り、大厳院を開き上総に遊びて佐貫の善昌寺[illegible]の宗済寺を開く、後、伊勢に遊び、山田の霊岩寺を開く、安房に帰り、大勝院別願院を開く、江戸に帰りて深川に新地を築き一寺を開く、[illegible]という、後、智恩院第三十二世となる、江戸の[illegible]伯書の大寺等皆師の開くところなり、寛永十八年九月一日寂す、寿八十一（日本仏典人名辞書）

註② 月印千江之曲と釈譜詳節を合本した本で、李朝の世祖王（西紀一四五九年）が刊行した。この本は訓民正音制定後最初に刊行された仏経諺解書で、当時の言文をそのまま保存しているため、国語史上貴重な文献である。

註③ 李朝の世宗王（西紀一四四九年）が釈迦の公徳をほめたたえた頌歌。

筆者　朴春錫（住所、東京都新宿区若松町三二）、友石大学史学科卒、早稲田大学大学院東洋史学科を卒業、明治大学大学院文学研究科修了して、現在東京大学大学院人文科学研究科在学中でソウル昌中高等通信学校仁川分校長ならびに仁川考試学院長を歴任した。

私は北傀を告発する　（二）

大物スパイ告白の記

姜　大　振

尹基泰部隊の掃討対策本部

尹基泰はかって信川農業学校の教師であった。もともと共産主義には反対していた男であるが、一九五〇年の秋、北進を始めた韓国軍が、北にはいってくると、教師の職を退いて、第一線の信川郡治安隊長となって北韓軍と戦った。

ところが中共の介入により韓国軍が後退してからは、九月山と八峯山に拠点をおいて尹基泰は、百余名の補兵を糾合、遊撃戦をくりひろげて信川郡、載寧郡、安岳郡、松禾郡、長淵郡などの五つの郡までを掌握していた。私はこの掃討作戦に参加したが、なかなか掃討しきれるものではなく、五六年には人民軍兵力が投入されて大掃討作戦が展開した。その結果、九月山と八峯山は血の海と化したが、それでも、まるで忍術使いのように尹基泰はつかまらなかった。

「反探偵員」に与えられた権限

私の働いていた社会安全局分"反探偵"部というところは、六・二五動乱時から戦後にかけて「南韓の対北諜報作戦封鎖」任務を目的として活動していた所だった。そして私のように「反探偵員」というのはそうした任務を行なう情報員だったのである。「反探偵」というのは敵方の探偵を摘発する任務を持つためにつけられた名であったが、いうまでもなく「反探偵」任務はそうした消極的役割にとどまるよりも積極的任務を遂行するところに重点がおかれていた。

われわれ「反探偵員」には大きな権限が与えられており、いわゆる反動分子（北傀側のいう……）の捜索および作戦指揮権も持っていた。また、反動被疑者の調（じん）問、求刑、宣告にいたるまでの過程でわれわれには関与権が与えられていた。

私は約十六年間、この「反探偵員」だったわけであるが、反探偵員になる前には必ず厳格な審査をさせられる。私もご他分にもれず「私は金日成元帥の忠実な戦士であります。私は金日成元帥と党だけを信仰することを誓います」と宣誓したのである。

青壮年の故郷奪還闘争など

こうして、反探偵員になった私は民間人はいうまでもなく、政府、司法府、軍隊、文化界、宗教界（当時はまだ宗教が一掃しきれずにいた……）、言論界、学園および社会団体や生産機関など、あらゆるところに諜報の網を張らなければならなかった。

五三年の休戦協定成立後も、黄海道一帯はまだ戦いの連続だった。というのは例の尹基泰部隊その他にも大小さまざまの反動分子が昼となく夜となく出没しては暴動を起こし"戦争"なるものをくりひろげていたからである。

特に青壮年の「故郷奪還闘争」というのはすさまじかった。これはひとたびは南へ行っていた青壮年がまた越北して戻ってきて、自分たちの故郷を"取り戻す"という名目で、北に残されていた地主達の家族たちや反共住民たちの支援を得て闘争するというものであった。これがほとんど北韓全域に拡大され、当時北韓の治安は極度に不穏状態に陥った。それに事態をいっそう悪くしたのは"南北捕虜交換"によって帰還してきた捕虜がたくさん居たことで、当時の冷たい待遇に（死ぬまで戦わなかったのを冷たく見る風潮もあって……）反発して"反共闘争者"を支援したことだった。

こうしたことで社会不安が高じてくると、社会安全省はあわてて対民行政を強化するために「反探偵員」の職権ならびに権限拡大を実施した。それだけでなくその目的ですべての策略が動員された。

道立病院長の盧ビョンオク氏

当時はさまざまな奇怪な事件がたくさん起きた。五五年一月、私は交通事故に会って、黄海道道立病院に入院した。全治三週間の傷であったが、三週間はおろか、一カ月たっても、私の傷はよくならないといわれた。否いっそう悪化していくということで、私は私の裏から治療をしている満州戦争病院に移されて治療をうけることになった。

ところで、後になって判明したことではあるが、この道立病院長の盧ビョンオク氏は道保健処長の許瑚氏と共謀して、入院患者のうち"北韓の悪質幹部"の病気は故意に長びかせて、入院を長くさせ活動ができないようにしていたという。そして私もその"対象"の一人なのであった。

盧病院長は五〇年六・二五当時信川郡で青年反共、民主党などと共謀して、[illegible]を出して"休戦阻止"闘争をくりひろげていた男である。盧氏はのち、[illegible]二十八連隊に配属された[illegible]に"破壊"を注入しようとして計画していたところを反探偵員に検挙され、公開人民裁判のあと、五八年九月二十七日、処刑された。

こうした事件は全く数えきれないほどあった。

54年からの餓死者と凍死者

しかし、何といっても、休戦協定調印のあった翌五四年から打ち続いた食糧危機騒動と、ついに五六年、そうした民衆の不安を背景にして立上がったソ連・延安派の大反乱はマークすべきものだった。

そのころ、北韓では六・二五戦争で青壮年たちがあまりにも多く犠牲になったため、人手不足が甚だしくて農業がはかどらず、全国的に深刻な食糧危機がおとずれ、餓死・凍死する者たちが相ついでいた。

おまけに金日成は戦後、直ちに"次にきたるべき戦争準備のため"と称して重工業優先政策を打ち出していたので、この"パンより大砲"政策はいっそう多くの餓死者を続出させた。

冷酷な金日成の重工業優先政策

こうした恐ろしい飢餓と死はまる三年も続いたのに、金日成一派はこれにソッポを向いて相変わらず重工業優先に徹していた。日ましに人心が険悪になって行ったころ、五六年春頃のことが起きた。ソ連が"食糧援助金"として送ってきたものを、金日成はこれをそっくり重工業開発に投資することにしたのである。これに強硬に反対したのはソ連派の朴昌玉副首相、延安派の崔昌益副首相、朴一禹社会安全相、保衛省副相の金雄大将、人民軍第四集団軍司令官の張平山大将、警衛総司令官の王淵上将（中将と大将の間の位）などで、彼らは「まず人民に食わせろ」「ソ連の援助金の意図もそこにあり、これを他に流用することは、なすべからざることである」と強く主張した。これらの「飢餓にひんしたものを救うことが第一」と主張する意見と、金日成一派の「国あっての民だ。国を強固にすることが第一」と主張する意見とは真向うから対立した。

両派の大物朴昌玉と崔昌益、尹公欽らは金日成の重工業優先政策に真向こうから反対して、クーデターを画策したのである。

しかし、そのころから、金日成の主張どおりにものが運ばないことはなかった。結局、金日成独裁によって重工業優先政策は何を犠牲にしても押し進められることに決定されたのである。

「金日成と一緒に政治はできぬ…」で

朴昌玉、崔昌益らが「もう我慢ならない。金日成といっしょに政治をすることはできない」と断定したことが、のちたいへんなことになって行ったのである。（つづく）

（SISA）

筆者の姜大振氏は南派された北韓スパイの最大級大物、元北韓軍上佐（中佐と大佐の間の位）最近、韓国に帰順した。

金日成の写真をよごしてもこのように

（漫画は本国紙から）

韓国の昔話　②

裁判長になった兎

崔　仁　鶴

むかし、ある旅人が深い山の中の道をあるいていました。その山は木ばかりで空も見えないしひるまでも猛獣が出て来るようなところでした。

旅人は夕方になる前にこの山を越えなければならない急な用事がありました。ですからけんめいにあるいておりました。

すぐ近いところで奇妙なこえが聞こえました。そうでなくてもこわかったのをがまんしていた旅人はびっくりして耳をすますと、一匹の大きい虎がおとし穴の中で泣きさけんでいるのでした。

旅人は気を付けながらおとし穴の中をうかがい見ました。

「もしもし、おじいさまお助け下さいませ。もし助けていただいたならばご恩は必ずお返しします。どうぞよろしくお願い致します」

虎は旅人に哀願をしました。

「かわいそうな虎だ、どうかしてあげなければ死んでしまうだろう」

と思った旅人は、そばをきょろきょろ見まわしました。すると一つの木の棒が見つかりました。

「よかった、これを入れて虎を生かしてやろう」

旅人は長い木の棒をおとし穴の中に入れてやりました。虎は木の棒をつかんでよじ昇りました。上に出た虎は急にいままでの態度を変えて旅人に向かってこわい顔をしました。

おどろいた旅人は

「虎さん、あなたのいのちを助けてあげたのにこれは大変失礼じゃありませんか」

といいました。虎は旅人をけいべつしながら大きい口を開けました。

「おまえ、文句をいうな。このおとし穴は人間がわれわれを殺すためにつくったんだ。人間はわれわれの敵だ。」

旅人は虎を助けてやったのを後悔しました。そのときです。

草むらの中から一匹の兎が現われました。

瞬間旅人は一つの智恵を思いつきました。

「虎さん僕を食べるのはいいですよ、でもどちらが正しいか一度問い合わせてみましょう。」

「うん、どうせ死ぬんだからそのくらいの遺言は受入れてやろう。」

旅人は兎に事情を話しました。兎はえり首をうなづかせながら虎に向って、

「話だけでは状態を良く判断できないから虎さまどうぞ初めからくわしく状態をみせてくれませんか、そうしますと正しい判断ができます。」

虎は気にくわないけれども

∧まさか兎も自分をこわく思うのだから味方になってくれるだろう。∨

と思っておとし穴の中にぴょんと跳びこみました。

「では今から判決を申し上げます。虎さま、お宅はおとし穴の中にそのままいたらそれでいいです。」

この一言を残したまま兎は草むらの中にすがたを隠してしまいました。旅人も無事に山を降りました。

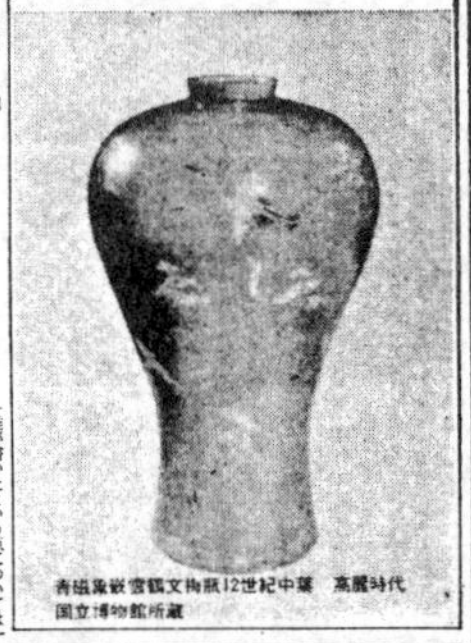

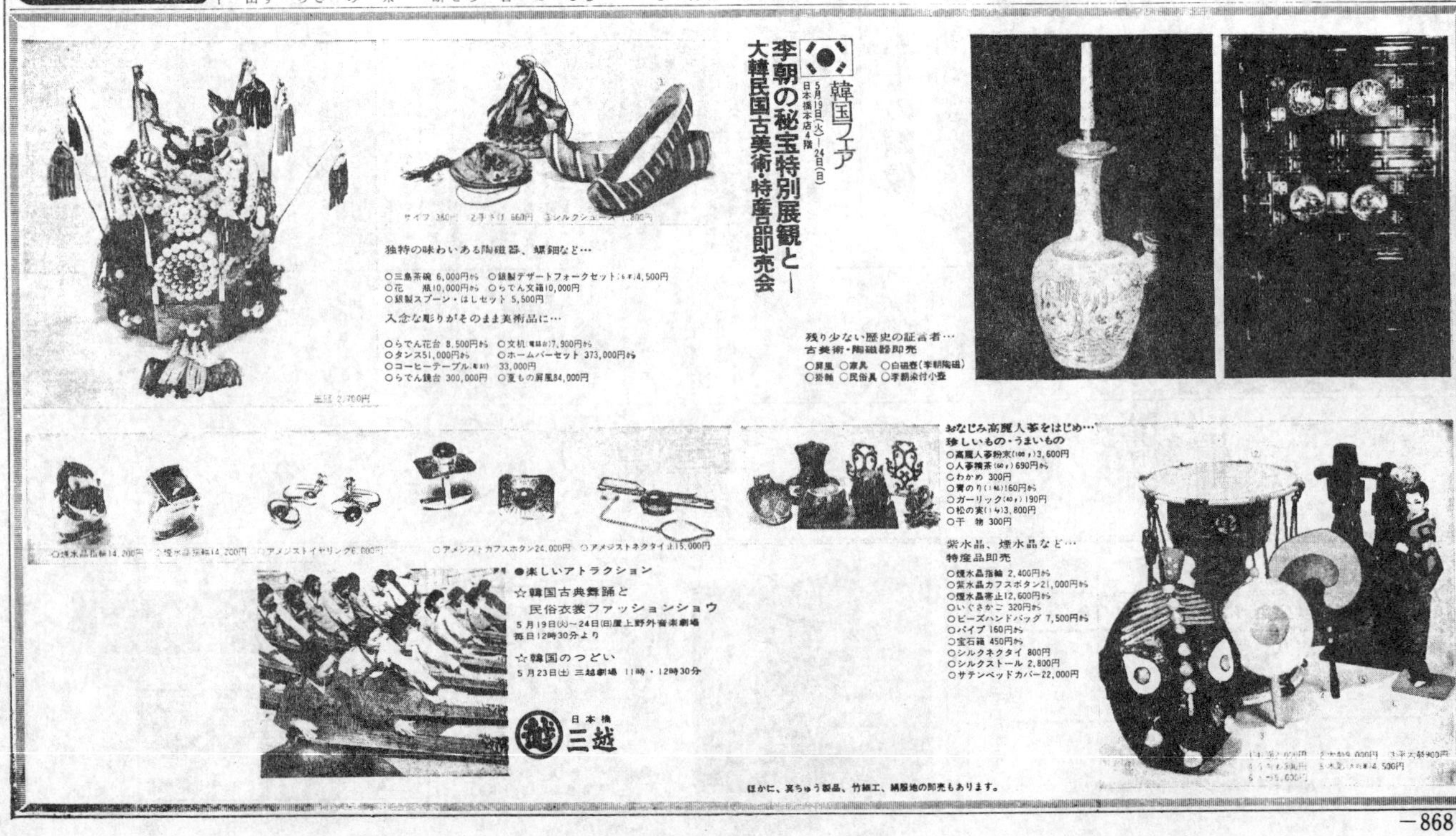

（1963年7月27日第3種郵便物認可）

在日本大韓民国居留民団
綱領
1. 우리는 大韓民国의 国是를 遵守한다
1. 우리는 在留同胞의 権益擁護를 期한다
1. 우리는 在留同胞의 民生安定을 期한다
1. 우리는 在留同胞의 文化向上을 期한다
1. 우리는 世界平和와 国際親善을 期한다

「韓僑通信」改題
在日本大韓民国居留民団
東京本部発行週刊紙
THE PRESS MINDAN TOKYO
THE KOREAN RESIDENTS UNION. IN JAPAN, TOKYO OFFICE

民団東京
THE PRESS MINDAN TOKYO

5月27日水曜
<1970>
週刊・毎水曜日発行
第2406号

発行所
民団東京新聞社
発行人 鄭在俊
東京都文京区本郷3丁目32番7号
電話 (811) 1535 (代表)
〒133 振替口座 東京 16631番
（大韓民国文化公報部国内頒布許可）
（購読料 1カ月100円・特別1000円）

丁国務総理・佐藤首相と会談
永住権申請に協力要望
韓半島の緊張にも意見交換

丁一権国務総理は二十一日午前十一時、李厚洛駐日大使を伴って日本首相官邸に佐藤首相を訪ね、保利官房長官をまじえた中で約一時間会談した。

同会談で丁総理は韓国の第二次経済開発五カ年計画の進展ぶりを説明した後、七二年から始まる第三次五カ年計画の実行にあたって日本からの経済協力を要望した。丁総理はまた、韓日貿易が日本側の輸出超過にかたよっていることを指摘し、ノリなど韓国産品の輸入をふやしてほしいと求めた。

これにたいし、佐藤首相は韓国にたいする経済協力は今後ともつづけてゆくことを約束し、この問題はきたる七月ソウルで開かれる韓日閣僚会議で具体的に論議されるだろうと語った。佐藤首相はまた、ノリの輸入は現在の割当て制を改めて自由化する考えをほのめかした。

丁総理は、日本と北韓間の貿易や北韓から日本への出入国問題、そして在日韓国人の日本永住権登録問題などにかんして韓国政府の意向を表明、日本政府の協力を求めた。これにたいし佐藤首相は「日本と北韓との間には民間ベースの交易が行なわれているので、それに伴い何がしかの往来はあるが、しかし北韓からの出入国問題の扱い方を変える意思はない」と答えた。

この日の丁・佐藤会談ではこのほかにもカンボジア事態を含む東南アジア情勢や、北韓からの挑発行為による韓半島の緊張状態などについても意見が交わされた。

佐藤首相（右）との会談に臨む丁国務総理と李厚洛大使（左）

佐藤首相の夕食会でも演説
船田日本衆議院議長に樹交勲章

日本を公式訪問した丁一権国務総理は十九日夕、佐藤日本首相主催の晩さん会に出席、この席上で丁総理は「韓日両国は両国の共同繁栄とアジアの平和を促求するために協力、紐帯を一層強化しなければならない」と語り「両国の善隣友好精神を基盤として平和な福祉社会を具現しよう」と呼びかけた。

丁総理はまた、翌二十日夕、韓・日協力委員会の日本側主催による夕食会に出席して韓日両国の紐帯強化を強調する演説を行ない、「日本の経済成長と科学技術の発展などは全世界によく知られているとおりであるが、韓国もあらゆる面で飛躍的な成長と発展をしつつあり、この韓日両国の緊密な協力は両国の共同利益のためばかりでなく、アジアの平和と共栄のためにも有益である」と強調「このような共同運命のために両国はより一層理解と協力を増進させてゆかなければならないと思う」と述べた。

なお、丁総理は同日午前朴大統領の代理として船田日本衆議院議長に樹交勲章を授与、岸元日本首相とも会って韓日間の懸案問題を協議した。

北傀の万博視察は許さない

丁総理は二十一日午前十一時、佐藤日本首相と会い韓・日両国間における経済協力並びに技術協力の増進問題と、在日韓国人の永住権問題など双方における懸案問題などを協議した。

李厚洛駐日大使と洪性郁国務総理秘書室長、それに金山駐韓日本大使らが陪席した同日の会談で、丁総理は第三次五カ年計画に含まれている主要産業に対して日本側からの投資拡大と、在日韓国人の永住権申請を促進するのに、その法手続きの簡素化を要請した。

これに対して佐藤首相は投資の拡大など、経済協力に最善をつくしたいと述べ「その具体的な方法は来る七月ソウルで開かれる韓・日閣僚会談で検討するよう関係閣僚へ指示する」と述べた。佐藤首相は、また「万博」の開会中は北傀の参観団入国は許可しないと確言して、いわゆる「周四原則」による日、中共間の交易問題に対しては「これによって韓・日間に何らかの変化が生じるようなことは絶対にありえない」と主張した。

20日の夜帝国ホテルにおける丁国務総理主催のレセプション

丁国務総理夫妻日本訪問を終えて帰国　丁国務総理夫妻は約1週間の公式日本訪問を終えて22日午後3時45分羽田発KAL便で帰国した。
（写真は佐藤首相夫妻をはじめ多くの在日同胞の歓送をうける丁総理一行・羽田で）

主張
総連の虚偽宣伝を笑う
永住権申請の妨害やめよ

北韓カイライ集団の走狗である在日朝総連は、最近日本の主要日刊紙に「民主主義的民族権利の擁護について」と題する広告をのせ在日六十万同胞にアピールしている。

「民主主義的民族権利」云云と麗句をもって訴えているが、これは明らかにいまわれわれ民族陣営で運動を展開している永住権申請の促進を妨害しようとする意図にほかならない。だが、このアピール文面からわれわれが読みとれることは、永住権申請を妨害しようとする彼らの意図はわかるが、その論理はきわめて薄弱で、永住権についての彼らの無知を暴露したばかりでなく、善良な在日同胞たちを惑わす以外になにものでもないことである。

まずはじめに彼らは、「海外公民の地位は法的に規定している」とうたっている。これは、いまの民主主義の世の中では怪奇千万な話しで、同じ国民を「公民」と「私民」にわけて呼ばねばならない共産主義社会の非民主的な階級制度がいまも存在していることを如実に物語っている。公民の定義はなにか？

「国家公共団体の公務に参加する資格のある国民」のことである。そうすると彼らの社会には、公務に参加できない国民もいることを意味している。

階級制度が甚だしかった旧帝国主義時代には、国民の公民権が著しく制限されたり無視されたりしたことがあった。だが、いまや「公民」も「平民」もあったものでなく国民は国家の構成員として平等な権利と義務をもちいかなる差別も許されないものである。

朝総連の連中が、好んで使用するこの「公民」という語句も、結局のところ彼らの敗北感からくる一種の無意味な虚勢にほかならない。

また、「公民の地位を北傀は法的に規定している」というのも常識の域を脱しない文句である。いかなる国家にせよ自国の国民の地位は法律で規定してある筈である。われわれの場合、海外異国で生を営んでいるために居住国一つまりこの日本の法律で外国人としての地位と永住の保障として日本における法的地位が必要であるのだ。

在日同胞たちを彼らの組織に引き入れるために、このような意味のない飾り文句や当然なことをさも権威ありそうに強調しなければならない自体あわれである。

つぎに、国籍選択は自由であるとか差別はできないとかいう彼らの広告文句は、ありふれたきまり言葉で反駁の必要さえないばかりか永住権の申請とは直接の関係が薄い。とくに国籍選択の自由云云は高度な法律論になるであろう。

彼らは、永住権申請者とそれをしないものとの差別がないことを示すために、一九六五年六月二十二日日本政府石井法務大臣の談話「北朝鮮系の人たちには今までやってきた通りに対処し、少なくとも現状より悪くならないといえる」を引用しているが、これなど正しく彼らの組織というものがいかに指導性に欠け欺瞞にみちているかを物語って余りあるものである。

彼らの論法からすれば「現状より悪くならない」からとして「良くするための」運動を妨害し反対するらしいが果してそれが正道かどうか理解に苦しむところだ。

一九六五年六月当時、すなわち韓日条約による「在日大韓民国国民の法的地位ならびに処遇に関する協定」が締結されてないときの在日同胞の現状とはいかなるものであったか思い出してみるがよい。

法的地位が確立されてなかったために、われわれはいかに不安定な地位にいたか、そしてその後の日本政府の立法動向などをみるとき果して法的な保障が必要でないものかどうか、深思すべきことではある。

在日同胞が、永住権を取得することは、いうまでもなくそれが権利として法律的に保障され日本で生活を営む上に多かれ少なかれいろいろ利権が得られ、「現状よりは良くなる」ことにはなにびとも否定できないところである。

朝総連の連中がこのような根拠のない論法をもって一般同胞を欺し「現状に拘束させよう」とすることは、在日同胞社会の発展をはばむ民族的罪悪行為であることを彼らは悟らねばならない。

もちろんいまの時期に、そのような彼らの虚偽宣伝をまにうけて彼らに同調する同胞はありえない。いたづらに在日同胞社会に混乱をきたすばかりであることを認識してすみやかに永住権申請への妨害行為をやめるよう猛省をうながすとともに、一日も早く栄誉ある祖国大韓民国の国民にたちかえるよう望んでやまないものである。

カンボジアと国交再開
常駐代表部相互設置きめる

韓国とカンボジア政府は十八日両国間の公式関係を再開することに合意、速やかに正式の外交関係を樹立して大使の相互交換を行なうことに決定した。

このほどカンボジア事態協議のためにインドネシアのジャカルタで開かれたアジア・太平洋諸国会議に出席した崔圭夏外務部長官は同日カンボジアのサンボウ第二副首相兼外相と会談を持ち、さる六五年の金貴河亡命失敗事件（注…ボクシング選手の金貴河は居住地だった日本から北送船で北韓に渡ったが、北での生活に幻滅を覚え日本へ帰るか、韓国に行きたいと考えるようになり、プノンペンでの運動競技大会出場のチャンスをねらって、駐カンボジア日本大使館に亡命を求めて出頭した。ところが、プノンペン警察はこれをかぎつけ、金貴河を捕えて北韓に強制送還した。以来金貴河選手の消息は不明……）で五年間中断（駐カンボジア韓国総領事館引揚げ）していた両国間の関係を正常化することに合意し、短時日間に常駐代表部を相互設置することにしたとの共同声明を発表した。

ベイルートに常設
通商代表部

韓国は尹浩根特命全権大使を代表とするレバノンのベイルート駐在常設通商代表部を開設したと十九日発表した。韓国がアラブ国家に公式代表部を設置するのはこんどが初めてである。

西独外相、韓国の経済援助を語る

ボンからの報道によると、ハイネヤン西独大統領と共に十三日間の極東旅行を終えて帰国したシェール西独外相は十八日「世界平和に寄与するという見地から」韓国を始めマレーシア、インドネシアの経済安定を助けるための努力をする考えだと語った。

接戦地域に移動か
駐越国軍 丁国防長官が表明

駐越韓国軍を視察するため初めてサイゴンを訪問した丁来赫国防部長官は十八日午後タンソンニュット空港に到着、空港貴賓室での記者会見で「駐越韓国軍の任務はこんごベトナム情勢の変化に伴い再調整されるだろう」と語り、戦闘任務がふえるにつれて作戦地域の変更もありうることで、接戦地域に移動することになろう、と示唆した。

三日間の予定で訪越した丁長官は結論として「韓国軍を一カ所だけにいつまでも置いておくわけにはいかない」と表明し、戦闘任務の全面的再調整が必要になっている、と述べた。

作戦地域を視察

なお、丁長官は十九日午前、極秘裏に南ベトナム軍のカンボジア作戦地域を視察した。丁長官はつづいて韓国軍作戦地域をも視察したが、サイゴン滞在中、駐越韓国軍指揮官らならびに南ベトナム政府要人らと一連の会談を持った。

周四原則に懐疑感
朴大統領石井光次郎氏ら要談

朴正熙大統領は十九日午前青瓦台を礼訪した石井光次郎（元衆議院議長）ならびに灘尾弘吉（元文部相）広瀬正雄氏ら三人の日本衆議院議員と会い約一時間要談した。石井議員は「私は久しぶりに訪韓、戦後初めて韓国を訪れたが、驚異的な経済発展に深い感銘を受けた」と語り「両国間の共同繁栄の基盤を固めることに努力をしたい」と述べた。

朴大統領は石井議員の韓日協力にたいする功労をたたえた後「最近、対中共貿易関係で日本商社が取った行動（韓国や台湾との取引きを否定する〝周恩来四条件〟を受入れたこと）は自由アジア人たちの日本に対する期待に懐疑感を覚えさせている」と指摘した。

民団中央人事発令

民団中央本部では次の通り人事を発令した。

依願免 宣伝局次長 朴英勲
任 組織局長 金宰淑（前組織委員長）
〃 組織委員長 丁海竜（前組織局長）
（以上五月二十二日付）

執拗な入管法
日政次期国会へ提出

日本国法務省は、民団はじめ世論の強い反対をうけて昨年の通常国会で審議未了に追いこまれ、またさきの特別国会にも再提出の方針を決めながら果しえなかった悪法・出入国管理法案を、次期通常国会にまたもや提出することを決定、目下その「手直し」作業をすすめていると伝えられる。

これはさる五月二十一日付朝日新聞が伝えたもので、それによれば、同法務省は、これまでの法案の内容のままでは成立がむずかしいとの判断から、①遵（じゅん）守事項の新設②行政調査（事実調査）権の新設③退去強制手続きの簡素化の三点について、「規制強化の色合いを薄める方向で」、もとの法案の「大幅な手直し」を検討しているというもの。

周知のとおり、全容九一条からなるこれまでの同法案は①手続きを簡素にする②不良外人を取締る等、一見もっともらしい立案の主旨説明とは裏腹に、実際には在日外国人、就中その九割を占める在日韓国人の生活上の監理と規制を強めることをねらった内容であることが明瞭に読み取れるもので本質的に一人でも多くの在日同胞を日本国内から追放し、基本的人権さえ奪うものである。

この露骨なまでに排外的で非人道的かつ弾圧的な主旨で一貫した同法案に対して、民団でも断食や民衆大会、デモなどを含め文字通り挙団的規模で反対闘争をくり広げたことはまだ記憶に新しい。こうした世論の強い反対をうけて同法案はいったん廃案になったとはいうものの、日本政府がこれまで一貫してとってきた所謂「真の韓日友好」違背の政策を根本的にあらためないかぎり、新たに装われた第二、第三の改悪法案が、在日韓国人の追放と圧迫、同化をめざして立案されることはまちがいないというのが、民団でもほぼ一致した見方であった。

昨年八月の韓日法相コミュニケの発表を機に、民団では目下永住権申請促進運動に全力を注いでいるが、あくまでも現行出入国管理令の改悪・法制化の方針をくずさない日本政府当局の動きは、民団内にあらたな警戒よびおこしており、今後「大幅に手直し」をされた「新」入管法案の内容が明らかにされるのを待って、ふたたび論議がまきおこるものとみられる。

国会における質問と答弁の全容

八カ月ぶりに正常化された国会では、約一週間にわたって対政府質疑が展開された。以下その主なる質問と答弁である。

建設行政の乱脈を追求

金在光議員（新民）＝三三名が死亡し四〇名の負傷者を出した臥牛アパート事件をはじめ、各種建設行政に対する乱脈相を追究する。臥牛アパート、金華アパート等全国六九七棟のアパートの中で、民営アパート二八棟を除いたすべてのアパートが不実状態であることが治安局調査で明らかにされた。ソウル大橋の橋塔が一時倒れ、第二漢江橋の橋桁が倒れ、光州駅の地下道が倒壊され、水原文化公報館も倒壊された。

京釜高速道路にしても橋台三千三百余個所も破損され、一日平均十余個所も修理しなければならないし、京仁高速道路は、竣工されて満三カ月もならないのに十一％が破損された。これが営業だけの展示的建設の標本である。しかし、このような工事を請負った大財閥等はこの政権がひご育成したために手もつけられないでいる。建設法による免許取消等の措置を取るのでもなし、随意契約、指名契約等で彼らに特恵を与えている。九六年度政府発注工事の八七・五％が随意契約であった。このようなことは予算会計法に違反するものである。

臥牛アパートは設計なしに、また現場調査とか地盤調査もなしに着工した。コンクリート配合も適正水準ではなく、砂利も八〇ミリもなる大きいものを使い、セメントをコンクリートしたものでなく、砂でしたものでしかない。鉄筋の硬度も普通の鉄材を使わないで、再生のものを使った。一平方米当り、下層が六十kgであるのを実際は十五kgも超過している。アパートの柱、基礎等すべてその様であるのに何をどのように補修するというのか。

この責任は末端の区庁長級にあるのではなく、為政当局者に責任を問わなければならない。選挙を前にして、板小屋のかわりにアパートを建ててやると長官等が直接訪ねていって公約し、銀行の融資の申請までしておいていまはこれを空文化し、このような殺人アパートを建てたということはどういうことか。ソウル特別市長と関係局長の刑事責任を問わねばならない。①危険アパートに対する補修と待避に万全を期せ(2)コンクリート等その他硬度調査に権威者を動員徹底的に調査しその結果を報告せよ③ソウル市が実施した各種建設に対する力学調査を実施せよ④入居者の待避期間中食糧配給、テント支援、進入路補強、衛生施設、警察官の常住等万全を期せ⑤内装施設に、零細民では負担困難な多額の経費がいるが、これを補充せよ⑥アパートに共和党員の協力者だけ入居させ、政治的集団を図っているがこれを即時是正せよ⑦建設資材の検査を強化⑧各種建設工事不実状態に対する監督を強化するために、監督官吏等の資質向上方案を講ぜよ⑨アパートをはじめ、大建設業者の他の零細業者に対する下請負等を禁止せよ⑩契約行政を改善、自由競争契約を強化せよ⑪海外建設業者の進出状況を説明せよ⑫標準設計制を強化するようにせよ。

朴内務答弁＝①臥牛アパート事件を契機にアパートの徒弱その他根本的な補強調査と補修に徹底を期する。ソウル特別市は全面的な補修をする方向で、建物がよくないときは大補強、再改築、補修等に区分して補強している②こん度の事故の事故の原因は監督不充分にあった。施工業者中不実な者に対しては、これを除去して充実な業者がするようにする。公務員が強力に監督することができる訓練強化方案を講究中だ。③法を守るように公務員教育を強化、もし犯せば処罰を強化する。他の業体に下請けさせることは、常識的にあり得ないことでこれを徹底的に禁止する。建設部と相談して、自由競争契約、標準設計等を促進する。

浦項綜合製鉄の経済性

金炯一議員（新民）＝四百六個棟の市民アパートの総工事費二十六億ウォンのうち十一億ウォンが他へ流出されている。これが政治資金化したのではないか。また、このようなことが朴政権の不正腐敗を端的に証明しているのではないか？内務長官は、この十一億ウォンの行方を明確にしめせ。三十八億ウォンを投入した、京仁高速道路は政治的作用でもって六八年末までに完成したものであった。今、この道路はデコボコだらけである。

浦項の総合製鉄は経済性がないと評価され世界各国から、それへの投資をいやがっている実情ではないか？基礎施設だけで百億ウォンが投入された。同製鉄工場から製品が出た場合、トン当りの価格と国際市場のトン当り価格を明らかにせよ。

嶺東、湖南高速道路を建設するといって七十三億ウォンの予算を策定したが、嶺東高速道路はなぜ着工せずにいるのか？三億ウォンも投入した京仁地区の工業団地は一体何処へ行ってしまったのか？また、洛東江大橋、長興大橋は手をつけておいてそのまま放棄されている。

金経企院長答弁＝浦項の総合製鉄のトン当りの予想価格は百四ドル七十九セントで現在の導入価格は正常経費と関税を含めて百十三ドル十セントである。

政治資金化の事実ない

朴内務長官＝アパートの建設などで疑獄をきたし、大変迷惑をかけている。坪当り八千ウォンもかかっている。政治資金を捻出したとい発言は事実とあまりにも距離のある話である。政治資金化である現実だと、考えさえしたことはない。

李法務長官＝二十六億ウォンのうち十一億ウォンが流出されたというが、それについて詳細な証拠を指示して欲しい。建設業者と下請け業者間でコミッションが取引きされたことは事実だが、政治資金として流れたと云うのは、ありえない話である。

李建設部長官＝六百余個所の工事が全国的に亘って目下進行しているが不実工事を予防するために昨年、建築法を改正し、罰則も強化した。無免許業者は施工できないように規定している。また建設公務員の質と量を改善する方針である。登録建設業者は発注者の許可なしにいかなる形体であろうと下請けを禁じている。嶺東高速道路が未だに着工されずにいるのはIBRD（世界銀行）との交渉関係のためである。

安保と国防へ対策機構を

朴炳培議員質疑＝朴大統領が非常安保体制を標榜しなくてはならないと語ったが、十年間も執権してきた朴大統領が今になってこのようなことを言っているのをみると現内閣は大統領をよく補佐しなかったことになる。現内閣は総辞職せよ。国会内へ安保対策機構を設置するか或は定期的に安保特別セミナーでも開かなくてはならないのではないか。

金弘壱議員質疑＝今、六十万の大軍を確保しているが、六十万という数字が適正線だというその根拠は何なのか？毎年三十二万という壮丁たちが身体検査を受けているのに二十万名しか入営されていない。現役服務は二年だと兵役法には明示されているのに、なぜこれを遅延させているのか？入営したものは三年間もつかまえておき、入営できなかった者は兵役未了者として就職もできないようにしていることは矛盾ではないのか？予備軍は国防部で主管、管理すべきではないのか？この予備軍が内務部に属することは選挙へ利用しようということではないのか？三軍の指揮統帥権を取り戻さなくてはならない。二個師団しかない国連軍の司令官に統帥権が取られていることは不合理である。韓・米相互防衛条約改正のための対米交渉の経緯を明らかにせよ。

丁国防長官＝自主国防を実現するために努力しているが、いまのところわれわれ自体の力では解決できない分野があまりにも多くある兵役行政上での不正について当事者は勿論、関係公務員らが関連しているという事実を大変なげかわしく思っている。不正腐敗が生じないよう関係公務員の監督を徹底的にする。海外に永住権のある者を国内へ召喚することは、実効をあげることができなかったので召喚対象から免除することにしたが、最近これのために海外で永住権申請者が大変多く伸びている。国防部はやむを得ず七〇年年一月一日以後、永住権を獲得した者にも召喚命令を出すことにした。第一補充兵の現役転入は人員の管理面と質的水準それに、法規の関係上不可能である。軍の教育訓練に精神教育を強化したい。韓・米相互防衛条約、韓・米合議議事録などの諸事情から国軍の作戦権を国連軍司令から返還してもらうことは今の段階では"百害一益"の程度である。駐越国軍の撤兵問題は秘密事項に属するので別途の機会に答えたい。

執権層の腐敗物語る豪華住宅

金応柱議員＝①全国五百万の世帯のうち、住宅のないものが二六％と百四十万世帯にもなるが、執権層が豪華な住宅を幾つも所有していることは公職者として良心の呵責をうけないのか②朴大統領の指示にも拘らずこの豪華な邸宅を処分もせずに親戚名儀の標札だけぶらさげて、本人たちは"貸家"へ引越しているといわれているが、この邸宅を処分した代金はどのようにする計画なのか③米国のハリウッドにある豪華な住宅でさえ二・三十万"しかならないのに、国民所得の低いわれわれが一億ウォンから三億ウォンにもなるこれら邸宅を建てているのを唖、傍観していてよいものだろうか④"泥棒村"だと呼んでいるソウル郊外にある東氷庫洞周辺の"豪華"な住宅に居住している者が、財産税を脱税しているといわれているが、これらの者たちから追徴金をとる用意がありや否や、⑤同、東氷庫洞にある軍用地を、いつ、誰れに払い下げたのかを明らかにし、また、五・一六後軍用地の売却実態を明示せよ⑥不正蓄財の還収法を改正して還収対象を五百万ウォン以上から二千万ウォンに改正する気はないか。

李賢宰議員＝①国務総理室は四百六棟の市民アパートの建設についての立地条件並び設計をどの程度検討して再開したのか。また、アパートの建設計画は建設部長官の裁可を得なければならないのに、この手続をふまずしてソウル市が独自に推進しているのではないか。

金経企院長官＝物議をかもしている"豪華"住宅は居住者らが自ずから処分をしていると聞いた。国務総理と協議して不正腐敗の一掃のためにもこの問題を善処する。ソウル特別市の行政に関する特別措置法の廃棄は政府組織法と関連させて継続研究検討中である。首都圏への人口集中を防止するための方案を研究中であるが、立法事項としては地方への工業分散法を制定して国会で審議をしたことがある。また、日本の財閥らがいわゆる周の四原則を受諾しているが今の段階では綜合製鉄工場の建設など韓国の経済建設には支障がないものと判断している。

尹外務次官＝カンボジア事態による駐越国軍の作戦区拡大問題は国防部で答弁するだろうが、作戦任務が終り次第撤兵するだろう。現在米軍のカンボジア作戦は暫定的なもので、作戦地域への拡大可能性はないものとみる。カンボジア政府から、如何なる援助も要請してきたことがないのは事実で、政府は唯、なんらかの援助要請があった場合は、医薬品などの非軍事的な援助をしてやれる可能性を慎重に検討している。

基督教弾圧と三選反対の始末

鄭一亨議員（新民）＝朴政権は強力な弾圧政治をあえて強行している。過去の日帝総督政治下でもひるむことなく不義については勇敢的に抵抗して殉教までしてきた基督教を弾圧している。六十八年十一月、大韓イエス教祈祷院連合会傘下、三十七個団体を強制的に解散させたが、これについて丁一権総理はソウル市当局の没常識な行為だとして即刻、復旧させると約束したものであった。それにも拘らず今日なお、その約束を守らずにいるが、これは一体どうしたことか？

また、去る六十八年八月、陸軍本部で「三選改憲」反対の記事を掲載したとして「"基督教思想"」三百部を焼却してしまったがこのような「秦の始皇帝」の"焚書行為"と全く同じことの後始末はどのようにしたのか？また、六十八年ソウル市城北区道峰洞にある「長老教会」をなんの理由もなしに取り壊し、六十九年には基督教連合会の代弁人を三選改憲反対署名をしたという理由で身柄を拘束したがこれについて解明して欲しい。また、六十九年十月、文公部などの政府機関が、南山のドラマ・センターで「勝共統一」促進民族団結巫術人大会を開き四百余名の"占らない師"や"祈祷師"（拝がみや）らが集って"大さわぎ"をしたが、そこへ海兵隊の吹奏楽団も参加して"祭"のうち、三府要人らが焼香までしたようだが、このような"迷信"的なものを打破しなくてはならない政府がとるべき態度だったのか？また、基督教連合会の建物を撤去したその場所へ"寛華寺"などの寺刹や"庵子"を建立したが、今ではここが"淫乱の密窟"の場所と化している。これに対しての経緯を説明せよ。また、三・一運動当時殉国した柳寛順記念堂に莫大な国庫を投入して"記念祠堂"を建てたが、これは柳寛順女史が基督教信者であったという点からみるとき、必要でない国庫の浪費ではないのか？また、ソウル大文理学部宗教学科を廃止した理由は一体なんであるのか。

国土統一問題への対策は

朴己出議員（新民）＝韓国の安保問題に対する政府の基本的な姿勢はなんであるのか。軍を特定人の政権維持のために悪用しているのではないか？中共の核武装など国際事件からみて中共・北傀が国連加入を実現し、国連監視下の総選について統一問題を受諾した場合に備えて政府はその対応策を講じているのか。どうか？米国は過去の中国と同じく無責任にも韓国から手を引くかも知れない。このような場合を考えて米国が韓国に対しての責任を回避できないようにする一連の対策は立てているのかどうか？又、七〇年代における北傀からの武力統一脅威について政府はどのような対策をたてているのか、もしもその統一対策を立てているのならば誰れに、いつ、どのようにして統一を提議するのか。休戦後、二十年が過ぎた今日、板門店で政府は"発言権"がないが、この問題について米国と協約或は条約でもあるのか、ないとするならばどのような対策を立てているのか。反共法を目的犯に限定する方向へ又、国家保安法の適用範囲を縮少する方向へ再整備する用意があるのかどうか？また、米軍の撤兵問題についてのレアード国防長官の議会での証言内容を明示せよ。

漢江べりの女人殺害事件

趙尹衡議員（新民）＝多くの法務行政のうち、李法務長官が漢江べりの女性殺人事件を、国政報告として述べたことは一女性の痴情事件以外にもっと高い次元でこの事件がおこなわれたためである。特殊な目的をもったテロ団体があるということの証拠ではないか。被疑者の鄭宗旭氏が劣等感からその妹を殺したことになっているが、相続権もない兄が妹を殺してその財産を奪うことができるのか。鄭宗旭を真犯人だと断定してなぜ鄭女人の身辺を捜査しなかったのか。いくらなんでも血を流して死んでいる妹のユビから指輪や時計をもぎ取って自動車の中へかくすことができようか。また、麻浦警察署長が捜査番号として知られた二－二六二号の車輌番号を聞いてビックリしたといわれるが、その真相を明かせ。六十八年十二月、大統領の特別指示によって海外への旅券発給に対して統制を徹底的にするようにしたが、丁度この時どのようにして鄭女人が"回数式"の旅券を所持することができたのか。

金容鎮議員（共和）質疑＝李法務長官の報告は丁度、検事が公訴状を朗読しているのと同じで、なぜこれを報告しなければならなかったかについて解明をしなかったので、より疑惑を深めている。死んだ女性の子息や、親戚、旅券発給者ら多くの捜査員、それに新聞記者らが生きている限り、事件をかくせるものではない。特に①事件の当日である三月十七日、唯の二時間も経過してないのに事件現場を保存することなく、かたづけたのはなぜか②自動車のナンバー、二－二六二であることを麻浦署長が聞いて"ビックリ"したというが、このナンバーが、"捜査ナンバー"か或は"偽装ナンバー"だといわれるが、これは本当に誰れの自動車なのか？③この事件は一つの"強力犯事件"だ。それが、なぜ"ソウル地検の公安部"が担当しているのか？④鄭女人の旅券はどうなったものなのか？記録がなくなったといわれるが？⑤この女性の事件と公安部との関係があるといえば米貨"二千"の件しかない。その二千"の行方へは一体どうなっているのか？⑥この事件を解く"鍵"は米貨の出処である申鉉定氏だといわれるが、申氏は経済的にも、ゆとりがあり、間借り人に百万ウォンを受取ってピストルを貸すだろうか？この申氏の自白が問題で第二・三審へ行って結局無罪として釈放されるだろうと、巷間ではうわさしている。⑦鄭宗旭氏を真犯人として断定するのに自信があるのか、どうか？鄭女人を殺したのは鄭宗旭氏ではなく、他に下手人がある可能性もなきにしもあらずだが、その職をかけて、自信ある答弁ができるかどうか？

朴内務長官＝鄭女人の旅券を捜査したことがあるのかの質問については、発給経緯が合法的な手続きによるものであると法務長官から聞きその通り信用した。

鄭女人の自家用車＝ソウル（自）二－二六二は"捜査ナンバー偽装ナンバー"ではなく、正当な手続きによって交付された自家用ナンバーである。ピストルの行方へは未だつきとめられないでいることは誠に済まない。このピストルは前記、申氏から百万ウォンを払って米軍のP・Xを襲撃するために借りたことはまず違いない。

李法務長官＝鄭女人の殺害事件については、先般、柳珍山議員が、なぜ平凡な殺人事件を国政報告の中へおりこんで報告したのかと質疑したけれども、国会が八か月間も休会している間に重要な事件が発生したのでそれを報告したまでである。鄭女人の殺害現場の保全は二時間であった。指紋の採取や自動車の保全に万般措置を取って捜査研究へ移して保管してある。同事件の捜査を、強力犯部でしないでなぜ公安部でしているのかの質問だが、公安部で担当したのは、ソウル市内で軍用四十五口径のピストルでもって自動車に乗って行く兄妹を狙撃したという事件の重大性のために検事長の判断でそのようにしたものである。鄭女人の部屋にあったという米貨"二千"と小切手などはすでに鄭女人が死んだ以上捜査をこれ以上継続することは不可能で、唯、証拠物として押収している。報道管制をなぜ布いたかについての質問には、そのようなことは全くなかったと答弁する。また、この事件には背後関係があって、請負殺人ではないかとの質問については、そのような証拠は全くない。

尹外務次官＝①ニクソン、ドクトリンは勢力均衡を前提としたもので韓国の孤立化は杞憂にすぎない②外交の指針は先ず国家の利益を考えることで、思想は第二次的なものであると思う。③中共とソ連との敵対関係は、その原因をよく研究してみると北傀への支援問題にある。それの解消のためには、彼ら双方が従来の政策をかえなくてはならないだろう。

朴内務長官＝政府が、基督教を弾圧したということは、ありえない話である。

李国防次官＝①出身者の各界進出は基本権に属する問題である。現役の高級将校らの大部分は、死心なく国土防衛義務に専念している。②盟邦との協力をバタンにした自主国防態勢に万全を期している。

金統一院長官＝世論調査の結果、国民の九〇・六一％が統一を念願しており、従って政府も積極的な姿勢でもって統一問題を研究している。

金相賢議員（新民）質疑＝漢江べりの女性殺人事件を迷宮入り、させようとする陰謀がある。同女性の殺害でもって政府に対しての不信の声が、流言ひ語となって巷間に流れているが、その女性の家族関係やもっとも近い人々たちの身元を明らかにして、必要以上の混乱を防ぎ、社会正義の実現を期するようにしなくてはならないのではないか。

朴漢相議員（新民）＝国会議員に対しての旅券発給もなかなか面倒なのに、殺害された鄭女人がどのようにして、たやすくこの"回数制の旅券"を手に入れたのか、正当なる手続きにせよ、手続きしないものにせよ、その保証人を明示せよ。また、鄭女人が所持していた外貨の出処は？また、同人が住んでいた家屋の所有者は誰れで、その名を明確にせよ。また、同事件発生後、彼女の家族らが、日本へ行ったといわれるが、その手続きはどのようにし、それの斡旋は誰れがしたのか？

学園の自主性抹殺するな

李基沢議員（新民）＝学園の自由と自主性が事実上抹殺されている。学園の自由のために、学園内の査察と弾圧を即刻、中止せよ。われわれは、この防止のために即刻、「学園保護特別法」を提案する予定だ。政府機関による学園内の出入また、学生らを不法に連行するが如き事実を文教長官はそれらの関係長官に対し、抗議の一片なりともしたことがあるのかどうか。教育の自治を官制化するために、莫大な資金を各大学へばらまいているが、官制自治体を造ろうとする"その意図はなんなのか。また、その資金の出所はどこか？ソウル大学のデモで犠牲となった学生たちを救済する用意は全くなく、また、学生たちから不信任されている総長を更迭する用意はないか。また、ソウル大の文理学部内にある三科の併合を休学中に処理したのは理由はどこにあったのか？

KAL機拉致事件の不手際

金守漢議員（新民）＝昨年の十二月に発生したKAL機の事件は政府が充分にそのような事態がおきることを予知していながらも、これを予防できなかった「未必的故意」による事件だったといえる。六十八年の二月、ソウル－三陟間を運行するKAL機の乗務員らが、このような事件の発生可能性を指摘して、搭乗を拒否して機長が報告書を作成して交通部長官を経由内務部長官へ保安措置の要求を要請したことがあったが、江陵空港などにも警察員の不足を理由にして一人ぐらいが出てきて形式的に、全く効果のない保安措置をしたに過ぎなかった。このような事実に「未必的故意」による拉北事件だと見られるのではないか。法務長官は、まじめに答弁して欲しい。また、拉致事件が発生した後、警察当局は、手落ちのある捜査でもってしかも性急に犯人を発表して結果的にはなんら罪のない市民を官制"共産党員"にしてしまったものであった。

また、日航機の金浦着陸についても、丁国防長官は日本政府から、全く事前協議はなかったと証言しているが、韓・米・日三国間において"事前協議"をした充分なる証拠がある。丁長官はなぜ、この事実をかくして偽証をあえてするのか、日航機が金浦空港へ着陸するとき、国旗を降ろし、しかも、国軍を"北傀軍の服装でもって偽装させた行為"などが、一介の空港の実力者の独断でもってできることなのか。このような決定を下した当事者は誰れで、これの関係者を徹底的に追求して「反共法」でもって厳重なる処罰をせよ。

朴内務長官＝鄭女人の自動車ナンバー、ソウルマル自二－二六二は決して偽装ナンバーではなく、正当な手続を得て交付したものである。警察は、社会秩序の維持と対共面に影響を及ぼす以外は学園への出入はしていない。KAL機の事件についての発表は、慎重を期するようにしたが、言論機関による推測の報道や、また、国民たちによる推測や心配を緩和するためにそのようになったのであって他意はない。当時の発表が、事実と全く違ったことについては国民と関係家族に対して誠心から遺憾の意を表する次第である。

李法務長官＝鄭女人の殺害事件の真相を造作したという主張は不当である。自由と死体の鑑定など犯罪の証跡にもとづいて述べたものである。造作をしたとしたら、裁判の過程で必らずそれが転覆されるだろう。「未必的な故意」という用語は大変むずかしい法律用語で、即刻答えられないので、研究して慎重に答えたい。

白交通部長官＝KAL機の拉北事件については大変、すまないと考えている。機長たちの保安措置要請問題は調べてみる。

洪文教部長官＝学園の査察と弾圧はありえない。民族の未来像をきずくこの殿堂へ、誰れがみだりに侵犯することができようか。学園、本来の目的に反した行為を未然に防止するためであって決して弾圧ではない。処罰された学生の救済については教育的立場において、学校当局の良識でもって論議されているものと察する。

特別国政監査へ

国会は二十一日、七日間にわたる対政府質疑を終え、二十二日から特別国政監査にはいった。

同国政監査は与・野間の合意に従い、今年初め、与野党の審議に先立って実施されるもので、内務、国防、財務、農林、商工、交通、建設など十常任委の所管部処をその対象としている。

共和党はこんどの特別国政監査で、さきの国政報告で指摘された問題点にたいする是正内容と政府施策の推進状況に重点を置いている。

しかし、新民党は昨年九月十四日の改憲案国会変則通過以後八ヵ月間にわたって国会活動拒否闘争をしてきたため、六九年の国政監査に参加できなかったという理由で、国政全般にわたる監査を行う

尹胄栄外務部次官は十九日の国会本会議で、国防・安保問題にかんする鄭一亨、朴己出議員（新民党）らの質問に対して答弁し「政府は現段階では、駐越韓国軍の撤収計画を持っていないが、もし必要なときには、南ベトナムなど連合国と協議した上で決定するだろう」と証言した。

本国新聞論調

「周四原則」と日本

無分別な対中共接近

日本の有名な大商社、大メーカーに属する鉄鋼業体、重工業体、自動車業体などは中共側の打出した周恩来四条件を受け入れ、自由世界の眼からはみていられぬほどの醜態を暴した。その卑屈さは全く情ない限りである。さらに日本が中共との公式貿易チャンネルを維持するために、多大の屈辱をおして"覚書貿易協定"に署名したことはすでに世界で嘲笑のタネとされた。それはそのさいの共同声明の世で、自国の政府の対内、対外政策に反対し、自国の政府首班を非難する言辞をも進んで受けたという姿勢に対してであった。

ところが、こんど、周四条件を呑んで、すなわち、韓国や国府との取引きおよび投資をしている日本の業体、ならびに米国業体やインドシナ戦争に使われる物資などを米国やインドシナ[illegible]いる日本商社とは取引きを断つ条件を受入れたのである。

国府に対す背信

これを文字どおり、厳密に適用するとなると日本の大部分の工業生産業体や一流商社はなべて例外なく抵触することになり、中共との交易は断念しなければならなくなる。というのは、かつて韓国動乱のころ、当時の特需景気が日本経済界の奇跡的な復興の契機となったことを否認することができないように、こ六、七年の間、日本がベトナム戦の（拡戦、縮戦を問わず"平定"事業も含めて—）ベトナム需要で好景気をおさめたことは否めないことであるし、これに直接的間接的に参与していない日本商社やメーカーはまずないといわなければならないからである。

国自体のことは別と考えても、国府と日本の関係を考えるとき、これは憤怒をさえ、覚えさせられる問題である。

危ぶまれる自由経済体制

第二次世界大戦後、日本がその敗戦にもかかわらず、主な交戦国であった中国からの賠償請求で困らされなかったことが、こういう形で報いられるとは全く遺憾なことである。日本が過重な賠償に苦しめられることもなく、また軍事負担もほとんどなしですませて、国際社会に復帰して、いま繁栄をほしいままにし、堂々たる主権国家になりえたのも、あまりにも寛大であったサンフランシスコ対日講和条約のおかげだったといえるし、その調印国の一つであった国府に対して日本は、政府の公式態度でないにしても今日のような背信が行なえるのであろうか。日本は商利に目がくらみ、この国府を捨てようとしているのだとみるとき、身ぶるいがする思いである。

日本の繁栄をもたらせた要因の九九％は日本が自由世界に属し、米国の支援と庇（ひ）護があったからに他ならない。こうした日本がそれらを忘れて中共に接近して得るものは何であろうか。数億（しょう）な日本が、七億の中共市場をねらって、年間、六、七億"、否それ以上数十億"分をかせぐことができたとしても、それは高いものにつくはずである。予想される中共のワナの深さにはまりこんでから起きるマイナスの大きさを考えれば、日本もそうは軽率に出られなかったはずである。

政経分離—など中共に通じようはずもない。"政経合致"こそ中共の主張である。従ってやがて日本は中共承認に追いやられるだろうし、そうなれば中共は"中日戦争"関係の賠償も要求して出ることができるし、その時になって日本はどのような口実でこれを拒絶できるのであろうか。

また、こんご中共の示した条件によって日本経済の多くの道を塞ぐことになり、中共市場一辺倒にでもなれば、もう日本の自由経済体制など存在しなくなってしまうであろう。

（東亜日報）

資料

韓・日法相会談共同発表解説（二）

駐日大使館発表・永住権申請案内

二）樺太（サハリン）等から帰還した場合

諒解事項二）

戦前樺太に渡航し、戦後引揚げた韓国人等からの協定永住許可申請については、協定の討議記録日本側発言（A）の趣旨を尊重して好意的に検討する。

イ、法的地位協定の討議記録日本側代表発言（A）の内容をみますと、「日本国政府は協定第一条（A）の適用に当っては、兵役又は徴用により日本国を離れた時から復員計画に従って帰還するまでの間を日本国に引き続き居住していたものとして取扱う方針である」となっております。

ロ、確かに復員計画に従って帰還したかどうか等若干の問題点がありますが、この場合に該当するとみられる例として終戦前兵役又は徴用により樺太（サハリン）に渡航し、終戦後特殊な方法（主として、日本人妻の同伴者といわれる資格の場合が多い）で、日本国に帰還し、そのまま日本国に居住した場合であります。この場合には、たとえ終戦後日本国に入国した人であっても上記討議記録の趣旨を尊重して、終戦前に来日し引き続き居住したものとみなして、協定永住該可申請があった場合にはこれを許可するよう考慮するとしております。

ハ、また、直接上記討議記録の場合に該当しないとしても、終戦前から日本国に引き続き居住しながら六・二五韓国動乱の時に義勇軍として参戦するために帰国し、再び日本国に入国した場合、この人達は、いわゆる継続居住歴上欠陥があるものと見なされるが、この人達もまた上記討議記録中の兵役又は徴用などの場合に準ずる特殊事情にあったものとして、樺太（サハリン）から帰還した場合と同様に討議記録の趣旨を生かし、戦前から引き続き日本国に居住していたものとみなして、協定永住許可申請があった場合はこれを許可するよう考慮するということであり、この趣旨を明らかにするため諒解事項第一項二）で、「戦後日本に引き揚げた韓国人等」という包括的表現を用いております。

ニ、諒解事項第一項二）の末尾に「好意的に検討する」と表現したのは、樺太に渡航した人が事実兵役又は徴用によったのかどうか、あるいは義勇軍としての参戦が事実であったのかどうかをまず把握することが要求され、このための検討が必要であるという意味で上記の表現を用いたものであり、その事実が確認されれば好意的措置をとるよう諒解されたのです。実際に、本諒解事項発表後、日本国法務省では直ちにこれを検討し、すでに該当者にはほとんど協定永住を許可しております。

二、戦後入国者に対する出入国管理令上の永住許可について

諒解事項第二項一）

一九六五年六月二二日日本国法務大臣の声明による戦後入国者に対する特別在留は、法令の範囲内において可能な限り迅速に許可することとし、かつ、その者のする一般永住許可申請は特別在留許可を受けたのち何時でも受理する。

イ、一九六五年六月二二日の日本国の法務大臣声明は、終戦以前から日本国に在留していた大韓民国国民であっても、終戦後平和条約発効までの期間に一時韓国に帰国したことのある人は「日本国に居住する大韓民国国民の法的地位及び待遇に関する協定」第一条の対象とはならないが、これらの人については、現在までに相当長期にわたり日本国で生活の根拠を築いている事情を考慮し、協定発効後は日本国におけるその在留を安定させるため好意的な取扱いをすることとし、法務大臣が特別に在留を許可すると同時に、更に申請があった場合には、その在留状況等を勘案して、可能な限り出入国管理令による永住を許可する方針をとることとしております。以上に伴い、前段に該当しない大韓民国国民である戦後入国者についても「平和条約発効日以前から日本国に在留していたことが確証された場合には、情状によりこれに準ずる措置を講ずることといたしたい」というようになっております。

ロ、上述の日本国法務大臣声明にもみられるように、いわゆる戦後入国者というのは、終戦後、現在までの間に日本に入国して来たすべての人を意味するのではなく、一九五二年四月二八日の対日講和（平和）条約発効日を基準として、その以前に（一）終戦以前から日本国に居住していながら本国に一時往来した人と、（二）終戦後日本国に新たに入国した人の二通りの場合だけを指しております。

ハ、諒解事項第二項においては、このような戦後入国者に対して上述の日本国の法務大臣声明により、まず第一段階として特別在留を許可するが、その場合にも従来の慣例を変更して、自首あるいは密入国容疑で逮捕－収容－仮放免－異議申立等の手続を個々に経るのではなく、収容－仮放免－異議中立等の手続を殆んど同時に行なうなど現行出入国管理令の枠内で最も迅速に処理して、少しでも在留の不安を解消するようにし、更に該当者の人権を最後まで擁護する趣旨のもとに、特別在留は「法令の範囲内で可能な限り許可」するように諒解されたのです。

ニ、さらに、特別在留許可を得た上述の戦後入国者が希望するときは、一般永住許可、すなわち出入国管理令による永住許可を得ることも可能であり、この場合にも特別在留許可を得てから一定の観察期間（従来は五年以上）を経過した後でなくて日本の関係当局ではすぐにでも一般永住許可の申請を受理し、その他の所定要件だけ具備していれば一般永住を許可するよう諒解されたのです。同諒解事項第二項一）末尾に「何時でも受理する」と表現されたのがそれであります。

諒解事項第二項二）

上の大臣声明の精神を十分に尊重し、永住許可の審査基準を今後さらに緩和し、かつ、提出書類等申請手続きを簡素化する。

イ、本諒解事項においては、従前と異なり、一般永住許可時の審査基準を大幅に緩和することにしたのです。まず第一に、前記五年以上の観察期間を置かないのもその典型的な場合であります。第二に、素行の善良を判断する基準も前科がなく納税義務のみ履行していればよく、その前科を軽微な犯罪を全部問題にするのではなく、重犯の場合に限られております。要するに刑事犯として刑を執行中か、あるいは実刑該当者で未決中の人以外にはすべて許可される。納税義務の履行についても税務当局に告発されて罰金刑が確定された場合以外は問題になりません。第三に、独立の生計能力または財産があるかどうかを判断する基準も、過去に例えば日本政府当局から生活保護を受けたことがあっても、現在生活保護を受けず自力で生活することが出来るか、あるいは扶養責任のない独身男子の場合には月収が三万円程度かまたは確実な就職先があればよいのです。年令は財産法上の行為能力を享有するようになる満二十歳以上であればよく、扶養家族があるときは、扶養能力さえあればよいのです。第四に、健康診断書は、普通の健康状態を証明する程度でよく、指定病院でなくとも一般国立病院で発行する簡単なものでよいと諒解されております。ただし、癩病患者等重病の懸念がある場合には、その性格上やむを得ず指定病院の発行する健康診断書を必要とします。第五に、身元保証人は身元が確実な韓国人または日本人であれば充分です。

ロ、次に提出書類など申請手続きも従来より一層簡素化され、例えば、第一に、一般永住を希望する理由についても、従来は理由書の添付を別に必要としたが、今回は一般永住許可申請書に簡記すればよい。第二に、身元保証人に関しても従来は保証能力などを疎明する資料の添付を必要としたが、これも簡単な保証書の提出のみでよいことになった。第三に、独立の生計能力についても給与所得者（いわゆるサラリーマン）は、従来源泉課税徴収票以外に在職証明書が必要でったが、今回は在職証明書の添付が不必要になり、会社経営者も源泉課税徴収票に法人税納税証明書だけ追加提出すればよく、資産収入生活者は従来の不動産登記簿謄本、預金残高証明書はすべて提出の必要がなくなり、ただ所得税、固定資産税、納税証明書の提出だけでよく、自家営業（個人経営者）の場合にも営業許可または各種免許証明書に申告所得税あるいは事業税納税証明書だけ追加提出すればよい。第四に、素行の善良についても、これを察知するため特別に身元調査をするのでなく、日本の関係事務所間で素行または犯罪歴などを照会する程度ですまされる。第五に、申請人のすべての面にわたる疎明資料が必要なのではなく、ただ経歴の概略を記載すればよく、その他の書類は一切省略するようになった。（つづく）

訂正とお詫び

▼本紙五月十三日号二面民団渋谷支部の総会で五月二十日二面料並支部総会の記事に、来賓として参席した東京本部監察委員長鄭錫氏の名が、記者の不注意によりもれていたことをお詫びします。

▼本紙五月六日号一面、群馬県本部定期大会記事の見出しを群馬県本部団長に鄭鉄来氏と訂正するとともに不注意をお詫び致します。

ようこそ万博参観団

輸送第一地区第一陣72名来日

民団招請の万博参観団第一地区第一陣七十二名が、二十四日午前十時十五分羽田空港着の日航機便で来日した。

同日来日した参観団は、主に北海道・青森・宮城など東北地方在留者の招請によるもので、輸送第一地区（羽田空港行）ではじめてのもの。

この日、第一地区の輸送関係を担当した東京本部では一行の歓迎会場を東京韓国学校に設営、保安要員ならびに案内員が空港に出迎えたが、民団中央事務局の不手際によって予定どおり進行せず、飛行場わきの東急ホテルで歓迎会をひらき、それぞれ出迎えにきた各県本部代表に伴われて招請者の住所地へ向った。

東急ホテルにおける歓迎会においては、来日参観団の人員点呼を行なったのち、民団中央事務局者が滞日中の注意事項を説明した。

なお、これまで輸送第二地区（大阪国際空港関係）では、第一陣（八六五名）第二陣（八一七名）がすでに来日し、このうち第一陣は万博参観を終えて帰国している。

この日遠く東北あるいは北海道から出迎えに上京していたひとたちは、自分の父母あるいは親戚を見つけると大使館員による身元確認もそこそこに抱き合い、再会の歓涙を流しあう光景もみられた。

再会の感激にひたるのも束の間に、保安要員の誘導でバスに乗り空港はずれの東急ホテルへ。そしてあらかじめ大使館によって準備された歓迎会場に腰を落ちつけた。この日来日した人々の大半が老人、老母、山高帽に韓服、そして黒く日焼けした顔に深く刻まれた皺、白い髭、チマ・チョゴリ…モダンなホテルの一室は民族の風情で充満する。人員の確認、歓迎のあいさつ、注意事項の伝達などが進められたが、初めて来る"外国"になじめぬのか、これから再会する家族や親戚に思いをはせたのか、あるいは朝総連の工作が心配なのか、いちように、まだ落ちつかないようすだった。

初めて見る孫にあいそうくずすおばあさん

東急ホテルにおける歓迎会

役員選出は行えず

足立支部の定期総会

民団足立支部ではさる二十四日正午から支部講堂において、管内十七分団からの代議員一〇一名はじめ来賓、傍聴人など多数参席のもとで第二十三回定期大会を盛大に開催した。

支部三機関長あいさつにつづいて東京本部鄭在俊団長、近隣支部を代表して趙活俊荒川支部団長が祝辞を述べたあと、活動経過報告、活動方針案、予算案等を審議した。今年度の方針としては特に組織強化のため財政確保が緊急課題であり、必要に応じて団費を増額すること、支部事務員の増員、支部屋舎の新築立案等を決めた。

この後、任期満了にともなって役員が総辞職、新役員の選出に移った。団長選出では権寧珣（前団長）、金漢弼（前顧問）の両氏が推薦されて投票をおこない、権氏が五〇票、金氏が四十九票を得票したが両氏とも出席代議員の過半数である五十一票に満たなかったため、後日あらためて選出することにして、午後六時すぎ閉会した。なお民団東京本部から鄭団長と申奎文副議長が参席した。

20日から運航

釜関ヘリポート

釜山と下関間を定期運航する「釜関」ヘリポートは来る六月二十日から就航する。

この程、交通部によると、釜山市と下関市間で推進されてきた「釜関ヘリー」のヘリポート一隻が完成したので来る六月十七日、下関で就航式が挙行され二十日から週三回、釜山・下関間を定期的に就航する。

団長に李トン儀氏当選

杉並支部定期総会ひらかる

李団長

鄭議長

金監察委員長

民団杉並支部の第22回定期総会が、さる十七日正午から阿佐ケ谷駅前の清川結婚式場でひらかれ、経過報告ならびに新年度の活動方針案を採択するとともに任期満了による役員改選を行なった。

総会は、約五十名の男女団員をはじめ東本顧問丁賛鎮、東本団長鄭在俊、同議長閔泳相、同監察委員長徐興錫、同副団長羅鍾卿、東京商銀理事長許弼奭各氏の来賓を迎えて相当熱のこもった討議が展開された。

総会は、朴斗洙副団長の進行で三機関長のあいさつについで鄭在俊東本団長ならびに許弼奭東京商銀顧問の来賓祝辞が行なわれた。

鄭団長は、その祝辞のなかでとくに、永住権の必要性をのべるとともに万博招請事業の保安問題は招請者の責任において万全が期されると訴えた。そしてわれわれ在日同胞も祖国近代化に歩調をあわせて福祉社会建設に努力しようと呼びかけ、そのためにはまず法的に保障される永住権の取得が不可欠であることを強調した。

許顧問は、われわれの民族金融機関である東京商銀は、組織とともに歩んで順調な発展をみているが、在東京居留民の数からしてまだまだ発展する余地がある。日本の金融機関に比べ有利こそあれ不利な面はない筈だからもっともっと同胞たちの利用を待っていると民族金融機関への理解と協力を要望した。さらに朝総連の虚偽宣伝は、金融機関にもおよんでいるがこれは東京商銀の発展を妨害する悪辣なデマであるとのべた。

総会は、つづいて各機関の経過報告にはいり議決機関を鄭熙永議長が、執行機関を尹翰鐵副団長が、監察機関を安逹玄監察委員がそれぞれ報告し質疑応答を経てこれを承認。新年度活動方針ならびに予算案の審議に入ったが執行部提案の予算案に論議が集中、無事通過をみることができず結局、白紙に戻しつぎの三機関にあらためて予算を組みなおすことにした。

つぎに総会は、役員選挙にうつり、五名の団長候補者が推薦されて投票が行なわれたが過半数の得票者がなかったために二位までの得票者鄭熙永（現議長）氏と李トン儀（顧問）両氏の決選投票の結果21対25票をもって李氏が団長に当選した。

議長と監察委員長選は、投票によらず推薦で議長に鄭熙永氏が、監察委員長に金圭会氏がそれぞれ選出された。

新しく選出された各機関長は副機関長の指名を行なったが副団長に尹翰鐵、金在河の両氏、副議長は後日にゆずり監察委員には、金在根、呉泰亀の両氏がそれぞれ指名された。

新しく団長に就任した李トン儀氏は組織に対する熱意があふれていて「永住権申請の促進、民族教育問題、宣伝啓蒙運動のより活発な拡充に努力したい。ご協力を期待してやまない」と今後の抱負を語っていた。

副議長もきまる

なお、杉並支部の総会で保留になっていた副議長二氏もこのほどきまって同支部の役員はつぎのとおり。

団長	李トン儀
副団長	尹翰鐵
〃	金在河
議長	鄭熙永
副議長	金亨植
〃	李鍾舜
監察委員長	金圭会
同委員	金在根
〃	呉泰亀

団長に金熙淑氏選任

豊島支部定期総会で改選

金団長

李議長

呉監察委員長

民団豊島支部（崔寛愛議長）の第六回定期総会が、二十五日午前十一時から住友銀行池袋支店三階集会場でひらかれた。

同総会には管内在留団員五十余名に東京本部から鄭在俊団長をはじめ徐興錫監察委員長、羅鍾卿副団長、申奎文副議長らが来賓として参席し、三機関の活動報告の処理、新年度の活動方針案ならびに予算案の承認、任期満了にともなう役員改選などが行なわれた。

執行部の団務報告によると、同支部はその団運営の基本姿勢を①組織体制の樹立②団員相互の紐帯親睦の強化③事務体系の整備④奉仕精神の発揮などにおいて活動を行なったとし、その主なる活動は①傘下団体（韓青・婦人会・商工協同組合）の育成②支部基本財政の確立（四十六名からなる委員出資で約八百二十万円の基本財産が確保された）③税務対策活動（納税貯蓄組合が設置されて多くの成果をあげている）④商工協同組合の運営（組合員五十五名で出資金八〇〇万に達している）⑤永住権申請の促進（管内国民登録更新者は六百名でその七割が永住権取得またわ申請すみ）⑥万博事業（保安対策委員二名がきまっており参観団の保安には万全を期している）⑦領事事務（戸籍整備・婚姻届・出生届・死亡届北韓出身者の就籍など）⑧文教宣伝活動（韓国学校への入学勧誘、現在高校四名・中学二名初級二名が就学しており、韓国学園財政後援会が構成されている。本部機関紙民団東京新聞をはじめ韓国新聞の配布を通じて宣伝活動に努力した）などである。

新年度の活動方針案も大むね本部の活動方針にしたがって組まれているが、とくに永住権申請の促進については残る七ケ月間に管内在留同胞の全員完了をめざしており、これと関連して団員の実態調査を綿密に行ない朝総連系列の浸透防止につとめるとしている。

予算も大型で総額四百三万余円、活動方針に副うよう配慮されている。

さらに東京商銀信用組合の育成に関しては、団員の取引きを勧誘しているが今年はこれを一歩前進させて商銀支店の設置を計画している。

総会は、執行部経過報告に対して活発な質疑応答が行なわれたほか活動方針の審議にも真摯な討論が展開された。とくに韓青の育成問題と国語講習会の実施について論議が行なわれたが東京本部の鄭団長は、次代を背負う韓青の育成と民族教育の振興に対しては、わづかな金でも出し合って支援すべきであることを強調した。

総会は最後に任期満了による役員改選を行ないつぎのとおり決定をみた。

団長	金熙淑
副団長	呉相彦
〃	李于珪
議長	李燦熙
副議長	金昌植
監察委員長	崔在翼
〃	呉光烈
同委員	柳洋奐
〃	梁石会

豊島支部総会のもよう

団長に姜高元氏再選

目黒支部の定期総会ひらかる

姜団長

鄭議長

黄監察委員長

民団目黒支部ではさる二十四日正午から、区内の上目黒自治会館において、支部団員八十四名のほか多数の来賓参席のもとで第二十四回定期総会を開いた。

支部三機関長のあいさつがあった後来賓を代表して東京本部の閔泳相議長、馬秀鎭監察委員長からそれぞれ祝辞があり、このあと活動経過報告、活動方針案、予算案を審議した。

活動方針ではさる四月二十一日に発足をみた目黒韓国人生活消費協同組合を足がかりにして今年中に韓国会館を建設する方針を決定した。つづいて任期満了にともなって役員が総辞職、選考委員による協議によって新たに次の各役員を選出して午後三時閉会した。新役員の顔ぶれは次のとおり。

団長	姜高元（留）
副団長	朴点守（留）
〃	李鐘元
議長	鄭技汶
副議長	尹大熙（留）
〃	姜瀞大
監察委員長	黄晩伊（留）
同委員	姜敬泰（留）
〃	李率秀（留）

國籍없는四萬人 ①

国籍のない四万人　宣一九　著

祖国を叫ぶ世紀の孤児たち

何も語ってくれない"樺太"で

〈自序〉の中から

人類の長い夢……夢だけで描きつづけられた月世界への旅行を可能にした青信号を見た。

韓国とは昼夜を異にするメキシコでのオリンピックを、われわれは部屋の中で同時に眺めながら、喜びと憤慨の情を爆発させる。

二十世紀の人びとは、二十四時間以内に地球の到るところへ行き着ける生活圏をこの地上にうちたててしまった。

しかし……人びとの胸底深く潜在している「幸せの種」その美しき人類愛は、未だに培われず、荒積地にさらされたまま、積みつき枯れはてている。

歴史という母の前での世紀の孤児たち、サハリンスク（樺太）の空の下、祖国を呼びつづけるあの声！声！悲壮なあの絶叫は、途絶えることを知らず、私の耳に今もきこえてくる。

シオニズム（Zionism）――千年の流浪から祖国をとりもどしたイスラエル。安逸と栄華百年の中で滅びゆく種族の道を辿りつつあるアイヌ族。

人類の良心！原子兵器よりも恐るべき人類の良心を開発し、わが祖国、わが民族に、真の夢と勇気をもたらすべき民族的な大業は、いまこの瞬間から、創造哲学を土壌として、秩序よく展開されなければならない。

対話の広場……人類愛のあたたかい共感が、すべての人びとの心深く宿り、真が通いあうことを願って、光を失なったサハリンのわが同胞たちを救い出すのに、この小さな魂の誓われが役立てばと、切に願つまる思いである。

〈主のない百姓〉

四月というのに雪が降りつづけていた一九六三年のある日。

われわれは黙々とノサップ海岸を歩いていた。

遠く灯台が、灰色の空と水平線の間にわびしくたたずみ、粉雪の舞う中を海猫がむしょに飛びかかっている。

水平線のはるか向こうにかすんで見えるサハリンスク（樺太）は今日も黙りこくったまま、何も語ってはくれない。

くわえタバコを口から手に移しながら「あれを見て下さい、あれを…」とL氏は遠い異国の地点を指さす。

「あそこにサハリンは古い墓場のように静かに横たわっております。そのサハリンにはいま、四万を越えるわが同胞が、ピスカリタンスキー（主のない百姓の意）という哀れな呼び名の下、死にきれず生きのびているのです」

L氏は、こういい、口元をほそめタバコを深く吸いこみ、深呼吸でもするかのように、ぷうっと溜息まじりに煙をはき出した。そして、沈痛な面持で「これから先、あそこにいる人たちはどうなるんでしょうかねえ？」とひとりごとのように誰かに向うのでもなくつぶやいた。

L氏の、こんな言葉と表情から察して、何をL氏だけが知っている"サハリンの秘密"があるように私は直感した。

「L先生！先生はサハリンをよく知っていらっしゃる御様子ですが、私にも何か話して下さいませんか？……実は、私がここまで来て、こんな皆さんと会っているのも、そのようなことを、もう少し正確に知りたかったためです。ですから私は韓日両国の悲劇地帯であるとか韓民族の流した涙の溜り場だったところを探し歩いているのです。こんなことが結果的に、多少でも皆さんのためになることであればという、私なりの義憤からなんですが……」

憂うつそうにしか見えなかったL氏の顔を、一条の希望がそっと掠めていったかのように、その目が輝やき潤ってきた。

「なに、私もよくは知らないが、十年あまり、あそこに住んでいたことがあるので……ただそれだけのことなんですよ」

「十年以上も住んでいらっしゃれば、長かったではありませんか、あれこれと、多くのことを知っていらっしゃるでしょう……。私が他できいたのでもサハリンには、約四万の同胞たちがいらっしゃるそうですが、確かな数はどんなものでしょうか？」

「私があそこにいた時も四万は下らなかったという話でしたが、だいたい正しい数に近いようですね、その後、二世たちが生まれているから、もっと増えたでしょうが……」

「L先生は、いつ頃ここ（北海道）へ来られたんですか？」

「そう、あれは確か一九五七年だとおぼえていますが…。ちょうど秋たけなわの頃でしたがね……」

「当時は、お一人でしたか、それとも一行が？」

「その時、日本へ引き揚げてこられた韓国人たちはみな、日本女性と結婚していた者ばかりでしたよ。つまり日本女性と家庭をもっていたためにサハリンをぬけて日本に来られたというわけです。その頃は、僅か数十世帯しかなかったとおぼえておりますが……その中で、ここ稚内（ワッカナイ）に落ち着いた韓国人世帯は、私たちを入れてたった三世帯にすぎませんでしたがね……」

「その当時、いっしょに来られた方たちは、今もここで安定した生活を営んでいるのですか？」

しばらく何かを考えているかのように、過ぎし歳月を懐旧、まさぐっているかのように、L氏はしばらくの間、目を閉じ、口をつぐんだまま。

〈宣一九氏略歴〉

ソウル大学校語学研究所で英文学専攻後、国際外国語学院々長。韓日問題研究所長。サハリン抑留僑胞救出研究会代表。著書には、「日本の真相」「韓国と日本」「対日打開の基本問題」「今日の日本」「夢への挑戦」と「国籍のない四万人」があり、この著書はシナリオ化されている。

（つづく）

サハリンスク収容所

団長に金玉男氏新任

葛飾支部定期総会で役員改選

金団長

高議長

金監察委員長

民団葛飾支部の第十七回定期総会がさる二十四日午後一時より、支部の二階会議室において開かれた。国民儀礼のあと、本国に帰国中の申鳳権団長に代わって曹圭泌副団長ら三機関長が、また来賓を代表して東京本部徐興錫監察委員長、鄭昌煥江戸川支部団長らがそれぞれ挨拶、このあと活動経過、活動方針案、予算案を審議した。特に活動方針案では①組織の整備強化のため分団設置を早急に実現する②青少年の民族教育の緊要性にかんがみ、韓国語講習会の充実をはかる③団費の三割アップ、等を審議し、これを承認した。

このあと本国滞在が長期にわたり執務不能であるとの理由で出された申鳳権団長の辞表を承認しあらたに次の役員を選出し四時半閉会した。総会には団員約九〇名が参席した。

団長	金玉男
副団長	曹圭泌
〃	（一名保留）
議長	高寛命
副議長	徐正卓
〃	金永洙
監察委員長	金学周
〃 委員	成楽安
〃	文明煥

全団員家庭へ直送

機関紙配布に英断

民団の近代化を推進する東京本部（鄭在俊団長）では、いよいよ機関紙「民団東京新聞」の配布に一大改革を断行、きたる六月十日号から管内すべての団員家庭へ新聞印刷工場からの直送を開始します。

従来この機関紙の配布はそれが印刷されてから本部へそして本部から各支部へ送られ支部でまた団員へという送達経路をふんできましたが、これでは新聞が読者へ届くのが大変遅れるばかりでなく無駄な労力と時間を要しましたので、この際配送業務の改革を行なうことにしました。

また、その編集内容においても、民団東京新聞が名実ともに在日同胞の口となり耳となるようその改善に鋭意検討を加えていきますが、社会公器としての役割を果すためには団員みなさまの建設的なご意見も大いにとり入れたいと念願しております。どうか機関紙の運営について忌憚のないご批判、ご意見をおよせ下さるよう期待してやみません。

なお、直送業務の開始にあたって準備の都合から次号（六月三日）は休刊し、そのかわり六月十日号は増ページを行ないます。ご諒承の程お願い致します。

民団東京新聞社

荒川商工会で慰安旅行

荒川韓国人商工会（金栄洪会長）では、さる二十三日熱海へ一泊二日の会員慰安旅行をおこなった。

同旅行会には、会員一二〇余名が参加して盛況だった。

한국의 발전

3. 대한 민국의 발달

(1) 우리 민족의 독립 운동

일본은 합방(合邦)이라는 이름 밑에 우리 나라에 총독부를 두고 헌병과 경찰로 철저한 무단 정치(武斷政治)를 실시하였다. 이 때문에 우리 민족의 애국 단체는 모조리 해산되고, 민족적인 주장을 내세우는 신문이나 잡지는 폐간되었다. 이에 우리 민족은 모든 자유를 잃게 되었다. 또, 우리 나라에는 일본으로부터 관리, 상인, 기업가, 빈농, 고리 대금업자와 그 밖에 많은 실업자들이 옮아 와 살게 되었는데, 그들은 모든 요직과 산업상의 이권을 모조리 차지해 버렸다.

총독부는 토지 조사(土地調査)를 한다는 명목으로 농민이 경작하는 토지를 신고하게 하고, 신고에서 빠진 토지는 모두 몰수하였다.

우리 나라는 예로부터 토지 국유제(土地國有制)가 원칙으로 되어 있었기 때문에, 일반 농민은 경작은 하여도 땅을 가질 줄은 몰랐다. 그러므로, 신고에서 빠진 대부분의 국토가 총독부에 몰수되어 일본의 국책 회사인 동양 척식 회사(東洋拓殖會社)의 소유로 되었다.

이 밖에도 일본은 우리의 어장이나 광산 등의 이권을 강탈하고 쌀과 공업 원료를 헐값으로 가져갔다. 이렇게 일본은 우리 나라의 산업 발달과 공업 근대화의 기회를 무참하게 앗아 가고 말았다. 그러므로, 우리 나라는 완전히 일본의 상품 시장이 되고 말았던 것이다.

일본은 이 땅에다 철도, 항만, 통신 등의 시설을 가설하였다고 하나, 그것은 일본이 그들의 필요와 이권을 위한 것이지 우리 겨레의 복지와 이익을 위한 것은 아니었다.

일본의 식민지 정책이 굳어 갈수록 땅과 일자리를 빼앗기고 만주와 북간도 및 해외로 이주해 가는 우리 겨레의 수는 늘어 갔다.

이와 같은 일본의 혹독한 식민지 정치는 우리 민족으로 하여금 맹렬한 반항을 일으키게 하였다. 우리의 애국자들은 나라 안에서 혹은 나라 밖에서 조국의 해방과 독립을 위하여 열렬히 싸웠던 것이다.

3·1.독립 운동 기념탑(파고다 공원)

3·1 운동은 우리 역사상 가장 큰 독립 운동이었다. 1919년 3월 1일, 우리 민족은 독립을 세계에 선언하고 대한 독립 만세를 외치면서 항일 독립의 시위를 벌였다.

독립 만세 운동은 한 번 터지자 서울, 시골 할 것 없이 삽시간에 전국에 번져 갔다. 이에 일본은 군대까지 동원하여 총칼로 우리 민족의 간절한 소망을 무참히 짓밟았다.

그러나, 이에 굴하지 않고 우리 민족의 독립 운동은 꾸준히 계속되었다. 중국 상하이(上海)에서는 대한 민국 임시 정부(大韓民國臨時政府)가 수립되어 독립 운동은 해외에서도 활발히 전개되었다.

1926년에는 6·10 만세 운동이 일어났고, 1929년에는 광주 학생 운동(光州學生運動)이 일어나, 식민지 교육에 반대하는 학생의 시위 운동은 전국적으로 퍼져 우리 나라 학생 운동의 빛나는 전통을 세웠다.

해외에 망명한 애국 지사 중에는 이 승만(李承晩), 안 창호(安昌浩), 김 구(金九) 등의 활약이 컸다. 한편, 김 좌진(金佐鎭)이 거느린 독립군은 만주의 청산리(靑山里) 싸움에서 일본군을 크게 무찔렀고, 김 구(金九)가 지휘한 의열단(義烈團)의 나 석주(羅錫疇)는 동양 척식 회사에 폭탄을 던졌고, 이 봉창(李奉昌)은 토오쿄오에서 일본 천황을 저격하였으며, 윤 봉길(尹奉吉)은 상하이에서 시라카와(白川) 대장을 폭사시키는 등 우리 민족의 훌륭한 독립 정신을 보여 주었다.

우리 나라 침략에 재미를 본 일본은, 1931년에는 만주 사변(滿洲事變)을 일으켜 만주를 빼앗고, 이어서 중국 본토까지 침략하려고 1937년에는 중일 전쟁(中日戰爭)을 일으켰다.

일본은 우리 나라를 송두리째 대륙 침략의 병참 기지로 삼았다. 군수 공장을 세워 전쟁 물자를 만들었고, 공출(供出)이라는 이름 밑에 식량을 빼앗고, 모든 자원과 사람을 전쟁에 강제로 동원하였다.

일본은 또 우리의 민족 정신을 말살하기 위해서 우리말과 우리글을 못 쓰게 하고, 일본어 상용을 강제할 뿐 아니라, 나중에는 창씨(創氏)라 하여 성과 이름까지 갈게 하였다.

중일 전쟁은 일본의 진주만 기습을 계기로 미국까지 끌어들이는 태평양 전쟁(太平洋戰爭)으로 발전하였다.

이 무렵, 중국의 국민 정부를 따라 충칭(重慶)에 가 있던 우리의 임시 정부는 정식으로 일본에 선전을 포고하고, 광복군(光復軍)을 새로 편성하여 연합군의 대일 전선(對日戰線)에 나가서 용감히 싸웠다.

1945년 8월 15일, 드디어 일본은 연합군에게 항복을 하고, 우리 민족은 일본의 압박에서 벗어나 나라를 되찾게 되었다. 실로 3·1 독립 운동 이래 우리 겨레가 바쳐 온 피어린 투쟁의 결과라 하겠다.

광주 학생 운동 기념탑

"韓国画報" 日本語版 英語版

万国博で大好評

大阪万博会場内の韓国館内販売コーナーでは、一九七〇年度刊「韓国画報」の日本語版を売り出しており、同館観覧客に、韓国観光内のガイドブックとして大好評をうけている。

同画報は、ソウルに本部をもつ国際報道連盟（宋政勲代表）発行になる年刊もので、他にも英語版があり、欧米各国と東南アジア一帯にひろく輸出され、韓国の歴史、文化、教育、産業、政治、経済の各分野にわたり、写真を中心とした、しょうしゃな内容をもつ編集で、同種の刊行物としては、もっとも古い実績と権威あるものとして定評がある。KOTRA推せんの同書の価格は米5ドル（千八百円）となっている。

より深い理解と友情を

「人類の進歩と調和」によせる

韓国の歴史と文化

日本、満州、蒙古族と同じく、ウラル・アルタイ語族に属する韓民族は、気候温和で住み良い韓国半島に四、三〇〇余年前から定着し、今に至っております。

平和を尚び芸術を愛した韓民族は早くから形成されている固有文化と大陸からの伝来文化を融合させて高度の文化を創り、それは海を超えて日本にまで及びました。特に百済（くだら）は日本と深い友好を結びながら日本文化の発展に貢献して来ました。例えば、仏教を伝え、漢文、農耕法、織造法、医医法、美術、音楽、工芸などを日本に紹介しました。日本の飛鳥時代の文化の背景に百済文化の影響が強く作用していたことが数多くの文献や遺物によって考証されています。

韓民族はまた科学や文化の面においてもすぐれた創造力を発揮しました。ドイツのグーテンベルグよりも二〇〇年余り先立つ金属活字の発明と、仏教の経典を網羅した八万余枚に達する木板の大蔵経刊行などはその一例であります。

七世紀頃建てられた瞻星台は、天文学を研究し農耕の科学化を図ったものだと言われており、この類では世界最古の試図と言われています。

韓国文化は李朝時代の儒教文化を除いては主に仏教文化が韓国民の精神的な支柱として栄え、たくさんの文化的業績を遺しました。仏国寺やその境内の多宝塔、釈迦塔および石窟庵などは古代仏教の代表的遺産であります。

高麗時代の青磁器、李朝の白磁などは韓国の工芸を代表するものであり、優雅な韓国的造形美の精粋として賞讃されています。韓国の陶工たちが日本に移住して日本の陶芸発達に貢献したことは皆様もよくご存じのことと思います。

又、李朝世宗王の提案によって学者たちが多年研究の末、制定頒布した韓国文字「ハングル（現在母音一〇字、子音一四字）」はその言語学的・科学的考究が完璧であり近世以後、韓国文化発達の母胎として特に韓民族が誇りとするものであります。

金銅弥勒菩薩半加思惟像

統一前の新羅（６世紀）時代に作られた韓国仏象の代表作。国宝である。高さ93.5cm銅造鍍金。身体と衣の流麗な線と思惟に耽ける仏陀の神秘さは見る人に深い感銘を与える。

石窟庵の釈尊坐像

慶州吐含山の石窟庵は西暦８世紀に作られた新羅の仏教文化の精粋である。穹窿天井の下に四天王、羅漢、観音などの菩薩をめぐらし、その中央にどっしりと鎮坐する温容慈顔は俗世の五濁を晴らしめる。

私は北傀を告発する (3)

大物スパイ告白の記

姜　大　振

北韓情報

朴昌玉は金日成一派をくつがえすためにクーデターを計画しはじめた。クーデター計画の総指揮官は朴昌玉と、同じソ連派で黄海道党委員長をつとめる高峯基、ならびに第四集団司令官の張平山大将だった。また行動隊の指揮は私の直属上官であった黄海道党社会安全局長の李キュナム、同副局長の金国祖、政治部長の張東京が受持って細部計画を編んだ。

黄海道を中心としたクーデター計画

このクーデターに関しては、金日成が朴昌玉、崔昌益らソ連、延安派を根こそぎ粛清するための"ねつ造"だという説もあったが、クーデター計画は実際にたてられていた。私は黄海道党に所属する"反探偵員"だったために、黄海道で立てられたクーデター計画に関する細密情報について知っていたのである。

ソ連派の親玉朴昌玉は高峯基黄海道党委員長を非常に信任していたし、この二人は特別緊密な関係にあった。それに黄海道は越南者の家族や韓国軍が北進してきた当時の協力者も多く、尹奉奈などをはじめ反金日成勢力も強かった。そこでこの黄海道が、最初にクーデターののろしを上げる場として設定されていた。

第一の蜂起は五六年六月十日ごろ黄海道松林市黄海製鉄所の労働者千名余りが"飢餓解放運動"を起こすことになっており、第二段階はその近隣の幾つかの鉱山でも同じような騒動をおこす……。そして第三段階として道市郡の社会安全部員たちがそれぞれの組織を通じて騒動を他道に拡張して行くという計画が綿密に立てられた。

この第三段階に至れば、金日成大学を拠点とする学生たちによって構成されたデモ隊が反政府スローガンを契機に各学生が呼応して参加する計画であった。

しかし、このクーデターがもし成功しない場合は黄海道に駐とんする二一、二六旅団が先頭に立って張平山大将の総指揮で軍事行動による"全権奪取計画"が立てられていた。

金日成情報網の方が一枚うわて

ちょうどそのころ、金日成はソ連と東欧諸国の訪問を終えて中共に到着したはずのところであった。そして彼は六月八日にはすべての外遊を終了して帰国する予定となっていた。クーデター計画のさきがけはこの金日成の帰国時にあった。

空軍司令官王淵は当時ソ連から導入した高射砲十門を元山から平壌にうつした。そして金日成が乗って帰国する飛行機に対空砲射を行なうよう空軍司令部の砲隊指揮官に、機密命令を出した。ところが、この命令に驚いた砲隊指揮官はこれを空軍政治安全部長に報告した。だが、この政治安全部長もクーデター計画に加担していたので"機密もれ"を恐れて、報告してきた砲隊指揮官を監禁してしまった。

問題の八日がやってきた。ところが、クーデターは行なわれなかった。計画もれがあったのか、八日になると朴昌玉、崔昌益、張平山、朴一兩、金雄、王淵などがどこかへ連行されたらしく行くえ不明となったのである。

金日成は中共で飛行機の砲撃計画があるとの報告を受け、帰国の日を二日繰上げて六日夜、秘密裏に入国したのであった。すなわち金日成の情報網の方が一枚上手（うわて）だったわけである。

かつての上官を逮捕して訊問

この計画に加担した者に対する大粛清旋風が八月十四日から全国的に吹き荒れた。黄海道党委員長の高峯基と、私の直属上官であった李キュナムは中央で熱者大会が行なわれるからといって呼ばれて行ったまま監禁されてしまった。

この大粛清旋風は一九六〇年まで続けられるという全国的な大がかりのものとなったのであるが、私も呼ばれて行き三ヵ月間の思想検討を受けた。しかし、私はその陰謀に加担していなかったし、それが証明されて、その機会に少佐に昇進した。私は黄海道反探偵部の上級指導員としての地位がまたいくらか上がったわけであるが、この機に私は私の上司であった黄海道党社会安全局副局長の金国祖と政治部長の張東京を逮捕して陰謀機密を探知せよ、との指令を受けることになった。

私は金国祖と張東京を私の前にひざまづかせて訊問を始めたが、当初はこれまで彼らが私の上官であったため、敬語を使うなど、他からみると手ぬるいと思われるフシがあったようである。私はその態度があいまいだとして一時進行され警戒処分にされた。つまりきびしい気合いを入れられたわけであるが、私は「心を入れかえて徹底的な訊問を行ない、必ず罪状をあばき出します」という誓約をしたのち、釈放されて再び訊問を継続することになった。

ほとんど屍となって自白

それから私の行なった訊問はむごかった。私は二人の部下の探偵員を従えて金国祖と張東京の訊問に出たが、私は約一カ月もの間、彼らを一睡だにさせずにさまざまの拷問を加えた。

それでも彼らは自白しなかった。私は彼らの手を首のうしろ側にずっと結えたまま、両足の間に練瓦をはさみ入れて、さらに別の練瓦の上に坐らせ、またもさまざまの拷問で音をはかせようとした。

長い間かかって、半分死んだようになった二人はついに陰謀加担の事実を告白した。そこで反探偵部はそれ以上"犯罪事実"までをぶっかけて調書を作成して報告した。

我こそは熱誠党員と密告……

それから私はほとんど屍（しかばね）と化して虫の息同様となった二人を中央に送った。こうして黄海道の陰謀事件は労働党内部の権力争奪戦にもつながって行くことになり、党員たちはこれを機会に「我こそは熱誠党員」だとばかりにきそって密告、謀略をほしいままにし、剣呑（けんのん）な空気は全国的にひろがった。

筆者の姜大振氏は南派された北韓スパイの最大級大物、元北韓軍上佐（中佐と大佐の間の位）。最近、韓国に帰順した。（漫画は本国紙から SISA）

韓国の昔話 ③

ねずみと少女

崔　仁　鶴

むかし、あるところに不孝な少女がありました。ちちやははの言うことをぜんぜんきかない少女でした。もちろん、おつかいは今までしたことはないし、台所ではははをてつだったこともありませんでした。

「おまえはなんにもしないで将来どういう人間になるつもりなの。」

両親は心から心配になって話しをすると少女は、

「そんな心配はいらないのよ、私はしごとなどしなくっても生きていけるんだから……」

「それは、父や母が着物を作って着せてやるし、ごはんを作って食べさせてやるからじゃないの。だから両親のしごとを少しはてつだったらどうなの…」

「いやよ。それは、父や母のしごとでしょ。私には関係ないわ。」

そういいながら少女は外に出ていきました。少女は父や母が一生懸命に働くのを見てもびくともしないのです。

村の人たちもくせが悪い少女だと思いながらほったらかして置きました。

少女はしごとをしないのでおひるには退屈でいつも家の中で寝てばかりいました。

ある日のことです。

少女が部屋の中にすわっているときでした。穴から一匹の小さいねずみが出て来て米粒が落ちているところにいきました。少女はねずみを追うのもしたくないのですわったままねずみの動く様を見ていました。

小さいねずみは口に米粒をくわえたまま穴の中にはいりました。しばらくすると、小さいねずみは親ねずみをつれて穴から出てきました。

親ねずみは小さいねずみがいくとうりについていきました。親ねずみは目がみえないのです。

小さい子ねずみは親ねずみを米粒が落ちているところにつれていって食べさしました。部屋の中に落ちていた米粒をみんな食べさした小さい子ねずみは、もとの穴の中に親ねずみをつれてはいりました。

おわりまで静かにこの状態を見ていた少女は〈ほんとうにおかしいこともあるね‥‥〉と思いながら、子ねずみが親ねずみをてつだってあげるのを見て心から深く反省をしました。

こういうことがあってから、少女は父母のしごとをまじめにてつだうようになりました。そうしてついには立派な少女になりました。

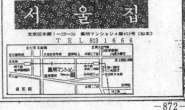

（1965年7月27日第3種郵便物認可）

在日本大韓民国居留民団
綱　領
1. 우리는 大韓民国의 国是를 遵守한다
1. 우리는 在留同胞의 権益擁護를 期한다
1. 우리는 在留同胞의 民生安定을 期한다
1. 우리는 在留同胞의 文化向上을 期한다
1. 우리는 世界平和와 国際親善을 期한다

「韓僑通信」改題
在日本大韓民国居留民団
東京本部発行週刊紙
THE PRESS MINDAN TOKYO
THE KOREAN RESIDENTS UNION. IN JAPAN, TOKYO OFFICE

民団東京
THE PRESS MINDAN TOKYO

6月10日 水曜
<1970>
週刊・毎水曜日発行
第2407号

発行所
民団東京新聞社
発行人 鄭 在 俊
東京都文京区本郷3丁目32番7号
電話 (811) 1535 (代表)
〒133 振替口座 東京 16631番
（大韓民国文化公報部国内頒布許可）
（購読料 1カ月100円・特別1000円）

万博招請の問題点をきく

新聞協会で民団中央幹部を招待質問会
輸送に全力つくす
李団長が釈明につとむ

在日韓国人新聞通信協会（朱洙俊会長）では、最近在日同胞社会で問題になっている万博招請事業にかんする疑惑について、その真相を糾明するため四日午後五時、都心の丸ノ内日本工業倶楽部に民団中央李団長をはじめ事務担当局長らを招いて食事会をひらき問題の真相をきいた。

この日、新聞協会からは加盟各社の重役級が顔をみせたほか民団側から李団長のほかに李本国出張所長、朴事務次長（万博後援会事務局長）李総務局長、李民生局長、池宣伝局長らが参席した。

なお、協会からは韓国万博後援会長ならびに朴民団中央事務総長も招待したが両氏とも出席しなかった。

[illegible]

新聞協会主催の中央幹部招待夕食会
査証代の免除など新聞社から言ってきてはじめてわかった。と率直にあやまる李中央団長

[illegible]

李団長も知らなかった
李本国出張所長「2月末に中央へ報告した」

[illegible]

報道関係者に感謝

[illegible]

疑惑深める 不可解な事務当局

[illegible]

在日同胞の兵役免除
65年5月外務・国防声明は継続有効

最近、東亜日報（五月八日付）をはじめ国内いくつかの新聞ならびに通信報道などで、七〇年一月一日以後海外で永住権を取得した者のうち兵役未了者は、本国へ召還するなどという報道があったが、これに対して国防部ではつぎのように解明し「在日同胞は兵役を免除する」むねあきらかにした。

1、問題の記事は、短期旅行目的で出国し、用務を終えても継続海外に在留中に帰国通報をうけた者か、長期義務を主とする目的で日本以外の外国で永住権を獲得したものを対象にしたものであるから、日本で永住権を獲得した在日同胞はこれには該当しない。

2、在日同胞の徴兵免除に関する一九六五年五月二一日付外務、国防両長官の共同声明は、継続有効でありしたがって在日同胞が本国に臨時帰国しても兵役問題に関連したなんらの制限はうけない。

3、一九七〇年五月二十日付国内各新聞は、上記国防部の公式解明を掲載した。（五月二十一日駐日大使の発表による）

孫晋協氏再選
千葉本部定期大会で役員を改選

[illegible]

議長 [illegible]
副議長 金奉祚
〃 丁一鳳
団長 孫晋協
副団長 金泳成
〃 張在昶
監察委員長 彭元伍
監察委員 鄭淵秀
〃 朴吉竜
事務局長 [illegible]

第83回関東地方協議会ひらかる
あってはならないこと
旅券印紙代「速やかに返還せよ」

居留民団関東地方協議会（事務局長鄭在俊東京本部団長）の第八三回定例会議が八日、伊豆長岡の古奈ホテルで盛大に開かれた。

同会議には、協議会構成十二地方本部（東京・神奈川・千葉・茨城・栃木・新潟・宮城・埼玉・群馬・山梨・静岡・長野）から三機関役員ら約五十余人が参加したほか四月の各地方委員会または地方大会が開かれたあとだけに初参加の地方本部役員の顔もみられ清新な雰囲気のなかで真摯な会議が行なわれた。

また、大使館から李裕琪総領事、宋河均副領事、洪性採領事、民団中央から李禧元団長、金宰淑組織局長、鄭炯和韓国新聞社長、東京本部からは鄭在俊団長、閔泳相議長、徐興錫監察委員長、羅鍾卿副団長、申永文副議長、梁昌玉副議長、馬鉄鎮監察委員、韓昌圭事務局長、許南明組織部長らが参席した。

[illegible]

万博招請事業

[illegible]

第83回関東地方協議会

[illegible]

日本側で難色示す
農機具問題これから交渉

身元保証について

[illegible]

査証代の徴収問題

[illegible]

お知らせ

このたびお知らせしたとおり「民団東京新聞」は本号より団員への直送を実施します。
従来、各支部を経由していましたので、従来から印刷工場で直接、送られるわけです。したがって従来より約一〜二日早く読者へ届き、[illegible]ばかりでなく、各支部で行なっていた発送作業が不要になるので組織努力の節約ともなるものと確信します。なお、カードの製作の都合で一部地域によっては本号に限り若干遅れることもありますがご了承下さい。

大韓民国居留民団東京本部
民団東京新聞社

国会荒れ、政局波動の渦に

"五賊"事件で乱闘騒ぎ
与「亡国言論だ」野「弾圧だ」

会期末を数日後に控えた第七十三回臨時国会はいま、新民党機関紙"民主前線"押収事件で与・野が激突、再び波動を起こしている。

この波動は"五賊"という風刺詩が総合雑誌"思想界"に載ったものを、野党の機関紙"民主前線"が転載、これが"反共法"にふれたとして逮捕者が出、"民主前線"が押収された事件を三日の臨時国会で問題化したことから起きた。

新民党は国会での一般案件審議を拒否して緊急政府質問を開始、捜査当局が二日早朝"民主前線"総発行部数二十万部のうち、十万七百五十部を押収したことに対して「これは重大な野党および言論弾圧行為だ」と強硬な抗議をした。これに対し共和党は新民党機関紙の内容は「政治闘争の限界を越えた邪悪に満ちたもので秩序を乱す利敵行為の亡国言論の標本だ」として「法のワク内での徹底した調査」を政府当局に促求、与野は激しく対立して双方議員四十人余りがなぐり合う乱闘騒ぎとなった。

これに先立ち、二日の国会本会議で新民党は丁一権国務総理、朴璟源内務、李皓法務長官らを出席させて対政府質問をすることを要求したが共和党議員が本会議をボイコットしたため、これは流会。翌三日の本会議で丁総理ほか関係長官を出席させた中で対政府質疑が始められることになったが、この質疑の前に、金振晩共和党院内総務は「新民党は果たして保守党なのか、あるいは階級闘争の政党なのかを明らかにせよ」と発言、新民党の機関紙「民主前線」は「言論と認めることができない」と述べたのに対し鄭海永新民党院内総務は共和党機関紙の「民主共和報」も野党非難の記事は載せているから言論と認めることはできないのか」と反論した。

ところが、共和党議員たちが「その発言は取り消せ」と叫ぶや双方議員はつかみ合いをはじめ、新民党の金応柱議員は壇上からころげ落ちたところを踏まれて、ヒタイや首にけがをした。このため本会議は散会、その後与・野党はそれぞれ議員総会を開きこんごの対策を協議したが、きたる九日に終わる七十三回臨時国会は再び与・野激突の場と化した。

金昌槿共和党スポークスマンは「理性喪失の利敵行為を通じて政権奪取を試みている新民党は国民のきびしい審判を受けなければならない」と野党側を非難。また、金守漢新民党スポークスマンは「この事態は不正腐敗と失政を国民に知られることを恐れた行政府が取った"敗北のあらわれ"だ」と語った。

金昌槿共和代弁人談

六月一日付の新民党機関紙はその執筆と編集者全般を通じて政治闘争の限界を越えた悪意に満ちた亡国言論の標本であり、とても許せないものである。

このような理性を失なった利敵行為によって政権奪取をはかる新民党は国民の厳粛な審判と併せて法の審判を受けるべきである。

金守漢新民代弁人談

深夜第一野党の扉を壊して捜査機関員が集団乱入し、党機関紙を押収し、編集人に対して反共法違反嫌疑の拘束令状を発行した事態は日帝時下でもみられなかった弾圧行為である。この事態は不正腐敗や失政を国民に知られることを恐れて取られた現政府の敗北主義の発露である。

申文化公報長官談

長官は二日、新民党機関紙「民主前線」押収事件について「社会の紊乱及び法治秩序を全面的に否認するプロレタリア文学の性格を帯びた〈五賊詩〉を掲載し、国会議員の免責特権による国会発言を掲載することによって〈民主的基本秩序と新聞倫理綱領を遵守する〉という民主前線の創刊時に提出した覚書に違反した」と指摘し、「文公部としては既に民主前線に対して口頭で警告しているがその処理は司直当局の調査結果によって法的に処理されよう」と附言した。

新民党舎を強制捜査
機関紙「民主前線」を押収

二日深夜一時四十五分頃、ソウル鍾路区寛勲洞一三〇の新民党中央党に、捜査機関十余名と鍾路署署員二十余名が、押収捜索令状を提示し党舎二階の出版局印刷所にあった同党機関紙「民主前線」（六月一日付、第四十号）とオフセット印刷版四枚を押収した。

押収された「民主前線」には、「どろぼう [illegible] されている。

同紙は、総発行部数二十万部のうち、十万七五〇部を押収した。なお同党出版局長金商賢氏に反共法違反の疑いで拘束令状を発付したという。

補正予算案の予備審議へ

国会は二十七日、内務・財経・国防・農林・商工・交通・建設など七常任委員会所管部処にたいする特別国政監査を終え、二十八日から七〇年度第一回補正予算案にたいする各常任委別の予備審議に着手した。

新民党はこんどの五日間にわたった"特監"の処理方案として、安保関係、ソウルの臥牛アパート倒壊事件などにたいする特別調査委を構成することを提案することに決め、また朴璟源内務、李皓法務、丁来赫国防の三長官にたいする解任建議案を出す方針である。

一方、共和党は「特別調査委構成提案や解任建議案は名分のない政略的なもの」だとして対立、これを"封鎖するか"まえを固めている。

金振晩共和党院内総務は「野党側の疑惑は対政府質疑と特別国政監査ですべて解けたはずだ」と語り「従って特別調査委を構成する必要は全くない」と述べているが、一方、鄭海永新民党総務は「新民党は各常任委別に独自的な特監報告書を作り不審な点は補正予算案審議過程で継続追及する」といっている。

宋議員懲戒案白紙へ

共和・新民両党は宋元英新民議員懲戒処理にかんする政治的折衝にようやく成功、同議員懲戒問題は事実上白紙化された。

票決無期限に保留

これに従い、国会法司委は宋議員懲戒案にたいする票決を無期限に保留する決定を行なった。

宋議員はさる十三日の国会本会議で、昨年九月十四日の改憲案国会変則通過にかんして発言中の李孝祥議長を議長席から押倒した事件（既報）を引き起こしたため、共和党から国会議員除名処分という強硬な懲戒措置の対象とされていた。

宋議員にたいする懲戒案は与・野総務間での折衝が成功したが、その後、柳珍山新民党党首は「すでに新民党は公式会議の席上で宋議員に彼の行為が政治的技術や効果面で正当ではなかったと指摘し、それが非常にまずいものであったという点で宋議員は戒告を受けている」と明らかにした。

貿易取引き法改正案国会に提出

共和党はこんどの国会会期中に（きたる九日まで）貿易取引き法改正案を国会に提出する方針である。この貿易取引き法改正案は、これまでの同法が"共産国家"を輸出入禁止対象地域と規定していたのに対し、輸出入禁止対象地域を"敵性国家および敵性圏"と改めることを骨子としている。これは"非敵性共産地域国家"と交易することができるように、道を開くための法律改正で政府はこれまで"反共"と"ハルシュタイン原則"にしばられてきた対共禁輸問題に対し緩和策を打ち出そうと試みている。

政府は対共産圏貿易を拡大する場合、①ソ連・中共・北韓・北ベトナムなど韓国にたいして公然と敵対行為を行なっている共産国を除き、東欧共産国および親共中立国などを対象とし②対中共禁輸品目（CHINCOM・LIST）を除いた消費性物品に制限して③交易方法は直接ではなく、間接または中継貿易方式を採択する意向である。

なお、共和党はこのような政府の方針を支持しているが、これは李炳玉政策研究室長から出された同"議員立法"案を党務会議で了承したことで確認されている。

大統領候補指名大会開催へ
新民党

柳珍山新民党首は三十日「党憲の規定どおり大統領候補指名のための全党大会をきたる二十四日ソウル市民会館で開く」と明らかにし「七一年度総選挙にたいする新民党大統領候補は党籍や年令にかかわりなく国民の支持を受け得る人物であれば党内外を問わず誰も擁立する」と語った。柳党首は同日、慶尚南道党改編大会に出席するため釜山に来たさい、釜山観光ホテルで記者会見してこのように述べたが、さらに「新民党は新設した憲法制度審議会を通じ、一人専制的な権力構造を改めるため、国務会議（内閣）と国会の権限を大幅に強化する内閣責任制に関する全般的な憲法改正問題を検討する意向で、これを選挙公約として打ち出す考えである」と語った。

米軍撤収は重大問題

柳党首はまた、駐韓米軍撤収問題に言及し次のように強調した。

「北韓が再侵を狙っていることとに米軍を撤収することは金日成の武力侵略意図を促進させる結果をもたらすもので、これは韓国軍装備近代化などとはバーターすることのできないほど、重大問題だ。新民党は与・野関係を超越、米軍撤兵阻止のための政府の対米交渉を積極協調する用意がある。

い」と断った。

大統領は24万 総理19万ウォン
公務員俸給引上げ

公務員の俸給が七月から全面的に二〇％ずつ引上げられる。

総務処が法制処の審議に回付した公務員俸給引上げ法案によると、引上げ後の俸給はつぎのとおりである。

◇別定職　▽大統領＝二十四万ウォン▽国務総理＝十九万二千ウォン▽副総理＝十四万四千ウォン▽監査院長＝十四万四千ウォン▽長官級＝十三万二千ウォン▽次官級＝九万三千二百ウォン

◇一般職　▽一級＝七万六千百ウォン▽二級＝（甲）五万八千四百ウォン（乙）四万五千五百ウォン▽三級＝（甲）三万七千二百ウォン（乙）二万七千六百七十ウォン▽四級＝（甲）一万九千六百ウォン（乙）一万七千八百七十ウォン▽五級＝（甲）一万六千百三十ウォン（乙）一万五千二十ウォン。

崔氏が当選
慶尚南道第三地区一部再選挙で

二十二日実施された慶尚南道第三地区一部忠武・固城・統営地区での国会議員再選挙は二十三日午前八時開票が終わり、共和党の崔興林候補の当選が確定した。

同選挙の投票者は五万五千八百三十七名で投票率は五四・七％。単独で立候補した崔興林氏は三万一千二百六十四票を獲得、無効票は二万四千五百七十三票であった。

崔氏はさる五月一日、大法院（最高裁）が六七年の六・八総選挙当時の同氏の当選無効判決を下したことにより議員職を喪失したがこんどの選挙で再立候補し、当選した。なお、新民党はついに候補者を出さなかったので共和党の崔氏は単独立候補者となった。

カンボジアの解決方案語る
崔圭夏外務長官

崔圭夏外務部長官はジャカルタで開かれていたカンボジア事態にかんするアジア・太平洋諸国会議を終えて二十二日夜九時随員らとともにKAL機で帰国した。

崔長官は同日、帰国声明を通じて「こんどの会議では速やかにカンボジアの平和を回復するために平和的な解決方案を推進したが、こんごの事態と進展ならびに外交的努力の結果に伴いつぎの段階に取る措置を参加国の間で緊密に協議することにした」と述べた。

崔長官はまた、サンボウル・カンボジア外相との会議にかんして「両国は公式関係樹立に合意したほか、カンボジア側から避難民救護、食糧、医療品などの援助が必要だという説明をきいた」と明らかにし、さらに「インドネシア政府首脳たちとの一連の接触では貿易および民間航空協定を締結することに合意した」と語った。

非軍事部門で支援
対カンボジア外交関係も復活

政府は二十二日午前、青瓦台で朴正熙大統領、丁一権国務総理、崔圭夏外務部長官、丁来赫国防部長官ら関係官が出席した中でカンボジア事態にかんする高位対策会議を開き、当初の基本方針どおり避難民救護、食糧、医療品など非軍事部門の対カンボジア支援を供与することに決めた。

同会議ではまた、駐プノンペン韓国代表部を短時日内に設置する方針を決めたが、崔圭夏外務部長官は二十四日夜、韓国は六月初めカンボジアと外交関係を復活すると明らかにした。

消息筋によると、政府はすでに閣議で、第一次的に四百五十万ウォン規模の医療品をカンボジアに提供することを決めており、これを七〇年度一般会計予備費から支出することにしているという。

なお、韓国とカンボジアが近く外交関係を復活させるということは、さる十八日ジャカルタでの崔圭夏外務部長官ならびにサンボウル・カンボジア外相間の会談で合意を見たもので、まず一九六六年十二月に引揚げた駐プノンペン韓国総領事館を再開し、これを将来大使館に昇格させることになろうとみる向きもある。

一方、政府はカンボジアとの公式関係樹立に伴い、六月初旬プノンペンに代表部を設置するが、これに先立ち二十六日事前準備のため李沃根駐南ベトナム公使をカンボジアに派遣した。

李公使は政府訓令により、二、三日の間、プノンペンに滞在することになっており、李公使はカンボジア政府当局者たちと代表部の設置時機ならびに規模などについて協議、さらにカンボジア側の希望する非軍事部門の支援内容などの詳細を協議・決定する予定である。

また代表部設置に関して政府は李公使の報告を土台にして駐プノンペン代表部公館長の人選を行ない、同時に公館規模、予算ならびに支援内容を確定する方針である。

一方、丁来赫国防部長官は二十五日、国会特別国政監査班（国防委）が韓国軍のカンボジア派兵の計画について質問したのに対し、「韓国軍のカンボジア派兵問題はない。また、駐越韓国軍の作戦地域変更もまた現在のところ計画していない」と答えた。

ところが、丁長官は、過般サイゴンを訪問したさい、駐越韓国軍の作戦地域は情勢の変化に伴いカンボジア国境の接戦地帯に移動・拡大することもあり得ると示唆したことがある。

国軍、カンボジア戦参加
米軍との交替説
プノンペンからのAP電による

プノンペンの一高位筋は「現在南ベトナムに駐屯している韓国軍がカンボジアに派遣されるかも知れない」と伝えており、「このような決定はまだなされてはいないが、アジアの友邦国家がわれわれに軍隊を派遣して援助してくれることはよいことだ」と述べている。

同筋はまた、ソウル、台北、クアラルンプールを訪問する高位使節団がすでに三十日シンガポールに向かって出発していることを明らかにし「同使節団の任務は"非常に重大"なものだ」と語った。

一方、駐韓米軍放送（AFKN）は三十日朝、韓国は共産侵略を受けているカンボジアから正式に兵力派遣の要請を受けた場合、カンボジアに派兵する用意を持っていると報道した。

同放送は米国NBC放送のプノンペン特派員報道を引用して「韓国はカンボジア新政府との合意に基づき駐カンボジア代表部を開設した後、派兵要請があればカンボジアに派兵する用意を整えている」と報じた。

このような報道にたいし、韓国外務部は「現段階としては政府はカンボジアに派兵する計画を全然持っていない。当初の方針どおり人道的見地から医療援助など非軍事部門の支援だけを考慮している」と強調した。

撤収作業すでに着手
来年末頃に一ヶ師団規模か
駐韓米軍

米国防省は韓国で米軍の一部を撤兵させる計画を立てたと一消息筋が述べた。

来年度中に断行されると思われるこの撤兵案は漸次、コマ切れにおこなわれるもので、第一回目は一か師団以下の兵力を撤兵させるだろうと同消息筋は示唆した。

レアード米国防長官も二十七日、この計画案を認めながらも「私は太平洋もしくはアジア地域に駐とんする米軍の追加撤兵に関しては決定を下したことはない。しかし、われわれはニクソン・ドクトリンにしたがって"世界警察"というわれわれに与えられた役割を減縮させているが故に、すでにそのような撤兵計画に、着手している」と語った。

同国防省の消息筋はこの計画に約六万四千名の米陸軍と空軍が駐とんしている韓国が含まれていると述べた。

また、韓国から米軍の一部を撤兵させるという現在の計画はアジアにおける地上防衛はアジア諸国が自らを防衛するというニクソン・ドクトリンに附合する行動ではあるが、このような計画をたてるようになった主要な原因は大幅な予算の緊縮措置のためである。

米陸軍当局はヨーロッパ駐とんの米軍に対する相当規模の減縮に反対する闘争を展開するだろうが、高級将校らは現在韓国に駐とんしている米軍二か師団のうち一か師団を撤兵させても別段の支障にはならないものと見ると私的に語った。

米国の官吏らは米国が韓国で米軍の一部を撤兵させる交換条件として韓国に対してなんらかの補償をするものと思われると述べ、この補償は、多分、多くの現代化された武器と装備の供給だろうと示唆した。

また、アジア地上軍を支援している駐韓米空軍と海軍はニクソン・ドクトリンにしたがってそのまま継続駐とんされるようだ。

可能な範囲での減縮
米大使館関係官言及

駐韓米大使館公報官ケノン氏は「レアード国防長官の二十七日声明自体が充分な説明になるだろうから論評する必要がない」と二十九日語った。

しかしケノン氏は「当該地域の安全を害しない範囲で、可能な海外駐とん兵力を減縮するのが米政策の推進目標」であることを明らかにした。

国防部　憂慮を表明

国防部の高位当局者は、二十九日、駐韓米軍撤収説は、北傀挑発を誘発するものであると憂慮、遺憾の意を表明した。しかし彼は「米側から正式な提議は未だな

駐越国軍撤収急げ

国会は二十九日の外務委員会につづいて三十日、緊急国防委員会を開き、崔圭夏外務、丁来赫国防長官を出席させた中で駐韓米軍減縮説を追及した。

金竜泰、金鍾哲議員（以上共和）と陳馨夏、金泳三議員（以上新民）らは「ベトナム派兵などで信義を尽くしている韓国にかかる駐韓米軍を撤収するというのは米側の背信行為だ」と主張し「北韓の挑発を誘発する可能性がある」と指摘した。

これにたいする答弁として崔外務、丁国防長官は「韓国の防衛に重大な影響を及ぼす駐韓米軍減縮は受入れることができない。きたる七月初旬に開かれる韓・米国防関係会議とベトナム参戦国外相会議で韓国政府の確固たる態度を明らかにする考えだ」と述べ「韓・米相互防衛条約の精神と韓・米友好関係から見て米国の一方的撤軍はあり得ない」と言明した。

与・野議員たちは「駐韓米軍の減縮をあらかじめ防ぐため、行政府と国会・民間を網羅した特使を米国に派遣すること、ならびに駐韓米軍の減縮に対備するための駐越国軍の撤収を急ぐべきだ」と主張した。

世界の言論人韓国を訪れる
第十九回IPI総会出席後

国際新聞人協会（IPI）会長胡仙（オシアン）女史を始めとする各国の新聞協会会員たち百二十名がIPI韓国委員会の招待で二十四日来韓した。

この一行はさる十八日から香港で開かれていた第十九回IPI総会に出席した後、台北を経てこの日、六十四名の家族を同伴してCPA機とCALチャーター機で韓国を親善訪問したもので、二十五日午後五時三十分朴正熙大統領が主催したレセプションならびに丁一権国務総理が催した夕食会（ウォーカーヒル）に出席して歓談した。

朴大統領は同レセプションの席上で北韓軍事力にたいする質問に答えて「軍事力において韓国は現在の時点では北韓より優位にあるが、北韓は大きなムリをして戦争準備に懸命になっており、これはわれわれよりもすぐれた軍事力を持とうとしているためのもので韓国としては無視できないことである」と語った。

なお、これらの世界言論人たちは梨花女子大学、顕忠祠、板門店などを視察した後、二十六日午後KAL機で離韓した。

精神異常なおって
孫鎬吉氏退院
北韓の拷問受けたKAL乗客

昨年十二月北韓に乗取られた大韓航空（KAL）機乗客中、北韓の残酷な拷問を受けて精神異常をきたして帰国した孫鎬吉氏（三一・江原道江陵市浦南洞東区）は、その間入院していたソウル大学の医科大付属病院から二十七日、百一日ぶりに退院した。

孫氏はさる二月十四日に、六十五日間の抑留ののち送還されて帰国したKAL乗客三十九人（乗務員四人の乗客七人はまだ北韓に抑留中）のうちの一人で、帰国したときは言語障害で語ることもできず、精神異常をきたしていた。

孫氏は記者らの質問に対し「平壌で大同江旅館に閉じこめられていたころ、北韓の"案内員"に連行されて激しい拷問を受けたが、それから後のことは何一つ覚えていない」と語った。

「また飛行機に乗りますか」との質問に対しては「必要なときには再び飛行機に乗るでしょうが、しかしまた、拉北されるようなことがあれば、飛行機から飛び下りて死んでしまいます」と答えた。

譚詩「五賊」の
金芝河氏拘束
思想界発行人夫氏も

捜査機関は二日午後、詩人金芝河氏（本名金英一、三〇）と雑誌「思想界」代表夫琓爀氏、同編集担当金承均氏ら三名を反共法四条一項（反国家団体の讃揚、鼓舞同調）違反嫌疑でソウル刑事地法から拘束令状をうけ拘束した。

詩人金氏は思想界五月号に譚詩「五賊」を発表、財閥、国会議員、高級公務員、将星、長・次官らを「誹謗し、反国家団体に利ならしめ」他の関連者はこの詩を掲載したことで嫌疑をうけている。

우주통신의 첨병이된 금산위성통신지구국의 모양스안테나-직경이 二十七m나된다. 〈[illegible]기자찍음〉

宇宙로 트인『韓國의 귀』

금산衛星通信地球局개국

우리나라에도 우주통신의 문이열렸다. 체신부가 작년五월十五일 忠南·금산郡 금성面 대지 二萬三百四十七평을 확보, 十八억四千萬원의 예산으로 착공한 금산위성통신지구국이 만一년여만에완공, 二일오전十一시 개국식이성대하게베풀어졌다.

이날식전에는 朴대통령내외분비롯 많은인사들과 주민들이참석, 현대과학기술의놀라운 재간에 찬사를아끼지않았다. 이로써 우리나라는 국제통신위성기구(INTELSAT)에 가입한 七十五개국중 三十一번째로 태평양지역에서는 八번째로 우주통신의 대열에들어선 것이다.

미국「필코포드」회사의 기계공사로 높이四十m의타워에 직경二十七m의 안테나를갖춘 이지구국개통으로 우리는 태평양상공「인텔세트」三호 통신위성을 통해 전천후TV방송을 시청할수있게되었고 통신도이웃처럼깨끗하게 들게된것이다.

偉大한 通信革命
朴大統領치사

朴正熙대통령은 二日 금산위성통신지구국개통식에 참석, 致辭를통해『개발의年代였던 지난六〇年代에 시공된 이위성통신은 인간의 예지가 이룩한 위대한 통신혁명인동시에 현대과학문명의 승리가 아닐수없으며 이위성통신은 소식을 전달하는 한낱 매개체로서가아니라 국경과 인종을 초월한 이해및 협력을 촉성하는 촉매가 되어줄것을 기대한다』고 말했다.

韓日協力体制は不変
朴商議会議長　周四原則の影響を語る

大阪で開かれていた第三回アジア商工会議所連合会総会に出席していた朴斗秉大韓商議会長は二十五日帰国後の記者会見をし、いわゆる"周四条件"を受入れた日本商社は中共に肥料を大量に輸出している肥料会社を含む一部会社にすぎないと述べ、三井、三菱など大企業体はこれを受入れない方針を明らかにしたと伝えた。

朴会長はまた浦項綜合製鉄に技術協力をしている新日本製鉄は"周四条件"を受入れることはできないと通告してきており、一方大部分の日本商社は現在迷っている状態だが、韓・日経済協力体制に大きな影響を与えるようなことはないだろう、と述べた。

なお、朴斗秉氏は第三代アジア商工会議所連合会長に選任されたが、その抱負として「今年中に域内の農業技術サービスセンターの設立を必ず実現する」と語り、また六九年にすでに設立されているアジア民間投資会社の育成など、アジア経済発展のために最善の努力をする考えだと明らかにした。

なお、朴会長は現在論議中のアジア支払い同盟結成の関税および非関税障壁の撤廃問題などもじゅうぶんに検討し、各国の理解と協調を得て推進する方針だとつけ加えた。

四公館長異動
新スペイン大使に崔外交研究院々長

政府は新設公館の駐スペイン大使を始め四公館長の異動を断行する方針である。

政府筋が二十五日伝えたところによると、新任のスペイン大使には崔元澤外交研究院長の任命が内定しており、駐チリ大使には金洛駐コートジボアール大使を、駐チュニジア大使には李範錫本部特命大使を、駐コートジボアール大使には尹錫憲駐国連大使をそれぞれ任命することになっている。これらの任命は遅くとも六月初旬までには閣議を経て発令される予定である。

一方、安光鎬チュニジア大使は五月末で任期が終わる興国海運公社社長の後任として内定、尹哲葉駐チリ大使は帰任の予定。

このほかに政府は六月初旬に開設する予定の駐プノンペン代表部長と、空席中の駐シドニー総領事も早急に任命する方針である。

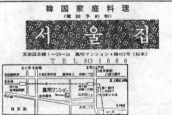

東京商銀総代会ひらかる

預金目標百五〇億に

本店新築と江東に支店

在日民団の金融機関として著しい発展をみせている東京商銀信用組合（許弼奭理事長）では、去る五月二十八日午後一時から赤坂プリンスホテルで第16回通常総代会を開催し、第16期（昨年度）決算報告、第17期（本年度）事業計画案、定款変更ならびに理事任期満了による改選などの議案を審議、通過させた。

総代会では、許弼奭理事長の開会の辞のあと駐日公使、金本般外換銀行理事、鄭在俊団長、鮮于信用協同組合協会理事らの来賓祝辞があった。

許理事長は挨拶のなかで「第16期末の預金高は、本年の目標であった一〇〇億を突破して一〇七億六千万円、出資金一億六、〇〇〇万、そして全国信用組合中第六位の地位にまで躍進した」と東京商銀の発展ぶりを強調したあと「さらに本年度は、本店新築にあわせ預金目標を一五〇億に引き上げたい」と展望した。

また鄭在俊団長は「東京商銀が在日同胞の中小企業育成ばかりでなく民団組織の発展にも多大な功労があった」とこれまでの功績を讃え激励した。

総会はつづいて議事に入り、第16期決算についての監査結果を報告しこれを承認、引きつづいて執行部提案の議案第一号から第六号までの全議案を満場一致で通過させたほか任期満了による理事改選も北区の李慶晩理事が辞退したので新たに同区の大燮氏が選任されたほか全員留任ときまった。

この日通過をみた全議案の内容はつぎのとおりである。

第一号議案（第一六期決算報告及び剰余金処分案承認の件）

決算報告においては大蔵省指導による統一経理基準を一〇〇％適用し貸倒引当金の償却が二、八六〇万円、税金が四、一四二万円、当期の利益金が六、二五八万円で、前期の利益金（二、五二二万円）に比べて二・五倍増となった。利益金処分案は出資配当金を七分とし、その他四、八〇〇万円を内部留保に回す。

第二号議案（第一七期事業計画及び収支予算案承認の件）

、預金目標を一五〇億として出資金を一億五〇〇〇万とし、貸出金を一二五億、半期に一〇億として、店舗に無い予算、税金を七、〇〇〇万、諸貸金を五、〇〇〇万に抑え余剰金を一億とする。

第三号議案（定款変更に関する件）

一昨年の金融二法改正により昨年度においては株式払込と保護預りが信用組合でも取扱えるようになり引続き本年十月から内国為替取引が扱えるようになる。それに備えて第二条事業項目の変更を事前に決議しておく必要があり第四九条から第五二条までは現状の附則となっているがすべて経過規定で既に死文化しているのでこれを削除する。

第四号議案（役員報酬等決定に関する件）

役員の報酬については総代会に諮ることになっており去年度は報酬対象者九名に対して一、五〇〇万円の承認をとったが、本年度は諸般情勢により二割アップの一、八〇〇万円の限度額を諮る。

第五号議案（江東支店設置の件）

この件は第一五回総代会において決議をとってあるが、定款の規定に基き再確認する。

第六号議案（理事任期満了による改選の件）

姜学文団長が再任

墨田支部で定期総会

姜団長

姜議長

曹監察委員長

民団墨田支部（姜学文団長）の第一七回定期総会が、さる三十一日午後一時から区内の大平二丁目会館でひらかれ、経過報告、新年度活動方針案を審議、採択するとともに任期満了にともなって役員改選をおこなった。

支部三機関長のあいさつ、東京本部鄭在俊団長らが祝辞を述べ、このあと議事に入った。

活動経過報告では総括報告、団務企画、永住権申請事業、児童教育事業、傘下団体育成と対策の順で詳細に報告され、また支部団勢（団員数六六五名、一七二世帯そのうち協定永住許可者二八三名未申請者は三五世帯（二九名など）、収支決算がそれぞれ報告。

次に今年度活動方針にうつり、①組織再整備と体質改善②傘下団体の強化と育成（婦人会、韓青、銅鉄商工協同組合）③商工協同組合の強化④朝総連傘下同胞の抱擁⑤墨田韓僑会館の設立、等の方針について論議、これを承認した。

なおこの後任期満了にともない役員改選をおこなった結果、満場一致で姜学文団長、姜濟(?)議長、曹成圭監察委員長を再選した。

なお、同支部の一九七〇年度活動方針案の大要はつぎのとおり

①組織再整備と体質改善について＝民団の方針が団員に伝達され消化されるよう班組織を近隣世帯五～一〇戸単位に作成すべきであるが、当分の間は支部役員が積極的に事業につくしていきたい。また朝総連傘下の同胞たちを包摂するためにはまず民団団員の教養を高める必要がある。

②傘下団体強化と育成について＝は、婦人会の質的向上に重点をおき民団幹部たちとの会合を通して相互理解を深め相互協力して使命完遂に貢献しうる団体となるようにしたい。

③韓青指導と育成について＝若い世代に民族意識を自覚させ自主性が発揮しうるようその土台をつくってあげたい。

④民族教育問題について＝七〇年度の活動方針にしたがってスクールバス一台を購入したが、これが墨田地区だけの専用にならず遺憾だ。しかし悲観はしない。こんご父兄たちとの対話を通して民族教育の振興に努力したい。

⑤渉外活動の強化＝日本関係当局との相互理解の増進は、国際親善を期するという民団綱領とも一致する。したがって国際親善を期する目的のためにも本年度からは渉外活動の強化をはかりたい。

⑥朝総連同胞と中立系同胞の抱擁と永住権申請の促進について＝朝総連籍をもっている同胞たちを一人残らず入団させるために全組織力を集中する必要がある。朝総連籍をもったからとしてすぐおよばないことは言えない。したがって朝総連系の同胞たちにも永住権申請を早くするよう説得をつづけたい。

⑦商工協同組合の強化＝墨田韓国人商工会は、都内二十二支部のうちでも優秀な成績をもった組合であることを自負する。今年度も組合員の為に努力したい。

⑧墨田韓僑会館設立について＝昨年度の活動方針により会館新築の決議はされているが適当な土地がみあたらず着工できずにいる。建設委員を構成してこれの実現に最善をつくしたい。

⑨万博招請者の歓迎と歓送について＝来日する被招請者の保安に留意し無事に帰国させるよう万全な対策をねる。

墨田支部総会のもよう

民族権益を犯すもの

韓青「練り直し入管法」に見解

日本政府・自民党は民団はじめ世論の強い反対で審議未了、廃案に追い込まれた悪名高い「出入国管理法案」を再度秋の通常国会に提出するため、目下その「大幅な練り直し」を急いでいると伝えられる（既報）。こうした動きに対して在日韓国青年同盟（金宰淑委員長）では六月一日つぎのとおりの見解を明らかにした。

新聞報道によると、日本政府は今まで筋が通らなかった「出入国管理法案（入管法）」を次国会に提出させるため法案の「練り直し」を行なっているとのことである。「練り直し」の要旨は昨年「入管法」反対の声がたかまっていった結果政府・自民党から出された"五項目修正案"となんら変らず、その目的は在日韓国人大衆の切実な反対の声を行政し、反対運動を巧みに分裂させるため以外の何物でもない。

これは法案実質的な"練り直し"に終始しており、いわば次の

①遵守事項＝現行法のまま充分実効をあげているのでこれを取り下から鎖をのぞかせているという様にでもいいとする意見（現行国人法案（入管法）」「入管令」がいかに厳しいものであるかを示している）。適用する国人（日本在住外国人の九〇％を占める）の基本的人権を保障しようとする日本政府は新「入管法」に関して①遵守事項の新設②行政調査（事実調査）機の新設③退去強制の緊急化を中心に"手直し"をはかるようにすべきだが罰則を加えるなど規定は取除く

②退去強制手続きの簡素化＝「適用する現行「入管令」の緩和でなく改悪「入管法案」を強行立法化するためのものであり立法化すれば差別・抑圧政策推進のための強力な弾圧武器として機能を発揮することは間違いない。

③行政調査（事実調査）＝参考人や関係者に対する調査や意見聴取ができるようにすべきだが罰則を加える規定は取除く

④退去強制手続きの簡素化＝「違反者に対する救済の道を狭めると

もともと現行「入管令」自体在日韓国人に対する「追放」「抑圧」のための弾圧法案となっているが現在伝えられる"練り直し"は現行「入管令」の緩和でなく改悪「入管法案」を強行立法化するためのものであり立法化すれば差別・抑圧政策推進のための強力な弾圧武器として機能を発揮することは間違いない。

われわれは、このような欺瞞的な"練り直し入管法"を受け入れることはできないし、在日韓国人の権益を犯そうとする一切の努力と民主民族運動を分裂させようとするいかなる策動をも断固排撃するものである。

ともに処分の当否を争う行政、訴訟を起しにくくする改悪だ」とする意見、このような反対の声が出ないようにする。

適用しないという一部条件を緩和という具合に修正の方向性は明らかにいかに反対の声を封殺するかしようという意見。

自動車は一万八十円

釜関フェリー19日から

戦前派にはなつかしい"関釜連絡船"が復航する。時代はうつりかわって、こんど下関と釜山を結ぶのは、三八〇〇トン、時速二二ノットのカーフェリー。自動車の乗り入れ協定が日韓の間でまとまらず、一時は"カー抜きカーフェリー"になるのではと心配されたが、ようやくその問題もかたづき、十九日から両国ともはじめての国際フェリーが韓国に向けて出航する。

第一船は十九日あさ九時に下関港を出港する。釜山まで二三〇カイリを七時間で走る。

料金は、片道一等が八千六百円。いま福岡―釜山を一日おきに飛んでいる大韓航空の料金なみだが、二等だと五千四十円。カーを乗せる料金は三トン以下の小型だと五千四百円、五トン以下の大型車になると二万八十円。

ところでこのフェリーを運航する会社は、日本側が関釜フェリー株式会社（本社・下関市観音崎町、入谷豊州社長、資本金下関231―〇円二六）で、韓国側が釜関フェリー株式会社（本社・ソウル特別市中区乙支路、劉興守社長）。双方、市の出資金も入れた"半官民式"の会社で運賃収入は両社で"ヤマ分け"ということになる。

といっても、最後までクルマの問題がこじれた。韓国は「道路交通に関する国際条約」「自家用自動車の一時輸入に関する国際条約」に未加盟で、欧米各国をドライブするように、運輸省で簡単に国際免許証を取って走るわけにはいかない。韓国では、重要輸入制限品目として五〇％もの関税をかけている乗用車を、現地で売ってしまう旅行者がいたらどうするか、などの問題が山積していた。

しかし関釜フェリーに"乗船手続き"によると、ビザを入手した人は、出港前日までに下関で印鑑、免許証、車検証明を提示すれば、同社が手続き一切を代行、釜山に入港すると簡単な税関の検査のあと仮免許証と仮ナンバーが与えられるという。ただし、いまのところ乗り入れOKは自家用車だけ。レンタカー、バス、タクシーまでは話し合いがつかず、当分は見送りになりそう。

料金アップ　半自動化に

韓日国際通話

韓日間の国際電話は六月一日から半自動通話となり待ち時間が少くなったが、料金は大幅アップした。日曜日と夜間（午後十時から翌午前八時まで）の料金割引制度、料金受信人払い制度（コレクト・コール）などが新設され、平日の指名通話は最初の三分間一千百六十円、一分毎に七百円、平日の番号通話はそれぞれ千六百二十円、五百四十円、日曜及び夜間の指名通話は千六百二十円、五百四十円番号通話は千二百円、四百円となる。

國籍없는四萬人

国籍のない4万人

宣一九　②

残忍なソ連兵に義憤

雪原に爆発する韓人の魂

〈カレスキーの血〉

「ここに来てから、みんなで和やかに相互扶助しながら住んでいますが、一人の親友が数年前、この世を去りました」

こういったあとL氏は、急に語調がかわりました。

「私はいくつか下だったのですが、サハリンにいた時、私との同年の友と親しみ合い、親友を二十年にわたっていた、ほんとうにいい友人でした……ザワもあり、まともにがんだしっかりした純朴な人だったのです。サハリンにこんな素朴な立派な人がいたかと思うほどに、私たちに大きな力をあたえてくれたものです。今お昨日のことのように思い出されるのは、ユジノサハリンスクでのことです。解放されてからいくらもたってない頃のことですか……その日も今日のように風が強かったい日でした。街のようにサハリンは、冬の日はが強いと言われます。……」

国の済州島のように風の種類はちがっていても、ここも多風な所であることに変りはないのです。

その刃物の切っ先で骨を刺すような風が吹いていたあの日……コジノの二人は、車の下で息をひきとり冷たいむくろと化りつつあった。ならぬ人たちが……サハリンスクのある市内に、時ならぬ人だかりがしていました。大変騒ぎだったのです。この二人が、時計でとばしたかのようにノウの市内を車で走らせていたソ連政府の車が通行人をひいたのです。車の下にひかれたままりになっているのは、見ればいかにも人間かのような死んでいくその日の午後――何ことでもなかったいい若者の男。アイゴーアイゴーと泣かれもない緒のようにタバコに火をつけた光景たった二人の人を目前にし、なかでドアが鳴り、あたりの空気は息をしたやくれの二人を見た……

あとについた人は、ついこの血は流れて、降りつもる雪を赤く染めていきました。この時です。群衆の中から飛び出したある青年がおりました。決意をあらわにして群衆を指揮した、勤労の人たちを駆使していた、その本人だったのです。こらわすかのように固くつぐんだ口、らんらんと輝やくその怒りに満ちた目。

「何だキサマらは！　この欧ローに非かれているのです。しかし、ソ連兵はあえなく命を絶たれた車の犠牲者と、路上に伸びた二人と、例の勇気ある若者か……。」

「何だキサマらは！」この欧ローに非かれているのか。ソ連兵の命令には、すべてなのか！　この様子に人間は住めないというのか……。みなさん！　みなさんはこんな惨めなことをこのまま見逃すつもりなんですか……え」と

はしません。群衆の視線は仁王立ちになっているこの若者ヒーローに注がれているのです。しかし、ソ連兵はあえなく命を絶たれた車の犠牲者と、路上に伸びた二人と、例の勇気ある若者を銃でおどしながらどこかへ連れ去ってしまいました」

〈ノサップの哀愁〉

L氏は、なくした宝物をとり返した人のように、哀しみと苦しさに閉ざされた感じ頭のでしてしまったのです。路上に伸びたソ連将校は片目が紫色にはれあがり、もう一人の日本人の口からは泡のように血が吹き上げていました。アッという間の電撃的な出来事です。しかし、事は危険なのです。いつの間にか遠くから聞こえてくるサイレンの音。数分わたらぬ間にソ連の秘密警察隊が到着しました。そして彼は、頑強で群衆を散らそうとしただが、事ひとりに現場を離れようとしりがいっそう高い。

防波堤をたたく荒波も、うねりがいっそう高い。

その風と波の音に混じって、海猫の泣き声が騒々しいここ、ノサップ岬。

逆巻にしぶきをあげ、千だに砕け散る波は、昔からのように激しく打つ。

足が冷え、体温は下る一方、身も心も凍てつく思いである。

L氏は、それでも休むことなく何本も何本もタバコに火をつけては、さらに、力をこめて話しつづける。タバコで寒さをしのごうとでもするのだろうか……。

きこくとを話す中にも生気が感じられ、若き日の感激のかすかに甦えってくる汽笛の音。どこの波止場から、どこへ旅立つ船だろうか……。

「L先生！　私の家に行きましょう……酒でもくみかわしながらゆっくり話しあいましょう。話はこれからなんですから……今夜のかし、まだ前晩も……何日でもつづけて話したいんです……それに今日はめっぽう寒さが身にしみるんで……さ、行きましょう。ここの海辺での話もけっこうですが、温い晩がべりでの語りあいもいいもんですよ。平日情緒ただよう北海の旅路の一夜……生涯を通じて忘れえぬものもありません……」

今まで影のように黙りこくってついてきていたK氏が始めて口をひらいた。

「さあ、行きましょう。今夜はひとつ心ゆくまで語りあい、酒をくみかわしましょう。Lさんがおっしゃるからではありませんが、私たちは、ほんとに惜しい友人をなくしました。こんな時、彼がいてくれたら、どんなにか楽しく有益な話しあいになったでしょうにねえ……」

（つづく）

軍人会で慰霊祭

顕忠日にあたるさる六日午後一時、埼玉県福生の大行寺で在郷軍人会日本支部（金載英会長）主催の六・二五動乱戦死戦没将兵の慰霊祭が盛大にとり行なわれた。本会長はじめ軍人会、民団関係者ら多数が列席、民団東京本部から鄭在俊団長、韓日協会から代表が列席した。

写真は大行寺における顕忠祭に参列したひとびと

新刊紹介

新韓ジャーナル

このほど新韓ジャーナル研究所（宋益淵所長）から旬刊総合資料「新韓ジャーナル」が発刊され韓国の動向に関心をもつ筋からよろこばれているとともにその斬新な試みが注目をあつめている。

その発刊のことばで同誌は「防衛と建設の並進を標榜して七〇年代を迎えた"新興韓国"が綴ろうとする、生きた歴史のページである」と述べまた「内政、外交、経済、社会、文化の各部門にわたる日常の時事報道の詳細な記録に、解説、さらに論評、加うるに政府はじめ公共、一般政、財界団体の公表主要文献を、テーマ別に、日を追って分類整理した、いわゆる、韓国問題の集大成であり、ラウンドアップである」という。

同誌の内容と性格を明らかにしている。

激動の七〇年代――周辺でも例外ではないばかりか、むしろ"海外"にいるために、韓国の情況の外におかれやすい立場にある国民の情報からの疎外の空白をうめる上で有意義な役割を果すものと思われる。

そうした現状はむしろ報道者、海外事業家、学生研究者たち」としていわれわれ在外同胞の特殊な研究者、一般の研究者、同誌は講読の対象を「特殊の研究者、海外事業家、

こうした折、韓国の情勢を多角的に把えることとともに、とくに韓日関係の動向を系統的に把えていこうとする同誌の企画は時宜にかなったものであるばかりでなく、ともすると断片報道に流れやすいわれわれ周辺の報道環境の中で、広く一般にも活用をすすめたい資料集となっている。

発行所　新韓ジャーナル研究所（東京都港区新橋2―20―15　新橋駅前ビル一号館八〇八号　電(03)572―八一〇六（代表））

編集発行人　宋益淵

支部だより

江戸川　〈国語講習会を開設〉

民団江戸川支部ではかねてから市に初級者を対象とした国語講習会開設の準備をすすめていたが、さる七日午後七時から同支部事務所でその第一回目の集まりをもった。同支部では現在青年が主体となって毎週国語講習をおこなっているほか、昨年は夏期休暇を利用して小学児童のための講習会を開設するなど二世三世の民族教育に力をいれている。今回は受講者の便宜を考え、民団事務所のほか新小岩教室も設置して小学生から婦人までの初級、中級者を対象に本格的な国語教室を開くことになったもの。講習は毎週水曜日午後七時から八時半までで、十二月まで行なう。

荒川　〈14日に定期総会を召集〉

民団荒川支部（趙文鉉議長）では来る14日正午から商銀荒川支店において第11回定期総会を召集する。

葛飾　〈新旧役員が顔合せ〉

さる24日に定期総会をおえ新役員を選任した民団葛飾支部では、六日午後六時から支部事務所に新旧役員が集り、支部活動について意見を交換した。

〈韓青で結成一周年祝賀会ひらく〉支部結成一周年をむかえた韓青葛飾支部（金潤萬委員長）ではさる七日午後四時半から支部講堂で記念祝賀会をひらき、支部役員はじめ都内各支部からの青年が多数集ってなごやかに交歓し、また

大田　〈青年54名がバスハイク〉

韓青大田支部の盟員54名は、さる31日長瀞にバスハイクにおもむき、初夏の新緑を楽しんだ。

〈13日に定期総会を召集〉民団大田支部（鄭泰石議長）では来る13日午前十一時より大田区役所第三庁舎付属集会室において第24回定期総会を開催する。

〈万博招請者懇談会ひらく〉同支部ではさる六日午後七時から支部で万博招請者懇談会をひらき、朝総連の悪質な誘引工作に対処すべく、その保安対策について具体的な説明をうけた。

世田谷　〈万博保安説明会〉

民団世田谷支部（金栄任団長）でも八日午後六時から万博保安のための説明会を開いた。

〈生活協同組合結成を準備〉同支部ではかねてより懸案であった世田谷韓国人生活協同組合を結成するため来る14日熱海のホテル八景で初めての会合をもつことになった。

杉並　〈韓青杉並支部結成を準備〉

民団杉並支部（李トン債団長）では韓青杉並支部を結成するため、去る四日午後六時から民団役員はじめ区内の青年約二〇名が参加して、初めての会合を持ち今後の対策について意見を交換した。同支部では李団長はか支部役員が韓青結成に意欲的に取り組んでおり毎週土曜日午後七時から九時まで準備委員会を持つことになった。

〈万博保安のための説明会〉同支部では10日午後六時から万博招請団員を対象に、保安のための説明会を開く。

〈婦人会で定期総会〉大韓婦人会杉並支部（裵仁玉会長）では来る11日正午から支部事務所で第15回定期総会を召集する。任期満了にともって役員改選も行なう。

今後の発展が大いにあった。

大物スパイ、告白の記

私は北傀を告発する

姜　大　振

（4）

徹底した出身性分調査

越南者の妻子、職場から追われる

金日成首相を狙ったクーデター事件の加担者と目された大物は末端にまで及び、これは一九六〇年まで続いた。その間、少佐に進級して保衛部員としても上級の命令についていた私に、やがて内務省で〔illegible〕長として性分調査の業務を〔illegible〕ことになった。

五人のこどもを抱えた李さん

全住民の出身性分を〔illegible〕整理していたが、朴ら〔illegible〕のソ連、延安派のクーデター陰謀事件を契機に、性分調査は〔illegible〕つぶしのように徹底となり、これは〔illegible〕に強行していった。

およそこの出身性分調査が全国的に行なわれていたころのことである。私の妻の友だちに梨花女子専門学校（ソウルの梨花女子大の前身）を出た知的な女がいた。

彼女は李吉順といい、〔illegible〕関係を続けている男と結婚し、二男、女をもうけていた。ところがこの男は共産主義を嫌っており、六・二五動乱の当時、韓国軍が北進してくると〝韓国青年団長〟となってめざましい活躍をみせていた。

しかしこの李さんの夫は、韓国軍が後退するとき〝北に残れはしない〟といって彼女を連れて行こうとしたが、何しろ〝戦争〟の最中であり、かつ時間的余裕のなかった当時のことである。李さんは五人のムスメを連れて夫と共に越南することができぬうちに、夫は韓国軍と共に越南してしまったのである。

その後、李吉順さんは五人の子どもを連れて海州市に移り、私のうちの隣の洞窟の中で生活しながら「夫は死んだ」といい、また自分の学歴をかくして（北韓ではインテリはマークされていた）〝国営食堂〟の調理士として就職していた。

「李さんがあんなにして洞窟生活しているのをみていられない」といい、ついにわれわれの住居の一部を分けてやって、われわれと同じ屋根の下で暮らす仲となったのである。

国営食堂の調理士から追放される

ところが六〇年四月のこと、李さんの職をねらった人の密告により、李さんの〝出身性分不良〟がばれ、彼女は前科者として、その国営食堂から追放された。彼女の行く先は〔illegible〕郡の果樹園集団農場であり、そして職種は〝労働者〟であった。

安全員がやってきて、李さんは子の荷物をポンポンとトラックに投げこんでいるのを見ていた李さんの長女〔illegible〕ちゃんは大粒の涙をポロポロと流していたが、やがて小さな体をふりしぼり私の〔illegible〕にしのばせ、幼い手で私の腕をひきながら「おじちゃま、助けてちょうだい。お願い……」と哀願するのであった。

この事件で私の家中が涙の海と化し、私もじっとしているわけにはいかなかった。そこで私は〝国営食堂〟内の党委員長に事情を話して「李さんが〝熱誠的〟に仕事にはげんでいることは事実ではないか。それに彼女は五人の子どもを養うに大へんな努力をしている人だ。何とかして〝追放〟を取消すわけにはいかないか」といって頼んだ。だが彼の返事はこうだった。

党委員長、私の依頼きかず

「そりゃ、分かるが、この国営食堂で万一のことが起きたら〔illegible〕ん。食事をして腹痛が起きたとかんたんにかいう場合、必ず〝その女〟の仕事だということになるに決まっている。しかもそうなった場合に処罰を受けるのはこの私なんだ。彼女を追放しなかったということの罪を私がかぶらなければならなくなるのだ」

党委員長が、私の願いをことわったので、もはやどうすることもできない。私は仕方なしに「いつか、おじちゃんがオン津郡に出張したら何とかして助けてあげるから、それまでおばちゃんの手助けをしていい子でいるんだよ」と李ちゃんによくいいふくめて、われわれは別離を告げた。

この不良性分者追放はまことにきびしく、われわれの住む海州だけでも五千七百名が集団農場や鉱山などの労働者として追放されて行った。

労働党が作成した基本台帳の対象の分類における〝不良出身性分〟は三十一種類もあった。これに該当する者はグループおよび個人別に登録され事実上〝罪人〟としてレッテルを張られることになったのである。

三十一種類の不良出身性分者

出身性分の最も悪いものは元地主、資本家であり、これらのレッテルを張られた人はもうどんなにしても浮かぶすべはなかった。

ちなみに、三十一種類の不良対象を次に列挙する。

①地主②資本家③富農④商農⑤越南者の家族⑥処刑者家族⑦キリスト教信者⑧大道教信者⑨青友党党員⑩民主党党員⑪南労党（もとの南の共産党）出身⑫親米派（北韓にも親米派がいた）⑬延安、ソ連派⑭親日派（日本帝政当時、区長以上の職にあった者）⑮労働党から除名された者⑯解職者⑰粛清された者およびその家族⑱脱党者およびその夫族⑲旧知識人（以前の高等教育を受けた者）⑳比較的大規模の商工業を営んでいた者㉑旧有志㉒六・二五動乱当時の対南同調者㉓海外に居住していた者㉔海外居住者の家族㉕海外に留学した者㉖酒屋の経営者㉗酌婦およびその〔illegible〕㉘妓生（キーセン・芸者のこと）㉙在日僑胞㉚仏教徒㉛民族主義者〔illegible〕南韓縁故者。

発言権もなく、一生労働生活

この三十一種類の不良性分のどれか一つに該当すれば、いっさいの公職につくことができないのみならず、ただ、労働党がさせる労務者の仕事以外はできない仕組になっている。なお、これらの人びとの子どもたちは進学にも限界がある。

これら不良出身性分者たちはさらに〝重〟と〝軽〟に区分され〝重〟の該当者たちは公開席上で各末端の労働党委員長から次のような宣言を受けるのである。

「あなたは発言権もなく司法権もない。生計を維持しようとするならば、党のさせる仕事を〝熱誠〟こめて、一心不乱に働かなければならない。もし、これに応じない場合は公開裁判を経て処刑されること」と。

これは法廷での宣告と何ら変わるところがなかった。そしてこの党の指定した仕事だけにわき目もふらずに労働するという生活の連続は刑務所生活と何ら変わるところがなかった。

ところが、これらの人びとにはそれ以上に苛酷な〝規定〟が待っていた。それは日常生活の中で周囲の人たちがこれらの不良性分者とは接触することのできぬように〝規制〟したものであった。すなわち、出身性分の不良なものを孤立させるという制裁を加えていたのである。

彼らには〝隣〟がない。そしてそっと接触する者もまた〝同調者〟と烙打たれて社会からはじき出され、出身性分不良者たちと同様の扱いを受けることになったのである。

一方〝軽〟に該当する者たちは〝孤立〟という残酷な環境から救われた。というのは〝軽〟の者たちには接触して、漸次に共産主義思想を〝教育〟してゆく方針が取られたからである。

（つづく・SISA）

韓国の自然　四季に恵まれた温暖な気候と山紫水明の美しい自然は韓国民族の素朴な人情と芸術的感覚を育ててきた。

南北合わせて約22万平方キロメートルの国土の三方は海にかこまれており、東海岸の峻嶺、太白山脈を背にして、西海岸はなだらかな丘陵がつづき、漢江をはじめ洛東江や錦江などの悠悠とした流れが国土をうるおしながら、それぞれ西と南の海に注いでいる。

写真は東海岸の名勝地義湘台の日の出

韓国の発展

本面に連載中のハングル「韓国の発展」は、本国政府文教部が、在日同胞中学生以上の学生たちのために、母国の過去と現在の正しい姿を学ぶ道しるべとして発刊したものである。すなわち、わが国の風土、歴史、文化遺産、美風良俗はもちろん政治・経済・社会・文化的現実と将来の展望などを綜合したもので、あながち学生たちの学習用ばかりでなく在日同胞成人たちが、母国の姿を理解するためには格好な書物である。

そこで本紙は、いままで原書を翻訳連載したが、本号からこれを日本文にも翻訳して掲載し在日社会人の教養に資することにした。

大韓民国政府の樹立

国家をとり戻した歓喜に胸がはりさけるほど万歳を叫んだ全民族は、一日も早くわたしたちの政府を樹立して堂々たる独立国家をうち建てようとした。

しかし、アメリカとソ連の軍隊が、三十八度線以南と以北にわかれて入るようになり独立はすぐにとはいかなかった。北韓に入ってきたソ連はわが国を共産主義国家にしようとする野心をもって独立を妨害した。

このような韓国の情勢に対して世界の友邦諸国は、韓国に総選挙を行なうよう国際連合の総会で決定した。しかし、ソ連の指令をうけた北韓の共産主義者たちがこれに反対したために仕方なく、自由が保障されている南韓だけで選挙を実施することにした。

一九四八年五月一〇日、当時過渡政府の主管で、わが国ではじめての普通選挙が行なわれた。ひきつづいて国会が構成され、民主主義憲法が制定公布された。

この憲法によって一九四八年八月十五日にわれわれは、大韓民国の樹立を世界に宣布した。これでわれわれ民族の永い間の念願である民主主義国家が、わが国の歴史で最初に樹立された。

しかし、三十八度線以北の共産主義者たちは、北韓の同胞を独裁政治で抑圧するばかりでなく、自由な大韓民国までも武力で倒そうとした。

一九五〇年六月二十五日の未明北韓のカイライ軍は突如三十八度線をこえて全面的に南侵してきた。

このときわが国軍は、共産軍の南侵にたち向い勇敢に戦ったが、ソ連製タンクと大砲で武装したカイライ軍の不意打ちにあい後退を余儀なくされた。このため首都ソウルをはじめ中部地域のほとんど全部が、カイライ軍にふみにじられた。

そこで国連（UN）は、世界平和を破壊する共産軍の侵略行為に対して、大韓民国を護ることに決定した。このようにわが国軍は、UN軍の協力で反撃戦を開始しカイライ軍を追って三十八度線を越え北韓に進撃した。

国軍とUN軍は、北韓同胞たちの熱烈な歓迎をうけながら豆満江、鴨緑江までに至った。

ところが意外にも、中共軍が不法に攻撃してきたために、国軍とUN軍は、再び後退した。その後国軍とUN軍は、再び反撃戦を開始し三十八度線付近まで進攻していった。

このとき戦勢が不利であることをさとった共産軍は新たな侵略の機会をえるために休戦を提議してきた。

これに対してすべての国民は、北進統一を叫びながら休戦に反対したが一九五三年七月に板門店でUN軍と共産軍との間に休戦が成立されてしまった。

この事変によって数百万に達するひとが死傷し、数十万戸の家屋が焼けてしまい、主要な工場もほとんど破壊された。

独立して間もなくまだ国の体制も完全に整ってなかったわれわれに六・二五事変の傷あとはあまりにも多大であった。

しかし、全国民が復旧に総力を傾け、またアメリカをはじめUN諸国の援助によって、大韓民国はめざましい復興をみるに至った。

（つづく）

한국의 발전

(2) 대한 민국의 수립

나라를 되찾은 기쁨에 가슴이 터지도록 만세를 부른 온 민족은 하루 빨리 우리의 정부를 세워서 떳떳한 독립 국가를 세우려고 하였다.

그러나, 미국과 소련의 군대가 38 도선 이남과 이북에 들어오게 되자, 독립은 곧 이루어질 수 없게 되었다. 북한에 들어온 소련은 우리 나라를 공산 국가로 만들려는 야심을 가지고 독립을 방해하였다.

이러한 한국의 사정에 대하여 세계의 우방 여러 나라는 한국에서 총선거를 실시할 것을 국제 연합 총회에서 결정하였다. 그러나, 소련의 지령을 받은 북한의 공산주의자들이 이를 반대하게 되어, 할 수 없이 자유가 보장된 남한에서만 선거를 실시하기로 하였다.

1948년 5월 10일, 당시 과도 정부의 주관으로 우리 나라에서 처음 보는 보통 선거가 실시되었다. 이어서 국회가 구성되고 민주주의 헌법이 제정 공포되었다.

이 헌법에 따라 1948년 8월 15일에 우리는 대한 민국의 수립을 온 세계에 선포하였다. 이로써 우리 민족의 오랜 소원인 민주주의 국가가 우리 나라 역사상 최초로 서게 되었다.

그러나, 38 도선 이북의 공산주의자들은 북한의 동포를 독재 정치로 억누를 뿐 아니라, 자유스러운 대한 민국까지도 무력으로 넘어뜨리려고 하였다.

1950년 6월 25일 새벽, 북한의 괴뢰군은 갑자기 38 도선을 넘어 전면적으로 남침해 왔다.

이 때, 우리 국군은 공산군의 남침에 맞서 용감히 싸웠으나, 소련제 탱크와 대포로 무장한 괴뢰군의 갑작스러운 공격으로 후퇴하지 않을 수 없었다. 이로 말미암아 수도 서울을 위시하여 중부 지역의 거의 전부가 괴뢰군에게 짓밟히고 말았다.

이에 유우엔은 세계 평화를 파괴하는 공산군의 침략 행위에 대하여 대한 민국을 수호하기로 결정하였다. 이리하여, 우리 국군은 유우엔군의 협력을 받아 반격전을 개시하여 괴뢰군을 쫓아 38 도선을 넘어 북한으로 진격하였다.

국군과 유우엔군은 북한 동포의 열렬한 환영을 받으면서 두만강, 압록강까지 이르렀다.

그런데, 뜻밖에도 중공군이 불법적으로 공격해 오게 되어 국군과 유우엔군은 다시 후퇴하였다. 그 후, 국군과 유우엔군은 재차 반격전을 개시하여 38 도선 부근까지 쳐올라갔다.

이 때, 전세가 불리하게 된 공산군은 새로운 침략의 기회를 얻기 위해서 휴전을 제의해 왔다. 이에 대하여 온 국민은 북진 통일을 부르짖으며 휴전을 반대하였으나, 1953년 7월에 판문점에서 유우엔군과 공산군 사이에 휴전은 성립되고 말았다.

이 사변으로 말미암아 수백만 명에 달하는 사람이 죽거나 부상을 입었고, 수십만 호의 집이 불타 버렸으며, 주요한 공장도 거의 파괴되었다.

이제 막 독립을 이룩하여 나라의 체제가 온전히 갖추어지지 못한 우리에게 6·25 사변의 상처는 너무나 컸었다.

그러나, 온 국민이 복구에 힘을 기울이고, 또 미국을 비롯한 유우엔 여러 나라의 도움으로 눈부신 회복을 보게 되었다.

韓国の昔話 ④

山に捨てた親

崔　仁　鶴

むかし、むかし、あるところに親不孝な子がおりました。とてもなまいきで親の話などぜんぜん聞かない子でした。

親不孝な子は大きくなって結婚をしました。いよいよ親が六十になって働けなくなりました。

その頃は、親が六十になったら山へ背負っていって捨ててくるという悪いしきたりがありました。

親不孝な子は仕事も手伝ってくれない親なので捨てようと思いました。

ある日、外で遊んでいる孫を呼びました。

〝ウェ養間（注1）にある古いチケ（注2）を持って来なさい〟

〝おとうさん、古いチケをどうするの〟

新しいチケがあるのに古いチケを持って来なさいというおとうさんがおかしかったのです。

〝なにをいっているのか、早く持って来なさい〟

〈急に古いチケをどこへ使うのかな〉と、思いながら孫は古いチケを持って来ました。

すると、子は病気の親を部屋から運んで来てチケへ置いたあと縄で固くしばりつけてしまいました。親はチケの上でうんうん呻き声をあげていました。

〈かわいそうに〉と、孫が思っていると、子は孫にいいました。

〝おじいさんを山奥へ捨てて来なさい。そのチケもいっしょにね〟

孫はとても心が動かないことでしたけれども親の命令ですからしかたなくおじいさんをのせたチケを背負って深い山の中にはいっていきました。

孫は山に登りながらなんとかおじいさんを助ける方法はないものかと考えました。しばらく行くと捨てるにちょうどよい場所がありました。

孫はチケからおじいさんを降ろしたあとチケを持って帰ろうとしました。

〝おじいさん、しばらくまってて下さいね。必ずお迎えにまた来ますから〟

〝なにをいいなさるか、おじいさんは捨てられる身だよ。家へ帰れるなどとは思わないよ〟

孫は家に帰って来ました。

孫がチケを持って帰ってきたのを見た子はびっくりしました。

〝おまえ、チケも捨てなさいといったのにどうして持って来たの？〟

親から文句をいわれた孫はいいました。

〝チケを持って来るのがどうして悪いことですか。次にまた使うんじゃないですか〟

〝なに、次にまた使うって？〟

〝はい、おとうさんも年老いたらこのチケで捨てようと思いますよ〟

子はおどろきました。

〈僕もいつかは山に捨てられる身だ〉と、思った子はとても悪いことをしたと思いました。そこで孫と一緒に山に登って親をつれて家に帰ったということです。

註 (1) ウェ養間（ウェヤンカン）―牛馬の小屋

(2) チケ―荷物をのせて背負う木製の具

（1965年7月27日第3種郵便物認可）

在日本大韓民国居留民団
綱　領
1. 우리는 大韓民国의 国是를 遵守한다
1. 우리는 在留同胞의 権益擁護를 期한다
1. 우리는 在留同胞의 民生安定을 期한다
1. 우리는 在留同胞의 文化向上을 期한다
1. 우리는 世界平和와 国際親善을 期한다

「韓僑通信」改題
在日本大韓民国居留民団
東京本部発行週刊紙
THE PRESS MINDAN TOKYO
THE KOREAN RESIDENTS UNION. IN JAPAN, TOKYO OFFICE

民団東京
THE PRESS MINDAN TOKYO

6月17日水曜
<1970>
週刊・毎水曜日発行
第2408号

発行所
民団東京新聞社
発行人 鄭 在 俊
東京都文京区本郷3丁目32番7号
電話 (811) 1535 (代表)
〒133 振替口座 東京 16631番
（大韓民国文化公報部国内頒布許可）
（購読料 1カ月100円・特別1000円）

朝総連、断末魔にあがく

「徴兵」云云は卑劣な謀略
永住権妨害宣伝にのるな

内部抗争の激化と財政面のピンチに追い込まれた朝総連は、「第九回全体大会」すら開催できず破局的な危機に直面しているといわれるが、その反面、在日居留民団への謀略宣伝は巧妙シ烈に行ないながら相変らず民族的罪悪を積み重ねている。

とくに在日韓国人の永住権申請に対する卑劣な防害に狂奔する様は、正に彼らの断末魔にあえぐ姿そのもののようだ。

最近、北海道のある同胞青年に徴兵令がきたとして日本のマスコミが朝総連の謀略にのり世間を騒がせたが、これなど少しでも「その辺の事情」を知っているものであれば騒ぐ必要もない問題であった。

在日同胞に本国の兵役の義務が免除されていることは、韓国の兵役法第四十七条、同施行令第二百一条一項さらに一九六五年五月三日付の国防、外務両長官の共同声明などからも明らかであるが、現実に「徴兵検査受検命令書」がとびこんできたということに問題があったようである。この「問題」も解明すれば何ごともないことであるが、こじつけて問題にしようとする朝総連連中の卑劣な謀略に日本のマスコミがまんまとのったかたちとなった。

兵役が免除されているのに「受検命令」がきたというその辺の事情を解明してみよう。

在日同胞であっても大韓民国の国民であることには変りなく大韓民国の行政当局の戸籍簿に国民の一人として記載されていることは当然なことである。

したがって、兵務当局がこの戸籍簿により適令者へ「徴兵検査受検命令書」を郵便で出すことになる。

たまたまその適令者が、日本に居住している同胞であった場合、行政当局はそれを知らず（戸籍簿にまで日本に行っているとは記載されてないから）に「令書」が発行されて本籍地の住所へ送られた。

本籍地の家族がそれを受けとって「本人は在日同胞である」ことを通知しながら返送すればそれまでであったはずであるのに、正直で素朴な田舎のひとであってみれば、そうもいかない。その「令書」にも記載しているらしい「代理で受取った場合は本人にすみやかに伝えよ」ということを守って日本に住んでいる本人に伝送した。――これが「問題」の真相である。

しかし、いまは徴兵適令者は申告制によるので、めったにこのようなことがないはずであるが、何万という多数のことだからなかには行政当局の不手際もあろう。

朝総連連中は、こんどはまたかさねていう。在日同胞に兵役の義務は免除されており、永住権取得と兵役にはなんの関係もない。「もし永住権をとらなければ徴兵義務を課す」といい根も葉もないことを言いふらしているらしいが、いずれにせよ永住権申請を妨害しようとする底意にかわりない。

組織崩壊の危機へ
かさねた対民団工作の失敗

北傀が、朝総連を対南工作の基地として政策化したことはずっと以前からのことであるが、そのため朝総連の活動指針は北傀の対南工作の一環として策定されてきたのであった。

一九七〇年度の朝総連が注力した事業目標は、①いわゆる金日成の共産思想をもって武装し彼らの組織を強化し②アメリカと韓国の政策に反対しながら統一を早めるための決定的時期を造成する闘争を強化する③永住権申請を反対し北送再開のため闘争する④いわゆる民族教育事業を強化する⑤対外活動に注力し国際的関係を強化する⑥いわゆる「朝鮮労働党」第五次大会と朝総連第九次大会を事業成果として迎える……ということであった。

しかし、永住権申請において朝総連系同胞たちの申請渠が、彼らの熾烈な反対工作にもかかわらず日毎に増加していく実情とともに万博参観団を対象とした工作においては、莫大な工作費と組織力を駆使したにもかかわらず居留民団の万全の対策にいかんともしがたく具体的な成果を上げることができなかった。さらに万博「韓国の日」を粉砕しようとした彼らの計は、かえってはかり知れない朝総連系同胞たちが万博会場に殺到し、盛大な式典が行なわれたことに失望せざるを得なくなった。

このような一連の失敗は、いろんな面で朝総連組織内部で造成されていく深刻な権力争いに一層の拍車を加えることになり組織崩壊の危機に直面することになった。

このような彼らの組織実情をのぞきみる微候として、各地方で台頭している中央に対する陰性的な反抗と陽性化された各種の組織軋轢、なかんづく第九次全体大会の延期をあげることができる。

しかし、朝総連は、このような対民団工作の失敗にかんがみ第三次以後の万博観招請者工作に彼らのあらん限りの力を傾けてくることが予想され、とくに民団組織に対する巧妙な浸透工作ならびに不信をもたらす謀略宣伝を流布することが予想される。

このような情勢に対処し、民団では、これから永住権申請運動においてはもちろん中立系ならびに朝総連系同胞たちの啓蒙に拍車を加えて団員は全組織力を結集して果敢な攻勢を加えなければならないし、万博招請事業においては、対内外不信感が起きないよう積極的な姿勢で宣伝啓蒙活動を展開しなければならない。

＝国会議員団が来日＝

韓国国会議員団が去る十五日、日本自民党幹事長の招きで訪日した。一行は金在淳議員を団長とする五氏で、十五日午前大韓航空便で大阪に到着、万博参観のほか、各界代表との懇談が予定されている。また一行は十九日午後上京し、二十二日に帰国する予定。一行は金益俊、李元ヨプ、金鳳煥、李東元、金昌郁の各議員である。

補正予算案処理せず
国会、激しい対立のまま閉会

第七十三回臨時国会は暴力事件をふくむ与・野対立の中で、同国会の重要案件とされた今年第一回補正予算案の処理もなし得ぬまま、三十日間の会期を終えて九日閉会した。

去る五月十一日共和党が単独召集した七十三回臨時国会には、これまで登院拒否闘争をつづけてきた新民党員たちも八ヵ月ぶりに顔を出し"独自登院"といいながらも、初旬には与・野合意のもとで対政府質疑と特別国政監査を実施するなど順調な運営にはいっていた。

朴　大　統　領

朴大統領国防・外交問題で発言
国軍強化交渉が進行中
一方的米軍撤収はありえぬ

朴大統領は八日、新民党の朴炳培議員ら三十八名がさる五月十四日付け書面で質問した米軍減縮説をめぐる全般的な国家安保問題にかんして回答を発表「武力による赤化統一を目標として戦争準備に狂奔している北韓は目先の情勢判断により――しかもおろかな誤算による決定で侵略を再発させるかも知れない。こうした憂慮をなくするためにはやはり、最少限に現水準程度の駐韓米軍を維持して行くことが必要だと考える。北韓の妄動を防ぐためにも政府はこの点をよく米政府に説明している」と明らかにし「その傍ら、政府は韓国軍の近代化および質的強化をはかり、その"援助"として対米交渉を進めている」と述べた。

このほか、朴大統領はおおむね次のような答弁を披瀝し、韓国の外交、国防問題全般に対する態度を語った。

対共産圏貿易問題＝政府は変遷している世界情勢の中で国家利益を追求するため伸縮性のある外交政策を繰広げて行く方針である。東欧共産圏国家との交易は現在のわが国の国力や国際情勢に照らしてじゅうぶん検討する必要のある問題である。

対カンボジア支援問題＝政府は人道的見地から医薬品の提供など、非軍事的な支援を行なう方針で、その方法を検討中である。

駐越韓国軍撤収＝現在のところ、駐越韓国軍の撤収の計画はない。こんご撤収する必要が生じたときは南ベトナムなど連合軍政府と事前協議を行なった上で決定する。

ベトナム派兵の外交および国防政策上の成敗いかん＝韓国軍の派越は共産侵略に直面した南ベトナムを救うための自由世界の共同責任の一環としてなされたものである。従って逆にわれわれが再び共産侵略をうけるようなことになった場合にでも、われわれは友邦の支援を要求し、またこれをうけることのできる権利があるということを示すものである。

日本の北韓接近傾向に対する対備策

ニクソン・ドクトリンの韓国適用いかん

駐韓米軍撤収および韓国軍近代化問題＝ニクソン・ドクトリン発表以来、米国政府は世界地域の駐とん米軍減縮問題を検討している。その一環として駐韓米軍減縮問題がやはり検討対象に含まれていることの可能性は否定できない。しかし、韓米相互防衛条約の精神およびその他の韓米相互間の公約に照らし、一方的な駐韓米軍の一部減縮あるいは撤収はありえないことである。政府は韓国軍の近代化および質的強化のための対米交渉を進行中である。

カンボジア派兵せぬ
来韓の援助要請団に語る

朴大統領は九日、青瓦台を礼訪したカンボジア訪韓団長サマン参謀総長とカンボジア問題について語ったさい「韓国はいま、最も侵略的な北韓と対峙しているため、現段階では軍隊をカンボジアに派遣するなど軍事的な支援を提供する立場にない」と述べた。

これはこの日、サマン・カンボジア参謀総長が「共産主義者の侵略と戦っているカンボジアは友邦国の軍事的な援助が必要な情勢にある」と述べたのにたいして朴大統領が韓国の立場を明らかにしたものである。

徴収査証代返還きめる
中央執行委員会

実施要領を指示
夏期学校で文教部長会議

言論人の良識を逸脱
KPI通信に六カ月の停権

在日韓国新聞通信協会では、十五日の役員会でKPI通信社が「言論人としての良識を逸脱し品位を著しく損傷した言動」を行なったとし同協会定款第十条を適用、同社を六個月間の停権処分にすることに決定、つぎのとおり通告した。

停権処分通告の件

疑惑晴れず
万博招請にも要求？

海軍放送船が拉北
国会国防委で論議さる

なお、国連軍規定の、現在適用中の"交戦規則"では韓国軍機が海上作戦線付近で敵を発見しても国連軍の許可なしで打撃することは許されていない。

夏季の対北韓スパイ対策を協議

政府・与党は十一日、青瓦台で朴大統領（共和党総裁）を主じえた連席会議を開き、国会対策および夏季の対北韓スパイ対策を協議した。同会議は新民党が第七十四回臨時国会をきたる十九日に召集するよう要求していることに対し"伸縮性のある戦略で対処する"という方針を決め、同国会に臨む共和党の対策を練った。

入国査証の幅広げる
60日間延長など韓日間合意

韓国と日本はこれまで短期の滞留査証は本国政府に照会することなしに現地公館で発給してきたが、このほどこの幅を広げることにし、観光訪問者、討論人、軍人などにたいしては三十日から六十日に延長、また商人の場合は相手国からの招待および保証がなくても所属会社の出張証明があれば査証を発給するということに合意、これを十日から実施している。

この合意によりこんご直接六十日間の滞留査証を受けることのできる対象はつぎのとおりである。

▽一時商用の目的で相手国の保証書を持った者 ▽相手国居住の親戚を訪問する者 ▽言論人 ▽軍人 ▽国会議員家族および秘書。

なお、これらとは別に①国際会議出席者 ②学者と運動選手 ③個人目的で訪問する国会議員などはこれまでどおり現地公館から三十日以内の査証を受ける。

産業と国防の生命線
有事には空軍機の離着陸も

京・釜高速道路が完成

ソウル～釜山間（四四〇キロ）は二年前は自動車で一〇時間、汽車で七時間から一二時間、飛行機で一時間の道のりだった。それが六月からは自動車でわずか四時間余りの距離に縮まることになった。それはソウル～大田～大邱～釜山をほとんど最短距離で結ぶ四二八キロの京釜高速道路が完成するからである。ソウル～仁川、ソウル～釜山間の近代的なハイウェーが完成されることにより、韓国全土の一日生活圏の達成はかなり近づいてきた。そして引きつづき大田～全州間、ソウル～江陵間をはじめ、一五〇〇キロのスーパー・ハイウェーをふくむ二七〇〇キロの高速道路が八一年までにでき上がれば、全国は完全に一日（往復）生活圏に入ることになるのである。

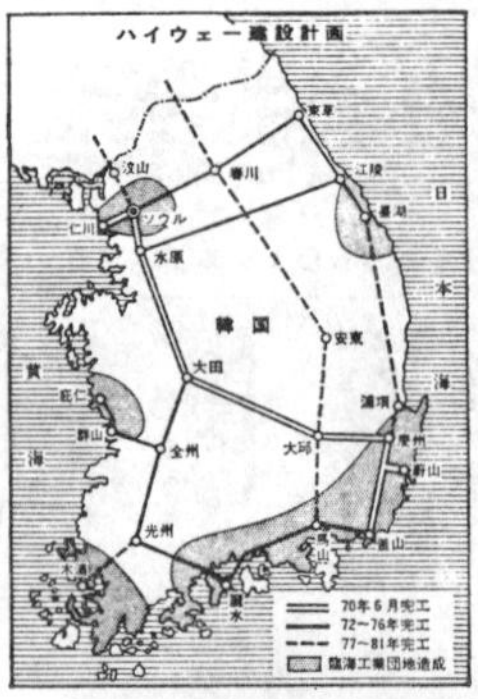

近代化のカギ

韓国のハイウェー計画が始まったのは、六八年に入ってからである。同年一月二十一日三一人の北韓の武装ゲリラがソウルに大挙侵入した事件後一一日目に当たり、プエブロ号拿捕事件が起こってから一〇日目になる二月一日、ソウル～仁川（三〇㌔）およびソウル～釜山（四二八㌔）の高速道路が起工された。それからわずか二年余りで、韓国には都市と農村、生産地帯と消費地帯、海岸と内陸、韓国を縦に真っ直ぐに結ぶ近代的な四車線の高速道路がぐんぐん伸びるようになった。

首都ソウルでは旧市内を北からかばっている北岳、仁旺、臥牛の山々を結ぶスカイウェーがめぐらされて都市のおもかげを一新し、市内と金浦空港を結ぶハイウェーは一六㍍幅の四車線から四〇㍍幅の八車線となり、空港から市内に伸びる直線五㌔は八〇㍍幅に広げられた。またソウル中心街と京釜高速道路を一直線に結ぶために起工された南山の第一号トンネルは三月十八日貫通し、六月二十五日に開通することになった。南山をえぐる第一トンネルからソウルを貫流する漢江を経て京釜高速道路を結ぶ八車線の第三漢江橋は、とっくに開通している。ソウル市内の高架道路も年とともに四通八達することとなった。

朴正熙大統領は六八年二月一日、京釜高速道路起工式に出席し、祝辞の中で次のように述べた。

「わが国の産業を急速に成長させ、近代化を促進するために、もっとも取り急がねばならない部門が道路だと思っています。ソウル～釜山間の道路をはじめ、今後われわれが推進する幹線道路（大田～湖南地方、ソウル～東海岸、東海岸の南北間、釜山～湖南地方間など）は数年内にわが国の交通路の基幹として登場することでしょう。

このようにしてこそ、わが国の経済が成長し、都市と農村間の距離が縮まり、農村と都市が均衡ある発展を遂げることができるものと固く信じています。」

朴大統領はまた、この高速道路が真っ直ぐに北にまで伸びて行き南北統一という民族の宿願が達成される日を国民とともに待っているという意味のことを繰り返し述べている。

これは国土開発計画によって推進される高速道路網が韓国経済の均衡ある発展のために、いかに重要であるかを物語るとともに、韓国の国防にも絶大な貢献をし得るものであるということを示唆するものである。

建設部当局は六八年までにでき上がった「二〇年国土開発総合計画」の試案をもとにして、まず七二年から八一年までの一〇ヵ年計画を具体的に策定した。この計画の主な内容は、事業基盤の構築、交通・通信網体制の確立、都市開発と生活環境整備、国土保存と水資源開発、農地の保存と開発、都市利用計画などだが、とくに道路網の拡充にもっとも力を入れている。七二～八一年間の一〇ヵ年道路建設計画の骨子は、第一に、計画期間中に七四〇〇億ウオンを投入して総延長二一五〇キロの高速道路を建設して全長二七〇〇キロに達する国家基幹高速道路網を完成し、第二に、主要都市間の道路三五二〇キロの施設を拡充、改良して高速道路並みにする、第三に国道の完全舗装と主要地方道路約六〇〇〇キロの舗装を行なうということである。

もちろん高速道路網の完成だけではなく、同時に臨海工業地帯、各地方の内陸工業地帯などが建設され、主要港湾施設も拡張され、六九年末の荷役能力を数倍づつ強化する作業が並行して行なわれている。

全国を一日生活圏に
ソウル～釜山間4時間で

全国に高速道路網

建設と国防の両面の目的のために進められている高速道路網のあれこれを探って見よう。

もっとも重要な大動脈であるソウル～釜山間の高速道路は、三月末現在までに大田～大邱間（一五二・八㌔）の一部工事を残しているが、六月末までには全線開通する。ソウル中心街から南に南山トンネルをまっすぐにくぐり抜け、第三漢江橋を渡って高速道路に入れば、時速八〇～一二〇㌔の速度なら四時間内外で韓国南端の釜山市内に着くようになるのである。

このハイウェーは韓国経済の二大核心地区である漢江流域と洛東江流域の経済圏を直結し、韓国の二大関門である釜山と仁川を両翼にして、ソウル、大田、大邱などの大都市を結ぶ縦幹道路である。

ソウル～釜山間に近代的なハイウェーができると考えた人は少ない。京釜間の高速道路区間がほぼ確定された六八年春までも、このような見方は消えなかった。しかし、このような批判をしり目に、ソウル～仁川、ソウル～水原（六八年十二月）水原～烏山（同上）烏山～天安（六九年九月）天安～大田（同年十月）大邱～釜山（同年十二月）の区間が次々と完工開通して行き、韓国の脊骨に当たる小白山脈を北西から東南に突き抜ける大田～大邱間の最難工事も峠を越え、六月までに全線開通することになった。

総工事費は四二九億七三〇〇万ウォン（一〇〇ウォン＝一二〇円）で、その内訳は工事費三七三億八六五〇万ウォン（ソウル～烏山＝三三億ウォン、烏山～大田＝七九億八〇〇〇万ウォン、大田～大邱＝一六三億七〇〇〇万ウォン、大邱～釜山＝九七億ウォン）用地買い上げおよび補償費一九億六三〇〇万ウォン、調査設計費五億九〇〇〇万ウォン、借款資材代一八億九一五〇万ウォン、管理・試験費六億九〇〇〇万ウォン装備借款導入費四億九二〇〇万ウォンとなっている。

二九（総延長七八五六㍍）の大橋、二九三の中小橋と六本のトンネル（総延長一九五三㍍）をふくむ四二八㌔のこのハイウェーには、毎日平均一万五一七五人（延べ技術職員一九二人、木工二六二人、重機工三五七九人、運転工三三七六人、鉄筋工八七八人、整備工一三五〇人、雑人夫二万六六三八人）が投入され、これらの人員が三四三個の近代装備（ブルドーザー四〇九台、クラッシャー[illegible]〇・五台、ペイローダー一八四台、ダンプトラック一〇三九台など）を駆使し、二年五カ月目に完成させることになった。

京釜大動脈「至難」의 貫通

四百二十八㎞의 京釜高速道路전구간이 오는 六月末경이면 공사를 끝내고 二年四개月만인 七月初 개통을 보게됐다。讀者諸者를 六百九十四억달라를 제외하고는 순수한 국내재원（四百二十九億원）에 의해 건설된 이공사에서 가장 어려웠고 가장 긴 五百五十ｍ의 당재터널의 下行線이 貫通됐고 上行線의 관통을 위한 마지막 피치를 올리고있다。百원짜리 紙幣를 포개지않고 道路에 깔면 서울에서 釜山까지 빈틈없이 연결된다는 이길을 하루에 二百五十명의 인원과 二百五十대의 각종 장비가 동원됐고 공사기간중 五十여명이 희생되기까지 했다。開通式과함께 近代化의 일에서 殉職한 이들의 넋을 달래는 합동위령제도 함께 擧行될 예정이다。

国民に大きな刺激

韓国で初の長距離ハイウエーのはじまりとなったソウル～釜山高速道路は、たしかに韓国民に大きな刺激を与えたのは事実である。これはいまだに牧牛を使って耕作している農民にとっても、教科書だけでハイウエーを教わっていたいなかの子供たちにとっても[illegible]教育となっている。

そして、やたらに人力を動員する全体主義的な方式をいっさい取らずに、広く世界各国のハイウエーを手本にし、[illegible]の装備、資材、最新の技術を取り入れて、[illegible]ことも韓国の[illegible]にとってきわめて[illegible]前例となるはずである。

しかも韓国の[illegible]に合わせて、有事のさいに[illegible]あるいは大型[illegible]できるように特殊の設計をしたことも大きな特長となっている。六・二五動乱のとき、せっかく韓国に輸送された国連軍は、補給に[illegible]られた輸送路のため作戦上かなり困難があったといわれ、これが仁川上陸作戦にふみ切った[illegible]一つとなったという説もあるが、とにかく往復[illegible]キロのハイウエーができていることから考えると、一昔前の話しとなってしまう。

韓国の南北を結ぶ重要な関門であり、ソウル～釜山間のハイウエーの入口ともなるソウル南山の十字路のトンネルは、今年中にでき上がる名所の一つである。ソウル市内と第三漢江橋を直線で結び、京釜高速道路に真っ直ぐに、つなぐという輸送上の必要性と、有事のさいの[illegible]として使用するため、昨年[illegible]からはじまった南山の十字路トンネルのうち、第一号トンネル（一五三〇㍍）が三月十八日に貫通し、六・二五動乱勃発二〇周年に当たる六月二十五日に開通し、第二号トンネル（一五八〇㍍）は、解放二五周年の八月十五日に開通する予定である。

ソウル市内を東西に走る高架道路を受けて、南山の地下を南西に走る第一号トンネルは、全国を一日生活圏とする基幹高速道路に通ずる大動脈である。高さ七・九㍍、幅一〇・八㍍の二車線の第一号トンネルと、高さ七・[illegible]㍍、幅[illegible]の二車線の第二号トンネルが十文字に交差する広場は、平時は八〇～一〇〇台の駐車場となり、有事のさいには[illegible]に活用される予定である。

ソウル市の中心部から南北間の[illegible]を結ぶ幹線道路、トンネル、橋ができたので、今回の一日生活圏は完成に一歩近づいた。

これを具体的に計算して見ると、ソウルを中心として、仁川、水原は三〇分圏、天安、清州などは一時間圏、大田、[illegible]二時間圏、春川、大邱などが三時間圏に入り、釜山、蔚山、[illegible]となった。[illegible]

漢江に架ける橋

[illegible]以北のソウルと[illegible]地方を結ぶ道路とともに、橋もかなり建設された。一九五〇年の六・二五動乱のとき、たった一つの人道橋が爆破されたので、数百万の市民が避難できなかった事実は、今でもきびしい[illegible]とされている。[illegible]年内に金浦空港と市内を直結する第二漢江橋ができたが、これも[illegible]トンの[illegible]の火力発電タービン）が安心して渡れなく[illegible]。しかし[illegible]はソウル市民には大きな[illegible]の一つであった。

第三漢江橋がすでに完工し、ソウル市内と汝矣島を[illegible]を経て、ソウル～仁川間のハイウエーを結ぶソウル大橋がすぐに完工するので、これも[illegible]となった。ソウル市が推進する第一、第二の水没トンネルまでも完成すれば、輸送の面は[illegible]。

防衛へ重大使命

[illegible]

（時事通信ソウル支局長・[illegible]）

京釜高速道路，広い部分は有事のさい空軍機の発着ができる。

本国新聞論調

カンボジア戦争と韓国
"派兵"説の報道を憂慮する

いま、カンボジアで繰広げられている戦乱は三つの側面を持つ複雑な戦争である。

第一の側面はベトナム戦争の関連―すなわち、北ベトナム・ベトコンの"聖域"にからまるもの―という意味から、ベトナム戦の延長だといえる性格を持っているということだ。第二の側面はこれはまさしく、ロン・ノル政権とシアヌーク派との政権闘争だということで、第三の側面はカンボジアをめぐる"国際勢力均衡の模索"が焦点となっている外交戦だということである。

第一、第二の側面からみれば…

米軍と南ベトナム軍がカンボジアに進攻したのはカンボジア領内に"聖域"をつくっている北ベトナム軍とベトコン勢力を叩くためという目的のためであった。この作戦はある程度、戦果をおさめたので、まあ成功したといえるだろう。この作戦は行動開始のさい、短期間であること、六月の米軍撤兵を目指しての軍事行動であることなどを明らかにしたためでもあろうが、共産側は、これという軍事的反撃措置は取っていないようである。

米軍は六月末にカンボジアから撤収することを表明している。しかし、南ベトナム軍はその後も継続してとどまり、ベトコンの掃討作戦を行なう方針だといわれるが問題なのは、米軍なしでの南ベトナム軍単独作戦がどれほどの効果をあげうるかということである。ただ、いたずらに戦乱が長引き[illegible]ってくるようになることにでもなれば、問題である。

第二の側面で上げたカンボジア[illegible]問題では、三月十八日の政変後、二カ月以上の月日をロン・ノル政権が曲がりなりにも持続してきたということ、また大勢はロン・ノル首相の方向に動いているという意味で、一応、ロン・ノルの勝利と判断することができよう。しかしまだ脆（ぜい）弱なロン・ノル政権を強化して行かなければ"カンボジアの安定"とはいえないだろうし、そのためにはやはり米国がこれまでの消極的姿勢から脱して積極的な援助をしてやって欲しいとわれわれは望むのである。

第三の側面、世界勢力の外交戦問題はさらにカンボジア事態を複雑なものにしているが、この問題ではソ連が中共などとは異なりいまだにロン・ノル政権と外交関係を持続している点が注目される。またアジア・太平洋諸国会議ではカンボジアの中立尊重が打ち出されたが、これらは多分に軍事的問題ともつながりを持っている。

外交問題と支援の範囲

米国は韓国やタイなどの同盟諸国に"カンボジア派兵"を望んでいるという報道がたびたび流れており、また、消息筋の語るところによるとカンボジア自体も韓国の派兵を希望しているという。そこでわれわれはこれにどう対処すべきかという点で非常に深刻に考えざるを得ない。それはまことに重大な問題で、決して軽はずみは許されない。

さきほどのジャカルタ会議に出席して帰国した崔外務長官は、カンボジア外相との会談で両国の国交再開に合意をみたこと、また、カンボジアから支援要請を受けたことを明らかにしながら、韓国は人道的立場から医薬品や衣類などの非軍事的支援をすることに決めたと語った。われわれはカンボジア支援が最後までその限界内にとどまることを望んでいる。それならばわれわれも"安心"できるのであるが、しかし、最近ベトナム戦線を訪問してきた丁国防部長官の発言は韓国軍の何らかの動きを示唆するようなものを含んでおり、これは一つの[illegible]ている。

韓国力のンボジヤ"派兵"は賢明でない

われわれは韓国軍をカンボジアに投入することは決して賢明ではないと考える。

カンボジアの"聖域"掃討作戦はベトナム戦の延長だという性格を持っているために、ベトナム戦における軍事作戦上から、この"聖域"掃討作戦に参加することは一つの作戦の決定だというかも知れないが、これに韓国軍を投入するということは韓国の立場をむづかしいものにするばかりである。それに"聖域"作戦はある程度成功をおさめたとされていることであるし、これ以上、韓国軍がさることはないと考える。

韓国軍の派兵問題がうんぬんされることにわれわれは深刻な危ぐを覚えるのであるが、恐らく、それも、ロン・ノル政権を支援する問題と関連したことからであろうとみることができる。しかし、この点でわれわれの憂慮の大きいことをここに表明せずにはいられない。

われわれはロン・ノル政権支援のためには米国の[illegible]、大量軍援があってしかるべきだと考えるとして、どうしても外国兵力の援助が必要だというのであれば、タイ、オーストラリアなど、直接的隣接国家の派兵がより妥当であろうと判断する。また、とくに、このような外国軍隊支援は、さきに述べた第三の側面"国際的勢力"問題をじゅうぶん考慮に入れて伸縮自在な"政策"を[illegible]しなければならない。

北韓の脅威に余裕 はない

韓国は北韓の脅威に直面していながら、韓国軍を南ベトナムに派遣した。そしてわれわれはその間北韓ゲリラの大挙南侵、プエブロ号事件などの非常なる緊張状態を経験した。

毛沢東はこんどのカンボジア事態で異例の重大声明を発表し世界大戦への威嚇（かく）を行なっている。いうまでもなく、毛の脅迫を額面どおりに受入れる必要はないにしても、不安な休戦状態にある分断国家韓国がカンボジアに出兵する必要はない。そしてわれわれにはその余裕もないのである。

（SISA＝朝鮮日報）

悪用者に厳しい罰則
―対日民間請求権法案―

財務部はこのほど法制処に「対日民間請求権申告に関する法律案」を回付したが同法による申告対象と申告期間及び罰則規定は次のとおり。

▽請求権申告期限＝法施行六十日後から十カ月以内△申告対象＝①旧軍政法令五十七号に規定された金融機関預入金と金融機関保有の日本銀行券及び補助貨幣②四五年八月十五日以来発行の日本政府国債と日本貯蓄券、日本政府の地方債と日本に本店を置き日本政府が保証した法人の社債③日本に本店を置いた日本金融機関に預入された預金④日本銀行券以外の日本通貨及び日本軍票は除く⑤四五年八月十五日から四七年八月十四日まで日本から帰国した者が日本政府機関に寄託した寄託金⑥日本に本店を置く生命保険会社に納入した保険料を受取るようになっている保険料⑦日本政府に預入または納入した郵便貯金、振替為替、簡易生命保険及び郵便年金の納入金など△罰則＝①証拠偽造及び変造による申告者は十年以下の懲役、または一千万ウオン以下の罰金②反国家的目的のため上記の有価証券やその他の証書を搬入した者、これを知りながら証書を行使・無償で譲渡した者には死刑、無期、または三年以上の懲役か三千万ウオン以下の罰金。

総工費六百億で
ソウル地下鉄72年に着工

梁ソウル市長は二十七日記者会見し、ソウル市内の地下鉄工事は七二年までに、すべての準備を終え着工すると語った。

また、梁市長は地下工事のために①ヨーロッパなどから世界的に権威のある用役団を招くことにし②地下鉄建設本部を六月初めまでに発足させ③地下鉄計画全体を用役団との折衝を通じて全面的に修正すると語った。

梁市長のこの発言は、従前からの地下鉄工事計画を全面的、白紙化することを意味するものである。

同工事には二億㌦（六百億ウォン）の資金が必要だが、五五％は内資、四五％は外国からの借款を得て推進する。

一方、地下鉄本部長には鉄道庁設計事務所長金命年氏を内定した。

3年間に10億浪費
計画性のない建設事業

計画性のない政府の施策で道路、工業団地、干拓事業など各種建設工事が工事途中、中断されることで六十七年から六十九年までの三年間錦江大橋など総百七十件の工事を施工してきたが財源不足又は計画の非合理性でもって工事を中断するようになり既投資額約十億ウオンが事実上空へ舞うようになり、国庫金を浪費する結果となった。

中断されている工事と規模は次の通り。（カッコ内は既投資額）

△石渓橋（永川、石渓）＝一千七百ウオン）六十七年中断、七十一年から段階的に実施計画△洛丹橋（尚州・洛東）＝一億三千万ウオン（五百万ウオン）六十七年中断△錦江大橋（群山・舒川）＝四十一億ウオン（二千万ウオン）六十七年中断△[illegible]工業団地（忠州）＝三十億（三億ウオン）六十八年中断長期事業誘致決定により支援計画△[illegible]（全国）＝一一億[illegible]千万ウオン（[illegible]）[illegible]

組織発展にいそしむ一線

各支部の定期大会

圧倒的勝利で再選

大田支部総会で閔泳相団長

民団大田支部（閔泳相団長）の第二十四回定期総会が、十三日午前十一時から大田区役所第三庁舎四階大ホールで男女団員三百余名が参加してひらかれ、各機関の活動経過報告とともに一九七〇年度の活動方針案ならびに予算案などを討議通過させたほか任期満了にともなう役員改選を行なった。

大田支部は、団員数もさることながら組織力においても都内屈指の大支部で当日の総会には、傍聴人らを含めて約五百人近い在日同胞が集まり広い総会場も立錐の余地のない程の盛況さであった。

総会は、定刻国民儀礼のあと趙[illegible]議長が開会の辞をのべたあと閔泳相団長（本部の議長）が「激動の国際情勢のなかで70年代を迎える重要な時期に大田支部の総会がひらかれたことは意義深い。一昨年の一月に執行部を担当されて以来、民族的課業である在日同胞の権益擁護に福祉の向上につくしながら大過なくきようを迎えたことは、団員みなさまの愛族愛団心のたまものである」という退任のあいさつをのべた。

つづいて議長団を代表して[illegible]議長が、監察機関を代表して宋[illegible]監察委員があいさつをのべたあと、鄭在俊東京本部の団長が来賓祝辞をのべた。鄭団長はその祝辞において、在日居留民団が当面している二大事業すなわち永住権申請の促進と万国博家族招請事業に関する保安問題を強調した。

また、趙[illegible]婦人会支部会長、[illegible]青年会委員長もあいさつを行なった。

総会はつづいて各機関の経過報告がなされこれに対する質疑応答をえて一九七〇年度の活動方針案と予算案を[illegible]通過させた。

[illegible]の主なる内容は、①出入国管理法案の反対闘争②永住権申請の促進③万国博参観招請④組織の強化と傘下団体の指導育成⑤税務対策と東京商銀信用組合の育成⑥事務体系の確立と傾事務の協助⑦文教・宣伝啓蒙活動⑧[illegible]⑨人事問題など広範な分野にわたるものであった。

また、活動方針案においては70年代の歴史的変遷に呼応し社会潮流にそう組織の強化発展を強調しながら永住権申請の促進と万博招請事業の完遂を力強く誓っている。予算案も収支とも総額一千三百十八万二千六百五十円を計上して[illegible]ている。

役員改選は[illegible]役員の総辞職があり新役員の選挙に入って、団長の候補に現団長の閔泳相氏と張[illegible]氏の両氏が推薦されてから投票が行なわれたが開票の結果は、二一〇対八一票（[illegible]）で閔氏が[illegible]された。

つづいて議長に尹[illegible]氏、監察委員長に石[illegible]氏がそれぞれ指名され対立候補がなかったために両氏とも[illegible]した。

つづいて各副団長の指名がなされ副団長に金大栄、田永徳の両氏が、監察委員に宋貴式、李[illegible]両氏が事務部長に金大栄副団長がそれぞれ閔団長から指名された。

顧問と本部大会への代議員の選出は三機関に一任することにしてすべての役員選出を終えた総会は、新しく選出された役員のあいさつがあったが、再選された閔団長は「投票結果にあらわれた少数意見を尊重し今後の団務にあたりたい」旨のあいさつを行なった。

なお、総会では閔団長の在任中につくした組織への貢献を高く評価し、閔団長を[illegible]とする緊急動議が出され、これを満場一致で可決した。

閔団長

尹議長

石監委長

大田支部の総会・新しい3機関長があいさつを行なう。

団長の栄冠、金教安氏に

江東支部総会・激しかった選挙戦

民団江東支部（[illegible]団長）では、六月十二日区内の江東公会堂で第十八回定期総会を盛大に開催し、所定の議事を討議するほか役員改選を行なった。

時代とともに発展と強化へ前進する組織の一線にふさわしく同支部では、この大会をまえにして団長の選挙運動が激しく展開されて注目をひいたが、大会には五〇〇名をこえる在留同胞たちが集まり盛況をきわめた。

大会は、定刻より若干おくれて正午に開会、国民儀礼のあと[illegible]成立が宣言されて金教安議長[illegible]

[illegible]議長、監察委員長、顧団長らの三機関長の大会あいさつがのべられた。

顧団長はそのあいさつで「上部組織機関をはじめ団員のご協力を得て団務の執行が大過なかった」ことを謝しながら「法的地位要求貫徹運動と出入国管理法案の反対闘争を通じて在日民族運動は大きく前進した」と[illegible]強調した。

つづいて朴[illegible]東京本部監察委員長、[illegible]

[illegible]監察委員長は、その来賓祝辞を通じて「永住権申請の促進と万博保安事業の成功的完遂」を強調しながら「在日居留民団が在日同胞の福祉向上につくすべき使命は重大なものがある。われわれは固い団結で力強く前進し民族史上の祖国にも貢献しよう」と訴えた。

大会はつづいて各機関の経過報告が行なわれ議長が、執行機関を代表[illegible]報告した。

この経過報告に対する質疑応答が展開されたあと新年度の活動方針案と予算案を討議したが執行部提案どおりそれぞれ通過可決した。

活動方針は、東京本部の活動方針にしたがって組織活動の全般にわたるものでありとくに支部運営財政の確立と組織の体質改善整備に全力をつくすことが強調されたほか、新年度予算総額は五百九十二万四千円が計上された。

予算案で目だつものは団費の四百万円と教育委員会費の五百五十万円で、重点活動目標が民族教育の振興と団員の福祉向上におかれていることを知ることができる。

大会はつづいて注目の役員改選にうつり団長選挙に具[illegible]（現監察委員長）金山濱（現[illegible]）金教安（現議長）の[illegible]候補し投票の結果、具氏が一五五票、金山濱氏が六九票、金教安氏が二二五票（在席者過半数に二票不足）であった。そこで一位と二位の決選とみられたが二位の具氏が辞退したため一位の金教安氏が団長の栄冠をかちえた。

ひきつづいて議長と監察委員長の選挙に入り議長に金[illegible]成氏（現[illegible]）監察委員長に金[illegible]和氏（前副団長）がそれぞれ推薦された。また顧問には[illegible]延[illegible]、朴永[illegible]の両氏を推戴することにし各副機関長の選任は三機関長に一任することにして大会は午後五時[illegible]閉会した。

金団長

金議長

金監委長

社会の窓

海軍放送船が北に拉致さる

国防部発表によると、五日午後延坪島西方沖で漁船団保護のために配置されていた韓国海軍放送船（百二十㌧、八ノット）が北韓海軍高速砲艦（三十五ノット）二隻の攻撃を受け、拉北された。

同放送船の乗務員二十名は最後の瞬間までこの北韓高速砲艦二隻と交戦した末、数名が戦死または負傷を負ったと合同参謀本部は六日発表した。

合参は同事件の起きた直後、[illegible]戦略情報局長（少将）を団長とする調査団を現地に急派し、レーダーによる追跡と無電報告などを総合、検討した。調査の結果、判明したのは北に拉致された海軍放送船は、五日午前十一時五十五分ごろ延坪島基地を出発、韓国漁船団保護任務を遂行していたが、突然同島西北方約七マイル海上から約三百㌧級の北韓高速砲艦二隻があらわれ船首を南に向けて進んでいると思う間もなく韓国海軍放送船めがけて、矢継早に機関砲を射撃してきた。それは一四・五ミリ、三七ミリ、七六・二ミリ機関砲であったが、放送船は二〇ミリ機関砲と両翼小銃でこの北韓高速砲艦に応戦し、午後一時ごろから約二十分間激しい戦いの後、拉致されたもようである。延坪島基地のレーダーは、放送船が北韓の海州近海で拉致されて行ったことを捕捉している。

なお、[illegible]を受けた後大急ぎでF-IA戦闘機を現場上空に出撃させたが、時すでにおそく、すでに三十五分が経過していたため放送船はそのまま北韓に拉致されて北方[illegible]

非難の応酬

坂門店の軍事休委

[illegible]放送船拉北事件後、初めての軍事停戦委本会議が九日板門店で開かれた。この事件をめぐり国連軍側は[illegible]

[illegible]これはレーダーによって明らかである。

国連軍側のスケルトン首席代表は「韓国海軍の放送船は休戦ライン近くの[illegible]」と[illegible]

この会議で共産側の[illegible]首席代表は「韓国海軍スパイ船はわが領の海州沖に侵入し、わが国の漁船を強制連行しようとしたので撃沈された」と語り、これに対し、[illegible]が、共産側はこれを黙殺し、逆に「同船は激しい戦闘のあと水葬された」と述べた。

[illegible]と共産側双方の激しい非難、応酬に終わり、国連軍側が期待した"解放"の手がかりはつかめなかった。

大韓空航がバンコクまでの次還権を得る

韓・日航空協定改正交渉がさる五[illegible]

大韓航空（KAL）はサイゴン、バンコクなどにたいし[illegible]を持っていなかったが、日本側の了解を得た上で非公式に日本経由バンコクまでの航路を運行してきた。これがこんどの改正協定で正式[illegible]となったもの。

一方、この次還権認定のための協定改正で、韓国側は日本に済州島航路を認め、日本航空（JAL）は日本と済州島間の運航権を得ている。

満員列車しがみつき事件で国側が負ける

大法院（最高裁）民事部は九日大邱市東区新川洞の朴永方氏兄弟が国を相手取って提起した列車事故による損害賠償請求訴訟で「乗客が満員列車の昇降口にしがみついていたと言の事故発生は国家に責任がある」と判示し、被告側である国家の上告を棄却して朴氏兄弟にそれぞれ五十万ウォンずつを支給するよう言渡した判決を確定させた。

これは原告の朴氏兄弟の兄である朴永浚氏（事故当時二十一歳）がさる六八年十月五日釜山発ソウル行きの満員列車に乗り、中にははいれずに昇降口にしがみついたまま運ばれているうち密陽近くのトンネルにぶつかって死亡した事件にたいする大法院判決で、裁判部は鉄道当局が列車収容能力に合わせて切符発売をするか、あるいは乗客数をにらみ合わせて客車をふやすか、さもなくば列車からはみ出るほどに乗客を乗せぬよう厳重な措置を取るか、いずれかの措置を取るべきであると指摘した。

予算総額一千百万余

荒川支部の定期総会盛大にひらく

民団荒川支部（趙[illegible]団長）の第十二回定期総会は、十四日午後一時から東京商銀荒川支店会議室でひらかれた。

総会には、約六〇余名の男女団員が参席したほか東京本部から鄭在俊団長、徐興錫監察委員長、[illegible]副団長、申泰文副議長、[illegible]らの来賓が参席した。

総会は、三機関長のあいさつにおいて議決機関の[illegible]副議長が、執行部を[illegible]団長が、監察機関を河文相監察委員長がそれぞれあいさつをのべた。

趙団長は、そのあいさつを通して「建設的な意見を歓迎」しながら「民団が当面している二大事業すなわち永住権申請の促進と万博保安の現況と対策」を説明した。

つづいて東京本部の鄭団長、徐監察委員長、[illegible]東京支部団長、金栄[illegible]荒川韓国人商工会々長、姜[illegible]韓青支部委員長、金[illegible]婦人会支部会長らがそれぞれあいさつを行なった。

鄭東京本部団長は、荒川支部が都内の支部でも優秀な成果を誇っていることを讃えあわせて永住権申請と万博招請の保安問題を強調した。

徐監察委員長も、われわれが外国で有利な条件で生活するためには永住権取得が必要であると強調しながら一人の落伍者もないよう訴えた。

李[illegible]東支部団長は荒川支部の発展を祝しながら隣接支部として台東と相携えて民団活動につくしたいとのべ、金商工会長も同じく総会の盛大さは民団の発展相を物語るものであるとした。

つづいて総会は、三機関の経過報告に引きつづき質疑応答をえて一九七〇年の活動方針と予算案を審議してこれを通過させた。

活動方針案によると、70年代変化と飛躍の時代を迎え、繁栄と安定を期するため民団の新たな活動を促しながら団務全般にわたってなお一層の努力を誓っている。とくに①永住権申請の促進②万博参観と招請事業③法的地位ならびに待遇問題④民族教育⑤傘下の育成などには重点活動を行なうことを強調している。

本年五月一日から明年四月三十日までの予算額は、一一、四八五、四八二円を計上している。

荒川支部の定期総会であいさつをのべる趙団長

中央連合も定期総会

民団中央連合支部（金容大議長）では、十三日正午から中央区の坂本区民館で第十七回定期総会をひらき一九六九年度の経過報告をはじめ七〇年度の活動方針ならびに予算案を審議しこれを通過させた。

同総会には、[illegible]東京本部の[illegible]をはじめ[illegible]監察委員長が参席してあいさつをのべた。

申泰文（支部団長であり本部の副議長）執行部の総括報告によると同支部は、他の支部とは事情を異にし居住者中心でなく同胞事業体を中心にした支部で団員数二四〇名のうち永住権取得者が一一三名にのぼっている。今後とも残余団員の永住権申請促進に努力をかさねるほか万博招請ならびに保安対策には団長と監察委員らが中心に積極努力しあわせて組織強化の基礎作業を続けるが、すでに団員住所録と国民登録の整備は完了したとしている。

また、同支部の事務室の拡充と職員の増員を行ない組織活動のより活発を活動方針にうたったほか財政確立のため団費の再調整を行なうとしている。新年度の予算総額は四百五十三万七千余円で同支部が管轄する「韓国人中央連合協同組合」の決算も同時に発表された。また同支部は、役員改選期でないため役員に異動がない。

中央連合支部定期総会のもよう

江東支部の総会のもよう

國籍없는四萬人

（国籍のない4万人）

宣一九 ③

＜メシヤの出現＞

三人は、L氏の家をめざし歩を運んだ。

いつの間にか街には夕闇がおとずれ、電灯のあかりが雪に映えて滲みるように白く、雪上を徐行しながら走っている自動車のヘッドライトがまばゆい。

通りは静かで、わたしたちだけが歩いている感じだ。

人口五万の雪にうもれた北国のこの漁港町、目の先がすぐ日ソ国境―日本の最北端である。

低く垂れたような屋根のバラック建て、というよりもベニヤ板の仮小屋といった方が適切かも知れない、そんな住居である。

頭をぶつけないように腰をかがめて入って行く。

板の間に座ぶとんがしいたままだが、そのほかは意外と整頓されている部屋。あるじの生活の姿勢がうかがわれる。

目ぼしい家具は、電話とテレビぐらいのものだろうか―。

「ビールにしましょうか、それとも日本酒で…」とL氏が訊ねる。

「ビールもけっこう、お酒もいいですが、こんな夜には何となくマッカリを思い出しますね…この夜にくみかわすマッカリの味、故郷がしのばれますよ…」

そんな身勝手なわたしの注文に「そうですね―マッカリとは全く同感ですが、それがないんです。トンチミ（冬の大根の一種）もあれば……そう言えば、韓国の味はこんなところにあるんですね」と、感慨深そうなL氏。

話ははずみ、盃はくみかわされ、温かい部屋の空気と相まって身も心も酔いしれていった。

「あ、そうそう、L先生、さっきの話をつづけてくれませんか……その後、果たしてその青年はどうなったんですか?」

「はい、つづけましょう。これからが、そのひとの本格的な

「新高麗学堂」開校式

韓《カラ》の心、北辺の異境に咲く

「ソ連軍に連れ去られた彼は何ヵ月もの獄中生活にあえぎました。しかし、この事件があった後、彼は、韓民族の誇り高き若者として樺太の全韓国人にその勇名が知れわたったのです。

このようにして、彼に対する一般の関心は日増しに高くなっていったのですが、わたしが、その彼を知り、つきあうようになったのも自然の理みたいなものでした。獄中から自由の身になった彼は、ユジノサハリンスクの裏街のとある静かな一角に、十坪余りの土地を手に入れ、屋根の低い家を一軒建てました。名づけて「新高麗学堂」という看板を入口につけました。たしか、終戦の翌年、一九四六年の二月だったと記憶しています。その月のある日、この町の韓国人有志のところへ、新高麗学堂の名儀で招待状がおくられてきたのです。

＜夜明けの開校式＞

それは"来たる三月一日、即ち三・一節を期して、皆さんの温情あふれる御支援のもとに準備を進めてきました、新高麗学堂を開校しようと思います。私たちひとりひとりの命は短いが民族の命は限りなく長いものであります。私たちは、わが民族の魂を培かい、豊かにして、明日の祖国に備える義務があるのです。ぜひとも御賛同って頂き、新高麗学堂の、新しき門出を祝福してやって下さい。"といった内容のものでした。

そして、開校式は午前五時となっているのです。午前五時といえば、夜明け前の時間です。ちょっとおかしいなと思いながらも、彼のやっていることだから、よもや間違いもないだろうと、きめられた五時少し前にわたしは学堂へ行きました。建築の知識もない彼が、自から建てたもので、校舎というよりも寄り合い小屋といったほうが格好の家でした。中に入ると石油ランプが両側に一つずつ点されているが、室内はなお暗く、正面奥の方の壁には太極旗がつるされ、既に七、八人の有志たちが待っていました。五時には、まだ間のある時間です。その有志たちの中に、彼は両手を前に重ね、石像のように立ったまま、いっこう動く気配も見せません。それは、まるで深遠な神秘の網世から悠久に流れてくる現世のこの時点に立って、何か生命の神秘のあることを創り出そうという深い瞑想に耽けっているようで……目は閉ざされたままです。――五時きっかり、彼はあたかも夢の世界から呼び戻された人のように、和やかな笑みを目に浮かべながら、そこに集まった十二人の有志たちに腰を低くして丁寧にあいさつをして廻るのでした。

「ありがとうございます。こんな早い時間に御参集しました十二名の皆さんが、ひとり残さず[illegible]お出かけ下さったのについて[illegible]は、このことを忘れることなく、心に銘じて必ずや報いたいと思います。今日は三・一節です。わたしが今日この時間を皆さんと共に、祝うことになったのは、ほかの何ものにも替えることのできない無限の光栄と思います。この時間を起点とし、私たち、わが韓民族の歴史は新らしい時代と共に創造されていくのです。すくなくともわたしは、そう確信しております―と、ひとくぎりした彼は、やおら窓辺に立ち寄り、さっと窓を両手であけ、叫んだのです。

「見て下さい、あの夜明けの空を！あそこに昇りつつある、あの雄大にして荘厳な太陽を！わが民族もこれからは、暗黒の世界から、あの赤く燃える太陽のように、不屈の勇気をもった、雄大にして知恵ある民族にならなければなりません。今日は三・一節！そして、今この時間は太陽の昇る瞬間です。見すぼらしく貧しいこの席ではあるが、ここを、樺太に生を営むわが同胞の精神的な基地として、お互いに信じ、扶けあって、育ちゆくわが二世たちを、逞しく賢明に伸ばしていきたいと私は願っています。そのためには、まず私たち自身が知的な磨きをかけなければならないのです。」と、彼はいっきにしゃべりまくったのです。

（つづく）

世田谷商工協同組合結成

民団支部の財政強化をはかる

世田谷韓国人商工協同組合の結成準備委員会がさる十四日午後九時鶴海のホテル八景でひらかれ定款草案などを討議したのち同組合を結成した。

同準備委員会は、民団世田谷支部の役員らをはじめ有志約二十数人が参加してひらかれたが東京本部からは鄭在俊団長と[illegible]副団長が来賓として参席した。

同組合の結成は、世田ケ谷韓国人社会の経済的な発展を物語るもので民団支部の財政強化にも大きな貢献が期待されている。

準備委員会は、同結成準備委員長金栄洙民団支部団長の主宰の[illegible]

同日議決決定をみた定款案ならびに同組合規約はつぎのとおり。

組合員の出資は一口五千円で組合員は十口以上の出資をした団員でもって組合を構成する。組合員の出資金の返還は理事会に一任する。組合員への配当は、最初の一年間は無配当にし二年以後から年六分の配当を行ない三年後に出資金は返還し年間の果実は組合員の権利として残して組合運営資金にあてる。さらに組合の運営で得た果実は、民団支部と組合の共同利益として民団支部の基本財政にあてる。

組合には九名の理事役員をおくが、その選出は出資金六〇口（三十万円）以上の組合員から互選する。

資金の運営は、全理事の責任において組合員に貸出すが、ひとりに出資金の三倍以内を限度とし組合員二人以上の保証が必要である。

結成総会は、ただちに組合長の互選を行なったが組合長には準備委員長であった金栄洙支部団長が全員一致で推薦され[illegible]組合長補佐役として李、陳両副団長、さらに相談役として前団長[illegible]氏と[illegible]氏が就任することになった。

つづいて同組合の運営運行と運営方法についての[illegible]を審議これを通過させて準備委員会を結成総会にきりかえた。

[illegible]団の基本財政の確立にある。組合が軌道にのれば民団の[illegible]しなくともすむ」と発言した。

[illegible]

世田谷商工協同組合結成総会のもよう

バレーボール

韓日親善試合

第八回日韓親善バレーボール試合が六月十九日から二十一日の三日間東京体育館においてひらかれるが、これには韓国女子チームも参加、十九日の午後四時ユニバーシアード代表と二十日の午後二時には全日本との対戦が行なわれる。

また、これとは別に韓日親善試合として二十七日午後二時と二十九日午後六時、韓国男子と日本ユニバーシアード代表との対戦が同じく東京体育館で行なわれる。

大物スパイ、告白の記
私は北傀を告発する

（5）

大量虐殺埋葬事件

姜　大　振

[illegible]そのような方法でもこれが公開されて大衆の知るところとなれば[illegible]などが本人にさえもはっきりと見えすぎたりして[illegible]発ならびに金日成に対して敵がい心を[illegible]以外の何ものにもなるまいとの考慮からであった。

いうまでもなく、北韓にも裁判制度があるが、形だけの裁判であったので大ていの判決は予定どおり行なわれた。

北韓の裁判は"審級制"で二審は地方裁判所、二審は最高裁判所で行なわれる。

裁判の方式には公開裁判と非公開裁判の二種があり、公開裁判は[illegible]事件を公開することにより労働党[illegible]金日成に有利なものだけを[illegible]

越南者の不名誉から戦死者の名誉へ

その内容は[illegible]であるか、たとえば、越南者として処理された行方不明者たちを[illegible]戦死した"ことにして[illegible]

しかしながら"抱きこみ工作"だけでこれらの"不良分子"を処理するにはあまりにその数が多すぎた。そこで[illegible]秘密裏に処理した理由は、もしこう決めてしまうのである。

秘密裁判の多くは無罪の人に

一方、非公開裁判は家族さえ知らぬうちに処理されてしまうものでこれは秘密裏に断付された。この非公開裁判の多くは無罪の人に罪をおっかぶせる場合で、これを[illegible]

死体はりんごの肥料に
世にもまれな"悲劇"と"残虐"さ

最高裁も抗議できぬ"判決権"

北韓の法廷でももちろん、被告人が一審の判決に不服の場合は上訴することができるよう規定されている。ところが実際にはそれができないのである。というのは被告がみずから[illegible]場合は、地方裁判のさいに担当の判事ならびに検事が「この判決はすでに最高裁判所の判・検事の委任を受けているものである」と宣するからである。そこで被告はもう最高裁判所に上訴しても同じことだと考えるし、まわりでもそう決めてしまうのである。

一方、最高裁判所にかかってにそのあと"友住承認"をかたられるわけであるから、地方長に「いつそのような承認を受けたのか」と抗議しそうなものであるが、実際には何の抗議も行なわれない。理由はこうした地方長はまず被告の"刑量"を労働党道党委員長に報告、提示する。労働党道党委員長はその内容によって処刑量を決定して地方長におくる。つまり地方裁の判・検事は労働党道党委員長の決定どおりに、法廷でこの判決を読みあげる任務しか持っていないのである。該当道の事件の判決は、この道の労働党の権限に属するものと決められているので最高裁判所はこれに抗議ができないのである。

北韓の裁判で最もおかしなことだと思われるのは、弁護士である。すべての裁判に、弁護士は参与しているが、この弁護士は全く形式的なもので被告人側の弁護をするのではなく、むしろ検察側論告の"正当性"を解説するのが常である。弁護士は被告や参観（傍聴）に大衆を説得する役割りをしているのである。

たとえば弁護士は「被告はかくかくしかじかの極悪罪人であるから当然、死刑をうけなければならないのであるが、仁徳に富んだ慈深い金日成首相のお恵みで十年という特別の短かい懲役を受けることになった。これはまことに感謝すべきことで被告は心から有難く思えよ」というようなことをいい

非公開裁判は秘密裏の死刑執行に…

一方、非公開裁判は指定された法廷で行なわれるのではなく、秘密の保証できるところなら、森や林でも、どこででも行なわれる。出席するのは被告以外に検事、判事、弁護士、参審員、安全員の部長または次長など五名で、裁判の進行方式は公開裁判と同様である。

しかし、この非公開裁判を受ける者のほとんどは死刑に処せられる者で、堅固な鉄筋コンクリート造りの建物の中で、横になって寝ることもできない小さな鳥の巣のような部屋に監禁され、身動きもできないような状態でいくばくかを過ごす。死刑になることは決まっているが、すぐには死刑にならずこうした人たちが五十名あまりに達すると、荷物のようにトラックに積みこまれ、上から"偽装"されるようにカバーをかけられて処刑場へ運ばれる。

このトラックは草の葉などで擬装されてカムフラージュされ、さらにその上の部分に十名余の死刑執行人が乗りこみ、しかも彼らは軍服を着こんで、兵士のように歌をうたいながら山間地方の谷間へと上って行く。死刑執行人が歌をうたう理由は草の葉やカバーの下に折り重なるように乗せられている死刑囚たちが何らかの声をあげても、決して道路周辺の人に聞こえないようにはからったものであり、このトラックは一見、安全員たちの軍事訓練帰りのように見えるのである。

"処刑"に目をそらして罰せらる

これらの死刑囚は人けのない山奥へ連れて行かれ、あらかじめ掘られてある大きな穴の前にかがみこんでひざまづかせられる。死刑執行人は後ろにまわり、死刑囚の後頭部めがけてツルハシを打ち込んで、穴の中へ落とし入れる。そしてその後、穴を平らに埋めてしまうのである。

世にもまれな大量虐殺埋葬地

同じ年のこと、私は松禾郡に業務出張に赴いた。そのあたりはりんごがよくできる地域で、松禾郡社会安全部の庁舎はりんご果樹園の中にあった。当時そこの郡安全部長は姜栄祚といったが、私を接待するとして、りんごをとってきて私にすすめた。その新鮮なりんごは大きいだけでなくかおりも高く味も特別だった。

「りんごは豊作のようですな」

私はサクサクと音をたてながらりんごをはみ、彼の"苦労話"を聞いた。いうまでもなく、私は彼の"功労"をほめたたえたのだったが、彼から聞いた話は、まさに"世にもまれな悲劇"としか思えぬ陰惨な内容を持つものであった。

この果樹園こそ大量虐殺の埋葬地だったのである。松禾郡社会安全部はこの郡のりんご園の奥の方に反党、反金日成分子のうち抱きこむことのできないと見なした"出身極悪分子"を大量に逮捕、収容しておいた。

留置場はすでに入りきらず、ホラ穴を掘った中に多くの囚人が押しこめられていた。ありもしない罪状をかぶせられて逮捕された囚人は拷問を受けても罪を認めようとしない。そのために長い時間がかかりホラ穴の不潔さと悪い水のために腸チフスが発生、集団的に全員が腸チフスにかかってしまった。そこで社会安全部長姜栄祚は「疫病が他に広くひろがらないように」まだ非公開裁判も終わっていないこれらの囚人たちを全員、叩き殺してりんご園一帯に埋めてしまった。

「死体はりんごの木株一つに一体ずつ埋めて肥料にしました。ところが、人間は腐敗すると、りんごの最上の肥料となるのですよ。この辺一帯のりんごは前にもまして大粒で上質のものとなり、実の数も驚くほどふえました…」

――こう説明する姜栄祚の表情には何の罪の意識もないばかりか、むしろ手柄話でもするような誇らかな顔つきなのである。それは全く恐ろしいことであった。

ところが、それにもまして恐ろしいことは、この事実の報告を受け取った労働党中央の措置であった。

私はこの松禾郡のりんご園における大量虐殺埋葬事件を、反探員部隊在班の報告書として作成、労働党中央党に提出した。これに対して中央党の取った措置は姜栄祚をとがめるどころか、むしろ彼を称賛し、「まことに模範的事業だ」として姜は新しくつくられた同じ道の機関長に上進して行った。

筆者は、もと北韓の大物スパイで最近韓国に帰順した。

（つづく）

한국의 발전

(3) 민주 국가의 발전

휴전의 성립으로 종래의 38 도선은 휴전선으로 바뀌었을 뿐이다. 국토의 양단과 공산주의자들에 의한 북한 동포의 신음도 그대로이다. 처절한 민족 상잔의 비극을 겪고도 우리는 통일을 이루지 못하였으니 실로 안타까운 일이다.

그런데, 이 때 정치를 맡았던 자유당(自由黨)은 점점 민주주의 정치에서 벗어나 독재 정치를 하게 되었다.

자유당의 부정과 독재에 항거하는 학생과 시민의 물결

특히 1960년 3월에 실시한 정·부통령 선거(正副統領選擧) 때에 자유당은 선거에 이길 가망성이 없게 되자 부정 선거를 감행하였다. 이 때, 학생과 민중은 궐기하여 자유당의 부정 선거에 항의하였다. 이로 말미암아 당시 대통령이 승만(李承晩)은 물러나고 자유당의 독재 정권은 무너지게 되었는데, 이것을 4·19 의거라고 한다.

4·19 의거로 독재 정치는 끝이 나고 새로운 총선거의 실시로 민주 정치를 바로잡았다. 이것을 제 2 공화국이라고 한다.

제 2 공화국은 민주당(民主黨)이 정권을 맡았는데, 일부 국민들의 무책임한 자유의 요구로 국내는 다시 어수선하게 되었다. 민주 정치에 대한 모처럼의 국민의 기대는 또 깨어지게 되었다.

이처럼 제2공화국의 민주당 정부에 대한 기대가 허사로 돌아가게 되자, 박 정희(朴正熙) 장군을 중심으로 한 젊은 군인들이 1961년 5월 16일에 혁명을 일으켜 어지러운 정국을 바로잡고자 하였다.

혁명 정부는 지금까지 혼란하였던 사회 질서를 바로잡고 국가 경제를 부흥시키기 위하여 여러 가지 혁신 정치를 단행하였다.

1963년 혁명 정부는 2개여 년 간의 군정을 끝내고 총선거를 실시하여 정권을 민정으로 넘기게 되었다. 이로써 역사적인 제 3 공화국이 탄생하게 되었던 것이다.

제 3 공화국은 새로운 민주주의의 발전과 경제의 부흥으로 조국의 근대화를 다짐하고 있다.

우리 나라 역사상 처음으로 시작한 제 1 차 경제 개발 5 개년 계획은 1966년 성공리에 소정 목표를 달성하였으며, 1971년에 끝날 제 2 차 경제 개발 5 개년 계획의 완성에 총력을 다하고 있다.

황해에 면한 광대한 간석지와 각지의 하천 유역의 개발은 우리의 식량 자급을 약속해 주고 있으며, 울산을 비롯한 여러 곳의 신흥 공업 지역의 건설은 우리의 숙망인 조국 근대화에 우렁찬 박차를 던져 주고 있다.

우리 모든 대한의 국민은 힘을 합하여 민족의 역사적 번영과 조국의 자주 독립 건설에 이바지하여야 한다.

ハングルと訓民正音

「ハングル」は、母音一〇字と子音十四字からなる表音文字である。ハングルは一四四三年、当時英邁な王であった世宗が集賢殿の学者とともに研究、制定した文字で訓民正音はこれを頒布した本である。

それ以来、難渋な文字であり、韓国の語文と一致しない漢字の使用を出来るだけ避け、韓国語の純化に力を注いで来た。

現在、「ハングル」は欧米の文字よりも優秀な機能語であることが広く認識され、世宗大王の偉大な業跡として讃えられている。

そして、「情報時代」ともいわれている現代において、「ハングル」はタイプライターやテレタイプ、またはコンピューターなどにも、そのまま適用され、韓国の文化発展に大きく貢献するようになった。

韓国の発展

民主国家の発展

休戦の成立で、従来の38度線は休戦線にかわっただけである。国土の両断と共産主義者たちによる北韓同胞の「呻吟」もそのままである。熾烈な民族相残の悲劇を経たけれども、われわれは統一を成しとげえなかった。実になげかわしいことである。

そこで、このとき政治をうけもった自由党は、次第に民主主義の政治から遠ざかり独裁政治を行なうようになった。

とくに一九六〇年三月に実施された正・副大統領選挙のとき、自由党は選挙に勝つ望みがないのを知るや不正選挙を敢行した。

このとき学生たちと民衆はけっきし自由党の不正選挙に抗議した。これによって当時大統領であった李承晩は下野し、自由党の独裁政権は崩れ去ったがこれを4・19義挙という。

4・19義挙によって独裁政治はおわりを告げ新しい総選挙の実施で民主政治を正した。これを第二共和国という。

第二共和国は、民主党が政権を握ったが一部国民たちの無責任な自由の要求で国内は再びおだやかでなかった。民主政治に対する折角の国民の期待はまたぶちこわされた。

このように第二共和国の民主党政府に対する期待は水の泡になるや朴正熙将軍を中心とした若い軍人たちが、一九六一年五月十六日に革命をおこし政局をおさめようとした。

革命政府は、混乱した社会秩序を正し国家経済を復興させるために多くの革新政治を断行した。

一九六三年革命政府は、二ケ年余りの軍政を終え総選挙を実施して政権を民政に移すことになった。これで歴史的な第3共和国が誕生することになった。

第3共和国は、新しい民主主義の発展と経済の復興で祖国の近代化をすすめている。

韓国の歴史上はじめての第一次経済開発五ケ年計画は、一九六六年成功裡に所定目標を達成したし、一九七一年に終る第二次経済開発五ケ年計画の完遂に総力をかたむけている。

黄海に面した広大な乾性地と各地の河川流域の開発は、国民の食糧自給を約束し、尉山をはじめ各地の新興工業地域の建設は、われわれの宿願であった祖国近代化に力強い拍車を加えている。

すべての大韓の国民は、力をあわせて民族の歴史的繁栄と祖国の自主独立建設に貢献しなければならない。

韓国の昔話 ⑤

虎と大根

崔　仁　鶴

むかし、むかし、あるところに、ひとりのおばあさんが畑仕事をしながら住んでおりました。

ところで、この村の後の山には、邪悪な虎がいて毎晩村へ降りて来てはおばあさんのはたけの大根を抜きとって食べておりました。

おばあさんは困っておりましたが相手がこわい虎でしたからどうすることもできませんでした。

ところがある日、おばあさんは一つの計略を考えました。

"虎さん、おいしくない大根ばかり食べないで、明日は私がおいしい小豆粥を作っておきますからいただきにいらっしゃいませんか。"

虎は大喜びで帰っていきました。

次の日、おばあさんは念入りに準備をしました。まず、火鉢に火をおこして後の庭におきました。台所にある水がめには、とうがらしの粉をたくさんまきちらし、ふろしきには針をたくさんさしました。台所の門の前には牛の糞を散らし、その横には大きいむしろをひろげておきました。庭のすみには物を運ぶろば一匹をつないでおいたのです。

すべての準備がおわったおばあさんは、しらないふりをして家の中にすわったまま虎が来るのを待っていました。日が落ちて暗くなったころ虎がのそりのそりとやってきました。おばあさんは戸を開けながら喜んで虎を迎えました。

"虎さんいらっしゃいませ。どうぞこちらへ。"

虎が庭にはいるとおばあさんは

"きょうは寒いですね、申し訳ありませんけれど、後の庭においてある火鉢を運んでくれませんか。"

と、いいました。虎は後の庭にいきました。火鉢を運ぼうとしたら火がありません。

"おばあさん、火がすでに消えてしまったらしいですね。"

"そうですか、でも口を当ててしきりに吹くとまた火がおこりますよ。"

虎は火鉢に口を入れてふうふう吹きました。すると灰が散って虎の目の中に入りました。虎は大へんあわてながら目をこすりましたがいたくてがまんができませんでした。

"おばあさん、目に灰がはいってしまったのですがどうしたらいいでしょうか。"

"それはたいへん、それじゃ台所に行って水がめの水で目を洗いなさい。"

虎はいそいで台所に行きおばあさんが言ったとうりに水がめの水で目をあらいました。虎の目はもっとひりひり痛くなりました。とうがらしの粉がまきちらしてあった水だったからです。虎はくるしくて足で地面をかきました。

"そんなに苦しいですか、ではこの手ふきで拭いてごらんなさい。"

虎は手ふきで目を拭くと、こんどは針が目をさしました。虎はもう一瞬もがまんができませんでした。虎は今さらのようにだまされたのだと気が付き逃げようと思いました。台所を出ると牛の糞にすべってたおれてしまいました。折よくそこにひろげておいたむしろにたおれましたのでむしろがくるくる虎を巻きました。

庭のすみにつないでおいたろばが来て虎を巻き入れたむしろを運んで海に行き深い海の中に捨てました。

それ以後は、ほかの虎も大根のはたけをあらしにこないようになりました。

（1965年7月27日第3種郵便物認可）

在日本大韓民国居留民団
綱　領
1. 우리는 大韓民国의 国是를 遵守한다
1. 우리는 在留同胞의 権益擁護를 期한다
1. 우리는 在留同胞의 民生安定을 期한다
1. 우리는 在留同胞의 文化向上을 期한다
1. 우리는 世界平和와 国際親善을 期한다

THE PRESS MINDAN TOKYO
THE KOREAN RESIDENTS UNION, IN JAPAN, TOKYO OFFICE
「韓僑通信」改題
在日本大韓民国居留民団 東京本部発行週刊紙

民団東京

THE PRESS MINDAN TOKYO

8月26日 水曜
<1970>
週刊・毎水曜日発行
第2416号

発行所 民団東京新聞社
発行人 鄭在俊
東京都文京区本郷3丁目32番7号
電話 (811) 1535 (代表)
(大韓民国文化公報部国内頒布許可)
(購読料 1カ月100円・特別1000円)

中央執行部 朝総連との接触を企図

団内外に大きな波紋

軽卒な行為に遺憾の意強し

民団中央本部の李禧元団長は、朴大統領の八・一五宣言ならびに在日韓国人の永住権申請に関し、会談したいとのことで朝総連側との接触をはかったが、朝総連側の政治的利用に乗じられて失敗に終った。

こんどの事件は、その失敗、成功はともかくとして朝総連と接触するという前例にない重大な行動をはじめるにおいて民団の正式な機関にはかることなく軽卒に行なわれた点、朝総連側に伝達されたという文章があまりに幼稚であったことなどから組織内外に大きな波紋を投げかけている。

とくに朝総連側が民団との往復文書内容を公表したために民団中央で暴力沙汰が行なわれたことが明るみに出されて在日韓国人の最高指導府としての威信が著しく傷けられた点からしてきわめて遺憾なことであったとする意見が強い。

会談を申入れ

民団中央本部の李禧元団長は去る二十二日午後四時、東京・虎の門のホテル・オークラで内外記者団と会見「朴大統領の八・一五光復節慶祝辞を通じて述べた祖国平和統一構想と、在日韓国人の永住権取得促進について会談したい」という内容の文書を朝総連側へ手渡したことを明らかにした。

李団長の語ったところによると「これらの点について二十日午後二時・同ホテル・オークラ一階〝銀嶺の間〟で韓徳銖朝総連議長と〝頂上会談〟を開くよう提案した文書を丁賛鎮副団長、朴性鎮法対副委員長、金常淑組織局長、李聖南総務局長、それに李彩雨中央執行委員の諸氏が直接朝総連を訪れ手交した」ことを明らかにした。

また、これに対し朝総連側は二十日午前、同朝総連・崔社会経済部長外一名が民団中央本部へ民団側の提案に対する返答を含めた朝総連側の「提議書」なるものを持参したが、これを検討した結果、先きに手渡した文書に対しての回答ではなく、全く別個のものを提案してきたとしてこれを拒否したことを明らかにし、これまでの経緯を説明した。

民団側が朝総連側に手交した文書ならびに朝総連が民団に提議した文書、それに対する民団の回答書簡の内容はつぎのとおりである。

民団側が朝総連に手交した文書全文

平和統一に関する朴正熙大統領閣下の第二十五回八・一五慶祝辞は、すでに、北韓・一千五百万同胞と金日成はよく知っていると思うが、もう一度ここに知らせる。

北傀らが歴史の偽瞞をしていることは周知の事実であるが、日本における永住権取得に関しても外国人として立派に居住できるよう国際法で保障される民族的愛情から出たこの運動においても、やはり虚偽宣伝を継続しているではないか。

一例をあげれば永住権を取得すれば兵役に殺され越南戦争に引っぱられる云々〝三才の童子〟でも知っている虚偽の宣伝をしているが、上記八・一五慶祝辞と永住権に関し、民族的良心にてらして一九七〇年八月二十日（木曜日）午後二時、ホテル・オークラ一階〝銀嶺の間〟で韓徳銖と遠慮なく話したい。

一九七〇年八月十九日

在日大韓民国居留民団　中央本部
団長　李禧元

朝総連側が民団に持参した文書全文

在日大韓民国居留民団中央本部
団長・李禧元貴下

周知の如く在日本朝鮮人総連合会は祖国の自主的平和統一促進と在日同胞らの民主々義的民族権利をよう護するために在日同胞は内部から民族の結束を強化しようという念願から出発して民団側と席を同じくすることを数次にわたって提議してきたものであります。

われわれは、去る七月三十一日にも八・一五解放二十五周年記念行事を、あなた方と共同で行ないたいことについて提議をしたが、われわれのこの妥当な提議に対して、あなたたちからの回答を受けられなかったのみか、同提議書を持参したわれわれの代表者たちがあなたたちにより暴力的な行為によって負傷までうけるようになったことはもっとも遺憾なことだったと思います。

われわれは八月十九日、民団中央・李聖南総務局長をはじめとする民団代表らが総連中央を訪ねてきた問題と関連して次の如く回答します。

記

一、総連は祖国の自主的平和統一の実現を一日も早くもたらすための問題と在日同胞たちの民主々義的民族の権利をよう護する問題については、いつでも民団と席を同じくして討議する用意があります。

二、以上の問題について双方の代表選出と双方でもって合意に達した日時、場所などを選定するために同数の委員でもって速みやかに準備委員会を構成することを提議します。

われわれは、総連側の準備委員として総連中央常任委員会・社会経済部長、在日本朝鮮中央教育会・洪鳳寿会長を決定したことを通知します。われわれのこの提案に対して、あなた方の回答があることを期待しております。

一九七〇年八月二十日

在日本朝鮮人総連合会　中央常任委員会
議長　韓徳銖

民団側が朝総連に回答した文書全文

韓徳銖　貴下

あなたが送った七〇・八・二〇日付回答を受け取った。七〇・八・一九日付われわれがあなた方と話合いをしようとした提案に対しあなたは回答を表した。これはあなたが民族的良心に立脚し、朴大統領の（八・一五）宣言と永住権申請問題の討議を到底、正面から拒否できない証左である。しかしあなたの回答を綿密に検討してみるとあなたは、未だ祖国の自主的平和統一促進という美名の下に武力南侵と暴力革命を偽装している北傀に盲従しており、民族権利の擁護という口実の下で善良な在日同胞を共産生地獄に北送し、独裁者金成日の偶像化を強要する共産主義教育を実施する罪過を反省せず、引きつづいて従来の主張だけを繰り返している。

それはかりでなくあなたは八・二〇に会いたいというわれわれの提議とその討議の提案に対し一言半句の言及もなしに黙殺した。これはあなたが、われわれの提議を故意的に歪曲黙殺したか、誤って理解したかのいずれかである。

このような意味で、あなた方にわが方の提議と真意をもう一度明確に知らせる必要を感ずる。すなわちわれわれの提議は

一、北傀が武装ゲリラ南派などのあらゆる戦争挑発行為を直ちに中止し、いわゆる武力に依る赤化統一暴力革命による大韓民国の転覆意図を完全に放棄するということを明日に内外に宣言すると同時にこれを行動を以て実証し

二、韓国の民主独立と平和のための国連の努力を認め国連の権威と機能を受諾し

三、無こな北韓同胞の民生を犠牲させながら戦争準備に狂奔する罪悪を犯さず、より善意の競争、すなわち自由民主主義と共産主義独裁体制、どちらが国民をしあわせにし、よりよい暮しができる与件を備えた社会であるかを立証する開発と建設と創造の競争に立つ用意がないかとした朴大統領の八・一五宣言に伴う平和統一基盤造成のための接近方法と在日同胞の正しい法的地位を保障するための永住権申請問題を討議しようということである。

われわれは六〇万在日同胞の民族的団結と自由民主主義原則の下で福祉生活を達成するためあなたが直ちに朴大統領の八・一五宣言に対する支持声明を内外に公表することによって、われわれが会おうとした提議に対し誠意ある態度を表示することを期待する。

大韓民国居留民団中央団長李禧元

永住権申請の促進へ

第三次活動計画を討議

全国団長連席会議

民団の全国地方本部団長、事務局長および傘下団体機関長、信用組合理事長の連席会議がさる二十三、二十四日の二日間、神奈川県・箱根湯本のホテル南風荘で鄭在俊東京本部団長はじめ各地方本部団長、許弼奭東京商銀理事長ほか信用組合理事長ら金恩沢韓青中央委員長ら約百二十人が参加して開かれた。

会議は二十三日午後二時十分から翌二十四日の午前中にかけて行なわれ「永住権申請の促進運動について、万博招請事業の推進」などについての議題を討議した。

同会議で李禧元中央団長は開会の辞を通じて大要次の如く述べた。

①第十六回中央委員会後の永住権申請促進状況は率直に言って〝万博〟参観団の日本入国などにより地方組織の総力が投入できなかったばかりか財政的支援なども不充分で、この活動を多様化させることができなかった。②活動人員も不足し③朝総連妨害工作の熾烈化などで七月末現在、目標未達本部が多い。しかし、地方別には多少の差はあっても団員の約八〇%は完了しているので、団内の申請状況は整理段階に入っているといえる。有資格者の五〇%を完了した地方もあるが〝万博〟招請事業もほぼ終りに近づいているので組織の全力を投入して中立系並びに朝総連系に対して説得攻勢に最善をつくすべきである。七月末現在の総申請者数は、永住権申請資格者五十九万名のうち、二十一万余りである。

〝万博〟招請事業は、一万名参観はむずかしいという説が流布されていたが、心配は全くなく当初の目標通り十月十日までには全員輸送を完了するつもりだ。

続いて張聡明中央監察委員長、呉宇泳中央顧問、朴漢植全国韓国人信用組合協会々長、李禧健〝万博〟後援会々長、李禧永総領事らのあいさつがそれぞれおこなわれた。

呉宇泳顧問は、さる二十二日、李禧元中央本部団長が記者会見で初めて明らかにした〝トップ会談〟について、「このような重要な問題は、事前に中央執行委員会なり大会での決定を経て実行すべきであるのに、どんな理由で、トップ会談を申し入れなければならなかったのか」と発言して注目された。

会議の初日午後六時同会議場へ臨席した李厚洛駐日大使は、慰労と激励の言葉をおくった中で「目下、皆さんたちが全力をあげて永住権申請促進運動を展開しているが、それにもかかわらず同運動が不振なのは朝総連系の妨害もさることながら全民団員自体による自覚が足らないのではないか、日本政府は共産主義者たちを弾圧するがまた一方では、彼らに対して保護の手も差しのばすだろう。それは日本政府の一貫した一つの政策である。目下、再度審議中にあるといわれる出入国管理法も外国人らに対して過酷な統制を加えることを骨子としているようだ。在日韓国人に一人残らず永住権申請をするように呼びかけているのは、日本政府がどのような第三国人規正法をつくっても、韓日両国間において締結された条約が、日本の法律に優先されるからである。

したがって韓国政府としては永住権の申請促進のため最大限の支持と努力を惜しまない」と約束した。

金載華氏、無罪が確定

大法院 検察側の上告を棄却

大韓民国大法院刑事部は、二十五日、一九六七年六月総選挙時の新民党全国区候補であり元在日大韓民国居留民団中央団長である金載華氏（67）に対する国家保安法違反などの事件に関し、検察側の上告を棄却、原審どおり国家保安法ならびに反共法については無罪外換法違反については宣告猶予の判決を行なった。

金載華氏は一九六七年六月八日の総選挙の際、新民党全国区候補として十番目の公認を受け当選が確実視されたが、国家保安法ならびに反共法などの違反容疑にとわれ一九六七年十一月二十日ソウル刑事地方法院で有罪の宣告をうけて上告、一九六九年十二月十日の控訴審で無罪の判決をうけたが検事の抗訴で大法院で審理中であった。

外換法は宣告猶予

判決文要旨

金載華氏事件に対する判決文の要旨はつぎのとおりである。

主文＝原判決のうち被告人らに対する部分を破棄する。被告人金載華に対する本件公訴事実のうち反共法違反ならびに国家保安法違反の点は各無罪。

理由＝①抗訴理由の要旨、被告人金載華に対する弁護人のこの事件抗訴理由の要旨はA被告人金載華が、一九六五年一月五日在日本朝鮮人総連盟中央副議長である李心喆と面談、朝総連傘下の雑誌である統一評論に掲載される対談を行なったことは事実であるが、これは朝総連に対抗して大韓民国の主張をよびかけようとしたもので被告人としては、反国家団体とか国外の共産系列の利益になるとの情を知らなかったことであり、また統一評論に掲載された被告人の発言内容は、歪曲されたもので実際に対談の際発言した内容は、反国家団体とかその構成員に利益を与えたものでない。B略C被告人金載華の政治資金は、在日本大韓民国居留民団所属有志たちから募金されたものであるから朝総連側から出たものではない。また公訴の徐鎬実、郭東儀らが反国家団体の構成員でないばかりか、大韓民国のために働く民団幹部であることは間違いないから、本件政治資金は朝総連系と何ら関係がない。

②抗訴理由に対する判断＝(1)まず被告人金載華の弁護人が主張する事実誤認の抗訴論旨に対してみるとA略、B反共法違反について被告人金載華が本件公訴状に記載されているとおり朝総連中央委員であり朝総連傘下の月刊雑誌統一評論社長である徐鎬実の紹介で李心喆と会って統一評論新年号に掲載する新春対談を行なったことは、その対談内容が敵を利したことに対して被告人は、中央情報部以来検察、原審、当審に至るまでそれに対する犯意を否認しながら、その対談の動機は朝総連に対抗して大韓民国の主張を訴えようとするものであって反国家団体の利益になるとの情を知りながら同反国家団体の構成員と会談したものでないばかりか統一評論に掲載された被告人の発言部分は重要な句節がぬけており本来の意味とは異なって歪曲されており実際に対談しながら発言した内容もまた純粋な民族感情によるものであるから反国家団体の活動を讃えるとかこれに同調し敵を利したものでないと主張している点を観察してみるとまず被告人は、一九四六年ころ居留民団分離以前の朝鮮人連盟のときから組職上面識がある徐鎬実が、一九六四年十二月末ころ被告人の家に訪ねてきて統一評論誌に掲載する新年特集対談に参席してくれるよう頼まれるや被告人は、朝連系の主張に対抗して大韓民国側の主張をよびかけるよい機会だと思い朝連の一流級巨物と対談をするが対談内容を削除することなく雑誌に掲載するとの条件でこれに応じ東京上野の某旅館で徐鎬実と李心喆らと会い徐の司会のもとに対談を行なった事実が認められ、李心喆が、米軍は韓国を独立させるために駐屯しているのでなく日本帝国主義を追放したかわりに主人として再君臨している侵略者であり祖国の平和統一を妨害する根本的なガンになっているからこれを果敢に追い払い国民各界各層は思想を超越して無条件団合し外勢に依存しないで自主自立自決の原則下に平和的に民族的国家統一を成就させねばならないし、どのような政治体制にもっていくかは、国民の判断にまかすことにしてまず南韓から米軍という侵略者を全国民が総決起して撤収させなければならないとし現在北韓は、重工業を中心に軽工業、農業、民族文化が急速度に発展して国民の衣食住が安定されているほか文化生活まで自由にできるようになったと普及するや被告人は南韓に外国勢力としてアメリカ軍が駐屯していることは大体に[illegible]するが、北韓は中共とソ連に接壌しておりいつでも越境し軍隊を派遣できるので中共軍とソ連軍が撤収したとはいえ外勢の影響下にあることは南北韓ともによく似ていると語ったのち南北韓がともに外勢を排除して思想を超越して三・一精神に立却し、わが民族的[illegible]一問題を自主自決の方式をもって解決し民族至上主義に立却した平和統一を実現しなければならないと強調した。

（つづく）

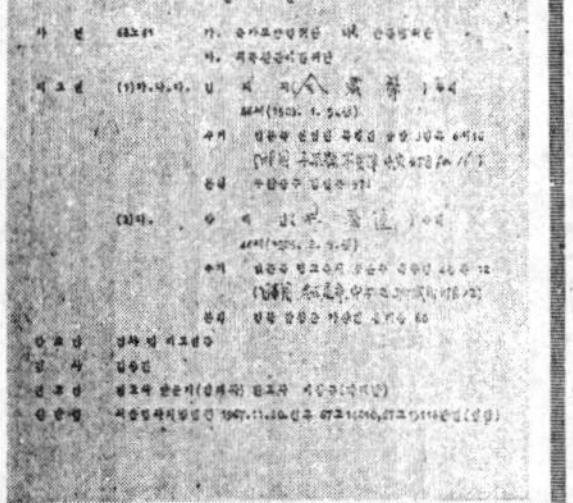

金載華氏事件の判決文（二審）の表紙

日本入国手続き急ぐ

ソウルで金載華氏語る

無罪が確定した金載華氏は、二十六日ソウル中区[illegible]の寄居先に往訪した東洋経済日報の記者に「旅券期限が切れてしまったので手続きをなし日本にいくつもりだ。日本に行ってから再び政治運動に携わるかどうかはわからない」と言葉少なく語ったといわれる。写真は26日ソウルの寄居先で。〈東洋経済日報社提供〉

裁判官に深い敬意

前対策委で談話文発表

金載華氏の無罪が確定した知らせをうけた前在日大韓民国居留民団金載華氏事件対策委員会（委員・呉宇泳、裵相湊、丁賛鎮、裵在根・曹寧柱・呉基文の各氏）では「裁判官の良心と勇気に敬意を表するとともにこの事件によせた在日同胞たちの物心両面の支援に感謝する」というつぎのような談話を発表した。

談話文　金載華氏は、八月二十五日大法院でひらかれた最終審で無罪が確定された。

金載華氏は、在日同胞たちの実情を本国朝野に訴えたい一心から政界進出を決心したものであったがその真意が中傷と謀略により意識的に歪曲され長時日の間、拘束され病気保釈されてからも法にしばられ今日に至るまで三年三ケ月余の歳月を過ごしてきた。

周知のとおり金氏は、一九六七年六月八日の総選挙のとき新民党全国区候補として第十番目の公認をうけ当選が確実視されるや保安法ならびに反共法・外換管理法違反容疑で拘束され、一九六七年十一月二十日ソウル刑事地方法院で有罪の宣渡しをうけ、即ちに上告一九六九年十二月十日控訴審で無罪の判決をうけたのであったが検事側の抗訴により大法院で審理中のところ八月二十五日大法院で検事の抗訴は、理由がないとして棄却され二審宣渡しとおり無罪が確定された。

〝事必帰正〟の原則からわれわれは、初めから無罪を確信していたのであり、その間民団大会決議によって〝金載華事件対策委員会〟が構成され徹底した真相調査が実施されたのであり民団中央委員会においても、公正で迅速な裁判を要望する決議を採択したのであった。

いま金氏の無罪が確定され、この事件の公正な解決のために民団団員たちの念願と声援がよい結実をみたことは、みなさんとともによろこびにたえないところであり当然なことではあるが裁判官の良心と勇気に対して敬意を表し、みなさんの物心両面にわたる支援に対し厚く感謝するものである。

われわれは、金載華事件が結着をみたきよう、在日民族社会の国族的な政治謀略と中傷がまわく罪悪的な作用に対し深く反省がなければならないと信じ再びこのような不幸で好ましからぬことがないよう望んでやまない。

また、われわれは、これを契機に在日同胞社会が一層明朗化される転機となり団員相互間の団結が強化されることを望むものである。

金載華氏は、近いうちに日本に来るはずでそのときに、みなさんに対する感謝の意を表することにし、長い間の労苦と支援に対するささやかな報告として最終審の結果をお知らせする次第である。（八月二十六日）

本号4ページ

朴大統領「八・一五宣言」全文

統一の基盤造成へ新構想

北へ問う　開発の競争に立つ用意ないか

朴正煕大統領は十五日、中央庁広場で行なわれた光復二十五周年記念式典における、慶祝の辞を通じて「平和統一の基盤を造成するための接近策にかんする構想」を発表した。朴大統領はそのなかで「北傀が武装共匪の南派など、すべての戦争挑発行為を直ちに中止し、いわゆる武力による赤化統一を企んできた今までの態度を完全に改めることを明白に内外に宣言し、これを行動に現わすべきである」と強調し「このようなわれわれの要求を北傀が受入れ、また実践していることが認められると同時に、国連が明白に確認した場合は、南北韓に横たわっている人為的な障壁を段階的に取り除くことができる画期的であり、かつ現実的な方案を提示する用意がある」と語った。朴大統領はさらに「北傀が韓国の民主統一独立と平和のための国連の努力を認め、国連の権威と権能を受諾するならば、国連での韓国問題討議に北傀が参席することも反対しない」と宣言し、北傀に対し「これ以上北韓同胞の民生を犠牲にしながら戦争準備に狂奔する罪悪を犯さず、善意の競争、すなわち民主主義と共産独裁の二つの体制のうち、どちらが国民の生活を豊かにする条件を持つ社会であるかを立証する開発と建設と創造の競争に立つ用意はないのか」と問いただした。朴大統領の八・一五宣言の全文はつぎのとおり。

朴大統領

親愛なる国内外五千万同胞の皆さん！

きょうは、われわれ民族が歓喜と感激に満ち溢れた中で迎えた祖国光復の日であり、その日から四半世紀になる日であります。

二十五年前、今日の津々浦々で太極旗がひるがえり自由解放万歳を声高らかに叫んだ日であります。全民族は歓心も打算もない純粋な愛国愛族心とともに、民族の再起の出発を喜び合い、また歴史の新たな栄光を誓い合ったのであります。

抑圧とれい属から抜け出し、失った祖国を取り戻し、再び先祖たちがうけた不遇をくり返さないようにするとともに、心新たに栄えある民族国家を建設するという大いなる夢を抱いた、その日の感激と燃える情熱は永遠にわれわれの胸に不滅の烽火として残ることでありましょう。

その日から早や二十五年が過ぎ去りました。二十五年という歳月は、人間が幼児期から少年期を経て青年期を迎える一世代に当たる時期であり、これは一民族、一国家においてもその間の成長度を慎重に評価しなければならない歴史的里程標である、と私は思うのであります。

今や成年韓国の誇り高い姿を内外に誇示しているこの時点で心新たに光復節を迎えるわれわれの感慨は無量であります。過去二十五年間の光復韓国史は、一口にいって「激動の時期」であり苦難と試錬の連続でありました。

光復の感激と歓喜が国土分断の衝撃と不幸の中で、一朝一夕にして露の如く消え去ったかと思うと、繁栄の希望と期待は北傀が挑発する惨酷な戦乱の中に、ひとかけらの虚空に浮いている雲の如く消え去ったのであり、ひいては、政府樹立以後の混迷と政体は、二度にわたる政治的激動の波乱を経ざるを得なかったのであります。

自ずからの手で奪い取ったのでなく、他力によって与えられた光復を消化するだけの主体的力量を蓄えることができなかったわれわれにおいて、このような試錬と陣痛は避けられない必然の結果であったともいえましょう。しかし、このような苦難は決して無駄ではなかったのであります。

われわれは悲劇にあっても決して挫折せず、また逆境の前に最後まで屈しなかったのであります。

長久な歴史を通じ数多くの内外の受難を強靭な意志と非妥協的な抗争で勝ち取り、また祖国の独立を保ってきた、力強い韓民族の本来の潜在的力量が試錬克服の過程で徐々に、その光を輝やかしたのであります。このように芽ばえだした民族的な自覚が凝結し、眠りから生命力と創造力に点火し民族中興の前進と隊列を整えた歴史的な転換点を成し遂げたのが、すなわち過ぎし六〇年代であります。

これから八、九年われわれは祖国近代化の課業のためすべての努力を注いで、多くの成果を得たのであります。そして今日全世界は五〇年代の動乱韓国が今や新生国家のモデル国家として登場したという新たな認識をもつようになり、また韓民族に対し尊敬と敬愛の意を表するようになりました。

しかし、私が何によりも誇りに思っていることは、われわれが得た外形的な成果よりもこれを成し遂げる過程でわれわれ民族の無限な底力を再発見すると共に、われわれの意志、われ[illegible]ことでも成し遂げることができるという自信[illegible]てきたということであります。

今や、われわれは六〇年代に着手した中興課業を必ず完遂しなければならない使命の七〇年代に踏入れたのであります。新しい四半世紀の歴史のページが始まろうとするこの瞬間、われわれが再び過去の歴史的前轍をくり返してはならないという決意と、われわれ子孫には立派な遺産を受継いでやらねばならないという使命感を、より一層高めねばなりません。

親愛なる国民の皆さん！

きょう光復第二十五周年を迎え、われわれ民族が常に心痛く思っていることは国土分断の悲劇であります。

統一に向う民族的悲願は、過去四半世紀間、一日もわれわれの脳裡から忘れ去ったことがなく一方、統一の展望は多くの難関とあい路にはばまれ、決して見通しが明るいと断言できない現実にあります。その原因はどこにあるのか？一口に言って金日成とその一味の民族叛逆集団が北韓にあぐらをかいて居座っているためであります。彼ら狂信的であり好戦的な共産集団は、祖国が解放されたその日から韓半島を暴力で赤化するため、終始一貫して狂奔してきたのであります。

六・二五南侵の残忍な同族相残に引きつづき休戦後、今日に至るまで一千八百余件を越える武力挑発を行ない、さいきんでは大挙の武装共匪を南派させていることからも立証されているのであります。金日成とその一味は当然、歴史と国民の審判を受けねばならない戦犯者であることは言うまでもありません。にも拘わらず彼らは口先きだけの平和統一とか、南北協商とか、連邦制、交流など恥じ知らずの欺瞞的な宣伝をくり返しているのであります。

このような北傀の底意はどこにあるのか、それはすでに晴天白日の下にさらされているのであります。いうまでもなく、彼ら自身が犯した戦犯行為と戦乱造成の責任を転化しようとする盗人たけだけしい式のやり方であり、また武装共匪の南派を偽装隠蔽し、素朴な一部国民を惑乱し感傷的な統一論を誘発しようとする奸邪な術策であり、国際世論の誤導をねらおうとする野卑な行為であります。このように虚偽に満ちた北傀の態度を信じようとする人はこの地球上には一人もいないことを、私は断言するものであります。

何よりも共産体制は基本人権の蹂躪と鉄のカーテンに囲まれた全体主義的な一党独裁であります。その中でも北傀金日成体制は同じ共産圏内でも典型的な極左冒険主義であり、歴史の偽造をこととする個人神格化がまかり通る閉鎖社会であります。今日の北韓はこのような暴横と恐怖が巻き起こる中で、戦争準備に狂奔する一つの兵営に化けてしまったのであります。

われわれは、現在もそうであるように、歴史と民族、天倫と良心をかなぐり捨てた凶悪な武力挑発集団と対峙し、統一問題を解決してゆかねばならないという難しい状況におかれているのであります。ここに民族の悲願である祖国統一の難関があります。しかし国土統一が韓民族の至上命令であるにしても同族の流血を強要する戦争だけは避けねばならず、また統一への道が険しいものであっても、絶え間ない忍耐と最大限の良識を発揮し平和的に解決して行かねばなりません。また同時にわれわれは、金日成一派の戦犯集団が最後まで武力赤化統一の野欲を捨てず、暴力的な侵略を犯してくる場合は、これを断じて撃退できる“力の培養”もゆるめてはならないという点を深く肝に銘ずべきであります。

国民の皆さん！

私はすでに数回にわたって統一への道は七〇年代の後半期に可能であろうと語ったことがあります。その時機に至ればわれわれの主体的力量の充実と国際的な与件の成熟によって統一の糸口がつかめられるという見通しと、とくに北韓の閉鎖的な社会体制も時代の流れによって自由化に従うことになり、またわれわれの自由の力が北韓にまで乗り越えて行くことを確信しているためであります。

しかし、時機を展望しながら、私は光復四半世紀に際し意義深い今日、この席上をかりて平和統一の基盤を造成するための接近方法に関する私の構想を明らかにしたいと思います。ここには必らず成し遂げねばならない先行条件があります。

すなわち、北傀が今のように侵略的であり挑発的な行為を続けている限り、彼らのいうことは仮面であり、偽装であり欺まんであると言い決めつけるほかはないのであります。緊張状態の緩和なくしては平和的方法による統一への接近は不可能であり、何よりも先にこれを保障する北傀の明確な態度表示とその実践が先だたねばならないことであります。なお、北傀は武装共匪の南派など、すべての戦争挑発行為を即刻中止し、いわゆる“武力による赤化統一とか、暴力革命による大韓民国の転覆を企んできた従来の態勢を完全に放棄する”という点を明白に内外に宣言し、これを行動で証明しなければならないと思うのであります。

このようなわれわれの要求を北傀が受入れ、実践しているということをわれわれがはっきりと認めると同時に、また国連によって明白に確認された場合は、私は人道的な見地と統一基盤の造成に寄与し、南北間に横たわっている人為的な障害を取り除いて行く画期的であり現実的な方案を提示、実行する用意があることを明らかにするものであります。

なお、北傀が韓国の民主統一独立と平和のための国連の努力を認め、国連の権威と権能を受諾するならば、国連で韓国問題討議に北韓が参席することにも反対しない。

このような私の構想に一言つけ加えたいことは、北傀にたいし「これ以上無辜な北韓同胞の民生を犠牲にしながら戦争準備に狂奔する罪悪を犯さず、より善意の競争、いうなれば民主主義と共産独裁のどちら側が国民の生活をより豊かにできるか、また豊かな生活を享受できる条件を整えている社会であるか、を立証できる開発と建設と創造の競争に立つ用意はないのか」を問いたいのであります。

親愛なる国内外同胞の皆さん！

今年は韓国が初めて世界に門戸を開放した十九世紀後半の開化期から近く百年を迎える年であります。

その日から一世紀、韓民族は落後と、れい属、戦乱と混とんが入り混った受難の歴程を歩んできました。だが、韓民族はその試錬を耐え抜き、今やわれわれの前には新しい中興の黎明が輝やいているのであります。これは最後の中興の機会であるといっても過言ではないでしょう。もう一つ記憶しなければならないことは、きょうから始まる今後の四半世紀を乗り越えれば、今世紀の末になるということであります。西紀二千年頃の世界とその中で大韓民国が占める位置は何処なのか、ということを正確に予測できる人は一人もいないことでしょう。

しかし、少なくともその時の祖国は、国土統一を成し遂げてすでに強力な民族国家として、全国民が共に繁栄を享受する豊饒な先進福祉国家として、たくましい姿に移り変っていなければなりません。今は着実にその準備期間であります。一九七〇年代はこのように、過去と未来を結びつけるわれわれの近代民族史の過程から民族中興の成敗を左右する重要な時期であります。またこの年代の中興課業を成就するか否かは、われわれの力をどれだけ“生産的”な目標に集結させるかにあります。民族の団結、力の集中、それは中興の成、不成を左右する鍵であります。われわれの当面課題である自主経済と自主国防を成し遂げることも民族の団結であり、民族の念願である国土統一を成就することも、われわれの団結の力であります。

国民の皆さん！

二十五年前の八・一五の際に歓歌したその感激と歓呼を、今後必らず成就する祖国統一のこの日を、より一層力強く歓歌できるよう団結し前進しましょう。

主壇の最左側には国務総理招請の在日僑胞式典参観団席があった〈前端に許弼奭東京商銀理事長〉

中央庁広場における第二十五周年光復節記念式典の主壇

式場一般席の左側に設けられた海外僑胞参観団の席〈前列右から二人目が在日同胞参観団引率団長羅鍾卿民団東京本部副団長〉

式典が終るや丁国務総理は海外僑胞席に足をはこばれ「よくいらっしゃった」と握手をして回られた。〈中央黒い服の後姿が丁総理〉

式典終了後、関東地区参観団全員は、孔徳洞国立墓地を参拝〈前方黒い服姿が焼香をすませた羅引率団長〉

関東地区参観団一行は、国立墓地の参拝をすませた後、顕忠門の前で記念写真におさまった。

力強い民族前進の姿

大空にこだまする八・一五宣言！

本国光復節記念式を参観して

本国における第二十五周年光復節記念式は、十五日午前十時中央庁東広場で朴大統領夫妻をはじめ内外の貴賓ら多数が参加して盛大にひらかれた。

この記念式は、ソウル特別市の主催によってひらかれたもので遠くアメリカをはじめ海外に住む同胞多数が参観したが、とくに日本からは在日各種団体から約五百名に近い同胞が参観した。

式場に特設された海外僑胞席には、華麗なチマ・チョゴリ姿の若い婦人たちが陣どって異彩をはなち年老いたひとたちも、若い学生たちもともにきょうの感激にひたっていた。

よく晴れわたった上空に、大きな太極旗がぽっかりと浮び太陽はさんさんと輝く真夏のひざしである。

定刻午前十時、ソウル市警楽隊の奏楽のうちに数百羽の鳩がはなされて大空に羽ばたくなかを朴大統領夫妻が式場に臨席、慶祝の式典ははじめられた。

国旗に対する敬礼、愛国歌の斉唱につづいて殉国先烈ならびに戦没護国勇士に対する黙念が行なわれたのち李孝祥国会議長が国民教育憲章を朗読した。

式典は、引きつづき開発貢献者に対する表彰が行なわれたのち梁ソウル特別市長の記念式辞があって朴大統領が慶祝の辞をのべられた。

マイクから流れる朴大統領の朗々とした声は、ビルの谷間をこだまして一層にきこえるが、はっきりときされる。平和統一への新しい構想をのべられたこの歴史的な宣言は、力強い民族の前進を象徴してあまりある。「開発と建設そして創造への競争に立つ用意はないか？」と北傀へ呼びかけた荷節は、遠く平壌の空にまで届いたに違いない。

朴大統領の式辞がのべ終るや舞鶴女子高等学校合唱団の光復節の歌声が式場をゆるがして記念式は閉式した。

閉式の奏楽が静かに流れるなかを丁国務総理は、真すぐに海外僑胞たちと握手をかわしながら回られた。

在日同胞参観団　国立墓地を参拝

民団東京本部羅鍾卿副団長に引率された関東地区同胞代表参観団一行は、中央庁東広場の記念式に参席したのちただちに孔徳洞の国立墓地へ、民団東京本部清泉の花環をささげて参拝焼香したのち故李承晩博士の墓地を訪ねてから同日午後一時公式行事を終えた。

各国の反響を収集　内外対策の樹立へ

朴大統領の統一構想で

政府は朴正煕大統領の新しい統一構想に伴い外務部、文公部、統一院間の緊密な協議を経て統一問題にかんする内附的な対内外対策を樹立することに決めた。

政府はまず朴大統領の“八・一五宣言”（北韓が“武力赤化”を放棄すれば南北韓間の障壁を除去する画期的方案を提示する——との内容、本通信の関係記事参照）を英、仏語に翻訳し、全在外公館を通じて駐在国政府および言論機関に配布する一方、これにたいする各国の反響を収集・分析し、国内でも世論調査を実施、対策樹立のための資料にする方針である。

これらの対策で政府が作成するのはまず今週中に国連に関連する部分を政府と学界・言論界代表で構成されている国連対策諮問委員会の召集により、意見を総合して決定するが、現在では朴大統領の提案が「北韓が国連の権威・権能を認定すれば北韓の国連総会出席に反対しない」というものであるので招請問題にかんする限り、従来の政府方針と大差はないとみられている。

政府はまた、国会で反共法、国家保安法改正論が台頭しているのに照らし、統一論議にかんする自由のふん囲気保障のため、法律的または行政的措置を取る必要があるかどうかを検討するだろうとみられる。

一方、崔圭夏外務部長官は十八日記者会見し「朴大統領の演説は統一への基盤つくりの布石である」と指摘しながら①北韓側に変わった動きがない現在「画期的かつ現実的な方法」を示すのは時期尚早である。また、統一問題は現行法令の範囲内で行なわれなければならない」と述べ、さらに「九月に行なわれる第二十五回国連総会では、韓国の単独招請を守り、北韓の武力統一のねらいと挑発行為を非難したい」と語った。

なお、金永善統一院長官は「性急な統一論議は警戒しなければならないだろう」と前提した上で「北韓が武力を放棄し国連の権能を認めるならば、そのときは反共法、国家保安法など関係法改正をただちに推進する用意がある」と明らかにした。

新民党が統一問題で大統領に公開質問書

新民党の金大中議員ほか二十七人は十八日、朴大統領に公開質問書を提出し、南北統一問題にかんする具体案を明らかにするよう要望した。同質問書の骨子は①西ドイツ、南ベトナム、韓国の三つの分断国家で国土統一問題を共同で論議する常設機構を設置すること②健全で強力な革新政党を育成すること　③反共法の反民主的な一部条項を改次　④各界代表を集めた統一問題協議会を構成すること　⑤南北間の手紙交換、商会所の設置、外国を含む記者の相互交流などを北韓に提案する——などの点を実施する用意はないか、というものである。

新民党も統一政策路線発表

全党大会以前に

新民党は朴大統領の“八・一五宣言”を契機にその間党内で論議されてきた統一対策を具体的に検討・整理して安保対策とともにきたる九月の全党大会前に“安保白書”を通じて発表する計画である。

新民党高位筋は十七日「朴大統領の発言があったからとて性急に統一案を政治的問題にする考えはないが、統一の時機に対備する新民党の政策路線を確定しようとするものである」と語り、十九日柳珍山党首が海外旅行から帰り次第党の公式機構を通じてこの問題を協議する予定だ」とつけ加えた。

統一対策で発言

柳新民党首

南ベトナム訪問からの帰途東京に立ち寄った柳珍山新民党党首は十七日「九月定期国会が開かれれば具体的な統一対策を論議する考えだが、朴大統領の統一構想と関連、共和党が国家保安法、反共法などの関連法を速やかに改正しない場合は新民党が改正案を定期国会に提案するつもりだ」と語った。

反共法などの改正を提示

＝共和党＝

共和党は朴正煕大統領がこのほど新しい統一接近政策を明らかにしたのを契機に、北韓がもし緊張緩和の先行条件（北韓の“武力赤化”放棄）を実行に移せば、統一にたいする段階的接近を誘導するため、関係法令を改正する用意があると明らかにした。

金昌槿共和党スポークスマンは十九日「共和党はこんご統一問題にたいし前向きな姿勢で臨むだろう」と前置きし、「そのためには現行の法令のうち国家保安法、反共法などといっさいの対共防諜関係法令を改正することを考慮している」と語った。

なお、金同党スポークスマンは朴大統領の演説内容にたいし「平和的な南北統一は接近し得る画期的な構想であり、建国以後の国家領導者としては初めての勇断だ」とコメントし「朴大統領の統一にかんする所信は一口でいって成功韓国を立証するものでありわが国力の伸長度を現わすものだ」と述べた。

税務講座本号休載

光復節中央慶祝大会,盛大

五千余名の同胞が参集

感激新たに祖国の発展祈る

わが民族が[illegible]二十五年目[illegible]八月十五日、本国は[illegible]外同胞は各地で記念式[illegible]なかで、感激もあらた[illegible]に光復の喜びをかみしめた。この日東京でも文京公会堂に都内はじめ[illegible]

[illegible]日、[illegible]協議会（事務局長・鄭在俊東京本部団長）の主催で第二十五回光復節慶祝中央民衆大会が盛大に開催された。

午前十時半、各地からつめかけた同胞が場いっぱいにあふれ、[illegible]ブラスバンドが[illegible]

[illegible]で開会し、国民儀礼について会長団が着席した。

まず主催者側を代表して鄭在俊東京本部団長が開会の辞に立ち、「わが民族が日本帝国主義の略から解放され、自由と独立を勝ちと[illegible]二十五年を迎えた今日、光復のために犠牲となった数多くの愛国烈士と民族運動の歴史を再び銘記しまた北傀や朝総連の妨害を排除しながら祖国大韓民国の発展に貢献し、永住権申請の促進を力強く進めよう」と述べた。

つづいて李禧元中央団長、李厚洛駐日大使が満場の拍手で迎えられ記念辞を述べ、次に韓国東京教会の[illegible]による記念講演に移った。[illegible]牧師は、日帝治下でなぜこのように我々が日本に渡り、生活してきたかを決して忘れてはならない、と前提しながら、在日同胞の当面の権利である永住権を一日も早く取得するよう訴えた。

つづいて朴大統領に送るメッセージを[illegible]、[illegible]をもって[illegible]午前十一時半、記念式典を終わった。このあとひきつづいて第二部に移り、色彩も豊かに舞台いっぱいにくり広げられる歌や民俗舞踊、躍進する祖国の姿を伝える文化映画にしばし郷愁の気持をつのらせ午後二時半、意義深い記念大会を閉幕した。

東京文京公会堂で行なわれた光復節25周年中央慶祝大会

冷たし、万国博韓国館

観覧中けがの同胞へ知らん顔

大阪で開催中の万国博閉幕も残すところ二十日足らず。「人類の進歩と調和」を掲げたこの世界のお祭りに、日本国内はもちろん、世界の津々浦々からの見物客はすでに五千万を越えるという盛況ぶり。わが韓国からの参観団、在日同胞も連日大挙して見物に押しかけており、威容とバラエティで好評を博している韓国館の展示をますます盛りあげている。

ところで一方、万博の華麗さの陰にかくされた"不愉快"な事件も少なくないようだ。万博が山場を越した折、その一例をあげるのも、万博の真髄である「進歩と調和」を考える上で大切なことであろう。万博に関わるとんださいな事でも、万博の一部にはちがいあるまいから――。

東京目黒区在住の団員、朴文義さん(60)が事故の被害者。朴さんは夫の崔根敦氏と連れだって、さる八月二日、新幹線で念願の万博見物に出かけた。韓国人ならば誰でもまず目ざすは韓国館。朴さん夫妻も、折から日曜日とあって特別混雑した見物客をかきわけて、周囲の各国パビリオンの中でもひときわ威容をはなつ韓国館に直行、しばらく並んでやっと午後一時頃館内に入ることができた。ところが、さていよいよ見学と思いエスカレーターの前まできた矢先、後の見物客たちに押されて転倒、運行中のエスカレーターのベルトに手を挟まれてしまった。

驚いた夫の崔さんらが警備員を呼び朴さんは医務室に運ばれたが、そこにいたたった一人の医師は、自分は専門外といってケガの様態を見ようともしないばかりか治療を施そうとする様子もない。痛がる朴さんに心配になった夫の崔さんはせめてレントゲンでも撮ってもらおうと交渉したが、レントゲン技師も帰ってしまったとの返事。朴さんらは困惑のあまり、では救急車をと頼んだが、何を大ゲサなと言わんばかりの態度でこれも断わられた。

痛がる朴さんと困惑気に頼む夫の崔さんの様子に、本国から派遣された[illegible]の警備員は、今度は二人を韓国館事務所に連れていき事情を話した。ところが頼みの事務官は朴さんや崔さんに目をくれようともせず「何でここへ連れてきたのか」と、いきなりその警備員を怒なりつけたという。ここまでくると崔さんらは抑えに抑えていた感情が爆発、興奮とくやし涙にくれながら、万博見物もそこそこに会場を離れたという。

そうこうしているうちに痛みもいく分おさまったのでその日は京都の娘宅に一泊、翌三日は帰京して早速、目黒の厚生急救病院に行ったところ、ケガの患部は骨折しており、全治三カ月の重傷と診断された。

崔さんらはこうした事が表沙汰になり、万博出展国館の名に傷がついてはとしばらくは怒りを抑えていたが、韓国館での当時の担当者らの態度を考えれば考えるほどくやしくなって、事の一部始終を民団目黒支部の方永哲事務部長に打ちあけた。方事務部長は、支部団員への[illegible]だと、事実を確かめたいと[illegible]早速大阪の万博韓国館事務所に電話したところ、こちらの話が終わらぬうちに、「本人の不注意なのに、我々にどうしろというのか」と、反対に[illegible]。方事務部長を[illegible]んばかりの勢いで電話を切り、それから今日まで何の音沙汰もないという。朴さんは[illegible]

朴文義さん談「万博、それも韓国館を見られることを前から楽しみにしていたのに怪我はともかく、係員の冷淡で責任のない態度ですっかり失望した。もしこれが日本人や他の外国人でも、同じ扱い方をするのでしょうか。そんな万博ならこちらからご免こうむりたい気持でいっぱい。とにかく悲しい経験でした。」

方永哲民団目黒支部事務部長談「私自身、万博事務所に電話して驚いた。怪我をした人を逆にとがめんばかりだ。民団の中枢者の一人として韓国館の素晴らしさを団員に知らせ、誇りをもつように指導してきたのに、これでは団員をだましたことにもなりかねない。せっかくの誇りや張り合いがスッ飛んでしまう。国の内外をとわず同胞が民族を誇り、国を愛する気持は変わりないのに…。」

折角の韓国館参観をふいにして傷心の朴さん

万博保安対策 迎接説明会議

婦人会東京本部

在日大韓婦人会東京本部（朴琪先会長）ではさる二十一日午後一時から民団東本三階講堂において、同婦人会扱いの万博招請者を対象に、保安対策および迎接連絡についての[illegible]をもった。同婦人会扱いの[illegible]は[illegible]で、これまでに[illegible]が出席した。[illegible]

関東大震災犠牲同胞追悼式

一日東本講堂で

来る九月一日は在日同胞はもちろん全民族が決して忘れることのできない関東大震災における[illegible]がおこった日である。四十七年前の一九二三年のこの日、関東一帯が突如の激震に見舞われた中で、無数の同胞が、武装[illegible]の手で「朝鮮人」であるというだけの理由で、次々になぶり殺された。

民団東京本部では例年どおり、それらの犠牲同胞追悼式を一日午前十一時、東本三階講堂で開催し冥福を祈る。

韓青も六日に

在日韓国青年同盟関東地方協議会では、来る九月六日（日）午後一時から、東京文京区民センターにおいて「関東大震災韓国人犠牲同胞追悼集会」を開催する。

参観団募集

＝国軍の日＝

民団では、来る十月一日、本国で[illegible]第二十二回国軍の日[illegible]に朝総連から転向入団した同胞の多数参席も見込まれている。

《日程》（9月30日）羽田出発（10月1日）国軍の日記念式典参席、国軍墓地参拝（2日）空軍航空ショー参観、政府要路礼訪（3日）解散。

楽しい思いで残し

夏季学校生無事に帰る

先月二十七日から本国で開かれていた第五回母国夏季学校に参加した僑胞学生は、本国でのコレラ発生のため予定を二日繰りあげ、さる十五日釜山で解散式を行い、十八日までにほぼ全員が無事に帰国した。

今回の同夏季学校入校生は全国で七二〇名、都内からは六五名。一行はソウル到着直後の先月二十七日に一行の所持経費をそっくり盗まれるという災難に見まわれ、一時は先行きどうなるかと心配されたが、幸い"犯人御用"で一段落、また日程半ばに本国にコレラが発生したため、大事をとって公式日程後の個人行動を制限されて急きょ帰日を余儀なくされるなど難儀が重なったが、その他は八月九日までの約二週間、男子はソウル工科大、女子は梨花女子大で歴史、国語、特別講義などの講習をバッチリ受講、そのあと大田、大邱、慶州、釜山と各地を見学したり民泊するなど、ほぼ予定通りの日程を消化した。

慰労懇談会

民団東京本部文教部（文教部長）では来る三十一日午後一時から、民団東本三階講堂において、第五回母国夏季学校参加者の慰労をかねて、懇談会を開く。

新支団長登場 ④

豊島支部・金熙淑氏

新しいモラル求めて

会館の建設年内には着工の予定

金熙淑氏は、さる五月の同支部定期総会において、満場一致の推薦をうけて同支部三代目の団長に就任した。総会をまえに団長候補が乱立していたが"金熙淑氏が引受けてくれるなら"ということで無投票当選となった位だから氏の信望は言うまでもない。豊島支部が独立してなかった旧連合支部時代から金氏は、監察委員を一期、監察委員長を三期も務めた組織経歴のもち主であり東京本部管内支団長のうちでも最も若い支団長でありしかも大学出のインテリでもある。

「団も創団以来、二十五年もの歳月が流したのだから旧態依然たる姿は許されません。名誉ばかりの団長であり副団長ばかりの役員の存在は、組織発展の妨げ以外なにものでもない。豊島支部ではそういう不実な役員は一人もいません。すべての役員が毎日支部へ顔を出し担当の仕事をします。」と金団長はきびしい表情で語る。

豊島支部は、東京でも随一の繁華街"池袋"に位置している関係上商区からの商店従業者が多いのが特色。この豊島区に登録されている同胞数は約二千三百でそのうち韓国籍は一千二百余名とのこと、韓国籍所持者の約九五%は永住権申請を完了している。支部運営財政も比較的良好な方で基本財政が一千万確立されており毎月の経費も若干ではあるが黒字を出しているとのこと。したがって婦人会など傘下団体への補助金も毎月支給しており東京韓国学校へは毎月五万円の教育補助金を出している。団基本財政とは別に同支部では、傘下に商工協同組合をもち、これは営利事業として運営され団員の経済力増進に大きく貢献している。

「寄付金集めに明け暮れた昔の民団に比べればいまの民団は何か新しいモラルがめばえた感がしますね。」と金団長が述懐するように、たしかに豊島支部は経済面の土台が固く築かれているために団務は順調に推進されているらしい。

婦人会と幹部が毎週二回のハングル講習会をひらき母国語の習得と教養の向上にひたむきな努力をかさねているとのことだが、これなどわが居留民団として誇ってよい事業ではなかろうか。異国の地に生をうけても祖国の文化と民族情緒を身につけていこうとするその精神こそ尊ぶべきである。金団長は、民団に芽ばえた新しいモラルを強調したが、それすなわち民族教育の振興に民団が手助けできる力がついてきたことにほかならない。

つぎに同支部では、いま支部会館の建設に力をそそいでいる。すでに敷地三〇坪も確保されており四千万の目標で募金運動にのり出しているが、八月現在二千万を突破、年内には着工の予定であるとのこと。池袋の一角に太極旗のひるがえる豊島韓国人会館の偉容がお目みえする日も近い。〈B〉

写真は支部事務所で語る金団長

悪辣な総連信用組合

預金を北傀政治資金に強奪

岡山で民団へ転向の幹部たちが暴露

在日朝総連系の信用組合幹部六名が脱退を宣明、韓国人居留民団側に転向する意思を明らかにするとともに朝総連の悪辣（らつ）な資金捻出方法を暴露した。

この宣明者六人は今年初めまで岡山中央信用組合理事長だった成鳳汴氏（四九）を始め組合専務理事兼営業部長の安炳洙氏（四一）同理事洪栄方氏（四九）理事兼岡山朝総連体育会長の李庚龍氏（五一）理事兼たまの支部副委員長金[illegible]氏（四六）らであるが、同氏[illegible]朝総連と手を切りたいとの決意を決めた直接的原因は信用組合に預金された金が北韓の政治活動資金としていや応なしにてん引きされたことにイヤ気さしたもので「赤化統一の偉業のためという理由で一生懸命働いて預金しようとする預金者たちの金をさっ引くことは罪です」といっている。

この脱退宣明者たちは十日午後、岡山市ニュー・オカヤマ・ホテルで記者会見をし、朝総連がいわゆる"金国統一と赤色革命"などを遂行するという名目で信用組合預金者たちから、預金額の五%から二〇%にのぼるものを強制的に収奪し、年間百五億円を強奪してきたと明らかにし「各地区の朝総連支部は日本にある三十一の朝総連系信用組合から、朝総連本部の指示に従って一律的に政治資金を強奪している。そして具体的な金額とその用途に関しては幹部一二名を除いては誰も――個々の預金者たちさえも全く知らされていない」と語った。

成氏らは個々の例についても述べたが、たとえば倉敷に住む鄭五連さん（女）は信用組合に預金しておいた五十万円を引き出そうとしたところ、組合側はこれに応せず、鄭五連さんが文句をつけると「カネがない」という理由で支払いを拒否したという。

成鳳汴氏は、特に北韓の金日成から勲章までもらったとのある人だが「これ以上北韓に利用されてスパイの役割りをすることはできない」との心境をこのほど披瀝し、信用組合は組合員と職員の思想や動静にかんする情報を収集して朝総連本部に報告するスパイ組織に他ならないと非難した。なお成氏は語る。

「実はこのたびも、朝総連によって私有財産三億円を強奪されるところだったのだ。しかし信用組合幹部たちはこれに抵抗し、ついに朝総連側すなわち北韓系からたとえおどしなどの危険があろうと脱出することに決意したものである。こんご四十名から五十名にのぼる同胞が信用組合から脱出することになろう」

修了式行なう

江戸川支部の国語講習会

民団江戸川支部ではさる六月からおこなっていた同支部文教部主催の韓国語講習会、今年第一期分の日程を多大な成果をもって終え、さる二十六日午後七時からその修了式を行なった。

同支部では青年、婦人らを対象に、かねてから韓国語や歴史の講習会がさかんで、昨年は夏休みを利用して、主に二・三世の小学生を対象に約一カ月にわたって夏期講習会を開催し好評を博した。今年は、これまでの成果にのっとって講習をより充実したものにしようと、一年を三期に分けて、三カ月単位で講習会を開くことにしたもの。

六月からスタートした今期の講習は、毎週水曜日の午後七時から九時まで行ない、学校が夏休みに入った先月二十二日からは、昼は二時半から小学生、夜は七時から高校生、婦人と、二部に分けて行ない、それぞれ二時間、暑さにめげず熱心に勉強に打込んだ。当初は、暑い中でもあり、加えて会場にあてられた支部事務所が交通便のよくないことから、その成果が心配されたが、講師にあたった洪啓三先生の懇切ていねいな指導や、同支部役員、事務部長、婦人会、韓青が一丸となった努力が功を奏してか、二十余名の小学生はじめ高校生、婦人ら合わせて約四〇名がほとんど欠かさず出席するという盛況ぶりで、洪先生はじめ関係者を大いに喜ばせ、また韓国語講習の意義をあらためて痛感させている。

修了式には受講生はじめ鄭昌煥団長ら支部三機関、執行部の先生方、婦人、青年らが参席し、国語習得への熱意をたたえ、激励するとともに、受講生全員に民団の先生方から"こけつび"として記念品が贈られた。

第二期は来る九月九日から開講の予定で、同支部では洪先生らの尽力により本国からテキストを今年中に[illegible]国語講習の[illegible]である。

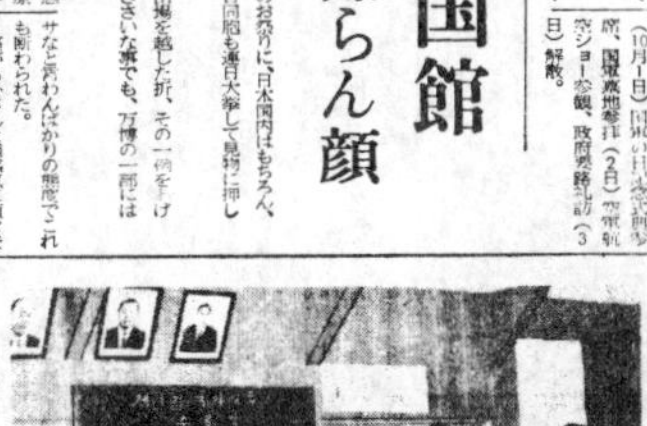

成果残した江戸川支部国語講習会修了式のもよう

支部だより

北　＜婦人会主催で舞踊講習会＞婦人会北支部ではさる六月二十八日以来毎週水、土曜日の午後九時から、韓国舞踊の講習会を開いている。場所は支部講堂、愛好者の参加を歓迎する。

＜韓国語講習会のお知らせ＞同支部では婦人会主催で韓国語講習会をおこなっており、小休止のあと第二期講習を来る九月四日から再開する。日時は毎週水、木曜日の午後七時から、会場は支部二階講堂で、ウリマルのほか歴史、英語の講習もおこなう予定。講師には尹成植先生があたる。

大田　＜第二回本国家族の歓迎会を開催＞さる一日に、第一陣で来日した管内の本国家族万博参加団をむかえて歓迎会を催し好評を博した民団大田支部では、今度はさる十一日以降に来日した方々を招いて、来る二十九日第二回目の歓迎会を開催する。午前十一時から午後三時まで、場所は大田区内の平和島温泉。

花郎台で3日間 楽しい林間学校

―豊島支部―

子供たちにとって楽しい夏休みもそろそろ終わろうとしているが、民団豊島支部管内の二・三世子弟たちは、さる十七日から三日間、母親や姉さんともども都下秋川渓谷の花郎台に合宿、楽しく有意義なひとときをすごした。

この林間学校は、婦人と二・三世子弟が一堂に会して相互の親睦を深め、民族教育を通じて子弟に民族意識を培養しようとの親心から婦人会豊島支部の主催で開かれたもの。第一日目の開校式には婦人と幼稚園から高校までの子弟ら約六十名と申順玉会長はじめ婦人会役員のほか、この画期的な催しを物心両面から後おしした民団豊島支部の金熙淑団長、呉相彦副団長、前団長の辛富尚顧問そして韓青同支部の韓建首委員長、崔昌樹監察も激励にかけつけ母と子のこの画期的で意欲的な試みを心から祝福した。

子供たちはウリマルや民族の風俗、習慣そして歴史を勉強するかたわら、母親やおばさんたちとともども涼風ただよう秋川渓谷にくりだし、遊泳やボート遊びを満喫した。

婦人会豊島支部では、婦人会、民団、韓青三位一体となったこのたびの林間学校の成功を、日常活動にも生かしたいと、ますます意欲をもやしている。

関東大震災犠牲同胞慰霊祭挙行について

左記のとおり関東大震災犠牲同胞の追悼慰霊祭を挙行いたしますから多数のご参席を望んでやみません。

一九七〇年九月一日午前十一時
民団東京本部三階講堂で

在日大韓民国居留民団東京本部

母国夏期学校に参加して（上）

朴 健 二

七月二十六日、われわれ母国夏季学校生をのせたトラジ号は一路韓国へと白波をけたてて進む。波の幅が大きいと気付き、聞いて見るとやはり十二ノットという遅い速度であった。時おり海の色の変化に気付く。潮の流れが異なるのかなどと雑感にひたりながら自分は本当に韓国に向かっているのだろうか、と今だ信じられない気持でいた。釜山港とはどんな港だろうか？ソウルはどんな街だろう？山々はやはり禿山が多いのだろうか？あと数時間だ。数時間で自分は母国の土を踏む事ができる。そう思って船室で少し寝ることにする虫に刺された痛みで目がさめてデッキに上がる。夕闇迫る中を船は進む。見えた釜山だ！釜山の山々がはっきりと見えるまぎれもなく釜山港だはじめて見る祖国の山々。この釜山港を見て一番最初に思ったこと、それはアボジとオモニについてである。この港が、オモニが乳飲み子であった兄を抱いて一人日本に向かった港、アボジはその時オモニに何と言ったであろうか。涙を流して見送ったであろうこの釜山へ自分はやって来たのだ。そう思うと胸に何か感ぜずにはいられなかった。否、自分の両親だけではないはずだ。幾多の韓国人がこの釜山港には何かきっと深い思い出があるはずだ。

そしてついに上陸。貴重な一歩を踏む。やった！ついに母国の土を踏んだ。今日は記念すべき日。歓迎の人たちも「諸君ここが祖国だ、この立っている所がわが母国である」そうだ、違い無い、よしと思いしや、さっそく本国の高校生に声をかける。笑いながら答えてくれたが二言三言の言葉でも本国へ来て通じたと思えばやはり嬉しいとしか言いようが無い。

その夜、すぐさまわれわれは列車に乗り込み一路ソウルへ。

七月二十七日、ソウル駅に到着。見る物すべてが素直に受け入れられる。つまり、異国に来たという感じが浮かばないのである。ソウル駅から全員バスで女子は梨花女子大学、男子はソウル工科大学へと向かう。そこで約二週間生活する事になるらしい。来て見てチル紙に至るまで用意されているのには驚ろいた。ソウル工科大学に滞在中に我々は多くの事を学んだ。それはソウル市内の各名所を訪ね前線も見学した。大学での講義はもちろんその一つ一つ取ってみても勉強になったと言う他は無い。

名所の美しさ、すばらしさは今さら書くまでも無いので一つ寄宿舎内での出来ごとを書いてみよう

大学内では、一室に二人づつの寄宿舎で、私の相手は台東区から来た大学生、入舎して2～3日して母国語の必要性を我々は痛感したのであるが、彼は毎夜部屋にとじこもって子音、母音の発音練習をしている。私が、夜も遅いので寝床に入っても体を揺り動かしては単語を聞く。数の教え方、単語の一つ一つを声に出しては勉強している。そのうち短文を作っては私に話しかけてくる。食堂に行く時も、市内見物に行く時も常に単語を口にして覚え様としている。隣りの部屋の者が煙草をくれと言って来ても、「母国語で言ったらあげる」との厳しぶり。そのうち民泊の日が明日に迫ると彼は、民泊での挨拶出来る言葉を私や助教（本国の大学生で私達の世話人）に聞いて、それをノートに書いたかと思うと、ドアの所から立って始めましての挨拶から、いただきます、ごちそうさま、おやすみなさいに至るまで練習し始める。これは彼に限らず多くの学生がそうであったと思われる。そして我々在日僑胞の二世、三世のかかえている問題点がまさにこの点ではなかろうか。まず我々が解決せねばならないのは母国語の習得。私も国語はほんの少ししかまだ解からないが、街に出て洋服屋、茶房・理髪店等と国語で書かれた看板を読み取る事が出来る時、そこには異和感が生じ無いのである。彼の姿を見るにつけ私も覚えなくてはと考えさせられるのであった。

私達入校生仲間で夜遅くまで話し合う。ただ韓国人どうしの話合いなら日本においても可能だが、そこには我々が本国に来て、本国の味を噛みしめながら話し合う。互いに大きな物を学んだに違い無い。農村のわら葺屋根も空気の美味しさも、その全てが脳裡に焼き付き、もはや忘れる事の出来ない思い出となった。ソウルから大田大邱、慶州を過ぎて釜山へ。その釜山でまさか親戚の姉と会えるとは夢にも思わないでバスに揺られて居た。（次号につづく）

慶州の古跡を訪ねて……筆者写す

分断25年 오늘의北韓

〈通信〉 尹 鎮 永 ②

北韓は六・二五動乱後、通信線路を直線化するという口実のもとで都市と大きな道路から二キロないし十キロも離れた山岳地帯にすべての通信線路を移動させた。そして都市にはいってくる通信線や電線は地下に埋めてしまい、外見ではどこに通信線・電線があるか分からぬようになっている。また主要郵便局も地下にかくしてしまった。これは六・二五が休戦となるや、金日成が次の〝統一戦争〟を目指して準備したためである。従って北韓の地下にもぐった通信線や電線、あるいは主要郵便局の周囲は壁のようなもので頑丈に取りかこまれている上〝偽装〟されている。

北韓の通信はすべて内閣通信省で総括されている。各道の郡には通信処と郵便局があり、五つの里（韓国の面に当たる）ごとに通信分処（これは全国で八百四十一カ所）がある。

この通信文書は非常に少ないものである。従って北韓の住民たちは手紙一本出すのにも大そう不便である。田舎の場合は通信分処も出張所もないので、数日に一回まわってくる郵便通信員（配達夫・女も多い）に手紙を託す以外に方法はない。

北韓では手紙のつくのが遅い。一週間かかることがザラにある。原因は通信機関の施設・人員の不足にあるが、特に検閲のために多くの時間をさくからだ。

北韓の通信処の特徴は検閲制である。各郡通信処には党から派遣された郵便検閲係職員が二名ないし三名常駐して手紙の検閲に当たっている。

検閲を徹底的に行なうのは外国に出る手紙、小包、電報など、また同じくこれらが外国からはいってくる場合である平壌国際郵便局検閲局はこれを専門に行なっており、少し手紙の文句がおかしいなと思うものでも摘発の対象になる。外国の親戚や友人に出す手紙などでも、北韓での生活が貧しいとか、あるいは自分が生活苦で困っているとか、書くと間違いなく郵便検閲係員によって挙げられ、本人の該当地域党に告発される。

従って、北韓では「北韓における生活苦や悲惨さ」などを書くことはタブーとされている。

手紙の中でもしも党や共産主義を非難するような句節でもあればそれは致命傷となる。すなわち、検閲官から摘発報告を受けた党はこれを人民裁判に回して処罰するからである（死刑の者も多いのでこわがられている）。

一方、個人の生活苦など消極的不満を述べたものでも、鉱山や他の重労働工場へ追放される。

北韓の電話は八〇％が旧式の磁石式および空転式電話である。

自動ダイヤル電話のあるところはいまだに平壌、咸興、新義州、恵山の四都市だけである。旧式電話のうち磁石式は四〇％を占め、これは七つの道庁所在地ならびに都市周辺の農村だけにある。他方六〇％にあたる磁石式電話はそのほかの郡などで使われている。

さらに特異なことは、以上述べた三種類の電話がいずれも、ほとんど党および党の公共機関にだけ付設されているということで、個人の家は党の幹部でない限り、電話がない。

電話を家に持つ党の幹部は局長以上の道人民委員会幹部、郡人民委員会委員長級以上および一、二級企業所責任者らであるが、それでもこれらの幹部たちの電話は電話総加入者数の〇・二％にしかならない。

平壌と各道庁所在地との間には返送電話が設置されているが、これも不足しており返送電話線路は三本から七本くらいしかない。従って市外電話がかけにくく、一般個人の用事ではほとんどかけることができない。

しかし、軍隊専用の電話はかなりよくできており、全域にかかるようになっている。

北韓で、いまだに旧式の磁石電話や空転式電話が使われている理由は器機材などの不足によるものであるが、強いてこれを改善しようとしないのは旧式の方が盗聴しやすいからである。北韓では、電話での話は注意しなければならない。

電信部門の方は、平壌と各道庁所在地間に東独製のRFT印刷電信機が装置されているのが主なものである。また、道庁所在地と郡との間ではまだモールス符号の電信を行なっている。しかし、通信分処と郡との間は電話通信である。北韓では郡単位に電信用無電機二台が設置されているが、平常時は使っていない。

北韓当局は放送部門で相当に神経をとがらせている。北韓の放送はすべて内閣直属の中央放送人民委員会によって行なわれている。中央放送人民委員会は地方に各道放送委を持っており、平壌、各道庁所在地ならびに各都市に放送局と有線放送局を設置している。

平壌放送局の出力は休戦の翌年五四年に百五十キロにふやされ、六一年からはいわゆる有線網（有線放送）設備に力をそそいだ。そして六四年五月には全農村の九三％に有線網施設をととのえた。これは金日成偶像崇拝教育と党宣伝に使うために拍車をかけられたが、放送番組の多くは農民や労働者を鼓舞する——といえば聞こえがいいが、結局は馬の尻を引っぱたくように働かせる——ためのものであって、娯楽番組は全然ない。よく〝経済成果〟放送が行なわれるが、これはねつ造もので、はっきりした数字はいわず、いつも景気よく、どこどこは〝百ナンバーセント〟の生産をあげた……というように放送している。

ニュースは全部金日成の動静（いいことばかりいう……）で、ソ連など東欧圏のニュースは北韓式に、つまり修正主義のにおいがすると彼らが判断したものは削除して放送している。

なお、音楽は行進曲風の調子のものばかり使って政治的機運を高めようと試みている。

従って、どうしても同じ調子になりやすいので、住民たちは、放送といえば「ああ…またか…」という有様で、あまり放送を聞かないのが常である。

固定しているラジオのダイアル

北韓のラジオ（テレビは一般に出回っていない）はサイクルを北韓だけにしぼってあり、ダイアルが他へまわらぬように固定してある。これは韓国の北韓向け放送を一般住民たちが聞かないように、六七年から〝放送サイクル固定化作業〟というものを実施したからである（さきほど、韓国南海岸で北韓のゲリラ所持品として発見されたトランジスター・ラジオも全部ダイヤルが固定していた）

ダイヤルの固定していないラジオは、郡党の秘書級以上の幹部用と軍高級将校用のものだけである。もしこれ以外にダイヤルのまわるラジオがあるとすれば、それは北送された元在日僑胞や海外旅行者たちがコッソリと持ち帰ったものである。

北韓では放送記者やアナウンサーの選択に非常な力を入れ、かつ慎重である。従ってこれに選ばれることは大そうむつかしいことである。

放送記者やアナウンサーのタマゴは金日成大学生のエリート中から選ばれ、この中でも話し方が上手で筆の立つ学生、そして党性の強い者が狭き門を通って研究所へ入れさせられる。そこでは毎日、猛訓練を行なった結果、さらに党の立場を〝一〇〇％以上〟伝達しえない学生をカット・ダウンして残りを各放送局に配置するのである。

これらの放送記者やアナウンサーは年は若くても、北韓で中流以上の待遇をうける。しかし一日として心安まる日のない職業であるから決して太らない。つまり常に〝調査と検閲〟にさらさたており少しでも間違いをすると（しゃべり方の間違い、といより党性の立場における間違い）容赦なく、その場で追放処分に会う。そして行く先は重労働者として僻地行きである。

党の指示うけるラジオ番組作成

ラジオ番組は作成する前にすでに〝党性一本ヤリ〟で徹底した指示を受ける。すなわち次のような段階を経てはじめて放送の運びとなる。①経済〝実体〟とか建設〝実体〟がよく放送されるが、これは党の高位層が労働実績を上げるために放送記者に現地の〝実体〟を取材させて放送するものでこれはあらかじめ作成された企画内容をよく記者にのみこませた上で行なう。つまり党上層部の指示に従うことを第一義としている。②放送局長は幹部会議を開き、作成された企画をよく検討・分析したのち、記者二名に取材を指示する。③記者二名はそれぞれ、別途に現地にはいり、取材したのち記事を作成　④放送局長はこの二つを比較した上、党の立場として内容の誇張されている方を採用、録音して（金日成演説以外、ナマ放送はしない）党に送る。⑤党はこれを検討して内容を再び修正したのち放送をする指示を与える。

北韓は数年前から開城の南山に日本製テレビ受像機を設置しているが、これは韓国のテレビを見るために使われている。しかし、一般住民はみることができない。というのは、これが対南工作に対する資料として使用されているからだ。

無論、一般住民はテレビなどみたこともない。

北韓は現代社会の文明の利器ともいうべき通信いっさいを住民一般の福祉のために使わず、党の宣伝や戦争用器としてしか利用せずにいる実情である。

（SISA）

筆者の尹鎮永氏は前北韓平安北道通信処技師長。

大物スパイの告白の記

私は北傀を告発する

(12)

スパイ学校で

姜 大 振

監視員の女の部屋で 夜中にもれるあやしい声

廊せすぎの指導員は私を部屋へ案内し「ここは、学習と生活の根拠になるところです」といった。

米兵のかかしがナイフ訓練のマト

部屋はかなり広かったが、机と椅子が三つ並んでおり、机の傍らにはそれぞれ、衣服、下着、カミソリ、歯ブラシなど備えつけてあった。部屋の向こうを見ると別の部屋にベットが三つ並んでおり、そのほかにフロ場、応接室まで揃っていた。

「学習はこれで行ないます」

と指導員がいうのでみると、机の上にレシーバーが備えつけてある。名も告げぬ指導員が説明する手の方向をみると、机の上には筆記道具やノートがのっていた。

指導員は入口にかかっていた傘一本をはずして、私の前で広げてみせながら

「共同学習講義室など、この部屋から外へ出るときは、雨が降っていてもいなくてもこの傘を必ずさして下さい。それから忘れずに色メガネとマスクを着用のこと」

といった。見回すと、南韓製品がよく眼につくように並べられてある。南韓製品にわれわれを馴らさせるためであり、それも学習のうちの一つなのだ。

訓練用装備箱にはステッキ、砂入り背嚢（のう）、同じく砂のはいった脚絆（きゃはん）、銃器などがいっぱいはいっていた。

また、庭にある訓練所には米兵の服装をしたかかしや布をまいた台拳道の立木などがあった。米兵のかかしはナイフや刀を投げる訓練のマトになっており、心臓部に印がついていた。

案内を終えた指導員は私に「私のゆるしなしで外へ出ては行けません。周囲の山道を歩いたり、他の学生たちと会うことは許されていません」ときびしく告げた。

中年男たちと組みになる…

二、三日、私は放っておかれた。こんもりと茂った林の中の建物の中で、窓だけをみつめながら〝密封〟され、私は寂寥感におそわれた。ああ、スパイになるために今日まで生きてきたというのか……。

と、ふと音がして黒いセダンから中央党連絡局組織部の金鍾北道指導課長と鄭指導員が降りてきた。みると、二人の中年男を連れており、それが私と一組になる学生だと紹介した。

二人とも全羅北道の出身で、ことばにそのナマリがあった。金××と朴××。金は四十歳くらい。朴は四十四、五歳ぐらい。

この二人がきてから、七月十六日、私たちは〝三人組み〟で正式教育課程にはいった。まず指導員が学科と訓練の時間表を手渡し、このとおりに守るのだと言った。

起床は朝の五時、清掃、洗面、朝食、後八時三十分から十二時三十分まで四時間きっしりとレシーバーで講義を受ける。質問があれば昼食後、科目別に担当官が巡回訪問してくるので、その時に聞くことになっている。午後は復習。夕食後は砂のはいった重い背嚢を背負って、同じく砂入りの脚絆を足にまいて武器を肩にして、きまったコースをきまった時間内に走るのである。若手のゲリラならいざ知らず、中年のスパイにはなかなか苦しい訓練である。

南派スパイの教育

一週間に二度、共同学習の時間がある。みんな傘をさし、色メガネをかけてマスクをして講堂に行く。大きな講堂の中に三人ずついっしょに坐れるように区切った小さな部屋が十幾つかあって、その構造は講師と自分たちの組三人しかみないようにできている。講師は共通である。各小部屋に入口があり、それぞれ入場時間が違うので、他の学生に顔を合わすことは絶対にない。そして講堂に入るやいなや決して話をしてはならぬことになっている。

この〝政治大学〟という名の南派スパイ訓練所の学習はなかなか大がかりのもので「理論」は労働党歴史、金日成活動史、マルクス・レーニン主義哲学と政治・経済学、朝鮮歴史、世界政治・経済・地理、国際情勢、世界各国民族解放闘争史、南韓実体、地下党組織方法、基本気象学、簡易医術などで「実技」は射撃、台拳道、合気道、ナイフ投げ、水泳、清水呼吸法、爆破訓練、運転術、偽装術、秘密アジトづくり訓練など。中でも地下党組織方法は特別に力が注がれ、微に入り細に入り、さまざまの方法を教えられた。

トンムと呼ばず先生という

いっしょに訓練を受ける三人は互いに党から〝指摘されてきた〟ということ以外は何一つ個人的なことを知らなかった。本名はいうまでもなく、過去にどこで住んでおり、何を仕事にしていたかとか、家族はどうだとかいうことはいっさい話してはならない規則だからである。また、自分の家族に連絡を取ることもいっさい許されていなかった。

私の党の命令により細胞委員長になった。そして私たちは互いに互を呼ぶとき〝トンム〟ということばを禁止されていた。ところが、北韓では普通、互いにトンムと呼び合うのでつい口に出がちである。指導員は私たちに、南派されて活躍中のスパイがうっかりトンムといったことから足がついて逮捕された話をして聞かせながら、この訓練所では、南でいうように「先生」と呼び合い、これが口ぐせとなるようにと注意された。指導員が幾つかの注意事項をきびしくわれわれに言い渡した後、四十歳を越えたろうと思われる女がビールとツマミを持ってはいってきた。女の顔は多くのシワとソバカスで見るカゲもなかった。からだつきも、もう女の生命も終わりなのではないかと思われるほどにきしんでいた。しかし、私は久しぶりにみる女なのでからだが躍（おど）るように嬉しかった。みると他の二人もそのギスギスの女に抱いた興味をかくしおおせずにいた。

アズモニは監視員

「アズモニ（おばさん）、こっちへいらっしゃい。坐って、いっしょに飲みましょう」

私は、この女はそれなりに〝使える〟と思いながら、自分のわきに席をつくって呼んだ。しかし、女はみんなに一杯づつ、ビールをつぐと「では、たくさんお飲み下さい」と、いってしまった。

やがて、指導員がいうには「あのアズマニは新しく管理員として来た人で、向こうの隣の部屋で起居しながら、みなさんのお使いをする人です」ということだった。

私は直ちに、ハハーン！いわば監視員だなと気付いた。

ビールでいっぱい機嫌になった私たちは就床時間にベットにはいったが、すぐには誰も眠らず、皆、管理員という女はどんな女なのか…などとあれやこれや話していた。しかし、いつの間にか私たちは眠りに陥った。

しばらくたって——いったい何時ごろだったのだろうか——私は小用をもよおし、便所へ行こうとして起き上がった。そして何げなく隣のベットをみると、朴のベットはもぬけのカラである。彼も便所か、と始めは思ったが、朴は便所にも応接室にもいなかった。そして三十分たっても戻ってこないのである。

女の部屋にしのびこんだ朴……

「あるいは……？」と思った私は管理員室の方へ行き、戸に耳をつけて中のようすをうかがった。すると、やはり、中からは「イヤ、イヤ……」という女の声が聞こえ「先生は酔っていらっしゃるんですネ……」と抵抗している様子で「出て行って下さい」と小さく叫んでいた。「誰かに知られでもしたら、大へんです」と女の声が一きわ高くなったので私は驚いてそこを立ち去ろうとすると、すぐその後で朴の哀願するような声が聞こえた。「アズマニ、すみません。家を離れてから二カ月も過ぎているのです。わかって下さい。私は知らず知らずのうちにアズマニの部屋の方に歩いてきて、まるで夢遊病者のようにはいりこんでしまったのです」と朴はわびるように言ったあとで「夜があける前に自分のベットへそっと戻って寝ていれば、誰にもわかりゃしません。いいじゃないですか」とこんどは幾分押しつけがましい語調で言うのだった。

私はそこに立っていても仕方がないので、寝室に戻ってくると、金が起き上がってタバコを吸っていた。そして私をみるやこう聞いた。「どこへ行っていたのですか。二人ともいないのでビックリしていたところです」

金に、私は便所へ行ったが、あまり暑いので、木の下でしばらく坐っていたのだと答えた。

「すると、朴先生はどこへ行ったのですか」と金はさらに聞いてくる。私は「知らない」と答えるとベットにもぐりこみ、タヌキ寝入りをしているうちに本当に眠ってしまった。

生死を共にする同僚を〝報告〟

翌朝、私は細胞委員長としてこれを指導員に報告した。私の責任が追及されると思ったからだ。しかし生死を共にする同僚のことを〝報告〟したことで気分がすぐれず、私は昼食後、陰うつのまま、金と将棋をさしていた。

朴はからだが痛いという口実で朝からベットで寝たままだった。

（つづく）

（SISA）

雨も降らぬのに傘さして……訓練のマトは米兵のかかし

筆者の姜大振氏は南派された北韓スパイの最大級大物。元北韓軍上佐（中佐と大佐の間の位）。最近、韓国に帰順した。

（1965年7月27日第3種郵便物認可）

在日本大韓民国居留民団
綱　領
1. 우리는 大韓民国의 国是를 遵守한다
1. 우리는 在留同胞의 権益擁護를 期한다
1. 우리는 在留同胞의 民生安定을 期한다
1. 우리는 在留同胞의 文化向上을 期한다
1. 우리는 世界平和와 国際親善을 期한다

THE PRESS MINDAN TOKYO
THE KOREAN RESIDENTS UNION. IN JAPAN, TOKYO OFFICE
「韓僑通信」改題
在日本大韓民国居留民団東京本部発行週刊紙

民団東京
THE PRESS MINDAN TOKYO

9月2日水曜
＜1970＞
週刊・毎水曜日発行
第2417号

発行所
民団東京新聞社
発行人　鄭　在　俊
東京都文京区本郷3丁目32番7号
電話　（811）1535（代表）
〒133　振替口座　東京16631番
（大韓民国文化公報部国内頒布許可）
（購読料　1カ月100円・特別1000円）

関東大震災犠牲同胞追悼式行なわる

亡国の悲哀繰返さじ

残酷47周年・日本に懺悔なく
団結誓い犠牲者の冥福を祈る

世界残酷史の一ページに残るであろう関東大震災時の日帝による「在日同胞虐殺事件」第四十七周年を迎えて、民団東京本部では九月一日、関東大震災犠牲同胞追悼式を行ない当時、故なく生命を奪われた同胞たちの冥福を祈った。

同日午前十一時五十分から東本三階講堂で行なわれた追悼式には一〇〇人に近い有志らが参集、特設の祭壇に敬虔な祈りを捧げて犠牲同胞たちの霊を慰めるとともに亡国の悲哀に泣いた当時の国情を偲んで再びこのようなことがないよう心から海外民族の団結を誓いあった。

式は、文務直東本文教部長の司会で行なわれ国民儀礼ののち鄭在俊東本団長が開式のあいさつをのべ、呉宇泳民団顧問が当時の回顧談を語ったあと当時震災発生の時刻といわれる十一時四十八分を期して一分間の黙祷を捧げた。

つづいて李禧元中央団長、関泳相東本議長、朴琪先婦人会東本会長、金恩沢錦青中央委員長、高錦青東本副委員長らがおのおの追悼の辞を読み上げたのち一同焼香、徐興錫東本監察委員長が閉式の辞をのべて閉式。

鄭団長は、その開式の辞を通して「当時の日本政府は、天災による社会不安に乗じて暴動説をねつ造し無このわが同胞を虐殺した。その数六千といわれるが実際はもっと多数にのぼるであろう。このような大罪を犯した日本ではあるが　いまだかつて日本のマスコミはこの事件に対する反省のきざしもない。われわれは二度と当時のような亡国の悲哀にあわぬよう一致団結、決意を新たに国土統一に邁進しよう」とのべた。

また呉顧問は、その回顧談のなかで「国家のない国民として　このような残酷なめにあいながらも訴えるところもなくただ恐怖感におののいて活きてきたのがわれわれ在日同胞たちである。当時の日帝ご用団体である相愛会なる幹部李起東　朴春琴らは朝鮮総督府から送られた勤労奉仕賃金まで着服する有様であり犠牲者たちの追悼のもよおしも表面だってできなかったが九月一日がくれば形ばかりの儀式をかくて催したりしたのがわれわれ在日同胞社会のいつわらぬ実情であった。あれから47年いまだに日本は"ざんげ"の色もない」と語った。

また、金恩沢錦青中央委員長はその追悼文のなかで「故国を追われて異国のはてに無惨な日帝の犠牲になった先烈同胞たちの霊を慰めながら二度と亡国の悲哀はくりかえさじ」と固く民族権利擁護に立ちよることを誓った。

関東大震災犠牲同胞追悼式

怨恨晴れる日近し
追悼辞

この日、追悼式において読まれた関泳相東本議長の追悼の辞はつぎのとおりである。

きょう、われわれは人類歴史においてもっとも野蛮性をおびた残忍な虐殺事件として記録された関東大震災韓国人虐殺四十七周年を迎え地獄のようであった当時を回想し、当時のウッ憤そのままの気持で虐殺された同胞たちの慰霊祭を挙行しているのであります。

四十七年前のきょう、関東一帯を襲った大地震により東京は一瞬のうちに火の海と化したのであります。

日本政府は、この天災がおきるや国民たちのうちに充満された不満をよそにまわすために、根も葉もない「朝鮮人の暴動説」をねつ造したのであります。日本政府は、日本人のうちに反韓国人感情を助成させながら「暴動」に対備するという口実のもとに戒厳令を宣布し、残忍にもわが同胞たちをつかまえては、銃剣ではもちろん竹やりでさしこん棒でなぐり殺すなど天人共に許さざる蛮行をほしいままにしたのでした。この虐殺蛮行によって罪のないわが同胞たちが六千名も犠牲になりました。

回顧するに亡国の悲哀を胸にひめて生きる道を求めてうらみ多い日本の土をふんだ同胞たち！国がなかったためにあらゆる虐待と蔑視をうけながらも、どこにも訴えるところもないままくやしい犬死にされた同胞たち！　どんなにくやしくうらんだであろう、○体ではあるが目は憤怒にあけたままであり、こぶしは、うらみにふるえていた。このうらましさとくやしさ、あながち虐殺された同胞たちばかりではない。歳月が流れ時代がかわり、その時からすでに半世紀が近い。そして、われわれはその事件を歴史の教訓として抑圧と死の悲惨な生活を再び繰り返さぬよう世態の動向を注視し統一された祖国の栄光をのぞみながら団結を強固にし同胞たちの権益を護るために、なお一層固く闘うでありましょう。そして国土統一を成就し繁栄する祖国の山河に犠牲同胞たちの霊魂もうけまつって全国民が幸福な生活を営なむとき、はじめて、彼らの怨恨も晴れるでありましょう。

半世紀が過ぎたいまなお怨恨晴れやらず異国の山河に埋って声なく泣いている霊魂たちよ！　あなたたちの怨恨が晴れる日はそう遠くない。すべてのことはわれわれが引き受けるからどうか安らかに眠り給うことを。

東京居住の韓国人を代表して
議長　関泳相

24日、日傷会館で
中央委員会日取りきまる

朴根世中央議長が公表したところによると第十七回中央委員会は、きたる九月二十四日午前九時から東京・市ケ谷の日傷会館でひらかれることになった。

永住権申請状況を映画に（写真は民団文京支部におけるさつ影のもよう）

統一基盤造成へ重点
朴大統領施政方針を宣明

朴正熙大統領は二日午前、国会本会議での施政演説（丁国務総理代読）を通じ、七一年度の施政の方向を対外的には安保外交の強化と国土統一の基盤造成のための国連外交強化に重点をおき、対内的には安定基調を維持しながら、年間一〇%の経済成長を達成する一方、国防力を増強するとつぎのように述べた。

一、安保外交の基本は韓米防衛条約を主軸とした韓米共同防衛体制の効果的な維持と発展、それに自主国防力の培養にある。韓国の安全保障はわれわれのためのものであることはもちろんであるが、韓米両国の利益とアジアと自由陣営の安全保障にも直結しているため、保障のない駐韓米軍の削減には賛成できない。

一、国土統一への基盤の造成を積極化するため、対国連外交を強化し、国連の決議にもとづいた統一方案の支持でもって、対国連外交を進めていく一方、中立国との外交も強め、北韓の外交活動を封殺していくであろう。

一、国防面では自主国防体制を確立し、前・後方線を要塞（ようさい）化し、韓国軍の装備近代化によって戦闘力を増強、防衛産業を育成し、郷土予備軍を戦力化して防衛力を強力していくであろう。

一、経済面においては、一九七一年は第三次五個年計画の土台を構築する年である。また経済成長率を10パーセント維持し安定基調を維持しながら経済成長の底力を一層培養していく。そのためには健全財政を堅持し余裕資金を効率的に執行して流動性を適正線から維持する。投資は経済的妥当性の検討を一層徹底にし政府、民間を問わず非生産的な投資を抑制し外資導入事業は、質的になお一層厳選する。

・つぎに輸出十三億五千万ドルを達成し国際収支の改善をつづけて図るつもりである。そのためには輸出産業の施設拡充、延払輸出の増大、輸出市場の多辺化、輸出稼得率の高揚などの施策を推進しあわせて輸出自由地域の建設を促進させる。

つぎに農業の開発を強力に推進する。また、輸送の拡充ならびに現代化をはかり基幹産業の建設促進に力をつくす。重工業時代の実現をめざして重機械ならびに造船所の建設を促進し総合製鉄工場ならびに石油化学系列工場の建設を推進する。さらに科学技術と人力開発についても韓国科学院の建設を促進し科学技術の国際協力強化と先進技術の導入を促進する。

一、教育部門については、まず義務教育の正常化のために不足教室七千二百個を建築するにしたがい、当初の計画どおり七二年度からは二部制授業がなくなり中学校無試験進学制度は、七一年度から全国的に拡大実施する。つぎに大学教育の質的充実を期するために学校設備を補強し学術研究基盤助成に努力してソウル大学校施設拡充事業を本格的に推進していくつもりである。また科学技術界の人力需要を充足させるために実業系学校をつづけて拡充しIDA教育借款事業を積極推進すると同時にあわせて各級学校の教育課程を研究改編するつもりである。

一、文化芸術部門においては国土統一と民族中興の使命意識を鼓吹し自助自立自主の精神を振作し政府と国民の一体化に努力し躍進韓国の国威を広く高揚し海外僑胞の民族意識を鼓吹する対外弘報活動を展開するつもりである。

以上のような施策を執行するために一九七一年度予算を現年度より八二〇億ウオンが増加された五千二百八十二億規模に編成した。

統一達成は国力培養で
新民の質問に答う

朴正熙大統領は、新民党の朴炳培議員らが提出していた「国家の維持と韓国の政治」に関する質問書に対し、このほど回答書を発表した。

朴大統領は回答書の中で、自主国防体制、国土統一問題などについて大要つぎのようにふれている。

①国家安保のための自主国防の基盤を固めるためには、韓国軍将兵と国民に"国を守る"という精神武装を行なわせ、基幹産業とともに防衛産業を育成すべきである。また軍の実情に即応した装備および編成を強め、郷土予備軍の戦闘力を高め、長期的に戦略の樹立と実現に力をつくし、これを支援する安保外交を強化しなければならない。

②国土統一を達成するための当面問題は、国力を培養して伸ばすことにあり、国内外の情勢を正確に把握して統一を推進できるチャンスをつかむことである。

③"中進国"としての地位を占めるための経済発展と、社会的発展を達成するため、外国資本との経済協力は必要であった。第三次経済開発五か年計画期間中に政府が計画した新規借款の元利金償還は問題になることはない。

④公明選挙は国民とともに、与野党政治人の協力と政府の努力によってのみ実効をあげることができる。選挙法違反者は所属政党の区別なしに厳重に処断している。すべての公務員は厳正中立を守り、違法行為のあった公務員は地位の高低を問わず厳罰に処した。

⑤地方自治制をいますぐ実施するのは難しい。韓国は開発途上の国家として急速な経済開発と国民所得の向上、それに北韓の挑発を同時に防ぎ、国家の安保を固めていく現実的な条件のもと、早急な地方自治制を実施する問題は慎重に検討すべきである。

金載華氏事件判決文（要旨）
（下）

〈承　前〉

自由のない北韓が、建設面においては可能な努力をしており国土開発にも成果をあげているとみられるけれども、北韓が経済的に南韓を支援するということは宣伝にすぎないと反駁し、自分は唯神論者として共産主義を好まないが、われわれは単一民族であるから思想を超越した民族主義に立脚して統一政策を実行していかなければならないという結論を披瀝し同対談内容が、前記雑誌一九六五年一月号に掲載されて日本国内にはん布された事実は認定されるがこの認定を否定する証拠は見当らない。前記対談内容とさきにのべた対談の経緯、そして被告人金載華の経歴をあわせ考察した場合、被告人は共産主義と朝連系の活動が合法化されている日本という特殊環境下において、朝総連系列の平和統一攻勢に対抗して大韓民国を擁護しながら素朴な民族主義に立脚し平和統一論を展開したことが認められ、この点に加えて被告人が本件対談内容の主要な句節が脱落されて本来の意味が変節され朝総連に有利に造作されたと弁訴している点を加えてみるとき、被告人に当初から朝総連系と会って討論する自体が無意味であることを知らなかった失策はあるかも知れないが、被告人がそのような対談に参席してそのような発言をしたということだけで、反国家団体とか国外の共産系列の利益になるとの情を知りながらその構成員と会談したとか反国家団体の活動を讃揚または同調したとはみられない。したがって結局、被告人金載華の反共法違反公訴事実に対する事実誤認は理由があるといえる。

2＝つぎに国家保安法違反犯罪事実についてみる。

被告人金載華は、権英ならびに鄭東湖、また当審において一九六七年施行された六・八総選挙のさい新民党全国区候補として立候補するにおいて必要であった政治資金は公訴の鄭東湖、郭東儀が主動になって民団有志から直接募金したものであり、上記の鄭東湖、郭東儀は民団幹部であって朝連系と内通する人物ではないとして（ただ中央情報部ならびに検察三回審問のとき上記鄭東湖の身元と資金出処などに疑いをもちながら政治資金をもらったことは遺憾であると言いながら多少公訴事実を是認したかのようになったが、全体的にみて鄭東湖、郭東儀が朝連系とはなんらの関係がない事実であることは明らかだ）本件国家保安法違反公訴事実を否認しているから、察するに原審公判調書のうち被告人金載華、朴泰達の各陳述記載、検事作成の被告人金載華、朴泰達にたいする各被疑者訊問調書の各陳述記載、原審公判調書の中証人李下童の陳述記載、被告人金載華が証拠として提出した居留民団金載華事件対策委員会作成の調査の記録、さらに当審法廷における証人丁賛鎮の陳述記載を加えてみると在日民団組織には、現団長権逸を中心とした執行部側とこれに反対する派が対立しており反対勢力は、被告人金載華を中心として公訴の鄭東湖、郭東儀らが主動となって有志懇談会というサークルを形成し韓日協定で規定した在日僑胞の法的地位問題において在日僑胞にもう少し強力な地位を保障してやれなかったことについて不満を抱きこれの改善に努力しているうち一九六七年六月八日施行の国会議員総選挙に、上記の法的地位問題を強力に推進できずにいる執行部（民団）側で検察団長が立候補運動を行なっていることを知るや、有志懇談会側でも被告人金載華を総選挙に立候補させ本国で法的地位問題の改善に努力しようと論議するにいたり一九六七年三月ころから鄭東湖、郭東儀らが被告人金載華の国会進出を強力に推進しながら民団系人たちから募金を行ない「政治資金を全部つくって上げるから心配せずに出馬しなさい」とのすすめにしたがい公訴の柳珍山、梁一東を通じて新民党に政治資金二千万（後に三千万ウオンに引上げ）を献金するという条件で同党全国区候補に立候補することに同党幹部たちと合意をみた被告人金載華は、鄭東湖、郭東儀らとともに日本全国に散在している前記有志懇談会を中心とした在日僑胞たちを訪問し金載華は出馬のあいさつをなし、郭東儀は献金を勧誘するという方法で資金を募集した結果、有志懇談会会員のうちの二十名から別表資金明細書のとおり出資金三、一四五万円（約束手形が多くの比率を占めている）が集まったので、これを偽称交換方式によって一九六七年四月新民党に金二千万ウオンを支給した。また同年五月ころ新民党に献金する政治資金が金三千万ウオンに引上げられたので被告人金載華が公訴の柳珍山から一、四五〇万円を借りて一般に行なわれている方式で換金し金二千万ウオンを新民党に納付することにより同年五月中旬ころ新民党全国区候補十番目に確定した事実

被告人金載華は、その間二次にわたる帰国のさいに公訴の裵東湖から上記のように募金された政治資金のうちから旅費ならびに雑費名目で合計二十万円をうけた事実を認めている。

そこで各証人の陳述は第三者から伝聞したという程度の蓋然としたものであること、経済的に余裕がないようにみられるひとたちが多額の資金を献金したことは朝総連系からもらったものではないかと推測して言っている点、前記の政治資金には約束手形が多くの比率を占めている点などから経済的に余裕のないひとたちが無理な献金をした形跡があることからてらして、各証人の陳述は、信じられない。したがって政治資金の募金状況と募金提供者たちの身分関係の証拠を綜合してみた場合、本件政治献金は、前記の民団所属有志たちが自から進んで自分たちの財産を献金したものとみられ、朝総連の指令をうけて活動したとか、朝総連と内通して本件政治資金が偽装されて支給されたとか、または金載華がそのような情を知りながら同政治資金を受領したとかいう証拠はみあたらない。したがって国家保安法違反公訴事実に対する被告人金載華の事実誤認の主張は理由があるといわねばならない。

（2）つぎに被告人朴泰達の弁護人が主張する抗訴趣旨に対してみる。（①略）②量刑不当の主張に対してみるとき、原審が調査した量刑の基準になるすべての条件を記録によって調べてみると、被告人朴泰達は、初犯であり改悛の情が顕著であり、本件犯行により国内経済関係に悪影響を及ぼしたことはなく、同人が民団で活動した功績があることがうかがわれ原審が被告人に対して科した刑量は、重すぎると認められるので量刑不当の抗告は理由がある。

（3）したがって原審は、被告人金載華に対して反共法ならびに国家保安法違反犯罪事実を犯したと誤認することにより判決に影響を及ぼす違法を犯した。

被告人朴泰達に対しては、量刑を不当に科したといえるので被告人金載華に対する検事の量刑不当の主張を判断する必要もなく刑事訴訟法第36条第6項により原判決のうち被告人らに対する部分を各破棄する。

（4）被告人金載華に対する反共法ならびに国家保安法違反について、〈①②（一）略〉抗訴趣旨に対する判断でみたとおり、その証明がないところに帰着するので被告人金載華に対する反共法ならびに国家保安法違反犯罪事実に対しては無罪を宣告することにする。以上のような理由により主文のとおり判決する。（一九六九・十二・一〇）裁判長・判事金チホング、判事チョンヒベ、判事イインホ

統一問題の学術会議終る

諸大国の支援を要望

現状分析では悲観的な展望

韓国統一問題を学術的側面から本格的に検討する〝韓国統一問題国際学術会議〟が二十四日ソウル・ウォーカーヒルで六日間の日程で開かれた。

同学術会議は韓国私学の名門高麗大のアジア問題研究所（所長＝金俊燁）が高麗大学創立六十五周年を記念して主催したもので、これにはハーバード大学のライシャワー教授、コロンビア大学のプレジンスキー教授、日本・東大の衛藤瀋吉教授、上智大の武者小路公秀教授ら外国の学者二十九人を始め在外韓国人学者二十七名、国内学者二十九名…

同会議でのテーマは〝統一の国際的環境〟（二十四日）、〝統一の内的条件＝政治、経済、文化、軍事〟（二十五日）、〝統一案の検討(1)〟（二十七日）、〝同(2)〟（二十八日）、〝統一の展望〟（二十九日）の五つにわかれ、それぞれ専門家からの発表とこれに…

総規模五、二八二億

71年度予算案国会へ

第75回定期国会を召集

会談を終えて・日程にしたがい26日朴大統領（右）と離韓あいさつを交えるアグニュー副大統領（左）

米軍削減の説得ならず

アグニュー訪韓、実質的に失敗か

アグニュー訪韓を論ず

韓国有力紙はどうみたか…

朝鮮日報　見解の相違残して

韓国日報　防衛公約は履行

武力統一すてず

8・15宣言拒否の北韓を非難

院内発言の報道制限に抗議

新聞編集人協会

統一と安保で意見交換

朴大統領、柳新民党首会談

新民党大統領候補指名を検討

駐南ベ国軍への特別手当て論議

文公部次官に洪景模氏

今年の秋穀は大豊作の予想

母国夏期学校生の懇談会

祖国への貢献誓い合う
尊い経験、将来の生活に生かせ

十日から六週間にわたって第五回母国夏期学校に参加した学生は多くの成果をえて全員無事に帰ってきたが、民団東京本部では、都内から参加した学生の感想などを聞く座談会を、さる二十一日午後一時から東本会議室において開催した。

今回は都内の学生[illegible]ら出席。[illegible]選ばれ、思い出話に花を咲かせたり、先生方の[illegible]緊に聞き入り、また[illegible]の一端を披露したりしていたが、初めての母国訪問の話題はつきるようすもなかった。

席上での主催者側ならびに来賓の挨拶要旨は次の通り。

鄭在俊東本団長「初めて母国に接した諸君は、目や耳で得た収穫も[illegible]たと思うが、それ以上に心の収穫が大きかったことだろう。自分の祖国が韓国であること、そして諸君が日本という外国に住んでいることをしっかり心に刻んでほしい。諸君の父母たちがどんなに苦しい環境の下で諸君を育てて[illegible]けはずだ。民族や祖国の将来は諸君の双肩にかかっていることを自覚してほしい。」

朴琪先婦人会東本会長「祖国をただ表面だけで見ないで、歴史性や現実の条件があることを考え、どこにいても皆さん一人一人が祖国の柱だという自覚をもって、民族の発展のため団結してほしい。」

金東俊教育文化センター所長「こ[illegible]」

高昌樹韓青東本副委員長「祖国に[illegible]て接することで、祖国と自分が接近したと思う。[illegible]民族的に[illegible]れている問題が山積している。これからは日本にいても[illegible]して、また民族の一員としていかに生きていくかを考えてもらいたい。」

座談会

第五回母国夏期学校に参加して

参席者・第五回母国夏期学校　都内修了生30名（男子18名・女子12名）
司会　民団東京本部文教部長　文秀直
記録・編集部

印象や……

司会　皆さん、[illegible]、諸君のほとんどが、今度初めて祖国の大地をふみしめ、そのふところで勉強する機会を得たわけですが、感じたこと、考えたことは尽きないと思います。今日は、そうした諸君の印象や意見を、何でもいいから率直に話して下さい。

目につく欠点

男子　実は僕は今度が三度目の母国訪問でしたが、残念ながら行くたびに欠点が目につきガッカリしたといわざるをえない。一例をあげれば、祖国の経済発展を示すとき自慢的にあげられる京釜高速道路をみるのを楽しみにしていたわけだが、それがもう壊れて修理していた。多分鋪装コンクリートが薄いとか工事に欠陥があったからだろう。あれだけの国費をかけてやるからには、なぜ初めからしっかり造らないのだろうか。また、上下水道の状態、汚ないドブを見ても、いちがいに個人とはいえない気がした。もちろん韓国に困難な条件やいろいろな状況があることは分るが——。

男子　私はもう十何年も前に日本の田舎で嗅いた臭いを、ソウルでも感じた。でも私が大事だと思うのは、そうした国や民族を客観的に見るのではなく、いかに自分自身の問題として考えられるかである。そのことを痛感した。

日本化にショック

男子　僕は、韓国に肌でふれて、僕たち自身がガンバレば、祖国をもっともっとよくできると実感した。でも、その僕自身、とても日本化していると指摘されショックだった。そのことは認めるとしても、本国の人たちに僕らの祖国愛や民族愛、そして民族の主体性をとりもどし、確立しようと努力していることも理解してほしかった。

司会　日程の組み方についてはどうか。

男子　スケジュールの組み方はともかく、その進め方にもっと[illegible]性がほしかった[illegible]。

感激の連続

女子　旅行では見る物すべてが祖国の野山、風景だと思うと感激の連続だった。でも難をいえば、もう少し工夫があればもっとよかったと思う。

男子　感激ということでは僕ももちろん同じだ。でも、名勝古跡といったお決まりのコースの他に、いろいろ多種多様な、変化に富んだコースを選んで欲しかった。

文化の深さ

女子　古跡めぐりでは、私たちの祖先がつくりあげた文化の大きさ深さを感じとても良かった。でもせっかくの古跡もその由来や歴史に予備知識がないため、じゅう分理解できず、残念だった。これからはこうしたことも、事前教育に含めたらよいと思う。

男子　全体として時間がルーズだった。もちろん学生の責任もあったろうが——。でも、もっと引率の先生方がテキパキ進行させてほしかった。

司会　その他にはどうか。

男子　僕は[illegible]中下痢をおこしてしまい[illegible]へ行ったが、[illegible]加減で、不安を感じた。こういう大事なことには、もっと責任をもって引率してほしかった。

男子　それに関連して、引率団の先生方どうしの連絡がとれていない時があって、また先生方がどこにいるのか分からないことがあった。先生方の数が少なく、ご苦労だったとは思うが——。

司会　ところで、食事はどうでしたか。

男子　全体によかった。もっとも若干、下痢を起こした人もいたが——。（男女とも同意の声多い）

割り切れぬ盗難事件

司会　話が前後しますが、みなさんは祖国に到着早々、盗難事件に見舞われたわけですが——。

男子　引率団の先生の配慮もあってか、僕たちは大分後になって聞いた。[illegible]はしなかった。

男子　引率団の先生方はもちろん韓国の事情に通じていたはずで、その肝心な先生が盗難にあったことに割り切れないものを感じた。

男子　韓国にドロボウが多いというのは[illegible]の問題でない。[illegible]問題だ。だいいち、[illegible]全て持って行ったのか理解に苦しむ。大使館を通してなど方法もあったはずだ。（同意見多い）

司会　ではどんなことでも構いませんから印象や感想を一人ずつ話して下さい。

男子　講義を通して、また[illegible]の必要性が語られたし、また[illegible]のためにいろ[illegible]

意義深い民泊

男子　僕は民泊がいちばん印象深かった。[illegible]ことが多かった。[illegible]されば、もっと民泊に時間をかけて欲しかった。団体だと何事も[illegible]の面くもの[illegible]大まかで、表面に流れやすい。その点、民泊は韓国の日常生活にじかにふれられるし、[illegible]は、ありのままに本国の人たちのものの考え方、暮し方を知ることができた。大へん勉強になった。

男子　日本にいる僕たちが今のような状態にとどまっている限り、本国から取り残されるだろうと、あらためて感じた。このことは各人が真剣に考えるべきことだと思うが——。

型にはまった日程

男子　私はただ疲れたと思っただけで、特に感想はない。

男子　さきほども出されたことだが、全体として型にはまった日程の組み方で、内容も[illegible]押しつけ的なものを感じた。[illegible]要なことではあろうが、そうした公式日程の中に、例えば学生どうしのスポーツ交流など若い者のセンスや気持を反映するなどの配慮があればもっと有益な夏季学校になったと思う。

男子　僕はいま日本の学校に通っている。こんど、夏季学校で勉強していろいろと学んだこと、考えたことは多く、本当によかった。僕は学校で、今までのように日本名を使うのをやめて、秋の新学期から早速、本名を使おうと決心している。今までは、現在でもそうだが、僕たちの周囲には、まだ古い日帝時代の考え方が強く残っている。日本人は韓国人を軽べつし韓国人は日本人に劣等感のようなものを感じている。僕は今までに陰に陽に、そのような周囲に影響をうけてきたが、これからは変えなければと思う。

38度線の印象

男子　私はやはり三十八度線の最前線を見学した時のことが印象深かった。イムジン川に沿って軍用トラックで曲がりくねった道を通って前線の監視所についた。二キロ先に北の監視所があるということで、それらしい物が肉眼でもはっきり見えた。いろいろな考えが次々に浮かんだが、まず感じたのはなぜここに鉄条網や地雷がなければいけないのか、なぜ一つの民族が銃口を向け合っていなければならないのか——ということだった。僕たちと全く同世代の兵士が銃を握って監視にあたっていたか、あるいは、そこにいるのは自分だったかもしれないと思った。

これはやはり滞在期間中に本国の友人から聞いたことだが、前線で国軍兵士が、北に向かって「オーイ、バカヤロー、メシ食ったか！」と叫んだら、北側から「ウルサイ！静かにしやがれ！」というウリマルの声が返ってきた、ということだ。一触即発の緊迫した中でのエピソードだが、ここで思うのは敵どうしでありながら、同じ言葉を交わしあっている[illegible]まされない事実だ。こんなところに、統一への希望をつなぐ可能性があらわれていると、その友人は話していた。統一の必要をつくづく感じる。

女子　私は今まで韓国人としての自覚はあっても、それはただ漠然としたものだった。私たちが日本に住んでいる以上、よほど意識的に努力しないと主体性をもった韓国人にはなれないと思う。

女子　私は今まで、自分では韓国人としての自覚をもっているつもりだった。でも今度母国に行ってみて、自分の韓国人としての意識がまだ弱いし、恥ずかしいと痛感した。

もっと勉強したい

女子　私の場合は、今まで母国について何ひとつ知らなかったし、[illegible]ともしなかった。今度の夏期学校の体験を生かして、これからはもっと母国や民族のことを積極的に勉強したいと考えている。

男子　僕の場合も、今まで韓国人である自覚はあったし母国や民族のことを身近に感じてきた。でも、それは漠然としたもので、とらえどころのないものだったと思う。今度実際に母国の土を踏み、本国の人たちに接して、それが具体的なものになったと感じている。

女子　私も同感です。ところで私が考えていたよりも、学生にしても一般の人にしても、服装がきちっとしていた。中には、特にソウルでは日本よりも服装でも化粧でも派手というか、都会的というか、そういう人たちも沢山いた。

司会　また話は尽きないでしょうが今日の座談会は一応これでしめくくりたいと思います。

話の進め方が順序どおりでないために、話が散漫になったキライがありましたし、また皆様の発言にも、もっと違った角度から見てほしい、考えてほしいと感ずることも多少ありましたが、かなり率直な意見を聞くことができました。今日の諸君の意見を、今後の夏期学校に反映するよう私たちなりに努力したいと考えます。また皆さんがこの場で話せなかったこと、追究しきれなかった点は、個々人、あるいは友人相互の意見交換を通して深めていって下さい。

（注）座談会のうち、一部紙上参加を含む。

夏期学校学生座談会……①鄭団長のあいさつ

豊島支部林間学校で（記事前号）

分断25年 오늘의北韓 ③

人民軍の実態……金益豊

国土全域が"兵営化"
戦争準備へたえず緊張

北韓の軍隊は完全な戦時編成によってできているが北韓労働党はこの軍の力を利用して、国内の住民間には絶えず危機意識を造成して一般の不平不満を封じこんでおり、また外に向けては武力赤化統一を夢見ている。

北韓は第二次世界大戦後の二十五年間、レーニン・スターリンの戦争観に従って、軍を"党の忠実な武装力"としてつちかうのに恐るべき力を注いできた。

レーニン・スターリンが「戦争は他の手段で行なう政治の継続である」というカール・ボン・クラウゼヴィッツ（プロイセンの軍人十九世紀第一流の戦術理論家。陸軍大学校長の時「戦争論」を執筆一七八〇年〜一八三一年）の影響を受けたことはすでに周知のとおりであるが、スターリンがこの十九世紀の戦術家理論に傾倒して、「一つの戦争の期間中にも政治的な進展は休むことなく続き、階級や民族の闘争はずっと継続する」とか「戦争は暴力による政治の延長だ」とかいう戦争論を展開した上「軍を党の忠実な手先として養成し、その武力によって世界赤化を成し遂げなければならない」と主張したことを北韓の指導者たちは深く銘記してわれわれに教えた。いうまでもなく北韓の武力赤化統一がその意図の中の一つであることを示したものである。

北韓は軍を利用して赤化に成功したソ連を真似て、軍の機構は全部ソ連式である。この北韓軍も法制上では最高人民会議の統制を受ける形にしてあるが実際は党の絶対的統帥を受けており、北韓軍の最高司令官は金日成元帥である。

北韓にある軍事委員会はもともと戦時に設置されるべき性質のものであるが、労働党は六・二五動乱以後、ずっとこの軍事委員会（委員長は金日成）を置いたまますべての政策を同軍事委員会の大きな力を借りて推進してきた。

この軍事委員会というのは五〇年六月二十五日、最高人民会議常任委員会政令によって構成されたもので"戦争"であるという名目から、今住民はいうまでもなく、いっさいの権力機関、政党、社会団体、調査機関など、すべてが同委員会の決定・指示に"絶対服従"を強いられるというものである。

ところが、戦後もこの軍事委員会は解消されるどころか、ますます力を伸ばし、最近では道・郡にまで組織を完了した。

この軍事委員会の役目は①軍政策の方向検討②近代化計画とその実施など、民間防衛計画を作成・実施③軍隊の幹部化および近代化計画を樹立・執行、さらに幹部級人事の取り扱い④軍需産業の方向指示⑤物資ならびに人員の戦時動員およびその準備、さらに経済体制の"戦時体制"転換⑥労農赤衛隊の組織訓練と民間防衛訓練——などであるが、軍事委員会は軍のすべての分野にわたって指導・監督する機構だということに間違いはない。

北韓はこの軍事委員会とは別に党直属の"朝鮮人民軍総政治局"なるものを構成、軍内部の党事業および党組織などを監視させている。同軍政治局の指導員たちは軍の至るところに配置されており、事実上軍の実権を握っている。この二元的組織により北韓の軍内部では始終あつれきが起きている。

北韓軍は末端に至るまで部隊長が二名（政治部部隊長と軍事部部隊長）ずついて、多くの場合は軍事部部隊長が政治部部隊長のご機嫌うかがいに余念がなく、軍事部部隊長は政治部部隊長のあやつり人形的存在である。

北韓軍の命令系統は次のようになっており、労働党中央委（総秘書は金日成）→人民軍党委→陸・海・空軍種別党委→各軍団別の編団軍（軍団レベル）→師団・連隊党委→大隊の初級党委→中隊の軍細胞委→小隊・分隊の党分組——という編成になっている。結局、軍はいっさいが党の指示・監督下にあり、これに従属するようになっている。

一方、内閣の民族保衛相は行政上責任者で、軍の実権はまた別になっている。

北韓は一九四八年二月八日と"朝鮮人民軍創設"を宣言して以来、ずっと毎年軍備を強化し続け現在では陸・海・空の三軍合わせて"正規軍"として約四十万名の兵力を持っている（民兵は別）。

陸軍は総三十六万名で五個軍団のもとに師団、旅団、連隊、大隊中隊、小隊などの編成のほかに装甲師団や火力支援部隊、ならびに機甲部隊を持っている。

海軍は約一万名で装備としては貧弱であるが、空軍は進んでおり約三万三千名の兵力にミグ戦闘機やイL28型軽爆撃機など六百六十機を保有している。

これら三軍は自由諸国のように分立しておらず、単一統合による編成がなされていることが特徴である。

北韓は独裁的位階制度を確立するために軍官（将校）を多分化して十四等級（自由諸国は十一階級）に分けている。すなわち元帥、次帥、大将、上将、中将、少将、大佐、上佐、中佐、少佐、大尉、上尉、中尉、少尉に分類される。一方、兵士は六階級になっており特務上士、中士、下士、上等兵、戦士に分かれている。

なお"軍隊の幹部化"というのは、戦時には軍人が自分の本当の階級よりも一階級上の職責を全うすることをいうが、これは階級よりも職責を重視する立場に立っている。しかし、このことは階級の低い政治部指導員が階級の高い上官に大きな口を叩く例をたくさん作っている。

北韓は義務兵役制で、憲法第三十八条では「公民は祖国を保衛しなければならない義務を有する。最大の義務であるこの保衛任務に背反することは最大の罪悪と認め厳重な刑罰でこれを処断する」と規定している。徴兵制はきびしく不具者と性分不良者を除いた成年の男子は全部軍隊にはいる義務を負わされている。

ところが事実上は要職にある党員、社労青幹部、道・郡・里人民委員などは軍服務免除の特典が与えられている。

北韓軍の服務条令によれば、服務年限は陸軍三年六カ月、海・空軍四年となっているが、事実上は六年以上の服務を強いられる。のみならず、除隊後も、四十五歳までは"労働赤衛隊"の隊員に強制加入させられ、きびしい訓練を続けさせられる。この労働赤衛隊は男子だけでなく、十八歳から三十歳までの女子（未婚者や独身者）も義務的に入隊させられ、軍事訓練をほどこされている。

北韓の正規軍が服務条令に反して六年以上も服務させるのは次のような理由による。①六・二五動乱当時、多数の男子が戦死したため、動員兵力が不足したこと②除隊後でさえも直ちに戦線に投入可能のように精兵訓練の必要があると認めていること③各種の防御陣地施設を継続して構築しなければならない——など、というものである。

軍人の進級を決めるのは、無論服務期間や軍務成績のいかんによるが、無視できない大きな要素は性分と党生活いかんで、これは決定的なカギとさえなっている。

また、この進級問題で、北韓は"階級停年制"（例えば少・中尉は三十一歳、上・大尉は三十七歳）をつくって性分の悪い将校たちを淘汰（とうた）している。

俸給は徹底した上厚下薄である最末端の戦士の月給は一・四ウォン（北韓ウォン）、これは大将の月給三百五十ウォンの〇・四%にしかならない。また、将校と兵士との差がひどく、一階級しか違わないのに特務上士は七ウォンに引き比べ少尉は五十ウォンである。

この俸給を階級別に次に紹介すると、▽戦士〇・四ウォン▽上等兵一・八▽下士二・八▽中士四・二▽上士五▽特務上士七▽少尉五〇▽中尉六〇▽上尉七〇▽大尉七五▽少佐八五▽中佐九〇▽上佐一一〇▽大佐一五〇▽少将一九〇▽中将二三〇▽上将二八〇▽大将三五〇である。

また給料も一号から十二号まで段階があり、階級と俸給に準じている。兵士の場合は米と雑穀半々の御飯一器とスープ一皿だけである。兵士がいつも腹が減るというのは軍隊訓練が非常に過酷だからである。

軍事訓練は入隊前から非常にきびしくほどこされている。徴兵の前に労農赤衛隊で二年間の訓練を受けており、入隊後は配属されるまで兵士が二ヵ月、将校は四年の政治教育を受ける。この政治教育内容は"革命伝統政策"といわれるもので金日成を偶像的に崇拝してその戦士となる教育で、これと軍事訓練の半々である。

兵士たちの生活は朝の起床から夜眠るまで一分のヒマもない。起床は五時。朝食前に清掃などのほか二時間以上と軍務の作業をする。これは朝食後は各部隊で供給備委をみたすよう指令されているからである。朝食後八時から正午まで政治学習と軍事訓練。午後はずっとトーチカ構築作業である。夕食後は再び学習と反省討論。ホッと息をつくのは便所にはいっているときだけ。これも長くはいられない。昔は年間十五日の"休暇"があって家族に会ったりしたものだったが、五六年以後これを廃止となり、入隊したが最後、外出もできない。六年間、兵士たちは外界と全く隔離されて、地下のもぐらのような生活を続けている。

北韓には女の軍隊もあるが、これはかなりの数の未婚・独身女性で編成されている。志願制にはなっているが、人員をみたすために多くのひとが動員されている。"独立女軍"と呼ばれ、これは一個師団ごとに一個中隊ずつ編成されており、生活は男の兵士と変わらない。

北韓では軍高官の将官級を大幅に党中央委政治委員に登用しているが、これは"戦争"準備のためであり"戦争は政治の延長"との考えに起因している。

また、各戦闘単位で軍需物資を貯蔵しているのも"戦争に備えて……"と兵士たちは説明されている。そして兵士たちは全国土要塞化作業の先頭に立たされているわけだが、北韓は有事のさいに備えて鉄道は軍が直接運営している。

（SISA）

筆者の金益豊氏は元北韓一二四軍部隊（ゲリラ部隊）政治部小隊長。

支部だより

目黒　〈万博歓迎会かねて敬老会開催〉民団目黒支部では来る十五日午後三時から、目黒韓国会館において敬老会を開く。これは毎年開いているもので、今年は特に万博参観のため来日中の本国家族の歓迎も兼ね、盛大に行なう。

墨田　〈商工組合で慰安旅行〉墨田韓国人商工協同組合では来る二十二日、熱海のホテル八景において、慰安旅行をかねて[illegible]を催す。

尋ね人

金東立氏（本籍）忠清南道論山郡ワンジン面ヨンソ里三二五番地（前住所）東京都板橋区板橋一—四九—一一

右の方を妹の金貞順さん（忠南天原郡笠場面竜綱里八三）が探しています。心当りの方は民団板橋支部（電話九六一—六五六五）までご連絡下さい。

母国夏期学校に参加して（下）

朴　健　二

釜山へ向かうバスの中で、今走っているのが京釜高速道路だなと思いながら、ふと気付いた事がある。それは小石が道路の両側にそってどこまでも続いているのである。突風が吹いたら、高速道路の役目をするだろうか？

釜山へ到着。我々はここで、正式にコレラ発生を聞かされた。従って楽しみにしていた海水浴も中止。口々に不平を言うが、伝染病とあっては納得するより他は無いので、部屋でビールを飲みながら雑談する。私は酒類がダメなので一人コーラで我慢。外出も釜山以外へは禁止、しかも旅館から遠くへは行かぬようにと、言われたので学生達は近くの茶房で時間をつぶす。ここ釜山でまさかコレラに出くわすとは予想も出来なかった。各自の故郷へ帰る事を、学生達はどれ程楽しみにしていただろうかは、言うまでもない。計画も全て変更し、18日までに全員日本へ帰国せよとの伝えで、ただただ残念がる事しきりである。私も17日慶州へ行って姑母に会う予定であったが、それも断念しなくてはならなかった。初めて会うはずであった姑母と、十数年連絡出来なかった仲父の居所も分るであろうと期待してやまなかったのであったが。その全てを断念して民泊へ向かう。そこで、さっそく慶州へこの旨を電報で伝えると、次の朝、私に電話がきたので受話器を取ると、聞こえてきたのは「健二か？私は姉だ」と言う。詳しく聞くと、姑母の娘で私の従姉にあたるという。そこで、さっそく会いへ行き、会う。民泊の家からさほど遠くはなかった。釜山で、よもや自分の従姉と会えるとは夢にも思わなかったし、幸運である事に自分自身感謝したのである。その日は釜山で一日を過ごしたが、釜山が母国で一番楽しく、すばらしい街に思えてしかたがなかった。それは、姉と一緒であったというのが一因であろうが、従姉と会えたという事は、夏期学校へ参加して最大の収穫ではなかったろうか。姑母・仲父の様子も聞けたし住所も分った。（この事は、私が東京へ帰って父に報告すると、涙を流して聞いてくれた）

釜山の街を一歩一歩踏みしめながら歩いた。今もハッキリと街の様子が目に浮かんでくるようだ。

それにしても、寿司屋・日本式の建物・茶房では日本のレコードが流れていたし、日本式の濃い街であったように感じられた。が、寿司屋の出現よりも、もっと大きな驚きはやはりコレラ発生だ。発生そのものよりも予防体制についてである。知る人ぞ知る、これは恐ろしい伝染病であるのに、街には数枚の「手を洗ってから食事をしよう、真水は飲むな」といった程度のポスターがあるだけで、コレラ発生といえば赤十字の車がくり出し、下水道はおろか、疑わしき物については、徹底的な防御体制がしかれるであろうと当然考えられていたのだが、それらしき車は見あたらず、街には海から取り立てだという魚貝類が多くあり、箱入りのアイスキャンデーも売っているし、歩いていてもコレラどこ吹く風といった様子で、伝染病なのに人々は恐ろしくないのだろうか？と不思議でたまらなかったさらに新聞を見てもコレラに関する記事はあまり出てこない。一面トップで報ずるに値するものであると考えるのだが。なぜなら、この伝染病は生死にかかわるものであるからだ。従って、この様子ではますます広がるであろうと予想された。当時釜山は、潜在患者だけだといわれたが、発生して無い地区も勿論、全国に大々的にくり広げられるであろうと考えられた予防体制が見られなかったのである。

これとともに、便所について考えた。なぜならコレラと便所とは別々に考えられなかったからである。ソウルでの民泊、一流ホテル等は水洗式であったが、地方ではどんな豪華な家でも水洗式は無くそれにはまったく閉口した。

排泄物の処理方法は、その国の生活水準を計る事の出来る、バロメーターの一つでもあるはず。だとすれば、これは早急に改善すべき点であろう。何故この様な事を書くかというと、これらの便所がコレラ発生の余地多分にあり、と思われたからである。

わが国は湿気の無いカラリとした暑さ。大邱では三十八度もあった。兎も角、焼けつくような暑さである。そこで水は飲みたいが、真水は病気になるから一度火に通してからだという。それよりも水道の水が飲みたい。と思っても水道の設備が無いのでこれも断念して、冷たい飲み物としてコカ・コーラが注目される。米国は儲かる。韓国が儲かる物は無いのだろうか？と小さな愛国心なるものを働かせる。米国ばかりではない。地方の小さな町に行っても、日本のMGファイブが幅をきかして店頭に並んでいる。こんな小さな町までにも日本の経済進出が…と感じたのは私だけではない。多くの学生も感じていた。

どうも話が散発的になるが、最後に麦飯について。

ソウルの寄宿舎でも、若干あったが、ソウルを出てから我々は麦飯ばかり（民泊を除いて）。麦飯も美味しい。旅の疲れも手伝って食事は進んだし、だから、決してまずいとは思わなかった。幼い頃アボジから「お前達は苦労を知らない」と言われて家で麦飯を食べさせられた経験があったので抵抗感はない。むしろ、やはり背に腹は変えられぬ、とあって食事はすすむ。が民泊のあの大きな家では白米を食べて、旅館では麦。その昔、わが国の米と言えば、美味しさと、豊作とで歴史にその名を留めている。

それは、農楽を見ても、大鼓・鉦・杖鼓・喇叭といった力強い舞踊は空腹では出来ない。つまり、昔は豊作で、生活もそれ程苦しくなかったであろう事が、推定されるのである。現在の農民達の暮しさは、昔より良いのであろうか？彼らの様子を見た場合、はたして三度、三度の食事は保障されているのだろうか？農民達だけではなく、繁華街でキャバレーの呼び込みや、靴みがきの少年達が多いが彼らも三度三度の食事は大丈夫だろうか？裏街の人々は？と考えずにはいられなかった。

富める者と、貧しき者との差は個人の能力の差によって生じたのであろうか。だとすれば、何故日本から米を輸入しなくてはならなかったのか。

しかも、腐った米までも。

これをどの様に説明するのだろうか。

従って、私達は、三度、三度の食事ができるだけでも幸わせであろう。が、麦を食べている人々と白米を食べている人がいるのは、素直に解釈できない。素直に解釈できないといえば、一般人が外国製煙草を吸うのは、禁じられているのも理解に苦しむ。

全ての国民がそうであれば、別段なんでもないが、高級公務員だけは良い、という。そして、一般人が吸うと罰金を取られるにいたっては、ますます混線してくる。しかしそれは徐々に理解できた。というのは、一般人はそう簡単に吸えない。なぜなら生活がかかっているから。だから罰金もさほど心配は無い、との事。

そしてソウルの街、顕忠祠、落東江の流れ、大田での民泊、慶州チョム星台、仏国寺、釜山とその全てを名残り惜しみながら釜山空港へやってきて、あと一時間たらずで機上の人となる時、姉は涙ぐみながら、私にこう言ってくれた。「健二、必らず又来なさい。そして今度は仲父・姑母にも会って…」そこで私は、必らずきっと来る。再び、母国の土を踏むでしょう、と返事をした。近い内、再び行きたいと考えている。釜山に姉が居るという事で、とても私にはその釜山が近く感じられる。

再び行って、今回見られなかった所、学べなかった点をさらに探求したい、その為にも、学んでいかなくてはと考えている。

そして、八月十八日、午前十一時十五分。また踏むであろう母国の土を後にして、一路大阪へと向かった。（おわり）

写真〈上から〉①三・一講堂における開校式②梨花女大講堂における講演会③母国よさようなら・釜山埠頭において④顕忠祠を訪問して

大物スパイ、告白の記

私は北傀を告発する

（13）

スパイ訓練秘話

姜　大　振

指導員は突然厳格な調子で、われわれ三人に自己批判をしろと命じた。朴ももう寝てはいられない。問題は朴の昨夜の行為にあると指導員がはっきりと言ったからだ。

朴はナイフで自殺をはかる

自己批判の結果、全羅北道指導員長から「朴は党の隊列におくことができない」との宣言があり、朴はどこかへ追放されるに違いないとわれわれは何時間も寝苦しい不安の中にいた。

突然、朴は便所へ行くといって立ったが、十分すぎても四十分たっても帰ってこない。急いで指導員といっしょに探しに出ると近くの栗の木の下でうつぶせになって苦しんでいるのを発見した。見ると血だらけである。

朴は刃物を腹に突きさして自殺を図ったのであったが、死に切れずもがいていた。指導員と私は朴をベットの上に連れてきて寝かせた。間もなく医者がきて応急処置した。そして生命[illegible]病院に入れるといった。

朴が入院したのち、どうなったか、私は気にしながら知るすべを持たなかった。実は外部とは隔離された"密封"教育の生活の連続に戻ったからである。

ところが、後に私はひょんなことから朴のその後を聞くチャンスを得た。それは女であった。

朴と関係を持った管理員の女は朴が"出党処分"になって、病院へ移されると同時にクビになり、その後任に二十五歳の美しい女がやってきた。しかし、以前よりいっそう規律がきびしくなったため余も私もこの女に興味を持ちながら[illegible]うとすることもできずにいた。

ところが好機到来。ある週末、指導員は平壌の家族に会うために出かけて行き、われわれは一週間のハード・トレーニングでビールのご馳走にあやかった。例の女がビールをついでいる。ところがこの女、どうも余の方に余計に親切に、余にばかり飲ませている。私はいろいろして何とかしてこの女の気を引く方法はないかと思いあぐんだ。

別の女管理員と関係を持つ……

ところが、ふと眼の出会った瞬間をとらえて女は私に向かって、首を横にふりながら「あまり飲まない方がよいですよ……」というように合図をした。そして余には「さあ、もっと召しあがれ！」といってさんざんついでやっている。

やがて、余は酔いつぶれて寝てしまった。それから私は女の部屋へはいりこんで、二人は関係を持った。彼女と私は、何とか取りもつ縁で親しくなり、お互いのこと、過去のことなど、いろいろの話をした。

最近のことは、"密封"されている関係上、私は彼女から聞くだけの一方通行だったが、彼女の話によると、朴は一命を取りとめて、全快したのち、アオジ炭鉱に送られて重労働をしているという。朴が死ななかったことで私はホッとしたが、しかし女はこういった。

「ああいう例はよくあるのですヨ。南派されるのがこわくて管理員と関係に陥るのです」

彼女の意見では、あながち色恋沙汰というのでもなく、また欲情に抑えられないというのではなくて、南派されるのがいやで、そうなることの方が多いらしいということだった。

管理員はやはり監視の役目も帯びている、と彼女はいった。

スリや窃盗の訓練

スパイ訓練の中の"ぬすみの練習"というのがある。スリや窃盗の方法を教え、実習させるのであるが、実習はその部落の家にしのびこんで米、味噌、醤油など、何でも手当たり次第にぬすんでくるのである。

泥棒の訓練もする

女とも関係もちながら

家人がぬすまれた事を長い間、知らないでいる方が成績がよいのである。三日以内に「ぬすまれた」という報告」が派出所へ行くと落第点である。そこで私たちは味噌や醤油など、盗んだ量だけ石を沈めて、上の方の量を以前と変わらぬようになおしておいたが、それでも、まあまあの成績を取ったのは半数にも満たなかった。結局、食糧品をぬすむと、一ぺんで付かれるのも早いようだった。ところが、本式に盗みが成功したことがあった。これは時間表の中にある"盗み"ではなかった。余と私とが、折角、盗みの術を覚えたのだから「二人で、ちょっとやってみよう……」と自分たちでやったことだった。

食糧の倉庫からビール焼酎盗む

それは、ある夜の体育訓練のあとだった。私と余は砂のはいった重い脚絆を足にまいて、二十kgの砂のはいった背のうと銃をかついで、指定されたコースを走っていた。南で活動するのには夜がよいので、夜陰に馴れさせるために、こうし訓練は主として夜、行なわれた。

この訓練は大そう疲れる。余は「水が飲みたい！」といいながらヘトヘトの顔をしていた。私は「もう少しだ。頑張れ！どうせ水を飲むなら、あとちょっと走れば食糧倉庫だから、そこでビールを盗んで飲もう」と励ました。

その食糧倉庫は宿舎から二百メートルくらいしか離れていなかったが、人けはなかった。

余と私とはビール十五本と焼酎十本を盗んだが、これを飲む前に同じようなきびんを集めてきて盗んだ本数と同じ本数だけ、水を入れてニセモノをつくり、これを下の方に入れて、上に本モノを置きカムフラージュしておいた。

それから余と私は飲み放題ビールを飲み、残ったものはベットの下の奥の荷物の下にうまく隠しておいた。

半月余りたってから、私と余がやっとこの"盗み"を忘れたころ指導員が、私たちの部屋にきて「倉庫から、ビールなどを盗んだろう」と聞いた。直ちに私はこれを否定し「指導員先生、統一の大業を眼の前にして偉大な革命教育を受けている私たちが、どうしてそのようなことを成しえましょうか！」といってシラを切った。

女から事件発展の様相を聞く

すると、指導員は「この訓練所の食糧倉庫には外部からは人がこようにもはいってこないはずだし、他の学生にもそれぞれ聞いたが、みんな「しない」というので…それで聞いてみたのだ……」といいながら行ってしまった。余と私とは「良の"実習"の腕前をみせてやったのに、ナニをいうか！」とほざいたが、それでも足がつくといけないので、ベットの奥の残りはそのままにして忘れておくことにし、以後この話は絶対にすまいと約束し合った。

その後、私の女、つまりかの管理員の女から私が聞いたところによると、このビールどろぼう事件は大問題になっているのだという。

そもそも事件が発覚したのは、八月初旬、中央党連絡局宋副部長の主催で開かれた成南南道組みスパイたちの南派出陣パーティーの席上であったという。酒宴のサケはいうまでもなく食糧倉庫のものを使ったが、それが腐敗した水のにおいがして味がおかしかったため、これを飲んだ中央党連絡局の幹部たちはカンカンになって怒ったという。さらに、この悪い酒で腹をこわしたといって、翌日南へ出陣するはずになっていた工作員たちが寝込んでしまった。（本当に腹をこわしたかどうかは疑問だ。南派が延期かも知れぬ……）こうなると党計画自体が狂ってしまい、問題は大きくなりそこに"責任問題"が生じてきた。そこで中央党連絡局長の李孝淳らがこの問題を徹底的に糾明するといって指示を下した。

ヨンソン醸造工場で幾人か粛清

「政治大学の学生たちが酒をぬすんで、水でもつめておいたというのなら大した問題ではないがビール工場や焼酎工場の仕業だとしたら大へんだ。工場の中に反動分子がまざっているのではないか。直ちに索出せよ！」この命令で、指導員がわれわれを調べたのだがわれわれの仲間から嫌疑者を見出すことはできなかった。この指導員はその報告をしたのち、醸造工場が怪しいのでは？……という意見を付添えて自分の責任を回避した。

そこでヨンソンビール工場とヨンソン焼酎醸造工場の党委員長を始め、工場支配人、技師長、職場長などが直ちに召喚され、該当部門の労働者全員が取調べを受けた。また、酒類のいっせい検査が実施され、とうとう幾人かの"犯人"が挙げられ、[illegible]になったという。

――この話を女から聞いた私は内心ビックリした。しかし"知らぬが仏"とはよく言ったもので、こうした事件の成りゆきを全然知らないでいた私はのほほんとした顔をして毎日過ごし、そのおかげで罪をあばかれることもなかったというわけだ。

カナズチから泳ぎの訓練

「盗み」の訓練同様にきびしいのは「水泳と潜水」の訓練であるこれはスパイはゲリラ以上の任務を持つので大きな河も泳ぎ切るぐらいの腕がないと、つとまらないからである。

実のところ、私はカナズチだった。四十の手習いで、生まれて始めて習う泳ぎだ。最初はブラジャー型のゴムの中に空気のはいった浮きを胸にまいて手と足を動かしながら呼吸を調節する方法の繰り返しである。そのうち胸のチューブを取っても一人で泳げるようになったが、そうなるまでに水もたくさん飲んだし、水中に沈んで死にそうになったこともあった。しかし練習というものは恐ろしいもので私は羅針盤で方向を取りながら水泳する方法まで完全にものにした。

そんなある日、私が相変わらず水泳訓練に励んでいると、隣の渓谷の水で女三人の組みがゴム・ボートに乗って訓練をしていた。しかし、学生たちは互いに顔をみてはいけないことになっているので私はそちらの方をみないようにしていた。ところが急にその方向から悲鳴が聞こえてきたので、オドロいて見ると、ボートがひっくりかえっている。女たちはまだ水泳訓練がさほどに進んでいないらしく、あわてふためいて二人はようやく、ボートにしがみつき、あとの一人は水中でアップアップと苦しげに浮いたと思うとまた沈み、やっと頭を上げたとたんに、再び見えなくなった。

女たちを助けて叱られる

私はこのとき、とっさに、反射的にその方向にとんで行って飛びこんだ。一瞬、私は女たちを助けひっくり返ったゴム・ボートをなおして、ボートぐるみ女たちを岸にまで連れて行った。しかし、私は他の訓練生の顔をみてはならぬという"戒律"に従って、そちらの方は見ないようにしていた。

自分の宿所の"テント"に戻ってきた私は、いま起きたことを逐一報告した。すると指導員はあわて、怒り、そして困惑していた。

「互いに対面してはならぬという規制があるのに、どうしたことだッ！」

「でも、顔は見ませんでしたヨ」

「顔を見ないで助けることができるものかッ。バカも休み休み言えッ」

とうとう、指導員は泣きそうになって「あーあ、何としたことか。今までこのようなミスは一度だっておかしたことがないのに……。余さんも女たち三人も党から除名ですよ。そして私は解任されるでしょう……」といった。私は悪いことをしたつもりが怒られて"ベソをかいていたが、やがて「指導員先生、向こうの指導員と秘密裏に話合って、なかったことにしたらどうですか。あちらは三人とも助かっているので喜んで賛成すると思いますヨ」と入れ知恵した。

すると指導員は急に明るい表情になり「それより他に、手はない……」といいながら、女たちの指導員のところへ出掛けて行った。

（つづく）

（S・I・S・A）

筆者の姜大振は南派された北韓スパイの最大級大物、元北韓軍上佐（中佐と大佐の間の位）。最近、韓国に帰順した。

（1965年7月27日第3種郵便物認可）

在日本大韓民国居留民団
綱　領
1. 우리는 大韓民国의 国是를 遵守한다
1. 우리는 在留同胞의 権益擁護를 期한다
1. 우리는 在留同胞의 民生安定을 期한다
1. 우리는 在留同胞의 文化向上을 期한다
1. 우리는 世界平和와 国際親善을 期한다

THE PRESS MINDAN TOKYO
THE KOREAN RESIDENTS UNION. IN JAPAN. TOKYO OFFICE
「韓僑通信」改題
在日本大韓民国居留民団
東京本部発行週刊紙

民団東京
THE PRESS MINDAN TOKYO

9月9日水曜
<1970>
週刊・毎水曜日発行
第2418号

発行所
民団東京新聞社
発行人 鄭 在 俊
東京都文京区本郷3丁目32番7号
電話 (811) 1535（代表）
〒133 振替口座 東京 16631番
〔大韓民国文化公報部国内頒布許可〕
〔購読料 1カ月100円・特別1000円〕

分断国家"統一"への道はなにか

自由主義のなかで国家発展をさぐる… リチヤド・ウオーカー

第二次世界大戦後、世界に四つの分断国家ができた。ドイツと韓国は似たようなケースであったがその後に"分割"された中国とベトナムも共産勢力と自由勢力の闘争によって生まれた結果だといえる。四つの分断国家のうち、三つまでがアジアに位置しているということはアジアを危険な地域だと物語っているようなものだ。問題はこの分断国家の双方の社会制度が百八十度違うものだということだが、こんごも一方が他方を呑んでしまおうと……すなわち自分側の社会制度によって統一してしまおうとすれば、また必ず"戦争"が起きる。ではこの解決はないというだろうか――。

分断国家の悲劇、四分の一世紀

第二次世界大戦後の特徴の最たるものは中国、ドイツ、韓国、ベトナムなど、世界でも指折りの長い歴史と豊富な文化を持つ国ぐにが分断されたことだろう。

過去四分の一世紀の間、分断国家の悲劇は日増しに深刻なブチに追いやられることになった。それは分断国家をイデオロギーのプロパガンダに使ったことが最大の原因だった。

共産主義者たちはこの"国土分断"を非共産世界とは全く異る方法で取扱い、分断国家の非共産部分をファシスト反動集団だと銘打って非難した上、これが「帝国主義者たちの道具であり、かつ戦争商人たちの支配下にある」ときめつけて、これらの分断国家は共産主義解放を渇望しているのに、帝国主義陣営のために統一に達成がはばまれているかのように世界宣伝したものだった。

この共産宣伝から生じた虚構は一九五〇年代には中立的第三勢力の間では非常な熱心さで信じられた。それは第二次世界大戦後に続出した独立国家群のほとんどが"植民地としての歴史"から抜け出す第一歩として、当然反帝国主義を受入れたからであった。だが年月がたつと共に、共産宣伝による"わい曲された描写"は次第に信びょう性を失い、一九七〇年代にはいってもなお、かつこれを信じているというものは、共産主義国の特殊な国を除いてはほとんど皆無である。

ドイツの分断については、他とはいささか異りソ連は最初から"二つのドイツ"を要求してきたし、欧州での現状維持――すなわち、第二次世界大戦後にできた国境関係や共産主義陣営の勢力関係が受入れられることに大きな関心を集中させ、そして多大の努力を払ってきたものである。その現状維持の方法としてソ連など共産主義国群はドイツをはじめとする分断四"国の自由地域における生活は悲惨だと宣伝し、そこには圧迫と腐敗・不満があって民衆の間には革命への憧憬が高まっているかのように言いふらしてきた。

6・25攻撃の明白な証拠さえも

これだけではない。分断国家群のうちのすべての軍事的探索や侵略行為は共産地域から始められたものであったにもかかわらず、ソ連、中共をはじめ他の群小共産諸国は、こぞって「あらゆる暴力発生と平和への脅威は帝国主義者の侵略の結果だ」という宣伝路線を執拗に堅持してきた。その適切な例は韓国戦争である。

国連は一九五〇年六月二十五日の攻撃開始が北韓によって周到に準備されたものだという明白な証拠をとらえ、これには異論の余地がないことを認めたが、共産諸国群は韓国側が戦争を挑発したと強硬に主張したものである。

この韓国をはじめドイツ、ベトナム、中国などの分断国家が攻撃・侵略の恐れもあるものに対して防御を怠らぬようにつとめると、共産宣伝機構はこれを"平和を脅やかすもの"と逆宣伝してきた。そしてこの共産主義者たちによる"虚構の描写"はその国家の分断という事実にはふれず、常に"帝国主義の侵略企図"だと主張、「これこそ平和への脅威だ」というように浮き彫りにしてきたのである。

共産主義者たちがこれら分断国家の"分断の責任"が共産主義者の大砲――すなわちその軍事力によるものだということを知らぬわけはない。それだからこそ"分断の事実"をできるだけ語らぬように、小さく扱って"帝国主義の侵略"とか"軍国勢力の平和に対する脅威"とかいう表現で強く主張することによってプロパガンダ上の利得を獲得しようとしたのである。

ソ連の一九七〇年代世界戦略

ところが一九七〇年の春から、ソ連は分断国家問題に対して新しい戦略を構築し始めている。われわれのみるところでは、ソ連は対独接近方法を韓国―中国―ベトナムなど三つの分断国家にも適用し始めている。こうしたソ連の動きも西側世界では大した注意を引かなかったが、中共と北韓には少なからざる動揺を覚えさせたようである。

一九七〇年五月四日付けの日本の毎日新聞はソ連学術院会員であるドミトリ・ペトロフ氏が日本で行なった演説を掲載したが、中共の新華社通信は直ちに同氏の演説を非難した。中共はその演説を通してソ連の"修正主義者ども"が二つのドイツ接近方法をアジアの他の分断国家にも適用し始めたという"証拠"を見出したようである。

ペトロフ氏はその演説の中で日本とソ連のより緊密な関係を力説したが、これはソ連の一九七〇年初期の世界戦略と一致したものである。ソ連は最近、全欧安保会議の推進に熱を入れ、東南アジアの集団安保条約を模索、また独ソ不可侵条約を締結したが、これらはすべて、ソ連の世界戦略の一環なのである。

ペトロフ氏の演説は「極東ではソ連と日本が最も高度の生産能力を持っている」と述べながら「極東の安全と平和を維持する上で、あるいは緊張緩和の問題において同一の利害関係を持っている」と指摘した。さらにペトロフ氏は「アジアは世界で最も危険な地域だ」と語り、その理由として次の四項目――①過去十年の間に、アジアで大戦争が二つも起きていること ②世界の分断国家四つのうち、三ヵ国までがアジア地域に位置していること ③欧州では戦争の起きる可能性が漸次に減ってきているが、アジアでは戦争に対する"無関心さ"と"諦念"が底流にあるため、戦争を防ぐための譲歩もむつかしく、また戦争が起きても仕方がないと考える人びとが多いこと ④中共が現在の政治政策で武力行使を支持する可能性の多いこと――などをあげた。

これは以前のソ連政策とは大いに違った観点を持っており、また現在の中共政策とも大きな相違をみせている。すなわちペトロフ氏はこれまでのソ連や中共の主張とは異り、"分断"そのものを紛争の主要源泉として認めたのである。これは明らかに"東西接近"のあらわれであり、ペトロフ氏は紛争の責任、あるいは平和の脅威というものをかつて共産主義国が一様に主張したように"分断国家の自由地域側に責任がある"というように極限せず、"宣伝"から離れてもっと本質的な点にふれたといえよう。

分断諸国の自由地域の実績

ペトロフ氏の演説は分断国家問題に関し暫定的な現状維持を訴えているともいえる性質を持っているが、ソ連は明らかに客観的状況分析の上で一九五〇年代と七〇年代とでは大きく違う点――つまり世界の力の均衡に基本的な変化が生じたこと――などを認めていると思われるし、こんごの世界共産主義運動に"新しい接近方法"が要求されていると判断したようである。

韓国において共産主義が敗退して以来、世界に劇的な変化が生じたことは事実だろう。その後、国際貿易は驚くほどにふえ、またスピーディなジェット時代は各国の人間と文化の接触・交流を可能にした。一方、スカルノ、ネールのような反帝国主義指導者たちも去って行き、ソ連は新しい世界戦略に傾いて行った。しかし、その最も大きな要因は分断諸国の自由地域の部分が達成した繁栄水準にあるといえよう。

アジアではベトナムを除いて、韓国と国府における経済成長には目を見張らせるものがあり、またこの両国の外交的活力も大へんなものである。これに反し六〇年代の中共と北韓は次第に孤立して行った。

ソ連判断の"平和共存"路線

七〇年代初めの現在、国府を承認している国ぐには六十八ヵ国であるのに比し、毛沢東の中共を承認している国ぐには五十四ヵ国であり、しかも、北京に代表を送っている国ぐにはその半数にすぎない。北韓の場合はいっそうみじめである。平壌は非共産世界からは完全に孤立しており、世界の"巨翼"中立の人びとからでさえも敬遠され勝ちである。

一方、ソウルは外交、あるいはその他の国際活動が非常に活発である。こうした傾向はいきおい、ソ連の眼をうばい、恐らくこれらの"変化"がモスクワで集中討論を喚起したのではないかと考える。ソ連は非共産のドイツ、中国、韓国の実情を知るに及んで、共産勢力の正面攻撃あるいは内乱によってこれらを共産支配下に置くことは不可能だと断定したに違いない。そして今こそ"平和共存"路線へ全面転換する以外に道はないと判断したのだろうと思われる。

こうしたモスクワの"平和共存"政策とは別に、北京と平壌の"強硬路線"は依然としているため、この"平和共存"と"強硬路線"の交錯で、こんご数年間の世界情勢は非常に危険である。一九七〇年代の自由世界はこうした二元的な共産戦略と相対峙（じ）する公算が強いからである。

自由世界は共産世界の"強硬"路線と"融和"路線の両方に気を配ってこれに対処して行かなければならない。従ってこれは自由世界の動きをいっそう困難なものにさせ、また危険を呼び起こすことにもなりかねないむつかしさをはらんでいる。

自由世界がクレムリンをして"消極的戦略"を選択せざるを得なくさせた"迫力"をこんごも引き続き維持して行くためには想像力と努力が必要である。

自由失わず統一達成するには

そこで分断国家の自由地域の指導者たちには"自由を失わずに統一を達成するため"次のような諸点を指摘しておきたい。

一、分断国家の指導者たちの活動は国際関係において主要な源泉となる。従って自由地域の指導者たちは①海外駐在公館長たちにより効果的な政治訓練をほどこし②分断国家相互間ではその経験や情報を分かち合って③国際会議で相互協調をする必要がある。

二、文化的な問題が外国の支持を得る主な要因となる。そこで分断国家指導者たちは①文化遺産を保存発展させ②共産主義が国家発展を妨害していることを強調すると共に③自由主義制度が豊富な文化・創造への近道であることを明示して国土統一への歩みを続けることである。

三、第三国を通じて、閉鎖され軍国化され、かつ秘密におおわれている共産地域のことを聞こうと努力し、知ることにつとめなければならない。そうするためには、①自由地域の指導者は相互に関連をもつ現代世界への参与を強調し②共産主義の非現実性を明示してみせ③共産主義指導者たちが選挙や思想の交換などを忌避している事実をあげ④マルクス・レーニン独裁主義が現代に適応しないものだということを強調しなければならない。

こうして行くうちに、分断国家の自由地域指導者たちは一九七〇年代における共産陣営分裂の機会にこれを利用することになるかも知れない。

（SISA）

筆者のリチャード・ウォーカー氏は南カリフォルニア大学の教授。

平和統一までになすべき課題は?

韓国新聞論調

韓国統一問題を学術的側面から本格的に検討したこんどの国際学術会議は政府代表ではなく学者・専門家たちによって行なわれたために自由かつ違をきわめ、いうまでもなく、一定の画一的結論などは出なかったが、非常に有意義な会議だった。この会議では、こんご南北間の緊張を緩和して行く多くの問題が取扱われ、また何らかの形で武力行使を阻止することが検討されたし、また将来、可能ならば南北韓での対話の道や機会なども模索された。こうしたことは平和統一の前提条件として出されたものだったがわれわれの注目を引くにじゅうぶんであった。

こんどの会議を契機として韓国内では国民、政党、政府の間で"統一"に関する論議がいっそう大きくなる気配をみせている。われわれは早速"民族統一"というおごそかな目標に向かいつつある途上において、いま幾つかの遂行すべき課題について考察してみたいと思う。

第一の課題は対外的問題についてである。南北韓の緊張緩和が平和統一の基本的な条件だと一口にいうが、これはわれわれ南側だけが武装弱化を実施したところで、平和統一の糸口にはならないのである。これまで韓国は"戦争"の抑止力として休戦ラインをはさんで軍事力の均衡状態を保ち続けてきた。それを、今後われわれだけが"力の弱化"につとめれば、北韓の再南侵を招くことは、ほとんど間違いなしといってよい。従ってわれわれは北からの全面攻撃、あるいは局部的ゲリラ戦を阻止しながら"平和統一"への道を模索しなければならないのである。

これと関連してわれわれは国際的外交ルートと世論を通じて金日成一派の冒険主義を放棄させなければならない。すなわち北韓のいう"南朝鮮解放"は解放でも何でもないことを世間に知らしめ、北韓の危険な軍事的左翼主義路線は金日成一派だけが陶酔している"幻想"にすぎないことを訴え、北韓がこうした冒険主義を放棄するよう圧力を加えなければならない。

また"国際監視下の総選挙"という方法論を主にして国連を通じた統一外交の幅を広げる必要があり、関係諸国はいうまでもなく中立国および可能な範囲で共産諸国にも働きかけて"南北韓の軍事緊張緩和"を目指した外交方針を設定しなければならない。

いうまでもなく、これはむつかしい課題であるが、しかしわれわれは冷厳に現実を見つめ、長期的歴史的眼目で努力しなければならぬ新しい時点に至っているのだと認識する。

第二の課題は対内問題である。国際情勢の推移、あるいは客観的状況のいかんを問わず、南北統一問題の最終決着の舞台は韓半島であり、主役は韓国人である。従ってその決定的要因は南北韓社会の条件である。

そこで統一の先行作業として緊急になされなければならないことは痼疾化した腐敗をきびしく排除し、激化して行く貧富の差を果敢に除去することである。政治的、社会的腐敗が共産主義の温床になるという厳然たる歴史的事実をよそにして「民主政治ではある程度の腐敗は不可避だ」などという安易な逃げ口上はとんでもないことで、それでは緊迫した事態収拾などできるわけがない。

平和統一をロマンチックな甘い結婚式と錯覚してはならない。平和統一に導くまでの段階でわれわれは北韓の、あの激烈なイデオロギーと対決しているのである。あの闘争的で一方的な"たった一つの思想と方法"に――。

共産主義者たちはこんごも自分たちの制度の矛盾や弊害は夕ナに上げて、われわれの社会の矛盾や階級の弊害を強調して大衆を掌握しようとするだろう。そしてそれが"革命"だというだろうが、われわれはいまこそ不正・腐敗を一掃し清新にしてかつ強健な社会気風を樹立しなければならない。それこそ南北統一の性格を決めるカギだと思うからである。

東南アジアを歴訪して

各国とも日本進出を懸念する

南 載 熙

米国がアジアへの過剰介入をひかえようとするなかで、GNP（国民総生産）世界第三位の経済力を背景とする日本の存在はアジアに大きな影を落とし始めている。だが、中国との関係改善の道は遠く、日本の経済進出に対して東南アジア諸国の間では警戒心もみられるなど、いまや日本のアジア外交も新たな転換期にさしかかったといえそう。七日から始まったアジア・太平洋大使会議では東南アジア諸国の大使などがこんごの日本のアジア外交と経済援助について、さまざまの勧告を行なったが、やはり緊張緩和を主体にして各国の誤解や不信、根強い反日感情などを解いて行く具体的行動を忍耐強く続けるよりほかにないということだった。

私はこんどの東南アジア諸国歴訪の旅で、ニクソン・ドクトリンの適用以後、これらの諸国がどのように転換ぶりを見せているかを非常に興味深く見た。特に中共周辺の国ぐにの中共に対する感じ方やその態度、またソ連との関係やその他の共産諸国との調整などについて私は細心の注意を払ってのぞいてみた。

アジアにおけるニクソン・ドクトリン具体化の方向の中で、共通していることは米国が足を抜いて行ったのちに進出すると予想される日本についてである。すなわちニクソン・ドクトリンが日本の役割増大を前提の一つとしていることから起きてくる問題である。従って東南アジア諸国が日本の役割り増大に対してどのような反応をみせているか――ということも観察の一つの側面となった。

根底にかつて占領された経験…

たとえ、ニクソン・ドクトリンがなかったとしても、東南アジアに対する日本の進出には刮目すべきものがある。かなり以前から日本人の東南アジア諸国ではこれらの国ぐにを旅行する日本人を評して「日本人は必ずといっていいほど日本の航空機に乗り、日本人経営のホテルに泊り、日本人食堂で食事をし、日本人商店で買物をする」といわれているくらいだ。

東南アジア諸国は事実、行くところ、見るところ、どこもかしこも日本商品の洪水である。そして日本の会社の広告も多く「いすず」「東芝」「ホンダ」などというのが眼を引く。

東南アジア諸国に対する日本の進出が警戒的な眼で見られていることは事実だが、その根底にある理由は何といっても第二次世界大戦当時これらの諸国がみんな日本に占領されたことがあるということである。つまり日本に侵略された経験を持つこれらの国ぐにには日本の進出に懸念し、またこんご、ありうるかも知れない日本の軍国主義化に対して神経を使っているようだった。

"日本進出が不安"な様子

東南アジア諸国の日本に対する意見はさまざまであったが、一口にいうと"日本進出が不安"に思われてならぬようだった。

結局、東南アジア諸国の中で最近、最も問題になっているのは"日本の進出"とみた。中共その他の共産主義国に対する脅威についてもしばしば"問題"を耳にしたが、それよりも"大問題"と映っている"日本"へのコメントを各国別に介紹しよう。

◇国府（東南アジアではないが便宜上、含ませる）＝国立政治大学の王大仁教授は、日本の一部商社（複数）が周四原則を受諾したことに憤怒を覚えると言いながら「日本は経済のみを知り、政治については考えない」と不満そうであった。また元中央日報社長の曽虚白氏は「日本の佐藤首相は反共的人物だと思う。そこで、私も日本がもし望むなら、日本と軍事同盟を結んでもいいと考えている」となかなか威勢がよかった。

フィリピン＝この国では非常に強い警戒意識というものを感じ取った。ロムロ外相インタビューの中からそのことばを幾つか次に述べる。

「日本が再武装しないことを、そして軍国主義にならぬよう切に祈っているが、私は平和憲法を撤廃し軍国主義の復活に反対する全学連のような運動が続けられることを望む」「日本がかりに核開発を行なうようなことがあっても、それは平和的に利用するよう希望する」「日本は軍事的にではなく、その富でアジア諸国に経済協調すべきである」

また、ロムロ外相は「こんごのアジアにおける日本の役割りと責任についてはどうお考えか」という記者の質問に対し、次のように述べた。「責任には権限が伴うものだ。従って"日本の責任"という代わりに"日本の参与"と私はいいたい。そして日本のアジアにおける参与は経済的協調でなければならない」

シンガポール＝南洋商報の編集委員会主席の連士升氏は「日本が再武装するかも知れぬ」という懸念に対して「米国と日本が紐帯を結んでいるということは中共よりももっと警戒されることだ。それは米国が確固たる政策を持っていないところに起因する。そうした米国の動きと相まって日本はこんごどのようなことをしでかすか分からぬという不安をわれわれに[illegible]。第二次世界大戦後、共産主義勢力に対する[illegible]の一環として日本と西独を育[illegible]日本と西独が大国となり、[illegible]に米国に対抗することはないと、いったい誰が保証できるというのか。日本が軍国主義化することは世界平和のためにならないだろう」と語った。

インドネシア＝マリク外相はフィリピンのロムロ外相の見解と似た意見を持っていたが、表現はずっと柔軟で「日本が軍国主義化しないで近隣諸国と協調することを希望している。すなわち、それは開発途上国群に対する経済的協調であってほしい」と述べた。マリク外相のその他の発言内容は「日本の産業技術はいつでも軍需生産に転換しうるものである」「ニクソン・ドクトリンがもし、日本の再武装とアジアにおける軍事的役割りを前提にしたものだとすれば間違いである」等々であった。

マレーシア＝クアラルンプールのウッサン・マラユ紙（マラヤ語）のメルラン・アブドラ主幹は日本の進出に対する脅威を「経済的進出の側には常に、これを保護するために軍事的進出を呼ぶだろう。すると、日本の経済的脅威は中共の膨張以上にこわいものになる」というように述べた。しかし、ストレーツ・タイムズ紙（英字）のリ・シュ・イ編集局長は「日本に[illegible]のであって領土的な野心は全く持っていない。従って日本より中共の方が[illegible]」と語った。

タイ＝タナット・コーマン外相は[illegible]日本はトランジスター・ラジオ[illegible]る商人である。いまでこそ日本は[illegible]役割りにも参加するように[illegible]割りとこんごの関係について[illegible]る。日本の経済的進出[illegible]いかとの危惧は行政的[illegible]きるものである」と[illegible]の"行政的指導"に関して同外相[illegible]スト紙のインタビュー[illegible]％ないし六〇％が日本資本[illegible]に寄与[illegible]次のように述べている[illegible]日本人ならびにその他の外国人によって設立された企業に対し、一定の目標年限を設定するようにしている。そしてその年限が過ぎると、その企業の株式をタイ国人に売却するよう決定している」と。

以上のように、東南アジアの人びとが日本に対して持つ期待のウラに警戒と危惧の心がうかがえるのは、かつて軍国主義日本の侵略を経験したわれわれの心をのぞくに似た感があったことは否めない。それは日本に対する愛憎のからまりを持つ韓国人の意識の深層を見る思いであった。

「軍閥」という映画の意図に

東南アジア旅行の帰途、われわれが日本に立寄った日は偶然八月十五日であった。これは日本にとっては敗戦の日、われわれ韓国にとっては解放された日の二十五周年記念日であった。折から、日本各地で上映されていた「軍閥」という映画をみたが、それは日本が次第に大きくなって行った軍閥に誤って塗いられるようになった経緯をえがいた映画で、そして日本がどのようにして民主政治と平和を否定するようになったか、そしていかにして外国侵略に出て行ったかを物語り、またいかに悲惨な終末となったか――を悔恨と自責の念で生々しく映し出していた。

私は日本に対する期待と警戒を真剣に語った東南アジアの人びとの顔を思い浮かべながらこの「軍閥」という映画を製作した人びとの意図に共感を覚えるのだった。

映画館の広告板には愛知揆一外相が「戦争というものがいかに悲惨なものであるかをいまさらのように覚え、私は全国民の支持によって平和を推進しなければならぬ責任をしみじみ感じた。戦後二十五年、私は当時をかえりみて自由民主主義の貴重なことを心から悟らせられた」と述べていた。（SISA）

筆者の南載熙氏は朝鮮日報論説委員。

見直された韓半島の緊張

米国の耐韓援助はどう転換するか

ジャック・アンダースン

ベトナム戦争でベトコンを粉砕するための軍事費百二十億〃を工面するのに頭を悩まし続けてきた米政府の政治・軍事的世界戦略樹立者たちはベトナム問題で苦労する余り、韓国問題の重大さを忘れ勝ちであった。しかし、ベトナム戦がようやく下火となってきた今日、彼らはこれまでおろそかに扱ってきた韓国問題の"危険"な様相に――すなわち好戦的な金日成北韓首相が韓国の弱点をつけねらって再び韓国戦争を起こそうとする誘惑に陥る恐れがあるという"情勢"にやっと眼を注ぎ始めたようである。

アグニュー米副大統領がさきほどソウルを訪れ、韓国の防衛力増強について韓国首脳と語り合ったのもその一つであったといえよう。アグニュー氏ははっきりした具体的言質こそはばかりはしたものの、米国がその必要性を認めれば韓国に新しい武器類を提供することに躊躇（ちゅうちょ）はすまいと言明している。

博物館行きの武器で強い韓国軍

しかし、米政府は対韓援助の金額を決めるのにためらっている。それはその額数が米議会を驚かせる可能性があるからであるが、米政府は議会との間で紛糾を起こすようなことを避けようとしている。しかし、このことによって米国は北からの侵略を防ぐために武装する韓国に対する公約をおろそかにする結果を生ぜしめている。

これに引きかえ、韓国は米国との公約を忠実に守ってきている。そしていま、韓国は米国務省がアジアで"最強"だと太鼓判をおす軍隊を建設した。この強い韓国軍は第二次大戦のころの古い武器やすでに一度捨て去られた博物館行きのような装備で大へんな苦労をしている。これは新しい米国の武器が南ベトナムの原野に山積されたまま、さびついているのとは大部、わけが違う。

北韓と韓国の火力統計比較

私は北韓が韓国よりどれほど優勢な火力を持っているかを示す極秘統計数字をみたので次に紹介したい。しかし、残念ながら詳細な数字は秘密扱い事項となっているので、大きな数字だけを載せる。

なお、アグニュー副大統領はこの不吉きわまる比較表をソウルで見て知っているはずである。

◇空軍力＝北韓は百機のミグ21を含む戦闘爆撃機五百機を持っている。

これに比し韓国はようやく二百機の戦闘爆撃機を有しているにすぎず、おまけにこの五八％は古いもので音速以下のF86型である。

また北韓はわずか十分のうちにソウル上空に現われることのできる高性能の爆撃機九十機を持っており、彼らは最初の爆撃で五百五十トンの爆弾をあびせかけることが可能である。だが韓国には爆撃機というものは一機もない。このほかに北韓は十機の輸送機と二十機のヘリコプターを持っているが、韓国のそれはそれぞれその半数にしかならない。

◇火力＝北韓は野砲三千七百門、追撃砲四千門、対空砲一千八百門、一度に二十発を発射しうる短射程ロケット七百台、六十マイル射程距離ロケット二十台、地対空ミサイル二百十基を持っている。

韓国は野砲顕一千七百門、追撃砲三千門、対空砲三百五十門、地対空ロケットおよびミサイルは全く持っていないが、地対空ミサイルは八十基ある。

◇海軍力＝北韓は三十ﾉｯﾄ速力の艦艇を百十隻、四十ﾉｯﾄの高速ミサイル装備艇十四隻、砲艦百六十隻、掃海艇二十隻、スノッケル・ソ連製潜水艦四隻などを保有。これに[illegible]

戦略品生産と貯蔵にも格差

[illegible]

武器を自分で生産できぬ不安

[illegible]

北韓指導者のいう"米軍撤収"

[illegible]

社告

都合により本号（九月九日）は2ページにし、一面に「統一」問題についての論評を特集しました。

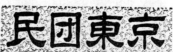

民族怨恨、47周年

史実にみる関東大震虐殺事件

いまから四十七年前の一九二三年九月一日東京を中心とする関東地方一帯におきたといわれる大震災は、近世の天災史に残るまれな惨禍であった。この天災の陰に罪のない、しかも過酷な植民地政策におわれてきた数千名のわれわれの同胞が、日本官憲の公然な指令によって殺されるという一大虐殺事件があった。震災そのものは天災であって日本は世界の同情を得て復興したが、人為的になされたこの「朝鮮人虐殺事件」は、なんらの償いもなくただ「不幸であった過去の韓日関係」にかくれてしまった。だが、われわれはこの一大犯罪の教訓を忘れてはならない……●

大正十二年（一九二三）九月一日の正午二分前、関東地方南部をはげしい大地震が襲った。あまりの激震に、中央気象台の地震計はすべて針がとんで測定できなかったが、東京帝大理学部の地震研究室にあった二倍地震計だけがかろうじて記録をつづけた。これによると、東京帝大のある本郷台での最大振幅は八八・六ミリメートルに達し、埋立地である下町ではその二倍前後におよぶものと推察された。震源地は東京から約八十キロ離れた相模湾の北西部で、マグニチュードは七・九であった。

震源地に近い神奈川県では、地震はいっそう激烈であった。いちばんの激震地であった小田原では全家屋の八、九割が倒壊して市内は全焼した。熱海線の根府川では山津波がおこって根府川部落を埋め、駅に停車中の列車を乗客もろとも海中に押し流した。鎌倉では神社仏閣が多数破壊され、津浪による被害も出した。横浜市では中心部の関内一帯が開港いらいの埋立地であったため、石造や煉瓦造りの建物が倒れて多くの圧死者を出し、とくに南京街では五千の在留中国人のうち二千人が死んだ。各所からの出火は全市をまたたくまに火の海と化し、多くの焼死者や焼死者を出した。

東京では、山の手台地の倒壊家屋は全体の一割内外であったが、江東の本所・深川方面では二割五分前後に達した。はげしい地震にあわてて戸外に避難した人びとが息つくひまもなく、各所に火の手があがった。地震がちょうど昼食時とかさなっておこったうえ、薬品による出火も多かった。出火個所一三四のうち五七個所は消しとめたが、残り七七個所の火が五八の火流をつくって、九月三日の未明まで燃えつづけた。

この日は二百十日を翌日にひかえ、朝方には低気圧が関東地方南部を横切った。東京では十時ごろにたたきつけるような雨がはげしく降ったのち、やがて青空が顔を出し、秒速十メートルをこす南風が吹いていた。各所の出火は、この南風にあおられてたちまち燃えひろがった。都心の官庁街でも、有楽町二丁目のいわゆる山勘横丁から出た火が、三時すぎには警視庁を全焼させた。和田倉門内の帝室林野管理局から出た火は、大手町にあった内務省・大蔵省に飛び火し、官庁街を焼いて日本銀行に迫った。

神田・日本橋・京橋・浅草・本所・深川の下町一帯では、各所にあがった火の手が人びとの退路を絶ち切り、多数の焼死者を出した。狭い道路と木造の橋とが被害をふやした。江東方面の人びとは両国横網町にある陸軍被服廠あとの空地に争って避難したが、三時半ごろになると旋風がおこり、人びとが持ちこんだ荷物に火がつきここに避難していた三万八千人を一挙に焼き殺した。この数は、震災による東京市の全死亡者の四割にのぼる。

下町方面の火災がひろがるにつれて、下町からの避難民は、上野公園から九段の靖国神社、宮城前広場、日比谷公園などの一帯になだれを打って押し寄せてきた。夜にはいると、宮城前から日比谷公園・東京駅前にかけて五十万、上野公園には四十万の避難民がむらがった。下町の火災はなおも炎々と赤く空をこがし、地震と火の恐怖のなかからようやく抜け出した人びとのうえには、不安と疲れと飢えとが襲いかかった。

流言蜚語　地震の一週間前の八月二十四日に加藤友三郎首相がなくなり、後任に推された[illegible]老山本権兵衛は、地震のおこったとき組閣工作の最中であった。したがってまず震災の応急対策にあったのは、臨時首相となった内田康哉外相をはじめとする加藤内閣の閣僚たちで、水野錬太郎内相と赤池濃警視総監が当面の責任者であった。

東京を中心とする交通・通信はすべて不通となっていた。地震の瞬間に電信・電話は断ち切られ、数時間後にはじめて横浜港内の汽船や海軍省船橋送信所から、震災がおこったことが各地に報道された。鉄道は、荒川の鉄橋から当時の東海道線の御殿場駅にいたる区間が破壊された。罹災地では電灯・水道なども止まった。

政府は地震の直後に首相官邸の庭で臨時閣議を開き、首相を総裁とする臨時震災救護事務局を設けて、政府総がかりで救護と警戒にあたることとした。だが、このあいだに深川の米倉庫が焼け、越中島の陸軍糧秣廠にも危険が迫り、食料の不足が予想された。そこで緊急勅令によって非常徴発令を出すことにした。

他方、赤池総監は、午後四時半に東京衛戍司令官である近衛師団長森岡守成にたいして出兵を請求した。警視庁や警察署の焼失によって弱体化した警察力では、非常時の警戒にあたって帝都の治安を完全に維持することは困難でありましてや窮乏困憊の極に達した民衆を煽動して事をおこそうとくわだてる者がないとはかぎらぬという考えで、兵力によって人心の安定をはかろうとしたのである。軍隊は宮城・官公庁・停車場・銀行・物資集積所などの警備に出動し憲兵も市内の治安維持にあたった。だが赤池総監は、出兵だけでは不安だとして、さらに罹災地一帯に戒厳令を布こうと、水野内相に進言している。

かれらは五年前の米騒動の体験から、民衆の騒擾をおそれていた。労働運動や社会主義運動が急進化の一途をたどっていたことにも、はげしい不安を感じていた。そのうえ水野・赤池のコンビは、朝鮮の独立運動を弾圧した当事者であった。水野は米騒動当時の内相で、万歳騒動のあと、斎藤実総督府政務総監となり、赤池を警務局長に起用した。そして赴任のさいには爆弾の洗礼をうけていた。かれらが民衆の動きを警戒したことは想像するにかたくない。

一日の夜、警視庁では、数十万の避難民が群集心理にかられて騒動をおこすことをおそれ、軍隊とともに警戒していたが、二日朝になると、「不逞鮮人来襲」の流言が各所につたえられた。

警視庁の記録で流言の動きをみると、地震がおこるとまもなく「富士山が大爆発した」とか「大津浪がくる」という流言がながれだした。一日の夕方から夜になると、東京・川崎や横浜の一部で、「社会主義者や朝鮮人の放火が多い」とか「朝鮮人が来襲して放火した」という流言がおこった。なかでも、全市が焼失して救援をうける見こみがなく、一部では掠奪事件などもおこって混乱をきわめていた横浜では、「不逞鮮人が来襲して井戸への投毒・放火・強盗・強姦をする」との流言がおこって、二日朝までに全市にひろがり避難民の口を通じて東京西部につたわった。江東方面からもこの種の流言がひろまり、二日の午後までには東京全市をつつんだ。警察もこれを事実と信じて応戦体制をとった。自然的事件が社会的事件をうみだしたのである。

朝鮮人さわぎ　警視庁へは二日の午前中から、きのうからの火事は不逞鮮人が放火したためだ」という流言蜚語がつたえられていた。午後三時ごろになると、富坂署から[illegible]・放火の鮮人数名を検挙したとの報せがあり、正力松太郎官房主事が急行した。それとほとんど同時に、神楽坂署からも不逞鮮人の放火現場を民衆が発見したとの報告がはいった。四時ごろには大塚署長から、不逞鮮人が大塚火薬庫襲撃の目的で集合中との訴えありと、応援をもとめてきた。

〈つづく〉

中央公論社版「日本歴史」から

分断25年　오늘의北韓　4

今日の北韓労働者の実態

関　庚　泰

過労と低賃金で無気力　三分の一は遊んで食う監視人

国土分断の日から二十五年。北韓の会社制度は南のそれとは百八十度の違いを見せている。解放の混乱期から六・二五動乱にかけて、北韓の指導者金日成は「われわれの国は労働者の国だ」と高らかに述べ「農民と労働者こそ優遇されなければならない」と強調した。そして地主と企業家はすべて追放されたが、北韓の農民と労働者にとってはただ〝親方〟がかわったにすぎなかった。否、その後の〝親方〟以前にもまして過酷である。国家権力をもってしてウムをいわせず、文字通り休む暇もなく酷使うからである。そしていま〝働く者の上に立つ党からの派遣者官僚風を吹かせ〝働く者〟は全く選択の道を閉されてしまった。

北韓では「労働は美徳だ」というスローガンのもとで女もこどもも、老人までが働かされる。それこそ北韓住民こそ、休むいともなく働かされるというべきだろう。

北韓のいわゆる〝プロレタリア独裁〟下の社会では働かざるもの食うべからず」で、一人残らず働かなければならない原則（？）が打ち立てられたが、しかし二十五年過ぎたいまでは、この原則も根底からゆさぶられてしまっている。すなわち、働く人びととの上に遊んで食っている階級の人間どもがドッカリとあぐらをかいて坐りこんでしまっているのだ。

監視人階級が全員の三〇%

北韓の各工場や事業場には指導員とか管理員とかいう名目で党から派遣されている人間が全員の三〇%も占めている。これらの人びとが本当に作業に必要な場合はいいのだが、彼らは全く必要のないブラブラ組である。それでいて党関係の人事問題でキュウキュウしているあまり、かばうべき労働者を逆にいじめている。

北韓の一般企業体の組織体系をみると、幾つかの作業班の上に必ず、中間管理人ー技師長ー副支配人ー支配人など、いわゆる内閣から派遣された幹部級の管理者たちが居り、このほかに党から派遣されている党委員長や党指導員などが君臨している。この二元的支配階級たちは〝作業監視〟以外に仕事がないのである。船をこぐのに船頭ばかり多いと困るように、北韓の作業場では監視人ばかり多くて困るのである（彼ら監視人たちがその仕事で苦労して上がってきた人びとでない点、理解がなく、働く人びとを困らせている）。

北韓の労働法第一条には「労働時間は一日八時間に制限し、時間外労働は年二百五十時間を超過してはならない」とちゃんと規定してある。にもかかわらず、労働時間の制限がさっぱり守られていないのは頭の上の監視人階級の出世のための無理強いや組織の矛盾、そして労働総同盟のように労働者が訴える機関がないためである。

従って労働法は空文句に化している（北韓の住民は労働組織の矛盾や、自分の強いられた不合理を訴える……などということについては夢想だにしていない。すなわち知らないのである）。

空文句となった労働時間制限

北韓では一般労働者たちの働く時間が普通一日平均十二時間から十五時間にもわたる過重労働になっているが、これは、一つには仕事の分量が支配階級にも割り当てられてくるにもかかわらず、支配階級はそれを自分ではしなくてよいとみずから決めており、その分量を一般労働者にさせるからである。従ってこの時間外労働の賃金は払われたためしがない。表面上の理由は「時間外労働は党が決して強要するものではなく、各種社会企業体の自発的決意によるもの」だから……というのである。しかし、北韓の制度では各種企業体が独立して作業をやるということは事実上、皆無である。必ず、党の指示によって動いているのであり、従って時間外労働の強要も党からの指示による。

北韓の公休日は一年を通して三日しかない。それは正月の一月一日と労働節の五月一日、解放記念日の八月十五日であり、ほかは全部働く。すなわち、土曜も日曜もないのである。

公休日と賃金

ところで労働者たちは前述の三日の休み以外に一年に二週間の有給休暇がとれることになっている。しかし、日曜日の用事や、病気のときに有給休暇をふり当ててしまうので（病欠勤の場合は給料、配給などを減らされるため）一年たつとその休暇も、もう取れなくなっていることが多い。

北韓の労働者たちは過酷な仕事に比してあまりにもその代価が少ないといわざるを得ない。北韓の労働者は三級から八級にまで分けられて等級別に賃金が異っているが、一ばん高級の八級でさえ月五十二ウオン（北韓ウオン）しかもらわない。この五十二ウオンはビロードのチマ（スカート）を一つ買うと消えてなくなる額である。

ちなみに労働者の月給を次に明示すると、八級工が五十二ウオ、七級は四十八ウオン、六級四十三ウオン、五級三十八ウオン、四級三十四ウオン、三級三十ウオンである。

八級、七級は労働者のうちの最高で熟練労働者や有能労働者もこれに該当、また事実上は労働者でなくても、党の性分の良い〝熱誠労働者〟はこれに属する。しかし、この七、八級の待遇に当てはまる者は少なく、大ていは四、五、六級である（中学を出た者は三級、高校卒は四級、大学卒は五級）。

ところがこの賃金も決まったとおり、計算み支払われるわけではない。自分に与えられた作業量を完遂できなかった場合、あるいは自分は完遂しても自分の所属する作業班が完遂できなかった場合は罰として賃金を大幅に差引かれる。

飲まず食わずで一年分ためても

こうした労働者の薄給に比べ、企業所の幹部や党員たちは比較的良い待遇を受けている（普通、企業所はその大きさによって特、一、二、三級など四等級に分けられている）。

企業所の支配人は八級工労働者の約五倍近くの月給、二百五十ウオンを受けており、その下の監理部長は百ウオンもらっている。党の指導員は末端の一番低いものでさえも五十五ウオンで、何もしないのに八級工よりたくさんもらっている。

労働者の賃金が全く不合理なほどに安いことは物価と比較してみるとよく分かる。賃金は決して損[illegible]

北韓には党の指示により〝朝鮮職業総同盟〟という組織があり、この傘下に建設、林業、軽工業、漁業、教育、文化、保健、公務員など九つの職業同盟がある。そして北韓の労働者たちはこのうちのいずれかにみんな加盟させられる。この加盟は労働者としての義務となっており〝盟費〟は少ない月給のうちから一%から三%。イヤ応なしにさっぴかれる。

職業同盟に二重の収奪

賃金の苦労のほかに北韓の労働者には過酷な長い労働があり、さらに朝一時間の社会奉仕労働と称して朝っぱらから無報酬の仕事で疲れさせられる。北韓では朝五時になると各地区で起床の鐘がいっせいに鳴り出し、すべての住民は起きることを余儀なくさせられる。そして朝食前の一時間労働として道路工事などの社会奉仕をさせられる。これは無賃金で強制的これを怠けると〝自己批判〟の対象になるので、大へんである。

しかし、こうした過酷な労働政策が北韓にとって決してプラスになっているとはいえない。早朝からの激しい労働は職場での労働能力を低下させているし、結局あまり量を多くしすぎて労働の質は落ちてしまっている。

工場の始業は九時ということになっているが、労働者たちは七時半までに出勤しなければならない。三十分間の軍事訓練があるほか、八時から熱誠党幹部たちの前日作業の批判とその日の計画指令があり、八時半から〝政治学習〟である。作業ではさまざまの運動が提唱され、きびしい束縛がある。

運動の連続で酷使される

◇〝私の機台運動〟――これは機械の故障を自分の責任とするために、夜おそくまで機械の手入れをする。

◇〝もう一度見る運動〟――事故が起きると〝もう一度見なかった〟として罰せられる。

◇〝星取り運動〟――労働競争で成績のよいほど星がたくさん書き入れられる。

◇〝赤袋つるし運動〟――労働者は赤い袋を一個ずつ腰にさげ、落ちた原料などを拾って入れる。

これらの運動以外に北韓では〝百二十日戦闘〟〝突撃隊〟などと名付けられた〝生産体育競技や〝技能競技大会〟が行なわれ、互いに競争の上で増産の成績を上げさせられる。

しかし、過労と希望のなさに労働者の多くは、死ぬわけにはいかず、といって元気も出ないまま、ただ生きているだけという状態である。

北韓の労働者たちは労働争議権もないので、賃金闘争なども出来ないでいる。（[illegible]）

[illegible]

大物スパイ、告白の記

私は北傀を告発する

16

南派の訓練

姜　大　振

南の縁故者拉北せよ

いよいよ南派の命令くだる

六五年十月十日、私はレシーバーを通して朝鮮労働党創立二十周年記念式で演説した金日成の〝赤化統一強調〟の声を聞いた。それは住民を鼓舞するのにじゅうぶんな調子を持っていたが、このころ私は南派工作員としての訓練を一通り終えたところであったので、金日成のいわゆる〝赤化統一論〟と私の任務などのつながりをつくづくと知らされた。

むつかしい拠点づくり

私は当時、総合訓練の総仕上げとして、南派スパイにとって最も重要でかつ最もむづかしい地下党組織づくりの拠点構築訓練を受けていた。北韓スパイで南へ派遣される者たちの任務はそれぞれ異っているが、出版物配布担当、軍事機密探知、縁故者誘引と拉北、統一前線（公開された団体を通して要人抱きこみ）など、どの担当工作員も結局は南韓に地下党を組織しなければならないのである。この地下党網はできるだけ広くし[illegible]らえていわゆる〝決定的時期〟を迎えるまで地下工作するというものである。

そのためには、まず地下党の拠点づくりをしなければならないが、これが非常にむつかしいので、私たちはくどい程に念入りにその訓練を強いられた。

拠点には屋内拠点、露天拠点、秘密アジト拠点など三種があり、その選択はその時その時の状況によって判断、場合によってはこのうちの二つ以上を併合した方法を使うこともある。

屋内拠点は最もラクであるが危険であるので、大ていは固定スパイの家、あるいは固定スパイが〝絶対〟と太鼓判を押した〝信任あつき家〟を使う。これができない場合はホテルや一流旅館を選ぶ。理由はこうした高級旅館などの持ち主は大てい警察とも親しいし、客商売の持ち主は警察が踏みこんだりすることを嫌うから臨検や捜査網からのがれる[illegible]である。

その他、何気なく下宿したり、また寺院、[illegible]、学校などの床下を拠点にすることも多い。

露天拠点と秘密アジト

露天拠点は〝追撃〟の途中で日が暮れたり〝追撃〟されたりしたさい、臨機応変措置として宿泊する方法で、下水道、ホラ穴、葬式の行なわれている家、高粱畑、草原川岸の茂み、石の多い山、警察の派出所や軍部隊の駐屯したところ（灯台もと暗しで安全）などを利用する。

秘密アジト拠点には臨時アジトと長期アジトの別によってつくり[illegible]定期間、工作活動ができるようにする。これにも三種あって住むための生活アジト、接線および〝教養講座〟を行なうためのアジト、また、いざという場合に身をかくす非常アジトなどがある。

長期アジトは第一に立地条件がよくなければならない。古墳の中共同墓地、山奥に住む縁故者の畑などは最適である。

私は拠点構築訓練でこうしたアジトを百八十個も掘った。はじめは一つ掘るのに六時間以上もかかったが、おしまいに三時間内で長期アジト一個を完全に設置することができるようになった。

[illegible]は五十メートル四方の地域にアジトを掘って潜み、安全五名が捜出隊員となって私を捜索したが、ついに私を見つけることはできなかった。そこで私は合格したが、落第した者たちはまた訓練のやり直しで及第するまで続けられた。

頭蓋骨をまくらに…

長期アジトに最もよいところは墓地である。だが春秋には墓参り客が訪れる可能性があるので、彼孫のないようなさびれはてた墓を選ぶことが第一条件である。地下を掘ってアジトにするのだから墓がくずれ落ちないように土の固まった古墳をさがす。土を掘るときは棺のあるところを中心に三尺くらいが座ることのできる広さにする。棺はたいていの場合、くさって土とあまり変わらないが、しかし棺がそれほど古くない場合は片側によせて土でくずれを防ぐ支えにする。遺骨は拾って棺の方に納めておき、頭蓋骨はまくらに使う。

大切なことは出入口のふたをうまくカムフラージュして塗ることだ。これが悪いと見つかる可能性が大きいからだ。ふたのようや[illegible]の近辺は通りがかりの人がよけて行くようにわざと人糞などのくさいヤツをのせておく。

接線、盗聴、拉致、射撃、偽装

六六年二月末、私にはいよいよ南派される時期の近付いたことがわかった。私たち三人は工作員としての総合点検を受けることになった。リハーサルはきびしかった。骨身をけずるような訓練の日、われわれは南に浸透したと仮想して、潜伏、歩哨所の突破、野営、接戦、検問所通過、拉致、射撃、偽装等々……すべての点検を受けた。訓練総本部の者たちが「南」の人間になり、われわれの相手になりながら採点していくのだ。点検された工作員は三人が一組となって総五十組。

私ら三人はそこをあらかじめ地図で調べておいた全羅北道の山の中と見なして、闇夜に羅針盤を頼りに〝目的地〟と決められたところまで走って行った。夜がふけると吹雪になって強い風が骨の髄にまでしみこんできた。寒さとえ[illegible]〝にある潜伏網をうまくくぐってなおも進むと、急に信号弾が発射され、警笛が鳴り響いたかと思うと、潜伏員たちがあちらからもこちらからも現われて、私たちを捕えにかかる。私たちは急いで再会の場所を約束して、バラバラにわかれて逃走した。私は一人で走りながら細い溝を登って行くと、突然、うしろから何者かが私をはがいじめにし、もう一人が私を前から襲ってきた。やにわに私は全力をふりしぼってうしろのヤツのハラにひじ鉄をくらわせ、前にヤツと挌闘し、やっつけた。

南派命令くだる

六六年四月十二日、私にいよいよ南派命令が下った。全羅北道担当の金課長と部指導員が私の宿所にまでやってきて、もったいぶった格好でこう告げた。

「中央党の指示を伝達します。姜先生ならびに李先生は全羅北道に南派されますが出発はちょうど一週間後の二十日。ただいまから連絡局副局長および組織部長の教養指導要求が行なわれます」と。

私は最後の宴席ではただ「南派を前にして、うちのことに頭をなやませてはいけない」といわれただけであった。最後の資格審査に落第するとまた再訓練なので私はホッとしたが、しかし南派の前くらいは家に帰って[illegible]で、私は「この非人情なヤツメが……」と内心ムカムカしていた。

「李先生に党から与えられた栄誉の革命任務は縁故者の誘引・拉致でいっしょに越北してくることです」私の最初の任務は全羅北道高敞郡にいる母方の従兄を連れて戻ってくることだった。

金日成からの電話も芝居か

私の出発を前にして十八日、全羅北道担当課長たちが、私の南派祝賀（？）パーティをしてくれた。その席上、突然電話のベルが鳴った。急いで受話器を取り上げた金課長は相手の声を聞くと「ハッ」と襟を正し、かしこみ恐れた格好で「ハイ、ハイ、ハイ」と返事だけをしている。直立不動の姿勢で受話器を傾くと、いかにも感に堪えぬという面持ちで金課長は私の方をみながら、こういった。

「偉大なる金日成首相同志が、この前に出たかったが忙しくてこれなかったと電話してこられた。李先生の健康を祈るとおっしゃられた……」と。

そのとき、私は胸がジーンとなるほど感激したが、のち、さまざまのことから推測すると、これはどうも作られた芝居だったようである。

（つづく）

筆者の姜大振は南派された北韓スパイの最大級大物。元北韓軍上佐（中佐と大佐の間の位）。最近、[illegible]

（1965年7月27日第3種郵便物認可）

在日本大韓民国居留民団
綱領
1. 우리는 大韓民国의 国是를 遵守한다
1. 우리는 在留同胞의 権益擁護를 期한다
1. 우리는 在留同胞의 民生安定을 期한다
1. 우리는 在留同胞의 文化向上을 期한다
1. 우리는 世界平和와 国際親善을 期한다

THE PRESS MINDAN TOKYO
THE KOREAN RESIDENTS UNION, IN JAPAN, TOKYO OFFICE
「韓僑通信」改題
在日本大韓民国居留民団東京本部発行週刊紙

民団東京
THE PRESS MINDAN TOKYO

9月16日水曜 <1970>
週刊・毎水曜日発行
第2419号

発行所 民団東京新聞社
発行人 鄭在俊
東京都文京区本郷3丁目32番7号
電話 (811) 1535 (代表)
〒133 振替口座 東京16631番
（大韓民国文化公報部国内頒布許可）
（購読料 1カ月100円・特別1000円）

永住権申請促進を協議
大使館で民団長合同会議

民団関東地協の団長・事務局長と駐日韓国大使館の合同会議が、さる八日午前十時半から大使館邸で開かれた。大使館主催によるこの会議には大使館側から李厚洛大使、姜公使金公使洪公報館長らが、民団側からは李禧元中央団長および鄭在俊東京本部団長はじめ神奈川、静岡を除く関東地協一都九県の各団長、事務局長が参席、①協定永住権申請促進に関する現状報告②今後の推進について、討議を行なった。（写真は大使公邸における（会議））

あと4ヶ月、総力を傾けよう

永住権申請の促進へ

外交的に解決の道あり
李大使が言明 資格欠陥者の問題で

李駐日大使

在日韓国人の永住権申請は来年一月十六日の期限まで残り約四カ月。駐日大使館はじめ各地方公館、民団および傘下団体では申請促進に最後の追いこみをかけている。

李厚洛駐日大使はさきごろ札幌で開かれた駐日八公館長と民団中央本部および北海道地方本部役員との合同会議の席上で「戦後、一時帰国して再入国した者や身分上の欠陥で申請をひかえている者（推定約五、六万人）もいちおう申請しておけば、それによって生じる問題は外交的に解決を図る」と発言して注目された。

この大使の発言に関し駐日大使館は「在日僑胞で、解放後からサンフランシスコ条約（一九五二年四月二十八日）までの間に一時帰国して再入国した者や戸籍上欠陥があるため協定永住権の申請を差しひかえている者を対象にしたもの」と補足している。

しかし、こうした身分上の欠陥で申請できないでいる在日韓国人が、申請したあとで外交的に解決できない場合も一方では考えられるが、この点について駐日大使館当局は「そのときはそのときで、なんらかの方法を講じる」として在日韓国人が一人でも多く、申請を完了するよう呼びかけている。

さらに一部地域で、永住権取得後に密告その他の理由によって許可取り消しになった事実があることについて、駐日大使館では「これまでそのようなケースが若干あったことは認めるが、現在そのようなケースは起っていない」と断言している。

また民団中央本部法的地位対策委員会は、永住権問題に関連して「われわれは解放前から日本に居住し、サンフランシスコ条約以前に一時帰国、再び日本に入国した者に対して"密航者"という述語は使っていない」と見解を明らかにし、その理由を「サンフランシスコ条約の発効によって日本国籍を離脱したから」としている。

月二世帯の責任担当を
各級組織へ指示

民団中央組織局（金宗淑局長）では、さる八月23・24日の両日にわたってひらかれた全国地方団長ならびに事務局長、傘下団体長、信用組合理事長連席会議の確認にしたがって、各級組織が全力量を動員して永住権申請の促進運動につくすよう大要つぎのとおり指示した。

①各級組織幹部任員は組織人としての良識と使命感を発揮、一ヶ月に二世帯以上の申請完了へ責任をもつこと。②各地方本部三機関任員は、各々責任地域を割当て担当し担当地域管下の支部任員を督励すること。③各地方本部任員は責任担当地域の関係資料（区、市、町村別の有資格者数、未申請者数）を整理しその名単（中立系、朝総連系のうち可能なもの）を作成、住所、氏名、人的関係などを記入保持すること。④総連系に対する説得攻勢のため人的交流ならびに対話の方策を講究すること。（すなわち民団の顧問、有志商工人らを通じてまたは姻戚関係を最大に利用して説得目標を設定し充分な準備を整えて説得活動を進める）⑤十大県地方本部のうちまだ宣伝車がない地方本部は、この機会に宣伝車を購入するよう努力すること。⑥各地方本部は、管下傘下団体に責任を与えるか、或いはもっとも適切な方法を講究して協力をえるようにすること。

朝鮮への移籍は宣伝
駐日公報館 国籍表示で見解

洪泉館長

最近日本の新聞紙上を通して朝総連系では、在日韓国人の永住権申請と関連して韓国籍からいわゆる"朝鮮籍"に変更する運動を展開し、一部地域では多数の韓国人が朝鮮籍に変更する申請を行なっているかのように宣伝しているが、この問題の真相について駐日大韓民国公報館（洪泉館長）でつぎのとおり発表した。

いわゆる朝鮮籍の由来

一九四五年八月十五日の終戦とともに、在日僑胞は日本国籍を離脱して特殊地位国民、または非日本人となったが、一九四七年の外国人登録令により登録したさい、一律に"朝鮮"と記載された。これは、朝鮮半島より来日し、朝鮮戸籍（日本の植民地統治時代に、日本本土人と区別するための便宜上の措置としての戸籍）に属している者としての便宜上の記載と解釈されている。

韓国籍への変更

一九四八年の大韓民国政府樹立により、駐日大韓民国代表部は、在外国民登録令を施行し、同国民登録を終えた者には外国人登録上国籍欄に韓国または大韓民国と標記するよう日本政府に要請した。日本政府は、このような韓国側の要請に対して一九五〇年二月二十三日の閣議で韓国代表部の要請を受け入れ、⑴本人の自由意思による申し立てと、⑵韓国代表部の国民登録証を確認した後、外国人登録の国籍欄を"朝鮮"から韓国に訂正することを示達した。

このような日本政府の方針は、現在まで変更されてない。

したがって朝総連系が主張しているように、本人の意思に反して外国人登録の国籍欄に韓国籍と記載されることはありえないし、次のような事実からも彼らの主張が虚偽宣伝であることを指摘できる。

第一に、外国人登録法上、申請登録証の受領または提出などは、必ず本人の出頭により出来る（第十五条）ようになっており、他人に依頼して申請することは出来ない。

第二に、"朝鮮"籍から韓国籍に変更する手続きは、自由意思による申し立てと大韓民国国民登録証の提出が前提となっているので行政官庁の"ミス"はありえない。

第三に、家族に逢うため国籍を移籍したという主張は、家族に逢うという明らかな自分の意思が表示されているから、意思に反したとは見られない。

永住権と兵役問題

朝総連系は、韓国籍を以て永住権を取得すれば兵役に服務しなければならないとの虚偽宣伝を行なっているが、すでに駐日大韓民国大使館が八月十三日付朝刊"読売"及び"毎日"新聞に公告したように、⑴永住権取得者、⑵永住権取得者の家族で同居の目的で渡日し現在滞日中である者、⑶一九六三年十一月三〇日以前に居住の目的で渡日滞在中である者等は、韓国の兵役法第47条の規定と本国政府の方針により兵役が免除されているから、これは根も葉もない虚偽宣伝であることを明らかにする。

推進委員会を構成
永住権申請促進へ

民団中央本部（李禧元団長）では、永住権申請期限をあと4ケ月にして、組織の全力量を集中、中立系、朝総連系同胞の包摂攻勢を実施、永住権申請促進事業に拍車を加える目的で「永住権取得推進委員会」を構成することとしこのほど七〇名にしぼるその人選を終えたといわれる。

なお、同委員会の構成と役割はつぎのとおりである。

構成＝①第十三回中央執行委員会の決定により同委員会の名において委員を委嘱する。②同委員会においては委員長一名（中央団長が当る）副委員長若干名、事務局（組織局が当る）をおく。

委員の役割＝①委員は責任地区を担当し該当地区に配置する。②担当地区の永住権取得ならびに同促進運動を推進するために地方任職員をして本事業に積極的な姿勢に立てるよう助言するとともに地方三機関任員の責任完遂を督促する。

東本三機関
会議ひらく

民団東京本部（鄭在俊団長）では、十四日午後一時から三機関会議をひらき、当面の団務推進について協議したが、とくに申請期限があと四ケ月に迫った永住権の申請促進運動の進め方について長時間にわたって討議した。

22日、水戸で
関東地方協議会

民団関東地方協議会（鄭在俊事務局長）では、きたる二十二日水戸市大洗パークホテルで第八四回定例協議会をひらく。

外国人の規制強める
政治運動の禁止を明文化
練り直し入管法、通常国会へ

協定永住権の申請期限（来年一月十六日）まで残すところ四ヵ月、民団では団を挙げて促進運動に最後の拍車をかけているが、その一方、昨年在日韓国人の追放と弾圧同化をはかる悪法として、民団はじめ内外の一致した糾弾をうけて廃案された出入国管理法案が、新たに練り直されて、秋の日本通常国会に提出されようとしており、在日韓国人の権益擁護運動とからんで、民団内外に新たな論議が高まりそうである。

昨年三月十四日、日本政府が入管法案の国会提出を閣議決定するや、韓青・学同はじめ民団内に、にわかに反対の世論が沸とう、六月二日東京での中央民衆大会を皮切りに、一連の反対、糾弾運動が全国に波及した。六月二十七日からの「入管法決死反対ハンスト」の文字通り決死的闘争に高揚し、折から日本国会の混乱と相まって八月五日の国会会期終了を機に、廃案に追い込むに至った。

こうして民団の入管法反対闘争は小康を得たが、日本政府が、在日韓国人の歴史的で正当な立場を無視した姿勢をあらためない以上、再び形を変えた「新入管法案」が国会に提出されることはまちがいない、というのが民団内のほぼ一致した見方であった。あれから一年経つかたたぬうち、いわば予想どおり、入管法が練直されて提出されようとしているわけである。

昨年廃案となった法案は、「不良外人の取締り、出入国手続きの簡素化」等の当局の宣伝とは裏腹に、実際には在日外国人、とりわけその九割を占める在日韓国人の生活上の管理と規制を「法制化」によって強化し、加えて過去強制を「合理的」に処理することが一見して読みとれるもの。そこで民団では、同法案は、一人でも多くの在日韓国人を追放し、基本的人権までも奪おうとする、現行入管令の改悪に他ならないとして、日本政府の排外的かつ弾圧的主旨で貫ぬかれた姿勢を強く糾弾した。

さきごろの日本の新聞報道によると、日本国法務省では、内外世論と野党の反対を考慮して、旧法案を再検討、「退去強制手続きの改正」や「在留外国人に対する事実調査権」などについては「大幅な」手直しを行なっているとしている。だが、その一方、「旧法案審議で最大の争点となった「在留外国人の順守事項」を設ける条項については、旧法案の内容を一歩進めて規制される政治活動の内容を明文化する③この内容については入国を希望するすべての外国人の順守事項とする──など法務当局の考え方がより明確に打出されることになった」とも伝えている。そして、焦点の「順守事項」については①政治活動の規制が条文として打出され②禁止される政治活動は「日本国の機関において決定した政策の遂行を妨げたり、国際的な友好親善関係を阻害するおそれのある集会、示威運動の組織、これへの参加または演説もしくは文書図画の頒布」などであり、さらに③この順守事項を守らないものには入管当局が行為の中止命令を出すことができ、さらに違反するものには退去の命令ができる、など相かわらず相当厳しい内容となっている。

これに見るかぎり、「練直し」入管法案の立案意図が、政治活動規制の条文化などを梯子に、相かわらず外国人とりわけ在日韓国人の規制の強化にあることは明らかで、今後、同入管法案の全貌が明らかにされるなど日本政府当局の動向と相まって、民団内でふたたび入管法問題が論議を呼ぶことは必至とみられる。

ちなみに、昨年を頂点とした入管法反対闘争の先頭に立ってきた韓青、韓学同は、すでに同「練直し入管法」反対の姿勢を固めつつあり、特に韓青では、すでにビラ配布活動で反対運動に乗り出しているなど、今後の成行きが注目される。

団長に朴振業氏
愛媛本部で臨時大会

民団愛媛県本部では、さる八月二十三日臨時大会を開催し、次の通り新任役員を選出した。

議長朴鍾換、副議長李乗出、金鴻中、監察委員長朴秀鳳、同委員柳政吉、咸任道、団長朴振業、副団長鄭実瑛、朴鍾祥、事務局長鄭実瑛（兼）

五賊事件の被告四人釈放へ

ソウル刑事地裁睦堯相判事は八日午後、風刺詩"五賊"事件に関連し、反共法に違反した嫌疑で拘束起訴されていた同詩の筆者金英一（二九、筆名芝河）、月刊雑誌思想界の社長夫琓爀（五一）、同編集長金承均（三一）、新民党機関紙民主前線編集委員金容星ら四人の被告を"職権保釈"した。

この四人は午後七時十分ソウル拘置所から釈放されたが、拘置所前には新民党党首柳珍山議員、同事務総長高興門議員らも迎えにきていた。

なお、同日睦判事の審理で開かれた"五賊"第六回公判は、被告側証人の趙成穆氏（国際問題研究所研究員）と弁護士側証人の李哲範氏（文学評論家）らが出席しなかったため、開廷十分という短時間で終わった。

悪意でない公憤
鑑定人らが指摘

五賊詩の鑑定人に選任された鮮干煇（朝鮮日報編集局長）氏が提出した鑑定書は「一部特権層の不正腐敗は、作者が詩で表現する前に、新聞や国会議員の発言を通じて明らかにされた事実であり、この詩はある個人を悪意をもって非難したものでなく社会の不正腐敗に対する公憤から出発した表現である」と指摘し「この詩が社会主義的暴力や革命的思想を鼓吹するためのものとしては、余りにもユーモアがありすぎするところを欠いている」「詩は時として誇張すべきで時を読まずにして文学的目的論を討議することはおろかなことである」と結論づけている。

朴斗鎮（詩人）は「五賊詩程度の風刺と告発は、不当であったり公共秩序を害したり国民の基本権の範囲を越えたりするものではない」と鑑定した。朴氏はまた、「作家としての責任と使命を自覚する文学者であれば、五賊詩程度の表現は、当然なものである」と語った。

WACL世界大会開幕
五十数ケ国が参加 韓国から九人の代表

「世界の共産主義浸透状況の報告を通じて、共産主義の本質を知り、それに対する策を講じる」ための第四回WACL（世界反共連盟）世界大会と第十六回APACL（アジア人民反共連盟）大会の総会、評議会が十五日から十八日までの四日間、京都の国立京都国際会館で引き続き二十日には東京・九段武道館で行なわれるが、同世界大会には韓国、日本、中華民国、米国、フランス、西ドイツなど世界五十数カ国の代表、オブザーバーなど約百七十人が参加する。

今大会のテーマは、WACL世界大会が「世界の自由勢力の総動員」APACL大会が「アジア太平洋地域の安全保障機構の促進」で、世界の自由主義諸国からの参加国代表、参加者の数など、最大の規模になることが予想される。

WACL（世界反共連盟）は、一九六六年にソウルで開かれた第十二回APACL（アジア人民反共連盟）でAPACLをさらに発展させた形で再編成したもので、六七年に中華民国で第一回世界大会を行なってから今度で四回目になる。

また、APACL（アジア人民反共連盟）は一九五四年、当時の韓国の李承晩大統領と中華民国の蒋介石総統の提唱によって慶尚南道の鎮海で第一回大会、六六年マニラで第二回が開かれて以来、毎年アジアの主要国で開かれているもの。

一方、日本がAPACL大会に加盟したのは六〇年の第六回大会で、六二年の第八回大会は岸信介元首相を大会組織委員長として東京で開かれた。

WACLおよびAPACLの加盟国は四十三ヵ国（アジア地域十六、中近東三、アフリカ八、ヨーロッパ四、北米二、ラテン・アメリカ十）、加盟団体二十七、オブザーバー十三カ国で名誉総裁は中華民国の谷正綱博士、議長はタイのプラパン・クラピッチ将軍。

今世界大会には、韓国から李応俊氏（首席代表、元陸軍参謀総長）、李瑄根氏（副首席代表、慶熙大学院長）ら九人、西ドイツのフランツ・J・シュトラウス元国防相、米国のストローム・サーモンド上院議員、ファニータ・カストロ女史＝キューバのカストロ首相の実妹、南ベトナムのクォフト元首相らが出席する予定で六十数カ国から一万二千人の参加が見込まれている。

なお、WACL第二回総会では第一から第六までの委員会に分かれ①開発途上国─近代化と共産主義②先進国─先進国における共産主義の脅威③共産主義の脅威下にある国の近代化の障害としての対策④共産主義の現実的脅威と共同防衛⑤共産主義の支配下にある国─共産政権下にある人民を解放するための具体策⑥組織、決議、共同コミュニケ⑦青年反共運動の当面している課題とその遂行策──などが討議される。

なお、鄭在俊東本団長は同大会の成功を祝してメッセージをよせた。

公告

本団規約第三章第一節第十八条により第十七回中央委員会をつぎのとおり召集する。

記

時日・一九七〇年九月二十四日（木曜日）午前十時から
場所・日傷会館（新宿区市ケ谷本村町四二）

在日大韓民国居留民団中央本部
議長 朴根世

国会で 統一と安保の質疑展開

七代国会の最終予算国会である第七十五回定期国会が一日開会されたが、本会議は二日、総規模五千二百八十二億ウオンの七一年度予算案にたいする朴正熙大統領の施政方針演説（丁一権国務総理代読）をきいた後、各常任委別に案件審議を促進するため三日から五日まで本会議を休会した。六日から再開した国会は丁一権国務総理、崔圭夏外務部長官、丁来赫国防部長官らを本会議に出席させて駐韓米軍撤収など安保問題にかんする対政府質疑を行ない十一日から各常任委員会の諸案件個別審議のため、再び九日間の休会にはいった。

以下国会における国政全般とくに統一と安保についての質疑応答の大要である。

統一安保・南北交流問題

対政府質疑で与・野議員らは、①米軍削減に伴う国軍装備近代化交渉の進捗について②また、政府が推進している共産圏との交易計画が反共法に抵触するのではないか――などを追求した。答弁に立った丁国務総理は「米軍削減問題は韓国地上軍の装備近代化と完軍……

……と言明、北韓が引続き国連の権威と機能を無視していることを指摘した。

なお、丁来赫国防部長官は米軍削減問題で「近日中に米国政府が韓国軍装備近代化にかんするある種の提議をしてくるだろう」と明らかにした。

国会本会議は七日、丁一権国務総理ら関係閣僚を招き、朴大統領の平和統一にかんする八・一五宣……

……①金日成集団は武力赤化統一と暴力革命の手段を通じて六・二五（一九五〇年の南侵）を再現させようと、いわゆる軍事四大路線による武力挑発に狂奔している、②これにたいし、韓国の実力とわれわれの制度的優越性を誇示しながら一千三百万北韓同胞と解放後に生まれた若い世代に統一への意志を植えつけてゆくよう努力しつつある。③われわれの統一方案は従……

……員は「政府―与党が構想している対共産圏交易のためにも、反共法……

南北間の心理的障壁とりのぞけ

武力放棄せば北と対話可能

院内報道規制

米国がさらけ出した五つの欠点

米軍削減問題

特権層の法の悪用是正せよ

米軍削減の場合の発言 控える

平和統一論議と反共法との関係

在樺太同胞問題

感傷的な南北交流論不可
不正腐敗へ行政権の発動望む

六次年度分事業別に配定
対日請求権資金の実施案

高度成長のひずみ
70年度経済白書で指摘さる

米軍の削減延期を望む 朴大統領語る

共和党が選挙対策特別機構

対日経済協力団長に 禹容海氏任命

国会副議長に 新民 鄭成太氏

日本の投資に産業別規制を

本国新聞論調

真の対外援助として歓迎
パン・アメリカンの政策緩和

開発借款では恩恵も疑問

比較される日本の外援政策

政府70年代「安保白書」発表へ

「日本万国博」幕おりる

国威宣揚に成果多大

韓国館へ六百二十万人

「人類の進歩と調和」というテーマのもと韓国をはじめ世界七十七ヶ国が参加、さる三月十五日から大阪の千里丘陵でひらかれていた一九七〇年日本万国博覧会は、六ヶ月の会期中に六千四百万という観客を迎えてさる十三日幕をとじた。

この万博のフィナーレをかざる閉会式は、十三日午前十時から約一時間「お祭り広場」で参加各国の政府代表をはじめ日本政府代表ら約七千名が参加して盛大華やかに行なわれた。

ところで「より深い理解と友情」をテーマに参加した韓国館についての話題をひろってみると…

○…韓国館には、万博入場者の十分の一をこえる六百二十万名の観客が押しよせ韓国の伝統と美そして過去と現代の文化を世界各国のひとびとに紹介し大いに国威を宣揚した。会期中に日本の天皇をはじめ多くの皇族、そして佐藤首相ら各省大臣たちが韓国館を訪ね深い関心を示した。

○…韓国館に展示即売を行なった韓国工芸品、のり、民芸品などの売行きも相当なもので約三億円に達したほか韓国食堂の「食道園」の売上げも会場内のどこの食堂よりも多く一億円をこえたといわれる。

○…韓国館入場者六百万目のひとに李厚洛大使が韓国へ招請旅行することになったが、この幸運のひとは大阪市住吉区に住む堀氏夫婦に決まった。堀氏は、電鉄会社の技師で典形的な日本の中産階級の市民、生れてはじめて韓国へ旅行することになったことを涙を流して喜んだとか。

○…閉会式、万国博広場では色あざやかな民族衣装の内外ホステスたち八百人が広場を舞い、観客に別れを惜しみ"螢の光"の大合唱が大屋根にこだました。―この日本万国博で、大きな話題となったのは「韓国館」だ。入場人員は約六百三十六万人。この数字はアメリカ館、ソ連館、三菱未来館、日本館、テーマ館などに続いて六、七位の入場数をしめている。ガードマンが韓国館の屋上から、道路をへだてたフランス館の行列にくらべて、いつも数倍の行列だったという報告をしているから、この数字も当然だろう。

○…この百八十三日間の会期をふりかえって韓国館の閔泰植館長はいう。「―はるかに、予想をオーバーしました。場所(中央広場)がよかったせいもあるでしょうが観客が多かったですね。はじめ、どれくらいの入場者があるか判りませんでした。終ってみて、参加してよかったなーとつくづく思います。会期の前半は、先進国に人が集まりましたが、後半は韓国館を中心にグーンと人が入りました。終了ちかくなるとその数もうなぎ上りで…、お見せしたもので、非常に人気のあったのは韓国の古典舞踊でした。開館して二か月後には評判を聞いたのでしょうか、黒山の人でしたよ。いままでは隣の国でありながら、遠い国であった韓国が、見てもらった人々にとっては近い国、兄弟の国になったと思います。

○…六か月間はからだの休まる日はありませんでした。館内に泊り込みの日も多く、韓国のコトワザにあるように"足をのばしてねられない"毎日。それだけに最後の日、古典舞踊のサヨナラ公演を見ているうちに自然と涙をながしていました。館内の警備にも中華民国館と韓国館は特に力を入れてくれましてねえ。感謝しております」

○…韓国館では常時百人以上の人が働いていた。本国から来た十七人の舞踊団、お客さんに微笑をたえず浮かべて接したホステス二十六人。ホステスの一人李玲恵さんの印象は―

「日本に来てはじめての印象というと、人々が親切だったことです。会場にいても、毎日がとても楽しかった。しかし疲れましたわ。でも疲れた様子を見せまいと気をつかってアイキョウをふりまいたり、親切に応対したりしました。私の人生にとっても大きなプラスですね。この後は、みんなと東京と日光を見物して帰ります」。

○…「日本の人々が感動を持って見ていただいたことを感謝しております」とは、口を揃えていうコトバ。質問は四五年の動乱のときとか、その後の発展、現在は……などが多かった。

○…館内でのエピソードも数多く生まれた。語るのは林存義広報担当者である。「面白い人もおりました。あるライオンズクラブの人ですが、韓国に縁もゆかりもないのに三十何回か来られました。舞踊の写真をいろいろとカラーで撮ってくれまして踊り子たちに分けてやっていましたね。入館された人々の感想を聞きましたが、やはり人気のあったのは全部が全部古典舞踊といい、韓国を見直したとか、国宝級の磁器にも人気がありました。―

同胞の人々も多数来ました。なかには、手を触れないようにとハリ紙がしてあるのに"なつかしかったねえ…"とさわりながら泣いている人もいましたよ。そんな人を見ていたら、注意もできず、自分の胸の中も熱くなったものです。この万国博を分り返って見ますと、政治的見地からいって、学校を数校建てた以上の効果があったんじゃないでしょうか。同胞の人々のヒケ目はうすれ、胸を張って堂々としていける―という心理的な効果は大きいでしょう。今後、関西地区を中心に"韓国ブーム"が起こるような気もします。」

長寿と健康を祝福

東京商銀敬老の日催し

さる十五日は敬老の日―。日本の祝日にあたるこの日、東京本部管内の七〇才以上のハラボジ、ハルモニ二百余名は、東京商銀信用組合の招待で、銀座の高級韓国料亭・秘苑に招かれ、楽しいひとときを過ごした。

午後一時から始まった敬老会では、まず主催者を代表して許弼奭商銀理事長、鄭在俊民団東本団長らがそれぞれ、参会者の長寿と健康を祝福、激励した。このあと余興に入り、特製の純韓国料理に舌づつみをうちながら、民族の歌や踊りに酔いしれ、心おきなく望郷の思いにひたった。

商銀主催の同敬老会は昨年につづいて二回目、今年は万博参観で滞日中の本国の老人たちも特別に招待されて、ともに交歓した。老人たちは、他におみやげとして商銀から預金五百円付きの預金通帳を各自あてに贈られ、至れり尽くせりの敬老ずくめに目を細めていた。

目黒支部で敬老会

民団目黒支部では、十五日の敬老の日にあたって同日午後三時から区内目黒韓国会館において、支部管内の老令者を招待、敬老の催しをひらくとともに万博招請で来日した参観団一行の歓迎会をあわせて行なった。

東京商銀主催敬老の日の催しで楽しくつどうおじいさん、おばあさんたち

九段会館で十月三日に

太平洋戦争戦没者慰霊祭

「太平洋戦争韓国人戦没者慰霊祭」が、同戦没者遺骨奉還会などの共催で、来る十月三日(土)午後一時から、東京千代田区の九段会館において開催される。

戦後二十数年をすぎた今日なお当時、日本帝国主義、軍国主義の強制によって、日本人として無残に戦没した韓国人軍人・軍属の遺骨二、三三一柱が、祖国の土に還ることもできずに、今なお日本の厚生省内に安置されたままになっている。

一同慰霊祭は昭和三十二年以来毎年、東京築地の西本願寺において太平洋戦争韓国人戦没者遺骨奉還会の主催により行なわれてきたもので、今年は同奉還会のほか日韓親和会、日韓文化協会、民団などの共催で開かれる。

民団の努力みのる

板橋感電死事件の示談成立

まだ寒風が去らなかったさる三月十五日、東京・板橋区の同胞親子が、工事担当者の不注意のため自宅そばの蓮根川で感電死するという事故があったが(本紙三月二十五日号既報)、このほど約半年ぶりに当事者間で保償についての示談が成立、ひとまず問題をほっとさせている。

被害者が団員であり、また一度に夫と長男を奪われた故金さんの妻、呉貞姫さん(32)と六才を頭にした幼い三人の遺児たちの不幸な境遇に加えて、事故が板橋区役所の護岸工事でのミスによるものであることから、民団ではこの事件を重視、林洋林板橋支部団長、鄭在俊東京本部団長らが率先して加害者側の関口工業株式会社=東京都板橋区板橋二の三六の五、関口清社長=に対してその責任を追及するなど遺族を励ましてきたもので、そうした民団はじめ板橋区長ら関係各方面の斡旋、奔走が功を奏し、難航の末、このほど示談に落ちついた。

偏見を助長する漫画

「おとこ道」連載中止せよ

韓青で少年サンデーに抗議

在日韓国青年同盟の許昌源宣伝部長ら代表五人は、さる八月二十七日、雑誌少年サンデーの発行元である東京・新宿区の小学館におもむき同誌掲載の漫画「おとこ道」(梶原一騎原作)の連載をただちに中止するよう強硬に抗議した。

この漫画「おとこ道」は、韓国人差別を残存に助長するものとして、掲載当初から関係各方面から問題視され、韓青でもその成行きを見守っていたが、いっそうその傾向がドギツくなっていると判断この度の抗議を行なったもの。

抗議に対して同誌井上副編集長は「この劇画は単に男はどう生きるべきか、日本人はどう生きるべきかを扱っただけ」と弁明、また渡辺編集長代理は「韓国人が終戦後ヤミ市をやっていたのは事実であり、三国人と呼ぶことがなぜ悪いのか」と逆に反問した。これに対して抗議団は、「あなた方のそのような発想自体日本帝国主義が引き起した罪行を逆に韓国人になすりつけるものだ。同時に、在日韓国人を横暴・無知としてことさらに仕立てあげ、日本にまた根強い差別と蔑視をますます煽り立てるものである」として、即刻連載をとりやめるよう強く抗議した。

来月十日に

東京韓国学校運動会

東京韓国学校(宋基鶴校長)では、本年度秋季運動会をきたる十月十日午前九時から同校運動場で行なう。在日同胞の体育向上ならびに民族教育の振興にてらして多数の一般参加を同校では望んでいる。

民族舞踊の講習に励む

大田婦人会

婦人会大田支部では毎週水・土曜日、有志が集まって韓国舞踊の練習に励んでいる。舞踊を通して婦人相互の親睦をはかり、婦人会活発を期そうというのが主な目的だが、優雅な美しさを特色とする韓国舞踊の魅力に加えて専門家である金松月さんの本格的な指導もあって仲々の盛況。この頃では腕前の方もメキメキ上達、この分だと同支部婦人たちが晴舞台であでやかな舞いを披露する日も近いと、周囲の期待を集めている。講習時間は午後二時から四時まで、場所は大田支部講堂。希望者の随時参加を歓迎とのことである。(写真は、同講習会のもよう)

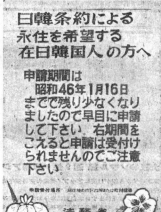

韓青主催の関東大震災追悼集会のもよう

民族の怒り胸にひめて

犠牲同胞の冥福祈る

韓青で関東大震災の追悼集会

さる一日は、日帝治下、関東大震災の混乱下で、同胞が日本人の手により大量に虐殺されてから四十七年目の慰霊記念日。この日、東京はじめ各地の同胞は、永遠に消すことのできない怒りを胸によみがえらせて犠牲同胞の冥福を祈り、民族のあらたな団結を誓った。

韓国青年同盟関東地方協議会でも、さる六日午後一時半から都内の文京区民センターにおいて「関東大震災韓国人大量虐殺追悼集会」を盛大に開催した。

会場には、当時の生々しい写真等が展示されて、青年たちは食いいるようにその生地獄の図に見入り、あらためて怒りにうち震えるなど、怒りと熱気が会場をおおった。

第一部追悼式では、韓青東京特別本部の張忠基委員長の開会辞、朴晟道栃木委員長、金盛沢委員長の追悼辞の順で進行、それぞれ、われわれの団結した力で、二度とこのような残虐の歴史を許してはならないと、力強く述べた。つづいて日帝の暴虐を肌で体験した民団東本の呉宇泳顧問が壇上に立ち当時の惨状と日帝植民地治下での同胞の塗炭の苦しみをとくとくと語る中で、一見平穏な現在でも、かつての残虐が同胞に加えられない保証はないと切々と訴え、満場に共鳴と感動を与えた。

このあと犠牲同胞に一分間の黙とうをささげ、第二部の討論集会に移った。まず韓青東本の高昌伝部長が「大虐殺の実態とその背景」と題して基調報告を行ない、大虐殺は日帝が自からの危機を再強化するために、日本国民の前に出した"いけにえ"に他ならなかったと規定しながら、これが日本帝国主義の本質、さらには日帝下で醸成された日本国民の意識構造が必然的にもたらしたものであると論及、これを広く告発し、われわれの闘う力で歴史的に清算しなければならない、と結んだ。

次に韓青東本の高副委員長が「大虐殺の今日的視点」と題して報告、時代や形は変わっても、現在なお在日同胞は、日本政府の差別と抑圧、追放、同化の政策のもとで弾圧にさらされており、それは外国人学校法案、出入国管理法案などの立法化策動に端的にあらわれていると指摘、「我々は大虐殺を告発するとともに、練直し入管法案を粉砕することによって歴史的決着をつけよう」と呼びかけた。

つづいて、韓青大阪の金組織次長の連帯のあいさつ、大虐殺の告発と入管法案粉砕を訴えた声討が次々になされ、次に日本国民に向けたアピール文を満場の拍手で採択、会場割れんばかりのシュプレヒコールをもって集会を終えた。

入管法阻止へ

この後韓青員たちは、それぞれ都内八カ所、神奈川二ケ所、埼玉二ケ所の街頭に立ってビラ配布をおこない、日本国民に、関東大震災の蛮行を告発し、秋の国会に提出が伝えられる練直し出入国管理法案の阻止を訴えた。(写真は街頭で入管法阻止のビラを配る韓青女子盟員たち)

(記事・写真とも韓青東京特別本部宣伝部提供)

税務講座

改正税法解説「所得税」

在日韓国人納税貯蓄組合東京連合会

所得計算の合理化

(1) 退職所得控除額の算定方法の合理化

退職所得控除額は、勤続年数に応じ、一〇年までの勤続年数一年当たり五万円、一一年から二〇年までの勤続年数一年当たり一〇万円、二一年から三〇年までの勤続年数一年当たり二〇万円、三〇年をこえる勤続年数一年当たり三〇万円とされており、この場合の勤続年数は、原則として退職手当等の支払者のもとに引き続き勤務した期間によって計算することとされていました。

従って、今までの制度によるとたとえば高校教師が、甲県に二〇年勤務した後乙県へ転勤して、乙県に一〇年勤務して退職したとすると、乙県を退職する際に支払われる退職金は、甲県(甲県を退職する際に、退職金の支給を受けている)における勤続期間をもふくめたところの、いわば一年当たりの支給の高いところで退職金が算定されるのに、退職所得控除額は乙県の一〇年の勤続期間だけで計算され、結局、控除額の低いところが適用されることになり、乙県の退職金から控除される退職所得控除額は五〇万円(一〇年×五万円)とされていました。

今回の改正では、前職の勤続期間が加算されて退職金の計算が行なわれる場合には、退職所得控除額もその計算にあわせて、控除額の計算もすることとされたものです。従って前の例の場合には、乙県の退職金から控除する退職所得控除額は、いわば二一年目から三〇年目までの一〇年間、つまり一年当たり二〇万円の控除が適用されることになり、乙県の退職金から控除されるのは、二〇〇万円に引き上げることになるわけです。

つまり、今回の改正では、その年の前年以前に他の退職手当等の支払を受けている場合で、その年の退職手当等の計算が前職を通ずる勤続年数によって行なわれている場合(例えば、先の高校教師の例や、前職が同じ勤務先である再就職者)には、前に支払を受けた退職手当等についての勤続期間を含めた勤続年数によって当初掲げた控除額によって求めた控除額から、前に支払を受けた退職手当等についての勤続年数によって求めた控除額を控除することとされました。

また、この改正と関連し、その年の前年以前四年内に退職手当等の支払を受け、かつ、その年の退職手当等の支払を受けた場合において、その年に支払を受けた退職手当等についての勤続期間の一部がその年の前年以前四年内に支払を受けた前の退職手当等についての勤続期間と重複している場合には、従来のその重複期間を除外して勤続年数とみなした場合の控除額を差し引くという方法に改められています。なお、前の退職手当等が昭和四一年中である場合等については、さらに別の特例も設けられています。

なお、この改正は昭和四五年分の所得税から適用されます。従ってすぐに旧法によって源泉徴収をされている人については新しい控除額や税額表によって税額計算をやり直した場合に、源泉徴収税額の過納分が生ずることとなる場合には、その過納分の税額の還付の請求を七月末日までに税務署長にすることができることとされています。

(2) 完成工事補償引当金制度の創設

建設業を営む青色申告者については、建設工事完成後の補修費用に充てるため、一定金額の範囲内で完成工事補償引当金勘定に引き当てた金額の必要経費算入が認められることになりました。引当金勘定への繰入限度額は完成工事高に前二年の補償費の支出割合又は一、〇〇〇分の一のいずれかを乗じた金額とされていますが、その詳細は、法人税の項で述べられています。

(3) 退職給与引当金制度の改正等

労働協約によっていない場合の退職給与引当金勘定の必要経費算入に対する給与等のその年中の支払総額の四%相当額以下という要件が緩和され、四%が六%に引き上げられました。

(4) その他

従来、新たに取得した減価償却資産または繰延資産で、その取得価額が三万円未満のものについては、原則としてそれを業務の用に供した年分において一時に必要経費に算入できることとされていました。

今回は、この少額減価償却資産などの範囲が拡大され、三万円が五万円に引き上げられました。これにより、器具、備品や工具などの相当部分については償却計算を行なわなくともよいこととなり事務の簡素化が図られたといえます。

また、耐用年数についても、別途、その一部の改正が行なわれています。(つづく)

国語講習会

民団東京本部文教部では、二世青年学生を対象に、韓国語講習会を左記のとおり開催しております。初級者を歓迎します。ふるって参加して下さい。

日時…毎週火曜日と金曜日(午後六時から八時まで)
場所…民団東京本部三階
講師…張暁先生

分断25年 오늘의北韓 5

警察"社会安全員"の実態

朴元鎬

北韓住民の間で恐れられている警察官、いわゆる"社会安全員"はあまりにも多くの権限を与えられているために非常に横暴である。筆者が安全員をしていた江原道鉄原安全部の留置場はいつも大入り満員だったが、そのほとんどは政治犯であった。しかもその八〇%以上が無実の人びとである。このように"罪人"をつくり出すこともできる安全員が恐れているものは労働党派遣の政治指導員である。党は安全員を監視するために社会安全省およびその傘下機関に政治指導員を送っている。このほかに、社会安全省、すなわち北韓の警察は党直属の非常機関である安全委員会の監視を受け、党の政治的道具となっている。

北韓の警察はすべて"監視"の役目を持っており"住民の公僕でない"ことは確かである。すなわち、北韓の警察は北韓労働党が一党独裁を執行して行く上に支障りがないよう住民を監督・監視する役割りをしており、いわば党の忠実な強大的補助機関である。

北韓の警察は"党の安全のため"に存在しているのであって"住民の安全のため"に存在しているものではない。従って北韓の警察は政治査察を主な任務としている。北韓当局は元来、警察に警察業務外の広い範囲の分野をまかせているが、このため警察官は"社会安全員"と呼ばれており反党・反革命勢力を徹底的に査察することを主な任務としている。

公僕でなく住民の監視
反党分子索出が主要任務

社会安全員という名の警察官任務

八・一五解放直後、北韓の警察は住民生活保護と治安維持、ならびに経済施設保護などを行なうということで治安隊とか警備隊、あるいは自衛隊などという名目で小規模の組織で出発した。しかし、この北韓警察は年月がたつにつれてどんどん肥大して行き、六二年にはいわゆる警察を管掌する社会安全省に十二万名という警察官（いわゆる社会安全員）を持つに至った。これに社会安全員の手先となって動いている非公式安全員（情報員）たちを合わせると警察官は人口百名につき一名という割りになっている。

北韓では警察を操縦する社会安全省を内閣内でも重きを置き外の権限を付与している。（北韓では従来の内務省を廃止、かって内務省内で取扱っていた地方行政部分は内閣の最終序列である国土管理省に隷属させた）

いわゆる北韓社会安全員、すなわち警察官の任務条令を重要さの順から追ってみると、①反党行為を監視する ②反革命行為の監視 ③背景および身元の照合 ④出入国者の身元調査、外国訪問客の監視 ⑥地方の治安維持 ⑦犯罪取締まり ⑧公共機関および地域警備の担当 ⑨交通秩序および防火対策 ⑩人口調査（流動人口、失そう者の把握） ⑪要監視人の査察 ⑫身分登録所の運営（出生、死亡、結婚申告などの業務） ⑬機密文書保管管理 ⑭教化処（刑務所）および強制労働収容所の運営管理 ⑮鉄道の警備 ⑯党の財産保護 ⑰船舶出入管理 ⑱反航空組織運営——など広範な分野を受持っている。

社会安全省の重要任務と機構

このように多くの任務を与えられ、重要視されている社会安全省には副相（副大臣）が五人もおり、また、その下に局が二十九もある。

この二十九局の中で核心部は社会安全局と保安局である。社会安全局は政治・社会団体、経済機関（工場、企業処など）、社会教育機関、文化機関、街頭人民班などすべての部分に情報網を張り、情報収集と政治査察を行なうほか、スパイ訓練またはその派遣に当たる。一方、保安局は傘下に経済監察、一般監察のほかに護安部、技術警察部、外事部、公民登録部を置、主として社会秩序維持、住民登録事業、人口動態把握、党財産保護などの業務を取扱っている。

こうした重要任務のため、社会安全相と社会安全局長および保安局長は常に金日成の側近から選ばれて配置され、これらの人びとはすべての指示を金日成から直接受け、また報告も金日成に直接行なわれる。

北韓ではこのように多くの権限を持つ社会安全省を当然、党により密着させる政策を取っているが、そのため安全委員会（委員長は金日成）というものを党直属に設置、これを通じて警察業務を指導・統制している。この安全委員会は中央、道、郡、里などに構成されているほか、司法、検察をも指導・統制する権限を持っており、特に反金日成、反革命勢力を弾圧する仕事をしている。

その資格と俸給

北韓の社会安全員はこの安全委員会で選抜された者たちである。選抜はなかなかきびしく、まず郡・里安全委員会はいわゆる性分のよい者で平常党路線を忠実に守っている者を上級の安全委に推薦する。すると、その上の中央、道などの安全委員会は厳重で複雑な審査を行なう。これに合格した者は社会安全省から通知を受取り、訓練所入りを命ぜられる。訓練所ではそれぞれ階級別に（下士官、下級・高級将校に分かれて）教育と訓練を受けるが、ここで二〇%くらいはそのきびしさに脱落してしまう。

この訓練所を無事に終えた者たちは社会安全員として配置されることになるが、北韓の社会安全省は縁故者あるいは知人と、全く見ず知らずの地方の人とを半々に混合した配置を行なう。その方がその地域の人びとの"監視"が両面からきくことになるので効果的だといわれる。

社会安全員の待遇および階級は軍編成の場合と全く同様であり、末端戦士から大将に至るまで十八階級に分かれている（大将＝社会安全相＝上将、中将＝副相級＝上佐＝省部長、各道部長級＝中佐＝市・郡部長＝大尉＝市・郡課長、里責任安全員級など）。

俸給も軍隊と同じく下士官級はみじめな待遇を受けている（戦士＝一・四ウォン、特務上士七ウォン）。

下級将校の場合は少尉五十ウォン、上尉七十ウォンで高級将校になると、大尉七十五ウォン、上佐百十ウォン、少将百九十ウォン、上将二百八十ウォン、大将三百五十ウォンと、上になるほど幾何級数的にふえて行く。

薄給安全員のメシのタネ

安全員の多くは"下級"に属しているため薄給に苦しみ、結局は労働者や農民たちのピンハネで息をついている。中でも安全員が、"メシのタネ"と呼んでいる最上の搾取対象は、いわゆる"複雑群衆"と銘打たれた人びとである。

"複雑群衆"とは越南者家族やかっての資本家および宗教家ならびに俘者、六・二五で韓国軍が北進してきたさいの協助者、その他の反抗勢力のことをいい、これに反して、党が党路線を順守する良民と認めた人びとは"基本群衆"と呼ばれる。

"複雑群衆"の烙印を押された者たちはすべての面で差別待遇を受けるが、安全員たちはこの"複雑群衆"を監視する役目を持っている。そこでカネや食糧の欲しい安全員たちは、あることないことでおどして貧しい"複雑群衆"からさらにしぼりとるのである。

その上、安全員たちは住民の性分調査などをまかされているため自分の気にくわぬ者たちを勝手に"複雑群衆"の籍ちゅうに入れて弾圧して、また袖の下をたんまり持ってきたものは許してやるというような手を使って、メシのタネにしている（しかし、下級安全員はそのような悪いことをしてもフトコロが肥えるほどにはならないのが常である。しぼり取る相手が貧しいからである）。

秘密逮捕の場合

筆者が江原道鉄原部の安全員をしていたころのことをいま思出してみると、鉄原安全部の留置場はいつも政治犯でいっぱいだったが、これらの人びとのうちの八〇%以上が"無実"だったのである。

安全員が検挙対象者を逮捕するときはいつもだましうちである。というのは周囲の人たちの目につかぬよう秘密裏に検挙することがならわしとなっているためで、たいていは対象者が出張にでも出かけるようなカムフラージュの手を使う。検挙された人びとは秘密裁判に付されて処刑されるので、近親者の知らぬうちに姿を消してしまう。しかし"地方人"を検挙するときは、反対に群衆の前で公開逮捕をし、安全員は群衆に向ってその者の罪状をできるだけたくさん並べ立てる。なるべくむごい犯罪事実（?）を群衆に公開した安全員は、人民に"処罰いかん"と聞く。群衆は"地方人"でよく知らぬ者が以前にそのようなことをした極悪人だったのか……恐ろしい恐ろしいといいながら満場一致で極刑を与えよ、と叫ぶのである。

これらの罪人はいわゆる"人民裁判"にかけられて処刑される。比較的軽い罪の場合でも間違いなく、強制労働収容所あるいは刑務所に入れられるが、北韓では警察が刑務所を管理している（自由諸国では法務省の管轄）。

北韓の強制労働収容所も刑務所も、原始的でみじめである。設備と名のつくものは何もなく、ただ働きさせられて報酬はない。（[illegible]のために……）

安全員は一般住民から非常に恐れられているが、その理由は与えられすぎた権限とその"横暴"さにある。しかし、彼らも党から派遣された政治指導員には平身低頭している。（SISA）

筆者の朴元鎬氏は元北韓江原道鉄原郡社会安全員。

民族怨恨、47周年 ②

史実にみる関東大震虐殺事件

写真㊤㊦とも虐殺が行なわれた現場の惨状

警視庁では、五時に「鮮人中不逞の徒について放火その他兇暴なる行為に出ずる者あり」として厳重な取締りを命ずる命令を各署に出した。六時ごろになると、渋谷署長から「銃器・兇器を携えた鮮人約二百名、玉川二子の渡しを渡って市内にむかって進行中との流言あり」との報告が到着し、世田谷・中野署長からも同様の報告がはいってきた。警視庁では、渋谷・世田谷・品川等の各署にたいして、不穏の徒があれば[illegible]に配慮してこれを警戒する[illegible]令をくだした。個々の朝鮮人の放火・暴行から部隊での来襲へと流言が成長したのである。だがその実は、神奈川県高津村で警備のために在郷軍人や消防夫を集めて半鐘を乱打したことが、対岸の世田谷方面での流言となり、そのため世田谷署から警官隊が急行したことが、さらに流言を大きくしたと後日の調査でわかった。

警視庁では自動車、ポスター、メガホンなどによって朝鮮人来襲の報を全市にまきちらした。内務省警保局長後藤文夫は、二日の午後に騎馬伝令を船橋送信所に派遣し、つぎの電報を各地方長官にあてて打電させた。

「東京付近の震災を利用し、朝鮮人は各地に放火し不逞の目的を遂行せんとし、現に東京市内に於て爆弾を所持し石油を注ぎて放火するものあり。既に東京府下には一部戒厳令を施行したるが故に（中略）鮮人の行動に対しては厳密なる取締りを加えられたし」

朝鮮人暴動の流言は警察と軍隊の通信網によってつたえられた。新聞も大々的に報道し、この流言はたちまちのうちに全国にひろがった。そのうえ、流言にはだんだんと尾ひれがついていった。

「朝鮮人は、二百十日から二百二十日までのあいだに東京を中心として暴動をおこなう計画をしていたが、たまたま大震災がおこったので、その混乱に乗じて計画を実行したのだ」「朝鮮人は隊を組み首領が門や塀に印をつけると、手下の者が投弾・放火・投毒などをしてまわったのだ」。この印は新聞配達や牛乳配達、清掃会社などが御用ききの目印につけた符号とわかった。

「こんどの暴動は、朝鮮人だけのたくらみでなく、社会主義者やロシアの過激派がうらで糸をひいているのだ」

冷静に考えてみれば、荒唐無稽な話である。震災の混乱のなかで朝鮮人だけが連絡をとって暴動をおこせるはずはない。寺田寅彦も述べているように、かりに市中の井戸の一割に毒を入れ、いちど飲んだだけで人を殺すかひどい目にあわせるだけの濃度にするとしたら、はたしてどれだけの分量の毒薬がいるか、市中のめぼしい建物に片っぱしから爆弾と運搬の人手がいるか。それだけの爆弾や毒薬を、震災がおこった瞬間にどうして調達できるのか。

流言は、発生と流布とが厳密に区別できない性格をもっている。この流言は警察と軍隊の情報網にのせられることによって、いっさいの疑いを圧倒するような強力な流言となった。地震と猛火に脅かされ、いっさいの情報から断ち切られ、不安と飢えと疲労に神経過敏の極にあった民衆は、「朝鮮人来襲」の報せをそのまま信じこんだ。その背景には、日本が朝鮮を圧えつけて朝鮮人のうらみをかっているのだという不安、朝鮮人にたいする蔑別にもとづく報復へのおそれがあった。

戒厳令くだる

「朝鮮人来襲」の流言がひろがると、水野内相は戒厳令施行の方針を決めた。非常徴発令にしても戒厳令にしても、これを公布するには枢密院の議を経る必要がある。しかし震災のために枢密顧問官を集めることができないので、伊東巳代治顧問官の承認を得て、政府の責任で公布することにした。戒厳令の一部が東京市と府下の荏原・豊多摩・北豊島・南葛飾の五郡に施行されたのは二日の夕刻近いころであった。

戒厳令が施行されたその二日の夕刻に、赤坂離宮の庭にある萩の茶屋で、ロウソクの火をたよりに第二次山本権兵衛内閣の親任式があげられた。一刻も早く震災の惨状と混乱とに対処するために、組閣工作中の行きがかりをすてて後藤新平が内相となり、組閣をすませた。

ところで戒厳とは、戦時または事変すなわち戦争に準ずる内乱や暴動のばあいに、軍事上の必要にこたえて行政権と司法権を軍司令官に移し、これに平時の法をこえた強大な権限を与えることである。しかし今回の戒厳令は、本来の臨戦戒厳ではなく、いわゆる行政戒厳であった。震災による混乱を防いで人心の安定と罹災民の救護をはかることが、警察の力だけでは困難なため、軍隊の力をかりたのである。したがって本式の戒厳の宣告でなく、緊急勅令による戒厳令の一部施行であるこれによって戒厳司令官は、戒厳の目的に必要な限度で地方行政事務と司法事務の指揮権をにぎり、集会・新聞・雑誌・広告の停止、兵器・火薬等の検査・押収、郵便・電信の検閲、出入物品の検査、陸海通路の停止、家屋への立入り検査などの権限をもつようになった。

しかし、朝鮮人暴動の流言が戒厳令施行のきっかけとなったことにも見られるように、この戒厳は臨戦戒厳の一面も帯びていた。また戒厳司令官となった森山東京衛戍司令官は、指揮下の軍隊にたいして「万一この災害に乗じ非行を敢てし治安秩序を紊るが如き者あるときは、これを制止し、もしこれに応ぜざる者あるときは、警告を与えたる後、兵器を用うることを得」との訓令を発した。（つづく）

大物スパイ、告白の記 17

私は北傀を告発する

いよいよ南派

姜大振

中共青島湾で物資補給
上陸直前に腹痛で引き帰す

六八年四月十九日、私はいよいよ南派されることになり、剣銃、短刀、無電機、地図など各種の工作装備をそろえて持参、金全羅北道担当課長と鄭指導員の案内で、黒いセダンに乗って南浦港に着いた。

工作船の出航は翌朝七時だというので、私たちはその夜は南浦待機所で一泊し、夜があけてから乗船した。船室は狭苦しく猥雑としていたが、われわれはこの船室から一歩も外へ出られないのだった。

案内人が私たちに、"乗船者順則"なるものを説明してくれ「船室の外には、どのようなことがあろうと出ることは許されていません。用があるときは私を呼んで下さい」といった。大便や小便も船室の中でしなければならないのである。私はそれを聞いただけでもう船酔いがしてきて、食事もノドを通らず、生卵二つを飲んで寝てしまった。

ふと、眼がさめると、外が何か騒々しい。工作船は停泊しているようだった。何ごとかと、私が船室の窓のスキマからそっと外をみると、そのあたりには大船小船がたくさん停まっていた。そして中共の警備艇と信号交換をしているようだった。

やがて、私は工作船が中共の三東省青島湾にはいったことを知った。工作船は"289"と書かれた汽船から油と副食物の供給を受けていたこの時、私は北韓が三東省に汽船を駐在させておき、工作船の中間補給の役割りをしているというウワサを聞いたことを思い出した。この"289"がその補給汽船だったのだ。

工作船は二十日夜は青島湾に停泊したままで動かず、翌朝七時に出帆した。

芒漠（ぼうばく）とした黄海を横切って二十二日朝、工作船は全羅南道黒山島付近にやって来た。このあたりはもう韓国である。工作船の者たちは朝食後、工作船に漁網をつけたりして南韓の漁船に偽装するのに忙しげだった。

工作船は西海岸に沿って除々に北上して行った。私がちょっと望遠鏡でのぞいてみると、南韓の海岸哨所から警備員のような男が望遠鏡でわれわれの工作船を注視しているのが映った。しかし、この工作船は完全に、韓国漁船になりすます偽装を立派に完了していたし、また北からではなく、南から北に向かって走っているため疑いをかけられるわけはなかった。

かなり距離を走っていたが、案内人はもうそこが、全羅北道高敞郡サンハ面サリョン里沖のカコク島付近だと言い、われわれに降りる準備をするよう、半ば命令的に告げた。ところが、私はもう四、五時間も前から腹が痛みだしており、その時には激痛の苦しみで冷や汗をかいていた。そこで私は上陸を少し延ばしてもらった。

ところが、工作船はこの日の夜十時ごろには陸地に着き、私はもう上陸する以外に道はないと思われるほど、案内人が"上陸催促"をしてきた。だが、私の腹痛はひどくなる一方で、時々眼前がくらむほどだった。そこで私はあえぎあえぎして「こんな状態ではとても上陸不可能だ。中央党連絡局に無電を打って私の病状を報告してくれ」と頼んだ。

間もなく、われわれは「帰ってこい」という連絡局の回答無電を受け取ったため進路を変えて再び青島湾に向かって航行、二十四日朝、黄海道の南浦港に戻ってきた。私は激痛のため歩くこともできず、かかえられて待機所にまで連れてこられたが、そこには金羅北道担当課長と鄭指導員が待機していて「姜先生、どこが痛いのですか」と聞いた。私が「すみません。少々くらいの痛さなら我慢して任務遂行するつもりだったのですが、とても堪えきれなくて…」と答えると、金課長は無表情な様子で「酒でも飲みなさい」といってニンジン酒一びんを持ってきた。私はガブガブとそれをほとんど飲みほして寝てしまったが、私は痛さのためにやがて目をさまし、ころげまわって苦しんだ。

金課長の連れてきた軍医は「便秘症だ」といいながら下剤薬をくれたが、私は「便秘じゃない。盲腸のあるところが痛いんだ」と主張した。軍医は私を病院に入れなければならないと金課長に言い、私を海州医大付属病院に移送した。

医師の診断の結果、私は盲腸と分かり早く手術しないと危険だということだった。

発病後、あまりに時間が経過しすぎたので、医者は「手おくれだ……」などといいながら手術を急いでいた。そこへ金課長が近付いてきて「この人は緊急の用をかかえている。だから手術は数ヵ月後に延ばして応急注射で痛みをとるようにしてほしい」と言った。

医師は驚いて「そんなことをすると命が危い。盲腸をちらすというのは手おくれにならぬうちにする処置だ。もし、ここで痛みをとめてみたところで、すぐに腹膜炎を併発する。そうするともう死を約束されたようなものだ」と主張して、結局、私は手術をすることになった。

手術の経過は良好で、悪い盲腸をとってしまってからは、私はまるでウソのように元気になった。しかし、私は病院でゆっくり寝ているわけには行かなかった。

五月十八日、金羅北道担当課長は金という男を連れてきて私に紹介し「この人は姜先生の補助役の仕事をする人です」と言いながら再び"南派"を催促する態度に出たのであった。

私のこんどの任務も以前同様（盲腸で任務遂行しなかったので仕方がなかったが……）"縁故者の誘引・越北"であった。命令は「全羅北道高敞郡に住む母方の四寸の兄（従兄）朴ヒョンを誘引・同伴越北せよ」というものであった。しかし、この命令には私の気にいらぬ付則がついていた。それは従兄が留守などをしていて会えない場合は、その子どもを誘かいして連れてこなければならないというのだった。（つづく）

筆者の姜大振氏は南派された北韓スパイの最大級大物、元北韓軍上佐（中佐と大佐の間の位）。最近、韓国に帰順した。（SISA）

（1965年7月27日第3種郵便物認可）

在日本大韓民国居留民団
綱 領
1. 우리는 大韓民国의 国是를 遵守한다
1. 우리는 在留同胞의 権益擁護를 期한다
1. 우리는 在留同胞의 民生安定을 期한다
1. 우리는 在留同胞의 文化向上을 期한다
1. 우리는 世界平和와 国際親善을 期한다

THE PRESS MINDAN TOKYO
THE KOREAN RESIDENTS UNION. IN JAPAN. TOKYO OFFICE
「韓僑通信」改題
在日本大韓民国居留民団
東京本部発行週刊紙

民団東京
THE PRESS MINDAN TOKYO

9月23日 水曜
＜1970＞
週刊・毎水曜日発行
第2420号

発行所
民団東京新聞社
発行人 鄭 在 俊
東京都文京区本郷3丁目32番7号
電話（811）1535（代表）
〒133 振替口座 東京 16631番
（大韓民国文化公報部国内頒布許可）
（購読料 1カ月100円・特別1000円）

日本武道館におけるWACL世界大会のもよう

太極旗を先頭に入場する韓国代表

韓国から平和の使者「ハト」
李代表 日本との紐帯を強調

さる十五日から十八日までの四日間、京都国際会議場でひらかれたWACL（世界反共連盟）ならびにAPACL（アジア国民反共連盟）の総会、評議会は、別項のような共同コミュニケを採択して無事終了したが、引きつづきさる二十日東京武道館においてWACL世界大会が開かれ、多数の在日同胞を含め二万余の参加者がつめかけて大盛況を呈した。

この日の東京九段の日本武道館には、大会参加者でにぎわい、午前十一時三十分の開場を待つ行列が長くつづいた。東京吹奏楽団、勝共合唱団による吹奏楽と大合唱が演じられている間にたちまち広い日本武道館のドームはぎっしり満席になった。

午後一時すぎ、大拍手の中を各国代表が国旗を先頭につぎつぎと入場、舞台中央のはなやかな各国旗の色彩が、場内を鮮やかにいろどる。舞台中央に各国代表、特別招待者が着席。

このとき、司会者から「朴正熙韓国大統領閣下から平和への使者として鳩一羽が送られてきた」ことが告げられ、美しい韓国服の少女がこの鳩とともに同じく韓国申文公部長官から送られた共産犠牲者の墓地国軍墓地からとった花束をかかえて入場、満場がわれんばかりの拍手のうちに久保木大会長に伝達された。

ファンファーレが高くなりわたるうちに開会宣言、大会旗入場、そして吹奏楽団によるWACL序曲がかなでられ、主催者のWACL世界大会実行委員会笹川良一総裁が「人類の平和のために反共を」と熱烈なあいさつをのべた。

ついで参加国を代表して韓国代表、元文教部長官の李瑄根氏が立ち拍手の嵐にこたえながらメッセージを読みあげた。李代表は日帝時代と六・二五動乱にふれて「本当の敵は三十八度線以北の北韓であり、日本のみなさんではないことがはっきりわかりました」と韓国と日本との深いつながりを確認、日本の人々と語り合う必要性を強調「独立と自由と平和を、男女の性別、国境、宗教をこえてたたかいましょう」と呼びかけた。

また、WACL名誉議長・谷正綱氏（中華民国総統府政治顧問）は「自由を守るためにすべからく団結しよう」とのあいさつがあったあと、阿部正寿氏の京都総会報告がなされた。

大会は、プログラムによって日本舞踊流派の宗家の笹川鎮江女史によるWACL歓迎の吟詠が、美しく場内を流れたあと、大会の圧巻、本大会のゲスト・スピーチのために来日したキューバ首相フイデール・カストロの実妹、ファニータ・カストロ女史とアメリカ上院議員ストロム・サーモンド氏の講演がなされた。

とくにカストロ女史は、共産主義のために兄をとられ、家族を悲惨な運命に追いやり、幸福な国家を独裁植民地におとしいれたことを怒り、共産主義のまやかしを指摘、流れる汗をものともせずこぶしをふりあげながら、絶叫した。

また、サーモンド米上院議員は移りゆく世界情勢の中の社会主義をとらえ「韓国、日本、中国（台湾）は社会的にも経済的にも一体となり、アジア自由化経済体として防共にあたらなければならない」とニクソン・ドクトリンのアメリカの姿勢を分析、アジア、ひいては世界の人類平和を説いた。

大会は、このあと自由の歌、WACL讃歌が一万七千人の参集者によって大合唱、WACL久保木議長の心うつ「平和宣言」（別項）があって午後五時閉会した。

自由世界の団結強化
李厚洛大使のメッセージ

李厚洛大韓民国駐日大使は、第四回WACL世界大会ならびに第十六回APACL大会の開催に際してつぎのようなメッセージを送った。

第四回WACL大会ならびに第十六回APACL大会にご参加のため各国よりお集まりくださった代表ならびにオブザーバー各位に対して、心からのごあいさつを申し上げたく思います。

今日、共産主義者は自由と平和と繁栄という共通の目的を護持せんとする自由諸国の努力を無に帰そうとする悪らつな侵略の陰謀をくりかえしつづけております。ゆえに、われわれは共産主義者のこの悪らつな陰謀に対抗するために、自由世界の団結をさらに強化すべくあらゆる努力をなしわれわれの共通の目的を達成していかなければなりません。

わたくしは、自由を愛する人々がこれらの大会の大いなる成果によって力づけられ、この強大なる共産主義の脅威に堂々と対決していくであろうことを確信いたします。

（写真は李大使）

平和宣言

「共産主義は間違いである」

我々は歴史が叫ぶ正義の声として、この平和な訴え続けてきた。

歴史には起源があり、又目的がある。これこそ正しく平和の理想である。この平和の理想こそ、かつて神より一方的に賦与され、人類が一方的に拒絶してきた最大のものである。そして今も尚、韓国、ベトナム、中国は南北に引き裂かれ、ドイツは東西に切断され、同胞の血しぶきを浴びて怨恨の十字架が自由の大地に間断なく乱立する地球こそ悠久の歴史を貫流する神の緊張のシンボルなのである。

今、この緊張の潮は欧州から極東に渦をなして押し寄せている。底知れぬ無知のマグマは中共の活火山となって火の柱を噴き上げ、世界革命の野望は燃えたぎる溶岩となって韓半島とインドネシア半島の裾野を焼き尽し、その地鳴りは極東の列島にまで響いている。アジアの平和は今、現実の脅威の荒波にさらされている。平和憲法を戴く国民が平和の建設者であるという保証はない。いたずらな東西融和政策は戦争誘発の引き金にもなり得る。

妥協を許さぬ対決が、今必要である。絶対平和は共存や過程には属していない。唯徹底的挑戦による克服によってのみ勝ち取ることができるのである。それ故、我等は平和への旗印と戦略とを明確に表示するものである。

平和と剣と兵器が削減した状態のことではない。平和とは自己が自己を越える良心によって本能が占領されるべき個人の最終戦争とは切離すことは出来ない。

今日の世界は運命共同の時代に向っている。共に救われるか。共に滅びるかである。

言葉の真の意味に於ける祖国愛は自己の安全のみを貪る孤高の精神を排し、瀕死の境界を[illegible]う兄弟国の十字架を自ら背負う犠牲と奉仕による不滅の名誉を選ぶであろう。

共産主義がもっとも恐れるのは、この死の断を敢然と踏み越えて進軍する愛の戦列に他ならない。まさしく、愛と勇気と許しとが我々に与えられた最も強力なる武器である。

それ故、我等は自国の為に他が何をなしてくれるかを問うのではなく、飢餓と貧困に泣き叫ぶ人類に何を与え得るかを常に問い続けよう。

真の平和が恐れる敵は何か。

それは無知である。

無知は国境であり、人類的偏見であり、民族間の歴史的怨恨であり、平和への道を塞ぐ民族至上主義である。神のもとに人類が兄弟であるという認知が今ほど必要な時はない。無知は不自由である。外的な自由解放に先立ち、無知の内的鉄鎖を払い、天より来る神の真理によって真の自由を解き放ち、絶対平和の礎としなければならない。しかしながら、絶対平和への行軍は、世界統一という路程を踏破しなければならない。その障壁は、民族主義である。それ故、人類を一体と成し、共産主義を凌駕すべきWACL精神こそ世界平和への王道である。

民族と国家の信根を越えて人類が同胞であることを告げ、すべての民がすべての国の国籍を有し、共産主義に対しては、断呼たる敵愾で臨むが、彼等以上に、人類に涙し、貧困の鎖を払うのであるが彼等以上に貧困の苦痛にも仕える者である。

今、平和の戦旗が明日を告げ若者の手に[illegible]れた。それ故、平和はこの様な若者の愛と英知と力によって再創造されなければならない。[illegible]「平和をつくり出す人は幸いである。彼等は神の子と呼ばれるであろう」と言う[illegible]である。

今、歴史はアジアを指さし、そのアジア[illegible]太陽の日が昇らんとするこの日本に於いて、歴史的事みをもって、WACL世界大会が華々しく開催されている時を選んで、神の神による神のための平和こそ万民が慕うべき平和の実像であることを確信しつつ、集える我等、こぞってこれを世界に宣言するものである。

一九七〇年九月二十日

WACL世界大会

反共と建設へ躍進する祖国
鄭東本団長祝辞

鄭在俊

WACL世界大会ならびにAPACL大会の開催に際して、鄭在俊在日大韓民国居留民団東京本部団長は、つぎのようなメッセージをよせた。

一九五〇年代のへき頭、いちはやく共産主義の悲惨な洗礼をうけた祖国大韓民国は、世界反共連帯の第一線に立ち、反共による人類の平和と民主主義の発展に大きく貢献してきたことは、いまさらいうまでもないが、それにもましていまなお共産主義の脅威に直面しながらも防共と建設への新しい国家理念にもえて果敢なたたかいを進めているのが、わが祖国大韓民国のいつわらぬ姿といえましょう。

このような大韓民国の自由へのたゆまぬ努力をよそに、北韓の共産主義者たちは、無意味な戦争挑発をつねとし、たえず緊張感を高めながら国民の平和をおびやかしているばかりでなく、アジアの一角においてはいまなお彼らの侵略に根ざした戦火がつづいている。

このような時期に、わが国の隣国であるこの日本において、わが国の代表をまじえた世界の反共指導者が一堂に会し「世界自由勢力の総結集」というテーマのもとに真剣な討議が行なわれることは、実に意義深いものと考え、万腔の敬意を表してやまないものであります。

国連決議で北韓解放
総会での共同コミュニケ

WACL総会において決議された共同コミュニケの全文はつぎのとおり。

「WACL総会の共同コミュニケ」

共産主義は、今日世界中で多くの人々に苦しみを与える原因になっている。何故ならば共産主義は全ての精神的価値を除外し、物質主義のみに立脚するあやまった理念だからである。それ故に共産主義は独裁政治のもとにおける、人間性の圧殺と人間の尊厳性の破壊のみをもたらすのである。共産主義勢力の脅威がいたるところで拡大している現在、我々の使命は、これと戦って究極的にそれを破壊することである。

一九七〇年代の最初の年に、世界反共連盟の代表者たち、国家及び六七カ国二九団体の加盟者二五〇名と、多くのオブザーバーが第四回総会の為に、九月一五日から二〇日、日本の京都に集った。

総会のテーマは、「世界の自由勢力の総動員」であった。参加者はお互いの深い理解と共産主義に対決する旺盛な戦闘精神によって討議の後、実りの多い結論を得た。この総会において、現在の世界情勢を検討することにより、次のことが満場一致で決議された。

一、共産主義との対決は、決して終結しない。何故ならば、共産主義勢力は、完全に撲殺されない限り、[illegible]せんとするたくらみを放棄することは決してないからである。

二、平和は、全人類が切望するものである。しかしながら自由も同様に重要な目標である。我々は自由を犠牲にし、妥協によって得られる平和には反対しつづけなければならない。何故ならば、妥協や降服によって得られた平和は、持続し得ないからである。

三、自由諸国は、非同盟の無益さを認識し、交渉によって国の統一がなし得るという盲想を捨て、共産主義とのいつわりの関係を清算しなければならない。中心テーマである「世界の自由勢力の総動員」のより綿密な結論として、総会の決議は特に次のことを要求した。

①自由の勝利のための共同の努力においてすべての国の大衆が統一すること。

②共産主義の支配に対抗し、平和を守る戦いに参加する中心勢力として、青年を育成すること。

③共産主義の浸透と破壊の全ての計画を粉砕すること。

④ベトナム共和国、ラオス、カンボジアの自由と独立を維持し、その地域に連立政府を樹立しようとする提案をも破棄して、東南アジアの危機を勝利のうちに解決すること。

⑤アメリカの新しいアジア政策の建設的な側面を十分に実行するようアメリカに訴えること。

⑥中東における平和を促進し、中東に新しい戦争を引き起こそうとする中共のくわだてに対してより強く警戒すること。

⑦共産主義とカストロ主義に反対するラテンアメリカ諸国の努力を支持すること。カストロ主義はキューバ国民に対する誓いを絶えず破ってきた記録をもつ不誠実な主義である」とFuanita Castro嬢が明確に述べた。

⑧自由のため、且つ共産主義者の専制に反対して戦っているアフリカ諸国が熱心に参加すること。

⑨隷属化された東ヨーロッパの人々の自由化運動、民族の独立と自決のための戦い、そしてソ連帝国主義によって奴隷化されている人々の革命を鼓舞すること。

⑩中共に対する中華民国の政治的攻撃を支持し、中共の国連加盟に反対するとともに、中共本土の抑圧された大衆を解放するための具体的な方法を講じること。

⑪大韓民国の韓半島統一計画を支持し、国連決議に従って北韓の奴隷化されている人々を解放すること。

⑫共産主義の侵略を防止するため、より一層地域的な安全保障機構を設立すること。

⑬自由勢力を総動員し、世界反共統一戦線を設立すること。

この総会の成功によって日本が将来において共産主義勢力と勇敢に戦う決意のあることが示された。特に意義があるのは、日本の若い青年達が共産主義に対する国民の戦いの活発な勢力として貢献していることである。

WACL総会が日本において開催されたことは、世界反共運動において日本がその役割を継続し、さらに増大していくことを示すものであるというのが参加者の一致した見解である。

日本支部のすばらしい会議準備と暖かいもてなしに対してWACL総会は日本支部に対して深く感謝する。又WACLの代表とオブザーバーを熱心に歓迎してくれた日本の政府及び国民に対して心からの感謝を送るものである。特に印象的であるのは九月二十日に東京において世界反共大会が開かれることである。

国連韓国統一委の報告書

依然戦争再発の可能性

北韓の挑発で緊張消えず

UNCURK（国連韓国統一復興委員団）は十四日、今年の国連総会に提出した年例報告書を公表し、その中で「北韓半島で平和を維持しようとする国連の役割りにたいし継続的な拒否を行なっているため、緊張が決少されず戦争状態の再発可能性は依然として排除されずにいる」と警告した。

同報告書はこの日、ソウルのUNCURK事務所と国連本部で同時に発表されたが、これは六九年八月七日から今年八月十三日まで一年間の韓国の政治、経済、社会など各分野での発展状況ならびに韓国での統一論議および北韓の武力浸透行為などを広範に収録している。

同報告書は統一問題にかんし「韓国と北韓の立場には重要な変化は見えておらず、双方の見解は一層はっきりとそれぞれの立場を固守している。このような立場は近い将来に変わる可能性は薄い」と述べた後「韓国は国連の統韓目的と努力を引続き支持しているのに反し、北韓は国連の権能を継続拒否、本委員団の委任事項に挑戦してきた」と指摘している。

なお、同報告書は駐韓米軍削減問題にふれ「韓国は至大な関心を持って「さる一年間北韓の対南武力浸透の力点は非武装地帯から海岸地域に移ったのが特徴である。北韓は韓国後方地域への浸透のため、よく訓練された工作員と最新の近代装備を使っている」と明らかにした。

報告書はまた、韓国の経済発展にたいしては「さる一年間最高度の経済成長をし、自立度を高める方向で努力している」と述べ、「韓国の経済成長の持続の必須要件のため障害を受けないようにするためには、外国援助特に…外援の継続が必要である」と結んでいる。

論評

国連総会での韓国問題

代表招請で勝算の見込み

安秉勲記

第二十五回国連総会に備えてソ連をはじめとする共産陣営は先月十七日、外国駐在の外国軍撤収案とUNCURK（国連韓国統一復興…

韓国政府の対国連外交活動

南北の代表招請問題で大論戦も

名簿作成権で与、野対立

選挙関係法改正交渉再開さる

米国務長官が軍援提供強調

トンガと外交再開

北韓はミサイル艦艇を保有

本国新聞論調

サイミントン証言に思う

韓国は自からの道を選ぶべき

（朝鮮日報9・13付）

対韓安保関係の証言録公開

米上院

共産側の外国軍撤収案は強化される

北韓は国連では引続き“敗北”

対韓投資問題を討議

韓米経済委SRI会議開く

南ベ副大統領十月に訪韓か

七月末までの商業借款確定額減る

都市計画法を全面的に改正

外国会社も初参加

韓国農業の開発に

現代建設が日本の三菱と合弁計画

韓国住宅銀行が日本と合作会社

臨時大会要請を却下

世田谷支部　署名運動成立せず

さきに民団世田ケ谷支部団員[illegible]氏ほか四人の代表によって同支部臨時大会要請の署名運動が行なわれ二五三名の署名簿が提出されていたが、さる八月三十一日同支部朴[illegible]議長はつぎのような理由を指摘、同署名簿は効力がない旨同署名代表に通告した。

すなわち、臨時大会要請の理由そのものが事実と反するのみでなく署名者のうちには、現に民団団員でない者、年令が満二十歳に達しないもの、本国からの一時旅行者捺印した印章が異っているものなど無効署名人が八八名もあってこれを差引くと有効署名人は一六五名に過ぎない。したがって同支部登録団員数（満二十歳以上の登録完了者八一四人）の四分の一に達しないから臨時大会要請は法的に成立しない。

徐東本監察長

朴支部議長

徐興錫東本監察委員長談

なお、この世田ヶ谷支部署名運動について徐興錫東京本部監察委員長はつぎのとおり語った。

円満な解決を望んでことの成り行きを静観していたが、はっきりした結果が出たことは期待していたとおりだ。賢明な世田ヶ谷支部団員みなさまに敬意を表する。それにしても民団にとって万博招請事業や永住権申請の促進運動などもっとも重大な時期にのぞんで一部の人士たちによるそのような無意味な運動が行なわれたことは、遺憾に耐えない。今後は一致団結当面の民団事業に精励されるよう望んでやまない。

支部だより

墨田〈商工組合の定期総会開催〉墨田韓国人商工協同組合の第九回定期総会が、二十二日午後三時から熱海のホテル八景において開かれた。総会では組合事業の報告、討議のほか永住権促進のための対策も協議し、このあと同所に一泊、組合員相互の慰安をはかった。

江戸川〈国語講習会さかん〉さる二十六日に韓国語講習会第一期の講習を終えた江戸川支部では今月九日から、第二期の講習をおこなっている。毎週水曜日午後七時から九時まで、場所は同じく支部講堂、講師は洪春三先生で、婦人、青年をとわず多数の受講を歓迎している。

北〈永住権促進のための映画会〉民団北支部では、永住権未申請者に申請促進を呼びかけるためその説明会をかねて来る二十四日夜同支部講堂において映画会を開催する。劇映画「八道江山」を上映の予定。

荒川〈永住権促進等で連席会議を開催〉民団では万博招請事業が一段落し、永住権促進の最後の仕上げ事業に取組んでいるが、民団荒川支部ではさる二十一日午後六時より、東京商銀荒川支店会議室において、永住権促進と万博家族招請事業の経過報告のため、顧問及び三機関、傘下団体役員の連席会議を開いた。

豊島〈商銀主催で懇談会〉さる十七日午後六時から、池袋の東方会館において、東京商銀主催で、商銀と団体の懇談会が開かれ、団員約四〇名がこれに参席した。

杉並〈国語と歴史の学習会開催〉秋の訪ずれをまって各支部では各種講習会が再開されているが、杉並支部でも婦人会（徐華連会長）の主催で、来る二十六日から国語と歴史の講習会を開講する。毎週土曜日の午后七時から、民団杉並支部事務所で行なう。

秋の慰安旅行　＝北婦人会で＝

婦人会北支部では、来る10月12日から二泊三日で、熱海方面に慰安旅行を計画している。宿はホテル八景を予定。

大田支部敬老会のもよう

異国の苦労も忘れて

歌や踊りに楽しい一日を過ごす・

大田支部の敬老会が盛大

秋晴れのさる二十日、午後一時から、婦人会大田支部の主催、民団同支部の後援により、第十回敬老会が平和島温泉において盛大に催された。

この日招待を受けたのは大田区内に住む六十五才以上のお年寄約八〇名で、そのうち五〇名のハラボジ、ハルモニが参席、また百名をこえる婦人や団員、青年らが祝福のためにかけつけ、会場には民族色と祝賀ムードがあふれた。

まず趙良心婦人会々長、関泳相団長（兼民団東本議長）、伊尹九議長らからそれぞれ異国の地日本でこのように先輩がたの長寿と健康を祝福できることは感無量のものがある。これからも共に手をたずさえて同胞の権益擁護と祖国の発展に尽くそうと挨拶、また来賓を代表して[illegible]民団東京本部副団長、李実光婦人会東本監査が祝辞を述べた。このあと一人一人に贈られる記念品と花束が、代表の朱同錫氏（84才）夫妻の手に手わたされ、また[illegible]顧問が答辞を述べ、参会者全員で祝杯記念撮影のあと、午後二時、会場いっぱいに広げられた韓国料理を囲んで祝宴に入った。

祝宴では、楽団が次々に奏でるウリノレに合わせて、歌や踊り、歓談の花が咲き、また婦人会大田支部の有志による民族舞踊も初披露されるなど望郷と祝賀の集いは午後五時ちかくまでにぎやかに続けられた。

楽しく語り合う韓青料理教室

受け継ごう！民族の"味"

ますます充実していく　韓青料理教室

韓青に女子部が発足してはや5年。そのサークル活動の一つとしてはじめた韓国料理講習も4年と半年を数え、民族様式の灯を絶やすことなくその講習の充実化を図ってきている。

毎月の第二、四木曜日の午後6時30分、都内女子盟員と埼玉からの越境組を交えた二十数名が、韓青中央本部の地下にある料理教室に集まり、講師の説明を聞き、プリントを見ながらグループ（4～5人）毎にそれぞれユニークな味の料理に仕上げてゆく。

それから熟練者諸の結果出来上がった料理を試食した後、在日韓青にとって身近な問題をとりあげ、皆で話し合い、時には韓国民謡を歌ったりする。

「料理講習」といっても、一般の料理教室とは趣きを異にしていて、それは在日韓国人二世の女性が韓国料理を習得することによって民族意識を深めるという意義が含まれている。

韓国料理、その中にはもわが国のオモニの歴史が流れており、私達のオモニたちにも"にんにく"や"唐辛し"の味がしみこんでいる。

「在日韓国人」という特殊な自分の立場を卒直にみつめることは非常に困難なことだ。しかし、料理を習得し、同じ国の人、同年代の人との触れ合い、また対話の中で民族的素養を受けつぎ民族様式を守っていく使命と共に、韓国人であるという自己発見が自然により鮮明に蘇えってくるのではなかろうか。

料理講習を通じて、自分自身を確立せんがためにも青年として何をなさなければいけないのかを模索しあう広場でもある。

都内、近県の女子盟員のみなさん韓国料理講習会に集まろう！

△日時＝毎週木曜日（月4回）午後6時30分から△＝初回金千円一ヶ月材料費千五百円△場所＝韓青中央料理教室△問合せはTEL（八一一）四四七一

（韓青新聞から）

帰化断って第一銀行へ

日本ユニチカバスケット選手　趙栄順嬢

日本女子バスケットボール界五傑の一人である在日僑胞趙栄順（日本名＝岩本栄子、二二）さんは、所属チーム（日本ユニチカチーム）からの日本帰化勧誘を拒否、さる八月二十日正式にチームから退いたが、これを知った韓国の各女子実業チームはただちにスカウトの手を伸ばし始め、結局先手を打った第一銀行に入団することがほぼ確実となった。

趙さんはさる四月ソウルで開かれた"朴正煕将軍盃"争奪戦東南アジア女子バスケットボール選手権大会に参加、第一次、二次リーグで得点十ゴール中、一位を占めたほか、今年日本バスケットボール・リーグでも最優秀賞をもらっている。

趙さんはさる四日一時帰国、第一銀行との間である種の合意を見た後、八日日本に帰ったが彼女の第一銀行入団が正式に決まれば韓国の籠球協会はきたる十二月バンコクで開かれるアジア大会に代表選手として出場させる考えである。

趙さんは四十年前故郷の慶尚南道咸安から日本に渡った両親の間で日本で生まれ、九人の兄弟中六番目。

故金龍煥志士銅像の除幕式　10月2日ソウルで

ソウル奨忠洞反共センター前に建立中であった殉職愛知県地方本部団長故金龍煥志士の銅像がこのほど完工、きたる十月二日現地で除幕式が行なわれる。

なお、民団中央組織局では、国軍の日に参観するため帰国する在日同胞は全員この除幕式に参加するよう望んでいる。

ひとり息子は予備軍へ編入　兵役法の改正検討

国防部は、兵役法第四十四条を改正し、現在二十五歳まで徴兵延期されてきた家庭の事情による入隊対象除外者を郷土予備軍に編入することを検討している。

国防部はこれまで、二十歳で徴兵検査を受けたあと、三年間徴兵延期の特別待遇、つづいて二年間の入学延期の特典を受け、海外旅行や就職に不便を与えてきた該当者を救済するため兵役法を改正することにしたもの。

国防部は、これにもとづいて兵役法四十四条の該当者のうち生計維持ができない者をのぞき、家族が二人以上同時に徴集されたうちの一人と、二人以上戦死者がいる家庭の一人、六十歳以上の直系尊属者がいる一人むすこ、父親が死亡した一人むすこ、二代以上つづいている一人むすこの場合は、二十歳になれば第一補充兵として郷土予備軍に編入させることになっている。

全人口四六・五%が百二十三都市に集中　―建設部の調査―

全国百二十三都市の総面積は全国土の八%にしか当たらないが、この地域に総人口の四六・五%が集中していることがこのほど建設部調査で明らかになった。

同調査によると、現在韓国で人口二万名以上の都市は市三十二、邑九十一、計百二十三あり、その面積は八千四百四十三平方キロで、これは全国土の八%にしかならない。人口密度は一平方キロ当たり一千四百九十名で、全人口の四六・五%に当たる。なお、この趨勢で進めばきたる七六年には都市人口が全体の五四・三%にのぼるだろうという。

税務講座

在日韓国人納税貯蓄組合東京連合会

改正税法解説「所得税」

二、税額控除・税額計算の改正

(1) 配当控除の引下げ

配当控除制度は、法人税制との関連でいろいろ議論されてきましたが、その最終的結論が得られていません。しかし、この制度の適否や効果等について疑問が提起されているのも事実であり、また、所得税の税率の緩和に伴い、配当所得の所得税に拡大するという"いわば、思わざる結果"が生ずることとなったのも事実です。

けれども、このような事情から配当控除制度を一挙に廃止してしまうこととするにはまだ種々の問題があり、今回の改正では、このような事情を総合的に判断したうえで、従来の控除率を半分に減少することとされました。すなわち課税所得一、〇〇〇万円以下の部分の控除率は二〇%から一〇%に、一、〇〇〇万円をこえる部分の控除率は一〇%から五%に引き下げられました。

もっとも、別稿で述べられているように、この配当控除率は租税特別措置法の規定により昭和四五年分までは従来どおり一五%、七・五%とすることとされています。

(2) 資産所得の合算限度額の引上げ

今回の税率の緩和の改正と関連し、世帯員の資産所得について合算課税を行なう場合の合算限度額が、従来の三〇〇万円から五〇〇万円に引き上げられました。これにより、資産所得の合算を行なう場合の最低所得限度額は、昭和四五年分の所得税から五〇〇万円となり、税制の簡素化の面にも資することとなったといえます。

(3) 簡易税額表の改正

今回の税率の緩和に連関して所得税の簡易税額表が改められています。これと同時に、従来は、課税所得一〇〇万円までについては簡易税額表に税額が掲げられていましたが、今回の改正では、税制の簡素化を図る見地から、課税所得二〇〇万円まではこの簡易税額表で税額計算ができるように改められています。

これと同様の趣旨の改正は、昭和四五年分の所得税の簡易税額表や年末調整のための給与所得の源泉徴収税額表についても行なわれています。

三、その他の改正

(1) 告知書・支払調書等の改正

利子・配当課税の特例の改正は別稿で述べられていますがこの改正と関連して、従来の無記名公社債等の利子等の支払を受ける場合の告知書、利子・配当の支払通知書・支払調書等の様式等が大幅に簡素化されています。

すなわち、利子等の告知書や配当の告知書は、その記載事項が大幅に簡素化され、また用紙の大きさなども法定せず、さらにこれらの書面に記載すべき事項が記載されている書面なら、必ずしもこの様式によらないこともできることとする等、利子等の支払者の事務の簡素化に資するための改正が行なわれています。

また、利子等の支払調書については、いわゆる名寄せをする場合の提出不要限度を三万円とし、これらの様式の簡素化等も図られました。これらの規定が具体的に働くのは、昭和四六年一月一日以後となるわけですが、その詳細は、別稿「租税特別措置法（所得税関係）の改正」（上）に述べられていますので、これを参照して下さい。

(2) 少額貯蓄非課税制度の簡素化

少額貯蓄非課税制度の適用を受けようとする預貯金等の預入の際には、非課税貯蓄申込書の提出を要することとされ、その申込書の様式も法定されていたわけですが今回の改正で、この申込書に記載すべき事項を記載しておけば、預貯金等の預入申込書等をもってこの申込書に代えることができることとされ、また、非課税貯蓄の限度額変更届出書等についても、必ずしも法定された書式によらなくても銀行等の金融機関が、たとえばこれらの申告書を一本化した書式を作成するならば、それでもよい（大きさは法定）こととする等の改正が行なわれました。

また、有価証券に係る支払調書等の支払事務取扱者でない金融機関の店舗の支払期ごとの通知義務についても簡素化が図られています。

(3) その他

以上のほか、その受ける給与が非課税とされる外国政府職員等の要件の緩和、匿名組合契約に関する国内源泉所得の範囲の明確化等の改正もあわせて行なわれています。

四、源泉徴収に関する改正

当初述べたように、本年は例年と異なり、昭和四五年四月中に支払われるべき給与等および同月中に支払われる退職手当等についての源泉徴収税額は「昭和四五年度の税制改正に関する暫定措置法」の別表で計算することとされています。

この法律に基づく源泉徴収税額表は、すでに今回の改正による所得税額を加味した新しい控除、税率によって作成されていますので、今回の改正法による源泉徴収税額表と同じ内容となっています。

今年度の改正に当たっては、「賞与に対する源泉徴収税額の算出の表」は、従来、年間賞与が四月分支給されるものとして作成されたのを、年間賞与が四・五月分支給されるものとして作成されていること、従来の税額表（月額表、日額表、算出率の表）は扶養親族等八人までの税額を掲げられていたのが七人までとされたこと、いわゆる積算方式による税額の算出する対象者をできるだけ少なくし源泉徴収義務者の便宜を図るため税額そのものを掲げた範囲が例えば月額表では従来二〇万円までであったのを、今回は三〇万円までと大幅に拡大されたこと等、種々の合理化が図られています。基本的には従来の方式と同様のものとなっています。

五、経過措置

今回の改正による経過措置で四月三〇日までに支払われた退職所得の源泉徴収税額の還付請求の特例が設けられています。

すなわち、昭和四五年分の退職所得で昭和四五年四月三〇日までの間に支払われたものについては、すでに四月中の支払分については新しい税額表によって源泉徴収されているけれども、退職所得控除額が改正されたことにより源泉徴収税額の過納分が生ずる人や、一月から三月までの支払分については旧税額表、旧控除で源泉徴収されているので新税額表、新控除を適用すれば源泉徴収税額の過納分が生ずる人は、本年七月末日までに税務署長にその差額の還付を請求することができることとされています。

もとより、この期間内に過納分の還付の請求をしないで、確定申告書の提出によって還付を受けることもできます。

（おわり）

大卒で初任給四万円　「東京商銀」で職員を募集

在日民族金融機関である東京商銀信用組合（許弼奭理事長）では来年度新卒者の職員をつぎのとおり募集する。

募集要項

一、採用人員・大学卒男女若干名　高校卒男女若干名

二、応募資格・韓国籍で国民登録完了者（入社までに手続申請中の者でも可）

三、待遇・大学卒男子四〇、〇〇〇円（基本給）大学卒女子三八、〇〇〇円（〃）短大卒男子三五、〇〇〇円（〃）短大卒女子三三、〇〇〇円（〃）高校卒男子三〇、〇〇〇円（〃）高校卒女子二八、〇〇〇円（〃）（諸手当）家族手当、皆勤手当、住宅手当、給食手当、通勤費全額支給、社会保険完備（賞与）年二回（六月・十二月）（昇給）年一回（四月）

四、福利厚生施設・男子独身寮完備

五、提出書類・履歴書、写真、成績証明書、卒業見込証明書、外国人登録済証明書、国民登録済証明書

六、勤務先・本店及び新宿、荒川、五反田の各支店

七、募集締切期日・昭和四五年十月末日（第一次）昭和四六年一月末日（第二次）

八、試験期日及び場所・本人宛通知

応募希望者は提出書類を揃えて本店総務部まで郵送のこと。

なお既卒者も随時受け付けている。

〈東京商銀信用組合〉本店東京都文京区湯島三―三八―一五、電話八三二―五一四一（代表）

資料

米上院サイミントン委 韓国関係聴問録 ①

主要部分抜粋

われわれは陸軍と他の同盟国にパリ協商の進行過程を正確に知らせるべきだ。韓国軍はベトナム政府の要請で派遣されたしベトナム政府の要請があるとき撤収すべきだが、本人は韓国軍の実質的撤収問題が米国を含めた韓国、ベトナム三個国間の協商の後実施されるものと思う。韓米間の歴史的基礎を考察するとき本人は駐越韓国軍の撤収問題と関連され、如何なる困難な問題も起らないと信ずる。われわれは、今まで駐越韓国軍の減縮と撤収を要求したこともなければまた実現されもしなかった。

駐越軍減縮 要求しない

委員会は、駐越韓国軍がベトナム民間人に過激な行動をしているとの主張に対する論評を要求した。私は韓国指導者が駐越韓国軍の名誉と韓国の名が立派に保存されるべきだとの見地でこのような非難に深い憂慮を示していることをよく知っている。駐越韓国軍指導者は、部下に「例えベトコンを逃がすことがあっても住民を保護しなければならない」との命令を下している。私はソウルを離れる前に、この問題に対して論議したが、あらゆる必要な努力を尽すという政策に変更がないとの確約をうけた。韓国軍指導者も、政府がベトナム民間人に対する過激な行動は容赦していないと語った。

しかし、彼らは新聞報道と実際の事実とは大きな差があると主張した。

韓国指導者らは、戦争において軍人は攻撃してくる者に対しては反撃することになっており、ベトナムの村落が事実上民間人とベトコンと共存していることを想起させた。

これから先を展望するとき、鼓舞的な面とそうでない二つの面を発見することができる。韓国の継続される経済成長と政治的安定は非常に鼓舞的な面である。また他面からみると、分断された韓国が世界でも最も危険性を内包した緊張状態のもとにある事実だ。北傀は好戦的で彼らの行動は予測できない状態として残されている。

われわれは一九五〇年と同じ北傀の侵略が再開されるとは思わないが、韓米両国が効果的な対共防衛体制を維持し、また米国の対韓防衛公約が強力なものであることを北傀に認識させることによって侵略が起らないことを確実にいえる。だから米国人が強力な韓国防衛同盟国として残っているべきことは韓半島の安定のために最も基本的な要素である。

韓日両国関係は、一九六五年の国交正常化以来継続して改善されてきた。韓国人の精神には日帝植民時代の記憶が残っているにも拘わらず両国間には理解と協調の精神が増加されている。承知のように日本は最近韓国の安保を日本自体の防衛問題のように重大視すると宣言したことがあった。しかし韓日両国は現時点で防衛同盟締結は準備していないし、両国指導者は共同軍事計画の推進は未だ成熟されていないことを知っている。

北傀の金日成は一九六六年十月北傀が中・ソ紛争で中立を守り、どちら側にも加担しないことを宣言したことがある。ソ・中両国は北傀を衛星国に主張することができなくなった。北傀は多くの経済と軍事援助を受けるソ連ともっと密接な関係を維持しようとする傾向がある。

北傀と中共間の冷い関係は一九六九年中盤から目にみえる程緩和された。しかしこれも北傀とソ連との関係を北傀が他の共産国らとの関係改善を模索している証拠が出てきているが、これは北傀が今までの強硬政策を緩和しようとする意図をみせている証拠である。

北傀、従来の統一主張を反復

北傀は、一九六九年韓半島の再統一に関して、彼らの従来の主張を反復して注意を新にした。一九五〇年代末と一九六〇年代初までこのような統一に関する提議は、北傀が武装スパイの活動を強化し、革命による統一政策を強調していた六六年から六八年の間はそんなに出てこなかった。

北傀の統一提議の要点は駐韓米軍が撤収して、外勢の干渉なしに選挙を通して統一中央政府を樹立しようというのである。この提議は、臨時過渡措置として南北韓同一数の代表で構成された民族最高委員会設置を内容としている。過渡体制である民族最高委員会は南北韓別途の政治体制を維持しながら、協調と開発を増進させようというものである。

北傀の提議はまた、中間措置として南北韓間の経済文化交流家族訪問、書信交換などを主張している。北傀は統一に対するイニシアチブが駐韓米軍の完全撤収を前提とするものであるから韓国が受諾することは期待していないようだ。特に北傀の態度と行動は、彼らが自由選挙を受諾するだろうとの如何なる信頼もなされない。また北傀人口が南韓人口の半分にもならない点を考慮するとき、北傀が自由選挙を受諾するとの可能性はない。

自由選挙受諾しないだろう

韓国政府は国連監視下の南北総選挙に基礎をおいて、国連による韓国統一方法を支持していることを明らかにしている。韓国の官吏らは、ニクソン・ドクトリンを注意深くききながら、原則的には同意しているが、アジアでの米国の役割の大規模な減少、または急激な減少は、この地域の防衛体制を弱化させるのみでなく、共産主義者に誤算を起させる可能性があり従って戦争の危険を増加させるだろうとの憂慮を表明している。

韓国の新聞の最近の見解は、ニクソン・ドクトリンがアジア人の決意を弱化させて中立に傾けさせるか、または共産主義と関係を結ぼうとする傾向をもつかも知れないとのことである。韓国の与論もその後、ニクソン・ドクトリンの受諾がどうすることもできないとの方向に変ったが、米国はあまり行動してはならないと警告している。

韓国では早期減軍に警告

北傀はニクソン・ドクトリンに対する最近の反応から懐疑的な立場を表明しながら、米国はアジア介入を減らすものでなくもっと増加させるものであると非難した。

北傀は「最近米国が国内問題のためにアジア駐屯兵力を減らそうとしているが、日本とかアジアの傀らい政権を通した間接的な方法によって活動を継続しようとしている」と非難している。これはもちろん宣伝のためであることは明らかであるが、われわれは北傀が本当に何を考えているか知らないでいる。

しかし北傀は、六七年から六八年までのスパイ南派など、挑発的戦術が駐韓米軍の増強と対韓軍援の増加を招いたとの結論を下し、彼らが取るべき最善の戦術は、対南浸透活動を最少限に減らすことによって、アジアでの役割を減らそうとするニクソン・ドクトリンの適用を害しないことに決定したようである。

韓米関係は最良である

委員会の細部的な質問に答える前に本人は韓米関係の一般的関係に一言話したい。

韓米両国関係は、一言でいって非常に良い仲だ。われわれが血盟で共に戦い、また基本的な友好関係を継続維持してきたしその他いろいろな理由で韓米両国は、国力の背景の差はあるが同一な目的の基本的共同社会を築こうとする念願にむかって調和をしながら共に仕事をしてきたのは事実である。

韓国人は自尊心があり、強力で独立を追求する人たちである。韓国人らは日本、ソ連、中国も経験しなかったいろいろの圧力を克服し三四ヵ年の長い歴史を生き抜いた。

しかし韓国人は、米国が彼らに提供したあらゆる貢献に対し感謝を忘れないでいる。韓国人こそ「米国人は本国に」というスローガンを叫びながらデモをしない極少数の国家の中の一つである。

韓国に大して希望がないように考えられた頃か何年前の一九六四年末から多くの難関を克服し、この国が力強く成長する時機に韓国に勤務した本人と本人の同僚及び前任者らは、韓国で暖かいいくつかの事実を経験したことを光栄に思う。では前に答弁しなかった委員会のいくつかの質問に対して話したい。

侵略には防衛条約によって

大韓民国の法的地位と米国の対北傀関係を見よう。

韓国と北傀は、同じく韓半島全体を代表する主権国家であると主張していながら、政治的解決はなされないままに、非武装地帯で国土を分断して[illegible]に駐屯している[illegible]の関係を[illegible]傀が非武装[illegible]権を行使していることを認めているが、だからといってそれが[illegible]擁政権、または北傀政権を別個国家として認定するものではない。

従ってわれわれは、北傀と何ら関係を結んでいるものではないが休戦協定条項によって板門店で北傀代表と会っている。米国は国連が一九四五年十月の総会で大韓民国だけが韓半島の唯一な合法政府であると決議をうけいれている。

一九六八年韓国に派遣されたバンス使節団に関しては次のようだ。

当時ニュース・ウイーク誌だけが一部ではあるが、正確な記事を報道した。韓国側は（削除）F―4機を要求したし、われわれは一個編隊を合計一億ドル資金の中で提供することに合意をみた。その上F―5B機もわれわれの軍援資金で提供することにした。（続く）

三代にわたる盲人一家に"光明"

三代にわたる盲人一家に篤志家が無料手術をほどこし、四人の兄弟の眼が見えるようになった話―。全羅南道昇州郡別良面斗鳳里に住む李正洙（四六）さん一家はめくらの家系といわれた家族で、ヨメの朴永順（四二）さんは正洙さん一家に嫁して以来、長年の間めくらのしゅうとと夫の世話をし続けてきたが、次々に生まれた五人のムスコも二番目の成燦（一丑）君だけを除き全員めくらだった。

このめくら一家の大黒柱の李正洙さんはさる八月十三日、隣村を訪ねて帰る途中で列車にひかれて即死。

悲嘆に包まれたこの盲人一家は生活の柱を失い途方に暮れた。

これを見かねた近所の主婦たちはお米やその他の食べものを持ってきたり、またある公務員は俸給をさいて生活費を送ってきた。

こうして、このめくら一家を薄幸の人びとが何らかの形で助けようと懸命だという話を聞いた閔眼科医院（順天市栃谷洞）の院長閔時鐸（四五）氏は一家の眼を診察した結果、開眼手術をすればなおると診断、無料で開眼の手術を行った。この手術は見事成功して、さる四日、めくらの兄弟成審（一九）君、成文（八つ）君、成坤（一二）君、成仁（二つ）ちゃんら四人ともが、眼を開いてものを見ることができるようになった。

光明の世界を知ったこの四人と母親は、見開いた眼からボロボロと大粒の涙を流しながら病院長と看護婦にすがって「夢にも思っていなかった」とその喜びを語っていた。

閔医師はさる八月二十九日から長男の成審から毎日一人ずつ手術して行ったが、この四兄弟の眼は先天性白内障（そこひ）で優性遺伝による盲人だった。

北韓の武装スパイやゲリラなお浸透

対スパイ対策本部によると、北韓はさる八月二十三日早朝武装スパイ一人を臨江下流に水中浸透させたがこのスパイは生捕された。さらに二十九日早朝には米二師団休戦地域に三名の北韓武装スパイ三十日早朝は臨津江下流に三名、そして三十一日早朝には仁川北方休戦線南側に二名ないし三名の武装ゲリラなど、少しずつの組が出現したが、韓国軍の射撃を受けて全部北に逃走した。

この交戦で韓国軍は機関短銃実弾二百三十四発、アカボ小銃実弾六十発、手りゅう弾八個など各種装備と非常食糧をろ獲した。

ヒッピーのテレビ、映画出演など禁止

文化公報部は二十九日、社会の美風良俗を害する長髪のヒッピー族などがテレビやラジオ、映画、演劇などに出演することを禁止する規制をつくり、外国人でも"前衛芸術"と称してヒッピー姿でテレビ、ラジオに出演することを禁止した。

文公部はこうした措置の第一段階として芸術倫理委員会の自律規制を要請する一方、これに違反した者には公演法、軽犯罪処罰法などを適用して強く取締まるとの警告を発した。

税務講座

在日韓国人納税貯蓄組合東京連合会

所得税関係 租税特別措置法

今年の租税特別措置法の改正のうち所得税関係の特例についてのべる。

前回は、利子課税関係の改正についてのべたので、今回は配当課税の改正と譲渡所得課税の特例の改正を中心とし、その他の規定の整備等にも紙面の許す範囲でふれることとする。

五 配当課税の改正

今回の改正では、配当課税については、昭和四十年に創設された少額配当の申告不要制度と配当の源泉選択課税制度が、従来、源泉分離課税とされていた利子所得について源泉分離選択課税制度が導入されたことに伴い、利子課税とのバランス策を総合的に勘案して、利子課税の改正後の制度に見合うよう税率の調整を行なったうえで、その期限が延長された。

また、今回の改正において配当控除率が所得税法上、従来の二分の一に引き下げられたが、昭和四十六年および昭和四十七年については、租税特別措置法において経過措置が講じられた。

1 株式等に係る配当所得の源泉分離選択課税制度の適用期限の延長

従来から、配当所得については、その者が所有する株式の数または出資の金額がその配当所得に係る事業年度終了の日において その法人の発行済株式数又は出資金額の五％未満であり、かつ、一銘柄につき一回に支払いを受けるべき配当等の金額が二十五万円（決算が年一回のものについては、五十万円未満）のものについて「配当所得の源泉分離課税の選択申告書」をその配当所得に係る事業年度終了の日の翌日から十五日以内に、その選択をしようとする配当所得の支払者を経由して納税地の税務署長に提出した場合には、他の所得と分離して所得税が課され、所得税の課税関係は源泉徴収だけで終了する制度が認められた。

この従来の配当所得の源泉選択課税制度は、本年三月三十一日でその適用期限がきれることとなっていたが、本年三月に公布、施行された「昭和四十五年度の税制改正に関する暫定措置法」で本年四月中に支払いの確定した配当所得については、とりあえず従来どおりとされていた（同法六条）。

そして、今回、利子課税の改正とバランスをとり、配当の源泉分離課税選択制度について、源泉選択税率の調整（利子の源泉選択税率に見合い、昭和四十八年、四十九年、五十年分二五％。したがって、昭和四十六年、四十七年分は従来どおり二〇％）を行なったうえで、昭和五十年十二月三十一日までその適用期限が延長された（措置法八条の四）。

昭和四十五年五月一日から同年十二月三十一日までの間については、今回の改正法の附則四条二項）。

なお、今回の改正で、従来の「配当等に係る配当所得」という表現が「株式等に係る配当所得」と改められたが、これは、租税特別措置法第八条の四の配当の源泉分離選択課税制度は、証券投資信託の収益分配以外の通常の配当所得について適用するものであることを明らかにするためである。

また今回創設された利子所得や証券投資信託の源泉分離選択課税制度においては、源泉分離課税を選択した利子や収益分配金については支払調書の提出は要しないこととされているが、株式等に係る配当所得については源泉分離課税を選択したものでも従来どおり配当金額、源泉徴収税及び株式数の記載を省略することとされている（措法八条の四第六項、措令五条六項、措規五条七）。

2 少額配当の申告不要制度の適用期限の延長

従来から、一銘柄につき一回の配当の金額が二万五千円（その配当の計算の基礎となった期間が一年以上であるときは、五万円）以下の配当所得（証券投資信託の収益の分配に係る配当所得を除く。）については、これを他所得と総合して確定申告しても、また確定申告しなくてもよい少額配当所得の確定申告義務の選択免除制度が認められていた。（つづく）

大物スパイ、告白の記

私は北傀を告発する

(18)

姜大振

若者の拉致に失敗

日本帰りだと嘘ついて

二度目の南派

二度目の出発も以前同様、中共山東省の岩陽湾をまわってから北上し、全羅北道群山近くの沖合いへ工作船が着いたのは六月十三日夜九時ごろだった。

従兄の家を捜して

うまく上陸した私と補助員の金は目的の従兄の家をようやく捜しあてたが、何しろ田舎のことなので、時間ばかりたって、もう十二時近くになっていた。私は金を近くの茂みの中に待機させておき、単身いとこの家の扉を叩いた。すると朴ヒョンの妻が出てきて「どなたですか」と聞いた。

「いとこの姜大振です。ああ、なつかしい。何と長い年月がたったことでしょうか。お元気ですか？今日は夜分こんなに遅く上がりまして……」

私はこんなことをペラペラしゃべりながら、まず何はともあれ、私が訪ねてきた理由を言わなければならぬと、作り話を滔々（とうとう）と述べ出した。

「もう十六年が過ぎたのですネ。私は六・二五戦争のとき避難して日本へ密航して行ったんですよ。当時は苦労をしましたが、その後金持ちの日本女性と結婚し、いまでは相当大きな工場を経営しています。こんど韓国へ来ましたのは韓日間の国交も正常化されましたし、ひとつ韓国に工場を建設してみようと計画したためです」

すると兄ヨメは「それはそれは……」といいながら「いま、どこにご滞在ですか」と聞いてきた。私は「仁川です」と言って「あ、朴基平をご存じでしょう。いとこの……。従兄（にい）さんの父方のいとこ。彼もやはり日本に渡って金もうけして、いま木浦に来ているのですよ。実は今日、私が一生懸命こうして訪ねてきたのも朴基平がニイさんやその家族に会いたいと、あんまりいうものだから、では僕が行ってニイさんをお連れしてこよう、と引受けたからなんですヨ」とまことしやかに語った。

死んだ人をダシに

朴基平というのは私と違って朴ヒョンの父方のいとこであるから親戚としては私よりいっそう近いわけであるが、実はこの朴基平、彼は六・二五のさい、北韓軍にはいって、私同様越北したが、その後死んでしまったのである。

「そうそう、朴基平からネエさんにといってことずかったものを渡さなければ……」と、私はフトコロから五千ウオン出して「おみやげ代わりです」と言った。兄ヨメは「有難う」といって「ところが、あいにくと夫はムスメの家へ行って留守なのです」という。

「それは困りましたね。こんど会いに行かないと、恐らくもう会う機会はなくなりますよ。それで朴基平も会いたがっているのです」と私は何としてでも"いま"会わなければ……という様子をみせて思案顔だ。すると、「それではムスコの蒸柱に代わりに行ってもらいましょうかしら」と、彼女の方でこう言い出したのは天の助けであった。私への指令は朴ヒョンがいない場合はムスコを誘引して帯同越北せよ、というものだったからである。

うまく連れ出したが

ムスコの蒸柱が起きてきてあいさつしたが、彼は二十五歳の大男だった。そしてなかなか落着いていた。

「でも、おじさん、夜中の十二時に汽車もないのに、どうやって木浦まで行くのです？」

「そりゃ、心配いらないよ。乗ってきたタクシーをそのまま向こうに待たせてあるから……」

「でも、いまは通行禁止時ですよ」

「大丈夫。タクシーの中に私といっしょにきた刑事が乗っているから……」

何やかんやの押し問答でやっとこさ蒸柱を連れ出してしばらく歩くと、彼は「タクシーはどこにいるのです？」としつこく聞くので私はもう仕方がないと「実は木浦から、タクシーできたのではなく船できたんだヨ」と言った。すると、蒸柱は不審そうな眼つきで私をみながら「おじさん、僕はあすの朝早く、汽車で行きますからおじさんは一船で先に行っていて下さい。ただ、僕にいま木浦のどこで何時におじさんに会えばいいかを教えて下さい」というのだった。

ひょっとした瞬間に

私は何とかして、その夜のうちに木浦へいっしょに行こうと、さまざまに説得したが、若者はますます疑うような表情で私のようすをみるのだった。そして私が北から送られたスパイだと気付いたのだろう。とっさに村の方へ戻って行こうとした。

そこへ、近くにかくれていた金補助員が飛出してきて短刀を若者につきつけた。私たち工作員は失敗したときは相手の太モモに無条件で短刀を突き刺すよう指令されていた。そうすれば強制拉北することができるからである。

ところが、金が若者の太モモを刺す前に私は拳銃を彼のアゴの下にピタリとつけ「いうことを聞かぬと命がないぞ」とおどした。蒸柱は神妙に「いうことは聞きますが、おじさん、これはいったい、どういうことなのですか」

「オレについてこい」

私はすごみながら蒸柱を引きつれて歩いて行ったが、ひょっとした瞬間に彼はパッと私から離れて一目散に走り出した。みると近くに農家があるのだ。撃つと音がして私たちに不利である。

大逆罪犯人のように

「時間がないので追撃するわけにも行かない。他の人に迷惑をかけてはいけないから……」と、私は一人言のように金に言った。他の接線分子と約束の時間もあるし待たせてある船の"時間"も決められているため、私たちは獲物なしですごすごと帰える羽目に陥った。

工作船はまた中共回りで南浦港に着いたが、私は二度にわたる失敗で命の縮む思いがしていた。

南浦の待機所には余全羅北道担当課長が出向いて私を待っていた。そして私も報告しないうちにすべてを知り尽くしていてこう言った。

「姜先生の失敗はすでに周知のことになっている。朴ヒョンの妻とムスコの蒸柱が警察に届け出たからだ。南の新聞や放送によると姜先生を逮捕するために韓国警察が西海岸一帯に捜索網を張っているということだ。捜索作戦はなかなかきびしく、姜先生みたいにハゲ頭の男は片っぱしから挙げられて検問所で検索している」と。

この余担当課長の前に深く頭を垂れ、私と補助員の金は大逆罪をおかした犯人のように小さくなっていた。

連絡局長の指令待ち

私は結局、しばらく"謹慎"の身となった。六月二十三日、都指導員が南浦待機所まで訪ねてきて私に「家へ行っていなさい」といいながら海州行きの汽車の切符と食糧配給券一カ月分を渡してくれた。私はどうなることかと、心配なので都指導員に聞いてみると「外へ出ないで家にいれば心配ありません。中央党連絡局長の李季淳同志の下された結論と指令があり次第、通知します」ということだった。（つづく）

（SISA）

筆者の姜大振氏は南派された北韓スパイの最大級大物、元北韓軍上佐（中佐と大佐の間の位）。最近、韓国に帰順した。

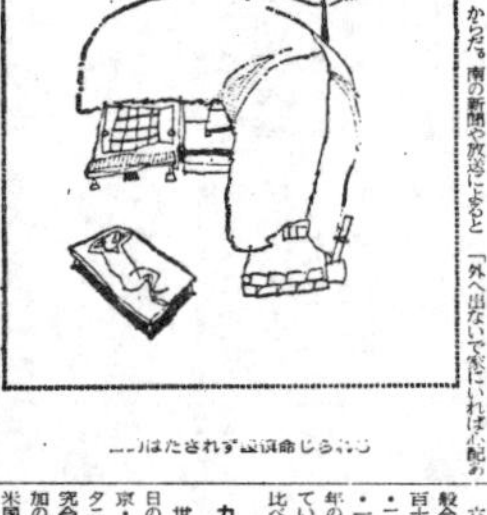

……はたされず謹慎命じられる

69年度の純国家債務償還額

六九年度政府の決算書によると債務支払い保証など保証債務を除く純国家債務の六九年度償還額は一千二百六十七億八千百万ウオンに達したが、これは六八年度の純国家債務償還額七百五億一千五百万ウオンに比べ約八〇%がふえたものである。

六九年度償還額は、総歳出（一般会計と特別会計の合計）八千三百十九億八千七百万ウオンの一五・二%に達し、これは六五年の五・一%、六六年の八・五%、六七年の一一・二%に比べ大幅にふえているが、六八年の一七・五%に比べれば多少落ちている。

カストロ女史講演会

世界反共大会（WACL）の前日のさる十九日午後四時から、東京・千代田区のホテルニューオータニ椿の間において、自由報道研究会の主催で、WACLに特別参加のため来日中のS・サーモンド米国上院議員と、カストロキューバ首相の実妹で反共闘士として高名なファニータ・カストロ女史の講演会が開かれた。両氏はそれぞれ、主要な内容は明日のWACLにゆずるとしながらも、共産主義の恐ろしさと偽善を世界に暴露し、自由諸国の連帯によって共産主義とたたかうことの必要性を力説した。

(1969年7月27日第3種郵便物認可)

在日本大韓民国居留民団
綱領
1. 우리는 大韓民国의 国是를 遵守한다
1. 우리는 在留同胞의 権益擁護를 期한다
1. 우리는 在留同胞의 民生安定을 期한다
1. 우리는 在留同胞의 文化向上을 期한다
1. 우리는 世界平和와 国際親善을 期한다

THE PRESS MINDAN TOKYO
THE KOREAN RESIDENTS UNION, IN JAPAN, TOKYO OFFICE
「韓僑通信」改題
在日本大韓民国居留民団
東京本部発行週刊紙

民団東京
THE PRESS MINDAN TOKYO

9月30日 水曜
<1970>
週刊・毎水曜日発行
第2421号

発行所
民団東京新聞社
発行人 鄭在俊
東京都文京区本郷3丁目32番7号
電話 (811) 1535 (代表)
〒133 振替口座 東京 6631番
(大韓民国文化公報部国内頒布許可)
(購読料 1カ月100円・特別1000円)

10月1日・国軍の日　首都ソウルでは[illegible]

寄付金強要するな
新規入団者を暖く迎えよ
大使館で特別指示

李厚洛駐日大使はこのほど「民団新規入団者を暖く迎えるよう」

要旨つぎのとおり民団中央を通じて指示した。

韓日協約による在日韓国人の永住権申請の促進運動が活発に展開している今日、民団への新規入団者が日増しに増加しているが、これらの新規入団者の大部分は朝総連の虚偽宣伝に眩惑されて不本意に祖国にそむいていたひとたちで、前非を悔り大韓民国の懐にかえってきた同胞である。民団がこれらの人々を迎えるに当り組織としては、家出した息子がかえってきたような暖い親心を以って親切にしかも寛大にうけ入れなければならない。ところが一部の民団支部においては、このような新規加入者に対し寄附金や特別賛助金の強要、あるいは団費の遡及徴収、または旅券発給推薦状発行の拒否などと、非民団系同胞らの民団加入希望を挫折させるような行為があるといわれるが、これが事実であれば、本国政府と民団の施策に反する重大問題であり、目下組織の全力量を傾注して推進している永住権取得促進事業にも大きな障害となるので、このようなことがないよう格別留意されたい。またこれらの新規加入者に対しては、いままでの歪曲された祖国観を一掃して、目下民族中興を目指し躍進をつづけている新しい祖国観を注入し認識させるためにも、母国訪問のための旅券申請などの際には、迅速かつ最大限の便宜をはかるようのぞんでやまない。

最近中立系であった某同胞が語るところによると、民団に加入するため居住地の民団支部を訪ねて国民登録を申請したところ、担当者は「われわれは解放以後長年にわたってあらゆる悪条件と戦いながら、今日の民団に育てあげた。いまさら本国へゆきたいといって何ら償いもなしに入団することはむしがよすぎる」などといいながら受け入れようとしなかったといわれ、またある同胞は、不法入国という理由で滞在資格が曖昧であったため国民登録も申請できず民団への加入もできなかったが、法務省当局の許可がおりたので、国民登録を申請したところ、入管や警察そっちのけの前歴調査をされ不愉快に思ったといわれる。このようなことは組織実務者の無知と歪められた観念から来た大きな問題である。

いうまでもなくわが民団組織は、自主自立の任意団体であり、いかなる場合でも官僚じみた振舞は禁物である。それは長年に亘り組織に貢献した事実を認めないわけではないが、それ自体一種の特権意識につながることである。組織の先覚者としてあるいは愛情と判断をもって、新規入団者をうけ入れ、啓蒙しなければならない。

（写真は李大使）

第84回関東地方協議会ひらかる

万博招請で中央論難
組織の全機能を永住権の促進へ

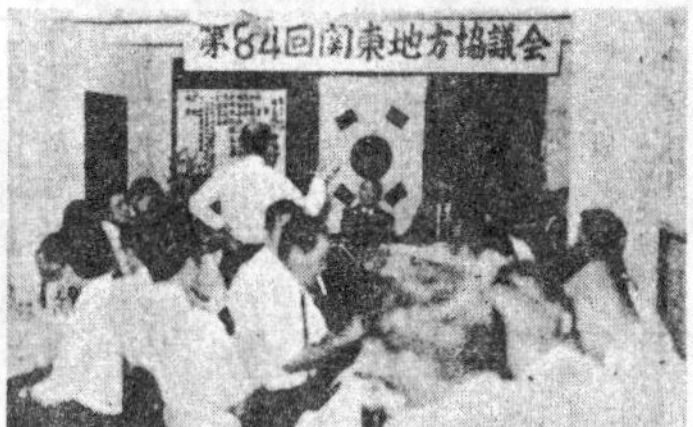

大洗パークホテルでひらかれた第八四回関東地方協議会のもよう

第八四回関東地方協議会（事務局長・鄭在俊東京本部団長）がさる二十二日午后一時から、茨城県水戸市の大洗パークホテルで開かれ①永住権申請の促進について②万博招請事業の事後処理について③中央委員会への建議事項④その他について協議した。

会議には関東地区各地方本部の団長・事務局長ら約六十人が参加したほか駐日大使館から李桐基総領事、金学相領事、民団中央李禧元団長らが参席したが、万博招請事業にまつわる諸問題をめぐって中央を論難する発言が続出「不正があれば責任をとる」という李中央団長の異例した応酬や「会議の品位上刺激的で不穏当な発言は遠慮してもらいたい」という鄭事務局長の注意があるなど、かなり激しいやりとりが会議を支配した。

同日の会議で合意をみた事項は①永住権申請の促進については、万博招請事業も一段落を告げたので今後は組織の全機能を永住権申請促進運動に傾注すること②万博招請事業の事後処理に万全を期し不許可被招請者の救済対策を講じること③手続料などの返還に公正を期し組織の威信に損傷のないよう処理すること④つぎの中央委員会のまえにもう一度関東地方協議会をひらいて対策を討議することなどであった。

会議はまず地元の朴台守茨城県地方本部団長が開会のあいさつをのべ、次いで鄭関東地協事務局長があいさつをのべたが、鄭事務局長は「万博招請事業は一段落ついたので、これからは永住権申請の促進に総力を結集すべきである。特に関東地協は全国的水準からみて、永住権申請の成績がかんばしくない。今会議を契機に永住権申請の促進運動に組織の全機能を傾注してもらいたい」と要望した。

不正があれば責任とる
招請事業の追究に、李中央団長発言

永住権申請の促進についての討議に入って、鄭東本団長は「本国政府が乏しい財政にもかかわらずわれわれのために多額の援助をすることは心苦しい。われわれはこれにこたえるためにも新たな決意をもってあたらねばならない」と組織の奮起を訴え、またある地方本部の役員から「在日韓国人の永住権取得状況や申請者の色分けなどの調査で、日本の関係当局が非協力的であるのは遺憾だ。協力体制をつくるためにも政治的折衝が必要ではないか」「中央本部は末端の組織力や活動が弱いと指摘するが、中央本部こそ無定見で下部組織に対するいたわりや理解が足りない」—「中央本部幹部の地方出張はまるで〝大名旅行〟だ。もっと経費を節約してほしい」という要望や意見がのべられた。

また、ある地方本部から「永住権申請不振の原因はどこにあるのか？」と大使館側の見解を質したところ李総領事は①協定永住権についての理解の不足と②無関心③身分上の不安感④まだ期限が残されているという心理的余裕などを指摘した。さらに「永住権申請の不振をしかるまえに促進剤となる〝特恵〟を示せ」という為政者への要望もあって注目された。

結局、今後①駐日大使館の担当官が積極的に地方へ出張して啓蒙に努める②団員の約八〇%は申請を完了しているとみられるので、これからは中立系や朝総連系同胞に接触して説得を繰り広げる③日本の一流紙と五大都市の地方紙の広告を通してPR活動を展開する④各地方本部、支部ごとに永住権申請推進委員会を設け、同委員会を中心に運動を進める—などを確認した。

李桐基総領事は今後の永住権促進運動を推進するにおいては①組織強化の整備②財政の確保③人的整備など三つの対策を整えてこれにあたることを明らかにした。

また、永住権申請を促進するため、近く韓国政府は二十五万ドルの資金を民団に援助することになろうと明らかにし「前回の場合七万ドルの同資金が中央本部によって配分されたため、割当てのない支部があるなど、問題点を残したので失敗した。今回は大使館が直接責任をもって公平に各地方本部へ配分する」と約束した。

また、李中央本部団長は「永住権申請目標の三十万を突破させることが私の残された任務だ」と強調したあと、二十四日東京で開くはずだった中央委員会を延期したことについて「万博事業の残務整理と決算報告書の作成などが間に合わぬため」と説明した。

万博招請問題

つぎに万博招請事業についての討議に入って中央本部の万博招請事業にからんで「不明朗なスキャンダルが聞かれるが、どう思うか」と李中央本部団長につめ寄ったのに対し、李団長は「きたる中央委員会で問題を提起してほしい。そこで不正が明らかにされれば責任をとるつもりだ」と応酬しながら招請事業の統計を発表した。それによると総招請申請が一二、三六〇名、取消しが二、四〇〇名、実際の招請が一〇、九三三名、旅券発給者が一〇、〇九三名、ビザ給、一、〇四三名、実際入国者が九、七〇七名であるとのこと。

また鄭在俊関東地協事務局長が「不許可になった被招請者には、徴収ずみの手続料（八万五千五百円）は全額払い戻しをすべきではないか」という質問に対し、李中央本部団長は「私も同感だが、十月の中央委にはかったうえ、返済するようにしたい」と答えるなど万博招請と事後処理の問題をめぐって激しい議論が展開された。

つづいて[illegible]東京本部副団長が「万博のために永住権の申請促進運動がおろそかにされた。にもかかわらず万博招請事業をめぐって不明朗なことがあったとすれば組織の良心が許さない。われわれの民団は信賞必罰の観念がない。確固たる証拠がある非行に対しては断固たる組織の態度がなければならない」と義憤を吐露したところ満場賛同の意を表した。さらに某地方本部副団長が「不正調査委員会の構成」云々を持ち出すに及んで会議は紛糾をはらみ、たまりかねた鄭東京団長が協議会の品位上説明し不適当な発言に注意を促がした。興奮の李中央団長は「団長を目のまえにしてあまり不謹慎ではないか。問題があれば中央委員会に提起してほしい」と逃げた。結局、万博招請問題では①不許可となった被招請者に対しては別途のケースで招請の方法を講じること②また、その手数料など徴収ずみの経費は全額払い戻すこと③旅券印紙代、査証手数料などで過剰に徴収した分は速やかに払い戻すことなどを中央委員会に建議することに合意をみた。

東本に感謝表明

つづいて会議は、その他について[illegible]神奈川本部団長が発言を求め「中央に不正ありと訴えているのだから、その不正の内容がどんなものか公告者に発表させる機会を許してはどうか？」とユーモラスに要望したところ鄭関協事務局長はかさねて協議会の品位上その種の発言は不適当としてとりあげなかった。また、鄭三多摩本部団長は中央委員会のまえに関東地区の中央委員のみで会議を開いてはどうかという提案があったが、これは中央委員会の数日まえにもう一度関東地方協議会を開催することに合意をみた。

さらに金群馬本部議長から「万博参観団の羽田迎接に東京本部の労を多とし協議会で感謝の意を表したい」という提議があり満場が賛同、拍手をもってこれにこたえて午後六時閉会した。

永住権申請の総数
8月末現在217、335名
許可数174156

在日韓国人の永住権申請期限は来年一月十六日とあと四ケ月に迫っているが八月中の申請者数は七七六六名で八月末日現在の申請者総数は二十一万七千三百三十五名となった。このうち永住が許可された者の総数は十七万四千百七十九名（八月中に許可された数は四千一百五十六名）である。

現在、法務省協定永住室で審査中のものは二月中旬ころの申請の分で審査が相当遅れていることを示している。

なお、八月末現在永住権取得者が、帰国その他の要因によって許可が取消された例は七十二件にも達している。

永住権許可取消しは認めぬ
日本法務省

日本法務省は十七日、最近各地で問題になっている韓国人の「永住権許可取消し申請」の取扱いを協議した。その結果「これらの申請は従来どおり一切認めない」ことを確認し、大阪府など問合わせのある府県に通知することにした。

取消しは不利益に

法務省はこの決定の理由として①許可申請は申出人の自由意思に基づいており、許可成立に欠陥がない②協定永住権は在日韓国人に安定した生活を営ませることによって、韓日親善をはかろうというもので、申出人の言い分だけで撤回すべきものでない③永住権を取消すことは、客観的には不利益処分を与え、合理的な理由なしにできない——などとなっている。

中央委員会10月23日
文・白両副議長、記者会見談

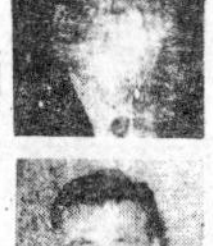

文副議長

白副議長

民団中央副議長の文圭準、白丁赫両氏は二十五日午後六時半東京・赤坂の一寛で記者会見を行ない「延期中の第十七回中央委員会は、きたる十月二十三日午前十時から東京・日傷会館で開催する」と発表した。

この日の記者会見は、議長の朴根世氏が入院加療中のため、二人の副議長が議決機関を代表し、中央委員会開催の日取を発表すると共に、十月までに中央委員会を延期せざるを得なかった、その間の事情や議長団として中央委員会にのぞむ抱負を、大要次の通り明らかにした。

一、九月二十四日開催を公告した第十七回中央委員会を、執行部の事情で延期したのは、誠に遺憾である。執行部が延期を要請した理由は、万博招請事業に関する報告書作成に欠かすことができない大韓航空社との経理上の清算と事務上の整理が、その時点では正確に把握できなかったことにある。議長団としても、執行部のこのような事情を参しやく、延期に同意すると共に、十月の中央委員会には万博招請事業に関する報告書は一般大衆にも納得できる完全無欠なものを提出するよう要請した。

一、中央委員会の日程を一日だけにしたのは、会場の予約関係上止むを得なかった。今回の中央委員会は、新しい活動方針や予算案の審議はなく、万博招請事業の総括が議題の中心になるゆえ、この一日の午前十時から午後十時までの間に、論議をし尽せるものと考えられる。有意義な討論をするため中央委員各位は時間を厳守して真摯な論議を展開して欲しい。

なおこの日の記者会見では、以上のような中央委員会の問題とは別に第十六回中央委員会で論議された民団本国出張所の金漢守氏に関する質問が記者側からなされたが、文副議長はこの問題に対し、今回の中央委員会で質問があった場合、その真相を説明すると答えた。

また「万博招請事業の成果は、民団組織発展にどれほどの貢献があったか？」という質問に対して文副議長は「有終の美を期待したがいま世間で騒がれている雑音からしても組織にマイナスをもたらしたものと思う」と答え、「威信は地に落ち大衆の信望も失なったと思われる李禧元中央団長では、永住権申請促進運動にかえって悪影響を及ぼすのではないか」という記者の質問に「すべては中央委員会で明らかにしたい」と文副議長は語った。

沖縄にも韓国[illegible]民会

沖縄那覇市で[illegible]二十世帯それに米軍人と結婚した[illegible]八〇〇人（推定）もいるといわれるが、これらの同胞たちを指導すべき公共機関はもちろん組織[illegible]。また国家的な保護機関[illegible]的には駐日大使館の管轄下に[illegible]れている。沖縄は二年後に[illegible]機関として在日大韓民国居留民団の地方本部が予測されるところで[illegible]。

そこで現地に駐在する大韓貿易振興公社那覇事務所の[illegible]所長[illegible]前記の「僑民会」結成を準備しはじめたといわれ、すでに[illegible]駐日大使館や在日居留民団関係に[illegible]近く発送する[illegible]。

金大中氏を指名
新民党大統領候補

野党新民党は二十九日ソウル市民会館で七一年五月に予定の大統領選挙候補者指名のための全党大会を開いた結果、独自出馬した金大中氏が柳珍山党首など党幹部が推薦した金泳三氏を第二回投票で逆転して破り、同党の大統領候補となった。与野党とも大統領選挙直後に行なわれる国会議員選挙とも合わせ、すでに全国選挙区の総点検など〝事前工作〟を着々行なってきたが、この日の新民党大統領候補の決定で選挙戦は本格的な火ぶたを切ることになる。

（二面に関連記事）

国軍の日参観団、出発
徐東本監察委員長の引率で

十月一日の国軍の日を迎えて本国では盛大な記念式典が行なわれるが、これに参観する在日同胞代表一二〇余名（関東・東北・北海道代表）が、東京本部監察委員長徐興錫氏の引率のもと三十日午前八時羽田発の特別機でソウルへ出発する。

金のかからぬ静かな選挙へ
共和党が総選挙総合計画

共和党がこのほど作成したという来年の総選挙総合計画が具体的にどのような内容をもつものであるかはまだ明らかにされていないが、朴正煕総裁の指示によってできるだけ無理のない選挙を行なおうとする計画ができたということは確かなようだ。朴総裁の指示は第一に金をできるだけ少なく使う選挙、第二に全国で平均して勝つ選挙、第三に後遺症のない選挙、第四には静かな選挙、第五に党中心の選挙となっている。これらのことは、一見至極、当然の指示のようではあるが、ことごとに強硬論に傾き勝ちであった与野間の選挙法改正交渉が危機に陥りかけていたことなどからみるとき、また共和党の平素の傾向などを思うとき、朴総裁のこれらの指示は適切かつ必要なものであったと考えられる。

共和党の総選挙計画の中で朴正煕総裁の指示した五つの基本的精神の真髄がどこにあるかを共和党はよく把握してこれを肝に銘じ、来年こそは世界中に恥じない公明選挙を実施するよう、われわれはその努力に対して期待している。

公明選挙の要点はまさに朴総裁の指示した五点にあると思うが、われわれとしてはそれに関連した注意事項をここで述べたいと思う。

朴大統領

なるべく金を少なくすませる選挙

第一に、選挙でなるべく金を少なく使う……ということは公明選挙の上で不可欠の条件である。特にこれは、国民経済の安定と発展のために絶対に必要である。しかし、わが国の選挙はずっと腐敗選挙だとの非難を受けるほどにたくさんの選挙資金を使ってきたものである。従って一度選挙が終わると経済界に長い間後遺症がわざわいするという有様であった。

それに最近では各国会議員たちの間で、いわゆる選挙区民の"ソウル招待"というのが盛んに行なわれている。数年前までは、議員たちも、自分を訪ねてくる選挙区民たちを避けることで悲鳴を上げたものであったが、このごろはかえって彼らを招待することが一つのブームとなっている。たとえば江原道の僻地からでさえも選挙区民が大挙上京するのが見られるというが、このようなことは公明選挙のために議員たちが猛反省しなければならぬ問題である。

選挙資金がたくさんかかればかかるほど、その資金をつくるために働く議員たちの活動というものは国家経済にとって百害あって益なしである。従って関連議員たちはこのような"源泉的選挙不正"をまず止めるべきである。

一方、金を少なく使う選挙にするためわれわれは、大統領選挙と国会議員選挙を同じ日に同時に実施してくれることを要求する。農繁期に選挙が二回もあるということは農民たちにとっては堪えがたい負担である。これから生じる国民のエネルギー消耗および資金の乱用などはそれだけ多くの国力を消耗させ、経済成長を阻害することになり、その影響は選挙が終わってからもなお長い間、去らないのが常である。共和党が選挙運動期間の大幅短縮を主張しながら、一方では二倍も金のかかる分離選挙を固執する理由が何なのか、われわれにはわからない。われわれを納得させるほどの説明があってしかるべきである。

党中心の選挙とは官権なしの選挙

第三に朴総裁の指示の中で"後遺症のない選挙""静かな選挙""党中心の選挙"などが挙げられているが、これにはまだ具体的計画はなかったものの、共和党はこれが"官権のない選挙"ということを意味していることを悟るべきである。過去数年の間に経験した選挙をふり返ってみただけでも、雑音のない選挙は一つとしてなかった。従って、その後の後遺症にも悩まされることが多かった。その原因のほとんどが官権の介入や行政府組織の利用ということにあったことを指摘しておきたい。

そこで、朴総裁の指示した"党中心の選挙"ということが何を意味するものであるか——これを共和党の面々は深く認識して、悔いのない選挙をするよう努力してほしいと考える。

選挙期間中、多くの公務員が故郷やその他の地方に大挙出張して選挙運動を行なうという野党の非難があるが、一部国民も間接的、直接的な方法による公務員たちの選挙関与があったことを非難しているし、一部の人びとは"行政府による選挙"うんぬんと評していることを忘れてはならない。

党利党略に利用せず清潔な選挙を

選挙法改正にかんする与野交渉では公務員が選挙に関与すると加重処罰が要求されるという案が出、選挙期間中は公務員の出張を禁止するという珍しい提案までが出た。これは全く、わが国の政治風土を反映したもので、一方では恥ずかしいことだと思いながらも、やはり、それは立法化されなければならないと、われわれは考える。共和党も前記の選挙区の増設交渉などを党利党略に利用せず静かで清潔な選挙を実施してもらいたいものである。そして、こうした"静かな、後遺症のない選挙"を実現すべく、選挙法の改正案交渉でもよく反映させてほしいと思う。

（東亜日報＝SISA）

議題統合案が勝つ
国連総会で韓国問題の採択

ニューヨークで開かれている第二十五回国連総会は十八日、さきに運営委員会が建議した"韓国問題"議題統合案を圧倒的な票、七十一対二十四、棄権十六で採択した。

この日の総会本会議はハンブロ議長の司会で行なわれ、開会へき頭で、ソ連、モンゴル、ポーランドなど共産側が自由友邦提案のUNCURK（国連統一復興委員団）報告（統韓決議案）をこんどの総会議題から削除しようという決議案を出し論難の末、票決に付した結果、賛成二十四、反対七十二、棄権十五票で否決された。

共産側は再び"韓国問題"という単一議題を取りはずし共産側が提出した①駐韓国連軍撤収案②UNCURK解体案と自由友邦側が提出したUNCURK報告をそれぞれ別個議題にしようとした議題分離案を出したが、これも賛成二十四、反対七十一、棄権十六で否決され、国連での東西陣営間の初対決は西側の完全勝利となった。

運営委での自由側提案

第二十五回国連総会運営委員会は十七日、自由友邦側が提案したUNCURK（国連韓国統一復興委員団）報告書と共産側が提案した駐韓国連軍撤収案およびUNCURK解体案を"韓国問題"という単一議題として一括処理することを議決した。

ソ連を始めとする共産側はUNCURK報告書を別途に討議しようと固執したが二十五ヵ国で構成された運営委員会は単一議題として処理しようとした米国案を賛成十六、反対五、棄権三、欠席一票で可決採択した。

ソ連案を支持したのはキューバ、ルーマニア、イラク、ウクライナなどの四ヵ国であった。

なお、韓国問題は第一（政治）委員会に回付され十月中旬ごろから、まず代表招請問題から討議が始まるもようである。

十月一日を期して第十回総人口調査

きたる十月一日を期して全国五百八十万世帯、三千二百万名を対象に第十回総人口調査および第二回住宅センサスが実施される。同センサスには八万名余りの調査員と四億九千四百万ウォンの予算が投入されるが、これは国連で勧告する一九七〇年世界人口および住宅調査計画の一環として行なわれるものでもある。

センサス統計の正確性と迅速性を期すため大型電子計算機IBMS三六〇／四〇型を使用、調査実施後五ヵ月目の来年三月まで"調

[illegible]計の総合計画は一九七二年六月末までに公表する。

鉄道創設七十一周年

鉄道創設七十一周年記念式が十八日午前ソウル市民会館で白善燁交通部長官、金炳■鉄道庁長をはじめ三千余名にのぼる鉄道従業員らが出席した中で盛大にとり行なわれた。

同記念式では鉄道従業員三十八名が勲章、褒章、表彰状などを授与された。

今年の水害被害総額 百七十六億ウォンに

今年に入ってからの水害被害総額は百七十六億六仟二十五万ウオンに集計された。

中央災害対策本部が集計した今年の水害被害総額は過去十年間の平均被害額のほぼ三倍にのぼり、人命被害は死亡百六十八名、負傷者七十二名、行くえ不明七十名、罹災者二十二万名となっている。

共和党71年総選挙基本戦略

共和党は、その間党企画室で総合作成した七一年度総選挙の基本戦略を朴正煕総裁に報告、了承を得た。

同基本戦略は共和党事務局、青瓦台秘書室、吉在号無任所長官室、内務部など各方面から収集した資料を土台として検討・作成されたもので、内容は①与党は農村で強く野党は都市で強いということれまでの現象を打破し②選挙資金を抑制③選挙後遺症の排除に注力し④早期選挙ムードを抑制する—などに重点を置いている。同戦略には特に大都市での勝利に力点を置き、ソウルを中心とする都市圏対策および選挙対策委員会構成要綱などが盛りこまれている。

消息筋によると、共和党は来年の大統領選挙を五月に、国会議員選挙を六月に実施する方針であり、大統領候補使命のための党大会は二月末または三月初に開かれる予定である。

大統領候補指名大会開かる
＝新民党＝

きたる二十九日に開かれる新民党全党大会は、柳珍山党首の大統領候補出馬宣言に伴い候補選出問題をめぐり党権闘争が避けられなくなった。

柳党首は十一月の定期党大会を九月に繰上げて二十九日の大統領候補指名大会と並行させ、党の現指導体制の信任を問う意向を明らかにしたが、柳党首の大統領候補出馬に反対している李哲承、鄭一亨氏ら非主流実力者と金泳三、金大中氏ら二人の四十歳代大統領候補者たちは提携して連合勢力をつくり、柳党首の出馬を阻止するため党権に挑戦するかまえである。

非主流実力者である李哲承氏は「汎野推戴候補の擁立が失敗した以上、野党の活路を打開するため、柳党首の候補出馬は阻止すべきである。このためには党内の若い候補たちと力を合わせるほかはない」と語ったが、鄭一亨氏もこれに同調している。

国語講習会

民団東京本部文教部では、二世青年学生を対象に、韓国語講習会を左記のとおり開催しております。初級者を歓迎します。ふるって参加して下さい。

日時…毎週火曜日と金曜日（午後六時から八時まで）

場所…民団東京本部三階

講師…張暁先生

新民党の大統領候補者指名問題

李　秀　正

このほど柳珍山新民党首が次期大統領候補の出馬声明を行なったことで、これまで九ヵ月間にわたってベールをかぶり続けてきた新民党の大統領候補問題の"顔"がはっきりした。そこでこの二十九、三十の両日に開かれる新民党の大統領候補指名大会の容貌もはっきりすることになり、同大会は柳珍山党首の出馬宣言と、四十代競合者候補はまだ一人にしぼられておらず、三人のうちの李哲承氏だけはいくらか融通性のある態度を取っているが、金泳三氏と金大中氏はそれぞれ柳党首と票による対決をするむね宣言している。

柳珍山新民党首は去る一月の全党大会以来、公式あるいは非公式に彼自身は出馬しないと公言してきた。そして柳党首は「党の内外を問わず、大統領候補としての条件を具備した人士がいれば、どのようなことをしてでも新民党として推戴する」との意思表明さえ繰返し行なってきたのである。

柳党首がこの数ヵ月間にわたって進めてきた候補者の探索・調整作業がどのようなものであったかをみると①在野人士の物色②四十歳代候補競合者の単一化③金鎮午氏推戴論など——の三段階に分けることができる。しかし新民党によるこのような作業はあらかじめ予想されたとおり、次々と非現実的なもの、あるいは不可能なものであったということが、立証されて行った。

名分と一致しない柳党首の去就

こうした新民党の大統領候補指名作業に対してはかなりの多くの人びとが"新味"のあるものとして希望と期待をかけてきた。しかし、それらは、柳党首の出場声明によって、すべて失敗に終わったことを明らかに示した。

柳党首もこんどの出馬宣言に当たり、新民党の大統領候補問題の作業には期待をかけて一生懸命に動いたが、結局はうまく行かず、ついには候補問題をめぐる混線、ならびに柳党首に対する雑音が国家や党のために害となるようにあらわれ出したのでそれらの収拾として出馬は避けることのできないものとなったという"名分"を打出している。

しかし、柳党首の候補問題をめぐる発言は必ずしも、さきの"名分"一本にしぼられていたわけではなくその行動・去就と共に実に複雑きわまるものであった。それは決して新民党の混迷を救うことにはならず、むしろ新党のイメージを傷つけることになったといえよう。

柳党首の事前布石と党内波濤

こうした見方をする人びとは、これまでの柳党首のすべての行動は出馬を前提した事前布石だったと観察している。すなわち、幾度も繰返された候補者指名の大会延期、口では四十歳代候補の単一化を促求しながら柳党首は何らその方向、代案を示さなかったこと、のみならず四十歳候補を格下げしようとした態度、さらに南ベトナム、日本の訪問、そして与党側首会談の実現——等々、これらは柳党首が大統領候補に出馬しようと考えての彼自身のイメージづくりだったのだと考えられている。

一方、四十歳代候補競合者たちを含む相当数の人士たちが柳珍山党首のかかえている"抵抗要素"のために彼自身出馬を放棄せざるを得なくなるだろうとみてきたし、またそのような事態をひそかに期待してきたものである。しかしいま柳党首が出馬意思を明らかにした以上、そのような"抵抗要素"がどれだけの波紋となるかによって、七一年総選に向かう新民党の内紛が左右されることになるだろう。

なお、新民党にはいま、次のような波瀾があることは否めない。①柳珍山党首に対して特異な敵対感さえもたらせた党内非主流の反発および地方地区党の動揺、②候補者指名運動を繰広げてきた四十歳代候補および主流系のうち柳党首の候補出馬に反対してきた人士たちの態度③尹潽善氏を主軸とする党の第三勢力の反攻など——がそれである。以上のような勢力間の激しい反発は新民党のこんどの党大会を大きな動揺と内紛の中に追いやることはほぼ間違いなかろうと思われる。

予想される内紛波動

四十歳代候補と非主流の一角ではこの際、柳党首の"党権"に対し正面挑戦することを検討しているといわれる。そして彼らは連合戦線を繰広げることができるよう現在の単一指導体制に改める党憲修正案を準備する構えである。従って、新民党の主流と非主流両側の対立は多分に感情的なものに発展する危険性を内包している。

また、こうした紛争の後遺症として起きる内紛と激しい感情は長期化する恐れもあり、地方組織にまで波及されるだろうと思われる。さらに鄭一亨氏と一部非主流派の離脱可能性もあり、こんどの指名大会では柳党首の出馬を阻止しようとする雑音がじゅうぶんに予見される。特に、李哲承氏など非主流の一部は現状のままで投票にはいるような場合は指名大会そのものにそっぽを向くという態度を取ってきている。従って、大会でたとえ候補者が選出されても挙党的な選挙体制はむつかしい状態にあるといえる。しかし、柳党首の出馬宣言はこのような反発をじゅうぶんに計算しており、これに伴う冒険を覚悟したものとみるほかはない。というのは、いくら紛揉が起きるにしても、党の一角がくずれ去るような波動は予想しがたいことだからである。

事態を一層混迷化したのは？

柳党首の出馬宣言は「党が私に候補者となることを命令するならば私一身の安逸だけのためにそれを拒否する立場にないという判断に到達した」と述べている。かたわら、四十歳代候補の単一化作業が一両日中に実現されるような様子であれば、自分は候補から降りる考えだという妙な表明もしている。

こうしてこれまでも流動を繰返してきた新民党の大統領候補問題はこんどのような変化をみせるか全く予想もつかない状態になった。そしてこのような事態になったことに対し、党内外の多くの人士たちはすっきりしない気持で注視している。こうした事態になったのは第一に党権を握った柳党首が、国民たちが野党の混迷に眉をひそめるようになるまで決定的な態度表明を保留してきたこと、第二に"体質改善"を打出した四十歳代候補者たちが自分一個の出馬に執着したあまり単一化作業を一歩も推進させ得なかったこと、そして第三に"便宜"によって実現性のうすい在野人士および党内元老級の名前を挙論してきたこと——また、以上のことなどが互いにからみ合っていっそう事態を混迷化したといえよう。

（SISA）

筆者の李氏は韓国日報の記者。

柳氏出馬せず

【新亜＝東京】新民党高興門事務総長は二十七日、柳珍山党首は大統領候補に出馬しないと言明したことを明らかにした。

本国新聞論調
韓国の安保と日本

外信が伝えるところによれば日本の有力な二人の防衛庁関係者は、同じ日にお互いが相い異なる主張をしたといわれる。

すなわち前日本自衛隊司令官であり、現参議院議員の源田実氏は、アジア太平洋地域非共産国家で構成されている地域的集団安保体制に、日本は加担しなければならない。

またこの「体制」は単一的指揮系統下の統合軍をもつべきであるとの論文を発表した。一方これとは逆に現防衛庁長官の中曽根氏は、訪米中の記者会見で「日本はアジアの安保のため軍事協力を通じてではなく経済的・文化的な面を通じて寄与する方針」であることを明らかにし「米国がニクソン・ドクトリンを実践するにおいて、アジア諸国家に大きな衝撃を与えぬよう慎重を期さねばならない」と忠告までつけ加えた。米軍の減縮によりわが国の安保問題が大きく論議され、引いてはアジア全体の安全のための戦略が多角的に検討されている現時点において、この両者の発言をわれわれは、深い関心のもとに分析してみる必要がある。結論をいうと前者の「亜－太地域集団安保体制」論は、いまなお日本の多大数の為政者や国民の考え方とはあまりにもかけはなれた紙上戦略論にすぎずその実現性は極めて稀薄なものといえよう。

これに対し後者の「経済協力」論は、日本の新民族主義ないし自由主義的民族主義の感覚をもつ政治勢力により代弁される現実論として、遠からず日本与論の最大公約数として台頭される可能性を内包しているものとわれわれは判断する。

二

この両者の見解の如何を問わず、われわれがすでに、繰返し主張してきたように、日本はいかなる形態の直接的軍事力をもってしても韓国の安保に寄与することはありえないのはもちろんであり、われわれもまた絶対にそれをのぞんでもいないということを再三闡明する。原子弾の最初の被害者として戦争をきらう日本国民はいうまでもなく、多くの反共的保守政治家までが、一触即発の危機にある韓半島に対して、いかなる軍事的な言動も明白に拒否してきた。彼等は国際的冷戦の過渡に乗り、東西陣営のすべての国々との交易拡大を通じ、自らの国家利益を追求するため心血を傾注してきたのである。

特に中共の厖大な地域を最大の市場対象として注目しつつ民間人ベースの親善をはかる一方ソ連とはシベリヤの共同開発計画まで推進してきた。このような状況において、韓国がいかなる雄弁、あるいは哀願をもってしても日本側を説得することは不可能であることをわが為政者達は、まず看破しなければならない。仮りに日本側が軍事面で韓国防衛に「寄与」するといっても、われわれはそれをうけ入れる立場にない。第一に半世紀にわたる日本軍国主義支配からようやく解放された国へ、再び日本軍事力を引っ張り入れることは、国民の民族感情が許すまい。第二に、とくに日本の場合軍事力介入は、直ちに政治・経済・文化の支配を伴うということが歴史的な経験で明らかである。

第三には韓日間の軍事的提携は、過去における悽惨な征服過程を通じ日本を警戒する中共に対して、より一層の危機感を与えることになり結局は中共と北傀を挑発し刺激させるような局面を招来するからである。中共は、中共なりに自己安保に対する鋭利な感覚をもっており、常例的な防衛対策が、日本軍事力の対韓半島進出で「革命的」な攻勢政策と結び付く可能性はいずれも存在する。このいくつかの根拠だけでもわれわれは、韓日間の軍事的連結に反対し、日本が強いてわが安保問題を憂慮するなら、口先だけの「経済協力」でなしにまず具体的に貿易逆調の奇現象を是正するほどの誠意を示すべきである。韓日間の軍事的連結関係をあたかも新らしい時代に立つ大政治家の理論であるかのように主張する政治人達の短見は、急速に是正されなければならない。今われわれの課題は外寇を防ぐべく内憂をおこさない智慧をうちだすことであろう。

〈朝鮮日報〉

謝罪の教会堂建つ
日本の誠実な良心みのる

三・一独立運動（一九一九年）のさい日本憲兵が犯した堤岩里、（華城郡郷南面）良民虐殺事件現場に新しい"謝罪の教会堂"が完工、二十二日奉献式が行なわれた。

同教会堂がこのほど完工したのは日本のキリスト教職者たちを中心にした"謝罪運動"の結実によるものだが、その途上において殉国した二十九人の遺族たちが「犠牲を"売る"ことはできない」として同教会建立資金を受けることを拒否したためこの設立運動は挫折、六年間も長い間混迷をかさねて、虐殺事件後五十一年目にようやく新しい教会が日の目をみた。

教会の壁に刻みこまれた碑文には「この教会は一九一九年三・一運動のさいの堤岩教会焼打ち事件にたいしキリストの愛の中で日本人たちの要請によってわれわれが和解することを記念するために誠の真心と物質をつくして建築した」とうたっている。

この堤岩教会再建のために日本の尾山令仁牧師は酒枝義旗早大名誉教授らとともに"韓国堤岩教会焼打ち事件謝罪委員会"を発足させ、三年間に五万余名の篤志家たちから一千万円を募金した。

同教会の執事安相均（五七）氏は焼打ち事件当時まだ六歳で、父親の安鍾厚（当時二十四歳）氏を失い、その後母親の田同礼（七四）さんと共に生き抜いてきた人であるが、「国家・社会のことを大きく考え、私ごとの恨みは忘れることにした。しかし私の母はこの教会で祈りを捧げながらその余生を送るだろう」と語った。

なお、二十二日の奉献式には韓国監理教、日本謝罪委員会、各界人士ら四百余名が出席した。

日本軍国主義の復活 アジアの大半が警戒

日本外務省はこのほど「日本軍国主義に関する海外論調」をまとめた。これによるとこの問題に対する世界の論調は大まかに①軍国主義はすでに復活しているという"過去形型"②いま復活しつつあるという"進行形型"③将来復活する気配もあるという"未来形型"などに分かれている。

"過去形型"に属する国は、中国、北韓、アルバニアで、その論調は「日本軍国主義の復活—米帝国主義との結託—アジアへの侵略勢力化—沖縄」という一定の方式の上に展開されている。

派越補償1億4千万ドル
10億ドル利得説に国会で論議

崔圭夏外務長官は十八日国会外務委での証言を通じ「米国上院サイミントン委員会で米国政府は韓国軍が南ベトナムに派遣されて以来、約十億"ドル"（韓国側では九億二千七百五十万"ドル"）の利得を得たという主張をしているが、韓国国防部および関係当局はこれに対して協議、過去五年間にわたる韓国軍の南ベトナムでの維持から得た外貨が果たして十億"ドル"になるかどうか明細を調査中である。しかし、韓国軍が戦闘手当てならびに戦死傷補償などで受けたものは一億四千余万"ドル"程度である」と明らかにした。

なお、崔長官は韓国軍の南ベトナム派兵に伴うブラウン覚書およびビーチ覚書にふれ「われわれは東南アジアの安保がわれわれに直結しているという情勢判断から、また韓国戦争の戦友であった米国ならびに南ベトナム両政府からの要請があったために軍隊を派遣したのであって決して代価を望んでやったことではない」と述べた。

なお、崔長官は南北韓の対話問題にかんし「米国政府が緊張緩和の方便として南・北韓の間の対話疎通や交流などを文書上あるいは公式的に（韓国政府に）勧告したことはない。しかし、韓国安保問題を論議する過程で米国とこの問題にたいし口頭で非公式に、短編的に意見のやり取りをしたことはまた別問題である」と語った。

組織末端無視へ怒り

万博招請の問題点を衝く

民団東京本部の第一六七回支団長会議が、さる十七日午後一時から東本会議室でひらかれた。この支団長会議は、日本万国博の終了とともに参観団招請事業が一段落をみたこと、ならびに永住権申請の期限があと四ケ月に迫ったことに対するその促進対策、さらに二十四日に予定されている第十七回中央委員会（この中央委員会は別項記事のとおり十九日になって突然延期の発表があった）をまえにして二十二日に開かれる関東地方協議会へ臨む東京本部の建議事項などを調整するためにひらかれたものであった。

義憤爆発した東本支団長会議

第167回支団長会議のもよう㊦とあいさつをのべる鄭団長㊤

永住権申請の促進

会議は、国民儀礼のあと三機関長のあいさつがあったが、鄭在俊団長はそのあいさつを通じて「万博参観団の歓送迎や保安対策に各支部が総力をあげて協力してくれたために現在までこれという事故もなく順調に推進された」と感謝の意を表したあと「永住権申請の促進運動は万博参観団招請事業のため七月以来全力を投入できなかったが、招請事業も一段落を告げたのでこれからは永住権申請の促進へ全力を傾けねばならない」とこの運動への転換を訴えた。また中央執行委員の一人である鄭団長は「中央執行委員会の最近の動向からして責任を感ずるとともに、これについていけなくなったので中央委員の職を辞退した」ことを明らかにして注目された。

つづいて閔泳相議長は「万博招請事業を成功させるため組織第一線を担う各支部が、誠意をもって取り組んでくれたことは感謝に耐えない。このような各支部の労苦にもかかわらず万博招請事業をめぐって世間に好ましからざる醜聞がきこえてくることは遺憾であり、またそれらのスキャンダルは組織の威信にかけて解決されねばならない」と力説した。

徐興錫監察委員長は「万博招請事業の一段落により今後は、われわれ組織の当面課題である永住権申請の促進運動に各支部の奮起を望み、総力をこの運動に結集するよう」要望した。

つづいて会議は、[illegible]に関する統計の発表であった。それによると申請者総数一〇七八名、許可者九三三名、不許可者一〇六名、取消し五八名、実際の入国者九一四名となっておりすでに七四一名が万博参観を終えて帰国し現在一七三名が滞留中であることが明らかにされた。

この万博招請事業への説明が終るや各支部から問題点を衝く抗議発言が続出したほか中央本部の不出際に対する非難や責任追求の発言が連続し会議場は異様な熱気をはらみ中央本部不信任案までとび出す始末であった。

〝中央招請〟徹底調査を

永住権促進運動への悪影響を憂慮

それはばかりでなく、この日の会議には中央本部からは誰ひとりの参席がなかったために一層の中央非難の発言が集中し、まるで中央糾弾大会のような感があった。

万博招請事業に対する討議で各支部から指摘した問題点についての発言の要旨はつぎのとおりであった。（支団長会議の記録から）

問題点①万博被招請者のうち未入国者に対する責任の所在と対策②（未入国者）招請人への手続納入金返済についての具体的な処置③被招請者が本国において正式費用のほかに規定にない現金が徴収された点④招請手続費のうち中央会館建設費としてチェックした金の不正防止のための監視対策⑤不許可者に対する処置⑥万博保安対策にまつわる矛盾（参観団の保安対策については、中央本部の指示どおり組織末端である各支部では徹底した保安対策で臨んだにもかかわらず中央本部名儀招請の参観団に対しては滞留日程表の作成、出他経路書の提出などが全然無視され全く野放しの状態で保安対策を立案した中央がこれを守らなかった。また、各支部では来日した参観団に対して歓迎会をひらくなど民団への印象をよくするよう最大限の努力をしたにもかかわらず空港での中央本部仕職員の参観団に接する態度は、目にあまるものがあり支部の親切も水の泡になってしまった）⑦招請者に対する事実に反する身元調査（招請者は組織の実務者であるにもかかわらず事実に反する身元調査のため被招請者が来日できなかった例がある）⑧招請事業のあと始末（不許可者に対しては民団の信用失墜にならぬよう納付金の返還を早急に行なうこと）⑨中央本部関係の被招請者数とその費用徴収内容を明らかにすること。

問題点の解明

このような問題点について鄭団長はつぎのようにのべた。

中央招請ケースについていろいろな噂が世間に流れていることはきいている。一人当り二十万とか四十万円をもらって希望者を募った話しもあるが、噂さはあくまで噂さであってほしい。中央本部[illegible]

[illegible]ないから、[illegible]努力したい。招請者の身元調査のミスについては、大使館の[illegible]そのままになっており、担当官の[illegible]が停止されてなかったためにおきたもののようだ。この反面万博招請でこういう点が発見されて[illegible]

[illegible]

議したあと「全国地方本部には発送したが東京本部には公文を送らなかったらしい」というおよそ常識では考えられない答弁でもって逃げられたことがある。中央執行部が朝総連との接触を企図した（俗に頂上会談の申入れともいわれる）問題は、中央委員会など組織の機関にはかってない点から組織のルールに反する独断的な行為であった。

中央不信任論も

会議はつづいて梁学文墨田支部団長が①中央本部には、民団でない民団組織が別にあるようだ。（へ朴事務総長の行動にからんで）②これら支団長会議の決議で中央本部不信任のためいますぐ中央本部にデモをかけるべきである。③来る関東地協に中央不信任案を正式に提案せよ。と強硬な発言をして賛成の同一意見も多く注目を引いた。

さらにこのような万博招請事業に関する中央本部の〝デタラメ〟にはアキレてものがいえないと激昂した発言が多いかと思えば、①不許可者の理由を納得のいくように発表してもらいたい。②東京オリンピックと[illegible]

[illegible]

支部ごと「推進委」構成

支団長会議は、以上で万博招請問題の討議を終えてつぎに永住権申請促進運動についての討議に入った。まず鄭団長の説明について、鄭団長が資料によって、東京地区永住権申請状況・今後永住権取得目標・東京本部永住権取得推進委員の構成および各任員の分担区域、各支部および傘下機関別永住権申請促進要数の割当てに関する説明があったあと各支部は本部三機関の各支部担当者と相談して早速永住権取得推進委員会を組織して活動するよう指示した。各支部からは①支部管内同胞の[illegible]所などの把握のため区役所など日本官庁側の協力体制が必要であり、そのための政治的工作がなされなければならない。②地元を離れている若い世代が永住権に対する認識や関心が不足しているのでこれに対するP・Rが必要である。などの要望があった。

これに応えて鄭団長は、本部はもちろん万博参観団の相つぐ入国による迎接、保安対策などに管内各支部が振り回されて来たが、残る申請期限までに東京本部管内の永住権申請目標を一二二五三名とした。この目標達成のためには、おもに中立系、朝総連系同胞の説得と勧誘に全組織力を投入しなくてはならない。民団団員は統計から見てすでに八〇%以上申請して整理段階に入っているので、各支部は永住権取得推進委員会の組織とともに、支部ごとに永住権申請促進運動を凛合して、強力なこの運動のために動き得る態勢を確立、積極的に管内の同胞宅を訪問説得するよう訴えた。

練馬支部でも永住権推進委

民団練馬支部では、練馬韓国人商工協同組合（[illegible]）の第一回総会を、さる二十三日午後五時から[illegible]ホテル・ヴィレッヂでひらき同組合の今後の発展について協議した。同総会には組合員四十三名のうち二十六名が参席して活発な意見で多大な成果をおさめた。なお、同協同組合の[illegible]

[illegible]づいて民団支部の三機関会議をひらいて永住権申請の促進運動について協議、さる十七日の支団長会議において本部から指示があった永住権取得推進委員会の構成について話し合いつぎのとおりの同委員を選出した。△委員長李用洙△[illegible]以下十七名。

東本永住権取得推進委員名単

- 顧問　張仁建
- 〃　鄭寅錫
- 〃　丁賛鎮
- 〃　呉宇泳
- 〃　金仁洙
- 〃　金己哲
- 〃　徐忠臣
- 委員長　鄭在俊
- 副委員長　許弼奭
- 〃　安聖出
- 〃　朴琪先
- 〃　慎忠義
- 〃　羅鍾卿
- 〃　閔泳相
- 〃　裵昌玉
- 〃　申奉文
- 〃　徐興錫
- 〃　禹英鎮
- 〃　金昶輝

委員各支部団長および事務部長

- 文京団長　金尚弘
- 事務部長　宋成復
- 台東団長　李鎮浩
- 事務部長　李柱爀
- 中央団長　申奉文
- 事務部長　崔仁鶴
- 墨田団長　姜学文
- 事務部長　薛鳳九
- 江東団長　金教安
- 事務部長　朴載海
- 江戸川団長　鄭昌煥
- 事務部長　金永純
- 北団長　金鎮奎
- 事務部長　尹成植
- 足立団長　金周奉
- 事務部長　権重洛
- 荒川団長　趙活俊
- 事務部長　高昶徳
- 葛飾団長　金玉男
- 事務部長　秋元植
- 豊島団長　金熙淑
- 事務部長　金時元
- 板橋団長　崔学林
- 事務部長　朱光熙
- 練馬団長　李用洙
- 事務部長　諸兌雲
- 新宿団長　金炳栄
- 事務部長　李昌夏
- 中野団長　李鳳学
- 事務部長　成致運
- 杉並団長　李暾儀
- 事務部長　朱相根
- 渋谷団長　金勲暎
- 事務部長　金東輪
- 世田谷団長　金栄在
- 事務部長　李基重
- 目黒団長　姜高元
- 事務部長　方永哲
- 港団長　金周億
- 事務部長　康三熙
- 品川団長　崔楽一
- 事務部長　李一雨
- 大田団長　閔泳相
- 事務部長　金大栄

招請費全額返還など

不許可者の救済策講究

⑧参観団の保安対策を厳格にしておいたお陰で各支部では一般団員や被招請者からいろいろと誤解を受けるほどであった。このような真剣に取り組んで来たわれわれの努力が水の泡となり今後永住権申請促進運動に大きな支障にならないか憂慮する。

⑦民団組織の幹部が不当に大使館から入国ストップをかけられるかと思えば昨日まで朝総連系にいた同胞が転向して永住権を申請さえすれば、来る国慶の日参観団員として本国訪問に特別待遇をせよという発表があったといわれる。この矛盾する事実を見るとき一体政府の政策はどのようになっているのかときいたい。（同様の意見が多かった。）

⑧中央招請ケースのうち日本帰化者の招請便宜を中央から支部に指示した事実がある。

このような発言をうけて鄭在俊団長は

不許可の理由としては、在日招請者が朝総連信用組合と取引をしているとか朝総連系学校に子弟を通学させている者以外はすべて解除されたし、被招請者側の事情によって不許可になった者もなかにはあることを明かにした。また、中央本部招請は傘下団体を含めて九二六名が入国し、その内中央団長名儀は五九四名（羽田のみ）が入国した。本日の会議でなされたあらゆる提案を十分検討して関東地方協議会に付り中央委員会に反映させるよう最善の努力をすると発言した。

続いて羅鍾卿副団長が万博招請事業に関して総括して①不許可未入国者に対する責任の所在②不許可未入国者の徴収金返還③中央本部招請関係の動態（経費代理招請）④その他の問題点にふれたあと支団長会議の建議事項として次の如く合意した。①不許可被招請家族の救済策講求（別に個人招請その他の方法で再招請を計る）②不許可被招請家族に対する経費返済問題（手数料その他を可能な限り有利に返還さす）③保安対策二本立選別に対する究明④中央招請関係の内幕を徹底的に調査する。

半年間の取引

二百五十億ウオン

在韓日本商社

駐韓日本商社の外形取引額は六九年九月から七〇年三月までの半期間で二百五十億ウオンと推定された。

国税庁の駐韓日本商社定期税務調査によると、日本商社は現在三十社が韓国に進出しており、六九年九月から七〇年三月までの間にこれら日本商社が納付すべき営業税、法人税などは九億一千七百万ウオンに集計された。なお、前年同期の納付額は七億五百万ウオンだった。

駐韓日本商社の業種は貿易代理業およびオファー商が大部分で建設業が三社、運輸業一社、銀行が三つある。貿易およびオファー商たちはほとんどが総合貿易商社で、各種機械、化学製品および建設資材などの輸入、借款あっせん輸出などを行なっている。

特にこのうち[illegible]商事、日商岩井、丸紅飯田、三井物産など四つの総合貿易商社はトップ・ランキングの取引実績を持っており[illegible]

[illegible]

これらを前年同期に納付した税額と比較すると、法人税は一三〇%となっており、総決定税額の増加比率は二九%、実事業体の増加比率は四五%となっている。

なお、ソウルに支店または連絡事務所を持っている日本商社はつぎのとおりである。

◇貿易卸売業および「オファー」商▽兼松江商▽川鉄商事▽金商又一▽[illegible]▽日商岩井▽日綿実業▽野村貿易▽豊田通商▽東洋綿花▽東京食品▽丸紅飯田▽三井物産▽三菱商事▽守谷商会▽新興所業▽三亜興業▽住友商事▽安宅産業▽秋元産業▽山本産業▽伊藤忠商事▽蝶理▽伊藤萬▽第一物商◇銀行業▽三菱銀行▽東京銀行▽第一銀行◇建設業 ▽日本工営▽日本揮発油◇運輸業 ▽日本航空

「五賊事件」鑑定書요지

朴斗鎭

◇ 다음글은「五賊」사건을 공판중인 서울刑事地法의 요청으로 제출한 詩人 朴斗鎭씨의 당시「五賊」에대한 鑑定書를 朴詩人자신이 요약한 것이다. 〈編集者〉 ◇

당시「五賊」에대해서 미리 제시된 鑑定事項은 十三개項目이었다. 이에관해서 筆者가 밝힌 見解는 약五千字에달하는 長文이었으므로 여기서는 그중 주요한 몇가지項目의 內容만을 要約摘記하기로한다.

一, 무릇 詩로서 표현되는 言語는 그 社會通念의 正確性과 客觀性을 期하는 法律文이나 科學의 記述과는 다르다. 作者의 각한 主觀과 想像的인 情緒가 작용하게 되므로 거기에는 暗示 象徵 비유(比喩) 우의(寓意) 象徵등의 機能을 活用하게 되어, 詩語는 詩句에, 詩句는 詩節에 詩節은 詩全體의 主題的 動機와 聯關性을 가지면서 全體的인 統一性과 有機性을 띠게된다. 그러므로 이러한 詩的 表現構造의 特殊性을 무시하고 어떤 單語나 詩句를 그것만 따로 떼서 部分的直說的으로 해석하려는 것은 詩의 정당한 解釋과 理解를 가져올수없게 한다.

一, 당시「五賊」의 作品的인 主題와 性格은 오늘날의 우리 社會일부 特殊層의 不正腐敗相을 비판 풍자 고발하려는데 있는것으로 보이므로 이에 구사된 言語表現들은 그 詩創作에 必然的으로 요청되는 表現手法上의 필요에따라 자연 과장 풍자 야유 해학 익살 넋두리등을 不可避하게 한것으로 본다. 따라서「五賊」의 얼마간 자극적인 語辭表現은 풍자詩 傳統的, 本來의 表現效果에 執念한 以上의 특별한 다른 意圖가 개재한 증좌로 보기어렵다.

一, 당시「五賊」은 社會正義와 民族的倫理를 바탕으로한 作者의 文學的良心의 발동으로 일부 우심한 特定層의 不正腐敗相을 비판 고발하려는 의도에서 씌어진것으로 본다. 그렇게함으로써 그들의 反省과 국민일반의 警覺心을 높이고 새롭고 깨끗한 道義社會, 不正과 腐敗가 없는 건전한 民主社會를 이룩하기위한 理想의 토대를 제공하려한 創作意識의 산물로 생각된다.

一, 당시「五賊」은 그속에 다루어진 題材的內容이나 主題意識 表現手法으로보아 이 본바 階級主義文學 共産勢力에 同調하거나 그것을선동한것으로 볼 아무런 흔적도 발견할수없다. 不正 부패에대한 일반적인 正義感에서 그것을 신랄하게 批判하려는데 그쳐있고 이른바 無産계급과 資本階級과를 銳角的으로 對立시키고 있지않을뿐아니라 作者가 풍자와 넋두리 익살 해학등에 스스로 열중 도취되어 어떤 階級的 幻想과 情緒的 快感에 滿足하고있는것으로 보인다. 文學的表現자체에 기울어져있어 본바 階級의식이나 공산혁명을 目的意識으로 한 아무런 흔적도 찾아볼수없다.

一, 당시「五賊」은 이상에 본바와같이 그主題의 設定이나 表現手法으로보아 公共福利나 秩序維持에 害를 끼치거나 國民의 基本的自由와 權利의 限界를 逸脫한것으로 볼수없다.

民主國家, 民族의 장래를 크게 위태롭게할 조건이되는 오늘의 社會一部 特定層의 不正부패상에대해서 깊은 개탄과 憂慮를 갖고 이에대한 文學的良心과 責任을느끼는 사람이라면 이詩의 內容과 表現은 너무도 當然한것으로 본다.

一, 당시「五賊」과같은정도의 作品을容共的인作品이라고규제하게 된다면 우리의 憲法에 보장된 言論과創作발표의 [illegible] 크게 [illegible] 國民의創造的士氣를 위축 시키는 중대한 결과를 낳게 된다고 본다.

자유로운 언론창작의 基本權利가 보장 창달되는것이야말로 우리의 自由民主主義 體制가 저들 共産獨裁體制를 압도하고 그들을 붕괴시킬수있는 가장 강력한 힘이되는것은 말할것도없는 일인것이다. 言論 創作에대한 不當한 간섭과 制約은 批判없는 追從과 盲從 形式的인 찬양과 他律的인 거짓同調를 不可避하게 할것이며 이는 바로獨裁專制體制의 그것과 조금도 다를바없는것으로 우리의 自由民主體制를 근본적으로 威脅 弱化 시키는 可恐할 결과를 초래할것으로 안다.

一, 당시「五賊」과같은作品이 설사 反國家 團體에 의해서 宣傳의 구실로 逆利用당했다고하더라도 이것은 作者가 責任질 성질의것이 아니며 그限界밖의 일로 생각된다. 그作品 自體가 容共的 反國家的인것이아닌 以上 그것을 逆利用 惡用하는것은 오늘날의 進步된 通信手段과 저들의手法의 악랄성에 비추어 作者가 이것을 미리 막거나 避할수있는 실질적인 方法과手段이 없기때문이다.

一, 당시「五賊」은 그作品에 表現된내용을 면밀히檢討해볼때 反國家團體를 이롭게한다는 目的意識또는 그러한豫見을 가지고 쓴것으로 볼수없다. 이詩는不正腐敗에대한 극히一般的인 正義感과不義와非理를 미워하는 作家的良心에서 쓴것이므로 文學本來의使命과 責任에 충실한 결과로 오히려 우리의 民主批判的力量의 潛在力을 과시한 좋은 表徵이 된다고 생각한다. 〈詩人・梨大교수〉

人物スパイ、告白の記

私は北傀を告発する

19

姜 大 振

対象家屋さがして成功

行方不明の工作員救助へ

第三回の南派

謹慎して四ヵ月が過ぎた。十月二十八日昼、家にこもっている私にけたたましく電話のベルが鳴った。出てみると「あす午前十一時五十分、海州発の汽車に乗って連絡局に出頭せよ」ということであった。

連絡局に出頭すると部指導員は変わって、張という指導員になっていた。張は"番号呼び"しか名の分からぬ四人の新顔を私に紹介し五人組を編成した。張はきびしい口調で「先生たちにこのほど重大なる任務が与えられた。それは約二ヵ月前に高麗都に浸透して実弟を帯同越北する任務を果すため南派された二人組工作員が約束時間に接線場所に帰ってこなかったのを救助に行く役目である。多分、二人はどこかにかくれて助けにくるのを待っていると考える。詳細に南の新聞や放送を調べたが二人が逮捕されたという情報も自首したという報道もない」というのだった。

南へ行って与えられた任務を遂行するだけでも大へんなのに、見えなくなった工作員をさがす役目……。こんな危険なことをするのはもう"工作員"ではなく、われわれは"決死隊"だ。命を捧げる覚悟がなければできるものではない——と考えている私と眼を見合わせた他の四人の表情も私と同じことを考えているようだった。

しかし、私に選択の道はなかった。それは絶対命令なのである。出発をひかえて、われわれ五人は韓国軍の防諜員に偽装した。南の軍服を着たまではよかったがソ連製の機関銃を持たされたことはちょっと矛盾だ。そのほかに、私は拳銃、短刀、手りゅう弾、乱数表などを持って待機していた。

十一月八日午後三時、張指導員は待機所にあらわれ、翌日の早朝に出発するよう命令し、われわれにこまかい注意を与えた。

「救出する相手は崔クンジュというが、疑らしい男を見つけたら黙ってこのカミソリを示せ。これは彼が使っていたカミソリだからすぐ分かるはずだ。また北から派遣された者だということを確認させるため"ファンウ"という暗号を使え。そうすれば彼も疑わないはずだ」

それから、われわれ決死隊五名はいよいよ出発、工作船に乗込みまたも中共の山東省へ向かった。十一月の潮風はすでに肌に冷たかった。

十一日の夜明け前のこと"五番"の工作員が急に「助けてくれ！エー」と叫びながらあばれ回り、寝ていたわれわれの眼をさまさせた。みると"五番"は寝ぼけ顔である。

「どうしたのか」と私が聞いてみると"五番"は、南の軍人に銃撃された夢をみたと答え「もう少しで殺されるところだった……」とまだ恐ろしそうにブルブルとふるえているのだった。私は"五番"のような憶病な男を連れて行くことはかえって危険を招来すると判断してこの男を船において行くことにした。

夜にはいって十一時半、船は全羅南道の高敞郡サンハ面サリョン里の沖合いに到着、私たち四人は用意してきた地図を頼りに目的地のトウアン里に向かった。二人の工作員はそれぞれ別個に途中で待機させ、私と"三番"がトウアン里入りしたが、われわれは夜なかに出合った農夫を逆尋問したりして南の防諜員になりすましていた。訪ねた地域には二軒しか家がなかった。感で大きい方の家を"対象家屋"とみて、私は「旦那さんはおいでですか」といいながらはいって行った。

「どなたですか」といって出てきたのは六十歳を越えた老婆だった。そこで私が「私は郡庁からきましたがトゥアン里自治会長の崔キョンジュ（崔クンジュの弟）さんに用事がありまして……」というと、老婆は「あいにくと留守なのですが……」といった。

これで、この家が崔キョンジュの家とわかったので、私は「実は私は北からきたもので金日成首領さまのご命令で英雄崔クンジュをお連れしにきた……。お引合わせ下さい」といった。しかし老婆は信用せず「崔クンジュは六・二五で死んでしまいました」といってきかない。

「いや、二ヵ月前に"井"紋入りの紺色の背広に空色のワイシャツ赤いハン点のある灰色のネクタイをしめた男がきたはず、その男は栗色の雨方シャツも持参したはずです」と、崔の出発したときの服[illegible]にやしく述べると、やっと[illegible]こうとするので「ちょっと、このカミソリをみせてやって下さい」それから"ファンウ"と伝えて下さい」と大急ぎで頼んだ。（"三番"工作員はこのとき縁の下にかくれて警戒していた——）

彼女は崔クンジュの母親で十分ほど待つと誰かがドアをあけた。と思った瞬間「手を上げろ」と私はピストルを鼻先に突きつけられた。「おまえの正体は何か？ 正直に言わぬと命がないぞ」「ワタシだ。オレダ。ボクだよ。中央党連絡局の姜大振だ」

するとはじめて崔クンジュは安どの色をみせて「あー—ホントか。兄さん、これは有難うございます」といった。ホッとしたのは私も同様だった。

それから三十分ぐらいで私たちはすべての話を終え、崔といっしょに潜伏していた黄という男も連れて、工作船の待っている方向に向かった。それはもう夜なかの一時だった。

ゴムボートで、韓国漁船を装ってわれわれを待っている母船に乗ったときはもう午前三時をまわっていた。急がないと夜があける……。工作船が出帆して中共の山東省へ向かうと私は気分が爽快で、何回となく大きな深呼吸をした。機関長に「もっと速力を出して早く到着するように」と催促した。

翌日の朝六時、船は南浦港に着いた。われわれは成功したのだ。私は胸の底から喜悦がつき上げてくると思いにひたっていた。私はこの第三回の南派工作では成果を激賞された。大歓迎をくり広げたのち、われわれに宴会を催してくれ、そして二週間の"ほうび休暇"をくれた。（つづく）

麗わしき山河、観光韓国

韓国は風光明眉で名勝古跡が全国随所に散在し、東洋的・古典的趣味、あるいは欧米的・現代的感覚にマッチするあらゆる観光施設が完備されている。住民もまた素朴親切であるため、観光客にとっては地上の楽園でもある。

新しい高層ビルがぞくぞく建てられスカイラインが毎日変る近代都市ソウルには徳寿宮、景福宮、昌徳宮、秘苑など、昔の王宮がそのまま残っている。

——自然美の極致をなし、思わずワンダフルを叫ぶ東海岸のソラク（雪岳）山。

——仏教文化が隆盛を極めた新羅の古都慶州一円の史跡。

——多島海とも呼ばれている南海岸一帯の秀麗さ。

——済州島では目の前で海女がとりたててくれるあわびの新鮮な味など、日本からすぐそこにすばらしい観光地が待っている。

日本の飛鳥文化に影響を与えた百済の面影を扶余地方でさぐるのも意義あること。

韓国情緒豊かな工芸品や織物、ひすいのアクセサリーなど、お土産品の買物は勿論、韓国料理の味覚とともに、夜のソウルもまた旅情をそそる魅惑で一杯いである。

写真（上）雪岳（ソラク）山＝韓国東海岸を南北に走る太白山脈中の雪岳山には千仏洞渓谷、万丈瀑など、胸に迫る絶景が数限りなく多い共、仏道と文武修業の霊山と言われた雪岳山に、今は観光道路、ホテル等が完備され、探勝客があとを絶たない。特に秋には全山紅葉をなしてまさに仙境である。

（中）（慶会楼）ソウルの景福宮内にある。李朝時代には歴代王の宴会場であったが、現在でも国家的なレセプションの場所としてよく使われる。

（下）（光化門）李太祖が創建した景福宮の正門であった。韓国の古典建築美を代表する。戦乱に焼かれたり、または位置を移されたりしたが、一九六八年、コンクリート造りでもとの位置に復元された。

民族怨恨、47周年 ③

史実にみる関東大震虐殺事件

東京警備司令部は、地震がおこるとすぐに活動をはじめ、一日夜には近衛・第一両師団の全部隊を東京によびよせた。戒厳令がくだると陸軍では、習志野から来ていた二千数騎の騎兵に東京全市をかけめぐらせて、軍隊の到着を知らせた。騎兵の駐蹄のひびきは、恐怖と不安にみちた人びとに活気をよみがえらせた。男も女も老人も子供も、これをよろこび迎えた。大正デモクラシーのなかで軍閥と非難され、無用の長物として軍縮を要求されていた軍隊は、震災によって絶好の活動舞台を与えられ国民のあいだに権威と親近感をうちたてるチャンスをつかんだのである。

陸軍は二日から三日にかけて東京地区への配備をおわり、孤立していた横浜地区にも、三日から四日のあいだに海陸両路から警備隊が到着した。三日に宇都宮の第十四師団が来援したのをはじめ、地方師団からの派遣部隊もぞくぞくと到着した。三日には、戒厳令の施行区域が東京府と神奈川県に拡大されるとともに関東戒厳司令部が新設され、山本内閣の陸相の下馬評にものぼった福田雅太郎大将が関東戒厳司令官に任命され、阿部信行参謀本部総務部長をはじめ中央部の軍人が幕僚となった。四日には埼玉・千葉両県も戒厳地区にふくめられた。十日までに出動した総兵力は、歩兵五十七大隊、騎兵三十中隊、砲兵三十四中隊、工兵四十七中隊、鉄道二十四中隊、電信一三中隊、それに内地全師団の衛生機関など、兵員約五万に達した。

朝鮮人暴動の流言がひろがると各地では青年団・在郷軍人会・消防組などを中心に自警団がつくられ、女子供をまとめて避難させるとともに、朝鮮人をかりたてては迫害を加えた。戒厳令による軍隊の出動は、ただでさえ気のすさんだ罹災地付近の人びとのあいだにいっそう血なまぐさい殺気をもちこんだ。刀や竹槍・棍棒・鳶口・鋸などで武装した自警団は、要所要所に検問所をつくって通行人を訊問した。顔つきが朝鮮人らしいとか、言葉が不明瞭だとかであやしいとなると、半死半生の目にあわせて警察につきだしたり、残虐な方法で殺害したりした。演劇すきの学生伊藤圀夫も、二日の晩、千駄ヶ谷の自宅付近を警戒中、朝鮮人とまちがえられてこづかれたが、顔見知りの酒屋の若い衆が来合わせたのであやうく助かった。センダガヤのコレヤン（朝鮮人）これが千田是也の芸名の由来である。

戒厳令で出動した軍隊も、とくに江東方面においては朝鮮人を「敵」として追い立て、殺害した。当時中学生だった清水幾太郎は本所で焼け出され、千葉県市川国府台の兵舎に避難していたが、夜おきてみると大勢の兵隊が銃剣の血を洗い、得意気に朝鮮人を殺してきたというのに腰が抜けるほどおどろいたと回想している。

軍隊と自警団　多数の朝鮮人が検束され虐殺された亀戸町では、日本人の労働運動家や自警団員も軍隊の手で殺された。三日の夜には、南葛労働会の本部となっている川合義虎の家から、川合と、ちょうど居合わせた労働者の山岸実司・鈴木直一・近藤広造・加藤高寿・北島吉蔵が検束されたのをはじめ、同会の吉村光治・佐藤欣治それに純労働者組合の平沢計七が亀戸署に引き立てられた。その夜から翌日にかけて亀戸署では多数の朝鮮人が殺されたが、かれらもやはり拘留されていた自警団員らとともに引き出されて、斬り殺された。いわゆる亀戸事件である。

亀戸署では家族にたいしては、もう放免したとごまかして、この事件を隠しつづけた。

三日になると、警察当局には、朝鮮人が集団をなして来襲したというのはまったくのデマで、個々の暴行もおおむね疑わしいことが判明した。そのうえ自警団の行動が過激に走って交通の自由が失われ、各地に混乱がおこるとともに警官・軍人にたいしても暴行事件がおこった。自警団を取り締まる必要がうまれたのである。警視庁では、「昨日来一部不逞鮮人の妄動ありたるも今や厳重なる警戒に依ってその跡を絶った」として、「朝鮮人の大部分は順良な者であるからみだらに迫害するな」と命令し、それとともに自警団が武器を携帯することを禁止した。

しかしこの布告は、朝鮮人一部の妄動を認めた不徹底なものだったから、流言を信じこんだ民衆の動揺を鎮めることはできなかった。その後も朝鮮人にたいする迫害はつづいた。政府がこうした不徹底な態度をとったのは、民衆の憎悪をなおも朝鮮人にむけておいたままで、秩序を建て直そうとしたためであろう。（おわり）

（1965年7月27日第3種郵便物認可）

在日本大韓民国居留民団
綱領
1. 우리는 大韓民国의 国是를 遵守한다
1. 우리는 在留同胞의 権益擁護를 期한다
1. 우리는 在留同胞의 民生安定을 期한다
1. 우리는 在留同胞의 文化向上을 期한다
1. 우리는 世界平和와 国際親善을 期한다

THE PRESS MINDAN TOKYO
THE KOREAN RESIDENTS UNION. IN JAPAN. TOKYO OFFICE
「韓僑通信」改題
在日本大韓民国居留民団
東京本部発行週刊紙

民団東京
THE PRESS MINDAN TOKYO

10月14日 水曜
<1970>
週刊・毎水曜日発行
第2422号

発行所
民団東京新聞社
発行人 鄭 在 俊
東京都文京区本郷3丁目32番7号
電話 (811) 1535 (代表)
〒133 振替口座 東京 16631番
(大韓民国文化公報部国内頒布許可)
(購読料 1カ月100円・特別1000円)

永住権取得者と否との差異点

保障される法的権利
強制退去条件著しい差異

在日韓国人が、日本において永住権を取得した場合とそれをしなかった場合とは、どのような違いがあるのか？ そして永住権取得者の利点はなにか？

居留民団の永住権申請の促進運動に対して朝総連は、終始一貫これを妨害しているが、法知識に乏しい同胞たちが彼ら朝総連の宣伝に惑わぬようここに「永住権を取得した場合と否との相違点」を解説してみることにする。

永住権の保障

協定永住権を取得することによって日本に永住することが権利として法的に保障される。

いうまでもなく日本は法治国家でありすべての住民（日本国民・外国人）が、日本国法律の影響下にある。[illegible]

さきにものべたとおりこの日本は法治国家でありわれわれは日本国家の作る法律に従わねばならない。都合がわるいから帰ってくれといわれれば出ていかなければならない立場にあった。その都合とは日本政府の意思によってどんな法律でも作れる都合である。[illegible]

つぎに国際人権宣言でいう「居住の自由」にしても国家権力を超越する絶対的なものではないから、どんな不都合なことをしても退去を強制されないというのではない。

現在、日本に在留する外国人に対する強制退去については、出入国管理令（昭和二七・四・二八以後法律としての効力をもつ）第二四条〈別項〉に規定されているとおり冷厳苛酷なものである。

ライ患者、精神病者はいうに及ばず貧困者、放浪者、身体障害者など少しでも日本国に迷惑になるものは強制退去の対象になる。しかもこれらの裁量の限界があいまいでそれこそ枕を高くして眠れるものではない。

しからば永住権取得者の強制退去はどうかというと、これも「法的地位協定」第三条〈別項〉に規定されているがほとんどの場合退去を強制されることがない。つづく

[illegible]

入管法の退去強制

入管法における退去強制条項

第二四条 左の各号の一に該当する外国人については、第五章に規定する手続により、本邦からの退去を強制することができる。

一、第三条の規定に違反して本邦に入った者

二、第九条第五項に規定に違反して本邦に上陸した者

三、前二号に該当する者を除く外、寄港地上陸の許可、観光のための通過上陸の許可、転船上陸の許可又は水難による上陸の許可を受けないで本邦に上陸した者

四、本邦に在留する外国人（仮上陸の許可、寄港地上陸の許可、観光のための通過上陸の許可、転船上陸の許可又は水難による上陸の許可を受けた者を除く。）で左に掲げる者の一に該当するもの

イ 旅券に記載された在留資格の変更を受けないで当該在留資格以外の在留資格に属する者の行うべき活動をもっぱら行っていると明らかに認められる者

ロ 旅券に記載された在留期間を経過して本邦に残留する者

ハ らい予防法の適用を受けているらい患者

ニ 精神衛生法に定める精神障害者で同法に定める精神病院又は指定病院に収容されている者

ホ 貧困者、放浪者、身体障害者等で生活上国又は地方公共団体の負担になっているもの

ヘ 外国人登録に関する法令の規定に違反して禁固以上の刑に処せられた者。但し、執行猶予の言渡を受けた者を除く。

ト 少年法（昭和二十三年法律第百六十八号）に規定する少年でこの政令施行後に長期三年をこえる懲役又は禁固に処せられたもの

チ この政令施行後に麻薬取締法、大麻取締法、あへん法又は刑法（明治四十年法律第四十五号）第十四章の規定に違反して有罪の判決を受けた者

リ へからチまでに規定する者を除く外、この政令施行後に無期又は一年をこえる懲役若しくは禁固に処せられた者。但し、執行猶予の言渡を受けた者を除く。

ヌ 売いん又はそのあっ旋、勧誘、その場所の提供その他売いんに直接に関係がある業務に従事する者

ル 他の外国人が不法に本邦に入り、又は上陸することをあおり、そそのかし、又は助けた者

ヲ 日本国憲法又はその下に成立した政府を暴力で破壊することを企て、若しくは主張し、又はこれを企て若しくは主張する政党その他の団体を結成し、若しくはこれに加入している者

ワ 左に掲げる政党その他の団体を結成し、若しくはこれに加入し、又はこれと密接な関係を有する者

① 公務員であるという理由に因り公務員に暴行を加え、又は公務員を殺傷することを勧奨する政党その他の団体

② 公共の施設を不法に損傷し、又は破壊することを勧奨する政党その他の団体

③ 工場事業場における安全保持の施設の正常な維持又は運行を停廃し、又は妨げるような争議行為を勧奨する政党その他の団体

カ オ又はワに規定する政党その他の団体の目的を達するため印刷物、映画その他の文書図画を作成し、頒布し又は展示した者

ヨ イからカまでに掲げる者を除く外、法務大臣が日本国の利益又は公安を害する行為を行ったと認定する者

五、仮上陸の許可を受けた者で、第十三条第三項の規定に基き付された条件に違反して、逃亡し、又は正当な理由がなくて呼出に応じないもの

六、寄港地上陸の許可、観光のための通過上陸の許可、転船上陸の許可、緊急上陸の許可又は水難による上陸の許可を受けた者で、当該許可書に記載された期間を経過して本邦に残留するもの

七、第二十二条の二第三項において準用する第二十条第四項の規定による在留資格及び在留期間の記載を受けず、又は第二十二条の二第四項において準用する第二十二条第三項の規定による永住許可の証印を受けないで、第二十二条の二第一項に規定する期間を経過して本邦に残留する者

永住権者の退去強制

法的地位協定第三条

第一条の規定に従い日本国で永住することを許可されている大韓民国国民は、この協定の効力発生の日以後の行為により次のいずれかに該当することとなった場合を除くほか、日本国からの退去を強制されない。

a 日本国において内乱に関する罪又は外患に関する罪により禁固以上の刑に処せられた者（執行猶予の言渡しを受けた者及び内乱に附和随行したことにより刑に処せられた者を除く。）

b 日本国において国交に関する罪により禁固以上の刑に処せられた者及び外国の元首、外交使節又はその公館に対する犯罪行為により禁固刑に処せられ、日本国の外交上の重大な利益を害した者

c 営利の目的をもって麻薬類の取締りに関する日本国の法令に違反して無期又は三年以上の懲役又は禁固に処せられた者（執行猶予の言渡しを受けた者を除く。）及び麻薬類の取締りに関する日本国の法令に違反して三回（ただし、この協定の効力発生の日の前の行為により三回以上刑に処せられた者については二回）以上刑に処せられた者

d 日本国の法令に違反して無期又は七年をこえる懲役又は禁固に処せられた者

駐南ベ韓国軍司令部創設五周年

朴正熙大統領は二十五日、駐南ベトナム韓国軍司令部創設五周年を迎え“駐越韓国軍は南ベトナムに真の平和を回復させる聖なる目的達成のため、いささかも動揺することなくいっそう奮発してさる五年間に成就した不滅の勝利の塔を固く守り、平定と建設の［illegible］をさらに発展させてほしい”とのメッセージを駐南ベトナム韓国軍将兵に送った。

朴大統領は同メッセージを通じ「私は将兵皆さんが平和と大義を宣揚し、赫々とした功績をたてて祖国の伝統を一層輝やかしいものにしたことにたいし最大の賛辞を送る」と述べた。

駐南ベ韓国軍の戦闘手当て変わらず

米国上下両院協議会は二十四日米政府支払いによる駐南ベトナム連合軍の戦闘手当てが米軍の手当てより上回らないように制限した、いわゆる“フルブライト修正案”に対し、「米政府がこんご締結する協定に限り適用する」という但し書きを付けることを議決したがこれによって駐南ベトナム韓国軍が現在受けている戦闘手当てには何の変更もないことが明らかになった。

なお、同上下両院協議会の最終決定を発表したステニス米上院軍事委員長は、四万八千名の駐南ベトナム韓国軍への戦闘手当てにたいしては、韓・米政府間にすでに協定が結ばれているため、フルブライト修正案は適用されない、と言明した。

会長を留任
新聞協会定期総会

韓国新聞協会は十三日、定例総会を開き、会長に張大和ソウル新聞社長、副会長に方又栄朝鮮日報社長、金山中央日報社長をそれぞれ留任を決め、空席中のもう一人の副会長に洪承基中央日報社長を選出した。

△理事＝［illegible］

選挙戦略にするな
政府・与党統韓論議で方針

[illegible]

アジア開発と日本の役割
マックター・ルビス

アジア・ジャーナリスト・シンポジウムが去る十月［illegible］日の両日、日本文化協会主催により［illegible］で開かれたが、この文は同シンポジウムに出席したインドネシア言論人の「アジア開発と日本の役割」という論文である。筆者は［illegible］

[illegible]

日本と他のアジア諸国との格差

[illegible]

日本経済とアジア諸国の資源

[illegible]

内共、北韓、北ベトナムの参加も…

[illegible]

東南アジアで日本のなすべき任務

[illegible]

（SISA）

国際時評

経済協力組織で援助を
東南ア諸国は過去の概念捨てて――

アジア各国の経済は相互競争で…

[illegible]

永住権取得を妨害する、反民族的な朝総連勢力を徹底的に紛砕せよ！

全在日同胞に訴える

永住権申請に関して、朝総連は終始一貫これを妨害し、あらゆる虚偽の宣伝をしているが、いうまでもなく、これは根も葉もないことをもって在日同胞の権益を意識的に破壊する、共産徒党の反民族的な常套手段に過ぎない。

われわれはここに、かれらのそのような欺瞞的な、反民族性を徹底に暴露、糾弾しつつ、全在日同胞が一日も早くわれわれの権利である永住権を取得するよう、強く訴えるものである。

一 永住権は韓日両国間で協定されたわれわれの特権である

永住権は韓日両国が、過去の歴史を清算する時点において、在日韓国人に対する特別措置として講じたもので、われわれの権利として附与されるものである。

二 永住権を取得することによって、日本での生活が安定できる

日本が主権を回復した一九五二年四月二十八日から施行した法律第一二六号は、われわれの在留資格が確定される時までの暫定的な措置であって、決して決定的なものではない。したがって、これだけで永住することはできない。

韓日間の協定による法的地位（永住権）が確定されている今日において、法律第一二六号だけでは外国人を管理する出入国管理令等に対抗することも不可能であり、永住権を取得しないかぎり居住の安定はあり得ない。

三 永住権なしに永住できるというのは、まさに気違いじみた発想である

独立国家の国民が、外国で外国人として永住しようとするとき、その国における永住権を持たずに、どのような方法で永住できるというのか？ かりに、自分の民族にそむいて日本に帰化でもするというのであれば別だが、そうではなく、任意によって永住できるというのはまさに気違いじみた発想である。

永住権のない人は日本政府の自由裁量の範囲内で、日本政府の意思通りに居住の制限を受けることとなり、事情によっては強制退去の対象者ともなる。

四 朝総連は虚偽と脅迫と恐喝、そして破廉恥な反民族的集団である

なぜならば、朝総連は在日同胞が永住権を取得したばあい、当事者が生活の安定を得ると同時に、必然的に朝総連から離れていくことになり、その結果、朝総連は組織の維持が不可能になるため、かれは必死になって手段と方法を選ばず、虚偽の宣伝あるいは脅迫と恐喝等の手法をもって、同胞たちを苦境に追いこんでいる。

ここに、その幾つかの実例をあげよう。

① 永住権を取得したばあい、これとは何等の関係もない“軍隊にとられるぞ”という虚偽宣伝をしていること。

② 永住権を取得すれば、韓国政府に財産を収奪されるとの虚偽宣伝をしていること。

③ 北送された者の家族が永住権を取得すれば、北韓に居る者が僻地に追放される、との脅迫宣伝をしていること。

④ 永住権がなくても、永住することができる、という気違いじみた宣伝をしていること。

⑤ 永住権を取得すれば、日本帝国主義の奴隷になる、と韓日間の離間策を弄していること。

以上のように、破廉恥な宣伝と工作をもって、在日同胞の権益とは全く相反する反民族的な行為を常套手段とし、ひたすら金日成カイライの手先をつとめることに汲々しているのが朝総連である。

このほか、朝総連が過去に犯した罪悪につき、次のような幾つかの例をみてもその本性を如実にあらわしている。

① 外国人登録闘争のときに、朝総連の幹部たちがとった態度と無責任な指令。

② 帰国運動と称して、生地獄の北韓に数多くの同胞を誘引したこと。

③ 愛国団体である民団を、暴力をもって破壊しようとしたこと。

④ かれらが実施している教育が、反民族的な共産主義の注入に一貫していること。

⑤ 永住権申請を、はじめから積極的に妨害してきたこと等々。

このように、どんな角度からみても朝総連は民族の自由と民主の敵であり、民族の権利さえも共産主義のためには廃履の如く踏みにじる集団である。

いいかえれば、朝総連はどこまでも共産主義にのみ忠実であり、その所得にのみ熱をあげている反民族的徒輩らの集団である。

すでに 朝総連の勢力を粉砕する砲門は開かれた！

朝総連のこれまでの罪悪もさることながら、特に在日同胞の生活を法的に安定させ保障する永住権の取得を、大義名分ももたない虚偽の宣伝と脅迫、恐喝等をもって妨害し、在日同胞を害しているかれら朝総連の徒輩たちが掃蕩される日は間近であり、同時にかれらが近い将来に民族の審判台でその罪悪史の審判を受けるだろうことも、かれら自身が誰よりもよく知っているはずである。

おわりに、われわれは以上のような朝総連の狂態にてらし、愛国的な民族的良心によりなおいっそう積極的に朝総連傘下で苦しんでいる数多くの善良な同胞たちを救出するためかれらの永住権取得に最大の努力をするであろう！

東南ア和平に誠実で建設的

崔外務談話 ニクソン五項目提案歓迎

崔外務長官

—韓国政府は八日、ニクソン米大統領のインドネシア和平にかんする五項目の新提案を"誠実で建設的なものだ"として歓迎、東南アジアの平和を回復するために共産側がこれを受諾するよう呼びかけた。

崔圭夏外務長官はこの日、ニクソン大統領のテレビ放送演説があってから一時間たたぬうち公式談話を発表、「韓国政府は、ベトナムおよびインドネシアにかんするニクソン大統領の提案がベトナム戦争の早期終結とインドシナ問題の終局的な解決をもたらせ得る誠実で建設的なものだと考える」と語り、さらに「わが政府はニクソン大統領のこのようなイニシアチブを歓迎する。われわれはハノイ政権とその追従者たちがインドシナを武力で共産化しようとする妄想を捨てて、東南アジアに恒久的な真の平和を樹立するためにこの提案を受諾するよう望む」と述べた。

なお、ニクソンの五項目提案の内容は①インドシナ全域にわたり現状のまま停戦する②インドシナ和平のための国際会議を開催する③米軍の全面撤退にかんするスケジュールを交渉によって決める④南ベトナムの政治諸勢力の現状を反映する公正な政治的解決を図る⑤双方の捕虜を全員、即時、無条件で釈放する——というものである。

今月中に結論 韓米高位軍事会談

国会国防委は五日午前、国防部にたいする国政監査で、丁来赫国防長官と沈興善合参議長から国軍近代化計画に伴う韓・米高位軍事会談の進捗状況およびこんごの見通しにかんする報告をきいた。

沈議長はこの日の証言で「さる二カ月間にわたってソウルで開かれている韓・米高位軍事会談では国軍近代化にかんする細部問題が重点的に討議されてきたが、今月中に結論が出されるだろう」と明らかにし、さらに「韓米間で政治会談はすでになされているので、別の政治会談は必要でない。なお現在の軍事会談で国軍近代化のための品目にはすでに最終合意が終わっており、数量決定のための最終会談だけが残されている。これらの軍事会談が終わり次第、丁国防長官とマイケリス米八軍司令官は合意結果を確認、年内は米国議会を通過することになるだろう」と述べた。

米軍削減後の対韓軍援計画提出

ワシントン・ポスト紙が四日報道したところによると、米国防総省は駐韓米軍二万名の削減に伴う韓国軍の近代化に関する軍援計画をニクソン大統領に提出したという。これによると米政府はこんご三〜四年の間に十五億ドルの特別軍援を韓国に提供する計画である。

国防総省官吏たちは、対韓特別軍援十五億ドルは米国の新しい対外軍援計画の半分以上にのぼるものだと指摘した上、韓国軍は駐韓米軍の削減によって節約される経費で近代化達成が可能だろうと見ている。

同官吏の計算によると、米軍一名の退役につき年間一万ドルが節約されるから、駐韓米軍二万名を削減する場合、米国内支援部隊も同数だけを減らすことになり、年間四億ドルの経費が節約されるという。

党風刷新運動 共和、総選挙に備え

共和党は来年の選挙に備え、国民により斬（ざん）新なイメージを与えようと"党風刷新運動"を展開する方針で、同刷新運動の方向を"清潔な政治の具現"に置き①党員の放慢な態度払拭（しょく）と特権意識の排除 ②節度ある生活 ③対国民奉仕姿勢の確立などを基本原則として打出した。

なお、この刷新運動は十二月初旬ごろに予想される選挙出馬長官の更迭に伴う改閣と時を同じくして本格的に始められる見通しである。

共和党はこのような刷新運動に先立ち、競合の激しい地区、ぜい弱性のある場所、問題点の多い地区党に重点を置いて組織再点検を実施し、公認を前に控えた地区党整備作業を終える予定である。

人口比例の民主選挙

統韓覚書を国連会員国に配布

政府は今年度の国連総会では国連創設二十五周年記念期間の終了後の十月二十六日に上程される韓国問題（南北韓招請問題）に対備来週中に国連事務総長を通じて"統韓覚書"を会員国に配布する予定である。

政府筋によると、同覚書は朴正熙大統領が明らかにした統一構想にかんする八・一五宣言を詳しく説明し、国連監視下で人口比例による民主選挙という国連の統韓方式を再確認したものだという。

覚書はまた、国連軍とUNCURK（国連韓国統一復興委員団）は韓半島で国連の統韓目的が具現され、恒久的な平和と安全が確保されるまで、継続して常駐すべき性質のものであると強調した。

野党史上初の40歳代

新民党大統領候補に金大中氏

〈一部既報〉新民党の金大中氏（四六）は二十九日ソウル市民会館で開かれた大統領候補指名大会で二回にわたる投票の末、柳珍山党首が押した金泳三氏に劇的な逆転勝ちをおさめ、来年の大統領選挙出馬の新民党大統領候補に指名された。

この日金泳三氏は第一次投票で総投票数八百八十五票のうち四百二十一票を獲得、三百八十二票を得た金大中氏より優勢だったが過半数の四百四十三票に達しなかったため第二次投票にはいった（無効は八十二票）。第二次投票では金大中氏が総投票数八百八十四票のうち四百五十八票を得たが、これは半数の四百四十三票より十五票多く、金泳三氏の四百十票を四十八票の差でおさえて候補に指名された。第一次投票では柳党首の支援を得られなかった李哲承氏が同氏の競合にたいする態度表明を保留したため、八十二票の無効表を出したが、第二次投票では李氏系の票が金大中氏に集中したことにより金大中氏が候補と決定した。これで新民党はきたる七一年選挙で、野党史上初めて四十歳代大統領候補を出して共和党候補と対決することになった。

なお、柳党首を含む主流側が支援した金泳三氏の敗北により柳党首の指導体制は深刻な挑戦に直面した。

柳党首はこの日あいさつを通じ「来年の選挙は政権交替の次元を越えて民族と韓半島の運命をかけた祭典だ」と規定し、団結した党の姿を誇示するため党員が推戴した人を圧倒的な多数で指名してくれるようにと金泳三氏にたいする支持を求め訴えていた。（なお、柳党首はさきに表明していた候補出馬意向を撤回した。）

この日の大会は平和的政権交替を強調する決議文と当面政策を採択したが、国土統一政策では①非政治的分野にたいする南北間の同一化を促進し、特に国文、科学用語などの同一化を優先して推進する②南北間の自由な放送聴取を認めることを提議・実践する……という内容が新しく採択された。また国防政策としては毎年五万名規模の兵力を三カ年間にわたって年次に減縮することを打出した。

大会は午後五時、金大中氏の大統領候補指名受諾演説があった後閉幕したが、金氏は同演説で「われわれはいま三つの勝利をおさめた。第一の勝利は立派に指名大会を終らせたことであり、第二の勝利は大きな混乱があるだろうという党内外の憂慮が一つの危惧に過ぎなかったということを証明、そして第三の勝利は最もすばらしい善意の競争を通じて大会を終えたことにより能力と資質を持った受権政党の真の姿を示したということだ」と語り「七一年の勝利を目指し党の団結と平和的政権交替のため、国民から信任に向かってこぞって邁進しよう」と呼びかけた。

金大中氏略歴 ▽当年四十六歳 ▽木浦出身 ▽高麗大学経営大学院卒業 ▽木浦日報社長 ▽興国海運株式会社社長 ▽民生、民衆、新民党スポークマスン ▽韓国労働問題研究所主幹 ▽民衆党政策審議会議長 ▽五・六・七代国会議員 ▽新民党政務委員（現在）

念仏よりはこちらの方が……
〈時評・金星煥・本国紙から〉

金大中氏の支援を宣明 金泳三氏

新民党の金泳三氏は金大中氏が大統領候補に指名された後、演説を通じ、「私とともにフェアー・プレーをして指名を受けた金大中大統領候補に幸運があるよう心から祈る」と述べ「来年、私は必ず金大中氏を大統領にさせる運動の先鋒に立って支援する」と宣言した。

柳党首の指導体制くずれる

新民党の柳珍山指導体制は、二十九日大統領候補指名大会で主流側が支援した金泳三氏が敗北したことにより党権維持のための安定勢力を喪失した形となり、党権の維持に大きな危機招来となった。

これに伴い、党憲によってきたる十一月中に開催される定期党大会で柳党首ら主流派は、指名大会で譲歩した金大中—李哲承氏ら非主流側の挑戦を受けることになろうが、十九日の候補指名結果は柳党首にたいする、不信任と評価される。

指名大会での第一次投票後金大中氏側は李哲承氏側にたいし「こんどの指名大会で李氏が金大中氏候補を支援してくれればその代わりに定期全党大会で金大中氏側が李氏の党権争奪を支援する」ことを提案、李氏側はこれを受入れた。

本国新聞論調

国連の韓国問題討議

緊張緩和へ積極外交を

今年もまた、国連総会における韓国問題討議は賛否両論が激しく展開したのち結局は表決によって共産側とその同調国提案が否決されることになるだろう。

韓国政府はこの国連総会の討議に備えてすでに作成ずみの統韓覚書を来週はじめに全国連会員国に配布し、韓国統一の基本的立場を再び宣明すると伝えられる。

一方、共産側はさる九月十六日、対国連"備忘録"という宣伝文件を諸国に配布して①国連の韓国問題に関するすべての"非法的"決議を廃棄せよ②米軍をはじめとするすべての外国軍隊を南韓から撤去させよ③UNCURK（国連韓国統一復興委員団）を解体させる措置を取れ④国連総会の韓国問題討議には北韓の代表を無条件参加させよ——など四つの要求条件を打出している。

北韓はこのような主張を打出す過程において、その文中文句で、"米軍は国連の旗じるしを盗用した侵略軍だ"とか"国連は韓国戦争交戦の相手方だ"とかあるいはまた"現在進められている在韓米軍の削減は巧妙な謀略策動だ"とかいうたぐいの激しい扇動的言辞を弄することによって、事実上、国連の権威と権能に対して宣戦布告をしている。

このように、国連の権威権能にケチをつけて悪口雑言を浴びせかけながら引続き国連に挑戦を続ける北韓を、国連としてはかれらの要求どおり無条件で召集することもできまいし、また米軍撤収とUNCURK（国連韓国統一復興委員団）解体案を採択するはずもなかろう。無論決定は表決によるものであるが、それならばなおさらのことである。

この時期にわれわれが指摘しておきたいのは韓国の為政当局が、国連での毎年の流動的投票結果に一喜一憂しながら、共産陣営の策動をただ封鎖することにだけ自慰的満足を覚えるというような消極的態度はもう捨てるべきだということである。韓国はもっと積極的な態度を取るべきで、わが代表団は[illegible]限られた、アフ[illegible]ても効果的な[illegible]統一を望むわが国民の念願を[illegible]んから納得させると同時に国連を彼らとの[illegible]および文化交流拡大の舞台として善用しなければならない。

こうした積極外交をしてゆく上においても、これからの韓国は共産主義諸国を一括して敵性国と見なすような狭い規範は捨て去り、もっと眼をひろげて交流可能な国々にとは大胆に接近を試図する努力を惜しんではならない。これは無論、むずかしい活動ではあるが国際政治の現実はこれを要求しているだけでなく、実際上、ある程度これは可能なことなのである。韓国

とくに留意すべきは共産圏お[illegible]の諸国代表団のすべての代表たちがみんな韓国問題の専門家、あるいは権威者ではないという点で"実情"も何も知らずに彼ら自身、北韓の"平和宣伝"にだまされるということが多分にあるということだ。

周知のように北韓の統一方案は対外的次元では"平和愛好"をかかげて柔軟イメージを呼びおこしながら国際的共感を得る方向で宣伝されている。しかし対内的には"南朝鮮革命"と喝えながら"南朝鮮解放"という党の戦闘的強硬路線を押しすすめているものに他ならない。彼らのいう"革命"はすなわち"暴力"であり、破壊である。北韓は組織的"暴力"すなわち武力によって"南"の侵略を図っているが、それは彼らがのちには必ず"解放"という統一方策は武力の具体的行為、すなわち戦争なのである。

北韓が現在の幻想的な侵略路線を固守するかぎり、不幸なことに韓半島における戦争の危機は去らないのである。いうまでもなく、かれらの"備忘録"では"南朝鮮解放"うんぬんに関してはいっさい言及を避けている。韓国はその国連外交においてこの点を合理的に説明し"事実"を知らしめるべきである。よって韓国は特に一触即発の危機を解消させる努力をし、南北間の緊張を極力緩和させうる側面で活発な活動を展開しなければならない。

× ×

国際時評

大陸ダナと対日問題

金 大 洙

さる三日、日本政府は金山駐韓日本大使を通じて大陸ダナ第七鉱区の問題で韓国に外交交渉を申し入れてきたが、韓国政府はこの問題が政治問題化するのを避けるため外交交渉に応じるといわれる。韓国政府によると「韓国は、日本の日本石油が韓国の設定した大陸ダナ鉱区のうち第五、第七鉱区を日本側大陸ダナだとして探査計画を発表したのとほぼ時を同じくして、米国のウェンデル・フィリップス社と第七鉱区の石油探査および生産協約を結んだ」ということで、ウェンデル・フィリップス同社代表は"韓日両国間で利害の相反している第七鉱区は韓国の主権的開発権の及ぶ地域だ"と述べ、第三国人初の発言として注目を浴びている。

韓国はすでに設定した七つの大陸ダナ鉱区探査・開発の予備措置を全部終了した。

しかし、韓国政府が四つの外国石油会社とこれら鉱区の探査・開発協約を結んだのちに日本側は同大陸ダナ問題に対して幾つかの動きを示している。一つは韓日協力委ならびに日韓協力委員会の中心人物である矢次一夫国策研究会事務局長および堀越禎三日本経団連副会長が東支那海大陸ダナは韓・日・華三国の共同で開発しようとの提案準備をしている、ということであり、もう一つは韓国政府が米フィリップス社間で第七鉱区探査協約を締結したことに対し、日本政府が金山駐韓日本大使を通じて外交交渉を申入れていると いうことである。

だが、これらの日本側の動きには問題点がある。

異議さしはさめぬ日本の立場

韓国政府が七〇年一月一日に公布した海底鉱物資源開発法は水深二百メートルまでの"陸地"の自然延長を沿岸国の大陸ダナにするという国際慣例に立脚して制定したものだった。韓国はこの法に従い、大陸ダナ各鉱区毎に全部外国石油と探査開発協約を結んで開発着手の準備を進めてきたが、日本政府はこれまでに一度も大陸ダナの画定を公式的に行なっていない。このことは日本政府が韓国政府の大陸ダナ開発区域画定に対し異議がなかったからだと解釈できるし、またもし異議があったとしても韓国側の"画定"が国際慣例にならったものであり国際司法裁判所の判例にも合致したものであるために"異議提起"ができなかったのだとみることができる。

そこで日本政府はさる九月二十四日に韓国政府が締結した米フィリップス社間との第七鉱区探査・開発契約にも抗議をする名分が立たないようすである。日本石油社は第三、第五、第七鉱区に対し、韓国のそれと一部"重複"していると主張しながら探査着手を発表したが、これはどこまでも一個の民間会社としての"私見"でしかない。

無論、日本政府は日本石油の主張に内々では同調するだろうが、表立ってはそれを後援する名分がないのではないかと考えられる。

日石主張は政府見解でない

また、日本の大陸ダナ画定が遅れていることも確かで、九月二十七日の毎日新聞は、日本外務省がいまごろになってやっと大陸ダナ境界線の国際規準に対する検討を急いでいると報道している。

一方、韓国鉱区と一部"重複"していると主張している日本石油は米国のカルテックス社との合作会社であるがカルテックスは、韓国の第一鉱区、第五鉱区に対する探査・開発協約を締結、すでに探査を進めているテキサコ社とも合作会社を造っている。

日本石油側の主張はこうした"会社"関係で騒ぐばかりでなく日本石油社のいう"海岸線の等距離線"という主張はすでに昨年二月のハーグ国際司法裁判所で陸地の自然的延長に準ずるという判例で破れている。その上、日本石油社は第三国である米国のカルテックス社と合作会社であるから、その主張を日本政府の見解代弁とみなすことはできない。

国際的概念は水深二百㍍

ところが、日本がいまごろになってあわてて"異議申立て"をしようとしている理由は何なのであろうか。その主なものを次にあげてみよう。

日本側が第一に主張しているのは一九五八年の国際大陸ダナ条約では一国の主権的行事の及ぶ大陸ダナの範囲を水深二百㍍海域とするかそれ以上の水深でも開発可能なところを含む、と規定していることを指摘しながら、十年後には六百㍍の深さまで開発が可能だろうといっていることである。これは日本側が沿岸大陸ダナの限界を広くしようと試図しているとしか考えられない主張である。

というのは、世界の多くの海底地形は一般に水深二百㍍までが緩慢な傾斜をしているのが常であり、二百㍍を越えてから急傾斜してぐんと深くなったからである。そして傾斜が三度から四十五度の急なものに変わる部分を"大陸ダナの端"だと、日本学者の信夫淳平氏も言っている。

従って、大陸ダナの国際的概念は水深二百㍍である。二百㍍を越えても開発可能な部分を含めるということは"大陸ダナ周辺の一部"を意味するものだといえる。もし、日本側のように無制限の水深を主張するのであれば、それは従来のすべての国際慣例を否定した異端的な学説だというよりほかない。

領海帯外の小島と測定基線

次に日本が主張しているのは"公海上の島"に関する問題であるが、日本が大陸ダナの起点としようとしているトリ島、男女島は日本本土からずっと遠く離れた公海上にあり灯台しかないただの"岩"で人の住めない島なのである。

さきにジュネーブ海洋法会議で英国は「領海帯外の小さな島は測定基線としては無視されるべきだ」と主張、「ただそれはそれ自身の適切な領海所有を意味するだけだ」と言っており、米国もこれに同調している。

こうしたことなどから、大陸ダナに対する国際的定義に照らし、日本側の韓国鉱区画定に対する異議申立ては成立しにくいものだといえよう。（SISA）

日本が協議を提議

大陸ダナ管轄権問題で

政府は韓・日間の懸案問題となっている南西海岸の大陸ダナ管轄権問題にたいし、韓・日両国間で協議をしようとする日本側提案を慎重に検討中である。

韓国政府筋によると、金山駐韓日本大使はさる三日、尹錫憲外務次官を訪問し「韓国側が宣布した南西海岸の探査地域第七鉱区と日本側石油開発会社などが日本側の大陸棚と見なして探査発表をした地域とが"重複"しているが、その部分にたいして協議しよう」と提議、「韓国側がこの協議に対する提議を受諾する場合はただちに実務交渉団を韓国に派遣する」と通告してきた。

西南海大陸棚探査開始

政府は二十四日、米国のウェンデル・フィリップス石油会社と西南海大陸棚第七区域（約七万平方キロ）にたいする石油探査および生産の協約を締結した。同協約は李洛善商工部長官とウェンデル・フィリップス社長との間で結ばれたもので、これによると、フィリップス社は八年間の探査期間中、一千万ドル以上を探査費として投資する義務を持ち、協約締結賞与金として五十万ドルを韓国政府に支給することになっている。

第七区域は済州島南端に設定された第五区域および第六区域に連結されており、同七区域で石油が生産されれば、フィリップス社は石油販売開始と同時に生産賞与金百万ドルを、また生産量がもし一日十万バレルに達するようになれば同五百万ドルを支払うことになっている。

韓国側は政府または指名人を通じて二〇%の株式を持ち（フィリップス社の投資額が五百万ドルを越えた時）、石油が生産される場合租鉱料として石油販売価の一二・五%を徴収する。

これで政府が大陸棚宣言をした西南海一帯の三十万平方キロに達する海底の石油探査主体は全部選定されたわけであるが、第七区域は日本側が領有権を主張し出したため紛争を起こしている。

ウェンデル・フィリップス社長は韓国政府との協約を締結した後記者会見をし「韓国政府の主権的権利が及ぶ地域だと確信するので紛争はあり得ないと思う。この地域の大陸棚は韓国領土の自然的延長となっており、これはヘーグの国際司法裁判所の判例などですでに明らかである」と語った。

第六回韓日民間漁業協議会開く

韓・日漁業共同規制区域における漁船事故や被害補償などについて協議する第六回韓・日民間漁業協議会は二十九日ソウルのKALホテルで開幕した。

同会議には韓国側から朴相吉水協中央会長ほか八名の代表が、日本側からは藤田巌大日本水産会長ら五名の代表が出席、両国漁船間の事故原因の分析を行なったのちこんごの事故防止などを協議する。

ナセルの死をいたむ 朴大統領が弔電

朴正熙大統領は二十九日、ナセル・アラブ連合大統領死去に際し深い哀悼の意を表した弔電をサダト大統領代行に送った。

韓・日租税協定批准書を交換

崔圭夏外務長官と金山大使は二十九日午後、さる三月日東京で署名された韓・日租税協定の批准書を交換した。

これにより、同協定は二十九日から発効する。

政治資金の募金を再開 政経懇談会で決議

経済界は政府の緊縮政策と業界の資金難などの理由で二年間政治資金の募金を中断していたが、十月一日からまた募金を再開、中央選挙委員会に寄託することに決めた。

全国経済連合会の金容完会長、大韓商議の朴斗秉会長、貿協の李活会長ら三大経済団体長たちは二十六日懇談会を行ない経済界の政治資金募金活動を活発に繰広げることに合意した。

なお、政治資金の陽性化のため六八年に発足した政経懇談会の李東寧、具滋暻氏ら十九人の財界指導級人士たちは二十五日全経連会議室で常任委員会を開き、六八年第四期分の政治資金二千万ウオン寄託以来、中断となっていた政治資金の募金を財界から行なうことを決議した。

同常任委は政治資金対象を五つのグループに分け、一口五十万ウオンを送達割当て、十一月初めから募金することにしたが、来年の第七代大統領選挙と八代国会議員選挙に関する資金募金計画はつぎの常任委で論議することにした。

政経懇談会は政界と経済界の紐帯強化を目指し、政治と経済の士改善、政治資金の陽性化のため六八年七月に発足した。同懇談会はその間三回にわたり九千五百五十万三千三十ウオンを募金、中央選挙委員会に寄託した。

民団大田支部要員急募

女子事務員 若干名
資格・高卒以上、年齢不問
給与・高給優遇
希望者は履歴書一通を当支部宛郵送または持参して下さい。

大韓民国居留民団大田支部
東京都大田区新蒲田一—一六—七
電話 東京（七三二）七七五一

第51回国体の開会式

僑胞選手団大いに活躍
第51回国体熱戦の幕開じる

たぎり立つ若人が互いに競う"民族の祭典"全国体育大会が六日ソウル運動場で開幕、聖火を高々とかかげて六日間の熱戦の火ぶたを切った。

この韓国全国体育大会はこれで第五十一回目を記録、半世紀の体育年輪を積んで新たにまた別の半世紀に突入したわけである。

六日の開会式には郷土の栄誉を双肩にになった選手たち一万六千名余りが全国十二の市道から代表として参加、また、朴正煕大統領を始め政府要人、外交使節などあまたの来賓が出席したほか三万名余りの観衆が集まって盛大だった。また、在日僑胞選手団百二十余名は入場の先陣を切り満場の拍手をあびた。まず洪鍾哲文教部長官の開会宣言があり、これに続いて大会旗の掲揚、そしてさる二十六日江華摩尼山で採火された聖火が二千五百名の走者によって一千六百㌔を走破して最終走者の林鍾完君によってスタジアム東側の聖火台に点火された。

なお、朴大統領はこの感激にみちた開会を祝って「われわれはこの体育大会を通して団結と協同、規律と秩序という四つの徳目を一貫して尊重し、徹底的にこれを履行しよう。そしてこの大会の大会なる意義を生かそうではないか」と述べた。

さる六日からソウル運動場で開かれていた第五十一回全国体育大会は十一日午後六時四十分閉幕した。大会では全国十二の市・道から二万六千三百三十九名の選手が集まって二十八種目にわたる力と技を競い、慶尚北道はソウルの最後の追撃を押しのけて総三三二・五点をあげ、ソウルと八・五点の差で優勝、二年ぶりに再び大統領盃を獲得した。二位はソウル、三位は全羅南道。

なお、模範選手団賞（国会議長盃）には慶尚南道、敢闘賞は在日僑胞チームに贈られた。また総合得点で在日僑胞は、済州道をしりぞけ最低位をまぬがれた。

永住権申請の促進へ
世田谷支部で 講演と映画の夕べ盛大

来年一月十六日の申請期限切れを三カ月後にひかえて、民団では挙げて協定永住権の促進運動に最後の拍車をかけているが、都内でも大支部のひとつである民団世田谷支部（東京都世田谷区下馬二の三七の一、金宋在団長）では、さる十月九日午後六時から、世田谷区等々力の多摩川区民会館で「永住権申請促進講演と映画の夕べ」を盛大に催した。

同支部団員、来賓ら二百余名が参席する中で開会、まず金宋在同支部団長が「申請締切りまでに有資格者が一人残らず申請を完了するよう全力を傾けよう」とあいさつ、ついであいさつに立った鄭在俊東京本部団長は「われわれは、日本という外国に住んでいる大韓民国国民であることを常に銘記すべきである。韓日協定はこのようなわれわれ在日韓国人の法的権利を保障するため結ばれたもので、これに反対する朝総連にまどわされてまだ申請をしていない同胞を、われわれは同族として救済しなければならない。」と述べ、また朝総連の"永住権を取得すると徴兵される"云々は根拠のないデマであり、海外同胞は韓国兵役法第四十七条などによって兵役を免除されていると強調、朝総連の虚偽宣伝を激しく糾弾した。

続いて閔泳相東京本部議長、朴琪先婦人会東京本部会長がそれぞれあいさつ、また民団永住権取得推進委員会の朴性鎮副委員長、尹鉉鶴常任委員から永住権促進のための講演があり、このあと映画会にはいり、全員が韓国劇映画「うわさの饗宴」を観映して午後八時すぎ、成功裡に閉会した。

世田谷支部の紛糾に終止符

さきに世田谷支部の一部人士たちによるリコール運動は、不成立に終ったにもかかわらず、さる十一日の午後五時世田谷区民会館に「臨時総会」と銘うって集会を開くなど組織上好ましからざる動向をみせたが、同夜の集会に現執行部側から代表が出席、話し合った結果来年五月の定期総会で団員の意思を問うことに合意、数ケ月に及んだ世田谷支部の紛糾は一応終止符をうつことになった。

東本実務者 慰労会盛況

ハングルの日のさる九日、民団東京本部管下二十二支部の実務員四十余名は、一泊二日で箱根、伊東方面にでかけ、日ごろの多忙を忘れて秋の休日を楽しんだ。

これは、さきの万博招請事業や今また追い込みに入った永住権促進で、文字通り息つくひまもなく忙殺されている実務者各位に一息いれてもらおうと、民団東京本部（鄭在俊団長）の主催でもたれたもの。午前九時すぎ、新宿西口の安田生命ホール前を出発、スモッグと雑踏の都心を後にデラックスバスに揺られて一路箱根へ。昼頃杉並木や木々を映した秋深い芦ノ湖に到着、ここで昼食かたがたモーターボートや散策でくつろいだ後、十国峠から秋の箱根を見おろしながら伊東へ向った。

海につづく温泉町を一望に見おろせる目的地のみなみホテルでは参加者全員が一堂に会して海の珍味に舌づつみをうちながら、文秀直東京本部文教部長のアコーディオン伴奏もよろしくノド自慢大会を開催、東本提供の数々の賞品を前に日頃のノドを競いあうなど、慰労と親睦の集いは遅くまで続き、また温泉につかって仕事への鋭気をやしなった。なお同慰労会には東京本部から羅鍾卿副団長、韓昌奎事務局長らが、またとくに万博をはさんでなじみ深くなった大韓航空東京支社の崔、朱両課長も参加した。

豊年の喜びわかって 水原で「稲刈り大会」

ともに豊年の喜びをわかつ"稲かり大会"が五日午前水原で開かれ、朴大統領をはじめ趙時衡農林部長官ら三府要人、外国使節、各道農民代表など三千名余りが参加した。

この日朴大統領は今年初めて収穫する新しい稲IR六六七を上手な手つきで刈り取ったのち、「政府は第三次五ヵ年計画期間中、輸出増大と農村に対する集中投資に努力する」と語った。

なお、今年の収穫はさきの風水害にもかかわらず大豊作で二千九百万石の収穫が予想されている。

朝総連のスパイ検挙
済州島拠点に日本と連絡

治安局外事課は先月二十九日、在日朝総連の秘密指令を受けて済州島を拠点に国内地下網をつくり韓国の政治、経済、軍事情報などを収集、これを北韓に提供してきた朝総連スパイ金大準（四二）と、彼に抱き込まれた他の四人をさる九月四日に全部検挙したと発表した。

発表によると、金大準は五七年以来、在日朝総連と七十回余りにわたって秘密文書を交換、同調者を抱きこんでスパイ活動を続けてきたが、六九年三月には朝総連の指令を受けて済州島から日本に密入国し、韓国内の政治、経済、軍事にかんする情報を提供した。

金大準は日本でスパイ活動を続けているうちに日本警察に密入国容疑でつかまったが、朝総連傘下の商工会議所が保釈金三十万円を代納して釈放させた。それから金はさる六月二十日帰国したがその後もずっと朝総連の指令によって韓国の機密を探るなど、北韓のためのスパイ活動をしてきた。

なお、治安局は全国警察に南航および朝総連の浸透を防ぐよう指示し、特に日本に旅行する人びとが朝総連の甘言に乗らぬよう注意を発した。

韓青東本で 秋期講習会

韓青東京特別本部では、教養学習と民族青年活動に必要な時事問題を研修するための秋期講習会を、きたる二十四日（土）と二十五日の両日韓青中央研修所「花郎台」で開催する。講習内容は、①永住権の問題②出入国管理法案③時事問題などで多くの盟員の参加を望んでいる。

なお、同講習会に参加者は二十四日午後六時新宿駅東口前喫茶店「ジュラク」まえに集合のこと。

在留同胞60万7千
日本政府当局の統計

日本政府当局がこのほど発表した「移民白書」によると、日本に居住している外国人総数は六九年末現在、六九万七千五百四人で、このうち在日韓国人が八七%に当る六十万七千人で最も多い。同白書は日本の移民統制政策二十周年を迎えて発表されたもので、二位が五万一千人の華僑、三位が一万八千人の米国人となっている。

なお在日韓国人のうち七二%に当る四十三万七千人が日本生れ、九七・七%が韓国を母国（南韓出身）としており、一・五%が北韓に故郷（北韓出身）を置き、〇・八%が不明となっている。また六九年の一年間に一万五千人の僑胞が韓国を訪れ、六人が北韓を訪問している。

それに六九年一年間の不法入国または日本の法律を違反した外国人三万二千三百七十九人が日本法務省から日本居住特別許可を得たが、このうち九〇%が韓国人、七%が華僑である。同白書は特に去る五二年から六九年末までに三万三千七百人の在日韓国人と二万一千人の華僑及び四千百人のその他国籍など約三万九千七百人の外国人が「強制送還」により日本から追放されることを明らかにしている。

＝韓国学校秋季運動会＝
運動場いっぱいにくりひろげられた全校生の体操（上）人気をよんだ仮装行列（下）

民族色も豊かに
韓国学校秋季運動会

日本の「体育の日」にあたるさる十日、午前九時から、東京韓国学校（東京都新宿区若松町二一、宋基鶴校長）の第十七回秋季運動会が盛大にもよおされた。

この日は朝からカラリと晴れ上り絶好の運動会日より。会場の同校運動場には、初・中・高校の生徒約七百名はじめ教職員、父兄、来賓ら約千五百名が参集、民族の祭典にふさわしいおもむきの中で開会の幕が切られた。

まず宋基鶴校長、安和出理事長がそれぞれあいさつをかねて生徒を激励、つづいて来賓を代表して姜永奎駐日韓国公使、鄭在俊東京本部団長らも「祖国の将来をになうホープにふさわしく、正々堂々と競技をくりひろげてほしい」と激励すれば、学生代表がこれをうけて力強く宣誓、競技にはいった。

まだあどけない初等部一年から見るからに逞ましい高等部三年生が、それぞれ徒競走、リレー、タマ入れといった競技をのびのびとくりひろげ、また中・高等女子全員によるスケールの大きいあでやかな民族舞踊、そして思い思いの工夫や創意をこらしての仮装行列も登場、バラエティに富んだ力と美の競技が、民族色もゆたかに運動場いっぱいくりひろげられた。

郵便局を通じて 本国送金できる

さる十月一日から実施された韓国の日本間の国際郵便為替業務の開始により、郵便局（特定郵便局除く）を通じて本国への送金ができるようになった。

送金手続きは、従来利用されている為替と同様に郵便局の窓口で簡単に取り扱ってくれるが、郵送料は国際為替料金の規定に従って定められている料金の適用を受け手数料など不要である。

送金の回数は制限なく、送金目的によって限度額が定められており、その範囲を超えたものは受け付けてくれない。

つぎに送金の限度額のおもなものをあげると別項のとおりであり詳細は郵便局の国際為替係に電話でも問い合わせると、ケースバイケースのアドバイスが得られる。

取り扱う郵便局は、全国の集配業務を扱う郵便局となっている。

【主な送金限度額＝カッコ内は必要な書類】

送金の限度必要な費目】①贈与金五〇〇〃（戸籍抄本、手続）②生活費実費（医師の請求書）③図書購入費五〇〇〃（注文書）、④図書予約購読料五〇〇〃（注文書）⑤会費および分担金二〇〇〃（加入申請書、案内書、請求書）、⑥検定料二〇〇〃（申請書）⑦雑費五〇〃（不要）⑧図書出版費一、〇〇〇〃（出版を証明できるもの）

支部だより

葛飾〈25日に秋季運動会を開催〉絶好のスポーツシーズン。民団葛飾支部では韓青との共催で来る二十五日、区内の水元公園において団員の親睦と体力増進をはかろうと、秋季運動会を開催する。同支部では昨秋および今年の春も運動会を予定していたがいずれも悪天のため中止した。その無念を晴らすためにも今度こそは成功させようと、今から準備その他に奔走している。会場の水元公園へは国鉄金町駅から戸ヶ崎行バスに乗り、水元公園前で下車。競技開始は午前九時。

〈永住権促進かねて映画会〉墨田支部では同じく民団と韓青の共催および婦人会墨田支部、駐日公報館の後援で、来る十七日（土）午後六時から、墨田公会堂において映画会を催す。これは、永住権申請の促進をかねておこなうもので、本国カラー長編劇映画「うわさの饗宴（日訳）」のほか本国ニュース、故国便りなどを上映の予定。

大田〈馬込分団結成さる〉民団大田支部の第10分団として馬込分団が結成をみ、その結成式がさる十日午後七時から区内の馬込温泉会館で盛大に開かれた。同分団はこれまで大田区内にありながら民団品川支部の管下として扱われてきたもので、この日から「民団大田支部馬込分団」として新生、発足したもの。

結成式には閔泳相大田支部団長（兼東京本部議長）はじめ三機関役員、また来賓として羅鍾卿東京本部副団長、品川支部から崔泰一団長はじめ役員各位らが多数参席馬込分団の発足を祝福、激励した。

江東〈伊豆伊東に慰安旅行〉都内の各支部は永住権促進に寝食なく忙殺されているこのころ。江東支部でもさる十二日に宣伝カーをくり出して各同胞家庭を戸別訪問して申請促進を訴えるなど運動に余念がないが、こうしたあい間をぬって慰労し、鋭気をやしなおうと、来る二十五日から一泊二日で伊豆の伊東温泉に秋の慰安旅行を計画している。団員一〇〇余名の参加が見込まれている。

東京本部の直選委員きまる

東京本部の直選委員がこのほどつぎのとおり決定された。

俞石滄　金坪珍　朴斗弼　黄方燁　李権弼　李慶晩　朴鍾大　高崙宗　曺圭必　金載淑　牟萬尚　朴性雲　李海龍　安聖出　徐龍岩　李永三　朴点守　許允道　朴道春

共同新聞社移転

共同新聞社（金深根社長）の住所および電話が左記のとおり変更された。

新社屋　大阪市福島区南一丁目八八番地（大阪大学病院北側）

新電話　大阪（〇六）四五一ー八一五一〜八番

尋ね人

朴有福氏（日本名・上田一郎）さん、その妻静子さん。

この方たちは戦前東京都芝区芝浦町に在住していた。

右の方を朴さんの兄で本国在住の朴四奉さん（忠清北道清州市南州一九三番地一八班参員秀方）が探しています。心当りの方は民団東京新聞社または本人までご連絡下さい。

車一俊氏（日名・山本一俊）本籍江原道原州

右の方は、解放以前兵庫県宝塚市に住んでいた。消息をご存じの方は、民団東京新聞社まで。

社会時評

在日韓国人であること

帰化同胞、早大生の焼身自殺に思う

金声浩

君は、君自身の全人格がいまどのような立場にあると判断しているのか、かつて支配・被支配の相対関係であったこの日本において、つまり在日韓国人であることの存在状況をどのように認識しているか？

この問題は、すべての在日同胞のものが主体的にとらえるべき重大な命題である。しかし、戦後二十五年間、われわれはこの問いに対する答を把握することもなく、この試みさえも怠っているような気がする。怠ったというより、この国におけるわれわれへの政治的社会的、経済的な諸条件が、そのような試みの芽生えを不可能にしているといった方が妥当かも知れない。それはまた、分断された祖国の二つの相断対する、強い影がわれわれの精神状態を二つの形に組み変えようと引っぱり合っているからでもある。われわれの魂は幾重にもひび割れ、引き裂かれ、複雑・奇異な形をなしたまま、泥んこの沼に追い込まれている。

なによりも救い難いことは、われわれ自らが在日韓国人であることへの状況認識から、眼を避けようとする、シニカルな身の処し方である。

以上のようなことによって、われわれの民族史上には、ペロプスの呪いをうけるような行為はないはずなのに、あのオイディプスと同一性の過ちを犯しつつある。

デルファイのアポロの神殿には「なんじ自身を知れ」というソクラテスの言葉が掲げられているという。この箴言が、古代のギリシャ人のみならず、現代人の内部にもあの真面目な衝撃を及ぼし得るのは、このなかに自己の同一性を追求するという人間にとってもっとも根源的な意識の欲求をときはなつ力が隠されているからにほかならない。これは、一方ではソクラテスの哲学を駆動させたが、他方ではテーバイの伝説上の王オイディプスに、知らずに父を殺し母を犯したという罪を自覚させるだけの、おそるべき神意をともなっていた。

両眼をわが手でえぐり出し、市の門を出て、あてどない贖罪の放浪にのぼろうとするオイディプスは

「―これはアポロだ、友よ、わがかくも苦しむのは、アポロの神意によるものだ。

だが、この眼をくりぬいた手はああ、それはわれとわが手だ。ほかのだれのものでもない」（ソポクレスの「オイデプス王」から）

となげく。

しかし、自分はこれほど呪われかつ悲惨であるが、そのことを知っているのは、自分であって他のだれでもない。だからこのオイディプスの悲惨な姿が意外にも荘厳な勇気となぐさめをあたえるのはそこに達成された自己認識の誇りとよろこびがあるからであった。

だが、在日韓国人であることの自己認識は、悲惨さと絶望を予見させるばかりで、なんら誇りも、なぐさめも見出し得ない。自分の真実の姿に眼を向けることを避け、他人から言及されるのを恐れる。たより得る術とて現金しかないと信じている。しかし、この現金の持続的所有をだれが保証してくれるのか。このような、あてどない不安と絶望はいやおうなしに迫ってくる。在日韓国人である自己への不満、嫌悪、それがだれのせいであろうと、その不条理な実際をえぐり出すよりも、日々につもる汚辱とたよりなさから身を守ることが、より現実的でた利口な処世であるとの信条である。だから「知は力なり」ではなく「無知は力である」という逆説が現実的に妥当化しつつある。それはいわばデイオニユソス的な狂気からのがれるための仮面であり「真の自分自身」に出合わぬための操作であり、自己否定に導かれる恐慌である。

十月六日未明、早大文学部在学中の、帰化した同胞二世が、抗議文と嘆願書を残して焼身自殺した。自殺に至らしめた直接の原因は、学園紛争におけるセクト間の対立からくる学校の不自由、生活の破綻であったが、より深い遠因は、やはり韓民族であったがための挫折感が宿命的な原因であった。

彼は遺書に「―これは被圧民族被支配下の韓民族の末えいとしてこの国の社会の最底辺で二十五年間うごめき続けてきた者の、現代日本に対するささやかな抗議でもあります―」こう書き出している。

彼は、帰化した日本人であったが、幼いとき日本人からのさげすまれた、韓民族であることの苦痛はいやされず、いまなお、日本人になりきろうとする仮面は「内なる自分」の叫びを拒否することができなかった。しかも、真の自己に到達したオイディプスの、目をくりぬいたあの悲惨な姿が、自覚の誇りとなぐさめを与えたのとは対照的に、彼には、とりかえしのつかない永遠の死に至らしめた。

華やかな商品がショー・ウインドーを飾り、人々の欲望を満たしてくれるこの社会のなかで、飢えをこらえる夜間学生の苦しみ、理論と現実の矛盾に目覚め学生運動の隊列に加わった行動、それは、この国の国民が、満ちている幸福の余裕を気ままに遊び、享楽していることが、在日韓国人の生活とはほとんど無関係であるのと同じく、彼の将来を拓き飾るものにはなり得なかった。彼の「理論と行動」―「内なる自己」と状況」は、完全な二律背反であって、その裂け目が彼をのみ込んでしまったのだ。

われわれの状況は、さらに複雑多様である。無数の亀裂が縦横にも交叉しあい、いたるところでわれわれの足首に突っかかる。帰化をしようと、永住権を取得しようとしまいと張り巡らされた、足首に突っかかるこの裂け目を埋めることにはならない。このさけめの陥穽（かんせい）に呑み込まれないために、そして、自分の手でわが眼をえぐり出さぬために、在日韓国人であることの真実の姿を直視しなければならない。

韓国人であることは、屈辱の証明にも劣等の証明にもならない。かつてこの国の被圧民族であった、いまは独立主権国家の しかし分裂した祖国を持ち、現実になお、国際的な状況下で生活を営む在日韓国人であること、それが如何に悲惨であろうとも、オイディプスの如く、それを、身をもって認識するのが自分であって、ほかのだれでもないことに誇りとなぐさめを見出さねばならない。なぜなら、この認識こそがわれわれにとって力と勇気になり得るからである。この「私」の置かれているまわりはもろもろの前提が無限に切迫し、それにつれて他者が無限に「私」の内部に流れ来ようとしている。そして、この他者に自我の内部をゆすぶるとき、そのときからは、真の自己とは似ても似つかぬ自己破滅的な価値観をつづけさせることになるだろう。

【筆者・新世界新聞記者】

税務講座

在日韓国人納税貯蓄組合東京連合会

所得税関係　租税特別措置法

5 相続財産に係る譲渡所得の課税の特例制度の創設

相続税の課税対象となった相続財産が、相続後に譲渡される場合その相続財産について相続税のほか、譲渡所得税が課されることになる。その相続財産の処分が相続直後に行なわれる場合、特に相続税納付のためになされる場合には、納税者は相続税と譲渡所得税との二重課税を受けると印象をもつことがしばしば指摘されてきた。

この問題は、本来、相続による財産の移転があった場合は、その段階で被相続人について生じていたキャピタル・ゲインの課税を行ない、被相続人に係る課税関係をすべて清算するシャウプ方式を廃止し（昭和二十七年）、取得価額の引継ぎ方式に改めたことに基因するもので、基本的には相続税と所得税とのあり方に関連する問題であるが、今回、さしあたり次により相続税の課税の対象となった財産を処分した場合の譲渡所得税と相続税との負担調整措置を講ずることとされた。

すなわち、相続財産が、相続税の課税対象となった相続後処分された場合における譲渡所得税と相続税との調整は、次による（措法三八条の一）。

① 適用が受けられる者
相続又は遺贈により財産を取得した者で、相続税が課税された者

② 適用対象資産
①の相続税の課税価格計算の基礎に算入された資産で、その相続に係る被相続人の死亡の日からその相続税の申告書の提出期限後二年以内に譲渡されたもの

③ 調整方法
その者に課された相続税額（贈与税額控除がある場合には、その調整を行なった後の額）のうち譲渡した資産に対応する額をその資産の取得費に算入して、その資産に係る譲渡所得の金額の計算上控除する。

④ 適用要件
この譲渡所得の課税の特例は、原則として、確定申告書要件とされ、この規定による譲渡所得の金額の計算に関する明細書その他この相続税に係る課税価格に関する明細書等の添付を適用要件としている。

6 国等に財産を寄付した場合の譲渡所得等の非課税規定の整備

公益法人に対し財産を寄付した場合において、その寄付財産に係る譲渡所得、山林所得又は雑所得が非課税とされていたときに、その寄付財産が公益事業の用に供されなくなったときは、従来、一律に非課税の承認の取消事由に該当するものとされていた。

しかし、これでは、寄付財産について収用等が行なわれてやむを得ず譲渡をした場合に、たとえその買換資産を同じ公益事業の用に供する場合でも承認の取消対象となることになり、実情に即さない点もあると認められた。

そこで、今回、寄付財産について買換えが行なわれ、その買換資産が寄付財産と同じ公益事業の用に供される場合で、①その買換えが、寄付財産について収用等であったことその他の合理的理由に基因すること、②その買換えは全部買換えであること、③買換財産は寄付財産と同種のものであることとの要件を満たすときは、非課税の承認の取消事由には該当しないことを法令明らかにされた（措法四十条二項）。

また、公益法人等に対する財産の寄付が非課税とされるための要件の一つに、寄付者等の所得税等の負担を不当に減少させる結果とならないことがあったが、今回、一定の要件を満たす公益法人等に対する財産の寄付は寄付者等の所得税等の負担を不当に減少させる結果とならないものと認めることとされた（措令二六条三項）。

七 その他の既存の措置の適用期限の延長等

1 民間外貨債の利子の非課税制度の適用期限の延長等

この制度は、内国法人が発行した外貨債の利子で、非居住者又は外国法人に対して支払われるものについて非課税とするものであるが、今回、その適用期限が切れることになっていた。

しかし、米国の外債発行市場の正常な機能が回復するまではわが国の外債発行が欧州市場に依存せざるを得ないという事情及び欧州市場において発行される外債は、多くの場合その利子が源泉徴収されていない事情にかえりみ、米国市場におけるわが国の起債の正常化までの特例として、昭和四十七年三月三十一日までの二年間、この措置の適用期限を延長することとされた（措法七条の二）。

なお、この措置は、わが国に長期の資本を導入することが本来の目的であり、わが国の最近の国際収支状況にもかんがみ、この措置の適用対象となる外貨債は償還期間が五年（従来は三年）以上のものに限ることとされた。

2 開発地等の農業所得の免税対象作物の改正

開墾地などにおける農業所得の免税対象農産物について、今回、最近における米の需給状況を勘案し、従来免税対象とされていた米をその対象から除外するとともに新たに桑、いぐさがその対象に加えられた（措法二四条一項、措令一六条一項）。

なお、米の除外については、所要の経過措置が講ぜられている（改正措令付則八条）。

3 その他

給与所得者が住宅などの低れんな家賃を受けまたは住宅資金の貸付けなどを受けた場合などの課税の特例及び住宅貯蓄控除制度の適用期限を二年間延長し、昭和四十七年十二月三十一日までとされたほか、利付外債の発行差金の非課税制度の適用期限を二年間延長して昭和四十七年三月三十一日までに発行されたものとするとともに、その適用範囲が償還期間三年以上のものから五年以上のものに縮小された（措法二九条、四一条の三、四一条の一三）。

なお、特別償却、準備金などの不動産所得や事業所得の所得計算の特例など法人税関係の特例と共通するものについてはその説明を省略したので、法人税関係の解説を参照されたい。

（おわり）

――みのりの秋の農村の娘たち――

大物スパイ、告白の記

私は北傀を告発する　姜大振 ⑳

第4回南派

李不洪通信局長からいわゆる金日成の"教示"伝達を受けてから、われわれは再び、政治大学にもどって教育や訓練を受けていたが、それから五十日ほどたって四月十日のこと、全羅北道副部長と張指導員があらわれ、こう命令した。

「君たち三人は五月十二日に全羅北道高敞郡コンウン面トゥアム里に浸透し長期潜伏工作をすることになった」と。

長期潜伏に必要な無電通信習う

これからわれわれ三人は急に以前にも増して忙しくなった。あと一カ月足らずの間に全課題、全訓練を消化することを余儀なくされただけでなく、地図の上で高敞郡コンウン面一帯の地形や建物を細密に研究してこれを頭の中にしっかりと刻み込まなければならなかった。だが、こうしたことよりも大へんだったのは"長期潜伏に必要不可欠な無電教育"を短期間でマスターしなければならぬことだった。

これから、全羅北道副部長と全羅北道担当課長が"無電通信教官"だという男を連れてきてわれわれ三人に紹介した。その教官はカバンの中から無電機二台を取出して無電機の説明をしたのち、打電方法を教えはじめた。

「無電教育では最も重要なことはサイクル変更である」

無電通信教官はわれわれにこう述べながら、われわれが南派されたのち、南での工作内容を北の中央党に打電するさい、毎三秒ごとにサイクルを変えなければならないと教えた。もし三秒以上、同じサイクルで打電を続けると、南の対スパイ作戦の電波探知器に捕捉され、打電場所が発覚されることになるからだというのである。

従って、三秒ごとにサイクルを変えるためにわれわれは周波数の違うサイクルコードを七つも携帯して歩かなければならない……。

一回の打電に十六個も乾電池を使う

また、無電のアンテナは原内と原外では架設の方法が違う。原内の場合はできるだけ高地で、周囲の山のいただきが眼下にみえるほどの高い山にのぼらなければならず、アンテナの高さは六㍍以上、一㍍の空間に長さ八㍍以上のアース線を引いて打電しなければ中央党で受信することができないということであった。

さらに、都市で打電する場合は"最高層ホテルの最高階の部屋を選んで、天井の梁の下の部分にクモの巣のようにアンテナを張りめぐらせて打電しなければならないという。

まだ頭の痛くなる話は、こうした無電連絡はたった一回の打電にさえも乾電池十六個が消耗されるということだ。乾電池は重いため南派のさい、そういくつもいくつも持参していくことは困難である。そこで南で買わなければならないが、一度に大量の乾電池など買えばすぐに怪しいとにらまれてしまう。しかし、都市ならば、懐中電灯を持って歩いて一軒の電気屋で二個ずつ買いあさるということもできるが、田舎ではそういうこともむつかしい。

「同じ場所で一回以上打電してはならない。これは厳守するように……」

無電通信教官はわれわれにこまかい注意までを繰りかえし、五月八日、ラジオと乱数表を利用した受信教育を最後にわれわれの無電教育は終わった。

クミポ港から工作船で出発

五月の八日、われわれはいつも南派の前に催されるような送別の宴をしてもらった。全羅北道担当課長や張指導員のほかに七人の若い女の管理員も同席して、飲んだり食べたり、歌ったり踊ったりしてわれわれは楽しい時間をすごした。

しかし、翌朝はもう出発がせまっていた。われわれは黒いセダンに乗って黄海道長淵郡クミポ港に向かい、工作船の現場指揮大隊の中にはいった。ここは民間人の姿は一つもなく、軍人だけが忙しげに行き交っていた。その夜、われわれは大隊長の立派な部屋に泊まったが、われわれの任務が"南派"の長期潜伏にあることを知っていたらしく、みんなよく待遇してくれた。

翌朝、工作船はわれわれを乗せて中共の山東省に向かったが、船の中で思わぬ人にあった。それは命ジェスという者で彼は私の第二回目の南派で行動を共にした男である。命のこんどの任務はわれわれの案内員だということだった。工作船の船員たちはこれまでの南派のさいと同じメンバーでみんな顔見知りだったので気がラクだった。

霧に浮ぶ南の漁船　怪物にみえて一瞬冷汗

霧の中の漁船も怪物にみえて…

山東省の青島沖では例のごとく一夜をすごして中間補給を受けて翌日の朝八時に全羅南道に向かって出航した。

これは忘れもせぬ六七年五月十二日のことだった。朝五時ごろ工作船は全羅南道の黒山島近海に到着した。その日は霧が深く、十㍍前方もよく見えなかった。私は腹がすいたので先にゴハンを食べてしまおうとしていた。すると急に十㍍先ぐらいのところに真黒の怪物があらわれた。私はキモを冷やして拳銃を抜く用意をしていたが何しろ怪物が大きいので直ちに、"戦闘準備"の信号を船室に送った。戦いの準備をしていたところへ、さらに近付いた怪物をみるとそれは南の漁船だったのだ。瞬間私は覚悟をきめて大声で話しかけた。

「道に迷ったんだカネ？」

すると相手側からも屈託のない返事が返ってきた。

「はい、はい。ここはいったいどこですカネ」

「ちょっと向こうが黒山島ですヨ」

「どうも、有難う」

南の漁船は方向がわかったらしく、あちらの方へ消えて行った。しかし、私の背中は冷汗でびっしょりになっていた。私は"南派"という緊張した前提に立っていたため、霧の中に浮かんだ漁船までが"怪物"にみえたのであった。

大海の波荒くして浸透を一昼夜延期

この日の夜九時ごろ工作船は高敞郡クン浦沖に到着したが、海の荒波はおさまるところか、ますます激しくなっていた。このような荒海へゴムボートをおろせば波は一ぺんにボートをのみこんでしまうだろう。そこで工作船の船長はその状況を中央党に知らせ

「十二日夜の上陸は不可能、波の静まるのを待って十三日夜に浸透すべきだと状況判断する」

と打電した。すると間もなく中央党から回答があり「十三日夜、浸透することを許可する」といってきた。

それで、われわれは南の漁船に完全偽装して、十三日までのまる一昼夜をすごすことになった。

しかし、そのような状態で、南韓の沖に長くうろついていることはまことに容易なことではなかった。果たしてその日の午後三時ごろ、南の警備艇と思われる船が二隻こちらの方へ向かってやってきた。すは"非常態勢"というわけでわれわれは戦闘準備にはいったが、船員たちはピクピクと青ざめていた。私も内心はおそろしさでふるえていたが、外見では泰然自若としたふりをして、わざと調子をいからせた。

幽霊も近付いてみれば柳なり…

そして私は演説するような口調で「トンムたち、われわれは偉大なる金日成首相同志の名誉ある赤い戦士ではないか。逆境にあっても、これを突破して行く勇気と機知を持たなければならない」

と、いった。むしろ、私はそれを自分に言いきかせているようであったが、しかし心の奥ではうまくここを切り抜けて凱旋すれば自分の勇気ある行動は中央党できっと"赤い戦士の模範"としてたたえられるだろうとゾクゾクするような想像を抱いていた。

ところが"幽霊も近付いてみれば柳なり"で、われわれが南の警備艇と思ったのは、近付いてみると南の漁船であった。（つづく）

（SISA）

筆者の姜大振氏は南派された北韓スパイの最大級大物、元北韓軍上佐（中佐と大佐の間の位）。最近、韓国に帰順した。

海外国民 戸籍実務講座

②法院行政処・提供

二、申告人（義務者）および申告能力

1、申告人

申告人というのは、特定な申告をすることのできる適格者をいう。

申告人として適格有無は市区邑面長が申告書を受理するにおいて審査する事項である。

（イ）報告的申告においての申告人

（1）申告しなければならない者は戸籍法により定められこれを申告義務者という。

（2）一つの申告に数人の申告義務者がいる時はその順位が定まっている。（法51・88）

（3）申告義務者でない者がした申告は原則的に受理することができない、錯誤によって受理した場合はその効力には何等影響がない。

（4）未成年者、禁治産者が申告義務者である場合親権者または後見人を申告義務者にする（法30―I）。しかし申告義務者ではないにしても意思能力がある未成年者、禁治産者である事件本人は申告してもかまわない（30―II）それから限定治産者は自身が申告義務者である。

（ロ）創設的申告における申告人

（1）申告する者は民法または戸籍法に定められた以外の者の申告は、これを受理することができないし万が一受理しても報告的申告とは異なり、その効力が発生しない。

（ハ）申告能力とは自ら単独で有効に申告するに必要な行為能力をいう。

イ、意思能力がある未成年者また禁治産者は法定代理人の同意を要せず自ら身分行為の申告をすることができる。しかし未成年者と禁治産者は婚姻、離婚、入養、離養、遺言、分家においては法定代理人の同意を必要とする。

ロ、無能力者本人の申告は申告当時意思能力がない場合は無効であるから意思能力の有無は受理当時審査を要する事項である。従って未成年者は生年月日により容易に判断できるが禁治産者が申告する場合は申告事件の性質および効果を理解する能力があることを証明する診断書を添付しなければならない（法31―II）。

（二）無能力者についての申告においては法定代理人が代って行なえる場合がある。

(1)、民法上～15才未満者の入養承諾（民869）。

(2)、戸籍法上～新籍、就籍15才未満者の協議罷養（民899）

三、申告事件本人

申告事件本人というのは原則的に当該申告の当事者でその申告により戸籍の記載ができる者をいう。具体的にはつぎのとおりである。

1、出生申告は出生子

2、認知申告は認知者と被認知者。

3、入養申告は養親と養子

4、罷養申告は協議罷養、裁判上罷養いずれも養親と養子

5、婚姻申告は夫妻

6、離婚申告は協議離婚、裁判上離婚いずれも夫妻

7、親権（管理権）行使申告、親権（管理権）喪失取消申告は親権者と子。

〈つづく〉

（1963年7月27日第3種郵便物認可）

在日本大韓民国居留民団
綱領
1. 우리는 大韓民国의 国是를 遵守한다
1. 우리는 在留同胞의 権益擁護를 期한다
1. 우리는 在留同胞의 民生安定을 期한다
1. 우리는 在留同胞의 文化向上을 期한다
1. 우리는 世界平和와 国際親善을 期한다

THE PRESS MINDAN TOKYO
THE KOREAN RESIDENTS UNION. IN JAPAN, TOKYO OFFICE
「韓僑通信」改題
在日本大韓民国居留民団 東京本部発行週刊紙

民団東京
THE PRESS MINDAN TOKYO

10月21日 水曜 <1970>
週刊・毎水曜日発行
第2423号

発行所 民団東京新聞社
発行人 鄭在俊
東京都文京区本郷3丁目32番7号
電話 (811) 1535 (代表)
〒133 振替口座 東京 16631番
（大韓民国文化公報部国内頒布許可）
（購読料 1カ月100円・特別1000円）

永住権申請、果敢に展開
排除せよ朝総連の妨害
東本全機能を動員
鄭団長も戸別訪問に一線へ

協定永住権の申請期限は来年の一月十六日、残すところ三ヵ月後にせまっているが、民団では未申請者が一日も早く申請手続きをすませるよう促進運動の推進に余念がない。さきに一段落をみた日本万国博の本国家族招請事業とともに、この永住権取得推進運動は、特に今年にはいって民団の重大課業として団を挙げて推し進められてきたが、万博招請事業が一段落をみ、また申請期限切れが秒読み段階にはいった現在、永住権促進事業はいよいよ最後の仕上げをはかるべく、順調に追い込みにはいっている。

民団管下二十二支部を軸に、同胞六万五百余名（総連系を含む）をかかえた東京では、民団東京本部の鄭在俊団長ら三機関役員を先頭に、支部、傘下団体があげて申請促進の仕上げ作業を大車輪でくり広げている。

各支部毎に永住権の説明のための講演会、映画会がもたれてきたほか、未申請団員には三機関役員実務者が個々説明、アドバイスにつとめるなどキメの細かい活動をおこなっており、かなりの成果をあげつつあるほか、知人、縁故関係等を通じて、いわゆる中立系、総連系同胞にも永住権の意義を説明、申請に際しての忠言を与える等の活動も着実に展開されている。これと合わせて東京本部からも鄭団長はじめ三機関、実務員らが支部をまわり、永住権申請の実情把握につとめるとともに、その実情に即して対策を講ずるなど、上下機関の完全な協力態勢のもとで、申請の促進工作を推し進めている。

こうした民団の運動推進に対して、朝総連側の妨害デマ攻勢もいっそう激しいものがあり、事業推進に少なからず障害となっている。いわく「永住権をとると徴兵される」「永住権をとると権利を保障されるどころか、反対に日本の法律で縛られる」等々、デマ、妨害の手口も巧妙、多彩をきわめている。とくに最近日本の各新聞がかなりの紙面をさいて報道している所謂、韓国籍から朝鮮籍への「国籍」変更申請騒動は、民団の永住権運動の妨害を企図した、朝総連の手のこんだ画策の端的なあらわれといえよう。

もとよりこうした朝総連の見えすいた妨害工作は、民団の権益擁護運動への民族的敵対、挑戦であり、それ自体、朝総連の断末魔のあがきを物語っているが、下部へいくと、デマにまどわされて永住権申請を渋っている同胞が決して少くない。申請期限が目前にせまった折あらゆる妨害策動を排げきしつつ、一人でも多くの同胞に永住権を取得させる民団の事業推進は、それだけ重要な段階を迎えているといえ、来年一月中旬の締切り日ギリギリまで、民団の努力は間断なく継続される勢いをみせている。

墨田支部の永住権申請状況を視察する鄭団長

墨田区の中立系家庭を訪問説得する鄭団長

在日僑胞の兵役免除
国会国防委で 兵役法改正案が通過

申允昌（共和）議員提案による「海外で永住権を得た僑胞たちの兵役義務を免除する」ようにした〝兵役法改正案〟が二日、国会国防委員会を通過した。

申議員はこの日、国会国防委における提案説明を通し、特に在日僑胞の場合、兵役義務規定があいまいなことを指摘した上、この問題をめぐり朝総連系の虚偽宣伝が盛んに行なわれていることもあり、在日韓国人の法的地位協定による永住権申請が不振状態に陥っていると述べた。なお、朝総連は、これまで在日韓国人が永住権を申請すれば「韓国の兵役法が適用されることになり、徴兵義務を負わされた兵隊たちはベトナムの戦場に送られる」などのデマや謀略で永住権申請を妨害してきたし、さらにこれを、韓国籍から〝朝鮮〟に国籍変更させる運動のタネに使ってきている。

今回の国会国防委員会の兵役法改正案通過は、これまでの「在日韓国人のうち、永住権を取得している者の兵役義務を免除する」という政府方針を法的に裏付けたものとされている。

万全な態勢整う

民団東京本部は永住権問題で昼夜の区別もないほど追いまくられている感がある。いうまでもなく東京は日本の行政の中心地。同胞の数も大阪に次いで多い上に、朝総連組織もガッチリ力を注いでいるなど民団の永住権促進運動推進にあたっての隘路は少くない。民団東本では鄭在俊団長をはじめとして三機関、執行委員を中心に、管下全支部といっそう緊密な連携をかためるなど、促進運動の推進力をフルに発揮しており、機動態勢を万端ととのえる一方、さまざまな難案件を克服、申請の追い込み作業はかなりな盛り上りをみせている。

こうした民団の作業に対して、本国政府筋のバックアップにも心強いものがあり、同胞の永住権取得の大きな支えとなっているといえよう。

ともあれ、来年一月十六日の申請期限まで残り三ヵ月間に、一人でも多くの同胞に永住権を取得させるというのが、権益擁護の立場に立つ民団の基本姿勢であると同時に、団員はじめ広く同胞への責務であるとの認識に立つとき残り三ヵ月間は、いやが応でも重みをもたざるを得ない。そのことは単に基本姿勢だけでなく、推進の方法にもそれが反映し、これまでの宣伝、啓蒙中心の運動から、未申請者に直接あたって実情を聞き、申請のための相談にのるというキメの細い運動を行なおうと、東京本部の幹部がそれぞれ支部ごとに地域分担を受持ち、支部役員といっしょに戸別に回る運動をおこなっている。また、申請手続きにあたっての繁雑さを少しでも省こうと、さきごろ全支部一台ずつポラロイドカメラを購入し、申請者の便宜をはかっている。

こうした運動の情況は、逐一支部毎に報告書に記入し、それについて検討、対策を練っている。また、申請にあたって個々人が十分納得できる説明を与えるため東京本部では鄭団長を中心にあい間をぬって幹部の永住権についての学習会を開き、万全を期している。

威風堂々無限の信頼
国軍の日 記念式典行なわる

韓国は一日、二十二回目の建軍の日を迎えた。常識で考え得る〝国家〟という単位の中で、今日軍事力を持たない国家は皆無だといってよい。中にはかつての日本のようにその軍事力がどんどん肥大化して行き、ついに国家権力までも掌握、それでもなお足らずに〝膨張〟のあげく遂に他国を侵略する戦争を引き起こし、他国民はいうまでもなく、自国民までを悲惨のどん底に追い込んだにがい経験を持つ国もある。従って日本は戦後、二度と軍事力を持たないということを憲法にうたい、戦争放棄を宣言した。しかし日本は現在〝自衛隊〟という名目で再び実質的な軍事力を持っている。

戦争を本質的に好む人間などというものはいないだろう。人類は自分を守るために戦ってきたのである。しかし今日、世界各国は競って軍事力を持ちすぎており、しかも、それを増強させるために熾（し）烈な競争をさえ行なっている。

かつて国際連盟が失敗に終わったにもかかわらず、平和を追求してやまない人類の執念は、第二次世界大戦後に再び国際連合を創設、流血と戦禍を防ごうと努め、紛争は平和的に解決しようと懸命に模索している。しかし地球上の実情はこうした理念とはウラハラにイデオロギーの名において、あるいは宗教の仮面をかぶって、はたまた種族間の利害関係などで戦いを続けている。それはアフリカで、中東で、中南米で、東南アジアで、そしてわれわれ韓国の位置しているこの東北アジアで、緊張あるいは戦争状態となって現われている。

このような状況が例えば日本までを再武装させているのであり、こうした実情がまた国際社会の中のわれわれの現実を間接的に説明している。

われわれも憲法前文に「大韓民国は恒久的に世界平和に寄与する」とうたい、国際社会への指向を明らかにしている。しかし、われわれ韓国の建軍と同じ年に制定されたこの憲法が宣布されてから二年もたたぬうちにわれわれは痛切な武力の惨劇（一九五〇年六月二十五日に起きた韓国戦争）を迎えるという経験を持ったのであった。

われわれのこのような世界平和に寄与しようとする国際的協調志向は赤色分子たちの国際的陰謀と砲火によって無残に踏みにじられたあの六・二五以来、幼かりし国軍は立ち上がり、戦い、そして鍛錬されながら成長した。われわれ自身の安全を守ることは余りにも緊急な必要事だったからであるが、われわれにその緊急さを強要した国際イデオロギー集団の圧力はいまも本質的に去っていないのである。わが国軍はその圧力が再び現実の戦争を巻き起こすことのないようにと、〝存在〟している防衛力である。

国軍を南ベトナムに派遣してから今年は五周年目を迎えたが、韓国軍が海外の地で派遣されて行ったのも国際的イデオロギー集団の挑発のためであった。しかしその経験は韓国軍を大きく成長させた。

昨今、駐韓米軍の削減論議が漸次に現実の問題となってきているが、これは根本的にわが国軍の相対的な能力の増強を反映したものと見ることができる。従って国軍にたいする期待は一層大きくなっているといえるが、何にもましてこんにちの冷厳な国家利益優先の国際社会生理の中では、まずわが国土をわれわれの力で守るべきだということは当然すぎるほど当然なことである。

幸いなことに最近は日増しに兵務行政など軍需部門全般が刷新されつつある。そしてその体制と紀風は粛興し、国民皆兵の精神が社会各層に着実に根付いて行っている。いまや、この力強い風潮は透徹した全国民との精神的血縁的一体感の中にあり、わが国軍の将来は一層の体質で健在することを信じて疑わない。

二十二周年の〝国軍の日〟を迎え、われわれの誇らしい青春でのものである国軍将兵にいま一度無限の信頼と期待を寄せる次第である。

（朝鮮日報）

盛大な記念式典

朴正熙大統領は一日、ソウル・汝矣島の〝民族の広場〟で行なわれた第二十二回建軍記念日の式典で演説を行ない「北韓がなお韓半島の武力赤化統一をねらっているため、われわれは万全の態勢を整えなければならないが、最も肝要なことはわれわれが自主国防、自立経済を確立して戦争を〝防止〟することである」と強調した。

この日の式典には韓国政府要人やソウル市民三十万人を始めマッケーン米太平洋軍司令官、駐日日本航空自衛隊幕僚長ら二十四カ国の来賓も出席、また会場上空を世界最大のC5Aギャラクシー米大型輸送機が記念飛行し盛大だった。なお、式後には建軍以来最大の陸・海・空軍と予備軍のパレードが行なわれた。

開天節記念式典も

檀君開国以来、四千三百三年を迎えた〝開天節〟記念式典が三日午前、ソウル市民会館で、政府要人、駐韓外交使節、市民と学生ら三千余名が出席して盛大に行なわれた。

朴正熙大統領は祝辞を通じ（丁一権国務総理代読）「弘益人間の建国理念をうけついで悠久の歴史の歩みをつづけてきた祖国の前途に発展と栄光があるよう祈願する」と述べ、〝さらに「六〇年代の意欲的な建設を土台にして七〇年代には祖国近代化を完遂し、統一への準備をほぼ終えなければならない。したがって、当面の目標である自立経済と自主国防建設に全国民の英知を集め、われわれの世代にこそ、民族史上、かつて見られなかった〝中興〟を成しとげてその発展をつぎの世代に引き継がなければならない」と強調した。

カナダとの友好は不変
外務部が論評

外務部は十四日、カナダ政府が中共を承認、国交関係を樹立したという決定に対し「この問題によって、直ちに何かの影響がおよぶものとはみられない」と論評、宋学源外務部スポークスマンは「わが国とカナダの友好関係は、従来と変わらない」と語った。

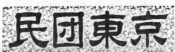

写真は外信記者クラブで演説する金大中候補

記者交流等で南北接触
五大政策の方向を提示
金大中新民大統領候補記者会見

新民党の金大中大統領候補は十六日、来年の総選挙に臨む新民党の五大政策方向として①国民総和②大衆経済③社会改革④民族外交⑤精鋭国防の実現を提示し「不正と闘い所信の投票で自己の票を死守する民衆運動が推進されれば、建国以来はじめて平和的政権交替という名誉革命が実現されよう」と語った。

さる九月二十九日新民党大統領候補に指名されてからはじめての記者会見をもった金大中候補は、この日「希望にみちた大衆の時代を具現するため新民党は、このような五大政策方向を土台に七十一年総選挙に対する選挙公約を具体化させる」とのべた。

金候補は「今日、都市と農村との地域的格差、権力層と非権力層間の反目は、日に日に深刻化されている」と主張しながら新民党が執権すれば「言論、知識人、文化人、企業と合体して労働団体をはじめとしたすべての部門を政治権力のレイ属から解放し、国民的総和をなしとげ憲法を改正、大統領の三選条項を重任条項に還元させ、国民生活にばく大な支障を与える郷土予備軍を廃止させたい」と言明した。

また「自由経済の原理を土台に社会階級間の貧富の差を最少に縮め中産層を育成し農業を基礎とした商工業の併進的発展、労資共同委員会の構成など生産の増大と分配の公正を期する大衆経済を実現したい」と明らかにし「社会改革を実現し上層部のゼイタクと腐敗を一掃、公務員の俸給を生活給化し反公僕分子を処断し道義と官紀確立を期したい」と強調した。

金候補は、また「民族外交を実現し友邦依存一辺倒の姿勢から相互協調と共同利益増進の方向に転換、直接敵対関係にない共産圏の外交関係を考慮、戦争抑制を前提に南北間の書信交換、記者交流体育競技など非政治的な面の直接接触を考慮したい」と語った。

彼はとくに「米、ソ、日、中共など四大国家に対して韓半島においての戦争抑制を共同で保障するよう要求したい」とのべ「軍の民主化、政訓教育の助けなどを通して祖国守護の信念に透徹した精鋭国防を実現したい」と強調した。

新民党、党大会十二月に延期

新民党は十一月開会の予定だった定期党大会を予算国会の終わる十二月十日ごろに延期、大会を大田あるいは大邱など地方の都市で開くことにしたが、それまでに在野人士の抱込み工作を強化して大会で大挙入党させる方針である。なお、柳珍山党首は金大中同党大統領候補との間でこのような方針に合意を見ている。

金大中候補と[illegible]政務会副議長はそれぞれ別々に在野人士らと広範な接触を持ち新民党入党交渉をくり広げてきたが、このような一連の抱込み工作の中には国民党創党作業に加担している金相敦、金善太、[illegible]氏、そして新民党で停権処分を受けている張俊河、朴[illegible]議員らの復帰勧誘も含まれているという。

"北"の攻撃阻止線で
国軍近代化 韓米会談合意へ

駐韓米軍削減問題と韓国軍装備近代化問題を同時に協議してきた韓・米両国実務者会談は①駐韓米軍は一個師団規模で撤収するが、撤収の時期と方法についてはなお協議を続ける②韓国軍装備近代化問題はその品目、数量、支給方法などについても双方の見解が調整され、一両日中に丁来赫国防長官とマイケリス駐韓米軍司令官の会談を通して了解覚書が交換される運びとなった。

丁来赫国防長官はこのほど、「国軍装備近代化は北傀の先制攻撃を阻止することのできる水準を維持する線で妥結され、海・空軍増強に力点を置いた」と明らかにしたが、韓・米軍事会談は約[illegible]カ月間に[illegible]回にわたって行なわれ、米側は対韓軍援をふやすなどして韓国軍の戦力近代化（[illegible]年度から五年間に実施）を米国が保障する代わりに駐韓米軍一個師団を段階的に撤収することを韓国側に提議、韓国側は"先保障"の[illegible]米軍が先に合意されたため同米軍削減[illegible]に同意した。

現在、韓国には米第八軍の第二、第七歩兵師団が駐留しており、そのいずれかが引揚げることになろう。

カイザー基地閉鎖を発表

駐韓米軍司令部は十五日、軍事休戦線後方にある第七師団のキャンプ・カイザー（京畿道漣川、兵力二千五百人）を十一月十五日に閉鎖すると発表した。

韓国政府はすでに韓国軍装備近代化の保障を米側から取りつけた上で米一個師団の段階的撤収に同意していたが、このキャンプ・カイザー基地の閉鎖発表で撤収するのは第七師団ではないかとみられている。

キャンプ・カイザー基地には約九百五十人の韓国人従業員がおり米軍当局は従業員の他の米軍機関または民間への再就職に努力するとの通告を行なっている。

共和党事務総長 吉在号氏を任命

朴正熙大統領（共和党総裁）は十五日、同党事務総長に吉在号政務担当無任所長官を任命、政務担当無任所長官には白南億同党事務総長を起用、発令した。

この人事は来春の大統領選、国会議員選に向かっての組織固めとして注目されている。

カナダと中共の国交樹立にコメント

外務部当局は十三日カナダと中共が外交関係を樹立したことにたいし「カナダと中共は両国間の関係改善のため、接触を長い間進めてきたものであり、この問題でただちに何らかの影響が及ぼされるとは思わない」と語り「こんごもわが国とカナダとの友好関係には変化がないものと確信する」とつけ加えた。

ファントム機三個大隊韓国に移動

在韓米空軍当局は、米第五空軍所属のファントム機一個大隊が十月末ごろ日本横田基地から韓国に移動すると発表した。

これは、アグニュー米副大統領がさる八月末韓国を訪問したさい韓国政府に約束した「米国は駐韓米軍削減に伴う措置として三つのファントム機大隊に編成された米第三四七戦術飛行団を韓国に移動させる計画だ」との通告を実践にうつすものだといわれる。

現在米空軍は韓国にF4ファントム、F105サンダーチーフ機など七個飛行大隊を駐在させているが今月末にファントム機一個大隊が移動してくれば、[illegible]個大隊に増強される。

緊張緩和の態度示せ
崔外務 北韓備忘録に反駁

崔圭夏外務長官は九日、さる九月[illegible]日発表された北傀のいわゆる"政府備忘録"[illegible]「北傀のいわゆる[illegible]和統一方案は[illegible]一部世論を[illegible]ただと指摘し「北が[illegible]心から願うならば、[illegible]すべきで、すべての戦争挑発行為を即時に中止し、武力使用や暴力革命による大韓民国転覆を[illegible]てきた従来の[illegible]ということを行動で示さなければならない」と述べた。

北傀は第二十五回国連総会[illegible]韓国問題討議に[illegible]不可侵条約、南北減軍、UNCURK（国連韓国統一復興委員団）解体、国連の[illegible]条件[illegible]するが、これに対し崔長官は「北韓は国連が韓国問題を討議することができるという国連の権威と権能をはっきり受諾しなければならない。これだけが北韓がなし得る最小限の誠意表示だということを確認すべきである」と強調した。

なお、崔長官は"平和を追求する国連"を北傀が敵の一員とみていることを指摘し、かつ国連の[illegible]に力をかけている"矛盾"を指摘している。

71年アジア労相会議日程決まる ソウルで九月に

政府は一九七一年のアジア労相会議を来年九月二十六日から十月三日までソウルの朝鮮ホテルで開催することに決めた。

この会議は六九年一月のカルカッタ会議での合意に基づいて開かれるもので、韓国、日本、オーストラリア、パキスタンなど二十カ国の代表六十人とILOのオブザーバーが出席する予定である。

同ソウル会議の議題は、アジア地域での働き手をひろげるための技能水準標準化、七〇年代のアジア[illegible]

特報

カナダと中共の修交
信頼外交に再検討を
国際信義にもどる過酷な現実

カナダ政府は十三日、北京政権を中国唯一の合法政府と承認、国交を樹立した。これに対し国府は、この国交は"自動的断交"となった。カナダが北京政権を承認しようと動き出した理由は①中共のカナダからの小麦買付けなどにみられる経済・貿易関係の拡大②トリュード・カナダ首相の政治理念（世界の人口の四分の一が住んでいる地域の中共を承認すること）③自主外交の追求――などの諸点にあったようだが、自由諸国のうちの大国カナダが、中共を承認したことはさきにフランスが、中共承認に踏切ったときのような一つの"足跡"をしるした。無論これがいま直ぐにどう影響するというものでないことは確かだが、こんごの国際政治に新たな波紋を呼ぶことになるだろう。

カナダがこのほど中共政権を承認したことには、無論道義的承認でもなく、またその路線に同調したというのではない。ただ"現実"を認定したということにすぎず、いわゆる"平和共存"への指向が具現化したと解しうる。しかし、その結果と影響面からみると、[illegible]現実主義のあらわれであり、また"権力政治"の妥協の結果だったといえる。

トリュード内閣のこうした措置に対し、シーフェンベーカー前首相は「全く衝撃的だ」と評し「国府政府に対する何の単約も明らかにしていないのは何たることだ」と非難した。

▽アジア人の道義感情傷つける

このカナダ政府の措置は国際信義を度外視したものだった。その意味でアジア人の道義感情を傷つけた。従って、アジアではカナダが尊敬あるいは信任を得ることはむつかしいことになるだろう。

カナダは大平洋戦争以来いまだにわたる戦友の国府を無理に見捨てて、この"敵"と修交を結んだ。人によってはこんどの中共承認は将来、米国と中共との関係を改善し"和解と信頼"へ導く橋渡しとなるだろうと期待する向きもあるが、これは"中共の首相と性向"を知らぬ論法である。毛・林体制の生理を知れば、国際政治の有能的"動き"ということからだけで、将来を論ずることはできない。中共の、老化した教条主義集団の頑固な"革命的"（好戦的）性向がカナダ政府の承認によって体質改善されるはずもないからである。

従って、こんご中共を国際社会により深く引入れるということも不可能だろうし、また北京政府の国連加入を

カナダはかつての韓国戦争に参加した十六カ国の一員であり、国連で中共を"侵略者"と規定したのに参加した一国であった。このカナダが中共を承認したということはわれわれにとっては冷酷な現実であった。

いま、世界では国連全体国六十五カ国のうち五十二カ国が中共を承認している。カナダは五十二番目の中共承認国であるが世界の情勢は"二つの中国"論を通って"一つの中国"、"一つの台湾"論に移行しつつある。だが、米国が「中共の台湾に対する主張」を認めるわけがないし、また日本も佐藤内閣が在任する間はそのようなことはしないだろう。

▽韓国戦争参加の一員が中共と……

カナダによる中共承認は北京政府の指導力"向上"に最大の寄与をしたといえるが、一方カナダには経済的国益追求と外交的独自路線の選びということになるだろう。これもカナダは国際的信義を失う、という大きな代価を払ったことになり、これと、どの程度相殺できるかはこんごの問題をまつよりほかはない。

通して世界の緊張緩和がなされるという期待もうすい。ましてや、これをもって世界の平和機構"国連"の機能強化への寄与などと考えるわけには行かない。

一方、ウ・タント国連事務総長は中共の国連加盟は七一年以前には不可能だろうと展望している。

国連では昨年の重要事項指定問題で、中共加盟支持は五十六対四十八で敗れ、票決八、棄権[illegible]となったことが注目された。

ところで、中共の国連加盟問題は次の総会[illegible]取扱うべきでは[illegible]中共加盟で韓国[illegible]中国（台湾）をどう取扱うかの中共が[illegible]国という地位を[illegible]ことは火を[illegible]が、北京路線の変更あるいは毛・林体制の[illegible]可能かの中共が常任理事国なら、日本と[illegible]て登場しうるのではないか――などの問題[illegible]この場合北傀が予想される事態を百二十パーセント[illegible]させるのではないか、ということは確かである。

もし、そのような事態が到来すれば、国連の機能は[illegible]化されるどころか、その存在さえ危ぶまれることになりかねない。

▽[illegible]戦国信頼の基調外交を再検討

韓国の立場と政府はカナダの中共承認によって何らの衝撃ももたらされないだろう。しかし、韓国はこれまでの国連中心および韓国戦争への参戦国[illegible]した外交方針を慎重に再検討しなければならぬ時期にさしかかっているといえよう。

無論、国際的現実と環境の変化に[illegible]対応しなければならないが、しかし、いま韓国はいずれは[illegible]の[illegible]えることによって当面の"挑戦"[illegible]ならない。

修学旅行中の中学生四十六人が焼死

十四日午後四時二十分ごろ、ソウルの南西約八十キロの温陽温泉近くの忠清南道牙山郡排芳面にある国鉄長項線踏切で、ソウル市京西中学三年生の男子生徒七十五人を乗せた観光バスがソウル発長項行の特急列車と衝突、十数メートル引きずられて炎上、四十六人が焼死、三十一人が重軽傷を負った。死亡者はほとんど全員が"焼死"という悲惨さだった。

生徒たちは修学旅行を終えてソウルに帰る途中だったが、警察の調べによると原因は観光バスが踏切で、一時停止を怠ったためらしい。

高校生14名、即死の惨事

京西中学生の事故を終えた翌日のさる十七日、釜山方面にゆく修学旅行列車が江原道原州駅南方のトンネル内で上り貨物列車と正面衝突、高校生十四名が即死約六〇名が重軽傷を負う事故があった。ミスによる修学旅行生の相つぐ惨事で文教、交通行政が世論の非難をよんでおり、その波紋は大きい。

洪文教、白交通長官辞表を提出
修学旅行生事故責任を負い

洪鍾哲文教部長官と白善燁交通部長官は十五日、忠清南道牙山郡排芳面で起きた特急列車とバスの衝突で、四十六人もの生徒を死なせた事故（35頁参照）の責任を取って丁一権国務総理に辞表を提出した。

洪、白両長官はこの日それぞれ記者会見をし、文教行政および交通行政の最高責任者としての責任を負い、辞意を明らかにしたと述べ、また、遺族には心から哀悼の意を表し少年たちの冥福を祈ると語った。

韓日間で大陸棚石油開発鉱区会談

外務部筋によると、大陸棚石油開発鉱区にかんする韓・日外交会談が十一月四日から三日間、ソウルで開かれる。

この会談は韓国政府が先に宣布した第五鉱区と第七鉱区の一部が重複しているとして日本側の外交交渉申入れによるもの。

故金龍煥氏銅像除幕式

写真除幕なった故金団長の銅像(右)と参観者たち(左)

在日居留民団の"鑑"

組織の功労永遠に顕彰

かねてからソウル南山の反共センター前に建設中の元民団愛知県本部団長故金龍煥氏の銅像がこのほど完成。その除幕式が、さる十月二日丁一権国務総理をはじめ、在日居留民団関係の参観者など、関係者五百人余が参加して盛大に挙行された。

この日午前十[illegible]十分、丁一権国務総理の到着と同時にソウル市[illegible]が[illegible]「故郷の春」を奏でる中で開始された同除幕式は、[illegible]長による経過報告があったのち、丁一権国務総理、朴[illegible]、徐[illegible]東本[illegible]、[illegible]民団中央団長、[illegible]民団愛知県本部団長、金山政英駐韓日本大使、それに故金龍煥氏の未亡人および[illegible]らによって銅像の除幕がおこなわれた。続いて国務総理によって花輪が捧げられたのち[illegible]

[illegible]

銘文にきざむ遺徳

ここに立っている金龍煥志士は在日本大韓民国居留民団の鑑である。慶北[illegible]出身で[illegible]以後二十余年間、反共[illegible]の先頭に立って同胞の団結と組織の強化のために[illegible]した功労者である。[illegible]

無期を求刑

犯人権載〔〕の公判

[illegible]年の十一月十[illegible]日、故金龍煥元民団愛知県地方本部団長を殺害した[illegible]の公判が十月三[illegible]日午前十時から名古屋地方裁判所[illegible]

徴収経費を返還

大田支部 万博招請未入国者へ

民団大田支部(団長[illegible])では、さる九月二十八日同支部第二回任員拡大会議の決議によって万博招請未入国者への招請経費を招請者に返還することにした。

[illegible]

なお、同支部では一応徴収金を返還したのち上部機関とも折衝をつづけ、これら未入国者ができるだけ日本入国の機会を得られるよう努力するとしている。

婦人会東本でも秋の慰労会

さる十四日、婦人会東京本部(朴琪先会長)管内の婦人約五〇名は都下秋川渓谷の花郎台へ、花郎台見学かたがた日帰りでバスハイキングにおもむいた。

この日はあいにく朝から雨にみまわれ、期待の秋の散策は果せなかったが、[illegible]員らの指導でフォークダンスに興ずるなど、親睦と慰労で楽しい一日をすごした。

世界仏教指導者大会終わる

ソウル・ウォーカーヒルで開かれていた"世界仏教指導者大会"は三日間の会議を終えて十二日閉幕した。同大会は十六ヵ国から七十六名の仏教指導者たちが出席した中で、世界平和と人類の[illegible]を増進するため、"世界仏教連合"(仮称)をソウルに設置することに合意、七人小委員会をつくって連合会組織準備作業に取りかかることにした。七人小委の委員としては、インドのジナラトラ師、マレーシアのダンマナンダ師、国府のタオ・ワン師、香港のコック・クワン師、南ベトナムのカオ・ダン師、韓国の[illegible]師が選ばれた。

なお、大会は十六ヵ国仏教指導者たちの共同名義で声明を発表し①すべての人間が円満な人間本性を顕現するよう努力する②世界の国家、地域、宗教、人種対立を解消し、国民間の理解と協同を[illegible]とした全人類同胞愛を発揮する③三十五億の世界人が仏(ほとけ)の尊厳を自覚し仏徒の[illegible]するよう要請する——などを明らかにした。

板門店で北韓警備員らが集団暴行

十二日午前十一時ごろ、板門店共同監視区域で作業中だった韓国人従業員と米軍警備員たちが北韓側警備員および作業夫ら約三十名からツルハシ、シャベルなどでメッタ打ちの集団暴行をうけ、一名が重態、五名が負傷した。軍事停戦委員会国連軍側代表団はこの事件を重視し、同日午後北韓側に強く抗議し、また、十[illegible]日午前十一時に予定されていた[illegible]軍事停戦委本会議を拒否すると通告した。会議を国連側が拒否したのは一九五三年の停戦以来初めてのことである。

国連軍側はこの日数名の韓国人従業員[illegible]を[illegible]内に入れて内部[illegible]工事をしていたところ、北韓警備員の一人が警備中の米軍憲兵に何の理由もなく突然飛びかかり米兵の腕章を取りはずした。国連側警備将校たちはこれを止めようとしたが、北韓警備員と北韓側建設工事現場にいた作業夫ら約三十名がシャベル、ツルハシ、こん棒などで集団暴行を加え、倒れた米警備兵の頭をシャベルで乱打、軍憲に届らせた。また、共同監視区域の監視に当たっていた中立国監視委員団スイス代表のウィリク中尉は暴行されている米警備兵を救出しようとして負傷した。

三機関長とも再選

中野支部で定期総会

中野支部総会のもよう

民団中野支部の第二十回定期総会が十月十八日午後一時から同支部二階の会議室でひらかれ同支部新年度(十月から七十一年四月まで)活動方針ならびに予算案を討議してこれを可決するとともに役員改選を行なった。

総会には、約八十名の男女団員が参加したほか来賓として駐日大使館の李楠基総領事をはじめ東京本部から鄭在俊団長、徐興錫監察委員長らが参席した。

総会は定刻、成数通同支部事務部長の司会でひらかれ国民儀礼ののち在日韓国人教育憲章を朗読、高潤浩議長の開会のあいさつ、李鳳学団長、鄭道俊監察委員長らのあいさつがあったのち東京本部の鄭団長、李総領事、徐東本監察委員長、柳興変同支部常任顧問、安泰出韓国学校理事長らが来賓祝辞をのべた。各来賓ともその祝辞を通じて「永住権申請の促進」を強調したが、とくに鄭東本団長は永住権取得の利点を詳細に解説し朝総連の虚偽宣伝にまどわされず一日も早く申請するよう有資格者の覚醒を訴えた。

つづいて総会は、各機関の経過報告があり質疑が行なわれたが、さすがに永住権についての関心が多いとみえてそれについての数々の疑問点に対する質問が多くなされた。それらの質疑に対して鄭東本団長が詳細明解に応答した。

討議事項にうつって①新年度活動方針案(組織強化、永住権申請の促進、民族教育の振興、傘下団体の育成、基本財政の確立、団費の再調整その他)②新年度予算案(十~四月総額二百三十九万余)を討議、執行部原案に異議なくこれを可決した。

引きつづいて任員の総辞職が行なわれ一同拍手をもって任期中の労をねぎらい新任員の選挙を行なった結果別項のとおり決定した。

新任員は、各機関長とも再任されたが李鳳学団長は、各機関を代表して「団員みなさまの協力をえて今後とも充実に団結を推進し、"同胞永住権申請の促進に全力をつくしたい」とあいさつした。

なお、新任員の名単はつぎのとおりである。

△団長李鳳学 副団長[illegible] △議長高潤浩 副議長[illegible] △監察委員長鄭道俊 同委員金完烈 同[illegible] △事務部長成致運

本国入国許可申請に永住権申請完了資料

駐日大使館では、在日同胞が本国入国許可を申請する場合は、永住権申請を完了したという証明の[illegible]た。

支部だより

足立 △婦人会足立支部[illegible]の第十回定期総会が、さる四日午後一時から支部講堂で開かれ、活動経過報告、方針案等を活発に論議するとともに、役員を改選し、新会長には徐永華氏、副会長に[illegible]の両氏をそれぞれ選出した。とくに総会では来年一月半ばに申請が締切りとなる永住権の取得促進を民団との協力でいっそう強力に進めることを確認した。なお婦人会東京本部から朴琪先会長、朴副会長らが参席し、総会を祝福した。

税務講座

〈所得税関係〉 租税特別措置法②

在日韓国人納税貯蓄組合東京連合会提供

事業用資産の買換え

いわゆる事業用資産の買換えの特例制度においては、農業振興地域を農業上の誘致区域として定めている(措法三七条一項の表の六号、措令二五条七項、八項)が、地域内部の買換えは特例の対象となっていなかったので、今回、農業振興地域の整備に関する法律の趣旨にのっとり、農業振興地域内部での買換えについても買換えの特例の対象とすることとされ(措法三七条一項の表十号)。

すなわち、次の(1)に掲げる譲渡資産を譲渡して、(2)に掲げる農地保有の合理化に資するよう譲渡等のあっせんをすることになっている。

これらの譲渡は、勧告、調停というある程度の強制的要因に基づく点や、農業地区域として保有合理化という政策要請に即応したあっせんに基づく点を考慮し、一般の任意譲渡の場合の百万円の特別控除に代えて百五十万円の特別控除を認める制度が創設された。

すなわち、農業振興地域の整備に関する法律の規定に基づく市町村長の勧告、都道府県知事の調停、農業委員会のあっせんにより土地等を譲渡した場合には、その年中のその土地等の譲渡については、百五十万円の特別控除が認められる(措法三四条の三)。

三百万円の特別控除の適用範囲の拡大

現在、特定住宅地造成事業等のために土地等が買いとられる場合には、譲渡所得の計算上三百万円の特別控除が認められているが、今回、この三百万円の特別控除の適用対象に、新たに自然公園法の規定により特別保護地区(国立公園又は国定公園の特別保護地区)として指定された区域内の土地が国又は地方公共団体に買い取られる場合が加えられた(措法三四条の二第二項)。

居住用財産の譲渡所得の千万円控除の規定の整備

居住用財産を譲渡した場合の千万円の特別控除は、従来、居住用資産について収用等の場合の譲渡所得の課税の特例の適用を受ける場合には適用されないこととされていた。

しかし、従来の規定では、たとえば、農地と居住用財産について一の買取りの申出に基づき収用等をされる場合に、その年において農地等のみを譲渡し、翌年に居住用財産を譲渡すれば、その者は農地等の譲渡については収用等の場合の千二百万円控除の特例を受け、翌年の居住用財産の譲渡については居住用財産の千万円控除の適用を受けることができ、合計二千二百万円まで特別控除の適用を受けることができる余地があった。

これは、収用等の場合の千二百万円控除については、一の買取りの申出に基づき二以上の年にまたがって土地を譲渡した場合でも、最初の年に行なわれる譲渡のみにしか適用されないこととしている(措法三三条の四第二項二号)ことや、その年中の譲渡に係る特別控除額は、その年中の総ての資産の譲渡を通じて千二百万円を限度とすることとしている(措法三六条一項)ことと斉合性が保てないことになる。

そこで、今回、居住用財産の譲渡が収用換地等によるものであれば、その者が収用換地等の場合の課税の特例の適用を受けると否とにかかわらず、その譲渡については、居住用財産の譲渡所得の千万円の特別控除は適用しないことし、規定の整備が図られた(措法三五条一項)。

特定の事業用資産の買換えの場合の譲渡所得の課税の特例の適用対象の拡大

(1) 買換取得資産が同一市町村の区域内にある場合の買換えの特例を認めることとされた。

(1) 譲渡資産は、次の①又は②の農用地区域等にある土地等

① 農業振興地域の整備に関する法律に基づき、都道府県知事が指定した農業振興地域について、その地域内にある市町村が定めた農業振興整備計画において農用地区域として定められた区域

② ①の市町村により農業振興地域整備計画はまだ定められていないが、都道府県知事が定めた農業振興地域整備基本方針では、農業振興地域として定められている地域内にある農用地等の区域

(2) 買換取得資産は、右の①の区域内にある土地等で、農業振興地域の整備に関する法律の規定に基づく市町村長の勧告に係る協議、都道府県知事の調停若しくは農業委員会のあっせんにより取得したもの又は②の区域内にある土地等で農業振興地域の整備に関する法律の規定に基づく農業委員会のあっせんに準ずる農業委員会のあっせんにより取得したもの

また、過疎地域としての既成市街地等に名古屋市(周辺部を除く)を加えるとともに、誘致区域に過疎地域対策緊急地域が加えられた(措令二五条五項、七項)

(つづく)

金東善の身柄引渡しはどうなる?

〈富士銀行の19億不正融資事件〉

朴観淑

◎……富士銀行十九億円不正融資事件の被疑者金東善(四六、日本名有馬哲)の身柄引渡しに関する審理はパリの控訴院で十二日午後グージョン裁判長下、ジョフリ検事、ブルギニョン弁護人立会のもとに開かれたが、裁判長が型通りの人定尋問のあと、身柄を日本に引渡すことなどを記載した検事の書類に同意するかと金に質問すると、金はこれに対し「ノー」と答えた。次回の審理は十九日午後二時から再び同じ場所で行なわれることに決まった。金側のブルギニョン弁護人は「審理は二週間延期してもらうつもりだ」と語っているので、身柄引渡し問題はかなり先に延びる見通しである。……◎

日本の富士銀行十九億不正融資事件で主犯の一人として知られている在日韓国人金東善が逃亡先のフランスで国際警察の協力により逮捕された。ところがこの金東善の引渡し問題をめぐって韓国、日本フランスの三国間で複雑な法的問題が起きている。それは韓日仏三国間に犯人引渡し協定が結ばれていないというためで金東善の国籍は韓国、犯罪をおかした所は日本逃亡先がフランスで、この三ヵ国にまたがった問題となったわけだが、現在微妙な問題となっているのは犯人引渡しに関する条約が三国間にないということに起因している。

法体制は属地主義が基本原則

国際法上からみるとき、ある国で犯罪を犯した者が他国に逃亡した場合、その両国に犯人引渡しに関する条約が締結されていない限り、後者は前者から犯人引渡し請求があっても引渡す法的義務はない。ただ、犯人を引渡すか否かはその国の裁量一つにかかっている。しかし、この場合、法的義務はなくても、政治犯を除いては引渡しをするのが国際的慣例となっている。それは友好国家間の司法的協力の一表現だともいえようが、しかし、これはあくまでも国際礼儀上の好意によるものにすぎない。

さて、こんどの十九億円事件では金東善の逃亡先であるフランスに対して、金東善が国籍をもつ韓国も、犯罪地所属国である日本同様、犯人引渡し請求をすることができる。無論日本は、この事件が日本領域内で起きた犯罪であるから、日本国内法によって当然、金を処罰することができるが、韓国もまた、たとえその犯罪が国外で行なわれたものであっても韓国国民による犯罪であるため、韓国国民の国外犯に関する刑法第三条によって刑事裁判権を行使することができる。しかし、犯罪地所属国の日本と、犯罪人の本国である韓国が共にフランスに対して引渡し請求をする場合には国際法上、犯罪地所属国である日本に優先権がある。というのは現在の法体制が属人主義、保護主義も加味しているものの、それよりも属地主義を基本原則としているからである。

金が韓国法で処罰される場合

しかし、もし日本が請求を放棄すれば、フランスは韓国に引渡すことが可能で、無論韓国は引渡しを受けて韓国法によって犯人を処罰することができるのである。またフランスが日本および韓国のいずれにも引渡さず、金にフランスからの強制退去を命じた場合、そして金が韓国にやってくると仮定した場合は、やはり韓国で韓国法によって処罰されることになるのである。

この時、日本がもし韓国に対して金の引渡し請求をしたとしても韓国は国際法上の"自国民不引渡し"の原則によって、日本の請求を拒絶することができる。そしてこれは決して違法ではない。だが韓国側が日本との友好関係を考慮して犯罪地所属国である日本にすすんで金を引渡す場合は例外である。

なお、もし金がフランスから強制退去を命ぜられ、第三国に行くという場合も仮定できるが、この場合はその第三国家に対して日本および韓国はフランスに対する場合同様法的権利以外の"引渡し請求"をすることができる。

フランスの逃亡犯人引渡し法

報道によれば金東善はさる四日夜、パリのマイアミ・ホテルでフランス警察によって逮捕され、現在は最高裁判所の拘置所にいるという。ここの規則では仮拘禁期間は二十四時間であるが、一九二七年のフランス"逃亡犯罪人引渡し法"によると「引渡り要件に該当する場合は逮捕日から二十日間拘禁を延長することができる」と規定されており、またアジアなど遠隔の地の場合はそれを三ヵ月間に延長することが可能になっている。

従って、こうしたフランス国内法上の手順により、遠からず"引渡し"いかんの最終的決定がなされることになろうとみられる。

金東善は現在、犯罪事実を強く否定しているといわれるが、在日韓国人たちは日本国内のマスコミ報道態度が韓国人である金東善にすべての犯罪をおっかぶせようとしていると主張しているとも伝えられており、事件の帰趨(すう)が注目される。

何はともあれ、金の引渡し問題は関係国家間の良識によって円満に解決されるだろうと思うし、またそうなって欲しいと望みたい。ただ問題の金東善が在日韓国僑胞だという点を考慮するとき、さきの金嬉老事件の悪夢がようやく忘れ去られようとしている折に、また別の犯罪事件でそれがよみがえるかも知れぬという憂慮を抱くのは単に筆者だけではあるまい。

韓日両国民間にミゾのできぬよう…

この種の決して誇りにならぬ事件のために、韓国両国国民間の友好関係にミゾのできることのないよう希望する。

なお、金はいま心臓病をわずらっていると伝えられる。罪を憎んで、人を憎まず……。基本的人権がじゅうりんされぬ方向で迅速かつ適切な解決がなされるよう望むものである。

全混血児に職業補導訓練

保健社会部は、親国社会に適応しにくいといわれる混血児全員に職業補導訓練を施し、海外移住または海外就業をあっせんする方針である。

海外国民 戸籍実務講座

①法院行政処・提供

本稿は一九六九年十一月二十五日から十五日間本国の法院行政処・崔世鳳訓令局長ならびに法政課根誠浩戸籍係長が来日して戸籍実務講習会を開いた際、教材としたものでその中から重要部分を抜萃し民団の実務者はもちろん、在日同胞各位の参考に供すべくここに連載する。〈編集部〉

序論

1、権限=大韓民国在外公館職制第十三条一項四号により在外公館の長は、戸籍事務を分掌するよう規定されている。従って外国にいる大使、公使、領事は、その国にいる韓国人の戸籍法上の申告または、証書の謄本を受理し当該国に寄港した船舶の船長の出生、死亡に関する航海日誌の謄本を受付する権限をもちまたこれを外務部長官を経由、本籍地市区邑面長へ送付しなければならない。(法39・41・54・240民8・14)

外国駐在の外交官は戸籍の調製、戸籍の記載はできないため本来の戸籍管掌者ではないが申告等の処理機関として、戸籍事務の一部を担当する。このため在外公館長の戸籍事務の処理は本籍地外の市邑面長と同一の権限をもつといえよう(例規193)

2、監督=外国駐在の大使・公使・領事は前述の如く特殊な戸籍事務代行者になっており従ってこれに対する直接の監督者は外務部長官であり法院は外務部長官を通じて戸籍事務に関する訓令をするのみである。

戸籍の申告

外国駐在の外交官は・戸籍申告を受理する特殊機関であることは前述のとおりである。そこで戸籍申告は戸籍記載の基本になる事由中最も重要であり中心をなすといえる。それは申告により身分関係の多くが形成され法の戸籍法の大部分が申告に関する条文であることを見ても解る。

一、申告の種類

申告には既成事実と既成法律関係に関する報告的申告ならびに一定の身分関係の発生変更消滅の効力を生ずる身分行為の方式での創設的申告がある。

報告的申告には出生申告(法49-59)裁判または遺言による認知申告(法60-64)認知された胎児の死亡申告(法65)裁判による入養無効・入養取消申告(法11)裁判による罷養・罷養取消申告(法75)裁判による婚姻無効・婚姻取消申告(法79)裁判による離婚・離婚取消申告(法81)父または母の親権・管理権の喪失と失権宣告の取消申告(法82)後見開始申告(法83・85)後見人更迭申告(法84)後見人終了申告(法86)死亡申告(法87-94)失踪宣告取消申告(法95)戸主相続回復申告(法100)無籍者申告(法106)帰化申告(法109)改名申告(法113)就籍申告(法116-119)戸籍訂正申請(法120-123)などがある。

創設的申告には入籍・復権申告(民782・787・790・791・795・法102-104)廃家申告(民793・794法105)廃家無効家復籍申告(民786~II・787~III・867~II・法198)分家申告(民788・789・法107)婚姻申告(民812・814・法76)協議離婚申告(民836法79)認知申告(民859法60~65)協議罷養申告(民904法72~75)一家創立申告(法706)転籍申告(法114・115)などがある。

(つづく)

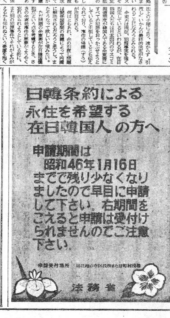

大物スパイ、告白の記

私は北傀を告発する

（19）

姜大振

長期潜伏で地下組織

海岸接線に武器貯蔵庫も

新工作の指令

六六年の暮れは思いもかけず〝最上の休暇〟となった。私は金日成首相が直接持ってきてくれた上佐の軍服をき晴れやかに帰宅した。胸にはピカピカの階級章がいかにも高級将校の服装らしくいかめしく輝いており、私を得意にさせた。

この上佐の軍服は私がスパイ教育をうけるときあずけておいたもので、私は上佐になるとすぐ、[illegible]スパイ専門にはいったので、これを着るのはこの時が始めてだった。

〔一今日成の特別指令で〝無人工作組〟〕

海州に着くと妻が喜びの涙で私を迎えてくれた。しかし、楽しい日々の何と早くたつことか。流れるように三週間は過ぎて、六七年の一月四日、私は再び海州を離れて平壌に向かうことになった。また、新しい工作にはいらなければならなかったからである。

首を長くしていた私のところへ一月五日、金今策北部相当部長が一人の見知らぬ男を連れてきて「先生と同郷の鄭大煥です」と紹介した。私はこの鄭下の鄭と、私が南派から救出してきた権クンジュと三人組を編成するよう命ぜられた。われわれ三人は金日成から特別指令を出された〝特別工作組〟だと聞されたが、実際のところ、私はまた〝南派〟か、目の前が真暗になった。

この七に権クンジュが政治大学の課程を終えていたことから、すでに一応の教育・訓練を終えた私と鄭土煥が組といっしょに再び政治大学の入学を強いられた。チーム・ワークが大切であるからとまた政治大学の学生になったのは仕方ないにしても、またいやなのは、いった車、昨のう、同じく砂入りの[illegible]をくりかえす訓練は若くはない私のからだをさいなむように苦しかった。

こうした二月二十日のことである。指導員がわざわざ、われわれの寝所にまでやって来て「今日はこれから中央党連絡局長室で指導員のおことばがあるから全員正装して出かけるように……」といった。

李孝祥が再びわれわれの前に本式に姿を現わしたとき、われわれは服を着替えると黒いセダンに乗せられて会場に運ばれ、しばらく待たされた。その会場にはすでに中央党組織部長や金[illegible]部長もきており、[illegible]一つ動かさず、高模ちゃん六日間で見く「ご苦労」といった。そして茶を一すすりすると「これから南派する金日成首相同志の教示を伝達するからよく注意して聞くように……」と前置きして次のように〔一般は普通に働いて夜間だけ工作活動〕なっています。多くの六六年十月の中央党代表者会議において、またも六七年一月二十日に偉大なる首領金日成首相同志が連絡局指導員たちに教示されたものを先生がたに直接伝えられるはずです」と。

まもなく、李孝祥局長が現われた。（李孝祥はこの翌年、一・二一事態の北傀武装ゲリラソウル侵入事件などの失敗による対南工作の責任を問われて粛清された。）

▽対南工作は積極的攻勢的に転換

「金日成首相同志はこれまでの対南工作が消極的すぎると指摘され、その間、せいぜい[illegible]度でしかなかった工作活動をさらに積極的に攻勢的に転換させなければならぬと教示された。すなわち、こんごの対南工作は金日成首相同志の仰せに従い、より大幅に拡大、工作員たちは[illegible]敏な者たちを大々的に誘拐することになった。なお誘拐者にはゲリラ特別訓練をほどこし、小隊ないし中隊規模の火力を[illegible]南派を実施、遊撃活動を展開すると[illegible]

李孝祥局長の対南工作に対する演説はこれから長々と続いたが、その内容を要約してみると次のようなものになる。

(1)おく優秀な信用のおける地下党員を多数養成して南韓に潜伏させ、地下党組織網をつくり、これを拡大して[illegible]を組織すること、[illegible]

員として優秀な女性たちを多数運び、大衆に[illegible]その協力を得ることになった。ここでトンムたちの任務は以前にもまして重要となってきたわけであるが、これからトンムたちのなすべき使命は南に浸透して地下党組織をつくることである。いま南では反共意識が高潮しているため、地下党組織の潜伏活動により、南の人民を動揺させ、さらに経済を混乱せしめてその発展をさまたげ、地下からくずれさるような形で赤化統一を促進させなければならない」と。

北韓にマジメな人間という印象を多くの人たちにきざむことだ。

(2)他の組の工作員組は海岸接線地域に武器貯蔵庫を設置する。これは〝決定的時期〟に必要なものであり、これまでは北韓から武器を運んできてはカモフラージュしてかくしておく、そこを秘密アジトにすることも重要な方法であろう。[illegible]絶対に知らせてはならない。

(3)また、別の種の工作員組は[illegible]学生には政治的、社会的不安を醸成しながら理論的に扇動してデモを起こさせる。

一方、大学を出て国民学校の教師をしているとか[illegible]不満を抱いている者を抱きこむことは非常にいい。[illegible]

的インテリの者たちは彼ら自身疑問が多いので、われわれにすればことにあるが、たとえば農閑期に〝水の争い〟が起きるように演出すれば[illegible]

〝うけによい方法〟があると、まことしやかな話をすることが一ばん乗ってくる手だ。そして海のゲリラ方式が一ばん成功率が高いだろう。たとえば南の船主と関係を持ち、漁船などに予定した人員を乗せて船出し、公海近くまで航行してきたときに強制的に拉致すればよい。

▽長期潜伏の工作活動に変更されて……

以上のような李孝祥の南派工作の話は結局、これまでの工作活動が単夜工作（一夜のうちに工作を終えて北に帰ること）であったのを改めて、長期潜伏の工作活動にするというものであった。

これは、われわれ工作員にとってはきびしい暗い任務であることに間違いはなかった。（つづく）

（SISA）

筆者の姜大振氏は南派された北韓スパイの最大級大物、元北韓軍上佐（中佐と大佐の間の位）。最近韓国に帰順した。

慶州・仏国寺の秋景

韓国統一展望の諸問題 ①

朴大統領の8・15宣言を中心に……

（東国大法政大副教授・政治学） 李 廷 植

統一はいつ？どのように？

一九六〇年十一月に当時の執権層が「統一方案」を含む「国民与論調査」を行なったことがある。統一方案についての集計はさておいて、「出身地別」集計だけを問題にしてみよう。

いろいろな統一方案のうち「国連監視下の南北総選挙」に積極的な態度を表明した比率が二、三九三名のうちもっとも多い四五五名（一九・〇%）であった。その次の態度表明は「わからない」が一、四六一名（六一・一%）であった。ここに統一方案に関するいくつかの重要な態度反応をみると各表のとおりである。（表1、2、3）

また、一九六二年十月に実施した「全国大学生意識ならびに実態調査」にも「南北統一予想時期と南北統一の効果的方案」などを含む態度調査の結果が出ている。〈表4、5〉

また、一九六八年四月にも「反共施策」に対する与論調査を行ないながら「南北統一の達成時期」を問うたことがある。その応答内容は〈表6〉のとおりである。そして「南北統一の障害要因」に対する応答結果は〈表7〉のとおり現われている。

さらに「南北統一論議」問題についてはつぎのとおりである。①自立経済と政治的安定が達成されるまで統一論議は延期すべきである。がソウル四三・八%地方三五・七%②いますぐ国土統一に対する準備作業に着手すべきだ。がソウル四一・八%地方三九・八%、わからない。ソウル一三・〇%地方二三・二%、無応答ソウル二・四%、地方一・四%

最後に国土統一院が、一九六九年末に実施した与論調査の結果をみればつぎのとおりの傾向を示している。

△統一成就の時期（%）

十年以内（一九七〇年代）	三九・五
十年内不可	一九・五
わからない	四〇・五

△平和統一は可能か

到底不可能	三七・九
可能	二一・七
無答	二〇・二
わからない	一九・七

△南北韓書信交換

その程度ならよい	二四・八
統一まで不可	三八・一
当分間不可	一四・四
どっちでもよい	五・四
無答	一七・一

△統一ならなかった責任

北傀	四八・四六
韓国	二・三八
北傀の責任若干	一七・五三
韓国の責任若干	一・二九
共同責任	四・六
わからない	二三・六九
無答	〇・六四

以上「南北統一」に関して与論調査の結果をいくつかえらんでみた。その調査結果が正確であり科学的であるため、国民の統一に関する態度を絶対的に現わしているとは言い難い。

一九七〇年から六九年に至る約十年間、統一方案や統一の予想時期に対する態度は、「いつかは達成できる」「わからない」というように漠然と「十年」をひとつの境とみる「十年以内」の態度にとどまっている。

いろいろな与論調査の比率から統一の時期を十年とみる比率が他の予想時期よりは高い結果を示しているけれども、何の根拠で、なぜ「十年」という数字が現われたかは誰も知らないことである。

事実、南北統一に関する限りその時期と方法に関して誰も知らないし、また殆んど望みなしという諦念から、一つの歴史的な民族に与えられた運命論であるといっても過言でない筈である。

しかし、近年に至って米軍の減軍または撤収問題が台頭しはじめイデオロギー的な国際情勢とあわせ統一問題は、韓国の安保問題とともに大きな論議をよぶようになった。そうだからとして統一論議が、全国民的であるというのではない。事実、統一問題はきわめて制限された一部階層、すなわち一部知識層とか為政者たちの専担のように口に言えぬうちに熱くなるばかりの問題であった。

統一に関する関心が高まってきたと思われる今日においてさえも誰もその時期と方案、はては統一への過程すらも予言できないし、その方案を提示することもできない領域であることには間違いない。

統一問題が、そのように〝熱い問題〟でありながら誰も知らない領域であるばかりでなく、また、論議してはいけない問題として規定されたことは、それなりに理由と問題点があったであろう。（つづく）〈月刊「新東亜」から翻訳転載〉

<表1> 統一方案

北進統一	143(名)	6.0%
中立国化	126	5.3
国連監視下の南北統一	455	19.0
中立国監視下の南北統選挙	75	3.1
国連監視下の北韓選挙	105	4.4
連邦制	8	0.3
その他	20	0.8
わからない	1,461	61.1

<第2> 出身地別統一方案

	以北都市 37(名)(100%)		都市以外 50名(100%)		以南都市 286(名)	(100%)	都市以外 1,999名(100%)	
北進統一	3	(13.5)	10	(20.0)	26	(9.1)	101	(5.1)
中立国化	6	(16.2)	2	(4.0)	24	(8.4)	93	(4.7)
国連監視下の南北総選挙	11	(29.8)	16	(32.0)	74	(25.9)	352	(17.6)
中立国監視下の南北総選挙	1	(2.7)	3	(6.0)	11	(3.8)	60	(3.6)
					24	(8.4)	74	(3.7)
連邦制					3	(1.0)	5	(0.2)
その他					4	(1.4)	16	(0.8)
わからない	11	(29.8)	17	(34.0)	120	(42.0)	1.298	(64.9)

<表4> 南北統一の予想時期

	ソウル	地方
1年以上	3名(0.3%)	2(0.2)
3年以内	9(0.9)	4(0.4)
5年以内	14(1.4)	28(2.9)
10年以内	51(5.2)	62(6.3)
10年以上	36(3.6)	44(4.5)
望みなし	112(11.3)	132(13.3)
予測できない	762(77.0)	716(72.4)
無応答	3(0.3)	1(0.1)

<第3表> 北韓との書信往来 (2,395名)

賛成	660(名)	27.6(%)
時期尚早	330	13.7
危険視	600	25.1
未詳	9	0.4
わからない	794	33.2

<表6>統一達成時期（ソウル301名、地方606名）

	ソウル	地方
5年以内（1970年以前）	4.0%	6.3%
10年以内（1970年代）	10.9	15.5
20年以内（1980年代）	5.6	8.4
20年以後（1980年以後）	3.7	1.3
いつかは達成するであろう	65.8	58.3
わからない	8.3	8.7
無応答	1.7	1.5

<表5> 南北統一の効果的方案

	ソウル（990名）	地方（986名）
国連監視下の南北総選挙	255(25.8%)	254(25.7%)
中立国監視下の南北総選挙	33(3.3)	55(5.6)
国際監視下の南北総選挙	47(4.7)	58(5.9)
国連監視下の北韓だけの選挙	56(5.7)	45(4.6)
北進統一	240(24.2)	201(20.3)
連邦制	19(1.9)	28(2.8)
自主的統一（南北協商）	253(25.6)	279(28.2)
その他	15(1.5)	16(1.6)
わからない	66(6.7)	42(4.7)
無応答	6(0.6)	6(0.6)

<表7> 障害要因

	ソウル	地方
国民の統一に対する無関心	22.3%	17.8
金日成の独裁政権	29.6	29.9
国際情勢	11.0	7.1
米国の微温的態度	4.2	3.3
中共・ソ連の妨害	16.2	7.9
自由陣営の結束不足	3.2	1.3
その他	1.9	0.9
わからない	12.5	31,9

70年代の韓国経済は どうあるべきか？

韓国政策科学研究所の報告

一九七〇年代は経済生活発展の時期である。経済もある一定の発展段階を経過すると論理的、計画的なものから脱皮して経済の基本生活制度確立という次元に到達しなければならない。こうした問題に関して研究すべく、このほど韓国政策科学研究所（理事長＝林五柄氏）はソウル世宗ホテルで経済討論会を開催、多くの経済専門家たちの出席によりさまざまの意見が出されたが、以下はその主要な報告である。

趙東弼高麗大学教授

韓国の場合、経済倫理の確立が肝要で、企業家精神と一般国民の消費パターンが問題となる。無論企業家は韓国経済の指標に合致した方向に進むべき資本主義経済の内在的倫理に徹しなければならない。だが、さる六六年の外貨獲得率七〇・一%が、昨年は五八・八%に落ちたこと、また輸出一ドル当たりの支援額が六六年の五十七ウオン十銭からどんどん上がり今年は百ウオンを越える公算が強いことなどから見ると、韓国の企業家は政府の出したタネの実を食べつくして何らの果実をもみのらせていないことになる。これは企業家精神や資本主義の内在的倫理に徹していないからに他ならない。

また、経済発展の途上では、スキッ腹をかかえてでも辛抱して計画達成をすることが必要であるが、韓国の場合、あまりにも浪費消費性向が高すぎる。[illegible]の条件がよくても内資によるうしろだてのないものの発展はやがて崩壊するということを忘れてはならない。

朴俊圭ソウル大教授

経済の成長は国家安保の潜在力となりまた安保の潜在的機能は経済成長のうしろだてとなり得る。経済発展に伴い韓国では米国の支援縮小と共に国防費負担はほとんど国内財政負担になりつつある。

しかし、用的にいって韓国の国防予算は先進国のそれのように装備調達、施設強化、戦略物資備蓄、軍事科学技術開発など経済発展の効果に関係あるものではなく、その大部分が軍人の給与や給食費、被服費などに使われている。予算上のわが国国防費の過重は経済発展と大体において二律背反的段階にあるのである。従ってこんごはこれを経済的生産効果の促進策として移行させて行かなければならない。政府の政策も労働集約的な軽作業中心から技術および資本集約的な重化学工業に移行させるべきで、経済と国防の両面効果を上げるようにしなければならない。

趙淳ソウル商大教授

六〇年代の世界貿易基調はケネディ・ラウンドを中心とした貿易自由化の波であったが、南北問題も〝開発十年〟というUNCTAD（国連貿易開発会議）の旗印の団結を誇示した。しかし七〇年代にはこのような動きも活力を失う様相をみせているし基軸通貨国である米国の指導力もさまざまな方面で後退して行く印象が強い。そこでわれわれはまず分別をもって細心に対外経済協力の方途を考えなければならないが、積極的にこれらはわれわれ自身の努力と姿勢にかかっている。貿易において先進国に多くの協力と期待をかけることは不可能だろうからこんご韓国はわれわれ自身の産業効率化を達成すべきである。資本導入においてもその導入が[illegible]で、たとえその条件が多少不利でも正確な判断のもとで行なえば応分の成果を上げることができる。

権允赫東国大教授

韓国がこの間なしとげた近代化作業は理念と体制の面で先進国の模倣であり、工業社会建設の社会的基礎工事として社会的文化的な近代化作業が並行されなかった。こんご、韓国経済の指導理念と体制は民族的主体性の立場で社会求心力に向かったものに転換して行かなければならない。このような社会・文化的な近代化および経済倫理が確立してはじめて[illegible]や不安定要因がなくなるだろう。

朴喜範経済学博士

第二次計画を契機としてわが国の原始的農業政策は近代農業に変革されなければならない。そのためには社会間接資本の造成をはじめ農業の機械化また、これに必要な構造の実現などが必要で、他方農地の一元相続性、営農団地造成および農地制度などの徹底した改革を断行するためその法的なうしろだてを急がなければならない。

（1963年7月27日第3種郵便物認可）

在日本大韓民国居留民団
綱　領
1. 우리는 大韓民国의 国是를 遵守한다
1. 우리는 在留同胞의 権益擁護를 期한다
1. 우리는 在留同胞의 民生安定을 期한다
1. 우리는 在留同胞의 文化向上을 期한다
1. 우리는 世界平和와 国際親善을 期한다

THE PRESS MINDAN TOKYO
THE KOREAN RESIDENTS UNION, IN JAPAN, TOKYO OFFICE
「韓僑通信」改題
在日本大韓民国居留民団東京本部発行週刊紙

民団東京
THE PRESS MINDAN TOKYO

10月28日 水曜 ＜1970＞
週刊・毎水曜日発行
第242号

発行所
民団東京新聞社
発行人　鄭　在　俊
東京都文京区本郷3丁目32番7号
電話（811）1535（代表）
〒133 振替口座 東京 16631番
（大韓民国文化公報部国内頒布許可）
（購読料 1カ月100円・特別1000円）

◇本号6面◇

金漢洙メモで大いに荒れる
第17回中央委員会

無能と浪費指摘さる
執行部の姿勢激しく論難

在日韓国人の永住権申請期限が来年一月十六日に迫っている重大な時期を迎えて二十三日、東京市ケ谷の日傷会館でひらかれた居留民団第十七回中央委員会は、万博招請事業にからむ執行部の基本姿勢に論議が沸湯、民団史上かつてないほどその無能ぶりが暴露されて激しい非難をうけ、李団長らの道義的責任が追及された。

同委員会は、万博家族招請の総決算と、"永住権申請促進問題"などが主な討議内容であったが開会冒頭からいわゆる金漢洙メモが問題にされ、その真否をめぐって辛辣な追及が展開された。

三機関長のあいさつがひととおり終って来賓祝辞に立った金在権公使が「あまりにも執行部は無能であり、浪費がすぎた。金漢洙メモで国家の体面を傷つけた責任は重大、骨にしみて反省せよ」と執行部を激しく叱責した。

そのために場内は緊張の度を増していた。この問題をめぐる質疑応答がくり展げられ、また朝総連韓徳銖に送った"書簡問題"などもあわせて民団中央の姿勢問題が追究されて、李禧元中央団長は悲痛な面持で「反省しあやまる」と前提「金漢洙は本国の某要人の紹介で民団本国事務所企画室長に任命した。ことのよし悪しは弁解しようもないが、ただ彼を採用してこのような事態に至った道義的責任を負う」と述べ「失政問題を中央委員会に一任する」と弁明した。

これを受けて立った鄭在俊委員（民団東京本部団長）は「道義的責任をとると共に、李団長自身の身のふりかたを中央委員会に一任したからには、これ以上追及はしない。われわれの至上課題である永住権申請促進が目下進行している。これの締切りが来年の一月十六日だからそれ以降、一ケ月以内に中央委を召集すること、また、万博関係に限った特別調査委を設置して金漢洙メモの真相究明をまかし永住権申請促進に全力を傾注する」ことを提案した。

李団長はこの提案を張聡明委員長らとしばし協議した後発言を求めて「道義的責任を負うと言ったのは不正を認めてのことではない。したがって特調委の設置を認めるわけにはゆかない」と前言をひるがえした。

また丁永沢監察委員が辞意を宣言して退場する一幕もありいろいろの論議がかわされたが、結局、李裕天常任顧問が「東京在住の顧問たちで、ことの真相を調べて監察委員会に提供するから監察委員会は公正に取り計って欲しい」旨の調停案を提案、この問題は落着した。

永住権取得促進運動に関しては推進委員会を"特別委員会"に追認し、同委員会が提案した活動方針案を承認し、残余期間中全組織を総動員して目標達成に努力することを確認、中央会館の建設、万博後援会解散、七二年の札幌冬期オリンピック後援問題などを決め午後九時過ぎ閉会した。

第17回中央委員会のもよう

スキャンダル厳然
未入国者経費なぜ返さぬ

金在権公使は二十七日民団中央委で、万博事業を成功裡になしとげたことは「民団と罪が交錯する」と前提しながら「万博事業のためとはいえ事実如何はさておきいろいろなスキャンダルを残したことは厳然たる事実だ」と、厳しい批判を加えた。

金公使は"金漢洙メモ"の金を"国際的ペテン師、常習詐欺師"ときめつけ、この詐欺師が提供したメモには国際信義、国家体面にかかる問題もふくまれている。」と、言明、いくつかの不正問題については司法権を発動して調査したことを明らかにし万博未入国者の徴収経費はなぜ返還しないのかと執行部に向って問責した。

金公使は金漢洙に対する調査書をみせながら「これほど品性が下劣に民族性が堕落してよいものだろうか」と口を極めて金を非難し、これに対する調査を終えたことやメモ内容がすべてデタラメであることを強調し大使館とは別に民団としても中央委で徹底的に究明するよう要望した。

金公使はさらに、大使館が民団執行部をかばっているとかテコ入れしているとの噂を否定し「そのようなこともなく、するつもりもない」とキッパリ言い切った。つまり執行部は団員により選出された公僕であり、権利行使意識を持っているとすればとんでもないことだというのだ。大使館が民団のあるグループに肩入れすることはありえず、その筋合のものでもなく、民団には主体性があるはずだからそれに期待しすべてをまかせているだけであるとのべた。

朴議長の叙勲を要請

二十七日の第十七回民団中央委は長期入院療養中の朴根世議長の功績に報いるため本国政府に叙勲を要請することに決議し献金を全国的に募集することを申合せた。

外国郵便為替ご利用案内

大韓民国通信部では一九七〇年十月一日から、日本国郵政省と次のように簡便かつ安全な郵便為替業務を開始することになりました。皆さんの積極的なご利用をお勧めします。

一、外国郵便為替は、郵便を利用して外国へ送金する制度であり、郵便為替の送達に関しては、韓国通信部と、日本国郵政省において絶対責任をもって行なう安全で、便利な送金方法であります。

二、外国郵便為替をご利用される方は、日本全国のどの郵便局においても、送金を請求することが出来、郵便局は韓国中央郵便局宛てに、書留で為替を直接送金付致します。

三、韓国中央郵便局では、韓国通貨に換算して、受け取り人宛て書留で送付し、為替を受け取った方は、居住地の郵便局に為替を差し出せば、直ちに現金で支払われます。

四、為替料金、その他のお問い合わせは、最寄りの郵便局で親切にご案内致します。

大韓民国通信部

総選挙に備える与・野布陣

これまでにわれわれが経験した韓国の選挙戦は、きまって野党が極限闘争で与党攻撃をし、これに対し与党はただひたすらに解明するという激烈なる様相を呈した形のものであった。結局、こうした野党の基本姿勢は選挙演説でも内容そのものより極限的ではげしい刺激的用語を乱用する事態を展開したし、一方与党はこれを「建設的でない」「非難のための非難だ」と評し続けてきた。しかし、七一年の選挙に備えて野党は従来のものとは大きく異った能動的姿勢を打出している。

最近の政界観測によると、野党は次の選挙で"政策の大攻防戦"を繰広げるもようである。新民党の金大中大統領候補は去る十六日の記者会見で「新民党は従来のような対与攻撃の形を変えて、着実な執権ビジョンの提示に重きを置く」と明らかにしたが、これはある程度の妥当性を表示したものだったといえよう。

金大中候補が明示した政策基調は①国民総和②大衆経済③社会改革④民族外交⑤積極国防——の五つで、具体的施策としては大統領の三選を認める条項を廃止する内容の改憲、郷土予備軍制度の廃止、労使共同委員会の構成、南北韓の書信交換をはじめ非政治的な直接接触、"韓国問題"に対する米ソ日中四カ国の共同保障要求、非敵対的共産国家との外交提携——などを提示した。

金候補がこれまでの野党の方法とは違い、こうした、韓国未来像の提示に力点を置いたのはなぜなのか。彼の側近の説明によると「これ以上、与党を非難しなくても国民は"現実"をよく知っている。従って公約だけのばく然とした攻撃よりも、具体的な執権代案を明示する方が選挙の実際により効果的だと判断したためだ」という。

新民党のこうした布石に対し、共和党はどのような運動方針を打出すのだろうか。やはり共和党は来年も、基本的には経済開発問題と広い意味での安保問題を政策の焦点にするのではないかと考えられる。

共和党は去る十六日、党務会議で来年の選挙に打出す公約と政策を作成する小委員会構成を決定した。従って近日中にその具体的な内容が明らかにされるだろうが、

〔共和〕十年間の副作用にメス
従来と異りビジョンの提示〔新民〕

現在、党実務者たちから得た内容は七一年から始まる第三次五カ年計画を基本とした開発努力と、こうした経済開発を中断することなく推進することによる国家的国民的確立、また七〇年代の国際情勢を根拠とする政治的安定——などを最大の問題とするもようである。

また、これらと関連して不正腐敗や富の偏重、そして農村の立遅れ問題など、共和党十年執権の副作用にみずからメスを入れるともいわれ、共和党は共和党政権の累い面として指摘されている問題に果敢な是正策を指示するだろうということである。

なお、共和党は富の新横偏重をもたらした従来の政策を部分的に修正し、具体的に新しい分配政策の方向を提示しようとする主張もしている。このほかに二重穀価制を実施して農民に新しい意欲を喚び起こそうという方案も打出されており、不正腐敗の刷新策は説得力のあるものを提示したいとしているようである。

与野両党のこうした動きから次の選挙の大きな政策争点をうかがってみると①近代化方法論②国防安保および、これと関連した外交政策③統一政策などをめぐる問題などにしぼられるようだ。

①の近代化方法論では、共和党はこれまで推し進めてきた"先に資本蓄積、後分配"という基本的立場を固守しながら、この課程で発生した副作用を除去して行こうとする政策を打出そうとしているが、"新民党"は従来の経済政策そのものを根本的に変える方向を示しており、資本蓄積と分配とを同時にリンクさせるといっている。新民党の金大中候補はこの問題に関して、さきの記者会見で「先蓄積後分配論はすでに古典に属する」と述べており、富の偏重、地域的不均衡、中産階級の没落、不正腐敗などは"先蓄積"政策の副作用だと主張した。

ところが、こうした非難を受けた共和党側は「事実上、蓄積なくして分配はない」と主張し、"同時分配"などというものは理論の上では成り立つが、現実にはどのような方法を取れば可能なのか……これは多くの机上の空論である……すでに蓄積のなされている国家では、それは可能であろうが、韓国のように現在開発途上国である国には不可能な話だし、それは実質のない人気取り戦術だ、と反駁（ばく）している。

また、②の国防安保問題において共和党は大体において現在と同じ体制で、これをいっそう補強するという線に力点をおいているようだが、こうしたことに対して野党は多分に攻撃的である。新民党は金大中候補が提示問題の中で明らかにしたように"精鋭国防"というキャッチフレーズで郷土予備軍の廃止を打出しており、また韓半島における戦争の危険をなくするために米ソ中日四カ国の保障取りつけを打出している。こうした新民党の主張に妥当性があるかどうかは別として、また実現の可能性いかんは問わぬことにする場合その裏にはなかなか新味があるため、理論的知識や具体的データを持合わせていない一般選挙民にはアッピールするものがあろう。もっとも、これが実際に有権者に受入れられるか否かはこんごもう少し時をおいてみなければならないが——。一方、共和党は新民党の郷土予備軍廃止論に対しては激しく反撃する姿勢をみせており"韓国の現実の問題として重要なことは北から間断なく侵透してくる武装ゲリラで、この点からして郷土予備軍を廃止するなどとは"愚の骨頂だ"と主張している。

③の統一問題に関して解放記念日に朴正煕大統領が発表した八・一五宣言の構想内容に関してかなり強い論議が繰広げられそうである。しかし、この問題の論争で北韓に利益を与えるようなことは差しひかえたいとする点では与野ともに共通しており、さる六三年の選挙のさいの"思想論争"が結局は国民の末梢神経を刺激し、過熱していった統一論争が反射的に北韓を鼓舞する結果となったというにがい経験などに照らして、そうした点では共和、新民両党とも慎重な態度を取っている。だが、この統一問題は安保問題とも関連があるため、野党の一部ではこの問題を果敢に打出そうとする意見が起きている。そこへ金大中候補がさる十六日南北交流論を提起したため、場合によってはこれが大きな争点に飛躍する可能性もじゅうぶんにある。

このほかに与野間で激しい争点になりそうなのは"政策的"なものといえようが三選改憲の復元問題があり、いわゆる"湖南差別待遇論"なども争点としては相当の比重を占めることになりそうである。

韓・日法務次官会議ひらく
法的地位協定実施事項を協議

韓日法務次官会議が、二十七～八日の両日にわたって日本法務省第二会議室においてひらかれ、在日韓国人の法的地位ならびに待遇についての協定実施に関する①協定永住許可取得者に対する待遇②協定永住許可申請に関する容案③その他協定永住許可申請手続の合理化など関連事項について協議した。会議は二十七日午前十一時両国側代表が会同、別項のとおりあいさつを交わしたのち議題の協議にはいった。なお同会議の両国側代表はつぎのとおりである。

＜韓国側＞首席代表呉鐸根法務次官　代表姜永奎駐日公使　李永燦法務部出入国管理局長　李楠基駐日総領事　金瑢洙外務部在外国民課長、孔魯明外務部東北亜洲課長　安泰鉉法務部入国審査課長　盧在朝駐日大使館第一領事課長　金字相領事

＜日本側＞首席代表津田実法務事務次官　代表安原美穂法務省官房長　石原一彦官房秘書課長　吉田健三入国管理局長　滝川幹雄入国管理局参事官　柳川三男入国管理局資格審査課長　川上巌入国管理局総務課付　オブザーバー濃和孝

会議をまえに握手を交す両国代表右側が呉韓国、左側が日本津田両法務次官

呉鐸根法務次官のあいさつ

津田次官閣下、このたび本人が貴国を訪問できたことをうれしく思い、閣下が本人ならびに本人の一行を温く迎えてくれたことに対して感謝の意を表します。

本人は、このたび"韓日両国間の在日韓国人の法的地位と待遇に関する協定"の施行状況を再検討し、この協定の目的を成功的に達成するために協議をもつことになったことは、きわめて意義深いことと思います。

これが、その協定の基本精神であり、韓日両国および国民間の友好親善の増進にも大きく寄与するものと確信するしだいであります。

また、在日韓国人の法的地位と待遇に関する協定は、元来約60万に達する在日韓国人をして、安定された生活が営まれるようにするのがその目的であることは周知のことであります。したがって、在日韓国人たちはもちろん、韓日両国国民は全て今回の会談の帰趨を大きな関心をもって注視していることを考えあわせる時、私達の責任が実に重大であることを痛感する次第であります。

わが政府は、このような法的地位協定の円滑で成功的な運用がなされるために、過去に法相会談を含み三次に及ぶ会議をひらくなど多くの努力をしてきました。

しかし、協定が施行されて四年十ケ月が経過した現時点においてその間の運用結果を顧りみる時、満足な成果をあげるためにはこれからなお一層の努力をつづけなければならないと思います。

法的地位協定の核心をなす、在日韓国人の協定永住権の申請現況は、現在二十二万八千余名にすぎない有様です。申請締切があと二ケ月程度しか残されていない点にてらして、今こそ永住権申請を大幅に促進するために韓日両国政府が大局的な見地に立って果敢で効果的な措置を取るべきであると考える次第であります。

わが方としては、申請促進のために、その間多くの努力をしてきただけでなく、今後残された短い二ケ月の期間内に協定の目的が達成されるよう最後の拍車を加えているのであります。

しかし、このような韓国側の努力は、とくに、今後においては、日本側の積極的な協力がない限り成果を期待するのはむずかしいと思うのであります。したがって、本人は今回の会談において、両国政府がなすべきことと、協調すべきことに関して真摯な討議をもちたいと考えるのであります。

現時点においてみるとき、在日韓国人の協定永住権申請を促進するためには、協定永住権の取得が日本国内において、確固な地位と安定された生活を営むために、絶対的に必要なことであり、永住権取得者は、日本国内で他のいかなる在留資格を持つ者より優待され、今回の機会をのがせば協定永住権取得者が享有する権益が付与されないという事実を、充分に認識させなくてはならないと考えます。

またその協定の趣旨をなお一層具顕するために、今後においても永住権取得者に対してはよりよい処遇のための措置が継続して取られなければならないし、たやすく申請できる雰囲気が造成されるべきであると考える次第です。

以上のような観点からわが方は貴国側に対して協議要望事項を提示し、このような提案が今回の会議において前向きに協議されて良い成果を期待するものであります。

津田法務事務次官あいさつ

呉法務次官閣下のご来訪を心から歓迎いたします。

わが国に長年にわたり居住している大韓民国国民が、わが国の社会秩序のもとで安定した生活を営むことができるための、いわゆる在日韓国人の法的地位などに関する協定が効力を発生してから四年有余が経過し、協定永住許可申請期限が明年一月十六日に到来しようとする今日、呉法務次官閣下をお迎えし、その実施運用に関し親しく意見を交換する機会を得ましたことは、まことに時宜に適したものと存ずる次第であります。

わたくしは、協定実施の任にある法務省の事務当局の最高責任者として、円滑な事務処理に当たってまいったのでありますが、なお呉法務次官閣下から種々ご高見を拝聴いたし、今後さらに、ますます協定の精神に則って、在日韓国人の安定した生活のため、行政の円滑な運用を期したいと存じているものであります。

この会談を通じ、日韓両国の友好関係がいっそう増進されることを願ってやみません。

永住権取得者の特在家族の優遇
法務次官会議で合意

二十七日から法務省で開かれていた在日韓国人の協定永住権取得問題についての韓日法務次官会談は、二十八日夜終り、日本側は韓国側の要望を受入れて①協定永住権を取得している者の家族について優遇措置をとる②来年一月で期限の切れる協定永住権の申請について、申請期限などをラジオ・テレビなどを通じて知らせ、在日同胞のうちできるだけ多くの者が韓国人として永住権をとれるよう協力する、ことなどを認めた。

会談で韓国側は、協定永住権を取得する者がふえるような方策を日本側がとるよう要請するとともに、最近問題になっている国籍書きかえ問題について、日本政府がこれを認めないよう要望した。しかし、日本側は国籍書きかえ問題については、日本の内政問題であり、この会談の協議事項外のことだとして、話し合うことを断った。

会談で韓国側の要望を認めた協定永住権取得者の家族に対する優遇措置は、協定永住権取得者の家族の中に、かりに不法入国して特別在留を認められている者がいても、ある条件さえ整っていれば、この家族に一般の永住権を与えるように努力する、というもの。

そして、この条件は、協定永住権取得者の配偶者、直系卑属、または直系卑属として在留を許可されたもので、韓日法的地位協定の発効（四十一年一月）前に日本に入国し、特別在留許可を得た後五年を経たもの、となっている。

朴正煕大統領の指導理念と、烈々たる愛国心！

朴正煕選集 全3巻

申　範植＝編集
全3巻セット価 ¥2,500

第1巻では大統領の指導理念と韓国の苦難の歴史を物語り第2巻では大統領の熱烈な愛国心と祖国統一に対する熱情を伝えている。第3巻では韓国の近代化と、明日に向かって前進する国民の先頭に立つ大統領の、自信と希望に満ちた演説を聴くことができる。（全3巻同時発売中！）

①韓民族の進むべき道　A5判・260頁 ¥780
Ⅰ人間改造の民族的課題
Ⅱわが民族の過去を反省する
Ⅲ韓民族の受難の歴史
Ⅳ第二共和国の「カオス」
Ⅴ後進民主々義と韓国革命の性格と課題
Ⅵ社会再建（国家）の理念と哲学

②国家・民族・私　A5判・280頁 ¥820
Ⅰ革命はなぜ必要であったか？
Ⅱ革命2年間の報告
Ⅲ革命の中間決算
Ⅳ世界史に浮き彫りされた革命の各態様
Ⅴライン河の奇蹟と不死鳥のドイツ民族
Ⅵわれわれと米・日関係
Ⅶ祖国は統一されるだろうか
Ⅷわれわれは何をいかにすべきか

③主要演説集　A5判・380頁 ¥900
Ⅰ協同の大洋に結集しよう（外交）
一つの重欄巻・ほか
Ⅱ前進する歴史の潮流の中で（社会・文化）
勝利は未来に生きる側にある・ほか
Ⅲ炬火は燃えている（産業・復興・経済）
人間の近代化、生活の近代化・ほか
Ⅳ自分の国は自分の力で（反共・愛国・国防）
自主国防の源泉地・ほか
Ⅴ着実な前進（政治）
新しい共和国の朝は明けた・ほか

祖国繁栄の構想にふける著者

鹿島研究所出版会・発行
107 東京都港区赤坂6-5-13 電話582-2251

国連創設二十五周年

レスター・B・ピアスン

国連創設二十五周年の記念総会は後半にはいって、首脳級、外相級の接触が活発化しているが、二十一日からは、各国外相がそろって出席する国連安保理の定期協議がはじめて開かれ、非公開で全般的な国際情勢が討議されている。安保理の定期協議は紛争の事前防止が主な目的で、国連憲章第二八条第二項に規定されているが、創設以来、開かれたことがなかった。フィンランドの提案により六月の安保理で開催が決議されたものであるが、こんどの協議を皮切りに年二回は開きたいと事務局は希望しているようだ。こんどの定期協議では中東紛争の収拾、インドシナ和平会議の可能性打診とニクソン和平提案後のパリ会談進展問題などが話し合われたもようである。

二十五周年を迎えた国連はその間冷戦をはじめ国際的緊張状態の中にあって、これという実績もなく過ごしてきた。一口でいうならば創設以来、よくもここまで生き延びてきたものだという感が深い。

しかしながら、多くの人びとは——国連の将来に懐疑的な人たちでさえも——国連は世界のこの種の国際機構としてやはりなければならぬものだと考えている。

創設期の希望と二つの重要仮定

数々のざ折に耐えて

平和維持に必要な国際機構

強大諸国の本当の"平和熱望"を待つ

東亞戯評

白寅洙

超然?

左傾国との外交維持へ

南米諸国へ特別使節団を派遣

共産国家との交流緩和へ

選挙法改正交渉進む

国会の各常任委所管部処の監査

ベトナム和平の行くえ

ジャック・アンダーソン

ホワイトハウスの戦略家の見方

捕獲されたハノイ側の文書をみると

ハノイの軍事的勝利にかけるソ連

現実には"解決困難"とみる

인도차이나 軍事地圖

닉슨의 現狀休戰 은 가능한가

모호한 戰線 競合地域 많아

인위적 區劃 불가피

인도차이나의 兵力對比

統一へ国際与論喚起
政府 分断国の閣僚会議を計画

政府は統一促進運動の一方案として、米国、西独、自由中国、越南など分断国家の関係閣僚協力会議を、わが国が主動となって来年六月から、関係各国巡回会議形式で開き、分断国家の理解増進、相互情報交換、国際与論喚起などを促進する方針である。こうした方針は、二三日、国土統一院に対する国会外務委監査で明らかになったものである。

統一院が、この日国監班に提出した資料によれば、来年度には、統一院顧問と国内著名人士および統一院幹部職員で構成される「統一促進使節団」を米国など四カ地域に派遣、国際協力を増進するとしている。使節団が派遣される地域は、米国をはじめ、欧州、アフリカ、アジア等であり、これと同時に統一院は海外関係人士多数を招く方針である。

統一促進協議会も

統一院はまた、朴正熙大統領の8・15宣言後、統一に関する国論統一を汎国民的にもりあげるための「統一促進協議会」を構成する方針である。統一院当局は、この協議会の構成は、来年の選挙と関連政治的物議をかもすことを懸念して、来年後半期に実現する旨明らかにした。統一促進協議会の目的は二〇余の各層反共団体を吸収して、能率的で強力な統一促進作業を展開し、汎国民的統合によって民主力量培養および統一主導勢力を確保し、国民自らの参与意識を鼓吹することだと統一院当局は述べた。

統一促進協議会の構成は関係団体実務者会議、代表者会議、中央委員会の順序で段階的に計画されているが、遅くも来年末までには地方組織まで終える計画である。

国営放送の政治的中立
申文公長官言明

申範植文公部長官は、二十三日「国営放送の政治的中立化のために放送の偏派性除去に最善をつくしたい」と語り「放送プロに政治人の登場は、積極抑制したい」ことを明らかにした。

申長官はこの日、国会文公委の国政監査において監査班の質疑にこのように答えた。

北韓武装スパイ浸透事件で国連軍司令部報告書

駐韓国連軍司令部はこのほどチャールズ・ヨスト国連駐在米国大使を通じて、北韓の挑発行為を主な内容とした対国連報告書を提出した。

「同報告書によると今年にはいってから十月九日現在まで、韓国全域で八十五件の北韓武装スパイ浸透事件が起きており、うち五十件は休戦線一帯で発生、二十六件の銃撃戦が行なわれ四十余名の北韓武装ゲリラが射殺された。

なお、北韓の挑発行為は、六八年には七百六十一件発生、三百二十一名が射殺されたのに比べ今年は大きく減っているが、六九年の同期間に比べるとふえていると同報告書は指摘している。

大陸ダナ第五、七鉱区問題で韓日交渉

金正泰外務部アジア局長は十七日、韓・日両国間で論議されている韓国大陸棚の第五、第七鉱区の管轄権問題にかんし、きたる十一月四日に外交交渉を行なうだろうという一部報道にたいし、「これは単に外交経路を通した意見交換にすぎない」と語り「わが政府の立場はこの問題解決のための外交会談や交渉をくり広げようとするものではなく国際慣例により日本側の主張を聞いてみようとするものにすぎない」と明らかにした。

永住権申請の促進へ　東京本部屋上にスローガン登場

来年初に着工を決定
地下鉄など首都圏の高速電鉄化

政府はソウルをはじめとする外郭地帯の交通難を解消するため、来年初に広域首都圏高速電鉄事業に着工することを決定した。金鶴烈経企院、白善燁交通、梁鐸植ソウル市長の共同記者会見で明らかにされた同計画を要約してみると首都圏の人口集中現象で人的・物的輸送需要が激増一路にありソウル人口が五百万人を突破し、仁川・水原・議政府・広州などソウル外郭地域と連結する半径四十五キロの広域首都圏常住人口が八百万を突破した。現在の増加趨勢を勘案すると、八一年度にソウル人口七百五十万人、首都圏人口一千三百万人となり高速電鉄化事業は急を要する当面課題である。現在ソウル市内の交通手段利用はバス・タクシーが九五%を占め、このうち七五%が都心に集中、道路交通の混雑が限界にきていると指摘した。日本政府の都市交通調査団が技術及び経済を検討した結果妥当性を認めたので、第一段階事業を外資五千万㌦、内資二百八十億ウオン合計三百九十億ウオンを投じ七三年まで完工させる。第一段階事業は▽ソウル駅—鍾路経由—清涼里地下電鉄化△ソウル駅—仁川電鉄化△ソウル駅—水原電鉄化△清涼里—城北駅の既存鉄道を電鉄化し、都心の地下鉄建設はソウル特別市が担当し、仁川—水原—城東駅間の電鉄化は交通部が担当、所要資金は地下鉄三十五億ウオン既存鉄道電鉄化六十二億ウオン、車輛及び付帯施設九十二億ウオンとなっている。この事業が完工すると①仁川・安養・水原が首都圏に含まれ②ソウル市内交通難解決③交通安全と事故防止④都市美化促進⑤外郭及びソウル近郊都市開発促進⑥交通公害防止⑦都心の過密人口の分散⑧経済開発の調和など多目的事業効果を達成することができる訳で、なお第一段階事業の所要外資五千万㌦は長期低利の国際金融機関借款で当てる計画である。

来年の借款元利償還は二億四千万ドル

六〇年代の外資導入ブームで莫大な外債負担がもたらされたがその結果、来年は借款元利金要償還額が今年の償還計画額一億七千六百万㌦より三六%も上回り二億四千百万㌦にのぼる見通しである。

経済企画院がこのほど国会財経委の国政監査班に提出した追加資料によると、六二年から今年の九月末までに約二十八億㌦の外資導入確定が行なわれたが、その中で、元利金償還義務が発生した財政および商業借款の債務確定額は総十六億四千二百万㌦で、その間元利金三億六百万㌦は償還ずみで、さらに年末まで、さらに年末までに一億四百万㌦を償還しなければならず、また来年一年間は二億四千百万㌦を償還することになっている。

一方、七一年の借款元利金要償還額は外資受入れの一〇%に当たるが、現在政府はIMF（国際通貨基金）との協約により追加借款導入を極度に規制していただけに、それ以上の外債負担率増加はないだろうとみられている。

なお、年次別借款元利金償還計画額はつぎのとおりである。（単位＝百万㌦）

▽七一年＝二四一、一八三▽七二年＝一五三、五二〔五〕▽七三年＝一八六、六八二▽七四年＝一九六、二三三▽七五年＝一三八、九一九

米軍削減内容明らかになる

米軍スポークスマンは十七日、駐韓米軍削減対象兵力二万名のうち、すでに一万二千名は撤収ずみであるがさきに発表した富川のキャンプ・カイザー基地閉鎖につづいて数個の米軍基地が撤廃されるだろうと明らかにし、十七日現在駐韓米軍兵力は六万四千名から五万二千名に減っており、十一月十五日には四万九百名になるだろうと述べた。

なお、同スポークスマンは米国側が駐韓米軍二個師団のうち、一個師団を撤収する計画ではあるもののどの師団を撤収するかはまだ決められていないとつけ加えた。

一方、韓国国防部当局者は、米側から同兵力削減実務については何らの事前通告を受けていないと遺憾の意を表した。

治安・国防任務を担う
二十五周年を迎えた国立警察

国立警察は去る二十一日で四半世紀、つまり二十五周年を迎えた。一九四五年十月二十一日に軍政庁に警務局が創設、日警から警察権を引継いで治安維持に乗出した韓国の警察は、四八年八月政府樹立までの三年間、混乱の中の国内試練の初試練を味わったのである。そして二十五才の年輪を重ねるまで、六・二五前後の共匪討伐作戦と共産傀儡軍との熾烈な激戦を交じえた五〇年代、市民からソッポを向かれた四・一九の苦痛と新たな発展の陣痛期であった五・一六など激動の六〇年代を経た。そして七〇年代に入った警察は戦闘警察隊の発足と共に予備軍運営の主体として登場、治安と国防の任務を共に負うという、信任される新警察の座標を確保するに至ったのである。その間数々の事件を処理して時には民衆からきらわれ時には国防の一翼をになってきた警察は、四六年に九一・五%の検挙率が、六九年には九九・四%の高い検挙率を誇るまでに成長した。

しかし強力事件の迷宮入りも多い。これは犯罪の広域化と知能化に追いつけない警察の現実を物語っている断面でもある。そしてひとつには韓国の特殊事情にもよる。即ち一・二一（大統領官邸襲撃事件）を契機に北韓の好戦性が一層目立ち、警察は国内治安維持だけにとどまらず、対間諜作戦の重要な位置を占めるようになったのである。戦闘警察が再び創設（六七・九・一）され、予備軍を管掌する防衛課が全国警察局と警察署に新設（七〇・六・二九）され、諸外国とは異なる任務を帯びたのである。このようにして二十五周年を迎えた国立警察は現在、人口八百七十人に一人の割りで、東京の四五〇対一、ロンドンの四〇〇対一に比べ二倍の激務、交通整備の現代化及び機動性拡大、捜査の科学化など70年代に向って警察機構の改善に努力しているのである。

市中銀行の支払保証激増へ

借款にたいする政府支払い保証抑制に伴って激増している市中銀行支給保証は、九月末現在で十億八百万㌦を超えたが、この中には産業銀行自体の支払い保証三億九千五百万㌦を始め、他の五つの市銀が行なっている平均一億㌦以上の対外債務にたいする支給保証などがある。

国会財経委でこのほど明らかにされた支給保証銀行別借款明細によると、産業銀行は政府支払い保証分の遠洋漁船導入など五十四件二億五千二百万㌦分の残高以外の産銀自体が持つ支給保証分の綿紡織施設など四十件、三億九千五百万㌦の支給保証、総九十四件、六億四千七百万㌦の支払い保証残額を負っている。

なお、一般市中銀行では、朝興銀行が合繊など三十四件、一億一千八百万㌦、商業銀行は清涼飲料など四十九件、一億八百二十九万㌦、第一銀行が既引き遠洋漁船など二十六件、一億二千四百五十三万㌦、韓一銀行がスタンドロール漁船など四十一件、一億七百九十七万㌦そしてソウル銀行はサンマ漁船など二十四件、四千七百五十二万㌦の支給保証残高を持っている。

韓国論調

「特恵関税」と韓国
先発後進国には恩恵の期待も
日本の五〇%引下げ品目に不満

韓国政府は、さきほどの国連貿易開発会議（UNCTAD）の決定により、米国や日本をはじめEEC六ヵ国など先進十一ヵ国が少なくともこんご十年間は開発途上国に対し輸入関税全廃、あるいは大幅引下げを断行することにしたのに対応して、韓日両国間の特恵関税供与を実伴ったものにするよう交渉、また特恵関税例外品目の縮少などについても対日交渉増進の立場から話合う方針である。

当局者の説明によると、特恵関税とは国際慣例上からいうと関税全廃を意味するが、日本の場合は他の先進諸国とは異り、五十七のエ産品輸入に対して五〇%までの引下げにとどめているとのことで、日本はまたナショナル・インタレストに執着する傾向が強いという結果的にこれはGATTの精神にも合致しないので、こんどのUNCTAD決定を機に韓国は日本に交渉する準備をしている。

最近開かれたUNCTAD（国連貿易開発会議）の特恵特別委員会は先進国と開発途上諸国との間の特恵関税問題を妥結した。この特恵問題は先進国が後進地域に供与するというもので、後進国がその製品および半製品を輸出する場合、先進国は輸入関税を暫定的に撤廃するか、あるいはまたその賦課率を大幅に引下げるということをいうのである。

この特恵問題が正式に発議されたのはさる六八年二月、ニューデリーで開かれた第二回UNCTAD会議であった。その間、特恵問題は後進国援助の方法として先進国のGNP（国民総生産）一%に該当する財政援助の拠出問題と共に二大支柱の性格をもつものであった。それが、発議から二年八ヵ月たってようやく妥結をみたのである。

早急のうちに実施するとの約束

思えば、後進国の経済開発問題が国際的に取上げられてからすでに十年以上が過ぎた。六〇年代初めに提唱された"国連開発の十年"というスローガンは結局、この特恵問題と財政援助問題をめぐり、先進国と後進国との間で、口論の展開に押されて無為・徒労に終わった感がなくもなかった。しかし、七〇年代にはいり、新しい"国連開発の十年"を迎えて、この二つの問題がたとえこの程度であろうとも妥結をみて"決定"となったことはまことに意義深いことだというべきである。

こんど決定をみた特恵問題はできれば早い時日内に実施するとの約束をしているが、財政援助の"先進国GNP一%拠出問題"が二年前に一たん合意を見て決まりながらも、今日まで実施されなかったということに思いをはせると、この問題もまた前者の轍（てつ）を踏まぬとは誰も保証はできないだろう。

これから、この特恵問題が実施される場合、この受恵国対象としては、さきにアルジェリア憲章を起草するのに参加した韓国をはじめとする"七十七ヵ国群"を含め約九十一ヵ国の後進諸国が無条件に登場するだろうということは言を要しない。

世界の危機意識解決の方途として

ふりかえってみるに、いま世界経済は主として先進諸国を含め黒字国、赤字国を問わずインフレと景気後退という相反する悪条件が一時に併発した状態に陥っている。

そしてこの難境を克服しようとする手段として閉鎖的な保護貿易主義が再び台頭している。

このようなむつかしい時期に特恵関税問題が、たとえそれが後進諸国が満足するに足るものではないにしても妥結をみて決定・実施されることになったのは一応幸いなことだといえよう。

UNCTADの使命が世界的な"開発戦略"と呼ばれはじめたのはもっかなり"昔のこと"になっている。

しかし、それも長年、一向に進まず、どっちかというと、もたつき気味であった後進国援助に関する経済問題が、世界的に苦しみを覚えている経済環境の中で実施されることになったのはやはり、政治的見地からだといえよう。すなわち、世界は南北問題でなやんでおり、このまま先進国と後進国との貧富の格差が続いて行くと国際的危機意識は解消するどころかますます強くなって行くに違いない……そしてこれを解決するには国際政治のいかなる交渉よりも、経済的な実質解決が先立たなければならないと悟ったからに他ならなかったのだ。

今日の世界経済が景気後退とインフレの相反した二つの要素に同時に悩まされているということはとりもなおさず、現経済体制が障壁にぶつかり、市場にも限界がきているということを意味しているこの厚い壁を突破するには結局、全世界の経済を動かし、世界市場を拡大するほかにないのである。

このような点を見抜いた先進諸国は目前の国家利益が多少減るようなことになろうとも、こんどのような特恵措置を採択せざるを得なかったのである。

韓国が受ける影響と恩恵

では、韓国はこんどの特恵決定によって果たしてどれくらいの影響と恩恵を受けることになるのであろうか。こんどの特恵問題は"先発後進国"を対象にしているとの一部非難もあるだけに、おのずから先発後進国に属する韓国は少なからざる恩恵を受けることになるだろうと期待される。

しかし、この問題を冷静に考えてみると楽観的に喜んではかりはいられない点がある。まず、隣援国であり、また、われわれと密接な関係をもつ日本はことさらにこんどの特恵決定において非協調的な態度を見せた。UNCTADで日本は最初からいわゆる負担公平原則と競争力条項の挿入を主張したが、これがかえって他の先進国から一種の嘲笑を買うことになり、結局、日本はこんどの合意書の第八項で"最恵国待遇の権利を行使する意思がない"ということを明白にした。このほかにも日本はこんどの特恵品目で繊維類、合板などの七つの商品を除外し、また五十七品目は関税引下げ率を五〇%までに限定させた。

日本は韓国の対日輸出増大をけん制？

こうした日本のやり方はその大部分の品目からみて韓国の対日輸出増大をけん制しようとしたものだと解釈しうる。

要するにわれわれは、ひどく期待を寄せてきた特恵がこのたび決定したからといってこれを無条件に、韓国の輸出前途のために喜ばしいと楽観的に考えることは大いにつつしまなければならない。それよりは特恵がないと同じように、ただわれわれの創意と努力による姿勢をいっそう堅持して行くべきである。

（東亜日報＝SISA）

永住権を取得して安定した生活を！

永住権申請案内

今年は、永住権申請の年です。

在日同胞の皆さんが一日も早く安定した生活を営むためには、永住権を取得しなければなりません。まだ永住権を申請してない方は一日も早く申請するよう、お互いに努力し、お知りあいの方にも勧誘して下さい。

協定永住権を受けることによって、

(1)、何よりもまず、いままでの暫定的であった地位をはなれて、権利として日本に永住することが法的に保障されます。

(2)、したがって、協定永住許可を受けていない者や一般外国人とはちがい協定永住許可者は、ほとんどすべての場合において日本から退去を強制されることがありません。

(3)、さらに、同永住許可者に対しては、海外旅行に必要な再入国許可において制限がないばかりでなく、一家族が離散することのないよう、人道的な配慮が十分ゆきとどくようになっております。

(4)、子女の教育問題においても、日本の公立小・中学校への入学が認定され、また上級学校進学においてもその入学資格が認められております。

(5)、生活保護を受ける必要のある人には、従前どおりの保護が受けられるようになっており、とくに国民健康保険に加入することができます。

(6)、外国人財産取得に関する政令の適用を受ける一般外国人とはちがい、主務大臣の認可なしに土地・建物などの財産を取得することができます。

(7)、日本から永住帰国する場合には、自己財産の本国搬入または送金などが、協定上保障されております。

在日同胞の皆さん！

去年の八月に開催された"韓・日法相会談"の結果、皆さんが安心して永住権を申請できるよう措置が講じられておりますから、一日でも早く永住権を申請されるよう、かさねて要望する次第であります。

もし皆さん方の中で、同永住権申請に関連して、質問または相談なさる事項がある場合には駐日大使館（第一領事課、または永住権申請案内室）あるいは、地方に所在するわが国の各級領事館または民団へ直接来訪されるか、書信で同事由を問い合わせて下さい。必ずや皆さんのご期待にそえるよう、全力を尽してみなさんのご相談に応じます。

なお、皆さんの親戚の方々はもとより、親しい知人の皆さんにも、以上のことを広く知らせて、永住権申請該当者は一日でも早く一人残らず、この申請を完了するようご協力下さい。

駐日大韓民国大使館

永住権申請の手続きと取得者の特典

永住権取得하여 우리權益確保하자

特殊な地位に与えられた権利

日本永住を法的に保障

韓国協定による在日韓国人の永住権申請期限は、来年一月十六日に迫っている。永住権とはなにか？そして、その申請方法など一連の解説をこころみる。

永住権の意義

日本に居住する一般外国人は出入国管理令によって在留資格を取得しなければ、日本に在留できないが、❶終戦前（解放前）から日本に引き続き居住している韓国人❷前項❶の韓国人の子女で、サンフランシスコ平和条約発効（一九五二年四月二十八日）前までに日本で出生した者は、一九五二年の法律第一二六号に基づき、別途に特別な法律で在留資格を定められるまでは、在留資格がなくても、引き続き日本に在留できる。[illegible]

永住権の許可対象

[illegible]

その手続き

[illegible]

申請期限

韓日協定発効日から五年以内。すなわち一九七一年一月十六日まで。一九七一年一月十七日以後に生まれた者は生まれた日から六十日以内に申請しなければならない。

許可通知後の手続き

[illegible]

申請書の記載方法

[illegible]

継続居住経歴

一九六九年八月十九、二十の両日に開かれた韓日法相会談の以前においては、協定永住権申請者の居住経歴に疑いがある場合に限り、戦前から引き続き日本に居住していたかどうか、またその子女が日本で生まれ、その後も継続して日本に住んでいるかどうかの事実調査をすることが日本政府当局の方針としてなされていた。

しかし、法相会談の結果、第一回外国人登録に申請がもれていても、第二回以後継続して登録している者は、[illegible]新たに居住経歴を調査しないで協定永住許可を与えることになったもの。

在留に多くの特典

永住権の特典

一、法的な永住保障

暫定的な地位でなく、権利として望む限り日本に居住できる。

二、強制退去事由について

[illegible]

三、在留および再入国

[illegible]

四、教育

[illegible]

四、社会生活

[illegible]

六、永住意思を放棄する場合

[illegible]

七、土地（不動産）建物の取得

[illegible]

戦後入国者の処遇

[illegible]

外人登録二回目から

以前の居住歴調査しない

韓日実務者会談での了解事項

[illegible]

韓・日法相会談での合意事項

[illegible]

永住権を取得して安定した生活を！

永住権取得を妨害する、反民族的な朝総連勢力を徹底的に紛砕せよ！

全在日同胞に訴える

在日韓国人の永住権申請に関して、朝総連は終始一貫これを妨害し、あらゆる虚偽宣伝をしているが、いうまでもなく、これは根も葉もないことをもって在日同胞の権益を意識的に破壊する、共産徒党の反民族的な常套手段に過ぎない。

われわれはここに、かれらのそのような欺瞞的な反民族性を徹底に暴露、糾弾しつつ、全在日同胞が一日も早くわれわれの権利である永住権を取得するよう強く訴えるものである。

一　永住権は韓日両国間で協定されたわれわれの特権である

永住権は韓日両国が、過去の歴史を清算する時点において、在日韓国人に対する特別措置として講じたもので、われわれの権利として附与されるものである。

二　永住権を取得することによって、日本での生活が安定できる

日本が主権を回復した一九五二年四月二十八日から施行した法律第一二六号は、われわれの在留資格が確定される時までの暫定的な措置であって、決して決定的なものではない。したがって、これだけで永住することはできない。

韓日間の協定による法的地位（永住権）が確定されている今日において、法律第一二六号だけでは外国人を管理する出入国管理令等に対抗することも不可能であり、永住権を取得しないかぎり居住の安定はあり得ない。

三　永住権なしに永住できるというのは、まさに気違いじみた発想である

独立国家の国民が、外国で外国人として永住しようとするとき、その国における永住権を持たずに、どのような方法で永住できるというのか？　かりに、自分の民族にそむいて日本に帰化でもするというのであれば別だが、そうではなく、任意によって永住できるというのはまさに気違いじみた発想である。

永住権のない人は日本政府の自由裁量の範囲内で、日本政府の意思通りに居住の制限を受けることもありえるし、事情によっては強制退去の対象者ともなる。

四　朝総連は虚偽と脅迫と恐喝を常とする破廉恥な反民族的集団である

なぜならば、朝総連は在日同胞が永住権を取得したばあい、当事者が生活の安定を得ると同時に、必然的に朝総連から離れていくことになり、その結果、朝総連は組織の維持が不可能になるため、かれらは必死になって手段と方法を選ばず、虚偽の宣伝あるいは脅迫と恐喝等の手法をもって、同胞たちを苦境に追いこんでいる。

ここに、その幾つかの実例をあげよう。

① 永住権を取得したばあい、これとは何等の関係もない〝軍隊にとられるぞ〟という虚偽宣伝をしていること。

② 永住権を取得すれば、韓国政府に財産を収奪されるとの虚偽宣伝をしていること。

③ 北送された者の家族が永住権を取得すれば、北韓に居る者が僻地に追放される、との脅迫宣伝をしていること。

④ 永住権がなくても永住することができる、という気違いじみた宣伝をしていること。

⑤ 永住権を取得すれば日本帝国主義の奴隷になると韓日間の離間策を弄していること。

以上のように、破廉恥な虚偽宣伝と工作をもって、在日同胞の権益とは全く相反する反民族的な行為を常套手段とし、ひたすら金日成カイライの手先をつとめることに汲々しているのが朝総連である。

このほか、朝総連が過去に犯した罪悪につき、次のような幾つかの例をみてもその本性を如実にあらわしている。

五、朝総連が過去に犯した罪悪

① 外国人登録闘争のときに、朝総連の幹部たちがとった態度と無責任な指令。

② 帰国運動と称して、生地獄の北韓に数多くの同胞を誘引したこと。

③ 愛国団体である民団を、暴力をもって破壊しようとしたこと。

④ かれらが実施している教育が、反民族的な共産主義の注入に一貫していること。

⑤ 永住権申請を、はじめから積極的に妨害してきたこと等々。

このように、どんな角度からみても朝総連は民族の自由と民主の敵であり、民族の権利さえも共産主義のためには廃履の如く踏みにじる集団である。

いいかえれば、朝総連はどこまでも共産主義にのみ忠実であり、その所得にのみ熱をあげている反民族的徒輩らの集団である。

六　すでに朝総連の勢力を粉砕する砲門は開かれた！

朝総連のこれまでの罪悪もさることながら、特に在日同胞の生活を法的に安定させ保障する永住権の取得を、大義名分ももたない虚偽の宣伝と脅迫、恐喝等をもって妨害し、在日同胞を害しているかれら朝総連の徒輩たちが掃蕩される日は間近であり、同時にかれらが近い将来に民族の審判台でその罪悪史の審判を受けるだろうことも、かれら自身が誰よりもよく知っているはずである。

おわりに、われわれは以上のような朝総連の狂態にてらし、愛国的な民族的良心によりなおいっそう積極的に朝総連傘下で苦しんでいる数多くの善良な同胞たちを救出するため全在日同胞の永住権取得に最大の努力をするであろう！

在日本大韓民国居留民団

第85回関東地協ひらかる

万博未入国者の経費返還

中央委員会への建議をきめる

10月23日、日本[illegible]でひらかれる第17回中央委員会に臨む対策を協議するため第85回関東地方協議会（鄭在俊委員長）が、さる22日民団東京本部[illegible]階の会議室においてひらかれた。

午後一時からはじめられたこの会議には、中央本部からの[illegible]

永住権申請促進問題ならびに先般大阪の大阪パークホテルでひらかれた第84回協議会の席上で問題のあった万博招請事業をとりまく一連のスキャンダルを糾明するための調査委員会構成問題を中心に討議した。

会議は、[illegible]に付議したが、[illegible]「全体会議」については、中央委員[illegible]

追求し以って、永住権申請促進という大事業が終局に向っている時に悪影響をおよぼすおそれがあるので、[illegible]って、白黒をはっきりさせることに合意した。

会議は、[illegible]が多くなったため、重なったせいもあろうが、全国的データからしてよい成績ではない。今後申請期限締切まで幾日もないが、われわれは瞬時の隙があってもこの時点から過去の活動状況をもう一度検討して、安易な考え方を捨てるべきである。これからの活動は、足で行なうことこそである。各自がくまなく歩き回ることが肝要であり、卓上空論は禁物であると強調し、いまこそ真の愛国精神を発揮する時である」と訴えた。

つづいて、中央本部からの文副議長、大使館の李総領事らがそれぞれ激励の言葉をのべたが、特に李総領事はその中で、永住権申請期間中は民団三機関長の本国旅行をさしひかえてもらいたい。また一般の旅券発給も、家族中永住権未申請者がいる場合は、発給しない。特別在留許可中のものに対する救済措置は、永住権申請が完了された時点で外交ルートで、解決をはかるなどの方針を明らかにした。

つぎに万博未入国者に対する手数料返戻は、理由如何に拘らず一人当り中央分二万円、地方本部一万円の計三万円を全額返還する。また印紙代は、既納一人当、五千五百円中実費の千円を除いて四千五百円を返戻することを中央委員会に建議することに合意した。

例の万博招請をとりまく一連のスキャンダルならびに「金漢洙メモ」については、千葉県本部の曹議長、埼玉本部の金副団長、長野県本部の金団長らが、この真相を徹底的に追究するため調査委員会の構成を建議する旨はげしくくいさがったが、特別に当地協が建議しなくても、当然中央委員会の席上で問題にされるであろうとの鄭地協事務局長からの発言を支持して、正式に建議はしないことにしたが、この問題について、長時間の論戦があって、すべて中央委員会で究明されることを期待して、午後四時三〇分閉会した。

第85回関東地方協議会

むやみに訂正しない

国籍変更 日本法務省の方針

反民族的な北韓である朝総連は在日同胞たちの協定永住の申請を妨害するために全国の各市町村でいわゆる「国籍変更運動」を猛烈に展開しているが、これについての日本法務省の方針はおよそつぎのようなものと思われる。

①朝総連は、その巧妙な虚偽宣伝をもってあたかも日本法務省が全的に国籍変更に応じているかのよう一般同胞たちを惑わしているが実際はそうでない。さる八月三日から十月七日までの間に日本全国でいわゆる国籍変更を申請した総数は、四五二三名であるがこのうち法務省がつぎのような方針によって五三名にのみその訂正（国籍変更の）を認めた。

②日本法務省の方針は、九月二十六日付各都道府県知事に送った通達で④市町村吏員の事務取扱上の過誤により韓国と記載されるに至った場合®本人の意思によらずして第三者により変更手続され韓国に記載されたと認められる場合に限り訂正申立書、陳述書などをもって具体的で明確な事実関係が確認された場合にのみ韓国から朝鮮へと訂正がみとめられる。

しかし、海外国民登録を済ましたか大韓民国の旅券か登録されているものまたは、協定永住権許可をうけた者は、これに該当されないので市町村長の判断だけでは訂正できないし法務省が審査をして決定するよう通達した。

③日本法務省が、福岡県田川市、山形県酒田市、長野県塩尻市などに対して期限付きで訂正を促す職務執行命令を通達しながら、上記のように市町村吏員の事務取扱上の過誤により朝鮮が韓国に変更されたと認められた五三名に対してその訂正を認めたのは、市町村がたやすく訂正に応じるようなことがないようこれをけん制するがための措置であるようだ。

永住権の申請促進を協議

婦人会東京本部

婦人会東京本部（朴琪先会長）では、さる二十六日午後二時から民団東京本部講堂において月例の支部長会議を開き、来年一月の締切期限をひかえて最後の追い込みに入っている協定永住権の申請促進について討議した。

朴琪先会長はあいさつを通じて民団永住権の申請促進運動は、期限切れをあと二ヵ月有余にひかえて、重要な段階にはいっている、と指摘するとともに、一人でも多くの同胞が日本で安心して住めるようにすることが指導的立場にある者の義務であると強調した。

支部だより

墨田　〈韓青墨田支部結成〉韓青墨田支部準備委員会（鄭宗和委員長）では、来る十月三十日、午後七時から民団同支部事務所において支部結成大会を開催する。同準備委員会の発足以来二年半にわたる活動が効を奏し、この度の結成大会開催にこぎつけたもので、大会当日は結成式のほか、映画上映も予定している。

江東　〈伊東温泉で永住権説明会ひらく〉民団江東支部ではさる25日、一泊二日で、伊豆・伊東温泉のカメヤホテルで永住権説明会を盛大に開催した。来年一月中旬の協定永住権の申請期限を前にして、民団では支部、本部をとわず申請促進の仕上げ作業を急ピッチで進めているが、同胞三千余名をかかえた同支部も金団長以下、文字どおりの挙団体制で促進運動に全力を尽している。このたびの説明会には、役員はじめ団員八十八名が参席し、協定永住権の申請状況をふまえて、さまざまな角度から対策を検討し、今後の運動推進にそなえた。また会議の後、相互の慰労と親睦をはかり、支部活動の鋭気をやしなった。

品川　〈下田に秋の慰安旅行〉民団品川支部の団員約百名（婦人60名、男子40名）は、さる二十日、伊豆の下田温泉ホテルに秋季慰安旅行におもむいた。

〈納貯組合総会ひらく〉品川韓国人納税貯蓄組合の第六回総会が、さる二十四日午後二時から支部講堂において開かれ、収支決算、予算案、活動方針等を審議したほか任期満了にともない次のとおり役員を改選した。

顧問呉宇泳、千順久、洪性伊監査金泰坤組合長崔太一理事南途奉、河鍾吉、具興烈、慎鎮晟、孫命俊金仲淹、李泰男、李泳容、文相守

親睦と体育向上に

葛飾支部で秋の運動会

民団葛飾支部（金玉男団長）ではさる二五日区内水元公園にて団員のリクリエーションをかね体育向上と心身鍛練のために運動会をひらいた。同運動会には鄭在俊東本団長をはじめ支部団員四百余名が参加、盛大をきわめた。

金玉男団長は開会の辞を通して団員の民族精神を新たに視聴と団結を一層強めて永住権申請を促進しようと訴えた。

引きつづき崔徳粉婦人会会長、金康寿韓青委員長があいさつをのべた。東本団長は、祝辞をのべたが鄭団長はその祝辞を通じて永住権取得の利点ならびに朝総連の欺瞞宣伝に迷わず一刻も早く申請するよう訴えた。

運動会は、さわやかな秋空の下各種の競技が曹圭必副団長総指揮の下でくりひろげられた。賞品は東本団長賞を始め支部三機関長賞、婦人会長賞などを筆頭にその他各種賞品が数多く取揃いこれを目がけて多勢の選手達が張り切って参加したまず幼児の短距離競走から地域対抗の綱引き。夫婦、親子、共同作戦の各競技、各団体対抗リレー。その他多種多様の絶叫すべき競技の熱が高まっていった鄭東本団長と金支団長も遂にこのふんい気に連り込まれ徒競走に参加したが、残念にも二人仲良く新外に落着。それでも競技の面白さと楽しい気分にかられて終日閉会まで付き合われた。競技の結果、東本団長賞のトロフィーは団体対抗綱引きで熱血あふれる若さをもって勝った青年団のものとなり和気と歓声に満ちたなかを高昌命議長の閉会辞をもって終幕となった。（葛飾支局）

それ引け…まけるものか！

光州学生運動41周年

韓学同 京都で記念集会

在日韓国学生同盟（金光沢委員長）では、来たる十一月二、三日の二日間に亘って「光州学生運動四十一周年記念全国大会」を京都韓国会館で、開催することになった。

第一日目の「光州学生運動記念大会」では、韓学同京都本部主催のもと、三時から韓学同大阪本部の盟員から「光州」に関するレポートを報告し、引き続き韓学同中総より基調報告を受けることになっている。そして夕食後の班別討論では、抗日独立運動史の中から光州学生の愛族精神を学び、我々が民族主体性をより強固に築く上での伝統的民族理念を継承発展させなければならないことを強調する。

第二日目は、次期通常国会に再上程が目論まれている出入国管理法案の動向に先じて「出入国管理法案決死反対全国集会」と銘打ち韓学同中総主催のもと韓学同東海本部の盟員から基調報告を受け、熱気盛んな再討大会、全体討論で幕を閉じることになる。さらに関西方面を中心にビラ配布運動も予定している。

輸出による外貨獲得額減る

商工部発表によると、五九年度の輸出実績七億二百八十万ドルにたいする外貨獲得額は四億六千二百万ドルで獲得率約六四・二%であり、これは六八年の六五・二%より一%低い。なお、工産品による獲得率は六八年の五四・九%から五四・八に落ちた。

六七年以来の外貨獲得推移はつぎのとおりである。

（カッコ内は工産品、単位=千万

民団愛媛で少年剣道部

民団愛媛県本部（愛媛県新居浜市坂井・朴振業団長）では、同胞少年たちの健康と精神的鍛練を目的に「韓国少年剣道部」を創設、毎週（水・金・日曜の三回）新居浜小学校講堂をかりて定期的なケイ古を行なっている。

さる四月からはじまったこの少年剣道部は、新居浜警察署剣道教官渡辺滋夫氏の師範のもと多くの在日同胞少年たちが参加、韓日少年相互の親善にも役だっており、来年「子供の日」にひらかれる県下の児童剣道大会には早稲の剣道衣に太極旗をえがいて出場するという。

なお、同胞剣道部の指導責任者は民団同県本部経済担当部長があたっている。〈写真は同胞少年たちのケイ古ぶり〉

練直し「入管法」粉砕へ

韓青で具体的な行動を開始

韓国青年同盟では、今回通常国会に再上程されることが確定的になった出入国管理法（入管法）は在日韓国人全体を弾圧し基本的人権を奪うものであるとし、この悪法を粉砕するための具体的行動を開始した。

昨年、在日同胞を総結集させた「入管法」は、六〇万同胞の激しい糾弾を受け廃案となったが、"練直し"という名称の衣を着けて再登場しようとしている。"練直し"たといわれる同法案の内容を検討すると一部緩和されたかにみえるが、実際においては最も批判の集中した「遵守事項」等はかえって厳しくなっているなど本質的には旧法案となんら変っていない。

この法案の再登場自体はいうまでもなく日本政府の在日同胞に対する差別・抑圧政策から出てきたものであり、"練直し"の目的は民族内部分裂を浸透させるためのものでしかない。このような日本政府の姿勢から出てくるところの「入管法」を断呼粉砕し日本政府の在日同胞排斥政策を告発してゆくことを通じて両国民の友好を確立していくことを目的に韓青同盟では闘いの準備を始めたのである。

具体的には各地方選出の国会議員、市町村議員を訪問し「入管法」の不当性を訴え、廃案の要請とこのほど韓青が発刊した「在日韓国人の歴史と現実」を配布、わが同盟の主張を広く浸透させてゆくことにした。そのてはじめにさる一〇月二一日、全国に先がけて東京では、十名の代表陳情団が日本国会の高橋法務委員長を尋ね「入管法」に反対する要請文と「在日韓国人の歴史と現実」を手渡した。

この日、議員会館において代表要請団（金国防委員長ほか十名）は、高橋英吉法務委員長と面談、約三〇分にわたり話し合い、われわれの意向を伝えた。

代表要請団は、わが同盟の立場を明らかにし入管法は永住権取得者を含む在日韓国人全体を弾圧するものであり、在日韓国人は民族的立場でこれに反対していることを伝えた。

なお、この入管法反対運動は、これを皮切りに東京都内はじめ全国で一斉に韓青盟員による活発な要請活動が展開されることになっている。（韓青宣伝部）

要請文

昨年日本国会に提出された「出入国管理法案」は、私達在日韓国人全体はもちろん日本の各界各層の間からも、しれつな糾弾の声があがり廃案となりました。

ところが日本政府、法務省は、次の通常国会にふたたび「出入国管理法案」を提出しその立法化を画策しています。

この法案が成立すると在日外国人の九〇%を占める在日韓国人の生存権を徹底的に侵害し、同時に日本人の日常生活を監視することになります。

在日韓国人のほとんどが過去の日本帝国主義時代に徴用、徴兵のため強制的・半強制的に渡行させられてきた歴史的背景をもっております。このような歴史的背景を無視するなかで過去を正しく清算し韓国と日本の両国民が真の友好関係を結んでゆかなければならないのであります。そうであるならば日本政府は、在日韓国人の基本的人権を認め、その法的保障をすることが最低限の必要不可欠の条件であります。

ところが実際は「外国人登録法」「出入国管理令」あるいは「永住権」取得資格等で厳しい法的規制を受けており、在日韓国人社会に困惑と不安をうみだしています。

そのうえ日本政府は「出入国管理法案」あるいは「外国人学校法案」等の成立をはかり「抑圧」を強化し「同化」を推進しようというのである。

特に今回提出される「入管法案」に関しては昨年の法案内容より緩和する方向で"練直し"をしたと日本政府は強弁していますが実際緩和したのはほんの一部分でしかも枝葉末節的であり、本質的には、昨年最も批判の集中した「遵守事項」等をみれば明らかなように討論、集会の自由を含む一切の基本的人権を侵害する内容となっています。

われわれは、もとより日本国の内政干渉をするものではなく治安対策として取締るという日本政府側の発想は不当であります。

この法案がわれわれの人間として民族として生きる権利を奪うものである以上反対せざるを得ません。そしてわれわれはこの法案が廃案になるまで最後まで闘う決意でありますが、各議員の皆さまにおかれましても正しい韓日関係樹立のため、また単にこの法案が在日韓国人だけの問題でなく日本国民自身の問題でもあることにかんがみ「出入国管理法案」撤回のため御尽力の程要請する次第であります。

衆議院法務委員会委員長
高橋英吉貴下

法務委員長に要請文を読み上げる金委員長

海外国民 戸籍実務講座

在外公館戸籍事務処理要項

3　法院行政処・提供

四、申告場所

1、一般原則

申告は申告事件本人の本籍地または申告人の住所地域あるいは現住地においてしなければならない（法二五）。

しかし錯誤により受理した時はその申告は有効であり効力が発生する。

2、外国にいる大韓民国々民に関する申告（渉外事件に関する申告）

戸籍法の適用は属地的であると同時に属人的であるから外国にいる韓国人は直接自己の本籍地に郵送するなどにより申告書を直送することができるのはもちろん、その住所地国に駐在するわが国の大使公使、領事に申告することもできる。この場合受理された日に当然戸籍法上の効力が生ずる。

わが国方式による申告=韓国人間、在外公館、本籍地。韓国人外国人間=本籍地。

外国方式による証書の謄本（裁判の謄本）を含む=韓国人、外国人、在外公館、本籍地。韓国人間=在外公館、本籍地。

戸籍の申告は満州または[illegible]これを行なうことができる（法27）

1、書面による申告

各種申告について戸籍法[illegible]それ特殊な申告事項を規定しているが、ここではすべての申告に共通する一般的記載事項に対[illegible]に説明する（法29）。

イ、申告書の記載事項

(1) 申告事件（法29）。申告事件の題目である。[illegible]告、婚姻申告等

(2) 申告の年月日（法29）市区邑面の長に申告書を[illegible]る年月日をいい郵送の場合[illegible]日を記載する。

(3) 申告人の出生年月日[illegible]住所および戸主の姓名（29[illegible]申告人の出生年月日は[illegible]識の点もあるが申告能力の[illegible]判定するためであり、本籍[illegible]よび戸主の姓名は申告人の[illegible]を確認するためで[illegible]ければならない。

(4) 申告人と申告事件の本人[illegible]異なる時は申告事件の本人[illegible]・住所・姓名・出生年月日[illegible]申告人の資格（法29）。

(5) 申告事件により申告[illegible]は申告事件の本人について[illegible]他家に入籍するかその他[illegible]生が生ずる者がいる場合は[illegible]はその者の姓名・出生年月[illegible]籍および身分変更の事由[illegible]なければならない（法29）

(6) 親権を行使する者[illegible]見人が申告をする場合は出[illegible]申告をする者の姓名・出生[illegible]および本籍・無能力の[illegible]人が親権を行使する者また[illegible]人であるとの趣旨（法29[illegible]

……その他事項欄に記入す[illegible]

(7) 証人を必要とする[illegible]申告においては証人の出生[illegible]・本籍および住所（法32[illegible]存在しないとか、わから[illegible]

韓国統一展望の諸問題②

朴大統領の8・15宣言を中心に……

〈東国大法政大副教授・政治学〉　李　廷　植

統一に対する関心と実像

浮甲に至って台頭しはじめた統一政策ならびに統一論議は、大きな進展をみたものといわれており、またそのように断定する傾向にある。

しかしそのような傾向を絶対に大きな進展であるとはいい難い。ただ、統一の関心が、為政者のものから国民のものへと移ろうとする段階がみえはじめただけである。ある意味においては、それが大きな進展であると言えるかも知れない。

統一に関する関心が、そのように急に高まったのは、われわれ自からの努力とか、または統一を成さしめる何らかの客観的条件の成熟によって高まったというよりは対内外的にふさがれていた統一に関するコミュニケーションが開かれはじめたというところに根本的な理由があるようである。いろいろな意味をもっているコミュニケーションは、統一問題をすべてにわたって知りつくし語りえるまでには至ってないし、ただ韓国民族の統一に対する理性的な反応を試しているようでもある。

そのように韓国の統一問題は、まだまだ悲運の歴史的事実であるというワク内を抜けきれずにいる問題である。統一問題が提起された原点のワク内で断ペイされたまま対内的な政治的操作の対象になってきているところに悲運が芽ばえたし、また悲運がかさねられてきたのであった。統一問題が、このように操作されたということはわれわれ自からの統念を物語るものでありわれわれのものでありながら他人または他国にまかされていたことを物語るものである。

統一に対する関心が、台頭しはじめたということが、われわれ自からの意志とか努力によって成しえる段階への接近を意味するものでは決してない。むしろ為政者たちの政治的操作の対象であった統一問題が、操作の限界点に達したということだ。そのように操作の限界にぶつからしめたのはコミュニケーションである。

統一問題が操作の限界点に達したということは、統一問題を凍拍統一観へと[illegible]してきた為政者たちの能力の限界をあわせて意味するものとも言える。そうだからとして一般国民たちに為政者たちの能力にまさる何かの妙案があるとのことではない。そのような妙案をもちあわせないのがむしろ当然かもしれない。なぜかというと、統一問題は操作の対象であるばかりでなく対内的なコミュニケーションによって開放されてなかったためでもある。そのように開放されてなかったためにかえって操作されることもできるのだと見るべきであろう。

そのような意味で、統一に関するコミュニケーションが開放されはじめたこの時点は、つぎのようないくつかの意味をもつようになった。

はじめに断ペイされた状況でもっぱら操作の対象であった統一に関する関心は、どのような様相で矛盾をはらむことになったのか？すなわち統一に関する国民的な合意を成就されるのに阻害的な為人たちがどのように背を向けてきたかを顧みる機会になったということだ。

つぎに、統一問題が統治者（階層）の専担物であった点で、それは統治エリートの政治文化的属性にすぎなかった。しかし統一に関するコミュニケーションが、開放されるにしたがって大衆（被支配者）的政治文化のものに変りうる可能性をもつようになった。韓国の統一問題が、大衆（被支配者）的なものに変っていくならば、統治者的な問題とは感度の違う統一問題を呼びおこすこともできるであろう。そうして帰着するところ楽観的な観点から国民的な合意の[illegible]へと整理されるであろうし、悲観的な観点から統治者的なものと被統治者的なものとの対立と葛藤をもたらすかもしれない。

統一問題を楽観的なものと悲観的な観点に関連させてみるとき、楽観的な観点が実在するとすればいままでの統一に関する為政者たちの政策とか統一観は合理的で統合的なものであったという判断が生まれるし、悲観的なものがなされるとすれば対内政治過程の操作機能が結果した制約性により、政治権力的で分裂的であったと判断されるであろう。この二つの観点に関して良い悪いの価値判断はそうたやすくおろすべきではないが進取的な立場から欲を言えば楽観的な観点の支配がのぞましい。

しかし統一問題が、統治者的属性にとどまっている間に、楽観的な観点を成しえない過程を積み重ねてきたというべきであろう。なぜかというとまず第一に、同一民族が文化的に異質化していくということだ。一九四八年に南韓と北韓がお互に単独的な権力構造をもつようになった当時の出生者たちは、その年令が二三才になったという結論が生れる。これから五年または十年たてば、彼らは各々分断された地域内の主役階層として登場することになる。彼らから歴史的な民族文化の意識をさがし求めることは難かしい。もし分断された状態のまま民族の同一体感を成しえるまでに成長したとすれば、統一される民族の継続ぐらいはあるはずだが、実際においては異民族に対する敵愾心以上の意識のなかで、生きてきたために民族の継続はとうてい望めない。

「統一」という概念が、文化的統合の意味に理解されようとまたは政治権力的統合の意味に理解されようと、この時点においての統一観は、文化的統合の意味をはなれたものになってしまった。祖国以来、統一状態をもってみなかったために、よく単なる「統一」の概念へと理解し、文化的な面が軽視されてきた。さらに歴史的にみてわれわれには民族主義の理念が存在したという点を強調し、その概念が先に立つこともある。しかしわれわれの場合は「単純な統一」ではなく「再統合」にほかならない。したがって「再統合」の概念が生成すれば、弁証法的な一の概念を適用するしかない的な側面を、になっているとみるべきであろう。

〈つづきは次号から原文で掲載〉

北韓スパイ団22名を検挙

在日工作員らと接線　平壌往来拠点づくり

内務部治安局は十七日、日本を拠点として暗躍する北韓スパイ団二十二名を一網打尽にしたと発表（[illegible]）

悲惨な事故続出

交通機関の高速大型化で

北韓警備兵集団暴行事件に抗議

韓国の労総定期代議員大会開く

武装ゲリラ二人を射殺

「私の祖国」刊行

〈荒川夏期学校生徒の作文集〉

民団荒川支部（趙活俊団長）では、さる七月二十七日から八月十日までの期間、主に日本の学校に通っている団員子弟を対象に、昨年につづいて第二回目の夏期学校を開催して好評を博したが、この程同夏期学校に参加した生徒たちの作文集として「私の祖国」第一号を刊行した。

真夏のさ中、学校の夏休みを利用して開かれた同夏期学校には、小学生、中学生あわせて八十四名が参加、暑さにめげずウリマルや祖国の歴史、音楽を熱心に勉強して、多大な成果をあげ、校長の趙団長はじめ同校関係者を大いに喜こばせた。

二四ページ、タイプ刷りのこの小冊子には、「一支部という限定された地域での、民族教育に対する可能性を見出すために試みた、[illegible]

大物スパイの告白の記

私は北傀を告発する

(20)

姜　大　振

クシ浦沖に上陸したが　様子おかしく再び北へ戻る

四回目の南派"失敗の原因"

[illegible]

戦場につかわされた斥候のように

[illegible]

みえる。よく見るとそれは五、六人の男がたき火をしているのだ。やがて男たちは火を消してこちらの方へ歩いてくる。どうも、風体が漁夫のようであった。われわれは静かに林々の間に身をかくしたが、ボートのことが心配だった。ここは浅瀬なので海の様子がよく見えるのである。そっと木かげから漁夫たちの様子をうかがうと、彼らはちょうど、ゴム・ボートの待機しているあたりで、足をとめ、何か話し合っているようすである。そして彼らは口々に何か叫び声を上げながら、もと来た方向へ走って行くのである。

「この地域はわれわれがこんごも工作活動を続けて行く舞台の中心となるところだ。従ってこの住民を殺すことは決して為にならない。われわれがいたずらに殺傷をすれば監視をきびしくさせる結果を招き、工作活動のじゃまになる。それに住民たちも地下党の組織に協力したくなる……」

漁夫らを追い拉北することに合意

[illegible]

こわきでボートにとび乗る

[illegible]

在外国民 戸籍実務講座

在外公館戸籍事務処理要項

④ 法院行政処・提供

[illegible]

（1968年7月27日第3種郵便物認可）

在日本大韓民国居留民団
綱領
1. 우리는 大韓民国의 国是를 遵守한다
1. 우리는 在留同胞의 権益擁護를 期한다
1. 우리는 在留同胞의 民生安定을 期한다
1. 우리는 在留同胞의 文化向上을 期한다
1. 우리는 世界平和와 国際親善을 期한다

THE PRESS MINDAN TOKYO
THE KOREAN RESIDENTS UNION, IN JAPAN, TOKYO OFFICE
「韓僑通信」改題
在日本大韓民国居留民団東京本部発行週刊紙

民団東京
THE PRESS MINDAN TOKYO

11月4日水曜 <1970>
週刊・毎水曜日発行
第2425号

発行所
民団東京新聞社
発行人 鄭在俊
東京都文京区本郷3丁目32番7号
電話 (811) 1535 (代表)
〒133 振替口座 東京16631番
〔大韓民国文化公報部国内頒布許可〕
〔購読料 1カ月100円・特別1000円〕

永住権申請案内特集号

永住権取得で安定生活を営むか
朝総連にだまされて悔を残すか
1971年1月16日 決断の日は迫る

在日韓国人の永住権申請の期限（一九七一年一月十六日）は、あと七〇余日に迫った。居留民団では、この重大な時期に臨んで全組織を挙げて「永住権申請の促進運動」を推進しているが、いまだにこの「永住権」という「われわれに与えられた権利」を理解してない同胞がいるばかりでなく、一方朝総連の反民族的な妨害運動のために迷っている同胞も少なくない。そこで、永住権とはなにか？それを取得することによっていかなる特典があるのか？それをしなければどうなるのか？朝総連の宣伝がいかにウソであるか？を解明するとともに、在日同胞がひとり残らず「永住権を取得するよう」「永住権申請案内」を特集した。

迷わず永住権申請を
民族的同胞愛で強く訴える

永住する権利の取得

在日同胞のみなさま！わたしたち自身の在留資格を決定する永住権申請期限（一九七一年一月十六日まで）が、間近に迫りました。永住権の取得は誰のためでもなくあなた自身の権利を確保するためにするのであり、外国人であるわれわれが、この日本で永住するためには「永住する権利」を取得していなければなりません。生活の基盤を日本においているわれわれは、われわれのあらゆる権益を擁護するためにも、この「永住権」が基本になるのであり、この基本権利を獲得してこそ、はじめて生活の安定を期することができるのであります。

このわれわれにとってきわめて重大な問題に関し、民団（在日大韓民国居留民団）では、民族的な同胞愛をもって在日同胞がひとり残らず、一日も早く永住権を取得するよう強く訴えているのでありますが、一方、朝総連（在日朝鮮人総連合会）は、彼らの勢力が崩れ去るのを憂慮するばかりに、あらゆる虚偽宣伝をつかって熾烈な反対運動を展開しております。

みなさんは、民団が心からなる同胞愛をもってすすめる「永住権」を取得して安定した生活を送るか？それとも朝総連にだまされて永住の権利を放棄して将来に悔を残すか？この二つのうち一つを選ぶべき岐路に立っているのであります。しかもその決断の期日は目前に迫っているのであります。

このような重大な時点においてここにわれわれがこの日本で生活してゆくために守らなければならない法律、そしてわれわれに影響を及ぼす法令、われわれに直接関係する諸法令ならびに永住権に関するいろいろな資料を提示しながら「永住権申請のみちしるべ」としたいのであります。どうか在日同胞のみなさんは、この資料などから知るべきをくみとられ、自分自身ひいては子孫たちのために一日も早く「永住権を申請」されるよう望んでやまないのであります。

126―2―6では永住できぬ

われわれがこの日本で外国人として在留するには、何らかの資格がなければならない。

在日韓国人の法的地位協定が締結されてなかったときは、われわれは暫定的に日本の法律一二六―二―六によってその在留資格なしに在留していた。この一二六―二―六とは「ポツダム宣言の受諾に伴い発する命令に関する法律」（別掲）の二条六項の意味で、ここには「別に法律で定めるところによりその者の在留資格及び在留期間が決定されるまでの間引き続き在留資格を有することなく在留することができる」とある。従って永住権を取得しなくとも、一二六―二―六によって外国人登録さえ所持していれば永住ができるというのは全くの誤りである。朝総連はこの法文の内容を逆に解釈して言いふらしている。

法文で「別に法律で定めるところにより」とは、大韓民国と日本国との協定をさしているのであって、この協定によって永住権を取得することにより、はじめてわれわれは日本に永住する権利を得ることになるのである。その永住権は、ただだまっていて許可されるのでなく一定の手続きにより申請すれば許可されることになっている。その申請期限が来年（一九七一年）の一月十六日でこの締切り期日を過ぎると申請を受付けないし「永住の権利」を放棄したことになってしまう。

従って来年の一月十七日以降は永住権を取得した者と申請しなかった者とがはっきり分けられることになり両者の待遇がはっきり違ってくる。つまり永住権を取得したものとそうでない者とはいろいろな点において日本政府からの処遇に差異がある。

法律第一二六号第二条六項

ポツダム宣言の受諾に伴い発する命令に関する件に基く外務省関係諸命令の措置に関する法律（昭和二十七年四月二十八日法律第百二十六号）

第二条六項 日本国との平和条約の規定に基き同条約の最初の効力発生の日において、日本の国籍を離脱する者で、昭和二十年九月二日以前からこの法律施行の日まで引き続き、本邦に在留するもの（昭和二十年九月二日からこの法律施行の日までに本邦にて出生したその子を含む）は、出入国管理令第二十二条の二第一項の規定にかかわらず、別に法律で定めるところにより[illegible]者の在留資格及び在留期間が決定されるまでの[illegible]引き続き在留資格を有することなく本邦に在留することができる。

（昭和二七―法二六八・一部改正）

退去強制について

まず強制退去についてみると、協定永住権を取得したものは、協定文第三条のABCD項の該当以外には退去が強制されないが、永住権の取得しなかった者は現行法令である出入国管理令（別掲）第二十四条の適用を受けることになり退去強制の条件がきびしい。法文でみるとおり貧困者、放浪者、身体障害者はいうに及ばず少しでも日本政府によって迷惑になるものやちょっとしたことで一年をこえる懲役をうけた者まで強制退去の対象となる。（協定第三条と出入国管理令第24条を比格対照すればはっきりする）

永住権と兵役とは関係ない

朝総連系は、韓国籍をもって永住権を取得すれば兵役に服務しなければならないとの虚偽宣伝を行なっているが、すでに駐日大韓民国大使館が八月十三日付朝刊〝読売〟及び〝毎日〟新聞に公告したように、⑴永住権取得者、⑵永住権取得者の家族で同居の目的で渡日し現在滞在中である者、⑶一九六三年十一月三〇日以前に居住の目的で渡日滞在中である者等は、韓国の兵役法第47条の規定と本国政府の方針により兵役が免除されているから、これは根も葉もない虚偽宣伝であることが明らかである。

お知らせ

民団東京新聞本号は、永住権申請案内特集として永住権についてのすべての問題を解説しました。まだ永住権を申請してない方はもちろん組織関係者の永住権推進活動にご活用下されば幸甚に存じます。

民団東京新聞社

出入国管理令 退去強制 条項

出入国管理令「退去強制」条項

第二四条 左の各号の一に該当する外国人については、第五章に規定する手続により、本邦からの退去を強制することができる。

一 第三条の規定に違反して本邦に入った者
二 第九条第五項の規定に違反して本邦に上陸した者
三 前二号に該当する者を除く外、寄港地上陸の許可、観光のための通過上陸の許可、転船上陸の許可、緊急上陸の許可又は水難による上陸の許可を受けないで本邦に上陸した者
四 本邦に在留する外国人（仮上陸の許可、寄港地上陸の許可、観光のための通過上陸の許可、転船上陸の許可又は水難による上陸の許可を受けた者を除く。）で左に掲げる者の一に該当するもの

イ 旅券に記載された在留資格の変更を受けないで当該在留資格以外の在留資格に属する者の行うべき活動をもっぱら行っていると明らかに認められる者
ロ 旅券に記載された在留期間を経過して本邦に残留する者
ハ らい予防法の適用を受けているらい患者
ニ 精神衛生法に定める精神障害者で同法に定める精神病院又は指定病院に収容されているもの
ホ 貧困者、放浪者、身体障害者等で生活上国又は地方公共団体の負担になっているもの
ヘ 外国人登録に関する法令の規定に違反して禁固以上の刑に処せられた者。但し、執行猶予の言渡を受けた者を除く。
ト 少年法（昭和二十三年法律第百六十八号）に規定する少年でこの政令施行後に長期三年をこえる懲役又は禁こに処せられたもの
チ この政令施行後に麻薬取締法、大麻取締法、あへん法又は刑法（明治四十年法律第四十五号）第十四章の規定に違反して有罪の判決を受けた者
リ へからチまでに規[illegible]除く外、こ[illegible]令施行後に無期又は一年をこえる懲役若しくは禁こに処せられた者。但し、執行猶予の言渡を受けた者を除く。
ヌ 売いん又はそのあっ旋、勧誘、その場所の提供その他売いんに直接に関係がある業務に従事する者
ル 他の外国人が不法に本邦に入り、又は上陸することをあおり、そそのかし、又は助けた者
ヲ 日本国憲法又はその下に成立した政府を暴力で破壊することを企て、若しくは主張し、又はこれを企て、若しくは主張する政党その他の団体を結成し、若しくはこれに加入している者
ワ 左に掲げる政党その他の団体を結成し、若しくはこれ[illegible]加入し、[illegible]れと密接な関係を有する者
(1) 公務員であ[illegible]という理由に因り、公務員に暴行を加え[illegible]公務員を殺傷することを勧[illegible]
(2) [illegible]の団体[illegible]を不法に損傷し、又は破壊することを勧奨する政党その他の団体
(3) 工場事業場における安全保持の施設の正常な維持又は運行を停廃し、又は妨げるような争議行為を勧奨する政党その他の団体
カ オ又はワに規定する政党その他の団体の目的を達するため、印刷物、映画その他の文書図画を作成し、頒布し又は展示した者
ヨ イからカまでに掲げる者を除く外、法務大臣が日本国の利益又は公安を害する行為を行ったと認定する者

五 仮上陸の許可を受けた者で、第十三条第三項の規定に基き附された条件に違反して、逃亡し、又は正当な理由がなくて呼出しに応じないもの
六 寄港地上陸の許可、転船上陸の許可、観光のための通過上陸の許可、緊急上陸の許可又は水難による上陸の許可を受けた者で、当該許可書に記載された期間を経過して本邦に残留するもの
七 第二十二条の二第三項において準用する第二十二条第四項の規定による在留資格及び在留期間の記載を受けず、又は第二十二条の二第四項において準用する第二十二条第三項の規定による永住許可の証印を受けないで、第二十二条の二第一項に規定する期間を経過して本邦に残留する者

日本国に居住する大韓民国国民の法的地位及び待遇に関する日本国と大韓民国との間の協定

<全文>

日本国に居住する大韓民国国民の法的地位及び待遇に関する日本国と大韓民国との間の協定

日本国及び大韓民国は、多年の間日本国に居住している大韓民国国民が日本国の社会と特別な関係を有するに至っていることを考慮し、これらの大韓民国国民が日本国の社会秩序の下で安定した生活を営むことができるようにすることが、両国間及び両国民間の友好関係の増進に寄与することを認めて、次のとおり協定した。

第一条 1 日本国政府は、次のいずれかに該当する大韓民国国民が、この協定の実施のため日本国政府の定める手続に従い、この協定の効力発生の日から五年以内に永住許可の申請をしたときは、日本国で永住することを許可する。

(a) 千九百四十五年八月十五日以前から申請の時まで引き続き日本国に居住している者

(b) (a)に該当する者の直系卑属として千九百四十五年八月十六日以後この協定の効力発生の日から五年以内に日本国で出生し、その後申請の時まで引き続き日本国に居住している者

2 日本国政府は、1の規定に従い日本国で永住することを許可されている者の子としてこの協定の効力発生の日から五年を経過した後に日本国で出生した大韓民国国民が、この協定の実施のため日本国政府の定める手続に従い、その出生の日から六十日以内に永住許可の申請をしたときは、日本国で永住することを許可する。

3 1(b)に該当する者でこの協力発生の日から四年十箇月を経過した後に出生したものの永住許可の申請期限は、1の規定にかかわらず、その出生の日から六十日までとする。

4 前記の申請及び許可については、手数料は、徴収されない。

第二条 1 日本国政府は、第一条の規定に従い日本国で永住することを許可されている者の直系卑属として日本国で出生した大韓民国国民の日本国における居住については、大韓民国政府の要請があれば、この協定の効力発生の日から二十五年を経過するまでは協議を行なうことに同意する。

2 1の協議に当たっては、この協定の基礎となっている精神及び目的が尊重されるものとする。

第三条 第一条の規定に従い日本国で永住することを許可されている大韓民国国民は、この協定の効力発生の日以後の行為により次のいずれかに該当することとなった場合を除くほか、日本国からの退去を強制されない。

(a) 日本国において内乱に関する罪又は外患に関する罪により禁固以上の刑に処せられた者（執行猶予の言渡しを受け上者及び内乱に附和随行したことにより刑に処せられた者を除く）

(b) 日本国において国交に関する罪に[illegible]の刑に処せられた者及び外国の元首、外交使節又はその公館に対する犯罪行為に[illegible]処せられ[illegible]

(c) 営利の目的をもって麻薬類の[illegible]日本国の法令に違反して無期又は三年[illegible]処せられた者（執行猶予の言渡しを受けた者を除く）及び麻薬類の取締りに関する日本国の法令に違反して三回（ただし、この協定の効力発生の日の前の行為により三回以上刑に処せられた者については二回）以上刑に処せられた者

(d) 日本国の法令に違反して無期又は七年をこえる懲役又は禁固に処せられた者

第四条 日本国政府は、次に掲げる事項について、妥当な考慮を払うものとする。

(a) 第一条の規定に従い日本国で永住することを許可されている大韓民国国民に対する日本国における教育、生活保護及び国民健康保険に関する事項

(b) 第一条の規定に従い日本国で永住することを許可されている大韓民国国民（同条の規定に従い永住許可の申請をする資格を有している者を含む）が日本国で永住する意思を放棄して大韓民国に帰国する場合における財産の携行及び資金の大韓民国への送金に関する事項

第五条 第一条の規定に従い日本国で永住することを許可されている大韓民国国民は、出入国及び居住を含むすべての事項に関し、この協定で特に定める場合を除くほか、すべての外国人に同様に適用される日本国の法令の適用を受けることが確認される。

第六条 この協定は、批准されなければならない。批准書は、できる限りすみやかにソウルで交換されるものとする。この協定は、批准書の交換の日の後三十日で効力を生ずる。

以上の証拠として、下名は、各自の政府からこの目的のために正当な委任を受け、この協定に署名した。千九百六十五年六月二十二日に東京で[illegible]。[illegible]のために椎名悦三郎、高杉晋一 [illegible]のために李東元、金東祚

外国人の財産取得に関する政令

外国人の財産取得に関する政令

第三条① 外国人が日本人、日本国の政府若しくは地方公共団体又は、第二十三条の二の規定により、法務大臣の指定する外国人から左に掲げる財産を取得しようとするときは、法務大臣の認可を受けなければならない。外国人が自己の計算において日本人又は第二十三条の二の規定により、法務大臣の指定する外国人をして取得させようとするときも同様とする。

一、土地、建物、工場、事業場若しくはこれらに附属する設備又は鉱業権若しくは、これに関する権利。但し、自己の居住の用に供するために通常必要と認められる土地及び建物並びに、これに附属する設備を除く。

二、前号に掲げる財産の賃借権、使用貸借に基く借主の権利、地上権、永小作権、若しくは質権、抵当権その他の担保権又は前号に掲げる財産の取得の予約による権利若しくは前号に掲げる財産を取得するかどうかを選択する権利。但し、賃借権、使用貸借に基く借主の権利、地上権及び永小作権については、その存続期間が五年をこえるもの又は契約の更新の結果その存続期間が通じて五年をこえるに当るものに限る。

永住権申請期限〈1971年1月16日〉がせまっております

朝総連のデマ宣伝にだまされてはいけません！

在日韓国人（朝鮮籍を含む）が、日本人で安定した生活を営み且つ、自由に祖国を往来しまたは家族を招請するためには、何よりも他の外国人には、願っても得られない永住権を取得するのが最も良いのです。あらゆる手段によって、在日韓国人（朝鮮籍を含む）をだましている朝総連のデマ宣伝に迷わないで、あといくらも残されていない申請期限が満了する前に、一日も早く永住権を申請しましょう。

永住権は兵役とは絶対に関係がありません。

〈申請方法〉

第二回から引続き、外国人登録している人は次の書類を揃えて、自分の居住している市・区・町・村役場に行き、本人が提出します。但し、十四歳未満の人はその父母が代理申請します。本人が直接準備するものは、写真二枚だけで他の用紙は上記の役場に置いてあります。

A、協定永住許可申請書 二通
B、旅券又は大韓民国国民登録証（このようなものが無い場合には国籍を書きいれた陳述書）
C、写真（五センチ四方で六ケ月以内に撮影したもの） 二枚
D、家族関係と居住経歴書 二通

〈参考〉

1、手数料は一切無料です。
2、外国人登録上、朝鮮籍になっている人は、大韓民国（韓国）の国籍に変更申請したらよいのです。
3、居住経歴或るいは身分上に何かの問題点があると思われる人は最寄りの民団或るいは領事館又は大使館に行けば親切に案内してくれます。

駐日大韓民国大使館

東京本部管内各支部の所在地

まだでしたらもよりの民団支部へご連絡下さい。
<係員がお宅を訪問し永住権の申請について親切にご案内するとともに無料で写真さつえい、代筆などします。>

支部	所在地	電話
文京	文京区小石川二―十一―八	（八一一）三五五五
台東	台東区東上野三―一五―八	（八三三）九九〇四
中央	中央区日本橋茅場町一―一六	（六六一）五三七〇
連合		
墨田	墨田区太平町一―四―八	（六二二）九四四二
江東	江東区木場六―八―十	（六四四）〇五一二
江戸川	江戸川区興之宮二九	（六五七）七五一二
北	北区稲町一―二六九	（九〇一）二六六一
足立	足立区千住桜木町五三	（八八八）八三〇一
荒川	荒川区荒川三―三二	（八九一）〇五五五
葛飾	葛飾区本田立石六―一八―一六	（六九三）一七七一
豊島	豊島区池袋二―一一六七	（九八二）七一六一
板橋	板橋区板橋二―二二―九	（九六一）六五六五
練馬	練馬区豊玉北四―三一	（九九二）五五七七
新宿	新宿区三光町二五（三立ビル二〇三号室）	（三四一）〇二〇四
中野	中野区新井二―一一―七	（三八六）五五三六
杉並	杉並区梅里二―二四―一三	（三一三）七五七五
渋谷	渋谷区宇田川一五	（四六一）五三八二
世田谷	世田谷区下馬町一―一七	（四二一）三六〇九
目黒	目黒区青葉台一―三〇―一〇	（七一三）四三七八
港	港区三田四―六―一八	（四五一）六五三八
品川	品川区豊町三―一一	（七八六）一二二四
大田	大田区新蒲田一―六―七	（七三二）七六五一

在日大韓民国居留民団東京本部
東京都文京区本郷三―三二―七
電話八一一―一五三五〈代表〉

「兵隊にとられる」とはまっかなウソ

大韓民国の兵役法と政府の声明文

大韓民国兵役法第47条

大統領令の定めるところにより、国防長官は、在外同胞の兵役を延期または免除することができる。

この兵役法第47条はさる十月二日「海外で永住権を得た僑胞たちの兵役義務を免除する」と改正された。

駐日韓国大使声明

（一）

在日同胞の兵役免除に関する一九六五五年月三日付の外務・国防両長官の共同声明は継続して有効であり、したがって在日同胞が本国に一時帰国しても、兵役に関する何らの制限も受けることがないことを、茲に明らかにする。

（二）

一、永住権をもつ在日同胞の父母または配偶者と同居の目的で渡日し、同居するため特別な在留許可を得て、日本に永住する意思をもつ人は、兵役未了者といえども本国政府の兵役服務のための召還対象から除外する。

二、前記の該当者で、所持旅券（KJ旅券は除外）の期限延長が必要な者は、旅券記載事項申請書一部、国防部長官宛の兵役未了者海外滞留期間延長申請書一部、父母または配偶者の永住許可書写本二部（公館確認済み）および、特別在留許可事項を記載した外国人登録済証明書（公館確認済み）二部を添付して、管轄公館に期限延長の申請をすること。

一九七〇年五月二十一日
大韓民国大使　李厚洛

外務・国防両長官声明文

韓日会談が全面的な妥結をみようとする最近、日本で発行されている一部新聞に、いかにも韓国政府が在日同胞徴兵適令者たちを強制徴集するかのような誤った報道があり、一部同胞に誤解と不安感を与えている事実があるが、これは朝総連をはじめとする一部不純勢力の、悪意にみちたねつ造に基因したものであることを明かにすると同時に、善良な同胞たちは、このような欺瞞に眩惑されることがないよう、ここに政府の兵役政策をつぎのように声明する。

海外同胞に対しては、法律の定めるところにしたがい（兵役法第四十七条）、海外に居在する期間は、軍への服務義務を負課しておらず、かれら海外同胞に対しては、これまで徴兵を施行した事実もなければ、将来においてもこの方針に変りはない

一九六五年五月三日
外務部長官　李東元
国防部長官　金聖恩

在日同胞に関する兵役法

朝総連は、永住権を取得すれば兵隊にとられるという宣伝をしていますが、これがいかにばかげたことかはつぎの大韓民国兵役法第四十七条ならびにこれに関する政府声明、駐日大使の声明などをみればはっきりわかる。別掲のとおり大韓民国兵役法第四十七条には「海外で永住権を得た僑胞たちの兵役義務を免除する」と明文化している。これをみても朝総連の宣伝は全く根も葉もないものであることがわかる。反対に永住権を取得することにより兵役の義務が免除されることが明白である。

朝総連は、北海道の韓忠南という青年に懲兵令状がきたといってその令状を復写しオニの首でもとったように宣伝しているが、種をあかせばなんでもないことである。

朝総連のビラをもう一度よくみてほしい。この韓青年の本籍ならびに住所は釜山市釜山鎮区釜田洞三六四一一四一六になっている。この青年への令状は右の現住所へ届いたもので現住所に住んでいる韓青年の叔父がこれを北海道の本人宛転送したものである。

なぜこういうことが起るかというと韓青年はもちろん大韓民国の国民だから本籍地の戸籍にその生年月日などが登記されている。その戸籍簿を預っている市庁とか面事務所などでは本人が日本に住む僑胞かどうかわからないから適令者として令状を出したまでのことである。市庁とか面事務所などで本人が日本に住む僑胞であることがわかっておれば令状など出さない筈である。韓青年の場合、韓青年の叔父がその令状をうけとって「韓忠南は在日僑胞」だとして兵務当局に返送してしまえばよかったものをわざわざ日本へ転送したから無知な朝総連が騒ぎだしたまでのことである。こういう徴兵令状が過去にも日本に転送された例が一二件あったが何ら法的に拘束されるものでなく実際に在日同胞が大韓民国の徴兵にとられた例はいまだかつて一件もない。

理屈にあわぬ国籍変更

最近日本の新聞紙上を通じて朝総連系では、在日韓国人の永住権申請と関連して韓国籍からいわゆる"朝鮮籍"に変更する運動を展開し、一部地域では多数の韓国人が朝鮮籍に変更する申請を行なっているかのように宣伝しているがこの問題の真相はつぎのとおりである。

いわゆる朝鮮籍の由来

一九四五年八月十五日の終戦とともに、在日僑胞は日本国籍を離脱して特殊地位国民、または非日本人の資格として一九四七年の外国人登録令により登録した際、一律に"朝鮮"と記載された。これは、朝鮮半島より来日し、朝鮮戸籍（日本の植民地統治時代に日本本土人と区別するための便宜上の措置としての戸籍）に属している者として便宜上の記載と解釈されている。

韓国籍への変更

一九四八年の大韓民国政府樹立により、駐日大韓民国代表部は、在外国民登録令を施行し、同国民登録を終えた者には外国人登録上国籍欄に韓国または大韓民国と標記するよう日本政府に要請した。日本政府は、このような韓国側の要請に対して一九五〇年二月二十三日の閣議で韓国代表部の要請を受け入れ、(1)本人の自由意思による申し立てと(2)韓国代表部の国民登録証を確認した後、外国人登録の国籍欄を"朝鮮"から韓国に訂正することを示達した。

このような日本政府の方針は、現在まで変更されてない。

したがって朝総連系が主張しているように、本人の意思に反して外国人登録の国籍欄に韓国籍と記載されることはありえないが、次のような事実からも彼らの主張が虚偽宣伝であることを指摘できる。

第一に、外国人登録法上申請登録証の受領または提出などは、必らず本人の出頭により出来る（第十五条）ようになっており、他人に依頼して申請することは出来ない。

第二に、"朝鮮"籍から韓国籍に変更する手続きは自由意思による申し立てと大韓民国国民登録証の提出が前提となっているので行政官庁の"ミス"はありえない。

第三に、家族に逢うため国籍を移籍したという主張は、家族に逢うという明らかな自分の意思が表示されているから、意思に反したとは見られない。したがって本人の知らない間に移籍されたということはあり得ない。

法的地位協定の合意議事録

日本国に居住する大韓民国国民の法的地位及び待遇に関する日本国と大韓民国との間の協定について合意された議事録

日本国政府代表及び大韓民国政府代表は、本日署名された日本国に居住する大韓民国国民の法的地位及び待遇に関する日本国と大韓民国との間の協定関し次の了解に達した。

第一条に関し、

1　同条1又は2の規定に従い永住許可の申請をする者が大韓民国の国籍を有していることを証明するため、

(i)　申請をする者は、旅券若しくはこれに代わる証明書を提示するか、又は大韓民国の国籍を有している旨の陳述書を提出するものとする。

(ii)　大韓民国政府の権限のある当局は、日本国政府の権限のある当局が文書により照会をした場合には、文書により回答するものとする。

2　同条1(b)の適用上に「(2)に該当する者」には、千九百四十五年八月十五日以前から死亡の時まで引き続き日本国に居住していた大韓民国国民を含むものとする。

第三条に関し、

1　同条(b)の適用上「その公館」とは、所有者のいかんを問わず大使館若しくは公使館として使用されている建物又はその一部及びこれに附属する土地（外交使節の住居であるこれらのものを含む。）をいう。

2　日本国政府は、同条(c)又は(d)に該当する者の日本国からの退去を強制しようとする場合には、人道的見地からその者の家族構成その他の事情について考慮を払う。

3　大韓民国政府は、同条の規定により日本国からの退去を強制されることとなった者について、日本国政府の要請に従い、その者の引取りについて協力する。

4　日本国政府は、協定第一条の規定に従い永住許可の申請をする資格を有している者に関しては、その者の永住が許可された場合には協定第三条(a)ないし(a)に該当する場合を除くほか日本国からの退去を強制されないことにかんがみ、その者について退去強制手続が開始した場合において、

(i)　その者が永住許可の申請をしているときには、その許否が決定するまでの間、また、

(ii)　その者が永住許可の申請をしていないときには、その申請をするかしないかを確認し、申請をしないときには、その者の強制送還を控える方針である。

第四条に関し、

1　日本国政府は、法令に従い、協定第一条の規定に従い日本国で永住することを許可されている大韓民国国民が、日本国の公の小学校又は中学校へ入学が認められるよう必要と認める措置を執り、及び日本国の中学校を卒業をした場合には、日本国の上級学校への入学資格を認める。

2　日本国政府は、協定第一条の規定に従い日本国で永住することを許可されている大韓民国国民に対する生活保護については当分の間従前どおりとする。

3　日本国政府は、協定第一条の規定に従い日本国で永住することを許可されている大韓民国国民を国民健康保険の被保険者とするため必要と認める措置を執る。

4　日本国政府は、協定第一条の規定に従い日本国で永住する ことを 許可されている 大韓民国国民（永住許可の申請をする資格を有している者を含む。）が日本国で永住する意思を放棄して大韓民国に帰国する場合には、原則として、その者の所有するすべての財産及び資金を携行し又は送金することを認める。

このため、

(i)　日本国政府は、その者の所有する財産の携行に関しては、法令の範囲内で、その携帯品、引越荷物及び職業用具の携行を認めるほか、輸出の承認に当たりできる限りの考慮を払うものとする。

(ii)　日本国政府は、その者の所有する資金の携行又は送金に関しては、法令の範囲内で、一世帯当たり一万合衆国ドルまでを帰国時に、及びそれをこえる部分については実情に応じ、携行し又は送金することを認めるものとする。

（千九百六十五年六月二十二日に東京で）

協定実施運用に関する諒解事項

韓日両国政府共同発表（一六六七年八月二十四日）

一、協定永住を申請した人が第二回外国人登録（一九五〇年度）をしており、それによって一九四五年八月十五日以前から日本国に居住している事実が推認できれば協定永住が許される。

二、大韓民国国民と婚姻してその国籍を取得した元日本人が協定永住を申請した時は協定永住が許される。

三、協定永住者が再入国許可を受けて日本国外に旅行中出産した子は、その事実等が確認されれば日本入国が認められ、協定永住申請資格者として取扱われる。

四、協定永住者の再入国許可については、

①許可の回数及び期間に制限が加えられない。

②第三国（日本国が承認していない国を除く）旅行に制限が加えられない。

③日本国外において留学のため在留するにおいては、学業を終えるに相当な期間が必要であることを認め、日本国の関係法令が改正される際には再入国許可期間の延長が特に考慮される。

④再入国許可期間中に入国できなかった場合、それが止むを得ない理由によると認定される時は、日本入国を認め、かつ、協定永住許可の効力が失われないようにする。

五、協定永住者の配偶者及び扶養を要する未成年の子が同居のため日本国に入国しようとする場合には家族構成その他の事情が勘案され、好意的に考慮される。協定永住者の親、子、兄弟が一時訪問のため日本国に入国しようとする場合は、その入国が認められ入国後はその在留期間の更新が好意的に考慮される。

六、協定永住者の家族の退去強制については、家族構成その他の事情を勘案し人道的見地から妥当な考慮が払われる。

七、戦後入国者に対する一般永住の許可は、より迅速に処理される。

八、戦後入国者が在留状況が特に不良な被退去強制者の引取りについては妥当な協力がなされる。

九、両国関係当局は今後においても必要に応じて協定の実施に関し会談を行なうことにする。

本国新聞論調

日本の積極的な協調を望む

在日同胞の永住権申請の促進へ

韓日法務次官会議が二十七日から東京で開かれている。懸案は在日同胞の法的地位問題と彼らの永住権申請の問題である。韓日協定に依る在日韓国人の永住権申請期間の締切りが来年一月十六日に差し迫っている点とそれにも拘わらず五九万在日同胞のうち、やっとその三〇％の十七万五千人しか永住権を獲得していないという事実などからみた場合、今回の両国会談に対するわれわれの関心は自然大きくならざるを得ない。結論から先に言うとわれわれは、この会談で在日韓国人の永住権申請作業の促進のため日本政府がより効果的な協力方案を講究、実践してくれることを要請したい。日本駐在の本報特派員の報告によると現在、在日同胞の永住権申請作業は、広報不足、朝総連系の妨害工作、虚偽宣伝、日本地方官庁の非協調などが原因となり、きわめて不振状態にあるという。その上に、いわゆる日本の「革新市長」に依る韓国籍取得同胞の「朝鮮籍」への変更処分などが、この課業の消極的な阻害条件になっている点を見すごすわけにはいかないのである。しかしながら、この問題は日本法務省が「革新市長」に対し、すでに時限付還元指示を与えており、彼らも革新市長が最後まで日本中央政府の指示を拒絶した場合、問題を裁判所に提訴する意志まで明らかにしているゆえ、まずその帰趨に注視しながら、日本政府の初志貫徹を期待してやまない。しかし、韓日両国政府が韓日条約で確立した韓日両国の相互福祉と共通利益を増進するための協力関係を一層、固めようとするならば、この問題に関する限り、日本政府は、もう少し積極的な誠意と努力を具体的に現わさなければならない。

成功的な成果を熱望

例えば、在日同胞に対し、永住権申請のため個別通知を出して欲しいというわが公館の要請に対し、日本政府が「朝総連も相手にしているため困難だ」と対応しているような態度は、この問題に関し日本政府がその消極性の一端を示したものといえよう。在日同胞に対する広報の強化、同胞の地域別名簿のわが公館への提示、永住権獲得後の利点、全同胞に対する永住権申請をすすめる通知の発付など必要適切な措置など講ずることによって、日本政府は、韓日条約の基本精神を十分具現していることを立証すべきであり、韓国籍（朝総連を含む）中の択一関係をもう少し鮮明にあらわさねばならない。その次に在日公館と居留民団の効果的な活動を一層、積極化することを望む。勿論、わが公館と民団が現在までやってきた具体的な事実をわれわれは十分承知している。しかし、皆が知っている通り、農村、漁村地域に住んでいる同胞の一部がいまだ永住権申請の事実さえ知らないということは、わが公館と民団の活動が、どことなく疎漏であったことを物語っている。

勿論、朝総連系の逆宣伝と謀略策動が、この事業を大きく妨害しているのは事実だが、妨害があればある程当方の浸透工作は徹底し、積極的でなければならない。民団組織の拡大強化と同胞相互間の説得工作方案の模索、戦後密入国や再入国など欠格要件に該当する同胞が抱いている罪意識の払拭、永住権取得後、課されるかも知れないわが国兵役法上、財産上の不利益招来などの杞憂に対する自信のある解明などの作業を一層、活発に展開すべきである。

わが政府は、この事業の成功的な遂行のために二〇数万〃の資金を支援し、兵役法まで改め、在日同胞の兵役義務に関する重圧感をなくしてやろうと努力している。

ともかく、今後七〇日しか残っていない在日同胞永住権申請期間を、日本政府の積極的な協調とわが公館及び民団の非常な活動で、この事業がより成功的に終了されることを熱望して止まない。

（十月二十八日朝鮮日報社説）

安定した生活は、永住権の取得から

永住権を取得して安定した生活を！

永住権申請案内

今年は、永住権申請の年です。

在日同胞の皆さんが一日も早く安定した生活を営むためには、永住権を取得しなければなりません。まだ永住権を申請してない方は一日も早く申請するよう、お互いに努力し、お知りあいの方にも勧誘して下さい。

協定永住権を受けることによって、

(1)、何よりもまず、いままでの暫定的であった地位をはなれて、権利として日本に永住することが法的に保障されます。

(2)、したがって、協定永住許可を受けていない者や一般外国人とはちがい協定永住許可者は、ほとんどすべての場合において日本から退去を強制されることがありません。

(3)、さらに、同永住許可者に対しては、海外旅行に必要な再入国許可において制限がないばかりでなく、一家族が離散することのないよう、人道的な配慮が十分ゆきとどくようになつております。

(4)、子女の教育問題においても、日本の公立小・中学校への入学が認定され、また上級学校進学においてもその入学資格が認められております。

(5)、生活保護を受ける必要のある人には、従前どおりの保護が受けられるようになっており、とくに国民健康保険に加入することができます。

(6)、外国人財産取得に関する政令の適用を受ける一般外国人とはちがい、主務大臣の認可なしに土地・建物などの財産を取得することができます。

(7)、日本から永住帰国する場合には、自己財産の本国搬入または送金などが、協定上保障されております。

在日同胞の皆さん！

去年の八月に開催された"韓・日法相会談"の結果、皆さんが安心して永住権を申請できるよう措置が講じられておりますから、一日でも早く永住権を申請されるよう、かさねて要望する次第であります。

もし皆さん方の中で、同永住権申請に関連して、質問または相談なさる事項がある場合には駐日大使館（第一領事課、または永住権申請案内室）あるいは、地方に所在するわが国の各級領事館または民団へ直接来訪されるか書信で同事由を問い合わせて下さい。必ずや皆さんのご期待にそえるよう、全力を尽してみなさんのご相談に応じます。

なお、皆さんの親戚の方はもとより、親しい知人の皆さんにも、以上のことを広く知らせて、永住権申請該当者は一日でも早く一人残らず、この申請を完了するようご協力下さい。

駐日大韓民国大使館

家族にも一般永住権許可

協定発効（一九六六年一月十六日）以前の入国者

安定した生活が営めるよう

永住権取得者にいっそうの優遇

韓・日法務次官会談で合意

在日韓国人の永住権申請促進問題を協議するため、さる十月二十七・八日の両日法務省で開かれた韓日法務次官会談は①協定永住権の取得者については、韓日協定の基本精神にもとづき、日本で安定した生活が営めるよういっそうの優遇措置をとる②協定永住権取得者の家族で協定発効（一九六六年一月十七日）以前に日本に入国し、特別在留許可を得た後、五年を経過した者に対しては、出入国管理令上の一般永住権を許可する③日本政府は永住権申請手続きの簡素化のため便宜をはかる④昨年の韓日法相会談での了解事項を徹底させることを再確認する――などを合意した。

不法入国者も含む

法相会談「了解事項」の徹底へ

この会談で韓国側は①永住権申請期限が来年一月十六日に迫っていることから、申請促進のため韓日両国による効果的な措置が必要であるので永住権取得者の優遇措置、申請手続きの合理化などを強く要望した。

これに対し、日本側は①協定永住権取得が日本で安定した生活を営むよう、よりよい待遇を受けるよう努力する②協定永住権取得者の家族（配偶者、直系尊属、直系卑属）で不法入国者を含め、韓日協定発効前に日本に入国し、特別在留許可を得て五年を経過した者にはできるだけ一般永住権を与えるように努力することに合意した。

そのほか、日本側は①永住権申請を促進させるため、テレビ、ラジオを通じての案内、葉書による通知などで申請を呼びかける②申請手続きの簡素化のため、実効性のある便宜を図る③昨年八月の韓日法相会談で合意した了解事項の実施を徹底させるなどで協力することを認めた。

一方、会談終了にさいし、韓国側は二十九日午前、談話を発表「在日韓国人の確固たる法的地位と安定した生活保障は韓日両国の友好と親善を増進することと密接な関連がある」と強調した。

また、日本の小林法相も二十八日夜、談話（別項）を発表「協定永住者が、日本の社会秩序の下に安定した生活を営み、よりよい待遇を受けるよう、努力する方針だ」と明らかにした。

永住権取得者にはよりよい待遇を

呉鐸根大韓民国法務部次官と津田実日本国法務次官は、一九七〇年十月二十七、二十八の両日間、東京で会談を開き、在日韓国人の法的地位および待遇に関する協定施行に伴う協定永住権取得者に関する待遇、協定永住権申請に対する啓蒙、協定永住権申請の合理化、その他関連事項について討議し、在日韓国人の確固たる法的地位と安定した生活保障は、韓日両国および両国国民の友好親善の増進に密接な関係があり、この協定をより円滑に運営し、その成果成功をもたらすことが、協定当事国である韓日両国政府の共同責任であると認識したうえで、次の事項について合意した。

一、協定永住権取得者に対する待遇

①韓日両国政府は、両国および両国民間の友好親善と関係の増進にいっそう寄与するため、この協定の実施に引き続き協力しなければならないことはもとより、この協定によって永住権を取得した者は、この永住権を取得していない者よりも同協定の基本精神に則り、よりよく優遇されるべきことを当然のものと認識して日本政府はこんどとも現在この協定によって永住権を取得した者が日本の社会秩序のもとで安定した生活を営むよう、よりよい待遇を受けるよう努力するであろう。

②この協定によって永住権を取得した者の家族について、その家族構成およびその他の事情を勘案し、人道的見地から妥当な考慮を払うことはもとより、現在この協定による永住権取得者の配偶者、直系尊属および直系卑属でこの協定発効以前に入国し在留許可を受け五年経過した者に対しては、日本国の出入国管理令上の一般永住権を許可する方針である。

二、協定永住権促進のための啓蒙

協定永住権申請の締切り期限が一九七一年一月十六日に迫っていることに照らし、韓日両国政府はすみやかに効果的な方法を用いてこれを広く周知させる。

三、協定永住権の申請手続き、その他事項

①協定永住権の申請手続きを簡素化させるため、日本政府は実効のある諸般の便宜を図るよう努める。

②一九六九年八月十九、二十の両日に開かれた韓日両国の法相会談の了解事項を円滑に実施することについて再確認する。

友好親善の増進へ

協定実施に協力する

小林法相の談話

「日本国に居住する大韓民国国民の法的地位および待遇に関する日本国と大韓民国との間の協定」による永住許可の申請についての期限は、来年一月十六日となっていることにかんがみ、このさい、日韓両国当局、両国および両国民間の友好親善の関係の増進をさらに寄与するため、この協定の実施に引き続き協力すべきであり、また、この協定により永住することを許可された者が、この協定の基本精神により、この許可を受けていない者より優遇されることはもちろんである。

日本国法務省は、こんごとも現在この協定により永住を許可された者が、日本国社会秩序の下に安定した生活を営み、よりよい待遇を受けうるよう、努力する方針である。

なお、この協定により永住を許可された者の家族についても、従来から、その入国および在留につき、家族構成その他事情を勘案したうえ、人道的見地に立って妥当な考慮を払うこととしているが、この際、現在この協定により永住を許可されている者の配偶者、直系尊属または直系卑属として在留を許可されたもので、この協定発効前に入国し、その許可後五年を経過したものについては、その者の申請に基づき、できるかぎり、出入国管理令による永住を許可する方針をとることとしたい。

同胞愛をもって訴える

他の外国人にはないこの権利

一人残らず永住権を申請するよう

よその国に居住する外国人は、すべての面において非常に弱い立場に立たされており、われわれに直接関係のある諸法令をみてもわかるとおり、われわれは身動きのとれないほど束縛されているのです。そのためにわれわれが日本において安定した生活を営むためには、永住権の取得が絶対に必要であります。その永住権は、われわれが申請すれば日本政府がこれを許可し永住することを法律で保障するのに、あえてその申請を拒み、大事な自分自身の権利を放棄して不利な立場で居住しなければならない理由はどこにもないのであります。

永住権を取得しないと

永住権を取得しない場合

①出入国管理令の制約を全面的に受けることになり多大な不利益を蒙ります。例えば、なにかのあやまちで一年以上の実刑をうけたものは言うに及ばず貧困者、放浪者など日本国または地方公共団体の負担になるものは強制退去されることになります。韓日協定大第三条ABCD項と出入国管理令第24条を比べてみて下さい。

②一二六の二の六、すなわち法律第一二六号二条六項による外国人登録証明書は永住を保障するものではありません。みなさんが所持している「外国人登録証明書」の1ページの下欄をみればわかります。そこにはつぎのとおり書いてあります。

◎本証明書は昭和何年何月何日までに切替（確認）の申請をしなければならない。

◎上記の切替までの期間は、日本に在留を許可された期間とは別であるから注意されたい。

となっております。日本に居住するものは、日本の法に従わねばならない。日本政府が永住権を許可するというのにその権利を放棄して、各人を不安定な状態に追い込む朝総連のやり方に義憤を感じます。

そればかりでなく、永住権を取得すれば徴兵にひっぱられてベトナム戦線に連れていかれるとか、財産を没収されるとか根も葉もない虚偽宣伝には全くあきれざるを得ません。

永住権を取得することによって

1、他の外国人とは違う特別な永住権が法的に保障されます。また、この権利は子や孫達にも保障されます。

2、日本の公立小　中学校への入学希望者は入学が認められ、上級学校へも進学出来ます。

3、国民健康保険に加入出来ます。（日本人と同一条件で）

4、土地・建物などの取得が自由で法令による法務大臣の認可を必要としません。

5、生活保護法が適用されます。

6、家族離散の防止と再会に妥当な考慮がはらわれております。

7、再入国の許可には期間や回数に制限がありません。

8、日本国に大きな損害をあたえるような罪（麻薬・内乱・国交）を犯さない限り、強制退去を受けません。

9、帰国の場合は法令の範囲内で、財産搬入が自由であり、送金なども大はばに緩和されております。

10、兵役は、大韓民国の兵役法第47条に依って免除されており、なんら関係ありません。

以上のように永住権を取得した場合としない場合との差異がはっきりしており永住権をしないと不利であることが明白であります。

昨年（一九六九年）八月十九・二十日の両日間においてひらかれた韓日法相会議の結果、今までより永住権の取得が簡便になっております。（別項・韓日法相会議共同コミュニケ参照）

さらにさる十月二十七～八日の両日にわたる韓日法務次官会談の結果、永住権取得者の優遇が確認されました。それによると、

①協定永住の許可を受けたものは、受けないものより優遇される。

②永住権申請を促進するため日本側はテレビ、ラジオなどによるPRに協力する。

③協定永住の許可をうけた者の妻（配偶者）、親、子供にも出入国管理令による一般永住権が与えられる。

従来一般永住の許可は、昭和二十七年四月の平和条約発効前に来日し引つづき在留している者を対象に、素行が善良なもの、資産または技能を有することなどきびしい条件がつけられていたが、こんどの両国法務次官会談では、協定永住の許可を受けたものの妻、親、子供は不法入国者であっても国外に追放されるようなことはなく、永住協定が発効した一九六六年（昭和四十一年）一月十七日以前に入国して五年以上経っていれば一般永住が許可されることになった。（別項・韓日法務次官会談の記事参照）

右のように協定永住権を取得するとしないとは格段の差があります。

結論＝この新聞の各ページにわたって提示したいろいろな資料と説明により賢明な同胞みなさまは永住権についてよく理解なさったことと思います。永住権はみなさん自身のために取得するのであり韓国政府のためまたは民団のためでもありません。朝総連が永住権申請をしてはいけないとかウソの宣伝にだまされて永住の権利を放棄して損をするのは誰でしょうか？それはあなた自身でありあなたの子や孫にまで大変な被害を蒙ることになります。

あなた自身のために申請を

親愛なる同胞のみなさま！

あなた自身はもちろんあなたの家族のうち、また親戚や知人のうちにいまだ永住権を申請してないひとがおりましたら、その人のために一日も早く申請するようすすめて下さい。

1、この協定永住権の申請締切りは来和一月十六日です。この日以後は永久にこの権利の取得はできません。

2、締切り後になって、知らずに申請しなかったとかいっていまから受付けて下れと言ってもそれはどうにもなりません。

3、朝総連にだまされて永住権が取得できず大変な被害を蒙ったからと言って後日、朝総連とけんかしてみてもそれは後の祭りでどうにもなりません。

4、この永住権は、過去に日本がわれわれ在日同胞を苦しめた償いであり、両国の不幸な歴史のなかで苦しんだわれわれにのみ与えられるものであります。ほかの外国人にはこの特典はありません。

5、中立系のひとはもちろん朝総連系の同胞でも、永住権を申請すればいつでも自由に本国へ往来することができるし親や兄弟とも逢えるのであります。また本国にいる家族を日本に招請することもできます。

6、われわれ民団は、真の同胞愛をもってみなさんが一日も早く永住権を取得して安定した生活を送るよう強く訴えるものであります。

在日大韓民国居留民団東京本部

韓日法務次官会談

さる十月二十七、二十八日の両日に開かれた韓・日両国法務次官会談の合意事項は、別項のとおりでありますが日本の各新聞にも大きく報道されました。つぎの記事はその一例で東京新聞10月[illegible]日号です。

在日韓国人の一般永住

不法入国者も許可

協定永住者の妻、親子

両国一致

法務省は二十八日、日韓法的地位協定に基づく在日韓国人の協定永住許可に関連して、協定永住者の妻、親、子供ならば講和条約発効後、日韓法的地位協定発効までの間に不法入国したものであっても、できるだけ入管令に基づく一般永住を許可することになった旨を明らかにした。

これは二十七、八両日から東京で日本側津田法務事務次官、韓国側呉鐸根法務次官らの間で行なわれていた日韓両国実務者会談で、協定永住者に対する優遇措置をふやしたいとする韓国側の要望をいれて合意をみたもの。

この両国実務者会談は、来年一月十六日の協定永住申請期限切れを控えて申請を促進させたい、とする韓国側の要望で開かれたもので、会談ではこのほか協定永住について[illegible]だ」と述べた。

小林法相は二十八日夜、異例の大臣談話を発表、この新措置を明らかにするとともに「協定永住者が許可を受けていないものより優遇されることはもとより、協定永住者が安定した生活を営むよう努力する方針」[illegible]

とで在日韓国人に周知をはかることに日本政府も努力することが合意された。

永住許可範囲に関する新措置について法務省当局では①在日韓国人の中には家族内に不法入国者がいるため、協定永住申請をためらっているので救済してほしい、との韓国側の要望に応じたものだ②たとえ不法入国者であっても国外退去はできない③今度の措置は、講和条約発効までに密航入国したものについては、できるだけ一般永住を与えるという四十年六月の法相声明を受けついだものだ――と説明している。

協定永住者の妻などに対する新措置は次の通り。

協定永住を許可されているものの配偶者、直系尊属または直系卑属として在留を許可されたもので、協定発効前に入国し[illegible]

[illegible]ついては、そのものの申請に基づきできるだけ、出入国管理令による永住を許可する方針をとる。

日韓条約による永住を希望する在日韓国人の方々へ

在日韓国人の永住権の申請期間は昭和四十六年一月十六日まで、残り少なくなりましたので早めに申請して下さい。

右期間をこえると申請は受付けられませんのでご注意下さい。

申請受付場所

居住地の市・区役所または町村役場

法務省

永住権取得を妨害する、反民族的な朝総連勢力を徹底的に紛砕せよ！

全在日同胞に訴える

在日韓国人の永住権申請に関して、朝総連は終始一貫これを妨害し、あらゆる虚偽宣伝をしているが、いうまでもなく、これは根も葉もないことをもって在日同胞の権益を意識的に破壊する、共産徒党の反民族的な常套手段に過ぎない。

われわれはここに、かれらのそのような欺瞞的な反民族性を徹底に暴露、糾弾しつつ、全在日同胞が一日も早くわれわれの権利である永住権を取得するよう強く訴えるものである。

一　永住権は韓日両国間で協定されたわれわれの特権である

永住権は韓日両国が、過去の歴史を清算する時点において、在日韓国人に対する特別措置として講じたもので、われわれの権利として附与されるものである。

二　永住権を取得することによって、日本での生活が安定できる

日本が主権を回復した一九五二年四月二十八日から施行した法律第一二六号は、われわれの在留資格が確定される時までの暫定的な措置であって、決して決定的なものではない。したがって、これだけで永住することはできない。

韓日間の協定による法的地位（永住権）が確定されている今日において、法律第一二六号だけでは外国人を管理する出入国管理令等に対抗することも不可能であり、永住権を取得しないかぎり居住の安定はあり得ない。

三　永住権なしに永住できるというのは、まさに気違いじみた発想である

独立国家の国民が、外国で外国人として永住しようとするとき、その国における永住権を持たずに、どのような方法で永住できるというのか？　かりに、自分の民族にそむいて日本に帰化でもするというのであれば別だが、そうではなく、任意によって永住できるというのはまさに気違いじみた発想である。

永住権のない人は日本政府の自由裁量の範囲内で、日本政府の意思通りに居住の制限を受けることもありえるし、事情によっては強制退去の対象者ともなる。

四　朝総連は虚偽と脅迫と恐喝を常とする破廉恥な反民族的集団である

なぜならば、朝総連は在日同胞が永住権を取得したばあい、当事者が生活の安定を得ると同時に、必然的に朝総連から離れていくことになり、その結果、朝総連は組織の維持が不可能になるため、かれらは必死になって手段と方法を選ばず、虚偽の宣伝あるいは脅迫と恐喝等の手法をもって、同胞たちを苦境に追いこんでいる。

ここに、その幾つかの実例をあげよう。

① 永住権を取得したばあい、これとは何等の関係もない〝軍隊にとられるぞ〟という虚偽宣伝をしていること。

② 永住権を取得すれば、韓国政府に財産を収奪されるとの虚偽宣伝をしていること。

③ 北送された者の家族が永住権を取得すれば、北韓に居る者が僻地に追放される、との脅迫宣伝をしていること。

④ 永住権がなくても永住することができる、という気違いじみた宣伝をしていること。

⑤ 永住権を取得すれば日本帝国主義の奴隷になると韓日間の離間策を弄していること。

以上のように、破廉恥な虚偽宣伝と工作をもって、在日同胞の権益とは全く相反する反民族的な行為を常套手段とし、ひたすら金日成カイライの手先をつとめることに汲々しているのが朝総連である。

このほか、朝総連が過去に犯した罪悪につき、次のような幾つかの例をみてもその本性を如実にあらわしている。

五、朝総連が過去に犯した罪悪

① 外国人登録闘争のときに、朝総連の幹部たちがとった態度と無責任な指令。

② 帰国運動と称して、生地獄の北韓に数多くの同胞を誘引したこと。

③ 愛国団体である民団を、暴力をもって破壊しようとしたこと。

④ かれらが実施している教育が、反民族的な共産主義の注入に一貫していること。

⑤ 永住権申請を、はじめから積極的に妨害してきたこと等々。

このように、どんな角度からみても朝総連は民族の自由と民主の敵であり、民族の権利さえも共産主義のためには廃履の如く踏みにじる集団である。

いいかえれば、朝総連はどこまでも共産主義にのみ忠実であり、その所得にのみ熱をあげている反民族的徒輩らの集団である。

六　すでに朝総連の勢力を粉砕する砲門は開かれた！

朝総連のこれまでの罪悪もさることながら、特に在日同胞の生活を法的に安定させ保障する永住権の取得を、大義名分ももたない虚偽の宣伝と脅迫、恐喝等をもって妨害し、在日同胞を害しているかれら朝総連の徒輩たちが掃蕩される日は間近であり、同時にかれらが近い将来に民族の審判台でその罪悪史の審判を受けるだろうことも、かれら自身が誰よりもよく知っているはずである。

おわりに、われわれは以上のような朝総連の狂態にてらし、[illegible]な民族的良心によりなおいっそう積極的に朝総連傘下で苦しんでいる数多くの善良な同胞たちを救出するため全在日同胞の永住権取得に最大の努力をするであろう！

在日本大韓民国居留民団

永住権申請促進하여 朝総連勢力粉砕하자

永住権申請の手続きと取得者の特典

在日同胞に保障された権利

永住権とはなにか?

永住権の意義

日本に居住する一般外国人は出入国管理令によって在留資格を取得しなければ、日本に在留できないが①終戦前(解放前)から日本に引き続き居住している韓国人②前項①の韓国人の子女で、サンフランシスコ平和条約発効(一九五二年四月二十八日)前までに日本で出生した者は、一九五二年の法律第一二六号に基づき、別途に特別な法律で在留資格を定められるまでは、特定の在留資格がなくても、引き続き日本に在留できる。

さらに③前項①②の子女で平和条約発効後に日本で生まれた者には特別の在留資格が与えられるが在留期間は三年で更新できる。

しかしこうした措置は特別な新法律で在留資格および在留期間が決められるまでの暫定的なものだが、協定永住権は、多年間日本に居住し、生活基盤をもっている韓国人に、一九六五年韓日両国間で締結された「韓日協定」に基づき、特殊な地位を与えられ日本に永住できる権利を受けることになる。

どういう人に許可するか

永住権の許可対象

①一九四五年八月十五日以前から協定永住許可申請をするまで日本に継続して居住している韓国人。

②①に該当する者の子女や子孫(直系卑属)で、終戦から一九七一年一月十六日までの間に日本で生まれ、同永住権を申請するまで引き続き日本に居住している韓国人。

③①と②によって協定永住を許可された者の子女で、一九七二年一月十七日以後に生まれた者は、同協定の規定に基づき協定の永住許可を受けられる。

その手続き

居住地の市区町村の役場へ本人が出頭して次の書類を提出すればよい。ただし、十四歳未満の者は親が代理申請できる。また病気などの理由で本人が出頭できない場合には、一定の親族を代理人に定め手続きを代行してもさしつかえない。

①協定永住許可申請書二通

②旅券、または国籍を証明する文書(大韓民国国民登録証)。これらを所持していない者は、大韓民国の国籍を有するという趣旨の陳述書

③写真二枚(提出前六か月以内のもの。五㌢正方形または名刺型の脱帽、正面上半身のもの)

④家族関係および居住経歴に関する陳述書二通

⑤外国人登録済証明書

〈注〉①②④の申請用紙は市区町村の役場に備え付けてあり、手数料は無料。

来年1月16日で締切る

申請期限

韓日協定発効日から五年以内。すなわち一九七一年一月十六日まで。一九七一年一月十七日以後に生まれた者は生まれた日から六十日以内に申請しなければならない。

許可通知後の手続き

市区町村の役場から協定永住を許可するむね出頭するよう通知(葉書)を受けたときは、その通知書と外国人登録証明書を持参して当該役場に出頭、法務大臣の永住許可書の交付を受ける。この際、外国人登録証明書には、協定永住権を許可した旨の内容が書き込まれる。

申請書の記載方法

「家族関係および居住経歴に関する陳述書」=できるだけ正確に詳しく記入する必要がある。

①家族関係については、本国に住んでいる近親者も記入しておけば、日本に招請する場合が生じたとき、手続き上で役に立つ②居住経歴では、外国人登録を第一回目(一九四七年五月〇から欠かさず済ませている者はもちろん、第二回目(一九五〇年一月〜一九五二年九月)からでも継続して切り替え登録をしている者については、居住経歴に関する裏付け調査を省略、書類だけで審査するが、居住経歴を詳しく記入していない場合には、入管当局が調査をすることもありうる。

第2回目外国人登録以前の居住歴調査しない

継続居住経歴

一九六九年八月十九、二十の両日に開かれた韓日法相会談の以前においては、協定永住権申請者の居住経歴に疑いがある場合に限り、戦前から引き続き日本に居住していたかどうか、またその子女が日本で生まれ、その後も継続して日本に住んでいるかどうかの事実調査をすることが日本政府当局の方針としてなされていた。

・しかし、法相会談の結果、第一回外国人登録で申請がもれていても、第二回以後継続して登録している者は、一二六—二—六に該当しない、とされたことがない場合は新たに居住経歴を調査しないで協定永住許可を与えることになった。

永住権取得者に与えられる特典

6項目以外に退去強制されない

永住権の特典

一、法的な永住保障 暫定的な地位でなく、権利として望む限り日本に居住できる。

二、強制退去事由について=協定永住の許可を受けてない場合一年以上の懲役に処されたり、日本国の利益または公安を害する罪を犯したときは強制退去される。しかし協定永住権取得者は、次の六項目に該当する罪を犯さない限り、強制退去を受けない。

①内乱、外患の罪によって禁錮以上の刑に処された場合(ただし執行猶予を受けた者および内乱に付和雷同したため刑に処された場合を除く)

②国交に関する罪によって禁錮以上の刑に処された場合

③外国の元首、外交使節またはその公館に対する犯罪行為によって禁錮以上の刑に処された場合、法務大臣が、その犯罪行為によって日本の外交上、重大な利益を害した、と認めた場合

④営利の目的で、麻薬取締法、大麻取締法、阿片法などに違反、または阿片煙に関する罪を犯し無期または三年以上の懲役に処せられた場合(ただし、執行猶予になった場合を除く)

⑤麻薬取締法、大麻取締法、阿片法などの違反、または阿片煙に関する罪で三回(特別法の施行日以前の行為による罪で三回以上の刑に処せられた場合は二回)以上、刑に処された場合

⑥無期または七年を超える懲役または禁錮に処せられた場合。

〈注〉④⑤⑥の場合でも強制退去するに当たっては、家族状況などを十分参酌することになっている。

再入国に制限がない

三、在留および再入国 ①在留=強制退去法の事由に該当しない限りたとえ一般在留者に対する強制退去の事由に該当しても、日本での在留を永久に法令によって保障される。

②再入国=再入国の回数や期間に関しては、ほとんど制限なく許可が得られる。

③離散家族との再会=本国に住んでいる家族や親族が再会のため日本を訪問したい場合には、入国を許可するよう好意的に配慮される。

④家族離散の防止=協定永住権取得者の家族の中に、いわゆる戦後入国者(第二次大戦終結後、一九五二年四月二十八日までに日本に不法入国した者)がいる場合、戦後入国者の在留に関し適切な考慮が払われる。

四、教育 日本の公立小・中学校への入学が認められるだけでなく、上級学校への入学資格を与えられる。

四、社会生活 ①生活保護=生活保護を必要とする場合、日本の関係法令に基づき、日本人と同じ生活保護を受けられる。

●国民健康保険=一九六八年四月一日から、日本人と同一の条件で国民健康保険に加入できる。

六、永住意思を放棄する場合 ①財産搬入=法令の範囲内で携帯品、引越し荷物、職業用などの持ち帰りが認められる②資金の搬入と送金=協定永住権取得者が所持していた資金を持ち帰ることができ、送金に関しても法令の認める範囲内で、一世帯当たり米貨五万㌦までを帰国時に、さらにその額を超える資金については、事情によっては全額を後日送金できる。

財産取得に制限がない

七、土地(不動産)建物の取得 一般外国人が土地、建物などを取得する場合、法務大臣の認可が必要であり、それに伴い相手方を明記、報告する義務があるのに対し、協定永住権取得者は土地、建物などの財産を取得するに当たって、法務大臣の認可はもちろん、これに伴う義務を負わない。

戦後入国者には一般永住権

戦後入国者の処遇

いわゆる戦後入国者といわれる在日韓国人については、現在まですでに相当期間にわたって日本で生活根拠を築いてきたという事情を考慮し、日本での生活安定のため、特別在留許可を与え、さらに申請がある場合には、その在留状況を参酌、可能な限り出入国管理令上の一般永住を許可することになっている。とくに一九五二年四月二十八日のサンフランシスコ平和条約発効以前から在留していることが確認される韓国人に対しては、一九六六年六月二十二日の日本法務大臣の談話に基づき、その情況によって一般永住許可を与えることができるとされている。したがって、こうした一般永住許可を受けたい者は市区町村役場でなく、各所轄の入国管理事務所へ行き一般永住許可申請をすればよい。これについては、韓日法的地位実務者会談での了解事項としてその手続きが簡素化されている。

韓・日実務者会談での了解事項

第一次会談

一、在日韓国人の法的地位に関する韓日間の協定を締結したあと同協定の円滑な運営、とくに永住権申請手続きの簡素化を図る目的で、第一次実務者会談が一九六七年七月十九、二十の両日、第二次会談が一九六八年十二月五、六の両日にそれぞれ東京で開かれた。

二、第一次韓日実務者会談では韓日間のいわゆる「了解事項」として次の事項について合意した。

1、第一回外国人登録に漏れても第二回以後、外国人登録をしている者で、戦前から引き続き日本に居住している事実が確認されれば、事実調査をせずに協定永住許可を与える。

2、一九五二年四月二十八日の平和条約発効後、韓国国民と婚姻し国籍を取得したことによって、日本国籍を離脱した婦人に永住を許可する問題については、人道的に処遇することを考慮する。

3、協定永住権取得者が再入国期間内に日本国外で出産した場合、両国の事務当局間で事実確認の方法その他の措置に関し合意したときは、その新生児の日本への入国を認め、協定永住権申請の有資格者として取り扱う。

4、日本から外国へ出国した者の子女の永住許可は、協定の規定上不可能だが、今後新たに検討を加える。

5、協定永住者に対しては

①再入国許可申請は特別な事情がない限り、日本の所轄入国管理事務所で処理し、許可の回数や期間に対する制限はしない。また第三国へ旅行するための再入国許可申請については、法務省(本省)で処理するため、若干時間はかかるが、特別な制限は加えない。

②留学のための再入国許可期間については、出入国管理令を改正する際に考慮する。

③再入国許可期間内に"真にやむをえない事由"で入国できなかった場合でも特別に入国を許可した例があり、この一件で協定永住許可の効力が喪失しないよう好意的に取り扱う。

6、協定永住者の配偶者および扶養を要する未成年の子女との同居を目的とする日本入国については、家族構成その他の事情を勘案し、人道的な立場に立脚して好意的に処理する。したがって配偶者などが同居するため日本へ入国する場合、合法的な手続きをふんで入国することが望ましい。

7、協定永住者の両親、子女、兄弟が一時訪問する場合、日本への入国査証(ビザ)は原則的に二か月のものを発給、さらに入国後の在留状況に応じて、二回まで在留期間を更新できるよう好意的に取り扱う。ただし、一時訪問を目的に入国した者は、必ず期間内に出国することが望ましい。同査証を現地の日本公館の裁量で発給するには、事実調査が必要であることから、現在の段階では無理である。

8、協定永住者の強制退去については、家族構成その他の事情を勘案し、人道的な見地から適切な考慮を払う。

第二次会談

三、第二次韓日実務者会談では第一次会談で合意をみた了解事項の内容をいっそう具体化している。合意したおもな内容は次のとおり。

1、継続居住歴の確認問題=①一九四七年の第一回外国人登録以後、継続して登録している場合は居住経歴に関する調査はしない。

②第一回外国人登録がされていないときは戦後に入国したという疑いがない限り、あらためて居住経歴の調査はしない。したがって居住経歴に関する陳述書をできるだけ忠実に記載する必要がある。

2、一般永住許可問題=①終戦後からサンフランシスコ平和条約発効時(一九五二年四月二日)までの期間に日本に入国した者は、出入国管理令による一般永住権を申請できる。

②一般永住許可を申請する場合の注意事項。

イ、観察期間=従来、特別在留許可後五年間の観察期間を設けていたが、一九六八年三月十五日以後は、特別在留許可直後からでも一般永住許可申請を受理し許可できることになった。

ロ、素行が善良であること=素行調査では、前科がなく、納税義務を履行していることが条件。前科については懲役刑は十年、罰金刑は五年を経過すれば、その前科を問題視しない。納税義務では、税務当局に告発されて罰金刑が確定された場合を除けば問題にしない。

ハ、独立の生計を立てていける財産または技能があること=日本政府から生活保護を受けないで自力で生活できるか、または扶養責任のない独身の場合は収入が三万円程度あり確実な就職先があればよい。

ニ、健康であること=常識的に健康であることで、一般国立病院で発行する簡単な健康診断書を提出すればよい。

ホ、身元保証人=身元が確実な日本人または韓国人の保証が必要。

3、再入国許可問題=①再入国許可の回数と期間——回数と期間は制限しないだけでなく、刑罰を受けた者や法令違反者の場合(刑が時効または恩赦によって消滅した場合は初めから問題としない)でも、旅行目的、犯罪内容、居住状況など事情を勘案、人道的見地から好意的に処理する。

②留学のための再入国期間の延長—一般在留者の留学の場合は最高百八十日(六か月)の再入国許可を与えるが、協定永住者の場合は最初一年とし、管轄の日本在外公館でさらに一年延長できるものとする。

4、協定永住者の家族の強制退去=①協定永住者の配偶者、未成年の子女、六十五歳以上の親で、一九六〇年前後に入国した者でも在留状況その他を考慮して特別在留を許可する。

②一方、協定永住者の配偶者、未成年の子女、六十五歳以上の親が、同居の目的で来日を希望する場合は好意的に扱う。

韓・日法相会談での合意事項

一九六九年八月十九、二十の両日、東京で李ホ法務部長官と西郷吉之助法務大臣が出席して開かれた韓日法相会談は、在日韓国人の法的地位および待遇に関する協定の施行に関して意見を交換し、同協定のより円滑で効果的な運用を図ることに合意した。この会談で合意した了解事項はあらまし次のとおり。

一、協定永住資格となる居住経歴について

①協定永住許可申請をした者が、第二回外国人登録を終え、申請時まで日本の法律第一二六号第二条第六項に該当しない、とされたことのない者(例えば不法入国容疑のない者)に関しては新たに事実調査をせずに協定永住を許可する。

②戦前、サハリン(樺太)に渡航、戦後日本に引き揚げた韓国人の協定永住許可申請に対しては、協定の討議記録、日本側代表の発言Aの趣旨を尊重して好意的に検討する。

二、戦後入国者に対する出入国管理令上の永住許可について=①一九六五年六月二十二日の日本法務大臣の声明によって、戦後入国者に対する特別在留は、法令の範囲内で可能な限り迅速に許可することとし、さらに一般永住許可申請は、特別在留許可後いつでも受理する。

三、協定永住者の再入国許可=①引き続き好意的に配慮する。

②協定永住者(協定永住有資格者を含む)が、真にやむをえない事由によって再入国許可期間内に入国できなかった場合の遅延理由確認については、再入国期間経過後三か月以内に入国できる見込みのある者は、日本の在外公館でこれを行なうこととし、この確認を受けた者には協定永住者(協定永住有資格者を含む)として入国を許可する。

四、協定永住者の家族の入国および在留について=家族構成その他の事情を勘案したうえ、人道的見地から妥当な考慮を払う。

五、なお、韓国側は次のことを要望した。①協定永住者に対し、本国往来の便宜を図るため、数回有効な再入国許可が与えられることが望ましい。②協定永住者の家族のうち、特別在留許可または、その他の資格によって在留が認められている者については、今後出入国管理令上の永住許可を与えること。

（1965年7月27日第3種郵便物認可）

在日本大韓民国居留民団
綱　領
1. 우리는 大韓民国의 国是를 遵守한다
1. 우리는 在留同胞의 権益擁護를 期한다
1. 우리는 在留同胞의 民生安定을 期한다
1. 우리는 在留同胞의 文化向上을 期한다
1. 우리는 世界平和와 国際親善을 期한다

THE PRESS MINDAN TOKYO
THE KOREAN RESIDENTS UNION, IN JAPAN, TOKYO OFFICE
「韓僑通信」改題
在日本大韓民国居留民団東京本部発行週刊紙

民団東京
THE PRESS MINDAN TOKYO

11月11日 水曜 <1970>
週刊・毎水曜日発行
第2426号

発行所
民団東京新聞社
発行人 鄭 在 俊
東京都文京区本郷3丁目32番7号
電話 (811) 1535 (代表)
〒133 振替口座 東京16631番
（大韓民国文化公報部国内頒布許可）
（購読料 1カ月100円・特別1000円）

韓・日法務次官会談で合意

永住権取得者に一層の優遇

協定発効前入国の家族にも一般永住権

さる二十七・八日の両日東京・霞が関の日本法務省で開かれた韓日法務次官会談は在日韓国人の永住権取得問題を協議し①協定永住権の取得者については、韓日協定の基本精神にもとづき、日本で安定した生活を営めるよう、いっそうの優遇措置をとる②協定永住権取得者の家族で協定発効（一九六六年一月十七日）以前に日本に入国し、特別在留許可を得た後五年を経た者に対しては出入国管理令上の一般永住権を許可する③日本政府は永住権申請手続きの簡素化のため便宜をはかる④昨年の八月の韓日法相会談での了解事項を徹底させることに合意した。

呉法務次官

小林法務大臣

安定生活営めるよう

会談で韓国側は①永住権申請期限が来年一月十六日に迫っていることから、申請促進のため韓日両国による効果的な措置が必要で、永住権取得者への優遇措置、申請手続きの合理化などを強く要望した。

これに対し、日本側は①協定永住権取得者が日本で安定した生活を営むよう、よりよい待遇を受けるよう努力する②協定永住権取得者の家族（配偶者、直系尊属、直系卑属）で不法入国者を含め、韓日協定発効前に日本に入国し、特別在留許可を経て五年を経過した者にはできるだけ一般永住権を与えるように努力する——ことに合意した。

そのほか、日本側は①永住権申請を促進させるため、テレビ、ラジオを通しての案内、業者による通知などで申請を呼びかける②申請手続きの簡素化のため、実効性のある便宜を図る③昨年八月の韓日法相会談で合意した了解事項の実施を徹底させる——などで協力することを認めた。

一方、会談終了にさいし、呉鐸根法務次官は二十九日午前帝国ホテルで記者会見を行ない別項のような談話を発表「在日韓国人の確固たる法的地位と安定した生活保障は韓日両国の友好と親善を増進することと密接な関連がある」と強調した。

小林法相も二十八日夜、談話を発表「協定永住者が日本の社会秩序の下に安定した生活を営みよりよい待遇を受けるよう、努力する方針だ」と明らかにした。

呉鐸根大韓民国法務部次官と津田実日本国法務次官は、一九七〇年十月二十七、二十八の両日間、東京で会談を開き、在日韓国人の法的地位および待遇に関する協定施行に伴う協定永住権取得者に関する待遇、協定永住権申請に対する啓蒙、協定永住権申請の合理化、その他関連事項について討議し、在日韓国人の確固たる法的地位と安定した生活保障は、韓日両国および両国民間の友好親善の増進に密接な関係があり、この協定をより円滑に運営し、その結果成功をもたらすことが、協定当事国である韓日両国政府の共同責任であると認識したうえで、次の事項について合意した。

一、協定永住権取得者に対する待遇＝①韓日両国政府は、両国および両国民間の友好親善と関係の増進にいっそう寄与するため、この協定の実施に引き続き協力しなければならないことはもとより、この協定によって永住権を取得した者は、この永住権を取得していない者よりも同協定の基本精神に則り、よりよく優遇されるべきことを当然のものと認識して日本政府はこんごも現在この協定によって永住権を取得した者が日本の社会秩序のもとで安定した生活を営むよう、よりよい待遇を受けるよう努力するであろう。

②この協定によって永住権を取得した者の家族について、その家族構成およびその他の事情を勘案し、人道的見地から妥当な考慮を払うことにより、現在この協定による永住権取得者の配偶者、直系尊属および直系卑属でこの協定発効以前に入国し、日本国の在留許可を受け五年経過した者に対しては、可能な限り、出入国管理令上の一般永住権を許可する方針である。

二、協定永住権促進のための啓蒙＝協定永住権申請の締切り期限が一九七一年一月十六日に迫っていることに照らし、韓日両国政府はすみやかに効果的な方法を用いてこれを広く周知させる。

三、協定永住権の申請手続き、その他事項＝①協定永住権の申請手続きを簡素化させるため、日本政府は実効のある諸般の便宜を図るよう努める。

②一九六九年八月十九、二十の両日に開かれた韓日両国の法相会談の了解事項を円滑に実施することについて再確認する。

協定の基本精神守り 妥当な考慮払う方針

小林法相の談話

「日本国に居住する大韓民国国民の法的地位および待遇に関する日本国と大韓民国との間の協定」による永住許可の申請についての期限は、来年一月十六日となっていることにかんがみこのさい、日韓両国当局、両国および両国民間の友好親善の関係の増進をさらに寄与するためこの協定の実施に引き続き協力すべきであり、また、この協定により永住することを許可された者が、この協定の基本精神により、この許可を受けていない者より優遇されることはもちろんである。

日本国法務省は、こんごとも現在この協定による永住を許可された者が、日本国社会秩序の下に安定した生活を営み、よりよい待遇を受けるよう、努力する方針である。

なお、この協定により永住を許可された者の家族についても従来から、その入国および在留につき、家族構成その他事情を勘案したうえ、人道的見地に立って妥当な考慮を払うこととしているが、この際、現在この協定により永住を許可されている者の配偶者、直系尊属または直系卑属として在留を許可されたもので、この協定発効前に入国し、その許可後五年を経過したものについては、その者の申請に基づき、できるかぎり、出入国管理令による永住を許可する方針をとることとしたい。

協定運用は韓日共同責任で

呉法務次官会談の成果語る

東本で次官会談の成果を語る呉法務次官

韓、日法務次官会談の韓国側首席代表呉鐸根法務次官は、六日午前十一時、民団東京本部に来訪、この日東本に参集した民団関東地方各県本部の代表および東本各支部関係者をまえに、こんどの法務次官会談の成果をのべるとともに永住権申請の促進へ一層の奮起を促がして大要つぎのとおり語った。

なお、この日の会合には駐日大使館姜永奎公使も出席、永住権取得推進に努力している民団組織関係者を激励したほか鄭在俊東本団長は、法務次官会談の成果を多とし韓国側代表の労に感謝の意を表しあわせて永住権取得運動に全力をつくしたいと固い決意を表明した。

現代国際社会においてどこの国でも外国人はいるが、特別に彼らを自国民より優遇する国はない。しかし同じ在留外国人であっても日本にいるわが同胞の場合は、よその外国人とは違った歴史的な特殊性をもっている。在日韓国人の永住権とは、そのような特殊な立場を考慮してのよその外国人にはない特典である。

日本に居住しているわが同胞が子々孫々にまで安定した生活をするよう本国政府が努力しているにもかかわらず、自らこれを放棄するということは納得できない。このたびの次官会談もこのような観点から永住権を取得した在留同胞に対しては、より幅広い特典を与えるとともにあとのこり少ない期間内にそれぞれ永住権の申請ができるよう日本政府当局に協力を要請するためのものであった。この会議は両国政府の法務次官が首席代表となり関係実務官を代表として、ひらかれ、かなり具体的な問題点を協議した。

会談の内容と結果は、この会談の直後に発表された両国側の妥結文に集約されている。

まずわが方の要求としては、在日韓国人の法的地位協定前文の精神にのっとり、協定永住はもとより一般永住でも、この地に永住する権利を取得した者には、大幅な特恵措置をしなければならないが具体的に今まで両国政府間に合意された以外にどのような優遇措置を講ずるのかを言明すべきであるというのが骨子であった。また協定の実施と運用は両国の友好親善という立場から韓日両政府の共同責任であるにもかかわらず日本の一部の末端行政機関では非協力的でしかも国籍の書替え騒動など反対勢力の妨害策動に口実を与える実例があるといわれる。このような措置の不当性を追求した。合意された事項としては①協定永住権を取得した者の直系卑属（子孫または子女をいう）、配偶者（夫または妻）で特別在留の許可を受けている者の中韓日基本条約発効日（昭和41年1月16日）以前に日本に入国し、五年を経過している者には、一般永住を許可する。この問題は、去年八月の韓日両国法相会談の時にも協議されたが、その時点ではサンフランシスコ講和条約発効日以前に入国した者に限り、これを許可することに合意したが、このたびは、協定永住権取得者に対する特典としてその入国時期を一九五二年（昭和二十七年）から一九六六年（昭和四十一年）まで十四年間も拡張したことが特色であり大きな成果であるといえる。また永住権を取得している者がその家族の中に在留資格が無い場合、安心して生活することができないので人道的見地からも特別な条件を抜きにして一般永住を許可すべきであると強力に要請した結果である。さらに申請の手続についても複雑な方法を避け簡素化することを要請して、便宜を図ることに了解を得た。さきにのべた条件に該当しない特別在留者でも協定永住権を取得した者の直系卑属または配偶者であれば必ず一般永住の資格が取得できるものと確信し、一応あらゆる条件を有利にするための門口を開放したと思う。

私も法律家としてある程度法律を知っているつもりだが、いわゆる日本の法律範疇なるものは、いつでも必要に応じて在留期間と資格を制限しうる法律をつくることが前提になっておりこの法的根拠を頼りに安心して生活することはできないはずである。そこでこの永住権協定は、在日同胞が安定した生活をする上で必要不可欠であり、日本の国内法でやたら制裁を加えることのできない強力な武器であることをいま一度認識されたい。

東京地方委は［illegible］来年1月［illegible］以降に

執行委で決定

東本では六日午後一時、執行委員会をひらき①永住権申請の促進について②地方委員会の対策問題を討議した。

①永住権申請の促進については鄭在俊団長がこの運動の現状を詳細に報告し目標に達するためには全団員が一層奮起することを強く訴えるとともに執行部の固い決意［illegible］執行委員諸氏の決起を促がした。

これに対し各執行委員からそれぞれ所管地域の成果と活動状況を報告、将来の展望を分析して所期の成果を得るよう最大の努力を傾けることを誓いあった。

②地方委員会対策は、団の規約上所定期間内に開催しなければならないが、団の至上課業である永住権申請促進運動が活発に展開されている折り、地方委員会開催準備のための基本理念にとってプラスにならないと判断、来年一月十六日（永住権申請期限）以降に延期することに合意した。

南侵に備え戦闘体制整備へ

丁来赫国防部長官は［illegible］国防委員会の国防部に対する［illegible］監査で、北韓が七〇年代初期に全面戦争を引起こす可能性が濃いことから、非常食糧の備蓄［illegible］体制完備に力を入れ［illegible］た、北韓が相ついで武装スパイを南派させているのは後方地域の非正規戦能力を点検しようとするものとみており、こんごは対スパイ対策を変え、多くの兵力を動員するかわりに予備師団の遊撃大隊など高度に熟練した遊撃要員を投入すると述べた。

新年度予算案 予備審査着手

国会は二十七日から総規模五千二百八十二億ウオンの新年予算案にたいする［illegible］

各分科委員きまる

東京本部の執行委員ならびに企画、組織、民生、経済、文教、宣伝の各分科委員がつぎのとおりきまった。

執行委員 李永三　姜学文　李鎮浩　安聖出　高崙宗　崔学林　金坪珍　趙活俊　金尚弘　鄭昌煥　姜高元　金熙淑　鄭在俊　羅鍾卿　韓昌奎

企画分科委員 申奉文　鄭昌煥　李永三　姜高元　金坪珍　俞石濟　朴道春　金漢弼

組織分科委員 姜学文　趙活俊　李用沫　婦人会　韓青　李海竜　朴点守　玄元五　金熙淑

民生分科委員 李鎮浩　閔泳相　李鳳学　李瞰儀　金周奉　朴斗弼　牟万尚　曺圭必　金鍾成

経済分科委員 崔学林　金炳栄　崔泰一　商工会　朴鍾大　李慶晩　許允道　李学伊　尹竜九

文教分科委員 金尚弘　金教安　金載淑　金玉男　金勲暎　朴麒奉　安聖出　高寛命　蔡沫仁

宣伝分科委員 金鎮奎　金栄在　金周億　朴性雲　李栱弼　徐竜岩　高崙宗　黄方燁　趙弁訓

韓国単独招請案を採択

第25回国連総会政治委

第二十五回国連総会政治委員会は十月三十一日、韓国問題を討議し、韓国単独招請案を賛成六三、反対三一、棄権二五票で可決、採択した。

国連総会政治委員会は三十日、自由友邦国側の韓国単独招請案と共産側の韓国・北韓同時招請案を討議、韓国問題の国連討議に韓国だけを単独で招請し、北韓は国連の韓国問題を討議する権威と権能を受諾する場合に限って招請しようという米国、日本など自由陣営側十九か国の韓国単独招請案を、賛成六三、反対三一、棄権二五、不参八で可決した。

一方、韓国問題討議に北韓も無条件で出席させようというソ連をはじめ共産側二十七か国の韓国・北韓同時招請案は賛成四〇、反対五四、棄権二五、不参八で否決された。

こんどの票決で、韓国単独招請案の支持票は昨年の[illegible]票より三票減っている。

崔長官 感謝声明

崔外務部長官は三十一日、国連総会政治委員会が三十日に、韓国の単独招請案を圧倒的な多数票で採択したことを歓迎すると次のような声明を発表した。

国連で韓国単独招請案が可決し、国連の権能を否認する共産側の、北韓の無条件招請案が否決されたのは当然なことであり、とくにいくつかの国が国内情勢の変動にもかかわらず、韓国を支持したことに対し感謝する。

十一月中旬ごろに予定されている韓国問題の実質的な討議のさい、朴正熙大統領の平和統一に関する〝八・一五宣言〟の趣旨と、韓国政府の立場の正当性を会員国に広く伝えたい。

さらに、最近激化している北韓の暴力と武力による赤化統一の野望を粉砕するうえにおいて、国連の努力と支持を要請するつもりである。

崔外務長官

韓国代表団を派遣
崔外務長官以下二十一名

政府は十一月中旬国連総会での韓国問題討議に崔圭夏外務長官を首席代表とする二十一名の代表団を派遣することに決めた。

崔長官は二十六日の記者会見でこれを明らかにし「今年の総会では特に朴大統領の八・一五宣言（平和統一構想）を会員国によく説明するかたわら平和統一の現実的障害は北韓の[illegible]だという点を認識させる考えだ」と語った。国連代表団の顔ぶれはつぎのとおりである。

▽首席代表＝崔圭夏外務長官▽交替首席代表＝金溶植駐国連大使▽顧問＝[illegible]、尹天柱（共和）鄭一亨（新民）[illegible]（政友）▽代表＝金東祚駐米大使、[illegible]巡回大使、[illegible]駐仏大使、[illegible]駐メキシコ大使、[illegible]駐カメルーン大使、金貴煥邦交局長、尹[illegible]駐米公使、[illegible]駐国連公使▽諮問委員＝[illegible]（前高麗大教授）[illegible]（ワシントン韓国問題研究所長）柳正烈（外語大教授）、[illegible]（青瓦台秘書官）▽専門委員＝[illegible]（統一院教育担当官）、[illegible]（外務部書記官）

韓日租税協定 正式に発効す

韓・日両国間の二重課税を防止するための韓・日租税協定が二十九日から正式に発効した。この発効により両国間の経済協力関係は一層密着することになったが、同協定の特徴は、韓国が源泉地国課税権を確保したこと、また日本の対韓進出を促出させうる条件を造成、事業所得課税において総括主義原則を採択した反面、貿易外国税控除制度を規定した点などである。

日本の韓国にたいする直接投資は、六五年には大体、七十万ドルであったものが、六八年には二十四件、一千三十九万七千ドル、六九年二十七件、二千四百九十八万九千ドル、七〇年には七月末現在で四十一件、八百七十八万九千ドルに達し、毎年増加趨勢を見せている。

佐藤四選を 共和党歓迎

共和党は二十九日、佐藤日本首相が自民党の総裁に四選されたことを歓迎する談話を発表した。

金[illegible]共和党スポークスマンは佐藤四選が「アジアの平和と安定およびに韓日両国間の友好関係に寄与することを望む」と語った。

来年の選挙は 善意の競争で
金大統領候補遊説

金大中新民党大統領候補は二十四日午後、大田運動場で候補指名後の初遊説を行ない「新民党は来年の選挙が法と秩序の中での善意の競争を通じて実施されることを望んでいる。しかし現在である与党が今日のような事態を改善しないままで選挙に臨むならば国民とともに立ち上って新民党は国民主権を守る第二の四・一九（一九六〇年四月十九日、当時の李承晩政権を倒した学生義挙）をも辞さないだろうということを警告しておく」と述べ、金候補はさらに「私の唯一の執権目的は前政権下の批政を改革するのにある」と強調、「政治報復は絶対にしないつもりだ」と語った。

なお、この日の遊説では金候補のほかに柳珍山党首、金泳三、李哲承氏らが演壇に立った。

この日の遊説には、柳党首、金泳三、李哲承氏らが演説した。その要旨は次の通り。

金大中氏＝地方自治実施の手続と方法には、慎重な配慮が必要であり、権力の過度な地方分散で国政の弱化や混乱がないよう調整する方針である。大統領直属機関として女性地位向上委員会をおき、同委員会では女性の政治、社会、文化など各分野へ進出させるための特別な与件構成、勤労女性の処遇向上、母と主婦としての資質向上とこれに伴う法律的、経済的保障問題を担当することにしたい。

柳珍山党首＝われわれは両回の指名大会で、外部からの金力作用、謀略などに打ち勝ち、金大中氏を候補に指名した。国民がこれ以上、われわれの[illegible]を安心して委ねることができないという判断を下したならば、すでに執権層をにくむ時期は過ぎ去ったであろう。

中共、金日成徒党、日本がこの国を支配しようとする陰謀の動きを示している。その上に、米国は撤退を行なおうとしている。このような状態の中で、現政権は外形的繁栄だけに力を集中している。

金泳三氏＝五・一六以後、朴政権がつくり出した不信政治により、親が子を信じ得ず、同窓同士でも信じ合えぬ風潮をはびこらせた。われわれは恐怖と抑圧のない社会、地域間に不均衡のない社会、君と私の間に不信のない社会のつくり出すため、七一年度選挙で平和的な政権交代を是非実現しなければならない。保守的な野党が四〇代の大統領候補を選出することに疑いを抱いている人も多い。しかし、私は去る一年間あらゆる障害をたえぬき、ついに金大中氏を大統領候補に選ばせた歴史的な作業に加わったことを誇りにしている。このことはまさに金大中氏の勝利が自分の勝利であることを意味するからである。

民族実利へ方向転換
金大中氏 70年代外交を論ず

新民党の大統領候補金大中氏は三十日午後七時、ソウル市内の世宗ホテルで行なわれた外信記者クラブ招請演説会において「七〇年代の韓国外交」の題目で演説した。金氏は「七〇年代の韓国外交の基本原則は①南北韓問題においては緊張緩和に努力し②従来のイデオロギー中心の外交から民族実利の方向へ転換③内政の民主的改革によって外交の基本的な能力を整えることに設定すべきだ」と力説した。

この日、行なった金大中氏の演説要旨は次の通り。

対日外交＝新民党が政権をとっても、韓日間のあらゆる条約と既存秩序を尊重する。われわれは日本と第二の韓日会談を開き、アジアの平和増進と両国の安保、経済協力問題などを協議するであろう。

対北傀関係＝対北傀政策の基本を戦争防止におくべきであり金日成とのいかなる対話も、その付随政策が先行されなければならない。金日成が戦争による統一を永遠に、そして完全に放棄し、ゲリラや破かい分子の南派を一斉中止することを要求しているわれわれの主張を受け入れるなら、われわれは従来の閉鎖的な態度を改めとりあえず、書信交換、記者交換、スポーツ競技など非政治的分野を通じた間接的な接触を試みる用意がある。

対米外交＝七〇年代においてもわれわれ外交の基本は、韓米間の経済強化におくべきであり、これは韓国の国家利益、とくに安全保障のため絶対守らるべき事項である。ただ米国に対する依存一[illegible]

地方自治の 段階的実施
新民党遊説で主張

新民党大統領候補金大中氏は三十一日、仁川公設運動場で開かれた新民党の遊説で「新民党が来年選挙で執権した場合、直ちに地方自治制を実施すると共に女性の地位向上のため適切なる措置をとる」と語った。さらに金氏は「現政権は憲法で規定している地方自治制を回避しているが、これは不正選挙を行うには地方自治が大きな障害になるからである」と主張した。

金大中氏は、地方自治実施のための具体的方案として①地方自治の最小単位は区―市―郡とし②第一段階はソウル特別市、釜山、道及び市―郡議会を構成し③第二段階として区庁長、市長―郡守などの民選を実施し④ソウル市長、釜山市長、道知事は現在のように中央政府が任命し、国政の安定を図ると共に、地方自治と中央執権の能率的な調和を図ることを提示した。

平和統一へ努力続ける
北韓南侵阻止へ国連に期待
UNデー 朴大統領がメッセージ

朴大統領

第二十五回国連デー記念式典は二十四日午前、ソウル市民会館で丁一権国務総理をはじめ各界要人、国会議長、駐韓外交使節および多数の市民、学生らが参加して盛大に行なわれたが、この席上朴大統領は記念メッセージを通じて（丁一権総理代読）次のように述べた。

①北韓は相変わらず南侵を企図し、〝[illegible]〟を公言したから戦備の拡張と戦争準備に狂奔しているが、これは韓半島緊張を造成している。従って国連は韓半島の平和と安全を保障するため、引続きその努力をするであろうし、駐韓国連軍は北の南侵を阻止する力となるだろう。国連韓国統一復興委員団（UNCURK）は韓国を統一する平和的条件づくりのためにこんごも努力しなければならない。③八・一五宣言で明らかにしたように、韓半島の緊張緩和と平和的な統一基盤をつくるため、北傀は武力を放棄すべきであり、[illegible]の競争によって統一への実質的歩みをみせるべきだと希望する④韓国は引続き、国連の韓国統一に関する決議を尊重し、国連との協力を約束する⑤国連が人類の自由と平和のための新しい〝里程標〟になることを確信し、この国際的平和機構が限りなく発展することを望んでいる。

国政監査での指摘点是正を図る

政府・与党はこんどの国政監査で指摘された不実問題点を整理してこれを是正してゆく方針を樹て[illegible]各常任委員長会議で各所管別に諸問題点を整理し朴大統領（党総裁）にその結果報告を行なう。すでに十二常任委のうち財務委を除いたすべての委員会は問題点整理を終えたが、再検討するものには①予備軍の戦力強化問題②初級将校の生計費③[illegible]の再編成④地方自治体の[illegible]⑤農村機械化の促進⑥[illegible]給政策の再調整⑦農産物の価格安定対策および食糧増産計画再検討などがある。

北韓軍、カンボジア参戦か
プノンペン政府軍による確認説

プノンペンからのUPI報道によると、北韓軍部隊がカンボジア領域内で作戦していることがカンボジア政府軍によって確認〝された〟。

プノンペンから西南方八十[illegible]地点にあるキリロ・ダムの守備に当たっているカンボジア政府代表団長キン・パニ中佐は二十七日、カンボジア政府軍巡察隊が北韓軍と三回にわたって交戦した、とUPI通信のプノンペン支局長フランク・フロシュ記者（フロシュ記者はUPI通信のカメラマン沢田教一記者とともに二十九日カンボジアの戦場で殉職、射殺体で発見された）に伝えた。

パニ中佐はまた、カンボジア軍陣地をたびたび聞いたと語り「この部隊が北韓正規軍であるかどうかは確認されなかった」とつけ加えた。

一方、韓国外務部は二十八日、同UPI報道にたいし、報道内容が事実であるか否かを再確認して報告するよう駐カンボジア韓国大使館に訓令した。

なお、北韓軍がカンボジア領内にいるという報道は今月に入ってこれが二回目。

論壇

こんごの韓米関係を憂慮する

洪鍾仁

現実的でない米軍の削減
韓国を誰かにゆだねるつもりか

いま、われわれは韓米関係に関し、深い検討と再検討の必要にせまられている。[illegible]すれば、こんどこの米国の対韓政策がわれわれにとってきわめて深刻なものになろうということで、これは一つの重要問題として提起されている。

米国はこれまで韓国に駐とんさせてきた六万四千名の軍隊のうち二万名削減を既定方針として進めており、そのうちの一万二千名はすでに〝撤収ずみ〟だと発表している。だが、この一万二千名が、いつ、どこから、どのような手順で撤収されたかについて、韓国政府は何も知らされていなかったと、崔外務長官は国会での質問に答弁している。

〝事前協議〟で 解釈の違い

去る九月十二日に発表された米上院のサイミントン委員会の記録によると、米軍の撤収または削減が行なわれる場合、米国は韓国政府と〝事前協議〟するという約束をしてはいるが、これ以上のことをするという義務は何も与えていないと述べており、一方、米当局者は「だが、韓国政府はそれ以上のものを望んでいる」と語っている。このことは米国が駐韓米軍は〝自国の軍隊だから、いつでも意のままに動かす——すなわち撤収、あるいは削減する〟ことは当然だが、しかし韓国政府と事前協議を行なって韓国に対する防衛補強はすると言明しているのだと——米国側では解釈されているようだ。

しかし、韓国では〝事前協議〟を行なったうえで両国側の合意がなければ撤収、あるいは削減も米国側が一方的にきめるもの——と解釈している。この解釈の違いからいま憂慮されていることが問題化されることになったのである。

いうまでもなく、われわれが一日も早く〝自主国防〟のできる日のくるよう願って努力しているのは当然のことながら、しかし、分断された韓半島の北部地帯で共産勢力がソ連と中共の膨大な武力を背景に、南に対する侵略のチャンスをねらっている限り、すなわち共産侵略の脅威が韓半島から消え去らない限り、韓米防衛条約は厳然として、その〝存在〟を守り続けなければならないものだと確信する。

こうした条約上の義務は単に韓米両国間だけの問題ではなく、米国の国際的信義上、すべての部分で重要な意味を持つものなのだ。

自由と正義を愛する米国の歴史

米国はわれわれが他のどこの国よりも信頼しうる外国であるし、われわれはまた、こんごもそうした伝統的関係が維持されて行くことを望んでいる。

米国は歴史的にも自由と正義を愛し、常に独立精神を原則として[illegible]発展し、まことに明敏である。一方、高度の機械文明を樹立、従って情報活動などもきわめて綿密であるが、その反面、何かしら間の抜けたところがあって応々にして[illegible]信行為類をおかすという感じをわれわれに与えている。

米国はかって、日露戦争当時、極東大陸に大きく進出したロシアが韓半島越しに太平洋に進出する計画を持っていたのを察知し、このロシア勢力阻止のため、英国と協力してひそかに新興帝国日本を助けたが、そのとき、韓国を〝いけにえ〟にする犠牲をも認めたのであった。第二十六代米大統領のテオドール・ルーズベルトは海軍次官だったころから米国の太平洋政策を全面的に推進してきた実政治家であるが、彼は一八九八年にスペイン勢力をもくじき、フィリピンを米国の手中に入れた。

秘密協定で日本の韓国支配認む

しかし、フィリピン支配に不安を覚えたルーズベルトは大統領に選出されたのち、その陸軍長官タフト将軍を日本に派遣して、当時の日本首相桂太郎と秘密協定を結んだ。これはルーズベルトがポーツマスでの露日講和条約調印の斡旋の労を取った一九〇五年九月八日の一ヵ月余前の七月二十七日のことだった。この協定の内容は日露戦争の結果、日本が韓国を支配できるようにすることを米国が約束した代わりに、日本は米国がフィリピンを支配するのに問題なしということを約束させたものであった。

これと並行して八月十二日には英国も日本との同盟条約を改正、その内容はポーツマス条約での、内容そのものを容認したものであり、日本が韓国を全部呑んでしまってもかまわないというものだった。

こうした経緯から韓国はほぼ半世紀近くの間、日本の[illegible]のもとでドレイ状態の生活をすることになったのである。

ヤルタ協定とソ連の利権

しかし、問題はこれだけではなかったのである。第二次世界大戦後に、三十八度線を境にして韓半島を南北に両断してしまったことである。

第三十二代のフランクリン・ルーズベルト米大統領は第二次世界大戦の戦後処理を決めるヤルタ協定で、共産ロシアのソビエト連邦の首脳スターリンに大へんな約束をした。それは約半世紀前の帝政ロシアが露日戦争以前に持っていた極東のすべての利益と権限をそっくり回復させるという約束であった。

露日戦争以前、帝政ロシアはずっと満州地域にまで力を進出させており、当時韓半島の三十九度以北をロシアの支配地下にすることを主張していた。すなわち、韓半島の〝分断〟問題は帝政ロシア時代に早くも提起されていた問題だったのである。

それが、第二次世界大戦後に満州地域のロシア権益回収と並んで韓半島の分断という形で行なわれたということは、まさに戦勝強大国の〝利益分配〟策略に他ならなかったのである。

こうした戦勝国の〝利益分配〟処理は、日清戦争後の三国干渉（ロシア、ドイツ、フランス）によって日本が得た遼東半島を中国にまわすように決めたが、終戦直前に急に南下したソ連勢力は[illegible]のように満州の道って韓国北部にはいり、これは[illegible]有名な米国の〝ジョン・ヘイ〟宣言にも背馳し、また、ソ連の〝ガラハン宣言〟にも背反するものとなった。

こうして生まれた韓半島の三十八度線は一九五〇年、ついに共産北韓による韓国戦争を呼び起こした。米国が韓国戦争を自分の戦争のように全面介入せざるを得なか[illegible]今日の極東の不安は単に韓国だけの単純なものではなく、その背[illegible]かに発見した共産主義者たちの侵略性と[illegible]その正体のためだった。かつて米国は露日戦争当時にも、北から太平洋沿いに図々しく南下してきたロシアの侵略勢力と正面からぶつかったものだったが、第二次大戦後のソ連の南下勢力はそうした〝昔〟を想起させるに似たものを持っていた。

共産勢力南侵と韓国戦争

すなわち、韓半島全体が共産勢力の手に落ちることになるだろう。すると同時に中共勢力はインドネシアに南下して行き、やがて太平洋はいうまでもなく、インド洋まで全面的に共産勢力の脅威にさらされることになるだろう——こう見た米国は韓国戦争で全力を尽くして戦った。無論、それは国連旗のもとで多くの連合国（十六〝ヵ国〟）と共に戦ったものであったが、援助も犠牲も膨大なものとなった。

そして国連軍を主体にして鴨緑江、豆満江にまで北上して行きながら、結局は引戻して三十八度線を中心に、現在の休戦ラインを画して休戦に持込んだ。この休戦協定によって韓半島の分断は動かすべからざる〝事実〟となったのである。

休戦協定と時を同じくしてできた韓米防衛条約はこうしたいきさつから、休戦北に存在する共産勢力の南侵の脅威に対処するという前提で成立したものだった。ところが、いまや情勢は大きく変わった。

経済大国日本と その防衛力

韓国戦争当時、敗戦日本は米国からの多大の援助を背で軍需基地として登場、回復のチャンスをつかんで、いまは世界屈指の経済大国である。日本は戦争放棄の憲法をもっているが、それでも自国の安全を守るためには経済力の膨張に伴って防衛費がかさみ、結局は軍事力が膨張して行くことを避けられぬだろう。

去る二十日、日本政府は〝防衛白書〟を発表した。そして日本国民に防衛力強化の必要性を説いている。七二年からの第四次防衛計画は事実上、日本の軍備拡張とみられるが、五年間に百六十一億〝[illegible]〟の予算を立てて核武器以外のもので情勢に対備しようとしており陸海空軍を大幅に拡張しようとしている。

こうした日本の軍事力強化はやがて米国の太平洋勢力安全政策の前面に立つことになろうし、また北韓の共産政権を手先にしているソ連や中共の共産勢力の脅威にも対備しなければならなくなるだろう。

[illegible]後のソ連、中共の侵略的欲望によるものなのである。従って米国はたとえ、日本の軍事力を膨張させることができるにしても、米軍がアジアの各地から撤収するということは現実的でないといえよう。

米国はまた韓国を 誰かにゆだねる？

米国は中ソ合同では作戦しないだろうと考え、また米ソは平和共存のための対策をもっているといっているが、アジアの情勢が欧州のそれとは違っているということを認識しなければならない。欧州には勢力の均衡があるがアジアにはそれがない。また、ソ連は欧州では東西接近に協調して和解策をもしているが、それは矛をかえせばソ連が極東への進出に力を入れているということなのだ。こうした情勢の中で米軍撤収は何を意味するのか。米国はまた韓国を誰かにゆだねようとしているのではないのか。

だが、歴史は繰返さない。そしてわれわれはまだ日本を信ずることができないようでいるし、日本はまた、われわれを理解しようとはしていないのである。

（SISA）

筆者の洪鍾仁氏は同和通信会長IPI韓国委員、朝鮮日報元主筆・副社長。

永住権取得を妨害する、反民族的な朝総連勢力を徹底的に紛砕せよ！

全在日同胞に訴える

在日韓国人の永住権申請に関して、朝総連は終始一貫これを妨害し、あらゆる虚偽宣伝をしているが、いうまでもなく、これは根も葉もないことをもって在日同胞の権益を意識的に破壊する、共産徒党の反民族的な常套手段に過ぎない。

われわれはここに、かれらのそのような欺瞞的な反民族性を徹底に暴露、糾弾しつつ、全在日同胞が一日も早くわれわれの権利である永住権を取得するよう強く訴えるものである。

一　永住権は韓日両国間で協定されたわれわれの特権である

永住権は韓日両国が、過去の歴史を清算する時点において、在日韓国人に対する特別措置として講じたもので、われわれの権利として附与されるものである。

二　永住権を取得することによって、日本での生活が安定できる

日本が主権を回復した一九五二年四月二十八日から施行した法律第一二六号は、われわれの在留資格が確定される時までの暫定的な措置であって、決して決定的なものではない。したがって、これだけで永住することはできない。

韓日間の協定による法的地位（永住権）が確定されている今日において、法律第一二六号だけでは外国人を管理する出入国管理令等に対抗することも不可能であり、永住権を取得しないかぎり居住の安定はあり得ない。

三　永住権なしに永住できるというのは、まさに気違いじみた発想である

独立国家の国民が、外国で外国人として永住しようとするとき、その国における永住権を持たずに、どのような方法で永住できるというのか？　かりに、自分の民族にそむいて日本に帰化でもするというのであれば別だが、そうではなく、任意によって永住できるというのはまさに気違いじみた発想である。

永住権のない人は日本政府の自由裁量の範囲内で、日本政府の意思通りに居住の制限を受けることもありえるし、事情によっては強制退去の対象者ともなる。

四　朝総連は虚偽と脅迫と恐喝を常とする破廉恥な反民族的集団である

なぜならば、朝総連は在日同胞が永住権を取得したばあい、当事者が生活の安定を得ると同時に、必然的に朝総連から離れていくことになり、その結果、朝総連は組織の維持が不可能になるため、かれらは必死になって手段と方法を選ばず、虚偽の宣伝あるいは脅迫と恐喝等の手法をもって、同胞たちを苦境に追いこんでいる。

ここに、その幾つかの実例をあげよう。

① 永住権を取得したばあい、これとは何等の関係もない〝軍隊にとられるぞ〟という虚偽宣伝をしていること。
② 永住権を取得すれば、韓国政府に財産を収奪されるとの虚偽宣伝をしていること。
③ 北送された者の家族が永住権を取得すれば、北韓に居る者が僻地に追放される、との脅迫宣伝をしていること。
④ 永住権がなくても永住することができる、という気違いじみた宣伝をしていること。
⑤ 永住権を取得すれば日本帝国主義の奴隷になると韓日間の離間策を弄していること。

―以上のように、破廉恥な虚偽宣伝と工作をもって、在日同胞の権益とは全く相反する反民族的な行為を常套手段とし、ひたすら金日成カイライの手先をつとめることに汲々しているのが朝総連である。

このほか、朝総連が過去に犯した罪悪につき、次のような幾つかの例をみてもその本性を如実にあらわしている。

五、朝総連が過去に犯した罪悪

① 外国人登録闘争のときに、朝総連の幹部たちがとった態度と無責任な指令。
② 帰国運動と称して、生地獄の北韓に数多くの同胞を誘引したこと。
③ 愛国団体である民団を、暴力をもって破壊しようとしたこと。
④ かれらが実施している教育が、反民族的な共産主義の注入に一貫していること。
⑤ 永住権申請を、はじめから積極的に妨害してきたこと等々。

このように、どんな角度からみても朝総連は民族の自由と民主の敵であり、民族の権利さえも共産主義のためには廃履の如く踏みにじる集団である。

いいかえれば、朝総連はどこまでも共産主義にのみ忠実であり、その所得にのみ熱をあげている反民族的徒輩らの集団である。

六　すでに朝総連の勢力を粉砕する砲門は開かれた！

朝総連のこれまでの罪悪もさることながら、特に在日同胞の生活を法的に安定させ保障する永住権の取得を、大義名分ももたない虚偽の宣伝と脅迫、恐喝等をもって妨害し、在日同胞を害しているかれら朝総連の徒輩たちが掃蕩される日は間近であり、同時にかれらが近い将来に民族の審判台でその罪悪史の審判を受けるだろうことも、かれら自身が誰よりもよく知っているはずである。

おわりに、われわれは以上のような朝総連の狂態にてらし、愛国的な民族的良心によりなおいっそう積極的に朝総連傘下で苦しんでいる数多くの善良な同胞たちを救出するため全在日同胞の永住権取得に最大の努力をするであろう！

在日本大韓民国居留民団

韓青創建第25周年

在日民族陣営の中核体

同胞の権益に祖国への貢献に

使命背負ってたどった道もウ余曲折

在日韓国青年同盟は、祖国が日本帝国主義植民地から解放された年、一九四五年十一月に発足した在日朝鮮建国促進青年同盟（略称建青）を前身として、在日大韓青年団を経て、一九六〇年四月に四・一九民主革命を迎え、今日の在日韓国青年同盟として、名実ともに新たに発足した。したがって、同胞民族陣営の団体の中では最も古い歴史をもつ組織である。

[illegible]

建国の意欲にもえて

建青時期の運動

[illegible]

大韓青年団に改編

（一九五〇年八月〜一九六〇年）

[illegible]

[illegible]

金委員長

創建25周年を迎えて

在日民族運動の旗手たらん

韓青中央委員長　金　恩　沢

[illegible]

16日天風会館で記念祝賀会

[illegible]

全任員きまる

―中野支部―

[illegible]

門

常任顧問	許	南富
〃	尹	和鎮
〃	権	英宗
〃	安	寧奭
〃	安	聖逢
〃	鄭	徳天
〃	辛	裕哲
〃	金	元坤
〃	李	成道
〃	李	淳文
〃	朴	成説

執行委員	申	漢裕
〃	梁	成絢
〃	成	大淑
〃	趙	遺服
〃	安	俊伊
〃	鄭	竜完
〃	崔	麟寿
〃	金	洪奎
〃	姜	順浩
〃	鄭	鍾淑
〃	康	賛益
〃	李	佐永
〃	成	致運
事務部長	〃	（兼）
総務課長	慎	重・権
組織課長	呉	日煥
民生課長	康	光男
経済課長	権	相国
文教課長	朴	喆鉉
宣伝課長		

財政後援会も

民団中野支部では去る十月二十六日定期総会後初めて三機関会議を開き、支部の財政後援会の結成準備のため、安瑯出（世話人）、[illegible]の各氏を準備委員として選出した。

華燭の典

韓斗河君と金玉子嬢

[illegible]

組織の前衛隊らしくいつもデモには先頭に立った韓青

高東本副委員長から鄭墨田委員長に認定証を授与

新しく選出された韓青墨田支部執行部の面々

また一つ連帯の場

韓青、墨田支部結成さる

韓青墨田支部結成式が去る十月三十日午後六時から、民団墨田支部事務所において、青年来賓ら約六十名が出席して盛大にとり行なわれた。

韓青墨田支部は、青少年会としての活動は都内でも古い伝統をもっていて、多数の同胞青年を抱えているが、地域的にかたまるなど活動に困難な条件が多かった。それでも両語講習会、レクリエーションなどの活動を続けながら、区内の二、三世青年たちの興味をはかってきた。そして民族問題、生活問題に直面する中で、青少年会活動を発展的解消し、韓青への移行が決定され、二年間の準備活動を経てこの度ようやく支部結成大会を迎えたものである。

結成式は祖国の映画が上映された後、近隣の葛飾・江戸川からも役員がお祝いにかけつける中で行なわれ、国民儀礼の後、来賓あいさつで先ず民団墨田支部李文団長から、毎日の生活がきびしい中にもかかわらずこの韓青を育ててきた墨田青年たちに対して、称賛と激励のことばが述べられた。続いて婦人会副会長の挨拶があって韓青中央本部金恩沢委員長から「ここ墨田の地にまた一つ民族連帯の場が作られたことを全国の盟員を代表してお祝いし、そしてこれから民族問題に一丸となって闘いましょう」と述べ盛んな拍手をうけた。つぎに韓青東本の高昌樹副委員長が同胞二世で日本へ帰化した早大生山村政明君の焼身自殺事件を取り上げ、「山村君は、闘う組織をもたなかったが、われわれには韓青という場がある。墨田の青年にもその場を通じて、主国の盟員と共に連帯していきましょう」とあいさつした。

議事に入って2年間の経過報告、活動方針案、予算案が採択され執行部選出に入った。委員長には青少年会時代から頑張って来た鄭哲永君が選ばれ、東本高副委員長から認定証授与のあと、新委員長鄭哲永君から墨田支部を更に発展させていく固い決意が述べられ午後十時閉会した（韓青東本宣伝部記）

なお当日選出された役員は次のとおり。

委員長鄭哲永、副委員長鄭守和、総務部長李幸子、組織部長李明、女子部長鄭光子、女子次長[illegible]、顧問[illegible]

韓国人の歴史と現実」を出版しました。

永住権の申請は来年一月十六日に締切られますが、民団では至団的業務で三十万突破を目標に積極的に運動が展開されています。申請運動は来年一月十六日で終りますが日本での民族的諸権利を守る闘いは決して終ったのではありません。

次期通常日本国会で上程が取りざたされています「入管法」案に対しても単に[illegible]という事だけでなく、このような法案が打ち出されてくるところの日本当局がすすめているところの「追放と同化と抑圧」の政策、あらゆるに反対し廃止を求めていかなければなりません。二十五周年を機に今後の私たち同盟活動に対してあらゆる支援をして下さいました諸先輩諸先生方に感謝を申し上げますとともに今後ともよろしく御支援と御理解をお願いしてやみません。

支部だより

豊島　[illegible]六日に[illegible]総会▽民団豊島支部では、来たる六日に同支部[illegible]総会を箱根で[illegible]ひらく。これは[illegible]のので、六日朝[illegible]。なおこれには約[illegible]会員約[illegible]〇名の参加がみこまれている。

李丈一君と呉竹美嬢

李[illegible]氏の長男、丈一君（韓青東本副委員長）と呉[illegible]氏次女、竹美嬢は、十日、ロッテ会館において華燭の典をとり行なった。友人や先輩、来賓多数が二人の門出を激励、祝福した。

趙勝啓君と金永娥嬢

趙[illegible]氏（民団台東支部議長）の[illegible]男、勝啓君と金[illegible]氏の[illegible]女永娥嬢の華燭の儀が、来る[illegible]十八日正午から[illegible]氏司式のもと、タカラホールでとり行なわれる。

この人を知りませんか

尹明基氏

右の方は、本籍が慶尚南道[illegible]郡[illegible]里一四八で、一九六一年（昭和三十六年）頃まで東京都中野区上町二[illegible]四番地に住んでいたが、その後の消息が不明、年令は四十九才。本人の姉がソウルでさがしております。心当りのある方は当民団東京本部宣伝部（TEL八一一―一五三五）までお知らせ下されば幸甚に存じます。

10年後には4千万

南韓の総人口

[illegible]

[illegible]を占めた都市人口は、七一年には[illegible]・六％、七六年には四三・[illegible]、八一年には四八・[illegible]％、八六年には五[illegible]・[illegible]％へと、都市人口の比率が八〇年代に入って五〇％を突破することになる。

このように都市人口の増加要因[illegible]

都市	七一年	八一年
ソウル	六、[illegible]四五	八、五六九
釜山	一、[illegible]	[illegible]、八六
仁川	六〇八	八六
水原	一六一	二四一
春川	一一七	一六〇
清州	一四〇	一八四
大田	四〇一	六〇五
全州	二五三	三三〇
光州	五四二	八八一
木浦	一七九	二三九
大邱	一、二[illegible]	一、七三六
馬山	一九七	二九七
晋州	一二四	一六九
蔚山	一五五	二五五
済州	一〇五	一五〇
全国総人口	[illegible]、四七	[illegible]九、一九〇

桜苗木売ります

一、種　　　類　大島桜・
一、色　　　　　白・薄紅
一、年　　　数　二年生五尺―七尺桜
一、寿　　　命　では一番長命で八〇年以上
一、植える時機　慶尚道、全羅道は十一月より十二月十日迄と四月より五月中旬まで
　　　　　　　　太田市以北は四月↓五月
一、農　場　名　比斯伐種苗園
一、場　　　所　慶尚北道[illegible]郡[illegible]面[illegible]里仙谷
　　　　　　　　支配人　姜　相　鎬
一、日本連絡所　沼津市西条町二〇一
　　　　　　　　園主　李　沂　東
　　　　　　　　TEL 〇五五九（62）六八一九三・五八

韓青結成第25周年 記念祝賀会

日時・1970年11月16日午後6時
場所・天風会館五階大ホール
文京区大塚5丁目48番地
TEL943―1601
高速5号線護国寺インター前
バス池袋駅東口より→護国寺前下車
連絡、問合せは
韓青中央（TEL 814―4471）
韓青東本（TEL 811―7148）
在日韓国青年同盟中央本部

韓國統一哲學의 諸問題 (3)

—朴大統領의「八・一五宣言」을 中心으로—

（高麗大法政大副教授・政治學）李 廷 植

二、統一에 대한 關心의 實像

어떤 社會學者(A. Etzioni 교수)가 말하고 있는 바와 같은 民族主義는 單位統合(unit-integration)의 정도가 높은 것을 의미한데 대해 현실적인 우리의 것은 그 單位統合의 정도가 낮은 것이다. 낮은 전개되고 발전했다면, 그 정도가 높아질 수 있었을 것이나, 우리의 民族主義는 反共産主義적인 것을 民族主義적 民族意識構造의 第一義로 하였기 때문에 분단된 民族集團을 초월하는 것이나 또는 그러한 상태를 부인하는 것이다.

나관적인 統一觀이 이루어질 수 없었던 불제의 이유를 묻는다면, 統一에의 意志가 바탕을 두고 있는 論理상의 모순에서 찾을 수밖에 없다. 왜냐하면 우리가 지니고 있는 統一의 意志는 分斷民族의 肯定적인 대립의 深化에서 결과한 것이 아니라 否定적인 對立의 深化에서 결과했기 때문이다. 즉 統一에의 意志를 獨立變數(통일을 위한 관계적 조직, 統合力, 混合요인등)와 從屬變數(통합의 수준및 한계)로 나누어 접근해 본다면, 그 두 變數는 대립관계에 빠져 있다고 볼 수 있기 때문이다.

끝으로 들 수 있는 이유는 노스탈자적인 統一觀이라고 말할 수 있을 것 같다. 오늘날에 이르기까지의 統一에의 意志 또는 分斷民族觀은 歷史적인 것이었다기 보다는 오히려 現象적인 것이었다. 즉 상대적인 농가를 위한 경쟁의식이나 對立觀이었기 때문에 分斷은 정당한 역사의식에서 이루어지지 않았다. 그러한 의식이 이루어지지 못했던 이유로서는 사회 또는 정치體制적인 屬性은 물론 個別적인 屬性이 크게 작용했기 때문이다.

그러나 分斷民族의 역사가 쌓아짐에 따라 分斷상태로서의 體制安定서 지향이 保守적 정치심리를 자아내고, 또는 體制安定要因을 찾으려는 노력이 民族歷史에의 歸依를 추구하게 됨으로써, 현실 불가능한 統一觀은 鄕愁로 바꾸어지게 되었다는 것이다. 그러나 여기에서 지적하고 싶은 것은 그 鄕愁는 절대적으로 非權力적인 것이지 결코 權力적인 상황에서는 있을 수 없다는 것이다. 따라서, 統一에의 향수는 大衆적 政治文化가 낳는 統一觀의 하나인 것이다. 鄕愁적인 統一觀이 나타났다는 것은 공일의 관심을 일으킨 코뮤니케이손의 영향이기도 하겠지만, 보다 중요한 뜻을 지니는 것은 역사적인 民族主義를 되찾을 수 있는 始源적인 民族感情의 한 형태일 수도 있다.

정치권력의 작용을 理性적인 인간사회에서 찾는 것이라는 전제를 받아들인다면 始源(또는 原始)적 民族感情은 반드시 정치권력의 작용에 의해서만이 이루어질 수 없을 것이다. 그 논리를 統一에 대한 관심에 적용한다면, 최근에 일기 시작한 統一에의 의지는 鄕愁의 심리에서 發詳한 始源적인 민족감정의 결과일 수도 있다. 그 결과를 政治權力이 어떻게 範制化하느냐에 따라, 비관적인 관점을 가지게 했던 統一觀을 낙관적인 것으로 변형시킬 수도 있을 것이다.

三、「八・一五構想」이 뜻하는 것

분단국가의 悲運과 초조함을 가로막고 있던 코뮤니케이손이 포화상태에 이르러, 스스로 노정되고, 그리고 속으로는 그 노정의 결과가 향수적인 민족의 원시감정을 자극하고 있을 무렵, 朴대통령은 統一문제를 핵심으로 하는「八・一五構想」을 밝혔다.

이「八・一五構想」은 기왕의 執權層이 제시한 어느 統一方案에나 제도와 비교하여 劃期적인 내용을 담고 있기 때문에 환영을 받았다는 것은 아니다. 다만 統一에 대한 관심 또는 意志가 統治者적 政治文化의 屬性이었던 것을 大衆적인 政治文化의 屬性으로 전환시킬 수 있는 가능성을 제시했다는 점에서 환영을 받았다고 보아야 할 것 같다. 뿐만 아니라 집권자로서 統一論議에 대한 제세성을 달피한 용의가 있음을 밝혔다는 점에서 始源적인 민족감정에의 鄕愁를 달래줄 수 있다는 것을 말하기도 한다.

「八・一五構想」이 발표되기 전에 아며 한 國際政治學者에 의하여 한국통일문제를 논의하기 위한 前提를 밝힌 바와 같이 그 構想은 統一論議의 正統性에 그 뿌리를 내리고 있다(閔丙岐,「韓國統一을 위한 外交적 課題」「기러기」誌 第六卷 六호, 통권 七一호, 一九七〇년 六월호). 그가 제시한 前提를 간추려보면 대개 다음과 같다.

즉 첫째,『우리가 추구하는 統一祖國이 共産主義 政治體制에 의해서 통치되어서는 아니되며, 또한 共産政權의 수립을 위한 露裝적 형태의 聯立政府나「民族解放戰線」등에 의한 지배가 되어서도 안된다는 점이다. 再統一된 韓半島를 다스리게될 韓國政府는 어디까지나 非共産・自由體制에 입각한 民主政府가 아니면 안되기 때문이다』. 둘째,『一九六〇년 이래로 韓國政府가 일관해서 강조하였듯이 韓國統一은 어디까지나 武力手段을 배제하는 平和적 方案에 의해서 이루어져야 한다는 점이다』. 세째,『祖國統一에 대한 意志와 信念이 國家意思를 집결시키는 중추가 되어야 하며 따라서 統一外交의 뒷받침이 되어야 한다는 것이다』.

이러한 前提들과「八・一五構想」과의 사이에 거리가 있느냐 없느냐를 따져보기로 한다. 먼저 결론부터 말하여 그러한 거리는 없다고 본다. 다만, 위에서 인용한 前提들이 대중적인 政治文化圈속의 知識層들에게 받아들여져 하나의 집약된 統一論議의 방향이라고 한다면,「八・一五構想」은 그 전제들을 집권자의 입장에서 받아들이는 것을 확약한다는 뜻을 지닐 것이다. 이미 앞에서 말한 바와 같이,「八・一五構想」의 뜻이 政策運營者들에 의하여 잘 이루어진다는 전망아래 統治者적 政治文化의 統一論議와 大衆적 政治文化의 統一論議간은 조화가 이루어질 수 있다는 것이다.

「八・一五構想」은 첫째로 北傀가 統一에의 意志에서「暴力革命을 포기한다면「統一基盤 조성에 기여할 수 있으며」「南北韓에 가로놓인 人爲적 장벽을 단계적으로 제거해 나갈 수 있는 획기적이고 현실적인 方案을 제시할 용의가 있음을 밝히고 있다. 여기에서 표명되고 있는 것은 共産主義 社會體制 형성과정을 부정한다는 전제 밑에서 分斷國家의 현실을 긍정적인 競爭體制로 이끌어가고 있는 것이다. 특히「人爲적인 장벽」이라는 개념이 거기에 덧붙여진다면 文化적 統合을 위한 單位統合의 정도를 높이려는 의도로 받아들여야 할 것 같다.

사실에 있어서는 統一에의 意志를 위한 문제선 정에 있어, 기왕의 집권자들은 獨立變數로서 설정될 肯定적인 競爭의 표현을 주저했었다. 그렇기 때문에 일반적으로 말하는 한 민족의 統一은 文化적 分化의 深度가 높으면 높을수록 統一을 위한 單位統合의 정도는 더욱 낮아진다는 가설이 여기에 반영될 수 있다고 생각되는 것이다. 그렇다고 해서,『획기적이고 보다 現實적인 方案』으로 표시되고 있는 統一에의 意志는 적관적인 요인을 스스로 조성하여 배제하는 뜻으로 보이지 않는다. 왜냐하면, 南北韓에 놓여져 있는「人爲적 障壁」그 자체가「緊張완화의 제소」를 명분으로 하여 주관적인 統一에의 意志를 소극적으로 허용 또는 조성해주고 있다고 보기 때문이다.

문제로 지적되고 있는 構想의 내용은「유엔의 努力」「權能」및「權能」을 수락한다면『유엔에서의 한국문제 토의에 北傀가 참석하는 것도 굳이 반대하지 않을 것』이라는 것이다. 이 두상의 내용은 一九六一년 十二월의「스티븐슨」案이 유엔에 의하여 제대전 이래, 明示적 또는 公式적으로 받아들여지지 못하고 다만 양해되어온 韓國統一論議의 正統性이 再確認되어온 것을 지니고 있다.

「스티븐슨」案이 유엔에서 유효한 한, 한국의 統一論議는 국제사회적 정통성을 지닐 수 있다. 뿐만 아니라, 그 案이 明示적으로 한국에 의하여 받아들여짐으로써 한국의 統一論議를 독자적인 次元으로부터 보다 高次적인 국제사회적 수준의 것으로 옮긴 수도 있다는 시사이기도 하다. 또한 그와 같은 明示는 한국의 통일논의에 관한 한, 第三의 主役을 간접적으로 내두시킬 수 있다는 자세이기도 한 것이다. 그리하여 統一에의 의지가 지니고 있는 屬性의 階序性을 기왕의 個別적인 屬性→社會적 屬性→非社會적 屬性→體制적 屬性→國際社會적 屬性으로부터 國際社會적 屬性→體制적 屬性→非社會적 屬性→社會적 屬性→個別적인 屬性으로 전환할 수 있는 탄력성을 제시하는 것이다. 이 彈力性을 體制의 관점에서 느끼는 것과 下位體制에서 느끼는 것과는 그 振幅에서 큰 차이를 가져올 것이다. 왜냐하면 기왕에는 下位體制에서의 彈力性은 절대적으로 제약되어 있었기 때문에 體制의 次元에서는 거의 그 彈力性을 느낄 수 없었다. 뿐만 아니라, 體制의 수준에 있는 彈力性은 下位體制에 대해서는 오히려 動搖만을 가져왔던 것이다. 이와 같이 體制수준에 있어서의 彈力性의 긍정이 下位體制에 있어서의 統一論議를 위한 幅을 확대시키는 변화를 가져올 수 있다고 보기 때문에「八・一五構想」을 획기적인 것으로 볼 수도 있다.

大物スパイ、告白の記 私は北傀を告発する (21)

姜 大 振

長期潜伏へ南派の前夜　妻と泣きながらあいびき

金組織部副部長が私たちに「帰ってきてよかった」といったことはほんの気休めにしかならなかった。というのは、私たちを待っているものは次の"南派"以外の何ものでもなかったからだ。

粛清された甲山派一味の罪状を聞く

金副部長は間髪を入れず、私たちにこう言った。「立派な"革命"に中断ということはあり得ない。トンムたちも最後まで任務を遂行すべく、直ぐ次の南派準備を始めるように!その前に、トンムたちにしっかと頭に入れておいてもらわなければならぬことがある。それはこんど粛清された前中央党副委員長兼連絡局長李孝淳と前中央党宣伝扇動部長の朴金喆、前連絡局副局長の林春秋、ならびに前中央党副委員長の金道満ら咸鏡道甲山派たちの罪状についてである。李孝淳ら一派はわれらの敬愛する金日成首相同志の路線を誹謗（ひぼう）したばかりでなく、すべての業績を彼ら自身の手柄のように仕組み、その上金日成首相同志を追出す陰謀・作戦をしていたのである」と。

そして彼は口角泡を飛ばして"粛清"分子の罪状を述べ出した。それによると、李孝淳、朴金喆一派は咸鏡道出身の者たちだけを登用して要職につかせ、彼らの勢力拡張に絶大の力を注いできた。そして李孝淳の執務室は金日成のそれより豪華であったし、南韓に関する資料も李孝淳の部隊だけに細密に整えられ、よく分析されていたが、李孝淳は金日成には嘘偽の報告をしていたという。そこで金日成は李孝淳と朴金喆らを綿密に内査し、日ごろ彼らの手先となってスパイ行為をしていた甲山派一味を一せい検挙、過日速捜・審査した末粛清処分にしたというのである。

金日成に拝謁の栄をたまわる

われわれは"そのような罪状"を持つ甲山派一味はにくむべき者たちだと認識させられ、改めて偉大なる金日成首相同志に忠誠を誓いながら次の南派準備にいそしんでいたが、そんなある日、われわれは金日成首相に拝謁（えつ）の栄をたまわることになった。

それは五月二十五日午後二時だった。金組織部副部長がボンゴル待機所にあらわれて「きちんと服を着るように……」といい、われわれ三人の工作員を、黒いセダンで中央党本部に連れて行った。そこは厳重に警備兵の立並んでいる"金日成首相同志招待所"であった。待っていると、金日成が多くの随員たちに守られて入室、われわれはオドロイタように直立不動の姿勢をとったのち、頭が地につくほど腰をかがめてお辞儀をした。すると金日成はわれわれに握手するため手を出して近付いてきた。われわれは恐懼（く）感激してからだをふるわせながらやっとのことで握手した。

金日成は「トンムたち!! 資本主義社会で活躍するにはまず風采が立派でないといかん。威風堂々としていさえすれば、彼ら人民はトンムたちに一歩ゆずる。従ってトンムたちは仕事がやりやすくなるわけだが、風采の点ではトンムたちはまことに適任者である」と冒頭でわれわれをほめたものである。

さとすように「心変わるな」

それから、金日成はわれわれをさとすように「この国を統一するにはまず、立派な地下党組織をつくることが最も重要なことである。その任務はトンムたちの双肩にかかっている。熱と誠をこめてやってみることだ。それからわが党秩列の重要幹部がこのほどネズミのいたずらことをしたことはもう聞きおよんでいると思うが、人間、よい席に坐ると心が変わるようじゃ。しかし、トンムたちはどのような難関に立つことがあろうと、心変わりしてはいかんな。じゃ、頑張って成功するように……」と、いうと、さっと出て行ってしまった。そのあとに五、六名が急いで続いた。だが、私は正直のところ、あまりに恐れ入りいたみ入りして、金日成とどのように会見したのか、記憶がないくらいだった。

われわれ三人は金日成と面談したことで意気高々、得意満面でボンゴルの待機所に戻ってきたが、次の南派の日は刻々とせまっていた。

六月十五日、金組織部副部長と全羅北道担当課長、ならびに派遣道書員がわれわれを訪ねてきて「いよいよ七月九日に三人組は全羅南道ヨングワン郡カメシ海水浴場付近に浸透することに決定した」との指令を伝えた。

金日成から"英雄"の称号

そして、金組織部副部長は「中央党政治委員会はトンムたちに南韓の道委員長を現地で任命しうる権限を与えることに議決した。また金日成首相同志は姜先生に"英雄の称号"を与えるよう指示された。従って、姜先生、鄭先生もこんどの南派工作を誠実に行なえば、同じく"英雄"の称号が授与される」と述べた後、急に厳格な口調になって「さて、これから南派後の接線場所を指示する」といった。

われわれが南派したのち接線場所は三段階に分かれていた。①全羅北道高敞郡のクシ浦にある山の西側の"坂のある所"②全羅南道のチンド郡③ソウルの特定場所がそれぞれ指定され、もしわれわれがこの三ヵ所に接線することを失敗した場合は各自の機知と努力による行動で解決しなければならない。つまり帰るときも、自分で飛行機や船を乗取って北送するか、あるいは単独で休戦ラインを越えるかしなければならないのである。だが、そうなれば、みずから死の道に赴くようなものである。

七月二日、全羅北道担当課長と派遣道書員は共産主義の宣伝パンフレットをはじめ地下党組織の各種装備品をこっそり持ってボンゴルにやってきた。そして金課長は私をそっと物の陰に呼んでこう聞いた。

「姜と鄭を帯同して行くのに異論はないか」

「姜は性格が大そう荒っぽいし、鄭は頑固ですが、しかし互いにゆずり合って行くようにすれば、どうにか行けるでしょう」

権を組長に決める

私の答えをうなずきながら聞いていた金課長は「さすがは姜先生、よく見ている。姜先生のようにものごとをすべて理解していれば問題はないのだが……」といいながら、

「姜先生が内々では総指揮をすることにして形の上では権を組長にするとよいと思う。それに高敞郡の地下党拠点は権のつくったものであるし、彼の功を認めて地位を与えてやることが必要だ。すると抱き込み作戦の拡大にも有利だと考えるのが、姜先生はどうお考えか」

と聞いた。無論私は「さよう、ごもっとも……」と賛成した。

「ではすぐに党細胞総会を開くが、姜先生はその席で権を組長に選出したいと提案して下さい」

三人組党細胞総会ではまず党と金日成に忠誠を尽くすことを改めて誓い、それから権を組長に選出、私と鄭は南派後の地下党組織のため、南で引き込んだ地下党員たちの前では権の威信を高めるべく、権を「組長さま」と呼んで敬意を表し、何かにつけてもち上げ、従う"ペコペコ作戦"で行く約束をした。

七月四日の夜は例のごとく、出発前夜の送別会で山海の珍味が出て、われわれは飲み放題、食い放題で、酔っぱらったまま寝てしまった。明くれば七月五日、われわれは覚悟を新たにして平壌を立ち、黄海道沙利院で昼食を取り、海州に着いた。「出発は明朝四時、ヨンダン浦からである。よく眠るように……」といって金課長が立ち去ろうとすると、権は早くも越境気分で「確か、姜先生の家族がこの近くにいるはずだ。姜先生は今晩、うちへ帰って寝てくるとよい」といった。ところが金課長は怒って「何ということだッ!!偉大なる革命課業を眼前にして、許すことまかりならん。家族などに会うと心に動揺をきたし、精神がたるんでしまう。絶対にいかん」と言った。

内心私は金課長に腹が立った。この人非人メッ。盲腸の手術のときも、こいつはオレを利用することだけにきゅうきゅうとし、手術に反対したではないか。すんでのところで命を失うところだった……。私は金の頭をブンなぐって、クビをひねりつぶしてやりたい衝動にかられたが、じっと我慢した。そしてビールを飲んで床についた。だが、私のうちはここから二十分と離れていないところにあるのである。妻や子のことを思うと、なかなか寝つかれるものではなかった。

妻とのあいびきに抱き合って泣く

夜十時ころ、私は便所に立ったが、そのまま外へ出て垣根を越えてしまった。家へ走って行こうとしたのだが、みれば自分は寝まき姿である。これでは道に出ることもできない。思い余って妻の働いている産業病院へ電話をしてみた。会議中だということだったが、電話に出てきて、オドロキの声をあげたが、やがて会議が終わるからそこで待っていてほしいと訴えた。われわれは近所の樹の陰であいびきをし抱き合って泣いた。私は結婚してからこのかた、このときほど妻をいとおしいと思ったことはなかった。

「君、こんど僕はどうも帰れそうもない予感がする。これまでは単夜工作だったが、こんどは長期潜伏だ。私は死を覚悟しているが君にはすまない。子どもを連れていて苦しみも多いだろうが、子どもたちをたのむ」

妻はむせび泣いて、声が出ないようだった。（私は手記をここまで書いて、また涙が滂沱と流れるのをとどめようもなかった……）

ようやく妻は私の手をしっかりとつかんで言った。

「私を女ヤモメにしないように、どうか生きて帰ってきて下さい」と。（つづく）

国連は25年間何をしたか?

国連協会世界連盟副会長　成均館大学助教授　金 圭 沢

国連が世界の平和を維持しようとする世界的平和機構だということに異論はないにしても、しかし二十五年間、大した効果もあげず、むしろジレンマに陥っている…との批評を国連に対して韓国は国連の機能を高く評価しており、国連の誕生した十月二十四日を「国連デー」として国家的祝日の中に入れて記念している。それというのも一九五〇年の六月二十五日、突如として北韓の大軍が三十八度線を越えて攻撃してきたさい国連が共産軍を"侵略者"と銘打ち、国連軍（十六ヵ国より）を編成して韓国の危機を救ったからに他ならない。

韓国戦争（一九五〇～五三年）のとき、韓国に国連軍を派遣して北韓からの侵略阻止に大きな活躍をしたトルーマン米元大統領は、のち、一九六五年のシオン主義者協会晩さん会での演説で「国連は世界の平和維持を目的とした機構であり、そのために世界の声を結集して十二分に道義的力量発揮につとめてはいるものの、事実上はあまり功を奏することがなく、いまだに国連が侵略者の意図を封鎖しえずにいることはまことに遺憾なことである」と述べた。

確かに、国連はもう長い間、ジレンマに陥ってきているが、韓国戦争に介入して"侵略者の意図封鎖"に大きな役割りを果たしたトルーマン自身の口からこのような言葉を聞いたということはまことに注目すべきことだったといえよう。

トルーマン米元大統領の国連評価

トルーマンは「平和のために国連が世界の道義的力量を発揮して……」うんぬんと語ったが、彼は北韓の南侵を阻止し得た力が、決して道義的力量ではなく、むしろ武力によるものだったということを皮肉にもよく知っていたのである。トルーマンは「国連がいまだに侵略者の意図を封鎖しえずに……」いることを遺憾だと強調しているが、これは大国間の直接あるいは間接的武力衝突を防止しえずにいる実情についていっているのだと思われる。

事実上、国連は大国間の利害が相反する問題に関しては何ら実効をおさめたことがないのである。

しかしながら、過去、四分の一世紀間に国連が世界の緊張緩和につとめ、また多くの国際的紛争を解決に導いた業績は決して過少評価してはならぬものだと考える。

紛争解決に役立った国連の業績

国連の業績のうち、紛争解決に役立ったものの例をあげると、第一に韓国戦争に果たした役割りが挙げられる。第二にインドのパキスタンのカシミール帰属問題をめぐる紛争の調停だ。印パ紛争はずっと昔から解決を見ずにきた問題だったが、一九六五年、全面戦争に近い激突となった印パ戦争で国連の安保理事会はインドとパキスタンに対し"停戦を要求する決議案"を可決、その後、ソ連のコスイギン首相は双方の会談場所のタシケントに直接出向いて、インドのシャストリ前首相およびパキスタンのアユブ・カーン前大統領との間に立ってあっせんし、六六年一月のタシケント印パ首脳会談の後いわゆる"タシケント宣言"と称する協定成立で、調停に成功した。無論この問題の解決に当たっては背後で米ソ間の協調と了解があったということは見のがすことのできぬことである。

第三に、キューバのミサイル危機のさいである。ウ・タント国連事務総長は加盟諸国四十五ヵ国の要請によってケネディ米元大統領とフルシチョフ・ソ連前首相に警告を発して米ソ両首脳の海上衝突の停止とソ連の武器輸送の中止を要請した。その後フルシチョフ・ソ連首相がケネディ大統領にミサイル基地を撤去すると通告して、キューバ危機は解消したが、これを契機として国連内に第二次世界大戦以後の米ソ対決のふんい気がうすらぎ、次第に協調体制に移っていったということは特筆すべきことであった。

このほかにも、スエズ運河事件、キプロス紛争、西イリアン事件、ドミニカ共和国問題、中東戦争、南アフリカ共和国のアパルトヘイト問題などが多くの国際問題解決に努力した。

百回以上も拒否権行使したソ連

米国の作家マーク・トウィンがミズリー州の気候のことで「悪い天気のときは十分待ちたまえ。直ぐに変るから──」といったことは有名だが、これはある程度、何にでも当てはめて言えることだろう。国連でも悪い天気を人為的によくしようとあせっても仕方のないことで、やはり十分待ってからも適当な措置をすることが必要なのかも知れない。そうした意味からすると国連はその時の環境に処して比較的によくやってきたといえよう。

第二次世界大戦後の米ソ冷戦が国連を一時マヒ状態に落とし入れたことは事実である。ソ連は安全保障理事会で百回以上も拒否権を行使した。安保理は五大常任理事国の万場一致の議決を必要とすることになっているため米ソ両国の署名抜きではその機能を達成しえなかったのも当然である。

しかし、一九六〇年代に入ってからは米ソ間の冷戦が緩和され、協調ムードとなってきた。そして一九六二年のキューバ危機解決後はむしろ急速に"協調ムード"が熟成して行った。

米ソ協調ムードが解決のカギ

そして、その後国連はカシミール紛争、キプロス紛争、ドミニカ共和国問題、西イリアン問題、核拡散防止条約、東西問題などに関して立派な成果をあげた。そしてそれは米ソの"協調"を背景に大きな活躍が可能となったのであった。すなわち、前述したように、たとえばカシミール紛争の解決でも米ソ間の合意があったればこそコスイギン・ソ連首相がタシケント会談にも直接出かけて行って、当時のシャストリ・インド首相とアユブ・カーン・パキスタン大統領の間に立って調停の役を果たすこともできたのである。

また、核拡散防止条約の締結も最初から米ソ両国の意思を反映したものであった。米ソはこうして次第に協調体制を軌道に乗せて行き、ソ連も国連誕生初期にみせた"度重なる拒否権行使"による暗雲をかもし出すこともなく"共存"を証拠付けるような気運が高まってきた。

さらに、国連の構成も徐々に変わってきた。創設当時には西欧中心であった加盟国による構成が、年と共にアジア・アフリカに移って行き、加盟国も当初の五十一ヵ国から現在では百二十七ヵ国にも増大している。

重要視される"中共"の問題

だが、国連は事実上、まだ未解決の多い問題をかかえている。なかんずく、最大の問題の一つは中共問題である。この問題は韓国の安保問題と統一問題に直接、関連してくる問題なので韓国でも特に重要視されているが、問題の解決はなかなかむつかしい。

中共は事実上、広大な中国大陸を支配しており、また全世界の人口の五分一以上という多数の国民を擁している。このように大きな国を疎外したまま、世界平和を論ずるということ自身がすでに問題であり、これが国連の大きな問題になっているのも当然のことといえよう。特に二十世紀末期の世界平和いかんはアジア大陸とアフリカ大陸の旅図次第によって左右されるとみられている実情にあることを思うとき、中共の問題はその中心となるといってよかろう。

欧州では第二次世界大戦後、東西間の均衡がなされて、現在ではすでに現状打破より現状維持の傾向が強くなっている。最近、締結された独ソ条約、西独と東欧諸国の接近、さらにフランスとソ連の接近など──これら一連の現象はこれを証拠付けるようなものである。

〈SISA〉

わが祖先が日本に残した足跡　記録映画「萩焼」が完成

KP映画社崔氏の第二作

わが祖先たちが日本に伝え残した歴史、文化の足跡を発掘し、それを記録にとどめることをライフワークにしているKPニュース映画社（東京都渋谷区渋谷三ノ一四ノ五）崔康浚氏は、昨年の第一作イーストマンカラー記録映画「高麗村」につづいて、このたび「萩焼のふるさと」を完成した。

神秘、絶妙で知られている「萩焼」は、壬辰倭乱の際日本の諸大名によって連られてきた陶工の一人李勺光が、その技法を伝え開花させたものでいまなお山口県長門市には、十四代坂倉新兵衛さん（53）が「萩焼深川窯の宗家」として伝統をまもりつづけている。

崔氏がこのたび完成した「萩焼のふるさと」の映画ストーリーはある韓国人が押入れの中から茶わんをみつけるとこれが萩焼だった。焼物の美しさのとりこになり歴史を調べて深川窯元の坂倉新兵衛さんをたずねる。日本海に沿って走る列車、萩、長門の町、深川の山合いに点在する窯元のたたずまい、仕事場、萩焼の祖、李勺光の墓、坂倉家の家譜などを追っていく。ナレーションは「一五九三年の文禄の役に出兵した毛利輝元は陶工、李勺光、李敬兄弟を日本につれ帰り作陶を命じた。李勺光は長門市深川、高麗山に窯を開いて技法を伝えた。坂倉家は昭和三十三年に十二代新兵衛が国の無形文化財に指定されており、現在は十四代が技法を伝えている」と、"偉なる韓国"の誇りを高くうたいあげる。最後は制作をつづける坂倉さんの顔がアップされて、映画は終る。

なお、この映画の試写会を十一月九日（月）正午、東劇シネサロン（地下鉄東銀座下車）でひらく。

（1965年7月27日第3種郵便物認可）

在日本大韓民国居留民団
綱　領
1. 우리는 大韓民国의 国是를 遵守한다
1. 우리는 在留同胞의 権益擁護를 期한다
1. 우리는 在留同胞의 民生安定을 期한다
1. 우리는 在留同胞의 文化向上을 期한다
1. 우리는 世界平和와 国際親善을 期한다

THE PRESS MINDAN TOKYO
THE KOREAN RESIDENTS UNION. IN JAPAN. TOKYO OFFICE
「韓僑通信」改題
在日本大韓民国居留民団
東京本部発行週刊紙

民団東京
THE PRESS MINDAN TOKYO

11月18日 水曜
＜1970＞
週刊・毎水曜日発行
第2427号

発行所
民団東京新聞社
発行人 鄭 在 俊
東京都文京区本郷3丁目32番7号
電話 (811) 1535 (代表)
〒133 振替口座 東京 16631番
〔大韓民国文化公報部国内頒布許可〕
〔購読料 1カ月100円・特別1000円〕

韓国の安保と今後のみち

米国の防衛約束に期待
繰り返すな七十年前の歴史
相容れぬ共産、信じ得ぬ日本

兪鎮午博士米国で強調

新民党の前総裁兪鎮午氏はこのほど訪米、ジョージ・ワシントン大学で名誉博士号を授与されたがその際「韓国の安全保障とこんごの道」について演説を行なった。つぎの論文はその演説の抄訳である。アジアの近代史をひもといてみると、十九世紀の初めアジアのほとんどの地域はすでに植民地化されており、当時、まだ西欧の列強が支配の手を伸ばしていなかった地域は韓国、日本、中国だけであった。しかしながら、この三国は互いに親和もみせず尊敬し合うという関係も持たず、ついに韓国は中国、日本、そしてロシアの支配欲競争の場となった。十九世紀の大韓帝国がたどった苦悶の道と外部的諸条件は、歴史が繰返されるわけでもあるまいに、二十世紀末期の現在と非常に似ているところがある。従って、こんごの韓国と極東の安定のために私は"米国との変わらぬ関係"を強調したいのである。

十九世紀まで中国はずっと長期間にわたって韓国に"宗主権"を持ってきた。しかし、一八九四年九五年の日清戦争で日本に敗北した上、中国国内に分裂の危機が生じたため、韓国に対する権利主張を持続しえなくなった。そこで大韓帝国の末葉にはロシアと日本が韓半島の支配権争奪競争を展開した。ところが、この歴史的な時期に日本を助けたのが西欧の強国、大英帝国と米国であり、皮肉なことにこの支援が日本の軍事的拡張の野望を助長して行ったのである。

日清戦争の後、十年たってから起きた日露戦争で日本はロシアに勝ったが、日露間の仲介の労を取ったテオドール・ルーズベルト第二十六代米大統領の極東政策は無遠慮きわまるものであった。

バーゲン・セールに出された韓国

ポーツマス条約調印二ヵ月前の一九〇五年七月、テオドール・ルーズベルト大統領はタフト陸軍長官を日本に派遣して桂日本首相と会見させ、タフト・桂協定の内容は日本が米国のフィリピン支配を認める代わりに、米国は日本が韓国を支配することを認めるというものであった。この秘密協定は同年九月に調印されたポーツマス平和条約の基本となった。

このとき李承晩(大韓民国初代大統領)はワシントンで、一八八二年に調印された韓米友好通商条約の第一条に基づき、ルーズベルト大統領が韓国に有利なように仲裁してくれるよう要請した。しかし米国政府はこの韓米友好通商条約が"公式"のものでないとの理由で、李承晩の要求に何ら正式の反応を示さなかったのである。

韓国はこの困難な時期から苦難の道を歩み、すでに七十年が過ぎ去った。

韓半島の緊張 "今昔物語"

しかし、今また韓半島に進出している主な"立役者"は七十年前のそれと変わりないのである。無論、大きな変化があって、情勢が七十年前のそれとは違っているが……。第一に違っていることは七十年前の韓国は統一国家であったが、いまは分断されて南に大韓民国、北に共産政権があることである。

第二に、大韓帝国の末葉にはさまざまの派閥グループがあって互いに政治権の争奪やヘゲモニー争いをしていたが、現在は韓半島に二つの全く別の政権が存在している。そして南韓が自由陣営と同盟関係を結んでいるのに対し北韓は共産陣営によって支援されている。大韓帝国当時は統一政府の枠内で派閥争いが演じられていたのであるが、現在の二つの相異った政府の対立は爆発的要素を持った敵対勢力の対決になりかねない危険さを持っている。

第三は韓半島をめぐる国際情勢の性格の違いである。七十年前に韓半島への影響力を競った外国勢力、すなわちロシア、中国、日本は共に植民地主義国家としての共通の性格を持っていた。しかし今日の韓半島事態は共産陣営と非共産陣営の対立から生まれる緊張によるもので、これは世界の共産、非共産の対決と切り離しては考えられない関係にある。

ここでもう一つ注目すべきことは七十年前の中国は戦争にも大敗し、衰退の一路をたどっていたが今日の中共は大国として出現しているということである。

米国の新アジア政策は間違い―

以上述べたことでも明らかなように、いま韓半島の平和は非常に不安定なものだといえるし、またそれはいついかなるときに暴力の対決へと発展するかも知れぬという危険さを内包しており、そしてさらにそれは全世界に飛び火する性質を持っている。従って最近の米国の対アジア政策―"アジアはアジア人の手で……"というのは時宜を得ていないといえよう。

アジアにおける米国介入は侵略的野望によるものではない。そこで米国が経済的軍事的負担を軽減するために手を引くという立場が分からぬわけではないが、米国がその使命を返上するとき危険はまぬがれ得ぬものになるだろう。われわれは米国の新アジア政策がかつてのテオドール・ルーズベルトのおかした罪―小国に対しての―を繰返さぬよう念願する。

日清、日露の両戦役後、米国は日本の力を過大評価した。その結果、ハワイとフィリピンに対する日本の脅威を実際以上に大きく考え、米国の利益を守るために交換条件として韓半島を日本に渡してしまったのである。

ここで私が警告したいことは、現在のことである。いま、韓半島は中共の脅威に直面しているが、このような時に米軍が韓国からの撤収を試みることによって、米国は過ぎし日の間違いを繰返してはならない。そして中共に対する共同防衛上、早急に日本の軍事力を拡張させて韓国の防衛に直結させるというような試図や機構は避けなければならない。

韓国人たちは共産主義を恐れ、かつ憎んでいる。韓国人たちが世界で最強の反共主義者たちだということはすでに周知のとおりである。しかし、日本に対しても韓国人は過去の不幸な経験から、共産主義に対するものと劣らないくらいの不信感を抱いている。もし米国が日本に、韓国に対する影響力の急激に増大するようなチャンスを与えるならば、韓国人の日本人に対する長年の悪感情は再燃するだろう。のみならず、そうした時期に便乗して共産陣営が武力衝突をおこすような危険性はじゅうぶんにある。

大韓民国防衛の強固なる決意示せ

こんご韓国が日本との間で友好関係を保ち、かつアジアにおける平和確立に寄与する道はただ一つ米国が"いかなる敵"に対しても強力な抑止力として韓国にとどまることだと私は考える。

この私の考えは必ずしも米軍がどのような窮境にあっても、休戦線を防衛すべきだというのではない。米国が、世界中に―友であろうと敵であろうと―米国はどのようなことがあろうとも大韓民国を防衛するのだという強固なる決意を示し、これを完全に認識させればそれでじゅうぶんである。この点を明示しておかないと敵の誤算を招き、敵は好機到来とばかりに戦争を起こすかも知れない。それはたとえ韓国の軍事力が敵よりも遥かに強いものに改変して行ったとしても、戦争が起これば、"悲惨"はまぬがれ得ぬものとなるだろう。

韓国人たちが現在、最も憤慨している勢力は、北韓の共産主義者たちによる挑戦もさることながらこの北韓を継続援助している北方のソ連および中共である。

米国はまここに既定不断と、見受けられる。一方、東アジアの防衛により大きな役割りを果たす能力をもっていると思われる日本は韓国人に対して"抜目のない賢さは持っているが信頼できない国"というイメージを与えている。

こうした日本と韓国が友好関係を増進して行くことは韓国が、毅(き)然として米国の対韓防衛約束を確認できるときにおいてはじめて可能なのである。

北韓政権からの挑発には対処可能

米国と日本が共同で中共とソ連に対する保塁づくりをすれば、韓国は北韓政権からのあらゆる挑発に対処しうる自信を再確認することだろう。韓国人たちは"ソ連、中共のことは別として、ただ北韓のおどしだけに対処するというのであれば、イデオロギーであろうと、また軍事的政治的文化的各面でもじゅうぶんに立ち向かうことができると確信する。

こうして、情勢が許すことになれば、韓国は米軍撤収の問題も考慮することが可能となろう。しかし、これに先立ち、米国が韓国を防衛するという固い決意を全世界が知らなければならない。

韓国の閔王子は一九〇五年、韓国を日本の保護国たらしめる条約の調印に反対して、次のような遺書を残して自殺した。「不名誉な中で生の営みを続けようとする者はすでに"死"の運命をかついでいる。しかし名誉のために死の覚悟を敢行する人は永遠の"生"の中に生きる」と。

韓日友好関係に対する米国の役割り

私の結論は韓半島で再び戦争の起こることを阻止する唯一の道はわれわれが、必要とあらば武器を持って立つ用意ができているということを明示することだということである。この強固なる決意が必要なのはわれわれの敵が融和することのできぬ性格を持っているからである。

しかし、韓国は日本とは正しい関係を持って行くことによって太平洋地域の平和を達成して行きたいと考えるし、また真の平和達成のためにはこれが緊要である。そして米国は韓国と日本の友好関係達成の上で重要な役割りをもっているのである。（SISA）

安保、経済、統一基盤
崔外務 来年後の外交目標示す

崔圭夏外務部長官は三日、国会外務委員会で来年度の外務部所管予算案の提案説明を通じ、韓国政府は来年度の外交基本目標を、安保外交と経済外交、それに統一基盤造成の外交におき、より積極的な姿勢で外交活動を進めていくと次のように述べた。

①国家安全保障を強化するため米国から韓国軍近代化のための長期追加軍事援助を受けるよう最善をつくし、駐韓米軍の削減に先立って安全を保障するよう引続き促すつもりである。

②ニクソン・ドクトリンによる非アメリカ化政策にともなうアジア地域の空白状態を埋め合わせるため、対米関係はもちろんのことアジア国家間の協力体制を強化していく。

③輸出増大など経済外交を強化するため、米国をはじめとする先進国との二重課税防止協力を締結する一方、アジアとアフリカ地域国家間の技術と経済協力を土台に新市場の開拓に努力する。

④朴正熙大統領の"八・一五宣言"を一日も早く具現させるために、国連外交を強化し、積極的な中立国外交を進めていく。また、中立国に対する北韓の浸透を阻止するため、中立国が左傾化するような事態が発生しても、韓国と公式外交関係を結んでいる中立国に対しては、韓国の国家利益を考慮し、そのときの状況に応じて対処する。また、北韓と関係を結んでいる親共産中立国や一部の東欧共産国ともスポーツや貿易を通じ漸進的な接触をはかるつもりである。

新民の選挙公約問題化
米、日、ソ、中共への戦争抑制保障要求
共和党 国家安保に脅威と声明

共和党は金大中新民党大統領候補が選挙公約として打出しているうちの郷土予備軍廃止問題と米・日・ソ・中共四ヵ国に韓半島での戦争抑制保障を要求するなど―の安保公約は「国基を危うくする重大な誤謬(びゆう)」だとの結論に達し、これを問題として提起した。

共和党は、二日党舎で臨時党務会議を開いて金候補の大都市遊説発言内容を検討した後このような結論を下し、声明を通じて「新民党は国家安保問題を選挙の争点にしようとすることを即時中止すべきである」と要求した。また、共和党は三日議員総会を開いて、党務会議の決定を支持する決議を行なった。

なお、金信権共和党スポークスマンが発表した党務会議決議の声明要旨はつぎのとおりである。

一、六・二五戦争を通じてこんにちまでわれわれの存立を否認している中共とソ連にわれわれの安全を保障させようとするのは、国家の基本的安全をゆさぶる重大な発言である。

一、郷土予備軍の運営にかんする批判なら甘んじて受けるが、北韓の百三十万労農赤衛隊ならびに武装ゲリラの脅威に対処するために必要不可欠な予備軍を廃止しようとすることは、対共防衛体制に重大な危険を与えるものと見る。従ってこの廃止主張は撤回するよう望む。

一、新民党は金議員の無責任な扇動と非合理的な政策公約を直ちに中止させるべきであるとともに安保にかんする新民党の党論および政策を明らかにしなければならない。

予備軍廃止は北韓侵略助長
丁国防長官、警告

丁来赫国防部長官は四日記者会見し、北韓は手段と方法を選ばずに再侵略の機会をうかがっていると指摘し、このような重大なときに新民党の一部で郷土予備軍の廃止を主張しているのは国家安保に大きな脅威を与えると述べた。

丁来赫国防部長官は四日午前十時、柳根昌国防次官、沈興善合同参謀会議議長、陸海空軍参謀総長、海兵隊司令官それに各級参謀が同席した中で、テレビとラジオの全国中継放送を通じ、北韓の戦争準備状況と郷土予備軍の育成案について次のように述べた。

北韓は、国民総生産額三十六億"のうち、二四%に該当する七億"以上を国防費に使用しており、十八歳以上四十五歳までの男子と十八歳以上三十五歳までの女性百四十万人で労農赤衛隊を組織し、毎日二時間以上訓練させ、重武装させるなど戦争準備に狂奔している。

北韓の金日成は二日、第五回労働党大会の報告で、戦争準備を完了したと、公言しており、このような重大な時期に新民党の人士が予備軍の廃止を主張しているのは無分別で無責任な線を越え、敵の南侵を誘導促進するものである。また、郷土予備軍の廃止に関する政争は、民心をまどわせるだけでなく、大韓民国を転覆し、全韓半島を共産化すると公言している北韓の金日成を鼓舞激励してやるようなものである。こうした南侵の門戸を開いてやる結果を招くような無責任な新民党一部人士の発言に重大な関心を表明するものである。

国家安保に重大な結果をもたらす二百五十万郷土予備軍の存廃問題を、これ以上政争の対象にしないよう厳重に警告する。

"いやがらせだ" 金大中候補語る

金大中新民党大統領候補は、共和党が自分の遊説発言内容を問題化していることにたいし「共和党が野党の政策提示に対し政策で応ぜず、脅迫やいやがらせでかかってくるのは大政党らしくないやり方だ」と語った。

一方、鄭海永新民党院内総務は「予備軍廃止問題は党論として決めたものではない。こうした安保問題は与・野関係をはなれて国家としての深刻な問題であるから予備軍廃止問題については党務会議で論議する予定だ」と語った。

主要政府機関を漢江以南へ

総務処は「国営企業体を含み、朴大統領の指示にしたがい、ソウル市内に所在する百三十六個の各級政府機関のうち、七〇個機関を漢江以南地域に移転することを内容とした政府庁舎統制「マスター・プラン」を立案する一方、「政府庁舎新築統制方案」を大統領令として規制する法的バックアップを急いでいることが、三〇日明らかにされた。徐壱教総務処長官は、この日「政府庁舎統制は位置に重点をおいている」と語り「必要な場合、庁舎統制のための委員会を設ける」とつけ加えた。

同「マスター・プラン」によるとソウルには、政策監督機関と戦時指導機能をもつ機関など六六ヵ機関だけを残し、漢江以南の首都圏地域に移す。

政府綜合庁舎が完成

徐壱教総務処長官は、三〇日開かれた国務会議で、新築中の政府綜合庁舎が十一月の末に完工、十二月十五日から政府各部処の入住がはじまると語り、新年始務式は新しい綜合庁舎で行なうと報告した。新庁舎に入住する政府部処は遞信、保社、商工、文教、建設、農林、内務、科学技術庁の八ヵ部処に予定されているが、最終的な決定は十一月十五日に確定する。

本国新聞論調
韓日関係の再考を
佐藤自民総裁の四選

予測した通り佐藤日本首相は、二十九日の自民党総裁選挙において前例のない四選をなしとげた。保守長期執権体制下に最長首相の置換を示した。昨年十二月の総選挙で圧勝した自民党が戦後最大の絶対多数議席を獲得したときから「佐藤四選」の展望は、ほとんど「既定事実」視されてきた。繁栄の中の政局安定論理を再考せしめている。

もともと第一野党の社会党は、イデオロギー過剰の非現実的路線に空転し、政権交替能力はゼロに近いものと評価されている。さらに自民党のいわゆる「党内多党制」といわれる派閥力学上、現時点においては佐藤首相と競うほどの有力な対抗者は見当らない。ともかく、任期二年の執権党総裁に四選されることによって、六四年首相に就任以後、佐藤氏は八年執権を記録することになる。彼は「当分の間、改閣はない」と語ったが、人的構造と政略路線に亘る現状維持がうかがえる。日本のこのような保守安定「ムード」は、既存の韓日関係の持続を継承し、韓国の政局にも微妙な心理的影響を及ぼすものと予想される。

もっとも、来年六月の参議院選挙を前後に、党と内閣の人的構造には、若干の変動が不可避であろう。二年以後の「ポスト・佐藤」に対備する各派閥間の「後継競争」も今から本格化するにちがいない。また佐藤氏による後継者の指名などこれからの影響力の発揮は、彼の政治的「宿題」解決と直結されることは明らかである。

太平の中の難題とみることは、対外問題の場合、まず米国との「繊維交渉」及び「沖縄」返還に伴う米軍基地の存在様式の再検討などに関する交渉に取り組まねばならない。この問題と共に極東地域の安定に寄与する日米間の役割分担問題が提起されよう。中共問題に対する党内意見の調整、「防衛論争」も最終的に決められてはいない。内政面においては、公害処理、大学問題、行政改革などさまざまな懸案が解決を待っている。

このようにみると現状維持が基調となっているが、佐藤内閣は今後、世界第三の経済大国を、政治大国乃至軍事大国に進展させるための過渡的障害を免がれぬであろう。対内的には、高度成長経済の暗い側面を解決せねばならないせつぱつまった課題を抱いているが、その成敗如否は保守長期政権の基盤をゆさぶる可能性もなく。もしかすると日本国民の「注意外向」が試みられるかも知れない。

日本は韓半島をめぐる国際情勢の推移において、事実上、南方三角関係の主要な一翼を担うわれわれの隣邦である。この場合の相互依存性は、相互影響の拡大傾向にも解釈される。われわれは、日本の佐藤首相四選に当り、韓国関係が慎重な現状維持を越え、積極と最大公約数的な経論の再考により、加一層、改善されることを希望する次第である。

社会漫評

外国郵便為替ご利用案内

大韓民国逓信部では一九七〇年十月一日から、日本国郵政省と次のように簡便かつ安全な郵便為替業務を開始することになりました。皆さんの積極的なご利用をお勧めします。

一、外国郵便為替は、郵便を利用して外国へ送金する制度であり、郵便為替の送達に関しては、韓国逓信部と、日本国郵政省において絶対責任をもって行なう安全で、便利な送金方法であります。

二、外国郵便為替をご利用される方は、日本全国のどの郵便局においても、送金を請求することが出来、郵便局は韓国中央郵便局宛てに、書留で為替を直接送金付致します。

三、韓国中央郵便局では、韓国通貨に換算して、受け取り人宛て書留で送付し、為替を受け取った方は、居住地の郵便局に為替を差し出せば、直ちに現金で支払われます。

四、為替料金、その他のお問い合わせは、最寄りの郵便局で親切にご案内致します。

大韓民国逓信部

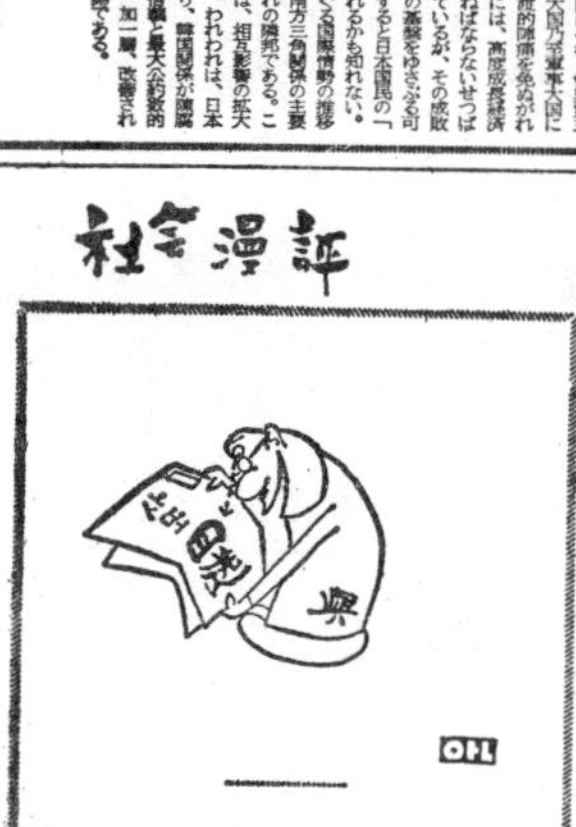

韓國統一展望의 諸問題 (4)

—朴大統領의「八・一五宣言」을 中心으로—

(東国大法政大副教授・政治学) 李 廷 植

三、「八・一五構想」이 뜻하는 것

…으로 제시하고 있는 구상은 「善意의 競爭」으로써 「開發과 建設과 創造의 競爭에 나설 용의는 없는가」의 제안이다. 즉 韓半島의 開發과 建設을 위한 마스터 플랜의 計劃化를 제안하는 가장 民族적인 시사이다. 그러나 「單位統合」의 개념에서 본다면 여러가지의 문제점을 안게 된다. 첫째의 문제는 再統一 후의 개발과 建設을 위한 質과 量의 문제가 있다. 특히 量의 문제보다도 質의 문제는 너욱 중대하다. 왜냐하면 再統一 이전의 質의 分斷적인 발전은 「單位統合」의 정도의 수준을 낮추기 때문이다. 둘째 문제는 그 「善意의 競爭」이 「對立」의 개념이냐 또는 「共存」의 개념이냐의 문제이다. 「對立」의 개념의 경우는 보다 非文化적이고 非歷史적이며, 政治權力적인 面에 대해, 「共存」의 개념은 보다 역사적이고 문화적인 수 있다. 그러나 여기에서는 「共存」의 개념으로 받아들일 필요가 있다. 왜냐하면 統一論議의 정당성을 확립하기 위해서이다. 뿐만 아니라, 統一을 위한 노력과 意志를 담당하는 領導權의 二重構造적인 모순을 최소한도로 줄이기 위해서이다.

統一에 관한 領導權의 二重構造적인 모순을 면다는 것은 극히 중요한 일이다. 「A.에치오니」교수가 政治적 統一에 언급하여 「統一은 民族主義 이전의 시기, 民族主義 이후의 시기, 또는 民族主義 그 자체 實施의 시기에서 발표될 수 있다. 民族主義 이후의 시기의 統一은 다른 두 시기에서 이룩하는 것보다 더욱 어려울 것이며, 民族主義를 표명하는 시기가 統一을 이룩하는데 가장 손…

四、韓國統一의 可能性과 不可能性

日帝に抵抗の先輩偲ぶ

第18回学生の日記念式挙行

ソウル市を始め全国都市では三日、第十八回"学生の日"を迎え学校別に記念式を挙行、かって日本帝国主義に抵抗して闘争した先輩たちをしのんだ。

この日ソウルでは会場の孝昌公園に内外賓と一万三千名余りの学生が集まった中で記念式典ならびに高校教練合同訓練がとり行なわれた。

一方、ソウル大、高麗大、西江、成均館大、延世大など五大学生会幹部たちは、ソウル文理大校庭の"四・一九塔"（一九六〇年の学生義挙の記念塔）の前で記念式を行ない、若い世代の使命を強調する共同宣言文を公表した。

宣言文は「若い知性のため健全な批判と探求の自由を保障せよ」と主張したもので「われわれは無事安逸（いつ）主義とわい曲された個人主義から脱皮して祖国の将来のため、さん新な若者たちとともに、の再確認をしよう」と述べた。

七百万越南同胞が"望郷祭"を挙行

第一回"在北韓父母追慕祭(望郷祭)"が三十一日、以北五道庁広場（ソウル・奨忠洞）で元北韓住民ら五千名余りが集まった中で盛大にとり行なわれた。この大会は"孝道会"（会長＝張承…）の主催で開かれ趙永植（慶熙大総長）大会長は大会の辞を通じ「七百万越南同胞たちは心底から南北統一を祈願しているが、ここに二十五年ぶりで故郷にましますう父母・祖先をまつり望郷祭を行なうようになったことは誠に意義深い」と語った。

この大会では北で亡き人となった父母や祖先たちに"望祭礼"を、そして生残っている親戚と在北人士たちにたいしては"望拝礼"をそれぞれ挙行した。

コレラ汚染地域指定を解除

30余人が死亡　春川の昭陽江でフェリー転覆事件

ゴヤの「裸婦マヤ」判決で論議

韓日大陸ダナ会議は物別れ

大物スパイ告白の記

私は北傀を告発する　姜 大 振　(22)

古里の土を踏みて　兄から自首を勧めらる

海外国民 戸籍実務講座 (4)

提供・法院行政処

（1965年7月27日第3種郵便物認可）

在日本大韓民国居留民団
綱　領
1. 우리는 大韓民国의 国是를 遵守한다
1. 우리는 在留同胞의 権益擁護를 期한다
1. 우리는 在留同胞의 民生安定을 期한다
1. 우리는 在留同胞의 文化向上을 期한다
1. 우리는 世界平和와 国際親善을 期한다

THE PRESS MINDAN TOKYO
THE KOREAN RESIDENTS UNION. IN JAPAN. TOKYO OFFICE.
「韓僑通信」改題
在日本大韓民国居留民団
東京本部発行週刊紙

民団東京
THE PRESS MINDAN TOKYO

11月25日 水曜
＜1970＞
週刊・毎水曜日発行
第2428号

発行所
民団東京新聞社
発行人 鄭在俊
東京都文京区本郷3丁目32番7号
電話 (811) 1535（代表）
〒133 振替口座 東京166531番
（大韓民国文化公報部国内頒布許可）
（購読料 1カ月100円・特別1000円）

安保論争一旦おわる

予備軍廃止の代案発表
政府の改善策にかなり接近

与野間に[illegible]争を呼び[illegible]、新民党大統領候補金大中氏の予備軍廃止[illegible]対する代案が[illegible]。[illegible]大中氏は[illegible]

[illegible]

代案の内容をめぐる与野党のこのような相反したアプローチは、郷土防衛の概念上、決して台相天外な妙案は期待できないという限界が存在したからであろう。

大局的な立場からみて、現行の予備軍制度と新民党代案との基本的な相違は、現行の制度が予備軍をして①全面戦争に対備した非常動員体制編成②武装ゲリラ浸透阻止のため後方防衛―という二つの機能をかねることになっているのに比べ、新民党の代案は非常動員[illegible]

[illegible]

戦力と後方防衛任務を分離し、前者は第一予備役、後者は第二補充[illegible]

[illegible]

結果的に予備軍の集体訓練形式を[illegible]の代案も、その発想自体には大きな相違はみられない。

第二、後方防衛機能面において政府が、現役出身予備軍（第一予備役）は、動員体制の[illegible]

[illegible]

た内容をもって与野党が「政府改正案の看板だ」「予備軍の廃止だ」といい合って対立しているのは、代案をみる目のちがいとしか考えられない。

金大中候補は「政府・与党の予備軍廃止主張以来、防衛師団の編成、年二回訓練、第一補充役の[illegible]備負担に転換させたのはその公約が改定であって、内容からは[illegible]上、予備軍の廃止を意味するもの[illegible]

であ[illegible]現在までの論議はこうであれ、「不平中の[illegible]」と言った。

しかし、共和党は代案内容が政府の改善方案と類似した点を全面に出し、国民に無責任な[illegible]ものを背出し、「別に変った内容でもない[illegible]」という批判を[illegible]

一時、野党の代案は、政策的な[illegible]間の争点として議論が展開[illegible]

しかし、新民党は、新民党は、[illegible]

での安保論争が[illegible]と関連の「かけ引き」の材料としての役割[illegible]

野党の予備軍廃止主張が国民の耐えに合致し、その影響の大きさにおわてだした共和党は、この新民党の代案を「内容なし」と[illegible]

[illegible]

郷土警備隊を組織
代案内容

新民党大統領候補金大中氏は[illegible]

[illegible]

五年間に毎年二億ドル
国軍近代化への米援助
韓米軍事会談合意

駐韓米軍削減に伴う韓国軍近代化に関する韓米軍事実務者会議は、このほどその大要について完全な合意に達した。米国防省は、これについて現在、細目を検討中であるが、この実務者会談において米側はほぼ全面的に韓国の要求を受け入れたといわれる。

これにより韓国は、こんご五年間に毎年二億ドル相当の特別軍事援助を受けることになったが、これは毎年一億四千万ドルにのぼる韓国軍に対する通常軍事援助とはあくまでも別口であるとされ、米政府はこの早急な予算措置を進めるものとみられている。

このように米側が韓国の要求を大幅に認めるに至ったのは、北韓軍の軍事装備近代化が最近急速に進められ、韓国軍より一足先に完了したという軍事情報に基づくもので、駐韓米軍の削減によって生ずる韓国軍の力の空白を埋めるというよりも、より強い影響をもたらされている。

北韓側の武装は、さる六八年中ごろから今年前半にかけて、ソ連からT54、T55戦車二百二十九台、誘導魚雷艇十四隻、ミグ21戦闘機七十四機、SAM（地対空ミサイル）十九ベース、（一ベースは六基）197〜200ミリロケット砲四十門などが情報により明らかにされている。これにより北韓は保有戦車七百台、ミグ21機は約百機、ミサイル約九十ベースにのぼり、さらには二千ップレスを完成して自動車の生産、七十五馬力のブルドーザーの生産にも着手したことが明らかにされている。

韓米軍事実務者会談で合意された韓国軍の装備近代化計画は、あらまし次の通りで、現物援助としては、米軍撤収のさい残していく装備と、ベトナム戦の余剰兵器、

新たに米軍が発注して製造する装備の三種からなっている。

◇陸軍＝五百台の現有戦車を八百台に増強 ②一個師団分を更新 ③ナイキ、ホーク、オネストジョンの各ミサイル約三百機の引渡し ④歩兵銃M1小銃をM16小銃に全面更新 ⑤ヘリコプター一個大隊（十六機）を約五倍に増強 ⑥通信機材の更新などとこれにともなう機械化を目標に師団編成の改編。

◇海軍＝駆逐艦を五十六隻増強②S2対潜哨戒機一個大隊（十六機）供与。

◇空軍＝①F86戦闘機（現在七個大隊約百五十機）をF4A戦闘機に全面更新。韓国側は空軍については、ファントム二個大隊の新規増強を要求したが、これについて米国側は、韓国空軍の増強はさし当たり行なわれず、在日空軍基地、空母からの支援を予想した。（これは韓国内空軍基地の地理的条件によるものとされている。）

選挙法改正交渉妥結
与・野の重鎮会談で合意なる

「九人重鎮会談」は二〇日、一年二五日間に亘って行なわれた選挙関係法改正交渉を一括妥結にこぎつけた。この日重鎮会談は、国会議員選挙法二七カ項目と選挙管理委員会法三カ項目、大統領選挙法の一カ項目の改正に合意した。合意に達した改正案は、国会内務・法司委員会の予備審査を経てきたる三〇日、国会本会議に上程される予定である。

二一日行なわれた重鎮会談に引き続いて行なわれたこの日の会談では、未合意の六カ項目のうち、共和党が①政党推薦選挙管理委員の随時交替②投票紙の配布の際、与野党の選挙運動員の同行―などを要求した新民党の案を受け入れた。一方、新民党側は①軍人不在者投票を行う時、政党推薦選挙委員の立会②選挙運動員の夜間通行禁止規定の免除―などの当初の要求を後退したため一括妥結に成功した。さらに新民党側は、選挙人名簿作成権の選管委移行主張を後退させた。

新民党の大統領候補の大中氏の要求を受け入れ、一五日間に再論することにした選挙期間問題を再論した結果、国会議員選挙期間は二〇日間（現行三〇日）とし、大統領選挙期間は二五日間（現行四〇日）にそれぞれ短縮することにした。

最終的な合意をみた。

与野党は、以上のような合意に基づき、改正案の条文作成作業を金振晩・鄭海永の与野両総務と李相武国会内務委員長に一任させ、国会内務委員会に係留中の新民党側提案の選挙関係法改正案に対する内務委員会の修正案形式で採択することにした。また与野両党は以上の問題と別個に、選挙区増設問題に関する交渉を進行、この改正案と同時に国会本会議の通過を試みる予定である。この日合意した内容は次の通り。

合意された内容

①選挙人名簿を基本選挙人名簿に分け、単位別に閲覧させ「幽霊有権者」の登載可能性をなくし②統班長、小隊長級以上の予備軍幹部の選挙運動を禁止させるなど公務員と国営企業体の選挙運動を規制し③投開票不正防止条項を強化し④各種選挙運動制限措置を緩和し⑤選挙期間中、政府業績の宣伝、各種起工式、野遊会、宗親会、団合大会など各種集会を禁止させる規定が含まれている。

本国新聞論調
韓日経済協力に転機
国家利益に導く考慮を

対日貿易の逆調幅は、政府の必死の"改善策"にもかかわらず、ますます深刻になってきている。韓銀統計によると、六九年の貿易逆調幅は六億二千万ドルに達し、六五年の一億一千三百万ドルに比し五・四倍となっている。これはこの期間に輸出も三倍にふえているが輸入が四・五倍にふえているためである。また、総貿易逆調幅にたいする韓日貿易逆調の比重も毎年増加の一途をたどっており、六五年には四三%だったのが翌六六年には四九%さらに六九年には五二%にまでなっている。韓銀はこうした数字をふまえて、政府に"総合的な対日貿易逆調改善策"を促求、韓国のノリ、米菓、衣類などを自由化品目にするよう日本に交渉すべきだと主張した。

六五年の韓日国交正常化を契機として、よい意味にしろ、悪い意味にしろ、両国間の交流関係が急進的に拡大されてきたことは誰も否定しえないことである。中でも経済交流関係の刮目すべき増進は実質的に韓国国民経済の展開方向に対してまで大きな影響を及ぼしているといっていい。

六四年までの資本協力関係はあとにも先にもたったの一件で三十八万ドルにすぎなかったが、六五年以来、これは加速度的にふえはじめ、六九年末には百六十一件、五億一千五百万ドルに達した。一方、六四年の対日輸入実績は一億一千万ドルであったのに対し、六九年末には七億五千三百万ドルにのぼったし、六四年に三千八百万ドルであった対日輸出は六九年末には一億三千三百万ドルとなった。

外国人投資認可の71%は日本

わが国の経済開発計画の推進と生産力の発展に対し、さらに国民生活における面にまで日本資本と日本商品が占める比重はまことに大きなものである。そしてそれは、こんご一層加速度的にふえるだろうとみて間違いなかろうと思われる。それがどのようなものであるかは今年にはいってから十月末日までの外国人投資新規認可分をみるとよくわかる。すなわち総八十四件の新規投資のうち米国は二十件、その他は四件にすぎないが、日本のそれは六十件に達している。

しかし、問題はやはり協力関係のこうした急進的な増進が総体的にせよ個別的にせよ、必ずわれわれの国家利益に相付するものだったかどうか、という点にある。協力関係の量的拡大が、そのまま今日自由世界第二位の経済大国にのし上がった日本経済に対する依存関係の拡大に帰結される種のものであるとすれば"強弱間の依存関係が持つ危険性からしてもわれわれは深く省察しなければならない。そして協力関係の加速化がいっそう催促される気運にある現在、この時点こそ、このような危険性に対備する政策方向について再検討しなければならないときだとわれわれは考える。

韓日協力委の意義と性格…

最近、ソウルで韓日協力委の第五回常任委員会が開かれたが、両国の政界に大きな影響を及ぼしている現役および退役した大物級の政治家や財界人士で構成されたこの協力委は、たとえ民間ベースの性格を持ってはいるがそのために、かえって公式対話での期待をすることがむつかしいし、また他の"政治的"意味を持ったものとの認識をわれわれは持っている。だが、いずれにしろ、日本側がこの常任委会議で開幕早々米四十万トンを長期貸与するという決定を伝えてやわらかいふん囲気を助成しながら、互いに好意の対話を持つことができたということはよいことだったと思う。それが公式チャンネルでないだけに、そこから何らの具体的決定を期待するというものでもなかったし、またこんごの協力と増進を両国の国家利益に相付するよう導いて行くために虚心坦懐に意見を交換することができたもようで、それだけでも、その意味は十分あったと思われる。

日本提示の努力を国家利益へ

しかし、より重要なことはそこで提示された日本側の努力方向に持ってくるかという点である。論難の多い貿易逆調の是正問題はいうまでもないことだが、資本協力の内容においても特に直接投資の激増がわれわれの国内投資にどのような影響をもたらすだろうかという点を深思熟考しなければならない。

たとえば、こんど日本側が提案してきた石油化学の直接投資が蔚山に建設中のそれとどういう関係を持つものか、を考えなければならないし、また、進んではこのような成長産業に対する日本資本の大挙進出をただ"多々益善"とだけ喜んでいるわけには行かないのである。

要するに両国協力関係のこれまでの量的増進を質的に転換させるときがきているとわれわれは考える。そして、そのためにはどのような"転機"が必要であるか――これが重大な問題である。

（朝鮮日報＝SISA）

東亞戯評　白寅洙

進一歩
選挙法 協商妥結。

赤字幅漸の傾向減
国際収支の見通し明るい

国際収支改善を図る政府の強力な緊縮政策実施により経常取引き赤字幅は漸減しており、こんごの国際収支見通しは明るくなった。

韓銀によると、今年にはいってから九月末日現在まで、国際収支上の経常取引き赤字幅は二億一千六百二十九万ドルで、昨年同期の赤字幅二億八千百五十六万ドルより五千五百二十一万ドルも減っている。

今年にはいってからの貿易黒字幅は一億七千九百三十三万ドルで、これは前年同期間の二億四千六十九万ドルより六千百三十六万ドル減っているが、貿易収支面をみると緊縮政策に基づく輸入抑制措置により今年の赤字は四億五百五十九万ドルで、前年の赤字五億二千二百二十六万ドルより一億一千六百六十七万ドルも赤字幅が減っている。

なお、韓銀当局者は、さる一・四分期中には経常取引き赤字が一億九百五十八万ドルに達し「少しも改善されなかった」と指摘、しかし、二・四分期中には赤字幅が六千三百九十六万ドルに減り、さらに三・四分期中には五千二百七十二万ドルに減ったと述べた。

対日貿易逆調幅さらに拡大

政府の対日貿易逆調改善のための努力にもかかわらず逆調幅は毎年一層深化する傾向を見せている。

韓銀によると、対日貿易逆調幅はさる六五年には一億二千三百万ドルであったのが六九年には六億二千万ドルに達し、五・四倍にふえた。これは同じ期間中に輸出が三倍ふえたのにたいし輸入は四・五倍ふえたためである。

総貿易逆調幅にたいする対日貿易逆調幅の比重も毎年ふえ、六五年の四三%が六六年には四九%、六九年には五二%へと拡大した。

韓銀当局者は対日貿易逆調改善を図るためにはより総合的で果敢な施策が必要であると語り、特に日本が貿易自由化を実施しながらも韓国の主要輸出品であるノリ、米菓、衣類などを自由化しないところに原因があるとのべた。

韓国軍装備近代化へ特別軍援を要請

ワシントンからの報道によると、ニクソン米大統領はこのほど韓国軍装備近代化のため一億五千万ドルの対韓特別軍援とは別個のものでイスラエル、カンボジアなど数ヵ国にたいする追加外援十億ドルを越す予算の一部とされている。

◇侵略阻止の根幹は韓米防衛条約と六〇万国軍＝もしわれわれが強力な韓米防衛態勢を完備し、六〇万の国軍が健在であれば、北傀による戦争挑発はありえない。私が執権の座についたときに、韓米防衛体制を改善し、国軍の人事、処遇、訓練、装備などを画期的に改善し、軍の戦力能力を引上げる。

◇全面戦争に対備した後方戦力の確保策＝①二百万人に達する第一予備役は、有事の際、迅速な動員態勢を常に整え②第一予備役は現行通り年一回、所属予備師団で勤務、訓練を受けるようにする。

◇ゲリラ討伐のための対策＝郷土警備隊を組織し、武装ゲリラに対する作戦任務は、[illegible]警察の実務遂行は関与させない。

「[illegible]役法を改正し、郷土警備[illegible]勤務するようにすることによって[illegible]完了したものとみなす根拠をつくる」と強調した。金大中氏は、現行の予備軍制度の廃止理由として①二重兵役義務を強要する違憲性②補助警察化③政治的悪用可能性④生業にもたらす支障⑤民弊の造成⑥予算浪費⑦各種武器による事故発生などを指摘した。

金大中大統領候補が記者会見で明らかにした「国土防衛四大原則」の要旨は次の通り。

◇内政改革＝われわれが北傀に勝利する根本的な秘訣は強力な政府のもとに清新な[illegible]経済の批政にみちた今日の現実に対し、果敢に内政を改革することである。

ろうと、語った。

米国家安保会議の[illegible]官は[illegible]国内で開かれた民間指導者との外交政策会議で、米国は韓国に対する防衛公約遵守のため、韓国に適切な兵力を引き続き維持させることを確認しながら、駐韓米軍の全面撤収はしないであろうと強調した。

なお、同会の規則に基いて身分を明らかにしなかったこれらの高位当局者は、米国は韓国に対する防衛公約の依頼度をおとす米軍削減を実現させないであろうと述べた。

北韓の戦争準備暴露へ
崔外務国連総会へ

崔圭夏外務部長官は国連総会の韓国問題討議に出席するため十八日午後ニューヨークに向かって出発した。崔長官は出発に先立ち記者会見し「韓半島の緊張激化の根本的原因が北韓の好戦的赤化統一政策にあるということを国連で糾弾する考えだ」と明らかにし「北韓が対外的に打出している南北相互兵力削減、連邦案などいわゆる平和統一が虚偽宣伝であることを指摘し北韓の戦争準備狂奔相を暴露したい」と述べた。

東パキスタンへ救護金一万ドル

政府は十八日、東パキスタンのベンガル湾一帯の台風災害に対する救護金として一万ドルをパキスタン政府に提供することに決めた。

金鍾泌氏が訪米

金鍾泌氏はキッシンジャー米大統領補佐官（国家安全保障担当）をはじめ、米政界指導者と接触し十二月下旬ごろ帰国する予定である。なお空港には李錫済前総務処長官、張基栄韓国日報社長、国会議員など三百人あまりが見送った。前共和党議長の金鍾泌氏は、米アジア協会の招きで夫人を同伴、十五日JPA機便で金浦空港を出発した。

米軍の全面撤収ありえず

ワシントンからの報道によると、ホワイトハウス当局者は十二日、米国は、北韓が駐韓米軍の削減を悪用する場合、削減を全面中止またはその削減の時期を遅らせる一方、すでに発表した駐韓米軍二万人の削減計画も、北韓の軍事力とその出方に応じて時期を決定するであ

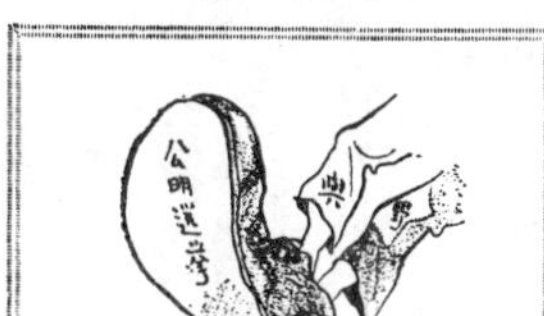

韓国総人口31,460,994名

ソウル550万で世界第10位

増加率鈍化・大都市集中の傾向

市道別	総人口	男	女	家口数	住宅数(棟)
全国	31,460,994	15,785,705	15,675,289	5,857,943	4,439,845
ソウル	5,509,992	2,750,952	2,759,041	1,091,015	593,370
釜山	1,878,785	939,967	938,818	371,922	212,596
京畿	3,361,730	1,687,362	1,674,368	641,281	482,925
江原	1,873,908	960,632	913,276	352,493	287,523
忠北	1,483,153	755,041	728,112	262,184	228,256
忠南	2,863,686	1,447,727	1,415,959	500,267	432,569
全北	2,433,819	1,215,400	1,218,419	427,332	365,519
全南	4,009,236	2,013,364	1,995,872	703,932	599,738
慶北	4,564,572	2,287,484	2,277,088	850,301	668,158
慶南	3,116,805	1,552,813	1,563,992	574,219	497,811
済州	365,307	174,963	190,344	82,997	71,350

さる十月一日現在韓国の総人口数は、三千百四十六万九百九十四名でこのうち男子は一千五百七十八万五千七百五名、女子は一千五百六十七万五千二百八十九名で住宅数は四百四十三万九千八百四十五戸、そしてソウルの人口数は五百五十万九千九百九十二名に達している。

さる十月一日実施された第十回総人口ならびに住宅センサスの中間集計で明らかになった人口ならびに住宅動向の特徴は、まず人口増加率の減少、第二に都市集中化の促進ならびにこれにともなう人口の過密と過疎地帯の分化、第三に核家族化、第四に無住宅帯の激増などであります。また、五百五十万名のソウル人口は、世界大都市のうち東京、ニューヨーク、ロンドン、上海、モスクワ、ボンベイ、カイロ、サンパウロ、北京につぐ世界第十位を占めている。

人口ならびに住宅センサスの内容はつぎのとおりである。

人口増加率の減少

第九回人口センサスが実施された一九六六年から七〇年までの四年間の年平均人口増加率は、一・九二%で第二次五ケ年計画で推定した二・三%よりは著しく低い数字でありこれは家族計画の普及で人口増加が抑制されたものと解釈される。

都市への集中化

市・道別人口におけるソウルは五百五十万名で一九六六年に比べ七十年が四五・三%である百七十一万も増加、釜山は百八十七万八千名で三一・八%の四十五万二千名がふえるなど十一個市・都のうちソウル、釜山、京畿、済州、江原、慶北など六個市・道の人口は増加しているが全南北、忠南北、慶南など五個道の人口は、反対に四年前に比べ減っており過密と過疎の現象がはっきりしている。

核家族化の傾向

一世帯当りの人口は、六十年の五・七一名から六六年の五・六八名、七十年は五・〇五名で漸次大家族制から夫婦を中心とした核家族化していくことを示している。とくに地域別では、ソウルならびに釜山の一世帯当り人口が五・〇五名で、一世帯当り五・七二名である忠南より〇・五七名も少なく全国でもっとも低い比率をみせており大都市居住世帯の核家族化現象をはっきり示している。

無住宅世帯の増加

こんどはじめて実施された住宅センサスでわが国の総住宅数は、四百四十三万九千八百四十五棟で、このうち現世帯は四百三十六万六千二百四十二戸、同居世帯ならびに非住宅世帯は百四十九万二千七百二戸で無住宅比率は二五・五%に達しておりとくに市・道別ではソウルが四六・五%、釜山が四四・二%など高率をみせている。

早ければ年内にも帰日

金載華氏元気に語る

さる六七年六月の総選挙のさい新民党全国区候補であり元在日居留民団中央本部の団長であった金載華氏は、さる八月の大法院判決で無罪が確定されてからソウル鍾路洞の新居先で迎えに帰国した金夫人とともに日本入国の準備を急いでいるが、このほど往訪の記者に大要つぎのとおり語った。

事件以来、在日同胞のみなさんに心配をかけてすまなく思っていると同時に私に寄せられた多くの同志諸賢の好意に対しては深く感謝の意を表したい。日本入国については現在、韓国側への手続きは完了し日本入国の申請もすませておるので早ければ年内にも親しい在日同胞みなさんに会えると思う。

一旦日本に帰ってから暫くして永住帰国するつもりだ。今後とも政治運動をするかしないかは、あくまで在日同胞みなさんの意志にまかす考えである。

なお、金載華氏は往年の闘志はいまも変りなく在日居留民団組織の動向や在日同胞たちの権益について深い関心を示しながら論談風発。「君、このステッキは、身体が弱ったためにもって歩くのではないよ」と健康を誇るが如く元気に話していた。(写真は金載華氏夫妻。十一月二十日ソウル大然閣ホテルまえで)

過酷な労働条件に抗議

ソウルで 一青年が焼身自殺

このほどソウルの一青年が、過酷な労働条件と労働当局の不誠実な責任回避に抗議し、白昼市内で焼身自殺をはかるという事件があった。東亜日報など本国各新聞は事件翌日の十四日付でいっせいにこのニュースを大きく取り上げ、雇主達の「非人道性」と当局の無責任な措置を鋭く追及しながら、この事件が国民の間に大きな波紋を投げかけたと伝えている。

焼身自殺をとげたのはソウル中区乙支路六街にある平和・統一・東和商店街などの被服製造従業員八千余名の新睦団体、三棟会会長の全泰壱氏(二二・裁断師)。これら被服製造の職場はどこも月平均三千円の低賃金、一日平均十三時間から十六時間の過酷労働に加えて職場環境の悪さから従業員の疾病がたえない。そこで、一週四十八時間の勤労時間、最低賃金を規定した「勤労基準法」にてらし労働条件の改善を要求する従業員たちと雇い主たちとの間で、かねてから紛糾が続いていた。

事件当日の十三日も全氏は会員十余名と「企業主は勤労基準法を守れ」、「われわれは機械ではない」などと書いたプラカードを掲げて国民銀行平和支店前の路上ですわり込みを始めた。午後一時半頃警官がこれを制止に入ると、全氏は用意していた石油を全身にかぶって焼身自殺をはかり、同夜十時すぎ息をひきとった。全身火だるまになった全氏は、「縮小勤労法」という本をにぎりしめながら「日曜は休ませてくれ」「労働時間を短縮しろ。自分の死をムダにするな」と、口走っていたという。

'私の死を無駄にするな'

(東亜＝14日)三年前大邱で高等学校を卒業、上京した全氏は、平和市場等の被服店で裁断を習っていたが、昨年九月、被服製造従業員たちの親睦団体である三棟会を組織、会長職を引き受け従業員の処遇改善のために闘かってきた。この間、業主から解雇され、休職状態にありながら勤労基準法の遵守を要求、去る五月再び復職すると今度は世論調査を行なったため、従業員たちを扇動したとの理由で再び解雇された。しかし企業主達が相変わらず従業員達の処遇改善に対して不誠実な態度であるのを見て焼身自殺したものである。

全氏は去る九月初め、百四十余名の同僚従業員を対象に待遇の実態を調査し、これを根拠に従業員の勤労条件改善をソウル市と労働庁等に申請していたが、これという改善の動きがないため、この日も抗議のために、ろう城をしていた。

一方、この日午後二時三十分頃には、同付商店街の裁断師崔鍾貴氏(三八)等六名の被服製造従業員達も、乙支路六街の国民銀行平和支店前で「われわれは機械ではない」という内容の血書をかかげて待遇改善を要求するろう城を十分間くり広げたが、警察の制止を受け遂行された。

労総声明 当局に理解を要請

非人道的事業主を糾弾

韓国労総(崔容洙委員長)は十四日、平和市場従業員の勤労条件改善を求めた焼身自殺に声明書を発表、青少年女子勤労者を劣悪な職場環境で、低賃金と重労働で働かせている平和市場、東和市場、統一商店街等の非人道的な事業主を糾弾するとともに、政府と企業主および一般世論の労働に対する理解と協力を要請した。

ソウル大に休校令

過酷な労働条件と当局の無誠意に抗議した全泰壱氏の焼身自殺をきっかけに二十日、韓国では学生デモが起ったが、その中心になったソウル法大、文理大に、デモの続発を封ずるため同日付で休校令が出され、各大学前には二十一日朝警察隊が出動、学生の登校を禁じた。一方、法大図書館には一部学生が抗議ろう城中である。

抗議デモ行う

有名大学生ら

全氏が労働条件の改善を訴えて焼身自殺した事件は、韓国内に大きな衝撃と波紋をなげかけているが、二十日ソウル大など市内の有名大学で全氏の追悼集会や、抗議デモがいっせいに挙行され、取締まりに出た警官隊と衝突、四十人の検挙者と多数の負傷者を出した。また一部の学生は大学構内にろう城抗議を続ける構えをとっている。抗議に立ち上ったのはソウル法大、同文理大、高麗大、延世大、梨花女子大などの学生で、勤労大衆の労働条件改善を要求している。学生がまとまった行動に出たのは昨秋の改憲問題以来のことである。

労働基準法の改正を急ぐ

労働庁では、労働基準法をきたる十二月からは十人以上の業体にも適用することにし、現在全国に六〇人の各市・道労働監督官を百二〇人に増員するため労働基準法を改正することにした。

労働庁はこのほど三日間にわたって実施したソウル市内の平和、東和、東信の三カ市場の全面調査で、作業環境改善と有給休暇を実施していない三〇カ業体を摘発、労働基準法違反の容疑で立件した。

労働庁は上記三カ市場の四百二八カ業体のうち四四%に当る百八六業体が労働基準法の適用対象からもれることになり、全面的な改善作業が困難になるため、現行法を改正、強い是正策を講ずる方針である。また労働庁では、従業員が労働基準法違反業体を直接告発することができるよう労働庁の中に「労働基準告発センター」を設け、労働基準法に違反する業体を迅速に摘発することにした。この改正案が成立すると、労働基準法の適用対象業体は、現在の九千六百十八業体から一万二千六百七五業体に拡大され、対象従業員は百八万九千百八七人にのぼる。

朴鐘和先生歓迎講演会

日韓親和会

日韓親和会(鈴木一会長)では韓日文化交流振興のため、韓国芸術院・朴鐘和会長を迎え二日農協ビルにて歓迎講演会をひらくに先立ち、十一月二十六日午後六時から霞友会館で歓迎パーティを盛大に催おした。

東亞戯評　白實淡

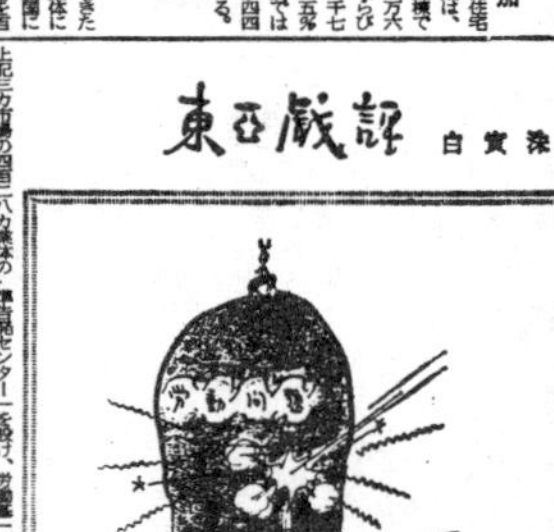

大物スパイ、告白の記

私は北傀を告発する

(23)

姜大振

妻子を思い決断つかず

野宿の山中で苦悶の一夜

自首の前夜

私は妻子をいとおしく思う心と大発兄の心からの勧告の板ばさみなってそのひと時を苦しんだ。いったい、私はどうすれば一ばんいいのだろうか……。

ひきとめる兄の手をふり払って

大発兄は幼いときから最も私を可愛がってくれた兄だった。そして年が近かったせいか、私の気持を一ばん理解してくれた。

幼いころ、私が私よりずっと大きい"いじめっ子"に泣かされて帰ってくると、発兄は私の手くびをぐいとつかんで外に飛び出し、そこでまだ威張りちらしているガキ大将に猛然とおそいかかり「小っちゃい子をなぐったなッ。クソーッ。みておれ」と相手が降参する迄でなぐりかえしてくれた。その愛情深い兄が「おまえを生かしたければこそ、自首をすすめるのだ……」と、落ちる涙を払おうともせず、語ることばにウソはないはずだ……と私は思う。

しかし、私はここで私の心の動揺を整理する余裕を持っていなかった。大発兄の家の門の外では崔と鄭が"待つこと久し"と首を長くして私の様子をうかがっている。私はただ、大発兄に「よく分かりました」と言っただけで、その忠告に対してはイエスもノーもはっきりさせず、手まねで"外に同僚がいるから、その話はこのへんで止めて下さい"と頼むような恰好をした。そして私は、私を引きとめる兄の手をふり払って、兄の家を出たのだった。

崔と鄭をサンテ峯に案内しつつ

このあたりの地理にくわしい私は崔と鄭を案内して二キロほど先のパンション里の両方にあるサンテ峯という山に登って行った。山中でしばらくこもる以外に方法はないからだ。

その夜、われわれ三人は山の中腹の小さな松の木がたくさん茂っているところで野宿した。私は自分が重大な岐路に立っていることを感じるにつけ眠りにつくことができなかった。

私は自首しようか、すまいか、の自問自答で苦しんでいたが、何より私は南派工作員として重大な危機にさらされていることに気付かぬわけには行かなかった。第一に私は大発兄を抱きこむこともできなかったばかりでなく、親戚中がみんな私が北からやってきたということを知っている……。

第二にもし私がこんどの南派で失敗すれば党の連絡局は決して私を許しはしないだろう。すなわち多くの南韓出身者がこうむった悲惨な終えんが私にもやってくる……。連絡局はその計画を冷たく私の上にも実施するだろう。そして第三、私はいま九十の齢(よわい)を迎えられた老母に十七年もの間、不孝をし続けてきた"人の道"にはずれた人間だ。北韓の党の調査と情報はウソで、私に故郷を忘れさせるために母は死んですでに亡き人と、まことしやかに私に伝えたのだ……。だが、まだ生きておられる母上の声をこの耳でしかと聞きながら再び私は"人の道"に反することができようか。そしていったい"何の道"のために北のあの巣窟(くつ)にまた舞い戻って行こうとするのか。

誰が誰を解放するのか?との疑問で

第四に私のスパイ任務は、われわれが"南のあわれな人民を解放させる"ための下工作だった。だが、私の郷里にやってくるまでの間に私が見聞きしただけのものでなく、感じ取ったものまでを加算してみると、南の様子は北の共産主義者たちがいっているように悲惨なものではない。(南の人民が飢えと圧迫に苦しんでいるというのは党のヤツらの"宣伝"だったのだ…)金日成と共産主義が"南を救う"というのは、いったい南の何をどう救うのか? そして"解放"とは誰が誰を解放させることをいうのだ?

第五に大発兄のいうことはみんな本当に違いない。彼は決してウソをいう人間ではない。私は不肖の弟だ。もし私がここで大発兄のいうことをいい加減にして袖にふれば"不肖の弟"はいっそう取返しのつかぬことをしでかしそうだ……。

私の脳裏は次から次へと起きてくる悩みごとでわれそうになった。

生死の岐路に立って

結論としていえることは、私が生死の分岐点に立っているということだった。ちょっと判断を誤れば私はみずからを殺すことになるのだ。六・二五動乱のときに越北した人びとで今日まで北で生きのこっている人間は千人に一人もいないのである。すなわち、私は千対一以上の激しい生存競争に勝って生き抜いてきた人間なのである。思えば、十七年間の苦労は本当に骨身をくし削るようなきびしいものだった。ああ、その苦しみの中で作ったたった一つの憩いの場、それは家庭だ。妻と子いとしさに北に帰りたいのは山々だが、しかし大発兄を抱きこむこともできず(他の人を抱きこむことはそれ以上に不可能なことだろう……)このまま、おめおめ北へ帰れば、私の運命はどうなるか。いわずと知れたこと。最少限に見積もっても、私はもう家族とは平和にいっしょに暮らして行けないような状態に落とし入れられるに違いない。粛清、追放……。

だが、恐らく、北の党幹部は七度、八度……幾度でも、私が死ぬまで南派させることだろう。そして私はその度に党と金日成に忠誠を誓いながら切れそうな綱と知りつつその綱にのぼる曲芸師のように、綱が切れるまで同じことを繰り返すだろう……。

崔が大便をしているスキに打診

私は同僚に気付かれぬようにして、さまざまのことを考えたが、ふと、崔が木陰へ行って大便をしているスキを見出して鄭に話しかけた。

「仕事はそうたやすくないよ。連絡局で指示されたとおりにはとても行かないよ」

と。崔は残忍な性質の上、考え方が単純で愚かでさえある。しかし、この鄭はずっと私の直属の後輩であったし、また海州で私の家の隣に住んでいたこともあり、崔よりはずっと気心が知れている。

そこで私はさらに「運動の方向を変えてみた方が賢明かも知れないよ。新しい出発ということも考えうることだし……」

といって、遠回しに鄭の意向を打診してみた。私としては鄭は崔と違って事理をわきまえ、また判断力もある男だと睨んでいたのだが、万一の場合を考えて、はっきりした言い方はできなかった。

だが、鄭は何も考えようとしない。私もすぐに話を切り替えて、ただ、心の中で鄭が賢明な判断をしてくれるよう願うのだった。

それからしばらくして、私が樹木の茂みの奥で、大きい方の用を足して帰ってくると、崔が私に拳銃をつきつけて、ひざまづかせ「今から三人組党細胞総会を開く」といった。

拳銃で"自己批判"せまる

そして崔は、私が少し前に鄭に言ったことに関して"自己批判せよ"と命令した。内心、私はあわて、また鄭に対する憤怒で胸が煮えくりかえったが、表面ではわざと落ちついてみせ「これは、何ということなのだ? いったい、このオレを何だと思っているのだ」といきまいた。そして私はゆっくり坐りながら

「率直にいって私は崔クンシュは絶対に信用のできる人間だと思っている。しかし鄭水煥を信じることはできなかった。まず、私が気付いたのは鄭水煥の昨晩の挙動である。自分の郷里が近着いてくるにつれ鄭は自分の老父母のことを思い落着きを失った。そこで私は昨夜、鄭に"金日成同志の赤い戦士が革命課業半ばで、故郷の老父母のことなど考えてはいけない"と言おうとして止めた。それより、鄭をテストしてみるべきだと思い、さっき鄭を試験したのだ。しかし、私は嬉しい。本当に嬉しく思う。鄭は私が考えていたよりずっとしっかりしている。鄭には"心変わり"などなく、いやが上にも党の金日成首相に忠誠であることがはっきりした。心から喜んでいる」

と、冷静にスラスラとしゃべった。実は、こんなこともあろうかと、私は大便をしながら"うまい弁明のことば"を考えていたのだった。

二人とも私の弁明にだまされる

崔クンシュは拳銃を引込めながら「姜先生、まさか、こりゃ、芝居じゃないんでしょうな」

「ナニッ。芝居ッそんなことも見抜けなくて、地下党組織をしようとするのかッ。とんでもないこった……」私は大声で怒鳴ったあと静かに「あんたがたは、これまで共産主義革命の大課業に、私が尽くしてきたほどの"忠誠"を実践してきましたか? 私が行なってきた、今日までの数々の革命課業の実践……。いったい何のために私がそれをやってきたと思うのです? 崔先生、私が生命の危険もかえりみず、何のためにあなたの生命を救いに出かけたと思うのです?」と、しかも怒った調子で反問した。すると、崔と鄭はぐっと私の手を握りながら「すみません、姜先生。どうか、お怒りにならないで下さい。われわれは経験が少ないのでわからなかったのです。どうか広い雅量でご理解下さいますよう…」と、一生懸命になってあやまるのだった。

結局、崔と鄭は私の"弁明"にだまされたわけである。

(つづく)

(SISA)

筆者の姜大振氏は南派された北韓スパイの最大級大物、元北韓軍上佐(中佐と大佐の間の位)・最近、韓国に帰順した。

永住権取得を妨害する、反民族的な朝総連勢力を徹底的に紛砕せよ!

全在日同胞に訴える

在日韓国人の永住権申請に関して、朝総連は終始一貫これを妨害し、あらゆる虚偽宣伝をしているが、いうまでもなく、これは根も葉もないことをもって在日同胞の権益を意識的に破壊する、共産徒党の反民族的な常套手段に過ぎない。

われわれはここに、かれらのそのような欺瞞的な反民族性を徹底に暴露、糾弾しつつ、全在日同胞が一日も早くわれわれの権利である永住権を取得するよう強く訴えるものである。

一 永住権は韓日両国間で協定されたわれわれの特権である

永住権は韓日両国が、過去の歴史を清算する時点において、在日韓国人に対する特別措置として講じたもので、われわれの権利として附与されるものである。

二 永住権を取得することによって、日本での生活が安定できる

日本が主権を回復した一九五二年四月二十八日から施行した法律第一二六号は、われわれの在留資格が確定される時までの暫定的な措置であって、決して決定的なものではない。したがって、これだけで永住することはできない。

韓日間の協定による法的地位(永住権)が確定されている今日において、法律第一二六号だけでは外国人を管理する出入国管理令等に対抗することも不可能であり、永住権を取得しないかぎり居住の安定はあり得ない。

三 永住権なしに永住できるというのは、まさに気違いじみた発想である

独立国家の国民が、外国で外国人として永住しようとするとき、その国における永住権を持たずに、どのような方法で永住できるというのか? かりに、自分の民族にそむいて日本に帰化でもするというのであれば別だが、そうではなく、任意によって永住できるというのはまさに気違いじみた発想である。

永住権のない人は日本政府の自由裁量の範囲内で、日本政府の意思通りに居住の制限を受けることもありえるし、事情によっては強制退去の対象者ともなる。

四 朝総連は虚偽と脅迫と恐喝を常とする破廉恥な反民族的集団である

なぜならば、朝総連は在日同胞が永住権を取得したばあい、当事者が生活の安定を得ると同時に、必然的に朝総連から離れていくことになり、その結果、朝総連は組織の維持が不可能になるため、かれらは必死になって手段と方法を選ばず、虚偽の宣伝あるいは脅迫と恐喝等の手法をもって、同胞たちを苦境に追いこんでいる。

ここに、その幾つかの実例をあげよう。

① 永住権を取得したばあい、これとは何等の関係もない"軍隊にとられるぞ"という虚偽宣伝をしていること。
② 永住権を取得すれば、韓国政府に財産を収奪されるとの虚偽宣伝をしていること。
③ 北送された者の家族が永住権を取得すれば、北韓に居る者が僻地に追放される、との脅迫宣伝をしていること。
④ 永住権がなくても永住することができる、という気違いじみた宣伝をしていること。
⑤ 永住権を取得すれば日本帝国主義の奴隷になると韓日間の離間策を弄していること。

以上のように、破廉恥な虚偽宣伝と工作をもって、在日同胞の権益とは全く相反する反民族的な行為を常套手段とし、ひたすら金日成カイライの手先をつとめることに汲々しているのが朝総連である。

五、朝総連が過去に犯した罪悪

このほか、朝総連が過去に犯した罪悪につき、次のような幾つかの例をみてもその本性を如実にあらわしている。

① 外国人登録闘争のときに、朝総連の幹部たちがとった態度と無責任な指令。
② 帰国運動と称して、生地獄の北韓に数多くの同胞を誘引したこと。
③ 愛国団体である民団を、暴力をもって破壊しようとしたこと。
④ かれらが実施している教育が、反民族的な共産主義の注入に一貫していること。
⑤ 永住権申請を、はじめから積極的に妨害してきたこと等々。

このように、どんな角度からみても朝総連は民族の自由と民主の敵であり、民族の権利さえも共産主義のためには廃履の如く踏みにじる集団である。

いいかえれば、朝総連はどこまでも共産主義にのみ忠実であり、その所得にのみ熱をあげている反民族的徒輩らの集団である。

六 すでに朝総連の勢力を粉砕する砲門は開かれた!

朝総連のこれまでの罪悪もさることながら、特に在日同胞の生活を法的に安定させ保障する永住権の取得を、大義名分ももたない虚偽の宣伝と脅迫、恐喝等をもって妨害し、在日同胞を害しているかれら朝総連の徒輩たちが掃蕩される日は間近であり、同時にかれらが近い将来に民族の審判台でその罪悪史の審判を受けるだろうことも、かれら自身が誰よりもよく知っているはずである。

おわりに、われわれは以上のような朝総連の狂態にてらし、愛国的な民族的良心によりなおいっそう積極的に朝総連傘下で苦しんでいる数多くの善良な同胞たちを救出するため全在日同胞の永住権取得に最大の努力をするであろう!

在日本大韓民国居留民団

韓國統一展望의 諸問題

—朴大統領의「八・一五宣言」을 中心으로—

(5)

東国大法政大副教授　李　廷　植

分斷의 原因은 서로 다르고 그 異質化는 촉진하고 있는 두개의 배경 즉 韓國의 相互防衛協定, 그리고 北傀의 軍事同盟의 내용을 간추린 이유는 南北對立의 객관적 조건을 살기 위한 것이나, 分斷된 民族이 서로 동지고 있는 協定 또는 同盟을 통해서 보면, 다음과 같은 두 가지의 공통점이 있다. 그 첫째는 休戰協定成立후에 체결된 것(北傀는 八년후에 체결)이라는 것이며, 둘째는 分斷된 상태에서 각 분단된 민족은 獨立(또는 獨自)시 못하게 되어 있다는 것이다.

그 공통점은 전쟁의 것으로부터 얻을 수 있는 결론은 韓半島의 統一은 결코 손쉬운 것이 아니고, 對立의 개념이 敵意의 경쟁에 의한 것이라, 또는 對立의 뜻을 넣고 있든, 시지어는 分斷民族에 대하여 消極적이든, 否定적이든, 그 對立은 나름간 계속하리라는 것이다. 이유를 살자면, 分斷된 相對的 統一에의 意志라는 관점에서 不信의 표상으로 나타내고 있기 때문이다.

다음에 쉬의 공통점의 둘째에서 얻을 수 있는 결론은 韓國영역 …

위의 統一形式에 따라 八・一五構想발표 이전의 韓國과 北傀간의 대처관계를 보면, 韓國은(a)(c)(f)이고 北傀는(a)(b)(c)(d)(e)(f)의 상대이다. 원칙상으로는(a)(c)(f)에서 공통성을 나타내고 있는 것으로 볼 수 있으나, 北傀의 경우, 「超合法적」인 형식이 共産主義사회의 正統性을 이루고 있는 한, 오히려 統一形式에 있어서의 공통성을 능가하고 있는 것이다. 그와 같은 내용의 對立관계가 分斷國家의 現狀維持의 底力으로서 걸려 있다고 보아진다. 따라서 그러한 現狀維持의 底力이 지속되는 한, 統一을 위한 課題로서 현실적인 政治問題가 대두된다. 즉 政治적 과제라는 것은, 「A 에치오니」교수의 관점과는 다른 南北의 經濟・社會問…

그리고 그와 같이 優位를 확보한 이후의 상황에 … 것이며, 더 나아가서는 … 군림할 가능성을 지니게 …

그리고 또 앞의 경우는 再統一이 이룩된 후에도 分斷國家의 여러 屬性은 공산된 歷史性으로서 正統性을 지니게 될 …

韓國統一 문제에 관하여 … 한 자이지 … 이 어느정도 개발되자, 韓國은 安保論 … 그 생기를 찾은 듯한 인상이다.

五、韓國의「統一」과「統一論議」

… 여기에 日本의 鹿島平和硏究所硏究員으로 있는 井上 차지하기 위한 것이다.

分断国家諸問題の考究

第二回学術シンポジウムの論文から

大邱でひらかれた第2回統一問題学術シンポジウムン

「分断国家の諸問題を主題とした シンポジウム」がこのほど嶺南大学統一問題研究所の主催により大邱寿城観光ホテルで開かれた。これは統一問題に関する第二回学術シンポジウムであるがこのシンポジウムでは内外の学者や言論人など専門家が集まって韓国、ドイツ、中国、ベトナムなど、分断された国家群の共通な問題と差異の特性などを比較研究することによって問題解決の道を考究した。以下は主要論文のうちから二つだけを——一つは西独ミュンヘン大学教授グスタフ・ポプラー・ニウケ博士の論文、もう一つは韓国の朝鮮日報論説委員梁好民氏の論文——を要約して紹介する。

政治的、知的変化と分断国家

ポプラー・ハウケ

分断国家の紛糾と世界の紛争要因は①かってのナチ・ドイツによる膨張政策、ならびに②米国の有力なる政治家が第二次世界大戦後に示した共産諸国への友情と親 … 共的見解からくる誤謬（ひゆう）によるものであった。だが、米国はこうした幻想からやがて目覚めさせられたが、その発端は東南欧諸国での共産政権の確立と北韓の南韓侵攻からであった。その結果米ソ両国間の緊張は冷戦に発展したが、四九年のソ連の核保有に伴う核戦争の危険性は米ソ共存政策を生み出した。しかし、その後、"第三世界"すなわち、非同盟諸国群の団結とその余波は世界政治をいっそう錯雑なものにしてしまった。

ソ連の望む韓半島分裂状態

その後、米国と一部同盟国群は武力政策あるいは公然とした反共主義が合理的な緊張緩和政策にはならないものとみなすようになった。結局、ソ連のチェコ侵攻にたいしても、西側は東手無策だったし、これは西独をして独・ソ不可 … には何時でも応じるといっており …

北韓労働党の"平和統一"論

梁　好　民

…

▽金日成のいう"革命による"南朝鮮解放"

…

（SISA）

わが祖先が残した偉大な足跡

文化発掘シリーズ第2作　イーストマン・カラー　**萩焼**

釜作業する坂倉氏

萩焼（14代坂倉氏の作品）

解説

なぜ「萩焼」を取上げたか

この映画は在日韓国人として祖先が日本に伝え残した偉大な歴史文化遺産を発掘してその足跡を記録にとどめることをライフワークとするKPニュース映画社代表辛基秀氏の「文化発掘シリーズ」第二弾である。辛氏は昨年第一作で高句麗若光ら祖先が移住、開拓した高麗神社を中心とする武蔵野全体の遺跡、遺物をたずね歴史と現実の間で感じたことを詩のように美しくうたい上げた。それが35ミリ白黒二巻物の「高麗村」である。

今度の「萩焼」では前作「高麗村」の祖先たちが亡命、移住など「自意」で日本に渡来して来たのとは反対に「他意」により拉致されて来た祖先をテーマにしている。三七〇年前に壬辰倭乱いわゆる豊臣秀吉の「朝鮮出兵」の際日本の武将たちは数多くの祖先たちを殺してその耳まで切り取って持ちかえり武功の証拠とした。同時に手当り次第に焼物窯を破壊し陶工はじめ多くの技術者を争って拉致して来た。この作品は当時毛利輝元が連れて来た陶工の一人李勺光が山口県長門市深川の高麗山に開いた窯から生れた技法を開花させそれを継承した坂倉家の第十四代坂倉新兵衛を描くことにより祖先の足跡をさぐろうというものである。

祖先が伝えた陶芸技法で日本人を驚嘆動させている「萩焼」の宗家を守る子孫が偉大なる祖先を誇りとし制作にはげんでいる姿を本国に紹介すると同時に時は流れ韓日合併、太平洋戦争を経て解放を迎えるまで流浪、徴用、徴兵、強制労働など形はマチマチだがやはり数百万の同胞がムリヤリに連れて来られ今なお六十万を数える在日同胞が将来どう変って行くだろうかということも合せ強く訴えたいとしている。学徒兵として日本軍により戦場にかり出され今では成年の子を持つ親としても製作者の辛氏は果してこれからの子孫が数百年後にどのように変化するかとも心配する。

「萩焼」にこめられた祖国への追憶

「土と火の芸術」といわれる焼物はその実用性からしてどの時代の民族も伝統、技法をもち、それぞれ次の時代へと承け継がれたものだ。なかでも韓半島の高麗青磁の繊細巧緻、優雅と静さは今なお神秘である。これが素白の中にも土の香りの高い民窯性の深い味わいのある李朝白磁へと承け継がれる。壬辰倭乱の際連行された李朝白磁の技法を伝える陶工たちの焼物はちょうど茶陶といわれる千利休により大成された茶道の興隆とタイミングが合い茶人たちを狂喜させ大名たちの庇護もあって弥やかに喧伝される。

しかしその焼物には異域にとらわれた陶工たちの母なる祖国への絶ちがたい望郷追憶が秘められていたことを忘れてはなるまい。その想いが絶妙な味わいとなって焼きついたに違いない。当時の日本の大名や茶人たちが「萩焼」にこのような異国人の悲しみがこめられていることは知るはずはなく、ただその神秘さに舌を巻いたことであろう。といっても「萩焼」の場合は祖先の技法に加え、幸運にも …

「萩焼」製作者辛基秀氏（右）と十四代坂倉氏

14代坂倉新兵衛氏

14代坂倉氏の作品

…

萩焼沿革大要

…

坂倉家の家系

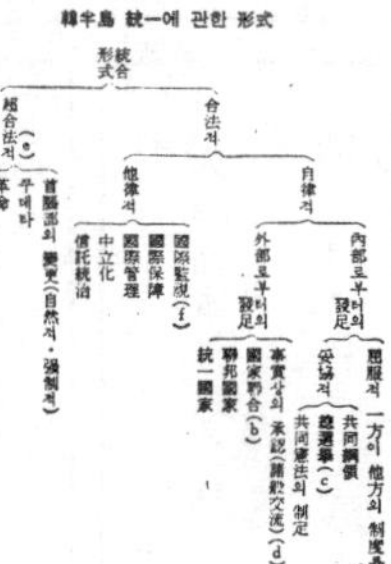

(株)モナミ
社長 許弼爽
東京都新宿区西大久保一―四四八
電話(二〇〇)一一一六

(株)平和タクシー
社長 董玉模
東京都渋谷区初台二―一一―九
電話(三七〇)一三六八

朝日通商株式会社
社長 鄭在俊
東京都東中野四―四―五
電話(三六二)七七三一

陸王交通株式会社
社長 韓檜俊
東京都板橋区中丸町一二
電話(九五五)六一〇一

東洋金属株式会社
社長 李基寿
東京都港区白金一―二七―三
電話(四四一)一六八〇

東京商銀常務理事
李徳栄
東京都墨田区横川三―一一―一六
電話(六二二)〇二九八

羅針盤商事株式会社
社長 羅大煥
東京都北区赤羽町一―一三
電話(九〇一)七七〇〇

富士商事株式会社
社長 禹英鎮
東京都大田区蒲田五―九―五
電話(七三八)三四二一

関舗装株式会社
社長 石相奉
東京都板橋区板橋一―五六―四
電話(九一六)一二一二

金坪珍
東京都文京区西片一―一二―一六
電話(八一一)一九八六

共栄商事株式会社
社長 李馬致
東京都目黒区中根二―四―六
電話(七一八)九一六六

土浦観光株式会社
社長 安禧中
千葉県土浦市三好町三三二
電話〇二九八(二三)〇四三五

幸進商事株式会社
社長 金鶴鎮
東京都千代田区神田鍛冶町一―五
電話(二五六)三七三一

大原商事株式会社
社長 徐龍岩
東京都世田谷区玉川一―七―二
電話(七〇〇)八二二七

大星商事株式会社
社長 朴鍾大
東京都葛飾区亀有三―二四―三
電話(六〇二)〇七七五

三成貿易株式会社
社長 金容太
東京都中央区銀座五―五―九西銀座ビル
電話(五七一)一四二三

(株)大栄プラスチック
社長 李順千
東京都荒川区町屋一―三五―一二
電話(八九二)三五二一～五

暁トレイド株式会社
社長 金在澤
東京都新宿区馬場下町一
電話(二〇二)七八七七

東亜相互企業株式会社
金世基
東京都港区六本木七―一五―三〇
電話(五七三)一二五一

金栄商事株式会社
社長 金昶輝
東京都台東区上野二―一九―九
電話(八三三)五九五六

新本製作所
社長 朴次瑛
東京都大田区東蒲田二―二六―一
電話(七三二)〇一六一

(株)三本シャーリング
社長 金賛模
東京都江戸川区松江五―一九―八
電話(六八〇)九四一六

京王交通株式会社
社長 許允道
東京都杉並区和泉四―四一―一五
電話(三一二)六一一六

三友鋼業株式会社
社長 廉延燮
東京都江東区南砂町二―三五―一一
電話(六四五)六一五一

松本商事株式会社
社長 李承魯
東京都中央区日本橋一―二明治生命ビル
電話(二七一)〇〇二四

喫茶コンサル
朴珪秉
東京都練馬区練馬一―二―二
電話(九九一)九二三七

喫茶クラウン
社長 徐興錫
東京都板橋区大山町三
電話(九五五)四三六三

寿観光株式会社
社長 范塡圭
東京都台東区上野二―一―一
電話(八三一)二五〇〇

寿交通株式会社
社長 千水命
東京都下三鷹市野崎三一二
電話(〇四二二)三二―五一八八

ダニューブ
李舜夏
東京都江戸川区西小岩一―二七―二四
電話(六五八)一八九七

厚生交通株式会社
社長 崔学林
東京都板橋区大山東町三五
電話(九六二)七一一一

鈴原会計事務所
尹達鏞
東京都港区東新橋一―三―一
電話(五七二)一四四一

永住権を取得して安定した生活を!

永住権申請案内

今年は、永住権申請の年です。

在日同胞の皆さんが一日も早く安定した生活を営むためには、永住権を取得しなければなりません。まだ永住権を申請してない方は一日も早く申請するよう、お互いに努力し、お知りあいの方にも勧誘して下さい。

協定永住権を受けることによって、

(1)、何よりもまず、いままでの暫定的であった地位をはなれて、権利として日本に永住することが法的に保障されます。

(2)、したがって、協定永住許可を受けていない者や一般外国人とはちがい協定永住許可者は、ほとんどすべての場合において日本から退去を強制されることがありません。

(3)、さらに、同永住許可者に対しては、海外旅行に必要な再入国許可において制限がないばかりでなく、一家族が離散することのないよう、人道的な配慮が十分ゆきとどくようになつております。

(4)、子女の教育問題においても、日本の公立小・中学校への入学が認定され、また上級学校進学においてもその入学資格が認められております。

(5)、生活保護を受ける必要のある人には、従前どおりの保護が受けられるようになっており、とくに国民健康保険に加入することができます。

(6)、外国人財産取得に関する政令の適用を受ける一般外国人とはちがい、主務大臣の認可なしに土地・建物などの財産を取得することができます。

(7)、日本から永住帰国する場合には、自己財産の本国搬入または送金などが、協定上保障されております。

在日同胞の皆さん!

去年の八月に開催された"韓・日法相会談"の結果、皆さんが安心して永住権を申請できるよう措置が講じられておりますから、一日でも早く永住権を申請されるよう、かさねて要望する次第であります。

もし皆さん方の中で、同永住権申請に関連して、質問または相談なさる事項がある場合には駐日大使館(第一領事課、または永住権申請案内室)あるいは、地方に所在するわが国の各級領事館または民団へ直接来訪されるか、書信で同事由を問い合わせて下さい。必ずや皆さんのご期待にそえるよう、全力を尽してみなさんのご相談に応じます。

なお、皆さんの親戚の方々はもとより、親しい知人の皆さんにも、以上のことを広く知らせて、永住権申請該当者は一日でも早く一人残らず、この申請を完了するようご協力下さい。

駐日大韓民国大使館

(1965年7月27日第3種郵便物認可)

在日本大韓民国居留民団
綱　領
1. 우리는 大韓民国의 国是를 遵守한다
1. 우리는 在留同胞의 権益擁護를 期한다
1. 우리는 在留同胞의 民生安定을 期한다
1. 우리는 在留同胞의 文化向上을 期한다
1. 우리는 世界平和와 国際親善을 期한다

THE PRESS MINDAN TOKYO
THE KOREAN RESIDENTS UNION, IN JAPAN, TOKYO OFFICE
「韓僑通信」改題
在日本大韓民国居留民団東京本部発行週刊紙

民団東京
THE PRESS MINDAN TOKYO

12月2日 水曜 <1970>
週刊・毎水曜日発行
第2429号

発行所 民団東京新聞社
発行人 鄭在俊
東京都文京区本郷3丁目32番7号
電話 (811) 1535 (代表)
〒133 振替口座 東京 16631番
(大韓民国文化公報部国内頒布許可)
(購読料 1カ月100円・特別100円)

民団 国籍変更で当局に抗議

関係法規違反明らか
早急に韓国籍へ是正せよ

民団中央本部（李禧元団長）はこのほど、日本の革新系首長らが行なっているいわゆる国籍書き換え問題は、明らかに在日韓国人の永住権申請の妨害であると断定、これを直ちに中止するよう関係当局に厳重な抗議を行なった。抗議文の内容つぎのとおり。

「国籍変更に関する抗議書」全文

時下晩秋の候謹んで貴下の御壮健をお慶び申上げます。さて、最近、貴地方自治体において、在日韓国人の国籍を「韓国」から「朝鮮」に変更するという、所謂国籍変更をしておりますが、これは基本的に在日六十万韓国人を分裂させ、目下促進中の在日韓国人の永住権申請を妨害し、韓日両国間の友好を意識的に阻害しているものであり、その結果は、永住権にかかわる在日韓国人の生活を極めて不利な立場に追込むものと判断せざるを得ず、同時に国籍問題に関する国連の決議、並びに日本の関係法規にも反するものと断定されるために、次の通りの事実に基づき、強く抗議すると共に合せて既に変更した分に対しては、これを早急に韓国籍に是正するよう要求するものであります。

一、そもそも日本政府の在日韓国人の国籍に対する措置は、一九四七年五月二日の第一回外国人登録実施において、当時の情勢に依って国籍を便宜上一律に「朝鮮」としたが、これはあくまでも「記号」としての措置であったこと。

二、一九四八年大韓民国政府の樹立後、韓国政府は日本政府に対して(1)大韓民国の国民登録証所持者(2)本人の自由意思に依る者等は便宜上の措置であった朝鮮籍を正式の国号に従って「韓国」と訂正するよう要望し、日本政府も一九五〇年二月二十三日、閣議決定をもってこれを確認、実施し、更に韓日協定後の一九六六年一月二十六日には、「韓国」を国籍とし「朝鮮」は「記号」として扱うとの、日本政府の統一見解を発表していること。

三、在日韓国人の国籍は、もとより一九四八年十二月十二日の国連総会決議第一九五号（韓半島における唯一の合法政府は大韓民国である）に基づき、すべて「韓国」であるとされており、更に韓日基本条約においてもこれを確認の上「在日韓国人の法的地位に関する協定」がなされていること。

四、在日韓国人が所持している外国人登録証は、すべて外国人登録法第十五条に依り、当該登録の申請及び受領が、申請の本人の出頭に依ってのみなされているために、断じて第三者に依って国籍の誤記が生じるはずはないこと。もし、日本の一部地方自治体が、自ら第三者に依る国籍の誤記を認めるならば、それは日本の地方自治体が自らの過誤を認めるものであり、この結果は、これが今日、在日韓国人永住権に対して多大な妨害となっていることについて、別にその責任を追究されねばならないこと。

五、一九七〇年九月二十六日、所謂国籍変更に対する法務省管登甲合第六八八号通達において、(1)大韓民国の国民登録証所持者または韓国政府発行の旅券所持者(2)協定永住許可者等は、所謂国籍変更の法的根拠である外国人登録法第十条の二に該当しないことを明らかにしていること。

記者会見する李中央団長

30万達成を信ず
日本の非協力を非難
李中央団長記者会見談

李禧元大韓民国居留民団中央本部団長はこのほど、都内の城園で記者会見を行ない、在日韓国人の永住権申請問題と国籍書き換え問題について大要次の通り語った。

李団長は、日本の一部地方自治体が在日韓国人の国籍欄を「朝鮮」に書き換えている問題について「これは韓日協定の基本精神に逸脱するだけでなく、韓国に対する非友好的な措置である」と日本側の基本姿勢を激しく非難した。

また李団長は、法務省がこのほど明らかにした在日韓国人の外国人登録上の国籍表示すう勢（別項）を示しながら、一九六五年韓国籍二十三万一千二百十二人（三九・九％）にし、国籍欄「朝鮮」となっているものは三十四万八千八百六十人であったのが、六八年には韓国籍二十七万一千六百二十四人（四五・九％）、朝鮮籍三十二万五百五十二人と韓国籍への著しい増加がみられることを強調した。

さらに、ことし十月現在では、韓国籍が三十一万四千四百七人（五一・〇％）にふえ過半数を越えているのに対し、朝鮮籍は逆に二十九万四千八十二人と年々著しい減少を示していることを説明した。

一方、永住権申請問題ではことし十月現在で申請者は二十[illegible]万二千九百七十[illegible]人となっており、来年一月十六日の締め切りまでには約三十万人に達するであろうと語った。

また、永住権申請促進運動を通じて、民団は、創団以来はじめて真の民団らしい活動を展開している。とくに地方本部、支部などの活躍はめざましく、大衆に密着した活動を行ない大きな成果をおさめており、これを高く評価したいと述べ、北韓の手先朝総連は〝永住権を取得すると財産を奪われる〟など相変わらず悪質な宣伝をしているが、これは全く逆で、永住権を取得することによってわれわれ在日韓国人の財産は保護されるものであると永住権の[illegible]を強調した。

外国人登録総計上国籍表示趨勢

年度	韓国籍	朝鮮籍	計
1965	231,212(39.9%)	348,860(60.1%)	580,072
1966	247,422(42.4%)	336,466(57.6%)	583,888
1967	255,614(43.6%)	330,594(56.1%)	586,208
1968	271,624(45.9%)	320,552(54.1%)	598,176
1969	293,582(48.9%)	305,979(51.1%)	599,561
1970	314,407(51.0%)	294,082(49.0%)	608,489

国籍陳述書 56,523名（10月末現在）85%（朝鮮）15%（韓国）

六十日以内に永住権申請を
期限後の出生者

永住権申請は来年一月十六日を以って締切られるが、民団では、法的地位協定の規定に基づいて一九七一年一月十七日以降に出生する在日韓国人の永住権申請は、その出生日から六〇日以内に行なうよう呼びかけている。

また法的地位協定の効力発生日（一九六六年一月一六日）より、四年一〇個月を経過した後に出生した者の永住申請期限も、出生の日から六〇日以内になっていることも併せて周知されるようのぞんでいる。

注＝在日韓国人の法的地位協定第一条2項・日本国政府は、1の規定により、日本に永住することが許可された者の子で、この協定の効力発生の日から5年を経過した後に日本国で出生した大韓民国々民は、この協定実施のため日本国政府の定めた手続に従い、その出生の日から六〇日以内に永住許可の申請をした場合は、日本国で永住することを許可する。

第一条3項＝1（B）に該当する者で、この協定の効力発生の日から四年一〇個月を経過した後に出生した者の永住許可の申請期限は、1の規定に拘わらず、その出生の日から六〇日までとする。

三親等まで許可
本国家族日本への招請

在日同胞が本国家族を日本に招請する場合、その対象者は今後三親等の家族まで含まれることになった。これは本国家族招請に際しての対象者の範囲拡大を本国政府に建議していた民団中央民生局が、本国政府からの通達を受けて、さる十六日付で示達したもので、これまでは原則として一親等（親子関係）までしか認められていなかった。

沖縄民団本部結成さる
本土同様の特権適用を要請

既報のとおり沖縄在留同胞の権益を擁護するための自治団体として居留民団沖縄地方本部が結成された。

沖縄はアメリカの占領下におかれていたために在日居留民団との連携がなく、こんどの民団結成においても在留僑民たちの自発的な意思から「沖縄僑民会」の創立を準備していたが、さる二十八日の創立総会に東京、民団中央本部の幹部たちが参席し組織体系を正して在日居留民団沖縄地方本部として発足することになった。

結成総会は、十一月二十八日午後二時那覇市の琉球生命ビル九階アラスカにおいて在留民多数が参加して行なわれ初代団長には、創立委員長代表であった[illegible]氏が選ばれた。

なお、結成大会で朴大統領と日本佐藤首相にあて、沖縄韓国人同胞にも日本本土在住同胞がもっている協定永住権にもとずく各種特権を適用するよう特別措置を講じてほしいとの要請文を送ることが決議された。

現在沖縄に住んでいる同胞は、母国韓国はもちろん日本本土への往来も許されないなどまったくの無権利状態におかれている。

民団沖縄地方本部によると、大平洋戦争直前から戦時中にかけて約千人にのぼる韓国人が日本軍の命令で沖縄に渡り日本軍の飛行場建設や陣地構築などに当ったといわれる。しかし沖縄での激戦でほとんどが戦死、今沖縄に残っているのは二十三世帯六十数人。そしてこれら沖縄在留同胞は現在、外国人登録法で一般外国人の扱いを受けており法律上の永住権さえない状態で、しかも沖縄には韓国領事館がないためパスポートももらえず三十三年間も沖縄以外どこにも出られなかった人もいる実情である。

外国郵便為替ご利用案内

大韓民国通信部では一九七〇年十月一日から、日本国郵政省と次のように簡便かつ安全な郵便為替業務を開始することになりました。皆さんの積極的なご利用をお勧めします。

一、外国郵便為替は、郵便を利用して外国へ送金する制度であり、郵便為替の送达に関しては、韓国通信部と、日本国郵政省において絶対責任をもって行なう安全で、便利な送金方法であります。

二、外国郵便為替をご利用される方は、日本全国のどの郵便局においても、送金を請求することが出来、郵便局は韓国中央郵便局宛てに、書留で為替を直接送金付致します。

三、韓国中央郵便局では、韓国通貨に換算して、受け取り人宛て書留で送付し、為替を受け取った方は、居住地の郵便局に為替を差し出せば、直ちに現金で支払われます。

四、為替料金、その他のお問い合わせは、最寄りの郵便局で親切にご案内致します。

大韓民国通信部

与野対立の政局やわらぐ

金大中新民党大統領候補の打出した郷土予備軍廃止論など〝安保公約〟をめぐる与野対立のきびしい政局は、このほど共和党が示した「こんごの国会運営は[illegible]伸縮性ある方向で」との柔軟姿勢で一応の落着きを見せ始めた。

共和党は十九日の党務会議で、予備軍廃止論に伴う金大中候補の代案（別項）を検討した後、こんどの国会運営問題に伸縮性ある処理をする方針を決めた。

また、共和、新民両党は二十日院内総務会談を開き国会運営対策を論議したが[illegible]

郷軍廃止の代案を発表
新民党

[illegible]

武装ゲリラを知らぬ空想だ
共和党が代案論評

[illegible]

郷軍廃止論は重大な誤り
国民党尹ボ善氏談

[illegible]

「國軍現代化」곧 具體化
丁國防、美와合意로 受援態勢 갖추도록
全軍指揮官회의

27日오전에열린 육군주요지휘관회의에참석한 [illegible] 모습

[illegible]

陸軍指揮官회의

[illegible]

〃檢察수사 前近代的〃
豫決委 野議員 豫算案部別審서주장

[illegible]

永住権申請期限〈1971年1月16日〉がせまっております

朝総連のデマ宣伝にだまされてはいけません！

在日韓国人（朝鮮籍を含む）が、日本人で安定した生活を営み且つ、自由に祖国を往来しまたは家族を招請するためには、何よりも他の外国人には、願っても得られない永住権を取得するのが最も良いのです。あらゆる手段によって、在日韓国人（朝鮮籍を含む）をだましている朝総連のデマ宣伝に迷わないで、あといくらも残されていない申請期限が満了する前に、一日も早く永住権を申請しましょう。

永住権は兵役とは絶対に関係がありません。

〈申請方法〉

第二回から引続き、外国人登録している人は次の書類を揃えて、自分の居住している市・区・町・村役場に行き、本人が提出します。但し、十四歳未満の人はその父母が代理申請します。本人が直接準備するものは、写真二枚だけで他の用紙は上記の役場に備いてあります。

A、協定永住許可申請書　二通
B、旅券又は大韓民国国民登録証（このようなものが無い場合には国籍を書きいれた陳述書）
C、写真（五センチ四方で六ケ月以内に撮影したもの）二枚
D、家族関係と居住経歴書　二通

〈参考〉

1、手数料は一切無料です。
2、外国人登録上、朝鮮籍になっている人は、大韓民国（韓国）の国籍に変更申請したらよいのです。
3、居住経歴或るいは身分上に何かの問題点があると思われる人は最寄りの民団或るいは領事館又は大使館に行けば親切に案内してくれます。

駐日大韓民国大使館

東京本部管内各支部の所在地

支部	所在地	電話
文京	文京区小石川二―十一―八	(八一一)三五五五
台東	台東区東上野三―一五―八	(八三三)九九〇四
中央	中央区日本橋茅場町一―一六	(六六一)五三七〇
連合		
墨田	墨田区太平町一―四―八	(六二二)九四四二
江東	江東区木場六―八―十	(六四四)〇五一二
江戸川	江戸川興之宮二九	(六五七)七五一二
北	北区稲町一―二六九	(九〇一)二六六一
足立	足立区千住桜木町五三	(八八八)八三〇一
荒川	荒川区荒川三―三二	(八九一)〇五五五
葛飾	葛飾区本田立石六―一八―一六	(六九三)一七七一
豊島	豊島区池袋二―一一六七	(九八二)七一六一
板橋	板橋区板橋二―二二―九	(九六一)六五六五
練馬	練馬区豊玉北四―三二	(九九二)五五七七
新宿	新宿区三光町二五（三立ビル二〇三号室）	(三四一)〇二四四
中野	中野区新井二―一―七	(三八六)五五三六
杉並	杉並区梅里二―二四―三	(三一三)七五七五
渋谷	渋谷区宇田川一五	(四六一)五三八二
世田谷	世田谷区下馬町一―一七	(四二一)三六〇九
目黒	目黒区青葉台一―三〇―一〇	(七一三)四三七八
港	港区三田四―六―一八	(四五五)二一八八
品川	品川区豊町三―一―一	(七八六)一二二四
大田	大田区新蒲田一―六―七	(七三二)七六五一
大韓婦人会東京本部		(八一一)二九三八

まだでしたらもよりの民団支部へご連絡下さい。
〈係員がお宅を訪問し永住権の申請について親切にご案内するとともに無料で写真さつえい、代筆などを行います。〉

在日大韓民国居留民団東京本部
東京都文京区本郷三―三二―七
電話八一一―一五三五〈代表〉

韓国統一決議案を可決
国連総会・賛成69反対30で

[illegible]る。

一方、[illegible]外務次官は二十五日談話を発表し、第二十五回国連総会政治委員会で韓国統一決議案が圧倒的多数で可決され、共産側が提出した駐韓国連軍の撤収案と国連韓国統一復興委員団の解体案が否決されたのは当然の結果であり、韓国を支持した絶対多数の国連会員国に感謝すると語り、さらに、韓国統一決議案が圧倒的な多数票で可決したのは、国連会員国が韓国の立場を支持、朴正熙大統領の"八・一五平和統一宣言"で明らかにされた、平和的統一に対する国際的支持の反映であり、満足であると述べた。

駐イ大使に文徳周氏

政府は空席中のイタリア駐在大使を含む数人の公館長に対する人事異動を、近く行なう予定である。

外交消息筋によると、イタリア駐在大使には文徳周駐ベルギー大使を、コンゴ駐在大使には[illegible]駐オランダ公使、オランダ公使には[illegible]となる見込み。

新民党、中央常任委を召集

なお、金大中新民党候補は選挙対策委員会案を[illegible]小委内に設けられている五人小委に提出したが、これによると、委員長の下に選挙事務長を置き、現在の政務会議を拡大・強化した企画委員会を設置、国会議員公館を審査することにして、最終決定は党首と大統領候補が下す――というものである。

なお、党憲改正案と選挙対策委構成案は[illegible]、高興門、金元万、金応柱、尹吉重氏らによって起草された。

第三次計画に総六千四百九十七億ウォン

政府は第三次経済開発五カ年計画期間中に総六千四百九十七億ウォンを投入して総合製鉄工場の拡張と四大核心工場（造船所、特殊鋼工場、総合機械、鋳物、銑鉄工場）建設をはじめ、総合電子機器工場と繊維施設を増設する予定である。

この計画によると、[illegible]

年間成長率は10%
金経企長官 新年度予算案を説明

一千万ドル借款を アジア開銀が承認

激しい安保論争 国会予算委

政府の政策を説明したもの

米軍削減に伴う安保問題を証言

特別レポート
郷軍廃止論の代案内容
朝鮮日報記者 金大中

現行制度と大差ない金代案

いったい、どこがどう違うのか

変わらぬ内容に共和は安堵の胸

新しく安保論争の燃え上がる素地も

華燭

金君夫君と金英嬢

金養太氏ら新民党へ

石川珠洲支部団長 金萬凡氏殉職 永住権活動中に

本国新聞論調
与野の関係改善を歓迎
選挙法の改定協商成功による…
改定三十余項目の内容と改悪点

これまで共和党と新民党は選挙法改定の交渉や、予算案審議問題、郷軍廃止論に伴う安保論争の後処理などをめぐり、けわしく対立してきたが、さる二十一、二日の与野党重鎮会談で選挙法の改定協商に成功、これにより与野間の関係正常化に一大前進をみせることになった。与野双方の合意により選挙関係法（大統領選挙法、国会議員選挙法、選挙管理委員会法）改正案は十二月一日に新年度予算案とともに処理されることになった。

昨年の国民投票以後、野党側により問題提起されてから選挙関係諸法の改定協商は一年間も未処理のまま持ち越されてきたが、これがこんどの与野党重鎮会談で三十余項目にわたり双方で合意したことにより完全妥結をみた。

野党側が選挙法改定協商と関連して委員の名簿を出さないといっておとしていた予算決算委員会も二十四日から多くの予算案総合審査に着手したし、野党側が関係出席を求めていた安保論争の後処理問題は出席要求書を撤回して予算決算会で質疑することにしたため与野間のふんい気は大きく緩和された。

もし、これまでのような与野対立がずっと続いていたら、七〇年代国会の最終定期国会は破局をまぬがれえまいと、一般の間で心配されていただけに、われわれは与野関係改善に突破口をもたらせたこんどの重鎮会談の合意を歓迎するのである。

与、野双方のためになった合意

この選挙法改定問題はもともと公明選挙に少しでも接近しようとの試みと努力に発したものであったし、またひとたび改定する点があると論議された以上そのまま放置しておくことはできぬ問題であった。従って、たとえ完全ではないにしても、共和党側が新民党側の要求を受け入れて選挙法改定に誠意をみせたのは当然なことながら、まことに幸いなことだったと考える。

なお、このことは来年の総選挙後にあるいは選挙法に欠陥があって、まずかったといって提起されるかも知れぬ後遺症の一つを除去したことにもなりその点で与党にとってもよいことだったと思う。

一方、野党側が関係出席要求書を撤回したのは一たん妥結されたかのようにみえたいわゆる安保論争を再燃させる懸念を感じさせるものがあったから、この点からしてもこんどの選挙法改定の合意は与野関係によい兆候を明示した。そして予算決算委員会の構成に野党側が呼応したことも予算案審議への積極的姿勢をみせたものとして喜ばしいことであった。

重鎮会談で改定が合意された点

こんどの与野党重鎮会談で合意された選挙法改定三十余項目をみると、①選挙人名簿作成は引続き区―市―邑―面の各長が管掌するが、選挙委の監督権を強化し、作成された基本選挙人名簿と補充選挙人名簿を投票区選挙委に移すことにしたほか、[illegible]を少し強化した点、②選挙訴訟の証拠保全を下級法院（裁判所）に委嘱しうることにして訴訟を促進した点 ③選挙事務や車両などの使用数をふやし国営放送の使用回数も増加、選挙委の担当で演説会告知のためのマイク使用許可など選挙運動をより活発化させる点 ④政党推薦選挙委員の随時交替を認めて買収など雑音の余地をなくした点――など改善された点がかなり多い。

だが、改善すべきを落とされた点もあり、たとえば選挙干渉をした公務員の加重処罰規定などもあるべきものまで抜けたものが少しあって、遺憾である。

またかえって改悪されたのではないかと思われる項目がなくもない。それは全国区を分配して受けることのできる政党要件において従前には地域区三席としていたものが五席となったことなどである。たとえ、韓国政[illegible]いことであるにしても法でまで第三、第四政党の出現を抑圧しようとするのは正道でない。とくに、さきの選挙法改定のさい政党結成の条件を大幅にむつかしくしたのと照らして考えると既成の大政党の利己的な独善的傾向だという非難を受けても当然であろう。

既成政治家の下手な野合の印象

また大統領選挙期間の短縮は疑としても、国会議員選挙期間を三分の一まで短縮したことは新人進出をけん制するため以外の何ものでもなく、これは既成政治家たちの下手な野合だという印象を与えている。

いずれにしろ、その間の問題であった選挙法改定に合意をみたことはまことに幸いなことであった。

[illegible]ることを望むものである。

小林法務大臣

韓日法務次官会談終了に際し
小林法務大臣談話
（昭和四十五年十月二十八日）

「日本国に居住する大韓民国国民の法的地位及び待遇に関する日本国と大韓民国との間の協定」による永住許可の申請についての期限は、明年一月十六日となっていることにかんがみ、この際、日韓両国当局は、両国及び両国民間の友好親善の増進にさらに寄与するため、この協定の実施に引き続き協力すべきであり、また、この協定により永住することを許可された者が、この協定の基本精神により、この許可を受けていない者より優遇されることはもとよりである。

日本国法務省は、今後とも、現在この協定により永住を許可された者が、日本国社会秩序の下に安定した生活を営み、より良い待遇を受けるよう、努力する方針である。

なお、この協定により永住を許可された者の家族についても、従来から、その入国および在留につき、家族構成その他の事情を勘案したうえ、人道的見地に立って妥当な考慮を払うことにしているが、この際、この協定により永住を許可されている者の配偶者、直系尊属または直系卑属として在留を許可されたもので、この協定発行前に入国し、その許可後五年を経過したものについては、その者の申請に基づき、できるかぎり、出入国管理令による永住を許可する方針をとることにしたい。

商銀本店ビル着工へ

地上七階の豪華殿堂

二日に起工式　来年十月に落成の予定

待望の東京商銀信用組合（許弼奭理事長）の本店ビル建設はこのほど請負業者との契約を終え、今月二日にいよいよ起工式をおこなう運びとなった。さる三月に預金額一〇七億円を突破、都内唯一の民族金融機関としてめざましい発展途上にある商銀にふさわしく、来年十月には新宿副都心の一角西大久保に、地上七階、地下一階の威容をほこる本店ビルがお目見えする予定である。

東京商銀本店ビルの予想写真をまえに記者団に説明する許理事長

同商銀ではかねてから本店ビルの建設計画を進めていたが、さる二十四日、請負金額三億五千八百万円で白石建設株式会社との契約にこぎつけた。起工式は十二月二日午後一時から、東京都新宿区西大久保一丁目四四九番地の本店建設現場でおこなわれ、落成は来年十月二〇日の予定である。

本店ビル敷地は新宿副都心の一角の放射六号線（六〇米道路）に面したところ。総工費は土地、建築費あわせて六億円で、一七〇坪の敷地に地上七階、地下二階、延建坪四千二百四〇平方米（一、二八五坪）の近代ビルになる。一階から二階へあがるエスカレーター一基とエレベーター二基を備え、地下一階は機械室と金庫室、地上一階は出入口と駐車場、二階は営業店舗、三階は役員室、事務室、四階は会議室、食堂と売店、五階、六階は事務室、そして七階は大ホールおよび会議室となっており、近代設備をそなえた本格的な建物。ことに七階の大ホールと会議室は一般にも公開されることになっており、組合員の結婚式その他の利用に提供される。

同商銀は現在、上野の本店のほか新宿、荒川、五反田の三支店で営業を行なっているが、新宿の本店開店のあとは現在の新宿支店は閉店しあらたに支店を設置する計画である。

来年三月には一五〇億円へ　伸びる預金高

さる六七年一月末に十六億六千万であった同商銀の預金高は、同年五月二十二日の許弼奭理事長の就任を機に年々飛躍的な伸びを示し、今年に入って去る一月末に目標の百億円を突破、さる九月末の仮決算では百八億円を計上した。

同商銀では来年三月末決算までに預金高一五〇億円、次の一年で二百億円の大台にのせようと業務拡張に余念がない。一方、民団各支部との懇談会などを通して組合員の声をじかに聞くなどの堅実な努力も勢力的におこなっている。同商銀本店ビルの建設とともに、同商銀の今後の発展は各方面の注目を集めている。

来年10月完成予定の東京商銀本店ビル予想図

永住権促進運動へ一千万円　東京商銀が拠出

厳父逝去の香典を寄附　閔議長が永住権へ

台東納税組合定期総会のもよう

新世界の創造へ躍進を

韓青創建25周年祝賀会盛大

郷土発展へ多大な貢献

済州道開発協会創立10周年記念式

済州開発協会創立10周年記念式のもよう

支部だより

品川

練馬

閔度煥氏

李朴東氏

李一洙氏

組合長に李鎮浩氏

台東納税組合で総会

婦人会東本支部長会議　永住権など協議

嶺東高速道路三月に着工　湖南、南海路は六月

京釜線の電化計画確定

キャンプ・カイザーを韓国軍に移譲

国際技能オリンピックで韓国が二位

休戦線での少年射殺事件に判決

交通事故の被害補償の計画

発島出身の僑胞ら募金で警備艇贈る

尋人

朴聖根氏

金益寿さん

大物スパイ、告白の記 (二四)

私は北傀を告発する　姜大振

ついに自首

われわれはサンテ峯中腹におけるこの野宿でも、三人とも眠りこけるということはしなかった。必ず一人は歩哨に立ち、あたりを見張っていた。

歩哨に立って自首しようと思う

明け方の四時、歩哨に立った私はさまざまな思いで胸は切なくうずいた。北での十七年間の生活、そして愛する妻子……未練がましい思いが走馬灯のようにぐるぐると私の頭をかけめぐり、心は千々に乱れるのだったが、私はやっぱり自首しようと思うのだった。崔や鄭も南では活躍する足場もなくやがては悲運に終わるに違いない……。いっしょに自首しようと勧告したい気持がじゅうぶんにあったが、しかし、これは無理であろう。極悪な性格の崔は仕方がないとしても、せめて鄭だけでもいっしょに……と思う私であったが、さきほどの様子ではそれも不可能なことだ。これ以上、私が二人を自首に誘いこもうとすれば私は組にトカンと一パツで片付けられてしまうだけだ……。

さまざまの思いが私の胸を苦しめたが、朝七時、私はいよいよ決心した。四時の歩哨からもう三時間も立っている。二人が熟睡しているかどうか、調べてもし起きていたら歩哨を代わってもらうつもりで起こしたといえばいいのだ……。

無我夢中で支署へ
同僚がねているすきに

寝ている二人の武器を処理

私は崔クンジュと鄭永煥の眠りこけた様子をしばらく見おろしていたが、何だか二人ともタヌキ寝入りをして私の挙動をうかがっているようにも見える……。私は土のくっついた松カサを一つずつ、二人の上へ投げてみた。もし、眼をあけたら、あるいは飛び起きてきたら「もう交替してくれよ」といおうと用意していたが二人ともウンウンうなりながら熟睡している様子である。「よし、脱出はいまだ!」――私は決心して行動に移った。私のかけ出す音を聞いて二人が眼をさまして後ろからドカンとやれば、私はおだぶつである。従って、二人の武器を何とかしなければならないが、眼でそれを調べると、拳銃は二人ともズボンの腰部のところへさしこんでいる。これに手をふれれば二人を揺り起こすようなものであるから、これはもう仕方がないとしても、ソ連製機関銃の方は何とか処理しておかなければならない。

崔クンジュは自分の機関銃を胸に背負ったまま寝ていたが鄭永煥は機関銃を腕の上においてイビキをかいていた。私はビクビクしながら、コッソリと崔の機関銃から弾を抜き出すのに成功した。そして鄭からは機関銃をそっと取り上げてしまった。それから私は自分の機関銃をこの寝ている二人に向けたまま静かにあとずさりをし、約十米くらいさがったところで、キビスを返すと一目散にかけ出した。

サンソン面警察支署にはいる

私は無我夢中で山を駆け下り、サンソン面警察支署の方に走った。野に出て畑仕事をしていた農夫たちは腰を伸ばして何ごとか……と、いぶかしげな顔付きで私の方をみていたが、しかし誰も、すでに朝の太陽が高く昇っているのに北の武装スパイが走っているとは考えなかったようである。

サンソン面事務所まで走りついた私はサンソン面支署がどこにあるか分からず、ちょうど向こうから歩いてきた青年に声をかけた。

「サンソン支署はどこですか」

私がハーハーと息を切らしながら聞くと、青年は私が肩にかけている機関短銃を鋭く一瞬凝視したが、すぐに指さしながら支署のあるところを教えてくれた。私は「有難う」というと、サンソン支署の方へ急ぎ足に、真直ぐに歩いて行き、支署の前へ来た。朝早かったせいだろうか、支署の入口には歩哨も警備もいないのである。そこで私はつかつかと支署の中へはいって行ってしまった。

事務室の中に足を踏み入れた私はそこにも、警官の姿が一人も見えないのを不思議なことに思った。たった一人の若い婦人が椅子に坐っているだけだった。

いったい、どうなってるんだろう……と私が少しとまどっていると、その婦人が優しい声で

「ご苦労様です。さあ、ここに坐って少しお休み下さい」

というのである。彼女には私が北から派遣されたスパイだなどとは夢想だにできなかったのであろう。

「アズマニ、お巡りさんはいませんか」

私は待っていられないようなせかついた気持で聞いた。すると婦人は「あれ、知らないでいらしたんですか?」「知らないって……何をですか?」「お巡りさんは出動して、ハゴ里に出かけましたのよ。ハゴ里に北韓のスパイ姜大振が部下たちを連れて現われたんだそうです。今朝の二時に姜大振のお兄さんが電話で申告してこられましてね……」

私は一瞬、面くらってどうしたらいいのか分からない気持に陥って動揺した。しかし、すぐに気持を取り直して

「私がその姜大振です。自首するためにやってきたのです」

とわりに落着いた態度で語った。ところが、その婦人はとたんに腰を抜かし、真っ青になった顔を"本当ですか?"というように、私にやっとのこと向けていたが、それ以上は語ることもできぬあわてぶりだった。

彼女は尻もちをついたまま、ブルブルとふるえていたが、私はどうすればこの婦人がこわがらないですむか……なすすべを知らなかった。私はこの婦人を安心させるために武器をそっくり彼女の手にあずけようかとも考えたが、彼女が恐怖の余り、無意識に私を撃ち殺してしまうように思えて、それもならず、困惑しきって立ちつくしていた。

腰を抜かして「ワッターワッター」

だがやがて、私は武器を机の上においた。そして「アズマニ、サンソン支署にきているのですが、高敞警察署に電話して下さいませんか」

と頼んだ。彼女はそういう私を穴のあくほど見ていたが、私の表情から私の心意をくみとったのだろう。電話器の方へカニのようにいざり寄りながら(まだ腰が立たないようだった……)、受話器をはずしてダイヤルを回した。電話の向こうで高敞警察が出てきたようだと思うまもなく、彼女は上ずった声で「来ました、来ました」といっている。彼女は「ワッター、ワッター(来ました来ました)」を繰返す以外、何もいえないようすである。恐らく電話の向こうでも「来ました来ましただけでは分からない」と私が同時にいった。彼女は手まねでどもりながら、スパイがきたといいたいのだが、"スパイ"という私の感情を害すると思っていえないという風だった。

「受話器を私に貸してくれませんか」

私が婦人にこう頼むと彼女はふるえる手で受話器を私に渡した。電話の向こうでは高敞警察の警察官が丁寧な調子でいうのだった。少し待っていると軍人、警察官などが数百人もやってきた。これには私も驚いたが、くだんの婦人はやっと気を取り戻したような表情になり元気に振舞っていた。

一方、私の方はからだがブルブルとふるえてきた。まず、どうなることやら……という不安が先立ち、先頭の警察官が私を撃ち殺すに違いないという気がしてきた。しかし、私はこう答えて、じっと立ちつくし、そして武器をはずして所持品をみんな渡した。

三時間以上も繰返し自首をすすめる

それから私は友だち二人がサンテ峯の中腹にいると供述した。軍人と警官たちは直ちにサンテ峯を包囲、スピーカーを通して「君たちは包囲されている。すぐに出てきて自首をせよ」「君たちは逃げられはせぬのだ。決して撃たぬから自首せよ」「自首する以外に助かる道はないのだ……」と、三時間にわたって繰返し繰返し自首をすすめた。

ところが、先頭に立っていた警官が機関銃の弾に当たって倒れた。それからパチパチと銃撃戦がはじまった。そのあと交戦開始一台とヘリコプター一台があらわれ、またしてもスピーカーで「ムダな抵抗はやめて、自首せよ」と呼びかけた。しかし、その勧告はムダだった。そして最後の銃撃戦が展開されたが、こうなると崔と鄭はもう"敵"ではなかった。集中砲火で一たまりもなく"静か"になってしまったのである。

私は崔と鄭が死んでいる無残な姿をみた。そして私はその死体を確認した。それから私は警察のジープにこの身を乗せたが……(ヘ)

思えば、過ぎし十七年はまさに悪夢の連続であった。だがこの不幸をきわめた一家のムスコも、いまは九十歳の老母に堂々と顔を合わせることができる生活を送っている。そしてふる里の野も山も昔と変わらずに私にいっぱいの太陽をふりそそいでくれている。(おわり)

(SISA)

「大物スパイ、告白の記」は本号で終り次号にはスパイの手記を書き替えて…を掲載します。

韓國統一展望의 諸問題 (6)

東国大法政大副教授　李廷植

그러한 단순지는 모르지만, 知識層에 속하고, 國際情勢에 밝지는 않지만 관심을 가지고 있고, 또 國內情勢를 굽어보고 있는 사람이라면, 韓國의 安保와 統一에 관하여 일가견을 갖지 않으면 안될 정도가 되었다. 또 그러한 문제에 관하여 한 마디라도 말하지 않는다면 그 계층에 들지 못하게 되는 것같다. 또 얼마 전에는 北傀의 事件에 관심을 둔 知識人들이 「北韓學」이란 학문분야를 만들기도 하더니, 國土統一院이 발족하게 되자 한국 統一專門家의 數도 부쩍 늘기 시작했다. 「八·一五構想」발표 이후에는 統一論議는 새로운 次元의 愛國心을 발휘하는 통로가 발견된 것같은 인상을 준다. 統一論議는 그와 같이 오늘에 이르러 갑작스럽게 관심의 부피가 커질 수 있는 것은 아닐것이다. 적어도 韓國學者라면 韓半島의 統一문제를 연구하지 않고서는 「학문의 호응」에 뒤떨어진다는 風潮가 일기 시작하는 시점에 이르기까지 그 분야의 연은 대단해졌기 때문이다.

韓半島의 「統一」나 「統一論議」가 논의되어 統一에 관한 문제가 政策적으로만 다루어지는 상황의 타당한 資料 자체의 역할 때문에 資料의 接近비能한 知識人들의 專門家들 배출했다. 한국을 제외한 다른 나라의 여건이 한국의 統一문제에 관한 자료를 개방하고 있다는 利點은 거기를 찾는 사람들을 統一문제 전문가로 양성해냈다. 이와 같은 경향은 韓國統一문제 전문가의 特權意識으로 나타날 가능성마저도 지니게 되는 것같다. 뿐만 아니라 統一을 病理적으로만 보는 「臨床實驗적」 經驗의 所有者만이 統一문제 연구의 最適格者라는 자격까지 이루어지는 것같다. 그러나 社會科學 研究方法의 한 구석을 보면 「臨床實驗」의 대상이 되는 集團은 물론 「統制」된 集團도 연구의 가치를 충분히 지니고 있는 것으로 되어 있다. 오히려 「臨床實驗集團」에게서는 病理적인 가설에 의해서 문제가 나누어지는 것같다.

지난날의 우리의 경험을 되살려 보더라도 「統一」과 「統一論議」 문제는 韓半島의 統一문제는 침체되지 않을 수 없었다. 그렇다고 해서 韓半島의 統一문제를 위하여 그동안 힘을 기울였고, 훌륭한 專門家들의 敍述적인 업적들이 저혀 無價值하다는 것은 아니다. 그 專門家들에 의한 그 동안의 숨은 노력이 선진들을 오늘날의 統一論議는 있지 못했을 것이다. 그러나 문제는 「統一論議」가 곧 「統一」의 현실화라고 생각하는 일반적이면서 부분적인 타성이 統一문제에 대하여 암초를 가져온다는 것이다. 어떤 뜻에서는 統一論議는 超時間性의 입장에서 다루는 것이 참다운 통일논의가 될 수 있을 것이다.

그럼에도 불구하고, 또한 그러한 前提가 암암리에 긍정되기 때문인지는 알 수 없으나, 統一論議를 現實否定의 바탕위에 올려놓으려는 경향이 있을 수 있다면 그것은 큰 위험이 아닐 수 없다. 이미 韓半島의 統一論議를 위한 한 國際政治學者의 견해를 위에서 소개한 바 있거니와, 그 정도의 전제를 받아들인다고 해서 韓半島統一문제를 다루는 것을 거부하는 極右派적인 입장 또는 保守적인 입장이라고 말할 수는 없을 것같다. 따라서 여기에서 표현되고 있는 「統一論議를 위한 現實否定」의 뜻은 「分斷된 民族歷史」의 否定을 뜻하고 싶다. 만일 그러한 否定적인 입장이 계속 지켜진다면, 「統一」을 위한 「統一論議」는 또 다시 迷宮에 빠져, 결과적으로 통일논의를 불가능케 하는 근본적인 원인을 양태하는 것이 될는지 모른다.

여기에 부언하고 싶은 것은 共產體制의 社會가 아무리 폐쇄되어 있고 민제되어 있는 사회라 하더라도 그들은 그들나름의 發展戰略을 펴고 있다는 것까지 부인할 수는 없다. 즉 北傀가 軍需產業體制를 바탕으로 한 劃一적인 政治體制라 하더라도, 그 體制는 그대로 그들에게 발전의 뜻을 주고 있다. 또 그 뜻에 따라, 우리의 經驗世界가 아닌 그 社會에서도 변화가 일어나고 있다. 경험적으로 관찰할 수 없는 상황에서 얻은 자료에 바탕하여 統一論議가 이루어진다면 그것은 歷史적인 서술의 한계를 벗어나지 못할 것이다. 또 부득이하게 그 분야를 다루지 않으면 안될 경우는 統一論議의 영역이라기 보다는 統一政策의 영역에 들 것이다. 물론 統一政策은 統一論議에 바탕을 두어야 하는것이기 때문에, 統一論議의 政策적인 면을 전적으로 배제할 수도 물론 없다.

그와 같이 統一論議가 참뜻을 지니기 위해서는 統一을 요구하는 상황에 대한 연구가 先行하여야 하고 그 연구결과에 의한 狀況規定에서 統一論議의 進展이 이루어져야 할 것이다. 흔히 統一문제에 관하여 獨自力案을 필요로 하는 것도 여기에 바탕을 두고 있는 것이라 볼 수 있다. 그러한 統一論議를 위한 狀況規定이 先行하지 않는 한 우리의 統一論議는 항상 危險을 품게 된다. 즉 그 危險性을 뚫이하고 있는, 한 論調를 보면 다음과 같이 말하고 있다.

『……장차 統一이 이루어질 때까지의 過渡政府라는 것을 못박아 놓은 西獨과는 달리 처음부터 完全國家의 權威를 규정하고, 休戰線 이남에도 主權이 미치고 있다는 前提위에 서 있는 우리 憲法體制 아래에서의 統一論議는 자칫 잘못하면 犯法者를 量產할 可能性마저 없지 않음을 주의해야할 것이다.

……부질없는 統一論議를 함부로 하는 경우 青少年들의 앞지른 統一무드를 어떻게 善導할 수 있는지 극히 우려되는 것이다.……

……野黨이 統一에 대한 代案을 마련하는 것은, 자칫하면 與黨에 앞서 北傀와의 直接對話를 주장할 가능성이 없지않는 바, 어는 國民의 感傷적 統一論을 助長, 이때문에 빚어질 지나치게 高潮된 統一무드는 國民의 對共意識마저 마비하게 되지나 않을까 걱정이다』(一九七〇, 八, 二十二 「中央日報」社說)

新刊紹介

韓国名作短篇集 日本語版
韓日の文学交流に有意義

韓国では昨年(一九六九)新文学六〇年祭が国家的な行事としてひらかれ、今年はまたさる六月にソウルで国際ペン世界大会が催されたのであったが、その韓国文学的祝祭の記念事業の一つとして、「韓国名作短篇集」日本語版が企画され、国際ペンクラブ韓国委員長白鉄氏が編集代表委員になりソウルの希望出版社と韓国書籍センター(東京)が共同で出版の運びとなった。

このような韓国文学集が単行本として一冊にまとめて日本語訳に出版されることは初めてであるだけに韓国の文学愛好者はもちろんのこと韓日出版界においても試金石として注目を浴びている。

なお、国際ペンクラブ韓国委員長白鉄氏は、同書の日本語版刊行によせてつぎのとおりのべている。

〈韓国名作短篇集日本語版の刊行に寄せて〉

韓国の現代文学は……といわれる。で、六〇年の間、韓国の文学は……もって成長してきたのである。

が、だからといって、韓国の文学を一概に何だと律し得るものではない。というのは文学はあくまでも個々の作家のエスプリの所産であって、或る社会の、或る民族の或る国家体制の単なる生活の反映ではないからである。この「韓国名作短篇集」に収録された作品だけを見ても、その作風や文体、素材の選び方、考え方、果ては思想の傾向など全くまちまちで、その多様性は正しく百花繚爛である。

韓国の文学が世界の文学に別にあがるものではない。だが、ただこうは云えるであろう。韓国の文学とは、韓国の作家が、世界文学の一環として、民族の言語で成し遂げたはなばなしい業績であると。

だが勿論、韓国の文学が、血と汗の滲んだその民族史と強く切り離されるものではない。そしてまた日本は韓国の民族史に関り合いをもっている。両国人の間には、過ぎ去った歴史に対して、今尚感情のしこりを持っている者もあろう。日本の読者と、文学の世界において、われわれはもっとよく理解し合えるのではなかろうか。さて「韓国名作短篇集」をちょ……

……二人は今や文壇の重鎮である。そして第二部は、戦後の混乱と動乱のさなかから文壇にデビューして今はもう中堅作家になっている人達の作品が収めてある。若い中堅の作家はあらゆる点で前期第一部の作家とは対照を成している。その作品を通して、特に韓国動乱の影響が、作家の精神と思考にいかに深く刻まれているかがわかると思う。

韓国では先年(一九六九年)、新文学六〇年祭が国家的行事として大々的に催おされ、今年はまたソウルで国際ペン世界大会が開かれた。そこではアジア翻訳局の設置など、東西文学の交流が論議されている。この七〇年代の初頭を飾る「韓国名作短篇集」の日本語版刊行も、その文学的祝祭の一連の行事としてみる時、意義の深いものがある。

これから……事業を打算抜きで企画し、お……

……感謝の言葉を送る。

韓青,歌の教室

われわれ韓民族の輝やしい半万年の歴史は、民俗に民話、そして民謡にとうけつがれています。われわれは、われわれの古い歌、新しい歌を身につけて、民族の深い心を知りそして情緒を大いにつちかいましょう。

日時・毎週月曜日
(午後6:30～8:30)
場所・民団東京本部三階講堂
講師・民団東本文教部長文秀直氏
民団江戸川支部事務部長　金永純氏
主催・在日韓国青年同盟東京特別本部

問い合せは、韓青東京特別本部(TEL 811—7148)

海外国民 戸籍実務講座

提供・法院行政処(5)

(ホ)申告事件本人姓名＝申告事件本人姓名は、戸籍記載前に申告書を紛失または滅失した場合、申告があった事実の認定と同時に申告書または戸籍の検出のための資料を利用することができるので婚姻、離婚、入養罷養、認知、現権など……においては、事件本人全部を記入しなければならない。しかし転籍分家は戸主の姓名のみ記入する。

改名は、改名後の姓名を記入し……

(ヘ)本籍＝事件本人の本籍を全部記入しなければならない。……

第四、申告書の発送

在外公館で受理した戸籍申告書類は、……

第五、保存

一、在外公館の備置帳簿と保存期間

受付帳　五年
文書付名簿　二年
……

二、戸籍簿冊保存簿

……(つづく)

鄭哲著

在日韓国人の民族運動

B6・二七〇頁　価一、〇〇〇円　〒九〇

従来出版された多くは、日本官憲側の圧迫統治者的立場に依る中傷的報告文資料と著者の思想本位の一方的な場合が多くで真実を伝えるものが少なかったのは事実である。そこで「これが日帝時代の解放独立運動の実体であったし、解放後の新しい民族運動の指標である」と、四十年にわたって民族運動戦線で戦かっている著者が韓国側と日本側の資料を充分に活用しながら分析解明した大労作をおした本書は、韓国人はいうに及ばず朝鮮問題に関心をもつすべての人の必読の書だ。最寄りの書店で直求められたい。

東京都新宿区納戸町5　洋々社　電268—0796

（1963年7月27日第3種郵便物認可）

在日本大韓民国居留民団
綱　領
1. 우리는 大韓民国의 国是를 遵守한다
1. 우리는 在留同胞의 権益擁護를 期한다
1. 우리는 在留同胞의 民生安定을 期한다
1. 우리는 在留同胞의 文化向上을 期한다
1. 우리는 世界平和와 国際親善을 期한다

THE PRESS MINDAN TOKYO
THE KOREAN RESIDENTS UNION. IN JAPAN, TOKYO OFFICE
「韓僑通信」改題
在日本大韓民国居留民団
東京本部発行週刊紙

民団東京
THE PRESS MINDAN TOKYO

12月9日 水曜
<1970>
週刊・毎水曜日発行
第2430号

発行所
民団東京新聞社
発行人 鄭 在 俊
東京都文京区本郷3丁目32番7号
電話 (811) 1535 (代表)
〒133 振替口座 東京 166311番
（大韓民国文化公報部国内頒布許可）
（購読料 1カ月100円・特別1000円）

北傀空軍少佐が韓国に帰順

ミグ15戦闘機を操縦
東海岸の海辺に誘導着陸

三日午後二時二十七分、北傀空軍某師団所属の朴成九少佐（三三）がミグ15戦闘機を操縦し、江原道杆城南方五キロ地点の東海岸の砂浜に不時着、韓国に帰順した。国防部の発表によると、空軍は三日午後休戦ラインを越え南下してくる北韓機をレーダーで発見、直ちに迎撃機を発進させ、午後二時二十七分、江原道高城郡杆城付近の海岸砂地に誘導着陸させた。この北韓機は北韓空軍少佐・朴成九（33）操縦のソ連製ミグ15型戦闘機で、着陸の際砂地に突込んでとまったが操縦者、機体とも異常はなかった。今回の朴少佐の自由大韓への帰順（空軍機による）は十年ぶりのことである。

朴少佐が操縦してきたミグ15（杆城北方海岸で）

自由大韓で生活したい
着陸の際語る

三日、北傀の空軍少佐がミグ15型戦闘機で休戦線を越え北傀の生地獄から脱出、自由大韓への帰順は、政府及び全国民が温く歓迎し……

この勇気を情ますず称えている。

国防部によると、この日午後一時五分頃休戦線近くの空軍レーダーに休戦線北の東海岸付近を飛行中の北傀機がキャッチされた。空軍は普段と違って休戦線の間近に飛行機が現われたことに緊張、直ちに特別警戒に入った。二時少し過ぎ、レーダー内の北傀機は突然……

北傀機帰順日誌

北傀の虐政 世界に暴露
申公報長官談話

申範植文化公報部長官は三日、「朴成九北傀空軍少佐の帰順を全国民とともに歓迎する」と、次のような談話を発表した。

鉄のカーテンの中で、きびしい監視と脅しにもかかわらず、暴政に命をかけて生地獄を脱出した朴少佐の勇気に熱い拍手を贈る。……

在日同胞の実態を調査
外務部調査団派遣

外務部は二日、対日政策の資料収集と在日同胞の実態調査を行なうため、外務部の外交研究会の非常任研究員で構成する調査団を日本に派遣することに決めた。

申請期限目前に迫る

朝総連の妨害排除せよ
望ましい日本政府の積極協力

永住権

在日韓国人に対する永住権申請の最終日は来年の一月十六日にせまっている。この締切日を前にして、いま在日居留民団では、全組織力を動員してこれが促進に熾烈な運動を展開している。一方韓国人たちの永住権申請を妨害しようとする朝総連は永住権に関して虚偽・ねつ造の宣伝を操作している。また、日本政府当局にしても、共同責任であるべき「永住権申請」の啓蒙に積極的な協力はみせていない。これに日本の一部革新系市長が同調して国籍変更問題が尾を引いているのである。永住権申請者は十一月末日現在で二十四万三千二百六十五名であるが、期限までには永住権申請有資格者五十五万九千四百十七名の過半数は越えるものとみられる。なお在日僑胞の総数は六十万三千七百十二名である。

永住権獲得の資格

法的地位と処遇訴う
沖縄民団本部の決議要旨

朴大統領へ

佐藤日本首相へ

波乱万丈の七代国会を顧る

韓国の七代国会は波乱万丈の末、こんどの定期国会を最後にその幕をおろそうとしている。そもそも開発途上国の議会は多くの場合、行政府の必要に応じて機動的に法案処理をしたり、超党的な安保建議文などを出すことによりナショナル・コンセンサスを誇示したりする。こうなると七代国会も、その点でははなはだ実直で効率的議会だったということができよう。しかし、議会は決して単なる法律製造工場ではない。ましてや、民主主義の〝看板〟でもあるまい。すると七代国会は民主主義の逆調期にあったものとして記録されることになろう。時期的にみて七代国会は、第二次経済開発五カ年計画の達成に執着した執権層の〝能率優先傾向〟にまきこまれたし、また改憲実施のさい、致命的な傷を受けたことなどが大きな特徴となった。

揺れ続けた議政四年
総選後遺症と改憲の波動で

韓国の七代国会は大きくみて、その前半は総選挙の後遺波動で揺れ、後半は改憲後遺波動で一貫し……

68年の騒乱から
ハネムーンへ

新民党渉団体で単独国会続行

選挙法改正交渉妥結までの波乱

一九七一年度
在日韓国人母国留学生 募集要綱

一九七一学年度在日韓国人母国留学生をつぎのとおり募集する

一、募集対象
母国の大学課程以上（大学または大学院）で自費修学を希望する在日本大韓民国国民

二、志願資格
イ、日本外国人登録法による登録を完了した者
ロ、日本国内で初・中・高校（十二年間）を卒業した者（一九七〇学年度卒業予定者を含む）で大韓民国教育法上入学資格がある者
ハ、旅券ならびに再入国手続が可能な者で勤勉誠実、思想穏健な者

三、留学要領
イ、志願者銓衡
大使館が主管する留学生銓衡に合格しなければならない
ロ、大学志望
留学志望大学は第三校まで志望できる
ハ、入学の許可
志望校の入学可否は文教部が大学当局と合議し決定通報するが一九七二学年度入学を許可する

ニ、予備教育課程ならびに大学就学の時期
母国大学の留学が許可された留学生は、ソウル大学校内に設置されている『在日韓国人母国留学生予備教育課程部』に入学し一年間所定の課程を履修し入学が許可された大学には一九七二学年度から就学する

四、提出書類
イ、母国留学志願書（所定様式）……五通
ロ、学生身上調書（所定様式）……五通
ハ、卒業証明書（小・中・高別）……各二通
ニ、成績証明書（最終卒業学校分）……四通
ホ、国民登録済証……二通
ヘ、外国人登録済証……二通
ト、所属民団長推薦書……二通
チ、写真（志願書に添付）……五枚

五、志願書類提出
イ、期間、一九七〇年十一月二十日～一九七〇年十二月二十日まで
ロ、提出処、駐日韓国大使館奨学官室
民団中央本部文教局または県本部
各韓国教育文化センター

六、銓衡実施
イ、日字、一九七〇年十二月二十七日（日）
ロ、場所、追後発表 通知する

ハ、銓衡科目
1. 大学（校）志望者
国語・英語・数学・作文・面接
2. 大学（校）編入学志望者（大学院志望者を含む）
国語・英語・論文・面接
3. 予備教育課程履修希望者
国語・作文・面接

七、其の他事項
イ、一九七二学年度入学予定者であっても予備教育課程の成績がきわめて不良で成業の望みないと認定される場合には大学への就学を保留する
※特に「ソウル大学校」は予備教育課程修了後同大学の実施する母国留学生特別銓衡に合格しなければならない
ロ、学校入学は志願者が志望した第一～三志望校の志望学科の中から許可するが留学期間中大学（校）ならびに学科の変更（転学・転校）は当該指導教授・ソウル大学校在外国民教育研究所ならびに文教部が妥当な理由ありと認定する場合に限るから学校と専攻学科を慎重に選定志望するを要する
ハ、其の他事項は近くの韓国教育文化センターに問合せること

駐日大韓民国大使館奨学官室
郵便番号一〇六 東京都港区南麻布一丁目二番五号
電話四五三―九六五三・四五二―七六一一 内線八一

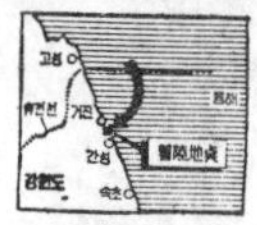

本国新聞論調

韓国人の見る三島事件

価値観の両面性を象徴

影響如何は国民の知性次第

三島事件はショッキングな事件として海外にも大きな波紋を呼んだが、これを反映するかのようにさる一日、東京丸の内の外人記者クラブの昼食会に出席した中曽根日本防衛庁長官に対し各国の特派員から「三島の割腹とそれがもたらす影響などについて」質問が出した。これに答えて中曽根長官は「個人としてはこの偉大な文筆家の死を心からいたむものであるが」と述べたのち、むしろ自衛隊員が三島の扇動にのらなかったことを強調、その健全ぶりを主張した。そして「三島事件は日本の精神史には影響を与えようが、若い人が行動に出るモメントにはならない——」と語ったが、韓国の新聞は三島事件を次のような眼でみている。

日本の壮年中堅作家三島由紀夫氏の割腹自殺事件はさまざまの面で批判されてはいるが、究極のところ、一作家の破綻の悲劇だったといえよう。また同時にそれは伝統と現代の谷間を泳ぎ抜くことに失敗した一日本人の精神的破滅でもあったろう。

三島が自殺直前に行なった自衛隊向けの演説の中で天皇を中心とした武士道精神秩序の復興を強調した上、日本再武装のための改憲運動の先駆たれと扇動したとき、当の自衛隊の若者たちはむしろ冷笑し「英雄ぶるな」と揶揄（やゆ）したほどであった。こうした光景は今日、日本社会が抱えている価値観の両面性を象徴する劇画だといえるが、にもかかわらず日本の社会ではこの事件が国民的悲劇として転化する契機とならぬよう深刻に考えた上、日本国民として真に越えるべきは何なのかを提起させずに違いない。これはまた、日本社会の変化の方向を注視しているわれわれ韓国と多くの友邦からも関心のマトとならざるを得ないだろう。

"現代"という海で破船した作家

まず、一作家としてみると三島は上流社会の出身でいわゆる選ばれた人であった。少年期に学習院で学びエリート・コースの東大を出た三島は早くから作家活動に入り日本の伝統美に心酔してきたが、戦中世代の彼は異様なほどに神経質な作品と共に生きてきた。そして自意識過剰のはてともいえようか、彼は事実上、作品の世界から脱却するために極右行動派の領域に身を投じてしまったのである。結局、彼が把握した伝統美の極限は"大衆"のものではなかったため"市民的自由"からは程遠いものであった。それは天皇中心の首尾一貫した武士道律法の精神的自己拘束に他ならず、また、時代錯誤的な暴力主義の精神風土だったのである。そして三島は"現代"という海で破船した作家として戦後の脱出口を自殺に求めたのだった。彼の先輩作家たちがたどった道同様、三島は誇大妄想的自意識からその道を見出したのである。これは同時に現代民主市民の思考・行動類型からすると"自由からの逃走"だとみることができよう。

日本国民が戦後民主主義の教育によって思考・行動するようにと"価値"に対する観念も以前のそれとは転換してきたことは事実だが、しかし一方には根強い伝統的体質があって自由の観念と権威主義の体質の中で精神的葛藤（かっとう）を克服しえずにいる層が存在すると思われる。

「自由からの逃走で自己破滅」

自由とはまことに長い歴史的伝統と生活経験の積重なりの中で享有・実感されるものでそれは伸長されうる性格をもつ「価値」である。ところがその成長経緯において依然にして思考・行動などが権威主義的郷愁を清算しきれずにいるとき、またはそうした社会体質の中で人びとが市民的"自由"を受容した場合、これに適応して行く代わりに逆に"自由"を堕落・腐敗と思いこみ、そう信じることによって、再びみずからを昔日のある絶対的権威に屈従させて行こうと試みることがあり得るのである。これが、すなわち"自由からの逃走"である。

この作家は悲劇的現代人として最後までこの逃亡からさめず、極右過激分子による混乱に抗しながら実際には極右過激分子同様、排撃されなければならぬ極右過激分子として自己破滅を招いてしまったのである。

近代的"自由"とは決して安易な"観念遊戯"ではない。高度の自律と責任を実体とする主体的「価値」なのである。もし日本社会内部深層に、極右軍国主義台頭を警戒しなければならないような心理的な流れが現存するとすればこの機会に日本国民たちや政府および社会指導層は覚醒して「自由」に対する再認識をしなければなるまい。

日本国民の知性の成熟度に……

こんどの三島事件は根本的には現代日本社会の精神的"事故"として収拾した上、なおも日本人が自由・繁栄の発展を継続するか、あるいはこの衝撃で世界が憂慮するような復古の道に向かって走り出すかは、全くこんどの悲劇を誰よりも痛切に見守った日本国民の知性の成熟度にかかっている。

〈韓国日報〉

特別レポート

米軍削減問題の韓国を訪れて

ニューヨーク・タイムス主筆　ジョン・B・オークス

訪米中の崔圭夏外務部長官——国連総会での韓国問題討議に出席していた——や金鍾泌前共和党議長が米政府の首脳級と会って話すことは一様に"韓国の安保問題"である。まさに官民こぞって米軍削減を問題視しているという印象が濃い。金鍾泌氏は二日間にわたって米指導層と懇談したあと、記者会見で「米国は現在進められている駐韓米軍二万人のほかに、それ以上の削減を行なわず、韓半島に共産脅威が存在する限り、四万三千人の兵力は半永久的に残すことになろう」と述べているが、このことは米政府の姿勢を明らかにしたというより、むしろ韓国国民の猛烈な"願い"を如実に物語っているといえよう。

韓国を訪れて

米国人が"ヤンキー・ゴー・ホーム"の声をあびせかけられない国が世界のどこかにあるだろうか？ある‼確かにあるのだ。それが大韓民国である。

だが、これは決して韓国人が米国人をひどく好いているからだというのではない。いま、世界の多くの国ぐにに駐留している米軍は実態とはウラハラに誤った方向で認識され、米国の影響力に対しても過酷な批判が加えられているが、韓国人たちの米軍に対する"好意的"な態度はどこからくるのであろうか。

それは一口にいって米軍を北からの侵略の脅威に対する抑止力としているからなのである。二十年前に起きたこと（一九五〇年の韓国戦争）を忘れ得ぬ人びとが、再びの侵略を恐れて、米国人たちにそばにいてくれと望んでいるのである。

忘れられぬ韓国戦争の経験

韓国はすでに世界で最強の部類に属する軍隊を持っている。そしてその一部はベトナムでの実戦参加の経験を持っている。

韓国は経済開発にも力を入れており、昨年の韓国の経済成長率は名目上一五・九%。これは世界で最高の記録である。こうした点からみても韓国は明らかに一つの国家としての堅固さを持ち合わせている。

韓国人たちはタフで才質に富んでいる。彼らはここ二十年間に経済的、軍事的、政治的な再建に成功し、各方面で長足の進歩をとげているが、にもかかわらず、外部からの侵略に耐えて生きのびて行く能力をみずから信じていかないかのようである。つまり、その点だけに自信を欠いているようにみえるが、これも歴史的なものから生み出されたのかも知れない。

それが、こんど駐韓米軍約二万名——現在の駐留米軍兵力のほぼ三分の一に近い——を来年の夏までに削減するという米国の決定に反対する理由なのである。つまり防衛問題を憂慮しているわけなのであるが、米軍の削減の声と共に韓国の安保に危惧を抱いたのは韓国政府の官吏たちや政治家たちだけではない。一般の人ひとまでが、しかもあまり好戦的でない人たちが北からの脅威と結びつけて憂慮しているのである。

米軍は南と北双方に抑止力

アジアにおける米軍のプロフィルは急速に変わりつつあり、韓国におけるそれも例外ではない。そしてニクソン行政府が米兵力削減により米国の影響力を低下させる政策を進めていることに対し韓国人たちは、それを自分の国には当てはめるべきでないと考え、また当てはめたとしても時期尚早であると主張するのである。

一方、米国は米国に対する各国の信頼性を傷つけずに、その軍事力を減らしていこうとつとめているが、実際にそのように行けば、全く、"うまい"話である。

一般にはあまり問題とされていないが、韓国に米軍が、"存在"しているということは事実上、それは双方にやいばを持つ剣のようなものである。というのは分断された韓半島の南北いずれの側に対しても侵略の可能性をもつものに対する、"抑止力"の動きをしているからである。

駐韓米軍の数は大して問題にはならないのだ。とにかく、いくらかの米戦闘兵力が韓国に駐在する限り、韓半島で"統一"のために起きるかも知れない戦争の可能性は減っている。すなわち、米軍の駐在は武力統一を目的とする北の共産主義者たちの攻撃から南を保護しているに違いないと思われるが、逆にまた、やはり"統一"の宿願のためにあるいは韓国の将軍たちの間に同様に存在するかもしれない"戦い"の可能性に対して抑制力の役割りを演じているといえる。

韓国の防衛力と米国の義務

また、その他にも米軍の韓国駐留の意義は存在している。たとえば米軍が駐在する限り、日本は韓国防衛の責任を取る必要もなければ、またそうした理由も存在しなくなる。これは過去四十年近くの期間にわたる日本の占領を記憶している韓国人たちにとっては全く望ましいことなのであり、一方日本人たちも何とかしてそれを避けたいと願っている。

しかし、このことは米軍が韓半島に永遠にとどまる運命にあるということを意味しているものではない。無論、韓国人たちはひそかにこの点をすでに認識しはじめており"自主防衛"という叫び声も起こっており、同時に韓国軍の近代化を急速に進めたいとしている。

また米軍は最終的に本土に引上げる前に、韓国軍がじゅうぶんな防衛装備ならびに武器・兵器を持つことができるように手を貸す義務があるといえよう。韓国軍はすでに大きな兵力を持ち、その訓練もいきとどいている。とくに彼らは北韓がソ連の援助によって、強化した空軍力——質的にも量的にもぼう大なものであるが——から自分たちを守るのにじゅうぶんな備えを必要としている……。

韓国の自主防衛は数年後に

世国の多くの国ぐにに対する米国の武器供与——とくに中南米諸国やギリシャ、スペイン、パキスタンなどに対する——が、批判されているとおり、その論理的立場への疑問は否めないにしても、この韓国における自力防衛、すなわち、自分で自分の国を守る能力を持つということは明らかに当然なことである。そして米国は韓国の防衛に直接的な利害関係を持っているし、米軍が撤収を試みる以上、韓国の自主防衛を援助するのは米国の責任であろう。

韓国は好戦的な北韓からの侵略——それが通常戦争であれば——に出会っても、間もなくじゅうぶんに抵抗しうる軍備を持つに違いないが、それもそう遠い将来の話ではない。わずか数年の間にそれが可能だろうと思われる。その時には韓半島の軍隊を駐とんさせる米国の義務は実質的に減ってくるだろうと思われる。

北韓の情勢は（とくに経済面で）韓国とは比較にならぬほど悪く、これは疑うべくもない事実である。韓国の方は朴正熙大統領政権のもとで大きな経済成長、とくに工業の発達が顕著であるが、しかし、都市と地方とではアンバランスであり、その経済発展の度合に比例するほど一般韓国人の生活程度は高くない。

イデオロギーより強い反共

三十八度線以南の人びと、つまり韓国人たちはこぞって反共主義者である。これは恐らく二十年前の侵略戦争で悲惨な同族殺しを行なわれたことの結果からくる皮膚感覚のようなもので、イデオロギー的"反共"の要素は少ない。彼らはいまだに殺された者たちのことはいうまでもなく、当時北韓に強制連行されたまま消息をたった人びとのことを忘れ得ずにいるのである。彼らの反共主義はイデオロギーというより個人的あるいは国家的"反共"と呼ぶべきであろう。

韓国はすでに自分の力で生活して行ける国になっている。これは多くの面で立証されているが、平和が保たれる限り、その行く手に問題はないようだ。北に控えているスターリン式の独裁主義国とも"戦争"がない限り、すべての戦争に負けない要素を備えている。

南北韓の憎悪には実に根強いものがあるが、こうして敵対していながら、双方とも同様に念願しているのは"南北統一"である。しかし、共産専制君主と呼ぶよりほかない金日成が平壌に根城を張っているかぎり、"統一"は平和的であろうとなかろうと、実現する可能性はほとんどないと思われる。なお、中共あるいはソ連がそれぞれ国境を接している北韓を有利な緩衝国として維持して行く時、はそうすることが自分たちの益になると信じている限り北韓の"統一"は成就できないであろう。

現在の、南北韓の情勢はちょうど二十年前の東西両ドイツのそれに似ている。つまり最近は対話のチャンネルまで持っている東西両ドイツとは異り、南北韓の場合をみると第二次世界大戦直後から一九五〇年ごろにかけての東西両ドイツの様相を想起させるものがある。

東西両ドイツが凍結状態を緩和させるきざしをみせるまでに約二十五年（四分の一世紀）という長い期間を要している。では、韓国の場合はどうであろうか。

韓国人は精力的で才質に富みしかもダイナミックな点、非常にドイツ人に似ているが、ドイ[illegible]

上昇に加え境界線に重警備

ところで、韓国の首都ソウルは建設が急速に行なわれており夜明けから夕ぐれ時まで、活力的な動きがみえる。そして韓国の輸出産業の輸出額は上昇の一途をたどり続けており、またソウルから釜山に走る高速道路の交通は日ましにその過密度をましている。

これに加え、一方では境界線近くの非武装地帯における警備はどんどん強化されている（SISA）

筆者のジョン・B・オークス氏はニューヨーク・タイムズ紙の論説委員長（主筆）。最近韓国を訪問した。

予算案の処理ならず

国会、法定時限を越す

国会は、与・野協商による選挙法改正案の審議遅延で、新年度予算案処理を二日までに終了できず憲法第五十条一項規定の予算案法定通過時限（十二月二日）を越した。李孝祥国会議長は二日の国会本会議散会に先立ち「予算案を法定期日内に通過させることができなかったのははなはだ遺憾である」と述べた。

なお、その間つづけられてきた予算決算委九人小委の予算案にたいする計数調整作業も、内務委での選挙法改正案審議が難関にぶつかったのに伴い、削減規模にかんする与・野間の異見が調整されぬまま停滞状態にある。

与野重鎮会談で打開策

選挙法違憲問題で

与・野は四日、九人重鎮会談を開き、選挙法改正案審議の課程で問題となった共和党の"違憲"提起による膠着状態を打開する方法について討議した。

共和党の一角が提起した、"違憲"論難は"住民登録証携帯義務条項などは違憲である"というので、共和党は一日の党務会議で「与・野合意事項は順守するが、審議過程で問題となった一部条項は補完する」との決定を行ない、一方、新民党は「合意事項はどこまでも貫徹させる」との姿勢を曲げていないため重鎮会談はその打開策に懸命である。

共和党は同重鎮会談で最小限①大統領選挙においての混合開票条項改正②投票のさい住民登録証持参の義務化条項を緩和させること③大統領選挙期間の短縮など——を打ち出し、これを貫徹させる方針であるが、なお合わせて党論調整を試みている。共和党は問題条項の具体的な"補完方法"として住民登録証が紛失された場合、これを救済するため住民登録原本と対照する方法を新民党に提議する意向であるが、一方、新民党側は「大統領選挙における混合開票問題は伸縮性をもたせて処理することもあり得る」（鄭海永総務）という若干妥協的な態度をも見せはじめている。

なお、共和党一部の強硬論者たちは「協商の主導権を野党に奪われたことにたいし協商代表らは責任を負うべきであり、われわれには違憲条項をそのまま黙認するわけにはいかない」と主張しているが、金昌槿共和党スポークスマンが公式発表しているとおり、「内務委で論難された住民登録証携帯義務条項などの違憲問題はじゅうぶん根拠があると認めるが、与・野協商精神を尊重する意味でさきの与・野重鎮会合事項を順守する」方向で打開されるもようである。

ア米副大統領、崔外務と会談

国連総会での韓国問題討議に出席していた崔圭夏外務部長官は四日ワシントンでアグニュー米副大統領を訪問、韓米間の懸案である安保問題を中心に会談した。なお崔長官は、アグニュー副大統領との会談につづいてジョンソン国務次官、パッカード国防次官、スタンズ商務長官、マーシャル・グリーン極東担当国務次官補らともそれぞれ一連の会談を持ち両国間の関心事を協議する予定である。

一億五千万ドル要請

米議会、韓国軍近代化へ

ワシントンからの報道によるとマーシャル・グリーン米極東担当国務次官補は三十日、下院外交委員会で韓国軍近代化のための一億五千万ドルの軍援について「全額が是非とも承認されるべき性質のものである」と強く主張、同次官補は「米軍師団が韓国最前線防衛から後退するのに伴い韓国軍が全DMZ（非武装地帯）防衛に当たることになってきているが、このさい米国は北韓にたいしてはいうまでもなくわれわれの友邦である韓国にたいしても、これらのことが大韓民国国防力の弱化にはならないということを具体的に示すべきである」と語った。

訪米中の金鍾泌前共和党議長は二日にわたって米行政府の指導者と会ったあと三十日、記者会見し「米国は現在進められている駐韓米軍二万人のほかに、それ以上の削減を行なわず、韓半島に共産脅威が存在する限り、残りの四万三千人の兵力は、半永久的に残すことになろう」と述べた。

金大中氏が選挙前に訪米を検討

新民党の金大中大統領候補は一日、記者会見し、韓国の安保をめぐって米国側の意見を打診するため、来年の大統領選挙前に訪米することを検討していると語った。

政府は一日の閣議で、国防部が提出した兵役法改正案を議決した。この兵役法改正案は①徴兵免除の年令を、現在の三十五歳から三十歳に引下げ②世帯内に戦死者が出て一人となった男子に対する在営期間を短縮③徴兵延期は父母が六十歳未満であっても認める——などの事項が含まれている。

同案はまた、国内船舶乗務者に限り、一回の徴兵延期を認めるなど延期条項を拡大し、さらに外航船乗務者にも同様の扱いをすることなども規定している。

韓・日合弁で技術高校設立

政府は技能工の専門養成機関として韓日合弁による三正技術高等学校（仮称）を慶尚北道の亀尾に七二年末までに設立する。この技術高等学校の設立案は、第四回韓日閣僚会議の合意事項によるもので、日本側が外資二百六十万ドルを海外技術協力基金から出資、五学科、十五学級（九百人）を養成する学校施設計画である。

この合弁技術高等学校設立のためさる四日、日本文部省調査団が訪韓、一次として七一年度に三十六万三千ドルを支援することに同意した。この学校は①機械工作科②電子科③鋳物木型科④板金溶接科⑤金属工業科の五科目となっており、全員寄宿舎制の実習中心教育を実施、教師の日本派遣訓練および日本教師の招請指導をおこなうことにしている。

二万人以上に米軍削減なし

訪米中の金鍾泌氏、懇談後に語る

さる十一月二十八日、ワシントンに到着した金鍾泌氏はミッチェル司法長官、ジョンソン政治担当国務次官、グリーン極東担当次官補と会い、駐韓米軍の削減計画などにかんして話合った後このように述べた。

なお、金氏は米国政府は韓国の立場を理解し、これを米国の政策に反映させるうえで、最善をつくしていると感じたと述べた。

新民党、中央常任委

早期総選挙体制づくり急ぐ

新民党は二十八日開かれた中央常任委員会で十一月の定期党大会を総選挙後に延期し選挙対策委を構成して党の執行機能を代行させる——という内容の党憲改正案を満場一致で採択、早期総選挙体制づくりを急ぐことにした。

金大中同党大統領候補は同日夜続開された会議で「党内の[illegible]が党大会開催を希望したが、総選挙前に党権競争を繰広げるという印象を国民に与えたくないために党大会延期案を出した」と彼の立場を明らかにし、「主流・非主流との接触の末、見解の差異は完全に一掃した」と強調、拍手の中で党憲改正案を通過させた。

これで新民党はただちに選挙対策委を構成、委員長に柳珍山党首を推戴し、選挙期間中に政務会議の機能を代行する選挙対策委の副委員長三名と運営委員三十名は主流・非主流が案配する方向で人選作業を始めることにした。

なお、非主流の李載ヨン、李哲承氏系がそれぞれ代議員三分の一以上の署名を得て提出していた臨時党大会の召集要求は自動廃棄となった。

韓日法務次官会談終了に際し

小林法務大臣談話

（昭和四十五年十月二十八日）

小林法務大臣

「日本国に居住する大韓民国国民の法的地位及び待遇に関する日本国と大韓民国との間の協定」による永住許可の申請についての期限は、明年一月十六日となっていることにかんがみ、この際、日韓両国当局は、両国及び両国民間の友好親善の増進にさらに寄与するため、この協定の実施に引き続き協力すべきであり、また、この協定により永住することを許可された者が、この協定の基本精神により、この許可を受けていない者より優遇されることはもとよりである。

日本国法務省は、今後とも、現在この協定により永住を許可された者が、日本国社会秩序の下に安定した生活を営み、よりよい待遇を受けるよう、努力する方針である。

なお、この協定により永住を許可された者の家族についても、従来から、その入国および在留につき、家族構成その他の事情を勘案したうえ、人道的見地に立って妥当な考慮を払うこととしているが、この際、この協定により永住を許可されている者の配偶者、直系尊属または直系卑属として在留を許可されたもので、この協定発行前に入国し、その許可後五年を経過したものについては、その者の申請に基づき、できるかぎり、出入国管理令による永住を許可する方針をとることにしたい。

東京商銀ビル新築起工式㊤でくわ入れする許理事長㊦

韓国と知り 軍帽を投捨てる

ミグ15北傀機の朴少佐 着陸現場目撃談

さる三日、韓国に帰順した北韓空軍朴成九少佐（三三）のミグ15戦闘機は、東海上空を低空飛行しすべるように海岸ぞいからはいってきた。スピードをおとしたミグ機は、波打ちぎわの砂浜に着陸したのが三日午後三時二十七分。東海岸の杆城北方五キロの地点、高城郡巨津面松竹里の砂浜、バウンドしたミグ機は二十五メートルほど砂上をすべってとまった。着陸の衝撃で右翼部と機首が若干破損し、補助タンクも破損した。

この意外な光景を自宅の庭で目撃した浜辺の李順学さん（六五）は、この突発的な事件に腰をぬかした。李さんの家と海岸は三百メートルしか離れていない。冬の海辺は静かで、天気は風があるだけで晴れていた。

ミグ15機が停止してから操縦士の動く気配は見られなかったが、しばらくして操縦席のドアが開いた。操縦士の朴少佐が地上におり立った。北韓空軍の軍帽に空軍のジャンパー姿、李さんの家を見つけ、走ってきた。百七十センチの長身に、立派な体格をしていた。

李さんを見たとたん「ここは間違いなく韓国ですか」ときいた。「そうだ」と答えたところ、安心したらしく、軍帽を投げすてた。

李さんはむすこの鎮国君（一三）を、近くの韓国軍部隊に走らせ、朴少佐の帰順を知らせた。

部隊から朴春吉上兵らがかけつけたところ、朴少佐は手をあげたまま、朴上兵について部隊にはいった。

朴少佐の帰順はすぐ師団に報告され、師団長崔永亀准将がヘリコプターで現場に到着、帰順に成功した朴少佐を暖かく迎えた。

元山に基地をおく北韓空軍八一四軍所属の朴少佐は、同日休戦ライン一帯が曇っていたため、安全着陸地を探すのに苦労したようだと軍当局者は語った。

近く一般に公開

なお、ミグ15機の機体は陸軍から空軍に移され、トラックでソウルに運ばれることになったが、機関砲三門に実弾が装備されていた同機は、近く一般に公開される予定だといわれる。

〝永住権〟最後の追込

韓青東本 活発な活動展開

韓青東京特別本部（慎忠範委員長）ではさる十一月三日、午後七時から、民団東京本部講堂に於いて、第八回都内拡大支部長会議をひらき「民団各支部と協力して永住権取得運動を成果的に、勝ち取っていこう」というつぎの四項目の確認事項を決議した。

①民団支部とより緊密な協力体制を強化する②今後は夜間、日曜日を利用して永住権未申請同胞大衆へ家庭訪問を強力に推し進める。③永住権にまつわるさまざまな問題や不安を解くため親切に啓蒙する。④永住権申請活動と具体的成果を本部まで報告する。

また十一月三十日午後七時半から東京本部三階講堂において、永住権申請都内拡大支部長会議がもたれた。

まず韓青東本慎忠範委員長があいさつ、「我々韓青は、在日同胞の一人として、在日同胞の権益を守る立場に立ち永住権申請運動を民団と共に行動してゆかねばならない。韓青は、在日同胞の先頭に立って、法的地位要求かんてつ闘争、外学法、入管法と在日同胞の権利と生活を守るたたかいを全組織をあげて闘って来た。特に永住権に関しても、韓青は一貫してより多くの同胞が、より多くの権利を獲得してゆけるように運動を組んで来た。

韓青がだれよりも真剣に、実質的に運動してきたことを再確認して、来年の一月十六日にあと一ヵ月半とせまったこの時期、最後の追いこみをしていきましょう」と述べて拡大支部長会議が始められた。

会議では[illegible]、十一月三日の永住権推進四項目事項が確認された後、各支部の永住権申請活動の報告があり、[illegible]進活動の具体的[illegible]部と支部とのより緊密な活動体制が決められた。

現在、韓青中央本部と東京本部は、各支部において具体的な指導を行なうとともに、全力量をあげて、永住権申請運動の最後の追いこみに入って[illegible]、十二月一日大田支部、二日世田谷支部、三日中野支部、四日文京支部、五日[illegible]錦支部と、[illegible]ルもぎっしり[illegible]韓青東京地区の[illegible]

東京商銀、起工式

東京商銀信用組合（許弼奭理事長）待望の[illegible]さる二日午後一時から、東京都新宿区西大久[illegible]のビル用地でおごそかな中にも盛大に催された。

神主が古式ゆたかに主催するこの起工式には、許理事長[illegible]商銀関係者、駐日韓国大使館から姜永奎公使ら、民団から李禧元中央団長、鄭在俊東京本部団長らが参席したのをはじめ[illegible]など約一〇〇名余が参席、クワ入れ[illegible]ない、工事の安全を祈るとともに着工を祝った。来年十月には新宿副都心の一角に地上七階地下二階の近代的な本店ビルがお目見えする予定。

国籍変更は無法行為

国際勝共連合 革新市長糾弾国民大会

在日韓国人の永住権申請を妨害する朝総連の運動に同調しいわゆる「国籍書き換え」問題を起している革新系首長を糾弾する国民大会が、国際勝共連合の主催で日本全国主要都市においてひらかれているが、東京ではさる十二月三日午後一時、都内港区の東条会館においてひらかれた。

写真は、在日韓国人の国籍書き換えに対する革新首長糾弾国民大会のもよう㊤と小林法務大臣宛の要望書を朗読伝達する国際勝共連合の阿部正寿事務総長。受理者は出入国管理局登録課長青木氏㊦

大会は司会沢浦氏の「現代はイエスかノーかをはっきりする人が少なくなっている。私達は正しい事を正しいとし、まちがっていることはまちがっているとはっきり意志表示をし、正してゆく勇気を持ちたい」というあいさつで、やや緊張の中で進められていった。

次に小宮山氏は「在日韓国人の国籍変更問題は、人道主義の名のもとに行われているが、その背後に冷たい革命の意図があることを見抜き、人道上の見地からも、国際信義を完全に踏みにじった張本人たる金日成に、在日六〇万の韓国人を売りわたすような、革新首長達の行為は断じて許せない」と力強くあいさつした。

続いて阿部事務総長は「日本国家が外国と結んだ条約を破り、自分の国籍は自分で選ぶ権利がありこれを権力で否定する事は人道的なやり方に反するとして、勝手に朝鮮籍への書替えを受理するが如き無法行為は、断じて許すことはできない。一部の職業革命家におどらされた一部の人の書き換えを受理しただけだが、偏向したマスコミはこれを針小棒大に全国でなされている如く報道している。革新首長達の一連の無法な行動は、日本に革命の気運をつくり出そうとする以外に考えられない。このような法秩序を根底からくつがえすような無法な行為は、事の大小にかかわらず糾弾すべきである」と訴えた。

次に渉外委員長の松山賢三氏はこの革新市長達が動き出すまでのプロセスと、最近の国籍変更問題の経緯を図に書いて説明した。

「永住権は在日韓国人に対し日本での永住を保証するものである。このままゆけば朝総連の組織は当然くずれる以外にないところから彼らは最後のあがきをやっている。革新首長のやっていることは、彼ら自らが「日韓条約の空文化である」といっている如く、初めからはっきりと革命の意図をもってあえて無法な横車を押している。今は自由共産の二者択一の時代であることを自覚して力強く革新首長の非を糾弾してゆこう」と熱心に語った。

そののち、決議文が採択せられ佐藤首相、小林法相あての強力に永住権取得を推進し、朝総連に巣食う一部職業革命家と革新首長の違法行為をきびしく処断するようにとの要望書を朗読、万場の拍手で承認した。つづいて美濃部都知事、飛鳥田横浜市長（革新市長会会長）、都下の田無市長宛のその犯罪的行為をきびしく糾弾する抗議文を次々に説明し、同じく万場の拍手で承認した。

最後に二つのスローガン「秩序を破壊する革新首長を許すな」、「国際信義を裏切る国籍書替えを許すな」を全員でシュプレヒコールして大会の幕を閉じた。ただちに四手に分れて要望書を、首相官邸にて、責任者に手渡し、又、法務大臣宛にも提出した。抗議文は、マイクロバス二台で都庁にゆき、美濃部都知事宛に手渡した。

委員長に全錫春君

韓学同定期大会ひらかる

在日韓国学生同盟（金光沢委員長）の第四八回定期中央委員会ならびに第三二回定期中央大会が、文化祭につづいてさる八日午後二時から東京・市ケ谷の日傷会館ホールで開催され、活動報告、活動方針などを審議するとともに、任期切れにともなって金光沢執行部が総辞職、新執行部を選出、発足させた。新委員長には、全錫春氏（前副委員長・早大）が満場一致で選ばれた。

韓学同文化祭盛大にひらく

在日韓国学生同盟（金光沢委員長）の第七回綜合文化祭が、さる六日、七日の二日間にわたって盛大に開催された。「桎梏の鉄鎖を断ち切り真正民族史の黎明を！」を統一テーマにして開かれた同文化祭には、全国からの学生、青年ら二百余名が参加、第一日目は午後一時から東京有楽町の中小企業会館で在日韓国人の権益擁護運動、内外情勢などについて講演、報告を中心に熱心に討論、二日目は午後二時から虎の門の発明会館ホールにおいて「出入国管理法案決死反対全国決起集会」をもち、日本政府当局が進めている在日同胞の追放、同化および分断政策をきびしく糾弾した。この後、参加者全員で日本法務省に抗議におもむいた。また、都内各所で、来賓に[illegible]

[illegible]出入国管理法案反対を訴えてビラ配布活動をおこなった。

民団中堅幹部の本国産業視察団

民団中央組織局では全国の民団青年幹部三十四名で本国産業視察団を構成し、八日本国に派遣した。

これは、本国政府の招請によるもので、一行は九日から十六日までの一週間、ソウルで国語教育、勝共教育などの講習を受け、また各地の産業施設、学校、前線などを視察する。

なお、東本から宣伝部の朴健二君がこれに参加した。

人事異動

民団渋谷支部（金數晙団長）ではさる十一月二十六日付次の通り人事を異動した。

新任　監察委員　崔炳権
〃　事務部長　尹錦炳
依願免　事務部長　金東輪

肝臓移植の動物実験が成功

釜山福音病院で

人体に一つしかない肝臓を、腎臓と同じく二つと見なし、その半分を他人に移植できるという可能性が動物実験で成功した。これは韓国の肝臓手術界の権威者である張起呂博士（釜山福音病院長）と朴瑛勲氏（同病院外科科長）がイヌを使った動物実験で成功したもので、カトリック医大で開かれた第一回大韓肝胆病学会に「異所性部分補助肝移植」という論文で発表された。

張博士はことし五月十五日、韓国産の雑種犬（生後一年）の肝臓左葉を切り取り、右葉の下の静脈に接合させる移植に成功した。

張博士は二ヵ月後の七月十六日に二回目の手術を実施、移植した肝臓の左葉だけを残し、右葉を取り除いた。

この二回にわたる手術はどちらも成功し、このイヌは移植された肝臓の半分、左葉だけで元気に育っており、精密検査の結果、異常はなく、手術前に十六キロだった体重が四キロふえている。

このような方法を進めていけば一つしかない肝臓を腎臓と同じく二つと考え、必要な他の人間に半分を提供することが可能となる。

漢字教育復活促進大会開く

韓国語文教育研究会（李熙昇会長）は、このほどソウルの新聞会館で、漢字教育復活促進大会を開き、無理なハングル専用の実施は国民の知性を低下させ、教育効果を減退させるとともに学術の発展を阻害し、国際的孤立を招く恐れがあると警告し漢字教育の併行を主張する声明書を発表した。

金嬉老夫人に朝鮮籍を許可

静岡刑務所に殺人罪で収監中の金嬉老が親知趙重振氏（光州市在住）に送った手紙によると、日本法務省は金嬉老の夫人・[illegible]房子さんが韓国籍に国籍変更申請を出したにも拘らず勝手に〝朝鮮籍〟にかえ許可した事実が明らかにされた。房子さんは大韓民国籍取得のため法務省に書類を出していたものだが、このほど交付された外国人登録証には問題の〝朝鮮籍〟となっていたという。一方この問題については民団静岡県本部の趙団長は、静岡県掛川市役所に厳重な抗議を行なうとともに、このような不当な措置を是正させる強力な措置をとるよう駐日大使館に要請したといわれる。

民族舞踊団として世界にその名が知られている韓国児童舞踊団ザ・リトル・エンジェルスが、ザ・リトル・エンジェルス後援会（笹川良一会長）の招聘で昨年にひきつづき第二回目の日本公演を行なうことになった。

ザ・リトル・エンジェルス

世界の名門2度目の来日

25日から1ヶ月間全国主要都市で公演

ザ・エンジェルスは過去四回の欧米公演において、そのダイナミックな演技による高い芸術性が評価され国際親善と世界平和を目的とする文化交流に大きな役割を果してきたのであり昨年の第一回日本公演を通して果した韓日親善への寄与は多大なものがあった。なお、ザ・リトル・エンジェルスは、現在アメリカ公演中であるが日本への公演は、きたる二十五日から一ケ月間、全国主要都市で行なわれる。

人類文化の誇り

ニューヨーク・タイムズ評

ザ・リトル・エンジェルスは可愛らしさという点で「この地上において「クルミ割人形」の中に出て来るネズミやキャンデーキュートやおもちゃの兵隊以外のどんなものでもかなわないだろう。この舞踊団は韓国だけの誇りではない〝人類文化の誇りだ！

支部だより

杉並　〈会議室とロビーを増築、十二日に落成祝賀会〉民団杉並支部（李[illegible]団長）では[illegible]同会議室とロビーの増築工事がこのほど完了、来る12日午後二時から新装なった同会議室で落成祝賀会を行う。同祝賀会は忘年会をかねて行なわれるが、[illegible]期切り間近い永住権取得を強く訴える予定。

このたびの会議室とロビーの増築で、これまで狭くてとかく支障が多かった[illegible]の解消、民団はじめ婦人会、青年[illegible]活動にもいっそう[illegible]力をかけようと一同はりきっている。

墨田　〈団員慰労のため10日に忘年会〉万博家族招請に永住権申請促進運動にと、いつにましてあわただしかった一九七〇年もあと二〇日で終わろうとしている。[illegible]墨田支部（李[illegible]団長）では十日午後六時から区内の大平町会館で忘年会を開き、[illegible]団事業に協力を惜しまなかった全団員相互の慰労をはかるとともに、成果の多かった今年の支部活動をしめくくる。

江戸川　〈国語講習会修了式〉九月からおこなっていた民団江戸川支部の今年度第二期講習会は多くの成果をもってこのほど修了、九日午後七時から支部事務所で修了式を行なった。江戸川支部では昨年以来、二世・三世の民族教育の一環として特に母国語学習に力を入れており、今年も春の第一期講習、夏休みを利用しての夏期講習、そして今回の第二期講習と系統的に学習会を行なってきたもので、毎週水曜日の第二期講習会には平均二十名が参加した。修了式では、国語講習会のあり方について意見を交換し、来年一月下旬から再開する講習会に反映させることになっている。

宋文京支部事務部長が入院

民団文京支部事務部長宋成復氏はジン臓を患い先月二十一日から東京・大塚三丁目の日通病院（三二一号室）に入院加療中である。

この人を知りませんか

元鎮坤氏（六十才）

本籍は咸鏡南道咸興市山手町　一九四五年解放直後、東京駅前で時計店を経営していた。本人の姉元淳岩さんがソウルでさがしております。心当りの方は民団東京本部までお知らせ下さい。

鄭東煥氏（学生名鄭信・日本通名郷下真治）年令六十七才

本籍・江原道春川邑、解放前（一九四三年）に東京市内神田区でマーク　バッチなどの製造を営んでいた。

右の方の消息をご存じの方は、民団東京新聞編集部か、大韓民国ソウル特別市永登浦区楽山洞五街八・株式会社[illegible]まで[illegible]お知らせ下されば幸甚に存じます。

スパイの手記を書き終えて

自由は失ってみて初めてわかる

私は北傀を告発する　姜　大　振

北韓の大物スパイだった姜大振氏は、去、韓国には自由はない。姜氏は「自由は失ってみてはじめて分かるものだ」といっている。この"自由"をずっと持ち続けてきた人びとは自分のない人間の欲望にとらわれ勝ちで"平凡"であることにさえ不満を抱く。姜氏は、毎日毎日が感謝の気持でいっぱいで「何かをしなければならない」という気持にさえなると告白した。

邪心のない母の姿に泣く

完着金、援護金 住宅、職場まで

虚心坦懐にしゃべれる喜び

北韓訪問記（上）

ダオメー国籍　カイオデ

懐しい故郷へ

北韓の住民は金日成の機械

韓國統一展望의 諸問題 (7)

東国大法政大副教授　李　廷　植

그렇기 때문에、統一論議가 어느 단계를 넘어설 때까지는 統一(政策)과 統一論議는 구별되어야 할 것이다。그리하여 統一(政策)은 國民을 그 資源으로 해야할 것이고、統一論議는 專門家를 그 자원으로 해야할 것이다。統一에 관한 문제가 그와 같이 구별될 수 있다면、統一論議는 統一政策의 경우와는 달리 먼저 啓蒙적 성격을 벗어나야 한다。계몽적 성격을 벗어나기 위해서도 統一論議는 기왕의 歷史적、敍述적인 어떠 연구를 바탕으로 한 模型設定의 理論定向의 것이어야 할 것이다。

대외적으로 본다면、물론 배카시즘적인 입장에 눈어서 있는 것도 있지만 韓半島의 統一문제를 둘러싼 여러 논의가 있다。그 중에서도 우리가 소홀히 다루었던 문제 또는 理論의 方向을 설정하는데 도움이 되었던 문제 영역이 근래에 제시되고 있는 것같다。그 대표적인 것을 골라 보면、「R 로엔탈」(Lowenthal)이 편집한 「아시아의 將來에 있어서의 諸問題——共產主義 및 非共產主義적 代案」(Issues in the Future of Asia)(一九六九年)속에 수록되어 있는 「E 상키상즈」(Sarkisyanz)의 「東南亞에 있어서 政治적 要因으로서의 佛敎」(Buddhism as a Political Factor in Southeast Asia)와 관한 論文은 시사적인 것이다。또 이미 위에서도 인용한 바 있는 「A 에치오니」의 「政治적 統一論——指導者와 힘에 관한 比較硏究」(Political Unification; A Comparative Study of leaders and Forces)(一九六五年)도 그러하다。그밖에 「CE블랙」(Black)이 편집한 「中立主義化와 世界政治」(Neutralization and World Politics)(一九六八년)및 「O 영」(Young)이 저술한 「힘의 政治——國際적 危機에 처한 흥정」(The Politics of Force: Bargaining During International Crisis)(一九六八년) 등은 理論模型의 설정을 위한 입장에서 事例 硏究적인 시사를 하고 있는 것으로 볼 수 있다。

六、統一論議의 段階問題

七、맺는 말

外国郵便為替ご利用案内

大韓民国通信部では一九七〇年十月一日から本国郵政省と次のように簡便かつ安全な郵便業務を開始することになりました。皆さんの積極的なご利用をお勧めします。

一、外国郵便為替は、郵便を利用して外国へ送金する制度であり、郵便為替の送達に関して韓国通信部と、日本国郵政省において絶対責任をもって行なう安全で、便利な送金方法であります。

二、外国郵便為替をご利用される方は、日本国のどの郵便局においても、送金を請求することが出来、郵便局は韓国中央郵便局宛てに、為替を直接送金付致します。

三、韓国中央郵便局では、韓国通貨に換算し受け取り人宛て書留で送付し、為替を受け取る方は、居住地の郵便局に為替を差し出せば、直ちに現金で支払われます。

四、為替料金、その他のお問い合わせは、最寄りの郵便局で親切にご案内致します。

大韓民国通信部

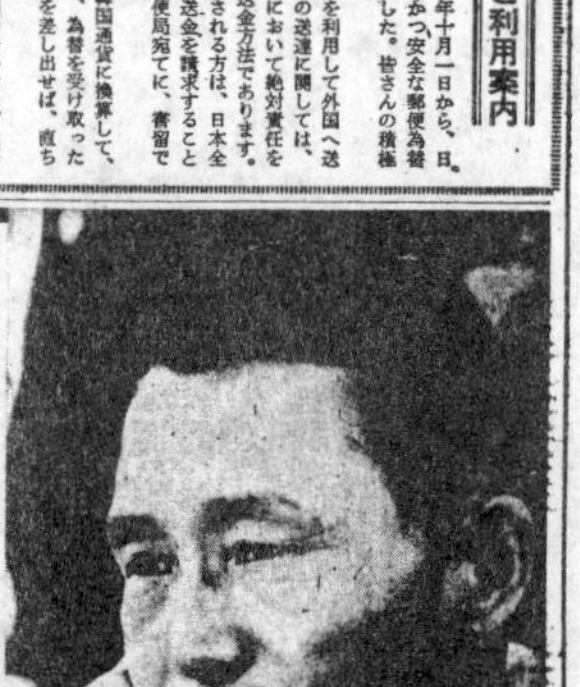

永住権申請の締切り目前に迫る

一九七一年一月十六日限り

永住権申請案内

在日同胞のみなさま！わたしたち自身の在留資格を決定する永住権申請期限（一九七一年一月十六日まで）が、目前に迫りました。永住権の取得は誰のためでもなくあなた自身の権利を確保するためにするのであり、外国人であるわれわれが、この日本で永住するためには「永住する権利」を取得していなければなりません。生活の基盤を日本においているわれわれは、われわれのあらゆる権益を擁護するためにも、この「永住権」が基本になるのであり、この基本権利を獲得してこそ、はじめて生活の安定を期することができるのであります。

このわれわれにとってきわめて重大な問題に関し民団（在日大韓民国居留民団）では、民族的な同胞愛をもって在日同胞がひとり残らず、一日も早く永住権を取得するよう強く訴えているのでありますが、一方、朝総連（在日朝鮮人総連合会）は、彼らの勢力が崩れ去るのを憂慮するばかりに、あらゆる虚偽宣伝をつかって熾烈な反対運動を展開しております。

みなさんは、民団が心からなる同胞愛をもってすすめる「永住権」を取得して安定した生活を送るか？それとも朝総連にだまされて永住の権利を放棄して将来に悔を残すか？この二つのうち一つを選ぶべき岐路に立っているのであります。しかもその決断の期日は目前に迫っているのであります。

このような重大な時点においてここにわれわれがこの日本で生活してゆくために守らなければならない法律、そしてわれわれに影響を及ぼす法令、われわれに直接関係する諸法令ならびに永住権に関するいろいろな資料を提示しながら「永住権申請のみちしるべ」としたいのであります。どうか在日同胞のみなさんは、この資料などから知るべきをくみとられ、自分自身ひいては子孫たちのために一日も早く「永住権申請」をされるよう望んでやまないのであります。

126－2－6では永住できぬ

われわれがこの日本で外国人として在留するには、何らかの資格がなければならない。

在日韓国人の法的地位協定が締結されてなかったときは、われわれは暫定的に日本の法律一二六－二－六によってその在留資格なしに在留していた。この一二六－二－六とは「ポツダム宣言の受諾に伴い発する命令に関する法律」（別掲）の二条六項の意味で、ここには「別に法律で定めるところによりその者の在留資格及び在留期間が決定されるまでの間引き続き在留資格を有することなく在留することができる」とある。従って永住権を取得しなくとも、一二六－二－六による外国人登録さえ所持していれば永住ができるというのは全くの誤りである。

法文で「別に法律で定めるところにより」とは、大韓民国と日本国との協定をさしているのであって、この協定によって永住権を取得することにより、はじめてわれわれは日本に永住する権利を得ることになるのである。その永住権は、ただだまっていて許可されるのでなく一定の手続きにより申請すれば許可されることになっている。その申請期限が来年（一九七一年）の一月十六日でこの締切り期日を過ぎると申請を受付けないし「永住の権利」を放棄したことになってしまう。

②一二六の二の六、すなわち法律第一二六号二条六項による外国人登録証明書は永住を保障するものではありません。みなさんが所持している「外国人登録証明書」の1ページの下欄をみればわかります。そこにはつぎのとおり書いてあります。

◎本証明書は昭和何年何月何日までに切替（確認）の申請をしなければならない。

◎上記の切替までの期間は、日本に在留を許可された**期間とは別であるから**注意されたい。

となっております。

これをみてもわかるとおり法律一二六の二の六（外国人登録）だけでは、永住できないことがはっきりしています。

退去強制について

まず強制退去についてみると、協定永住権を取得したものは、協定文第三条のABCD項の該当以外には退去が強制されないが、永住権を取得しなかった者は現行法令である出入国管理令（別掲）第二十四条の適用を受けることになり退去強制の条件がきびしい。法文でみるとおり貧困者、放浪者、身体障害者はいうに及ばず少しでも日本政府によって迷惑になるものやちょっとしたことで一年をこえる懲役をうけた者まで強制退去の対象となる。（協定第三条と出入国管理令第24条を比較対照すればはっきりする）

出入国管理令「退去強制」条項

出入国管理令「退去強制」条項

第二四条 左の各号の一に該当する外国人については、第五章に規定する手続により、本邦からの退去を強制することができる。

一 第三条の規定に違反して本邦に入った者

二 第九条第五項の規定に違反して本邦に上陸した者

三 前二号に該当する者を除く外、寄港地上陸の許可、観光のための通過上陸の許可、転船上陸の許可、緊急上陸の許可又は水難による上陸の許可を受けないで本邦に上陸した者

四 本邦に在留する外国人（仮上陸の許可、寄港地上陸の許可、観光のための通過上陸の許可、転船上陸の許可又は水難による上陸の許可を受けた者を除く。）で左に掲げる者の一に該当するもの

イ 旅券に記載された在留資格の変更を受けないで当該在留資格以外の在留資格に属する者の行うべき活動をもっぱら行っていると明らかに認められる者

ロ 旅券に記載された在留期間を経過して本邦に残留する者

ハ らい予防法の適用を受けているらい患者

ニ 精神衛生法に定める精神障害者で同法に定める精神病院又は指定病院に収容されているもの

ホ 貧困者、放浪者、身体障害者等で生活上国又は地方公共団体の負担になっているもの

ヘ 外国人登録に関する法令の規定に違反して禁固以上の刑に処せられたもの。但し、執行猶予の言渡しを受けた者を除く。

ト 少年法（昭和二十三年法律第百六十八号）に規定する少年でこの政令施行後に長期三年をこえる懲役又は禁固に処せられたもの

チ この政令施行後に麻薬取締法、大麻取締法、あへん法又は刑法（明治四十年法律第四十五号）第十四章の規定に違反して有罪の判決を受けた者

リ へからチまでに規定する者を除く外、この政令施行後に無期又は一年をこえる懲役若しくは禁固に処せられた者。但し、執行猶予の言渡しを受けた者を除く。

ヌ 売いん又はそのあっ旋、勧誘、その場所の提供その他売いんに直接に関係がある業務に従事する者

ル 他の外国人が不法に本邦に入り、又は上陸することをあおり、そそのかし、又は助けた者

ヲ 日本国憲法又はその下に成立した政府を暴力で破壊することを企て、若しくは主張し、又はこれを企て、若しくは主張する政党その他の団体を結成し、若しくはこれに加入している者

ワ 左に掲げる政党その他の団体を結成し、若しくはこれに加入し、又はこれと密接な関係を有する者

(1) 公務員であるという理由に因り、公務員に暴行を加え、又は公務員を殺傷することを勧奨する政党その他の団体

(2) 公共の施設を不法に損傷し、又は破壊することを勧奨する政党その他の団体

(3) 工場事業場における安全保持の施設の正常な維持又は運行を停廃し、又は妨げるような争議行為を勧奨する政党その他の団体

カ ヲ又はワに規定する政党その他の団体の目的を達するため、印刷物、映画その他の文書図画を作成し、頒布し又は展示した者

ヨ イからカまでに掲げる者を除く外、法務大臣が日本国の利益又は公安を害する行為を行ったと認定する者

五 仮上陸の許可を受けた者で、第十三条第三項の規定に基き附された条件に違反して、逃亡し、又は正当な理由がなくて呼出しに応じないもの

六 寄港地上陸の許可、観光のための通過上陸の許可、転船上陸の許可、緊急上陸の許可又は水難による上陸の許可を受けた者で、当該許可書に記載された期間を経過して本邦に残留するもの

七 第二十二条の二第三項において準用する第二十条第四項の規定による在留資格及び在留期間の記載を受けず、又は第二十二条の二第四項において準用する第二十二条第三項の規定による永住許可の証印を受けないで、第二十二条の二第一項に規定する期間を経過して本邦に残留する者

法律第一二六号二条六項

ポツダム宣言の受諾に伴い発する命令に関する件に基く外務省関係諸命令の措置に関する法律

（昭和二十七年四月二十八日法律第百二十六号）

第二条六項 日本国との平和条約の規定に基き同条約の最初の効力発生の日において、日本の国籍を離脱する者で、昭和二十年九月二日以前からこの法律施行の日まで引き続き、本邦に在留するもの（昭和二十年九月二日からこの法律施行の日までに本邦にて出生したその子を含む）は、出入国管理令第二十二条の二第一項の規定にかかわらず、**別に法律で定めるところによりその者の在留資格及び在留期間が決定されるまで**の間引き続き在留資格を有することなく本邦に在留することができる。

法的地位協定に関する討議の記録

Ⓔ 外国人の財産取得に関する政令に基づく告示において、同政令の適用除外国として大韓民国を指定しているが、日本国政府は、協定の効力発生に際してこれを削除する意図はない。

Ⓕ 日本国政府は、協定第一条の規定に従い日本国で永住することを許可されている大韓民国国民が出国しようとする場合において再入国許可の申請をしたときは、法令の範囲内で、できる限り好意的に取り計らう方針である。

（次頁もお読み下さい）

「法的地位協定」全文

日本国に居住する大韓民国国民の法的地位及び待遇に関する日本国と大韓民国との間の協定

日本国及び大韓民国は、多年の間日本国に居住している大韓民国国民が日本国の社会と特別な関係を有するに至っていることを考慮し、これらの大韓民国国民が日本国の社会秩序の下で安定した生活を営むことができるようにすることが、両国間及び両国民間の友好関係の増進に寄与することを認めて、次のとおり協定した。

第一条 1 日本国政府は、次のいずれかに該当する大韓民国国民が、この協定の実施のため日本国政府の定める手続に従い、この協定の効力発生の日から五年以内に永住許可の申請をしたときは、日本国で永住することを許可する。

Ⓐ 千九百四十五年八月十五日以前から申請の時まで引き続き日本国に居住している者

Ⓑ Ⓐに該当する者の直系卑属として千九百四十五年八月十六日以後この協定の効力発生の日から五年以内に日本国で出生し、その後申請の時まで引き続き日本国に居住している者

2 日本国政府は1の規定に従い日本国で永住することを許可されている者の子としてこの協定の効力発生の日から五年を経過した後に日本国で出生した大韓民国国民が、この協定の実施のため日本国政府の定める手続に従い、その出生の日から六十日以内に永住許可の申請をしたときは、日本国で永住することを許可する。

3 1Ⓑに該当する者でこの協定の効力発生の日から四年十箇月を経過した後に出生したものの永住許可の申請期限は、1の規定にかかわらず、その出生の日から六十日までとする。

4 前記の申請及び許可については、手数料は、徴収されない。

第二条 1 日本国政府は、第一条の規定に従い日本国で永住することを許可されている者の直系卑属として日本国で出生した大韓民国国民の日本国における居住については、大韓民国政府の要請があれば、この協定の効力発生の日から二十五年を経過するまでは協議を行なうことに同意する。

2 1の協議に当たっては、この基礎となっている精神及び目的が尊重されるものとする。

第三条 第一条の規定に従い日本国で永住することを許可されている大韓民国国民は、この協定の効力発生の日以後の行為により次のいずれかに該当することとなった場合を除くほか、日本国からの退去を強制されない。

Ⓐ 日本国において内乱に関する罪又は外患に関する罪により禁固以上の刑に処せられた者（執行猶予の言渡しを受けた者及び内乱に附和随行したことにより刑に処せられた者を除く）

Ⓑ 日本国において国交に関する罪により禁固以上の刑に処せられた者及び外国の元首、外交使節又はその公館に対する犯罪行為により禁固刑に処せられ日本国の外交上の重大な利益を害した者

Ⓒ 営利の目的をもって麻薬類の取締りに関する日本国の法令に違反して無期又は三年以上の懲役又は禁固に処せられた者（執行猶予の言渡しを受けた者を除く）及び麻薬類の取締りに関する日本国の法令に違反して三回（ただし、この協定の効力発生の日の前の行為により三回以上刑に処せられた者については二回）以上刑に処せられた者

Ⓓ 日本国の法令に違反して無期又は七年をこえる懲役又は禁固に処せられた者

第四条 日本国政府は、次に掲げる事項について、妥当な考慮を払うものとする。

Ⓐ 第一条の規定に従い日本国で永住することを許可されている大韓民国国民に対する日本国における教育、生活保護及び国民健康保険に関する事項。

Ⓑ 第一条の規定に従い日本国で永住することを許可されている大韓民国国民（同条の規定に従い永住許可の申請をする資格を有している者を含む）が日本国で永住する意思を放棄して大韓民国に帰国する場合における財産の携行及び資金の大韓民国への送金に関する事項

第五条 第一条の規定に従い日本国で永住することを許可されている大韓民国国民は、出入国及び居住を含むすべての事項に関し、この協定で特に定める場合を除くほか、すべての外国人に同様に適用される日本の法令の適用を受けることが確認される。

第六条 この協定は、批准されなければならない。批准書は、できる限りすみやかにソウルで交換されるものとする。この協定は、批准の交換の日の後三十日で効力を生ずる。

以上の証拠として、下名は、各自の政府からこのために正当な委任を受け、この協定に署名した。

千九百六十五年六月二十二日東京で、ひとしく正文である日本語及び韓国語により本書二通を作成した。

日本国のために 椎名悦三郎、高杉晋一。

大韓民国のために 李東元、金東祚。

韓日法相会談共同コミュニケ

韓日法相会談共同コミュニケ

一九六九年八月十九、二十日の両日、東京で李ホ法務部長官と西郷吉之助法務大臣が出席して開かれた韓日法相会談は、在日韓国人の法的地位および待遇に関する協定の施行に関して意見を交換し、同協定のより円滑で効果的な運用を図ることに合意した。この会談で合意した了解事項はあらまし次のとおり。

一、協定永住資格となる居住経歴について

①協定永住許可申請をした者が、第二回外国人登録を終え、申請時まで日本の法律第一二六号第二条第六項に該当しない、とされたことのない者(例えば不法入国容疑によって強制退去の手続きを経たことのない者)に関しては新たに事実調査をせずに協定永住を許可する。

②戦前、サハリン(樺太)に渡航、戦後日本に引き揚げた韓国人の協定永住許可申請に対しては、協定の討議記録、日本側代表の発言Aの趣旨を尊重して好意的に検討する。

二、戦後入国者に対する出入国管理令上の永住許可について=①一九六五年六月二十二日の日本法務大臣の声明による、戦後入国者に対する特別在留は、法令の範囲内で可能な限り迅速に許可することとし、さらに一般永住許可申請は、特別在留許可後いつでも受理する。

三、協定永住者の再入国許可=⑴引き続き好意的に配慮する。

⑵協定永住者(協定永住有資格者を含む)が、真にやむをえない事由によって再入国許可期間に入国できなかった場合の遅延理由確認については、再入国期間経過後三か月以内に入国できる見込みのある者は、日本の在外公館でこれを行なうこととし、この確認を受けた者には協定永住者(協定永住有資格者を含む)として入国を許可する。

四、協定永住者の家族の入国および在留について=家族構成その他の事情を勘案したうえ、人道的見地から妥当な考慮を払う。

五、なお、韓国側は次のことを要望した。①協定永住者に対し、本国往来の便宜を図るため、数回有効な再入国許可が与えられることが望ましい。

②協定永住者の家族のうち、特別在留許可または、その他の資格によって在留が認められている者については、今後出入国管理令上の永住許可を与えること。

在日同胞に兵役の義務はない

朝総連は、永住権を取得すれば兵隊にとられるという宣伝をしていますが、これがいかにばかげたことかはつぎの大韓民国兵役法第四十七条ならびにこれに関する政府声明、駐日大使の声明などをみればはっきりわかる。別掲のとおり大韓民国兵役法第四十七条には「海外で永住権を得た同胞たちの兵役義務を免除する」と明文化している。これをみても朝総連の宣伝は全く根も葉もないものであることがわかる。反対に永住権を取得することにより兵役の義務が免除されることが明白である。

朝総連は、北海道の韓忠南という青年に懲兵令状がきたといってその令状を復写しオニの首でもとったように宣伝しているが、種をあかせばなんでもないことである。

朝総連のビラをもう一度よくみてほしい。この韓忠南の本籍ならびに住所は釜山市釜山鎮区釜田洞三六四ー一四ー六になっている。この青年への令状は右の現住所へ届いたもので現住所に住んでいる韓忠南の叔父がこれを北海道の本人宛転送したものである。

なぜこういうことが起るかというと韓忠南はもちろん大韓民国の国民だから本籍地の戸籍にその生年月日などが登記されている。その戸籍簿を預っている市庁とか面事務所などでは本人が日本に住む同胞かどうかわからないから適令者として令状を現住所へ出したまでのことである。市庁面事務所で本人が日本に住む同胞であることがわかっておれば令状は出さない筈である。韓忠南の場合、韓忠南の叔父がその令状をうけとって「韓忠南は在日同胞」だとして兵務当局に返送してしまえばよかったものをわざわざ日本へ転送したのをすかさず朝総連が悪用したのである。こういう徴兵令状が過去にも日本に転送された例が一ー二件あったが何ら法的に拘束されるものでなく実際に在日同胞が大韓民国の徴兵にとられた例はいまだかって一件もない。

大韓民国兵役法第47条

大統領令の定めるところにより、国防長官は、在外同胞の兵役を延期または免除することができる。

この兵役法第47条はさる十月二日「**海外で永住権を得た僑胞たちの兵役義務を免除する**」と改正された。

駐日韓国大使声明

在日同胞の兵役免除に関する一九六五年五月三日付の外務・国防両長官の共同声明は継続して有効であり、したがって在日同胞が本国に一時帰国しても、兵役に関する何らの制限を受けることがないことを、茲に明らかにする。

一、永住権をもつ在日同胞の父母または配偶者と同居の目的で渡日し、同居するため特別な在留許可を得て、日本に永住する意思をもつ人は、兵役未了者といえども本国政府の兵役服務のため召還対象から除外する。

一九七〇年五月二十一日

駐日大韓民国大使 李 厚 洛

外務・国防両長官声明文

韓日会談が全面的な妥結をみようとする最近、日本で発行されている一部新聞に、いかにも韓国政府が在日同胞徴兵適令者たちを強制徴集するかのような誤った報道があり、一部同胞に誤解と不安感を与えている事実があるが、これは朝総連をはじめとする一部不純勢力の、悪意にみちたねつ造に基因したものであることを明かにすると同時に、善良な同胞たちは、このような欺瞞に眩惑されることがないよう、ここに政府の兵役政策をつぎのように声明する。

海外同胞に対しては、法律の定めるところにしたがい(兵役法第四十七条)、海外に居住する期間は、軍への服務義務を負課しておらず、かれら海外同胞に対しては、これまで徴兵を施行した事実もなければ将来においてもこの方針に変りはない

一九六五年五月三日

外務部長官 李 東 元

国防部長官 金 聖 恩

法的地位協定について両国間の合意議事録

日本国に居住する大韓民国国民の法的地位及び待遇に関する日本国と大韓民国との間の協定について合意された議事録

日本国政府代表及び大韓民国政府代表は、本日署名された日本国に居住する大韓民国国民の法的地位及び待遇に関する日本国と大韓民国との間の協定に関し次の了解に達した。

第一条に関し、

1 同条1又は2の規定に従い永住許可の申請をする者が大韓民国の国籍を有していることを証明するため、

(Ⅰ)申請をする者は、旅券若しくはこれに代わる証明書を提示するか、又は大韓民国の国籍を有している旨の陳述書を提出するものとする。

(Ⅱ)大韓民国政府の権限のある当局は、日本国政府の権限のある当局が文書により照会をした場合には、文書により回答するものとする。

2 同条1Ⓑの適用上に「⑵に該当する者」には千九百四十五年八月十五日以前から死亡の時まで引き続き日本国に居住していた大韓民国国民を含むものとする。

第三条に関し、

1 同条Ⓑの適用上「その公館」とは、所有者のいかんを問わず大使館若しくは公使館として使用されている建物又はその一部及びこれに附属する土地(外交使節の住居であるこれらのものを含む。)をいう。

2 日本国政府は、同条Ⓒ又はⒹに該当する者の日本国からの退去を強制しようとする場合には、人道的見地からその者の家族構成その他の事情について考慮を払う。

3 大韓民国政府は、同条の規定により日本国からの退去を強制されることとなった者について、日本国政府の要請に従い、その者の引取りについて協力する。

4 日本国政府は、協定第一条の規定に従い永住許可の申請をする資格を有している者に関しては、その者の永住が許可された場合には協定第三条ⒶないしⒹに該当する場合を除くほか日本国からの退去を強制されないことにかんがみ、その者について退去強制手続が開始した場合において、

(Ⅰ)その者が永住許可の申請をしているときには、その許否が決定するまでの間、また、

(Ⅱ)その者が永住許可の申請をしていないときには、その申請をするかしないかを確認し、申請をしたときには、その許否が決定するまでの間、その者の強制送還を控える方針である。

第四条に関し、

1 日本国政府は、法令に従い、協定第一条の規定に従い日本国で永住することを許可されている大韓民国国民が、日本国の公の小学校又は中学校へ入学が認められるよう必要と認める措置を執り、及び日本国の中学校を卒業した場合には、日本国の上級学校への入学資格を認める。

2 日本国政府は、協定第一条の規定に従い日本国で永住することを許可されている大韓民国国民に対する生活保護については当分の間従前どおりとする。

3 日本国政府は、協定第一条の規定に従い日本国で永住することを許可されている大韓民国国民を国民健康保険の被保険者とするため必要と認める措置を執る。

4 日本国政府は、協定第一条の規定に従い日本国で永住することを許可されている大韓民国国民(永住許可の申請をする資格を有している者を含む。)が日本国で永住する意思を放棄して大韓民国に帰国する場合には、原則として、その者の所有するすべての財産及び資金を携行し又は送金することを認める。

このため、

(Ⅰ)日本国政府は、その者の所有する財産の携行に関しては、法令の範囲内で、その携帯品、引越荷物及び職業用具の携行を認めるほか、輸出の承認に当たりできる限りの考慮を払うものとする。

(Ⅱ)日本国政府は、その者の所有する資金の携行又は送金に関しては、法令の範囲内で、一世帯当たり一万合衆国ドルまでを帰国時に、及びそれをこえる部分については実情に応じ、携行し又は送金することを認めるものとする。

(千九百六十五年六月二十二日に東京で)

国籍書き換え問題について

最近日本の新聞紙上を通じて朝総連系では、在日韓国人の永住権申請と関連して韓国籍からいわゆる"朝鮮籍"に変更する運動を展開し、一部地域では多数の韓国人が朝鮮籍に変更する申請を行なっているかのように宣伝しているがこの問題の真相はつぎのとおりである。

いわゆる朝鮮籍の由来

一九四五年八月十五日の終戦とともに、在日同胞は日本国籍を離脱して特殊地位国民、または非日本人の資格として一九四七年の外国人登録令により登録したさい、一律に"朝鮮"と記載された。これは、朝鮮半島より来日し、朝鮮戸籍(日本の植民地統治時代に日本本土人と区別するための便宜上の措置としての戸籍)に属している者として便宜上の記載と解釈されている。

韓国籍への変更

一九四八年の大韓民国政府樹立により、駐日大韓民国代表部は、在外国民登録令を施行し、同国民登録を終えた者には外国人登録上国籍欄に韓国または大韓民国と標記するよう日本政府に要請した。日本政府は、このような韓国側の要請に対して一九五〇年二月二十三日の閣議で韓国代表部の要請を受け入れ、⑴本人の自由意思による申し立てと⑵韓国代表部の国民登録証を確認した後、外国人登録の国籍欄を"朝鮮"から韓国に訂正することを示達した。

このような日本政府の方針は、現在まで変更されていない。

したがって朝総連系が主張しているように、本人の意思に反して外国人登録の国籍欄に韓国籍と記載されることはありえないが、次のような事実からも彼らの主張は虚偽宣伝であることが指摘できる。

第一に、外国人登録法上申請登録証の受領または提出などは、必らず本人の出頭により出来る(第十五条)ようになっており、他人に依頼して申請することはできない。

第二に、"朝鮮"籍から韓国籍に変更する手続きは自由意思による申し立てと大韓民国国民登録証の提出が前提となっているので行政官庁の"ミス"はありえない。

第三に、家族に逢うため国籍を移籍したという主張は、家族に逢うという明らかな自分の意思が表示されているから、意思に反したとは見られない。したがって本人の知らない間に移籍されたということはあり得ない。

外国人の財産取得に関する政令

外国人の財産取得に関する政令

第三条① 外国人が日本人、日本国の政府若しくは、地方公共団体又は、第二十三条の二の規定により、法務大臣の指定する外国人から左に掲げる財産を取得しようとするときは、法務大臣の認可を受けなければならない。外国人が自己の計算において日本人又は第二十三条の二の規定により、法務大臣の指定する外国人をして取得させせようとするときも同様とする。

一、土地、建物、工場、事業場若しくはこれらに附属する設備又は鉱業権若しくは、これに関する権利。但し、自己の居住の用に供するために通常必要と認められる土地及び建物並びに、これに附属する設備を除く。

二、前号に掲げる財産の賃借権、使用貸借に基く借主の権利、地上権、永小作権、若しくは質権、抵当権その他の担保権又は前号に掲げる財産の取得の予約による権利若しくは前号に掲げる財産を取得するかどうかを選択する権利。但し、賃借権、使用貸借に基く借主の権利、地上権及び永小作権については、その存続期間が五年をこえるもの又は契約の更新の結果その存続期間が通じて五年をこえるに当るものに限る。

(次頁へ)

韓日法務次官会談の合意事項

在日韓国人の永住権申請促進問題を協議するため、さる十月二十七・八日の両日法務省で開かれた韓日法務次官会談は①協定永住権の取得者については、韓日協定の基本精神にもとづき、日本で安定した生活が営めるよういっそうの優遇措置をとる②協定永住権取得者の家族で協定発効（一九六六年一月十七日）以前に日本に入国し、特別在留許可を得た後、五年を経過した者に対しては、出入国管理令上の一般永住権を許可する③日本政府は永住権申請手続きの簡素化のため便宜をはかる④昨年の韓日法相会談での了解事項を徹底させることを再確認する——などに合意した。

韓日両国側で談話発表

この会談で韓国側は①永住権申請期限が来年一月十六日に迫っていることから、申請促進のため韓日両国による効果的な措置が必要であるので永住権取得者の優遇措置、申請手続きの合理化などを強く要望した。

これに対し、日本側は①協定永住権取得者が日本で安定した生活を営むよう、よりよい待遇を受けるよう努力する②協定永住権取得者の家族（配偶者、直系尊属、直系卑属）で不法入国者を含め、韓日協定発効前に日本に入国し、特別在留許可を得て五年を経過した者にはできるだけ一般永住権を与えるように努力することに合意した。

そのほか、日本側は①永住権申請を促進させるため、テレビ、ラジオを通じての案内、葉書による通知などで申請を呼びかける②申請手続きの簡素化のため、実効性のある便宜を図る③昨年八月の韓日法相会談で合意した了解事項の実施を徹底させるなどで協力することを認めた。

一方、会談終了にさいし、韓国側は二十九日午前、談話を発表「在日韓国人の確固たる法的地位と安定した生活保障は韓日両国の友好と親善を増進することと密接な関連がある」と強調した。

また、日本の小林法相も二十八日夜、談話（別項）を発表「協定永住者が、日本の社会秩序の下に安定した生活を営み、よりよい待遇を受けるよう、努力する方針」であることを明らかにした。

呉法務次官談話

呉鐸根大韓民国法務部次官と津田実日本国法務次官は、一九七〇年十月二十七、二十八の両日間、東京で会談を開き、在日韓国人の法的地位および待遇に関する協定施行に伴う協定永住権取得者に関する待遇、協定永住権申請に対する啓蒙、協定永住権申請の合理化、その他関連事項について討議し、在日韓国人の確固たる法的地位と安定した生活保障は、韓日両国および両国国民の友好親善の増進に密接な関係があり、この協定をより円滑に運営し、その結果成功をもたらすことが、協定当事国である韓日両国政府の共同責任であると認識したうえで、次の事項について合意した。

一、協定永住権取得者に対する待遇

①韓日両国政府は、両国および両国民間の友好親善と関係の増進にいっそう寄与するため、この協定の実施に引き続き協力しなければならないことはもとより、この協定によって永住権を取得した者は、この永住権を取得していない者よりも同協定の基本精神に則り、よりよく優遇されるべきことを当然のものと認識して日本政府はこんごとも現在この協定によって永住権を取得した者が日本の社会秩序のもとで安定した生活を営むよう、よりよい待遇を受けるよう努力するであろう。

②この協定によって永住権を取得した者の家族について、その家族構成およびその他の事情を勘案し、人道的見地から妥当な考慮を払うことはもとより、現在この協定による永住権取得者の配偶者、直系尊属および直系卑属でこの協定発効以前に入国し、日本国の在留許可を受け五年経過した者に対しては、可能な限り出入国管理令上の一般永住権を許可する方針である。

二、協定永住権促進のための啓蒙

協定永住権申請の締切り期限が一九七一年一月十六日に迫っていることに照らし、韓日両国政府はすみやかに効果的な方法を用いてこれを広く周知させる。

三、協定永住権の申請手続き、その他事項

①協定永住権の申請手続きを簡素化させるため、日本政府は実効のある諸般の便宜を図るよう努める。

②一九六九年八月十九、二十の両日に開かれた韓日両国の法相会談の了解事項を円滑に実施することについて再確認する。

小林法相の談話

「日本国に居住する大韓民国国民の法的地位および待遇に関する日本国と大韓民国との間の協定」による永住許可の申請についての期限は、来年一月十六日となっていることにかんがみ、このさい、日韓両国政府、両国および両国民間の友好親善関係の増進にさらに寄与するため、この協定の実施に引き続き協力すべきであり、また、この協定により永住することを許可された者が、この協定の基本精神により、この許可を受けていない者より優遇されることはもちろんである。

日本国法務省は、こんごとも現在この協定により永住を許可された者が、日本国社会秩序の下に安定した生活を営み、よりよい待遇を受けうるよう、努力する方針である。

なお、この協定により永住を許可された者の家族についても、従来から、その入国および在留につき、家族構成その他事情を勘案したうえ、人道的見地に立って妥当な考慮を払うこととしているが、この際、現在この協定により永住を許可されている者の配偶者、直系尊属または直系卑属として在留を許可されたもので、この協定発効前に入国し、その許可後五年を経過したものについては、その者の申請に基づき、できるかぎり、出入国管理令による永住を許可する方針をとることとしたい。

日本新聞の報道

韓日法務次官会談の結果については日本の各新聞で報道された通りで下の記事は10月29日付「東京新聞」の報道です。

不法入国者も許可 協定永住者の妻、親子 両国一致

在日韓国人の一般永住

法務省は二十八日、日韓法的地位協定に基づく在日韓国人の協定永住許可に関連して、協定永住者の妻、親、子供ならば講和条約発効後、日韓法的地位協定発効までの間に不法入国したものであっても、できるだけ入管令に基づく一般永住を許可することになった旨を明らかにした。

これは二十七、八両日から東京で日本側津田法務事務次官、韓国側呉鐸根法務次官らの間で行なわれていた日韓両国実務者会談で、協定永住者に対する優遇措置をふやしたいとする韓国側の要望をいれて合意をみたもの

小林法相は二十八日夜、異例の大臣談話を発表、この新措置を明らかにするとともに「協定永住者が許可を受けていないものより優遇されることはもとよりである。協定永住者が安定した生活を営むよう努力する方針だ」と述べた。

この両国実務者会談は、来年一月十六日の協定永住申請期限切れを控えて申請を促進させたい、とする韓国側の要望で開かれたもので、会談ではこのほか協定永住について新聞、放送などで在日韓国人に周知をはかることに日本政府も努力することが合意された。

永住許可範囲に関する新措置について法務省筋では①在日韓国人の中には家族内に不法入国者がいるため、協定永住申請をためらっているので救済してほしい、との韓国側の要望に応じた②協定永住者の妻、親、子供などはたとえ不法入国者であっても国外追放はできない③今度の措置は、講和条約発効までに戦後入国したものについては、できるだけ一般永住を与える、という四十年六月の法相声明を受けついだもの——と説明している。

協定永住者の妻などに対する新措置は次の通り。

協定永住を許可されているものの配偶者、直系尊属または直系卑属として在留を許可されたもので、協定発効前に入国し、在留許可後五年たったものについては、そのものの申請に基づきできるだけ、出入国管理令による永住を許可する方針をとる。

安定した生活を営むために

在日同胞のみなさん

よその国に居住する外国人は、すべての面において非常に弱い立場に立たされており、われわれに直接関係のある諸法令をみてもわかるとおり、われわれは身動きのとれないほど束縛されているのです。

そのためにわれわれが日本において安定した生活を営むためには、永住権の取得が絶対に必要であります。その永住権は、われわれが申請すれば日本政府がこれを許可し永住することを法律で保障するのに、あえてその申請を拒み、大事な自分自身の権利を放棄して不利な立場で居住しなければならない理由はどこにもないのであります。

永住権を取得しない場合

①出入国管理令の制約を全面的に受けることになり多大な不利益を蒙ります。例えば、なにかのあやまちで一年以上の実刑をうけたものは言うに及ばず貧困者、放浪者など日本国または地方公共団体の負担になるものは強制退去されることになります。韓日協定文第三条ABCD項と出入国管理令第24条を比べて見て下さい。

そればかりでなく、永住権を取得すれば徴兵にひっぱられるとか、財産を没収されるとか根も葉もない虚偽宣伝には全くあきれざるを得ません。

永住権を取得することによって

1、他の外国人とは違う特別な永住権が法的に保障されます。また、この権利は子や孫達にも保障されます。

2、日本の公立小・中学校への入学希望者は入学が認められ、上級学校へも進学出来ます。

3、国民健康保険に加入出来ます。（日本人と同一条件で）

4、土地・建物などの取得が自由で法令による法務大臣の認可を必要としません。

5、生活保護法が適用されます。

6、家庭離散の防止と再会に妥当な考慮がはらわれます。

7、再入国の許可には期間や回数に制限がありません。

8、日本国に大きな損害をあたえるような罪（麻薬・内乱・国交）を犯さない限り、強制退去を受けません。

9、帰国の場合は法令の範囲内で、財産搬入が自由であり、送金なども大はばに緩和されております。

10、兵役は、大韓民国の兵役法第47条に依って免除されており、なんら関係ありません。

以上のように永住権を取得した場合としない場合との差異がはっきりしており永住権をしないと不利であることが明白であります。

昨年（一九六九年）八月十九・二十日の両日間においてひらかれた韓日法相会議の結果、今までより永住権の取得が簡便になっております。（別項・韓日法相会議共同コミュニケ参照）

さらにさる十月二十七～八日の両日にわたる韓日法務次官会談の結果、永住権取得者の優遇が確認されました。それによると、

①協定永住の許可を受けたものは、受けないものより優遇される。

②永住権申請を促進するため日本側はテレビ、ラジオなどによるPRに協力する。

③協定永住の許可をうけた者の配偶者（夫や妻）直系尊属（父や母）卑属（子や孫）にも出入国管理令による一般永住権が与えられる。

従来一般永住権許可は、昭和二十七年四月の平和条約発効前に来日し引きつづき在留している者を対象に、素行が善良なもの、資産または技能を有することなどきびしい条件がつけられていたが、こんどの両国法務次官会談では、協定永住の許可を受けた者の配偶者、親子供は不法入国者であっても国外に追放されるようなことはなく、永住協定が発効した一九六六年（昭和四十一年）一月十七日以前に入国して五年以上経っていれば一般永住が許可されることになった。（別項・韓日法務次官会談の記事参照）

右のように協定永住権を取得するとしないとは格段の差があります。

最後のチャンスを逃す勿れ

＝この新聞の各ページにわたって提示したいろいろな資料と説明により賢明な同胞みなさまは永住権についてよく理解なさったことと思います。永住権はみなさん自身のために取得するのであり韓国政府のためまたは民団のためでもありません。朝総連が永住権申請をしてはいけないというウソの宣伝にだまされて永住の権利を放棄して損をするのは誰でしょうか？それはあなた自身でありあなたの子や孫にまで大変な被害を蒙ることになります。

あなた自身のために申請を

あなた自身はもちろんあなたの家族のうち、また親戚や知人のうちにいまだ永住権を申請してないひとがおりましたら、その人のために一日も早く申請するようにすすめて下さい。

1、この協定永住権の申請締切りは来年一月十六日です。この日以後は永久にこの権利の取得はできません。

2、締切り後になって、知らずに申請しなかったとかいっていまから受付けてくれと言ってもそれはどうにもなりません。

3、朝総連にだまされて永住権が取得できず大変な被害を蒙ったからと言って後日、朝総連とけんかしてみてもそれは後の祭りでどうにもなりません。

4、この永住権は、過去に日本がわれわれ在日同胞を苦しめた償いであり、両国の不幸な歴史のなかで苦しんだわれわれにのみ与えられるものであります。ほかの外国人にはこの特典はありません。

本国往来が自由にできる

5、中立系のひとはもちろん朝総連系の同胞でも、永住権を申請すればいつでも自由に本国へ往来することができるし親や兄弟とも逢えるのであります。また本国にいる家族を日本に招請することもできます。

6、われわれ民団は、真の同胞愛をもってみなさんが一日も早く永住権を取得して安定した生活を送るよう強く訴えるものであります。

協定永住権の申請は、一九七一年一月十六日以後は永久にできませんから一日も早く申請しましょう。

一般永住権は、来年（一九七一）一月十六日以後いつでも申請できます。

永住権申請の相談は民団へ

（無料で写真、代筆など一切の手続きをして上げます）

永住権の申請は居住地の区役所へ

協定永住権の申請期限は、1971年1月16日（土曜日）で目前に迫っております。この日を逃せば永久に協定永住の申請は受付けません。あなたのためばかりでなくこれから生れる子孫がこの日本で安定した生活を営むために永住権の取得は絶対に必要です。もよりの民団支部へご相談下さい。

永住権申請の手続きと取得者の特典

永住権取得하여 우리權益確保하자

在日同胞に保障された権利

永住権とはなにか?

永住権の意義

日本に居住する一般外国人は出入国管理令によって在留資格を取得しなければ、日本に在留できないが、①終戦前（解放前）から日本に引き続き居住している韓国人②前項①の韓国人の子女で、サンフランシスコ平和条約発効（一九五二年四月二十八日）前までに日本で出生した者は、一九五二年の法律第一二六号に基づき、別に特別な法律で在留資格を定められるまでは、所定の在留資格がなくても、引き続き日本に在留できる。さらに③前項①②の子女で平和条約発効後に日本で生まれた者には別の在留資格が与えられるが在留期間は三年で更新できる。

しかしこうした措置は特別な法律で在留資格および在留期間が決められるまでの暫定的なものだが、協定永住権は、多年間日本に居住し、生活基盤をもっている韓国人に、一九六五年韓日両国間で締結された「韓日協定」に基づき、特殊な地位を与えられ日本に永住できる権利を与えたことになる。

どういう人に許可するか

永住権の許可対象

①一九四五年八月十五日以前から協定永住許可申請をする時まで日本に継続して居住している韓国人。

その手続き

⑤外国人登録済証明書

〈注〉①②④の申請用紙は市区町村の役場に備え付けてあり、手数料は無料。

申請期限

来年1月16日で締切る

許可通知後の手続き

申請書の記載方法

継続居住経歴

第2回目外国人登録以前の居住歴調査しない

永住権取得者に与えられる特典

6項目以外に退去強制されない

永住権の特典

一、法的な永住保障

二、強制退去事由について

三、在留および再入国

再入国に制限がない

戦後入国者の処遇

戦後入国者には一般永住権

財産取得に制限がない

四、教育

五、社会生活

六、永住意思を放棄する場合

七、土地（不動産）建物の取得

韓日実務者会談での了解事項

第一次会談

第二次会談

韓・日法相会談での合意事項

永住権申請の期限が目前にせまっております。

1971年1月16日（土曜日で午前中）で締切られます。

この日をすぎると協定永住権の申請は受付けません。 **1日も早く申請して下さい。**

永住権申請の相談は民団へ

（無料で写真、代筆など一切の手続きをして上げます）

永住権申請の相談は民団へ

在日韓国人（朝鮮籍を含む）が、日本で安定した生活を営み且つ、自由に祖国を往来し、または家族を招請するためには、何よりも他の外国人には願っても得られない永住権を取得するのが最も良いのです。あらゆる手段によって、在日韓国人（朝鮮籍を含む）をだましている朝総連のデマ宣伝に迷わないで、あといく日も残されていない申請期限（一九七一年一月十六日）が満了する前に、一日も早く永住権を申請しましょう。

〈申請方法〉

外国人登録を第二回目から引続きしている人は次の書類を揃えて、自分の居住している市・区・町・村役場に行き、本人が提出します。但し、十四歳未満の人はその父母が代理申請します。本人が直接準備するものは、写真二枚だけで他の用紙は上記の役場に置いてあります

A、協定永住許可申請書　二通

B、旅券又は大韓民国国民登録証（このようなものが無い場合には国籍を書きいれた陳述書）

C、写真（五センチ四方で六ケ月以内に撮影したもの）　一枚

D、家族関係と居住経歴書　二通

〈参考〉

1、手数料は一切無料です。

2、外国人登録上、朝鮮籍になっている人は、大韓民国（韓国）の国籍に変更申請したらよいのです。

3、居住経歴或るいは身分上に何かの問題点があると思われる人は最寄りの民団或るいは領事館又は大使館に行けば親切に案内してくれます。

民団東京本部管内各支部の所在地（カッコ以下は電話番号）

文京	文京区小石川二－十一－八	（八一一）三五五五
台東	台東区東上野三－一五－八	（八三三）九九〇四
中央	中央区日本橋茅場町一－一六	（六六一）五三七〇
墨田	墨田区太平町一－四－八	（六二二）九四四二
江東	江東区木場六－八－十	（六四四）〇三一三
江戸川	江戸川興之宮二九	（六五七）七五一三
北	北区稲町一－一六九	（九〇二）三六六一
足立	足立区千住桜木町五三	（八八八）八三〇一
荒川	荒川区荒川三－三二	（八九一）〇五五五
葛飾	葛飾区本田立石六－一八－一六	（六九三）一七七一
豊島	豊島区池袋二－一一六七	（九八三）七一六一
板橋	板橋区板橋二－二三－九	（九六一）六五六五
練馬	練馬区豊玉北四－三二	（九九二）五五七七
新宿	新宿区三光町二五（三立ビル二〇三号室）	（三四一）〇三四四
中野	中野区新井二－一一－七	（三八六）五五三六
杉並	杉並区梅里二－二四－三	（三一三）七五七五
渋谷	渋谷区宇田川一五	（四六一）五三八二
世田谷	世田谷区下馬町一－七	（四二一）三六〇九
目黒	目黒区青葉台一－三〇－一〇	（七一三）四三七八
港	港区三田四－六－一八	（四五三）一一八八
品川	品川区豊町二－一一一	（七八六）一三三四
大田	大田区新蒲田一－六－七	（七三二）七六五一
大韓婦人会東京本部		（八一二）二九三八

在日大韓民国居留民団東京本部

東京都文京区本郷三－三二－七

電話八一一－一五三五〈代表〉

民団三多摩本部管内各支部の所在地

立川	立川市錦町一ノ三－二十	（二三）一二六三五
調布	調布市下石原二－三九	（八三）〇三六七
武蔵野	小金井市関野原町二－四－六	（八一）三六二〇
八王子	八王子市高尾町一六〇九	（六一）二〇三五

在日大韓民国居留民団三多摩地方本部

東京都立川市錦町一－三－二〇

（〇四二五）二二－三八一

한국신문 (전8권)

재일본대한민국거류민단중앙기관지 (영인본)

지은이: 편집부
발행인: 윤영수
발행처: 한국학자료원
서울시 구로구 개봉본동 170-30
전화: 02-3159-8050 팩스: 02-3159-8051
문의: 010-4799-9729
등록번호: 제312-1999-074호
ISBN: 979-11-6887-162-5

잘못된 책은 교환해 드립니다.

정가 920,000원